Joachim Scholtyseck

DER AUFSTIEG
DER QUANDTS

Joachim Scholtyseck

DER AUFSTIEG
DER QUANDTS

Eine deutsche Unternehmerdynastie

C.H.Beck

Mit 64 Abbildungen
und 3 Karten (© Peter Palm, Berlin)

2. Auflage. 2011

© Verlag C. H. Beck oHG, München 2011
Gesetzt aus der Sabon und der Frutiger Condensed
bei der Janß GmbH, Pfungstadt
Druck und Bindung: CPI – Ebner & Spiegel, Ulm
Umschlagabbildung: Günther Quandt auf einem Foto, das der Berliner
Scherl-Bilderdienst wenige Wochen vor Quandts 60. Geburtstag am
28. Juli 1941 anfertigte. Quandt trägt am Revers neben dem
Parteiabzeichen die Miniatur zum Eisernen Kreuz des Ersten Weltkriegs,
eine Knopflochschleife mit dem Kriegsverdienstkreuz 2. Klasse des
Zweiten Weltkriegs und die Miniatur zur Auszeichnung als
«Wehrwirtschaftsführer», die ihm 1937 verliehen worden war.
Foto: Bundesarchiv – Bild 183-B03535, Fotograf: Dorneth
Umschlaggestaltung: www.kunst-oder-reklame.de
Gedruckt auf säurefreiem, alterungsbeständigem Papier
(hergestellt aus chlorfrei gebleichtem Zellstoff)
Printed in Germany
ISBN 978 3 406 62251 9

www.chbeck.de

INHALTSVERZEICHNIS

1. EINLEITUNG

Durch die im Herbst 2007 zu nächtlicher Stunde im NDR ausgestrahlte Dokumentation «Das Schweigen der Quandts» geriet eine Unternehmerfamilie ins Rampenlicht, deren öffentliche Zurückhaltung geradezu ihr Markenzeichen ist. Das Fazit des Films hätte negativer kaum sein können. Der schier unermessliche Reichtum der Familie, so legte er nahe, beruhe im Wesentlichen auf Geschäften und Machenschaften aus der Zeit des «Dritten Reiches», nicht zuletzt auf der skrupellosen Ausbeutung von Zwangsarbeitern und KZ-Häftlingen. Die Vermögenszuwächse jener Jahre seien mitverantwortlich für den wundersamen Wiederaufstieg in der Bundesrepublik gewesen und damit zugleich dafür, dass die Quandts heute zu den reichsten und einflussreichsten Familien Deutschlands zählen. Vor allem Günther Quandt, der unbestrittene Patriarch in den Zeiten des unternehmerischen Aufstiegs, habe sich zudem die nationalsozialistischen Ideen zu eigen gemacht. Eine ernsthafte Beschäftigung der Familie mit dem Unrecht der NS-Jahre sei dagegen nach 1945 ausgeblieben.

Obwohl wesentliche Fakten bereits durch eine Arbeit von Rüdiger Jungbluth aus dem Jahr 2002 bekannt waren, führte erst der Fernsehfilm zu einem Medienecho, das groß genug war, um die Familie zum Umdenken zu bewegen. Sie entschied sich, ihre Geschichte auf wissenschaftlicher Basis erforschen zu lassen und öffnete dafür für mich ihr «Familienarchiv». Dieser ungewöhnliche Umstand zeigt nicht nur die anhaltende Bedeutung des Nationalsozialismus für das historische Selbstverständnis der Bundesrepublik, sondern belegt auch die «spezifischen Stärken des Mediums Fernsehen», nämlich «Bildermacht» und «Emotionalisierung»,[1] die jedoch zu schiefen Urteilen führen können. In einem jüngst veröffentlichten Aufsatz über «Zeitgeschichte im Fernsehen» hat Ralf Stremmel überzeugend die wissenschaftlich problematische Vorgehensweise der Dokumentation kritisiert und zahlreiche sachliche Fehler hervorgehoben, wie etwa denjenigen, Günther Quandt habe in Reichspropagandaminister Joseph Goebbels einen Fürsprecher gehabt.[2]

Eine wissenschaftliche Studie auf Basis von Hunderten von Büchern und Aufsätzen und unter Auswertung von Material, das in mehreren Dutzend Archiven eingesehen wurde, wählt notwendigerweise eine andere Vorgehensweise als eine filmische Inszenierung. Um Verkürzungen und Verzeichnungen zu vermeiden, muss sie ins Detail gehen und mag in gewissen Passagen einigen Lesern sogar langatmig erscheinen: Muss man das wirklich alles so genau wissen? Man sollte, lautet die Antwort, wenn man den Aufstieg der Quandts verstehen will. Gerade für die Zeit des Ersten und Zweiten Weltkrieges sind zudem viele Vorgänge so komplex, dass es nicht damit getan ist, es bei einigen feuilletonistischen Bemerkungen zu belassen.

Bereits Günther Quandts Vater Emil konnte sich im Kaiserreich, noch zu Bismarcks Zeiten, als angesehener und wohlhabender märkischer Tuchfabrikant etablieren. Aber erst sein Sohn überwand die Grenzen der Tuchindustrie und wagte den Sprung aus der Provinz: Er bestimmte über fünf Jahrzehnte hinweg weitgehend autonom die Geschicke seines Wirtschaftsimperiums und steht als unruhiger, talentierter, sich über alle Regierungsformen behauptender Unternehmer im Zentrum dieses Buches: Im Ersten Weltkrieg war er nicht nur für die inzwischen umfassend ausgebauten Tuchfabriken der Familie zuständig, sondern stand daneben im Dienst von Kriegsbehörden, die ihm zahlreiche Mitwirkungs- und Geschäftsmöglichkeiten boten. Die Grundlage seines gewaltigen Vermögens ist jedoch untrennbar mit geschickt eingefädelten finanziellen Hasardeurstücken in der Inflationszeit sowie kurz vor der Weltwirtschaftskrise verbunden: dem Einstieg bei zwei industriellen Großunternehmen, der Accumulatorenfabrik AG (AFA), einem international tätigen Batteriehersteller, und der Deutsche Waffen- und Munitionsfabriken AG (DWM) sowie ihrer Tochterunternehmen. Mit dem Coup bei der AFA gelang Günther Quandt 1922 der Eintritt in die Welt der Großindustrie; die Beteiligung an den DWM verschaffte ihm sechs Jahre später eine wichtige Stellung in der Maschinenbauindustrie und schuf die Grundlage für kommende Rüstungsgeschäfte.

Zwar stand Günther Quandt auch im «Dritten Reich» unbestritten an der Spitze seiner Unternehmensgruppe und verteidigte diese Position trotz nachlassender Kräfte bis zu seinem Tod 1954. Zugleich verstand er sich aber, wie bereits sein Vater, als Familienunternehmer. Bereits in den 1930er Jahren bezog er seinen Sohn Herbert und schließlich in der Bundesrepublik dessen Halbbruder Harald immer stärker in die unternehmerische Verantwortung mit ein. Daher ist es unabdingbar, auch die beiden Söhne in den Blick zu nehmen, selbst wenn Harald Quandt im Untersuchungszeitraum, der mit dem Tod des Patriarchen endet, noch nicht die Rolle spielte, die ihm später zukam.

Ein deutlicher Schwerpunkt der Studie liegt naturgemäß auf den Jahren zwischen 1933 und 1945. Die Frage, in welchem Ausmaß die Unternehmer die Herrschaft Hitlers begünstigten, stabilisierten und sich an den verbrecherischen Ausbeutungsprozessen beteiligten, ist bis heute umstritten. Im Prinzip gilt die wohl zutreffende aber wenig spezifische Feststellung, die Industrie sei weder unschuldig noch hauptverantwortlich am Nationalsozialismus gewesen. Die überwiegend exkulpatorischen Erzählstrategien der Privatwirtschaft nach 1945, in denen die Unternehmer in der Regel als unschuldige Opfer des NS-Regimes erschienen, sind durch die Forschung mittlerweile stark relativiert worden. Die allzu simple These einer angeblichen Komplizenschaft der Unternehmer in den Jahren von Hitlers Aufstieg kann zwar durch das bahnbrechende Werk Henry Turners ebenfalls als falsifiziert gelten, aber unter dem Primat der Politik blieben die Beziehungen zwischen Industrie und Staat von «komplementären» Interessen geprägt.[3] Die Unternehmen interpretierten die Wünsche des Regimes im Sinn wirtschaftlicher Eigenlogik und weniger der NS-Ideologie. Sie handelten in der Regel zweckrational, opportunistisch, erfüllten bereitwillig ihre «Pflichten» als Rüstungsindustrielle, transformierten die staatlichen Vorgaben «in eigene Entscheidungsprogramme, waren aber keineswegs die Urheber der Rüstungs- und Kriegswirtschaft».[4] Paradoxerweise führte jedoch gerade der Versuch einer Immunisierung von politischen Einflüssen und der Beschränkung auf das Unternehmensinteresse zu Schwächung und Einflussverlust. Trotz mancher Drohgebärden musste staatlicher Zwang daher nur in den seltensten Fällen angewandt werden.[5] Unternehmerische Defizite, Versäumnisse und Verbrechen der «Profiteure des Unrechts»[6] lassen sich für die NS-Zeit vergleichsweise leicht herausarbeiten. Zu den am schwierigsten zu beantwortenden Fragen gehört in neueren Unternehmensgeschichten[7] und Unternehmerbiographien[8] hingegen diejenige nach den Handlungsspielräumen und der individuellen Verantwortung.[9] Weitgehend ungeklärt ist zudem, warum Unternehmer, die einem Milieu angehörten, in dem zumindest in der Selbstbeschreibung «Tugenden wie Initiative, Wagemut und Freiheit vorwalten», sich mit dem Regime «augenscheinlich besser» abfanden, als manche Repräsentanten von Organisationen wie der Wehrmacht, wo «Gehorsam das leitende Karriereprinzip» darstellte.[10]

Dieses Rätsel kann auch in der vorliegenden Studie nicht befriedigend gelöst werden. Sie fragt, welche politisch-gesellschaftlichen Zielvorstellungen für Günther und Herbert Quandt sowie andere Protagonisten der Quandt-Gruppe nach 1933 bestimmend waren, wie sie sich zu den neuen Machthabern stellten und wie die Interessen der Unternehmensgruppe gegenüber dem «Dritten Reich» durchgesetzt wurden. Für die Jahre des Zweiten Weltkrieges wird die Expansion ins besetzte Ausland im Rahmen der Auftragsverlagerung in den «europäischen Großwirtschaftsraum» ebenso untersucht wie die rücksichtslose Ausnutzung der militärischen Machtstellung bei «Arisierungen», Kapitalbeteiligungen und Firmenübernahmen. Ein weiterer Schwerpunkt ist die Darstellung der Zwangsarbeit in den Quandt-Firmen, um über eine Analyse der Lebens- und Arbeitsbedingungen der ausländischen Zwangsarbeiter, der Kriegsgefangenen und der KZ-Häftlinge ein Urteil über Motive und Verantwortlichkeiten in der Quandt-Gruppe zu ermöglichen. Dabei wird es auch um die immer wieder in der Öffentlichkeit diskutierte Frage gehen, inwieweit die Quandts von der Zwangsarbeit profitiert haben. Dies ist schon deshalb von Belang, weil auf wissenschaftlicher Basis geklärt werden muss, ob der bereits vor 1933 angelegte Grundstock für den enormen Besitz der Familie in der Bundesrepublik verantwortlich war oder in welchem Maße dieser Reichtum erst durch das «Blutgeld» und die Ausbeutung der fremden Arbeitskräfte ermöglicht wurde. Auch die Strategien der Entnazifizierung sollen betrachtet werden, bieten sie doch einen Einblick, wie mit dem Erbe des «Dritten Reiches» umgegangen wurde. Nicht zuletzt werden die Rekonstruktion der Unternehmen nach 1945 und die Übergabe an die jüngere Generation vor dem Hintergrund des «Wirtschaftswunders» in der frühen Bundesrepublik dargestellt und analysiert.

Dabei gilt es, mittels Archivquellen hinter die Mauern der traditionell verschwiegenen Familie Quandt zu schauen. Schon als die französischen Besatzungsoffiziere unmittelbar nach dem Ende des «Dritten Reiches» die komplexen Finanz- und Industriebeteiligungen der Familie umfassend zu beschreiben und zu analysieren versuchten, konstatierte eine französische Expertise eine Besonderheit, die das damalige Familienoberhaupt Günther Quandt von Wirtschaftsgrößen wie Flick, Krupp, Stinnes oder Haniel unterscheide: «Cet homme avait horreur de la publicité et avait l'art de s'entourer d'un écran de mystère» (Dieser Mann hatte Angst vor der Öffentlichkeit und verstand es, sich mit einem Schleier des Geheimnisses zu umgeben).[11] Auch der Wirtschaftsjournalist Kurt Pritzkoleit, der in den 1950er Jahren über Deutschlands führende Industrielle recherchierte, stand vor ähnlichen Schwierigkeiten, als er versuchte, relevante und zuverlässige Informationen über die «Macht des großen Unbekannten» Günther Quandt zusammenzutragen.[12] Dessen Fähigkeit, «sein Wirken dem Einblick des Außenstehenden zu entziehen», galt geradezu als eine seltene «Kunstfertigkeit». Kaum jemand überblicke die Reichweite seiner Geschäftstätigkeit: «Unter Textilfabrikanten erscheint er als Textilfabrikant, unter Metallfachleuten als Metallfachmann, unter Waffenspezialisten als Waffenspezialist, unter Elektrotechnikern als Elektrotechniker, unter Versicherungsexperten als Versicherungsexperte, unter Kalibergleuten als Kalibergmann, und in jeder Erscheinungsform wirkt er so echt und überzeugend, dass der Beobachter, der ihm in einem Gebiet seiner vielschichtigen Tätigkeit begegnet, die Schutzfarbe für die ursprüngliche und einzige, für angeboren und unwandelbar hält». Kaum jemand, so lautete das Fazit Pritzkoleits, habe es so gut wie Günther Quandt verstanden, sich gegen Einblicke von außen abzuschirmen.[13] Mit diesem Urteil stand er nicht allein. Der ehemalige Reichsfinanzminister Lutz Graf Schwerin von Krosigk, der einer der Mitverantwortlichen der Rüstungsfinanzierung des «Dritten Reiches» war und in den 1950er Jahren eine umfassende Geschichte der Industrialisierung Deutschlands vorlegte, bemerkte, Quandt habe sich sein Imperium «mit einer für ihn charakteristischen Geräuschlosigkeit» geschaffen und dabei «bis zur Vollendung das Talent» besessen, unauffällig zu bleiben.[14] Daran änderte sich in den folgenden Jahrzehnten wenig. Der Journalist Bernt Engelmann beschrieb Ende der 1960er Jahre in einer ebenso polemischen wie faktenreichen Darstellung die familiäre Zurückhaltung: «Zwar sind auch andere Geldgiganten schon dahintergekommen, daß es vorteilhaft ist, sein Licht unter den Scheffel zu stellen, weil Reichtum und Macht besser im tiefen Schatten gedeihen. Aber von allen, die ihre Milliarden verstecken [...], sind die Quandts ohne Zweifel diejenigen, die den Umfang ihres Besitzes am besten zu verschleiern verstanden haben und – soweit es an ihnen selbst liegt – tiefstes Schweigen zu wahren wissen».[15] Der Wirtschaftshistoriker Wolfgang Zorn wiederum bemerkte, die Familie Quandt gehöre hinsichtlich ihrer Beteiligungspolitik «zu den am wenigsten geschichtsforschungsfreundlichen Unternehmerkreisen».[16]

Obwohl im Jahr 2002 die gut recherchierte und in ihren Urteilen ausgewogene Arbeit des Wirtschaftsjournalisten Rüdiger Jungbluth erschienen ist, blieben manche Fragen notgedrungen unbeantwortet, zumal nur ausgewählte Archive konsultiert wurden und dem Verfasser der Zugang zum «Familienarchiv» verwehrt worden war. Diese Ausgangslage hat sich nun verbessert. Für die vorliegende Studie konnten die Akten des Familienarchivs in Bad Homburg vollständig ausgewertet werden, und die Familie Quandt hat sich zudem entschieden, diesen für den Untersuchungszeitraum relevanten Aktenbestand in ein öffentliches Archiv zu geben, wo er der wissenschaftlichen Forschung zukünftig dauerhaft zur Verfügung steht. Ergänzt wurden diese Bestände durch Recherchen in über 40 Archiven in Deutschland, anderen europäischen Staaten und den USA. So kann der Aufstieg der Familie Quandt vom Kaiserreich bis in die frühe Bundesrepublik erstmals auf der Grundlage einer umfassenden Quellenbasis nachgezeichnet werden.

Angelegt ist die Untersuchung nicht als reine Biographie oder Gruppenbiographie der Quandts, sie ist aber ebenso wenig eine reine Unternehmensgeschichte.[17] Vielmehr setzt sie drei verschiedene Themenkreise miteinander in Beziehung: das von Emil Quandt 1883 begründete Familienunternehmen, die Entwicklung der wichtigen Firmen der Quandt-Gruppe und die wirtschaftlich-politische Biographie der jeweiligen Protagonisten. Um das Wirtschaftsgebaren und den Aufstieg der Quandts seit dem letzten Drittel des 19. Jahrhunderts nachzuvollziehen, ist der biographische Ansatz schon deshalb sinnvoll, weil auch Unternehmer «außerökonomische Wertvorstellungen»[18] haben, die es auszuloten gilt, um ihre Lebenswelt und Wirkungszusammenhänge zu erfassen.[19] Eine fest umrissene Unternehmertypologie ist allerdings immer noch ein Desiderat, und die Mechanismen unternehmerischer Entscheidungsprozesse sind bislang ebenfalls unzureichend untersucht. Möglicherweise kann die Studie aber dazu anregen, Joseph A. Schumpeters Modell eines «dynamischen Unternehmers», der zwar keine neuen Technologien schuf, diese aber weiterentwickelte und innovativ anwandte, anhand typischer Unternehmerkarrieren des 20. Jahrhunderts zu verfeinern.[20]

Von allzu abstrakten Überlegungen, etwa dem Konzept eines «allgemeinen Wirtschaftsmenschen», wird allerdings schon wegen der Mehrdeutigkeit des Begriffs ein gebührender Abstand gehalten.[21] Bereits Niklas Luhmann hat darauf aufmerksam gemacht, dass der angebliche «homo oeconomicus» nicht viel mehr als ein soziales Konstrukt ist. Unternehmer haben unterschiedliche politische Überzeugungen und moralische Normen, die sich nicht allein durch wirtschaftliche Interessen erklären lassen. Die theoretisch sinnvolle Definition eines wirtschaftlich handelnden Menschen, so Luhmann, ermöglicht keine allgemeingültige Aussage darüber, «wie individuelle Bewusstseinsoperationen von Moment zu Moment tatsächlich ablaufen».[22] Gerade die Zeit des Nationalsozialismus und des Zweiten Weltkrieges mit ihrem spezifischen Droh- und Gewaltpotential stellt einen Sonderfall dar, der diese Schwierigkeit vor Augen führt. Unternehmerische Entscheidungsprozesse in jenen Jahren können nicht allein mit Geschäftsberichten, Bilanzen und statistisch-quantifizierendem Material sowie ökonometrischen Methoden erschöpfend erklärt werden, zumal der Faktor «Macht» in wirtschaftsgeschichtlichen Theoriediskussionen häufig vernachlässigt wird:[23] Wie will man beispielsweise mit Zahlen den Umstand angemessen bewerten, dass in dem von der Wehrmacht besetzten Teil Frankreichs das Militärpotential als Druckmittel eingesetzt wurde, um eine Kapitalbeteiligung an einem französischen Unternehmen zu erlangen? Wer sich für das historische Individuum interessiert, ist daher gut beraten, Wirtschaftspersönlichkeiten wie Günther Quandt nicht in das Prokrustesbett von Theorien einzuspannen. Die Facetten des Aufstiegs der Quandts lassen sich eben nicht allein durch die Erkundung ökonomischer Eigenlogiken verstehen, weil mit einer solchen Herangehensweise «die empirische Vielfalt und Widersprüchlichkeit gelebten Lebens» geradezu «systematisch verfehlt» würde.[24]

Beim Aufstieg der Quandts spielen die politischen Epochengrenzen eine erstaunlich geringe Rolle. Wenn diese Studie im Wesentlichen den klassischen Zäsuren 1914, 1918, 1933, 1945 folgt, hat dies in erster Linie pragmatische Gründe. Die Ansätze der politischen Geschichte sollen dabei mit denen der Sozial- und Wirtschaftsgeschichte verbunden werden, die inzwischen neuere Ansätze – von der Neuen Kulturgeschichte bis zur Neuen Institutionenökonomik – aufnimmt.[25] Es soll daher nach den Mustern von Bildung, Karriereverläufen, Generationserfahrungen und -prägungen sowie Werten und Einstellungen gefragt werden, um zu ergründen, wie aus dem Nukleus eines mittelständischen Unternehmens der Textilbranche innerhalb weniger Jahrzehnte die weit verzweigte Quandt-Gruppe wurde, die ihren Familiencharakter über verschiedene Generationen und Regierungsformen hinweg zu bewahren vermochte, selbst als sie zunehmend Instrumente eines Managerunternehmens anwandte. Der Aufstieg der Quandts ist daher auch ein Beispiel dafür, dass Familienunternehmen nicht nur Relikte des 19. Jahrhunderts sind, die geradezu zwangsläufig durch das Organisationsmodell des modernen Managerunternehmens abgelöst werden.[26] Auch widerspricht die Familiengeschichte der weit verbreiteten Annahme, dass in der dritten Generation die unternehmerischen Kräfte einer Familie erlahmen. Der Erfolg der Quandts veranschaulicht gerade die Fähigkeit, «dem Buddenbrook-Effekt zu entgehen, ja ihn sogar umzukehren und die unternehmerischen Fähigkeiten von Generation auf Generation weiterzuvererben». Anders als der Lübecker Kaufmannsfamilie aus Thomas Manns berühmtem Roman gelang es den Quandts ihren «dynastischen Erfolg [...] auf Dauer zu stellen».[27]

Ein zentrales Problem der Studie besteht in der Unterscheidung zwischen der eigentlichen Familie im engeren Sinn und der «Quandt-Gruppe». Die Lenkungsverhältnisse des Familienunternehmens lassen sich am besten durch die ausführliche Einzelfallschilderung dieser komplexen Führungspraxis erkennen und deuten. Da es sich um ein Konglomerat verschiedener Gesellschaften handelt, deren Beziehung von Abhängigkeit bis zur losen Finanzbeteiligung reichte, wäre deren Bezeichnung als «Konzern» nicht zutreffend. Schon die Alliierten waren sich 1945 unsicher: In den Verordnungen des Alliierten Kontrollrats wird bisweilen von der «Group Guenther Quandt» gesprochen,[28] ein anderes Mal ist von «one of the most powerful concerns in Germany»[29] die Rede und in weiteren Entwürfen ersetzten die Besatzungsoffiziere den Begriff «concern» durch «complex». Anders die französischen Militärs, die in der eingangs bereits erwähnten Studie über «Le groupe Guenther Quandt» bewusst am Begriff des «Finanzkonzerns» festhielten. In jüngerer Zeit ist gefragt worden, ob beim Quandt-Imperium als einer «amorphe[n] Masse aus Unternehmensbeteiligungen», die umstrukturiert und abgestoßen werden konnte, überhaupt von einem Konzern gesprochen werden könne.[30] Trotz des von Günther Quandt selbst anfangs als «Buntbesitz»[31] verschiedener Finanzwerte bezeichneten Unternehmensbestands etablierte sich schon für die Textilfabriken in der Zeit vor dem Ersten Weltkrieg die Bezeichnung «Quandt-Gruppe»[32], und vor allem AFA und DWM wurden, zumindest in der Selbstsicht, immer als eine gewisse Einheit angesehen.[33] Als Arbeitsbegriff soll «Quandt-Gruppe» auch deshalb in dieser Studie Verwendung finden, weil diese Bezeichnung noch in der Nachkriegszeit firmenintern benutzt wurde, um die «bedeutenden Unternehmen der elektrotechnischen, metallverarbeitenden, chemischen und Textilindustrie sowie des schweren und leichten Maschinenbaus» unter einem Oberbegriff zu fassen.[34]

Im Zentrum der Untersuchung steht zwar die Familie Quandt, jedoch wird den Wegbegleitern und Mitarbeitern gebührend Platz eingeräumt. Damit eine umfassende Analyse der unternehmerischen Entscheidungsprozesse innerhalb der Quandt-Gruppe geleistet werden kann, wird sowohl auf die spätestens seit den 1920er Jahren verstärkt zum Einsatz kommenden außerfamiliären Manager eingegangen als auch auf die Pflege der Netzwerke, in denen sich die schillernden Beziehungen zwischen «shareholder» und «stakeholder» entwickelten. Die generell verwendete Perspektive «von oben» auf das Unternehmen wird jedoch, wo immer dies durch Quellen möglich ist, durch einen Blick auf die Arbeitsstrukturen, das Verhältnis zwischen Management, Angestellten und Arbeitern, die Lohn- und Sozialpolitik, also die «Mikropolitik im Unternehmen»[35] ergänzt. Die wesentlichen Impulse für die strategische Planung, für die Finanzierung und für das, was heute Controlling genannt wird, erfolgten seit den 1920er Jahren von zentraler Stelle aus – im Wesentlichen und für lange Zeit von der Unternehmenszentrale der AFA am Askanischen Platz in Berlin. Verschiedene Holdinggesellschaften, die den Familienbesitz verwalteten, dienten zugleich der Vernebelung der exakten Besitzverhältnisse. Die Entscheidungen in den Unternehmen wiederum wurden häufig durch informelle Wirtschaftsausschüsse getroffen, die aus ausgewählten Vertretern des jeweiligen Aufsichtsrats oder Vorstandes rekrutiert wurden und an deren Spitze bisweilen Günther Quandt selbst trat.

Neben diesem Blick auf die Eigentumsverhältnisse werden epochenübergreifend die vielfältigen Mechanismen analysiert, mit denen Günther Quandt sein Imperium ausbaute und den jeweiligen Notwendigkeiten anpasste. Die Frage nach Kontinuitäten und Brüchen wird ebenso gestellt wie diejenige nach den spezifischen Handlungsspielräumen. Deren Bewertung zieht sich wie ein Ariadnefaden durch die Arbeit, weil sie sich je nach politischen Grundbedingungen – Kaiserreich, Weimarer Republik, «Drittes Reich», Besatzungszeit und Bundesrepublik – wandelten und entsprechende Neujustierungen der Strategien zur Folge hatten.

Wissenschaftliche Darstellungen über die Quandts sind Mangelware, und neben der bereits anfangs erwähnten Skizze von Kurt Pritzkoleit sowie der gut recherchierten Studie Rüdiger Jungbluths aus dem Jahr 2002 gibt es nur wenige zuverlässige Untersuchungen, auf die zurückgegriffen werden kann. Dieses Buch hat daher alle Vor- und Nachteile einer «Pionierstudie». Es schlägt eine Schneise und kann sich zugleich nur auf wenige wissenschaftliche Vorarbeiten stützen. Bedenkt man, dass zum Beispiel für einen in mancherlei Hinsicht mit Günther Quandt vergleichbaren Unternehmer wie Friedrich Flick in den letzten 60 Jahren Dutzende von Artikeln erschienen und allein seit 2007 drei dickleibige wissenschaftliche Werke vorgelegt worden sind,[36] wird deutlich, wie unzureichend bislang die Literaturbasis war, um zu wirklich begründeten Urteilen zu kommen. Wer sich eingehender über die hier benutzte Literatur und die Quellenlage informieren möchte, sei auf den Abschnitt verwiesen, der dem Quellen- und Literaturverzeichnis vorangestellt ist. Hier finden sich ein knapper Abriss der Historiographie zur Familie Quandt, aber auch weitere Informationen zum Quellenmaterial, das für diese Arbeit eingesehen und ausgewertet wurde.

2. TUCHFABRIKEN IM KAISERREICH: DIE ANFÄNGE EINES FAMILIENUNTERNEHMENS

Pritzwalk in der Prignitz, im Nordwesten der Mark Brandenburg gelegen, inmitten jener sprichwörtlichen «Streusandbüchse» des Heiligen Römischen Reiches Deutscher Nation, bildete den Ausgangspunkt für den Aufstieg des Familienunternehmens Quandt. In dieser für ihre Textilproduktion bekannten Kleinstadt wurde Emil Quandt, der Begründer des Familienunternehmens, am 13. Januar 1849 geboren. Die Vorfahren waren gegen 1700 aus Holland eingewandert und hatten sich rasch in die Mentalitäten und Traditionen des protestantischen Preußens eingefügt, sich assimiliert. Die «Ahnentafel» der Familie, die akribisch die Vorgängergenerationen der Familien bis zurück in die Mitte des 18. Jahrhunderts aufführt, nennt als Berufe Seiler-, Schuhmacher- und Tuchmachermeister, die alle aus einem eng umgrenzten brandenburgischen Raum stammten: aus Perleberg, Meyenburg, Wittstock an der Dosse und schließlich immer wieder Pritzwalk. Bedingt durch die günstige Lage in Wassernähe war diese Kleinstadt, deren Umgebung durch das Bild zahlreicher Schafherden geprägt war, schon seit dem Spätmittelalter eine ideale Stätte für Tuchmacher gewesen.[1] Zu Beginn des 19. Jahrhunderts erfuhr die dortige Textilindustrie durch die Ansiedlung von Spinnerfamilien einen bedeutenden Aufschwung. Während der Befreiungskriege wurden dort zudem in großem Umfang Militärtuche hergestellt, eine Tradition, die bald zu einer Art Markenzeichen der Region werden sollte. Als im Jahr 1821 ein Brand einen Großteil der Stadt zerstörte, konnte dies den Aufschwung nur kurz unterbrechen. Nach dem Wiederaufbau verdoppelte sich die Bevölkerung bis zum Jahr 1870 auf etwa 5800.[2]

Die regionalen Textilunternehmen profitierten von den technischen Innovationen der Zeit: Sie wurden durch den vermehrten Einsatz von zunächst noch britischer Technologie zum Schrittmacher der Industrialisierung in Deutschland,[3] verzeichneten exorbitante Zuwachsraten und erlebten im Zeichen von Bismarcks Schutzzollpolitik der 1870er

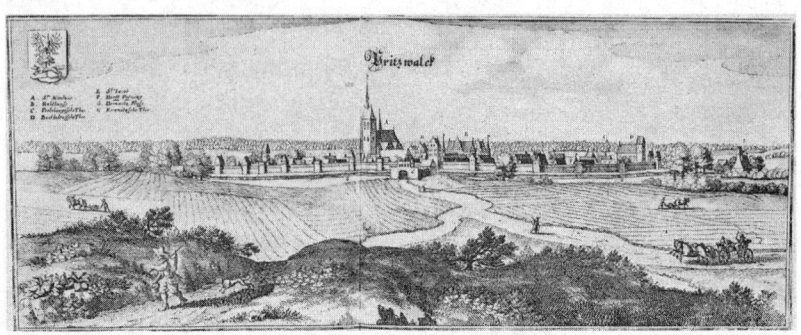

1 Im idyllischen Pritzwalk lag die Geburtsstätte der Unternehmerdynastie. Hier ein Stich aus dem Jahr 1652.

Jahre einen bedeutenden Wachstumsschub. Zeitweise waren vier von fünf Gewerbebeschäftigten in Preußen in dieser Branche tätig, meist in Kleinbetrieben[4] – eine durchaus paradoxe Entwicklung, denn vor allem die Weber kämpften angesichts der Überlegenheit der englischen Konkurrenz und der unbeschränkten Einfuhr qualitativ hochwertiger französischer Garne bei kontinuierlich sinkenden Preisen um ihren Lebensunterhalt.[5] Letztlich deutete dies langfristig den Niedergang der gesamten Branche an. Um nur ein Beispiel zu nennen: Während es in der Prignitz um 1800 noch knapp 140 000 Schafe gab, sank diese Zahl in den 1930er Jahren auf unter 10 000.

Waren Produktion und Handel lange Zeit noch klar voneinander getrennt gewesen, so war seit Beginn des 19. Jahrhunderts die Verantwortung für die Herstellung und den Absatz zunehmend in einer Hand konzentriert. Ein Textilfabrikant war nicht erfolgreich, wenn er nicht auch ein guter Kaufmann war. Zugleich wurden die Weichen zur industriellen Spinnerei bereits gestellt. Die brandenburgische Textilwirtschaft befand sich durch den zunehmenden Einsatz von Maschinen in einer Zeit des Übergangs von der handwerklichen Fertigung zur industriellen Produktion, wie nicht zuletzt die rauchenden Schornsteine in der Silhouette Pritzwalks auf einem Stich der Jahrhundertmitte verrieten.[6] In jenen Jahren der beginnenden industriellen Großfertigung, die den Weg von der «Meisterwirtschaft» zur «Ingenieurwirtschaft» markierten,[7] zeichnete sich zudem eine zunehmende Arbeitsteilung zwischen Fabrikation und Vertrieb ab. Großhändler, Zwischenhändler, Versandgeschäfte, Einkaufsvereinigungen und andere Grossisten nahmen den Produzenten nun die Ware direkt vom Lager ab und organisierten den Weitervertrieb.[8] Im Kaiserreich fielen Handelsschranken endgültig; der damit einhergehende «Gründerboom» trug dazu bei, dass Deutschland in der Reihe derjenigen Staaten, die von der «zweiten industriellen Revolution» profitierten, ganz vorne stand. Die 1873 einsetzende und fast bis zum Ende des Jahrhunderts andauernde Wirtschaftskrise verlief letztlich vergleichsweise milde. In ihrer Folge bildete sich mit der «korporativen Marktwirtschaft» eine Sonderform des Kapitalismus heraus, mit der neue wirtschaftliche Spielregeln geschaffen wurden, die nur noch wenig mit dem bisherigen «manchesterliberalen» Freihandel gemein hatte. Der Fortschrittsgedanke und das Leitbild einer weitgehend staatsfreien Gesellschaft verloren an Glanz; neue Formen der freiheitlich-korporativen Repräsentation wurden durch protektionistische und interventionistische Vorstellungen ergänzt.[9]

Emil Quandt trat 1865 im Alter von 16 Jahren in die 1839 gegründete Tuchfabrik Gebrüder Draeger ein. Er stieg bald darauf zum Handlungsgehilfen auf und wurde schon wenige Jahre später zu einem wichtigen Mitarbeiter August Draegers, des kaufmännischen Chefs und neben seinem Bruder Ludwig Mitinhabers des florierenden Familienunternehmens. Der auf Uniformtuche spezialisierte Betrieb war 1858 auf Fabrikfertigung umgestellt worden; ein ehemaliger Schafstall war zum Fabrikgebäude mit modernem Maschinenpark umgewandelt worden, auf einem Gelände, das wegen seiner Lage auf einer Insel der Dömnitz über eine ideale Fließwasserversorgung verfügte. Während das Garn auf Handspinnmaschinen gesponnen wurde, ersetzten sechs Webmaschinen die handbetriebenen Webstühle. Ihr Betrieb erfolgte durch ein Göpelwerk, eine senkrecht stehende Welle, die durch im Kreis laufende Pferde angetrieben wurde.[10] Die Spezialität waren einfarbige und melierte Tuche sowie reinwollene Futterstoffe, sogenannte Lamas, deren Abnehmer vor allem Behörden wie Armee, Marine, Eisenbahn, Post, Straßenbahn oder Feuerwehr waren. In den Kriegen von 1864, 1866 und besonders 1870/71 erhielt das Unternehmen umfangreiche Aufträge.

Trotz des Strukturwandels blieb die ländlich geprägte Kleinstadt vom Rhythmus der Natur bestimmt. Die Tuchherstellung lief im Grunde noch immer nach dem herkömmlichen Muster ab: Nach der

2 Der Begründer der
Unternehmerfamilie
Emil Quandt und
seine Frau Hedwig,
geborene Draeger.

Schur wurde die schmutzige und nicht gerade wohlriechende Wolle zu
großen Ballen gepresst, in die Wollwäscherei gebracht und anschließend in mehreren Arbeitsgängen gereinigt, gewaschen und gespült.
Danach wurde sie je nach Kundenwünschen «in der Wolle gefärbt»,
anschließend getrocknet, schließlich mit Zellwolle und Reißwolle ge-
mischt, aufgelockert und gefettet. Im nächsten Schritt gelangte sie in
die Vorspinnerei, um hier die Fäden des Wollgemischs auszurichten
und einen gleichmäßigen «Flor» zu erzielen. Danach wurde dieser
Schleier maschinell geteilt, zu lockeren Fäden geformt und auf Vor-
garnwalzen gewickelt. Als nächste Verarbeitungsstufe folgte die Fein-
spinnerei, bei der der Faden gezogen, gedreht und aufgespult wurde.
Selbsttätige Spinnmaschinen («Selfaktoren») rollten die Fäden auf
Spindeln, bevor nach dem Fadenspinnen das Weben durch die Web-
maschine erfolgte. In der anschließenden Walke wurden die noch
lockeren Gewebe verdichtet, in einem «Karbonisieren» genannten Vorgang sodann die reinwollenen Tuche auf etwa 100 Grad erhitzt, um
Faserreste zu entfernen. Die Tuche kamen in die Trocknerei, wurden in
der Schererei zurechtgeschnitten und zuletzt gefaltet und gestapelt ins
Lager gebracht.[11]
    Der Verkauf in Pritzwalk verlief ebenfalls, so hat sich Günther

Quandt an seine eigenen beruflichen Anfänge erinnert, «noch ähnlich wie im Mittelalter». Es gab zwar schon Marktberichte in den Zeitungen, aber die Tuchfabrikanten dachten und handelten seiner Meinung nach noch «wie in Vätertagen».[12] Allerdings hielt die Moderne selbst in der märkischen Provinz Einzug: Die Tuchballen wurden von Pritzwalk zur nächstgelegenen Bahnstation nach Wittenberge und dann auf dem Schienenweg zur jeweiligen Verkaufsmesse gebracht. Ein Großbrand bei der Tuchfabrik Draeger im Dezember 1871 zerstörte zwar den inzwischen vierstöckigen Fachwerkbau bis auf die Grundmauern. Dass die Londoner Versicherung Phoenix den Schaden von 23 172 Talern und 294 Silbergroschen schnell beglich, ermöglichte jedoch einen großzügigen Neuaufbau.[13]

August Draeger ließ sich bei dieser Gelegenheit ausbezahlen und zog sich aus dem Geschäft zurück. Sein eher technisch als kaufmännisch versierter Bruder Ludwig übernahm die Firma als Alleineigentümer,[14] und Emil Quandt, der Prokura erhielt, half beim Neuaufbau. 26 mechanische Webstühle, mehrere Weiterentwicklungen der Spinnmaschinen, nämlich halbautomatische «Mule Jennies», sowie eine bereits 1867 angeschaffte Dampfmaschine waren der Stolz der Tuchfabrik, die zudem über eigene Wollwäsche-, Walk-, Färberei- und Appreturanlagen verfügte und damit bereits über die Grenzen der Textilwirtschaft hinaus in den Bereich der chemischen Industrie vorstieß.

Alles sprach dafür, dass Emil Quandt in dem florierenden Betrieb bis zu seinem Ruhestand einer der unerlässlichen Mitarbeiter in der zweiten Reihe geblieben wäre. Aber als Ludwig Draeger 1879 starb, zeigte dessen ältester Sohn Paul als prädestinierter Nachfolger an der Tuchfabrikation kein Interesse. Emil Quandt, inzwischen Geschäftsführer der Firma, leitete für Friederike Draeger, die Witwe Ludwig Draegers, den Betrieb zunächst gemeinsam mit dem zweiten Sohn Max Draeger weiter. Ein Jahr später heiratete er die älteste Tochter Ludwig Draegers, die am 12. Mai 1855 geborene Hedwig.[15] Anfang 1883 erwarb er gemeinsam mit Max Draeger von dessen Mutter zu gleichen Teilen die Textilfabrik, die inzwischen 70 Arbeiter beschäftigte – eine in ihrer Bedeutung kaum zu unterschätzende Entscheidung: Eine Herzensangelegenheit und wirtschaftliche Vernunft schufen eine erfolgreiche Verbindung, die technisches, handwerkliches und kaufmännisches Know-how des kaufmännischen Angestellten mit den finanziellen Ressourcen der Eigentümerfamilie kombinierte.[16] Der Kaufvertrag notierte für beide Teilhaber einen Preis von

35 000 Talern; der am 29. März 1883 unterzeichnete Gesellschafter-vertrag regelte, typisch für ein Familienunternehmen, zugleich die Versorgungsansprüche der Angehörigen.[17] Neben der Witwe Draeger waren dies die Geschwister Max Draegers, der Referendar Paul Drae-ger, Emmi Draeger, Natalie Pfeffer, geborene Draeger, sowie die Ehe-frau Emils, Hedwig Quandt, geborene Draeger. Daneben wurde in dem ebenso komplexen wie ausbalancierten Vertragswerk auch Fritz Pfeffer, der Ehemann von Natalie beteiligt. Der Erbanteil Ludwig Draegers von 105 000 Mark wurde über diesen Gesellschaftsvertrag verteilt, in dem sich Emil Quandt und Max Draeger verpflichteten, Friederike Draeger 45 000 Mark zu zahlen, die auf die verkauften Grundstücke eingetragen und zu fünf Prozent verzinst wurden. Weil bei einer pünktlichen Zinszahlung für die ersten zehn Jahre eine Kündigung ausgeschlossen war, blieb das Kapital der Firma erhalten und erleichterte Investitionen. Die übrigen 60 000 Mark wurden auf die fünf Kinder Ludwig Draegers verteilt, die allerdings zum Teil be-reits einen Vorschuss in Form einer Aussteuer erhalten hatten und diesen Betrag abgezogen bekamen. Auch dieses Geld verblieb zumin-dest zunächst in der Firma: Paul Draeger, Natalie Pfeffer und Emmi Draeger erhielten mit 5 Prozent verzinste Schuldscheine, während das Kapital der noch minderjährigen Emmi bis zu deren Volljährig-keit unkündbar blieb. Das Kapital Hedwig Draegers wurde auf ihren Ehemann Emil Quandt übertragen. Um die Ausbildung Paul Drae-gers zu finanzieren, erhielt dieser einen Vorschuss, den er jedoch mit 5 Prozent zu verzinsen hatte. Der Gesellschaftsvertrag sicherte das finanzielle Auskommen aller Familienmitglieder und schloss zugleich einen Kapitalverlust für das Unternehmen aus, der bei einer sofor-tigen Auszahlung der Anteile zwangsläufig gedroht hätte.[18]

Der Kauf war für Emil Quandt, der das Unternehmen aus eigener Anschauung bestens kannte, zweifellos ein gutes Geschäft mit einem begrenzten Risiko. Allerdings fand der Erwerb in einer für die Tex-tilbranche krisenhaften Periode statt, die durch «üble Wettbewerbsver-hältnisse, Geldknappheit und vielerlei andere Sorgen» gekennzeichnet war.[19] Die Tuchherstellung machte angesichts der kostengünstigen internationalen Konkurrenz kontinuierliche Umstrukturierungen er-forderlich. Bei tendenziell fallenden Preisen[20] kauften die Tuchfabri-kanten zunehmend auf dem Weltmarkt günstig hinzu. Umständliche Transportwege führten zu einem Rückgang der heimischen Schafzucht und Wollproduktion, mit dramatischen Auswirkungen auf die gesamte

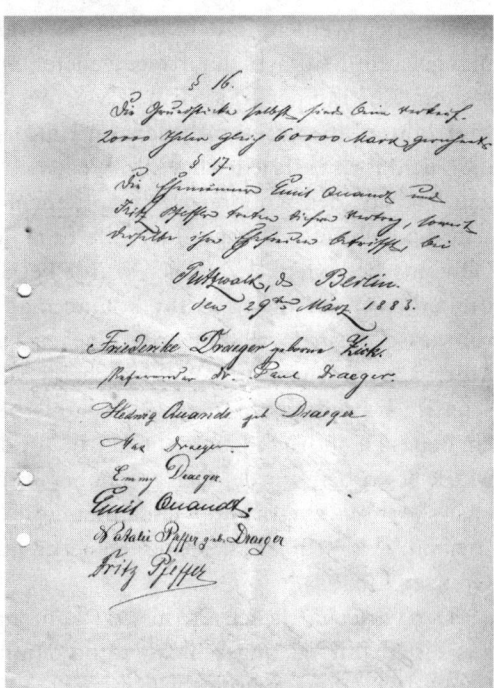

3 Der Gesellschaftsvertrag von 1883 ist gleichsam das Gründungsdokument der späteren Quandt-Gruppe. An dem Vertragsschluss waren sämtliche Mitglieder der Familien Draeger und Quandt beteiligt.

Branche: Von den einstmals elf Tuchfabriken in Pritzwalk überlebte nur das Unternehmen Gebrüder Draeger die 1880er Jahre. Im benachbarten Wittstock an der Dosse trotzten lediglich die Konkurrenten Friedrich Wilh. Wegener und Friedrich Paul dem unerbittlichen Wettbewerb.

Diese wirtschaftliche Notlage legte eine Zusammenarbeit der verbliebenen Betriebe nahe: Paul Georg Wegener, der Alleininhaber der 1828 gegründeten Tuchfabrik Friedrich Wilh. Wegener, die um ein Vielfaches größer war als die Gebrüder Draeger, bot Max Draeger und Emil Quandt 1882 Verkaufs- und Einkaufsvereinbarungen an. Diese Absprachen sahen vor, sich keine unnötige Konkurrenz im Einkauf von Schafwolle zu machen, sich gemeinsam um staatliche Aufträge zu bewerben und sie bei Erfolg im Verhältnis von 2/3 zu 1/3 aufzuteilen. Die Vereinbarungen erwiesen sich als ertragreich, was aber das Unternehmen Gebrüder Draeger noch nicht aus der Gefahrenzone brachte. Im Oktober 1884 musste ein Bittbrief an die Königliche Intendantur

geschrieben werden, in dem wegen des dramatischen Beschäftigungs-
mangels um Militärtuchaufträge gebeten wurde. Die Rettung brachte
erst ein Auftrag der Kaiserlichen Marine, die für einen Zeitraum von
fünf Jahren ihren Gesamtbedarf an Uniformstoffen zum Festpreis an
die Tuchfabriken Friedrich Wilh. Wegener und Gebrüder Draeger vergab. Da sich der Wollpreis 1885 auf einem Tiefstand befand, deckten
sich die Gebrüder Draeger für volle fünf Jahre ein, was einen «guten
Gewinn» bedeutete.[21] Zugleich wurde bei den Gebrüder Draeger kontinuierlich modernisiert: 1885 konnte man sich einen ersten Wasserrohrkessel leisten; 1888 wurde eine eigene Färberei errichtet, zwei
Jahre später wurde die Wollwäscherei vergrößert. Die 1867 angeschaffte Dampfmaschine erwies sich als unzureichend, so dass 1890
ein neues Hochdruck-Gerät mit 125 PS für den stolzen Preis von 16 450
Mark erworben wurde. Der gegenüber waghalsigen Finanzmanövern
eher skeptisch eingestellte Geschäftsmann Emil Quandt ging mit dem
Ausbau, wie sein Sohn später bemerkt hat, «fast schon über seine
Grenzen hinaus».[22]

Der wirtschaftlichen Prosperität kam zugute, dass Pritzwalk 1885
ans Eisenbahnnetz angeschlossen und damit zum «logistischen Mittelpunkt der Region» wurde.[23] Die mit einem Volksfest begangene Einwei-
hung der Strecke war eines der ersten Erlebnisse, an die sich Günther
Quandt später erinnern konnte. Für den Vater blieb die Qualität der
Tuche der Maßstab der Dinge. Er hielt sich zeitlebens, «an die greif-
baren Dinge: schöne, reine Wolle, gute, schwere Tuchballen, gemünztes
Geld oder ein Papier der deutschen Reichsbank – das waren reelle
Dinge».[24] Privat herrschte äußerste preußische Sparsamkeit: Beispielsweise leitete Emil Quandt einen Brief an seinen Sohn Günther mit dem
Hinweis ein, dieser habe seinen Brief mit 80 Pfennig statt den ausreichenden 40 Pfennig Porto frankiert.[25] Emil Quandts Bodenständigkeit
zeigte sich deutlich in seinem ökonomischen Credo: Investitionen sollten
grundsätzlich nur aus den Gewinnen – und damit ohne die Aufnahme
von Krediten – finanziert werden. Dieses für viele Familienunternehmen
der frühen Industrialisierung eherne Gesetz war in mancher Hinsicht
jedoch bereits eine überholte Wirtschaftsvorstellung und sein Sohn
Günther sah sich später an dieses Denken nicht mehr gebunden.

Günther Quandt wurde am 28. Juli 1881 in Pritzwalk geboren. Im
großzügig angelegten Haus Meyenburger Tor 6, neben der Stadtmauer
und der Tuchfabrik Gebrüder Draeger gelegen, verbrachten er und
seine vier jüngeren Geschwister, Werner (geb. am 27. Juli 1884),

4 Büro- und Wohnhaus am Meyenburger Tor.

Gerhard (14. November 1885), Edith (22. Januar 1891) und Annaliese (5. Januar 1894),[26] eine behütete und sorglose Kindheit. Rückblickend hat Günther Quandt festgestellt, dass in seiner Jugend die Menschen in Pritzwalk «nicht viel anders als zur Zeit Friedrichs des Großen» lebten, «in einfachen, übersichtlichen Verhältnissen, in einer ständisch geordneten Gesellschaft, geeint durch ein unerschütterliches Treueverhältnis zur Krone».[27] Das bürgerliche Leben und die Prägung durch das Elternhaus spiegelten die klassischen Strukturen eines Familienunternehmens wider.[28] Selbst spätere Generationen haben sich an den Zusammenhalt erinnern können und erwähnt, man habe geradezu von einem «Familienkomplex» sprechen können: Pritzwalk sei «der zusammenfassende Mittelpunkt der Familie» gewesen.[29] Für die drei Brüder lässt sich schon früh eine gezielte Vorbereitung für eine Nachfolge im Sinn der Unternehmenssicherung nachweisen: zunächst eine systematisch angelegte schulische und betriebliche Ausbildung, die die designierten Unternehmensnachfolger auf ihre zukünftigen Aufgaben vorbereiten sollte; sodann die rechtzeitige Herausbildung eines geeigneten Modus der geregelten Unternehmensübergabe von einer Generation auf die andere; schließlich die komplikationslose Übergabe des Unternehmensbesitzes.[30] Günther Quandt zählte seine Schulzeit später

5 Werner, Günther und
Gerhard Quandt.
Bezeichnenderweise sind
die Schwestern Edith und
Annaliese nicht auf dem
Foto abgebildet.

zu seinen «glücklichen Jahren». Von 1888 bis 1896 besuchte er die
örtliche Mittelschule, wobei er später freimütig bekannte, die letzte
Klasse «sogar zweimal» durchlaufen zu haben.[31] Anschließend wechselte er aus der märkischen Provinz an die Luisenstädtische Oberreal-
schule in Berlin – ein Schritt, der für die Horizonterweiterung eines
zukünftigen Besitzers eines Familienbetriebs geradezu unabdingbar
war. Hier erwarb er sich naturwissenschaftliche Kenntnisse, die als
notwendig angesehen wurden, um die enormen technologischen Veränderungen der Textilindustrie zu begreifen. Günther entwickelte eine
Vorliebe für Geographie, aber auch das Englische und die Geschichte
begeisterten ihn, so wie die naturwissenschaftlichen Fächer Mathe-
matik und Chemie.

Während sich Günther der Schule widmete, bereitete der Vater, der
aufgrund von Gallen- und Leberkrankheiten immer öfter zu Kurauf-
enthalten nach Karlsbad reiste, eine geregelte Nachfolge vor. Emil
Quandt, so hat sich Günther Quandt später erinnert, «dachte wie ein
Bauer oder Handwerker alten Stils in Generationen. Was er erarbeitet
hatte, sollten seine Söhne, meine Brüder Werner, Gerhard und ich, ein-

mal fortführen. Daher ließ er uns so sorgfältig wie möglich ausbil-
den.»[32] Der älteste Sohn wurde mit der Primarreife zu Ostern 1899 aus
der Schule genommen und lernte im elterlichen Betrieb zunächst die
technischen und kaufmännischen Vorgänge der Textilherstellung kennen, um sich schon früh auf die zukünftigen Führungsaufgaben vorzubereiten.[33] Günther Quandt hätte, wenn er die Wahl gehabt hätte, lieber Architektur studiert – ein Fach, das ihn lebenslang fesselte. Die
Konventionen und die Familientraditionen ließen dem Erstgeborenen
freilich wenig Chancen zur Verwirklichung solcher Träume. Es wäre,
so vermerkte er später lakonisch, für seinen Vater «ein zu harter Schlag
gewesen, wenn sein Ältester nicht in das mit so viel Liebe und Mühe
aufgebaute Werk eingetreten wäre».[34] Im väterlichen Betrieb lernte er
die Tuchmacherei von der Pike auf: am Webstuhl, an den Selfaktoren,
bei der Walke, der Wäsche und in der Färberei. In seinen Memoiren
hat Günther Quandt die Schulung durch einen der Fachleute zu seinen
schönsten Erinnerungen gezählt: «Ein Küpenführer und Färbermeister
comme il faut, zauberte er aus dem Saft der subtropischen Indigo-
pflanze in wochenlang vorbereiteten Gärungsküpen die zauberhaftes-
ten Marine- und Dragoner-, Hell- und Himmelblaus, mit der Krapp-
wurzel des Franzosen Rot, dann aber auch mit Anilin und Alizarin das
licht-, luft-, wasser- und reibechte Schwarz und Blau und Grau und
Grün.»[35] Die fachliche «Kurzausbildung» wurde um die technische
Ausbildung an Dampfmaschinen, Pumpen, Transmissionen, Gas- und
Wasseranlagen ergänzt, abgerundet durch die kaufmännische Einweisung in Buchhaltung, Inventur sowie Ein- und Verkauf.

Im Oktober 1899 wurde Günther Quandt auf die «Preußische
Höhere Fachschule für Textil-Industrie» in Aachen geschickt – ein
treffendes Beispiel für die Verwissenschaftlichung und Professionalisierung der damaligen Ausbildung in Deutschland, die geradezu
Modellcharakter hatte und zur technologischen «Weltmachtstellung»
des Reiches erheblich beitrug.[36] Im August 1900 bestand er sein Abschlussexamen mit der Note «Gut». In diese Zeit fiel eine Rheinreise
zu Fuß und per Fahrrad – eine Abwechslung vom Arbeitsalltag, die
zugleich einen traditionellen Hintergrund hatte, weil sie «zum Kanon
der Ausbildung des unternehmerischen Nachwuchses»[37] gehörte:
später schickte er seinen Sohn Hellmut als potentiellen Nachfolger
ebenfalls auf die große Reise.

Die Übernahme der Tuchfabrik Friedrich Wilh. Wegener

Nach einem Abstecher zur Pariser Weltausstellung wechselte Günther Quandt zunächst am 1. Oktober 1900 zur angesehenen Görlitzer Tuchfabrik Iwand-Hamann. Die Abordnung in ein familienfremdes Unternehmen sollte ihn mit den technischen Verfahren und Praktiken der Branche vertraut machen und mit Abnehmern und Lieferanten in Kontakt bringen.[38] Zwar war ein ganzes Jahr in Görlitz vorgesehen, aber sein Vater rief ihn vorzeitig zurück: Weil der mit Emil Quandt verschwägerte Inhaber der Tuchfabrik Friedrich Wilh. Wegener, Paul Georg Wegener, im Mai 1900 gestorben war, stellte sich abermals eine Nachfolgefrage. Max Draeger, der mit einer der beiden Töchter Paul Georg Wegeners verheiratet war, sah sich gesundheitlich nicht in der Lage, die doppelt so große Tuchfabrik Friedrich Wilh. Wegener zu übernehmen.[39] Emil Quandts Kompagnon war schon vier Jahre zuvor aus Gesundheitsgründen bei den Gebrüdern Draeger ausgeschieden und Quandt mit Wirkung vom 1. Oktober 1896 alleiniger Inhaber der Firma geworden, die sich inzwischen gut entwickelt hatte und seit 1896 auch das schwedische Heer belieferte.

Für Max Draeger lag es nahe, die Fabrik zunächst seinem Schwager Quandt anzubieten, obwohl sich für die gut geführte Tuchfabrik auch der einflussreiche Textilfabrikant Georg Braun aus Hersfeld interessierte. Im Dezember 1900 machte Max Draeger seinem Schwager ein verlockendes Angebot, das dennoch hart an die Grenze der finanziellen Kapazitäten von Emil Quandt ging. Nach tagelanger Beratung mit seinem ältesten Sohn wurde der Vertrag am 10. Januar 1901 dennoch freundschaftlich und ohne langes Feilschen besiegelt. Emil Quandt zahlte 1,1 Millionen Mark für ein Unternehmen mit einem geschätzten Marktwert von 1,2 Millionen Mark. Der Kaufpreis wurde auf zehn Jahre gestundet, bei einer Verzinsung von 4,5 Prozent und einer sofort fälligen Anzahlung von 200 000 Mark, die aus den Barbeständen aufgebracht wurde.[40] Der noch nicht 20 Jahre alte Günther Quandt verzichtete nun auch auf eine von seiner Mutter gewünschten einjährigen Bildungsreise nach Frankreich und England und übernahm am 11. Januar 1901 die Leitung des Betriebes in Wittstock. Ihm standen zwei Prokuristen zur Seite; jeweils dienstags und freitags erfolgten Kontrollbesuche des Vaters in der Geschäftsführung. Zug um Zug gewährte der Vater eine weitgehende unternehmerische Selbständigkeit, was ebenfalls durchaus üblich war: Gewöhnlich erhielten die Söhne zunächst die

Zeichnungsbefugnis für das väterliche Unternehmen, anschließend wurden sie als Teilhaber, als Komplementär, als Mit-Geschäftsführer einer GmbH oder als Vorstandsmitglied einer Familienaktiengesellschaft auch offiziell in die Firmenleitung aufgenommen.[41]

Das unüberschaubare und auf sechs Betriebe verteilte Unternehmen Friedrich Wilh. Wegener war erneuerungsbedürftig.[42] Der kaufmännisch vorsichtig haushaltende Vater genehmigte die Umstrukturierung unter bestimmten Bedingungen: Das Rohstoff- und Fabrikatlager sollte klein gehalten werden und Bankkredite sollten «nur im Notfall»[43] in Anspruch genommen werden. Weil für eine großzügige Generalplanung kein Geld vorhanden war, wurde 1901 in der sogenannten Fabrik II vor dem Rheinsberger Tor zunächst eine neue Wollwäscherei mit modernen Trockenapparaten installiert. Die Geschäfte besonders für das Heer liefen gut, weil sich für Militärtuche die Farbgebung geändert hatte. Waren noch im Deutsch-Französischen Krieg kräftige Blautöne vorherrschend gewesen, setzte sich nun das Feldgrau durch. Da durch diese Umstellung auf die Camouflage die älteren Uniformen ersetzt werden mussten, waren die zusätzlichen Aufträge des königlichen Bekleidungsamtes eine hochwillkommene Ergänzung des ohnehin bald einträglichen Geschäfts,[44] die wiederum großzügige Investitionen ermöglichten: 1902 die Färberei und Trocknerei, eine Tuchwalke, eine Karbonisation, schließlich eine ganz neue Dampf- und Kraftanlage mit einem energiesparenden «Economiser» der führenden britischen Firma Green.[45] Auch die Krempelei und die Spinnerei wurden 1904 modernisiert.

Der jüngere Bruder Werner, der zunächst die Webschule in Aachen besuchte, trat Anfang 1904 als Verstärkung in die Geschäftsführung der Gebrüder Draeger ein. Der unverkennbare Tatendrang der jüngeren Generation zeigt sich in der rückblickenden Angabe Günthers, er und sein Bruder Werner hätten sich damals «wie zwei junge Pferde im Geschirr» gefühlt.[46] Im Jahr 1906 war der technische Neuaufbau der Wegener'schen Fabrik in Wittstock abgeschlossen und begann sich zu rentieren. Abgesehen von den beiden Lagergebäuden war die Produktion jetzt im Wesentlichen auf die beiden Fabriken in der Oberkettenstraße und vor dem Rheinsberger Tor konzentriert. Als Anerkennung seiner Arbeit erhielt Günther Quandt von seinem Vater am 12. September 1906 Prokura.[47]

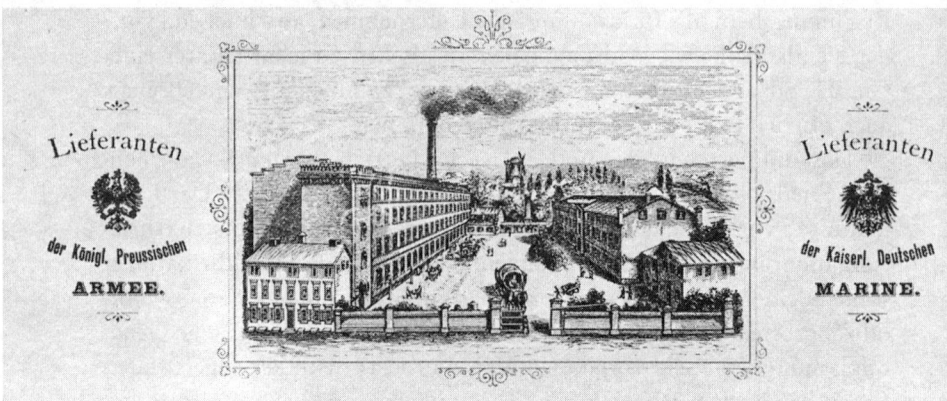

6 Stolz präsentieren sich die Gebrüder Draeger als Lieferanten von Heer und Marine.

Umwelt, Soziales, Paternalismus: Begleiterscheinungen und
Entwicklungen in der Prignitzer Tuchindustrie

Die Tuchfabriken bestimmten weiterhin das Aussehen Pritzwalks, auch wenn angesichts zahlreicher Pleiten in der regionalen Tuchindustrie in Pritzwalk nur noch die Schornsteine bei den Gebrüdern Draeger rauchten. Die Tuchherstellung brachte allerdings manche Schattenseiten der Industrialisierung zum Vorschein. Die Dömnitz wurde seit jeher als Abwasserkanal genutzt, und die Gebrüder Draeger führten seit 1856 ihre Abwässer in das Flüsschen ab. Durch den Ausbau des Unternehmens waren die Einleitungen im Jahr 1909 gegenüber dem Jahr 1890 bereits um 55 Prozent gestiegen. Ende 1912 stellte die Polizeiverwaltung der Stadt Pritzwalk nach wiederholten Anliegerbeschwerden über gelbe, grüne, rote und blaue Abwässer fest, dass diese offensichtlich ungeklärt in die Dömnitz geleitet wurden. Der Firma wurde der Bau einer Kläranlage zur Auflage gemacht, was jedoch auf den Widerspruch des Unternehmens stieß: Man habe die Wollmaschinen auf undichte Stellen in den Sieben überprüft und Ausbesserungen durchgeführt, um den Abfluss von Wollfasern technisch zu unterbinden. Außerdem habe man eine Anlage zum Auffangen der Wollflocken eingerichtet. Weil die Abwässer nach Auskunft eines Gutachters nicht gesundheitsschädlich seien, sehe man keinen weiteren Handlungsbedarf. Der Streit zog sich monatelang über mehrere Instanzen bis zum Landrat hin. Dieser rügte, die Dömnitz gleiche durch die Verunreinigung «mehr einem offenen Faulbecken als einem Flusse», wofür die Gebrüder Draeger jedoch andere Verursacher wie Mühlen und Gerbereien verantwortlich machten. Die Tuchfabrik legte Beschwerde beim Regierungspräsidenten ein und verwies darauf, dass weitere Klärmaßnahmen die Wirtschaftlichkeit des Betriebs in Frage stellten. Wie der Streit ausgegangen ist, ist nicht bekannt. Das letzte überlieferte Schreiben aus dem Dezember 1913 schob eine endgültige Entscheidung bis zum Bau einer städtischen Kläranlage auf.[48]

Über die Arbeitsbedingungen in den Textilfabriken der Quandts ist wenig bekannt. Günther Quandt hat später angegeben, das Verhältnis zu den Mitarbeitern sei «ausgezeichnet» gewesen und eine «Soziale Frage» habe man in den Betrieben in Pritzwalk und Wittstock nicht gekannt. Diese Sichtweise ist in der Biographie Herbert Quandts übernommen worden,[49] obwohl viel dafür spricht, dass dies eher das patriarchalisch-paternalistische Selbstverständnis spiegelt, das ein gutmütig-einvernehmliches Verhältnis postulierte, während in der Realität des Kaiserreiches Interessensgegensätze durchaus in Arbeitskämpfe münden konnten.[50]

Wie stark in Pritzwalk an den überkommenen Vorstellungen einer Gemeinschaft von Fabrikherrn und Arbeitern noch festgehalten wurde, zeigte sich bei manchen alljährlichen gemeinsamen Feierlichkeiten, bei denen soziale Unterschiede keine Rolle spielen und das Zusammengehörigkeitsgefühl gestärkt werden sollte. Wie sehr diese überkommenen Strukturen jedoch bereits aufgebrochen waren, zeigte sich beispielsweise anlässlich der Hochzeit Günther Quandts, bei der gleich zwei Feste gefeiert wurden: Eines im Kreis der Familie mit ausgewählten Gästen, ein zweites parallel für die Arbeiterschaft, an dem Günther Quandt mit seinen Eltern und seiner Frau lediglich für ein paar Stunden teilnahm.[51]

Die Arbeiterbewegung war auf dem Land noch schwach ausgebildet. In Pritzwalk bestand erst seit 1889/1890 eine Ortsgruppe der SPD. Der 1. Mai als Kampftag der Arbeiterbewegung war hier vor der Jahrhundertwende nahezu unbekannt. Erst nach der Jahrhundertwende begann sich dies allmählich zu ändern, auch wenn die Ortsgruppe der SPD 1902 erst sieben Mitglieder zählte. Doch dürfte die Zahl ihrer Sympathisanten weit höher gelegen haben. Heftig umstritten war die Frage der täglichen Arbeitszeiten. Diese betrugen in der

Textilindustrie in den 1870er und 1880er Jahren etwa elf Stunden und waren damit etwas höher als in anderen Industriezweigen, sie schwankten jedoch bedingt durch Jahreszeiten, Saison und Konjunktur. In manchen Textilbetrieben wurde in dieser Zeit bereits eine verkürzte Samstagsarbeit eingeführt, während an Sonntagen oftmals Reparaturarbeiten an den Maschinen vorgenommen wurden. Im Schnitt lag die Wochenarbeitszeit bei 66 bis 72 Stunden. Seit der Jahrhundertwende ließ sich eine Tendenz zum 10-Stundentag feststellen, der 1910 gesetzlich eingeführt wurde, zugleich mit der Festlegung der Wochenarbeitszeit auf 58 Stunden.[52] Gezahlt wurden überwiegend Akkordlöhne. In der Textilindustrie war es durchaus üblich, dass ganze Familien im selben Betrieb arbeiteten. Arbeitgeber waren in einem höheren Maße als in anderen Wirtschaftszweigen auf ihre Stammbelegschaft von Facharbeitern und angelernten Kräften angewiesen.[53] Der Frauenanteil in der Textil- und Tuchindustrie war vergleichsweise hoch und betrug auch bei den Gebrüdern Draeger mehr als die Hälfte der Belegschaft. In der Wollbereitung, beim Säubern und Sortieren der Wolle sowie in der Spinnerei war das Geschlechterverhältnis ausgeglichen. In der Weberei arbeiteten zwar zunächst mehr Männer als Frauen, doch der Frauenanteil stieg bereits vor der Jahrhundertwende auf über 40 Prozent an. Die Wollfärberei und die Druckerei blieben hingegen Männerdomänen.[54] Wie die Verhandlungen über Löhne und Arbeitszeiten bei den Gebrüdern Draeger geführt wurden, ist nicht bekannt, und auch über die politische Orientierung Emil Quandts, der von 1889 bis 1895 Stadtverordneter war,[55] weiß man wenig. Im November 1894 wurde er für eine sechsjährige Amtsdauer zum Ratsherrn in Pritzwalk gewählt.[56] Es ist wahrscheinlich, dass sich der preußische Konservative ganz im Sinn des Honoratiorengedankens den lokalen und regionalen Problemen und dem Fortkommen seines Unternehmens widmete.[57] Das patriarchalische Verständnis zeigte sich in der 1905 gegründeten «Emil Quandt-Stiftung»; der damit verbundene Gedanke wurde während des Ersten Weltkrieges durch die Errichtung gemeinnütziger Stiftungen in Pritzwalk und Wittstock in Höhe von jeweils 50 000 Mark weitergeführt. Die Gebrüder Draeger übernahmen 50 000 Mark und die beiden Wittstocker Firmen jeweils 25 000 Mark. Bedacht werden sollten vorzugsweise Textilarbeiter, aber auch die Vaterländischen Frauenvereine, die Kirche, das Rote Kreuz und die lokalen Jugendorganisationen.[58]

7 Emil Quandt übernahm 1901 die Tuchfabrik Friedrich Wilh. Wegener.
Günther Quandt wurde mit der Betriebsleitung betraut.

Hochzeiten und Unternehmensnachfolge: Das Familienunternehmen geht in die zweite Generation

Für junge Unternehmer war es durchaus üblich, nach der Ausbildung zunächst einmal erste berufliche Erfahrungen zu sammeln und ein gewisses materielles Fundament zu schaffen, bevor sie sich der Familiengründung widmeten.[59] Bereits seit langem kannte Günther Antonie Ewald, die am 15. August 1884 geborene Tochter des Pritzwalker Maschinenfabrikanten Fritz Ewald, des besten Freundes seines Vaters. Aufgrund seines ganz auf die Unternehmensnachfolge zugeschnittenen

Ausbildungsprozesses hatten sie sich vorübergehend aus den Augen verloren. Fritz Ewald hatte gemeinsam mit seinen Brüdern das väterliche Kupferschmiedegeschäft übernommen und später eine florierende Fabrik für landwirtschaftliche Maschinen und Feuerspritzen aufgebaut. Mit dieser Sparte gehörte er jedoch nicht zum exklusiven Kreis der örtlichen Textilindustriellen. Wohlstand allein reichte nicht aus, um das Wohlwollen der Eltern Günthers zu erringen, die die Verbindung ihres Sohnes trotz aller freundschaftlichen Bande eine Zeitlang als eine Art Mesalliance ansahen: Der im wahrsten Sinne des Wortes «betuchte» Textilhersteller Emil Quandt, der sich gerade gesellschaftlich etabliert hatte, wollte sich offenbar vom «Geldadel» eines Landmaschinenbauers wie Fritz Ewald bewusst absetzen. Die offenkundigen – allerdings nicht näher spezifizierten – Versuche, die Beziehung zu unterbinden, ließen Günther Quandt zeitweilig daran denken, in die Vereinigten Staaten von Amerika auszuwandern. Der Filius setzte sich allerdings durch. Seine romantischen Gefühle und seine Liebe waren stärker als kaufmännische Überlegungen, eine Einstellung die im Übrigen im wirtschaftsbürgerlichen Milieu gar nicht einmal so ungewöhnlich war.[60]

Nachdem die Eltern schließlich nachgegeben hatten, wurde die Verlobung auf der Feier zur Silberhochzeit der Eltern am 20. Juli 1905 bekannt gegeben. Die Hochzeit von Günther und Antonie fand am 27. September 1906 statt. Während sich Emil mehr und mehr aus dem Tagesgeschäft zurückzog und mit seiner Ehefrau nach Wittstock ging, zogen Günther Quandt und seine Frau nach einer ausgedehnten Hochzeitsreise in das ehemalige elterliche Haus in Pritzwalk ein. 1909 trat auch der dritte Bruder Gerhard nach seiner Ausbildung in die väterlichen Tuchfabriken ein.

Eine weitere Heirat brachte auch die zweite große Tuchfabrik in Wittstock in die Verfügungsgewalt der Familie. Die älteste Schwester, Edith, der Günther Quandt zeitlebens besonders zugetan war, heiratete im Jahr 1911 den Tuchfabrikanten Friedrich «Fritz» Paul.[61] Das seit 1845 im Familienbesitz befindliche Werk war ein kleiner, aber hochmoderner Konkurrenzbetrieb in Wittstock, der stets im harten Wettbewerb zu den Quandt'schen Tuchbetrieben gestanden hatte und nun nicht mehr als «feindlich» gelten musste. Abermals ermöglichten also freie Partnerwahl und eine dieses Mal standesgemäße Hochzeit, dass eine weitere lukrative Tuchfabrik in den Einflussbereich der Quandts geriet.[62]

8 1906 heiratete Günther Quandt die aus einer befreundeten Familie stammende Antonie Ewald.

Kurz darauf traf Emil Quandt, der sein Lebenswerk über den eigenen Tod hinaus gesichert wissen wollte,[63] in enger Absprache mit seinem Sohn Günther eine Entscheidung, die symptomatisch für das weitsichtige familienpolitische Denken war: Die jetzt getroffene Verabredung regelte die Nachfolge, den wohl kritischsten Moment für das Fortbestehen eines Familienunternehmens.[64] Zwischen den drei Brüdern und dem Schwager Fritz Paul wurde am 1. Oktober 1911 ein Gesellschaftervertrag geschlossen. Die drei Firmen wurden unter dem Namen Draeger-Paul-Wegener-Werke GmbH (DPW) gemeinsames Eigentum der vier «jungen Herren», wie der Patriarch die Nachfolgegeneration titulierte. Die erst 1892 eingeführte Rechtsform einer GmbH erleichterte die Zusammenarbeit in den von den Eigentümern geführten Familienunternehmen, weil die für Publikumsgesellschaften typische Rollenverteilung zwischen Hauptversammlung, Aufsichtsrat und Vorstand entfiel und damit mögliche Interessenkonflikte vermieden wurden – ein seinerzeit innovativer Weg, die Nachkommen zur Geschäftsübernahme zu ermuntern. Die aktiven Unternehmer übernahmen als Vorstandsmitglieder und gegebenenfalls auch als Geschäftsführer Aufgaben als leitende Angestellte. Die nicht unternehmerisch tätigen Familienmitglieder hingegen übten in Gesellschafterversammlungen Kontrollrechte aus. Eine solche Konstruktion galt als effektiver als die herkömmliche offene Handelsgesellschaft, um familienfremde Übernahmen zu verhindern.[65]

Die Übertragung war dennoch ein komplexer handelsrechtlicher Vorgang: Günther und Werner Quandt wurden als offene Handelsgesellschafter bei Gebrüder Draeger eingetragen; bei Friedrich Wilh. Wegener wurden Max Draeger, Günther und Gerhard Quandt in gleicher Funktion benannt; Rudolf Paul und sein Sohn Fritz Paul ließen sich genauso bei Friedrich Paul verzeichnen. Wirklich unternehmerische Verantwortung trugen jedoch nur die Brüder Günther, Werner und Gerhard Quandt sowie der jetzt familiär verbundene Fritz Paul: Sie waren mit je 25 Prozent an Gewinn und Verlust der drei Firmen beteiligt.[66] Nach Abschluss des Vertrages zahlte Emil Quandt einen höheren Kapitalbetrag bei Draeger und Wegener ein, der mit 4 Prozent verzinst wurde. Um die zum 1. Januar 1914 eingeführte Erbschaftssteuer zu umgehen, übertrug er Ende 1913 zudem weiteres Kapital an die Gebrüder Draeger und Friedrich Wilh. Wegener, so dass er insgesamt 1,64 Mio. Mark einzahlte, die er nun jährlich mit 5 Prozent verzinst bekam. In der Schenkungsurkunde an seine Kinder formulierte Emil Quandt: «In Erwartung, dass meine Kinder fleißig, sparsam und brav bleiben, schenke ich als Vater jedem meiner Kinder je 250 000 Mark.»[67] Eine vermutlich von 1913 stammende Vermögenserklärung gibt Aufschluss über die Anteile der Brüder Werner und Gerhard Quandt an den DPW. Demnach betrug Werners Anteil 381 393 Mark, während Gerhard sein Vermögen auf 363 482 Mark bezifferte.[68]

Der Besitzübergang verhinderte von vorneherein in einem geregelten Verfahren mögliche Unklarheiten und Erbstreitigkeiten. Zwar wäre es rechtlich durchaus möglich gewesen, den Nachfolgern das Vermögen in ungleicher Weise zu hinterlassen, aber davon wurde vergleichsweise selten Gebrauch gemacht. Die «habituelle Orientierung an bürgerlichen Erbpraktiken» legte eher eine «Erbgerechtigkeit» nahe, die sich am Gleichheitsgebot gegenüber allen Kindern orientierte. Die Vererbung im Mannesstamm entsprach den gängigen Methoden der Loyalitätsbindung und familiären Selbsterhaltung.[69]

Nach Übergabe der Verfügungsgewalt an seine Söhne ließ Emil Quandt diese zwar weitgehend gewähren, sah aber, wie der Älteste sich erinnerte, weiterhin «überall nach dem Rechten».[70] Dieses nicht unproblematische, aber doch auch typische Verhalten von Unternehmensgründern, denen der Abschied aus dem Geschäft oft schwerfällt,[71] scheint jedoch erträglich gewesen zu sein. In seinen Memoiren hat Günther Quandt über väterliche Interventionen nicht geklagt, und Emils Briefe an seine Söhne zeugen eher vom Wunsch, Informationen zu erhalten, wenn auch manche Ratschläge über Absatzzahlen und Margen einen zum Teil belehrenden Charakter annahmen.[72] Selbst auf Erholungsreisen erkundigte er sich regelmäßig über die Geschäftslage.[73] Besonderen Wert legte Emil Quandt auf den Erhalt staatlicher Aufträge, weil Eisenbahn-, Marine- und andere Behördenlieferungen «das sicherste Geschäft» blieben, zumindest wenn man «tadellose» Ware bei genauer Einhaltung «des richtigen Gewichts der Ware» lieferte.[74] Die staatlichen Aufträge sah er als eine Tradition an, die, weil sie «unausgesetzt über 50 Jahre» bestand, niemals verloren gehen durfte. Seinen Söhnen empfahl er: «[D]ie müßt Ihr ob gut oder schlecht immer durchhalten.»[75]

Zahlreiche Familienunternehmen wurden und werden gleichberechtigt von Brüdern – und mittlerweile auch von Schwestern – geführt, und jüngst ist hierfür der Begriff des «Fraternalismus» vorgeschlagen worden, um eine horizontale Hierarchie zu beschreiben, bei der sich gleichrangige Familienmitglieder einigen müssten,[76] was auch die Unternehmensführung bei den Quandts adäquat beschreibt. Für die Textilfabriken war ursprünglich ein gleichberechtigtes Regiment der drei Brüder sowie des Schwagers Fritz Paul vorgesehen, aber unverkennbar veränderte sich schon vor dem Ersten Weltkrieg die Hierarchie zugunsten Günther Quandts. Die spätere kriegsbedingte Abwesenheit von Werner und Gerhard Quandt sowie Fritz Paul beschleunigte diesen Prozess. Günther erteilte selbst in den 1920er Jahren seinen Brüdern noch präzise Ratschläge und schreckte vor Zurechtweisungen nicht zurück.[77] Bei Meinungsverschiedenheiten kam es vor, dass sich leitende Angestellte hinter dem Rücken von Werner an dessen älteren Bruder wandten.[78] Offenbar war Günther Quandt von den wirtschaftlichen Fähigkeiten seines jüngeren Bruders nicht überzeugt und erwartete beispielsweise im März 1923 – als

9 Wenige Jahre nachdem Günther Quandt die Unternehmensführung der Tuchfabriken übernahm, setzte er bereits umfangreiche Ausbauten um, hier die Fabrik der Gebrüder Draeger 1907/08.

er bereits genügend mit großindustriellen Angelegenheiten zu tun hatte – eine «größere Selbständigkeit» in Pritzwalk.[79]

Vor allem öffentliche Aufträge hatten schon vor der Festlegung der Erbfolgefrage zu einem stetigen Umsatzplus geführt. Die Klientel blieb im Wesentlichen unverändert: Heer und Marine, Schützen und Schaffner, Chauffeure, Pförtner und Wächter, schließlich das Rote Kreuz. Die vier Gesellschafter setzten die Modernisierung bei den nun unter einem gemeinsamen Namen firmierenden Tuchfabriken daher fort: Der Maschinenpark wurde erneuert, die Transportwege im Werk verkürzt, die Lagerhaltung verbessert.[80] Die Zahl der Webstühle wurde von 26 auf 84 erhöht, die Zahl der Spinnspindeln stieg von 1500 auf 4000. Im Jahr 1908 wurde eine neue Dampfmaschine mit 400 PS und ein Wasserrohrkessel mit 307 Quadratmetern Heizfläche angeschafft. Zudem wurde eine der ersten Vakuum-Heizungsanlagen im Werk eingebaut und eine neue Wollwäscherei und Färberei sowie ein vierstöckiger Spinnerei- und Weberei-Hochbau errichtet.

Das Wolllager wurde auf 11 300 Quadratmeter mehr als verdoppelt. 1911 war die Fabrikanlage vom Kesselhaus bis zu den Chefbüros auf den neuesten Stand gebracht. Das Wohnhaus wurde nun mit Zentralheizung und elektrischem Licht ausgestattet.

Die Gründung der Interessengemeinschaft (IG)

In der deutschen Tuchindustrie waren inzwischen ähnliche Konzentrations- und Fusionsprozesse zu beobachten wie in den anderen Industriezweigen, was mit einem beschleunigten Trend zur organisatorischen Ausbreitung der Interessenverbände einherging. Während über Schutzzölle debattiert wurde, die von Agrarverbänden und Teilen der Eisen- und Stahlindustrie gegen unliebsame ausländische Konkurrenz gefordert wurden, rückten Kartelle, Syndikate und ähnliche Interessengemeinschaften ins Zentrum des Interesses.[81] Das Reichsgericht erkannte im Februar 1897 Zusammenschlüsse zur Hebung von unangemessen niedrigen Preisen als rechtmäßig an. Somit verstießen Kartelle nicht gegen die Gewerbefreiheit.[82] Als in der Regel freiwilliger «Zusammenschluss selbständig bleibender Unternehmungen zumeist des gleichen Produktionszweiges und der gleichen Produktionsstufe zum Zweck des gemeinsamen und gleichartigen Verhaltens auf dem Markt»[83] waren sie zeitgenössisch weniger umstritten als heute, weil sie als ordnungspolitisches Element auf einem hart umkämpften Markt galten.[84] Preise und Absatzgebiete legten die Mitglieder im gegenseitigen Einverständnis fest; damit wurde der Wettbewerb allerdings nicht beseitigt, sondern in die Kartelle verlagert, in denen nun ein Kampf um die Quote geführt wurde.[85] Der hohe Grad der Kartellierung – besonders in der Schwerindustrie – war ein deutsches Spezifikum; allenfalls in Österreich, Belgien und mit Abstrichen in Frankreich ließ sich eine ähnliche Entwicklung beobachten, während in den USA mit den Trusts gänzlich andere Wege der Unternehmenskonzentration beschritten wurden.[86] Die deutsche Textilindustrie hinkte jedoch aufgrund der Vielzahl und Verschiedenartigkeit der Betriebe und Erzeugnisse dieser Entwicklung hinterher; die Zahl der Kartelle wurde im Jahr 1905 auf 75 geschätzt.[87]

Günther Quandt war ein Verfechter dieses neuen Marktverständnisses, wie er noch in seinen Memoiren bekräftigt hat: «Konkurrenz auf enger werdendem Raume kann sich [...] auch volkswirtschaftlich höchst ungünstig auswirken, dann nämlich, wenn zu große Mittel und Energien aufgewendet werden, um den Gegner niederzukämpfen. So entsprach es durchaus dem ökonomischen Prinzip, daß man sich über den Markt verständigte, statt sich gegenseitig das Leben schwer zu machen.»[88] Seine kartellfreundliche Haltung hing vor dem Ersten Weltkrieg fraglos auch damit zusammen, dass das traditionsreiche Konkurrenzunternehmen Adam Rechberg in Bad Hersfeld unter Führung von Fritz Rechberg mit der zweitgrößten Hersfelder Tuchfabrik Georg Braun 1912 eine «Interessengemeinschaft» (IG) einging, um den als schädlich angesehenen internen Wettbewerb zu beseitigen und die Auftragsverteilung sowie den gemeinsamen Einkauf von Rohstoffen zu organisieren. Die Nutzung der Betriebsanlagen sollte koordiniert werden und dadurch Kosten gesenkt werden, während Preisabsprachen die Gewinne steigern sollten.[89] Quandt sah die IG als gegen ihn gerichtet an, obwohl der Blick in die Quellen keine direkten feindlichen Absichten Rechbergs erkennen lässt. Der Argwohn des Pritzwalker Tuchindustriellen speiste sich wahrscheinlich aus dem Umstand, dass sich inzwischen auch die Textilunternehmerfamilien Ruhr und Lückerath in Euskirchen familiär verbunden hatten und gemeinsam mit dem in Michelstadt ansässigen Textilunternehmen Philipp Ludwig Arzt eine Zweckgemeinschaft mit der Gruppe Rechberg/Braun eingegangen waren. Damit stand den Quandt'schen Unternehmen auch ohne Einkreisungsabsicht eine erhebliche Konkurrenz gegenüber, der sich zu allem Überfluss auch noch die kleineren Hersfelder Tuchunternehmen Friedrich Braun und August Rehn anschlossen.[90]

Mitte 1912 begannen daher Sondierungen beider Gruppen über eine Quotenabsprache, die für beide Seiten so befriedigend verliefen, dass die Quandt-Gruppe zum 1. Januar 1913 Rechbergs IG beitrat.[91] Die Verhandlungen führte Günther Quandt persönlich und achtete akribisch darauf, bei Quoten, Umsätzen und Gewinnbeteiligungen nicht übervorteilt zu werden. Mit den Ergebnissen konnte die Familie zufrieden sein. Der auf Hochzeitsreise weilende Bruder Gerhard sandte ihm einen «herzlichen Glückwunsch zu dem glücklichen Zustandebringen der folgenreichen Abmachungen».[92] Dass vereinbart worden war, bei der Quotenberechnung zukünftige Absatzsteigerungen zu berücksichtigen, sprach für die Zuversicht des Jungunternehmers Quandt.[93] Dieser war ein überaus engagierter Chef, der sich selbst für die Details der Kartellvereinbarungen interessierte, aber gerade bei wichtigen Fragen seine Meinung durchsetzte, etwa wenn er sich gegen die Abwerbung von Arbeitern ohne Einverständnis der betroffenen Firma aussprach und Unternehmen sanktionieren wollte, die fortwährend schlechte Ware lieferten.[94] Quandt arbeitete sich unermüdlich in die Geschäfte der IG ein, beschäftigte sich mit den mühseligen Einzelheiten der Auftragsvergabe, des Aufbaus eines Vertreterwesens und wirkte in zahlreichen Gremien und Ausschüssen mit. Eine Übersicht aus dem Mai 1913 führte ihn als einzigen Fabrikbesitzer als Mitglied aller sechs bestehenden Kommissionen.[95] Wie dominant er innerhalb der eigenen Familie geworden war, zeigte sich nicht zuletzt daran, dass sich außer ihm selbst nur noch Fritz Paul in eine der Kommissionen wählen ließ.[96]

Die Anteile der IG-Mitglieder waren nach ihrer wirtschaftlichen Bedeutung aufgeschlüsselt. Die Firmen Rechberg, Georg Braun und Philipp Ludwig Arzt beanspruchten zwar den Löwenanteil, wurden jedoch dicht gefolgt von den Gebrüdern Draeger, Friedrich Wilh. Wegener und Friedrich Paul, die zusammen immerhin fast 30 Prozent der Anteile auf sich vereinten.[97] Die Dominanz von Rechberg sah Quandt zwar nicht gern, konnte diese angesichts der Erfolge der IG allerdings verschmerzen.[98]

Die wahrscheinlich wichtigste Gründung der IG war die Material-Beschaffungs GmbH (Mabeg), der die Textilfabriken der Familie Quandt zum 1. Oktober 1913 beitraten. Diese organisierte den kostengünstigen Kauf von Indigo und anderen Farbstoffen sowie von Olein und Soda. Von besonderer Bedeutung war der Import von Kapwolle, an dem die IG-Gesellschafter nun beteiligt wurden.[99] Wie bereits erwähnt, hatten die steigende Nachfrage nach Schafswolle und der Rückgang der Schafzucht zu einer Mangelsituation geführt. Die Wollindustrie war zunehmend auf Einfuhren aus Australien, Südafrika, Neuseeland oder Südamerika angewiesen. Um weniger vom Zwischenhandel abhängig zu sein, war Fritz Rechberg dazu übergegangen, gemeinsam mit der Berliner Wollhandelsfirma Rich. Fuhrmann Co. eigenständig in Südafrika die hochwertige «Kapwolle» einzukaufen.[100]

Auch an anderen Vereinigungen waren Günther Quandt und die Mitglieder der IG beteiligt. Im November 1913 schlossen sich 87 Marinetuchfabrikanten zur «Marine Lieferanten Vereinigung» zusammen, an deren Spitze Fritz Rechberg stand. Günther Quandt gehörte der Kommission zur Preisfestsetzung und Ausarbeitung der Offerten an.[101] Der Zusammenfassung der Textilunternehmen in der IG folgte als nächster Schritt die einheitliche Organisation des Tuchverkaufs durch 45 Uniformtuch-Fabriken, in der Heeres- und Behördenaufträge auf die einzelnen Mitglieder verteilt wurden. Die Gründung erfolgte am 1. Mai 1914 durch die Firmen Georg Braun, Scheiffgen & Sohn, Gebrüder Draeger und J. Oehlert. Neben Fritz Rechberg als Vorsitzendem dieser «Tuchverkaufsstelle» genannten Einrichtung rückte Günther Quandt, wie er ganz unbescheiden feststellte, durch «emsige Arbeit und durch völlige Beherrschung der ganzen Materie»[102] zum Stellvertreter auf – ein deutliches Indiz dafür, in welchem Maß er bereits weit über die Region hinaus als «Repräsentant» der Uniformtuchindustrie wahrgenommen wurde.[103]

Diese Phase hat den Jungunternehmer Günther Quandt zweifellos in vielfältiger Weise beeinflusst. Er lernte von den Großen der Branche und erweiterte durch die organisatorische Arbeit in der IG seinen Blick. Die Emanzipation vom väterlichen Denken setzte sich mit den zunehmenden überregionalen Tätigkeiten fort; sie war dafür verantwortlich, dass er in der Kriegswirtschaft und der Weimarer Republik neue Geschäftsfelder von bisher unbekannten Dimensionen erschließen konnte. Es war daher verständlich, dass er das Kaiserreich später geradezu verklärte. Er trauerte der «Welt von Gestern» (Stefan Zweig) hinterher, die ihm in der Rückschau als eine Insel der Seeligen mit niedrigen Steuern und – etwa beim Fabrikbau – nur wenigen bürokratischen Vorschriften erschien. In sozialer Hinsicht erschien ihm das Kaiserreich ebenfalls vorbildlich: «Es gab keine Arbeitslosigkeit. Wer Arbeit haben wollte, fand sie auch. Die deutsche Sozialgesetzgebung war vorbildlich für die ganze Welt; ähnliche Einrichtungen gab es nur in Australien und in Neuseeland. Das war das Deutschland vor 1914.»[104] Seine Besorgnis in der Julikrise 1914, wie er sie in seinen Erinnerungen geschildert hat, war daher gut begründet:[105] Die Familienbetriebe hatten mehr zu verlieren als zu gewinnen.

3. GÜNTHER QUANDTS AUSBRUCH AUS DER PROVINZ IN DER ZEIT DES ERSTEN WELTKRIEGES

Günter Quandt in der deutschen Kriegswirtschaft

Der Präsident der AEG, Walther Rathenau, hatte vor dem Ausbruch des Ersten Weltkriegs einem Krieg und seinen Unwägbarkeiten mit dem Argument eine Absage erteilt, «kein Mensch» wolle «beim Geldverdienen gestört sein».[1] Die meisten Industriellen lehnten 1914 einen Krieg mit der Begründung ab, er werde den Export lahmlegen, den Rohstoffimport durcheinanderbringen, Arbeiter und Angestellte für den Kriegsdienst entziehen und die Kalkulation erschweren.[2] Der Kriegsausbruch, der den Untergang des alten Europa bedeutete, ging mit einer neuen Phase des Protektionismus und einer weiteren Abwendung vom Prinzip des laissez-faire einher. Zu den sozialen Veränderungen der «Klassengesellschaft im Krieg»[3] trat ein Bedeutungszuwachs der Behörden, und die Unternehmen gerieten in den Sog des «kontrollierenden, planenden und verwaltenden» Staates.[4]

Die Abhängigkeit von Rohstoffen aus dem Ausland und die Blockade- und Embargomaßnahmen der Entente machten von Beginn an die prekäre Lage Deutschlands unverkennbar. Zudem brachte der Kriegsausbruch das gesamte Geschäftsleben durcheinander: Auftragsstornierungen, Transportschwierigkeiten und zunehmende Arbeitslosigkeit waren die Folge. Angesichts der gewaltigen Kriegsaufgaben glaubte Rathenau, der nun zum eigentlichen «Organisator der Kriegswirtschaft»[5] avancierte, dass ein «rascher autoritativer Eingriff»[6] des Staates notwendig sei, um die Lenkungs- und Verwaltungsaufgaben von zentraler Stelle aus zu bewältigen. Das nun eingeführte System der Kriegswirtschaft lief praktisch «auf die Erfindung eines neuen Wirtschaftsmodells hinaus».[7] Rathenaus Aufmerksamkeit galt auch den Textilien, deren Nachschub ihm gar so gefährdet schien, dass er als eine der ersten Maßnahmen nach dem Einmarsch die Konfiszierung der belgischen Rohstofflager vorschlug.[8]

Zur Koordinierung der vielfältigen Aufgaben diente Rathenau die am 13. August 1914 wesentlich auf seine Initiative hin gegründete Kriegsrohstoffabteilung (KRA) im preußischen Kriegsministerium,[9] die mit zunächst fünf Mitarbeitern ihre Arbeit aufnahm. Sie wuchs im Verlauf des Krieges zu einer umfangreichen Behörde an, mit schließlich etwa 200 Kriegsgesellschaften, zahlreichen Ämtern und Referaten sowie 33 000 Angestellten. Sie war «unbestritten die erfolgreichste Wirtschaftsorganisation, die während des Krieges in Deutschland geschaffen wurde»,[10] weil es hauptsächlich ihr zu verdanken war, dass das Deutsche Reich die Kriegsanstrengungen überhaupt so lange durchhalten konnte.[11] Der KRA wuchs die Rolle eines Wächters, Lenkers und Regulierers zu. Sie übernahm die staatliche Aufsicht für Fragen der Beschlagnahme, Überwachung und Preisfestsetzung. In der Praxis konnte sie allerdings ihren Anspruch, ein kompetenter Vermittler zwischen Industrie und Militärbehörden zu sein, niemals vollständig durchsetzen, weil althergebrachte militärische Instanzen wie Beschaffungsstellen, Generalkommandos und die Oberste Heeresleitung (OHL) auf ihren Kompetenzen beharrten.[12] Ein Teil des Führungspersonals der KRA rekrutierte sich aus den Kreisen der Industrie, wie etwa Georg Schönbach, Inhaber einer Wollgroßhandlung und Vorsitzender der Vereinigung des Wollhandels.[13]

Die wirtschaftlichen Aufgaben wurden in erster Linie von «Kriegsgesellschaften» übernommen, die «eine effizientere Ressourcenallokation mittels staatlicher Kontrolle und Intervention» gewährleisten sollten.[14] Die Textilwirtschaft wurde vergleichsweise früh durch diese als gemeinnützige Unternehmen organisierten Gesellschaften als einer Frühform des informellen Public-Private Partnership[15] in die Bewirtschaftungsverfahren integriert. Für den Bereich der Tuchwirtschaft war dies neben der Kammwoll AG vor allem die Kriegswollbedarf AG (KWB).[16] Ihr Gesellschaftsvertrag definierte als Zweck «die Beschaffung, Verteilung und Verwertung von Wollen, soweit sie zur Sicherstellung des industriellen Bedarfes für Heer und Marine erforderlich sind».[17] Wie andere Kriegsrohstoffgesellschaften war die KWB zwar wie eine Aktiengesellschaft mit Vorstand, Aufsichtsrat und einer Abschätzungs- und Verteilungskommission ausgestattet, schüttete jedoch weder Dividenden noch Gewinne aus. Geschäftsberichte und Bilanzen wurden als geheim eingestuft und nicht veröffentlicht.[18] Die enge Anbindung an das preußische Kriegsministerium zeigte sich in der Entsendung eines Ministerialbeamten, der stets ein Vetorecht besaß.[19]

Welche Stellung sich Günther Quandt innerhalb der Tuchbranche in den letzten Vorkriegsjahren erarbeitet hatte, zeigte sich daran, dass er schon Anfang August 1914 zu Gesprächen mit führenden Fabrikanten im Kriegsministerium hinzugezogen wurde. Am 27. August erhielt er als Vertreter der Gebrüder Draeger eine Einladung Rathenaus zu einer vertraulichen Vorbesprechung über die Wollbeschaffung für Militärbedarf, die schließlich am 1. September stattfand. Hier wurde die Gründung der KWB beschlossen, die Rathenau als Initiative der Wirtschaft aussehen lassen wollte.[20] Das Kapital von 4,25 Millionen Mark stellten zunächst 34 der führenden und finanzkräftigsten Militärtuchfabrikanten. Viele hatten bereits der IG angehört – keineswegs ein ungewöhnlicher Vorgang, weil zahlreiche Kriegsgesellschaften an bestehende Verbände oder Kartelle anknüpften.[21] Neben Quandt waren an den Gründungsgesprächen die Tuchindustriellen Fritz Rechberg, Max Koswig (für die F. F. Koswig), Otto Ulrich, Bruno Schulze (für das Unternehmen Richard Fuhrmann & Co.) sowie Georg Scherz für die Textilfabrik Gustav Ebell & Co. einbezogen. Die jeweiligen Beteiligungen waren nach drei möglichen Gruppen zu 250 000 Mark, 150 000 Mark und 100 000 Mark gestaffelt; die drei Tuchfabriken der Quandt-Gruppe wurden jeweils mit 150 000 Mark eingeordnet.[22] Mit Fritz Rechberg und Günther Quandt waren die Vertreter der beiden bedeutendsten IG-Beteiligten von Beginn an prominent vertreten: Den wichtigen Aufsichtsratsvorsitz übernahm der «alte Militärtuchmacher»[23] Fritz Rechberg, womit nicht zuletzt der Hackordnung in der Tuchbranche Tribut gezollt wurde. Stellvertreter wurde ein Vertreter der Tuchhändler, Bruno Schulze.[24] Günther Quandt wurde zunächst einfaches Aufsichtsratsmitglied.

Die schließlich am 9. September offiziell ins Leben gerufene KWB war in den ersten Monaten notgedrungen rudimentär organisiert, da die Kriegsgesellschaften, deren Lebensdauer ungewiss war, ein Novum darstellten.[25] Von einem kleinen Büro mit sieben Mitarbeiter im Oktober 1914 wuchs die KWB bis Kriegsende zu einer Behörde mit etwa 2100 Beschäftigten an. Bis Mitte 1915 hatte sie bereits Wolle im Wert von 62 Millionen Mark an 889 Fabriken verteilt.[26]

Während sich die KWB um die Bewirtschaftung von Rohstoffen kümmerte, organisierte der im Oktober 1914 gegründete Kriegstuchverband die Heeresaufträge.[27] Die führenden Fabrikanten übernahmen wie selbstverständlich die wichtigsten Ämter: Fritz Rechberg übernahm den Vorsitz, Günther Quandt wurde erster, Max Koswig zweiter Stellvertreter.[28] Da der Verband die Rohstoffe nicht unmittelbar selbst bewirtschaftete, sondern den Bedarf ermittelte und anschließend die Zuteilungsmengen der Rohstoffe für die Anfertigung der Heerestuche und die Aufträge festlegte, wurden die Aufgabengebiete der KWB jedoch eingeschränkt, so dass sie zu einer Art «Lagerhalter und Spediteur» wurde.[29]

Nach knapp einem Jahr im Aufsichtsrat der KWB wechselte Quandt zum 1. November 1915 in deren Vorstand. Hier war er für die Abteilungen Hauptstatistik, Ausland Osten, Verpackung, Personal, Materialbeschaffung, Hausverwaltung, Schifffahrtswesen sowie für die Fachgruppen Wolle, Garne, Torf und Textilmaschinen zuständig.[30] Im Vorstand lag die informelle Führung in den Händen des Fabrikanten Franz Pariser, der in den Sitzungsprotokollen als Gesprächsleiter und Meinungsführer erscheint; Günther Quandt trat erst in der zweiten Kriegshälfte mit ausführlicheren Redebeiträgen hervor. Während Pariser die Abteilungen Lumpen, Kunstwolle und Seide beaufsichtigte, war Quandt später zusätzlich für Rohstoffverteilung und Beschlagnahmung sowie den Kauf der Wolle in den besetzten Gebieten zuständig, wo beispielsweise in Brüssel, Warschau und Łódź Aufkaufstellen eingerichtet wurden.[31]

Während Quandt in seiner Behörde für strenge Disziplin sorgte,[32] lassen die Akten eine einvernehmliche Zusammenarbeit an der Spitze der KWB erkennen. Quandt und Rechberg harmonierten während der Kriegszeit,[33] und auch mit Max Koswig, bald neben Rechberg die bestimmende Figur im Aufsichtsrat, verstand sich Quandt gut. Vor Kriegsausbruch hatte dieser die Aufnahme der in Finsterwalde ansässigen bedeutenden Konkurrenzfirma in die IG mit dem Argument angeregt, man werde dadurch einen «erheblichen Machtzuwachs erfahren».[34] Zu einer Aufnahme war es zwar nicht mehr gekommen, aber die damalige Annäherung erwies sich jetzt als hilfreich. Zug um Zug wurden bald weitere, in der Regel kleinere Unternehmen in die KWB aufgenommen, so dass ihr Ende 1914 bereits 352 Militärtuchfabrikanten angehörten, die meisten von ihnen aus Preußen und Sachsen.[35]

Das zentrale Problem der Kriegswirtschaft war bekanntlich der früh erkennbare Rohstoffmangel, und Rathenau hatte schon unmittelbar nach Kriegsausbruch die Beschlagnahme gegnerischer Bestände angeregt. Die KWB zögerte nicht, die Einrichtungen der französischen und belgischen Textilindustrie zu demontieren, die gelagerten Textilien zu konfiszieren und anschließend über die Verteilungskommission weiterzuleiten. Die Bedenkenlosigkeit korrespondierte mit den zeitgenössischen Erwägungen vieler Unternehmer in der Diskussion über die Kriegsaussichten. Rathenau, der zu den Gemäßigten zählte, urteilte noch nach Kriegsende, es sei «ein geographischer Glücksfall» gewesen, dass «die gesamten Zentren des kontinentalen Wollhandels in unsere Hände fielen. [...] Nun hieß es, diese Schätze heben und nutzbar zu machen, und dabei doch Recht und Gesetz wahren, Übersicht behalten und die Wirtschaft der Länder nicht mit einem Schlag vernichten.»[36] Günther Quandt spielte ebenfalls mit und verwies beispielsweise im Dezember 1914 auf den dringenden Bedarf an der im belgischen Verviers konfiszierten Wolle.[37] Im Juni 1917 meldete er im Namen der KWB zudem Interesse am Erwerb von Wollwaschmaschinen, Spinnerei-Vorbereitungsmaschinen, Krempel-Maschinen, Selfaktoren, Webstühlen und Appreturmaschinen aus den besetzten Gebieten.[38] Ob diese Geschäfte (und zu welchen Konditionen) erfolgreich waren, ist ungewiss, aber immerhin war sein Bruder Werner als Leiter eines Maschinenabbaukommandos in das nordfranzösische Roubaix, ein Zentrum der Textilindustrie, beordert worden.[39]

Günther Quandt wusste seit Kriegsausbruch um das ganze Ausmaß des Wollmangels.[40] Da die Textilunternehmen schon bald nicht mehr im vollen Umfang versorgt werden konnten, setzte er eine Flexibilisierung der Verteilungspraxis durch, so dass beispielsweise bei akuten Engpässen die Verteilungskommission selbständig in gewissem Umfang Wollen zuteilen konnte.[41] Zugleich nahm die Bewirtschaftung immer stärkeren Zwangscharakter an: Seit dem Herbst 1915 mussten alle deutschen Wollen an die KWB abgeliefert werden, und ein Jahr später zog Quandt eine vorläufige Bilanz über die Verteilungstätigkeit: Der KWB waren mehr als sieben Millionen Kilogramm Wollen zugegangen, was einem Gesamtwert von über 65 Millionen Mark entsprach. Zudem hatte sie durch die Einkaufsstelle in Brüssel die gesamte belgische Schur aufgekauft.[42]

So beeindruckend sich diese Zahlen anhören mochten, blieb die weithin beklagte «Überorganisation»[43] der KWB ein Dauerproblem, was unter anderem an den rigiden Preisvorschriften lag. Die Einfuhren waren inzwischen so gut wie zum Erliegen gekommen, und die in die

Höhe geschnellten Preise für Rohwolle, Halbfabrikate und Tuche sollten begrenzt werden. Das Kriegsministerium war in erster Linie daran
interessiert, das «Heer schnell und gut» einzukleiden, und daher sollten sich die Höchstpreise am Niveau des Juli 1914 orientieren.[44] Die
Preiskontrolle sollte daneben einer möglichen Beunruhigung der Bevölkerung entgegenwirken und zudem die «stetig zunehmende Begünstigung der Wollbesitzer zum Nachteil der Gesamtheit» auffangen. Die
willkürliche Bestimmung der Höchstpreise resultierte allerdings in der
Schaffung einer unüberschaubaren Zahl von Warengruppen unterschiedlicher Rohstoffe sowie Halbfabrikate und führte zu einem heil-
losen Durcheinander. Bis Kriegsende gelang es nicht, die Preise der
einzelnen Fabrikate in ein allgemein anerkanntes Verhältnis zueinander zu bringen.

Zwar garantierte der Staat die Abnahme der den Fabriken zugewiesenen Tuche, aber dafür musste die im Verlauf des Krieges immer min-
derwertiger werdende Ware zu Festpreisen bezogen werden.[45] Im
Kleinhandel fanden Kauf und Verkauf nur noch gegen Barzahlung
statt, und im Großhandel standen die hohen Preise für beschlagnahmefreie Waren in keinem Verhältnis zur Qualität. Anfang 1915 regte
die KRA die Verwendung von Abfallprodukten sowie Surrogaten an.
Quandt wollte solche maschinenschädlichen Beimischungen hingegen
hinauszögern: Es dürfe nicht sein, argumentierte er auf einer Sitzung
der Verteilungskommission, dass einige Hersteller hierdurch ihre Waren verbilligten und anschließend bei gleichem Verkaufspreis einen
höheren Gewinn erwirtschafteten als Fabrikanten, die weniger oder
gar keine Surrogate verwendeten. Zumindest für einen weiteren Monat
wollte er am reinen Wollmaterial festhalten, während andere führende
Funktionäre wie Rechberg und Koswig sich bereits mit der Streckung
des Materials abgefunden hatten.[46] Die minderwertigen Surrogate, so
monierte Quandts Abteilung Ende 1916, hielten mit den Friedensqua-
litäten «auch den schonendsten Vergleich» nicht aus.[47] Am Gang der
Entwicklung änderten solche Monita freilich nichts: Während der
Kunstwolleanteil bis Frühjahr 1917 auf 70 Prozent stieg, beklagte die
KWB, dass Kunstwollgarne zu «Wucherpreisen» auf den Markt geworfen würden, die «das Minderwertigste an Qualität» böten, «was
jemals fabriziert worden» sei.[48]

Regelrechte Enteignungen spielten in der Tuchbranche offenbar
keine größere Rolle,[49] wohingegen die Beschlagnahmung ein wichtiges
Instrument der Zwangsbewirtschaftung war. Die Rohstoffe und

Waren blieben zwar im Besitz der Firmen, aber die Behörden bestimmten über ihre Verwendung. Dies resultierte in Versuchen der Unternehmer, sich den Kontrollen und Restriktionen der KWB zu entziehen, indem sie beispielsweise bereits beschlagnahmte Waren zurückhielten oder umdeklarierten.[50] Beschlagnahmefreie Rohstoffe wurden mit hohen Aufschlägen privat angeboten, was auf dem bereits nicht mehr funktionierenden Markt den illegalen Handel und Schmuggel beförderte.[51] Die Reaktion der Behörden folgte auf dem Fuße. Weil es «auf diesem Gebiete viele unlautere Machenschaften» gebe, forderte Max Koswig schärfere Kontrollen, und von Schönbach erklärte, Meldungen über Verstöße seien «keine Denunziation, sondern vaterländisches Gebot».[52]

Neben dem beschriebenen Wollmangel schlugen sich die Kriegsentwicklungen auch in zunehmenden Kohle- und Produktionsengpässen nieder. Im Lauf des Jahres 1916 sank der Beschäftigungsgrad der meisten Tuchfabriken in der Weberei auf 10 bis 15 Prozent ihrer Leistungsfähigkeit, und im Winter 1916/17 schlossen einige Textilbetriebe sogar vorübergehend ihre Tore.[53] Allerdings betraf dies kleinere Unternehmen weitaus stärker als größere, da letztere bevorzugt wurden. Diese auch in anderen Branchen zu beobachtende Entwicklung wurde durch die Politik der KWB weiter begünstigt.

Die Moderation zwischen Industrie und Staat erfüllte Quandt in diesem Sinn zwar insgesamt sachorientiert, doch verlor er seine eigenen Interessen als einer der Branchengrößeren dabei nicht aus den Augen. Die Beschwerden, die KWB sei nichts anderes als ein verlängerter Arm der militärischen Rohstoffbehörden, bügelte Quandt in der Regel als unberechtigt weg und drohte sogar gelegentlich die Enteignung von Waren an.[54] Als einmal die Überlebensfähigkeit des Kleinhandels angesprochen wurde, führte er an, man könne «unmöglich mit allen kleinen und kleinsten Firmen arbeiten».[55] Ein vernehmliches Rumoren der Benachteiligten blieb nicht aus und schlug sich in Presseartikeln nieder. Vor allem auf dem Land hielt sich das hartnäckige Gerücht, bei der KWB flössen «die Verdienste in die Taschen einzelner», ein Vorwurf, der sich mit Blick auf die zur Verfügung stehenden Quellen allerdings nicht bestätigen lässt.[56]

Obwohl die KRA mit Quandts Arbeit lange Zeit sehr zufrieden schien, fiel noch vor Kriegsende ein Schatten auf seine Tätigkeit. Für einen groben Bilanzfehler der KWB[57] wurde er im Dezember 1917 von der

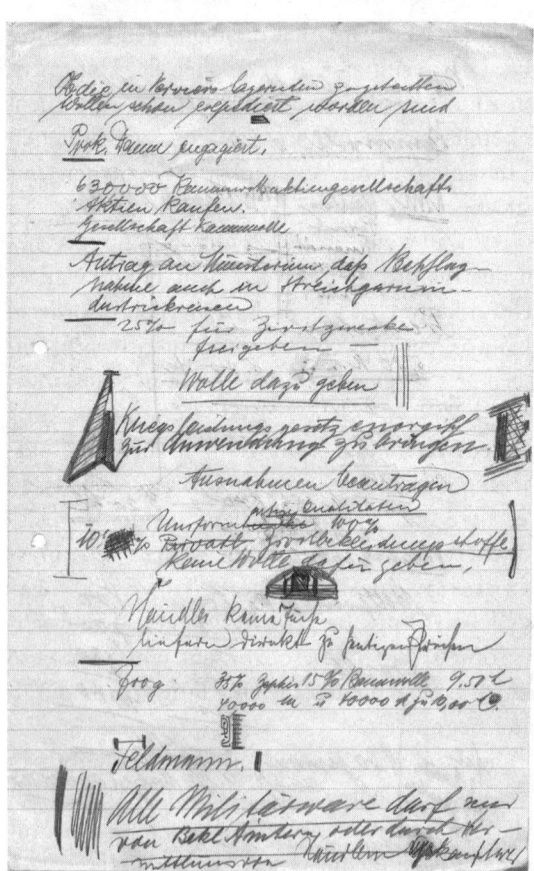

10 Handschriftliche Notizen Günther Quandts während einer Sitzung der KWB. Dass diese Gremiensitzungen auch einmal langatmig waren, zeigen die verschiedenen Zeichnungen auf dem Blatt.

KRA heftig gerügt. Obwohl ihn persönlich keine Schuld traf, wurde ihm mangelnde Aufsicht vorgeworfen. Er sei offensichtlich «durch eine ganze Anzahl von Nebenämtern derartig in Anspruch genommen», dass die Leitungsfunktion bei der KWB dadurch gestört werde. Ein Körnchen Wahrheit wird dabei gewesen sein, denn der Aufsichtsrat verabschiedete Maßnahmen, die zukünftige Fehler ausschließen sollten: Offensichtlich hatte sich bei der KRA eine Menge Unmut aufgestaut. Quandt musste alle bisherigen Vorstandsposten in Wirtschaftsausschüssen und Verbänden abgeben und wurde auf die Leitung der KWB beschränkt; Franz Pariser, mit dem sich Quandt nicht sonderlich gut verstand, wurde ebenfalls stärker an die Leine genommen.[58] Ein

Bilanzfehler allein hätte wohl kaum zu einem solchen Maßnahmenbündel geführt. Der Vorgang zeigt vielmehr die Dominanz der staatlichen Aufsichtsbehörden über die Interessen der Industrie, wie sie auch bei anderen Kriegsgesellschaften sichtbar wurde, die letztlich zu reinen Ausführungsorganen der Ministerien verkamen.[59] Deren Einfluss stieg im Verlauf des Krieges noch weiter an; beispielsweise musste sich die KWB sämtliche Veränderungen bei Mitarbeitern, Aktienbesitz und Lagerhaltung genehmigen lassen.[60]

Während die 1914 implementierten Bewirtschaftungsprogramme zunächst eine Art spontanes Krisenmanagement waren, in dem die Unternehmer gleichberechtigt an der Durchführung der Kriegswirtschaft beteiligt sein sollten, nahm die behördliche Dominanz mit dem 1916 von der OHL initiierten «Hindenburgprogramm» weiter zu. Im Verbund mit dem «Gesetz über den vaterländischen Hilfsdienst» vom 5. Dezember 1916 wurden die Unternehmen noch stärker in die Kriegsverwaltung eingebunden, indem ein schwer durchschaubares System privat-öffentlicher Gesellschaften aus dem Boden gestampft wurde und die Kriegsrohstoffgesellschaften zu «staatlich lizenzierten Oligopolen» mutierten.[61] Die Bewirtschaftung zielte nun nicht mehr allein auf die Mangelverwaltung, sondern auf die weitere Erhöhung ziviler Ressourcen für die Kriegsanstrengungen. Damit verbunden war der Übergang vom Prinzip der gleichmäßigen Beschäftigung der Textilunternehmen zu einer Konzentration auf sogenannte Höchstleistungsbetriebe, um zusätzliche Arbeitskräfte und Transportkapazitäten zu gewinnen.[62]

Günther Quandt hatte schon zuvor etablierte Großbetriebe mit einer vollständigen Produktionslinie gegenüber kleineren Betrieben bevorzugt.[63] Auf Grundlage des im Februar 1917 getroffenen «Adlon-Abkommens», in dem die Grundsätze für die Zusammenlegung der Betriebe der Wollindustrie festgelegt worden waren, wurde dieses «Höchstleistungsprinzip» näher definiert und verschärft. Der Vorstand des Kriegsgarn- und Tuchverbandes wählte aus einer Liste von 850 Betrieben zunächst 120 aus, bei denen sämtliche Stufen der Tuchfabrikation vorhanden waren. Von diesen «vollstufigen» Fabriken, die weiterhin Aufträge erhielten, wurden diejenigen bevorzugt, die zusätzlich über eine Zwirnerei und eine Reißerei verfügten. Erst danach sollten die anderen Betriebe berücksichtigt werden.[64] Seit März 1917 wurden Aufträge nur noch an 118 auf diese Weise privilegierte «Höchstleistungsbetriebe» vergeben, zu denen noch weitere 109 Aushilfsbetriebe hinzukamen, die zunächst weiterarbeiten, später jedoch stillgelegt werden sollten. Leistungsschwächere Betriebe sollten hingegen sofort ihre Arbeit einstellen und dafür durch die weiterarbeitenden Firmen eine Entschädigung von 350 Mark pro Webstuhl erhalten, wozu es allerdings kriegsbedingt nicht mehr kam.[65]

Einige Unternehmen, die von den Kriegsgesellschaften zur Stilllegung bestimmt worden waren, wurden in der Regel tatsächlich abgewickelt. Allerdings ignorierten zahlreiche Unternehmen in der Hoffnung auf ein baldiges Kriegsende die Schließungsaufforderung. Die Folgen für den empfindlichen Maschinenpark, der drohende Verlust der Facharbeiter und die Sorge, «Sparmetalle» wie Kupfer und Messing sowie Gummierzeugnisse wie Treibriemen abliefern zu müssen, wogen schwerer. Manche Bundesstaaten drückten aus Sorge vor den sozialen Folgen einer Schließung in ihrer Region ein Auge zu, so dass die staatlichen Vorgaben faktisch nur begrenzt wirksam waren.[66] Günther Quandt konnte diese Debatten ohne eigene Sorgen verfolgen. Die familieneigenen Tuchfabriken, die zur Kategorie der «höchstleistenden» Betriebe gehörten, hatten «reichlich Arbeit».[67]

Der Rohstoffmangel blieb unterdessen Dauerthema. Lieferungen aus dem neutralen bzw. verbündeten Ausland boten kaum eine Entlastung, weil die KWB dort keineswegs uneingeschränkt kaufen durfte. Der Erwerb von Kunstwolle verbot sich angesichts exorbitant hoher Preise.[68] Nach der fast vollständigen Zurückdrängung der serbischen Armee im Herbst 1915 stand der deutschen Tuchindustrie allerdings der Zugang zu türkischen Wollimporten offen. Bremer Bank, Deutsche Bank, Deutsche National-Bank, Diskonto-Gesellschaft und das Bankhaus M. M. Warburg gründeten am 13. November 1915 die Deutsch-Orientalische Handelsgesellschaft (DOG). Die in Bremen ansässige Einrichtung erhielt das exklusive Recht der Wolleeinfuhr vor allem aus Bulgarien und der Türkei, was die Führung der KWB vor allem deswegen alarmierte, weil sie die orientalische Ware anschließend zu überhöhten Preisen übernehmen musste. Die Proteste der Industrie führten zwar Ende Februar 1916 zur Wahl von Rechberg und Quandt in den Aufsichtsrat der DOG,[69] ohne jedoch die ungünstigen Einfuhrklauseln ändern zu können. Die staatlichen Behörden erkannten zwar die Berechtigung der Klagen an, fürchteten aber im Fall eines Kurswechsels um die Versorgung des Militärs.[70] Als 1916 Rumänien auf die Seite der Entente wechselte, musste Quandt die dort gekaufte Wolle als Verlust melden.[71] Im Frühjahr

1917 ging die Menge der gelieferten Wolle aufgrund des schlechten Wetters und zunehmender Transportschwierigkeiten um mehr als die Hälfte zurück. Die KWB wollte zwar durch eine Erhöhung der Wollpreise die heimische Schafzucht ankurbeln, aber vorerst konnte nur der Kauf weiterer ausländischer Wolle – unter Vermittlung der DOG – den Mangel ein wenig mildern.[72] Angesichts der innenpolitischen Krise des Zarenreichs gerieten 1917 die dortigen Rohstoffbestände ins Visier der DOG. Quandt wollte diese zwar zunächst nicht erneut alleine die Geschäfte machen lassen und plädierte für eine Einkaufsgemeinschaft von Händlern und Industriellen, scheint sich jedoch bald den Kriegsnotwendigkeiten gebeugt zu haben und pflegte zur DOG ein einvernehmliches Arbeitsverhältnis.[73]

Quandt erwarb sich in der Kriegswirtschaft organisatorische Fähigkeiten und Kenntnisse im Umgang mit Behörden, die ihm später nicht nur für seine Netzwerkbildung zugutekamen. Allerdings hat eine aus den 1950er Jahren stammende Beurteilung wohl seine Bedeutung überschätzt, wenn sie ausführte, Quandt habe in den sechs Jahren seiner amtlichen Tätigkeit daran mitgewirkt, eine «Marktordnung» zu etablieren, die «an die Stelle des freien Kräftespiels die Unterordnung der Wirtschaft unter den Machtanspruch des Staates» gesetzt habe.[74] Quandt war freilich in erster Linie kein Verfechter der Staatsinteressen oder Moderator zwischen Staat und Industrie, sondern verstand sich als Sprecher der größeren Tuchfabriken. Das vermag auch den Argwohn mancher kleinerer Textilfirmen erklären, denen die KWB angesichts von dirigistischen Verfahren und Beschlagnahmen als Handlanger der KRA erschien. Zu welchen Anteilen seine Tätigkeit in der Berliner Bürokratie Dienst am Vaterland, Dienst für die Tuchindustrie gegenüber den staatlichen Behörden, Dienst für die ihm nahestehenden großen Tuchfabriken und nicht zuletzt Dienst in eigener Sache für die Familienbetriebe in Pritzwalk und Wittstock war, ist nicht leicht zu entscheiden. Während Quandt wahrscheinlich selbst gar keinen Unterschied gesehen hat, zeigen die Quellen eine geschickte Geschäftspolitik, die sich stets an den eigenen Interessen und denen der größeren Tuchhersteller orientierte.

Die Tuchfabriken im Ersten Weltkrieg:
Aufträge, Gewinne und Betriebserweiterungen

Günther Quandt kam 1914 zugute, dass er – als vorerst untauglich gemustert – von der Einberufung verschont blieb, anders als seine beiden Brüder und der Schwager Fritz Paul. Er zeichnete anfangs neben den Gebrüdern Draeger auch für die Textilfabrik Friedrich Paul verantwortlich, weil deren Seniorchef Rudolf Paul aus Sorge um seinen Sohn einen Zusammenbruch erlitten hatte und zunächst ausfiel.[75] Friedrich Wilh. Wegener wurde vom Prokuristen Gustav Schultz geleitet; Günther und Gerhard blieben die einzigen vertretungsberechtigten Familienmitglieder.[76]

Da Günther Quandt durch seine Tätigkeit in der KWB in Berlin gebunden war, leitete er die Tuchfabriken auf dem Briefwege. Dabei griff er immer wieder in die Geschäftspolitik ein und gewährte den Direktoren in den heimischen Fabriken nur begrenzte Entscheidungsfreiheiten. Personal- und Warenpolitik blieben auch in Berlin seine Domäne. In Rohstoffangelegenheiten legte er manche Bestimmung großzügig in seinem Sinn aus und nutzte die intimen Kenntnisse der Berliner Bürokratie.[77] Wenn die Arbeit nicht zu seiner Zufriedenheit erledigt wurde, ließ er es nicht an deutlichen Worten fehlen. Als eine Inventur seiner Meinung nach ungenügend vorbereitet war, wurden die Direktoren der Gebrüder Draeger abgekanzelt: «Ich habe Ihnen dies bereits ein halbes Dutzend mal telephonisch und schriftlich mitgeteilt und muss für die Folge davon Abstand nehmen, Ihnen vorzeitig irgendwelche Preise zu nennen, wenn diese so verkehrt benutzt werden.» Ein beiliegendes Formular schickte er postwendend zurück, da er damit nichts anfangen konnte: «Wie Ihnen bekannt, erwarte ich von Ihnen für alle Ihre Anfragen positive Vorschläge, aber nicht Blankolisten mit der Bitte um Ausfüllung.»[78]

Die familieneigenen Fabriken wurden immer wieder auf bevorstehende Inspektionen staatlicher Kontrolleure hingewiesen. Als beispielsweise eine Besichtigung durch einen Offizier des Bekleidungs-Beschaffungsamtes angekündigt wurde, mussten schleunigst noch nicht montierte Webstühle aufgestellt werden.[79] Auch in der Preispolitik gab er Ratschläge, die bei den Direktoren in Pritzwalk und Wittstock allerdings nicht immer auf Zustimmung stießen.[80]

Mit zunehmender Kriegsdauer kämpfte die Textilindustrie mit sinkenden Produktionszahlen; in den Betrieben der wollverarbeitenden Industrie war der kriegsbedingte Rückgang der Fertigung enorm.[81] Aufgrund fehlender Vergleichszahlen lässt sich die Entwicklung bei den Fabriken im Quandt'schen Familienbesitz nur skizzenhaft nachzeichnen. Da Günther Quandt in seinen Erinnerungen jedoch von hohen Ausgleichszahlungen für stillgelegte Betriebe berichtet, wird man von einem vergleichsweise guten Geschäft ausgehen dürfen. Der Kriegsausbruch führte bei den Tuchfabriken Quandts zu einer Sonderkonjunktur, weil nach einem seit langem ausgearbeiteten Plan zahlreiche Mobilmachungsaufträge für Militärtuche hereinkamen.[82] Die Nachfrage war so groß, dass bei den Gebrüdern Draeger Doppelschichten eingelegt werden mussten. Im Lauf des Kriegs schlugen die Verhältnisse jedoch um. Im Sommer 1918 betrug die Auslastung in der Produktion von Militärtuchen nur noch 15 Prozent.[83]

Hinsichtlich der Belastbarkeit veröffentlichter Bilanzzahlen ist für die Zeit des Ersten Weltkrieges grundsätzlich Vorsicht geboten, weil zahlreiche Firmen in Deutschland ihre Kalkulationen und Gewinne verschleierten, und auch die überlieferten Bilanzen der Gebrüder Draeger sind für sich allein genommen angesichts verschiedener Abschreibungen und «Sondereintragungen» zum Teil widersprüchlich.[84] Quandt empfahl zudem immer wieder eine «allervorsichtigste Bewertung der Bestände in Anbetracht der unsicheren Verhältnisse», in denen sich Deutschland befinde.[85] Dennoch sprechen manche Investitionen ebenso wie die 1916 auf einer Gesellschaftersitzung der drei Brüder bekanntgegebenen Gewinne für eine günstige Geschäftslage: Bei Draeger waren es knapp 1,5 Millionen Mark, bei Friedrich Paul 770 000 Mark und bei Friedrich Wilh. Wegener 880 000 Mark. Zudem wurde im August 1916 eine üppige Sonderauszahlung in Höhe von 1,6 Millionen Mark vereinbart: Gebrüder Draeger und Friedrich Wilh. Wegener erhielten je 600 000 Mark, Friedrich Paul 400 000 Mark. 1918 wurde bei einer Bilanzsumme von 4,4 Millionen Mark ein Reingewinn von 417 000 Mark angegeben.[86] Eine «Geheiminventur» ermittelte zum Stichtag 1. Januar 1921 zudem einen Reingewinn von 748 411,90 Mark.[87]

Obwohl im Krieg Unternehmer und Arbeiter grundsätzlich gleichermaßen in ihren Verdienstmöglichkeiten betroffen waren, war die Ertragslage für die Quandt'schen Betriebe also offensichtlich gut, wozu sicherlich die strenge Lohnpolitik beitrug: Die von Werner und Günther Quandt gemeinschaftlich festgelegten Löhne wurden als Ak-

kordlöhne wöchentlich ausgezahlt.[88] Weberinnen erhielten beispielsweise 1917 zwischen 4,20 und 4,60 Mark. Für besonders saubere und
pünktliche Arbeit wurden Prämien vergeben. Wer ältere und weniger
leistungsfähige Maschinen bediente, erhielt einen höheren Akkord-
satz. Manche Weberinnen bedienten zwei Webstühle gleichzeitig. In
diesem von Günther Quandt bevorzugten «Zweistuhlsystem» wurden
etwas geringere Löhne pro Webstuhl gezahlt, wobei der Gesamtlohn
durch die gleichzeitige Bedienung zweier Webstühle natürlich höher
lag.[89] Diese Praxis führte zu Streitigkeiten, weil die Weberinnen für
das Zweistuhlsystem den gleichen Lohn forderten, was Günther
Quandt jedoch ablehnte: Eine Weberin, die zwei Stühle bediene, könne
nie so viel schaffen, wie zwei Weberinnen an je einem Webstuhl. Ein
Nachgeben würde die Gebrüder Draeger «bei geringerer Leistung im
Laufe des Jahres mehr Platz, mehr Licht, mehr Heizung und mehr
Stuhlverbrauch» kosten.[90]

Ein untrügliches Zeichen für gefüllte Kassen waren mehrmals revidierte Neubaupläne bei Friedrich Wilh. Wegener. Hier wurde ein
sechsstöckiger Querhochbau mit einer Länge von 70 Metern gebaut.
Statt wie ursprünglich vorgesehen 500 000 Mark wurden 1916 hierfür 900 000 Mark genehmigt, von denen die Gebrüder Draeger
300 000 Mark beisteuerten. Diese wiederum errichteten in Pritzwalk
ein großes Bürogebäude, für das sie 200 000 Mark aus eigenen Mitteln aufbrachten.[91] Im Januar 1916 kaufte Friedrich Wilh. Wegener
zu Zwecken der Arrondierung Grundstücke auf beiden Seiten des
Pachthauskanals.[92] Im gleichen Jahr verkaufte Friedrich Paul das östlich von Wittstock gelegene Walkmühlengrundstück mit seinen angeschlossenen 88 Morgen Ländereien, weil im Mühlengebäude auf
gemeinsame Rechnung der drei Tuchfabriken für die Kriegsdauer
eine Kunstwollfabrik eingerichtet werden sollte.[93]

Die während des Krieges von den Draeger-Paul-Wegener-Werken
übernommenen und technisch veralteten Kunstwollwerke Scharfenberg im Süden Wittstocks entwickelten sich mit einem Reingewinn
von über 72 000 Mark zum Jahresende 1918 ebenfalls zur Zufriedenheit Günther Quandts.[94] Dieser sah sich die Bilanzzahlen stets genau
an, und es lassen sich einige charakteristische Merkmale seines kaufmännischen Denkens erkennen. Die Kunstwollwerke gehörten sicherlich nicht zu den bedeutendsten seiner Unternehmen. Trotzdem fand
Quandt die Zeit für ein siebenseitiges Schreiben mit Korrekturvor-
schlägen, die in mancher Hinsicht an eine Krämerseele erinnern: Er

bestand beispielsweise auf der einseitigen Beschriftung von Blättern und der Verwendung eines drei Zentimeter breiten Heftrandes – ein gewisser Spleen, der als Grundzug immer wieder zum Vorschein kam und sich mit zunehmendem Alter bis zur peniblen Besserwisserei auswachsen sollte.[95] Die Wahrung der Formen war für ihn ohnehin wichtig. Als sein Bruder Werner gelegentlich vorschlug, er solle die Fabrikanlagen der Deutschen Wollenwaren-Manufaktur im schlesischen Grünberg besichtigen, hielt Günther Quandt entgegen, zunächst müsste deren Direktor nach Pritzwalk eingeladen werden, da er sich bereits zwei Jahre zuvor dessen Fabrik habe anschauen dürfen.[96]

Ernüchterung und Zukunftssorgen: Das Kriegsende 1918

Je länger der Krieg dauerte, um so unsicherer wurde die Lage für das Kaiserreich, auch wenn das kaum jemand ernsthaft wahrhaben wollte. Die im Zusammenhang des Friedensangebots Reichskanzler Bethmann Hollwegs im Reichstag vom 12. Dezember 1916 aufkeimende Hoffnung auf ein baldiges Kriegsende wurde von Quandt offenbar nicht vollends geteilt;[97] noch im Sommer 1918 hoffte er wohl auf ein glückliches Kriegsende. Rohstoffmangel und Wirtschaftsblockade machten sich seit der zweiten Kriegshälfte allerdings in einer Verknappung von Spezialprodukten bemerkbar. Quandt plädierte nun notgedrungen für den Aufbau einer KWB-Abteilung zur Koordinierung der Resteverwertung: Spinnfähige Fasern sollten erneut für die Tuch- und Deckenherstellung verwendet werden; kürzere Fasern für die Pappenfabrikation und der Rest für die Düngerfabrikation.[98] Angeregt wurde zudem die Einrichtung eines eigenen chemischen Forschungslabors für die Bereiche Faserindustrie und Kunstwolle, um aus Moosen, Holzfasern, Meeresalgen und Mineralölen Ersatzstoffe zu erzeugen. Diese Entwicklungen hatten jedoch allesamt nur begrenzten Erfolg.[99]

Im Frühsommer 1917 übernahm Quandt eine neugeschaffene KWB-Abteilung zur Bewirtschaftung von Torffasern für Spinnzwecke. Für dieses aus der Not geborene Verfahren mussten die Fasern aus dem Torf in den Mooren ausgelesen, in speziellen Reinigungsverfahren von Staub befreit, getrocknet, aufbereitet und an die KWB weitergeleitet werden. Quandt ließ das mühsame Ersatzstoffexperiment, das bis Kriegsende unter erheblichen Kinderkrankheiten litt,[100] sogar in den eigenen Fabriken testen, wofür er ein Merkblatt über die technischen Grundlagen zusammenstellte und detailliert die einzelnen Produktionsschritte der nicht gerade maschinenschonenden Methode beschrieb.[101] Besondere Aufmerksamkeit widmete er der sparsamen Verwendung der Rohstoffe und er instruierte seine Direktoren in Pritzwalk: «Über den gesamten Torfversuch und alles Material, welches dazu Verwendung findet, müssen Sie ein genaues Rohstoff-Eingangs- und Ausgangs-Buch führen, wobei Sie als Eingang zunächst den Rohstoff bezeichnen, als Ausgang den Abgang von Sortimenten, jeden Ausputz und alle Enden von Selfaktoren. Alle diese Produkte müssen wieder verarbeitet werden. Soweit ein Auswaschen dieser Abfälle und ein Wiederauflockern erforderlich ist, muss solches vorgenommen werden.»[102] So intensiv über diese Methoden auch nachgedacht und korrespondiert wurde: Die Produktion bei den Gebrüder Draeger kam nicht aus ihren Kinderschuhen heraus, und als der Krieg beendet war, waren die Torftuche sowieso nicht länger konkurrenzfähig.

Die geschilderten Diskussionen über textile Ersatzstoffe hatten 1918 angesichts der militärischen Lage des Kaiserreichs schon bald einen fast surrealen Charakter angenommen. In seinen Memoiren hat sich Günther Quandt daran erinnert, es als böses Omen gedeutet zu haben, dass für die militärische Offensive des Sommers 1918 nach ein paar Tagen der Begriff «Kaiserschlacht» in der Presse nicht mehr benutzt wurde. Er verfolgte im Berliner Reichstag die programmatische Rede, in der der neue Reichskanzler Max von Baden am 5. Oktober 1918 den amerikanischen Präsidenten Woodrow Wilson um Frieden ersuchte. Obwohl inzwischen die Parlamentarisierung des Kaiserreichs eingeleitet worden war, wurde dies in der deutschen und internationalen Öffentlichkeit kaum zur Kenntnis genommen. Das Waffenstillstandsersuchen machte alle Hoffnungen auf ein doch noch siegreiches Ende des Ersten Weltkrieges hinfällig. Das Ereignis hatte auf Günther Quandt eine tiefe Wirkung. Noch dreißig Jahre später bemerkte er: «Ein Bild des Unglücks ist meine ganze Erinnerung.»[103]

Da die Planungen für die Übergangswirtschaft auf ein siegreiches Deutschland ausgerichtet waren, traf die Niederlage die Kriegsgesellschaften weitgehend unvorbereitet,[104] obwohl unter teilweise chaotischen Umständen noch in der Schlussphase des Krieges Wollbestände aus den besetzten Gebieten im Westen abtransportiert worden waren. Viele Beschlüsse der KWB wurden im Zuge der Novemberrevolution binnen weniger Tage obsolet, zumal ihre Funktionäre gerade bei kleineren Fabrikanten ihre Legitimation verloren hatten. Gelegentlich wurde sogar von Solidarisierungen zwischen Fabrikanten und Arbeiter- und Soldatenräten sowie einem spürbaren Disziplinverlust berichtet. Im Dezember 1918 beschlossen die Angestellten der KWB, zukünftig keine Überstunden mehr zu leisten; die schließlich gefundenen Kompromisslösungen behagten Quandt zwar nicht, aber er musste sie angesichts der Machtverhältnisse und des Drucks der Gewerkschaften akzeptieren. Er befürchtete infolge der Streiks und Arbeitseinstellungen inzwischen sogar das Ende der Wollbewirtschaftung.[105]

Am 8. Januar 1919 trafen sich Vorstand und Aufsichtsrat nicht wie üblich in den Räumen der KWB, sondern wegen der «unsicheren Verhältnisse» in einer Privatwohnung. Zahlreiche Aufsichtsratsmitglieder fehlten, einige – wie etwa Rechberg – waren zu ihren Fabriken zurückgereist. Von einer «gewissen Anarchie in dem Betriebe der KWB» war ebenso die Rede wie von einer nicht aufzuhaltenden «Heimatflucht des Personals». In Polen wurden Mitarbeiter der KWB vorübergehend interniert und setzten sich schließlich in einer wilden Fluchtbewegung nach Deutschland ab. Quandt zahlte später angemessene Entschädigungsleistungen an diejenigen, die so lange vor Ort ausgeharrt hatten, bis ihr Hab und Gut verloren war.[106]

Die meisten Unternehmer dachten inzwischen in erster Linie an ihre eigenen Tuchfabriken und befürchteten für den Fall einer zu langsamen Abwicklung der Kriegsgesellschaften eine dauerhafte staatliche Einmischung. Sie liefen daher gegen entsprechende Planspiele bei der OHL und der KRA Sturm.[107] Quandt blieb hingegen vorerst in den Schlüsselpositionen der staatlichen Tuchwirtschaft, sicherlich auch deshalb, weil er sich hiervon Vorteile für die eigenen Betriebe versprach.

Die Debatte über die Zukunft der «Bewirtschaftung» war bereits während des Krieges aufgeflammt und gerade in der von staatlichen Eingriffen besonders betroffenen Textilwirtschaft vernehmbar.[108] Die Militärbehörden hatten schon 1916 die Fortführung bestimmter Reglementierungen für die Zeit nach Kriegsende befürwortet. Der Kriegsausschuss der deutschen Industrie und die Handelskammern lehnten jedoch jegliche zukünftige behördliche Aufsicht ab: Ob eine Bewirtschaftung notwendig sei, sollte ihnen überlassen bleiben.[109] Dies waren freilich alles Überlegungen, die nicht unter den Vorzeichen einer Kriegsniederlage angestellt worden waren. Eine Minderheit unter den Textilindustriellen beklagte inzwischen eine «allgemeine Lockerung des Ordnungssinnes» und wollte durch das Festhalten an der Bewirtschaftung Schleichhandel und Schwarzmarkt bekämpfen. Diese Fraktion hatte die Unterstützung der Arbeiter, die bei einem Ende der Bewirtschaftung und der zu erwartenden Überflutung des deutschen Marktes mit ausländischen Waren einen weiteren Preisverfall und dessen soziale Folgen fürchteten.[110] Quandt war kein Anhänger des Wirtschaftsdirigismus, aber ihm ging es nach Kriegsende zunächst darum, die Lieferung ausländischer Rohstoffe sicherzustellen und langfristig wieder Exportmöglichkeiten zu schaffen. Er plädierte daher dafür, die Lenkungsmaßnahmen noch für eine Übergangszeit fortzuführen. Die verunsicherte Industrie werde nicht so schnell wieder zu einem selbstregulierenden Wirtschaftsleben finden.[111] Der behutsame Abbau der Zwangswirtschaft sollte beispielsweise bei den Beschlagnahme- und Höchstpreisverordnungen beginnen, während Rohstoffe wie Fertigwaren sukzessive freigegeben werden sollten.[112] Einige Unternehmer waren bereit, die Beschaffung und Verteilung von Rohstoffen zukünftig über Einkaufssyndikate zu organisieren,[113] was Quandt schon deshalb entgegenkommen musste, weil sich die Tuchfabrikanten der IG bekanntlich in einer ähnlichen Einkaufsgemeinschaft zusammengeschlossen hatten und an diese Vereinbarungen wieder anzuknüpfen gedachten.

Die Generalversammlungen der Kriegsgesellschaften kamen zumeist Anfang 1919 letztmalig zusammen. Obwohl die Textilbranche aufgrund ihrer Abhängigkeit von Rohstoffeinfuhren und zahlreicher Stilllegungen vor besonderen Herausforderungen stand,[114] sollte auch die KWB mittelfristig liquidiert werden, so dass sich also letztlich die Gegner einer langfristigen Bewirtschaftung hatten durchsetzen können.[115] Die Einrichtung wurde, analog zu den Entwicklungen bei den anderen Kriegsgesellschaften, in «Reichswolle AG» umbenannt: Der zivile Anstrich, für den sich Quandt im Vorstand stark machte, sollte die nachlassende Akzeptanz der ungeliebten Behörde verbessern.[116] Der ursprünglich noch für 1919 vorgesehene Auflösungstermin wurde immer wieder nach hinten verschoben und die Gesellschaft schließlich erst am 1. September 1920 liquidiert.[117]

Dennoch sah Quandt langfristig keine Zukunft in der Einrichtung, in der er immerhin seit 1914 gleichsam an vorderster Front der zivilen

Kriegsanstrengung gestanden hatte. Er trat am 23. April 1919 aus dem Vorstand der Reichswolle AG aus, weil ihm ein neues Amt bei der Reichsstelle für Textilwirtschaft zukunftsträchtiger erschien. Erleichtert wurde ihm der Abschied durch einen seit mehreren Monaten schwelenden Streit mit seinem Vorstandskollegen Franz Pariser, der sich an der Frage einer Zusammenarbeit der KWB mit der Zentral-Wollhandelsgesellschaft (ZWG) entzündet hatte.[118] Das Kriegsrüstungsamt wollte den Handel wieder stärker in die Nachkriegswirtschaft einbinden und die Bewirtschaftung der Wollbestände in die Hände der ZWG legen. Pariser befürchtete ein Kompetenzchaos und Versorgungsengpässe, wenn die Verteilung von Wolle und Kunstwolle nicht länger in der alleinigen Hand der Nachfolgeeinrichtung der KWB lag und drohte mit Rücktritt.[119] Er stand jedoch mit seinen Bedenken allein, und Quandt bezog klar gegen ihn Stellung: Es sei durchaus mit zusätzlicher Arbeit zu rechnen, die nur durch Neueinstellungen bewältigt werden könne, aber dies solle man angesichts der herrschenden Arbeitslosigkeit ruhig in Kauf nehmen.[120] Pariser zog seine Rücktrittsdrohung zwar zurück, verweigerte jedoch standhaft die Mitwirkung an den Umstrukturierungen. Quandt unterstellte ihm prompt eine Blockadehaltung und egoistische Motive – vielleicht nicht ganz zu Unrecht, weil Pariser eine bei Kriegsende gegründete «Fabrikationsabteilung» der KWB als einzige nicht liquidieren wollte und dadurch die Kontrolle über die wichtigen Zivillieferungen der Tuchindustrie für Behördenaufträge erhalten hätte.[121] Quandt wollte sich nicht dadurch «auf ein totes Gleis schieben lassen», dass er nur die Liquidierungen vornahm, «während die neuen Funktionen in die Hände des Herrn Pariser übergehen».[122] Weil Pariser der Ansicht war, man könne mit «Herrn Quandt kaum zweckmässig arbeiten», blieb eine Annäherung der beiden Streithähne aus.[123]

Quandt wechselte daher nach Rücksprache mit Rechberg im Frühjahr 1919 in das Amt des berufsständischen Referenten der Reichsstelle für Textilwirtschaft.[124] Diese regelte in der Nachfolge des KRA die Beschaffung, Verteilung und Verarbeitung sowie den Verbrauch und die Preise der Rohstoffe, Halb- und Fertigerzeugnisse.[125] Zugleich wurde Quandt zum berufsständischen Referenten für Kunstspinnstoffe bei der Sektion für Faserstoffe ernannt.[126] Dass er nun jedoch in den Aufsichtsrat der Reichswolle AG wechselte, ärgerte Pariser, weil er damit erhebliche Mehrarbeit auf sich zukommen sah.[127] Streit und alltäglicher Hickhack führten dazu, dass man nur noch schriftlich mit-

einander verkehrte.[128] Pariser wechselte schließlich in den Aufsichtsrat, und wahrscheinlich war Quandt beim Ausscheiden aus der
Reichswolle AG froh, den Ärger mit ihm los zu sein. Schon im Februar
1919 hatte er erklärt, man müsse schließlich «die Freude an der Arbeit
behalten».[129]

Die Personalquerelen hatten angesichts der Debatten über die be-
denkliche finanzielle Schieflage der Kriegsgesellschaften jedoch keine
große Relevanz: Die prekäre Situation der Gesellschaften spiegelte das
erhebliche Haushaltsdefizit des Reiches, das über die Notenpresse gedeckt worden war. Zwei Jahre vor Kriegsende hatte die KWB durchgesetzt, dass das Reich im Falle ihrer Auflösung für mögliche Verluste
aufkommen werde. Diese Forderung nach Risikoübernahme hatten
Quandt, Rechberg, Koswig und Pariser erstmals im Mai 1915 erhoben. Die KRA hatte sich hierzu verpflichtet, aber angesichts des
Kriegsausgangs stand diese Garantie zur Disposition.[130] So berechtigt
es seitens der KWB war, auf die im Krieg gemachten Zusagen zu
pochen, so ernüchternd musste die Auskunft des Reichsschatzministe-
riums im April 1919 wirken: Während des Krieges seien nun mal die
Gewinne bei der Industrie gemacht worden, während das Reich die
Verluste habe tragen müssen, was für die Zukunft ein unhaltbarer Zustand sei. Auf der Aufsichtsratssitzung der Reichswolle AG vom
22. Mai 1919 folgte ein Verhandlungspoker zwischen dem Reich und
den Tuchindustriellen, der mit Drohungen, Ultimaten und Rücktritts-
ankündigungen des Vorstands und Aufsichtsrats der Reichswolle AG
einherging, aber schließlich doch mit einer Kompromisslösung endete.
Die eingegangenen Zusagen wurden zwar bestätigt, aber für die Zukunft keine Verpflichtungen mehr übernommen. Quandt hatte zwar
zunächst die Maximallösung mit formuliert, lenkte jedoch ein,
vielleicht weil er sah, dass das Reich zukünftige Garantiezusagen inzwischen einfach nicht mehr machen konnte.[131]

Tatsächlich machte die finanzielle Lage der KWB bei Kriegsende
erhebliche Abschreibungen notwendig, unter anderem in zweistelligem
Millionenbereich durch den Verlust von Warenbeständen beim Rückzug der deutschen Truppen aus der Ukraine und Rumänien.[132] Zum
Zeitpunkt der Liquidationseröffnungsbilanz am 1. September 1920
verzeichnete die KWB zwar noch Warenbestände und Bankguthaben
über 333 Millionen Mark, stand aber gegenüber den Reichsbehörden
mit 517 Millionen Mark in der Kreide.[133] Die Politik der Zwangsbewirtschaftung und der Kriegsfinanzierung fand in einer gigantischen

Staatsverschuldung und einer rückgestauten Inflation ihr Ende, die sich zu einer schweren Bürde für die Weimarer Republik auswachsen sollte.[134]

Die Draeger-Paul-Wegener-Werke zwischen den Weltkriegen

Die Erfahrungen des Ersten Weltkrieges waren für Günther Quandt eine Art Schule des Lebens, eine Schlüsselphase, in der er wichtige Lektionen für seine weitere unternehmerische Karriere lernte. Er erhielt Einblicke in die Verhältnisse bei anderen Textilunternehmen und machte auf diesem Weg Erfahrungen mit unterschiedlichen Lösungsstrategien im Umgang mit den klassischen Problemen einer Wirtschaft der Insuffizienz: Arbeitskräfte-, Rohstoff- und Transportkapazitätsmangel. Zugleich lernte er die Ansätze einer zentralen Bewirtschaftung kennen. Der wichtigste Schritt für seine weitere Karriere war allerdings der Gang von der Provinz in die Metropole Berlin. Aus einem märkischen Tuchhersteller wurde mehr und mehr ein Unternehmer mit einem überregionalen Betätigungsfeld. Seine Tätigkeit in der KWB und den anderen Kriegsgesellschaften, für die er das preußische Verdienstkreuz sowie das Eiserne Kreuz am weiß-schwarzen Bande erhielt,[135] brachte ihn mit Unternehmern im ganzen Land in Kontakt, was eine beachtliche Ausdehnung des persönlichen Netzwerkes zur Folge hatte.

Die Aufgaben bei den Reichsbehörden machten auch nach Kriegsende die ständige Anwesenheit Günther Quandts in Berlin unumgänglich: Die aus dem Krieg zurückgekehrten Brüder Werner und Gerhard sowie sein Schwager Fritz Paul nahmen die Textilgeschäfte in Pritzwalk und Wittstock wieder in die Hand,[136] nachdem die zunächst befürchtete Enteignung und Vergesellschaftung der Tuchbetriebe ausgeblieben war. Günter Quandt blieb in Berlin, «weil bei den gänzlich veränderten Wirtschaftsverhältnissen manches besser und rechtzeitiger von der Reichshauptstadt aus übersehen und gesteuert werden konnte als von Pritzwalk oder Wittstock».[137] Mit Zustimmung seiner Brüder und seines Schwagers zog er im März 1919, wenige Monate nach der traumatischen Zäsur des Kriegsendes, in die Reichshauptstadt, die bis 1945 das Zentrum seines Lebens bleiben sollte.

Die Gesamtsituation der Branche hatte sich inzwischen verdüstert: Während 1913 noch ca. 950 000 Menschen in der Textilindustrie beschäftigt waren, war die Zahl im Verlauf des Ersten Weltkriegs auf etwa 400 000 gesunken und stieg 1919 nur auf eine halbe Million wieder an. Investitionen, die unter normalen Umständen in Friedenszeiten getätigt worden wären, waren während des Krieges ausgeblieben. Dagegen war mit staatlicher Unterstützung Geld in Bereiche gesteckt worden, die langfristig wenig Erfolg versprechend waren, wie etwa die unrentable Papiergarnherstellung oder der anachronistisch anmutende Flachsanbau. Die Kunden erwarteten wieder hochwertige «Friedensware» ohne minderwertige Ersatzstoffe, was zunächst vor allem von ausländischen Herstellern angeboten wurde. Der erwartete Aufschwung blieb aus, da zum einen der Import von Rohstoffen nur schleppend wieder in Gang kam und zum anderen Marktanteile an die qualitativ hochwertigere und zugleich günstigere internationale Konkurrenz verloren gingen. Mit anderen Worten: Die deutsche Textilindustrie war für den weltweiten Wettbewerb nicht gerüstet, während England und die USA ihre Produktion inzwischen wesentlich erweitert hatten. In Übersee und Fernost waren zudem ganz neue Textilzentren entstanden.[138]

In dieser prekären Lage ging es Günther Quandt zunächst um die Neuformierung der IG innerhalb des im Mai 1918 geschaffenen Deutschen Tuchsyndikats.[139] Dieses war von knapp 100 Tuchfabrikanten auf die Dauer von zunächst zehn Jahren gegründet worden und bezog in Berlin ein Büro mit fünf Räumen. Ein «business as usual» bei der Syndikatspolitik war allerdings nach 1918 alles andere als leicht, weil Kartelle inzwischen einer grundsätzlichen kritischen Neubewertung unterworfen wurden: Die eingespielten Vereinbarungen der Vorkriegszeit zwischen Produzenten und Abnehmern seien, so lautete ein viel gehörter Vorwurf, im Ersten Weltkrieg ausgenutzt worden: Textilkartelle beispielsweise hätten es «vielfach an dem notwendigen Entgegenkommen gegenüber den Abnehmern und an der Berücksichtigung der besonderen durch den Krieg geschaffenen Verhältnisse fehlen lassen».[140] Der Ruf nach Abbau der Kartelle wurde daher lauter. Zwangskartelle und ähnliche industrielle Organisationsformen, die noch im Krieg Befürworter gefunden hatten, weil sie vermeintlich den Rüstungsanstrengungen zugutegekommen waren,[141] waren nicht mehr en vogue. Die Frankfurter Zeitung titelte am 2. September 1920 sogar über den «Preisterror von Fabrikanten-

11 Die Tuchfabrik Friedrich Wilh. Wegener 1918.

verbänden», und eine einschlägige zeitgenössische Studie prophezeite, dass die Kartelle mit ihrer bislang verfolgten Politik die «neu aufgetauchten Wirtschaftsnotwendigkeiten zum großen Teil nicht mehr werden meistern können».[142] Diese Ansicht konnte sich in der Praxis jedoch nicht ohne Weiteres durchsetzen, zumal die Befürworter von Kartellen innerhalb der Unternehmerschaft wohl in der Mehrzahl blieben. Eine Rückkehr zu den – ohnehin eher in der Theorie als in der Wirklichkeit existierenden – selbstregulativen Systemen des 19. Jahrhunderts war vorerst unwahrscheinlich, weil das Misstrauen in die Fähigkeiten der liberalen Marktordnung eher zu- als abgenommen hatte. Die Nachkriegszeit mit Inflation und Warenknappheit führte im Übrigen in ganz Europa «zwangsläufig zu einer Fortsetzung der kriegstypischen Regelungskonzepte».[143]

Auch deshalb erfüllte das Tuchsyndikat seinen Zweck. Die Geschäftsführung lag in den Händen fachlicher Treuhänder. Diese vermittelten und verteilten nach Kriegsende die eingehenden Aufträge und organisierten den gemeinsamen Kauf von Roh- und Hilfsstoffen – es handelte sich de facto um das altbekannte Kontingentierungskartell mit angeschlossener Verkaufsgesellschaft, das von den Fabrikanten jetzt aus eigenem Interesse geschaffen wurde, um die Konversion selbst in die

Hand zu nehmen. Die Mitglieder des Syndikats waren faktisch auf Zuweisungen angewiesen, was gelegentlich als Disziplinierungselement genutzt wurde. Dennoch erfüllte die Einrichtung ihren Zweck. Nach Aussage eines Euskirchener Tuchfabrikanten war sie «so gut wie eine Rente».[144]

Während Günther Quandt die für Aufträge unerlässlichen Beziehungen zum Heeresbekleidungsamt pflegte, wurde die in der Kriegszeit ausgesetzte IG der Tuchfabrikanten wiederbelebt, und diese trat geschlossen dem Tuchsyndiakt bei. Die Fabriken teilten die ihnen zufallenden Kontingente mit Quoten auf, die sich nur wenig von denen der Vorkriegszeit unterschieden. Rechberg war innerhalb der IG immer noch mit 20 Prozent der größte, aber die Quandt-Gruppe hatte zusammen fast einen Drittelanteil: Gebrüder Draeger 10,5 Prozent, Friedrich Paul 7 Prozent, Friedrich Wilh. Wegener 10,5 Prozent.[145]

Zumindest in den ersten Jahren der Weimarer Republik kontrollierte der älteste der Söhne Emil Quandts weiterhin akribisch die Finanzen bei den Gebrüdern Draeger. Um von Berlin aus die Geschäftsentwicklung nachvollziehen zu können, mahnte er eine «genau[e] und gesondert[e]» Buchführung an: «Es sind nicht nur sämtliche Arbeitslöhne und sonstigen Unkosten wie Öle, Schmiermaterialien getrennt genau anzugeben, sondern es ist auch zu vermerken, welche unendlich lange Zeit die Assortimente gearbeitet haben, die Selfaktoren liefen und die Wolferei beschäftigt war.»[146] Ganz unbegründet scheinen seine detaillierten und bis ins Beckmesserische gehenden Anweisungen an die Direktoren allerdings nicht gewesen zu sein: «Sie können sich zu meinem lebhaften Bedauern nicht dazu entschließen, eine Kalkulation richtig aufzustellen, trotzdem ich Ihnen wiederholt die betreffenden Anweisungen gegeben habe», klagte Quandt einmal, als die Berechnungen an einem einfachen Dreisatz gescheitert waren.[147]

Im April 1922 wurden die Firmen angewiesen, die Auslastung gegenüber dem Tuchsyndikat «möglichst schlecht» zu schildern, um auf diese Weise bevorzugt Aufträge zu erhalten.[148] Aus anderen Korrespondenzen ergibt sich, dass Günther Quandt stärker als sein jüngerer Bruder Werner seine Entscheidungen unter Berücksichtigung der Syndikatsinteressen fällte, was zumindest mittelfristig positive Rückwirkungen auf die eigenen Fabriken haben musste. Allerdings nutzte er Nischen in den Syndikatsregelungen für den eigenen Vorteil aus, wenn er beispielsweise anordnete, für ein bestimmtes blaues Marinefeintuch nicht mehr den Gewebebegriff «Serge» zu verwenden, weil dieser der

Kontingentierung des Syndikats unterlag und eine Reduzierung der Zuweisung für die Draeger-Paul-Wegener-Werke zur Folge gehabt hätte.[149] Die Akquise wurde von ihm geradezu pedantisch überwacht. Beispielsweise war bei einer Bewerbung um einen Auftrag bei einer Straßenbahngesellschaft im Jahr 1925 ein Muster nur in Postkartengröße hergestellt worden, was dazu geführt hatte, dass der Auftrag verlorengegangen war – ein Rüffel an die Geschäftsführung konnte nicht ausbleiben: «Ich verstehe also nicht, warum nicht von vornherein ein Muster in vorschriftsmäßiger Größe und bester Qualität eingereicht wird. Wir sind selbstverständlich bei der Straßenbahn durchgefallen, weil wir zu schlechte Ware angeboten haben. Eine solche Behandlung eines so wichtigen Auftrages darf für die Folge nicht wieder vorkommen.»[150] In einem anderen Fall kritisierte er seinen Bruder Werner, dass Gebrüder Draeger und Friedrich Wilh. Wegener am gleichen Tag mit gleichlautenden Schreiben identische Musterstücke präsentiert hatten. Der Empfänger müsse «mit Blindheit geschlagen sein, wenn er bei einer solch gleichartigen Aufmachung [...] nicht erkennt, dass es sich um genau die gleiche Ware handelt. [...] So muss es unbedingt dahin führen, dass entweder Draeger oder Wegener für die Folge mit Probeaufträgen überhaupt nicht mehr bedacht und dementsprechend dann auch bei den Lieferungen benachteiligt wird.»[151]

Die weiter oben geschilderte Flaute in der deutschen Textilindustrie machte vor den Quandt'schen Betrieben nicht halt. Angesichts des Auftragsrückgangs musste 1919 die Arbeitszeit auf acht Stunden verringert werden. Der fast völlige Ausfall an Uniformtuchlieferungen nach der verordneten Reduzierung des Heeres auf eine Stärke von 100 000 Mann traf die auf behördliche Tuchaufträge spezialisierten Betriebe in Pritzwalk und Wittstock besonders hart. Im Frühjahr 1919 bemerkte Werner Quandt pessimistisch: «Ich persönlich kann die Überzeugung nicht los werden, daß wir in der Textilindustrie schlechteren Zeiten entgegen gehen und daß wir eines Tages mit unseren umfangreichen Betriebseinrichtungen ohne Aufträge dastehen.»[152] Die Überblicksaufstellungen über die Produktionsleistung aus dem Sommer 1919 vermitteln einen Eindruck von den enormen Schwankungen: Es gab zwar noch einige durch die Zwangswirtschaft bedingte Aufträge, vor allem bei den Gebrüdern Draeger;[153] da die Preise jedoch geringer waren als diejenigen auf dem freien Markt, wurde auf ein Ende der Zwangsbewirtschaftung hingearbeitet.

Zudem wurde die Aufhebung der Verkaufsbeschränkung zunächst

für die unter Mitverarbeitung von Torf hergestellten Tuche erhofft, was Günther Quandt allerdings erst nach wochenlangen Verhandlungen[154] und infolge «energischen Drängens» bei der Reichswirtschaftsstelle für Wolle erreichte. Als auch andere Produkte für den freien Verkauf freigegeben wurden, war ihm das ein Ansporn, «jetzt nur noch eine erstklassige Zivilware» anzufertigen.[155] Dieses Votum für Qualität rief jedoch den Widerstand der Reichswolle AG hervor, die Quandt – wahrscheinlich nicht zu Unrecht – unterstellte, die ungeliebten und wenig lukrativen Torfaufträge zu vernachlässigen. Dieser versuchte, den Vorwurf durch den Hinweis auf die traditionellen Behördenaufträge zu entkräften. Man liefere, so sollten die Gebrüder Draeger in ihrem Antwortschreiben nicht ganz uneigennützig formulieren, «unter fast gänzlichem Verzicht auf die Wiederanknüpfung der Beziehungen zu unserer alten Kundschaft» zu 90 Prozent an Militär und Behörden.[156] Diese Aufträge wurden meist über das Deutsche Tuchsyndikat kontingentiert. Die Draeger-Paul-Wegener-Werke erhielten insbesondere Aufträge der Eisenbahn über Serge, Hosentuche, Manteltuche und «Lamas», also reinwollene Futterstoffe; feldgraue Rocktuche wurden für das Heer geliefert, dunkelblaue Tuche sowie Molton für die Marine; die Post benötigte in erster Linie wollblaue Rocktuche, Umhangstoffe sowie Hosentuche, und schließlich war auch die Polizei ein wichtiger Kunde.[157]

Manche Lieferverzögerung war darauf zurückzuführen, dass Aufträge angenommen wurden, selbst wenn die Kapazität nicht ausreichte. Im Herbst 1922 musste beispielsweise ein Auftrag über insgesamt 14 400 Meter Marinetuche vorgezogen werden, obwohl dafür Heeresaufträge zurückgestellt werden mussten.[158] Die zeitweilige Auftragsflut war natürlich ein Luxusproblem, und bei gelegentlichen Auslieferungsverzögerungen war man um Ausreden nicht verlegen. Überprüfen konnte dies ohnehin niemand, denn in Pritzwalk beispielsweise wurde für die Kontrolle der örtliche Bahnhofsvorsteher eingesetzt, dessen Sohn als Lehrling bei den Gebrüdern Draeger arbeitete.[159]

Schon seit 1916 hatte man sich dort mit Neubaumaßnahmen beschäftigt, weil die vorhandene Logistik unbefriedigend war und man sich mit einer «gänzlich unübersichtlichen Weberei» behelfen musste. Ein neues Wolllager mit angeschlossener Wollwäschereiabteilung sollte mit dem bereits 1908 errichteten verbunden werden, was eine Überbrückung der Dömnitz notwendig machte. Ein zusätzlicher Gleisanschluss und ein neues Kesselhaus ergänzten die Modernisierungen.

Geplant wurde zudem eine neue Spinnerei, die durch einen Verbindungsbau an die alte Spinnerei angeschlossen werden sollte, um die Transportprobleme zu beseitigen.[160] Im Mai 1921 wurde den Gebrüdern Draeger 3550 Quadratmeter städtisches Gelände zur Vergrößerung der Fabrikanlage überlassen. Weberei und Wolllager wurden durch einen Neubau mit einer Nutzfläche von 2100 Quadratmetern erweitert. Im Jahr darauf erfolgten zusätzliche Erweiterungsbauten. 1924/25 wurde in der Spinnerei die Zahl der Webstühle auf 180 und der Spinnspindeln auf etwa 8000 erhöht, während der fünfstöckige Hochbau um das Doppelte verlängert wurde. In den Tuchfabriken Friedrich Paul und Friedrich Wilh. Wegener wurden Betriebserweiterungen ähnlichen Ausmaßes vorgenommen.

Die Inflation stellte die Quandt-Gruppe im Sommer 1923 allerdings vor neue Probleme. Angesichts zahlreicher Aufträge für die preußische Schutzpolizei, andere Polizeibehörden und die Reichspost lief das Geschäft zumindest Anfang des Jahres zwar noch einigermaßen gut.[161] Aber inzwischen war es schwierig, größere Kredite bei der Reichsbank zu erhalten, weil das Vorschusssystem, bei dem die Papiermarkbeträge über das Deutsche Tuchsyndikat in Devisen umgewandelt wurden, durch die galoppierende Inflation schon völlig aus den Fugen geraten war. Kredite bei der Gewerbe- und Landwirtschaftsbank Kyritz sollten daher selbst bei ungünstigeren Konditionen verlängert werden.[162] Um die Inflationsfolgen gering zu halten, wurden Warenauslieferungen häufig verzögert, wie beispielsweise bei einem Posttuchauftrag im Juni 1923. Bei monatlich neu angepassten Preisen betrug der Zuschlag im folgenden Monat bereits 263 Prozent. Im August wurde sogar eine Vierfachung des Preises vorgenommen, eine durchaus übliche Praxis, gegen die allerdings Behörden wie Händler gleichermaßen Sturm liefen. Günther Quandt ließ sich davon jedoch nicht beeindrucken und riet den Draeger-Direktoren, sich «nicht einschüchtern zu lassen».[163] Zudem plädierte er für den Verkauf in Papiermark zu einem den ausländischen Währungskursen angepassten Wert. Das Geld sollte, um Inflationsverluste zu vermeiden, umgehend wieder in Sachwerten wie Wolle und Farbstoffe angelegt werden. Das Geschäft werde so zu einem «Tauschgeschäft» mit dem üblichen Handelsgewinn von 10 bis 20 Prozent. Waren sollten immer im Voraus mit Papiermark gekauft werden und zwei bis vier Wochen nach Lieferung bezahlt werden. Rohstoffe ließen sich aber inzwischen nur noch mit Goldmark kaufen, und der Devisenmarkt war inzwischen kollabiert, was die radikale Einschränkung des Verkaufs nach sich zog. Glück im Unglück für die Quandt-Firmen war, dass sie stets für mehr als sechs Monate mit Rohmaterialien eingedeckt waren. Die Devisenentwicklung hielt Günther Quandt dennoch für «katastrophal»: «Die gegenwärtige Situation ist unhaltbar, und jeder Betrag in Papiermark Schulden, den man machen kann, ist barverdientes Geld. Jegliche Schulden, die man noch einige Tage aufrecht erhalten kann, verdient man in Gold.»[164]

Das Tuchsyndikat bemühte sich in den Zeiten der Währungskrise um Lösungen mit den Tuchabnehmern, die im Oktober 1923 mit einer vorläufigen Vereinbarung auf Basis von Goldmark-Rechnungen gefunden wurden. Weil dies Günther Quandt zu unsicher erschien, ordnete er kurzerhand im November bei den Gebrüdern Draeger einen vorläufigen Lieferstopp an. Klagen von Händlern und Lieferanten, von denen einige die Tuchfabrik gerichtlich belangen wollten, bügelte er weg: Die Beschwerden machten auf ihn angesichts der Wirtschaftslage einen «ganz weltfremden Eindruck».[165]

Unterdessen konnten die Quandt-Firmen selbst mit Krediten und den eigentlich für Rohstoffkäufe vorgesehenen Betriebsmitteln keine Löhne mehr zahlen. Die Arbeiter bei Draeger und Friedrich Wilh. Wegener traten daher am 16. Oktober in den Streik, der erst nach einem Monat und einem Schiedsspruch des Reichsarbeitsministeriums am 17. November beendet wurde. Günther Quandt versuchte, Auslieferungen so lange zu verzögern, bis die Abrechnung zu Goldmarkpreisen offiziell vorlag. Gegenüber den Behörden blieben die Angaben über das genaue Streikende allerdings vage, offenbar in der Absicht, den Spielraum bei der Verzögerung von Lieferungen zu vergrößern. Recht unbestimmt hieß es beispielsweise in einem Schreiben, dass die Auseinandersetzung «jetzt Beendigung gefunden» habe, obwohl der Streik bereits seit 14 Tagen aufgehoben war.[166]

Ein endgültiges Ende fand die finanzielle Flickschusterei in Pritzwalk und Wittstock erst mit der Einführung der Rentenmark im November 1923. Aber die Krise hinterließ tiefe Spuren. 1924 erhielten die Draeger-Paul-Wegener-Werke wahrscheinlich aufgrund zu hoher Preisforderungen erstmals keine Heeres- und Marineaufträge.[167] Ende des Jahres war die Auftragslage bei den Gebrüdern Draeger so schlecht, dass von 350 Beschäftigten 150 entlassen und Mitte 1925 zwanzig weitere Entlassungen ausgesprochen werden mussten. Selbst unrentable Aufträge wurden angenommen, weil es besser schien, «den Betrieb ohne Gewinn arbeiten zu lassen als zum Stillstand zu bringen».[168] Günther Quandt blieb wenig andere Hoffnung als auf eine Wiederbelebung des Geschäfts durch einen möglichst strengen Winter, und ein Jahr später war seine Stimmung nicht besser: Nur die Börse mache «in Optimismus».[169]

Die Konkurrenzsituation unter den Tuchfabrikanten machte sich inzwischen in Dumpingpreisen und nachlassender Syndikatsdisziplin bemerkbar. Angesichts der Larmoyanz der Direktoren bei den Gebrüdern Draeger über angebliche «Geschäfte durch Hintertüren»[170] votierte Günther Quandt für Qualität. Weil jeder Abnehmer seine Tuchfabrikanten selbst aussuche, könne man «nur etwas erreichen, wenn wir die Rechberg'schen Qualitäten überbieten». Obwohl er sicherlich bei seinem Neuerwerb, der AFA, die zunehmend zu seinem wichtigsten Unternehmen wurde, mittlerweile zahlreiche andere Aufgaben hatte, ließ er es sich jetzt nicht nehmen, Werbeschreiben selbst zu formulieren.[171] Große Erfolge konnte der für Aufträge zu diesem Zweck im Jahr 1926 quer durch Deutschland reisende Direktor Pirscher, mit dem sich Quandt gut verstand, freilich nicht vermelden. Lediglich ein Drittel der als Ziel gesetzten Aufträge brachte er nach Pritzwalk mit.[172]

1929 wurde der 1909 geschlossene Gesellschaftsvertrag mit Gerhard Quandt und Fritz Paul aufgelöst.[173] Damit ging die bis dahin gemeinsam mit seinen Brüdern bewirtschaftete Draeger-Paul-Wegener-Werke GmbH unter Änderung des Namens in Draeger-Werke GmbH auf die Familien Günther und Werner Quandt über. Die Gebrüder Draeger wurden von den beiden Geschwistern gemeinsam zu gleichen Teilen übernommen, aber die faktische Leitung fiel Werner Quandt in Pritzwalk zu. Fritz Paul übernahm die Tuchfabrik Friedrich Paul, Gerhard Quandt wiederum die Tuchfabrik Friedrich Wilh. Wegener in Wittstock.

Letzterer näherte sich in diesen Jahren dem völkischen Milieu an. Ende September 1930 nahm er an einer im Haus des nationalsozialistischen «Kulturexperten» Paul Schultze-Naumburg stattfindenden Tagung zum Projekt der «Menschenzucht» teil, das unter der Schirmherrschaft von Richard Walther Darré stand. Dessen Reagrarisierungspläne atmeten den Geist einer vormodernen Utopie, in der die Zeit bis vor die industrielle Revolution zurückgedreht werden sollte. Wie Gerhard Quandt in Verbindung zu diesem Kreis geriet, ist nicht bekannt. Von den Teilnehmern und Propagandisten einer rassischen

«Erneuerung» wurden in dieser «Besprechung über erbbiologische und Zuchtfragen» verschiedene «Aufartungspläne» diskutiert, die mit Schlagworten wie «Bildung eines hochwertigen Rassenkernes», «Aufnordung» und «bewusste Auslese und Zucht» den Erfolg eines «Dritten Reiches» sicherstellen wollten.[174] Gerhard Quandt gehörte bald darauf zu den finanziellen Förderern des SS-Rasse- und Siedlungsamts. Darré schickte ihm Anfang 1932 Materialien über die SS und versicherte, dass die SS die Siedlungen im Osten Deutschlands als «Grenzwall» verstehe. Offenbar sprachen diese Gedanken Gerhard Quandt an, denn wenige Monate später teilte er Darré mit, Himmler kennengelernt und festgestellt zu haben, dass sie im Ziel der «tatkräftigen Inangriffnahme und Durchführung der erbgesundheitlichen und rassischen Fragen des deutschen Volkes» übereinstimmten. Beigefügt war ein Scheck über 500 RM zur Finanzierung des Rasse- und Siedlungsamts.[175]

Die Gebrüder Draeger in der Weltwirtschaftkrise und während der NS-Herrschaft

Günther Quandt betonte stets, die traditionelle Tuchfabrikation «über 100 Jahre nie verlassen» zu haben.[176] Die Stimmigkeit dieser Angabe zeigte sich in seiner Beteiligungspolitik, die sich auch auf den Textilsektor bezog. Anfang 1933 bot die in eine schwere finanzielle Krise geratene Concordia Spinnerei und Weberei zu Marklissa und Bunzlau ihre Aktienmehrheit an den Textilwerken Hermann Herzog & Co. in Neugersdorf in Sachsen zum Verkauf an. Das vergleichsweise kleine Unternehmen mit einem nominellen Kapital von 1,8 Millionen RM stellte hauptsächlich Verdeck- und Futterstoffe für die Autoindustrie her. Am 10. März 1933 erwarb Quandt etwa 75 Prozent des Gesellschaftskapitals und übernahm den Aufsichtsratsvorsitz des Unternehmens, das bis Kriegsende im Quandt-Besitz blieb.[177]

Noch bedeutender war die seit 1928 bestehende «mittlere Beteiligung»[178] an der Kammgarnspinnerei Stöhr & Co. AG mit Stammsitz in Leipzig und zwei weiteren Werken im sächsischen Markkleeberg und im schlesischen Wüstegiersdorf sowie zahlreichen anderen Beteiligungen im In- und Ausland. Die Spinnerei zählte mit einer Belegschaft von etwa 3500 Beschäftigten zu den größten und bedeutendsten Unternehmen seiner Art und war nach der Auflösung der Norddeutschen Wollkämmerei & Kammgarnspinnerei («Nordwolle») im Zuge der

12 Die fünstöckige
Spinnerei und Weberei der
Gebrüder Draeger nach
dem Neubau in den
Weimarer Jahren.

Weltwirtschaftskrise 1931 das größte deutsche Kammgarnspinnerei-Unternehmen geworden. Günther Quandt baute seine Beteiligung sukzessive aus und hielt dieses Engagement immer für ertragreich, wie er seinem Bruder 1941 versicherte: «Ich beurteile Stöhr nach wie vor durchaus günstig und beabsichtige, die Ankäufe langsam und vorsichtig fortzusetzen.»[179] Die Beteiligung wurde später auf über 25 Prozent des Aktienkapitals erhöht.[180]

Die Wirtschaftskrise schwächte Draeger ein weiteres Mal erheblich. Mehr als die Hälfte seiner Kapazitäten war ungenutzt, bevor sich Ende 1932 durch die Notverordnungsmaßnahmen zur Arbeitsbeschaffung eine Entspannung bemerkbar machte. Das Unternehmen, dessen Verwaltung bei den drei Prokuristen Rudolf Plha, Paul Rangnow und Willi Ungnade lag, arbeitete mit etwa 350 Beschäftigten und verstärkte die Belegschaft jetzt um 25 Prozent.[181] Nach der Machtübernahme der Nationalsozialisten ergaben sich für die Tuchindustrie signifikante Veränderungen. Als «Experimentierfeld industrieller Intervention» und «Prototyp nationalsozialistischer Industriepolitik» erlebte sie als erster Industriezweig massive Regulierungsmaßnahmen.[182]

Zwar verbesserte sich zunächst die Auftragslage,[183] aber im Zuge der Aufrüstung verlor die Branche an Bedeutung. Seit dem 22. März 1933 galt ein Verbot des Wolleinkaufs ohne eine entsprechende Genehmigung der zuständigen Überwachungsstelle. Am 19. Juli des gleichen Jahres regelte die Faserstoffverordnung deren Verarbeitung. Weil chemisch gewonnene Zellwolle nun zum bevorzugten Mittel zur langfristigen Sicherung der Rohstoffversorgung wurde, begann auch bei den Gebrüdern Draeger im Oktober deren Verarbeitung. Das Nationale Faserstoffprogramm von 1934 war sogar eine Art Vorläufer des Vierjahresplans von 1936, mit dem Ziel eines quasi-autarken Zustands, der durch den Einsatz heimischer Textilfasern erreicht werden sollte.

Als im Frühjahr 1934 der Einkauf ausländischer Rohstoffe verboten wurde, löste dies in einer Art Kettenreaktion weitere Staatsinterventionen in der Textilbranche aus: Verkaufspreise, der Verbrauch von Rohmaterialien und die Investitionen wurden reglementiert und faktisch eine Textilbewirtschaftung eingeführt. Deren rechtlicher Rahmen wurde allerdings flexibel ausgeschöpft, zumal die personelle Ausstattung der Kontrollbehörden eine konsequente Überwachung gar nicht zuließ. An den Diskussionsprozessen in den Regulierungsbehörden waren die häufig kompromissbereiten Textilunternehmer über ihre eigenen Organisationen beteiligt. Die Maßnahmen reichten von der Einkaufgenehmigungspflicht im Inland bis zum Beimischungszwang von Surrogaten. Zahlreiche Schlupflöcher ermöglichten allerdings die Zuteilung von Rohstoffen. Beispielsweise wurden für Exportaufträge auflagenfreie Wollprämien ausgelobt, über deren Verwendung die Unternehmer frei entscheiden konnten. Zudem war es üblich, für Auslandsaufträge größere Wollkontingente als benötigt zu beantragen.

In den ersten Jahren der Bewirtschaftung war die Verwendung noch vorhandener Fasern, Abfallfasern oder Regenerationsprodukten üblich. Insgesamt erhöhte sich der Anteil der nicht vom Schaf stammenden Haare von 1933 bis 1936 von 9 auf 30 Prozent. Wehrmachtslieferanten erhielten Sonderkontingente. 1937 wurden große Mengen für den Staatsbedarf reserviert. Im Jahr darauf gab es ernsthafte Überlegungen, den Unternehmen feste Exportvorgaben aufzubürden – ein Paradebeispiel für die vorwaltende Mischung aus Zwangs- und Marktwirtschaft. Gemessen an den Gewinnen von 1927/28 wirtschafteten die verschiedenen Sektoren der Textilindustrie zehn Jahre später dennoch erfolgreich. Durch die Bewirtschaftungsvorschriften konnte zwar das Absatzpotential nicht ausgeschöpft werden. Aber gerade die Spinnereien und Webereien – also genau der Geschäftszweig, in dem die Quandts tätig waren – verzeichneten 1933/34 Gewinne, die sich in den Jahren 1937/38 noch einmal erhöhen sollten.[184]

Günther Quandt selbst gab später an, dass sich die Produktion bis etwa 1940 auf «ziemlich gleich bleibender Höhe» gehalten habe,[185] was wahrscheinlich eine Untertreibung war, denn Hubert Lorentz, der Direktor und Geschäftsführer des Deutschen Tuchsyndikats, gab an, dass sich das Ergebnis in den Jahren von 1933 bis 1939 langsam um bis zu 80 Prozent gesteigert habe.[186] Die Auftragslage der drei brandenburgischen Tuchfabriken war 1935 so gut, dass in der Spinnerei zeitweise in Doppelschichten gearbeitet werden musste, um bei bestimmten Garnsorten den Bedarf der Weberei befriedigen zu können. Bei den Gebrüdern Draeger wurden in der Weberei mit ihren inzwischen 181 Webstühlen zeitweise ebenfalls Doppelschichten eingelegt.[187] Die neuen Werkstoffe und Surrogate, die die Abhängigkeit von Wolllieferungen aus Australien, Südafrika und Südamerika erheblich verminderten, trugen zu den guten Erträgen zweifellos bei.[188] Die Aufträge erteilten die bisherigen Geschäftspartner wie Heer, Marine, Luftwaffe, Zoll, Polizei, Reichspost, Reichsbahn und Feuerwehr, aber inzwischen kamen Uniformtuche für Arbeitsdienst, NSDAP, SA und SS hinzu. Da sich auch der Export belebt hatte, wurden 1939 bei einer Beschäftigungszahl von 108 Männern und 190 Frauen jährlich 500 000 Meter Tuche hergestellt, was aneinandergereiht, wie stolz berichtet wurde, «einer Strecke von Berlin nach Essen» gleichkam.[189]

Im April 1935 wurde der Hochbau des Jahres 1908/09 aufgestockt, im September das noch aus dem 19. Jahrhundert stammende Wolllager verlängert und eine zusätzliche Dampfmaschine aufgestellt. 1936 fiel sogar das Quandt'sche Elternhaus der Spitzhacke zum Opfer, um Platz für den großzügigen Bau eines neuen fünfstöckigen Verwaltungsgebäudes zu schaffen, das im Januar 1938 bezugsbereit war.[190] Der wuchtige und dennoch helle Klinkerziegelbau, der an seiner Stirnseite mit dem Hinweis auf das Gründungsjahr 1839 selbstbewusst die lange Tradition des Unternehmens dokumentierte, vermittelte den repräsentativen Charakter einer selbstbewussten Textildynastie und wurde mit Glasmalereien und allegorischen Wandgemälden

13 Fassade der Gebrüder
Draeger, unübersehbar
während des «Dritten
Reiches».

ausgestattet. Im «Jahrhundertbuch» des Unternehmens wurden stolz
die Fotos der Ausbau- und Verschönerungsmaßnahmen präsentiert –
alles Elemente, die sogar zeitgenössisch als «Blumentopfromantik»
und «Fassadensozialismus» bezeichnet werden konnten.[191] Über dem
Haupteingang versinnbildlichten vier Statuen die Grundbedingungen
des Erfolgs der Draeger-Werke: das Bauhandwerk, die Tuchmacherei,
den Handel und den Arbeitsfrieden. Auf der linken Seite des Ein-
gangsbereichs wurde mit einer Art Wandvorhang den nationalsozialistischen Machthabern Tribut gezollt: Er zeigte neben Hakenkreu-
zen ein Porträt Adolf Hitlers.[192] Das Gesamtgelände des Werks
umfasste inzwischen 23 670 Quadratmeter; die Gesamtnutzfläche
der Fabrikgebäude auf dem dicht bebauten Gelände belief sich auf
über 20 900 Quadratmeter. Für das Jahr 1939 betrug der versteuerte
Gewinn 96 000 RM.[193]

Im Zweiten Weltkrieg wurden die Kontingente streng überwacht
und die Fabriken mussten zunächst die weniger lukrativen Aufträge
für Ziviltuche hereinnehmen. Gemäß der Angaben von Günther
Quandt sank die Produktion nach 1940 erheblich: Fast alle Ziviltuch-
fabriken mussten auf Uniformtuche umstellen und litten darunter,
dass im Krieg «sehr bedeutende Aufträge an ausländische Fabriken in

den besetzten Gebieten» vergeben wurden.[194] Der bereits erwähnte Syndikatsdirektor Hubert Lorentz hat später ebenfalls für die Kriegsjahre einen starken «Rückschlag» von etwa 25 Prozent angegeben.[195] Die Aufträge für Ziviltuche sah Günther Quandt daher, wie er seinem Bruder nach Pritzwalk schrieb, als notwendiges Übel an: «Daß Draeger Ziviltuche arbeitet, sehen wir ja beide nicht gern, aber ich hörte von anderen Firmen, die Ziviltuchaufträge ablehnten, daß sie nicht nur keinen Meter mehr Uniformtuch erfüllen, sondern daß man wegen zu geringer Beschäftigung die Abberufung weiterer Arbeiter in Erwägung zieht. Wir leben eben heute in einer ganz anderen Zeit und die Leute, welche ständig bei allen Behörden herumlaufen, gewinnen mehr an Raum [als] die tüchtigen Fabrikanten. Ob das bei der enormen Stoffknappheit ein preisliches Wettrennen gibt, weiß ich nicht. Ich glaube, daß jeder seine Ware, wenn sie gut herauskommt, zu den erlaubten Kalkulationspreisen los wird.»[196]

Die Kriegsentwicklung brachte die Textilproduktion allerdings bald fast zum Erliegen. Wie dramatisch sich die Lage darstellte, zeigte sich, als sich im April 1942 die Tuchfabriken Friedrich Wilh. Wegener und Friedrich Paul unter dem Namen Fa. Paul und Quandt wieder zusammenschlossen, um einer drohenden Stilllegung zu entgehen.[197]

Zu diesem Zeitpunkt war die Produktion schon fast vollständig eingestellt. Seit 1943 verdichteten sich die Hinweise, dass die Textilfabriken aufgrund ihrer Größe und ihres ländlichen Standorts, der Bombenangriffe wenig wahrscheinlich machte, als Verlagerungsbetriebe für Rüstungsunternehmen vorgesehen waren. Im Juli 1943 wurden die Gebäude der Friedrich Wilh. Wegener in Wittstock zur «Raumverwertung» vorgesehen.[198] Zunächst sollte die Fabrik dem Heereszeugamt Spandau als Lager- und Werkstattdepot zugewiesen werden. Die Inspektoren unterrichteten Gerhard Quandt im Juli 1943 über Planungen für eine Sofortverlagerung von Siemens.[199] Nach einigem bürokratischen Hin und Her wurde dieser Plan wieder verworfen und die Kartographische Abteilung des Reichsamtes für Landesaufnahme als Ausweichbetrieb für Kriegskartenherstellung vorgesehen.[200] Gerhard Quandt und Fritz Paul zeigten sich «sehr zurückhaltend und ablehnend». In «freiwilliger Vereinbarung mit diesen Herren», so stellten die Emissäre der Behörde fest, werde eine «Nutzbarmachung der Fabrik» wohl nicht zu erreichen sein. Der Bürgermeister von Wittstock war der Ansicht, dass «nur auf dem Wege des radikalen Durchgreifens zum Ziele zu kommen» sei. Obwohl die

Kartographen schließlich andere Objekte für ihre Zwecke für geeigneter hielten,[201] war die drohende Belegung noch lange nicht abgewendet. Im August 1943 ergriff das RLM vom Gebäude Besitz und weigerte sich, die Fabrik wieder freizugeben, obwohl auch die Speer-Behörde ein lebhaftes Interesse zeigte. Letztlich kam das Reichinnenministerium zum Zug und wies das Reichsamt für Bodenforschung in die stillgelegte Fabrik ein.[202]

Dies waren allerdings nur noch Untergangserscheinungen. Pritzwalk war bereits weitgehend zerstört, als die Stadt am 2. Mai 1945 von sowjetischen Truppen besetzt wurde. Der gesamte Draeger-Maschinenpark wurde ausgeräumt und in die Sowjetunion transportiert.[203] Werner Quandt erhob im Sommer 1946 gegen die Beschlagnahme Einspruch, der aber vom «Antifaschistischen Ausschuß» mit der Begründung abgelehnt wurde, er sei ein «Kriegsinteressent».[204] Er selbst wurde Ende Oktober 1947 inhaftiert und mit Hinweis auf die Beschäftigung und Misshandlung von Zwangsarbeitern wegen «Verbrechens gegen die Menschlichkeit» angeklagt.[205] Da sich jedoch niemand fand, der gegen ihn aussagte, wurde er im Januar 1948 von einer deutschen Spruchkammer entlastet.[206] Ein im Oktober 1948 eingereichter Einspruch gegen die Enteignung wurde abgelehnt. Eine öffentliche Kundgebung in Pritzwalk am 24. Februar 1949, die als Machtdemonstration gegen den «Kriegsgewinnler und Ausbeuter» Quandt gedacht war, fand zwar weniger Zuspruch als sich die SED versprochen hatte, aber einer bevorstehenden Ausweisung kam Werner Quandt zuvor, indem er nach einer Berlin-Reise im Westen blieb. Dort führte er bis zu seinem Tod am 26. Februar 1965 ein weitgehend zurückgezogenes Leben als Privatier. Auf dem Gelände der Draeger-Fabrik wurde in der Zeit der SED-Diktatur ein «Volks-, Hygiene- und Erholungs-Kulturpark» errichtet.[207]

Gerhard Quandt, der Inhaber von Friedrich Wilh. Wegener, wurde im Mai 1945 von sowjetischen Soldaten verhaftet, die Tuchfabrik beschlagnahmt. Nach wochenlangen Verhören in Wittstock wurde er ins sowjetische NKWD-Speziallager Nr. 9 im mecklenburgischen Fünfeichen gebracht. Dort starb er am 28. September 1945 wahrscheinlich aufgrund der schlechten Lagerbedingungen.[208] Das Kapitel der Quandt'schen Textilfabrikation war damit zumindest am Ursprungsort ihres Aufstiegs beendet.

4. AUF DER SUCHE NACH NEUEN GESCHÄFTEN IN DER INFLATIONSZEIT

Der Börsenspekulant

Die Jahre nach 1918 waren für Günther Quandt eine Suche nach wirtschaftlicher Neuorientierung, gekennzeichnet durch zahlreiche und mit fast fiebrigem Eifer betriebene Übernahmen und Beteiligungsversuche, Aktivitäten, die vor dem Hintergrund einer durch den Kriegsausgang schlagartig veränderten Lage stattfanden: Die Weimarer Republik war belastet durch das Zusammentreffen wirtschaftlicher, gesellschaftlicher, staatlicher und kultureller Krisen, die «durch parlamentarische Formen der Konsensbildung und Interessenwahrnehmung nicht oder nur mit Mühe steuerbar» schienen.[1] Es käme einem unhistorischen Fatalismus gleich, nähme man an, es habe in diesem «Staat von jedermanns Vorbehalt» keine demokratischen Zukunftsaussichten gegeben. Aber von Beginn an war die Krise in der «unvollendeten Demokratie» gleichsam die Norm.[2] Zwar konnte die Republik auf korporatistische und bürokratische Traditionen aus der Kaiserzeit zurückgreifen und auch die demokratischen Verfahrensregeln waren inzwischen durchaus eingespielt,[3] aber dies reichte nicht aus, sie in einer Phase, in der fast überall in Europa mit radikalen Alternativen experimentiert wurde, zu stabilisieren.

Da die Unternehmer nach 1918 durch relativ bescheidene Konzessionen manche ohnehin nicht länger haltbare Positionen aufgegeben und die Gewerkschaften auf die Verstaatlichung der Großindustrie verzichtet hatten, wurde der wirtschaftliche Status quo weitgehend festgeschrieben. Trotz der pragmatischen Zusammenarbeit blieben beide Seiten darauf bedacht, den Kompromiss, wann immer es die Lage zuließ, zu ihren Gunsten zu verändern.[4] Die Unternehmer instrumentalisierten zunächst die linksradikale Agitation, um eine grundlegende Revision der Revolutionsergebnisse einzuleiten. Gerade das ungeliebte Schlichtungswesen, aber auch die Arbeitszeiten und das Streikrecht waren

Angriffspunkte.[5] Von der monarchischen Vergangenheit nahmen die Industriellen, die «in erster Linie an Schornsteine und Schlackehaufen, Eingangsbücher und Gewinnspannen» dachten, hingegen kühl Abschied, zumal ihnen das Schicksal von gekrönten Häuptern wenig bedeutete.[6] Viele Großunternehmer hielten Abstand zum parlamentarischen System, aber in ihren Reihen gab es ebenso «Vernunftrepublikaner», die sich in der allerdings stark auf ökonomische Aspekte verengten rechtsliberalen DVP wiederfanden.[7] Auch in der chemischen und elektrotechnischen Industrie existierten durchaus demokratische Überzeugungen. Frühe Hitler-Unterstützer wie die Ruhrindustriellen Emil Kirdorf und Fritz Thyssen waren «Extremfälle».[8] Günther Quandt dürfte in dieser Hinsicht ähnlich gedacht haben wie die Mehrzahl der Unternehmer, verlässliche Quellen gibt es dazu jedoch nicht. In seinen kurz nach dem Zweiten Weltkrieg verfassten Erinnerungen kommt zwar eine gewisse Sehnsucht nach der Kaiserzeit zum Ausdruck, die Passagen dürften aber mindestens ebenso von der Absicht geprägt gewesen sein, sich mit Blick auf die Besatzungsmächte vom NS-Regime zu distanzieren, wie von den Erfahrungen der zurückliegenden unruhigen drei Jahrzehnte, die zwischen Kaiserreich und Abfassung der Memoiren 1948 lagen.[9] Quandt pflegte wohl eher die Vorstellung von einem pragmatischen Staat, der sich aus dem Ökonomischen zwar grundsätzlich heraushalten, aber, wenn es notwendig war, durch begünstigende Eingriffe und gesetzgeberische Maßnahmen ein wirtschaftsfreundliches Klima schaffen sollte.

Nach dem Ende der Revolution machten sich die Folgen der Kriegsfinanzierung durch Kredite und Anleihen für die deutsche Wirtschaft mit voller Wucht bemerkbar.[10] Während die Reparationen die am Boden liegende Wirtschaft belasteten, erschwerte zusätzlich die massive Geldentwertung ein verlässliches Wirtschaften. Inflationsgewinner waren Inhaber von Immobilien und Industriebeteiligungen, die gegen den Währungsverfall geschützt waren. Aber auch wer Schulden machte und Kredite mit Papiergeld bezahlte, profitierte von der Entwicklung. Vermögen, das hingegen in Kriegsanleihen, Sparguthaben und festverzinslichen Wertpapieren angelegt worden war, schmolz in der Hyperinflation dahin.

Ob die Quandts von größeren Anleiheverlusten betroffen waren, lässt sich nicht exakt sagen, aber die Beträge dürften finanziell zu verkraften gewesen sein.[11] Die ökonomischen Chancen der Inflationszeit wurden konsequent ergriffen, obwohl sich Günther Quandt zeitweise von der pessimistischen Grundstimmung anstecken ließ. Die in seinen Textilbetrieben erzielten Gewinne und alle sonstigen verfügbaren Vermögenswerte, daneben aber auch die Kreditgelder, so seine Überlegung, sollten schnell wieder angelegt werden. Die in der Inflationszeit weit verbreitete Strategie der Flucht in Sachwerte stieß jedoch in Pritzwalk an ihre Grenzen, weil die eigenen Lager voll und Rohstoffe kaum noch zu einigermaßen realistischen Preisen erhältlich waren. Mit der Abwicklung seiner Finanzgeschäfte betraute er führende Institute von der Disconto-Gesellschaft und der Deutschen Bank bis zu kleineren Regionalbanken wie der Gewerbe- und Landwirtschaftsbank Kyritz sowie dem Bankverein in Pritzwalk, die bereits seit langem für Quandts Textilinteressen herangezogen worden waren.[12] Die meisten dieser frühen Finanzmanöver wurden noch über die Konten der Gebrüder Draeger abgewickelt. Eine besonders enge Verbindung entwickelte sich jedoch zum Bankier Jakob Goldschmidt vom Bankhaus Schwarz, Goldschmidt & Co., mit dem Günther Quandt schon 1917 Aktiengeschäfte getätigt hatte.[13]

Dank kühner Spekulationen und Investitionen schwamm der Selfmademan Goldschmidt auf einer Welle des pekuniären Erfolgs. Er galt als eine Art König der Finanzwelt der Nachkriegszeit und hatte wenig mit dem Habitus der auf vornehme Zurückhaltung bedachten Vertreter des traditionellen Kreditgewerbes gemein. In den Kreisen der Bankiers alter Schule war er geradezu verhasst.[14] Günther Quandt kannte hingegen keine Berührungsängste gegenüber Goldschmidt. Als dieser 1918 zur Nationalbank, der späteren Danat-Bank gewechselt war, vertraute Quandt bei Geschäften auf dem Berliner Börsenparkett weiterhin auf seine finanziellen Dienste.

Seit 1920 nutzte Quandt zudem die in Berlin eingetragene Wollhandelsgesellschaft namens Companhia Perfuradora Brasileira GmbH, gewissermaßen eine Tarnorganisation, um einen maßgeblichen Einfluss auf Aktiengesellschaften zu erhalten, ohne diesen nach außen erkennbar werden zu lassen. Zunächst war Günther Quandt selbst, seit Juli 1920 sein Gewährsmann Hermann Schumann Geschäftsführer.[15]

Häufig handelte Quandt mit Devisen,[16] seine Aktivitäten blieben jedoch nicht auf diese Geschäfte beschränkt. In jenen Jahren wurden zahlreiche als Personengesellschaften geführte Unternehmen in Aktiengesellschaften umgewandelt, um an zusätzliches Betriebskapital zu gelangen. Damit erschlossen sich Möglichkeiten, gleichsam anonym Einfluss zu erhalten. Hier setzte Quandt an: Ein Einstieg, der ihm mittelfristig die Kontrolle über das Unternehmen ermöglichte, schien ihm nur bei Aktiengesellschaften machbar, deren Besitz breit gestreut war und bei denen er ebenso heimlich wie beharrlich zukaufen konnte. Zunächst blieb Quandt bei seinen Übernahmeversuchen der Tuchbranche treu, denn einer der ersten «Testfälle» war die Deutsche Wollenwaren-Manufaktur AG. Quandt erwarb Aktien dieser im schlesischen Grünberg ansässigen Tuchfabrik, deren Anlagen er zuvor inspiziert hatte. Bereits hier zeigte er das für ihn typische Kaufverhalten, nach dem er auch bei anderen Übernahmeprojekten vorgehen sollte. Der Generaldirektor des Unternehmens, Dr. Oskar Ostersetzer, hatte zwar zunächst eine Aktienbeteiligung Quandts befürwortet, bekam aber zunehmend Zweifel, ob er sich diesen finanzstarken Investor wirklich in sein Unternehmen holen sollte. Ostersetzer hatte vom Grundkapital in Höhe von zehn Millionen Mark mehr als ein Fünftel in der eigenen Hand, mochte aber nicht dem Vorschlag Quandts folgen, das jeweils eingesetzte Kapital zu «poolen» und die Gewinne im Verhältnis zum Besitz zu teilen. Zum Jahreswechsel 1919/20 sollte Quandt in den Aufsichtsrat der Deutschen Wollenwaren-Manufaktur AG gewählt werden. Als sich dies verzögerte, schlug er Ostersetzer vor, vorläufig als Sachverständiger zu arbeiten, um bei geplanten umfangreichen Erweiterungen «wertvolle Dienste leisten» zu können. Quandt ließ jedoch heimlich über Jakob Goldschmidt und dessen Kompagnon Julius Schwarz weitere Aktien kaufen, bis er knapp zwei Millionen Aktien in der Hand hielt – nahe an der Sperrminorität von einem Viertel der Stimmen oder 2,5 Millionen Aktien. Das Manöver gelang zunächst, weil der Aktienmarkt bei schwankendem Dollarkurs in heftiger Bewegung war und die volatilen Kurse bei steigenden Preisen die Käufe Quandts verschleierten. Ostersetzer wollte jedoch, als Quandts Käufe schließlich doch aufflogen, im Frühjahr 1921 zwei Millionen Vorzugsaktien mit zehnfachem Stimmrecht ausgeben und das Bezugsrecht der Altaktionäre ausschließen. Dahinter stand zwar auch die in der Inflationszeit weit verbreitete Überlegung, die «Überfremdung» durch ausländisches Kapital zu verhindern, aber im konkreten Fall bildete wahrscheinlich der Wunsch das Hauptmotiv, eine Majorisierung des Unternehmens durch Quandt zu verhindern.[17]

Auf der Hauptversammlung der Textilfirma standen Günther Quandt bereits nominell 904 000 Mark auf eigenen Namen zur Verfügung, 1 044 000 Mark wurden durch den als Strohmann fungierenden Oberregierungsrat Dr. Erich Bandekow vertreten, einen Geschäftsfreund seines Vetters Dr. Kurt Schneider. Dieser wiederum war als erfahrener Jurist mit der Verwaltung des Familienvermögens betraut und verwaltete zeitweise auch die Companhia Perfuradora. Da auf der Hauptversammlung lediglich 6,7 Millionen Mark Aktienkapital anwesend waren, verfügte Quandt über die Sperrminorität. Er verlangte und erhielt die Hälfte der Vorzugsaktien, also eine Million Mark, während Ostersetzer zunächst nur 20 Prozent angeboten hatte, verbunden mit der Bedingung, diese Aktien bei einem Weiterverkauf zunächst der Danat zum Nominalwert anzubieten. Die Stammaktien sollten, wenn Quandt sich von ihnen zu trennen beabsichtigte, zum Durchschnittskurs der letzten zehn Börsentage vor dem Angebot verkauft werden. Als Ausgleich erhielten Günther Quandt und Kurt Schneider zwar Sitze im Aufsichtsrat, mit Blick auf die Verkaufsbedingungen hatte Quandt dennoch den Eindruck, den Kürzeren gezogen zu haben. Rückblickend beschrieb er seinen Zustand in diesen Verhandlungen als «mit Händen und Füßen gebunden».[18]

Als im Herbst 1921 für eine geplante Unternehmensmodernisierung eine Kapitalerhöhung von zehn auf 30 Millionen Aktien vorgesehen wurde, war die Sperrminorität Quandts erneut gefährdet, denn nur die Hälfte der neuen Aktien – zehn Millionen – sollte den Altaktionären im Verhältnis von 1 : 1 angeboten werden. Quandt hätte weitere 2,5 Millionen Aktien kaufen müssen, was zu einer erheblichen Verschuldung geführt hätte und, bei einem nervösen Markt, mit erheblichen Unwägbarkeiten verbunden gewesen wäre. Quandt gab daher vorerst den Versuch auf, die Kontrolle über das Unternehmen zu gewinnen und verkaufte seine 2,5 Millionen Stammaktien mit beachtlichem Gewinn zu einem Kurs von 1800 Prozent an die Danat, blieb jedoch im Aufsichtsrat. In den 1930er Jahren sollte er einen zweiten Anlauf zur Majorisierung des Unternehmens versuchen, dieses Mal mit Erfolg.[19]

Den aus dem Verkauf der Anteile realisierten Betrag in Höhe von 45 Millionen Mark nutzte Quandt, um Schulden in Höhe von zehn Millionen Mark zu begleichen. Der Restbetrag barg angesichts der unsicheren Lage an den Börsen das Risiko, schnell zu verfallen. Innerhalb von zwei Wochen wurde das Geld reinvestiert, zu den bevorzugten Werten zählten Aktien und Kuxe (also Anteilsscheine) aus dem Bergbaubereich, insbesondere der Kaliindustrie[20] – für Quandt zwar ein «ganzes Bouquet guter, ja bester Substanzwerte». Anstelle einer «schönen fachlichen Beteiligung», so jedoch seine rückblickende Klage, habe er über «einen Buntbesitz von zwanzig verschiedenen Werten» verfügt: «Doch überall nur einen Brocken; nirgends hatte ich etwas zu sagen.»[21] War die versuchte Majorisierung der Deutschen Wollenwaren-Manufaktur AG noch auf dem Gebiet der Quandt bekannten Tuchbranche erfolgt, wagte er nun den Schritt über die Branchengrenzen hinaus. Mit Blick auf die langfristige Kursentwicklung konzentrierte er sich auf Unternehmen, die ihr Grundkapital der Vorkriegszeit nicht erhöht hatten und bei denen es nicht zu einer «Kapitalverwässerung» gekommen war. Wenn ihm der Substanzwert hoch genug erschien, hielt er sogar hohe Kurse auf Dollar- und Pfund-Basis für «erträglich».[22]

Ein möglicher Übernahmekandidat war die 1921 gegründete Mühlenbau und Industrie AG mit Sitz in Braunschweig, die aus dem Zusammenschluss von fünf größeren Mühlenbau-Unternehmen entstanden war.[23] Ein weiteres Objekt, das Quandt in Augenschein nahm, war die J. P. Bemberg AG in Wuppertal-Oberbarmen, ein erfolgreicher Hersteller von Kunstseideprodukten. Auch jetzt wurden zahlreiche Bankinstitute beauftragt, für ihn selbst und über Strohmänner Aktien zu kaufen: von Mühlenbau und Industrie nominal 1,5 Millionen Mark und von J. P. Bemberg nominal 900000 Mark. Gleichzeitig wurden die Aktien der Bergbaubranche mit Ausnahme der Kuxe der Kaliindustrie wieder abgestoßen. Der Aktienkauf bei den beiden Gesellschaften erwies sich jedoch angesichts beträchtlicher Kurssteigerungen als wenig ertragreich, so dass angesichts des hohen Kaufpreises die erhofften zukünftigen Renditen immer unwahrscheinlicher wurden. Die Gründe für die unerwartete Kursexplosion bei der Mühlenbaugesellschaft lagen vermutlich am Aktienkauf durch den Konkurrenten Griffenius; bei J. P. Bemberg waren wohl das gute Markenimage und entsprechende Erträge ausschlaggebend. Quandt trennte sich Zug um Zug wieder von den Aktien.

Noch seinen Memoiren, in denen er sich akribisch und geradezu begeistert manch besonders gelungener «Aktion» erinnerte, merkt man Quandts spekulativen Geist an. Die Trennlinie zwischen solider Geschäftsinvestition und spekulativem Finanzmanöver wurde in der Inflationszeit der 1920er Jahre allerdings immer verschwommener. Eine Aufzeichnung aus Quandts Büro aus dem Januar 1923 über den Verkehr mit einigen Bankinstituten gibt einen aufschlussreichen Einblick in die Welt seiner Geschäfte: «Über die ersten 10 Millionen bekommt Falk am Montag einen bestätigten Reichsbankscheck. Für unsere Akkukäufe wird doch, trotzdem nicht so viele Aktien pro Tag gekauft werden, viel Geld gebraucht. Dammann hat um Geld geschrieben, Schwarz wartet auch auf weitere Einzahlungen, die Darmstädter Bank hat die letzten 8 Millionen nur schweren Herzens herausgegeben, an Draeger schulden wir 20 Millionen vom Hauskauf, und dann Falk und Schwab, Noelle. Es wäre sehr schön, wenn Herr Dr. Schneider noch irgendwelche Kredite bekäme.»[24]

Die Sorge, durch die Spekulationsgeschäfte und die erratisch schwankenden Kurse Verluste zu erleiden, ließ sich auch in einer Anweisung an die Direktoren von Gebrüder Draeger aus dem Oktober 1922 erkennen, Dispositionen nur durch ihn oder seinen Bruder Werner durchzuführen. Hier wurde auf die «häufigen Fehler, die bei Ankäufen in Goldmark oder Devisen und bei Verkäufen in Goldmark oder Devisen immerwährend vorkommen», aufmerksam gemacht, die «sich fast gar nicht mehr beseitigen» ließen und «allwöchentlich hunderttausende, wenn nicht Millionen Mark kosten».[25] In einer anderen Korrespondenz wurde angeordnet, sämtliche Papiermarkbeträge, für die Rechnungen in Goldmark ausgestellt worden waren, automatisch in Devisen umzuwandeln und angesichts der «Differenzen bei den heutigen schwankenden Devisenkursen» die Einhaltung der Bedingungen für Zahlungen nach Goldmark «allerschärfstens» zu überwachen.[26]

Erst die Währungsreform im Oktober 1923 und die einen Monat später in Kraft tretende neue Währung – eine Rentenmark entsprach nun einer Billion Papiermark bzw. einer Goldmark – beendeten diese Phase wilder Finanzmanöver. Quandt bezeichnete die Rückkehr zur Goldwährung und die Stabilisierung der deutschen Wirtschaft in seinen Memoiren als «großartige, fast gewaltige Entwicklung».[27] Dieses Urteil mag ihm leicht gefallen sein, nachdem er die Möglichkeiten der Phase der wirtschaftlichen Ungewissheit für seine Zwecke raffiniert genutzt hatte.

Mit seinem Geschick als Finanzjongleur symbolisierte Quandt gleichsam einen neuen Unternehmertypus, den der Wirtschaftsjournalist Felix Pinner bereits zeitgenössisch in der Generation der «Dreißigjährigen» ausmachte. Günther Quandt war zwar knapp zehn Jahre älter, aber der Neu-Berliner passte annähernd in das von Pinner entworfene Schema, zumal er wenig mit dem Milieu der bereits arrivierten Wirtschaftskapitäne der Vorkriegszeit gemein hatte: Die Inflationszeit, so Pinner, verschütte viele Wege, «auf denen feinere, besondere Menschen abseits vom großen Schwarm früher zu den Gipfeln emporstrebten. Diese Zeit, die das Spiel zum Geschäft und das Geschäft zum

Spiel macht, hat Individualitäten verwischt und Typen geschaffen und hat selbst ihren ‹genialen Eroberernaturen› – wenn man die erfolgreichen Substanzraffer und Trustkönige so nennen darf – so etwas wie ein Dutzendgesicht gegeben.»[28] Pinner unterschied die «greisen Wirtschaftsführer» wie August Thyssen, Emil Kirdorf und Carl Fürstenberg, die die «heutigen Wertgesetze und Wertmaßstäbe» nicht mehr nachvollziehen konnten, von Männern wie Hugo Stinnes, die durch die Kriegswirtschaft des Ersten Weltkrieges wesentlich geprägt waren. Pinner hätte auch Quandt nennen können, wenn dieser in der Öffentlichkeit bekannter gewesen wäre. Dieser war zwar kein leichtsinniger Hasardeur und passte auch nicht in das simple Bild des «ordinären Plusmachers», aber er verfügte über den richtigen Instinkt für Geschäfts- und Finanzideen. Ansonsten jedoch entsprach er frappierend genau der Typologie, die Pinner für den neuen Typus von Wirtschaftsmagnaten entworfen hatte: «Viele der Dreißigjährigen haben als Heereslieferanten angefangen [...]. Für manche kam auch erst die große Stunde, als die Heeresbestände aufgelöst wurden, und andere wieder legten die Wurzeln zu ihrem Reichtum in der eigentlichen ‹regulären› Geldentwertungswirtschaft der Nachkriegszeit. Umschichtung der Produktionszwecke (von der Friedenswirtschaft zur Kriegswirtschaft), Umschichtung der Bestände (vom Heeresmaterial zum Friedensmaterial) und Umschichtung der Vermögen (vom Renten- zum Sachvermögen): das waren die Etappen, innerhalb derer der neue Reichtum sich bildete.»[29]

Der Kommentar zielte auf das, was zeitgenössisch als das neue Phänomen der «Kriegsgewinnler und Inflationsgewinnler» gebrandmarkt wurde.[30] Zwar waren wirtschaftliche Exzesse, die mit der Professionalisierung der Wirtschaftswelt verbunden waren, auch im 19. Jahrhundert zur Zielscheibe der Kritik geworden. Jacob Burckhardt hatte schon 1905 in seinen «Weltgeschichtlichen Betrachtungen» davon gesprochen, «daß in jeder Krisis eine bestimmte Quote von fähigen, entschlossenen und eiskalten Menschen mitschwimmt, welche mit der Krisis nur Geschäfte machen und vorwärts kommen wollen». Diese «Art der Haltefest, Raubebald und Eilebeute», so Burckhardt weiter, schwimme um jeden Preis oben, «da kein höheres Streben sie irre macht».[31] In Frankreich war Guy de Maupassant ein genauer Beobachter dieser Entwicklung geworden, und in Deutschland hatte Heinrich Mann an der Jahrhundertwende das dekadente Berliner Luxusleben von Börsianern, Journalisten und Advokaten als «dubioses Schmarotzertum» verurteilt.[32] «Raffke», «Schieber», «Wucherer» dienten fortan als zeitgenössische Zuschreibungen für eine Art des Wirtschaftens auf Kosten anderer und des Geldverdienens «ohne Arbeit».[33] Autoren wie Werner Sombart mahnten schon vor 1914 eine begriffliche Klärung an, um populistischen Unschärfen entgegenzuwirken.[34] Differenzierungen wären umso wichtiger gewesen, als besonders nach 1918 in der Öffentlichkeit zunehmend antisemitische Untertöne und Polemiken gegen «jüdische Wucherer» zu hören waren.[35] Die Exzesse der Inflationszeit beförderten geradezu die Empörung über «Sittenverfall» in einer aus den Fugen zu geratenden Periode, in der Spekulanten, Finanzmagnaten und Spieler als Ausdruck «eines inflationstypischen Hedonismus» die Diskrepanz zwischen «Anstand» und unverhülltem Egoismus vor Augen führten.[36] «Stinnes kauft alles» lautete beispielsweise ein besonders prägnanter Vorwurf.[37] Friedrich Flick, Hugo Herzfeld, Otto Wolff und Jakob Michael[38] waren als Kriegs- bzw. Börsengewinner und «Könige der Inflation» Zielscheibe der Kritik.[39] Es war bezeichnend, dass jetzt der Ruf nach «Ehrengerichtshöfen» für die Kaufmannschaft laut wurde, um den «Inflations-Eindringlingen» Einhalt zu gebieten.[40]

Es konnte wohl kaum ausbleiben, dass auch Günther Quandt angesichts seines Finanzgebarens als Inflationsgewinnler gezeichnet wurde. Für Hans Fürstenberg, der ebenso wie sein Vater die Methoden Quandts beim Einstieg bei der AFA hautnah erlebte, war Quandt ein «im Kriege reich gewordener Teilhaber einer respektablen Tuchfabrik», der sich nun «aufs Spekulieren verlegt» habe.[41] Eine Art Ehrenerklärung zugunsten Quandts war bei näherem Hinsehen wenig schmeichelhaft. Fürstenberg, der in seinem Urteil über das Geschäftsgebaren Quandts offenbar selbst zwischen Bewunderung und Ablehnung schwankte, wollte diesen zwar «nicht anschwärzen» und lobte dessen «Klugheit und kaufmännische Umsicht», stellte Quandts Aufstieg aber dennoch in den Kontext der Verwirrungen der Nachkriegszeit: «Die Sitten und Gebräuche der Inflationszeit mit ihren vielen Neureichen ergaben Rückfälle in die Verhältnisse des Hochkapitalismus im 19. Jahrhundert.» Er habe allerdings, so fügte der vornehme Bankier rückblickend hinzu, mit Quandt trotzdem «ganz normale Beziehungen» gepflegt.[42] Auch Friedrich Dörge, den Quandt später in die Führungsetage der DWM holte, bezeichnete Günther Quandt in seinen Memoiren als jemanden, dem es in erster Linie um die Absicherung und die Mehrung des Familienbesitzes gegangen sei, während die soziale Seite ebenso wie das ethische Gespür gefehlt habe: «Einblicke in die Praxis der produzierenden Wirtschaft hat Quandt nie gehabt. Aber er besaß eine unbestreitbare Fähigkeit, wie sie kaum ein Anderer hatte, und durch diese ist er zu seinem Wohlstand und Einfluß gekommen. Er hatte ein intuitives Gefühl für den Wert und die Entwicklung von Aktien. Sein ganzes Sinnen und Trachten drehte sich um den Kauf und Verkauf von Aktien, und es ist für ihn bezeichnend, daß dieses Interesse stets der Inhalt seiner wenigen Festansprachen, die er gehalten hat, gewesen ist. [...] Die Reden an seinen besonderen Geburtstagen waren nichts als eine Aneinanderreihung von Daten über den Ankauf seiner Aktien, was seine an sich schon mäßige Rhetorik noch schreckhafter machte.»[43] Dörges Vorstandskollege Edgar Haverbeck hat Quandts «Drang nach wirtschaftlicher Ausbreitung» ebenfalls kritisiert. Dessen vorwiegend auf die «kapitalmäßige Beherrschung gründende Einflussnahme auf Unternehmen» habe die «Erzielung und Ausschüttung möglichst hoher Gewinne zum dominierenden Gesichtspunkt seiner Entschlüsse» gemacht.[44]

Es ist kaum verwunderlich, dass Günther Quandt selbst solche Charakterisierungen nicht teilte. In einer bezeichnenden Passage seiner Erinnerungen bemerkte er, er wäre in der Zeit der AFA-Übernahme fast «zum Börsenspekulanten geworden», was ihm aber «in der Seele zuwider» gewesen sei.[45] Dieser Selbstinszenierung sind die wenigen journalistisch-wissenschaftlichen Arbeiten über Quandt nicht gefolgt. Der Wirtschaftsjournalist Pritzkoleit zählte Quandt zu jenen typischen Berliner «Glücksrittern» der Zwischenkriegszeit, die sich als «Heer der politischen Hochstapler, Verbindungsmänner und Amtsjäger» sehr gut auf das «corriger la fortune» verstanden hätten. Seine «unternehmerische Initiative, Bauernschläue und advokatorische Gewandtheit» sei Quandt dabei zugute gekommen.[46] Rüdiger Jungbluth zog ganz ähnlich den Schluss, Quandt habe, wenn er denn tatsächlich eine solche Abneigung gegen Aktiengeschäfte empfunden habe, seinen «Widerwillen mehr als einmal mit beträchtlichem Erfolg» überwinden können.[47]

Sie lagen mit dieser Einschätzung sicherlich nicht falsch, zu deutlich lässt sich aus den Quellen die spekulative Tätigkeit Quandts in der Inflationszeit und teilweise darüber hinaus nachvollziehen. Tatsächlich fühlte sich Quandt aber wohl zugleich auch noch immer als Fabrikant, der sich über die Produktion von Gütern definierte. Wie das Mischungsverhältnis der verschiedenen Motive und Elemente aussah – reine spielerische Neugier, Lust am Finanzgeschäft, Unabhängigkeitstrieb, unternehmerischer Geist – bleibt schwer zu beurteilen. Trotz aller Exzesse der Zeit der Hyperinflation und der mit ihr verbundenen Tragödien hat die Geschichtswissenschaft das zeitgenössische Bild der Spekulanten als «Ausbeuter der Arbeiterschaft und Entmanner des Mittelstandes» vorsichtig korrigiert.[48] In aller Nüchternheit wird heute konstatiert, dass sich Spekulationsfreude nicht automatisch mit «Raubtierkapitalismus» oder «Manchesterliberalismus» gleichsetzen lässt, vielmehr untrennbar mit dem kapitalistischen Wirtschaftssystem verbunden ist.[49] Was Quandt selbst über die Inflationsverlierer dachte, ist nicht bekannt. Ethisch-moralische Überlegungen lagen ihm ohnehin fern, und es ist bezeichnend genug, dass sich in seinen Memoiren keine Silbe zu den Schattenseiten jener Jahre findet.

Die Beteiligung beim Kali- und Chemiekonzern Wintershall

Zu den Spekulationsgeschäften Günther Quandts in der frühen Weimarer Republik gehörte der Ankauf von Kuxen der Kali fördernden Gewerkschaft Wintershall. Diese «Gewerkschaft», die trotz der Namensgleichheit keine Arbeitervereinigung war, sondern ganz im Gegenteil in Analogie zur Aktiengesellschaft den Zusammenschluss der Besitzer eines Bergwerks bezeichnete, bildete den Keim eines der größten deutschen Chemiekonzerne und zählte zu den bedeutendsten Industriewerten im Portfolio Quandts. Allerdings ist die Quellenlage zur Wintershall außerordentlich dürftig und die Rolle Günther Quandts in diesem Unternehmen, das vom Bergbauingenieur August Rosterg geführt wurde, nur in Ansätzen darstellbar. Quandt hat sich selbst in seinen Memoiren nicht zu seiner Tätigkeit bei Wintershall geäußert, möglicherweise, weil dieser riesige Konzern lange Zeit unter strenger Beobachtung der Besatzungsmächte stand und Quandt, dessen Memoiren der Selbstverteidigung nach dem Krieg dienten, sich nicht durch allzu große Offenheit in Gefahr bringen wollte. Dementsprechend hatte er schon seine Rolle bei den Deutschen Waffen- und Munitionsfabriken kleingeredet.[50] Dennoch ist es unerlässlich, dieses wichtige Engagement Quandts in der Kalibranche in Umrissen nachzuzeichnen.

Sein Augenmerk war schon während des Weltkrieges durch Fritz Rechberg, seinem Geschäftspartner aus der Textil-IG und der Kriegswoll-Bedarfsgesellschaft, auf den Kalibergbau gelenkt worden.[51] Der aus dem nordhessischen Bad Hersfeld stammende Rechberg war bereits vor dem Krieg in der Kaliindustrie aktiv geworden und zunächst Vorsitzender der im nahegelegenen Werratal ansässigen Gewerkschaften Herfa und Neurode gewesen, die zunächst eng mit Wintershall kooperiert hatten und später von ihr übernommen worden waren.[52] Der erste bekannte Kaufauftrag Quandts für Kuxe der Gewerkschaft Wintershall datiert aus dem Juli 1917,[53] möglicherweise hatte er jedoch schon früher mit dem Aufkauf begonnen. Neben Wintershall-Kuxen erwarb er Anteile verschiedener anderer Kali-Gewerkschaften, darunter der Gewerkschaft Felsenfest und Glückauf-Sondershausen,[54] die im Zuge des Konzentrationsprozesses der Branche in den Weimarer Jahren zu wichtigen Tauschobjekten wurden. 1918 zogen Fritz Rechberg und Günther Quandt in den Grubenvorstand der Gewerkschaft Wintershall ein, in dem Rechberg den Vorsitz übernahm. Er brachte Quandt auch in Verbindung mit August Rosterg, dem Generaldirektor der Gewerkschaft Wintershall.[55]

Der 1870 geborene Rosterg war 1898 als Bohringenieur zu Wintershall gestoßen und hatte sich seine Sporen durch technische Problemlösungen im schwierig zu explorierenden Werratal verdient.[56] 1908 wurde er zum Bergwerksdirektor und 1916 zum Generaldirektor für die Werke der Wintershall-Gruppe ernannt. Unter seiner Führung verfolgte diese einen aggressiven Konzentrations- und Rationalisierungskurs mit dem Ziel, der führende deutsche Kalikonzern zu werden. Die Kostenminimierung setzte der seit 1920 in Kassel ansässige Konzern durch technische Rationalisierungen und eine horizontale sowie vertikale Konzentration mit dem Ziel einer durchgängigen Massenerzeugung um. Das 1925 errichtete große Kaliwerk der Gewerkschaft Kaiseroda in Merkers ermöglichte eine neue Großproduktion. Allerdings war das Werk anfangs nicht voll ausgelastet und blieb hinter den Erwartungen zurück, weshalb Pläne zur größeren Beteiligung an der Mischdüngerproduktion zur Steigerung des Kaliabsatzes forciert wurden.[57] Für die vertikale Konzernerweiterung wurden zudem Braunkohlewerke und ein Sägewerk eingegliedert. Als Finanzierungsgesellschaft und Holding wurde 1921 mit Hilfe der Dresdner Bank die Kali-Industrie AG gegründet, deren Mehrheitsanteile stets im Besitz der Gewerkschaft Wintershall blieben.[58] Die Dresdner Bank war laut einer Aussage von Friedrich Flick in seinem Nachkriegsprozess für die Abwicklung der Geschäfte von Wintershall sogar von herausgehobener Bedeutung.[59] Allerdings sollte ein bestimmender Einfluss der Banken verhindert werden, weshalb zahlreiche Investitionen in andere Gewerkschaften selbst finanziert wurden,[60] auch wenn beispielsweise das Kapital für die 1919 stattfindende Übernahme der Gewerkschaft Alexandershall mit ihrem vielfältigen Kuxenbesitz dazu eigentlich nicht ausreichte. Wiederholt beteiligten sich kapitalkräftige Kuxenbesitzer wie Rosterg und Rechberg und stellten der Gewerkschaft Wintershall die aufgekauften Kuxe anschließend zur Verfügung. Vermutlich wurde Günther Quandt in dieser Phase als kapitalkräftiger Investor, von dem keine Gefahr einer feindlichen Übernahme auszugehen schien, in die Wintershall-Geschäfte eingeführt. Die im Tausch gegen andere Kuxe ausgegebenen Wintershall-Kuxe wurden von den Gewerken ebenfalls zunächst zur Verfügung gestellt und dann zurückgekauft.[61] Nach und nach tauschte Wintershall Anteile an der Kali-Industrie AG gegen Minderheitsanteile von bereits majorisierten Werken ein, um den Konzern weiter zu homogenisieren.[62] Als eigenständige Unternehmen verblieben allein die Kali-Industrie AG, die später in Wintershall AG umbenannt wurde, die Kalibank AG, die Chemikalien AG sowie die Gewerkschaften Wintershall, Mathildenhall, Dreileben, Belsdorf, Ummendorf und Hildesia.

Die Strategie der Wintershall AG war durchaus branchentypisch. Die deutsche Kaliindustrie hatte sich 1885 zunächst freiwillig, ab 1910 durch das Reichskaligesetz zwangsweise zum Deutschen Kalisyndikat zusammengeschlossen, um eine Konkurrenz der Werke und einen Preiswettkampf zu vermeiden. Da der Gesamtabsatz mit den zahlreichen Neugründungen nicht mithalten konnte, versuchten die Unternehmen, ihre durch das Syndikat zugeteilten Quoten zu steigern, indem sogenannte Quotenschächte angelegt wurden, die zwar nicht in den regulären Betrieb übergingen, deren Absatzquoten aber an die Stammwerke abgetreten wurden.[63] Bis zum Kriegsende 1918 entstand somit in der gesamten deutschen Kaliindustrie eine enorme Überkapitalisierung, die mit der Aussicht auf gewaltige Gewinne aufgrund der Monopolstellung bei steigender Nachfrage gerechtfertigt wurde. Nach dem Ende des Ersten Weltkrieges ging jedoch das Weltmonopol verloren, da die elsässischen Produktionsanlagen an Frankreich abgetreten werden mussten. Die deutsche Kaliindustrie reagierte auf diese schwere Krise mit einem umfassenden Konzentrationsprozess.[64]

Die gesetzliche Grundlage für die nun folgende Stilllegungspolitik war das im April 1919 beschlossene Kaliwirtschaftsgesetz und eine

Quoten- und Stilllegungsregelungsverordnung aus dem Juli 1919, die freiwillige Werksschließungen bis ins Jahr 1953 vorsah. Die Quoten der geschlossenen Schächte wurden auf andere Werke übertragen, wodurch der Konzentrations- und Übernahmeprozess in der Kalibranche weiter angeheizt wurde, da der eigene Absatz nur durch eine Steigerung der Quote erhöht werden konnte. Bis 1933 wurden auf diesem Wege von 229 Schachtanlagen 125 stillgelegt, 1928 befanden sich noch 38 Schächte im Betrieb, während 66 auf Reserve gehalten wurden.[65] Hierdurch wurde die Region Werra-Fulda der dominierende Schwerpunkt der deutschen Kaliindustrie, die unter sechs Konzernen aufgeteilt war, deren führender der Wintershall-Konzern war.[66]

Diese Entwicklung war das Ergebnis eines notwendigen Rationalisierungsprozesses in der Branche, entsprach aber auch der wirtschaftlichen Gesamttendenz, zu deren zentralen Merkmalen eine zeittypische Konzentrationsbewegung gehörte, wie sie bei den Vereinigten Stahlwerken,[67] den IG-Farben[68] oder im kleineren Maßstab in der Automobilindustrie zu beobachten waren. Um Produktionsprogramme abzustimmen, Synergie-Effekte zu schaffen und Kosten zu sparen,[69] waren für die damit einhergehenden Unternehmenszusammenschlüsse generell vier Motive ausschlaggebend und im Kern auch bei der Zusammenschlussbewegung in der Kaliindustrie von Bedeutung:[70] 1. Abbau von Überkapazitäten; 2. Zusammenfassung der Aufträge der einzelnen Werke zu größeren Einheiten; 3. Optimierung künftiger Investitionen und Vermeidung von parallelen Einrichtungen von Neuanlagen; 4. Verbesserung des Zugangs zum internationalen Kapitalmarkt.

Allerdings entbrannte in der Mitte der 1920er Jahre eine heftige Auseinandersetzung, wie weit der Konzentrationsprozess gehen sollte. Die zunächst einvernehmliche Kooperation innerhalb der Gewerkschaft Wintershall zwischen Fritz Rechberg und August Rosterg sollte in dieser Phase in eine heftige Konfrontation übergehen. Letzterer verfocht als Antwort auf das Ende des Kalimonopols die Strategie einer besonders radikalen Konzentration und Rationalisierung, um durch niedrige Selbstkosten wettbewerbsfähige Preise und somit einen hohen Absatz auf dem Weltmarkt zu erzielen. Unrentable Werke und vor allem solche, die mit den elsässischen Werken nicht konkurrieren konnten, sollten geschlossen werden.[71] Ob Rosterg bereits in dieser Phase die Bildung eines einheitlichen Kalitrusts anstrebte, ist nicht mehr eindeutig zu klären.[72]

Ihm entgegen stand der «Kaliblock», auch «Antiblock» genannt, in dem sich wiederum die Unternehmen zusammenfanden, die sich der Wintershall-Vorherrschaft widersetzten.[73] Hier herrschte die Überzeugung, dass die zukünftige Nachfrage ausreichend sein werde, weil auf den globalen Märkten die Kalinutzung erst am Anfang stehe und der Absatz durch forcierte Werbung gewährleistet sei. Rechberg, der an einem Konsens der Kaliunternehmen interessiert war, sympathisierte mit dieser vom Burbachkonzern unter der Leitung Gerhard Kortes organisierten Kalipolitik und unterstellte Rosterg gar die Absicht, «die Beherrschung der gesamten deutschen Kaliindustrie» anzustreben.[74]

Ausgefochten wurde der Kampf um die richtige Kalipolitik sowohl im Kalisyndikat als auch innerhalb der Wintershall selbst. Um ihr Konzept innerhalb des Syndikats durchzusetzen, versuchten die Kontrahenten jeweils eine Mehrheit der Kaliquoten zu erreichen, um sich genügend Aufsichtsratssitze im Deutschen Kalisyndikat zu sichern. Bis 1925 erreichte Wintershall hier einen Quotenanteil des Kaliabsatzes von 386/1000 und versuchte danach, durch Kooperationen die Mehrheit zu organisieren, unter anderem durch einen Interessengemeinschaftsvertrag mit der staatlichen Preussag, der formal zwar nur den Austausch von Betriebserfahrungen vorsah, aber indirekt die Position Wintershalls im Syndikat stärkte, da Preussag über eine Quote von 59/1000 verfügte.[75] Auf Seiten der Preussag dürfte die Niedrigpreispolitik Wintershalls, die der Ausschaltung der weniger profitablen Konkurrenzunternehmen dienen sollte, für die in der Öffentlichkeit nicht unumstrittene Kooperation ausschlaggebend gewesen sein.[76] Verhandlungen unter anderem mit dem Burbach-Konzern, der in der Folge die Führung im «Antiblock» übernehmen sollte, scheiterten jedoch. Wintershall blieb zwar der mit Abstand größte deutsche Kalikonzern, konnte die Kalipolitik aber nicht allein bestimmen.

Für Günther Quandts Beteiligungspolitik an Wintershall ist die Auseinandersetzung zwischen Rosterg und Rechberg insofern von besonderer Bedeutung, als sich Quandt auf Rostergs Seite stellte und den Machtkampf damit zugunsten des Kalifachmanns entschied. Die genaue Besitzverteilung der Kuxe innerhalb des Konzerns war zeitgenössisch unbekannt und konnte nur geschätzt werden. Auf der Seite Rechbergs, bis 1926 Vorsitzender des Grubenvorstandes der Gewerkschaft Wintershall, stand eine amerikanische Gruppe um den in Estland geborenen Amerikaner Zimdin, der offenbar die Vertriebsorganisation des Kalisyndikats in den USA leitete. Sein Kuxenbesitz wurde auf 225–250 von 1000 geschätzt.[77] Rechberg selbst soll ungefähr 150 Kuxe gehalten haben, während beim Bankhaus J. Henry Schröder & Co. in London 65 Kuxe lagen, die ebenfalls dem Lager um Rechberg zugeordnet wurden. Die Besitzanteile Rostergs waren noch unklarer; er soll vor allem in der Inflationszeit insgesamt etwa 250 Kuxe erworben haben. Günther Quandt, der vermutlich nach Rosterg der zweitgrößte Kuxenbesitzer in dessen Gruppe war, bildete mit einem Besitz von etwa 90 Kuxen «das Zünglein an der Wage [sic!]».[78] Dank seiner Unterstützung kam die Gruppe um August Rosterg auf 501 Kuxe. Dieses Mehrheitspaket der Wintershall-Kuxe wurde nun in der Gewerkschaft Liebenwalde zusammengefasst, allerdings gelang es Rosterg nicht, den Kuxenbesitz Quandts dauerhaft zu binden, so dass dieser eine Schlüsselstellung behielt. Die Gruppe um Rechberg gab infolge des Bündnisses zwischen Quandt und Rosterg den Machtkampf auf. Sie verkaufte ihre Kuxe im Dezember 1926 ausgerechnet an den Burbach-Konzern, den Führer des «Antiblocks» gegen Wintershall im Kalisyndikat.

Damit schien zwar der Versuch Rostergs, die Vorherrschaft in der deutschen Kaliindustrie zu erreichen, ernsthaft gefährdet, allerdings stellte sich heraus, dass sich der Burbach-Konzern mit der Übernahme der Wintershall-Kuxe finanziell übernommen hatte. Als die Gewerkschaft Wintershall im Januar 1927 beschloss, vorerst keine Ausbeute (das Äquivalent der Gewerkschaften zur Dividende) zu bezahlen, die dem Burbach-Konzern die Finanzierung der Kuxe ermöglicht hätte, verschärfte sich dessen Lage,[79] was schließlich in einer Annäherung der beiden Konzerne resultierte. Eine offenbar zunächst geplante Trustbildung wurde verworfen, weil der nach Wintershall zweitgrößte Kalikonzern, die Salzdetfurth-Gruppe, hieran nicht interessiert war. Im Oktober 1928 übernahm die Gewerkschaft Wintershall die Kuxe von Burbach und trat im Gegenzug der Burbach-Gruppe eigene Werte ab[80] – ein eindeutiger Erfolg für den Wintershall-Konzern, der seine Unabhängigkeit bewahrte, zumal sich zugleich der «Antiblock» auflöste.[81] Die Burbach-Gruppe wurde in den folgenden Jahren zudem durch weitere Fehlschläge auf dem Kali- und Mineralölgebiet geschwächt. Der noch kurz zuvor in der Öffentlichkeit mit großem Selbstbewusstsein auftretende Antipode Wintershalls geriet immer stärker in dessen Schatten und in den 1930er Jahren sogar unter den direkten Einfluss der Wintershall AG.

Obwohl Günther Quandt weder in den wenigen überlieferten Quellen noch in der öffentlichen Berichterstattung als eigenständiger Akteur hervortritt, spielte er mit ziemlicher Sicherheit eine Schlüsselrolle in diesen Machtkämpfen. Mit seinen Kuxen ermöglichte er Rosterg erst die gegen Rechberg und den Burbach-Konzern gerichtete Politik. Dabei nahm Quandt, beispielsweise in der Auseinandersetzung mit Burbach, sogar kurz- bis mittelfristige finanzielle Einbußen in Kauf, wie sie etwa die Aussetzung der Ausbeute bedeuteten. Auch in anderen Fällen war die Dividenden- und Ausbeutepolitik der Gewerkschaft wie der Aktiengesellschaft Wintershall umstritten,[82] Quandt war aber offenbar vom Entwicklungspotential des Unternehmens überzeugt und setzte stärker auf langfristige Wertsteigerung seiner Beteiligung als auf kurzfristige Einnahmen.[83]

Für den Unternehmer Quandt ist bezeichnend, dass er sich in dem Machtkampf zwischen Rechberg und Rosterg auf die Seite des ebenso energischen wie skrupellosen Rosterg stellte und seine langjährige Zusammenarbeit mit Rechberg, der ihn erst in die Kaliindustrie eingeführt hatte, aufkündigte. Quandt scheint eine gewisse Bewunderung für den unbestrittenen Kalifachmann Rosterg empfunden zu haben, der aufgrund seiner herausragenden technischen Fähigkeiten an die Spitze des Konzerns und der deutschen Kaliindustrie aufstieg. Beide verband schließlich eine über das Geschäftliche hinausgehende ähnliche Mentalität, aus der sich eine lebenslange Freundschaft entwickelte.[84] Als Lohn für seine Unterstützung erhielt Günther Quandt nach dem Rücktritt Rechbergs zunächst den stellvertretenden Vorsitz des Grubenvorstandes der Gewerkschaft Wintershall, 1928 wurde er dessen Vorsitzender. Zugleich wurde er stellvertretender Vorsitzender des Aufsichtsrates der Kali-Industrie AG bzw. seit 1928 der Wintershall AG.

Die Frage nach seinem konkreten Einfluss bei der Wintershall ist schwierig zu beantworten. Insbesondere die Besitzverhältnisse lassen sich nur bruchstückhaft nachzeichnen, wobei die Vorherrschaft der Familie Rosterg innerhalb des Konzerns unstrittig ist. Quandt übernahm bis 1936 insgesamt 1000 Wintershall-Kuxe und erwarb damit eine 25-Prozent-Minorität, die bis in die Nachkriegszeit stabil blieb. Verschiedene niederländische Beteiligungsgesellschaften, von denen nicht bekannt ist, wessen Interessen sie vertraten, hielten insgesamt weitere 350 Kuxe; größere Anteile fanden sich ansonsten nur im Besitz der Gewerkschaft selbst (690) bzw. der Wintershall AG (1399).[85] Rosterg, dem Generaldirektor und damit Vorsitzendem des Vorstandes der Wintershall AG, können bis 1936 1289 Kuxe eindeutig zugeordnet werden. Er besaß zunächst zwar noch keine Majorität, konnte seinen Anteil bis zu seinem Tod im Jahr 1945 jedoch auf 50 Prozent ausbauen. Neben ihm, Quandt und Heinrich Schmidt als dem Aufsichtsratsvorsitzendem kam allenfalls dem Wintershall-Vorstand Curt Beil noch eine besondere Bedeutung bei der Aktiengesellschaft zu, deren Majorität bei der Gewerkschaft Wintershall lag. Hier bekleidete Günther Quandt das Amt des Vorsitzenden des Grubenvorstands, August Rosterg war sein erster und Heinrich Schmidt sein zweiter Stellvertreter.[86] Die Gewerkschaft hielt dabei nicht nur die Majorität der Aktiengesellschaft, sondern blieb zugleich als eigenständiges Kaliunternehmen innerhalb des Konzerns bestehen.

Seine Mandate übte Quandt nach übereinstimmenden Aussagen nicht nur formal aus, sondern er war ein wichtiger Ratgeber Rostergs. Dieser «blieb der erste Mann», der sich jedoch in den durch heftige Konkurrenzkämpfe gekennzeichneten Nachkriegsjahren bei allen «wichtigen Vorgängen mit Quandt beriet», wie es in der Familiengeschichte Herbert Quandts heißt, und diese Aussage dürfte sich nicht alleine auf die Weimarer Jahre bezogen haben.[87] Nach Friedrich Dörge fand der Techniker Rosterg in Quandt einen verlässlichen kaufmännischen Partner, der zugleich seinen finanziellen Einfluss zur Geltung bringen konnte. In seinen nach 1945 entstandenen Erinnerungen bemerkte er, wie stark bereits das Bild Rostergs als eigentlichem Unternehmensgründer verblasst war, während jeder wisse, dass Quandt «der einflussreiche Mann bei Wintershall» sei.[88] Für die Bedeutung Quandts spricht daneben der Umstand, dass dieser für die Wintershall AG Aufsichtsratsmandate bei anderen Unternehmen wahrnahm und sich das Unternehmen im Zweiten Weltkrieg in mindestens zwei Fällen bei der Finanzierung von Übernahmeprojekten Quandts beteiligte.[89]

Obwohl der Einfluss Quandts auf die weitere Konzernentwicklung nur schemenhaft zu erkennen ist,[90] nahm er als Grubenvorstand gestaltenden Einfluss auf die Beziehungen zwischen Gewerkschaft und Aktiengesellschaft, und zwar nicht nur bei der Regelung der Finanzverhältnisse,[91] sondern auch in den Fragen der Kaliförderung und der Produktion der Nebengüter.[92] Insbesondere fiel das 1935 erbaute Leichtmetallwerk Heringen in seinen Aufgabenbereich. Bezüglich des Gesamtkonzerns bleibt der Einfluss Quandts unbekannt, aber er hielt an seiner wichtigen Beteiligung unbeirrt fest, ohne die Vorrangstellung Rostergs und dessen Geschäftspolitik in Frage zu stellen. Insofern lohnt es sich, die Konzernentwicklung bis zum Tode Quandts in groben Zügen nachzuzeichnen.

Vom Kalikonzern
zum zweitgrößten deutschen Chemieunternehmen

Am Ende des rapiden Konzentrationsprozesses in der Mitte der 1920er Jahre war die Kaliindustrie durch vier große Konzerne geprägt: Wintershall AG mit einer Syndikatsquote von 385,78/1000, Salzdetfurth (216,59/1000), Burbach (167,77/1000) und Preussag (90,63/1000).[93] Da jeder dieser Konzerne, sieht man einmal von der langfristigen Entwicklung bei Burbach ab, auf einer soliden Basis stand und eine weitere Konzentration der Branche nicht zu erwarten war, richtete die Wintershall AG fortan ihr Hauptaugenmerk auf eine weitere Diversifizierung ihres Produktionsprofils. Als erster Schritt wurde die Produktion von klassischen Nebenprodukten der Kaliindustrie wie Glauber-, Bitter-, Siede- und Steinsalz sowie Brom und seit 1931 Magnesiumsulfat[94] ausgeweitet. Hinzu kamen neue Produktzweige vor allem auf dem Gebiet der Mischdüngerindustrie, wo Rosterg der IG Farben die Führungsposition streitig machen wollte.[95] Um den produktionsnotwendigen Stickstoff zu erhalten, kooperierte man seit 1928 mit dem Ruhrkohlekonzern Klöckner-Werke bei der zwei Jahre zuvor gemeinsam in Rauxel gegründeten Gewerkschaft Victor. Klöckner hielt am gemeinsamen Unternehmen 52 Prozent, Wintershall 48 Prozent. Die seit 1930 mit Gewinn arbeitende Anlage verzeichnete nach dem Beitritt zum Stickstoffsyndikat allerdings Absatzrückgänge und konnte die volle Kapazität nicht mehr ausnutzen.[96]

Durch die Aufnahme der Magnesiumproduktion bei der von Günther Quandt geführten Gewerkschaft Wintershall im Jahr 1935 sollte zudem mit Unterstützung der Wehrmacht das Magnesium-Monopol der IG-Farben durchbrochen werden.[97] Das Leichtmetallwerk Heringen II an der Werra wurde bereits im Juli 1936 auf Antrag zum «R-Betrieb» erklärt,[98] und die unter der Markenbezeichnung Magnewin vertriebenen Magnesiumlegierungen erfreuten sich laut Geschäftsbericht «der besonderen Förderung der amtlichen Stellen».[99] Bei Kriegsbeginn wurde vom RLM der Neubau der Leichtmetallanlage angeordnet, die seit Juli 1941 als «OKW-Spezialbetrieb» für die Magnesiumerzeugung dem RLM unterstellt war. Forderungen, die Kaliproduktion zugunsten der Leichtmetallerzeugung zu drosseln, wurden erfolgreich abgelehnt.[100]

Welche Rolle Günther Quandt bei der Einrichtung der Leichtmetallerzeugung spielte, in der er mit den Dürener Metallwerken bereits ein
Standbein hatte und über Geschäftsbeziehungen zum RLM verfügte, ist
nicht bekannt. Während des Krieges wurden in Heringen Zwangsarbeiter eingesetzt. Im August 1941 waren bei einer Gesamtbelegschaft von 757 Arbeitern insgesamt 281 Fremd- und Zwangsarbeiter beschäftigt, unter
ihnen Belgier, Polen und Italiener,[101] im Februar 1942 wurden bereits
200 Litauer und 500 Russen erwartet. Französische Kriegsgefangene
wehrten sich unterdessen gegen die rigiden Bewachungsbestimmungen
und wurden hierin sogar von deutschen Wachsoldaten unterstützt, die
erklärten, «dass sie keine Sklaven zu bewachen hätten».[102]

Der Einstieg in die Mineralölwirtschaft

Alles in allem entwickelte sich die Wintershall AG als zweitgrößter
deutscher Chemiekonzern zu einem «großen Rivalen»[103] der IG Farben. Dies zeigte sich nicht zuletzt auf dem zukunftsträchtigen Gebiet
der Mineralölindustrie, wo sich die Wintershall mit dem Einstieg in
die Erdölförderung Anfang der 1930er Jahre ein völlig neues Geschäftsfeld erschloss. Diese Expansion lag schon deshalb nahe, weil
1924 erstmals in bestimmten geologischen Formationen Thüringens
gemeinsame Vorkommen von Kali und Erdöl gefunden worden waren.
Nach der Entdeckung von Erdöl und Erdgas in der Grube Volkenroda
im Jahr 1930 nahmen Wintershall und Burbach gemeinsam die Gewinnung auf. Schon ein Jahr später förderten sie dort 51 000 Tonnen
Erdöl.[104] Da die Quelle jedoch bald versiegte, wurden mit Koopera-
tionspartnern neue Explorationsmöglichkeiten gesucht. Gemeinsam
mit der Anton Raky Tiefbohrungen AG gründete Wintershall das
Raky-Wintershall-Konsortium, an dem Wintershall mit 50,05 Prozent
die Mehrheitsbeteiligung besaß und das die Erschließung und Ausbeutung von Erdöl- und Erdgas-Vorkommen in den Gemarken Nienhagen
und Westercelle zur Aufgabe hatte.[105] Die Bohrungen im Nienhagener
Feld, die in Kooperation mit der Gewerkschaft Elwerath erfolgten,
wurden die erfolgreichsten Förderungsprojekte der Wintershall im
Deutschen Reich.[106] Weniger erfolgreich waren hingegen ähnlich angelegte Versuche, in Baden, Hessen und Thüringen – hier über die neugegründete Thüringer Erdöl AG – weitere Lagerstätten zu erschließen.
Die Experimente wurden daher 1937 eingestellt.[107]

Dabei beschränkte sich der Konzern keineswegs nur auf die Förderung von Erdöl, sondern integrierte weitere Fertigungsstufen. Der erste Schritt erfolgte im Mai 1931 mit der Pachtung der Erdöl-Raffinerie Salzbergen AG, die in der Nachfolge der Anton Raky Tiefbohrungen AG übernommen wurden.[108] Ein Jahr später ging die Raffinerie, die nach einigen Modernisierungen einen Durchsatz von 40 000 Tonnen erreichte, in den Besitz der Wintershall über. Zum Vertrieb des dort produzierten Benzins, Leuchtpetroleums, Spindelöls und Heizöls wurde die Mineralölprodukte-Handels AG gegründet, wobei die Werbestrategen schon bald den nationalistischen Duktus aufnahmen und das «einzige rein deutsche Erdöl-Marken-Benzin WIOL» anpriesen.[109] Während des Weltkrieges war die Raffinerie mehrfach Ziel schwerer Bombenangriffe, doch erst am 6. März 1945 wurde das Werk so sehr zerstört, dass es nicht wieder in Produktion gehen konnte.[110]

Die strategisch bedeutendste Entscheidung auf dem Erdölsektor war jedoch der Einstieg der Wintershall AG beim führenden deutschen Erdölförderer, der bereits erwähnten Gewerkschaft Elwerath, mit 312 von 1000 Kuxen.[111] Elwerath war im Zuge der Weltwirtschaftskrise in erhebliche Turbulenzen geraten und hatte die Hälfte des Personals entlassen müssen. Ihre Stärke bestand in den äußerst ergiebigen Bohrungen bei Nienhagen, und die kapitalkräftigere Wintershall bot mit ihren ebenfalls im Jahr 1931 erworbenen Verarbeitungs- und Vertriebsmöglichkeiten der Gewerkschaft einen Ausweg aus der Krise.[112] Die Wintershall AG wurde damit neben dem weiterhin als Mehrheitseigner fungierende Theo Seifer zum einzigen Anteilsinhaber.[113] Die gewichtige Stellung des Wintershall-Konzerns in der Gewerkschaft Elwerath wurde noch dadurch unterstrichen, dass sowohl August Rosterg als auch Heinrich Schmidt in den Grubenvorstand eintraten.[114] Die Kapitalspritze der Wintershall half vermutlich bereits im gleichen Jahr bei der gemeinsam mit der Preussag durchgeführten Gründung der Deutschen Raffinerie AG (Deurag). Kurz darauf beteiligten sich auch Shell und Esso, so dass die Gewerkschaft Elwerath 34 Prozent der Gesellschaft hielt, die in Misburg bei Hannover, in der Nähe der Nienhagener Felder, eine Erdölraffinerie errichtete, die schon binnen eines Jahres zu den wichtigsten Benzinproduzenten des Reichs wurde. 1936 gründeten Elwerath (60 Prozent) und Preussag (40 Prozent) die Neue Erdölraffinerie AG (Nerag), die in unmittelbarer Nachbarschaft in einer weiteren Raffinerie Flugmotorenöl produzierte.[115] Obwohl die Wintershall AG über die Gewerkschaft Elwerath nur mittelbar an den neuen Einrichtungen beteiligt war, wurde deren wirtschaftlicher Erfolg in den Geschäftsberichten der Wintershall AG regelmäßig als Beleg für die Berechtigung des Einstiegs in die Erdölbranche angeführt.[116] Es ist zudem denkbar, dass der höhere Anteil der Elwerath an der Nerag gegenüber der Preussag auf die indirekte Beteiligung der Wintershall zurückging. Ob die Bürgschaft für einen Kredit der Preussag an die Gewerkschaft Elwerath in Höhe von 1 675 000 RM, die erstmals in der Bilanz der Gewerkschaft Wintershall von 1933 ausgewiesen wurde,[117] im Zusammenhang mit der Gründung der Deurag steht, ist zwar ungewiss, sie zeigt jedoch die Bedeutung des Wintershall-Konzerns für die Kapitalgewinnung der Elwerath.[118] Während des Zweiten Weltkrieges war die Nerag für die Rüstung von hoher strategischer Bedeutung und stellte 30 bis 40 Prozent der deutschen Gesamtproduktion an Flugmotorenöl her. Nach einem schweren Bombenangriff wurden für den Wiederaufbau der Anlage etwa 1000–1200, in Spitzenzeiten gar 1600 KZ-Häftlinge aus Neuengamme und Buchenwald zum Wiederaufbau eingesetzt und in einem neu eingerichteten KZ-Außenlager in Misburg untergebracht. Insgesamt starben in Misburg 55 Häftlinge, weitere dürften in Neuengamme, wohin Kranke und Invalide zurückgeschickt wurden, verstorben sein.[119] Im Mai 1944 wurde zudem in Porta Westfalica-Barkhausen für den Ausbau von vier Stollensystemen, von denen eines unter dem Tarnnamen «Dachs I» der Firma Deurag-Nerag zugewiesen wurde, ein Konzentrationslager angelegt, das mit bis zu 1600 KZ-Häftlingen, vor allem Ukrainer, Polen, Dänen und Franzosen, belegt wurde.[120]

Die zahlreichen Initiativen im Jahr 1931 verdeutlichen, dass die Wintershall AG sich mit voller Energie in kurzer Zeit ein neues Wirtschaftsfeld erschloss, in dem sie schnell zu den führenden deutschen Unternehmen gehörte. Die Investitionen in diesem Jahr betrugen alles in allem etwa zwölf Millionen RM.[121] Mit der Übernahme von 75 Prozent der Naphta Industrie- und Tankanlagen AG (Nitag) im Jahr 1935, die mit dem Abschluss eines Verarbeitungsvertrages über jährlich 30 000 Tonnen Rohöl bei der Hamburger Raffinerie der Eurotank einherging, erwarb Wintershall zudem eine Tankstellenkette und rundete damit den vertikalen Konzernaufbau in der Mineralölsparte ab.[122] Seit Mitte der 1930er Jahre erreichte das zweite Standbein des Konzerns die Gewinnzone, stieg zum führenden deutschen Erdölerzeuger auf und gehörte neben der Gewerkschaft Elwerath, der Deutschen Erdöl AG (DEA) und der Preussag zu den «großen Vier»[123] der deutschen

Mineralölunternehmen. Die Bedeutung des Wintershall-Konzerns für die Branche wird dabei nicht nur durch die Beteiligung an der Gewerkschaft Elwerath unterstrichen, sondern auch durch eine langjährige Partnerschaft mit der Preussag, die zwar nie formalisiert wurde, aber durch wiederholte Kooperationen sowohl auf dem Kali- als auch dem Mineralölsektor gefestigt wurde. Aufgrund der in der Branche üblichen Aufteilung des Risikos durch die Bildung von Konsortien, ist der konkrete Einfluss der Wintershall auf die zahlreichen Gewinnungs- und Verarbeitungsfirmen angesichts fehlender Geschäftsakten nicht mehr rekonstruierbar und kann oft nur gemutmaßt werden. Durch die enge Abstimmung zwischen Wintershall und Elwerath ist die zentrale strategische Position des Wintershall-Konzerns in der deutschen Mineralölwirtschaft jedoch unzweifelhaft.

Der Aufstieg der Wintershall AG zu einem der führenden deutschen Erdölkonzerne ist allerdings vor dem Hintergrund zu sehen, dass die Branche in Deutschland im internationalen Vergleich ziemlich überschaubar war. Die Produktionszahlen erreichten nur Bruchwerte der multinational agierenden Ölkonzerne, und die deutschen Unternehmen waren in der Anwendung moderner Förder- und Anschlussmethoden rückständig. 1931 kamen bei einem Kraftstoffverbrauch in Deutschland von 1 860 000 t lediglich etwa 25 Prozent aus deutscher Produktion, die neben Rohöl auch Kraftstoffe aus der Braun- und Steinkohlenteerdestillation, der Hydrierung von Braunkohle sowie die Beimischung von Spiritus und Benzol umfasste. Nach der Einführung der Devisenzwangswirtschaft 1931 und dem daraus folgenden Valutamangel wurde die Deckung des Bedarfs durch Importe jedoch entscheidend erschwert. Der Import aus den USA fiel innerhalb von zwei Jahren von 1,16 Millionen t auf 461 000 t. Die Zollerhöhungen von 1930 waren von der Regierung Brüning aus fiskalpolitischen Gründen erfolgt, doch schon deren Anhebung im Frühjahr 1931 diente dem Schutzinteresse der deutschen Produzenten und insbesondere der IG Farben.[124] Auf einer Generalversammlung 1931 führte Rosterg diese Entwicklung an, um den eigenen Einstieg in die Mineralölwirtschaft zu begründen, wenn er auch keineswegs glaubte, dass der deutsche Mineralölbedarf alleine durch inländische Produktion gedeckt werden könnte.[125]

Die Mobilisierungspläne Hitlers zogen eine weitere Erhöhung des Treibstoffverbrauchs und damit auch des Devisenabflusses nach sich, so dass die Reichsregierung eine Umgestaltung der Mineralöl- und

Treibstoffwirtschaft anstrebte, wobei unterschiedliche Strategien diskutiert wurden.[126] Die Wintershall AG setzte sich im Rahmen dieser Debatten erfolgreich für ein Reichsbohrprogramm ein, das die heimische Erdölproduktion durch die Erschließung neuer Felder und einer teilweisen Übernahme des Investitionsrisikos fördern sollte und ein Gesamtvolumen von 20 Millionen RM hatte. Allein 1934 wurden fünf Millionen RM investiert und damit sogar etwas mehr Geld als für die Unterstützung des Syntheseverfahrens der IG-Farben.[127] August Rosterg nahm eine Schlüsselrolle bei der Durchsetzung des Programms ein,[128] und entsprechend entwickelte Wintershall gemeinsam mit der Gewerkschaft Elwerath, der DEA sowie der Preussag im Rahmen des Bohrprogrammes die größten Aktivitäten.[129]

Hatte sich Wintershall zunächst auf die Förderung von Erdöl und dessen Verarbeitung konzentriert, stieg der Konzern 1935 auch in die aufgrund der Protektionsmaßnahmen der Reichsleitung gewinnversprechende Produktion synthetischer Benzine ein und errichtete gemeinsam mit dem Klöckner-Konzern ein Fischer-Tropsch-Synthese-Werk bei der gemeinsam geführten Gewerkschaft Victor, dessen Erzeugnisse vor allem als Rohstoffbasis für die chemische Industrie dienten.[130] Diese strategische Entscheidung war bereits seit 1933 vorbereitet worden, als sich Wintershall erstmals für eine Verfahrens-Lizenz interessierte.[131] 1936 wurde zudem in Lützkendorf eine Kraftstoff-Synthese-Anlage ebenfalls nach dem Fischer-Tropsch-Verfahren errichtet, die mit einer Jahresproduktion von 80 000 t das zweitgrößte Fischer-Tropsch-Werk des Deutschen Reichs war. 1938 begann Wintershall außerdem mit dem Bau einer verhältnismäßig kleinen Hydrieranlage als Erweiterungsbau, die eine Kapazität von 50 000 t Benzin erreichen und zusätzlich jährlich 100 000 t Rohöl zu Schmieröl verarbeiten sollte.[132] Diese Erweiterung trieb die Entwicklungskosten von 24 Millionen auf 150 Millionen RM in die Höhe und wurde vom Aufsichtsrat entsprechend kritisch beurteilt.[133] Allerdings war der Konzern von Regierungsseite zu diesem Erweiterungsbau gedrängt worden, der aufgrund der nötigen Umstrukturierung der noch nicht fertiggestellten ersten Bauphase so teuer wurde. Das Reich übernahm offenbar weder einen Teil der Kosten, noch gewährte es günstige Kredite.[134] Die Produktion wurde 1940 aufgenommen, im April 1945 wurde die Anlage durch einen englischen Luftangriff schwer beschädigt und die Produktion nicht wieder aufgenommen.

In Lützkendorf setzte die Wintershall AG während des Krieges KZ-Häftlinge aus Buchenwald ein, die in einem Außenlager in Krumpa untergebracht wurden. Über das Lager und den Einsatz der Häftlinge ist nicht viel bekannt. Erstmals wurde im Juli 1944 ein Transport mit 900 männlichen Häftlingen erwähnt, die Normal- wie Höchstbelegstärke des Lagers lag bei 1000. Für den August 1944 ist nur eine Höchstbelegung mit 924 Häftlingen nachweisbar, danach sank die Zahl Ende November des Jahres auf 366 Gefangene, nachdem einige nach Buchenwald verlegt worden waren. Am 21. Januar 1945 wurden die Häftlinge in das Konzentrationslager Mittelbau-Dora überstellt. Unter den Arbeitern fanden sich Belgier, Deutsche, Franzosen, Polen und Russen.[135]

Die erfolgreiche Ausdehnung des Konzerns in der Mineralölbranche ist wesentlich auf die guten Beziehungen zum NS-Regime zurückzuführen. August Rosterg und der Wintershall-Konzern hatten spätestens seit der Weltwirtschaftskrise mit den Nationalsozialisten sympathisiert und sie finanziell unterstützt. Selbst Verluste im Kalisektor wollte Rosterg akzeptieren, wenn dies eine «Grundlage für die Wiedergesundung Deutschlands» sei.[136] Schmidt und Rosterg erhielten vom Wintershall-Aufsichtsrat schon im Juni 1929 die Befugnis, jährlich 2 Millionen RM «im Interesse des Konzerns» auszugeben. Hierzu gehörte fortan wohl auch die finanzielle Unterstützung der NSDAP.[137] Im November 1932 unterschrieb Rosterg zudem eine Eingabe von Unternehmern und Bankiers an Reichspräsident Paul von Hindenburg, die für die Einsetzung Hitlers als Reichskanzler plädierte.[138] Vor der Reichstagswahl im November 1933 forderte er sogar die Arbeiter der Wintershall explizit zur Wahl der NSDAP auf: «Ich möchte es nicht sehen, dass in den Wohn- und Betriebsgemeinden unserer Werke nicht dem Wunsche der Regierung entsprechend gewählt worden ist. Wer gegen die Regierung stimmt, oder sich der Wahl enthält, stellt sich selbst außerhalb der Volksgemeinschaft und wird sich die Folgen für sein Verhalten selbst zuzuschreiben haben.»[139] Die Geschäftsberichte der Wintershall AG führten immer wieder die besondere Nähe der eigenen Geschäftsfelder zur NS-Politik an. So hieß es im Bericht über das Jahr 1934, die Gesellschaft habe sich «bei der Erweiterung der deutschen Erdölgewinnung und – Verarbeitung bereitwillig in den Dienst der deutschen Rohstoffversorgung» gestellt und verortete den Bau der Hydrieranlage in Rauxel in dieser nationalen Tradition.[140] Der direkten und indirekten Unterstützung der NSDAP entsprach auch die Zugehörigkeit von Rosterg und Schmidt zum Keppler-Kreis, in dem verschiedene NS-nahe Unternehmer versammelt waren.[141] Während Rostergs Mitgliedschaft in diesem Kreis von einem Eingeweihten in erster Linie mit dessen persönlichen, also ökonomischen Interessen begründet wurde, erklärte dieser Schmidts Mitgliedschaft mit den intimen Beziehungen zu Rosterg und dem Generalsekretär des Kreises Fritz Kranefuß.[142] Bei den personellen Besetzungen der im Zuge der Ostexpansion neugegründeten Mineralölgesellschaften sollte das Netzwerk des Keppler-Kreises für Rosterg und Schmidt besonders wertvoll werden.[143]

Der nationalsozialistischen Rassenpolitik folgte die Wintershall AG allerdings ohne große Begeisterung. Erst auf Druck des Landes Thüringen, das Großaktionär der AG war, wurden im April 1936 die jüdischen Aufsichtsräte Carl Hagen und Albert Plaut bei ihrer turnusmäßig anstehenden Wiederwahl ersetzt. Ausdrücklich hielt dabei das Protokoll fest, dass hierfür «keinerlei persönliche Gründe bestimmend» gewesen seien, sondern alleine die Forderung des Landes Thüringen.[144]

Die «Arisierung» der Julius-Petschek-Gruppe

Alles in allem machte sich die Regimenähe für den Konzern bezahlt. Ihm gereichten «Diktatur, Arisierung und Bohrprogramm zum Segen», so dass der Neuling unter den Erdölförderern an die Spitze der deutschen Unternehmen vorstoßen konnte.[145] Vor dem Zweiten Weltkrieg, in dem die Wintershall AG im großen Maßstab eine Rolle bei der «Arisierung» von in jüdischem Besitz befindlichen Mineralölunternehmen in Osteuropa spielte, ist die Beteiligung an der «Arisierung» der Julius-Petschek-Gruppe, einem der größten «Arisierungsfälle» in der Geschichte des «Dritten Reichs», die einzige bislang dokumentierte Übernahme jüdischen Besitzes durch den Konzern. Die Vorgänge sind in den Studien zum Hauptprofiteur der «Arisierung», dem Flick-Konzern, inzwischen umfassend aufgearbeitet worden,[146] so dass an dieser Stelle der Blick ganz auf die Rolle der Wintershall AG gerichtet werden kann. Die Brüder Ignaz und Julius Petschek besaßen zusammen rund 65 Prozent der mitteldeutschen Braunkohlevorkommen. Bezogen auf das gesamte Reichsgebiet bedeutete das einen Anteil von 18 Prozent an der Rohkohleförderung und von 25 Prozent an der Brikettherstellung. Neben der Förderung hatten sie auch eine beherrschende Stellung in den mitteldeutschen und ostelbischen Braunkohlesyndikaten und im

Kohlehandel. Dadurch waren sie bereits früh zum Angriffspunkt antisemitischer Propaganda geworden.[147] Die Konzerne der Brüder waren rechtlich selbständig und besitzmäßig unverbunden.[148] Die Wintershall AG war lediglich an der Übernahme der im Besitz von Paul Petschek geführten Julius-Petschek-Gruppe befindlichen Anhaltinischen Kohlenwerke AG (AKW) sowie der Werschen-Weißenfelser Braunkohlen AG (WW) interessiert, von denen sie nach Angaben aus der Nachkriegszeit vor der «Arisierung» für die Hydrieranlage in Lützkendorf 100 000 t Briketts und 40 000 t Grudekoks sowie erhebliche Mengen Rohbraunkohle über die Thüringischen Kohlen- und Brikett-Verkaufsgesellschaft mbH Leipzig bezog.[149] Die Wintershall AG hatte schon vor der «Arisierung» ohne konkretes Ergebnis Verhandlungen mit der Julius-Petschek-Gruppe geführt, bevor Paul Petschek im Januar 1937 vor dem Hintergrund der politischen Situation die Aufforderung erließ, in «zupackender Weise» zu verhandeln.[150] Auch die IG-Farben bekundete nun Interesse und Keppler, der die Bemühungen Rostergs im Grunde unterstützte, erreichte gegen dessen ursprünglichen Willen, dass beide Konkurrenten zusammenarbeiteten.[151] Nach Angaben von Walter Bauer, einem leitenden Mitarbeiter der Julius-Petschek-Gruppe, der die Verhandlungen mit der Wintershall AG führte, hatte Rosterg einen Devisenbetrag von zehn Millionen Dollar in Aussicht gestellt; die Werke und die Vertriebsgesellschaften wurden zu jener Zeit auf 40 bis 50 Millionen Goldmark geschätzt. Allerdings hatte Rosterg dieses Angebot von der Zustimmung der «politischen Stellen» abhängig machen müssen, die rasch zweifelhaft wurde, denn nachdem Rosterg mit Keppler über die Angelegenheit gesprochen hatte, erhielt die Wintershall AG die Anordnung Hermann Görings, die Verhandlungen einzustellen.[152] Hintergrund war nicht nur Görings Abneigung gegen Devisenzahlungen, sondern das Interesse des Flick-Konzerns, das nach Auffassung von Göring unbedingt berücksichtigt werden sollte.[153] Rosterg versuchte zwar noch bis Ende 1937, das Geschäft ohne den Flick-Konzern über die Bühne zu bringen, doch er konnte nicht mehr mit der entschiedenen Unterstützung Kepplers rechnen, der einen Machtkampf mit Göring vermeiden wollte. Nachdem Göring im Januar 1938 Flick das Recht auf alleinige Verhandlungsführung zugesprochen hatte, waren die Pläne Rostergs endgültig gescheitert.

Dennoch schied er aus dem Übernahmeprojekt nicht aus. Zum einen hatte Göring keinesfalls die Möglichkeit ausgeschlossen, den Besitz der Julius-Petschek-Gruppe nach der Übernahme aufzuteilen, zum anderen war es der Petschek-Gruppe gelungen, ihren Besitz in eine amerikanische Holding zu transferieren, so dass die Möglichkeiten des politischen Drucks begrenzt waren:[154] Zwar zeigte sich die Gruppe verkaufsbereit, aber nur bei Zahlung von Devisen. Diese wiederum konnte die Wintershall AG mit ihrem hohen Export-Anteil über das Kalisyndikat wesentlich leichter zur Verfügung stellen als der Flick-Konzern. Schon aus diesem Grund bestand die Julius-Petschek-Gruppe darauf, mit Rosterg in Verhandlungen zu bleiben.[155] Ob die von Rosterg einmal angeführte «langjährige Freundschaft» mit Paul Petschek[156] der Realität entsprach und den Verlauf der Verhandlungen beeinflusste, ist durchaus denkbar, aber nicht belegt. Dennoch blieb die Verhandlungsführung bei Flick, der nun unter anderem die Wintershall AG zur Finanzierung der Devisen mit ins Boot holte. Da die politische Entwicklung die Sorgen vor einer möglichen Enteignung auf Seiten der Julius-Petschek-Gruppe steigerten, kam es im Mai 1938 zum Verkauf, wobei die vereinbarten effektiven 6,325 Millionen Dollar lediglich 48 Prozent des Aktiennennwertes und 22 Prozent der ursprünglichen Dollarforderungen entsprachen.[157] Die Wintershall AG steuerte drei Millionen Dollar bei und erhielt im Gegenzug 119 Millionen t Kohle aus dem Besitz der AKW und WW im Geiseltal.[158]

Alles in allem war die «Arisierung» der Julius-Petschek-Gruppe besonders für den Flick-Konzern ein lohnendes Geschäft. Flick war es durch seine guten politischen Kontakte gelungen, die ursprünglich besser im Rennen liegende Wintershall auszuspielen, und sicherte sich den Löwenanteil an den Braunkohlegruben. Das ursprüngliche Angebot Rostergs an Paul Petschek lag weit über dem am Ende gezahlten Kaufpreis, und auch die langjährigen Verhandlungen zwischen Petschek und Rosterg sowie das spätere Drängen auf die Beteiligung Rostergs an den Verhandlungen deuten darauf hin, dass sie von ihm ein verhältnismäßig faires, weil in Devisen abgegebenes Angebot erwarteten. Allerdings ist auch hier zu berücksichtigen, dass sich Petschek erst zu ernsthaften Verhandlungen entschied, als die politische Situation für seinen Besitz kritisch wurde. Die letztlich erworbenen Felder musste die Wintershall AG hingegen aufgrund der starken Verhandlungsposition des Flick-Konzerns «teuer bezahlen».[159]

Die Auslandsexpansion der Wintershall AG
während des Zweiten Weltkrieges

Geradezu selbstverständlich beteiligte sich die Wintershall AG an der wirtschaftlichen Expansion im Zuge der Feldzüge im Zweiten Weltkrieg. Allerdings gilt dies fast ausschließlich für die Mineralölsparte, obwohl sich die Wintershall AG noch 1938 hoffnungsvoll dem Regime andiente und vermeldete, dass man bezüglich des Kaliabsatzes «den befreiten Ostmark- und sudetendeutschen Gebieten» besondere Aufmerksamkeit zugewandt habe, um «deren landwirtschaftliche Erzeugung durch sachgemäße Beratung und Erfahrungsaustausche zu heben».[160] Bereits beim «Anschluss» Österreichs 1938 versuchte die Wintershall AG an der Ausbeutung des Erdöls im Wiener Becken zu partizipieren, beklagte sich allerdings 1940, dass sich die aussichtsreichsten Gebiete bereits in ausländischen Händen befänden, so dass für sie selbst nur weniger hoffnungsvolle Felder übrig geblieben seien. Während der Leiter der Reichsstelle für Bodenforschung, Alfred Bentz, angesichts des Erdölmangels und der Zweifel an der Leistungsfähigkeit der deutschen Unternehmen auch die Förderung durch schweizerische und vor allem amerikanische Konzerne erlauben wollte, forderte die Wintershall AG nun, dass infolge des neuen Bitumengesetzes für die «Ostmark» die noch nicht ausgebeuteten Felder neu verteilt würden und die Wintershall AG dabei berücksichtigt werde. Hier zeigte sich erstmals die Bereitschaft, die eigenen Interessen gegenüber ausländischen Unternehmen rücksichtslos mit Hilfe der Reichsstellen durchzusetzen. Nach dem Kriegseintritt der USA wurde der amerikanische Ölbesitz in Österreich zunächst unter die Treuhandschaft der Gewerkschaft Elwerath und der Preussag gestellt, bevor sie im Februar 1942 in der Niederdonau Erdöl GmbH zusammengeführt wurden, an der die Wintershall AG, die Gewerkschaft Elwerath, die DEA und die Preussag mit je 21,5 Prozent beteiligt waren, während die IG Farben 11,5 Prozent hielt.[161] An der schweizerischen Erdölproduktion GmbH, die zwischen 1938 und 1944 immerhin fast 20 Prozent der österreichischen Mineralölförderung erzielte, war die Wintershall AG zudem mit 50 Prozent beteiligt.[162]

In den Ländern des Donauraums, die hinsichtlich der Erdölförderung strategisch besonders wichtig waren, schlossen sich die vier großen deutschen Erdölproduzenten zum Südostkonsortium zusammen, um durch eine Aufteilung der Konzessionen ein Gegeneinander zu vermeiden. Die Wintershall AG bekam die Federführung in Ungarn zuge-sprochen, die Gewerkschaft Elwerath in Jugoslawien, Preussag in Ru-mänien und DEA in der Tschechoslowakei.[163] Das Geschäft in Ungarn erwies sich für die Wintershall AG jedoch als wenig gewinnträchtig, da sich die Regierung in Budapest bemühte, die Kontrolle über die Erdölproduktion nicht in deutsche Hände übergehen zu lassen. In Folge eines im August 1940 zwischen Deutschland und Ungarn ge-schlossenen Vertrages wurde die Gewinnungsgesellschaft ungarisch-deutsche Erdölwerke GmbH Manat gegründet, an der die vier großen deutschen Mineralölkonzerne zu je einem Viertel beteiligt waren.[164] Zum Verdruss der Wintershall AG sollte diese Gesellschaft nach den Bestimmungen des Vertrages in erster Linie ungarisches Material und ungarische Arbeitskräfte verwenden.[165] Die Förderleistungen der Ma-nat blieben mit etwa 2000 (1942) bzw. 3000 t (1943) Erdöl verschwin-dend gering. Vergleicht man dies mit den 667 000 bzw. 841 000 t, die von der Maort, einer nach dem amerikanischen Kriegseintritt unter ungarischer Aufsicht stehenden Tochterfirma von Standard Oil, geför-dert wurden, wird offensichtlich, dass die Wintershall AG in Ungarn nicht hat Fuß fassen können.[166]

Im Rahmen der weiteren Ostexpansion des Deutschen Reichs wa-ren die Vertreter der Wintershall AG, vor allem aber der Gewerk-schaft Elwerath bei der Ausbeutung der Erdöllagerstätten in den er-oberten Gebieten stets führend beteiligt. Beim Vormarsch in Galizien wurden die Ölquellen besetzt und kamen nahezu unversehrt unter der Leitung des Elwerath-Vorstandes Erich Will in deutsche Hände. Will und andere Vertreter der deutschen Mineralölwirtschaft, darun-ter auch der Aufsichtsratsvorsitzende der Wintershall AG, Heinrich Schmidt,[167] traten zudem in die Verwaltung des «Generalgouverne-ments» für die Erdöl- und Erdgaswirtschaft mit Sitz in Krakau ein. Die Ölwirtschaft wurde in zwei Gesellschaften zusammengefasst: An der Beskiden Erdölgewinnungs-GmbH waren Wintershall und El-werath wie die drei übrigen Gesellschafter mit je 20 Prozent beteiligt, so dass die Wintershall AG durch die mehrfache Beteiligung ein leich-tes Übergewicht in der Gesellschaft hatte, was sich in der personellen Führung des Unternehmens niederschlug, in dem sowohl die tech-nische wie die kaufmännische Leitung in der Hand von Wintershall-Vertretern lagen.[168] Nach einer Umstrukturierung im März 1942, die auf Machtkämpfe zwischen «Generalgouvernement» und den «Reichswerken Hermann Göring» zurückzuführen war, firmierte diese Gesellschaft unter der Bezeichnung Karpaten Öl AG. Die Beteiligungsstruktur änderte sich dabei, da nun 50 Prozent von der Kontinentale Öl AG gehalten wurden, zehn Prozent von den vier großen Erdölförderern sowie je fünf Prozent von den «Reichswerken» und der Gasolin AG, hinter der die IG Farben standen. Die Leitung ging nun an einen Vertreter der DEA.[169] Für die Lagerstätten in Galizien entwickelte die Karpaten Öl AG ein umfangreiches Investitionsprogramm, das zu beträchtlichen Produktionssteigerungen führte. Insbesondere das Scheitern der Kaukasus-Offensive und die zunehmende Bombardierung des Reichsgebiets hatte die strategische Bedeutung der galizischen Mineralölindustrie erheblich gesteigert.[170] Veredelt wurde das geförderte Öl durch die Beskiden Erdölverarbeitungs-GmbH, an der Wintershall 20 Prozent hielt, während die Nerag 40 Prozent übernahm.[171]

Im Frühjahr 1941 wurden beide Gesellschaften in die Kontinentale Öl AG eingegliedert, die sämtliche Erdölquellen und -betriebe in den deutsch beherrschten Gebieten übernehmen und die Mineralölwirtschaft in Europa dominieren sollte. Auch hier war die Wintershall AG Anteilseigner und mit August Rosterg im Aufsichtsrat vertreten.[172] Allerdings war das neue Unternehmen aufgrund der prominenten Stellung der «Reichswerke Hermann Göring» bei den Mineralölunternehmen keineswegs beliebt. Zwar ermöglichte es die Kontinentale Öl AG den Konzernen, unmittelbar Einfluss auf die Ölpolitik des Reiches auszuüben, zugleich blieb die Beute jedoch unter staatlicher Kontrolle.[173]

Außerhalb des Donauraums lässt sich der Einfluss der einzelnen Konzerne weniger klar zuordnen, da die Erschließung der Mineralölwirtschaft von der Kontinentale Öl AG durchgeführt wurde. In Russland beispielsweise erhielt die Kontinentale Öl AG für 99 Jahre exklusive Förder-, Raffinierungs-, Transport- und Handelsrechte für sowjetisches Mineralöl zugesprochen.[174] Bei einem wirtschaftlichen Erfolg hätte die Wintershall AG zwar mit Dividendenzahlungen rechnen können, wie konkret sie jedoch an der Erschließung der sowjetischen Mineralölindustrie beteiligt war, bleibt unklar. Die weitreichenden Förderpläne für den Kaukasus, wo zukünftig das Hauptbetätigungsfeld der Kontinentale Öl AG liegen sollte und die unter maßgeblicher Beteiligung des Elwerath-Vorstandes Erich Will entwickelt wurden, entfalteten sich angesichts des Kriegsverlaufs nicht.[175] Allerdings profitierte die Gesellschaft wie die anderen beteiligten Firmen indirekt durch die Übernahme französischen Kapitals, was den Wert der eigenen Beteiligung steigerte.[176] Die enge Verzahnung mit den Reichsstellen führte zu zahlreichen Konflikten. Vor allem die «Reichswerke Hermann Göring» und die Verwaltung des «Generalgouvernements» versuchten einen dominierenden Einfluss auf die Mineralölindustrie zu erlangen.[177] Allerdings wurde diesem Bestreben dadurch Grenzen gesetzt, dass die Kooperation der deutschen Mineralölunternehmen aufgrund ihrer technischen Kompetenz und Ausstattung für den Erfolg der Erschließungen unabdingbar war. Charakteristisch war der Konflikt zwischen der Karpaten Öl AG und dem «Generalgouvernement» über die Verfügungsrechte der Lagerstätten. Während die Behörden lediglich einen Betriebsführungsvertrag abschließen wollten, der den Erdölförderern eine Pauschale für jede geförderte Tonne Erdöl garantierte, strebte die Gesellschaft einen Kauf oder zumindest eine Pacht der Lagerstätten an. Es dauerte bis Anfang 1945, bis das «Generalgouvernement» einem Pachtvertrag zustimmte – den die Mineralölunternehmen, angesichts der Kriegslage verständlich, zu diesem Zeitpunkt allerdings ablehnten, um nicht als Eigner auf den Kosten sitzen zu bleiben.[178] Letztlich kann allerdings kein Zweifel daran bestehen, dass die deutschen Unternehmen, und an führender Stelle die Wintershall AG, aus eigener Initiative die Übernahme der osteuropäischen Mineralölindustrie mit betrieben.

Im Zuge der Ostexpansion der deutschen Mineralölwirtschaft wurden in großem Umfang Zwangsarbeiter eingesetzt. Bei der Karpaten Öl AG waren beispielsweise Ende 1943 fast 33 000 Arbeiter und Angestellte beschäftigt, von denen knapp zwei Drittel in Ostgalizien beschäftigt waren. 90 Prozent der Beschäftigten waren Polen und Ukrainer, deren Status in Abgrenzung zur Zwangsarbeit als «unfreie Arbeit unter einem brutalen Besatzungsregime»[179] bezeichnet worden ist, wobei hier die Übergänge fließend sind.[180] In der osteuropäischen Mineralölwirtschaft war zudem der Anteil jüdischer Besitzer und Beschäftigter traditionell hoch.[181] Obwohl Erich Will früh die Entlassung sämtlicher jüdischer Mitarbeiter gefordert hatte, musste er rasch erkennen, dass man auf sie kaum verzichten konnte.[182] Im Herbst 1942 waren fast 2000 jüdische Zwangsarbeiter bei der Karpaten Öl AG beschäftigt, davon mehr als 1700 in Borysław. Immer wieder wurden seitens der SS oder der Besatzungsbehörden «Auskämmaktionen» gegen jüdische Zwangsarbeiter angeordnet, doch die Unternehmen wehrten sich aus unterschiedlichen Gründen erfolgreich gegen diese Maßnahmen. Während die meisten Direktoren die billigen jüdischen Fachkräfte eher aus Effizienzmotiven halten wollten, setzten sich andere Verantwortliche, darunter vor allem der kaufmännische Leiter der Karpaten Öl AG, Berthold Beitz, in Borysław aus moralischen Gründen die jüdischen Mitarbeiter ein, von denen gleichwohl lediglich einige Hundert gerettet werden konnten.[183] Neben der Karpaten Öl AG beschäftigten auch andere Tochterunternehmen der Kontinentale Öl AG Zwangsarbeiter, darunter die Baltische Öl GmbH, bei der zudem knapp 3000 Kriegsgefangene tätig wurden.[184]

Das Ende des Zweiten Weltkrieges bedeutete für den Wintershall-Konzern, der nach der IG-Farben der zweitgrößte deutsche Chemiekonzern mit einem Bilanzvermögen von 334 Millionen RM sowie 4455 Arbeitern und Angestellten gewesen war,[185] einen tiefen Einschnitt. Da der Großteil der Produktionsanlagen des Mineralölzweigs der Wintershall AG in der nunmehrigen sowjetischen Besatzungszone lag, war der Konzern von den dortigen Beschlagnahmungen besonders in Mitleidenschaft gezogen. Insgesamt 93,5 Prozent der Produktionsleistung gingen verloren, insbesondere die Raffinerie in Lützkendorf und das Tankstellennetz der Nitag.[186] Trotz der herben Verluste war das Unternehmen, zunächst gestützt auf die Sektoren Kali und Düngemittel, bald wieder ertragreich. Die niedersächsischen Förderungen der Elwerath sowie die noch nicht genutzten Konzessionen in Norddeutschland führten binnen weniger Jahre zu neuen Höhenflügen der Erdölförderung. Mit dem Kauf der Gasolin AG, an der Wintershall gemeinsam mit der DEA 1952 91 Prozent erwarb,[187] sowie mit dem Bau der Erdölraffinerie Emsland glich der Konzern seine Verluste durch die Enteignungen in Ostdeutschland wieder aus und vereinte von der Förderung bis zum Vertrieb sämtliche Produktionsschritte unter einem Dach. Mit der Erdgasförderung verbreiterte der Konzern zudem in der energiehungrigen Bundesrepublik der 1950er Jahre sein Spektrum auf dem Gebiet der Energiegewinnung.[188]

Noch in der Mitte der 1960er Jahre gehörte die Wintershall AG mehrheitlich den beiden Familien Rosterg und Quandt, die ihre Beteiligungen über die Gewerkschaft Wintershall hielten. Die Familie Rosterg besaß danach 50 Prozent an dieser Gewerkschaft, die Familie Quandt etwa 25 Prozent. Während die Familie Rosterg ihre unternehmerische Tätigkeit über Wintershall wahrnahm, war die Gewerkschaft für die Familie Quandt «faktisch nur eine Finanzbeteiligung», von der man «maximale Renditen und Gewinnausschüttungen» erwartete, um diese in andere Projekte reinvestieren zu können.[189] Nach dem Tod August Rostergs im Jahr 1945 und der monatelangen Internierung von Günther Quandt ließ sich der traditionelle Einfluss, der nicht zuletzt auf den einvernehmlichen Beziehungen der beiden Unternehmer beruht hatte, nicht wieder vollständig herstellen, was für die nachfolgende Quandt-Generation ein ständiger Stein des Anstoßes wurde. Es sei «keine Freude» gewesen, stets nach Kompromissmöglichkeiten suchen zu müssen, lautete die rückblickende Klage Herbert Quandts.[190] Günther Quandt hingegen hat seine Rolle bei Wintershall nach dem Ende des Zweiten Weltkrieges stets heruntergespielt. Im Rahmen seiner Gesamtbetätigung sei Wintershall «von ganz untergeordneter Bedeutung» gewesen und habe nicht mehr als zwei Prozent zu seinem Gesamteinkommen beigetragen.[191] Dies dürfte eine enorme Untertreibung gewesen sein, gehörten doch neben seinen Einkünften aus den Ausbeuten der Wintershall-Kuxe auch die Vergütungen von Aufsichtsratsmandaten bei der Gewerkschaft Lothringen oder der Westfalenbank, die er über seine Wintershall-Beteiligungen erhalten hatte, und natürlich bei der Wintershall selbst dazu. Entscheidend aber dürfte die enorme Wertsteigerung der Wintershall-Kuxe sein, nachdem der Wintershall-Konzern von einer verhältnismäßig kleinen Kali-Gewerkschaft zum zweitgrößten Chemiekonzern des Deutschen Reichs aufgestiegen war.

5. GEGLÜCKTE ÜBERNAHME: GÜNTHER QUANDTS EINSTIEG BEI DER ACCUMULATOREN-FABRIK (AFA)

Der Kampf um die Übernahme eines Traditionsunternehmens

Während die familieneigenen Tuchfabriken nach 1918 weitgehend durch die Brüder Werner und Gerhard verwaltet wurden, suchte Günther Quandt, der unter den Geschwistern zweifellos unternehmerisch Unruhigste, nach neuen Betätigungsfeldern. Den Schwerpunkt seiner unternehmerischen Karriere fand Quandt bei der Accumulatoren-Fabrik (AFA), dem Nukleus seiner späteren Unternehmen. Mit deren Übernahme legte er den Grundstein für seinen Aufstieg zum Großunternehmer: Den Anteil an seinem Gesamteinkommen, den diese Tätigkeit ausmachte, bezifferte er in der Nachkriegszeit auf «etwa 60 bis 70 Prozent».[1] Zwar ist die Bezeichnung AFA nur noch den wenigsten bekannt, aber der nach der Umbenennung 1962 angenommene Firmenname «Varta Batterie AG» ist bis heute ein Begriff. Mittlerweile ist das Unternehmen Teil der Hawker Batterien GmbH innerhalb des Weltkonzerns EnerSys.

Die AFA wurde als «Accumulatoren-Fabrik Tudorschen Systems Büsche & Müller oHG» 1887 in Hagen gegründet und erlebte ihren Aufstieg zu einem der weltweit wichtigsten Akkumulatoren- und Batteriehersteller vor dem Hintergrund der Elektrifizierung am Ende des 19. Jahrhunderts.[2] Sie blieb jahrzehntelang wesentlich von der charismatischen Persönlichkeit ihres Begründers Adolph Müller bestimmt.[3] 1890 verlegte das in eine Aktiengesellschaft umgewandelte Unternehmen seinen Sitz nach Berlin, wo städtebaulich gute Rahmenbedingungen und ein großes Reservoir an Arbeitskräften vorhanden waren. Die Reichshauptstadt war mit Firmen wie Siemens & Halske und der AEG geradezu das «Weltzentrum der Elektrizität»,[4] eine «electrical metropolis», in der etwa die Hälfte der in der deutschen Elektroindustrie beschäftigten Deutschen arbeitete.[5]

Die Branche war durch weltweite Kooperationen und Vernetzungen gekennzeichnet. Die AFA übernahm die innovativen Verfahren des französischen Ingenieurs Camille Alphonse Faure, vor allem aber die Patente des belgischen Bleiakkumulator-Pioniers Henri Tudor, mit dem zukunftweisende strategische Abmachungen getroffen wurden. Dieser hatte die Dauerhaftigkeit und Leistungsfähigkeit der Akkumulatoren wesentlich verbessert. Die AFA sicherte sich die Vertriebsrechte für das Deutsche Reich, Österreich-Ungarn, das Zarenreich, den Balkanraum, die Schweiz und Schweden. Tudor behielt hingegen die Rechte für das Absatzgebiet in Belgien, Holland, Luxemburg, Frankreich, Italien und Spanien. Der übrige Weltmarkt wurde einvernehmlich durch beide Parteien beliefert.[6]

Trotz starker Konkurrenz, die durch Patentfreigaben entstand, stattete die AFA um die Jahrhundertwende bereits über 100 Elektrizitätswerke im Deutschen Reich mit Akkumulatoren aus. 1893 wurde als erste Auslandsfertigung eine Fabrik in Ungarn errichtet. Drei Jahre später eröffnete die AFA eine Niederlassung in Holland, um ihre Produkte besser vermarkten zu können, zudem ein eigenes Ingenieurbüro in Kopenhagen – der Beginn einer geradezu rastlosen europaweiten Expansion, in der zahlreiche kleinere Akkumulatorenfabriken gekauft wurden. Zugleich wurde im Reich ein ganzes Netz von Ingenieur-Abteilungen aufgebaut: Schließlich verfügte man in Leipzig, Köln, Berlin, Frankfurt am Main, Breslau, München, Hamburg, Hannover und Stuttgart über entsprechende technische Büros. 1904 wurde in Oberschöneweide im Berliner Bezirk Treptow-Köpenick, wo an beiden Ufern der Spree ein großes Industrie- und Arbeiterviertel entstand, die Varta Accumulatoren-Gesellschaft m.b.H. als Tochtergesellschaft gegründet. Ihr Zweck ergab sich aus den Anfangsbuchstaben der Gesellschaft: «Vertrieb, Aufladung, Reparatur Transportabler Akkumulatoren». Die im Werk Oberschöneweide gefertigten kleinen und transportablen Bleiakkumulatoren wurden hauptsächlich für Taschenlampen, Hauslaternen, Signal- und Telegraphenapparate sowie die Automobilbeleuchtung eingesetzt. 1913 wurde die Deutsche Edison-Accumulatoren-Company GmbH (DEAC) erworben und damit auch der Bereich alkalischer Stahlakkumulatoren in das Produktionsprofil einbezogen, dem eine große Zukunft vorhergesagt wurde. Später wurden weitere Zulieferbetriebe angegliedert, wie etwa die Glasfabrik Wilhelmshütte GmbH im thüringischen Gräfenroda zur Herstellung von Glasgefäßen für DEAC-Batterien, Press- und Hohlgläsern. Ein Zulieferwerk in Zehdenick an der Havel lieferte Glas- und Holzteile,

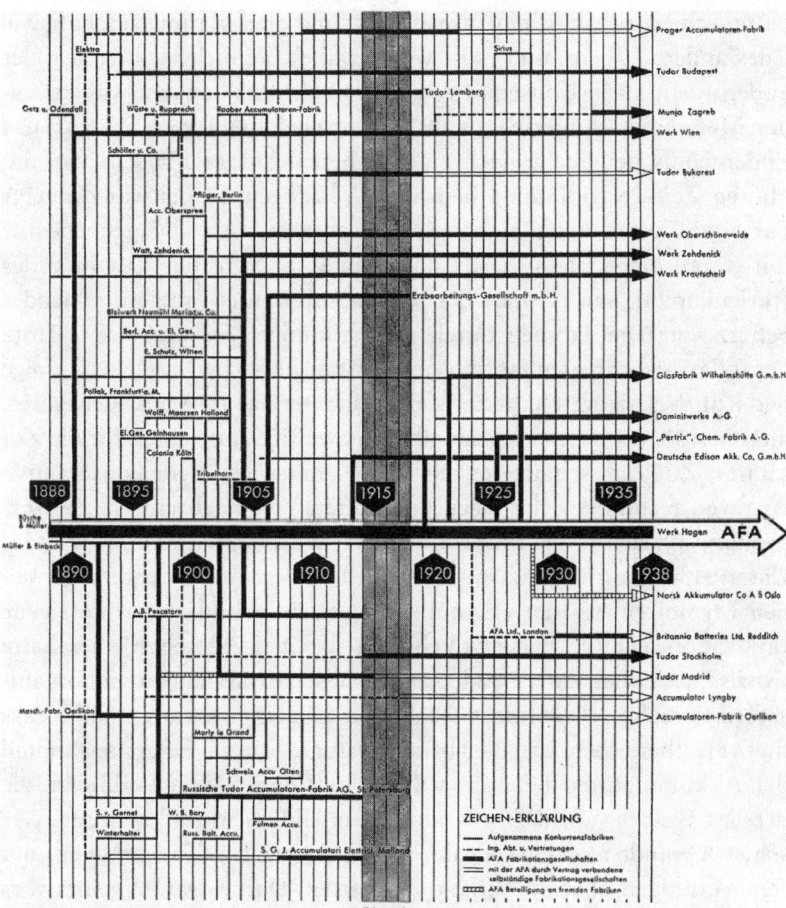

14 Bereits vor dem Ersten Weltkrieg verfolgte die AFA eine europäische Expansionsstrategie, die nach der Übernahme durch Günther Quandt zielstrebig fortgesetzt wurde.

die als Scheider für die Akkumulatorenplatten dienten, aber auch Bleistaub, einen der Grundstoffe für die Herstellung der Bleiakkumulatoren. Zur AFA gehörte zudem die Mitteldeutsche Frachtschiffahrt GmbH (Mifrag), die eine ganze Flotte von Flusstransportschiffen unterhielt.[7]

Der Einstieg Günther Quandts bei der AFA, zu einer Zeit, in der die Branche ihre industriellen Lehrjahre bereits hinter sich gelassen hatte, schien zunächst ein Investitions- und Spekulationsgeschäft wie jedes andere zu sein, und es ist wenig wahrscheinlich, dass er sich der außerordentlichen Konsequenzen dieses Schrittes bewusst war. In seinen Memoiren schilderte Quandt die Entscheidung für die AFA als das Endergebnis der Suche nach einer sicheren Anlage für sein von der «bösen Zeit der Inflation» bedrohtes Vermögen. Dabei war die AFA nur eine Option unter mehreren Alternativen.[8] Ausschlaggebend für ihn waren nicht allein die Branche, sondern auch die Verteilung des Aktienkapitals «in Händen des breiten Publikums» und ein fehlender Schutz vor Übernahmen durch mehrstimmige Vorzugsaktien. Trotz der inflationsbedingten Störungen und Transportschwierigkeiten infolge der Ruhrbesetzung charakterisierte Quandt die AFA als «ein gutes, altes bewährtes Unternehmen» ohne «gewaltige Aussichten für die Zukunft». Zugleich schätzte er das Unternehmen als «sehr konservativ» ein, weil technologische Neuerungen stets erst nach jahrelangen Erprobungsphasen in die Praxis umgesetzt wurden.[9] Allerdings war das Unternehmen nicht ganz so traditionell-bieder, wie Quandt es in seinen Memoiren mit der erkennbaren Absicht schilderte, seine eigene Innovationsleistung hervorzuheben. Sein Chef Adolph Müller hatte trotz seines hohen Alters weder seinen Geschäftssinn noch sein organisatorisch-technisches Talent eingebüßt. Zudem wusste Quandt, dass die AFA über erhebliche Bleivorräte verfügte, die als Hauptbestandteil der Akkumulatoren benötigt wurden und deren Wert – ähnlich wie der des Goldes – in der Inflationszeit erheblich stieg.[10] Mit der AFA schien Quandt also eine ideale Möglichkeit gefunden zu haben, um sein Vermögen über die Inflation zu retten. Damit war er keineswegs allein, sondern zählte zu einem Kreis von Unternehmern, die in der Inflationskrise die Chance ergriffen, Firmen aufzukaufen, was wiederum den bereits vor 1914 einsetzenden Trend der Konzentration weiter verstärkte.[11]

Quandt kaufte 1922 mit einer Strategie, die sich schon in den Vorjahren bei Textil- und Mühlenbau-Aktien bewährt hatte, über Bankinstitute für sich selbst und über Strohmänner AFA-Aktien für etwa 40 000 bis 60 000 Mark täglich. Häufig wurde, vor allem in der zweiten Jahreshälfte, die Companhia Perfuradora Brazileira zu heimlichen Käufen im Auftrag einer Holding Quandts, der «Kreidewerke Greifenhagen», eingesetzt.[12] Schließlich übersprang Quandt mit annähernd nominell fünf Millionen Mark Aktien die Hürde der 25 Prozent betragenden Sperrminorität. Seine «feindliche Übernahme» schilderte er später immer wieder in allen Details – ein Coup, der lange Zeit unentdeckt blieb, weil Wirtschaftskreise eher ein Interesse der Großunternehmen AEG und Siemens an der AFA vermuteten. Als Quandt nominell sechs Millionen Mark AFA-Aktien hielt, ihm aber trotz aller Verkäufe anderer Aktien das Geld ausging, überzeugte er seine Familie von der Lukrativität seines Vorhabens. Die Generalversammlung der Draeger-Paul-Wegener-Werke ermächtigte Quandt, über den unscheinbaren Bankverein Pritzwalk bis zu vier Millionen AFA-Aktien zu kaufen.[13]

Im Herbst flogen Quandts Tarnkäufe schließlich auf. Die AFA kündigte auf ihrer Aufsichtsratssitzung am 30. September 1922 eine Kapitalerhöhung von 20 auf 40 Millionen Mark an, um frisches Kapital für den Schuldendienst zu erhalten. Hierfür war satzungsgemäß nur eine einfache Majorität der Stimmen notwendig. Den Altaktionären sollten Aktien für zehn Millionen Mark im Verhältnis von 2 : 1 zum Kurs von 500 Prozent angeboten werden, der Rest sollte am Markt verkauft werden. Zum Schutz gegen «Überfremdung» war geplant, 20 000 Vorzugsaktien über je 1000 Mark mit zehnfachem Stimmrecht auszugeben. Diese sollten zudem mit einer Vorzugsdividende von sechs Prozent sowie einer Bevorrechtigung bei Liquidation ausgestattet werden; sie sollten von der Berliner Handelsgesellschaft und der Deutsche Bank übernommen und später eventuell der Bank für Industriewerte AG überlassen werden. Für die Banken wurde die Verpflichtung vorgesehen, bis zum 31. Dezember 1930 nicht ohne die Zustimmung der AFA über die Vorzugsaktien zu verfügen; gleichzeitig konnte die AFA jederzeit von ihrem Rückkaufrecht Gebrauch machen.[14]

Die beabsichtigte Ausgabe von Aktien mit zehnfachem Stimmrecht konterkarierte zwar zunächst Quandts Kaufpolitik, allerdings erhob sich gegen die beabsichtigte Kapitalerhöhung auch von anderer Seite Widerspruch. In der Berliner Börsenzeitung wurden in einer chiffrierten Annonce Aktionäre für eine «Opposition» gesucht. Über den Chefredakteur des Handelsteils – Walther Funk – erfuhr Quandt, dass es sich beim Auftraggeber der Anzeige um Paul Hamel handelte, seit 1911 Mitinhaber des Bankhauses Sponholz & Co.

Allerdings brachte Quandt nun in Erfahrung, dass Hamel selbst nur über 700 000 Mark Aktien verfügte, sodass zusammen mit seinen eigenen Aktien im Wert von inzwischen 6,3 Millionen Mark insgesamt nur sieben Millionen Mark Aktien zur Verfügung standen. Für die einfache Majorität reichte das noch nicht aus. Sein weiteres Vorgehen bezeichnete der Angreifer Quandt als «reine[n] Abwehr-kampf».[15] Hamel schlug vor, die drei Millionen Mark Aktien zu kaufen, die über Jakob Goldschmidt als Gesellschafter in der Hand der Darmstädter und Nationalbank waren. Dieser wollte von seinen Aktien jedoch nur zwei Millionen zur Verfügung stellen und den Rest der AFA anbieten, um zumindest den Anschein der Unparteilichkeit zu wahren. Quandt und Hamel waren einverstanden, weil damit – bei immer noch vorhandenem Streubesitz – mit großer Wahrscheinlichkeit die Sperrminorität erreicht war: Die «Majoritätsfrage war geklärt», wie Quandt zufrieden feststellte.[16]

Einen Tag nach der Zusage Goldschmidts fanden in der AFA-Zentrale Gespräche der Kontrahenten statt. Quandt hatte wieder einmal seinen Vetter Dr. Kurt Schneider als Vertrauten mitgebracht. Während Adolph Müller durchaus freundlich auftrat, blieben der seit einigen Jahren aus dem Aufsichtsrat in den Vorstand delegierte Dr. Alfred Berliner und vor allem der Aufsichtsratsvorsitzende Carl Fürstenberg, der Vorstandsvorsitzende der Berliner Handels-Gesellschaft, ablehnend. Fürstenberg war ein ausgesprochener Netzwerkspezialist, der seine Geschäftsinteressen durch eine intensive Gremientätigkeit wahrte und in den frühen Jahren der Weimarer Republik als der «Bankier mit den meisten Aufsichtsratsmandaten» galt.[17] Als starker Mann im Hintergrund saß er seit vielen Jahrzehnten im Kontrollgremium der AFA, seit 1890 als stellvertretender Vorsitzender und seit 1901 als Vorsitzender des Aufsichtsrates. Gegenüber dem Newcomer Quandt blieb er zwar nach außen liebenswürdig, legte aber in der Sache die «kühlste Ablehnung» an den Tag, wie sich Quandt später erinnerte.[18]

Quandt forderte angesichts der veränderten Machtverhältnisse eine Rücknahme des Antrags auf Kapitalerhöhung, eine Beteiligung an der Geschäftspolitik und zwei Sitze im Aufsichtsrat. Der Berliner Handels-Gesellschaft, die neben der AEG bei der AFA einen unübersehbaren Einfluss hatte, drohte ein ähnliches Debakel wie dasjenige, welches das Bankinstitut kurz zuvor im eigenen Haus durch den Aktieneinstieg von Hugo Stinnes erlebt hatte.[19] Fürstenberg empfand das Vorgehen Quandts als spekulationstypisch.[20] Auch Quandts eigene Schilderung der Gesprächsatmosphäre wirft ein bezeichnendes Licht auf die Mentalitätsunterschiede zwischen dem vornehmen Bankier und Wirtschaftsbürger alter Schule und dem entschiedenen und ungeduldigen Aufsteiger Quandt. Carl Fürstenberg, so monierte Quandt, habe weit ausgeholt, die «kluge Finanzpolitik Kanadas» gelobt, sei aber nicht zur Sache gekommen. Stattdessen seien «Lebensweisheiten» gefolgt, «denen zu lauschen zu anderer Zeit hochinteressant und lehrreich gewesen wäre».[21] Nach dem ergebnislosen Gespräch traf man sich nach einer Woche ein weiteres Mal. Weder Fürstenberg, der von Quandts Gebaren «entsetzt» war,[22] noch der ebenfalls zum Gespräch gebetene stellvertretende Aufsichtsratsvorsitzende Paul Mankiewicz von der Deutschen Bank waren bereit, auf die Kapitalerhöhung zu verzichten. Das Pokerspiel endete mit dem Hinweis Quandts, der Aufsichtsrat werde seine Haltung noch einmal bereuen.

Ein zweiter Anlauf bei Berliner war erfolgreicher. Dieser erklärte sich nun bereit vorzuschlagen, die Kapitalerhöhung um 20 Millionen Stammaktien zu einem Kurs von 165 Prozent mit der ausdrücklichen Verpflichtung zu akzeptieren, diese den Altaktionären zum Verhältnis von 1 : 1 anzubieten. Die Klausel der mehrstimmigen Vorzugsaktien sollte vollständig entfallen. Die Frage der Aufsichtsratssitze wollte Berliner im Aufsichtsrat besprechen. Auf der Hauptversammlung am 25. Oktober 1922 verfügte die Gruppe Quandt/Hamel über neun Millionen Aktien, die AFA über vier Millionen. Aufsichtsrat und Vorstand der AFA mussten dem veränderten Kräfteverhältnis Rechenschaft zollen, zogen wie verabredet ihre Anträge zur Ausgabe der Vorzugsaktien zurück und boten Quandt zwei Aufsichtsratssitze an. Damit gab sich dieser jedoch nicht zufrieden und setzte jetzt vier Sitze im 14-köpfigen Aufsichtsrat durch. Rückblickend stellte er triumphierend fest, man habe «auf der ganzen Linie gesiegt».[23] Während Hamel fortan einer seiner engsten Geschäftspartner wurde, traten neben ihm selbst im Oktober 1922 seine Brüder Werner und Gerhard sowie Kurt Schneider in den Aufsichtsrat ein.[24] Ende Dezember 1922 wurde das Grundkapital auf 40 Millionen Mark erhöht. Quandt und seine Brüder kauften in den folgenden Monaten über die bewährte Finanzquelle der Draeger-Paul-Wegener-Textilgruppe weitere AFA-Anteile hinzu, bis sie bei der Hauptversammlung im Juni 1923 gemeinsam mit der Gruppe Hamel/Goldschmidt fast die Dreiviertelmajorität besaßen.[25]

Anlass für eine Machtprobe innerhalb der AFA boten im Juni 1923 Unstimmigkeiten über den Jahresabschluss. Es spricht alles dafür, dass Quandt hierfür eine Lappalie zum Anlass nahm. Er forderte Erläuterungen zu den einzelnen Tagesordnungspunkten der Aufsichtsratssitzungen und wollte Vorstandsentscheidungen nicht länger ohne nähere Prüfung genehmigen. Der ohnehin bereits erzürnte Aufsichtsratsvorsitzende Fürstenberg wies diese Forderung unter Hinweis auf den zusätzlichen Verwaltungsaufwand zurück; Hermann Harkort, Mitbegründer und langjähriger Teilhaber der AFA, trat unter scharfem Protest gegen Quandts Geschäftsmethoden zurück, zwei weitere Aufsichtsratsmitglieder taten es ihm gleich. Quandts Gruppe verfügte jedoch über genügend Unterstützung, weil sich die beiden Arbeitnehmervertreter auf ihre Seite stellten. Carl Fürstenberg erklärte am folgenden Tag seinen Rücktritt und räumte den Platz als Aufsichtsratsvorsitzender der AFA für Günther Quandt, der am 12. Juni 1923 dieses Amt antrat.[26] Fürstenberg konnte seinen Rückzug in der Öffentlichkeit mit seinem hohen Alter gut begründen, so dass die Palastrevolution kaum Schlagzeilen machte, zumal Müller und Berliner das Tagesgeschäft der AFA weiterführten. Selbst der Name Fürstenberg blieb vorübergehend erhalten, weil dessen Sohn Hans nun in den Aufsichtsrat eintrat, um die Geschäftsverbindungen der Berliner Handels-Gesellschaft bei der AFA zu wahren.

Bei der Hauptversammlung des Jahres 1923 wurde den neuen Machtverhältnissen dadurch Rechnung getragen, dass nun auch Quandts Schwager Fritz Paul sowie Paul Hamel und Jakob Goldschmidt in das Gremium gewählt wurden, während die drei zurückgetretenen Aufsichtsratsmitglieder endgültig ausschieden. Im folgenden Jahr wurde der Quandt wohlgesonnene Gustav Schlieper, einer der Geschäftsinhaber der Disconto-Gesellschaft, der zudem beim Aktienaufkauf assistiert hatte, ebenfalls in den Aufsichtsrat gewählt. Um den abrupten Umbruch zu kaschieren, wurde ein Finanzausschuss gebildet, der aus Günther Quandt, Schlieper und Fürstenberg bestand – eine Einrichtung, die sich jedoch mehr als ein Feigenblatt für die neuen Verhältnisse entpuppte. Fürstenberg schied aus, als er erkannte, dass Quandt die AFA «als sein Eigentum behandelte, obgleich er ja nur die Kontrolle besaß und viele außenstehende Aktionäre vorhanden waren».[27]

Der «AFA-Coup» ist mit Recht als ein entscheidender Schritt in der unternehmerischen Karriere Quandts bezeichnet worden, weil ihm damit der Sprung von der deutschen Textilindustrie zu einer «Firma mit Weltgeltung» gelungen war.[28] Formal hatte immer noch der Technikpionier Adolph Müller das Sagen, im operativen Tagesgeschäft waren es jedoch Männer wie Berliner, die die Dynamik bestimmten. Dieser führte seine Verkäufer und Ingenieure mit harter Hand, um den Umsatz zu erhöhen und ließ auf einer Ingenieurskonferenz 1925 beispielsweise wissen: «Jeder Pfennig, der hinzukommt, ist uns recht.

Gewähren Sie nicht leichtfertig Rabatte, bloß weil einmal der Kunde sagt, daß die Konkurrenz billiger offeriert hat; es heißt da hart bleiben und unseren Standpunkt vertreten.»[29]

Solche Töne waren Musik in Quandts Ohren, weil er ganz ähnlich immer in Pritzwalk gepredigt hatte. Nach seiner Einarbeitungsphase drängte er stärker in die Unternehmenspolitik, was sich auch an seinen umfangreichen Überlegungen zur Betriebsführung und zum Rechnungswesen zeigte. Bei seinem Einstieg hatte er vom Aufsichtsrat das Mandat erhalten, sich in die kaufmännischen Belange der AFA einzuarbeiten. Dies entsprach seinen eigenen Wünschen, es war aber auch notwendig, weil durch den Tod des langjährigen ersten kaufmännischen Vorstandsmitglieds Friedrich Correns im Juli 1923 hier eine empfindliche Lücke entstanden war. Immer häufiger war Quandt nun in der Zentralverwaltung und hielt von dort aus direkte Verbindung mit Vorstand, Abteilungsleitern, Ingenieurbüros und den Fabrikleitungen. Am 1. Januar 1925 bezog er das Arbeitszimmer des verstorbenen Vorstandsmitglieds Schroeder in der Hauptverwaltung am Berliner Askanischen Platz. Quandt hielt sich allerdings, wenn man den Aufsichtsratsprotokollen folgt, mit Umstrukturierungen bei der AFA zunächst offensichtlich zurück. Er absolvierte einige Informationsbesuche beim «Grandseigneur» Adolph Müller, mit dem er trotz aller Blessuren des harten Übernahmekampfes später letztlich doch konstruktiv zusammenarbeiten sollte, nachdem er diesen offenbar von seinen Qualitäten hatte überzeugen können und der Unternehmensgründer gut mit dem neuen starken Mann auskommen wollte.

Quandt reiste 1922/23 gemeinsam mit dem ersten technischen Vorstandsmitglied der AFA Dr. h. c. Carl Roderbourg zur Besichtigung nach Hagen, dem Stammwerk der AFA, wo unter anderem das Forschungszentrum beheimatet war. Der 1865 geborene Sohn eines Bergwerksdirektors aus Schleiden in der Eifel hatte an der Technischen Hochschule Darmstadt studiert, war schon als Student zur AFA gestoßen und bereits vor der Jahrhundertwende als technischer Experte in den Vorstand gerückt. Quandt gewann schnell das Vertrauen dieses besten Kenners der Unternehmensstrukturen und technischen Entwicklungen. Ähnliches galt auch für den Hagener Betriebsleiter und Oberingenieur Hermann Clostermann, der Quandt den Eindruck eines «derben, ehrlichen Praktikers von Format»[30] vermittelte und in den folgenden Jahrzehnten ein verlässlicher Mitarbeiter wurde. Beide verkehrten auch privat miteinander, ja gingen später sogar zum freundschaftlichen «Du» über, was für Quandt außerhalb des Familienkreises eine große Ausnahme blieb. Bei der AFA wurde Quandts Fähigkeit erkennbar, sich innerhalb kurzer Zeit mit neuen kaufmännischen, aber auch technischen Fachgebieten vertraut zu machen. Zwar hatte er als Textilunternehmer gewisse Vorkenntnisse, aber die Materie der ihm gänzlich unbekannten Akkumulatorentechnik war ein komplexes und ständigem Wandel unterworfenes Gebiet, das sich Quandt über Gespräche und Lektüre weitgehend autodidaktisch erschloss. Er habe, so lautete später seine Angabe, die «einschlägige Literatur» studiert und die technischen Experten der AFA befragt.[31] Wie er dies praktisch anstellte, blieb selbst seinem Sohn Herbert ein Rätsel. Beim Lesen oder Studium von Fachbüchern, so hat er einmal bemerkt, habe seinen Vater «jedenfalls niemand erwischt».[32]

Unternehmerische Führung war zu Zeiten von Quandts Einstieg bei der AFA jedenfalls dringend nötig, da die Staats- und Inflationskrise der frühen Weimarer Republik an der Akkumulatorenindustrie nicht spurlos vorüberging. Umfassende Entlassungen wurden vermieden, weil die AFA auf gut ausgebildete und zufriedene Facharbeiter angewiesen war und daher auf eine arbeiterfreundliche Lohn- und Sozialpolitik Wert legte. Die Löhne lagen weit über dem in der metallverarbeitenden Industrie üblichen Niveau.[33] Weil die Reichsbank 1923 mit der Geldlieferung nicht mehr nachkam, druckte die AFA, ähnlich wie andere Unternehmen und Kommunen, Gutscheine, die bei der Hauptkasse des Werkes einzulösen waren. Erhebliche Preisschwankungen auf den Rohstoffmärkten hatten einen erratischen Bleipreis zur Folge und machten die Errechnung eines zuverlässigen Selbstkostenpreises schwierig. Der Export litt unter den hohen gesetzlichen Ausfuhrlasten, die Verminderung der allgemeinen Kaufkraft verteuerte die Produkte[34] für die Kunden, deren nachlassende Zahlungsmoral häufig beklagt wurde. Erst die Währungsreform ermöglichte wieder ein zuverlässiges Kalkulieren. 1925 wurden vermehrt Aufträge für bislang aufgeschobene Reparaturen an stationären Akkumulatoren verzeichnet. Sonderschichten und die Einrichtung neuer Werkstätten waren ebenfalls sichtbare Zeichen des Aufschwungs. Der Auslandsmarkt blieb allerdings wegen der hohen Selbstkosten «fast vollständig verschlossen», und nur die «Hoffnung auf bessere Zeiten» rechtfertigte nach Ansicht der AFA die Aufrechterhaltung der Exportabteilung.[35]

Zu diesem Zeitpunkt hatten sich einige finanzielle Grundsatzfragen bei der AFA ergeben. Mit einem vom AFA-Vorstand Ende 1924 gewünschten Kapitalschnitt von 40 auf 16 Millionen RM zeigte sich Quandt nicht einverstanden. Dieser hätte es erlaubt, aus den vorhandenen «reichlichen Reserven» der AFA Gewinne auszuschütten, ohne in größerem Umfang neue Mittel schaffen zu müssen. Vor allem Müller wünschte eine Dividende von fünf Prozent, während Quandt, der bisher eher eine konservative Dividendenpolitik verfolgt hatte,[36] noch zögerte. Nach seinen Berechnungen war angesichts des von ihm auf 32 bis 36 Millionen RM geschätzten Vermögens nur eine Herabsetzung des Kapitals von 40 auf 30 Millionen RM notwendig. Quandt gab nach langen Gesprächen vor allem mit Adolph Müller nach und stimmte schließlich einer Herabsetzung des Grundkapitals auf 20 Millionen RM zu. Später bezeichnete er seine Zustimmung als «großen Fehler»: Ende 1927 habe sich herausgestellt, dass das fehlende Kapital bereits wieder verdient gewesen sei und man ohnehin auf das unberichtigte Kapital eine Dividende von fünf oder sogar acht Prozent hätte auszahlen können. Nun habe man hingegen Dividenden von acht, zehn und 14 Prozent zahlen müssen. Wie auch immer:[37] Spätestens mit der Weltwirtschaftskrise sollten Liquiditätsprobleme erneut offenkundig werden.

Kontinuitäten in der Unternehmensführung:
Die AFA unter der Führung Günther Quandts

Die technische Entwicklung in der Weimarer Republik kam dem AFA-Geschäft entgegen: Die in einem Instruktionsbuch der AFA im Jahr 1926 gemachte vollmundige Ankündigung, der «elektrische Kraftwagen» erweise sich im Stadt- und Nahverkehr dem «Benzinwagen wirtschaftlich überlegen»,[38] kam zwar etwa ein Dreivierteljahrhundert zu früh, aber solche Irrtümer taten dem Siegeszug der Batterie dank des anhaltenden Elektrobooms keinen Abbruch. Die deutschen Bergwerke wurden in der Zwischenkriegszeit immer stärker elektrifiziert und mit elektrischen Lokomotiven und Grubenlampen ausgestattet. Auch die Zugbeleuchtung wurde europaweit von Gas- auf Elektrobeleuchtung umgestellt. Mit dem Ausbau des Fernsprechnetzes zog der Absatz von Fernsprechbatterien erheblich an. Ein weiterer prosperierender Geschäftszweig war der Verkauf von Batterien für «Elektrohubkarren», heutzutage meist als Gabelstapler bezeichnet, deren Umsatz im Jahr 1929 einen vorläufigen Höhepunkt erreichte.[39] Zum Wachstum in verschiedenen Segmenten kam die Ausweitung des Werkstandortes Berlin: Das AFA-Werk Oberschöneweide wurde mit neuen Maschinen und Fließbändern bestückt und 1926 die Pertrix Chemische Fabrik AG erworben. Diese 1917 in Hamburg gegründete Gesellschaft stellte Trockenbatterien und Taschenlampen her.[40] Zum Zeitpunkt der Übernahme durch die AFA wurde die Pertrix kaufmännisch schlecht geleitet. Von den damaligen Inhabern hieß es, sie hätten sich «mehr auf der Rennbahn in Hamburg-Horn als im Betrieb» aufgehalten.[41] Der Kauf war ein entscheidender Schachzug, weil die AFA fortan die gesamte Palette der Batterieprodukte unter einem gemeinsamen Firmendach vereinte und europaweit unter ihren Markennamen «Varta» und DEAC vertrieb. Varta-Produkte wie Starterbatterien verkauften sich besser als je zuvor. 1200 Vertragskunden durften exklusiv Varta-Fabrikate verkaufen; dazu kamen 602 Varta-Dienststellen als Lade- und Reparaturstellen.[42] Zudem erweiterte die AFA durch den Zukauf ihr technisches Know-how auf dem Trockenbatteriesektor, das bis dahin als unzureichend gegolten und zu zahlreichen kostspieligen Reklamationen geführt hatte. Die Pertrix wurde mit den bereits seit 1925 übernommenen kleineren Trockenbatteriefabriken Primafa und Titania fusioniert, deren Hauptabnehmer Post und Bahn waren. Damit vollzog die AFA im Trockenbatteriegeschäft einen Prozess, der in jenen Jahren die deutsche Industrie wesentlich prägte. In der Rationalisierungswelle bemühten sich die Firmen um eine Konzentration und Zentralisierung des Kapitals, was mit Unternehmenszusammenschlüssen, Betriebsstilllegungen oder Entlassungen einherging.[43] Titania und Primafa blieben zwar in technischer Hinsicht weiterhin eigenständige Tochterunternehmen mit zahlreichen Patentrechten, spielten jedoch fortan nur noch eine untergeordnete Rolle.[44]

Günther Quandt trat 1926 dem Pertrix-Aufsichtsrat bei und wurde 1933 dessen Vorsitzender. Restrukturierung und Rationalisierung der Pertrix fanden zunächst noch unter der Führung der bisherigen Besitzer statt, aber die bislang dezentrale Produktion wurde Ende der 1920er Jahre in dem von der BKI erworbenen ehemaligen «Werk Oberspree» in Berlin-Niederschöneweide zusammengezogen. Im Werk der Pertrix in der Sedanstraße (heute Bruno-Bürgel-Weg) wurden 1928 mit 1600 Arbeitern bereits etwa 120 Millionen Batteriezellen hergestellt. Die Oberleitung des Werks lag bei dem 1877 geborenen Direktor Fritz Wallmüller, dem auch das Werk Oberschöneweide unterstand. 1930 wurde die Produktionspalette durch den Erwerb der Taschenlampenhülsenfabrik B. Rogge in Burg bei Magdeburg erweitert.

Allerdings gab es auch eine Sparte im Trockenbatteriegeschäft, die kaum, dass sie richtig etabliert war, wieder in die Krise geriet: Die Einführung des Rundfunks hatte in der Mitte der 1920er Jahre zunächst eine stürmische Nachfrage nach Radiobatterien zur Folge, und die AFA nahm daher Primärbatterien, die mit dem erfolgreichen Prinzip der Anoden-Batterien arbeiteten, in ihre Produktpalette auf. Seit 1928 deutete sich jedoch ein merklicher Rückgang des Booms an, da nun Radios mit Netzanschluss auf den Markt kamen und die Aronwerke Elektrizitäts-AG unter dem Namenmarken «Nora» ihr Modell mit großem Erfolg anboten. Zahlreiche Mitbewerber zogen sich ganz aus dem Radiosektor zurück, und für die AFA blieb danach nur noch das Geschäft mit tragbaren Kofferradios.

AFA und Pertrix wurden betrieblich und personell eng miteinander verbunden, obwohl es eine unsichtbare Trennlinie zwischen den Sparten Bleiakkumulatoren und Trockenbatterien gab. Die Pertrix zahlte für die Grundstücke Pachtgebühren sowie eine Patentgebühr in Höhe von zwei Prozent des Umsatzes. Für das Überseegeschäft der Pertrix-Produkte erhielt die AFA eine Vergütung von zehn Prozent des Gesamtumsatzes, für den Export ins europäische Ausland sechs Prozent. Die Pertrix mietete Büroräume der AFA und wurde an den Kosten für die Dienste der Rechtsabteilung, des Sekretariats, der Patentabteilung und der Hausverwaltung beteiligt.[45]

Die Zukäufe der AFA in der Weimarer Republik dienten aber nicht nur dazu, wie im Falle der Pertrix, das Produktionsprofil um neue Geschäftsfelder zu erweitern, sondern auch der Beseitigung von Konkurrenz in bereits erschlossenen Märkten wie dem der Grubenausrüstung: Die AFA besaß bereits seit 1913 eine Majorität von 51,9 Prozent an der Berglampenfabrik Concordia Elektrizitäts-AG in Dortmund. Die elektrischen Grubensicherheitslampen des 1906 gegründeten und ursprünglich in Köln ansässigen Unternehmens galten als technologische Meisterleistung, bei der die Batterie mit dem Lampentopf verbunden und mit festem Elektrolyt gefüllt war. Die 1920er Jahre hätten das Geschäft durchaus beflügeln können, da seit 1921 elektrische Grubenlampen in allen Zechen gesetzlich vorgeschrieben waren, aber die Folgen des Ersten Weltkrieges mit dem völligen Verlust des Auslandsgeschäfts und -vermögens lasteten schwer auf der Concordia. 1919 reagierte sie auf den gesteigerten Wettbewerb in der Grubenausrüstung mit der Übernahme des Konkurrenten «Wilhelm Seippel GmbH». Zusätzlich expandierte sie in vertikaler Perspektive und begann im darauffolgenden Jahr, in der neu gegründeten Tochter «Trutmania GmbH» in Dortmund selber Glühbirnen für ihre Grubenlampen herzustellen.

Günther Quandt schaltete sich nach seinem Einstieg bei der AFA und einer Phase der Eingewöhnung bei der Concordia stärker persönlich ein. Zunächst wurde er 1925 Aufsichtsratsmitglied und drei Jahre später Aufsichtsratsvorsitzender. Zudem waren mit Carl Roderbourg, Fritz Weißleder und Wilhelm Kraushaar drei weitere AFA-Manager im Aufsichtsrat vertreten. Bald wurde das Auslandsgeschäft ausgebaut, und die Concordia sicherte sich die Grubenlampen-Ausrüstung von Kohlebergwerken im ukrainischen Charkow und in Sibirien.[46] Dieses lukrative Geschäft kam erst 1934 zum Erliegen, als die Sowjetunion unter Verwendung der deutschen Modelle eine eigene Fertigung errichtete.[47]

1927 setzte die AFA den eingeschlagenen Kurs fort und übernahm einen Konkurrenten der Concordia, die in Hoppecke ansässige Grubenlampenfabrik Dominitwerke AG. Dieses Unternehmen war nach Kriegsende aus einer Abteilung der Dynamit Nobel AG entstanden, die in dem Werk Grubenleuchten und Handlampen mit Batterien aus eigener Produktion fertigte. 1927 verkaufte die Dynamit Nobel die Akkumulatorensparte an die AFA, die die Fabrikation des unliebsamen Konkurrenten in Hoppecke gleich stilllegte. Die Eingliederung der Dominit in die Quandt-Gruppe spiegelt sich in der Verlegung des Firmensitzes nach Berlin. Für die Aufkaufpolitik sprachen mehrere Gründe: Der Bedarf an elektrischer Grubenausrüstung im Ruhrgebiet wie in Europa war unverändert hoch, durch Leasinggeschäfte für Grubenleuchten entstanden neue lukrative Geschäftsmöglichkeiten und durch die Verwendung der Nickel-Cadmium-Batterien der AFA-Tochter DEAC verfügte man über Produkte, die betriebssicher, zuverlässig und langlebig waren.[48] Die hohen Erwartungen erfüllten sich infolge der Weltwirtschaftskrise zunächst nicht; noch 1934 stand dem minimalen Gewinn ein hoher Verlustvortrag gegenüber.[49]

Die AFA-Tochter DEAC, die das Segment der Stahlakkumulatoren abdeckte, hatte ebenfalls einen schweren Stand. Zwar war die Reichsbahn ein Hauptkunde, aber das perspektivisch ertragreiche Elektrokarrengeschäft kam nicht in Gang, weil diese weiterhin mit Bleibatterien ausgestattet waren. Zudem wurde mit der in Berlin ansässigen Nife Stahlaccumulatoren GmbH, die zu einem schwedischen Konzern gehörte, ein kostspieliger Prestige-Konkurrenzkampf ausgefochten, der erst in der Mitte der 1930er Jahre durch eine Einigung über die Preissetzungen endete.[50] Im AFA-Vorstand waren Diskussionen über die Zukunft des Stahlakkumulators an der Tagesordnung. Bis weit in die 1930er Jahre waren die Mentalitätsunterschiede zwischen den Anhängern des Stahlakkumulators, den «Stahlherzen», und den traditionellen Verfechtern des Bleiakkumulators, den «Bleiherzen», spürbar. Die neue Technologie galt vielen Traditionalisten der Branche als noch nicht ausgereift genug, um sich auf dem Markt durchsetzen zu können. Sie hatte den Ruf, eine «üble Modelaune der Technik» zu sein, deren Konjunktur spätestens mit dem Ableben ihres Erfinders Thomas Alva Edison besiegelt sein werde. Zwar stieg der Spartenumsatz bis zur Wirtschaftskrise dank sowjetischer Aufträge kontinuierlich auf jährlich mehr als 2,2 Millionen RM. Danach folgte aber ein tiefer Fall mit Entlassungen und einer Halbierung des Umsatzes. Günther Quandt gab der Geschäftsführung die Vorgabe eines Jahresumsatzes von mindestens vier Millionen RM, wenn die Schließung verhindert werden sollte. Erst als Ausbildungskurse eingerichtet und AFA-Experten in die Abteilungen entsandt wurden, besserte sich die Lage.[51]

Die internationale Strategie der AFA

Zwei Dinge waren für die AFA in den Jahren der Weimarer Republik von zentraler Bedeutung: Die Anpassung der Fabrikation an die gewandelten Bedürfnisse der Kunden und der Wiederaufbau des im Weltkrieg verlorenen Auslandsgeschäftes. Das dichte Netz eigener Werke und Auslandsvertretungen in Europa und Übersee hatte der AFA seit Beginn ihrer Auslandstätigkeit ein rasches Reagieren auf landesspezifische Nachfragebesonderheiten ermöglicht.

Der Erste Weltkrieg bedeutete einen dramatischen Einschnitt, weil lange bestehende Geschäftskontakte unterbrochen, das bisherige Vertriebsgefüge zerstört und zahlreiche Absatzmärkte verloren gegangen waren. Verkaufsstützpunkte waren geschlossen oder enteignet worden. Nur die schwedische Tochtergesellschaft Accumulatoren-Fabrik Tudor GmbH, an der die AFA nach wie vor einen Anteil von 91,6 Pro-

zent besaß, die österreichische Niederlassung und eine wenig bedeut-
same Außenstelle in Buenos Aires waren erhalten geblieben. Die Kap-
pung der internationalen Verbindungen und die Ausschaltung aus dem
internationalen Wettbewerb wurden als ungerechtfertigte Zwangsmaßnahme angesehen. Um so günstiger war es, dass die Anknüpfung
an die traditionellen Auslandsverbindungen in den Weimarer Jahren
durch eine republikanische Außenpolitik gestützt wurde, die im Sinne
einer «pénétration pacifique» Deutschlands internationale Stellung
durch seine Verankerung im Welthandel stärken wollte.[52]

Günther Quandt nahm am Wiederaufbau des Auslandsgeschäfts
starken Anteil, wobei der technisch versiertere Roderbourg ein wichtiger Ratgeber blieb. Schon vor dem Eintritt Quandts war ein erstaunlicher Wiederaufstieg eingeleitet worden. Gerade das neutrale Ausland
kaufte die bewährten und auf dem Markt gut eingeführten AFA-Akkumulatoren. Kurz nach Kriegsende wurden die ersten ausländischen
Stützpunkte wieder eröffnet. Den Anfang machte 1919 ein Ingenieurbüro für Finnland und Estland in Helsingfors. 1922 schloss die AFA
einen zehnjährigen Lizenzvertrag mit dem mächtigen französischen
Elektrokonzern Compagnie Générale d'Electricité (CGE), der an einen
«Freundschaftsvertrag» gekoppelt war und den Vertrieb der Produkte
der CGE auf Frankreich und die französischen Kolonien beschränkte.
Damit knüpfte man an Abmachungen an, die zum Teil schon aus der
Zeit vor der Jahrhundertwende stammten und erst bei Ausbruch des
Ersten Weltkriegs hinfällig geworden waren.

Die «Freundschaftsverträge» dienten der AFA dazu, über Gebietsabsprachen und technische Zusammenarbeit der internationalen Konkurrenz zu begegnen. Aus Sicht der Unternehmen ergaben sich daraus
mannigfache Vorteile, weil durch den gegenseitigen Einblick in Betriebsgeheimnisse und die wechselseitige Nutzung von Verfahren, Fab-
rikationsmethoden und Konstruktionen die Kosten für die technische
Entwicklung auf mehrere Schultern verteilt wurden. In enger Verbindung damit standen die Gebietsabsprachen, die einen Preiswettkampf
auf geteilten Märkten verhindern sollten. Meist bedeutete dies, dass
die AFA ihren Besitz im Absatzgebiet an den Partner verkaufte oder
ihn einfach auflöste. Die Freundschaftsverträge, so ertragreich sie auch
waren, hatten aber auch gewisse Schattenseiten. Die ausländischen
Batteriefirmen waren zwar wichtige Kunden, aber sie traten sehr preis-
bewusst auf und hatten nur selten Interesse am Vertrieb der nicht von
ihnen selbst fabrizierten Produkte.[53]

In West- und Südeuropa wurden 1922 neue Freundschaftsverträge mit den Tudor-Gesellschaften in Frankreich, Belgien (Accumulateurs Tudor S.A.), Spanien (Sociedad Española del Acumulador «Tudor») und Portugal (Sociedade Portugueza do Acumulador Tudor) abgeschlossen. In der Schweiz traf die AFA ihre Abmachung mit der in Zürich ansässigen Gesellschaft Accumulatoren-Fabrik Oerlikon.[54] In Italien wurde ein Freundschaftsvertrag mit der Fabbrica Accumulatori Hensemberger in Monza abgeschlossen, zudem später Rationalisierungshilfe geleistet.[55] Durch diese Freundschaftsverträge war freilich ein großer Teil der westeuropäischen Märkte für die AFA gesperrt. Eine Ausnahme machten lediglich die Niederlande, wo die AFA ihre Niederlassung 1933 in die vollständig im Besitz der AFA befindliche, aber selbständig auftretende Accumulatoren-Fabriek Varta N.V. umwandelte.[56] Sie versorgte den holländischen Markt und das niederländisch-indische Kolonialgebiet.

In anderen Regionen beschränkte sich die AFA nicht auf die Sicherung gegen den Einfluss ausländischer Konkurrenz, sondern akquirierte neue Märkte. Ein wichtiger Schwerpunkt war bereits in den 1920er Jahren der südosteuropäische Raum, wo nach dem Zusammenbruch der Donaumonarchie im Ersten Weltkrieg eine große Nachfrage entstanden war. Strategisch besonders wichtig war die Erschließung des österreichischen Marktes, der über keine eigenständige Akkumulatorenindustrie verfügte und der auch den Balkanraum bediente. In Liesing bei Wien hatte die bereits seit 1889 bestehende österreichische Tochtergesellschaft der AFA 1916 einen Neubau begonnen, der die erheblichen Anforderungen der Kriegsmarine der Donaumonarchie hatte befriedigen sollen. Der Bau der Fabrik wurde aber 1918 eingestellt und die Generalrepräsentanz im niederösterreichischen Hirschwang verkauft. 1925 begann der Neuanfang, als die AFA-Tochter Österreichische Fabrik für Akkumulatorenfertigung in Wien-Liesing die Produktion aufnahm. Das Werk verfügte zunächst über keine eigene Forschungsabteilung und bezog seine technische Einrichtung aus Hagen und Berlin. 1930 kam eine eigene Produktion von Pertrix-Batterien hinzu. Neben der Fabrik in Österreich wurde bereits 1922, basierend auf einer 1909 gegründeten Vorgängergesellschaft, die Prager Accumulatoren-Fabrik AG gegründet und ein Freundschaftsvertrag abgeschlossen. An ihr besaß die AFA eine – allerdings geheim gehaltene – Drittelbeteiligung. Geschäftsbeziehungen unterhielt die AFA zudem zu den Tudor-Gesellschaften in Rumänien (Tudor S. A.), Polen (Tudor-Zaklady Akumulatorowe)[57] und Ungarn. Bei der ungarischen Tudor Accumulatoren-Fabrik AG, deren Anteile vollständig von der AFA gehalten wurden, saßen Günther Quandt und Hermann Clostermann im Aufsichtsrat. Das Unternehmen produzierte überwiegend für den ungarischen Markt, wuchs aber durch den Aufbau einer eigenen Pertrix-Produktion und Fusionen. Seit 1928 wurde in Budapest sukzessive die Sirius Akkumulatoren- und Elemente-Fabrik erworben und der Tudor angegliedert.

Ende der 1920er Jahre verstärkte die AFA zudem im skandinavischen und baltischen Raum ihren Einfluss auf das Akkumulatorengeschäft. Im lettischen Riga entstand eine Zweigniederlassung, im estnischen Reval/Tallinn wurde ein Verkaufsbüro eröffnet. 1928 wurde in Oslo die Norsk Accumulator Co. A/S und 1930 in Finnland eine Tochtergesellschaft unter dem Namen Suomen Akkumulaattoritehdas-Osakeyhtiö O. Y. «Tudor» mit Sitz in Helsinki gegründet. Seit 1932/33 unterstützte die AFA zudem die norwegische Marinens Minevesen Akkumulator-Fabrikken bei der Umstellung ihrer bislang qualitativ problematischen Produktion auf das AFA-System.[58]

Die schwedische Tochtergesellschaft Tudor mit Sitz in Stockholm und Verkaufsabteilungen in Göteborg und Malmö wurde streng überwacht, weil die AFA-Produkte nicht immer an den heimischen Markt angepasst, zum Teil zu teuer waren und bei den stationären Batterien die Firma Gottfried Hagen als starker Konkurrent auftrat. Das Produktionsprogramm wurde 1930 in der Zweigfabrik im südschwedischen Nol um DEAC-Stahlakkumulatoren erweitert, in Sundbyberg 1932 zudem eine Pertrix-Fabrikation eingerichtet.[59] Bald darauf beteiligte sich die AFA auch an der A/B Latex Stockholm, an der Batteriefabrik Svenska Torrelement A/B, der A/B Stockholms Akkumulatorfabrik und schließlich an der Radio-Vertriebsgesellschaft A/B Nord-Radio Stockholm, die hauptsächlich die österreichische Marke Horniphon auf dem schwedischen Markt verkaufte.[60]

Die Expansionsstrategie der AFA zielte aber nicht nur auf die europäischen Märkte ab, sondern richtete den Blick auch nach Übersee, soweit er nicht durch Gebietsabsprachen versperrt war. 1922 wurden in Surabaya auf der Insel Java für Niederländisch-Indien und in Shanghai für den chinesischen Raum Ingenieurbüros errichtet, zudem 1925 in Kalkutta ein Büro zur Explorierung und Abdeckung des indischen Marktes eingerichtet, das später zur AFA Batteries India Ltd. ausge-

15 Die moderne amerikanische Akkumulatorenindustrie hatte auch für die AFA Vorbildcharakter. Hier die Werkanlagen der Electric Storage Co. in Philadelphia.

baut wurde. Es folgten ein Verkaufsbüro in Bombay und eine «Calcutta Branch» der Pertrix. 1927 wurde in Kairo ein Büro für den Nahen und Mittleren Osten gegründet. 1928 folgte in Johannesburg die AFA Batteries S.A. (Pty.) Ltd. mit einer Zweigniederlassung in Durban. In Japan, das über eine eigene und in hohem Maße konkurrenzfähige Akkumulatorenindustrie verfügte, knüpfte man ebenso an alte Geschäftskontakte an wie in den USA. Mit der einflussreichen Electric Storage Battery Co. (ESB) in Philadelphia konnte nach einem Besuch ihres langjährigen Präsidenten Herbert Lloyd 1921/22 bei der AFA die vertragliche Verbindung erneuert werden, die erstmals 1897 eingegangen worden war, als sich das noch junge deutsche Akkumulatorenunternehmen gegen eine Zahlung von 1,5 Millionen Mark vom Markt der Vereinigten Staaten zurückgezogen und ebenfalls einen «Freundschaftsvertrag» über den technischen Erfahrungsaustausch vereinbart hatte.[61]

Nachdem durch die Absprache mit der ESB der US-amerikanische sowie der kanadische Markt gesperrt waren, wurde der bislang nur ungenügend erschlossene lateinamerikanische Markt ausgesprochen interessant. In Buenos Aires unterhielt die AFA mit der Accumulatorenfabrik AG Sucursal eine Zweigstelle für den argentinischen Markt, den sie im Segment der Zugbeleuchtung mit der schwedischen Nife und im Bereich der Starterbetrieben mit dem deutschen Konkurrenten KAW teilen musste.[62] In Brasilien ging sie 1937 eine Beteiligung an der «Accumuladores Varta do Brasil Limitada» in Rio de Janeiro ein.[63] In Chile übernahm die AFA ein Drittel des deutschen Exports,[64] und es war daher kein Zufall, dass Günther Quandt Ende der 1930er Jahre selbst nach Südamerika reiste und dort weitere Kontakte knüpfte.[65]

Der schwierige Kampf um den englischen Markt

Die bereits vor 1914 begonnene Expansion der AFA war allerdings keine von Rückschlägen freie Erfolgsgeschichte. Die von Günther Quandt mitgetragene Entscheidung, die AFA-Produkte auch auf dem britischen Markt zu platzieren, machte sich nicht bezahlt. In England hatte die AFA vor dem Ersten Weltkrieg mit der Tudor Accumulator Company in Manchester eines der größten eigenen Tochterunternehmen besessen und auf dem hart umkämpften britischen Markt einige Achtungserfolge errungen. Mit dem größten britischen Akkumulatoren-Hersteller, der Chloride Electrical Storage Company Ltd. in Pendlebury bei Manchester, hatte sie Verträge über die Koordinierung des Absatzes auf den Weltmärkten und den Austausch von technischem Wissen abgeschlossen.[66]

Diese Tudor-Gesellschaft war jedoch 1914 sequestriert worden und in britischen Besitz übergegangen. Eine 1922 gegründete AFA Accumulator Ltd. in London sollte der Rückeroberung des britischen Marktes und dem der britischen Kolonien und Dominions dienen. Nach Ansicht Quandts war diese Handelsniederlassung jedoch nur eine Übergangslösung. Im November 1926 reiste das inzwischen bewährte Duo Quandt-Roderbourg nach Großbritannien und fand in Redditch bei Birmingham eine geeignete Produktionsstätte in Gebäuden, die von der Rüstungsfirma Birmingham Small Arms aufgegeben worden waren. Hier wurde unter dem Namen Britannia Batteries Ltd. eine mit einem Grundkapital von 250 000 britischen Pfund ausgestattete Tochtergesellschaft gegründet, an der die AFA die Mehrheit übernahm und die seit August 1929 mit den ihr angeschlossenen Gesellschaften Edison Accumulators Ltd. und Pertrix Ltd. auch Stahlakkumulatoren und Trockenbatterien herstellte.[67]

Die AFA stellte der britischen Tochter zur Anschubfinanzierung 450 000 Pfund als Darlehen zur Verfügung. Dennoch lief die Produktion nicht in der gewünschten Art und Weise an. Aufgrund der Tarifbestimmungen – die deutlich arbeiterfreundlicher als in Deutschland waren – lohnte ein Mehrschichtbetrieb nicht. Die durchschnittliche Wochenarbeitszeit betrug in Redditch nur 47 Stunden gegenüber 52 Stunden in Hagen und 48 Stunden in Oberschöneweide. Überstunden, Nachtschichten, Sonn- und Feiertagsarbeit wurden deutlich besser vergütet als in Hagen und Oberschöneweide.[68] Das Unternehmen hatte auch deshalb einen schweren Stand, weil fast alle englischen Hersteller von Start- und Lichtanlagen die Batterien vom Großkonkurrenten Joseph Lucas Ltd. bezogen.[69] Die Produkte der AFA waren zwar prinzipiell konkurrenzfähig, und das britische Militär führte 1929 sogar Tests mit Pertrix-Batterien durch, die einen guten Eindruck hinterließen.[70] Anders als Quandt es in seinen Memoiren darstellte,[71] blieb der Anlauf der Pertrix-Produktion jedoch schwierig und durch Reklamationen, Beschwerden und gegenseitige Anschuldigungen der deutschen und britischen Manager gekennzeichnet, die selbst durch eine Inspektion deutscher Experten im Februar 1930 nicht behoben werden konnten. Die Einstellung der Produktion wurde wohl nicht zuletzt deshalb vermieden, weil der Imageschaden für die AFA zu groß gewesen wäre.[72] Nach Quandts eigener Erinnerung entwickelte sich auch das Bleiakkumulatorengeschäft nach einem vielversprechenden Start unbefriedigend. Als 1931 im Zuge der Weltwirtschaftskrise das englische Pfund abgewertet und in Deutschland die Devisenbewirtschaftung eingeführt wurde, wurde das Geschäft gänzlich unrentabel: Weil keine staatlichen Mittel zur Verfügung standen und sogar zur Liquidation geraten wurde, sah sich die AFA nach Käufern für ihre britische Niederlassung um.[73]

Als Käufer bot sich der englische Markführer Chloride an. Seit Herbst 1933 verhandelten Quandt und Roderbourg jahrelang jeden Monat an drei Tagen in London mit den britischen Managern, häufig begleitet von einem kaufmännischen Experten sowie Corbin Hackinger, der als früherer Chef der Buchhaltung das komplexe Zahlenmaterial am besten überblickte. Mit dem auf britischer Seite federführenden General Manager der Chloride, D. P. Dunne, wurde ein fast 150 Seiten umfassendes Vertragswerk nach Schweizer Recht abgeschlossen und im Juni 1936 in Genf unterzeichnet.[74] Während die Chloride die AFA-Fabrikanlagen in Redditch übernahm, wurden die jeweiligen Marktgebiete akribisch aufgeteilt. Die Chloride hatten ihr «Interessengebiet» in Großbritannien, Irland und den britischen Dominions, Kolonien, Protektoraten und Mandatsgebieten. Die AFA erhielt im Gegenzug alle in einer dem Vertrag beigehefteten Karte aufgeführten zum europäischen Festland gehörigen Staaten als Absatzgebiete. Der Handelsvertrag von 1936 hatte eine Laufzeit von 20 Jahren, der dazugehörige Freundschaftsvertrag über die gegenseitige Verwertung von Erfindungen und Erfahrungen sogar über 50 Jahre. Falls die AFA oder die Chloride doch in das vereinbarte «Hoheitsgebiet» des anderen Unternehmens liefern sollten, war eine Gewinnabgabe von zehn Prozent fällig.[75] Günther Quandt hat das Abkommen nach dem Krieg als das «größte, weitestgehende[n] Vertragswerk» auf dem Akkumulatorensektor und zugleich als den «wahrscheinlich [...] weitestgehende[n] Industrievertrag» zwischen einem britischen und einem deutschen Unternehmen bezeichnet,[76] was zumindest mit Blick auf den Batteriesektor der Wahrheit entsprochen haben dürfte.

Den Chloride-Vertrag führte Günther Quandt aber später auch immer wieder an, um den Vorwurf der Kriegstreiberei zu widerlegen: Niemand lasse sich auf ein solches Unternehmen ein, das die vier wichtigsten Leiter jeden Monat eine Woche lang aus den heimischen Betrieben fernhalte, «wenn er nicht von dem Werte eines solchen Vertrages auf 50 Jahre, der doch nur ohne kriegerische Verwicklung Früchte tragen kann, somit von der Erhaltung des Friedens, absolut überzeugt ist».[77] Quandts Interpretation des Chloride-Vertrags als ein auf zukünftige Entfaltungschancen ausgerichtetes Abkommen weckt bei genauerer Betrachtung der Vorgeschichte des Englandgeschäftes allerdings Zweifel. Ausschlaggebend für den Vertrag, der die Märkte zwischen der Chloride und der AFA einvernehmlich teilte und an den Verkauf der britischen Tochter der AFA gekoppelt wurde, war eher nicht der Gedanke an die Zukunft, sondern die Erfahrung der Vergangenheit. Die letztlich fehlgeschlagene Geschäftsausweitung in den 1920er und frühen 1930er Jahren ließ einen geregelten und vertraglich fixierten strategischen Rückzug vom englischen Markt als die günstigste Alternative erscheinen. Somit verrät das Chloride-Abkommen weniger über die Ausrichtung der AFA am Vorabend des Zweiten Weltkrieges als über ihre Auslandtätigkeit in der Zeit der Weimarer Republik. Wie wenig auf «Völkerverständigung» die Einigung mit der Chloride ausgerichtet war, zeigte sich nach Ausbruch des Zweiten Weltkrieges, als sich die AFA-Manager 1940 angesichts einer möglichen Kriegsniederlage Großbritanniens an die Enteignung ihrer britischen Tochtergesellschaft im Jahr 1914 erinnerten. Nun wurde die

«Forderung auf Wiedererstattung unseres gesamten Aktienbesitzes» gestellt und von der Chloride die «Erstattung des entgangenen Gewinnes» verlangt. In diesem Zusammenhang standen der Handels- und Freundschaftsvertrag von 1936 auf einmal wieder zur Disposition: «Eine Modifikation dieses Abkommens mit Hilfe der behördlichen Stellen könnte erforderlich werden, wenn es nicht gelänge, unsere eingangs dargelegten Zielsetzungen zu erreichen.»[78] Hier zeigte sich erneut, dass die Verhandlungen mit der Chloride in den 1930er Jahren von der AFA aus einer Rückzugsposition geführt worden waren.

Die AFA in der Weltwirtschaftskrise

Das Englandgeschäft war aber nicht der einzige Sektor, in dem die AFA seit der Weltwirtschaftskrise 1929 Federn lassen musste. Angesichts hoher Zinssätze hatten sich die Banken in der Weimarer Republik Kapital aus dem Ausland beschafft. Hierfür waren hohe Sicherheitsprämien fällig, weil das Reich infolge der Reparationsbedingungen als ein besonders risikoreiches Anlagegebiet galt. Für die Zeit von 1924 bis 1930 belief sich der Nettokapitalimport des stark verschuldeten Deutschen Reiches auf stolze 18,2 Milliarden RM.[79] Nach dem New Yorker Börsencrash zeigten sich die Folgen der global miteinander verwobenen Finanzsysteme. Während für die Jahre 1929 und 1930 ein Nullwachstum des Bruttosozialprodukts zu verzeichnen war und zwischen Ende 1930 und Ende 1932 dieses sogar um 14,6 Prozent sank,[80] wurden kurzfristige Gelder immer stärker aus der deutschen Wirtschaft abgezogen. Die rückläufige Konjunktur machte sich bei der AFA bereits 1929 durch starke Umsatzrückgänge bemerkbar. Die Abhängigkeit vom Inlandshandel auf dem Gebiet der großen und kostspieligen stationären Akkumulatoren, die in erster Linie von Kommunen und Staatsbehörden erworben wurden, wirkte sich besonders gravierend aus. Für Neuanschaffungen stand kaum noch Geld zur Verfügung, und die Produktion dieser Sparte kam fast zum Erliegen.[81] Das Jahr 1930 war durch Entlassungen und Kurzarbeit geprägt. Die AFA Oberschöneweide verringerte schon seit einigen Jahren kontinuierlich die Zahl der Angestellten und legte hierfür – recht fruchtlose – Berechnungen für ein ideales Zahlenverhältnis von Arbeitern und Angestellten vor. Entlassungen von Technikern sollten möglichst vermieden werden, um die wichtigen Auslandsaufträge nicht zu verzögern.[82] Wie dramatisch die Lage in Deutschland war, zeigt sich darin, dass die Zahl der Personenkraftwagen und LKWs durch Stilllegungen sogar zeitweise zurückging. Rationalisierungsmaßnahmen bei der AFA ermöglichten zwar die erhebliche Senkung der Kosten, aber der Gewinn von knapp 3,5 Millionen RM und die Beibehaltung der üppigen Dividende von zwölf Prozent war nur dank der Erträge der in- und ausländischen Beteiligungsgesellschaften möglich.[83] In dieser schwierigen Zeit retteten vor allem einige Großaufträge aus der Sowjetunion vor roten Zahlen. Diese zeitgenössisch als «Russenaufträge» bezeichneten Bestellungen der staatlichen sowjetischen Außenhandelsstellen, insbesondere bei der deutschen Schwer- und Elektroindustrie, nutzten fast alle Unternehmen der Quandt-Gruppe, um die nachlassende Nachfrage anderer Märkte zu kompensieren.[84] Wahrscheinlich dienten vor allem die AFA-Aufsichtsratsmitglieder Felix Deutsch und Hermann Bücher von der AEG mit ihren guten Kontakten als «Türöffner» zur UdSSR.[85]

Durch den Export beflügelt, verzeichneten AFA-Aktien in der ersten Jahreshälfte 1930 noch eine Hausse, mit Kursen, die von 109 auf 131 Prozent stiegen, um dann in der zweiten Jahreshälfte wieder auf 102,25 Prozent zu fallen. Die Gründe für diese Schwankungen sind unklar, zumal das Unternehmen alle Übernahmephantasien – auf dem Parkett wurde eine Fusion mit der AEG kolportiert – dementierte. Allerdings hielt sich hartnäckig das Gerücht, Günther Quandt verbreite absichtlich pessimistische Nachrichten, um Aktionäre zum Verkauf von Aktien zu bewegen, die dann wiederum von «Verwaltungskreisen» der AFA gekauft würden. Das Gerücht erhielt eine besondere Brisanz, da kurz nach diesen Verkaufsbewegungen die AFA beschloss, neben der normalen Dividende einen Sonderbonus von 19 Prozent aus der Kriegsschäden-Reserve auszuschütten.[86]

Zwar wurden Autobatterien zunächst weiter abgesetzt, weil Deutschland im Vergleich zu den USA, Frankreich und England noch einen erheblichen Nachholbedarf hatte. Aber nachlassende Kaufkraft und die Kraftfahrzeugsteuer hemmten die weitere Zunahme der PKW- und LKW-Produktion und ihrer Komponenten.[87] Die Konkurrenz auf dem deutschen Markt führte zudem ausgerechnet in der Weltwirtschaftskrise zu einem erbitterten Preiskampf, der umso ruinöser war, als die technologische Weiterentwicklung im Bereich der Starterbatterien hohe Investitionen erforderlich machte.

Das AFA-Werk Oberschöneweide wurde damit erheblich von der Krise getroffen. Seit Sommer 1930 sanken die Auftragszahlen dramatisch: Der Gesamtumsatz sank von 15,7 Millionen RM im Jahr 1928 auf rund zehn Millionen RM im Jahr 1931. Die 48-Stunden-Woche wurde für Meister und Angestellte auf 41 Stunden pro Woche reduziert.[88] Allerdings wurde noch 1932 in der Sechstagewoche produziert, weil das Zentralbüro, die Werke selbst und die Außenbüros geöffnet bleiben sollten, um möglichst alle eventuellen Aufträge entgegennehmen zu können.[89]

Für Quandt war die Beteiligung an der AFA bekanntlich ein Schritt in die neue Welt der Elektrotechnik und Elektrochemie – Branchen, deren großes Entwicklungspotential auf der Hand lag. Adolph Müller repräsentierte noch den traditionellen Erfinder-Unternehmer, obwohl er, anders als etwa Henri Tudor, zugleich ein guter Geschäftsmann war. Auf Müller war es zurückzuführen, dass der AFA der Ruf eines «Haifischs der Elektrobranche» vorauseilte.[90] In der Praxis bedeutete das Zusammentreffen der unterschiedlichen Charaktere Müller und Quandt daher keine wirkliche Zäsur, weil beide Konkurrenten gegenüber robust und rigoros auftraten. Die Unterschiede lagen eher im Aufgabenprofil, weil Müller letztlich immer auf die Technik bezogen blieb, während Quandt in gleichem Maße auch das Geschäftliche im Auge hatte. Als der legendäre Gründer 1928 starb, vollzog sich bei der AFA ein personeller Wachwechsel. Der erfahrene Techniker Carl Roderbourg wurde Nachfolger im Vorstand, die Leitung des Hauptwerkes in Hagen übernahm Hermann Clostermann. Damit wurden zwei wichtige Fachleute auf Schlüsselpositionen gesetzt, mit denen Quandt harmonierte und denen er vertrauen konnte. Beide verkörperten die technische Expertise und sicherten einen hohen Grad an Beständigkeit.

Die Kontinuitäten in der Unternehmenspolitik nach Quandts Einstieg beschränkten sich nicht auf den Personaleinsatz. Zwar wurde mit dem Erwerb der Pertrix das Geschäftsfeld der Trockenbatterien neu erschlossen, aber die Produktdiversifizierung hatte bereits vor dem Ersten Weltkrieg mit der Übernahme der Concordia und der DEAC begonnen. Die von Quandt angewandten Maßnahmen zur «Konkurrenzbeseitigung» in bereits erschlossenen Marktsegmenten, in denen Mitbewerber aufgekauft wurden, gehörten ebenfalls seit 1919 zum Instrumentarium der AFA-Expansion. Die Tendenz, auf eine stärkere Konzentration in der Branche zu drängen, war weniger das Ergebnis einer spezifischen Firmenpolitik der AFA oder gar Quandts, sondern spiegelte vielmehr die allgemeine Entwicklung der

Industrie in der Weimarer Republik wider. Schließlich setzte Quandt auch im Auslandsgeschäft auf den bewährten Kurs. Die traditionellen Felder Export und Direktinvestitionen wurden nach den umfangreichen Verlusten im Ersten Weltkrieg wieder erschlossen. Neue Möglichkeiten, eine «Marktbereinigung» im eigenen Sinne durchzuführen und bislang verschlossene Absatzgebiete in Europa zu erobern, bot erst der Zweite Weltkrieg.[91]

6. GÜNTHER QUANDT ALS SANIERER DER BERLIN KARLSRUHER INDUSTRIEWERKE?

Der nächste große Coup Günther Quandts war der Einstieg bei der Berlin Karlsruher Industriewerke AG (BKI), einem ehemaligen Rüstungsgiganten, der sich in der Weimarer Republik durch die Bedingungen des Versailler Vertrages in der Krise befand. War die Beteiligung, bei der zugleich die beiden Tochterunternehmen Mauser-Werke und Dürener Metallwerke in den Einflussbereich Quandts gerieten, zunächst tatsächlich nur ein unbedeutendes Nebengeschäft, eine jener «kleinen Aktionen» seines Geschäftspartners Paul Hamel, wie Günther Quandt nach 1945 behauptete? Oder bewegte Quandt und seine Geschäftspartner bereits weitreichendere strategische Motive?

Die BKI, die im «Dritten Reich» zu einer der wichtigsten deutschen Munitions- und Waffenfabriken und zu einem der Hauptstützpfeiler der Quandt-Gruppe wurden, waren 1872 als Deutsche Metallpatronenfabrik in Karlsruhe gegründet worden und standen archetypisch für einen grundlegenden Wandel der Rüstungsbranche: Die klassische Waffenbeschaffung über die noch aus dem Merkantilismus stammende Institution der Waffenarsenale entsprach nicht mehr den technischen Anforderungen moderner Kriege. Deren Rüstungsbedarf brachte vielmehr weit verzweigte Großunternehmen wie Krupp hervor, die sich dank umfangreicher Industriekredite in der zweiten Hälfte des 19. Jahrhunderts entwickelten und deren strategische Ausrichtung sich schließlich nicht mehr auf den nationalen Markt beschränkte.[1] Dies galt auch für die wesentlich von dem Ingenieur Wilhelm Lorenz aufgebaute Deutsche Metallpatronenfabrik, die in den 1880er Jahren nach Österreich-Ungarn, England und Italien expandierte. 1889 wurde sie vom Waffenhersteller Ludwig Loewe & Co. übernommen, in eine Aktiengesellschaft umgewandelt und 1896 in Deutsche Waffen- und Munitionsfabriken AG (DWM) umbenannt. Gute zehn Jahre später begann an einem neuen Standort in Berlin die Produktion von Kugellagern. Im Ersten Weltkrieg wurde dieses Werk um Fertigungshallen zur Waffenproduktion erheblich erweitert.[2] Die DWM wurden zu einem der wichtigsten Lieferanten der Armee des Kaiserreichs und erschienen Günther Quandt, wie er rückblickend bekannte, schon zu diesem Zeitpunkt «wie ein kleiner Krupp».[3]

Das Kriegsende beendete den Höhenflug. Bestand zunächst noch Hoffnung, sich mit der notwendigen Auffüllung der Bestände der Reichswehr über Wasser halten zu können,[4] so setzten die Bestimmungen des Versailler Vertrages diesen Illusionen ein jähes Ende. Die begrenzte Herstellung von Waffen und Munition war nur noch in bestimmten, von der Entente genehmigten Firmen möglich,[5] und die DWM wurden nicht für den Wiederaufbau der deutlich reduzierten Reichswehr zugelassen. Zahlreiche Maschinen aus den Werken in Karlsruhe und Berlin wurden demontiert. Eine Ausnahme bildeten einige Anlagen, die unbemerkt bei Altwarenhändlern im Rheinland zwischengelagert werden konnten.[6] Angesichts der strengen Überwachungen durch die Alliierten waren die 1920er Jahre daher, in den Worten der Unternehmensfestschrift von 1939, «ein ständiges Tasten und Suchen nach Neuem».[7] Bisherige Nebenprodukte wie etwa Zahnräder wurden nun, neben der weiterhin bestehenden Kugellagerproduktion, zu Haupterzeugnissen. In Karlsruhe wurden mit mäßigem Erfolg Küchengeräte, Nähmaschinen und Aluminiumwaren hergestellt; die Fertigung von Jagd- und Sportwaffen diente der Abfederung des Produktionsverbots und sollte die technologische Expertise unter den erschwerten Bedingungen erhalten. Auf Anordnung der Interalliierten Militär-Kontrollkommission wurden die DWM am 30. Mai 1922 auf den zivil klingenden Namen Berlin Karlsruher Industriewerke umgetauft.[8] Nachdem das Inflationsjahr 1923 dem Unternehmen einen Bilanzbetrag von knapp zwei Trillionen Papiermark beschert hatte,[9] stellte es bei einem minimalen Reingewinn im folgenden Jahr die Dividendenzahlungen ein. Das Werk Karlsruhe, das einstmals das «Flaggschiff» der regionalen Industrie gewesen war,[10] fand sich 1928 am Umsatz gemessen nur noch auf Platz fünf der dortigen Betriebe. Die Produktion von Haushalts- und Industrienähmaschinen wurde wegen Arbeitsmangels mehrfach stillgelegt und im Frühjahr 1928 schließlich ganz eingestellt.

Für Aktionäre waren die BKI daher keine gute Investition. In Börsenkreisen machten immer wieder Gerüchte über die bevorstehende Insolvenz des Unternehmens die Runde, obwohl die Meldungen nicht auf interner Kenntnis der Vorgänge beruhten und eine «Mischung von

Wahrheit und Dichtung» waren.[11] Im Dezember 1926 brach der Börsenkurs innerhalb von zwei Tagen um 14 Prozent ein, als erneut von einer unabdingbaren Reorganisation der maroden Firma die Rede war.[12] Der Öffentlichkeit vermittelte sie das Bild eines schlecht geführten Unternehmens. Gewerkschaftskreise kritisierten, die Geschäftsführung der BKI in der Nachkriegszeit habe «sowohl in organisatorischer als auch in technischer Beziehung» versagt.[13]

Unter den zahlreichen Tochtergesellschaften der DWM/BKI waren die Dürener Metallwerke AG und die Mauser-Werke AG aufgrund ihrer Dimension und des Produktionsprofils von besonderer Bedeutung. Die DWM/BKI besaßen seit 1898 eine Mehrheitsbeteiligung von 57 Prozent an der Dürener Metallwerke GmbH, die 1901 in eine Aktiengesellschaft umgewandelt worden war.[14] Das Unternehmen hatte sich noch vor der Jahrhundertwende durch spezielle Bronzelegierungen einen Namen gemacht und wurde im Ersten Weltkrieg ein wichtiger Rüstungslieferant. Bedeutsam wurde insbesondere die Herstellung von Aluminiumprodukten, die Deutschland bis dahin vornehmlich aus der Schweiz bezogen hatte.[15] Einen Meilenstein stellte die Fabrikation der seit 1910 patentierten Aluminiumlegierung «Duralumin» dar. Diese Legierung besaß bei niedrigem Gewicht eine hohe Zugfestigkeit und geringere Korrosionsanfälligkeit; die Härte des «Duralumin» entsprach annähernd der von Stahl, so dass die Dürener Metallwerke mit ihrem Patent nun über ein «überlegenes Baumaterial für die Luftfahrt» verfügten.[16] In den 1920er Jahren verwendeten die Junkers Flugzeugwerke in Dessau, die Luftschiffbau Zeppelin GmbH in Friedrichshafen und zahlreiche anderen Flugzeugbau-Unternehmen den neuen Werkstoff. Der Geschäftsbericht des Jahres 1928 berichtete entsprechend stolz von zwei «Großtaten» der deutschen Luftfahrt, der Atlantiküberquerung von Ost nach West durch das Junkers-Flugzeug «Bremen» und dem Amerikaflug des Luftschiffes «Graf Zeppelin», zu denen das «Duralumin» einen wesentlichen Beitrag geleistet hatte.[17] Die vergleichsweise kostspieligen Leichtmetallerzeugnisse waren zudem für Beschläge und Armaturen im Fahrzeug- und Schiffbau unentbehrlich und wurden für die Herstellung von Feuerwehrleitern und Förderkörben eingesetzt. So wegweisend die technischen Leistungen auch sein mochten, blieben die Dürener Metallwerke aus verschiedenen Gründen in einer schwierigen Lage. Nach 1918 waren Rüstungsaufträge ausgeblieben und die Werkshallen zudem bis 1926 von alliierten Truppen requiriert, was dazu geführt hatte, dass die Zahl der Beschäftigten in der Mitte der 1920er Jahre auf unter 600 gefallen war. Das Unternehmen war zunehmend von der Malaise des Mutterunternehmens betroffen und stand vor der Herausforderung des Auslaufens des Duralumin-Patents in Deutschland im Jahre 1932.[18]

Die zweite große Tochter der DWM/BKI war die traditionsreiche süddeutsche Mauser-Werke AG. Die im Jahr 1811 als Königlich-württembergische Gewehrfabrik gegründete Waffenschmiede in Oberndorf/Neckar war 1896 von den DWM vollständig übernommen worden.[19] Der Markenname «Mauser» galt als Synonym für hochwertige Militärerzeugnisse, die in 26 Staaten als offizielle Dienstwaffen eingeführt waren.[20] Die Produktion des an beiden Seiten des Neckars gelegenen Werkes hatte sich im Ersten Weltkrieg verdreifacht, aber der Versailler Vertrag beendete das bisherige Hauptgeschäft der Mauser-Werke genauso schlagartig wie das der Muttergesellschaft.[21] Da auf den Mauser-Werken zudem ein riesiger Schuldenberg lastete und die bisherigen erheblichen Steuerzahlungen ausblieben, rutschten Oberndorf und die Region in eine schwere Krise.[22] Mitte 1922 wurde am Tag der Umbenennung der DWM in BKI der Zusatz «Waffenfabrik» aus dem Firmennamen gestrichen.

Ähnlich wie das Mutterunternehmen experimentierten die Mauser-Werke auf verschiedenen Produktionsfeldern, um sich über Wasser zu halten. Der Automobilbau wurde zeitweilig als ein Ausweg aus der Misere angesehen, aber bald wieder aufgegeben. Die ebenfalls aufgenommene Werkzeug- und Industrienähmaschinenherstellung blieb ein unrentables Unterfangen, zumal die Umorientierung auf Zivilgüter eher halbherzig verfolgt wurde: Trotz der Rüstungsbeschränkungen verstand sich das Unternehmen immer noch als ein Weltunternehmen der Rüstungsindustrie, das mit seinem erfahrenen Facharbeiterstamm und entsprechendem Know-how Präzisionswaffen herstellte und weder Spezialmaschinen noch Expertise verlieren wollte. In der Festschrift des Jahres 1938 war dementsprechend zu lesen, man müsse Hitler danken, dass es der Entente und der Kontrollkommission nicht gelungen sei, «die deutschen Rüstungsbetriebe so lange zu beaufsichtigen, ‹bis der letzte Härter ausgestorben ist›».[23] Gemäß diesem Selbstverständnis wurde versucht, die Waffenproduktion in den Weimarer Jahren auch gegen die Beschränkungen von Versailles rasch wieder aufzunehmen. 1923 begann die Produktion von Kleinkaliberbüchsen für den Waffensport.[24] Als Glücksfall für die Mauser-Werke erwies sich, dass wieder bestimmte Pistolentypen mit einem gemäß den Versailler

Bestimmungen verkürzten Lauf gefertigt werden durften. Ein langfristiger Lieferauftrag aus China, in den Jahren 1923 bis 1928 750 000 Pistolen dieses Modells zu produzieren, rettete das Unternehmen vermutlich vor dem Untergang. Alliierte Kontrollmaßnahmen verhinderten zudem nicht, dass zum Teil erlaubte Waffentypen oberhalb der festgesetzten Produktionsmenge und teilweise in geheimer Zusammenarbeit zwischen Reichswehr und Roter Armee hergestellt wurden. Ein wichtiger Auftrag aus der Sowjetunion trug dazu bei, dass im Jahr 1925 die Waffenabteilung immer noch 63 Prozent des Mauser-Gesamtumsatzes erwirtschaftete.[25]

1928 hatte das mit einem Grundkapital von zehn Millionen RM ausgestattete Unternehmen bei Handelswaffen nahezu den Stand des Vorkriegsgeschäftes wieder erreicht, arbeitete ohne Verluste und beschäftigte mit einer Belegschaft von etwa 1850 Personen wieder eine annähernd gleiche Zahl von Arbeitern wie 1914,[26] als die Weltwirtschaftskrise neue Probleme heraufbeschwor. Die im gleichen Jahr geäußerte Ansicht des Vorstandes, man habe sich zwar «jetzt schon einen guten Namen in der Herstellung von Werkzeugen» gemacht, aber die Zukunftsaussichten seien dennoch «wenig günstig»,[27] hatte jedoch wohl eher mit tagespolitischen Überlegungen und dem in einem Rüstungsunternehmen vorherrschenden Denken zu tun, das mit der Erzeugung von Zivilprodukten wenig Erfahrungen hatte und wenig Vertrauen in diese Sparte hatte. Ein führender Mauser-Mitarbeiter hat diese von pessimistischer und rückwärtsgewandter Stimmung geprägten Jahre später im Wesentlichen als eine Zeit der «Fehlplanungen und Misserfolge» empfunden und einige dieser Versuche aufgezählt: «Webstühle, Motorfahrzeuge, Druckknöpfe, Essbestecke, Küchengeschirre, Fahrradteile, Fernsprechapparate, Haushaltsnähmaschinen – alles war schief gegangen. Der größte Teil des Aktienkapitals war verloren. Und das war das besondere Problem: Absolut einseitige Bindung und Abhängigkeit vom Rüstungssektor, auf dem es damals keinerlei ökonomische Betätigungsmöglichkeit gab.»[28]

Insgesamt war das Gesamtunternehmen BKI also ein Krisenfall. Vermutungen über einen bevorstehenden Kapitalschnitt des seit Ausbruch des Ersten Weltkrieges unverändert 30 Millionen Mark betragenden Aktienkapitals wurden von der Geschäftsführung immer wieder dementiert. Noch im März 1927 lautete die permanent wiederholte Losung der Chefetage, «Sanierungsgerüchte» seien unbegründet. Weil der Aktienmarkt diesen Versicherungen kein Vertrauen mehr schenkte, folgte im Juli ein drastischer Kurssturz[29] und ein weiterer Verkaufs-schub im September, als der Aufsichtsrat zwar eine Halbierung des Aktienkapitals diskutierte, ohne sich dann letztlich dazu durchringen zu können. Der Kurs fiel zwischen Juli und September 1927 von 107 Prozent auf 73 Prozent. Die Maklerschranke, so berichtete die «Berliner Börsen-Zeitung», «war von den Interessenten derartig um-lagert, daß die Übermittlung der Aufträge an die Kursmakler sich schwierig gestaltete. In Börsenkreisen machte sich lebhafte Opposition gegen die beabsichtigte Zusammenlegung geltend».[30]

Die Übernahme der Berlin Karlsruher Industriewerke

Bei dieser Ausgangssituation war es für Quandt und seine Geschäfts-partner einfacher als bei der AFA-Übernahme, die überforderte Füh-rung der BKI sowie den das Unternehmen seit 1905 mit autokratischem Führungsstil leitenden und als selbstherrlich geltenden Generaldirek-tor Paul von Gontard zu entmachten. Die genauen Abläufe des Über-nahmekampfes sind jedoch unklar, da sich die Analyse weitgehend auf zeitgenössische Zeitungsberichte und Quandts gerade mit Blick auf die BKI/DWM zweifelhaften Memoiren stützen muss. Eine zentrale Rolle hatte offenbar Paul Hamel inne, der schon bei der AFA-Übernahme der wichtigste Partner Quandts gewesen war und sich auf Industrie-beteiligungen spezialisiert hatte. Hamel koordinierte die Anteilseigner, die sich für eine Neuorientierung des Unternehmens stark machten, und führte die Verhandlungen. Neben Hamel und Quandt zählte Paul Rohde zu der oppositionellen Gruppe, die sich anschickte, die Füh-rung in der BKI zu übernehmen. Der Stahlindustrielle war als Besitzer der Mansfeld & Co. GmbH und Chef der von ihm zu einem Eigen-tümer-Unternehmen umgeformten Pittler-Werke AG ein wichtiger Ab-nehmer von BKI-Produkten.[31]

In der BKI-Hauptverwaltung in der Berliner Dorotheenstraße fan-den am 26. September 1927 Gespräche zwischen Paul Hamel und dem BKI-Vorstand statt. Hamel opponierte zwar gegen die geplante Kapi-talreduktion, hatte aber gegen Gontard zunächst keine Chance. Diesem standen der Aufsichtsratsvorsitzende Louis Hagen, der zu den einflussreichsten Bankiers seiner Zeit zählte, und dieses Mal aus dem Aufsichtsrat ausgerechnet Jakob Goldschmidt zur Seite, der bei ande-ren Gelegenheiten Günther Quandt stets unterstützt hatte. Hagen ge-hörte stets wie Goldschmidt zu den am besten vernetzten Akteuren der

Weimarer Wirtschaftselite, aber beide galten in der etablierten Bankenwelt als «Newcomer», die wegen ihrer spekulativen Geschäfte und ihres öffentlich zelebrierten Wohlstands von den Wirtschaftsgrößen alter Schule und diskreter Noblesse geradezu verachtet wurden.[32] In den folgenden Monaten blieben die Dinge in der Schwebe. Die Unternehmensleitung hielt ihre Karten verdeckt; Hamel suchte nach Strategien und Verbündeten, um die Pläne der Unternehmensführung zu konterkarieren. Im Herbst 1927 wurde kolportiert, ihm stünden bereits mehrere Millionen Mark des Aktienkapitals zur Verfügung.[33] Die Direktion spielte hingegen auf Zeit. Eine ursprünglich für April 1928 vorgesehene Aufsichtsratssitzung wurde zunächst auf Ende Mai verschoben und die Bilanzzahlen für das Vorjahr schließlich erst Ende Juni 1928 vorgelegt. Wie vermutet schlug das Unternehmen wegen der mangelnden Rentabilität eine Kapitalzusammenlegung im Verhältnis von 2 : 1 vor. Die Aktien der Mauser-Werke sollten sogar im Verhältnis von 5 : 1 auf 2 Millionen RM abgestempelt werden. Sowohl Wirtschaftspresse wie Gewerkschaften verurteilten das Vorhaben: Die monatelange Hängepartie wurde als unwürdiges und «frivoles» Versteckspiel der Unternehmensspitze kritisiert, weil diese sich erst nach zehn Jahren auf den Versailler Vertrag und seine Folgen berufe. Die «Neuen Berliner Börsen-Berichte» kritisierten, man müsse in der Geschichte des deutschen Aktienwesens lange suchen, um eine «derartige Rücksichtslosigkeit gegenüber den Aktionären zu finden»,[34] und ein anderes Wirtschaftsjournal vermutete, es gehe der Geschäftsführung wohl in erster Linie um erhöhte Dividendenzahlungen und eine Tantieme für den Aufsichtsrat.[35] Die Gewerkschaften verwiesen auf den «vollständige[n] Widerspruch» zu den bisherigen Aussagen der Geschäftsberichte.[36] Die harsche Kritik von allen Seiten war Wasser auf die Mühlen der Gruppe um Hamel/Quandt/Rohde. Trotz der unbefriedigenden Bilanzzahlen seit Kriegsende schien es Hamel auch ohne Kenntnis der Bücher wenig glaubhaft, dass das Unternehmen und seine Beteiligungen über keine Reserven mehr verfügten.[37] Seit Juni 1928 unterstützte Quandt dessen Versuche, Aktionäre zu mobilisieren. Hamel gab Zeitungsannoncen auf, in denen gegen die Vorschläge der BKI-Führung Front gemacht wurde, ein Vorgehen, das an die geglückte Übernahme der AFA erinnerte, bei der Quandt und Hamel aufgrund einer Zeitungsannonce des Bankiers in Kontakt getreten waren. Laut seinen Memoiren übertrug Günther Quandt nun seine Stimmrechte aus einem Aktienpaket von nominell 50000 RM ebenfalls an Hamel und bekam dafür einen Aufsichtsratsposten in Aussicht gestellt.[38] Allerdings ist es äußerst unwahrscheinlich, dass Quandt zu diesem Zeitpunkt lediglich über dieses Aktienpaket von geringem Umfang verfügte. Seine kommende führende Rolle in dem Unternehmen ließe sich mit einer solch schmalen Anteilsbasis kaum erklären. Tatsächlich befand sich 1929, also ein Jahr später, ein Aktienpaket von mindestens zwei Millionen RM im Besitz der AFA.[39] Zwar kann weder der genaue Kauftermin ausgemacht werden noch der exakte Umfang des Aktienpaketes, es ist aber sehr wahrscheinlich, dass die AFA bereits während des Übernahmekampfes um die BKI einen gewichtigen Anteil an dem Unternehmen erworben hatte und Quandt somit weit mehr als die 50 000 RM in die Waagschale werfen konnte.

Die genauen Übernahmehintergründe blieben den Zeitgenossen verborgen; selbst Jahre später bekannten eingeweihte Börsenspezialisten ihr Unvermögen, hinter die Kulissen jenes Aktionärskampfes zu blicken.[40] Auf der mit Spannung erwarteten Hauptversammlung am 14. Juli 1928 unterstützte Louis Hagen zunächst die beantragte Kapitalhalbierung und drohte mit dem Rücktritt des gesamten Aufsichtsrats für den Fall des Scheiterns. Im Verlauf der turbulenten Sitzung setzte sich die Opponentengruppe schließlich durch. Der Justitiar Max Hirschel, Hamels Partner bei Sponholz & Co., bemängelte Unstimmigkeiten im Geschäftsbericht und forderte eine Vorgehensweise, die endlich wieder Dividenden ermögliche. Als ihm Hamel in dieser Spiegelfechterei beipflichtete, drehte sich die Stimmung. Louis Hagen fiel dem Vorstand nun in den Rücken und behauptete, er habe immer wieder darauf gedrängt, die allzu günstigen Bilanzzahlen zu widerrufen. Er könne nicht verstehen, warum Gontard «den gerechten Wünschen der Aktionäre auf Aufklärung nicht nachkommen wolle».[41] Damit wendete sich nach der rückblickenden Beschreibung Quandts das Blatt zugunsten der Opponentengruppe: Ihre Strategie ging mit überwältigendem Erfolg auf. Bei der Abstimmung standen ihrer Mehrheit von 13 Millionen Stimmen lediglich fünf Millionen Stimmen der Gontard-Partei gegenüber. Der gesamte Aufsichtsrat unter Louis Hagen, darunter die beiden Generaldirektoren, trat zurück. Damit musste überraschend der gesamte Aufsichtsrat neu besetzt werden. In einer Sitzungspause besprach Hamel mit Quandt die Neukonstituierung. Letzterer wurde nach eigener rückblickender Darstellung gleichsam im Handstreichverfahren zum Aufsichtsratsvorsitzenden gekürt: Ihm sei die Rolle bei den BKI praktisch ohne

eigenes Zutun in den Schoß gefallen. Hamel habe ihn telefonisch in
die Unternehmenszentrale der BKI gerufen, wo ihm erklärt worden
sei, dass man ihn in Abwesenheit zum Vorsitzenden gewählt habe.[42]
Er habe zwar verwundert auf fehlende Sachkenntnisse verwiesen,
aber Hamel habe ihm entgegengehalten, er würde sich bei den BKI
ebenso gut einarbeiten wie zuvor bei der AFA. Hamel, so lautete
Quandts Version, habe es als Hauptinitiator vorgezogen, weiterhin
im Hintergrund zu bleiben.[43] Es ist jedoch sehr unwahrscheinlich,
dass diese Erzählung dem wahren Gang der Dinge entspricht. Die
Palastrevolution war schließlich lange vorbereitet worden, und wenn
man eines Quandt nicht vorwerfen kann, so ist dies Naivität oder
eine ungenügende Vorbereitung seiner Finanzinvestitionen. Zwar
war der Rücktritt des gesamten Aufsichtsrates nicht unbedingt vor-
hersehbar, jedoch ist es gut möglich, dass Quandt, Hamel und Rohde
im Vorfeld die Vorgehensweise für verschiedene alternativen Szena-
rien durchgesprochen hatten.

Der Charakter der gemeinschaftlichen Übernahme durch Hamel
und Quandt zeigte sich darin, dass, anders als im Falle der AFA, zunächst nicht mehrere Familienmitglieder in den Aufsichtsrat berufen
wurden, sondern vorerst nur Quandts Vetter Dr. Kurt Schneider, während ansonsten Gewährsmänner Hamels ins Boot geholt wurden: Zu
ihnen zählten dessen Kompagnons Hans Sponholz und Max Hirschel
sowie Generalmajor Detlof von Winterfeldt von der Commerzbank,
der bei der Entmachtung Gontards im Hintergrund maßgeblich geholfen hatte. Neben Hamel und Quandt war Paul Rohde der dritte wichtige Mann, wie sich indirekt aus den Aufgabenverteilungen nach der
Übernahme schließen lässt. Er übernahm den stellvertretenden Aufsichtsratsposten bei den BKI und den Dürener Metallwerken sowie
den Aufsichtsratsvorsitz bei den Mauser-Werken, wo Quandt als Stellvertreter fungierte. Rohde übernahm zudem den Sitz der BKI/DWM
im Aufsichtsrat der Daimler Benz AG, Quandt folgte ihm erst nach
Rohdes Tod 1941. Folgt man der plausiblen Angabe des holländischen
Bankiers Franz Koenigs von 1939, war demnach Rohde neben Quandt
der wichtigste Anteilseigner der DWM.[44] Erst im Zuge der 1930er und
frühen 1940er Jahre gewann Quandt durch kontinuierliche DWM-
Aktienkäufe an Macht. Das Verhältnis zu Hamel scheint sich dadurch
allerdings nicht verschlechtert zu haben, jedenfalls blieb der Bankier
selbst in der Nachkriegszeit der Quandt-Gruppe treu. Mit Paul Rohde
hingegen dürfte es im Laufe der Jahre zu Zerwürfnissen gekommen zu

sein. Als dieser 1941 starb, trug sich Quandt mit dem Gedanken, den nicht unerheblichen Aktienanteil an den Dürener Metallwerken, der auf Rohdes Ehefrau übergegangen war, zu erwerben. Weil diese sich jedoch ablehnend verhielt, sollte Hermann Josef Abs von der Deutschen Bank als Mittler fungieren.[45] Ob dies gelang, ist nicht bekannt, jedoch unwahrscheinlich: Abs vermerkte, dass Rohde die Bedingung gestellt hatte, «nie an Günther Quandt zu verkaufen».[46] Offiziell wurde die neue Führungsriege auf der Hauptversammlung am 1. September 1928 in den Aufsichtsrat gewählt.[47] In der Öffentlichkeit wurde der Machtwechsel bei der bislang «etwas irregulär gelagerte[n] Gesellschaft» weithin als positiv gewertet.[48] Für Quandt war der Einstieg bei den BKI der erste Schritt zur Übernahme der Kontrolle bei einem zweiten Großunternehmen.

Die Sanierungsstrategie der neuen BKI-Führung um Günther Quandt

Das Aufsichtsratsrevirement von 1928 bot den Anlass zu einer systematischen Umorganisation und Sanierung des Unternehmens. Der genauere Blick in die Bücher zeigte den neuen Herren schon nach wenigen Wochen, wie desolat die Lage der BKI wirklich war – selbst Quandt räumte später ein, dass die Einschätzungen von Gontard gar nicht so falsch gewesen seien.[49] Die als eigene Idee nach außen verkaufte umfassende «Reorganisation»[50] fand unter der Führung Quandts statt, der sich gemeinsam mit Hamel und Rohde vom Aufsichtsrat in einen «Wirtschaftsausschuss» einsetzen ließ, dem er selbst vorstand. Paul von Gontard wurde anfangs noch im Amt des Generaldirektors belassen, doch da sich das neu konstituierte Reformgremium weitgehende Entscheidungsbefugnisse beim Umbau der BKI zubilligte,[51] legte er nach 23-jähriger Zugehörigkeit zum Unternehmen sein Mandat am 5. Oktober 1928 nieder.[52] In der Öffentlichkeit war dieser Schritt seit der Hauptversammlung vom Juli erwartet worden. Mit einer stattlichen Abfindung versehen ging er in die USA, was ihm wohl umso leichter fiel, als er mit einer Erbin der amerikanischen Brauerei-Dynastie Anheuser-Busch verheiratet war. Auf Mitleid durfte der Rüstungstycoon in den politischen Nachrufen nicht hoffen. Für die «Weltbühne» war er «rücksichtsloser Geschäftsmann» wie «routinierter Spekulant», der sich mit aufdringlichem Luxus umgebe, «zu dem reiche Leute mit schlechtem Geschmack» neigten. Das von Carl von

Ossietzky geleitete Blatt erhoffte sich nach seinem Weggang, dass die BKI am Zivilgeschäft künftig mehr verdienen möge «als am heldischen Kriegsspiel».[53]

Der gesamte Führungsbereich wurde nun reorganisiert, ein ganz anderes Vorgehen, als dies bei der AFA wenige Jahre zuvor zu beobachten gewesen war. Die Ausbildung einer zweiten Führungsebene hatte Gontard systematisch verhindert. Weil sich dessen Stellvertreter Georg Loewe die Nachfolge nicht zutraute, wurden die Ressorts und Kompetenzen neu geordnet und an jüngere Manager vergeben, die über Zeitungsannoncen und persönliche Kontakte rekrutiert wurden.[54] Theoretisch wäre es zwar durchaus möglich gewesen, Manager von der AFA abzuziehen, aber dies kam auch in den folgenden Jahren nur sehr selten vor. Ob hinter diesem Vorgehen firmenstrategische Fragen standen oder ob eine solche Verflechtung mit der Quandt-Firma AFA vielleicht den Interessen Paul Hamels und Paul Rohdes widersprochen hätte, muss offen bleiben. Allerdings nahm der Austausch auch nicht zu, als Günther Quandt im Zweiten Weltkrieg endgültig den Mehrheitsbesitz an den DWM übernahm.

Denn Quandt baute seinen Einfluss im Laufe der 1930er Jahre dank einer stetig wachsenden finanziellen Beteiligung beharrlich aus, bis er seit 1941/42 faktisch, seit Oktober 1944 auch amtlich Hauptaktionär war.[55] Sein «Hauptquartier» blieb jedoch die Berliner AFA-Zentrale, von der aus er schließlich auch über die DWM herrschte. Neben der allgemeinen Geschäftspolitik stand für ihn «die Lenkung der Finanzen im Großen»[56] im Zentrum, während er dem Vorstand im Arbeitsalltag weitgehende Entscheidungsfreiheit zubilligte, was sicherlich um so leichter fiel, als mit Beginn der zunächst verdeckten und dann offenen Aufrüstung die Krise überwunden war.

Neben den personellen Erneuerungen wurden auch die Unternehmensstrukturen einer grundlegenden Veränderung unterzogen. Zwar ging 1929 ein Geldregen in Höhe von 1,6 Millionen RM Reichsschuldbuchforderungen und Wiederaufbauzuschlägen auf die BKI nieder, aber das änderte vorerst nichts an der prekären Lage des Unternehmens. Die brachliegenden Grundstücke hatten inzwischen einen Umfang von beinahe 7,2 Millionen Quadratmetern, und in Börsenkreisen wurde Ende 1929 gemunkelt, das Unternehmen werde die Produktion ganz einstellen und nur noch als Holding oder als Finanzierungsgesellschaft mit mehr oder weniger großem Immobilienbesitz weiterbestehen, was praktisch auf eine «Liquidation der Gesellschaft als Fabrikationsunternehmen»[57] hinausgelaufen wäre. Ähnlich wie es Gontard ursprünglich vorgehabt hatte, wurde nun doch das Grundkapital fast halbiert und von 30 Millionen RM auf 17,5 Millionen RM herabgesetzt sowie die Ausschüttung einer Dividende eingestellt.[58] Damit hatte die Gruppe Quandt/Hamel/Rohde die gleichen Maßnahmen ergriffen, für die sie im öffentlich geführten Übernahmekampf die Unternehmensführung der BKI kritisiert hatte. Offenbar hatte die Kritik an den geplanten Sanierungsmaßnahmen Gontards nicht dem Ziel einer «aktionärsschonenden» Sanierung gedient, sondern hatte allein die für die Übernahme auf der Hauptversammlung nötigen Stimmrechte sichern sollen. Einer derart gut vorbereiteten und durch die Wirtschaftspresse der Hauptstadt freundlich begleiteten Übernahmestrategie hatte die Gruppe um Gontard, der in den Presseartikeln durchweg in einem schlechten Licht erschien, nichts entgegenzusetzen gehabt.

Die neue Unternehmensführung setzte bei der Sanierung nicht nur am Grundkapital und der Dividende an, sondern arbeitete zudem mit der Verschlankung der Produktion, Verkäufen und durchgeführten sowie angedrohten Betriebsstilllegungen. Während mit einem niedrig verzinsten Millionenkredit die Produktion in Karlsruhe gehalten werden konnte und im Zuge dieser Maßnahme der Firmensitz 1931 nach Baden zurückverlegt wurde,[59] wurden andere Standorte radikal geschlossen. Eine unrentable Produktionsstätte im Berliner Stadtteil Martinikenfelde wurde 1929 für 2,25 Millionen RM veräußert, das «Werk Oberspree» im Ortsteil Niederschöneweide für 1,4 Millionen RM an die AFA verkauft, die dafür BKI-Aktien für zwei Millionen RM abgab – eine Verkaufsaktion, die auf der BKI-Hauptversammlung zur kritischen Aktionärsfrage führte, ob es sich dabei «vielleicht um ein Privatgeschäft des Herrn Quandt» handle.[60] Mit dem neuen Geld kauften die BKI für 12,5 Millionen RM eigene Aktien zurück. Die als unnötig identifizierte Doppelstruktur in der Waffenproduktion wurde aufgegeben, indem die Fertigungen von BKI und Mauser-Werken in einem mehrere Jahre dauernden Rationalisierungsprozess systematisch koordiniert wurden. Dadurch frei werdende Berliner Produktionsflächen wurden gewinnbringend vermietet, neben dem Hauptmieter General Motors vor allem an Maschinen- und Werkzeugfabriken.[61] Die zum Teil schon seit längerem still liegenden Liegenschaften in der Berlin-Charlottenburger Kaiserin-Augusta-Allee wurden für 2,4 Millionen RM an die Brüder Heinrich und Leo Goldstaub verkauft.[62]

Daneben wurde die Produktpalette ergänzt. 1929 wurde eine Beteiligung von 98,9 Prozent an dem Berliner Unternehmen Maschinen für Massenverpackung GmbH (MfM) erworben, das Fertigungsmaschinen für Flaschen oder Tuben herstellte. Die Produktion des vergleichsweise kleinen Unternehmens mit einem Jahresumsatz von 1,4 Millionen RM wurde mit hohen Kosten nach Karlsruhe verlagert, was dazu führte, dass die MfM zunächst ein Zuschussbetrieb blieb[63] und die Aktionärskritik hervorrief, die BKI sollten «nicht das Geld verpulvern».[64] Der Vorwurf erwies sich vor allem langfristig als unberechtigt, denn die Verpackungsmaschinen, die auf den gleichen Fabrikationsapparaten wie die Munitionsmaschinen hergestellt werden konnten, erlebten nach dem Ende der Weltwirtschaftskrise eine bemerkenswerte Konjunktur. Die chemische und pharmazeutische Industrie, die Nahrungsmittelhersteller und die Produzenten von Seifen und kosmetischen Artikeln zählten zu den wichtigsten Abnehmern.

Die Kugellagerfertigung als umfangreichstes Segment der Zivilproduktion blieb hingegen ein Sorgenkind. Die Abteilung war, durch Einfuhrzölle geschützt, eine Zeitlang profitabel gewesen. Seitdem jedoch 1925 die Zölle herabgesetzt worden waren, kamen vor allem schwedische Hersteller mit Qualitätserzeugnissen auf den Markt und beherrschten bald das Feld. Zwar pries noch 1929 die 174 Seiten umfassende «Hauptliste» die vielfältigen Vorzüge der BKI-Kugellager,[65] aber die Sparte stand auf verlorenem Posten. Nach mehrwöchigen Vorverhandlungen verkauften die BKI im Januar 1930 die Wälz- und Kugellagerproduktion für 6,6 Millionen RM in zwei Raten von 4,7 Millionen RM bzw. 1,9 Millionen RM an die Vereinigte Kugellagerfabriken AG, inzwischen eine Tochter des schwedischen Großkonzerns AB Svenska Kugellagerfabriken (SKF). Quandt und Hamel erhielten einen Aufsichtsratssitz im schwedischen Unternehmen,[66] und die BKI konnten mitten in der Weltwirtschaftkrise ihre Liquiditätsreserven aufbessern.

Trotz aller Sparmaßnahmen blieb zunächst die Ertragslage vor allem im Export durch Zollerhöhungen, Autarkiebestrebungen und Währungsunsicherheiten weiterhin schlecht. Obwohl Facharbeiter gehalten werden sollten, erreichte die Beschäftigung im Januar 1933 einen Tiefstand von nur noch 719 Mann. Im Juni 1933 wurde von einem Umsatzrückgang von 28 Prozent im Vergleich zum Vorjahr berichtet, wenn sich auch erste «Anzeichen einer Besserung» bemerkbar machten.[67]

Für die Dürener Metallwerke brachten Quandts Einstieg bei der Konzernmutter und die Übernahme des Aufsichtsratsvorsitzes im Tochterunternehmen außer geringfügigen Rationalisierungsmaßnahmen kaum Änderungen. Eine Sonderkonjunktur der Luftfahrtbranche verhalf dem Werkstoff Aluminium zu einem Höhenflug. Zudem konnte die Gesellschaft mit einigen der Weltwirtschaftskrise trotzenden Exporterfolgen aufwarten und sicherte sich z. B. 1930 sowjetische Großaufträge mit Laufzeiten von 20 bzw. 24 Monaten.[68] Dadurch wird verständlich, warum die Dürener Metallwerke nach Einstieg der Gruppe Quandt/Hamel/Rohde eine herausgehobene Stellung erhielten. Günther Quandt diskutierte unmittelbar nach der Übernahme im Herbst 1928 verschiedene Optionen, die Dürener Metallwerke aus dem DWM-Verbund herauszulösen. Als Interessenten meldeten sich nicht nur die Rheinmetall und der Otto-Wolff-Konzern, Quandt überlegte wohl sogar, die Aktien der Dürener Metallwerke, die nach Ansicht von Louis Hagen «4–500 % wert seien», durch die AFA übernehmen zu lassen.[69] Wie diese Verhandlungen weiter verliefen, ist nicht bekannt. Dass die Dürener Metallwerke in den folgenden Jahren mit den DWM verbunden blieben, scheint allerdings eher ein Ergebnis von Entwicklungen in anderen Sparten der DWM gewesen zu sein. Jedenfalls galt das Werk bereits zum Zeitpunkt der «Machtergreifung» als «wirtschaftlich gesund und betrieblich leistungsfähig»[70] und unterschied sich damit von anderen Töchtern und den DWM insgesamt.

Weitaus bedenklicher sah es inzwischen bei den durch hohe Kredite belasteten Mauser-Werken aus. Das Ende des Auto-Experiments hatte zu Umsatzrückgängen geführt, und der kärgliche Gewinn betrug 1928 nach Abzug aller Kosten nur noch knapp 32 000 RM.[71] Ein «Gesetz über den Waffenhandel mit China» vom März 1928, das den Handel mit Kriegswaffen beschränkte, und das einen Monat später verabschiedete Schusswaffengesetz waren weitere Schläge ins Kontor. 1929 wurden 600 Arbeiter entlassen.[72] Im gleichen Jahr wurde zwar die Rechenmaschinenbaufirma Ruthardt & Co. GmbH in Stuttgart übernommen und ein erfolgreiches neues Modell auf den Markt gebracht,[73] was aber die Absatzrückgänge in der Waffensparte nicht kompensieren konnte. Allerdings wurden weiterhin Dividenden ausgeschüttet, und die bereits erwähnten Vorschläge, das Kapital um acht Millionen RM herabzusetzen, erhielten von den Aktionären keine Zustimmung.[74] Die in Oberndorf eingeleiteten organisatorischen Eingriffe des neuen Aufsichtsrats unter Günther Quandt, Paul Hamel und

Paul Rohde scheinen sich in Grenzen gehalten zu haben, vielleicht auch deshalb, weil die Zukunftsaussichten vorerst vergleichsweise unkalkulierbar blieben und positive wie negative Nachrichten sich die Waage hielten. Es war bezeichnend, dass die Mauser-Werke sich in jenen Jahren in einem Standort-Konkurrenzkampf mit der Muttergesellschaft BKI befanden. Die Heeresleitung, die dem notleidenden Unternehmen gegenüber «sehr zugeknöpft» auftrat,[75] wollte inzwischen die gesamte Fertigung von Karlsruhe und Oberndorf nach Berlin verlagern. Als Günther Quandt und Paul Hamel das Ruder bei den BKI übernahmen, war die Sorge in Oberndorf groß, den Sanierungsmaßnahmen zum Opfer zu fallen.[76] Im Juni 1929 antichambrierte Direktor Hermann Zillinger, der die Unterstützung der Stadt Oberndorf und der württembergischen Regierung besaß, bei Günther Quandt, Paul Rohde und Paul Hamel in Berlin, um eine Stilllegung zu vermeiden. Dies gelang zwar, aber langfristig blieb der Erhalt des Standorts unsicher, weil die Stadt Karlsruhe als Hauptstandort der BKI mit einem starken Kreditangebot über vier Millionen RM um Arbeitsplätze warb. Zillinger beantragte vom Staat Württemberg Baukostenzuschüsse in Höhe von zwei Millionen RM, einen Staatskredit von weiteren zwei Millionen RM und spielte geschickt die traditionelle Konkurrenz zwischen Baden und Württemberg aus.[77] Den Karlsruhern, so lautete die Argumentation im August 1929, sei zwar eine kostentragende Standortreorganisation Zillingers nicht gelungen, aber dennoch seien Baden und die Stadt Karlsruhe bereit, für das dortige Werk der BKI «größere Geldopfer zu bringen». Oberndorf hingegen, so versuchte er dem württembergischen Staatsministerium zu verdeutlichen, drohe die «vollständige Stilllegung». Eine Fortführung des Betriebes sei nur dann denkbar, wenn dem Aufsichtsrat der BKI bewiesen werde, dass die Mauser-Werke gewinnbringend arbeiten könnten. Hierzu sollten neben weiteren Rationalisierungen die Abteilungen für Rechenmaschinen und Strickmaschinen erweitert werden, wofür ein langfristiger, möglichst zinsloser Staatskredit in Höhe von drei Millionen RM als notwendig angesehen wurde.[78] Nachdem der Kreditwunsch zunächst um 500000 RM reduziert worden war und sich die Mauser-Werke durch Verkauf von Immobilien selbst neue Liquidität verschafften,[79] war Württemberg trotz aller Sorgen vor der Schaffung eines Präzedenzfalls zur Staatshilfe bereit. Einen großen Anteil hatte das Entgegenkommen der Mauser-Werke, ihre Kreditanfrage schließlich nochmals auf 1,35 Millionen RM zu senken.[80] Im Gegenzug verpflichteten sich die BKI, den Oberndorfer Betrieb für zehn Jahre weder zu verlegen, stillzulegen noch zu verkaufen.[81] Die neuen Besitzer hielten offenbar den Standortdruck auch intern aufrecht, indem den einzelnen Werken die mögliche Schließung vor Augen geführt wurde, falls sich die Produktion nicht gewinnbringend gestalten ließ. Die folgenden Monate blieben dennoch durch zurückgehende Umsätze und Abschreibungen auf «dubiose Forderungen» geprägt. Trotz aller Kostensenkungsprogramme war 1930 aus dem minimalen Jahresgewinn inzwischen ein Verlust von mehr als 900 000 RM geworden.[82] Die Zahl der Beschäftigten sank auf etwa 750, und 1932 musste das Kapital um zwei Millionen RM auf acht Millionen RM reduziert werden.[83] Einige Auslandsaufträge deuteten zwar das Licht am Ende des Tunnels an, aber die meisten von ihnen wurden aufgrund politischer Bedenken nicht genehmigt. Nach langen Vorverhandlungen wurde beispielsweise 1931 ein Lieferauftrag mit einem Volumen von mehr als 7,1 Millionen RM für Karabiner und Seitengewehre mit Chile abgeschlossen.[84] Für das auf mehrere Jahre projektierte Geschäft war jedoch eine Reichsbürgschaft notwendig. Für den Großauftrag wurde im Februar 1931 die Metallwarenfabrik Kreuzlingen AG, eine Tochtergesellschaft nach Schweizer Recht,[85] mit einem Aktienkapital von 250 000 Schweizer Franken gegründet. Auf diese Weise sollten für das Chile-Geschäft und andere Aufträge die Exportbestimmungen des Versailler Vertrages umgangen werden. Die Metallwarenfabrik Kreuzlingen stellte eine Tarnorganisation ohne eigene Fertigungsanlagen dar, an deren Grundkapital lediglich noch die Filiale Kreuzlingen der Thurgauischen Kantonalbank mit einem minimalen Betrag von 5000 Schweizer Franken beteiligt war.[86] Für den chilenischen Auftrag rechneten die Mauser-Werke mit etwa 250 bis 300 zusätzlichen Stellen.[87] Allerdings stieß der Antrag auf eine Reichsbürgschaft in Berlin angesichts der Lage in dem wirtschaftlich geschwächten und durch Aufstände und Meutereien erschütterten Andenstaat von Beginn an auf geteiltes Echo.[88] Nach mehreren hinhaltenden Bescheiden und einer Abfuhr aus dem Auswärtigen Amt wurde der Großauftrag schließlich 1935 endgültig annulliert. Ein jugoslawischer Auftrag über 15 000 Selbstladepistolen mit zugehöriger Munition im Wert von etwas über einer Million RM schien ein rettender Strohhalm zu sein, aber hier wurde die Reichsbürgschaft ebenso verweigert wie für eine Lieferung von Gewehren im Wert von knapp einer Million RM nach Peru, für die vorübergehend mehrere hundert Arbeiter eingestellt werden sollten.[89] Während die Regierungen der Weimarer Republik aus wirtschaftlichen und politischen Erwägungen Genehmigungen restriktiv erteilten, brachten erst die Rüstungsaufträge der Reichswehr bzw. der Wehrmacht eine Wende.

Es ist schwer zu sagen, ob die Sanierung der BKI und ihrer Tochterunternehmen 1933 bereits so weit vorangeschritten war, dass der Konzern auch ohne die Rüstungskonjunktur im Nationalsozialismus auf dem Weg der Gesundung war. In den offiziösen Festschriften wurde der Einstieg Quandts unisono als entscheidender Wendepunkt zum Besseren gefeiert und dieser als Steuermann gezeichnet, der dem ziellos umhertreibenden Schiff die Richtung gewiesen habe.[90] Dies ist sicherlich eine durch die Personalisierung hervorgerufene Verkürzung, aber Günther Quandt hatte dazu beigetragen, durch die Rationalisierungen, den Verkauf von Nebensparten zur Liquiditätserhöhung und durch Betriebsstilllegungen die BKI so weit zu verschlanken, dass die kumulierten positiven Effekte der Aluminium- und Flugzeugkonjunktur sowie der nationalsozialistischen Aufrüstung eine solide Basis für eine dauerhaft gewinnbringende Produktion bilden konnten. Wie sehr jedoch Hitlers Rüstungsprogramm half, zeigte sich darin, dass erst nachdem mit der «Machtergreifung» die Schranken zu einem bedenkenlosen Verkauf von Kriegsmaterial gefallen waren, die Rüstungssparten konstante Umsatz- und Gewinnsteigerungen aufwiesen. Das verhinderte vermutlich, dass die DWM im Sanierungsprozess weiter aufgeteilt wurden, wie es durch die Diskussion um die Herauslösung der Dürener Metallwerke 1928 bereits angedeutet worden war.

Dieser Aspekt verdeutlicht aber auch, dass Günther Quandt sein Engagement bei den DWM in erster Linie als Investition betrachtete, wenn er aus dem kriselnden «kleine[n] Krupp»[91] ein gewinnbringendes Geschäft machen wollte. In seinen Memoiren schrieb er zwar den eigenen Anteil an der Übernahme klein und hob stattdessen Paul Hamel als den starken Mann hinter der Übernahme hervor, doch das hatte weniger mit den tatsächlichen Verhältnissen innerhalb der Gruppe der Opponenten zu tun, als dass es den Versuch darstellte, den eigenen Beitrag zur Rüstung in der NS-Zeit zu verdecken.

Dass hingegen Quandt und Hamel nicht nur diese Übernahme gemeinsam durchführten, sondern bereits bei der Übernahme der AFA kooperiert hatten, wirft die Frage auf, nach welchen Kriterien der Unternehmer Günther Quandt seine Objekte aussuchte. Zu unterschiedlich erscheinen auf den ersten Blick das Übernahmeprojekt AFA in einer Branche, der dank Elektrifizierung und zunehmender Mobilität eine goldene Zukunft beschieden war, und das Übernahmeprojekt BKI in einer durch Restriktionen zur Unproduktivität gezwungenen Branche. Wie die Analysen von Quandts diversen Übernahmeprojekten und Beteiligungen in den Weimarer Jahren zeigen, verfolgte er eine flexible Geschäftsstrategie, die weder auf ein Produkt, eine Branche oder einen Beteiligungsumfang festgelegt war, jedoch eines garantieren sollte: die Rendite.

7. CHARAKTERISTIKA DER QUANDT-GRUPPE

Die Quandt-Gruppe

Um den Unternehmer Günther Quandt angemessen beurteilen zu können, ist es sinnvoll und notwendig, die Besitzverhältnisse und die Organisation seines Besitzes zu analysieren. Ob Quandt seine zahlreichen Beteiligungen in jenen Jahren tatsächlich unter strategischen Gesichtspunkten erwarb, ist umstritten. Ein kritischer Weggefährte hat dies mit dem Hinweis auf die technologische und sachliche Unkenntnis bei Quandt bezweifelt und allein das finanzielle Interesse und die «Macht des Geldes» als Hauptmotiv Quandts herausgestellt: «Er gehört tatsächlich zu jenen Männern, deren Stärke nur im Glauben an die unbesiegbare Macht des Geldes liegt. Er wurde durch seine Erfolge hierin immer wieder von neuem bestärkt. Dieser Glaube verdichtete sich bei ihm zu einer Religion, die ja nicht unbedingt einen Gottesglauben zum Inhalt haben braucht.»[1] Obwohl das Spekulieren und das Arbeiten mit Geld charakteristisch für Günther Quandt waren, war es dem Unternehmer jedoch wichtig, als Industrieller wahrgenommen zu werden.

Es ist schwierig zu beurteilen, ob die Holdings, die schließlich das Familienvermögen organisierten, sich mehr oder weniger zufällig entwickelt haben oder ob die Bildung von Holdingstrukturen das Ergebnis einer konsequent verfolgten Strategie war. Ein beeindruckendes finanzwirtschaftliches Talent zeigt sich bei Quandt schon früh: Um Doppel- und Mehrfachbesteuerungen zu vermeiden, wurde der Familienbesitz dem Schachtelprivileg folgend seit den 1920er Jahren in Holdinggesellschaften angelegt und zugleich mit vergleichsweise geringen Beträgen die geschickt miteinander verflochtenen Unternehmen der Quandt-Gruppe kontrolliert. Die wichtigsten dieser Gesellschaften, die keine operativen Funktionen wahrnahmen und kaum mehr als ein paar Büroräume beanspruchten, waren die Draeger-Werke GmbH und die Aktiengesellschaft für Industriebeteiligungen («Agfi»), die in den 1950er Jahren unter dem gleichen Kürzel als «Allgemeine Gesellschaft für Industriebeteiligungen» als GmbH geführt wurde. Die veröffentlichten Bilanzen der Gesellschaft ließen stets erkennen, dass Gehälter und andere Zahlungen kaum ins Gewicht fielen. Nach Ausweis der Gewinn- und Verlustrechnung wurden Steuern von Ertrag und Vermögen in vernachlässigenswerter Höhe ausgewiesen, was nach einer nicht unberechtigt sarkastischen Bemerkung «ein gutes Licht auf den Steuerfachmann des Konzerns» warf.[2]

Neben Agfi und Draeger-Werke GmbH wurden weitere Holdinggesellschaften gegründet, die aber für den hier betrachteten Zeitraum keine wesentliche Rolle spielten.[3] Diese Finanz-Konstruktionen waren derartig verworren und verschlungen, dass sich später Betriebsprüfer, Besatzungsoffiziere, Sonderermittler und Steuerbeamte an ihren komplexen und sich ständig verändernden Strukturen die Zähne ausbissen. Eine Analyse, die in Folge einer von der Bundesregierung 1960 gesetzlich angeordneten «Untersuchung der Konzentration in der Wirtschaft» erstellt wurde und sich auch mit den Ursprüngen der Quandt'schen Finanzierungsgesellschaften beschäftigte, fiel angesichts des undurchschaubaren Zahlenmaterials derart komplex aus, dass selbst die erfahrenen Wirtschaftsprüfer kapitulierten: «Inwieweit im einzelnen der Erwerb der Beteiligungen aus eigenen Mitteln oder aus Bankkrediten erfolgte, kann nicht angegeben werden. [...] Diese Vorgänge [...] sind derartig miteinander verflochten, dass es unmöglich ist, einen Zusammenhang zwischen Wertpapierkäufen und einzelnen Kreditaufnahmen zu ermitteln. Dies haben schon die Prüfer des Finanzamtes festgestellt, als sie versuchten, den Zusammenhang des Wertpapierbesitzes mit den Schuldzinsen aus Krediten zu finden.»[4]

Die Schaffung äußerlich chaotischer und scheinbar ohne inneren sachlichen Bezug zueinander stehender Organisationen hatte Methode. Außer Günther Quandt selbst waren es nur wenige ebenso langjährige wie treue Mitarbeiter wie Albert Ackermann und Hermann E. Schumann, die dieses gewollte Finanzdickicht durchblickten. Ackermann war von Quandt schon 1914 im Tuchunternehmen Gebrüder Draeger eingestellt worden; er und Schumann wurden unmittelbar nach Kriegsende 1918 beim «Deutschen Tuchsyndikat» beschäftigt. Ihnen konnte Quandt in Geldangelegenheiten bedingungslos vertrauen. Die Holdings, die kaum Personal beanspruchten, waren meist entweder am Verwaltungssitz der AFA am Askanischen Platz in Berlin oder unter der Adresse einer der Wohnungen Quandts in Potsdam-Neubabelsberg registriert. Nach 1945 wurden sie zunächst von Stuttgart-Zuffenhausen, später dann von Frankfurt am Main bzw. Bad Homburg aus verwaltet. Der Eindruck, Günther Quandt habe seine Vermögensangelegenheiten irgendwann selbst nicht mehr durchschauen können, wäre falsch. Einer seiner Steuerexperten, Hermann Reseg, hat – nur scheinbar naiv – die Normalität des Verfahrens beschrieben. Günther Quandt sei viel zu klug gewesen, um ungesetzliche Wege zu beschreiten: «Alle Aktionen wurden von langer Hand vorbereitet und auf ihre Ordnungsmäßigkeit geprüft, bevor sie in das Licht der Öffentlichkeit traten.»[5] Der 1879 geborene Reseg darf als langjähriger leitender kaufmännischer Angestellter der AFA als verlässlicher Zeuge gelten. Er war seit 1935 Leiter der Haupt- und Bilanzbuchhaltung, seit 1938 Prokurist, trug seit 1942 den Titel Direktor und war in allen Finanzangelegenheiten eine wichtige Anlaufstelle.[6] Nach 1945 wurde er zu einem der unersetzlichen Berater Herbert Quandts.[7]

Letztlich blieb der Zweck der miteinander verwobenen Quandt-Holdings über viele Jahrzehnte unverändert. Diese hatten, wie Kurt Pritzkoleit schon zeitgenössisch die eigentlichen Hauptmotive Quandts anschaulich erläutert hat, «nicht die simple Aufgabe, ihrem Gründer Dividenden oder ein Direktorengehalt abzuwerfen. Vielmehr verfolgt man mit ihr die Absicht, mit dem geringsten Kapitalaufwand ein Höchstmaß an Kontrolle zu erzielen. In der Weise etwa, daß man von zwei Gesellschaften A und B, die beide mit 100 000 Mark Kapital ausgestattet sind, je 51 000 Mark – Aktien natürlich – in eine Gesellschaft C einbringt, die ihrerseits über ein Kapital von 102 000 Mark verfügt. Wer C und so auch A und B ‹kontrollieren› will, braucht nur den Besitz von 51 500 Mark C-Aktien nachzuweisen. Es genügt also wenig mehr als ein Viertel des in A und B angelegten Grundkapitals, um die Rechte der Mehrheit an diesen beiden Gesellschaften geltend zu machen, die möglicherweise noch mit anderen Unternehmungen verflochten sind. Wenn man will, kann man die Kette der Konzentration geradlinig fortsetzen und kommt dann zu einer Gesellschaft D [...]. Es ist also immer weniger Geld nötig, um die Rechte der Mehrheit an denjenigen Gesellschaften zu vertreten, auf die es wirklich ankommt: an denen nämlich, die über die Produktionsbetriebe verfügen. Durch die Errichtung einer Holding wird Kapital ‹erübrigt› oder ‹freigesetzt›, natürlich nicht, damit es verzehrt, sondern damit es aufs neue angelegt werden kann. So daß in der Tat als ‹ratio› der Holding, als ihr elementarer Sinn, die Absicht des Stifters zutage tritt, den Bereich seiner Herrschaft auszudehnen.»[8]

Einige der Holdings hatten ihre unspektakulären Anfänge in der Grundstücksbewirtschaftung. Die bereits 1905 gegründete Berliner Terrain-Centrale GmbH mit einem Gesellschaftskapital von vier Millionen Mark besaß Grundstücke, Geschäftshäuser und Wirtschaftsgebäude in Berlin-Frohnau und Heiligensee, von denen das Casino Frohnau das bedeutendste war.[9] Seit den 1930er Jahren wurde sie unter dem Namen Terrain-Centrale Gartenstadt Frohnau GmbH wie viele andere der Quandt-Holdings von Ackermann und Schumann als Geschäftsführern geleitet. Ihr Stammkapital von 500 000 RM wurde zu drei Vierteln von der Agfi und zu einem Viertel von der Draeger-Werke GmbH gehalten.[10]

Die Draeger-Werke GmbH war im Dezember 1920 in Wittstock als Draeger-Paul-Wegener Verkaufsgesellschaft mbH gegründet worden, um den gemeinsamen Einkauf von Rohmaterialien und den Vertrieb der Tuchfabriken Gebrüder Draeger, Friedrich Paul und Friedrich Wilh. Wegener finanziell zu verwalten. Das Kapital von 200 000 Mark wurde zu gleichen Teilen von den Gesellschaftern Fritz Paul und den Brüdern Günther, Werner und Gerhard Quandt aufgebracht. Im April 1921 wurden die drei Tuchfabriken in Abteilungen der Gesellschaft umgewandelt, der Name der Gesellschaft in Draeger-Paul-Wegener-Werke GmbH geändert und der Sitz nach Neubabelsberg verlegt. Das Kapital wurde im Zuge der Währungsreform im Dezember 1924 auf zwei Millionen RM umgestellt. Als im Februar 1930 Gerhard Quandt und Fritz Paul ausschieden, übernahm die Gesellschaft ihre Geschäftsanteile und firmierte fortan als Draeger-Werke GmbH. Die Aufteilung bedeutete faktisch die wirtschaftliche Trennung der Textilunternehmen: Die Tuchfabrik Friedrich Paul in Wittstock ging auf Fritz Paul über, die Tuchfabrik Friedrich Wilhelm Wegener in Wittstock an Gerhard Quandt und die Tuchfabrik Gebrüder Draeger zu gleichen Teilen an Günther und Werner Quandt. Seit dieser Zeit hatte die Draeger-Werke GmbH schon keine fabrikatorische Bedeutung mehr, sondern fungierte als reine Holdinggesellschaft. Durch einen Beschluss der Gesellschafterversammlung wurde Ende 1936 die Hälfte des Kapitals eingezogen, so dass das Kapital nur noch eine Million RM betrug. Günther und Werner Quandt hatten fortan die Befugnis zur Alleinvertretung der Gesellschaft.[11] Hauptmotiv war auch in diesem Fall der Wunsch nach Steuerersparnis, wie Günther Quandt seinem Bruder erläuterte: «Wir haben schon lange überlegt, wie wir diesen Posten einstampfen könnten, um die

Steuer zu sparen. Es war aber bisher die Befürchtung damit verbunden, daß die Einstampfung als verdeckte Ausschüttung an Dich und mich angesehen würde, und wir dementsprechend möglicherweise jeder 40 % von 2,6 Millionen RM Steuern zahlen müssen. Aus diesem Grund unterblieb bisher die Einstampfung.»[12] Das zuständige Finanzamt gab schließlich seine Einwilligung mit der Maßgabe, die Kreidewerke Greifenhagen GmbH, eine weitere Holding, in die Draeger-Werke GmbH zu integrieren.

Über die 1922 gegründete Kreidewerke Greifenhagen GmbH waren vor allem Gerhard Quandt und Fritz Paul in die familiäre Vermögensverwaltung eingebunden worden, indem beide paritätisch Anteile der Draeger-Paul-Wegener Werke GmbH in die Gesellschaft eingebracht hatten. Als die Kreidewerke Greifenhagen GmbH Ende 1936 aufgelöst wurde, gingen sämtliche Geschäftsanteile an die Draeger-Werke GmbH über. Der Wert stand mit nominell 1 180 000 RM in der Handels- und Steuerbilanz zu Buche, war aber durch einen erheblichen Bestand an Beteiligungen und Wertpapieren um ein Vielfaches höher. Schon bei der Goldmarkeröffnungsbilanz im Jahr 1924 betrug der wahre Wert der Anteile 5,3 Millionen Mark.[13] Bei der Auflösung machte ein Bestand von nominell 6 062 500 AFA-Aktien den Löwenanteil des Vermögens aus. Allein diese Aktien hatten zu diesem Zeitpunkt bei einem Kurs von 198 Prozent einen Wert von etwas über 12 Millionen RM.[14]

Die Anfänge der später eine große Bedeutung erlangenden Agfi waren ausgesprochen unspektakulär. Das Unternehmen ging aus der am 14. August 1922 in Berlin gegründeten Verkaufsstelle Mecklenburgischer Landerzeugnisse AG hervor, deren wesentlicher Zweck es war, die landwirtschaftlichen Produkte des Guts Severin zu vertreiben. Der ursprüngliche Gründungszweck ging in den folgenden Jahren verloren, wie der Blick in die Bilanzen bzw. in die Gewinn- und Verlustrechnungen der frühen 1930er Jahre zeigt. Bei einem Gewinn von etwa 583 000 RM wurden in der Bilanz 1931 Aktiva in Höhe von 23,4 Millionen RM ausgewiesen, zum ganz überwiegenden Teil aus Effekten und Beteiligungen.[15] In der Generalversammlung vom 30. Juli 1932 wurde die Verkaufsstelle Mecklenburgischer Landerzeugnisse AG schließlich in Agfi umbenannt. Sie war mit Vorstand und Aufsichtsrat ausgestattet, warf aber selbst keine Gewinne ab. Unter ihrem Vorstand Albert Ackermann und Hermann E. Schumann wurde als Zweck der Holding «die Beteiligung an anderen Unternehmen» in der Satzung festgeschrieben.[16] Als das neue Aktiengesetz vom 30. Januar 1937 eine

Neustrukturierung notwendig machte, wurde auf Beschluss der Hauptversammlung vom 29. August 1938 die Satzung der Agfi angepasst und Günther Quandt zum Mitglied und Vorsitzenden des Vorstandes bestellt.[17] Neben ihm selbst waren weiterhin Albert Ackermann und Hermann E. Schumann im Vorstand vertreten, eine Kombination, die über den Zweiten Weltkrieg hinaus Bestand haben sollte.

In den 1930er Jahren wurden die Beteiligungen ergänzt, verringert, wieder erhöht und umgeschichtet, so dass es fast unmöglich wurde, diese Verschiebungen verlässlich nachzuvollziehen. Der Wert des gehaltenen Aktienkapitals, das niemals gehandelt wurde, stieg kontinuierlich und war sehr viel höher als die nominellen 536 000 RM. Das zuständige Finanzamt bewertete den Kurs der Agfi-Aktien Anfang der 1930er Jahre mit 3000 Prozent – was insgesamt einen Betrag von mehr als 16 Millionen RM ausmachte. Im Jahr 1935 wurde der Wert einer Agfi-Aktie mit 2000 Prozent angegeben.[18] 1939 wurde ein Kurswert der Aktien in Höhe von 5000 Prozent angenommen, was einem Betrag von 26,8 Millionen RM entsprach.[19] Der endgültige Prozentsatz, der für die Festlegung der Schenkungssteuer im August 1940 gefunden werden musste, betrug dann allerdings 4400 Prozent.[20]

Nicht viel anders war es bei der anderen Familienholding, der Draeger-Werke GmbH. Die Vermögenssteuerbewertung aus dem Januar 1940 bewertete die Anteile auf 2035 Prozent,[21] im Steuerbescheid wurde schließlich ein Wert von 1800 Prozent zugrunde gelegt.[22] Das Vermögen der Draeger-Werke GmbH wurde zu diesem Zeitpunkt mit 20,3 Millionen RM berechnet. Den Löwenanteil machten 6 096 500 RM-Aktien der AFA aus, die mit 226 Prozent berechnet einen Betrag von 13,8 Millionen RM ergaben. Der zweitgrößte Posten waren DWM-Aktien mit nominell knapp über 2 Millionen RM, die bei einem Kurs von 147,5 Prozent 2,9 Millionen RM wert waren. Der Restbetrag ergab sich aus weiterem Aktienbesitz und Bankguthaben.[23]

Im Dezember 1939 unternahm Günther Quandt in enger Absprache mit seinem Bruder Werner erste Schritte zur Vermögensübertragung an die folgende Familiengeneration, indem Anteile der Draeger-Werke GmbH an die Kinder mittels Schenkungen abgegeben wurden. Günther Quandt übertrug von seinem Anteil von 500 000 RM Geschäftsanteile über 140 000 RM bzw. 70 000 RM an Harald mit der Maßgabe, die in seinem Besitz befindlichen nominell 25 000 Agfi-Aktien an Herbert abzutreten: «Mit der Auflage, daß Du die Dir gehörigen Aktien der Aktiengesellschaft für Industriebeteiligungen auf Herbert überträgst, verfolge ich das Ziel, im Interesse der Fortdauer des guten brüderlichen Einvernehmens zwischen Dir und Herbert Eure Interessenkreise dadurch zu trennen, daß sich Deine Beteiligung ausschließlich auf die Draeger-Werke GmbH, und die Beteiligung von Herbert auf die Aktiengesellschaft für Industriebeteiligungen erstreckt.»[24] Damit sollte also letztlich der gesamte industrielle Bereich durch die Zuordnung bestimmter Gesellschaften auf die beiden Brüdern übertragen werden.[25] Herbert erhielt weitere nominell 25 000 RM Aktien der Agfi aus dem Bestand seines Vaters, so dass sein Anteil nach der Schenkung nominell 267 000 RM betrug.[26] Für Werner stellte sich in diesem Zusammenhang auch die Geschlechterfrage, weil zwei seiner Kinder Töchter waren, von denen eine bereits verheiratet war, wie Quandts Steuerfachmann zu bedenken gab: «Nach menschlichem Ermessen ist die Entwicklung eines Sohnes doch erheblich mehr beeinflußt und abhängig als die einer Tochter, bei der nicht nur der Einfluß der Mutter, sondern besonders auch der des zukünftigen Mannes eine Rolle spielt. Aber das sind natürlich Fragen der einzelnen Person und des Charakters, über die nur Sie selbst eine klare Entscheidung treffen können.»[27] Die Anteile an den Draeger-Werke GmbH von einer Million RM verteilten sich daraufhin wie folgt: Günther und Werner Quandt hielten je 290 000 RM, Harald Quandt 210 000 RM, auf die drei Kinder von Werner Quandt, Liselotte, Karlheinz und Hannelore entfielen zusammen 210 000 RM.

Die Familienholdings wurden gelegentlich für ungewöhnliche Fälle herangezogen: Als im Weltkrieg die Mauser-Werke eine Anleihe begaben, wollte Günther Quandt einen Teilbetrag an die Agfi als «Dauerbesitz» zur Vermehrung des Privatbesitzes abzweigen, was allerdings aufgrund des Widerspruchs der Behörden nicht gelang.[28] Und im Zusammenhang mit dem an anderer Stelle noch ausführlich zu schildernden Versuch, in den Kriegsjahren eine Beteiligung an der Philipp Holzmann AG zu erwerben, wurde – ein eher seltener Fall – auch das Kapital der Familienholding Draeger-Werke GmbH eingesetzt, um insgeheim Holzmann-Aktien zu erwerben.

1943 nahm Quandt die Dividendenabgabe-Verordnung vom 12. Juni 1941 zum Anlass, eine erhebliche Berichtigung des Grundkapitals vorzunehmen, eine Maßnahme, die dem Zweck diente, mit möglichst geringem Kapitalaufwand die inzwischen immer unüber-

16 Werner und Günther Quandt 1938. Im Verhältnis der beiden Brüder gab Günther Quandt den Ton an.

sichtlicher gewordene Gruppe mit aktienrechtlich legalen Mitteln unter Kontrolle zu halten. Die Hauptversammlung der Agfi beschloss am 7. September 1943, das Grundkapital von nominell 536 000 RM auf 22 Millionen RM zu erhöhen,[29] von denen die Hälfte nach einer Vermögensaufstellung des Jahres 1947 Herbert Quandt gehörte.[30] Hier war also bereits der Nachfolgeprozess zumindest bezüglich der Besitzrechte eingeleitet worden. Gleiches gilt für die Draeger-Werke GmbH, deren Stammkapital von einer Million RM auf 18 Millionen RM erhöht wurde. Dadurch stiegen die jeweiligen Anteile ebenfalls, auch hier unter Einbeziehung der nachfolgenden Generation: Günther und Werner Quandt hielten je 5,22 Millionen RM, Harald Quandt 3,78 Millionen RM, die drei Kinder von Werner Quandt jeweils 1,26 Millionen RM.[31]

*Die Neuordnung des Familienbesitzes
nach der Kriegsniederlage*

Der Zusammenbruch 1945 hatte auf die Entwicklung der Familienholdings dank des geschickten Finanzmanagements kaum Einfluss. Noch
am 16. April 1945 verfügte Günther Quandt an Harald eine sofortige
Schenkung in Höhe von sechs Millionen RM – mit der Auflage, zu
Lebzeiten seines Vaters über den eigenen Anteil an Aktien der Agfi
nicht zu verfügen. Daneben sollte Harald einen eigenen Anteil von nominell 41 000 RM-Aktien seinem Bruder Herbert zum Erwerbspreis
überlassen, sobald dieser aus der Kriegsgefangenschaft nach Deutschland zurückkehrte. Nach dem Ende seiner Haftzeit übernahm Günther Quandt wieder den Vorsitz der Agfi, deren Sitz de facto schon
1948, de jure 1949 von Babelsberg nach Zuffenhausen verlegt wurde.
Der Sitz der Draeger-Werke GmbH war fortan in Ludwigsburg. In der
SBZ wurden hingegen die den beiden Holdings gehörenden Grundstücke in Babelsberg 1948 in das «Eigentum des Volkes» überführt –
kein großer finanzieller Verlust für die Familie, weil die Gesellschaften
ohnehin kein operatives Geschäft betrieben hatten.

Zahlreiche Unternehmen der Quandt-Gruppe wurden in der Nachkriegszeit weiterhin von der Agfi und der Draeger-Werke GmbH verwaltet, bei der Agfi insgesamt zehn Beteiligungsgesellschaften, unter
ihnen die ehemaligen DWM, die AFA und deren Töchter mit ihren
Niederlassungen. 1949 waren bei der Agfi Werte von über 25 Millionen RM verbucht. Bei den Aktien bildeten AFA-Aktien in einer Höhe
von nominell 16,8 Millionen RM den größten Anteil, gefolgt von
1000 Wintershall-Kuxen, die 6,1 Millionen RM wert waren. Die Holding stellte im Zuge der Währungsreform ihr Grundkapital in einem
durchaus außergewöhnlichen Verhältnis von 1 : 1 um, während das
Umtauschverhältnis der RM zur DM in den westlichen Besatzungszonen 1 : 10 betrug und für Altgeldguthaben mit 100 : 6,5 festgelegt
wurde. Die DM-Eröffnungsbilanz vom 1. September 1949 verzeichnete daher statt 22 Millionen RM den Betrag von 22 Millionen DM,
gestückelt in 22 000 Stammanteile zu je 1000 DM.[32] Die errechneten
Vermögensverluste waren also ausgesprochen gering.

Das Familienvermögen wurde inzwischen erheblich umgeschichtet.
Agfi und Draeger-Werke GmbH hielten im Jahr 1950 zusammen mehr
als 60 Prozent aller AFA-Aktien.[33] Ende 1950 besaß Günther Quandt
nur noch 25 Prozent am Grundkapital der Agfi, nominell 5,5 Millio-

nen DM, während Herbert 49,81 Prozent und Harald 25,19 Prozent der Aktien gehörten. Das Vermögen der Agfi betrug zu diesem Zeitpunkt 28,19 Millionen DM,[34] 1951 übertrug Günther Quandt seine ihm verbliebenen Anteile auf beide Söhne, die fortan je 50 Prozent des Kapitals – also je elf Millionen DM – der Gesellschaft besaßen. Ende 1951 wurde der Vorstand um Herbert Quandt und Gerhard Vieweg erweitert.

Das Kapital der Draeger-Werke GmbH wurde in der Gesellschafterversammlung, deren Vorsitz Günther Quandt innehatte, Ende Dezember 1948 zum Stichtag 1. April 1949 ebenfalls im Verhältnis von 1 : 1 umgestellt. Hier hielt Günther Quandt bekanntlich 50 Prozent des nun nominell 18 Millionen DM betragenden Kapitals. Ähnlich wie bei der Agfi übertrug er im Juni 1951 seine Geschäftsanteile auf seine Söhne, die nun beide mit je 25 Prozent an der Gesellschaft beteiligt waren. Ursprünglich hatte Günther Quandt vorgehabt, den gesamten industriellen Besitz auf Herbert und Harald zu verteilen, ein Plan, der auch in der Nachkriegszeit zunächst aufrechterhalten wurde. Der «Bruderkrieg» im Haus Gerling zu Anfang der 1950er Jahre brachte ein einvernehmliches Umdenken, so dass in Absprache des Vaters mit seinen Söhnen untereinander vereinbart wurde, langfristig die Agfi dem Bereich Herberts und die Draeger-Werke GmbH demjenigen Haralds zuzuordnen, um die Gefahr zu eliminieren, dass «der Gesamt-Interessenbereich zerbrechen» könnte.[35]

Die Familie Werner Quandts – er selbst und seine drei Kinder Liselotte, Hannelore und Karl-Heinz – schied im Januar 1953 aus der Gesellschaft aus, um, wie vertraglich festgehalten wurde, «sich ausschließlich ihren Textilinteressen zu widmen». Ihre Anteile wurden auf die Söhne Günther Quandts übertragen, so dass sich das Stammkapital danach zu je 50 Prozent auf Harald und Herbert verteilte. Letztlich wurden durch diesen mehrstufigen Übertragungsvertrag Herbert und Harald Quandt die einzigen Gesellschafter der Draeger-Werke GmbH. Beide verfügten nun über Geschäftsanteile in Höhe von knapp 8,2 Millionen DM. Als Ausgleich erhielt die Familie Werner Quandts die Hälfte der AFA-Aktien, die von der Draeger-Werke GmbH verwaltet wurden, was einen Betrag von knapp über 4,5 Millionen DM ausmachte.

Die andere Hälfte der AFA-Aktien wurde zum 1. Januar 1953 an die Agfi übertragen. Damit wurden jetzt alle AFA-Aktien der Familie von Günther Quandt bei nur einer Holdinggesellschaft – der Agfi – gehalten.[36] Im März 1954 befanden sich im Tresor der AFA in Frankfurt am Main nominell 34 Millionen DM Aktien der AFA im Eigentum der Agfi sowie etwa 8,6 Millionen AFA-Aktien im Besitz von Werner Quandt und seinen Kindern.[37]

Harald und Herbert Quandt brachten ihren Aktienbesitz an den inzwischen in IWK umbenannten DWM von je nominell etwas über 18 Millionen RM bei der Draeger-Werke GmbH ein. Ihr Wert wurde jetzt allerdings nur noch mit je 7,2 Millionen DM berechnet.[38] Harald übernahm nun die «Federführung» im Bereich des Maschinenbaus mit den Unternehmen IWK, Dürener Metallwerke sowie den nach 1945 erworbenen Keller & Knappich, während Herbert den Batteriebereich mit AFA sowie die Verantwortung für die Finanzbeteiligung bei der Wintershall AG und der übrig gebliebenen Textilsparte mit der Kammgarnspinnerei Stöhr zugesprochen bekam. Bei dem Textilunternehmen hatte sich sein Vater als Einzelaktionär nach erheblichen Zukäufen in den frühen 1950er Jahren das Schachtelprivileg gesichert; der von der Draeger-Werke GmbH gehaltene Bestand machte Ende 1954 29,55 Prozent aus. Nahm man noch die stille Beteiligung seines Bruders Werner hinzu, hielt die Familie insgesamt 34 Prozent.[39] Neben die bereits bestehenden Holdinggesellschaften trat wenige Monate vor dem Tod von Günther Quandt noch eine weitere: Am 6. September 1954 wurde in Stuttgart die Gebrüder Draeger GmbH aus der Taufe gehoben – nicht zu verwechseln mit der weiter existierenden Draeger-Werke GmbH. Zweck war die gemeinschaftliche Verwaltung der Textilinteressen von Werner und Günther Quandt, die zugleich als Geschäftsführer fungierten. Die Gesellschaft wurde jedoch erst nach dem Tod Günther Quandts als Familienholding aktiv.[40]

Zu den kleineren Beteiligungsgesellschaften zählten die Garagenzentrale Gustav Busse GmbH, die Grundstücksgesellschaft Mohrenhof GmbH, die Halenseer Großgaragen GmbH sowie die ebenfalls im vollständigen Besitz der Agfi befindliche und 1951 in Hardenberghotel GmbH umbenannte Grundbesitz GmbH, die schon als Grundbesitz AG in den 1930er Jahren bestanden hatte.[41] Die mittlerweile in Stuttgart ansässige Terrain-Zentrale Gartenstadt Frohnau GmbH war zu 75 Prozent im Besitz der Agfi, die übrigen 25 Prozent wurden von der Draeger-Werke GmbH gehalten.[42]

Günther Quandt übertrug in seinem Testament vom 20. Februar 1948 seinen Söhnen die beweglichen Sachen «je zur Hälfte». Das auf 25,6 Millionen DM taxierte Gesamtvermögen zum 30. Oktober

1951 wurde in einer gesonderten Aufstellung berechnet, die im Zusammenhang mit dem Abschluss einer Erbschaftssteuerversicherung entstand. Der Wertpapierbesitz machte mit 21,8 Millionen DM den größten Posten aus. Ein Großteil des Aktienbesitzes wurde über die Agfi gehalten.[43] Die nominell knapp 2,5 Millionen RM Aktien der Daimler-Benz AG, die Günther Quandt 1951 von der Agfi treuhänderisch verwalten ließ, übernahm er 1952 auf seinen eigenen Namen. Auch seinen Anteil an der Gewerkschaft Wintershall verwaltete er über die Agfi: Nach 1950 betrug der Beteiligungsanteil immer über 30 Prozent und stieg bis Mitte 1954 auf 32,5 Prozent an.[44] Von den Stammanteilen der Firma Keller & Knappich GmbH wurden 90 Prozent von der Agfi erworben, die kurz darauf 15 Prozent der Stammanteile an die Industriebeteiligungsgesellschaft mbH («Indube») in Ludwigsburg – eine Finanzierungsgesellschaft und «kassenführende Gesellschaft der Herren Quandt»[45] – abtrat. Auch seine schließlich bis zur Aktienmehrheit ausgebauten Anteile an den Dürener Metallwerken ließ Günther Quandt seit Ende 1951 treuhänderisch von der Agfi halten.[46] Dies war von Bedeutung, als es um Busch-Jaeger Lüdenscheid ging, wo Günther Quandt Ende 1950 bereits eine Beteiligung von 21,6 Prozent hielt und sodann 1951 in die Obhut der Agfi gab.[47] 1952 wurden über die Agfi weiter erhebliche Busch-Jaeger Lüdenscheid-Aktien erworben.[48] 1953 übernahm die Draeger-Werke GmbH ein bis dahin bei der Agfi liegendes Dürener Metallwerke-Aktienpaket und hielt nach weiteren Umschichtungen bis zur Verschmelzung mit der Busch-Jaeger Lüdenscheider Metallwerke AG nur noch 6,33 Prozent des Aktienbestandes.[49]

Die Familienholdings behielten auch nach dem Tod Günther Quandts eine zentrale Funktion der Vermögenskontrolle. Die Agfi wurde schließlich 1959 in eine GmbH umgewandelt, deren Geschäfte neben Harald und Herbert Quandt von Horst Pavel und Gerhard Vieweg geführt wurden. Im Jahr 1972 wurde die Varta AG durch eine Umstrukturierung mit der Agfi zu einer neuen Varta AG verschmolzen, die als Dachgesellschaft der VARTA-Gruppe ihren Sitz in Frankfurt am Main hatte und diesen 1975 nach Bad Homburg verlegte.

Die Töchter der AFA und der DWM

Das Gesamtgefüge der Quandt-Firmen mit ihren diversen Beteiligungen ist ebenfalls unübersichtlich, und es fällt nicht leicht, die verschiedenen Tochterunternehmen unter einem Oberbegriff zusammenzufassen. Mit dem AFA- und dem DWM-Zweig stand die Quandt-Gruppe auf zwei zentralen Säulen, deren Tochterunternehmen häufig in den späten 1930er Jahren mit der Muttergesellschaft Gewinnabführungsverträge abschlossen. Die bedeutsamsten Töchter im DWM-Zweig waren die Dürener Metallwerke, die Mauser-Werke, die Maschinen für Massenverpackung GmbH (MfM) und die Henry Pels/Berlin-Erfurter Maschinenfabrik GmbH (BEM). Während die beiden Erstgenannten bereits vor dem Einstieg Günther Quandts den BKI/DWM zugerechnet werden konnten, wurde die MfM 1929 mit einer Beteiligung von 98,9 Prozent hinzugekauft. Der Erwerb von Henry Pels/BEM stellt insofern einen Sonderfall dar, als die Firma 1937 durch «Arisierung» an Quandt fiel. Zu den wichtigen AFA-Beteiligungen zählten die DEAC, die Pertrix, die Concordia und die Dominitwerke.

Eigene Gründungen durch Tochterunternehmen waren eher ungewöhnlich. Zu den Ausnahmen zählte die hundertprozentige Beteiligung der Concordia an der Grubensicherheitslampen- und Maschinenfabrik Wilhelm Seippel GmbH, die Zechen im Ruhrgebiet mit Leuchten aus Dortmund versorgte, und der Trutmania GmbH, einem Hersteller von Spezialgrubenlampen. Diese Beteiligungen hatten freilich schon vor Quandts AFA-Übernahme dem Portfolio der Concordia angehört. Die Pertrix hatte bekanntlich seit Mitte der 1920er Jahre mit den Trockenbatterie-Fabriken Primafa und Titania eigene Tochterunternehmen erworben, die schließlich fusioniert wurden. Die AFA zeichnete in diesem Segment somit den zeitgenössischen Trend zur Unternehmensrationalisierung durch Konzentration und Zusammenlegungen nach.[50]

Im DWM-Zweig waren es die Mauser-Werke, die seit 1936 mit der Cordt-Universal-Rechenmaschinen GmbH über eine 100-prozentige Tochtergesellschaft verfügten. Einen Sonderfall stellt die Beteiligung der Dürener Metallwerke an der Mecklenburgischen Metallwarenfabrik mbH Waren (Memefa) dar. Das zunächst als Zweigwerk gedachte und innerhalb der Muttergesellschaft später auch so verwaltete Unternehmen wurde 1937 aus finanziellen Erwägungen als rechtlich selbständige Gesellschaft gegründet.

Bei den Beteiligungen lassen sich oftmals die Erwerbsmotive erschließen. Beim AFA-Zweig gehörte vor dem Einstieg Quandts von den wichtigen Beteiligungen nur die Concordia und die DEAC zu den Unternehmen. Mit der 1926 erworbenen Pertrix wurde das Produktionsprofil um Taschenlampenbatterien ergänzt. 1927 wurden die Dominitwerke übernommen, die wie die Concordia Grubenlampen herstellten. Hierdurch war die AFA im Ruhrgebiet als wichtigstem Zentrum der deutschen Steinkohleförderung und bedeutendstem Wirtschaftsraum Europas besonders präsent. Hatte die Umstellung von der Kriegs- auf die Friedenswirtschaft dem Bergbau zu Beginn der Weimarer Republik einige Schwierigkeiten bereitet, so erlebte die Steinkohleförderung im Ruhrgebiet in den 1920er Jahren eine Phase der wirtschaftlichen Hochkonjunktur.[51] Durch die Einführung neuer Sicherheitsbestimmungen für Bergleute, die die Nachfrage an Bergbaulampen deutlich anstiegen ließen, waren bedeutende Ertragsmöglichkeiten gegeben. Die AFA-Tochterfirmen deckten mit der Herstellung von Batterien, Glühbirnen und Gehäusen sämtliche Produktionsstufen des Fertigungsprozesses ab, und der Vertrieb wurde ebenfalls innerhalb des Konzerns organisiert. Die Erwerbungen von Tochterunternehmen dienten also sowohl dazu, Schritt für Schritt das Produktionsprofil im Akkumulatoren- und Batteriesektor zu diversifizieren, als auch dazu, in vertikaler Perspektive durch die Integration vor- und nachgelagerter Produktionsstufen der AFA neue Wachstumspotentiale zu erschließen. Damit setzte die AFA unter Günther Quandt allerdings nur jenen Prozess weiter fort, mit dem sie bereits vor dem Ersten Weltkrieg ins große Geschäft eingestiegen war.[52]

Trotz des auf den ersten Blick unübersichtlicher erscheinenden AFA-Beteiligungsgefüges wirkte dieses homogener und war stärker integriert als beim DWM-Zweig, wo Töchter wie die Dürener Metallwerke und Mauser durchgehend eigenständiger blieben. Dieser auffallende Unterschied in der Struktur der beiden Zweige lässt sich damit erklären, dass die DWM-Beteiligungen im Durchschnitt deutlich umsatzstärker waren und mehr Mitarbeiter beschäftigten. Die Dürener Metallwerke (und ihre Tochter Memefa) verfügten zudem als Aluminiumproduzenten über ein weitgehend eigenständiges Produktionsprofil. Weil Mauser und die Dürener Metallwerke bereits lange vor dem Einstieg Günther Quandts zur BKI/DWM gehörten und nicht erst unter seiner Führung hinzugekauft wurden, verfügten sie über eine größere Eigenständigkeit. Zudem waren die Mauser-Werke mit ihrem Namen eine Marke von Weltrang, was z. B. eine gemeinsame Vermarktung mit dem Mutterkonzern als wenig sinnvoll erscheinen ließ.

Eine allerdings in der Regel begrenzte Kooperation von Beteiligungsfirmen aus den beiden Zweigen der Quandt-Gruppe lässt sich in den Bereichen Personal, Betrieb, Auslandsvermarktung und Finanzierung ausmachen. Auf personeller Ebene war der Austausch zumindest auf der Managerebene gering. Eine Ausnahme stellte Edgar Haverbeck dar, der AFA-Vorstandsmitglied und Direktor der Berlin-Erfurter Maschinenfabrik war und in den Gremien der Pertrix, der Dürener Metallwerke, der Mauser-Werke sowie im Aufsichtsrat der DWM saß, bis er sich mit Quandt überwarf und sich auf die BEM beschränken musste. Betriebliche Kooperationen zwischen den Zweigen waren ebenso selten wie wechselseitige Beteiligungen. Einer der wenigen Fälle, in denen sich eine zweigübergreifende betriebliche Kooperation nachweisen lässt, ist die Übernahme von DWM-Aufträgen durch das Straßburger Pertrix-Werk während des Krieges.[53] Zusammenarbeit und Zulieferung fanden überwiegend innerhalb einer Unternehmensgruppe statt. Allerdings wurde z. B. auf den weit entfernten Märkten in Südamerika die Kooperation intensiviert. 1938 bot die Varta do Brasil an, auch die Repräsentanz der Dürener Metallwerke in dem von Stefan Zweig als «Land der Zukunft» gelobten Brasilien zu übernehmen. Darüber hinaus gab es gelegentliche Kooperationen bei Finanzinvestitionen wie der Übernahme von Byk Gulden und dem gescheiterten Übernahmeversuch der Holzmann AG. Der Einstieg bei Byk Gulden wurde durch eine Kofinanzierung der AFA, Wintershall und einem dritten Partner ermöglicht,[54] während bei Holzmann neben der AFA die DWM, Wintershall und später auch die Familienholding Draeger-Werke hinzugezogen wurden.

Bei den Beteiligungen im AFA-Zweig war eine Kooperation vor allem im allmählich den Kinderschuhen entwachsenden Marketing zu erkennen.[55] Gemeinsam wurden neue Vertriebsmethoden mit Hilfe professioneller Werbemaßnahmen umgesetzt und, beispielsweise unter den Markennamen «Varta» und DEAC, die gesamte Bandbreite der Batterieerzeugnisse unter einem gemeinsamen Dach vertrieben. Die AFA war allerdings bereits vor dem Einstieg Günther Quandts ein konsequent durchorganisiertes Unternehmen, so dass dieser nur noch den eingeschlagenen Pfad fortzusetzen brauchte.

Eine solch enge Abstimmung in der Außendarstellung fand bei den Beteiligungen des DWM-Zweiges nicht statt. Allerdings gab es hier einen regen personellen Austausch in leitenden Führungspositionen. Exemplarisch seien zum einen Hermann Zillinger genannt, der gleichsam die traditionelle DWM verkörperte und als Direktor der Mauser-Werke zugleich im DWM-Vorstand war, zum anderen Friedrich Dörge, der von Günther Quandt angeworben wurde und in den folgenden Jahrzehnten zwischen Mutter- und Tochterunternehmen mehrfach wechselte. Kooperationen gab es unter anderem bei der Vermietung von Produktionsstätten, die die DWM für die Dürener Metallwerke und Mauser-Werke zur Verfügung stellten, aber auch bei Rationalisierungen, indem kostenintensive Doppelstrukturen in den Fertigungen aufgegeben und Produktionssegmente zusammengelegt wurden. Bei den lukrativen Auslandsgeschäften, die auf gute Vermittlungen angewiesen waren, gab es einen regen Austausch zwischen den DWM und den Mauser-Werken. Die Dürener Metallwerke legten zudem gemeinsame Rohstofflager mit DWM-Werken an, und auch die Gründung und Übernahme mehrerer Leichtmetallwerke am Ende der 1930er Jahre war das Ergebnis einer erfolgreichen Zusammenarbeit mit dem Mutterkonzern. Der Aufbau betriebseigener Forschungsanstalten bei den Dürener Metallwerken und den Mauser-Werken in der Mitte der 1930er Jahre scheint ebenfalls koordiniert worden zu sein, was zweifellos auch mit dem Renommee der Lübecker Forschungsanstalt des Mutterkonzerns zu tun hatte. Es wäre allerdings verfehlt, von einer bedingungslosen Kooperation untereinander zu sprechen. Als 1938 die Mauser-Werke bei den Dürener Metallwerken um Kredit ersuchten, wurde dies angesichts der eigenen Finanzlage abgelehnt.[56] Die MfM wiederum beklagten 1941 eine bevorzugte Behandlung des Mutterkonzerns bei lukrativen Aufträgen.[57] Von ähnlichen Querelen, in denen sogar latente Vorbehalte gegen den Mutterkonzern durchschimmern, ist bei den AFA-Töchtern – vielleicht nur mangels Quellen – nichts bekannt.

Günther Quandt war bei den Gremiensitzungen der Tochterfirmen häufig anwesend und machte seinen Einfluss vor allem in Haushalts- und Personalangelegenheiten sowie in Fragen des Aus- und Aufbaus der einzelnen Werke geltend. Bei den Firmen des AFA-Zweiges übte er seinen Einfluss in erster Linie über den Mutterkonzern aus; um das Tagesgeschäft bei den AFA-Töchtern wie Concordia oder Pertrix kümmerte er sich weniger und überließ dies seinen Managern bzw. seinem Sohn Herbert, ohne jedoch die Oberaufsicht abzugeben. Bei den DWM wechselte er bei den Beteiligungen seit 1942 vom Aufsichtsrat in den

Vorstand, ohne dass sich etwas an den faktischen Machtverhältnissen geändert hätte. Die dortigen Führungskräfte waren bereits zuvor davon ausgegangen, dass zentrale Fragen nur in Quandts Beisein verhandelt und entschieden werden konnten.

Die Beteiligungen wurden in erster Linie über den Askanischen Platz in Berlin verwaltet, koordiniert und gelenkt, während sich die Zahl der Standorte sogar noch vergrößerte. Wenn die Magnetwirkung Berlins einmal nachließ oder wie bei den Mauser-Werken ganz ausblieb, hatte dies landespolitische bzw. finanzielle Gründe. Überblickt man das Verhältnis zwischen Mutter- und Tochterunternehmen innerhalb der Quandt-Gruppe, so wird deutlich, dass Quandt beide Konzerne übernommen und nicht selbst gegründet hatte: Er fand bereits gewachsene Strukturen vor, die er reformierte und ergänzte. Es gab jedoch keinen in der Handschrift Günther Quandts verfassten Gesamtplan, der den Aufbau des Beteiligungsgeflechts in allen Details abdeckte.

Rationalisierungen und Modernisierungen

Der Akkumulatorenhersteller AFA war bereits in den Vorkriegsjahren ein relativ moderner Betrieb, dessen Produktions- und Vertriebstechniken in einer sich zunehmend über nationale Grenzen hinweg vernetzenden Elektrizitätswirtschaft wegweisend waren.[58] Dieses Niveau behielt der Konzern nach dem Einstieg von Günther Quandt, der in eine neue Phase dynamischer Rationalisierungsmaßnahmen fiel, bei. Diese wurden von Quandt zwar in der Regel nicht initiiert, aber doch mitgetragen und gefördert. Er selbst hat vermerkt, nach der Übernahme des Unternehmens auf den Sachverstand des bisherigen Managements gebaut zu haben: «Immer war ich bemüht, an dem guten, eingefahrenen Geleise dieses Weltunternehmens ohne Not nichts zu ändern, einzig und allein besorgt, daß auch die letzten Reste der Kriegs- und Inflationsschäden beseitigt würden.»[59] Am ehesten ist Quandts Handschrift bei Baumaßnahmen und Fragen des Corporate Design zu erkennen. Technische Detailanregungen gab er bestenfalls nach seinen Auslandsreisen, bei denen er zahlreiche Unternehmen besuchte.

Die Modernisierungen bei der AFA fanden vor dem Hintergrund eines allgemeinen Trends statt: Die 1920er Jahre wurden zu einem

Jahrzehnt der ökonomischen Arbeitsorganisation, das durch Innovationen, die Erweiterung der Produktpalette und Rationalisierung gekennzeichnet war. Wichtiger Impulsgeber waren die Vereinigten Staaten, die nach dem Ersten Weltkrieg in den Bereichen der Typisierung, Normung, Standardisierung, Synchronisierung der Ablauforganisation sowie der Massenfertigung eine Vorreiterrolle einnahmen. Der Übergang von der Einzel- zur Fließfertigung war dabei nur eine Maßnahme in einer «Phase expansiver Rationalisierungsstrategien», die an Vorkriegs- und Kriegserfahrungen anknüpfte und mit einer Ausweitung der Produktionskapazitäten im Sinne der «economies of scale», also der Größenkostenersparnisse, einherging.[60]

Der Gedanke der Rationalisierung war eng mit dem Begriff des «Taylorismus» verbunden, der eine Verwissenschaftlichung des Managements und eine Professionalisierung der Personalauswahl vorsah. Durch Arbeitsteilung sowie Formalisierung und Reduktion der Komplexität der Arbeitsabläufe sollte der unternehmerische Ertrag gesteigert werden und, weil Arbeitgeber und Arbeitnehmer gleichermaßen teilhatten, der Klassenkonflikt obsolet werden.[61] Neben technizistischen und auf Betriebsorganisation zielenden Ansätzen wurde die Idee der «Werksgemeinschaft» wieder stärker betont, um den Arbeitern die nicht unumstrittene Rationalisierung schmackhaft zu machen.[62] Die gewachsene Schar der technischen und kaufmännischen Angestellten, die angesichts des gestiegenen Bedarfs an Managementwissen rekrutiert worden war,[63] trieb die Rationalisierung auf verschiedenen Ebenen weiter fort: die technisch-konstruktive Rationalisierung der Produktionsmittel, die organisatorische Rationalisierung der menschlichen Arbeit, die betrieblich-psychologische Rationalisierung der Arbeitsbeziehungen sowie die politisch-gesellschaftliche Rationalisierung des gesamten Wirtschaftsprozesses. Das Ergebnis waren durchaus beeindruckende Produktionssteigerungen, Kostensenkungen und Verbesserungen der Einbaugeschwindigkeit.[64] Eine gewisse Diskrepanz zwischen dem Rationalisierungsdiskurs und seiner Verwirklichung blieb dabei allerdings vorhanden. Begriffe wie «Rationalisierung», «Fließarbeit», «wissenschaftliche Betriebsführung» und «Gemeinschaft» wurden bisweilen als «Zauberformeln und Nebelkerzen» genutzt,[65] während eine Umsetzung in den wenigen Jahren bis zur Weltwirtschaftskrise nur unvollkommen gelang, zumal der Markt für eine echte Massenfertigung noch nicht vorhanden war.[66] Insofern sind Konzepte wie «Amerikanisierung», «Taylorismus» und «Fordismus» in der Forschung lange Zeit möglicherweise überschätzt worden;[67] jedenfalls waren sie als Modernisierungseffekte betriebswirtschaftlich betrachtet ein Erfolg mit Schattenseiten. Aufgrund geringer Kapazitätsauslastungen wurde der Rationalisierung ein Anteil an der Verschärfung der ökonomischen Krise zugeschrieben, so dass der Begriff im Kontext der Weltwirtschaftskrise der 1930er Jahre entzaubert wurde und nun stattdessen das Wort «Fehlrationalisierung» die Runde machte.[68]

Die AFA hatte schon vor der Wende zum 20. Jahrhundert unter Adolph Müller ihre Vormachtstellung in der deutschen Akkumulatorenbranche durch strenge Organisation und genaue Funktionsbeschreibungen im Marketing und Management durchgesetzt.[69] Mit der Gründung der Varta im Jahr 1904 war die rationelle Großfertigung tragbarer standardisierter Akkumulatoren einhergegangen und seit 1911 waren moderne Methoden zur Lohnabrechnung, zur Erfassung von Selbstkosten oder Reparaturkosten und zur Statistik mit Hilfe des Hollerithverfahrens verwendet worden.[70] Selbst nach 1918 blieb die AFA eines der technologisch führenden Unternehmen, zumal nur das amerikanische Unternehmen ESB als ernsthafter Konkurrent auf dem stark segmentierten Weltmarkt der Akkumulatorenhersteller gelten konnte. Der erfolgreiche Wiederaufbau des Auslandsgeschäfts,[71] macht deutlich, dass es der AFA schnell gelang, ihre Vorkriegsstellung wiederzuerlangen. In der Firmenzentrale sah man sich durch den Verlust des internationalen Marktes zwar benachteiligt und beklagte, gegenüber der ausländischen Konkurrenz technisch und organisatorisch rückständig geworden zu sein. Auf den zu erwartenden Aufschwung, so lautete Müllers Credo, müsse die AFA daher vorbereitet sein, um weiterhin bei Entwicklung und Vertrieb den Weltmarkt anzuführen.[72] Anreize durch Entlohnung und Sozialfürsorge waren hierfür, wie er 1924 ausführte, das richtige Rezept: «Dass in Zukunft eine Gesellschaft anders verfahren könnte, als ihren Mitarbeitern angemessene Möglichkeiten nicht nur für ihre Existenz, sondern auch für Altersversorgung usw. zu schaffen, ist nicht gut denkbar. Ein Unternehmen wird nur voranschreiten können, wenn es dieser Notwendigkeit Rechnung trägt. Es ist eigner Egoismus, der dazu führt». Dies sollte auch den Arbeitern zugute kommen, die nach Ansicht Müllers durch die radikalsozialistischen Tendenzen der Revolution von 1918/19 aufgehetzt worden seien.[73]

Unabhängig von solchen Ansätzen gelangte man jedoch – vielfach in Auseinandersetzung mit den Herausforderungen durch die aufstrebende wirtschaftliche Großmacht jenseits des Atlantiks – zu einer radikalen Neubewertung der Arbeitswelt. Viele derjenigen Unternehmer und Techniker, die später in der Bundesrepublik in führende Positionen aufstiegen, pilgerten in die Vereinigten Staaten, die angesichts der Misere in Deutschland manchem Besucher wie das gelobte Land erschienen.[74] Hinzu kam in manchen Branchen ein konkretes Interesse an Forschungskooperationen, die, wie das Beispiel der Elektroindustrie bzw. der Zusammenarbeit von Siemens und Westinghouse zeigt, allen Beteiligten materielle Vorteile brachten.[75] Günther Quandt war von den dynamischen Arbeitsprozessen ebenso fasziniert wie von den Neuerungs- und Rationalisierungsideen. Bei ihm lässt sich die Rezeption dieser Gedanken am besten anhand zahlreicher großer Erkundungsfahrten erkennen, die das Ziel hatten, mit den ausländischen Herstellern und Lizenznehmern Verträge abzuschließen, zu erneuern und technische Anregungen zu erhalten. Quandt verstand es bei diesen Reisen, deren erste er 1924 gemeinsam mit Roderbourg unternahm, das Nützliche mit dem Angenehmen zu verbinden, denn er verzichtete in der knapp bemessenen Freizeit nicht auf den Luxus des Sightseeing. Diese touristische Neugier war durchaus zeittypisch und auch bei zahlreichen Fachleuten der deutschen Industrie vorhanden, die in jenen Jahren aus beruflichen Gründen zu entsprechenden «Studienreisen» in die USA aufbrachen.[76] Quandt hat seine Begeisterung für die USA in besonders kräftigen Farben gemalt – wohlgemerkt in seinen Aufzeichnungen aus der Lagerhaft, zu einer Zeit, als er auf das Wohlwollen der Amerikaner besonders angewiesen war. Das Modell der modernen Fabrik, so Quandt, sei zwar in Europa entstanden, aber in den Vereinigten Staaten weiterentwickelt worden. Die amerikanischen Betriebsingenieure seien damit beschäftigt, «die menschliche Arbeitskraft immer mehr durch die Maschine zu ersetzen. Das Ziel ist, Maschinen zu schaffen, die besser und genauer arbeiten als das menschliche Gehirn. Wenn sich diese Pläne realisieren, wird sich die gesamte Wirtschaft, auch die des alten Kontinents, noch einmal verändern. Veränderungen in dieser Richtung mögen heute noch für die Allgemeinheit nicht sichtbar sein, dem aufmerksamen Beobachter drängt sich aber der Schluß auf, daß nach der ersten industriellen Revolution eine zweite kommt, die noch tiefere Umwälzungen hervorrufen wird.»[77] Obwohl Quandt in dieser Passage den amerikanischen Besatzern fraglos schmeicheln wollte, deuten seine regelmäßigen USA-Besuche doch darauf hin, dass ihm die neuen Produktionstechniken imponierten und er ihr Potential hoch einschätzte.

Dass Roderbourg Quandt in die USA begleitete, war kein Zufall. Der mit der Tochter eines amerikanischen Konteradmirals und ehemaligen Gouverneurs von Maryland, James Madison Miller, verheiratete Roderbourg war mit dem Ostküstenestablishment bestens vertraut und zudem vor 1914 regelmäßig alle zwei Jahre in die Vereinigten Staaten gefahren, um sich mit dem rasch entwickelnden Know-how der dortigen Akkumulatorentechnik vertraut zu machen. Vor allem die Fabrikneubauten des führenden amerikanischen Akkumulatorenherstellers ESB, mit dem die AFA schon lange vor der Jahrhundertwende einen «Freundschaftsvertrag» abgeschlossen hatte, zeigten Quandt die Möglichkeiten einer Massenfertigung von Radio- und Starterbatterien.

Die «Freundschaftsverträge» mit verschiedenen Akkumulatorenherstellern waren ein zentrales Instrument, um die technologische Führungsposition der AFA zu erlangen und zu verteidigen. Sie dienten neben der Absprache über Absatzgebiete vor allem der technologischen Kooperation und damit einhergehend der Begrenzung der Forschungskosten und der Risikominimierung. Je nach Partner wurden die Bestimmungen der Verträge streng unterschieden: Vor allem bei den kleineren Firmen, die, anders als die als ebenbürtig geltenden Akkumulatorenhersteller keine eigene Forschung betrieben, wurde sorgsam darauf geachtet, einen unbeabsichtigten Wissenstransfer zu vermeiden.

Es war angesichts dieses intensiven Blicks in die USA verständlich, dass sich Quandt und Roderbourg 1924 besonders mit den Fabrikationsverfahren der ESB in Philadelphia, ihrer Tochtergesellschaft Willard Storage Battery Co. in Cleveland (Ohio) und zahlreicher anderer Akkumulatorenhersteller wie der Gould Storage Accumulator Co. in Buffalo (New York) vertraut machten. Daneben wurden Gummi- und Reifenfabriken wie die United States Rubber Co. in Providence (Rhode Island), die Firestone Rubber Co. und die B. F. Goodrich Co. in Akron (Ohio) sowie die Ford Motor Co. in Detroit (Michigan) und die Frigidaire-Werke von General Motors Co. in Dayton (Ohio) besucht sowie zahlreiche Tuchfabriken, Baumwollspinnereien und Webereien der Ostküste inspiziert; allerdings ist nicht mehr rekonstruierbar, inwieweit sich aus diesen Besuchen Modernisierungen bei den Draeger-Paul-Wegener-Werken ergaben. Bei einer zweiten mehrmonatigen Inspektionsreise 1927 standen die Automobilfabriken von Chrysler und Lincoln in Chicago, Trockenbatteriefabriken in Madison, die Großschlächterei Armour in Chicago und das Energieunternehmen Delco-light in Dayton auf dem Programm.[78] Auch andere AFA-Manager wurden in die USA geschickt. Wilhelm Kraushaar informierte sich im Jahr 1930 ebenfalls bei den Partnerunternehmen ESB und Willard Storage Battery Co.[79] Roderbourg wiederum zeigte sich besonders von der Position eines für Fabrikationsverbesserungen im Werk zuständigen «Factory Engineer» fasziniert. Bei Ford wurde notiert, dass dieser seine Angestellten zwar deutlich besser bezahle als alle anderen, aber auch besonders rücksichtslos bei Entlassungen sei.[80] Bei einem Besuch der General Electric Co. in Schenectady in New York stellte ein AFA-Emissär – fast beruhigt – fest, dass das Arbeitstempo nicht höher sei als bei der AFA. Bei der ESB und den Trockenbatteriefabriken beobachtete er dagegen eine mehr als doppelt so hohe Produktionsgeschwindigkeit wie in Europa. Beeindruckt waren die AFA-Ingenieure von einem Korridor, der längs zu den mit großen Glasfenstern versehenen Laboratorien verlief. Durch die Fenster ließ sich auf einen Blick kontrollieren, ob gearbeitet wurde.[81]

Nachdem im Berliner Werk der AFA bereits 1921 provisorische «Wandertische» für die Batterieproduktion getestet worden waren, wurde dieses Förderbandverfahren seit 1924 zur Regel. Es hatte genaue Bewegungsstudien des Arbeitsplatzes zur Voraussetzung; zugleich wurde die Ausstattung der Maschinen und Werkzeuge dem neuen Verfahren angepasst. Die Länge der Wandertische, die im Probebetrieb zunächst 35 bis 40 Meter betragen hatte, wurde bis 1925 vervierfacht. Zu diesem Zeitpunkt wurden mit diesem Verfahren, das sich vor allem für die leicht transportablen Akkumulatoren mit einem Gesamtgewicht bis 15 Kilogramm bewährte, bereits 90 Prozent der AFA-Akkumulatoren hergestellt. Andere Systeme, wie beispielsweise der Einsatz von Elektro-Hubkarren und «Schildkröten» – eine Sonderform des Fließbandverfahrens – ermöglichten weitere Einsparungen von Arbeitskräften. Die Umsetzung der Maßnahmen zur Vereinfachung von bürokratischen Prozessen, Verkürzung von Transportwegen, Verringerung der Kontrollen sowie der Typzahlen wurde regelmäßig überprüft. Zeitstudien sollten u. a. die Lohnverrechnung, die Bestellvorgänge und die Versandaufträge reorganisieren.[82] Die neuen Fertigungsmethoden, über die der Direktor des Werkes Oberschöneweide, der Ingenieur Wilhelm Kraushaar, mehrfach u. a. dem «Ausschuß für Fließarbeit» berichtete,[83] erforderten zugleich eine abgestimmte Lieferung der Zubehörteile durch die Zulieferbetriebe: Eine frühe Form des «just in time»-Verfahrens wurde auf diese Weise bei der AFA die Norm.

Die Herstellung von Artikeln, mit denen man qualitativ oder preislich nicht konkurrenzfähig war, sollte eingestellt und bei der Massenfabrikation die Reduktion auf wenige Standardtypen vorangetrieben werden – eine Maßnahme, die sich bezahlt machte, als das NS-System aus rüstungspolitischen Erwägungen eine ähnliche Forderung erhob. Der Vertrieb wurde in der Mitte der 1920er Jahre ebenfalls neu strukturiert. Die bisherige Gliederung in die Abteilung I (Technisches Büro, Ingenieurabteilungen, Verkehr mit den Tochterunternehmen sowie die Unterabteilung für den Kontakt zu den mit der AFA «befreundeten» Unternehmen in der Schweiz, Spanien, Frankreich, Italien), die Abteilung Export (AFA Accumulators Ltd. sowie die Ingenieurbüros in Buenos Aires, Rio de Janeiro, Tokio, Shanghai), die Abteilung II (direkter Kundenvertrieb), die Automobilabteilung (direkter Vertrieb an Behörden, große Gesellschaften, Wagenfabriken) und die Varta (Vertrieb durch ihre Abteilungen im Zentralbüro direkt an Behörden und Starterfabrikanten, außerdem durch die Varta-Abteilungen Hamburg, Hannover, Köln, München, Berlin sowie die Export-Abteilung), wurde als ineffizient aufgegeben. Die zukünftigen Abteilungen erhielten eine eigene Buchhaltung. Der Vertrieb der Produkte der Abteilung I (stationäre Akkumulatoren), der Varta (transportable Akkumulatoren), der Abteilung II (transportable Akkumulatoren für Traktion) und der Auto-Abteilung (transportable Akkumulatoren für Autobetriebe) wurde vereinigt, räumlich zusammengelegt und dem Vorstand unterstellt. In Großstädten sollte die AFA angesichts des Motorisierungsbooms mit einer Lade- und Reparaturstätte präsent sein; in kleineren Städten sollten Varta-Artikel über exklusive Vertragspartner verkauft werden. Radio-Akkumulatoren sollten in einer Art Abonnement vertrieben werden: Der Kunde sollte regelmäßig seinen leeren Akkumulator gegen einen frisch geladenen austauschen können.[84] So überzeugend der Plan auf dem Papier auch aussah, wurde das Vorhaben nicht ganz reibungslos umgesetzt. Vor allem die Mitarbeiter der Ingenieurabteilungen wollten sich nicht zu «Hilfsarbeitern» der noch nicht als gleichwertig angesehenen und weisungsgebundenen Varta-Mitarbeiter degradieren lassen.[85]

Die soziale Rationalisierung war ein weiteres Feld der Modernisierung, auf dem sowohl alte Traditionen fortgeführt als auch neue Anregungen aufgenommen wurden. Als Quandt und Roderbourg 1924 aus

den USA zurückkehrten, wurden bei der AFA Tests zur Produktions-
und Arbeitszeitermittlung durchgeführt und anschließend die Fließbandarbeit verfeinert, wobei kaum zu sagen ist, ob dies eine direkte
Folge der Auslandserfahrungen war oder ob nicht ohnehin schon
praktizierte Verfahren optimiert wurden.

Schließlich hatten Müllers
patriarchalische Vorstellungen einer sozialen Rationalisierung, die darauf baute, dass es im eigenen Interesse der Mitarbeiter lag, ein konkurrenzfähiges Qualitätsprodukt herzustellen, die AFA bereits seit
langem geprägt.[86] Klassische Fürsorgeangebote wie die «Konsum-
anstalt», Werkswohnungen, Sparkassen und Invalidenfürsorge hatten
bei der AFA Tradition. Bereits 1889 war im Rahmen eines «Wohl-
fahrts-Paketes» eine Fabrikkrankenkasse in Hagen gegründet worden,
und 1925 wurde das System um eine eigene Betriebskrankenkasse für
die Berliner Werke erweitert.[87]

Ein programmatischer Vortrag Müllers und ein damit verbundenes
umfassendes Reorganisationsprogramm aus dem Jahr 1924, das auch
einen Ausweg aus der Krise bieten sollte, vermitteln einen Einblick in
diese Überlegungen sozialer Rationalisierung. Günther Quandt war in
diese Besprechungen im Mai 1924 allerdings noch nicht eingebunden.
Ein umfassendes Prüfsystem sollte Materialverschwendung, Ineffizi-
enz und «Trödelei» der Arbeiter verhindern. Diesen sollten alle entste-
henden Kosten detailliert bekannt gegeben werden, um das Interesse
an einer Senkung der Gesamtkosten zu fördern, die mit Lohnzuschlä-
gen und Prämien belohnt werden würden. Das System war stärker auf
Anreiz als auf Sanktionierung ausgerichtet: «Was wir den Arbeitern
versprechen, muss bei Erfüllung der Leistungsaufgabe prompt beglichen werden und der Grundsatz gelten: leben und leben lassen.»
Überwachung und Kontrolle sollten dadurch auf einen «kleinen Bruchteil» des Personals reduziert werden.[88] Um in allen Sparten «nur erstklassige Erzeugnisse» liefern zu können und «Schundware» zu vermeiden, wurde die Kompetenz der Stammarbeiter beschworen: «Wir
haben in dem Kreise unserer Mitarbeiter eine Summe von Wissen und
Können, das einen wertvollen Besitz der Gesellschaft darstellt. [...] Es
wird unter unseren Beamten die Ausmerzung der Lahmen nötig sein,
ich meine selbstverständlich nicht körperlich lahme, sondern geistig
lahme. [...] Es wird dabei ohne gewisse Härten nicht abgehen. Wir
werden jedoch so viel wie möglich menschlich verfahren.»[89] Weil Massenproduktion und -verkauf noch am Anfang standen, sollten sie nach
dem Beispiel Fords und anderer amerikanischer Firmen beschleunigt

werden. Die Kosten sollten durch Vereinfachung der Arbeitsvorgänge gesenkt werden, wie zum Beispiel durch die Vermeidung unnötiger Transportwege, durch mechanische Förderbahnen, schließlich durch Normung der Produkte, Reduzierung der Typzahlen, Professionalisierung der Lagerhaltung und Neuorganisation der Büroarbeit.[90] Die Arbeitsmethoden sollten schließlich «vom Direktor bis zum letzten Arbeiter» daraufhin überprüft werden, ob sie dem Stand der Technik entsprachen.[91] Die Sorge vor der amerikanischen Konkurrenz, aber damit einhergehend auch die Erwartung neuer Absatzmöglichkeiten, war ein wichtiger Antrieb: «Wir müssen Ford das Wasser abgraben, denn er wird mit Tausenden von Automobilen in nicht zu ferner Zeit in Deutschland auf den Markt kommen. Jedes Fahrzeug bedeutet einen Kunden für uns, den wir den Amerikanern wegnehmen müssen. Die anderen Wagen von den zahlreichen amerikanischen, englischen und französischen Fabrikanten, die kriegen wir schon ohnehin.»[92]

Es dürfte deutlich geworden sein, dass das Rationalisierungsdenken bei der AFA bereits vor Günther Quandts Eintritt tief verankert war. Dieser setzte nun konsequent den bereits eingeschlagenen Weg fort. Für die neuen Herausforderungen in einem international tätigen Unternehmen eignete er sich Kenntnisse an, die weder in Pritzwalk noch in seiner Tätigkeit in der Rüstungsbürokratie nach 1914 notwendig gewesen waren. Ein intensiver Besuch der Berlitz-School diente dazu, seine Englischkenntnisse zu verbessern, die lediglich auf Schulniveau waren. Nach einem zusätzlichen Konversationskurs arbeitete er sich nach eigener späterer Darstellung in die technischen Fragen ein: «Ich habe alles studiert, was sich mir bot: wissenschaftliche Institute und Laboratorien, Einrichtung und Arbeitsweise von Fabriken, Formen der Erzeugung, der Verarbeitung und des Absatzes bis hinunter zum Drugstore, Betriebsführung, Rechnungswesen und Werbung und nicht zuletzt den Kapitalmarkt.»[93] Dieser Selbstbeschreibung steht jedoch die kritische Bemerkung seines Mitarbeiters Friedrich Dörge gegenüber, Quandt habe «außer seiner Lehrlingsausbildung als Textilverkäufer keinerlei Kenntnisse in all den Berufssparten, die er später wirtschaftlich beherrschte».[94] Bei diesem Urteil dürfte allerdings auch die Geringschätzung des Technikers, der zudem allgemein ein kritisches Bild des Unternehmers Quandt zeichnete, von Bedeutung gewesen sein.

Anders als Müller trat Quandt nicht mit einem großen Reorganisationskonzept hervor, jedoch ist anzunehmen, dass er, von den Einblicken in die amerikanische Industriekultur tief beeindruckt, die Entscheidungen mittrug, wenn nicht gar mitformulierte. In einer Festschrift ist sein Anteil an der Rationalisierung, nicht zuletzt in Abgrenzung zu Müller, als hoch eingeschätzt worden, weil sich sein planerisches Denken auch auf seine Mitarbeiter ausgewirkt habe. Weil er ihnen dennoch «viel Handlungsfreiheit» gelassen habe, habe er flexibler als Müller auf die sich ständig wandelnde unternehmerische Umgebung reagieren können.[95] Diese Einschätzung ist sicherlich nicht falsch. Quandts unternehmerischer Erfolg lag mit darin begründet, zwar eine Generallinie vorzugeben, aber, gerade nach Müllers Tod 1928, unterhalb dieser Ebene vieles zu delegieren – eine Fähigkeit, die von vielen Zeitgenossen und Mitarbeitern, selbst von seinen Söhnen, nicht immer wahrgenommen wurde. Welchen Anteil die Rationalisierungsbemühungen an den Umsatz- und Gewinnsteigerungen der AFA nach 1924 einnahmen, war selbst der AFA-Hauptverwaltung unklar, da sich die Kennzahlen über Umsatz, Löhne, Gehälter und Betriebskosten der beiden Hauptwerke Oberschöneweide und Hagen teilweise widersprachen. Exakten Aufschluss über die einzelnen Faktoren der Wirtschaftsentwicklung des Unternehmens sollten daher seit Anfang der 1930er Jahre genauere Aufstellungen bringen.[96] Wenig später wurden daher für den Einkauf und das Ersatzgeschäft solide Berechnungen auf Basis von Statistiken angemahnt.[97]

Nationalsozialistische Moderne?
Rationalisierungen während des «Dritten Reiches»

Mit der Weltwirtschaftskrise verlor der Begriff, nicht jedoch die Idee der «Rationalisierung» schließlich einen großen Teil seiner Wirkung. Im Nationalsozialismus wurde der Gedanke sodann unter dem Schlagwort der «Leistungssteigerung» umgedeutet und fortgeführt. Durch die Rüstungskonjunktur fielen einige Barrieren fort, die der Fließbandfertigung bislang im Wege gestanden hatten, und selbst der Zwangsarbeitereinsatz ließ sich in der NS-Zeit perfiderweise als eine Fortentwicklung des Fließbandprinzips unter Kriegsbedingungen rechtfertigen.[98] In der «Werksgemeinschaft», die an anderer Stelle dieser Studie gesondert behandelt wird,[99] wurden die Leitungs- und Organisationsfunktionen des Unternehmers herausgehoben. Die Führung sollte einen Herr-im-Haus-Standpunkt gegenüber der «Gefolgschaft» einnehmen, gleichwohl aber dem «Volkswohl» verpflichtet sein.[100] Die hieraus resultierenden «Modernisierungserfolge» des Regimes waren zwiespältig. Die Annahme, NS-Organisationen wie die DAF hätten die Unternehmen dazu angehalten, ihr Verhältnis zur Arbeiterschaft zu versachlichen und sich stärker um deren Qualifizierung zu sorgen,[101] bestätigte sich nicht, weil Propaganda und Agitation ganz im Vordergrund standen.

In den Unternehmen der Quandt-Gruppe wurden Rationalisierungsmaßnahmen weitgehend unabhängig von Vorgaben des Regimes weitergeführt. Obwohl es genügend Zeugnisse für bürokratische Inkompetenz, Repressionen, Drohungen und willkürlich erhöhte Leistungsanforderungen gab, die einer durchgreifenden Modernisierung entgegenstanden, waren z. B. die neuen AFA- und DWM-Fabriken Beispiele für weitsichtig geplante Fertigungsstätten, deren Umsetzung auf den bisherigen betrieblichen Erfahrungen beruhte. Einen guten Einblick in die Kontinuität des hergebrachten Rationalisierungsdenkens bieten die Protokolle der großen AFA-Abteilungsleiterkonferenzen der Jahre 1937 und 1941: Günther Quandt überließ das Operative seinen Ingenieuren.[102]

Die Rationalisierung und Modernisierung wurde auch in anderen neu erworbenen Unternehmen weitergeführt. Günther Quandt fuhr beispielsweise 1938 mit einem ganzen Stab führender DWM-Mitarbeiter nach Erfurt, um das Maschinenbauunternehmen Henry Pels zu restrukturieren. Eine eingehende Überprüfung hatte ergeben, dass die Werkstatträume zu eng und kaum befahrbar, die Arbeitsmaschinen überaltert und nicht regelmäßig gewartet worden, die Maschinen planlos angeordnet und ohne Berücksichtigung der kürzesten Transportwege aufgestellt waren und die Betriebs- und Verwaltungsorganisation sich nicht auf dem neuesten Stand befand. Bemängelt wurde auch, dass es teilweise seit den 1920er Jahren keine Zeiterfassung der Akkordarbeiten gegeben hatte, und alles «bei gleichzeitiger Außerachtlassung einer optimalen Ausnutzung der vorhandenen Betriebsmittel».[103] Die daraufhin eingeleitete umfassende Reorganisation zog sich noch bis Ende 1941 hin. Zunächst erfolgte eine genaue Erfassung der Leistungsfähigkeit der Maschinen. Einige wurden generalüberholt, die älteren Modelle durch Neuanschaffungen ersetzt. Der Maschinenantrieb, der noch zum Teil durch Transmissionsriemen erfolgte, wurde auf Einzelbetrieb umgestellt. Die Transportwege wurden erfasst und durch Neuanordnungen der Maschinen die Wege verkürzt. Neue Akkordbewertungen trugen zu erhöhter Produktivität bei, die auf etwa 20 bis 25 Prozent geschätzt wurde. Das Reorganisationsteam war, wie sein zusammenfassender Bericht aus dem März 1943 verriet, sichtlich stolz: «Der von uns eingeschlagene Weg, die Ermittlung der Vorgabezeiten mit großer Sorgfalt zu betreiben bei gleichzeitiger optimaler Ausnutzung der zur Verfügung stehenden Betriebsmittel, hat uns im vergangenen Jahr als Firma mit der kürzesten Bauzeit aller Flak-bauenden Unternehmen die besondere Anerkennung des Reichsministers für Bewaffnung und Munition [...] zuteil werden lassen.»[104]

Mit Blick auf die Produktpalette fallen einige erfolgreiche, aber auch einige gescheiterte Innovationsbemühungen auf, wobei allein die Tatsache, dass die AFA ihre technologische Führung behielt, ein Indiz dafür ist, dass eine mit finanziellen Risiken behaftete experimentelle Forschung selbst dann sinnvoll ist, wenn Produkte nicht die Serienfertigung erreichen. Die AFA hatte sich bereits seit Beginn des 20. Jahrhunderts an den – überwiegend erfolglosen – Bemühungen beteiligt, Elektrofahrzeuge auf dem deutschen Markt einzuführen.[105] In den 1930er Jahren wurden Ladestellen, Leihbatterien, und die Finanzierung von Elektroautos beworben.[106] Die zum Betrieb erforderliche Energie könne, so wurde angeführt, unabhängig von der Einfuhr ausländischer Treibstoffe durch billigen Nachtstrom bereitgestellt werden. In den USA würden nur etwa die Hälfte aller Lastwagen täglich mehr als 50 Kilometer fahren. Bei der geringen Fahrtleistung sei, so lautete die AFA-Argumentation, der Benzinbetrieb «nachweisbar unwirtschaftlich».[107] Fahrzeuge mit «Duo-Antrieb», bei denen der Elektroantrieb durch einen Hilfsmotor für die An- und Bergfahrt ergänzt wurde – was heute als Hybrid-Technologie en vogue ist – verkomplizierten nach Ansicht der AFA-Experten jedoch den einfachen elektrischen Antrieb. In Wien wurde zwar das Konzept einer Elektrotankstelle vorgestellt, ein ähnliches Projekt in Berlin jedoch bis zum Kriegsende zurückgestellt. Versuche zur Stromerzeugung mit Windkraftanlagen, die mit AFA-Reservebatterien zur Pufferung ausgestattet waren, wurden für eine flächendeckende Verwendung als technisch noch nicht genügend ausgereift angesehen.[108]

Schon in der Mitte der 1920er Jahre wurde angeregt, die AFA-Produkte einheitlich mit Firmenlogos zu versehen.[109] Seit Ende des Jahrzehnts gab es zudem Überlegungen, durch Vorträge über die Geschichte des Akkumulators und der AFA bei der Belegschaft das Bewusstsein zu stärken, dass man bei einem Markenhersteller arbeitete[110] – eine frühe Form der «Corporate Identity». Als Premium-Zulieferer, der zum Beispiel das Luftschiff «Hindenburg» exklusiv mit Varta-Batterien bestückte, die während der Fahrt vom Bordnetz aus aufgeladen werden konnten, wollte man von diesem Prestige profitieren, weil durch die verschiedenen Besuchsfahrten «die Nachfrage nach deutscher Ware» erheblich stieg[111] – eine Werbewirksamkeit, die sich im übrigen auch die Dürener Metallwerke zunutze machten, wenn sie bekanntgaben, dass das Luftschiff «Graf Zeppelin», das von den Dornier-Werken gebaute Flugboot Do X, die Junkers G 38 und die Rennwagen der Autounion als «Spitzenleistungen deutscher Technik» ihren Werkstoff Duralumin nutzten.[112]

Der Ausbruch des Zweiten Weltkrieges bedeutete in dieser Hinsicht keine Zäsur. Die Umstellung von Friedens- auf Kriegsproduktion bedurfte, wenn man von den weiteren (von der Wehrmacht gewünschten) Normierungen einmal absieht, keiner umfangreichen Maßnahmen, weil die technischen Standards weitgehend kompatibel waren. 1938 stellte die AFA erstmals eine genormte Einheitsbatterie (3 De 6) auf der Berliner Automobilausstellung vor.[113] Technisch vertraute man nach wie vor auf leichte Batterien mit hoher Leistung, die allerdings wartungsintensiv waren und eine kürzere Lebensdauer hatten, während in den USA sog. «Panzerplatten» eingesetzt wurden, die teurer, schwerer und voluminöser, dafür aber langlebiger und weniger anfällig waren. Auch der zum Teil durchgeführte Produktionswechsel von Bleiakkumulatoren auf alkalische Batterien ließ sich ohne wesentliche technische Modifikationen bewerkstelligen, indem die Holzkästen durch Metallbehälter ersetzt wurden.

Was Verkauf und Vertrieb anging, blieb die Umstellung auf die marktregulierende Wirtschaftspolitik des Nationalsozialismus für ein technologisch führendes Unternehmen wie die AFA hingegen problematisch. Die seit 1940 für wissenschaftliche Fachdiskussionen veröffentlichten betriebsinternen «TA-Nachrichten» der Technischen Abteilung[114] schlossen sich der Argumentation an, dass sich durch die Vierjahrespläne eine Verbrauchslenkung ergeben habe, die Kunden und Händlern die Möglichkeit nehme, «in gewohnter Weise nach eigenem Geschmack, eigenem Gutdünken und höchstpersönlicher Entscheidung zu disponieren». Hersteller und Händler wiederum seien in die «gewiss nicht beneidenswerte Zwangslage» versetzt, den Wünschen der «früher so stark umworbenen und unter Einsatz beträchtlicher Mittel als Dauerkunden gewonnene[n] Abnehmerkreise nicht mehr ‹gewissenhaft und promptest› entsprechen zu können». Dies wurde als schwerer Eingriff in das «freie Spiel der wirtschaftlichen Kräfte» missbilligt.[115] Selbst im Krieg galt die Kundenwerbung als eine unabdingbare Investition für spätere Friedenszeiten. Daher wurde auf den großen Messen in Leipzig, Königsberg, Wien, Breslau und Helsinki im «AFA-Stil» Gemeinschaftswerbung für AFA, Pertrix, Varta und DEAC betrieben, obwohl Günther Quandt hohen Werbeausgaben skeptisch gegenüber eingestellt war und «diese Kosten lieber als Gewinn herauszubringen» anregte. Fragen des Corporate Design, der Anbringung des AFA-Logos auf Dienstwagen und Geschäftsgebäuden sowie der Verteilung von Werbemitteln wie Taschenkalendern und Werbefilmen spielten ebenfalls eine Rolle, obwohl z. B. Aufträge der Wehrmacht und anderer Behörden nicht beworben werden durften.[116]

Günther Quandt schlug vor, für die verschiedenen Marken der AFA-Gruppe einen einheitlichen Namen zu finden. Er fand den Namen «Tudor» passend und regte an, für etwa zehn Jahre von Tudor-AFA, Tudor-DEAC, Tudor-Pertrix zu sprechen und dann den zweiten Teil des Namens fallen lassen. Dies versuche man auch bei den Mauser-Werken und den DWM und wolle den Namen «Mauser» in fünf bis zehn Jahren fallen lassen. Seitens der Abteilungsleiter wurde jedoch eingewandt, der Name Tudor sei «fremdländischen Ursprungs» und seine Einführung aus propagandistischen Gründen wohl schwierig – eine durchaus schlüssige Argumentation, denn im «Dritten Reich» wurde selbst der Begriff «Akkumulator» durch «Sammler» ersetzt. Allerdings benutzten die AFA-Abteilungsleiter diesen bis dahin ungebräuchlichen Begriff selbst kaum, und der AFA-Direktor Wallmüller stellte 1941 fest, «das neben dem Wort Akkumulator geführte Wort Sammler» werde wohl «nur für die Dauer des Krieges Gültigkeit» haben.[117] Günther Quandt akzeptierte die Bedenken seiner Mitarbeiter zum Markennamen «Tudor» und schlug stattdessen vor, einen Phantasienamen zu suchen.[118] Diese Diskussion wurde allerdings im Weltkrieg nicht mehr weitergeführt, so dass die verwirrende Vielzahl von Produktnamen fortbestand.

Alles in allem zeigen die Rationalisierungs- und Modernisierungsmaßnahmen bei der AFA ein Unternehmen, in dem das Bewusstsein, technisch führend zu sein, traditionell dazu ansporte, auf der Höhe der neuesten Entwicklungen zu bleiben. Die Erfolge lassen sich im Einzelnen schwer messen, aber die Tatsache, dass sich die AFA als unangefochtener Marktführer behaupten konnte, ist zweifellos ein Indiz für eine gelungene Modernisierung, zumal die angestrebte «große internationale Marktordnung auf dem Akkumulatorengebiet»[119] gelang. Günther Quandt nahm Tendenzen, die ihm aus der Textilbranche bereits bekannt waren, auf. Obwohl er sich nicht um die Detailarbeit kümmerte, unterstützte er die Modernisierungen, die nach 1945 die Gewähr dafür bieten sollten, erneut eine herausgehobene Stellung auf dem deutschen und europäischen Batteriemarkt zu erringen.

Die wirtschaftsbürgerliche Lebenswelt Günther Quandts

Für die Beurteilung der Handlungsweisen und -spielräume des Unternehmers Günther Quandt reicht nicht allein der Blick auf die Bilanzen. Es müssen darüber hinaus die soziale Einbettung, die persönliche Lebenswelt und das Beziehungsnetzwerk, das sich unter anderem aus Mitgliedschaften in Verbänden, Vereinen, Klubs oder Aufsichtsräten entwickelte, aber vor allem auch seine Familiensituation berücksichtigt werden.[120] Häufig sind einer solchen Untersuchung durch das Fehlen von aussagekräftigen Quellen enge Grenzen gesetzt. Im Fall Günther Quandt, von dem kein eigentlicher Nachlass vorliegt steht vor allem der Geschäftsmann und weniger der Privatmann im Zentrum, obwohl sich bei ihm diese Bereiche nur schwer voneinander trennen lassen. In dieser Hinsicht entsprach Günther Quandt dem Bild des klassischen Wirtschaftsbürgers, der als Typus seinen Höhepunkt im 19. Jahrhundert erreichte, als individueller Lebensentwurf allerdings auch noch in den Jahren der Weimarer Republik weit verbreitet war. Verhaltensnormen des bürgerlichen Lebens wie Mäßigung und Fleiß hatten zwar an Verbindlichkeit verloren, jedoch konnte sich ein Unternehmer durchaus weiterhin diesem Lebensstil verschreiben.[121]

In seinen Memoiren hat Günther Quandt dies für sich und seine Familie selbstbewusst in Anspruch genommen. Seinen Vater beschrieb er als konservativen Mann, der «gut preußisch» gedacht habe und dem die Königstreue ebenso selbstverständlich gewesen sei wie sein «einfacher, herzhafter Glaube». Sein Lebensstil sei bescheiden gewesen: «Er war sparsam, pflichtgetreu, ehrlich bis auf die Knochen – wenn ich an preußische Tugenden denke, steht mir mein Vater immer vor Augen.»[122] Diese Schilderung schloss er mit einer Selbstbeschreibung: «Mögen sich auch die Verhältnisse ändern, Gesinnungen verlieren nicht ihren Wert: Sparsamkeit, Pflichttreue, Unbestechlichkeit sind Tugenden, die immer gelten. Darum habe ich bis in die heutige Zeit versucht, meinem Vater in diesen Eigenschaften nachzueifern.»[123]

Allerdings wird bei einem Blick auf die unternehmerische Praxis deutlich, dass diese Tugenden vor allem einen abstrakten Wertehorizont beschrieben, der sich keineswegs durchgängig in den wirtschaftlichen Aktivitäten Quandts niederschlug. In der Inflationsphase nutzte er neben Eigenkapital in erheblichem Umfang Kredite zur Finanzierung von Übernahmeprojekten und Aktienspekulationen, was eben nicht dem von ihm skizzierten bürgerlichen Kaufmannsverständnis entsprach, welches einer hohen Verschuldung grundsätzlich ablehnend gegenüberstand.[124] Während viele Bürger gerade in der Inflationszeit über die Gültigkeit hergebrachter bürgerlicher Werte und Moralvorstellungen in tiefe Zweifel gerieten, scheint Günther Quandt diese Krisenphase weit weniger verstört zu haben. Seine Memoiren lassen auch für diese Zeit immer wieder seinen rückblickenden Stolz über gute Geschäfte erkennen, die er aufgrund seiner raschen Antizipation der Möglichkeiten hatte erzielen können. Die von ihm beschriebenen bürgerlich-kaufmännischen Werte waren für ihn daher wohl schon in den Weimarer Jahren mehr eine abstrakte Norm als eine konkrete Handlungsanleitung. Während der NS-Zeit boten sie schließlich keine wirksame Barriere gegen eine Beteiligung an «Arisierungen» und Zwangsarbeitereinsatz. Moralische Bedenken gegenüber dieser Geschäftspraxis lassen sich nicht erkennen.

Seinen neuen Lebensmittelpunkt in der Weimarer Republik fand Quandt 1920, als er in Neubabelsberg in der Luisenstraße 2 (später Ludwig-Troost-Straße 1–5, heute Virchowstraße) am Griebnitzsee eine großzügig gebaute Villa mit parkartigem Garten bezog, die bis zum Ende des Zweiten Weltkrieges das eigentliche Wohnhaus und zugleich die Zentrale jener Familien-Holding Agfi war, über die ein Großteil des Vermögens der Quandts verwaltet wurde. Seit dem Kaiserreich war der Prozess der Umsiedlung des Wirtschaftsbürgertums in die Villenkolonien der Vorstädte zu beobachten, die eine Flucht aus den zunehmend von Hochhäusern und Mietskasernen sowie Stadtverkehr, Lärm und Schmutz geprägten Zentren darstellte.[125] Vermutlich bedauerte auch der aus dem beschaulichen und immer noch agrarisch geprägten Pritzwalk stammende Quandt diese Stadtentwicklung, entscheidender aber dürfte für den sich in Berlin etablierenden Jungunternehmer der Versuch gewesen sein, sich in die traditionellen bürgerlichen Kreise der Hauptstadt einzugliedern. Ob dies wirklich gelang, bleibt ungewiss, zumal in Berlin der Dünkel des Establishments gegenüber einem gerade der Provinz entkommenen Fabrikanten sicherlich groß gewesen sein dürfte. Die unsichtbaren Grenzen zwischen «neuem» und «altem» Bürgertum waren immer noch vorhanden, und den Eingeweihten waren gerade in der Spekulationsphase der frühen 1920er Jahre die «feinen Unterschiede», von denen Pierre Bourdieu spricht,[126] durchaus bekannt. Dafür, dass Günther Quandt nicht immer den richtigen Ton traf – was bei etablierten Bürgern in der Regel fast reflexhaft den Eindruck des Parvenühaften und Neureichen erzeugte – spricht beispielhaft die Wohnungseinrichtung, die repräsentativ wirken sollte, aber zugleich wenig Individualität verriet und zudem gewisse Rückschlüsse auf das Selbst- bzw. Familienbild erlaubt, das Günther Quandt seinen Gästen vermitteln wollte.[127] Die Mitte der 1920er Jahre eingebaute philharmonische Orgel von der Firma Welte & Sohn, «ein Instrument in der Größe einer mittelgroßen Kirchenorgel», wie sich Herbert Quandt später erinnerte,[128] bediente einen konventionellen musikalischen Geschmack, wobei das künstlerische Interesse eher unbedeutend gewesen sein dürfte. Zugleich verwies die Orgel als klassisches Kircheninstrument auf christliche Wurzeln, die bei Quandt jedoch kaum über eine oberflächliche evangelische Kirchengläubigkeit hinausgegangen sein dürfte. Günstig kann die Installation des prunkvollen Musikinstruments nicht gewesen sein. Sie verweist darauf, dass sich Quandt mit wachsendem Wohlstand zunehmend einen Luxus gönnte, den er als standesgemäß empfand: Ins europäische Ausland reiste er häufig mit seinem sechssitzigen roten Maybach-Cabriolet, das er sich für seine Amerikareise im Sommer 1927 sogar nach Übersee verschiffen ließ. Logiert wurde standesgemäß, ob privat oder auf Dienstreise, in den ersten Häusern am Platze.

In den folgenden Jahren wurde die Villa mit Kunstwerken reichhaltig ausgestattet,[129] unter anderem mit einem Original von Carl Spitzwegs «Die Ankunft des Freundes», das er 1935 beim alteingesessenen Kunstauktionshaus Paul Graupe kaufte, und einem Bismarck-Porträt von Franz Lenbach, das er im Dezember 1939 ersteigerte. In anderen Zimmern fanden sich italienische Landschaftsbilder des Düsseldorfer Malers Oswald Achenbach; dem Speisezimmer waren Impressionisten vorbehalten: Gemälde unter anderem von Camille Pissarro, Claude Monet, Alfred Sisley, Gustave Courbet und Jean-Baptiste Corot. Diese durchaus hochkarätige Sammlung repräsentierte das 19. Jahrhundert und umfasste moderne Klassiker, die mittlerweile ihre provozierende Wirkung verloren hatten und somit auf Besucher einen beeindruckenden, aber nicht herausfordernden Eindruck machen sollten. Bismarck-Porträt und italienische Landschaftsbilder symbolisierten zudem klassische politische und kulturell konservative Topoi. Quandt beschränkte sich jedoch nicht auf deutsche und europäische Kunstwerke des 19. Jahrhunderts, sondern erwarb auch eine Sammlung kostbarer japanischer Holzschnitte und chinesischer Vasen, die eine gewisse Weltoffenheit symbolisierten. Da einige der von Günther Quandt benutzten Galerien und Auktionshäuser wie Paul Graupe und Rudolph Lepke in den Jahren nach 1933 Kunstwerke aus den Beständen jüdischer Privatleute auf den Markt brachten und beispielsweise eine «Krankenheilung Christi» von Jacopo da Ponte Bassano, die 1935 bei Graupe versteigert worden war, aus der Sammlung der kurz zuvor von den Nationalsozialisten liquidierten jüdischen Galerie van Diemen stammte, bleibt die Provenienz vieler Kunstwerke ungewiss und erfordert weitere Forschungen.[130]

Wie wenig Quandt seine Kunstgegenstände nach eigenem Geschmack zusammentrug, wird an einer Anekdote aus dem Jahr 1926 deutlich, die er in seinen Memoiren überliefert hat.[131] Demnach war er schon länger auf der Suche nach einer angemessenen Dreizimmerwohnung in Berlin, um nach Theaterabenden oder an nasskalten Wintertagen nicht die Fahrt nach Babelsberg auf sich nehmen zu müssen. Ein Grundstücksmakler bot ihm nach längerer Suche ein Haus zum Erwerb an. Quandt war nach eigener Aussage von dem im Empirestil gebauten Gebäude in der Frankenallee in Berlin-Charlottenburg nahe dem Berliner Funkturm schon auf den ersten Blick begeistert. Bezeichnenderweise übernahm er nicht nur das Haus, sondern auch dessen ausgewählte Innenausstattung mit einer umfangreichen javanischen Sammlung, die Vasen und eine gewölbte Decke mit in Öl gemalten javanischen Landschaftsbildern umfasste. Quandt, der die Verhandlungen mit dem in finanziellen Schwierigkeiten steckenden Vorbesitzer detailliert und humorvoll beschrieb, ließ sich von diesem zur Übernahme der Sammlung mit den Argumenten der «Repräsentationsmöglichkeiten» und der «Bewunderung» durch «Künstler und Kunstsachverständige» überreden.[132] Die Bibliothek mit zahlreichen Klassikern in der ersten deutschen Auflage, andere Kunst- und Einrichtungsgegenstände sowie den Weinkeller übernahm Quandt ebenfalls ohne Ausnahme, so dass er am Ende ein repräsentatives, zentral gelegenes

Haus mit geschmackvoller Einrichtung sein Eigen nennen konnte, das jedoch zur Gänze individueller Ideen entbehrte.

Die beiden Häuser waren keineswegs die einzigen, die Quandt in Berlin für den Eigengebrauch unterhielt: So kaufte er 1922 von Maria von Bleichröder eine Villa in der Kaiserstraße 1 in Neubabelsberg. Der Kaufpreis erscheint inflationsbedingt astronomisch hoch: zwölf Billionen, 880 Millionen Mark, die auf 23 000 Dollar umgerechnet wurden. Das Haus in der Kaiserstraße wurde später, in der Zeit seiner ersten Ehe, zum Domizil von Herbert Quandt.[133] Außerdem nutzte Günther Quandt in den 1930er Jahren häufig sein nobles Stadthaus in der Sigismundstraße 1 zwischen Tiergarten und Landwehrkanal, das er von dem jüdischen Architekten Wallenhengst erworben hatte. Die repräsentative und nicht weit von der AFA-Zentrale gelegene Villa wurde ebenfalls mit Gemälden großzügig ausgestattet. Die Immobilie sollte allerdings im Zuge der geplanten Umgestaltung von Berlin abgerissen werden, so dass Quandt dieses Haus aufgab und sich dank einer Entschädigungszahlung nach einem neuen Stadthaus umsah.[134] Sein Blick fiel auf ein in den 1880er Jahren erbautes viergeschossiges Wohnhaus in der Berliner Corneliusstraße 8. Dieses war als ungarische Gesandtschaft genutzt worden und wurde nach dem Erwerb durch Günther Quandt im April 1939 als Wohn- und Geschäftshaus für Repräsentationszwecke aufwendig renoviert. Beispielsweise fand hier der Vormittagsempfang anlässlich seines 60. Geburtstags statt, bei dem die Aufsichtsräte, Vorstände und Direktoren sämtlicher Firmen, die sich im Besitz von Quandt befanden, sowie Vertreter von Wehrmacht, Partei und Staat ihre Gratulation aussprechen konnten.[135] Allein die Umbaukosten beliefen sich nach einer Aufstellung vom September 1942 auf über 340 000 RM. In diesem Haus konzentrierte sich Quandt auf eine reichhaltige Ausstattung mit Antiquitäten. Vor allem die italienischen Gemälde waren bemerkenswert. In der 68 Seiten umfassenden Inventarliste werden neben einem Tintoretto «Madonna mit Kind und Johannisknabe» auch eine «Maria mit dem Kinde» von Francescuccio de Cecco Ghissi und «Die Heilige Familie mit dem kleinen Johannes» von Bonifazio Veronese aufgeführt.[136] Damit blieb er seinem konventionellen, auf das Repräsentative ausgerichteten Einrichtungsgeschmack treu. Nachdem das Haus am 22. November 1943 durch einen Bombenangriff völlig zerstört worden war,[137] verlor sich die Spur der dortigen Kunstwerke.

Bei all diesen Kunstgegenständen entsteht der Eindruck einer

Sammlung «nach Katalog». Zeitgenössische oder avantgardistische Kunst ist in den Listen nicht vorhanden, was wenig verwunderlich war: Aus seinem Elternhaus hatte er hierfür sicherlich keine weitergehenden Anregungen erhalten.[138] Überliefert ist lediglich ein Brief Emil Quandts über Theaterbesuche während eines Erholungsaufenthalts in Meran Ende 1913, bei der dieser die Aufführung einer Posse mit Gesang mit dem Titel «Filmzauber» als «großartig»[139] empfand. Tiefere Theaterkenntnisse dürfte auch Günther Quandt nicht erworben haben, zumindest legen dies rückblickende Äußerungen seines Mitarbeiters Friedrich Dörge nahe, der eine bildungsbürgerliche Substanz vermisste: «Günther Quandt hatte selbst keine besonderen Interessen, die nicht mit Geld zu tun hatten. Er kannte keine religiösen Gefühle, keine musischen Neigungen und keine Ressourcen im Freundeskreis. [...] Theater und Konzerte kannte er nicht, anstelle von Klassikern standen in seinem Bücherschrank rot gebundene Lederbände über das Liebesleben der Völker.»[140] Auch an seine Söhne konnte er in kultureller Hinsicht kein Interesse am Unkonventionellen vererben. Herbert wurde dem bildungsbürgerlichen Kanon entsprechend durchaus umfassend musikalisch erzogen, kam aber später zu dem selbstkritischen Urteil, er habe zum Beispiel Komponisten des 20. Jahrhunderts nichts abgewinnen können und sei, was Musik anbelange, «wohl stock-konservativ geblieben».[141]

Günther Quandts zweite Ehefrau Magda Ritschel

Die Führung des Haushaltes oblag nach zeitgenössischem Rollenverständnis der Ehefrau. Nachdem seine erste Frau Antonie 1918 an der Spanischen Grippe verstorben war, lernte Günther als 38-jähriger Witwer im Frühjahr 1919[142] auf einer geschäftlichen Zugfahrt die 17-jährige Magda Ritschel kennen. Sie war die uneheliche Tochter aus der Verbindung des Wasserforschungsingenieurs Oskar Ritschel mit dem Dienstmädchen Auguste Behrend, das er später heiratete. Diese erste Begegnung mit der in einem Pensionat in Goslar lebenden jungen Frau hinterließ bei Quandt einen solchen Eindruck, dass er ihn in seinen Lebenserinnerungen auf mehreren Seiten, die auch seinen Erobererstolz spürbar werden lassen, ausführlich wiedergegeben hat.[143] Nach einigen Briefwechseln und nachdem er die Bedenken von Magda ausgeräumt hatte – weil er «doch noch zu wenig von ihr wüsste»[144] – hielt Quandt um ihre Hand an und konnte neben der sich geschmei-

17 Gruppenbild mit Damen: Günther Quandt und rechts neben ihm Magda mit Freunden des Schwagers Walter Granzow (2. von links); der Bruder Werner Quandt ist der 2. von rechts.

chelt fühlenden Tochter auch die Mutter nach mehreren Einladungen in die Villa am Griebnitzsee in Neubabelsberg gewinnen.

Magda fand schnell Kontakt zu den beiden Kindern aus erster Ehe. An den Wochenenden vom Sommer 1919 bis 1920 war sie häufig in Berlin bei Quandt zu Gast. Mit den beiden Söhnen, dem am 10. März 1908 geborenen Hellmut und dem am 22. Juni 1910 geborenen Herbert, spielte sie, wie sich Herbert Quandt später erinnerte, Kricket, Boccia, Schach, Halma und zur musikalischen Untermalung Phonola, ein Vorsatzgerät für ein Klavier, mit dem man mit Hilfe von Rollen Musik machen konnte. Die Kinder schlugen dem Vater selbst vor, Magda Ritschel als Hausdame einzustellen, hatten aber «schon wegen der ständigen Wochenendbesuche» ohnehin bereits den Eindruck gewonnen, «daß der Vater für Fräulein Ritschel eine besondere Vorliebe» hatte.[145] Ende Juli 1920 teilte Günther Quandt seinen Söhnen mit, dass er sich mit Magda Ritschel verloben werde und sie heiraten wolle. Die beiden Söhne, so hat es Herbert später berichtet, waren «von dieser Nachricht nicht nur nicht enttäuscht [...], sondern es berührte sie angenehm, wahrscheinlich weil sie darin wieder eine zukünftige frauliche mütterliche Betreuung sich erhofften».[146] Die Verlobung wurde in Babelsberg in kleinem Kreis gefeiert.

Die Biographen von Magda Goebbels sind sich einig, dass Magda von ihrem 20 Jahre älteren Mann fasziniert war, selbst wenn die romantischen Anteile ihrer Empfindungen wohl weniger ausgeprägt waren. Quandts Machtstellung und seine Finanzen ermöglichten ihr einen bis dahin gänzlich unbekannten Lebensstil und eröffneten neue Horizonte. Allerdings war, wenn man den verschiedenen zeitgenössischen und späteren Darstellungen glauben darf, in der ungleichen Ehe von Beginn an bei Magda ein unbestimmtes Gefühl vorhanden, in Günther Quandt eher einen väterlichen Freund als einen Ehemann und Liebhaber gefunden zu haben. Die Beziehung war schon vor der Hochzeit durchaus stürmisch, was beim Altersunterschied und den ungleichen Charakteren kaum verwundern kann.

Am 4. Januar 1921 heiratete Quandt also ein zweites Mal. Die Hochzeit fand im Bad Godesberger Rheinhotel Dreesen statt, nachdem die nicht ganz einfache Konfessionsfrage geklärt war: Magdas Mutter, Auguste Behrend, war nach drei Jahren von Magdas Vater geschieden worden und hatte wenig später den jüdischen Kaufmann Richard Friedländer geehelicht. Die in der Öffentlichkeit hinter vorgehaltener Hand geäußerte Vermutung, ein Unbehagen über den jüdischen Nachnamen seiner Verlobten Magda Friedländer und damit ein latenter Antisemitismus habe dazu beigetragen, dass der katholische Oskar Ritschel als leiblicher Vater eingeschaltet wurde, um gleichsam eine nichtjüdische Herkunft zu attestieren, finden in den Quellen keine Bestätigung. Dennoch wurde die katholisch geborene Magda Friedländer zunächst zu Magda Ritschel und konvertierte – was ihr offenbar nicht leichtfiel – zum Protestantismus, nachdem sie einige Zeit Konfirmandenunterricht genommen hatte. Diese Bedingung hatte Günther Quandt wohl eher aufgrund der gesellschaftlichen Konventionen als aus Glaubensüberzeugung gestellt, weil er «zwei Glaubensbekenntnisse in einer Ehe nicht wünschte».[147]

Die Beziehung entsprach nach außen dem üblichen Bild einer Familie des Wirtschaftsbürgertums, das in erster Linie durch die Position und das Ansehen des Ehemanns bestimmt war. Quandt war der typische Vertreter des Berufsmenschen, der die meiste Zeit außer Haus verbrachte, aber durch seinen Erfolg auch das soziale Prestige und das Ansehen der Familie stärkte. Die beiden Söhne sah er nur am Wochenende, an dem sie zunächst von einer Hausdame betreut wurden; unter der Woche wurden sie im Internat «Schülerheim Dahlem» unterrichtet. Die Erziehung der Kinder übernahm nach der Hochzeit weitgehend Magda, die darauf großen Wert legte und sich schnell Respekt gegenüber den Hausangestellten zu verschaffen wusste. Das Verhältnis zum Ehegatten entsprach ebenfalls der weitverbreiteten Norm in wirtschaftsbürgerlichen Kreisen, in denen dem Ehemann und Vater Respekt gezollt wurde. Ob, wie Magdas Mutter bemerkt haben will, Günther Quandt im Laufe der Jahre mit Magda «viel weltgewandter und großzügiger» wurde, muss offenbleiben. Günther Quandt sei «nur durch Arbeit, Begabung und wieder Arbeit mehrfacher Millionär» geworden. Er habe, so lautete die spätere, nicht immer wohlwollende Erinnerung der Mutter Magdas, jeden Pfennig zweimal umgedreht, bevor er wieder ausgegeben wurde. Magda habe das ihr angebotene Taschengeld zunächst entrüstet zurückgewiesen, weil selbst die Dienstboten das Dreifache bekämen.[148] Für die Haushaltsausgaben führte Magda ein genaues Haushaltsbuch, dessen Saldo Quandt gar einmal mit einem, wie seine Gattin fand, «albernen Vermerk» routinemäßig abzeichnete.[149]

Unverkennbar erfüllte eine solche Ehe nicht die Vorstellungen Magdas. Schon die Hochzeitsreise nach Italien wurde mit dem Hinweis Günther Quandts auf eine «unaufschiebbare Konferenz» für ein paar Tage unterbrochen, was Magdas Mutter als «übertriebenes Geschäftsinteresse» erschien und eine erste Ehekrise zur Folge hatte.[150] Auch ansonsten war die Reise wohl kein voller Erfolg, wie Magdas Biograph Meissner später auf Basis zahlreicher Zeugnisse ausführte: «Sie hat feststellen müssen, daß ihr Mann Italien, jenes wirkliche Italien, das keinen Stern im Baedeker hat, kaum zur Kenntnis nimmt. Günther erlebt nicht, er besichtigt. Sie erkennt, daß er ein durch und durch amusischer Mensch ist, ein reiner Praktiker, dem Schönheit und Kunst nicht viel besagen. Auch die Natur läßt ihn unberührt. Als sie durch Umbrien fahren, durch die Landschaft von klassischer Schönheit [...] erklärt Quandt seiner Frau die geologische Struktur des Bodens und berechnet dessen industrielle Auswertungsmöglichkeit.»[151]

Die geologischen Explorationen Quandts verdichteten sich zwar nicht zu wirtschaftlichen Unternehmungen, die Beschreibung verweist aber neben dem begrenzten Kunstverständnis auf die stets enge Verzahnung von Privatem und Wirtschaftlichem. Gerade die vielen Reisen, auf denen Quandt von verschiedenen Familienmitgliedern – mal der Ehefrau, mal einem der Söhne – begleitet wurde und die zugleich einem bildungsbürgerlichen Habitus entsprachen, verband er fast immer mit geschäftlichen Interessen. Während einer Amerikareise Ende 1927, die die Quandts gemeinsam mit dem Ehepaar Roderbourg unternahmen, stand die Besichtigung verschiedener Fabriken im Vordergrund, wie sich Quandt später erinnerte: «Als wir unsere Damen dann aber nach Madison (Wisconsin) in zwei Trockenbatteriefabriken mit hinaufnahmen und ihnen in Chikago die Großschlächterei von Armour zeigten, streikten sie.»[152] Statt sich weitere Industrieanlagen anzuschauen, reisten die Ehefrauen ohne ihre Männer zur Mutter der gebürtigen Amerikanerin Roderbourg nach Washington. Immerhin schloss das Ehepaar Quandt an die USA-Reise noch eine Kreuzfahrt durch die Karibik und die westindischen Inseln an, die aber offenbar auch nicht ganz frei von geschäftlichen Nebentätigkeiten des Unternehmers war.

Im heimischen Berlin bzw. Potsdam war die Zeit für das Privat- und Familienleben noch enger bemessen: Gegen 7.30 Uhr fuhr Quandt ins Büro, gegen 19.30 Uhr kehrte er «müde und zerschlagen» nach Potsdam zurück. Die chronische Müdigkeit und Überanstrengung sprach sich selbst in Geschäftskreisen herum und ließ für ein Eheleben kaum Raum: «Sofort nach dem Abendessen setzte er sich in seinen Sessel, schlug die ‹Berliner-Börsenzeitung› auf und – war drei Minuten später über der Zeitung eingeschlafen.»[153] Als ihm der Verwalter seines Gutes Severin das Buch «Die Industrialisierung der Landwirtschaft» von Theodor Hacker schickte, beklagte Quandt, dass er nur selten Gelegenheit habe, solche Bücher zu lesen, da es viele Tage gebe, in denen er von 8 Uhr morgens bis 18 Uhr abends ununterbrochen mit nichts anderem beschäftigt sei als laufenden Tageseingängen, weshalb er für neue Ideen nur wenig Zeit finde.[154] Magda hatte sich diesem Rhythmus anzupassen, zumal Quandt auch kein Interesse am gesellschaftlichen Leben Berlins zeigte. Die Veranstaltungen, zu denen er nach Hause einlud, hatten meist einen geschäftlichen Hintergrund und «wurde[n] nur arrangiert, wenn sie unumgänglich waren».[155] Da die häusliche Geselligkeit in wirtschaftsbürgerlichen Familien oftmals die einzige Gelegenheit bot, in der die Gastgeberin im Mittelpunkt stehen konnte,[156] schmerzte Magda diese Eigenart ihres Gatten offenbar besonders.

Gesellschaftliche Tätigkeiten und geschäftliche Beziehungen

Zum klassischen bürgerlichen Habitus gehört gesellschaftliches Engagement. In diesem Punkt hielten sich die Bemühungen der Familie, zumindest soweit die erhaltenen Quellen erkennen lassen, in Grenzen. Günthers Vater Emil Quandt, Ratsherr in Pritzwalk, hatte immerhin anlässlich seiner Silberhochzeit 1905 die «Emil-Quandt-Stiftung» für soziale Notfälle ins Leben gerufen. Die regionale Verbindung mit der Heimat setzte sich fort, als die drei Brüder Günther, Werner und Gerhard im März 1916 in Pritzwalk und Wittstock gemeinnützige Stiftungen in Höhe von jeweils 50 000 Mark gründeten. Zwar sollten vornehmlich Textilarbeiter berücksichtigt werden, aber auch städtische und private Einrichtungen wurden bedacht wie beispielsweise die Vaterländischen Frauenvereine in Pritzwalk und Wittstock, die Kirche in Wittstock, das Rote Kreuz, die Jugendorganisationen sowie die märkischen Soldaten im Felde.

Während die patriarchalische Verantwortung für die Heimatregion auch in den folgenden Jahren erhalten blieb, lässt sich eine ähnliche gesellschaftliche Beteiligung an Günther Quandts neuem Lebensmittelpunkt Berlin nicht mehr ausmachen, und so spiegelt sich hier der allgemeine Wandel der Stadt von der Bürgergemeinde zur Einwohnergemeinde wider.[157] Bei seinen wenigen bekannten Verpflichtungen stand stets das unmittelbare Interesse der Familie im Vordergrund, wie etwa im Elternaufsichtsrat des Schülerheims im Arndt-Gymnasium.[158] Auch die Unternehmen sollten einen Nutzen haben: Bereits 1917 wurde Quandt gemeinsam mit anderen Experten der Kriegswirtschaft in das Kaiser-Wilhelm-Institut gewählt.[159] Hintergrund der Mitgliedschaft dürfte das Bemühen um eine effektive Verbindung von Wissenschaft und Produktion gewesen sein, die den Quandt-Unternehmen die eigene Forschungsarbeit erleichtern sollte. Diese Mitgliedschaft kündigte er am 29. Dezember 1934. Obgleich der Präsident Max Planck und sein Geschäftsführer Ernst Telschow ihn schriftlich baten, «seinen Entschluß doch noch einmal zu revidieren», blieb es bei Quandts Austrittsentscheidung, über deren Hintergrund sich aus den Akten nichts erschließen lässt.[160] Viele weitere Mitgliedschaften, wie diejenige im Aero-Club oder in den Wirtschaftsverbänden wie der Berliner IHK und dem Verein Berliner Kaufleute und Industrieller, sind erst für die NS-Zeit nachweisbar,[161] aber für die Weimarer Zeit keineswegs ausgeschlossen. Erst in den frühen 1930er Jahren lassen sich einige wenige allgemeinere politische Aktivitäten ausmachen.[162]

Eine wichtige Rolle spielte jedoch der private Verkehr mit Geschäftsfreunden, der zur Vertrauensbildung und zur Etablierung gewinnbringender Beziehungen diente.[163] Während für die NS-Zeit ein Einblick in das «Netzwerk» möglich ist und einigen Aufschluss über seine Geschäftspartner gibt,[164] ist eine solche Rekonstruktion für die Weimarer Jahre schwierig. Welch große Bedeutung persönliche Beziehungen für seinen wirtschaftlichen Erfolg jedoch hatten, wird im jeweiligen Kontext der Beteiligungen an neuen Unternehmen deutlich. Bei Wintershall spielten beispielsweise Quandts Kontakte aus der Textilindustrie eine wichtige Rolle, denn immerhin war Fritz Rechberg bereits frühzeitig in der Kaliindustrie tätig geworden. Nach dessen Ausscheiden aus dem Konzern, das wahrscheinlich mit einem persönlichen Bruch zwischen den beiden Unternehmern einherging,[165] rückte mit Max Koswig ein weiterer Kollege aus Zeiten der Kriegswollbedarf AG, mit dem Quandt immer eng kooperiert hatte, in den Aufsichtsrat der Wintershall AG nach. Über die näheren Beziehungen zwischen Quandt und Koswig in jenen Jahren ist jedoch so gut wie nichts bekannt, anders als beim Verhältnis zum Wintershall-Vorsitzenden August Rosterg, der aufgrund seiner führenden Rolle in der deutschen Kali- und Chemieindustrie mit hervorragenden Verbindungen ausgestattet war.[166]

Eine enge Zusammenarbeit pflegte Quandt gerade in den frühen 1920er Jahren mit einigen Bankiers, beispielsweise mit dem agilen Bankier Jakob Goldschmidt, der auch in seinem Haus verkehrte.[167] Der 1882 geborene Goldschmidt war bereits vor dem Ersten Weltkrieg in führende Positionen gekommen und hatte 1910 gemeinsam mit Julius Schwarz das Bankhaus Schwarz, Goldschmidt & Co. gegründet, das zum erweiterten Konzern der Deutschen Bank gehörte. 1918 wechselte er zur Nationalbank, die sich einige Jahre später mit der Darmstädter Bank zur Danat-Bank zusammenschloss. 1931 war er Mitglied in insgesamt 123 Aufsichtsräten, eine ansonsten unerreichte Zahl.[168] Quandt und Goldschmidt hatten vermutlich erstmals während des Weltkrieges miteinander Geschäfte betrieben, als Quandt die ersten Kuxe von Kali-Gewerkschaften erwarb. Goldschmidt war auf diesem Gebiet bereits vor dem Krieg zu einem bedeutenden Fachmann aufgestiegen.[169] In den zwanziger Jahren kooperierten beide bei zahlreichen Aktiengeschäften.[170] Bei der Übernahme der AFA stellte er

18 Der umstrittene Bankier Jakob Goldschmidt gehörte seit dem Ersten Weltkrieg zu den Geschäftspartnern Quandts.

Günther Quandt und Paul Hamel das strategisch entscheidende Aktienpaket zur Verfügung.[171] Später allerdings scheinen sich die Verbindungen gelockert zu haben, jedenfalls findet sich der Name Goldschmidt nur noch einmal 1928 im Zusammenhang mit der Übernahme der DWM, wo er jedoch allem Anschein nach die Gegenpartei unterstützte. Dem von der Gruppe Quandt/Hamel/Rohde neu eingesetzten Aufsichtsrat gehörte der Bankier jedenfalls nicht mehr an. Bereits Anfang 1933 verließ der von den Nationalsozialisten massiv angegriffene Goldschmidt Deutschland.[172]

Im Zuge der Übernahme der AFA lernte Quandt zudem den Bankier Paul Hamel kennen, der nach Mitstreitern bei der Verhinderung der Kapitalerhöhung gesucht hatte. Hamel war Teilhaber des Bankhauses Sponholz & Co., eines zunächst vergleichsweise kleinen Instituts mit Ursprüngen in Prenzlau, das seit 1911 von den drei Bankiers Hans Sponholz, Paul Hamel und Max Herz gemeinschaftlich geführt wurde. Der 1882 geborene Bäckersohn Hamel gehörte der Bank seit

1907 als Prokurist an. Als Kommanditgesellschaft waren in der Weimarer Republik zahlreiche Industrielle an dem Bankinstitut beteiligt, das mit seinen etwa 100 Angestellten in der Inflationszeit gute Geschäfte machte und üppige Dividenden in Höhe von 25 Prozent und mehr ausschüttete.[173] Hamel war der wichtigste Geschäftspartner Quandts während der Jahre der Weimarer Republik, vor allem aufgrund seiner Spezialisierung auf Firmenübernahmen, was sich als vorteilhaft beim Einstieg bei den BKI erwies, den sie gemeinsam mit dem Unternehmer Paul Rohde bewerkstelligten. In der NS-Zeit rückte er in den AFA-Aufsichtsrat auf und wurde 1938 zudem in den für strategische Entscheidungen wichtigen Wirtschaftsausschuss aufgenommen. Seiner wichtigen Rolle bei den Übernahmeprojekten entsprach es, dass er zahlreiche Aufsichtsratsmandate innerhalb der Quandt-Gruppe einnahm, unter anderem bei den DWM, den Dürener Metallwerken und den Mauser-Werken. Nach dem Tod von Hans Sponholz 1931 und dem Ausscheiden von Max Herz 1933 geriet das inzwischen «arisierte» Bankhaus ganz unter den Einfluss von Hamel.[174] Mehrere Aktiendepots wurden für Günther Quandt eingerichtet, meist auf das Konto der Companhia Perfuradora Brasileira.[175] Während der NS-Zeit war Hamel an zahlreichen «Arisierungen» beteiligt; viele davon betrieb er gemeinsam mit Günther Quandt. Das Bankhaus Sponholz handelte im Zweiten Weltkrieg zudem mit größtenteils aus den besetzten Ländern geraubten Edelmetallen, Diamanten und Wertpapieren.[176] Allerdings wurde der Privatbankier während des Krieges zunehmend durch die großen Geschäftsbanken in seiner strategischen Bedeutung für Quandt zurückgedrängt.

Der 1878 geborene Paul Rohde[177] war schon seit der Jahrhundertwende in der rheinisch-westfälischen Stahlbranche aktiv und übernahm 1926 unter anderem die Gelsenkirchener Gußstahl- und Eisenwerke AG, später umbenannt in Rheinisch-Westfälische Stahl- und Walzwerke AG, deren Vorstandsvorsitzender er wurde. Bereits vor der gemeinsam mit Quandt und Hamel betriebenen Übernahme der BKI war er in der Werkzeugmaschinenbranche tätig. Allerdings verkaufte er seine montanindustriellen Unternehmen 1929 an die Vereinigte Stahlwerke AG und konzentrierte sich fortan ganz auf seine Beteiligung an der BKI, wo er jeweils den stellvertretenden Aufsichtsratsvorsitz beim Mutterunternehmen selbst sowie bei den Dürener Metallwerken einnahm, während er bei den Mauser-Werken Aufsichtsratsvorsitzender war. Politisch stand er bereits in der Endphase der Weimarer Republik der NSDAP nahe; vermutlich vermittelte er Ende 1931 gemeinsam mit Hamel ein Treffen Quandts mit Hitler[178] und unterstützte die SA finanziell.[179] Über weitere personelle Verbindungen Quandts ist nur wenig bekannt. Wichtige Kontakte dürften vor allem über die Aufsichtsräte geknüpft worden sein, von denen er in der Zeit der Weimarer Republik in etwa zwei Dutzend saß. Hier traf er auf einen illustren Kreis führender deutscher Unternehmer und Bankiers, darunter Männer wie Fritz Thyssen, Peter Klöckner oder Oskar Schlitter. Dank dieser Vernetzung gehörte Günther Quandt unzweifelhaft zur Wirtschaftselite der Weimarer Republik, eine Kontaktpflege, die in der Zeit des «Dritten Reiches», wie noch darzustellen sein wird, ihre Fortsetzung fand.

Die Quandt-Gruppe: Ein Familienunternehmen?

Günther Quandt erinnerte sich später an die Jahre des Einstiegs bei der AFA mit Stolz. In der in seinen Memoiren niedergeschriebenen Erzählung des «Eroberungskampfes» ließ er als Motivation für die Übernahme die Behauptung einfließen, es wäre ihm «in der Seele zuwider» gewesen, wenn er zum «Börsenspekulanten» geworden wäre, und er sei entschlossen gewesen, wieder Fabrikant zu werden.[180] Ein ihm nicht immer wohlgesonnener Mitarbeiter Günther Quandts schrieb rückblickend, dass Quandt die AFA «peu à peu zu einer sogenannten Familien-AG [gemacht habe], obwohl er zuvor von der Elektrotechnik so wenig Ahnung [gehabt habe] wie vom Orgelspielen».[181] Verstand Quandt sich also noch zu dem Zeitpunkt, als er mit der AFA in das ganz große internationale Geschäft eingestiegen war, als Familienunternehmer und sah er die übernommenen Fabriken als Familienbesitz?

Familienunternehmen haben seit der Industrialisierung in Europa eine wichtige Rolle gespielt[182] und daran hat sich trotz der zunehmenden globalen Konkurrenz bis in die heutige Zeit nur wenig geändert. Gegenwärtig gelten über 90 Prozent der Unternehmen in Deutschland als Familienunternehmen, die rund 60 Prozent der Beschäftigten stellen und rund 40 Prozent des Gesamtumsatzes erwirtschaften.[183] Von Interesse ist dabei die Frage, ob die engen Loyalitätsbeziehungen innerhalb von Familienunternehmen «eher eine Ressource oder ein Handicap für die wirtschaftliche Performanz eines Unternehmens» darstellen.[184]

Obwohl in der Forschung nicht immer darüber Einigkeit herrscht, was genau ein Familienunternehmen ausmacht,[185] sind vier Kernmerkmale weitgehend unumstritten: Erstens gehört der Eigner zu einer durch Abstammung definierten Familie. Zweitens liegen die unternehmerischen Verfügungsrechte in den Händen der Eigentümerfamilie. Drittens besteht ein «Mehrgenerationenprinzip» mit Bezug auf unternehmerische Mitarbeit und die Weitergabe der Eigentumsrechte[186] und viertens existiert eine spezifische Unternehmenskultur.

Das immer wieder herangezogene Modell des Historikers und Ökonomen Alfred D. Chandler, der im Familienunternehmen ein anachronistisches Relikt das 19. Jahrhunderts sieht, das früher oder später obsolet werden müsse, ist hingegen modifiziert worden, weil es unter manchen Aspekten von der Entwicklung in Deutschland widerlegt wird. So zutreffend die Annahme eines evolutionären Prozesses im Allgemeinen sein mag – von einem in der zweiten Hälfte des 19. Jahrhunderts vorherrschenden Typ des paternalistischen familiengeführten «personal enterprise» über das «entrepreneurial enterprise», in dem mit wachsender Größe und höherem Kapitalbedarf das operative Geschäft von angestellten Managern geführt wird, bis schließlich zum «managerial enterprise», dessen Kapital breit gestreut ist und von professionell ausgebildeten Managern geleitet und kontrolliert wird[187] – so bietet doch gerade der Blick auf die Quandts ein Beispiel dafür, dass Familienunternehmen sehr viel widerstandsfähiger sein können, als oftmals angenommen worden ist.

Die Quandt-Gruppe beispielsweise ist keiner Unternehmensform des Chandler'schen Modells eindeutig zuzuordnen. Günther Quandt interpretierte die Übernahmeschlacht um die AFA als den Moment, in dem es ihm gelungen sei, außerhalb der familiären Textilbranche als eigenständiger Unternehmer tätig zu werden, was er gerade nach der Spekulationsphase, als eine Art Rückkehr zur Tugend empfunden haben will. Tatsächlich setzte er, nachdem er überzeugt war, bei der AFA «auf der ganzen Linie gesiegt» zu haben, seine Brüder Werner und Gerhard, seinen Schwager Fritz Paul sowie seinen Vetter Kurt Schneider auf Aufsichtsratsposten. Später folgten sowohl seine Söhne Herbert und Harald als auch Werner Quandts Sohn Karl-Heinz in den Aufsichtsrat.[188]

Die AFA blieb nicht der einzige Fall, in dem das Familienvermögen für Übernahmeprojekte konzentriert eingesetzt wurde[189] und die Verfügungsrechte über die Besetzung der Kontrollgremien gesichert wurden. Im Aufsichtsrat der DWM saßen im Laufe der Schaffenszeit Günther Quandts die Söhne Herbert und Harald, Fritz Paul und Kurt Schneider. Für die Aufsichtsratsmandate war offenkundig eine ausgeprägte wirtschaftliche Expertise keine Voraussetzung. Hinter vorgehaltener Hand wurde diese Familienpolitik durchaus mit sarkastischen Bemerkungen versehen, wie etwa derjenigen, dass Fritz Paul «trotz blinder Ahnungslosigkeit von der Materie» in einer Reihe von Aufsichtsräten der Gruppe gesessen habe.[190] Quandt genügte es, wenn ein Mann seines Vertrauens in den Gremien saß, und meist war eine engführende Kontrolle gar nicht notwendig, wenn auch in Einzelfällen die geschenkte Gunst wieder entzogen wurde. Ein solches Prozedere in einem gut eingespielten Aufsichtsrat hatte zudem den Vorteil, dass es unternehmerische Grundsatzentscheidungen auf kurzem Weg ermöglichte und langwierige Verhandlungen obsolet machte, obwohl es in manchen der betreffenden Vorstandsetagen Kritik hervorrief. Friedrich Dörge, der bei den DWM in verschiedenen Vorstandsämtern tätig war, war ein besonders scharfer Kritiker: «Soweit und sobald es möglich war, besetzte Quandt alle einbringlichen Mandate im Aufsichtsrat und in den Vorständen mit Söhnen, Schwagern, Vettern und Neffen, damit die Ergebnisse der Gesellschaften, die ja bekanntlich zum großen Teil gar nicht persönliches Eigentum waren, in die Familie eingingen.»[191] Für Quandt hatte dieses Wirken aus dem Hintergrund fast nur Vorteile: Zum Nebeneffekt lukrativer Tantiemen gesellte sich die Möglichkeit, die Entscheidungen der Geschäftsführung zu beeinflussen und sukzessive Mehrheiten in Unternehmen zu erlangen, die man noch nicht beherrschte. Der erfolgreiche Mechanismus wurde bis in die 1950er Jahre immer wieder angewandt.[192]

Er unterschied sich aber deutlich vom «Fraternalismus»[193], der die Unternehmenspolitik in den Tuchfabriken in der Zeit nach der Geschäftsübergabe Emil Quandts an seine drei Söhne geprägt hatte. Zu dieser Zeit war die durch Erbregelung initiierte Konzeption auf eine zumindest formelle Gleichberechtigung der Brüder in der Unternehmensleitung ausgerichtet gewesen, wenn auch schon damals Günther einen größeren Anteil an der Entscheidungsfindung hatte.[194] Die Konzeption der Familienarbeitsteilung wurde in AFA-Zeiten eine andere. Die Brüder Günther Quandts wurden über ihr Aufsichtsratsmandat in den von der Quandt-Gruppe neu erworbenen Unternehmen nicht operativ tätig, selbst wenn Günther Quandt die am Familienvermögen Beteiligten in einem informellen Kreis in die Entscheidungsfindung einweihte.[195] Beispielsweise wies 1940 Werner Quandt als einfaches

Aufsichtsratsmitglied der AFA den Vorschlag seines Bruders zurück, auf den nach dem Tod Roderbourgs vakant gewordenen Posten des Aufsichtsratsvorsitzenden zu wechseln, da er sich lieber weiterhin dem Tuch-Geschäft widmen wollte. In der darauf folgenden Besetzung des Postens mit Hermann Josef Abs und Paul Hamel als seinem Stellvertreter zeigt sich aber, wie Günther Quandt die Verfügungsrechte in den Händen der Familie sicherte. Abs und Hamel bekamen ihre Posten nur auf Abruf und hatten zu weichen, sobald ein Mitglied der Familie Ansprüche auf das Mandat anmelden sollte.[196] Es ist nicht auszuschließen, dass im Falle eines Loyalitätskonfliktes im Aufsichtsrat Günther Quandt die Familienkarte gezogen hätte, um abweichende Interessen durch Familieneinfluss zu verdrängen. Die Familie bedeutete für Günther Quandt also nicht in erster Linie ein Reservoir unternehmerischen Wissens und Könnens, sondern vor allem eine Absicherung seiner Verfügungsrechte. Dieser Drang nach möglichst uneingeschränkten Kontrollbefugnissen ist auch in einer der wesentlichsten betriebsorganisatorischen Neuerungen zu erkennen: den «Wirtschaftsausschüssen» (bzw. «Wirtschaftskommissionen»).[197] In die etablierten Entscheidungsabläufe der übernommenen Managementunternehmen und deren divisionale Organisation griff Quandt nur sehr zurückhaltend ein. Für die AFA bestand er auf Dezentralität, da er in der Firmenzentrale am Askanischen Platz einen «Wasserkopf Berlin» verhindern wollte.[198] Die Einsetzung von Wirtschaftsausschüssen erfolgte aber nach Quandts Übernahme eines Mehrheitsbesitzes an einem Unternehmen mit großer Regelmäßigkeit, so in der AFA und den BKI/DWM, aber auch z. B. in den Tochterunternehmen Pertrix oder BEM. Bei den BKI/DWM verfügte der vom Aufsichtsrat eingerichtete Ausschuss, in dem neben Günther Quandt dessen engster Vertraute versammelt waren, über «entscheidende Befugnisse».[199] Im exklusiven Kreis saßen Paul Rohde und Paul Hamel, später wurde er kurzzeitig um Edgar Haverbeck erweitert, bevor schließlich 1944 Herbert Quandt hinzukam.

Der Junior stand nun, nachdem er seit 1937 zunehmend Verantwortung in den Betrieben übernommen hatte, an Vaters Seite und damit an der Spitze der unternehmerischen Entscheidungsfindung, was einen Blick auf die Mechanismen der Nachfolge in dem Familienunternehmen ermöglicht.[200]

19 Günther Quandt ließ in Pritzwalk ein Mausoleum für seine verstorbene Frau Antonie Ewald bauen. Auch führende Mitarbeiter wurden in dessem Umfeld beerdigt.

Frühe Vorbereitungen für die Unternehmensnachfolge

Die Kindheit der drei Söhne Quandts war von familiären Brüchen geprägt. Antonie, die erste Ehefrau von Günther Quandt und Mutter von Hellmut und Herbert, starb 1918 nach zwölfjähriger Ehe bereits im Alter von 34 Jahren. Sie hatte sich im Frühjahr 1914 einer Operation unterziehen müssen, die die Folgen der «nicht ganz glücklich verlaufenen Geburt» ihres Sohnes Herbert am 22. Juni 1910 korrigieren sollte.[201] Von dieser Operation hatte sie sich nie richtig erholt. Im Herbst 1918 erkrankte sie an der Spanischen Grippe und erlag schließlich einer daraus resultierenden Lungenentzündung.

Für Günther Quandt und seine Söhne, inzwischen acht und zehn Jahre alt, war der Tod «besonders hart».[202] Wegen der Erkrankung seiner Frau hatte der Vater seine Söhne zunächst nach Geestgottberg in der Nähe von Wittenberge zur Familie Granzow gebracht – Granzows

20 Günther Quandt mit seinen Söhnen Hellmut und Herbert (links im Bild). Mit auf dem als Postkarte aus Frankreich geschickten Urlaubsbild in entspannter Atmosphäre vermutlich die zwischenzeitlich ins eigene Haus aufgenommenen verwaisten Kinder des Geschäftsfreundes Schulze.

Gattin, die 1890 geborene Gertrud, war eine Schwester Antonies.[203] Die Kinder wurden kurze Zeit später von den Großeltern in Wittstock aufgenommen. Da die Umstellung allerdings sowohl Kindern wie Großeltern schwerfiel, übernahm nach einigen Monaten Günther Quandts Schwester Edith, die mit Fritz Paul verheiratet war, vorübergehend die Erziehung, bis die Kinder schließlich im April 1919 beim Vater in dessen neu erworbenes Haus in der Kaiserstraße 34 in Neubabelsberg einzogen.[204] Dies blieb ein Intermezzo, denn schon im Mai 1920 zog man in eine nahegelegene Villa in der Luisenstraße um. Das neue Heim, in dem am 1. November 1921 auch das gemeinsame Kind von Günther und Magda Quandt geboren und auf den Namen Harald getauft wurde, blieb Hauptwohnsitz bis zum Ende des Zweiten Weltkrieges.

Viel Zeit für Familienleben blieb nicht. Günther Quandt arbeitete bis zur Erschöpfung und sah seine Söhne nur am Wochenende. Wie andere Wirtschaftsbürger, die trotz häufiger Abwesenheit alles dafür taten, ihren Nachkommen eine angemessene «soziale Platzierung» zu ermöglichen,[205] ließ Günther Quandt seinen Söhnen eine umfassende

Ausbildung zukommen. Die beiden älteren Söhne wurden am Arndt-Gymnasium in Berlin-Dahlem eingeschult und im Internat «Schülerheim Dahlem» im «Haus Wettin» untergebracht. Das Schulgeld wurde durch Hinterlegung von AFA-Aktien im Nominalwert von 300000 Mark auf einem Sonderkonto bezahlt.[206] Gute Leistungen waren Pflicht. Für eine im Sommer 1923 stattfindende Nordlandreise ließ Günther Quandt seinen Erstgeborenen Hellmut zwar vom Schulbesuch befreien, aber weil dessen Leistungen in den Nebenfächern «etwas zurückgeblieben» waren, musste er diese schulischen Schwächen durch Privatstunden ausgleichen. 1925 wandte sich der Vater mit der Bitte an die Schulleitung, gegebenenfalls informiert zu werden, um rechtzeitig Wissenslücken des Sprösslings durch weitere Privatstunden kompensieren zu können.[207]

Für Herberts Ausbildung war seit Frühjahr 1920 Einzelunterricht nötig geworden, nachdem er aufgrund einer Netz-Aderhaut- und Sehnerven-Erkrankung dem Unterricht nicht mehr folgen konnte. Verschiedene Lehrer unterrichteten ihn zunächst weiterhin am Arndt-Gymnasium, bevor auch dies aus gesundheitlichen Gründen nicht mehr möglich war. Von der Teilnahme am Deutsch- und Lateinunterricht war Herbert ebenso befreit wie vom Rechnen und Turnen. In «Betragen» war er gut, «Aufmerksamkeit» gut, Religion genügend (oft auch besser), Geschichte genügend, Erdkunde genügend (oft geringer), Naturwissenschaften genügend (oft auch besser), Schreiben und Zeichnen mangelhaft, Singen genügend. Die Sehschwäche war schließlich dafür verantwortlich, dass Herbert den Sprung von der Sexta in die Quinta nicht schaffte und das Gymnasium zu Weihnachten 1921 verlassen musste.[208] Seit 1920 war er bei dem renommierten Berliner Augenarzt Professor Dr. Paul Silex in Behandlung, der die Heilung der Netzhaut erreichte, ohne dass sich die Sehschärfe verbesserte. Fortan erhielt Herbert Privatunterricht durch einen Hauslehrer, weil die angeordnete besondere Ernährung an der Schule nicht möglich war.[209] Die Prüfungen erfolgten jedoch weiterhin im Arndt-Gymnasium. Der Lernstoff entsprach dem klassischen Kanon: Von deutschen Heldensagen über die Sagen des klassischen Altertums bis zu den Balladen von Goethe und Schiller. In Geschichte wurde vor allem die griechische und römische Antike unterrichtet.[210]

1923 erledigte Herbert in Rechnen und Naturkunde bereits die Lernaufgaben der Quarta, während im Französischen ein «Mißerfolg» festgestellt wurde. Danach wurde der Schwerpunkt auf den münd-

21 Der sehbehinderte
Herbert meinte stets, um
die Anerkennung seines
Vaters kämpfen zu
müssen. Hier beide auf
einem Urlaubsfoto.

lichen Unterricht gelegt, weil Herbert aufgrund seiner Augenkrankheit
das Lesen und Schreiben schwerfiel. Der Privatunterricht erfolgte mne-
motechnisch, d. h. er hatte sich den Unterrichtsstoff anhand der mündlichen Erklärungen seiner Lehrer anzueignen, wie Herbert Quandt das
Verfahren später erläuterte: «Ich war seinerzeit des Schreibens und des
Geschriebenen-Lesens absolut mächtig, so dass ich auch den Mathe-
matik-Unterricht schriftlich durchführen konnte. Lediglich das Lesen
gedruckter Schrift bereitete große Schwierigkeiten.»[211] Insgesamt
konnte Günther Quandt mit den Leistungen seines Sohns zufrieden
sein, obwohl von den Lehrern eine gewisse Langsamkeit Herberts bemängelt wurde, die schwer zu bekämpfen war, solange er allein unterrichtet wurde. Quandt wurde empfohlen, einen Mitschüler für Herbert zu suchen, da ihm offenbar die Anregung durch einen Kameraden
fehle.[212] Während zunächst der Hauslehrer Gerhard Klanke den Unterricht leitete, stießen bald Studenten hinzu, was den Schüler besonders freute. Der Hauslehrer-Student Hermann Börger, dem er sich besonders verbunden fühlte, blieb später für Herbert Quandt ein enger
persönlicher Freund, nicht anders als der Mathematiker Picht, zu dem
der Kontakt erst nach dem Zweiten Weltkrieg verlorenging. Als Herbert 17 Jahre alt wurde, übernahm Oberstudienrat Dr. Wilhelm Koehler, der ehemalige Hausvater am Internat Haus Wettin in Dahlem, den
Unterricht. Die Schule war für Herbert keine Freude, besonders die

Vorbereitungen für die einwöchige Versetzungsprüfung zu Ostern
setzten ihm zu, weil der gesamte Jahresstoff der jeweiligen Klasse «vor
dem Direktor und einem Kollegium von sechs bis sieben Lehrern ein-
gepaukt werden musste». Von 1923 bis 1929 blieb das Frühjahr für
ihn stets «eine ausgesprochene Quälerei».[213] Die Abiturreife wurde
gar nicht erst angestrebt, weil ein reguläres Studium wegen des Augenleidens unmöglich schien.

Wie sehr Günther Quandt auf eine adäquate Erziehung seiner Kinder Wert legte, zeigte sich im Engagement für schulische Belange: Im
Januar 1922 wurde er in den Eltern-Aufsichtsrat des Schülerheims des
Arndt-Gymnasiums gewählt, ein Jahr später vom Kurator zudem mit
dem Aufsichtsratsvorsitz betraut.[214] Das Schulheim befand sich durch
die galoppierenden Inflationskosten in einer bedenklichen Schieflage,
so dass Quandts wirtschaftliche Expertise willkommen war. Dieser
war nun in seinem Element: Die regelmäßigen Zahlungen und der Kas-
senstand wurden überwacht. Eltern, die den neuen Anforderungen
nicht gerecht werden konnten, wurden aufgefordert, ihre Kinder abzu-
melden, obwohl Übergangshärten vermieden wurden. Grundsatz war
jedoch, «dass wesentlich nur solche Kinder die Anstalt besuchen, deren
Eltern das Notwendige leisten können und wollen».[215] Für die didak-
tische Unterstützung des sehbehinderten Sohns Herbert erhielt die
Schule 1923 bereits eine Zuwendung, 1924 spendete Günther Quandt
weitere 300 RM und ein Jahr später nochmals 500 RM vornehmlich
für die Bibliothek.[216]

In der Schulzeitung «Dahlemer Blätter» beschwor er bisweilen in
recht pathetischen Worten die «Treue» gegenüber Eltern und Schulheim.[217] Seine Ausführungen erinnerten dabei bisweilen an Aufsichtsratssitzungen: Er versuchte, Zweifel an Sparmaßnahmen zu zer-
streuen, verglich aktuelle Kosten mit denen der Vorkriegszeit und
erläuterte detailliert die Sparsamkeit des Direktoriums. Das Kurato-
rium des Schülerheims erhielt zudem Ratschläge für den angemessenen Umgang mit einer Goldanleihe und wurde zur Wertsicherung gar
mit 800 Zentner Roggen aus Severin ausgestattet.[218]

Diesem Landgut Severin sollte später noch eine besondere Bedeutung zukommen. Günther Quandt erwarb es im November 1921 für
den Fall, dass Herbert infolge seines Augenleidens eine unternehmerische Karriere verschlossen bliebe. Nach dem Zweiten Weltkrieg hat er
rückblickend seine damalige Sorge geschildert, «ob Herberts Augen sich
je so weit wieder erholen würden, daß er den Lebenskampf später beste-

22 Das Gut Severin (hier in den 1920er Jahren) kaufte Günther Quandt für seinen Sohn Herbert.

hen könnte». Der Arzt war der Ansicht, dass Herbert nur in der Bewirtschaftung eines landwirtschaftlichen Betriebs eine berufliche Zukunft habe.[219] Das im Mecklenburgischen etwa zehn Kilometer nördlich von Parchim gelegene Gut Severin war zum Zeitpunkt des Kaufes noch ein «heruntergekommener Betrieb»[220] mit immerhin erheblichen Ausmaßen: 500 Hektar Ackerland, 250 Hektar Nadelwald, 50 Hektar Laubwald, 150 Hektar Wiesen und Weiden sowie 50 Hektar Garten, Hof und Wege. Über die Straße Kyritz – Pritzwalk – Putlitz war es von Berlin aus gut zu erreichen. Zwei Jahrzehnte später war das Landgut zu einem der erfolgreichsten Landwirtschaftsbetriebe Mecklenburgs geworden. Es erwirtschaftete dank Rationalisierung, Saatgutkultivierung und der Errichtung einer Trockenstärkefabrik schon in den 1930er Jahren jährlich 40 000 bis 80 000 RM und trug im Zweiten Weltkrieg mit jährlich 120 000 bis 160 000 RM nicht unerheblich zum Einkommen seines Besitzers bei.[221]

Während sich der Gutsverwalter und Schwager Walter Granzow immer wieder über das fehlende Interesse Günther Quandts beklagte und ihm vorwarf, kein «wirkliches Interesse für Severin und die Landwirtschaft» zu haben,[222] zeigt die Korrespondenz eine kontinuierliche Beschäftigung Quandts, vornehmlich in kaufmännischen Fragen.[223] Dies ging so weit, dass er mit dem Aufsichtsratsmitglied der AFA und

Siemens, Dr. Alfred Berliner, über die Entwicklung des Kartoffelpreises korrespondierte.[224] Als Granzow die Anschaffung einer Zentrifuge anregte, gab ihm Quandt am Beispiel der Zentrifuge eine Lehrstunde zur Rentabilität von Industrieinvestitionen, ihrer Verpachtung und Verzinsung.[225] Selbst die Nutzung der Stärkeabwässer, die Düngerstätten, der Wagenschuppen, die Regenanlage und die Aufzucht von Milchkühen fanden sein Interesse.[226] Quandt hat freilich die landwirtschaftliche Expertise seines Verwalters zumeist akzeptiert und seine eigenen mangelnden Fachkenntnisse zugegeben.

Zwar erwog er wiederholt den Erwerb weiterer Güter, dies scheiterte aber stets an zu hohen Preisvorstellungen der Verkäufer.[227] Zudem zog er immer wieder Mittel aus Severin ab, wenn er beispielsweise Geld für seine Börsengeschäfte brauchte: Aktien lagen ihm doch stets näher als Stärkemehl.[228] Das zentrale Motiv für Severin blieb, trotz aller Freude Quandts über «seine» landwirtschaftlichen Erfolge, die Sicherung einer Zukunft für Herbert. Granzow hatte sich bereit erklärt, das Gut für 15 Jahre – also bis Herbert 26 Jahre sein würde – zu bewirtschaften. Dieser verbrachte immer wieder längere Aufenthalte dort und genoss die willkommene Erholung vom Schulalltag.

In jener Zeit, die durch persönliche Erfolge Günther Quandts gekennzeichnet war, traf ihn ein Schicksalsschlag, der von einem auf den anderen Tag den bisherigen Nachfolgeplan zum Scheitern brachte. Im Frühjahr 1925 hatte der Erstgeborene Hellmut noch gemeinsam mit seinen «Hauseltern», der Familie Margarete und Wilhelm Koehler, eine ausgedehnte Bildungsreise in die Schweiz unternommen. Im Nachgang dieser Reise fertigte er im Dezember 1925 eine mit 100 Seiten umfangreiche und gut recherchierte illustrierte Schrift über «Goethes Schweizer Reisen» an, die ihn als bildungsbeflissenen jungen Mann mit literarischen Kenntnissen auswies.[229] Im Frühjahr 1926 bestand er zur Freude der Familie den Schulabschluss[230] und arbeitete im September 1926, wahrscheinlich als Praktikant, eine Zeitlang bei Siemens.[231] Daneben bereitete er sich durch weitere Bildungsreisen nach Großbritannien und Frankreich darauf vor, in die Fußstapfen seines Vaters zu treten.

Doch dazu sollte es nicht mehr kommen: Am 15. Juli 1927 erlag Hellmut in Paris im Alter von 19 Jahren einer inkompetent behandelten Blinddarmentzündung. Die ausführliche Schilderung, die Quandt in seinen Lebenserinnerungen über diese traumatischen Tage in der französischen Hauptstadt gegeben hat, lässt erkennen, wie sehr ihn dieser Verlust traf. Auch Magda Quandt war tief erschüttert über den Tod ihres Stiefsohnes, der nur wenige Jahre jünger als sie selbst war.[232] Mit dem Tod Hellmuts waren diese Nachfolgeplanungen mit einem Schlag hinfällig. Günther Quandt hat in seinen Lebenserinnerungen beschrieben, welche Bürde nun auf dem Zweitgeborenen lastete: Alles, was eigentlich Hellmut «im Leben zu tragen bestimmt» gewesen sei, habe nun «Herbert, der Siebzehnjährige» übernehmen müssen.[233] Unklar und aus den zeitgenössischen Quellen kaum zu belegen bleibt dabei die Frage, ob Herbert seine schwierige Position im Familienverbund zu diesem Zeitpunkt in vollem Umfang erkennen konnte. In der autorisierten Biografie spricht er von seinem frühen Wunsch, Industrieller und nicht etwa Landwirt zu werden. Diese Hoffnung habe er aber zu Lebzeiten Hellmuts aus Rücksicht auf die Investition, die der Vater für ihn mit dem Gut Severin getätigt hat, nie getraut auszusprechen. Mit dem Tod seines Bruders habe sich dann aber die Situation ergeben, um die Nachfolge in die Unternehmensgruppe nicht mehr bitten zu müssen.[234]

Auf dem Weg zum Unternehmer:
Die Ausbildung Herbert Quandts

Von nun an wurde Herbert Quandt systematisch auf die industrielle Tätigkeit vorbereitet. Nachdem er sein Abschlussexamen abgelegt hatte, eignete er sich seit April 1930 in England, in bescheidenen Verhältnissen wohnend, bei der Berlitz School Fremdsprachenkenntnisse an. Zudem lernte er bei der AFA-Tochter Britannia Batteries Ltd. die Akkumulatorenbranche näher kennen. Der Sohn des dortigen General Manager G. E. Lind war gut mit Hellmut Quandt befreundet gewesen, und die beiden Quandt-Söhne Herbert und Hellmut hatten noch 1927 gemeinsam mit diesem und Günther Quandt sowie zwei Nachbarstöchtern eine Reise an die Riviera unternommen.[235]

Als Günther Quandt im Spätsommer 1930 eine Geschäftsreise nach England unternahm, unterrichtete Herbert ihn von seiner heimlichen Verlobung mit Ursula Münstermann, der 1913 geborenen Tochter eines aus Westfalen stammenden Berliner Industrievertreters. Herbert erinnerte sich später, sein Vater habe diese «Verschwiegenheit» zwar nicht gemocht, sei jedoch von der charmanten, hübschen und gesellschaftsfähigen jungen Dame so angetan gewesen, dass er seinem Sohn «uneingeschränkt gratulierte».[236] Die Liaison sollte nach dem Willen des Vaters den weiteren Ausbildungsgang des 20-jährigen je-

23 Der junge Herbert
Quandt.

doch nicht stören: Dieser ging vom Oktober 1930 bis Ende Januar
1931 nach Frankreich. Anschließend lud ihn sein Vater zu einer mehrmonatigen Weltreise ein: Der Senior wollte prüfen, ob der gerade einmal 20-jährige Sohn reif für das internationale Parkett war und sich
auch in ungewohnten Umgebungen, so komfortabel sie auch sein
mochten, bewegen konnte. Begeistert war Herbert nicht, wie er sich
später erinnerte, denn er wäre lieber mit seiner Verlobten etwas häufiger zusammen gewesen. So zögerlich Herbert Quandt zu Beginn der
Reise, die über die Adria nach Indien, Kambodscha, China, Japan,
Hawaii und die USA führte, war, hat er sie doch später zu seinen ein-
drücklichsten Erlebnissen gezählt.[237]
    Zurück in Deutschland, arbeitete er sich seit dem 1. August 1931
ein Dreivierteljahr lang in sein zukünftiges Arbeitsgebiet ein. Die AFA,
inzwischen das Kernunternehmen der Gruppe, stand bei diesen Be-
rufsvorbereitungen ganz im Vordergrund: Im Werk Hagen wurde er
als «Lötstudent» eingesetzt und lernte in der Schlosserei, der Gießerei
sowie in der Formation die technischen Zusammenhänge der Akku-

24 Der AFA-Techniker
Hermann Clostermann
wurde nicht nur von
Günther Quandt sehr
geschätzt. Er war auch für
Herbert eine Art Zieh-
vater und wichtiger
Berater.

mulatorenherstellung kennen. Ihm stand einer der führenden AFA-
Manager, der 1884 geborene Hermann Clostermann zur Seite. Dieser,
ein «echter Westfale mit patriarchalischen Zügen», war für Herbert
technischer Lehrmeister und zugleich ein Familienersatz. Er fand in
dessen Villa Unterkunft und blieb der Familie in lebenslanger Freundschaft verbunden. Ein Besuch bei der Ehegattin «Gusti» Clostermann
zählte auch später zum Pflichtprogramm, wenn er zu den AFA-Haupt-
versammlungen nach Hagen reiste.[238]
  Es folgten die für die Ausbildung des Unternehmernachwuchses üblich gewordenen Auslandsaufenthalte. Seit Anfang April 1932 arbeitete
Herbert für vier Monate wieder bei der Britannia Batteries Ltd., zunächst in der Herstellung, anschließend für sechs Wochen in der kaufmännischen Abteilung. Im August 1932 ging er auf eine privat-dienst-
liche Reise in die USA. Bei der Electric Storage Battery Co. (ESB) in
Philadelphia war er vier Monate als Werkstattpraktikant tätig. Er lernte

dort nicht nur zahlreiche Abteilungsleiter kennen, sondern auch John R. Williams, den langjährigen Präsidenten der ESB. Wie so viele deutsche Unternehmer auf Reisen in den USA verglich er stets die dortigen technischen Standards mit dem aus der Heimat gewohnten: Dabei stellte er fest, dass die in Deutschland vielgepriesene Massenfertigung nach amerikanischem System auch handfeste Nachteile haben konnte. Technisch erschien ihm die Batteriefertigung sogar rückständig.[239]

Am 1. Februar 1933 setzte Herbert seine Auslandsausbildung im Werk Florival der Tudor Brüssel fort – eine Erfahrung, die er weitaus weniger schätzte als seine bisherigen Aufenthalte, weil er kaum nähere persönliche Kontakte knüpfen konnte. Später hat er berichtet, er sei froh gewesen, nach vier Monaten wieder nach Hause fahren zu können. Seit November 1933 schloss sich eine systematische vierjährige kaufmännische Vorbereitung an: Oberschöneweide, Niederschöneweide und die Hauptverwaltung der AFA waren dabei die wichtigsten Stationen.[240] Angeleitet wurde er in erster Linie von Hermann Reseg, dem Hauptbuchhalter des Unternehmens, der ihn jeweils den wichtigsten Mitarbeitern zuordnete. Hier lernte er das Lesen von Bilanzen und arbeitete sich von der Kalkulation bis zur Arbeitszeiterfassung in Verwaltungsaufgaben ein. Allerdings musste er sich aufgrund seiner Sehschwäche auf mündliche Vorträge beschränken und sich auf seine eigene Urteilskraft verlassen, ohne wirkliche kaufmännische Funktionen übernehmen zu können.

In der Verwaltung lernte Herbert Quandt zahlreiche Mitarbeiter kennen, die er später in seinen engeren Führungskreis holte, wie etwa den Assistenten der kaufmännischen Geschäftsführung, Konrat Michel, der von der Titania kam. Besonders von der Arbeitsatmosphäre bei der Pertrix war er angetan. Das Durchschnittsalter der Führungskräfte lag hier weit unter dem der AFA-Zentralverwaltung und des AFA-Werkes Oberschöneweide.[241] In der Trockenbatteriesparte unter Viktor Werner herrschte ein anderer Teamgeist, der sich Herbert Quandts Meinung nach «von dem der ‹Bleimenschen› stark unterschied».[242] Weitere leitende Angestellte wie Hans Ulrich Hiller und Corbin Hackinger traten nun in seinen Gesichtskreis. Wie er sich später erinnerte, erlebte Herbert aus eigener Anschauung, «wie ein Geschäftsführer durch persönliche Hinweise den Arbeitern Handgriffe erleichterte und durch Aufspüren geeigneter Hilfsmittel Arbeitsvorgänge verkürzte».[243] Die praktische Ausbildung wurde durch den Besuch der Rackow-Handelsschule ergänzt.

Obwohl die Professionalisierung und Verwissenschaftlichung der Betriebe innerhalb einer Generation einen gewaltigen Sprung gemacht hatte, glich letztlich Herberts Berufsausbildung in hohem Maße derjenigen seines Vaters.[244] Beide hatten nach Ende der Schullaufbahn insbesondere im Werk das Geschäft von der Pike auf erlernt, und der Besuch einer höheren Bildungseinrichtung diente der Ergänzung. Herberts Praxisstationen waren zwar etappenreicher und internationaler, aber das war mehr den äußeren Umständen geschuldet: Das Kernunternehmen der Familie, die AFA, war bereits ein seit langem global tätiges Unternehmen und in der Zeit der Weltwirtschaftskrise war aufgrund des teilweisen Leerlaufs in den Werken seine Präsenz nicht immer von Nöten. Das war bei Günther Quandt anders, als er sich seinerzeit in dem vergleichbaren Ausbildungsabschnitt befunden hatte: Durch die Übernahme der Fabrik in Wittstock hatte er sich nicht frei machen können,[245] aber es besteht kein Zweifel, dass Aufenthalte bei befreundeten Unternehmen im In- und Ausland für ihn eine Option in geschäftlich ruhigeren Zeiten bedeutet hätten.

Privat blieben die Jahre bis zum Ausbruch des Zweiten Weltkriegs eine vergleichsweise unbeschwerte Zeit für Herbert. Am 21. Oktober 1933 heiratete er seine Verlobte und bezog mit ihr das Haus in der Kaiserstraße in Potsdam-Babelsberg. Bootsfahrten auf dem Griebnitzsee und schnelle Autofahrten – aufgrund seiner Sehschwäche allerdings als Beifahrer – begeisterten ihn. Am 30. April 1937 kam die Tochter Silvia zur Welt, das einzige Kind aus dieser Ehe, in der sich beide Partner bald auseinanderlebten.[246] Nach der Trennung wurden am 24. August 1940 gütliche Abmachungen getroffen. Neben jährlichen Zahlungen an seine ehemalige Frau erhielt die gemeinsame Tochter Silvia jährlich vier Prozent eines Schenkungsbetrags in Höhe von 50 000 RM, den Herbert für sie verwahrte, sowie eine jährliche Auszahlung in Höhe von 4000 RM.[247]

Der Machtkampf:
Herbert Quandt, Horst Pavel und die Nachfolgefrage

Günther Quandt betraute seinen leiblichen Sohn erst in dem Moment mit zentralen strategischen Aufgaben, als er erkannte, dass sein Sprössling den enormen Herausforderungen auch gewachsen war. Solange dies nicht erwiesen war, blieb eine außerfamiliäre Lösung eine ernstzunehmende Option, um die Überlebensfähigkeit des Unternehmens auch nach dem Tod des Patriarchen zu sichern. Herbert Quandt erwuchs damit eine potentielle Gefahr, vor allem in dem aufstrebenden Horst Pavel. Der Jurist wurde seit Ende der 1930er Jahre Günther Quandts engster Mitarbeiter und galt als aufgehender Stern bei der AFA. Für Außenstehende war er gar eine «graue Eminenz», der außergewöhnliche Intelligenz und immense Schaffenskraft bescheinigt wurde.[248] Der Sohn des Baurats Emil Pavel, eines langjährigen Vorstandsmitglieds der Hoch- und Untergrundbahn AG, hatte in Berlin und in Freiburg i. Br. Jura zusammen mit Gustav Stresemanns Sohn Joachim studiert und war häufiger Gast im Hause des deutschen Außenministers gewesen. Nach Referendariat und Promotion[249] war er von April bis Dezember 1935 Berater in rechtlichen Angelegenheiten und Bankfragen bei der Deutschen Zentralgenossenschaft und wurde danach von Januar 1936 bis Dezember 1937 als Abteilungsleiter bei der Schering AG eingestellt. 1937 bewarb sich Pavel bei der AFA. Günther Quandt und der junge Bewerber waren voneinander sofort angetan und wurden schnell handelseinig.[250] Im Januar 1938 begann Pavels Karriere in der Quandt-Gruppe, der er bis zu seinem Lebensende verbunden bleiben sollte. Zunächst als Prokurist eingestellt, stieg er bereits im Juli 1939 zum Titular-Direktor auf. Sein Einstiegsgehalt von jährlich 14 000 RM wuchs bis Kriegsende auf 86 000 RM an. Zuständig war Pavel für die Rechtsabteilung einschließlich sämtlicher Vertragsangelegenheiten, die Buchhaltung, die Preisprüfung, den Einkauf von Rohstoffen und die Devisen- und Rohstoffbewirtschaftung, also Bereiche, die zuvor die Domäne Günther Quandts gewesen waren und die dieser nun an seinen Vertrauten abgab. Diesem oblag zudem die Verantwortung für die Finanzfragen der in- und ausländischen Gesellschaften und Auslandsabteilungen, die Oberleitung der Concordia Elektrizitäts-AG, der Dominitwerke sowie der Gesellschaft für elektrische Zugbeleuchtung. Pavel hatte bereits als promovierter Jurist außerhalb eines eng umgrenzten Fachgebiets Berufserfahrungen gesammelt, nicht zuletzt erfolgreich in der chemischen Industrie gearbeitet – Vorteile, die er jetzt bei der AFA gerne ausspielte. Seit Herbst 1943 wurde er zudem für die Accumet GmbH zuständig, einen Zulieferbetrieb mit 120 Beschäftigten im thüringischen Weida.[251]

Mit Horst Pavel war also ein ebenso junger wie intelligenter und ehrgeiziger Fachmann in den Gesichtskreis von Günther Quandt getreten. Er entwickelte sich für alle Arbeitsgebiete in Angelegenheiten, die über den Rahmen laufender Geschäfte hinausgingen, zum ersten

25 Herbert Quandt und
Horst Pavel kämpften bis
in die frühen 1950er Jahre
um die Nachfolge
Günther Quandts. Hier
ein Bild aus späteren
Jahren.

Ansprechpartner Günther Quandts.[252] Pavel achtete dabei geradezu eifersüchtig darauf, seine Generalkompetenzen zu erhalten, so dass sein Konkurrent Herbert Quandt in den unternehmerischen Entscheidungen vorerst nur eine untergeordnete Rolle spielte. Pavel tat alles, um seinem Ruf als perfekter Organisator gerecht zu werden und zeigte im Rahmen der Expansionspolitik der AFA während des Krieges selbst im Falle von «Arisierungen» keinerlei Hemmungen. Er wurde daher für Herbert Quandt zu einer ernsthaften Bedrohung, wie dieser rückblickend als am Ende Erfolgreicher schilderte: «In den Kriegsjahren hatte ich nicht nur den Wunsch, mich gegenüber meinem Vater zu bewähren, ihm, dem Bewunderten, sondern auch der vom Krieg ausgeübte Zwang veranlassten mich, in dieser Zeit mein Äußerstes zu leisten. Etwas Weiteres kam wohl damals noch hinzu: Horst Pavel, der ja 1941, ein Jahr später als ich, in den Vorstand der AFA berufen war, glaubte in seinen jungen, offenbar von Ehrgeiz stark geprägten Jahren, mehr Eifer und Intensität an den Tag legen zu müssen, um nicht den Erfolgsglanz zu stark teilen zu müssen. Hinzu kam sicherlich die Befürchtung, dass ich als Sohn ohnedies vielleicht eine bevorzugte Stellung einnehmen könnte und dadurch auch größere Anerkennung erfahren würde. Mich ließen sicherlich so entstandene Aktivitäten meines jungen Kollegen emotional hier und da nicht ganz unberührt, ich erkannte diese Schwächen meines Kollegen sehr früh, aber ich erkannte auch ebenso gut den intelligenten Frühentwickler mit seiner vorzüglichen Auffassungsgabe, die blitzschnell das Wesentliche vom Unwesentlichen zu trennen vermochte. Ich sah in Pavel, ebenso wie mein Vater, einen kommenden starken Mann im Unternehmen und ließ ihn deshalb und nicht zuletzt, weil mein Kollege auch nicht ohne Eitelkeit war, auch im Einvernehmen mit meinem Vater ruhig gewähren. Horst Pavel sah gerade in den ersten Jahren, verschnupft über seine späte Berufung in den Vorstand, wie er sich gegenüber meinem Vater geäußert hatte, in mir einen Rivalen. So versuchte er auch später in seinen spezifischen Arbeitsbereichen alle direkten Kontakte seiner Mitarbeiter zu mir auszuschalten».[253] In der von Herbert Quandt autorisierten Biographie wurde das Spannungsverhältnis zugespitzt formuliert: Auf der einen Seite der durch die Sehbehinderung gezeichnete «Kronprinz» Herbert Quandt, der zudem angesichts des gesunden, energischen und erfolgsgewohnten Vaters kaum eine realistische Chance auf eine baldige Nachfolge hatte, auf der anderen Seite der ebenso elegante wie «ehrgeizige und chancenreiche» Pavel, der Immediatzugang zum «Chef» besaß.[254]

Das Konkurrenzverhältnis zwischen Herbert Quandt und Horst Pavel blieb über das Kriegsende hinaus bis zum Tod Günther Quandts bestehen. Erst im Februar 1955, nach dem Tod des Seniors, akzeptierte Pavel nach einer offenen Aussprache die Vorrangstellung Herbert Quandts. Dieser hegte anschließend eine Zeit lang noch die Vermutung, Pavel werde sich nach dem Tod seines Mentors aus dem Quandt-Reich zurückziehen und sich seinem unternehmerisch erfolgreichen Bruder als Kompagnon anschließen. Diese Erwartung erfüllte sich jedoch nicht. Über die Gründe Pavels, sich jetzt in der Quandt-Gruppe unterzuordnen, lässt sich nur spekulieren.

In Hermann Josef Abs hatte Pavel schon vor dem Krieg einen energischen Förderer, der aber vorsichtig genug war, dies nicht als Illoyalität gegenüber den Quandts erscheinen zu lassen. Abs hat in einem anderen Zusammenhang einmal ausgeführt, wer sich entschließe, selbständig zu werden, sei eher von pekuniären Interessen getragen, während derjenige, der eine «Manager-Laufbahn einschlägt, eher

Machtziele im Auge hat».[255] Pavel war sicherlich eher ein solcher Machtmensch, der lieber aus dem Hintergrund operierte. Vielleicht ordnete er sich gerade deshalb, in Fällen, in denen es unumgänglich war, in die familiäre Hackordnung ein. Herbert Quandt erinnerte sich allerdings noch Jahrzehnte später: «Leicht, diese Wandlung auch innerlich voll zu vollziehen, war es auch nach außen spürbar für Horst Pavel nicht.»[256]

Wie sich Günther Quandt zu diesem Konkurrenzverhältnis stellte, ist schwer einzuschätzen. Die rückblickenden Äußerungen Herberts legen aber nahe, dass der Patriarch seinem Sohn zumindest nicht durchgehend die Sicherheit gab, dass er einmal seine Nachfolge antreten werde. Wahrscheinlich lag Günther Quandt eine familieninterne Regelung näher. Nach dem Tod Hellmuths und dem an anderer Stelle darzustellenden Entzug Haralds durch Goebbels[257] war Herbert als Erstgeborener fraglos der Vorzugskandidat, der sich aber noch zu bewähren hatte. Solange eine familienexterne Nachfolgeregelung nicht explizit ausgeschlossen war – was nach Quellenlage nie geschah – zwang Pavel Herbert einen Wettbewerb um die Unternehmensnachfolge geradezu auf und zwang ihn geradezu, fachliche Qualifikationen zu erwerben. Wäre ihm dies nicht gelungen, hätte Günther Quandt auf die in seinen Augen sicher zweitbeste, aber noch immer erfolgversprechendere Lösung zurückgreifen und Pavel zu seinem Nachfolger machen können.

Das enge Verhältnis, das Günther Quandt zu seinem ersten Manager Pavel pflegte, diente Herbert, nachdem er in die Führungsriege der Gruppe aufgestiegen war, paradoxerweise jedoch auch als ein Vorbild. In der Hauptverwaltung der AFA regierten nach dem Krieg bis zum Tod des Patriarchen Günther und Herbert Quandt gemeinsam mit ihren Managern Horst Pavel und Franz Bronstert. Noch Jahrzehnte später betonte Herbert Quandt, dass er diese «Arbeit mit kleinen, funktional gegliederten Führungsgremien» vom Vater übernommen habe und «konsequent und erfolgreich bei diesem Arbeitsstil geblieben» sei.[258]

Günther Quandt als «Abschöpfungsmanager»?

Günther Quandts Absicht, die Verfügungsrechte über die Unternehmen in den Händen der Familie zu sammeln, zeigte sich nicht zuletzt im Finanziellen. Es ist nicht immer nachvollziehbar, wie sich das Kapital der einzelnen Quandt-Unternehmen in der Herkunft zusammensetzte.[259] Aber das in großen Teilen auf Günther Quandt zurückgehende Familien-Holdingsystem[260] wurde immer wieder für Unternehmensübernahmen eingesetzt. Die Draeger-Werke GmbH beispielsweise ließen noch in der Zeit nach dem Zweiten Weltkrieg in ihrem Namen erkennen, dass sie ursprünglich im Zusammenhang mit dem Tuchgeschäft in Pritzwalk gegründet worden war. Wie eng in der Holding-Konstruktion Quandts Familie und Unternehmen miteinander verquickt waren, verdeutlicht auch die zweite große Holding, die Agfi. Deren Zentrale befand sich bezeichnenderweise in Günther Quandts Privat-Villa in der Luisenstraße in Potsdam.[261]

Geschäftsführer der Holdings wie etwa Gerhard Vieweg wurden in der Regel nicht für ihre Holding-Dienste bezahlt, sondern erhielten ihr reguläres Gehalt durch die Unternehmen der Quandt-Gruppe.[262] Günther Quandt versuchte zudem gelegentlich, die Holdings zwischenzuschalten, um das Privatvermögen auf Kosten der Unternehmen zu vermehren. Beispielsweise sollten im Zweiten Weltkrieg Mittel einer Mauser-Anleihe direkt an die Agfi fließen,[263] ein Prozedere zur Mehrung des Familienbesitzes, das bisweilen auf Widerstände stieß. Als Quandt nach dem Zweiten Weltkrieg ein Grundstück kaufen wollte, das den Verlust des verlorenen Landgutes Severin aufwiegen sollte, versuchte er einen günstigen Kredit der AFA zu erhalten, ein Plan, der erst vom Aufsichtsratsvorsitzenden Abs durchkreuzt wurde.[264]

Der Bankier war nicht der einzige Kritiker dieses Vorgehens: Quandts langjähriger Manager bei den Dürener Metallwerken, Friedrich Dörge, bezeichnete aus der Rückschau Quandts Strategie als die eines «Abschöpfungsmanagers».[265] Letztlich wollte Günther Quandt seine Firmen immer als Familienunternehmen führen. In die Institutionen der Entscheidungsfindung wurden die Söhne langfristig einbezogen. Vorausschauende Erbregelungen trugen den Problemen der Mehrgenerationenfamilie Rechnung, auch wenn eine familiäre Unternehmenskultur nur in Ansätzen erkennbar ist.[266] Sein Vater Emil hatte das Unternehmen schließlich nicht selbst aus der Taufe gehoben, sondern durch Kauf übernommen,[267] und trotz allen Stolzes auf die Tuch-

26 Die ehemalige Potsdamer Villa Günther Quandts 1993.

machertradition wurde auf die Entwicklung eines gemeinsamen «Quandt-Geistes» nur geringer Wert gelegt, was bei der sich zunehmend diversifizierenden Quandt-Gruppe allerdings ohnehin schwierig gewesen wäre.

Die Konstruktion der Quandt-Gruppe als Familienunternehmen ist ein treffendes Beispiel für die eingangs erwähnte Kritik an Chandlers evolutionärem Verständnis der Unternehmenstypen.[268] Die AFA unter Quandt war eben kein Beispiel für eine vermeintliche Einbahnstraße in Richtung Managementkapitalismus. Die ursprünglichen Management-Strukturen wurden von Günther Quandt persönlich umgestaltet, so dass sich fortan sowohl Elemente des Eigentümerunternehmens als auch des Entrepreneur-Unternehmens fanden.[269] Im Falle der AFA haben die Eingriffe in das Unternehmen bereits Zeitgenossen zu der Aussage gereizt, Quandt habe das Unternehmen «als sein Eigentum behandelt, obgleich er ja nur die Kontrolle besaß und viele außenstehende Aktionäre vorhanden waren».[270] Allerdings bekannte sich dieser zur Kompetenz seiner angestellten Manager und etablierte dort mit seinem «Staatssekretär»[271] Horst Pavel einen im Sinne der Familie loyal handelnden Topmanager.[272]

Die Strategie der persönlichen Umgestaltung von übernommenen Managementunternehmen lässt Quandt in eine gewisse Nähe zu einem anderen unternehmerischen Aufsteiger der ersten Hälfte des 20. Jahrhunderts rücken – Friedrich Flick.[273] Diese Nähe ist bereits von dem Günther Quandt bekanntlich kritisch gegenüberstehenden Zeitgenossen Friedrich Dörge thematisiert worden, der beide Unternehmer als geniale Spekulanten bezeichnet hat. Was Günther Quandt jedoch, so Dörge, «im Rahmen des Managertums isoliert erscheinen läßt, ist das Odium, daß all sein Denken, Planen und Wirken abgestellt ist nicht auf die Sache, sondern auf sein und seiner Familie Eigennutz».[274] Sicherlich war diese Aussage aus der Nachkriegszeit auch als Abrechnung für einige persönliche Differenzen gedacht. Sie verweist aber doch auf einen der wesentlichen Unterschiede zwischen den beiden wirtschaftlichen Schwergewichten. Flicks «Unterlassungssünde» war es, keine Strukturen zu schaffen, «die seine Person räumlich und zeitlich transzendierten»,[275] während Günther Quandt seine Söhne langfristig in die von ihm geschaffenen Strukturen einführte. Das ging soweit, dass, wie im Falle der Clostermanns, ein angestellter Manager zu einer Art Ersatzvater für den Unternehmensnachfolger wurde. Dies ermöglichte ein gewisses Maß an persönlicher Nähe für den teilweise ohne leibliche Mutter aufgewachsenen Herbert.

Trotz schlechter Startbedingungen setzte Herbert Quandt beharrlich und konsequent die Familientradition fort. In seiner Biographie ist von einem «Unternehmer in der dritten Generation» gesprochen und das Bemerkenswerte dieser Entwicklung hervorgehoben worden: Von der dritten Generation werde landläufig gesagt, «sie werde bequem, in ihr zerfließe die Begabung, ermüde die Tatkraft, trete vorsichtige Vermögensanlage an die Stelle erfindungsreicher Lust am Risiko».[276] Beispiele für dieses Klischee bieten nicht nur Thomas Manns «Buddenbrooks», doch ist die historische Forschung eine systematische und umfassende Untersuchung dieses prominentesten aller Mythen um das Familienunternehmen bisher schuldig geblieben. Auf Herbert und später auch auf seinen jüngeren Bruder Harald traf die Regel jedenfalls nicht zu.

8. RAHMENBEDINGUNGEN DER WIRTSCHAFT IN DER ZEIT DES NATIONALSOZIALISMUS

Durch die «Kombination von Spekulationscrash, Rezession, Krise des internationalen Währungs- und Finanzsystems, strukturellen Schwächen sowie einer zunehmend protektionistischen Wirtschafts- und Handelspolitik» wurde die Weltwirtschaftskrise zu einem zentralen Faktor beim Aufstieg Adolf Hitlers.[1] Reichskanzler Heinrich Brüning bekämpfte den industriellen Schrumpfungsprozess mit einer Deflationspolitik, die die soziale Krise noch verschärfte. Anfang des Jahres 1933 gab es jedoch untrügliche Zeichen, dass der Scheitelpunkt der Krise überwunden war.[2] Es ist deshalb falsch, die «Machtergreifung»[3] aus rein ökonomischer Perspektive als geradezu unausweichlich anzusehen.[4] Sie war vielmehr wesentlich politisch motiviert, vollzog sich als «Triumph geordneter Gewalt»[5] und erfolgte mit der dosierten Brutalität einer «Mischung aus pseudogesetzlichen Maßnahmen, Terror, Manipulation und bereitwilliger Kollaboration».[6] Die nach dem Reichstagsbrand erlassene Notverordnung setzte die Grundrechte außer Kraft und stellte das eigentliche Grundgesetz des «Dritten Reiches» dar, das nun in einem Zustand «gesetzmäßiger Rechtsunsicherheit» (Klaus Hildebrand) schwebte. In der Hoffnung auf ein Ende des «Parteiengezänks», auf eine wirtschaftliche Erholung und auf eine Wiederherstellung der Großmachtstellung nach dem «Diktat von Versailles» unterwarf sich eine Mehrheit der Deutschen in einem Zusammenspiel von «Verführung und Gewalt»[7] einem System, in dem das scheinbar Attraktive mit Zwang und Terror verbunden war.

Angesichts der erkennbaren Krise des Parlamentarismus in der Weimarer Republik und seiner vermeintlichen Hilflosigkeit gegenüber den sozialen und ökonomischen Strukturkrisen erschien das nationalsozialistische Regime in seinen Anfangsjahren der Mehrheit der Industriellen bei aller Skepsis gegenüber einzelnen Maßnahmen als Alternative,[8] auch wenn «viele Unternehmer die ‹gute alte Zeit› vor 1914 dem mächtigen und interventionistischen NS-Regime vorgezogen hätten».[9] Diese ambivalente Haltung zum Regime behielten viele Unternehmer auch in den folgenden Jahren bei, so dass die pauschale These, die Unternehmen und die Unternehmensleitungen seien nach 1933 «nazifiziert» worden, differenziert werden muss. Hinsichtlich ihrer politischen Einstellung und ihres Verhaltens entsprachen die Unternehmer innerhalb des bürgerlich-konservativen Spektrums dem Muster der Gauß'schen Normalverteilung.[10] Viele Angehörige der Wirtschaftselite und auch der übrigen Führungsschichten teilten die ablehnende Haltung der Nationalsozialisten gegenüber der «Knebelung» der Wirtschaftsinteressen durch die Siegermächte des Ersten Weltkrieges. Eine aktive Abwehr des Nationalsozialismus war von der Wirtschaftselite daher ebenso wenig zu erwarten, wie von anderen Angehörigen der Führungsschichten,[11] weshalb auch die Großindustrie «ein hohes Maß an Mitverantwortung für die Ermöglichung Hitlers» trägt.[12] Die Privatwirtschaft begrüßte jedenfalls eine diktatorische Bereinigung der Lage, die mit einem Ende der sozialdemokratisch-gewerkschaftlichen Opposition und der kommunistischen Agitation einhergehen sollte. Dies entsprach letztlich einem vordemokratischen Denken, das durch die Erfahrungen mit der Weimarer Republik scheinbar bestätigt worden war.

Aber auch die Unternehmer mussten wie alle Deutschen nach dem Januar 1933 mit jener Rechtsunsicherheit leben, die sich in der Beschränkung der individuellen Freiheiten niederschlug. Henry Turner hat in diesem Zusammenhang auf den durchaus bemerkenswerten Umstand verwiesen, dass sie sich von nun an in ihrer privaten und geschäftlichen Korrespondenz stark zurückhielten: Obwohl sie weiterhin zur privilegierten Schicht zählten, war «in ihren Reihen Angst vor der nationalsozialistischen Gewaltherrschaft nicht unbekannt».[13] Auch darum ist dafür plädiert worden, die empirisch nicht belegbare, aber noch immer vertretene These von der Sonderrolle der Unternehmer gegenüber dem Nationalsozialismus aufzugeben.

In den Jahren von 1933 bis 1936 stellten sich die Eingriffe des NS-Staates in die Privatwirtschaft noch als schleichender Prozess dar, der zwar spürbar war, den Unternehmern jedoch durch eine Mischung von Anreizsystemen und meist sanftem Zwang erträglich schien. Sie behielten in der Regel ihre Entscheidungsroutinen bei und agierten weiterhin «wie kapitalistische Unternehmen».[14] Mit den Arbeitsbeschaffungs- und Konjunkturprogrammen war man zufrieden, zumal die Zukunftsaussichten in der Kombination von Gewerkschaftsausschaltung und zu erwartender Aufrüstung «nun doch sehr positiv erschienen» und die Arbeitslosigkeit bis Ende 1935 merklich sank.[15] In der weite Teile der deutschen Gesellschaft erfassenden Hitlereuphorie ging unter, dass es sich bei der Erholung zunächst auch um einen normalen Konjunkturaufschwung im Anschluss an eine tiefe Rezession handelte, der durch die nationalsozialistische Wirtschaftspolitik noch nicht einmal befriedigend angeregt worden war und die NSDAP zudem an manche Arbeitsbeschaffungsprogramme der Weimarer Jahre angeknüpft hatte.[16] Die pessimistischen Prognosen der Kritiker Hitlers schienen angesichts dieses «Wirtschaftswunders» widerlegt, und das Ende der materiellen Misere wurde dem «Führer» als Leistung zugeschrieben, so sehr man dem nebulösen Wirtschaftsprogramm als «romantisch-planifikatorische[m] Abenteuer» weiterhin mit Skepsis begegnete.[17] Wie berechtigt dieser Argwohn war, erwies sich, als Hitler, der wirtschaftsliberalen Vorstellungen mit «notorischer Feindseligkeit»[18] gegenüberstand, die Wirtschaft im Primat der Rüstung bislang unbekannten Kontrollen und Einschränkungen unterwarf, worauf bereits das Vorgehen des Regimes im Falle der Enteignung von Junkers und der Schaffung der BRABAG hindeuteten. Fortan musste die Drohung einer Verstaatlichung gar nicht mehr explizit ausgesprochen werden.[19] Peter Hayes bewertet den Einfluss des Staates auf die Entscheidungsprozesse sogar so hoch, dass er von einer «kalten Sozialisierung»[20] spricht. Die Schaffung und Begünstigung staatlicher bzw. halbstaatlicher Unternehmen und die Sorge, hierdurch langfristig konkurrenzunfähig zu werden,[21] reichten als Drohgebärde aus, um drastischere Maßnahmen seitens des Staates unnötig zu machen.

Das Ziel der Erhaltung von Unternehmensstrukturen und Entscheidungsroutinen legte somit ein Mitmachen nahe, zumal der Wettbewerbscharakter im Kern erhalten blieb. Die NS-Wirtschaftspolitik basierte jedoch keineswegs nur auf Zwangsmaßnahmen, sondern auch auf Anreizsystemen, mit denen die Unternehmen aus eigenem Antrieb zur Mitwirkung an der Aufrüstungspolitik gebracht werden sollten. Gewinnerwartung und die Hoffnung auf eine strategische Weiterentwicklung des eigenen Unternehmens blieben entscheidende Antriebskräfte unternehmerischen Handelns. Im Sinne des Regimes zu produzieren, fiel umso leichter, als die Erträge nicht lange auf sich warten ließen: Die Wirtschaft profitierte von der einsetzenden «Sonderkonjunktur», die die Auftragsbücher wieder füllte. Die «Kombination aus wachsender Binnennachfrage, mangelnder Außenkonkurrenz, steigenden Preisen und relativ statischen Löhnen» schuf schließlich Voraussetzungen, «unter denen es kaum mehr möglich war, *keine* gesunden Profite einzufahren».[22] Damit war die Privatwirtschaft zur Mitarbeit im «militärisch-industriellen Komplex» bereit und band sich notwendigerweise an das Regime.

Das Unternehmertum war insofern nicht bloßes Opfer von Zwangsmaßnahmen, obwohl die wissenschaftliche Debatte über die Auswirkung nationalsozialistischer Drohungen auf unternehmerische Entscheidungsprozesse bislang kein Ende gefunden hat.[23]

Reichswirtschaftsminister Schacht implementierte ein dirigistisches Lohn- und Preissystem, das ein Gegenmodell zu den überkommenen Wirtschaftsprinzipien bot. Die starke Binnenkonjunktur heizte die Nachfrage nach ausländischen Rohstoffen an. Weil es zugleich, bei einem Festhalten an der Überbewertung der Reichsmark, zu einem Rückgang der Ausfuhren kam, zeichnete sich im Februar 1934 ein Passivsaldo der Handelsbilanz ab.[24] Um dem Devisenschwund zu begegnen, erließ Schacht im September 1934 einen «Neuen Plan» für den bilateralen Handels- und Zahlungsverkehr und zur zentralen Lenkung des Rohstoffverbrauchs – ein System von «Engpaßplanungen mit stark provisorischem Charakter».[25] Obwohl allgemein anerkannt wurde, dass der nationalsozialistische Aufschwung dazu führte, international wieder als ebenbürtiger Wirtschaftspartner wahrgenommen zu werden, gab es vor allem in der Exportindustrie Stimmen gegen Hitlers «Politik des Selbstmords»,[26] weil es widersinnig schien, die durch Rüstungsaufträge erzielbaren Produktionssteigerungen mit den Unwägbarkeiten einer nationalen Abschottung zu erkaufen. Günther Quandt hat in seinen Memoiren die Autarkiebestrebungen, die Devisenbewirtschaftung und die damit verbundene «Abschnürung vom Ausland» kritisiert.[27] Zwar war mit dieser Aussage offenkundig der Wunsch nach Selbstentlastung verbunden, aber seine Unternehmen zählten tatsächlich zu denjenigen, die ihr Geschäft durch internationale Übereinkünfte und eine transnationale Wirtschaftskooperation regelten[28] und zunächst von Exportrückgängen betroffen waren.

Die entscheidenden Kennzahlen für das Verhältnis zwischen Gewinn und Investitionen zeigen, dass Rüstungsunternehmen wesentlich besser verdienten als Konsumgüterhersteller. Seit 1935 kann von einer wahren «Gewinnexplosion» gesprochen werden – vor dem Hintergrund eines wirtschaftlichen Aufschwungs, wie ihn die Industrie seit dem Ersten Weltkrieg nicht mehr erlebt hatte.[29] Selbst wenn Gewinne nun nicht mehr in der üblichen Weise ausgeschüttet wurden, konnte man sie ungehindert reinvestieren und damit zumindest «das Kapital nach Kräften akkumulieren».[30] Mit dem Erreichen der Vollbeschäftigung im Jahre 1937 umgingen viele Betriebe gerade der Rüstungsindustrie immer häufiger die festgelegten Tarife, weil sie höhere Lohnkosten über Preisforderungen an den Staat als ihren größten Kunden abwälzen konnten.[31] Freilich waren es nicht nur Rüstungsunternehmen, die nun durch die «Wehrhaftmachung» einen Aufschwung erlebten; gerade weil es für viele Betriebe in nichtrüstungsrelevanten Bereichen ebenfalls bergauf ging und es für diese Sparten, zu denen auch die Kraftfahrzeugbranche und ihre Zulieferer zählten, wie ein ganz normaler Konjunkturaufschwung aussah, ließ sich von den Rüstungsanstrengungen ablenken.

Blickt man auf die Jahre von 1933 bis 1936, so stellt sich die Frage, warum sich die Privatindustrie derart schnell dem «Dritten Reich» in einer «grundsätzlichen Regimebejahung»[32] unterwarf. Eine aktuelle Studie zum Thema hat im Wesentlichen vier Gründe benannt. Erstens war die Unternehmerlobby durch die Weltwirtschaftskrise bereits so geschwächt, dass sie, selbst wenn sie den Willen aufgebracht hätte, kaum in der Lage gewesen wäre, ihre Interessen umfassend durchzusetzen. Zweitens ermöglichte das autokratische Regime eine innenpolitische Wende, die dem Unternehmertum zugute kam und «gesunde Profite» ermöglichte. Drittens nutzten die Unternehmen den Umstand aus, dass das «Dritte Reich» ihnen gegenüber eher auf Wohlverhalten als auf Zwangsmaßnahmen setzte. Und viertens schließlich war die Industrie in sich gespalten, konnte sich nicht auf einen gemeinsamen Kurs einigen und ließ sich umso leichter in die Richtung drängen, die Hitler durchsetzen wollte.[33] Ob die Männer der Privatwirtschaft «bereitwillige Kollaborateure» und «willige Partner» des Autarkieprogramms und der Aufrüstung wurden, bleibt in dieser Pauschalität jedoch umstritten.[34] Die Unternehmer passten sich opportunistisch den staatlichen Vorgaben an[35] und nahmen zugleich die sich neu bietenden Möglichkeiten entschlossen wahr.

Das Jahr 1936 war mit der Verabschiedung des «Vierjahresplans» eine entscheidende Wegmarke in Richtung Krieg, denn nach Hitlers dogmatischen Vorstellungen sollte die deutsche Armee in vier Jahren einsatzfähig, die deutsche Wirtschaft kriegsfähig sein.[36] Die Zeit zwischen 1936 und 1939 gilt daher unter den Vorzeichen von Radikalisierung und noch stärkeren staatlichen Planungselementen als die Periode der «nervösen Jahre»[37] der Industrie. Die Beziehungen zur Industrie bekamen einen neuen Stellenwert, weil Göring als «Beauftragter für den Vierjahresplan» nun die für die Rüstung entscheidenden Gremien des RWM in seine neue Behörde einbezog. Zwar musste sich das RWM der Vierjahresplanbehörde formal unterordnen,[38] allerdings blieb es, wie auch diese Studie zeigt, anders als in der älteren Literatur dargestellt, ein zentraler Akteur der NS-Wirtschaftspolitik, der gerade in der Kriegszeit Einfluss zurückerobern konnte. Das Ausscheiden von Schacht als Reichswirtschaftsminister im November 1937 und der Übergang zu Walther Funk als seinem Nachfolger, mehr jedoch noch der Aufstieg Görings, waren das Resultat eines persönlichen Machtkampfes und der Sieg eines ideologischen Programms des Regimes, das «wirtschaftliche Handlungen zu politischen erklärte»[39] und nun den Weg zur «Wehrhaftmachung» noch entschlossener beschritt. 1936 wies Hitler die «Wirtschaftsführer» auf den Primat der Politik hin: «Das Wirtschaftsministerium hat nur die nationalwirtschaftlichen Aufgaben zu stellen, und die Privatwirtschaft hat sie zu erfüllen. Wenn aber die Privatwirtschaft glaubt, dazu nicht fähig zu sein, dann wird der nationalsozialistische Staat aus sich heraus diese Aufgabe zu lösen wissen.»[40] Göring wiederum versuchte die Sorgen der Industriellen vor einem zukünftigen Kapazitätsüberhang zu entkräften und machte in einer Rede vor führenden Unternehmern am 17. Dezember 1936 mit erstaunlicher Offenheit deutlich, dass sie von der Aufrüstung profitieren würden: «Es ist kein Ende der Aufrüstung abzusehen. Allein entscheidend ist hier der Sieg oder Untergang. Wenn wir siegen, wird die Wirtschaft genug entschädigt werden. Man kann sich hier nicht richten nach buchmäßiger Gewinnrechnung, sondern nur nach den Bedürfnissen der Politik. Es darf nicht kalkuliert werden, was es kostet. Ich verlange, daß Sie alles tun und beweisen, daß Ihnen ein Teil des Volksvermögens anvertraut ist. Ob sich in jedem Fall die Neuanlagen abschreiben lassen, ist völlig gleichgültig. Wir spielen jetzt um den höchsten Einsatz. Was würde sich wohl mehr lohnen als Aufträge für die Aufrüstung?»[41] Wenig später, im Januar 1937, verkündete Hitler vor dem Reichstag: «Entscheidend ist der Wille, der Wirtschaft stets die dienende Rolle dem Volke gegenüber zuzuweisen und dem Kapital die dienende Rolle gegenüber der Wirtschaft.»[42]

Die Wirtschaft hatte für Hitler somit einen funktionalen Charakter – Wettbewerb und die Gesetze des Marktes waren für ihn lediglich Mittel, um Deutschland die Vormachtstellung in Europa zu sichern.[43]

Den Machthabern lag allerdings wenig daran, dem Privateigentum seine Handlungs- und Verfügungsrechte zu nehmen. Um den Weltanschauungskrieg führen zu können, war Hitler auf den Erhalt der Grundstrukturen der marktwirtschaftlichen Ordnung angewiesen. Er wusste, dass Verstaatlichungen «unweigerlich mit Effizienzverlusten verbunden» waren und seine Rüstungs- und Expansionspläne gefährden würden. Dies erfolgte jedoch unter Ausweitung der Kontroll- und Eingriffsinstrumente des Staates, was dazu führte, dass oftmals an die Stelle der «Bewährung auf dem Markt das politische Verhandlungsgeschick» der Unternehmer und ihrer Manager trat.[44] Für die Unternehmen wurde ein guter Zugang zur NS-Bürokratie zur Erhaltung der eigenen Unabhängigkeit unabdingbar. Das Ergebnis war eine auf «beiderseitigen Zugeständnissen und wirtschaftlicher Interessenkoordination beruhende ‹Symbiose›» im Verhältnis zwischen Nationalsozialismus und Großindustrie.[45]

Die Dynamik der Rüstung bestimmte fortan die deutsche Wirtschaft in bislang nicht gekanntem Ausmaß, um Hitlers Idee der Eroberung von «Lebensraum» in die Tat umzusetzen. Ihre Mobilisierung und Ausrichtung ließ inzwischen die Chancen auf friedliche Lösungen immer geringer werden: Krieg war «nicht mehr nur Option», sondern die «logische Folge» der Entwicklung.[46] Die Verschlechterung der internationalen Wirtschaftslage 1938 brachte in Kombination mit der fatalen Rüstungs- und Devisenpolitik die Volkswirtschaft an die Grenzen ihrer Belastbarkeit.[47] Die ernsthaften Zwangslagen, die sich daraus ergaben, ließen sich nur noch «durch Verwertung des Rüstungsmaterials in Feldzügen und durch in Eroberungen eingebrachte Beute» beseitigen.[48]

Für die meisten Unternehmer widersprach der Krieg den Grundsätzen der wirtschaftlichen Vernunft, und die Privatwirtschaft hätte sich für die vagen Aussichten auf spätere Kriegsbeute sicherlich nicht auf das militärische Abenteuer eingelassen. Dies galt sogar für Teile der Rüstungsindustrie, erst recht aber für diejenigen Industriellen etwa in der Elektrobranche, die wie Carl Friedrich von Siemens, Hermann Bücher und Robert Bosch auf einen globalen Aufschwung hofften.[49] Während die Unwägbarkeiten eines Krieges abgelehnt wurden und sogar von Göring zeitweise ein Alternativkurs zu Hitlers radikalen Bestrebungen gesteuert wurde, dachten Teile der Privatindustrie umso eher daran, die Exportoffensive der Zwischenkriegszeit wieder aufzunehmen. «Was sollte die deutsche Großindustrie im übrigen von einem

Krieg erwarten», so hat Ludolf Herbst diese Überlegungen einmal in eine rhetorische Frage gefasst, «besaß sie doch eine hegemoniale Position in Europa bereits, wenn auch in anderer Weise als die nationalsozialistischen Politiker sie sich erträumten?»[50] Die Entfesselung des Zweiten Weltkrieges machte solche Überlegungen zur Makulatur. Selbst nach der Niederwerfung Polens und dem unerwartet schnellen Sieg über Frankreich befanden sich Hitler und das Reich in der Position eines «gefesselten Siegers», der auf die Entscheidungen in London, Moskau und Washington keinen Einfluss hatte.[51] Die geradezu halsbrecherische Ausrichtung des Etats auf die Rüstung hatte Deutschland volkswirtschaftlich schon vor 1939 an den Rand des Zusammenbruchs gebracht. Sie musste nun noch forciert werden und ließ aus Sicht des Regimes keine anderen Optionen als weitere Siege und die Ausbeutung der besetzten Gebiete zu. Die Wirtschaft blieb damit dauerhaft an das NS-System gebunden. Gelegentlicher Protest von Betriebsführern gegen Bevormundungen und Gängelei war ein Symptom für die wachsende Unzufriedenheit und die immer größere Sorge über die Bestandsfähigkeit der Unternehmen. Sie trug zu den Bestrebungen der Industriellen bei, den Einfluss der Partei und der Bürokratie wann immer möglich zu begrenzen, was auch für den Versuch gilt, sich gegen unprofitable Aufträge zu wehren. Der sich schon vor Kriegsausbruch bemerkbar machende Rohstoff- und Facharbeitermangel belastete das Arrangement mit dem Regime, aber unternehmerischer Missmut erschöpfte sich in gelegentlichem Protest gegen ökonomisch unsinnig erscheinende Maßnahmen und die Zwänge der Kriegspolitik. Da gerade bei vielen Großunternehmen die zivile Produktion weitgehend eingestellt werden musste, ließ sich die Privatwirtschaft auf die vom NS-Staat gewünschten Investitionen nicht nur ein, sondern versuchte, sie im eigenen Sinn zu nutzen, wobei sie häufig damit erfolgreich war, das Risiko auf dem Verhandlungsweg an das Reich weiterzugeben. Bisweilen gingen die Unternehmen so weit, die Dinge selbst in die Hand zu nehmen und Rohstoffbeschaffung und Arbeitskräfterekrutierung intern zu organisieren.[52]

Die Unternehmer mussten sich mit der Zerschlagung des Auslandsnetzes und weiteren Import- und Exportbeschränkungen ebenso abfinden wie mit erzwungenen Verlagerungen von bombengefährdeten Werken in vermeintlich sicherere Regionen des Reiches. Der Ausbau bestehender Werke und der Aufbau neuer Produktionsstätten wurden wesentlich durch kriegsbedingte staatliche Anforderungen bestimmt, die aber von strategisch denkenden Unternehmensleitungen an die eigenen Bedürfnisse angepasst werden konnten. Es gab zwar weitgehende Einschränkungen der Produktionspalette und der Vertriebswege; zum Teil mussten sogar ganze Produktionszweige aus übergeordnetem Rüstungskalkül an die Konkurrenz abgegeben werden. Strittig und konfliktträchtig blieben an erster Stelle die bekannten Themen Preisbildung, Gewinne und Steuern, obwohl die vertraglich vereinbarten Gewinnspannen – sie betrugen zwischen drei und sechs Prozent[53] – für sich genommen wenig Anlass zu größerer Kritik gaben.

Selbst unter dem im Februar 1942 zum Reichsminister für Bewaffnung und Munition ernannten Albert Speer, der die «Selbstverantwortung der Industrie» wieder stärken wollte, trat keine grundlegende Verbesserung der Organisation der Kriegswirtschaft ein, weil sich das staatliche Beschaffungssystem unter Kriegsbedingungen nur schwer reformieren ließ. Zwar belebte produktionstechnisch ein wahrer Schub an Maßnahmen die Forschung, die Entwicklung und den rüstungstechnischen Erfahrungsaustausch. Die Anfangserfolge waren aber wohl eher auf Speers starke Stellung und sein Charisma im Bereich der staatlichen Rüstungskoordination zurückzuführen.[54] Speer wollte die am effektivsten für den Krieg arbeitenden Unternehmen belohnen und verbesserte das Anreizsystem nicht zuletzt durch den Übergang von Selbstkosten- auf Festpreise und ein Standardpreissystem, das denjenigen Gewinne versprach, die kostengünstig produzierten.[55] Obwohl sich die Gewinnmöglichkeiten wieder verbesserten, ist in der Forschung nach wie vor umstritten, ob es durch diese Reorganisation, die mit Rationalisierungen und weiteren Standardisierungen einherging, zu einer Rückgewinnung unternehmerischer Spielräume kam bzw. den Unternehmen dadurch «zusätzliche Handlungsoptionen» bereitgestellt wurden.[56] Speer ließ den Führungskräften der Rüstungsindustrie zwar vergleichsweise viele Freiheiten und versprach einen Kompromiss zwischen den kriegsbedingten Anpassungszwängen und dem Festhalten an traditionellen unternehmerischen Interessen. Doch trotz der propagierten «Selbstverantwortung der Industrie» blieb der Anspruch von Partei und Rüstungsbehörden, die unternehmerischen Entscheidungen maßgeblich zu lenken, bestehen. Allerdings bot die grundsätzlich wenig geschätzte Mitarbeit in den Organen der Selbstverwaltung den Unternehmen die Möglichkeit, die Auftragsverteilung im eigenen Sinn zu beeinflussen und schützte vor zu weitgehenden staatlichen Eingriffen. Häufig konnten sie ihre «Kriegswichtigkeit» anführen, um eine Vorzugsbehandlung hinsichtlich der Zuweisung von Facharbeitern und Rohstoffen zu erhalten. Die Industrie musste sich im bürokratischen Dschungel der Reichsbehörden dennoch weiterhin mit der Reglementierung der Rüstungsproduktion abfinden und sich zudem mit dem Wehrkreisbeauftragten und den Rüstungskommissionen abstimmen. Parteiinstanzen, Rüstungsobleute, Industrieabteilungen, Ausschüsse, Ringe, Wirtschaftsgruppen und schließlich die Fachgruppen waren Ausdruck des bürokratischen Nebeneinanders. Diese «ziemlich unübersichtlich[e]» Praxis förderte «die Tendenz zur Zersplitterung» der Produktion[57] und leitete ab 1943 industrielle Degenerationserscheinungen ein.

Als 1944 die industriefreundliche Ära Speer ein Ende fand, bereiteten sich viele Unternehmen schon insgeheim auf die Zeit nach Hitler vor, auch wenn im Betriebsalltag an den Entscheidungsroutinen festgehalten wurde. Eine «stillschweigende Sabotage» der zunehmend sinnloser werdenden Kriegsanstrengungen wurde durch eine Kooperation zwischen einzelnen Behörden und Industriellen ermöglicht. Selbst in manchen Reichsministerien wollte man den «Verbrannte Erde»-Befehlen der NS-Führung Einhalt gebieten.[58]

Trotz aller Deformation der ökonomischen Strukturen blieben die Marktgesetze auch in der Kriegszeit weiterhin in Kraft. Die Rüstungsunternehmer mochten in ihren Entscheidungen nicht mehr die Grundlinien bestimmen können, aber sie waren keineswegs passive Geschöpfe. Die konfuse Wirtschafts- und Rüstungsplanung ließ manchen Spielraum für die wirtschaftlichen Entscheidungsträger, im Wettbewerb gegeneinander bessere Produkte auf den Markt zu bringen – insofern ist es ein Mythos, von einer totalen Rüstungskontrolle zu sprechen. Die massiven Behinderungen unternehmerischer Freiheiten sollten daher nicht darüber hinwegsehen lassen, dass die Unternehmen die Chancen der Rüstungsrationalitäten des Regimes zu nutzen wussten. Die Zerstörung des Auslandsnetzes wurde durch den rüstungsbedingten Nachfrageboom kompensiert und die Im- und Exportbeschränkungen ließen sich, wenn man geschickt vorging, teilweise umgehen. Weil das «Dritte Reich» sorgsam darauf achtete, die Bevölkerung weiterhin zu schonen und Verbrauchsgüter in ausreichendem Maß zur Verfügung zu stellen, um die Deutschen damit an den «Erfolgen» Hitlers partizipieren zu lassen, mussten die Unternehmer selbst im «totalen Krieg» keine sozialen Unruhen oder Streiks befürchten.

Die Erwartung, langfristig durch die Expansion ins Ausland und mittels Kapitalbeteiligungen an anderen Unternehmen – und hierzu zählten durchaus auch «Arisierungen» – entschädigt zu werden, milderte das Unbehagen vor allem der Großindustrie über die kriegsbedingten Einschränkungen ebenso wie die staatlichen Zuschüsse für Rüstungsinvestitionen, die eine Modernisierung bzw. den Neubau von ganzen Betrieben ermöglichten. Zudem hätte diese in den bevorstehenden Friedenszeiten weitergenutzt werden sollen – auch wenn die misstrauischen Behörden streng darauf achteten, dass sich die Unternehmen nicht mittels staatlicher Subventionen bereicherten. Die in die Forschung investierten Gelder wurden schließlich dafür genutzt, die technologische Entwicklungsarbeit voranzutreiben, um nach Kriegsende einen technischen Vorsprung auf einem Markt zu erreichen, der erwartungsgemäß in Europa vom «Großdeutschen Reich» dominiert sein würde. Dies war umso wichtiger für Industrieunternehmen, die bereits eine starke Stellung hatten und diese verteidigen wollten. Insofern funktionierte das Arrangement der Wirtschaft mit dem Regime, das mit einer immer tieferen Verstrickung in das NS-Unrecht verbunden war, bis 1945.

9. GÜNTHER QUANDT UND DIE NATIONALSOZIALISTEN

Im Mittelpunkt nahezu jeder biographischen Studie, die sich zu Teilen oder als Ganzes mit der NS-Zeit auseinandersetzt, steht die Frage nach dem Verhältnis der Protagonisten zum Regime. Gerade populärwissenschaftliche Darstellungen widmen der Beziehung zwischen Günther Quandt und Joseph Goebbels, dem zweiten Ehemann von Magda Quandt, besondere Aufmerksamkeit. Allerdings würde eine Konzentration auf diese Verbindung zu einem schiefen Urteil führen, da Quandt den Nationalsozialisten eher ambivalent gegenüberstand. Während seine Verhaftung 1933 ihm die negativen Seiten des Regimes vor Augen führte, zeigen seine Parteimitgliedschaft sowie sein Wirken beispielsweise in der Gesellschaft zum Studium des Faschismus oder der Berliner Industrie- und Handelskammer eine gewisse Bereitschaft zur Mitwirkung im neuen Regime, die jedoch eher funktional zu verstehen ist. Quandts Bemühungen um die Etablierung eines Netzwerkes etwa dienten allein dem Ziel unternehmerischer Vorteile.

Schwierige Familienbande:
Joseph Goebbels, Magda Quandt und ihr Sohn Harald

Das Verhältnis zwischen Günther Quandt und Joseph Goebbels kreiste fast ausschließlich um die Querelen, die aus der Scheidung der unglücklichen Ehe von Günther und Magda Quandt entstanden waren. Im Zentrum der Auseinandersetzungen, die im Kern unpolitisch waren, standen Erziehungsrechte. Als diese juristischen Fragen geklärt waren, geriet die Angelegenheit weitgehend in Vergessenheit. Das erklärt, warum Günther Quandt in den umfangreichen Aufzeichnungen von Joseph Goebbels[1] nur in den Jahren von 1931 bis 1934 Erwähnung fand und später beim Propagandaminister fast gänzlich einer damnatio memoriae verfiel.

Der «Rosenkrieg» mit Joseph Goebbels

Das ungleiche Ehepaar Quandt hatte sich zunehmend auseinandergelebt. Magda konnte sich mit den zeitüblichen Konventionen der bürgerlichen Ehe, in erster Linie die «Frau an seiner Seite» zu sein, nicht abfinden. Und Günther Quandt war, wie seine Schwiegermutter einmal bemerkte, «kein Mensch, der mit Herzensangelegenheiten marktschreierischen Handel trieb».[2] Quandt bedauerte später, sich während seiner Ehe nicht genügend um seine Frau gekümmert zu haben. Als es «zu kleinen Reibungen» gekommen sei, habe er zum ersten Mal gespürt, «Magda gegenüber schwere Fehler gemacht zu haben».[3] Ebenso nüchtern war seine spätere Erkenntnis, dass seine Arbeit ihm nicht genügend Zeit für die Beziehung gelassen habe: «Bei all dieser Beanspruchung konnte ich mich um Magda nicht so kümmern wie es nötig gewesen wäre und wie sie es verdient hätte.»[4] Die Trennung erfolgte durch gütliche Vereinbarung. Die 30. Zivilkammer des Landgerichts III in Berlin entschied in der mündlichen Verhandlung vom 6. Juli 1929, die Ehe zu scheiden. Die Schuld an der Scheidung und die Kosten des Rechtsstreits wurden Magda Quandt auferlegt.[5] Quandt zeigte sich seiner ehemaligen Frau gegenüber großzügig. Sie erhielt eine monatliche Rente von knapp 4000 RM – ein Betrag, der ihr ein sorgenfreies und zunächst gelangweiltes Leben als Berliner Bohemienne ermöglichte. Eine zusätzliche Summe in Höhe von 50000 Mark diente als Startkapital für eine repräsentative eigene Wohnung am Reichskanzlerplatz (heute Theodor-Heuss-Platz) in Berlin. Zusätzlich hinterlegte Quandt 20000 RM für Krankheitsfälle. Das Sorgerecht für den gemeinsamen Sohn Harald überließ Quandt bis zum 14. Lebensjahr seiner geschiedenen Frau, verbunden mit der Klausel, dass diese Regelung nur bis zu einer eventuellen Wiederverheiratung gelte.[6] Gelegentliche Familienzusammenkünfte verliefen, wie sich Herbert Quandt später in einer Spruchkammeraussage erinnerte, «in größter Harmonie».[7]

Eine wirklich entscheidende Annäherung an den Nationalsozialismus trat bei Magda erst ein, als sie nach einer Rede von Joseph Goebbels in dessen Bannkreis geriet. Die bis dahin unpolitischen Unterhaltungen zwischen ihr und ihrem ehemaligen Gatten gelangten nach Auskunft Herbert Quandts im Rahmen des Entnazifizierungsverfahrens seines Vaters von da an «immer auf das Gebiet der Politik, da meine Stiefmutter plötzlich eine begeisterte Anhängerin der nationalsozialistischen Ideen geworden war». Er sei – trotz aller «Verehrung und Dankbarkeit», die er für seine Stiefmutter empfunden habe – über «diese Gesinnungsentwicklung und über den Fanatismus» so erschreckt gewesen, dass es ihm ganz sinnlos erschienen sei, weiter Kontakt zu ihr zu halten, «da sie zu verbohrt war, um noch eines Besseren belehrt zu werden».[8] Auch wenn es Herbert Quandt hier darauf ankam, die dämonischen Züge Goebbels' und seiner neuen Geliebten sowie deren Gegensatz zu seinem Vater in möglichst klaren Konturen herauszustellen, erscheint es doch nachvollziehbar, dass das radikale politische Engagement Magdas in einer Familie, in der Politik nie eine große Rolle gespielt hatte, auf wenig Gegenliebe stieß.

Das Verhältnis zwischen Günther Quandt und seiner Ex-Frau verschlechterte sich, als Magda über den dem völkischen Dunstkreis zuzurechnenden «Nordischen Ring» mit den Ideen des Nationalsozialismus bekannt wurde. Der Verein, der eine ganze Reihe von Adligen zu seinen Mitgliedern zählte, unter denen Viktoria von Dirksen eine besondere Rolle für die ehemalige Frau von Günther Quandt spielen sollte, vertrat ungeschminkt die kruden Rassenthesen einer notwendigen «Aufnordung» der Deutschen. Auch mit Otto Wagener, Mitglied der NSDAP-Reichsleitung, trat Magda Quandt in eine Verbindung, die vornehmlich um Hitler kreiste. Diesem müsse eine Frau an die Seite gestellt werden, weil er ansonsten nur von Ja-Sagern umgeben sei, berichtete Wagener im Sommer 1931 in einer recht pathetischen Kolportage.[9] Unabhängig davon, was man von dieser Aussage halten mag, waren sich Magda Quandt und Joseph Goebbels inzwischen privat nähergekommen. Seit einiger Zeit arbeitete sie nämlich ehrenamtlich für die NSDAP-Gauleitung in der Berliner Hedemannstraße in der Zeitungsausschnittssammlung und wurde bald von Goebbels auch mit Arbeiten in seinem Privatarchiv betraut. Immer häufiger traf man sich in der Wohnung am Reichskanzlerplatz; für kleine Fluchten aus Berlin zog sich das Paar bisweilen auf das Landgut Severin zurück. Im Scheidungsvertrag hatte Günther Quandt Magda das Recht zugestanden, sich dort uneingeschränkt aufzuhalten. Im August 1931 gaben Goebbels und Magda ihre Verlobung bekannt. Bei der Verlobungsfeier im kleinen Kreis waren außer dem Brautpaar nur Hitler, Wagener und Rudolf Heß anwesend.

Die Versuche von Magda, ihren ehemaligen Ehemann für die Ideen des Nationalsozialismus zu begeistern, fruchteten ebenso wenig wie die Idee, ihn zu dieser Zeit zu einer Geldspende für die Partei zu be-

wegen.[10] Im Zuge des Entnazifizierungsverfahrens bemerkte Harald
Quandt, Goebbels habe Günther Quandt für einen «im Grunde [sei-
nes] Herzens unverbesserlichen Reaktionär und antination[alsozia-
listischen] Kapitalisten» gehalten.[11] Zwei Jahre später fasste er vor der
Spruchkammer im gleichen Sinne entsprechende Äußerungen von
Goebbels zusammen: «Er sprach von ihm immer nur [als] von dem
Reaktionär.»[12] Tatsächlich haben diese Aussagen einen hohen Wahr-
scheinlichkeitswert, entsprechen sie doch der antikapitalistischen Seite
von Goebbels, die zwar seit langem gut dokumentiert ist, aber meist
nicht genügend ernst genommen wird.[13] 1927 hatte er in seinem
Kampfblatt «Der Angriff», das im Untertitel den Slogan «Für die Un-
terdrückten – Gegen die Ausbeuter» führte, gegen «schwarz-weiß-rote
Geldsäcke» polemisiert: «Du sagst Vaterland und meinst Prozente.»[14]
Ein Mann wie Günther Quandt musste für Goebbels der Inbegriff des
verhassten Kapitalisten sein, so wie für ihn auch Günthers Bruder
Werner «ein rechter Prolet» war.[15]

1931 verschärften sich die Auseinandersetzungen zwischen Magda
und Günther Quandt, zu dem diese, wie Goebbels notierte, inzwischen
«alle Brücken [...] abgebrochen hatte».[16] Quandt intervenierte im September 1931 in der Sorgerechtsfrage sogar bei Hitler, was bei Goebbels
«Brechreiz» auslöste.[17] Noch im selben Monat eröffnete Magda ihrem
ehemaligen Gatten ihre Heiratsabsichten, was dieser deprimiert und
resigniert zur Kenntnis nahm. Nunmehr stand lediglich das Sorgerecht
für den gemeinsamen Sohn Harald im Zentrum des gelegentlichen
Aufeinandertreffens. Magda erklärte ihrem zukünftigen Ehemann immer wieder, dass Günther Quandt sie «gemein» behandle.[18] Dieses Urteil war sicherlich durch die emotionale Situation mit geprägt, es zeigt
aber auch, dass sich die ursprünglich scheinbar gütliche Trennung zu
einer harten Auseinandersetzung entwickelt hatte.[19] Als Günther
Quandt in dieser Zeit Severin besuchte, fiel Goebbels' Urteil über ihn
wieder einmal vernichtend aus: «Ein taktloser Flegel. Der typische Kapitalist. Ein Bürger schlimmster Sorte», der zudem «selten aufdring-
lich» sei.[20]

Eine weitere persönliche Begegnung im Dezember 1931 ließ allerdings erstmals den Wunsch Quandts erkennen, sich mit der «Bewegung» zu arrangieren und mit Goebbels gutzustellen, vielleicht auch,
um den Einfluss auf Magda nicht ganz zu verlieren. In Goebbels' Aufzeichnung klang dies wie folgt: «Ich rede Politik. Er ist ganz eingenommen. Ein alter Mann. Aber klug, energisch, brutaler Kapitalist, stellt

27 Quandts Schwager
Walter Granzow war
Gutsverwalter auf dem
Gut Severin und schloss
sich früh den National-
sozialisten an.

sich ganz auf uns um. Soll er, – und Geld geben. Ich bekomme 2000
M[ar]k. Das ist für die Gefangenen und Verwundeten. Für meine Leute
nehme ich es. Wenn auch schweren Herzens. Die Unterhaltung ist
nicht so kalt, wie ich dachte. Er lobt sehr mein Buch K[ampf] u[m]
B[erlin], das er gerade liest.»[21]

Am 19. Dezember 1931 heirateten Goebbels und Magda auf Gut
Severin im kleinen Kreis. Adolf Hitler und Franz Ritter von Epp waren
die Trauzeugen. Zu den wenigen Gästen zählten neben Viktoria von
Dirksen auch Hitlers Adjutanten Wilhelm Brückner und Julius Schaub.
Die protestantische Hochzeit in der Dorfkirche von Severin war von
Quandts langjährigem Gutsverwalter Walter Granzow arrangiert
worden, der mittlerweile Karriere in der NSDAP machte. Nach seinem
Eintritt in die Partei im März 1931 war er bereits einen Monat später
Leiter der Abteilung Agrarpolitik in der Gauleitung Mecklenburg-
Lübeck geworden, kurz darauf auch Landwirtschaftlicher Gau-

28 Die Hochzeit von Magda und Joseph Goebbels fand gegen Quandts Willen auf dessen Gutshof Severin statt. Rechts im Bild der junge Harald Quandt.

fachberater. Als «Landesbauernführer» stellte er Quandts Landgut einige Male für Geheimtreffen zwischen Hitler und Goebbels zur Verfügung. Severin wurde damit zu einer Art «mecklenburgische[m] Stabsquartier» der Nationalsozialisten.[22]

Quandt hatte Magda immer wieder gebeten, Severin nicht zu «einer Art Hauptquartier der NS-Führung»[23] zu machen, ohne jedoch etwas ausrichten zu können. Das hinter seinen Rücken stattfindende Prozedere, eine «Geschmacklosigkeit sondergleichen»,[24] wie ein Biograph von Magda Goebbels bemerkte, verletzte Quandt tief.[25] Er fühlte sich von Granzow hintergangen. Nachdem die NSDAP bei der Landtagswahl vom 5. Juni 1932 die absolute Mehrheit gewonnen hatte, zog dieser als Landtagsabgeordneter in den Mecklenburgischen Landtag ein und wurde am 13. Juli 1932 schließlich sogar zum Ministerpräsidenten und Minister des Äußeren von Mecklenburg-Schwerin gewählt. 1933 wurde er zudem Mitglied des Reichstages, dem er bis zum Ende des «Dritten Reiches» angehören sollte. Während er im August 1933 sein Amt als Ministerpräsident aufgrund von Streitigkeiten über die Kirchenpolitik abgeben musste,[26] stieg Granzow in den folgenden Jahren bei der SS bis zum Brigadeführer auf und begnügte sich mit den üppigen Pfründen des Direktors der Landwirtschaftsbank. Obwohl Günther Quandt Granzow dessen Illoyalität nicht verzieh, war es nicht empfehlenswert, sich mit einem derartig in der braunen Bewegung vernetzten Funktionär anzulegen. Es blieb wenig mehr als die Genugtuung, diesen schließlich als Gutsverwalter von Severin zu entlassen.[27] Bei der Feier zu Quandts 60. Geburtstag im November 1941 fand sich Granzow gleichwohl unter den geladenen Gästen, wenn auch nicht am Tisch des Gastgebers, sondern an einem weit weniger prominent besetzten Tisch.

In den Monaten nach der Hochzeit versuchte Quandt, juristisch das Sorgerecht für Harald zu erstreiten, was fortgesetzte Auseinandersetzungen mit Magda zur Folge hatte und bei Goebbels einen verqueren Beschützerinstinkt hervorrief: «Diesem Heuchler muß man die Maske von der Fratze reißen.»[28] Der Zeitpunkt dieses Tagebucheintrags, der 29. Dezember 1931, war nicht zufällig: Mit Wirkung vom 1. Januar 1932 kehrte Harald Quandt entsprechend der Regelung des Scheidungsvertrages aus dem Haus seiner Mutter zu Günther Quandt in die Charlottenburger Frankenallee zurück.

Der Streit bestimmte auch in den folgenden Monaten das Privatleben. Als Quandt im Februar 1932 eine Rede von Goebbels hörte, war dieser zwar laut Goebbels «ganz aus dem Häuschen», aber bereinigen konnte dies das schwierige Verhältnis letztlich nicht.[29] Im September 1932 wurde Harald gar von Vertrauten Magdas vor seinem Vater verborgen gehalten. Erst die Androhung juristischer Maßnahmen ermöglichte es Quandt, seinen Sohn wieder zu sich zu holen. Quandt hob später hervor, Goebbels habe ihm dies nicht verziehen: «Goebbels hatte sich [...] in den Kopf gesetzt, dass Harald Quandt, den er schon damals zu allen möglichen Parteiveranstaltungen mitschleppte, und der deshalb in der Öffentlichkeit natürlich als sein Sohn galt, zu behalten. Der Junge war groß und blond, also ein gutes Schaustück für einen Naziführer, der selbst nicht gerade das Aussehen eines NS-Germanen hatte.»[30] Seine Schwägerin Ello Quandt bestätigte diese Sicht nach dem Krieg in einer eidesstaatlichen Erklärung. Goebbels habe Harald von Anfang an in Beschlag genommen und den «schönen, hochbegabten Jungen wie ein Schaustück mit in die Versammlungen» geschleppt.[31] Während Goebbels Harald für seine Zwecke einspannte, blieb sein Verhältnis zu Herbert stets nüchtern: Als er diesen das erste

Mal zu Gesicht bekam, hielt er den zweitgeborenen Sohn Quandts für «etwas zurückgeblieben».[32]

Günther Quandt schilderte nach Kriegsende ausführlich eine Begegnung, die Ende April 1933 im Ministerbüro von Goebbels stattgefunden habe. Auf die Frage von Goebbels, ob er der NSDAP angehöre, habe er verneint mit der Begründung, er sei «Wirtschaftler und hätte nie einer Partei angehört». Goebbels sei dann mit Blick auf die Notwendigkeit, den Sohn Harald im nationalsozialistischen Sinn zu erziehen, drängender geworden: «Sein Gesicht verfärbte sich. Brutal und erpresserisch sagte er mit drohender Stimme, dass ich sofort Mitglied der Partei werden müsse. Die Partei würde sonst die Erziehung meines Sohnes in die Hand nehmen.»[33] Die Bewertung dieser Aussage fällt nicht leicht. Zweifellos stand Quandt schwer unter Druck: Die Nationalsozialisten waren inzwischen an der Regierung; es war nicht wahrscheinlich, dass angesichts der veränderten Machtverhältnisse der Rechtsweg eingeschlagen werden konnte, um das Sorgerecht für den Sohn zu sichern. Quandt mag also in einem Parteieintritt eine vergleichsweise harmlose Möglichkeit erblickt haben, zumindest nominell eine bessere Position gegenüber Goebbels zu erhalten, um die Familiennachfolge zu regeln: Der als Nachfolger bereits vorgesehene Hellmut war gestorben; ob Herbert mit seiner Sehbehinderung die geschäftlichen Aufgaben würde übernehmen können, stand in den Sternen. Schon deshalb wollte er Harald nicht verlieren. Es wäre jedoch gewiss einseitig, den Parteibeitritt ausschließlich mit der Sorgerechtsangelegenheit erklären zu wollen, auch wenn Quandt nach dem Krieg diesen Aspekt natürlich in den Vordergrund rückte.

Im Jahr 1934 eskalierte der Familienstreit. Aus den Osterferien, die Harald entsprechend der Regelung des Scheidungsvertrages im Hause Goebbels verbracht hatte, kehrte er nicht zum Vater zurück. Dieser suchte ihn persönlich auf, ohne jedoch etwas zu erreichen. Auch Goebbels war nicht zum Nachgeben bereit und damit letzten Endes erfolgreich, zumal er in dieser Angelegenheit auch Röhm und Göring auf seiner Seite wusste. Schließlich konnte Goebbels den Streit um Harald endgültig für sich entscheiden, indem er Günther Quandt zu sich in das Reichspropagandaministerium bestellte und seine Machtposition ausspielte. Hans-Otto Meissner hat, auf zahlreiche Aussagen gestützt, diese Begegnung rekonstruiert, in der Goebbels den angeblich «negativen Einfluß» Quandts auf seinen Sohn geltend gemacht habe, während Günther Quandt auf die eindeutige Rechtslage verwiesen habe.

29 Goebbels versuchte, den blonden Harald im «Rosenkrieg» mit Günther
Quandt ganz auf seine Seite zu ziehen.

Goebbels bestand jedoch darauf, die Erziehung des Sohnes der Mutter
anzuvertrauen. Dem Hinweis Quandts, die Angelegenheit beim Vor-
mundschaftsgericht klären zu lassen, habe Goebbels die Bemerkung
entgegengesetzt, mit «kapitalistischen Schweinen» werde man immer
noch fertig. Quandt erklärte darauf, er weiche der Gewalt, worauf
Goebbels in einer denkwürdigen Replik die Willkürherrlichkeit des
Nationalsozialismus deutlich gemacht habe: «Nein, Sie weichen Ihrer
Klugheit.»[34]

Rechtsanwalt Dr. Georg Eschstruth, der Gauführer des Rechts-
wahrerbundes in Berlin und damit eine durchaus einflussreiche Persönlichkeit, erklärte sich zwar bereit, einen Prozess gegen Goebbels
anzustrengen, musste allerdings eine Woche später mitteilen, dass sich
in Berlin kein Gericht fände, das den Rechtsstreit annehmen wolle.
Eschstruth verlor wenige Monate später seine Stellung als Gauführer,
blieb aber Rechtsanwalt und Notar; Quandt beschäftigte ihn bis 1945
immer wieder in Rechtsangelegenheiten.[35] Mit dem 5. Mai 1934 und
einem abfälligen Kommentar zum juristischen Gezerre um Harald

enden die Tagebuchaufzeichnungen von Goebbels zu Günther Quandt.[36] Es ist bezeichnend, dass Goebbels, der seinem Tagebuch ansonsten geradezu ausschweifend Nichtigkeiten anvertraute, Quandt fortan einfach ignorierte – eine Quintessenz des von schweren privaten Kämpfen geprägten Verhältnisses zweier Männer, denen auch ihre unterschiedlichen biographischen Erfahrungen eine politisch-wirtschaftliche Zusammenarbeit schier unmöglich machten.

Praktikant, Wehrmachtssoldat, Kriegsgefangener: Harald Quandt

Der ständige Streit zwischen den Eltern konnte nicht ohne Wirkung auf den Sohn bleiben: eine von der NS-Ideologie fanatisierte Mutter und Goebbels auf der einen Seite, der konsequent auf seinen Einfluss beharrende leibliche Vater auf der anderen Seite, der, wie Harald im Spruchkammerverfahren angab, versuchte, dem Sohn «eine ziemliche Abneigung gegen die Partei» einzuflößen.[37] Dennoch verlief das Jungenleben im «Dritten Reich» nach außen unspektakulär, obwohl die Rahmenbedingungen als «Vorzeigesohn» des Propagandaministers außergewöhnlich waren. Von 1935 bis 1937 war Harald Quandt auf Anregung von Goebbels Probemitglied der Marine-HJ, ohne ihr jedoch beizutreten. Der Stiefvater wollte Harald nach dessen Aussage «von den Gedanken meines Vaters weitgehendst [...] entfernen. Ich sollte Marine-Offizier und nicht Wirtschaftler oder Ingenieur werden.»[38] Die paramilitärische Ausbildung sagte dem Jungen wenig zu; seit dem Sommer 1936 ging er nur noch sporadisch zum Dienst, bis ihm im Herbst mitgeteilt wurde, dass auf sein weiteres Erscheinen kein Wert mehr gelegt werde. 1938 sollte er über den Hitlerjugend-Bann Berlin die Parteianwärterschaft beantragen. Zwar gibt es keine Anhaltspunkte, dass Harald zu diesem Zeitpunkt dem Nationalsozialismus kritisch gegenübergestanden hätte, aber das vorbereitete Antragsformular reichte er nicht ein. Bei Kriegsausbruch 1939 hatte Harald gerade erfolgreich sein Abitur gemacht – bei der Abiturfeier hatten Günther und Magda gemeinsam in der ersten Reihe gesessen[39] – und absolvierte den obligatorischen sechsmonatigen Arbeitsdienst. Dabei wurde er in Polen als Kurierfahrer eingesetzt. Als er im Oktober 1939 auf Besuch nach Berlin kam, muss er ausführlich über das dort Erlebte berichtet haben. Goebbels notierte in sein Tagebuch, Harald habe «in Polen allerhand mitgemacht. [...] Die Kinder sind nun schon zu Männern geworden.»[40]

30 Harald Quandt bei seinem Praktikum bei den DWM in Posen nach
Ausbruch des Zweiten Weltkrieges, hier auf einer Lokomotive, die wahrscheinlich noch aus der Produktion der polnischen Vorbesitzer stammt.

Nach seinem Arbeitsdienst machte Harald Quandt ein Praktikum
in der Gießerei und Schlosserei der Lokomotivbau-Abteilung bei den
DWM in Posen, was ein Indiz dafür sein könnte, dass zwischenzeitlich
das Verhältnis zwischen Günther Quandt und Goebbels besser geworden war. Im Januar 1940 besuchte Magda Goebbels ihren Sohn im
«Warthegau» und berichtete, dieser sei inzwischen «ein ganzer Kerl
geworden mit ausgeprägtem sozialem Empfinden».[41] Da Goebbels jedoch nach einer Reise ins Generalgouvernement Ende Oktober 1939 in
seinem Tagebuch vermerkte, dass Harald ihm und seiner Frau «etwas
Sorgen» bereite,[42] hat Rüdiger Jungbluth die Vermutung angestellt, es
habe möglicherweise «Auseinandersetzungen über das brutale Vorgehen der Deutschen in Polen» gegeben.[43] Dies ist zwar nicht auszuschließen, aber es fehlen die Quellen, die dies belegen. Im Juli 1940
klagte Magda, ihr Sohn befinde sich «in den Flegeljahren» und be-
nehme sich «skandalös». Es gibt keine Hinweise, dass sich hinter diesem Rebellentum auch eine politische Aufmüpfigkeit verbarg. Mög-

licherweise war es lediglich das spätpubertäre Verhalten, das Magda aufbrachte. Goebbels war froh, dass Harald zur Wehrmacht kam, «um einmal richtig geschliffen zu werden».[44]

Noch während des Frankreichfeldzuges 1940 hatte sich Harald freiwillig zu den Fallschirmjägern gemeldet, nachdem sein bester Freund und Klassenkamerad gefallen war. Aus Posen schrieb er nach Hause: «Nun hält es mich hier nicht mehr, ich bin nichts anderes als alle anderen auch.»[45] Er kam nach Dessau-Kochstedt zum Fallschirm-jäger-Pionier-Bataillon 1, das zur 7. Flieger-Divison gehörte. Goebbels zeigte sich über seinen Ziehsohn zufrieden: Harald sei «ein richtiger Mann» geworden, notierte er, als dieser im Oktober 1940 für zwei Tage auf Urlaub nach Berlin kam: «Der Komiß hat ihn gerade gebogen.»[46]

Anfang Mai 1941 wurde Harald Quandts Fallschirmjägereinheit nach Griechenland verlegt, von wo aus am 20. Mai ein aufsehener-regender Einsatz auf Kreta erfolgte. Die von General Kurt Student be-fehligte «Operation Merkur» sollte verhindern, dass sich britische Truppen der Insel bemächtigten, da diese als Bomberbasis genutzt wer-den konnte.[47] Harald Quandt hat den Einsatz in einem mit typischem Hurra-Patriotismus verfassten Bericht der AFA-Betriebszeitschrift im Herbst 1941 ausführlich geschildert,[48] und auch Goebbels berichtete in seinem Tagebuch mit Genugtuung, dass Kreta «restlos vom Feind gesäubert» sei.[49] Er freute sich über die militärische Feuerprobe seines Stiefsohnes, der sich «gut geschlagen» habe und zur Auszeichnung vorgeschlagen sei.[50]

Als sich die Lage für das «Dritte Reich» militärisch verschlechterte, wurde Harald Quandt mit seiner Einheit nach Russland verlegt. Im Oktober 1941 wurden die Kompanien des Bataillons zur Front bei Leningrad gebracht, dort jedoch nur in kleinen und strategisch be-deutungslosen Kampfgruppen eingesetzt.[51] Nachdem sein Bataillon im Dezember 1941 wieder nach Dessau zurückgezogen wurde, trat bei Harald offensichtlich bereits eine gewisse Ernüchterung ein. Als er zum Jahreswechsel 1941/42 zu Besuch in Berlin war, wagte er seinem Stiefvater – den er allerdings respektvoll «Vater» nannte – zu sagen, dass der Krieg «noch mindestens zwei Jahre» dauern werde, was eine heftige Auseinandersetzung zur Folge hatte.[52]

In den folgenden zwei Jahren wurde Quandt mit seiner Einheit auf verschiedenen Kriegsschauplätzen in West- und Südeuropa sowie in Nordafrika eingesetzt. Nachdem Italien sich im September 1943 vom

31 Harald Quandt im Kreise der Goebbels-Familie.

Bündnis mit dem Deutschen Reich gelöst hatte, nahm sein Bataillon im Herbst 1943 an den Kämpfen bei Termoli und von Januar bis Mai 1944 um Monte Cassino zur Verteidigung der «Gotenlinie» teil.[53] Im Zuge der deutschen Rückzugsgefechte[54] erhielt Goebbels am 9. September 1944 über Kurt Student und den Kommandeur der 1. Fallschirmjägerdivision, Generalmajor Richard Heidrich, die Nachricht, dass Harald verwundet worden sei und seitdem vermisst werde. Während Goebbels über das Rote Kreuz sogleich Nachforschungen über den Verbleib seines Stiefsohnes anstellen ließ, verheimlichte er die Nachricht zunächst vor seiner Frau, um diese «nicht unbedingt zu beunruhigen».[55] Goebbels setzte im November 1944 alle Hebel in Bewegung, um das Schicksal Haralds zu klären. Das Auswärtige Amt trat über die Botschaft in Stockholm mit der englischen und amerikanischen Gesandtschaft sowie dem schwedischen Roten Kreuz in Verbindung. Auch die Botschaften Schwedens und der Schweiz in Berlin wurden eingeschaltet, um Quandts Aufenthaltsort festzustellen,[56] und Goebbels lud deren Gesandte sogar zu einem Abendessen ein, um

seinen Dank für ihre Bemühungen persönlich zu bekräftigen.[57] Die er-
lösende Nachricht, dass Harald in Kriegsgefangenschaft geraten war,
änderte nichts am persönlichen Schicksal seiner Mutter. Als Albert
Speer Magda Goebbels am späten Nachmittag des 23. April 1945 das
letzte Mal in Hitlers Bunker sah, habe diese auf ihn einen völlig zu-
sammengebrochenen Eindruck gemacht. Beim Abschied habe sie ihm
angedeutet, wie glücklich sie sei, «daß wenigstens Harald [...] am
Leben» sei.[58]

Am 28. April 1945 übergab Magda Goebbels der Fliegerin Hanna
Reitsch einen Abschiedsbrief an ihren Sohn, der diesen – nach einigen
Umwegen – tatsächlich erreichte, weil es Reitsch gelang, aus dem bren-
nenden Berlin zu entkommen. Magda Goebbels kündigte ihrem Erstgeborenen mit pathetischen Worten an, nun das «Schwerste» zu tun:
«Wir haben nur noch ein Ziel: Treue bis in den Tod dem Führer, und
dass wir zusammen das Leben mit ihm beenden können, ist eine Gnade
des Schicksals, mit der wir niemals zu rechnen wagten. Harald – lieber
Junge – ich gebe Dir das Beste noch auf den Weg, was das Leben mich
gelehrt hat: Sei treu! Treu Dir selbst, treu den Menschen und treu
Deinem Land gegenüber. In jeder und jeder Beziehung!»[59] Goebbels
schrieb an Harald Quandt ebenfalls noch einige Abschiedszeilen. Er
glaube kaum, dass man sich noch einmal wiedersehen werde. Den
Stiefsohn forderte er auf, sich nicht durch den zu erwartenden Lärm
der kommenden Zeit verwirren zu lassen: «Du wirst unter Umständen
der Einzige sein, der unsere Familientradition fortführt. Tue es immer
so, daß wir uns dessen nicht schämen brauchen. [...] Die Lügen werden
eines Tages in sich zusammenbrechen und über ihnen wieder die Wahrheit triumphieren. Es wird die Stunde sein, da wir über allem stehen,
rein und makellos, so wie unser Glaube und Streben immer gewesen
ist.»[60]

Das Kriegsende erlebte Harald als Leutnant und britischer «Prisoner
of War Nr. 191901» im Camp 305 im libyschen Benghasi. Er trug zwar
noch seine Uniform, allerdings waren die Hoheitszeichen abgetrennt
worden. Vom Selbstmord seiner Mutter und dem Tod seiner Halbge-
schwister erfuhr er über den britischen Sender BBC. Der spätere Ver-
leger Wolf Jobst Siedler, der zu diesem Zeitpunkt mit Harald Quandt
in Kriegsgefangenschaft war und bei der Meldung an jenem Nachmittag mit ihm zusammensaß, konnte sich, wie er später berichtete, son-
derbarerweise nicht an dessen Reaktion erinnern.[61]

Harald Quandt gab in einem Brief aus der Kriegsgefangenschaft in

Benghasi an, er sei aufgrund der «Anti-Nazi-Einstellung» seines Vaters nie in die Partei eingetreten.[62] Die Desillusionierung über das «Dritte Reich» und der Wunsch nach einem Neuanfang wurden auch in einem Brief vom 14. März 1946 deutlich, in dem er schrieb, er wolle nach der Entlassung aus der Kriegsgefangenschaft nach Australien auswandern.[63] Dies blieb jedoch nur eine kurze Eingebung. Anfang Januar 1947 berichtete er über die bevorstehende Entlassung: «Man will nach Hause, wieder Mensch unter Menschen sein, und nicht P. O. W. unter Herrenmenschen, die zwar freundlich sind, es aber keinen Moment vergessen, dass man ‹Angehöriger der geschlagenen ehemaligen Wehrmacht› war. Das sind so die kleinen Widerwärtigkeiten.»[64]

Ohne zu sehr ins Spekulieren geraten zu wollen: Harald scheint sich spätestens zu diesem Zeitpunkt aus der schwierigen psychologischen Abhängigkeit von seinem Stiefvater gelöst zu haben. Dies wird auch darin erkennbar, dass er von nun an, ganz wie sein Bruder Herbert, seinem leiblichen Vater in großer Loyalität verbunden blieb. Nach der Rückkehr aus der Kriegsgefangenschaft begann er seine Ausbildung in Hannover, ohne von den Alliierten behelligt zu werden. Sein Vater riet ihm, in Zürich oder Wien Maschinenbau und Elektrotechnik zu studieren, da er vor allem in diesen Branchen eine Zukunft sah. Harald solle sich das Studium eventuell durch eine ausländische Partner-Gesellschaft wie die Tudor in Schweden oder die Accumulatoren-Fabrik Oerlikon in der Schweiz finanzieren lassen, anschließend zu einem international tätigen Großunternehmen wie AEG, Siemens, Philips, Westinghouse oder General Electric gehen, aber immer «einen Fuß in der AFA» behalten.[65]

Die Haft Günther Quandts in Moabit

Bislang unbekannt waren die Hintergründe der Verhaftung von Günther Quandt wenige Wochen nach der «Machtergreifung». Er selbst hat später aus durchaus nachvollziehbaren Gründen immer wieder die Vermutung angestellt, Goebbels sei der Drahtzieher gewesen – was jedoch unzutreffend ist. Quandt wurde am 3. Mai 1933 aus einer Sitzung bei der Deutschen Bank in Berlin heraus verhaftet, in das Gefängnis des Polizeipräsidiums Alexanderplatz gebracht und am folgenden Tag in das Gefängnis Moabit überführt. Auf dem Weg in die

Zelle durfte er dank der ihn begleitenden Polizeibeamten noch einmal kurz in seine Wohnung, um von dort Unterlagen mitzunehmen. In Moabit erfuhr er, dass inzwischen seine Wohnung und das Büro am Askanischen Platz durchsucht worden waren, ohne dass offenbar belastendes Material – welcher Natur auch immer – gefunden worden war.

Besonders beunruhigend war, dass die Verhaftung keine spontane und allein auf Günther Quandt zielende Einzelaktion war, sondern ein konzertiertes Vorgehen, das sich offenbar gegen die Führungsspitze der AFA richtete. In deren Zentrale am Askanischen Platz mussten die Alarmglocken schrillen, als bekannt wurde, dass nicht nur Günther Quandt und sein enger Mitarbeiter, der Hauptbuchhalter der AFA Corbin Hackinger, verhaftet worden waren, sondern darüber hinaus in Hagen den dortigen Betriebsleiter Hermann Clostermann und den Prokuristen Bremer das gleiche Schicksal der «Schutzhaft» ereilt hatte. Die Öffentlichkeit erfuhr am 6. Mai 1933, dass am Vorabend das Direktionsgebäude der AFA in Hagen durch Polizei und SS besetzt sowie Clostermann und Bremer festgenommen worden waren.[66] Genauere Umstände der Hagener Vorgänge sind nicht bekannt, aber der nationalsozialistische Oberbürgermeister entfesselte gerade in jenen Wochen eine antibürgerliche und gegen die bisherigen Machteliten gerichtete Pressekampagne, die im ganzen Reich Aufsehen erregte.[67] Schon am gleichen Tag wurde allerdings mitgeteilt, dass die Verhaftung der beiden Hagener Führungskräfte «auf einem Irrtum untergeordneter Organe» beruht habe und die «Maßnahme» von Hitler «aufs schärfste mißbilligt» worden sei. Die Besetzung der AFA Hagen wurde daher rückgängig gemacht,[68] und die AFA-Angestellten durften mit Ausnahme einiger fristlos entlassener KPD- oder SPD-Mitglieder ihre Arbeitsstelle nach einer politischen «Überprüfung» wieder aufsuchen.[69] Hermann Clostermann, mit dem Quandt sich gut verstand und der einer seiner ganz wenigen Duzfreunde war, wurde wenig später, im Juni 1933, in den Vorstand der AFA berufen.

Vorerst jedoch war das Unternehmen führungslos. Auf einer Betriebsversammlung der AFA in Hagen, die noch immer unter SS-Bewachung stand, verkündeten NSDAP-Funktionäre am 9. Mai, Quandt sei verhaftet worden, weil er Geld ins Ausland «verschoben» habe und Werke ins Ausland habe verlegen wollen, was aber nun verhindert worden sei.[70] In Berlin wurden Quandts Amt als Aufsichtsratsvorsitzender und die Stelle des Gewerkschaftsvertreters für den

Betriebs- und Aufsichtsrat kommissarisch mit NS-Funktionären besetzt.[71] Die offenkundig willkürlich durchgeführte Verhaftungsaktion war keineswegs ein singulärer Vorgang. Sie gehörte zu jenen Begleiterscheinungen der «Machtergreifung», die «als existenzbedrohende Usurpationsgelüste und Enteignungen bis hin zu Terror und Gewalt aus den Reihen des NS-Regimes» gelten können.[72] Die Übergriffe führten zu großer Unruhe bei den Industriellen und signalisierten den mächtigen Unternehmern, dass sich die Machtverhältnisse in Deutschland geändert hatten. Allerdings handelte es sich dabei eher um eigenmächtige Versuche verschiedener Parteistellen, die nationalsozialistische Revolution weiterzuführen. Vor allem diejenigen, die als «Alte Kämpfer» jahrelang die «Bewegung» unterstützt hatten, forderten nun häufig auch in Industrie und Handel eine Prämie für ihren Einsatz.[73] Die zeitweise außer Kontrolle geratene Aktion, in der die Trennlinie zwischen «öffentlichem Amt und privater Sphäre» ein ums andere Mal verwischt wurde,[74] richtete sich auch gegen Vorstands- und Aufsichtsratsmitglieder. Zwar erließ der Ende April 1933 zum «Reichskommissar» ernannte Otto Wagener noch einen Tag vor seinem Amtsantritt eine parteiinterne Verfügung, nach der es Parteistellen verboten war, ohne seine Genehmigung in Wirtschaftsbetriebe einzugreifen. Aber von einem Tag auf den anderen ließen sich solche Anordnungen, deren Reichweite kaum zu ermessen war, ohnehin nicht umsetzen. Außerdem waren die offiziösen Signale keineswegs so eindeutig, dass sie als Beruhigung hätten dienen können. Beispielsweise verkündete der seit Ende Juni amtierende Reichswirtschaftsminister Schmitt in einer Rede vom 20. Juli 1933, dass er sich die Möglichkeit von Eingriffen in einzelne Wirtschaftszweige offen halten müsse, «da der nationalsozialistische Staat für sich in Anspruch nehme, dass er den Dingen in der Wirtschaft nicht freien Lauf lasse».[75] Ein amerikanischer Diplomat berichtete im Juli 1933: «Die Eigentümer großer Fabriken sind völlig verunsichert, was die Dauerhaftigkeit ihrer jetzigen Positionen in den Firmen angeht; sie befürchten jeglicher Gesetzlichkeit Hohn sprechende Maßnahmen, die sie der Kontrolle über ihre Geschäfte berauben.»[76]

Die Verhaftung Quandts korrespondierte weitgehend mit diesem unkontrollierten Eingreifen der braunen Revolutionäre. Die Verunsicherungsperiode wurde auch auf Vorstandsebene von Konjunkturrittern genutzt. Bei der AFA wurde aus dem Vorstand das NSDAP-Mitglied Heinrich Georg Stahmer als «Kommissar» eingesetzt und die

Firmenzentrale zwischenzeitlich durch SA-Leute besetzt. Stahmer versuchte, mit Unterstützung einiger Helfershelfer in einer Art Palastrevolution Quandt aus seiner Stellung zu verdrängen. Stahmer war in den 1920er Jahren Direktor bei den Dominitwerken gewesen, die 1927 von der AFA erworben worden waren. Im Zuge dieses Geschäfts hatte er noch im gleichen Jahr einen Sitz im AFA-Vorstand erhalten. Stahmer war ein glühender Anhänger Hitlers, der, wie er noch nach 1945 betonte, «mit voller Begeisterung» 1931 in die NSDAP eingetreten war.[77] 1933 wollte er die Gunst der Stunde nutzen, um sich in der revolutionären Aufbruchstimmung an die Spitze der AFA zu setzen. Er intrigierte gegen Quandt beim preußischen Justizminister Hanns Kerrl, während sich andere Mitstreiter bemühten, wie Quandt später empört feststellte, «im Trüben zu fischen, sich unsere bei der Gesellschaft deponierten Aktien und meine Stellung anzueignen».[78] Die Details dieses Anschwärzungsmanövers lassen sich nicht mehr rekonstruieren. Günther Quandt hat später vermutet, auch der Syndikus der AFA habe die Hände mit im Spiel gehabt. Im Betrieb rief die Palastrevolution verständlicherweise Unruhe hervor. Auf einer Belegschaftsversammlung der AFA am 15. Mai 1933 sprach der Landesobmann der NSBO Johannes Engel über den «Fall Quandt». Die Büros der AFA waren im Einvernehmen mit der Direktion früher geschlossen worden, damit alle Beschäftigten an der Versammlung teilnehmen konnten.[79]

Zur Wahrnehmung seiner Interessen ließ Quandt während seiner Haft den Vizepräsidenten der Industrie- und Handelskammer Berlin, den Maschinenbauingenieur und Kommerzienrat Max Hensel, in den Vorstand der AFA delegieren und als Betriebsführer einsetzen. Hensel, der zeitweilig auch Mitglied im Aufsichtsrat der AFA war, besaß eine Maschinenfabrik in Berlin-Wittenau, saß im Vorstand des Verbandes Berliner Metallindustrieller und war bis 1933 auch Handelsgerichtsrat und Mitglied des Finanzgerichts Groß-Berlin.[80] Zudem kannten sich Quandt und Hensel aus der IHK Berlin, deren Beiratsmitglied Quandt war. Hensel blieb noch bis ins Jahr 1934 in führenden Positionen bei der AFA. Erst am 31. Mai 1934 trat mit dem Pertrix-Direktor Dr.-Ing. Edgar Haverbeck wieder ein regulärer Vertrauter Quandts an Hensels Stelle im AFA-Vorstand.[81]

Nach den ersten Tagen in Haft, in denen man ihn über den Grund seiner Festnahme im Unklaren ließ, wurde Quandt dem preußischen Justizminister Hanns Kerrl persönlich vorgeführt, was als Zeichen der besonderen Prominenz des Falles zu sehen war. Bei diesem Verhör, an dem auch Roland Freisler – zu dieser Zeit noch Preußischer Staatsrat und Ministerialdirektor – teilnahm, erfuhr Quandt den Grund seiner Verhaftung: eine anonyme Anzeige, die ihm vorwarf, gegen das deutsche Handelsrecht verstoßen zu haben. Auch diese Beschuldigung entsprach dem üblichen Prozedere, das die «selbsternannten Kommissare» (Christoph Buchheim) in jenen Wochen häufig anwandten. Die meist recht unbestimmten Vorwürfe der Korruption waren ein beliebtes Mittel, um Betriebsführer zu Fall zu bringen. Kerrl hatte im preußischen Justizministerium inzwischen ein in der Öffentlichkeit vieldiskutiertes Referat zur Bekämpfung der Korruption einrichten lassen. Dem zuständigen Dezernat sollten Anzeigen für entsprechende Fälle zugeleitet werden. Eine Liste des preußischen Justizministeriums von 22 namentlich genannten Politikern, Unternehmern und Bankiers verzeichnete als Gründe für die Ermittlungen einen ganzen Komplex von Anschuldigungen, von Bestechung und Veruntreuung bis zu Zollhinterziehung und Devisenvergehen.[82] Die Ermittlungen sollten Angst und Schrecken verbreiten und zudem den von den neuen Machthabern immer wieder genährten Vorwurf untermauern, die Demokratie der Weimarer Republik sei in Wirklichkeit ein Hort der Selbstbereicherung und Korruption gewesen, mit dem nun ein für alle Mal aufgeräumt werde.

Spätestens in diesem Moment müssen für Quandt die Hintergründe der Intrige deutlicher erkennbar geworden sein. Leider sind bis auf einige Gerichtseinträge keine Originaldokumente mehr vorhanden, mit denen das weitere Vorgehen der NS-Behörden nachgezeichnet werden könnte. Man muss sich daher weitgehend auf die Darstellung Günther Quandts stützen, die allerdings durchaus als glaubwürdig eingeschätzt werden kann. Der AFA-Chef konnte dem Justizminister die ihm vorliegende Bilanz und die Beschlüsse der Hauptversammlung der AFA präsentieren und damit die Korruptionsvorwürfe entkräften. Dass jedoch diese Beschuldigungen ohnehin nur als Vorwand gedient hatten, zeigte sich, als Kerrl «in vornehmer Art» versuchte, die bislang nur provisorische Veränderung an der Unternehmensspitze der AFA zu legalisieren. Er stellte die Freilassung Quandts in Aussicht, falls dieser die Leitungsfunktion Stahmers zu akzeptieren bereit sei. Während Kerrl nach beliebter Polizeiverhörmethode den verständnisvollen Beamten herauskehrte, übernahm Freisler die Rolle des feindseligen Inquisitors, der versuchte, «in gehässiger Art» das gleiche Ergebnis, die Entmachtung Quandts, zu erreichen.[83]

Nach der Unterredung mit Kerrl und Freisler wurde Quandt, der sich auf den vorgeschlagenen Kuhhandel nicht eingelassen hatte, in die Haftanstalt Moabit zurückgebracht. Dort wurde ihm kurz darauf die Klageschrift zugestellt. Die Staatsanwaltschaft I beim Landgericht Berlin erhob Anklage wegen fortgesetzter Untreue zum Nachteil seiner Gesellschaft: «Dr. Quandt hat sich nach den bisherigen Ermittlungen der Staatsanwaltschaft u. a. in den Jahren 1925–1933 neben den erheblichen Bezügen als Vorsitzender des Aufsichtsrates noch Gehalt und Tantiemen des höchstbezahlten Vorstandsmitgliedes der Gesellschaft auszahlen lassen, obwohl seine Tätigkeit für die Fabrik der eines Vorstandsmitgliedes nicht im entferntesten gleichkam.»[84] Für diese Vorwürfe liegen Gerichtsdokumente vor, die bestimmte Rückschlüsse auf die formalen Klagepunkte zulassen. Die III. Kammer des Finanzgerichts beim Landesfinanzamt Berlin kam am 28. September 1934 zu dem Schluss, dass Günther Quandt zusätzlich zu den Aufsichtsratsbezügen der AFA in Höhe von 53 278 RM im Jahr 1932 weitere 173 160 RM als Vergütung erhalten habe, was als «verdeckte Gewinnausschüttung» angesehen und zu dem zu versteuernden Mindesteinkommen hinzugerechnet wurde. Quandt konnte jedoch nachweisen, dass ihm von der AFA im Jahr 1925 «ausserordentliche Tätigkeiten» für die AFA und ihre Tochtergesellschaften übertragen worden waren: 1932 war er wochenlang zu Verhandlungen über die AFA-Interessen in Großbritannien in London und Birmingham gewesen, eine Begründung, die schließlich 1935 in letzter Instanz akzeptiert wurde. Am 28. Dezember 1935 hob der Erste Senat des Reichsfinanzhofes die Entscheidung der III. Kammer des Finanzgerichts beim Landesfinanzamt Berlin vom September 1934 auf.[85]

Bis dahin blieben die Vorwürfe noch bestehen. Mitte Juni 1933, nach sechs Wochen Einzelhaft, wurde der richterliche Haftbefehl gegen Zahlung einer Kaution in Höhe von 4 Millionen RM ausgesetzt und Quandt vorläufig wieder auf freien Fuß gesetzt. Allerdings durfte er zunächst weder Betrieb noch Wohnung aufsuchen und funktionierte daher übergangsweise ein Zimmer des Hotels Kaiserhof zum provisorischen Büro um.[86] Genau in diese Zeit fallen einige Spenden Quandts, der sich ansonsten mit Spenden an Parteien grundsätzlich zurückhielt. Die «Freiwillige Spende zur Förderung der nationalen Arbeit», die durch ein Gesetz vom 1. Juni 1933 ermöglicht wurde, gehörte zum Arsenal der nationalsozialistischen Sozial- und Wirtschaftspolitik, um die Unternehmer anzuhalten, sich an der Reduzierung der Arbeitslosigkeit zu beteiligen. Der entsprechende Aufruf zu einer «freiwilligen» Spende wurde auch auf einer Sitzung der Vereinigung der Accumulatoren-Hersteller am 13. Juli 1933 thematisiert. Hier wurde es für «richtig» gehalten, dass die einzelnen Firmen der Vereinigung eine solche Spende zukommen ließen.[87] Günther Quandt, der zu diesem Zeitpunkt zwar wieder aus dem Gefängnis entlassen war, jedoch noch unter Hausarrest stand, war bereits einige Tage zuvor tätig geworden. Er ließ die gewünschten Beträge durch den Berliner Notar Paul Zobel in mehreren Tranchen und Stückelungen überweisen: fünfmal 5000 RM, zweimal 3000 RM, zweimal 2000 RM und viermal 500 RM. Zusätzlich wurden am 8. Juli 1933 einmal 3000 RM, zweimal 2000 RM und dreimal 1000 RM überwiesen.[88] Diese Spenden ergänzten AFA-Spenden,[89] auf die später noch einzugehen sein wird. Die Höhe der jetzt gezahlten Beträge mochte zwar gerade angesichts der enormen Kautionssumme symbolisch sein, dürfte aber dennoch als Signal ihre Wirkung nicht verfehlt haben.

Die Spendenbescheinigungen, so sahen es die gesetzlichen Bestimmungen vor, konnten dazu genutzt werden, das Steuereinkommen zu vermindern oder sich sogar in bestimmten Fällen «Straffreiheit zu erkaufen».[90] Die Freistellung der AFA-Belegschaft für 1. Mai-Feierlichkeiten,[91] die Ausstattung der Kapelle der Kameradschaftlichen Vereinigung[92] sowie eine Hitler-Spende in Höhe von 200 RM für eine Erholungsstelle bzw. die Gewährung von Zusatzurlaub für verdiente SA-Männer[93] waren weitere Mittel, um die revolutionären Elemente der NS-Bewegung ruhig zu stellen. Im September 1933 besichtigte Quandt sogar gemeinsam mit dem Betriebsrat eine AEG-Siedlung, um sich über die Wohnverhältnisse der Arbeiter zu informieren – auch dies sicherlich ein kluger Schachzug, um den neuen Machthabern seine Bereitschaft zur Mitarbeit zu signalisieren.[94]

Zweifellos hat Günther Quandt diese freiwillig-unfreiwilligen Geldgaben und Zugeständnisse als ein Mittel betrachtet, um sich persönlich und seine Unternehmen aus der Schusslinie seiner Gegner zu bewegen. Quandt stand im Juli 1933 noch ganz unter dem Eindruck seiner Haft. Der Willkürakt ist ihm als einschneidendes Erlebnis in Erinnerung geblieben: «Mir war nun am eigenen Leib klar geworden, daß ein bis dahin unbekannter Zustand der Rechtsunsicherheit eingetreten war. Das bedeutete für mich, der ich zu unbedingter Staatstreue erzogen wurde, ein erschütterndes Erlebnis.[95] Quandt blieb weiterhin unter Hausarrest und durfte das AFA-Ge-

lände nicht betreten. Erst Anfang September 1933 wurde diese Maßnahme aufgehoben, so dass er die Aufsichtsratssitzung am 23. September 1933 leiten konnte. Quandt hat nach 1945 immer wieder von einer
viermonatigen Haft gesprochen. Diese Angabe ist insofern nicht ganz
falsch, als der Haftbefehl tatsächlich erst nach vier Monaten aufgehoben wurde. Allerdings trifft diese Berechnung formell nur dann zu,
wenn man auch die Zeit des Hausarrests einrechnet, die zweifellos
weniger bedrückend war als eine Einzelzelle in Moabit. Auf einer
außerordentlichen Hauptversammlung am 17. November 1933 gab
Hensel sein Amt als Vorstandsvorsitzender der AFA wieder ab. Gleichsam als Entschädigung für seine Statthalterschaft wurde er in den
Aufsichtsrat gewählt.

Günther Quandt und seine unmittelbare Umgebung haben stets
vermutet, dass Joseph Goebbels die Verhaftung veranlasst habe. Dies
ist jedoch unzutreffend, obwohl Quandts Schicksal dessen Nebenbuh-
ler brennend interessierte. Nachdem sich Quandts Verhaftung in Berlin wie ein Lauffeuer herumgesprochen hatte, vertraute Goebbels am
5. Mai seinem Tagebuch die Neuigkeit an: «Warum? Steuersache. Bei
Hitler. Er ist empört, daß man die Wirtschaft nicht zur Ruhe kommen
läßt. Göring soll den Fall Quandt untersuchen.»[96]

Selbst Hitler war in diesen Wochen über die Eingriffe in die Be-
triebsautonomie und die ungezügelten Angriffe gegen Unternehmer
beunruhigt, auf deren Hilfe er zur Durchführung seines Aufrüs-
tungsprogramms angewiesen war. Er warnte, dass «mit der Zeit bei
den Führern der Wirtschaft ein Gefühl der Vogelfreiheit» entstehen
könne, das «geradezu die Lähmung der verantwortlichen Leitung der
wirtschaftlichen Unternehmungen» nach sich ziehen müsse.[97] Dagegen konnte auch Goebbels nicht argumentieren. Ob Hitler in der
Quandt-Angelegenheit persönlich ein Machtwort gesprochen hat, ist
nicht bekannt. Als Goebbels jedoch am 14. Juni erfuhr, dass gegen
Quandt zwar Anklage wegen fortgesetzter Untreue zum Nachteil der
AFA erhoben, er aber gegen Zahlung der hohen Kaution auf freien
Fuß gesetzt worden war, notierte er mit einer gewissen Befriedigung:
«So geht das. Ich mische mich in keiner Weise ein. Wenn er gefehlt
hat, soll er büßen.»[98] Der Fall Quandt machte weltweit Schlagzeilen.
«$ 1,144,000 Bail Furnished By a German Industrialist» meldete die
New York Times am 14. Juni 1933.[99]

Noch bis in den Herbst 1933 hinein wurde über Angriffe gegen
missliebige Unternehmer berichtet, und auch Werner Quandt erlebte

dies am eigenen Leib. Am 9. Oktober 1933 wurde er ins Rathaus von Pritzwalk bestellt. Der fadenscheinige Vorwurf lautete, er habe einige Tage zuvor «falsche Angaben über die Arbeitslage im Kreis Ostprignitz» gemacht, was «als Sabotage am nationalsozialistischen Staate» ausgelegt wurde. Die amtliche Drohung, die im Beisein des Magistrats und des Ortsgruppenleiters der NSDAP ausgesprochen wurde, lautete, man werde «in kommenden Fällen» gegen solche Sabotageakte «rücksichtslos einschreiten».[100]

Die Zeit, in die im September 1933 die Aufhebung des Hausarrests fiel, markierte den Anfang vom Ende der revolutionären Phase der «Machtergreifung», die mit Hitlers Vorgehen gegen den «Röhmputsch» im Juni 1934 als endgültig abgeschlossen gilt. Quandt konnte seine vorübergehend bedrohte Stellung nun wieder einnehmen. Stahmer dagegen hielt sich nach seinem missglückten Coup nicht mehr lange bei der AFA. Mit Wirkung vom 1. Oktober 1934 schied er aus dem Vorstand aus, «um sich der politischen Tätigkeit zu widmen», wie sich die AFA-Festschrift des Jahres 1938 vornehm ausdrückte.[101] Für den NS-Glücksritter hatte sich die Revolte gegen Quandt finanziell nicht gelohnt. Versuche, eine lukrative Stellung im Ausland zu bekommen, scheiterten ebenfalls. Schließlich fand er Ende Juli 1935 eine bescheidene Stellung bei der «Dienststelle Ribbentrop». Auch finanziell hätte sein Fall nicht tiefer sein können: Hatte sein Jahreseinkommen bei der AFA 80000 bis 90000 RM betragen, so trat er mit einem Gehalt von monatlich 450 RM in Ribbentrops Organisation ein – der Beginn einer Karriere im Auswärtigen Amt.[102]

Politische Ansichten Günther Quandts

Quandt war lange Zeit nationalsozialistischen Avancen gegenüber immun geblieben, die radikale Hitler-Partei lockte ihn nicht. Als ihn beispielsweise der Nationalsozialist Kurt Lüdecke, der mit Quandts Bruder Gerhard bekannt war, Ende 1926 für Hitler begeistern wollte, sei Quandt kühl geblieben, wie sich jener erinnerte: «I lunched with him and his charming young wife. He was now one of the richest men in Germany, with the mentality typical of internationally and economically minded business machines who have little or no imagination left for other things. Of course he had become at once another object for speculation for me – I wanted to get him and his money interested in our cause. But he was sceptical.»[103]

Es ist wenig verwunderlich, dass ein erfolgreicher Unternehmer wie Günther Quandt Mitte der 1920er Jahre keinerlei Interesse an einer obskuren Splittergruppe zeigte, die noch dazu den Sozialismus in ihrem Namen trug. In diesen Jahren, in denen er ein erfolgreiches Industrieunternehmen führte, das glänzende Zukunftsaussichten hatte, dürfte für ihn eine Minderheitspartei weitgehend uninteressant gewesen sein, vor allem wenn sie auf einen radikalen Wandel abzielte. Vermutlich hatte sich Quandt in dieser stabilen Phase der Weimarer Republik mit den Verhältnissen arrangiert, ohne dass sie ihm ans Herz gewachsen waren, was der Haltung der meisten Unternehmer entsprach. Sie standen der Weimarer Republik mit Skepsis gegenüber, da sie, ohne der untergegangenen Monarchie wirklich nachzutrauern, nach dem Ende des militärisch-bürokratischen Kaiserreichs eine tiefe Verunsicherung spürten.[104] Dementsprechend fehlen Loyalitätsbekundungen Günther Quandts zum Weimarer Staat, und die wenigen Hinweise auf sein politisches Denken gerade in der späten Phase der Republik verorten ihn eher in einem nationalkonservativen Spektrum, vermutlich war er ein Anhänger des Reichspräsidenten Hindenburg.[105]

Quandt wurde auch jetzt nicht zum politischen Aktivisten, aber man muss kritisch fragen, ob er nicht mit den «nicht-sozialistischen» Elementen der NS-Ideologie gut leben konnte, sich mit ihr zumindest auseinandersetzen wollte und daher die für seine Zwecke möglichen positiven Impulse der «Bewegung» sah. Es ist jedoch auffällig, dass in der umkämpften Schlussphase der Weimarer Republik seine Unterschrift unter den verschiedenen Petitionen fehlt, die von Unternehmerseite Einfluss auf die Politik zu nehmen versuchten. In diesem Zusammenhang ist es charakteristisch, dass der Name Quandt sogar von engen Geschäftsfreunden nicht genannt wurde, wenn es um mögliche Unterstützungen für politische Projekte zugunsten großindustrieller Interessen ging.

Arnold Rechberg, der in der Endphase der Weimarer Republik unter anderem gemeinsam mit August Rosterg den Youngplan bekämpfte – ein Projekt, an dem Günther Quandt sich nicht beteiligte –,[106] hat Quandt nach dem Krieg indirekt auf dieses Verhalten angesprochen. Im Rahmen der Spruchkammerverfahren vertrat er in einem Brief die Ansicht, ein Machtantritt Hitlers 1933 hätte sich verhindern lassen, wenn die deutsche Industrie insgesamt «politischer» gedacht hätte.

Darin steckte auch ein Vorwurf gegenüber Quandt, denn dieser habe es ihm gegenüber einmal als Vorzug bezeichnet, sich im ganzen Leben «noch niemals um die Politik, sondern immer nur um die Wirtschaft gekümmert» zu haben.[107] Während sich sein Bruder Werner ganz aus dem Politischen heraushielt und auch später von der NSDAP kritisiert wurde, weil er zu «wenig Interesse an den Bestrebungen» der Partei zeigte und in charakterlicher Hinsicht als «egoistisch» galt,[108] war Günther Quandt autokratischen Tendenzen gegenüber offener. Dies legt jedenfalls seine Mitgliedschaft in der «Gesellschaft zum Studium des Faschismus» (GSF) nahe, einer der zahlreichen Gruppierungen, die sich am rechten Rand des politischen Spektrums bildeten und sich mit den Methoden des Faschismus beschäftigten. Eine diktatorische Lösung nach dem italienischen Vorbild schien gerade in der Endkrise der Republik eine mögliche, bis ins liberale Lager hinein diskutierte Alternative zum als gescheitert angesehenen Weimarer Staat zu sein.[109]

Ob das italienische Modell dabei auf andere Länder übertragbar war, war nicht nur in Italien, sondern auch in der GSF höchst umstritten.[110] Der Kreis von knapp 200 Mitgliedern bzw. Studienmitgliedern bot ein buntes Spektrum von Stahlhelm-Leuten, konservativen Revolutionären und Nationalsozialisten unter Vorsitz von Carl Eduard Herzog von Sachsen-Coburg-Gotha aus dem Vorstand des Stahlhelms. Ein großer Teil der Mitglieder stand der DNVP nahe, aus der NSDAP kamen unter anderen Franz Xaver Ritter von Epp, Walther Funk und Hermann Göring.[111] Geschäftsführer und treibende Kraft der GSF war Waldemar Pabst.[112] Kleinster gemeinsamer Nenner war der Wunsch nach Schaffung einer «Nationsgemeinschaft» sowie die Suche nach einem «dritten Weg» jenseits von Bolschewismus und Liberalismus, der durch Lektüre einschlägiger Schriften und Vortragsabende zum Thema «Faschismus» gefunden werden sollte. Auf welche Weise Quandt zu dieser Gruppe stieß, ist nicht bekannt. Möglicherweise hatte ihn der als Rüstungslobbyist in Berlin tätige Pabst selbst angesprochen, denkbar wäre aber mindestens ebenso, dass Walther Funk oder ein Geschäftspartner die Aufnahme vermittelte. Neben Quandt waren auch Paul Rohde und Paul Hamel Mitglied der Gesellschaft. Zudem gehörte ihr der Bankier Friedrich Reinhart an, wobei unbekannt ist, ob sich die beiden zu diesem Zeitpunkt bereits kannten.[113] Die Aufnahme erfolgte durch Einladung und musste vom Vorstand abgesegnet werden, wobei dies in der Praxis meist Pabst erledigte. In der Gesellschaft war mit rund 50 Unternehmern die Wirtschaft überproportional vertreten, und möglicherweise sind diese aufgrund ihrer Aufsichtsratsposten und der guten Kontakte zum Unternehmerlager gezielt geworben worden. Zu den prominenten Wirtschaftskapitänen gehörten Hjalmar Schacht und Fritz Thyssen.[114] Einige Mitglieder traten bei, um an einem «gutbürgerlichen Diskutierklub» teilzuhaben, andere hatten wissenschaftliche Interessen und waren überzeugt, zum «geistigen Generalstab» der Gesellschaft zu gehören.[115] Der Anspruch der Organisatoren war jedenfalls hoch, wie ein typisches Einladungsschreiben belegt. Der Vorsitzende führte darin aus, dass der Gesellschaft die Tagespolitik fern liege, dass sie sich vielmehr die Aufgabe stelle, «das Gedankengut und die praktischen Erfahrungen des Faschismus zu prüfen und die Ergebnisse dieser Untersuchungen den Führern des kommenden Deutschland zur Verfügung zu stellen».[116] Mehrfach betonte der Herzog, dass von den Mitgliedern der Gesellschaft die Bereitschaft zu ernsthafter Arbeit verlangt werde. Nach der «Machtergreifung» schlief das Interesse ein, und in den ersten Jahren des NS-Staats konnte Mussolini zunächst noch keineswegs als Verbündeter gelten. Im Dezember 1933 löste sich die GSF als selbständiger Verein auf und blieb nur noch eine Zeit lang als Studiengesellschaft innerhalb des «Nationalen Klubs» präsent, mit dem es bereits seit Gründungstagen personelle Überschneidungen gab.[117]

Über die Motive Quandts zur Mitwirkung in der GSF ist nichts bekannt und auch der Umfang seines Engagements lässt sich nur schwer abschätzen. Auf den überlieferten Anwesenheitslisten der Vortragsabende fehlt sein Name, jedoch war er Leiter der Untergruppe 3 des Bereichs Wirtschaft, die Richtlinien für die Behebung der Arbeitslosigkeit im korporativen deutschen Staat ausarbeiten sollte. Über deren Aktivitäten ist jedoch nichts überliefert.[118] Es muss also offen bleiben, ob bei Quandts Mitgliedschaft in der Gesellschaft primär politische Überzeugungen, der Versuch der Netzwerkbildung oder mehr Neugierde bezüglich alternativer politischer Rezepte ausschlaggebend waren. Eine explizite Haltung zum Faschismus ist aus der Mitgliedschaft allein jedenfalls nicht abzuleiten,[119] jedoch ist eine antidemokratische, zumindest eine republikkritische Haltung Quandts wahrscheinlich.

Soweit es Hinweise auf politische Aktivitäten oder Ansichten Quandts in den frühen 1930er Jahren gibt, kreisen sie in der Regel um das Problem der Arbeitslosigkeit und die allgemeine Wirtschaftskrise.

Beispielsweise notierte sich Goebbels im November 1932 in sein Tagebuch, Quandt sei «in sozialen Fragen [...] nicht ganz unvernünftig».[120] Bereits ein Jahr zuvor will er eine Annäherung Quandts an den Nationalsozialismus beobachtet haben, wobei der Inhalt des Gesprächs nicht überliefert ist.[121] Inwieweit Quandt mit den erwähnten Aussagen vielleicht auch Goebbels im Streit um die Erziehungsrechte an seinem Sohn Harald nach dem Mund reden wollte, bleibt unklar. Quandts Sorge über das Arbeitslosigkeitsproblem war jedoch echt. Auf einer internen Konferenz erklärte er im Juli 1933, die «wichtigste Aufgabe der Regierung» sei die «Einfügung von möglichst vielen Arbeitslosen in den Arbeitsprozess».[122] Wie oft Günther Quandt Hitler persönlich getroffen hat, ist unklar. Er selbst berichtete in seinen Memoiren von einer Volksversammlung und einer Rede Hitlers vor 15 000 Menschen im Berliner Sportpalast im Februar 1932, bei denen er sich von den Ausführungen Hitlers und der Volksstimmung ein Bild habe machen wollen.[123] Später erinnerte er sich noch an zwei persönliche Begegnungen mit Hitler.[124] Bei einer dieser Unterredungen muss es sich um ein Treffen im Frühjahr 1931 gehandelt haben. Die Nationalsozialisten bemühten sich in diesen Monaten darum, ihre bislang wenig ausgeprägten Verbindungen zur deutschen Industrie auf eine neue Grundlage zu stellen und sowohl Stimmen wie Spenden zu sammeln. Die Wirtschaftskrise zu Beginn der 1930er Jahre, die den «Todesstoß für das System des Laissez-faire»[125] bedeutete, öffnete der NSDAP manche Tür. Wahrscheinlich über Funk gelang es, wichtige Vertreter der Kaliindustrie wie August Diehn und August Rosterg für Gespräche mit Hitler zu gewinnen. Auch Günther Quandt fand sich am 3. Februar 1931 zu einer Unterredung in dessen gerade bezogener Suite im Berliner Hotel Kaiserhof ein.[126]

Bei der zweiten Begegnung mit Hitler handelte es sich wahrscheinlich um ein Gespräch im Dezember 1931, zu dem er nach eigenen Angaben von seinen langjährigen Geschäftspartnern Paul Hamel und Paul Rohde aufgefordert worden war, um gemeinsam im Kaiserhof als gewichtige Stimmen der Wirtschaft gehört zu werden Bei diesem 45 Minuten dauernden Zusammentreffen waren auch Otto Wagener und Rudolf Heß anwesend. Der Verlauf des Gesprächs lässt sich nur noch aus Quandts Schilderung aus der Nachkriegszeit rekonstruieren. In seinen Erinnerungen gab er an, sein erster Eindruck von Hitler sei nicht gerade überwältigend gewesen: «Er erschien mir als vollendeter

Durchschnitt.»[127] Ebenso wie seine Begleiter wurde Quandt aufgefordert, Vorschläge zur Verbesserung der Lage zu machen, die dann allerdings wenig revolutionär ausfielen: Die Weltwirtschaftskrise sah er als Ergebnis der Überproduktion von Verbrauchsgütern an, das durch die Einführung des Systems der Ratenzahlung noch verschärft worden sei. Um die Folgen angesichts der hohen Arbeitslosigkeit in den Griff zu bekommen, plädierte er für die allgemeine Senkung der Arbeitszeit von acht auf sechs Stunden und das Verbot von Ratenkäufen. Die «unproduktive Erwerbslosenfürsorge» sollte wegfallen; an ihre Stelle sollten staatliche Mittel für öffentliche Bauaufträge im Bereich der Infrastruktur zur Verfügung gestellt werden, mit deren Hilfe die Arbeiter bezahlt werden könnten. Auch die private Bauindustrie sollte durch steuerliche Vergünstigungen angekurbelt werden: Es sei eine alte Weisheit, dass die ganze Wirtschaft zu laufen beginne, wenn die Bauwirtschaft floriere.[128] Obwohl Quandt den Eindruck hatte, Hitler habe seine Vorschläge als «beachtlich» empfunden und Wagener gebeten, seinen Namen zu notieren, habe dieser sich nie wieder gemeldet.

Mit seinen Vorschlägen bewegte sich Quandt auf der Linie der Mehrheit der Unternehmer. Die Industrie stand öffentlichen Investitionsmaßnahmen und staatlichen Konjunkturprogrammen zwar zunächst skeptisch gegenüber, aber die wirtschaftsliberalen Überzeugungen hatten an Strahlkraft eingebüßt. In der Auseinandersetzung zwischen den Befürwortern einer strikten Deflationspolitik und denjenigen, die der Krise mit einer expansiven Konjunkturpolitik Herr werden wollten, hatten sich bis zum Jahreswechsel 1930/31 die führenden Wirtschaftsverbände zur Deflationspolitik der Regierung Brüning bekannt. Der Geschäftsführer des RDI, Ludwig Kastl, erklärte in der ersten Vorstandssitzung nach den Reichstagswahlen vom September 1930, dass die Deflation zur Anpassung an den weltweiten Preisverfall nötig sei, um wieder zu Produktivität und neuem Wachstum zu gelangen. Allerdings verfolgten weite Teile der Unternehmerschaft ein anderes politisches Ziel als die Reichsregierung, die mit einem konsequenten Deflationskurs zeigen wollte, dass die Reparationen von Deutschland trotz aller Anstrengungen nicht aufgebracht werden konnten.[129] Die Strategie der Unternehmer zielte hingegen darauf ab, im Zuge der Deflation zu Lohnsenkungen, zur Beseitigung des Schlichtungswesens sowie zur Auflockerung des Tarifrechts zu gelangen. Ein Versuch von Carl Bosch, im Januar 1931 eine Arbeitszeitverkürzung auf den Weg zu bringen, wurde von den westdeutschen Schwerindustriellen abgeblockt, da er zwar mit der Deflationsstrategie konform ging, aber zu sehr auf Gewerkschaftslinie lag. Zur gleichen Zeit begann sich das Meinungsklima unter der fortschreitenden Depression zu wandeln, und einige Unternehmer nutzten Kontakte zur Reichsregierung, um über konkrete Maßnahmen einer staatlichen Konjunkturbelebung nachzudenken.[130] Freilich stellten diese Stimmen zunächst nur eine Minderheitenmeinung unter den Unternehmern dar. Das änderte sich, als im April 1931 eine «Gutachterkommission zur Arbeitslosenfrage» ihre Ergebnisse präsentierte und die Diskussion an Dynamik gewann. Die Kommission forderte ein öffentliches Investitionsprogramm, eine Verkürzung der Arbeitszeiten sowie neue Kapitaleinlagen, um die brachliegenden Produktivkräfte wieder in Bewegung zu setzen. Durch langfristige Kredite sollte Kapital beschafft werden, das in Branchen wie die Bauwirtschaft fließen sollte, in denen in vorherigen Krisen neue Wachstumsimpulse für die Volkswirtschaft entstanden waren.[131]

Die Vorschläge, die Quandt Hitler zur Überwindung der Krise machte, waren also bereits seit dem Bericht einer Expertenkommission in aller Munde. Bemerkenswert ist allerdings, dass Quandt im Gespräch mit Hitler offenbar die geldpolitischen Fragen nicht erwähnte. Er betrachtete die Krise vielmehr aus der betriebswirtschaftlichen Perspektive eines «Sozialpraktikers», der die Symptome in den Betrieben zu bekämpfen versuchte, aber eben nicht an die Wurzel der Krankheit ging. Eine Diagnose der Ursache wagte er nur in Ansätzen, indem er sich der populären, aber umstrittenen These der «Überproduktion» anschloss. Diese These lehnte der maßgebliche Theoretiker der erwähnten Kommission, der Ökonom Wilhelm Röpke, genauso ab, wie die ebenfalls weitverbreitete Unterkonsumthese. Röpke erklärte die Ursache der Krise mit der «monopolistisch-interventionistischen Erstarrung der Wirtschaft».[132]

Insgesamt scheint also seitens Günther Quandts gegenüber den Nationalsozialisten ein gewisses Interesse beziehungsweise eine Neugierde vorhanden gewesen zu sein, doch für sie engagieren wollte er sich nicht. So war er zunächst trotz seiner flüchtigen Bekanntschaft mit Wagener nicht bereit, die NSDAP in größerem Umfang finanziell zu unterstützen, zumal ihm dessen Ideen etwa zur «Besitzschrumpfung» bei Aktiengesellschaften wie jedem Unternehmer missfallen mussten.[133] Angesichts der Ungereimtheiten und Ambivalenzen in der «Wirtschaftspolitik» der Nationalsozialisten wird Quandt diese, nicht

anders als ein Großteil der Männer der Privatindustrie, mit einer gewissen Reserve betrachtet haben, zumal die sozialistischen Komponenten des Programms den Unternehmern ganz sicher nicht gefielen.
Hinzu kam, dass es der NSDAP an ausgewiesenen Wirtschaftsexperten mangelte. Quandts rückblickend ausgedrückte Besorgnis über die
Unerfahrenheit der Anhänger Hitlers dürfte vor diesem Hintergrund
nicht aus der Luft gegriffen gewesen sein.[134]

Nach der «Machtergreifung» änderte sich die Situation jedoch
grundlegend, und das Verhältnis zum neuen Regime wurde in Unternehmerkreisen gerade unter dem Gesichtspunkt des wirtschaftlichen
Interesses überdacht, ohne dass dies unmittelbar zu einer größeren
Nähe führen musste. Viele Unternehmer sperrten sich gegen die meist
unkoordinierten Versuche lokaler NSDAP-Gliederungen, unter dem
Vorwand sozialpolitischer Notwendigkeiten Finanzzusagen der Industrie einzufordern. Allerdings nahm die Spendenbereitschaft insgesamt
deutlich zu, wobei es nicht leicht ist, die jeweiligen Gründe dieser
Spendierlaune zu eruieren. Bisweilen konnte man durch einen gerade
ausreichenden Betrag die lästigen braunen Bittsteller zufriedenstellen,
aber wenn etwa der Zigarettenindustrielle Reemtsma zahlreichen Par-
teiorganisationen großzügig Gelder überwies und in berechnender
Machtpolitik und ethischer Gleichgültigkeit besonders an Göring
Reichsmarkbeträge in Millionenhöhe überwies,[135] überstieg dies die
Norm des Üblichen bei Weitem. Quandt selbst gab später an, nach der
Machtübernahme «mit Ausnahme einer Adolf-Hitler-Spende, die gesetzlich befohlen war, keine Spende» geleistet zu haben; lediglich dem
«Winterhilfswerk» habe man einen «Beitrag gezahlt, der sehr winzig
war».[136] Diese Aussage ist nachweislich falsch. Hitler hatte auf der von
Göring am 20. Februar 1933 einberufenen Versammlung von Industri-
ellen, an der auch Quandt teilnahm, eine Rede gehalten, in der von
der Notwendigkeit zur Beseitigung des Parlamentarismus gesprochen
und zur Einrichtung eines Fonds für den Reichstagswahlkampf der
NSDAP aufgerufen worden war. Schacht hatte hier eine Spende der
Wirtschaft in Höhe von 3 Millionen RM angekündigt. Jeweils eine
Million RM sollten die westliche Kohlen- und Eisenindustrie, die chemische und die Kaliindustrie sowie die Gruppe Braunkohle, Maschinenbau und Elektrotechnik geben.[137]

In den folgenden Wochen folgten zahlreiche Wirtschaftsverbände
und Unternehmen diesem Appell. Unter dem Datum vom 7. März 1933
findet sich auf dem Konto «Nationale Treuhand, Dr. Hjalmar Schacht»

beim Bankhaus Delbrück, Schickler & Co. auch eine Spende der AFA in Höhe von 25 000 RM – zwar wenig im Vergleich zur Spende der IG Farben von 400 000 RM, der Deutschen Bank mit 200 000 RM und des Essener Vereins für Bergbauliche Interessen von 300 000 RM, aber gewiss keine kleine Summe.[138] Die Dürener Metallwerke ihrerseits spendeten unter anderem für den Bau von Jugendheimen der Hitler-Jugend, die Adolf-Hitler-Spende der deutschen Wirtschaft und für das Winterhilfswerk.[139] Diese Überweisungen erfolgten in den meisten Fällen nach Aufforderung durch die betreffende Gauleitung.[140] Nach mehrmaligen Mahnungen durch die Gauleitung beteiligten sich die Dürener Metallwerke mit 10 000 RM an der Gründung eines KdF-Dorfes der Mecklenburgischen Metallwarenfabrik. Der Hinweis auf das Schloss Schwenzin als betriebseigene Erholungsstätte für Gefolgschaftsmitglieder war erfolglos geblieben.[141]

Neben der veränderten Spendenbereitschaft lassen sich nach der «Machtergreifung» weitere Annäherungen an das neue Regime ausmachen. Nach dem 30. Januar 1933 erschien es Goebbels, als sei Günther Quandt wie verwandelt. Als sich beide am 5. Februar sahen, sei dieser «vor Devotion» übergeflossen: «Das macht der Sieg.» Wenige Wochen später folgte die Bemerkung, Quandt sei «ganz klein» und wolle «in die Partei».[142] Tatsächlich wurde Günther Quandt unter dem Datum des 1. Mai 1933 und mit der Mitgliedsnummer 2 636 406 in die NSDAP aufgenommen und der Ortsgruppe Babelsberg im Gau Mark Brandenburg zugeordnet.

Eine Parteimitgliedschaft oder der Beitritt zu einer der zahlreichen Unterorganisationen der NSDAP konnte viel oder auch wenig bedeuten. Im Zweifelsfall ist deshalb eine Untersuchung der genauen Beweggründe des Handelnden erforderlich.[143] Quandt hat seine Parteimitgliedschaft auf den Druck von Goebbels zurückgeführt[144] und in seinem Spruchkammerverfahren seinen Eintritt auf den 1. Mai 1933 datiert. Er sei an diesem Tag zu Goebbels gerufen worden, und dieser habe ihm nicht nur mit dem dauerhaften Entzug seines Sohnes Harald gedroht, sondern auch «wahnsinnige Nachteile» in Aussicht gestellt, wenn er nicht in die NSDAP eintrete und für sie spende: «Goebbels hat auf meiner Seele herumgekniet und mich an den Tod meines ältesten Sohnes in Paris erinnert und ich hatte die Wahl, ob ich meinen zweiten Sohn behalten will oder nicht. Ich sagte, es kommt mir auf den Groschen Parteibeitrag nicht an und ich trat in die Partei» ein.[145] Goeb-

bels' Tagebuch hingegen legt eine andere Version nahe, dort freute sich
der Propagandaminister, dass sein Widersacher in die Partei drängte.
Wenn auch Quandt bis 1933 kein überzeugter Anhänger der NSDAP
war, so hatte er doch ebenfalls keine strikte Abneigung gegen die Bewegung erkennen lassen, so dass es neben dem Streit um den Sohn
ganz pragmatische Gründe gab, mit einem Parteibeitritt seine Unterstützung für das neue Regime zu signalisieren. Dieser Deutung würde
auch entsprechen, dass er mit Wirkung vom 1. September 1933 förderndes Mitglied des NSKK, Mitglied der NSV sowie der DAF und
mit Wirkung vom 1. April 1934 Mitglied des NS-Rechtswahrerbundes
wurde. Seit 1934 war er zudem Mitglied des Reichsluftschutzbundes.
Allerdings zeigen die erhalten gebliebenen Parteiunterlagen keine Hinweise auf weitere, über die Mitgliedsaufnahme hinausgehende Aktivitäten, mit Ausnahme des Hinweises, dass Quandt im Jahr 1944 um
eine Zweitschrift für das offenbar verloren gegangene Parteibuch ersuchte.[146] Quandts Verhalten war in Unternehmerkreisen keineswegs
unüblich und gibt über sein tatsächliches Verhältnis zum Nationalsozialismus recht wenig Aufschluss. Der Parteieintritt fand sicherlich
in einer für Quandt emotional schwierigen Situation statt, aber ein
«Zwang», auf den er sich später immer wieder berief, lag schon deswegen nicht vor, weil die von ihm als Argument angeführte Inhaftierung
erst drei Tage später erfolgte. Eine plausible Einschätzung hat nach
Kriegsende der öffentliche Kläger Julius Herf getroffen, der Quandt
aus eigener Anschauung beurteilen konnte: «Es ist in der ersten
Instanz nicht ganz mit Unrecht gesagt worden, dass man den Parteieintritt eines Mannes von der sozialen und wirtschaftlichen Machtstellung des Dr. Quandt nicht vergleichen könne mit dem eines kleinen
Mannes. Ich selbst habe gesagt, dass ein Großindustrieller für die Partei ein anderer Gewinn war als eine Gemüsehändlerin. Ich bin der
Ansicht, ohne auf diese Dinge weiter eingehen zu wollen und das Juristische dabei mit in die Waagschale zu werfen, dass von einem Zwang
nicht die Rede sein kann.»[147]
    Der klangvolle Titel «Wehrwirtschaftsführer», den er im Jahr 1937
verliehen bekam, sagt zwar recht wenig über Quandts politische Ansichten und sein Verhältnis zum Regime aus, brachte diesem nach
Kriegsende allerdings einigen Ärger ein, als die USA im Rahmen ihrer
Entnazifizierungsvorgaben die jeweiligen Inhaber einer strengen Prüfung unterzogen.[148] Quandt legte bei offiziellen Anlässen sein Abzeichen als «Wehrwirtschaftsführer» an, aber er hat später angeführt,

diese Ernennung sei im Zusammenhang seiner Tätigkeit als Aufsichtsratsvorsitzender der Dürener Metallwerke durch das RLM erfolgt, wahrscheinlich aus Anlass der kurz zuvor stattgefundenen Feier zum 50-jährigen Bestehen der Firma.[149] Nicht gerade günstig für diese Argumentation war jedoch, dass Walther Funk in einer Laudatio im Jahr 1941 auf diese Ernennung noch einmal zurückgekommen war: Quandts Unternehmungen seien inzwischen «wichtige Bestandteile unserer Wehrwirtschaft» geworden, und Quandt habe «etwas vollbracht, was in die Geschichte der deutschen Kriegswirtschaft mit goldenen Lettern eingetragen» sei. Deshalb habe ihn «der Reichsmarschall [...] als einen der Ersten zum Wehrwirtschaftsführer ernannt».[150] Ob Funk selbst die Ernennung initiiert oder zumindest befürwortet hat, ist nicht bekannt.

Bis Ende Mai 1939 waren bereits 645 Ernennungen zum «Wehrwirtschaftsführer» ausgesprochen worden, in der Regel, wenn die Betriebe als kriegswichtig galten.[151] Die Parteizugehörigkeit spielte dabei keine Rolle.[152] Eine wirkliche politische Bedeutung war mit dem Titel nicht verbunden, und die NSDAP bemängelte später, dass in vielen Fällen Personen berufen worden seien, die «in keiner Weise den an sie in politischer Hinsicht zu stellenden Anforderungen» entsprächen.[153] Es gilt daher zwischen denjenigen zu unterscheiden, die von 1935 an vom RWM und dem Wehrwirtschaftsstab des OKW ernannt worden sind und denjenigen, die nach 1939 zwar ebenfalls durch das RWM, aber inzwischen auf Anordnung von Hermann Göring ausgezeichnet wurden. Der Chef des Wehrwirtschaftsstabes des OKW, General Georg Thomas, der trotz seiner zentralen Rolle bei der Kriegsrüstung der Opposition nahestand und nach dem 20. Juli 1944 im Zusammenhang seiner als Hochverrat und Sabotage eingeschätzten Tätigkeit der Jahre 1939 bis 1942 ins KZ kam,[154] erläuterte nach Kriegsende den Versuch, Industrielle «mit einem Titel» an die Wehrmacht zu binden, um sie dem Zugriff der NSDAP zu entziehen. Während seiner Ansicht nach die meisten der Wehrwirtschaftsführer «einwandfreie Männer» seien, bedürften jedoch «Wirtschaftler, die die Untaten des Nazisystems gutgeheißen haben oder die gegen ihre innere Überzeugung nur Gewinnsucht oder persönlichem Ehrgeiz dieses System und die Kriegshetze gefördert haben, besonderer Überprüfung». Er hielt daher eine Einzelfallprüfung für unabdingbar, und gerade der Zeitpunkt der Ernennung war hierfür von großer Bedeutung.[155] Quandt hat nach Kriegsende versucht, eine entlastende Stellungnahme von General Thomas zu erhalten. Er sei auf dessen Veranlassung ernannt worden, «als Abwehr gegen die Part. Propaganda».[156] Allerdings ist Thomas dem Wunsch von Quandt nicht nachgekommen. Thomas hat in einer Aufstellung für die amerikanischen Besatzungsoffiziere in einer umfassenden Liste die ihm bekannten Wehrwirtschaftsführer in drei Kategorien als Kollaborateure, Anti-Nationalsozialisten und Männer des Widerstands klassifiziert, aber bei Quandt eine Kennzeichnung unterlassen, weil er über dessen politische Orientierung kein Urteil abgeben könne – und das, obwohl er beim 60. Geburtstag an Quandts Tisch gesessen hatte und zumindest einen Eindruck von dessen politischen Ansichten gehabt haben muss.[157] Interessant ist in diesem Zusammenhang, dass Thomas auch zum Rüstungsmanager Hellmuth Roehnert keine Angaben machte, obwohl dessen frühzeitige Hinwendung zum Nationalsozialismus allgemein bekannt war. Thomas hatte jedoch von Roehnert aus dessen Besitz Anteile des Unternehmens Busch-Jaeger Lüdenscheid übertragen bekommen und wollte nun offenbar keine belastenden Aussagen über ihn machen.[158] Es gibt keine Hinweise darauf, dass auch zwischen Quandt und Thomas geschäftliche Beziehungen existierten, allerdings zeigt das Beispiel, dass die Aussagen des Generals unzuverlässig sein konnten, und es ist denkbar, dass er – ob aus persönlicher Sympathie oder aufgrund geschäftlicher Beziehungen – Quandt kein negatives Urteil ausstellen wollte.

Günther Quandt hat den Krieg sicherlich nicht gewünscht, aber er versuchte, aus den militärischen und politischen Entwicklungen Kapital zu schlagen und engagierte sich auch in der vom nationalsozialistischen Unternehmer Werner Daitz im Mai 1940 gegründeten «Gesellschaft für europäische Wirtschaftsplanung und Großraumwirtschaft» (GeWG), die verschiedene Ideen der «Großraumwirtschaft» ventilierte. Daitz hatte schon Mitte der 1930er Jahre – allerdings vergeblich – versucht, mit Quandt Kontakt aufzubauen.[159] Nun sollte die von Daitz gegründete Gesellschaft die wirtschaftliche «Neuordnung Europas» konzeptionell begleiten. Geleitet wurde sie von einem «Führer-Ring», in dem nahezu alle Reichsministerien vertreten waren. Vorsitzender des kleinen und großen Wirtschaftsbeirates der Gesellschaft war August Diehn, «Wehrwirtschaftsführer» und Generaldirektor des deutschen Kalisyndikates sowie Vorstandsmitglied der Wintershall AG.[160] Vermutlich war es Diehn, der Günther Quandt in die Gesellschaft einführte, in dessen Wirtschaftsbeirat er berufen wurde.

Theoretische Überlegungen stellte Günther Quandt eher selten an und es gibt auch nur wenige Hinweise auf eine systematische Beschäftigung mit dem Thema; über Mitgliedschaften in vergleichbaren Gesellschaften während der Weimarer Jahre ist jedenfalls nichts bekannt. Insofern ist anzunehmen, dass seine Betätigung in der prominent besetzten Gesellschaft nicht zuletzt der Netzwerkbildung und -pflege diente. Zu den Mitgliedern des «Führer-Rings», meist Staatssekretären oder Ministerialdirektoren aus verschiedenen Ministerien, gehörten unter anderem Werner Best, damals Verwaltungschef des Militärbefehlshabers Frankreich, und Roland Freisler, den Quandt 1933 bei seiner Inhaftierung in Moabit kennengelernt hatte und der mittlerweile Staatssekretär im Justizministerium war. Quandts Schwager Walter Granzow gehörte dem Gremium ebenso an wie der Wirtschaftswissenschaftler und Gauwirtschaftsberater Heinrich Hunke, der auch zu Quandts 60. Geburtstag eingeladen worden war. Allerdings dürfen solche Kontakte nicht überbewertet werden, da es eher unwahrscheinlich war, dass im Rahmen der Gesellschaft ein intensiver persönlicher Austausch stattfand. Zugleich unterstützte Quandt aber einen von Deutschland dominierten europäischen Großwirtschaftsraum auch politisch. Für ein überzeugtes Engagement spricht schon allein die Tatsache, dass er die Mitglieder der Vorstände und der Wirtschaftsausschüsse seiner Unternehmen aufforderte, der GeWG Mitgliedsbeiträge zu zahlen. AFA, DWM, Pertrix, Dürener Metallwerke und BEM sollten nach wirtschaftlicher Bedeutung gestaffelt Beträge von je 500 bis 2000 RM pro Jahr leisten. Zudem legte Quandt den Mitgliedern des Vorstands und des Wirtschaftsausschusses nahe, persönlich Mitglied der GeWG zu werden.[161]

Das im Januar 1942 vom RWM verfügte Verbot der GeWG war ein Schachzug der Reichsgruppe Industrie (RI) im RWM. Die RI, ursprünglich eine korporatistische Organisation der Industrie, war inzwischen immer mehr mit der staatlichen Wirtschaftsführung verschmolzen.[162] Bereits 1940 war die «planmäßige Vorbereitung einer europäischen Industriewirtschaft» gefordert worden.[163] Weil die RI es als eine zentrale Aufgabe ansah, die «Neuordnung Europas» in eigener Regie zu planen, war privatwirtschaftliche Konkurrenz, wie es die GeWG darzustellen schien, unerwünscht.

Die Mitgliedschaften Quandts wie auch der ihm verliehene Titel des «Wehrwirtschaftsführers» geben letztlich wenig Aufschluss über seine persönliche Ansichten zur Politik des Regimes. Und Floskeln wie diejenigen, mit denen er eine Abteilungsleiterkonferenz schloss, sind auch wenig aussagekräftig: Hier bekräftigte er, «unseres Führers» zu gedenken, «der uns in die Lage versetzt hat, wieder mit Freudigkeit und Frische auf der ganzen Linie zu arbeiten, und der uns wieder die Hoffnung gegeben hat: ‹Es geht voran in Deutschland.›»[164]

Bei Kriegsbeginn stimmte Günther Quandt in den Tenor der nationalsozialistischen Appelle ein: «Das deutsche Volk steht im Kampf um seine Lebensrechte. Voll Vertrauen blicken wir alle auf unseren Führer und seine Wehrmacht, die bereits in kurzer Zeit beispiellose Erfolge errungen hat und uns mit Stolz und Bewunderung erfüllt. Auch von unseren Mitarbeitern tragen viele den Ehrenrock des Soldaten und setzen ihr Leben ein für das Wohl des Vaterlandes und unseres Volkes.» Daher wurde ein Firmenzuschuss zur «Kriegsfamilienunterstützung» gewährt.[165] In einem Rundbrief beschwor er Mitte September 1940 den Kampfgeist, um die «Schlacht um England» einem siegreichen Ende entgegenzuführen. Die Luftwaffe, so hieß es, habe «bereits zum tödlichen und entscheidenden Schlag gegen unseren ersten und letzten Feind ausgeholt». Auch in der Heimat tue «jeder seine Pflicht und bemüht sich, nach Kräften zur siegreichen Beendigung des deutschen Existenzkampfes beizutragen».[166] Nicht weniger empathisch klang das Weihnachtsrundschreiben des Jahres 1940, das die «unvergleichlichen Waffentaten unserer herrlichen Wehrmacht zu Lande, zu Wasser und in der Luft» beschwor, um dann fortzufahren: «Dankerfüllten Herzens schauen wir stolz auf den größten Deutschen aller Zeiten: Unseren geliebten Führer!»[167]

Im Geschäftsverkehr gingen Günther Quandt die nationalsozialistischen Phrasen ebenfalls leicht von der Hand. Beim Austausch von Neujahrswünschen mit dem Direktor der Deutschen Bank, Hermann Josef Abs, schrieb Quandt, der gerade in den AFA-Vorstand gewechselt war: «Die Durchführung der mir gestellten Aufgabe ist aber nur möglich, wenn es gelingt, eine volle Harmonie und Kameradschaftlichkeit zwischen der Gefolgschaft und ihrem Führer herzustellen.» Dem Gesamtunternehmen sei die Verantwortung auferlegt, für das Gemeinwohl des Vaterlandes einzutreten. Als erste Handlung im neuen Amt habe er den Betrieb für den Leistungskampf angemeldet: «Ich brauche Ihnen kaum den Wert eines solchen friedlichen Kampfes vor Augen zu führen. Es mag genügen, Sie darauf hinzuweisen, daß jedes Streben nach Besserung einen so hohen ethischen Wert in sich birgt, wie er als Grundgedanke in unserer nationalsozialistischen Weltanschauung verankert ist. Wir Deutschen müssen unter besonders erschwerten Verhältnissen in beengtem Lebensraum um unsere Wirtschaft ringen; Erfolg haben wir nur, wenn die sittlichen Werte uns zur Seite stehen, und dazu gehört auch der Leistungskampf.» Quandt hoffte, dass im Jahr 1942 «dem Führer in seinem gewaltigen Ringen ein erheblicher Schritt voran zum Sieg» gelingen möge.[168]

Alle diese Äußerungen waren öffentlicher oder halböffentlicher Natur und können daher nur bedingt Aufschluss über die tatsächlichen Überzeugungen Quandts liefern, wobei zu bedenken ist, dass ohnehin niemand auf die Idee gekommen wäre, Meinungen schriftlich festzuhalten, die nicht regimekonform waren. Letztlich bleiben die wahren Ansichten Quandts undeutlich, was wohl nicht zuletzt darauf zurückzuführen ist, dass er politischen Aktivitäten fernstand und sich vor allem seinen Geschäften widmete. Ausnahmen sind seine Mitgliedschaft bei der «Gesellschaft zum Studium des Faschismus» und der «Gesellschaft für europäische Wirtschaftsplanung und Großraumwirtschaft». Erstere lässt eine gewisse Neugierde gegenüber dem italienischen Faschismus in den späten Jahren der Weimarer Republik vermuten, allerdings folgten daraus in den Jahren vor 1933 – mit Ausnahme einer Spende, die aber wahrscheinlich stärker im Kontext des Sorgerechtsstreits mit Goebbels zu sehen ist – keine praktischen Schritte zur Unterstützung des Nationalsozialismus. Die Mitgliedschaft in der «Gesellschaft für europäische Wirtschaftsplanung und Großraumwirtschaft» hingegen dürfte vor allem der Förderung der eigenen Expansionsabsichten gedient haben. Nach der «Machtergreifung» zeigte Quandt alles in allem eher das weitverbreitete opportunistische Verhalten als eine echte Hinwendung zur Partei. Auch der Rassenpolitik des «Dritten Reichs» stand er offenbar persönlich fern, zögerte aber nicht, in den Gremien der Berliner Wirtschaftsverbände schon 1933 an ihrer Durchsetzung mitzuwirken. Insgesamt hatte er, wie in den folgenden Kapiteln zu zeigen ist, keinerlei Hemmungen, die Möglichkeiten auszunutzen, die das Regime einem Unternehmer bot. Dies gilt sowohl für den Einsatz von Zwangsarbeitern, die «Arisierung» von Unternehmen als auch für die Expansion seiner Firmen im Krieg. Die Frage, ob ein sich möglicherweise selbst als nur an wirtschaftlichen Fragen interessiert definierender Unternehmer tatsächlich «unpolitisch» sein konnte, beantwortet sich auf diese Weise von selbst.[169]

Günther Quandts Netzwerk
in den Jahren des Nationalsozialismus

Die «Gleichschaltung» der deutschen Gesellschaft machte vor den Unternehmern nicht halt. Zahlreiche Verbände, denen Günther Quandt zum Teil seit längerer Zeit angehört hatte, wurden 1933 aufgelöst, darunter der Reichsverband der deutschen Industrie, der Hauptverband der deutschen Textilindustrie, der Verband der deutschen Tuch- und Wollenwarenfabrikanten sowie schließlich der Verband Berliner Metallindustrieller. Quandt hat diesen Prozess im Zuge seines Entnazifizierungsverfahrens nach dem Krieg als zunehmende Isolierung beschrieben: «Das Jahr 1933 bildete überall für mich eine plötzliche und schroffe Barriere.»[170] Obwohl die Möglichkeiten einer verbandsgebundenen Interessenvertretung im «Dritten Reich» radikal beschnitten wurden, existierten manche Körperschaften weiter, in denen Quandt entsprechend Mitglied blieb. An erster Stelle ist hier die Berliner IHK zu nennen, in der er zumindest seit 1933 den Kommissionen für gewerbliche und sozialpolitische Angelegenheiten, für Zölle und Außenhandel, für Rechtsfragen und gewerblichen Rechtsschutz sowie der Unterstützungskommission angehörte.[171] Im Zuge der Fusion der Berliner mit der Brandenburgischen Kammer, die zugleich zur Verdrängung der jüdischen Mitglieder genutzt wurde,[172] wurde Quandt im Mai 1933 in den Beirat dieses regionalen Gremiums für Handel und Industrie berufen. Interessanterweise erfolgte die Aufnahme – wie bei den anderen Mitgliedern auch – durch das RWM und zwar während der Haft Quandts in Moabit, der demnach in dieser persönlich schwierigen Phase offenbar auch Unterstützung erfuhr. Vermutlich gehörte Quandt zudem dem Verein Berliner Kaufleute und Industrieller an, allerdings gibt es hierfür nur den indirekten Beleg, dass er sich in seiner Funktion als IHK-Beiratsmitglied für die rasche Entfernung der jüdischen Vereinsmitglieder aussprach.[173] Eine solche Einmischung scheint nur vor dem Hintergrund einer eigenen Mitgliedschaft wahrscheinlich, zumal diese sachlich begründet gewesen wäre. Welchen persönlichen Nutzen Quandt aus diesen Mitgliedschaften zog, ist schwer zu sagen. Lediglich zwei andere Mitglieder spielten für ihn eine erkennbar wichtige Rolle: Max Hensel, Vizepräsident der Berliner IHK, vertrat Quandt während dessen Haft bei der AFA, und Friedrich Reinhart, der 1937 Berliner IHK-Präsident wurde, gehörte seit 1934 dem Aufsichtsrat der DWM an. Wichtiger als politischer Einfluss dürfte daher der Faktor «Information» gewesen sein, also die Möglichkeit, bei gemeinsamen Treffen auf informellen Wege Mitteilungen auszutauschen und diese später gewinnbringend zu verwerten.[174] Diesem Zweck dürften auch andere gesellschaftliche Verpflichtungen Quandts gedient haben.

Den vermutlich besten Einblick in das Beziehungsnetzwerk Günther Quandts liefert die Feier anlässlich seines 60. Geburtstags im Juli 1941, von der eine Gästeliste und ein Tischplan überliefert sind.[175] Neben zahlreichen Spitzenmanagern der Quandt-Gruppe und vergleichsweise wenigen privaten Freunden und Familienmitgliedern waren vor allem Vertreter der privaten und staatlichen Rüstungswirtschaft anwesend. Während die bedeutendsten Gäste sich an Quandts Geburtstagstisch gruppierten, wurden die übrigen Gäste offensichtlich nach strategischen Gesichtspunkten so an den insgesamt 14 Tischen platziert, dass führende Mitarbeiter der Quandt-Firmen immer mit Vertretern von Rüstungsbehörden oder anderen militärischen Stellen als Gesprächspartner in einer angenehmen Atmosphäre aufeinandertrafen.

Von besonderem Interesse ist fraglos der zentrale Tisch Nr. 7, an dem Günther Quandt selbst saß. Er bietet einen Einblick in das Beziehungsnetzwerk des Unternehmers. Die Anwesenheit auf Quandts Geburtstag allein sagt zwar noch nichts über die Qualität der Kontakte aus, aber durch den Gesamtzusammenhang und weitere Quellen ermöglicht sie doch weitreichende Rückschlüsse auf Quandts Netzwerke, wobei diese Geschäfts- und Verhandlungspartner keineswegs eine homogene Gruppe waren, sondern zum Teil ganz unterschiedliche Interessen vertreten konnten. Nur beispielhaft sei bereits an dieser Stelle die tiefe Abneigung zwischen den Tischnachbarn und Bankiers Kurt Lange und Hermann Josef Abs erwähnt, die ihre Ursache in Langes Projekten zur Nazifizierung der Wirtschaft hatten. Mit Carl Goetz und Karl Rasche, der allerdings nicht an der Geburtstagsfeier teilnahm, gehörten zudem die beiden erbitterten Kontrahenten um den dominierenden Einfluss bei der Dresdner Bank zum Beziehungsgeflecht Quandts, dessen Netzwerk sicherlich noch weit größer war, als sich hier nachzeichnen lässt, zumal nicht bekannt ist, wer die Geburtstagseinladung nicht wahrnehmen konnte.[176]

Die politische Prominenz auf Quandts Geburtstagsfeier repräsentierten die beiden Minister Walther Funk und Julius Dorpmüller.

32 Reichswirtschaftsminister Walther Funk und Günther Quandt hatten sich schon im Zuge der AFA-Übernahme 1922 kennengelernt.

Wirtschaftsminister Funk war Quandt seit der AFA-Übernahme bekannt, bei der er als Wirtschaftsjournalist die Verbindung zwischen Paul Hamel und Günther Quandt hergestellt hatte.[177] Funk war 1931 in die NSDAP eingetreten, fungierte als Vermittler zwischen der NSDAP und rheinisch-westfälischen Großindustriellen wie Emil Kirdorf, Fritz Thyssen, Albert Vögler oder Friedrich Flick und war ein «loyaler Anwalt industrieller Interessen»[178] innerhalb des NS-Systems. 1938 hatte er Hjalmar Schacht als Reichswirtschaftsminister und 1939 als Reichsbankpräsident abgelöst. Wie eng der Kontakt zwischen Quandt und Funk tatsächlich war, lässt sich schwer abschätzen. Bei der Übertragung der Cegielski-Werke, der größten Fabrikanlage in Posen, soll Funk beispielsweise die treibende Kraft zugunsten der DWM gewesen sein.[179] Auch in anderen Fällen zeigte er Entgegenkommen, so beim DWM-Aktienkauf 1941/42. Zum Besuch Funks auf seinem Geburtstagsfest hat Quandt nach dem Krieg angeführt, die Einladung des Ministers sei nicht seine Idee gewesen: «In meinem Hause war er nie, ebenso war ich nie in seinem Hause noch in seinem Ministerium.

Bei meinem 60. Geburtstag erschien er auf Einladung von Hamel. Wir können natürlich nichts dagegen tun, wenn er erklärt, daß er die Glückwünsche der Reichsleitung überbringe.»[180] Selbstverständlich wird Quandt über den Besuch, der ihn als einen der führenden Industriellen des Deutschen Reichs auszeichnete, keineswegs verärgert gewesen sein. Möglicherweise steckt jedoch in der Aussage insofern ein wahrer Kern, als Hamel die engeren Beziehungen zu Funk hatte und es durchaus denkbar ist, dass dieser den Besuch lancierte, um das Fest mit politischer Prominenz zu bereichern. Funks Anwesenheit war hochwillkommen. Horst Pavel berichtete in einem Privatbrief, Funk habe eine «fulminante Rede» gehalten, in der er die Erfolge von Quandt und seine Verdienste um die deutsche Wirtschaft, insbesondere auf dem Rüstungsgebiet, gefeiert und ihn als Musterbeispiel des deutschen Unternehmers dargestellt habe.[181]

Mit Reichsverkehrsminister Julius Dorpmüller war ein weiteres Regierungsmitglied Gast auf der Geburtstagsfeier.[182] Vor seiner Ernennung zum Minister 1937 war er über zehn Jahre Generaldirektor der Reichsbahn gewesen und galt als Typus des technokratischen Fachmanns, der ohne politische Skrupel dem NS-Regime diente. Der Partei trat er aber erst 1941 bei, bezeichnenderweise in dem Jahr, in dem sein Einfluss auf die Verkehrspolitik merklich zurückging, nachdem es zu Beginn des Russlandfeldzuges zu bis dahin unbekannten Schwierigkeiten bei der Bahn gekommen war.[183] Zu den persönlichen Beziehungen zwischen Quandt und Dorpmüller geben die Quellen wenig Auskunft. Allerdings pflegte die AFA als wichtiger Zulieferer traditionell enge Beziehungen zur Reichsbahn,[184] und es ist naheliegend, dass gute Kontakte zum Verkehrsministerium angesichts der Pläne für das DWM-Werk in Posen von hoher strategischer Bedeutung waren. Das Werk führte während des Krieges umfangreiche Aufträge für Lokomotiven aus, und auf diesen Produktionssektor wurden für die Zeit nach Beendigung des Krieges große Erwartungen gesetzt.

Staatssekretär Leopold Gutterer vertrat bei der Feier das Reichspropagandaministerium.[185] Quandt hatte zunächst noch überlegt, ob er nicht Goebbels selbst einladen müsse und Pavel zu Rate gezogen: «Er wird ja ziemlich sicher nicht kommen, aber wenn er hört, dass Funk und Milch da waren und er war nicht eingeladen, könnte er es mir übel nehmen.»[186] Außerdem glaubte er ein besonderes Interesse von Goebbels an den Quandt'schen Rüstungsbetrieben zu bemerken, seit Harald ein Faible für den Maschinenbau entwickelt hatte. Erwar-

33 Reichsverkehrsminister Dorpmüller bei der Eröffnung eines Teilabschnittes des Mittellandkanals. Die Wintershall AG setzte große Hoffnung auf den Wasserweg.

tungsgemäß schickte der Propagandaminister angesichts des gespannten Verhältnisses seinen Vertreter zur Feier. Der Goebbels-Vertraute Gutterer war erst kurz zuvor zum Staatssekretär befördert worden, nachdem er zunächst kommissarisch einen Großteil der Aufgaben seines beurlaubten Vorgängers Karl Hanke übernommen hatte. Zu seinen Tätigkeiten gehörte in der Folge die Einführung der Kennzeichnungspflicht für Juden, und 1942 nahm er als Vertreter des Propagandaministeriums an der Wannsee-Konferenz teil. Aus Gutterers Tätigkeitsfeld ergeben sich keine Hinweise darauf, dass er für Quandt von besonderem strategischen Wert sein konnte, weshalb Quandts spätere Schilderung, dass dieser nur in Vertretung für den nicht anwesenden Goebbels vor Ort war, glaubhaft erscheint.

Bei der Feier von Quandts 60. Geburtstag fällt insgesamt die hohe Präsenz prominenter Bankiers auf. Mit Friedrich Reinhart von der Commerzbank, Hermann Josef Abs und Emil Georg von Stauß von der Deutschen Bank sowie Carl Friedrich Goetz von der Dresdner

Bank waren nicht nur die drei führenden Privatbanken vertreten, sondern mit die wichtigsten Repräsentanten der Chefetagen anwesend.[187] Über die AFA pflegte Günther Quandt außerdem intensive Geschäftsbeziehungen zur Berliner Handels-Gesellschaft. Leider lassen sich hier aber kaum persönliche Beziehungen nachzeichnen, nicht anders als bei den staatlichen Banken, die gerade bei Rüstungskrediten herangezogen wurden.

Bis in die 1930er Jahre hatte Günther Quandt sowohl Käufe wie Finanzierungen über die privaten Banken abgewickelt, und das Bankhaus Sponholz mit Paul Hamel war bekanntlich nur das wichtigste von zahlreichen Instituten, derer er sich bedient hatte. Schon während des Krieges verlor Hamel mit seiner Bank jedoch an Einfluss auf die Kreditgeschäfte Quandts,[188] der sich nun stärker an die großen Privatbanken hielt, denen bei der Finanzierung der DWM-Expansion eine zentrale Rolle zukam.[189] Mit Blick auf Quandts Netzwerkstrategie fällt auf, dass, wenn man noch Paul Hamel als Vertreter von Sponholz & Co. hinzunimmt, an Quandts Geburtstagstisch Vertreter derjenigen vier Banken saßen, die etwa 60 Prozent der von Quandt im kommenden Jahr gewünschten Anleihen in Höhe von 50 Millionen RM übernehmen sollten.[190]

Günther Quandt stand bereits seit dem Kaiserreich mit der Deutschen Bank in geschäftlichen Beziehungen. Während des «Dritten Reichs» waren Emil Georg von Stauß und seit den späten 1930er Jahren Hermann Josef Abs seine wichtigsten Ansprechpartner bei dem führenden Bankinstitut, dessen Aufsichtsrat Quandt angehörte. Stauß war eine besonders schillernde Figur des deutschen Bankenwesens. Als Sohn eines Lehrers war er im großbürgerlich geprägten Bankenmilieu ein sozialer Außenseiter, der seine Nobilitierung einer 1915 geschlossenen Ehe mit der Tochter des damaligen Chefs des Militärkabinetts, Admiral Georg Alexander von Müller, verdankte.[191] Bereits 1898 begann der 1877 geborene Stauß seine Karriere bei der Deutschen Bank, in der er rasch aufstieg und Experte für neue Industriezweige wie die Film- oder die Automobilindustrie wurde. 1930 wurde der als gemäßigt konservativer «Vernunftrepublikaner» geltende Stauß für die DVP in den Reichstag gewählt. Über seine Bekanntschaft mit Hermann Göring, den er als Aufsichtsratsvorsitzender von BMW kennengelernt hatte, wurde er zum Befürworter einer Koalition mit der NSDAP. Diese Verbindung wurde rasch publik, und Stauß' Ruf litt in Bankenkreisen, als er sich nach Publizierung der Bankensozialisie-

34 Emil von Stauß von
der Deutschen Bank
gehörte zu den frühen
Förderern der NSDAP aus
Bankkreisen.

rungspläne Gregor Strassers nicht von der Partei distanzierte, sondern
den Nationalsozialisten beim Aufbau von Wirtschaftskontakten, beispielsweise zum ehemaligen Reichsbankchef Hjalmar Schacht half.
Nachdem Stauß in der Betrugsaffäre um die Schultheiss-Brauerei eine
Verletzung seiner Aufsichtspflicht als Aufsichtsrat vorgeworfen worden war, wurde er seines Vorstandspostens bei der Deutschen Bank
enthoben, und seine Karriere schien im Halbruhestand zu enden.
   Mit der «Machtergreifung» der Nationalsozialisten änderten sich
jedoch auch für Stauß die Rahmenbedingungen. Nun stand ein anpas-
sungs- und kollaborationsbereiter Bankier wie er sowohl für die Netzwerkbildung bei der Deutschen Bank als auch bei zahlreichen anderen
Unternehmen hoch im Kurs, zumal ihn Göring in seiner Funktion
als Reichstagspräsident trotz fehlender NSDAP-Mitgliedschaft zum
stellvertretenden Reichstagspräsidenten machte. War Stauß nach der
Bankenkrise nach und nach aus den Aufsichtsräten verdrängt wor-

den, wurde er nun wieder zu einem begehrten Mitglied. Zu seinen neuen Mandaten gehörte u. a. ein Sitz im Aufsichtsrat der Dürener Metallwerke, den er 1934 auf Vorschlag Friedrich Dörges einnahm.[192] Es ist allerdings unklar, ob der umtriebige Stauß wie so oft von Quandt nur als Verbindungsmann zu politischen Stellen in das Unternehmen geholt wurde. Beide scheinen sich bereits vor der Machtübernahme gekannt zu haben; jedenfalls schrieb Stauß anlässlich Quandts 60. Geburtstag 1941, beide seien nun schon seit «Jahrzehnten verbunden».[193] Es ist durchaus denkbar, dass sich beide bei Geschäftsgesprächen bei der Deutschen Bank kennengelernt haben, andere Berührungspunkte während der Weimarer Republik lassen sich jedenfalls nicht ausmachen.[194] Obwohl Stauß zu den frühen Förderern der NSDAP gehörte, war er im Vergleich zu anderen regimenahen Bankiers «eher ein Mittelsmann an der wichtigen Schnittstelle zwischen Wirtschaft und Politik».[195] Durch seine Nähe zu Hermann Göring und Erhard Milch, der seinen Aufstieg nicht zuletzt der frühen Protektion Stauß' zu verdanken hatte,[196] aber auch aufgrund seiner Aufsichtsratsmandate in bedeutenden Unternehmen der Luftfahrtindustrie[197], war er auf dem Gebiet der Luftrüstung für die Dürener Metallwerke ein eminent wichtiger Mann, was 1942, kurz vor seinem Tod, durch die Berufung zum stellvertretenden Aufsichtsratsvorsitzenden noch unterstrichen wurde.

Mit Hermann Josef Abs hatte Quandt seit den späten 1930er Jahren einen weiteren Geschäftspartner bei der Deutschen Bank, der 1941 ebenfalls zu seinem Geburtstag geladen war.[198] Der 1901 geborene Abs, der in der Bundesrepublik zum einflussreichsten deutschen Bankier werden sollte, hatte sich noch als Teilhaber der Privatbank Delbrück Schickler & Co in den 1930er Jahren mit der Rettung der Karstadt AG und vor allem der Reprivatisierung der Commerzbank einen Namen gemacht und war als Leiter der Auslandsabteilung 1937 zur Deutschen Bank gewechselt. Gegenüber dem Regime blieb der praktizierende Katholik in kalkulierter Distanz und erwarb sich zugleich bei jüdischen Bankiers den Ruf eines «ehrlichen Maklers».[199]

Abs und Quandt kannten sich schon aus den Tuch-Zeiten der 1920er Jahre, traten aber erst 1938 in engere Geschäftsbeziehungen,[200] als Abs als Vertreter der Deutschen Bank in die Aufsichtsgremien der DWM und der AFA gebeten wurde; bei letzterer wurde er stellvertretender Vorsitzender, ab 1940 sogar Vorsitzender des Aufsichtsrates. Abs folgte auf den 1937 verstorbenen Gustav Schlieper, der zuvor die Deutsche Bank in den Quandt-Firmen vertreten hatte und zu dem Quandt über einen guten Draht verfügte, seit er 1933 die Kapitalerhöhung der AFA in die Hand genommen hatte. Quandt, der selbst im Aufsichtsrat der Deutschen Bank saß, versuchte nun auch zu dem 20 Jahre jüngeren Abs ein Vertrauensverhältnis aufzubauen, beispielsweise indem er ihn in den Empfängerkreis seiner umfassenden Berichte über die Geschäftsreise nach Südamerika 1938/39 einbezog und mehrere Postkarten an Abs schickte, in denen das Finanzielle allerdings nicht berührt wurde.[201]

Quandt war mit diesem Umwerben jedoch nur teilweise erfolgreich, denn Abs vertrat ihm gegenüber stets entschieden die Interessen seiner Bank. Nach Meinung des Bankiers waren die Beziehungen vor allem zur AFA anfangs durchaus ausbaufähig: Beispielsweise waren die Bemühungen der Deutschen Bank, bei der Finanzierung des neuen AFA-Werkes in Hannover beteiligt zu werden, vergeblich gewesen, da die Geschäfte weiterhin über die bestehenden Bankverbindungen abgewickelt wurden.[202] Die Kredite der AFA nahmen sich, vor allem im Vergleich zu den Verbindlichkeiten, die in den Kriegsjahren aufgetürmt wurden, zu diesem Zeitpunkt noch bescheiden aus: Bei der Commerzbank 3 Millionen RM, bei der Dresdner Bank 3,75 Millionen RM, bei Hardy & Co. 952 000 RM, bei B. Simons & Co. 1 Million RM und bei der Westfalenbank 2 Millionen. Die breite Streuung nahm Abs zum Anlass, um bei Quandt im Frühjahr 1939 nachzufragen, warum die Deutsche Bank nicht der Hauptbetreuer der AFA sei.[203] Dieser ließ mit der gebotenen Höflichkeit durchblicken, dass er die Kreditpolitik der Deutschen Bank für «schwerfälliger» als diejenige anderer Banken hielt.[204] Außerdem wollte er wenigstens bei einer Bank «keine Schulden» haben; dem neuen Geschäftspartner wurde jedoch beschwichtigend versichert, die Deutsche Bank sei beim «nächsten Geldbedarf an der Reihe». Ansonsten entwickelte sich unter Abs der lebhafte Geschäftsverkehr zwischen AFA und Deutscher Bank «reibungslos und angenehm».[205] Während Abs sich bemühte, die Geschäftsbeziehungen zur AFA auszuweiten, stand er anderen Projekten kritisch gegenüber, so bei den Anleiheverhandlungen der DWM während des Krieges oder den Übernahmeversuchen bei Holzmann.[206] Abs riet Quandt auch dazu, bei der Auseinandersetzung mit Hellmuth Roehnert über den Aktienbesitz bei Busch-Jaeger Lüdenscheid[207] nachzugeben, vermutlich aufgrund der politischen Vernetzung Roehnerts. In dieser Geschäftsbeziehung erscheint also der Bankier als der gemäßigtere, nüchternere Part. Auch nach dem Krieg blieben beide enge Geschäftspartner, obwohl manche Äußerungen von Abs auf ein nicht ganz harmonisches Verhältnis hindeuten und dieser zudem nicht verstehen konnte, dass der Familienchef nach dem Ende seiner Internierung nicht seinen Söhnen das Ruder übergab.[208]

Mit Carl Goetz und Karl Rasche gehörten auch zwei Bankiers der Dresdner Bank zu Quandts Geschäftspartnern, die zugleich jedoch Antipoden eines Machtkampfes innerhalb der Bank waren, die unter den privaten Großbanken dem Regime besonders nahe stand. Carl Friedrich Goetz war für mehr als drei Jahrzehnte die herausragende Persönlichkeit der Bank und nahm von der Regierung Brüning bis zur Ära Adenauer führende Positionen ein. Als liberal-konservativer Bankier und praktizierender Freimaurer stand Goetz den Nationalsozialisten fern, was ihn jedoch nicht daran hinderte, enge personelle und geschäftliche Verbindungen mit dem NS-Regime einzugehen. Mit 36 Aufsichtsratsmandaten gehörte er während des «Dritten Reichs» zu den einflussreichsten Bankiers. Insgesamt zeigte er in diesen Jahren eine ambivalente Haltung. So war er auf der einen Seite mit Fritz Sauckel, dem «Generalbevollmächtigten für den Arbeitseinsatz», persönlich befreundet, auf der anderen Seite stand er mit führenden Männern des Widerstandes in Verbindung, weshalb er 1944 für einige Monate im KZ Ravensbrück inhaftiert wurde und seine Ämter bis zum Kriegsende aufgeben musste. Geschäftlich blieben gleichzeitig die Interessen seiner Bank ausschlaggebend und er nutzte ohne Skrupel die Chancen, die das Regime bot.[209] Über die konkreten Beziehungen Quandts zu Goetz ist so gut wie nichts bekannt: Dieser war sicherlich als wichtiger Bankier eingeladen, zumal er seit 1935 dem Aufsichtsrat der Mauser-Werke und der DWM angehörte; bei letzterer wurde er auf Bitten Quandts 1942 sogar stellvertretender Vorsitzender.[210] Bereits 1933 war Goetz in den Aufsichtsrat der Wintershall AG eingetreten, gab diesen Sitz jedoch zwei Jahre später an Karl Rasche ab.

Quandt hatte Goetz' Widerpart in der Dresdner Bank, Karl Rasche, 1936 einen Platz im Vorstand der AFA angeboten, weil er diesen im Vorstand der Westfalenbank als fähigen Bankexperten kennengelernt hatte.[211] Damals hatte dieser die Berufung abgelehnt, offenbar mit dem Hinweis auf seinen erst kürzlich erfolgten Wechsel zur Dresdner Bank.[212] Nachdem Rasche bereits 1937 in den Aufsichtsrat der

Wintershall AG gewählt worden und wahrscheinlich bei deren Expansion in Osteuropa besonders hilfreich war,[213] holte Quandt ihn 1939 in den Aufsichtsrat der AFA. Gegenüber Hermann Josef Abs, der die Aufnahme Rasches ablehnte, meinte Quandt, er finde Rasche «sympathisch und schätz[e] seine Mitarbeit». Abs sorgte sich zwar um den Einfluss der Deutschen Bank bei der AFA, fand sich jedoch damit ab, zumal ihm Quandt zusicherte, dass sich an seinem Einfluss nichts ändern werde.[214]

Rasche war als regimenaher und mit guten Beziehungen ausgestatteter Bankmanager bekannt.[215] Obwohl erst spät in die Partei eingetreten,[216] war sein Aufstieg bei der Dresdner Bank – neben der unzweifelhaft vorhandenen fachlichen Qualifikation – nicht zuletzt politischer Protektion zu verdanken. Bei der Bank war er nicht nur für die Referate «Reichswerke Hermann Göring» zuständig, sondern auch für die Auslandsexpansion des Instituts. Im Laufe seiner Tätigkeit bei der Dresdner Bank geriet er in zunehmenden Konflikt mit Goetz, der seinen Einfluss gegen den Aufsteiger zu wahren versuchte, letztlich aber nur bedingt erfolgreich war und ab 1942 kontinuierlich an Macht verlor. Obwohl die Karriere Rasches nicht zuletzt durch die Partei gefördert worden war, verliefen die Konfliktlinien in dieser Auseinandersetzung quer durch die politischen Lager.[217] Nach dem Krieg gab Quandt an, er habe die Offerte gemacht, weil er den Eindruck gehabt habe, Rasche halte sich vollständig von Parteidingen fern,[218] aber es kann kein Zweifel daran bestehen, dass dies eine reine Schutzbehauptung war. Vielmehr dürfte er Rasche als Fachmann und als erfolgreichen Netzwerker geschätzt haben. Inwieweit dessen Beteiligung an dem erzwungenen Verkauf von Busch-Jaeger, bei dem er ebenfalls einige Anteile übernahm, das Verhältnis zu Quandt beeinträchtigte, kann nicht gesagt werden. Nach dem Krieg wurde Rasche in Nürnberg wegen seiner Beteiligung an der Ausbeutung der tschechischen und niederländischen Wirtschaft zu sieben Jahren Haft verurteilt.[219]

Mit Friedrich Reinhart war ein weiterer Bankier mit guten politischen Kontakten bei Quandt zu Gast, der 1934 den Aufsichtsratsvorsitz bei der Commerzbank übernommen hatte. Reinhart hatte allerdings ebenso wie Rasche seine Karriere keineswegs nur politischer Protektion zu verdanken, sondern war schon 1929 im Zuge des Zusammenschlusses der Mitteldeutschen Creditbank mit der Commerz- und Privat-Bank in den Vorstand gelangt. Als Gegner von Brünings

Deflationspolitik erhoffte er sich vom Nationalsozialismus eine Verbesserung der wirtschaftlichen Lage und wurde, ohne der NSDAP beizutreten, Mitglied des Keppler-Kreises, einem Zusammenschluss führender regimenaher Unternehmer. Im November 1932 unterstützte Reinhart in einer Eingabe an Hindenburg die Ernennung Hitlers zum Reichskanzler.[220] Obwohl er dem Nationalsozialismus zumindest in den ersten Jahren in vielerlei Hinsicht nahe stand, stellte er parteipolitische Interessen in beruflichen Zusammenhängen stets hinten an.

Noch 1935 unterstützte er mit Paul Kempner und Max Warburg zwei jüdische Bankiers bei der Wiederwahl in den Ausschuss der Wirtschaftsgruppe Privates Bankgewerbe,[221] deren Vorsitzender er war. Über die Beziehungen zwischen Reinhart und Quandt ist nicht viel bekannt. Vielleicht haben sich beide bereits vor der «Machtergreifung» in der Gesellschaft zum Studium des Faschismus kennengelernt, der auch Reinhart angehörte. 1934 trat er bei den BKI/DWM anlässlich der Neubesetzung der Mandate der ausgeschiedenen jüdischen Mitglieder in den Aufsichtsrat ein, 1942 wurde er stellvertretender Aufsichtsratsvorsitzender.

Mit dem langjährigen Geschäftspartner Paul Hamel[222] saß ein weiterer Privatbankier bei Quandts Geburtstagsfeier am Ehrentisch. Hamel spielte bei der Übernahme der AFA und der BKI/DWM eine zentrale Rolle bei der Einverleibung von neuen Unternehmen und war insbesondere bei Arisierungsprojekten offenbar der bevorzugte Bankier Quandts.[223] Bei dessen Anleiheprojekten war Hamels Bank Sponholz stets mit von der Partie. Hamel war schon seit Weimarer Tagen mit dem späteren NS-Wirtschaftsminister Walther Funk befreundet und hatte auch den Kontakt zwischen Funk und Quandt vermittelt. Zudem war er offenbar mit Hermann Göring freundschaftlich verbunden.[224] Der Mangel an Quellen lässt eine genaue politische Einordnung Hamels zwar nicht zu, es dürfte aber kaum Zweifel geben, dass er schon früh Interesse am Nationalsozialismus und den Möglichkeiten zeigte, die sich dadurch ergaben. So soll er Günther Quandt nach dessen Angaben im Dezember 1931 einen Gesprächstermin bei Hitler vermittelt haben. Auch der Gesellschaft zum Studium des Faschismus gehörte er an und könnte Quandt hier eingeführt haben. Er war daher nicht nur langjähriger Geschäftspartner, sondern auch ein wichtiger Verbindungsmann, der mit seinen Kontakten Quandt in verschiedenen Belangen weiterhelfen konnte.

Mit Kurt Lange saß ein weiterer Mann aus dem Bankengewerbe

an Quandts Geburtstagstisch, allerdings nicht als Emissär einer Privatbank, sondern als stellvertretender Reichstagspräsident.[225] Er war bereits 1930 in die NSDAP eingetreten und hatte nach der Machtübernahme Karriere im Behördenapparat gemacht. Unter anderem war er Abteilungsleiter im Amt für Deutsche Roh- und Werkstoffe und wurde 1939 nach der Entlassung Schachts Mitglied im Direktorium der Reichsbank. Als ehrenamtlicher Brigadeführer des NS-Fliegerkorps dürften seine Kontakte zu Hermann Göring besonders wichtig gewesen sein. Gemeinsam mit dem Chef der Parteikanzlei, Martin Bormann, intensivierte er 1942 die seit Jahren immer wieder ventilierte Kampagne zur Nazifizierung der Bankenwelt, bei der NS-Kader in Führungspositionen gebracht werden sollten. In welchen Beziehungen Lange und Quandt genau standen, ist unbekannt, aber die von Quandt gegenüber Abs angedeutete Drohung mit politischem Druck bei den gerade in diesen Monaten schwebenden Anleiheverhandlungen[226] musste aufgrund der Anwesenheit von Leuten wie Lange auf Quandts Geburtstag besonders glaubhaft klingen.

Zu den NS-Kadern, die inzwischen in wirtschaftliche Führungspositionen gebracht worden waren, gehörte auch der Wirtschaftsprofessor und Gauwirtschaftsberater Heinrich Hunke,[227] der ebenfalls auf dem Fest anwesend war und 1943 im Zuge der Kampagne zur Nazifizierung der Privatbanken zur Deutschen Bank wechseln sollte. Hunke, der bereits 1928 in die NSDAP eingetreten war, war Ende der 1930er Jahre der einflussreichste nationalsozialistische Wirtschaftstheoretiker und gab unter anderem die Zeitschrift «Die nationalsozialistische Volkswirtschaft» heraus. Er war Präsident des Werberats der Deutschen Wirtschaft, Leiter der Auslandsabteilung im Reichspropagandaministerium und seit 1938 Präsident des «Vereins Berliner Kaufleute und Industrieller», dem auch Quandt angehört haben dürfte und wo sich beide möglicherweise kennengelernt haben. Zudem gehörten beide der «Gesellschaft für europäische Wirtschaftsplanung und Großraumwirtschaft» an, wo Hunke Ringführer war. Im Sommer 1941, also zum Zeitpunkt des Geburtstagsfestes, unterstützte Hunke Quandt beim Übernahmekampf um Byk Gulden.

Während der gesamten Herrschaft der Nationalsozialisten führte die Partei regelmäßige Angriffe gegen jene Privatbanken, deren Geschäftsverständnis den eigenen Vorstellungen eines gelenkten Wirtschaftslebens widersprach.[228] Ganz unvereinbar war das Verhältnis von NS-Staat und Banken in der Praxis jedoch nicht, vielmehr koope-

35 Der NS-Gauwirt-
schaftsberater und
Geschäftspartner Günther
Quandts, Heinrich Hunke,
um 1933.

rierten beide auf zahlreichen Geschäftsfeldern. Letzlich misslang –
trotz mancher, teils erheblicher personeller Eingriffe – eine «Nazifizierung» der Privatbanken. Günther Quandts Beziehungsgeflecht zu den
Bankenkreisen trug diesem Verhältnis gewissermaßen Rechnung: Es
finden sich z. B. keine engeren Kontakte zu Bankiers wie Emil Meyer
von der Dresdner Bank,[229] die ihren Aufstieg in erster Linie den Nationalsozialisten zu verdanken hatten und im Zweifel die politischen Interessen der Partei über diejenigen der Bank gestellt hätten, jedoch von
ihren Vorstandskollegen meist nach Möglichkeit isoliert wurden. Hingegen betraute er den NS-nahen von Stauß früh mit einem Aufsichtsratsmandat bei den Dürener Metallwerken und versuchte, Karl Rasche
kurz nach dessen Wechsel zur Dresdner Bank an die AFA zu binden.
Ähnliches gilt in abgeschwächter Weise auch für Friedrich Reinhart,
während Carl Goetz und Hermann Josef Abs zwar mit dem Regime
kooperierten, sich aber in einem sicheren Abstand zu ihm bewegten.

Insgesamt folgten diese Kontakte zu den Privatbanken also keinem politischen Muster, sondern orientierten sich an wirtschaftlichen Gesichtspunkten, wobei die unterschiedlichen Tätigkeitsschwerpunkte der Bankiers den vielfältigen Geschäftsinteressen Quandts entgegenkamen.

Besondere Bedeutung musste dem Beziehungsgeflecht auf dem Feld der Luftrüstung zukommen, wo wirtschaftliche Kriterien in besonderem Maße außer Kraft gesetzt wurden, während politische Interessen dominierten.[230] Die Dürener Metallwerke und ihr Tochterunternehmen Memefa waren in erster Linie von den Aufträgen aus der Luftfahrtindustrie abhängig, aber auch die AFA und die BKI/DWM gehörten zu den Zulieferindustrien der Luftbranche. Zu den Netzwerkbemühungen Günther Quandts auf diesem Gebiet gehörte seine Mitgliedschaft im «Aero-Club von Deutschland».[231] Die im Jahr 1907 gegründete Vereinigung wurde von Hermann Göring nach der «Machtübernahme» zu einer dem Regime nahestehenden Lobbygruppe der Luftfahrt ausgebaut, in der die neue Elite mit der alten zusammentraf und Kontakte zwischen Persönlichkeiten der deutschen Luftfahrt geknüpft werden konnten.[232] Hermann Göring ließ 1936/37 für den Club das ehemalige Preußische Abgeordnetenhaus zum prunkvollen Vereinsheim umbauen. Die Aufnahme in die Vereinigung galt als besondere Ehrung.[233] Abgesehen von einer eindrucksvollen Mitgliederliste ist jedoch über die Aktivitäten des Clubs nicht viel bekannt. Ob und gegebenenfalls inwieweit sich Quandt hier tatsächlich engagierte, bleibt letztlich im Dunkeln. So bleibt auf dem Gebiet der Luftrüstungsindustrie die Gästeliste von Quandts Geburtstag der verlässlichste Hinweis auf Umfang und Qualität seines Netzwerkes, zu dem besonders einflussreiche Personen wie Staatssekretär Erhard Milch oder der Generaldirektor der Junkers Flugzeug- und Motorenwerke, Heinrich Koppenberg, gehörten: alles Männer, deren Unterstützung ihm wichtig war.

Das gilt vor allem für seine Beziehungen zu Erhard Milch, der zwar zu Quandts Geburtstag eingeladen war, aber kurzfristig hatte absagen müssen. Milch war als Staatssekretär des Reichsluftfahrtministeriums nach Hermann Göring die Nummer zwei der deutschen Luftrüstung.[234] Allerdings waren die beiden ein ziemlich ungleiches Paar, das immer wieder Konkurrenzkämpfe ausfocht, die Göring in der Regel gewann. 1926 war Milch zu einem von drei Direktoren der Deutschen Lufthansa ernannt worden und stellte in dieser Funktion seit dem

36 Staatssekretär im Reichsluftfahrtministerium Erhard Milch
(Bildmitte zwischen Hitler und Speer).

Frühjahr 1932 der NSDAP Flugzeuge für deren Wahlkampf zur Verfügung. Nachdem sein Parteibeitritt noch 1929 aus taktischen Gründen von Hitler abgelehnt worden war, wurde er erst 1933 Mitglied der
NSDAP. Bei aller fachlichen Kompetenz, die er durchaus für sich in
Anspruch nehmen konnte, war er letztlich doch ein Mann der Partei
und bemühte sich, deren Interessen im Umgang mit den Unternehmen
möglichst uneingeschränkt durchzusetzen.

Wie intensiv der Kontakt zwischen Milch und Quandt war, lässt
sich nur schwer ermessen. Die dokumentierten Zusammentreffen fanden bei feierlichen Anlässen statt, so neben dem Geburtstag etwa beim
50-jährigen Jubiläum des Bestehens der Dürener Metallwerke. Allerdings finden sich in den Akten gelegentliche Rücksprachen mit Milch,
so bei der Frage des Verbleibs des «nichtarischen» Mitarbeiters Georg
Sachs bei den Dürener Metallwerken oder im Zusammenhang mit
dem Arbeiternachschub.[235] Er scheint also durchaus für die Unternehmen der Quandt-Gruppe in Problemsituationen ansprechbar gewesen
zu sein. Vermutlich war der Kontakt nicht sonderlich eng, andernfalls
wären wahrscheinlich mehr Quellenfunde überliefert. Mit Roehnert,
Koppenberg, vor allem aber mit Stauß unterhielt Quandt jedoch zu

einigen nahen Geschäftspartnern und Vertrauten von Milch enge, wenn auch nicht immer reibungslose Beziehungen, so dass die Einladung des Staatssekretärs zu Quandts Geburtstag wohl vor allem als Ausdruck des insgesamt dichten Beziehungsgeflechts zum RLM zu interpretieren ist.

Da Milch Quandts Geburtstagsfest fernblieb, führte Alois Cejka die Fest-Gesandtschaft einer Gruppe von einflussreichen Beamten des Reichluftfahrtministeriums (RLM) an. Der 1886 geborene Cejka hatte nach dem Ersten Weltkrieg eine Karriere im bayerischen Staatsdienst verfolgt und war 1934 zur Luftwaffe, 1936 ins Reichsluftfahrtministerium gewechselt und nahm seit Februar 1939 hohe Funktionen in der Abteilung Technische Wirtschaft und Haushalt ein, deren Chef er im Oktober 1941 wurde. Zur Zeit des Quandt-Geburtstags war Cejka Chef der Amtsgruppe Industriewirtschaft und damit für die vom RLM vergebenen Investitionskredite und Beihilfen zuständig.[236] Schon aufgrund dieser Funktion war Cejka für Quandt interessant, zumal er aufgrund seiner Stellung in der Luftfahrtindustrie viele Türen öffnen konnte und verschiedene Aufsichtsratsmandate innehatte, unter anderem bei Junkers und Arado. Mit Blick auf die zukünftige Friedenswirtschaft waren solche Beziehungen für den Zulieferbetrieb der Dürener Metallwerke von besonderer Bedeutung. Cejka war sicherlich aus diesem Grund eingeladen, obwohl er sich im Konflikt mit Koppenberg befand und kurz darauf an der Entmachtung dieses mächtigen Industriellen beteiligt war. Er gehörte offenbar zu jenen willfährigen Bürokraten, die in der zweiten Kriegshälfte die Verstaatlichung in der Luftrüstungsindustrie voranzutreiben versuchten, sich dabei aber stets in Auseinandersetzung mit Milch bemühten, rechtliche Bindungen zu respektieren.[237] Aus dem Reichsluftfahrtministerium war zudem Generalmajor August Albert Ploch eingeladen, der in der Weimarer Zeit im Luftdepartement des Heereswaffenamtes Leiter der Gruppe Entwicklung und Ausrüstung gewesen und im Zusammenhang der Reorganisation des Technischen Amtes 1938 Chef des Stabes von Amtsleiter Ernst Udet geworden war.[238] Diese Einrichtung war für Entwicklungsaufgaben und die Produktionsplanung zuständig.

Neben den Vertretern des Reichsluftfahrtministeriums gehörten verschiedene führende Luftfahrtindustrielle zu Quandts Kontakten. Mit an erster Stelle ist wohl Heinrich Koppenberg zu nennen, der in den Weimarer Jahren zu einem engen Vertrauten Friedrich Flicks aufgestiegen und im Frühjahr 1933 nach der Enteignung der Junkers-Werke deren Generaldirektor geworden war.[239] In dieser Funktion arbeitete er eng mit Göring und Milch im RLM zusammen, seit es darum ging, die Flugzeugfertigung unter der Überwachung des Ministeriums gewaltig zu steigern. Bis in die Kriegsjahre hatte der als robust, energisch, ja sogar «brutal-bullig»[240] geltende Koppenberg großen Einfluss auf die Luftfahrtentscheidungen.[241] Nach der Besetzung Norwegens durch das Deutsche Reich übernahm er zudem die Aufgabe, die Aluminiumproduktion Norwegens für die deutsche Luftrüstung nutzbar zu machen, eine Aufgabe, an der die Dürener Metallwerke organisatorisch beteiligt und Quandt persönlich stark interessiert waren. Anders als beispielsweise Hellmuth Roehnert verstand sich Koppenberg nicht als Treuhänder der Partei, selbst wenn er als Manager meist staatlicher Großunternehmen bis zu seiner Entmachtung in der zweiten Kriegshälfte an der «Ausbreitung der Parteiwirtschaft» teilnahm.[242]

Koppenberg trat bereits 1934 in den Aufsichtsrat der Dürener Metallwerke ein, was für das Unternehmen ohne Zweifel ein strategischer Gewinn war. Die genauen Umstände sind unbekannt, aber es ist denkbar, dass der in der Luftfahrtbranche gut vernetzte Stauß, der im gleichen Jahr dem Aufsichtsrat beitrat, für Koppenberg Vermittlungsdienste leistete. Stauß und Koppenberg gehörten zudem dem Wirtschaftsausschuss der Dürener Metallwerke an.[243] Die Zusammenarbeit, die angesichts der massiven Konkurrenz der Vereinigten Aluminium-Werke AG von großem Wert war, machte sich bei Koppenbergs zuverlässiger Unterstützung bei den Expansionsbestrebungen insbesondere nach Norwegen bezahlt. Koppenberg blieb den Dürener Metallwerken auch nach dem Krieg verbunden und schied erst 1952 endgültig aus.

Undurchsichtig und schillernd sind die Beziehungen Günther Quandts zu Hellmuth Roehnert, der als Mann aus dem Umfeld von Göring und mit dessen Protektion zu einem «der wichtigsten Manager der deutschen Rüstungswirtschaft» aufgestiegen war[244] und zahlreichen Aufsichtsräten vor allem der Luftfahrtindustrie angehörte. Nicht zuletzt hatte er den Vorsitz bei Junkers inne, wo er eine zentrale Rolle spielte und als Gegenspieler Koppenbergs auftrat.[245] Als einflussreicher Mann bei den «Reichswerken Hermann Göring», wo er 1937 ein Aufsichtsratsmandat erhielt, und Mitglied des «Freundeskreises Reichsführer-SS»[246] sowie Geschäftsfreund von Paul Pleiger und Karl Rasche, erhielt er tiefe Einblicke in Interna der Grauzone

zwischen Wirtschaft und Politik. Er war nur «vordergründig an be-
triebs- und rüstungswirtschaftlicher Effizienz orientiert» und überwachte die Unternehmen «mit einem Netz aus informellen Absprachen, Bestechung und Nepotismus – nicht ohne sich selbst zu
bereichern».[247] Karl Lindemann, der Vorsitzende des Norddeutschen
Lloyd, der Roehnert aus dem «Freundeskreis Himmler» kannte, hat
später ausgeführt, dass dieser stets «seine eigenen Interessen» vertreten habe und «materielle Beweggründe» bei ihm eine «ziemlich starke
Rolle» gespielt hätten.[248]

Im Zusammenhang mit Quandts seit 1936 begonnenen Aktien-
käufen bei der Busch-Jaeger Lüdenscheider Metallwerke AG, bei der
Roehnert seit 1927 Vorstandsvorsitzender war, wurde dieser im April
1937 in den Vorstand der AFA aufgenommen und erhielt einen Fünf-
jahresvertrag. Da die guten Beziehungen Roehnerts zu Hermann Göring kein Geheimnis waren, ist anzunehmen, dass Quandt diesen einflussreichen Unternehmer aus strategischen Gründen gerne an sich
binden wollte.[249] Allerdings entwickelte sich das Verhältnis zwischen
den beiden keineswegs so, wie Quandt geplant hatte. Schon nach anderthalb Jahren bei der AFA wechselte Roehnert im August 1938 –
nach Ansicht Quandts vertragsbrüchig – als Vorstandsvorsitzender zur
Rheinmetall-Borsig AG. Quandt wiederum setzte den Kauf von Ak-
tienpaketen von Busch-Jaeger Lüdenscheid unbeirrt fort, obwohl ihm
bewusst sein musste, dass Roehnert diese massive Beteiligungspolitik
als Versuch einer feindlichen Übernahme deuten konnte. Abs beobachtete das Manöver aus sicherer Entfernung: Quandt ziere sich noch und
wolle sich mit Roehnert nicht «überwerfen», notierte der Bankier im
Januar 1939.[250] Tatsächlich wurde die AFA jedoch noch im selben Jahr
gezwungen, ihre Anteile an Busch-Jaeger Lüdenscheid unter Wert an
die von Roehnert geleitete Rheinmetall-Borsig AG abzutreten; später
musste Quandt auch auf sein bei dieser Gelegenheit vereinbartes Vorkaufsrecht verzichten.[251] Obwohl Quandt also gleich zweimal – bei
dem vorzeitigen Austritt aus dem AFA-Vorstand und bei der gescheiterten Übernahme von Busch-Jaeger Lüdenscheid – negative Erfahrungen gemacht hatte, setzte er gegen den ausdrücklichen Rat von Hermann Josef Abs die Berufung Roehnerts in den Aufsichtsrat der AFA
durch. Abs hatte ebenso nüchtern wie folgerichtig argumentiert, dass
Busch-Jaeger Lüdenscheid, nachdem die Firma an Rheinmetall übergegangen war, ohne Nutzen für Quandt sei.[252] Die Wahl Roehnerts erfolgte auf der Hauptversammlung vom 24. Mai 1939. Da es keinen

Hinweis darauf gibt, dass diese Berufung auf politischen Druck hin erfolgte, versuchte Quandt offenbar, sich den Kontakt zu diesem einflussreichen Mann, der inzwischen in der Luftrüstungsindustrie eine herausragende Position einnahm, zu erhalten – mit welchem Erfolg, muss offen bleiben. Roehnert nahm sich wenige Wochen nach Kriegsende das Leben.

Ohne Frage besaß Quandt also in der Luftfahrtindustrie hochkarätige Kontakte, doch es wäre falsch, sich von den Namen blenden zu lassen. Im Dezember 1941, ein knappes halbes Jahr nach dem Geburtstagsfest, wurde auf einer prominent besetzten Besprechung unter der Leitung von Erhard Milch unter Teilnahme von General Thomas und Koppenberg den Dürener Metallwerken eine bereits erteilte Baugenehmigung für ein Werk in Breisach wieder entzogen.[253] In aller Deutlichkeit zeigte sich, dass diese einflussreichen Personen durchaus andere Interessen verfolgen konnten als Günther Quandt und, wie Lutz Budraß explizit mit Blick auf Quandt feststellte, keineswegs als «Strohmänner verdeckter großindustrieller Interessen» auftraten.[254] Zudem gehörte es zu den Charakteristika der Luftfahrtindustrie, dass mit Ausnahme einiger nationalsozialistischer Wirtschaftsfunktionäre die Vernetzung über Aufsichtsräte sehr gering war und kaum unternehmerisches Spitzenpersonal auf diesem Feld Verantwortung übernahm.[255] Auch Quandt übernahm keine Aufsichtsratsfunktionen in der Luftfahrtbranche, wobei offen bleiben muss, ob es hierfür überhaupt eine Gelegenheit gegeben hätte. Obwohl Quandt also hier an seine Grenzen stieß, waren entsprechende Kontakte für die Akquise von Aufträgen und die Durchführung von Großprojekten unersetzlich: In Streitfragen sowohl mit staatlichen Stellen als auch mit Konkurrenten konnten solche Beziehungen über Erfolg und Misserfolg entscheiden.

Während die Luftfahrtindustrie noch verhältnismäßig jung war und in den Jahren des «Dritten Reiches» daher eine besondere Dynamik entfaltete, die auch entsprechende Kontakte notwendig machte, wurden die guten Beziehungen zu den Rüstungsstellen bei Heer und Marine nicht vernachlässigt. Die Gästeliste auf Quandts Geburtstag verzeichnete daher ebenfalls eine ganze Reihe von Vertretern der Militärverwaltung. Unter ihnen ragte zweifellos General Georg Thomas als Chef des Wehrwirtschafts- und Rüstungsamtes heraus. Thomas gehört zu einer besonderen Sorte jener vielschichtigen Figuren, von denen es im nationalsozialistischen Deutschland viele gab: Auf der einen Seite gehörte er zu den bedeutendsten Organisatoren der deutschen Aufrüstungspolitik und war in die Verbrechen der Wehrmacht verstrickt, auf der anderen Seite hatte er aber Kontakt zu den Widerstandskreisen gegen Hitler.[256] Im Oktober 1944 wurde er verhaftet, nachdem im Zuge der Ermittlungen zum 20. Juli 1944 seine älteren konspirativen Pläne aufgedeckt worden waren. Ein weiterer Vertreter der Rüstungsbürokratie auf dem Quandt-Geburtstag war General Emil Leeb, seit 1940 Chef des Heeresamtes, das für die technische Entwicklung und die Fertigung von Waffen, Munition und sonstigen Geräts für das deutsche Heer zuständig war. Neben dieser für Quandt eminent wichtigen Tätigkeit hatte er auch ein Aufsichtsratsmandat bei den «Reichswerken Hermann Göring» inne.

Während Thomas 1946 in amerikanischem Gewahrsam starb, erhielt Leeb eine zweite Chance als Rüstungslobbyist. Für beide gilt, dass über ihr konkretes Verhältnis zu Günther Quandt nichts bekannt ist, obwohl die strategische Bedeutung dieser Beziehungen für den Rüstungsunternehmer offensichtlich ist. Gleiches gilt auch für die weiteren Gäste Quandts, die sicherlich wegen ihrer derzeit wehrwirtschaftlichen Funktion eingeladen wurden: Vizeadmiral Werner Fuchs vom Oberkommando der Kriegsmarine (OKM) als Leiter des Hauptamtes Kriegsschiffbau sowie Konteradmiral Kurt von dem Borne, Amtschef im OKM, der im folgenden Jahr Chef der Amtsgruppe Wehrwirtschaft werden sollte. Konteradmiral Karl Packroß war als Rüstungsinspekteur im Berliner Wehrkreis III eingeladen, zudem weitere Beamte des Wehrwirtschafts- und Rüstungsamts und anderer Rüstungsbehörden, die der ganzen Veranstaltung ein recht militärisches Gepräge gaben.

Andere Gäste fielen angesichts dieser Militärlobby etwas aus dem Rahmen. Mit Max Winkler war beispielsweise der Gründer und Leiter der Haupttreuhandstelle Ost anwesend, der eine Schlüsselstelle für die wirtschaftlichen Interessen bei der Ostexpansion einnahm.[257] Winkler war bereits während der Weimarer Republik einer der führenden Organisatoren einer «Deutschtumspolitik» gegenüber Polen gewesen und nach dem Überfall auf das Nachbarland in Zusammenarbeit mit Göring und Himmler in zentraler Position an der wirtschaftlichen Neuordnung in den eroberten Gebieten beteiligt. Zwar gehörte er nicht zu den Exponenten einer rassistischen Volkstumspolitik, sondern entstammte als ehemaliges DDP-Mitglied einer liberalen Tradition, arbeitete aber dennoch mit den Siedlungsbehörden der SS zusammen.[258] Winkler hatte sich bereits unrühmlich bei der «Gleichschaltung» der deutschen Presse hervorgetan.[259] Den Kontakt zu Quandt könnte Paul Hamel hergestellt haben, da dieser Winkler aus verschiedenen Tätigkeiten in der Filmindustrie und bei der Neuordnung des deutschen Nachrichtenwesens kannte.[260] Als Vertreter großer Unternehmen war der Vorstandsvorsitzende der AEG, Hermann Bücher, anwesend, den Quandt seit langem aus der elektrotechnischen Zusammenarbeit und dem AFA-Aufsichtsrat kannte, ebenso Walter Forstreuter, Vorstandsvorsitzender des Gerling-Konzerns, seit je der Hauptversicherer von Quandt und enger Vertrauter des Unternehmenschefs. Von der Wintershall AG fehlte zwar August Rosterg, den man eigentlich erwartet hätte, dafür war aber mit Heinrich Schmidt der Aufsichtsratsvorsitzende zu Gast. Dieser war ein gerade in Norddeutschland umtriebiger Unternehmer und Mitglied im Keppler-Kreis. Während des Zweiten Weltkrieges beteiligte er sich für die Wintershall AG an der staatlichen Verwaltung der polnischen Erdölwirtschaft und könnte mit seinen Kontakten zur Treuhandstelle Ost Quandt bei seinen Projekten in Posen hilfreich gewesen sein. Zudem wurden mit Alfred Spangenberg und Wilhelm Jäzosch zwei Vertreter der DAF an Quandts Tisch geladen.

Günther Quandt hat nach dem Krieg immer wieder seine mangelnde Protektion im «Dritten Reich» angeführt, und in der Tat hatte er 26 von 29 seiner wichtigen Posten in der Industrie bereits vor 1933 übernommen oder sie gehörten bereits zu seinem Einflussbereich. Der bedeutendste Zugewinn war sicherlich die Aufnahme in den Aufsichtsrat von Daimler-Benz im Jahr 1941, die ohne Einwirkung der NSDAP oder von Regierungsstellen geschah.

In erster Linie erfolgte die Zuwahl, weil seit Jahrzehnten stets ein Vorstandsmitglied der BKI/DWM dem Daimler-Benz-Aufsichtsrat angehört hatte. Nachdem bis 1941 Paul Rohde diesen Sitz eingenommen hatte, ergriff der Aufsichtsratsvorsitzende Emil von Stauß die Gelegenheit des 60. Geburtstages von Quandt, ihm die Nachfolge des verstorbenen Rohde anzubieten.

Obwohl die Übernahme dieses Mandats den DWM-Verbindungen zu verdanken war, verweist der Vorgang darauf, dass Quandt in der Zeit des Nationalsozialismus sich nicht nur behaupten, sondern seine Stellung als Industriemagnat noch ausbauen konnte. Dem mehrfach erwähnten Keppler-Kreis, der später zum – in seiner Bedeutung vielfach überschätzten – Freundeskreis Heinrich Himmler mutierte, ge-

hörte er zwar nicht an. Es ist aber bezeichnend, dass von den Geburts-
tagsgästen mit Karl Rasche, Friedrich Reinhart, Hellmuth Roehnert
und den Wintershall-Leuten Heinrich Schmidt und dem auf der Feier
selbst nicht anwesenden aber doch zum Umfeld Quandts zählenden
August Rosterg gleich mehrere Unternehmer dem Kreis angehörten,
oft sogar schon vor der «Machtergreifung». Und Quandt konnte diese
Kontakte auch ohne Parteianbindung nutzen. Entscheidend für seine
Netzwerkpolitik waren wirtschaftliche Interessen und sicherlich daneben persönliche Beziehungen wie bei Forstreuter und Bücher. Das politische Profil war hingegen von untergeordneter Bedeutung.

Die Gästeliste Quandts bietet letztlich nur einen kleinen Einblick in
sein Beziehungsgeflecht zu einem ganz bestimmten Zeitpunkt. Über
dessen Funktionsweise hingegen ist fast nichts bekannt, und manche
der geschilderten Vorgänge mögen gezeigt haben, dass die Kontakte
keineswegs notwendigerweise zu einem Ergebnis im Sinne Quandts
führen mussten. Der Gegensatz zwischen Cejka und Koppenberg verweist beispielsweise auf das Phänomen der Konkurrenz im Herr-
schaftsgefüge des Nationalsozialismus. Wenn jedoch die Widersprüche in seinem Netzwerk und die Momente seines Versagens dem
Historiker in der Rückschau besonders deutlich werden, liegt dies
nicht zuletzt daran, dass erfolgreiche Absprachen in den Quellen nur
selten einen Niederschlag finden und sich wohl eher in einem positiven
Geschäftsverlauf ausdrücken, der alles in allem bei Quandt während
der NS-Jahre zu beobachten ist und zu dem seine guten Beziehungen
sicherlich einen Teil beigetragen haben.

10. BETRIEBSORGANISATION UND BELEGSCHAFT

Unternehmensführung und Personalpolitik in der Quandt-Gruppe

Machtausübung in Aufsichtsrat und Vorstand

Bei der Untersuchung der betrieblichen Organisation der Quandt-Firmen stellt sich zunächst die Frage nach dem konkreten Einfluss Günther Quandts. Es ist auffällig, dass dieser seine Unternehmensgruppe überwiegend über die Aufsichtsräte steuerte. Entsprechend der im Jahr 1884 durchgeführten privatrechtlichen Reform des Gesellschaftsrechts oblagen dem Vorstand einer Aktiengesellschaft das operative Geschäft und die Tagespolitik. Die langfristige Strategie und die zentralen Personalentscheidungen sollten jedoch vom Aufsichtsrat festgelegt werden. Bei konsequenter Anwendung und entsprechend durchsetzungsstarken Persönlichkeiten konnte ein Aufsichtsrat also nicht nur eine Kontrollfunktion ausüben, sondern, gerade wenn der abhängige Vorstand schwach oder geschwächt war, operative Macht ausüben, obwohl ihm satzungsgemäß in erster Linie Überwachungs- und Beratungsaufgaben zukamen, die dem Aktionärs- und Gläubigerschutz dienen sollten.[1]

Der Aufsichtsratsvorsitzende nahm eine Schlüsselrolle ein, während einfache Mitglieder nur beschränkten Einfluss hatten. In der Regel wurden sie noch nicht einmal über Fragen der Geschäftspolitik unterrichtet, ja häufig waren die Bilanzen das einzige zugängliche Material. Ein Mandat brachte dafür aber auch kaum zusätzliche Belastungen. Der Dresdner Bank-Direktor Hugo Zinßer hat zum Beispiel in den 1930er Jahren einen zaudernden Industriellen, der die möglicherweise auf ihn zukommende Arbeitsbelastung fürchtete, mit dem Hinweis beruhigt, es komme gar nicht darauf an, wenn dieser «das eine oder andere Jahr» an den Sitzungen nicht teilnehmen könne.[2]

Dies scheint auch bei den Unternehmen der Quandt-Gruppe nicht wesentlich anders gewesen zu sein, bei denen Günther Quandt immer

wieder als Aufsichtsratsvorsitzender Kontrollrechte ausübte, ohne in
das operative Geschäft eines Unternehmens eingebunden zu sein.
Quandt kontrollierte und präsidierte, überließ aber die Detailarbeit
meist den Experten vor Ort. Bei einigen Themenfeldern lässt sich jedoch eine intensivere Teilnahme an den Diskussionen ausmachen. Dies
galt nicht allein für sein persönliches Steckenpferd, die Architektur,
was sich in seinem besonderen Engagement bei Neubauten und Um-
bauplanungen in Hannover und Posen niederschlug, sondern auch für
grundlegende unternehmerische Fragen wie die Finanzierung. Friedrich Dörge bemerkte mit kritischem Unterton rückblickend, Quandt
sei in den langen anstrengenden Dauersitzungen ohne Mittagspause
gelegentlich eingeschlafen; er sei aber plötzlich hellwach gewesen und
habe das Wort übernommen, wenn «das Wort Aktie oder Firmen-
kauf» fiel.[3]

Schon als Quandt bei der AFA einstieg, setzte er bekanntlich seine
umfassende Macht im Aufsichtsrat durch und erhielt auf eigenen
Wunsch das Mandat, sich in die kaufmännischen Belange einzuarbeiten. Am 1. Januar 1925 bezog er ein Büro in der Hauptverwaltung
am Berliner Askanischen Platz, der mit der Zeit zum zentralen Ver-
waltungsschwerpunkt der gesamten Quandt-Gruppe werden sollte,
in dem auch Aufsichtsratssitzungen der Unternehmen aus dem
BKI/DWM-Zweig stattfanden.[4] Während Quandt auf diese Weise
die Geschicke der AFA-Gruppe in seiner Hand konzentrieren konnte,
war ihm dies bei den BKI/DWM deshalb nicht möglich, weil er bis
1941 zwar Aufsichtsratsvorsitzender, aber nicht Mehrheitseigner
war. Die geringere Bindung spiegelt sich zudem darin wider, dass er
nur gelegentlich die zur DWM-Gruppe gehörenden Werke inspizierte[5] und selbst bei der Hauptverwaltung der DWM in Charlottenburg kein eigenes Arbeitszimmer besaß.[6]

Von der Zentrale am Askanischen Platz aus hielt Quandt direkte
Verbindung mit Vorstand, Abteilungsleitern, Ingenieurbüros und Fabrikleitungen. Er hat später selbst diesen Prozess beschrieben, der
über das hinausging, was ein Aufsichtsratsvorsitzender eines Großunternehmens für gewöhnlich erledigte: «Korrespondenz, Banken,
Buchhaltung und Bilanzen, Personal- und Sozialführung, Kasse und
Krankenkasse, literarisches und chemisch-technisches Büro, Einkauf
und Verkauf, Handel und Export – kurz, ich durchwanderte die Abteilungen dieses großen Unternehmens, um von der Gesamtleitung
und den Verästelungen, den Tochter- und Freundgesellschaften, ein

37 Die Firmenzentrale der AFA am Askanischen Platz. Von hier aus regierte Günther Quandt seine Unternehmensgruppe.

klares Bild zu gewinnen. Alle Sparten wurden so gründlich erlernt, daß ich jederzeit in der Lage war, die kaufmännische und gegebenenfalls die Gesamtleitung in die Hand zu nehmen.»[7] Diese sicherlich selbststilisierende Passage aus seinen Nachkriegserinnerungen verweist darauf, dass Quandt sich zunächst einmal Kompetenzen aneignen musste, um das Unternehmen zuverlässig zu führen. Schon deshalb überließ er das Tagesgeschäft der AFA den erfahrenen Technikern und Strategen des Vorstands, die, wie Adolph Müller, in diesen Fragen der Entwicklung des Unternehmens noch immer ein gewichtiges Wort mitzureden hatten. Diese Zurückhaltung wich jedoch einer immer stärkeren Einwirkung, nachdem der Unternehmensgründer Müller 1928 gestorben war und Quandts eigener Aktienbesitz immer bedeutender wurde. Bis in die späten 1930er Jahre begnügte sich Quandt noch mit der faktischen Kontrolle über den Aufsichtsrat und zeigte keine Ambitionen auf den Vorstandsvorsitz, was angesichts der Tatsache, dass er inzwischen Mehrheitsaktionär der AFA war, bemerkenswert ist. Dies war wohl dem Umstand geschuldet, dass er als branchenfremder Seiteneinsteiger, der sich zudem auch seinen anderen Beteiligungen zu widmen hatte, seinen Kompetenzrückstand gegenüber dem von ihm hochgeschätzten Technikfachmann Roderbourg anerkannte, der wiederum als erfahrener Profi der Batteriebranche das operative Geschäft führte. Erst im August 1938 nahm Günther Quandt die Aktienrechtsreform des Jahres 1937 zum Anlass, aus dem Aufsichtsrat an die Spitze des Vorstands der AFA zu treten, zumal formal die Stellung des Vorstandes und ihres Vorsitzenden gegenüber der Hauptversammlung gestärkt worden war. Carl Roderbourg wechselte an die Spitze des Aufsichtsrats – ein Ringtausch, der sich angesichts des hohen Alters Roderbourgs ebenso geräuschlos wie einvernehmlich vollzog.[8] Als nach dem Tod Roderbourgs im Mai 1940 der Aufsichtsratsvorsitz neu zu vergeben war, wollte ihn Quandt jedoch unbedingt mit einem Familienangehörigen besetzen. Für ihn kam in dieser Situation nur sein Bruder Werner in Frage, der das Amt jedoch nicht übernehmen wollte und sich weiterhin dem Textilsektor verbunden fühlte. Daher wurde der Posten auf Hermann Josef Abs übertragen und Paul Hamel zu dessen Stellvertreter gewählt. Eine besondere Regelung wahrte dennoch die Familiendominanz: Falls ein Mitglied der Familie Quandt den Aufsichtsratsvorsitz wieder einnehmen wollte, so lautete die Bedingung, hatten Abs und Hamel zurückzutreten.[9] Die Kontrollfunktion des Aufsichtsrates wurde durch diese Regelung freilich ausgehöhlt, ermöglichte sie es Quandt doch, im Zweifel durch Neubesetzung der Aufsichtsratsspitze mit Familienmitgliedern den eigenen Einfluss zu sichern.

Mit dem Wechsel an die Vorstandsspitze 1938 wurde Quandt offiziell die Führung des Gesamtunternehmens und der Hauptverwaltung übertragen. Die kaufmännische Leitung bei der AFA übernahm Quandt faktisch allerdings erst zum 1. April 1939. Seine Hauptarbeitsgebiete umfassten neben der allgemeinen Führung des Betriebes die allgemeine Organisation, den Bereich Soziale Aufgaben und die Personalabteilung. Faktisch änderte sich in der Unternehmensführung so gut wie nichts. Im Vorstand hatte er, nicht anders als zuvor im Aufsichtsrat, keinen Widerspruch zu erwarten. In beiden Gremien waren die Posten in der überwältigenden Mehrheit an alte Weggefährten und Geschäftspartner vergeben: Neben Carl Roderbourg und Hermann

Clostermann war auch Hermann Bücher, der Vorstandsvorsitzende der AEG, vertreten. Die beiden Brüder Werner und Gerhard sowie Fritz Paul und Kurt Schneider repräsentierten die Quandt-Familieninteressen. Die Berliner Handels-Gesellschaft entsandte mit Dr. Wilhelm Koeppel einen ihrer Geschäftsinhaber, der als Wirtschaftsjurist in der Berliner Bankenwelt bestens vernetzt war. Bei den DWM waren im Übrigen ebenfalls die bekannten Namen verzeichnet: Paul Rohde und Paul Hamel häufig in herausgehobenen Funktionen, Friedrich Reinhart und Hermann Josef Abs als Repräsentanten der Bankenwelt, aber bisweilen noch Vertreter der alten BKI-Riege wie Generalmajor Detlof von Winterfeldt. Kurt Schneider und später Herbert Quandt sorgten für den familiären Einfluss.

Die regelmäßige Teilnahme an den diversen Gremiensitzungen, sei es bei der AFA, sei es bei den BKI/DWM und ihren Tochterunternehmen, war angesichts der wachsenden Bedeutung der stark expandierenden Unternehmen fast selbstverständlich. Hier traf Quandt die operativen Grundsatzentscheidungen, kümmerte sich aber gerade bei den Unternehmen der BKI/DWM-Gruppe weniger um die technischen Details, möglicherweise auch deshalb, weil er sich in dieses Metier erst vergleichsweise spät hatte einarbeiten können. In den Finanz- und Personalfragen sowie bei Angelegenheiten hinsichtlich des Auf- und Ausbaus der Werke war hingegen seine Handschrift deutlich erkennbar.

So reibungslos Quandts Kontrolle über den Aufsichtsrat funktionierte, schuf er jedoch unterhalb dieser Ebene zusätzliche Kontrollorgane, die gesellschaftsrechtlich kaum erfasst waren und zudem keine zeitraubenden Prüfungen und Rechenschaftsberichte erforderten. Sie trugen bei der Quandt-Gruppe häufig den Namen «Wirtschaftsausschuss» bzw. «Wirtschaftskommission» und ermöglichten es auf elegante Weise, auf die tagtäglichen Entscheidungen Einfluss zu nehmen. Dieses Verfahren bewährte sich schon bei der Übernahme der BKI 1928, wo Quandt ebenfalls von Beginn an über den Aufsichtsratsvorsitz agierte. Quandt ließ von seinem Aufsichtsrat einen «Wirtschaftsausschuss» einsetzen, dem er selbst vorstand und dem zunächst Hamel und Rohde, später noch Haverbeck und seit Sommer 1944 auch Herbert Quandt angehörten. Noch in der Übergangszeit unter Paul von Gontard als Generaldirektor erhielt das neu konstituierte Reformgremium «entscheidende Befugnisse» für grundsätzliche Unternehmensentscheidungen.[10] Dies hatte heftige Auseinandersetzungen mit Gontard zur Folge, der schließlich das Handtuch warf.[11]

Nach dem Vorbild von BKI und AFA wurde 1937 auch bei der Pertrix ein «Wirtschaftsausschuss» gegründet, und Günther Quandt ließ es sich nicht nehmen, hier neben Hellmuth Roehnert und Edgar Haverbeck ebenfalls mitzuwirken.[12] Bei der BEM wurde ebenfalls ein ähnlicher Ausschuss direkt nach der Übernahme gebildet; ebenso gab Quandt bei der Übernahme der Byk Gulden sofort die Gründung einer Wirtschafts- sowie einer Finanzkommission bekannt, denen er selbst und neben anderen auch Horst Pavel angehörten.[13] Die «Wirtschaftsausschüsse» wurden so zu einem wichtigen Machtmittel, was erklären kann, warum Quandt nicht unbedingt darauf angewiesen war, in den Vorstand einzutreten.

Es waren daher letztlich pragmatische Gründe, die in der zweiten Kriegshälfte dazu führten, dass Quandt nun in zahlreichen Fällen und insbesondere bei den DWM und ihren Tochtergesellschaften aus dem Aufsichtsrat in den Vorstand wechselte – in der Regel als Vorstandsvorsitzender. Er hatte 1928 zwar bei der Umstrukturierung des alten Vorstandes starken Einfluss genommen, zog es aber danach vor, auf diese Unternehmen weiterhin über den Aufsichtsrat und die Wirtschaftskommissionen einzuwirken, wie sich das bereits bei der AFA bewährt hatte. Die Mitglieder des DWM-Vorstandes, in dem mit dem erfahrenen Hermann Zillinger und den von Quandt eingestellten Albert Wolff, Carl Bolle, Hermann Schmidt und Adolf Schneider Direktoren versammelt waren, die fortan viele Jahre erfolgreich zusammenarbeiteten, hatten relativ freie Hand und führten als erfahrene Manager das dynamische Tagesgeschäft der ihnen zugeordneten Rüstungsbetriebe.

Erst im Januar 1942 übernahm Günther Quandt den Vorstandsvorsitz, formal zunächst für die Dauer von fünf Jahren. Er verfügte zu diesem Zeitpunkt über knapp 51 Prozent des Kapitals der DWM[14] und begründete den Schritt mit der geplanten Kapitalerhöhung, für die er persönlich die Verantwortung übernehmen wollte. Nachfolger als Aufsichtsratsvorsitzender wurde Paul Hamel, Stellvertreter Friedrich Reinhart von der Commerzbank.[15] Hamel rückte auch bei anderen Tochterunternehmen in diese Stellung, und dass Reinhart, der bereits seit 1934 im BKI/DWM-Aufsichtsrat saß, als wichtiger Mann der Bankenwelt für die ständige Kapitalsuche eine etwas herausgehobene Position erhielt, war ein wohlüberlegter Schachzug. Die Berufung des inzwischen Siebzigjährigen hatte nach Ansicht Günther Quandts den Vorteil, dass dieser angesichts seines fortgeschrittenen Alters den Posten nicht mehr so lange bekleiden werde wie ein jüngerer Geschäftsmann[16] – eine Überlegung, deren Berechtigung sich erwies, als Reinhart im Oktober 1943 starb.[17]

Im Zuge der Umstrukturierung an der DWM-Spitze wechselte Quandt auch bei den Mauser-Werken in den Vorstand[18] und übernahm die Aufgaben des von ihm ohnehin nicht sonderlich geschätzten Hermann Zillinger. Ihm hatte Quandt schon zuvor den ehrgeizigen Friedrich Dörge als eigenen Mann an die Seite gestellt. Bei den Dürener Metallwerken trat Quandt ebenfalls in den Vorstand[19] ein und übernahm das Amt des langjährigen Vorstandsvorsitzenden Karl Werning, mit dem er ein ums andere Mal in strategischen Fragen über Kreuz gelegen hatte. Auf Quandts freiwerdende Stelle trat wieder einmal Hamel, erster stellvertretender Aufsichtsratsvorsitzender wurde Emil von Stauß, zweiter stellvertretender Aufsichtsratsvorsitzender Herbert Quandt.[20] Dieser war erst kurz zuvor an Stelle des verstorbenen Paul Rohde in den Aufsichtsrat gewählt worden, spielte aber in diesem Gremium keine herausragende Rolle und ließ sich häufig entschuldigen.[21] Über die Hintergründe lässt sich nur spekulieren. Möglicherweise war sein Vater der Ansicht, es sei ausreichend, wenn er selbst als Vertreter der Familie erscheine, zumal er ohnehin, auch hinsichtlich seiner Wortbeiträge, die dominierende Figur war, selbst als Herbert bei den DWM im Sommer 1944 zum stellvertretenden Aufsichtsratsvorsitzenden gekürt wurde.[22] Es entsprach allerdings dem Wunsch Günther Quandts, seinen Sohn stärker mit einem neuen Arbeitsfeld vertraut zu machen, obwohl er dem Filius zugleich verdeutlichte, dass er «allein die oberste Verantwortung» trug.[23] Wie sehr eine Berufung in den Vorstand zudem auch eine Prestigeangelegenheit war, zeigte sich darin, dass Horst Pavel «verschnupft» gewesen sein soll, weil er erst 1941 und damit ein Jahr später als Herbert in den AFA-Vorstand berufen wurde.[24]

Der Aufsichtsrat war oftmals die Arena, in der Machtkämpfe um den finanziellen Einfluss ausgetragen wurden, obwohl sich dies natürlich in den Sitzungsprotokollen nicht niederschlug. Über diese Auseinandersetzungen ist daher wenig bekannt, sie sind aber im Zusammenhang mit der immer stärkeren Bedeutung Quandts bei den BKI/DWM zu sehen, deren Aktien er in den 1930er Jahren kontinuierlich zukaufte, bis er schließlich Hauptaktionär war.[25]

Das Führungspersonal der Quandt-Firmen

Die Leitung zweier großer Unternehmenszweige konnte nicht allein durch Günther Quandt geleistet werden, sondern bedurfte der Unterstützung durch leitende Angestellte, die allerdings oftmals im Hintergrund blieben. Umso mehr lohnt sich der Versuch eines analytischen Überblicks. Zunächst stellt sich die Frage nach dem Auswahlverfahren des Spitzenpersonals, das firmenspezifische Züge trug. Als Günther Quandt die AFA übernahm, war diese ein modernes Unternehmen mit einer gesunden Wachstumsprognose und erfahrenen technischen und kaufmännischen Experten, so dass Quandt offenbar keine Notwendigkeit zu einem umfassenden Personaltausch sah. Der Firmengründer Adolph Müller und dessen langjähriger enger Mitarbeiter Alfred Berliner blieben in der AFA-Führung und nahmen weiterhin maßgeblichen Einfluss auf die Geschäfte. Externe Neubesetzungen blieben die Ausnahme, vielmehr gehörten die meisten Spitzenfunktionäre wie Hermann Clostermann, Carl Roderbourg, Wilhelm Kraushaar, Corbin Hackinger oder Oscar Mitscherling schon seit Jahren der AFA an. Lediglich Fritz Wallmüller wechselte kurz nach Quandts Einstieg von der AEG zur Konkurrenz: Er hatte als Direktor der AEG in der Berliner Zentralverwaltung die Apparatefabrik verwaltet und diese so erfolgreich ausgebaut, dass unter seiner Leitung mit 4000 Arbeitern Monatsumsätze von 250 Millionen Mark erzielt wurden. Da er sowohl über umfangreiche Kenntnisse in der Metallverarbeitung als auch über Verwaltungs-, Organisations- und Vertriebserfahrung verfügte, hatte er sich dem neuen starken Mann bei der AFA sogleich als Mitarbeiter angeboten: «Meine Kenntnisse und Fähigkeiten bieten nach meinen bisherigen Erfolgen jede Gewähr für eine erfolgreiche Tätigkeit auch in ihrem Unternehmen.»[26] Günther Quandt hatte sogleich an Wallmüller großes Interesse gezeigt: «Wenngleich ich nicht die Absicht habe, in die Gesellschaft der Akkumulatoren-Fabrik Aktiengesellschaft handelnd einzugreifen, so würde es mich doch interessieren, Sie persönlich kennenzulernen, da ich auch an anderen großindustriellen Unternehmungen stark interessiert bin.»[27]

Eine größere Fluktuation innerhalb des AFA-Konzerns gab es beim Tochterunternehmen Pertrix, das noch längst nicht über ähnlich feste Strukturen wie die AFA verfügte. Trotz umfangreicher Umstrukturierungsmaßnahmen konnte sie die in sie gesteckten hohen Erwartungen lange nicht erfüllen. Erst mit Viktor Werner wurde

1939 dauerhaft ein Betriebsführer für Niederschöneweide gefunden, nachdem dieser von einer Metallfabrik hatte abgeworben werden können. Bei den BKI/DWM läßt sich von Beginn an ein stärkerer personeller Wandel beobachten. Die Einstellung externer Führungskräfte war vor allem eine Folge des Revirements, das im Zuge der Übernahme durch die Gruppe Quandt/Hamel/Rohde eingeleitet worden war. Bereits der rasche Abgang des langjährigen Generaldirektors Gontard hatte den personellen Neuanfang signalisiert.[28] Weitere Anwerbungen erfolgten im Zuge der Aufrüstung und der damit verbundenen Neueinrichtung von Werken. Das Führungspersonal konnte nur zum Teil von bestehenden Standorten, insbesondere vom bei den Rüstungsaufträgen zunächst benachteiligten Werk in Karlsruhe abgezogen werden. Beispielsweise wurde Carl Bolle 1934 vom RLM, wo er eine Art «persönlicher Adjutant» von Staatssekretär Erhard Milch gewesen war, in den DWM-Vorstand abgeworben.[29] Nun sollte der Finanzfachmann für die auf dem Rüstungssektor tätigen Firmen der Quandt-Gruppe dort «die Türen öffnen».[30] Mit Friedrich Dörge konnte ein weiterer zentraler Mann von außen gewonnen werden. Dieser arbeitete seit 1929 in der Waffenabteilung des Marineamtes im RWM und wurde von Günther Quandt 1933 in den Vorstand der Dürener Metallwerke geholt.[31] Bis zum Zweiten Weltkrieg stieg Dörge auch in den Vorstand der Mauser-Werke und der DWM auf. Allerdings blieben Fachleute der Gontard-Zeit in führenden Positionen, wenn es auf ihre Erfahrung und ihre Beziehungen ankam. Der Generaldirektor der Mauser-Werke Hermann Zillinger beispielsweise blieb nach der Zäsur von 1929 bis zu seinem Eintritt in den Ruhestand 1941 im dortigen Vorstand und wurde sogar in den DWM-Vorstand aufgenommen. Hier zeigt sich ein weiteres Merkmal der DWM, bei der die Managerpositionen innerhalb der DWM-Gruppe häufig ausgetauscht wurden – Zillinger und Dörge sind nur zwei besonders prominente Beispiele für vielfältige personelle Macht- und Kompetenzverflechtungen zwischen DWM, Mauser-Werken und den Dürener Metallwerken. Das lag nahe, weil sich die Fertigungsgebiete überschnitten und zeitraubende Einarbeitungen der Fachleute selten notwendig waren. Nachdem sich die wirtschaftliche Lage bei den DWM beruhigt hatte, ging auch der Personalaustausch zurück, so dass für die Quandt-Gruppe insgesamt, nimmt man den ganzen Zeitraum zwischen Übernahme und 1954 in den Blick, von einer bemerkenswerten Personalkontinuität über alle politischen Zäsuren hinweg gesprochen werden kann.

Der Austausch vom AFA-Zweig in den DWM-Zweig oder umgekehrt war hingegen unüblich und es ist nur ein prominenter Fall bekannt: der Wechsel von Edgar Haverbeck von der AFA zu den DWM bzw. zur «arisierten» BEM.[32] Die Ernennung Haverbecks bei der BEM hatte eine Vorgeschichte, die deutlich macht, warum in diesem Fall eine Ausnahme von der Regel gemacht wurde. Haverbeck war 1934 in den Vorstand der AFA aufgestiegen und hatte in den folgenden Jahren als technischer Experte und Verwaltungsfachmann Aufsichtsratsmandate der Quandt-Gruppe gesammelt, von denen er schließlich fast 20 bekleidete. Daneben besaß er zahlreiche andere Ämter in der freien Wirtschaft und den im April 1938 vom OKM verliehenen Titel eines «Wehrwirtschaftsführers», der für ihn nach 1945 ein juristisches Nachspiel haben sollte.[33] Seit 1937/38 verschlechterte sich jedoch sein Verhältnis zu Günther Quandt und wurde schließlich für diesen «nahezu untragbar».[34] Die Spannungen waren allgemein bekannt,[35] das Verhältnis schließlich komplett zerrüttet und gekennzeichnet von «betonter Gegnerschaft und Ablehnung». Horst Pavel führte die «erhebliche[n] Meinungsverschiedenheiten» zwischen den beiden Männern auf die «Verschiedenartigkeit der Charaktere» sowie die «unüberbrückbaren Gegensätze in den Wirtschaftsauffassungen» zurück.[36] Haverbeck wurde schließlich aus dem Vorstand der AFA in den Vorstand der DWM «weggelobt» und blieb bei der AFA nur noch im Aufsichtsrat. Der Wechsel war mit hohen Einkommenseinbußen verbunden und gestaltete sich schon deshalb schwierig, weil Haverbeck bei den DWM keineswegs mit offenen Armen empfangen wurde. Ganz im Gegenteil: Der Vorstand der DWM hatte sich in cumulo gegen seine Aufnahme gestellt.[37] Haverbecks DWM-Vorstandstätigkeit hatte entsprechend, wie Horst Pavel bescheinigte, von Anfang an rein formale Bedeutung. Auch aus dem Aufsichtsrat der Dürener Metallwerke schied er 1939 zugunsten Herbert Quandts aus, der «einstimmig durch Zuruf» gewählt wurde.[38] Da Günther Quandt Haverbeck nach 1939 systematisch von allen DWM-Aufgaben fernhielt, beschränkte sich dessen Tätigkeit ganz auf die Aufgaben bei der BEM.[39]

Ein gemeinsames Profil des Führungspersonals lässt sich kaum erkennen. Weder scheint Günther Quandt eine besondere Generation bevorzugt zu haben, noch lassen sich bestimmte Charakterzüge als typisch nachzeichnen. Zwar war offenbar vor allem bei technischen Aufgaben eine gewisse Erfahrung erwünscht, aber mit Horst Pavel baute Quandt zugleich einen ausgesprochen jungen Mann als rechte Hand und potentiellen Nachfolger auf. Während Quandt Hermann Clostermann als «derben, ehrlichen Praktiker von Format»[40] schätzte, gehörten auch Draufgänger wie der hoch dekorierte Jagdflieger des Ersten Weltkrieges Carl Bolle zu seinen engen Mitarbeitern. Deutlich sichtbar wird jedoch eine gewisse Präferenz für Techniker, denen in der gesamten Quandt-Gruppe in aller Regel die Betriebsleitung zufiel. Wenn einmal ein Kaufmann die Betriebsführung übernahm, wie im Fall der «Fabrique Nationale» im Zweiten Weltkrieg durch Bolle, dann wurde ihm für das Tagesgeschäft ein Techniker zur Seite gestellt. Insgesamt dominierten in den Vorständen keineswegs die Kaufleute. So war der Ingenieur Friedrich Dörge als führendes Vorstandsmitglied mit der Sanierung der Mauser-Werke beauftragt, allerdings wurde ihm Wilhelm Nolden als kaufmännischer Experte beigegeben. Bekanntermaßen zeigen die Vorstände ein recht gemischtes Profil aus Kaufleuten und Technikern, was sich im Krieg bei den Expansionsbestrebungen bezahlt machte, indem technische und kaufmännische Expertisen zusammengeführt wurden. Der bereits seit der Weimarer Republik in der Wirtschaft zu beobachtende Aufstieg von Juristen[41] lässt sich in der Quandt-Gruppe nicht erkennen. Unter den führenden Mitarbeitern besaßen lediglich Horst Pavel und – weit weniger bedeutend – Paul Voigt von den DWM eine juristische Ausbildung.

Die Entlohnung von Vorständen und höherem Management entsprach etwa den durchschnittlichen Honorierungen anderer Großkonzerne. Die Vorstandsbezüge konnten in den Unternehmen der Quandt-Gruppe bei Spitzenverdiensten von 110 000 RM jährlich liegen. Sie schlüsselten sich in der Regel auf in ein festes Gehalt von 30 000 RM, eine feste Tantieme von 30 000 RM, eine Erfolgstantieme von 30 000 RM, einen Wohnungszuschlag von 5000 RM und gegebenenfalls in eine Aufsichtsratstantieme der Tochtergesellschaften in Höhe von 10 000 bis 15 000 RM. Keineswegs unwichtig waren die Statusverbesserungen, die auch nach außen die Sonderstellung dokumentierten: üblicherweise ein Gärtner und weitere Hilfskräfte für Park und Garten sowie ein Privatchauffeur für den Dienstwagen.[42] Bei der Pertrix waren die Jahreseinkommen niedriger. Der kaufmännische Vorstand Max Möller hatte seinen höchsten Jahresverdienst im Jahr 1944 mit 17 000 RM.[43]

Zwischen den Führungspersonen in der Quandt-Gruppe herrschte unterdessen rege Konkurrenz um Macht und Einfluss. Besonders deutlich wurde dies bei den DWM zwischen den Vorständen Friedrich Dörge, Kurt Fleck und Ott-Helmuth von Loßnitzer. Günther Quandt musste sorgsam darauf achten, dass die Machtbalance innerhalb des Trios erhalten blieb, obwohl besonders Dörge auf seine Position als Betriebsführer des Gesamtunternehmens pochte.[44] Um Reibungsverluste zu vermeiden, setzte Quandt vor allem auf eine klare Aufgabenverteilung. Im Frühjahr 1940 kam es beispielsweise zu einem grundlegenden Revirement in den AFA-Chefetagen mit einer deutlicheren Abgrenzung der Aufgabenbereiche. Hermann Clostermann oblag die Oberaufsicht der Fabriken im In- und Ausland, besonders der AFA-Werke Hagen und Hannover, Königswarter & Ebell und der Bleihütte Krautscheid. Gemeinsam mit Günther Quandt und Fritz Wallmüller war er zudem Mitglied der dreiköpfigen Auslandsabteilung. Letzterer hingegen hatte die Oberaufsicht über das Werk Oberschöneweide, Zehdenick, das Werk Wien, die Berga GmbH und die Glasfabrik Wilhelmshütte GmbH.

Für den Erfolg der Unternehmen waren die Beziehungen der führenden Mitarbeiter von zentraler Bedeutung. Neben Carl Bolle unterhielt Oscar Mitscherling, eine Schlüsselfigur bei der Expansionspolitik der Quandt-Gruppe während des Krieges, enge Verbindungen zum RLM, wo er Mitglied des Technischen Amtes war. Zudem wirkte er im Krieg offiziell als «Industrie-Beauftragter» für die Wehrmacht. Heinz Mossdorf wiederum, der die Geschäftsführung der Memefa übernahm, war bis 1936 im RWM tätig. Gerade in der NS-Zeit waren politische Verbindungen von großer Bedeutung, und entsprechend wurden die meisten Manager nach 1933 «Parteigenossen». Viele Beitritte erfolgten erst 1937, als die im April 1933 verhängte Aufnahmesperre durch Ausnahmeregelungen umgangen werden konnte. Neben der Parteimitgliedschaft waren Mitgliedschaften beim NSKK, bei der DAF, bei der NSV sowie bei der SA verbreitet. In der Regel blieb es bei der reinen Mitgliedschaft, die Übernahme von Ämtern innerhalb der jeweiligen Organisationen lässt sich zumindest nicht nachweisen. Eine bezeichnende Ausnahme stellte jedoch Adolf Schneider dar, der die Leitung des DWM-Werkes in Posen übernahm und zugleich als Gauwirtschaftsberater im Warteland fungierte. Hier spiegeln sich auch die weitreichenden Pläne der DWM in Posen wider.[45] Auffällig ist die Häufung von «Wehrwirtschaftsführern» innerhalb der Quandt-

Gruppe. Nachweisbar trugen Carl Bolle, Hermann Clostermann, Friedrich Dörge, Kurt Fleck, Albert Fraaß (seit 1942)[46], Edgar Haverbeck (1938)[47], Ott-Hellmuth von Loßnitzer, Walter Noack, Mathias Wilhelm Nolden, Hermann Schmidt, Karl Werning, Albert Wolff und Hermann Zillinger diesen «Ehrentitel».[48]

Aber auch andere Auszeichnungen waren begehrt. Für Viktor Werner und Herbert Quandt wurden noch Ende 1943 besondere Ehrungen beantragt. Der Betriebsobmann der Pertrix regte bei der Gauverwaltung der NSDAP aufgrund der Leistungssteigerungen seit Kriegsbeginn die Verleihung von «Kriegsverdienstkreuzen I. Klasse» an. Werner habe es verstanden, den «Betrieb leistungsmäßig und technisch im nationalsozialistischen Sinne zu beeinflussen». Und Herbert Quandt zeige als erster Geschäftsführer «jederzeit grosses Interesse für den Ausbau der Leistungen, sowohl in technischer als auch in kaufmännischer Hinsicht». Er habe zudem «den Aufbau anderer Werke, die für den Kriegseinsatz notwendig sind, und die Verlagerung von Aufträgen in die besetzten Gebiete mit grossem Weitblick und hervorragender Energie vorwärtsgetrieben».[49] Gegen den Vorschlag, Herbert Quandt in dieser Weise zu ehren, erhob allerdings das Rüstungskommando Einspruch, und die Angelegenheit verlief im Sande.

Zwei Mitarbeiter hatten aus unterschiedlichen Gründen eine besonders herausgehobene Position. Der erste war, wie in einem Familienunternehmen selbstverständlich, Herbert Quandt, der Sohn des Patriarchen. Günther Quandt blieb zwar Herrscher über alle Kerngebiete, aber er übertrug seinem inzwischen 30 Jahre alten Filius zunehmend verantwortungsvolle Aufgaben. Zum 1. Mai 1937 wurde Herbert von seinem Vater zum Prokuristen mit dem Titel «Direktor» bei der Pertrix ernannt. Nach dem zunächst mündlichen, dann am 28. April 1937 schriftlich fixierten Abkommen war sein mit einem bescheidenen Gehalt von monatlich 500 RM dotiertes Arbeitsfeld wie folgt umschrieben: «Ihr Aufgabengebiet umfasst die allgemeine Verwaltung, jedoch behalten wir uns vor, Ihnen die Bearbeitung von Sonderaufgaben zu übertragen, die sich von Fall zu Fall ergeben.»[50] Kurz darauf, im November 1937, wurde er durch die Wirtschaftskommission der AFA zum stellvertretenden Vorstandsmitglied der Pertrix berufen, was mit einer Verdoppelung seines immer noch vergleichsweise geringen Gehalts verbunden war.[51] Unterstützt wurde er in seiner Arbeit von den Direktoren Max Möller und Viktor Werner. Als er zum stellvertretenden Vorstandsmitglied der Pertrix ernannt wurde, geschah dies noch auf eigenen Wunsch. Es ist bezeichnend für das nicht unbeschwerte Verhältnis, dass der Sohn überrascht war, als der Vater diese Bitte sofort erfüllte.[52] Nachdem sich Herbert bei der Pertrix bewährt hatte, trat er zudem zum 1. April 1940 an die Stelle von Edgar Haverbeck in den Vorstand der Muttergesellschaft AFA ein.[53] Fortan war Herbert für die Bereiche Personal und Werbung zuständig und sollte sich in den wichtigen Bereich der ausländischen Tochter- und Freundgesellschaften einarbeiten. Er hat später bemerkt, er habe sich angesichts der großen Verantwortung unwohl gefühlt, «gewissermaßen ins Wasser geworfen ohne zu wissen, ob ich schwimmen konnte».[54] Unter den strengen Augen seines Vaters handelte Herbert deshalb zunächst eher zaghaft. In den ersten sechs Monaten nahm er keine personelle Veränderung vor, um Fehler zu vermeiden und um sich «zunächst erst ein ganz klares Bild über die Gründe der Unwirtschaftlichkeit verschaffen zu können».[55] Aus der AFA-Hauptverwaltung forderte er zwar später den für Revisionsfragen zuständigen Experten Erich Franciscy an, der eine sorgfältige Arbeitsplatzbewertung vornahm. Zur Umsetzung der im Oktober 1944 vorliegenden Vorschläge kam es allerdings nicht mehr.[56]

Der zweite führende Mitarbeiter war Horst Pavel, der zur rechten Hand Günther Quandts aufstieg und zwischenzeitlich gar als ernsthafter Konkurrent von Herbert Quandt als Nachfolger gelten konnte, als aufgrund der Sehbehinderung noch nicht absehbar war, ob der Sohn die Fähigkeit zur Unternehmensführung mitbringen würde.

Jüdische Mitarbeiter

Eine der zentralen Fragen historischer Analysen zum Nationalsozialismus ist die nach dem Verhalten Einzelner gegenüber der Ausgrenzung und Verfolgung der Juden. Günther Quandts Haltung gegenüber Juden ist außerordentlich schwer zu bewerten, am ehesten lässt sich noch der Umgang mit seinen jüdischen Mitarbeitern rekonstruieren. Nach 1945 wurde in einer der ersten auf Zeitzeugengesprächen basierenden Goebbels-Biographien kolportiert, Günther Quandt sei «Reaktionär und, in gewissen Grenzen, Antisemit» gewesen. Im gleichen Atemzug wurde allerdings behauptet, er habe «nichts gegen Juden, die genug Geld haben».[57] Es ist nur eine direkte Äußerung überliefert, die seine Vorstellungen zu «Rassefragen» beleuchtet. Seine Südamerikareise im Herbst 1938 – in Deutschland bahnte sich gerade eine neue Welle der

Judenverfolgung an – bot ihm Anlass zu einigen eher feuilletonistischen Überlegungen: «Das Prinzip der reinen Rasse» sei in Brasilien undurchführbar, weil das gesamte Land aus Spaniern, Italienern und Deutschen bestehe, die «mit Indianern gekreuzt» seien: «Dazu die Neger, mit denen man sich ebenso wahllos vermischte. So entstand eine für dieses mörderische Klima widerstandsfähige Rasse mit genügend geistigem Einschlag von Seiten der weißen und roten Haut.»[58] Das waren undifferenzierte, pauschalisierende Bemerkungen, die damals häufig zu hören waren und an das weitverbreitete koloniale Gedankengut des Kaiserreichs erinnerten, aber sie hatten mit dem Radikalrassismus des Nationalsozialismus nicht viel gemein.

Zur Klärung der Haltung Quandts gegenüber jüdischen Mitarbeitern muss zunächst ein genereller Blick auf die deutschen Unternehmer im Angesicht der moralischen Herausforderungen durch den Nationalsozialismus geworfen werden. Der aus der Deutschen Bank verdrängte Vorstandssprecher Georg Solmssen stellte nach dem Zweiten Weltkrieg fest, dass «führende Schichten, insbesondere der Wirtschaft, gegenüber den ersten Ausartungen des Nazismus, insbesondere auf dem Gebiet des Antisemitismus, im Großen und Ganzen sofort zu Kreuze gekrochen» seien und ihre früheren Bindungen «rücksichtslos verleugnet» hätten.[59] Überall in Deutschland kam es nach 1933 «zur Verdrängung von Juden aus den Unternehmen und zu einer gewissen ‹Nazifizierung› von Vorständen und Aufsichtsräten».[60] Oftmals wurden die jüdischen Geschäftsführer zum Rücktritt gezwungen, während an ihre Stelle bisweilen erklärte Nationalsozialisten traten. Neben dem Druck der Partei, ihrer diversen Gliederungen und teilweise auch ihrer Belegschaften waren Profiterwägungen und vielfach «vorauseilender Gehorsam» ausschlaggebend.[61]

In ihrem Umgang mit der jüdischen Belegschaft behielten die Unternehmen jedoch weitgehende Handlungsspielräume: Die Dresdner Bank ging schon im Sommer 1933 mit Fragebögen rabiat auf «Judensuche», während der «Betriebsführer» von Robert Bosch, Hans Walz, die Juden in seinem Betrieb besonders zu schützen suchte und dafür nach 1945 vom Staat Israel als «Gerechter der Völker» geehrt wurde.[62] Ein ähnlich couragierter Helfer war Ernst Leitz, der als Leiter der Leitz-Werke in Wetzlar nicht nur in ständigem Konflikt mit der NSDAP stand, sondern auch zahlreichen Juden den rettenden Weg in die Emigration ermöglichte.[63] Antisemitische Motive scheinen bei Quandt zwar keine besondere

Bedeutung gehabt zu haben, aber im Rahmen der vom Regime durch-
gesetzten antisemitischen Neuordnung heulte er nicht nur mit den
Wölfen, sondern argumentierte ganz im Sinne der NS-Ideologen. Im
Oktober 1933 sprach er sich, ähnlich wie der mit ihm gut bekannte
Max Hensel, gegen einen weiteren Verbleib von jüdischen Mitgliedern
im «Verein Berliner Kaufleute und Industrieller» aus. Dessen Präsident
Alexander Flinsch, der darum bemüht war, den Verein aus der Schusslinie der Nationalsozialisten zu bringen, berichtete in einem Brief vom
Oktober 1933 an Otto Christian Fischer aus dem Vorstand der Reichs-
Kredit-Gesellschaft über entsprechende Forderungen Quandts: «Diese
gipfelten in dem Wunsch, es dürfe entweder kein Jude ordentliches
Mitglied des Vereins sein oder dürfe kein Stimmrecht haben. Selbstverständlich muß die Führung rein arisch und absolut im Sinne der Regierung sein. Wir müssen aber die, die sich doch letztenendes als gutwil-
lige Juden erwiesen haben, da sie nicht ins Ausland haben flüchten
brauchen, in dem Kreis unserer Einflusssphäre halten, um sie zu
brauchbaren Mitgliedern der Wirtschaft zu erziehen.»[64] Zuvor waren
die jüdischen Unternehmer bereits aus der Berliner Industrie- und
Handelskammer verdrängt worden, indem die von allen Mitgliedern
gewählte Vollversammlung durch einen von der Regierung ernannten
Beirat ersetzt wurde, dem auch Quandt angehörte.[65]

Angesichts der Beteiligung an der Verdrängung der jüdischen Mitglieder aus der Berliner Unternehmergemeinschaft verwundert es nicht,
dass auch in der Quandt-Gruppe jüdische Mitarbeiter aus ihren Stellungen scheiden mussten. Ludwig Berliner aus dem Vorstand der Commerzbank wurde 1933 gezwungen, nicht nur diesen, sondern auch den
Aufsichtsrat bei den Dürener Metallwerken zu verlassen. Bei den
DWM mussten die Aufsichtsratsmitglieder Dr. Max Hirschel, Hamels
Partner von Sponholz & Co., Max Herz, sowie Georg Loewe das Gremium verlassen. Es ist wenig wahrscheinlich, dass Quandt die Maßnahmen getroffen hätte, wenn das NS-Regime nicht an die Macht gelangt wäre, aber er war offenbar bereit, sie ohne Zögern mitzutragen.
Gerade wenn es sich nicht um Mitarbeiter handelte, die für Quandt
aufgrund ihrer fachlichen Kompetenz unverzichtbar waren, scheint
sich der Unternehmer leichten Herzens und beschämend früh von ihnen
getrennt zu haben.

Ein weniger eindeutiger Fall ist der des verdienten AFA-Direktors
Alfred Berliner, mit dem Quandt in den Jahren seines Eintritts bei der
AFA gelegentlich uneinig gewesen war und der 1933 in den Ruhestand

trat. Dies konnte nach außen mit dem recht hohen Alter von 72 Jahren bemäntelt werden, aber während er bei der AFA ausscheiden musste, verteidigte er bei Siemens & Halske seine Position noch bis 1938.[66] Der ebenfalls «nichtarische» Quandt-Manager Alfred Haymann berichtete später jedoch, Günther Quandt habe Berliner als Techniker und Menschen zeitlebens geschätzt und ihm bis zu seinem Tod im Jahr 1944 die Pension weitergezahlt.[67] Es ist also unklar, ob hier tatsächlich 1933 die Gelegenheit genutzt wurde, einen nicht immer bequemen Mitarbeiter elegant loszuwerden, oder ob die Trennung angesichts der politischen Umstände einvernehmlich erfolgte.

Während nach 1933 überall jüdische Gremienmitglieder ausscheiden mussten, war Günther Quandt wesentlich an der Einstellung eines jüdischen Rüstungswissenschaftlers in den Vorstand eines Quandt-Unternehmens beteiligt: Der aus einem jüdischen Elternhaus stammende Professor Dr.-Ing. Georg Sachs, seit 1930 Leiter des Metall-Labors der Metallgesellschaft AG in Frankfurt am Main,[68] wurde noch 1935 in den Vorstand der Dürener Metallwerke berufen. Ob sich Günther Quandt und das Unternehmen dabei bewusst über die NS-Rassenideologie hinwegsetzten, kann jedoch nicht mehr mit aller Klarheit herausgearbeitet werden, da nicht sicher ist, ob Quandt bei der Einstellung von Sachs von dessen «nichtarischer» Herkunft wusste.

Sachs hatte nach seiner Teilnahme als Leutnant am Ersten Weltkrieg 1920 ein Studium als Bauingenieur abgeschlossen und war nach der Promotion 1924 als wissenschaftlicher Mitarbeiter an das Kaiser-Wilhelm-Institut für Metallforschung gegangen. Das Institut galt nicht nur als «Personalkarussell», das Karrieren in Industrie und Forschung ermöglichte, sondern war durch seine Interdisziplinarität zukunftsweisend.[69] Kennzeichnend waren aber auch die Lebens- und Familienfreundschaften, die sich während der Zusammenarbeit entwickelten. Diese Intimität der Kontakte als «KWGler» trug mit dazu bei, dass sich manche von ihnen gegen den Nationalsozialismus zusammenschlossen und politischen und jüdischen Emigranten zur Flucht verhalfen.[70] Die fachlichen Leistungen von Sachs hatten ihn für den Posten des Direktors der Metallurgie im KWI ins Gespräch gebracht, was jedoch aus «rassischen Gründen» scheiterte.[71] Der KWI-Verwaltungsausschuss organisierte sich nach der Machtübernahme 1933 neu. Im Juni 1933 kamen Gerüchte auf, Sachs sei «nicht arischer Abstammung»[72], und an der Universität Frankfurt wurde er im November 1935 beurlaubt. Bereits zuvor war seine Stellung bei der Metallgesellschaft nicht länger haltbar gewesen. Sein Schüler Dörge warb jedoch seinen Doktorvater Sachs und andere ihm bekannte Wissenschaftler wie Max Hansen von der Universität Göttingen sowie weitere Experten des KWI 1934 für die neugegründete Forschungsanstalt der Dürener Metallwerke an. Sachs' Frau erinnerte sich später, die Familie sei «schweren Herzens nach Düren» gegangen, weil Freunde, besonders sein Schüler Dörge es «für sicherer hielten, wenn er ganz in die Industrie ginge, wo man ihn vielleicht noch schützen könne».[73] Sachs konnte zwar die akademische Karriere nicht fortsetzen, aber als Leiter der Forschungsabteilung der Dürener Metallwerke in einem der wichtigsten Unternehmen der deutschen Rüstungsbetriebe zunächst weiterarbeiten. Im Mai 1935 wurde er auf Vorschlag Quandts bei den Dürener Metallwerken zum stellvertretenden Vorstandsmitglied ernannt.[74] Selbst noch in der Festschrift der Dürener Metallwerke aus dem Jahr 1935 wurde er als Exponent der Wissenschaft neben seinen beiden Vorstandskollegen Dörge und Werning mit einem Foto an prominenter Stelle gewürdigt.[75]

Schon bald musste jedoch eine penetrante Nachfrage der NSDAP beantwortet werden. Im April 1936 forderte die Gauleitung Groß-Berlin dazu auf, den Status der Gremienmitglieder der Dürener Metallwerke zu klären: «Sind die Mitglieder des Aufsichtsrates sowie die zeichnungsberechtigten Personen Ihres Unternehmens Arier oder Nichtarier? Sind sie Parteigenossen? Falls ja, seit wann?» Selbst «unverdächtige» Aufsichtsratsmitglieder wie Emil von Stauß mussten die gewünschte Erklärung abgeben.[76] Ende Mai 1936 wurde Sachs daraufhin als Vorstandsmitglied suspendiert, wie im Aufsichtsrat bekanntgegeben wurde: «Eine private Anfrage im RLM hat ergeben, dass ein Verbleiben des Herrn Professor Sachs in der Gesellschaft nicht gern gesehen werde. Aus diesem Anlass hat der Aufsichtsrat beschlossen, Herrn Sachs bis auf weiteres von der Tätigkeit als Vorstandsmitglied zu suspendieren und bis zur endgültigen Regelung der Angelegenheit nach Rückkehr des Herrn Vorsitzenden, Herrn Prof. Sachs zu beurlauben.»[77]

Stauß vermerkte in einer geheimen Aktennotiz am 15. Juni 1936: «Der im vorigen Jahr in den Vorstand berufene Professor Dr. Georg Sachs, der sich als Nichtarier entpuppte, tritt aus dem Vorstand aus, wird aber wegen seiner hervorragenden Kenntnisse auf dem Arbeitsgebiet der Gesellschaft für Laboratoriumstätigkeit weiter gehalten.»[78]

Sachs konnte zumindest in dieser Stellung noch bis zum Frühsommer 1936 bei den Dürener Metallwerken weiterbeschäftigt werden. In Düren versicherte man sich in dieser Lage der Rückendeckung von Görings Vertreter im RLM, Erhard Milch. Dieser, so lautete die Information, die man schließlich aus Berlin erhielt, habe entschieden, dass Sachs trotz seines «dunklen Punktes» weiterbeschäftigt werden dürfe, wenn er in keiner nach außen erkennbaren verantwortlichen Position bleibe.[79] Sachs selbst hielt jedoch diese Stellung schon für aussichtslos und bat Quandt «in beiderseitigem Interesse» um Entlassung sowie um ein Gespräch über die Bedingungen des Ausscheidens.[80] Quandt war zunächst gar nicht einverstanden – vor allem angesichts der Tatsache, dass das RLM ja eine Art Freibrief für den Verbleib von Sachs im Unternehmen ausgestellt hatte.[81] Er wollte also den hervorragenden Experten im Betrieb halten, gab aber nach, als dieser nochmals auf seinem Ausscheiden insistierte und sogar bedauerte, dass Quandt kein Verständnis für seine Lage aufbringe.[82] Mitte August wurde verabredet, dass Günther Quandt die «Angelegenheit des Herrn Prof. Sachs» in einer persönlichen Besprechung regeln werde.[83] In der Bewertung dieses Falls bleibt unklar, ob Günther Quandt bei der Einstellung von der jüdischen Herkunft seines Mitarbeiters wusste. Dörge, der mit Sachs immerhin befreundet war, gab in seinen nach dem Krieg entstandenen Erinnerungen an, er selbst habe von Sachs' jüdischer Abstammung «nichts gewußt, wahrscheinlich wollte Sachs mich nicht seelisch belasten, nachdem er mir seine Stellung verdankte».[84] Nach dem Krieg bestätigte Sachs in einem Affidavit, dass ihm Günther Quandt bei seiner Ausreise in die USA sowohl finanziell als auch in der Regelung seiner Angelegenheiten mit den Nationalsozialisten behilflich gewesen sei. Offenkundig war Sachs seinem alten Chef dankbar und wollte ihn im Spruchkammerverfahren unterstützen. Die Umstände seiner Einstellung erwähnte er nicht, die er doch wohl zugunsten Quandts angeführt haben dürfte, falls er dies guten Gewissens hätte tun können.[85] Nimmt man noch die Unkenntnis von Stauß hinzu, der, wie seine zitierte geheime Notiz nahelegt, offenbar ebenfalls nichts von dem «nichtarischen» Status Sachs' wusste, scheint es eher unwahrscheinlich, dass Günther Quandt anfangs über die nichtarische Herkunft informiert war. Dem steht allerdings die bereits zitierte Aussage der Ehefrau Sachs' entgegen, dass Dörge die Unterbringung von Sachs in der Industrie für sicherer gehalten habe. Dieser Widerspruch lässt sich nicht endgültig aufklären. Eine denkbare Erklärung wäre, dass sich Dörge nicht auf Sachs' «nichtarische» Herkunft bezog, sondern auf die beschriebenen politischen Aktivitäten, die in seinem Umfeld bei der Kaiser-Wilhelm-Gesellschaft stattfanden. Unstrittig ist jedoch, dass Günther Quandt Sachs bei dessen Ausreise behilflich war. Sachs und seiner Familie war die Aussichtslosigkeit eines Verbleibens in Deutschland längst bewusst. Einen an ihn ergangenen Ruf an die TH Wien lehnte er ab. Die Dürener Metallwerke genehmigten ihm daraufhin eine Informationsreise in die USA, aus der er mit mehreren vielversprechenden Angeboten zurückkam. Sachs verließ Deutschland endgültig im Herbst 1936 und übernahm 1938 in den USA eine Professur. Seine Familie folgte ihm im Frühjahr 1937, wie sich seine Frau später erinnerte, «nach einem gefährlichen, problematischen Winter mit Gestapo und Devisenbehörden, in dem sich der stille Hansen als Held und der alte Quandt als aufrechter Helfer erwiesen».[86]

Auf Vorschlag von Dörge bewilligte Quandt Sachs für die Auswanderung 30000 RM – von denen dieser jedoch wegen der «Reichsfluchtsteuer» nur 7000 RM behalten durfte. Quandt besuchte Sachs noch vor der Abreise in dessen Dürener Wohnung, was als durchaus honorige Geste gewertet werden kann.[87] Sachs erhielt zudem nachträglich für das Jahr 1936 noch 6000 RM Tantiemen «zur sofortigen Auszahlung».[88] Danach wurde die Angelegenheit bei den Dürener Metallwerken nicht mehr thematisiert.

Stolz wurde hingegen während des Krieges in einem «Leistungsbericht» der Dürener Metallwerke festgestellt, dass kein «ausländisches oder jüdisches Kapital an der Gesellschaft» beteiligt sei.[89] Dieser Kniefall vor der Macht und dem Zeitgeist, der gleichwohl kaum Ausdruck von überzeugtem Antisemitismus war, belegt einmal mehr die Anpassung an das offiziell Gewünschte. Quandt wurde auch um Hilfe gebeten, als ehemalige jüdische Mitarbeiter nach ihrer erzwungenen Auswanderung in Übersee einen Neuanfang versuchten. 1940 wurde er beispielsweise von seinem Kollegen bei Stöhr & Co., Walter Cramer, gebeten, dem nach Chile ausgewanderten ehemaligen Geschäftspartner Siegfried Spiegel die Lizenz für AFA- und Pertrix-Produkte in Südamerika zu übertragen. Dieser Wunsch wurde nach den wenigen erhaltenen Überlieferungssplittern abschlägig beschieden; wahrscheinlich waren rüstungstechnische Gründe für die Ablehnung verantwortlich.[90]

Einige andere Einzelfälle sind bekannt, die für ein allgemeines Urteil nur bedingt aussagekräftig sind, aber den Eindruck verstärken, dass Quandt in erster Linie dann jüdische Mitarbeiter schützte und unterstützte, wenn er ihren Sachverstand für seine Unternehmen erhalten wollte: Der jüdische Chemiker Dr. Paul Melchiker, Leiter des physikalischen Büros in Hagen und seit 1899 bei der AFA tätig, wurde im November 1938 Opfer von Verfolgungen. Herbert Quandt hatte ihn in seiner Ausbildungszeit in Hagen persönlich kennengelernt. Der Vorstand versuchte anschließend, in Zusammenarbeit mit der Werksleitung eine geeignete Position im Ausland zu finden – eine Korrespondenz, die unter Chiffre geführt wurde.[91]

In der AFA-Zentralverwaltung in Berlin konnte der jüdische Bergbauingenieur Fritz Schleiermacher die gesamte NS-Zeit überleben, wobei nicht bekannt ist, ob Günther Quandt hierüber informiert war. Gut dokumentiert ist die Hilfe für Alfred Haymann, der in der NS-Terminologie «Volljude» war.[92] Er war als «Nichtarier» 1941 bei Telefunken in Frankfurt am Main entlassen worden und wurde kurz darauf aufgrund einer Vereinbarung mit dem Leiter der Ingenieur-Abteilung der AFA in Frankfurt am Main bei der AFA in Hannover angestellt. Haymann, der trotz aller Protektion 1944/45 in KZ-Haft genommen wurde und nach 1945 für viele Jahrzehnte wieder für die AFA in leitender Position tätig war, hat später ausgeführt, dass bei der AFA «niemals die politische Einstellung, sondern nur die Leistung entscheidend war für die Beurteilung eines Mannes», eine «Grundeinstellung», die sie «wesentlich von den anderen Großfirmen» unterschieden habe.[93] Auch Karl Tuch, ein Mitarbeiter der Zentralverwaltung der Pertrix-Werke, der gemäß den «Nürnberger Rassegesetzen» als «Halbjude» eingestuft und 1940 aus der Wehrmacht entlassen worden war, bestätigte später die Integrität Herbert Quandts: Dieser habe ihn trotz des Wissens um diese Tatsachen an seinem Arbeitsplatz belassen und ihn darüber hinaus mehrfach persönlich unterstützt: So habe Quandt ihm zunächst geholfen, mittels einer Sondergenehmigung sein Studium an der Wirtschafts-Hochschule in Berlin zu beenden. Zudem habe Quandt ihn im Sommer 1944, als die Gestapo alle «Mischlinge» in Konzentrationslager zu überführen versuchte, in ein auswärtiges Werk der Quandt-Gruppe versetzt. Im März 1945 sei er durch eine weitere Versetzung vor der Deportation gerettet worden.[94] Und der nach Venezuela emigrierte Unternehmer Frederico Holz berichtete, Quandt habe ihm finanziell geholfen, als seine Konten von den Nationalsozialisten gesperrt worden seien.[95]

Zur Einschätzung der Haltung von Quandt gegenüber Juden kann daher die Beurteilung durch Georg Sachs herangezogen werden, der Quandt nach 1945 «aufrichtig» verteidigte. Seine Stellungnahme hatte eine andere Qualität als manche jener «Persilscheine», die von vielen Betroffenen und Angeklagten vorgelegt wurden, und von denen manche gar einen «Alibijuden» präsentierten, um ihre vorbildliche Haltung in der Zeit des Nationalsozialismus zu beweisen. Sachs gehörte auch nicht zu denjenigen, die wahllos Bescheinigungen ausstellten, wie er in einem Privatbrief deutlich machte, den es ausführlich zu zitieren lohnt: «Quandt tut mir leid, da er sich immer recht anständig benommen hat. Falls er es wünscht, kann ich ihm ein Affidavit zu diesem Zwecke, d. h. wenn er Schwierigkeiten erwartet, ausstellen. Ist sein Sohn dem Goebbels'schen Massenselbstmord entgangen? Werning, höre ich, ist im Konzentrationslager. Ich hoffe, er wird dort für lange zurückgehalten. Daß Reuleaux wieder obenauf ist, bedauere ich sehr. Falls ich ihm irgendwie schaden kann, würde ich es gerne tun. Sie können nicht gut von mir verlangen, daß ich die Situation in Deutschland besonders milde beurteile. Selbstverständlich tun mir die vielen Menschen leid, die ohne direktes Verschulden jetzt solche entsetzlichen Schwierigkeiten haben. Aber auf der anderen Seite hätte jeder Gebildete und Ungebildete bald erkennen müssen, was für Schweine die Macht in der Hand hatten.»[96]

Spruchkammer und Berufungskammer haben auf den außergewöhnlichen Stellenwert der Erklärung verwiesen: Aus der Praxis seien «nicht viele solcher Fälle bekannt geworden».[97] Trotz aller quellenkritischen Vorsicht, die grundsätzlich gegenüber vielen «Persilscheinen» jener Zeit notwendig ist, gibt es keinen Grund, dieser Einschätzung, zumindest, was das persönliche Umfeld Quandts angeht, nicht zu folgen. Anders ist die Sachlage, wenn man einen Blick auf den Umgang mit jüdischen Unternehmen wirft, bei dem sich Quandt sehr viel skrupelloser zeigte.[98]

Betriebsorganisation bei AFA und DWM

Durch seine jahrzehntelange Erfahrung in der Tuchindustrie und im Rüstungsmanagement des Ersten Weltkrieges hatte Quandt bereits reichlich Personal- und Betriebsführungskompetenz sammeln können. Allerdings bedeutete der Einstieg bei der AFA im Jahr 1922 eine Zäsur. Das Unternehmen hatte schon von seiner schieren Größe und Dynamik her ein anderes Format als die Tuchfabriken, die sich letztlich trotz aller Modernisierungen seit dem 19. Jahrhundert nur wenig verändert hatten.

Bei der AFA zeigte Quandt allein dadurch einen gewissen Respekt vor den neuen Herausforderungen, dass er sich durch Informationsreisen in Werke befreundeter Unternehmen mit den Gegebenheiten vertraut machte und sich von den vielfach seit Jahrzehnten in der Batteriebranche tätigen Experten beraten ließ. Auch wenn es kaum Quellen darüber gibt, wie Quandt konkrete Handlungsanweisungen gab und sich von Mitarbeitern berichten ließ, deutet alles darauf hin, dass er die AFA und die bisherigen Manager «an der langen Leine» laufen ließ.

Bei der Integration der BKI in seinen Herrschaftsbereich verordnete Günther Quandt anfangs hingegen eine radikale Vorgehensweise: Bei dem Rüstungsunternehmen hatte der gleichsam autokratisch herrschende Gontard die Ausbildung einer zweiten Führungsebene systematisch verhindert. Von Quandt wurden die Ressorts und Kompetenzen neu geordnet und an jüngere Manager vergeben, die über Zeitungsannoncen und persönliche Kontakte angeworben wurden. Ein solcher Austausch der Führungsebene war jedoch stets die Ausnahme und beide Sparten blieben auch in den folgenden Jahren personell getrennt. Georg Loewe übernahm den Bereich Kasse und Bilanzen, der Jurist Dr. Paul Voigt wurde für den kaufmännischen Bereich eingestellt. Dr. Hans Horst, der zuvor in leitender Stellung bei der Norddeutschen Wollkämmerei und Kammgarnspinnerei tätig gewesen war, wurde für Verwaltungsfragen in den Vorstand berufen. 1928 wurde mit Gustav Wesemann, der eine wichtige Rolle beim Aufbau der Sömmerdaer Abteilung der Rheinischen Metallwaren- und Maschinenfabrik («Rheinmetall») gespielt hatte, ein technisches Vorstandsmitglied in die Führungsriege aufgenommen. Als dieser die in ihn gesetzten Erwartungen nicht erfüllte, wurde er durch Dr. Albert Wolff ersetzt, den Quandt vor allem als Rüstungswissenschaftler schätzte.[99] Ein solch tiefer Eingriff in die Organisationsstrukturen blieb indessen die Ausnahme.

Der Nationalsozialismus stellte zwar eine politische Zäsur dar, aber auf der betrieblichen Ebene blieben die Veränderungen eher gering. Die bisherigen Unternehmensleiter wurden aufgrund des «Gesetzes zur Ordnung der nationalen Arbeit» im Januar 1934 in nationalsozialistischer Terminologie zu «Betriebsführern», die den angeblich verwirrenden «pluralistischen» Aufsplitterungen auf Betriebsebene ein Ende bereiten und nun die systematische «Auslese» und betriebliche Hierarchisierung als neues Konzept der «Menschenführung» etablieren sollten.[100] Obgleich damit ein ideologisch fundiertes organisches Miteinander zwischen «Betriebsführer» und «Gefolgschaft» postuliert wurde, stärkte die Neugestaltung die Unternehmerseite – allerdings wurde diese Höherrangierung zum Teil durch die kontrollierende Aufsicht des «Treuhänders der Arbeit» und einer Vielzahl regionaler und lokaler NS-Instanzen wieder relativiert.

Im Zuge der andernorts beschriebenen Rationalisierungsmaßnahmen[101] wurden in den 1930er Jahren die Ingenieurabteilungen neu organisiert, so dass diese fortan nicht mehr den zeitraubenden Weg über die AFA-Zentrale in Berlin gehen mussten, sondern direkt mit den Werken kommunizieren konnten. Dennoch blieben sie bei Organisationsfehlern häufig die «Prügelknaben», die vom Askanischen Platz gemaßregelt wurden.[102] Quandt beharrte auf einem gewissen Maß an Kontrollnotwendigkeit, obwohl Übereinstimmung herrschte, dass das, was heute gerne als «lean management» bezeichnet wird, unabdingbar war. Er befürwortete dieses dezentrale System, weil er einen «Wasserkopf Berlin» vermeiden wollte.[103]

Diese Idealvorstellung ließ sich in der Praxis allerdings kaum umsetzen: Der Verwaltungssitz am Askanischen Platz in Berlin beschäftigte gegen Kriegsende 442 Menschen.[104] Einmal mehr zeigen die Akten, dass sich Günther Quandt besonders bei der AFA persönlich um die Betriebsorganisation kümmerte und sie nicht allein den Betriebsleitern Clostermann und Wallmüller überließ.[105] Er beklagte allerdings die organisatorischen Probleme, die bei wachsender Bedeutung der AFA durch die langwierigen juristischen Gebietsabgrenzungs- und Patentverhandlungen in den Betriebsalltag kamen: Hier führte er besonders den Fall Chloride an, für den er in den 1930er Jahren über mehrere Jahre gemeinsam mit seinen Spitzenmanagern Roderbourg, Weißleder und Hackinger monatlich für drei Tage zu Verhandlungen nach London gereist war: «Wie das herausreisst und was das an Störungen gibt! Es blieben zwei Wochen zur ruhigen Arbeit und dann ging es wieder nach England.»[106] Wie schon in der Weimarer Zeit gab es bei der AFA gemeinsame Abteilungsleitersitzungen, in denen die anstehenden Fragen über die Werbung, den Vertrieb und den technischen Austausch intensiv besprochen wurden. Die Koordinierung betrieblicher Prozesse war weit fortgeschritten und erinnerte an ganz ähnliche Modelle, die zur gleichen Zeit bei Siemens umgesetzt wurden, das durch seine Töchter und Beteiligungen alle Sparten der Elektroindustrie abdecken sollte und dabei auf einheitliches Erscheinungsbild,

Werbung und Akquisition achtete. Ähnlich wie bei dem Elektroriesen wurde auch bei der AFA seit den 1930er Jahren eine stärker dezentrale Struktur eingeführt, im Rahmen derer die einzelnen Werke und Abteilungen eigenständiger wirtschaften konnten, aber nach wie vor an die Zentrale zu berichten hatten.[107] Während bei der AFA Werke und Hauptverwaltung harmonierten, bereitete die Trockenbatteriesparte Sorgen. Die Pertrix produzierte mengenmäßig zwar etwa ein Drittel des deutschen Bedarfs, erlebte aber in den 1930er Jahren einen fünfmaligen Wechsel in der Betriebsführung, was kein gutes Licht auf das Management wirft. Trotz aller Reorganisationsanstrengungen gingen bei allgemein sinkenden Preisen die ohnehin als gering eingeschätzten Gewinnmargen kontinuierlich zurück. Umsatzsteigerungen waren angesichts der Konkurrenz – ernstzunehmende Mitbewerber waren Daimon, Siemens, Zeiler sowie Koch & Krüger – kaum möglich, weil Pertrix-Produkte nur selten in Warenhäusern erhältlich waren. Das vergleichsweise umsatz- und ertragsschwache Batteriegeschäft war für den erfolgsverwöhnten Günther Quandt ein fortwährendes Ärgernis, wie sich beispielsweise bei Gesprächen über die Preisbildung der prestigeträchtigen, aber überteuerten Pertrix-Gold-Batterie zeigte. Als der Pertrix-Direktor Möller auf einer Abteilungsleiterkonferenz im Jahr 1937 keine klaren Zahlen nennen konnte, wurde er von Quandt regelrecht abgekanzelt. Der nüchterne Kommentar des AFA-Direktors Wallmüller lautete: So wie die Pertrix jetzt laufe, laufe sie «nicht richtig».[108]

Obwohl die BKI/DWM und deren Tochterunternehmen angesichts zusätzlicher Rüstungsaufträge und Werksneubauten vor großen Herausforderungen standen, ließ die Betriebsorganisation keine dramatischen Schwächen erkennen. Die Hauptverwaltung, die in der Weltwirtschaftskrise nach Karlsruhe verlegt worden war, residierte seit 1936 in einem repräsentativen Gebäude in der Hardenbergstraße in Berlin-Charlottenburg, ein Schritt ins Zentrum der Macht, der inzwischen von zahlreichen Behörden und Unternehmen vollzogen wurde.[109] Für den Umzug nach Berlin hatte allein schon gesprochen, dass Günther Quandt sich seit 1914 vorwiegend in Potsdam oder Berlin aufhielt und von hier aus seine verschiedenen Industriebeteiligungen koordinierte. Hinzu kamen verschiedene andere Gründe für die Berliner Standortentscheidung. In den 1930er Jahren wurde es im Zuge der Motorisierung und der Aufrüstung noch wichtiger, in der Reichshauptstadt vertreten zu sein.[110] Für Besprechungen hatten Werksleiter stets nach Berlin pendeln und manchmal «5–6 Nächte in der Woche im Schlafwagen» verbringen müssen. Für Preisprüfungs- und Vertragsangelegenheiten, bei denen eine «ständige Fühlungnahme» mit den Reichsbehörden notwendig war, erwies sich eine zentrale Anlaufstelle ebenfalls als notwendig. Eine einheitliche Einrichtung der Kontenabrechnung für Preis- und Bilanzprüfung, das Abrechnungs- und Lohnwesen wurde für die Standardkalkulationen der Preise ebenfalls als unabdingbar angesehen.[111] Zwar gab es auch gewichtige Stimmen, die bei einer Zentralisierung Unbeweglichkeit und zusätzlichen bürokratischen Aufwand fürchteten und für eine Selbständigkeit der Werke plädierten.[112] Aber dieses dezentrale Konzept konnte sich nicht durchsetzen. Von Berlin aus erfolgte nun die Oberaufsicht über die Werke, und die Manager arbeiteten fortan nicht mehr an der Peripherie, sondern im Zentrum und konnten zugleich besser von der Unternehmensleitung instruiert werden. Auf der Führungsebene blieb die Fluktuation gering, während Prokuristen, kaufmännische und technische Direktoren sowie leitende Angestellte häufig wechselten.

Bemerkenswerterweise ist über Konkurrenzverhältnisse innerhalb der Gruppen wenig bekannt. Dies mag an der schlechten Überlieferung liegen oder daran, dass ein erfolgreicher Unternehmer bestrebt sein muss, solche Querelen möglichst nicht nach außen dringen zu lassen. Die verschiedenen Zweige der Unternehmen der Quandt-Gruppe waren in sich zwar homogen, dennoch ist es erstaunlich, dass von Konflikten wenig bekannt ist – wenn man von der bekannten Differenz zwischen der Blei- und der Stahlakkumulatorsparte innerhalb der AFA einmal absieht. Der Neubau des AFA-Werkes in Hannover und die Errichtung neuer BKI/DWM-Fabriken hätten zu größeren Reibungen führen können. Bei den Dürener Metallwerken wurde Mitte der 1930er Jahre von einem «unerträglichen Kampf» des neuen Berliner Werkes um Aufträge berichtet, das sich für schlechtere Zeiten neue Privatkunden zu sichern bemühte.[113] Aus den Kriegsjahren gibt es Hinweise darauf, dass sich die MfM gegenüber der Muttergesellschaft DWM benachteiligt fühlte, weil diese angeblich bei Lieferanfragen stets den Vorzug erhalte.[114]

Es fehlen Dokumente, die präziser über die Kommunikations- und Entscheidungswege innerhalb der Quandt-Gruppe Auskunft geben könnten. Günther Quandt war sicherlich bestrebt, die Zügel in der Hand zu halten, aber angesichts der schieren Größe des von ihm kontrollierten Unternehmensbesitzes war es gar nicht möglich, mehr als die wichtigsten strategischen Entscheidungen über seinen Schreibtisch laufen zu lassen, so dass sich gleichsam automatisch Strukturen eines Managerunternehmens durchsetzten. Der Paternalismus, den er als Familienunternehmer aus Pritzwalk mitgebracht hatte, fand hier faktisch seine Grenzen.

Die Belegschaft in der Quandt-Gruppe

Die Betriebsordnungen der Zeit des Kaiserreichs mit ihren zum Teil noch stark hierarchischen Grundzügen wurden nach 1918 weder den veränderten politischen Verhältnissen noch der Komplexität des sich ausdifferenzierenden Arbeitsprozesses gerecht. 1920 wurde das Betriebsrätegesetz verabschiedet, das Form und Verfahrensweisen, kaum jedoch den Inhalt der Arbeitsbeziehungen regelte und somit weniger die Machtverhältnisse im Betrieb als die Konfliktregulierungsansätze veränderte. Erst bei der Machtübernahme der Nationalsozialisten wurde das Gesetz entscheidend verändert.[115] Konflikte drehten sich von der unternehmerischen Seite her um Leistungssteigerung, von Arbeiternehmerseite her um Verbesserung der materiellen Lage und Reduzierung der Arbeitsbelastung. Unfallschutz, Ausbildung und «Betriebswohl» waren demgegenüber nachgeordnet und wurden von Arbeitnehmervertretern teilweise sogar abgelehnt, weil man sich dadurch «abgespeist» fühlte. Wie jedoch die Mitbestimmung umgesetzt wurde, hing letztlich von Betrieb und Branche sowie den bereits vorhandenen Organisationsstrukturen und dem Willen der jeweiligen Unternehmensleitung ab.[116]

Wie komplex die Arbeitsbeziehungen im Einzelfall sein konnten, zeigte sich beispielsweise bei dem bereits erwähnten Streik in den Quandt'schen Tuchfabriken im Inflationsjahr 1923, den Günther Quandt zu seinem Vorteil als Vorwand gegenüber Kunden nutzte, um nicht fristgerecht liefern zu müssen.[117] In den wenigen erhalten gebliebenen Unterlagen zur Politik des Betriebsrats der AFA in der Weimarer Zeit stehen die klassischen Arbeiterinteressen wie die Verbesserung der Gesundheits- und Sozialfürsorge sowie der Arbeitszeitregelung im Mittelpunkt.[118]

Im «Dritten Reich» mussten die Unternehmensführungen der

Quandt-Gruppe ihre Entscheidungen über Arbeitsbedingungen und Entlohnung nicht mehr nur in Auseinandersetzung mit der Arbeitnehmerschaft unter Berücksichtigung von Marktlage und Konjunktur fällen, sondern zunehmend auch Verhandlungsgeschick im Umgang mit den verschiedenen NS-Instanzen beweisen. Seit 1934 traten an die Stelle der bisherigen Betriebsräte die «Vertrauensräte» als nationalsozialistische Einrichtungen, die das traditionelle Machtgefüge zwischen Unternehmern und Arbeitern aufbrechen sollten.[119] Sie waren zunächst teilweise von Mitgliedern der rabiaten Nationalsozialistischen Betriebszellen-Organisation (NSBO) durchdrungen. Der Aufbau einer nach dem Führerprinzip organisierten «Betriebsgemeinschaft»[120] führte in der Regel zwar zu unternehmerfreundlichen Entscheidungen, sie sollte jedoch auch bestimmte Grundbedürfnisse der Arbeiter befriedigen, die im Sinne der Herrschaftssicherung der Nationalsozialisten zu einem «umworbenen Stand» wurden.[121] Nachdem die traditionelle Konstellation bilateraler Verhandlungen durch die Etablierung weiterer nationalsozialistischer Instanzen wie der Deutschen Arbeitsfront (DAF) und den «Treuhändern der Arbeit»[122] durchbrochen war, war die Lage durch «widersprüchliche, ‹despotische› ad-hoc-Eingriffe in die Entwicklung der Arbeitsverdienste» gekennzeichnet.[123]

Das «Dritte Reich» war alles in allem keineswegs durch verbesserte Versorgungs- und Konsummöglichkeiten geprägt. Die Effektivlöhne, d. h. die tatsächlich ausgezahlten Beträge, berechnet nach den nominellen Bruttostundenlöhnen, gingen z. B. in der metallverarbeitenden Industrie und in der Textilindustrie zurück, wenn man die Jahre 1927/1928 als Bezugsgröße zum Jahr 1938 setzt. Dies galt selbst dann noch, wenn man das gesunkene Preisniveau beachtet. Allerdings schlug sich diese nicht unerhebliche materielle Verschlechterung[124] meist nicht in alltäglicher Unzufriedenheit nieder, da die Arbeiter ihre Situation eher mit der Unsicherheit der Inflationszeit und der Weltwirtschaftskrise verglichen und den Wiederaufstieg Deutschlands sowie den Wiederaufbau der Reichswehr bisweilen sogar für wichtiger hielten als eine weitere soziale Angleichung.[125]

Durch die Kurzarbeit infolge der Weltwirtschaftskrise reichte der Tariflohn mancher Arbeiter jedoch kaum zum Leben. Bei der AFA Oberschöneweide drückte der nationalsozialistische Betriebsrat entsprechend 1933 seinen Unmut über zu geringe Löhne aus und forderte umfassende Erhöhungen. In Hagen wurde auf einer Betriebsversammlung am 9. Mai des Jahres die Wiedereinstellung vorher entlassener nationalsozialistischer Arbeiter verlangt: «Die Abteilungsleiter haben Anweisung erhalten, alle Schwierigkeiten zusammen mit dem Betriebsrat aus dem Wege zu räumen.» In Hagen wehe, so drückte es ein Parteiredner aus, «ein frischer Wind und für das was man erreicht habe, müsse man der SA und der SS dankbar sein, die es ermöglicht haben, was jetzt erreicht worden» sei.[126] Im August 1933 wurde die Erhöhung der Arbeitszeit auf 48 Stunden pro Woche gefordert, jedoch von der Betriebsleitung mit Hinweis auf die Auftragslage abgelehnt. Auch der Antrag, angesichts hoher Gewinne die Gehaltskürzungen rückgängig zu machen, wurde – außer bei Härtefällen – zurückgewiesen. Zwischen Direktion und Betriebs- bzw. Vertrauensrat kam es zu heftigen Reibereien.[127] Mehrfach wurde dem AFA-Vorstand in sozialen Fragen eine «Verschleppungstaktik» vorgeworfen.[128] Im Falle der Frage nach Ausschüttung einer Entschuldungssumme für Arbeiter stellte sich die AFA Direktion auf den Standpunkt, diese könne nur gemeinsam mit Günther Quandt beschlossen werden – der allerdings zu dieser Zeit in Moabit inhaftiert war.[129] Im November 1934 wurden schließlich in einer Besprechung mit dem Bevollmächtigten des Treuhänders der Arbeit und NSBO-Funktionären Lohnforderungen laut, welche die AFA zurückwies. Auch in nationalsozialistischen Zeiten, so Direktor Kraushaar, müsse ein Betrieb wirtschaftlich arbeiten. Der Vertrauensrat machte hingegen geltend, bei der AFA handle es sich «um ein gutsituiertes Unternehmen» mit großen Dividendenausschüttungen. Mit Blick auf die «Gesundheitsgefährlichkeit» des Betriebes sei die Bezahlung unzureichend und die bestehende Tarifordnung ungerecht. Vor allem die Reduzierung des Stunden-Akkordverdiensts und die prozentualen Zahlungen für den Akkord-Überverdienst waren umstritten.[130]

Die AFA machte zwar auf die immer noch überdurchschnittlich hohen Akkordlöhne aufmerksam, die NSBO beharrte jedoch auf dem Vorrang der Belegschaftsbedürfnisse gegenüber den Interessen der Aktionäre – was Kraushaar zu der Aussage verleitete, dass in dieser Beziehung «die Verhältnisse schlimmer lägen wie in der marxistischen Zeit» – ein recht waghalsiger Kommentar, den er mit dem Hinweis auf die «schwierige, unruhige Zeit im Geschäftsbetriebe» abzumildern versuchte. Das Verhältnis zwischen Betriebsführer und Vertrauensrat blieb auch in der Folgezeit nachhaltig gestört.[131] Der Vertrauensrat kritisierte Entscheidungen ohne Anhörung der Belegschaftsvertreter und attestierte sich selbst, «einen heroischen Kampf im Interesse der Gefolgschaft» zu führen.[132] Letztlich scheiterte er jedoch mit seinen Forderungen nach allgemeinen Lohnerhöhungen. Unter dem Hinweis auf die wirtschaftlichen Notwendigkeiten erklärte sich die Direktion lediglich im Einzelfall bereit, die Bedürftigkeit von Belegschaftsmitgliedern zu berücksichtigen.

Für die Kriegszeit lassen sich für die Quandt-Firmen keine besonderen Abweichungen von den Durchschnittslöhnen vergleichbarer Branchen feststellen. Bei der Memefa wurde nach dem Tarif der Metallindustrie gezahlt, der durch einen vom Treuhänder der Arbeit bestätigten Werkstarif ergänzt wurde. Hierbei unterschieden sich die Durchschnittslöhne stark nach der jeweiligen Abteilung, in der gearbeitet wurde. Frauen wurden allgemein deutlich schlechter bezahlt.[133] Bei der AFA Hagen entwickelte sich der Durchschnittsstundenlohn ähnlich wie bei anderen Unternehmen der Elektroindustrie – lediglich ein sprunghafter Anstieg von 1939 auf 1940 um 14,8 Prozent ist bemerkenswert.[134] Die Kriegswirtschaftsverordnung vom 4. September 1939 war die Grundlage für die Abschaffung aller Zuschläge für Überstunden, Nachtschichten, Sonn- und Feiertagsarbeit und für Arbeitszeitverlängerungen.[135] Entsprechend ordnete die AFA Hagen 1940 an, Monteuren und Hilfsarbeitern für die 9. und 10. Mehrstunde keine Lohnzuschläge mehr zu zahlen. Die eingesparten Beträge wurden an das örtliche Finanzamt abgeführt. Erst von der 11. Stunde an und bei Arbeiten an Sonn- und Feiertagen bestand ein Anspruch auf Lohnzuschläge.[136] Die Betriebsordnung von 1944 sah eine Bezahlung gemäß dem Tarifvertrag vor, behielt sich aber vor, besondere Leistungen durch Zulagen anzuerkennen.[137]

Die erhöhten Produktionsanforderungen im Zweiten Weltkrieg hatten eine straffere Arbeitsdisziplin zur Folge. Auf die Folgen der Einberufungspraxis und den Entzug von Facharbeitern wird an anderer Stelle dieser Arbeit eingegangen.[138] Die Produktion bei den Dürener Metallwerken lief zum Beispiel in allen Betrieben rund um die Uhr in drei Schichten von zunächst jeweils 8 Stunden.[139] Auch bei der AFA wurde nun die 48-Stunden-Woche mit täglich 8,5 Stunden eingeführt.[140] Wie in anderen Firmen üblich, erhielten verheiratete Frauen auf Antrag alle vier Wochen einen unvergüteten «Hausarbeitstag», womit in Zeiten des Arbeitskräftemangels Frauen für die harte Arbeit in der Kriegsindustrie gewonnen werden sollten.[141] Die 48-Stunden-Woche erwies sich bald als unzureichend. Als im März 1944 schließlich die Verlängerung der Arbeitszeit auf 54 oder 56 Stunden erwogen wurde, um die Wehrmachtslieferungen sicherzustellen, fand dies die Zustimmung von Rüstungskommando und NSBO. Die AFA-Verwaltung blieb zwar skeptisch,[142] jedoch gehörten 11- bis 12-stündige Arbeitstage bald zur Normalität.[143] Im Februar 1945 wurde in der Gießerei gar rund um die Uhr in zwei Schichten von 14 bis 14,5 Stunden mit zwei halbstündigen Pausen gearbeitet.[144] Bei den Mauser-Werken wurde schließlich sogar über 58 Stunden pro Woche gearbeitet, was die Belegschaft an den Rand der Belastung brachte.[145]

Ein bei Kriegsausbruch eingerichtetes «Mobilisierungsbüro» verwaltete alle relevanten Personalfragen wie Einberufungen, Einstellungen und Entlassungen. Seit November 1943 überwachte zudem ein «Gefolgschaftsbüro», dessen Leiter zugleich der Abwehrbeauftragte war, die Disziplin und arbeitete eng mit Gestapo, DAF und dem seit Oktober der Gestapo unterstellten Werkschutz zusammen.[146] Bei Verstößen gegen die Arbeitsdisziplin konnten drastische Geldbußen bis zum vollen Tagesarbeitsverdienst angeordnet werden, und es drohte eine Meldung beim Treuhänder der Arbeit. Mit Arbeitern, deren Leistung als unbefriedigend eingeschätzt wurde, verfuhr man bei der AFA wenig zimperlich: Ein Vorarbeiter, der als «Schlafmütze» bezeichnet wurde, wurde ebenso für die Wehrmacht freigegeben wie ein Arbeiter, der sich nach Ansicht der Betriebsleitung absichtlich mit der Arbeit zurückhielt, «um den Accord zu drücken».[147] Nicht viel anders war es bei den Mauser-Werken. Als im Frühjahr 1940 in Oberndorf außergewöhnlich hohe Fehlzeiten von bis zu 20 Prozent festgestellt wurden und es der Direktion nicht gelang, das unentschuldigte Fehlen selbst zu unterbinden, wurde der Treuhänder der Arbeit eingeschaltet. Die Unternehmensleitung machte damit den Arbeitern klar, dass sie Unbotmäßigkeit ahnden würde. Neben der Androhung von Lohnkürzungen wurden den örtlichen Polizeibehörden Listen mit den unentschuldigt Fehlenden zugestellt.[148] Dadurch löste sich das Problem offenbar, da später im Zusammenhang mit der Verleihung des «Gaudiploms für hervorragende Leistungen» der überaus niedrige Krankenstand von im Durchschnitt nur 3,5 Prozent festgestellt wurde.[149]

Bei der Gewährung von Urlaub verhielt sich die AFA ähnlich wie andere Großunternehmen. Gestaffelt nach Dauer der Betriebszugehörigkeit war man etwas generöser, als es die amtlichen Richtlinien vorsahen.[150] Zusatzurlaub gab es für den Besuch von NSDAP-Veranstaltungen, und bedürftigen Arbeitern wurde Unterstützung für die Teilnahme an KdF-Fahrten gewährt.[151] Symptomatisch war der entsprechende Zwischenruf «Aber der Betriebsführer nimmt 12 Wochen Urlaub.»[152]

In Bezug auf Löhne, Arbeitszeiten und Urlaubsgewährung verhielten sich die Quandt-Firmen im Rahmen der jeweils üblichen Norm. Der von der AFA Oberschöneweide überlieferte Einsatz des Betriebsrats für arbeitnehmerfreundlichere Regelungen muss nicht zwingend ein Hinweis auf besonders harte Bedingungen bei der AFA sein, sondern zeigt, dass die damals üblichen Standards durchaus Anlass für Verbesserungswünsche gaben. Natürlich war es für Arbeitnehmervertreter geradezu selbstverständlich, sich für eine Besserstellung der Arbeiter einzusetzen. Generell wurde die Tradition fortgesetzt,[153] über Löhne und Urlaub Anreize für verdiente Mitarbeiter zu schaffen, vor allem als seit 1937 Vollbeschäftigung herrschte und die Unternehmen Mittel und Wege fanden, die Vorschriften der staatlichen Lohnpolitik zu umgehen, um Facharbeiter zu rekrutieren.[154]

Bei der AFA spielte die Gesundheitsvorsorge für die Arbeiter schon früh eine große Rolle, weil gas- und staubförmige Bleiverunreinigungen hohe Krankenstände verursachten. 1889 wurde die Betriebskrankenkasse der AFA,[155] drei Jahre später zudem ein von den Arbeitern selbst verwalteter «Unterstützungsfonds» gegründet. Seit Beginn des 20. Jahrhunderts schloss die AFA für «Beamte», also die Führungskräfte des Unternehmens und die Werkmeister, eine Zusatzversicherung ab. Angestellte und Arbeiter konnten eine Kollektiv-Unfallversicherung abschließen. Im Fall der Invalidität sprang die betriebsinterne Invalidenversicherung ein. Eine Mobiliar-Feuer-Versicherung, eine Miet-Sparkasse und ein Konsumverein ergänzten diese Fürsorgepalette zum Schutz des «Humankapitals». Als Folge der Expansion des Berliner Werkes wurde im Juli 1925 eine eigene Betriebskrankenkasse für «Großberlin» eingerichtet.[156]

Gesundheitlich gefährdeter als die besser versorgten Angestellten waren die Bleiarbeiter, für die seit dieser Zeit eine wöchentliche Untersuchung durch einen Betriebsarzt vorgesehen war. Allerdings scheint dies nicht konsequent umgesetzt worden zu sein, jedenfalls sprechen die Quellen für die 1920/30er Jahre lediglich von monatlichen Untersuchungen.[157] Ein 1890 mit dem «Verein der Hagener Ärzte» abgeschlossener Vertrag sah die für damalige Verhältnisse ungewöhnliche freie Arztwahl vor. Ähnliche Vereinbarungen wurden später mit Berliner ärztlichen Vereinigungen, Apothekervereinen und dem Verein Berliner Badeanstaltsbesitzer geschlossen. Diese Zusatzleistungen gewährten neben den Mindestleistungen «freie ärztliche Behandlung, freie Arznei, und erforderlichenfalls spezialärztliche Behandlung» sowie Kuraufenthalte. Schon um die Jahrhundertwende wurden offenbar die Bleierkrankungen durch die Einführung maschineller Arbeits- und Transportverfahren erheblich reduziert.[158] Der bei der AFA Hagen arbeitende Sanitätsrat Dr. Böttrich war eine ausgewiesene Kapazität auf dem Gebiet der Bleierkrankungen und veröffentlichte zahlreiche Aufsätze in der Fachzeitschrift «Zentralblatt für Gewerbehygiene». Ihm standen in den Unfall- und Verbandsstationen «Heildiener» zur Seite. Die Betriebsärzte legten besonderes Augenmerk auf die Hygiene; den Arbeitern standen Arbeitsanzüge zur Verfügung, die wöchentlich gewaschen wurden, allerdings blieb die Gesundheitsfürsorge von heutigen Standards weit entfernt.

Neben der Prävention und Heilung von Bleierkrankungen betrachtete die Werksleitung es als eine Aufgabe der Fabrikärzte, festzustellen, ob die von Kassenärzten erfolgte Diagnose «Bleierkrankung» auch wirklich zutraf oder ob sie nur vorgetäuscht sei.[159] Die Betriebsleitung befürchtete Simulantentum, und bisweilen wurde sogar von «Bleiessern» gesprochen, die sich eine Rente erschleichen wollten.[160] Bleierkrankungen, so lautete der Verdacht, würden häufig dann diagnostiziert, wenn bekannt sei, dass der Arbeiter in einem Akkumulatorenwerk tätig sei, zumal die AFA-Direktoren den Ärzten eine voreilige Bereitschaft unterstellten, Arbeiter krankzuschreiben, was sie der «sozialen und politischen Einstellung dieser Herren» zuschrieben. Erkrankungen wurden erst dann an die Berufsgenossenschaft gemeldet, nachdem ein Gewerbearzt die Diagnose bestätigt hatte.[161] Bei positivem Befund sollten ältere Arbeiter in einem bleifreien Teil der Fabrik eingesetzt werden, während Arbeitern, die weniger als vier Monate bei der AFA beschäftigt waren, nahegelegt wurde, sich eine andere Arbeit zu suchen. Bei der Berufsgenossenschaft regte man an, «einmal bleierkrankten Arbeitern die Beschäftigung in anderen Akkumulatoren-Fabriken zu versperren».[162] Als die AFA in den Jahren des «Dritten Reiches» versuchte, selbstverschuldete Erkrankungen durch aufwendige Untersuchungen des Darminhalts nachzuweisen, hörten die Erkrankungen «blitzartig» auf.[163]

Die Erkrankten konnten offenbar selbst nach längerer Beschäftigung bei der AFA nicht immer mit Unterstützung rechnen. Der Betriebsrat verwies 1929 auf eine moralische Verpflichtung, Arbeitern, die nach jahrelanger Tätigkeit als Bleikranke den Betrieb verlassen

müssten, eine laufende Unterstützung bis zum Eintritt in eine neue
Beschäftigung zu zahlen. Alfred Berliner bestritt bjedoch seitens der
Direktion, dass es überhaupt Bleikranke gebe. Auch verneinte er, dass
man Bleikranken die Entlassungspapiere noch während der Krankheit
zuschicke – eine Behauptung, die der Vorsitzende des Gesamtbetriebs-
rats durch Vorweisen eines Originalformulars widerlegte, das in solchen Fällen benutzt wurde.[164]

Vor dem Hintergrund, dass neu eingestellte Arbeiter als «wenig wi-
derstandsfähig» eingeschätzt wurden und kaum von den Risiken der
Arbeit wussten,[165] wurden in den 1920er Jahren Bleierkrankungen
erstmals statistisch erfasst und in den 1930er Jahren die Präventions-
maßnahmen intensiviert. Durch statistische Untersuchungen in den
verschiedenen europäischen Werken versuchte die AFA, die Diagnose
und Prävention mittels Vergleichsparametern zu verbessern. Es stellte
sich heraus, dass nicht alle Abteilungen gleichermaßen betroffen
waren. Die meisten Bleierkrankungen wurden in der Schmiererei verzeichnet, gefolgt von der Plattentrennerei.[166] Eine Verbesserung trat
vor allem dann ein, wenn es einen Betriebsarzt gab.[167] Ein Sanitätsrat,
der die monatlichen Blutuntersuchungen durchführte, bot seit 1931
auch Vorträge und Beratung über Bleikrankungen an.

In den 1930er Jahren erfuhr die Zahl der Krankheitsfälle signifikante Veränderungen, dennoch blieb die Behandlung von Berufser-
krankungen, wie die Direktion der AFA 1937 mitteilte, «eine etwas
heikle Angelegenheit».[168] Die Zahl der Bleikranken bei der AFA betrug 1926 4,45 Prozent und stieg in den Folgejahren auf 6 bis 7 Prozent an.[169] 1931 gab es 3,97 Prozent Bleikranke; der Prozentsatz sank
zunächst erheblich auf knapp unter 1 Prozent im Jahr 1935 und betrug schließlich 1937 2,4 Prozent.[170] Die Zahlen lassen nicht erkennen, ob diese Veränderungen auf hygienische Maßnahmen zurückzuführen waren oder ob Arbeiter etwa aus Angst vor Sanktionen
sich nicht mehr krank meldeten. 1935 wurden neue Krankheitsver-
hütungsvorschriften erlassen, die zusätzliche Arbeitskleidung, weitere Mittel zur Körperreinigung als auch Duschen während der Arbeitszeit vorsahen. Wannen- und Brausebäder waren obligatorisch,
Dampfbäder wurden nach ärztlicher Verordnung genommen. Bei
Verdacht auf Erkrankung wurden Arbeiter vorübergehend in eine
bleifreie Abteilung versetzt. In den Werkstätten sollte die Staubent-
wicklung reduziert werden; Speisen waren auf die speziellen Bedürfnisse ausgerichtet und Bleiarbeiter erhielten täglich einen halben bis

einen Liter Milch und vor Arbeitsantritt auf Wunsch eine Morgensuppe.[171] Vor allem die in der Boomphase der späten 1930er Jahre eingestellten Arbeiter, die mit den Sicherheitsvorschriften nicht vertraut waren, zeigten Symptome von Bleiunverträglichkeit oder wurden krank. 1939 wurde daher eine Aufklärungskampagne gestartet und das Essen und Rauchen in Bleiwerkstätten verboten.[172] In den Kriegsjahren wurde keine Statistik mehr geführt, aber es ist anzunehmen, dass durch die verschärften Produktionsbedingungen die Erkrankungen zunahmen.[173] 1941 forderte die DAF «in verschärfter Form» die Einstellung eines hauptamtlichen Betriebsarztes für die AFA Oberschöneweide und die Pertrix.[174] Offensichtlich mit Erfolg, denn 1942 wurde eine ebenfalls geforderte Gesundheitsstation an den Betriebsarzt übergeben. Der Arzt allerdings stand der AFA nicht exklusiv zur Verfügung. Die bestehende Unfallstation wurde fortgeführt.[175] Mit zunehmender Kriegsdauer verschlechterten sich die Arbeits- und Sicherheitsbedingungen dann allerdings erheblich. Dies galt nicht nur für die Zwangsarbeiter, welche die gefährlichsten und gesundheitlich bedenklichsten Arbeiten zu verrichten hatten, sondern auch für den deutschen Arbeiterstamm.

Als alliierte Experten 1945 die AFA-Betriebe inspizierten, überwog der negative Eindruck: Es gab keine Gesundheitsstation mehr und die Schutzvorkehrungen gegen Arbeitsunfälle ließen zu wünschen übrig. Selbst im neuen Werk Hannover verfügte die Pastiererei über keine Absaugeinrichtung für Bleistaub. Staubmasken waren zwar vorgeschrieben, wurden aber nur selten getragen. Schutzcremes waren offenbar unbekannt, aber wenigstens wurden in der Pastiererei Gummihandschuhe getragen.[176]

Die Mängel bei den Sicherheitsvorkehrungen prägten auch die frühe Nachkriegszeit, weil weder Reinigungsmittel noch Schutzkleidung für die Bleiarbeiter in ausreichendem Maß zur Verfügung standen.[177] Nachdem das sogenannte Bleigesetz die Zahl der Überstunden begrenzte,[178] wurden wieder Statistiken zu den Bleierkrankungen geführt. 1950 wurden 58 Fälle verzeichnet, die zu einer Krankheitsdauer von zwischen vier Wochen und vier Monaten führten. Die Bemühungen, in Zusammenarbeit mit Betriebsrat, Gewerbeaufsichtsamt, Landesgewerbearzt und Berufsgenossenschaft eine eindeutige Ursache zu finden, blieben zunächst erfolglos. Der Landesgewerbearzt brachte sogar die bessere Ernährung nach der Währungsreform mit dem Anstieg der Bleierkrankungen in Verbindung: Möglicherweise bringe die gesündere und fettfreiere Ernährung die im Körper eingelagerten Blei-Depots zur Auflösung und mache den Körper für Bleiaufnahme empfänglicher. Dies erschien den Behörden umso wahrscheinlicher, als ähnliche Beobachtungen auch bei anderen europäischen Batterieherstellern gemacht wurden. Daraufhin wurden die Hygienemaßnahmen verbessert, technische Einrichtungen wie Absauger eingebaut, eine stärkere Aufklärungsarbeit angemahnt und vermehrt Bleistaubmessungen und Blutuntersuchungen angeordnet. Wirtschaftlich rechnete sich der zusätzliche Aufwand für die AFA, denn die Bleierkrankungen hatten nicht nur zu Arbeitsausfällen geführt, sondern den Gewerkschaften die Gelegenheit geboten, kürzere Arbeitszeiten und eine höhere Bezahlung für Bleiarbeiter zu fordern.[179]

Auch bei den anderen Unternehmen der Quandt-Gruppe war zumindest bis zum Kriegsbeginn eine angemessene Unfall- und Krankheitsvorsorge gewährleistet, obwohl die Überlieferung bruchstückhaft ist. Bei den Dürener Metallwerken führten systematische Unfallverhütungs-Schulungen 1938 zu einem Rückgang der Unfallziffern um 22 Prozent.[180] Eine ominöse «Dural-Vergiftung» wurde 1936 vermehrt als Krankheitsbild bei Arbeitern der Dürener Metallwerke beobachtet und auf Veranlassung der Berufsgenossenschaft durch Werksärzte, Unfallstationen und Universitätskliniken untersucht. Allerdings stellte sich heraus, dass die Symptome keine Vergiftungserscheinungen waren, sondern auf bakteriellen Verunreinigungen von Wunden beruhten.[181]

Neben Maßnahmen zur Gesundheitsfürsorge gab es bei den Unternehmen der Quandt-Gruppe betriebliche Sozialleistungen wie Unterstützungskassen, Pensionszulagen, Werkskantinen, Werkswohnungen, Feiertagslöhne und Dienstalterprämien schon lange als traditionelle Sozialfürsorgemaßnahmen, um die Bindung der Arbeiter und Angestellten an das Unternehmen zu stärken und sie zu motivieren.[182] Wenn die nationalsozialistischen Vertrauensräte nach der «Machtergreifung» im Sinne der «Volksgemeinschaft» die Beseitigung der Klassenunterschiede und größere soziale Gerechtigkeit forderten und die DAF die Betriebe zur «sozialen Rationalisierung» ermunterte,[183] zielten die Forderungen also oft auf Maßnahmen ab, deren Grundlagen bereits bestanden.

In den 1920er Jahren war die betriebsinterne Altersrente zwar noch unbekannt, aber für 177 ehemalige Beschäftigte wurde ein Unterstützungsbetrag von jährlich mehr als 200000 RM ausgezahlt.[184] 1927 wurde bei der AFA die für soziale Notfälle zuständige Dr. Adolph Müller-Stiftung gegründet, mit einem Betrag von zunächst 100000 RM ausgestattet[185] und 1938 mit inzwischen 300000 RM in die neue Müller-Roderbourg-Stiftung überführt.[186] In eine ähnliche Richtung zielte eine andere Initiative. Im November 1941 wurde anlässlich des 60. Geburtstags von Günther Quandt von der AFA, den DWM, den Mauser-Werken und den Dürener Metallwerken das Projekt eines gemeinsamen Gefolgschaftsheims aus der Taufe gehoben, für das eine halbe Million RM zur Verfügung stand.[187] Das Erholungsheim sollte Günther Quandts Namen tragen und wurde von diesem entsprechend gewürdigt. Mit der Entscheidung zum Bau sei sein «größter Wunsch in Erfüllung gegangen», führte der Jubilar aus: «Möge es mir vergönnt sein, auch weiterhin mitzuarbeiten, wie bisher unter Ihnen zu sein und mit aufzubauen, was der Führer nach dem Kriege als größtes Friedenswerk vorgesehen hat.»[188] Das zu Unzeiten geplante Vorhaben stand unter einem schlechten Stern. Der ursprünglich geplante Erwerb eines Grundstücks am Titisee im Schwarzwald scheiterte zunächst aus juristischen Gründen, später wurde dort das «Hotel Titisee» gepachtet, schließlich aber angesichts der Kriegumstände nicht mehr genutzt.[189]

Zwischen 1933 und 1937 wurden bei der AFA die freiwilligen Leistungen erhöht, die 1937 rund 1,7 Millionen RM, d. h. etwa 8 Prozent des Grundkapitals betrugen.[190] 1940 wurde zur finanziellen Absicherung der Beschäftigten und ehemaligen Beschäftigten eine «Unterstützungseinrichtung der AFA GmbH» mit Sitz in Berlin und einem Gesellschaftskapital in Höhe von 20000 RM gegründet. Ähnliche Einrichtungen mit dem gleichen Zweck wurden auch bei den Beteiligungsgesellschaften Pertrix, Dominitwerke, der AFA Wien und der Concordia geschaffen.[191]

Im Einzelfall rangen Betriebsleitung und Vertrauensrat bei der AFA um die Höhe sozialer Leistungen. Um die Einkommensdiskrepanz zwischen Arbeitern und Angestellten zu verringern, forderte der Vertrauensrat identische soziale Einrichtungen für die beiden Beschäftigtengruppen. Zudem sollte ihnen in der Werkskantine das gleiche Essen zur Verfügung gestellt werden. Die Betriebsleitung sträubte sich hiergegen lange, bis sie dem Vertrauensrat schließlich doch entgegenkam.[192] Das vom NSBO dominierte Gremium präsentierte im Frühjahr 1934 stolz seine Erfolge: unter anderem die Ausdehnung der Milchabgabe auf alle

Bleiarbeiter und die Einführung des gleichen Mittagessens für Angestellte und Arbeiter in der Kantine.[193] Während des Krieges wurden mittels weiterer Leistungen die Löhne und Gehälter ergänzt. Neben der Weihnachtszuwendung und der «Sonderzuwendung» am 1. Mai, dem «Tag der nationalen Arbeit», gab es eine «Heiratsbeihilfe» in Höhe von 50 RM, Geburtsbeihilfen, Sterbegeld und eine Altershilfe für alle, die mehr als 20 Jahre bei der AFA beschäftigt waren.[194] Ein Hinweis auf die Bindekraft solcher Leistungen könnte der hohe Altersdurchschnitt gerade in den «alten» Betrieben wie Hagen und Oberschöneweide sein, der aufgrund der geringen Fluktuation zustande kam. In Hagen war Ende der 1930er Jahre fast jeder fünfte Beschäftigte über 50 Jahre alt, in Oberschöneweide hatte sogar fast jeder Dritte die 50-Jahres-Grenze überschritten.[195]

In den Kriegsjahren wurden zudem Weihnachtspakete an die eingezogenen Belegschaftsmitglieder verschickt;[196] verheirateten Hinterbliebenen von Soldaten wurden je nach Dauer der Betriebsangehörigkeit zwischen ein und drei Monatsgehälter, mindestens jedoch 300 RM Firmenkriegsunterstützung gewährt. Sonderregelungen galten für ledige Angehörige und ältere Mitarbeiter. Bei Bombenschäden wurde Sonderurlaub gewährt, um unentschuldigtes Fehlen zu verhindern.[197] Ähnliche «Gefolgschafts»-Regelungen zu Sonderzahlungen, Darlehen, Zuschüssen, Zuweisungen zum Pensionsfonds und weiterer freiwilligen Aufwendungen wie Weihnachtsgaben sowie Erfolgsgratifikationen gab es bei den DWM und den Mauser-Werken.[198]

Ein weiteres Instrument, Arbeiter und Angestellte nicht nur an den Betrieb zu binden, sondern überhaupt erst anzuwerben, war der Werkssiedlungsbau. Er war besonders bei im Zuge der Rüstungskonjunktur aus- bzw. neu aufgebauten Werken nötig. Die AFA besaß einige Häuser, deren Wohnungen den Betriebsangehörigen vergünstigt zur Verfügung gestellt wurden. In Hagen verfügte die eigens gegründete Wohnungsbaugenossenschaft über eigene Häuser. Ein genossenschaftlicher Bauverein stellte Darlehen zu günstigen Bedingungen für den Wohnungsbau zur Verfügung.[199] Gerade beim Wohnungsbau blitzte in der ersten Zeit nach «Machtergreifung» die sozialrevolutionäre Komponente des Nationalsozialismus auf. Günther Quandt inspizierte zwar im September 1933 gemeinsam mit dem Vertrauensrat eine AEG-Arbeitersiedlung,[200] aber solche Gesten waren nicht ausreichend, um die Nationalsozialisten im Betrieb zufrieden zu stellen. Als aus dem AFA-Vorstand beispielsweise eine unvorsichtige Bemerkung über die doch angemessenen Wohnverhältnisse der Arbeiter laut wurde, konterte der NSBO-Mann, man soll sich doch «einmal die Wohnungen und Villen ‹dieser› Herren ansehen».[201] Bei den Mauser-Werken wurden Werkswohnungen gebaut und «Wegegelder» für diejenigen gezahlt, die aus dem weiteren Umland nach Oberndorf pendelten. Diese erheblichen Lohnzusatzleistungen waren notwendig, weil es anders nicht möglich gewesen wäre, in der zweiten Hälfte der 1930er Jahre genügend Facharbeiter anzuwerben. Noch drängender war das Problem bei der ab 1935 aufgebauten Lübecker DWM-Forschungsanstalt. In der Region gab es kaum entsprechend qualifizierte Facharbeiter, daher wurden zunächst Techniker und Ingenieure aus dem DWM-Werk Karlsruhe abgeordnet, deren Know-how für den Aufbau des Standortes hilfreich war, die aber nur in den seltensten Fällen dauerhaft nach Norddeutschland ziehen wollten. Deshalb setzten die DWM auf eine systematische und einheitliche Lehrlingsausbildung, um später auf einen gut geschulten Arbeiterstamm zurückgreifen zu können.[202] Um die neuen Arbeitskräfte angemessen zu beherbergen, wurden in Lübeck in beachtlichem Umfang und teilweise mit Hilfe des RLM Unterkunftsmöglichkeiten geschaffen,[203] die von den Behörden am 28. April 1939 mit dem «Reichsleistungsabzeichen» für Wohnung und Siedlung ausgezeichnet wurden. Nach Kriegsausbruch wurde der Wohnungsmangel so dramatisch, dass sogar Tanzsäle gemietet und die Verlegung eines Wohnschiffs nach Lübeck in Erwägung gezogen wurde.[204]

Für den Aufbau des Werkes Posen konnten aus Karlsruhe lediglich 1000 Arbeiter nach Posen «dienstverpflichtet» werden. Diese beschwerten sich über die im Vergleich zu den Karlsruher «mustergültigen Werkssiedlungen» unzureichenden Unterkünfte in Posen. Die erhofften «Familienumsiedlungen» aus dem badischen Raum in den Osten blieben daher aus. Die DWM bauten deshalb eine Werkssiedlung mit finanzieller Unterstützung des Reichsstatthalters und des RLM. Die Grundstücke für die in einer Entfernung von etwa einenhalb bis zwei Kilometer vom Werk gebaute Siedlung wurden von der HTO gestellt. Die 250 Einzelhäuser sollten mit Gartenland und Viehbestand ausgestattet sein. Das Prestigeprojekt feierte am 29. Oktober 1940 in Anwesenheit von Reichsarbeitsminister Franz Seldte Richtfest.[205] Am kontinuierlichen Rückgang der Zahlen deutscher Arbeiter änderte dies allerdings genauso wenig wie der Bau eines Lehrlingsheims für 100 «Volksdeutsche».[206]

Auch bei der Etablierung der Memefa in Waren diente der Siedlungsbau der Arbeitskräfterekrutierung für den Mitte der 1930er Jahre neu aufgebauten Standort der Dürener Metallwerke. Da schon bei Vertragsabschluss abzusehen war, dass zahlreiche Fachkräfte aus Düren und Berlin für die Einarbeitung neuer Arbeiter vorübergehend nach Waren abgeordnet werden würden, sagte die Stadt Hilfe bei der Wohnraumbeschaffung zu. Diese erfolgte im Januar 1936 durch die Gründung der Warener Wohn- und Siedlungsbaugesellschaft mbH, die ein Gemeinschaftsprojekt von Dürener Metallwerken, RLM und der Stadt war, die die Hälfte des anfänglichen Stammkapitals von 100 000 RM in Form von Immobilien einbrachte. Schließlich zogen noch vor Kriegsausbruch 4500 Menschen nach Waren. Zu den Arbeitern aus Düren wurden später weitere Fachkräfte aus Danzig und Schlesien an die Müritz verpflichtet. Durch den Bevölkerungszuwachs und die Schaffung von neuen Siedlungen veränderte sich der bauliche Charakter der Kleinstadt und damit deren soziales Gefüge.[207]

Auffallend hoch sind die freiwilligen sozialen Leistungen der Dürener Metallwerke im Jahr 1938 in Höhe von über 30 Prozent des Grundkapitals, während der Wert bei der AFA in den 1930er Jahren zwischen 6 bis 8 Prozent lag. Bei der freiwilligen Firmenkriegsunterstützung, über deren Berechnung die Quellen nur für die AFA im Detail Auskunft geben, wurde offensichtlich versucht, eine einheitliche Regelung für alle Unternehmen der AFA- und DWM-Gruppe zu finden, da Günther Quandt seine Unternehmen aufforderte, diesbezüglich Verbesserungsvorschläge zu machen.[208] Im Wohnungsbau wurde – mitunter mit Unterstützung der Reichsstellen – am meisten unternommen, um genügend Fachpersonal in die landschaftlich reizvolle, aber kulturell unterentwickelte Provinz zu locken.

Mit besonderen Sozialleistungen und Verdiensten um die Berufsausbildung konnten sich Unternehmen im von der DAF ausgerufenen «Leistungskampf» um die Auszeichnung als «NS-Musterbetrieb» bewerben. Im Betriebsalltag hatte sich die DAF seit 1933 in offener Konkurrenz zur revolutionären NSBO etabliert. Das DAF-Amt «Schönheit der Arbeit» (ASdA) versuchte dabei die Lücke zu schließen, die durch die Zerschlagung der Arbeiterbewegung entstanden war. Da die DAF sich als Speerspitze der Partei und als propagandistisches Element im Dienste der «Bewegung» sah, greift es jedoch zu kurz, generalisierend von einer Zweckgemeinschaft der deutschen Wirtschaft und der DAF zur «Befriedung» der Arbeiter zu sprechen.[209] Vor allem Unternehmer größerer Betriebe fürchteten Eingriffe in ihre Autonomie seitens der DAF.[210] Der «Leistungskampf», der theoretisch die Chance zu einer Profilierung der Unternehmen geboten hätte, wurde mitunter skeptisch betrachtet. Während er für Robert Ley die Gelegenheit darstellte, «jeden Betrieb mit nationalsozialistischer Gesinnung zu erfüllen»[211], fürchteten die Unternehmer bisweilen – mit gutem Grund –, dass dies auf Kosten der Rentabilität gehen würde.[212] Da die Bewerber außerdem dem Reichswirtschaftsministerium (RWM) Einblick in eine Vielzahl von Unterlagen gewähren mussten, nahmen viele Unternehmen nicht an dem Wettbewerb teil.[213] Tatsächlich konnte die DAF kein über Phrasen hinausgehendes Programm präsentieren: Teils verfügten die Unternehmen bereits über gut etablierte Fürsorge- und Ausbildungssysteme, so dass die DAF-Initiativen wenig Neuerungen brachten, teils scheiterte der Anspruch der Effizienzsteigerung an der Realität und dem polykratischen Gefüge der nationalsozialistischen Nebenorganisationen.[214]

Der Versuch der DAF, in geschäftlichen und organisatorischen Fragen mitzubestimmen, führte auch in den Unternehmen der Quandt-Gruppe immer wieder zu Reibungen. Beispielsweise warnte die Direktion der AFA im Jahr 1935 in einer vertraulichen Mitteilung vor einer solchen Anmaßung: «Von neu entstandenen Wirtschaftsverbänden und verschiedenen Stellen der NSDAP, z.B. der Deutschen Arbeitsfront, werden in letzter Zeit von den Betrieben sehr eingehende Angaben gefordert über Arten der hergestellten Erzeugnisse, Stärke der Belegschaft und Umfang ihrer Beschäftigung auf genau zu bezeichnenden Produktionsgebieten. Verschiedentlich sind auch an die Betriebszellenobleute derartige Rückfragen mit der Begründung gestellt worden, dass Erhebungen über erteilte Heeres- und andere Behördenaufträge erforderlich seien. Ich weise Sie darauf hin, dass derartige Rückfragen vom Betriebe oder von dem an der Erledigung der Aufträge beteiligten Personal nur beantwortet werden dürfen, wenn sie von der auftraggebenden Wehrmachtsdienststelle gestellt werden.»[215] Ähnliche Konflikte und Kompetenzstreitigkeiten zwischen den DAF-Leuten und der Betriebsleitung waren auch in den Werken der DWM und ihrer Tochtergesellschaften an der Tagesordnung.[216]

Die Quellenlage lässt keine gesicherte Aussage zu, warum die AFA im «Leistungskampf» der deutschen Betriebe leer ausging. Differenzen mit der DAF könnten ebenso ein Grund gewesen sein wie

die Weigerung, am Wettbewerb teilzunehmen oder schlicht die Nicht-
erfüllung der Anforderungen seitens der AFA. Die verschiedenen
DWM-Unternehmen wurden hingegen durch die DAF für ihre Leistungen ausgezeichnet. Seit dem 1. Mai 1937 vergab die DAF das
«Gaudiplom für hervorragende Leistungen». Aus den Betrieben mit
Gaudiplom wurden dann die «NS-Musterbetriebe» ausgewählt. Ab
1942 ging die Auszeichnung «Kriegsmusterbetrieb» an Unternehmen
mit hoher Produktion, erfolgreicher Rationalisierung, Arbeitskräfte-
einsparung, geringen Unfall- und Krankenziffern sowie hoher
Frauen- und Jugendlichenbeschäftigung. Die Auszeichnung «NS-
Musterbetrieb» wurde inzwischen wieder vorrangig für Sozialleistungen vergeben, nachdem sie vor der Einführung des Prädikats
«Kriegsmusterbetrieb» vorübergehend für betriebliche Maßnahmen
zur Leistungs- und Effizienzsteigerung verliehen worden war. Die damit verbundene Verleihung und Übergabe der «Goldenen Fahne»
sollte auch einer Art Selbstvergewisserung dienen, dass die nationalsozialistische Sozialpolitik selbst vor dem Hintergrund der Aufrüstungspolitik nicht an Dynamik verlieren werde.[217] Für ihre umfassende Sozialfürsorge erhielten die Dürener Metallwerke 1938 ein
«Gaudiplom für hervorragende Leistungen».[218] Ende November 1942
sprach sogar Reichsorganisationsleiter Robert Ley persönlich bei einem
Großbetriebsappell. Die Belegschaft sei von dessen Rede «völlig begeistert» gewesen, meldete der Betriebsobmann des Dürener Werkes.[219] Auch den Mauser-Werken wurde am 1. Mai 1939 das «Gaudiplom für hervorragende Leistungen» verliehen, das 1940 und 1942
bestätigt wurde.[220] Berichte vom August 1942 rühmten entsprechend
die Leistung der Funktionäre, der Betriebszellenobleute der DAF, die
das Ihrige dazu beitrügen, «die innere Haltung der Gefolgschaft auszurichten und zu stärken».[221]

Das DWM-Werk Berlin, das in der Zeit der Weltwirtschaftskrise
praktisch stillgestanden hatte, erhielt bereits im November 1936
das Leistungsabzeichen für «Kraft durch Freude». Seit 1934 wurden
dort wieder Lehrlinge eingestellt und im Hauptwerk geschult, bis
1938 eine eigene Lehrlingswerkstatt fertiggestellt war.[222] Dem Werk
wurde daher von der Arbeitskammer Berlin das Leistungsabzeichen
für vorbildliche Berufserziehung verliehen.[223] Bei der Feier des
Firmenjubiläums 1939 wurde eine «Dr. Albert Wolff-Stiftung» ins
Leben gerufen, die besonders befähigte junge Mitarbeiter fördern
sollte.[224]

Einer Anfang 1942 ausgerufenen Leistungsoffensive verlieh die DWM-Betriebsleitung im Rahmen eines «außergewöhnlichen Amtswalterappells» am 1. Februar 1942 Nachdruck. Auf dieser an einem Sonntagmorgen einberufenen Versammlung aller Betriebszugehörigen nahm Direktor Hermann Schmidt in seiner Ansprache Bezug auf die Rede Hitlers im Berliner Sportpalast vom 30. Januar 1942. Hitler hatte die schwierige Lage an der Ostfront angedeutet und ein weiteres Mal zu höheren Anstrengungen der Heimatfront aufgefordert. Schmidt nahm diesen Gedanken auf und verwies ausdrücklich auf die Soldaten an der russischen Front, um größere Anstrengungen der Belegschaft einzufordern. Zu den personellen Veränderungen gehöre es auch, den Mangel an Personal durch die Hereinnahme ausländischer Arbeitskräfte auszugleichen, auch wenn dies kein idealer Zustand sei.[225]

Nachdem sich das Berliner Unternehmen in den Folgemonaten weiterhin durch kriegerische Rhetorik als linientreuer Rüstungsbetrieb präsentiert hatte, erhielt das Werk am 1. Mai 1944 schließlich die lang erwartete Auszeichnung als «Kriegsmusterbetrieb» und durfte die silberne Fahne mit dem Kriegsverdienstkreuz führen. In den DWM-Werksnachrichten wurde die Ehrung mit einem weiteren Ansporn verbunden: Die Freude sei so groß, weil die Auszeichnung Ergebnis des gemeinsamen Einsatzes von Betriebsführung und Belegschaft sei. Man wolle die Soldaten an der Front durch die Arbeit unterstützen und zu einem schnellen und sicheren Sieg beitragen.[226]

Schon im Kaiserreich war betriebliche Freizeitpolitik ein Mittel gewesen, mittels Turn-, Gesangs-, Bildungs-, und Schachvereinen die Betriebszusammengehörigkeit zu verstärken. Die Angebote waren nicht nur eine «Defensivstrategie» gegen die wachsende Arbeiterbewegung, sondern boten im Zuge der Herausbildung von modernen Großbetrieben eine notwendige infrastrukturelle Ergänzung, um vor allem die Stammbelegschaft an das Unternehmen zu binden und die betriebliche Effizienz zu steigern.[227] In den Bereich der «sozialen Rationalisierung» fielen daher zahlreiche Bemühungen, ein angenehmes Betriebsklima mit den ideologischen Erfordernissen zu verbinden. Hierzu gehörte die Förderung der körperlichen Ertüchtigung, die natürlich keine NS-Erfindung war, aber im «Dritten Reich» eine besondere Rolle spielte. Auffällig bei den Unternehmen der Quandt-Gruppen war, dass gerade bei den Rüstungsbetrieben die körperliche Komponente eine herausragende Rolle spielte. In der Nähe des Karlsruher DWM-Werkes wurde ein eigener Sportplatz angemietet, im Werk Berlin wurde der werkseigene Sportplatz 1938 mit zugehörigen Umkleideräumen, Duschen und Geräteräumen ausgebaut.[228] Auf dem Werksgelände der Dürener Metallwerke entstand ein «Ehrenhof» für die Gefallenen des Ersten Weltkrieges, der 1934 feierlich eingeweiht wurde. Er diente in der Freizeit auch als Erholungsstätte, da neben ihm ein neues «Gefolgschaftsheim» errichtet wurde.[229] Die AFA Oberschöneweide verfügte ebenfalls über ein Kameradschaftsheim, das zunächst auch zum Alkoholausschank berechtigt war und zum Skat-, Schach- oder Billardspielen genutzt werden konnte.[230] Diese betrieblichen Angebote zur Freizeitgestaltung sollten das Gemeinschaftsgefühl erhöhen – ein gängiges Mittel der Nationalsozialisten, die Grenzen zwischen öffentlicher und privater Sphäre zu verwischen.[231] Seit 1938 wurde die alle Betriebe umfassende Kameradschaftliche Vereinigung durch einzelne Betriebsgemeinschaften abgelöst. Der Betriebssportwart und der Betriebskulturwart wurden von der DAF im Einverständnis mit dem Betriebsführer ernannt.[232]

Von der Arbeiterschaft zur «Gefolgschaft»: Die Politisierung im Betriebsalltag

Der Nationalsozialismus versprach den Aufbruch zu neuen Ufern und verhalf der NSDAP als einer «Volkspartei mit Mittelstandsbauch» (Jürgen Falter) zu erheblichem Zulauf. Selbst die Arbeiterschaft widerstand in ihrem Kern dem nationalsozialistischen Werben nicht.[233] Die rauschhaften Vorgänge des Frühjahrs 1933 schienen vielmehr eine wahre «Volksgemeinschaft» und einen egalitären und geradezu «modernen» Neuanfang anzukündigen.[234] Neben dem Widerstand der KPD, die durch Bürokratisierung und «Stalinisierung» bei vielen Arbeitern diskreditiert war,[235] blieb die Opposition daher nur einer Minderheit sozialistischer Arbeiter vorbehalten.

Politischer Widerstand gegen das NS-Regime blieb in den Unternehmen der Quandt-Gruppe die Ausnahme. Die «Deutschland-Berichte» der Sopade meldeten im April 1936 aus dem neuen Zweigwerk der Dürener Metallwerke im Berliner Norden zwar eine Zahl von etwa 500 NS-Gegnern. Eine aktive politische Tätigkeit werde jedoch abgelehnt und der Kampf lediglich für eine «Verbesserung der sozialen Lage» geführt.[236] Die gerade anfangs ausgeübte Brutalität und die weit verbreitete Denunziation erzeugten ein «Klima der Angst»,[237] das vor den Werkstoren nicht Halt machte und typischer-

weise aus dem neu errichteten Berliner Werk der Dürener Metallwerke belegt ist.[238]

Im benachbarten DWM-Werk war während der Jahre 1941/42
eine etwa 70-köpfige Widerstandszelle tätig, deren Mitglieder überwiegend kommunistisch, zum Teil aber auch sozialdemokratisch
oder parteilos orientiert waren. Der Forschungsstand zu diesem
Thema lässt jedoch zu wünschen übrig und beruht fast ausschließlich
auf DDR-Publikationen. Es soll sich nicht nur um einfache Arbeiter
und Zwangsarbeiter gehandelt haben; die Gruppe habe ihre Kreise
bis auf die mittlere Führungsebene gezogen.[239] Durch die Zerstörung
von Patronenhülsen, die Säureschädigung von Produktionsteilen und
das Vergießen von Knochenöl sollte die Produktion behindert werden. Der Widerstand war der Gruppe um Robert Uhrig zugeordnet,
in der sich bereits seit 1939 Oppositionskreise verschiedener Berliner
Betriebe gebündelt hatten. Uhrig und zahlreiche Weggefährten wurden im Februar 1942 von der Gestapo verhaftet. 16 Mitglieder der
Gruppe wurden in der Haftzeit umgebracht, weitere 36 zum Tode
verurteilt und hingerichtet.[240]

Demgegenüber hatte sich im Hagener Werk der AFA eine starke
nationalsozialistische Gruppe herausgebildet. Diese war bereits 1931
eine der größten Zellen im rheinisch-westfälischen Industriegebiet und
zählte im November 1932 150 Mitglieder, was etwa 5 Prozent der Gesamtbelegschaft entsprach.[241] Im Hagener AFA-Werk, in dem die
NSBO schon früh Zulauf erhalten hatte, ließ sich Reichsorganisationsleiter Robert Ley am 3. Dezember 1934 bei einem großen Betriebsappell entsprechend feiern.[242]

Auch bei der AFA Oberschöneweide bestand unter den Arbeitern
ein bemerkenswertes revolutionär-nationalsozialistisches Potential.
Wie aufgeputscht die Stimmung war, zeigte sich auf einer Betriebsversammlung im Oktober 1933, auf der ein NS-Funktionär Drohungen gegen Unternehmer ausstieß, die sich an die «neuen Verhältnisse»
nicht anpassen wollten: «Wenn man mit Unternehmern verhandelt
und kommt nicht durch, so ist es besser, man haut ihnen gleich in die
Schnauze.» Das sei, so fügte der Nationalsozialist an, seiner eigenen
Erfahrung nach besser, als Anzeige zu erstatten und Gerichtsbe-
schlüsse herbeizuführen. Betriebsangehörigen, die den «Deutschen
Gruß» verweigerten, fügte er en passant an, solle «in die Fresse» ge-
hauen werden.[243] Solche Töne waren ein Vorgeschmack auf die zukünftige Entwicklung. Betriebsführer Kraushaar selbst stand natio-

nalsozialistischen Ausdrucksformen eher zurückhaltend gegenüber und sah durch die Agitation der Nationalsozialisten den Betriebsfrieden gefährdet.[244] In einem Fall versuchte er die Situation mit dem Hinweis zu beschwichtigen, man müsse eine gewisse Zeit für die politische Umstellung gewähren.[245] Die Direktion musste in den Monaten nach der «Machtergreifung» jedoch behutsam vorgehen. Angesichts der aggressiven Säuberungstendenzen des Vorsitzenden des Angestelltenrates und des Vorsitzenden des AFA-Gesamtbetriebsrats Otto Schmidt[246] musste bedacht werden, dass eine zu starke Verteidigung nichtnationalsozialistischer Mitarbeiter gegen die AFA-Führung verwendet werden konnte. So beschwerte sich 1934 der Vertrauensrat, dass auf Betreiben Kraushaars das Treuegelöbnis von Betriebsführer und Vertrauensleuten nicht nach nationalsozialistischen Grundsätzen erfolgte.[247]

In der zweiten Jahreshälfte 1933 fühlte sich die NSBO bei der AFA bereits so stark, dass Kreisleiter Sperling die Entlassung eines den Nationalsozialisten unangenehmen AFA-Büroleiters fordern konnte.[248] Kraushaar stellte sich zwar auf den Standpunkt, dies widerspreche den Bestimmungen des Betriebsrätegesetzes und den NS-Grundsätzen, wurde jedoch mit dem Verweis auf die Gestapo eines Besseren belehrt.[249] Der Bürovorsteher wurde schließlich entlassen: Im Kräftemessen zwischen dem nationalsozialistisch dominierten Vertrauensrat und der Betriebsführung, die ihre Autorität auch gegenüber den nationalsozialistischen Belegschaftsvertretern wahren wollte, zog die Direktion den Kürzeren. Die NSDAP bestand zudem auf die Besetzung gehobener Posten mit Nationalsozialisten. Der Vertrauensrat in Oberschöneweide monierte 1934 beispielsweise, nur die schlechtbezahlten Posten seien mit Nationalsozialisten besetzt – ein Ansinnen, dem der Vorstand der AFA schon deshalb zurückhaltend gegenüberstand, weil er seine personalpolitischen Rechte beschnitten sah.[250] In diesem Fall ist kein direkter Erfolg der NSBO überliefert. Noch 1934/35 kam es zu schweren Reibereien zwischen der NSBO und der kaufmännischen Leitung der AFA. Den Anlass dafür bot die Beschwerde eines Mitarbeiters über seinen Vorgesetzten Spengler, der – so lautete der Vorwurf des Gau-Abteilungsleiters der NSBO – daraufhin den betreffenden Beschäftigten nicht mehr grüßte und es unterließ, die Beschwerde pflichtgerecht durch den Betriebsführer prüfen zu lassen. Das Verhalten der AFA-Leitung sei allenfalls «in liberalistischer Zeit» erlaubt gewesen.[251] Bei einer

Besprechung beim Gau-Abteilungsleiter der NSBO wurde der AFA vorgeworfen, «den nationalsozialistischen Bestrebungen feindlich» gegenüberzustehen – ein Totschlagargument, dem die Direktoren Wallmüller und Kraushaar kaum etwas entgegensetzen konnten.[252] Das Verfahren verlief schließlich im Sand, weil es vom Treuhänder der Arbeit zur Wahrung des «Betriebsfriedens» nicht weiter verfolgt wurde.[253] Kraushaar versuchte fortan die Wogen zu glätten. Die Abteilungs- und Bürovorsteher und Meister wurden ermahnt, im betrieblichen Interesse keinen Konfrontationskurs zu fahren: «Es ist nicht unsere Aufgabe, alle Wünsche zu erfüllen. Wir dürfen und müssen nur das erfüllen, was mit Wirtschaftlichkeit vereinbar ist. [...] Die Arbeitsfront hat ebenfalls Richtlinien bekommen: sie selbst hat den nationalsozialistischen Geist in den Betrieben zu pflegen und andererseits muss sich dieses Organ ein Bild über die Bedürfnisse des Betriebes und die Wirtschaftsverhältnisse machen.»[254] Bald fanden sich dann auch seitens der Betriebsleitung Ermahnungen für den Fall, dass sich Betriebsangehörige nicht im nationalsozialistischen Sinne verhielten. Wenn Mitarbeiter «unkameradschaftliches» Verhalten gegenüber einem Blockverwalter der DAF oder einem Amtswalter zeigten, wurde dies gelegentlich mit einer öffentlich ausgehängten Verwarnung geahndet. Im Wiederholungsfall drohte die Entlassung.[255] Grundsätzlich war die Betriebsleitung eher bereit, dem Vertrauensrat und der NSBO bei Fragen «nationalsozialistischer Umgangsformen» entgegenzukommen als bei Forderungen, die sie für unwirtschaftlich hielt oder als Eingriff in ihre Kompetenzen betrachtete.

Wie sich Günther Quandt im Einzelnen zu solchen Vorfällen stellte, ist nicht überliefert. Bekannt ist, dass er die nach Kriegsbeginn geforderte Modifizierung der AFA-Betriebsordnung von 1934 als staatliche Gängelei empfand: «Man muß mit der Herausgabe einer neuen B.O. sehr vorsichtig sein. Die AFA soll auch eine neue machen. Wir werden ständig gequält; während die Pertrix und AFA-Wien ganz neue, moderne haben, die kaum ein Jahr alt sind, genügt das den Herren zum Teil schon nicht mehr.»[256] Zwar gelang es der AFA, die Einführung einer neuen Betriebsordnung herauszuzögern. Wirklich verhindern konnte Quandt das Verfahren freilich nicht. Am 1. Mai 1944 trat eine revidierte Fassung in Kraft.[257]

Eine NSBO gab es zwar auch in anderen Unternehmen der Quandt-Gruppe, allerdings fehlen hier Quellen zu einer qualitativen Analyse. Wesentlich anders dürfte es aber nirgends gewesen sein. Als der Obmann der NSBO bei den Dürener Metallwerken beispielsweise im Frühsommer 1934 erfuhr, dass es immer noch Belegschaftsmitglieder gab, die sich weigerten, Karten zu einer NSBO-Versammlung zu kaufen, bezeichnete er sie als «Miesmacher» und forderte ihre Entlassung, weil diese offensichtlich «kein Interesse am Aufbau des Vaterlandes» hatten.[258]

Von «politischen Stoßtrupps» und «Waffenschmieden»: Eine neue «Unternehmenskultur»

In Arbeitsbedingungen und politischer Betätigung der Arbeiter spiegelt sich auch die Unternehmenskultur. Sie beschreibt «jenes unhinterfragte Wissen über Werte, Normen, Bedeutungen von Symbolen, Ritualen und Handlungen usw., das den Mitgliedern eines Unternehmens gemeinsam ist und diese von Mitgliedern anderer Unternehmen unterscheidet».[259] Gemeint sind unter anderem Werte (hohe Produktqualität, freundlicher Kundenumgang, familiäres Betriebsklima), Normen (Unternehmensvorschriften, Bräuche) und Symbole (Architektur, Kleidung, Feiern, Riten, Sprache, Mythen).[260] Sie wird selten reflektiert und kann durch externe Ereignisse wie eine Firmenübernahme, sinkende Nachfrage oder Krieg entscheidend beeinflusst werden[261] und als «weiches» Managementinstrument dazu dienen, die Kooperationsbereitschaft zu steigern und die Kontrollkosten zu senken.[262] Es handelt sich zwar nicht um einen zeitgenössischen Begriff,[263] aber das, was heute darunter verstanden wird, wurde spätestens seit den 1920er Jahren thematisiert. Mitarbeiter wurden bereits damals als soziale Wesen verstanden, die nicht allein über Lohnanreize und Strafandrohungen motiviert werden konnten.[264] Vor allem in Unternehmen mit einem großen Bedarf an Stammarbeitern scheint eine ausgeprägte Unternehmenskultur hilfreich zu sein.[265]

Die Quellenlage in Bezug auf die Quandt-Firmen lässt fast ausschließlich die Betrachtung der Unternehmenskultur als Inszenierung und Steuerungsinstrument der Betriebsleitung sowie den Einfluss externer Faktoren wie Krieg und Ideologisierung der Gesellschaft zu. Zeugnisse von Arbeitern und Angestellten, die das Selbstverständnis als Mitarbeiter eines Quandt-Unternehmens widerspiegeln, liegen praktisch nicht vor. Ebenso ist durch die lückenhafte Überlieferung eine Nachzeichnung der Entwicklung der Unternehmenskultur selten möglich.

Ein indirekter Hinweis auf das Selbstverständnis der Arbeiter bei der AFA und in den Rüstungsunternehmen sind Berichte über den dort vorherrschenden Facharbeiterstolz. Die Nationalsozialisten sahen in der Rüstungsmobilisierung ein «gemeinschaftliches Projekt», das mittels Feiern und Aufmärschen Nationalstolz stimulieren sollte. Das konnte durchaus gelingen. In der Rüstungsindustrie waren beispielsweise die Beschäftigten der Flugzeugindustrie «sehr von sich eingenommen» und zeigten einen ausgeprägten Stolz auf ihren Beruf, den sie vom Handwerklichen her als das «Vornehmste» bezeichneten,[266] und viele Arbeiter bei den Werken von Dornier, Messerschmitt und Heinkel glorifizierten die Waffen, die sie produzierten.[267] Gerade die Luftwaffe wurde zu einem Symbol, mit dem sie sich identifizieren konnten, weil damit der Traum einer nationalen Luftstreitmacht wahr wurde.[268] Die Batterietechnik war sicherlich weniger ausgefeilt, aber als Lieferant für die High-Tech-Produkte der Wehrmacht fiel ein Abglanz auch auf die Zulieferer. Der in den Werkszeitschriften der AFA, der DWM und anderer Betriebe der Quandt-Gruppe immer wieder erwähnte Facharbeiterstolz war nicht nur ein Propagandaprodukt, zumal der Rüstungsboom auch Aufstiegschancen bot, obwohl sich der Lebensstandard im eigentlichen Sinn ja nicht wesentlich verbesserte.[269] Bei der AFA als Arbeiter beschäftigt zu sein, hatte noch andere handfeste Vorteile. Die Verwaltung in Hagen musste sich bei den Behörden beispielsweise gegen den Vorwurf wehren, sie schütze ihre Arbeiter vor Einberufungen zur Wehrmacht: «Die Accumulatoren-Fabrik nehme den Standpunkt ein, daß ihr nichts geschehen könnte. Dies hätte sich auch schon auf die Einstellung der Arbeiter übertragen, und man spreche davon schon auf der Straße. Jeder Arbeiter der AFA erzähle, daß er nicht dienstverpflichtet werden könne und daß er nicht Soldat zu werden brauche, denn er sei ja bei der Accumulatoren-Fabrik.»[270] Tatsächlich konnten Arbeiter einiger DWM- und AFA-Werke gegen Ende des Krieges nicht von anderen Dienststellen herangezogen werden, weil sie zu den Unternehmen eines «Notprogramms» gehörten.[271]

Zum Selbstverständnis der Quandt-Unternehmen hatte es bereits vor 1933 gehört, qualitätsorientiert zu produzieren. Schon Adolph Müller hatte 1924 gemahnt, keine «Schundware» herzustellen und trotz Massenfertigung die Qualitätsstandards nicht sinken zu lassen.[272] Ähnlich grenzte man sich auf den AFA-Abteilungsleiterkonferenzen von der Konkurrenz ab.[273] Der Pertrix-Mitarbeiter Konrat Michel beschrieb nach dem Krieg die Marktführerschaft in qualitativer Hinsicht sogar als Problem: «Für uns war die Situation während des Krieges sehr schwer. Wir waren das führende Unternehmen der Branche. Wir waren in der Qualität führend und es war daher selbstverständlich, dass sich die Wehrmacht ganz besonders auf uns stützte. Damit entstand zunächst die Gefahr, dass wir völlig aus dem Markt heraus kommen und die anderen [Unternehmen] Plätze einnehmen konnten, die wir später vielleicht nur sehr schwer wieder zurückerobern konnten.»[274] Auch bei den Unternehmen der DWM-Gruppe spielte die Qualitätsfrage eine große Rolle.[275] Obgleich dieses Qualitätsdenken eine Last sein konnte, stärkte es doch die Position gegenüber den Auftraggebern als auch gegenüber der Konkurrenz und führte vermutlich bei den Mitarbeitern dazu, dass diese stolz auf die Zugehörigkeit zu ihrem Unternehmen waren.

Ab 1933 nahmen Ansprachen und Feierlichkeiten zunehmend einen nationalistisch-militaristischen Unterton an, was sich recht gut anhand der Werkszeitungen nachvollziehen lässt: Dieses publizistische Genre diente in nationalsozialistischer Zeit immer weniger dazu, Nachrichten aus den Betrieben zu vermitteln. Die Werkszeitschriften hatten als gleichgeschaltete publizistische Propagandaorgane vornehmlich die Aufgabe, den nationalsozialistischen Geist und die Weltanschauung in die Betriebe zu transportieren.[276] Trotz aller Gleichschaltungsmaßnahmen gab es dennoch gewisse Handlungsspielräume. So kam der «AFA-Ring» als Postille der Batteriebranche trotz nationalsozialistischen Grundtons in manchen Artikeln vergleichsweise harmlos daher, selbst wenn er bisweilen aktuelle politische Fragen thematisierte.[277] Die Ausgabe vom Mai 1940 eröffnete mit einem Leitartikel «Wann fällt die Entscheidung?», in dem kein Zweifel an einem deutschen Sieg gelassen und Großbritannien als Hauptschuldiger am Kriegsausbruch gebrandmarkt wurde: «Wenn es England durch Jahrhunderte gelang, den Nimbus seiner Unangreifbarkeit und Unbesiegbarkeit in einem Maße zu erhalten, daß sich noch heute die neutralen Mächte von diesem bereits arg zerzausten britischen Löwen bedrängt fühlen, dann muß es die Aufgabe unserer Generation sein, dafür zu sorgen, daß umgekehrt England sich für Jahrhunderte nicht mehr in feindlicher Absicht an das deutsche Volk traut.» Die zahlreichen abgedruckten Feldpostbriefe von AFA-Mitarbeitern, die zur Wehrmacht einberufen waren, wurden durch Berichte über Kameradschaftsabende, Betriebsversammlungen und andere Veranstaltungen ergänzt, die inzwischen kaum noch ohne Anspielungen auf den «Lebenskampf» des deutschen Volkes auskamen.[278] Die Politisierung der Betriebe nahm somit während des Krieges weiter zu. Auf einer Versammlung des neu gegründeten «Politischen Stoßtrupps der Hauptverwaltung» der AFA am 13. März 1940, an der auch Günther Quandt teilnahm, dozierte der ansonsten eher für Personalangelegenheiten zuständige AFA-Direktor Paul Kollenrodt über strategische Fragen, indem er Parallelen zwischen der Schlacht bei Cannae (216 v. Chr.) und dem Polenfeldzug der Wehrmacht zog. Auf einer weiteren Betriebsversammlung der Hauptverwaltung am 17. April 1940 behandelte «der bekannte Reichsredner Pg. Karl Protze» die Frage «Warum wir den Krieg gewinnen».[279]

Wesentlich militaristischer und völlig regimekonform berichteten die DWM-Werksnachrichten. Auch die Meldungen der bezeichnenderweise «Mauser-Knarre» genannten Werkszeitschrift, die seit 1937 in unregelmäßigen Abständen für das Berliner Werk berichtete, waren geradezu bedenkenlos martialisch, aber informierten zugleich in einer bunten Mischung über Arbeiterwohnstätten, Gefolgschaftsfeste und die eigenen Waffenprodukte als «Ware aus arischer Hand».

Bei den DWM spiegelte sich bereits im Namen die «neue Zeit» des Nationalsozialismus wider. Die Hauptversammlung der BKI beschloss am 29. Juni 1933, ein Vierteljahr nach der «Machtergreifung», den Zusatz «vormals Deutsche Waffen- und Munitionsfabriken» anzunehmen, womit schon symbolisch ein Kurswechsel eingeleitet wurde. Parallel zur Wiedereinführung der allgemeinen Wehrpflicht im «Dritten Reich» wurde im Juni 1936 dann der althergebrachte Name wieder eingeführt. Das Unternehmen firmierte fortan wieder wie in der Wilhelminischen Ära als «Deutsche Waffen- und Munitionsfabriken AG». Auf einem Kameradschaftsabend erklärte der Betriebsführer, nun sei «ein Stück Tradition» wieder Wirklichkeit geworden: «Eine Äußerlichkeit und dabei doch so außerordentlich bezeichnend für das Wachsen und Werden unserer Zeit.»[280]

Der in Berlin bis 1936 vorangetriebene Ausbau des Werkes, der in unmittelbarem Zusammenhang mit der verstärkten Konzentration auf die Rüstungsproduktion stand, wurde ebenfalls groß gefeiert. Die DWM-Werksnachrichten notierten, «daß hier Großes geleistet wurde und zur Hebung der deutschen Industrie, Ausgestaltung des eigenen Betriebes und der Wohlfahrt der Belegschaft im Sinne des Führers wesentlich beigetragen worden ist».[281] 1939 nahm das Werk bereits eine 1200 Meter lange Straßenfront am Eichborndamm ein und demonstrierte damit eindrucksvoll die wiedererlangte Bedeutung des einst maroden Rüstungsbetriebs.[282] Auch die Festschrift der DWM aus dem Jahr 1939 propagierte den neuen Geist: Der Nationalsozialismus habe das alte Klassendenken beseitigt und als neuen Wert die Gemeinschaftlichkeit im Betrieb etabliert. Arbeit werde nun als Gut der Allgemeinheit verstanden und die große Betriebsgefolgschaft stelle sich ganz in den Dienst von Volk und Staat.[283] Unabhängig vom Wahrheitsgehalt waren diese Parolen ein guter Beleg für die Attraktivität des sozialistischen Zuges der nationalsozialistischen Ideologie, der in Kombination mit dem Gedanken der Volksgemeinschaft in diesen Anfangsjahren der NS-Herrschaft attraktiv wirkte.

Vollmundig bekannte sich Günther Quandt mit einem auf den 8. Mai 1939 datierten Geleitwort in der Festschrift zur nationalsozialistischen Aufrüstung. Er beschrieb die Zeit nach 1918 als «Jahre des Niedergangs», in denen es einen «fast völligen Stillstand» der betrieblichen Fertigung und Wissenschaft gegeben habe, der aber inzwischen überwunden sei: «So aber war es möglich, im Augenblick der Machtergreifung dem Führer ein Werk zur Verfügung zu stellen, in dem die Herstellung von Heeresgeräten in größtem Umfang sofort wieder aufgenommen werden konnte. [...] Daß diese Bemühungen zum Erfolge führten, und daß es gelang, die gewaltigen Anlagen zu neuem Leben zu erwecken, verdanken wir aber allein der Initiative unseres Führers, der mit unbeugsamem Willen die Wiederertüchtigung und Wehrhaftmachung des deutschen Volkes durchführte.»[284] Die «Machtergreifung» wurde in der Festschrift überschwänglich als entscheidender Umbruch für die im Jahr 1933 immer noch unrentable Firma gefeiert: «Die Rettung konnte nicht mehr aus der eigenen Anstrengung eines Industrieunternehmens oder selbst der ganzen deutschen Wirtschaft kommen. Nur ein völliges Herumreißen des Staatsruders konnte, wenn überhaupt möglich, eine entscheidende Wendung bringen. Dieses Wunder gelang dem Genie des Führers. Er stellte nicht nur das Reich auf eine neue, gesunde Grundlage, sondern verschaffte ihm wieder Macht und Ansehen im Kreis der Staaten und Völker. Macht und Ansehen kamen aber nicht von papiernen Protesten und Verhandlungen mit dem Ausland, das Deutschland 14 Jahre niedergehalten hatte, sondern sie kamen von einer zielbewußten

Staatsführung und Stärkung der deutschen Wehr. So steht für die Berlin-Karlsruher Industrie-Werke A.–G. am Ende dieser elf schweren Jahre der Auftrag eines wieder erstarkenden Reiches, alle Kräfte für die Waffen- und Munitionsfertigung vorzubereiten.»[285] Die Signalwirkung, die der «große Umbruch» für die Rüstungsindustrie bedeutete, wurde besonders hervorgehoben. Damit sei das «Steuer des Reiches aus der Hand willen-, macht- und ideenloser Menschen in die sichere Hand eines vom Schicksal auserkorenen Führers» gelegt worden, was nicht nur innere Festigung, sondern auch «äußere Stärke» bedeutet habe: «Sehr bald auch kam in die deutsche Rüstungsindustrie neues Leben. Das wieder erstarkende Reich mußte sich eine neue Wehr schaffen, wenn es im Kreise der bis an die Zähne bewaffneten Nachbarn bestehen wollte.»[286]

In der Festschrift, deren inhaltliche Gestaltung ohne jeden Zweifel von der Unternehmensspitze genehmigt worden war, wurden zwar beiläufig anfängliche Forderungen nach allgemeinen Rüstungsbeschränkungen erwähnt, jedoch durch Hinweise auf die angesichts der ausländischen Konkurrenz unabdingbare staatliche Unterstützung ergänzt. Die DWM bekannten sich zur nationalsozialistischen Wirtschaftspolitik und zogen die Rolle des Staates als Großauftraggeber der Rüstungsindustrie dem freien Spiel der Marktkräfte vor.[287] Aufschlussreich ist ein Abgleich mit der Firmenfestschrift, die 1964 zum 75-jährigen Bestehen des Unternehmens herausgegeben wurde. Während 25 Jahre zuvor die Rüstungsproduktion noch identitätsstiftend im Mittelpunkt stand, versuchte man nun, das Engagement der DWM in der Produktion für den zivilen Bereich deutlich zu unterstreichen.[288]

Wie sehr die DWM auf der Linie des Regimes lagen, wurde zudem in einer vierseitigen Sonderausgabe der Werkszeitschrift aus dem April 1939 deutlich, die dem 50. Geburtstag von Adolf Hitler gewidmet war.[289] Der Berliner DWM-Betriebsführer Hermann Schmidt betonte, «daß wir alle nur dem Führer zu danken hätten, daß wir in diesem Werk arbeiten und unser Brot verdienen könnten».[290] Bei anderer Gelegenheit wurde selbst die Friedensfertigung der DWM lediglich als eine Vorstufe zur eigentlichen Aufgabe dargestellt. Jene Zeit habe nur dazu gedient, «um ein Dutzend Jahre die Kräfte zu nähren, die bestimmt noch einmal gebraucht werden würden, wenn das deutsche Volk sich weiter behaupten wollte.»[291] Nach dem Antritt Adolf Hitlers hätten sich die Werkshallen der DWM binnen kürzester Zeit mit neuem Leben erfüllt. «Wie Verdurstende auf das Wasser, stürzten sich zunächst hunderte, dann tausende und abermals tausende von Händen auf die neue Arbeit. […] DWM marschiert im Rhythmus seiner Zeit in vorderster Linie bergan!» Das Großdeutsche Reich bedürfe mehr denn je einer tüchtigen Waffenschmiede. Die DWM wollten diese Rolle «getreu dem Ruf unseres Vaterlandes» ausfüllen.[292] In den folgenden Monaten trat der Berliner Betriebsführer Schmidt als besonders eifriger Agitator hervor, der alle Mitarbeiter dazu aufforderte, mit erhöhtem Pflichtbewusstsein und äußerster Kraft ans Werk zu gehen und das Schicksal des deutschen Volkes in die Hand zu nehmen.[293] Im Sommer 1940 nahm er die «historische Stunde» des Sieges über Frankreich zum Anlass für einen Appell, die Kleinigkeiten und Sorgen des Alltags zu verdrängen und alle Kräfte für die Soldaten an der Front zu mobilisieren. Die Produktion von Nachschub an Waffen, Gerät und Munition sei man den kämpfenden Brüdern an der Front schuldig. Jeder solle alles aus sich herausholen, die Betriebsleitung auf säumige oder verantwortungslose Mitarbeiter aufmerksam machen sowie sein Bestes geben, um den Ausfall von Arbeitskräften zu kompensieren: «Was heute ausreicht, muß morgen verdoppelt werden, dem Tempo unseres Vormarsches im Westen entsprechend.»[294] Nachdem am 17. September 1941 Günther Quandt das Werk besichtigt hatte, versammelte Schmidt die leitenden Angestellten und Mitarbeiter im festlich geschmückten Vortragssaal des Werkes. Seine lang anhaltend beklatschten Ausführungen, so vermeldeten die Werksnachrichten, waren ein Lobgesang auf den «Führer», der in vorderster Front stehe. Auch wenn für die Mitarbeiter der DWM die Gefahr, von Kugeln getroffen zu werden, nicht so groß sei wie bei den Soldaten an der Front, so leisteten doch alle mit ihrer Kraft und ihrem Fleiß ihren Beitrag zu den Erfolgen im Krieg. Man müsse den eingezogenen Mitarbeitern die Treue halten und sie ihnen auch vergelten, wenn sie nach dem Sieg von der Front heimkehrten.[295]

Auch in anderer Hinsicht war das Berliner DWM-Werk geradezu ein Paradefall eines Rüstungsvorführbetriebs, der gleichsam unter Quandts Augen der Kriegspropaganda huldigte. Das Rüstungskommando verwies mehrmals darauf, das Werk sei geeignet, als «Kriegsmusterbetrieb» ausgezeichnet zu werden,[296] und die Betriebsleitung tat alles, um diesem Bild gerecht zu werden. Kriegsparolen auf dem DWM-Gelände wie «Unsere Mauern brechen, aber unsere Herzen nicht!» oder «Adolf Hitler ist der Sieg!» fanden auch den Weg in die Werkszeitung. Hermann Schmidt erhielt schließlich «in einer würdigen Feierstunde» am 22. September 1943 durch die Rüstungsinspektion das Kriegsverdienstkreuz I. Klasse, und auch an zahlreiche «Gefolgschaftsmitglieder» wurden Kriegsverdienstkreuze I. und II. Klasse, Kriegsverdienstmedaillen und Luftschutz-Ehrenzeichen verliehen.[297] Die Verleihung von Kriegsauszeichnungen wurde eigens von einer Mitarbeiterin fotografiert, die darüber hinaus die betrieblichen Feiern und sogar die Volksmusik- und Volkstanzdarbietungen der «ukrainischen Arbeiter und Arbeiterinnen» auf der werkseigenen Bühne für die Nachwelt fotografisch festhielt.[298]

In Posen wurde die Willfährigkeit, sich dem Regime anzubiedern, auf die Spitze getrieben. Betriebsleitung und Regime arbeiteten dabei Hand in Hand. Offensichtlich fand schon anlässlich der Übergabe der Fabrik an die DWM in der Waggonhalle des Werkes eine Versammlung der Belegschaft mit Ansprachen von Günther Quandt, Gauleiter Greiser und Betriebsführer Schneider statt.[299] Ob dies die gleiche Veranstaltung war wie der erste feierliche Betriebsappell am 5. April 1940, bei der Gauleiter Greiser zu Beschäftigten über die «Betriebsführung im nationalsozialistischen Sinne»[300] sprach, ist nicht ganz klar. Bei einem anderen «Betriebsappell», bei dem Betriebsführer Oskar Köhler, Reichsorganisationsleiter Ley, Gauleiter Greiser und Reichsleiter Derichsweiler anwesend waren, soll Günther Quandt – einer späteren Beschuldigung zufolge – sich damit gebrüstet haben, die wahren Hintergründe der DWM-Rüstungspolitik verschleiert zu haben: «Während man draußen wähnte, daß wir Kochtöpfe machen, bereiteten wir schon im Jahr 1934 des Führers Krieg vor.» Adolf Schneider, so lautete der Vorwurf, habe sekundiert: «Die deutsche Rüstungsindustrie hat Hitler zum politischen Siege verholfen und hierbei steht unsere DWM mit unserem allverehrten Günther Quandt an allererster Stelle.» Gauleiter Greiser habe bei dieser Gelegenheit die DWM gewürdigt: «Das Wartheland ist stolz auf das Hiersein der DWM! Was wären wir ohne Krupp, ohne DWM? Ja, mit ihren sämtlichen Filialwerken hier im Osten sowie im Westen (Lüttich und Paris) als auch im gesamten Großdeutschen Reich stellt die DWM heute die gleiche Macht wie Krupp dar, und der Name ‹Quandt› hat darum auch einen ebenso guten Klang wie der Name ‹Krupp› und wird mit Recht gefürchtet von allen unseren Feinden in der ganzen Welt.»[301]

Die DWM-Beteiligungsfirmen präsentierten sich ebenso linientreu, indem sie großzügig für nationalsozialistische Freizeit- und Sozialeinrichtungen spendeten.[302] Die prunkvoll aufgezogene Feier zum 50-jährigen Bestehen der Dürener Metallwerke im Jahr 1935 demonstrierte,

Das Deutsche Volk
muß ein Volk von Fliegern werden

38 In den Ausbildungsstätten der Dürener Metallwerke wurde ebenfalls die
Nähe zum Regime propagiert. Das im Hintergrund abgebildete Zitat stammt
von Hermann Göring.

dass das Unternehmen inzwischen zu einem der bedeutendsten Werke
der Grundstoffindustrie geworden war. Partei-, Militär- und Industriegrößen gaben sich in Düren ein Stelldichein. Günther Quandt begrüßte
besonders Staatssekretär Erhard Milch in Vertretung von Hermann
Göring. Während seine Vorredner auf die Rolle eingingen, mit der die
Dürener Metallwerke zur «Wehrhaftmachung» Deutschlands beitrugen, beschwor Quandt allerdings in erster Linie die technischen Leistungen und verwies auf den ehemaligen Direktor und Pionier der Leicht-
metallherstellung: «Über aller Arbeit schwebe das große Vorbild eines
Rasmus Beck, ein Vorbild, das – das dürfte mit Stolz gesagt sein – in der
Einzelleistung von manchen treuen Arbeitskameraden erreicht worden
sei. Nicht nur für die Materie, für das Wohl von Volk und Vaterland,
das sei die Parole auch aller zukünftiger Arbeit.» Ein Sieg-Heil auf eine
weiterhin glückliche Zukunft und der eigens komponierte und ganz un-
militärisch daherkommende Jubiläumsmarsch «Leicht und fest (Duralumin)» komplettierten die Festansprachen auf dem Ehrenhof und im
Festzelt.[303] In der Festschrift spielten nationalsozialistische Untertöne
kaum eine Rolle. Die Beschreibung des Werkes beschränkte sich im
Wesentlichen auf technische Aspekte. Im umfangreichen Bildteil tauchte
nur auf einem Foto des Berliner Kameradschaftsheims eine Haken-

kreuzfahne auf, und bis auf eine Referenz an Hermann Göring blieb die NSDAP weitgehend unbeachtet.[304]

Während sich Günther Quandt mit kriegerischer Rhetorik bis 1939 zurückhielt, stimmte er bei Kriegsbeginn in den Tenor der nationalsozialistischen Appelle ein,[305] und auch im Geschäftsverkehr verwendete er bedenkenlos nationalsozialistische Phrasen.[306] Obgleich bei den AFA-Firmen die nationalsozialistische Rhetorik und entsprechende Feierlichkeiten eine Rolle spielten, inszenierten sie sich nicht durchgängig als Rüstungsunternehmen, sicherlich auch aufgrund der zivil-militärischen «Doppelstrategie». Auffällig hingegen ist die vergleichsweise martialische Ausrichtung der DWM und ihrer Beteiligungsgesellschaften. Mit Ausnahme der Dürener Metallwerke, bei deren Feierlichkeiten zum 50-jährigen Bestehen nationalsozialistisches Gedankengut eine ebenso untergeordnete Rolle spielte wie in der Festschrift zu selbigem Jubiläum, ist allen Firmen der DWM-Gruppe gemein, dass sie dem Zeitgeist gemäß in Ansprachen und Werkszeitschriften den Nationalstolz und die Unterstützung für die Soldaten an der Front bekräftigten. Gerade die DWM-Firmen interpretierten die NS-Herrschaft geradezu erleichtert als Möglichkeit, ihre Identität als klassische Rüstungsunternehmen wiederzubeleben.

Die Werke versuchten, über die erwähnten Angebote zur Sozialfürsorge und Freizeitgestaltung sowie identitätsstiftende Veranstaltungen ihre Mitarbeiter an sich zu binden. Bei der Urlaubsgewährung, der Kriegsfirmenunterstützung oder bei der Weiterbeschäftigung von Bleikranken bei der AFA wurde langjährige Betriebszugehörigkeit und Treue belohnt. Es kann aber nicht von einer allgemeinen Vorgehensweise zur Etablierung einer gemeinschaftlichen Unternehmenskultur für alle Quandt-Unternehmen gesprochen werden. Dem standen schon die personelle und organisatorische Unabhängigkeit der beiden Zweige entgegen. Innerhalb einer Unternehmensgruppe gab es durch die teilweise räumliche Nähe zwar größere Berührungspunkte, die aber zugleich durch Querelen der einzelnen Werke untereinander relativiert wurden. Ein Bezugspunkt war sicherlich Günther Quandt, was sich in der Benennung von werkseigenen Straßen nach dem Firmenoberhaupt[307] und dem Vorhaben, das gemeinschaftliche Erholungsheim für die Arbeiter aller Unternehmen der AFA- und DWM-Gruppe nach Quandt zu benennen,[308] niederschlug. Diese «patriarchalische», firmenübergreifende Kultur kann jedoch bestenfalls als symbolisch betrachtet werden.

11. WACHSTUM IM ZEICHEN DER AUFRÜSTUNG

Rüstungspolitik und Rüstungsunternehmen im Nationalsozialismus

Zum Zeitpunkt der «Machtergreifung» waren alle Hoffnungen auf eine dauerhafte Friedensordnung, die nach 1918 durch den Völkerbund noch eine konkrete Form erhalten hatten, bereits auf einen Tiefstand gesunken. Spätestens mit der mandschurischen Krise 1931 waren die Weichen weltweit auf Aggression und extremen Nationalismus gestellt.[1] Vor diesem Hintergrund stand auch die vom Völkerbund im Februar 1932 einberufene Genfer Abrüstungskonferenz von Beginn an unter einem schlechten Stern. Die strengen Rüstungsbeschränkungen des Versailler Vertrages waren bereits während der Weimarer Republik von nahezu allen politischen Gruppierungen in Deutschland abgelehnt worden. Angesichts des «Paramilitarismus»[2] der 1920er Jahre fand die Aufrüstungspolitik der Nationalsozialisten zunächst über den Kreis der Rüstungsindustrie hinaus auch bei einem Großteil der Bevölkerung Unterstützung.[3] Mit einem raffinierten Doppelspiel dämpfte Hitler nach der Machtübernahme die kriegerischen Töne immer wieder ab und ließ stattdessen Friedensschalmeien erklingen; seine Aggressionen kombinierte er jeweils mit kalkulierten «Versprechungen künftigen Wohlverhaltens».[4] In Wirklichkeit ging es ihm um Zeitgewinn, um sein Aufrüstungsprogramm ungestört durchzuführen, wobei er seine Kriegspolitik mit Hilfe der Wirtschaft – im Notfall aber auch gegen sie – durchsetzen wollte.

In einer Übergangsphase ab 1933 wurde die Aufrüstung noch aus Sorge vor den Folgen eines offenen Vertragsbruchs geheim gehalten. Nach dem Austritt des Deutschen Reiches aus dem Völkerbund im Oktober 1933 und der Entscheidung für den Aufbau des «300 000-Mann-Heeres» im Dezember 1933, dem «Gesetz über den Aufbau der Wehrmacht» vom März 1935 und der Einführung der Wehrpflicht zum Oktober 1935 wurden weitere konkrete Entscheidungen getroffen. Im

Sommer 1933 verabschiedete das Regime ein Aufrüstungsprogramm in Höhe von 35 Milliarden RM, das über reguläre Kredite oder Steuererhöhungen nicht zu finanzieren war; deshalb kam mit den neu geschaffenen sogenannten Mefo-Wechseln eine «militärische Variante des außerbudgetlichen Finanzierungssystems»[5] zum Zuge. Der Anteil der Militärausgaben am Volkseinkommen stieg zwischen 1933 und 1935 von weniger als einem auf fast zehn Prozent.[6] Die forcierte Rüstung wirkte sich nahezu unmittelbar in der Neueinrichtung von Werken und einer Reaktivierung von brachliegenden Rüstungskapazitäten aus. Zahlreiche Fabriken begannen mit der zunächst noch verbotenen Rüstungsproduktion vor allem für Heeres- und Luftwaffenaufträge. Gerade die Entwicklung bei den DWM und ihren Tochterunternehmen spiegelt diesen Prozess, der zu einem starken Auftrieb führte.[7]

Wenn es nicht zu umgehen war, finanzierte der NS-Staat den Aufbau dieser rüstungsrelevanten Werke sogar und übernahm damit zumindest einen Teil des Investitionsrisikos. Während das NS-Regime an einer möglichst preisgünstigen Produktion interessiert war, waren die Unternehmen darauf bedacht, ihre Risiken zu minimieren und eine möglichst schnelle Amortisation ihrer Investition zu erreichen. Für die Ausgestaltung der staatlichen Rüstungsförderung standen unterschiedliche Modelle zur Verfügung: Wirtschaftlichkeitsgarantieverträge, Förderprämienverfahren, Zuschuss- und Pachtverträge, Sonderabschreibungen, Investitionssubventionen, befristete Steuerbefreiungen, staatliche Beteiligungen sowie Darlehen und Bürgschaften. Bei den weitgehend standardisierten Wirtschaftlichkeitsgarantieverträgen errichtete das Unternehmen eine Anlage, während das Reich für eine bestimmte Laufzeit eine Preis- und Absatzgarantie gab – mit einem Amortisationsrisiko, das in erster Linie beim Staat lag, und erheblichen Transaktionskosten aufgrund der bürokratischen Schwerfälligkeiten des Vertragsinstruments.[8] Bei Pachtverträgen war in der Regel das Reich Eigentümer. Neben Pachtbetriebe der Luftwaffe und Marine traten Heereseigene Industriebetriebe (HIB) sowie Anlagen, die von der Wirtschaftlichen Forschungsgesellschaft mbH (Wifo GmbH) betrieben wurden.[9] Für die HIB war die vom Heereswaffenamt (HWA) geschaffene Dachgesellschaft Montanindustrie GmbH zuständig, die zeitweise mittels Treuhandverträgen über 100 Werke mit dem «Montan-Schema» koordinierte und in der Regel für 10 bis 15 Jahre verpachtete. Der Nachteil lag aus Sicht der Privatindustrie in der ständigen Kontrolle durch staatliche Dienststellen. Das Anlagerisiko lag also beim Reich, während das Betriebsrisiko bei der Privatindustrie verblieb.[10]

Die dem Reich gehörenden und entsprechend gekennzeichneten Maschinen und Einrichtungen wurden in der Regel durch die heereseigene Rüstungskontor GmbH verwaltet. Um einen Anreiz für den späteren Erwerb bei fortgeschrittener Abschreibung zu schaffen, wurde den Unternehmen häufig ein Vorkaufsrecht eingeräumt. Es war allerdings nicht leicht, die Eigentumstitel des Reiches wieder abzulösen, was vor allem bei günstiger Produktions- und Gewinnsituation nahe gelegen hätte. Auf den Maschinen durften Fremdaufträge ausgeführt werden, allerdings hatten Reichsaufträge Priorität. Bei Fremdaufträgen wurde eine Gewinnabgabe ermittelt, indem der halbe Anschaffungspreis einer Maschine mit einem Satz von zwei Prozent über dem Reichsbankdiskont verzinst wurde. Der variable Pachtzins bestand in einem Prozentsatz des Bruttobetriebsüberschusses des Pachtbetriebes. In der Regel betrug der jährlich neu festgesetzte Zins 33⅓ bis 50 Prozent und konnte bei mangelnder Auslastung vermindert werden. Nach Ablauf der Vertragszeit hatte – im Gegensatz zu Wirtschaftlichkeitsgarantieverträgen – der Staat und nicht das pachtende Unternehmen die vollen Eigentums- und Verfügungsrechte.[11]

Meist kam es schließlich zu einvernehmlichen Lösungen, die jedoch bisweilen mit einem «regelrechten Verhandlungspoker»[12] zwischen Unternehmern, Vierjahresplanbehörde, RWM und Wehrmachtsstellen einhergingen. Die Produktionserwartung des Staates und die Profiterwartung der Industrie stellten keineswegs einen Widerspruch dar. Die Unternehmen versuchten, «auch unter den Bedingungen der staatlichen Rüstung die Produkte herzustellen, die am ‹Markt› die besten Erträge erzielten». Insofern greift es zu kurz, die Unternehmen im NS-Staat als «willenloses Objekt in den Händen des Regimes» zu charakterisieren. Sie konnten die Bedingungen aktiv mitgestalten, unter denen sie den Wünschen des Regimes nachkamen.[13] Die Bereitschaft zum «Mitmachen» fand sich selbst bei Zweigniederlassungen von ausländischen Großunternehmen, zum Teil sogar mit Wissen und Hilfe ihrer ausländischen Konzernvorstände.[14] Weil der NS-Staat Interesse daran hatte, die Privatwirtschaft für eigene Zwecke einzuspannen, war die «Verhandlungsmacht» der Unternehmen bisweilen groß genug, um beispielsweise bei Pachtverträgen bessere Konditionen durchzusetzen,[15] und in einigen Fällen konnten sich Unternehmer den staatlichen Vorgaben sogar ohne negative Folgen widersetzen.[16] Im Allgemeinen wurden die Verträge auf freiwilliger Basis abgeschlossen und nur in wenigen Fällen staatlicher Druck ausgeübt. Manche Unternehmen bevorzugten sogar die Finanzierung und den Bau von Werken durch das Reich und schlossen Pachtverträge, um ihr Risiko zu begrenzen und erzielten auf diese Weise Erträge, die noch über den ohnehin schon hohen Profitraten der Rüstungsindustrie lagen.[17] Trotz aller Risikoabnahmen durch den Staat waren jedoch diese Investitionen in Pachtanlagen aus privatwirtschaftlicher Perspektive «Fehlinvestitionen», die sich nicht rechneten,[18] und aus einer täglichen Routine heraus saßen Wehrmacht bzw. andere staatliche Behörden häufig bei Verhandlungen am längeren Hebel. Die Rüstungsbranche war zwar froh, die bisherigen Beschränkungen ablegen zu können, fürchtete jedoch, Produktionskapazitäten aufbauen zu müssen, die nach einer Boomphase eventuell nicht mehr voll genutzt werden konnten.[19] Bei den Verhandlungen über die Risikostreuung gelang es den Unternehmen trotz des Befehlstons der Rüstungsbehörden dennoch oftmals, ihr Verhandlungsgeschick auszuspielen und gelegentlich Subventionen geradezu einzufordern.[20] Die Frage, in welchem Maß bei Rüstungsaufträgen eine «Risikoinvestition» vorlag, die in normalen Zeiten unter Rentabilitätsaspekten abgelehnt worden wäre, ist umstritten. Vertragliche Übervorteilungen durch den NS-Staat blieben aber die Ausnahme, und es gab in der Eisen- und Stahlindustrie Fälle, in denen selbst noch 1943 kriegswichtige Aufträge abgelehnt wurden, weil das Risiko zu groß schien.[21]

Die unterschiedlichen Rüstungskonjunkturen in den Teilbereichen der Reichswehr bzw. der Wehrmacht wirkten dabei unmittelbar auf die wirtschaftliche Entwicklung der Rüstungsunternehmen der Quandt-Gruppe ein. Die fliegenden Verbände wurden seit dem ersten Luftrüstungsprogramm vom Juni 1933 zu einer schlagkräftigen Luftstreitmacht ausgebaut. Auch wurden die bis dahin kaum vorhandenen Organisationsstrukturen des RLM für die Auftragsvergabe an die Unternehmen erheblich erweitert. Das – zunächst noch geheime – Luftrüstungsprogramm vom Juli 1934 hatte ein Volumen von 10,5 Milliarden RM und sah bis 1938 die Herstellung von über 17 000 Maschinen vor. Die Flugzeugindustrie – in erster Linie die Unternehmen Arado, Heinkel, Junkers, Messerschmitt und Focke-Wulf – wurde vom RLM zum erheblichen Ausbau ihrer Werke aufgefordert. Auch war es von Beginn an ausgemacht, dass für den unabdingbaren Rohstoff Aluminium entsprechende Werkkapazitäten geschaffen werden mussten, was vor allem für Hersteller wie die VAW und die Dürener Metallwerke bedeutend wurde.

Mit Erhard Milch holte sich Göring zwar einen «erfahrenen Manager» als Staatssekretär in sein Ressort, als dieser ihm jedoch zu einflussreich wurde, fand Mitte der 1930er Jahre eine «schleichende Entmachtung» statt, durch die Ernst Udet, seit 1933 Leiter des Technischen Amtes im RLM, mehr Einfluss erhielt, ohne seinen Aufgabenbereich souverän überblicken zu können.[22] Die Kompetenzstreitigkeiten und Querelen über die Ausrichtung – Bomberflotte oder Sturzkampfflugzeuge – änderten nichts am unverändert hohen Stellenwert der Luftrüstung, der bei der Zulieferindustrie Investitionen notwendig machte, bei denen das RLM ein hohes Maß an Mitspracherechten einforderte. Dies führte zu teils langwierigen Verhandlungsprozessen zwischen RLM und Unternehmen, bei denen letztere ihre konzernstrategische Unabhängigkeit jedoch in der Regel bewahren konnten.[23] Das im Oktober 1938 vorgelegte ehrgeizige «Konzentrierte Luftrüstungsprogramm» sah eine Verfünffachung der Luftstreitkräfte bis 1942 vor, was die Rohstoffkapazitäten allerdings in keiner Weise zuließen, weil weder Stahl noch Aluminium in entsprechender Menge vorhanden waren. Nach erfolgreicher Lobbyarbeit des Junkers-Chefs Heinrich Koppenberg, dem es gelang, eine bevorzugte Rohstoffzuteilung für die Luftwaffe zu erreichen, unterzeichnete Hitler zudem im August 1939 einen «Führerbefehl», der dem Kampfbomberprogramm oberste Priorität einräumte und der Luftwaffe einen Anteil von 40 Prozent an den Rüstungskosten für die Kriegszeit zuwies.[24]

Seit Mitte der 1930er Jahre bestimmten Rüstungsausgaben und Militärhaushalt die volkswirtschaftliche Entwicklung. Für Rüstungsunternehmer war dies eine willkommene Investitionsaufforderung. Rohstoffknappheit und die daraus resultierende Kontingentierung von Eisen und Stahl führten 1938/39 zu einer Verlangsamung der Rüstung, eine Entlastung für diejenigen Unternehmen, die die Auftragsflut nicht mehr bewältigen konnten. Wie groß die Rückstände und Lieferverzögerungen bei Waffen und Munition inzwischen waren, lässt sich daran ablesen, dass im Jahr 1938 erst für das Frühjahr 1942 mit einem Ende des Munitionsmangels gerechnet wurde. Im Frühjahr 1939 waren zahlreiche Divisionen mit Waffen unterversorgt, und der gesamte Munitionsvorrat reichte gerade einmal für 15 Tage.[25] Die Tendenz, Rüstungsaufträge durch reichseigene Betriebe erledigen zu lassen, verführte die Unternehmen dazu, Aufträge zu übernehmen, auch wenn die Kapazitäten fehlten.

Bei Kriegsausbruch 1939 glich die Rüstungswirtschaft einem Organisationsdschungel, «gekennzeichnet durch verschwommene Abgrenzung der Aufgaben und Zuständigkeiten der einzelnen Behörden, Verbände und der privaten Industriekonzerne und geprägt durch die sich daraus ergebenden Machtkämpfe und Kompetenzkonflikte».[26] Jede der Teilstreitkräfte hatte mit Heereswaffenamt, Marinewaffenamt und Generalluftzeugmeister ihre eigene Behörde, die unabhängig voneinander Aufträge an die Unternehmen vergab. Statt einer ordnenden Zentralinstanz konkurrierten RWM, Wehrwirtschafts- und Rüstungsamt beim OKW und die Organisation des Vierjahresplans darum, ihren Einfluss geltend zu machen.[27]

Im Gegensatz zu den Vorstellungen von Georg Thomas aus dem Wehrwirtschafts- und Rüstungsamt des OKW, der als Soldat alter Schule nicht nur massive Vorbehalte gegen Hitlers Kurs hegte, sondern auch ein Verfechter der Tiefenrüstung war, zielte die Strategie des «Führers» auf die Breitenrüstung, um einen zügigen Aufbau der Wehrmacht mit Waffen und Munition sowie ein schnelles Losschlagen zu ermöglichen.[28] Die Organisation der Munitionsbeschaffung oblag dem HWA, und vor dem Krieg im Westen war bereits überdeutlich geworden, dass angesichts des Rohstoffmangels in diesem Bereich enorme Engpässe bestanden. Vor diesem Hintergrund ordnete Hitler im Oktober 1939 die bevorzugte Produktion von Artilleriewaffen und -munition an und befahl eine Gesamtproduktionssteigerung auf das Fünffache bis zum Herbst 1941. Flugzeuge und Munition beanspruchten in den folgenden zehn Monaten mehr als zwei Drittel des Rüstungsbudgets. Hitler spielte mit dieser kompromisslosen Mobilisierung «schlicht vabanque».[29] Die ständigen Produktionsumorientierungen stellten die Rüstungsindustrie vor große Herausforderungen, zumal seit 1939 auch die Marinerüstung enorm verstärkt wurde und inzwischen selbst Unternehmen, die wie die AFA nicht unmittelbar der Rüstungsindustrie zugeordnet waren, vollständig in die Aufrüstungsprogramme aufgenommen wurden. Fritz Todt, der mit Zustimmung der Privatwirtschaft im März 1940 zum Chef des neuen Reichsministeriums für Bewaffnung und Munition gekürt wurde, bemühte sich um engere Kontakte zur Industrie, versprach Modifikationen des rigiden Preissystems und ordnete eine Dezentralisierung der Verteilungsaufträge an. Während der neugegründete «Hauptausschuss für Munition» im RMBuM Kompetenzen an sich zog, verloren das HWA und das Wehrwirtschafts- und Rüstungsamt an Einfluss.

In der zweiten Jahreshälfte 1940 setzte auch für die Flugzeugwerke eine neue Auftragsrunde ein, nachdem zunächst andere Schwerpunkte festgelegt worden waren. Daher musste nun die Aluminiumproduktion ein weiteres Mal erheblich gesteigert werden. Vor allem Norwegen sollte in diesem Zusammenhang zu einem Zentrum der Aluminiumherstellung werden. Heinrich Koppenberg war Mentor eines Programms, das die Vervierfachung der dortigen Aluminiumproduktion bis 1944 vorsah. Der Neubau großer Werke war unerlässlich, wenn die Pläne des RLM umgesetzt werden sollten, die Jahresproduktion von Kampfflugzeugen im Laufe von drei Jahren auf 20 000 zu erhöhen, was den Druck auf die Hersteller noch erhöhte.[30] Hierdurch erklären sich manche Expansionsüberlegungen der Aluminiumindustrie, die gerade auch in der Quandt-Gruppe geführt wurden.[31]

Die Marinerüstung hatte sich noch eine Zeit lang verzögert, weil Hitler auf den Ausgleich mit England hoffte und die Seerüstung grundsätzlich lange Vorlaufzeiten erforderte, so dass in den Jahren von 1933 bis 1936 der Marineanteil an der Rüstung lediglich 13 Prozent ausmachte. Erst seit 1939 änderten sich die Prioritäten,[32] und nach dem Sieg im Westen beschloss Hitler, den Offensivgedanken wieder aufzunehmen. Zur Unterwerfung Großbritanniens stellte er mit Befehl vom 12. Juli 1940 die gesamte Rüstungsmaschinerie auf Kriegsmarine und Luftwaffe um, was wiederum Konsequenzen für die Rüstungsprogramme und damit für die Hersteller hatte. Vor allem für die U-Bootproduktion füllten sich die Orderbücher der Werften, was auch für die Zulieferindustrie eine starke Nachfrage schuf.

Nach dem Scheitern der «Blitzkrieg-Strategie» ordnete Hitler im Dezember 1942 ein weiteres Mal die Umorientierung der Produktion an. Albert Speer sollte Deutschland als neuer Reichsminister für Bewaffnung und Munition durch eine totale wirtschaftliche Mobilmachung auf einen langen Krieg vorbereiten. Dieses als «System Speer» bezeichnete Unterfangen war zwar für kurze Zeit erfolgreich, so dass sich mit Speers Namen der Mythos eines «Rüstungswunders» und einer Art «Wirtschaftswunder» im Krieg[33] verband. Der erwartete Rationalisierungsschub, der an eine engere Kooperation mit der Industrie gekoppelt war, blieb jedoch langfristig aus. Die «Totalisierung» der Rüstungswirtschaft[34] ging mit einer weiteren atemberaubenden Erhöhung der Rüstungsausgaben von 118 Milliarden RM im

Jahr 1943 auf 630 Milliarden RM Ende Februar 1945 einher.[35] Obwohl produktionstechnisch ein wahrer Schub an Maßnahmen die Forschung und den rüstungstechnischen Erfahrungsaustausch belebte,[36] ließ sich der Schwund der Kapazitäten der Rüstung nicht mehr auffangen. Die Maßnahmen kamen zu spät, um die in den Vorjahren aufgelaufenen Rüstungsdefizite noch kompensieren zu können, geschweige denn der immer routinierter anlaufenden Rüstung der Alliierten Paroli zu bieten. Obwohl der Waffen- und Munitionsausstoß noch bis zum Sommer 1944 weiter gesteigert wurde, führten Bombardierungen und das Ausbleiben der notwendigen Öllieferungen zu einem dramatischen Rückgang der Waffenproduktion.[37]

Das «System Speer» fand in der zweiten Jahreshälfte 1944 ein Ende. Von nun an wurde die Rüstung wieder stärker an staatliche Vorgaben gebunden, ohne noch wesentliche Auswirkungen auf den Kriegsausgang zu haben. Dies ging einher mit den Bemühungen zahlreicher Betriebe, sich auf eine Nachkriegszeit ohne Hitler vorzubereiten,[38] was jedoch bei den Unternehmen der Quandt-Gruppe nicht nachgewiesen werden kann. Das Hoffen auf die «Wunderwaffen» war nur noch ein Zeichen für die Ausweglosigkeit, in die sich das «Dritte Reich» manövriert hatte.[39]

Die Quandt-Unternehmen im Rüstungsboom der 1930er Jahre

Seit 1933 partizipierten vor allem die DWM mit ihren Tochterunternehmen an der NS-Aufrüstungspolitik und tätigten umfangreiche Rüstungsinvestitionen, für die man in langwierigen Verhandlungen mit den zuständigen Behörden häufig eine staatliche Risikoübernahme erreichte. Allerdings verzichteten weder DWM noch AFA bis Kriegsanfang auf die Pflege ihrer zivilen Kundschaft, was im Rahmen einer Doppelstrategie die Gefahren einer einseitigen Ausrichtung auf die Waffen- und Munitionssparte minimieren sollte. Die im Zuge des Ersten Weltkrieges erlittenen Verluste, so wurde betont, seien «eine deutliche Warnung» gewesen, in der Fertigung «nicht nur auf einem Bein zu stehen».[40] Dieses Zitat stammt zwar aus der Zeit nach 1945, wird jedoch durch zeitgenössische Dokumente untermauert. Der DWM-Vorstand legte selbst in der Hochphase des Rüstungsbooms in der zweiten Hälfte der 1930er Jahre «allergrößten Wert» darauf, die Herstellung der zivilen «Nebenerzeugnisse» nicht aufzugeben, sondern sogar noch «stark zu erweitern».[41] Dieser Argumentationslinie folgend stellte Quandt auf der DWM-Hauptversammlung im Juni 1936 fest, dass «das Exportgeschäft in Friedensartikeln» eine «befriedigende Entwicklung» nehme.[42] Nicht viel anders war es zwei Jahre später bei gleicher Gelegenheit: Günther Quandt erklärte, «die mannigfachen Schwierigkeiten» früherer Zeiten seien «glücklich überstanden» und die DWM «für den Ausbau der Friedensabteilungen gut vorbereitet».[43] Von den DWM, so führte Quandt 1938 aus, würden inzwischen «auf so vielen Gebieten Friedensfabrikate hergestellt, daß im Falle einer Einschränkung der Waffen- und Munitionsherstellung auf dieser Basis eine gewisse Rentabilität gesichert erscheine».[44] Ähnliche Einschätzungen finden sich auch in der Firmenchronik der Mauser-Werke im Jahr 1938: «Die schlechten Erfahrungen der Zeit nach dem Zusammenbruch des Jahres 1918 sind der heutigen Betriebsführung eine deutliche Warnung, das Wohl und Gedeihen des Unternehmens nicht nur auf die Waffenherstellung aufzubauen, sondern sogenannte Überbrückungsabteilungen zu besitzen, die es dem Werk ermöglichen, den Betrieb, wenigstens in beschränktem Maß, weiterzuführen, wenn die großen militärischen Aufträge eine Unterbrechung erfahren.»[45]

Diese «Doppelstrategie», die sich im Vergleich zu den DWM noch deutlicher bei der AFA erkennen lässt, ist darauf zurückzuführen, dass Quandt weder auf einen Waffengang spekulierte noch ihn wünschte. Nach dem Krieg sagte er dazu, er habe «die deutsche Wiederaufrüstung immer nur für eine Defensivmaßnahme gehalten, unternommen, um nicht wieder einem Angriff wie 1914 ausgesetzt zu sein».[46] Er verschwieg nicht, den allgemeinen Revisionsforderungen nahegestanden zu haben: «Daß wir wieder eine starke Wehrmacht bekamen, habe ich begrüßt; denn ich glaubte, nur durch sie könnte die Willkürherrschaft der Partei gezügelt werden. Daß sie einmal für einen neuen Weltkrieg gebraucht werden könnte, habe ich lange Zeit für unmöglich gehalten. Hitlers immer wiederholte Beteuerungen, er wolle den Frieden, haben mich getäuscht.»[47] Diese Aussage mochte zwar aus dem Kontext, in dem sie getätigt wurde – es ging ihm 1945 darum, sich von Hitlers Kriegszielen zu distanzieren – als apologetisch erscheinen, aber sie steht weitgehend im Einklang mit den einschlägigen zeitgenössischen Quellen. Quandt hat wie das Unternehmerlager insgesamt keinen Krieg gewollt,[48] aber er hat sicherlich die Möglichkeit eines militärischen Konflikts auch nicht ausgeschlossen. Persönliche Briefe aus der Zeit der Münchener

Konferenz im Herbst 1938 belegen, dass Quandt den Friedenserhalt wünschte. Auf dem Höhepunkt der Sudetenkrise sprach er von den «beunruhigendsten Nachrichten»[49] und war erleichtert, als die Gefahr einer militärischen Lösung abgewendet schien: «Soeben hören wir, daß heute Nachmittag die Konferenz zwischen Hitler, Mussolini und Chamberlain stattfindet. Ich nehme an, daß damit der Krieg vermieden wird. Auch das stimmt froh. Es geht wieder bergauf!»[50]

Der konsequente Einstieg in die Rüstungsproduktion bei den BKI/DWM

Insgesamt kam die Entwicklung der Quandt-Unternehmen bis 1939 einer ökonomischen Erfolgsgeschichte gleich, gekennzeichnet durch den Neubau von Zweigwerken, einer guten Auslastung in der Friedens- wie Rüstungsproduktion sowie durch Neu- und Wiedereinstellungen. Die Rüstungsinvestitionen erforderten aber auch strategische Entscheidungen im Hinblick auf die Frage, an welchen Standorten die besten Zukunftsaussichten bestanden. Die BKI/DWM, in der Weltwirtschaftskrise ein wirtschaftliches Sorgenkind, konnten durch die 1933 einsetzende Aufrüstung optimistischer in die Zukunft schauen. Mutter- wie Tochterunternehmen erlebten einen grundlegenden Expansions- und Wandlungsprozess, der noch dadurch unterstrichen wurde, dass die Konzernzentrale, die erst 1931 aus dem weitgehend stillstehenden Berliner Werk nach Karlsruhe verlegt worden war, 1935 wieder in Berlin-Charlottenburg angesiedelt wurde, wo die Konzernführung leichter Kontakt zur Rüstungsbürokratie halten konnte als aus der badischen Provinz. Während noch 1933 die Produktion wesentlich auf Karlsruhe bzw. Grötzingen beschränkt war, wurde in den folgenden Jahren vor allem das reaktivierte Werk in Berlin so ausgebaut, dass es im Krieg vom Wert der Grundstücke, Gebäude, Maschinen und Einrichtungen her das Stammwerk übertraf. Auch ein neu eingerichtetes Werk in Lübeck überrundete Karlsruhe, das bis Kriegsende nicht mehr an seine ehemalige Bedeutung anknüpfen konnte.[51]

Eine besondere Rolle kam seit 1933 dem Werk in Berlin zu, das seit der Reorganisations- und Rationalisierungsphase nach dem Ende der Ära Gontard weitgehend leer gestanden hatte und nun für Rüstungszwecke revitalisiert wurde. Für die bereits in der Weimarer Republik ventilierten Überlegungen, dort eine Geschützhülsen- und Patronenproduktion aufzubauen, ergaben sich vielversprechende Perspektiven.

39 Auf dem großen Fabrikareal in Berlin-Wittenau produzierten ab 1933 die DWM, die Mauser-Werke und die Dürener Metallwerke.

Bereits Anfang 1933 wurden mit wenigen Dutzend Beschäftigten in einer Planungsabteilung Zeichnungen für die Fertigung von Geschützhülsen angefertigt und die Wiederaufnahme der 1930 stillgelegten Munitionsfertigung vorbereitet. Das bislang an verschiedene andere Firmen vermietete Betriebsgelände im Ortsteil Wittenau wurde fortan nicht allein genutzt, sondern in drei etwa gleich große Teile untergliedert: Ein Areal wurde an die Mauser-Werke, ein weiteres Teilstück an die Dürener Metallwerke vermietet. Das dritte Grundstück behielten die BKI/DWM für sich – und der Gesamtkomplex wurde schließlich zum wichtigsten Rüstungsunternehmen im Berliner Nordwesten ausgebaut.

Die Produktionsmaschinen, die in den 1920er Jahren bei Altwarenhändlern im Rheinland heimlich untergebracht worden waren, wurden zurückgekauft, in Karlsruhe einer grundlegenden Überholung unterzogen und anschließend im Berliner Werk installiert. Neuaufbau und Betriebsführung lagen in den Händen des Oberingenieurs Hermann Schmidt, der für diesen Zweck 1934 von der Berlin-Anhalter-Maschinenbau AG in Butzbach zu den BKI/DWM abgeworben worden war.[52] Der Ausbau erfolgte nach Vereinbarung mit dem HWA im Auftrag und auf Rechnung des Reiches. Die BKI/DWM stellten die Gebäude zur Verfügung; produziert wurde auf reichseigenen Maschinen. Nach der Vorbereitungsphase wurden systematisch Fachkräfte zum Aufbau der neuen Fertigung aus Karlsruhe abgezogen.[53] Parallel dazu nahmen die BKI/DWM Ende 1933 im Auftrag des HWA den Aufbau einer neuen Fertigungsstätte für Infanteriemunition in Lübeck in Angriff. Die Leitung des Werkes lag ebenfalls in den Händen von Hermann Schmidt. Die Hansestadt als strategischer Knotenpunkt mit einem großen Hafen verfügte mit ihren Wasser- und Bahnanschlüssen über exzellente infrastrukturelle Bedingungen. Um die Folgen der Weltwirtschaftskrise einzudämmen, räumte die Stadt potentiellen Investoren erhebliche Konzessionen in Steuer- und Grundstücksangelegenheiten ein.[54] Die BKI/DWM erwarben großzügige Gewerbeflächen im an der Trave gelegenen Lübecker Ortsteil Schlutup und nahmen 1935 die Produktion auf.[55] Die schließlich über 100 zum Teil mehrstöckigen Gebäude und Hallen auf dem knapp 400 Hektar umfassenden Areal waren überwiegend in Stahlbeton ausgeführt und wurden durch einen üppigen Baumbestand getarnt.[56] Das seit 1935 stetig ausgebaute Werk war schließlich mit 8000 Beschäftigten, von denen schließlich über die Hälfte Zwangsarbeiter waren, das wichtigste Munitionsunternehmen der Stadt und wurde im Februar 1942 zum «Wehrwirtschafts-Betrieb» erklärt.[57]

Kaum vom Lübecker Werk der BKI/DWM zu trennen war die Maschinen für Massenverpackung GmbH (MfM), mit der der Mutterkonzern einen Gewinnabführungsvertrag abschloss und die jetzt für Munitionsgroßaufträge erheblich ausgebaut wurde. Der harmlos klingende Unternehmensname beruhte zwar noch auf dem ursprünglichen Zweck der Firma, die zunächst auf Verpackungen und Kartonagen ausgerichtet gewesen war. Inzwischen war dies eine Tarnbezeichnung für ein Rüstungsunternehmen. Der Betrieb zählte im Weltkrieg schließlich 3856 Beschäftigte und stellte im Drei-Schicht-Betrieb Patronen, Granathülsen, Flak-Artilleriehülsen, Panzerkanonen, Feldhaubitzen, Mörser und Leuchtspurmunition her.[58] Gebäude, Maschinen und Einrichtungen wurden wesentlich mittels des «Montan-Schemas» unter Federführung des OKH finanziert.[59] Das Reichseigentum betrug gegen Kriegsende dem Anschaffungswert nach etwas mehr als 38,8 Millionen RM. Die Stellung als Pachtbetrieb brachte dem Mutterunternehmen BKI/DWM neben zahlreichen anderen Auflagen die Verpflichtung, ihre Anteile an der MfM nicht ohne Zustimmung der Golddiskontbank zu verkaufen. 1935 wurde gemäß des Gewinnabführungsvertrags ein Reingewinn von 1,5 Millionen RM an die BKI/DWM überwiesen, aber dieser Betrag sank in den folgenden Jahren kontinuierlich und betrug 1938/39 nur noch knapp 265 000 RM.[60] Wahrscheinlich wurden die Erträge sofort reinvestiert, um nicht sogleich wieder durch den Fiskus entzogen zu werden – was auch deswegen hätte gefährlich werden können, weil der Vorwurf der «Gier» bei einem Unternehmen, das fast ausschließlich mit reichseigenen Maschinen produzierte und nur über einen Eigenkapitalanteil von knapp 10 Prozent verfügte, schnell hätte bei der Hand sein können. Die geringe Kapitalausstattung der MfM wurde bei Kriegsausbruch als «den praktischen Erfordernissen» nicht mehr genügend angesehen, so dass auch hier über eine Kapitalerhöhung nachgedacht wurde, die seit 1941 angesichts zurückgehender Wehrmachtszuschüsse wesentlich durch Bankkredite finanziert werden musste. Weitere Vorfinanzierungen des Ausbaus wurden seit 1942 durch sogenannte Wehrmachtsverpflichtungsscheine gedeckt.[61] Die Eigenkapitalausstattung blieb auch später gering, und eine Reservenbildung schien den DWM bei ungewissem Kriegsausgang nicht empfehlenswert. Solange Steuersätze stiegen und die Gewinnabführungsvorschriften verschärft wurden, bedeuteten Rückstellungen nach Ansicht der DWM-Spitze nur eine weitere steuerliche Belastung.[62]

Die MfM erzielte infolge der Reformen Speers seit 1942 gewaltige Leistungssteigerungen durch Rationalisierungen, günstigere Preise und den Einsatz von Zwangsarbeitern.[63] Der Betrieb erwirtschaftete 1943/44 trotz der sich bemerkbar machenden Rohstoffknappheit noch einen Gewinn in Höhe von 24,5 Millionen RM, der damit nur geringfügig unter dem bisherigen Ergebnis lag. Der kalkulatorische Gewinn wurde mit recht geringen 5 Prozent berechnet.[64] Für das Unternehmen, das selbst im letzten Kriegsjahr noch rentabel wirtschaftete,[65] liegt einer der wenigen überlieferten Hinweise auf interne Konkurrenzen der Quandt-Gruppe vor: Gegenüber der Muttergesellschaft fühlte sich die MfM benachteiligt und klagte, dass die DWM in konkurrierenden Produktionssegmenten bei Lieferanfragen stets den Vorzug erhielten.[66]

Es ist leicht nachvollziehbar, dass das DWM-Stammwerk in Karlsruhe, das 1933 nur noch 700 Arbeiter, zum Teil in Kurzarbeit, beschäftigte, durch den Auf- und Ausbau der Werke in Berlin und Lübeck stark vernachlässigt wurde. Die Lage des Werkes war ein Handicap: Karlsruhe war zwar nach Mannheim das zweitgrößte Industriezentrum

Badens,[67] aber aufgrund der Einstufung des Badener Raums als gefährdete Region vergab die Reichswehr/Wehrmacht kaum Aufträge in das Grenzgebiet. Während die Gesamthöhe der Rüstungsaufträge sich zwischen 1935 und 1938 vervielfachte, betrug der Zuwachs in Baden gerade einmal zwei Prozent.[68] Das Stammwerk und das Zweigwerk Grötzingen hatten daher mit Problemen zu kämpfen, die in mancher Hinsicht mit dem Standort Hagen bei der AFA zu vergleichen waren.

Dennoch nahmen auch in Karlsruhe die Rüstungsaufträge zu. Seit April 1933 wurden neue Fabrikationsabteilungen eröffnet, und seit Sommer des gleichen Jahres erwies sich das Werk durch Reichswehrbestellungen geradezu als Beschäftigungsmotor für Facharbeiter wie Werkzeug- und Maschinenschlosser, Eisendreher und Maschinenarbeiter.[69] Langfristige Aufträge, die eine kontinuierliche Produktionspolitik ermöglicht hätten, blieben allerdings Mangelware. Im November 1934 mussten im Werkzeug- und Maschinenbau aufgrund fehlender Aufträge, die durch die Auftragsverlagerungen nach Berlin verursacht worden waren, sogar Arbeiter entlassen werden.[70]

Trotz aller Konzentration auf die Waffen- und Munitionsherstellung verabschiedeten sich die BKI/DWM zunächst nicht von ihrem in den 1920er Jahren aufgebauten Standbein in der Zivilindustrie, und gerade hierfür erwies sich das Werk Karlsruhe als geeigneter Standort, um im Sinne der bereits geschilderten Doppelstrategie nicht allein auf die Rüstungswerke in Berlin und Lübeck zu setzen. Die Palette der in Karlsruhe erzeugten Zivilprodukte war so breit gefächert, dass ein bestimmter Branchenschwerpunkt kaum zu erkennen war: Präzisions-, Press- und Ziehteile, aber auch Molkereimaschinen und chemische Apparate, mechanische und hydraulische Pressen, Tombakschläuche, Aluminiumdosen, Transportflaschen, Industrieöfen, Beiz-, Reinigungs- und Trockenmaschinen, Kessel, Kesselwagen, Lokomotiven, Schrauben und Industrienähmaschinen. Der Schwerpunkt lag bis zum Kriegsausbruch auf dem Maschinenbau mit einem Exportanteil von 50 Prozent. Letztlich nahm das Karlsruher Stammwerk der BKI/DWM mit seinem ausgeprägten Zivilprogramm innerhalb des Gesamtkonzerns eine Sonderposition ein.

Dieser Eindruck bestätigt sich ebenfalls beim Blick auf die Tochtergesellschaft Mauser-Werke, deren Zivilsparte sogar erheblich zur Sanierung des Unternehmens beitrug: Seit 1933 entwickelten sich die technisch immer weiter verbesserten Rechenmaschinen zu einem Verkaufsschlager. In den folgenden zehn Jahren wurden über 15 000 dieser Geräte in Serie gefertigt; allein im Jahr 1939 bis zum Kriegsbeginn gingen von Generalvertretern, Händlern und Kunden rund 5000 Aufträge für eine neu entwickelte und vom Markt gut angenommene Kleinrechenmaschine ein.[71] Am 2. April 1936 wurde die Cordt-Universal-Rechenmaschinenfabrik GmbH in Glashütte erworben und deren Produktion nach Oberndorf verlegt. Die Sparte blieb selbst noch wichtig, als die Rüstungsaufträge schon längst wieder die Orderbücher füllten. Der Bau von Spezialmaschinen und Messwerkzeugen wie Lehren, Richtwerkzeuge und Messuhren erwies sich als unerwarteter Erfolg, wie die Festschrift des Jahres 1938 stolz berichtet: «Die Mengen der täglich hergestellten Messwerkzeuge stiegen stetig an und erfuhren seit der Wirtschaftsbelebung im Dritten Reich eine solche Vergrößerung, dass die Mauser-Werke heute auf manchen Gebieten des Messwerkzeugbaus zu den größten Erzeugern der Welt gehören.» Das Unternehmen legte Wert darauf, nicht nur als Waffenlieferant bekannt zu sein, sondern auf internationalem Gebiet mit neuen Produkten «die alte Stellung zurückerobert» zu haben sowie in der Lage zu sein, «auf neuen Arbeitsgebieten hochwertige Arbeit zu liefern».[72]

Die BKI/DWM hielten es zudem für unzweckmäßig, sich ganz auf eine Produktion zu konzentrieren, die offenkundig nur für den Kriegsfall bestimmt sein konnte. In seiner ansonsten zweifellos geschönten und im Wesentlichen unzutreffenden Verteidigung hat der BKI/DWM-Werksleiter Carl Bolle nach 1945 angegeben, es habe keine Munition produziert werden sollen, die über die «normale Friedensbeschäftigung» hinausging. Wie in anderen Branchen war die Befürchtung groß, nach dem Aufrüstungsboom auf ungenutzten Kapazitäten sitzen zu bleiben. Dadurch erklären sich auch manche Konflikte mit den Rüstungsbehörden, in deren Rahmen Bolle einmal – so gab dieser zumindest nach Kriegsende an – wegen der mangelnden Unterstützung für die Rüstung als «Hilfsbremser» bezeichnet worden sei.[73] Allerdings lagen die Spannungen zwischen Unternehmen und den Behörden nicht in einer grundsätzlichen Ablehnung der Aufrüstung begründet, sondern speisten sich aus der Frage der Risikoübernahme, die allerdings in der Regel auf dem Verhandlungswege geklärt werden konnte. Ab 1938 war ein Festhalten an der Doppelstrategie bei den DWM angesichts der forcierten Aufrüstung nicht mehr möglich. Da sich jedoch manche der zivilen Produktlinien leicht umstellen ließen, ordneten sich die DWM ohne weiteren Protest den Rüstungsanforderungen unter. Ohne großen technischen Aufwand war es zum Beispiel in Karlsruhe möglich, Flaschenetikettier- und Flascheneinwickelmaschinen zu Patronenverpackungs- und -Etikettiermaschinen zu konvertieren, und bald arbeitete das Werk mit seinen inzwischen wieder über 6000 Beschäftigten an der Kapazitätsgrenze.[74] Die exponierte Lage an der Grenze zu Frankreich blieb die Achillesferse des Betriebs. Als die Wehrmacht bei Kriegsausbruch anordnete, die DWM müssten drei Viertel ihrer Produktion aus Karlsruhe nach Mittel- und Ostdeutschland verlagern, war dies ein Aderlass, der den Standort existenziell bedrohte. Den Anfang machte am 26. August 1939 die Flammenwerferabteilung, die zunächst nach Bretten umziehen musste. Am 9. September 1939 ordnete das HWA an, weitere zentrale Unternehmensbereiche zügig zu verlegen. Die Maschinen für die Pistolenproduktion wurden ins DWM-Werk Berlin gebracht, die Maschinen für Infanterieproduktion gingen nach Lübeck; andere Abteilungen waren für das neu aufzubauende Werk Posen bestimmt. Allein in den «Warthegau» wurden in den ersten vier Monaten des Krieges rund 4000 Waggons mit Material verladen.[75] Für die ungewollte und überhastete Demontage der Karlsruher Produktion, die mit einer Stagnation des Umsatzes einherging, streckten die DWM knapp 4,4 Millionen RM vor. Noch eine ganze Zeit später waren viele der Karlsruher DWM-Maschinen unbenutzt und verstreut eingelagert.[76] Das Minusgeschäft wurde seitens des Reiches durch die Zusicherung erkauft, die DWM würden nicht auf den Kosten sitzen bleiben. Eine revidierte Aufstellung taxierte die Kosten schließlich auf 2,2 Millionen RM,[77] aber die eigentliche Kompensation für Karlsruhe stellte die Übereignung des Posener Werkes dar.

Die Karlsruher Facharbeiter und Ingenieure, die in dem vorübergehend fast beschäftigungslosen Werk verblieben, haben diese Monate später als «desolate Zeit» beschrieben.[78] Reibungen mit den Reichsstellen und der Rüstungsinspektion[79] sowie eine «erhebliche Unruhe» in der gesamten Region waren die Folge.[80] Karlsruhe und Grötzingen mussten nun im Zuge des «Reichsausgleichs» ganze Belegschaftsabteilungen sowie zahlreiche Facharbeiter in das neue Zweigwerk Posen abgeben. Dass schon bald umfangreiche neue Rüstungsaufträge für Karlsruhe den Abbau mehr als kompensieren würden, ließ sich zu diesem Zeitpunkt allerdings noch nicht absehen. Die DWM stemmten sich daher auch nach dem Ende des Frankreichfeldzuges noch gegen die anhaltenden Demontagen und verwiesen darauf, dass es am Rhein schließlich überhaupt nicht zu Kampfhandlungen gekommen sei.[81] Im

Aufsichtsrat wies Günther Quandt am 12. September 1940 rückblickend auf die erheblichen Störungen im Produktionsablauf hin. Er sah darin einen Wettbewerbsnachteil gegenüber anderen Rüstungsfirmen, die sich mit ganzer Kraft auf die anstehenden Kriegsaufgaben konzentrieren konnten.[82] Dennoch zeigte er sich mit der Entwicklung zufrieden, zumal die Produktion im neu eingerichteten Werk Posen erfolgreich angelaufen war: Wenn auch die vorläufige Aufgabe von Karlsruhe und der Umzug nach Lübeck und Posen «fühlbare Nachteile» gebracht habe, erklärte er, «so können sie doch dadurch als kompensiert angesehen werden, dass wir mit den Cegielski-Werken ein sehr interessantes [...] Friedensprogramm übernommen haben».[83]

In Karlsruhe selbst wurde der Missstand erst Zug um Zug durch neue Rüstungsaufträge kompensiert, so dass das Werk, was die Zahl der Beschäftigten angeht, hinter Brown Boveri aus Mannheim schließlich wieder der zweitgrößte Rüstungsbetrieb Badens wurde.[84] Der Ausbau des «Westgeländes» mit Gesamtkosten von 5,8 Millionen RM wurde durch das OKH finanziert, das dort reichseigene Maschinen installierte. Eine neu eingerichtete Abteilung «Sonderläufe» wurde von den Mauser-Werken mit 700 000 RM finanziert, die sich in den Karlsruher Fertigungsgebäuden einmieteten.[85] Die «Großplanungen» für Karlsruhe sahen Ende 1941 weitere Investitionen in Höhe von 4,6 Millionen RM vor.[86] Die Produktionspalette erstreckte sich inzwischen auf Geschütze und Geschützteile, Flakkomponenten, Infanterie- und Spezialmunition, Zündhütchen, Kraftstoffbehälter, Kupplungsteile, Kühlwasserheizgeräte und Wasser-Flügelpumpen. Die Zahl der Beschäftigten stieg unter anderem dank weiterer OKM-Aufträge bis Oktober 1943 auf 6400.[87] Der monatliche Umsatz für Munition, Geschosse und Hülsen erreichte schließlich im November 1944 einen Höchststand von 8 Millionen RM, während in der Maschinenbau-Abteilung Mitte 1944 etwa 7,8 Millionen RM pro Monat umgesetzt wurden,[88] bevor Bombenangriffe und nachlassende Rohstofflieferungen die Produktion zum Jahresende schlagartig zurückgehen ließen.

Alles in allem war die Fertigung im Stammwerk durch ein hohes Maß an Diskontinuität gekennzeichnet. Wenn die Werke Lübeck und Posen nicht infolge der Kriegsentwicklung verloren gegangen wären, wäre dem Werk Karlsruhe möglicherweise überhaupt keine Zukunft mehr beschieden gewesen. Es war daher dem Zufall zu verdanken, dass der Ursprungsstandort der BKI/DWM für die nach einigen Konversionsanstrengungen zunächst auf Zivilprodukte beschränkte Nachfolgegesellschaft der DWM nach 1945 wieder eine zentrale Rolle spielen sollte. Die Mauser-Werke wurden neben Rheinmetall zu einer der wichtigsten deutschen Waffenschmieden. Das Unternehmen, das im eigenen Verständnis immer noch in erster Linie ein Spezialist für hochwertige Waffen war, erlebte nun einen entscheidenden Aufschwung: Die «Machtergreifung» bedeutete für den Pistolenspezialisten, der in der Weltwirtschaftskrise nur knapp dem Bankrott entgangen war, eine ökonomische und psychologische Wende. Noch im Juni 1933 hatte das Grundkapital von 10 Millionen RM auf 8 Millionen RM herabgesetzt werden müssen. Das Unternehmen streifte nach damaliger Wahrnehmung die «Fesseln von Versailles» endgültig ab und schüttete für das Geschäftsjahr 1933 eine Dividende von 3 Prozent aus,[89] ein Versprechen auf die Zukunft des Rüstungsunternehmens. Für das Geschäftsjahr 1934 wurde die Dividende auf 4 Prozent erhöht – was einigen Aktionären bereits als zu niedrig erschien. Durch die gute Auftragslage wurden die leidigen Standortstreitigkeiten zwischen Oberndorf und der Muttergesellschaft BKI/DWM in Karlsruhe, die in der Zeit der Weltwirtschaftskrise oft eine Rolle gespielt hatten, obsolet. Die Heeresaufträge legten es nahe, zusätzlich die leer stehenden Hallen auf dem Berliner Gelände der BKI/DWM anzumieten.[90] Die Oberndorfer Zentrale war zunächst skeptisch, ob es überhaupt möglich sein werde, ohne einen genügenden Stamm erfahrenen technischen Personals am neuen Standort eine vergleichbare Qualität wie im württembergischen Hauptwerk zu erreichen. Erleichtert wurde der Entschluss jedoch auch hier durch die finanzielle Beteiligung des Reiches. Das Berliner Zweigwerk unter der Oberaufsicht der Direktoren Dörge und Fleck stellte schon im April 1934 die ersten Mitarbeiter ein. Nach der Wiedereinführung der allgemeinen Wehrpflicht 1935 stiegen die Auftragszahlen massiv an. Vor allem Standardprodukte, die zunächst noch geheim produziert worden waren, wie die Pistole P 08 und der Karabiner 98k, erfreuten sich einer großen Nachfrage des OKH, ebenso die entsprechende Munition. Daher subventionierte das Reich die Fertigung: Beispielsweise wurde als finanzieller Anreiz jeder produzierte Karabiner mit 6,50 RM bezuschusst und der Staat beteiligte sich mit 66 Prozent an den Einrichtungs- und Anlaufkosten. Bei der Maschinengewehrfertigung, die im Berliner Werk die Karabiner-Fertigung ergänzte, finanzierte das Reich die Betriebsmittel. Für weitere Aufwendungen mussten die Mauser-Werke freilich selbst aufkommen.[91]

Günther Quandt, dessen persönlicher Einfluss bei den Mauser-Werken weiter wuchs,[92] warb trotz des Rüstungsbooms für eine Konsolidierung. Die Mauser-Werke seien zwar «im Augenblick befriedigend beschäftigt», man könne jedoch keine Zukunftsprognosen machen und müsse daher mit «stabilen Dividenden» arbeiten.[93] Die vorsichtige Geschäftspolitik zahlte sich aus. Bereits 1935 betrug der Reingewinn über 600 000 RM; die Dividende von inzwischen fünf Prozent wurde bis Kriegsbeginn auf sieben Prozent angehoben.[94] 1936 wurden die Fertigungen von Handels- und Heereswaffen, bei denen es vorrangig auf die Austauschbarkeit der Komponenten ankam, voneinander getrennt, was ebenfalls eine neue Einstellungswelle zur Folge hatte.[95] Obwohl sich das Einzugsgebiet der Beschäftigten, die sich zu je einem Drittel aus Facharbeitern, angelernten Arbeitern und Hilfsarbeitern rekrutierten, inzwischen auf den ganzen oberen Neckarraum erstreckte, suchte das Werk händeringend weiter nach zusätzlichen Arbeitskräften. 1938/39 waren die Kapazitäten in Oberndorf mit inzwischen wieder 8500 Beschäftigten «voll ausgenutzt».[96]

Wie bei der Muttergesellschaft DWM drohte jedoch eine Verlagerung der Produktion von Rüstungsgütern. Im November 1936 erging die Aufforderung, wichtige Spezialmaschinen, Waffen, Halbfabrikate, aber auch ganze Abteilungen wie das Konstruktionsbüro und die Versuchswerkstatt samt ihrer Facharbeiter ins Reichsinnere zu verlegen. Dies erwies sich schon deshalb als schwierig, weil die Berliner Dependance inzwischen fast aus allen Nähten platzte. Zwar ließen sich Waffen und Halbfabrikate noch unterbringen, aber für Maschinen fehlte bereits der Raum. Die Mauser-Werke waren über die Verlagerungsaufforderung alles andere als erfreut; man spielte auf Zeit und kalkulierte mit einer Zeitspanne von mindestens einem halben Jahr. Im März 1938 besprachen Vertreter der Wehrwirtschaftsinspektion mit der Direktion die Modalitäten der Verlagerung, die schließlich im Juli 1938 durch das OKW angeordnet wurde.[97]

Zwar waren die Verlagerungen weniger tiefgreifend als bei den DWM. Dies lag wahrscheinlich daran, dass die Mauser-Werke außer dem Werk Berlin keine weiteren Fertigungsanlagen aufbauten. Das Ende des Nebeneinanders von Rüstungs- und Friedensfertigung war in jedem Fall absehbar. Im Zweiten Weltkrieg arbeiteten die Mauser-Werke zu Lasten der zivilen Produktion wieder «einzig und allein für die Rüstung»[98]. Ganz freiwillig verabschiedete sich der Betrieb allerdings nicht von seiner Friedenssparte. Erhellend ist in diesem Zusammenhang der Hinweis der das Werk betreuenden Rüstungsinspektion aus dem Frühjahr 1941, das Unternehmen habe sich mit dem Auslaufen der Fertigung von Büromaschinen inzwischen abgefunden. Diese Zivilsparte wurde von zwei mitteldeutschen Unternehmen übernommen.[99]

Mindestens ebenso wichtig – wenn nicht sogar bedeutender – war der Aufschwung, den die Dürener Metallwerke hauptsächlich durch Luftrüstungsaufträge erlebten. Dies zeigte sich bei den Feiern zum 50-jährigen Bestehen der Gesellschaft im Jahr 1935. Partei-, Militär- und Industriegrößen gaben sich in Düren ein Stelldichein. Günther Quandt begrüßte besonders Staatssekretär Erhard Milch in Vertretung von Hermann Göring.[100] Im Vorwort der Festschrift erfolgte ein Kniefall vor dem Regime, indem dort ein Zitat Hermann Görings platziert wurde, dass die Luftfahrtindustrie nicht Selbstzweck sei, sondern «Diener am gemeinsamen Werk der deutschen Luftfahrt» sein müsse.[101]

Weil das Stammwerk in Düren auf Hochtouren produzierte und kein Ende des Auftragsbooms zu erkennen war, schien es sinnvoll, neben dem vergleichsweise veralteten und unorganisch gewachsenen Werk, das zudem gefährlich nahe an der belgisch-französischen Grenze lag, eine weitere Produktionsstätte zu errichten. Für die neue Fertigung wurden, analog zum Vorgehen bei den BKI/DWM und bei den Mauser-Werken, im Mai 1934 Grundstücke und Fabrikgebäude auf dem weitläufigen Berliner DWM-Gelände zu einem symbolischen Preis von jährlich 6 RM angemietet.[102] Die Geschäftsführung gab als Grund den durch Rohstoffknappheit bedingten Übergang von Schwermetallen zu Leichtmetallen und die Erwartung zukünftiger «größerer volumenmäßiger Umsätze in Leichtmetall-Fabrikaten» an.[103] Dies war allerdings nur die halbe Wahrheit, da die massive Förderung des Flugzeugbaus nicht öffentlich gemacht werden sollte. Den Schwerpunkt der Leichtmetallproduktion nun in den Industriegürtel Berlins zu verlegen, bot sich auch aus logistischen Überlegungen an: Die zahlreichen mitteldeutschen Abnehmer aus der Luftfahrtbranche konnten fortan aufgrund der kürzeren Transportwege mit geringeren Lieferzeiten rechnen.

Die neue Berliner Produktionsstätte diente ausschließlich der Aufrüstung: Die Planungen sahen Ausgaben in Höhe von 7,7 Millionen RM vor. Auf die Errichtung von Gebäuden entfielen 1,3 Millionen RM, für die Anschaffung von Maschinen, Öfen und Fabrikationseinrichtungen wurden insgesamt fast 6,5 Millionen RM veranschlagt. Den größten Posten machte die «Leichtmetallfabrikation für Luftfahrt» in Höhe von 4,7 Millionen aus. Das RLM plante zudem, im Werk Motorengehäuse für BMW und Siemens fertigen zu lassen.[104] Die Unternehmensführung zeigte sich zuversichtlich, den zu erwartenden «Spitzenbeanspruchungen» gewachsen zu sein.[105] Der erste Spatenstich für die Erweiterungsbauten im Berliner Werk, das gegen Kriegsende insgesamt zehn Gebäude und Hallen umfasste, erfolgte am 10. Juni 1934. Vor allem in der Aufbauzeit wurden zahlreiche Facharbeiter von Düren nach Berlin beordert. Auch hier lassen sich, wenngleich zeitversetzt, Parallelen zu der Entwicklung bei den BKI/DWM und deren Standortverlagerung erkennen.

Für den Bau von Wohnhäusern für die Direktoren und leitenden Angestellten wurde über Günther Quandts Terrain-Centrale eine Reihe von Grundstücken im nur wenige Kilometer nördlich gelegenen Berliner Stadtteil Frohnau erworben. Das Gelände war in den Jahren der Inflation erworben worden,[106] und durch den Verkauf an die Dürener Metallwerke füllte sich die Quandt'sche Familienkasse. Die Produktion wurde am 8. Dezember 1934 unter der Leitung des neuen Direktors Karl Werning aufgenommen.[107] Der Vollbetrieb mit zwei Schichten begann bereits im Januar 1935.[108]

Die Expansion nach Berlin löste bei der Dürener Belegschaft große Unruhe aus, weil dem alten Standort die Vernachlässigung drohte. Außerdem stand zu befürchten, dass Fachkräfte für den Neuaufbau zum Umzug gezwungen würden.[109] Gleichsam beruhigend berichtete der Vorstand daher über die Bemühungen, neue Aufträge der Fahrzeug-Industrie nach Düren zu holen. Der Hinweis, dass schon ein Auftrag für das Material von 50 Duralumin-Omnibussen der Berliner Verkehrs-AG (BVG) vorliege,[110] konnte allerdings nicht ernsthaft den Verdacht entkräften, dass Düren auf lange Sicht auf den Status eines Zweigbetriebs reduziert werden würde. Hierauf deutete auch die Tatsache hin, dass wie bei der Muttergesellschaft die Hauptverwaltung und der Firmensitz nach Berlin verlegt wurden. Die 1937 präsentierten Pläne über einen fünfjährigen «Generalausbau» offenbarten dann in aller Schonungslosigkeit, dass in Düren nicht mehr viel investiert werden sollte.

Die Dürener Metallwerke expandierten auch an anderer Stelle. Auf Anregung des RLM entstand seit 1936 im mecklenburgischen Waren an der Müritz eine zusätzliche hochmoderne Fertigungsstätte.[111] Das

Werksgelände befand sich südwestlich der Stadt in einem Waldstück zwischen Müritz und Kölpinsee und wurde gut getarnt – die reizvolle landschaftliche Lage inmitten der Mecklenburgischen Seenplatte war unter diesem Aspekt ein idealer Ort zur Ansiedlung eines Rüstungsbetriebes.

Daneben sprach für den Standort, dass die Verwaltung der hauptsächlich vom Fremdenverkehr lebenden und in den 1930er Jahren unter hoher Arbeitslosigkeit und großer Verschuldung leidenden Kreisstadt an Industrieansiedlungen interessiert war. Schon in der frühen Weimarer Republik war ein Bebauungsplan entstanden, der der Industrie durch die Anbindung an das Eisenbahn- und Wasserstraßennetz günstige Bedingungen versprochen hatte. 1935 wurden zwischen der Hauptverwaltung der Dürener Metallwerke und der Stadt Waren Verhandlungen über die Modalitäten des Baus eines Zweigwerks aufgenommen. Die offerierten Bedingungen waren günstig: Dem Unternehmen wurden unentgeltlich ein Grundbesitz von insgesamt 814 600 Quadratmetern überlassen, eine feste Zufahrtsstraße gebaut und ein Bahnanschluss gelegt. Da schon bei Vertragsabschluss abzusehen war, dass zahlreiche Fachkräfte aus Düren und Berlin für die Einarbeitung neuer Arbeiter vorübergehend nach Waren abgeordnet werden würden, sagte die Stadt Hilfe bei der Wohnraumbeschaffung zu und war bei der Errichtung zahlreicher Werkswohnungen behilflich. Für die Standortwahl war wohl entscheidend, dass sich in Mecklenburg eine vitale Zulieferindustrie für den militärischen Flugzeugbau entwickelte: 1933 ein Dornier-Werk in Wismar, 1934 die Walther-Bachmann-Flugzeugbau KG in Ribnitz, 1935 Heinkel mit einem großen Werk in Rostock, zudem die Arado-Flugzeugwerke mit zahlreichen Produktionsstätten in Mecklenburg und Brandenburg. Bei der Standortwahl wirkte auch Emil von Stauß mit, der sich in der Region als Besitzer eines Anwesens gut auskannte und beste Kontakte in die Luftrüstungsindustrie besaß.

Die Verhandlungen waren mit der Unterzeichnung des Gesellschaftsvertrags am 3. Dezember 1935 abgeschlossen. Die Unternehmensform als GmbH war vermutlich mit Blick auf die gegenüber den Aktiengesellschaften weniger strengen Publikationsvorschriften gewählt worden, um für das Ausland den Umfang der deutschen Luftrüstung zu verschleiern.[112] Der Aufbau der «Mecklenburgischen Metallwarenfabrik mbH Waren» (Memefa) wurde unter strenger Geheimhaltung unter dem Leitenden Ingenieur Martin Langegger durchgeführt, der vom Werk Berlin an die Müritz delegiert wurde. Die

Oberaufsicht über die Memefa hatte Karl Werning, der das Werk von der Hauptverwaltung der Dürener Metallwerke in Berlin aus leitete, dem dafür bei Besuchen ein eigenes Zimmer im betriebseigenen Schloss Schwenzin zur Verfügung stand. Die Geschäftsführung lag in den Händen des Ministerialrats a. D. Heinz Mossdorf, der bis 1936 dem RWM angehört hatte. Die kaufmännischen und technischen Direktoren, Prokuristen und andere leitende Angestellte wechselten häufig, was der schnellen Aufbauphase geschuldet war. Als modernes und gut ausgestattetes Rüstungswerk war die Memefa mit ihren in Flachbauweise errichteten Produktionshallen auf die strategische Expansion hin großzügig ausgelegt. Offizieller Produktionsbeginn war der 31. Dezember 1936.

Trotz des erfolgreichen Starts blieb die Anlaufphase durch Streitigkeiten mit dem RLM über die Finanzierung und ihre Konsequenzen hinsichtlich der neuen, zum erheblichen Teil auf Reichskosten finanzierten Werke in Berlin und Waren geprägt. In den ursprünglichen Plänen für das Werk Waren war vorgesehen, dass die Dürener Metallwerke von den Gesamtkosten in Höhe von 9 Millionen RM die Hälfte durch die Einbringung eines Stammkapitals von 4,5 Millionen Reichsmark aufbringen und die restlichen 4,5 Millionen RM als zinsloser langfristiger Kredit durch das Reich zur Verfügung gestellt werden sollten. Die Anlaufkosten, die mit rund 2 Millionen RM beziffert wurden, waren als zinsloser Revolving-Kredit des Reiches geplant. Vom Gesellschaftskapital sollten das Reich 3,3 Millionen RM und die Dürener Metallwerke 1,2 Millionen RM übernehmen.[113] Die erheblichen Kosten und Risiken für das als «Bereitschaftswerk» firmierende Unternehmen würden, so sah der Plan vor, durch Garantien des Reiches aufgefangen werden: durch Beschäftigungszusagen, großzügige Abschreibungsregelungen, die Garantie einer «ausreichenden Gewinnspanne» sowie durch eine «Stillstandabsicherung».[114] Der Entwurf ging zudem davon aus, das Werk Waren «recht bald» in den alleinigen Besitz der Dürener Metallwerke übergehen zu lassen. Deshalb wurden die «ideellen Leistungen» zugunsten des Werkes und die Einbringung realer Werte durch Lizenzabgaben möglichst hoch bewertet. Allerdings bekam der Aufsichtsrat angesichts dieser an und für sich angemessenen Konditionen bald kalte Füße: «Nach den Erfahrungen in letzter Zeit», so vermerkte das Protokoll im Dezember 1935, sei zu erwarten, dass eine derartige Berechnung als «Kriegsgewinn» und «Habgier» ausgelegt werden würde: Im Gremium war man deshalb der Ansicht, zunächst nur den Erwerb von 26 Prozent der Memefa anzustreben und, wenn darüber hinaus noch andere Möglichkeiten bestünden, diese Beträge über die Geltungsdauer der Lizenzen abzurechnen.[115] Ende Mai 1936 wurde dieser Entwurf vom Aufsichtsrat gebilligt.[116] Einige Wochen später stellte sich jedoch heraus, dass sich das RLM nicht wie ursprünglich geplant mit 4,5 Millionen RM an der Finanzierung beteiligen würde und die Dürener Metallwerke diesen Betrag binnen drei Jahren zurückzahlen sollten. Als kleiner Trost wurden staatlicherseits Anzahlungen auf die Produktionsaufträge in Aussicht gestellt.[117] Der Rückzug des Reiches stieß in Düren auf Unverständnis, und möglicherweise sprach sich Günther Quandt auch aufgrund derartiger Querelen in den folgenden Jahren gelegentlich gegen den weiteren Ausbau und die Errichtung neuer Werke zum Beispiel in Österreich nach dem «Anschluss» aus.[118]

Die Dürener Metallwerke stellten neben dem Stammkapital schließlich zusätzliche Mittel in Höhe von 4,8 Millionen RM für den Auf- und Ausbau des Werkes zur Verfügung. Auf einen in Aussicht gestellten RLM-Kredit in beinahe dieser Höhe verzichtete das Unternehmen, weil dieses Geld mittlerweile für erhebliche RLM-Nachzahlungen benötigt wurde. Die Memefa finanzierte den Aufbau durch Kredite ohne Wehrmachtsbeteiligung. Sie nahm im Februar 1937 durch Vermittlung von Sponholz & Co. einen Kredit bei der Reichsversicherungsanstalt für Angestellte in Höhe von 3 Millionen RM[119] sowie kleinere Kredite bei der Deutschen Bau- und Bodenbank und der Dresdner Bank auf. Mit dem vom Unternehmen allein aufgebrachten Stammkapital in Höhe von 6 Millionen RM wurde die Memefa am 2. April 1937 als rechtlich selbständige Gesellschaft ins Handelsregister eingetragen. Dadurch war eine gesonderte Abrechnung der Staatsaufträge möglich, was für erhöhte Abschreibungen wichtig war, z. B. für den Fall einer geringeren Auslastung des Werkes. Die Memefa galt intern weiterhin als unselbständige Betriebsstätte, ein für die Verhandlungen bezüglich der «Übergewinne» als wichtig angesehener Umstand. Der Aufsichtsrat ging fest davon aus, dass bei «subventionierten Betrieben» kein höherer Gewinn als 6 Prozent des Umsatzes gemacht werden dürfe, während man bei selbständigen freien Betrieben damit rechnen könne, dass dem Unternehmen «ein erheblich höherer Gewinn» verbleibe.[120]

Wie oben angedeutet, blieb lange Zeit umstritten, ob und in welcher Höhe Beträge an das RLM abgeführt werden mussten. Diese

Rückzahlungen ergaben sich aus einer nachträglich angeordneten Ermäßigung der vereinbarten Festpreise, die die Werke für ihre Flugzeugindustrie-Lieferungen erhielten. In der Regel wurden RLM-Rückzahlungen von der Gewinnsumme in der diesbezüglich geschönten Bilanz abgezogen.[121] In der Bilanz für das Geschäftsjahr 1934 wurden die Investitionskosten für das Werk Berlin beispielsweise um rund 2,9 Millionen RM geringer als tatsächlich angegeben.[122] Die Dürener Metallwerke wollten die staatlichen Abnahmeverpflichtungen in den Geschäftsbericht aufnehmen,[123] das RLM wünschte hingegen die «Tarnung» der Bilanzen, die erst nach Prüfung veröffentlicht werden durften.[124] Es erwartete beispielsweise 1935 eine Rückstellung in Höhe von rund 3 Millionen RM von einer Luftfahrt-Umsatzsumme von rund 15 Millionen RM – eine nach Ansicht der Dürener Metallwerke völlig unberechtigte Forderung, weil der Gewinn inzwischen ganz in den Aufbau reinvestiert sei und nach dem Ende des Rüstungsbooms eine «bleibende Belastung» darstellen werde, vor allem, wenn keine weiteren Abschreibungen erlaubt würden.[125] Als Ende 1935 sogar 3,3 Millionen RM für das RLM zurückgestellt werden mussten,[126] war man erst recht nicht mehr bereit, zukünftig eine solche «Einengung der Selbstbestimmungsrechte» hinzunehmen. Die Bestimmungen über die Verwendung des Reingewinnes, die Dividende und die Höhe der Abschreibungen seitens des RLM seien, so drückte es Paul Hamel aus, «weitgehend und diktatorisch».[127]

Dies führte zu Überlegungen, Investitionen zukünftig «risikoloser» zu gestalten. Die Lösung wurde darin gesehen, eine buchhalterische Trennung der im Reichsauftrag gebauten Werke Berlin und Waren vorzunehmen.[128] Das neue Werk verkaufte daher auf eigene Rechnung und musste Vertriebs- und Verwaltungskosten, Verkaufskommissionen, Umsatzsteuer, Vertreterprovisionen und Ausfuhrförderungsabgaben selbst tragen. Die Gewinne wurden an die Muttergesellschaft weitergeleitet, die dem RLM gegenüber rückzahlungspflichtig war. Anders als beim Berliner Werk verzichtete das RLM bei der Memefa angesichts der noch als «völlig unübersehbar» eingeschätzten Rentabilität zunächst auf eine Rückvergütung.[129] Für 1938 waren angesichts der Umsatzentwicklung Rückforderungen von «Übergewinnen» von 2 bis 3 Millionen RM im Gespräch, denen aber «entschiedener Widerstand» entgegengesetzt werden sollte – offensichtlich mit Erfolg.[130] Erst von 1939 an flossen Gelder in einem Kuhhandel zurück: Eine Rückzahlung von 1 Million RM an das RLM[131] wurde mit der Vereinbarung verbunden, die weiteren Forderungen des RLM zum überwiegenden Teil in einen Investitionskredit umzuwandeln und einen Restbetrag über 200 000 RM gegen eine öffentliche Beihilfe in gleicher Höhe aufzurechnen. Hierfür musste die Memefa jedoch wiederum im Gegenzug Verpflichtungen eingehen, sich nämlich «auf Verlangen des Reichs vorzugsweise für die Durchführung von Luftfahrtaufträgen zur Verfügung zu halten».[132]

Angesichts dieser für die Dürener Metallwerke sehr erträglichen Abmachungen war es wenig verwunderlich, dass Günther Quandt trotz des Risikos möglicher weiterer Rückforderungen die Finanzlage im Herbst 1937 «als nicht ungünstig» beurteilte.[133] Dem entsprach, dass die Dividende sukzessive auf 7 Prozent angehoben wurde und der Börsenkurs in dieser Zeit auf 205 Prozent stieg – ein Höchststand, der in den Kriegsjahren nicht mehr erreicht werden sollte. Die ausgewiesenen Gewinne bewegten sich zwar jährlich im Bereich von nur einer halben Million RM, aber das hatte kaum praktische Bedeutung, weil bekanntlich sofort wieder reinvestiert wurde, nicht zuletzt, um nicht vom Fiskus geschröpft zu werden. Aussagekräftiger waren die Umsatzsteigerungen, die allein 1939 im Vergleich zum Vorjahr um rund 30 Prozent höher ausfielen und besonders den für den Flugzeugbau wichtigen Leichtmetallsektor betrafen.[134] Auf dem Leichtmetall-Halbzeugmarkt hatten sich die Dürener Metallwerke inzwischen einen geschätzten Marktanteil von 55 Prozent erobert, was vor allem beim Hauptkonkurrenten VAW zu großer Unruhe führte.

Die Doppelstrategie bei der AFA: Batterien fürs Volk und die Rüstung

Die Doppelstrategie der AFA war geprägt durch die in den 1930er Jahren bestimmenden Trends der Aufrüstung und Motorisierung. Insgesamt nahm der Batteriehersteller in den ersten Jahren des NS-Regimes eine positive wirtschaftliche Entwicklung. Der Aufschwung setzte mit einer für die Akkumulatorenindustrie charakteristischen Verzögerung ein.[135] Die im April 1933 abgeschaffte Kraftfahrzeugsteuer verhalf zu einem willkommenen Boom bei Starterbatterien – und dem Unternehmen konnte es dabei gleichgültig sein, ob eher der Privatverbraucher oder die Rüstungsindustrie das Produkt nachfragte. Zumindest die Wehrmacht setzte eher ganz konventionell auf die Schiene – hierfür

40 Hitler lässt sich auf der Internationalen Automobil-Ausstellung in Berlin 1938 auf dem Messestand der AFA vom Vorstandsmitglied Edgar Haverbeck die neuesten technischen Errungenschaften zeigen. Ganz links Günther Quandt, im Hintergrund (mit Brille) sein Sohn Herbert.

waren traditionell auch Akkumulatoren im Einsatz – als auf die nun überall im Reich gebauten Autobahntrassen.[136]

Eine Erhöhung des Aktienkapitals auf 21,25 Millionen RM wurde 1933 federführend durch die Deutsche Bank betreut. An den Besitzverhältnissen änderte sich nichts. Die Aktienmehrheit über rund 13 Millionen RM lag weiterhin bei der Quandt-Gruppe. 1934 war der Aufschwung auf allen Geschäftssektoren zu spüren, obwohl die Ausfuhr zunächst ein Sorgenkind blieb. Erst 1934/1935 verzeichnete die AFA «mit Genugtuung auf allen Gebieten unserer Geschäftstätigkeit eine erfreuliche Zunahme» der Umsätze, und auch der Export stieg trotz des großen Preisdrucks und des Abwertungsgefälles im Vergleich zum Vorjahr um fast 60 Prozent.[137] 1936 wurden bei glänzenden Zahlen Akkumulatoren und Batterien in großer Zahl für die Bau- und Landwirtschaft, für den Bergbau und die «Motorisierung des deutschen Verkehrs» nachgefragt, und auch der Preisdruck im internationalen Wettbewerb ließ fühlbar nach.[138] Die Motorisierung hatte einen wesentlichen Anteil am Aufschwung,[139] auch wenn der Blick auf die Nachbarländer mit einem vergleichbaren industriellen Standard zeigt, dass es dort ähnliche Wachstumsraten gab.[140] Die Nachfrage machte sich bei den Aufträgen für Starterbatterien bemerkbar, bei denen die AFA einen Marktanteil von 72 Prozent bei der Erstausrüstung besaß.[141] Gegen den verstärkten Schutz durch Zölle, die vor allem der überlegenen amerikanischen Automobilindustrie den Zugang zum deutschen Markt erschweren sollten,[142] hatte die AFA sicherlich keine Einwände, weil sie diese nicht direkt belieferte. Das traditionell starke Exportgeschäft wurde nun wieder – trotz aller Einschränkungen durch die Autarkiebestimmungen – eine Erfolgsgeschichte. Die Zahl der unerledigten Aufträge der AFA erreichte im Mai 1938 eine Rekordziffer. Obwohl die Grenze der Leistungsfähigkeit erreicht war und der Bleimangel zunehmend Sorge bereitete, stiegen Umsatz und Export weiter.[143] Selbstbewusst formuliert die Jubiläumsschrift des Jahres 1938, es sei gelungen, «trotz des großen Preisdrucks, der von den Valuta-Abwertungsländern ausging, und trotz der Schwierigkeiten, die sich aus der Umlagerung des deutschen Außenhandels ergaben, die Ausfuhr ganz erheblich zu vergrößern und ein entsprechendes Devisenaufkommen der Regierung zur Verfügung zu stellen».[144] Der Geschäftsbericht des letzten Friedensjahres verkündete triumphierend: «1939, ein Jahr voller Höchstleistungen auf allen Gebieten».[145]

Bei einem Gesamtertrag von 23,8 Millionen RM wurden 1934 und 1935 Dividenden von je 12 Prozent ausgeschüttet, die in den folgenden Jahren noch sogar auf 14 Prozent angehoben wurde. 1937 war vom «immer fühlbarer werdenden Mangel an geschulten Kräften, insbesondere Facharbeitern und Ingenieuren» die Rede.[146] Auch der Umsatz bei den «Elektrohubkarren» nahm sprunghaft zu und erreichte 1937 wieder den vormaligen Höchststand des Jahres 1929. 1938 konnte die Nachfrage nach AFA-Akkumulatoren kaum noch befriedigt werden, und weil Batterien Verschleißartikel sind, war mit einem Ende dieses Trends nicht zu rechnen. Die AFA war mit 5656 Beschäftigten im Oktober 1939 das mit Abstand größte Batterieunternehmen Deutschlands.[147]

Ungeachtet der stetigen Aufwärtsbewegung fällt unmittelbar ins Auge, dass die AFA anders als die BKI/DWM noch bis Ende der 1930er Jahre wesentlich auf Zivilprodukte ausgerichtet blieb. Der Löwenanteil des Gesamtumsatzes der AFA von über 18,4 Millionen RM, nämlich 78,9 Prozent, entfiel selbst 1940/41 noch auf die Posten Erstausrüstung, Reichspost, Reichsbahn und sonstige Behörden.[148] Den Rest machten Wehrmachtslieferungen aus. 6,2 Prozent gingen ans Heer, 1,1 Prozent an die Marine und 7,7 Prozent an die Luftwaffe.[149] Seit Kriegsausbruch wurde die AFA indessen «durchweg auf die Kriegswirtschaft umgestellt».[150] Die Verlagerung des privaten Sektors zu den kriegsbedingten «Sonderaufgaben» vergrößerte zwar 1940 den Absatz, war «aber mit geringeren Erlösen verbunden», zudem ging der Export kriegsbedingt fast auf die Hälfte des Jahres 1939 zurück.[151] Die reine Rüstungsproduktion blieb also noch die Ausnahme, allerdings erhielt die AFA schon 1938 für den Aufbau des Werkes Hannover und den Ausbau des Hagener Werkes einen nicht rückzahlungspflichtigen Reichszuschuss in Höhe von 6 Millionen RM, von denen der größte Anteil auf Hannover entfiel.[152] Die schrittweise Umstellung auf die Kriegsproduktion fiel der AFA vergleichsweise leicht, weil das Unternehmen hierfür über das Know-how verfügte und insbesondere die Umstellung auf Standardtypen keine größeren technischen Probleme bereitete.

In die «Friedensjahre» des «Dritten Reiches» fiel die zunehmende Verlagerung des AFA-Schwerpunktes nach Berlin. Die umständlichen Transport- und Versandwege zwischen Hagen und Berlin waren ein Kostenfaktor, der immer wieder zu Überlegungen bezüglich der Konzentration und Zusammenlegung von Abteilungen führte.[153] Neben logistische Argumente trat die Erkenntnis, dass die bestehenden Produktionsstandorte an ihre Kapazitätsgrenzen stießen und gerade in Zeiten forcierter ziviler und militärischer Aufträge nicht mehr ausgebaut werden konnten. Auch hier handelte es sich um ähnliche strategische Erwägungen, wie sie bei den BKI/DWM und ihren Tochterunternehmen angestellt wurden. Dieser Politik fiel als erstes das zweite Berliner AFA-Werk, das schon lange nicht mehr genutzte «Pflügerwerk», zum Opfer, das sich auf dem Gelände einer 1904 eingegliederten gleichnamigen kleineren Akkumulatorenfabrik befand und 1938 abgestoßen wurde.[154]

Das Werk Hagen als Keimzelle des Akkumulatorenherstellers war mit seinen 390 000 Quadratmetern Gesamtfläche auch in den 1930er Jahren zunächst noch zentraler Produktions- und Forschungsstandort. Der Schwerpunkt blieb die Herstellung von Blei-Akkumulatoren und ihren Komponenten. In einer eigenen Abteilung war die zukunftsweisende Fertigung von DEAC-Stahlbatterien untergebracht. Die betriebseigene Gummi-Fabrik mit mehreren hundert Beschäftigten produzierte für alle AFA-Standorte Zubehör für die verschiedenen Batteriekästen.[155] Die traditionelle Arbeitsteilung der Produktion von stationären Batterien in Hagen und von Starterbatterien in Berlin benachteiligte jedoch auf lange Sicht den Standort Hagen. Die Bedeutung der hier produzierten «ortsfesten» Batterien hatte schon seit dem Ersten Weltkrieg abgenommen, weil Deutschland inzwischen elektrisch zunehmend vernetzt war und größere Anlagen mittlerweile durch Elektrizitätswerke versorgt wurden. Nahm man noch hinzu, dass auch Notstrombatterien Zug um Zug durch Dieselmotoren ersetzt wurden, war das Ende des Einsatzes stationärer Akkumulatoren absehbar. Trotz dieses Abwärtstrends blieb Günther Quandt jedoch noch Ende der 1930er Jahre aus mehreren Gründen ein Verfechter des stationären Akkumulators: um auch auf dem Geschäftsfeld präsent zu bleiben, das alle führenden Hersteller als unabdingbar für eine gutsortierte Angebotspalette ansahen; aus Rücksicht auf die Befindlichkeit der Mitarbeiter in den «ortsfesten» Abteilungen und schließlich weil Quandt die Diversifikation als probates Mittel der Risikominderung ansah, falls sich eine Sparte als wenig ertragreich erwies.[156]

Durch die großzügigen Neubauplanungen in Hannover und die Errichtung des Werks in Posen seit 1939 geriet das Hagener Stammwerk weiter ins Hintertreffen. Der Betrieb war Stück für Stück relativ planlos und je nach Bedarf erweitert worden, hatte im engen Tal an der Ennepe kaum Expansionsmöglichkeiten und bot eher das Bild eines Flickenteppichs als das eines durchdachten modernen Betriebs.[157] Dennoch blieb das Werk Hagen dank der Rüstungsaufträge weiterhin ein wichtiger Standort: Einer Nachkriegsschätzung zufolge betrug sein Anteil an der gesamten AFA-Produktion von Kriegserzeugnissen am Ende des Zweiten Weltkrieges immer noch 65 Prozent.[158]

Der Standort Berlin brauchte angesichts des Motorisierungsbooms keine Existenzsorgen zu haben, zumal das Werk Oberschöneweide für die Starterbatterien zu einem «modernen Betrieb» erweitert werden sollte.[159] In erster Linie ging es darum, die inzwischen jahrzehntealten Gebäude und Einrichtungen zu sanieren. Die Pertrix-Trockenbatterie-Produktion im benachbarten Niederschöneweide befand sich immer noch in einer organisatorisch nicht einfachen personellen Umstrukturierungsphase und war durch technische Probleme gehemmt, deren Begründung als «Anlaufschwierigkeiten» mit voranschreitender Zeit immer weniger plausibel klang. Entscheidend war jedoch, dass Niederschöneweide über neue Technologien verfügte. Nach allgemeiner Erwartung der Akkumulatorenbranche stand der Trockenbatteriesparte eine große Zukunft bevor.

Unabhängig von der Entwicklung in Hagen und Berlin hatte sich Günther Quandt seit geraumer Zeit mit dem Gedanken getragen, eine neue, den modernsten Anforderungen entsprechende Akkumulatorenfabrik zu errichten, eine Überlegung, die umso dringlicher wurde, als Automobilboom und Aufrüstung eine erhöhte Nachfrage nach Starterbatterien erwarten ließen. Was die Suche nach einem hierfür geeigneten Fabrikgelände für eine Massenproduktion betraf, so stellte er hohe Anforderungen: Er wollte später einmal alle Fertigungen der AFA, einschließlich ihrer Tochtergesellschaften, auf diesem Gelände zusammenfassen. Der Kriterienkatalog für die Standortwahl war daher umfassend. Für Quandt gab es vier «Hauptgesichtspunkte für eine gesunde Terrainbeschaffung»: erstens den Anschluss an die Autobahn, zweitens eine Bahnstation, an der auch D-Züge hielten, drittens die Großstadtnähe, um in Zeiten stagnierenden oder abfallenden Personalangebots ein Arbeitskräftereservoir zur Verfügung zu haben und viertens die Nähe einer Stadt, die neben höheren Schulen auch eine Universität oder eine technische Hochschule besaß, da es ansonsten schwer sei, leitende Angestellte zu rekrutieren.[160] 1936 bot die Stadt Hannover in den Ortsteilen Stöcken und Marienwerder Grundstücke zur Industrieansiedlung an. Das Gelände befand sich in unmittelbarer Nähe zu der im Bau befindlichen Autobahn, die das Ruhrgebiet mit Berlin verbinden sollte, und in direkter Nachbarschaft zum Mittellandkanal. Von Vorteil war zudem, dass wenige Monate später auch der Grundstein des Werkes für den «Volkswagen» in der nicht einmal 100 Kilometer entfernten «Stadt des KdF-Wagens» gelegt wurde. Als Zulieferer der Automobilindustrie für Starterbatterien konnte für Quandt diese Neugründung nur recht sein. Sowohl die AFA als auch die Continental Gummi-Werke griffen bei den in Hannover zur Verfügung stehenden Grundstücken zu. Die AFA entschied sich für das etwa 850000 Quadratmeter umfassende Terrain in Stöcken. 1938 wurde mit dem Bau begonnen, wobei Aufbau, Ausbau und Maschinenausstattung durch einen großzügigen Reichszuschuss unterstützt wurden.[161]

Hinsichtlich der Gestaltung der neuen Fabrik standen die mit dem Bau wesentlich beauftragten AFA-Direktoren Albert Fraaß und Carl Müller im Einklang mit den Tendenzen der NS-Industriepolitik und -architektur. Diese orientierte sich gerade im Bereich der Industrie-Neubauten nicht an monumentalistischen und romantisierenden Ideen, sondern übernahm im Industriebau vielfach die Ideen des Funktiona-

41 Durch das 1936 nach modernsten Kriterien konzipierte neue Werk der
AFA in Hannover geriet das Stammwerk in Hagen ins Hintertreffen. Nach
Rüstungsboom und Zerstörung im Zweiten Weltkrieg bildete es den Kern des
Wiederaufbaus.

lismus und akzeptierte gar Motive des «Neuen Bauens», das die Weimarer Republik geprägt hatte.[162] In logistischer Hinsicht entsprachen die
Industrieanlagen – über die Anbindungen an Autobahn und Kanalnetz – kriegswichtigen Anforderungen: Sie ermöglichten eine moderne
Fertigung, die nicht auf lange Wege für den notwendigen Nachschub
durch Zulieferer angewiesen war. In Hannover fand die Fertigung auf
einer einzigen Ebene statt. Dies war zur damaligen Zeit noch ungewöhnlich: In der Regel war noch, wie etwa in Hagen, die klassische
Bauweise der «Manufakturen» üblich, bei denen auf mehreren Stockwerken mit Handfertigung hergestellt wurde. Schwere Güter konnten
hierbei nicht per LKW an- und abtransportiert werden, sondern mussten mittels Lastenaufzug befördert werden. Anders in Hannover: Die
quadratischen Hallen mit 108 × 108 Metern Außenlänge entstanden
im Rastersystem. Bereits zur Zeit des Baus wurde hinter vorgehaltener
Hand gemutmaßt, der nichtbebaute und recht großzügig ausfallende
Raum zwischen den Hallen sei «aus Rücksicht auf die Luftsicherheit»

geplant worden.[163] Bis 1943 wurden insgesamt sechs Großhallen mit zweigeschossigen Vorbauten für Dusch- und Büroräume errichtet. Eine eigene Halle war für die DEAC-Stahlakkumulatorenherstellung reserviert. Die Fabrikanlage hinterließ nach Kriegsende bei amerikanischen Inspekteuren einen tiefen Eindruck: Sie wurde als die wahrscheinlich «largest single battery manufacturing plant in the world» charakterisiert. Die Pläne, die den Amerikanern vorlagen, ließen erkennen, dass eine weitere Expansion vorgesehen war, die zur dreifachen Produktionshöhe geführt hätte.[164] Zu einem systematischen Ausbau des Werks kam es allerdings nicht mehr. Zwar wurden 1940 weitere Grundstücke mit insgesamt knapp 90 000 Quadratmetern zur Erweiterung des Werksgeländes erworben,[165] aber die verschärfte Baustoffbewirtschaftung bremste den großzügig geplanten Aufbau. Seit 1939 war zudem absehbar, dass die anvisierte Massenfertigung von Starterbatterien für den zivilen Autobau vorerst nicht möglich sein würde. Obwohl das Werk Hannover die Produktion von U-Boot- und Torpedo-Batterien als zentrale Rüstungsfertigung erst im Oktober 1940 aufnahm,[166] wurde der Betrieb schon im August 1939 als kriegswirtschaftlich bedeutsam verzeichnet.[167]

Zwar diente das Werk nicht der unmittelbaren Kriegsvorbereitung,[168] aber es stellt sich dennoch unweigerlich die Frage, ob es den neuen Standort Hannover auch ohne die nationalsozialistische Rüstung gegeben hätte. Das grundsätzliche Problem besteht darin, aus der Retrospektive zu erkennen, ob Werksneubauten der 1930er Jahre Konsequenz eines herkömmlichen Konjunkturaufschwungs waren oder ihre Planung vielmehr eine Folge der nationalsozialistischen Rüstungspolitik war.

Für die Kraftfahrzeugindustrie – und dies galt auch für ihre Zulieferbetriebe – ist darauf hingewiesen worden, dass zumindest in der Anfangsphase der NS-Herrschaft entsprechende Investitionen einem volkswirtschaftlich gewünschten Konjunkturanschub dienen sollten und rüstungsrelevante Aufgaben dahinter zurückstanden.[169] Hier wäre daher nach den strategischen Überlegungen bei Günther Quandt zu fragen, der offenbar auf eine Doppelstrategie in seinen beiden Unternehmensgruppen setzte: Während sich die BKI/DWM mit ihren Töchtern die Rüstungskonjunktur entschlossen zunutze machten, setzte die AFA, die zunächst nur in bescheidenem Maße Rüstungsgüter produzierte, für einen längeren Zeitraum auf die zivile Produktion, die angesichts der technologischen Entwicklung und der größeren Bedeutung von Elektrizität in allen Lebensbereichen gute Wachstumsaussichten versprach. Entsprechend dürfte der Bau in Hannover vor allem den zivilen Konjunkturerwartungen geschuldet gewesen sein, auch wenn die zunächst nur spärlichen AFA-Wehrmachtsaufträge willkommen waren.

Die in den beiden Firmenzweigen jeweils nachvollziehbare Diversifizierung in Zivil- und Rüstungsproduktion lässt sich auch für die Quandt-Gruppe als Ganzes konstatieren, innerhalb derer die AFA bis in den Krieg hinein weit mehr Zivil- als Rüstungsgüter produzierte, während die BKI/DWM bereits in den ersten Monaten des NS-Regimes die eigene Rüstungsproduktion durch die Wiederaufnahme der Fertigung in Berlin forcierte, ohne allerdings die Zivilsparte völlig aufzugeben. Bei der (Wieder-)Einrichtung von Werken der BKI/DWM wie der AFA für die Rüstungsproduktion wurde, soweit in den Quellen nachvollziehbar, in allen Fällen seitens des Staates in verschiedenen Formen ein Großteil des Investitionsrisikos übernommen. Wie das Beispiel der Memefa in Waren, aber auch die Frage der Kostenerstattung bei der Verlagerung des Karlsruher BKI/DWM-Werkes zeigen, konnte es dabei jedoch zu langwierigen Verhandlungen kommen, in denen von Unternehmerseite der Zwangscharakter des Regimes beklagt wurde. Allerdings ist ebenso festzuhalten, dass auch in diesen beiden Fällen Verhandlungen eine Lösung brachten, mit denen die Unternehmerseite sehr zufrieden sein konnte. Die Initiativen zu den Investitionen gingen entweder vom Unternehmen selbst aus, oder die neuen Werke wurden auf Anregung von Reichsstellen beziehungsweise in deren Auftrag errichtet, ohne dass hierfür Zwang notwendig gewesen wäre. Letztlich erfolgte die «Mitarbeit» der Quandt-Firmen bei der Aufrüstungspolitik der Nationalsozialisten ähnlich wie bei anderen Unternehmen in erster Linie über Anreizsysteme, denen entsprechend AFA und DWM ihre mittel- und langfristige Strategie modifizierten. Entscheidend war dabei, dass die rüstungswirtschaftspolitischen Ziele des Regimes mit den betriebswirtschaftlichen Zielen vor allem der DWM konform gingen, also die Aufrüstungspolitik die Möglichkeit zur Produktions- und Gewinnsteigerung bot.[170]

«Arisierungen», Erweiterungen, Aufkäufe: Die Quandt-Gruppe dehnt sich aus

Die wirtschaftliche Verdrängung der deutschen Juden nach 1933 ist aufgrund der Quellenlage zunächst mit Blick auf die staatlichen Institutionen erforscht worden. Die lange Zeit vorherrschende Ansicht, die Juden seien ökonomisch noch eine Zeit lang verschont worden, ist inzwischen korrigiert.[171] Zu den «Arisierungen» und ihren Strategien liegen mittlerweile Spezialstudien vor,[172] die auch Fragen zum Anteil von Verwaltungsapparat, Finanz- und Steuerbehörden[173] bzw. Unternehmen und Banken[174] beantworten. Obwohl die Ausgrenzung der jüdischen Bevölkerung nicht auf wirtschaftliche Aspekte beschränkt blieb,[175] sollen an dieser Stelle vornehmlich die ökonomischen Folgen betrachtet werden. Im Reichsgebiet wurden in der NS-Zeit etwa 100000 Unternehmen jüdischer Besitzer liquidiert oder verkauft. Schon im März 1935 beklagte die «Reichsvertretung der Deutschen Juden» den Verfall jüdischen Eigentums und die Überführung «in arische Hände»,[176] ein Vorgang, der bisweilen zu einem regelrechten «Bereicherungswettlauf»[177] wurde. Häufig boten unangekündigte Buch- und Betriebsprüfungen der Finanzämter eine Gelegenheit, hohe Vermögenssteuer-Nachforderungen zu stellen, die nicht überprüfbar waren und gegen die auch kein Einspruch erhoben werden konnte. Zusätzliche Erlasse und Verordnungen begrenzten und gefährdeten die Wirtschaftstätigkeit. Im Dezember 1936 stellte ein «Gesetz gegen Wirtschaftssabotage» die illegale Vermögensausfuhr ins Ausland unter Todesstrafe,[178] und im November 1938 dekretierte eine Verordnung die «Ausschaltung der Juden aus dem deutschen Wirtschaftsleben». Angesichts der vielfältigen Schikanen entschlossen sich immer mehr jüdische Geschäftsleute, ihre Unternehmen zu verkaufen, was in der Regel nur «unter Preis» gelang.

Bei den «Arisierungen» lässt sich das gesamte Spektrum von blanker Raffgier über opportunistische Aneignungsbereitschaft bis zu kaufmännischer Seriosität und menschlichem Anstand beobachten.[179] Häufig bewegten sich die Maßnahmen, die dem Vertragsabschluss vorausgingen, «in einer Grauzone von Schikane und Rechtsbeugung».[180] Nur von Einzelfall zu Einzelfall lassen sich die jeweiligen Motive ermessen, die einen Käufer bewegten, ein jüdisches Unternehmen zu übernehmen. Als beispielsweise das Atemschutztechnik-Unternehmen

Dräger im Jahr 1936 auf eine sich in jüdischem Besitz befindliche Gummifabrik zugriff, übte es keinen Druck aus, verhandelte mit dem jüdischen Eigentümer wie unter normalen Verhältnissen sowie Provisionssätzen, die «marktüblich» waren[181] – und nutzte objektiv betrachtet gleichwohl dessen Notlage zu seinem eigenen Vorteil aus.[182] Auch die Degussa erwarb in den Jahren vor 1938 jüdische Unternehmen zu Marktpreisen. Später hatte sie allerdings keine Hemmungen, sich Betriebe weit unter Wert einzuverleiben. Das Management war inzwischen so skrupellos geworden, dass es eigeninitiativ die staatlichen Behörden einschaltete, um die Objekte zum gewünschten Preis zu erhalten.[183] Diese «zunehmende Abstumpfung im Hinblick auf die Verwerflichkeit des eigenen Handelns» war kein Einzelfall.[184] Allerdings lässt sich bis heute angesichts der Komplexität der Vorgänge kaum das Ausmaß überblicken, in dem die Unternehmen als «stille Teilhaber»[185] von den «Arisierungen» profitierten und bereit waren, «sich in die Herrschaftspraxis des NS-Staates zu verstricken, um ihren eigenen ökonomischen Nutzen zu mehren».[186]

Für die Quandt-Firmen ergibt sich ein uneinheitliches Bild: Harold James hat in einer Studie, die sich mit den «Arisierungen» der Deutschen Bank und dem Geschäftsgebaren der Böhmischen Union-Bank (BUB) beschäftigt, vermutet, dass Günther Quandt, der sich zwischen 1939 und 1941 mehrfach der Hilfe der BUB bediente, zu den Unternehmern zählte, die «lieber nicht-jüdische als jüdische Werte» kauften.[187] Die Hintergründe für diese These lassen sich aus den Quellen nicht eruieren. Die Vermutung, die Einschaltung eines Zwischenhändlers habe Quandt «vermutlich das Gefühl [vermittelt], daß die Transfers seinen Namen nicht beschmutzen würden»,[188] bleibt daher Spekulation, zumal manche «Arisierungen» durchaus ohne Zwischenhändler vollzogen wurden.

In der Regel folgte Quandt bei den «Arisierungen» langfristigen strategischen Überlegungen. So wie Flick manche Gelegenheit zur «Arisierung» ausschlug und sich auf Rüstungsunternehmen und Firmen der Kohle- und Stahlbranche konzentrierte, zeigen auch die «Arisierungen» von Günther Quandt, dass es ihm in erster Linie um die Erweiterung der Firmenstruktur innerhalb der bereits erschlossenen Branchen ging. Ausgeklammert bleiben in diesem Kapitel zunächst die unter besonderen Bedingungen durchgeführten «Arisierungen» in den besetzten Gebieten, die an anderer Stelle behandelt werden.[189]

Eines der Unternehmen, die durch «Arisierung» in den Besitz der Quandt-Gruppe gerieten, war eine hochmoderne Werkzeugmaschinenfabrik in Thüringen, die zu einer wichtigen Ergänzung des DWM-Fertigungsspektrums wurde. In den erhalten gebliebenen Unternehmensakten finden sich nur spärliche Informationen, nicht anders sieht es in den Handelsregister- und Grundbucheintragungen aus. Nicht einmal das Thüringische Hauptstaatsarchiv, in dem die wesentlichen Bestände des Unternehmens aufbewahrt werden, wusste bis vor Kurzem von der «Arisierung» des Unternehmens.[190] 1937 wurde die Berlin-Erfurter Maschinenfabrik Henry Pels & Co. AG (BEM) in Erfurt in die DWM integriert. Die offizielle Verlautbarung der DWM lautete recht nüchtern: «Im neuen Geschäftsjahr konnten wir die sich unserem Arbeitsprogramm einfügende Berlin-Erfurter Maschinenfabrik Henry Pels & Co. AG unserem Unternehmen angliedern.»[191]

Die Firma stellte in ihrer Fabrik in Erfurt Blechscheren, Lochstanzen, Eisenschneider und Trägerscheren her. Henry Pels, der Sohn eines jüdischen Kaufmanns aus Hamburg, hatte bereits vor der Jahrhundertwende Kontakte nach Thüringen geknüpft, vor allem zur Firma J. A. John, die sich auf Eisen- und Wellblechkonstruktionen spezialisiert hatte.[192] Bald übernahm er die Sparte ebenso wie einen Fabrikneubau in Erfurt-Ilversgehofen. Auch zahlreiche Patente und Konstruktionsunterlagen wechselten den Besitzer. Die 1902 gegründete Berlin-Erfurter Maschinenfabrik Henry Pels & Co. hatte ihre Zentrale in Berlin, wo auch die Werbe-, Verkaufs- und die kaufmännische Abteilung angesiedelt waren.

Das Unternehmen profitierte von der Nachfrage nach Maschinen zur Bearbeitung von Stahlblechen und Exzenterpressen. 90 Prozent der Erzeugnisse wurden exportiert.[193] Eigene Niederlassungen in Argentinien, Großbritannien, Frankreich und Italien wurden durch Vertretungen im Ausland ergänzt, die in den 1930er Jahren von Ägypten bis Neuseeland reichten, mit Verkaufsfilialen in London, New York, Paris, Brüssel, Stockholm und Mailand.[194]

Trotz des Verlusts des Auslandsgeschäfts nach dem Ersten Weltkrieg war die BEM bald wieder durch die seit 1920/21 abgeschlossenen Verträge mit der sowjetischen Handelsvertretung in Berlin ausgelastet. Henry Pels verfügte als Vorstandsvorsitzender der Deutsch-Russischen Metall-Gesellschaft Orga über exzellente Kontakte. Die BEM lieferte Maschinen für Werften und Eisenbahnbetriebe sowie ganze Neuausstattungen für Fabriken in die Sowjetunion.[195] Als die Fahrzeugindustrie auf den Bau von Metallkarosserien umstellte und auf entsprechende Spezialmaschinen angewiesen war, stand die BEM mit dem neuen Produktionsverfahren des Elektro-Lichtbogen-Schweißens bereit. Die Belegschaft erreichte im Jahr 1929 einen Rekordstand von 1077 Mitarbeitern. Sie war inzwischen in eine Aktiengesellschaft mit einem Grundkapital von 3,5 Millionen RM umgewandelt worden,[196] an deren Spitze Henry Pels als Generaldirektor trat. Von der Weltwirtschaftskrise war auch sein Unternehmen stark betroffen. Im Januar 1931 kam es zu großen Streiks gegen Lohnkürzungen, bei denen ein Arbeiter durch die Polizei getötet wurde und das kommunistische «Thüringer Volksblatt» über «Erfurt-Nord im Bürgerkriegszustand» berichtete.[197] Bei spürbarem Produktionsrückgang[198] hielt sich die BEM 1931/32 hauptsächlich mit sowjetischen Großaufträgen über Wasser.[199] Die Ertragslage war Mitte 1932 so miserabel, dass Gerüchte von einer «plötzlichen Stilllegung des Werkes» die Runde machten. Nur das Auftragspolster ermöglichte, «zum mindesten den Betrieb in der jetzigen Weise» zu halten.[200]

Mitten in der Krise starb im April 1931 der Unternehmensgründer Henry Pels. Sein Erbe wurde zunächst von seiner Frau Alice angetreten. Als diese im November 1931 ebenfalls starb, wurde die Tochter Johanna Pels die Alleinerbin. Ihr Ehemann, der Berliner Chirurg Dr. Fritz Heine, trat im Sommer in Vertretung für seine Frau in den Aufsichtsrat[201] ein und vertrat das Aktienkapital der Gründerfamilie Pels an der BEM. Heine unterhielt eine gut eingeführte Arztpraxis in Berlin und griff kaum in das operative Geschäft ein. Der Aktienbesitz blieb nach Höhe, Einteilung und Stimmrecht ausweislich der Geschäftsberichte bis 1937 unverändert: 1 995 000 RM der 3,5 Millionen RM Grundkapital, umgerechnet 57 Prozent. 600 000 RM lagen in den Händen der Dresdner Bank. Die Großbank hatte auch deshalb eine besonders starke Position bei der BEM, weil weitere 800 000 RM in den Händen des Berliner Bankhauses Hardy & Co. waren. Hardy & Co. war seit vielen Jahren gleichsam die Hausbank von Henry Pels, und an diesem Bankinstitut hatte die Dresdner Bank eine Mehrheitsbeteiligung von über 86 Prozent.[202] Die restlichen nominell 105 000 RM befanden sich in den Händen von vier leitenden Angestellten. Zum Zeitpunkt der «Machtergreifung» lag die technische Leitung des Werkes in den Händen des Vorstandsmitglieds Wilhelm Schmidt, die kaufmännische Leitung hatte Hermann Köckler inne.

In Thüringen entwickelte sich ein besonders rabiater Antisemitismus.[203] Eine der ersten experimentellen «Arisierungen» war diejenige der bekannten Waffenfabrik Simson in Suhl im Jahr 1935. Bis 1939 gab es zwar offiziell nur «freiwillige Arisierungen», die jedoch in der Regel mittels willkürlich ausgestellter Aufforderungen zum Verkauf und Fristsetzungen durchgeführt wurden. Häufig wurden vom Regierungspräsidenten Treuhänder eingesetzt, die eine Liquidation oder den Verkauf in die Wege leiteten. Die jüdischen Besitzer mussten entweder vom Ersparten leben oder wurden, wenn sie noch nicht ausgewandert waren, mit Staatspapieren abgefunden.[204] Mit einer Anordnung sollten 1938 «überstürzte und nicht organisch sich ergebende» Besitzübertragungen vermieden werden und nur «fachlich und finanziell gesicherte Käufer» bei den «Arisierungen» berücksichtigt werden, die zudem die Zustimmung des Gauwirtschaftsberaters benötigten. Ferner wurde eine «möglichst niedrige Festsetzung des Übernahmepreises» angeregt.[205] Die «Thüringer Gauzeitung» vermeldete bereits am 2. Oktober 1938, dass von den einst 650 jüdischen Fabriken nur noch 250 «arisiert» werden müssten. Dies war Aufgabe einer von Gauwirtschaftsberater Otto Eberhardt geleiteten «Arisierungskommission», die zahlreiche weitere thüringische Firmen in jüdischem Besitz enteignete.

Zu diesem Zeitpunkt war die «Arisierung» der BEM bereits durchgeführt worden; das Unternehmen war schon kurz nach der Machtübernahme ins Visier der Nationalsozialisten geraten. Der Gau Groß-Berlin der NSDAP schrieb am 22. Juli 1933 das Unternehmen an und erkundigte sich nach den Besitzverhältnissen. Vor diesem düsteren Hintergrund sah sich das kaufmännische Vorstandsmitglied Köckler Ende Juli 1933 mit dem Hinweis auf das inzwischen von der Belegschaft her «rein arische Unternehmen» gezwungen, die Besitzverhältnisse bei der BEM offenzulegen. Der Vorstand, so beeilte er sich auf die Anfrage der Nationalsozialisten hinzuzufügen, sei in den Händen von «4 arischen Beamten unseres Erfurter Werkes».[206]

Heine war das einzige «nichtarische» Aufsichtsratsmitglied. Er und seine Frau waren, ebenso wie die zwei Kinder, der 1915 geborene Hans-Joachim und die 1918 geborene Anne, protestantisch getauft. Die Kinder hatten, wie der Vorstandsvorsitzende berichtete, «bis vor wenigen Monaten selbst keine Kenntnis ihrer nichtarischen Abstammung gehabt».[207] Die Antwort Köcklers auf die inquisitorische Anfrage der NSDAP war ein verzweifelter Versuch, bei den Nationalsozialisten um Sympathie für die Gründerfamilie zu werben und zugleich die Zukunft des Unternehmens und seiner Beschäftigten zu retten. Köckler schilderte zunächst die beruflichen und politischen Hintergründe. Der einzige Sohn des Gründers, Rudolf Pels, sei als Offizier im Ersten Weltkrieg im Jahr 1917 am Chemin des Dames den «Heldentod für sein Vaterland» gestorben. Auch Heine sei Kriegsteilnehmer gewesen, der, wie Köckler mitteilte, «am 2. Mobilmachungstag als Oberarzt beim Garde-Kürassier-Regiment ins Feld gerückt, bei einem Fliegerangriff schwer verwundet worden» sei.[208] Köckler bat händeringend um staatliche Aufträge, um «unserer arischen Belegschaft Arbeit zuführen» zu können: «Unter der Beamtenschaft befindet sich bis auf einen nichtarischen Oberingenieur in unserem Erfurter Werk und einer nichtarischen Stenotypistin [...] nur arisches Personal. Wir bemerken hierbei, dass wir selbstverständlich nicht jeden einzelnen unserer Beamten bis auf seine Großeltern befragen konnten.»[209]

Zunächst schien die Anfrage der NSDAP folgenlos zu bleiben. Fritz Heine wurde noch bis 1936 als Aufsichtsratsmitglied aufgeführt, und letztmalig fand sich sein Name bei der Hauptversammlung vom Mai 1937.[210] Die wirtschaftlichen Indikatoren zeigten mittlerweile wieder nach oben, obwohl das Exportgeschäft der BEM schwierige Zeiten durchlitt, weil die sowjetischen Aufträge ausliefen und das Ende des Freihandels sowie Zollerhöhungen den Handel belasteten. Allerdings führten schon 1933 die «Regierungsmaßnahmen zur Ankurbelung der Wirtschaft» zur Verdoppelung des Auftragseingangs und zur Erhöhung der Zahl der Belegschaft um zwei Drittel.[211] Der Aufschwung setzte sich 1934/35 fort. Durch Rüstungsaufträge florierte das Geschäft, dessen Gesamtumsatz sich verdoppelte. Der hohe Auftragsbestand, so ließ das Unternehmen wissen, «sichert uns auf längere Zeit volle Beschäftigung».[212] Im Juli 1935 wurde die in der nahegelegenen Weißenseer Allee ansässige, stillliegende Erfordia Maschinenbau AG mit einer Fläche von fast 18 000 Quadratmetern erworben und als «Werk II» in das Unternehmen integriert. Der Betrieb in den neuen Werkanlagen lief Ende 1935 an.[213] Im Werk II wurden fortan ausschließlich Flugzeugabwehrgeschütze produziert. Die anhaltende Aufwärtsbewegung[214] machte 1937 die Umstellung auf den Drei-Schichten-Betrieb notwendig.

Zu diesem Zeitpunkt befand sich die «Arisierung» bereits in ihrer Endphase. Wahrscheinlich spielte bei diesem Vorgang der Aufsichtsratsvorsitzende der BEM, Hugo Ratzmann, ein Finanzexperte und Geschäftsführer des Bankhauses Hardy & Co, eine wichtige Rolle.[215]

Ratzmann konnte geradezu als Arisierungsfachmann gelten und war beispielsweise auch bei der zur gleichen Zeit stattfindenden «Arisierung» der jüdischen Berliner Bankhäuser Arnhold und Bleichröder eine der treibenden Kräfte;[216] zudem hatte er seine Hände bei der «Arisierung» des Essener Bankhauses Simon Hirschland im Spiel.[217] Ob auch Paul Rohde und Paul Hamel, die beide nach der Verdrängung der Besitzer in den Aufsichtsrat kamen, schon bei der «Arisierung» im Hintergrund mitgewirkt haben, lässt sich anhand der Quellen nicht sagen, aber beide verfügten inzwischen ebenfalls über reichlich «Arisierungserfahrung». Sie saßen im Aufsichtsrat der 1935 in Berlin «arisierten» Aronwerke Elektrizitäts-AG, deren Mehrheitsaktionär Manfred Aron nach mehrmaligen Verhaftungen seine Anteile an die Elektrische Licht- und Kraft AG bzw. die Siemens-Schuckert-Werke hatte verkaufen müssen.[218]

Das Ausscheiden des Mehrheitsaktionärs Heine konnte formell nur durch einen Hauptversammlungsbeschluss herbeigeführt werden, was am 29. Mai 1937 in den Räumen der AFA am Askanischen Platz geschah. Ein freiwilliges Ausscheiden kann ausgeschlossen werden. Was mit seinem Mehrheitskapital in Höhe von nominell 1 995 000 RM genau geschah, ist ungewiss. Nach Kriegsende, als in den verschiedenen Rückerstattungs- und Wiedergutmachungsverfahren der Depotbesitz der Familie festgestellt wurde, waren keine Aktien der BEM mehr vorhanden. Stattdessen fanden sich – neben in- und ausländischen Aktien und Anleihen – festverzinsliche Wertpapiere in Form von Reichsschatzanweisungen. Diese hatten einen Nennwert von rund 500 000 RM und stammten wahrscheinlich aus den insgesamt sieben Reichsanleihen, die in den Jahren 1937 und 1938 aufgelegt worden waren, um die Aufrüstung zu finanzieren. Angesichts der Rüstungsaufträge und Neuinvestitionen der BEM dürfte jedoch allein der Wert des Aktienpakets von Heine bedeutend über dem reinen Nennwert gelegen haben: Der Geschäftsbericht von 1938 hatte einen um fast 60 Prozent erhöhten Auftragsbestand, einen Reingewinn von über 290 000 RM und eine Dividende von inzwischen wieder 8 Prozent vermeldet.[219] Als Günther Quandt das BEM-Areal im August 1937 inspizierte, setzte er allein den Wert des Maschinenparks mit ungefähr 3 Millionen RM an.[220] Die staatlichen Wertpapiere, die sich nicht sonderlich gut auf dem Kapitalmarkt verkauften, waren dem Ehepaar Heine offensichtlich als eine Art «Ausgleich» für den Verlust des Unternehmens angedient worden. Fritz und Johanna Heine wurden in jenen Jahren zunächst von den Berliner Anwälten Dr. Hans Gumpert und Dr. Fritz Sally Engelbert betreut, und letzterer wurde als Testamentsvollstrecker eingesetzt. Ihm war als «Nichtarier» zwar 1935 das Notariat entzogen worden, aber die Anwaltszulassung konnte er noch bis 1938 behalten. In ihrem auf den 30. Oktober 1939 datierten Testament, das inzwischen mit «Fritz Israel Heine» bzw. «Johanna Sara Heine» unterzeichnet werden musste, setzte sich das Ehepaar gegenseitig zu Erben und ihre beiden Kinder zu gleichen Teilen als Nacherben ein.[221] Das Ehepaar Heine entschloss sich, Deutschland nicht zu verlassen. Sie fühlten sich als Deutsche und vertrauten darauf, dass «der nationalsozialistische Spuk bald vorübergehen» werde.[222] Der Sohn Hans-Joachim verließ nach Abschluss seines Ingenieurstudiums 1936 Deutschland und ging in die USA; die Tochter Anne konnte mit Hilfe des Berliner Büros Pfarrer Grüber, das zahlreichen jüdischen Kindern die Ausreise nach England ermöglichte,[223] durch diese Ausschleusung im Jahr 1939 ihr Leben retten.

Nach dem Ausbruch des Zweiten Weltkrieges verschlechterte sich die Situation für die jüdische Bevölkerung weiter. Am 28. August 1940 änderte das Ehepaar Heine sein Testament zugunsten der Tochter ab. Zu diesem Zeitpunkt schien es nicht ausgeschlossen, dass das «Dritte Reich» auch die Luftschlacht über Großbritannien gewinnen werde und Hitler damit in absehbarer Zeit über ganz Westeuropa herrschen würde. In diesem Fall wäre auch das Erbe der nach England geflohenen Tochter Anne bedroht gewesen, was das Ehepaar Heine zu verhindern suchte.

Die Eltern hingegen blieben in Berlin, obwohl Johanna Heine immer wieder hatte erkennen lassen, dass sie das nationalsozialistische Deutschland verlassen wollte. Aus ihrer Villa im Berliner Westend hatte das Ehepaar ausziehen müssen. Zuletzt lebte es in zwei Zimmern zur Untermiete. Das Ehepaar wurde nach den Deportationslisten der Gestapo und des ehemaligen Oberfinanzpräsidenten Berlin-Brandenburg mit dem sog. zweiten Berliner Judentransport am 24. Oktober 1941 nach Lodz/Litzmannstadt deportiert. Beide wurden wahrscheinlich Mitte November 1941 im Vernichtungslager Chelmo ermordet.[224] Kurz nach der Verschleppung des Ehepaares Heine nach Lodz, am 25. November 1941, wurde im Reich die «Verordnung über die Einziehung jüdischen Vermögens im Falle der Deportation» erlassen. Da das Ehepaar nach nationalsozialistischer Rechtsprechung das Reichsgebiet verlassen hatte, wurde danach von der Devisenstelle als nachgeordneter Behörde der Reichsfinanzverwaltung die «Reichsfluchtsteuer» eingefordert und das restliche Vermögen der Familie eingezogen.[225] Aus einigen erhaltenen Aktenfragmenten lässt sich die Angliederung der BEM an die DWM einigermaßen rekonstruieren. Zwar blieben die beiden Vorstandsmitglieder Köckler und Schmidt in ihren Ämtern,[226] aber der Aufsichtsrat wurde grundlegend umstrukturiert – ein deutlicher Hinweis auf die Handschrift Günther Quandts, der das Kontrollgremium in der Regel nutzte, um seinen Einfluss geltend zu machen, während er den Vorstand gewähren ließ, sofern dieser sich seinem Willen beugte. Von den bisherigen Aufsichtsratsmitgliedern schieden neben Fritz Heine Charly Hartung und Otto Herrmann aus.[227] Ratzmann hatte nun seine Schuldigkeit getan und wurde auf den Status eines gewöhnlichen Mitglieds zurückgestuft. In dem von fünf auf acht Sitze vergrößerten Gremium wurde Günther Quandt Vorsitzender. Stellvertreter wurde Paul Hamel.[228] An ihre Seite traten bekannte Gesichter der DWM: Paul Rohde, Carl Bolle und Albert Wolff.[229] Der Geschäftsbericht erwähnte lapidar, dass sich das Unternehmen im Geschäftsjahr den DWM «angegliedert» habe.[230]

Welche Rolle genau Günther Quandt persönlich bei dieser «Arisierung» spielte, lässt sich anhand der vorhandenen Quellen nicht genauer nachvollziehen. Es kann jedoch kaum ein Zweifel bestehen, dass er über die Hintergründe informiert war und aktiv die Übernahme betrieb. Es kann ebenso kein Zufall gewesen sein, dass die entscheidenden Veränderungen auf einer Hauptversammlung beschlossen wurden, die am Askanischen Platz stattfand. Das persönliche Eingreifen Quandts bei dieser «Arisierung» wird spätestens beim Blick auf seine rege Tätigkeit beim Umbau des Unternehmens unzweifelhaft. Er zeigte sogleich nach dem Übergang der Firma in den Besitz der DWM großes Interesse am Ausbau der BEM und beschäftigte sich bis ins Detail mit den technischen Aspekten der großzügigen Erweiterung.[231] Das Werk war mit seiner Herstellung mittlerer und schwerer Werkzeugmaschinen eine wertvolle Ergänzung der verschiedenen DWM-Werke und ihrer Tochtergesellschaften. Bei einem Besuch in Erfurt im August 1937 mit großem Gefolge – der gesamte DWM-Aufsichtsrat sowie Adolf Schneider und Ott-Helmuth von Loßnitzer, der technische Vorstand der Mauser-Werke, waren mit angereist – hatte Quandt sogleich Pläne, auf welche Weise das Gelände für die Fabrikanlagen erweitert werden könnte.[232] Im Juni 1938 ersetzte ein «Wirtschaftsausschuss» den bisherigen Arbeitsausschuss.

Der Aufsichtsrat genehmigte zahlreiche Neuinvestitionen: Für Werkzeugmaschinen wurden für den Zeitraum von zwei Jahren 300 000 RM bewilligt. Bei inzwischen wieder 1390 Arbeitern war die BEM 1938 «bis an die Grenze der Leistungsfähigkeit beschäftigt», bei einem Ertrag von mehr als 6 Millionen RM und einem Reingewinn von fast 300 000 RM.[233] Die BEM wurde unter hohen Investitionen weiter ausgebaut; entsprechend stiegen auch die Schulden im Geschäftsjahr 1939 von 3,8 auf 7,81 Millionen RM.[234] Nach Ausbruch des Zweiten Weltkrieges fielen zwar wichtige Auslandsmärkte weg und die Niederlassungen Paris und London wurden unter Sequester gestellt; dies wurde jedoch durch neue sowjetische Aufträge für Spezialmaschinen wie schwere Knüppelscheren kompensiert. Weil der Export in die Sowjetunion als «die wichtigste Sache» betrachtet wurde, begann noch 1940 hierfür der Bau von drei neuen Fabrikhallen.[235]

Nach dem Tod des bisherigen technischen Vorstands übernahm im April 1939 Edgar Haverbeck die unternehmerische Gesamtverantwortung, da das Fertigungsgebiet der BEM demjenigen seines ehemaligen Arbeitgebers Schuler in Göppingen glich, eines Spezialisten für Exzenter- und Ziehpressen.[236] Haverbeck war aber nicht nur wegen seiner technischen Kenntnisse bei der BEM eingesetzt worden. Bei der AFA war es zu Spannungen zwischen ihm und Quandt gekommen, und auch in seiner Tätigkeit bei den DWM wurde er nach kurzer Zeit ausgetauscht, so dass sein neuer Posten bei der BEM sicherlich als Versuch gewertet werden kann, ihn elegant abzustellen.[237] «Betriebsführer» des Werks wurde Kurt Dielewicz; beide verblieben auch in den Kriegsjahren in ihrer jeweiligen Funktion.[238]

Das Werk mit seinen insgesamt 28 Gebäuden und zwei großen Fertigungshallen beschäftigte während des Weltkrieges durchschnittlich 1680 Arbeiter.[239] Trotz aller üblichen Stockungen durch Kohlemangel, fehlende Arbeitskräfte und ausbleibende Lieferungen von Unterlieferanten[240] wurde aus dem DWM-Zulieferer ein eigenständiger Rüstungsproduzent, der im «Werk II» Lafetten, 88-Millimeter- und 105-Millimeter-Geschütze sowie 37-Millimeter Flugabwehrgeschütze für U-Boote herstellte.[241] Ende 1941 wurden die letzen Erinnerungen an die jüdische Vorgeschichte der BEM getilgt. Von nun an wurde der Zusatz «Henry Pels & Co.» auf der Grundlage einer entsprechenden Verordnung vom März 1941 über «Firmen von entjudeten Gewerbebetrieben»[242] im Geschäftsverkehr fallengelassen, obwohl damit ein wichtiges Markenzeichen verlorenging. Allerdings wurde diese Regelung in der Praxis nicht konsequent durchgehalten, zumal in den folgenden Jahren die Korrespondenz häufig noch auf Briefpapier mit dem alten Briefkopf geführt wurde.

Die Gunst der Stunde: Die «Arisierung» der Volt GmbH

Eine weitere «Arisierung» von allerdings wesentlich geringeren Ausmaßen stellte der Erwerb der Elektrochemischen Fabrik Volt GmbH durch die AFA dar. Das 1916 gegründete und in Werder an der Havel ansässige Unternehmen mit einem Stammkapital von 20000 RM befand sich vollständig im Besitz ihres Direktors, des promovierten Chemikers Dr. Fritz Eisner. Dieser hatte 1921 mit einem Geschäftspartner neben der Volt GmbH am gleichen Ort eine weitere Gesellschaft, die Elektrochemische Fabrik Dr. Eisner gegründet, die schließlich im Zuge der «Arisierung» liquidiert wurde. Die beiden eigenständig geführten Firmen stellten Wolframkontakte und Molybdänprodukte her, für die sie zahlreiche Schutzpatente besaßen, und warfen bis auf die Jahre 1931 und 1932 hohe Gewinne ab.

Im November 1936 wurden vom zuständigen Landesfinanzamt Beelitz auf Veranlassung des Landesfinanzamtes Brandenburg Buch- und Finanzprüfungen angeordnet, um durch den Vorwurf angeblicher Steuer- und Devisenvergehen eine Handhabe zur «Arisierung» zu erhalten. Eisner floh zunächst im Dezember 1936 in die Schweiz, später nach Großbritannien, und versuchte aus dem Ausland, sein Unternehmen zu retten. Als Ergebnis der «Betriebsprüfung» erhielt er Ende Januar 1937 einen Nachzahlungsbescheid für Vermögens- und Einkommenssteuer über 74 301,63 RM; zudem erging ein Bescheid über eine «Reichsfluchtsteuer» über 175 800 RM. Diese angeblichen Steuerschulden gaben den Finanzbehörden einen Anlass, auf den Verkauf der beiden Unternehmen zu drängen. Versuche Eisners, durch einen Teilverkauf wenigstens noch eine Drittelbeteiligung zu behalten, scheiterten ebenso wie die daraufhin von einigen seiner Vertrauensleute eingeleiteten Verhandlungen über einen Gesamtverkauf an verschiedene Interessenten. Mit der Suche nach möglichen Käufern beauftragte Eisner das Berliner Bankhaus Arthur Fabian, das für seine erfolgreiche Vermittlungsarbeit eine Provision in Höhe von 5 Prozent des Geschäftes erhalten sollte. Die IG Farben, die anfänglich Interesse signalisiert hatte, stieg zwar schließlich aus den Verhandlungen aus, aber seit Mai

1937 gab es mit der Berliner Firma F. & C. Kreuzberger einen ernsthaften Interessenten. Eisners Emissäre gingen auf das Kreuzberger-Angebot zunächst nicht näher ein, weil sie andere Optionen wie eine Übernahme durch das Berliner Haarkosmetikunternehmen Schwarzkopf prüfen wollten. Als diese Verhandlungen jedoch scheiterten, signalisierte Eisner aus London die Bereitschaft, mit Kreuzberger abzuschließen, wenn kein günstigeres Angebot vorliege. Dazu bemerkte Eisner in einem Brief vom 31. Juli 1937, dass Kreuzberger «die Volt halb geschenkt» bekomme. Am 15. September 1937 schloss Eisners Bevollmächtigter, Rechtsanwalt Fritz Hahn, einen notariellen Kaufvertrag mit Kreuzberger ab, in dem vereinbart wurde, die Anteile, die Grundstücke und das bewegliche Mobiliar für 244 000 RM zu verkaufen. Zusätzlich verpflichtete sich Kreuzberger, die erheblichen Steuerschulden der Volt GmbH zu begleichen.

Seit Mitte Juli 1937 zeigte jedoch auch die AFA Interesse an dem Unternehmen. Der Askanische Platz war auf die Firma offenbar durch einen Hinweis des Bankhauses Arthur Fabian aufmerksam geworden und legte ein Angebot über einen Betrag von 259 500 RM vor, das damit um etwa 25 000 RM niedriger lag als das Angebot von Kreuzberger. Dennoch wurde Eisner über seinen Bevollmächtigten Hahn gezwungen, einen Vertrag mit der AFA abzuschließen. Hahn hatte Eisner das große Interesse der AFA bereits in einem Schreiben vom 29. September 1937 bekanntgegeben und ließ ihn einen Monat später, am 27. Oktober 1937 wissen, dass auf höheren Befehl nur ein Vertrag mit der AFA Aussicht auf Realisierung habe. Entsprechende Vereinbarungen wurden durch den Berliner Notar Paul Zobel – der häufig für Günther Quandt tätig war – am 1. Dezember 1937 durch zwei Verträge abgeschlossen. Die «Elektrochemische Fabrik Dr. Fritz Eisner» wurde für 70 500 RM (Grundstücke) bzw. 17 500 RM (bewegliche Gegenstände) an die AFA verkauft und anschließend liquidiert. Die Volt GmbH wurde zum Preis von 172 000 RM ebenfalls an die AFA verkauft; am 6. Dezember 1936 nahm diese die entsprechende Eintragung im Handelsregister vor. Das Unternehmen wurde von der AFA bis Kriegsende weitergeführt, mit Bilanzgewinnen von 1937 bis 1944 von insgesamt rund 375 000 RM.

Nach Eisners Angaben aus dem Jahr 1947 war Günther Quandt «verantwortlich für das Zustandekommen dieser Transaktion».[243] Vom Kaufpreis in Höhe von knapp 260 000 RM überwies die AFA zur Begleichung der angeblichen Steuerschulden Eisners 236 500 RM

an das Finanzamt Zehlendorf, während der spärliche Restbetrag im
März 1938 an Eisners Bevollmächtigten ausgezahlt wurde, allerdings
erst nach einer Klagedrohung. Den tatsächlichen Wert seiner Firma
hat Eisner nach Kriegsende mit 250 000 RM, später mit 500 000 RM
angegeben und detailliert aufgeschlüsselt. Nahm man noch den Preis
des Fabrikgrundstücks hinzu, ergab sich ein Wert von 676 300 RM,
also ein Vielfaches des von der AFA gezahlten Preises.

Insgesamt zeigt sich bei der Volt GmbH ein geradezu klassisches Ver-
handlungs- und Übernahmeverfahren, bei dem lediglich nach außen die
kaufmännischen Standards gewahrt wurden. Die Kürzungen des Kaufpreises, die Steuerzahlungen, die Minderbewertungen: All dies waren
Methoden der Übervorteilung, die jedoch vordergründig betriebswirtschaftlich durchgerechnet wurden. Auf diese Weise konnten sowohl
nach außen der Unrechtscharakter der Übernahme verschleiert als auch
mögliche moralische Skrupel relativiert werden.[244] Es ist allerdings recht
unwahrscheinlich, dass solche bei Quandt vorhanden waren, denn nach
dem Krieg ließ er weder ein Wort des Bedauerns fallen, noch gab er den
Wiedergutmachungsansprüchen Eisners nach.[245]

Routinierte «Arisierungen»

Es wurden noch einige weitere «Arisierungen» vorgenommen, die in
einem gemeinsamen organisatorischen Zusammenhang standen. Eine
Tochtergesellschaft der Dürener Metallwerke, die Wuppermetall
GmbH, ging 1938 aus der «Arisierung» der Firma Weißkopf hervor.
Die 1895 gegründete und in Wuppertal-Oberbarmen ansässige Weißkopf & Co. GmbH war im Besitz von Leopold Weißkopf und dessen
Sohn Otto; sie stellte Rohmetalle aus Zink, Blei, Messing und Aluminium her und betrieb einen eigenen Handel mit Verhüttungsmate-
rial.[246] Nachdem beide 1934 gestorben waren, wurde das Unternehmen seit 1936 von zwei bereits viele Jahre in leitender Stellung tätigen
Mitarbeitern, Ernst Goldschmidt und Max Calmann, geführt. Gegen
eine Fortführung durch jüdische Besitzer hatte es keine Bedenken gegeben. Selbst die Polizeiverwaltung war der Ansicht, dass Goldschmidt
und Calmann trotz «jüdischer Konfession» eine «genügende Sachkenntnis» für den Weiterbetrieb besaßen.[247]

Nachdem den Eigentümern im Jahr 1938 vom Polizeipräsidenten
Wuppertal schließlich doch die Handelserlaubnis entzogen worden
war, fand die eigentliche «Arisierung» schließlich «ohne Vorbehalt

einer Ausgleichsabgabe» im Juni 1938 durch die Paul Vetter Maschinen KG in Wuppertal-Oberbarmen statt, deren persönlich haftender Gesellschafter ein ehemaliger Prokurist der Firma Weißkopf war. Der Übergang an die Paul Vetter Maschinen KG war jedoch nur eine vorübergehende Lösung, denn sie spielte im weiteren Verlauf des Verfahrens keine Rolle mehr. Die Bergische Industrie- und Handelskammer hatte gegen das Prozedere grundsätzlich nichts einzuwenden, weil ein so großer Anteil dieses Geschäftszweiges «in jüdischen Händen» liege, «daß die Entjudung des ein oder anderen Unternehmens gesamtgesellschaftlich begrüßt werden muß».[248] Der Kaufpreis betrug 75 000 RM für Waren und Inventar sowie 53 000 RM für das Betriebsgrundstück.[249]

Anschließend wurde das Unternehmen an die Dürener Metallwerke weitergereicht. Weißkopf & Co. war bereits zuvor Hauptlieferant und -abnehmer der Dürener Metallwerke gewesen, und diese waren an einer Übernahme auch deshalb interessiert, weil Nebenprodukte der Leichtmetallfertigung aus sicherheits- und kartellrechtlichen Gründen nicht in den eigenen Werken produziert werden durften. Durch einen Kaufvertrag am 24. Juni 1938 wurde Weißkopf von der in Berlin offensichtlich speziell für diesen Zweck gegründeten Firma «Westdeutsche Metallverwertung GmbH» übernommen, die sich kurz darauf in «Wuppertaler Metallverwertung GmbH» umbenannte. Hinter dieser Firma mit einem Stammkapital von 150 000 RM wiederum stand die «Norddeutsche Schrauben- und Metallwerke Hamel, Ziegler & Co. KG», ein Unternehmen, an dem maßgeblich Paul Hamel beteiligt war, sowie die «Hespoha AG für finanzielle Beteiligungen», die ebenfalls unter dem Einfluss Hamels stand. Diese beiden Firmen besorgten damit getarnt das Geschäft der Dürener Metallwerke, die möglicherweise auch deswegen selbst im Hintergrund blieben, um nicht die Konkurrenz der VAW auf den Erwerb aufmerksam zu machen. Das inzwischen «arisierte» Unternehmen wurde sodann am 29. Juni 1938 an die Firma «Wupper-Metall» GmbH unter ihrem Geschäftsführer Werner Miehle in Berlin verkauft,[250] der wiederum der Prokurist der Hauptverwaltung der Dürener Metallwerke in Berlin war.[251] Als Kaufpreis für die Firma Weißkopf wurden 63 500 RM vereinbart. Da das mit 23 Beschäftigten arbeitende Unternehmen vom September 1936 bis August 1938 einen Umsatz von 457 000 RM und einen Gewinn von über 49 000 RM erwirtschaftete, kann von einer deutlichen Übervorteilung ausgegangen werden, zumal nicht klar ist, ob überhaupt irgendein Betrag an die jüdischen Vorbesitzer gezahlt worden ist. Weißkopf wurde schließlich am 21. Februar 1939 aus dem Handelsregister gelöscht und die Wuppermetall GmbH mit einem Kapital von 100 000 RM ausgestattet.[252]

Die Tarnfirmen «Norddeutsche Schrauben- und Metallwerke» und «Hespoha» «arisierten» in ganz ähnlicher Weise auch das «Havelschmelzwerk» im brandenburgischen Velten mit einem Vertrag, der in den Geschäftsräumen von Sponholz & Co. am 16. November 1939 besiegelt wurde; anschließend wurde es an die Dürener Metallwerke abgetreten.[253] In Velten erwarben die Dürener Metallwerke im Frühjahr 1939 zudem gemeinsam mit den DWM ein kleineres Werk und firmierten es in die Velmet Leichtmetall-Gießerei GmbH um, deren Kapital von 40 000 RM ganz bei den DWM lag.[254] 1938 wurde in Zusammenarbeit mit der Vierjahresplanbehörde noch die Elbtalschmelzwerk GmbH im sächsischen Brand-Erbisdorf gegründet. Wuppermetall, Havelschmelzwerk und Elbtalschmelzwerk lieferten während des Krieges rund 15 bis 20 Prozent des umgeschmolzenen Aluminiums.[255]

Bei einem weiteren Arisierungsprojekt sind die Hintergründe der Interessennahme Günther Quandts nicht mehr aufzuklären. Im Mai 1937 ließ die Direktion der Dresdner Bank wissen, dass Quandt sich «ernsthaft für 75 Prozent der Berlin-Gubener Hut AG (Pakete Jarislowsky und Staatssekretär Hirsch)» interessiere. Die Firma war im Besitz des als «jüdischer Mischling 1. Grades» eingestuften Alexander Lewin, der das Geschäft bis zur «Arisierung» 1938 führte und im folgenden Jahr auswanderte. Das Unternehmen war mit 5000 Beschäftigten im Jahr 1929 ein bedeutender Arbeitgeber vor Ort.[256] Wie sich das Interesse Günther Quandts an der Firma entwickelte, ist nicht bekannt, aber es ist durchaus wahrscheinlich, dass er auch mit der Gubener Textilindustrielandschaft und ihren Tuchmacherfabriken[257] gut vertraut war und eine Angliederung an die Textilfirma Gebrüder Draeger sicherlich eine Option darstellte. Letztlich scheiterte das Geschäft, obwohl offensichtlich bereits alle «im Interesse unserer Geschäftsverbindungen notwendigen Voraussetzungen» mit Quandt vereinbart worden waren.[258] Die «Arisierung» wurde schließlich durch die Deutsche Bank durchgeführt.[259]

Günther Quandt war über die jeweiligen Hintergründe der «Arisierung» der Gesellschaften Henry Pels, Volt und Wuppermetall zweifellos im Bilde. All diese Verfahren wurden routiniert durchgeführt, als ob es ganz normale Übernahmen vor dem Hintergrund nüchterner Investitionsentscheidungen für die Quandt-Gruppe seien. Quandt gehörte dabei nicht zu den «freundlichen» Käufern, die ihre Verpflichtungen erfüllten und bisweilen sogar noch über das behördlich Vorgeschriebene beim Kaufpreis hinausgingen. Er gehörte vielmehr zu der großen Gruppe von «Arisierern», die eine Notlage der jüdischen Besitzer bewusst und kühl ausnutzten, um die zur Verfügung stehenden Unternehmen zu übernehmen, in seinem Fall deswegen, weil die Firmen in das Diversifizierungsprogramm der DWM bzw. der AFA passten. Wie die einzelnen Schritte – die Aufnahme der Gespräche, die Findung des Kaufpreises und schließlich der Vertragsabschluss – abliefen, ist weitgehend unbekannt. Es ist unwahrscheinlich, dass Quandt und die Manager der DWM und der AFA überhaupt mit den Eigentümerfamilien verhandelt haben. Oft wurde der Kaufprozess über die Parteiinstanzen und staatlichen Behörden abgewickelt, und Quandt, der strategisch wichtige Firmen günstig erwarb, musste sich nicht einmal selbst mit den «unangenehmen» Seiten der «Arisierungen» beschäftigen.

Günther Quandt muss gewusst haben, dass er, der jahrelang mit zahlreichen jüdischen Geschäftsleuten eng zusammengearbeitet hatte, nun endgültig die Grenzen dessen überschritt, was das Verhalten eines «ehrbaren Kaufmanns» genannt werden darf. Er hätte den Handlungsspielraum gehabt, sich entweder überhaupt nicht an «Arisierungen» zu beteiligen oder wenigstens einen fairen Preis zu zahlen. Auch der Umstand, dass er offenbar nicht selbst über die Übernahmen verhandelte, kann nicht als Entlastung angeführt werden. Gerade bei den «Arisierungen» der Firma Weißkopf und des Havelschmelzwerkes arbeiteten die Dürener Metallwerke mit dem langjährigen Geschäftspartner Paul Hamel und seiner Hespoha AG zusammen, weshalb es mehr als wahrscheinlich ist, dass Hamel und Quandt in enger Abstimmung handelten. Die Zwischenschaltung einer Beteiligungsgesellschaft dürfte dabei vor allem Verschleierungszwecken gedient haben.

Werner Plumpe hat nach der Verallgemeinerungsfähigkeit des unternehmerischen «Arisierungsverhaltens» gefragt: Handelte es sich um Einzelfälle, oder war es im Sinne von Marx so, «daß ab einer bestimmten Profitrate grundsätzlich kein Verbrechen mehr auszuschließen ist?»[260] Gehört es vielleicht zu den grundsätzlichen Spezifika von Unternehmern, jede günstige Gelegenheit nutzen zu wollen, weil es ihrem Ziel dient, ihr Unternehmen und damit ihr Lebenswerk gegebenenfalls auch auf Kosten anderer krisensicherer zu machen? Offensichtlich

führte die Barbarisierung moralischer Standards durch den Nationalsozialismus und die Verschiebung des moralischen Referenzrahmens
dazu, dass auch die «Arisierungen» im Sinne eines harten Verdrän-
gungswettbewerbs interpretiert wurden. Allerdings kann dieser allgemeine Erklärungsansatz die moralische Verantwortung des Einzelnen
nicht aufheben – auch nicht die von Günther Quandt.

Ergänzungen der Produktlinien:
Die Übernahme der Schaerer Werke und Byk Gulden

Zwei weitere Übernahmen trugen zu einer wesentlichen Erweiterung
der Firmenstruktur bei. Beides waren eher klassische Geschäfte, wobei
Byk Gulden zumindest insofern einen Sonderfall darstellt, als eine vor-
hergehende «Arisierung» und eine Übernahmeschlacht mit einem
Konkurrenzunternehmen der Quandt-Gruppe die Möglichkeit boten,
am Ende als Gewinner aus dem Kampf hervorzugehen. Während die
Akquisition der Schaerer Werke kriegsbedingt keine große Bedeutung
mehr hatte, war der Erwerb der Byk Gulden eine wichtige Entscheidung, handelte es sich doch um eine Gesellschaft, die nach bescheidenen Anfängen später eine zentrale Rolle im Firmenimperium spielen
sollte.

Beim Erwerb der Schaerer Werke GmbH & Co. in Karlsruhe im
Sommer 1943 handelte es sich um eine Akquisition, die sich in strategischer Hinsicht mit der Übernahme der BEM vergleichen lässt. Das
1906 gegründete Unternehmen war ein wichtiger Hersteller von Werkzeugmaschinen und Drehbänken mit fast 500 Beschäftigten, und der
Erwerb kann als langfristig-orientierter Zukauf zur Diversifizierung
des Maschinenherstellungsprogramms charakterisiert werden. Das
Unternehmen wurde durch einen Organschaftsvertrag in eine GmbH
eingebracht, deren Gesellschaftskapital zum größten Teil von den
Mauser-Werken, zu einem geringeren Teil von den DWM übernommen wurde.[261] Der Zulieferbetrieb erreichte im Krieg keine große Bedeutung mehr, da er durch einen schweren Luftangriff bereits Anfang
September 1942 schwer beschädigt worden war;[262] jedoch wurde er
für die Friedensproduktion der DWM nach dem Neubeginn 1945
wichtig.

Sehr viel bedeutender war die Übernahme des Chemie- und
Pharmaunternehmens Byk Gulden. Vermutlich war es Horst Pavel, der
Günther Quandt kurz nach Beginn des Zweiten Weltkrieges den Er-

werb einer Beteiligung an der Byk Gulden Pharmazeutischen Fabrik nahelegte. Diese Industriesparte lag Pavel, der selbst von der Schering AG kam, besonders am Herzen und war gleichsam sein «Lieblingsbereich».[263] Auch sachliche Gründe sprachen für eine Beteiligung: Byk Gulden, eine Aktiengesellschaft mit einem Kapital von 3,33 Millionen RM, war für die AFA strategisch interessant, weil sie Bakelit und chemische Säuren in ihrem Programm hatte.

Die im Jahr 1873 vom jüdischen Chemiker Heinrich Byk gegründete Firma hatte sich schon Ende des 19. Jahrhunderts als feste Größe auf dem wachsenden Arznei- und Chemikalienmarkt etabliert und sich daneben auch auf Emulsionen für die Photographie spezialisiert.[264] Im November 1917 fusionierte die Gesellschaft mit der von Paul Gulden gegründeten Guldenwerke Chemische Fabrik AG in Piesteritz, die sich auf die Produktion von Farben und Gerbstoffen sowie die Verarbeitung von Wollfetten und Teeren spezialisiert hatte. Das seit dieser Zeit als Byk-Guldenwerke Chemische Fabrik AG firmierende Unternehmen konnte die schwierigen Weimarer Jahre dank einiger Umstrukturierungen im Kern gesund überstehen.[265] Im Zuge der NS-Machtübernahme erhielt es staatliche Aufträge für die Produktion von Kaltasphalt, der für den Straßenbau benötigt wurde. Im November 1936 übernahm Friedrich Rauch – ein langjähriger Mitarbeiter Gustav Stresemanns – den Vorstandsvorsitz, zu einem Zeitpunkt, als sich das Unternehmen in einer finanziellen Schieflage befand. Weil die Photo-Großunternehmen Agfa und Kodak ihre Preise drastisch senkten und Byk Gulden nicht mehr konkurrenzfähig war, wurde die Photoabteilung 1937 geschlossen, was hohe Sanierungsverluste zur Folge hatte.[266] Ab 1937 wurde die technologische Forschung, insbesondere die Veredlung von Steinkohlenschwelteeren intensiviert und Byk Gulden gelangen auf diesem Feld einige bahnbrechende Erfolge, die zu einer beträchtlichen Anzahl von Patentanmeldungen führten.[267]

Zur gleichen Zeit brachte das Unternehmen die mit etwa 100 Beschäftigten arbeitende pharmazeutische Firma Dr. R. & Dr. O. Weil Arzneimittelfabrik GmbH in Frankfurt am Main durch «Arisierung» an sich.[268] Das «arisierte» Unternehmen wurde seit dem 1. Februar 1938 unter dem Namen Bykopharm Arzneimittelfabrik GmbH weitergeführt.[269] Anfang 1938 wurde die Mehrheitsbeteiligung an der in Amsterdam gegründeten Vertriebsgesellschaft «N.V. Cosmopharma Maatschappij voor Chemisch-Pharmazeutische Industrie» erworben, weil man mit einer niederländischen Gesellschaft die Produkte des «arisierten» Unternehmens Dr. R. & Dr. O. Weil Arzneimittelfabrik GmbH besser im Ausland verkaufen konnte.[270]

Die Umstrukturierungen belasteten das Unternehmen noch bis in den Herbst des Jahres 1938 hinein.[271] Für eine finanzielle Reorganisation sollte das Aktienkapital in einem Verhältnis von 5:3 zusammengelegt werden,[272] aber dieser Kapitalschnitt erwies sich schon im folgenden Jahr als nicht mehr notwendig. Zwar blieb Friedrich Rauch Vorstandsvorsitzender, aber sein langjähriger Vorstandskollege Friedrich Ulrich schied 1939 eine Zeit lang aus.[273] An die Spitze des Aufsichtsrats des mit über einer Million RM verschuldeten Unternehmens traten im Juni 1938 mit Alfred Hölling von der Dresdner Bank und Franz Belitz von der Reichskreditgesellschaft (RKG) vorübergehend zwei Bankenvertreter, die bald noch durch Paul Mojert von der Deutschen Bank Verstärkung erhielten.

Der Kriegsbeginn erhöhte die Nachfrage nach den Erzeugnissen von Byk Gulden. 1940 wurde nach verlustreichen Jahren ein Reingewinn von knapp 214 000 RM erzielt und nach zehnjähriger Pause wieder eine Dividende von 6 Prozent ausgeschüttet.[274] Die Bankschulden sanken bis Ende 1940 auf 75 000 RM.[275] Angesichts der guten Aussichten trug sich Byk Gulden im Jahr 1940 mit Zukaufplänen. Der Blick fiel auf ein kleines Berliner Unternehmen, die Ceresin-Fabrik Graab & Kranich GmbH. Das Unternehmen war 1939 «arisiert» und der dortige Vorstand ausgetauscht worden. Anstelle des jüdischen Besitzers Dr. Hermann Herz waren Emil Scheid und Wilhelm Förster zu Geschäftsführern bestellt worden. Ende Oktober 1940 wurde der Betrieb einer Untersuchung durch Experten von Byk Gulden unterzogen. Das betriebswirtschaftliche Ergebnis fiel zwiespältig aus: Die kleine Firma hatte vor Ausbruch des Zweiten Weltkrieges Wachse aus Galizien bezogen, diese raffiniert und in verschiedenen Mischungen mit Paraffin als Wachskomposition für die Bohnerwachs- und Schuhcremeindustrie auf den deutschen Markt gebracht. Zwar hatte die Kriegskonjunktur eine erhöhte Nachfrage nach diesen Materialien gebracht, aber die Zukunftsaussichten der Raffinierung wurden von den Byk Gulden-Fachleuten als wenig befriedigend beurteilt, ebenso wie die als «sehr einfach» eingeschätzten Fabrikationsanlagen der Ceresin-Fabrik. Die Beurteilung fiel entsprechend verhalten aus: Es wurde für die Zeit nach dem Ende der Kriegskonjunktur mit einem «wesentlichen Umsatz-Rückgang» auf höchstens ein Drittel gerechnet und außerdem zu bedenken gegeben, «daß die Gewinnspanne eine geringere sein dürfte».[276] Trotz dieser ungünstigen Prognose wurde im November 1940 zur Übernahme der Ceresin-Fabrik ein Verschmelzungsvertrag unterschrieben; für den Kauf sollte das Grundkapital der Byk Gulden um 500 000 RM auf 3,83 Millionen RM erhöht werden.[277] Die früheren jüdischen Besitzer der Ceresin erhielten nach einer späteren Angabe von Friedrich Ulrich zu Anfang des Jahres 1941 500 000 RM als Gegenwert für den Verkauf des Unternehmens.[278] Ob das den Tatsachen entspricht und in welcher Form diese Auszahlung erfolgte, lässt sich den Akten nicht entnehmen. Falls die Auszahlung wie üblich nicht in Form von Devisen, sondern in Form von Schatzanweisungen erfolgte und anschließend noch eine «Reichsfluchtsteuer» und andere Abgaben gezahlt werden mussten, hätte es sich um eine klare Übervorteilung der jüdischen Vorbesitzer gehandelt.

Das Verschmelzungsvorhaben selbst traf jedoch auf erhebliche Widerstände. Offensichtlich begann ein Konkurrenzunternehmen, die Chemische Fabrik von Heyden AG in Dresden-Radebeul bereits im Sommer 1940 mit einem Übernahmeangriff, indem es systematisch Aktien von Byk Gulden aufkaufte.[279] Von Heyden genoss Weltruf und war auch sonst von anderem Kaliber als Byk Gulden: Der Pionier der Salicylsäureherstellung belegte in jenen Jahren hinter Merck und Schering gar Platz drei der deutschen Pharmaunternehmen.[280] Die Käufe wurden zum Teil durch die Einschaltung von Strohmännern getätigt. Seit September 1940 erwarb der Stuttgarter Privatbankier Joseph Frisch, der schon von 1933 bis 1939 im Aufsichtsrat von Byk Gulden gesessen hatte, 1,3 Millionen RM Aktien. Frisch war in jenen Jahren an verschiedenen «Arisierungsmanövern» beteiligt und sammelte geradezu Aufsichtsratsmandate: Im Jahr 1938 war er in 18 Aufsichtsräten vertreten und nahm damit den achten Platz unter den Privatbankiers in Deutschland ein.[281] Bis Dezember 1940 erhöhte sich der von Frisch gekaufte Aktienbestand sukzessive auf 1,48 Millionen RM.

Die Aktienaufkäufe blieben bei Byk Gulden nicht unbemerkt. Der Vorstandsvorsitzende Friedrich Rauch hätte bei einer feindlichen Übernahme durch das Dresdner Unternehmen zweifellos an Einfluss verloren; auch der Untergang des Firmennamens Byk Gulden und der Firmentradition waren zu befürchten. Von Heyden gab Anfang Dezember 1940 bekannt, im Besitz von 60 Prozent der Byk Gulden-Aktien zu sein – mit diesen knapp 2 Millionen RM-Aktien hatte man theoretisch eine Vetomacht, um die geplante Verschmelzung von Byk Gulden und Ceresin zu verhindern. Noch im gleichen Monat begannen die Manöver, von Heyden zur Rückgabe ihrer Byk Gulden-Aktien zu bewegen – und dies muss auch der Zeitpunkt gewesen sein, zu dem sich die AFA-Manager in den Machtkampf einschalteten. Herbert Quandt hat später berichtet, es sei Horst Pavel gelungen, seinen Vater davon zu überzeugen, den 60-Prozent-Aktienanteil, den von Heyden an Byk Gulden besessen habe, nach langwierigen und schwierigen Verhandlungen zu übernehmen.[282]

Unterstützung fanden die Bemühungen, Byk Gulden vor dem Zugriff des Dresdner Unternehmens zu bewahren, durch die Berliner NSDAP. Von Mitte Dezember 1940 datieren die ersten Signale des in «Arisierungsangelegenheiten» versierten Gauwirtschaftsberaters von Groß-Berlin und Wirtschaftstheoretikers Heinrich Hunke sowie weiterer amtlicher und halbamtlicher Stellen, die Chemische Fabrik von Heyden zum Verkauf ihrer Byk Gulden-Aktien zu zwingen. Die Motive und die Druckmittel hierfür sind nicht bekannt; möglicherweise wollten die «Berliner» sich einfach den sächsischen Platzhirsch vom Leib halten. Das Dresdner Unternehmen erklärte sich schließlich Ende Dezember 1940 zwar prinzipiell mit einer Rückgabe der Aktien einverstanden, wehrte sich aber auch in den folgenden Monaten energisch gegen den Versuch einer «organischen» Teilung des zurückgegebenen Aktienpakets. Diese sah in zahlreichen Varianten eine Aufteilung zwischen den Unternehmen Schering, Byk Gulden, Degussa, Hermann Römmler Sprengberg sowie der BBC vor. Diese Unternehmen verband vermutlich, dass sie in erster Linie an den Forschungen zur Schwelteerverarbeitung interessiert waren.[283]

Friedrich Rauch setzte sich bei der Suche nach einem Käufer für die frei werdenden Aktien mit Horst Pavel in Verbindung: Günther Quandt solle, so lautete der Vorschlag, ebenfalls Byk Gulden-Aktien aus dem Paket der Chemischen Fabrik von Heyden erwerben. Am 17. Februar 1941 teilte Rauch der Deutschen Bank mit, dass Günther Quandt – eventuell in Kooperation mit Dr. Carlos Wetzell – ein Viertel des Byk Gulden-Aktienbesitzes aus dem Besitz von Heyden erwerben wolle, da er nicht alle Aktien erhalten könne. Eventuell würden außer ihm auch noch Schering, BBC und die Degussa je ein Viertel, nominell Aktien im Wert von 370000 RM, übernehmen.[284] Es ist aufschlussreich, dass ausgerechnet Carlos Wetzell in diesem Fall eine bedeutende Rolle zukam. Wetzell, der sich an zahlreichen «Arisierungen» beteiligte, war Inhaber einer in Berlin ansässigen «Aktiengesellschaft für medizinische Produkte» und zudem seit vielen Jahren in der Privatindustrie gut vernetzt. In den 1920er Jahren war er im Vorstand der Schering-Kahlbaum AG und den Braunkohlenminengesellschaften Anhaltinische Kohlenwerke und Werschau-Weißenfelder Braunkohlen AG gewesen, die nach der «Arisierung» in der Flick-Gruppe aufgegangen waren.[285] Eine Woche später sagten BBC und die Degussa ihre geplante Beteiligung an dem Unterfangen ab. Rauch vermutete zwar den Einfluss der Dresdner Bank hinter diesem Rückzug, aber zumindest hinsichtlich der Degussa war dies wohl unzutreffend. Die in Oranienburg ansässige Degussa-Tochtergesellschaft Auer hatte zwar Interesse an einem Einstieg bei Byk Gulden, war aber hochverschuldet und wurde vom Degussa-Vorstand gehindert, auch noch bei Byk Gulden einzusteigen.[286] Daher waren neue Überlegungen nötig: Nun sollten die AFA, Wintershall – wahrscheinlich kam diese Idee von Wetzell – und Schering zu je einem Drittel das Aktienpaket, also jeder knapp 500 000 RM übernehmen.[287] Am 22. März 1941 übernahmen die AFA, Wintershall und Dr. Wetzell Aktien im Wert von je 400 000 RM; Schering übernahm Aktien über 500 000 RM.[288] Die Deutsche Bank überließ der Quandt-Gruppe einen Teil ihrer Byk Gulden-Aktien, obwohl sie sich nicht gern von diesem Besitz trennte.[289] Auf einer außerordentlichen Byk Gulden-Hauptversammlung am 20. Mai 1941 wurde die Herabsetzung des Aktienkapitals um 5000 RM Vorzugsaktien und die Wiedererhöhung des Grundkapitals von 3,33 Millionen RM um 500 000 RM auf 3,83 Millionen RM beschlossen. Von den anwesenden rund 2,4 Millionen RM Stammaktien wurden rund 792 000 RM von der Deutschen Bank gestellt, 400 000 RM wurden durch die Wintershall AG und 384 000 RM durch die AFA vertreten.[290] Ausweislich des notariellen Protokolls vertrat Günther Quandt für die AFA 384 300 RM, Wintershall 500 000 RM und der frühere Deutsche Bank-Direktor Emil Scheid 500 000 RM.[291] Ein Aktienpaket wurde durch einen Mitarbeiter bei der Schering AG treuhänderisch vertreten. Damit war der Weg frei für die endgültige Fusion von Byk Gulden mit der Ceresin-Fabrik, die jetzt gegen einen Betrag von nominell 500 000 RM Byk Gulden-Aktien integriert wurde.

Wie aus den Quellen hervorgeht, hat Günther Quandt bereits während der Verhandlungen unmissverständlich und gegen den hartnäckigen Widerstand Paul Guldens seinen Anspruch auf den Aufsichtsratsvorsitz bei Byk Gulden angemeldet. Quandt betrachtete die bisherige Konstellation mit Paul Gulden als Aufsichtsratsvorsitzendem und Paul Mojert als seinem Stellvertreter als «nicht [...] für die Dauer bleibend».

Rauchs Vermittlungsangebot, neben Mojert ebenfalls Stellvertreter im Aufsichtsrat zu werden, ohne eine formale Unterscheidung zwischen erstem und zweitem Vorsitzenden zu treffen, erschien ihm nicht ausreichend.[292] Die Deutsche Bank verließ sich auf das Versprechen Quandts, persönlich dafür Sorge zu tragen, dass der Einfluss der Deutschen Bank bei Byk Gulden auch weiterhin gewahrt bliebe. Um dies sicherzustellen, sollte Paul Mojert als Vertreter der Deutschen Bank auch zukünftig stellvertretender Aufsichtsratsvorsitzender bleiben.[293]

Zunächst kam es ohnehin zu Übergangslösungen. Auf der außerordentlichen Hauptversammlung im Mai 1941 wurden Horst Pavel und Günther Quandt für die AFA in den Aufsichtsrat zugewählt,[294] aber auch weitere Mitglieder mit klarem Bezug zur Quandt-Gruppe wurden aufgenommen: Der Bochumer Bergwerksdirektor Paul Hilgenstock und Carlos Wetzell vertraten die Interessen der Wintershall. Der Berliner Gauwirtschaftsberater Heinrich Hunke entsandte seinen Adlatus Alfred Maelicke.[295] Die RKG schickte Adolf Schaeffer als Nachfolger für Franz Belitz.[296]

Der Öffentlichkeit blieben die Hintergründe dieser Vorgänge natürlich verborgen. Auf der am 30. Mai 1941 stattfindenden Aufsichtsratssitzung machten die neuen Großaktionäre deutlich, wie die Kräfte verteilt waren. So wünschte die Quandt-Gruppe eine Dividendenausschüttung in Höhe von 6 Prozent. Günther Quandt setzte unter Hinweis auf die sich bessernde Finanzlage des Unternehmens gegen den Widerstand von Schaeffer von der RKG die Erhöhung der Dividende durch.[297] Die Dominanz der neuen Besitzer war erdrückend: Am 26. Juni 1941 wurde in einer gemeinsamen Gremiensitzung Günther Quandt zum neuen Aufsichtsratsvorsitzenden gewählt. Mojert wurde absprachegemäß sein Stellvertreter, während der bisherige Aufsichtsratsvorsitzende Paul Gulden mit dem Amt des 2. stellvertretenden Vorsitzenden abgefunden wurde. Quandt gab sofort die Neukonstituierung zweier Kommissionen bekannt: er selbst, Pavel, Hilgenstock und Wetzell wurden Mitglieder einer neuen Wirtschaftskommission, die Finanzkommission bestand aus ihm, Pavel, Mojert, Schaeffer und Wetzell.[298] Der ins zweite Glied zurückkomplimentierte Paul Gulden war nur noch «technischer Berater», und schied Ende 1941 ganz aus dem Aufsichtsrat aus.[299] In den folgenden Jahren kaufte die AFA sukzessive verschiedene Aktienpakete auf, bis dieser Anteil bei Kriegsende fast 100 Prozent betrug.[300]

Es gibt kaum einen Zweifel, dass die Byk Gulden für die AFA und die Quandt-Gruppe insgesamt eine lohnende Investition war. Schon die Bilanz des Jahres 1941 stand ganz im Zeichen der Anlagenerweiterung und der Umsatzsteigerung. Nach erheblichen Rücklagenbildungen wurde ein Reingewinn von 234 000 RM ausgewiesen. Neben einigen Auslandstätigkeiten[301] erhielt Byk Gulden 1943 über RWM und OKM den Auftrag, verschiedene Schwelteer-Aufbereitungsanlagen in Lothringen und Oberschlesien aufzubauen. Die Errichtung sollte, wie im April 1942 berichtet wurde, in Kooperation mit den Hermann-Göring-Werken erfolgen,[302] die schon unmittelbar nach dem Einstieg Günther Quandts im Frühjahr 1941 an Byk Gulden herangetreten waren. Für den anvisierten Aufbau von Schwelteeranlagen schienen die von Byk Gulden entwickelten Verfahren in technischer wie auch in wirtschaftlicher Hinsicht von entscheidender Bedeutung. Rauch, dem auch hier offenbar recht freie Hand gelassen wurde, drängte jedoch darauf, selbst an diesem Vorhaben beteiligt zu werden und wollte verhindern, «dass unsere Verfahren [...] auf dem Lizenzwege von den Hermann-Göring-Werken ausgenutzt werden».[303] Allerdings dämmerte ihm sehr bald, welche Vorteile sich für sein Unternehmen durch die Zusammenarbeit mit der staatlichen Kriegswirtschaft ergaben. Im Oktober des gleichen Jahres schrieb er der Deutschen Bank, dass «es mich als alten aktiven Offizier noch viel glücklicher macht, daß damit einer kriegs- und friedenswirtschaftlich außerordentlich wertvollen Leistung für die Allgemeinheit Bahn gebrochen ist».[304] Günther Quandt schwebte vor, diese Großprojekte wie üblich durch langfristige Kredite und eine Kapitalerhöhung zu finanzieren und schlug dem RWM eine Erhöhung des Aktienkapitals um 50 Prozent mit einem Bezugsrecht der alten Aktien von 2:1 und einem Ausgabekurs von 100 Prozent vor.[305] Die neuen Aktien wurden am 1. Oktober 1943 ausgegeben und fanden schnell Käufer. Das Unternehmen fand sich bei Kriegsende auf Platz 18 der deutschen Pharmaunternehmen.[306]

Dennoch machte sich der Krieg durch einen Rückgang der Rohstofflieferungen schon 1942 negativ bemerkbar.[307] 1944 versuchte das Unternehmen noch, Firmenteile ins neutrale Ausland zu verlagern, um die Produktion für die Zeit nach dem Krieg sicherzustellen. Zu diesem Zweck wurde mit Zustimmung des RWM im August 1944 in Madrid eine Gesellschaft namens Elaboraciones Multiquimicas SA gegründet.[308] Diese Maßnahme wirft die Frage auf, ob hinter einer Verlagerung ins neutrale Ausland, die in den anderen Quandt-Unternehmen nicht vorgenommen wurde, mehr stand als nur der Gedanke an die Zukunft des Nachkriegsgeschäfts. Sie könnte auch darauf hindeuten, dass im Hinblick auf die «Arisierungsgeschichte» der Byk Gulden das neutrale Ausland als ein geeigneterer Ort erschien als das Reichsgebiet, um das Unternehmen vor Regressforderungen zu sichern. Letztlich blieben diese Maßnahmen zur Verlagerung aber erfolglos. Die Hauptverwaltung wurde 1943 durch einen Angriff ebenso zerstört[309] wie im März 1945 die Anlagen in Oranienburg. Das Milchsäurewerk in Niederstriegis und die Gebäude der Bykopharm in Frankfurt am Main wurden stark beschädigt. Die ebenfalls ausgebombte Ceresin-Fabrik konnte die Produktion noch eine Zeit lang in Baracken provisorisch fortführen. Bei der Auslagerung von Produktionsmaschinen ging der gesamte Bestand an beweglichen Sachwerten – bis auf wichtige Teile der Fachbibliothek – verloren. Der Unternehmensspitze gelang im Frühjahr 1945 allerdings die Verlagerung der Pharma-Fabrikationsabteilung nach Südwestdeutschland. Wichtige technische Unterlagen, Rezepturen und Wertpapiere wurden im Safe einer Konstanzer Bank eingelagert – ein wichtiger Schritt für den Wiederaufbau nach 1945, der zu einem erheblichen Teil mit dem akkumulierten Know-how und den Technikern und Chemiespezialisten des Unternehmens erfolgte.

Was das Engagement von Günther Quandt bei Byk Gulden angeht, so ergibt sich, dass hier die Verbindung mit einem technologisch fortschrittlichen Chemieunternehmen, das gerade erst saniert worden war und auf dem Gebiet der Schwelteerveredlung auch für die staatliche Rüstungsindustrie von großer Bedeutung war, eine günstige Gelegenheit bot. Der Erwerb erfolgte vornehmlich durch die AFA, die aber selbst keineswegs zwingend auf eine Ergänzung in dem Bereich angewiesen war, in dem Byk Gulden produzierte. Wahrscheinlich regte Horst Pavel, der Anfang der 1940er Jahre wichtige strategische Entscheidungen für Günther Quandt vorschlug, die Erwerbung an, die überdies kein besonders großes finanzielles Risiko darstellte. Günther Quandt operierte eher im Hintergrund, ließ zwar beim Übernahmepoker seinen Einfluss bei den staatlichen Behörden und den Banken spielen, überließ aber das operative Geschäft weiterhin dem umtriebigen Vorstandsvorsitzenden Friedrich Rauch – auch dies ein Zeichen für seine Bereitschaft, bei gut funktionierenden Unternehmungen Verantwortung zu delegieren. Die Beteiligung von Wintershall bei dieser Akquisition ist bemerkenswert. Während üblicherweise die Zusammenarbeit zwischen der Quandt-Gruppe und der Wintershall nicht sehr eng war, handelte es sich beim Einstieg und schließlich der Übernahme von Byk Gulden um einen der wenigen Fälle, bei dem die Quandt-Gruppe und Wintershall branchenübergreifend kooperierten. Letztlich war die Akquisition dieses Chemieunternehmens wegweisend, weil sich die Quandt-Gruppe damit neben der AFA und den DWM ein weiteres Standbein schuf und mit dem Pharmasektor ein Segment hinzufügte, das auch für eine Friedensproduktion genutzt werden konnte. Wie klug dieser Schritt war, erwies sich nach 1945, als Byk Gulden neben der AFA zu einem der wichtigsten Unternehmen der Quandt-Gruppe avancierte.

Rüstungsinvestitionen im Krieg

Die Rüstungsfinanzierung, deren Methoden sich seit 1933 weitgehend eingespielt hatten, erhielt im Zusammenhang der Entfesselung des Zweiten Weltkrieges neue Dimensionen. Im geheimen Finanzplan des Reiches waren für die Wehrmacht allein für das Jahr 1939 Ausgaben in Höhe von 20,86 Milliarden RM vorgesehen.[310] Aufgrund der großen Risiken bei den Investitionen, die in erster Linie die kurzfristigen Bedürfnisse der Wehrmacht bedienen sollten, kam das NS-Regime den Unternehmen nun finanziell noch weiter entgegen. Bei der Kreditgewährung war seit 1939 die sog. Kriegsrisikoklausel von besonderer Bedeutung. Diese im Verlauf des Krieges mehrfach modifizierte Regelung sah bestimmte Entlastungen für Unternehmen vor. Wenn die auf Veranlassung des Reiches errichteten Werke oder Anlagen (beispielsweise bei rückläufigen Auftragseingängen) wirtschaftlich nicht ertragreich waren, konnten die Betriebe eine staatliche Beihilfe beantragen, die sich jedoch grundsätzlich in den Grenzen von 20 bis 30 Prozent der Gesamtinvestition zu halten hatte.[311]

Weil die Wirkung staatlicher Beihilfen auf die Investitionsbereitschaft im Kriegsverlauf jedoch nachließ, wurde unter Albert Speer eine Reprivatisierung eingeleitet, die den Unternehmen die Möglichkeit einräumte, sukzessiv Anteile an den vom Reich finanzierten Gesellschaften zu erwerben. Diese Initiative erwies sich indessen als Fehlschlag, weil kaum ein Unternehmen die damit verbundenen Risiken eingehen mochte.[312] Auch bei der Quandt-Gruppe ging man im vierten Kriegsjahr nicht mehr das Wagnis ein, ein unter normalen

Marktbedingungen möglicherweise nicht konkurrenzfähiges Werk zu übernehmen. Die Akten vermitteln ein anschauliches Bild sowohl der Zwänge als auch der Chancen, die der Rüstungsboom und der Weltkrieg in der Investitions- und Anleihepolitik boten. Am einfachsten lässt sich dies bei denjenigen Unternehmen der Quandt-Gruppe zeigen, die als Rüstungsunternehmen neue Werke mit Hilfe des Reiches aufbauten: den DWM und den Mauser-Werken, bei denen sich dieser Prozess aufgrund der Aktenlage recht gut nachzeichnen und analysieren lässt. Bei der AFA, deren Rüstungsinvestitionen vergleichsweise spät einsetzten, wird der enorme Umfang der Investitionen hingegen erst deutlich, wenn man auch die «Friedensjahre» des NS-Regimes einbezieht. Wie bereits dargelegt, vertraute Günther Quandt nach 1933 einer Doppelstrategie, die sowohl auf Rüstungsinvestitionen setzte als auch die Zivilproduktion weiter förderte.[313] An den Rüstungsboom des Ersten Weltkrieges und die ungenutzten Kapazitäten, auf denen man danach sitzen geblieben war, musste sich zwangsläufig jeder erinnern, der die Geschichte der DWM und ihrer Töchter einigermaßen kannte. Das Risiko, das mit der Errichtung großer Rüstungswerke auf eigene Kosten verbunden war, war der Privatindustrie und auch Quandt nicht unbekannt: Schwankungen in der Auftragslage und eine Unterauslastung angesichts der überdimensionierten Werke wurden in den 1930er Jahren immer wieder befürchtet.[314] Allerdings gab Quandt diese zurückhaltende Strategie nach 1939 zunehmend auf.

Denn mit Beginn des Zweiten Weltkrieges stellten sich die Unternehmen der Quandts auf die neuen Rahmenbedingungen ein. Herbert Quandt hat später berichtet, dass in diesen Tagen der Pertrix-Vorstand gemeinsam mit Günther Quandt einen Werkrundgang machte, um die für den Krieg erforderlichen Dispositionen zu erörtern. Betriebsführer Viktor Werner habe dabei gemeint, eigentlich seien diese Maßnahmen nicht erforderlich, weil der Krieg sicher in Kürze zu Ende sei. Günther Quandt habe daraufhin eine Bemerkung gemacht, die ihn in der darin zum Ausdruck kommenden «nüchterne[n] Unternehmensstrategie» sehr beeindruckt und die er deshalb auch nicht vergessen habe: «Herr Werner, wenn Krieg ist, ist Krieg und dann müssen wir so handeln, als würde er nie aufhören. Vom Frieden wollen wir uns dann gern freudig überraschen lassen.»[315] Die Ausführungen Quandts auf einer Abteilungsleiterkonferenz der AFA im Frühjahr 1941 bestätigen im Wesentlichen diese Erinnerung Herbert Quandts.

Die bei dieser Gelegenheit von einigen Managern geäußerte Hoffnung auf ein schnelles Kriegsende und die damit einhergehende Notwendigkeit, die Unternehmensstrategie bereits wieder auf die «Friedenszeit» auszurichten, wurde von Quandt nicht geteilt: «Während ich vor dem Weltkrieg [1914–1918] nie mit Krieg gerechnet habe, habe ich während des Krieges immer so gerechnet, dass der Krieg 10 oder 20 Jahre dauern würde und damit die besten Erfahrungen gemacht. Ebenfalls habe ich angenommen, dass die Inflationszeit nie zu Ende ginge. Dieser Krieg wird länger dauern als wir glauben. Das Ziel muss erreicht werden, Europa in Bezug auf Nahrungsmittel und Rohstoffe unabhängig zu machen. Der Krieg wird aber gewonnen werden. Es kommt vor allen Dingen darauf an, dass so wenig Menschen wie möglich verloren gehen. Mit Lieferzusagen müssen wir sehr vorsichtig sein. Nichteinhaltung von Lieferzusagen untergräbt das Vertrauen. Die AFA muss den Mut haben, es zu sagen, wenn sie nicht liefern kann.» Anders als einige seiner Manager ging Quandt davon aus, dass nach dem Kriegsende der Auftragsbestand kein wesentliches Kriterium sei: «Sollte bei frühzeitigem Kriegsschluss ein unerwarteter Verlust eintreten, dann wird die Freude über den Frieden uns darüber hinweghelfen.» Quandt ging nach seinen Erfahrungen mit der Kriegswirtschaft des Ersten Weltkrieges davon aus, dass der Übergang von der Kriegs- zur Friedensproduktion länger dauern und auch die mangelhafte Rohstoffversorgung zunächst Probleme bereiten werde. Die erwähnte Doppelstrategie, Rüstungsgeschäft und Zivilfertigung nicht getrennt zu betrachten, wurde ebenfalls angesprochen. Quandt hoffte, dass die «durch die Wehrmacht gegebene Möglichkeit, unsere Fabriken auszubauen, eine gute Basis für die Friedenszeit» bieten werde.[316]

Die Rüstungsinvestitionspolitik der AFA

Im Vergleich zu den noch zu untersuchenden DWM-Unternehmen setzte die Rüstungsproduktion bei der AFA mit einer gewissen Verzögerung ein. Aber schon für den 1936 begonnenen Aufbau des Werkes Hannover und den Ausbau des Hagener Werkes hatte die AFA einen nicht rückzahlbaren Reichszuschuss über 6 Millionen RM erhalten,[317] allerdings mit dem Pferdefuß, dass die Wehrmacht, anders als bei reinen Rüstungsbetrieben, keine Abnahme- und Abschreibungsgarantie für Bau- und Anschaffungsmaßnahmen gab. Die Finanzspritze erwies sich nach Kriegsbeginn schnell als unzureichend. Abs erfuhr von Gün-

ther Quandt im Dezember 1939, die AFA müsse «im wehrwirtschaftlichen Interesse» in den Bau neuer Werke investieren, und das übersteige den üblichen Finanzierungsrahmen.[318] Die AFA hatte bei den
Privatbanken inzwischen zwar Schulden von über 10 Millionen RM
angehäuft, aber Quandt und Pavel beschrieben die Geschäftsaussichten in rosigen Farben, um das Ausfallrisiko für die Deutsche Bank als
gering erscheinen zu lassen, was angesichts der Kennzahlen auch mühelos gelang: Das Anlagevermögen, die Warenbestände, der Aktienbesitz und die Debitoren hatten sich seit Ende 1937 von 40 auf knapp
60 Millionen RM erhöht.[319] Der «Friedensumsatz» wurde mit etwa
50 Millionen RM berechnet und angesichts der vom OKM erteilten
Kriegsaufträge wurde ein zukünftiger Jahresumsatz von «etwa 130 bis
150 Millionen» erwartet.[320]

Zur Finanzierung der Rüstungsausgaben wurden fast immer Anleihen begeben, die unter anderem durch das RWM genehmigt werden
mussten. In diesem Fall schwebte Quandt Ende 1939 die Begebung
einer Anleihe in Höhe von 20 Millionen RM vor, ein erheblicher Betrag, der fast die Höhe des Aktienkapitals ausmachte. Hiervon sollten
etwas über 6 Millionen RM in den Hallenbau und weitere 8 Millionen RM in den Kauf von Maschinen und Einrichtungen fließen. Für
Kraftanlagen und Energieversorgung waren rund 1,4 Millionen RM
vorgesehen. Abs machte verschiedene Vorschläge: Er erwähnte zum
einen die Möglichkeit, zur Finanzierung die staatsnahe Deutsche In-
dustriebank heranzuziehen; zum anderen schlug er ein Anleihekonsor-
tium vor, bei dem der Bankier in erster Linie pro domo dachte. Er
plädierte für eine Laufzeit von 15 bis 20 Jahren bei einem Zinssatz von
5 Prozent,[321] was in jenen Monaten nicht unbedingt als besonders
günstig gelten konnte. Ein Hinweis von Quandt über ein konkurrie-
rendes Angebot der Westfalenbank, bei der er über die Wintershall AG
großen Einfluss hatte und gleichsam als der «starke Mann» galt,[322]
signalisierte der Deutschen Bank, dass diese ihre Anleihebedingungen
keineswegs diktieren konnte.[323]

Quandt war offensichtlich in den Verhandlungen erfolgreich,
denn die Anleihe mit einer Laufzeit von 20 Jahren wurde schließlich
im Frühjahr 1940 mit einem Zinssatz von 4,5 Prozent begeben.[324] Als
Sicherheit wurde eine Hypothek auf die AFA-Werke in Hagen und
Berlin eingetragen.[325] Konsortialführer war die Deutsche Bank, daneben waren die Berliner Handels-Gesellschaft, die Commerzbank,
Delbrück Schickler & Co., Hardy & Co., Sponholz & Co., die West-

falenbank und der Privatbankier Heinrich Kirchholtes vertreten, die im Verhältnis ihrer jeweiligen Kreditbeteiligung 2 Prozent Provision kassierten. Vergleicht man die Anleihe des Jahres 1940 mit der von 1933, so hatten sich die Verteilungsverhältnisse nur wenig verändert. Auffällig war nur, dass die Berliner Handels-Gesellschaft statt mit 28 Prozent nur noch mit 14 Prozent beteiligt war. Ihre traditionell guten Geschäftsbeziehungen zur AFA – sie stammten noch aus der Ära Carl Fürstenberg – waren inzwischen deutlich zurückgefahren worden.[326]

Der Kapitalhunger der AFA, die 1940 einen Gewinn von 7,9 Millionen RM erwirtschaftete[327] und sich europaweit mit Expansionsgedanken trug, blieb allerdings weiterhin bestehen. Ein probates Mittel zur Kapitalbeschaffung bot in dieser Situation die Dividendenabgabe-Verordnung des Jahres 1941. Mit dieser Regelung wollte die Regierung «Übergewinne» der Unternehmen abschöpfen, sie bot aber zugleich die Möglichkeit, durch die Aufstockung des Aktienkapitals diese Übergewinne zur eigenen Kapitalberichtigung zu verwenden und somit die gesetzliche Begrenzung der Dividende auf 6 Prozent einzuhalten. Damit war eine Selbstfinanzierung aus den stillen Reserven möglich – ein Verfahren, das von zahlreichen deutschen Aktiengesellschaften und fast allen Unternehmen der Quandt-Gruppe genutzt wurde. Der Wermutstropfen war, dass die Kapitalerhöhung mit der Zahlung einer 10 Prozent betragenden Pauschalsteuer verbunden war, die allerdings auf drei Jahre verteilt werden konnte.

Ende 1940 verdoppelte die AFA ihr Aktienkapital auf 42,5 Millionen RM.[328] Die erheblichen Bankschulden in Höhe von 12,6 Millionen RM wurden durch diesen Geldregen auf rund 1,7 Millionen RM abgebaut. Die bei der Kapitalerhöhung zu entrichtende Pauschalsteuer belief sich auf 2,125 Millionen RM, die Dividendenabgabe auf weitere 212 500 RM.[329] Damit war der Kapitalbedarf der AFA jedoch immer noch nicht befriedigt. 1941 wurde das Kapital ein weiteres Mal, diesmal jedoch geringfügiger, auf 46,75 Millionen RM erhöht.[330] Am 30. Juni 1943 wurde, wiederum durch ein Bankenkonsortium unter Führung der Deutschen Bank, eine weitere Anleihe begeben, dieses Mal über den beträchtlichen Betrag von 46 Millionen RM.[331] Davon wurden 20 Millionen RM zum Umtausch der Anleihe des Jahres 1940 verwendet, die zum September 1943 gekündigt wurde. Der Rest wurde durch das Bankenkonsortium zum freien Verkauf gebracht. Die Neuemission hatte eine Laufzeit bis September 1971.[332]

Die «geräuschlose» Finanzierung der Rüstung durch den Staat, die schließlich dazu führte, dass die öffentlichen Schulden untilgbar wurden, fand auf diese Weise eine gewisse Entsprechung in der Investitionsfinanzierung der AFA. In einem Beziehungsgeflecht, in dem sich unternehmerisches Interesse und staatliche Wünsche kaum noch trennen ließen, begab sich auch Günther Quandt durch seine Kapitalbeschaffung in ein Zweckbündnis mit dem Regime. Dies ist ein Beispiel dafür, dass «unternehmerisches Handeln in rüstungsrelevanten Bereichen einen quasi öffentlichen Charakter» erhielt.[333]

«Denken Sie auch an Ihre Kinder» – Die Risikopolitik der DWM

Die rastlose Entwicklung der Rüstungsinvestitionen bei den Quandt-Firmen lässt sich noch besser bei den DWM nachvollziehen, weil hierfür ein umfangreicher Schriftwechsel zwischen Günther Quandt und Hermann Josef Abs vorliegt. Der Ausbau bestehender Standorte und der Aufbau neuer Werke – 1942 zählte man schon 32 000 Beschäftigte und einen Gesamtjahresumsatz von rund 182 Millionen RM[334] – erfolgte bei den DWM in den Kriegsjahren vorwiegend auf Pump. Bis 1942 wurde die Finanzierung ganz wesentlich durch private Großbanken unter Führung der Commerzbank getragen, die gleichsam als die «Hausbank» der DWM galt. Erhebliche Beträge wurden auch von der Deutschen Bank, der Dresdner Bank, der Westfalenbank sowie Hardy & Co. gewährt.[335] Kapitalspritzen aus dem Vermögen von Günther Quandt waren die Ausnahme, wie sich Friedrich Dörge aus dem Vorstand später erinnerte: «Eigenkapital machte er lediglich locker zur Beschaffung von Neuerwerbungen.»[336]

Zu Beginn des Krieges verschlangen vor allem die neuen Werke in Lübeck und Posen Unsummen. Im Sommer 1939 wurden über einen Lübecker Munitions-Großauftrag über 12 Millionen RM unter der Chiffre «Projekt Luft» verhandelt, von der die DWM einen eigenen Investitionsanteil von 3 Millionen RM tragen sollten. Das RLM war bereit, eine Beihilfe von 4 Millionen RM zu gewähren, der Restbetrag sollte über die im Rahmen der Reprivatisierungsinitative gegründeten Luftfahrtkontor GmbH akquiriert werden.[337] Aus dieser quasi-staatlichen Finanzierungsinstitution ging im Juni 1940 die «Bank der deutschen Luftfahrt» hervor, die als regimenahe Bank in die Bresche sprang, weil die privaten Großbanken auf Risikominimierung setzten und die Luftfahrtindustrie als «kein lohnendes Objekt» betrachteten.[338] Die unter Federführung des Chefs der «Amtsgruppe Industriewirtschaft» im RLM, Ministerialdirigent Alois Cejka, schließlich ausgehandelten Vereinbarungen sahen eine Reichsbeihilfe in Höhe von 3,5 Millionen RM, eine DWM-Eigenbeteiligung von 4,4 Millionen RM und eine Finanzierung in Höhe von 5,5 Millionen RM durch die Bank der Deutschen Luftfahrt vor.[339] Für ein weiteres Projekt, das «Aufbauprojekt Heer», wurden bis Ende 1941 6,8 Millionen RM investiert. Die Rüstungsspirale überlagerte inzwischen ein seriöses Finanzierungsmanagement. 1941 betrug der Gesamtumsatz der DWM bereits 150 Millionen RM, ein Betrag, der 1943 schließlich sogar auf 370 Millionen RM anwuchs.[340] Zugleich entwickelte sich bei den DWM der Schuldenstand weitaus dramatischer als bei der AFA. Ende 1940 stand das Unternehmen bei den verschiedenen privaten und halbstaatlichen Banken bereits mit 78,9 Millionen RM in der Kreide.[341]

In dieser schon bedenklichen Lage entstand ein zusätzliches Risiko, da Rüstungsbetriebe seit 1942 keine Reichszuschüsse mehr erhielten. Die Anzahlungen der Wehrmacht für Investitionen – sie betrugen bei den DWM in der Bilanz immerhin noch rund 37 Millionen RM[342] – wurden ebenfalls erheblich reduziert und nach einer halbjährigen Übergangszeit mit Wirkung vom 1. Oktober 1942 gänzlich eingestellt; die Zuschüsse für Betriebsmittel wurden gedrosselt. Obwohl der Geldhahn zugedreht wurde, musste vor allem das DWM-Werk in Posen, das inzwischen die Aufbauphase abgeschlossen hatte, immer größere Rüstungsforderungen erfüllen. Die bereits genehmigten Projekte sahen Ausgaben von über 39 Millionen RM vor. Demgegenüber nahmen sich die Ausbaupläne für die anderen Werke geradezu bescheiden aus: für Berlin 12 Millionen RM, für Lübeck 26 Millionen RM und für Karlsruhe 9 Millionen RM. Der Gesamtbetrag dieser «Großplanungen» belief sich auf 86,3 Millionen RM.[343]

In einer Situation, in der die Streichung der Wehrmachtsanzahlungen mit vollen Auftragsbüchern einherging, waren die DWM also wieder stärker auf Kredite der Großbanken angewiesen. Weil die Eigenkapitaldecke für Investitionen und den Abbau der kurzfristigen Bankschulden zu kurz war, kombinierte Quandt, ähnlich wie bei der AFA, im Herbst 1941 eine deutliche Kapitalerhöhung mit der Begebung einer Anleihe, und zwar zu einer Zeit, in der er gerade die seit seinem Einstieg 1928 beharrlich angestrebte Aktienmehrheit von 51 Prozent bei den DWM erreicht hatte.[344] Eine Bestandsaufnahme des Vorstands bei den DWM im Dezember 1941 ergab folgendes Bild: Der Wert der Rohstoffe und Erzeugnisse betrug etwa 65 Millionen RM. Ihnen standen Verbindlichkeiten – vornehmlich aus Warenlieferungen – in Höhe von 40 Millionen RM gegenüber. Die Dimension der Kapitalerhöhung, wie sie Quandt vorschwebte, war unter diesen Umständen recht ungewöhnlich. Das Aktienkapital sollte von 17,5 auf 70 Millionen RM erhöht werden. Für den nötigen Zufluss von Fremdkapital sollten die bestehenden Kreditlinien bei der Deutschen Bank, der Commerzbank und der Dresdner Bank auf je 15 Millionen RM angehoben werden, und auch das Bankhaus Hardy & Co. und die Westfalenbank sollten weitere Kredite geben. Damit hätte sich der Schuldenstand allein bei den Privatbanken auf insgesamt rund 50 Millionen RM erhöht.

Abs, mit dem sich Quandt im Dezember 1941 besprach, stand einem solchen Schritt mehr als skeptisch gegenüber, vor allem, als er hörte, dass Quandt eine Anleihe über 100 Millionen RM vorschwebte. Aus den Gesprächen im Dezember 1941 gewann Abs den Eindruck, dass die Investitionen bei den DWM mit unvermindertem Tempo weitergingen. Selbst der von Quandt gewünschte Akzeptkredit, der in der Regel nur guten Schuldnern gewährt wurde, schien Abs mittlerweile «nicht mehr vertretbar». Er bestand daher auf einer «Konsolidierung der Verhältnisse».[345]

Die Diskussion mit Quandt wandte sich angesichts dieses Patts ins Grundsätzliche, wie Abs in einer Notiz festhielt: An seine Forderungen «knüpfte sich eine stundenlange Erörterung über die allgemeine Lage und die voraussichtliche Entwicklung der Industrie im allgemeinen und der Deutschen Waffen im besonderen während des Krieges und über den Krieg hinaus, das Verhältnis von Quandt als Hauptaktionär in dem Unternehmen, das Bestreben der Auftraggeber, die Anzahlungen mehr und mehr abzubauen, weitere Wünsche der Wehrmachtsteile, daß die Deutschen Waffen weitere Bauten und Investierungen über das bestehende Programm hinaus (genannt wurde von Quandt ein weiteres Objekt von 6 Millionen) vornehmen mögen, und über das Votum, das das Finanzministerium an die Wehrmacht gegeben hat, daß den Deutschen Waffen die Aufbringung solcher Beträge durchaus mit Rücksicht auf die erheblichen stillen Reserven weiter zugemutet werden könne».[346]

Der Betrag, der den DWM unterm Strich für Abschreibungen und Gewinne verblieb, erschien Abs als zu gering, um die Investitionen zu decken und zu amortisieren: Er sah eine «starke Tendenz zur weiteren

Steigerung der Schulden».[347] Die Aussicht für Quandt, die Rüstungsinvestitionen über zusätzliche Kredite der privaten Banken finanzieren
zu können, verfinsterte sich damit.

In einer nicht für Quandts Augen
bestimmten zusammenfassenden Aktennotiz urteilte Abs über die geplante Dimension der Kapitalerhöhung noch merklich kritischer: «Ich
habe ihm gesagt, daß es mir unmöglich schiene, bei der Art des Ge-
werbes der Deutschen Waffen eine Anleihe in doppelter Höhe des haf-
tenden Kapitals nach der Aufstockung auszugeben, daß vielmehr das
Verhältnis umgekehrt sein müsse. [...] Aber auch in diesem Punkt traf
ich auf die Empfindlichkeit Quandts und die eben erreichte 51 Prozent-
Mehrheit Deutsche Waffen. Quandt führte noch aus, daß er, solange er
nicht von dem Reich bzw. der Wehrmacht als Auftraggeber und Anlas-
ser zu immer neuen Investitionen einerseits und den Banken andererseits gezwungen würde, weitere eigene Anteile in das Unternehmen zu
stecken, er gewillt sei, seine 51 %ige Position aufrecht zu erhalten und,
wenn möglich auszubauen, und er möchte glauben, daß, ehe das Reich
eine solche Haltung einnimmt, es eher noch die Reichskredit[anstalt]
oder die Bank der Deutschen Arbeit oder andere Institute ebenfalls
zu erheblichen Krediten veranlassen würde.» Abs wies Quandt darauf hin, dass 51 Prozent wenig nützen würden, wenn er «100 oder
150 Millionen fremde Gläubiger» bei dem Unternehmen habe und ihm
bei der «Dynamik der Zeiten» gesagt werde könne, dass er als Großaktionär ohne weiteres in der Lage sei, auch für die Wehrmacht «erhebliche Beträge» aufzubringen. Laut Abs blieben die Ermahnungen
offenbar «nicht ohne Eindruck», und auch der Hinweis, er solle an die
Zeit denken, in der er «die Geschäfte seinen Erben überlassen müsse»,
verfehlte seine Wirkung nicht.[348] Abs war entschlossen, keine weiteren
Kreditzusagen zu machen.[349] Lediglich zu einer fast nur symbolischen
Erhöhung des Deutsche Bank-Akzeptkredits um 1 Million auf 13 Millionen RM konnte er sich durchringen. In distanziertem Ton ließ er
Quandt wissen, dass die Deutsche Bank «nur zu einer solchen beschränkten Zusage in der Lage» sei und ihn bitte, bei «Dispositionen
zu berücksichtigen, daß weitere Überschreitungen der Kreditlinie vermieden werden» müssten.[350]

Blickt man auf den Gesamtvorgang, ist die Vorsicht von Abs nachvollziehbar. Quandt hatte zu diesem Zeitpunkt offensichtlich alle Zurückhaltung abgelegt, und es ist nur schwer zu ergründen, warum er
fortan auf Risiko setzte. Sicherlich, er verhandelte über fremde Gelder,
aber bei einer Kriegsniederlage musste sich ein solches Risikospiel

42 Hermann Josef Abs
aus dem Vorstand der
Deutschen Bank war seit
1938 enger Geschäftspart-
ner von Günther Quandt
und handelte mit diesem
zahlreiche Rüstungs-
kredite aus.

zwangsläufig auf die Überlebensfähigkeit eines Unternehmens auswirken, das ihm inzwischen mehrheitlich gehörte. Abs hingegen sah dies
klarer: Selbst wenn man eine Umsatzsteigerung auf jährlich 150 bis
160 Millionen RM annehme, ließen die erzielbaren Überschüsse keine
Möglichkeit zum Schuldenabbau, zumal die DWM-Werke ja sogar
noch weiter ausgebaut werden sollten. Abs wurde gegenüber Quandt
deutlich: «Es erscheint mir unter solchen Umständen im Hinblick auf
den Charakter der deutschen Waffen als in erster Linie Ihres persönlichen Unternehmens dringend geboten, daß die Leitung sich bei dem
Ausbau der Fabrikation Beschränkungen auferlegt. Ich verkenne nicht
die dem Unternehmen gestellten großen Aufgaben. Aber gerade weil
die Zeit der Investierungen noch nicht abgeschlossen ist, muß man sich
vor Augen halten, daß auch der Finanzierung durch fremde Mittel
Grenzen gezogen sind.»[351]

Quandt, der als Motiv für sein beharrliches Festhalten an der Kapitalerhöhung angab, «einmal sorgenfrei» zu sein,[352] ließ sich nicht ab-
schrecken und kam im März 1942 ein weiteres Mal auf Abs zu: Mit
Blick auf die Steuer- und Handelsbilanzen hielt er die außergewöhn-

liche Kapitalerhöhung nach wie vor für problemlos möglich. Die ursprüngliche Vorstellung über den Anleihebetrag hatte er aber inzwischen merklich reduziert. Die Rede war jetzt nur noch von 50 Millionen RM, mit 4 Prozent verzinst und einer Laufzeit von 20 Jahren. Allein 1938, so argumentierte Quandt, seien bei den DWM Reserven von 5 bis 7 Millionen RM gebildet worden, hinzuzurechnen sei der Zuwachs an Reserven für die Jahre 1939 bis 1941. Zudem seien allein seit 1933 etwa 80 bis 90 Millionen RM als Investitionen in die DWM geflossen. Abs blieb unbeeindruckt und gab Quandt nur «mit starken Einschränkungen recht».[353]

Auch im RWM stieß Quandt mit seinen ambitionierten Plänen zunächst auf Widerstand. Minister Walther Funk, der ihm wie üblich freundlich gesonnen war, ließ ihn wissen, dass eine ungewöhnliche Kapitalerhöhung und «derartige Extreme», wie sie Quandt vorschwebten, nicht im Sinne der Dividendenabgabe-Verordnung seien. Quandt gelang es jedoch offensichtlich, den Minister im Juni 1942 unter Hinweis auf die Größe des Unternehmens mit seinem Gesamtjahresumsatz von inzwischen rund 182 Millionen RM umzustimmen.[354]

Nachdem Abs seinen Widerstand aufgab, wurde die Kapitalerhöhung noch im Frühsommer von den Gremien der DWM genehmigt. Zugleich passierte im Juni 1942 auch die 50-Millionen-RM-Anleihe mit einem recht günstigen Zinssatz von 4 Prozent, einem Ausgabekurs von 100 Prozent und einer Laufzeit von 22 Jahren die Gremien. Abgesichert war sie durch einen Hypothekeneintrag auf die DWM-Fabrikgrundstücke in Berlin, Lübeck und Karlsruhe. Günther Quandt hatte hierfür einen Absicherungsbetrag von 157,5 Millionen RM vorgerechnet.[355] Im August 1942 wurde die Anleihe von einem Konsortium unter Führung der Commerzbank mit Beteiligung der Deutschen Bank, Dresdner Bank, Berliner Handels-Gesellschaft sowie Sponholz & Co. emittiert. Sie war mehrfach überzeichnet, so dass das Orderbuch schon nach wenigen Tagen geschlossen werden musste.[356]

Nachdem die DWM nun ihren Willen erhalten hatten, zogen jedoch die privaten Großbanken die Reißleine. Angesichts der bedenklichen Kriegsentwicklung waren Deutsche Bank, Commerzbank und Dresdner Bank nicht länger bereit, langfristige Kredite zu Vorzugsbedingungen zu geben. Als sich Abs Ende August 1942 mit führenden Vertretern der Commerzbank und der Dresdner Bank beriet, wurde vereinbart, einen gleich lautenden Brief an Quandt zu verfassen. Ohne

genaue Auskünfte über den Betriebsmittelbedarf, die Investitionsmaßnahmen und die Anzahlungspolitik bei Wehrmachtsaufträgen
werde man zu weiteren Kreditwünschen nicht mehr Stellung nehmen.[357] Quandts Hinweis auf Gustav Schlieper und seine «besondere
Freundschaft zur Deutschen Bank» konnte Abs, der wenig von Ge-
schäftsfreundschaften hielt, nicht umstimmen. Entsprechend kühl fiel
seine Antwort aus: «Ich sagte ihm demgegenüber, daß es besonderer
Freundschaftshinweise nicht bedürfe. Ich würde mit meinen Kollegen
prüfen, inwieweit wir seinen Wünschen auf Höhe und Kosten des Kredits entgegenkommen könnten.» Quandt und seine DWM-Chefetage
gaben zwar ihrem «Erstaunen» über die Ansichten der Privatbanken
Ausdruck, bissen aber auf Granit.[358]

Im Oktober 1942 fuhr Günther Quandt gegenüber Abs schärferes
Geschütz auf. Er sei nun einmal auf der Grundlage der gesetzlichen
Leitsätze für die Preisermittlung auf bestimmte Kostensätze angewiesen und daher seien hohe Kreditzinsen nicht finanzierbar. Es sei auch
nicht möglich, «Risiken, welche in Fehlfabrikationen insbesondere
aufgrund der Verwendung neuer Ersatzstoffe sowie der Beschäftigung
fachlich ungeschulter Arbeitskräfte (Kriegsgefangene, dienstverpflichtete Ausländer usw.) entstehen, aufzufangen. Es besteht somit eine Gefährdung der industriellen Leistungsfähigkeit, wenn die Banken von
den ausschließlich oder vorwiegend für die Rüstungswirtschaft eingeschalteten Betrieben Zinsen verlangen, welche über die von dem
öffentlichen Auftraggeber zugebilligten Zinssätze hinausgehen. [...] In
einer Zeit des Existenzkampfes dürfen Opfer in Form äußerst gesenk-
ter Preise nicht nur der industriellen Wirtschaft auferlegt werden; es
erscheint vielmehr gerechtfertigt, daß auch die Kreditinstitute an den
der Rüstungsindustrie aufgebürdeten Lasten dadurch teilnehmen, daß
sie der Industrie die erforderlichen Kredite zu den von der Preisbehörde
festgesetzten Zinssätzen für die von ihnen gewährten Kredite zur Verfügung stellen.»[359] Quandt ließ also die Möglichkeit durchscheinen,
sich politische Unterstützung zu holen, wenn sich die Bank nicht in
seinem Sinne verhielt.

Aber auch in Einzelgesprächen mit Friedrich Reinhart bei der
Commerzbank gelang es ihm nicht, einen günstigen Kredit zu bekommen. Nach intensiven Besprechungen wurde zwischen Commerzbank,
Dresdner Bank und Deutscher Bank vereinbart, einen weiteren gewünschten Kredit über 36 Millionen RM allenfalls zur Hälfte als Akzeptkredit und zur anderen Hälfte als Barkredit zu gewähren. Quandt

zog zwar, wie Abs notierte, «sämtliche Register», aber der Bankier blieb unbeeindruckt. Der Großindustrielle erwähnte zwar den «unvermeidlichen Eindruck», den die Haltung der Großbanken bei der «Preisbehörde und Speer» hervorrufen würde und vergaß nicht zu erwähnen, dass dies «bei der derzeitigen Einstellung» der NSDAP zu den Großbanken «unbequem werden müsse». Abs ließ sich weder durch Quandts Instrumentalisierung des Nationalsozialismus noch durch dessen Hinweis, eine Ablehnung seiner Wünsche könne auch Auswirkungen auf das Geschäft der Deutschen Bank mit der AFA haben, in seinem Kurs beirren.[360]

Abs hatte guten Grund zu fürchten, Quandt könne über staatliche Stellen Druck ausüben. Kurt Lange, Vizedirektor der Reichsbank und einer der ärgsten Widersacher des Bankiers, war schließlich zu Quandts 60. Geburtstag eingeladen gewesen, zu einem Zeitpunkt, als die Deutsche Bank von der NSDAP, besonders von den Gauwirtschaftsberatern und des von ihnen kontrollierten «Bankenausschusses», wieder einmal massiv attackiert wurde. Diese wollten die privaten Großbanken in regionale «Gaubanken» im Einflussbereich der Gauleiter umwandeln.[361] Martin Bormann, der Chef der Parteikanzlei, hatte 1941 gemeinsam mit Lange eine «intensive Kampagne zur Nazifizierung der deutschen Wirtschaft» begonnen.[362] Seit Herbst 1942 wurden die Gauwirtschaftsberater der wichtigsten deutschen Gaue in einem Bankenausschuss zusammengefasst, dessen Aufgabe es vornehmlich war, NS-Kader in die jeweiligen Unternehmensleitungen zu platzieren. Bormann verlangte energisch eine «Strukturveränderung nach nationalsozialistischen Zielsetzungen». Seine Forderungen gipfelten darin, dass auf Wunsch Hitlers die Privatbanken und insbesondere die Großbanken «zusammengestrichen» werden sollten.[363] Die geplante «Bankenrationalisierung»[364] wurde daher bei den Großbanken aus gutem Grund als Hebel angesehen, um sie unter die Kontrolle des Staates zu bringen.

Das beharrliche Drängen Quandts wurde Abs zunehmend unangenehm. Auf einer Karteikarte, auf der er den Gesprächsverlauf einer Unterredung im September 1942 notierte, fand sich gar die Bemerkung «(Drohung?)».[365] Abs wollte nun «der Neigung Quandts, über die Großbanken zu sprechen, das Wasser abgraben».[366] Gespräche zwischen Dresdner Bank, Commerzbank und Deutscher Bank blieben freilich ergebnislos, und Abs notierte lediglich Quandts anhaltende Neigung, «die Großbanken ins Gerede zu bringen».[367] Im November

1942 schliefen die Gespräche mit den Großbanken ein,[368] ohne dass etwas von Anschwärzungen Quandts bekannt geworden wäre. Erst im Frühjahr und Sommer 1944 wurden die Kontakte zaghaft wieder aufgenommen. Die Privatbanken wollten Kredite angesichts des sich wendenden Kriegsglücks mittlerweile nur noch gegen Forderungsabtretungen gewähren. Quandt versuchte zwar mit dem Gegenargument aufzutrumpfen, er habe «große Blankokredite von anderen Banken»,[369] allerdings geben die Quellen keine Auskunft, ob er im Mai 1944 tatsächlich noch solche Möglichkeiten hatte oder lediglich bluffte. Die geforderten Sicherheiten lehnte er jedenfalls hartnäckig ab,[370] und die Gespräche verliefen im Sande.

Quandt hatte im Winter 1942/43 ohnehin durch Verhandlungen mit den Reichsbehörden neue Geldquellen gefunden. Der Finanzbedarf allein für die Betriebsmittel der DWM wurde inzwischen auf 50 bis 60 Millionen RM geschätzt.[371] Quandt war mittlerweile so weit, alle weiteren Vorhaben abzulehnen, wenn sie auf Kosten der DWM gehen sollten. Zukünftige Neuinvestitionen in Posen seien eine «ausschließliche Finanzierungsaufgabe der Behörden selbst». Die Wehrmacht stand allerdings auf dem Standpunkt, dass die DWM diejenigen Maschinen, die auch für eine Friedensproduktion geeignet seien, selbst finanzieren müssten.[372] Das RLM verwies inzwischen auf Angebote der staatlichen Institute wie der Bank der Deutschen Luftfahrt und der Bank der Deutschen Arbeit, die bereit waren, die gewünschten Akzeptkredite in beliebigem Umfang zu gewähren.[373] Diese waren gegenüber den privaten Banken im Vorteil, weil sie dank einer Rediskontzusage der Reichsbank selbst für riskante Investitionen günstigere Kreditzusagen machen konnten als die sich zugeknöpft zeigenden Privatbanken. Im Februar 1942 erhielten die DWM einen ersten Akzeptkredit der Bank der Deutschen Luftfahrt in Höhe von 4,9 Millionen RM für Investitionen in Posen,[374] vier Monate später wurde die Kreditsumme nach Gesprächen mit Günther Quandt auf 9 Millionen RM erhöht.[375]

Noch bedeutender waren jedoch die DWM-Kredite der Bank der Deutschen Arbeit, die schon zeitgenössisch von amerikanischen Volkswirten als nationalsozialistische «Superbank» bezeichnet worden ist.[376] Die häufig vertretene Ansicht, die Bank habe lediglich «subsidiäre Aufgaben» übernommen und im Kreditgeschäft während des Krieges «nur eine marginale Bedeutung» gehabt,[377] ist nicht allein mit Blick auf ihre maßgebliche Finanzierung des Volkswagenwerks, sondern auch mit Blick auf die Rüstungsfinanzierung bei der Quandt-Gruppe revisionsbedürftig.

Die Bank der Deutschen Arbeit war als Einrichtung und Hausbank der DAF nach 1933 erheblich expandiert. Mit einer Bilanzsumme von 2,7 Milliarden RM überflügelte sie 1942 sogar die Commerzbank. Vor allem erweiterte sie nach Kriegsbeginn «im Windschatten der militärischen Expansion» ihr Netz von Auslandsfilialen namentlich im Osten Europas erheblich. Während die Privatbanken sich sukzessive aus dem Finanzierungsgeschäft zurückzogen, trat sie in der zweiten Kriegshälfte «am Markt wesentlich aggressiver» auf und war für die Kreditwünsche Quandts geradezu prädestiniert. Zudem war das Institut dank seiner rabiaten Übernahme- und Fusionspolitik seit 1940 auch in Posen mit einer Filiale präsent.[378] Für die Familie Quandt hielt sie wichtige Girosammel- und Streifbanddepots, bei denen erhebliche Aktienbestände von Günther und Herbert Quandt gelagert waren.[379]

Die Kreditverhandlungen wurden zwischen Günther Quandt und seinem Steuerexperten Hermann E. Schumann mit Heinz Reitbauer aus dem Vorstand der Bank der Deutschen Arbeit geführt. Es waren «typische Rüstungskredite»[380], die vor allem für das Werk in Posen gewährt wurden. Die DWM versuchten sich nach dem Zweiten Weltkrieg zwar damit herauszureden, ihr seien die Kredite gleichermaßen aufgedrängt worden, eine Sichtweise, die allerdings keinen entsprechenden Niederschlag in den Akten gefunden hat. Reitbauer, der nach 1945 keinen Grund sah, sich für Günther Quandt einzusetzen, stritt einen behördlichen Druck zugunsten einer Kreditvergabe vehement ab. Die Bank der Deutschen Arbeit verfügte über täglich flüssige Mittel im Umfang von 2 bis 3 Milliarden RM und die DWM hätten, wenn sie daran interessiert gewesen wären, von der Bank der Deutschen Arbeit «ohne besondere Schwierigkeiten die doppelten und dreifachen Kreditbeträge» erhalten können.[381] Der hauptsächlich für Posen gewährte Bereitschaftskredit hatte einen stattlichen Kreditrahmen von 45 Millionen RM und wurde noch nicht einmal voll ausgeschöpft.[382]

Der Zinssatz für einen Teilkredit über 10 Millionen RM vom Dezember 1943 betrug für die eine Hälfte des Kredits 4,125 Prozent. Für die andere Hälfte waren Zinsen in Höhe von 0,125 Prozent über dem aktuellen Reichsbankdiskontsatz fällig, der zum damaligen Zeitpunkt ebenfalls 4,125 Prozent betrug. Damit erreichten die DWM recht günstige Konditionen. Als Sicherheit für den Gesamtkredit, der bis zum Jahr 1968 zurückzahlbar und mit 4 Prozent jährlich verzinst war, wurden der Bank der Deutschen Arbeit das gesamte Aktienkapital der Mauser-Werke in Höhe von 25 Millionen RM sowie ein Aktienpaket der BEM in Höhe von 1,9 Millionen RM verpfändet.[383]

Ein Vertrag zwischen RLM und DWM vom 1. Oktober 1943 illustriert die Bedingungen, an die staatliche Zuschüsse mittlerweile geknüpft waren. Auch in diesem Fall ging es «auf Veranlassung des Reiches» um Neuinvestitionen im Werk Posen über rund 6,3 Millionen RM. Dieses leistete mit einem Betrag von 1,5 Millionen RM «eine einmalige öffentliche Beihilfe»; zudem stand ein Kredit der Bank der Deutschen Luftfahrt mit 4,8 Millionen RM zur Verfügung. Die DWM verpflichteten sich zu umfangreichen Gegenleistungen: Das Werk Posen musste «stets verwendungsbereit und vorzugsweise für die Durchführung von Luftfahraufträgen zur Verfügung» gehalten werden, der Verkauf von Teilen des Betriebsvermögens bedurfte der Zustimmung des Reiches, und die öffentliche Beihilfe musste im Einvernehmen mit dem Reich zu Sonderabschreibungen auf die Neuanlagen verwendet werden.[384]

Inzwischen beschieden selbst die halbstaatlichen Banken weitere Kreditwünsche abschlägig. Ende März 1944 führten Carl Bolle und Adolf Schneider Krisengespräche im RLM. Für den Ausbau des Werkes Posen, aber auch für die inzwischen absehbaren umfangreichen Produktionsverlagerungen[385] benötigten die DWM, die so gut wie keine Eigenmittel mehr hatten, weitere Millionen. Inzwischen war auch Gerhard Vieweg mit von der Partie, der im September 1941 bei den DWM zum Prokuristen aufgestiegen war[386] und sich bei den Kreditverhandlungen im Hintergrund bewährt hatte. Zwar gewährte das RLM inzwischen erhöhte Kriegsabschreibungen für Investitionen in den westlichen Besatzungsgebieten und unterstützte die Kreditanträge der DWM bei der Bank der Deutschen Luftfahrt,[387] aber selbst diese sah die Bonität der DWM angesichts des dramatischen Schuldenstands mittlerweile als kritisch.[388] Dies war ein schlechtes Omen: Selbst das staatsnahe Institut betrachtete die Zukunftsaussichten schon als so düster, dass sie den DWM kein Geld mehr vorschießen wollten.

Die BEM, die mit reichseigenen Werkzeugmaschinen fertigte, finanzierte ihre endgültige Konversion zum Rüstungsunternehmen ebenfalls mit Reichsbeihilfen. 1940 erhielt sie ein zinsloses Darlehen des OKH über knapp 1,1 Millionen RM für den Bau neuer Fertigungshallen.[389] Im folgenden Jahr gewährte das OKM ein zinsloses Darlehen über 1 Million RM, der Wirtschaftsausschuss der BEM bewilligte 1943 weitere 650 000 RM für Bauvorhaben und die Anschaffung von Arbeitsmaschinen, und noch Ende 1943 nahm Günther Quandt bei der Bank der Deutschen Arbeit einen weiteren Kredit über 5 Millionen RM mit einer Laufzeit von fünf Jahren auf.[390] Die Rüstungsinvestitionen bei den Mauser-Werken ergänzen und bestätigen das bisher gewonnene Bild. Das Reich hatte sich bekanntlich schon nach der «Machtergreifung» in erheblichem Maß an den Einrichtungs- und Anlaufkosten der Werke in Oberndorf und Berlin beteiligt. Im Weltkrieg wurden diese Investitionsleistungen noch einmal erweitert. Bis Ende 1941 waren bereits weitere 10,2 Millionen RM investiert worden.[391] Die Kehrseite der finanziellen Unterstützung zeigte sich zwar hier ebenfalls in rigiden Vorgaben und misstrauischen Überprüfungen durch die NS-Behörden. Dennoch war die Finanzlage Ende 1941 so gut, dass der Abbau der Gesamtverschuldung von knapp 10 Millionen RM möglich schien.[392]

Wie bei der Muttergesellschaft DWM wollte Günther Quandt für neue Rüstungsinvestitionen eine Anleihe über 20 Millionen RM mit einer Kapitalerhöhung kombinieren. Das RWM lehnte dieses Vorhaben zunächst mit der üblichen Begründung ab, dass der Anleihebetrag keineswegs höher als das Aktienkapital von 12 Millionen RM sein dürfe.[393] Selbst der Mauser-Vorstandsvorsitzende Dörge hielt die Erhöhung betriebswirtschaftlich nicht für notwendig, musste sich jedoch dem Willen Quandts beugen, der das frische Kapital unter Zugrundelegung des Gewinnabführungsvertrages an die Muttergesellschaft DWM weiterreichen wollte.[394] Quandt setzte sich durch, und das Aktienkapital wurde 1943 von 12 auf 25 Millionen RM mehr als verdoppelt. Die damit verbundene Begebung der Anleihe fiel sogar noch umfassender aus als ursprünglich vorgesehen. Unter Konsortialführung der Dresdner Bank wurde eine 4-prozentige Teilschuldverschreibung über 25 Millionen RM mit einer Laufzeit von 25 Jahren ausgegeben.[395] Für die Dresdner Bank war dies ein einträgliches Geschäft: Nur wenige Emissionen übertrafen im Krieg die Mauser-Anleihe.[396] Unter dem Aspekt der bekannten Meinungsverschiedenheiten mit Dörge erscheint Günther Quandts Eintritt in den Vorstand der Mauser-Werke in einem neuen Licht. Möglicherweise wollte er angesichts der Opposition Dörges selbst im Vorstand vertreten sein, um die Kapitalerhöhung und die Begebung der Anleihe durchsetzen zu können.

Von der Anleihesumme floss nicht alles in die Rüstung. Zunächst sollte ein Teilbetrag von 1,5 Millionen RM für die AFA, Quandts Familienholding Agfi sowie an nicht genannte Angehörige dieser bei-

den Gesellschaften als «Dauerbesitz» abgezweigt werden. Weil dieses
Vorgehen jedoch einem Erlass des RWM widersprach, erreichte Günther Quandt bei den beteiligten Banken eine «bevorzugte Behandlung»
bei der Zeichnung der Anleihe,[397] die im Übrigen schon nach wenigen
Tagen restlos ausverkauft war. Bei Kriegsende waren die Mauser-
Werke bei der Bank der Deutschen Arbeit in Berlin noch mit rund
9,5 Millionen RM und bei deren Stuttgarter Filiale mit weiteren
5,3 Millionen RM verschuldet.[398]

Blickt man abschließend auf die Rüstungsunternehmen der
Quandt-Gruppe, zeigt sich, dass Günther Quandt sich häufig in
die verschiedenen Investitionsverfahren persönlich einschaltete. Die
Möglichkeit, die von den Behörden gewünschte «Aufbauarbeit» zu
leisten und dadurch den Gewinn und das Vermögen der verschiedenen Unternehmen der Quandt-Gruppe zu mehren, wurde nicht aus-
geschlagen. Bei der Rüstungsfinanzierung spielten schließlich die Unterschiede zwischen AFA und DWM sowie zwischen Mutter- und
Tochterunternehmen eine kaum noch wahrnehmbare Rolle. Hinsichtlich der Anleihen- und Kapitalerhöhungspolitik im Zweiten
Weltkrieg wurden die Investitionsbeträge immer höher, ohne dass ein
Innehalten oder ein Nachdenken zu erkennen ist. War er zunächst
noch als «Bremser» aufgetreten, versuchte Quandt in der zweiten
Kriegshälfte, die zögerlich werdenden Privatbanken zu Rüstungskrediten zu drängen; wenig später waren sogar die staatlichen Banken
angesichts der bedrohlichen Kriegsentwicklung nicht mehr bereit,
seinen ständigen Forderungen nachzugeben – ein erstaunlich riskan-
tes Verhalten Quandts, das auf den ersten Blick rätselhaft ist. Es ist
nicht leicht festzustellen, welche Ziele Günther Quandt durch diesen
Wandel der Investitionsstrategie verfolgte. Seine Aussagen vom März
1941 deuten darauf hin, dass er offensichtlich nicht mehr mit einem
raschen Ende des Krieges oder der Gefahr, auf Überkapazitäten sitzen zu bleiben, rechnete. Quandt hat mehrfach betont, wie sehr ihn
die Inflationszeit nach dem Ersten Weltkrieg geprägt hat. Es ist gut
möglich, dass er sich angesichts des Staatsdefizits und des massiv zunehmenden Inflationsdrucks an damaligen Erfahrungen orientierte
und somit auf eine rasche Ausdehnung der DWM und und vor allem
auf den Erwerb von Sachwerten setzte.[399] Dazu passt, dass das zur
Verfügung stehende Kapital nicht nur in den Ausbau der eigenen
Werke investiert, sondern auch zum Kauf von Anteilen an Industrie-
und Rüstungsfirmen wie der Mannesmannröhren-Werke AG, Daim-

ler-Benz, IG Farben und der Hugo Schneider AG verwendet wurde.[400] Der Ausbau der eigenen Rüstungskapazitäten, eine Inanspruchnahme von Krediten, solange die Notenpresse lief, und eine breite Streuung von Kapital auf Titel großer deutscher Unternehmen mögen ihm daher als konsequente Schritte erschienen sein. Es stellt sich an dieser Stelle aber auch die Frage, inwieweit bei den Investitionen Erwägungen für die Nachkriegszeit eine Rolle spielten. Dies wird sowohl bei der Analyse der Auslandsexpansion, insbesondere bei der Untersuchung des DWM-Werkes in Posen, als auch bei der Beschreibung der Strategien in der Endphase des Zweiten Weltkrieges zu untersuchen sein.

Rüstungskonjunkturen und die Produktion für alle Waffengattungen

Es ist bereits dargestellt worden, dass im Zuge der Aufrüstung praktisch alle Zweige der Quandt-Firmen mit Rüstungsaufträgen betraut wurden, wobei die AFA mit ihren Batterielieferungen noch eine ganze Zeit lang ihre Zivilproduktion aufrechterhalten konnte, während bei den DWM der Anteil der Militärlieferungen schon kurz nach der NS-Machtübernahme stieg. Auch hier gilt es allerdings zu differenzieren, weil beispielsweise das DWM-Werk Karlsruhe, anders als die Werke in Berlin und Lübeck, noch bis zum Beginn des Krieges einen überproportional hohen Anteil an Zivilprodukten auslieferte. Bei den Wehrmachtsteilen gilt es nach jeweiligen Branchen zu unterscheiden. Während bei den Dürener Metallwerken die Lieferungen an die Luftwaffe dominierten, waren es bei den DWM und der AFA eher die Heeresbestellungen. Bei der AFA nahmen schließlich auch die Marinebestellungen zu, aber dies belief sich vorerst auf einen Bruchteil der Gesamtproduktion, der 1939 noch nicht mehr als 1,1 Prozent ausmachte.[401]

Vor allem für die AFA erhielt während des Krieges die Ausrüstung von Elektrotorpedos und U-Booten, die für die Auseinandersetzung mit der britischen Flotte in der Nordsee leistungsfähige Akkumulatoren benötigten, eine immer größere Bedeutung. Weil das «Dritte Reich» über keine geeignete Flotte verfügte, wurde der schnelle Aufbau einer großen U-Boot-Flotte als «einzige sinnvolle Maßnahme» angesehen, um den Seekrieg zu gewinnen. Das U-Boot-Programm wurde nach dem Scheitern des «Z-Plans», der eine umfassende und auf Schlacht- und Panzerschiffe konzentrierte Flottenrüstung vorgesehen hatte, seit Oktober 1939 erheblich aufgestockt, obwohl die maritime Aufrüstung noch lange im Schatten der Heeres- und Luftwaffenbelange verblieb.[402] Nahezu der gesamte Bedarf an U-Boot-Akkumulatoren und etwa 90 Prozent des Bedarfs an Batterien für elektrisch angetriebene Torpedos wurden von der AFA hergestellt, zunächst fast ausschließlich in Hagen, ab 1940 zunehmend auch in Hannover und ab Sommer 1943 in Posen. Die Wehrmachtslieferungen der AFA machten bei Kriegsende etwa 85 bis 90 Prozent der Produktion aus, von denen die Hälfte auf die Marine entfiel.[403] Beim Bau der Torpedobatterien konnte die AFA auf umfangreichen Erfahrungen aufbauen. Der in den 1930er Jahren von der AFA, der Reichsmarine und anderen Zulieferern entwickelte Elektro-Torpedo des Typs G-7e wurde zu einer weltweit gefürchteten Standardwaffe. Der entsprechende amerikanische Typ war bezeichnenderweise der Nachbau eines 1941 erbeuteten deutschen Modells.

Die hohen Lieferungsforderungen überlasteten das Werk Hagen praktisch vom ersten Kriegstag an. In den Gesprächen zwischen Betriebsleitung, OKM, dem Sonderbeauftragten für den U-Boot-Bau beim Reichsministerium für Bewaffnung und Munition (RMBuM) und dem Reichsarbeitsministerium wurde immer wieder das Missverhältnis zwischen den Anforderungen und der tatsächlichen Kapazität zum Ausdruck gebracht.[404] Eines der Hauptprobleme für die weitere Ausdehnung der Rüstungsherstellung war der Arbeitskräftemangel,[405] der sich schon seit 1937 bemerkbar machte. Bei der AFA war die Rede vom «immer fühlbarer werdenden Mangel an geschulten Kräften», insbesondere an Facharbeitern und Ingenieuren.[406] Bei der AFA in Hagen wurden durch die Einberufungen nicht nur Arbeiter, sondern auch für die Einarbeitung des Personals im Werk Hannover dringend benötigte Fachkräfte abgezogen.[407] Als typischer Zulieferbetrieb wurde die AFA, anders als etwa die DWM, bei den Planungen zur Rüstungsfertigung zunächst häufig mit geringeren Dringlichkeitsstufen versehen.[408]

Die Behörden prüften alle Anträge auf Zuweisung von Arbeitern. Die Arbeitsämter verzichteten bisweilen auf den Abzug von Arbeitskräften, erwarteten allerdings im Gegenzug Nachweise durch genaue Aufstellung über Umsätze und Aufträge, aufgeschlüsselt nach mittelbaren und unmittelbaren Wehrmachtsaufträgen, Behörden-Aufträgen, Export-Aufträgen und sonstigen Aufträgen.[409] Als das AFA-Werk Oberschöneweide im Frühjahr 1940 unter Hinweis auf Geheimhaltungsnotwendigkeiten nur zögernd Umsatzzahlen meldete, wurden vorübergehend keine Arbeitskräfte mehr zugeteilt.[410] Eine Inspektion bei der AFA Hagen im April 1940 kam zu dem Ergebnis, dass der Bedarf an Facharbeitern aus dem eigenen Betrieb gedeckt werden könne, wenn in bestimmten Abteilungen die Arbeitszeiten von acht auf zehn Stunden verlängert würden.[411] Solche Vorschläge stießen bei der Betriebsleitung schon aus arbeitsökonomischen Motiven nicht auf Sympathie, weil die zusätzliche Belastung für die Produktivität der Arbeiter nicht förderlich gewesen wäre. An der Lage änderte sich auch in den folgenden Monaten nichts. Der Werksdirektor beklagte nun, dass dem Betrieb sogar einmal zehn Arbeiter mit «Polizeigewalt [...] weggeholt worden» seien.[412] Personalzuweisungssperren wurden 1941 erst nach langwierigen Prüfverfahren wieder aufgehoben,[413] und selbst von der Wehrmacht eingeleitete «Sonderaktionen» zur Gewinnung neuer Arbeitskräfte zeigten kaum Erfolge.[414]

Neben dem Arbeitskräftemangel wurden Baumusteränderungen und die ungenügende Rohstoff- und Energieversorgung zu Dauerproblemen. Wichtige Materialien wie Rohkautschuk, der für die Fertigung von Hartgummikästen notwendig war, Ersatzstoffe wie Igelit und Regenerat sowie Öl für Gummimischungen waren Mangelware.[415] Hinzu kamen Logistikprobleme, weil die Reichsbahn häufig nicht genügend Waggons zur Verfügung stellen konnte und fehlende Kohlelieferungen zeitweilig sogar zu Produktionsstilllegungen führten.[416]

Seit Frühsommer 1940 übernahm das Werk Hannover zunehmend Aufträge von der AFA Hagen. Ab November 1940 – inzwischen war die Belegschaft auf 1200 angewachsen – produzierte das Werk monatlich zwei Großbatterien für die Marine. Weil die Rüstungsbehörden ihre Vorgaben jedoch ständig erhöhten, überstieg dies nicht nur die Kapazitäten der beauftragten Werften, sondern auch die des Zulieferbetriebs AFA, so dass die Fertigung Anfang 1941 etwa 20 Prozent unter dem Soll lag.[417] Selbst als die Belegschaft um mehr als 300 Personen aufgestockt wurde, blieben die Produktionssteigerungen gering, da die Arbeiter eine mindestens vierwöchige Anlernzeit benötigten und wie in Hagen wichtige Materialien wie Buna und Igelit fehlten.[418] Bei steigenden Auslieferungen wurden die Soll-Zahlen von monatlich 12 U-Boot-Batterien bzw. 1200 Torpedo-Batterien 1941 bei weitem nicht erreicht.[419] Als im Jahr 1942 die Einberufung der Jahrgänge 1896 bis 1920 anstand, wurde die Wochenarbeitszeit auf bis zu 60 Stunden erhöht. Die jüngeren Arbeitskräfte sollten unbedingt im Betrieb gehalten werden, während die älteren Jahrgänge 1897 bis 1900 gegenüber den Behörden als «Schlüsselkräfte» reklamiert wurden.[420] Im April 1942 wurde das Soll erreicht, was aber eine Ausnahme blieb, weil sogleich wieder Arbeitskräfte abgezogen und das Soll für U-Boot-Batterien von 12 auf 18 gesteigert wurden.[421] Durch die ständige Erhöhung des Bestelltempos bei gleichzeitigem Arbeitskräftemangel nahmen Qualitätsbeanstandungen seitens des OKM ein «beachtliches und unerfreuliches Ausmaß» an.[422] Mit der wachsenden Zahl der in Dienst gestellten U-Boote und anderer Kriegsschiffe waren zudem ständige Wartungs- und Reparaturarbeiten nötig geworden.[423]

Als schließlich in der zweiten Kriegshälfte die Bedeutung der Zulieferbetriebe in der Rüstung erkannt wurde,[424] erhielt die AFA mit ihren Personalsorgen eine größere Aufmerksamkeit. Sie forderte nun mit wiederholten Hinweisen auf die «Kriegswichtigkeit» lieber zu viele als zu wenige Arbeitskräfte an und bemühte sich, ihre Stammbelegschaft zu halten. «Auskämmaktionen» der Behörden versuchte die AFA dazu zu nutzen, Facharbeiter aus anderen Betrieben zu erhalten, was aber beispielsweise im Herbst 1943 zum Vorwurf anderer Rüstungsbetriebe führte, die AFA sei gar nicht in der Lage, diese ohne weiteres zu beschäftigen.[425] Bei anderer Gelegenheit monierte das Rüstungskommando, die Arbeiter könnten «schon immer um 17.15 Uhr nach Hause gehen», ein Vorwurf, den die AFA-Direktion unter Hinweis auf «erhebliche Überstunden» nicht auf sich sitzen lassen wollte,[426] der aber andeutet, dass die AFA mittlerweile als von den Behörden bevorzugtes Unternehmen galt. Als der U-Boot-Bau 1943 noch größere Priorität bekam, war die AFA Hagen vorerst weiterer Sorgen enthoben, weil ihre Facharbeiter nun an die letzte Stelle der Einzuberufenden gesetzt wurden.[427] Teilweise erhielt man sogar völlig unerwartet zusätzliche Arbeitskräfte aus einem stillgelegten Betrieb,[428] ohne dass sich jedoch an der «Mehrbelastung» durch den ständigen Verlust von Spezialkräften und angelernten Arbeitern etwas änderte.[429] Bei einer grundsätzlich hohen Fluktuation stieg der Anteil der beschäftigten Frauen erheblich an, so dass bei Kriegsende mehr Frauen als Männer bei der AFA arbeiteten.[430]

1943 konnten im Werk Hannover die Sollzahlen für Torpedo-Batterien erreicht werden und bei den U-Boot-Batterien lag man biswei-

len mit 21 Einheiten sogar über dem Soll.[431] Verschiedene Produktions-
umstellungen und Sonderausführungen machten aber immer wieder
Einschränkungen notwendig.[432] Die Produktion blieb, wie die Rüstungsinspektion vermerkte, vor allem von der Personallage abhängig.[433] Als
Ende 1943 ein neues Programm für U-Boot-Batterien eine Verdopplung
der monatlichen Stückzahl auf 107 festlegte, musste das Werk Hagen
schließlich auf auswärtige Maschinenfabriken zurückgreifen.[434]

Dies galt auch für zahlreiche Spezialaufträge: Die seit dem Winter
1942/43 neu entwickelten U-Boottypen XXI und XXIII galten als
«Wunderwaffen» der Kriegsmarine und verfügten neben den Dieselmotoren zusätzlich über starke Elektromotoren, die entsprechend leistungsfähige Akkumulatoren benötigten.[435] Das hohe Auftragsvolumen
ließ die AFA weiter expandieren: Mit 3400 Beschäftigten war sie 1943
der drittgrößte Betrieb in Hannover,[436] und auch die Werke in Posen
und Wien wurden noch stärker in die Produktion einbezogen.

Schon vor Kriegsbeginn hatte das AFA-Werk in Oberschöneweide,
wo vornehmlich die leicht transportierbaren Normbatterien für den
zivilen Massenmarkt hergestellt wurden, auch Starterbatterien für die
Wehrmacht geliefert.[437] Nach Kriegsanfang wurde die Wehrmacht
dann der exklusive Bezieher dieser Batterieprodukte, während Zivilaufträge in immer größerem Rahmen durch «Verlagerungsaufträge»
im besetzten Ausland erfüllt wurden. 1941 betrug das monatliche Soll
für die Produktion von Starterbatterien 80 000 Einheiten, obwohl die
tatsächliche Produktionskapazität auf etwa die Hälfte geschätzt
wurde.[438] Bis 1944 stieg die Zahl der Beschäftigten in Oberschöneweide auf 1313 an.[439]

Die DWM-Werke arbeiteten bei Kriegsausbruch bereits an der Kapazitätsgrenze.[440] Schon seit Herbst 1937 wurden in Karlsruhe wieder
Überstunden gemacht, und eine dritte Schicht war eingeführt worden.
Den empfindlichen Mangel an Maschinenschlossern und Eisendrehern
versuchte man durch Abwerbungen zu beheben, was aber auf den entschlossenen Widerstand der betroffenen Unternehmen stieß, die ihrerseits alles daran setzten, um ihre Metallfacharbeiter zu behalten. Zur
Behebung des massiven Arbeitskräftemangels wurde wieder auf ältere
Arbeiter zurückgegriffen, deren Beschäftigung zuvor noch abgelehnt
worden war.

Mit den Einberufungen 1939 verschärfte sich das Arbeitskräftepro-
blem. Trotz des gewaltigen Produktionsumbaus, der 1939 durch die

weitgehende Verlagerung nach Lübeck, Berlin und Posen entstanden war, erhielt 1940 das Werk Karlsruhe wieder neue Aufmerksamkeit, die ganz wesentlich aus der von Hitler im Winter 1939/40 angeordneten Produktionserhöhung von Munition entstand. Hitlers Forderungen an die Wehrmacht, monatlich 47 000 Tonnen Sprengstoff und 20 000 Tonnen Pulver zur Verfügung zu stellen, waren angesichts der unzureichenden Kapazitäten vorerst illusorisch.[441] Die Erhöhung der Munitionsproduktion stand im Kontext der «Luftschlacht um England» und der Vorbereitung des Überfalls auf die Sowjetunion. In dieser Situation begannen die DWM im Herbst 1940 mit der badischen Regierung über eine Wiederaufnahme der Produktion mittels staatlicher Beihilfe und Wiederaufbaudarlehen zu verhandeln: Anfang 1941 wurde die Fertigung wieder aufgenommen.[442] 1941 forderte das DWM-Werk Karlsruhe sogar 5000 neue Arbeitskräfte an[443] – eine angesichts der Lage auf dem Arbeitsmarkt vollkommen unrealistische Erwartung. In Karlsruhe trat neben die Massenfertigung von Infanteriemunition die Entwicklung von Maschinen für die Munitionsfertigung. Munitionsmaschinen waren Mangelware, und es war nun ein großer Vorteil, dass die «arisierte» BEM mit ihren schließlich über 1700 Beschäftigten Werkzeugmaschinen zur Verfügung stellen konnte.[444] Im Zweigwerk Grötzingen wurden Zündhütchen, Patronenteile sowie Leuchtspurmunition hergestellt.

Das schließlich über 8000 Beschäftigte zählende Berliner DWM-Werk war durch seine Rüstungsaufträge, zu dem auch das «Adolf Hitler-Panzerprogramm» und die Produktion von Panzergranaten zählte, so ausgelastet, dass es Aufträge z. B. von Fliegerbordmunition aus Kapazitätsgründen nicht übernehmen konnte.[445] Das Mauser-Werk in Oberndorf mit seinen schließlich fast 11 000 Beschäftigten[446] stellte im Krieg verstärkt schwere Maschinenwaffen anstelle von Karabinern her. Es entwickelte und produzierte Panzerabwehrwaffen, Maschinengewehrzubehör und Flammenwerfer.[447] Bei Ausbaukosten im zweistelligen Millionenbereich[448] suchte die Betriebsleitung Anfang 1942 neue Räumlichkeiten für die Verlagerung der Karabinerfertigung. Da sich dies als schwierig erwies, sank die Zahl der gelieferten Standardkarabiner zeitweise auf ein Viertel ab.[449] Dennoch erreichte Oberndorf im Vergleich mit anderen gewehrfertigenden Betrieben Spitzenpositionen.[450] Belobigungen des OKH für die Maschinengewehrfertigung[451] und ein Glückwunschtelegramm von Albert Speer für den einmillionsten Karabiner seit 1935 zeugten von der Zufriedenheit der Rüstungsbehörden.[452] Als Anerkennung für den hohen Qualitätsstandard konnte auch gelten, dass sich die Briten aufgrund der durchschlagenden Wirkung der Mauser-Munition gezwungen sahen, aufwendige Tests für die Panzerung ihrer Spitfire-Flugzeuge durchzuführen.[453]

Für die Luftwaffe produzierten in signifikantem Maß vor allem das Tochterunternehmen Dürener Metallwerke. Von der Weltwirtschaftskrise und dem Ende der einträglichen Geschäfte mit der Sowjetunion Anfang der 1930er Jahre waren diese mit ihren zwischenzeitlich nur noch 800 Arbeitern schwer betroffen gewesen.[454] Erst die «Machtergreifung» und die unmittelbar darauf einsetzende Luftrüstung brachte neues Wachstum. 1936 wurden mehr als drei Viertel der Produktion im Leichtmetallgeschäft umgesetzt.[455] Die rasante Entwicklung der Flugzeugindustrie sowie der elektrotechnischen Industrie im Nationalsozialismus lösten neue Impulse für die Leichtmetallbranche aus.[456] Aluminium spielte eine zentrale Rolle, weil durch seine Herstellung der Import von «Sparmetallen» wie Kupfer, Zink, Nickel, Blei und Zinn aus dem Devisenausland teilweise ersetzt werden konnte. Aluminium galt daher als «deutsches Metall», dessen Jahresproduktion bis 1939 auf 195 000 Jahrestonnen hochschnellte, was ungefähr 28 Prozent der Weltaluminiumproduktion entsprach.[457] Die Dürener Metallwerke berichteten stolz vom anhaltenden «Siegeszug» des Leichtmetalls und dem «Weltruf» ihrer Werkstoffe in der Luftfahrtindustrie.[458]

Bei Ausbruch des Zweiten Weltkrieges stellte das Unternehmen jährlich bereits 18 000 Tonnen Leichtmetallprodukte her und war einer der größten Zulieferer.[459] Die Waren des Berliner Werks, das mit schließlich über 2800 Arbeitern in erster Linie Leichtmetalle für den Flugzeugbau und die Patronenhülsenherstellung, aber auch Stangenmaterial, Schweißdraht, Bleche und Rohre produzierte,[460] wurden zu zwei Dritteln vom RLM abgenommen. Der mit Abstand größte Kunde war Junkers in Dessau, aber auch die anderen großen Firmen der Luftindustrie wie Heinkel, Henschel, Arado, Dornier, Focke-Wulf und ATG waren wichtige Abnehmer der Werkstoffe, die zudem ins verbündete Ausland exportiert wurden.[461] Die Tochter Memefa in Waren produzierte mit über 2500 Arbeitern Aluminiumhalbzeug, das in Blöcken und Tafeln geliefert wurde und schon vor Kriegsbeginn zahlreiche ausländische Abnehmer in der Flugzeugindustrie wie Fokker in den Niederlanden und Bianchi in Italien hatte.

43 Alle Quandt-Firmen produzierten auch für die Luftrüstung. Hier werden Aluminium-Propeller der Dürener Metallwerke in Serie hergestellt.

Auch Firmen aus Ungarn, Rumänien, Jugoslawien, dem Baltikum und der Sowjetunion bezogen die Aluminiumerzeugnisse. Das hochprofitable Zulieferwerk nahm schließlich weitere Fertigungslinien ins Programm und produzierte bis Januar 1945 mit voller Kapazität im Dreischichtensystem.[462]

Das Luftrüstungsgeschäft der Quandt-Gruppe blieb aber keine ausschließliche Domäne der Dürener Metallwerke. Gemeinsam mit den Dominitwerken und der Concordia stellte das AFA-Werk Oberschöneweide Platzleuchten für Flugplätze her, für die die DEAC die alkalischen Akkumulatoren lieferte. Das von den Dominitwerken entwickelte Standardmodell wurde anderen Lieferanten des RLM zum Nachbau vorgeschrieben.[463] Sehr viel bedeutsamer war jedoch die Produktion von Kleinbordbatterien für Kampfflugzeuge, von denen jede Fünfte aus Oberschöneweide stammte, das als «Leitfertigungsstelle» Alleinhersteller für das RLM und das Ju-88-Programm war.[464] 1942 fertigte das Werk etwa zur Hälfte für das Heer, zu einem Drittel für die Luftwaffe und zu je etwa 10 Prozent für die Marine und für andere staatliche Behörden.[465] Nachdem das «Jägerprogramm» seit April 1944 eine Vorzugsstellung erhalten hatte, erreichte der Ausstoß an Batterien im Herbst 1944 seinen Höchststand.[466] Andere Aufträge wurden inzwischen zum Werk Jungbunzlau, aber auch zur AFA Wien vergeben,[467] wo traditionell ortsfeste Akkumulatoren für Kraftwerke und Fahrzeug-Bleibatterien sowie Trockenbatterien für Radios und Beleuchtung hergestellt, aber nach Kriegsbeginn auf den Wehrmachtsbedarf umgestellt worden waren.[468] An der deutschen Gesamtproduktion von ortsfesten Akkumulatoren hatte das Zweigwerk mit 643 Beschäftigten im Herbst 1943[469] schließlich einen Anteil von immerhin 12 Prozent; der Anteil bei Fahrzeugantriebs- und Zugbeleuchtungsbatterien lag sogar bei 15 Prozent.[470]

Sowohl der AFA- als auch der DWM-Zweig produzierten also Rüstungsgüter für alle Waffengattungen und unterlagen in vielerlei Hinsicht den jeweiligen, zum Teil vom Kriegsverlauf abhängigen Rüstungskonjunkturen. Dies galt für die Auftrags- ebenso wie für die Rohstoff- und Arbeitskräftesituation. Gerade der Arbeitermangel blieb während des Krieges ein Dauerproblem, jedoch erfolgten im Zuge des staatlichen Dirigismus mittels spezieller Rüstungsprogramme wie dem Adolf-Hitler-Panzerprogramm «Sonderzuteilungen», die den Mangel zeitweise reduzierten – auf Kosten anderer Unternehmen, die diesen Programmen nicht angehörten. Da Rohstoffe und Arbeitskräfte seitens der Behörden zugeteilt wurden, entwickelte sich ein ständiger Verhandlungspoker zwischen den Unternehmen und den staatlichen Stellen, in dem die Unternehmen in aller Regel mehr forderten, als die Behörden zusagen konnten. Auf dieser Ebene wurde das Verhältnis zwischen Staat und Unternehmen letztlich weniger von politischen Vorgaben bestimmt als von der Kriegssituation und dem wirtschaftlichen Versagen der nationalsozialistischen Mangelwirtschaft.

Die Stunde der Techniker: Forschung und Entwicklung

Der Blick auf die Forschung in den Betrieben der Quandt-Gruppe zeigt eine erstaunliche Anpassungsfähigkeit der zahlreichen Ingenieure und technischen Fachleute an die jeweiligen Verhältnisse. Günther Quandt legte großes Gewicht auf den Ausbau der Forschungs- und Entwicklungslaboratorien, die Rekrutierung hochqualifizierter Mitarbeiter und die enge wissenschaftliche und fabrikationstechnische Zusammenarbeit zwischen dem eigenen Stab von Experten und Technikern sowie den Kollegen der befreundeten britischen und amerikanischen Hersteller. 1928 bekam Quandt sogar die Ehrendoktorwürde der Preußischen Bergakademie Clausthal verliehen, nachdem die Wintershall AG in der Mitte der 1920er Jahre maßgeblich den Bau eines Chemischen Instituts und den Ausbau eines Kaliforschungslabors an der Preußischen Bergakademie Clausthal unterstützt hatte.[471] Auch auf diesem Gebiet nahm der aufmerksame Geschäftsmann Quandt die Tendenzen der Zeit wahr. Noch im 19. Jahrhundert war in Industrieunternehmen die «Forschung» weitgehend unkoordiniert und unsystematisch erfolgt. Dies wandelte sich im 20. Jahrhundert entscheidend, nachdem im Kaiserreich eine aktive Förderung von technischen Investitionen noch die Ausnahme gewesen war und der Ingenieurberuf nicht über sein heutiges Sozialprestige verfügt hatte.[472] Obwohl Industrieforschung eine kapitalintensive Angelegenheit war, führte am Aufbau eines systematischen Technik-Ressorts und Forschungslabors wie etwa bei Siemens & Halske[473] kein Weg vorbei. Überall in Deutschland kam in den 1920er Jahren eine «systematische innerbetriebliche Forschung» in Gang,[474] verbunden mit einem Schub der «Verwissenschaftlichung der Industrie»,[475] der zu den «spektakulärsten Veränderungen» in der damaligen Firmenphilosophie und -praxis gehörte.[476] Die Industrieforschung nahm dabei unterschiedliche Formen an: als betriebsinterne Forschung, als Forschung in Verbünden oder Kartellen sowie durch Austausch- und Freundschaftsverträge.

Das Jahr 1933 stellte in dieser Hinsicht insofern eine Zäsur dar, als das NS-Regime eine spezifische Faszination für wissenschaftliche Neuerungen zeigte und große Freiräume gewährte, um «Forschung als Waffe»[477] einzusetzen zu können. Die Ingenieure waren an ihren technischen Entwicklungen und am Wettbewerb gegen die allgegenwärtige Konkurrenz dabei mehr interessiert als an Politik: «Few were ‹Nazis› (whatever value this epithet might have), but many were serious scientists attempting to continue their work undisturbed. The means used to achieve this varied from collaboration and complicity to apolitical withdrawal; the middle ground, however, of outward accommodation and withdrawal into one's scientific work was most common.»[478] Die Wissenschaftler mochten keine unmittelbaren Befürworter eines Aggressionskrieges sein, aber als technische Experten stellten sie sich in der Regel ebenso widerspruchslos dem

Nationalsozialismus zur Verfügung wie die Repräsentanten des «Wissenschaftsmanagements» an Universitäten und Forschungseinrichtungen.[479] Das Wirken der ehrgeizigen Experten in den Quandt-Unternehmen kann als ein prägnantes Beispiel dafür gelten, was Karl Dietrich Bracher «die Legende von der Effizienz und zugleich der Tragik des ‹unpolitischen Fachmanns›»[480] nannte. Das Potential der Techniker – sei es bei der Akkumulatorenherstellung oder bei der Entwicklung neuer Kampfstoffe und Munition – wurde zum wichtigen Element des nationalsozialistischen Deutschland und in der Kombination von «Technikbesessenheit und Verantwortungsvergessenheit»[481] zum Symbol der verbrecherischen Politik im Staat Hitlers. Die nur scheinbar unpolitische technische Begeisterung trug dazu bei, die Möglichkeiten unbesehen zu nutzen, die durch die Rüstungs- und Eroberungspolitik gegeben waren. Unter einem Regime, bei dem mit Blick auf die Forschung Geld augenscheinlich keine Rolle spielte, sahen sich die Männer der Technik plötzlich in die Lage versetzt, «Träume zu verwirklichen», denen bislang finanzielle Grenzen gesetzt worden waren.[482] Reine Technokraten, Nationalkonservative, Wirtschaftsliberale und Nationalsozialisten arbeiteten Hand in Hand: Die wissenschaftliche Forschung für den Kriegseinsatz wurde im Banne einer entpolitisierten technischen Spezialisierung unabhängig von den politischen Prämissen der Zeit fortgeführt. Viele Wissenschaftler sind offenbar unter ideologischem oder politischem Druck bereit, «sich den wechselnden kulturellen Strömungen anzupassen» und sich opportunistisch zu verhalten.[483] Eine solche Disposition findet sich auch bei den Technikern in den Unternehmen der Quandt-Gruppe. Gerade bei denjenigen Firmen, die wirtschaftlich am Boden gelegen hatten wie die Mauser-Werke und die BKI, aber auch für die AFA mit ihrer lange Zeit eher unsystematisch betriebenen Forschung, bot die nationalsozialistische Aufrüstungspolitik die Möglichkeit, neue Technologien zu entwickeln, zu testen und zu verwenden. Hierfür erhielten die verschiedenen Quandt-Unternehmen mehr als ausreichende Gelder, die vom NS-Regime zur Verfügung gestellt wurden, um unter dem Primat der Kriegführung die entsprechende Forschung zu mobilisieren. Dies konnte gelingen, weil der Nationalsozialismus zwar «antiintellektuell, aber nicht wissenschaftsfeindlich» war.[484]

Die Batterieentwicklung wurde trotz der Einrichtung von Forschungslaboratorien in den 1920er Jahren immer noch recht unsystematisch betrieben und ein wirklicher Innovationsschub blieb aus. In der gesamten deutschen Akkumulatorenindustrie herrschte, wie ein führender AFA-Techniker rückblickend selbstkritisch bemerkte, «eine ziemliche Unkenntnis über die Grundlagen der Konstruktionsprinzipien von Akkumulatoren aller Art». Die wissenschaftlichen Werte für die Stärke und Oberfläche der Bleiplatten, die Säuremenge und die Materialbeschaffenheit der Schmiermasse seien noch eine ganze Weile «mehr oder weniger intuitiv ermittelt» worden.[485] In den 1930er Jahren wurden jedoch Versuchsreihen und Forschungsprogramme für die wissenschaftliche Grundlagenforschung angestoßen und der vergleichsweise junge Zweig der Metall-Technologie bei Sinter-Keramikplatten systematisiert. Die innovative, aber anspruchsvolle alkalische Durac-Technologie, deren Grundlagen bereits in den 1920er Jahren gemeinsam von der DEAC und BASF entwickelt worden waren,[486] und deren Vorteil in der Belastbarkeit mit hohen Strömen lag, ließ sich unter Kriegsbedingungen allerdings nicht zur Serienreife führen.[487] Neue zukunftsweisende Produktionslinien wie etwa die Einführung der Luftsauerstoff-Elemente auf Aktivkohlebasis bei der Pertrix, die ohne Importmaterialien wie Braunstein auskamen und daher den Autarkievorschriften entsprachen und als sog. Aerodyn-Batterien beispielsweise bei den «Volksempfängern» Verwendung fanden, gingen hingegen 1936 in Serie. Eine herausragende Bedeutung erhielten die Forschungen für die Luftrüstung.[488] Bei der AFA bezog sich die Forschungs- und Entwicklungsarbeit insbesondere auf die Batterieversorgung von ballistischen Fernraketen, mit der das Unternehmen wahrscheinlich schon seit 1937 betraut war.[489] Die AFA-Techniker betraten mit der vergleichsweise kleinen Kommandogeber-Batterie Neuland.[490] Die Hagener Abteilung III verfügte schließlich bereits über gute Erfahrungen durch die Fertigung der – technisch vergleichbaren – Batterien für U-Boote und Torpedos. Zwar war die Oberaufsicht der verschiedenen Projekte traditionell dezentralisiert, aber der prestigeträchtige Auftrag wurde in Hagen unter dem Abteilungsleiter Oberingenieur Ernst Pöhler und dem Laborleiter Prof. Dr. Ernst Baars in der «Leitfertigungsstelle» für die Elemente des neuen Flugkörpers koordiniert. Die Planungen für die Serienfertigung dieser als «A 4» bezeichneten «Vergeltungswaffe 2», die in der Heeresversuchsanstalt in Peenemünde konstruiert wurde,[491] begannen im Winter 1942/43. Das Raketenprojekt galt als «kriegswichtige» Fertigung von besonderer Dringlichkeit, obwohl es in Peenemünde immer wieder zu Verzögerungen kam und

aus Hagen – unter Heranziehung von gesondert angeforderten Zwangsarbeitern[492] – erst ab Anfang 1944 größere Stückzahlen der Spezialbatterien geliefert werden konnten.[493]

Die mit AFA-Batterien ausgestatteten Raketen waren zwar in der
Lage, in der Endphase des Zweiten Weltkrieges in Großbritannien und
auf dem westlichen Kriegsschauplatz Angst und Schrecken zu erzeugen. Sie töteten mehr als 8000 Menschen, ohne jedoch eine Kriegswende herbeiführen zu können. Hitler ließ nach den «nur sehr begrenzt erfolgreichen» Einsätzen der V 1 schließlich auch den Bau der V
2 nicht weiter verfolgen, «auf deren angeblich kriegsentscheidende
Wirkung die deutsche Bevölkerung gleichwohl ihre noch vorhandenen
‹Endsieg›-Hoffnungen gründete».[494] Mit anderen Worten: Die «Illusion der Wunderwaffen»[495] diente lediglich dazu, einen bereits verlorenen Krieg unnötig zu verlängern.

1946 geriet Günther Quandt wegen der Torpedowaffen und der V
2 ins Visier der Besatzungsbehörden. Die ebenfalls stark in die Kritik
geratene AFA wünschte sich deshalb, dass Quandt die entsprechenden
bohrenden Fragen der Ermittler «etwas ausführlicher» beantwortete.[496] Ob Quandt der Bitte nachkam, ist nicht überliefert. Jedoch
spielten diese Waffen in seinem Entnazifizierungsverfahren keine herausragende Rolle mehr, wie es überhaupt für die Alliierten bezeichnend war, dass sie eher an der Nutzung der Expertise der deutschen
Techniker als an deren Sanktionierung interessiert waren.

Auch für neue Entwicklungsprojekte wie Marschflugkörper, die allerdings nicht mehr die Serienreife erreichten, war die AFA der exklusive Lieferant der Bordbatterien.[497] Als die Wehrmacht auf die Entwicklung von leichteren Flugzeug-Starterbatterien drängte, wurde in
Hagen und Hannover die Erprobung der anspruchsvollen Durac-Technologie vorangetrieben. 1941 lief die Serienproduktion an, blieb jedoch
durch technische Schwierigkeiten gekennzeichnet.[498] Erst 1942 war
eine fristgerechte Belieferung der Flugzeugwerke möglich. Dennoch
musste ein Auftrag des RLM in Höhe von 1,1 Millionen RM für das
Focke-Wulf-Programm abgelehnt werden. Im August 1944 stieg das
RLM schließlich widerstrebend wieder ganz auf die schweren Bleibatterien um. Die großen technischen Hoffnungen auf eine Massenfertigung der Durac-Batterien mussten begraben werden, da unter Kriegsbedingungen die «Beseitigung von Kinderkrankheiten» nicht gelang.[499]
Erst nach dem Zweiten Weltkrieg wurde unter grundlegend geänderten Forschungsbedingungen die Weiterentwicklung betrieben.

Mindestens ebenso offensiv war die technische Entwicklung bei den verschiedenen Unternehmen unter dem Dach der DWM. Die vom Ballistik-Experten Erich Dinner geleitete DWM-Forschungsanstalt in Lübeck-Schlutup gehörte zu den wichtigsten Institutionen ihrer Art in Deutschland und beschäftigte schließlich 655 Personen.[500] Der zügige Aufbau, der von Vorstand und Aufsichtsrat intensiv begleitet wurde, erfolgte von Mai bis Dezember 1936. Finanziert wurde die Forschungseinrichtung unter anderem aus den Mitteln der am 18. Oktober 1934 verkauften DWM-Zündhütchenfabrik in Karlsruhe-Durlach, die infolge der Zusammenführung von Produktionszweigen seit langem stilllag.

Das nach modernen bautechnischen Kriterien angelegte Lübecker Institut war für Forschungszwecke großzügig ausgestattet und wurde zur zentralen Entwicklungsstelle für munitionstechnische Innovationen, die sich mit dem Reichsforschungsrat und mit befreundeten Unternehmen in engem Austausch befand. Dahinter stand die Überzeugung, die zukünftige Entwicklung neuer Munition aus logistischen und forschungstechnischen Gründen am besten von einer zentralen Stelle koordinieren zu lassen, von der aus auch staatliche und Fremdaufträge erfüllt werden konnten. Der Forschungsanstalt war ein 1900 Meter langer Schießplatz für ballistische Experimente angeschlossen. In Lübeck wurden pyrotechnische Experimente durchgeführt, Schießversuche mit Hilfe von Oszillographen und Zeitlupen aufgezeichnet und in einer eigenen mathematischen Abteilung ausgewertet. Zahlreiche technische Verfahren beispielsweise für die Energieerzeugung bei elektrischen Geschosszündern wurden weiterentwickelt. Auch der Sektor der ballistischen Prüfgeräteherstellung und des Werkstoffprüfgerätebaus wurde bedient. In geringem Maße wurden chemische Spezialprodukte, Patronenhülsen, Munition, Handgranaten, Nebelkerzen, Pulver, Sprengstoff und feinmechanisches Kriegsgerät hergestellt. Dem Forschungslabor war eine chemische Abteilung angegliedert, wodurch die DWM unabhängig von Fremdlieferungen chemischer Stoffe, Initialsprengstoffen und Leuchtsätzen wurden.[501]

Die Mauser-Werke ihrerseits holten durch den Ausbau der Entwicklungs- und Forschungsabteilungen den Vorsprung auf, den Rheinmetall Borsig durch die frühzeitige Ignorierung der Beschränkungen erreicht hatte, die durch den Versailler Vertrag auferlegt worden waren. Der Ausbau wurde schon 1933 unter der Leitung von Ott-Helmuth

von Loßnitzer eingeleitet. Während des Krieges zog die Entwicklungsabteilung in eine rechts des Neckars erbaute «Waffenforschungsanstalt», wo bis Kriegsende über 500 hochqualifizierte Experten zusammengezogen wurden. Amerikanische Offiziere zeigten sich 1945 von
den großzügigen Forschungsbedingungen beeindruckt. Für sie war es
«a dream come true».[502]

Im November 1937 beschlossen die Dürener Metallwerke, auf dem
Gelände der DWM in Berlin eine eigene Forschungsanstalt zu bauen[503]
und schlossen damit an die Überlegungen an, die der Techniker im
Vorstand, Georg Sachs, bereits in den Vorjahren angestellt hatte.[504]
Leichtmetalle waren vergleichsweise junge Werkstoffe, zu deren Verarbeitung und Verwendung noch allzu wenige Erkenntnisse vorlagen.
Die Dürener Metallwerke legten daher einen Forschungsschwerpunkt
auf die Werkstoffprüfung, um die Fertigungs- und Behandlungsver-
fahren für Aluminium- und Magnesium-Legierungen zu optimieren.
Untersuchungen über den Einfluss der einzelnen Legierungsbestand-
teile und verschiedener Wärmeverfahren auf die physikalischen und
mechanischen Eigenschaften sowie die Aushärtungsvorgänge und das
Korrosionsverhalten fanden hier ebenso statt wie Verschleißprüfungen
und Lagerlaufversuche. Seit dem 1. November 1938 wurden diese vielfältigen Untersuchungsreihen in dem neu errichteten, zweigeschossigen
Werkgebäude durchgeführt, das über eine metallkundliche Abteilung,
eine mechanisch-technologische Abteilung und eine Versuchsabteilung
verfügte. Ein Laboratorium für Schwermetalluntersuchungen blieb aus
organisatorischen Gründen beim Werk Düren angesiedelt.[505] Für die
Forschungsaufgaben wurden Ingenieure aus dem Kaiser-Wilhelm-
Institut für Metallforschung angeworben und weitere Spezialisten aus
der Leichtmetallbranche eingestellt.[506]

Auf lange Sicht machte sich die Forcierung der Entwicklungsarbeit
in den Jahren zwischen 1933 bis 1945 bezahlt, denn das technische
Wissen, das durch die verschiedenen Forschungsabteilungen erworben
und erweitert wurde, ging mit Kriegsende keineswegs verloren. Eine
«kühle ökonomische Betrachtungsweise» lässt erkennen, dass es in
den Jahren des Rüstungsbooms einen deutlichen Modernisierungsschub gegeben hatte und gerade zukunftsorientierte Branchen wie die
Elektrotechnik und Chemie hiervon profitierten, weil sie zu einem Rationalisierungsprozess gezwungen waren, der selbst in traditionellere
Industriezweige moderne Fertigungsmethoden gebracht hatte.[507] Der
rasche Wiederaufstieg in den 1950er Jahren, der durch hochwertige

Qualitätsprodukte erreicht wurde und sich zunächst noch notgedrungen auf den Zivilbereich, bald aber auch wieder auf Rüstungsmaterial bezog, war ganz wesentlich deshalb möglich, weil die Unternehmen der Quandt-Gruppe jetzt wieder über das technologische Know-how und die Ingenieure und Facharbeiter verfügten, um auf dem Weltmarkt konkurrieren zu können. Selbst den Wettbewerbern der Siegermächte konnte bald wieder Paroli geboten werden. Insofern ist gerade die AFA ein Beispiel für die allgemein feststellbare Tendenz, dass die Forschungs- und Entwicklungsarbeit im «Dritten Reich» eine Voraussetzung für den unter ganz anderen politischen und ökonomischen Bedingungen stattfindenden Wiederaufstieg in der Nachkriegszeit darstellte.[508]

Anders war es bei den DWM, die sich nach 1945 notgedrungen für eine Weile von ihrer Waffentechnik und ihren Forschungen trennen mussten. Das bedeutete jedoch lediglich, dass das Know-how der Quandt-Gruppe, nicht jedoch der technischen «Wissensgemeinschaft» verloren ging: Die Techniker selbst wurden vielfach von den Besatzungstruppen als begehrte Fachkräfte abgeworben, und diejenigen, die in Deutschland blieben, gründeten oftmals eigene Unternehmen, die dank ihres Forschungsvorsprungs, wie etwa bei Heckler & Koch, wieder an frühere Traditionen anknüpfen konnten.

Preise, Kosten und Gewinne:
Endlose Verhandlungen mit der NS-Bürokratie

In jüngster Zeit hat sich die wirtschaftsgeschichtliche Forschung zum «Dritten Reich» verstärkt der Preis-, Fiskal- und Gewinnabschöpfungspolitik des Regimes gewidmet, das durch eine «totale Preispolitik» gekennzeichnet war.[509] Die Nationalsozialisten zogen aus den Erfahrungen des Ersten Weltkrieges und der Hyperinflation den Schluss, dass in der Zeit der Aufrüstung den Phänomenen «Kriegsgewinnlertum» und Geldentwertung von vornherein Einhalt geboten werden müsse. Dieses Denken knüpfte zwar in mancher Hinsicht an Überlegungen der Weimarer Regierungen an, die bereits eine Preisüberwachung gekannt hatten, verband sich aber nun mit dem Misstrauen von Teilen der NS-Führung gegen unternehmerisches «grenzenloses Gewinnstreben». Es sei irrig, so lautete 1937 die Formulierung des Reichskommissars für die Preisbildung, dass «die private Rentabilität am

Anfang und Ende aller ökonomischen Gedankengänge stehe». Hitlers Maxime aus dem Jahr 1939 gab dieser Überzeugung den passenden Ausdruck: «Wenn der Soldat an der Front kämpft, soll niemand am Kriege verdienen.»[510] Zahlreiche Strafverfahren unterstrichen, dass antikapitalistische Äußerungen dieser Art durchaus ernst gemeint waren, und es war kein Zufall, dass gegen Quandts Geschäftsfreund Georg Stöhr, an dessen Kammgarnspinnerei Stöhr & Co. er in nicht unerheblichem Maß beteiligt war, wegen «Preisverstößen» eine empfindliche Geldbuße verhängt wurde.[511]

Für öffentliche Aufträge bei Rüstungsgütern wurde ein Lohn- und Preissystem eingeführt, dem mit Blick auf die Kostenrechnung zentrale Elemente freier Verhandlungen zwischen Auftraggebern und -nehmern fehlten. Eine Preisstoppverordnung vom 26. November 1936,[512] die Richtlinien für die Buchprüfung, die «Richtlinien für die Preisgestaltung bei öffentlichen Aufträgen» (RPÖ) sowie die «Leitsätze für die Preisermittlungen aufgrund der Selbstkosten der Leistungen für öffentliche Auftraggeber» (LSÖ) legten detailliert fest, wie ein angemessener «kalkulatorischer Gewinn» für die Unternehmen zu berechnen und offenzulegen war. Die am 4. September 1939 erlassene Kriegswirtschaftsverordnung (KWVO) verpflichtete zu niedrigen Selbstkosten und kam einer ökonomischen Mobilmachung gleich.[513] Der Preiskommissar versprach im März 1941, dass gegen «Kriegsgewinnler und Kriegsschieber» mit harter Hand vorgegangen werde: «Geldverdienen in einem den allgemeinen Kriegsverhältnissen nicht mehr entsprechenden Ausmaß» galt als «volkspolitisch wie auch wirtschaftspolitisch nicht erwünscht».[514] Die bis dahin gezahlten Zuschläge für Sonntags-, Feiertags- und Nachtarbeit sowie für Mehrarbeit entfielen, obwohl viele Betriebe lieber Leistungsanreize wie höhere Löhne und Überstundenzulagen gezahlt hätten, um die dringend benötigten Arbeitskräfte anzuwerben.[515]

In der Elektroindustrie war vor dem Ersten Weltkrieg ein Reinertrag von etwa 10 Prozent als angemessen angesehen worden, eine überschlägige Rechnung, die auch noch in den 1930er Jahren angewandt wurde. Die Festlegung der Preise erfolgte inzwischen jedoch in einem wenig transparenten Verfahren. Während das OKM Aufträge auf der Grundlage von Festpreisen erteilte, vergaben OKH und Luftwaffe diese in der Regel zunächst zu vorläufigen Preisen bzw. Richtpreisen mit der Bedingung, eine den öffentlichen Leitsätzen entsprechende Preiskalkulation vorzulegen.[516] Die Rüstungskonzerne beklagten, sich ständig mit «intensiven Prüfungen» und «rigorosen Abstrichen an ihren Kosten» auseinandersetzen zu müssen und dass die Konkurrenz des Marktes durch «die Konkurrenz der Preisprüfer» ersetzt worden sei.[517] Während viele Industrielle ihre Wünsche in den Produktionsausschüssen durchaus artikulieren und durchsetzen konnten,[518] wurden die Betriebe mit immer höher geschraubten Sollzahlen, einer ständigen Bedarfskontrolle und einer schier unüberschaubaren Anzahl von Behörden, deren Kompetenzen unscharf voneinander abgegrenzt waren, konfrontiert. Ein Fachgruppenleiter im «Hauptausschuss Elektroindustrie» hat die «völlige Überorganisation» und die «Zuständigkeits-Überschneidungen» der involvierten Instanzen damals so beschrieben: «Wehrmacht, Reichsministerium für Rüstung und Kriegsproduktion, Rüstungsinspektionen mit Rüstungskommandos, Wehrbezirksämter, Arbeitsministerium, Arbeitseinsatzdirektor Sauckel, Partei, Arbeitsfront, Wirtschaftsministerium, Verkehrsministerium, Hauptausschüsse, Wirtschaftsgruppen, Polizei, Luftschutz, Volkssturm, jeder verordnete Bestimmungen zum Arbeitseinsatz, Transport etc.».[519]

Auftragsvergabemodus und Preispolitik waren untrennbar mit der Steuer- und Dividendenpolitik verknüpft: Mit einem «Gesetz über die Gewinnverteilung bei Kapitalgesellschaften» wurde 1934 eine Dividendenhöchstgrenze eingeführt, die für den Normalfall 6 Prozent betrug. Parallel dazu wurden die Steuergesetze neu ausgerichtet. Schon in § 1 des Steueranpassungsgesetzes vom Oktober 1934 hieß es, die Steuergesetze seien «nach nationalsozialistischer Weltanschauung auszulegen». Die zunehmend verschwindenden Grenzen zwischen Rechtsetzung und Verordnungswesen[520] manifestierten sich unter anderem in massiven Steuererhöhungen, die natürlich auch dazu dienten, Hitlers rüstungspolitisches «Vabanquespiel»[521] einigermaßen finanzierbar zu machen. Die Körperschaftssteuer, die sich auf die rüstungsbedingt steigenden Gewinne bezog und sich daher ideologisch gut rechtfertigen ließ,[522] wurde nach 1938 schrittweise auf 40 Prozent aufgestockt. 1941 wurden die Körperschaften mit einem Kriegszuschlag in Höhe von 25 Prozent der Körperschaftssteuer belastet, so dass die allein aus dieser Steuer erwachsende Gesamtbelastung auf 50 Prozent stieg. Die Körperschaftssteuerbelastung konnte schließlich bis zu 85 Prozent betragen.[523]

Die Unternehmen konnten dennoch beträchtliche Gewinne erwirtschaften, was sich schon daran zeigte, dass das Reich weiterhin versuchte, die nicht unerheblichen «Übergewinne» abzuschöpfen, wie etwa durch die «Verordnung über die Erfassung außergewöhnlicher Gewinnsteigerungen während des Krieges» vom 31. März 1942.[524] Auch die sog. «Erfolgsvergütungen», die auf Grundlage des Reingewinns berechnet wurden, unterlagen einer strengen Kontrolle.[525] Für das Jahr 1943 wurde eine «Gewinnabführung» von den gewerblichen Einkünften angeordnet. Bemessungsgrundlage war nach einem komplizierten Verfahren die Differenz zwischen 90 Prozent des gewerblichen Gewinns und dem Mindestgewinn, auf die eine Abgabe in Höhe von 30 Prozent abgeführt werden musste.[526] «Übergewinne» wurden bis zum Kriegsende auf einem Sonderkonto des Reichspreiskommissars eingefroren, obwohl diese Maßnahmen bei den Rüstungsbehörden abgelehnt wurden, weil der Versuch, Rationalisierungsvorteile staatlich abzuschöpfen, als kontraproduktiv angesehen wurde. Selbst Kontrolleure und Preisprüfer waren bald der Ansicht, der Bogen bei der Gewinnabschöpfung sei überspannt worden. Aus der praktischen Erfahrung berichtete ein Wirtschaftsjournalist, dass von den Gewinnen «bestenfalls ein kleines Rinnsal» übrig bleibe.[527] Unter Speer wurden vorsichtige Korrekturen an diesem System vorgenommen, weil nach dessen Ansicht die Unternehmen inzwischen ihr Investitionsinteresse verloren hatten: Man habe «doppelte und dreifache Sperriegel aufgebaut, damit beispielsweise der Betriebsführer, wenn er bei einer Sperre durchgeschlüpft ist – vielleicht bei der Preisprüfung – dann aber bei der Gewinnabschöpfung gefaßt wird; dann kommt noch die Steuer hinterdrein, so daß am Schluß sowieso nichts übrig bleibt».[528]

Durch eine «Verordnung zur Begrenzung von Gewinnausschüttungen» vom 12. Juni 1941, die in ihrer Kurzform meist als Dividendenabgabe-Verordnung bekannt war, wurden die Gewinnausschüttungen neu bestimmt.[529] Beträge, die über einer Quote von 6 Prozent lagen, mussten treuhänderisch bei der Golddiskontbank in Reichsschatzanweisungen angelegt werden. Mit dieser Regelung wurde gleichsam eine für die Dauer des Krieges geltende zusätzliche «Kriegsgewinnsteuer» eingeführt. Letztlich nutzte diese Konstruktion jedoch nicht nur dem NS-Staat, sondern auch den Aktionären und wurde daher von zahlreichen deutschen Großunternehmen für zum Teil massive Kapitalerhöhungen genutzt, die in erster Linie dazu dienten, die vorgegebene Gewinnbegrenzung auf 6 Prozent einzuhalten. Eine Gesellschaft, die ihr Kapital verdreifachte, schüttete fortan statt beispielsweise 15 Prozent Dividende nur noch 5 Prozent aus, was jedoch angesichts der Kapitalerhöhung unter dem Strich auf das Gleiche herauskam. Inzwischen aufgelaufene Gewinne blieben als stille oder offene Reserven bestehen. Für das Reich hatte dieses Prozedere den Vorteil, dass die in stillen Reserven versteckten Gewinne der Vorjahre in Stammkapital umgewandelt wurden. Bilanzaktiva wie Maschinen, die lange Zeit kaum eine Rolle gespielt hatten, wurden um ein Vielfaches höher bewertet, ebenso Warenforderungen und Vorräte. Damit gelang es durch reine Schönrechnerei, die Reserven auf die gesetzliche Höhe von 10 Prozent des Aktienkapitals zu legen. Es handelte sich letztlich nicht um wirkliche Kapitalerhöhungen, sondern de facto um Umbilanzierungen, die zusätzliche Möglichkeiten schufen, zukünftige Gewinne besser abschreiben zu können und durch eine Höherbewertung der Beteiligungen die Aktionäre zufriedenzustellen.[530]

Bei den Unternehmen der Quandt-Gruppe war man zwar mit der nationalsozialistischen Finanzpolitik und den damit einhergehenden hochbürokratischen Preis- und Steuermaßnahmen unzufrieden, beugte sich aber den Anordnungen, zumal Gewinne möglich blieben. Die Auseinandersetzungen mit den Preisbehörden bilden ein Leitmotiv in der Korrespondenz und beschäftigten auch die Führung des Unternehmens, zumal – zumindest bei der AFA – Günther Quandt anfangs noch persönlich für die Preise und den Einkauf der wichtigsten Rohstoffe zuständig war. Für den Groß- und Einzelhandel hatten die AFA und Pertrix seit 1930 ein ausgeklügeltes Preissystem entwickelt, das den etwa 2300 Grossisten ihre Verdienstspanne gegenüber den Einzelhändlern durch ein Preisschutz- und Rabattsystem sicherte – ein wirksamer Mechanismus, den Günther Quandt persönlich überwacht hatte,[531] der nun aber durch die staatlichen Vorgaben aus der Balance zu geraten drohte.

Noch unerquicklicher als bei den Zivilprodukten war die Lage bei den Wehrmachtsbestellungen. Über die Preisprüfungen geriet die AFA-Hauptbuchhaltung seit Mitte der 1930er Jahre in einen Dauerstreit mit den Rüstungsbehörden. Die misstrauischen Prüfer sahen zum Beispiel vor, die zukünftige Entwicklung der Blei- und Rohkautschukpreise zu berücksichtigen, und wollten erst bei unzutreffender Berechnung einen späteren Ausgleich gewähren; ein Vorgehen, das von der AFA-Finanzabteilung abgelehnt wurde.[532] Hinzu kamen Differenzen über die Anerkennung von Abschreibungen, Verwaltungs- und Vertriebsgemeinkosten, Leistungszuschlägen, die Höhe des betriebsnotwendigen Kapitals, Kriegsbeihilfen, Wagniszuschlägen, Buna-Zuschlägen und Frachtkosten. Umstritten waren stets Entwicklungskosten, Sonderkosten wie Zuschüsse für Speisebetriebe, Jubiläumsspenden, Pensionen und Unterstützungen, die Adolf-Hitler-Spende, Batterierevisionskosten, Montagekosten, Sonderzahlungen an Tarifangestellte und Arbeiter, die Ausfuhrförderungsabgabe, der Kontingentausgleich für die Vereinigung von Accumulatoren-Herstellern, Ausgaben für die Gesundheitspflege, Weihnachtszuwendungen und die Winterhilfe.[533] Der Vorschlag der Behörden, die AFA solle, etwa durch einen Gesamtzuschlag auf die produktiven Löhne, einen Selbstkostenpreis ermitteln, wurde von dieser angesichts ihrer komplexen Organisationsstruktur abgelehnt. Sie bevorzugte ein Kalkulationsschema, das die Herstellungskosten in ihren einzelnen Werken ermittelte und dann die Verwaltungs- und Vertriebskosten durch einen prozentualen Zuschlag hinzurechnete.[534]

Enorme Probleme bereitete zudem die Verrechnung der Finanzspritzen, die das Reich durch Pachtverträge bzw. die Kostenübernahme beim Aufbau neuer Werke leistete, was weniger bei der AFA als bei den DWM und ihren Töchtern zum Tragen kam. Auf Veranlassung des RWM prüften Devisenstelle und HWA im Spätherbst 1936 beispielsweise die Kalkulation und Jahresergebnisse bei den Mauser-Werken und ordneten als Konsequenz an, die Preise für Standardwaffen wie Karabiner und Pistolen zu senken. Die aus dem Exportgeschäft resultierenden Verluste mussten nun wieder selbst getragen werden, obwohl die Mauser-Werke beklagten, dass gerade die Auslandsgeschäfte dazu dienten, Devisen zu erlangen, um wichtige Rohstoffe wie Wolfram, Zinn und Antimon einzuführen. Die Kalkulation war unter anderem deshalb schwierig, weil die Exportpreise von den Behörden «nahegelegt» wurden und sich nach der jeweiligen strategischen Bedeutung des Kunden für das Reich richteten.[535]

Bisweilen waren Preisprüfer zwar zu Nachberechnungen bereit, und stellten beispielsweise in einem Fall im Februar 1939 der AFA in Aussicht, bei den neuen Festpreisen die Rüstungsinvestitionen zu berücksichtigen. Die wenig später greifenden Berechnungen nach der Kriegswirtschaftsverordnung führten allerdings zu neuen Komplikationen.[536] Die Preisprüfer legten im Mai 1940 rückwirkend den Gewinnsatz für das Jahr 1938 für die AFA Oberschöneweide auf 9,9 Prozent und für Hagen auf 11,4 Prozent fest – eine Spanne, die grundsätzlich akzeptabel schien. Allerdings hielt Günther Quandt den Wagniszuschlag von 1,5 Prozent, der als Risikozuschlag vor allem für technische Entwicklungskosten berechnet wurde, für zu gering.[537]

Nach zeitraubenden Verhandlungen wurden schließlich ein Wagniszuschlag von 2,5 Prozent genehmigt und die Gewinnsätze rückwirkend für Hagen auf 14 und für Oberschöneweide auf 12 Prozent festgesetzt. Es gelang zudem, die Preisprüfer zu Zugeständnissen bei den anzurechnenden Verwaltungs- und Vertriebskosten zu bewegen. Die lange umstrittenen Kosten der Auslands- und Ingenieurabteilungen wurden 1942 anerkannt, während Abschreibungen, Leistungszuschläge, die Höhe des betriebsnotwendigen Kapitals, Kriegsbeihilfe und Buna-Zuschläge ewige Streitobjekte blieben.[538] Mitte 1941 wurde der Gewinn von 15 auf 13 Prozent gekürzt, weil die Umsätze im Luftwaffenbereich nicht in den kalkulatorischen Gewinnaufschlag eingerechnet werden durften. Für die Jahre bis 1942 wurde der zulässige Gewinn für Oberschöneweide schließlich doch wieder von 13 auf 15 Prozent erhöht. Im Endergebnis waren aber die bis April 1941 geltenden 15 Prozent Gewinn nicht günstiger als die danach geltenden 13 Prozent, weil aus dem um 2 Prozent höheren Gewinnaufschlag die Ausfuhrförderungsumlage auf die entsprechenden Umsatzanteile gezahlt werden musste.[539] Mit der Rezitation entsprechender Zahlen und den Verhandlungen darüber könnte man Bücher füllen. Sie zeigen letztlich ein vollkommen ineffektives System, das eine marktgerechte Kalkulation verhinderte, viel Zeit kostete und wohl nur deswegen funktionierte, weil sich die Verhandlungspartner am Ende einigten, um dem Vorwurf der Sabotage an den Kriegsanstrengungen zu entgehen. Die Zahlen zeigen jedoch, dass die Klagen der AFA sich weniger an der Gewinnspanne entzündeten als an der bürokratischen Gängelei durch die Rüstungsbehörden. Seit Ende 1941 wurden zwar wieder Marktelemente in das Lohn-, Preis- und Gewinngefüge aufgenommen, aber die rechtlichen Unsicherheiten über die widersprüchlichen Vorschriften gehörten damit keineswegs der Vergangenheit an. Fortan wurden Rüstungsaufträge nach einheitlichen «Festpreisen» vergeben und abgestufte Gruppen- und Einheitspreise festgelegt, die sich an den nach den Preisleitsätzen am kostengünstigsten arbeitenden Betrieben orientierten. Bei sehr unterschiedlichen Preisen erfolgte eine Gruppen-Unterteilung. Betriebe mit hohen Kosten und entsprechend hohen Preisen wurden der Gruppe I zugeordnet, denen nur ein geringes Gewinnpotential blieb. Betriebe, die zu niedrigen Preisen innerhalb des Gruppenschemas liefern konnten, durften mit Steuererleichterungen und weiteren Aufträgen rechnen. Diese Reorganisation führte zwar tatsächlich zu einem steigenden Preisdruck unter den verschiedenen Anbietern und zwang zur Rationalisierung,[540] aber das Dickicht der verschiedenen Preis- und Gewinnerzielungsvorschriften blieb davon grundsätzlich unberührt. 1942 lag die letzte Bestimmung der Festpreise fünf Jahre zurück, was bei jährlich um etwa 15 Prozent steigenden Preisen für Roh- und Ersatzstoffe in der kaufmännischen Abteilung zu wachsender Unruhe geführt hatte. Eine Verordnung der Preisbildungsbehörde legte im Februar 1942 den kalkulierten Gewinn bei öffentlichen Aufträgen auf höchstens 6,5 Prozent der Selbstkosten fest. Die neuen Festpreise für 1942 lagen etwa knapp 10 Prozent über den Preisen von 1938. Die AFA zeigte jedoch kein großes Interesse, die nach einer langen Vorlaufzeit für Januar 1943 vorgesehene Überführung der Fest- in Gruppenpreise aktiv voranzutreiben. Die letzten notierten Festpreise erlaubten einen Gewinn von 13 Prozent, während die Gruppenpreise nach der erwähnten LSÖ-Änderung vom Februar 1942 nur noch insgesamt 10 Prozent zuließen. Nach dieser Verordnung durften im Gewinnaufschlag die Körperschaftssteuer und die öffentlichen Spenden nicht mehr eingerechnet werden; neue Gruppenpreise für 1943 wurden daher niedriger angesetzt als die Festpreise des Jahres 1942.[541]

Bei der AFA wurden die über dem zulässigen Limit liegenden «Übergewinne» in der Regel umsatzanteilig an die Wehrmacht abgeführt. Günther Quandt wollte grundsätzlich lieber die Übergewinne abführen als die Preise senken: In einer der wenigen erhaltenen zeitgenössischen Aussagen zu diesem Themenkomplex führte er aus, dass niedrigere Preise zwar von der Kundschaft begrüßt würden, dies aber nur den Markt verwirren und bei den Akkumulatorenherstellern zu unterschiedlichen Preisfestsetzungen führen werde.[542]

Horst Pavel mischte sich ebenfalls in die kalkulatorischen Debatten ein und gab zu bedenken, dass der wegen einer besseren Preisbildung erzielte Gewinn durch die Gewinnabführungspflichten ohnehin wieder aufgehoben werde.[543] Die AFA bevorzugte aus arbeitstechnischen und steuerlichen Gründen Gruppenpreise, für die ein Gewinn in Höhe von 10 Prozent vorgeschlagen wurde – obwohl andere Akkumulatorenfabriken nur mit 7,5 Prozent Gewinn kalkulierten.[544]

Ein anderes Streitthema waren die Preisnachlässe von 10 bis teilweise 30 Prozent, die für Wehrmachtslieferungen gewährt wurden. Diese wurden von den Behörden festgelegt, und die Preisunterschiede waren umso auffälliger, als andere Akkumulatoren und Batterien der Marktordnung unterlagen.[545] Als nach Anordnung des Preiskommissars vom 20. November 1941 diese Wehrmachtsrabatte für Starterbatterien auf 40 Prozent erhöht werden sollten, sprachen sich – im Gegensatz zu den anderen Vertretern der Akkumulatorenindustrie – die AFA und die Robert Bosch AG gegen dieses «Diktat des Preiskommissars» aus.[546] Die für die AFA zuständige «Wirtschaftsgruppe Elektroindustrie» als Organ der Selbstverwaltung der Industrie verbilligte nun unter bestimmten Voraussetzungen die Einfuhr ausländischer Waren nach Deutschland durch einen Reichszuschuss. Das «Preisausgleichsverfahren» hatte zunächst für die AFA geringe Auswirkungen, weil die westlichen Besatzungsgebiete von diesen Maßnahmen ausgenommen waren. In den zwischen AFA und RMfRK vereinbarten Sätzen für die Preisermittlung wurde der Gewinn seit 1943 in einer Gesamtrechnung ausgehandelt, die Materialkosten, Fertigungslöhne, Fertigungsgemeinkosten, Materialgemeinkosten, Verwaltungs- und Vertriebskosten sowie die Umsatzsteuer berücksichtigte. Grundlage für die Berechnung des Gewinns war dabei eine angemessene Höhe der Verzinsung des erforderlichen betriebsnotwendigen Kapitals. Orientierungspunkt war die Verzinsung langfristiger Reichsanleihen, die 4,5 Prozent betrug. Hinzu kam der Wagniszuschlag, der wie zuvor bei 2,5 Prozent lag. Dieser Gewinnsatz wurde sodann noch um die von der AFA zu zahlende Körperschaftssteuer erhöht. Der kalkulatorische Gewinn betrug somit 10 Prozent der Selbstkosten[547] – also ein Satz, der durchaus dem gemeinhin üblichen Verständnis eines «angemessenen» Gewinns entsprach.

Ähnlich war die Preisgestaltung bei der Varta, die in der Ära Speer in direkter Absprache mit dem einflußreichen BMBuM festgelegt wurden. Die Überführung von Fest- in Gruppenpreise wurde auch hier nur schleppend vollzogen, weil die Festpreise 13 Prozent Gewinn erlaubt hatten, während die Gruppenpreise nach der LSÖ-Änderung vom Februar 1942 nur noch einen Gewinn von 10 Prozent zugestanden. Weil jedoch selbst Ende 1943 die provisorischen Preise noch nicht bekannt waren, fürchtete die AFA so hohe Kosten, dass man mit den Preisen «nicht zurecht kommen» werde. Im Dezember 1943 wurden die Gruppenpreise zwar schließlich festgelegt, aber diese liefen wegen der kostspieligen Verlagerungen nach Wien und Prag schon Ende Mai 1944 wieder aus.[548] Nicht viel besser war die Situation bei den Starterbatterien: Der Ringleiter Karl Pfalzgraf, der als Chef eines Konkurrenzunternehmens zweifellos wenig Grund hatte, sich über die Klagen der AFA zur Preisgestaltung den Kopf zu zerbrechen, erklärte kategorisch gegenüber den maßgeblichen Vertretern der Akkumulatorenindustrie, dass er ab dem 1. Juli 1944 eine Senkung des Verkaufspreises anordnen werde, falls keine schlüssige Preiskalkulation vorgelegt werde.[549] Die Rohstoff-Abteilung der AFA musste an unzählige Institutionen ihren Bedarf, die Verwendungszwecke, die Bestände und den Materialverbrauch melden. Die Kontingent-Anforderungen sowie Produktions- und Materialbedarfszahlen erfolgten bei der «Wirtschaftsgruppe Elektroindustrie», die vierteljährlichen Bedarfsmeldungen über die Nichtedelmetalle gingen an die «Wirtschaftsgruppe Chemische Industrie», die Produktions- und Materialbedarfszahlen mussten dem «Fachbereich Nickel- und Kobaltverbindungen» gemeldet werden. Für andere Rohstoffe mussten die Fachgruppen Kautschukindustrie und Metallgießereien sowie der Produktionsausschuss Lacke beim RMfRK, die Leiter verschiedener Arbeitsringe und nicht zuletzt die Bezirksobleute der jeweiligen Gaue informiert werden.[550] Zahlreiche Produktionsfachleute, Techniker und Ingenieure waren in der zweiten Kriegshälfte in den Arbeitsringen und Arbeitsunterringen des «Hauptausschusses Elektrotechnik» vertreten, in der die Speer'schen Reformen umgesetzt werden sollten.[551] Zum Teil hatten diese Experten schon in Vorgängerorganisationen zusammengearbeitet. Fritz Wallmüller wurde beispielsweise im September 1941 in Absprache mit Günther Quandt zum «Ringführer» und Oscar Mitscherling zu seinem Stellvertreter ernannt,[552] ein Amt, dem die Produktionsaufsicht der Batterieherstellung oblag. Die Ringführer hatten die Aufgabe, Aufträge gemäß den Kapazitäten der Firmen zu verteilen und Rationalisierungsvorschläge zu erarbeiten.[553] Sie hatten damit einen erheblichen Einfluss auch auf Konkurrenzunternehmen. Innerhalb des Arbeitsrings war Hermann Clostermann als Unterringleiter für «Schiffsantriebs- und sonstige Schiffs-Bleibatterien», ein Oberingenieur der Varta für «Kleinsammler geschlossener Bauart» und «Flugzeugbord-Bleibatterien» zuständig; Oscar Mitscherling, dieses Mal in seiner Eigenschaft als DEAC-Direktor, war für «Nickel-Stahlsammler» verantwortlich. Neben den entsprechenden Unterringleitern fungierte Werner Puppe als ständiger Prüfer für Blei- und Stahlsammler und Victor Werner als ständiger Prüfer für galvanische Batterien.[554] Innerhalb des Sonderringes «Allgemeine elektrotechnische Bauelemente» war der Arbeitsring «Akkumulatoren und Galvanische Batterien» wiederum in acht Unterringe unterteilt.[555]

An der Effizienz der Beratungen über Auftragslenkung und Arbeitseinsatz hatten die AFA-Emissäre angesichts des Kompetenzwirrwarrs und der kafkaesken Instanzenwege zwar von Beginn an ihre Zweifel,[556] konnten es sich aber kaum leisten, in den molochartigen Schöpfungen der NS-Bürokratie nicht repräsentiert zu sein,[557] weil sie auf diese Weise die Auftragsverteilung beeinflussen konnten. Denn so schwerfällig die Arbeit in diesen Behörden auch sein mochte, bot sie doch die Möglichkeit, auf die staatliche Bürokratie Einfluss zu nehmen und die Auftragsverteilung im eigenen Sinn zu lenken, was offenbar zur Zufriedenheit der Behörden umgesetzt wurde: Wallmüllers Aufgabe als Ringführer führte dieser nach Ansicht der Vierjahresplansbehörde «uneigennützig» aus.[558]

Wallmüller übergab infolge einer Umorganisation im Sommer 1943 sein Amt an Karl Pfalzgraf, den Inhaber der Berliner «Akkumulatoren-Fabrik System Pfalzgraf», was bei der AFA die Alarmglocken schrillen lassen musste. Der Konkurrent Pfalzgraf konnte kraft seines Amtes schließlich Aufträge an diejenigen Hersteller verteilen, die am schnellsten und effizientesten produzierten. An der AFA kam jedoch selbst Pfalzgraf nicht vorbei. Der Branchenprimus erhielt zwar 1944 weitreichende Auflagen, die dazu dienten, die Standorte voneinander unabhängiger zu machen. Aber als z. B. Torpedo-Batterien mit AFA-Bauteilen auch von Konkurrenzfirmen hergestellt werden sollten, wurde dem Quandt-Unternehmen, das in ständiger Sorge vor dem Verlust seiner Betriebsgeheimnisse war, die Überwachung dieses Prozesses zugestanden.[559]

Nicht viel anders war es bei den DWM und ihren Tochterunternehmen. Einer der Direktoren der Mauser-Werke, der im Herbst 1942 von Speer zum Rüstungsobmann ernannt worden war, hat den bürokratischen Moloch aus eigener Anschauung beschrieben und freimütig bekannt, schon damals die Organisation Speer «nicht mehr ganz übersehen» zu haben.[560] Er habe die «häufig deprimierende Kleinarbeit» verrichten müssen, «den Sand aus dem Getriebe zu entfernen, der durch hinreichend viele Hände mit oder ohne Absicht durch die Partei, ihre abhängigen Institutionen und häufig sogar unbeabsichtigt von militärischen Dienststellen hineingeworfen wurde.»[561] Auftragsverteilung und Preisfestsetzungsverfahren blieben bis zum Zusammenbruch des «Dritten Reiches» umstritten. Im September 1944 wurde sogar noch ein Vereinfachungserlass veröffentlicht: Mehrkosten sollten fortan durch Einsparungen bei den Fertigungsgemeinkosten ausgeglichen werden.[562] Ergänzende Preisvorschläge der AFA, die unter den alten Gruppenpreisen lagen, wurden bis Kriegsende nicht mehr umgesetzt. Noch im März 1945 merkte Horst Pavel lakonisch an, man könne die angebotenen Preise nicht weiter gewährleisten, da sich durch Fliegerschäden und weitere kriegsbedingte Umstände die Produktionskosten erhöht hätten.[563] Ähnlich sah es bei den DWM aus. Gerhard Vieweg protestierte beispielsweise auf einer Sitzung des Arbeitskreises Preisbildung der Reichsgruppe Industrie noch am 27. Oktober 1944 gegen das Gruppenpreissystem. Es sei steuerlich unattraktiv; Unternehmen könnten wegen der Bombenschäden, Betriebsverlegungen und des Materialmangels nicht mehr zu den festgesetzten Gruppenpreisen liefern, was besonders eine «Massenfertigungs-Firma» wie die DWM treffe. Auch mit der Erstattung von Verlegungskosten zeigten sich die DWM unzufrieden. Trotz allen Verständnisses wollten die Behörden jedoch von ihrem System noch keinen Abstand nehmen. Allerdings sagten die zuständigen Verantwortlichen Dichgans und Hettlage zu, dass die Verlagerungskosten «großzügig, rasch und industriefreundlich geregelt» werden würden. Generell sollte sofort ein Abschlag von 80 Prozent gezahlt werden.[564]

Nachzutragen bleibt, dass jenseits der Preisbestimmungen auch unmittelbare Gewinnfragen für erhebliche Unruhe sorgen konnten. Paul Hamel machte Anfang Juli 1943 Hermann Josef Abs auf die möglichen Folgen der Anordnungen zu der «Erfolgsvergütung» aufmerksam, die als Tantiemen an die Vorstandsmitglieder gezahlt wurden. Der Wirtschaftsausschuss der AFA hatte hier traditionell recht großzügige Regelungen vereinbart. Die AFA ging davon aus, dass 75 Prozent der gegenüber dem Jahr 1939 erzielten Gewinnerhöhung durch «Schöpfung neuer Arbeitsgebiete» erzielt worden seien. Die übrigen 25 Prozent der erhöhten Gewinne, so lautete die Argumentation, seien durch «vermehrte Umsätze» herbeigeführt worden. Damit war der Löwenanteil des Gewinns nach Ansicht der AFA tantiemenpflichtig – eine Berechnung, die inzwischen fraglich erschien und die offizielle Bitte von Abs an Quandt zur Folge hatte, «wegen der strengen Handhabung der Stopvorschriften» überprüfen zu lassen, «ob die vorgenommenen Tantiemezahlungen mit den Richtlinien des Reichsarbeitsministers voll übereinstimmen».[565] Da die Überlieferung an dieser Stelle abbricht, ist nicht bekannt, wie in den Unternehmen der Quandt-Gruppe nach dem Sommer 1943 mit diesem Problem umgegangen wurde. Es ist jedoch wenig wahrscheinlich, dass sich Quandt auf einen Machtkampf eingelassen hat.

Blickt man abschließend auf die Preis-, Steuer- und Auftragsvergabepolitik des «Dritten Reiches», so zeigt sich, dass dieses aufgezwungene System mit seinen Planungselementen spätestens im Weltkrieg an seine Grenzen stieß. Sein Bürokratismus raubte wertvolle Ressourcen, und es waren wahrscheinlich die Residuen marktwirtschaftlichen Denkens, die unter den Bedingungen des «Totalen Krieges» dazu führten, dass es nicht vor dem Einmarsch der Alliierten zusammenbrach. Trotz aller Einschränkungen, die dieses System mit sich brachte, und trotz aller Beschwerden über seine Schwerfälligkeit, die den Unternehmern zudem Grund genug gab, nach Kriegsende wieder marktwirtschaftliche Verhältnisse zu fordern, gelang es den Unternehmen jedoch meist, die Hürden der NS-Bürokratie zu umgehen. Und die Quandt-Gruppe machte hier keine Ausnahme.

Konkurrenzsituationen

Kartellpolitik bei der AFA

In der Weimarer Republik versuchte die Akkumulatoren-Branche den als ruinös betrachteten Wettbewerb durch Preisabsprachen und Marktaufteilungen zu beschränken. Diese Politik, die auch in anderen Sektoren der Wirtschaft verfolgt wurde und zu signifikanten Kartellierungs- und Konzentrationsprozessen beitrug, wurde in der wesentlich stärker regulierten NS-Wirtschaft fortgesetzt, manifestierte sich dort jedoch nicht nur im Kräftemessen zwischen den Unternehmen, sondern auch im branchenspezifischen institutionellen Gefüge der Interessenvertretungen und erhielt ein ganz eigenes Gepräge durch die Rolle des Staates, der zunehmend einerseits als Nachfrager auftrat, andererseits eigene Unternehmen gründete.

Die bedeutendsten Firmen der deutschen Akkumulatorenindustrie verfolgten ihre Interessen in der 1925 gegründeten Vereinigung von Accumulatoren-Herstellern (VAH). Die Akkumulatorenindustrie war für diese Form der Geschäftspolitik prädestiniert, da Kartelle sich meistens in Branchen mit überwiegend homogenen Produkten etablierten. In der Weimarer Republik übernahmen die Kartelle auch operative Unternehmensfunktionen der ihnen angehörenden Firmen und entwickelten sich dadurch zu behördenähnlichen Institutionen von mitunter gewaltigen Dimensionen.[566]

Maßgeblich zur Gründung der VAH beigetragen hatte der Direktor der AFA, Alfred Berliner. Er kannte die Vorteile von Kartellabsprachen bereits aus seinen Erfahrungen mit den Kabelkartellen. Trotz ihres schlechten Rufs hatten Kartelle als langfristig angelegte strategische Partnerschaften durchaus wirtschaftspolitische Vorteile. Sie erlaubten es, teure technische Forschungs- und Entwicklungsaufgaben auf viele Schultern zu verteilen und konnten unter bestimmten Bedingungen zur Kostenreduzierung beitragen, ohne die Innovationsfreude zu hemmen.[567] Auf der anderen Seite drohten jedoch mit der Verlagerung des Wettbewerbs auf die Quotenverteilung innerhalb des Kartells unrentable Produktionen und das Entstehen von Überkapazitäten, wie das Beispiel der Kaliindustrie verdeutlicht hat.

Mit der VAH versuchte die AFA jedoch hauptsächlich, ihre Marktmacht gegenüber den kleineren Konkurrenten zu wahren. In der Branche habe, wie die AFA auf einer Ingenieur-Konferenz selbst bemerkte, die Ansicht geherrscht, das Unternehmen versuche traditionell, «unangenehme Konkurrenten», die günstig herstellten und lieferten, «von der Bildfläche verschwinden» zu lassen.[568] In der VAH schlossen sich zunächst mit der AFA, den Kölner Akkumulatoren-Werke Gottfried Hagen u. Cie. GmbH in Köln-Kalk (KAW)[569] und der Wilhelm Hagen KG in Soest die drei Schwergewichte der Branche zusammen. Auf diese Weise gelang es, so lautete das Selbstlob Wilhelm Hagens, «grosse Industriezweige, die sich in sinnlosem Konkurrenzkampfe zu vernichten drohten», planvoll zusammenzufassen «und sie zielbewusst zu segensreicher Arbeit» zu führen.[570] Allerdings blieb die Zusammenarbeit auf bestimmte Bereiche beschränkt, und Betriebsgeheimnisse wurden gewahrt. Mit 80 Prozent war die AFA bei weitem die dominierende Macht im Kartell, während für die KAW 15 Prozent und Wilhelm Hagen 5 Prozent vorgesehen waren.[571]

Als Nachfolger Berliners übernahm Günther Quandt am 27. April 1933 den Vorsitz der VAH, Stellvertreter war bis 1939 Wilhelm Hagen. An den mehrmals jährlich stattfindenden Sitzungen nahmen zudem Manager der jeweiligen Unternehmen teil, für die AFA meist Carl Roderbourg, Fritz Weißleder, Wilhelm Kraushaar, Theodor Drost und bis 1933 Heinrich Georg Stahmer und in den 1940er Jahren mitunter Herbert Quandt und Horst Pavel. Seit Mitte der 1930er Jahre wurde zudem ein Vertreter der Kartellaufsicht aus der Wirtschaftsstelle Elektroindustrie delegiert.[572]

Günther Quandt konnte mit seinem Wirtschaftsverständnis problemlos an die Überlegungen Berliners anknüpfen. Er hatte bereits durch seine Tätigkeit in der Tuch- und der Kaliindustrie mit Kartellen gute Erfahrungen gemacht, die seiner Einschätzung nach «durchaus dem ökonomischen Prinzip» entsprachen[573] und als Mittel zur präventiven Behandlung unerwünschter Konkurrenzen geeignet waren. In diesem Sinn war man sich einig, dass die VAH das Absinken der Preise durch einen «schrankenlosen Wettbewerb» verhindern und zugleich der Batterieindustrie die erforderlichen Ressourcen für die nötige Forschungs- und Entwicklungsarbeit sichern sollte.[574] Die VAH-Mitglieder bemühten sich um ein einheitliches Vorgehen gegenüber Reichsfachschaft, RWM und den Konkurrenzunternehmen.[575] Im Zentrum der Diskussionen standen Preis- und Kontingentierungsabsprachen sowie Werbemaßnahmen, die satzungsgemäß mit den Stimmen der AFA und mindestens eines weiteren Mitglieds der VAH beschlossen wurden. Überschreitungen der Produktionskontingente wurden mit Ausgleichszahlungen an die anderen Mitglieder geahndet. Die AFA opponierte fortwährend gegen die Versuche der anderen Kartellmitglieder, ihren prozentualen Anteil zu erhöhen. Nur zähneknirschend gab man bisweilen nach, wohl auch aus Sorge vor erheblich sinkenden Preisen bei einer Nichtverlängerung der Kartellabsprachen.

Die nach der «Machtergreifung» veränderten politischen Rahmenbedingungen wirkten sich auch auf die Kartellpolitik aus. Ein im Juni 1933 erlassenes und sich auf alle Verbände und Vereinigungen erstreckendes Verbot für Preisbindungen[576] unterwarf das Preiskartell einer umfassenden Kontrolle durch das NS-Regime und rief zunächst Unsicherheit bei der VAH hervor, so dass sogar über eine vorzeitige Auflösung nachgedacht wurde.[577] Quandt rechnete allerdings mit einer Duldung des Kartells, weil Akkumulatoren «nicht Gegenstände des täglichen Bedarfs beträfen». Sicherheitshalber wurden die Preisbindungen der VAH jedoch vorübergehend ausgesetzt.[578]

Die Organisationsfähigkeit von Kartellen wurde dann jedoch durch eine im Juli 1933 verkündete Änderung der Kartellordnung zunächst gestärkt.[579] Wahrscheinlich wurde aus diesem Grund im Februar 1934 beschlossen, trotz der stärkeren Aufsicht durch den Staat den Kartellvertrag bis Ende 1943 zu verlängern.[580] Der Kontaktpflege zu den Behörden wurde daher immer größere Bedeutung beigemessen, und wenn diese Preissenkungen forderten, sollte die VAH in koordinierten Aktionen reagieren. Das führte zum Beispiel im Krieg dazu, dass Quandt unter Berufung auf ein höheres «Staatsinteresse» vorschlug, auf die von der Wirtschaftsstelle für Starterbatterien beschlossenen Regelungen mit einheitlichen Preissenkungen zu reagieren.[581] Dahinter stand die Absicht, das die AFA begünstigende Kräfteverhältnis in der deutschen Akkumulatorenindustrie auch über die Regulierungseingriffe der Behörden zu erhalten.

Die Versuche der anderen Kartellmitglieder, in den 1930er Jahren auf Kosten der AFA einen größeren Anteil am Akkumulatorenmarkt einzunehmen, wurden von der AFA nicht akzeptiert: Über die KAW wurde besorgt notiert, dass sie «mit aller Gewalt» und Dumpingpreisen in das Geschäft der Grubenlokomotivbatterien eindringe.[582] Die KAW galten bereits seit längerer Zeit als großer Konkurrent auf dem Feld der Bleiakkumulatoren und hatten mehrere von der AFA angestrengte Patentprozesse gewonnen. Das Unternehmen hatte einst das Brüsseler Elektrizitätswerk mit einer saalfüllenden «ortsfesten» Batterie ausgestattet und war auch bei Starter- und Traktionsbatterien auf dem Markt etabliert.[583] Der kleinere Konkurrent Wilhelm Hagen konzentrierte sich auf den Ausbau der Starter- und Fahrzeugbatterieproduktion. Hellmuth Roehnert sah dadurch die Gefahr eines Eindringens ins Behördengeschäft: «Ich halte es für gefährlich, einer Konkurrenz, die obendrein finanziell und technisch in Ordnung ist, den Weg zu ebnen oder sich entwickeln zu lassen. Wenn er sich erst einmal hineingesetzt hat, ist er schwerer wieder herauszubekommen, als wenn wir ihm rechtzeitig begegnen.» Dieser Devise stimmte auch Quandt zu. Den vergleichsweise kleinen Mittelständler Wilhelm Hagen, der die VAH schon länger nutzte, um an Vertragsdetails zu gelangen und zielgerichtete Unterbietungen vorzunehmen,[584] solle man gewähren lassen, solange es «im Rahmen» bleibe. Andernfalls sei «schärfste Konkurrenz» am Platz, damit sich dessen Marktanteil nicht vergrößere. Clostermann schätzte Wilhelm Hagen ähnlich ein: «Ich glaube, wir dürfen ihn nicht mehr lange basteln lassen, sondern sollten anfangen, ihn zu bekämpfen. Ein kleiner Dämpfer wird im Anfang sehr gut tun.»[585]

Der Konkurrenz außerhalb der VAH gelang es, einen nicht geringen Teil des boomenden Marktes für Kraftfahrzeuge für sich zu erobern, vor allem in den Sektoren Autobatterien und Kraftfahrzeugdienste: Bei der Produktion von Autobatterien waren die Firmen Berga, Hoppecke und Friemann & Wolf misstrauisch beäugte Mitbewerber. Vor allem der Zulieferer Robert Bosch,[586] der in Hildesheim nach Verhandlungen mit dem OKH eine neue hochmoderne Fertigung aufzog,[587] wurde nicht aus den Augen gelassen. Im Geschäft mit der Wartung von Akkumulatoren, in der die Kundenbindung über den Erfolg entschied, entstand für die AFA-Tochter Varta dadurch eine neue Konkurrenz, dass Bosch in seinen Dienststellen auch eigene Batterien mit Rabatt verkaufte. Als Reaktion darauf sollten die Varta-Verkaufsstätten besser ausgestattet und dekoriert sowie an attraktiveren Standorten betrieben werden.[588] Wenn man selbst nach neuen Niederlassungen suche, so hat Quandt bei späterer Gelegenheit ausgeführt, solle bei der Auswahl der Objekte und Grundstücke auf eine möglichst günstige Lage in den Städten bzw. an den Zufahrtsstraßen zur Autobahn geachtet werden.[589] Mit Bosch wollte Günther Quandt aber nicht unbedingt in Streit geraten, weil das Unternehmen weiterhin Zulieferer für die AFA-Autodienste blieb und vorerst noch keine wirkliche Konkurrenz darstellte: «Das Ideal wäre, ‹Bosch-Varta-Dienste› zu haben. [...] Aber die beste Waffe, einen Kampf zu vermeiden, ist die Rüstung. Wir müssen uns zumindest zunächst theoretisch vorbereiten. Wir müssen uns zunächst fragen, wie würden wir entscheiden können, wenn Bosch morgen oder übermorgen den Kampf vom Zaune bricht. Man würde sich doch sagen: Jetzt Kampf auf der ganzen Linie, jetzt müssen wir.»[590]

Im Falle der Berga beließ es die AFA nicht bei Absichtserklärungen, sondern griff die Konkurrenz beherzt an: Die Rheinische Elektrizitäts-AG (Rheinelektra) hatte 1927 im badischen Rastatt ein Unternehmen mit dem Namen Accumulatoren-Fabrik Berga GmbH gegründet, das zahlreiche Autohersteller mit Starterbatterien belieferte, aber auch Radiobatterien herstellte und im Behördengeschäft Reichsbahn und Reichspost ausstattete. Die Berga meisterte die Wirtschaftskrise so erfolgreich, dass die AFA sich 1933 für eine erste Beteiligung an diesem Konkurrenzunternehmen entschied. In den Jahren des nun folgenden Automobilbooms wurden die Berga-Starterbatterien zum Verkaufsschlager. Gleichzeitig scheinen die Maßnahmen der Kartellmitglieder gegen die «Außenseiter-Firma» an Schärfe zugenommen haben, da sich die Berga im Oktober 1933 im RWM darüber beschwerte, dass ein Mitglied des Kartells in der Unterbietung eines Berga-Preises von den anderen Mitgliedern unterstützt würde.[591] 1934 übernahm die AFA-Tochter Dominitwerke die Mehrheitsanteile der Berga.[592] Sukzessive wurden nun weitere Anteile an der Berga erworben, die 1936 auch in die VAH aufgenommen[593] und 1940 schließlich ganz von der AFA übernommen wurde. Die Berga wurde damit eine hundertprozentige AFA-Tochter.[594]

Die AFA hatte im Jahr 1939 unter den Mitgliedsfirmen der VAH einen Marktanteil von fast 74 Prozent, und nahm man die Berga noch hinzu, waren es sogar über 80 Prozent. Die Konkurrenten folgten abgeschlagen mit großem Abstand: Die KAW mit 13,22 Prozent und Wilhelm Hagen mit 5,85 Prozent.[595] Firmen wie die Accumulatorenfabrik Sonnenschein GmbH mit ihren 300 Beschäftigten in Berlin-Marienfelde konnten nicht als ernsthafte Konkurrenz gelten.[596] Als 1940 die als GmbH und AFA-Beteiligung neugegründete AFA Wien in die VAH aufgenommen wurde, wuchs die Stellung der Quandt-Gruppe innerhalb dieses Kartells noch weiter. Durch den Beitritt der AFA Wien ergaben sich folgende Anteilsziffern bei der VAH: AFA 69,9, AFA Wien 8,13, Berga 4,85, KAW 12,25 und Wilhelm Hagen 4,87 Prozent.[597]

Zu Konflikten mit den anderen Kartellmitgliedern führten immer wieder die geheimen Wehrmachtsaufträge, die nach Ansicht der AFA nicht den Kartellbestimmungen unterlagen.[598] Die Wehrmacht achtete darauf, dass nicht allein die AFA bei der Auftragsvergabe zum Zuge kam, um eine Monopolbildung zu verhindern.[599] Die AFA versuchte daher, die Verbindungen zur Wehrmacht zu verbessern und die Zufriedenheit mit den AFA-Produkten zu fördern, wie beispielsweise Oberingenieur Rudolf Winkler auf einer Abteilungsleiterkonferenz im Jahr 1937 erläuterte: «Bei der Reichswehr habe ich festgestellt, daß die Batterien unter Kanone behandelt werden. Wir müssen alles tun, um uns bei den Wehrmachtsstellen einzuschalten, daß wir ihnen helfen und sie aufklären, damit wir gute Kunden bekommen.»[600] Die Sorge um Aufträge war für Günther Quandt sogar Anlass, über die Erstellung einer «Konkurrenzkartei» nachzudenken, um über die Pläne der Mitbewerber immer ausreichend informiert zu sein.[601] Allerdings herrschte wohl zumindest bei der Pertrix die Sorge, über die lukrativen Wehrmachtsaufträge die Zivilproduktion an die Konkurrenz zu verlieren. Konrat Michel, einer ihrer wichtigsten Manager, führte rückblickend aus, die Situation sei vor allem während des Krieges «sehr schwer» gewesen: «Wir waren das führende Unternehmen der Branche. Wir waren in der Qualität führend und es war daher selbstverständlich, dass sich die Wehrmacht ganz besonders auf uns stützte. Damit entstand zunächst die Gefahr, dass wir völlig aus dem Markt heraus kommen und die anderen [Unternehmen] Plätze einnehmen konnten, die wir später vielleicht nur sehr schwer wieder zurückerobern konnten.»[602] Sicherlich stellt diese Retroperspektive auch einen Versuch da, den Anteil des

Unternehmens an der Ausrichtung auf die Rüstungsproduktion herunterzuspielen. Davon abgesehen zeigt sie aber, mit welcher Intensität die AFA ihre dominante Stellung verteidigte, ob im zivilen Sektor oder dem der Rüstung.

1940 mussten auch für die eroberten und unter Verwaltung des Deutschen Reiches gestellten Gebiete einvernehmliche Lösungen in der VAH gefunden werden. Weiter als «Ausland» behandelt werden sollten: die Slowakei, das Protektorat Böhmen und Mähren, das Generalgouvernement, Dänemark, Norwegen und Holland.[603] In der letzten überlieferten Sitzung Anfang 1943 wurde beschlossen, Wehrmachtslieferungen in diese Regionen bei der Kontingentierung zu berücksichtigen. Da jedoch seit Januar 1943 die Befugnisse der Kartelle zur Quotierung, Kontingentierung sowie zum Gruppen- und Gebietsschutz durch eine Anordnung des RWM ohnehin aufgehoben worden waren, hatte dies keine besonderen Konsequenzen mehr. Die Anordnung des RWM zu den die strengen Geheimhaltungspflichten für einen Großteil der Produktion und schließlich der Kartellbereinigungserlass vom Mai 1943, mit dem die Marktregulierung von den Kartellen auf die Wirtschaftsgruppen übertragen wurde, bedeuteten den Wegfall wesentlicher Regulierungsfelder des Kartells. Auch die Einbeziehung geheim zu haltender Produkte bei den Ausgleichszahlungen wurde nun obsolet.[604] Ob noch rückwirkend Ausgleichszahlungen geleistet wurden, ist nicht bekannt; sowohl AFA als auch Wilhelm Hagen schlugen vor, die Ausgleichszahlungen bis zum Kriegsende auszusetzen. Vermutlich ist die VAH wie zahlreiche Kartelle in der Ära Speer aufgelöst worden.[605]

Letztlich hatte aber die Kartellpolitik der AFA über zwei Jahrzehnte ihre unangefochtene Stellung gesichert: Gegen Kriegsende hatte sie einen Anteil bei Starter- und Beleuchtungsbatterien für Kraftfahrzeuge von 33 Prozent – der Rest verteilte sich auf 23 weitere deutsche Firmen. 20 Prozent der Produktion von Kleinbordbatterien für Kampfflugzeuge stammten aus dem Werk in Oberschöneweide. Der Produktionsanteil der Pertrix bei Galvanischen Elementen und Batterien betrug schließlich 26 Prozent, bei den ortsfesten Akkumulatoren reichsweit 57 Prozent. Davon entfielen allein 45 Prozent auf das Werk Hagen. Der AFA-Anteil an der Produktion von elektrischen Fahrzeugantriebs- und Zugbeleuchtungs-Bleibatterien betrug 45 Prozent, von denen ebenfalls 40 Prozent im Werk Hagen hergestellt wurden. Fast alle Grubenlokomotiven in Deutschland wurden mit

AFA-Batterien ausgestattet.[606] Nicht viel anders war es bei den Über-
tage-Fahrzeugen im Ruhrbergbau, wo die AFA mit etwa 80 Prozent
Lieferanteil weit an der Spitze stand.[607]

Der Boom in der Leichtmetallindustrie

Ganz anders als auf dem Gebiet der Akkumulatorenindustrie, in der
die AFA eine beherrschende Rolle spielte, verhielt es sich für die Dürener Metallwerke im Segment der Aluminiumproduktion. Im Zusammenhang mit dem Leichtmetall-Boom im Zuge des Ausbaus der Luftwaffe gab es für das DWM-Tochterunternehmen Anlass genug, über
eine weitere Expansion nachzudenken, um nicht gegenüber Konkurrenten an Boden zu verlieren. In der Aluminium-Industrie bestand mit
der Vereinigten Leichtmetall GmbH, dem Werk Wolfen der I. G. Farben und der Ulmer Wieland-Werke AG eine erhebliche Konkurrenz auf
dem Gebiet der Leichtmetallverarbeitung. Besonders mit dem Konkurrenten Vereinigte Leichtmetall GmbH lagen die Dürener Metallwerke
in einem juristischen Dauerstreit über Freundschaftsabkommen und
Auflagen nach dem Wettbewerbsgesetz. Die Dürener Metallwerke be-
zichtigten die Vereinigte Leichtmetall der Rufschädigung und eines
«unlauteren Wettbewerb[s] krassester Art» bei Geschäften mit Japan
und Rumänien.[608]
   Im Dezember 1938 erfuhren die Dürener Metallwerke von den Plänen des RLM, die deutsche Leichtmetallproduktion für den Luftbe-
darf um 80 Prozent zu erhöhen. Hierfür sollte ein «Reichs-Leichtme-
tallwerk» gebaut werden, weil der Privatindustrie ein solcher Auftrag
nicht zugetraut wurde. Gleichwohl wurden die Aluminiumerzeuger zu
Erweiterungen ihrer Produktion aufgefordert.[609] Bei den Dürener Metallwerken schreckte man angesichts einer drohenden staatlichen Konkurrenz auf. Der Aufsichtsrat beschloss im Dezember 1938, durch
Zurückstellung von Zivilaufträgen die Produktion zu erhöhen. Gleichzeitig sollte die Konkurrenz aufgefordert werden, in gleichem Umfang
ebenfalls auf Zivilaufträge zu verzichten. Die DWM gaben Schützenhilfe und versicherten, dass die Memefa die Produktion erweitern
würde, wenn das RLM auf den Bau eines Reichswerkes verzichte.[610]
Am 24. August 1939 wurden Modernisierungs- und Erweiterungs-
maßnahmen in allen drei Werken in Höhe von 13,5 Millionen RM für
einen Zeitraum von drei Jahren bewilligt.[611]
   Zudem begab man sich auf die schwierige Suche nach einem geeig-

neten Gelände für ein neues Werk. Die von den Behörden vorgeschlagenen Standorte Kremmen bzw. Nassenheide erschienen ungeeignet,[612] so dass der Vorstand Anfang 1941 für ein neues Werk auf einem rund 2 Millionen Quadratmeter großen Gelände in Stahnsdorf im Südwesten von Berlin votierte, das nach Fertigstellung mit 4500 Beschäftigten eine Kapazität von bis zu 50 000 Tonnen Duralumin haben sollte.[613] Die Belegschaft sollte größtenteils aus dem Werk in Wittenau an den neuen Standort wechseln. Für den mit einer Dauer von vier Jahren projektierten Bau wurden gewaltige Kosten in Höhe von 75 bis 85 Millionen RM veranschlagt.[614]

Speer gab im August 1941 für dieses Projekt grünes Licht und wollte hierfür sogar die Autobahn A 15 verlegen.[615] Das Vorhaben begann zunächst mit 1000 Arbeitern,[616] geriet aber bald ins Stocken. Zunächst waren es Proteste des Regierungspräsidenten in Potsdam wegen fehlender «Gefolgschaftssiedlungen» in der näheren Umgebung,[617] schließlich führten logistische Probleme beim Bau der Werkshallen und einer Ausfallstraße[618] im März 1942 zur Einstellung des Projekts,[619] dessen Kosten nach Kriegsende mit 4,6 Millionen RM berechnet wurden.[620] Die für den Bau bereits bewilligten finanziellen Mittel sollten nun in die drei anderen Werke investiert werden.[621]

Die Ausweitung der Produktionsstätten im Reich hatte zwar einen Dämpfer erhalten, aber die Nachfrage nach Aluminium blieb unverändert hoch, zumal sich das Reich am beeindruckenden Ausstoß der US-amerikanischen Aluminiumhersteller orientierte. Der zweite Vierjahresplan aus dem Jahr 1940, der eine Erhöhung der Produktion auf jährlich 289 000 Tonnen vorsah, erwies sich schon bald als unzureichend. Göring forderte im Sommer 1941 eine Produktion von jährlich einer Million Tonnen – ein völlig unrealistisches Ansinnen, wie der Vergleich mit der tatsächlichen Ausstoßmenge von 264 000 Tonnen im Jahr 1942 verdeutlicht.[622]

Da die Produktion den Anforderungen nicht annähernd entsprach, entwickelte das Amt des Generalluftzeugmeisters, das für die Versorgung der Luftfahrtproduktion verantwortlich war, Pläne zur Erschließung der norwegischen Aluminiumproduktion. In diesem Zusammenhang bemühten sich die Dürener Metallwerke, durch Beteiligungen im europäischen Großwirtschaftsraum und durch eine vertikale Diversifikation im hart umkämpften Aluminiummarkt weiter zu wachsen. Zur Schlüsselfigur der Expansion nach Norwegen wurde der Generaldirektor der Junkers Flugzeug- und Motorenwerke, Heinrich Koppenberg,

44 Heinrich Koppen-
berg – führender
NS-Luftfahrtindustrieller
und Aufsichtsratsmitglied
bei den Dürener Metall-
werken.

der auch im Aufsichtsrat der Dürener Metallwerke saß. Noch im April 1940 reiste er gemeinsam mit Experten der größten Rohaluminiumhersteller, der Vereinigten Aluminium-Werke AG (VAW) und der Dürener Metallwerke, nach Norwegen, um im Auftrag des RLM die dortige Leichtmetallindustrie auf die deutschen Kriegsbedürfnisse auszurichten.[623] Der «Koppenbergplan»[624] sah im Gegensatz zu der im nationalsozialistischen Wirtschaftsdenken verbreiteten Autarkievorstellung eine europäische Verbundwirtschaft in der Aluminiumproduktion vor, in der der Grundstoff Bauxit in Frankreich und Südosteuropa gewonnen und über Deutschland nach Norwegen verfrachtet werden sollte, wo dank des Wassers und der Hydroelektrizität die Aluminiumelektrolyse konkurrenzlos günstig war. Schließlich sollte das so produzierte Aluminiumhalbzeug der deutschen Luftfahrtindustrie zur Verfügung stehen. Der «Koppenbergplan» ist von Alan Milward als «bedeutendstes Einzelprojekt» jener Zeit in ganz Westeuropa bezeichnet worden.[625] Koppenberg wurde zum Treuhänder der norwegischen Leichtmetallindustrie und im Herbst 1940 vom RLM als Aufsichtsratsvorsitzender der neugegründeten Nordischen Aluminium AG (Nordag)/Hansa Leichtmetall AG eingesetzt, deren Anteile vollständig von der Bank der deutschen Luftfahrt gehalten wurden.

Die Dürener Metallwerke hielten seit 1940 Anteile an dem zur A/S Norsk Aluminium Company gehörenden Aluminiumverarbeiter A/S Nordisk Aluminiumindustri, die nach einer Kapitalerhöhung 1941 26 Prozent des Gesamtkapitals betrugen. Über die Norsk Aluminium hatten die Dürener Metallwerke und Junkers schon Aluminium bezogen, während die Wehrmacht in Norwegen noch kämpfte. Im Vorstand der Nordisk Aluminiumindustri saßen neben Koppenbergs Stellvertreter Werner Miehle auch Karl Werning und Günther Quandt.[626] Daneben planten die Dürener Metallwerke im August desselben Jahres, sich an der norwegischen Aluminiumhütte Glomfjord mit 49 Prozent zu beteiligen.[627] Wie eng verwoben die norwegische Expansion der Dürener Metallwerke mit dem «Koppenbergplan» war, verdeutlicht auch die Tatsache, dass die Unternehmensführung Koppenberg bis zur Gründung seiner Exekutivbüros administrative Kapazitäten und technische Expertise für die Ausarbeitung des Plans zur Verfügung stellten.[628] Mit dem Vorstandsvorsitzenden der VAW, Ludger Westrick, der zunächst gar kein Interesse an einer Expansion der VAW hatte[629] und möglicherweise nur wegen der norwegischen Pläne des Konkurrenten Dürener Metallwerke glaubte, sich engagieren zu müssen, stieß Koppenberg häufig aneinander.[630] Letztlich scheiterte dieser mit seinen ehrgeizigen Plänen für die Luftrüstung. Schon Ende 1941 lag der Ausbau der europäischen Aluminiumindustrie weit hinter den Planungen zurück. Als das Projekt ad acta gelegt wurde und Koppenberg bei Göring in Ungnade fiel,[631] trat der Rivale Westrick seit Herbst 1942 an seine Stelle, ohne das Vorhaben noch einmal revitalisieren zu können.

Hinter der persönlichen Rivalität zwischen Westrick und Koppenberg stand eine erbittert geführte Konkurrenz zwischen der VAW und den Dürener Metallwerken, die auf die vertikale Konzernerweiterung beider Unternehmen zurückging, denn neben der Ausweitung ihres traditionellen Geschäftsfeldes der Aluminiumverarbeitung und -veredelung hatten sich die Dürener Metallwerke inzwischen auch auf das Feld der Rohaluminiumproduktion vorgewagt. Im Gegensatz zu anderen Aluminiumherstellern in der Schweiz, Frankreich und den USA verfügten die Dürener Metallwerke über keine eigene Rohaluminiumbasis, die es erlaubt hätte, dieses selbst durch Legierungsprozesse weiterzuverarbeiten. Aufgrund von bereits 1917 erlassenen Vorschriften war die Herstellung von Rohaluminium in Deutschland auf drei Unternehmen beschränkt: die VAW, hinter der das RWM als mittelbarer Eigentümer stand,[632] das IG-Farben Werk in Bitterfeld und das Werk der schweizerischen Aluminium Industrie AG in Rheinfelden. Nach und nach hatten sich diese Unternehmen aber auch auf das Feld der Weiterverarbeitung und Veredelung des Rohaluminiums begeben, so dass die Dürener Metallwerke eine Wettbewerbsverzerrung beklagten. Der bedeutendste Rohaluminium-Hersteller, die VAW mit einem Marktanteil von ca. 70 Prozent, sicherte sich im Jahr 1941 die Majorität der Geschäftsanteile der Vereinigten Leichtmetallwerke Hannover und der Vereinigten Metallwerke Wien, die im gleichen Segment wie die Dürener Metallwerke tätig waren. Damit war die VAW, wie der Vorstand der Dürener Metallwerke gegenüber dem RWM beklagte, «unser Hauptlieferant und gleichzeitig maßgeblicher Konkurrent» geworden.[633] Der Vorstand forcierte daher die Planungen für ein eigenes Rohaluminium-Werk. Im Juli 1940 erzielte er einen ersten, wenn auch kleinen Erfolg und pachtete auf Anregung des RLM ein Aluminiumwerk mit einer Kapazität von jährlich 500 Tonnen in Mundenheim, das dem Chemieunternehmen Gebrüder Giulini GmbH in Ludwigshafen gehörte und nun unter dem Namen Aluminiumhütte Rheinpfalz GmbH firmierte. Das Nachsehen hatten die VAW, die sich ebenfalls um Werk und Betriebsgelände bemüht hatten.[634] Da der Mundenheimer Betrieb jedoch kaum ausbaufähig war, wollte sich Günther Quandt zur Schaffung einer eigenen Rohstoffbasis an weiteren Aluminiumwerken beteiligen und hielt die Mitwirkung der DWM für unerlässlich.[635] Zudem galt es, manche immer noch vorhandenen behördlichen Widerstände gegen die vertikale Expansion der Dürener Metallwerke aufzubrechen. Das konstante Werben bei den Reichsstellen, in denen die Dürener Metallwerke stets ihre technische Expertise und Verfahren zur Energie- und Rohstoffeinsparung anpriesen,[636] war im Juli 1941 schließlich vom Erfolg gekrönt. Das RWM verzichtete auf sein bisheriges Veto gegen den Vertikalaufbau in der Aluminiumindustrie. Ausschlaggebend für diesen Sinneswandel war die von Hermann Göring geforderte Erhöhung des Aluminiumausstoßes, der ohne zusätzliche Produzenten gar nicht möglich war. Das RWM plädierte dafür, dass man es den Dürener Metallwerken als namhafter und anerkannter Firma «auf Grund der neuen Lage» nicht verwehren dürfe, «jetzt auch die Aluminiumerzeugung in Deutschland aufzunehmen.»[637]

Ein erster Generalplan wurde dem RWM im September 1941 vorgestellt. Für ein neues Werk mit einer anfänglichen Herstellung von 10 000 Tonnen Rohaluminium war das badische Breisach vorgesehen, das großes Interesse zeigte und, am Rhein gelegen, für den Transport als günstig eingeschätzt wurde. Die für den Betrieb notwendigen 400 bis 500 Arbeiter sollten von der Aluminiumhütte Rheinpfalz abgezogen werden.[638] Wenig später wurde die geplante Herstellungsmenge auf jährlich 20 000 Tonnen erhöht und als Standort einer weiteren Aluminiumhütte ein an der Donau gelegenes Gelände in Fischamend bei Wien ausgesucht. Die Kosten für das «Fischamend-Projekt», das zum zentralen Baustein der vertikalen Expansion der Dürener Metallwerke werden sollte, wurden mit 28,7 Millionen RM berechnet.[639]

Die Pläne für Breisach fanden allerdings rasch ein jähes Ende. Auf einer Besprechung im RLM im Dezember 1941, an der unter Leitung von Generalfeldmarschall Milch und Reichsfinanzminister Graf Schwerin-Krosigk hochrangige Rüstungsexperten wie General Thomas, Generalleutnant von Hanneken und Staatssekretär Körner, aber auch Ludger Westrick von der VAW und Koppenberg in seiner Funktion als Generaldirektor der Hansa Leichtmetall teilnahmen, wurde die bereits erteilte Genehmigung für den Bau des Werkes wieder entzogen. Die Begründung lautete, dass sich die Halbzeughersteller mit voller Kraft auf den Ausbau ihrer angestammten Produktion konzentrieren sollten.[640] Das Scheitern des Breisach-Projekts ist somit ein Beispiel dafür, dass die Netzwerkpolitik Quandts nicht immer erfolgreich war. Bei der Besprechung waren mit Milch und Thomas ranghohe Vertreter der Militärbürokratie zugegen, die noch im Sommer zu Quandts Gästen an seinem 60. Geburtstag gehört hatten. Nun jedoch zeigte sich, dass Quandts Kontakte nicht halfen, als sich die VAW offen gegen die Dürener Metallwerke als «neuen Interessenten» aussprachen, obwohl sich Koppenberg für die Dürener Metallwerke stark gemacht haben dürfte.

Zwar ließen sich die Dürener Metallwerke trotz dieses Dämpfers nicht entmutigen, aber auch die Pläne für das Rohaluminiumwerk in Fischamend erlebten eine Reihe von Rückschlägen. Es wurde im März 1942 genehmigt, jedoch musste der Bau schon wenige Wochen später wegen fehlender Energieversorgung zurückgestellt werden.[641] Ein weiterer Versuch, eine Verbindung mit der Firma Leipziger Leichtmetall-Werk Rackwitz einzugehen, um ähnlich wie beim gescheiterten Breisach-Projekt die vertikale Koppelung von Rohaluminium-Erzeugung und Halbzeugfertigung für den Eigenbedarf zu erreichen, war ein ähnliches Schicksal beschieden. Das RWM zeigte sich wohlwollend, während die VAW wieder einmal gegen diese Pläne Sturm liefen und auch dieses Projekt offenbar im Sand verlief.[642]

Wie stark jedoch der Wunsch nach einer vertikalen Erweiterung blieb, zeigt ein umfassend angelegtes Projekt in Ungarn. Während sich der Großteil der für die Herstellung von Aluminium notwendigen Rohstoffe in Deutschland gewinnen ließ, war dies bei Bauxit anders. In Ungarn, dessen Regime mit dem Deutschen Reich verbündet war, bot sich die Möglichkeit, durch Kapitalbeteiligungen Verfügungsrechte für die Förderung und Verarbeitung von Bauxit zu erhalten. Als 1937 auf deutsche Initiative hin die Ungarischen Bauxitgruben AG (UBAG) unter maßgeblicher Beteiligung der VAW gegründet wurde, waren die Dürener Metallwerke in ihrer Position als technisch führender Veredler beteiligt.[643] Die UBAG war ein vergleichsweise kleines und kostengünstiges Unternehmen, das von den jährlich etwa 900 000 Tonnen Bauxit, die in Ungarn gefördert wurden, etwa ein Sechstel lieferte. Sie betrieb drei Bauxitgruben in Nyirad, Alsoperepuszta und Nagyhareany. Im Zweiten Weltkrieg wuchsen die Dürener Metallwerke aus der Rolle eines Mitspielers unter vielen heraus und wurden in Ungarn zu einem ernstzunehmenden Konkurrenten der VAW.[644]

Der Wettlauf wurde von der Berliner Chefetage mit großer Energie aufgenommen. Häufig führten die Direktoren Karl Werning und Heinz Mossdorf persönlich die Verhandlungen mit den Reichsstellen und den ungarischen Regierungs- und Unternehmensfachleuten. Und obwohl in den erhaltenen Akten der Name Günther Quandt nirgendwo auftaucht, kam auch ihm eine nicht unbedeutende Rolle zu. Nach dem Zweiten Weltkrieg hat er angegeben, in Angelegenheiten der UBAG drei Mal zu Gesprächen nach Ungarn gereist zu sein.[645] Aus Geheimhaltungsgründen durfte über diese Verhandlungen zwar nicht öffentlich berichtet werden, und die Erwähnung der im Ausland gewünschten «Hilfe beim Aufbau eines Leichtmetall-Werkes» fiel in den Geschäftsberichten entsprechend nichtssagend aus. Allerdings ließen manche Hinweise über die «vorteilhaften Abmachungen» und «freundschaftliche, auch für spätere Zeiten wertvolle Verbindungen» erkennen, wie sehr man nach einem Sieg Deutschlands auf gute Geschäfte in Ungarn hoffte.[646]

Am 29. Mai 1941 erwarben die Dürener Metallwerke eine Drittelbeteiligung an der UBAG.[647] Hierfür wurde das 7 Millionen Pengö betragende Aktienkapital um 3,5 Millionen Pengö (ca. 3,1 Millionen RM) erhöht und diese Aktien den Dürener Metallwerken zum Nominalwert überlassen. Man hatte auf diese Weise den üblichen Weg einer Kapitalerhöhung beschritten, ohne den ungarischen Aktionären finanziell zu schaden. Die Dürener Metallwerke mussten sich vertraglich dazu verpflichten, der ungarischen Gruppe stets mitzuteilen, wenn ihr von Dritten Aktien an der UBAG angeboten wurden und ihr ein Vorkaufsrecht einräumen.[648] Die Mehrheit an der UBAG lag bei einer Gruppe ungarischer Agrarier, die 45 Prozent besaßen, und der ursprünglichen Gründergruppe Kozma, die die restlichen Anteile hielt. Als Kapitalhilfe gewährten die Dürener Metallwerke der UBAG ein Darlehen von rund 5,1 Millionen RM und für das von beiden Gesellschaften gemeinsam zu errichtende Aluminium-Halbzeugwerk eine Werk- und Ausbildungshilfe, die auf 2 Millionen Pengö taxiert wurde.[649] Auf diese Unterstützungsklausel hatte die ungarische Gruppe in den Verhandlungen stets bestanden. Obwohl damit technisches Know-how nach Ungarn gelangte, hatten die Dürener Metallwerke in dieser Frage letztlich eingelenkt, da sie befürchteten, dass die UBAG in diesem Punkt mit der italienischen Konkurrenz Montecatini handelseinig werden könnte, wenn das Angebot der Deutschen den Ungarn nicht ausreichend entgegenkam.[650] Zugesichert erhielten die Dürener Metallwerke im Gegenzug die Verkaufsleitung aller Erzeugnisse und damit die Absatzsteuerung für Ungarn und das Ausland. Finanzielle Vorteile entstanden unter anderem durch die vereinbarte Steuer- und Gebührenfreiheit für 15 Jahre, die einer Ersparnis von 2,8 Millionen Pengö entsprach und den Anspruch auf alle Einnahmen aus Werkhilfe und Maschinenlieferung in Höhe von ca. 1,8 Millionen Pengö.[651]

Zugleich erhielten die Dürener Metallwerke Sitz und Stimme in den Entscheidungsgremien der UBAG: Bis dahin hatte der Vorstand aus 6 Mitgliedern und der Aufsichtsrat aus 15 Mitgliedern bestanden. Von nun an wurde ein Drittel der Sitze von Düren bestellt, und Günther Quandt trat in den Aufsichtsrat der UBAG ein.[652] De facto waren die Dürener Metallwerke die Herren im Haus: Sie stellten die oberste Leitung, ein weiteres Direktionsmitglied für die kaufmännische Leitung sowie den verantwortlichen Betriebsleiter. Die Unternehmensleitung hatte das Für und Wider der Abmachung immer wieder erörtert. Obwohl das Abkommen «für unsere Leistungen personeller und sachlicher Art nicht die Abgeltung mit sich bringt, die wir bei derartigen Verträgen sonst erzielen», wurden mehr Vorteile als Nachteile gesehen.[653] Günther Quandt sah den Einstieg bei der UBAG sogar als Sprungbrett, um zukünftig der mächtigen Konkurrenz der amerikanischen Aluminiumhütten besser begegnen zu können. «Ich habe den Eindruck, dass wir – einschliesslich Griechenland, Balkan, Norwegen und Russland – es zu einer erheblich höheren Produktion bringen werden und bin auch davon überzeugt, dass diese friedensmässig Verarbeitung und Absatz findet.»[654] Ein zeitgenössisches Schaubild machte die strategischen Ziele der Dürener Metallwerke deutlich, die durch den UBAG-Vertrag mit der Ausweitung des Geschäfts auf Bauxit und Tonerde ein «Gegengewicht zur VAW» schaffen, eine «Rohaluminiumbasis für Düren» gründen und eine «Schlüsselstellung im Südost-Raum» erreichen wollten.[655] Seit Ende 1941 waren die Dürener Metallwerke zudem mit der Organisation der ungarischen Leichtmetallindustrie betraut und unterhielten für diesen Zweck sogar ein eigenes Büro in Budapest.[656]

Die Expansionspläne der Dürener Metallwerke wurden allerdings argwöhnisch beobachtet. Vor allem der ungarische Platzhirsch, die Bauxit-Trust AG, hinter der im Wesentlichen die VAW stand, hatte an einer Konkurrenz auf dem ungarischen Markt kein Interesse und opponierte in Berlin gegen alle Vorhaben Quandts. Die Berliner Reichsstellen waren sich zwar nicht einig, wollten aber auf jeden Fall vermeiden, dass aus dem Streit zwischen der VAW und den Dürener Metallwerken die italienische Gruppe Montecatini als lachender Dritter hervorgehen würde.[657] Das RWM hatte aufgrund langfristiger Erwägungen kein Interesse an der Entstehung einer eigenständigen ungarischen Metallzeugindustrie. Für die Zeit nach dem Krieg sollte «dieser wertvolle Exportsektor Deutschland gesichert werden».[658] Aus diesem Grund war die Neigung gering, den Plänen der Dürener Metallwerke zu folgen, zumal mit der erwähnten «Werkhilfe» unweigerlich technisches Know-how ins Ausland transferiert wurde. Eine andere Haltung vertrat das an kurzfristigen Kriegszielen orientierte RLM, das in erster Linie an Produktionserhöhungen interessiert war und schon die Herstellung von etwa 10 000 Tonnen Rohaluminium für den ungarischen Lizenzbau deutscher Flugzeuge vereinbart hatte.[659]

Im November 1941 wurden auf Veranlassung des Generalbevollmächtigten für die chemische Erzeugung Pläne zum Bau einer Ton-

erdefabrik mit angeschlossener Rohaluminium-Erzeugung in Ungarn
ventiliert. Diese Pläne umfassten auch das kurze Zeit später schei-
ternde Aluminium-Projekt in Breisach. Bei sofortigem Baubeginn
sollte die Fabrik in zwei Jahren fertiggestellt sein. Für beide Bauvorhaben zusammen wurden Kosten in Höhe von 34,5 Millionen RM
veranschlagt.[660]

Angetrieben durch die Verbindung mit den Dürener Metallwerken
und durch die Nachfrage der Luftrüstung setzte die UBAG auf Wachs-
tumskurs. Zum Auf- und Ausbau der Tonerdeproduktion errichtete sie
in Ajka (Eikau) in verkehrsgünstiger Nähe zu Bauxit- und Kohlegru-
ben ein Werk, das bis Herbst 1942 fertiggestellt werden sollte.[661] Die
gesamte dort gewonnene Tonerde war für deutsche Interessen bestimmt und sollte nach Fertigstellung der Aluminiumhütte in Fischamend auch von den Dürener Metallwerken verarbeitet werden. Daneben war für Székesfehérvár (Stuhlweißenburg) ein weiteres Werk
vorgesehen, in dem das Aluminium zu Flugzeugmaterial verarbeitet
werden sollte.[662]

Der ungarische Staat stellte der UBAG für das Werk in Ajka einen
langfristigen Kredit in Höhe von 25 Millionen Pengö zur Verfügung
und gewährte eine langjährige Steuer- und Gebührenfreiheit. Die Dürener Metallwerke wollten die Tonerdeproduktion von 20000 auf
40000 Tonnen erhöhen und sogar eine weitere Tonerdefabrik in Tat
an der Donau mit einer Kapazität von 40000 Tonnen und Geste-
hungskosten von 21 Millionen RM errichten. An dieser wollten sie
sich zu 50 Prozent beteiligen und beantragten hierfür einen Reichszuschuss von 30 Prozent. Der Gesamtbetrag, der schließlich für diese
verschiedenen Tonerdeprojekte beantragt wurde, belief sich nunmehr
auf 12,8 Millionen RM. Die Dürener Metallwerke argumentierten,
durch diesen Reichszuschuss die Fabriken in der Friedenszeit, wenn
auch unter Umständen ohne Gewinn, «erhalten» zu können.[663] Das
RWM sperrte sich aber gegen eine Beteiligung des Reiches an der
Finanzierung der UBAG-Vorhaben, indem es auf «grundsätzliche Bedenken gegen derartige finanzielle Transaktionen» mit einer ausländischen Gesellschaft verwies. Zum Ausgleich wurde angeboten,
eventuell über eine Kriegsrisikoklausel und in gewissem Umfang über
eine Abschreibungsgarantie für das Werk Fischamend zu verhandeln.[664] Dieses Projekt kam jedoch nicht über die Planungsphase hinaus, nicht zuletzt, weil Westrick alle Pläne für Fischamend weiterhin
torpedierte.[665]

Zudem wirkte die Weigerung der ungarischen Behörden, ausländischen Unternehmen einen entscheidenden Einfluss auf dem ungarischen Aluminiummarkt zu gewähren, der Expansion entgegen. Bei Kapitalerhöhungen der UBAG konnten die Dürener Metallwerke ihre Drittelbeteiligung zwar halten, doch ein Ausbau ihrer Stellung blieb ihnen verwehrt. Als im März 1942 bekannt wurde, dass eine wichtige ungarische Aktionärsgruppe Verkaufsneigungen hatte, zeigte Günther Quandt für den Erwerb, der eventuell auch über Dritte erfolgen sollte, ein «starkes Interesse». Die ungarischen Aktionäre waren aber nach Auskunft von Hermann Josef Abs, Quandts Kontaktmann bei der Deutschen Bank, von ihrer Regierung offensichtlich angewiesen worden, «unter keinen Umständen an die Gruppe Dürener Metall zu verkaufen». Abs bot dennoch an zu prüfen, ob ein Erwerb, der den Dürener Metallwerken die Mehrheitsbeteiligung gebracht hätte, möglich sei.[666] In den folgenden Monaten wurden weiterhin nationale ungarische Interessen ins Feld geführt: Als UBAG und Dürener Metallwerke im Februar 1943 vereinbarten, die Kapazität von Tonerde auf jährlich 30 000 Tonnen zu erhöhen und die anfallenden Kosten in Höhe von 4 Millionen Pengö hälftig auf beide Unternehmen zu verteilen, lehnte die ungarische Regierung die Bewilligung einer Anleihe der UBAG ab,[667] wahrscheinlich, um eine drohende spätere Dominanz durch das deutsche Unternehmen zu verhindern. Für den folgenden Zeitraum reißt die Quellenüberlieferung ab, es ist aber wenig wahrscheinlich, dass es noch vor Kriegsende zu einer wesentlichen Produktionsausweitung kam. Die Dürener Metallwerke wandten sich zwar immer wieder hilfesuchend an das RWM, ohne aber letzten Endes erfolgreich zu sein.[668] Damit geriet die vertikale Expansion der Dürener Metallwerke in die Produktion von Rohaluminium, die mit geographischer Expansion in das mit dem «Dritten Reich» verbündete Ungarn einherging, im Zweiten Weltkrieg in eine strategische Sackgasse, die das Ergebnis der Konkurrenzsituationen und einer fehlgeschlagenen Netzwerkpolitik war. Das Geschäftsfeld der Rohaluminiumerzeugung wurde von den Traditionsunternehmen und insbesondere der VAW vehement verteidigt. Die Kontakte der Dürener Metallwerke zum größten Nachfrager von Aluminium, dem RLM, reichten nicht aus, da die argwöhnischen Mitbewerber konstant versuchten, die Dürener Metallwerke aus dem Geschäft zu drängen und dabei auf die ambivalente Haltung des RWM bauen konnten. Zwar erhielten die Pläne zum Bau eines Werkes in Fischamend die Unterstützung des RWM, den Plänen zum Aufbau von Werken zur Rohstoffgewinnung in Ungarn wurde aber die erwünschte finanzielle Hilfe verwehrt. Das RWM sah Ungarn lediglich in der Rolle eines Rohstofflieferanten und fürchtete, durch die Ausgestaltung der Vertragsdetails zwischen den Dürener Metallwerken und der UBAG könne deutsches technisches Know-how abfließen und zu Industrialisierungsfortschritten in der ungarischen Aluminiumindustrie führen. Das Ungarn-Geschäft scheiterte aber auch daran, dass VAW und die besorgten ungarischen Behörden den Expansionswünschen der Dürener Metallwerke einen Riegel vorschoben.

12. EXPANSION INS BESETZTE AUSLAND

Im September 1939 begann Adolf Hitler den lange geplanten und zielstrebig herbeigeführten Krieg mit einem Feldzug gegen Polen, der bereits Elemente eines Vernichtungskrieges in sich trug.[1] Was Generaloberst Johannes Blaskowitz erschreckt meldete, dass sich nämlich in Polen hinter den Fronten «tierische und pathologische Instinkte»[2] austobten, verriet das Verbrecherische. Hier wurde die Ausrottung der jüdischen Intelligenz, die Deportation und Einsperrung in Ghettos, schließlich die «Eindeutschung» und Vertreibung unter dem Signum der «Volkstumspolitik», schreckliche Realität. Dies blieb im unerwartet schnell erfolgreichen Westfeldzug[3], der im Mai 1940 begonnen wurde, zunächst aus. Obwohl keineswegs als Blitzfeldzug geplant, sondern in vielerlei Hinsicht improvisiert und erst später zum Vorzeigebeispiel für ein erfolgreiches Vorpreschen stilisiert,[4] entfachte der militärische Erfolg[5] in Deutschland Hoffnungen auf den baldigen «Endsieg», wie er auch neuen Ordnungsvorstellungen für den Kontinent Auftrieb verschaffte. Beispielsweise bemerkte Generalstabschef Franz Halder: «Dieser Krieg ist notwendig wie der von 1866, und an seinem Ende stehen die Vereinigten Staaten von Europa.»[6] Die Lage sah im Sommer und Herbst 1940 für die Deutschen vielversprechend aus: «Sie besaßen das beste Heer der Welt; ihr letzter noch verbleibender Gegner, England, leckte seine Wunden und war scheinbar hilflos; die Ressourcen Frankreichs warteten darauf, ausgebeutet zu werden; und die Sowjetunion – die einzige Macht, die [...] gefährlich werden konnte – gab sich alle Mühe, gute Beziehungen zu Deutschland zu pflegen. Es ging nur noch darum, den Krieg zu einem erfolgreichen Ende zu bringen.»[7] «Kein Erfolg Hitlers», so urteilte Joachim Fest, «hat rücksichtslose Zustimmung erfahren als dieser, wie sinnlos und willkürlich herbeigeführt der Krieg zunächst vielen auch erschienen war.»[8]

Das «Dritte Reich» befand sich indessen keineswegs in der komfortablen Lage, in der es sich wähnte.[9] In den USA wurde nun die

Rüstungshilfe für Großbritannien mit großer Mehrheit gebilligt, die Militärausgaben erhöht und die Einführung der Wehrpflicht in Friedenszeiten vorbereitet – Schritte, die einen «Wendepunkt»[10] in der Haltung der Vereinigten Staaten bedeuteten und letztlich ebenso entscheidend werden sollten wie das Scheitern des «Weltblitzkriegsplans» Hitlers bereits wenige Monate nach dem Überfall auf die Sowjetunion.

Dieses von Beginn an als «rasseideologischer Vernichtungskrieg» konzipierte «Unternehmen Barbarossa»[11] trug den Weltanschauungskrieg in die UdSSR und brachte das Verbrecherische zum unheilvollen Durchbruch, was wenig später wieder auf die west- und südosteuropäischen Kriegsschauplätze zurückwirkte.[12] Seit der zweiten Jahreshälfte 1941 war die nationalsozialistische Vernichtungspolitik nicht mehr länger auf die Gebiete Ostmitteleuropas und Osteuropas beschränkt. Europa wurde, wie es im Protokoll der Wannsee-Konferenz vom 20. Januar 1942 hieß, «vom Westen nach Osten durchgekämmt».[13] Im Zuge dieser Entwicklung wurden in den von Hitlers Truppe besetzten Gebieten die Grenzen des bis dahin Normalen endgültig überschritten und um die schreckliche Dimension der Vernichtungspolitik erweitert.[14] Geführt als «Totaler Krieg», endete die Terrorherrschaft erst mit dem Abzug der deutschen Truppen aus den jeweils besetzten Ländern bzw. mit der bedingungslosen Kapitulation im Mai 1945.

Die Grundzüge der AFA-Expansionsstrategie im Westen

Nach dem unerwartet schnellen Erfolg im Frankreichfeldzug 1940 eröffneten sich neben machtpolitischen auch wirtschaftliche Expansionsperspektiven.[15] In einer Stimmung, die einer «hybris de vainqueurs» entsprach,[16] erkannten die deutschen Unternehmer «im Fahrwasser des politischen Expansionsdrangs» die Möglichkeiten «zur Ausweitung und Festigung ihrer Position auf den Auslandsmärkten».[17] Für die kontinentale Nachkriegsplanung Hitlers spielte Westeuropa eine zentrale Rolle, wie eine von ihm in Auftrag gegebene Denkschrift im Juni 1940 deutlich machte.[18] Auf die mehr oder weniger abhängigen Staaten des Festlands konnte das «Dritte Reich» fortan fast nach Belieben zugreifen. Im Westen standen technologisch-fortschrittliche Industrien zur Verfügung – anders als im

Osten, wo «Lebensraum» erobert werden sollte, aber immer noch stark rural geprägte Volkswirtschaften mit unterentwickelter Industrie vorherrschend waren.[19] Hitler hielt es, wie er in einer nicht einmal zynisch gemeinten Aussage formuliert hat, für «etwas wunderbar Schönes, eine gesamtdeutsche und europäische Wirtschaftsordnung aufzubauen».[20] Nun schlug die «Stunde der Experten»[21], die diese neue Ordnung unter deutscher Vorherrschaft in die Tat umsetzen wollten. Gleich mehrere Behörden und Institutionen nahmen, zum Teil mit-, aber bisweilen auch neben- und gegeneinander, Hitlers Ideen auf, deren Rassevorstellungen als permanentes Hintergrundgeräusch zu hören waren. Verschiedene staatliche Behörden und Ministerien, die Interessenvereinigungen der deutschen Wirtschaft und einzelne Unternehmen schmiedeten Pläne und legten zahlreiche Denkschriften, Memoranden und Konzepte für eine Neuordnung Europas vor.[22] Der Wettbewerb um Aufträge, Rohstoffe und Arbeitskräfte fand jetzt nicht mehr auf dem offenen Markt statt, sondern «in den Korridoren der Ministerien und in den Vorzimmern der planwirtschaftlich ausgerichteten Bürokratie».[23]

Görings Vierjahresplanbehörde hoffte, im Zuge der Westexpansion industrielle Schlüsselpositionen zu übernehmen, regte «gesteuerte Käufe von Wirtschaftsunternehmungen» durch «deutsche Kreise» an[24] und setzte sich damit gegen die eher wirtschaftsliberalen Konzeptionen des Auswärtigen Amtes durch. In einem Geheimerlass vom 2. August 1940 wurde die Durchführung dieser Verflechtungen dem RWM übertragen, wobei sich Göring zwar ein endgültiges Entscheidungsrecht vorbehielt, letztlich hiervon jedoch kaum Gebrauch machte.[25] Das RWM erhielt daher eine weitgehende Entscheidungsgewalt über die Wirtschaftspolitik in den besetzten Gebieten des Westens.[26] Günther Quandt hat in seinen späteren Aussagen stets auf die Reichsstellen als treibende Kraft verwiesen: «Die Tendenz des Wirtschaftsministeriums, daß sich die deutsche Industrie im Ausland beteiligt, war von Anfang an vorhanden und dieses Interesse ist gewachsen und hat sich in direkten Aufträgen verdichtet.»[27] Diese Aussage sollte von der eigenen Verantwortung ablenken, aber die in der Forschung auch heute noch weitverbreitete Ansicht, das RWM sei unter Walther Funk eine vergleichsweise unbedeutende Instanz gewesen, ist mit Blick auf die Quellen revisionsbedürftig. Das RWM spielte tatsächlich in den die wirtschaftliche Expansion betreffenden Entscheidungsprozessen eine zentrale Rolle. Während bei der Vierjahresplanbehörde zunächst die

Position des «direkten Raubkapitalismus» vorwaltend blieb und es darum ging, ohne große juristische Rücksichten die besetzten Länder auszuplündern, war man im RWM der Ansicht, es sei langfristig vernünftiger, einen geregelten Ressourcenabfluss zu ermöglichen und konnte sich mit dieser Ansicht schließlich auch bei Göring durchsetzen: Die Industrien der besetzten Länder waren zwar nicht als gleichberechtigte Partner zu behandeln, aber sie sollten auch nicht gewaltsam enteignet werden, und den Produzenten kriegswichtiger Waren sollten sogar Gewinne zugestanden werden.[28]

Innerhalb der Hauptabteilung V (Außenwirtschaft) des Ministeriums wurde unter Dr. Gustav Schlotterer eine Sonderabteilung «Vorbereitung und Ordnung» geschaffen, die Vorschläge und Entwürfe ausarbeitete, um durch eine kapitalmäßige Verflechtung der deutschen Wirtschaft eine beherrschende Stellung zu sichern.[29] Der 1906 geborene Ministerialdirigent war ein noch vergleichsweise junger Experte, der als «Neuordnungsfachmann» im RWM zum «eigentlichen Architekten» des neuen Währungs- und Handelssystems wurde.[30] Er avancierte schnell zu einem «wichtigen Vermittler zwischen Staatsapparat und Selbstverwaltung der Wirtschaft»[31] und entsprach dem neuen Typus der «Manager der Kriegswirtschaft»,[32] die als Juristen und Wirtschaftswissenschaftler einer jungen und akademisch gebildeten «Generation der Sachlichkeit»[33] angehörten und ihre Ziele mit einer emotionslosen Folgerichtigkeit durchzusetzen bereit waren. Bereits 1936 hatte er die Marschrichtung einer neuen deutschen «Weltwirtschaftspolitik» formuliert: Man sei bislang mit Blick auf unentbehrliche Rohstoffe «zu einem großen Teil hoffnungslos auf die ausländischen Märkte angewiesen. [...] Deutschland kann sich nur dann sicher fühlen und nur dann die absolute Freiheit seiner Entschlüsse behaupten, wenn es die unentbehrlichen Lebensvoraussetzungen für sein Volk und seine Wirtschaft aus eigener Kraft garantieren, d. h. innerhalb der Grenzen seines Machtbereiches zu schaffen vermag.»[34]

Auch wenn hiermit bereits die geistigen Grundlagen der Raubzüge gelegt waren, ließen sich solche weitreichenden Planungen erst nach Ausbruch des Zweiten Weltkrieges umsetzen. In der Praxis nach 1940 unterschieden sich die jeweiligen Vorstellungen von den Formen der wirtschaftlichen Hegemonie bei Vierjahresplanbehörde, Reichsbank, RWM, Wehrmacht und Auswärtigem Amt allerdings durchaus. An dieser Stelle soll der Blick vor allem den Wehrmachtsstellen und dem

RWM gelten, denjenigen Institutionen, mit denen die Quandt-Unternehmen am häufigsten verhandelten.

Nach dem Westfeldzug hatte in den besetzten Gebieten zunächst die Wehrmacht das Heft in der Hand. Frankreich befand sich in einer «Periode der Regression, der Konfusion, der Balkanisierung des Territoriums und der Arbeitslosigkeit».[35] Eine Demarkationslinie legte eine «freie» und eine «besetzte Zone» fest. In dem etwa zwei Drittel des französischen Territoriums umfassenden besetzten Gebiet, zu dem Paris und die wichtigen nordfranzösischen Industriegebiete gehörten, wurde unter Militärbefehlshaber General Otto von Stülpnagel eine Verwaltung mit Verordnungsbefugnis eingesetzt,[36] der eine eigene Wirtschaftsabteilung unterstand. Die erfahrenen Beamten waren stolz auf deutsche Verwaltungsprinzipien und wollten eine Besatzungsherrschaft ähnlich den Vorbildern von 1814, 1870 oder 1914 ausüben.[37]

Unter General Alexander von Falkenhausen als dem Militärbefehlshaber für Belgien und Nordfrankreich erstreckte sich die Militärverwaltung auch auf die beiden angrenzenden französischen Départements Pas-de-Calais und Nord. Ihm unterstand zudem eine in Lille befindliche Oberfeldkommandantur, in deren Bereich jedoch prinzipiell die wirtschaftlichen Rechte Vichys mit einigen Einschränkungen Geltung hatten. Im bis zum November 1942 unbesetzten Gebiet Frankreichs richtete Marschall Philippe Pétain nach dem Waffenstillstand vom 22. Juli 1940 im Kurort Vichy eine neue Regierung ein und kollaborierte in den sprichwörtlichen «dunklen Jahren»[38] bis 1944 weitgehend mit den Okkupanten.

Nach einer «Verordnung über die ordnungsgemäße Geschäftsführung und Verwaltung von Unternehmungen und Betrieben in den besetzten Gebieten der Niederlande, Belgiens, Luxemburgs und Frankreichs» aus dem Juni 1940 sollten die Unternehmen den von der Wehrmacht eingesetzten kommissarischen Verwaltern unterstellt werden. Häufig wurden jedoch im Rüstungsinteresse die Geschäftsführungen in ihrer Funktion belassen und deutsche Verwalter de facto lediglich beigeordnet. Die Bestimmungen wurden Anfang Juli durch Anordnungen «zur Sicherstellung und Erhaltung des Vermögens» ergänzt.[39]

Die nicht mehr als einige Tausend Beamte umfassende Militärverwaltung im Westen versuchte weniger über direkte Gewalt als durch Eingriffe in die Lenkungsorgane der Wirtschaft ihre Herrschaft auszuüben, was einen wesentlichen Unterschied zur Besatzungsherrschaft im Osten darstellte. Haager Landkriegsordnung und Genfer Konvention wurden als bindend betrachtet. Die Beherrschung sollte weitgehend dem traditionellen Verhalten einer Siegermacht in einem besetzten Land entsprechen, obwohl das Regime auch hier die Ziele der NS-Rassenpolitik verfolgte, die zur Deportation der jüdischen Bevölkerung und zur «Arisierung» jüdischer Unternehmen führte. Die Eingriffe der deutschen Beamten beschränkten sich alles in allem aber auf ein Mindestmaß, da die Staatsbürokratie in den besetzten Gebieten weitgehend loyal kooperierte und nur von einem kleinen deutschen Stab allgemeine Richtlinien erhielt.[40]

Während sich vor Ort im Sommer 1940 das Besatzungsregime etablierte, versuchten in Berlin die verschiedenen Reichsbehörden, Einfluss auf die Entwicklung zu nehmen. Im August und September 1940 hielt Schlotterer im RWM zahlreiche Konferenzen mit belgischen und französischen Industriellen der besetzten Gebiete ab, um Möglichkeiten einer Zusammenarbeit auszuloten.[41] Langfristig sollte ausländischer Besitz über deutsche Beteiligungen in «private Hände» überführt, aber in einem «Zwischenstadium» zunächst durch das Reich verwaltet werden. Das vom Militärbefehlshaber in Belgien und Nordfrankreich inzwischen eingeführte Verfahren der Einsetzung von Treuhändern, kommissarischen Verwaltern und kommissarischen Betriebsleitern wurde zur Nachahmung empfohlen; zudem sollte festgelegt werden, welche «Schlüsselpositionen» auf jeden Fall mit Deutschen besetzt werden sollten.[42] Geklärt werden sollte auch, wie auf mangelnde Kooperation der Behörden in den besetzten Ländern zu reagieren sei.[43] Vielfach widersprach dies jedoch den Vorschlägen der eher pragmatisch vorgehenden Rüstungsbehörden. Das RLM erließ beispielsweise am 27. September 1940 Richtlinien, nach denen die Einsetzung von Treuhändern auf ein «Mindestmaß» beschränkt bleiben sollte,[44] und das Wehrwirtschafts- und Rüstungsamt wollte zwar bei ungenügender Zusammenarbeit einer Unternehmensleitung kommissarische Leiter einsetzen, aber die Geschäftsleitungen im Amt lassen, wenn sie «guten Willens» waren. Ihnen sollte dann allerdings ein Bevollmächtigter zur Seite gestellt werden, der Einblick in die Bücher und das Geschäft haben musste.[45] Während die Wehrmacht vor allem an einer genügenden Versorgung ihrer Truppen und der Nutzung der Rüstungskapazitäten interessiert war, dachten RWM und Privatindustrie an eine stärkere Durchdringung der Wirtschaft, die vor allem durch «Kapitalverflechtung» erfolgen sollte. Der psychologische Effekt der Niederlage sollte ausgenutzt werden, was umso einfacher war, als die britische Blockade die besetzten Länder von wichtigen Exportmärkten abgeschnitten hatte und eine Kooperation mit dem «Dritten Reich» auch insofern geradezu alternativlos erscheinen ließ. Die Industriellen in den besetzten Staaten fühlten sich ausgeliefert und machten sich kaum Illusionen über das Bevorstehende.[46] René Belin, Arbeitsminister unter Pétain, gab wohl eine weitverbreitete Ansicht wieder, als er meinte, Europa werde nun deutsch, so wie es 160 Jahre zuvor französisch gewesen sei.[47] Man fügte sich weitgehend der deutschen Dominanz und versuchte, bisweilen in der Hoffnung auf eine Interessenkonvergenz, einen gleichberechtigten Platz in dieser neuen europäischen Ordnung zu ergattern.[48] Bei der zumindest bis zum Jahr 1943 «komplementäre[n] Interessenlage» zwischen Deutschen und Franzosen[49] resultierte die französische «Staatskollaboration»[50] aus der Tendenz, mit dem «siegreichen Hegemon» zusammenzuarbeiten, der als «führende Macht im zukünftigen Europa» angesehen wurde.[51] Die jeweiligen Mechanismen des schwierigen Aushandlungsprozesses um die Aufteilung des zukünftigen europäischen Marktes und um «Anteile, Preise, Marktzugänge und künftige Kooperationsformen» sind bislang allerdings noch nicht genügend erforscht.[52] Viele Fragen, wie zum Beispiel die nach der Gewinnsituation bei kollaborierenden Unternehmen, sind deswegen noch offen, weil es selbst bei den inzwischen gründlicher untersuchten Betrieben «keine verwertbaren Zahlen» gibt, die über Umsatz und Rentabilität Auskunft geben könnten.[53]

Das französische Produktionspotential wurde jedenfalls in erster Linie für den unmittelbaren Wehrmachtsbedarf genutzt. Eine «Zentralauftragsstelle für die von der Wehrmacht belegten Betriebe in den besetzten Gebieten» (ZAST) steuerte die Auftragsverlagerung und Rohstoffsicherung[54] der besetzten Gebiete, die nun Deutschlands «verlängerte Werkbank im Westen» wurden. Die französische Industrie lieferte schließlich zwischen 45 und 50 Prozent ihrer Waren an das «Dritte Reich».[55]

Die europäische Strategie der AFA und Günther Quandts war bis zum Kriegsausbruch auf Expansion ausgerichtet gewesen, eine Strategie, die in harter Auseinandersetzung mit der Konkurrenz durchgesetzt wurde. Die AFA war inzwischen, wie Günther Quandt und Horst Pavel stolz betonten, «das bedeutendste Unternehmen des europäischen Kontinents» auf dem Gebiet der Akkumulatorentechnik geworden.[56] Durch sorgfältig abgeschlossene Verträge mit ausländischen Partnerunternehmen hatte die AFA einen auch ihre ausländischen Vertragspartner zufriedenstellenden Gebietsschutz erreicht. Mit dem deutschen Eroberungskrieg erlosch allerdings dieses mit viel Mühe entwickelte Vertragssystem.

Dass Günther Quandt an eine politische «Mission» im Westen dachte, ist unwahrscheinlich. Theoretische Überlegungen stellte er eher selten an, wenn man einmal von seiner Mitgliedschaft in der im Mai 1940 gegründeten «Gesellschaft für europäische Wirtschaftsplanung und Großraumwirtschaft» (GeWG) absieht, die verschiedene Ideen der Erweiterung ventilierte.[57] Es ist jedoch aufschlussreich, dass Quandt sich ausgerechnet in dem Moment – zumindest durch seine Mitgliedschaft – mit dieser «Neuordnung Europas» beschäftigte, als sich konkrete Expansionschancen für seine eigenen Firmen ergaben. Die Quellen zeigen, dass die AFA keinen Moment zögerte, die sich im Westen bietenden Chancen zu nutzen, um einen Zugriff auf die belgische und französische Akkumulatorenindustrie zu erhalten. Eine Vielzahl von Motiven bietet sich als Erklärung für die Expansionsstrategie im Krieg an. Zunächst war es allein die Wucht des militärischen Erfolgs, die neue ökonomische Möglichkeiten bot; diese wurden auch von zahlreichen anderen deutschen Unternehmen genutzt,[58] hinter denen die Quandt-Gruppe nicht zurückstehen wollte.

Die Quellen verraten nicht, ob es in der AFA eine regelrechte strategische Planung für eine Westexpansion gab oder ob spontan die Chancen genutzt wurden, die sich durch den militärischen Vorstoß boten. Auf alle Fälle nutzte das Unternehmen die Möglichkeiten seiner fast monopolartigen Stellung, um sich in den besetzten Gebieten an vorderster Stelle zu positionieren. Ähnlich wie in Deutschland, wo Mitbewerber eher «lästige» Konkurrenten als eine wirkliche Gefahr darstellten, riefen die Verhältnisse in Frankreich und Belgien eine gewisse Arroganz der Größe hervor, denn hier hatte man es nicht mit ernst zu nehmenden Konkurrenten zu tun, sondern mit einer weitgehend zersplitterten Akkumulatoren-Industrie. Diese war durch zahlreiche kleine und mittlere Betriebe geprägt, die schon von ihrer Größe her kaum technische Forschungsleistungen erbringen konnten und – anders als Betriebe in Großbritannien und den USA – weit von den Kapazitäten der AFA entfernt waren. Von den etwa 50 französischen

Akkumulatoren- und Trockenelementefabriken, die im Verlauf der Besatzung für Verlagerungsaufträge herangezogen wurden, waren die meisten kleine Handwerksbetriebe, die mit 20 bis 80 Arbeitern auskamen.[59] Fast alle hatten zudem im Verlauf der Kampfhandlungen ihre Produktion eingestellt oder radikal reduziert.[60] Durchaus herablassend hat einer der Direktoren Quandts später auf ihren geringen Ausstoß aufmerksam gemacht: Allein die Pertrix habe so viel produziert wie die gesamte französische Trockenbatterie-Industrie zusammen.[61]

Ein weiteres Motiv, das die Expansion in den Augen der AFA-Manager rechtfertigte, war die Erinnerung an die Vermögenseinbußen durch den Verlust der Auslandsbeteiligungen, die der Versailler Vertrag gebracht hatte. In Deutschland wurden diese Abtretungen nach wie vor als eine bittere Ungerechtigkeit wahrgenommen, die einer Wiedergutmachung bedurfte. So hatte die von der AFA gemeinsam mit der AEG und Siemens geschaffene Gesellschaft für elektrische Zugbeleuchtung (GEZ) im Jahr 1911 eine Société pour l'Eclairage des Trains (SET) mitgegründet. Nach 1918 war der deutsche Anteil an dieser Gesellschaft liquidiert worden. Die GEZ machte daher im November 1941 eine saftige Rechnung über 3 Millionen RM auf, die der Rechtsnachfolger der SET, die zur CGE und zur Alsthom gehörende «L'Eclairage des Véhicules sur Rails», ihr noch schulde.[62] Horst Pavel führte hierzu später entschuldigend aus, es sei auch darum gegangen, «die Schäden des Versailler Vertrages» wiedergutzumachen.[63] Mit ganz ähnlichen Argumenten versuchte Günther Quandt, bei der belgischen Zinkhütte Compagnie des Métaux d'Overpelt-Lommel et de Corphalie durch die Einsetzung eines AFA-Treuhänders eine als «altes Recht» angesehene Stellung wiederzugewinnen, die 1918 verlorengegangen war.[64]

Eine Rolle spielte ferner die Sorge vor deutschen Konkurrenten, die man, ohne dass es dafür überhaupt einen konkreten Anlass gab, praktisch überall witterte. Günther Quandt erläuterte diese – in den meisten Fällen völlig unnötigen – Bedenken einmal vor seinen Abteilungsleitern, als er im März 1941 auf seine gerade absolvierten Reisen durch Belgien und Frankreich zu sprechen kam. Die AFA sei bei den Wehrmachtsdienststellen im Gegensatz zu Firmen wie Bosch «ungenügend vertreten». Während in den besetzten Gebieten Wartungsaufgaben ausgeführt würden, sei das AFA-Werk Oberschöneweide verhältnismäßig schwach beschäftigt und könne Aufträge an und für sich gut gebrauchen, wie er ausführte: «Es darf sich nicht wiederholen, wie in Polen und im Westen, dass wir nicht rechtzeitig zur Stelle sind. Wenn in der nächsten Zeit irgendwo etwas passiert, müssen wir wissen, welche Herren Sie uns zur Verfügung stellen können, die wir dann sofort einschalten.»[65]

Verlagerungen, Übernahmen, «Arisierungen»: Die Formen der Westexpansion

Die Organisation der AFA-Westexpansion

Die Verantwortung für die Westexpansion der AFA lag formal bei der von Günther Quandt, Hermann Clostermann und Fritz Wallmüller geleiteten Auslandsabteilung, die für die technisch-wirtschaftlichen Exportverhandlungen zuständig war. Weil Clostermann und Wallmüller allerdings in den Kriegsjahren in den entsprechenden Akten kaum eine Rolle spielen, liegt es nahe zu vermuten, dass es wesentlich Günther Quandt war, der mit Hilfe anderer führender Manager die Oberaufsicht übernahm und, nachdem er am Anfang noch selbst eingriff, die Routinearbeit schließlich einer eingespielten Gruppe enger Mitarbeiter überließ. Konkrete operative Einzelentscheidungen wurden meist von Horst Pavel getroffen, der die entsprechenden Briefe, Anordnungen und Weisungen unterschrieb oder mitzeichnete und häufig an wichtigen Gesprächen in den Ministerien beteiligt war. Pavel entschied als «rechte Hand» von Günther Quandt niemals etwas gegen dessen erklärten Willen und galt bekanntlich als «graue Eminenz» der AFA.[66]

Quandts entscheidender Einfluss auf die Expansion im Westen wird umso deutlicher, als er schon wenige Monate nach Ende des Frankreichfeldzuges, im Oktober 1940, gemeinsam mit Pavel eine knapp zehntägige Erkundungsreise ins besetzte Gebiet unternahm. An dieser Fahrt nahm auch Herbert Quandt teil.[67] Mit einem offiziellen Auftrag des Generalluftzeugmeisters versehen, inspizierte Günther Quandt gemeinsam mit einigen Ingenieuren die französische Akkumulatorenlandschaft und bat anschließend darum, dem Bevollmächtigten des Auswärtigen Amtes bei der Waffenstillstandskommission in Wiesbaden darüber berichten zu dürfen.[68] Quandt gab später an, die Initiative sei vom RWM ausgegangen, und auch die Reise nach Wiesbaden habe nicht auf eigene Veranlassung stattgefunden. Die Besprechung sei der AFA vielmehr vom RWM «nahegelegt» worden. In Wiesbaden sei ihm mitgeteilt worden, es sei «jetzt notwendig [...] über Beteiligungen zu verhandeln».[69] Es ist durchaus wahrscheinlich, dass es sich um ein gegenseitiges Vergewissern in einer Angelegenheit handelte, in der grundsätzliche Übereinstimmung bestand. Es gehört zu den Charakteristika der NS-Herrschaft, dass die Befehlsketten bisweilen aufgelöst wurden, und während des Nürnberger Prozesses gab es immer wieder lange Diskussionen darüber, ob die Wehrmacht klare Anweisungen erteilt habe oder ob nicht vielmehr das Personal der Privatindustrie selbst die Wehrmacht bewogen habe, eine bestimmte Auflage zu erteilen.[70] Die AFA-Führung beharrte nach 1945 darauf, nur nach Aufforderung reagiert zu haben. Man habe «keinerlei Resonanz bei Behörden» gehabt und «wollte mit Parteistellen und Dienststellen des Reiches nichts zu tun haben.»[71] Pavel sagte außerdem aus, dass die AFA sich an die Weisungen des RWM habe halten müssen: «Früher war das anders, da konnte man so kaufen, aber jetzt musste man immer erst die Behörden fragen».[72] Anders gelagert war die Erinnerung von Carl Bolle aus dem DWM-Vorstand, der im gleichen Zusammenhang ausführte, bei den Spitzen der Wehrmacht habe die Einstellung geherrscht, dass die «schmutzigen Geschäfte» wie Kapitalverflechtungen von den Industrievertretern zu erledigen seien.[73]

Der Blick auf die Hintergründe der Reise Quandts nach Wiesbaden ermöglicht es, die Stimmigkeit dieser Argumentation zu überprüfen. Dort verhandelten seit Juli 1940 die Waffenstillstandsdelegationen. Weil trotz korrekter Umgangsformen der «Ton des Siegers»[74] vorherrschte, waren inzwischen zahlreiche französische Industrielle bereit, in direkte Verhandlungen mit deutschen Firmen zu treten. Der Leiter der deutschen Wirtschaftsabteilung Hans Richard Hemmen regte beispielsweise schon im September 1940 an, die Flugzeughersteller für die Wehrmacht arbeiten zu lassen.[75] Nach Kriegsende hat Hemmen die Machtverhältnisse recht sarkastisch beschrieben: «Bei solchen Verhandlungen sitzt natürlich die obsiegende Partei immer am längeren Hebel.»[76] Seine Abteilung blieb fortan stets ein wichtiger Ansprechpartner der AFA in Fragen von Kapitalbeteiligungen. Bei diesem Besuch Quandts in Wiesbaden ging es darum, für die Expansionspläne von einer weiteren Stelle grünes Licht zu erhalten. Entsprechend forsch traten Quandt und Pavel am 28. November 1940 in

Wiesbaden auf: Es sei Zeit, so ist im zeitgenössischen Dokument zu lesen, über Beteiligungen zu verhandeln. Die AFA, die auf die Billigung ihrer Pläne durch die Reichsbehörden verwies, wollte nicht allein Kapitalverflechtungen erreichen, sondern war «nur an einer Majoritätsbeteiligung mit 51 %» interessiert – was für eine Einflussnahme allerdings als ausreichend angesehen wurde. Entsprechende Abkommen sollten zunächst ruhig unter Vorbehalt geschlossen werden. In Fällen, in denen eine Verständigung nicht möglich war, sollte die Behörde informiert werden, damit diese «Druck» auf die französische Seite ausüben könne.[77] Aus dem Dokument lässt sich entnehmen, dass AFA und RWM an einem Strang zogen. Es mochte durchaus sein, dass ursprünglich die Initiative von der Berliner Stelle ausgegangen war, wie die AFA-Emissäre später fortwährend betonten,[78] aber die Ideen griffen Quandt und Pavel mehr als bereitwillig auf.

Unterhalb der Entscheidungsebene von Günther Quandt und Horst Pavel waren es die AFA-Direktoren Oscar Mitscherling, Corbin Hackinger und Werner von Holtzendorff, die eine zentrale Rolle bei den konkreten Übernahmen und Übernahmeversuchen im Ausland spielten und daher eine nähere Betrachtung verdienen. Der 1887 geborene AFA-Direktor und Oberingenieur Oscar Mitscherling war ein Experte im Bereich der Stahlakkumulatorentechnologie. Er stand bereits seit 1911 in Diensten der AFA in Hagen und war im Ersten Weltkrieg Oberleutnant einer Infanterieeinheit gewesen. Dem Militär blieb er weiter eng verbunden, als er 1930 Direktor bei der DEAC wurde. Als «Stahlhelm»-Mitglied wurde er in die NSDAP übernommen[79] und bei der Wehrmacht 1936 schließlich zum Major der Luftwaffe befördert. Als Mitglied des Technischen Amts des RLM war er im Zweiten Weltkrieg zwar formal für die Wehrmacht tätig, trat jedoch zugleich als energischer Vertreter der AFA-Interessen in den besetzten Gebieten auf. Ob dies in direkter Absprache mit der Wehrmacht geschah, ist ungewiss. Möglicherweise wollten die Rüstungsbehörden auf sein Expertenwissen einfach nicht verzichten und duldeten stillschweigend dessen Dienste im Namen zweier Herren. Unentwegt war Mitscherling während des Weltkrieges in Belgien und Frankreich, aber auch im Generalgouvernement, Kroatien, Griechenland und Russland unterwegs, um für die AFA Verlagerungsorte zu erkunden und Übernahmekandidaten zu identifizieren.

Über Werner von Holtzendorff ist weniger bekannt. Er war als Direktor seit Anfang 1939 mit der Leitung der AFA-Auslandsabteilung beauftragt[80] und übernahm wahrscheinlich im Krieg diese Aufgabe von Clostermann und Wallmüller, die sich um die Werke in Hagen und Berlin zu kümmern hatten. In zahlreichen Fällen war er der Mann fürs Grobe, der vor Drohungen nicht zurückschreckte.

Die schillerndste und umtriebigste Figur der Auslandsexpansion war der 1889 in Bayerbach geborene Diplom-Kaufmann Corbin Hackinger. Er hatte im Ersten Weltkrieg zuletzt im Rang eines Leutnants in einer Feldfliegerabteilung gedient und war 1920 bei der AFA eingetreten. Unter Günther Quandt kümmerte er sich seit 1926 vor allem um das wieder expandierende Auslandsgeschäft. Der Mitverfasser einer Studie über betriebswirtschaftliche Produktionsprozesse[81] erhielt 1932 Prokura und nahm als Buchhaltungsexperte an den schwierigen, langjährigen Verhandlungen über einen «Freundschaftsvertrag» zwischen AFA und der britischen Chloride teil. Ihm oblag die Kontrolle und Kontaktpflege mit den befreundeten ausländischen Akkumulatorenunternehmen, und besonders mit der französischen und belgischen Akkumulatorenindustrie war er bestens vertraut. Parteiinteressen standen bei ihm offenkundig nicht im Vordergrund; in den Quellen taucht er stets als eindeutiger Vertreter der AFA-Belange auf. Von 1937 bis 1943 gehörte er der DAF an; eine Mitgliedschaft in der NSDAP stritt er nach 1945 in seinem Spruchkammerverfahren ab, obwohl ein vom 29. Juli 1941 datierter Aufnahmeantrag und eine Eintrittsbestätigung unter der Parteinummer 8.741.809 vorliegen.[82]

Unmittelbar nach dem Frankreichfeldzug schied Hackinger offiziell aus dem Angestelltenverhältnis bei der AFA aus und machte sich selbständig, um eine zu offene Interessenidentität mit dem Unternehmen zu vermeiden. In Wirklichkeit änderte sich jedoch nichts und Hackinger blieb reiner Interessenvertreter des Askanischen Platzes. Im August 1940 eröffnete er in der vierten Etage des Hauses Rue La Boëtie 44 im VIII. Pariser Arrondissement ein Büro, das später ins Handelsregister als Niederlassung der AFA eingetragen wurde. Nominell war es mit der Beschaffung und Verteilung von Rohstoffen wie Graphit, Zink, Aktivkohle, Sulfat und Cadmium, Chemikalien und Halbfabrikaten betraut. Hackinger verwaltete jedoch in erster Linie pro domo die Auftragsverlagerungen der AFA und ihrer Tochtergesellschaften. Sein Büro war zugleich eine technische Beratungsstelle, um die Herstellungsverfahren französischer Akkumulatorenfirmen den deutschen Bedürfnissen anzupassen. Last but not least oblag Hackin-

45 Corbin Hackinger war einer der Hauptorganisatoren der AFA-Expansion während des Krieges. Der langjährige Mitarbeiter Quandts strebte ehrgeizig die Schaffung einer «AFA France» an.

ger auch die Überwachung der 66 französischen Fertigungsfirmen in der «Erledigung aller Arbeitseinsatzfragen»,[83] eine Aufgabe, die ihm half, der AFA bei der Auswahl geeigneter Batteriefacharbeiter behilflich zu sein. Hackinger bediente sich, wenn es um Auskünfte und Informationen über Firmen und ihre finanziellen Verflechtungen ging, der Pariser Auskunftei «La Diffusion Industrielle & Commerciale» unter ihrem Direktor A. Pépin-Donat, die ihm wertvolle Dienste leistete. Mit anderen Worten: Hackinger saß in Paris wie die Spinne im Netz und war wesentlich für die militärischen und zivilen Auftragsverlagerungen sowie die Kontrolle der französischen Akkumulatorenindustrie verantwortlich. Es war kein Wunder, dass Günther Quandt, Hermann Clostermann und Fritz Wallmüller dem «Büro Hackinger» mehrere Besuche abstatteten.[84]

Für das «Sonderkonto Hackinger», das in einem Revisionsbericht der AFA des Jahres 1940 recht unverfänglich «zur Vergebung von Aufträgen im besetzten Gebiet» ausgewiesen wurde, standen schon im ersten Jahr 76000 RM zur Verfügung.[85] Hackinger legte der AFA eine jährliche Bilanz und eine Gewinn- und Verlustrechnung vor, die auch den deutschen Behörden zugänglich gemacht wurde. Letztlich war die

«Firma Hackinger» also nichts anderes als eine kaum getarnte Niederlassung der AFA mit fast 50 meist französischen Mitarbeitern. Diese Konstruktion wurde im ausdrücklichen Einverständnis mit dem RWM gewählt, um die französischen Batteriehersteller nicht von Anfang an damit zu konfrontieren, es mit dem deutschen Branchenprimus zu tun zu haben.[86] Hackinger wirtschaftete selbständig und erhielt zur Deckung seiner Betriebskosten für die abgeschlossenen Verträge eine Kommission zwischen ein und drei Prozent.

Hackinger, Mitscherling und andere AFA-Batteriespezialisten wurden schon am 19. Juni 1940 vom Generalluftzeugmeister zu «Industrie-Beauftragten» ernannt, um bei den französischen und belgischen Akkumulatoren-Betrieben die Produktionskapazitäten und ihre mögliche Nutzung für die Luftwaffenrüstung festzustellen.[87] Auf welche Weise sie diese Befugnis erlangt hatten, ist unbekannt. Trotz der formellen Aufsicht durch die Rüstungsbehörden wurden alle Aufträge für Auto- und Motorradbatterien für die Wehrmacht in Frankreich über Hackingers Büro gesteuert. Der Ansprechpartner der «Industrie-Beauftragten» war die Rüstungsinspektion in Paris, die seit Herbst 1940 unter der Leitung von General Wilhelm Schubert stand.[88]

Hackinger ließ sich schon in den ersten Monaten der Besatzungszeit vom Militärbefehlshaber in Frankreich in verschiedenen Batteriefirmen als kommissarischer Verwalter einsetzen, was als wichtige Vorstufe zur kapitalmäßigen Kontrolle galt. In anderen Firmen wurden AFA-Vertraute wie Karl Fürst oder Heino von der Marwitz platziert. Weil die französischen Behörden häufig eigene provisorische Verwalter einsetzten und deutsche Treuhänder insgeheim zu sabotieren versuchten, ging Hackinger später dazu über, für diesen Zweck französische Strohmänner zu gewinnen, die häufig bereits Kenntnisse der Batteriebranche besaßen. Zu ihnen zählten beispielsweise Eugène Henri Campiche und François Bécot; Letzterer war bereits vor dem Ersten Weltkrieg einmal für die AFA tätig gewesen.

Sowohl die AFA-Angelegenheiten als auch die immer größer werdenden Verlagerungsaufträge und die Rohstoffverwaltung wickelte Hackinger über die kleine «Société Parisienne de Banque» ab, die seit Februar 1942 eine Art Hausbank wurde. Das Institut gehörte zur britischen Sassoon-Gruppe und war als jüdischer Besitz 1940 unter deutsche Aufsicht gestellt worden. Da es durch den Wegfall des ursprünglichen Bankgeschäfts und das Einfrieren der Auslandsgelder vor der Liquidation gestanden hatte, war deren Präsident Pierre Cauboue froh, die französischen Geschäfte der AFA besorgen zu dürfen.[89] Bei Umsätzen in Höhe von mehreren Millionen FF blieb die Bank bis zum Ende der Besatzungszeit ein wichtiger Kreditgeber, der gelegentlich der AFA Kredite verschaffte, die über die Dresdner Bank Berlin abgesichert waren.

Mitte 1942 nahmen die Verlagerungsaufträge in einem Ausmaß zu, dass Hackingers Dispositionsfonds, der für diese Zwecke mit einem stattlichen Betrag von zehn Millionen FF ausgestattet war, nicht mehr ausreichte[90] und sich auch die «Société Parisienne de Banque» als zu klein erwies. Daher wurden Beträge für die Auftrags- und Betriebsmittelfinanzierung zusätzlich über die Bank der Deutschen Luftfahrt und ihre französische Tochtergesellschaft, die Aero-Bank S.A. in Paris, abgewickelt. Die 1941 gegründete Aero-Bank war mit einem Grundkapital von 200 Millionen FF ausgesprochen großzügig ausgestattet, diente der Einbeziehung der französischen Industrie in die «Produktionsaufgaben» und sollte die deutsch-französische Industriefinanzierung beleben.[91] In den Verhandlungen, die 1943/44 zwischen Hackinger, Pavel sowie den AFA-Finanzexperten und der Bank der Deutschen Luftfahrt bzw. Aero-Bank abgewickelt wurden, wurden Kredite vereinbart, die bisweilen die Höhe von umgerechnet 1 Million RM überschritten.[92] Zur Durchführung der zahlreichen Transaktionen beteiligte sich die AFA zudem an der Pariser Handelsgesellschaft Comptoir Parisien d'Echange et de Compensation (C.O.P.E.C.), deren Anteile mehrheitlich von Hackinger, in geringerem Maße von Pierre Cauboue gehalten wurden. Nach einer Kapitalerhöhung im März 1944 hatte Hackinger schließlich mehr als 80 Prozent in seiner Hand.[93]

Es ist ungewiss, wann genau Hackinger und seine Mannschaft Paris wieder verließen – wahrscheinlich zur gleichen Zeit wie die deutschen Dienststellen, also in der zweiten Augusthälfte 1944. Möglicherweise hat er die Gelegenheit genutzt, den Exodus gemeinsam mit einigen Einheiten des Militärbefehlshabers für Frankreich zu vollziehen, die sich unter anderem nach Saint-Dié zurückzogen.[94] Hierfür spricht, dass die französische «Direction des Domains», die seit November 1944 Licht ins Dunkel der Verbindungen zwischen Hackinger, der AFA und den verschiedenen französischen Batteriefirmen zu bringen versuchte, umfangreiches Aktenmaterial und Mobiliar entdeckte, das in einem Lager in Saint-Dié offenbar von Hackinger auf dem Rückzug eingelagert worden war.[95]

Die Verlagerungspolitik: eine andere Form der Ausbeutung

Die Verlagerung deutscher Aufträge in die besetzten Gebiete ist als «eine höhere Form des Plünderns»[96] bezeichnet worden. So richtig diese Feststellung im Allgemeinen ist, so erscheint doch ein genauerer Blick erforderlich. Die Palette der Aufträge, die von der deutschen Industrie in die besetzten Gebiete vergeben wurde, reichte von Gewehr- und Industriemunition über Schiff- und Maschinenbauprodukte bis zu Elektrowaren. Die Militärbefehlshaber schufen sich dazu eigene Behörden, die der Rüstungsinspektion unterstanden und als Warenstellen die Verlagerungsaufträge organisierten.

Vor diesem Hintergrund ist auch die erste im Juli 1940 stattfindende Erkundungsfahrt von AFA-Experten in die besetzten Gebiete zu sehen. Der Auftrag zu dieser Reise erging vom RLM, dem die Kundschafter am 15. Juli 1940 einen ausführlichen Bericht erstatteten. Daraufhin wurde eine weitere Reise angeordnet, diesmal unter Hinzuziehung weiterer Fachleute und Ingenieure, die vor allem den praktischen Fragen und der Umsetzung der Empfehlungen gewidmet war. Offenbar machten sich die AFA-Fachleute hier für die Rüstungsbehörden und die Wehrmacht schon unentbehrlich, denn Corbin Hackinger und andere seiner Vertrauensleute wurden im Anschluss daran bei mehreren Batteriefirmen als kommissarische Verwalter eingesetzt. Im Zusammenhang mit dieser Expedition wurden zudem von der AFA erste «Verlagerungsaufträge» an diese Firmen vergeben,[97] um die Werke in Deutschland zu entlasten und die ständig steigenden Anforderungen der Wehrmacht zu erfüllen.

Vielen französischen Unternehmen war diese Zusammenarbeit zumindest vorläufig «durchaus willkommen».[98] Es herrschte akuter Rohstoffmangel, weil man von den Lieferungen aus Großbritannien und Nordafrika abgeschnitten war. Deshalb war die Produktion in fast allen französischen Akkumulatorenfirmen im Sommer 1940 eingestellt worden; seit dem Herbst 1940 lief sie auf niedrigem Niveau wieder an. Die Abrechnung der Verlagerungsaufträge erfolgte entweder – wenn sie direkt von der AFA erteilt worden waren – über das Clearingverfahren oder über Hackingers Büro, wenn deutsche Dienststellen Auftraggeber waren.[99] Das Clearingsystem, an dem 18 europäische Länder teilnahmen,[100] war – auch bei der Westexpansion – zu einem wichtigen Vehikel der wirtschaftlichen Ausbeutung avanciert. Seinen Ursprung hatte es in der Weltwirtschaftskrise, in der freier Handel und Konvertierbarkeit der Währungen einen Schlag erlitten hatten, von dem sie sich nicht wieder erholten. Während es zunächst dazu diente, Außenhandelsgeschäfte trotz der durch den Devisenmangel eingeschränkten Transfermöglichkeiten aufrechtzuerhalten, wurde es bald zum probaten Mittel, sich mit geringem Einsatz von Devisen mit den für die Aufrüstung notwendigen Importen zu versorgen. Das Clearing-System war zunächst durchaus umstritten und wurde gerade mit Ländern wie Frankreich, denen gegenüber Deutschland traditionell einen Ausfuhrüberschuss hatte, abgelehnt. Das erste Verrechnungsabkommen kam 1934 auf französisches Drängen zustande. Auch deshalb blieben bei den Verfechtern des traditionellen Wirtschaftens die Vorbehalte bestehen: Schacht sprach öffentlich davon, Deutschland sei das Clearing-System von anderen Staaten «aufgezwungen» worden,[101] und Karl Blessing von der Reichsbank schrieb 1937, Deutschland habe an dem System des Clearings kein Interesse, weil es «als schuldenpolitisches Druckmittel aufgenötigt» worden sei: «Wir verabscheuen dieses ganze System, weil es wirtschaftlich destruktiv wirkt.»[102] Hitler hingegen befürwortete das Clearingsystem von Anfang an, weil sich mit seiner Hilfe die Aufrüstung vergleichsweise reibungslos finanzieren ließ und es sich im Krieg erst recht bezahlt machte. Das Reich bezog ausländische Waren in erheblichem Umfang, war aber weder gewillt noch in der Lage, entsprechende Gegenwerte zurückzuliefern. Stattdessen wurden den Debitoren Beträge auf einem Verrechnungskonto gutgeschrieben. Den «Partnern» Deutschlands, die es zudem mit einer stark überbewerteten RM zu tun hatten, blieb angesichts der Machtverhältnisse wenig anderes übrig, als dieses Verfahren zu akzeptieren. Ein angelsächsischer Historiker konstatierte schon zeitgenössisch, dass der Nationalsozialismus das Clearing als totalitäres Instrument zu einer seiner besten Waffen weiterentwickelt habe.[103]

Im Zweiten Weltkrieg wurde geplant, das gesamte kontinentale Warenverkehrssystem durch ein auf der Reichsmark basierendes Zahlungssystem und ein multilaterales Clearing zu ersetzen. Dadurch sollte die Kapitalverflechtung und der Zugang zu ausländischen Unternehmen erleichtert werden. Der Berliner Börsenpräsident Friedrich Reinhart – der auch im Aufsichtsrat der DWM saß – sprach im Oktober 1940 gar davon, dass sich die Welt damit abfinden müsse, fortan «nicht mehr in London und Paris das Schwergewicht der wirtschaftlichen und finanziellen Vorgänge Europas» zu suchen.[104] Es war kaum verwunderlich, dass auch Schlotterer ein Verfechter des Clearings war,

um den Kontinent «an Berlin als europäisches Finanzzentrum zu ge-
wöhnen».[105] Man habe eine Anzahl von Ländern «so in der Zange»,
dass das Clearingverfahren neue Möglichkeiten biete: «Unsere Tendenz geht nun dahin, die europäischen Staaten mit List, Tücke und
Gewalt dahin zu bringen, ihre Waren nach Deutschland zu verkaufen
und ihre Salden, wenn sie entstehen, in Berlin stehen zu lassen. [...]
Wir wissen nicht, wie weit wir mit diesen Ideen durchdringen werden.
Bei den besetzten Ländern dürfte das klar gehen.»[106]
Die Clearingforderungen der besetzten Länder an das Reich betrugen am Ende schätzungsweise mehr als 30 Milliarden RM. Rechnet man
zu den Außenhandelsverbindlichkeiten den Gesamtfinanzierungsbe-
darf aus Besatzungskosten und Kriegsbeiträgen in Höhe von 88 Milliarden RM noch hinzu, so ergibt sich ein noch sehr viel höherer Wert.[107]
Nach einer französischen Aufstellung wurden in den Jahren 1940 bis
1944 vom Deutschen Reich allein aus Frankreich Güter im Wert von
154 Milliarden FF bezogen; Deutschland schuldete Frankreich bei
Kriegsende 8,5 Milliarden RM und Belgien und Luxemburg weitere
5 Milliarden RM.[108] Verglichen mit diesen enormen Gesamtsummen
mochten die von der AFA und dem Büro Hackinger erwirtschafteten
Beträge gering erscheinen, aber letztlich bedeuteten sie trotz aller Versuche, eine reguläre Geschäftsbeziehung zu simulieren, eine erhebliche
Ausnutzung des Produktionspotentials in den besetzten Ländern.
  Die Frage der Preisermittlung erwies sich als kraftraubendes Unter-
fangen, bei dem sich die Beteiligten gegenseitig nicht über den Weg trau-
ten: französische Hersteller und Lieferanten, das französischerseits zu-
ständige «Comité d'Organisation de la Construction Electrique», die
AFA, das Büro Hackinger, die «Wirtschaftsgruppe Elektroindustrie» in
Berlin und ihre Vertretung in Paris, die Wehrmachtsstellen in Berlin, der
Militärbefehlshaber in Frankreich, deutsche Preisprüfungsstellen, das
Ministère de l'Economie Nationale et des Finances in Paris und seine
«Sous-Direction des Prix» und immer wieder weitere Ministerien der
Regierung in Vichy. Die Komplexität zeigt sich in der ausfernden Kor-
respondenz zwischen militärischen Dienststellen, den kommissarischen
Verwaltern und den einzelnen Unternehmern.
  Den mit Verlagerungen beauftragten ausländischen Betrieben und
den kommissarischen Verwaltern und Treuhändern selbst war es
grundsätzlich untersagt, selbständig Preisverhandlungen zu führen.[109]
Häufig war es Hackinger, der mit seiner Fachkompetenz die Preise für
die Wehrmachtslieferungen festlegte. Diese wurden auf Grundlage der

regulären AFA-Preise ermittelt und anschließend dem Referat Preisprüfung des Militärbefehlshabers in Frankreich vorgelegt. Wenn Batterieunternehmen gelegentlich an Hackinger als Repräsentanten der AFA herantraten, um Preiserhöhungen zu erreichen, zog sich dieser meist mit dem Hinweis aus der Affäre, die Preise seien durch die Wehrmacht festgelegt.[110] Hackinger konnte die Preise aber der Wehrmacht auch nicht in die Feder diktieren. Beispielsweise protestierte die AFA gegen die Praxis der Rüstungsbehörden, direkte Aufträge an französische Hersteller zu Preisen zu vergeben, die erheblich über den Normalpreisen lagen. Diese entgegenkommende Art von Preiszugeständnissen stehe, so lautete die Argumentation der AFA, «im diametralen Gegensatz» zu der der AFA durch die Preisstoppverordnung auferlegten «Notwendigkeit der Niedrighaltung des Einkaufspreises». Schon die Einkaufspreise der AFA lägen über den in Deutschland gültigen Wehrmachtspreisen. Diese ungünstige Preislage verschlechterte sich weiter durch die noch von der AFA zu tragenden Fracht- und Verteilungskosten.[111] Allerdings war die AFA grundsätzlich daran interessiert, den französischen Betrieben für ihre Aufträge angemessene Preise zu bezahlen, um prompte Lieferungen und hohe Qualität zu erhalten. Bisweilen wurde daher – wie etwa bei der Tudor Brüssel – eine vergleichsweise großzügige Kostenkalkulation akzeptiert,[112] was aber möglicherweise auch damit zusammenhing, dass die AFA in diesem konkreten Fall von einer bevorstehenden Integration des Unternehmens in die Quandt-Gruppe ausging.

In der Regel wurden 20 Prozent angezahlt. Bei Übernahme und Lieferung der Aufträge wurden die restlichen 80 Prozent beglichen.[113] Später modifizierten die Rüstungsbehörden ihre Preismodelle in einer Weise, dass sie de facto Subventionierungen gleichkamen. Dadurch war die AFA in der Lage, Verlagerungsaufträge zu vergeben, die bis dahin als unprofitabel gegolten hatten. Allerdings wollten die Behörden nun überhöhte Preisforderungen ausländischer Lieferanten verhindern – was erneut streng bürokratische Prüfvorgaben nach sich zog.[114] Eine wirklich alle Seiten befriedigende Lösung der Preisfestsetzungsfrage wurde – trotz zahlreicher Preisprüfungen und Inspektionen – bis zum Ende des Krieges jedenfalls nicht erreicht. Angesichts des in den besetzten Gebieten herrschenden Rohstoffmangels bedeutete es für die französische Seite das kleinere Übel, dem Büro Hackinger zumindest für eine Übergangszeit die Rohstoff-Organisation zu übertragen. Dieses beschaffte Materialien wie Zink und Blei, besorgte aber auch Alt-

batterien und schützte die französischen Betriebe in der Anfangszeit
sogar vor den gelegentlich «wilden» Beschlagnahmungen durch deutsche Militärdienststellen. Die Unternehmen verwendeten jedoch bisweilen minderwertige oder schlecht aufbereitete Rohstoffe, was prompt
von deutscher Seite kritisiert wurde. Die AFA musste für ihre Verlagerungsaufträge häufig aus dem eigenen Kontingent Kautschuk, vor
allem jedoch Blei zur Verfügung stellen,[115] weil die Akkumulatorenwerke große Schwierigkeiten bei der Bleibeschaffung hatten.[116] Obwohl
die französischen Behörden immer wieder darauf hinwiesen, dass die
Bleiauslieferung «un sacrifice très dur» sei,[117] wurden 1941 bereits
60 Prozent der französischen Bleibestände für deutsche Zwecke genutzt,[118] bei kontinuierlicher Steigerung der Bleiproduktion.[119] Als die
französischen Behörden sich 1942 erfolgreich gegen Versuche sperrten,
auch für die Bleiversorgung belgischer Akkumulatorenfabriken herangezogen zu werden, blieb der AFA nichts anderes übrig, als wieder
einmal Blei aus den Hagener Beständen zur Verfügung zu stellen.[120]
Die Pertrix lieferte vornehmlich Ruß, Aktivkohle, Zink und Graphit.
Ein besonderer Mangel herrschte an Braunstein, einem Mineral, das
bei der Pertrix kaum noch auf Lager war, weil es für die neuen Aerodyn-Batterien nicht mehr benötigt wurde. In den besetzten Gebieten
wurde das neue Verfahren jedoch aus Sorge vor Betriebsspionage zunächst nicht angewendet.

Die Quellen zeigen, dass die Verlagerungsaufträge, die zumindest
anfangs zum Teil noch freiwillig angenommen worden waren, für die
französischen Firmen mit der Zeit immer stärkeren Zwangscharakter
erhielten. Das «Comité d'Organisation de la Construction Electrique»
stellte sich immer dann wieder quer, wenn sich herausstellte, dass Frankreichs Akkumulatorenindustrie lediglich Zulieferdienste leisten sollte,
während sich die Hoffnungen auf die Nutzung der innovativen deutschen Herstellungsverfahren zerschlugen. Kooperationsbereite französische Unternehmer befürchteten rechtliche Konsequenzen seitens der
eigenen Administration, wenn sie Verlagerungsaufträge übernahmen,
und Hackinger vermutete mit gutem Grund ein «Nichtinteresse bei gewissen französischen Behörden an der Erledigung deutscher Aufträge».[121] Diese Querelen prägten letztlich die weitere Besatzungszeit.
Zwar entspannte sich die Lage Ende 1941 etwas, so dass Hackinger in
seinem Rechenschaftsbericht sogar zufrieden eine größere «Bereitwilligkeit zur Zusammenarbeit»[122] melden konnte, aber der Grundkonflikt
zwischen Besatzern und Besetzten ließ sich nicht auflösen. Als im Som-

mer 1941 bei der L'Accumulateur Tudor Verlagerungsaufträge nur
schleppend bearbeitet wurden und es Differenzen über die der Wehrmacht in Rechnung gestellten Preise gab, zog Hackinger die Daumen-
schrauben an. Die Einsetzung eines deutschen Verwalters sei unver-
meidlich, «falls in der Handhabung der Geschäftsführung keine
Änderung» eintrete.[123] Im Sommer 1943 wurde – nicht anders als bei
der Tudor Brüssel – Heino von der Marwitz zum kommissarischen Leiter ernannt, der sofort eine Betriebsprüfung anregte, um «eine vernünftige Kostenrechnung» zu ermöglichen.[124] Immer wieder wurden Liefer-
rückstände beklagt. Pavel beauftragte das Büro Hackinger, dafür zu
sorgen, dass die AFA-Aufträge vordringlich erledigt und die «Ansprüche des innerfranzösischen Marktes» eingeschränkt würden.[125] Weil
eine Firma bei ihren Lieferungen das Verhältnis von 60 Prozent für den
französischen Zivilsektor und 40 Prozent für Wehrmachts- und andere
deutsche Aufträge aufrechterhalten wollte, zeigte sie nach Hackingers
Ansicht nicht mehr die «wünschenswerte Bereitwilligkeit» für Verlagerungsaufträge. Wie bei zahlreichen anderen Firmen stellte er bei der
Rüstungsinspektion Paris den Antrag, zum Industrie-Beauftragten ernannt zu werden,[126] um damit direkten Zugriff auf die Betriebe zu erhalten. Als bei einer anderen Gesellschaft die Erledigung der deutschen
Aufträge vorübergehend fast vollständig eingestellt und dafür nach Ansicht der AFA «immer nur Vorwände» vorgebracht wurden, schaltete
die AFA im Frühjahr 1944 das Rüstungskommando ein, um die Einhaltung der Lieferverpflichtungen durchzusetzen.[127] Ein Vorwurf Pavels an
die Tudor Brüssel beschrieb letztlich die Situation in allen mit Verlagerungsaufträgen betrauten Firmen: «Die Gefolgschaft fühlt sich nach wie
vor als einem belgischen Unternehmen zugehörig. Die durch den Kommissar angeordneten Maßnahmen werden zwar formell durchgeführt,
ohne daß jedoch die innere Bereitschaft vorhanden ist, der deutschen
Sache mit allen Kräften zu dienen.»[128]

Weil Hackinger seit 1943 immer höhere Produktionsforderungen
stellte – die monatlichen Akkumulatoren-Auftragsverlagerungen beliefen sich inzwischen auf 15 Millionen FF –[129], wurden die Differenzen
immer größer, zumal in Frankreich die sich verschlechternde Lage des
«Dritten Reiches» nicht verborgen blieb. Schon im Sommer 1942 hatte
ein AFA-Oberingenieur auf einer Inspektionsreise durch Frankreich
und Belgien den Eindruck gewonnen, dass einer der Fabrikbesitzer «die
weitere Zusammenarbeit mit uns von dem Ausgang des jetzigen Welt-
geschehens abhängig» mache.[130] Im November 1943 griff die AFA bei

der Akkumulatorenfirma Société des Accumulateurs Fixes et de Traction (S.A.F.T.) sogar zum Mittel der Demontage und Beschlagnahmung von Maschinen, die durch eine Kommission aus dem Werk Hagen durchgeführt wurde. An den Auseinandersetzungen über den Wert dieser Maschinen war neben Oscar Mitscherling sogar Günther Quandt persönlich beteiligt, bevor die Rüstungsinspektion Paris mit der sachverständigen Schätzung beauftragt wurde.[131]

Schwierigkeiten in der Durchführung ihrer Verlagerungsaufträge erwuchsen der AFA aber nicht nur durch das nachlassende Interesse der französischen Unternehmen, sondern auch durch die Politik des «Arbeitseinsatzes» der Reichsbehörden. Der gewaltige Arbeitskräftemangel in Deutschland hatte direkte Auswirkungen auf die besetzten Länder im Westen. Im März 1942 ernannte Adolf Hitler den Thüringer Gauleiter Fritz Sauckel zum «Generalbevollmächtigten für den Arbeitseinsatz», um das zunächst wenig geordnete Zwangsarbeitersystem zu organisieren.[132] Da die Anwerbung freiwilliger Arbeiter aus dem Westen ins Stocken geriet, wurden durch sogenannte Sauckelaktionen mehrere hunderttausend Facharbeiter vor allem aus Frankreich in einem als «Relève» bekannt gewordenen Verfahren nach Deutschland geholt und an der Rückkehr in ihr Heimatland gehindert.[133]

Diese Praxis wirkte sich unmittelbar auf die Arbeitskräftepolitik der AFA aus. Die französischen Arbeiter in den Batteriefabriken wurden für die Verlagerungsaufträge dringend benötigt. Es kam daher zu einem «unüberbrückbaren Zielkonflikt zwischen der Logik der Menschenjagd zur ‹Arbeitsverlagerung› nach Deutschland einerseits und der subtileren Methode der Ausbeutung mittels Auftragsverlagerung nach Frankreich andererseits».[134] Die französischen Unternehmen sperrten sich gegen den Entzug ihrer Facharbeiter, aber auch das Rüstungsministerium und der Militärbefehlshaber in Paris befürchteten den Ausfall von Verlagerungsaufträgen. Als seit 1942 vermehrt Arbeiter entzogen wurden, wehrte sich der Askanische Platz. Im Oktober 1942 sollten beispielsweise aus dem Werk Lille der Accumulateur Tudor 40 Arbeiter für einen Einsatz in Düsseldorf ausgehoben werden. Der Protest der AFA bei verschiedenen Reichsstellen blieb jedoch erfolglos.[135] Schließlich ging die AFA dazu über, diese französischen Facharbeiter für die eigenen Werke heranzuziehen. Auf diese Weise wurden beispielsweise Ende 1942 Arbeiter der S.A.F.T., Fulmen, TEM, SLEM und Dinin angefordert.[136]

Nach der alliierten Invasion in der Normandie im Juni 1944 war die Lage durch zunehmende Lieferschwierigkeiten und Versorgungsprobleme gekennzeichnet. Der in verschiedenen Unternehmen als kommissarischer Verwalter eingesetzte von der Marwitz meldete am 20. Juli 1944, dass man sich in Deutschland offenbar «von den Möglichkeiten der Kombination von Transporten nach Deutschland eine Vorstellung» mache, «die den hiesigen Verhältnissen nicht ganz entspricht».[137] Manche Werke lagen immer wieder wegen Strommangels ganz still, während andere Batteriehersteller wegen fehlender Zulieferungen nicht ausgelastet waren.[138] Im Sommer 1944 fand die Vergabe von Verlagerungsaufträgen ihr Ende. Hitlers Befehl vom 11. August zur Lähmung und Zerstörung von Rüstungsbetrieben in Frankreich wurde angesichts der desolaten militärischen Lage nur noch vereinzelt durchgeführt.[139] Stattdessen begann eine Zeit der Demontagen und des forcierten Abtransports von Rohstoffen ins «Dritte Reich». Welchen Anteil die AFA hieran hatte, lässt sich aus den Quellen nicht mehr ermitteln. Die Grautöne bei den Verlagerungsaufträgen der AFA bestätigen den allgemeinen Befund, dass es kaum möglich ist, «den tatsächlichen Anteil an erlittenem Zwang oder vorauseilendem Gehorsam der Unternehmer bei der Hereinnahme deutscher Aufträge zu beurteilen und ggf. konkrete Spuren tatsächlicher Kollaboration hinsichtlich der direkten – oder zumindest der indirekten – Kriegsanstrengungen aufzudecken».[140]

Die soeben beschriebene Praxis der Verlagerungsaufträge lässt sich nur schwer von den Bemühungen der AFA trennen, durch «Kapitalbeteiligungen» eine Majorität bei ausländischen Gesellschaften zu erhalten. Horst Pavel gab dazu nach dem Zweiten Weltkrieg an, die «Geschäftsinteressen» der AFA seien darauf gerichtet gewesen, «auch im Ausland selbständig tätig zu sein».[141] Neben Hinweisen auf die eigene wirtschaftliche Größe finden sich in den AFA-Quellen aber immer wieder historische Begründungen, die zur Legitimation der angestrebten Kapitalbeteiligungen dienen sollten. Das Vorpreschen der AFA in Übernahmefragen versuchte sie nach dem Zweiten Weltkrieg auch mit Wettbewerbsargumenten zu entschuldigen. Die AFA habe sich «schon deshalb einschalten müssen, weil sie sonst von Konkurrenzunternehmungen überflügelt» worden wäre. Damit jedoch wäre die Gefahr verbunden gewesen, dass «Patente und Erfahrungen, die manchen ausländischen Unternehmungen auf Grund von Freundschaftsverträgen von der Afa zur Verfügung gestellt worden waren, in die Hände irgendwelcher Konkurrenz» geraten wären.[142] Dies war sicherlich eine einseitige Interpretation, aber einige zeitgenössische Quellen sprechen von dem häufigen «Widerspruch anderer deutscher Firmen»,[143] der für die AFA ein Motiv war, sich um eine Kapitalbeteiligung zu bemühen. Quandt stellte in einer Besprechung in der Konzernzentrale vom 26. September 1940, an der der gesamte AFA-Vorstand und die Fachleute der Hauptverwaltung teilnahmen, fest, «daß es nicht in unserem Interesse liegen könne, ein Unternehmen durch Zurverfügungstellung unserer Verbindungen» wieder aufzubauen und der AFA damit «in dem künftigen großdeutschen Wirtschaftsraum zusätzliche Konkurrenz zu schaffen».[144]

Ein Fall lohnt in diesem Zusammenhang etwas ausführlicher vorgestellt zu werden: Die wie die AFA in Berlin ansässige Daimon Elektrotechnische Fabrik Schmidt & Co. GmbH machte, nicht anders als die AFA, Ansprüche auf die Gesellschaft La Pile Hydra geltend. Dieses in Elbeuf im Département Seine-Inférieure beheimatete Unternehmen war der größte französische Trockenbatteriehersteller, gehörte zur Compagnie Française Thomson-Houston/Alsthom und war damit Teil des international tätigen Konzerns Thomson-Houston Electrical Company.

Hinsichtlich der Pile Hydra hatte die AFA schon im November 1940 ihr Interesse beim RWM angemeldet: Das französische Unternehmen, so wurde angegeben, habe Interesse, in das Rüstungsprogramm eingeschaltet zu werden.[145] Zugleich wurde bei der Rüstungs-Inspektion beantragt, Hackinger zum kommissarischen Verwalter zu bestellen. Am 14. Dezember 1940 wurde beim OKW ein weiterer Antrag gestellt, die AFA als «Bevollmächtigte» einzusetzen. Die Eile erklärte sich daraus, dass Daimon bereits im September 1940 einen Lizenzvertrag mit der Pile Hydra abgeschlossen hatte und eine Kapitalbeteiligung erwog.[146] Die AFA hatte zur Abwehr dieser Pläne ein Ass im Ärmel: Die Mehrheit der Daimon lag seit Ende der 1920er Jahre bei der britischen Ever Ready Company Ltd. Daher war bei der Daimon nach Beginn des Weltkrieges durch den Reichskommissar für die Behandlung feindlichen Vermögens ein Verwalter eingesetzt worden, der mit der deutschen Betriebsführung «weitestgehend loyal» zusammenarbeitete.[147] Pavel führte nun ein scheinbar unschlagbares Argument ins Feld: Es sei unverständlich, wenn Daimon als «überwiegend englisches Unternehmen» durch die Übernahme der Pile Hydra «eine gewaltige Stärkung» erfahre.[148]

Weil die Wehrmacht, das Wehrwirtschafts- und Rüstungsamt und die ZAST jedoch die Tendenz hatten, französische Geschäftsleitungen im Amt zu belassen, wollten sie vor einer Entscheidung die Betriebsleitung der Daimon anhören, um sich ein objektives Bild zu machen. Im Januar 1941 erhielt Pavel bei Gesprächen im OKW den Eindruck, von der Wehrmacht kaum Unterstützung erwarten zu können.[149] Daimon konnte offenbar auch das RWM überzeugen. Anfang Februar 1941 entschieden OKW und RWM, dass die englische Beteiligung an der Daimon einer «Betreuung» der Pile Hydra nicht entgegenstünde.[150] Daimon/Hydra durften fortan weiterhin Trockenbatterien für den zivilen Sektor in Deutschland, Frankreich und an die Wehrmacht verkaufen[151] – zum Ärger der Pertrix, die diesen Markt gerne exklusiv für sich reklamiert hätte. Daimon arbeitete mit der Pile Hydra noch bis zur Invasion im Juni 1944 zusammen.[152] Allerdings blieb die nicht zustande gekommene Beteiligung der AFA bei der Pile Hydra einer der wenigen Fälle, in denen sie an einem deutschen Konkurrenten scheiterte.

In den Angelegenheiten der Auftragsverlagerungen war die AFA gegenüber den deutschen Konkurrenten meist erfolgreich: Als der Akkumulatorenhersteller Gottfried Hagen im Herbst 1941 beispielsweise forderte, mit seiner Firma bei Verlagerungsaufträgen zur französischen Trockenbatteriefirma S.A.F.T. berücksichtigt zu werden, weil diese nicht ausgelastet sei, wollte die AFA lieber weitere Aufträge aus Hagen oder Hannover nach Frankreich abgeben, als den Konkurrenten zum Zuge kommen zu lassen.[153] Hackinger schmetterte ohnehin alle Versuche von AFA-Konkurrenten, Aufträge nach Frankreich zu verlagern, unter dem Vorwand ab, «es sei keine Kapazität frei.»[154] Auch Gottfried Hagen wurde jetzt mit der fadenscheinigen Begründung zurückgewiesen, die Kapazitäten der französischen und belgischen Akkumulatorenfabriken seien ganz mit AFA-Aufträgen ausgelastet.[155]

In einem Falle verhielt sich die AFA gegenüber einem deutschen Konkurrenten großzügig. Auf die französische Gesellschaft Accu-Watt erhob neben der AFA zunächst auch die deutsche Firma Sonnenschein Anspruch. Pavel zeigte sich, als er 1943 davon erfuhr, in Gesprächen im RWM ausgesprochen gönnerhaft: Man sei «selbstverständlich gerne bereit», der Konkurrenzfirma die weiteren Verhandlungen wegen Accu-Watt zu überlassen: Man freue sich über jede deutsche Firma, die sich auf dem französischen Markt betätige, denn es sei «wohl auch dem RWM bekannt, daß bisher von fast allen deutschen Firmen die ungeheure Mühe und Arbeitslast gescheut worden seien, welche mit dem Aufbau eines eigenen Geschäftes in Frankreich verknüpft seien».[156] Wenige Tage später verzichtete Sonnenschein aber auf einen Erwerb; Hackinger wurde daraufhin von Pavel unterrichtet und gebeten, die Verhandlungen mit dem Inhaber von Accu-Watt fortzusetzen.[157] Allerdings scheint es nicht mehr zu einem erfolgreichen Abschluss gekommen zu sein.

Erschwert, aber in mancher Hinsicht auch begünstigt, wurde der Einstieg bei französischen Unternehmen durch die dort vorherrschende Stimmung, die das ganze Spektrum von Widerstand bis zu Kollaboration umfasste: Eine Übernahme durch ein deutsches Unternehmen wie die AFA musste für eine Gesellschaft in den besetzten Ländern zunächst nicht grundsätzlich ein schlechtes Geschäft sein – es kam ganz auf die Konditionen an. Führende französische Industrielle hatten in den 1930er Jahren insgeheim darauf spekuliert, an den technologischen Leistungen Deutschlands zu partizipieren, und, sorgenvoll und anerkennend zugleich, die «Erfolgsrezepte» des Nachbarn und Konkurrenten zur Kenntnis genommen.[158] Gegenüber französischen Verhandlungspartnern malten die Männer der AFA 1940 ein rosarotes Bild der zukünftigen bilateralen Zusammenarbeit und stellten diese gar als ein Modell der «reconstruction industrielle de l'Europe» dar.[159]

Die Unternehmensleitungen, von denen viele ihre Werkstore geschlossen hatten, waren nach dem Frankreichfeldzug zunächst bedacht, erst einmal ihr Überleben zu sichern.[160] Für einen Hersteller konnte der Verkauf von Anteilen trotz des offenkundigen Zwangs durchaus «noch ein Geschäft» sein. Durch einen Verkauf geriet man zwar in eine Art Juniorpartnerschaft, aber diesem Nachteil gegenüber überwogen unter Umständen angesichts der Besatzungssituation die Vorteile – der Verkauf von Anteilen bewahrte den Betrieb vor einer angedrohten Schließung, er sicherte die Zufuhr mit Rohstoffen und Absatzmärkten, er erhielt Arbeitsplätze und ermöglichte Gewinne.[161] Angesichts der Besatzungsrealität mochte ein Einstieg der AFA daher bisweilen tatsächlich das kleinere Übel sein. Für die AFA wiederum war es technisch kein großes Problem, die Produktion im übernommenen Werk wieder hochzufahren und dann in einem weiteren Schritt mit zusätzlichem Kapital die Fertigung zu modernisieren und zu rationalisieren. Sich an den Firmen kapitalmäßig zu beteiligen, solange diese stilllagen, erschien deshalb sinnvoll, weil der Kaufpreis noch günstig war.[162]

Die entsprechenden Ideen der Privatwirtschaft stießen aber nicht überall auf Begeisterung. Vor allem die Wehrmachtsstellen waren von den ehrgeizigen Geschäftsideen keineswegs überzeugt. Sie fürchteten eine zu starke Stellung einzelner deutscher Unternehmen, die Erzeugung monopolartiger Zustände und die dadurch zu erwartenden Preiserhöhungen.[163] Die Dienstanweisungen des Militärbefehlshabers für Belgien und Nordfrankreich sahen vor, der in «weiten Kreisen» der deutschen Wirtschaft vorherrschenden «Neigung», sich kapitalmäßig an ausländischen Firmen zu beteiligen, einen Riegel vorzuschieben, wenn nicht eine ausdrückliche Befürwortung durch das RWM vorlag.[164] Dort jedoch wurde im Herbst 1940 argwöhnisch die «Reisetätigkeit» deutscher Unterhändler registriert. Viele Firmen hätten «bereits eigene Vertreter bei militärischen Besatzungsstellen [...], die sie entweder durch Zufall oder durch gute Beziehungen zu irgendwelchen Militärs dort hingebracht haben und die nun in ihrem Sinne arbeiten». Im RWM bemängelte man zudem das «unkluge Verhalten» vieler Firmenemissäre, die mit nicht autorisierten und einschüchternden Übernahmeverhandlungen zu großen Befürchtungen bei den belgischen und französischen Wirtschaftskreisen beitrügen.[165]

In den verschiedenen Gesprächen, die Quandt in Wiesbaden, Berlin und den besetzten Gebieten geführt hatte, wollte er jedoch eine generelle Bereitschaft herausgehört haben, nicht nur über Verlagerungen, sondern auch über Auslandsbeteiligungen verhandeln zu dürfen. Als er nach seiner Reise nach Wiesbaden Ende November 1940 nach Berlin zurückkehrte, ersuchte er im RWM um eine entsprechende Genehmigung.[166] Horst Pavel hat diesen Vorgang im Spruchkammerverfahren gegen Günther Quandt ausführlich geschildert: «Der zuständige Referent des RWM, Herr Schlotterer, teilte uns das mit. Die AFA bekam eine Aufforderung ins RWM zu kommen, es gingen Dr. Quandt und ich dorthin. Es wurde uns folgendes gesagt: Die Aufforderung richtet sich im ganz besonderen an diese Firmen, die freundschaftliche Beziehungen im Ausland haben. Ganz besonders an die AFA, weil wir seit vielen Jahren freundschaftliche Beziehungen im Ausland hatten. Das RWM legte aber Wert darauf, daß solche Verhandlungen nicht ohne Genehmigung des RWM geschehen, um auszuschließen, daß mehrere Firmen als Bewerber auftreten. Wir haben mehrere Anträge gestellt, diesen Anträgen wurde stattgegeben.»[167]

Im Dezember 1940 listete Pavel dreizehn Firmen auf, mit denen Gespräche über eine Kapitalbeteiligung geführt werden sollten. Da die

Vierjahresplanbehörde hierfür zusätzliche Mittel zur Verfügung stellte, bestanden auch im RWM «nicht die geringsten Bedenken».[168] Die Gespräche bei den französischen Gesellschaften wurden federführend von Günther Quandt Anfang Januar 1941 geleitet und zogen sich über die kommenden Wochen hin. RWM und Wehrmacht hielten inzwischen jedoch den Appetit der AFA für etwas zu groß. Am 1. Februar 1941 informierten die Beamten den Askanischen Platz, dass im Interesse anderer deutscher Batteriehersteller nicht alle der Wunschkandidaten der AFA überlassen werden könnten. Nach Rücksprache mit Günther Quandt und Viktor Werner entschied sich Pavel – wenn auch nur «sehr ungern» –, auf die Pile Aglo als das kleinste der in Frage kommenden Unternehmen zu verzichten.[169]

Die Versuche einer Kapitalbeteiligung verliefen jedoch unbefriedigend, obwohl Quandt und Pavel die Vorleistungen anführten, die zugunsten der Wehrmacht erbracht worden seien: Zunächst waren, um die Produktion der Werke wieder hochzufahren, neue Maschinen nach Belgien und Frankreich gebracht sowie Geräte repariert worden, die durch Sabotage unbrauchbar gemacht worden waren. Zudem waren Werkzeuge und Formteile in die Werke geschafft worden, weil viele Typen und Normen mit den deutschen Akkumulatoren inkompatibel waren. Schließlich waren die Akkumulatorenfabriken mit Rohstoffen versorgt worden. Weil die Kassen gerade der kleineren Fabriken leer waren, hatte die AFA sogar aus einem eigenen Dispositionsfonds Gelder für das Wiederanlaufen vorgestreckt. Während inzwischen zunehmend Aufträge in die besetzen Gebiete verlagert worden waren und die Lieferungen an die Wehrmacht regelmäßiger erfüllt werden konnten, vernahm die AFA, so lautete die Klage, mit Blick auf die gewünschten Kapitalbeteiligungen von Seiten der Reichsbürokratie lediglich ein Stimmengewirr, aber keine konkreten Informationen und vor allem keine schriftlichen Zusagen. Aus diesem Grund bedeutete eine Besprechung am 15. März 1941 im RWM, an der seitens des RWM Gustav Schlotterer und seitens der AFA Günther Quandt und Horst Pavel teilnahmen, eine Weichenstellung.

Die Beamten des RWM bemängelten zunächst, dass «die AFA den ganzen einschlägigen Industriezweig für sich beschlagnahme». Selbst wenn man die herausragende Bedeutung der AFA berücksichtige, müssten auch andere deutsche Unternehmen zum Zuge kommen. Die AFA konterte, es habe sich überhaupt kein anderes deutsches Akkumulatoren-Unternehmen um eine Kapitalbeteiligung bemüht – ein Umstand, der sich, nebenbei bemerkt, auch in den folgenden Jahren nicht grundlegend ändern sollte. Deutsche Konkurrenten zeigten, einmal abgesehen von Daimons Vorliebe für die Pile Hydra, nur noch an der Accumulateurs SLEM S.A. in Levallois-Perret (Département Seine) Interesse, einer kleinen Bleiakkumulatorenfabrik mit gemischten Profitabilitätsaussichten,[170] die nach einer persönlichen Inspektion von Günther Quandt, Pavel und Hackinger am 11. Januar 1941 schon von der Wunschliste der AFA gestrichen worden war.[171] Das Ergebnis der Besprechung vom 15. März 1941 kam einem Punktsieg für die AFA gleich. Schlotterer war schließlich bereit, der AFA in der Akkumulatorenlandschaft freie Bahn zu geben. Nur die AFA erschien ihm dynamisch genug, die besetzten Gebiete wirtschaftlich zu durchdringen.[172]

Die französischen Behörden versuchten jedoch inzwischen standhaft, deutsche Beteiligungen an wichtigen Firmen zu verhindern. Vor allem in den ersten Monaten der Besetzung war es den Unternehmen bekanntlich darum gegangen, überhaupt wieder produzieren zu können; deshalb hatte man deutsche Verlagerungsaufträge in der Regel akzeptiert. Die meisten französischen Akkumulatorenfabriken waren durch Verlagerungsaufträge aber schon 1941 wieder so gut ausgelastet, dass eine Produktionseinstellung oder gar ein Konkurs nicht mehr zu befürchten war. Mochte noch 1940 eine deutsche Kapitalbeteiligung als Ausweg in höchster Not erschienen sein, um dem Ruin zu entkommen, stellte dies inzwischen keine attraktive Alternative mehr dar, weil es den Kontrollverlust an fremde Eigentümer bedeutet hätte. Die Firmen führten jetzt immer wieder die ablehnende Haltung der französischen Behörden an, um ihr Zögern zu erklären. Dass die AFA dem Glauben schenkte, ist eher unwahrscheinlich. Das RWM forderte die AFA jedenfalls seit Frühjahr 1941 zu einer härteren Gangart auf: Pavel wurde ermuntert, die Taktik der AFA zu ändern. Man solle «künftig den Franzosen sagen [...], wegen der Zustimmung der französischen Regierung brauchten sich die französischen Partner keine Sorgen machen, diese Zustimmung würde zu gegebener Zeit von deutscher Seite besorgt werden. Auf diese Weise kann vielleicht erreicht werden, daß die Franzosen sich nicht weiter wie bisher hinter dem Erfordernis der Zustimmung ihrer Regierung verstecken.» Günther Quandt wollte bei seinem nächsten Besuch in Paris, der für Mai 1941 geplant war, das weitere Vorgehen mit der Deutschen Waffenstillstandsdelegation für Wirtschaft abstimmen.[173] Während bis dahin die

AFA in den Übernahmeangelegenheiten zeitweilig die Initiative übernommen hatte, beschleunigte jetzt das RWM wieder das Tempo: Es
entwickelte sich ein Wettlauf, bei dem kaum noch auszumachen war,
wer gerade die Führung innehatte. Die AFA wollte sich in dieser Situation zunächst bei kleineren
Unternehmen beteiligen. Diese Firmen sollten technisch und kapazi-
tativ ausgebaut werden, um sie langfristig konkurrenzfähig zu machen. Immer wieder wandte sich die AFA Hilfe suchend an das RWM
und bat um Unterstützung bei der Einsetzung deutscher Treuhänder.
Das RWM verstand sich jedoch nach wie vor nicht als Handlanger
des Fast-Monopolisten. Der zuständige Referent, Dr. Carl-Gisbert
Schultze-Schlutius, wollte keine Garantien geben, weil «der Standpunkt der Reichsregierung von den jeweiligen politischen Verhältnissen abhängig sei».[174]

Die AFA setzte daher, meist über Hackinger, französische Strohmänner ein, um spätere Übernahmen vorzubereiten. Das RWM war in
der Regel bereit, solche Tarnbeteiligungen zu akzeptieren. Wenn eine
«offene» Beteiligung nicht möglich war, sollte «kaschiert» werden, wie
Pavel die Ansicht des RWM paraphrasierte: «Die Engländer haben oft
ihre Beteiligungen getarnt und damit große Erfolge erzielt; man könnte
auch vom Engländer lernen.»[175]

Das NS-Regime machte der französischen Regierung allerdings in
wirtschaftlicher Hinsicht weiterhin erhebliche Konzessionen. Daher
barg der Erwerb industrieller Beteiligungen über Treuhänder, wie
Horst Pavel nach einer Parisreise Ende 1942 feststellen musste, für die
AFA inzwischen «erhebliche Risiken».[176] Die endgültige Überführung
von zunächst nur treuhänderisch übernommenen Beteiligungen blieb
schwierig, weil es das RWM unter den gegebenen Verhältnissen für
«völlig ausgeschlossen» hielt, hierfür die notwendige Genehmigung
der französischen Behörden zu erhalten. Die AFA gab die Hoffnung
dennoch nicht ganz auf, wie Hackinger mitgeteilt wurde: «Sollte Ihnen
eine Beteiligung an einem sowohl für uns als auch für den deutschen
Wirtschaftseinfluss in Frankreich außerordentlich interessanten Unternehmen angeboten werden, so müsste versucht werden, ob sich die
deutschen Regierungsstellen nicht doch für einen derartigen Erwerb
bei den zuständigen französischen Behörden nachdrücklich einsetzen.»[177] Dies blieb reines Wunschdenken. In den folgenden beiden Jahren kam die AFA, was nennenswerte Übernahmen anging, nicht mehr
zum Zug und beschränkte sich auf das etablierte Verfahren von kom-

missarischen Verwaltern, Treuhändern und Strohmännern, bis dieses
System nach der Landung der Alliierten ein Ende fand.

Französische Batteriefirmen als Objekte der Begierde

Die AFA-Erkunder besuchten bei ihrer ersten Reise in die besetzten
Gebiete mehrere Batteriefirmen, die zum französischen Energiegroß-
konzern Compagnie générale d'électricité (CGE) gehörten und bei
denen Hackinger bereits als kommissarischer Verwalter eingesetzt
worden war.[178] Die CGE war mit knapp 11 000 Beschäftigten das führende Unternehmen der französischen Energieversorgung und zugleich
Mutterkonzern mehrerer bedeutender Batteriefirmen, unter ihnen die
Société des Accumulateurs Fixes et de Traction (S.A.F.T.), die Société
de l'Accumulateur Fulmen und die Accumulator Tudor sowie zahlreiche Zulieferbetriebe. Einige der Gesellschaften hatten Geschäfts- und
Lizenzbeziehungen zur AFA gepflegt, die zum Teil bis in die Zeit vor
dem Ersten Weltkrieg zurückreichten. Im Wiederaufbau des Auslandsgeschäfts in der Zwischenkriegszeit hatten die AFA und ihre Töchter
aber auch mit der französischen Konkurrenz zu kämpfen gehabt. Insbesondere die DEAC fühlte sich durch die französische S.A.F.T. auf
vielen Märkten herausgefordert.[179] Um diese Konkurrenz abzuschal-
ten, reagierten die Unternehmen mit Gebietsabsprachen. Mit der CGE
hatte die AFA noch im Oktober 1937 einen Freundschaftsvertrag
geschlossen, der das französische Territorium und die französischen
Kolonien, Schutz- und Mandatsgebiete der CGE als Verkaufsgebiet
überließ, während der übrige europäische Raum, die USA und Kanada
der AFA zugesprochen wurden.[180]

Die Akkumulator- und Batterieunternehmen der CGE waren nun
nach dem Frankreichfeldzug für die AFA wichtige Objekte der Be-
gierde geworden. Sie deckten gemeinsam etwa 60 bis 70 Prozent des
französischen Bedarfs und hatten einen Jahresumsatz von 200 Millionen FF, umgerechnet 10 Millionen RM. Weil die Unternehmen inzwischen wieder mit Rohstoffen beliefert wurden, rechnete die AFA mit
Gewinnen: «Nach einer wirtschaftlichen Angliederung Frankreichs an
Deutschland dürfte sich mit Rücksicht auf die großen Aufgaben, die
die Friedenswirtschaft nach dem Programm des Führers stellen wird,
eine Verdopplung des Umsatzes ohne weiteres herbeiführen lassen.»[181]
Von Seiten der CGE waren der in der Schweiz geborene Generaldirektor Henri de Raémy und der ebenfalls aus der Schweiz stam-

mende geschäftsführende Direktor und Gründer der S.A.F.T., Dr. Victor Herold, federführend an den Verhandlungen mit der AFA beteiligt.

Der Ingenieur de Raémy war nach dem Unternehmenschef Jacques Jourdain die «véritable numero deux» des Gesamtkonzerns, seit 1939 als Administrateur délégué und seit 1941 als Délégué général.[182] Er war unermüdlich unterwegs, um die in ihrer Existenz gefährdete CGE zu reorganisieren und die Rohstofflieferung sicherzustellen. Mindestens einmal reiste er zu diesem Zweck auch zu Gesprächen mit Siemens nach Berlin. Den CGE-Direktoren gelang es mit ihrer pragmatischen Politik, nicht nur die Besatzungszeit nahezu unbeschadet zu überstehen, sondern daneben bemerkenswerterweise auch nur eine leichte Erosion der Gewinne hinnehmen zu müssen.[183]

Der AFA-Chef schlug seit dem Sommer 1940 vor, die AFA an den Firmen der CGE zunächst mit 25 Prozent zu beteiligen. Falls der Umsatz wie erwartet weiter anstieg, sollte die Kapitalbeteiligung bis auf maximal 52 Prozent erhöht werden. Dies sollte durch eine Kapitalerhöhung erreicht werden, um den bisherigen Aktionären ihren Aktienbesitz zu sichern und ihnen dadurch die AFA-Beteiligung schmackhafter zu machen. Die CGE nahm Quandts Vorschlag zur Kenntnis, bat sich jedoch eine Bedenkzeit von drei Wochen aus. In der Folgezeit verhandelte die AFA mit mehreren Firmen aus dem Verbund der CGE um Verlagerungsaufträge. Die letztlich gescheiterten Versuche, über die Verlagerung hinaus auf dem Wege der Beteiligung Einfluss auf die Unternehmensführung zu gewinnen, zeigen allerdings, dass die Expansionsabsichten der AFA auf vielfältigen Widerstand stießen.

Die Einschaltung der S.A.F.T. in die Dienste der AFA ist besonders erhellend, weil sie den anfänglichen Verhandlungspoker recht gut dokumentiert. Die 1918 gegründete Gesellschaft war ein hochmoderner Hersteller alkalischer Akkumulatoren in Romainville im Département Seine und gehörte zu den bedeutendsten Tochterunternehmen der CGE. Das Unternehmen unter ihrem Präsidenten Fréderic Manaut, Vizepräsidenten Raémy sowie Generaldirektor Herold beschäftigte allein im Hauptwerk 900 Arbeiter und war mit einem Kapital von knapp 26 Millionen FF ausgestattet. Die Qualitätsprodukte genossen Weltruf und hatten für die AFA seit jeher eine ernsthafte Konkurrenz dargestellt. Das Unternehmen war auch für die DEAC von großem Interesse, weil die Fertigungskapazität an Stahlakkumulatoren etwa doppelt so hoch war wie in Hagen. Auf dem Gebiet der U-Boot-Batterien galt das Unternehmen als führend. Der Reingewinn für das

Jahr 1939 hatte 4,1 Millionen FF betragen und eine Dividende von 14 Prozent ermöglicht. Auch die Informationen der von Hackinger beauftragten Auskunftei hätten kaum günstiger ausfallen können: Die Gesellschaft sei sehr gut geleitet, mache sehr große Geschäfte und erziele sehr gute Gewinne.[184]

Bei der S.A.F.T. war die Arbeit am 12. Juni 1940 eingestellt worden. Schon am 31. Juli 1940 besuchte eine hochrangige AFA-Delegation unter Leitung der Direktoren und Ingenieure Mitscherling, Hackinger, Hagspihl, Pöhler, Weber, Bronstert und Waitzendorfer das unbeschädigte Werk.[185] Die Gespräche mit Generaldirektor Herold verliefen zwar äußerlich in durchaus freundlicher Atmosphäre, kamen aber dennoch einem Katz-und-Maus-Spiel gleich. Herold erbat zunächst Auskunft darüber, ob die Delegation im Dienst der AFA oder im «offiziellen Auftrag einer militärischen Behörde» angereist sei. Die AFA-Emissäre machten deutlich, dass sie sich in einer Mission des RLM befänden. Hackinger und Mitscherling konnten ja tatsächlich Ausweise vorlegen, die von der Verbindungsstelle Paris des Generalluftzeugmeisters ausgestellt waren. Beide ließen keinen Zweifel, dass sie gegebenenfalls auch zu einer «treuhänderische(n) Übernahme eines Betriebes bevollmächtigt» waren. Die AFA-Direktoren protokollierten minutiös die Verhandlungen, die nun nicht mehr unter gleichrangigen Geschäftspartnern, sondern zwischen Siegern und Besiegten stattfanden: Es liege «in der Natur der Sache», so hörten die französischen Industriellen, dass die Wehrmacht sich der Industrie bediene, und es sei auch nicht verwunderlich, dass sie Fachleute der AFA schicke. Hinweise, dass doch eigentlich die Waffenstillstandskommission für die Beurteilung dieser Angelegenheiten zuständig sei, wurden durch die Vorlage der RLM-Ausweise beantwortet. Die längere Verhandlung nahm sodann nach Ansicht der AFA einen «durchaus freundschaftlichen Charakter» an: Herold habe «Verständnis für eine Zusammenarbeit» gezeigt, weil «im Zuge der europäischen Wirtschaftsausrichtung eine solche Zusammenarbeit» später auch für sein Unternehmen Vorteile bringen werde. Ihm wurde eröffnet, dass es zwei Möglichkeiten gebe, für die Wehrmacht zu arbeiten, «einmal durch eine sogenannte Beschlagnahme, das andere Mal durch die Einsetzung eines Treuhänders. Letztere Maßnahme erschiene uns die empfehlenswertere, da sie eine loyale Zusammenarbeit mit der deutschen Wirtschaft gewährleiste.» Herold, so lautete der Befund der AFA-Emissäre, «schien dies einzusehen».[186] Weitere Besprechungen fanden vom 10.

bis 12. September 1940 statt und führten zu der Vereinbarung, die S.A.F.T. zur Entlastung des AFA-Werkes Hagen einzusetzen.[187] Wenige Wochen später wurden die ersten Aufträge für alkalische Batterien erteilt.[188] Die Verlagerungsaufträge nahmen in den folgenden Jahren stark zu. Schon im Herbst 1941 war das Unternehmen zu 75 Prozent mit Wehrmachts- und anderen Aufträgen, unter anderem von der DEAC und den Dominitwerken, ausgelastet.[189] Wie oft die AFA-Abgesandten die S.A.F.T. inspizierten, lässt sich nicht mehr genau feststellen, aber wahrscheinlich war es hauptsächlich Hackinger, der die Kontrollen ausführte. Das Verhältnis zwischen S.A.F.T. und AFA verschlechterte sich im Lauf der Zeit jedoch dramatisch, weil Hackinger seit 1943 immer höhere Produktionsforderungen stellte. Nachdem man aber schon Anfang 1941 festgestellt hatte, dass es schwierig sein würde, eine Kapitalbeteiligung zu erreichen, verwarf die AFA offenbar ihre entsprechenden Pläne.

Für umfangreiche Verlagerungsaufträge wurde auch ein weiteres zum CGE-Konzern gehörendes Unternehmen herangezogen, die Accumulateurs Fulmen mit Sitz in Clichy und einem großen Zweigwerk in Vierzon-sur-Cher. Hackinger wurde im August 1940 durch den Generalluftzeugmeister zum kommissarischen Verwalter ernannt. Das Unternehmen stellte hauptsächlich Starterbatterien her, galt aber auch als Spezialist für hochwertige U-Boot-Batterien und genoss, nicht anders als die S.A.F.T., einen ausgezeichneten Ruf.[190] Von der AFA wurde es in erster Linie für Verlagerungsaufträge von Starter- und Radiobatterien herangezogen.[191] Ebenfalls hauptsächlich für Verlagerungsaufträge von Gummierzeugnissen spannte die AFA den zum CGE-Konzern gehörenden Zulieferbetrieb «Manufacture d'Isolants et Objets Moulés» (M.I.O.M) in Vitry-sur-Seine ein, bei dem sich Hackinger im August 1940 zum kommissarischen Verwalter hatte bestellen lassen.[192] Die Batteriefirma L'Accumulateur Tudor mit einem modernen Hauptwerk in Lille und einem Zweigwerk im westfranzösischen Niort gehörte ebenfalls zu den Unternehmen der CGE, die von der AFA für Verlagerungsaufträge genutzt wurde. Eine Besonderheit war jedoch, dass zur AFA bereits über viele Jahre hinweg freundschaftliche Beziehungen bestanden hatten, die aber gegen Ende der 1920er Jahre gestört worden waren, als die AFA durch Abmachungen der Tudor mit Konkurrenzunternehmen den Verrat von Betriebsgeheimnissen befürchtet hatte.[193] 1933 hatte die Accumulateur Tudor den bestehenden

Freundschaftsvertrag mit der AFA gekündigt und wenig später auch
den Austausch technischer Erfahrung und die Übereignung von Patenten eingestellt.[194] Das Unternehmen hatte 1938 die bedeutenden «Accumulateurs Dinin» mit Sitz in Paris und einem Werk in Nanterre
übernommen und war dadurch zum wichtigsten französischen Hersteller von U-Boot-Batterien geworden, die vorwiegend im Werk in
Niort hergestellt wurden.[195] Angesichts der Vorgeschichte der Zusammenarbeit und der breiten
Lieferpalette war es naheliegend, sich kapitalmäßig zu beteiligen, und
zunächst schien auch alles darauf hinauszulaufen: Ende August 1940
wurde der ehemalige AFA-Mitarbeiter Karl Fürst durch den Generalluftzeugmeister als kommissarischer Verwalter der Accumulateur
Tudor eingesetzt. Die technische Betreuung für Verlagerungsaufträge
erfolgte durch Corbin Hackinger, der zudem bei den «Accumulateurs
Dinin» kommissarischer Verwalter war.

Wirklich ernsthafte Verhandlungen über eine Kapitalbeteiligung
fanden jedoch nicht statt, was an mehreren Faktoren lag: die Zugehörigkeit zur mächtigen CGE, die Größe und Bedeutung des Unternehmens, die den Widerstand der französischen Behörden fast unvermeid-
lich machte, und schließlich die Rechtslage, die deswegen komplex
war, weil das Werk Lille in der Zone der deutschen Militärverwaltung von Belgien und Nordfrankreich, das Werk Niort dagegen in der
besetzten Zone lag. Deshalb konzentrierte sich die AFA auf Verlagerungsaufträge für Starter-, Radio- sowie U-Boot-Batterien, vergab
aber auch Reichsbahn- und Reichspostaufträge für Zugbeleuchtungs-,
Schalt- und Signalbatterien.[196] Hartnäckiger waren hingegen die Versuche der AFA, die zur CGE
gehörende Compagnie française d'Accumulateurs Electriques U.S.L.
«AUTOX» mit Sitz in Paris und einem Werk in Gennevilliers (Département Seine) zu übernehmen. Möglicherweise war für die AFA der Umstand entscheidend, dass das auf die Fertigung von Blei-Akkumulatoren
nach amerikanischen Patenten spezialisierte Unternehmen mit 200 Beschäftigten recht klein war und ein Erwerb deshalb als unproblematisch
eingeschätzt wurde. Das modern eingerichtete Werk[197] war ein bedeutender Zulieferer für die Automobilindustrie gewesen, was in den Planungen der AFA vermutlich nicht unberücksichtigt blieb. Die U.S.L.
erklärte sich allerdings nur scheinbar bereit, in Verhandlungen über eine
Kapitalbeteiligung der AFA einzutreten und einen Lizenzvertrag für
deutsche Patente abzuschließen. Günther Quandt erneuerte im Januar

1941 den bereits einmal für die CGE-Firmen unterbreiteten Vorschlag einer Kapitalbeteiligung von einem Viertel. Bei einem Aktienkapital von 7,5 Millionen FF sollte, um zunächst die 25-Prozent-Quote zu erreichen, eine Kapitalerhöhung auf 10 Millionen FF vorgenommen werden. Der geschäftsführende Direktor (Administrateur délégué) des Unternehmens erklärte sich bereit, sich mit dem Verwaltungsrat (Conseil d'Administration) und den maßgebenden Aktionärsgruppen in Verbindung zu setzen.[198] Diese Verhandlungen zogen sich jedoch in die Länge und wurden niemals abgeschlossen. Die U.S.L. erfüllte ihre Verlagerungsaufträge, empfing deutsche Inspekteure «äußerst liebenswürdig» und war augenscheinlich darum bemüht, der AFA «bereitwilligst über alles Auskunft zu erteilen»,[199] verzögerte aber ansonsten geschickt alle Beteiligungsversuche. Für den Bau einer Großanlage zur Herstellung von Bleioxyd leistete die AFA über Hackingers Konto im Mai 1942 eine Anzahlung in Höhe von 50 Prozent und 2,4 Millionen FF.[200] Im November 1944 stand diese noch nicht fertiggestellte Anlage immer noch auf dem Firmengelände der U.S.L. – ein signifikantes Beispiel für den erfolgreichen Wirtschaftswiderstand in den besetzten Gebieten, den in durchaus vergleichbaren Fällen etwa auch die «Reichswerke Hermann Göring», Mannesmann, die Vereinigten Stahlwerke, aber ebenso die Deutsche Bank und die Dresdner Bank häufig hinnehmen mussten.[201]

Anhand der CGE-Firmen lässt sich nachweisen, wie schwer der AFA Übernahmen bedeutender Firmen fielen, die Rückendeckung der französischen Behörden hatten. Ein weiterer Beleg, dass die AFA gerade bei wichtigen Herstellern trotz großzügiger Angebote erfolglos blieb, ist die Trockenbatteriefirma Société des Piles Wonder in St. Ouen, die nicht zum CGE-Konzern gehörte. Das Familienunternehmen stellte Trockenelemente, Bleiakkumulatoren, Taschenlampen, elektrische Klingelanlagen, Telefonapparate und Glühlampen her. Damit deckte sie mehr oder weniger die ganze Produktpalette dieses Industriezweigs ab. Die Firma galt in Frankreich als «erstklassiges Unternehmen»[202] und erhielt schon im Herbst 1940 Verlagerungsaufträge der Pertrix. Die AFA stellte am 14. Dezember 1940 beim OKW einen Antrag, als «Bevollmächtigte» in dem Familienbetrieb eingesetzt zu werden.[203] Günther Quandt, Horst Pavel und Corbin Hackinger schlugen dem Besitzer bei einem Besuch im Januar 1941 vor, gemeinsam mit der AFA eine neue Fabrik aufzubauen und anschließend die neuen Pertrix-Verfahren zu verwenden, was den Import von Braunstein überflüssig gemacht hätte – ein außergewöhnliches Angebot, weil die AFA ansonsten ihre neue Technologie nur selten weitergab. Die Firma, die gute Kontakte zu den französischen Behörden hatte, sagte zu, sich das Angebot «gründlich überlegen» zu wollen,[204] hielt aber die AFA weiter hin, so dass die Übernahmeverhandlungen schließlich eingestellt wurden.

Es fällt schwer, bei den Versuchen der AFA, sich an den Unternehmen wie der CGE oder der Société des Piles Wonder zu beteiligen, eine systematische Gesamtstrategie zu erkennen. Auffällig ist allerdings, dass vor allem in der Anfangsphase die Hoffnungen auf einen Einstieg groß waren. Mit der Zeit musste jedoch die Erfahrung gemacht werden, dass Kapitalbeteiligungen im großen Maßstab unrealistisch waren. Wahrscheinlich verhinderte die Konzernstruktur der CGE, die immer noch ein mächtiges Unternehmen mit exzellenten Kontakten in die französischen Regierungskreise war, einen Übernahmeerfolg. Weil die deutschen Rüstungsbehörden eher Interesse an reibungslosen Verlagerungen und ausreichenden Lieferungen an die Wehrmacht hatten, erhielt die AFA von dieser Seite kaum Unterstützung; im RWM hingegen war man nicht gewillt, den Expansionsdrang des Platzhirschen AFA allzu offen zu unterstützen. Der strukturelle Gegensatz zwischen kurzfristigem Interesse der Wehrmacht und den längerfristigen Plänen der Unternehmen wurde für die AFA zu einer kaum überwindbaren Hürde. Von den rund ein Dutzend bekannten Übernahmeversuchen der AFA gelang letztlich, sieht man von den jüdischen Firmen ab, kein einziger. Dies lag weniger an der Missgunst deutscher Konkurrenten, die gelegentlich bei den Reichsstellen intervenierten, als an der dilatorischen Behandlung durch die französischen Behörden, die in geschickter Zusammenarbeit mit den heimischen Industriellen eine deutsche Kapitaldurchdringung zu vermeiden suchten.

Besonders einfache Übernahmekandidaten?
«Arisierungsbemühungen» in Frankreich

Ein besonders düsteres Kapitel der Westexpansion stellen die «Arisierungsbemühungen» der AFA dar. Ihre Experten vor Ort machten auf jüdische Firmen aufmerksam, in der Annahme, dass hier eine Übernahme oder Beteiligung vergleichsweise leicht fallen würde – ein Trugschluss, wie sich schon bald zeigen sollte. Die Überlieferung für diese Vorgänge ist vergleichsweise günstig, was darauf zurückzuführen ist, dass zahlreiche Akten im Entnazifizierungsverfahren von Günther Quandt vorgelegt wurden. Für die DWM liegt wesentlich weniger Quellenmaterial vor, was aber nicht heißen muss, dass es keine ähnlichen Bemühungen gab. Allerdings hatte die AFA aufgrund ihrer historischen Verbindungen und verschiedener «Freundschafts-» und Lizenzvereinbarungen engere Kontakte nach Frankreich als die DWM, was auch die Zugriffswahrscheinlichkeit auf Unternehmen in jüdischem Besitz vergrößerte. Wenn die AFA kein eigenes Interesse verfolgte, war sie jedoch bereit, diese Information an andere Unternehmen der Quandt-Gruppe zu vermitteln.

Da die «Arisierungen» im Reich schon seit geraumer Zeit durchgeführt wurden, hatte sich bei deutschen Behörden ein Gewohnheitseffekt eingestellt, der die Anwendung ähnlicher Verfahren durch die Militärverwaltungen in den besetzten Gebieten begünstigte[205] und damit die «alten Standards der Kaufmannsmoral» Schritt für Schritt weiter erodieren ließ.[206] Im Vichy-Frankreich konnten die deutschen Besatzungsbehörden zudem den dort vorhandenen Antisemitismus instrumentalisieren. Sie ließen keinen Zweifel daran, dass nur ein antijüdisches Frankreich darauf hoffen konnte, sich einen Platz im neuen Europa von Hitlers Gnaden zu sichern.[207]

Das Vichy-Regime war nicht grundsätzlich gegen die «Arisierung» der französischen Industrie eingestellt, drängte aber darauf, diese in Eigenregie durchzuführen – eine «Arisierung» erschien besser als eine «Germanisierung».[208] Die Ausschaltung der jüdischen Unternehmer blieb daher seit Sommer 1940 zwar fast ausschließlich eine Sache der französischen Verwaltung, aber die deutschen Behörden folgten auf dem Fuß. Das französische «Statut des Juifs» vom 3. Oktober 1940[209] definierte ein Unternehmen als «jüdisch», wenn die Eigentümer jüdisch waren oder das Gesellschaftskapital zu über einem Drittel in jüdischem Besitz war.[210] Vichy führte im Dezember 1940 eine eigene Kontrollinstanz ein, die unter dem Namen «Service du Contrôle des Administrateurs Provisoires» (SCAP) dem Produktionsministerium unterstellt war. Für die zu «arisierenden» Unternehmen wurden in der Regel kommissarische Verwalter («Administrateurs provisoires») bestellt. Diese suchten die Betriebe auf und empfahlen entweder den «freiwilligen» Verkauf, den Zwangsverkauf oder die Liquidation. Mit dieser Methode wurden massenhaft Unternehmen «arisiert». Allein in den Verwaltungsbezirken Montreuil, Bagnolet und Vincennes, in denen auch einige der Batteriefirmen in der Banlieue von Paris angesiedelt waren, wurden mehr als 500 «Arisierungs-Dossiers» geführt.[211] Seit Ende 1940 kamen die deutschen Besatzungsbehörden verstärkt ins Spiel. Die französischen Empfehlungen wurden an die deutsche Militärverwaltung in Paris weitergeleitet, die die Vorschläge entweder billigte oder mit Änderungsvorgaben zurückschickte. Die deutsche Militärverwaltung begrüßte, wie der Leiter ihrer Wirtschaftsabteilung, Elmar Michel, im Herbst 1940 schrieb, die «Mitverantwortung der französischen Stellen», weil die Deutschen nur «überwachen und kontrollieren» sollten.[212] Eine Untersuchung über «arisierte» Großunternehmen kommt zum Ergebnis, dass letztlich weniger als 5 Prozent von diesen unter deutsche Kontrolle gerieten.[213] Bei kriegswichtigen Unternehmen versuchte die deutsche Militärverwaltung jedoch, das Verfahren durch die Einsetzung kommissarischer Verwalter zu überspielen, meist unter Berufung auf die französische «Zweite Verordnung über Maßnahmen gegen Juden vom 18. Oktober 1940».

Die wie auch immer errechneten «Erlöse» für den Verkauf wurden – zumindest in der Zeit bis Juli 1941– an die ehemaligen jüdischen Besitzer ausgezahlt. Der tatsächliche Wert der durch diese «Arisierungen» enteigneten Unternehmen kann dagegen nur annähernd geschätzt werden; er ist in einer Berechnung mit etwa 5 Milliarden FF angegeben worden.[214] Mit weiteren französischen Gesetzen und Verordnungen wurden schließlich letzte Möglichkeiten genommen, jüdisches Eigentum zu schützen. Ein Gesetz vom 29. Mai 1941 schuf einen «Commissaire général aux questions juives» für die verwaltungsmäßige Abwicklung der «Judenfrage»;[215] eine im gleichen Monat erlassene Verordnung des Militärbefehlshabers für Frankreich machte die Beschlüsse von Generalversammlungen französischer Aktiengesellschaften genehmigungspflichtig – eine Maßnahme, die französische Abwehrmaßnahmen wie Kapitalerhöhungen oder Satzungsänderungen verhindern sollte,[216] aber de facto wenig bewirkte.

Es war nicht ungewöhnlich, wenn sich jüdische Eigentümer schweren Herzens entschlossen, sich von ihrem Eigentum zu trennen und ins sichere Ausland zu gehen. In manchen Fällen wurde Offerten nachgegeben, weil ein Verkauf im Vergleich zu einer Liquidation immer noch als die bessere Lösung erschien. Hieraus konnten sich zum Beispiel sog. «Lösegeldgeschäfte» ergeben: Die Unternehmen, häufig auch die ins Geschäft eingeschalteten Banken, unterstützten die jüdischen Besitzer bei den Auswanderungsverfahren und der Devisenbeschaffung.[217]

Die komplexe Praxis zeigt sich anschaulich bei den «Arisierungsverhandlungen» der AFA, die meist federführend durch Corbin Hackinger, gelegentlich auch durch Horst Pavel, geleitet wurden. Hackinger bediente sich, wenn es um die «Beibringung von Auskünften über jüdische Firmen und jüdische Kapitalbeteiligung» ging, stets der Angaben der von ihm beauftragten Auskunftei.[218] Günther Quandt wurde umfassend über die Pläne und den Stand der Verhandlungen informiert. So vielversprechend die Möglichkeiten der Übernahme jüdischer Unternehmen jedoch zunächst ausgesehen hatten, folgte für die AFA bald die Ernüchterung. Schon im Frühjahr 1941 waren sich Hackinger und Pavel der auftretenden Probleme bewusst: Das französische Finanzministerium, das Ministerium für Handel und Gewerbe, andere Behörden und nicht zuletzt die französischen Wirtschaftskammern als Gremien der Privatwirtschaft legten häufig gegen die Übertragung jüdischer Unternehmen in deutsche Hände aus Angst vor deutscher «Überfremdung» Einspruch ein.[219]

Angesichts dieser Opposition beklagte Hackinger ein ums andere Mal die weitgehend von der Ministerialbürokratie geprägte französische «Judenpolitik».[220] Als einer der für die «Arisierung» zuständigen leitenden französischen Beamten ihn einmal aufsuchte, ließ er Hackinger sogar wissen, es habe ihm immer sehr leid getan, gegen die Wünsche der AFA arbeiten zu müssen. In den Verhandlungen mit der Waffenstillstandskommission sei jedoch ausdrücklich festgelegt worden, «daß die deutsche Industrie an der Arisierung der jüdischen Unternehmen in Frankreich nicht teilnehmen» solle.[221] Es liegt nahe, dass hier Krokodilstränen vergossen wurden, was Hackinger jedoch nicht davon abhielt, die tröstenden Bemerkungen an die AFA-Zentrale weiterzuleiten, weil sie sicherlich geeignet waren, seinen eigenen Misserfolg bei den Kapitalbeteiligungen zu rechtfertigen.

Die Mechanismen der Beteiligungsbemühungen

1940/41 schienen sich der AFA Aussichten auf den Erwerb der zur CGE gehörenden «Société pour le Travail Electrique des Métaux» (TEM) zu eröffnen. Die 1887 gegründete und mit einem Kapital von 5 Millionen FF ausgestattete Firma mit Werken in Paris und Saint-Ouen war im Besitz einer jüdischen Familie. Vor dem Westfeldzug hatte das Unternehmen mit 450 Beschäftigten gearbeitet und galt als Spezialist sowohl auf dem Feld der Bleiakkumulatoren wie der alkalischen Batterien. Zudem hatte es im französischen Marine-Programm vor allem U-Boot-Batterien gefertigt. Die von Hackinger beauftragte Auskunftei stellte der Firma, die in den Vorjahren Dividenden in Höhe von 10 Prozent ausgeschüttet hatte, ein gutes Zeugnis aus.[222] An der im Herbst 1940 dem französischen Sequester unterstellten TEM meldeten Günther Quandt und Horst Pavel im November 1940 ihr Interesse an[223] und beantragten, Hackinger als kommissarischen Verwalter zu installieren. Zu diesem Zeitpunkt wurde das Unternehmen schon von der Rüstungs-Inspektion Paris «betreut», erledigte umfangreiche Verlagerungsaufträge und belieferte die deutschen U-Boot-Stützpunkte in Frankreich.[224] Eine technische Kooperation mit der TEM wollte die AFA nur im Fall einer «maßgebliche[n] Beteiligung» eingehen: «Da es sich bei der TEM um ein jüdisches Unternehmen handelt, besteht dort am ehesten die Möglichkeit, die deutschen Interessen zu verankern. Wir beabsichtigen, die Verhandlungen mit dem Sequester von TEM zunächst mit dem Ziele zu führen, das Unternehmen ganz in unsere Hand zu bekommen. Sollten wir dabei auf den unüberwindlichen Widerstand der zuständigen französischen Stellen stoßen, so würden wir uns mit einer Beteiligung von 75 % und äußerstenfalls mit einer von 60 % begnügen.»[225] Weil die Verhandlungen, nicht anders als in anderen Übernahmeverfahren in Frankreich auch, allzu schleppend verliefen, stellte die AFA im Januar 1941 einen erneuten Antrag, einen Treuhänder bei der Gesellschaft einzusetzen, «um die Arisierung durchzuführen».[226] Offensichtlich gelang es zu diesem Zeitpunkt, einen der AFA genehmen Strohmann zum designierten französischen Treuhänder zu bestellen: Die Wahl fiel auf François Bécot, dem das Erwerbsinteresse der AFA signalisiert wurde. Bécot wurde auch in anderen Fällen von der AFA eingesetzt, um «Arisierungen» durchzuführen.[227] Die AFA ließ den Präsidenten der TEM, Robert, gleichsam beruhigend wissen, die «Arisierung» sei wegen der umfangreichen kriegswichtigen Aufträge notwendig. In der Geschäftsleitung werde die AFA jedoch nach einer Übernahme «zunächst keine Änderungen herbeiführen», vielmehr lege man «besonderen Wert auf die weitere Mitarbeit der bisher in dem Unternehmen tätigen leitenden Herren».[228] Dieses Prozedere entsprach der üblichen Vorgehensweise in den Unternehmen der Quandt-Gruppe: Ein Austausch des Führungspersonals fand in den seltensten Fällen statt.

So vielversprechend dieses Gespräch im Januar 1941 in den Augen der AFA-Unternehmensspitze auch verlaufen sein mochte, so brachten die folgenden Monate doch keinen Durchbruch, weil sich die französische Bürokratie gegen eine deutsche Kapitalbeteiligung sperrte. Hieran änderte sich bis zur Invasion in der Normandie grundsätzlich nichts mehr.

Hackinger stritt nach 1945 alle Arisierungsvorwürfe ab und schob den Schwarzen Peter dem RWM zu, das «unter allen Umständen» eine Kapitalverflechtung gewünscht habe: «Als die Interessenten der F. TEM mit der AFA nicht zusammenarbeiten wollten, ist die ganze Sache liegen geblieben und es ist kein Mensch mehr wegen TEM behelligt worden. Wir wussten genau, daß die Aktien der Firma TEM auf Strohmänner übergeleitet waren, die für die Firma Rothschild die Aktien erhielten. Wir haben nichts dagegen gemacht.»[229] Auch dies war eine Schutzbehauptung, denn die AFA hatte bekanntlich schon 1940 ihr ausdrückliches Interesse an der TEM beim RWM angemeldet. Hackinger konnte lediglich darauf verweisen, dass man später nicht mehr aggressiv gegen das Unternehmen vorgegangen war. Allerdings ist diese vornehme Zurückhaltung nicht als Rücksichtnahme auf die TEM zu interpretieren, sondern war der Einsicht zu verdanken, dass es sinnlos war, weiter gegen die von den französischen Behörden errichteten Barrikaden gegen eine deutsche «Überfremdung» anzurennen.

Ein sehr viel kleineres Unternehmen als die TEM war die Firma La Pile Aglo S.à R. L., eine Trockenelemente-Fabrik in Suresnes im Département Seine. Auch sie befand sich im Besitz einer jüdischen Familie. Die Übernahmegespräche erstreckten sich über einen besonders langen Zeitraum und – eher eine Seltenheit – auch die Preisverhandlungen sind gut dokumentiert. Die noch weitgehend handwerklich arbeitende Gesellschaft beschäftigte im Krieg etwa 40 Arbeiter. 1935 hatte die Pertrix mit dem Unternehmen bereits einen Lizenzvertrag geschlossen, so dass die Firma mit Pertrix-Technologie produzierte. Die AFA stellte am 14. Dezember 1940 beim OKW einen Antrag, als «Bevollmächtigte» eingesetzt zu werden. Bald darauf wurde der AFA-Strohmann Eugène Henri Campiche zum französischen Treuhänder ernannt. Trotz der geringen Kapazitäten des Unternehmens war die AFA an einer Beteiligung interessiert und überlegte gar, das Unternehmen durch die Tochtergesellschaft Titania GmbH erwerben zu lassen; ein entsprechender Antrag wurde dem RWM am 30. Januar 1941 zugestellt.[230] Der AFA war durch die Auskünfte Hackingers bzw. die von ihm beauftragte Wirtschaftsdetektei bekannt, dass das Unternehmen in jüdischem Besitz war. Bei einem von AFA-Direktor Johann Sindel[231] durchgeführten Erkundungsbesuch im Februar 1941 führte der Besitzer Elias Canetti den AFA-Inspekteur durch den Betrieb. Die Familie hoffte zu diesem Zeitpunkt noch, die Fabrik in Eigenregie weiterführen zu können. Der Treuhänder Campiche hatte jedoch, wie er die AFA wissen ließ, bereits von militärischer wie ziviler Seite die Information erhalten, dass das Unternehmen «unbedingt arisiert werden» müsse.[232]

Die Besitzverhältnisse erwiesen sich angesichts der geplanten Übernahme als kompliziert: Das Unternehmen mit einem Aktienkapital von 200 000 FF gehörte zu je 50 Prozent zwei Mitgliedern einer jüdischen Familie, Elias und Joseph Canetti; beide hielten je 100 Aktien à 1000 FF. [233] Elias Canetti besaß die spanische Staatsbürgerschaft, sein Onkel Joseph hingegen hatte diese in den späten 1920er Jahren abgelegt und galt juristisch als Franzose. Ein ursprünglich gehegter Plan, den Anteil von Joseph Canetti in Francos Spanien zu «arisieren», ließ sich daher nicht durchführen. Dieses Verfahren wäre paradoxerweise sowohl Joseph Canetti als auch der AFA am liebsten gewesen, denn auf diese Weise hätte das spanische Konsulat in Paris den Kauferlös in voller Höhe zur Verfügung gestellt.[234] Als Franzose unterlag Joseph Canetti jedoch der französischen Gesetzgebung, die «Arisierungen» nur gestattete, wenn sie von Franzosen durchgeführt wurden und das Kapital in französischen Händen blieb. Die Verhandlungen gestalteten sich daher, wie Hackinger beklagte, «außerordentlich schwierig», weil «die zuständige gewerbliche Organisation in Paris sowie die französischen Konkurrenzfirmen alle Hebel in Bewegung setzten, um die Anteile in französischen Besitz zu überführen».[235] Im Herbst 1941 erhob der Militärbefehlshaber für Frankreich Einspruch gegen die Entscheidung der Regierung.[236]

Der Vorsitzende des «Comité d'Organisation de la Construction Electrique» Davezac erklärte, auch seine Organisation habe im November 1940 zugestanden, dass das «maison juive» definitiv liquidiert werden müsse. Inzwischen sei man jedoch der Ansicht, dass die Pile Aglo dem «Secteur Civil Français» erhalten bleiben solle. Hackinger widersprach zwar, aber das Gespräch endete ergebnislos in kleinlichen Auseinandersetzungen über Detailfragen.[237] Das französische Produktionsministerium plante, das Unternehmen zu liquidieren, um den Übergang in deutsche Hände zu verhindern, was wiederum heftigen

Protest der «Wirtschaftsgruppe Elektroindustrie» zur Folge hatte, die sich in der Angelegenheit ebenso wie die AFA an den Militärbefehlshaber für Frankreich wandte.[238] Die AFA verwies auf die umfangreichen Verlagerungsaufträge und die Kriegswichtigkeit des Unternehmens und hatte damit Erfolg.

Für das Unternehmen war inzwischen ein weiterer Treuhänder bestellt worden. Um die «Arisierung» trotz aller Schwierigkeiten durchführen zu können, wurde im Mai 1941 ein der AFA ebenfalls seit langem gut bekannter Strohmann ausgewählt: François Bécot. Er sollte als Geschäftsführer der Pile Aglo pro forma zunächst sämtliche Geschäftsteile übernehmen, sodann 49 Prozent an die AFA übertragen und ihr die übrigen 51 Prozent als Option zusichern. Bécot war in allen grundsätzlichen Angelegenheiten an die Zustimmung der AFA gebunden, der er monatlich zu berichten hatte. Den für diesen Transfer notwendigen Betrag wollte die AFA als Darlehen zur Verfügung stellen.[239]

Während die rechtlichen Fragen auf staatlicher Ebene weiter in der Schwebe blieben, wurde die AFA inzwischen mit der Familie Canetti im Herbst 1941 handelseinig. Die Vereinbarungen sahen vor: Von ihren je 100 Anteilen sollten Joseph und Elias Canetti je 30 direkt an die AFA verkaufen. Jeweils 55 Anteile sollten gleichsam getarnt an den AFA-Strohmann Bécot übergeben werden, der dieses Aktienpaket treuhänderisch verwalten sollte. Die restlichen je 15 Anteile sollten – pro forma – an die Ehefrau eines Pile-Aglo-Mitarbeiters und an eine Sekretärin übergehen. Mit Bécot wurde ein juristisch wasserdichtes Verpfändungsabkommen getroffen, damit die AFA gegebenenfalls Zugriff auf dessen Anteile bekam. Die AFA besaß nach dieser Vereinbarung von den insgesamt 200 Anteilen über 60 eigene Anteile und 110 Anteile, die ihr über Bécot zur Verfügung standen – eine komfortable Majorität.

Es fällt naturgemäß schwer zu beurteilen, ob der Kaufpreis, den die Canettis erhielten, angemessen war oder ob sie übervorteilt wurden. Die erhaltenen Dokumente und Vereinbarungen zeigen, dass Ende Juni 1941 eine Inventur durchgeführt wurde. Es wäre für ein finanziell gut ausgestattetes Unternehmen wie die AFA unproduktiv gewesen, mit einer kleinen Fabrik, die in mancher Hinsicht noch den Charakter eines Handwerkbetriebs hatte, um vergleichsweise geringe Beträge zu feilschen. Die Familieneigner wollten ursprünglich ihren Betrieb in eigener Verantwortung weiterführen und wurden zum Verkauf genötigt. Anders als «arische» Besitzer konnten sie kaum auf Unterstützung der französischen Behörden hoffen und waren daher dem Druck der Deutschen besonders stark ausgesetzt. Das Auftreten Corbin Hackingers ist in vielen Fällen sehr bestimmt gewesen, und bei den Canettis musste zwangsläufig der Eindruck entstehen, dass Hackinger als Personifizierung des «Besatzers» im Zweifelsfall auch andere Mittel anwenden werde, um die «Arisierung» durchzuführen.

Pro Aktie à 1000 FF wurde mit den Canettis ein Verkaufspreis von 2820 FF vereinbart, ein etwas höherer Preis als derjenige, der bei der erwähnten Inventur im Juni 1941 im Gespräch gewesen war. Die Maschinen und Einrichtungen wurden jetzt nicht zum Buchwert, sondern zum inzwischen gestiegenen Tagespreis berechnet. Zu diesem Gesamtpreis von 282 000 FF wurde mit den jüdischen Besitzern noch die Zahlung eines «Goodwill» von je 50 000 FF vereinbart, mit dem der immaterielle Wert, gleichsam der «gute Name» des Unternehmens als Marktwert berücksichtigt werden sollte – eine Geste der AFA, die an und für sich nicht notwendig gewesen wäre und zumindest im Deutschen Reich seit 1935 sogar ausdrücklich untersagt war. Die Pile Aglo sollte anschließend einen Investitionskredit über 1,1 Millionen FF erhalten, um das Unternehmen zu modernisieren und auszubauen.²⁴⁰

Mit Elias Canetti wurde am 3. November 1941 eine entsprechende Verkaufsvereinbarung unterschrieben. Die gleichlautende Abmachung mit Joseph Canetti konnte wegen des Widerstands französischer Stellen selbst Mitte 1942 noch nicht abgeschlossen werden.²⁴¹ Seit Ende September 1941 war der Pertrix-Ingenieur Richard Schröder als Betriebsführer zur Pile Aglo delegiert, weil die AFA sich bereits als Mehrheitseigner betrachtete und die «Führung durch einen deutschen Ingenieur» als notwendig angesehen wurde.²⁴² Das Werk stellte zu diesem Zeitpunkt bereits 70 Prozent ihrer Produktion der Wehrmacht zur Verfügung und produzierte bis zur Invasion trotz des zunehmenden Facharbeitermangels gemäß den Wünschen der AFA.²⁴³

Erst im April 1943 gingen die Anteile von Elias Canetti endgültig in den Besitz des AFA-Strohmanns Bécot über, ohne dass jedoch die AFA der gewünschten Übernahme näher gekommen wäre. Im Juli 1943 schrieb Hackinger frustriert an Pavel, in die «Angelegenheit Aglo» zwei Jahre Arbeit investiert zu haben, nur «um schließlich feststellen zu müssen, daß ich mit der AFA als Käuferin nicht durchdringen kann, einfach weil sich das französische Finanzministerium allen ähnlichen Absichten rücksichtslos entgegenstellt».²⁴⁴ Nach dem Ende der Besatzung wurde die Pile Aglo unter Sequester gestellt; der AFA-Strohmann François Becot trat, wie die Gesellschafterversammlung am 20. Juni 1945 einstimmig beschloss, mit Wirkung vom 1. August 1945 von seinem Amt zurück, und kam daher mit einem blauen Auge davon.

Der «Arisierungsversuch» bei der Pile Aglo zeigt, dass es der AFA selbst bei einem vergleichsweise kleinen Unternehmen nicht gelang, eine in ihren Augen befriedigende Übernahme zu erreichen. Dies lag – ähnlich wie bei der TEM – jedoch nicht an mangelnder Beharrlichkeit der AFA, die sich zudem der Rückendeckung der deutschen staatlichen Instanzen sicher war, sondern an der geschickten Politik der französischen Wirtschaftsverbände und Behörden, die eine «Überfremdung» blockierten. Die Vorgänge zeigen, dass die deutsche Besatzung in Frankreich auf dem Gebiet der Wirtschaft keineswegs «total» war. Anders als bei der «Ostexpansion» wagten es die deutschen Behörden oftmals nicht, die traditionellen geschäftlichen Gepflogenheiten mit brutalen Methoden auszuhebeln.

AFA-Tochtergesellschaften waren ebenfalls an «Arisierungen» beteiligt und ließen sich von Hackinger Hilfestellung geben: Die Dominitwerke nutzten die Firma Weil & Cie. in Montreuil (Département Seine) für umfangreiche Verlagerungsaufträge und verhandelten seit Anfang Februar 1941 über den Erwerb des Unternehmens,[245] das mit etwa 100 Arbeitern Blechemballagen herstellte und daher für die Produktion von Grubenlampen- und Handlampengehäusen interessant war.[246] Auch hier wollten die französischen Behörden zwar lieber auf eigene Rechnung «arisieren», aber im Oktober 1941 wurde Eugène Henri Campiche bei Weil & Cie. offiziell durch den Militärbefehlshaber für Frankreich zum kommissarischen Verwalter bestellt.[247] Es steht zu vermuten, dass Campiche, ein ursprünglich aus der Schweiz stammender Franzose und Mitgründer der schweizerischen Tochtergesellschaft der französischen Akkumulatorenfabrik Leclanché, von der AFA ausdrücklich benannt worden ist. Er war schließlich auch bei der Pile Aglo als Treuhänder eingesetzt worden, weil er gute Kontakte in die französischen Finanz- und Regierungskreise besaß.[248] Ein Teil der Fertigung bei Weil & Cie. wurde für Wehrmachtsaufträge auf die Herstellung von Konservendosen umgestellt. Hackinger besorgte hierfür beim Militärbefehlshaber für Frankreich das notwendige «Beute-Blech».[249]

Wenn die AFA kein eigenes Interesse an Übernahmeobjekten hatte, stellte sie bisweilen ihre «guten Dienste» zur Weitervermittlung zur

Verfügung. Sie beantragte beispielsweise Ende 1940 eine Kapitalbeteiligung an den Anciens Etablissements M. Lévy in Paris, einem Familienbetrieb mit weniger als 20 Beschäftigten, der als Zulieferer für französische Batteriefirmen Spezialmaschinen fertigte.[250] Durch den Militärbefehlshaber für Frankreich sollte auch hier Eugène Henri Campiche als Treuhänder eingesetzt werden, um die «Arisierung» durchzuführen.[251] Die AFA verlor bei einer Ortsbesichtigung im Januar 1941 jedoch das Interesse an einer Beteiligung und regte an, dem befreundeten Berliner Unternehmen Holzapfel & Hilgers GmbH eine Kapitalbeteiligung vorzuschlagen. Daraus wurde allerdings nichts, weil das Unternehmen bereits kurz darauf in französische Hände überführt wurde.[252]

Ähnlich lag der Fall bei der Société de l'Outillage R.B.V. in Paris, die zwar für die Batteriebranche uninteressant war, aber als moderne Fabrik für Präzisionswerkzeuge, die 1939 fast 2000 Beschäftigte gezählt hatte, möglicherweise für die DWM von Interesse war. Hackinger informierte den Posener DWM-Direktor Schneider im Frühjahr 1941, die Fabrik könne im Zuge «energisch betriebener Arisierungsmaßnahmen» des Militärbefehlshabers für Frankreich durchaus in deutsche Hände überführt werden: «Gegebenenfalls könnten wir Ihnen bei Durchführung der Arisierung behilflich sein, zumal wir bereits in mehreren derartigen Fällen die diesbezüglichen Verhandlungen geführt haben.»[253] Der jüdische Präsident Armand Vorms war zwar schon im Oktober 1940 auf Anordnung des Chefs der Militärverwaltung zurückgetreten, aber der Nachfolger und Président-délégué Henri de France war sein Schwiegersohn. Die Vermutung misstrauischer deutscher Stellen, es handle sich lediglich um einen Strohmann des bisherigen Direktoriums,[254] war also wohl nicht abwegig. Wieso die DWM letztlich nicht zum Zuge kamen, verraten die überlieferten Quellen nicht.

Eine besondere Besatzungssituation ergab sich im Elsass. Anders als in den übrigen französischen Gebieten gab es hier keine langwierigen Diskussionen mit den Behörden in Paris und Vichy über die Rechtsvorschriften bei Übernahmen von Unternehmen. Die Wirtschaft sollte nach der faktischen Eingliederung von Elsass und Lothringen ins «Großdeutsche Reich» unverzüglich für Rüstungsaufträge genutzt werden. In zahlreichen Fällen wurden die bisherigen Eigentümer zunächst durch deutsche Treuhänder ersetzt und die Betriebe sodann sukzessive in deutschen Besitz überführt. Zwar ist über das genaue Prozedere dieser Überführungen in deutsche Hände weniger bekannt, als dies etwa für das Frankreich Vichys gilt, aber es lässt sich doch ein einigermaßen präzises Bild dieser Vorgänge zeichnen.[255] Der Besitz von Franzosen, die nach 1918 ins Elsass gekommen waren, sowie jüdischer Besitz wurde nach dem Einmarsch deutscher Truppen am 19. Juni 1940 unter Sequester gestellt. Seit dem 6. August wurden vorläufige deutsche Verwalter in den Betrieben eingesetzt. Vom 15. Januar 1941 an wurde die Sequestrierung zudem auf diejenigen Unternehmer ausgedehnt, die das Elsass verlassen hatten und noch nicht zurückgekehrt waren. Das Rüstungskommando Straßburg wies daraufhin zahlreichen deutschen Unternehmen wie Krupp, Junkers, der Deutschen Erdöl AG und Robert Bosch solche Betriebe zu.

Auch die Pertrix war an dieser Besitznahme beteiligt. Im Juli 1941 wurden für 66 000 RM Gelände und Gebäude der 1912 gegründeten Blechemballagenfabrik Hirschfeld Frères in Straßburg übernommen – eine strategische Überlegung, weil Firmen dieser Art in der Regel mit Maschinen arbeiteten, mit denen auch Taschenlampenhülsen hergestellt werden konnten. Der genaue Zeitpunkt der «Einweisung» ist nicht bekannt, aber Johann Sindel, der seit 1937 bei der Pertrix die Taschenlampenhülsenfertigung leitete und sich für Führungsaufgaben durch die Schaffung einer modernen Betriebsorganisation empfohlen hatte, übernahm faktisch den Betrieb Hirschfeld Frères am 12. März 1941, wo zu diesem Zeitpunkt noch ein kommissarischer Verwalter eingesetzt war.[256] Herbert Quandt hat später formuliert, es seien «die dortigen Industrieunternehmen bzw. Werke davon angeboten bzw. einzelnen Unternehmen zum Erwerb nahegelegt» worden[257] – eine euphemistische Umschreibung der Übernahmen, die nach der Verdrängung der ursprünglichen Eigentümer erfolgten. Wahrscheinlich wurde das Unternehmen also erst integriert, als es bereits in die Verfügungsmasse des «Dritten Reiches» übergegangen war; auch in diesem Fall verhandelte man also direkt mit den staatlichen Stellen und nicht mit den jüdischen Besitzern, ein Verfahren, das bekanntlich bereits wenige Jahre zuvor bei der Übernahme der Berlin-Erfurter-Maschinenfabrik angewandt worden war.[258]

Horst Pavel und Herbert Quandt verhandelten im Juli 1941 in Straßburg mit den zuständigen Stellen des Chefs der Zivilverwaltung im Elsass über die juristischen und kaufmännischen Fragen einer Übernahme. Die Wunschvorstellungen der Besucher lauteten: Nach der Überwindung der Unwägbarkeiten der Anlaufzeit und einer grundlegenden Modernisierung sollte der Betrieb in ein formell selbständiges Unternehmen umgewandelt werden. Aus steuerlichen Gründen sollte das Werk später nicht durch die Pertrix selbst, sondern durch die AFA verwaltet werden.[259] Welche Rolle Herbert Quandt in Straßburg spielte, ist nicht ganz klar. Nach wie vor führte Günther Quandt die AFA souverän mit patriarchalischen Methoden. Aber sein Sohn war bereits in den späten 1930er Jahren immer wieder zu Besuchen befreundeter AFA-Gesellschaften gereist und hatte den Vater auch auf der Erkundungstour zu den französischen Batteriefirmen im Herbst 1940 begleitet. Da er sukzessive eine größere Rolle bei der Pertrix spielen wollte, die gleichsam seinen eigenen Bereich innerhalb der Quandt-Gruppe darstellte, war es naheliegend, die zum Teil komplizierten und zeitraubenden Verhandlungen in Straßburg selbst zu verfolgen. Auch wenn Herbert Quandt – zu diesem Zeitpunkt gerade knapp über 30 Jahre alt – noch keine Führungsaufgaben innehatte, war er an der Übernahme beteiligt. Häufig fanden die Gespräche allerdings in Begleitung des erfahrenen Viktor Werner statt, dem das Werk schließlich organisatorisch unterstellt wurde, um dann modernisiert und auf die dreifache Größe ausgebaut zu werden. Herbert Quandt und Victor Werner verhandelten teilweise sogar am Wochenende, um zu Wochenbeginn wieder in Berlin sein zu können. Letzterer hat später – durchaus in lobender Absicht – den Anteil von Herbert Quandt hervorgehoben.[260]

Dass die Beteiligung Herbert Quandts an der Straßburger Erwerbung kein reiner Ausnahmefall war, zeigt die «Arisierung» einer weiteren Blechemballagenfabrik in der Nähe von Paris. Das Familienunternehmen Dreyfus & Co. verfügte in Montreuil (Département Seine) und Bagnolet über zwei Werke und hatte vor Kriegsausbruch 500 bis 600 Arbeiter beschäftigt.[261] Gebäude und Einrichtungen waren auf dem neuesten Stand und überstiegen bei weitem das angegebene Kapital in Höhe von 3,2 Millionen FF. Hackinger hielt das Unternehmen für das «beste [...] Objekt», das er bis dahin hatte ermitteln können.[262] Weil das Unternehmen als «vorwiegend jüdisch» galt, hatten die französischen Behörden bereits 1941 die «nichtarischen» Mitglieder Charles Dreyfus sowie René und Roger Bernheim aus dem Aufsichtsrat entfernt und Georges Morgain als Treuhänder eingesetzt.[263]

Die Übernahme des damit bereits «arisierten» Unternehmens erfolgte federführend durch das Büro Hackinger, was wahrscheinlich dadurch erleichtert wurde, dass der Betrieb mit Morgain einen nach Hackingers Auffassung «zuverlässigen» französischen Treuhänder hatte.[264] Die AFA plante den Erwerb der Zweidrittelmehrheit und wollte das Werk, dessen Wert auf etwa 600 000 bis 700 000 RM taxiert wurde, anschließend für 12 bis 13 Millionen FF ausbauen. Für den technischen Aufbau griff die AFA im November 1942 auf Johann Sindel zurück, der zu diesem Zeitpunkt bereits die Pertrix-Produktion in Straßburg aufgebaut hatte. Er wurde informiert, dass «Herr Direktor Quandt» ein «größeres Projekt» vorschwebe, das «dringend eines Sachverständigenurteils» bedürfe.[265] Mit «Direktor Quandt» dürfte in diesem Fall nicht Günther, sondern Herbert Quandt gemeint gewesen sein, unter dessen Aufsicht das Straßburger Pertrix-Werk stand.

Vom Nominalkapital in Höhe von 3,2 Millionen FF übernahm die AFA schließlich zu Anfang des Jahres 1943 2,13 Millionen FF – also genau die gewünschte Zweidrittelmehrheit. Hierfür zahlte sie, überwiegend aus Hackingers Pariser Dispositionsmitteln,[266] etwas mehr als 13 Millionen FF.[267] Ob dieser Kaufpreis angemessen war, lässt sich schwer beurteilen, weil keine Bilanzen vorliegen und die Berechnung des Firmenwerts schwerfällt. Der ausgezahlte Preis entsprach allerdings in etwa dem Wert, den die AFA intern berechnet hatte, aber dem der willkürlich festgelegte offizielle Umtauschkurs von 1 RM = 20 FF zugrundegelegt wurde. Noch im Januar 1944 hoffte Horst Pavel, die Fabrikationsstätten von Dreyfus auf den «neuesten Stand der Technik» zu bringen,[268] ein Vorhaben, das mit der Invasion jedoch ad acta gelegt wurde. Die offizielle französische «Arisierung» datiert erst vom 21. Juni 1944 und wurde von der Wirtschaftsabteilung des «Commissaire général aux questions juives» ausgefertigt.[269]

Letztlich betrafen alle «Arisierungen» der AFA in Frankreich kleinere Unternehmen, was auch daran lag, dass der Anteil der beschlagnahmten jüdischen Besitztümer am gesamten Industriekapital in keinem der von der Wehrmacht besetzten Gebiete sonderlich hoch war.[270] Auch in anderen westlichen Ländern versuchte sich die AFA an «Arisierungen». Die Aktenlage ist hierfür allerdings dürftig; viele Vorgänge lassen sich nur bruchstückhaft rekonstruieren, und es ist durchaus denkbar, dass es weitere Versuche gab, die gar nicht dokumentiert sind. In manchen der «Arisierungsversuche» ging die Initiative direkt von der AFA aus. Bei den Expansionsbemühungen machte sich das Unternehmen also, wenn sich die Gelegenheit bot, gezielt die rassistische Ideologie des Nationalsozialismus zunutze.

Ein prägnantes Beispiel hierfür bietet Dänemark, wo die AFA sich bemühte, eine Mehrheitsbeteiligung an zwei dort ansässigen Akkumulatorenfabriken zu erreichen.

Erfolgreicher Widerstand:
Eine gescheiterte «Arisierung» in Dänemark

In Skandinavien hatte sich nach der deutschen Invasion Dänemarks und Norwegens im April 1940 eine neue machtpolitische Konstellation ergeben, die ähnlich wie in Frankreich eine wirtschaftliche Ausdehnung der AFA auf dänische Batteriefirmen in den Bereich des Möglichen rücken ließ. Am 3. Dezember 1940 fand hierüber eine Besprechung zwischen Günther Quandt, Pavel und dem Regierungsrat Dr. Jörges vom RWM statt. Vor allem zwei Firmen hatte die AFA im Visier. Mit einer von ihnen – der Aktieselskabet Accumulator-Fabriken in Lyngby bei Kopenhagen – war die AFA seit langem geschäftlich verbunden; die andere – die Trockenbatteriefirma Hellesens Enke & V. Ludvigsen A/S in Kopenhagen – war ein bedeutendes Konkurrenzunternehmen, das international für eine aggressive Preispolitik bekannt war. Nur 20 Prozent der Produktion setzte diese Firma auf dem Heimatmarkt ab, der Rest ging in den europäischen und überseeischen Export. Das war für die AFA-Führung Grund genug, auf Schützenhilfe der Reichsbehörden zu hoffen: «Es dürfte», so erläuterten Günther Quandt und Pavel dem RWM, «im deutschen Interesse liegen, dieses Unternehmen auch kapitalmäßig unter deutschen Einfluß zu stellen, damit der Export auch bei der dänischen Firma den deutschen Richtlinien gemäß gelenkt werden kann.»[271] Herbert Quandt gab nach dem Krieg in seinem Spruchkammerverfahren an, im Herbst 1942 bzw. Frühjahr 1943 je zwei Tage im Auftrag der Pertrix das Unternehmen Hellesens Enke & V. Ludvigsen besucht zu haben.[272] Offensichtlich ist der Übernahmeversuch jedoch aus dem gleichen Grund gescheitert wie bei der zweiten Firma, die im Folgenden näher betrachtet werden soll.

Die Aktieselskabet Accumulator-Fabriken in Lyngby war ursprünglich ein Tochterunternehmen der AFA gewesen, was bei der AFA-Führung reflexartig den Wunsch nach einer Übernahme hervorrief. Sie war aus einer schon vor dem Ersten Weltkrieg eingerichteten Ingenieur-Abteilung entstanden, organisatorisch mit der AFA eng verbunden gewesen und hatte die Erzeugnisse der AFA auf dem dänischen Markt vertrieben. Während des Ersten Weltkrieges war die

Ingenieur-Abteilung auf dänisches Drängen hin in einheimische Hände überführt worden, was die AFA hingenommen hatte, um den dänischen Markt nicht zu verlieren. Das Kapital der daraufhin 1917 gegründeten Aktieselskabet Accumulator-Fabriken wurde zwar von dänischen Aktionären aufgebracht, aber sogleich mit der AFA ein bewährtes Freundschaftsabkommen geschlossen, das Lizenzen für technische Verfahren und Know-how zur Verfügung stellte und das Absatzgebiet auf Dänemark beschränkte. Rohstoffe und Halbfertigfabrikate wurden direkt von der AFA bezogen. Über die dänischen Verhältnisse blieb der Askanische Platz später stets gut informiert. Roderbourg hatte 1929 bei einem Besuch die Fabrik in Lyngby ausführlich – und positiv – begutachtet.[273]

Vor diesem Hintergrund begründeten Günther Quandt und Pavel ihren Wunsch nach Beteiligung in erster Linie mit historischen Argumenten: «Unser Antrag, uns zu Verhandlungen über eine Kapitalbeteiligung an dem Unternehmen zu ermächtigen, dürfte umso mehr gerechtfertigt sein, als die Aktieselskabet Accumulator-Fabriken ihre heutige Bedeutung der Zurverfügungstellung unserer technischen und kaufmännischen Erfahrungen verdankt und wir durch die finanzielle Beteiligung etwa die Stellung wiedererringen würden, die wir bis 1917 [...] eingenommen haben.» Neben diesem Standardargument wurde ergänzend die rassische Karte gespielt: «Soweit uns bekannt ist, befindet sich ein Teil des Aktienkapitals in jüdischem Besitz.»[274]

In der folgenden Zeit wurde der Plan zunächst auf Eis gelegt, weil die AFA-Führung die politischen Rahmenbedingungen falsch eingeschätzt hatte: In Dänemark blieben Regierung und König im Amt, und Hitler sah vorerst keine Veranlassung, diese Sonderstellung des besetzten Landes aufzugeben. Eingriffe in die Wirtschaft, wie sie in Polen, Frankreich und Belgien in unterschiedlichen Dimensionen an der Tagesordnung waren, blieben aus. Schon bei der Besetzung des Landes hatten die militärischen Stellen die Devise ausgegeben, dass eine freiwillige Mitarbeit Dänemarks dem Deutschen Reich am besten nützen werde. Der Gesandte und Bevollmächtigte des Reiches bei der dänischen Regierung, Cecil von Renthe-Fink, sprach im Juni 1940 gar von «einer Art Vertragsverhältnis», in dem Deutschland den Schutz der dänischen Neutralität übernommen und Dänemark gleichzeitig seine staatliche Souveränität zugesichert habe.[275] Der deutsche Wunsch nach freiwilliger Kollaboration, erkennbar auch an einem vergleichsweise kleinen Mitarbeiterstab in Dänemark, blieb auch in den folgenden Jahren die Richtschnur im «Musterprotektorat» genannten Dänemark,[276] das die «schwächste Form deutscher Kontrolle in ganz Europa» genoss.[277] Zwar forderte die «Reichsgruppe Industrie» immer wieder die «Arisierung» dortiger jüdischer Unternehmen, aber selbst als sich im Herbst 1942 unter Werner Best als «Reichsbevollmächtigtem» eine Wandlung im Charakter des deutsch-dänischen Verhältnisses vollzog, bedeutete dies zunächst lediglich eine «Modifikation, nicht aber eine grundlegende Änderung der bisherigen Besatzungspolitik».[278]

Ein Wandel der Besatzungsstrategie deutete sich zwar an, als Hitler in seinen Instruktionen für den neuen Befehlshaber der deutschen Truppen in Dänemark im Oktober 1942 wissen ließ, dass er die im April 1940 eingegangenen Bindungen schon längst für «störend und unangebracht» halte.[279] Dieser für Dänemark potentiell bedrohliche Schwenk hatte jedoch bis Kriegsende keine gravierenden Konsequenzen. Bis zum Jahr 1943 gingen «keine nennenswerten Beteiligungen» dänischer Unternehmen in deutsche Hände über.[280] Wahrscheinlich haben die Verantwortlichen am Askanischen Platz jedoch die veränderte politische Atmosphäre erahnt, denn im Februar 1943 sahen sie den Zeitpunkt für einen neuen Vorstoß gekommen. Das Unternehmen in Lyngby sollte dafür zunächst in die Auftragsverlagerung einbezogen werden. Dieser Plan wurde jedoch vom Wehrmachtsrüstungsstab Dänemark in Kopenhagen im März 1943 mit der etwas paradox anmutenden Begründung untersagt, das Unternehmen sei nach den «Nürnberger Gesetzen» als «nichtarisch» anzusehen. Daraufhin sprachen Pavel und von Holtzendorff im RWM vor, um zu eruieren, «welche Schritte unternommen werden könnten, um gegebenenfalls eine Arisierung des Betriebes in Lyngby herbeizuführen».[281]

Die Angelegenheit blieb den ganzen Sommer über in der Schwebe, wahrscheinlich um zunächst nähere Auskünfte über die Besitzverhältnisse einzuholen. Am 17. September 1943 erhielt die AFA eine für sie enttäuschende Antwort des RWM: Zwar sitze «der Jude Hannover» als Ingenieurfachmann im Aufsichtsrat des Unternehmens, sei aber nicht mit Kapital beteiligt: «Ihr Plan, […] eine Beteiligung durch Kauf der vermuteten Aktienmajorität aus jüdischem Besitz zu erzielen, ist daher nicht durchführbar.»[282] Von dieser Mitteilung ließ sich die AFA jedoch nicht entmutigen: «Wir werden […] selbst Schritte unternehmen, um eine eindeutige Klärung der Lage herbeizuführen, da wir mit Rücksicht auf die frühere Zugehörigkeit des Unternehmens zu uns sowie auf die diesem gewährte technische Unterstützung Wert darauf legen würden, eine etwa durchzuführende Arisierung von Gesellschaftsanteilen selbst vornehmen zu können.»[283] Als Mann fürs Grobe wurde auch in diesem Fall Werner von Holtzendorff eingesetzt. Vom 11. bis zum 15. Oktober 1943 reiste er zu Besprechungen nach Dänemark, musste aber mit leeren Händen wieder zurückkehren. Die Wünsche der AFA wurden von allen entscheidenden Stellen zurückgewiesen. Bei einem Besuch der Behörde des Reichsbevollmächtigten in Dänemark brachte er in Erfahrung, dass das jüdische Vermögen inzwischen vom dänischen Staat treuhänderisch verwaltet werde. Eine «Judenfrage», so lautete die Auskunft, existiere in Dänemark nicht mehr, und daher gebe es auch bei dem dänischen Batterieunternehmen keine «Judenfrage» mehr. Von Holtzendorffs Hinweis auf die historischen Rechte der AFA stieß auf wenig Resonanz. Die deutschen Behörden in Dänemark nahmen die Argumente mit Interesse zu Kenntnis und bedauerten «außerordentlich», keinen Druck auf die dänische Regierung ausüben und der AFA keine Unterstützung gewähren zu können: Dänemark sei «völlig selbständig und trotz aller Vorkommnisse wäre Dänemark ‹Schutzstaat›, nicht besetztes Gebiet. Die Dänische Regierung hat kein Interesse daran, daß die deutsche Industrie sich an der dänischen Industrie beteiligt, und wird alles verhindern, was in diese Richtung geschehen könnte.»[284] Weitere Versuche von Holtzendorffs, über deutsche Regierungs- und Polizeidienststellen in Kopenhagen und den deutschen Wehrmachtsbefehlshaber Hermann von Hanneken Belastendes über die Finanzverhältnisse des Unternehmens in Erfahrung zu bringen, blieben erfolglos. Sein Fazit fiel entsprechend nüchtern aus: «Solange der Dänische Staat als Schutzmacht behandelt wird, ist irgendein Eingreifen deutscher militärischer oder ziviler Stellen zum Zwecke eines Aktienerwerbs in Dänemark völlig ausgeschlossen und unmöglich.»[285] Die deutschen Verwaltungsstellen hielten sich damit an die Generallinie, die gegenüber Dänemark verfolgt wurde. Der Fall der AFA bestätigt den Befund, dass es der dänischen Regierung gelang, deutschen Verflechtungs- und Erwerbsbestrebungen fast unüberwindbare Hindernisse in den Weg zu legen. In wirtschaftlicher Hinsicht kam, wie Mark Mazower es formuliert hat, «kein anderes Land so leicht davon» wie Dänemark.[286] Die AFA hatte in dieser Hinsicht falsch kalkuliert.

Die Spruchkammer, die über Günther Quandt zu urteilen hatte, kam nach Kriegsende zum Ergebnis, dass die AFA in Dänemark keinen Druck ausgeübt habe. Diese angesichts der Aktenlage erstaunliche Schlussfolgerung lag wohl darin begründet, dass der öffentliche Kläger zur Klärung des Sachverhalts an die Geschäftsführung der Accumulator-Fabriken geschrieben und um Aufklärung über die AFA- und Holtzendorff-Initiativen des Jahres 1943 gebeten hatte. Die Antwort des Aufsichtsratsvorsitzenden des dänischen Unternehmens, C. L. David, fiel jedoch anders als erwartet aus: Der damalige Direktor der Fabrik, E. Thomsen, sprach für den Sommer 1943 lediglich von einem «Höflichkeitsbesuch» von Holtzendorffs: «Unsere Verbindung mit AFA war während der Besetzung von derselben intimen Art wie früher.» Die AFA habe in der Besatzungszeit «auf verschiedene Weise geholfen [...], die Fabrikation wie gewöhnlich fortsetzen zu können». Sie habe «in keiner Weise versucht, eine Beteiligung bei unserer Fabrik zu erreichen, die eine andere oder grössere sein sollte als die Beteiligung, die sie gemäss den Verträgen die bei der Gründung im (Jahr) 1918 der hiesigen Gesellschaft verabredet wurde, hatte».[287] Warum die dänische Gesellschaft die AFA-Führung nach 1945 von jeder Verantwortung freisprach, hat sich nicht klären lassen. Die Widersprüche wurden auch prozessual nicht mehr aufgelöst, zumal bei Ankunft der dänischen Erläuterungen das eigentliche Spruchkammerverfahren schon abgeschlossen war, in dem weder Günther Quandt noch Horst Pavel ausführlich zu den «Arisierungsbemühungen» befragt worden waren. Hier hatte Günther Quandt den Vorsitzenden mit der Angabe beeindrucken können, an den dänischen Vorgängen nicht beteiligt gewesen zu sein und vom Besuch Holtzendorffs in Kopenhagen «überhaupt nichts gewusst und nichts damit zu tun gehabt» zu haben.[288]

Wie sind die «Arisierungen» der Unternehmen der Quandt-Gruppe in den besetzten Westgebieten und die entsprechenden Bemühungen abschließend zu werten? Ihr Verhalten bestätigt den Befund, dass viele, wenn nicht sogar die meisten deutschen Unternehmer außerhalb der deutschen Grenzen ihre Arisierungsprojekte noch «erheblich ungehemmter» als im Reich betrieben.[289] Von den sieben bekannten «Arisierungsversuchen» bei Quandt war jedoch letztlich nur einer – Dreyfus – erfolgreich, ein weiterer – Pile Aglo – wurde nicht abgeschlossen, und ein dritter – Hirschfeld – fand juristisch nicht mehr im Besatzungsgebiet statt, sondern im Elsass, als dieses bereits dem Reich angegliedert war. Quandt, Pavel und Hackinger hatten zwar bewusst zahlreiche Anträge gestellt, um bei verschiedenen im jüdischen Besitz befindlichen Firmen Treuhänder einzusetzen, und zwar mit dem Ziel, «so schnell wie möglich die Arisierung dieser Betriebe durchzuführen».[290] Dies scheiterte jedoch in den meisten Fällen an den französischen Behörden, die die «Arisierungsverfahren» nicht aus der Hand geben wollten bzw. in Dänemark an der besonderen Lage, in der «Arisierungen» aus politisch übergeordneten Gesichtspunkten von den staatlichen Stellen des «Dritten Reiches» als inopportun angesehen wurden. Zweifel an der Berechtigung der «Arisierungen» oder moralische Bedenken lassen sich aus den Quellen weder bei Günther Quandt, seinem Sohn Herbert, noch ihrem Führungspersonal erkennen.

Der «Fall Laval» und das Scheitern der Expansionsstrategie der AFA

Der Übernahmekampf um die belgische Accumulateurs Tudor S.A.

Die Vorgänge um die belgische Accumulateurs Tudor S.A. mit Sitz in Brüssel sind für die Analyse des Vorgehens der AFA im Ausland besonders aufschlussreich, weil Léon Laval, einer der Hauptbetroffenen, nach 1945 einen Prozess gegen Quandt anstrengte und gegen diesen auch als Belastungszeuge in dessen Spruchkammerverfahren auftrat.[291] Das Unternehmen war eine Gründung des Pioniers des Akkumulatorentechnik, Henri Tudor, der im luxemburgischen Rosport in den 1880er Jahren eigene Akkumulatoren entwickelt hatte. Der Tudor-Akkumulator verfügte über eine lange Lebensdauer und war wirtschaftlich erfolgreich. Zur AFA bestanden exzellente Beziehungen: Henri Tudor, der in der Vorkriegszeit ein Jahr in Hagen als technischer Berater gearbeitet hatte,[292] traf später mit Adolph Müller weitgehende und freundschaftliche Absprachen über Patente und Vertriebsrechte. Die viel größere AFA war dabei das dominante Unternehmen, aber die Tudor Brüssel profitierte von den technischen Informationen und Erfahrungen. Die Gebietsabgrenzung sah die Beschränkung des Brüsseler Unternehmens auf Belgien, das belgische Kolonialreich, die Niederlande und Luxemburg vor. Die kleine Fabrik in Rosport hatte Tudor 1908 aufgegeben, ein Werk in Lille war bereits im Jahr 1901 in den

Besitz des französischen Großkonzerns CGE übergegangen. Fortan war die Produktion auf das in Belgien liegende Werk Florival bei Brüssel konzentriert.

Nach 1918 fühlte sich die Tudor Brüssel an die territorialen Abgrenzungen nicht mehr gebunden.[293] Trotz dieser Entwicklung blieb das persönliche Verhältnis zwischen den beiden Erfinderpionieren Adolph Müller und Henri Tudor ungetrübt. Müller blieb «un des amis les plus intimes de Tudor, et ceci jusqu'à sa mort».[294] Während die AFA in der Zwischenkriegszeit wieder zum führenden europäischen Großunternehmen wurde, blieb die Tudor Brüssel mit ihrer Kapitalausstattung von umgerechnet etwa 560 000 RM ein Hersteller von lediglich regionaler Bedeutung. 1929 wollte Tudor die Pertrix-Batterieproduktion aufnehmen, allerdings kam das Projekt wegen ungünstiger Umsatzprognosen nicht zustande.[295] Eine bezeichnende Anekdote für dieses schiefe Verhältnis wurde später in Florival immer wieder erzählt: Als Günther Quandt sich etwa 1930 von John Tudor, dem Sohn des 1928 verstorbenen Unternehmensgründers, das Werk Florival zeigen ließ und dessen Expansionspläne begutachtete, erschienen ihm diese als zu bescheiden. Mit einem Rotstift skizzierte er auf den Konstruktionsplänen großzügigere Konturen und deutete mit dem Finger auf den Plan mit seinen eigenen Vorstellungen: «This, and not that!»[296]

In den folgenden Jahren kam es zu keiner weiteren Zusammenarbeit. Erst der Zweite Weltkrieg veränderte die Grundbedingungen. Für den 10. Mai 1940, den Tag des deutschen Angriffs, wurde angesichts der bedrohlichen politischen Lage der Aufsichtsrat der Tudor zu einer außerordentlichen Sitzung einberufen. Es wurde beschlossen, den Sitz des Unternehmens von Brüssel nach Paris zu verlegen und Léon Laval, der bei der Tudor bis dahin in keiner offiziellen Stellung gewesen war,[297] sowie Lambert Jadot aus dem Direktorium der Kongogesellschaft in den Aufsichtsrat aufgenommen. John Tudor akzeptierte diesen Schritt, obwohl durch den Eintritt seines Schwagers Laval seine eigene Position im Unternehmen erheblich geschwächt wurde. Laval stellte offenbar zugleich Überlegungen an, Kapital der Gesellschaft in die USA zu transferieren, um es vor dem deutschen Zugriff zu schützen.[298] Während des Frankreichfeldzuges wurde das Werk in Florival durch britische Luftangriffe stark beschädigt. Fast die gesamte Geschäftsleitung floh; Léon Laval und John Tudor setzten sich ins unbesetzte Vichy ab. John Tudor kehrte am 2. Juli nach Brüssel zurück, Laval drei Wochen später.

Da das Werk Florival in Belgien und Lavals Wohnsitz in Luxemburg lagen, muss an dieser Stelle kurz die spezifische Situation in beiden Ländern geschildert werden. Belgiens Unternehmer waren in Nuancen anpassungsbereiter als ihre französischen Nachbarn. Durch eine Kooperation mit den Deutschen – die Erinnerung an die Vorgänge im Ersten Weltkrieg[299] war noch frisch – sollten Massendeportationen von belgischen Arbeitern und der Abtransport ganzer Industrieanlagen und Nahrungsmittel nach Deutschland,[300] aber auch eine Machtübernahme durch eine belgische Kollaborationsbewegung verhindert werden, die eine Gesellschaftsordnung nach deutschem Vorbild, eventuell sogar den Anschluss an das Deutsche Reich anstrebte. Die sich aus diesen Überlegungen ergebende «politique de travail» oder «politique du moindre mal»[301] führte zu einer komplexeren Zusammenarbeit mit den Deutschen als die Kollaboration in Frankreich.[302] Die belgischen Wirtschaftseliten waren zwar bereit, sich den nationalsozialistischen Methoden in Verwaltung und Wirtschaft zu beugen, blieben aber weit davon entfernt, «deutsch zu denken».[303] Das Ergebnis war dennoch nicht mehr als ein fragwürdiger Kompromiss. Die belgische Industrie produzierte im großen Stil und weitgehend reibungslos für den Feind, dafür blieb das Besatzungsregiment vergleichsweise mild, weil es nicht nötig war, Kontrollbehörden wie das holländische Reichskommissariat oder die luxemburgische Zivilverwaltung zu installieren.

Deutsche Unternehmer kauften, requirierten und verteilten, während die belgischen Unternehmer Einblick in ihre Kassen gewähren mussten. Ende 1941 arbeiteten 1574 Fabriken, die ein Viertel des belgischen Wirtschaftspotentials repräsentierten, ganz oder teilweise für Deutschland.[304] Industriebeteiligungen in Höhe von 13 bis 15 Millionen RM waren inzwischen von deutschen Firmen übernommen worden; über 130 weitere Fälle von «Wirtschaftsverflechtungen» waren noch in der Schwebe.[305]

Das Großherzogtum Luxemburg stand nach der militärischen Eroberung am 10. Mai 1940 vor mindestens ebenso großen Herausforderungen wie Belgien und Frankreich.[306] Die dort eingesetzte deutsche Militärverwaltung war bemüht, einen Zustand der Normalität wiederherzustellen, weil sie die Betriebe für die Kriegswirtschaft nutzen und Rohstofflager beschlagnahmen wollte.[307] Hitler beschloss wenig später, im Großherzogtum eine «Zivilverwaltung» unter Gustav Simon, dem Gauleiter des Gaus Koblenz-Trier, einzusetzen.[308] Dieser wurde am 21. Juli 1940 zum Chef der Zivilverwaltung (CdZ) bestellt. Formal war er dem Militärbefehlshaber für Belgien und Nordfrankreich unterstellt, was sich aber als weitgehend wirkungslos herausstellte. Schon am 2. August 1940 dekretierte ein weiterer Erlass, dass der CdZ die oberste Instanz für den zivilen Bereich sei und dem «Führer» unmittelbar unterstehe.[309] Vier Tage später wurde das Großherzogtum, das dem Gau Moselland angeschlossen werden sollte, für aufgelöst erklärt. Da die Ausführungsbestimmungen unkonkret blieben, begann ein Machtgerangel, bei dem Simon energisch versuchte, «seinen» Gau gegenüber Reichsministerien, Vierjahresplanbehörde und den Wehrmachtsinstanzen zu verteidigen. Die Versuche, auf dem Verordnungsweg die Majorisierung der Vorstände und Aufsichtsräte durch «Reichsdeutsche» durchzuführen, scheiterten häufig.[310] Das bekannteste Beispiel ist sicherlich der belgisch-luxemburgische ARBED-Konzern, wo es nicht gelang, die deutsche Kontrolle über den bei Kriegsausbruch zweitgrößten europäischen Stahlkonzern durchzusetzen.[311] Bei der ARBED wurde die Entscheidung angesichts der komplizierten Verhältnisse bis zum «Endsieg» verschoben.[312]

Als AFA-Experten Ende Mai 1940 das erste Mal nach Belgien flogen, besuchten sie auch die Tudor Brüssel – dies war der Auftakt zu den bereits erwähnten zahlreichen «Erkundungsfahrten» von AFA-Mitarbeitern. Die Tudor Brüssel erschien als besonders interessantes Übernahmeobjekt, weil sich die Produktpalette beider Unternehmen ergänzte und die Gesellschaft zudem noch im Jahr 1939 die 51-prozentige Mehrheit der ebenfalls in der belgischen Hauptstadt ansässigen Accumulateurs Fulmen erworben hatte.[313] Wenn es der AFA gelungen wäre, die Aktienmajorität bei der belgischen Gesellschaft zu erhalten, hätte sie damit automatisch auch Fulmen beherrscht.

Da die AFA zu diesem Zeitpunkt der einzige Interessent war, begannen am 26. Mai erste Verhandlungen mit dem einzigen noch in Brüssel verbliebenen Tudor-Verantwortlichen, dem ehemaligen Präsidenten Auguste Braun, der altersbedingt nicht geflohen und als langjähriger Kompagnon Henri Tudors mit den Vorgängen bestens vertraut war. Braun lehnte zunächst jegliche Zusammenarbeit ab, da er befürchtete, nach Kriegsende, ähnlich wie dies nach dem Ersten Weltkrieg vielfach geschehen war, wegen Kollaboration von den belgischen Behörden strafrechtlich belangt zu werden.[314] Über Oscar Mitscherling benannte die AFA Ende Juni 1940 Karl Fürst als kommissarischen Verwalter der Zentrale Brüssel und des Werks Florival. Fürst, Geschäftsführer der AFA-Beteiligungsgesellschaft Elektromontana GmbH, stand schon seit 1909 in Diensten der AFA.

Der AFA-Direktor Corbin Hackinger besaß zu diesem Zeitpunkt bereits den vom Generalluftzeugmeister ausgestellten Ausweis, der ihn berechtigte, die Tudor Brüssel zum Zwecke «ihrer Einschaltung in die Deutsche Luftwaffenrüstung» zu inspizieren.[315] Nachdem die ersten Kriegsschäden beseitigt worden waren, wurde das Werk Florival Zug um Zug in die AFA-Auftragsverlagerungen einbezogen und lieferte zunächst vornehmlich Starterbatterien. Dies war möglich, weil John Tudor, der von Mitscherling als «100 % deutsch eingestellt» bezeichnet wurde,[316] inzwischen mit weiterem Führungspersonal nach Florival zurückgekehrt und durch «inoffizielle Verhandlungen» Tudors eine Zusammenarbeit zustande gekommen war. Die Befürchtungen Brauns, eventuell später wegen eigenmächtiger Kollaboration zur Verantwortung gezogen zu werden, waren durch die Einsetzung des deutschen Treuhänders Fürst gegenstandlos geworden.[317] Um die AFA-Werke Hagen und Hannover für die ständig steigenden Wehrmachtsaufträge zu entlasten, wurden bei der Tudor Brüssel weiterhin Batterien für den stark nachgefragten zivilen Bereich geordert, zu marktüblichen Preisen, die, wie allgemein üblich, über das Clearingkonto abgerechnet wurden.

Verlagerungsaufträge waren aber nicht alles. Bei Gesprächen mit der Brüsseler Unternehmensleitung über die Zukunft der Firma am 24. und 25. Juli 1940 sowohl im Werk als auch in der belgischen Hauptstadt präsentierten die Emissäre Hackinger, Mitscherling und Fürst ihre Pläne einer Kapitalbeteiligung, zu einem bemerkenswert frühen Zeitpunkt also, wenn man bedenkt, dass vergleichbare Überlegungen bei anderen Firmen in der Regel erst Monate später angestellt wurden. Als Vertreter des belgischen Unternehmens nahm John Tudor an diesen Gesprächen teil.

Die AFA war verglichen mit der Tudor Brüssel mit ihrem bescheidenen Grundkapital von etwa 560 000 RM bekanntlich ein ökonomischer Riese. Die gewünschte Mehrheitsbeteiligung und die «Kapitalverflechtung» mit der Tudor Brüssel wurden den Eigentümern jetzt geradezu als Wohltat angepriesen. Die AFA ließ in Gesprächen mit John Tudor, Auguste Braun und dem Manager Michel Desmit keinen Zweifel daran, dass die für einen Wiederaufbau von Florival notwendigen erheblichen Kapitalinvestitionen nur dann getätigt würden, wenn die AFA ein «Übergewicht» im Unternehmen erhalte, das man mit 55 Prozent des Aktienkapitals gegeben sah. Die AFA-Manager charakterisierten den Vorschlag nach dem Zweiten Weltkrieg als «respektables Angebot», weil die Tudor Brüssel von einer geplanten Ausdehnung des Absatzgebietes auf die Niederlande profitiert hätte.[318] Die Aktionärsgruppe um John Tudor war sogar bereit, eine Beteiligung der AFA als kleineres Übel zu akzeptieren, weil man angesichts der Umstände glaubte, keine andere Wahl zu haben und sich durch die Anlehnung an den starken Partner das technische Know-how für die Zukunft sichern wollte. Ob in diesen Gesprächen auch Druck ausgeübt wurde, ist nicht bekannt. Einer späteren Aussage des AFA-Kontrahenten Laval zufolge – der allerdings zum Zeitpunkt dieser Gespräche noch im unbesetzten Frankreich weilte – war zuvor angedroht worden, Maschinen und Einrichtungen aus Florival nach Hannover abtransportieren zu lassen, wenn die Majorisierung nicht akzeptiert werde. Ihm jedenfalls kam das Verhalten der AFA-Experten vor wie dasjenige von Leuten, «welche ein Haus erworben haben und überlegen, welche baulichen Änderungen sie vornehmen müssen».[319] Für diese Version spricht, dass Hackinger und Mitscherling in vergleichbaren Fällen schnell mit dem Hinweis zur Hand waren, ein Unternehmen könne im Zweifelsfall auch ganz stillgelegt werden.

Der Kampf um die Tudor Brüssel hatte zahlreiche weitere Facetten, die eine historische Bewertung der Vorgänge nicht eben erleichtern. Es war nicht nur ein Kampf zwischen der AFA und den deutschen Behörden einerseits und den belgischen und luxemburgischen Aktionären andererseits. Fast untrennbar verwoben in die Auseinandersetzung war auch ein erbitterter Streit zwischen den Aktionären und Eignern selbst, ein Intrigenspiel, das den Machtkampf zusätzlich aufheizte und selbst weit über das Kriegsende hinaus zu Verwirrungen, Beschuldigungen und zahlreichen Prozessen führte.[320]

Die Eigentumsverhältnisse bei der belgischen Tudor waren ausgesprochen verworren. Nach dem Tod Henri Lavals im Jahr 1928 waren die insgesamt 14 000 Aktien des Unternehmens in den Besitz der Erben und mehrerer Kleinaktionäre gelangt. Seit dieser Zeit war das Klima durch erbitterte Macht- und Erbstreitigkeiten vergiftet, die seit 1929 auch vor luxemburgischen Gerichten ausgetragen wurden. Die älteste Tochter Henri Tudors, Anne, hatte den Ingenieur Léon Laval geheiratet. Dieser hatte seine Karriere 1907 beim luxemburgischen Stahlkonzern ARBED begonnen und das Unternehmen 1918 als Generalsekretär verlassen. In den Jahren des Ersten Weltkrieges hatte er der luxemburgischen Abgeordnetenkammer angehört und 1919 die Handelsgesellschaft Sogéco gegründet, die im Großhandel für Erze, Fette und Öle vor allem für die französische Schwerindustrie tätig war und die er als Basis für die Verwaltung seines Vermögens nutzte, das seit seiner Heirat mit Anne Tudor beträchtlich gewachsen war. Von den insgesamt 14 000 Tudor-Aktien besaß Léon Laval gemeinsam mit seiner Frau 2751 Stück. Daneben verfügte er über 45 Prozent der Aktien der Sogéco, die selbst 3000 Aktien der Tudor Brüssel hielt. Der einzige Sohn Henri Tudors, der in Brüssel gemeinsam mit seiner Mutter lebende John, hatte 3000 Aktien in seinem Besitz, während ein weiteres bedeutendes Aktienpaket der jüngsten Tochter Henri Tudors, Marie-Antoinette, gehörte. Diese war allerdings entmündigt und in einer Brüsseler Nervenheilanstalt untergebracht worden. Ihre Aktien wurden von ihrem Vormund Charles Libotte treuhänderisch verwaltet. Über diesen Tudor-Anteil Marie-Antoinettes tobte ein sich mehrere Jahre hinziehender erbitterter Erb- und Rechtsstreit. Auf der einen Seite standen die Witwe von Henri Tudor, Madeleine Tudor-Pescatore, und ihr Sohn John Tudor. Auf der anderen Seite standen Léon Laval, seine Frau Anne und der Vormund Libotte. Nachdem mehrere Prozesse um den Anteil Marie-Antoinettes für die Seite von John Tudor bereits verloren gegangen waren, wurde der Streit seit 1940 auch in der luxemburgischen Öffentlichkeit ausgetragen. Der Rechtsanwalt der Tudor-Seite, der Jurist und ehemalige luxemburgische Staatsminister Peter Prüm, strengte die Kassation der bisherigen Urteile an und publizierte im Januar 1940 eine 250 Seiten starke Schrift, in der Madeleine Tudor-Pescatore heftige Vorwürfe gegen das Geschäftsgebaren von Léon Laval und dessen «Finanzkonsortium» erhob.[321] Dass in Erbschaftsangelegenheiten häufig schmutzige Wäsche gewaschen wird, braucht nicht zu verwundern. Der Privatstreit musste jedoch angesichts der Zeitumstände geradezu notgedrungen eine politische Note erhalten. Im August 1940 und Januar 1941 – inzwischen waren Belgien und Luxemburg durch die Wehrmacht besetzt – schob Prüm weitere Schriften nach, in denen die Vorwürfe gegen Laval präzisiert und verschärft wurden und er zudem als frankophiler Gegner des «Dritten Reiches» denunziert wurde. Prüm war ein – zumindest inoffizieller – Vertrauensmann der Gestapo und spielte in den folgenden Jahren eine mehr als dubiose Rolle. Zahlreiche Informationen, die Laval gegenüber den deutschen Behörden ins Zwielicht rückten, konnte er zudem nur durch interne Informationen seines Mandanten John Tudor erhalten haben.[322]

Von dieser Entwicklung war noch nichts zu ahnen gewesen, als Laval Ende Juli 1940 nach Brüssel zurückgekehrt war. Als Großaktionär hatte er ein erhebliches Gewicht bei der Tudor Brüssel und sperrte sich, anders als John Tudor, energisch gegen die Majorisierungspläne der AFA, die im Juli 1940 von Braun und der Gruppe um John Tudor eingeleitet worden waren. Weil die Gesellschaft noch über ausreichendes Eigenkapital in Form von Goldreserven verfügte, wollte er die Eigenständigkeit bewahren und der AFA – wenn überhaupt – nur eine Minderheitsbeteiligung einräumen. Zudem unterhielt die Tudor Brüssel gute Beziehungen zum AFA-Konkurrenten Gottfried Hagen. Diese sollten erhalten bleiben und die Kapazitäten nicht ausschließlich der AFA zur Verfügung gestellt werden. Geschickt nutzte Laval alle Möglichkeiten aus, sich der Umklammerung durch die AFA zu entziehen. Pro forma orientierte er sich, wie er später schilderte, «sofort nach dem neuen Kurs», in dem er sich gemeinsam mit anderen leitenden Angestellten der Tudor[323] der Volksdeutschen Bewegung (VDB) in Luxemburg anschloss – eine kluge Camouflage, die zunächst erfolgreich war.

In enger Zusammenarbeit mit dem designierten Geschäftsführer der Tudor, Desmit, den er auf seiner Seite wusste, versuchte er, die Stellung des kommissarischen Verwalters Fürst zu schwächen. Dies gelang ihm bei einem persönlichen Besuch in Berlin, wo er bei verschiedenen Reichsbehörden antichambrierte. Der Zeitpunkt war gut gewählt, denn die Bemühungen deutscher Unternehmen, auf eigene Faust Übernahmen im Feindesland durchzusetzen, trafen zu diesem Zeitpunkt bekanntlich nicht überall auf Gegenliebe: Die Wehrmacht befürchtete monopolartige Zustände und dadurch Preiserhöhungen und wollte Beteiligungen von einer ausdrücklichen Befürwortung des RWM abhängig machen. Im RWM war das Stirnrunzeln über manche einschüchternden Übernahmeverhandlungen groß, weil es die Beziehungen zu den Wirtschaftskreisen in den besetzten Ländern belastete.[324]

Laval gelang der erstaunliche Coup in Berlin aber auch deshalb, weil er in Herbert Göring – einem Vetter Hermann Görings – und Paul Goerens wichtige Fürsprecher bei der Rüstungsinspektion in Brüssel hatte. Laval kannte Herbert Göring seit langem aus dem Verwaltungsrat der Halberger Hütte in Brebach/Saar, wo er die französische Majoritätsgruppe vertrat, während Herbert Göring für die deutsche Minoritätsgruppe zuständig war. Den Essener Krupp-Direktor Goerens kannte Laval wiederum seit gemeinsamen Studientagen in Aachen. Herbert

Göring besaß zudem die Unterstützung von Staatssekretär Dr. Friedrich Landfried aus dem RWM. Was bei der Besprechung im November 1940 verabredet wurde, ist im Detail nicht bekannt, aber Göring erhielt den Hinweis, Laval solle sich «nur nicht einschüchtern lassen». Goerens und Herbert Göring reisten daraufhin gemeinsam mit Laval nach Paris und Brüssel, um diesen bei der dortigen Rüstungsinspektion einzuführen.[325] Hier wurde vereinbart, dass die Tudor Brüssel 70 Prozent ihrer Produktion an die Wehrmacht liefern sollte. Der zuständige Offizier der Rüstungsinspektion Brüssel, Major Oswald Schultze, übernahm selbst bis auf weiteres die «Betreuung» der Tudor – Abmachungen, die der AFA einen Strich durch die Rechnung machten.

Noch ärgerlicher für die AFA war, dass Desmit nun mit ausdrücklicher Billigung der Rüstungsinspektion und gegen den Willen von Fürst wieder zum Geschäftsführer ernannt wurde. Jetzt konnte Laval auch Braun davon überzeugen, dass der AFA-Mann Fürst als kommissarischer Betreuer «überflüssig» sei. Die Arbeit der Geschäftsführung würde durch Fürst gestört, da dieser Desmit ständig dazu dränge, er möge seine Aktien verkaufen. Fürst trat zudem nach einer späteren Aussage eines Offiziers der Rüstungskommission, der als Zeuge in Günther Quandts Spruchkammerverfahren geladen war, «wie ein Elefant im Porzellanladen» auf.[326] Der zunehmend zermürbte Fürst war den Schwierigkeiten nicht gewachsen und teilte schließlich dem Aufsichtsrat der Tudor Brüssel brieflich seinen Rückzug mit.[327] Diesen trat er am 11. Dezember 1940 an, während Laval am gleichen Tag die Generalvollmacht erteilt wurde, zukünftig allein mit der Rüstungsinspektion zu verhandeln. Am 12. Dezember erhielt er seitens der Rüstungsinspektion hierfür die Bestätigung. Mit anderen Worten: Léon Laval schien nicht nur juristisch gegenüber John Tudor, sondern auch politisch gegenüber der AFA auf ganzer Linie gesiegt zu haben.

In der gegebenen Situation erwies es sich für die AFA als unmöglich, die gewünschte Mehrheit von 55 Prozent zu erlangen. Günther Quandt hatte an einigen Gesprächen selbst teilgenommen. Am 14. Oktober 1940 war er gemeinsam mit Roderbourg nach Brüssel gereist, um mit der dortigen Rüstungsinspektion über die gewünschte Mehrheitsbeteiligung an der Tudor Brüssel zu verhandeln. Es war schon zu diesem Zeitpunkt offenkundig, dass Laval bei der Tudor inzwischen die Oberhand hatte: In den Gesprächen Quandts bei der Rüstungskommission waren die Bedenken gegen die Übernahme durch ein Privatunternehmen wie die AFA unverkennbar gewesen. Als Alternative brachte die Rüstungskommission die Verwaltung durch die Wehrmacht ins Spiel – was die wenig später tatsächlich erfolgte Entmachtung Fürsts als kommissarischer Verwalter bereits vorwegnahm. Im Zuge seiner Brüsselreise traf Günther Quandt das einzige Mal persönlich auf Laval. Quandt stellte jetzt in Aussicht, Fürst abzuberufen und Desmit, den Vertrauensmann Lavals, einsetzen zu lassen – unter der Bedingung einer AFA-Aktienmehrheit. Laval wollte sich hierauf jedoch unter Hinweis auf das noch nicht abgeschlossene Erbschaftsverfahren nicht einlassen.

In dieser Lage, in der die AFA ausgebootet zu werden drohte, bat Günther Quandt Laval im Dezember 1940 mehrfach um ein persönliches Gespräch, für das er sogar nach Brüssel kommen wollte.[328] Laval sicherte hinhaltend seine Bereitschaft für den 21./22. Januar 1941 zu. Die AFA bot daraufhin im neuen Jahr eine hochkarätige Delegation auf: Neben Günther Quandt reisten Pavel, Hackinger und der demissionierte Fürst ins Brüsseler Hotel Metropole an. Laval sagte die vereinbarte Unterredung jedoch kurzfristig wieder ab. Günther Quandt und seine Manager mussten mit Lavals Bevollmächtigtem Desmit vorliebnehmen. Dieser war von Laval beauftragt, über eine Kapitalbeteiligung der AFA an der Tudor Brüssel erst zu verhandeln, wenn die Urteile im Kassationsprozess im Erbschaftsstreit mit John Tudor gefällt waren,[329] was sich aller Wahrscheinlichkeit nach noch bis zum Frühjahr 1941 hinziehen würde.[330]

Darauf wollten die AFA-Direktoren jedoch nicht warten. Sie waren über die Vereinbarungen der Tudor Brüssel mit der Wehrmacht verstimmt und beriefen sich auf das bestehende «Freundschaftsabkommen», das die Lieferungen der Tudor Brüssel auf Belgien beschränkte. Weil die Tudor-Batterien für die Wehrmacht wahrscheinlich auch außerhalb Belgiens Verwendung finden würden, hielt man eine von der Gesellschaft angebotene «Provision» für unzureichend und forderte eine Gewinnabgabe in Höhe von 10 Prozent. Laval hatte sich schon am 25. November 1940 in einem Schreiben an Günther Quandt gegen diese Abgabe gewehrt. Auch in den Gesprächen im Januar 1941 ließen sich die Meinungsverschiedenheiten nicht ausräumen. Quandt machte Laval schließlich schriftlich auf die entsprechende Klausel aufmerksam, die in der Vereinbarung mit der «Chloride» in den 1930er Jahren eingefügt worden war: «Sie sehen [...] schon an dem Umstand, dass im englischen Vertrag diese Angelegenheit ausdrücklich vorgesehen ist, deutlich, dass man sich schon vor vier Jahren bei Abschluss dieses Vertrages über derartige Möglichkeiten den Kopf zerbrochen hat und auch eine beide Teile befriedigende Lösung gefunden hat. Sollte eine solche immerhin von 2 einflussreichen Firmen getroffene Vereinbarung nicht ein Fingerzeig für eine gerechte Lösung auch unserer Frage sein?»[331] Zu einer Einigung in dieser Angelegenheit kam es in den folgenden Monaten nicht, im Gegenteil: Die Frage wurde zu einem fortwährenden Streitpunkt, weil Laval im Frühjahr 1941 ein Rechtsgutachten in Auftrag gab, das die Ansprüche der AFA entkräften sollte. Inzwischen wurde das Werk Florival immer stärker in das Verlagerungsprogramm der AFA einbezogen. Für das Jahr 1941 wurden Starterbatterien-Aufträge im Wert von knapp 300 000 RM vereinbart und hierfür Blei und andere kontingentierte Metalle zur Verfügung gestellt. Aus den Akten ergibt sich, dass die Preise – wenn man einmal außer Acht lässt, dass die staatliche Preisfestlegungspolitik für Wehrmachtslieferungen ohnehin eine Zwangsmaßnahme war – zumindest der Form nach zu Marktbedingungen ausgehandelt wurden. Ob hierbei oder auch bei den Rabattierungen eine Übervorteilung stattfand, lässt sich aus den Akten nicht erkennen. Hierfür mag die Lieferung eines bestimmten Batterietyps an die Wehrmacht als Beispiel dienen: Als die Tudor Brüssel angab, es müsse «für die AFA wohl ein gutes Geschäft bedeuten», wenn sie als belgisches Verlagerungsunternehmen die Batterien von der AFA zu einem Preis von 14 RM beziehen müsse, konterte die AFA, dass die Berechnungen von falschen Voraussetzungen ausgingen, weil noch die Verwaltungs- und Betriebskosten hinzugerechnet werden müssten: «Bei diesen Geschäften bleibt uns wenig oder gar nichts. [...] Nach diesen Schilderungen sieht aber das ganze Geschäft durchaus nicht so lukrativ aus, wie es sich die Tudor Brüssel vorstellt. Wir glauben, daß wir froh sein können, wenn wir bei den Verkäufen außer nur einem Anteil unserer Verwaltungs- und Vertriebs-Unkosten noch einen mäßigen Gewinn erreichen. Der Preis von Tudor Brüssel ist, wenn wir unsere Herstellungskosten allein betrachten, teurer.»[332] Bei der Tudor lagen Produktionskosten und Werkstoffpreise höher als in Deutschland, dafür waren die Löhne niedriger.[333] Letztlich spielte anscheinend das Dominanzverhältnis bei der Preisgestaltung nicht die Hauptrolle. Die Zwangslieferungen erfolgten zwar unter Kriegsbedingungen und wurden nur widerwillig ausgeführt, bewegten sich jedoch hinsichtlich der Preise wohl noch durchaus im Rahmen üblicher Handelsgeschäfte.[334]

Anfang 1941 schien Laval fester im Sattel zu sitzen als je zuvor. Im

Februar 1941 gelang es ihm auf unbekannte Weise, den Konkurrenten John Tudor aus dem Aufsichtsrat des väterlichen Unternehmens auszuschließen.[335] Zu diesem Zeitpunkt war Laval jedoch bereits ins Fadenkreuz der Gestapo geraten.

Ein Sonderermittler des RSHA recherchierte in Luxemburg seit November 1940 im Auftrag des für Wirtschaftsangelegenheiten zuständigen Amtes 6 des RSHA gegen führende luxemburgische Industrielle und hatte auch zu Laval Material gesammelt. Im Januar 1941 wurde dieser eingehend zu dem in der Tudor/Prüm-Broschüre vom August 1940 gemachten Vorwurf befragt, er habe bei der Tudor den deutschen Behörden 150 Tonnen Blei entzogen und weiteres Geld «verschoben».[336]

Im Februar 1941 hielt das RSHA bereits eine «sofortige Festnahme» und die Überstellung nach Berlin für erforderlich.[337] Nach weiteren Ermittlungen wurde er am 28. Mai in Luxemburg in Untersuchungshaft genommen und am 16. Juli ins Gefängnis nach Trier überstellt. Der von Reinhard Heydrich unterschriebene Schutzhaftbefehl führte aus, Laval habe sich «zum Nachteil des Deutschen Reiches» betätigt.[338] Ein Gestapo-Bericht, der auch auf internen Informationen basierte, die nur von John Tudor und Peter Prüm stammen konnten, charakterisierte Laval als «zähen und widerstandsfähigen» Unternehmer, der aus seiner frankophilen Haltung keinen Hehl mache: Es handle sich um einen «skrupellosen, ehrgeizigen, wendigen und temperamentvollen Mann, der im politischen und wirtschaftlichen Leben keine Bedenken kennt, sobald er geschäftliche Vorteile aus dieser Einstellung erwarten kann».[339] Die «Volksdeutsche Bewegung» schloss Laval im Juni 1941 unter Berufung auf seinen angeblichen Vorsitz in der «Alliance Française» und als Mitglied im Aufsichtsrat der profranzösischen Zeitung «Luxembourg» 1941 aus.[340]

Über die Hintergründe der Verhaftung ist immer wieder spekuliert worden. Die Erbauseinandersetzung zwischen Laval und John Tudor war inzwischen mehr denn je ein Machtkampf um das Unternehmen geworden. Der aus der väterlichen Firma herausgedrängte John Tudor befand sich seit längerer Zeit in Geldnot, und nach seiner Entfernung aus dem Unternehmen war er nun auch bereit bzw. gezwungen, sein eigenes Aktienpaket an die AFA zu verkaufen. Seine Rolle in der ganzen «Affaire» hat sich nur bedingt aufklären lassen. Er scheint ein nicht sehr entscheidungsstarker Mensch gewesen zu sein, der zudem nicht immer gut beraten worden ist. In der juristisch-persönlichen Auseinandersetzung mit seinem Schwager machte er offensichtlich viele Fehler und schreckte schließlich auch nicht davor zurück, kompromittierende Informationen über Laval an die Gestapo weiterzugeben.

Nach der Verhaftung Lavals schien John Tudor zunächst im familiären Machtkampf wieder die Oberhand gewonnen zu haben. Sein Anwalt Peter Prüm, der aufgrund seiner Kontakte zum RSHA in Berlin «persona grata» war,[341] wurde von ihm am 9. Juli 1941 nach Berlin geschickt, um mit der AFA über die Details des Verkaufs seines Aktienpakets zu verhandeln. Wenige Tage später jedoch, am 17. Juli, verlor John Tudor in letzter Instanz vor dem Kassationsgericht seinen Prozess gegen Laval – ein herber Rückschlag sowohl für ihn als auch für die AFA, denn damit war Tudor endgültig die Möglichkeit genommen, der AFA auch das Aktienpaket von Marie-Antoinette zu verkaufen.[342]

John Tudor verkaufte schließlich seine eigenen 3000 Aktien zum Kurs von 400 Prozent an die AFA, was bei einem Nominalwert von 500 BF also 2000 BF pro Aktie ausmachte. Nach Kriegsende wurde bekannt, dass John Tudor ursprünglich 5000 BF pro Aktie gefordert hatte, damit bei der AFA jedoch auf Granit gestoßen war. Nimmt man diese gewaltige Diskrepanz zum Maßstab, gibt es wenig Zweifel, dass die Berechnung des Kaufpreises nicht den Marktbedingungen entsprochen haben kann, zumal schon der Wechselkurs aufgezwungen war. Dennoch konnte sich John Tudor sicherlich damit arrangieren, denn nun besaß er mit der Rückendeckung der AFA eine Machtfülle, die er in den vielen Jahren seines Kampfes gegen Laval niemals hatte erreichen können:[343] Der Sohn Henri Tudors traf nämlich Nebenabmachungen, die das Geschäft zu einem für ihn einträglichen Deal machten. Die AFA erklärte sich bereit, sich «nach besten Kräften» dafür einzusetzen, ihn als technischen Berater oder Generaldirektor bei der Tudor Brüssel wieder einzustellen. Zudem sollte gegenüber dem Laval-Vertrauten Desmit eine Gleichstellung erfolgen und, für den finanziell bedrängten John Tudor besonders wichtig, ein jährliches Gehalt in Höhe von 250 000 BF bezahlt werden. Tudor vereinbarte zudem für seinen Aktienanteil ein Rückkaufrecht für fünf Jahre.[344] Folgerichtig erhielt er den Posten des Administrateur-delégué und damit des stellvertretenden Generaldirektors der Tudor.[345]

Trotz der erfolgreichen Vereinbarung konnte die AFA schwerlich mit dem erzielten Ergebnis zufrieden sein, denn für eine Aktienmajorität war der eigene Anteil immer noch zu gering. Der Versuch, die Aktien von Kleinaktionären zu kaufen, erwies sich als zu kompliziert. Der Versuch, über Peter Prüm der entmündigten Marie-Antoinette die

Aktien zu entziehen, indem man dem Treuhänder Libotte mit einer Anklage wegen Devisenvergehens drohte, scheiterte. Die AFA drängte nach der Verhaftung Lavals, der vom CdZ zudem am 10. Juli 1941 seines Postens bei der Sogéco enthoben wurde, auf eine Veränderung der Tudor-Unternehmensspitze. Als man am Askanischen Platz Ende Juni/Anfang Juli 1941 von der Verhaftung hörte, tappte man über die exakten Beweggründe zunächst im Dunkeln. Ein Beamter des RWM erfuhr vom luxemburgischen Oberbürgermeister Sinner Mitte September 1941 allerdings, hinter der Verhaftung Lavals stecke John Tudor höchstpersönlich, eine Information, von der auch die AFA bald Kenntnis erhielt. Ob die AFA schon vorher etwas wusste, lässt sich nicht mehr klären. Allerdings hatte sie bereits seit längerem mit John Tudor gemeinsame Sache gemacht. In Berlin witterte man jetzt erst recht die Chance, die Majorität an der Tudor Brüssel zu gewinnen. Die AFA bemühte sich darum gleich von mehreren Seiten: Zum einen wurde der AFA-Delegierte Heino von der Marwitz beauftragt, bei den deutschen Militärbehörden darauf zu drängen, als kommissarischer Verwalter eingesetzt zu werden. Zum anderen versuchte die AFA, auch bei der Sogéco einen Strohmann der AFA als Verwalter zu installieren. In einem von Pavel paraphierten Schreiben vom 24. Juli 1941 heißt es: «Es ist bekannt, daß Herr Desmit Exponent von Herrn Laval ist und als dessen Interessenvertreter in der Tudor eingesetzt wurde. Nachdem nun urkundlich feststeht, daß Herr Laval gegen deutsche Interessen gehandelt hat, erscheint es nicht angängig, daß sein Vertreter in der Tudor-Gesellschaft auf dem Posten verbleibt. Diese Auffassung wird, wie wir Ihnen hiermit vertraulich zur Kenntnis geben, den dortigen behördlichen Stellen vom RWM in geeigneter Form zur Kenntnis gebracht werden. Wir sind der Ansicht, daß nach der Verhaftung von Herrn Laval [...] nunmehr die Voraussetzung für eine treuhänderische Verwaltung der Tudor durch eine vertrauenswürdige Person, welche Gewähr für die Wahrung der deutschen Interessen bietet, gegeben ist.»[346] Des Weiteren eruierte die AFA die Möglichkeiten, das Aktienpaket der entmündigten Marie-Antoinette zu erwerben. Und schließlich wurde versucht, die Stellung John Tudors in Florival zu stärken, weniger um ihm unter die Arme zu greifen als aus Sorge, dass Tudor Lavals Aktien an ein Konkurrenzunternehmen verkaufen könnte. Dadurch hätte ein Mitbewerber Zugang zu Betriebsgeheimnissen und Verfahren erhalten – was den «worst case» für die AFA bedeutet hätte. Ein weiteres Mal war es also die unberechtigte Sorge, dass eine andere Batteriefirma bei den Militärbehörden den Zuschlag erhalten würde. Am 3. September 1941 konnte die AFA einen Erfolg verzeichnen.

Nachdem das RWM dem Militärbefehlshaber für Belgien und Nordfrankreich die Empfehlung gegeben hatte, bei der Tudor Brüssel einen AFA-Vertreter als kommissarischen Verwalter einzusetzen,[347] wurde von der Marwitz von der Rüstungsinspektion Brüssel ernannt, obwohl man bei der Behörde nach wie vor Bedenken hatte. Bekanntlich hatte die Rüstungsinspektion mit Laval bereits umfangreiche Wehrmachtslieferungen vereinbart, die durch einen Wechsel an der Unternehmensspitze nur beeinträchtigt werden konnten – und den Militärs erschien die Argumentation der AFA wenig plausibel, die Verhaftung Lavals allein rechtfertige schon die Einsetzung eines kommissarischen Verwalters. Von der Marwitz erfüllte seine Aufgaben als Aufpasser der AFA bei der Tudor Brüssel gut. Er war, wie die AFA später befriedigt berichtete, «mit all den schwierigen Verhältnissen bestens betraut» und wusste «alle unzuverlässigen Elemente in der Firma einschließlich des Generaldirektors Desmit richtig zu behandeln».[348] Die unbotmäßige Direktion blieb jedoch ein Stachel im Fleisch, wie Pavel entnervt in einem Aktenvermerk noch Ende 1943 festhielt, weil vielen Maßnahmen des kommissarischen Verwalters «insgeheim passiver Widerstand» entgegengesetzt wurde, ohne dass man dagegen eine Handhabe hatte. Dies hoffte Pavel bald abstellen zu können: «Wenn sich die Majorität des Unternehmens in deutscher Hand befindet, wird es naturgemäß möglich sein, den Betrieb ganz nach deutschen Grundsätzen auszurichten.»[349]

Auch Lavals Gesellschaft Sogéco wurde Ende 1941 unter kommissarische Verwaltung gestellt. Der Treuhänder blieb bis 1944 im Amt, war jedoch anders als von der AFA und dem RWM angeregt, kein Lakai der AFA.[350] Weder Simon als Chef der Zivilverwaltung, noch Oberbürgermeister Sinner oder die luxemburgischen Wirtschaftsverbände sahen einen Grund, sich für die AFA-Interessen stark zu machen, weil sie auf eine gewisse ökonomische Eigenständigkeit «ihrer» Region pochten und das Anwachsen einer antideutschen Stimmung verhindern wollten. Simon verstand sich als «wohlmeinende Vaterfigur»[351], der es gelingen werde, die Luxemburger ohne allzu großen Zwang zu «guten Deutschen» zu machen. Zur «Wiedereindeutschung» Luxemburgs war er in einem «Führererlass» bereits im Oktober 1940 ausdrücklich ermächtigt worden. Reichsbehörden waren danach nicht befugt, Weisungen zu geben, sondern konnten nur ihre Wünsche anmelden und sich allenfalls um eine «Führerentscheidung» bemühen.[352] Simon war inzwischen «zum nahezu unumschränkten Alleinherrscher Luxemburgs»[353] avanciert, der die Schlüsselstellen in Luxemburg mit eigenen Gefolgsleuten besetzte. Das Gezerre um die Tudor Brüssel muss daher auch vor dem Hintergrund der vielfältigen gaupartikularistischen Eifersüchteleien gesehen werden.[354]

Ende August 1941 wurde in Luxemburg das Gerücht laut, Laval habe mit lebenslänglicher KZ-Haft zu rechnen, und die Gestapo sei in diesem Fall bereit, dessen Aktien zu verkaufen. Obwohl sich dieses Gerücht als falsch erwies, boten die Meldungen der AFA Anlass für neue Gedankenspiele zum Erwerb der Laval- und Sogéco-Anteile. Laval gelang es jedoch erneut, seine Verbindungen in Deutschland zu aktivieren. Dank einer weiteren Intervention von Herbert Göring und Paul Goerens wurde er im September 1941 aus der Haft entlassen und in einem Krankenhaus in Bad Mergentheim unter Hausarrest gestellt, wo er relativ gut behandelt wurde und seit November 1941 privat wohnen konnte. Mit der Auflage, nicht nach Luxemburg zurückkehren zu dürfen, betrachtete selbst die Gestapo ihre Maßnahmen als abgeschlossen.

Damit war der AFA ein wichtiges Druckmittel gegen Laval aus der Hand genommen. Pavel war aber nach wie vor der Ansicht, das Damoklesschwert einer KZ-Haft werde Lavals Nachgiebigkeit in den Verkaufsgesprächen fördern. Es sei denkbar, so lautete eine seiner Notizen vom 23. Oktober 1941 über ein Gespräch mit dem im RWM zuständigen Referenten Dr. Saager, dass Laval «unter dem Eindruck der gegen ihn durch die Gestapo unternommenen Maßnahmen nunmehr verkaufsbereit» sei.[355] Auch das RWM drängte auf ein zügiges Ende der Verhandlungen. In einem Schnellbrief an die AFA vom 5. Januar 1942 bestätigte das RWM der AFA, nach den «wiederholt geführten Besprechungen» sei es «sehr erwünscht», wenn die AFA «eine maßgebliche Beteiligung» an der Tudor Brüssel erwerbe. Es ist ungewiss, ob die AFA den Beamten diesen Brief in die Feder diktiert hatte: Das «Reichsinteresse», so lautete jedenfalls die Ansicht des RWM, sei «nicht zuletzt auch aus wirtschaftlichen Gründen gegeben». Die AFA habe die «erforderlichen Verhandlungen unverzüglich in Angriff zu nehmen.» Darüber hinaus sei das RWM «bereit, sofern dies nach dem Ergebnis

Ihrer Verhandlungen erforderlich sein sollte, der Geheimen Staatspolizei nochmals die Dringlichkeit Ihres Auftrages zu bestätigen.»[356] Damit war das Signal für neue Pressionen gegeben. Drei Tage später ersuchte die AFA bei der Berliner Gestapo um eine Genehmigung für einen Besuch Werner von Holtzendorffs bei Laval in Bad Mergentheim. Am 14. Januar 1942 wurde Laval zudem auch vom Luxemburger Gestapochef, Oberregierungsrat Fritz Hartmann, aufgefordert, mit von Holtzendorff zu verhandeln.

Die Gespräche von Holtzendorffs mit Laval am 19. und 20. Januar 1942 verliefen ergebnislos, wie dieser dem RWM mitteilte. Nach außen hatten sie zwar einen freundschaftlichen Charakter, aber dem sich in akuter Bedrängnis befindlichen Laval erschien die Begegnung dennoch wie ein «Kampf zwischen Katze und Maus».[357] Offenbar schreckte der ob der Hartnäckigkeit erboste von Holtzendorff nicht vor der Drohung zurück, den luxemburgischen Gestapochef Hartmann zu informieren. Unter normalen Umständen hätte es sich verbieten müssen, mit dem in Bad Mergentheim unter enormem psychischen Druck stehenden Laval überhaupt zu verhandeln. Günther Quandt hat sich nach 1945 salopp gegen entsprechende Vorwürfe zur Wehr gesetzt: «Es wurde wahrscheinlich nur darüber gesprochen, kann man überhaupt verhandeln, wenn er verhaftet ist oder nicht. Wenn Herr Laval frei über sein Vermögen verfügen darf, auch wenn er in Haft sitzt, warum soll man sich nicht mal mit ihm unterhalten.» Er habe, so erläuterte Quandt wenig überzeugend, seinen Verhandlungsführer von Holtzendorff wissen lassen, «daß diese Verhandlungen bezüglich eines Aktienerwerbs von Laval oder Sogéco nur geführt werden dürften auf freiwilliger Basis und ohne jeden Druck oder Zwang».[358]

Inzwischen ergaben sich für die AFA andere Möglichkeiten, unter Umgehung des unwilligen Lavals in Besitz von dessen Aktien zu kommen. Hierzu wollte man sich gesetzlicher Bestimmungen bedienen: Eine seit dem 27. August 1940 geltende devisenrechtliche Verordnung des CdZ, die eine Angleichung des Großherzogtums an die deutschen Verhältnisse zum Ziel hatte,[359] verpflichtete in Luxemburg ansässige Personen, ihre ausländischen Wertpapiere und Devisen der Reichsbank zum Verkauf anzubieten. Eine am 19. Oktober 1941 erlassene «Verordnung über Maßnahmen auf dem Gebiet des Wirtschaftslebens» sah zudem eine deutsche Verwaltung bei denjenigen Unternehmen vor, die sich «nicht jederzeit rückhaltlos für das deutsche Volkstum» einsetzten.[360]

Die AFA wollte diese Anordnungen als Hebel nutzen. Günther Quandt und Horst Pavel teilten dem RWM am 23. Januar 1942 mit, sie seien bereit, 2791 Aktien von Laval, 3000 Aktien der Sogéco sowie 2636 plus 418 Aktien der entmündigten Marie-Antoinette Tudor zu erwerben. Am 20. März 1942 erhielt der Askanische Platz vom RWM bzw. vom Reichsbankdirektorium die Mitteilung, die Angelegenheit Tudor-Aktien werde jetzt in ihrem Sinne geregelt. Tatsächlich hatte die Reichsbank inzwischen mit dem Einverständnis des Militärbefehlshabers für Belgien und Nordfrankreich 2751 Tudor-Aktien von Laval und 3000 Tudor-Aktien im Besitz der Sogéco zum Verkauf aufgerufen und der AFA angeboten. Durch das Devisen-Manöver gelang es der AFA in den folgenden Monaten, 2711 Tudor-Aktien aus dem Besitz von Laval über die Deutsche Reichsbank zu erwerben. Sie wurden im August 1942 für die AFA im Tresor von Delbrück, Schickler & Co. eingelagert.[361] Zusammen mit den 3000 Aktien, die die AFA von John Tudor gekauft hatte, fehlten jetzt theoretisch nur noch die 3000 Aktien der Sogéco, um eine ausreichende Mehrheit bei der Tudor Brüssel zu erreichen: Von den insgesamt 14000 Aktien wären dann 8751 in ihrem Besitz gewesen. Allerdings misslang dieser Versuch. Luxemburg war inzwischen an das deutsche Wirtschafts- und Zollgebiet angeschlossen worden und galt damit als Deviseninland. Daher galt die Anbietungspflicht für ausländische Aktien zwar für die Tudor Brüssel, nicht aber für die luxemburgische Sogéco – ein Grund mehr für die AFA, sich fortan auf diese Gesellschaft zu konzentrieren.[362]

Anfang 1942 verschlechterten sich die Perspektiven von Léon Laval ein weiteres Mal. Am 27. März 1942 wurde er in Bad Mergentheim wieder verhaftet und ins Gefängnis Ellwangen gebracht. Einen Tag später, am 28. März 1942, wurde zudem sein Sohn Auguste-Charles als Mitglied der Widerstandsorganisation «Ligue Patriotique Luxembourgeoise» verhaftet. Er blieb bis Kriegsende in KZ-Haft,[363] was den Vater psychisch aufs Schwerste belastete.

In dieser Situation entschloss sich Laval, auch seine Sogéco-Anteile zu verkaufen. Aus der Ellwanger Haft schrieb er am 8. April 1942 an von Holtzendorff, er sei nun zur Erkenntnis gekommen, dass es im «Interesse aller Beteiligten» liege, wenn die Tudor Brüssel in die Hände der AFA übergehe – entweder durch Erhöhung des Aktienkapitals, was er bevorzuge, anderenfalls aber auch durch die Abgabe seiner Aktien. Er stelle sich Günther Quandt «für eine loyale Mitarbeit unter seiner Führung zur Verfügung».[364] Nach Kriegsende hat er zu verstehen gegeben, den Brief in «einem Augenblick moralischen Zusammenbruchs» verfasst zu haben.[365] Das Schreiben erreichte von Holtzendorff – wahrscheinlich durch die Zensur bedingt – erst mit großer Verspätung gegen Ende Juni.

Laval wurde Anfang Juni 1942 auf der Dienststelle Trier der Gestapo erneut vom Gestapo-Chef Hartmann unter Druck gesetzt. Nach 1945 gab dieser als Zeuge an, dass Quandt möglicherweise im Hintergrund die Fäden gezogen habe: «Ich kenne Dr. Quant [sic!] nicht persönlich und habe auch dienstlich nicht mit ihm in Verbindung gestanden. Aus den mir gegebenen Informationen des Referenten des RSHA hatte ich den Eindruck gewonnen, daß Dr. Quant als einer der wichtigsten Exponenten der Kapitalverflechtung der AFA-Tudor Akkumulatoren galt, der sich zu diesem Zwecke der Unterstützung höchster Reichsstellen versichert hatte. Ich halte es nach den mir gegebenen Informationen für durchaus wahrscheinlich, daß auf die Initiative von Dr. Quant hin die Maßnahmen gegen Herrn Laval veranlaßt worden sind.»[366] Allerdings ist diese Aussage insofern kritisch zu betrachten, als Hartmann, während er diese Aussage machte, als ehemaliger Gestapochef verschiedener Verbrechen in Luxemburg angeklagt war und ihm die Todesstrafe drohte. Für eine mögliche Begnadigung musste er zweifellos Material liefern, das ihn entlasten konnte.[367] Wie dem auch sei: Die Maßnahmen kamen der AFA erneut entgegen und wurden bereitwillig für eigene Interessen ausgenutzt.

Laval wurde auf seiner Odyssee durch verschiedene Haftanstalten bald darauf ins Gefängnis Düsseldorf-Derendorf verlegt. Dort besuchte ihn am 25. Juli 1942 erneut von Holtzendorff. Bei dieser Gelegenheit verfasste Laval einen Brief an seinen Gewährsmann aus dem Vorstand der Sogéco, seinen früheren Sekretär Dipl.-Ing. Marc Schaefer. Laval erklärte sich darin bereit, seine eigenen bei der Sogéco liegenden Tudor-Aktien zum Preis von je 2000 BF, also zum Kurs von 400 Prozent, an die AFA zu verkaufen. Laval empfahl, ähnlich mit den Tudor-Aktien zu verfahren, die der Sogéco selbst gehörten. Den Brief versah Laval bewusst mit zahlreichen inhaltlichen Fehlern, um Schaefer zu signalisieren, dass er unter Druck handle. Als von Holtzendorff am 31. Juli 1942 zu Gesprächen mit Schaefer nach Luxemburg reiste, konnte er diesen nicht von der Rechtmäßigkeit der Übertragung der Sogéco-Anteile an die AFA überzeugen. Schaefer war nicht bereit, die Tudor-Aktien gegen die vorgeschlagenen 480 000 RM herauszugeben, sondern bestand auf «wertvolle[n]» Aktien.[368] Die AFA erklärte sich daraufhin Mitte Februar 1943 gegenüber dem CdZ in Luxemburg bereit, aus dem eigenen Besitz Aktien der Daimler-Benz AG und der Vereinigte Deutsche Nickel-Werke AG, die Günther Quandt über Delbrück, Schickler & Co. im Jahr 1941 erworben hatte, für den Tausch der Sogéco-Aktien bereitzustellen.[369]

Die Zahlung der AFA für die von Laval zwangsverkauften Tudor-Aktien erfolgte in Devisen auf ein luxemburgisches Konto Lavals, denn zu dem ursprünglich vorgeschlagenen Tauschhandel mit «wertvollen» Aktien war die deutsche Zivilverwaltung in Luxemburg mit Rücksicht auf die innenpolitischen Verhältnisse inzwischen nicht mehr bereit. Der gezahlte Preis entsprach etwa dem, der zur gleichen Zeit auch an Aktieninhaber bezahlt wurde, die ihre Pakete im Einvernehmen veräußerten. Der von der AFA angebotene Kaufpreis von 400 Prozent des 500 BF betragenden Aktien-Nominalwertes beruhte auf einer überschlägigen Berechnung der Brüsseler Treuhandgesellschaft. Dieser Betrag wurde jedoch im April 1942 nach einer – wie auch immer gearteten – Überprüfung auf 360 Prozent des Nominalwertes heruntergerechnet. Dies entsprach einem Betrag von 1800 BF für die 500-BF-Aktie, umgerechnet 144 RM. Am 20. April 1942 bat die AFA daraufhin das RWM, für die Tudor-Aktien von Laval und der Sogéco nur 364 Prozent zahlen zu müssen. Dies wäre jedenfalls weniger gewesen als der zuvor mit John Tudor vereinbarte Preis von 400 Prozent.

Bemerkenswerterweise ließ sich das RWM jedoch auf den Vorschlag der AFA nicht ein. Die Behörde beharrte auf den ursprünglich einmal berechneten 400 Prozent,[370] und die AFA erklärte sich am 18. Mai 1942 bereit, auf dieser Basis das Geschäft auszuführen, das auch in diesem Fall über das Bankhaus Delbrück, Schickler & Co. abgewickelt wurde.

Vergleicht man den Laval-Zwangsverkauf mit anderen Verkäufen, so ergibt sich, dass mehr oder weniger vergleichbare Preise gezahlt wurden. An die «freiwilligen» Verkäufer der Gruppe um John Tudor wurden Ende 1941 bzw. am 30. Januar 1942 umgerechnet 160 RM pro Aktie ausgezahlt. Mit der französischen CGE, die im Besitz von 344 Tudor-Aktien war und im Frühjahr 1942 ihr Paket an die AFA verkaufte, wurde ein Kaufpreis von 364 Prozent des Nominalwertes vereinbart.[371] Dies heißt allerdings nicht, dass es sich um Marktpreise gehandelt hat, weil auch die «freiwilligen» Verkäufe unter Besatzungsbedingungen stattfanden und die «Partner» des Verkaufs sich in einer bedrängten Lage und akuter Rechtsunsicherheit befanden.

Die konzertierte Aktion von RWM und AFA erscheint in dieser Perspektive als ein politisch-wirtschaftliches Störfeuer. Gustav Simon wollte in seinem Einflussbereich des Gaues «Koblenz-Trier» bzw. des Gaues «Moselland» die strukturschwache Region von Eifel und Hunsrück wirtschaftlich fördern. Es war ihm lieber, das Sogéco-Vermögen in seinem Gau zu halten, als es nach Hagen, Hannover oder Berlin zu geben.[372] Da auch die Reichsbank gegen das geplante Verfahren Bedenken hatte, blieben die Sogéco-Dinge weiter in der Schwebe. Von Holtzendorff versuchte am 5. April 1943 zwar noch einmal auf das Wirtschaftsamt in Luxemburg einzuwirken, aber auch dieses blieb eisern. Die AFA, so lautete der Vorschlag, solle doch beispielsweise im Hunsrück einen Betrieb eröffnen, «um ihrerseits dazu beizutragen, die Wirtschaft und das kulturelle Leben dort zu heben».[373]

Die AFA gab nicht nach. Im Mai 1943 versuchte sie daher, über den Generalreferenten Wirtschaft und Finanzen im RMBuM, Prof. Dr. Karl Hettlage, einen der wichtigsten Männer in Speers Ministerium, auf den CdZ in Luxemburg einzuwirken.[374] Das Speer-Ministerium stand in dauerndem Konflikt mit dem eigenmächtigen Simon,[375] so dass eine Pression eine gewisse Erfolgsaussicht versprach. Jetzt führte die AFA rüstungstechnische Motive ins Feld, um ihre Majoritätsbeteiligung an der Tudor Brüssel zu rechtfertigen.[376] Das Schreiben war maschinenschriftlich von Quandt und von Holtzendorff unterzeichnet. In der Verhandlung vor der Spruchkammer verteidigte sich Günther Quandt, dass nicht er, sondern sein Sohn Herbert unterschrieben haben müsse – dieser war zu diesem Zeitpunkt bereits als «entlastet» eingestuft und somit aus der Schusslinie. Der Vorstoß beim Speer-Ministerium verlief im Sande. Hettlage, der persönlich nach Luxemburg reiste, um mit der dortigen Wirtschaftskammer und dem Oberbürgermeister zu sprechen, kehrte mit leeren Händen nach Berlin zurück. Von Holtzendorff holte sich im Herbst ebenfalls eine Abfuhr.[377] Marc Schaefer verzögerte zudem geschickt das Verfahren mit weiteren Manövern. Immer neue Hürden wurden ins Feld geführt, um die Aktienübertragung zu erschweren. Mal waren es widerspenstige Kleinaktionäre der Sogéco, die erst noch ein Signal der Zustimmung von Laval selbst erhalten wollten, dann war es dessen Kölner Rechtsanwalt Michael Clementz, der mit juristischer Spitzfindigkeit die AFA vertröstete.[378] Als Schaefer am 18. September 1943 die AFA-Zentrale am Askanischen Platz aufsuchte, war man dort sicher, dass er im Interesse Lavals gegen die AFA arbeitete, obwohl er nach außen und «wohl unter dem Druck der Verhältnisse» seine Mitarbeit zugesagt hatte.[379] Auch andere Wege blieben versperrt. Im September 1943 schlugen RWM und AFA gemeinsam vor, zur Erreichung der Aktienmajorität der Sogéco den Weg über eine Kapitalerhöhung zu gehen.[380] Eine solche Lösung war in den Besatzungsjahren eine gängige Methode der Kapitalverflechtung. Die fremden Aktionäre konnten in einem solchen Fall einer deutschen Beteiligung umso eher zustimmen, weil sie dadurch nicht auf ihren eigenen Aktienbesitz verzichten mussten.[381] Aber dieser Vorschlag wurde von der Brüsseler Militärverwaltung abgelehnt. Im Oktober 1943 schaltete die AFA noch einmal das RSHA ein. Ausgestattet mit einer Ermächtigung des Speer-Ministeriums wandte sich die AFA am 4. Oktober 1943 an den SS-Obersturmbannführer Dr. Zehlein. Holtzendorff bat das RSHA, «die Angelegenheit freundlichst in die Hand zu nehmen» und den CdZ zu bewegen, die Majoritätsfrage zu beschleunigen. Dieser sollte sich dafür einsetzen, dass die Sogéco ihre 3000 Tudor-Aktien gegen Aktien der Daimler-Benz AG tauschte.[382] Weil über das genaue Prozedere Unklarheit bestand, sollten Besprechungen zwischen RWM und RSHA Anfang November 1943 Klärung bringen, die aber wegen eines Bombenangriffs auf Berlin wieder abgesagt wurden.

Die AFA schlug daraufhin noch einen anderen Weg ein. Knapp anderthalb Jahre nach seinem letzten Gespräch fuhr von Holtzendorff ein weiteres Mal zu Laval, der zu diesem Zeitpunkt immer noch im Gefängnis Düsseldorf-Derendorf einsaß. Die Drohkulisse wurde durch die Anwesenheit des SS-Obersturmbannführers und Regierungsrats Zeidler vom RSHA gewährleistet. Aber auch dieses Gespräch vom 5. November 1943 führte nicht viel weiter. Laval erklärte sich erneut bereit, seinen Sogéco-Anteil an der Tudor Brüssel abzugeben, konnte aber in seiner Haft naturgemäß nichts ausrichten. Laval hatte inzwischen alle Verwaltungsangelegenheiten einem langjährigen Geschäftsfreund, dem Rechtsanwalt Dr. Hans Portz, übergeben, der zugleich Notar und – ein für Laval günstiger Umstand – Kriegsgerichtsrat beim Gericht der Kommandantur der Eifel und Südpfalz war. Auch Portz nutzte geschickt jede Gelegenheit, die AFA-Planungen zu durchkreuzen.[383]

Von Holtzendorff fuhr daraufhin am 16. November 1943 zu Portz und verhandelte mit diesem, zum Teil im Beisein von Marc Schaefer. Beide gaben sich kooperationswillig, bestanden aber auf einer erneuten Bestätigung des Verfahrens durch das RWM. Die gewünschte Bestätigung des RWM forderte die AFA am 19. Januar 1944 an[384] – aber wieder waren zwei Monate vergangen, ohne dass die AFA auch nur einen Schritt weitergekommen war. Laval wurde Mitte Januar 1944 aus der Haft entlassen und begab sich ins Kurhaus Bühlerhöhe, wo er bis zur Befreiung durch französische Truppen am 12. April 1945 blieb. Ob die Freilassung möglicherweise eine zumindest indirekte Folge der Gespräche zwischen von Holtzendorff und Portz war, muss offen bleiben.[385] Im RWM war man über die Freilassung Lavals nicht begeistert. Dieser werde «jetzt natürlich alles daran setzen […], seinen beherrschenden Einfluß auf die Sogéco bzw. die Tudor zu konservieren».[386]

Eine weitere Möglichkeit, an Sogéco-Aktien zu kommen, eröffnete sich, als von Holtzendorff Anfang 1944 die Information erhielt, ein Paket von etwa zehn Prozent der Aktien befinde sich in der Hand des ehemaligen belgischen Kolonialministers Paul Tschoffen. Da dieser aus Belgien geflohen war, wurde das RWM gebeten, die exakten Besitzverhältnisse zu überprüfen.[387] Die Taktik der AFA war offenkundig: Wenn sich ein Aktienpaket eines als flüchtig erklärten Aktionärs erwerben ließ, war die Majorität bei der Tudor Brüssel einen Schritt näher gerückt. Der CdZ in Luxemburg teilte dem RWM zwar zunächst mit, Tschoffen habe keine Sogéco-Aktien,[388] korrigierte jedoch diese Mitteilung im Mai 1944 nach weiteren Untersuchungen der Devisenstelle Luxemburg, die einen Besitz Tschoffens von 588 Aktien ergaben,[389] welche nach Ansicht des RWM als «Feindvermögen» kassiert werden konnten. Durchgeführt wurde die Konfiszierung zwar nicht mehr, aber es ist offenkundig, dass die AFA bereit war, die Machtmittel des NS-Staates einzusetzen und sich nicht mehr an die einst üblichen Konventionen der freien Wirtschaft gebunden fühlte.

Lavals Rechtsanwalt Portz legte unterdessen im Winter 1943/44 immer wieder Krankheitsatteste vor, um nicht in Berlin über die Sogéco-Aktien verhandeln zu müssen. Am 16. Mai 1944 informierte das RWM ihn geradezu ultimativ, dass nun die leidige Angelegenheit abgeschlossen werden müsse und er den Sogéco-Anteil an die AFA abgeben solle.[390] Portz kündigte daraufhin seinen Besuch in Berlin für Ende Juni 1944 an – er müsse sich vor einer Entscheidung zunächst aber noch mit «anderen Aktionären» und dem Vorstand der Sogéco in Verbindung setzen.[391] Laval und seine Männer des Vertrauens gingen davon aus, dass selbst dann die AFA noch keine Mehrheit an der Sogéco besessen hätte. Und das RWM hielt mit der Information hinter dem Berg, dass die AFA mit dem als «Feindvermögen» deklarierten Tschoffen-Anteil endlich ihr Ziel erreicht hätte: Die Majorisierung der So-géco und damit die Majorisierung der Tudor Brüssel. Schon seit Anfang 1944 war der Autoritätsverlust der deutschen Besatzer offenkundig. Als im Juni 1944 die alliierte Landung in der Normandie die politische Großwetterlage grundlegend veränderte, wurden die Bemühungen eingestellt, die Aktienmajorität bei der Tudor Brüssel zu erreichen. Die divergierenden Interessen waren dafür verantwortlich, dass die AFA ihr Vorhaben bis zum Schluss nicht durchsetzen konnte. So erstaunlich das heute wirken mag, war es doch nicht ganz ungewöhnlich. Der CdZ in Luxemburg begnügte sich häufig mit einer treuhänderischen Verwaltung von Unternehmen und scheute das Risiko von Enteignungen. Das Geschacher um die Tudor Brüssel bietet hierfür ein anschauliches Beispiel. Die Neuordnung der Wirtschaft stieß «dort auf Grenzen, wo sie auf ausländisches Eigentum traf. Hier mußte das Reich aus politischen Gründen, um einem Friedensvertrag nicht vorzugreifen und um deutschen Besitz im feindlichen Ausland nicht zu gefährden, Rücksichten nehmen und Zurückhaltung üben».[392] Letztlich bestätigt der Fall Laval die Erkenntnis der neueren Forschung, dass trotz aller kommissarischen Verwaltungen und Treuhänderschaften nur in den seltensten Fällen ein Verkauf erzwungen werden konnte. Bis Kriegsende gelangten nur insgesamt 47 Prozent der Anteile der Tudor Brüssel in den Besitz der AFA. Dies lag freilich nicht daran, dass die Unternehmensleitung – von Günther Quandt über Pavel bis zu von Holtzendorff – nicht den unbedingten Willen zur Durchsetzung ihrer wirtschaftlichen Ziele gehabt hätte. Ganz im Gegenteil: Für den gesamten Zeitraum des Krieges lässt sich der Druck der AFA auf Laval nachweisen – teilweise in eigener Initiative, teilweise im Zusammenspiel mit dem RWM. Der entscheidende Grund für den Misserfolg lag an den besonderen Verhältnissen, in denen die deutschen Behörden im Clinch um Kompetenzen lagen. Wenn die Besitzer beharrlich und geschickt genug waren, bissen sich trotz des Einsatzes der Gestapo die deutschen Unternehmen daran bisweilen die Zähne aus.

In den Jahren der Besatzung, die durch gegenseitiges Misstrauen, Vorwürfe, Opportunismus, Kollaboration und mitunter Verrat gekennzeichnet waren, wurde kaum ein deutscher Unternehmer dem lange gepflegten Bild des «anständigen Kaufmanns» gerecht. Die Auseinandersetzung zwischen Laval und John Tudor wurde von der AFA ausgenutzt, um ihre Maximalziele zu erreichen. Der durchsetzungsschwache John

Tudor griff im Machtkampf gegen Laval, den er vermutlich auch mit Hilfe der Gestapo zu gewinnen suchte, zu Mitteln, deren Auswirkungen er schließlich nicht mehr übersehen und beeinflussen konnte. Die sprichwörtlichen Grautöne der Geschichte sind auch in dieser Angelegenheit, in der sich familiäre Konflikte und politische Händel überschnitten, unübersehbar. Durch sein ungeschicktes und fragwürdiges Lavieren wurde John Tudor im Oktober 1944 bei der belgischen Tudor entlassen und verlor schließlich 1945 alles, was er noch besaß.

Die Frage, ob Günther Quandt seinen Einfluss ausgenutzt hat, um Laval durch die Gestapo verhaften zu lassen, wurde nach dem Ende des Krieges in Quandts Spruchkammerverfahren in großer Ausführlichkeit behandelt. Nach Abwägung der Aussagen konnte die Kammer keinen eindeutigen Nachweis finden, dass Günther Quandt hinter der Verhaftung steckte und entschied daher im Zweifel für den Angeklagten. Die Spruchkammer sah die Initiative in erster Linie beim RWM. Das Ministerium hatte tatsächlich immer wieder die Initiative ergriffen, wenn es um die Kapitalbeteiligung ging, allerdings wird anhand der AFA-Politik in zahlreichen anderen Fällen deutlich, dass es eine reine Befehlskette vom Ministerium zur AFA und dann zu ihren Managern nicht gab, während die AFA ihrerseits immer wieder die Behörden in ihrem Sinn anzutreiben versuchte. Quandt selbst hat stets betont, von der Verhaftung Lavals erst vergleichsweise spät gehört zu haben. Es fehlen Quellenbeweise für die These, dass er selbst bei der Verhaftung Lavals die Hand im Spiel hatte. Sicher ist hingegen, dass Quandt, Pavel, von Holtzendorff und andere AFA-Mitarbeiter jede Möglichkeit nutzten, um aus der Verhaftung Lavals Kapital zu schlagen. Bemerkenswert ist jedoch, dass die AFA letztlich ihre Ziele bei der Tudor Brüssel selbst in jahrelangen frustrierenden Verhandlungen nicht erreichte.

Nach Kriegsende setzte sich der erbitterte Familienstreit im Hause Tudor weiter fort. Léon Laval übernahm nach seiner Befreiung wieder das Unternehmen seines Schwiegervaters, Marie-Antoinette Tudor blieb im Besitz ihrer 2654 Tudor-Aktien, die vom Vormund Libotte treuhänderisch verwahrt wurden, was zu weiteren gerichtlichen Auseinandersetzungen führte. Peter Prüm, der Anwalt von Madeleine Tudor-Pescatore und John Tudor in den juristischen Streitigkeiten mit Laval, wurde als Vertrauensmann der Gestapo im November 1946 von einem luxemburgischen Spezialgericht wegen Kollaboration zu vier Jahren Haft verurteilt. Der nach Kriegsende zeitweise in der gleichen Nervenheilanstalt wie seine entmündigte Schwester Marie-Antoinette in Brüssel untergebrachte John Tudor beging 1953 Selbstmord.

Vergebliche Bemühungen:
Das Scheitern der AFA bei Übernahmen in Frankreich

Der Übernahmeversuch der belgischen Tudor erklärt sich nur mit einem Blick auf die Gesamtstrategie der AFA im besetzten Frankreich, die das Ziel einer weitgehenden Beherrschung des dortigen Batteriemarktes hatte. Während die meisten Versuche, wichtige Batterieunternehmen zu übernehmen, scheiterten, gelang es der AFA in der zweiten Hälfte des Krieges doch noch, bei einem ausgesprochen kleinen Unternehmen die Mehrheit zu erreichen. Im Herbst 1942 stellte sie den Antrag, die Firma PILAC in Agon (Département Seine) zu übernehmen. Das Unternehmen, das sowohl Blei-Akkumulatoren als auch Trockenbatterien herstellte, war schon seit einiger Zeit im Visier Corbin Hackingers gewesen. Die Firma mit 20 Beschäftigten arbeitete noch überwiegend manuell, verfügte aber über verschiedene Rechte, Patente und Lizenzen,[393] was eine Mehrheitsbeteiligung attraktiv erscheinen ließ. Das Unternehmen hatte ein Kapital von nominell 450000 FF. Von diesen verwahrte der französische Treuhänder Henri Bécot 50000 FF-Anteile für die AFA. Wie fast immer in vergleichbaren Fällen wurde auch hier die Mehrheitsbeteiligung durch eine Kapitalerhöhung erreicht. Durch eine Vervierfachung des Aktienkapitals auf nominell 2000000 FF kam die AFA, die sämtliche neuen Aktien übernahm, im August 1944 auf eine Mehrheitsbeteiligung von 77,5 Prozent. Diese Aktien wurden zur Tarnung an fünf Vertrauensleute Hackingers weitergegeben.[394] Die Société Parisienne de Banque fungierte als Tarnorganisation und übernahm diese Anteile von nominell 1550000 FF in das Depot Hackingers.

Für die AFA war der Kauf kein schlechtes Geschäft. Die französische Geschäftsführung schätzte den Substanzwert der PILAC auf 2,8 Millionen FF; Hackinger war es gelungen, «im Verhandlungswege» diesen Preis auf 2,2 Millionen FF zu ermäßigen.[395] Die technischen Gespräche, die er Anfang Oktober 1942 führte, lassen auf französischer Seite durchaus ein gewisses Interesse erkennen, mit der Hilfe eines potenten Großunternehmens die Fertigung auf eine moderne maschinelle Basis umzustellen.[396] Demgegenüber hatte das RWM «zunächst Bedenken gegen die Transaktion» gehabt.[397]

Im April 1943 wurde die Erhöhung der Beteiligung auf bis zu 92 Prozent in Aussicht genommen.[398] Was die AFA mit der PILAC langfristig genau vorhatte, ist nicht bekannt. Möglicherweise sollte das kleine Unternehmen, das selbst 1944 noch zügig ausgebaut wurde, als eine spätere Basis für die französischen Beteiligungen der AFA dienen. Darauf deutet hin, dass die PILAC langfristig ihren Sitz nach Paris verlegen und zukünftig als eine Art Holding dienen sollte, um auch andere französische Beteiligungen der AFA bei ihr einzubringen.[399] Noch am 8. August 1944 wies Hackinger seine Hausbank Société Parisienne de Banque an, einen Betrag von 300 000 FF zur Verfügung zu stellen, um die erwähnte Kapitalerhöhung durchzuführen.[400]

Bei ihren Beteiligungsüberlegungen behielt die AFA ihre langfristigen Expansionsziele im Auge, die letztlich auf eine Beherrschung des Batteriemarktes auf dem Kontinent abzielten. Die bislang geheim gehaltenen Beteiligungen sollten die Grundlage für ein als GmbH zu gründendes und mit 15 Millionen FF ausgestattetes Unternehmen bilden, das unter dem Namen «AFA France» aus der Taufe gehoben werden sollte. Den Löwenanteil an der Finanzierung sollte die AFA Berlin übernehmen. Mit einer eigenen Tochter in Frankreich als Holding hoffte die Unternehmensspitze, «die bisher abwehrenden größeren Unternehmen einer deutschen Beteiligung geneigter zu machen».[401] Das RWM war mit dem Plan einverstanden, verwies aber noch einmal ausdrücklich auf die «besondere Vorsicht», die notwendig sei, damit das Vorhaben den französischen Behörden nicht bekannt werde.[402] Letztlich beruhten diese Überlegungen also auf der Einsicht, dass bis dahin alle Pläne, über Kapitalbeteiligungen eine dominante Stellung auf dem französischen Markt zu erreichen, gescheitert waren. Die AFA fürchtete jedoch auch, dass eine AFA France von der Vichy-Regierung als eine Art trojanisches Pferd betrachtet werden würde. Wie berechtigt diese Sorge war, zeigte sich, als im Juli 1943 das französische Finanzministerium prinzipielle Einwände gegen die Gründung einer «AFA France» erhob und einen solchen Schritt als «inopportun» bezeichnete.[403] Hackinger war entsprechend ernüchtert: «So sehr ich den Wunsch des Vorstandes, die AFA in Frankreich repräsentiert zu sehen, verstehe und anerkenne, so sehr muß ich darauf hinweisen, daß ich infolge der derzeitigen politischen und militärischen Umstände schwer zu kämpfen habe, um überhaupt etwas zu erreichen [...] Wir Deutschen haben in Frankreich nicht die geringste Handhabe, um einen Druck auf die französischen Behörden ausüben zu können. Im Waffen-

stillstandsvertrag wurden die bestehenden französischen Rechtsein-
richtungen ausdrücklich anerkannt. Demnach werden wir genauso
wie vor dem Kriege als Ausländer behandelt, und zwar im ungünstigs-
ten Sinne.»[404] Im August 1943 wurde ein weiterer Antrag gestellt, um eine «AFA
France» so schnell wie möglich auf den Weg zu bringen. Erst nach
ihrer Gründung, so kalkulierte man am Askanischen Platz, werde es
möglich sein, die bislang getarnten Beteiligungen in Frankreich zu
legalisieren.[405] Im Januar 1944 musste Pavel aber berichten, dass der
Gründung einer selbständigen Tochtergesellschaft französischen
Rechts immer noch «einige Schwierigkeiten seitens der französischen
Behörden» entgegenstünden.[406] Aus dem März 1944 datiert ein Vertragsentwurf zwischen der AFA und der VARTA S.A.R.L. in Paris,
die ihren juristischen Sitz in Hackingers rue La Boëtie 44 hatte.
Hierin war vorgesehen, zukünftig der VARTA Frankreich das Feld
im «Empire Français» zu überlassen. Der Entwurf lehnte sich inhaltlich an die üblichen «Freundschaftsverträge» der AFA an.[407]

Zur Realisierung dieses anspruchsvollen Projekts kam es nicht
mehr. Die Invasion machte allen weitergehenden Plänen einen Strich
durch die Rechnung. Auf dem Konto Hackingers bei der Société
Parisienne de Banque befand sich schließlich noch ein Betrag von
7276.668,80 FF und im Depot unter anderem 1300 Aktien der Pile
Hydra, die Hackinger noch am 16. August 1944 dort eingeliefert
hatte. Kurz vor der Befreiung von Paris ließ dieser noch rasch die
bei seiner Hausbank deponierten PILAC-Aktien an Vertrauensleute
verkaufen, um «zu verhindern, daß die Bank eines Tages genötigt
sein könnte, die wahren Eigentumsverhältnisse darzulegen».[408] Nach
Abzug der deutschen Besatzer wurde die PILAC einem Liquidator
unterstellt.

Günther Quandt wies ebenso wie seine rechte Hand Horst Pavel
nach dem Untergang des «Dritten Reiches» die Verantwortung der
AFA für alle Übernahmen und Übernahmeversuche zurück. Er charakterisierte diese als Verhandlungen unter gleichberechtigten Partnern: «Wir haben mit solchen Firmen verhandelt, mit denen wir
freundschaftliche Beziehungen hatten, darüber hinaus auch mit solchen Firmen, wo wir eine Unterstützung beim Wiederanlauf geleistet
haben und wo wir annahmen, dass eine Verbindung mit uns für diese
Firmen von Interesse sein könnte.»[409] Auch wenn diese Verteidigungsstrategie in der unmittelbaren Nachkriegszeit erfolgreich gewesen sein

mag, widerspricht die Darstellung der Vorgänge durch Quandt und Pavel den Fakten. Die Quellen zeigen vielmehr eine aktive AFA, die sich immer wieder der Unterstützung des RWM und der Militärdienststellen versicherte, um auf dem westlichen Markt, der durch die Freundschaftsverträge und Gebietsabsprachen juristisch versperrt war, langfristig eine dominante Stellung zu erreichen. Dies zeigt sich insbesondere im Zuge des Anfangselans, als mehr als ein Dutzend Batteriefirmen auf ihrer «Wunschliste» standen. Im Nachhinein war es für die Verteidigungsstrategie der Verantwortlichen ein Glücksfall, dass die meisten dieser Versuche scheiterten, denn nach 1945 konnte die AFA geltend machen, dass es meist lediglich zu Verlagerungsaufträgen, nicht jedoch zu Übernahmen im großen Maßstab gekommen war. Ebenso schlugen die «Arisierungen» meist fehl, was aber nicht an der AFA lag, die gezielt jüdische Unternehmen ins Visier genommen hatte. Die Motivation, aus der kriegerischen Expansion des Nationalsozialismus geschäftliches Kapital zu schlagen, hatte verschiedene Ursachen: die günstige Gelegenheit, die Tatsache, dass eine Einverleibung in die Gesamtstrategie eines Großunternehmens passte, aber auch die Befürchtung, dass ein Konkurrent dem eigenen Zugriff zuvorkommen könnte. Generalisierend ist diese Tendenz dahingehend zusammengefasst worden, dass bei den «Arisierungen» die Hemmschwelle immer weiter sank: «Die zunehmende Verrohung des Unternehmerverhaltens entspricht [...] der gesellschaftlichen Entwicklung, d. h. die Unternehmen passten sich mehr und mehr den Standards ihrer Umgebung an und schoben eigene moralische Bedenken beiseite.»[410] Das schließt nicht aus, dass zumindest nach außen der Schein gewahrt wurde. Auch die «Arisierungen» erfolgten formal zumeist im Rahmen normaler Geschäftsvorgänge. Günther Quandt war dank seiner Reisen nach Frankreich bis in die Details der von Pavel und Hackinger vorbereiteten Übernahmeideen informiert und unterstützte sie.

Letztlich bestätigt der Blick auf die Westexpansion der AFA ein Ergebnis der neueren Forschung: Die Unternehmen im Westen konnten zwar unter kommissarische Verwaltung gestellt, aber nicht zu Kapitalbeteiligungen gezwungen werden, obwohl die Verflechtung ein ausdrückliches wirtschaftspolitisches Ziel war. Das Recht erwies sich somit als ein «wirksames Instrument», um die vorgesehenen Übernahmen abzuwehren.[411]

Was bedeutet die Erkenntnis, dass rechtsstaatliche Prinzipien in manchen Fällen selbst in Besatzungszeiten mächtiger waren als das mit den militärischen Machtmitteln ausgestattete «Dritte Reich»? Offenbar schreckten zumindest im Westen die Unternehmer, aber auch die Behörden doch noch davor zurück, gegenüber ihren westeuropäischen Nachbarn allzu «kolonialistische» Methoden anzuwenden.[412] Möglicherweise hat dies mit dazu beigetragen, dass auch die AFA schon bald nach 1945 wieder reguläre Wirtschaftsbeziehungen ausgerechnet zu einigen der Batteriefirmen aufnehmen konnte, die man sich noch wenige Jahre zuvor im Schatten der Wehrmacht hatte aneignen wollen. Hier stellen sich Fragen, die von der Forschung bis heute noch nicht konsequent genug beantwortet sind. Die AFA-Übernahmen und Übernahmeversuche, und im Besonderen der Fall Laval, regen jedenfalls an, die These von der Allmacht des Nationalsozialismus und der Privatindustrie in den besetzten Gebieten anhand von weiteren Fallbeispielen zu überprüfen.

Die DWM in Westeuropa

Weniger günstig als für die AFA[413] ist mit Blick auf die Westexpansion die Quellenüberlieferung für die zweite große Firmengruppe, die DWM. Dies liegt zum einen daran, dass in den Entnazifizierungsverfahren kaum Material gesammelt wurde und die DWM trotz ihrer Größe nicht in den Scheinwerferkreis der amerikanischen Ermittler gerieten. Wenn an dieser Stelle die Aktengrundlage dünn ist, liegt dies aber auch daran, dass sich die DWM, anders als die AFA, auf einige ausgewählte Objekte beschränkten. Aufgrund der schlechten Quellenlage lassen sich hinsichtlich der Verantwortlichkeiten keine ähnlich genauen Angaben machen wie zur Organisation der AFA-Akquisitionen. Eine dem «Büro Hackinger» in Paris vergleichbare Einrichtung gab es nicht, allerdings blieb die Handschrift Günther Quandts zumindest in der Anfangsphase auch bei den DWM-Übernahmen sichtbar. Möglicherweise ließ Quandt, der bekanntlich gut delegieren konnte, nach der Aufbauphase den jeweiligen Direktoren und Managern mehr freie Hand als bei der AFA, der er ja ohnehin grundsätzlich stärker verbunden war.

Das wichtigste Unternehmen, das im Zuge der Westexpansion in den Einflussbereich der DWM geriet, war die im belgischen Lüttich-Herstal angesiedelte Waffenfirma «Fabrique Nationale» (FN), die

Ende Juni 1940 unter kommissarische Verwaltung der DWM gestellt wurde. Beide Unternehmen standen praktisch seit ihrer Gründung in einer wechselhaften Beziehung zueinander. Das 1889 gegründete Traditionsunternehmen FN, das sich mit der Produktion von Browning- und Winchester-Waffen einen Namen gemacht hatte, war ein ebenso bedeutender wie renommierter belgischer Waffenhersteller und -exporteur und hatte schon vom DWM-Vorgänger Ludwig Loewe & Co. Maschinen, Lizenzen und technische Hilfestellung erhalten. Die DWM waren schließlich mit 43 Prozent an der FN beteiligt gewesen,[414] bis diese Anteile nach 1918 überwiegend in belgischen Besitz übergegangen waren. Ähnlich wie bei der AFA, die fast immer ihre alten Besitzansprüche geltend machte, war auch bei den DWM diese Vorgeschichte, auf die Günther Quandt ausdrücklich aufmerksam machte,[415] nicht vergessen worden.

Auf welche Weise die faktische «Einweisung» der DWM in das belgische Werk erfolgte, ist nur in Umrissen bekannt. Die Versuche der belgischen Werksleitung, die Produktion noch rechtzeitig zu verlagern, waren gescheitert. Lediglich einige Waggons hatten das Werk verlassen, bevor Lüttich am 12. Mai 1940 erobert wurde. Fünf Tage später wurden die Direktoren Lecocq und Pommerenke von der Wehrmacht mit der Wiederaufnahme der Produktion beauftragt. Als sich diese nicht kooperativ zeigten, wurde das Werk am 20. Mai 1940 beschlagnahmt. Angesichts Hitlers eindeutiger Bevorzugung der Munitionsfertigung seit Herbst 1939 wäre eine Ignorierung der belgischen Rüstungsindustrie durch Wehrmacht und Heereswaffenamt geradezu unvorstellbar gewesen. Mit Blick auf die völlig unzureichende Bevorratung mit Munition, die vom Generalquartiermeister des Heeres, dem Chef des Generalstabes des Heeres und dem Chef des Wehrwirtschaftsamtes lebhaft beklagt wurde, war die FN zu kriegswichtig, um nicht unter deutsche Verwaltung gestellt zu werden.[416]

Am 5. Juni 1940 wurde Dr. Franz Scharpinet, bis dahin kaufmännischer Direktor bei den Mauser-Werken in Berlin, auf Vorschlag der DWM als «kommissarischer Verwalter» eingesetzt und das Werk am 19. Juni offiziell den DWM unterstellt. Die belgische Unternehmensspitze unter dem FN-Präsidenten Alexandre Galopin und Vizepräsident Georges Laloux zeigte sich zunächst kooperationsbereit. Am 17. Juli 1940 kehrte Generaldirektor Gustave Joassart aus Frankreich zurück und stellte sich Scharpinet unter der Bedingung zur Verfügung, 20 belgische Waffenexperten ebenfalls wieder einzustellen. Zudem wurde der Aufbau zweier Büros gestattet, die sich den Folgen der Sequestrierung widmeten bzw. mit einem möglichen Aufbau einer Jagdwaffenproduktion für kommende Friedenszeiten beschäftigen sollten.

Die Machtverhältnisse nach 1940 spiegelten sich darin, dass Carl Bolle aus dem Vorstand der DWM die Oberaufsicht übernahm und das Tagesgeschäft in den Händen des technischen Betriebsdirektors und stellvertretenden Betriebsführers Dr. Emil Feß lag. Dieser 1907 geborene und als verschlossen geltende Elektroingenieur hatte von 1934 bis 1939 für die I. G. Farbenindustrie/Filmfabrik Wolfen gearbeitet, bevor er 1939/40 als Oberingenieur für die Nähmaschinensparte zu den Mauser-Werken wechselte. Feß führte noch im Juni 1940 eine provisorische Inventarisierung durch, und die FN nahm im September 1940 mit etwa 1000 belgischen «Gefolgschaftsmitgliedern» die Produktion wieder auf. Die Betriebsführung wurde von den DWM oder den Tochtergesellschaften wie den Mauser-Werken delegiert, mit Ernst Demmer als kaufmännischem Direktor, Johann David Pfeffer als Direktor für die Pistolenproduktion[417] und Walter Henning als Direktor der Munitionsabteilung.

Ähnlich wie die AFA wollten sich die DWM nicht mit einer kommissarischen Verwaltung begnügen. Günther Quandt besichtigte – wahrscheinlich auf einer Erkundungsreise im Herbst 1940 – das Werk in Lüttich und gewann einen positiven Eindruck: Auch wenn ihm die Waffen- und Munitionsabteilung als «nicht sehr neuzeitlich» erschien, sei die Automobilabteilung modern. Die maschinelle Ausrüstung sei zum Teil veraltet, es gebe allerdings einige hochwertige Werkzeugmaschinen. Besonders aufgefallen seien die umfangreichen Forschungslaboratorien. In der DWM-Aufsichtsratssitzung vom 16. Oktober 1940 ließ Quandt jedoch eine gewisse Vorsicht walten. Er wollte zunächst abwarten, «welche Entwicklung die Rüstungsindustrie allgemein ausserhalb der alten Reichsgrenzen nehmen» werde.[418] Daher wurde aufgrund der ungeklärten Verhältnisse zunächst lediglich der Erwerb eines kleineren Kapitalanteils bei der FN angestrebt, um den Gang der Geschäfte weiterhin beobachten zu können und eine gewisse Mitwirkung über die kommissarische Mitverwaltung hinaus zu sichern. Ein Anteil von acht bis zehn Prozent galt als ausreichend, weil die DWM hofften, bei einem Kriegsende, das zu diesem Zeitpunkt ja absehbar schien, die FN unter Berufung auf ihre alte Beteiligung komplett übernehmen zu können. Die Konditionen erschienen Quandt risikolos, weil die Aktien der FN im

Herbst 1940 nur mit 105 Prozent an der Börse notiert wurden. Das Bankhaus Sponholz & Co. wurde daher beauftragt, mit der gebotenen Vorsicht ein Brüsseler Kreditinstitut mit dem Aktienerwerb zu betrauen.[419] In den folgenden Monaten wurde die Kapitalbeteiligung erhöht, wofür allerdings genaue Zahlen fehlen. Die durch die Revisionsgesellschaft «Schwäbische Treuhand» hierfür angestellten Wertberechnungen wurden von belgischen Experten nach 1945 als «lächerlich niedrig» bezeichnet.[420] Unter der Leitung von Feß gelang es, die Waffenschmiede mit ihren bald 5500 Arbeitern vollkommen neu aufzubauen.[421] Karabiner, Karabinerteile, Pistolen, Pistolenmunition und MG-Teile, aber auch Autozubehör u. a. für die Ford-Werke in Köln bildeten das Hauptprogramm. Jährlich wurden 450 Millionen Gewehrpatronen hergestellt – immerhin 40 Prozent der Gesamtproduktion dieses Munitionstyps in der deutschen Industrie.[422] Zugleich verschlechterte sich jedoch das Verhältnis zwischen belgischer Leitung und deutscher kommissarischer Verwaltung. Gustave Joassart floh mit mehreren leitenden Angestellten im Sommer 1941 aus Lüttich und stellte sich der belgischen Exilregierung in London zur Verfügung.

Vor allem im Jahr 1942 fanden wesentliche Umstrukturierungen statt. Die beiden belgischen Büros wurden geschlossen.[423] Das Unternehmen firmierte inzwischen unter «Société Deutsche Waffen- und Munitionsfabriken-AG Liège et Verviers» und unterstand fortan offiziell Adolf Schneider, der Ende Mai 1942 neben seinem Posten in Posen auch Generaldirektor des Lütticher Werkes wurde. Franz Scharpinet wurde im Mai 1942 durch Dr. Karl Holl von den DWM Karlsruhe abgelöst; Emil Feß wurde 1942 von der Wanderer-Werke AG in Chemnitz abgeworben[424] und vermittelte seinem neuen Arbeitgeber Aufträge, für die bei den DWM die Kapazitäten inzwischen fehlten.[425]

Zwar expandierte das Werk in der zweiten Kriegshälfte schließlich auf ca. 12 000 Beschäftigte, von denen zahlreiche Zwangsarbeiter waren,[426] aber es lebte zunehmend von der Substanz, weil der Maschinenpark nicht erneuert wurde. Der Grund für diese Vernachlässigung ist nicht bekannt, könnte aber in der als insgesamt veraltet eingeschätzten Ausrüstung des Werkes gelegen haben; bemerkenswert ist, dass der größte Teil der Investitionen der DWM für das neue Werk Posen reserviert war. Hinsichtlich des Werts der Gebäude und Einrichtungen landete das Werk Lüttich jedenfalls mit einem geschätzten

Wert von 12,5 Millionen RM abgeschlagen auf dem letzten Platz der DWM-Werke.[427] Trotz zunehmender Sabotagetätigkeit lief die Produktion bis zum Einmarsch alliierter Truppen weiter.[428] Ende August 1944 wurde die Direktion des DWM-Werks Posen angewiesen, die Fertigung aus Lüttich zu verlagern. 300 polnische und 50 deutsche Facharbeiter transportierten insgesamt 224 Waggons in Richtung Osten, von denen einige sogar noch das DWM-Werk Posen erreichten.[429] Holl übergab am 5. September 1944 die Kontrolle des Betriebes den belgischen Direktoren Pommerenke und Lecocq und setzte sich mit der deutschen Führung in Richtung Deutschland ab. Eine erst kurz zuvor fertiggestellte Sprengstoffgießerei in Nivelles wurde ebenfalls aufgegeben.[430] Die FN blieb nicht das einzige von den DWM im Westen übernommene Unternehmen. Albert Wolff und Adolf Schneider erkundeten im Spätsommer 1940 das Elsass. Hier war bereits im Juni 1940 das Hauptwerk des für ihre Pistolenherstellung bekannten Konkurrenzunternehmens Manufacture de Machines de Haut-Rhin («Manurhin») in Mülhausen sequestriert, in «Sundgaumaschinenbau GmbH» umbenannt und der Kontrolle der Robert Bosch GmbH unterstellt worden.[431] Die DWM zeigten jedoch Interesse an einem Zweigwerk des Unternehmens in Bitschweiler, das im Frieden mit 250 Arbeitern und Angestellten Munitionsmaschinen hergestellt hatte. Trotz unklarer Vermögensverhältnisse erwartete das Rüstungskommando Straßburg die Einstufung des Betriebs als «reichsfeindlich» und favorisierte eine Übernahme durch die DWM, um dorthin Wehrmachtsaufträge vergeben zu können.[432] Auch der Reichsstatthalter und die badische Regierung regten die Einweisung der DWM in Bitschweiler an. Seit Januar 1942 lief der dortige Betrieb unter dem Namen Giesserei und Maschinenfabrik Bitschweiler wieder an.[433] Zum Fertigungsprogramm gehörten Kühlwasserheizgeräte und Warmwasserkästen.[434] Der Betrieb wurde im November 1944 beim Vorrücken der alliierten Truppen verlassen.[435]

Zu den weiteren Objekten der DWM im Elsass zählten die kleinere Sprengstoff-Fabrik Société alsacienne d'explosifs in Reichweiler[436] und die SART in Thann, ein weiteres Manurhin-Tochterunternehmen, das bereits früher Karlsruher Halbfabrikate verarbeitet hatte. Albert Wolff aus dem DWM-Vorstand berichtete im Herbst 1940, man könne dieses Werk «jetzt in die Hand bekommen»,[437] und das Unternehmen wurde unter dem Namen «SART Apparatebau» im September 1941 den DWM angegliedert und modernisiert.[438]

Expansion im «Warthegau»

Ein deutlicher Schwerpunkt der Ostexpansion der Quandt-Gruppe lag im angegliederten «Warthegau», wo sowohl AFA wie auch DWM große Werke errichteten, die auf eine langfristige Nutzung angelegt waren.[439] Zudem war Posen der Schauplatz des Versuchs der feindlichen Übernahme des Holzmann-Konzerns, der seinerseits durch Bauvorhaben im Osten expandierte. Die Region um Posen, deren Verlust im Jahr 1918 in Deutschland niemals verschmerzt worden war, sollte nach dem Überfall auf Polen als «Warthegau» so schnell wie möglich wieder in das Reich integriert werden.[440] Die Prinzipien der wirtschaftlichen Angliederung dieser ökonomisch vergleichsweise gut entwickelten Gebiete waren die schnelle wirtschaftliche Integration, die Ausnutzung der Produktionskapazitäten, Rohstoffe und Arbeitskräfte für die Kriegsanstrengungen, die Enteignung von Polen und Juden sowie schließlich die Investition mit dem Ziel von Produktionssteigerungen.[441] Am 8. Oktober 1939 gab Hitler einen Erlass heraus, nach dem bei einer «Neuordnung der Ostgebiete» die zu bildenden Reichsgaue Westpreußen und Posen dem Deutschen Reich zugeschlagen werden sollten. Die dortigen polnischen Produktionsstätten sollten sofort für die Kriegswirtschaft genutzt werden, zumal Hermann Göring für die okkupierten Gebiete die Entscheidung traf, «Fabriken und Munitionsanstalten» daraufhin zu untersuchen, «ob sie rasch in [die] Produktion» aufgenommen werden konnten.[442] Was der Generalgouverneur des besetzten Polens, Hans Frank, über den Aufbau der Industrie im «Generalgouvernement» sagte, beschreibt auch die Situation im industriellen Posen: «Die Werke haben also zu schuften und zu arbeiten. Den Polen, die in die Betriebe hineingestellt werden, muß Hören und Sehen vergehen. [...] Dieser Befehl geht dahin, für die deutsche Wehrwirtschaft herauszuholen, was herauszuholen ist. Mein Verhältnis zu den Polen ist dabei das Verhältnis zwischen Ameise und Blattlaus.»[443] Posen wurde am 10. September 1939 von deutschen Truppen erobert. Der Einmarsch deutscher Truppen war von «spontan» inszenierten, aber letztlich nicht zentral geplanten antijüdischen Pogromen begleitet, die oft unter Beteiligung der «Volksdeutschen» initiiert wurden. Die Wehrmacht als Trägerin der vollziehenden Gewalt trug die Verantwortung für alles, was sich in den besetzten Gebieten bis zum 25. Oktober 1939 ereignete.[444] Die zunächst ungeordnete Übernahme der besetzten Gebiete erfolgte durch eine Militärverwaltung für den Militärbezirk Posen, der eine beratende Zivilverwaltung beigeordnet war. Zum Chef der Zivilverwaltung wurde der als Verwaltungsexperte geltende stellvertretende Danziger Gauleiter Arthur Greiser ernannt. Die mit der unerwartet großen Zahl polnischer Kriegsgefangener überforderte Wehrmacht und ihre Militärverwaltungsstäbe[445] wurden schon bald durch eine Zivil- und Polizeiverwaltung abgelöst.[446] Hinsichtlich der «Neuordnung» orientierte man sich zwar am Modell der Eingliederungen und Annexionen Österreichs und des Sudetenlands, aber im «Warthegau» waren die Verhältnisse insofern anders, als die Bevölkerungsmehrheit nicht deutsch war und in diesem Gebiet von den 4,6 Millionen Menschen 85 Prozent ethnische Polen waren.[447] Greiser lehnte umfangreiche Germanisierungsprojekte ab, wie sie beispielsweise in Oberschlesien und Pommern durchgeführt wurden. Im «Warthegau» sollten zunächst drei Prozent der dort verbliebenen polnischen Bevölkerung «eingedeutscht» werden, ab März 1943 waren sieben bis zehn Prozent vorgesehen.[448] Nach der verwaltungsmäßigen Anpassung der annektierten Gebiete verfügte Greiser über weitgehende Weisungsrechte, die nicht zuletzt für die wirtschaftliche Besatzung galten. Greiser war zudem die treibende Kraft bei der Vernichtung der Juden im «Gau Posen». Unter ihm entwickelte sich eine «nahezu einzigartige Symbiose der Verwaltung mit dem SS- und Polizeiapparat».[449]

Noch in der Frühphase der Besetzung entbrannten Konkurrenzkämpfe zwischen deutschen Unternehmen über die Übernahme der polnischen Betriebe. Am 19. Oktober 1939 wurde auf Weisung Görings die «Haupttreuhandstelle Ost» (HTO) eingerichtet. Zu ihren Aufgaben gehörte die Erfassung polnischen Besitzes und dessen Verwaltung bis zur Übergabe in deutsche Hände. Während im «Generalgouvernement» alle für die Kriegswirtschaft brauchbaren Rohstoffe und Maschinen geplündert werden sollten, sahen die Richtlinien Görings für den «Warthegau» den «Auf- und Ausbau der Wirtschaft, die Erhaltung ihrer Produktionskraft und ihrer Vorräte und die möglichst rasche und vollständige Eingliederung in die gesamtdeutsche Wirtschaft» vor.[450]

Göring wollte sich damit die Möglichkeit sichern, lukrative Betriebe für die «Reichswerke» selbst zu übernehmen. Die HTO hatte prinzipiell ein Monopol auf Enteignungen. Die Durchsetzung dieser Bestimmungen war allerdings zunächst keineswegs selbstverständlich, weil die HTO überhastet gegründet worden war.[451] Als «Reichskommissar für die Festigung deutschen Volkstums» sorgte Heinrich Himmler für weiteres Konfliktpotential und Machtrangeleien, an denen sich schließlich noch das RFM beteiligte. Die Streitigkeiten führten zu einem wahren Wettlauf um die Betriebe. An deren Enteignung nahmen neben Verwaltungsinstitutionen und Beamten der HTO auch die NSDAP und deren Unterorganisationen teil. Konfisziert wurde nahezu alles, wobei ein besonderer Akzent auf strategisch bedeutende Rohstoffe und Kriegsmaterial gelegt wurde.[452] Bereits Ende 1940 befanden sich sämtliche Industriebetriebe des Warthelands in deutschem Besitz. Verbunden war dies in der Regel mit Betriebszusammenlegungen: Bei den deutschen Behörden herrschte die Überzeugung, dass es zu viele kleine Produktionseinheiten gebe, was einer dynamischen Kriegsproduktion entgegenstehe. Etwa 15 Prozent der kleineren und mittleren Fabriken wurden geschlossen und Investitionen besonders zur Modernisierung von größeren Unternehmen getätigt.[453] Die Konzentration der Produktion hatte zudem den Vorteil, die polnischen Arbeiter in einer möglichst kleinen Zahl von Betrieben besser überwachen zu können.[454] Dem Ziel der Produktionssteigerung diente auch die Neugründung von 130 Betrieben bis Dezember 1942 bzw. die Verlegung einiger Dutzend Produktionsstätten aus dem «Altreich». Hierzu zählten Betriebe so bekannter Firmen wie Telefunken, AEG, Krupp, die Askania-Werke, die IG-Farbenindustrie und Siemens. Häufig wurden diese Firmen in stillgelegte polnische Fabriken eingewiesen, in denen die früheren Anlagen demontiert worden waren.[455]

Die DWM waren an diesen Vorgängen unmittelbar und maßgeblich beteiligt: Sie bauten in Posen seit Herbst 1939 einen der größten Waffen- und Munitionsbetriebe des Deutschen Reiches auf. Dies stand im Zusammenhang mit den enormen Munitions- und Waffenforderungen, die Hitler auf Kosten anderer Rüstungsbereiche im Herbst 1939 erhob. Die Initiative ging von den Rüstungsbehörden aus und diente als Kompensation für die weitgehende Demontage des DWM-Stammwerks in Karlsruhe. Fortan setzten sie auf den Ausbau Posens: Das Werk wurde zu einem Projekt, das bis 1944 die höchste Prioritätsstufe erhielt.[456]

Nach dem Einmarsch der deutschen Truppen ging innerhalb von wenigen Monaten die Fabrik H. Cegielski AG in den Besitz der DWM über. Die von Stefan Cegielski, dem Sohn des Gründers Hipolit Cegielski, geführte Aktiengesellschaft war ein prosperierendes Unternehmen mit etwa 5000 Beschäftigten. Die technischen Leiter waren an deutschen Hochschulen ausgebildet worden; der Generaldirektor galt «als der polnische technische Wirtschaftsführer».[457] Die Gesellschaft war für ihren Lokomotivbau berühmt und belieferte die polnische Staatsbahn sowie südosteuropäische Gesellschaften. Im Waggonbau war Cegielski auf Trieb-, Speise-, D-Zug-, Mineralölkessel- und Güterzugwagen spezialisiert. Daneben wurden Straßenbahnen, Maschinen für die Landwirtschaft, Großkessel, aber auch Flak-Lafetten für die polnische Armee hergestellt. Cegielski wurde von den deutschen Rüstungsbehörden daher zu Recht als bedeutendstes Werk Posens eingestuft.[458]

Die letzte Aufsichtsratssitzung unter polnischer Leitung fand am 23. August 1939 statt. Dabei wurde beschlossen, die Fabrikeinrichtung im Fall eines bewaffneten Konfliktes nach Chełm, östlich von Lublin, auf ein Gelände der Waggonfabrik Lilpop, Rau und Löwenstein zu evakuieren. Die Umsetzung dieses Plans wurde am 30. August 1939 begonnen, aber der schnelle Vormarsch der Wehrmacht verhinderte eine umfassende Verlagerung.[459] Bereits am Nachmittag des 1. September wurden die Cegielski-Werke von der Luftwaffe bombardiert.[460] Die von den polnischen Verteidigern verlassene Fabrik wurde am 10. September von der Wehrmacht übernommen und kommissarisch der «Wehrwirtschaftsstelle z. b. V. Posen» und der Rüstungsinspektion Posen unterstellt. Der Oberbefehlshaber des Heeres, Walther von Brauchitsch, ließ in dieser Zeit in zahlreichen Betrieben kommissarische Verwalter einsetzen. Auf diese Aufgabe war man gut vorbereitet. Im Wehrwirtschafts- und Rüstungsamt des OKW waren bereits seit 1936 Daten zur polnischen Wirtschaft gesammelt worden, deren Auswertung vor dem Einmarsch in Polen intensiviert worden war. Auch die Privatindustrie hatte Daten gesammelt, wobei sich besonders die IG Farben und die Bergbaukonzerne hervortaten.[461]

Bei einer ersten Besichtigung der Cegielski-Werke am 15. September 1939 monierte die Rüstungsinspektion, dass der durch Bomben geschädigte Betrieb insgesamt «stark verwahrlost und schlecht organisiert» sei.[462] Danach wurde die Wiederaufnahme des Betriebs befohlen:[463] Das Werk I in Posen-Ost beherbergte die Gießerei, die Schraubenfabrik sowie die Stätten für den Bau landwirtschaftlicher

Maschinen und wurde zunächst von 15 deutschen und 15 polnischen Facharbeitern notdürftig wieder aufgebaut.[464] Neben dem unbedeutenden Werk II war das Werk III das eigentliche Hauptwerk; zudem betrieb Cegielski noch ein modernes Werk in Rzeszów, in dem neben Werkzeugmaschinen Flakgeschütze und Maschinengewehre für die polnische Armee hergestellt wurden.

Als provisorischer Betriebsleiter diente zunächst ein ehemaliger Offizier der k. u. k.-Armee, der bereits früher einmal im Dienst von Cegielski gestanden hatte.[465] Bei der Suche nach Arbeitswilligen wurden zunächst die wichtigsten Betriebsmeister und schließlich polnische Facharbeiter eingestellt. Die Belegschaft, die Ende September 1940 bereits wieder eine Stärke von 160 Mann hatte, wurde als «außerordentlich arbeitswillig» eingeschätzt,[466] weil ihnen inzwischen die materielle Lebensgrundlage fehlte, ihre Ersparnisse aufgebraucht waren und sie Angst vor Strafen hatten.

Für die Übernahme von Cegielski gab es drei Bewerber: die Reichsbahn, die in Berlin ansässige Wifo GmbH und die DWM. Die Reichsbahn, die das Gelände als Ausbesserungswerk nutzen wollte,[467] schien zunächst die besten Karten zu haben. Sie erklärte sich bereit, polnische Kesselwagen und fünf im Bau befindliche schwere Güterzuglokomotiven zu übernehmen und wollte zudem für den Ausbau des Werkes großzügige Kredite gewähren. Sie rechnete sich auch deshalb gute Chancen aus, weil mit ihrer Hilfe ein erfolgreicher Suchplan erstellt worden war, durch den die Waggons mit evakuierten Cegielski-Maschinen aufgefunden worden waren. Von den 117 Waggons konnten bis November 1939 bereits 41 wieder zurückgeführt werden.[468] Auf einige Waggons, die inzwischen in Berlin standen, erhob zunächst noch die Wifo GmbH Ansprüche.[469]

Am 30. September 1939 besichtigten Vertreter der DWM die Cegielski-Werke und hielten sie für geeignet, mit dem aus Karlsruhe zu verlagernden Maschinenpark die Wehrmachtsfertigung aufzunehmen,[470] obwohl die Besitzfrage noch nicht geklärt war. Im Oktober 1939 wurde das Werk mit den ersten Maschinen aus Karlsruhe eingerichtet.[471] Ende des Monats genehmigte das OKW die Übernahme der Cegielski-Einrichtungen aus dem Werk Rzeszów unter der Auflage, die Lokomotiv- und Waggonbauwerkstätten weiterzubetreiben. Im November wurden von dort unter anderem zwei komplette neue Leichtbau-Hallen überführt.[472] Der Streit über diese demontierten Anlagen zog sich noch über mehrere Monate hin, weil die Reichsbahn den DWM die requirierten Werkzeugmaschinen streitig machte. 200 ursprünglich den DWM zugesprochene Maschinen wurden im Januar 1940 nach Berlin und in die Nähe von Breslau gebracht und zum größten Teil an Rheinmetall Borsig abgegeben.[473] Die DWM forderten als Ausgleich Werkzeugmaschinen aus dem Reichsbahnausbesserungswerk Bromberg. Unter Vermittlung der Rüstungsinspektion Posen erhielten die DWM später neue Maschinen, die von den Werkzeugmaschinenfabriken John und Wiepofama AG in Posen angefertigt wurden.[474]

Am 1. November 1939 wurde Cegielski von den DWM zunächst in Treuhandverwaltung übernommen, ein wichtiger Schritt auf dem Weg zur juristischen Inkorporierung. Die treibende Kraft für die Überführung an die DWM war, wie die HTO später notierte, Reichswirtschaftsminister Walther Funk in seiner Eigenschaft als «Generalbevollmächtigter für die Wirtschaft».[475] Weil Cegielski damit de facto in die Verantwortung der DWM überführt wurde, sah sich die HTO vor vollendete Tatsachen gestellt.[476] Die Wifo GmbH in Berlin wollte sich zunächst mit der DWM-Treuhänderschaft nicht abfinden. Weil bei Einmarsch der deutschen Truppen das gesamte Aktenmaterial vernichtet worden war, fiel es den DWM nicht leicht, die von der Wifo GmbH angeforderten Unterlagen und Dokumente beizubringen. Die Wifo GmbH verlangte daraufhin eidesstattliche Erklärungen des früheren polnischen Generaldirektors und mindestens eines Betriebsleiters, der den wirtschaftlichen Vorteil einer DWM-Nutzung bestätigen sollte. Für den Fall, dass auch diese nicht beizubringen seien, sollten die DWM eine schriftliche Erklärung der «Nichterfüllbarkeit» dieser Forderung einreichen. Das RWM sollte dann eine Entscheidung fällen.[477] Die Treuhänderschaft fand ihr Ende im Juni 1940 unter Federführung der HTO mit einem notariellen Verkaufsvertrag zwischen dem kommissarischen Verwalter der Cegielski AG, einem Wirtschaftsprüfer und den DWM. Als Verkaufssumme wurden elf Millionen RM vereinbart. Der Vertrag trat nach der Zustimmung durch OKW, RWM und RFM im Juli 1940 in Kraft.[478] Für die erforderlichen Finanztransaktionen eröffneten die DWM ein Konto bei der Commerzbank[479] und überwiesen einen Betrag von 10,8 Millionen RM.[480] Günther Quandt sah den vergleichsweise günstigen Kaufpreis als gerechten Ausgleich für die mit der Verlagerung des Karlsruher Werkes anfallenden Verluste an. Der Gewinn des Jahres 1939 war wegen der damit verbundenen immensen Kosten[481] um beinahe ein Drittel auf 1,27 Millio-

46 Neubau von DWM-Werksanlagen in Posen. Im Hintergrund vermutlich die übernommenen Cegielski-Werke, links eines der Barackenlager.

nen RM gefallen und der Schuldenstand auf 12,8 Millionen RM gestiegen. Quandt dachte jedoch bereits an die Zukunft. Im September 1940 machte er ausdrücklich darauf aufmerksam, dass man mit Posen ein interessantes Friedensprogramm erhalten habe.[482] Nach dem Krieg griffen führende DWM-Mitarbeiter dieses Argument auf: Sie verteidigten den Erwerb mit dem Hinweis, er sei nur deshalb für die DWM interessant gewesen, «weil wir gewisse Hoffnungen auf das dort vorhandene Friedensprogramm setzen konnten».[483] Festzuhalten bleibt: Der Kauf der Cegielski-Fabrik war ein gutes Geschäft. Der Gesamtwert der Grundstücke, Gebäude, Maschinen und Einrichtungen wurde im Januar 1942 bereits mit 21 Millionen RM angegeben; nach nur einem Jahr hatte sich der Wert im Vergleich zur Kaufsumme also bereits verdoppelt.[484]

Wer war für den Aufbau – und später das Produktionsregime – in Posen verantwortlich? Beim Blick auf das Quellenmaterial wird deutlich, dass sich die Verantwortung auf viele Schultern verteilte: Das NS-Regime, das die rassischen Grundbedingungen vorgab; die regionalen Partei- und Staatsorgane, die im Osten noch weniger Rücksicht nahmen als in den westlichen Besatzungsgebieten; die Wehrmacht und ihre Rüstungsinspektionen, bei denen der enorme Druck Hitlers, die Munitionsproduktion zu erhöhen, die Verschiebung des moralischen Referenzrahmens begünstigte und damit auch verbrecherische Dimensionen zuließ; schließlich aber auch das Unternehmen selbst, das mit Günther Quandt an der Spitze die Gelegenheit nutzte, nachdem die staatliche Entscheidung zum Bau einer Rüstungs- und Munitionsfabrik im «Warthegau» einmal gefallen war. Die Akten zeigen, dass sich die Führungskräfte der DWM durch besondere Schneidigkeit auszeichneten und sich in den Werken Karlsruhe, besonders aber in Berlin, kaum eine Gelegenheit entgehen ließen, als treue Helfer des Nationalsozialismus und der Kriegsanstrengungen aufzutreten. In Posen lässt sich ein besonders hartes Regime erkennen, zumal die regionalen Partei- und Wehrmachtsstellen Hand in Hand arbeiteten. Der designierte Betriebsführer Adolf Schneider war schon im Herbst 1940 immer wieder nach Posen gereist, um die Aufbauarbeit anzuleiten. Eine Quelle berichtet, schon anlässlich der Übergabe der Fabrik an die DWM in der Waggonhalle des Werkes habe eine Versammlung der Belegschaft mit Ansprachen von Günther Quandt, Gauleiter Arthur Greiser und Betriebsführer Adolf Schneider stattgefunden.[485] Ob damit die gleiche Veranstaltung gemeint war, die als erster feierlicher Betriebsappell am 5. April 1940 stattfand, bei dem Greiser zu den Beschäftigten über die «Betriebsführung im nationalsozialistischen Sinne»[486] sprach, ist nicht ganz klar. Bei einem späteren «Betriebsappell», der gemäß der erwähnten Quelle wahrscheinlich 1943 stattfand und bei dem Betriebsführer Stefan Köhler, DAF-Leiter Robert Ley, Gauleiter Greiser und der Gauobmann der DAF und Präsident der Gauarbeitskammer im «Warthegau», Albert Derichsweiler, anwesend waren, soll sich Günther Quandt mit der erfolgreichen Camouflage einer in Wahrheit schon frühzeitig auf die Aufrüstung zielenden Produktionsplanung gebrüstet haben: Man habe schon seit 1934 den Krieg des «Führers» vorbereitet. Gauleiter Greiser habe bei dieser Gelegenheit hinzugefügt, die DWM hätten inzwischen die gleiche Macht wie Krupp und der Name Quandt haben einen «ebenso guten Klang»[487]

Wie oft Günther Quandt das DWM-Werk Posen besuchte, ist nicht bekannt. Belegt ist hingegen seine wahrscheinlich letzte Inspektion im Mai 1944, wenige Wochen nach einem schweren Bombenangriff auf das Gelände.[488] Günther Quandt hat nach 1945 alle Verantwortung für den Aufbau des DWM-Werkes Posen und die dortigen Zustände weit von sich gewiesen und vor allem eine Zusammenarbeit mit der Gauleitung abgestritten. In einer etwas kryptischen Aufzeichnung heißt es: «[Ich] hatte mit Gauleiter Posen nichts zu tun. Dieser hatte mich nur einmal bestellt, weil er nicht mir, nicht der AFA, sondern Adolf Schn[eider] persönlich die Z[egielski] geben wollte. Aber Franke, Mülhausen, arbeitete mit Bestechung dagegen mit Erfolg. Das kennt P[a]v[el] und Herbert. Später kam alles heraus. Offizier abgesetzt, und nun müsste Pavel kommen und den üblen Leuten, die es Franke gegeben hatten, abnehmen. Alles andere machte Mitscherling ohne mein Wissen. Zweiter Besuch von Hamel, Schn[eider] und mir nur aus Höflichkeit. Hamel als Vors. d. AR fünf Minuten. 3. Besuch Adolf Schn[eider] – versuchte die Fortnahme von Holzmann zu inhibieren. Der Gauleiter lehnte jede Hilfe ab. Das war alles.»[489] Tatsächlich haben auch die Ermittler nach 1945 zum Verhalten Günther Quandts nichts Näheres feststellen können. Er sei «selten nach Posen» gekommen, lautete ihr Fazit.[490]

Für den Aufbau und für die Führung des Werks Posen zeichnete in erster Linie Adolf Schneider verantwortlich, den Herbert Quandt als «Ingenieur mit besonderem technischen Können und einem ausgeprägten kaufmännischen Gefühl» schätzte. In der zweiten Oktoberhälfte 1939 wurde er aus Karlsruhe als leitender Direktor nach Posen abgeordnet. Nach dem Besuch der Realschule und einer anschließenden Lehre als Maschinenschlosser hatte der 1899 geborene Schneider in Abendkursen das Abitur nachgeholt und sein Studium in Karlsruhe und Mannheim mit Arbeiten im Karlsruher Stahlwerk finanziert.[491] Als Maschinenbauingenieur war er vom DWM-Vorstandsmitglied Wolff entdeckt worden[492] und arbeitete sich bald bis in den Vorstand hoch. Die Übernahme des Direktorenpostens in der neuen Fabrik in Posen war für Schneider ein wichtiger Schritt auf der Karriereleiter. Hier trat der noch vergleichsweise junge Ingenieur so martialisch auf, dass er allgemein als «General» bekannt war.[493] Er suchte dort offenbar sogleich die Nähe zu Partei- und Rüstungsbehörden. Im Mai 1940 wurde er zum Vorsitzenden des Munitionsausschusses im Wehrkreis XXI (seit Juli «Rüstungsausschuss») bestellt und zum «Gauwirtschaftsberater» des Gauleiters Greiser ernannt.

Anfang November 1939 wurden die Neu- und Ausbaupläne der DWM Posen präsentiert, deren zukünftige «Sollstärke» auf 10 000 Beschäftigte beziffert war. Vor allem der Waggon-, Kessel-, Apparate- und Stahlbau sollte ausgebaut werden.[494] Die DWM zogen praktisch mit dem ganzen Maschinenpark des Werks Karlsruhe in die Hallen ein. Die DWM-Angestellten wurden zunächst in provisorischen Holzbaracken untergebracht, und in der Schwabenstraße entstand ein Verwaltungsgebäude unmittelbar neben dem eigentlichen Hauptwerk.[495]

Im Werk I wurde der Elektroofenbau mit angeschlossener Flammenwerfer-Fabrikation aufgezogen. Sehr viel größer war das etwa 15 Kilometer entfernte Werk III («Posen-Ost»), in dem Aluminiumfabrikate, Spulen, Munitionsmaschinen, Eisenbahnwaggons, Flugabwehrkanonen und weiteres Zubehör hergestellt wurden.[496] Der erhebliche Ausbau dieses Werks wurde im Mai 1940 von den Behörden abgesegnet.[497] Durch den Zubau von 20 000 Quadratmetern Arbeitsfläche wurden der Munitionsmaschinenbau für die Herstellung kompletter Maschinen für Infanteriemunition, das Press- und Ziehwerk, für das allein bis Ende 1941 bereits 14,5 Millionen RM investiert wurden, die Gießerei sowie der Lufttorpedobau untergebracht. Zünder, Kartuschenhülsen, Bordmunition, Flammenwerferteile sowie Zubehör für die Ju-88-Kampfflugzeuge und Panzerwagen komplettierten das Produktionsspektrum. Auch der Werkzeug- und Lehrenbau wurde erweitert und eine Werkzeugmacherei eingerichtet.[498] In der Stahlbau-Abteilung wurden Dampfkessel für die Elektrizitätswerke in Pillau und Kattowitz sowie für die Mauser-Werke in Oberndorf hergestellt.[499] In die Ersatzbeschaffung von Maschinen für den Lokomotivbau flossen ebenfalls Gelder. Die bestehenden Cegielski-Aufträge – Hochdruckkesselanlagen für das Elektrizitätswerk von Warschau, Anlagen für ein Chemiewerk bei Kattowitz, für eine Zuckererzeugungsanlage in Gnesen und verschiedene Lokomotivaufträge des polnischen Typs Ty-37 – wurden zunächst noch ausgeführt.[500]

Ursprünglich liefen die Planungen für Posen darauf hinaus, mit einem möglichst hohen Prozentsatz deutscher DWM-Arbeiter zu produzieren. Dies erwies sich bald als unrealistisch, und aufgrund der sich verschlechternden Beschäftigungslage wurden polnische Arbeiter unter zunehmendem Zwang herangezogen.[501]

Nicht nur hinsichtlich der Beschäftigungslage gab es in Posen massive Anlaufschwierigkeiten. Die Stromversorgung war unzureichend, bis das Werk im April 1940 vom OKW die Genehmigung zum Ausbau von Dampfkesseln aus der im nördlichen Regierungsbezirk Posen gelegenen Munitionsanstalt Budsin (Budzyn) erhielt, um die Energieversorgung des eigenen Werkes zu sichern.[502] Baumaterial wie Beton oder Holz, aber auch einfache Normteile, waren vor Ort zunächst kaum zu beschaffen, und Lieferungen aus dem «Altreich» fielen wegen fehlender Transportkapazitäten oftmals aus. Während sich rund um das Werk Karlsruhe zahlreiche regionale Zulieferbetriebe

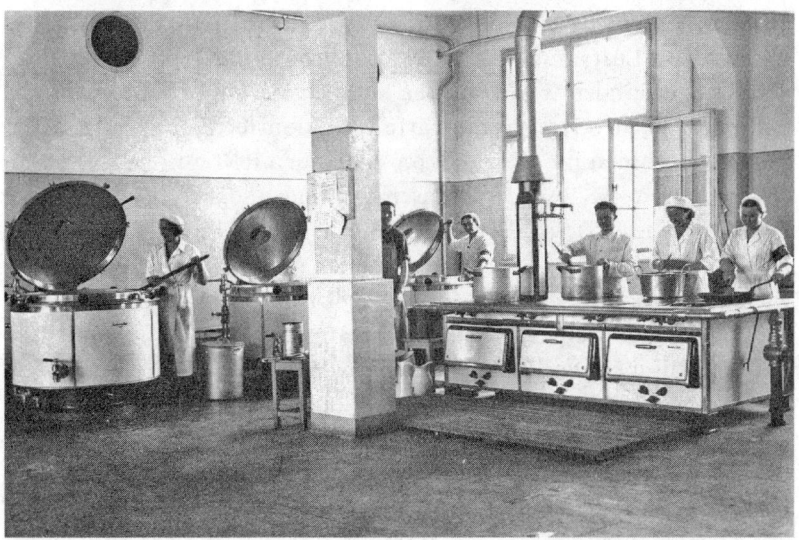

47/48 Die DWM in Posen dokumentiert ihre «Zivilisierungsarbeit». Oben die abfällig als «Polenküche» bezeichnete Verpflegungsstation bei Übernahme des Betriebs, die Spuren der hastigen Aufgabe des Unternehmens trägt, unten nach der Neueinrichtung.

angesiedelt hatten, war in Posen eine entsprechende Struktur nicht existent, und die kleineren örtlichen Betriebe waren als Zulieferer weitgehend ungeeignet. Daher wurden verstärkt potentielle Lieferanten erkundet, zugleich aber ersatzweise geeignete Automaten- und Revolverbänke aus anderen von der Wehrmacht im «Warthegau» beschlagnahmten Fabriken eingebaut.[503] Die Zünder-Produktion sollte möglichst schnell zusammengefasst werden, um nicht auf Zulieferer angewiesen zu sein. Die DWM baten daher die Rüstungsinspektion um Unterstützung bei der Suche nach Fabrikationsräumen für die überhandnehmenden Zünder- und Patronenaufträge des RLM.[504] Im März 1940 inspizierten Adolf Schneider, Stefan Köhler, der inzwischen als Treuhänder von den Mauser-Werken nach Posen delegierte Josef Holl und weitere Betriebsingenieure mehrere Tage lang Betriebe in Warschau, Dêbica, Rzeszów und Krakau, um diese auf ihre Verwendbarkeit bzw. Demontagemöglichkeit hin zu prüfen und mögliche Zulieferbetriebe bzw. Ausweichbetriebe zu erkunden.[505] Den größten Posener Investitionsposten machten Aufträge des RLM wie das «Projekt Luft» aus, das mit einer Reichsbeihilfe von zwei Millionen RM verbunden war. Daneben lief die vom OKH finanzierte und mit einem Pachtvertrag vereinbarte Munitionsfertigung auf reichseigenen Maschinen im Wert von 6,9 Millionen RM an.[506] Auf diesem Gebiet waren die DWM technisch führend und hatten im Auftrag des RLM bereits vor Beginn des Zweiten Weltkrieges neuartige Minenmunition für Maschinenkanonen von Jagdflugzeugen entwickelt. Deshalb blieb das Management ständig auf der Suche nach Möglichkeiten, weitere Zulieferer heranzuziehen. Die Telefon- und radiotechnischen Werke Warschau wurden für die Zünderfabrikation der DWM Posen erkundet, und die Zünderfertigung im Frühjahr 1940 auf die Firma Brokowski ausgeweitet, bei der ein leitender DWM-Ingenieur die Arbeiten überwachte.[507] Zur Erweiterung des Betriebsgeländes für die Luftwaffenfertigung wurden im Herbst 1940 Grundstücke der Zuckerfabrik Marecki[508] und der benachbarten Möbelfabrik Nowakowski & Söhne GmbH[509] an das DWM-Gelände in Posen angeschlossen. Die Gebäude der Möbelfabrik sollten für die Produktion der von Rheinmetall-Borsig entwickelten 30-mm-Maschinenkanone MK 108 genutzt werden, aber Verzögerungen und technische Probleme ließen erste Probeproduktionen erst Anfang 1943 zu, und selbst Monate später galt die Waffe als «nicht vollkommen fronteinsatzfähig».[510]

Das Werk II in der Bachstraße wurde neu aufgebaut. Von zunächst 100 Beschäftigten im Sommer 1940[511] stieg die Zahl in diesem Betrieb bis 1944 auf 2141.[512] Wichtigstes Produkt waren Zünder für die Bordwaffenmunition der Luftwaffe, deren Produktionsziffer schon im Januar 1941 290 000 betrug. Zudem wurden neue Fertigungsstellen für Flak-Patronenhülsen und Hallen für heereseigene Munitionsmaschinen errichtet.[513]

Der Lokomotivbau erreichte Ende 1941 mit dem Beginn des Baus von «Kriegslokomotiven» eine neue Qualität, weil durch das «Unternehmen Barbarossa» der Bedarf an vergleichsweise einfach konstruierten Neu- und Ersatzlokomotiven sprunghaft stieg. Auch die Fertigung von Kessel- und Topfwagen für die chemische Industrie wurde erhöht. Von nun an wurden deutsche Modelle gebaut, zunächst die Einheitsgüterzuglokomotive der Baureihe BR 50, für die im Dezember 1941 ein Auftrag über 82,5 Millionen RM für 500 Lokomotiven erteilt wurde. In den Jahren 1942 bis 1943 wurden weitere Aufträge unter anderem für die Baureihe BR 86 erteilt, danach jedoch der Bau «einfacherer» Lokomotiven gefordert, die in höherer Stückzahl produziert werden konnten. Vom «Kriegsmodell» 50 UK bzw. später BR 52 wurden insgesamt 367 Stück hergestellt.[514] Die Vorgaben erforderten eine Rationalisierung und Typisierung des Lokomotivbaus und das Ersetzen von Buntmetallen wie Kupfer und Messing durch Stahllegierungen. Um die Fertigungskapazitäten zu erhöhen, wurden zahlreiche Aufträge an kleinere Handwerksbetriebe vergeben, was allerdings mit höheren Herstellungs- und Verwaltungskosten verbunden war. Die Arbeitsstunden pro Lokomotive dieser Baureihe wurden auf 11 000 Stunden reduziert.[515] Im Juni 1944 konnte die 500. dieser Lokomotiven ausgeliefert werden.

Seit 1943 kooperierte das Werk Posen mit dem Flugzeughersteller Focke-Wulf. Die DWM stellten Facharbeiter für die Fertigung von Teilen der Maschinenkanone MK 108 in deren Werk Posen-Kreising ab und lernten selbst die entsprechende Anzahl von Focke-Wulf-Arbeitern an.[516] Im Dezember 1943 wurde zudem die Entwicklungsabteilung der Rheinmetall-Borsig für Bordwaffen teilweise zu den DWM nach Posen verlagert.[517] Als im Januar 1944 das Liefersoll für verschiedene Bordwaffen erheblich erhöht wurde, waren für deren Fertigung zusätzliche Maschinen nötig.[518] Maschinen, die von der DWM-Tochter Metallwerke Holleischen (MWH) gepachtet worden waren, kamen nun zum Einsatz.[519] Noch im März 1944 forderten die

Rüstungsbehörden, die Munitionsproduktion in Posen «massiv» auszubauen: «Keine Maschine darf während der Fertigung ruhen, selbst sogenannte Reservemaschinen für den Ersatz reparaturbedürftiger Maschinen darf es nicht geben. Die Instandsetzung der Maschinen hat während der Betriebspausen zu erfolgen.»[520] Bis April 1944 sollte die Produktion auf 400 Millionen Stück Infanteriemunition gesteigert werden, und unter anderem in Łódź/Litzmannstadt sollten sogar noch neue Fertigungsstätten unter der «Patenschaft» der DWM entstehen.[521]

Anfang 1944 kamen zusätzliche Aufträge herein, gemeinsam mit den Firmen Hanomag in Hannover und Skoda in Pilsen Mörser zu bauen. Die DWM sollten dafür die Lafetten liefern. Aus Hannover wurden zwar noch die technischen Zeichnungen geschickt, die entsprechenden Maschinen wurden aber aufgrund des Kriegsverlaufs nicht mehr nach Posen gebracht.[522]

Die hier zusammengestellten Informationen geben sicherlich nur einen groben Überblick über die enorme Produktionsentwicklung im DWM-Werk Posen, das sich durch den massiven Ausbau, der sich trotz aller logistischen Schwierigkeiten bis ins letzte Kriegsjahr fortsetzte, in den Dimensionen von der Entwicklung der anderen Werke in Karlsruhe und Lübeck, aber auch derjenigen in Lüttich abhob. Im neu aufgebauten Werk in Posen wurde letztlich auf eine Spezialisierung verzichtet und vom Lokomotivbau über die Maschinenkanonenfertigung bis hin zur Munitionsherstellung ein breites Spektrum von Rüstungsgütern abgedeckt. Bei der prozentualen Verteilung der Investitionen auf die verschiedenen Werke nahm Posen neben Lübeck eine deutliche Vorrangstellung ein.[523] Ob dahinter eine «strategische» Entscheidung stand, oder ob Günther Quandt und die DWM-Führung den häufig ad hoc gefällten rüstungspolitischen Entscheidungen des «Führers» und der Rüstungsbehörden folgten, lässt sich kaum beurteilen. Sicherlich spielte jedoch eine Rolle, dass in Posen die Frage des Arbeitskräftemangels eine geringere Rolle spielte als in den Werken des «Altreichs», weil ein Reservoir polnischer Arbeiter zur Verfügung stand, mit dem ein forcierter Ausbau möglich war – ein Aspekt, auf den im Kapitel über Zwangsarbeit zurückzukommen sein wird.

Seit März 1943 wurden in der Berliner DWM-Zentrale bereits Optionen für eventuelle «Notverlagerungen» aus Karlsruhe nach Posen diskutiert.[524] Diese Planungen entstanden wohl eher aus mittelfristigen Erwartungen zur Kriegsentwicklung, da zwar im Verlaufe

49/50 Blick in die Werksanlagen der DWM in Posen.

des Jahres 1943 viele Industrieanlagen im Westen zum Ziel von Luftangriffen wurden, Karlsruhe bislang aber nahezu verschont geblieben war. Die potentielle Bedrohung reichte jedoch aus, um die Produktion stärker auf Posen zu konzentrieren. Allerdings häuften sich auch dort seit Ende 1943 die Fertigungsprobleme, weil die Gasversorgung stockte und sich die Zulieferungen aus dem «Altreich» zunehmend schwieriger gestalteten. Als am 24. Februar 1944 im «Warthegau» erstmals Bomben fielen, wurden die Posener Betriebe getarnt und diejenigen an der städtischen Peripherie mit Splitterschutzgräben umgeben. Einem Angriff britischer Bomber auf das bislang verschont gebliebene Werk III am 9. April 1944 fielen 91 Menschen zum Opfer. Verwaltungsgebäude, Magazin und Munitionsmaschinenbau erlitten schwere Schäden, z. T. sogar Totalschäden.[525] Daraufhin wurde eine großangelegte Dezentralisierung durchgeführt und zahlreiche Abteilungen ins Umland zu anderen Betrieben verlegt.[526] Ende Juni 1944 bekamen die DWM Teile des ehemaligen preußischen Befestigungssystems, namentlich die Forts V und IX zugewiesen.[527] Von der MWH gepachtete Maschinen im Wert von 1,6 Millionen RM wurden in vier andere Auslagerungsbetriebe gebracht,[528] zum Teil ins DWM-Werk Lüttich,[529] zum Teil ins Werk Karlsruhe sowie in die Kaserne und die Kasematten in Neubreisach. Die Fertigung des als Bordwaffe für Jagdflugzeuge verwendeten Maschinengewehrs MG 151 wurde ins schlesische Rotental verlegt. Offensichtlich sollte noch im August 1944 Material zu den DWM in St. Etienne gebracht werden,[530] was sich aber nicht mehr durchführen ließ. Auch eine Verlegung der übrigen Posener DWM-Produktion in die ehemaligen Manurhin-Fertigungsstätten im Elsass galt inzwischen angesichts der militärischen Lage als «bedenklich»[531], die Front kam von allen Seiten näher. Über Kosten und Kostenverteilung für diese umfangreichen Verlagerungen ist wenig bekannt. Einen Einblick erlaubt lediglich folgende von einem Posener Ingenieur berichtete Begebenheit: Als die DWM für die Verlagerungsmehrkosten aus Berlin einen Scheck über 980 000 RM erhielten, geriet die Finanzbuchhaltung in Verlegenheit. Denn aufgrund der Rationalisierungen und der «niedrigeren Löhne der polnischen Arbeiter» lagen die tatsächlichen Kosten «weit unter dem Festpreis». Weil die Finanzabteilung der DWM befürchtete, dass der Betrag bei einer Preisprüfung einbehalten werden würde, gab man das Geld für Maschinen zur Herstellung von Werkzeugen und Vorrichtungen aus.[532]

Die Verlagerungspolitik zeigte zwar Wirkung, zumal das Werk III schon im Mai 1944 wieder eine «außerordentliche Belebung» der Produktion erfuhr.[533] Seit Juni/Juli 1944 lief sogar der Maschinenbau, wie sich der zuständige Betriebsdirektor später erinnerte, «wieder auf vollen Touren».[534] Aber angesichts der Gesamtsituation des zusammenbrechenden «Dritten Reiches» wurden seit Ende 1944 die technischen Zeichnungen und andere wichtige Unterlagen Richtung Westen geschafft. Einige der deutschen Angestellten kehrten, was bei den polnischen Arbeitern natürlich nicht unbemerkt blieb, schon nicht mehr aus dem Urlaub zurück oder verließen mit ihren Familien die Stadt.[535] Anfang 1945 beschäftigten sich die meisten deutschen Betriebsangehörigen mit Fluchtgedanken, wie sich ein polnischer Arbeiter später erinnerte: «Es wurden unzählige Kisten mit über die Jahre in Polen gesammeltem Diebesgut verschickt. Die Kisten wurden mit der Werksspedition verschickt, als DWM-Ware oder als Reichseigentum, um eine eventuelle Konfiskation zu umgehen.»[536]

Als Posen beim Heranrücken der Roten Armee Anfang 1945 evakuiert wurde,[537] fand auch das DWM-Werk sein Ende. Am 20. Januar 1945 gab die Fabrikleitung die Anweisung, unter Aufsicht des Werkschutzes Akten zu verbrennen und die wertvollsten Maschinen für den Transport zu verpacken. Der zwölfköpfige Führungskreis war noch in der Lage, die übrigen Maschinen unbrauchbar zu machen, bevor er mit weiteren Konstruktionsunterlagen und dem Verwaltungsschriftgut den Weg nach Karlsruhe antrat. Dort sollte die Produktion von Erdarbeitsgeräten und Spezialbaggern für Schützengräben aufgenommen werden, wozu es allerdings bis Kriegsende nicht mehr kam.[538] Am Abend des 21. Januar 1945 gab die deutsche Wache ihren Posten auf, Adolf Schneider verließ den Betrieb am nächsten Morgen.[539] Die DWM wurden am 28. Januar von sowjetischen Truppen besetzt.[540] Der Gesamtwert der in Posen verlorenen Vermögenswerte wurde von den DWM später mit 150 Millionen RM angegeben.[541] Die Werke produzierten für kurze Zeit als H. Cegielski AG mit einem Notbetrieb und nahmen 1949 den Namen «Josef-Stalin-Werke für Metallindustrie» an.

Batterien für den Osten

Die Bedeutung des industriellen Zentrums Posen für die Expansion der Quandt-Gruppe war nicht auf das DWM-Werk beschränkt. Weil der «Warthegau» möglichst schnell im Sinne des NS-Regimes volkswirtschaftlich entwickelt werden sollte, war es kein Zufall, dass auch die AFA im eingegliederten Gebiet zwischen «Altreich» und Danzig eine alteingesessene Firma übernahm und auf deren Gelände eine neue Produktionsstätte aufbaute, die langfristig sogar eine ähnliche Größe wie das neue Werk in Hannover zu erreichen versprach, selbst wenn der osteuropäische Markt als unterentwickelt galt. Ein wichtiger Anreiz für eine Schwerpunktverlagerung in Richtung Osten war die Tatsache, dass sich die AFA bis dahin beim Geschäft mit stationären Akkumulatoren stets schwergetan hatte. Im «Warthegau» wurden nach der Eingliederung ins Reich weiterhin die dortigen Batterieunternehmen bevorzugt, was Günther Quandt für eine unzulässige Benachteiligung hielt: Konkurrenz werde nicht zugelassen, und die Produkte der AFA blieben auf dem Markt «gesperrt». Da «im deutschen Reichsgebiet der Wettbewerb für alle offen» zu sein habe, so bekräftigte man in der AFA-Zentrale wenig später noch einmal, müsse sich Horst Pavel «der Sache annehmen».[542] Dies hätte sich gewiss unschwer über den Ausbau des Vertriebssystems bewerkstelligen lassen, denn nach dem Überfall auf Polen stellte sich der Markt für Batterien ganz anders dar als zuvor: Die polnischen Gebiete, die nach den Bestimmungen des Hitler-Stalin-Paktes von der Sowjetunion einverleibt worden waren, fielen als Märkte vollständig weg, während im «Generalgouvernement» seit Kriegsbeginn das Batteriegeschäft lukrativ wurde, weil jegliche Preisbegrenzungen aufgehoben waren und sich daher höhere Verkaufspreise bei niedrigen Löhnen durchsetzen ließen.[543]

Der eigentliche Grund für den Aufbau eines eigenen Werks war allerdings die Notwendigkeit, zentrale Produktreihen des wegen der Grenznähe als gefährdet angesehenen Werkes Hagen nach Osten zu verlegen und dort einen Großserienbetrieb für U-Boot- und Torpedobatterien zu errichten. Der Aufbau, der im Wesentlichen einem kompletten Neubau gleichkam, diente daher nicht nur der Erhöhung des Fertigungsprogramms der AFA, sondern war auch gleichzeitig als «Ausweichwerk» gedacht.

Die AFA hatte hierfür ein bereits bestehendes polnisches Unternehmen im Blick: die 1925 gegründete Batteriefabrik Centra-Industrie-

Werke in Posen, die vor dem Krieg mit etwa 760 Arbeitern und Angestellten der polnische Marktführer bei der Batteriefabrikation gewesen war. In einer Abteilung, die etwa ein Viertel der Gesamtproduktion ausmachte, wurden zudem Speichen, Fahrradfelgen und -ketten sowie Grammophonnadeln, Ahlen und Ösen gefertigt.[544] Das Unternehmen war gleich bei Kriegsbeginn enteignet worden. Am 23. September 1939 wurde ein kommissarischer Verwalter eingesetzt, der sich jedoch wenig für das Batteriegeschäft interessierte und lieber die dortige Produktion von Grammophonnadeln erhalten wollte.[545] Diese Überlegungen wurden bei der Rüstungskommission Posen nur mit Stirnrunzeln quittiert, weil sie dringend Batterielieferungen für die Wehrmacht im «Generalgouvernement» erwartete.[546] Nach der Beschlagnahme des Firmenvermögens durch die Treuhandstelle Posen im Februar 1940 wurden Heeresaufträge zur Lieferung von Batterien vergeben, die schon bald die Gesamtfabrikation ausmachten.[547]

In diese Zeit müssen auch die konkreten Verkaufsverhandlungen mit der AFA gefallen sein, in die der kommissarische Verwalter gar nicht mehr eingeweiht wurde.[548] Nach dem Verkauf an die AFA wurde die Fabrik seit 1941 durch Zuschüsse des OKW und Kredite der Bank der Deutschen Arbeit praktisch neu aufgebaut.[549] Die Vorarbeiten waren im Sommer 1941 schon so weit gediehen, dass nur noch die Ausschreibungen für die Einrichtungen und Maschinen vorgenommen werden mussten.[550] Zunächst war im Zuge der vorgesehenen Umgestaltung Posens und der Verlegung des Flussbettes der Warthe eine komplette Verlagerung der Produktionsstätte vorgesehen, dann wurde jedoch der Ausbau im Wesentlichen auf das als stark veraltet geltende Werk beschränkt. Die AFA forderte für ihr Werk, dessen Fertigstellung für Mitte 1942 in Aussicht gestellt wurde, 2500 polnische Arbeiter an, bekam jedoch nur 1000 zugewiesen.[551] Drei Wohnblocks für Betriebsangehörige sollten ausgebaut und um weitere Verwaltungsgebäude ergänzt werden. Während eine Umstellung von Gleich- auf Wechselstrom vorgenommen wurde, setzte sich der Neuaufbau im Winter 1941/42 aufgrund des Arbeitskräftemangels nur langsam fort.

Bauliche Form und produktionstechnische Fabrikation in Posen waren revolutionär und stießen bei vielen Fachleuten zunächst auf Bedenken. Die architektonischen Lösungen und die Details des fabrikationstechnischen Ablaufs gingen bis ins Detail auf Anregungen von Günther Quandt zurück und erwiesen sich als zukunftweisend: Sie dienten als Vorbild für die nach 1945 vorgenommene Umgestaltung des Varta-Werkes Hannover. Herbert Quandt sprach noch rückblickend von einem «hochmodernen und hochrationellen Betrieb», der später einmal 7000 Menschen Arbeit geben sollte: «Ohne Eingriffe von Seiten der Regierung konnte Günther Quandt seiner Liebe zum Fabrikbau nachgehen und sehr schnell ein komplettes Werk hinsetzen, dessen Fertigung in einer einzigen großen Halle untergebracht war.»[552] Das AFA-Werk Posen nahm schließlich Ende 1942 die Fertigung auf, wie das Rüstungskommando Posen befriedigt festhielt: «Es ist dies ein nach modernsten Grundsätzen völlig neu errichtetes Werk für den Bau von Akkus für U-Boote und Torpedos.»[553] Im Februar 1943 wurde das Werk als wehrwirtschaftlich wichtiger Betrieb («W-Betrieb») eingestuft.[554]

Der weitere Ausbau verlief jedoch nur schleppend, weil Fachkräfte fehlten[555] und polnische Arbeiter, die vorübergehend in die AFA-Werke Hagen und Hannover abgegeben worden waren, nicht «in den verabredeten Raten» nach Posen zurückgeschickt wurden.[556] Trotz der zu Jahresanfang 1944 beschäftigten 1762 Arbeiter[557] und der laufenden Betriebsmittel in Höhe von etwa 44 Millionen RM[558] kam nie ein regulärer Serienbetrieb in Gang. Monatlich wurden nur 30 bis 35 U-Bootbatterien produziert, ein Bruchteil der Gesamtzahl von zusammen etwa 800 in allen AFA-Fabriken. Bei den Torpedo-Batterien waren es sogar nur 700 der insgesamt 20000 Batterien pro Jahr.[559] Seit Ende 1943 dachte man über Ausweichlager für die gerade erst angelaufene Produktion nach,[560] und die Fertigung von Torpedo-Batterien musste im April 1944 in die Räumlichkeiten der ehemaligen Likörfabrik Hartwig Kantorowicz/M. Weber in Posen verlagert werden.[561] Die Räumung erfolgte Ende Januar 1945.[562]

Obwohl das AFA-Werk Posen kriegsbedingt in der Anfangsphase steckenblieb, deuten die ausgreifenden und großzügigen Planungen doch an, dass es sich nach den Vorstellungen von Günther Quandt um mehr als ein bloßes «Ausweichwerk» handelte, als das es die Rüstungsbehörden vorgesehen hatten. Ein Werk mit vorgesehenen 7000 Beschäftigten war auch etwas anderes als die im Westen geplante AFA France, die ja eher als eine Holding verschiedener kleinerer Batteriefirmen konzipiert war. Ob Posen – mit den großen Werken der AFA und der DWM – als ein neuer östlicher Firmenschwerpunkt im «Großdeutschen Reich» vorgesehen war, muss offenbleiben. Aber der Blick auf ein weiteres Projekt mit einem direkten Bezug zu Posen verdeutlicht, dass es sich bei der starken Konzentrierung auf den «Warthegau» wohl kaum um eine Aneinanderreihung von reinen Zufallsentscheidungen gehandelt haben kann.

Die versuchte Übernahme der Philipp Holzmann AG

Seit 1940 versuchte Günther Quandt sich an einer heimlichen Übernahme des mit über 20 000 Beschäftigten größten deutschen Baukonzerns, der Philipp Holzmann AG. Es ist erstaunlich, dass dieser Vorgang, der im Erfolgsfall Quandt auch in der Baubranche zu einem maßgeblichen Mitspieler gemacht hätte, in der offiziellen Holzmann-Unternehmensgeschichte keine Erwähnung findet.[563] Nachdem Günther Quandt Werke der DWM und der AFA in Posen aufgebaut hatte, war es naheliegend, sich in der Baubranche ein zusätzliches Standbein zu verschaffen. Das Frankfurter Bauunternehmen Philipp Holzmann hatte nach Kriegsausbruch die Gunst der Stunde genutzt und eher als seine Konkurrenten den Schwerpunkt Richtung Osten verlagert. Gerade das Wartheland wurde zu einem Zentrum seiner Aktivitäten, und Holzmann baute dort «eine schlagkräftige Organisation» auf.[564]

Zunächst schien es sich um eine der typischen «kleinen Aktionen» an der Börse zu handeln, in denen Quandt erfahren war: Seit Ende August 1940 kauften Günther Quandt persönlich und die AFA in kontinuierlichen Einzelordern von selten mehr als nominell 3000 RM Holzmann-Aktien.[565] Erhebliche Stückzahlen wurden über das Bankhaus Delbrück, Schickler & Co., besonders jedoch über die Deutsche Bank im Jahr 1941 erworben,[566] in deren Depot das Holzmann-Aktienpaket verwahrt wurde. Im Oktober 1940 besaß die AFA bereits Aktien im Wert von nominell 534 000 RM und erhöhte diesen Bestand bis Juli 1941 auf über 1,3 Millionen RM. Der kombinierte Aktienbestand von Quandt und der AFA machten im Februar 1942 bereits eine Beteiligung von mehr als zehn Prozent[567] an dem mit einem Nominalkapital von 24 Millionen RM ausgestatteten Frankfurter Baukonzern aus. Als Quandt Hermann Josef Abs in dessen Eigenschaft als Holzmann-Aufsichtsratsvorsitzender im Mai 1941– sicherlich scheinheilig – fragte, ob Holzmann eine «empfehlenswerte Anlage» sei, verneinte Abs nicht, obwohl er einige Zeit später angab, eine über die reine Geldanlage hinausgehende «Einflußnahme» Quandts zu diesem Zeitpunkt noch nicht erkannt zu haben. Im Juli 1941 schlug Abs dem Frankfurter Konzern sogar vor, Günther Quandt ein Aufsichtsratsmandat zu übertragen. Heinrich Holzmann wollte sich dies überlegen und mit seinen Vorstandskollegen sprechen.[568] Der heimliche Holzmann-Ankauf hatte allerdings einen Pferdefuß, weil er nach Kriegsausbruch erfolgt war und diese Übernahmen nach einer Ende 1941 erlassenen Verordnung anmeldepflichtig waren. Quandt hoffte indessen auf eine Genehmigung des Kaufes durch das RWM, ging aber vorsichtshalber dazu über, seine Holzmann-Aktien an eine neu gegründete Gesellschaft in Posen zu transferieren. Zug um Zug wurden die im eigenen und im Namen der AFA gekauften Holzmann-Aktien an die «Allgemeine Baugesellschaft Wartheland GmbH» übertragen, eine recht obskure Kleinfirma, deren offizieller Zweck die Herstellung von Baumaschinen war. Die unter Kontrolle von Günther Quandt stehende Gesellschaft wurde Ende 1941 gegründet und im Juli 1942 mit einem Kapital von 400 000 RM ins Handelsregister in Posen eingetragen. Das Kapital brachten jeweils zur Hälfte die AFA (durch Günther Quandt und Horst Pavel) und die DWM (durch Hermann Schmidt und Paul Eberhardt) ein. Alleiniger Geschäftsführer war Adolf Schneider, der Betriebsführer der DWM. Der Haupt- und Finanzbuchhalter der DWM gab als offiziellen Zweck freimütig an, dass durch die Gesellschaft das Aktienkapital der Holzmann AG aufgekauft werden sollte.[569]

Nach einer Weile fiel in Frankfurt die ungewöhnliche Nachfrage nach eigenen Aktien auf, die sich vor allem in unerklärlichen Kurssteigerungen zeigte. Abs wurde das erste Mal im Oktober 1941 intern informiert, ein weiteres Mal Anfang Februar 1942. Da er von Quandts Holzmann-Aktienkäufen wusste, riet er diesem im März 1942 zu einem klärenden Gespräch mit Funk. Allerdings zeigte sich Abs davon überzeugt, dass es schwer sein würde zu begründen, wieso Quandt für die Herstellung von Baumaschinen unbedingt «einen Einfluss auf eine Baugesellschaft» haben müsse.[570] Seine kritischen Nachfragen beantwortete Quandt jedoch immer wieder ausweichend.[571]

Bei Holzmann schrillten inzwischen die Alarmglocken. Heinrich Holzmann und Hans Meyer-Heinrich aus dem Vorstand informierten das RWM Anfang März 1942 über die ungewöhnlichen Käufe und Kursbewegungen und verwiesen auf die Notwendigkeit einer breiten Streuung des Holzmann-Aktienbesitzes. Das Reich müsse hieran ein Eigeninteresse haben, schließlich sei Holzmann «fast ausschließlich mit Kriegsbauten für das Reich sowohl in dessen Grenzen als auch in den besetzten Gebieten beschäftigt».[572]

Der Einstieg bei Holzmann ist einer der seltenen Fälle, in denen die Quandt-Gruppe konzertiert vorging: Neben der AFA kauften auch die Allgemeine Baugesellschaft Wartheland, die DWM, die Dresdner Bank und Sponholz & Co. Aktien. Selbst die Familienholding Draeger Werke stieg nun ein.[573] Abs begann nach Bekanntwerden der eigentlichen Motive der Quandt-Käufe im Juni 1942 mit dem Ankauf von Holzmann-Aktien für die Deutsche Bank, um eine feindliche Übernahme zu erschweren. Holzmann hatte kein Interesse, zum Handlanger der DWM zu werden und in die Situation zu geraten, zum Kauf von DWM-Baumaschinen verpflichtet zu werden. Der Holzmann-Aufsichtsrat plante aus Sorge, in die Abhängigkeit der Quandt-Gruppe zu geraten, keine «Zustimmung zu einer Interessenahme des Quandt-Konzerns» zu geben.[574]

Das RWM informierte den Vorstand der Holzmann AG Anfang Juni 1943, dass die Allgemeine Baugesellschaft Wartheland inzwischen 25 Prozent des Holzmann-Aktienkapitals in ihren Händen habe. Quandt beantragte nun, diese Aktien behalten zu dürfen, weil die inzwischen erreichte Minoritätsbeteiligung, so lautete sein Argument, «einer Verflechtung zwischen Baumaschinenindustrie und Bauunternehmer und damit in besonderem Masse dem wirtschaftlichen und technischen Fortschritt» diene.[575] Die Auseinandersetzung wurde nun mit harten Bandagen ausgetragen. Holzmann intervenierte Mitte Juni 1943: Der Erwerb der Holzmann-Aktien durch Quandt sei ohne Wissen des Holzmann-Vorstands erfolgt; die «beabsichtigte Verflechtung» sei «ausserordentlich unerwünscht und schädlich für die Entwicklung» des Konzerns.[576] Damit einher ging die Bitte an das RWM, der Baugesellschaft Wartheland die beantragte Genehmigung, die gekauften Aktien behalten zu dürfen, zu versagen.[577]

Holzmann hatte die besseren Karten. Das RWM ließ sich von der Argumentation der Frankfurter überzeugen, die Quandt-Einflussnahme auf ihren Konzern gefährde «die selbständige Unternehmensführung aufs schwerste».[578] Das RWM nahm daher im Spätsommer 1943 die Baugesellschaft Wartheland etwas näher unter die Lupe: Dabei stellte sich heraus, dass die Gesellschaft keinerlei Bauvorhaben durchführte, zudem weder über anerkannte Baufachingenieure noch über technisches oder kaufmännisches Personal verfügte, ja noch nicht einmal Baumaschinen besaß. Weil nun erst recht angenommen werden konnte, dass die Quandt-Käufe aus rein «kapitalmäßigen Gesichtspunkten» erfolgten, sollte die Genehmigung zum Erwerb der Aktienbestände der Holzmann AG versagt werden.[579] Abs positionierte sich ebenfalls eindeutig auf der Seite der Frankfurter. Im November 1943 informierte er das RWM, die Versuche Quandts, sich auf ihn und die Deutsche Bank zu berufen, seien «in keiner Weise gerechtfertigt».[580] Quandt wurde daraufhin ins RWM bestellt und erhielt dort von Funks Stellvertreter, dem gerade ins Amt gekommenen Staatssekretär und SS-Gruppenführer Franz Hayler, in einem kurzen und kühlen Gespräch die Mitteilung, dass «eine Konzernbildung unerwünscht» und eine Änderung dieser Auffassung «ausgeschlossen» sei – auch dies ein Hinweis darauf, dass die guten Kontakte ins RWM keineswegs immer ausreichend waren. Quandt beugte sich den Tatsachen «ohne größere Diskussion».[581] Seine Holzmann-Beteiligung musste er im Frühjahr 1944 zum Einkaufspreis wieder abgeben. Über die Familienholding versuchte er zwar, den eigenen kleineren Holzmann-Anteil durch Börsenzukäufe sukzessive auf nominell 100 000 RM zu erhöhen,[582] doch das Manöver misslang angesichts geringer Börsenumsätze: Ende 1944 betrug der Draeger-Bestand an Holzmann-Aktien nominell lediglich 49 200 RM.[583]

Wer die von Quandt zurückgegebenen Aktien übernommen hat, ist nicht bekannt. Im RWM dachte man an «eine Placierung in breiter Streuung mit Sperrverpflichtung», aber Abs erhielt aus dem Ministerium im Juni 1943 den streng vertraulichen Hinweis auf eine «Anfrage» des Gauleiters von Hessen-Nassau, Jakob Sprenger.[584] Im November 1943 bekam er eine ergänzende Information, es bestünden «bestimmte Gauwünsche».[585] Quandt, der seine Holzmann-Niederlage als üble NSDAP-Intrige interpretierte, machte später den erwähnten Staatssekretär im RWM, Franz Hayler, daneben Gauleiter Sprenger, aber auch SS-Brigadeführer Otto Ohlendorf, dem die Industrieabteilung im RWM unterstand, für seine Niederlage verantwortlich. Die zentrale Rolle, die Männer wie Hayler und Ohlendorf spielten, ist zugleich ein Indiz, dass die Phase der «industriefreundlichen» Politik unter Speer ihrem Ende entgegenging und sich die Parteiinteressen wieder stärker durchsetzen konnten; Funk, der Quandt durchaus gewogen war, hatte offenbar weiter an Einfluss verloren. Es gibt aber keinen Zweifel, dass man auch bei Holzmann selbst Quandts Aktion als feindliche Übernahme einschätzte und ablehnte. Quandt führte den Misserfolg später als Beleg für seine schwache Verankerung im nationalsozialistischen Staat an: «Jeder andere Industrielle, dessen Stellung im öffentlichen Leben nicht so wie die meine untergraben war, hätte sich diesem Vorgehen [...] mit Erfolg widersetzt.»[586] Angesichts des gänzlich anderen Bildes, das sich aus den Akten gewinnen lässt, war dies eine Selbststilisierung, die ihn geradezu in die Nähe eines NS-Gegners rücken sollte.[587]

Vergleicht man die drei Expansionsprojekte in Posen, so ist zunächst festzustellen, dass sich Zeitpunkt und Anlass des Aufbaus der Werke im «Warthegau» unterschieden. Auffällig ist in jedem Fall, dass die Projekte eine hohe Priorität genossen. Nach anfänglichem Zögern, das vor allem mit den ungeklärten Kosten zusammenhing, wurde das DWM-Werk in ruhelosem Tempo aufgebaut und erweitert. Das AFA-Werk folgte mit einer gewissen zeitlichen Verzögerung und erreichte daher nicht mehr die geplante Ausbaustufe. Beide Werke waren ausgesprochen modern und zukunftweisend angelegt. Und der Versuch, den Holzmann-Konzern in einer «feindlichen Übernahme» der eigenen Gruppe anzufügen, passte in das Konzept eines zukünftigen strategischen Ausbaus in einer Region, die der Erwartung nach ein zentraler Bestandteil des «Großdeutschen Reiches» sein würde und zugleich die Möglichkeit einer fortgesetzten Expansion nach Osten bot. Die Quellen geben jedoch kaum darüber Auskunft, ob der Schritt nach Posen einem wohlüberlegten langfristigen Konzept entsprang oder ob es nicht doch eher Entscheidungen waren, die aus den jeweiligen Kriegsentwicklungen heraus getroffen wurden. Zumindest zu Beginn des Krieges konnte Quandt davon ausgehen, dass Posen langfristig beim Deutschen Reich verbleiben würde, so dass er hier eine lohnende Investitionsmöglichkeit sah, für die er auch noch in der zweiten Kriegshälfte Anstrengungen unternahm, die über das übliche Maß hinausgingen.[588]

Ostmittel- und Südosteuropa als Experimentierfelder des «Großraumdenkens» der Quandt-Gruppe

Posen bildete zwar den Schwerpunkt der Expansion nach Osteuropa, aber im Zuge des militärischen Ausgreifens NS-Deutschlands wurden für die Privatwirtschaft Chancen zum Einstieg in Unternehmen von der Ostsee bis zur Ägäis geschaffen. Pläne zur wirtschaftlichen Anbindung Ost- und Südosteuropas an Deutschland waren seit Beginn des 20. Jahrhunderts von verschiedenen politischen Lagern immer wieder entfaltet worden. Spätestens mit der 1929 ausbrechenden Krise der Weltwirtschaft hatte die Kritik am liberalen Welthandelssystem in Deutschland eine neue Dimension erreicht; Forderungen nach neuen Konzepten für die Gestaltung der Wirtschaftsbeziehungen bestimmten die Debatte. Eine naheliegende Alternative bot das «Großraum»-Konzept, das geographisch in Mitteleuropa eine «autarke» Verbundwirtschaft vorsah, in der Deutschland als Industrienation Rohstoffe und Absatzmärkte finden sollte. Propagiert wurde dieses Konzept von Vereinigungen wie der Studiengesellschaft für Mittel- und Südosteuropa und dem Mitteleuropäischen Wirtschaftstag (MWT), der die schwerindustriellen Interessen der deutschen Wirtschaft vertrat.[589]

Diese Vision war kompatibel mit der nationalsozialistischen Lebensraumtheorie. Ost- und Südosteuropa wurden dabei zum «germanischen» Siedlungsgebiet und zum Schauplatz der militärischen Expansion bestimmt. Geopolitisch deklarierte das nationalsozialistische Regime «die Beherrschung der eurasischen Landmasse als einzig vorstellbaren Weg»,[590] um Großbritannien und den USA ebenbürtig zu werden. Jedoch setzte sich die Annexions- und Besatzungspolitik des Nationalsozialismus in den Ländern Ost- und Südosteuropas in unterschiedlicher Ausprägung aus Motiven «volkstumspolitischer» Umgestaltung und wirtschaftlicher Erschließung zusammen.[591] Letztere kann dahingehend unterschieden werden, dass die Motive kurzfristige Ausbeutung, mittelfristig angelegte Nutzbarmachung im Rahmen der Kriegswirtschaft und langfristige Vorbereitungen für eine gewünschte Nachkriegsordnung in unterschiedlichem Maße das Handeln von Behörden und Unternehmen prägten.[592] Dieses fiel im angeschlossenen «Warthegau» naturgemäß anders aus als im «Generalgouvernement» oder im Baltikum; in den verbündeten Staaten Ungarn und Kroatien waren die Grundbedingungen wiederum ungleich denen in Griechenland, und entsprechend unterschiedlich waren auch die Voraussetzungen, unter denen die Unternehmen der Quandt-Gruppe Werke im Osten und Südosten Europas aufbauten und führten.

Wie bereits für den Fall Westeuropa gezeigt, waren die Motive der Quandt-Unternehmen für ihre Betätigung in diesen Regionen vielfältig: Man wollte der Konkurrenz zuvorkommen, folgte zugleich den Forderungen nach dem Bau neuer Rüstungs- und Munitionswerke und strebte zudem nach einer guten Ausgangsposition für die Nachkriegszeit. Vor allem die AFA konnte an alte Geschäftsbeziehungen anknüpfen, während die DWM meist das sprichwörtliche Neuland betraten. Dabei folgten die Expansionsbemühungen der Quandt-Gruppe ähnlich wie bei anderen Unternehmen der Marschrichtung der Wehrmacht.

Mit der Mobilisierung der Wirtschaft für den Krieg und den Umgestaltungen der Wehrmacht und des Auswärtigen Amts Ende 1937/Anfang 1938 wurden die «internen Voraussetzungen für die gewaltsame Verwirklichung der Politik territorialer Veränderungen in Ostmitteleuropa» geschaffen.[593] Fortan diente Österreich als Basis für das weitere Ausgreifen nach Südosten und zur strategischen Umklammerung der Tschechoslowakei. Nach dem «Anschluss» begann die AFA diesen Raum strategisch noch intensiver zu erschließen. Die Festschrift zum 50-jährigen Bestehen der AFA feierte 1939 die Vorgänge: «Durch die Tat des Führers, der die alte Ostmark dem Reich wieder einverleibt hat, ist die nächst Hagen älteste Niederlassung der AFA auch äußerlich zu einer reichsdeutschen geworden.»[594] Das AFA-Zweigwerk in Liesing im Südosten Wiens hatte bis dahin vergleichsweise unabhängig von der Muttergesellschaft gewirtschaftet. Nun wurde es jedoch stärker an die Berliner Zentrale angebunden und in die Auftragsvergabe einbezogen, wie etwa für die Lieferungen von Fahrzeugbatterien in Süddeutschland.[595] Die technischen Leiter, die ihre Büros in der Wipplingerstraße im Stadtzentrum von Wien hatten, wurden traditionell von den deutschen Stammwerken gestellt, und auch die Forschung und Entwicklung lagen in Hagen, Hannover und Berlin, weil es in Österreich nach wie vor keine eigenständige Akkumulatorenindustrie gab. Seit 1937 war der Diplomingenieur Werner Puppe für den Auf- und Ausbau nach Wien delegiert. Als Direktor fungierte der Österreicher Alois Trojan, der nach dem «Anschluss» in die NSDAP eintrat. Das Werk, das auch für die Versorgung des Balkanraumes zuständig war, wurde ausgebaut, ebenso die Produktionsstätte der Pertrix in der Siebenbrunnengasse. Die Varta betrieb zudem eine Reparatur- und Ladestation in der Hamburger Straße, während die Verwaltung ihr Büro ebenfalls in der Wipplinger Straße hatte. Die Generalrepräsentanz wurde am 1. Januar 1940 in die «Accumulatoren-Fabrik GmbH Wien» umgewandelt und von der AFA übernommen. Zugleich wurde ein Gewinn- und Verlust-Übernahmevertrag abgeschlossen und die AFA Wien in die Vereinigung von Accumulatoren-Herstellern aufgenommen. Das Werk galt von nun an bilanztechnisch als eine hundertprozentige Beteiligung der AFA.

Im Falle der Dürener Metallwerke hatte Günther Quandt noch 1938 abgelehnt, den Weg nach Österreich einzuschlagen. An dieser Stelle soll nur kurz daran erinnert werden, dass das Unternehmen im Krieg jedoch im Rahmen der Erweiterung seiner Rohstoffbasis diese Pläne wieder aufnahm, und zwar zunächst im Fall einer geplanten Aluminiumhütte in Fischamend bei Wien, sodann 1941 bei verschiedenen Bauvorhaben für Leichtmetallwerke in Ungarn und Norwegen.[596]

Ohne eine längere Phase der Konsolidierung nahm das nationalsozialistische Regime die Tschechoslowakei als nächstes Ziel ins Visier. Das Interesse, das an dem «industriellen Juwel» Mitteleuropas[597] bei deutschen Unternehmen herrschte, verdeutlicht die Tatsache, dass bereits vor der Abtretung des Sudetenlandes im «Münchener Abkommen» und der Annexion des in «Reichsprotektorat Böhmen und Mähren» umbenannten Teils der Tschechoslowakei[598] öffentlich über die Einflussnahme deutscher Unternehmen gesprochen wurde.[599] Nachdem Hermann Göring am 14. Oktober 1938 angekündigt hatte, «das Sudetenland mit allen Mitteln» auszunutzen,[600] besiegelte der «Griff nach Prag» am 15. März 1939 das Ende der Tschechoslowakei. Die Slowakei wurde auf den Status eines Vasallenstaates des «Großdeutschen Reiches» reduziert, während das Potential des «Reichsprotektorats Böhmen und Mähren» für die deutsche Kriegswirtschaft herhalten sollte.[601] Die große Bedeutung der tschechoslowakischen Industrie, Landwirtschaft und Arbeitskraft für die deutsche Wirtschaft begrenzte anfänglich eine Politik der Zerstörungen und des Terrors und ließ die Behörden eher nach der Devise «Zuckerbrot und Peitsche» verfahren.[602] Dabei war der Grad der Industrialisierung im rohstoffreichen und über viele Wirtschaftszweige verfügenden Sudetenland nicht nur höher als im Reichsprotektorat, sondern sogar höher als in Deutschland und England. Allerdings fehlte eine Branche im «Reichsgau Sudetenland» nahezu vollständig: Im Gegensatz zum «Reichsprotektorat Böhmen und Mähren» gab es keine genuinen Rüstungsbetriebe.[603] Diesen Umstand wollten die Rüstungsbehörden, die sich im Sudetenland sogleich eine starke Machtstellung verschafften,[604] mit Hilfe der Privatwirtschaft beseitigen.

In Holleischen (Holýšov) im böhmisch-bayerischen Grenzgebiet, etwa 25 Kilometer südlich von Pilsen, bauten die DWM ein Zweigwerk auf, das schließlich mit mehr als 6000[605] – nach anderen Angaben mehr als 8000[606] – Arbeitern vorwiegend Munition herstellte.[607] Die Anfänge lagen zu Beginn der Inkorporierung des Sudetenlands in das «Großdeutsche Reich» und damit noch vor der Phase, in der Hitler im Spätherbst 1939 die entscheidende Umstellung der Kriegswirtschaft auf die Munitionsherstellung befahl. Im Herbst 1938 wurde den DWM – offensichtlich über Göring und das RLM – nahegelegt, eine Munitionsproduktionsstätte zu errichten. In der Kleinstadt kursierte schon im Sommer 1939 das Gerücht, hier solle ein «staatswichtiger Betrieb eingeführt» werden.[608] Gemäß einer späteren Aussage des Personalchefs des Berliner Werks waren die DWM allerdings zunächst nicht bereit, auf eigene Kosten zu bauen. Der Grund für die Ablehnung sei Skepsis angesichts der Aufrüstung gewesen: «Wir hatten auch keine Maschinen, wir konnten auf diesem Gebiete keinerlei Neuinvestierung für unsere Rechnung machen. Wir wollten keine Neuausbreitung auf dem Munitionsgebiet.»[609] Ob tatsächlich, wie nach 1945 behauptet wurde, die DWM-Weigerung zu Verzögerungen beim Aufbau der Fabrik geführt hatte, muss angesichts fehlender Quellen letztlich offen bleiben, auch wenn es nicht sehr wahrscheinlich ist.

Mit dem Bau der Fabrik wurde schließlich im Dezember 1939 nach entsprechenden Enteignungen tschechischer Grundbesitzer und nach technischen Umbauten im Auftrag und auf Rechnung des RLM auf einem versteckt im Wald[610] liegenden Gelände an der Bahnlinie von Pilsen in die südwestlich gelegene Kleinstadt Taus begonnen.[611] Der DWM-Betrieb wurde am 30. April 1940 als «Metallwerke Holleischen GmbH» (MWH) übergeben.[612] Das Werk I befand sich auf dem Gelände einer ehemaligen Spiegelglasfabrik, die 1934 ihre Tore hatte schließen müssen. Patronenhülsen und Metallteile für leichte Maschinengewehre sowie Geschütze bildeten das Hauptprogramm. Zugleich wurde mit dem Aufbau eines weiteren Hallenkomplexes begonnen, in dem als Werk II vornehmlich Munition für Flugzeugabwehrgeschütze sowie Treibladungen für Flugzeugmaschinengewehre und Geschützgranaten hergestellt wurden. Ergänzt wurde das Gebäudeensemble durch ein Kasino, ein Wasser- und Elektrizitätswerk sowie zwei Schießplätze. Der Bau von 800 Wohnungen wurde vom RLM getragen und von verschiedenen Gesellschaften in enger Kooperation mit dem Regierungspräsidenten in Karlsbad und dem Landrat in Mies durchgeführt.[613] Wie bei den Rüstungsinvestitionen im Reich erfolgten also auch hier Risikoübernahmen durch das Reich. Die Zahl der anfangs 100 Beschäftigten erhöhte sich bis Ende 1942 schließlich auf ungefähr 3000.[614] Das Werk, das während des Krieges kaum beschädigt wurde, produzierte offensichtlich auf Hochtouren, bis die zum Werk führenden Bahnanlagen zerstört wurden und damit die notwendigen

Materiallieferungen ausblieben. Nachdem Ende April und Anfang Mai 1945 noch amerikanische Tiefliegerangriffe stattgefunden hatten, lag das Werk praktisch still.[615] Ein geplantes Zweigwerk in Neutitschein (Nový Jičín) kam über Anfänge nicht hinaus und befand sich, als es Anfang 1945 geräumt und aufgelöst wurde, noch «im Stadium der Einrichtung».[616]

Durch den Angriff auf die Tschechoslowakei im März 1939 und die Schaffung des «Reichsprotektorats Böhmen und Mähren» änderten sich die Voraussetzungen, unter denen die AFA ihre dortigen Geschäfte betrieben hatte. Das Protektorat behielt einige Merkmale nationaler Souveränität und verfügte sogar über eine intakte innere Verwaltung, obwohl die Hoheitsrechte an den Reichsprotektor und dessen Zivilverwaltung abgegeben werden mussten und die deutsche Herrschaft in vielerlei Hinsicht an eine «koloniale Praxis» erinnerte.[617] Die «Betreuung» der Industrie, die für Rüstungsaufgaben relevant war, wurde indessen von der in Prag ansässigen Wehrwirtschaftsinspektion übernommen.[618]

In Prag war die AFA fast ebenso gut repräsentiert wie in Wien, da sie in der Region seit den Zeiten der k. u. k. Monarchie einen Schwerpunkt ihrer Auslandtätigkeit gesetzt hatte: An der Prager Akkumulatoren-Fabrik AG (PAFA) besaß sie eine Drittelbeteiligung und war mit dem Unternehmen durch den üblichen Freundschaftsvertrag fest verbunden. Neben der Verwaltungszentrale in der Hauptstadt betrieb die PAFA seit 1909 ein Werk im böhmischen Jungbunzlau (Mladá Boleslav), einem Ort, der durch die dort ansässige Skoda-Fabrik ein Zentrum der tschechischen Rüstungs- und Autoindustrie war. Die Leitung der PAFA lag seit vielen Jahren in den Händen des aus Deutschland delegierten Kurt Eckert. Sonst glich die Struktur den Wiener Verhältnissen: Dem vergleichsweise kleinen Unternehmen waren eine Verkaufs- und Sammelstelle der Varta, ein Lager der Pertrix und ein Ingenieurbüro in Brünn angeschlossen. Eine Statistik aus dem Juli 1939 führt 58 Bleiarbeiter an, so dass man von einer Gesamtbeschäftigtenzahl von mehr als 100 ausgehen kann.[619]

Die militärische Zerschlagung der zeitgenössisch sogenannten «Rest-Tschechei» im März 1939 und die wirtschaftliche Angliederung an das Reich änderte für die PAFA die Marktsituation. Das Aktienkapital, das lange Zeit nominell 13,5 Millionen Kronen betragen hatte, wurde 1940 auf 18 Millionen Kronen erhöht, was angesichts der Machtverhältnisse in Prag sicherlich nicht ohne Einverständnis der Reichsbehörden mög-

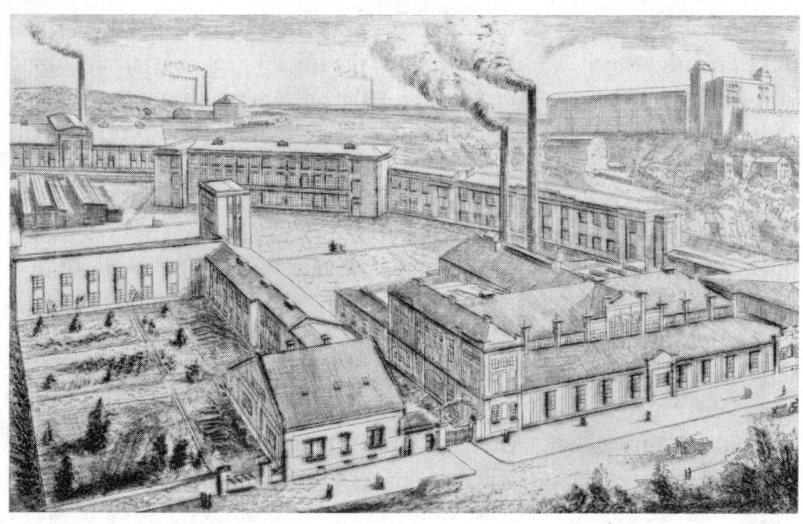

51 Über die Prager Accumulatorenfabrik (PAFA) agierte die AFA schon seit der Zeit vor dem Ersten Weltkrieg auf dem tschechischen Markt. Die mittel- und osteuropäische Akkumulatorenindustrie war jedoch im Vergleich zur westlichen Konkurrenz rückständig, wie schon der Vergleich der Produktionsanlagen nahelegt.

lich war. Die AFA hielt ihre Drittelbeteiligung, indem die Deutsche Bank nach Gesprächen mit Günther Quandt und Horst Pavel Aktien der PAFA am Markt kaufte,[620] und der AFA-Beteiligungsanteil auf sechs Millionen Kronen erhöht wurde.[621] Ansonsten bediente man sich für Transaktionen und Finanzangelegenheiten häufig der Böhmischen Union-Bank.[622] Nach späteren Ermittlungen britischer Behörden baute die AFA ihre Beteiligung angeblich sogar auf 100 Prozent aus.[623] Ob das tatsächlich der Fall war, lässt sich den vorhandenen Unterlagen nicht entnehmen: Allerdings nahmen selbst die deutschen Behörden im Jahr 1943 an, dass die PAFA im alleinigen Besitz der AFA sei. Horst Pavel sah sich gezwungen, diese Vermutung richtigzustellen und darauf hinzuweisen, dass die AFA nur mit einer Minorität beteiligt war.[624] In die Rüstung wurde die PAFA immer stärker eingebunden und stellte Bleiakkumulatoren und Trockenbatterien für Heer und Luftwaffe her. Im September 1942 beschlossen Herbert Quandt und AFA-Direktor Fritz Wallmüller, die PAFA zur Fabrikation von Starterbatterien der holländischen Varta in Amsterdam und die Varta-Fertigung in Riga heranzuziehen.[625] Seit dem Herbst 1942 wurde zudem eine DEAC-Produktion aufgezogen. Zusätzliche Aufträge für Flugzeugbatterien kamen von der AFA in Oberschöneweide, als Berlin seit 1943 immer stärkeren Luftangriffen ausgesetzt war und die dortige Batterieproduktion dezentralisiert werden musste.[626] Das Werk sollte so eingerichtet werden, dass es notfalls die gesamte Fertigung für Oberschöneweide übernehmen konnte.[627] Seit Juni 1944 betrug das Produktionsziel des mit inzwischen über 400 Beschäftigten arbeitenden Werkes monatlich 3500 Batterien,[628] eine Zahl, die bis zum August 1944 auf monatlich 10 655 Batterien gesteigert wurde,[629] wodurch fast der Ausstoß des Werks Oberschöneweide erreicht wurde.[630] Die Auftragsflut aus den Verlagerungsaufträgen führte im Herbst 1943 offensichtlich zu Überlegungen, im Sudetenland einen weiteren «Großbetrieb» zu eröffnen. Der Plan wurde jedoch zurückgestellt, da ein «derart großes Objekt zur Zeit nicht zur Verfügung» stehe und auch die Energieversorgung nicht sichergestellt werden könne.[631] Obwohl das Quellenmaterial nur wenige Rückschlüsse erlaubt, scheint es sich bei der PAFA um eine Expansion gehandelt zu haben, die sich an den Kriegsanforderungen orientierte. Eine zentrale strategische Rolle wie etwa die AFA Wien spielte die PAFA nie; wahrscheinlich sollte sie lediglich weiterhin den Markt der ehemaligen Tschechoslowakei abdecken, während für die zukunftsträchtige Betreuung des südosteuropäischen Raumes die AFA Wien zuständig blieb.

Das AFA-Tochterunternehmen Concordia expandierte ebenfalls in den Reichsgau «Sudetenland» und das Reichsprotektorat. In der Tschechoslowakei mit ihrer bedeutenden Montanindustrie hatte in den 1930er Jahren ein harter Konkurrenzkampf zwischen der Concordia und dem deutschen Mitbewerber Friemann & Wolf um die Ausrüstung der dortigen Kohlenreviere getobt. 1936 wurde ein zehnjähriger Schutzvertrag zwischen der 1920 von der Concordia gegründeten CEAG-Grubenlampen-Gesellschaft Wehner & Co. KG in Teplitz und der Wolfgrubenlampengesellschaft Zettlitz abgeschlossen, an dessen Zustandekommen die PAFA und die DEAC Berlin maßgeblich beteiligt waren.[632] Nach der Eingliederung des Sudetenlandes gründete die AFA eine selbständig abrechnende GmbH in Teplitz-Schönau.[633] Wenig später wurde die tschechische CEAG komplett von der AFA übernommen; 80 Prozent des 1 Million RM betragenden Stammkapitals lagen bei der AFA selber, der Rest wahrscheinlich bei der Concordia. Die CEAG verfügte über ein Zweigwerk in Mährisch-Ostrau und erwarb 1942 die im tschechischen Swatoborschitz ansässige Metall-warenfabrik Wiktorin & Co., die ein Verkaufsbüro in Wien besaß.[634] Anfang 1942 schloss schließlich die PAFA einen Kartellvertrag mit der CEAG, der Wolfgrubenlampengesellschaft Zettlitz und dem in Prag ansässigen Unternehmen Krizik-Chodoir, das seit 1939 alkalische Grubenlampen mit einer Lizenz des bedeutenden französischen Batte-rieherstellers S.A.F.T. herstellte.[635] Das Vertragswerk führte eine Ent-wicklung fort, die bereits vor Ausbruch des Zweiten Weltkrieges be-gonnen hatte und die ehemals deutliche Konkurrenz deutscher Akkumulatorenhersteller abstellen sollte. Der Kartellvertrag war ein Indiz, dass sich die Concordia ihre ohnehin schon dominante Markt-stellung für die Nachkriegszeit sichern wollte und nicht lediglich den Truppen der Wehrmacht folgte.

Kroatische Händel: Die AFA arrondiert Südosteuropa

Seit der Eingliederung Österreichs, des Reichsgau «Sudetenland» und der Annexion des Reichsprotektorats ragte das Deutsche Reich keil-förmig in den südosteuropäischen Raum hinein. Das bot eine günstige Ausgangssituation für die im Zweiten Weltkrieg erfolgte Ausdehnung des Einflusses auf Ungarn und die Länder des Balkans, deren Handels-beziehungen mit dem Reich bereits seit den frühen 1930er Jahren im-mer enger geknüpft worden waren.[636] Die Unternehmen der eroberten Tschechoslowakei waren ebenfalls auf diesen Märkten sehr aktiv gewesen und verfügten über umfangreiche Geschäftsbeziehungen zur regionalen Eisen-, Metall-, Maschinen- und Chemieindustrie.[637]

In Ungarn, wo die AFA bereits seit Ende des 19. Jahrhunderts mit einem eigenen Werk produzierte, beherrschte die Tochtergesellschaft Tudor Accumulatoren-Fabrik AG zusammen mit der Niederlassung des deutschen Konkurrenten Hoppecke mit einem Anteil von zusam-men etwa 85 Prozent den Markt. Im Segment der Stahlakkumulatoren trat wie auf vielen anderen europäischen Märkten der schwedische Konkurrent Nife auf. Daneben gab es noch einen kleineren Akkumula-torenhersteller, der nach Ansicht der AFA-Strategen vor allem deshalb zum Übernahmeprojekt wurde, weil er «unter jüdischem Einfluss» stand. Wie in der Expansion der AFA nach Frankreich trat Corbin Hackinger auch in Südosteuropa als Fachmann für «Arisierungen» in Erscheinung und empfahl die «endgültige Ausschaltung des jüdischen Elementes aus Industrie und Handel» in Ungarn. Allerdings sah er in der ungarischen Gesetzgebung ein Hindernis, da «die Fortführung der jüdischen Unternehmungen unter Tarnung nicht verhindert» werde. Wie sich bereits im ungarischen Aluminiumgeschäft der Quandt-Gruppe gezeigt hatte, schützten die ungarischen Behörden die eigene Industrie relativ effektiv, weil das Land als Verbündeter des «Dritten Reiches» größere Freiheiten hatte als besetzte Staaten. Gegen die ungarischen Bemühungen, «eine in allen Teilen selbständige Industrie aufzubauen» und dabei die Zufuhr deutschen Akkumulatoren- und Batterie-Zubehörs zu beschränken, richtete sich der deutliche Unmut Hackingers, der sich ganz als Sachwalter der AFA-Interessen verstand. Von einem Abbau der Zollschranken erwartete er im Jahr 1940 eine «Selbst-Bereinigung» des Marktes, wobei unzweifelhaft ist, dass er damit die uneingeschränkte Durchsetzung der AFA-Interessen meinte.[638]

Die Entwicklung auf dem Balkan, wo die Interessen der Sowjetunion, Deutschlands und Italiens aufeinandertrafen, gewann ab 1940/41 eine Eigendynamik, die ein Eingreifen deutscher Truppen zur Folge hatte. Mussolini griff ohne Absprache mit dem «Achsenpartner» am 28. Oktober 1940 Griechenland an, um Großbritannien aus dem Mittelmeerraum zu vertreiben. Der italienische Feldzug blieb bereits im November stecken, so dass sich Hitler schließlich am 6. April 1941 für den militärischen Eingriff entschied, der mit der Unterstellung der Region unter italienische und deutsche Militärverwaltung endete. Kroatien erhielt unter dem Führer der totalitären Ustascha, Ante Pavelic, ein Kollaborationsregime und sollte bald zum Schauplatz deutsch-italienischer Vernichtungspolitik werden.[639]

Der Feldzug in Südosteuropa eröffnete der AFA zunächst auf dem Territorium des zerschlagenen Jugoslawiens neue Perspektiven, was dadurch erleichtert wurde, dass an bestehende Geschäftsbeziehungen angeknüpft werden konnte. Auch hier galt es für die AFA, sich Wehrmachtsaufträge zu sichern, aber zugleich das Feld für die Nachkriegszeit zu bestellen, wobei sie vor einer «Arisierung» nicht zurückschreckte. Zum Verständnis dieser Vorgänge ist ein Rückblick notwendig: Das noch überwiegend agrarisch geprägte und hoch verschuldete Jugoslawien, das besonders unter der Weltwirtschaftskrise gelitten hatte, erlebte in den 1930er Jahren einen starken Zustrom ausländischen Kapitals, das in der Wirtschaft des fragilen Staates Fuß zu fassen bemüht war. An dieser kapitalmäßigen Durchdringung waren alle Industriestaaten Europas und die USA beteiligt: Allein die Schweiz,

England, Deutschland, Frankreich, die Tschechoslowakei und die USA stellten zusammen fast 80 Prozent des ausländischen Kapitalanteils der jugoslawischen Wirtschaft. Deutschland, das nur an fünfter Stelle der ausländischen Kapitalgeber rangierte, verfolgte eine andere Strategie als die anderen Mächte und baute seinen Einfluss erfolgreich über die Ausweitung der Handelsbeziehungen aus. Berlin wurde zum wichtigsten Handelspartner Jugoslawiens und schloss 1934 ein bilaterales Clearing- und Handelsabkommen ab. In der Zeit von 1933 bis 1939 stieg der prozentuale Anteil des Exports nach Deutschland von 13,9 Prozent auf 31,9 Prozent, während der Import aus Deutschland von 13,2 Prozent gar auf 47,7 Prozent stieg.[640] Das Deutsche Reich bot insbesondere Industrieprodukte an und war selbst in erster Linie an Landwirtschaftsprodukten sowie Erdöl und Erzen[641] interessiert.

Die Entwicklung der Geschäftsbeziehungen der AFA in Jugoslawien ordnete sich in diesen Trend ein. Sie hatte in der dortigen Elektro- und Batteriebranche schon seit den frühen 1920er Jahren eine wichtige Rolle gespielt. Bereits 1921 hatte die AFA Wien die Versorgung des jugoslawischen Marktes der in Zagreb ansässigen Akkumulatorenfabrik Munja («Blitz») übertragen.[642] Das aus der Konkursmasse des Habsburgerreiches entstandene Land musste beim Aufbau einer eigenen elektrotechnischen Industrie noch auf ausländische Expertise zurückgreifen. Die Munja war in Zusammenarbeit mit österreichischen Banken gegründet worden und importierte zunächst nur fertige Akkumulatoren, produzierte aber seit 1925 selber Batterien. Das Unternehmen war im Besitz der Allgemeinen Kroatischen Bank und zahlreicher Einzelaktionäre, von denen die Familie Njemirowski den größten Anteil besaß. Im Zuge der Krise der Jahre 1923/24 erwarb der Wiener Bankverein größere Anteile und entsandte eigene Vertreter in den Vorstand. Hierdurch entstand die Verbindung zur AFA Wien – und somit indirekt zum Askanischen Platz. Ein Mitglied der Familie Njemirowski fungierte als Vertreter der AFA Wien. Die AFA stellte fortan Material sowie günstige Kredite zur Verfügung und eröffnete 1925 eine Filiale in Belgrad. Für die AFA war eine eigene Produktion in Zagreb wegen der geringen Nachfrage noch nicht rentabel – und zudem wurde die Sorge vor Verrat der Betriebsgeheimnisse als zu groß eingeschätzt. Die Munja profitierte vom wachsenden Rundfunkgeschäft ebenso wie von den Bestellungen von Schiffsakkumulatoren für die jugoslawische Marine. Die AFA Wien hielt in der Regel eine solide Zweidrittelmehrheit der Munja.[643] Durch Kredite der AFA Wien sowie kleinere Finanzspritzen der Berliner Muttergesellschaft und der Tudor Budapest überlebte das Unternehmen die Weltwirtschaftskrise, geriet aber finanziell immer stärker in die Abhängigkeit der AFA Wien und wurde schließlich unter dem Namen «Munja» Tvornica Akumulatora Dionicko Drustvo vollständig übernommen. Nachdem das Clearing-Abkommen von 1934 die bilaterale Zusammenarbeit zwischen Jugoslawien und dem «Dritten Reich» intensiviert hatte, machte 1935 ein Fabrikneubau die Munja zum größten Unternehmen seiner Art im Königreich Jugoslawien und zum Zentrum der Akkumulatorenindustrie im ganzen Balkanraum.[644] Das mit einem Aktienkapital von fünf Millionen RM ausgestattete Unternehmen, das zunächst von Direktor Otokar Aksamovic geleitet wurde, war eng mit der AFA verflochten: 80 Prozent des Gesamtkapitals gehörten inzwischen der AFA,[645] was jedoch für die Zeitumstände keineswegs ungewöhnlich war. Zahlreiche deutsche und multinationale Elektrounternehmen wie AEG, Siemens, Standard Electric, Telefunken und Philips hatten schon seit vielen Jahren im vergleichsweise industrialisierten Raum um Zagreb in großem Umfang Kapital in Tochtergesellschaften investiert.[646]

Die Munja war auf dem Balkan Hauptvertreter für die Produkte der AFA, Varta, DEAC und Tudor und wies vor dem Ausbruch des Weltkrieges bei einem gut gefüllten Rohstofflager einen Gewinn von über drei Millionen Dinar aus. Nach dem «Anschluss» Österreichs im Jahre 1938 wurde der Einfluss des Askanischen Platzes auf die Munja noch größer, weil die AFA Wien ihre Eigenständigkeit einbüßte. Auch nach Ausbruch des Zweiten Weltkriegs lag die Aktienmehrheit der Munja bei der AFA, während ein kleiner Anteil von der schwedischen Aktiebolaget Nording in Stockholm gehalten wurde. Unter Generaldirektor Benko Ivanovic Njemirowski waren es Deutsche wie Karl Bremer, die für die AFA den Geschäftsgang kontrollierten. 1940 wurde Günther Quandt in den Vorstand der Munja gewählt.[647]

Der «Unabhängige Staat Kroatien» wurde im Frühjahr 1941 ein enger Verbündeter des «Dritten Reiches». Im Rahmen der «Neuordnung» Südosteuropas regelte ein bilaterales Protokoll die Wirtschaftsbeziehungen. Die deutschen Interessen wurden dabei besonders berücksichtigt, obwohl das Land selbst offiziell als italienische Einflusszone galt. Kroatien blieb zwar unabhängig und Deutschland übte nur eine Art inoffizielle Wirtschaftsaufsicht aus, für den konkurrierenden Achsenpartner Italien blieb jedoch faktisch kaum mehr «als ein Häufchen

52 Eine im Vergleich zur Prager Fabrik recht kleine Anlage war die in Zagreb ansässige Munja («Blitz»), die jedoch seit den 1930er Jahren systematisch ausgebaut wurde.

Knochen» übrig, wie der faschistische Außenminister Galeazzo Ciano beklagte.[648] In Zagreb wurde neben einer deutschen Gesandtschaft[649] eine deutsche Handelskammer eingerichtet. Günther Quandt wurde Generalkonsul Kroatiens[650] – eine Stellung, die ihm zweifellos Einfluss auf die Wirtschaftspolitik des Landes verschaffte. Im Juni 1941 trat ein Clearingabkommen in Kraft, das den Waren- und Zahlungsverkehr devisenlos regelte. Zur Begleichung der enormen Forderungen erhöhte das Deutsche Reich den Notenumlauf, was bei sinkender Wirtschaftskraft die Inflationsraten nach oben schießen ließ. Unter sämtlichen von Deutschland beherrschten Ländern wies Kroatien die zweithöchste Inflation auf, nur noch übertroffen von Griechenland, wo die Bevölkerung unter dem gleichen Tributsystem litt.[651] Innerhalb dieser allgemeinen wirtschaftlichen Entwicklung des Verbündeten baute die AFA die Munja immer stärker in die Planungen ihrer Südostexpansion ein. Während des Zweiten Weltkrieges waren Kapitalinvestitionen das gängige Verfahren in Kroatien: Etwa 90 Prozent der ausländischen Gelder fielen unter diesen Investitionstyp, während Sachinvestitionen die Ausnahme blieben.[652] Die Bemühungen zum Erwerb ausländischer Beteiligungen in Kroatien wurden von der Reichsregierung zwar lebhaft unterstützt, allerdings wurde zugleich auf die Notwendigkeit einer «korrekten Abwicklung» dieser Käufe verwiesen. Deutsche Behörden weigerten sich trotz der Klagen deutscher Firmen bisweilen, die «Gunst der Stunde» zu nutzen und Druck auf verkaufsunwillige Anteilseigner auszuüben.[653] Die Reichsbehörden wollten jeden Anschein vermeiden, dass der gerade erst gegründete kroatische Staat ein Vasallenregime von deutschen Gnaden war. Dieser strategischen Leitlinie entsprachen die Weisungen des Wehrwirtschaftsamtes, die im Frühjahr 1941 veröffentlicht wurden: Die rüstungswirtschaftliche Inanspruchnahme Kroatiens habe «ohne jeglichen Zwangscharakter im Wege friedensgleicher wirtschaftlicher und kaufmännischer Verhandlungen und Vereinbarungen zu erfolgen».[654]

Mit solchen Vorgaben konnte sich die AFA problemlos arrangieren, wie der Fall der Munja zeigte, die nunmehr hauptsächlich für den Wehrmachtsbedarf produzierte und bei der die Unternehmensspitze inzwischen noch stärker auf die AFA ausgerichtet wurde. Nachdem Günther Quandt schon 1940 in den Vorstand der Munja aufgenommen worden war, wählte die Hauptversammlung 1941 eine neue Direktion, der neben den bereits bekannten Gremienmitgliedern jetzt auch Herbert Quandt angehörte, der in den Vorjahren des Öfteren zu geschäftlichen Besprechungen der Munja nach Jugoslawien gereist war. Die Bilanzen jener Zeit zeigen zudem erhebliche Veränderungen, die mit Neuinvestitionen und inneren Reorganisationen zusammenhängen. Zwar sagt die Bilanzsumme – sie stieg seit 1940 von etwa 14 Millionen Kuna bis 1943, dem letzten Jahr, für das Zahlen vorliegen, auf 42 Millionen Kuna – wenig aus. Aber andere Werte lassen den wirtschaftlichen Erfolg erkennen. Seit 1927 hatte es keine Dividende mehr gegeben; von 1941 an betrugen die Ausschüttungen üppige 15 Prozent,[655] und auch die erheblichen Warenbestände in Höhe von 6,4 Millionen Kuna sowie der auf 2,1 Millionen Kuna gestiegene Gewinn deuten an, dass die Reorganisation erfolgreich war. Das Aktienkapital in Höhe von fünf Millionen Kuna lag weiterhin mehrheitlich bei der AFA, während der Rest durch kroatische Besitzer gehalten wurde.[656]

Die vom OKH und RLM gestellten Aufträge, aber auch die günstige finanzielle Lage, erlaubten es der AFA, ein Übernahmeobjekt ins Visier zu nehmen: Im August 1942 wurde eine Beteiligung von 48 Prozent an der in Zagreb ansässigen und mit 11,5 Millionen Kuna ausgestatteten Trockenbatteriefirma «Tvornica Kontakt d. d.» erwor-

53 Günther Quandt im Oktober 1942 bei der Überreichung seiner Ernennungsurkunde zum kroatischen Generalkonsul. Rechts neben ihm zunächst der Staatsminister in der Reichskanzlei Otto Meissner, Reichswirtschaftsminister Funk und der unter dem Namen «kroatischer Himmler» bekannt gewordene Ustascha-Führer Mile Budak.

ben. Die Vorgeschichte war kompliziert: Seit dem Vorjahr hatte sich die deutsche Gesandtschaft in Zagreb aus kriegswirtschaftlichen Gründen um die Übernahme der «Kontakt» durch ein deutsches Unternehmen bemüht, wofür aufgrund ihrer Vormachtstellung im Reich kaum ein anderes Unternehmen als die AFA in Frage kam. Die kroatische Firma hatte unter dem Namen «‹Kontakt› Hugo Graber & Co.» unter den Inhabern Hugo Graber und Arpad Gjeri seit langem elektrotechnisches Material und Trockenbatterien hergestellt. Graber war eine Zeit lang Buchhalter des Zagreber Glühlampen-Unternehmens «Jugoslawische Kremenetzky AG» gewesen, hatte bei dessen Bankrott das gesamte Warenlager erworben und 1927 die Produktion von Taschenlampenbatterien aufgenommen. In den folgenden Jahren war die Fabrikation modernisiert und um Elektromaterial und Gegenstände aus Bakelit erweitert worden. Nach der Gründung des Unabhängigen Staats Kroatien war die Firma als jüdischer Besitz klassifiziert und von der Regierung ein «Verwaltungskommissar» eingesetzt worden.[657] Die Art und Weise, wie die Inkorporierung der «Kontakt» in die AFA vonstattengehen sollte, war der deutschen Gesandtschaft offenbar gleichgültig, wobei nicht bekannt ist, ob hier eventuell Günther Quandts bevorstehende Ernennung zum kroatischen Generalkonsul eine Rolle spielte. Die AFA versprach, die «Kontakt» nach dem Erwerb fabrikatorisch auf einen modernen Stand zu bringen und zu rationalisieren. Die deutsche Gesandtschaft unterstützte diesen Plan nach Kräften: «Durch den Ausbau und den richtigen wirtschaftlichen Einsatz der ‹Kontakt› kann für die Kriegsdauer die ‹Kontakt› für alle Wehrmachtsteile, insbesondere für die Luftfahrtindustrie nutzbar gemacht werden. Durch Auftragsverlagerungen können entsprechende Kapazitäten im Reiche frei werden.»[658] Nach Ansicht der AFA brachte die Kapitalbeteiligung auch für Kroatien zahlreiche Vorteile: Der Betrieb werde modernisiert, wirtschaftlich «einwandfrei geleitet» und die Rohstoffzufuhr sei sichergestellt. Im Zuge einer «einheitlichen europäischen Ausrichtung» der Akkumulatorenbranche werde zudem die kroatische Produktion derjenigen des Reiches gleichgestellt – Argumente, die im Übrigen stark denen glichen, mit denen die AFA die französischen Batteriehersteller von einer Zusammenarbeit und Kapitalbeteiligung zu überzeugen versuchte.

Anders als in Frankreich, wo sich die Behörden gegen Übernahmen und Kapitalbeteiligungen sperrten, verzichteten die kroatischen Behörden darauf, die «Kontakt» an die AFA lediglich zu verpachten oder die Übernahme auf die Dauer des Krieges zu beschränken. Der Grund dürfte nicht nur in der besonderen Machtstellung des «Dritten Reiches» in Kroatien gelegen haben, sondern auch darin, dass im Balkanraum, anders als in Frankreich, die technischen Möglichkeiten zum Aufbau einer eigenständischen Batterieindustrie beschränkt waren. Die «Kontakt» wurde 1942 zunächst pro forma liquidiert, bevor seitens der AFA auch in diesem Fall wieder einmal Oscar Mitscherling in Aktion trat. Nach Rücksprache mit dem Askanischen Platz reisten Ende März 1942 einige AFA-Experten nach Zagreb, um dort in Gesprächen mit der kroatischen Regierung die Einsetzung des Ingenieurs Bartolovic bei der «Kontakt» anzuregen.[659] Auf «kroatischen Wunsch» hin war im Frühjahr 1942 ein Vorvertrag unterschriftsreif, der von kroatischer Seite von Staatssekretär Mirko Lamer für das staatliche

Elektrizitätsunternehmen DEP, von deutscher Seite von der AFA para-
phiert wurde.[660] In die vorgesehene Neugründung einer Aktiengesellschaft namens «Kontakt-Werke», deren Stammkapital 10 Millionen
Kuna nicht überschreiten sollte, sollte die AFA einen Anteil von 48 Prozent in Gestalt von Investitionen oder Bargeld einbringen. Die staatliche DEP räumte der AFA dabei das vorbehaltlose Recht ein, eine
Majorität von bis zu 52 Prozent zu erwerben, allerdings unter der
Maßgabe, weitere Investitionen in Form von Maschinen und Einrichtungen im Wert von mindestens 10 Prozent ihres Anteils an der Aktiengesellschaft einzubringen. Nach den Vorverhandlungen, die nach
Ansicht der Deutschen Gesandtschaft «in jeder Hinsicht freundschaftlich und sachlich verlaufen» waren, blieben nur «noch einige Fragen
hinsichtlich eines nichtarischen Besitzanteils an der ‹Kontakt›» zu klären.[661] Hinter den Kulissen verlief die Übernahme durch die Munja
zwar nicht ohne Reibungen. Oscar Mitscherling konnte aber im August 1942 verkünden, dass die Kontakt «nun endlich 100 %ig» mar-
schiere.[662]

Die AFA hatte in den Verhandlungen mit Ivan Radulovic, dem
Direktor der DEP, versucht, die finanziellen Leistungen der AFA
möglichst gering zu halten, was aber, wie Mitscherling berichtete,
nicht gelungen war: «Unsere Leute (Munja) wollten, in echt balkani-
scher Weise, drücken, aber der gute Radulovic hat eben Befugnisse,
die für einen Generaldirektor nach unseren Begriffen denen eines
Flohzirkusdirektors gleichkommen. Die Leute wollen groß sein und
sind im Grunde kleine Pintscher [sic]; es geht ihnen allen, selbst bei
den höchsten Stellen, die große Linie verloren.»[663]

Wie so oft war die AFA also auch in Kroatien auf nationale Eigen-
interessen gestoßen. Aber anders als in Frankreich waren die politisch-
militärischen Ausgangsbedingungen im instabilen Vasallenstaat Kroatien so gelagert, dass sich eine Übernahme leichter bewerkstelligen ließ
als in Westeuropa. Allerdings hatte die AFA-Leitung kein Interesse daran, ihren beherrschenden Einfluss bei der «Munja» an die große Glocke zu hängen. Die Gesellschaft wurde am 29. August 1942 in «Spoj»
(«Kontakt») umbenannt und neugegründet.[664]

«Freundschaftlich und sachlich», wie sich die Deutsche Gesandtschaft ausgedrückt hatte, war die «Arisierung» sicherlich vor allem
aus der Perspektive der AFA verlaufen. Im Dezember 1942 war das
Verfahren endgültig abgeschlossen. Die AFA zahlte ihren Kapitalanteil
in Höhe von 5 520 000 Kuna über das Clearingverfahren. Präsident

des umstrukturierten Unternehmens wurde Ivan Radulovic, Vizepräsident wurde Herbert Quandt. Weitere Direktoren waren die Ingenieure Otokar Aksamovic als Vertreter der Munja und Milan Kiepach als Vertreter des kroatischen Ministeriums für Handel, Gewerbe und Industrie.[665] Die AFA siedelte die Kontakt-Werke in die Fabrikgebäude der Munja um.[666]

Als sich das Kriegsgeschehen wendete und Kroatien eine zunehmende Partisanentätigkeit erlebte, musste Deutschland seine Leistungen an die kroatische Regierung kontinuierlich steigern, um den vorzeitigen Kollaps zu verhindern.[667] Das Land entpuppte sich letztlich in wirtschaftlicher Hinsicht «als reines Zuschussgeschäft» und wurde «zu einem ‹Kostgänger› des Deutschen Reiches, der die ohnehin schwierige Versorgungslage im deutschen Großraum zusätzlich belastete».[668] Über die Produktion der Munja in den letzten Kriegsmonaten liegen keine Quellen vor. Mit dem Einmarsch der Truppen Titos in Zagreb am 8. Mai 1945 war das Engagement der AFA im Balkanraum endgültig beendet.

Die griechische Batterieindustrie als «Stützpunkt» für die Beherrschung des Balkans?

Die Munja war aber nur eines der Standbeine, die die AFA für ihre Südosteuropa-Basis im Zweiten Weltkrieg errichtete. Auch ein griechisches Unternehmen sollte neue Unternehmensperspektiven eröffnen. Nach dem Eingreifen der Wehrmacht in Griechenland im April/Mai 1941 betonte die deutsche Propaganda, dass das «Dritte Reich» als «Befreier» komme, dem es lediglich darum gehe, die Briten aus Griechenland zu vertreiben. Ihr kam dabei zugute, dass in den 1930er Jahren mit deutscher Technik und deutschem Know-how die griechische Industrialisierung und der Aufbau einer griechischen Rüstungsindustrie unterstützt worden war.[669] Nach der Invasion der Achsenmächte in Griechenland strebte die neue Regierung unter General Georgios Tsolakoglou angesichts der Hegemonialstellung des «Dritten Reiches» eine Zusammenarbeit an, wodurch ihr ein «Minimum an autonomer Existenz» verblieb.[670] Die Zusammenhänge der politischen Kollaboration, die ein Mindestmaß an Legalität in einem Land schuf, in dem Besatzer und Besetzte mit-, neben- und gegeneinander agierten, sind bislang wenig erforscht, so dass auch über die wirtschaftlichen Aspekte wenig bekannt ist.[671] Unter den Kollaborationsregierungen von Konstantinos Logotheopoulos und Ioannis Rallis veränderten sich zwar die jeweiligen Klientelnetze, aber die Grundkonstanten blieben erhalten. Die wirtschaftliche Kollaboration, bei der «meistens die Grundsätze der Vertragsfreiheit respektiert» wurden, ging «reibungslos» vonstatten, zumal die Regierungen sich in einer «fast grenzenlosen Bereitschaft» zur Unterwerfung bereitfanden.[672] Italien wollte sich Griechenland zwar langfristig als Teil des eigenen «Lebensraums» im Mittelmeer sichern, aber dem mächtigeren deutschen Bündnispartner gelang es schnell, die italienische Wirtschaftskonkurrenz abzuwehren. Der deutschen Einflussnahme kam zugute, dass die deutsche Wirtschaft im Gegensatz zur italienischen ein recht hohes Ansehen genoss.[673]

Im Mai 1941 gelang es den örtlichen Wehrmachtsstellen und dem Wehrwirtschafts- und Rüstungsamt, die ersten griechischen Schlüsselbetriebe vor einem Erwerb durch die italienische Konkurrenz zu sichern. In den folgenden Monaten verhandelten Regierungs- und Wirtschaftsstellen über zahlreiche Kapitalbeteiligungen bei Rüstungs-, Rohstoff- und Energiekonzernen, deren Höhe sich im Herbst 1941 bereits auf über 40 Millionen RM belief.[674] Konzernen wie Krupp gelang, ob durch Kauf- und Pachtverträge sowie langfristige Liefervereinbarungen oder durch Beschlagnahme oder Aktienerwerb, die Beteiligung an wichtigen griechischen Unternehmen. Die italienischen Firmen hatten zunächst fast immer das Nachsehen.[675]

Die AFA hatte schon in den 1930er Jahren Geschäftsbeziehungen zu Griechenland unterhalten, die allerdings bei weitem nicht mit dem Engagement in Jugoslawien vergleichbar waren. Weil die griechische Rüstungsindustrie auf Importe angewiesen war, erhielt die AFA 1937 den Zuschlag für die Lieferung von U-Boot-Batterien und stellte zudem technische Zeichnungen, Zubehör und Ersatzteile sowie das Personal für den Zusammenbau der Batterien im Hafen von Piräus zur Verfügung. Die Zahlung erfolgte nach einem komplexen Verfahren zum Teil in Devisen und zum Teil in griechischen Schuldverschreibungen.[676] Abgesichert war das Geschäft durch eine Bürgschaftszusage des Deutschen Reiches.[677]

Im Übrigen jedoch war der griechische Akkumulatorenmarkt weitgehend abgeschottet, zumindest bis sich mit dem Einmarsch deutscher Truppen eine völlig neue Lage ergab und sich dadurch die Nachfragesituation schlagartig veränderte. Die AFA war daher darauf erpicht, ebenso wie in Kroatien und dem Baltikum wenigstens Reparaturaufträge der Wehrmacht zu erhalten. Schon zu Beginn des Vorstoßes nach Griechenland wurden die Ingenieur-Abteilungen der AFA darauf aufmerksam gemacht, dass «Schwierigkeiten mit der Wehrmacht» einem «schweren Makel für die Firma» gleichkämen. Zudem waren zukünftig weitere Umsatzsteigerungen zu erwarten. Günther Quandt erkundigte sich ausdrücklich nach den Handlungsmöglichkeiten bei einem weiteren Vormarsch der deutschen Truppen. Die am nächsten in Marschrichtung liegende AFA-Abteilung sollte möglichst engen Kontakt zu den Wehrmachtsstellen halten und dann eventuell einen eigenen Experten entsenden – ein deutlicher Hinweis darauf, dass Quandt die Südostexpansion für so wichtig hielt, dass er nun konkrete Handlungsanweisungen gab. Er betonte, dass für die Expansion nach Südosteuropa fähige Männer bereitstehen müssten, um das Gebiet zu erkunden: «Wir können evtl. neu besetzte Gebiete nicht ohne einen Schutz der AFA lassen und gerade die Ing.-Abteilungen, die heute verhältnismässig leicht ihre Ware absetzen können, bitte ich, eine Hilfestellung zu geben.»[678]

Die wichtigen Reparaturaufträge ließen sich jedoch noch besser und rentabler erfüllen, wenn die AFA vor Ort eine eigene Fertigung besaß. Daher erfolgte schon bald der übliche Versuch einer Kapitalbeteiligung, die anders als beispielsweise in Frankreich, innerhalb weniger Wochen erfolgreich unter Dach und Fach gebracht wurde. Die AFA verhandelte seit dem Frühsommer 1941 mit dem griechischen Akkumulatoren-Unternehmen «Industrie hellénique d'Accues PAK SA» in Athen, um eine Mehrheitsbeteiligung zu erreichen. Die PAK war unmittelbar nach der Besetzung des Landes für «wehrwirtschaftliche» Zwecke herangezogen worden, arbeitete inzwischen nur noch für Wehrmachtsaufträge[679] und lieferte einen bedeutenden Anteil der Flugzeugbatterien für Nordafrika. Günther Quandt war, was den Erwerb des griechischen Unternehmens anging, anfangs skeptisch, da ihm die PAK als «zu gering» erschien. Oscar Mitscherling konnte sich jedoch schließlich mit der Auffassung durchsetzen, dass es sich zwar um einen kleinen Betrieb handele, «es aber für die Zukunft sehr wertvoll sei, den Stützpunkt zu besitzen».[680] Er ging davon aus, dass es im Interesse der AFA sei, «das griechische Absatzgebiet 100%ig zu beherrschen». Dies sei aber nur durch einen Einstieg bei der PAK möglich, da diese sich ansonsten «nach der italienischen Seite orientieren» oder zumindest den Versuch unternehmen werde, sich über Griechenland hinaus in Märkte auszudehnen, die von der AFA bereits erschlossen waren. Mitscherling rechnete damit, dass sich durch die Übernahme der PAK für die AFA wiederum Chancen auf anderen Märkten ergeben würden: Die AFA halte so «ein ausgezeichnetes Faustpfand in der Hand für unsere bevorstehenden Absichten in Italien. Hierbei denke ich an eine evtl. Lösung des Vertragsverhältnisses mit Hensemberger und eine Liierung mit Marelli».[681] Das PAK-Projekt plante Mitscherling also mit Blick auf die Europakarte: Konnte die Marktbeherrschung erreicht werden, hätte über ein Entgegenkommen gegenüber den am griechischen Markt sehr interessierten italienischen Firmen Bewegung in das Geschäft auf dem italienischen Markt gebracht werden können, der seit den Freundschafts- und Gebietsabspracheverträgen der 1920er Jahre verschlossen war.

Nach zahlreichen Vorgesprächen, die mit Hilfe der örtlichen Siemens-Vertretung angebahnt worden waren, flogen Horst Pavel und Oscar Mitscherling vom 5. bis 8. Juli 1941 nach Athen, um in der griechischen Hauptstadt die abschließenden Gespräche zu führen. Der Kaufvertrag datierte schließlich auf den 16. Juli 1941 und legte eine – mittlerweile übliche – AFA-Aktienmajorität von 52 Prozent fest.[682] Zugleich wurde ein Interessengemeinschaftsvertrag abgeschlossen, der dem bewährten Prozedere mit «befreundeten» Gesellschaften entsprach. Die AFA stellte damit der PAK ihre technischen Erfahrungen zur Verfügung und machte kleinere Zugeständnisse hinsichtlich des Exports von PAK-Akkumulatoren in die Türkei und nach Syrien. Wie viele deutsche Unternehmen auf dem griechischen Markt handelte sie nach der noch in Friedenszeiten entwickelten Strategie einer «Exportsteigerung durch Einschaltung in die Industrialisierung der Welt», die vom Vorstandsmitglied der IG Farben Max Ilgner entwickelt worden war und beste Geschäftsaussichten für die Märkte in Südosteuropa und im Nahen Osten versprach.[683] Auf griechischer Seite wurde die Mehrheitsbeteiligung federführend durch den PAK-Direktor Eustratiou verhandelt und anschließend vom Verwaltungsrat der PAK gebilligt. Der PAK blieb wohl kaum etwas anderes übrig, als in den Handel einzuwilligen, zumal dass das Unternehmen bei Unbotmäßigkeit einfach liquidiert worden wäre. Der AFA-Emissär Mitscherling blieb zwar nach außen hin freundlich, wurde angesichts eines gelegentlichen Zögerns der PAK-Spitze gleichwohl recht deutlich, was die Zukunftsaussichten ohne die AFA anging: Es sei erforderlich gewesen, so schilderte er es in seinem Bericht an die Zentrale in Berlin, die griechischen Verhandlungspartner davon zu überzeugen, «daß sie ohne Anschluß an einen deutschen Konzern in Zukunft wohl nicht weiterkommen könnten. In einem Falle sah ich mich sogar genötigt, als die Verhandlung eine kritische Wendung annahm, zu erklären, daß die AFA an und für sich an der kleinen PAK gar kein Interesse habe und sie in der Lage sei, diese Firma ohne Zusammenarbeit auszuschalten bzw. kaltzustellen, wenn es ihr darum ginge. Die Absicht sei aber, die Firma als Stützpunkt für Griechenland bzw. den Balkan auszubauen und z. Zt. wehrwirtschaftlich einzusetzen. Dies seien die primären Gesichtspunkte einer Verschmelzung.»[684] Sehr viel deutlicher brauchte man unter Geschäftsleuten kaum zu werden.

Obwohl die PAK von ihren Umsätzen her ein unbedeutendes Unternehmen war, sollte möglicherweise ausländischer Konkurrenz auf dem griechischen Markt von vornherein der Wind aus den Segeln genommen werden. Die Mehrheitsbeteiligung fand die Billigung der Wirtschaftsgruppe Elektroindustrie und des RWM, woraufhin die notwendigen Devisenbeträge freigegeben wurden. Der PAK wurden sogleich 150 Tonnen Blei für Wehrmachtsaufträge zur Verfügung gestellt, die allerdings mit dem Kaufpreis zu verrechnen waren. Die AFA verlagerte von nun an eigene Aufträge an die PAK.[685] Ob ein angemessener Betrag für die Mehrheitsbeteiligung an der PAK gezahlt wurde, ist auch in diesem Fall schwer zu sagen. Dafür, dass es sich nicht um einen reinen Akt der Ausplünderung gehandelt hat, sprechen allein die langwierigen Verhandlungen. § 2 des Beteiligungsabkommens sah zunächst eine Schätzung der Aktiva und Passiva der PAK vor, um den endgültigen Kaufpreis zu ermitteln. Als Schätzer seitens der AFA wurde der technische Direktor der AFA Wien, Werner Puppe, bestellt, der gemeinsam mit dem Leiter der AFA-Revisionsabteilung im Oktober 1941 nach Athen flog, um eine einvernehmliche Einigung mit dem von der PAK benannten Schätzer zu erreichen. Sollte dies nicht möglich sein, war an den Rektor der technischen Hochschule Athen als «Obergutachter» gedacht.[686] Ob es dazu kam, ist nicht bekannt; allerdings machte später eine veränderte griechische Gesetzgebung nochmalige Verhandlungen erforderlich.

Die PAK wurde nach der Majorisierung modernisiert und rationalisiert, was ebenfalls auf die langfristigen Ziele der AFA in Südosteuropa hindeutet. Deutsche Fachleute und Ingenieure leiteten die griechischen Arbeiter an. Obwohl der Personalmangel bei der AFA verhinderte, so viele Experten nach Griechenland zu beordern, wie für eine Fabrikation eigentlich erforderlich gewesen wären, wurde der Zusammenbau der Flugzeugbatterien bald «vollkommen» beherrscht; die Produktion lief im Sommer 1943 auf Hochtouren.[687] Inzwischen verschärfte sich jedoch kriegsbedingt die innenpolitische Lage, und die von der Besatzungsherrschaft ausgelöste galoppierende Inflation ging mit der zunehmenden Verarmung der griechischen Bevölkerung einher. Angesichts der verschlechterten militärischen Situation wollte das Luftflottenkommando Südost, dem die PAK unterstellt war, die Ferigung im Februar 1944 in die kroatischen Munja-Betriebe verlagern.[688] Die AFA stellte sich diesem Wunsch aber entgegen, weil sie den Standort Athen nicht aufgeben wollte, eine «Verpflanzung» der griechischen Arbeiter als nicht möglich betrachtete und bei der Munja «kaum Arbeitskräfte aufzutreiben» waren. Stattdessen schlug die AFA vor, die Produktion in Athen zu belassen und die dortige Reparatur der Flugzeugbatterien so lange wie möglich aufrechtzuerhalten.[689] Eine umfassende Verlagerung verhinderte der Kriegsverlauf. Als die deutschen Truppen schließlich am 12. Oktober 1944 aus Athen abzogen, fand auch die AFA-Beteiligung an der PAK ihr Ende.

Gerade in der Spätphase hatte sich noch einmal gezeigt, dass die AFA in Südosteuropa nicht nur an der Zusammenarbeit mit den Wehrmachtsbehörden interessiert war, sondern auch auf Marktanteile im zu verwirklichenden Großwirtschaftsraum spekulierte. Griechenland und Kroatien sollten zu den Standbeinen einer Expansion der AFA in der Nachkriegsordnung Südosteuropas werden. Dazu baute sie zunächst bereits bestehende Geschäftsbeziehungen aus und setzte auf die Möglichkeiten, die sich durch die Aggressionspolitik des Nationalsozialismus ergaben. In Griechenland drohte sie offen die Liquidierung eines Herstellers bei mangelnder Kooperationsbereitschaft an; im mit dem «Dritten Reich» verbündeten Kroatien machte sie in Zusammenarbeit mit dem Auswärtigen Amt auch vor einer «Arisierung» nicht halt. Als die Niederlage des «Dritten Reichs» 1944 immer näher rückte, verloren die Konzepte eines «Großwirtschaftsraumes» ihre legitimierende Kraft und offenbarten ihre zerstörerischen Aspekte auf dem Balkan.[690] In dieser Endphase zeigte sich, dass die Interessen von Wehrmachtsbehörden und AFA nur für eine gewisse Zeit deckungsgleich gewesen waren, dachte doch die Unternehmensleitung nicht nur an militärische Aufträge, sondern auch an die Geschäftsaussichten für die Nachkriegszeit.

Die Expansion im «Generalgouvernement» und in der Sowjetunion

War der Feldzug in Südosteuropa vergleichsweise ungeplant angegangen worden, so kulminierten im «Barbarossa»-Feldzug Hitlers Wahn und Vernichtungswille. Hier kamen auf brutale Weise die Ausrottungspolitik und Ostsiedlungsphantasien des Nationalsozialismus zum Tragen. Über seine Ziele in der ökonomischen Besatzung ließ der «Führer» im Verlauf einer Besprechung im Führerhauptquartier am 16. Juli 1941 keinen Zweifel: «Grundsätzlich kommt es also darauf an, den riesenhaften Kuchen handgerecht zu zerlegen, damit wir ihn erstens beherrschen, zweitens verwalten und drittens ausbeuten können.»[691] Den deutschen Unternehmen sollte «nicht das Leben mit einem Papierkrieg und mit dem berüchtigten Fragebogen-Wahnsinn sauer» gemacht werden und von Berlin aus, so der «Führer» weiter, «solle so wenig wie möglich geregelt werden, an Ort und Stelle soviel wie möglich».[692]

Der Feldzug gegen die Sowjetunion war wirtschaftlich gut vorbereitet worden, nicht zuletzt durch das Wehrwirtschafts- und Rüstungsamt im OKW unter General Thomas.[693] Der zur Gewährleistung der Versorgung der Truppen «aus dem Lande»[694] geschaffene «Wirtschaftsstab Ost»[695] hatte jedoch, anders als in Frankreich, Probleme, die Industrie für den Erwerb von Unternehmen zu gewinnen.[696] Angesichts der Zerstörungen und Versorgungsengpässe sowie einer Besatzungspolitik, die Plünderungen und Abtransport oftmals den Vorzug vor einer langfristigen industriellen Entwicklung gab, schienen Investitionen beispielsweise in der Ukraine trotz allen Rohstoffreichtums ein größeres Wagnis als in anderen besetzten Gebieten. Nahm man noch die großen Distanzen und die damit einhergehenden logistischen Probleme mit hinzu, war angesichts der vielfach veralteten oder zerstörten Infrastruktur das Risiko eines Verlustgeschäfts groß, selbst bei Unternehmen, die auf Erfahrungen einer ehemaligen einvernehmlichen Zusammenarbeit zurückblicken konnten.

Letztlich war den Unternehmern klar, dass «vorerst nur ein mühsames Scherbensammeln und eine behelfsmäßige Fertigung unter äußerst großen Schwierigkeiten zu erwarten war».[697] In der Reichsvereinigung Kohle war die Abneigung zum Kauf von Werken besonders groß, und der vorsichtige Hermann Josef Abs ließ in einer Rede vor der Reichswirtschaftskammer erkennen, dass die Bedeutung der Märkte im Osten zunächst noch unklar sei: «Auch die Wirtschaft Rußlands wird zum mindesten in wesentlichen Teilen einem zukünftigen kontinental-europäischen Wirtschaftsraum zuzuzählen sein. Welchen Zuwachs dieser Raum dadurch an Erzeugungs- und auch an Verbrauchskraft erhält, ist naturgemäß im gegenwärtigen Stand der Entwicklung gar nicht abzuschätzen.»[698]

Hinsichtlich der Unternehmensexpansion im Windschatten der militärischen Wendung nach Osten gilt es, die jeweils unterschiedlichen Bedingungen im «Generalgouvernement», im Baltikum und der Ukraine zu bedenken. Mit zunehmender Ausbreitung nach Osteuropa versuchte das NS-Regime entweder direkt oder durch staatlich kontrollierte Unternehmen wie die «Reichswerke Hermann Göring» das Wirtschaftpotential abzuschöpfen, was den Handlungsspielraum privater Unternehmen einschränkte.[699] Unter den Firmen der Privatwirtschaft, die aufgrund ihres Geschäftsfeldes prinzipiell für eine Ausweitung in die Sowjetunion in Frage kamen, gab es sowohl eher zögerliche als auch aktiv nach Akquisitionsmöglichkeiten suchende Unternehmen. Die Montagiganten Krupp und Gutehoffnungshütte sowie zahlreiche andere Großunternehmen erklärten sich zur Übernahme ukrainischer Werke bereit. Ausdrückliche behördliche Anordnungen waren hierfür nicht einmal notwendig, aber es gibt keinen Zweifel, «daß entsprechende Weisungen erteilt worden wären, wenn sich einzelne Konzerne gegen einen Einsatz in der Ukraine gesträubt hätten».[700]

Der Beginn des Unternehmens «Barbarossa» im Juni 1941 veränderte den strategischen Horizont der deutschen Industrie in Polen insofern, als durch die weitere militärische Expansion neue Chancen und Risiken auftraten. Auf die Geschäftspolitik der AFA in Polen ist bereits im Zusammenhang mit ihren Überlegungen im «Warthegau» eingegangen worden. Nach dem Beginn des Krieges gegen Russland erhielt mit dem «Generalgouvernement» eine andere Region eine neue Bedeutung, in der sich die AFA Wehrmachtsaufträge sichern und potentielle deutsche Konkurrenten auf dem polnischen Markt ausstechen wollte.

Nach der Besetzung Polens hatte die Wehrmacht der Expansion deutscher Unternehmen zunächst einen Riegel vorgeschoben, da sie das «Generalgouvernement» in einen «Trümmerhaufen» verwandeln wollte, der höchstens noch landwirtschaftlich genutzt werden sollte.[701]

Dies änderte sich, als sie in die Sowjetunion vorstieß, Nachschubwege gesichert werden mussten und Luftangriffe in West- und Mitteldeutschland die Rüstungsproduktion zunehmend gefährdeten. Nun sollte das «Generalgouvernement» auf die «maximale wirtschaftliche Ausnutzung» ausgerichtet werden.[702] Die Region bot zugleich zahlreichen Unternehmen des Berliner Rüstungsgürtels die Möglichkeit, dem Radius der alliierten Luftangriffe zu entkommen.[703]

Byk Gulden interessierte sich Anfang 1942 für die Chemische Handels- und Industrieanlagenfabrik Ludwik Spieß & Sohn in Warschau, weil man sich eine Ausweitung des Absatzmarktes versprach und die Maschinenherstellung nutzen wollte. In einem ausführlichen Eignungsbericht wurde auf die Vorteile einer Verbindung für die Quandt-Gruppe und den Wintershall-Konzern hingewiesen. Auf Bedenken der Warschauer Firma, Byk Gulden könne die Produktpalette erheblich einschränken und den Unternehmenskern zerstören, antwortete der Vorstandsvorsitzende Friedrich Rauch beschwichtigend, er wolle ganz im Gegenteil die Produktion erheblich ausbauen. Die finanziellen Mittel dazu standen ihm durch die Kapazitäten der neuen Großaktionäre Quandt-Gruppe und Wintershall «im umfangreichsten Maße zur Verfügung». Der Übernahmeversuch scheiterte jedoch, wahrscheinlich wegen Bedenken der Reichsbehörden. Das RWM wies die Aktienmehrheit der Firma Spieß im April 1942 dem Chemie-Unternehmen Knoll AG zu.[704]

Die AFA wiederum meldete für die Versorgung der Wehrmacht im «Generalgouvernement» ein besonderes Interesse an. Für die zunächst noch rasch Richtung Osten vorrückenden Truppenteile und den Nachschub wurden vor allem Auto- und Motorradbatterien dringend benötigt. Für die AFA war in dieser Situation der gute Kontakt zu den militärischen Dienststellen von hoher Priorität. In einer Besprechung vom 13. August 1941 zwischen den AFA-Managern Werner von Holtzendorff, Georg von Kruedener und dem AFA-Personalchef Paul Kollenrodt wurde als übergeordnetes Ziel die Sicherung eines «möglichst großen Kontingentanteils» für die AFA festgelegt.[705] Dabei war der Blick nach Osten gerichtet: Vor allem Lemberg schien angesichts der Gerüchte, dass dort AEG und Siemens[706] Büros einrichten wollten, durchaus ein lohnenswerter Standort. Von Kruedener, der seine Karriere bei der AFA 1927 als Lötstudent begonnen hatte, wurde beauftragt, in Lemberg zu eruieren, ob dort eine eigene Niederlassung eröffnet werden sollte oder ob es ausreiche, die bestehende Reparaturwerkstatt nebst ihrer Batterie-Ladestation auszubauen. Zugleich sollte er in Erfahrung bringen, ob auch in Warschau für die Wehrmachtsfahrzeuge eine Varta-Reparaturwerkstätte eingerichtet werden könne.[707] Für einen solchen Wartungsservice bot sich vor allem die Akkumulatorenfabrik Zaklady Akumulatorowe Tudor in Piastow bei Warschau an.[708] Diese 1925 gegründete Fabrik war bereits beschlagnahmt worden und belieferte unter anderem die Reichspost mit stationären Akkumulatoren.

Günther Quandt betrachtete die kleine Fabrik jedoch als unliebsame Konkurrenz und wollte sie schon im Frühjahr 1941 wieder aus dem Geschäft herausdrängen.[709] Dies gelang schon kurz darauf. Das Unternehmen wurde von der AFA übernommen und als «Tudor-Accumulatorenfabrik GmbH» mit deutscher Geschäftsführung am 7. Mai 1941 zur Eintragung ins Handelsregister beantragt. Im gleichen Jahr übernahm auch die DEAC hier regionale Vertriebsaufgaben.[710] Angesichts dieser Aktivitäten liegt es auf der Hand, dass die AFA den gesamten polnischen Markt für sich reklamierte. In Krakau wurde 1942 eine Niederlassung der polnischen AFA-Tochtergesellschaft eingerichtet, ebenso in Lemberg.[711] Die Filialen hatten die Aufgabe, diesen Wirtschaftsraum für Konkurrenzunternehmen zu sperren – die AFA-Zentrale meinte damit meistens Friemann & Wolf in Zwickau, Robert Bosch in Stuttgart und die Akkumulatoren-Werke Hoppecke AG Zöllner & Sohn in Hoppecke, von denen man wusste, dass sie sich auf ein dichtes Netz von Vertragswerkstätten stützen konnten. Der Expansionsdrang der AFA stieß sogar bei einigen Reichsbehörden auf Widerspruch, vor allem weil die Akkumulatorenfabrik Zaklady im Sommer 1941 noch nicht einmal ausgelastet war[712] und die Anfragen der AFA als übereifrig erscheinen mussten.

Den Osten des «Generalgouvernements» betrachtete die AFA gleichsam als einen ihr zustehenden Bereich. Mit der Sanocka Fabryka Akumulatorow S.A. in Sanok im südöstlichen Polen und einem weiteren Werk in Warschau waren schon vor Kriegsausbruch die bewährten Freundschaftsverträge abgeschlossen und eine Kapitalbeteiligung eingegangen worden, um auf dem polnischen Markt prominent vertreten zu sein.[713] Finanziell war dies ein einträgliches Geschäft, weil das polnische Unternehmen jährliche Lizenzgebühren an die AFA zahlte. Allerdings wurde die Firma ein Opfer des Hitler-Stalin-Paktes. Das

Werk in Warschau wurde der AFA zugesprochen und von Berlin aus verwaltet. Weil das Hauptwerk in Sanok nach der Festlegung der deutsch-sowjetischen Interessensgebiete in Grenznähe lag, wurde die dortige Produktion durch die Treuhandstelle Ost, die zur Organisation der wirtschaftlichen Übernahmen der besetzten Gebiete geschaffen worden war,[714] stillgelegt und 1940 unter der Treuhänderschaft Oscar Mitscherlings liquidiert. Dieser koordinierte den Verkauf der Produktionsmittel, die zum Teil nur noch Schrottwert hatten, an die AFA-Werke in Oberschöneweide und Hagen sowie an die Munja.[715] Möglicherweise waren diese polnischen Geschäfte auch ein Anlass, den Leiter der Treuhandstelle, Max Winkler, bei Quandts 60. Geburtstag an dessen «Ehrentisch» zu platzieren.

Paradoxerweise wurde der alte Betrieb jedoch bald schon wieder reaktiviert. In der Phase der Rüstungsintensivierung seit 1943 tendierten die Rüstungsbehörden eher dazu, bestehende Fabriken zu modernisieren als neue Betriebe aufzubauen.[716] Seit Herbst 1943 wurden auf Veranlassung des RLM Teile der Flugzeugbatteriefertigung der AFA in das erst kurz zuvor stillgelegte Werk Sanok verlagert. Dieses übernahm zudem mit Maschinen aus Wien die Wartung der Flugzeugbatterien für die Ostfront. Bis dahin war es üblich gewesen, reparaturbedürftige Batterien ins Werk Oberschöneweide zu transportieren, was angesichts der fehlenden Waggonkapazitäten jedoch immer schwieriger wurde.[717] Der Beauftragte für die Verlagerung der Elektroindustrie forderte Günther Quandt im Januar 1944 auf, weitere Teile der Fertigung von Flugzeug-Bordbatterien nach Sanok zu verlagern und Teile der ursprünglich für die Verlagerung nach Grünberg in die Deutsche Wollenwaren-Manufaktur vorgesehenen Pertrix-Fertigung dorthin zu verlegen.[718] Der zunehmende Mangel an qualifizierten Arbeitskräften, Rohstoffen und Material führte jedoch inzwischen zu Produktivitätsrückgängen im besetzten Polen,[719] so dass die AFA befürchtete, das nicht vollständig ausgelastete Werk wieder entzogen zu bekommen.

Zu einer nennenswerten Verlagerungsproduktion war es jedoch angesichts der verschlechterten militärischen Lage schon zu spät. Der Distrikt Galizien mit Lemberg war militärisch bedroht und die Region Sanok im März 1944 gewissermaßen bereits zur Etappe geworden. Die AFA hielt Geräte und Maschinen, die noch nicht nach Sanok verschickt worden waren, zurück[720] und versuchte, die nach Sanok verlagerten Materialien vor der näher rückenden Front in Sicherheit zu bringen, stieß dabei jedoch auf energischen Widerstand der Wehrmacht, die einen Rückzug unter Androhung höchster Strafen untersagt hatte.[721] Die Verlagerungen nach Sanok wurden im Mai 1944 endgültig eingestellt.[722] Das Beispiel verdeutlicht, was zuvor bereits für die PAK in Griechenland gezeigt werden konnte: Der Konsens zwischen der AFA und den Rüstungsbehörden wurde zum Zeitpunkt der Verlagerungen, die einen Einschnitt für langfristige Planungen der Unternehmen bedeuteten, brüchig. Am 24. Juli 1944 empfahl die Ortskommandantur, Sanok so schnell wie möglich zu verlassen. Mit zwei vom Kampfkommandanten für das Werk requirierten Waggons wurden am 25. Juli noch Maschinen und einige Batterien verladen. Die Belegschaft folgte am nächsten Tag und fuhr mit Lastwagen über Krakau nach Berlin.[723] Damit ging auch das Engagement der AFA im «Generalgouvernement» seinem Ende entgegen.

Im Ostseeraum ging es um die Sicherung der Wehrmachtsaufträge in einer Region, mit der die AFA bereits langjährige Geschäftsbeziehungen pflegte: Während die 1933 gegründete 100-prozentige Tochtergesellschaft «Pertrix Ostpreußische Elemente- und Batteriefabrik GmbH» Ostpreußen mit Batterien versorgte,[724] war der geschäftstüchtige AFA-Repräsentant Georg von Kruedener mit Sitz in Tallinn zugleich Konsul für Finnland, Estland und Litauen. Das Baltikum war für Hitler vorläufig ein wirtschaftlicher «Ergänzungsraum», dem eine wichtige Funktion innerhalb des Zieles einer zukünftigen deutschen Hegemonialstellung zukommen sollte. Schon vor dem Angriff auf Polen hatte er am 23. März 1939 das Memelgebiet besetzen lassen. Ganz auf dieser Line versicherte er am 16. Juli 1941, wenige Wochen nach Aufkündigung des Hitler-Stalin-Pakts, vor hohen Repräsentanten des NS-Regimes, «dass wir aus diesen Gebieten nie wieder herauskommen». Das «gesamte Balten-Land» müsse Reichsgebiet werden.[725] Am folgenden Tag bestimmte er, Litauen, Lettland und Estland sowie Weißruthenien zum Reichskommissariat «Ostland» zusammenzufassen. Riga wurde unter dem ehemaligen Gauleiter von Schleswig Holstein, Hinrich Lohse, zum Hauptsitz der Zivilverwaltung.[726] Aufgrund des niedrigen industriellen Standards verhielten sich deutsche Unternehmen jedoch zunächst zögerlich, sehr zum Missfallen der Behörden, die für die umfangreichen «Germanisierungspläne» auf Investitionen angewiesen waren.[727]

In Lettland war die Sorge, zwischen den Mühlsteinen der beiden

Großmächte Deutschland und Sowjetunion – aber auch Polens – zerrieben zu werden, der Furcht vor einer sowjetischen Invasion gewichen, was zunächst mit einer Steigerung des wirtschaftlichen Einflusses des Deutschen Reichs einhergegangen war.[728] Die sowjetische Besetzung seit Juli 1940 ging in die deutsche Besetzung des Landes im Sommer 1941 über; wenige Tage nach dem Einmarsch erster Truppenteile am 26. Juli 1941 war Riga in deutscher Hand. Mitte Juli begannen die örtlichen Wirtschaftsdienststellen mit Beschlagnahmungen, die vorwiegend jüdischen Besitz betrafen. Zahlreiche deutsche Firmen setzten in requirierten Betrieben kommissarische Verwalter ein und folgten damit der inzwischen in allen besetzten Gebieten üblichen Praxis. Die AFA schloss mit der Treuhandverwaltung des Reichskommissars für das «Ostland» in Absprache mit der Rüstungsinspektion Ostland und dem Rüstungskommando einen langfristigen Pachtvertrag mit Vorkaufsrecht ab, um in Riga eine Reparaturwerkstatt mit Ladestation einzurichten, die schließlich als AFA-Varta-Akkumulatoren GmbH firmierte.[729] Diese AFA-Varta erwies sich aber bald angesichts der großen Wehrmachtsanforderungen als zu klein,[730] weil neben der Herstellung von Flugzeug-Bordbatterien zunehmend Reparaturaufträge für die Luftwaffe erfüllt werden mussten. Chronischer Mangel an Rohstoffen, vor allem Blei, führte 1942 gar zur Drohung der Rüstungsinspektion, den AFA-Betrieb in Riga zu schließen und «in eigene Regie zu übernehmen»,[731] was aber offenbar nicht wahrgemacht wurde.

Eine besondere Situation ergab sich für die AFA in Estland. Das Land war nicht nur das Tor nach Finnland, wohin die AFA besondere Beziehungen pflegte, sondern traditionell der regionale Hauptsitz der AFA. Ebenso wie in Lettland folgte der sowjetischen Okkupation mit dem Einmarsch der Wehrmacht im August 1941 die deutsche Besetzung. Seit Dezember 1941 unterstand das Land der Zivilverwaltung des Reichskommissariats «Ostland». Von diesem Zeitpunkt an zeigte sich die AFA an der nicht weit vom Stadtzentrum von Reval (Tallinn) in der Nähe des Hafens befindlichen Akkumulatorenfabrik Avata interessiert. Nach dem Einmarsch deutscher Truppen wurden die Industriebetriebe zunächst provisorisch durch Wehrmachtsstellen verwaltet. Das OKM nutzte Reval und den Marinehafen von Baltisch-Port inzwischen als Basis und war auf eine Wartungsstelle für ihre Batterieversorgung im Ostseeraum angewiesen. Die Akkumulatorenfabrik Avata war mit 355 Quadratmetern bebauter Fläche eine vergleichsweise kleine Fabrik, die von Konstantin Mühlwerk, einem im November 1939 verstorbenen Baltendeutschen, gegründet worden war. Etwa 25 Arbeiter estnischer Nationalität waren hier hauptsächlich mit dem Bau von Starterbatterien beschäftigt. Die AFA kannte das Unternehmen bereits gut, weil einer ihrer Ingenieure in den Vorkriegsjahren die Fabrik eingerichtet hatte. Die Avata wurde durch einen Vertrag mit dem Reichskommissar «Ostland» für fünf Jahre gepachtet und nahm die Produktion im Jahr 1942 auf;[732] vermutlich hat die kleine Fabrik bis zum Abzug der deutschen Truppen im Oktober 1944 Reparaturaufträge der Wehrmacht erfüllt.

Eine ganz andere Situation ergab sich wiederum in Finnland: Hier hatte die AFA bereits im Januar 1930 eine eigene Beteiligungsgesellschaft unter dem Namen Finska Accumulator-Fabriks-Aktiebolaget «Tudor» gegründet, die 1940 in Varta Oy umbenannt wurde. Die Varta Oy in Helsinki vertrieb Varta-, Pertrix-, AFA- und DEAC-Erzeugnisse und plante seit 1940 die Fabrikation von Pertrix-Batterien. Die Vertriebsgesellschaft Konzentra verkaufte hauptsächlich Rundfunkgeräte der Firmen ASA und Horniphon auf dem finnischen Markt.[733] Der Überfall der Roten Armee auf Finnland im Februar 1940 und der damit beginnende finnisch-sowjetische Krieg brachten auf dem zivilen Markt erhebliche Umsatzeinbußen.[734] Weil sich Finnland seit 1941 auf deutscher Seite am Russlandfeldzug beteiligte, produzierte die Varta Oy fortan fast ausschließlich für das finnische und das deutsche Militär.[735]

Auf der Suche nach «Patenschaften» in der Sowjetunion

Obwohl in Russland auf alte Geschäftsbeziehungen zurückgegriffen werden konnte, spielte dies eine geringere Rolle als in Westeuropa, weil diese Verbindungen durch die Oktoberrevolution gekappt worden waren und selbst durch die intensiven deutsch-sowjetischen Wirtschaftsbeziehungen der Zwischenkriegszeit nicht wieder hatten revitalisiert werden können. Die Sowjetunion war trotz der Industrialisierungsprogramme Stalins ein wirtschaftlich zurückgebliebener Staat, dem nur in der Theorie ein wirtschaftlicher Boom bevorstand, zumal das Land in Hitlers Utopie alles andere als industriell ausgebaut werden sollte; Investitionen auf diesem unsicheren Markt mussten daher selbst nach einem «Endsieg» mit großen Risiken behaftet erscheinen. Letztlich war die Zeit nach dem Überfall auf die Sowjetunion zu kurz, um bei den Quandt-Unternehmen langfristige Überlegungen aufkommen zu lassen, wie vor allem der Blick auf Weißrussland und die Ukraine exemplarisch zeigt.

Wohl in erster Linie aus Interessen der Wehrmacht erklärt sich, dass nach dem Angriff auf die Sowjetunion auf Befehl des «Bevollmächtigten des Führers für das Sanitäts- und Gesundheitswesen» Experten der Byk Gulden angefordert wurden, um ein Milchsäurewerk in Minsk zu leiten,[736] das schon eine Woche nach Beginn des Russlandfeldzuges erobert worden war. Die DWM wurden 1942 vom Reich beauftragt, im ukrainischen Mariupol unter dem Namen «Iwan-K» eine Rüstungsfabrik zu errichten. Als Grundlage für den Bau sollte ein Röhrenwerk dienen, das vom Reich, als Rechtsnachfolger der übernommenen Staatsbetriebe, dem Krupp-Konzern übertragen worden war. Das Ende 1942 begonnene Projekt sollte allerdings nicht mehr zum Abschluss kommen, und die DWM blieben durch ihre Vorfinanzierung auf Forderungen in Höhe von 2,4 Millionen RM gegen das Reich sitzen.[737]

Die Anfangserfolge der Wehrmacht im Krieg mit der Sowjetunion verleiteten die AFA Anfang 1942 dazu, Expansionspläne zu entfalten.[738] Historische Verbindungen boten einen neuen Anknüpfungspunkt. Die AFA hatte schon 1897 in Sankt Petersburg das Tochterunternehmen Tudor Accumulatorenfabrik gegründet, das sich bald zum wichtigsten Akkumulatorenhersteller des Zarenreiches entwickelte. Selbst durch die Verschmelzung mit den verhältnismäßig kleinen Konkurrenzfirmen Rex und TEM hatte die formell russische Firma ihren Charakter als deutsches Tochterunternehmen nicht verloren. Durch Oktoberrevolution und Kriegsniederlage hatte die russische Tudor jedoch vollständig abgeschrieben werden müssen. Die AFA nahm an, dass das Unternehmen nach wie vor das größte sowjetische Akkumulatorenunternehmen war[739] und konnte sich 1941 bei einem weiteren Vordringen Richtung Osten Hoffnung machen, als Alteigentümer bevorzugt eingesetzt zu werden.[740] Weil Leningrad von den deutschen Truppen nicht erobert wurde, ließen sich solche ehrgeizigen Pläne allerdings nicht mehr realisieren und wurden aufgegeben.

Die AFA wurde aufmerksam, als die viertgrößte Stadt der Sowjetunion, das ukrainische Charkow, Ende Oktober 1941 in die Hände der Wehrmacht fiel. Charkow war die drittwichtigste Industriestadt des Landes mit einer bedeutenden Montanindustrie, die durch die

Berg- und Hüttenwerksgesellschaft Ost (BHO)[741] für die deutsche Rüstung ausgebeutet werden sollte. Die Stadt verfügte über eine eigene Batterie- und Lampenproduktion, die zahlreiche Bergwerke ausstattete und war der AFA gut bekannt. 1930, in einer Zeit, in der die «Russengeschäfte» zum Rettungsanker der von der Weltwirtschaftskrise bedrohten deutschen Unternehmen geworden waren,[742] hatten Verhandlungen mit der sowjetischen Handelsvertretung in Berlin zu Lieferungen der DEAC und Concordia von Batterien für Grubenlokomotiven und -lampen im Wert von 1,8 Millionen RM geführt.[743] In Charkow war unter Verwendung von AFA-Grubenlampenmodellen eine eigene Fertigung betrieben worden. Die AFA rechnete sich daher jetzt Geschäfte für ihre Tochtergesellschaften DEAC, Dominitwerke und Concordia aus. Am 27. Oktober 1941, nur zwei Tage nach der endgültigen Eroberung der Stadt, bot die AFA in einem von Horst Pavel mitunterzeichneten Schreiben dem RLM ihre Dienste bei der örtlichen Grubenlampenfabrik «Schachter Licht» an: «Wir verfügen über das technische und kaufmännische Fachpersonal, um gegebenenfalls das Unternehmen in Charkow sofort in deutsche Regie übernehmen zu können. Wir bitten deshalb hierdurch ergebenst, uns das obenbezeichnete Unternehmen in treuhänderische Verwaltung geben zu wollen. Soweit die Kapazitäten für die [...] Rüstungszwecke des RLM nicht ausgenutzt werden, würden wir diese im Interesse des Bergbaus der Grubenlampen-Fertigung nutzbar machen. Wie wir von unserem Herrn Direktor O[scar] Mitscherling hören, der – wie bekannt – dem Technischen Amt des RLM angehört, ist eine Erkundung durch ihn in Ihrem Auftrag in Aussicht genommen.»[744]

Zwei Tage später wandten sich die Dominitwerke mit einer ähnlichen Bitte an das RWM: Man wolle als Treuhänder bei «Schachter Licht» in Charkow eingesetzt werden. Als ein erfahrenes Unternehmen habe man grundlegende Entwicklungsarbeiten auf dem Sektor der Gruben- und Handlampen geleistet. Die Fabrik bei Brilon in Westfalen befinde sich in einem strukturschwachen Gebiet, weshalb ein weiterer Ausbau schwierig sei: «Es würde deshalb sowohl den bergbaulichen als auch den Rüstungs-Interessen außerordentlich dienlich sein, wenn uns das vorbezeichnete Werk in Charkow zur Betreuung überwiesen würde. Es steht uns ein Mitarbeiterstab von Technikern und Kaufleuten zur Verfügung, die den dortigen Betrieb sofort nach den modernsten Erkenntnissen unserer eigenen Fabrikation einrichten [...] können.»[745]

Der von der AFA und den Dominitwerken geäußerte Wunsch nach Treuhänderschaften ergab sich aus der spezifischen Besatzungssituation in der Ukraine. Aufgrund der verstaatlichten Wirtschaft in der Sowjetunion hatte das Reich zunächst das gesamte Vermögen der eroberten Gebiete nominell übernommen. Allerdings brachen im NS-Herrschaftsapparat Diskussionen über die Formen der wirtschaftlichen Erschließung der besetzten Gebiete aus. Das RWM plädierte dafür, neben den staatlich kontrollierten «Ostgesellschaften»[746] stärker private Unternehmen der Rüstungsindustrie in die Pläne einzubeziehen, während die Vierjahresplanbehörde für eine zentrale Lenkung und Durchführung der Erschließung eintrat. Mit der Ernennung von Paul Pleiger,[747] dem Chef der «Reichswerke Hermann-Göring», zum «Generalbevollmächtigten für die Ostwirtschaft» errang Görings Behörde einen Etappensieg. Die enormen Schwierigkeiten, die sich aus den rüstungswirtschaftlichen Planungen für die Reichskommissariate ergaben, führten aber dazu, dass die Rufe nach mehr Privatinitiative aus dem RWM und dem Ministerium für die besetzten Ostgebiete[748] nicht verstummten und die Vorstellungen Görings sukzessive zurückgedrängt wurden. Für die Unternehmen in privater Hand bedeutete das, dass sie über Paten- oder Treuhänderschaften weiterhin eine «Eintrittskarte» in die besetzten Ostgebiete bekommen konnten; sie mussten dafür aber Allianzen mit den NS-Behörden eingehen und büßten damit erheblich an Handlungsspielraum ein.[749] Diese Risiken waren einige Unternehmen und auch die AFA bereit einzugehen, zumal Göring mehrfach versicherte, dass nach dem Krieg insbesondere «alte Frontkämpfer» von den dann anstehenden Privatisierungen profitieren sollten.[750] Vor dem Hintergrund dieser Interessenkonstellation ist es durchaus möglich, dass die Zusammenarbeit zwischen Günther Quandt und Reichswirtschaftsminister Walther Funk nicht nur aufgrund persönlicher Sympathie gut funktionierte, sondern weil beide ähnliche Vorstellungen von einem europäischen «Großwirtschaftsraum» nach dem Ende des Krieges teilten.

Ob und in welcher Weise die AFA-Töchter zum Zuge kamen, ist den Quellen nicht zu entnehmen. Allerdings taucht in einem Verzeichnis der «Patenfirmen» vom März 1943 die AFA-Konkurrentin Friemann & Wolf GmbH auf, die einen Teil einer Fabrik in Rutschenkowo übernommen hatte.[751] Der Wunsch, irgendwann auch Eigentümer der verwalteten Unternehmen zu werden und aus der Expansion Kapital zu schlagen, ließ sich angesichts des Kriegsverlaufs freilich nicht mehr realisieren. Falls die AFA-Tochtergesellschaften zum Zuge gekommen sein sollten, werden sie höchstwahrscheinlich kaum noch etwas davon gehabt haben.

Nachdem die Sowjets ihre Fabriken und Bergwerke bei ihrem Rückzug zum großen Teil zerstört oder unbrauchbar gemacht hatten, machte nach den erforderlichen Aufräumarbeiten und einer nur schleppend beginnenden Produktion die Wiedereroberung Charkows durch die Rote Armee allen Übernahmeversuchen ein Ende. In den noch zu Kriegszeiten ventilierten Plänen der deutschen Wirtschaft für eine Nachkriegsordnung war seit 1944 der russische Raum kaum noch präsent. Er wich einer Westorientierung, in der die deutsche Wirtschaft durch die Kooperation mit den USA eine eventuelle Perspektive für den Wiederaufbau sah.[752]

Rückständigkeit der osteuropäischen Industrie als Hemmnis?

Im Westen waren die einheimischen Unternehmen und Behörden trotz aller Drohungen und Gewaltanwendungen durchaus in der Lage, dem Akquisitionsdrang der AFA die Grenzen aufzuzeigen. Zwar wurden Mittel angewandt, die das üblicherweise zu erwartende Erwerbsverhalten einer Besatzungsmacht überschritten, aber nackte Gewaltanwendung ohne wenigstens den Schein einer rechtmäßigen Eigentumsübertragung blieb die Ausnahme. In Mittelost- und Osteuropa standen der AFA und den DWM in dieser Hinsicht keine größeren Hindernisse im Wege. Die Regionen Osteuropas waren in ihrer Industrialisierung allerdings wesentlich rückständiger. Zwar war nach allgemeiner Ansicht ein großes Zukunftspotential vorhanden, aber in einem Weltkrieg waren die Kapazitäten für eine schnelle und zugleich kostengünstige strategische Expansion schlicht nicht vorhanden. Es lag daher näher, sich – nicht zuletzt über Kontakte zu den Reichsbehörden – die wirtschaftlich interessanten Gebiete wie Posen oder die Region Charkow für zukünftige Friedensproduktionen zu sichern. Weil dies für die AFA jedoch zunächst keine hohe Priorität hatte, wurde gar nicht erst versucht, im Osten ein Äquivalent zum «Büro Hackinger» in Frankreich aufzubauen. Auslandsexperten wie Oscar Mitscherling waren zwar überall auf der Suche nach Beteiligungen und Übernahmeobjekten, und in kaum einem der besetzten Länder kam es nicht zu entsprechenden Aktionen, aber man folgte in der Regel der Wehrmacht, ohne dass sich dahinter ein übergeordneter großer Plan ausmachen ließ.

Dies schloss nicht aus, dass man dort, wo man sich auf den Spuren der deutschen Panzer in besetzten Territorien festsetzte, Werke übernahm, was der AFA besonders dort leicht fiel, wo bereits nach dem System Tudor gearbeitet wurde, wie bei der Munja, der PAK und bei Akkumulatorenherstellern in Polen und im Baltikum. Die nach der Übernahme der Betriebe vorgenommenen Modernisierungen und Rationalisierungen zeigen, dass neben dem allenfalls mittelfristig Gewinne versprechenden Markt der Wehrmachtsausrüstung langfristige Erwägungen ins Spiel kamen. Wie und ob sich der Ausbau weiterentwickelt hätte, bleibt angesichts der Kriegswende zwar spekulativ. Allerdings ist es durchaus wahrscheinlich, dass die Direktinvestitionen die Stellung der AFA, die sich ohnehin rühmte, der bedeutendste Akkumulatorenhersteller Europas zu sein, auf den neuen Märkten gestärkt hätten. Außer bei der Munja und der PAK waren Expansionsvisionen insbesondere bei den großen Werken der DWM und der AFA in Posen zu erkennen. Gelegentliche Opposition vor allem der AFA gegen Verlagerungsbefehle der Wehrmacht waren kein Indiz für grundsätzliche Differenzen. Der strategische Aufbau setzte sich fort, bis der Stern des «Dritten Reiches» versank.

13. ZWANGSARBEIT BEI DEN QUANDT-FIRMEN

Der Zwangsarbeitereinsatz im «Dritten Reich»: Ein Überblick

Während sich die bundesdeutsche Wirtschaft[1] und die breite Öffentlichkeit in der Bundesrepublik bis in die 1980er Jahre kaum für das Schicksal der im «Dritten Reich» durch Zwangsarbeit ausgebeuteten Menschen interessierte,[2] sind die Zusammenhänge und Dimensionen inzwischen durch grundlegende Überblicksstudien gut erforscht.[3] Daneben hat die intensive Diskussion um «Wiedergutmachung» und Entschädigung[4] der Zwangsarbeiter, nicht zuletzt auch die Einrichtung der Stiftung «Erinnerung, Verantwortung und Zukunft» im Jahr 2000[5] dazu geführt, dass Unternehmensarchive geöffnet wurden und die Kenntnisse erheblich erweitert werden konnten. Unbestritten ist heute, dass sowohl «die Repräsentanten führender Großunternehmen als auch diejenigen von Firmen eher regionaler Dimension, durch Kalkül und Zweckrationalität geleitet, mehr oder minder eng bzw. distanziert mit dem nationalsozialistischen Regime zusammengearbeitet» haben.[6] Bei der Untersuchung der Verstrickung der Unternehmen wurde zudem die Frage aufgeworfen, ob die Beschäftigung von Zwangsarbeitern eine bewusst getroffene Maßnahme war, um kostengünstig Gewinn zu machen, oder ob sie in der Notwendigkeit begründet lag, die geforderte Produktion aufrechtzuerhalten. Generalisierende Antworten lassen sich nicht leicht finden, stets bleibt bei den Fragen nach der moralischen Verantwortung die Notwendigkeit einer individuellen Prüfung.

In allen namhaften Firmen der Quandt-Gruppe wurden, unabhängig vom Charakter und der jeweiligen Sparte des Unternehmens, während des Zweiten Weltkrieges Zwangsarbeiter beschäftigt. Der «Arbeitseinsatz» ausländischer Arbeiter war trotz aller ideologischen Vorbehalte ein Signum der nationalsozialistischen Herrschaft. Neben die Millionen von im Ausland rekrutierten Zivilarbeitern traten Kriegsgefangene und Häftlinge. Die unterschiedlichen Facetten der Fremd- und Zwangsarbeit sind gerade in ihrer Prozesshaftigkeit schwer zu fassen, denn – zumindest bei den nicht aus Ostmittel- und Osteuropa stammenden Arbeitern – waren die Beschäftigungsbeziehungen vielfältig und oszillierten zwischen Freiwilligkeit und Zwang. Die Grenzen zwischen den im «Großwirtschaftsraum» zum Einsatz gekommenen 8 400 000 Zivilarbeitern, den etwa 4 600 000 Kriegsgefangenen und den etwa 1 700 000 KZ-Häftlingen und «Arbeitsjuden» waren mitunter fließend und wurden im Verlauf des Krieges immer schwerer erkennbar.[7]

Die Beschäftigung von Zwangsarbeitern stand in engem Zusammenhang mit der Wirtschafts- und Expansionspolitik des «Dritten Reiches». Unter dem Druck der Aufrüstung wurde schon seit 1938 oft von einer «Knappheit» am Arbeitsmarkt gesprochen. Die Anwerbung von ausländischen Arbeitern, so problematisch sich diese Praxis vor dem Hintergrund der rassenpolitischen Ideologie des Nationalsozialismus auch gestalten mochte, war «in erster Linie ein Notbehelf»[8] und der ad hoc unternommene Versuch, dem Arbeitskräftedilemma zwischen Verpflichtung für die Wehrmacht und Verpflichtung für die Werkbank zu entkommen.

Eine Vielzahl von Institutionen aus Wirtschaft, Verwaltung, Wehrmacht und Partei war mit den sich auftürmenden Problemen betraut, die seit den forcierten Einberufungen und dem Beginn des Zweiten Weltkrieges entstanden. Als die anfangs nach dem Prinzip der Freiwilligkeit organisierte Anwerbung im Ausland ins Stocken geriet, wurden vor allem seit 1941 immer mehr Kriegsgefangene eingesetzt. Das sich etablierende Zwangssystem mit unscharfen Konturen mündete in eine Ordnung der Arbeitsbeziehungen, die nicht länger nach ethischen oder rechtlichen Grundsätzen fragte. Aus einer deutlichen Wahrnehmungsverengung heraus wurde die Zwangsarbeit als Mittel zum Zweck in der deutschen Wirtschaft akzeptiert. Die staatlichen Anordnungen erleichterten es, die Verantwortung abzuwälzen und die unmenschlichen Vorschriften, die zum Erhalt der Arbeitsdisziplin angewandt wurden, als Maßnahmen der besonderen Kriegsumstände zu entschuldigen. Das Verhalten der Unternehmer blieb gekennzeichnet durch eine fatale Mischung von «Anpassungsbereitschaft und Eigeninteresse».[9]

Mittels ziviler ausländischer Arbeitskräfte und schließlich mittels Kriegsgefangener und Häftlingen sollte ein «Ersatz für eine rationale Arbeitspolitik»[10] geschaffen werden. Die meisten Unternehmer hätten gut ausgebildeten deutschen Arbeitern den Vorzug vor den ausländischen Arbeitern gegeben. Diese wurden beschäftigt, «weil es keine Alternative gab» und Zwangsarbeit «schlicht und einfach die Eintrittskarte für die Kriegswirtschaft» war.[11] Ohne Zwangsarbeit hätten weder die Produktion aufrechterhalten, weitere Rüstungsaufträge akquiriert noch die Zuteilung von Rohstoffen und Energien gesichert werden können: «Ohne Zwangsarbeiter wäre nicht nur die deutsche Kriegsrüstung zusammengebrochen, sondern auch die Produktionsstrukturen der Großindustrie.»[12]

Das System der Zwangsarbeit war gekennzeichnet durch eine «verwirrende Anzahl von Arbeitsverhältnissen», die «zwischen den idealtypischen Extrempolen absoluter Freiwilligkeit und totalen Zwangs» ein weites Spektrum einnahmen.[13] Die ausländischen Zivilarbeiter aus Belgien, Holland, Frankreich und Dänemark, die zum Teil schon vor Kriegsbeginn ins Deutsche Reich gekommen waren, standen in der Hierarchie an oberster Stelle. Sie unterlagen zunächst formell den deutschen Arbeitern vergleichbaren Sozialbedingungen und verfügten über gewisse Möglichkeiten, ihre Interessen durchzusetzen. Im Lauf des Krieges wurde der Zwangscharakter und schließlich, daraus folgend, Radikalisierung und Brutalisierung immer deutlicher. Durch die allgemeine Verschlechterung der Lebensbedingungen zwischen «Totalem Krieg» und Bombenhagel führten schließlich auch die westeuropäischen Zwangsarbeiter ein Leben unter bedrückenden Bedingungen.

Die Zahl der westeuropäischen Zwangsarbeiter war hoch: Lässt man die Kriegsgefangenen außer Acht, waren im Sommer 1944 etwa 650 000 Franzosen, 250 000 Niederländer und 200 000 Belgier als Arbeitskräfte im Deutschen Reich gemeldet.[14] Die wirtschaftliche Notlage in den besetzten Gebieten hat die Entscheidung, sich zur Arbeit nach Deutschland zu melden, sicherlich erleichtert.[15] Zudem waren mittels «großartiger Versprechungen»[16] zusätzliche Anreize zum Arbeitseinsatz in Deutschland gemacht worden. Westliche Zivilarbeiter wurden in der Regel bis Mitte 1940 zentral von der Reichsanstalt für Arbeitsvermittlung und den Arbeitsämtern auf der Grundlage der jeweiligen Produktionsanforderungen von den Unternehmern einzeln angefordert und vom Arbeitsamt je nach Bedarf zugewiesen.[17] Die «gelenkte Freiwilligkeit» ging seit Ende 1940 in offene Dienstverpflichtung und Zwangsarbeit über.[18] Unklarheiten hinsichtlich der Behandlung und Bezahlung der ausländischen Zivilarbeiter wurden 1941 durch einen Erlass des Reichssicherheitshauptamtes (RSHA) noch verschärft. Die schwer nachvollziehbaren Regelungen[19] wurden durch eine weitere Differenzierung der «Westarbeiter» komplettiert: Von den «Arbeitnehmern germanischer Abstammung» (hierzu zählten Niederländer, Dänen, Norweger und Flamen) wurden «fremdvölkische» Arbeitnehmer (zu diesen zählten u. a. Franzosen, Wallonen und Italiener) in abwertender Art unterschieden. Die Hierarchisierung nach nationaler Zugehörigkeit hatte direkte Auswirkungen auf rechtliche Regelungen wie Lohnstaffelung, Lohnabzüge, Lohnfortzahlungen, Urlaub, Feiertagsregelungen, Familienheimfahrten oder Krankenversicherung. Während des Zweiten Weltkrieges waren etwa 100 000 Dänen im Reichsgebiet beschäftigt, vorwiegend in der Bau- und Rüstungsindustrie. Eine zwangsweise «Aushebung» wie in anderen westlichen Staaten fand zwar in Dänemark nicht statt, aber es bestand «deutscherseits ein Druck, dem die dänischen Behörden und Gewerkschaftsorganisationen durch eine umfassende Werbekampagne folgten».[20] Während es zunächst aufgrund der in Dänemark herrschenden Arbeitslosigkeit einfach war, freiwillige Arbeitskräfte zu gewinnen, wurde dies seit 1942 immer schwieriger.

Die italienischen Zivilarbeiter waren den deutschen Arbeitern de jure gleichgestellt, wenn auch fremdenfeindliche und rassistische Vorbehalte eine Parität der offiziell Verbündeten ausschlossen.[21] Sie stellten unter den Zivilarbeitern nach den Polen die zweitgrößte Gruppe. Die Betreuung der 1942 bereits über 300 000 Italiener im Deutschen Reich[22] erfolgte durch die DAF und die entsprechenden faschistischen Partnerorganisationen.[23] Während im Kriegsverlauf deutsche Behörden den Zugriff auf das Arbeitskräftepotential des Verbündeten erhöhen wollten, versuchten italienische Betriebe, ihre Facharbeiter im Land zu halten.[24] Der Wechsel Italiens auf die Seite der Alliierten im Jahr 1943 schuf eine neue Kategorie: Etwa 600 000 italienische Soldaten wurden ins Deutsche Reich deportiert und seit Ende September 1943 als sogenannte «Militärinternierte» behandelt.[25] Ihnen wurde die völkerrechtliche Schutzfunktion der Genfer Konvention verwehrt und sie unterlagen hinsichtlich ihrer Ernährung, Bezahlung und Unterbringung einem System der «Vergeltung und Ausbeutung».[26] Etwa 20 000 von ihnen starben bis Kriegsende.[27] Krankheiten, vor allem Tuberkulose, und die Unterversorgung, ließen sie in der Zwangsarbeiterhierarchie in die Nähe der «Ostarbeiter» rücken.

In den «Ostvölkern» sah der Rassenwahn des Nationalsozialismus ein «führerloses Arbeitsvolk», das dem Reich «Arbeiter für besondere Arbeitsvorkommen stellen» sollte.[28] Nach dem Ende der Kampfhandlungen in Polen wurden etwa 300 000 polnische Soldaten gefangen genommen und als Arbeitskräfte ins Reich gebracht, wo sie seit 1940/41 rechtlich als Zivilarbeiter geführt wurden. Die parallele Mobilisierung der polnischen Bevölkerung für den Arbeitseinsatz im Reich hörte damit noch nicht auf.

Neben der Aufnahme von arbeitsuchenden Freiwilligen bemühten sich die deutschen Behörden in Zusammenarbeit mit den lokalen Behörden, weitere Arbeiter zur Arbeit in Deutschland zu bewegen. Dies geschah zunächst zum Teil noch durch vergleichsweise zivile Mittel wie Werbeaktionen und die namentliche Aufforderung, sich zum Arbeitseinsatz zu melden, aber auch durch Razzien und Deportationen. Es gibt Schätzungen, dass im Verlauf des Zweiten Weltkrieges 1,6 Millionen Zivilarbeiter aus Polen ins «Altreich» gebracht wurden – ein Schicksal, das in seiner Dimension von keinem anderen besetzten Land geteilt wurde.[29] Gleichwohl ließen die «Rekrutierungen» von «Ostarbeitern»[30] nach dem Einmarsch der Wehrmacht in weitere Gebiete Osteuropas und der Sowjetunion auch dort nicht lange auf sich warten.

Hinsichtlich der Lebensbedingungen gab es große Unterschiede zwischen der Behandlung der «Westarbeiter» und der «Ostarbeiter»: Die westeuropäischen Arbeiter wurden beim Einwohnermeldeamt, dem Polizei-Ausländeramt, dem Wirtschafts- und Ernährungsamt und dem Arbeitsamt angemeldet. Sie unterlagen der Sozialversicherungspflicht und wurden auch der Krankenkasse gemeldet. Sie hatten Anspruch auf Invaliden-, Kranken-, Unfall- und Pflegeversicherung und zumindest formell ein Anrecht auf stationäre Krankenhausbehandlung.[31] Seit Mai 1942 wurden die Arbeitsverträge auf unbestimmte Zeit abgeschlossen und waren nur mit einer Zustimmung des Arbeitsamtes kündbar.[32]

Grundsätzlich wollten die NS-Ideologen «Ostarbeiter» schlechter bezahlen als «Westarbeiter». Allerdings setzten sich mitunter Unternehmen über diese Bestimmung hinweg, um aus wohlverstandenem Geschäftsinteresse eine bessere Arbeitsleistung anzuregen.[33]

Die Verpflegung, die von den Betrieben gestellt und deren Kosten vom jeweiligen Nettoverdienst abgezogen wurde, war bei den «Westarbeitern» besser als bei den «Ostarbeitern». Aber angesichts der knappen Rationen war selbst für westeuropäische Zivilarbeiter der Tauschhandel und der Schwarzmarkt eine notwendige Quelle für Lebensmittel. Wer nicht aus den Gemeinschaftsküchen der Lager versorgt wurde, erhielt seine Lebensmittel über eine «Wochenkarte für ausländische Zivilarbeiter».

Westeuropäische Arbeiter waren nicht an die strengen Lagervorschriften der «Ostarbeiter» gebunden und konnten häufig in ihrer Freizeit Geschäfte und Gaststätten besuchen.[34] Die lager- bzw. betriebsinternen Disziplinierungssysteme sahen Ordnungsstrafen vor, die von der Entziehung der Tagesverpflegung bis hin zur Einweisung in ein «Arbeitserziehungslager» reichen konnten.[35] Geldstrafen waren bei den «Westarbeitern» analog zum höheren Verdienst in der Regel höher als bei den «Ostarbeitern». Die medizinische Versorgung der «Ostarbeiter» erfolgte zu Minimalbedingungen. Die letzten Kriegsmonate waren die gefährlichste Zeit. Illegalität, Not und Chaos vergrößerten offenbar noch «die Abstufungen in der sozialen Hierarchie».[36]

Seit dem «Blitzkrieg» im Westen wurde auch eine große Zahl westlicher Kriegsgefangener zum Arbeitseinsatz herangezogen. Während die meisten holländischen Soldaten unter Auflagen bald wieder entlassen wurden, wurden weit mehr als eine Million Franzosen zum «Reichseinsatz» herangezogen.[37] Für die westlichen Kriegsgefangenen galten Schutzregeln, in den meisten Fällen die Bestimmungen der Genfer Konvention von 1929 oder zumindest die wesentlich allgemeiner gehaltene Haager Landkriegsordnung.[38] Kriegsgefangene mit Mannschaftsdienstgrad durften zur Arbeit herangezogen werden, wenn dies keine gesundheitliche Beeinträchtigung mit sich brachte. Ein erheblicher Teil dieser Kriegsgefangenen erlangte im Laufe der Zeit den Zivilstatus. Die Übergänge waren fließend, weil bei Fehlverhalten, Vergehen und nicht zufriedenstellender Leistung der Verlust dieses Privilegs drohte. Kriegsgefangene hatten formal ein Recht auf Vertrauensleute, die zugleich auch Ansprechpartner für das Internationale Rote Kreuz waren.

Die Kriegsgefangenen standen unter der Verantwortung der Wehrmacht und des zuständigen Wehrkreiskommandos und waren in der Regel in Stammlagern («Stalags») untergebracht, deren regionale Kommandanturen als Erfassungs- und Verteilungsstelle dienten. Die Kriegsgefangenen wurden von den Betrieben über das Arbeitsamt angefordert und in Arbeitskommandos an die einzelnen Betriebe abgegeben. Die «Gefolgschaftsführer» eines Betriebs, der Kriegsgefangene beschäftigen wollte, schloss mit der Wehrmachtskommandantur einen «Überlassungsvertrag» ab. Das Unternehmen überwies im Gegenzug einen Beitrag in Höhe von 60 bis 80 Prozent des ortsüblichen Durchschnittslohns, von dem jedoch nicht der volle Betrag an die Kriegsgefangenen ausgezahlt wurde. Die mehrere Millionen zählenden sowjetischen Kriegsgefangenen, die seit dem Überfall auf die Sowjetunion ins Reich kamen, standen gemäß der Rassenideologie des Nationalsozialismus auf einer der niedrigsten Stufen und waren Lebensbedingungen ausgesetzt, die in Verbindung mit dem Arbeitseinsatz zu einem «Massensterben» führten.[39]

Im Zeichen des Wandels, der nach den Niederlagen in der Sowjetunion im Winter 1941/42 die deutsche Rüstungsproduktion ergriff, entwickelte sich auch der Einsatz von KZ-Häftlingen in der deutschen Wirtschaft.[40] Durch die Gründung des SS-Wirtschafts- und Verwaltungshauptamts (WVHA) im März 1942 versuchte Heinrich Himmler seinen Einfluss beim Arbeitseinsatz von Häftlingen zu bewahren. Während ihm daran gelegen war, Firmen den Aufbau von Werken in der unmittelbaren Nähe eines Konzentrationslagers nahezubringen, wollte Speer in seiner Eigenschaft als Rüstungsminister die KZ-Häftlinge in den bestehenden Produktionsstätten einsetzen. Beim Arbeitseinsatz für die ökonomischen Interessen der SS war die Sterblichkeit hoch, da die «Vernichtung durch Arbeit» ein zentrales Motiv war. Bei der etwas später einsetzenden Beschäftigung von KZ-Häftlingen in der Rüstungsindustrie spielten diese Beweggründe keine entscheidende Rolle mehr.[41] Seit 1942/43 kommandierten Konzentrationslager ihre Häftlinge zur Arbeit in Betriebe ab. Den Anfang machte Auschwitz für die Baustellen der IG Farben in Schlesien; es folgten das KZ Oranienburg mit einem Vertrag mit Heinkel und das KZ Ravensbrück mit einer Übereinkunft mit Siemens. Speers Ministerium entschied über die Eignung von Betrieben für den Einsatz der KZ-Häftlinge. Ab 1943 etablierte die SS ein weitgespanntes Netz von Außenlagern zur Versorgung der Rüstungsunternehmen mit KZ-Häftlingen. In den späteren Stadien des Krieges «ließ sich schwerlich noch eine wichtige Rüstungsfirma finden, die nicht von der Annahme ausgehend eingerichtet worden war, dass KZ-Häftlinge zur Verfügung stehen würden».[42]

Organisationsformen und Ausmaß der Zwangsarbeit bei den Quandt-Unternehmen

Alle Werke der Quandt-Gruppe waren massiv von den Einberufungen zur Wehrmacht betroffen. Der dadurch entstandenen Nachfrage nach Arbeitskräften wurde sukzessive durch den Einsatz ausländischer Zivilarbeiter und in einigen Werken schließlich auch durch den von KZ-Häftlingen abgeholfen.

Die Analyse der Zwangsarbeit in den Unternehmen der Quandt-Gruppe erfolgt in einer systematischen Gegenüberstellung der verschiedenen Organisationsformen sowie der Lebens- und Arbeitsbedingungen innerhalb der einzelnen Firmen. Damit soll methodisch an die in jüngster Zeit entwickelten Studien zum KZ-Außenlagersystem angeknüpft werden, die über einen systematischen Vergleich der Lebens- und Arbeitsbedingungen in den einzelnen Außenkommandos eines Konzentrationslagers zu einer Gesamtbewertung gelangen.[43] Das Ziel ist, sowohl einen quantitativen als auch qualitativen Eindruck von der Zwangsarbeit in den Quandt-Firmen im Rahmen der zur Verfügung stehenden Quellen zu vermitteln.[44]

Das KZ-Außenlager Hannover-Stöcken

Das Außenlager Hannover-Stöcken des KZ Neuengamme ist das am besten erforschte Lager, das Arbeitskräfte für eine Firma der Quandt-Gruppe stellte. Über die Rolle der AFA beim Einsatz der KZ-Häftlinge liegen inzwischen umfassende Informationen vor.[45] In der Auseinandersetzung mit den Fragen der Verantwortung der AFA für die Beschäftigung von Zwangsarbeitern und KZ-Häftlingen wird das Außenlager Hannover-Stöcken meist exemplarisch dargestellt.[46]

In Hannover, das aufgrund seiner strategischen Lage für den Bau neuer Industrien im «Dritten Reich» prädestiniert war, spielte die Stadtverwaltung eine wichtige Rolle für den Zwangsarbeitereinsatz.[47] Sie betrieb 22 Lager, aus denen insgesamt schätzungsweise 60 000 Frauen und Männer zur Zwangsarbeit herangezogen wurden.[48] Im Sommer 1941 übertrafen die Zwangsarbeiterzahlen des Gaus «Süd-Hannover-Braunschweig» sogar die Zahlen sämtlicher anderer Gaue des Reiches.[49] Den hohen Arbeitskräftebedarf generierten die 85 in Hannover niedergelassenen Rüstungsbetriebe,[50] von denen zahlreiche –

unter ihnen Hanomag, Continental, Durag und die Brinker Eisenwerke – über eigene Lager verfügten. Im AFA-Werk im Stadtteil Stöcken wurden schon 1940 ausländische Zivilarbeiter, höchstwahrscheinlich auf freiwilliger Basis, beschäftigt.[51] Allerdings forderte die
AFA fortwährend weitere Arbeitskräfte an. Anfang 1941 wollten SS-
Führung, OKM und Rüstungskommando Hannover die AFA auch
zum Einsatz von KZ-Häftlingen bewegen. Am 29. Januar 1941 erschienen unangekündigt Funktionäre dieser Institutionen im AFA-
Werk.[52] Bei dieser ersten Fühlungnahme lehnte die AFA den Einsatz
von KZ-Häftlingen allerdings ab, weil sie die von der SS zur Bedingung gemachte vollständige Abtrennung der KZ-Häftlinge von den
übrigen Werksangehörigen nicht garantieren konnte. Die Direktion
der AFA war zudem der Ansicht, dass die Lage auf dem Arbeitsmarkt
noch ausreichend Potential gewähre, um dem Mangel an Arbeitskräften Herr zu werden.[53]

Zwei Jahre später, Ende Februar 1943, trat das OKM erneut an die
AFA heran und forderte dazu auf, «mit allem Ernst» den Einsatz von
KZ-Häftlingen im Werk Hannover zu prüfen. Gleichsam als Anreiz
wurde ins Feld geführt, dass die AFA die Häftlinge nicht direkt entloh-
nen, sondern lediglich der SS eine Pauschale von sechs RM pro Kopf
und Schicht zahlen müsse – ein üblicher Betrag für die «Vermietung»
von KZ-Häftlingen durch die SS-Lagerverwaltung. Das OKM legte der
AFA nochmals nahe, den Sachverhalt «schärfstens zu prüfen».[54]

Erneut lehnte die AFA das Ansinnen ab: Einen geschlossenen Be-
triebseinsatz der KZ-Häftlinge könne sie nicht garantieren, und der
akute Arbeitskräftebedarf von 51 Facharbeitern, 265 Hilfsarbeitern und
32 Angestellten sei bereits beim Arbeitsamt in Hannover gemeldet.
Außerdem führte die AFA «abwehrmäßige Gründe», d. h. Sorge vor Betriebsspionage und -sabotage, gegen den Einsatz an.[55] Um die Produkti-
onsqualität zu halten, sei die «Heranbildung und Haltung eines zuverlässigen Gefolgschaftsstammes» dringend erforderlich – ein Hinweis,
dass die AFA von KZ-Häftlingen keine den Anforderungen der Produktion entsprechende Arbeitsleistung erwartete. In einem Schreiben
vom 1. März 1943 äußerten der Hagener Direktor Hermann Clostermann und der technische Leiter Hans Bischof die Meinung, dass «ein
Einsatz von Arbeitskräften aus KZ-Lägern nicht in Betracht» komme.[56]

Die Weigerung der AFA wurde nicht akzeptiert; das OKM führte
als weiteres Argument an, dass inzwischen auch das Reichsministerium für Bewaffnung und Munition am Häftlingseinsatz im Raum

Hannover interessiert sei. Ein erneuter Besuch der SS und der Rüstungsinspektion wurde für den 10. März 1943 angekündigt.[57] An der an diesem Tag stattfindenden Geländebesichtigung nahmen Abgesandte des OKM, der Rüstungsinspektion Hannover und der SS teil, unter ihnen SS-Sturmbannführer Max Pauly, der Lagerkommandant des KZ Neuengamme. Die AFA delegierte einen Oberingenieur aus Berlin, vom Werk Hannover waren Direktor Fraaß und sein technischer Assistent Friedrich Clostermann, einer der Söhne des Hagener Werksdirektors, anwesend.[58]

Die SS zeigte sich in ihren Bedingungen nach Ansicht der Rüstungsinspektion inzwischen «weit toleranter» als noch zwei Jahre zuvor. Der Einsatz von KZ-Häftlingen im Werk sollte zunächst gemeinsam mit deutschen Arbeitskräften erfolgen, nur längerfristig wurde eine «geschlossene» Häftlingsarbeit unter Anleitung und Kontrolle einiger deutscher Zivilarbeiter und Meister angestrebt. Dies war insofern neu, als die SS bisher auf der strikten Trennung von deutschen Arbeitskräften und KZ-Häftlingen bestanden hatte.[59] Angesichts dieses Entgegenkommens und der weiteren Verschlechterung der Arbeitsmarktlage war die AFA nun bereit, die angebotenen KZ-Häftlinge einzusetzen. Diese sollten bis Kriegsende bei der AFA bleiben und «Ausfälle» durch das Hauptlager Neuengamme ersetzt werden.[60]

In der Forschung ist dieser Verhandlungsprozess unterschiedlich bewertet worden. Marc Buggeln hat den Schluss gezogen, die AFA habe sich in den Verhandlungen «auf ganzer Linie durchgesetzt». Es sei nicht mehr um die von der SS geforderte Sicherheit, sondern um die Leistung des Werks gegangen: «Um diese zu erhalten, wurde der Firma zugestanden, die KZ-Häftlinge mit anderen Ausländern gemeinsam einzusetzen.»[61] Zu einem anderen Fazit ist Mark Spoerer unter Berücksichtigung der Forschungsliteratur gekommen: Im Rahmen der verglichenen Fälle zum Einsatz von KZ-Häftlingen sei die AFA im Jahr 1943 das einzige Unternehmen gewesen, bei dem «einigermaßen sicher festgestellt» werden könne, dass der Einsatz von KZ-Häftlingen «oktroyiert», also gegen den Willen der AFA von den Behörden aufgezwungen worden sei.[62] Die Wahrheit liegt wohl in der Mitte: Die Initiative zum Einsatz von KZ-Häftlingen ging von SS und Wehrmacht aus und nicht von der AFA. Gegen diesen Vorstoß wehrte sich das Unternehmen zweimal, 1941 und dann wieder Anfang 1943, weil es zivilen Arbeitskräften den Vorzug gab. Der bereits übliche Einsatz von

Zwangsarbeitern in anderen Werken des Unternehmens zeigt jedoch, dass es nicht moralische Bedenken der AFA-Leitung waren, die gegen die Übernahme von KZ-Häftlingen sprachen, sondern wirtschaftliche Erwägungen. An dieser Stelle konnten die Verhandlungen Anfang 1943 ansetzen, die letztendlich in einem Kompromiss endeten: Von Oktroyierung durch die Behörden oder einer Durchsetzung der AFA auf ganzer Linie zu sprechen, würde dem Charakter dieses Aushandlungsprozesses nicht vollständig gerecht. Nach der grundsätzlichen Einigung wurde ein Vier-Punkte-Plan zum Bau eines Lagers vereinbart. Zunächst sollte das KZ Neuengamme der AFA einen Unterbringungsplan zur Verfügung stellen. Danach sollte die AFA ihren Bedarf an Baracken dem Baubevollmächtigten einreichen und eine erste Baracke aus eigenen Mitteln errichten. Diese sollte von einem ersten Kontingent Häftlinge bezogen werden, die sodann weitere Unterkünfte zu errichten hätten und in der Kunststoffabteilung angelernt werden würden. Schließlich wurde der AFA auferlegt, Verhandlungen über die Erweiterung der bebauten Fläche auf dem Werksgelände zu führen, was bisher untersagt gewesen war. In einem der letzten Punkte dieses Protokolls gab die AFA an, dass sie, bei 1000 Häftlingen, die das Lager im Endzustand haben sollte, «mit einer durchschnittlichen monatlichen Fluktuation von 80 A. K.» rechnete.[63] Dieser Aktenvermerk der Rüstungsinspektion ist in der wissenschaftlichen Literatur wiederholt zitiert worden, etwa von Schröder, Jungbluth, Spoerer und Buggeln.[64] Auch der NDR-Film «Das Schweigen der Quandts» erwähnt den Aktenvermerk, um zu belegen, dass die AFA bereits von Anfang an mit einer hohen Sterblichkeitsrate der KZ-Häftlinge rechnete.

Diese weitreichende Schussfolgerung ist aber aus quellenkritischer Perspektive problematisch. Falls mit den «80 A. K.» ausnahmslos KZ-Häftlinge gemeint sein sollten,[65] bedeutete dies noch nicht, dass mit einer Sterblichkeit von monatlich 80 Häftlingen gerechnet wurde. Es könnten auch kranke Häftlinge gemeint gewesen sein, die in monatlichen Transporten in das KZ Neuengamme zurückgeführt werden sollten.[66] Allerdings besaß die AFA noch keine Erfahrung mit KZ-Häftlingen und war daher wohl kaum in der Lage, eine realistische Prognose über eventuelle Ausfälle zu machen. Wie sich herausstellen sollte, betrug die tatsächliche monatliche Sterblichkeit im Lager bis zum September 1944 nie mehr als 0,6 Prozent und lag damit deutlich unter einer Zahl von 80 Häftlingen.[67]

Neben Sterblichkeit und Krankheitsausfällen könnte mit der «Fluktuation» auch die durchaus übliche Verschiebung von Arbeitern zwischen den verschiedenen Werken der AFA gemeint gewesen sein, die in jenen Monaten je nach Auftragslage immer wieder in den Verhandlungen mit dem OKM und der AFA thematisiert wurden.[68] In der Zeit der Verhandlungen über den KZ-Einsatz im Frühjahr 1943 bat das OKM die AFA beispielsweise zu prüfen, «ob nicht von Hannover eine Anzahl der jetzt zur Verfügung stehenden Leute an Hagen und Posen abgegeben werden könnten, wenn dafür eine entsprechende Anzahl von KZ-Leuten in Hannover eingesetzt werden» würde.[69] Und das im Aufbau befindliche Werk der AFA in Posen bemängelte am 6. Mai 1943, dass die Werke in Hagen und Hannover die aus Posen abgegebenen polnischen Arbeiter «nicht in den verabredeten Raten» zurückgegeben hätten.[70] Letztlich ist es sehr unwahrscheinlich, dass unter «Fluktuationen» ausschließlich mögliche Todesfälle verstanden wurden.

Einen Tag nach der Geländebesichtigung vom 10. März 1943 wurden die Abmachungen zwischen der AFA und den Behörden offiziell bestätigt. Die organisatorische Leitung des Lagerbaus lag in der Verantwortung der AFA, die auch die Bauanweisungen an Drittfirmen verwaltete. Das Lager wurde in einem ersten Schritt zunächst für 500 Personen gebaut. Die AFA stellte «Unterkunftseinrichtungen, wie Betten, Strohsäcke, Schränke, Tische, Schemel usw. und die gesamte Kücheneinrichtung». Außerdem war sie für die «Sicherungsmaßnahmen» sowie die Kosten für Heizung, Beleuchtung und Wasser zuständig. Das KZ Neuengamme stellte die Bekleidung und Verpflegung für Wachmannschaften und Häftlinge.[71]

Ein erstes Vorkommando von 51 Häftlingen aus Neuengamme erreichte am 17. Juli 1943 das Lager. Zur Bewachung wurden 22 SS-Männer nach Stöcken verlegt.[72] Die Häftlinge begannen, teilweise unterstützt von «Zivilgefangenen», mit dem Bau der Holzbaracken.[73] Im Oktober 1943 waren diejenigen im südlichen Teil des Lagers fertiggestellt.[74] Der 1944 erfolgende Übergang zur Steinbauweise war ein Zeichen für den Wandel des Provisoriums zu einer dauerhaften Einrichtung.[75] Von einer Belegung mit zwölf Häftlingen Mitte September 1943 wuchs die Zahl auf über 790 im März 1944, auf 1533 im August 1944.[76] Im dritten Quartal 1944 waren von den insgesamt 6500 Arbeitern bei der AFA Hannover 1500 KZ-Häftlinge und 3700 weitere Zwangsarbeiter; an diesen Zahlen dürfte sich bis zur Zeit der Auflösung des Lagers im April 1945 nicht viel geändert haben.[77]

Unter den KZ-Häftlingen waren etwa 300 bis 400 Deutsche:[78] «Kriminelle» mit grünem Winkel, «Politische» mit rotem Winkel, «Asoziale» mit schwarzem Winkel, «Sittlichkeitsverbrecher» mit rosa Winkel und «Bibelforscher» mit lila Winkel. Die ausländischen Häftlinge, häufig aus den Reihen des Widerstands oder aus anderen Gründen als politisch «unzuverlässig» geltend, kamen aus Polen, Frankreich, der Sowjetunion, Belgien und Dänemark.[79] Kleinere Gruppen bildeten Häftlinge aus Lettland, Estland, Italien, Griechenland, Rumänien und der Tschechoslowakei;[80] kurz vor Auflösung des Lagers wurden auch polnische Juden nach Hannover gebracht.[81]

Der Zwangsarbeitereinsatz bei der AFA Hagen

Im Gegensatz zum Werk Hannover setzte die AFA in Hagen keine KZ-Häftlinge ein. Allerdings kamen ausländische Zivilarbeiter und Kriegsgefangene zum Einsatz, über deren Schicksal einige Quellen berichten.[82] Aus diesen ergibt sich, dass das Werk zunächst kaum Interesse am Einsatz von Zwangsarbeitern hatte und auf seine gut ausgebildeten Facharbeiter – sie stellten zu Beginn des Krieges etwa 45 Prozent der Belegschaft – nicht verzichten wollte.[83] Das zuständige Rüstungskommando Dortmund bemängelte im August 1940, die «Accumulatorenfabrik, Hagen, die zur Erfüllung ihrer Aufgaben immer einen starken Bedarf an Arbeitskräften hat und dauernd die Zuweisung von Arbeitskräften beantragt, unternimmt nichts, was für die Unterbringung auswärtiger Leute erforderlich ist. Daran scheitert auch wieder einmal die durch das Arbeitsamt vorgesehene Zuweisung von 20 Hilfskräften aus dem Bezirk Oeynhausen. Es ist nicht zu verstehen, wie dieser Betrieb jemals Arbeitskräfte bekommen soll, wenn er selbst sich nicht für verpflichtet hält, seinen Anteil – die Unterbringung dieser Menschen – durchzuführen.»[84] Zur gleichen Zeit versuchte die AFA durch Annoncen in Tageszeitungen deutsche Arbeitskräfte zu gewinnen.[85] Die Skepsis gegenüber ausländischen Zivilarbeitern hing sicherlich in erster Linie mit den zu erwartenden hohen Anlernkosten zusammen.

Allerdings zeichnete sich schon wenig später aufgrund des großen Bedarfs an Arbeitskräften im Raum Hagen ein Gesinnungswandel ab. Der «Mehrbedarf an Arbeitskräften» bei den wichtigsten Firmen – hierzu zählte ausdrücklich auch die AFA Hagen – konnte von den Arbeitsämtern im Herbst 1941 nicht mehr befriedigt werden, und

selbst eine «Sonderaktion» des OKM zur Rekrutierung weiterer Zivilarbeiter hatte nur «geringen Erfolg».[86] Anfang 1941 erreichten die ersten 342 französischen Kriegsgefangenen Hagen. Der Einsatz von
«Ostarbeitern» begann Ende 1941, und die AFA wurde zunehmend
selbst aktiv. Im Sommer 1942 suchte der Oberingenieur des Hagener
Werkes, Hans Bischof, über das Büro Hackinger in Belgien und Frankreich nach qualifizierten Arbeitern. Offenbar war die AFA erfolgreich,
da sie im November 1942 400 Fachkräfte aus französischen Akkumu-
latorenwerken zugeteilt bekam.[87] Seit Beginn des Russlandfeldzuges
gingen zudem durchweg «Sofort-Anforderungen» auf Zuweisung russischer Kriegsgefangener beim Rüstungskommando Dortmund ein.[88]
Im November 1942 wurden dem Werk vom Arbeitsamt zusätzliche
1663 Arbeitskräfte für das Marineprogramm sowie die Bergbau- und
Grubenlokomotiven-Batterieproduktion zugewiesen. Im März 1943
arbeiteten 455 «Ostarbeiter», 263 Italiener, 176 Polen, 320 Franzosen
sowie 402 französische Kriegsgefangene im Werk. Die ausländischen
Arbeitskräfte machten einen Anteil von 27 Prozent an der Gesamtbelegschaft aus,[89] was im Raum Hagen vergleichsweise wenig war.

Inzwischen stellte sich vor allem das Problem der Einarbeitung und
Unterbringung.[90] Diese erfolgte seit 1942 in von der DAF betreuten
Barackenlagern in der Nähe des Werksgeländes. Im März 1943 wurde
eine im städtischen Besiedlungsplan als Industriegelände ausgewiesene
Kleingartenkolonie für den Bau einer weiteren Barackensiedlung vorgesehen.[91] Die DAF legte, wie der zuständige Kreisobmann im Januar
1944 erläuterte, besonderen Wert auf eine gute Ausländerbetreuung.
Dies entspringe jedoch «nicht schlechthin den menschlichen Gefühlen», sondern habe zum Ziel, «die noch zweifellos im Ausländer
ruhenden Leistungsreserven so weit wie möglich zu mobilisieren, zumal man «noch lange Zeit mit den ausländischen Arbeitskräften zu
rechnen habe.»[92]

Aus dem bisher Dargelegten dürfte klar geworden sein, dass sich die
AFA in Hannover und Hagen zunächst nur zögernd mit einem Einsatz
von Zwangsarbeitern anfreunden konnte. Als sich das System aber einmal eingespielt hatte, wollte man sich davon jedoch nicht mehr ohne
weiteres trennen. Altruismus war also keinesfalls im Spiel: Der AFA
ging es aus wirtschaftlichen Erwägungen in erster Linie um die Aufrechterhaltung ihrer Rüstungsproduktion, und dazu setzte sie auf die
Zwangsarbeit. Versuche, die angelernten und eingearbeiteten Kräfte
auch gegen den Behördenwillen im Betrieb zu halten, wurden aus der

Sorge heraus unternommen, sonst möglicherweise auf den Einarbeitungs- und Anlernkosten sitzen zu bleiben: Als beispielsweise im Mai 1943 die italienischen Zivilarbeiter auf Wunsch Mussolinis in die Heimat zurückgeführt werden sollten und die AFA monatlich zunächst 50 bis 60 Personen für den Rücktransport zu melden hatte, versuchte die Werksleitung sogar noch, diesen Bescheid beim Rüstungskommando rückgängig zu machen. Dies hatte keinen Erfolg, allerdings sagte die Behörde als Ersatz französische Zivilarbeiter zu.[93]

Berlin als Zentrum der Zwangsarbeit:
Die Fabriken der AFA und Pertrix

Eine andere Situation als in Hannover und Hagen, wo die Behörden die Initiative ergriffen, bot sich in Berlin: Die Reichshauptstadt war mit mehr als 1000 Lagern ein Zentrum der Zwangsarbeit. Allein im Industriebezirk Treptow, in dem die AFA-Produktionsstätten lagen, befanden sich mehr als 100 Lager, und in Schöneweide wurden mehr als 20 Zwangsarbeiterlager von den zahlreichen hier ansässigen Unternehmen genutzt.[94] Errichtet wurden die Lager zumeist durch das Amt des Generalbauinspektors für die Reichshauptstadt unter der Oberleitung von Albert Speer. Obwohl zahlreiche Akten der Arbeitsämter und der Gestapo als verloren gelten müssen, hat sich in den letzten Jahren, angestoßen durch Initiativen der Berliner Geschichtswerkstatt, das Wissen um die Zwangsarbeit in Schöneweide erheblich verbessert.[95]

Bei einem kontinuierlichen Rückgang der männlichen deutschen Beschäftigten[96] forderte die AFA seit Anfang 1941 regelmäßig Kriegsgefangene aus den Stammlagern an.[97] Weil diese jedoch zunächst keine Gefangenen zur Verfügung stellen konnten, bemühte man sich beim Arbeitsamt um italienische oder französische Arbeitskräfte.[98] Um die Zuteilung zu beschleunigen, meldete man die Abnahme einer neu errichteten Baracke direkt dem Rüstungskommando Berlin.[99] Die Betriebsleitung ordnete im Herbst 1941 den Bau von Unterkünften für 300 Personen an, unabhängig davon, ob Zuweisungsanträge erfolgreich waren oder nicht – eine Vorgehensweise, die sich deutlich von derjenigen im Werk Hagen unterschied.[100] Im Frühjahr 1942 wurden zwei zusätzliche Baracken fertiggestellt,[101] so dass auf dem Werksgelände in der Wilhelminenhofstraße 68/69 schließlich fünf Kriegsgefangenenbaracken entstanden.[102] Im Februar 1942 verpflegte eine

Großküche bereits 204 Kriegsgefangene.[103] Im Februar 1943 bat die AFA um die Genehmigung zum Bau von drei weiteren Baracken. Das Lager erhielt zudem eine eigene Küchenanlage und einen Luftschutzkeller.[104] Trotz aller Hinweise auf die Kriegswichtigkeit der AFA wurden immer wieder Kriegsgefangene abgezogen.[105] Die Betriebsleitung intervenierte deswegen im Mai 1942 bei Generalfeldmarschall Milch,[106] offensichtlich mit Erfolg, denn zumindest in den nächsten Monaten mussten keine weiteren Kriegsgefangenen abgegeben werden.[107] Die Zahl der «Ostarbeiter» stieg von knapp 300 im Juni 1942 auf knapp 500 im August 1943.[108] Diese waren in sechs Mannschaftsbaracken untergebracht.[109]

Charakteristisch für die Situation in Berlin war, dass ab 1940 verstärkt Juden zur Arbeit verpflichtet wurden. Ende 1941 wurden bereits 21 000 von ihnen in Rüstungsbetrieben eingesetzt[110] und galten bei den Betriebsführern als «ausgezeichnete Arbeitskräfte».[111] Im Oktober 1940 wurden etwa 50 von ihnen der AFA vom Arbeitsamt zugeteilt. Weil diese «räumlich getrennt untergebracht werden» mussten, sah sich die AFA «genötigt, diese Leute im Kellergeschoß Gaußstraße 2 unterzubringen».[112] Für die Bewachung wurde der uniformierte Werkschutz im Frühjahr 1941 verstärkt.[113] Im Spätsommer 1941 sollten die jüdischen Arbeiter «schubweise abgelöst» und durch 100 französische Kriegsgefangene ersetzt werden.[114] Im November 1941 stand die «Abgabe» bevor,[115] allerdings sollte sie nunmehr durch 300 französische Kriegsgefangene aus Kolonialtruppen kompensiert werden.[116] Im Folgenden entwickelten sich zwischen den Behörden und der AFA Verhandlungen über den Einsatz verschiedener Zwangsarbeitergruppen: Die AFA meldete im Dezember 1941 dem Rüstungskommando einen zusätzlichen Bedarf von 250 sowjetischen Kriegsgefangenen und erklärte sich jetzt bereit, 66 französische Kriegsgefangene und 70 jüdische Arbeiter abzugeben.[117]

Im November 1942 gab das Arbeitsamt bekannt, auf Befehl des «Führers» seien alle Juden zu «evakuieren» und durch Polen zu ersetzen. Die AFA war hiermit zunächst nicht einverstanden, weil es keine Unterkunftsmöglichkeiten für die polnischen Arbeiter gab, die sich frei bewegen durften und nicht den üblichen «Ostarbeiter»-Vorschriften unterlagen.[118] Ob bei der AFA bekannt war oder geahnt wurde, welche grauenvollen Konsequenzen sich hinter den harmlos scheinenden Begriffen «Abgabe» bzw. «Evakuierung» für die jüdischen Zwangsarbeiter verbargen, ist nicht bekannt. Die sukzessive Ersetzung durch

54 Bei der Pertrix in Berlin-Niederschöneweide wurden Kriegsgefangene und weibliche KZ-Häftlinge eingesetzt.

polnische Arbeiter wurde ohnehin von den Betrieben im Zuständigkeitsbereich des Rüstungskommandos Berlin abgelehnt. Für die Arbeit, die von einem Juden erledigt werde, so lautete die Faustregel der Unternehmen, benötige man zwei Polen.[119] Das Arbeitsamt teilte der AFA mit, dass auf ihre Wünsche «keine Rücksicht genommen werden könne»: Die AFA werde «den Ersatz eben erst dann erhalten, wenn [sie] Unterkunftsmöglichkeiten geschaffen» habe.[120] Von den 1942 noch verzeichneten etwa 60 Juden wurde im folgenden Jahr keiner mehr in den Listen geführt.[121]

Die AFA-Tochter Pertrix setzte in Berlin ebenfalls auf Zwangsarbeit.[122] In der zweiten Kriegshälfte gehörte das Unternehmen der privaten «Arbeitsgemeinschaft Rudow» an, deren Mitglieder Ende Dezember 1943 einen Vertrag zur «Errichtung und Unterhaltung eines Lagers für Kriegsgefangene» abschlossen. Das Lager sollte auf dem Grundstück der Firma Deutsche Asbestzement AG errichtet und die Kosten für den Betrieb auf die Mitglieder der Arbeitsgemeinschaft nach der Zahl der zugeteilten Kriegsgefangenen aufgeschlüsselt werden.[123] Die ersten Kriegsgefangenen kamen aus Frankreich, die ausländischen Zivilarbeiter überwiegend aus der Sowjetunion. Die Pertrix ist

jedoch auch deshalb von besonderem Interesse, weil in Niederschöneweide seit Juni 1944 eines von mehr als 30 Berliner Außenlagern des
KZ Sachsenhausen eingerichtet war, dessen Häftlinge unter anderem
bei der Pertrix eingesetzt wurden.[124] Bei stark schwankender Belegungsstärke stieg die Zahl der im Lager untergebrachten weiblichen
Häftlinge von 200 im Herbst 1944[125] auf 491 am Jahresende.[126] Die
Belegung scheint sich in den folgenden Monaten nur geringfügig durch
Flucht oder Überstellung in andere Lager verändert zu haben.[127] Von
den 130 Frauen, die namentlich bekannt sind, waren je ungefähr ein
Drittel Polinnen, Belgierinnen und Französinnen.[128] Die meisten der
zwischen 16 und 49 Jahre alten weiblichen Häftlinge waren schon
vorher in Konzentrationslagern oder Polizeigefängnissen interniert
gewesen. Die Belgierinnen waren über verschiedene Zwischenstatio-
nen aus Ravensbrück, die polnischen Frauen aus Auschwitz-Birkenau
über Ravensbrück in das Lager gekommen. Sie waren unter anderem
als «Politische Häftlinge», «Asoziale» und «Befristete Vorbeugehäft-
linge» kategorisiert worden.[129]

Die Häftlinge wurden zunächst in einem ausgemusterten Bootsschuppen auf dem Gelände des ehemaligen Ausflugs- und Tanzlokals
«Loreley» am Ufer der Spree in der Nähe der Pertrix untergebracht.[130]
Nachdem ein Luftangriff am 24. Februar 1945 den Bootsschuppen
stark beschädigt hatte, wurden die Häftlinge auf benachbarte Lager
verteilt.[131] Obwohl diejenigen, die in einem Nebenlager in Köpenick
untergebracht waren, fortan nicht mehr für die Pertrix arbeiteten,
wurden sie in der Häftlingsverwaltung des KZ-Hauptlagers Sachsenhausen weiterhin unter der Sammelbezeichnung «Pertrix» geführt.[132]

Etwa 200 Frauen arbeiteten allerdings weiterhin für die Pertrix. Sie
wurden in das 1943 errichtete «Italienerlager» in der Köllnischen Straße
in unmittelbarer Nähe einer Kleingartenkolonie umquartiert. Aufgrund seiner massiven Steinbauweise ist der Baukörper dieses Lagers
als einziges Exemplar seiner Art noch heute erhalten.[133] Das Lager bestand aus 13 Steingebäuden, in denen auch italienische Militärinternierte untergebracht waren. Diese flachen Häuser waren auf eine Belegung von insgesamt 2160 Personen ausgelegt. Eine Baracke bestand
aus zehn bis zwölf Stuben für jeweils 16 Personen. Wachtürme fehlten,
aber das Lager war durch einen Stacheldrahtzaun umschlossen.[134] Die
Pertrix-Häftlinge bezogen zwei der Gebäude.[135]

Als in den letzten Kriegsmonaten angesichts der permanenten
Bombenangriffe die Fertigung der Pertrix und die AFA-Flugzeugbat-

terieproduktion aus Berlin nach Osten verlagert werden sollten, plante die Direktion die Arbeitskraft von KZ-Häftlingen mit ein. Die Verlagerungen nach Grünberg (Zielona Góra) und Sagan (Żagań) in Schlesien waren «Chefsache». Am 27. Oktober wurden von einem Ingenieur des Aufnahmebetriebes die Projektskizzen für die geplante Werksküche und das Barackenlager den Pertrix-Direktoren Herbert Quandt, Werner, Tewes und Hiller «persönlich vorgelegt und schwebende Fragen besprochen».[136] Im November 1944 wurde bei der Oberbauleitung der Organisation Todt in Breslau ein Antrag für den Barackenbau zur Unterbringung von KZ-Häftlingen gestellt.[137] Am 2. Dezember 1944 erfolgte eine erste Besprechung mit SS-Hauptsturmführer Schulz vom KZ Groß-Rosen über das geplante KZ-Barackenlager in Sagan.[138] Zu diesem Außenlager ist bis heute nicht viel bekannt geworden, vermutlich weil es vergleichsweise spät eingerichtet wurde. Bei einer Besprechung am 4. Dezember 1944 informierten sich Herbert Quandt und Horst Pavel persönlich über den Fortgang der Bauarbeiten. Zwei der inspizierten Baracken waren zu diesem Zeitpunkt fast fertiggestellt,[139] und wahrscheinlich arbeiteten dort bereits 25 Häftlinge, die in den Quellen allerdings als «Ostarbeiter» angegeben werden. Es handle sich, so wurde in Sagan bemängelt, nicht um deutsche Fach- und Hilfsarbeiter, «sondern nur um ausländische Arbeitskräfte und russische Kriegsgefangene».[140] Bis Mitte Januar 1945 wurden 40 Waggons mit Einrichtungen und Maschinen nach Sagan verlagert. Zwar waren die Baracken für das KZ-Lager inzwischen von der Organisation Todt in Prag zugeteilt worden, aber für den Bau fehlte noch eine Zustimmung des Luftgaukommandos. Für den Aufbau wurde ein Zeitraum von drei Monaten veranschlagt; erst dann hätten die KZ-Häftlinge aus Groß-Rosen angefordert werden können.[141] Hierzu kam es durch die Kriegsereignisse nicht mehr. Ende Januar übernahm Herbert Quandt persönlich die Räumung des Verlagerungsstandortes.

Ein weiteres AFA-Werk, in dem wie in Hannover und Berlin KZ-Häftlinge eingesetzt wurden, war der Verlagerungsbetrieb in Wien. Dieser bezog Häftlinge aus dem KZ Mauthausen, über deren Zahl nur bruchstückhafte Informationen vorliegen.[142] Die KZ-Häftlinge wurden zunächst aus dem Nebenlager Schwechat abkommandiert, dessen Häftlinge überwiegend für die Flugzeugproduktion der Heinkel-Werke arbeiteten. Nachdem bei einem amerikanischen Luftangriff am 26. Juni 1944 die Unterkünfte zerbombt und zahlreiche Häftlinge getötet worden waren, wurde das Lager Schwechat aufgelöst und nach Wien-Floridsdorf auf mehrere Unterlager verteilt. Ein Teil der Häftlinge wurde in Wien-Floridsdorf-Jedlesee in einer Bierbrauerei untergebracht und arbeitete weiter bei den Heinkel-Werken.[143] Die KZ-Häftlinge, die bei der AFA arbeiteten, wurden auf dem Werksgelände in Floridsdorf untergebracht.[144] Um wie viele es sich dabei handelte, ist bis heute nicht genau bekannt, weil die Häftlingszahlen für die einzelnen Unterkommandos des Außenlagers Floridsdorf nicht gesondert ausgewiesen wurden.[145] Einige Anhaltspunkte ergeben sich daraus, dass die SS Ende März 1944 die Abkommandierung von 1000 KZ-Häftlingen ankündigte. Weitere Arbeitskräfte sollten durch den Abzug von «Ostarbeitern» aus anderen Betrieben gestellt werden.[146] Ende August 1944 verzeichnete das Außenlager Floridsdorf insgesamt 1970 Häftlinge.[147] Bis zum Frühjahr 1945 soll die Zahl der überwiegend aus Polen, Italien, Frankreich und der Sowjetunion stammenden Häftlinge auf circa 2700 angestiegen sein.[148] Folgt man den späteren Aussagen vor Gericht und den Evakuierungszahlen von mindestens 800 KZ-Häftlingen direkt aus Floridsdorf, kann man von circa 400 Häftlingen bei der AFA ausgehen.[149]

Zwangsarbeit in den DWM-Rüstungsbetrieben

Die DWM und ihre Tochterunternehmen setzten ebenfalls auf den Einsatz von Zwangsarbeit. Die Quellenlage ist allerdings unbefriedigend, zumal der Rechtsnachfolger des Unternehmens, die IWK, an einer historischen Aufarbeitung lange Zeit wenig Interesse zeigte.[150] Das Stammwerk Karlsruhe und seine Dependance in Grötzingen hatten 1939 durch die Verlagerungen nach Lübeck, Berlin und Posen – allein dorthin wurden über 1200 «Dienstverpflichtete» abgegeben – als Produktionsstandort an Bedeutung stark eingebüßt. Als es wieder für die Rüstungsfertigung herangezogen wurde, gelang es in der angespannten Arbeitsmarktlage Karlsruhes nur durch den energischen Verweis auf die Kriegswichtigkeit, genügend Arbeitskräfte aus dem Ausland zugeteilt zu bekommen.[151] Von den im Herbst 1941 für sechs Karlsruher Betriebe angekündigten 800 französischen Kriegsgefangenen erreichten nur wenige ihre Bestimmungsbetriebe, und die DWM gingen fast leer aus.[152] Ende Oktober 1941 waren 108 ausländische Arbeitskräfte beschäftigt,[153] und diese Zahlen stiegen kontinuierlich an.[154] Nach Schätzungen des Arbeitsamtes wurden zusätzlich 2000 einheimische Arbeitskräfte, 1000 Ausländer und 400 Kriegsgefangene benötigt. Zwar ließ sich ein Teil der Arbeitskräfte durch «Rückführung» aus anderen DWM-Werken decken, aber der Fehlbedarf blieb trotz der Abordnung polnischer Arbeiterinnen aus dem DWM-Werk Posen hoch.[155] Im Februar 1942 wurden erstmalig sowjetische Kriegsgefangene als Anlernkräfte eingesetzt.[156] Im September 1943 waren bereits 1113 männliche, 1405 weibliche Arbeitskräfte sowie 236 Kriegsgefangene beschäftigt.[157] Das Werk Karlsruhe gehörte schließlich mit 3038 Zwangsarbeitern im Juli 1944 zu den Betrieben der Region mit den meisten Zwangsarbeitern.[158] Die Quote von 41,6 Prozent war erheblich höher als bei Unternehmen in Mannheim wie Daimler-Benz (zwischen 22 und 31 Prozent) oder Brown, Boveri & Co. (zwischen 17 und 25 Prozent).[159] Die meisten Arbeitskräfte waren Polen, gefolgt von Russen, Franzosen, Italienern und Niederländern.[160] Der Frauenanteil stieg auf mehr als 2000 im April 1944 an – zu diesem Zeitpunkt war er nur noch unwesentlich geringer als der sich auf 2500 belaufende Anteil von männlichen Deutschen im Werk.[161]

Für Unterbringung und Versorgung gründeten die DWM gemeinsam mit anderen Firmen und Verbänden im Januar 1942 eine «Arbeitsgemeinschaft der Betriebe zur Unterbringung und Versorgung von ausländischen Arbeitskräften». Diese übernahm die Verhandlungen mit DAF, Arbeitsamt sowie den Sicherheits- und Gesundheitsbehörden.[162] Die größte Barackenanlage entstand in der Hardeckstraße am Westbahnhof, wo 1047 polnische und sowjetische Zwangsarbeiter untergebracht wurden.[163] Weitere Lager wurden seit Herbst 1943 in der Fautenbruchstraße und seit Sommer 1944 auf dem Werksgelände eingerichtet.[164]

Die Mauser-Werke, die bei den DWM in Karlsruhe eine eigene Fertigung unterhielten, wiesen gemessen an der Gesamtbelegschaft im Vergleich zu anderen Unternehmen ebenfalls eine hohe Zwangsarbeitsquote auf. Im November 1942 waren 198 ausländische Arbeiter gemeldet, was in absoluten Zahlen nicht viel sein mochte, aber einem Anteil von 42,5 Prozent entsprach.[165] Diese Entwicklung setzte sich weiter fort. Als die Zahl der Zwangsarbeiter im Sommer 1944 auf über 800 stieg,[166] war die Quote von 59 Prozent die höchste unter den vergleichbaren Unternehmen in der Region.[167]

Die Zahlen zu den im Berliner DWM-Werk eingesetzten Zwangsarbeitern sind unpräzise, weil sich auf dem dortigen Betriebsgelände auch Produktionsstätten der Mauser-Werke und der Düren er Metallwerke befanden und die Zuordnung nie ganz eindeutig war. Bereits früh sollen die DWM in Berlin Juden eingesetzt haben, die in dem Betrieb gekennzeichnet wurden, noch bevor der «Judenstern» 1941 im gesamten Reichsgebiet getragen werden musste.[168] Die DWM unterhielten mehrere eigene Lager, von denen sich zwei in unmittelbarer Nähe des Werksgeländes befanden und ein drittes in der Schönholzer Heide lag.[169]

Das seit Dezember 1942 aufgebaute «Badener Lager» war auf dem Werksgelände gelegen und für etwa 560 Personen ausgerichtet.[170] Da hier auch sogenannte Kriegshilfsdienstmaiden aus dem Rheinland und dem «Warthegau» untergebracht waren, war es wahrscheinlich vergleichsweise gut ausgestattet. Ein zweites aus insgesamt sieben Holzbaracken bestehendes Lager für 500 Personen lag unmittelbar gegenüber dem Werkstor 2 auf dem firmeneigenen Sportplatz.[171] Das dritte Lager in der Schönholzer Heide befand sich auf dem Gelände des Restaurants «Lunapark» im ehemaligen Vergnügungspark «Traumland».[172] Mit der Bezeichnung «Luna-Lager» wurde auf unterschiedliche Unterbringungsorte verwiesen, was in späteren Ermittlungen und Verfahren häufig zu Unklarheiten führte.[173] Die entsprechende Bezeichnung fand sich erst ab 1944 auf den Lagerausweisen, zuvor war stets vom «Lager Schönholz» die Rede.[174]

Obwohl die Errichtung dieses Lagers in manchen Quellen mit 1941 angegeben wird, spricht einiges dafür, dass das Gelände bereits ab Juni 1940 für seine neue Bestimmung umgebaut wurde, zumal sich die ersten polnischen Lagerbewohner noch an Relikte des Vergnügungsparks wie Karussells und Autoscooter erinnern konnten.[175] Diese Arbeiter kamen offensichtlich aus dem DWM-Werk Posen und waren über das dortige Arbeitsamt an die DWM vermittelt worden. Einigen von ihnen war versprochen worden, nur zu einem sechs Wochen dauernden Lehrgang nach Berlin geschickt zu werden,[176] andere waren mit dem Hinweis auf gute Bezahlung geködert worden.[177] So erklärt sich auch, dass einige von ihnen im Juni 1940 wie zu einer «Sommerferienfreizeit» nach Berlin aufgebrochen waren.[178] Diese Anwerbepraxis änderte sich im Kriegsverlauf jedoch sehr bald. Ab 1942 ordneten die Behörden zur Rekrutierung von Polen Zwangsmaßnahmen von unterschiedlicher Härte an, die von Anweisungen der Arbeitsämter über Straßenrazzien bis hin zur Deportation ganzer Ortschaften reichten.[179] Im Gegensatz zu den Polen aus dem «Generalgouvernement» durften diejenigen, die aus Posen nach Berlin gekommen waren, anfangs sogar noch ihre Verwandten für ein- bis zweitägige Kurzurlaube besuchen und Sendungen mit Lebensmitteln erhalten.[180]

Im Oktober 1942 wurde die Belegschaft des «Luna-Lagers» mit 777 Zwangsarbeitern hauptsächlich sowjetischer, polnischer und tschechischer Nationalität angegeben.[181] Ein Jahr später war das Lager für eine Gesamtzahl von 1260 Personen fertiggestellt.[182] Die Franzosen, Kroaten, Russen, Ukrainer und Italiener wurden nach Nationalitäten gegliedert und in voneinander abgeschirmten Wohnbereichen untergebracht.[183] Als Folge des «Generalplans Ost» wurden auch Deportierte aus der Region Zamość eingesetzt.[184] Nach dem Seitenwechsel Italiens 1943 wurde das DWM-Werk zudem «Aufnahmebetrieb» für italienische Militärinternierte.[185] Nach dem Warschauer Aufstand vom August 1944 wurde schließlich noch eine Gruppe polnischer Deportierter ins «Luna-Lager» gebracht.[186]

Die Berliner Dependancen der Mauser-Werke und der Dürener Metallwerke setzten sich eigenständig für die Organisation des Zwangsarbeitereinsatzes ein. 1941 oder 1942 errichteten die Mauser-Werke ein Lager am Eichborndamm. Es umfasste sieben Mannschafts-, zwei Wasch-, zwei Abort-, eine Wirtschafts- und eine Wachbaracke, in denen etwa 800 Kriegsgefangene untergebracht werden sollten. Anträge für eine Erweiterung um 520 «Zivilrussen» wurden im Juli 1942 gestellt und im August 1942 genehmigt.[187] Ende 1942 waren diese 520 Plätze fertiggestellt, von denen 280 belegt waren.[188]

Von den schließlich mehr als 8000 Beschäftigten im Berliner Werk der Dürener Metallwerke waren 2766 ausländische Zivilarbeiter und Kriegsgefangene, ein Viertel von ihnen waren Frauen.[189] Der Betrieb bezog seine Zwangsarbeiter nicht nur aus dem «Luna-Lager», sondern auch aus zwei nahe dem Werksgelände gelegenen Lagern: das eine zwischen Triftstraße, Spandauer Straße und Vorflutgraben, das andere zwischen Vorflutgraben und Robert-Koch-Straße.[190] Das Lager in der Triftstraße war wahrscheinlich schon 1941 eingerichtet worden.[191] Über die ursprünglich vorgesehene Belegungsstärke ist nichts bekannt. Im September 1942 wurden Erweiterungsbauten für 400 Mann beantragt und am Jahresende eine Erhöhung auf insgesamt 815 Lagerplätze angestrebt.[192] Das zweite Lager wurde 1942 beantragt und für 640 Personen ausgelegt. Es bestand aus vier Mannschafts-, einer Wirtschafts-, einer Wach- und einer Pförtnerbaracke. Vermutlich wurde es mit den Mauser-Werken zusammen verwaltet.[193]

Neben der Reichshauptstadt Berlin war ein weiteres Zentrum der Zwangsarbeit der Rüstungsstandort Lübeck.[194] In der Stadt an der Trave waren mit dem DWM-Werk und der Maschinen für Massenverpackung GmbH (MfM) gleich zwei große Rüstungsbetriebe der Quandt-Gruppe angesiedelt. Zunächst arbeiteten in Lübeck nach Kriegsbeginn knapp 10000 Arbeitskräfte aus dem benachbarten Dänemark, die Halbjahresverträge abgeschlossen hatten.[195] Nach und nach wurden diese Zivilarbeiter durch Belgier, Franzosen und Holländer ergänzt. Bei einer hohen Fluktuation betrug die Zahl der ausländischen Arbeitskräfte schließlich zwischen 30000 und 40000;[196] seit 1942 kam etwa jede dritte Arbeitskraft in Lübeck aus dem Ausland.

Die Zwangsarbeiter in Lübeck waren in der Regel in Barackenlagern untergebracht, wenngleich einige westeuropäische Zivilarbeiter in Privatunterkünften und Pensionen unterkamen. Die DWM bemühten sich aktiv um eine Rekrutierung. Eine dreiköpfige DWM-Delegation unter der Leitung des Ingenieurs Walther Heyder brach im Herbst 1941 nach Kroatien auf, um Facharbeiter für den Einsatz im Reich zu finden.[197] Ab Mitte 1942 wurde in der Umgebung der Industrie ein Ring aus Lagern aufgebaut. Im Travelager in der Ludendorffstraße waren mindestens 1167 Menschen untergebracht, unter ihnen Russen und Polen, daneben Kroaten, Belgier und Italiener sowie rund 400 Deutsche, Dänen und Niederländer, die bei den DWM zum Einsatz kamen. Außerdem waren 410 bei den DWM beschäftigte Kriegsgefangene und Zivilinternierte im Lager Wesloe untergebracht. Im Lager Rittbrook lebten 250 «Ostarbeiter», die zum Teil bei den DWM, zum Teil in anderen Firmen arbeiteten. Im gemeinsamen Lager von DWM und MfM mit dem Namen Am Stau bzw. Rote Perle an der Travemünder Landstraße waren 960 bis 1100 Menschen untergebracht. Das Lager Eichholz I an der Brandenburger Landstraße war mit 1500 Personen belegt. Daneben gab es weitere Lager, die von DWM und MfM gemeinsam genutzt wurden: Im Lager Eichholz II lebten 1280 Zwangsarbeiter und Kriegsgefangene. Hier war zudem eine Entbindungsanstalt der MfM eingerichtet, in der zwischen Juli 1943 und Kriegsende 285 Kinder geboren wurden.[198] Das im Auftrag des OKH errichtete Gothmundlager an der Travemünder Landstraße war mit 1500 bis 2600 Menschen belegt, die meisten von ihnen Polen, Ukrainer und andere «Ostarbeiter». Im Lager Arnimsruh waren 410 Personen untergebracht, unter ihnen 100 italienische Militärinternierte und 86 französische Kriegsgefangene.[199]

Die DWM-Tochter Mauser-Werke[200] setzte in ihrem Stammwerk in Oberndorf in großem Stil Zwangsarbeiter ein: etwa 5000 der 12 000 Beschäftigten.[201] Anfang 1942 signalisierte die Waffenschmiede Interesse an der Nutzung einiger etwa drei Kilometer vom Werk entfernter Baracken zur Unterbringung von überwiegend polnischen Arbeitskräften.[202] Die fünf Mannschaftsbaracken waren zwischen 1935 und 1937 gebaut worden,[203] nachdem sich mehrere Gemeinden zu einem «Zweckverband Arbeitsdienstlager Oberndorf a. N.» zusammengeschlossen und den Bau finanziert hatten.[204] Dieses Lager Birke wurde zunächst noch bis März 1942 mit Einheiten des Heeres und der Luftwaffe belegt[205] und danach von den Mauser-Werken gepachtet.[206] 1942 waren etwa 900 Personen in dem Lager untergebracht, 1943 kamen 1267 hinzu, 1944 abermals 1280, 1945 noch einmal 600 Personen. Ende 1943 beantragte Mauser-Direktor Fleck beim Bürgermeister von Oberndorf den Bau eines weiteren Barackenlagers auf dem nahe gelegenen Sportplatz Stockbrunnen.[207] Hierzu kam es nicht mehr, stattdessen wurden ab August 1944 mehrere provisorische «Behelfsheime» errichtet.[208] Im Zusammenhang mit dem Nürnberger Prozess sagte der SS-Offizier Karl Sommer vom SS-Wirtschafts- und Verwaltungshauptamt aus, seiner Erinnerung nach seien nach Verhandlung mit Direktor Josef Holl in Oberndorf auch etwa 1400 bis 1800 Häftlinge aus dem KZ Buchenwald eingesetzt worden.[209]

Hatten zunächst noch Polen die größte Gruppe an ausländischen Arbeitern gestellt, so kamen die meisten Zwangsarbeiter später aus der Sowjetunion: Ende 1944 verzeichnete das Oberndorfer Lager 1615 sowjetische, 1450 niederländische, 757 französische, 575 polnische, 256 italienische und 154 belgische Zwangsarbeiter.[210]

Die Mauser-Werke setzten in einem Verlagerungsbetrieb auch KZ-Häftlinge ein. Für ihre Produktionsstätte in Spaichingen nördlich von Tuttlingen, die den Tarnnamen «Metallwerke Spaichingen» trug, wurde im Sommer 1944 die Errichtung dreier Baracken vorbereitet. Seit September 1944 wurden in dieses Außenlager Spaichingen rund 300 bis 400 Häftlinge des KZ Natzweiler-Struthof abkommandiert.[211]

Die Dürener Metallwerke erfüllten im Stammwerk in Düren ihre Produktionsanforderungen ebenfalls mit Hilfe von Zwangsarbeitern.[212] Wegen der Einberufungen zur Wehrmacht wurden Facharbeiter anderer Firmen dienstverpflichtet und 1940 beim Arbeitsamt erste Anträge auf Einstellung von «ausländischen Arbeitern» gestellt.[213] Im Oktober 1940 erhielt das Werk Düren 50 französische Kriegsgefangene und drei flämische Zivilarbeiter.[214] Im Januar 1941 wurden weitere 140 französische Zivilarbeiter eingestellt.[215] Im Januar 1942 waren bei einer Gesamtzahl von 2205 Beschäftigten 151 ausländische Zivilarbeiter und Kriegsgefangene verzeichnet.[216] Ende 1942 waren zudem 105 «Ostarbeiter» beschäftigt. Die französischen Kriegsgefangenen waren direkt in einem mit dem Werk verbundenen Lager interniert, die «Zivilfranzosen» in einer Baracke und die «Ostarbeiter» in einem gemieteten Saal in Birkesdorf untergebracht.[217] Die Gesamtbelegschaft stieg zwischen Ende 1942 und Frühjahr 1944 nur noch geringfügig auf insgesamt 2764 an.[218] Vermutlich hing diese Entwicklung mit einer geringeren Kriegswichtigkeit der in Düren produzierten Güter zusammen.

Bei der Tochtergesellschaft der Dürener Metallwerke, der Memefa in Waren, die 1944 mit mehr als 2500 Arbeitern produzierte,[219] war der Ausländeranteil bedeutend höher. Den Anfang machten 1939/40 auf zunächst freiwilliger Basis niederländische und dänische Vertragsarbeiter. Die Rekrutierung zusätzlicher Arbeiter nahm jedoch immer stärker Zwangscharakter an. Dies zeigte sich, als etwa 350 Holländer des Jahrgangs 1923/24 aus dem Raum Groningen im Juni 1943 zum holländischen Arbeitsamt bestellt wurden und ihnen eröffnet wurde, sie hätten sich am nächsten Morgen zur Arbeit in Deutschland zu melden. Knapp 150 von ihnen wurden bei der Memefa eingesetzt.[220] Die Gesamtzahlen der Zwangsarbeiter beliefen sich auf etwa 200 bis 250 französische, 400 bis 500 sowjetische sowie 100 jugoslawische Kriegsgefangene. Daneben waren weitere 50 norwegische Zivilarbeiter, 100 dänische, 150 französische und italienische, 250 holländische und belgische Arbeiter beschäftigt sowie weitere 200 Arbeiter aus der Sowjetunion und 350 bis 400 aus Polen.[221]

Die französischen Kriegsgefangenen waren in einem mit Stacheldraht umzäunten Steingebäude einer ehemaligen Seifenfabrik untergebracht. Für jugoslawische Kriegsgefangene gab es eine etwa 10 × 50 Meter große «Serbenbaracke», während die russischen Kriegsgefangenen in einem Lager mit zwei Baracken und doppeltem Stacheldrahtzaun lebten. Die Zwangsarbeiter waren in zwei Lagern untergebracht. Das größere befand sich in unmittelbarer Nähe des Betriebsgeländes, verfügte über fünf Baracken sowie eine Wasch- und Latrinenbaracke und diente Holländern und Polen als Unterkunft. Die Zwangsarbeiter aus Frankreich, Belgien, Italien, Dänemark und Norwegen waren in einem unbewachten Lager mit insgesamt zwölf Baracken untergebracht.[222]

Bei den Berlin-Erfurter Maschinenfabriken in Erfurt führte der ständige Rückgang der Zahl deutscher Arbeiter, die im Verlauf des Krieges auf etwa 800 und damit um mehr als die Hälfte abnahm,[223] zu sinkenden Fertigungsquoten, die im Juli 1941 nur noch 40 Prozent des Solls betrugen. Kompensiert wurde dies zunächst durch französische und italienische Facharbeiter[224] sowie französische Kriegsgefangene, deren Zahl bis 1944 auf 172 stieg. Die Zahl der «Ostarbeiter» erhöhte sich bis zu diesem Zeitpunkt auf 333. Eine in den 1980er Jahren erstellte Namensliste russischer Kriegsgefangener führt 242 Namen auf.[225]

Auslandsexpansion und ihre Folgen:
Zwangsarbeit in den eroberten Gebieten

Die im vorherigen Kapitel beschriebene Expansion der DWM in den besetzten Gebieten Osteuropas ging mit einem massiven Einsatz von Zwangsarbeit einher. Für das DWM-Zweigwerk Holleischen sind seit 1940 polnische, seit 1941 auch sowjetische Zwangsarbeiter nachgewiesen. Im selben Jahr wurde zudem ein Arbeitslager für tschechische Arbeiter errichtet. Ende Juni 1941 trafen französische Kriegsgefangene aus dem Stalag XIII B im oberpfälzischen Weiden ein. Etwa 300 französische Zwangsarbeiter und weitere 300 französische Zivilarbeiter waren in vier örtlichen Lagern untergebracht.[226] Nach dem Bruch der «Achse Berlin-Rom» 1943 wurden etwa 250 italienische Militärinternierte eingesetzt.

Für das letzte Kriegsjahr sind KZ-Häftlinge nachgewiesen, obwohl die Informationen ausgesprochen bruchstückhaft und in manchen Details widersprüchlich sind. Im Reichsgau «Sudetenland» und im «Reichsprotektorat Böhmen und Mähren» gab es zwar kein eigenständiges Konzentrations-Hauptlager. Es existierten aber 32 Außenlager, von denen die meisten dem KZ Flossenbürg zugeordnet waren.[227] Das KZ Holleischen wurde wahrscheinlich im Juni 1944 errichtet, war durch Stacheldraht umzäunt, in alten Wirtschaftsgebäuden zwischen den Werken I und II der DWM gelegen und diente zeitweise als Ausbildungsstätte für weibliche Angehörige der SS.[228] Offensichtlich als «Vorbedingung» für die Zuweisung von KZ-Häftlingen mussten die Metallwerke Ende März 1944 eigene Arbeiterinnen für die Bewachung abstellen.[229]

Am 15. April 1944 sind erstmals 195 weibliche Häftlinge nachgewiesen. Für den August des gleichen Jahres war zudem in einem SS-

Bericht von 192 Häftlingen in einem Männerlager die Rede, über das so gut wie nichts bekannt ist. Bei Kriegsende wurde Holleischen gleichsam zum «Auffanglager» für bereits aufgelöste KZ-Außenlager, so dass die Zahl der weiblichen KZ-Häftlinge bis Kriegsende auf über 1000 anstieg. Aus dem aufgelösten Außenlager des KZ Flossenbürg bei den Siemens-Schuckert-Werken in Nürnberg wurden unter chaotischen Bedingungen und zum Teil in offenen Kohlewagen am 3. März 1945 143 ungarische Jüdinnen nach Holleischen gebracht.[230] Das Lagerpersonal soll ebenfalls von Nürnberg nach Holleischen mitgewechselt sein.[231] Am 5. März folgte ein weiterer Transport mit 259 KZ-Häftlingen.[232] Von April 1944 an mussten durchschnittlich 600 dieser Frauen Arbeit im Werk II leisten. Die etwa 200 Männer arbeiteten als Baukommando im Steinbruch oder waren bei der Errichtung eines Schießstandes eingesetzt. Die letzte bekannte Arbeitseinteilungsliste für das Frauenlager vom 13. April 1945 gibt eine Zahl von 1091 Häftlingen an.[233]

Zum DWM-Werk in Posen lassen die vorhandenen Quellen und Forschungen im Vergleich zu einigen anderen Betrieben einen detaillierteren Einblick zu. Polnische Arbeiter wurden in den nach dem Polenfeldzug annektierten Ostgebieten in großer Zahl zur Arbeit herangezogen. Grundsätzlich, so formulierte es die Posener Rüstungsinspektion, erhalte die «Arbeitseinsatzfrage [...] ihr besonderes Gepräge durch die Volkstumslage».[234] Der «Warthegau» war langfristig als Besiedlungsraum für die «Volksdeutschen» vorgesehen, während Juden und Polen, wenn sie nicht für die Arbeit in den örtlichen Betrieben benötigt wurden, ins «Generalgouvernement» abgedrängt werden sollten.[235] Als «‹Experimentierfeld› nationalsozialistischer Rassenpolitik» unterlag der «Warthegau» Sonderbestimmungen, die im Verlauf des Krieges immer wieder den wirtschaftlichen Ausbeutungsprogrammen angepasst wurden.[236] Eine weitere Radikalisierung bedeutete schließlich der um die Jahreswende 1942/43 fertiggestellte «Generalplan Ost».[237] Die Einführung der Arbeitspflicht im besetzten Polen ließ die Beschäftigungszahlen von rund 2,5 Millionen im zweiten Quartal 1940 auf über 6 Millionen Mitte 1944 steigen.[238]

Um den großen Arbeitskräftebedarf der DWM zu befriedigen, vereinbarte die Rüstungsinspektion Posen mit dem örtlichen Landesarbeitsamt, die zur Verfügung stehenden polnischen Metallarbeiter «grundsätzlich zunächst der [sic!] D. W. M.» zuzuweisen. Erst wenn diese keine Verwendungsmöglichkeit hätten, sollten diese Arbeiter anderen Betrieben zur Verfügung gestellt werden.[239] Die Zahl der Beschäftigten bei den DWM Posen wird unterschiedlich angegeben. Nach einer Angabe beschäftigte das Werk bei Kriegsende 25 000 Arbeiter, darunter gut 40 Prozent Frauen.[240] Andere Darstellungen nennen eine Zahl von etwa 21 500 Arbeitern.[241] Nach Angaben der Deutschen Bank gab es Ende 1941 bereits 15 000 Beschäftigte.[242] Diese Zahl stieg in den folgenden Jahren weiter an. In einer betriebsinternen Angabe der DWM, die für eigene Umsatzberechnungen erhoben wurde und einigermaßen verlässlich sein dürfte, wird für den Oktober 1943 eine Zahl von 17 996 genannt.[243] In einer anderen offiziellen Aufstellung werden allein für das Werk III im Jahr 1944 17 826 Beschäftigte genannt.[244] Man wird sicherlich nicht von Anfang an den Begriff der «Zwangsarbeit» ohne weiteres auf die bereits bei Cegielski beschäftigten zivilen polnischen Arbeitskräfte anwenden können, die von den DWM übernommen wurden. Jedoch wird insbesondere in der Beschreibung der Lebens- und Arbeitsbedingungen in Posen deutlich werden, wie rapide der Zwangscharakter eine Stufe erreichte, die schon bald derjenigen im Deutschen Reich entsprach.

Gewissheit herrscht darüber, dass, wenn überhaupt, Deutsche nur in den führenden Positionen beschäftigt waren. Etwa 96 Prozent der Belegschaft rekrutierten sich aus Polen,[245] und die angestrebte Quote von mindestens 20 Prozent «deutsche Stamm-Mannschaft» wurde zu keinem Zeitpunkt auch nur annähernd erreicht.[246] Aus Karlsruhe konnten lediglich 1000 Arbeiter nach Posen «dienstverpflichtet» werden. Es war allen Verantwortlichen klar gewesen, dass es Probleme wegen fehlender Metallfacharbeiter geben würde. Da man polnische Arbeiter jedoch aus politischen Gründen nicht in leitenden Stellen einsetzen wollte, wurden «befähigte Polen» in der zweiten und dritten Reihe der Betriebshierarchie eingesetzt, um diese unter deutscher Oberaufsicht arbeiten zu lassen.[247]

Im November 1939 legten die DWM eine Liste von polnischen Angestellten und Facharbeitern vor, die bis zum Eintreffen von Ersatz aus Karlsruhe für die Aufrechterhaltung des Betriebes als «unentbehrlich» angesehen wurden.[248] Bis Mitte November 1939 war die Rüstungsinspektion Posen in Absprache mit der Stadtverwaltung mit der Sicherstellung von Verpflegung und Unterbringung «für das reichsdeutsche Aufbaupersonal der DWM» beschäftigt.[249] Die Kooperation verlief selten reibungslos. Die Stadt Posen sorgte sich nach Ansicht der Rüstungskommission nicht in ausreichender Weise um «annehmbare»

Unterkünfte für die aus Karlsruhe kommende Belegschaft. Weil es an «Verständnis und Bereitwilligkeit» mangelte, sollte gar der Reichsstatthalter eingeschaltet werden.[250]

Die hohe Rate polnischer Arbeiter erklärte sich daher zum Teil aus dem Unwillen der dienstverpflichteten Karlsruher Arbeiter, überhaupt in Posen zu arbeiten. Die geplanten «Familienumsiedlungen» aus dem badischen Raum in den Osten blieben erfolglos und selbst eine im Frühjahr unter Hinweis auf die Inflation gewährte Lohnerhöhung half nicht. Darüber hinaus empfanden die Karlsruher Arbeiter, die nach Posen gekommen waren, das Zusammenleben mit den als DWM-Arbeitern herangezogenen Baltendeutschen als schwierig, weil sie sich ständig zurückgesetzt fühlten.[251] Dies hing damit zusammen, dass sie mit Wohnungen vorlieb nehmen mussten, die «keinesfalls den bescheidensten Ansprüchen» entsprachen, während sie in der Heimat in «mustergültigen Werkssiedlungen» gelebt hatten.[252] Im Sommer 1940 erklärten sich von den 1033 Dienstverpflichteten aus Karlsruhe lediglich 500 bereit, in Posen zu bleiben.[253]

Obwohl die Betriebsführung nach erfolglosen Abmahnungen 40 Arbeiter als «arbeitsunwillig» an Arbeitsamt und SD meldete, änderte dies nichts am kontinuierlichen Rückgang der deutschen Arbeiter. Lag das Verhältnis von deutschen zu polnischen Arbeitern in den «wehrwirtschaftlich wichtigen» Betrieben («W-Betriebe») im Zuständigkeitsbereich der Rüstungsinspektion Posen im Januar 1941 noch bei 7400 zu 18 000,[254] ging der Anteil der Deutschen bald dramatisch zurück. Einen Überblick über die Personalentwicklung bei den DWM vermitteln die monatlichen Aufstellungen der Rüstungsinspektion, die nach «Reichsdeutschen» und «Einheimischen» aufgeschlüsselt wurden. Ende November 1939 waren 800 Reichdeutsche und 1200 Einheimische beschäftigt, deren Zahl sich bis zum Mai 1940 auf 1186 respektive 5309 erhöhte. Ende September 1940 stieg die Zahl der Reichsdeutschen zwar nur unwesentlich, aber die Gesamtbelegschaft war mit 6850 schon größer, als sie bei Cegielski je gewesen war.

Durch den Rückgang des deutschen Belegschaftsanteils stiegen die verbliebenen deutschen Arbeitskräfte in der Betriebshierarchie auf. Teilweise wurden einfache Schlosser mit Ingenieursaufgaben betraut. Der Frauenanteil war recht hoch. Im Werk II betrug er beispielsweise 77 Prozent, während der Anteil bei deutschen Beschäftigten sich im März 1944 auf nur 3,8 Prozent belief.[255] Betriebsdirektor

Schneider sprach sich Ende Oktober 1943 gegen die weitere Einberufung deutscher Arbeiter aus. Auf zweieinhalb Deutsche kamen inzwischen 100 nichtdeutsche Arbeiter, und die deutschen Vorarbeiter konnten die polnischen Arbeiter kaum noch überwachen. Der von der Betriebsleitung beklagte Kontrollverlust resultierte im Sommer und Herbst 1943 in einem enormen Anstieg der Bestrafungen von monatlich zehn auf 430.[256] Möglicherweise war der Wunsch nach Wiederherstellung der Betriebsdisziplin der Grund dafür, dass in dieser Zeit zahlreiche jüngere Fachkräfte der DWM aus den Werken in Berlin und Lübeck nach Posen versetzt wurden. Die Militärbehörden vermuteten hingegen, die DWM würden eine vorübergehende Aussetzung der Einberufungen im «Warthegau» ausnutzen, um «die Kräfte für ihre Betriebe zu behalten».[257] Wahrscheinlich machten aber die weiter steigenden Rüstungsanforderungen den Einsatz der deutschen Spezialisten tatsächlich erforderlich. Ihre Unterbringung wurde zu einem Problem, weshalb den DWM sogar leere Räume eines Kaufhauses zugewiesen wurden.

Neben den wiedereingestellten Facharbeitern der früheren Cegielski-Werke rekrutierte sich die deutliche Mehrheit der polnischen Arbeiter aus angelernten Kräften mit niedriger Qualifikation.[258] Bei einem Besuch der Rüstungsinspektion bei den DWM am 17. Januar 1940 beklagte Schneider den «dauernden Entzug» polnischer Facharbeiter.[259] Die Rüstungsinspektion sollte wenigstens die Rückführung der «politisch nicht belasteten Arbeitskräfte» ermöglichen.[260] Die SD-Leitstelle erhielt entsprechende Namenslisten, und 4000 Arbeiter bekamen durch eine Vereinbarung mit dem Polizeipräsidium «Dauernachtausweise».[261] Trotzdem blieb bei der polnischen Bevölkerung die Sorge groß: «Die Leistungsfähigkeit der gesamten polnischen Arbeiterschaft wird durch die Ungewißheit ihrer Lage völlig gelähmt. Jeder rechnet damit, daß er mit seiner Familie in der nächsten Nacht evakuiert wird, die Leute haben zu Hause gepackt, durchwachen die Nächte und kommen dann morgens völlig leistungsunfähig und gleichgültig zur Arbeit.»[262] Erst 1941 wurden Facharbeiter der Rüstungsindustrie von der «Aussiedlung» aus dem «Warthegau» ausgenommen.[263]

Anfängliche Bedenken, Munition müsse aus Geheimhaltungsgründen ausschließlich von Deutschen produziert werden, wurden bald fallen gelassen. Über die Leistung der Polen wurde, so notierte die Rüstungsinspektion in herablassendem Tonfall, «überwiegend Gutes» berichtet: «So frech und anmaßend am Anfang zum Teil die polnische

Intelligenz war, so unterwürfig und arbeitswillig zeigte sich die arbeitende Schicht. Sie war ausgehungert und völlig verwahrlost und suchte nach Arbeit und Verdienstmöglichkeit.»[264] Diese Arbeiter hatten keine Möglichkeit, den Arbeitsplatz frei zu wählen, mit der Ausnahme einiger weniger, die das Wohlwollen der Deutschen genossen oder sich freiwillig zur Arbeit im Reich meldeten. Arbeitsverträge waren weder änder- noch kündbar.[265]

Der zunehmende Zwangscharakter der Arbeitsverhältnisse zeigt sich auch beim Blick auf die Unterbringung. Mit Hilfe des Wehrkreisbeauftragten in Posen und des Reichsministeriums für Bewaffnung und Munition wurde im Herbst 1940 ein Gelände für den Bau eines Lagers geräumt.[266] Die hölzernen und ungeheizten Baracken waren mit Stacheldraht umzäunt. Wie die Behörden nüchtern bemerkten, waren die Zustände derart miserabel, dass ein «dauerndes Sinken der Arbeitsleistung»[267] festgestellt wurde.

Angesichts der schlechten Bezahlung ließen sich geeignete Arbeitskräfte kaum auf freiwilliger Basis anwerben. Im Sommer 1940 fehlte es an Facharbeitern, technischen Angestellten und Bürokräften, die des Deutschen mächtig waren.[268] Die DWM stellten zwar versuchsweise 30 flämische und holländische Arbeiter ein[269], aber ab Herbst 1940 wurde in den Kriegsgefangenenlagern des «Warthegaus» nach weiteren Facharbeitern gesucht.[270] Mit den 50 als Facharbeiter beschäftigten französischen Kriegsgefangenen war man «bestens zufrieden»,[271] aber deren Gesamtzahl ging im «Warthegau» durch die Verlegung ins Reich von ursprünglich gut 20000 auf 3250 im Juli 1941 rapide zurück. Die vom Arbeitsamt zugewiesenen «147 Zigeuner» wurden nach kurzer Zeit zurückgeschickt.[272] Polnische Kriegsgefangene wurden kaum eingesetzt. Sowjetische Kriegsgefangene galten für den Einsatz in der Fabrikarbeit zunächst als zu schwach, bis im Dezember 1941 die Betriebsführung mit den Wehrmachtsstellen selbst deren Einsatz erörterte.[273]

Die zugewiesenen Baltendeutschen erschienen, wie Betriebsführer Schneider monierte, als «meist fachlich ungeeignet».[274] Ähnlich zwiespältig fiel das Urteil der Rüstungsinspektion aus: Besonders die «Volksdeutschen» seien «sich ihrer Pflichten oft nicht bewußt» und stellten «außerordentlich hohe Ansprüche». Klagen über Lohnforderungen und Beschäftigungsbedingungen waren an der Tagesordnung. Der Rüstungskommandeur Litzmannstadt hatte seine eigene Theorie zur Arbeitsmoral der Baltendeutschen: Das «lange Zusammenleben mit Juden und die ständige Beobachtung der polnischen Verderbtheit» habe wohl auf sie abgefärbt.[275]

Der zusammenfassende Blick auf die Organisation der Zwangsarbeit bei den DWM und der AFA bestätigt die allgemeine Erkenntnis eines aus der Not des Arbeitskräftemangels geborenen Einsatzes. Bei beiden lassen sich sämtliche Formen der Zwangsarbeit, vom Einsatz ziviler Ausländer über Kriegsgefangene bis hin zu KZ-Häftlingen nachweisen. Die AFA verhielt sich in ihren Werken in Hagen gegenüber dem Zwangsarbeitseinsatz und in Hannover gegenüber dem Einsatz von KZ-Häftlingen zunächst reserviert, während das Werk Oberschöneweide aktiv um Zwangsarbeiter warb, möglicherweise auch deshalb, weil in Berlin zahlreiche Unternehmen um die Zuweisung einer begrenzten Zahl von Arbeitern konkurrierten. Insgesamt war nur das Stammwerk in Hagen in der Lage, eine verhältnismäßig hohe Zahl deutscher Arbeiter zu halten.[276] Diese Entwicklung verdeutlicht, dass es innerhalb der AFA keine Gesamtstrategie zum Einsatz von Zwangsarbeit gab. Das neue Werk Hannover beschäftigte mit mindestens 1500 KZ-Häftlingen und 3700 Zwangsarbeitern die größte Zahl innerhalb der AFA.

Die DWM und ihre Tochterunternehmen waren als Rüstungslieferanten hinsichtlich des Zwangsarbeitereinsatzes weniger zurückhaltend. Sie bemühten sich aktiv darum, in den Stammwerken in Karlsruhe und Düren den Arbeitskräftemangel durch Forderungen nach Kriegsgefangenen und ausländischen Arbeitskräften anzugehen. Innerhalb der DWM gab es stärkere Koordinierungsbemühungen, die sicherlich mit der Werksgemeinschaft in Berlin zusammenhingen und eine gemeinsame Politik, z. B. in Fragen der Unterbringung, nahelegten. Der Fall der DWM Posen sticht durch die unterschiedliche Organisation im Vergleich zum Reich, die Dimension und den außerordentlich hohen Anteil polnischer Arbeiter heraus. Wie aber die folgende Beschreibung der Arbeits- und Lebensbedingungen verdeutlicht, glich die Situation der polnischen Arbeiter bei den DWM in Posen durchaus jener der Zwangsarbeiter im Reich.

Die Lebensbedingungen der in den Quandt-Unternehmen beschäftigten Zwangsarbeiter

Die KZ-Häftlinge, die bei der AFA in Hannover-Stöcken arbeiteten, unterstanden dem Kommando der SS. Der Schutzhaftlagerführer war sowohl Kommandoführer als auch Disziplinarvorgesetzter aller Wachmannschaften. Sämtliche Vergehen und Fluchtversuche der Häftlinge fielen in seine Zuständigkeit.[277] Erster Lagerleiter wurde im Juli 1943 ein SS-Oberscharführer namens Johannes Pump, der den Aufbau des Lagers überwachte. Bereits nach knapp zwei Wochen wurde er zwar offiziell abgelöst, leitete aber de facto bis Mai 1944 den weiteren Ausbau des Lagers.[278] Als «Rapportführer» war er zudem zeitweise für die Kontrolle des Innendienstes zuständig.[279] Pump befahl mehrfach die Prügelstrafe für Häftlinge und schlug auch selbst mit dem Stock zu.[280]

Pumps Nachfolger wurde für kurze Zeit ein SS-Unterscharführer, der sodann von SS-Obersturmführer Hans-Hermann Griem abgelöst wurde. Dieser galt als unberechenbar, war oft betrunken und schlug die Häftlinge.[281] Er hetzte zudem seinen Hund auf einen russischen Häftling, den er der Arbeitsverweigerung bezichtigt hatte. Ein Ingenieur und ein Meister des AFA-Werkes sollen laut einer Häftlingsaussage dazwischen gegangen sein.[282] Die Lagerleitung lag danach bis zum Kriegsende in den Händen von SS-Obersturmführer Kurt-Adolf Klebeck, der als weniger brutal galt, sich allerdings auch weniger um die Zustände im Lager kümmerte.[283] Der ihm unterstehende als gewalttätig geltende SS-Stabsscharführer Paul Maas wurde von den Häftlingen «König des Lagers» genannt, da sie ihn besonders fürchteten.[284] Seit Mitte 1944 übernahm der Lagerleiter in Stöcken auch die Aufgabe eines «Stützpunktleiters» und wurde dadurch zur Verbindungsstelle zwischen den umliegenden Außenlagern in Hannover und dem KZ Neuengamme.[285]

Das Lager wurde von einer SS-Mannschaft mit einer Stärke von ungefähr 100 Mann bewacht.[286] Zunächst bildeten «Reichsdeutsche» den Kern der Bewacher, die schließlich sukzessive von Ukrainern sowie Deutschstämmigen aus dem Baltikum und dem Sudetenland ergänzt wurden, welche wiederum bei den Häftlingen aufgrund ihrer Brutalität besonders gefürchtet waren.[287] Im Spätverlauf des Krieges wurden offenbar auch rumänische SS-Wachmannschaften eingesetzt.[288] Im Sommer 1944 stellte das OKM einen eigenen Trupp von

55 Das AFA-Werk Hannover-Stöcken aus der Sicht des französischen KZ-Häftlings René Baumer, Stöcken 8. 2. 1945.

15 Wachsoldaten unter dem Kommando eines Obermaats nach Hannover ab,[289] weil die Marine der Hauptempfänger der Batterieproduktion war und besonderes Interesse an einem funktionierenden Betrieb hatte.[290] Die Lagerwache stellten die Marine und die SS nun je zur Hälfte.[291] Die Marinesoldaten, denen später einigermaßen korrektes Verhalten attestiert wurde, durften das Lager selbst nicht betreten. Im Herbst 1944 wurden die SS-Wachmannschaften der einzelnen Lager im Raum Hannover zu einer Kompanie zusammengefasst, deren Kommando Klebeck hatte.[292]

Die Leitung des KZ-Außenlagers Stöcken hatte im Gegensatz zu den anderen Lagern in Hannover das Recht, Kapos selbst zu ernennen. Dies war nach Ansicht des Kommandanten des KZ Neuengamme, Max Pauly, aufgrund des ständig wachsenden Lagers und der technischen Erfordernisse des Betriebs notwendig. Die Kapos waren in der Regel deutsche KZ-Häftlinge, die meist keine «niedere Arbeit» zu leisten hatten, sondern als Vorarbeiter, Magazineure oder Lagerälteste eingesetzt wurden.[293] Sie wurden durch die Werkmeister angelernt und übernahmen die Kontrolle der Arbeitsleistung der Häftlinge. Wer von ihnen ein gewisses technisches Verständnis hatte, leitete wiederum die anderen Häftlinge an.[294] Die auf diese Weise privilegierten Kapos führten auch die Bestrafungen aus.[295] Lager und Werk waren durch eine «Schleuse» verbunden, eine abgeschlossene und mit elektrisch geladenem Stacheldraht bewehrte Passage. Das Lager verfügte über fünf Baracken für jeweils 80 bis 90 Häftlinge, eine Küchen- und eine Sanitätsbaracke sowie zwei Werkstätten. Vor den Schlafbaracken befand sich ein Appellplatz, auf dem ein Galgen stand.[296] Die Kapos lebten in einer abgetrennten Stube. Für jeden Schlafplatz in den dreistöckigen Etagenbetten waren ein Strohsack und zwei Decken vorgesehen.[297]

Neben den grundsätzlichen Einsatzbedingungen hatten die Unterhändler in den Vertragsverhandlungen zwischen AFA und SS weitere Details der Lagerbedingungen geklärt. Die SS übernahm die Kosten für die Verpflegung, die ärztliche und sanitäre Versorgung sowie die «Betreuung» der Häftlinge.[298] Die Versorgung der Häftlinge mit Nahrungsmitteln war allerdings völlig unzureichend.[299] Für die Ernährung war zwar eigentlich die SS zuständig, aber vor Inbetriebnahme der Lagerküche versorgte noch eine Zeitlang die Betriebsküche der AFA die Häftlinge, die hierfür pro Tag und Häftling 0,60 RM von der KZ-Verwaltung Neuengamme erhielt.[300] Die Verpflegung wurde danach aus Neuengamme angefordert und über Stöcken auch an die anderen Lager verteilt.[301] Das Werk erhielt die Nahrungsmittel über das Ernährungsamt der Stadt Hannover. Da diese Behörde sämtliche Großküchen versorgte, erhielt sie in der Regel Bestellungen, die in ihrer Größenordnung das überschritten, was geliefert werden konnte.[302] Zum Frühstück erhielten die Häftlinge einen Eimer Ersatzkaffee für 250 bis 300 Mann und 50 Gramm Brot pro Person. Mittags gab es Wasser- oder Steckrübensuppe, zweimal die Woche Kartoffeln. Zum Abend gab es ein klein wenig Kaffee und ungefähr 200 Gramm Brot, manchmal etwas Margarine, Wurst oder Marmelade. Die Nachtschicht musste ohne Nahrung durcharbeiten. Ab März 1945 wurden die Rationen noch weiter gekürzt.[303] Die Essensausgabe wurde durch die Kapos überwacht. Dies verschlimmerte die Situation noch zusätzlich, da diese regelmäßig die eigentlich für die Häftlinge bestimmten Rationen an Fleisch, Milch und Butter für sich selbst reklamierten.[304] Die zugeteilten Rationen waren vollkommen ungenügend. Häftlinge berichteten von einem hohen «Verschleiß», der aus schlechtem Essen, schwerer Arbeit, «menschenunwürdigen Unterkünften» und der für ein Konzentrationslager typischen Behandlung resultiert habe.[305] Im Interesse der AFA konnte eine Unterernährung der KZ-Häftlinge eigentlich nicht sein, weil dies die Produktionsziele gefährdete. Allerdings ist aus den Akten auch nicht ersichtlich, dass sie sich für eine Verbesserung der Ernährungssituation eingesetzt hätte, obwohl hier durchaus Spielräume für Unternehmen zur Verfügung standen. Die AFA stellte den Häftlingen eine Desinfektionsanlage zur Reinigung der Kleidung zur Verfügung.[306] Alle zehn bis zwölf Tage erhielten sie ein Stück Seife.[307] Latrinen befanden sich am Ende eines Blockes, allerdings waren diese oft – insbesondere nach Bombentreffern – ohne Wasserversorgung. Da viele Häftlinge an Durchfall litten, verschärfte sich die hygienische Situation im Lager. Zwischen den Blöcken befanden sich die teilweise mit Wasser vollgelaufenen Bunker, in denen die Häftlinge während der Luftangriffe ausharrten.[308]

Für die von Neuengamme bezahlte ärztliche Versorgung war vertraglich die AFA verantwortlich,[309] deren Sanitätsabteilung auch die Medikamente und das Verbandsmaterial verteilte. In der Regel wurden von Neuengamme gesunde Häftlinge nach Hannover geschickt. Arbeitsunfähige, Invalide oder Schwerstkranke wurden ins Hauptlager Neuengamme zurückgeschickt und Ersatz angefordert.[310] Vereinzelt wurden erkrankte Häftlinge, die sich durch ihre gute Arbeit ausgezeichnet hatten, in Hannover[311] oder in der Sanitätsstation des Werkes behandelt.[312] In eher seltenen Fällen wurden offenbar ernsthaft Erkrankte in die Heimat zurückgeschickt.[313] Ein dienstverpflichtetes ehrenamtliches Mitglied des DRK baute 1941 einen kleinen Sanitätsraum zu einer Krankenstation mit 16 Hilfskräften aus.[314]

Während Schläge und Schikanen an der Tagesordnung waren, blieben Exekutionen die Ausnahme, möglicherweise weil das Lager unmittelbar an eine Straße angrenzte und von außen eingesehen werden konnte.[315] Die Kapos wurden fast ausnahmslos als besonders brutal charakterisiert. Häufig schlugen sie kranke und ausgezehrte Häftlinge, manche terrorisierten den gesamten ihnen unterstehenden Block.[316] Die Ermittlungsbehörden der War Crimes Section gingen später von mindestens drei «offiziellen» Exekutionen aus.[317] Der Arzt Erich Zander, der das Wachpersonal behandelte und gelegentlich Todesurkunden ausfertigte, hat nach dem Krieg angegeben, je zwei Scheine für auf dem Appellplatz erhängte bzw. auf der Flucht erschossene Häftlinge ausgestellt zu haben.[318] Die Verantwortung für die Exekutionen trug Lagerleiter Klebeck, allerdings galt Paul Maas als treibende Kraft und wurde dafür nach dem Krieg wegen Beihilfe zum Mord verurteilt.[319]

Der Tod von mindestens 403 Lagerinsassen ist dokumentiert,[320] allerdings schwankte die Sterblichkeitsrate deutlich: Wochen ohne Todesfall wechselten mit anderen, in denen zwei bis vier Häftlinge starben.[321] Die zunächst verhältnismäßig geringe Sterblichkeit stieg erst zum Herbst 1944 kontinuierlich an, als mehr KZ-Häftlinge mit schlechtem Gesundheitszustand in das Lager verlegt wurden.[322] Die Lagerleitung gab später die Zahl der im Winterquartal 1944/45 Gestorbenen mit monatlich fünf bis sechs an, eine Zahl, die zweifellos falsch war:[323] Im Januar 1945 starben 27, im Februar 28 und im März 1945 91 Häftlinge.[324] Im Oktober und November 1944 wurde das Lager durch Luftangriffe getroffen. Beim ersten Angriff starben 17 Häftlinge; einem zweiten fielen 41 Menschen zum Opfer; sie wurden in einem Massengrab auf dem AFA-Gelände begraben.[325]

Mit der heranrückenden Front wurde die Situation für die Häftlinge immer bedrohlicher. Seit 1943 bestand für Hannover-Stöcken ein «Mobplan» mit Richtlinien für die Räumung des Lagers.[326] Als Ende März 1945 die Produktion im Werk stillgelegt wurde, verbrannte die Lagerleitung bis auf eine Häftlingsliste sämtliche Akten.[327] Am 6. April 1945 erging der Evakuierungsbefehl. Die marschfähigen Häftlinge sollten zu Fuß und die Kranken mit Eisenbahn und LKW nach Neuengamme gebracht werden.

In der Nacht vom 28. auf den 29. März 1945, nur wenige Tage vor dem Abmarschbefehl, brachte das Schwedische Rote Kreuz eine Gruppe von 500 kranken und marschunfähigen Insassen des KZ Neuengamme in die Lager Mühlenberg und Stöcken.[328] Diese humanitäre Aktion resultierte aus einer Initiative Heinrich Himmlers, der sich mit seinen schwedischen Sondierungen[329] über das Ende des «Dritten Reichs» retten wollte. Schweden plante, das KZ Neuengamme als Sammelstation für die im Reich verstreuten skandinavischen KZ-Häftlinge zu nutzen, um diese anschließend außer Landes zu bringen. Die SS ließ hierfür den «Schonungsblock» des KZ-Neuengamme räumen, in dem vorwiegend Kranke und Sterbende untergebracht waren.[330] Häftlinge, die mit diesem Transport nach Stöcken kamen, wurden in den bereits überfüllten Baracken untergebracht, so dass in den auf 100 Bewohner ausgelegten Einheiten bis zu 500 Häftlinge hausten.[331] In der Krankenbaracke des Lagers wurden zudem 73 Dänen interniert. Ihr körperlicher Zustand war sehr schlecht, weil sie zumeist in der Bleiabteilung der AFA gearbeitet hatten.[332] Die Ereignisse während der wenig später stattfindenden Evakuierung des Lagers Hannover-Stöcken, die vor dem Hintergrund zahlreicher ähnlicher in diesen Wochen stattfindenden «Todesmärsche» zu sehen sind,[333] können als umfassend rekonstruiert gelten.[334] Der Gesundheitszustand der KZ-Häftlinge war katastrophal. Zwar fiel der Transport in die Zuständigkeit der SS, aber dennoch ist der tragische Verlauf untrennbar mit der Werksgeschichte verbunden. Ein als Verwaltungsschreiber eingesetzter Häftling identifizierte später den Kommandoführer Walter Quakernack als denjenigen, der den Evakuierungsbefehl aufgesetzt und die Anordnung «im äußersten Notfall Gnadenschuss» hinzugefügt hatte. Im Briefkopf des Befehls sei der Kommandant von Neuengamme, Max Pauly, genannt gewesen.[335]

Ungefähr 1000 KZ-Häftlinge marschierten am 5. April 1945 von Hannover-Stöcken aus los.[336] Das Ziel war aufgrund der Frontentwicklung inzwischen nicht mehr das KZ Neuengamme, sondern das KZ Bergen-Belsen. Der Marsch unter dem Kommando von Paul Maas[337] geriet zur Katastrophe, weil die KZ-Häftlinge nicht über genügend Kleidung, Schuhe und Verpflegung verfügten.[338] Ein SS-Sanitäter erschoss mindestens 20, wahrscheinlich aber etwa 50 KZ-Häftlinge, die den Strapazen des Marsches nicht gewachsen waren.[339] Nach dem ersten Marschtag nahmen die Erschießungen der erschöpften KZ-Häftlinge noch zu.[340] Am Abend des 8. April 1945 erreichte die Marschgruppe schließlich Bergen-Belsen.[341] Wenige Tage später verschwanden nach einem Augenzeugenbericht die Kapos, und am 15. April 1945 wurden die KZ-Häftlinge von englischen Truppen befreit.[342]

Ungefähr 200 nicht marschfähige KZ-Häftlinge, die ausländischen Zivilarbeiter und die Kriegsgefangenen blieben zunächst in Stöcken.[343] Für die kranken und nicht marschfähigen unter ihnen wurde am 8. April ein Güterzug bereitgestellt.[344] Lagerleiter Klebeck wies in seinem Prozess die Verantwortung für alles Folgende weit von sich. Da er verreist gewesen sei, habe Paul Maas die Planungen zur Evakuierung zu verantworten gehabt. Der Zug sei – so Klebeck – über eine Anfrage der AFA von der Reichsbahn zur Verfügung gestellt worden.[345] In der Literatur ist die Vermutung geäußert worden, die Geschäftsleitung der AFA habe den Zug organisiert, um den vorrückenden Alliierten kein Lager mit im Sterben liegenden KZ-Insassen unmittelbar neben dem

Firmengelände zu präsentieren.[346] Es fehlen allerdings Quellen, um diese Vermutung zu belegen.

In Mieste bei Gardelegen, wo der Güterzug mit 300 bis 400 Männern Halt machte, wurden etwa 60 KZ-Häftlinge, die den Transport nicht überlebt hatten, entladen und begraben.[347] In Rottleberode wurde der Zug geräumt. Die Bewegungsunfähigen wurden auf Ackerwagen verladen und mit denjenigen, die noch laufen konnten, nach Osten getrieben, bis der Tross in Gardelegen nicht mehr weiterkam. Amerikanische Truppen, die bis zur Elbe vorgestoßen waren, hatten inzwischen die Ortschaft umkreist, die zu diesem Zeitpunkt bereits zum Ziel mehrerer Häftlingstransporte geworden war. In dieser Situation befahl der örtliche Kreisleiter der NSDAP am 13. April, die KZ-Häftlinge in einer gemauerten Scheune fernab des Ortszentrums zu sammeln und lebend zu verbrennen. Dem grauenvollen Massaker entkamen nur 20 bis 25 der über 1000 dort eingesperrten Personen. Kaum 24 Stunden später erreichten amerikanische Truppen Gardelegen und entdeckten am folgenden Tag den Ort des Verbrechens.[348]

Für die anderen Werke der AFA erlaubt es die Quellenlage nicht, ein ähnlich detailliertes Bild zu rekonstruieren wie für Hannover-Stöcken. Von der Situation der Zwangsarbeiter im AFA-Werk Hagen wird berichtet, dass das Lager durch Drahtzäune aufgeteilt war. Die Baracken der Franzosen waren zum Teil sehr verschmutzt, und es fehlte an Tischen und Stühlen.[349] Auch die Verpflegung war ungenügend, wie selbst DAF-Inspekteure im typischen NS-Duktus bemängelten: «Es hat sich herausgestellt, daß vornehmlich die Ostarbeiter/innen einen schier unergründlichen Magen besitzen und demzufolge größere Brotrationen vorzeitig verbrauchen. Dieses hat zur Folge, daß dieselben spätestens am 3. Tage infolge hungrigen Magens den bedingten Anforderungen am Arbeitsplatz nicht nachkommen können.» Die hygienischen Zustände in den Waschräumen galten gleichfalls als verbesserungswürdig: «Die Sanitätsräume und Krankenstuben entsprechen bei weitem nicht der Größe des Lagers.» Zudem wies die DAF darauf hin, dass «der Lagerarzt Neigung besitzen soll, die Ausländer in einem heute nicht mehr zu vertretenden Ausmaß krank zu schreiben. Derselbe soll auch angeordnet haben, daß etwaige Leichtkranke nicht für leichte Lagerdienste heranzuziehen sind. Ich bin nicht geneigt, der diesbezüglichen Auffassung eines deutschen Arztes im 5. Kriegsjahr beizupflichten.»[350]

Tatsächlich hatten die Krankenstände im Laufe des Krieges erheblich zugenommen, wozu der Zustand der Unterkünfte und die mangelhafte Versorgung maßgeblich beigetragen haben mögen. Der Hagener Lagerarzt bat im November 1942 um einen zusätzlichen Heilgehilfen und die Einrichtung einer Krankenstube in der Baracke, weil «die Russen und Italiener in verschmutztem Zustand in seinen Warteraum kommen, nicht selten mit Krätze, Filzläusen und dergl. behaftet seien und ihm infolgedessen nicht nur seine übrigen Patienten, sondern auch seine ärztlichen Räume gefährden». Die AFA-Verwaltung stimmte diesem Wunsch als «vollauf begründet» zu, vor allem «mit Rücksicht auf die zu erwartende grosse Zahl von Russen».[351] Dem NS-Betriebsobmann ging, wie er ein Jahr später bekundete, die Fürsorge des Lagerarztes hingegen entschieden zu weit. Dessen «Milde und Güte gegenüber den Ausländern ist nicht nur unangebracht, sondern erzieht geradezu die Ausländer zu Drückebergern. Hier ist durch Auswechseln des Lagerarztes ein schneller Wandel geboten.»[352] Ob diese Forderung erfüllt wurde, lässt sich nicht mehr klären.

Während der Krankenstand bei Kriegsausbruch etwa 3 Prozent betragen hatte, stieg er 1942 bei Deutschen auf 4,7 Prozent, bei Italienern auf 4,3 Prozent, bei Polen auf 4,0 Prozent und bei russischen Arbeitern auf 8,6 Prozent.[353] Die AFA-Verwaltung wollte eine hohe Fehlquote auf Dauer nicht akzeptieren und ordnete im Herbst 1943 disziplinarische Maßnahmen an: «Es ist unbedingt erforderlich, die Betriebe zu erziehen, jeden Tag dem Büro bis 9 Uhr die Fehlenden zu melden. Bei Deutschen erfolgt Rückfrage bei Krankenkasse, ob Krankmeldung vorliegt. Wenn diese Meldung innerhalb von 24 Stunden von Gefolgschaftsmitgliedern nicht vorliegt, je nachdem ob Wiederholungsfall, Verwarnung, [...] Buße (Tagesverdienst) oder Einschaltung der Gestapo bzw. des Treuhänders. Bei Ausländern Meldung an Lagerführer, evtl. bei Gestapo. Für jeden Bummelanten muß Liste über Fehltage zwecks Anrechnung auf den Urlaub geführt werden.»[354] Der Wunsch nach Erhalt der Arbeitsdisziplin und staatlicher Druck gingen dabei Hand in Hand. Nur wenige Monate nach dem Aufruf zur Disziplin zeigte sich die AFA zufrieden: «Die Haltung der Gefolgschaft, insbesondere auch der Ausländer, hat [...] zu einem Eingreifen keinen Anlaß gegeben. Die Arbeitsleistung der ital. Kriegsgefangenen (Militärinternierte) ist wohl noch mäßig. Vom Betrieb wird alles mögliche getan zur Hebung der Leistung. Vielleicht können die Verpflegungssätze etwas verbessert werden, da die Körperverfassung dieser Leute nicht gerade als gut bezeichnet werden kann. Gelegentliche weitere Sonderzuteilungen an die Rüstungsindustrie würden auf den Leistungswillen der Gefolgschaft wahrscheinlich einen erheblichen Einfluß ausüben.»[355] Die Sorge um die Produktivität des Werkes veranlasste die Betriebsleitung also dazu, sich bei den Behörden im Sinn einer «Moral der Effizienz»[356] für eine gewisse Verbesserung der Lebensbedingungen einzusetzen. Mit zunehmender Kriegsdauer stieg der Krankenstand auf schließlich 17 Prozent an und auch die Disziplinierungsmaßnahmen nahmen an Schärfe zu, wie amerikanische Ermittler später berichteten: «Every pretext was seized upon by the workers at the plant to take sick leave, with or without permission. The management was called upon to exercise the most extreme measures of discipline in order to keep the production workers at their site.»[357]

Ein Blick auf die Lebensbedingungen im Werk der AFA Oberschöneweide lässt erkennen, dass die Behandlung der Zwangsarbeiter und Kriegsgefangenen je nach Herkunft und Status stark variierte. Der Zustand der Unterkünfte wurde laufend durch das Rüstungskommando Berlin kontrolliert. Bei «unzuträglichen Mißständen», die die AFA nicht selbst abstellen konnte, wurde umgehend eine Meldung an das Rüstungskommando gemacht.[358] Kriegsgefangene erhielten zumindest anfänglich wöchentlich fünf Fleischgerichte und zwei fleischlose Mahlzeiten, zweimal pro Woche gab es zusätzlich warmes Abendbrot. Die Menge der Verpflegung unterschied sich für Normal-, Lang- und Schwerarbeiter.[359]

Schlechter war der Umgang mit osteuropäischen Arbeitern, an deren Leistung die Direktion immer wieder Kritik übte. Unter Leitung des Rüstungskommandos tauschten im Juli 1942 40 Firmen Erfahrungen über ihre «Russenlager» aus. Auch die AFA nahm an dieser Besprechung teil, bei der über die ungenügende Verpflegung für Schwerarbeiter, mangelnde Kleidung und die vielen Fluchtversuche diskutiert wurde. Das Protokoll der Konferenz hielt fest: «Männer sind faule Köpfe, über Fraueneinsatz herrscht allgemeine Zufriedenheit in Leistung und Betragen.» Klagen über die Nichteinhaltung von Versprechen, die Nichtbeförderung von Briefen und die fehlende Möglichkeit, den orthodoxen Gottesdienst zu besuchen, wollten die Unternehmen mit Maßnahmen zur Hebung der «Arbeitsfreude» wie «Spaziergängen mit Begleitung» begegnen. Der Abbau des Stacheldrahtzauns im Lager erschien ebenso als Option wie die Verbesserung des Postverkehrs.[360] Um die Aufnahme weiterer 115 «Ostarbeiter» zu regeln, richtete die AFA im Juli 1942 eine zentrale Bürostelle für Verwaltung und Überwachung ein.[361]

Besser war die Stellung der «Westarbeiter», für die es sogar Freizeitangebote gab.[362] Einen Einblick in die selektive Behandlung der Ausländer durch die Betriebsleitung der AFA in Oberschöneweide zeigt sich im Einsatz französischer Kriegsgefangener aus Nordafrika. Ganz im Gegensatz zu den «Ostarbeitern» wurden diese muslimischen Kriegsgefangenen vergleichsweise bevorzugt behandelt. Ihnen wurde eine spezielle Ernährung zuteil, zudem sollten sie hauptsächlich in geschlossenen Räumen und an warmen Stellen wie Gießöfen, Reduzieröfen, Trockenkammern arbeiten, weil sie – so lautete die Vermutung – die Kälte nicht gut vertrügen und sonst leicht krank würden.[363] Die mit der Verpflegung des Werkes beauftragte Großküche Berolina erklärte sich bereit, für die arabischen Arbeiter nach deren Wünschen, die durch einen Dolmetscher mitgeteilt wurden, zu kochen.[364] Das Beispiel veranschaulicht, wie groß die Handlungsspielräume eines Unternehmens waren, wenn eine Gruppe von Zwangsarbeitern gezielt begünstigt werden sollte.

Während über die Lebensumstände der ausländischen Zivilarbeiter und Kriegsgefangenen bei der Pertrix in Niederschöneweide nicht viel bekannt ist, sind diese Bedingungen für die seit 1944 dort arbeitenden KZ-Häftlinge als «grausam» beschrieben worden.[365] Jeweils zwei Häftlinge mussten sich in dem Bootsschuppen eine Pritsche teilen. Bei der Verpflegung herrschten «Hungerverhältnisse».[366] Eine Gefangene berichtete sogar, dass einige Häftlinge «vor Hunger das Material, vermischt mit Wasser, aßen, aus welchen die Batterien hergestellt wurden».[367] Eine andere Gefangene erinnerte sich, dass «in dem Magazin dieser Fabrik sich aus Kastanien hergestelltes Zuckermehl mit Kristall- und anderen Zusätzen [befand]. Dieses Zuckermehl stahlen wir aus dem Magazin und gaben es in die Suppe».[368]

Eine gewisse Verbesserung trat ein, als ein Teil der Häftlinge nach der Bombardierung des Bootsschuppens in ein Lager in Köpenick verlegt wurde, wo die Verhältnisse als «nicht zu schlecht» bezeichnet wurden.[369] Über das Leben im «Italienerlager» gibt es bruchstückhafte Dokumente und wenige Zeugenaussagen, die zum Teil auf Recherchen des Belgischen Nationalen Suchdienstes beruhen, der in den Jahren 1946 bis 1951 Befragungen durchführte. Die Beaufsichtigung des Lagers erfolgte durch SS-Aufseherinnen aus Ravensbrück. Gegen einige von ihnen wurden in den späten 1960er und 1970er Jahren durch westdeutsche Justizbehörden Ermittlungsverfahren eingeleitet.[370] Die Führung des Lagers, das gelegentlich auch «Block Pert» oder «Lager

Pert» genannt wurde, hatte SS-Unterscharführer Conrad Adolf Schreiber inne, der von den Häftlingen den Spitznamen «Taubenzüchter» erhielt.[371] Die Frauen wurden von SS-Aufseherinnen überwacht, unter denen eine den Spitznamen «Henne» oder «Schlange» hatte und besonders gefürchtet war.[372] Die genaue Anzahl der SS-Bewacher ist unbekannt.[373]

Als Kleidung dienten schwarz-weiß gestreifte Arbeitsanzüge, statt Schuhen gab es Holzpantinen. Auch hier mussten sich zwei Frauen eine Holzpritsche als Schlafgelegenheit teilen. Die Verpflegung wurde im Lager ausgegeben und bestand zumeist aus Wassersuppe mit etwas Brot, bisweilen etwas Käse, dazu Ersatzkaffee. Unterschiedliche Angaben liegen darüber vor, ob es eine ärztliche Betreuung oder Medikamente gab.[374] Schläge waren an der Tagesordnung. Für die etwa 500 Frauen standen zwei Toiletten und 18 Waschschüsseln zur Verfügung. Während der Luftangriffe wurden sie in den Keller unter der Maschinenhalle gebracht, in dem auch Kisten mit Zündern gelagert waren.[375] Als die Sonntagsarbeit eingeführt, aber die versprochene «Zulage» zum normalen Frühstück laut den Aussagen der Häftlinge nicht ausgegeben wurde, brach im Februar 1945 ein Streik aus, der von der Gestapo beendet wurde. Nachdem zunächst 15 Frauen die Hinrichtung wegen Ungehorsams angedroht worden war, wurden schließlich drei «Rädelsführer» ausgemacht und mit Schlägen bestraft.[376] Exekutionen fanden im Lager gemäß den Ermittlungen der Nachkriegszeit nicht statt.[377]

Die Frauen, die im April 1945 unter chaotischen Bedingungen aus dem Italienerlager evakuiert wurden, erlitten ein ähnliches Schicksal wie die KZ-Häftlinge aus Hannover-Stöcken. Am 1. April marschierten die ersten 23 Häftlinge ab, später folgten weitere 134 und 114 Frauen in Richtung Sachsenhausen.[378] Am 20. April 1945 wurde eine weitere große Gruppe zurück nach Sachsenhausen und dann weiter auf einen Todesmarsch Richtung Lübeck und Schwerin geschickt.[379] Dabei wurden zahlreiche nicht mehr marschfähige Häftlinge exekutiert. Die überlebenden Häftlinge wurden am 2. Mai von der Roten Armee befreit.[380]

Versorgung und Gewalt in den Lagern der DWM

Für den DWM-Zweig der Quandt-Gruppe sind die Informationen, die zu den Lebensbedingungen im Stammwerk der DWM in Karlsruhe rekonstruierbar waren, eher von fragmentarischem Charakter. Sie zeigen jedoch, dass die Zustände unmenschlich waren. Die Holzbaracken waren chronisch überfüllt und im Winter schlecht geheizt; die Hygiene war ebenso desolat wie die medizinische Versorgung.[381] Nachdem die russischen Zwangsarbeiter zunächst hinter Stacheldraht eingesperrt worden waren, ordnete die SS im Juni 1942 das Ende der Einpferchung an.[382] Mit dem Erfolg der Lockerungen und der Verbesserung der Arbeitsleistungen zeigten sich die Behörden zufrieden.[383] Die Essensrationen für die «Ostarbeiter» bewegten sich nahe am Existenzminimum. Viele ausländische Arbeitskräfte verpflegten sich aus einer ehemaligen Volksküche. Schikanen, Misshandlungen, Geld- und Prügelstrafen waren an der Tagesordnung: Im Juni 1944 wurden zwei Polen auf dem Firmengelände der DWM hingerichtet, wobei über die genaueren Hintergründe nichts bekannt ist.[384] Die Behörden übertrugen der Werksleitung die Kontrolle des ein- und ausgehenden Postverkehrs.[385] Die schlechte Behandlung der Arbeiter war durch scharfe Kontrolle und Sanktionierung von Fehlverhalten gekennzeichnet: Zumindest ein Arbeitserziehungslager bestand seit dem Sommer 1944. Nach Aussage des Werkes erfolgte dort die «Unterbringung in geschlossenen Lagern», und es war «Gewähr für strenge Zucht und Ordnung gegeben».[386] Besonders hart waren die Lebensbedingungen für die «Ostarbeiterinnen». Schwangerschaftsabbrüche wurden oftmals mittels einer «Seifenlösung» herbeigeführt. Die Frauen suchten bewusst nicht die Landesfrauenklinik Karlsruhe auf, um sich nicht den deutschen Behörden aussetzen zu müssen.[387]

Etwas umfangreicher ist die Überlieferungslage für das sogenannte Luna-Lager in Berlin. In den Baracken standen je 30 bis 40 Doppelbettgestelle für 60 bis 80 Menschen. Seit 1943 befand sich auf dem mit Stacheldrahtzaun abgegrenzten Gelände auch ein separat abgezäuntes Terrain für russische Arbeiter. Das bewaffnete Wachpersonal trug schwarze Uniformen ohne SS-Abzeichen, so dass ein ehemaliger Lagerinsasse vermutete, es habe sich um eine Art Hilfspolizei gehandelt.[388] Die Verpflegungsration betrug pro Tag 250 Gramm Brot, etwas Margarine oder Marmelade und eine Suppe.[389]

Nach Feierabend konnten die Zwangsarbeiter zumindest in der Anfangszeit das Lager verlassen. In der knapp bemessenen Freizeit, zumeist am Wochenende, bestand zudem die Möglichkeit, ins Kino zu gehen oder sich anders in der Großstadt von der Arbeit abzulenken.[390] Die Leitung des Luna-Lagers ließ sowohl eine Bordellbaracke zu als auch den Gottesdienstbesuch in der nahe gelegenen Maria-Magdalena-Kirche.[391]

Diese relative Bewegungsfreiheit, die im Kriegsverlauf immer weiter eingeschränkt wurde, darf nicht darüber hinwegtäuschen, dass Gewalt alltäglich und die Bestrafungen drakonisch waren: Bereits Vergehen wie der Diebstahl von Kartoffeln reichten für eine Exekution durch das Lagerpersonal. Ein Aufseher erschoss beim Morgenappell einen jungen Polen, weil dieser sich verspätet und nicht ordnungsgemäß in die Reihe eingeordnet hatte.[392] Für die ärztliche Versorgung stand lediglich ein Tierarzt bereit, dem zwei Krankenschwestern assistierten.[393] Eine ehemalige Lagerinsassin vermutete nach dem Krieg, dass diejenigen, die als «arbeitsunfähig» eingestuft wurden, in das KZ Ravensbrück geschickt wurden.[394] Anfang 1944 wurden die Barackenlager durch Fliegerangriffe stark beschädigt und erst ab Mai wieder aufgebaut.[395] Als die Rote Armee das «Luna-Lager» am 24. April 1945 befreite, war das Lagerpersonal bereits weitgehend geflohen.[396]

Ebenfalls etwas umfassender sind die Informationen zu den Lebensbedingungen der Zwangsarbeiter bei den Mauser-Werken. Die ersten polnischen Zwangsarbeiter trafen im Sommer 1940 in Oberndorf ein und wurden sogleich einem schutzpolizeilichen Regime unterworfen. Nach Maßgabe des «Polenerlasses» trugen sie neben dem obligatorischen Stoffabzeichen mit dem Buchstaben «P» eine Armbinde mit den Buchstaben «MWK» sowie eine individuelle Nummer. Die Miete für die Unterkunft wurde auf 1,25 RM pro Woche festgelegt.[397] Die Kontakte zu anderen Arbeitern waren beschränkt. Die Unterkünfte für je 24 Mann waren mit Spinden und Stockbetten eingerichtet. Das Lager wurde auf Grundlage des «Polenerlasses» mit Zaun und Stacheldraht umgeben und die Unterbringung nach Nationalitäten getrennt. Polnische und russische Zwangsarbeiter nahmen ihr Essen getrennt ein; anders als französische oder tschechische Zwangsarbeiter erhielten sie keine Lebensmittelkarten. Die Kosten für die tägliche Verpflegung betrugen 1,65 RM. Darin enthalten waren ein Kaffee mit Brot, eine Vormittagsvesper, eine Nachmittagsvesper sowie ein Abendessen.[398]

Die Freizeit war streng geregelt: An Werktagen war zwischen 19 und 21 Uhr Ausgang, Nachtschichtarbeiter hatten zwischen 14 und 18 Uhr Freigang. An Sonntagen und arbeitsfreien Samstagen wurde eine Ausgehzeit zwischen 13 und 16 Uhr sowie zwischen 18 und 21 Uhr gewährt. Für die Stadtbesuche nahmen die polnischen Arbeitskräfte entgegen der Vorschriften gelegentlich ihre Abzeichen ab. Oberndorf durfte nicht verlassen werden und der Besuch von Gaststätten, Kirchen oder Kinos war verboten. Selbst gegen diese Form des Freigangs beschwerte sich die Oberndorfer NSDAP im Oktober 1940: «Dieses polnische Gesindel, das für ihre minderwertige Arbeit zu hoch bezahlt zu werden scheint, erscheint zu gewissen Zeiten wie ein hungriger Heuschreckenschwarm und kauft auf, was gut und teuer ist [...] Ferner kann man es nicht verstehen, dass an diese Untermenschen Schnaps in solchen Mengen verkauft werden darf, dass sie besoffen auf der Straße herumtorkeln [...] Jedenfalls wäre es Zeit, dass man sich mit der Direktion des Mauser-Werks ins Benehmen setze, um zu beraten, was man tun kann, um dem Untermenschentum beizubringen, dass es Mensch II. Klasse ist und wir Deutschen es nur als Arbeitstier unter uns dulden.»[399] Die Kreisleitung Rottweil der NSDAP protestierte im Februar 1941 beim Oberndorfer Oberbürgermeister über den «gefräßigen polnischen Heuschreckenschwarm der Mauserwerke».[400] Ob die Werksleitung auf diese Klagen reagierte, ist den Quellen nicht zu entnehmen.

Die Bestrafungspraxis nahm jedenfalls zum Kriegsende hin immer unnachsichtigere Züge an: Als im März 1944 ein polnischer Zwangsarbeiter wegen Diebstahls von Treibriemen erhängt wurde, musste eine Abordnung von etwa 50 polnischen Arbeitern der Hinrichtung beiwohnen.[401] Das gleiche Schicksal erlitten im Mai 1944 vier polnische Arbeiter, weil sie während eines Fliegeralarms Garderobenschränke aufgebrochen hatten.[402] Wegen Geschlechtsverkehrs mit einer deutschen Büroangestellten wurde im Juni 1944 ein Pole exekutiert,[403] wovon auch Mauser-Direktor Dörge erfuhr. Neben den Absperrkräften, der örtlichen Polizei und anderen Behördenvertretern waren Gestapo-Beamte bei dieser Hinrichtung zugegen. Polnische Zwangsarbeiter mussten ihrem zum Tode verurteilten Kollegen die Stiefel ausziehen und ihn zur Exekution vorbereiten.[404] 150 polnische Lagerinsassen wurden zur Exekutionsstätte geführt und mussten den Erhängten als Abschreckungsmaßnahme betrachten.

Die Anzahl der gemeldeten Sterbefälle bei den Mauser-Werken beträgt 74.[405] Allein eine im Frühjahr 1943 grassierende Typhusepidemie mit 300 Erkrankungen forderte mehr als 20 Tote. Die gesamte Belegschaft wurde bei dieser Gelegenheit geimpft, der Amtsarzt ordnete an, im Lager geeignete Abort- und Desinfektionseinrichtungen zu schaffen, und der Bürgermeister von Oberndorf informierte die Mauser-Werke AG über ein wegen der Epidemie verhängtes «Kirchenverbot für die Ausländer».[406]

Die Zustände im Außenlager des KZ Natzweiler im Elsass, aus dem der Verlagerungsbetrieb der Mauser-Werke seine Arbeiter bezog, wurden als katastrophal geschildert; der Mauser-Direktor Jakob Hartmann wurde im Rastatter Kriegsverbrecherprozess 1947 zu mehreren Jahren Gefängnis verurteilt, weil er die mangelhafte Ernährung der Häftlinge zu verantworten hatte. Die Zahl der gestorbenen und ermordeten Häftlinge beträgt nach den Urkunden des Standesamtes Spaichingen 95; wahrscheinlich liegt die Zahl jedoch weit höher.[407]

Bei Fliegerangriffen auf die Mauser-Werke wurden Ende Februar 1945 mehrere Unterkünfte zerstört. Am 18. April 1945 wurde das Lager aufgelöst, nachdem einige Tage zuvor einige Insassen entlassen worden waren. Die Gestapo gab noch den Befehl, Teile des Lagers abzubrennen.[408] Am 20. April 1945 besetzte die 1. Französische Armee Oberndorf und befreite die rund 5000 Zwangsarbeiter und Kriegsgefangenen.[409] Belgier, Franzosen und Holländer wurden in ihre Heimat zurückgebracht; die russischen, polnischen und ukrainischen Arbeiter blieben hingegen noch bis Ende des Jahres als «displaced persons» in verschiedenen Lagern.[410]

Im Vergleich zu den Zuständen im «Luna-Lager» oder dem Lager der Mauser-Werke in Oberndorf erscheinen die Lebensbedingungen der Zwangsarbeiter und Kriegsgefangenen, die bei der Memefa arbeiteten, als geradezu zivil. Die Verpflegung erfolgte allerdings ebenfalls nach Arbeiterhierarchie und der Bevorzugung der «Westarbeiter». Ein holländischer Arbeiter berichtete beispielsweise, man habe sich zunächst über das Essen nicht beklagen können, zumal «Qualität und Quantität» nichts zu wünschen übrig gelassen hätten. Dies galt aber schon zu Beginn des Arbeitseinsatzes nicht für die «Ostarbeiter» und änderte sich im weiteren Verlauf auch für alle anderen, die sich fortan mit schimmeligem Brot zufriedengeben mussten. Zigaretten konnten – zu hohen Preisen – auf dem örtlichen Schwarzmarkt erworben werden.[411]

Die «Westarbeiter» konnten sich in ihrer Freizeit relativ frei im Stadtgebiet von Waren bewegen, Bootsfahrten auf der Müritz und Wanderungen in die Umgebung unternehmen. Zudem bekamen sie regelmäßig Pakete aus der Heimat.[412] Am Rüstungsstandort Lübeck war die Ernährungssituation schlecht. Eine Arbeiterin bei der MfM erinnerte sich später, dass es «ständig eine Suppe aus Klettenblättern [gab], es schwammen auch ein paar Graupen darin. Eine Tasse Gerstenkaffee, damit uns der Magen nicht kaputtging. Samstags erhielten wir ein kleines Brot (300 g), das zur Hälfte aus Sägemehl bestand, und zwei Stücke braunen Zucker für die ganze Woche.»[413] Es gab zwar eine Krankenstation für die ausländischen Arbeiter, aber Krankschreibungen erfolgten erst bei absoluter Arbeitsunfähigkeit.[414] Neben einer Entbindungsstation wurde 1943 nach reichseinheitlichen Vorgaben eine «Ausländerkinderpflegestätte» eingerichtet, die jedoch nicht den Bedürfnissen der Kleinkinder entsprach.[415]

Die Lebensverhältnisse der Zwangsarbeiter in den Quandt-Firmen im besetzten «Großwirtschaftsraum»

Aus dem DWM-Werk Holleischen berichten die Quellen von meist kaum behandelten Akteuren: den Anwohnern. Als bekannt wurde, dass französische Kriegsgefangene, die im Herbst 1940 für Bauarbeiten eingesetzt waren, auf besondere Anordnung hin geschlossen die Schwerarbeiterzulage erhielten, löste diese «Besserstellung der Gefangenen in der Lebensmittelversorgung» bei der Bevölkerung in Holleischen offenbar starke Verärgerung aus.[416]

Die Verpflegung der KZ-Häftlinge hingegen bestand morgens aus einem halben Liter schwarzen Kaffee und 200 Gramm Brot, mittags Suppe und abends wieder Kaffee und einem Stück Brot. Trotz einer mangelhaften medizinischen Versorgung gibt es nur wenige Hinweise auf Todesfälle. Diese niedrige Sterblichkeitsrate ist auffällig, insbesondere im Vergleich zu anderen Frauenlagern auf böhmischem Territorium.[417] 13 Häftlinge sind auf dem Gemeindefriedhof begraben.[418] Die SS führte 1944 den als gut bezeichneten Zustand des Lagers auch auf die Initiative des Werkes zurück.[419]

Die geringe Sterblichkeit war jedoch kein Indiz für eine humane Leitung des Lagers. Die Kommandoführer waren in der Regel SS-Oberscharführer oder Hauptscharführer. Insgesamt bewachten 64 Männer und 26 Frauen das Lager.[420] Eine aus Rumänien stammende SS-Aufseherin mit dem Spitznamen «Mitzi» wurde als besonders brutal beschrieben.[421] Eine Zeugin berichtete von der Erschießung einer Frau vor den Augen anderer Häftlinge durch einen SS-Wachmann, weil die Gefangene auf dem Weg zur Fabrik Kartoffeln aufgelesen hatte.[422] Nachdem die drei französischen KZ-Häftlinge Noëmi Suchet, Hélène Lignier und Simone Michel-Lévy im Werk Stanzpressen hatten leer laufen lassen und durch diese Sabotage unbrauchbare Munitionshülsen produziert worden waren, zeigte sie eine SS-Aufseherin am 12. September 1944 bei der Betriebsleitung an, die wiederum die Gestapo verständigte. Nach Verbüßung der angeordneten Prügelstrafe wurden die Frauen am 10. April 1945 nach Flossenbürg gebracht und dort kurz vor Befreiung des Lagers hingerichtet.[423] Das Lager in Holleischen wurde am 5. Mai von amerikanischen Truppen befreit.[424]

Im Posener DWM-Werk stellten die Deutschen wie erwähnt nur eine kleine Minderheit. Grundsatz der Polenpolitik blieb im Selbstverständnis der Gauleitung und der Rüstungsinspektion die klare Trennung zwischen Deutschen und Polen und die Herabsetzung der polnischen Bevölkerung auf «die Stufe eines Arbeitsvolkes». Nach zwei Jahren Besatzung setzte sich aber die Erkenntnis durch, dass eine Verbesserung der Lebensverhältnisse notwendig war, wenn die polnischen Arbeiter motiviert werden sollten. Die Militärbehörde war der Ansicht, «dass man eine Kuh, die man melken will, auch füttern muss».[425] Die Betriebe mussten selbst tätig werden und Werksküchen einrichten, wo gegen Abgabe von Lebensmittelkartenabschnitten deutsche und polnische Arbeiter versorgt wurden. Die ohnehin schon ungenügende Lebensmittelversorgung in Posen wurde mit zunehmender Kriegsdauer noch schlechter. Die fehlende Versorgung der Werksküchen vor allem mit Gemüse und Kartoffeln hatte gravierende Folgen, denn der Gesundheitszustand der polnischen Belegschaft verschlechterte sich zusehends.[426] Auch die übrige Versorgung, beispielsweise mit Arbeitsschuhen, war nicht ausreichend.[427]

Krankschreibungen erfolgten nur, wenn ein deutscher Arzt es für angebracht hielt.[428] Um Facharbeiter und Spitzenkräfte zu halten, war die Krankenstation zwar unter anderem mit einem kostspieligen Solarium ausgestattet, dieses durfte allerdings nur von den Deutschen benutzt werden.[429] Unter den polnischen Mitarbeitern machte das Wort die Runde: «Der Fabrikarzt befreit einen erst dann von der Arbeit, wenn man ihm den Kopf in einer Kiste bringt.»[430] 1944 zeigte sich die

«Wirkung einer genauen und energischen Krankenkontrolle» in einer verhältnismäßig niedrigen Prozentzahl an Kranken.[431] Dass dies keineswegs gleichbedeutend war mit einer guten Gesundheitslage, verrät eine Aussage des Reichsstatthalters Greiser. Er berichtete im Juni 1944, dass sich die 72-Stunden-Woche angesichts der Tuberkulose auf Dauer nicht werde durchhalten lassen: «Rü[stungs]-Obmann Schneider teilte mit, er verliere je Monat bei der DWM etwa 20 Mann an TB. Da ihm weitere 40 z. Zt. im letzten Monat durch die Stapo weggenommen wurden und mit weiteren entsprechenden Abzügen zu rechnen sei, werde die Aufrechterhaltung des Betriebes auf die Dauer gefährdet. Er beabsichtigte mit Oberregierungsrat Stossberg zu sprechen, da die Abzüge der Stapo verständlicherweise gerade die intelligentesten und besten Arbeiter betreffen.»[432]

Der Vergleich der Lebensbedingungen in den unterschiedlichen Lagern der AFA und den DWM zeigt, dass es unabhängig von der Organisationsform des Zwangsarbeitereinsatzes an einer ausreichenden Verpflegung sowie an sanitärer und medizinischer Versorgung mangelte. Unterschiede lassen sich im Rahmen des fragmentarischen Quellenmaterials insbesondere in den Formen und dem Ausmaß der Gewalt erkennen. Zwar gab es auch in Zwangsarbeiterlagern der DWM in Karlsruhe, im Luna-Lager und im Mauser-Werk in Oberndorf Exekutionen. Neben diesen drakonischen Strafmaßnahmen waren aber die Lebensbedingungen nicht in gleichem Maß von alltäglicher und willkürlicher Gewalt geprägt wie in den Konzentrationslagern in Hannover-Stöcken, Berlin, Wien und Spaichingen. Das Frauen-Lager in Holleischen wies eine vergleichsweise geringe Sterblichkeitsrate aus.

Albert Speer, einer der Hauptverantwortlichen für das KZ-Außenlagersystem, behauptete nach dem Krieg, die «Verschickung» der Häftlinge aus Hauptlagern in die betriebsnahen Außenlager habe eine Verbesserung der Lebenssituation der Häftlinge bedeutet.[433] Auch führende Mitarbeiter der AFA sagten später aus, sie hätten von Häftlingen gehört, sie seien aus Neuengamme «wesentlich schlechtere Lagerbedingungen gewöhnt» gewesen.[434] Tatsächlich sprach ein Häftling im Außenlager Hannover-Stöcken von einer im Vergleich zu den großen Lagern wie Bergen-Belsen oder Neuengamme «humaneren Behandlung».[435] Einzelaussagen wie diese sollten allerdings nicht dazu verleiten, die miserablen Lebensverhältnisse der KZ-Häftlinge in Hannover-Stöcken oder in den anderen Außenlagern zu relativieren. Vielmehr waren die Ernährungsbedingungen im Lager derart, dass «der

Tod gleichzeitig mit eingeplant und bewußt kalkuliert» wurde.[436] Direkte körperliche Gewalt war nicht die häufigste Todesursache, sondern die in den Lagern herrschenden Lebensverhältnisse in Verbindung mit den im folgenden Kapitel zu behandelnden Arbeitsbedingungen. In Posen mit seinem hohen Anteil von polnischen Arbeitern zeigt sich, dass die dortigen Arbeiter bald mit ähnlich schlechten Lebensbedingungen zu kämpfen hatten wie Zwangsarbeiter im «Altreich». Doch trotz der allgemein schlechten Lebensbedingungen konnte insbesondere in der Darstellung der Situation bei der AFA in Berlin-Oberschöneweide und in Hagen gezeigt werden, dass Unternehmen durchaus die Möglichkeit hatten, sich für eine bessere Versorgung der Häftlinge bei den Behörden einzusetzen.

Die Arbeit im Betrieb: Zwischen Bestrafungen und Anreizsystemen

Um zu analysieren, wie die Zwangsarbeiter innerhalb der Werke der Quandt-Gruppe eingesetzt und behandelt wurden, soll der Blick auf Aspekte wie Arbeitszeiten, Löhne, Arbeitsschutz, Anreizsysteme sowie auf die Gewaltausübung im Werk geworfen werden.

Ob die Akkumulatorenbranche für den Einsatz von Zwangsarbeitern geradezu prädestiniert war, ist umstritten. Amerikanische Ermittler haben 1945 die Ansicht vertreten, die fachlichen Anforderungen in der Batterieproduktion seien grundsätzlich weniger komplex als in anderen Industriezweigen. Es sei daher möglich gewesen, auch ungelernte Arbeiter zu beschäftigen, ohne wesentliche Produktivitätseinbußen verzeichnen zu müssen.[437] Obwohl nicht bis ins letzte Detail geklärt werden kann, ob die Produktionsroutinen im Krieg darauf angepasst wurden, in stärkerem Maße ungelernte Arbeiter beschäftigen zu können, so kann doch festgehalten werden, dass diese Ansicht in einem gewissen Gegensatz zu Aussagen der AFA stehen. Sowohl bei der anfänglichen Weigerung, KZ-Häftlinge im Hannoveraner Werk zu beschäftigen als auch bei der Opposition gegen die Einberufungspraxis argumentierte die AFA stets mit den besonderen technischen Anforderungen der Produktion.

Im Werk in Hannover-Stöcken wurden die KZ-Häftlinge seit Ende August 1943 zunächst in der Kunststoffabteilung eingesetzt. Die Arbeitszeit betrug täglich zwölf Stunden im Zweischichtenbetrieb rund um die Uhr.[438] Zur Zeit der Höchstbeschäftigung in dieser Abteilung, im März 1944, waren von den hier eingesetzten 1200 Arbeitskräften 840 KZ-Häftlinge.[439] Seit Sommer 1944 wurden KZ-Häftlinge auch in der gesundheitsschädlicheren Bleiabteilung eingesetzt.[440] In der Gießerei mit ihren 680 Beschäftigten arbeiteten lediglich 24 Deutsche, die in leitenden Funktionen tätig waren. Als die Gesamtbelegschaft in Hannover Ende 1944 den Höchststand von 5175 erreichte, waren die meisten Häftlinge, nämlich 780, in der Kunststoffabteilung eingesetzt; weitere 300 arbeiteten in der Gießerei und 350 in der Pastiererei der Bleiabteilung.[441]

Bei der Einrichtung des KZ-Außenlagers wurde die Entlohnung von der SS auf 6 RM für Facharbeiter und 4 RM für ungelernte Arbeiter pro Tag festgesetzt, die als Pauschale der Lagerleitung, also der SS, entrichtet werden sollte.[442] Darüber hinaus wurde der AFA die Möglichkeit eingeräumt, mittels eines Prämiensystems Leistungsanreize für KZ-Häftlinge zu schaffen.[443] Dieses Prämiensystem beruhte auf einem Vorschlag der SS, der von der AFA-Werksleitung umgehend angenommen worden war und zukünftig für sämtliche Außenlager im deutschen Herrschaftsbereich üblich wurde.[444] Erreichten die Häftlinge während einer vollen Woche ihr Soll, erhielten sie einen Betrag von 6 RM. Um Geldhandel mit Zwangsarbeitern zu verhindern, wurden Gutscheine ausgegeben, die in der Kantine gegen Waren eingetauscht werden konnten. Die Kapos erhielten 8 RM.[445] Aus der Beteiligung der Kapos am Prämienverfahren resultierte eine Brutalisierung der Arbeit, denn diese prügelten die Häftlinge bisweilen zur Erreichung des Solls und behielten die Prämien dann für sich selbst.[446] Bei Verfehlen der Sollzahlen wurde die Prämie gestrichen. Eine Bestrafung für eine Sollunterschreitung durch die Betriebsleitung gab es zwar nicht, aber das System war so ausgestaltet, dass es auf Schwächere und Erschöpfte keine Rücksicht nahm und die Selbstaufgabe der Häftlinge beschleunigte. Die Aussage eines Werkmeisters, dass in einigen Fällen an kranke Häftlinge die Prämie ausgezahlt worden sei, obwohl sie die geforderte Menge nicht erreicht hatten,[447] war nicht mehr als eine Ausnahme von der Regel.

Hinsichtlich des Arbeitsaufwandes gab die technische Leitung der AFA 1949 an, die Arbeitsbedingungen im Werk seien für die Deutschen, die ausländischen Zivilarbeiter und die Häftlinge «die gleichen» gewesen,[448] eine Aussage, die angesichts der tatsächlichen Belastungen unter mangelhafter Versorgung kaum mehr als eine schönfärberische

Ausrede war. Die Betriebsleitung machte Vorgaben zu Quantität und Qualität der von den Häftlingen zu leistenden Arbeit. Deren Spanne reichte von einfachen Hilfstätigkeiten bis zu relativ komplexen Arbeiten an den Maschinen. Hannover orientierte sich hinsichtlich der jeweiligen Stückzahlen an den Hagener Werten. Die Stückzahlen in der Kunststoffabteilung wurden von Direktor Clostermann selbst festgelegt, während für die Bleiabteilung die Zahlen vom Betriebsingenieur Wilhelm Garten ausgearbeitet wurden.[449]

Der Häftling Günther Wackernagel berichtete nach dem Krieg von den Gefahren des Arbeitsalltags: «Im Produktionsprozeß war ein hohes Arbeitstempo zu verzeichnen. Dieses Tempo wurde durch das Antreiben der SS-Wachposten oder der Zivilangestellten noch um ein Vielfaches erhöht. Es war die Quelle vieler leichter und schwerer Unfälle. Hinzu kamen die gesundheitsschädlichen Einflüsse, wie Säure- oder Bleigußverbrennungen, Säure- und Bleidämpfe und andere Gase, die zu schweren Magenkoliken führten.»[450] An den ungesicherten Maschinen, die in der Regel keine Notschalter hatten, ereigneten sich häufig Unfälle.[451] Häftlinge berichteten von schweren Zwischenfällen an den rotierenden Konterwalzen, auf die mit bloßer Hand Grundstoffe wie Graphit und Kautschuk aufgetragen werden mussten. Wackernagel erinnerte sich an Fälle, in denen Häftlinge mit Händen und Armen zwischen die Walzen gerieten und ihnen «bei vollem Bewusstsein das Fleisch zumeist bis zum Oberarm – von den Knochen abgezogen» wurde.[452]

Besonders gefährlich war die Arbeit in der Bleiabteilung, wo häufig Erkrankungen und Koliken auftraten.[453] Der für die Bleiarbeiter zuständige Werksarzt gab nach dem Krieg zu Protokoll, für die Arbeiter in dieser Abteilung habe es zweimal pro Woche eine Untersuchung gegeben. In den Sprechstunden sei auf Zeichen einer Bleivergiftung an Händen, im Gesicht und im Mund geachtet worden. Diese Routineuntersuchungen seien bei deutschen wie ausländischen Zivilarbeitern gleichermaßen streng durchgeführt worden, um die für Bleierkrankungen charakteristischen Anfangssymptome wie den sogenannten Bleisaum am Zahnfleisch und Lähmungserscheinungen an den Gliedmaßen zu erkennen. Die Häftlinge seien «durchaus menschlich behandelt» worden.[454] Dieser Darstellung ist von einigen Häftlingen widersprochen worden, die dem Mediziner vorwarfen, KZ-Häftlinge nur sehr oberflächlich untersucht zu haben. Der Leiter der Bleiabteilung, Wilhelm Garten, gab später vor Gericht an, in seinen Monats-

56 Ein abgemagerter
«Muselmann», der an
Bleikoliken leidet,
Zeichnung von René
Baumer, Stöcken
9. Januar 1945.

berichten die Betriebsführung wiederholt auf den sich verschlechternden körperlichen Zustand der Häftlinge hingewiesen zu haben.[455]
Die von ihm zunächst an die Häftlinge ausgeteilten Gummihandschuhe[456] seien auf Anordnung von Fraaß und Clostermann wieder
eingezogen worden.[457] Die Direktion rechtfertigte dies mit einem größeren Bedarf an Gummihandschuhen, der in der Formation bestanden habe.[458] Vorwürfe, die Häftlinge hätten mit bloßen Händen an
den Bleiplatten arbeiten müssen, wies Fraaß jedoch zurück und warf
den britischen Ermittlern vor, über ungenügende Kenntnisse der
technischen Arbeitsbedingungen zu verfügen.[459] Auch Clostermann
gab an, die Arbeiter der Bleiabteilung hätten zur Reinigung bewusst
nur Wasser und keine Seife bekommen, «um das Blei nicht zu ver-
seifen» und damit in die Poren eindringen zu lassen.[460] Die Häftlinge
in den Bleiabteilungen hätten zunächst entweder eine Schwerarbeiterzulage oder Milch, in manchen Fällen auch beides erhalten. Die Lei-

tung des KZ-Außenlagers habe sich dann aber angesichts unzuverlässiger Milchlieferungen entschieden, nur noch die Schwerarbeiterzulage zu gewähren.[461] Wer hinter dieser Anordnung stand, ist unklar. Der Lagerführer gab später gegenüber der Staatsanwaltschaft an, die Stadtverwaltung Hannover habe die Milchverteilung mit der Begründung gestrichen, es sei nicht zu verantworten, deutschen Müttern und Kindern die Milch zu entziehen, um sie dann Häftlingen zu geben.[462] Inwieweit diese Aussagen den Tatsachen entsprachen oder eher Schutzbehauptungen im Zusammenhang mit der juristischen Aufarbeitung der Nachkriegszeit waren, ist anhand der erhalten gebliebenen Akten nicht abschließend zu klären.

Die Häftlinge trugen im Betrieb die in Konzentrationslagern übliche Kleidung: Dazu gehörten eine gestreifte Jacke und Hose, Holzpantinen und eine barettähnliche Kopfbedeckung. Einige KZ-Häftlinge beklagten später, die AFA habe eine Ausstattung mit spezieller Arbeitsbekleidung für unnötig erachtet.[463] In der Nachkriegszeit gaben die Verantwortlichen an, sie hätten Schutzkleidung zur Verfügung stellen wollen. Diesen Vorschlag habe die Lagerleitung in Neuengamme jedoch abgelehnt, da die AFA keine gestreifte, sondern lediglich graue Kleidung angeboten habe und damit die Fluchtgefahr als zu groß angesehen worden sei. Daraufhin habe die AFA Anfang 1945 eine zweite Garnitur Häftlingsbekleidung gekauft.[464]

Die Gewalt im Werk ging überwiegend von den Kapos aus, die die KZ-Häftlinge zur Erreichung ihres Solls prügelten und bei dem kleinsten Versehen oder Vergehen bestraften. Als sich der Leiter der Bleiabteilung beim Lagerleiter Klebeck über die Kapos beschwerte, soll dieser ihm geantwortet haben: «Wenn jemand Häftlinge begünstigt, soll er vorsichtig sein, damit er nicht selbst den gestreiften Anzug anzieht»[465] – eine Drohung, die auch gegen andere Zivilarbeiter erhoben wurde.[466] Von den Betriebsangehörigen wurde Werkmeister Werner Jansen nach dem Krieg vorgeworfen, die Kapos angelernt und sie zum Prügeln aufgefordert zu haben.[467] Jansen konnte allerdings Briefe belgischer Kriegsgefangener und Zivilarbeiter vorweisen, die versicherten, von ihm ebenso gut wie die deutschen Werksarbeiter behandelt worden zu sein.[468] Die britischen Ermittlungsbehörden kamen daher zu dem Ergebnis, dass die Vorwürfe nicht zuträfen.[469] Ein polnischer Zwangsarbeiter hat die deutschen Vorarbeiter als «keine schlechten Menschen» bezeichnet,[470] ein anderer gab zu Protokoll, das Werk habe «nach Möglichkeit» versucht, die Lage der

Häftlinge zu erleichtern,[471] Aussagen über ein Wohlverhalten, die kaum verallgemeinerungsfähig sind.

Der Ingenieur Karl Supplié, der im Werk in der Uniform eines Oberleutnants auftrat, war vielfach für Misshandlungen verantwortlich.[472] Er flüchtete sich bei den Ermittlungen der Nachkriegszeit in Schutzbehauptungen und gab lediglich zu, «Ohrfeigen» verteilt zu haben.[473] Häftlinge, die als «Bummelanten» galten oder der bewussten Produktion von Ausschuss beschuldigt wurden, erhielten in einem Kellerraum auf dem Werksgelände durch einen der Vorarbeiter oder die Kapos Schläge mit einem Knüppel oder einem Gummischlauch.[474]

Im Hagener Werk verrichteten Kriegsgefangene die gleichen Arbeiten wie die Zwangsarbeiter. Facharbeiter erhielten 0,70 RM pro Stunde, Hilfsarbeiter 0,55 RM. Überstunden wurden mit 25 Prozent, Sonntagsarbeit mit 50 Prozent Zuschlag bezahlt.[475] Die ausländischen Arbeitskräfte konnten Zuschläge für Akkordarbeit erhalten und die Löhne in die Heimat überweisen, wovon allerdings überwiegend nur die «Westarbeiter» Gebrauch machten. Arbeitsbekleidung wurde teilweise vom Werk gestellt, teilweise musste sie im Betrieb gekauft werden. Medizinische Versorgung soll für alle ausländischen Arbeitskräfte gewährleistet gewesen sein.[476]

Bei der AFA in Berlin war die Bezahlung der Zwangsarbeiter ausgesprochen disparat. Die AFA betonte nach dem Krieg, «bei gleicher Arbeit und Leistung» sei den ausländischen Zivilarbeitern derselbe Lohn gezahlt worden, den ein vergleichbarer deutscher Arbeiter erhalten habe. Auch sei ein Mehrarbeitszuschlag von 25 Prozent und ein Sonntagszuschlag von 50 Prozent gezahlt worden. Da die ausländischen Zivilarbeiter lohnsteuer- und sozialversicherungssteuerpflichtig waren, wurden diese Beträge den amtlichen Tabellen entsprechend abgezogen. Dafür sollen sie auch Urlaub und Sozialversicherungsleistungen erhalten haben. Bei «Ostarbeitern» und Polen wurde zudem noch die Sozialausgleichsabgabe abgezogen. Für Unterkunft und Verpflegung mussten die Zwangsarbeiter eine regelmäßige Pauschale entrichten, und Holzschuhe, Fußlappen usw. konnten im Werk erworben werden. Die Nettolöhne wurden durch die Meister im Betrieb in Reichsmark ausgezahlt. Wie im Werk Hagen konnten Italiener, Franzosen und Belgier ihre gesparten Beiträge monatlich in die Heimat überweisen. Der Lagerbeauftragte füllte die vorgeschriebenen Überweisungsaufträge aus und lieferte Geld und Überweisungsauftrag in der Lohnabteilung ab. Die Überweisungen erfolgten durch die Deutsche Bank; Holländer zahlten ihre Beträge direkt bei der Reichspost ein. Von dieser Möglichkeit machten allerdings nicht alle Zwangsarbeitergruppen Gebrauch. Lakonisch vermerkte ein Bericht: «Ostarbeiter konnten Beträge sparen, machten hiervon jedoch keinen Gebrauch.»[477] Die amerikanische Abschlussuntersuchung zeigte sich von den Ausführungen der AFA-Verantwortlichen über die Löhne der Zwangsarbeiter nicht sonderlich überzeugt: «Foreign workers of all classes were not paid straight time, piece work, nor overtime wages in any degree comparable to that accord to the German workers, although the books were made to reflect such a condition.»[478] In den Büchern wurde der Lohn für die Zwangsarbeiter zwar verzeichnet, aber in der Praxis nicht ausgezahlt: «In an interesting comment one of the plant officials remarked that as the efficiency of the workers increased, the labor costs decreased. Another plant official interpreted this statement to represent circumstances in which foreign workers worked increasingly long hours and were paid nothing for their work.»[479]

Die Zwangsarbeiterhierarchie hatte vielfältige Auswirkungen auf die Entlohnung. Die «Westarbeiter» erhielten keine Trennungszulagen, wie z. B. bei der Anwerbung in Frankreich versprochen worden war. Gelegentliche Hinweise auf dieses Versprechen, wurden von der AFA damit gekontert, diese Zusagen nicht selbst gemacht zu haben. Es wurden allerdings Lohnvorschüsse gezahlt, weil vor allem anfangs die Überweisungen ins Ausland viel Zeit in Anspruch nahmen.[480] Verheirateten Arbeitern wurde zweimal im Jahr, ledigen Arbeitern einmal im Jahr eine Familienheimfahrt bezahlt.[481]

Anders bei den «Ostarbeitern»: Diese erbrachten nach Ansicht des Werkes im Jahre 1943 im Schnitt etwa 70 Prozent der Leistung deutscher Arbeiter. Wie in zahlreichen anderen deutschen Betrieben wurde die fehlende Ausbildung beklagt und die Arbeiter daher zunächst nur als Handlanger eingesetzt.[482] Zu ihrer Kontrolle bei der Hof- und Transportarbeit diente ein deutscher Kolonnenführer.[483] «Ostarbeiterinnen» mussten in einigen Abteilungen 30 Minuten länger arbeiten als Deutsche.[484] Die Arbeitsmoral der «Ostarbeiter» sollte schließlich durch eine «gerechtere Bezahlung» verbessert werden.[485] Noch im März 1945 wurde festgelegt, bei stundenweiser Abgabe von «Ostarbeitern» den Lohn von der Abgabewerkstatt bezahlen zu lassen.[486] Bewährten «Ostarbeitern» wurden außerdem Sprachkurse angeboten, um die Verständigung zu erleichtern.[487]

Hinsichtlich der Bezahlung von Kriegsgefangenen berief sich die AFA nach 1945 darauf, dass die Grundsätze der Bezahlung von den Behörden «im Interesse einer Leistungssteigerung der Kriegsgefangenen» festgelegt worden waren.[488] Sie bekamen täglich 0,70 RM ausgezahlt, der Rest ging an das Stammlager zur Deckung der Kosten von Kleidung, Verpflegung und Unterkunft. Im Akkordlohn erhielten die Kriegsgefangenen 80 Prozent des Akkordlohns deutscher Arbeiter. Leistungszulagen wurden ebenfalls gezahlt, durften jedoch 80 Prozent des Verdienstes eines entsprechenden deutschen Arbeiters nicht übersteigen. Die arabisch-französischen Kriegsgefangenen wurden mit 60 Prozent des Lohnes der deutschen Arbeiter entlohnt. Grundsätzlich sollte die Arbeitsdauer der Kriegsgefangenen die der deutschen Arbeiter nicht überschreiten. Die gemeinsame Beschäftigung von Deutschen und Kriegsgefangenen war verboten[489] und selbst der dienstliche Umgang war «auf das notwendigste Maß zu beschränken».[490]

Die in der Fabrik üblichen Arbeitsschutzmaßnahmen galten nicht für «Ostarbeiter». Nachdem bei einer berufsgenossenschaftlichen Werksbesichtigung der Einsatz von Frauen in der Platten-Produktion kritisiert worden war, zeigte sich die AFA befremdet, weil man schließlich darauf hingewiesen habe, dass dort in Absprache mit Rüstungskommando und Gewerbeaufsichtsamt ausschließlich «Ostarbeiterinnen» beschäftigt seien, auf die die geltenden Arbeitsschutzbestimmungen keine Anwendung fänden: «Würden die für die deutschen Arbeitskräfte geltenden einschränkenden Verordnungen auch für den Osteinsatz Gültigkeit haben, so wäre dies gleichbedeutend mit der Einstellung eines erheblichen Teiles unserer kriegswichtigen Fertigung, zumal ein Teil der angesetzten weiblichen Ostarbeitskräfte mit Schlüsselarbeiten beschäftigt ist.»[491]

Das Verhalten der AFA Oberschöneweide war nicht nur gegenüber den «Ostarbeitern», sondern auch in der Behandlung der jüdischen Zwangsarbeiter, die in Gruppen von zehn bis 20 Mann unter Aufsicht arbeiteten, durch Rücksichtslosigkeit geprägt. Von Sozialeinrichtungen waren sie ausgeschlossen und erhielten auch keine Berufskleidung, wie eine Bekanntmachung der AFA im Oktober 1940 festlegte: «Die eintretenden Juden sind keine Arbeitskameraden, sondern sind wie feindliche Gefangene zu behandeln, d. h. jede *unnötige* Unterhaltung oder Annäherung, auch seitens der Aufsichtsführenden, hat zu unterbleiben. [...] Es wird von allen Beteiligten unsererseits ein mannhaftes, deutsches Verhalten erwartet.»[492] 21 jüdische Arbeiter wurden in der Bleiabteilung beschäftigt. Für sie wurde eine Erhöhung der zugeteilten Tagesmenge an Vollmilch beantragt, damit auch diese ihre Ration von einem halben Liter Milch erhielten.[493] Von den Arbeitsbedingungen bei den Tochterunternehmen der AFA ist nur wenig bekannt, aber sie dürften sich grundsätzlich kaum von denen anderer Werke unterschieden haben. Bei der Pertrix arbeiteten die KZ-Häftlinge in zwei Schichten zu je zwölf Stunden.[494] Der technische Direktor gab später an, sich nicht mehr an den Einsatz von KZ-Häftlingen erinnern zu können, und SS-Bewacher seien nicht im Betrieb gewesen.[495] Diese Aussage war nachweislich falsch. Im Betrieb wurden die Häftlinge, die schutzlos mit den giftigen Materialien der Batterieproduktion arbeiteten,[496] von der SS-Mannschaft und Werksangehörigen überwacht.[497] Nach 1945 belasteten ehemalige Mitglieder des Betriebsrates die Werksleitung schwer. Die Direktoren Werner, Quandt und Bendig, so lautete der Vorwurf, seien «sämtlich Pg's und aktive Nazis» gewesen und hätten bei «Nichtigkeiten» Anzeigen und Strafen sowohl gegen die Zwangsarbeiter als auch gegen deutsche Belegschaftsmitglieder ausgesprochen. Bendig habe sich persönlich an Misshandlungen beteiligt.[498] Bei diesen Aussagen gilt es zu beachten, dass sie in einem Zusammenhang getroffen wurden, in dem es um gute Argumente für eine Enteignung durch die kommunistischen Machthaber ging, weshalb schon in der Wortwahl die ideologische Komponente erkennbar ist.

Ein Bericht eines bei der AFA Wien-Floridsdorf beschäftigten Arztes spricht von einer vergleichsweise guten Behandlung der dortigen Zwangsarbeiter, die offenbar durch den Personalchef gedeckt wurden.[499] Ob dies auch für die auf dem Betriebsgelände untergebrachten KZ-Häftlinge gilt, ist jedoch zweifelhaft.

Die Arbeitsbedingungen bei den DWM und ihren Tochtergesellschaften

Über die Tätigkeiten, mit denen Zwangsarbeiter und Kriegsgefangene im Karlsruher Werk der DWM betraut wurden und wie sich der Arbeitsalltag gestaltete, geben die Quellen nur wenige Auskünfte. Gearbeitet wurde durchschnittlich 60 Stunden pro Woche im Schichtdienst.[500] Im Dezember 1942 kamen Vertreter der DWM mit weiteren Karlsruher Firmen auf Einladung städtischer Behörden zusammen, um Möglichkeiten für einen «zweckvolleren betrieblichen Einsatz» der

«Ostarbeiter» auszuloten. Zur Diskussion standen eine bessere Erfassung beruflicher Vorkenntnisse, bessere Unterbringungs- und Versorgungsbedingungen und die Vermittlung von Sprachkenntnissen. Während die städtischen Behörden ideologische Vorbehalte gegenüber sogenannten «Untermenschen», die die deutsche Sprache nicht erlernen sollten, geltend machten, setzten sich die Vertreter der Unternehmen für sprachfördernde Initiativen ein.[501] Die an einem produktiven Betriebsalltag interessierten Firmen zeigten sich also nicht dazu bereit, die rassistische Ideologie zu übernehmen, wenn sie den eigenen Unternehmenszielen entgegenstand. Das zeigte sich beispielsweise bei den DWM, die in einem Fall sowjetische Kriegsgefangene in erster Linie nach dem Stand der Ausbildung beurteilten: 1943 versuchte man 104 sowjetische Offiziere, die eigentlich abgezogen werden sollten, im Betrieb zu halten. Die Betriebsleitung verwies auf die intellektuellen Fähigkeiten der Offiziere, unter denen sich sogar Metallfachkräfte und Ingenieure befanden, bei denen körperliche Arbeit geradezu Verschwendung sei.[502]

In einem anderen Fall stellten die DWM im Januar 1944 den Antrag, einen russischen Ingenieur und seine Familie aus den «Ostarbeiter»-Bestimmungen herauszunehmen, um ihm eine Leitungsposition im Betrieb zuweisen zu können. Dem Antrag wurde von der zuständigen Stapoleitstelle schließlich stattgegeben und die Familie nach den deutlich milderen allgemeinen ausländerpolizeilichen Vorschriften behandelt.[503] Dieser Vorgang, so wenig stellvertretend er auch sein mag, ist für die Frage nach Handlungsspielräumen allerdings sehr bedeutsam. Der Produktionsfaktor Arbeit war für die Betriebsleitung der DWM derart wichtig, dass sie sich entgegen den behördlichen Vorschriften für das individuelle Schicksal eines russischen Arbeiters einsetzte. Ideologische Erwägungen wie die vom Nationalsozialismus propagierte Minderwertigkeit der «slawischen Rasse» traten in diesem Fall zurück.

Zur Steigerung der Arbeitsleistung griffen die DWM in Karlsruhe ebenfalls auf ein Anreizsystem zurück. Nach einer Besprechung von Unternehmens- und Behördenvertretern im Mai 1943 wurden Verbesserungen über ein einheitliches Fragebogensystem und eine Arbeitsleistungskartei zentral erfasst und besonders fleißigen Arbeitern zur Steigerung der Produktion Belohnungen wie Zigaretten, Lesematerial oder Kleidung gewährt. Sanktioniert werden sollten hingegen Zwangsarbeiter mit schwachen Leistungen.[504] Sogar die im Vergleich zu den deutschen Arbeitern und den «Westarbeitern» miserable Entlohnung der «Ostarbeiter» sollte Ende 1944 – wenigstens – leicht angehoben werden.[505]

Zu den Arbeitsbedingungen im Berliner Werk und im Lager der Zwangsarbeiter geben die Quellen vergleichsweise ausführlich Auskunft. Im «Luna-Lager» wurde morgens um 3 Uhr geweckt, damit um 6 Uhr die Arbeit angetreten werden konnte, die acht bis 16 Stunden dauerte. Den Weg zur Arbeitsstelle legten die Zwangsarbeiter in gesonderten Waggons zurück, die an die S-Bahn angehängt wurden.[506] Die Bezahlung erfolgte offiziell nach den gesetzlichen Richtlinien unter Berücksichtigung von Einzelleistungen.[507] In der Praxis betrug die Entlohnung zwei bis fünf RM pro Woche.[508]

Die Schutzmaßnahmen an den Maschinen waren auch bei den DWM Berlin vollkommen unzureichend.[509] Vom Mauser-Werk auf dem Gelände der DWM wird berichtet, dass vor allem die russischen Zwangsarbeiterinnen in einigen Produktionsgängen Werkstücke nach einem Säurebad ohne Handschuhe bearbeiten mussten. Einige deutsche Arbeiterinnen konnten ihnen Glyzerin- und Glyzerinersatz zu Schutzzwecken zukommen lassen, mussten hierfür jedoch die holländischen Zivilarbeiter um Unterstützung bitten, da es verboten war, mit den Russinnen zu sprechen.[510] Die Frauen mussten voll beladene Kippwaggons ziehen und schwere Lasten tragen, wodurch es zu Verletzungen kam.[511]

Die DWM setzten auch Minderjährige ein, die unter anderem für Reinigungsarbeiten herangezogen wurden.[512] Zunächst sollen sie nach Aussagen ehemaliger Zwangsarbeiter noch Lohn erhalten haben, später allerdings nicht mehr.[513] Die Zwangsarbeiter schätzten die Beziehungen zu den deutschen Arbeitskräften mitunter als relativ gut ein,[514] im weiteren Kriegsverlauf sei jedoch den Deutschen der Kontakt zu «Ostarbeitern» untersagt worden.[515]

Im Lübecker DWM-Werk arbeiteten die Zwangsarbeiter in Schichten von zwölf Stunden. Wie im Berliner Werk scheute die Betriebsleitung nicht davor zurück, Minderjährige einzusetzen, die zehn Stunden arbeiten mussten.[516] Kamen die Zwangsarbeiter nicht dem geforderten Arbeitstempo nach, griff das Unternehmen zu Disziplinierungsmaßnahmen, wie eine Polin erfahren musste, die, nachdem sie dem Vorwurf der «Bummelei» widersprochen hatte, vom «Abwehrbeauftragten» des Werkes bei der Gestapo gemeldet wurde.[517] Es ist jedoch auch ein Fall überliefert, in dem die Werksleitung ihren Handlungsspielraum zur finanziellen Besserstellung nutzte. 1941 stellte sie den Antrag, einem italienischen Zivilarbeiter, der bei einem Arbeitsunfall eine Hand verloren hatte, 520 RM zu übergeben. Dessen Familie war aufgrund der ausbleibenden monatlichen Überweisungen aus Deutschland in finanzielle Not geraten, und die DWM wollten der Familie eine einmalige Zahlung in der Höhe von drei Monatsgehältern zukommen lassen.[518]

Ein ähnlich bemerkenswerter Fall ist aus dem Stammwerk der Dürener Metallwerke überliefert, von dessen Arbeitsbedingungen darüber hinaus nicht viel bekannt ist. Der dortige NS-Betriebsobmann war mit der Arbeitsleistung der Zwangsarbeiter zufrieden, da sich diese «voll und ganz» einsetzten: «Dies konnten wir bei dem Explosionsunglück wahrnehmen, bei dem sich ein französischer Kriegsgefangener so mustergültig einsetzte, daß er trotz seiner erlittenen Verbrennungen helfend eingriff, die gefährdeten Leitungen zu schützen. In dem herausgestellten Fall versagten wir dem Gefangenen unsere Anerkennung nicht. Im Rahmen der uns gegebenen Möglichkeiten ließen wir ihm entsprechende Zuwendungen zukommen.»[519]

Im Werk der Memefa in Waren waren die meisten niederländischen Arbeiter so jung, dass sie noch keinen Ausbildungsabschluss hatten. Ihr Stundenlohn betrug 0,88 RM. Der ausgezahlte Betrag belief sich nach Abzug der Lohnsteuer, der Sozialbeiträge, des DAF-Beitrags, der Kriegsspende, der Miete und des Essensgeldes auf monatlich 120 RM.[520] Im Zuge der Einberufungen großer Teile der Memefa-Belegschaft zur Wehrmacht wurden manche der «Westarbeiter» sogar mit den Aufgaben eines Vormanns betraut. Die Kontakte zur deutschen Belegschaft waren intensiver als in anderen Werken: In der Betriebsfußballmannschaft der Memefa sollen Deutsche, Holländer, Belgier und Polen gemeinsam gespielt haben.[521]

Bei den Mauser-Werken in Oberndorf wurden die Kosten für Unterkunft und Verpflegung automatisch vom Lohn einbehalten, der für Arbeiter bei 0,62 RM pro Stunde und für Arbeiterinnen bei 0,42 RM pro Stunde lag. In den Bestimmungen für die Zwangsarbeiter heißt es: «Nachdem das großdeutsche Reich an Arbeitern und Arbeiterinnen polnischen Volkstums Arbeit, Brot und Lohn gibt, wird verlangt, daß jeder einzelne die ihm zugewiesene Arbeit gewissenhaft ausführt und Gesetze und Anordnungen strengstens beachtet.»[522] In Oberndorf organisierten die Mauser-Werke nicht nur die Bewachung des Lagers, sondern auch die am Arbeitsplatz in eigener Regie. Die Angst vor Bestrafungen bestimmte das Arbeitsklima: Wer diszipliniert arbeitete, kam einigermaßen zurecht, wer aber in den Augen der Bewachung unbefriedigende Arbeitsleistungen zeigte, musste mit Schlägen oder einer Anzeige rechnen. Die Gestapo-Leitstelle Stuttgart war mit einer von insgesamt fünf im Gau Württemberg-Hohenzollern befindlichen Außenstellen in Oberndorf vertreten und wurde bei Disziplinlosigkeiten, «reichsfeindlichen» Bestrebungen sowie Sabotageakten und kriminellen Handlungen eingeschaltet. Es gab genaue Regelungen, wann Arbeiter an die Gestapo übergeben wurden, die sich offensichtlich auch der Hilfe polnischstämmiger Polizisten bediente. Die Betriebsleitung meldete Arbeiter, über die mehr als fünf Meldungen vorlagen, dem DAF-Obmann sowie dem Sicherheitsdienst des Werkes und beantragte die Einweisung in das 1941 errichtete und von der Gestapo geführte «Arbeitserziehungslager» Aistaig. Die Insassen hatten dort je nach Schwere ihrer «Vergehen» Strafen zwischen 28 und 56 Tagen zu verbüßen. Die 160 bis 180 Häftlinge – gegen Kriegsende erhöhte sich die Zahl noch einmal deutlich auf 220 bis 240 – leisteten in Arbeitskommandos Dienst, von denen sich eines auf dem Werksgelände selbst befand.[523]

Zu den Arbeitsbedingungen in den Werken der DWM im besetzen «Großwirtschaftsraum» ist die Quellen- und Forschungslage disparat. Von den DWM Holleischen sind lediglich einige Details bekannt. Gearbeitet wurde in 12-Stunden-Schichten mit der üblichen «Ausleihgebühr» für die SS von täglich vier RM für Hilfsarbeiter und sechs RM für Facharbeiter. Als die Produktion praktisch zum Stillstand gekommen war und Häftlinge nur noch für acht statt regulär elf Stunden eingesetzt werden konnten, beantragte die Werksleitung bei der SS eine Reduzierung der «Ausleihgebühr» von 4 auf 2,90 RM.[524] Die Werksleitung bezeichnete die Arbeitsleistung der Häftlinge als «sehr gut».[525]

In Posen wurden im Verlauf des Krieges die Arbeitsbedingungen drastisch verschärft. Über den Arbeitsalltag bei den DWM liegen Zeitzeugenberichte aus der Zeit kurz nach dem Zweiten Weltkrieg vor, die in einer polnischen Veröffentlichung publiziert wurden.

Bei Übernahme des Betriebs wurde zwar durch die Wehrmacht der Gebrauch der polnischen Sprache während der Arbeit verboten. Dies ließ sich jedoch nur in den Verwaltungsbüros durchsetzen. In den Fabrikhallen, in denen fast nur polnische Arbeiter eingesetzt waren, war die Betriebsführung hingegen an einem reibungslosen Produktionsablauf interessiert und wollte Komplikationen durch sprachliche Missverständnisse verhindern.[526] Im Kriegsverlauf setzte sich auch in den

Behörden die Einsicht durch, dass die Sprachanordnungen kontraproduktiv waren. Am 23. Februar 1943 gestattete schließlich Reichsstatthalter Greiser die Anwendung der polnischen Sprache.[527] Der Aspekt Ausbildung spielte in Posen eine besondere Rolle. Weil hier entgegen der ursprünglichen Planung kaum noch Deutsche zum Arbeitseinsatz herangezogen werden konnten, musste Abhilfe geschaffen werden. Qualifizierten Nachwuchs aus der polnischen Bevölkerung zu rekrutieren war schwierig, da polnische Heranwachsende nicht in die Lehre gehen durften.[528] Direktor Schneider versuchte aber, 300 deutsche Jugendliche nach Posen abzuwerben, die in der Lehrlingsschule zu Facharbeitern ausgebildet werden sollten.[529] Zudem erwirkten die DWM für 160 polnische Jugendliche im Werk eine Sonderzuteilung an Lebensmitteln.[530] Zum Teil durchliefen einige Arbeiter vor ihrem Einsatz eine dreimonatige mechanische Ausbildung in Łódź. Die Folge war eine spürbare Leistungsverbesserung.[531]

Finanziell und sozial bessergestellt wurden die «Leistungspolen», die Lebensmittel und Rauchwaren im gleichen Umfang wie die deutschen Arbeiter erhielten.[532] Mit diesem Modell reihten sich die DWM in eine Gruppe von Betrieben ein, die durch eine finanzielle Besserstellung Leistungsanreize schaffen wollten. Deutsche Industrielle protestierten im «Warthegau» gegen eine Anordnung des Reichsstatthalters Greiser, die eine Entlohnung der polnischen Arbeiter mit nicht mehr als 80 Prozent des Tariflohns vorsah. Die Unternehmer befürchteten eine «allgemeine Gleichgültigkeit gegenüber der Arbeit» und einen «verminderten Arbeitswillen». Den Betrieben ging es dabei um den störungsfreien Fortgang der Produktion, allerdings konnte nach Meinung des SD ein Arbeiter durchaus den Eindruck erhalten, als ob die Arbeitgeber in diesem Fall «auf seiner Seite ständen». Selbst als die Gauleitung ihre Anweisung dahingehend modifizierte, dass der eingesparte Lohnanteil nun den Unternehmen zugutekommen sollte, blieb dies aus Sicht der Industrie unbefriedigend.[533]

Gauleiter Greiser hielt am 20. Dezember 1942 in Posen eine Radioansprache, die von allen Arbeitern in den Betrieben angehört werden musste. Offizieller Anlass war die Auszeichnung der DWM als «Kriegsmusterbetrieb», eine neugeschaffene Auszeichnung, die im Mai 1942 das erste Mal an Betriebe vergeben worden war. Der eigentliche Adressat der Rede war allerdings die polnische Bevölkerung. Greiser versprach den polnischen Arbeitern bei hohem Fleiß, harten Anstrengungen und uneingeschränkter Loyalität die Möglichkeit, ihre Lebenssituation zu verbessern und deutsche Tariflöhne zu erhalten.[534] Die Rekrutierungen von «Leistungspolen» erfolgte in den einzelnen Abteilungen offenbar in Abhängigkeit von der persönlichen Beziehung des jeweiligen Abteilungsleiters zu Gauleiter Greiser, wie ein Informant der Untergrundbewegung an die polnische Exil-Regierung in London berichtete: Es gebe Werksabteilungen, in denen beinahe niemand als «Leistungspole» arbeite, aber andere, in dem sogar der Junge, der dem Direktor Tee ins Büro bringe, als solcher eingestellt sei.[535] Ende 1943 kamen die Rekrutierungen der «Leistungspolen» offensichtlich weitgehend zum Erliegen, wie die Untergrundberichte vermeldeten. Die «Zielvorgaben» bei den DWM, zehn Prozent «Leistungspolen» zu gewinnen, wurden nicht erreicht: «Außer der Verteilung von Lebensmittelkarten und dem Bekenntnis zum Verband durch die Mitglieder» sei «kein inhaltliches Ziel» festgestellt worden.[536]

Die Arbeitszeiten bei den DWM wiesen deutliche Schwankungen auf, weil – beispielsweise als Strafmaßnahme – auch an Sonn- und Feiertagen gearbeitet werden musste. Die Wochenarbeitszeit konnte, besonders in der zweiten Kriegshälfte, bisweilen 80 Stunden überschreiten. Die Arbeit erfolgte rund um die Uhr im Drei-Schichten-System, mit Arbeitszeiten von 6 bis 14 Uhr, 14 bis 22 Uhr und 22 bis 6 Uhr. Während zunächst ein Recht auf Urlaub bestand, das zumindest von einem Teil der polnischen Arbeiter genutzt wurde, verboten die Behörden diesen Urlaub ab Februar 1942 zunächst im Öffentlichen Dienst, dann auch in der Privatwirtschaft.[537]

Die im Werk Posen gezahlten Löhne wichen leicht von den üblichen Leistungen im «Warthegau» ab. Polnische Arbeiter wurden dort in aller Regel schlechter bezahlt und prinzipiell in niedrigere Lohngruppen eingeordnet als deutsche Arbeiter. Sonderzahlungen wie Familienzuschläge wurden nicht gewährt. Dafür erfolgten Abzüge in Form der Sozialversicherung und der «Polenabgabe». Bei einem formal identischen Wochenbruttolohn in Höhe von 36,30 RM erhielt ein deutscher ungelernter Arbeiter bei der Posener Stadtverwaltung im Juli 1943 unter dem Strich 32,51 RM, während ein polnischer Arbeiter nur 19,17 RM in seiner Lohntüte vorfand. Der Monatslohn in der Industrie lag bei netto 41 bis 80 RM für ungelernte Arbeiter bzw. 85 bis 110 RM für qualifizierte Arbeiter. Dieser Lohn reichte beispielsweise im Oktober 1942 für fast ein Fünftel der polnischen Arbeiter im «Warthegau» nicht aus, um die Lebenshaltungskosten zu decken.[538] Der Leiter der Handelsabteilung der Wirtschaftskammer Wartheland und Bezirksobmann der Reichsgruppe Handel für den Reichsgau Wartheland berechnete das Existenzminimum einer fünfköpfigen polnischen Familie im Wartheland im Jahr 1942 auf monatlich 74,71 RM.[539]

Zunächst wurden die Löhne zwar noch nach polnischem Tarif berechnet, bald jedoch modifiziert. Demnach konnte ein Verwaltungsangestellter bis zu 360 RM verdienen, wobei der Verdienst durch Prämien erhöht werden konnte. Facharbeiter konnten einen Stundenlohn zwischen 0,64 und 0,75 RM erreichen, allerdings durfte der Akkordlohn nicht um mehr als 30 Prozent überschritten werden.[540] Ein Arbeiter berichtete später von einem Monatslohn von zuletzt ca. 120 RM.[541] Auch in internen Angaben der DWM ist von einem monatlichen Durchschnittslohn von 121 RM die Rede – was etwas weniger war als im DWM-Werk Lüttich, wo 130 RM bezahlt wurden.[542] Im Februar 1942 vereinbarte Adolf Schneider mit der Rüstungsinspektion die Möglichkeit einer höheren Entlohnung, da der Prozentsatz der Abschläge in Posen mit 30 bis 40 Prozent sehr hoch war.[543] Schon früher versuchte das Werk noch auf andere Weise die Arbeitsleistung zu steigern. Bezahlter Urlaub konnte durch die jeweiligen Meister gewährt werden, und als im Winter 1940/41 die Versorgung mit Kohlen schwierig war, wurde deren Verteilung aus Betriebsbeständen stillschweigend geduldet.[544]

Die Ausführungen über die vom Werk geschaffenen Anreize dürfen allerdings nicht darüber hinwegtäuschen, dass die DWM im Zuge der Expansion des Werkes und der Steigerung der Produktivität zu Maßnahmen griffen, die menschenunwürdig waren.

Als Ermittler im Jahr 1949 versuchten, Licht ins Dunkel der rücksichtslosen Posener Verhältnisse zu bringen, bekundete ein kaufmännischer Abteilungsleiter, der von Beginn an im Werk gearbeitet hatte, Schneider sei «im allgemeinen nicht beliebt» gewesen: Den Zwangsarbeitern gegenüber sei er «sehr aggressiv» gewesen und habe bei Besprechungen mit den Meistern und leitenden Angestellten immer darauf hingewiesen, «daß die Ausländer streng zu behandeln» seien und die «zur Verfügung stehenden» Einrichtungen wie das Straflager «mehr angewandt werden» sollten. Bei den polnischen Arbeitern wurde der Betriebsführer ironisch der «‹ehrbare› Schneider» genannt, der den deutschen Untergebenen erst beigebracht habe, «wie man Polen behandelt».[545] Der zweite Mann in Posen, Direktor Oskar Köhler, sei «der unbeliebteste Mann bei den Deutschen sowie bei den Ausländern» gewesen.[546]

Ehemalige Arbeiter erinnerten sich an den unzureichenden Arbeitsschutz: In der Gießerei mussten die Zwangsarbeiter bei Temperaturen von bis zu 80° C arbeiten. Die dortige schlechte Atemluft soll schuld an zahlreichen Lungenerkrankungen gewesen sein. In der Maschinenhalle, wo auch junge Frauen eingesetzt wurden, waren die Sicherheitsvorkehrungen derart mangelhaft, dass es zu zahlreichen Arbeitsunfällen kam.[547] Die medizinische Versorgung wurde oft dann abgelehnt, wenn sie kostenintensiv war, was etwa für Zahnplomben und Röntgenuntersuchungen galt.[548] Andere erinnerten sich, dass es medizinische Versorgung ausschließlich für Deutsche gegeben habe.[549] Bereits Kinder und Jugendliche ab zwölf Jahren wurden zur Schulung zu den DWM geschickt und von dort zu Rüstungsbetrieben im «Altreich» weitergereicht. Sie wurden nicht von Schwerst- und Nachtarbeit befreit und mussten Strafen und Schläge in einer sogenannten dunklen Kammer erleiden. Die Kinder und Jugendlichen durften zwar zu Hause wohnen, wurden aber zum Teil zu kilometerlangen Fußwegen gezwungen, weil den Polen in den Morgenstunden die Benutzung der Straßenbahn untersagt war.[550]

Mehrere Arbeitskräfte der DWM berichteten, dass sie mit brutaler Gewalt zur Arbeit angetrieben wurden. Jerzy Patyński berichtete 1946, dass «alle Deutschen, die mit Polen arbeiteten, [...] das Recht zu schlagen» hatten, wobei es sich wohl nicht um ein formales Recht gehandelt hat; vermutlich duldeten jedoch die Aufseher die Misshandlungen.[551] Bei Verstößen erfolgte die Überstellung in das Straflager in Posen-Dembsen (Dębiec) oder ins Straflager Poggenburg/Lenzinge (Żabikowo).[552] Zum Teil wurden Arbeiter auch in das der Gestapo unterstehende Fort VII eingeliefert. Für die Disziplinierung war der im Juni 1940 aufgebaute Werkschutz zuständig, der den bisherigen «verstärkten Polizeischutz» ersetzte.[553] Die 42 Männer des Werkschutzes rekrutierten sich aus sieben «Reichsdeutschen», fünf «Baltendeutschen» und 30 «Volksdeutschen». Die Truppe stand unter der Leitung eines SS-Hauptsturmführers des SD, wurde sukzessive auf 64 Mann vergrößert und durch 70 nebenamtliche Mitglieder ergänzt, um schließlich eine Gesamtstärke von 200 Mann zu erreichen. Die bewaffneten hauptamtlichen Mitglieder hatten den Status von Hilfspolizeibeamten und wurden im Juni 1941 kaserniert.[554] Während die formale Verantwortung für die Bestrafung bei den Behörden lag, liegen

Berichte vor, die Prügelstrafen durch einzelne Meister schildern. Bei Sabotageakten im Betrieb konnte durch einen Gerichtsbevollmächtigten die «Todesstrafe im Schnellverfahren» ausgesprochen werden, eine Maßnahme, die gerade in den letzten Kriegsjahren häufiger angewendet wurde.[555]

Zur Abwehr der sich entwickelnden Widerstands- und Sabotagebewegung im Werk wurden 75 Todesurteile vollzogen.[556] Im Werk war die polnische Untergrundbewegung «Armia Krajowa» tätig, und die SS verhaftete manche polnischen Arbeiter mit dem Hinweis «Reichssicherheit geht vor Werksinteresse» zum Teil von der Arbeitsstelle weg.[557]

Der Vergleich der Arbeitsbedingungen in den verschiedenen Werken der AFA und DWM zeigt, dass die unterschiedlichen Modelle der Entlohnung durchaus Möglichkeiten schufen, einzelne Arbeiter oder ganze Gruppen finanziell oder durch andere Zuwendungen besser zu stellen. Das bedeutet aber im Umkehrschluss auch die Möglichkeit, dass für die große Zahl der anderen Zwangsarbeiter diese Spielräume nicht genutzt wurden. Darüber hinaus ist dieser Handlungsspielraum auch dazu genutzt worden, um bestimmte Gruppen explizit schlechter zu behandeln, wie dies im Falle der jüdischen Zwangsarbeiter im Berliner Werk geschehen ist. Dies lässt eine gewisse ideologische Nähe zu den Zielen des Nationalsozialismus vermuten. Wie ist es aber dann zu bewerten, dass die AFA nur wenige Wochen später für dieselbe Gruppe eine Erhöhung der Milchzuteilung beantragte? Dies geschah sicherlich nicht aus Gründen der Menschenfreundlichkeit, sondern um die Arbeitsleistung der in den Bleibetrieben Beschäftigten zu erhöhen. Die Quellen zeigen, dass insbesondere Effizienzkriterien die Handlungsbedingungen der Unternehmensleitung prägten, wodurch aber nicht ausgeschlossen werden soll, dass die Handlungen der Verantwortlichen teilweise mit den ideologischen Zielen des Nationalsozialismus übereinstimmten. Dies kann beispielsweise im DWM-Zweig der Quandt-Gruppe beobachtet werden. Zwar wurde im Berliner DWM-Werk den Polen der Kontakt mit deutschen Arbeitern untersagt und insbesondere die «Ostarbeiter» mussten oft eine menschenunwürdige Behandlung ertragen. Auf der anderen Seite wurde in Karlsruhe ein verdienter Arbeiter aus den «Ostarbeiter»-Bestimmungen herausgenommen und die Verwendung der polnischen Sprache durch die «Ostarbeiter» geduldet.

Der Fall der DWM in Posen sticht in diesem Zusammenhang heraus. Der Grundsatz der Arbeitsorganisation war ursprünglich geprägt durch die von der Gauverwaltung und den Rüstungsbehörden geforderte strenge Unterscheidung zwischen der Verantwortung in deutschen Händen und der Ausführung durch das polnische «Arbeitervolk». In diesem Sinne handelte die Direktion der DWM unter der Leitung von Adolf Schneider, allerdings musste sie den Tatsachen ins Auge sehen und erkennen, dass die Planungen zum Einsatz von Deutschen nicht realisierbar waren. Im Unterschied zum Einsatz von Zwangsarbeit im «Altreich» wurden Polen sogar in verantwortungsvollen Posten wie der Verwaltung eingesetzt, wo auch die Löhne eine ganz andere Dimension erreichen konnten. Der ungenügende bis oftmals nicht vorhandene Arbeitsschutz, der große Arbeitsleistungsdruck und die Gewalt im Posener Werk ähnelten wiederum den Arbeitsbedingungen der Zwangsarbeiter im «Altreich».

«Überhaupt nichts bekannt gewesen»?
Verantwortlichkeiten und Motive

Die Frage, in welchem Maße die Unternehmer verantwortlich für die Zwangsarbeit in ihren Werken waren bzw. in welchem Maße der totalitäre Anspruch des NS-Regimes schuld an diesem Menschheitsverbrechen war, ist schon oft gestellt worden. Im «Dritten Reich» galt zwar das Primat der Politik, aber auf der betrieblichen Ebene degenerierte die Interessengemeinschaft zwischen Unternehmen und der staatlichen Rüstungsbürokratie zu einer Komplizenschaft, die Verbrechen ermöglichte. Mark Spoerer hat darauf verwiesen, dass der Einsatz von Zwangsarbeitern für Unternehmer ein nachgeordnetes Phänomen war, weil diese rein betriebswirtschaftlich dachten und die Nachkriegsperspektive im Auge hatten. Da deutsche Arbeiter nicht mehr in genügendem Maß zur Verfügung standen, griffen sie im Wettbewerb um lukrative Rüstungsaufträge in ihrer Strategie des Umsatzwachstums auf Zwangsarbeiter zurück. Spoerers nüchternes Fazit lautet: «Wenn Unternehmen privatwirtschaftlich ausgerichtet sind und der ordnungspolitische Rahmen, innerhalb dessen sie operieren, dem Konkurrenzprinzip verhaftet ist, dann werden sie tendenziell an Verbrechen partizipieren, solange der Staat ihnen den entsprechenden legalen Rahmen garantiert.»[558]
Dem totalitären Staat gelang es, die Wirtschaft für seine «destruk-

tiven Ziele einzusetzen».[559] Die Unternehmer akzeptierten das Zwangsarbeitersystem unter Berufung auf vermeintliche Sachzwänge und nutzten die sich ergebenden handfesten Vorteile. Unter den Systembedingungen des NS-Staates setzte sich ein «Arbeitskräfteopportunismus» durch, und weil begrenzende Faktoren keine Rolle mehr spielten, «rutschte die betriebliche Personalpolitik auf der schiefen Ebene der Ausbeutung von Zwangsarbeitern in die technokratische Barbarei hinab».[560]

Die Frage nach einer Alternative zum Zwangsarbeitereinsatz erweist sich unter diesem Aspekt als wenig weiterführend.[561] Wie hätte der Ausweg aus diesem Dilemma aussehen können? Hans Walz, einer der wenigen «Betriebsführer», der dem Nationalsozialismus aus christlichen Motiven scharf ablehnend gegenüberstand, an der Verschwörung des 20. Juli 1944 beteiligt war und in seinem Unternehmen Robert Bosch dennoch eine Behandlung der Zwangsarbeiter duldete, die nicht besser war als anderswo, hat nach 1945 eine Ablehnung von Zwangsarbeitern als unmöglich bezeichnet: Dies wäre als «Landesverrat» angesehen und bestraft worden. Seine «Alternative» sei gewesen, Hitler zu stürzen und schon am nächsten Tag alle Zwangsarbeiter nach Hause zu schicken.[562]

Wie in einer neueren Studie zu Flick geurteilt worden ist, wäre es «eine weltfremde Vorstellung» anzunehmen, dass sich die deutsche Industrie insgesamt der Beschäftigung von Zwangsarbeitern hätte entziehen können;[563] oder, wie mit Blick auf die chemische Industrie festgestellt wurde: kein Unternehmen war unersetzlich.[564] Wahrscheinlich spielte bei den im Kriegsverlauf geringer werdenden Hemmungen der Unternehmen der Umstand eine Rolle, dass die Arbeit von Ausländern im Reich unter zivilen Bedingungen und freiwilliger Anwerbung bereits etabliert war und mit dem schleichenden Übergang zum Verbrecherischen die Verantwortung auf andere – den Staat, die Partei und beteiligte Behörden – abgeschoben werden konnte. Dass die meisten Unternehmen in der Regel mit bereitwilliger Kooperation reagierten, zeigt, dass die nationalsozialistische Kriegswirtschaft zwar einem Unternehmen, das weiter produzieren wollte, kaum noch einen vollständigen Verzicht auf Zwangsarbeit ermöglichte, gleichzeitig aber zahlreiche Möglichkeiten gewährte, auf die Ausgestaltung der Arbeitsverhältnisse Einfluss zu nehmen.

Wie die Darstellung der Organisationsformen sowie der Lebens- und Arbeitsbedingungen in den verschiedenen Werken der Quandt-

Gruppe gezeigt hat, konnte die Führungsebene eine Vielzahl von Faktoren beeinflussen. Und diese Einflussnahme, ob auf die Gesundheitsversorgung, die Ernährung oder die Art der zugewiesenen Tätigkeiten, konnte über Leben und Tod entscheiden. Die Analyse der Initiative zum Zwangsarbeitseinsatz und der konkreten Ausformung verweist auf die gewichtige Rolle, die der lokale Kontext spielte, in dem sich die Entscheidungsprozesse entwickelten. Daher wird die Frage nach den Zuständigkeiten in den einzelnen Werken gestellt, um so zu einer Gesamtbewertung der Verantwortung für den Zwangsarbeitseinsatz zu gelangen.

In den verschiedenen Ermittlungsverfahren der britischen War Crimes Investigation Group[565] und der deutschen Staatsanwaltschaft zum Einsatz von KZ-Häftlingen im Werk der AFA in Hannover-Stöcken wurde die SS für den Lagerbetrieb verantwortlich gemacht. Lediglich von der Schuld einzelner Werksangehöriger wie Meister, Vorarbeiter und Ingenieure war die Rede, während Körperverletzungen und andere Misshandlungen «keiner der leitenden Persönlichkeiten des Werkes» zum Vorwurf gemacht wurden.[566] Friedrich Clostermann habe zwar gewusst, was im Werk geschah, auch dass in der Bleiabteilung nicht die nötigen Sicherheitsvorkehrungen und Arbeitsschutzmaßnahmen getroffen worden waren. Für ihn sprach aber, dass niemand ihn direkt belastete.[567] Clostermann selbst gab an, es sei ihm völlig unbekannt geblieben, dass im Werk Häftlinge während der Arbeit von Kapos verprügelt worden seien,[568] eine wenig glaubhafte Schutzbehauptung. Es ist bezeichnend, dass sich sowohl Clostermann als auch Fraaß im Zuge der Ermittlungen gegen SS-Stabsscharführer Paul Maas, der später als einer der Hauptverantwortlichen für die Gewalt verurteilt wurde, für diesen in die Bresche warfen.[569] Nachdem sie selbst bestritten hatten, von der brutalen Behandlung der KZ-Häftlinge etwas gewusst zu haben und damit aus dem Visier der Fahnder genommen worden waren, haben sie – vermutlich in Sorge um den Ruf der Firma – versucht, jegliche Anschuldigungen im Zusammenhang mit dem AFA-Werk zurückzuweisen.

Britische Ermittler kamen zu dem Schluss, dass es im hierarchischen Betriebssystem von der Betriebsleitung abwärts über die Ingenieure und Meister bis zu den Vorarbeitern eine immer höhere konkrete Verantwortung gegeben habe. Auf der untersten Hierarchiestufe seien jeweils zu Beginn einer Schicht die konkreten Arbeiten vergeben und später die Erfüllung der Normen und Vorgaben überwacht und kontrolliert worden. Auf dieser Ebene setzten auch die Ermittlungen ein. Das Verfahren gegen vier Werksangehörige wurde aber aus Mangel an Beweisen eingestellt.[570] Aus juristischer Sicht mochte diese Argumentation schlüssig sein; dass sich die Betriebsleitung damit salvieren konnte, ist hingegen aus heutiger Sicht nur schwer nachvollziehbar.

Die Verantwortung für den Evakuierungsmarsch der KZ-Häftlinge aus Hannover-Stöcken nach Gardelegen und die dabei begangenen Verbrechen sind nach dem Zweiten Weltkrieg mehrfach strafrechtlich untersucht worden.[571] Hier war es einfacher, die Befehlskette zu rekonstruieren. Die grausamen Vorgänge wurden durch die SS durchgeführt und lagen außerhalb des eigentlichen Verantwortungsbereichs der AFA. Ein direkter Tötungsbefehl wurde in den Ermittlungen und Verfahren der Jahre 1949 selbst dem SS-Mann Paul Maas zunächst nicht unterstellt.[572] Erst durch Erkenntnisse aus den Untersuchungen von 1961 bis 1963[573] konnten die Gerichte schließlich neben Maas den 1946 hingerichteten Max Pauly als Haupttäter ausmachen, der als Kommandant von Neuengamme den Befehl zur Räumung der Nebenlager gegeben und die Erschießungen angeordnet hatte.[574]

Von der DWM-Tocher MfM in Lübeck ist bekannt, dass die Regelung der Zwangsarbeit eine Angelegenheit der Betriebsleitung war: «Der Betriebsführer der MfM Dir. Humboldt hielt einen Vortrag über die Ausländer in seinem Betrieb. Die besten Arbeitsleistungen geben die Ostarbeiter, aber nur dann wenn sie fest angefasst werden. Ein Nachlassen in der Schärfe der Behandlung im Betrieb oder im Lager wirkt sich stets in der Arbeitsleistung aus. Französinnen und Italiener, vor allem Süditaliener, die in größerer Zahl dort beschäftigt waren, sind wegen der zu großen Faulheit wieder abgeschoben, und durch Ostarbeiter ersetzt worden. Dem Werkschutz hat Dir. Humboldt jetzt Hunde zur Verfügung gestellt, damit ist das Umherstreifen im Betrieb, welches die Ostarbeiter so gerne tun, erledigt. Wenn die Ostarbeiter auch Waffen fürchten, die Hunde fürchten sie noch mehr, denn der Hund braucht sich nur vor einen Ostarbeiter hinzustellen, und er hält schon die Arme hoch.»[575] Der Betriebsleitung oblag im Falle der MfM nicht nur eine abstrakte Verantwortung für den Einsatz von Zwangsarbeitern. Sie kümmerte sich ganz konkret um Details wie Bewachung oder die Kontrolle der Arbeitsproduktivität und nahm damit Einfluss auf das im Werk vorherrschende Gewaltniveau.

Im Berliner Werk war die Betriebsleitung nicht nur über den Bau der Baracken und die Entlohnung im Bilde, sondern auch über die Versorgungslage der Zwangsarbeiter: In einer Ansprache vor der Beleg-schaft wies Direktor Schmidt im Februar 1942 darauf hin, dass der Brotkorb im Krieg für alle habe höher gehängt werden müssen. Die ausländischen Arbeiter erhielten seiner Ansicht nach ausreichende Ver-pflegung, so dass eventuelle «Klagen keine Berechtigung» hätten.[576] Das Kapitel über den Aufbau der DWM in Posen hat gezeigt, dass Günther Quandt die Verantwortlichkeit für das Produktionsregime in den Händen des Betriebsdirektors Schneider sah.[577] Wie in der Beschrei-bung der Arbeitsbedingungen dargelegt werden konnte, zeigte Schnei-der ähnlich der Direktion der MfM eine unnachgiebige Härte gegen-über den Zwangsarbeitern. Von ihm sollen Anweisungen an die nächsten Untergebenen ausgegangen sein, wie die polnischen Arbeitskräfte zu be-handeln und zu bestrafen waren.

Sowohl für die AFA als auch für die DWM kann festgehalten wer-den, dass zwar die Verantwortung für die Arbeitsbedingungen auf der Hierarchieleiter nach unten weiter gereicht wurde, die jeweilige Be-triebsleitung aber zumindest informiert, wenn nicht involviert war. Es besteht auch kein Zweifel, dass es letztlich in der Verantwortung der Unternehmensspitze und damit Günther Quandts lag, wie die Zwangs-arbeiter behandelt wurden. Zwar unterschrieben fast immer die Be-triebs- und Werksleiter die entsprechenden Anforderungslisten, aber die Unternehmensspitze hatte nicht nur die Aufsicht über die Betriebs-führung, sondern war durch zahlreiche Berichte und Werksinspektio-nen über die Lebens- und Arbeitsverhältnisse der Zwangsarbeiter in-formiert. Im Zuge der Firmeninspektionen bei den DWM in Posen mit ihrer fast ausschließlich polnischen Belegschaft muss sich Günther Quandt mit der Personalsituation ebenso befasst haben, wie er es für andere Betriebe getan hat. Gelegentlich setzte er sich sogar persönlich mit Detailfragen des Arbeitseinsatzes wie der Genehmigung für die Beschaffung von Holzbaracken für russische Zwangsarbeiter ausein-ander.[578] Dass er zumindest eine Vorstellung über den Gesamtumfang der Zwangsarbeit hatte, verdeutlichen die Verhandlungen mit der Deutschen Bank von 1942. Darin sprach Quandt von zusätzlichen Risiken durch die Verwendung der neuen Ersatzstoffe und die «Be-schäftigung fachlich ungeschulter Arbeitskräfte (Kriegsgefangene, dienstverpflichtete Ausländer usw.)», um die Bank zu günstigeren Zinssätzen zu bewegen.[579]

Nach dem Krieg stritt er allerdings eine Verantwortung für die Zwangsarbeit von Juden in den Berliner Akkumulatorenbetrieben grundsätzlich ab: «Mit welchen Argumenten man mir das Bestehen eines sogenannten Judenlagers ‹Pertrix› zum Vorwurf machen will, ist mir rätselhaft. Bis zum Ende des Krieges ist mir von einem solchen Lager überhaupt nichts bekannt gewesen, auch von keiner Seite nur andeutungsweise berichtet worden. Wenn ein solches Lager bestanden hat, dann lag nicht einmal für den Vorstand eine Veranlassung vor, mir von dem Bestehenden überhaupt zu berichten. Dagegen hatte jeder Mitarbeiter die Möglichkeit, mich über nicht richtig erscheinende Behandlung zu unterrichten und um Abhilfe zu ersuchen. Aber nie habe ich eine derartige Beschwerde oder ein Ersuchen um Abhilfe von irgendjemand erhalten. Auch mein Sohn, der die kaufmännische Leitung der Pertrix am Askanischen Platz in der Hand hatte, war weder für die Einstellung von Angestellten im Werk Niederschöneweide noch für die Ausführung der Aufträge verantwortlich.» Er selbst habe das Werk in den Kriegsjahren nur zwei Mal besucht, und zwar jeweils zur Besichtigung von Bombenschäden.[580]

Diese Aussage Günther Quandts verschweigt jedoch, dass Herbert Quandt in der Pertrix Personalverantwortung hatte und deshalb über den Einsatz von ausländischen Zivilarbeitern, Kriegsgefangenen und KZ-Häftlingen genau Bescheid gewusst haben muss. Zudem übernahm der Sohn gegen Kriegsende die Organisation der Verlagerungen nach Grünberg und Sagan und war persönlich in die Planung eines KZ-Außenlagers eingebunden. Wenngleich in anderer Qualität als beim Einsatz in der Industrie, wurden auch in Herbert Quandts privatem Umfeld, auf dem Gut Niewerle, Zwangsarbeiter eingesetzt. Diesen knapp 1000 Morgen großen Hof hatte er im Jahr 1942 erworben. Er nutzte das Gut, um die Wochenenden «mit nur wirklich ganz wenigen Ausnahmen» dort zu verbringen.[581] In Niewerle wurden nach einer «Bodennutzungserhebung» aus dem Jahr 1944 sechs Deutsche, vier männliche und vier weibliche Polen und Ukrainer sowie zwei Kriegsgefangene beschäftigt. Ein «Verzeichnis der Gefolgschaft» aus dem Dezember 1944 verzeichnet zwölf Ausländer, die als Gespannführer, Küchenhelfer, Gärtner und Haushaltshilfe angegeben sind.[582]

In den Führungsgremien der Quandt-Gruppe wurde das Thema Zwangsarbeit nach Abschluss der Entnazifizierungsverfahren nicht mehr thematisiert. Günther Quandt hat in seinen Lebenserinnerungen hierüber keine Silbe verloren, und auch in den Aufzeichnungen von Herbert Quandt aus den Jahren nach 1945 finden sich keine

Hinweise auf eine Beschäftigung mit dem Thema.[583] Selbst engste Mitarbeiter wie Hans Graf von der Goltz, in den 1970er Jahren als persönlicher Generalbevollmächtigter einer der engsten Vertrauten Herbert Quandts, will von diesem nichts über die Zwangsarbeit bei den Quandt-Firmen erfahren haben.[584]

Eine wichtige, im Zusammenhang mit der Beschäftigung von Zwangsarbeitern in der Privatindustrie oft gestellte Frage lautet, ob und inwieweit Unternehmer in einem «skrupellosen Zugriff auf die letzte Reserve des relativ billigen Produktionsfaktors Arbeit»[585] vom Motiv geleitet waren, «Hehlergewinne»[586] einfahren zu wollen. Mit anderen Worten: War die Arbeitsproduktivität so hoch, dass die Mehrkosten angesichts der zu erwartenden geringeren Arbeitsleistungen aufgrund schlechter Versorgung, niedriger Motivation und mangelnder Fachkenntnis aufgefangen oder gar unterschritten wurden? Diese Frage lässt sich vielleicht theoretisch, aber kaum empirisch seriös beantworten. Manche früheren Veröffentlichungen zum Thema «Profit aus Zwangsarbeit» haben, wie Cornelia Rauh nachgewiesen hat, an den wirtschaftspolitischen und betriebswirtschaftlichen Bedingungen vorbeigezielt, unter denen die Unternehmer am Zwangsarbeitersystem beteiligt waren.[587]Aktuelle Studien zu Großunternehmen hingegen lassen die Frage, ob sich Zwangsarbeit «rechnete», absichtlich offen, weil wahrscheinlich auch die Zeitgenossen über die «Wirtschaftlichkeit» der Zwangsarbeit «bestenfalls vage Vorstellungen» hatten.[588] Selbst für den mehrfach untersuchten Flick-Konzern ist festgestellt worden, dass es angesichts der unterschiedlichen Entlohnung und Produktivität unmöglich ist, «Gewinne oder Verluste des Konzerns aus dem Einsatz von Zwangsarbeitern ermitteln zu wollen».[589]

Adam Tooze hat den aktuellen Forschungsstand dahingehend zusammengefasst, dass die Erwartungshaltung der Unternehmer nicht darauf zielte, Gewinne durch die Zwangsarbeiter zu machen. Die Konzerne holten «sie nicht, weil sie besonders profitabel gewesen wären, sondern weil sie die einzige verfügbare Arbeitskraft waren und weil ihr Einsatz die Voraussetzung war, um die Produktion aufrechtzuerhalten».[590] Diese allgemeine Bewertung der Erwartungshaltung findet sich auch bei Quandt. Wie oben bereits ausgeführt, rechnete er in den Verhandlungen mit der Deutschen Bank im Oktober 1942 nicht mit Profit durch Zwangsarbeit, sondern eher mit zusätzlichen Risiken.[591] Diese zunächst skeptische Erwartung bewiesen auch die Betriebsleitungen der AFA-Werke in Hannover und Hagen und versuchten, den

Arbeitskräftebedarf so lange wie möglich mit deutschen Arbeitskräften zu decken. Von dieser Erwartungshaltung zu trennen ist die Frage, wie sich die Rentabilität des Einsatzes tatsächlich entwickelte. Zu der Schwierigkeit, eine derartige Berechnung aus den wenigen überlieferten Quellen zur Geschichte eines Unternehmens zu rekonstruieren, tritt ein weiterer Faktor, denn der «Hauptprofiteur des Lohnraubs an den Zwangsarbeitern war der Fiskus».[592] Er versuchte durch Entlohnungs- und Preisbildungsvorschriften aus den steuerlich und arbeitsrechtlich diskriminierten ausländischen Arbeitskräften Vorteile für sich herauszuschlagen. Wie bereits gezeigt,[593] stand diese auch für den Einsatz ziviler deutscher Arbeitskräfte folgenschwere Politik im Gegensatz zu den Interessen der Unternehmen, da durch die verordneten Lohneinsparungen und Abführungen an den Staat den Unternehmen die Möglichkeit beschnitten wurde, durch Lohn und Zuschlag Leistungsanreize zu schaffen. Im Falle der Zwangsarbeiter bedeutete diese Beschränkung eine Verschlechterung der Lebens- und Arbeitsbedingungen. Für eine Gesamtbilanz des Zwangsarbeitseinsatzes müssten die Auswirkungen dieser Politik auf die betriebsökonomischen Entscheidungen ebenfalls berücksichtigt werden.[594]

Eine exakte Bilanz der Zwangsarbeit ist mit den vorhandenen Quellen für die Quandt-Gruppe nicht zu leisten. Allerdings sind einige Zeugnisse von Produktivitätsberechnungen erhalten, die in den Rahmen der vergleichenden Zwangsarbeiterforschung eingeordnet werden können. Mark Spoerer kommt durch den Vergleich zeitgenössischer Studien zur Arbeitsproduktivität zu dem Ergebnis, dass die Arbeitsleistung der ausländischen Zivilarbeiter zwischen 50 bis 100 Prozent und die Arbeitsleistung der KZ-Häftlinge zwischen 30 und 70 Prozent eines deutschen Arbeiters betrugen.[595] Marc Buggeln geht in seiner Untersuchung der Außenlager des KZ Neuengamme, zu denen auch das KZ Hannover-Stöcken gehörte, von einer noch höheren Arbeitsleistung aus.[596]

Mit zunehmender Kriegsdauer erhöhte sich in der Quandt-Gruppe das Leistungsniveau der Zwangsarbeiter. Der hohe Wert, der sowohl in der AFA als auch den DWM auf Anleitung und Qualifizierung der Arbeitskräfte sowie die Schaffung von Anreizsystemen gelegt wurde, ist ein Indiz dafür, dass die Produktivität auch im Zusammenhang der Zwangsarbeit eine Rolle spielte. Für einige Werke sind Quellen erhalten, die qualitative und quantitative Aussagen über die Arbeitsleistung der Zwangsarbeit treffen. Als sich beispielsweise die staatlichen Stellen über die mangelnde Qualität eines Gummiteils der U-Bootakkumulatoren beschwerten, die bei der AFA in Hannover von KZ-Häftlingen hergestellt wurden, gab die AFA den Schwarzen Peter an seinen Zulieferer Continental Gummiwerke GmbH weiter und verwies darauf, dass im AFA-Werk Posen, wo in der Herstellung des gleichen Teils keine KZ-Häftlinge eingesetzt wurden, ähnliche Fehler aufgetreten seien.[597] Die AFA hatte also ein die verschiedenen Werke umfassendes Kontrollsystem, das nicht nur die Arbeitsleitung, sondern auch den Status der Arbeitskraft auf einem bestimmten Produktionsabschnitt erfasste.

Wie genau im Krieg über die Produktivität Buch geführt wurde, erfuhren amerikanische Ermittler durch Befragungen bei der AFA in Oberschöneweide: Dort seien die Personalkosten von 34 Prozent im Jahr 1939 auf weniger als 25 Prozent im Jahr 1945 gefallen.[598] Vergleichsweise genaue Berechnungen liegen auch für die Berlin-Erfurter Maschinenfabriken vor. Der prozentuale Anteil der ungelernten und aus dem Ausland stammenden Arbeiter wurde im Zeitraum zwischen 1940 und 1943 von einem Viertel auf über die Hälfte erhöht und eine «wesentliche qualitative Verschlechterung der Gefolgschaft» bemängelt. 1942 versuchte die Werksleitung den «Einsatz von ungelernten in- und ausländischen Arbeitskräften» effizienter zu gestalten, indem «eine weitgehende Unterteilung der Arbeitsgänge und gleichzeitig die Durchführung umfangreicher Arbeitsstudien zur exakten Erfassung der Griffzeiten» durchgeführt werden sollte.[599] Bis 1943 wurde eine Steigerung der Jahresumsätze pro Arbeiter von 11 623 RM auf 15 738 RM errechnet. Der Gesamtumsatz stieg von knapp 12 Millionen RM im Jahr 1938 auf 20 Millionen RM im Jahr 1943.[600] Innerhalb der einzelnen Werke der DWM wies die BEM damit den höchsten Umsatz und Gewinn pro Kopf auf. Es folgten das Werk Berlin, das Werk Karlsruhe, und schließlich mit weitem Abstand das Werk Posen.[601] Eine derart präzise Aufschlüsselung ist allerdings die Ausnahme unter den erhaltenen Produktivitätsberechnungen.

Ein Kommentar des Leiters der Berliner DWM-Werke verrät, dass intensiv über die Verbesserung der Produktivität der Zwangsarbeiter nachgedacht wurde: Die anzulernenden ausländischen Arbeitskräfte, so Betriebsführer Schmidt, brächten vielleicht nur 70 bis 90 Prozent der Leistung eines deutschen Arbeiters, aber das sei immer noch besser, als gar keine zusätzliche Arbeitskraft zu haben. Wenn sie gut angelernt würden, so fuhr Schmidt fort, hätte man bisher sehr gute Erfahrungen mit ausländischen Arbeitskräften gemacht.[602] Die in Berlin erreichte Produktivität wurde im Werk Karlsruhe noch übertroffen. Direktor Busse und Oberingenieur Frey gingen 1942 davon aus, dass die Gesamtleistung der «Ostarbeiter» durchweg «die der deutschen in gleichartiger Weise beschäftigten Arbeiter überstieg».[603] Als Gründe für die Produktivitätssteigerungen wurden die innerbetriebliche Schulung, die Einreihung in die eingearbeitete Stammbelegschaft und die Teilnahme am Akkordlohn genannt.[604] Im Werk Posen wurde die Arbeitsleistung der Polen zunächst auf 25 bis 30 Prozent einer deutschen Arbeitskraft geschätzt. Als Ursache wurden die ständige Angst vor den als «Evakuierungen» deklarierten Vertreibungen, die forcierten Umsiedlungen innerhalb der Gemeinden und die schlechte Ernährung genannt.[605] 1941 erreichte die Arbeitsleistung bereits 80 bis 90 Prozent bei Männern und bei Frauen sogar 120 bis 130 Prozent.[606]

Aus den zur Verfügung stehenden Produktivitätsberechnungen lässt sich der Schluss ziehen, dass in den beiden Zweigen der Quandt-Gruppe die Produktivität der Zwangsarbeiter kontrolliert, verglichen und konsequent erhöht wurde. Die Zahlen legen nahe, dass diese mitunter ein Niveau erreichen konnte, das dem eines deutschen Arbeiters entsprach und damit bei den deutlich niedrigeren Löhnen der Zwangsarbeiter eine Senkung der Personalkosten ermöglicht hat. Das war aber keinesfalls die Regel, und zudem geben die erhaltenen Akten keine Auskunft darüber, in welchem Maße der «Hauptprofiteur des Lohnraubs», der Fiskus, sich an den eingesparten Lohnkosten bedient hat. Eine seriöse Aufstellung von Gewinnen und Verlusten durch den Einsatz von Zwangsarbeit ist daher nicht möglich.

Festzuhalten bleibt: Der Einsatz von Zwangsarbeit in der Quandt-Gruppe war, losgelöst von der Frage, inwieweit er sich rentierte, enorm und ermöglichte der AFA und den DWM erst die umfassende Rüstungsproduktion. Insgesamt kamen – die Wintershall AG außen vor gelassen[607] – im «Dritten Reich» zwischen 51 000 und 57 500 Zwangsarbeiter in der Quandt-Gruppe zum Einsatz, von denen allein 20 000 bis 24 000 auf das DWM-Zweigwerk in Posen entfallen. Die Zahlen können nur eine Annäherung an den tatsächlichen Umfang sein, da neben dem allgemeinen Quellenproblem, dass oftmals nur Momentaufnahmen oder geplante Belegungszahlen erhalten sind, spezifische Probleme in der Rekonstruktion des Arbeitseinsatzes bei der Quandt-Gruppe hinzukommen. Wie erwähnt, bestanden insbesondere im DWM-Zweig Werksgemeinschaften, die eine eindeutige Zuordnung verhindern und Doppelzählungen wahrscheinlich machen. Darüber hinaus konnte nicht für jedes Werk der Quandt-Gruppe eine präzise Einschätzung der Dimensionen des Zwangsarbeitereinsatzes gegeben werden, für manche Werke fehlen Zahlen völlig. Möglicherweise können zukünftige Studien zu einzelnen Standorten die Gesamtzahl der Zwangsarbeiter noch präzisieren, allerdings wird eine vollständige Klärung wohl kaum noch möglich sein.

14. UNTERNEHMENSPOLITIK IM ANGESICHT DER KRIEGSNIEDERLAGE

Der stufenweise «Abkopplungsprozess» vom Regime, wie er zwischen Kriegswende 1942/43, «Totalem Krieg» sowie einer danach einsetzenden Phase der Improvisation und überstürzter Notfallmaßnahmen[1] für die deutschen Unternehmen insgesamt konstatiert wurde, ist bei den Unternehmen der Quandt-Gruppe ebenfalls zu beobachten. In den letzten Kriegsmonaten verschärften sich die logistischen Probleme in allen Sparten und Werken, weil die Materialzufuhr durch die Abschnürung der Transportwege zunehmend eingeschränkt wurde und gegen Kriegsende fast zum Erliegen kam. Entsprechend machten sich die Vorstände keine Illusionen über die düsteren Zukunftsaussichten. In nüchterner Abwägung der Verhältnisse distanzierten sich die Führungsetagen in der gebotenen Vorsicht vom Regime, um nicht mit in den Abgrund gezogen zu werden. Hinter der «Fassade von Regimetreue» verbreitete sich die Überzeugung von der unabwendbaren Kriegsniederlage, die schließlich in eine «lautlose, aber endgültige Aufkündigung jeglicher Loyalität» überging.[2] Stattdessen orientierten sich die Industriellen zunehmend an den Herausforderungen der Nachkriegszeit. Der Vorstandsvorsitzende der Daimler-Benz AG, Wilhelm Haspel, bemerkte im April 1944: «Die Dinge mögen sich ändern; eines ist sicher: Der, der es verstanden hat, sich über den Krieg hinaus Produktionsmittel zu erhalten, wird der Stärkere sein.»[3] Kooperationen zwischen dem RWM und führenden Industrievertretern entstanden dabei aus einem «unentwirrbaren Geflecht von Erwartungen und Hoffnungen, von kurzfristigen Möglichkeiten und langfristigen Perspektiven».[4] Die NSDAP wiederum beobachtete argwöhnisch die Vernachlässigung der Rüstung und die geistige Umstellung auf eine Wirtschaft «nach Hitler», was als «Hochverrat» gewertet wurde.[5] NS-Rüstungsmanager Karl Otto Saur drohte im Frühjahr 1944 den Industriellen an, ihren «Konzerndünkel zu brechen». Und Erhard Milch mahnte zur gleichen Zeit gar: «Wer heute fragt: was wird aus meinem

Werk nach dem Kriege, der gehört heute bereits vor seinem Werke auf-gehängt.»[6] Die Unternehmensleitungen versuchten hingegen in den letzten Monaten des Krieges die durch Luftangriffe und Hitler glei-chermaßen drohenden Zerstörungen der Werke zu verhindern und handlungsfähige Strukturen für die Zeit der zu erwartenden Beset-zung zu erhalten.[7]

Während die deutsche Rüstungsproduktion im Sommer 1944 ihren Zenit erreichte, war das Schicksal der Kriegswirtschaft bereits besie-gelt.[8] In den allgemeinen Verdächtigungen, dass sich möglicherweise «in der Wirtschaft ein zweiter 20. Juli» vorbereite, geriet selbst Quandts Geschäftspartner August Rosterg ins Visier der SS.[9] Es gibt allerdings keine Hinweise, dass ähnliches Misstrauen gegenüber den Quandts bestand. In der Öffentlichkeit hütete sich Günther Quandt vor pessimistischen Äußerungen und geriet nach übereinstimmenden Aussagen von ihm und seinen Söhnen im Spruchkammerverfahren nur einmal in eine unangenehme Situation. Nach dem Seitenwechsel Ita-liens im Herbst 1943 bemerkte er in Anwesenheit seiner Söhne, «es wäre das einzig Vernünftige, daß ein Volk in dem Augenblick wo es sehe, daß der Krieg verloren ist, Schluß macht».[10] Sein Sohn Harald, den diese Haltung schockierte, hatte unvorsichtigerweise seiner Mut-ter den Standpunkt seines Vaters berichtet, und diese hatte wiederum Goebbels informiert.[11] Günther Quandt erhielt eine telefonische Auf-forderung, in die Privatwohnung von Goebbels zu kommen, wurde allerdings nur von seiner Ex-Frau Magda empfangen, so dass er mit einem Schrecken davon kam.[12] Solche Aussagen stehen in einem merk-würdigen Gegensatz zu der geradezu stoischen Haltung Günther Quandts von 1941, sich nicht auf ein Kriegsende einzustellen.[13] Erklä-rungsbedürftig bleiben zudem die selbst nach 1943 fortgeführten Rüstungsinvestitionen. Wie gezeigt wurde,[14] erhielt Quandt noch im Winter 1943/44 umfangreiche Kredite vor allem für den Ausbau des DWM-Werkes in Posen und versuchte sogar, als die staatlichen Kredit-institute 1944 bereits den Geldhahn zugedreht hatten, die Geschäfts-beziehungen mit den privaten Großbanken wiederzubeleben.

Die offenkundige Diskrepanz zwischen der Erwartung einer Kriegsniederlage und den kontinuierlichen Rüstungsinvestitionen ist wohl damit zu erklären, dass Quandt darauf spekulierte, nach Kriegs-ende die Produktion fortführen zu können. Schon auf einer AFA-Ab-teilungsleiterkonferenz von 1941 hatte er seine Überzeugung geäußert, dass man «nach Kriegsschluss auch weiter Waffen brauchen» werde.[15]

Die Investitionen in Posen wurden in einer Region getätigt, die außerhalb der deutschen Grenzen von 1938 lag, aber vor 1918 zum Deutschen Reich gehört hatte. Ob Quandt damit rechnete, dass diese Gebiete selbst bei einer Niederlage beim Reich verbleiben würden, ist nicht bekannt. Diese späten Investitionen waren aber nur dann sinnvoll, wenn er davon ausging, zumindest einen gewissen Teil der Verfügungsrechte an Posen selbst noch bei einer Kriegsniederlage behalten zu können, zumal er für seine Kredite als Sicherheit sogar Besitzanteile der im «Altreich» liegenden Mauser-Werke und der BEM verpfändete. Eine derartige Kalkulation war kein Einzelfall, sondern auch bei einem Unternehmer wie Flick zu beobachten, der sich auffallend spät an einer Nachkriegsordnung orientierte. Dies ist damit erklärt worden, dass die Unternehmensführung bei Kriegsende schlichtweg «keine Umwälzung in den Eigentumsverhältnissen» erwartete. Nicht anders als beim Flick-Konzern sind auch für die Quandt-Gruppe keine groß angelegten Versuche überliefert, Vermögen ins Ausland zu transferieren, um es vor dem Zugriff der Besatzungsbehörden in Sicherheit zu bringen.[16] Dokumentiert ist nur der Fall der Byk Gulden, die offenbar 1944 den letztlich erfolglosen Versuch unternommen hatte, Firmenteile ins neutrale Spanien zu verlagern.[17] Da ökonomische Motive für diesen Schritt unwahrscheinlich sind, ging es vermutlich eher darum, die unter anderem aus einem «Arisierungsverfahren» stammenden Firmenanteile vor Regressforderungen zu schützen.

Spätestens seit dem Scheitern der Ardennen-Offensive ging es der deutschen Industrie vornehmlich darum, die eigenen Betriebe in die Friedenszeit hinüberzuretten.[18] Hermann Clostermann hat nach Kriegsende einem amerikanischen Offizier gegenüber geäußert, dass man nach diesem militärischen Misserfolg gewusst habe, dass der Krieg verloren war. Der Widerwillen gegen die NSDAP sei gewachsen, da diese einen bereits verlorenen Krieg fortgesetzt habe.[19] Dies resultierte in Versuchen, vorsichtig Befehle zu unterwandern. Bei der Pertrix sollten beispielsweise die Maschinen nach Anordnung der NSDAP vor der Eroberung zerstört werden, was aber die technische Betriebsleitung verhinderte: Um den Kommandos der SS zuvorzukommen, wurden «lediglich die Keilriemen von den Maschinen heruntergeschmissen, Schrauben gelockert und ein paar Maschinen in der Gegend verstreut».[20]

In Berlin wurde bereits seit 1943 mit einer unauffälligen Verlegung der AFA-Führungsebene ins Werk Hannover begonnen.[21] Einige der wertvollsten Maschinen und technischen Unterlagen wurden vor der näher rückenden Roten Armee in Sicherheit gebracht. Bei der AFA in Hagen war geplant, bei «Feindnähe» innerhalb von 24 Stunden wichtige Unterlagen und Rohstoffe abzutransportieren.[22] Seit September 1944 wurden Vorbereitungen getroffen, die wichtigsten Abteilungen der Zentralverwaltung in den 20 Kilometer nördlich vom Werk Hannover gelegenen Ort Bissendorf bzw. auf das Gelände der Glasfabrik Wilhelmshütte Gräfenroda in Thüringen zu verlegen. Das Buchungs- und Aktenmaterial wurde in einer stillgelegten Porzellanfabrik deponiert.[23]

Die endgültige Verlegung der AFA-Abteilungen und die Übersiedlung des Vorstands nach Bissendorf erfolgten seit Februar 1945. Die durchgesickerten Nachrichten über die Konferenz von Jalta und die bevorstehende Grenzziehung an der Elbe führten zum Aufbau eines «Ausweich-Zentralbüros» im «Kurhaus» von Bissendorf und einem nahegelegenen Barackenlager.[24] Die Geschäftsleitung pendelte seit Februar 1945 zwischen Bissendorf und Berlin hin und her. Herbert Quandt und Pavel übersiedelten in der Nacht vom 7. auf den 8. April 1945 mit knapp 20 führenden Mitarbeitern in die kleine Ortschaft, die am folgenden Tag von amerikanischen Truppen eingenommen wurde.

Die AFA war mit ihrer schleichenden Verlagerung aus dem Berliner Rüstungsgürtel heraus nicht allein. Der Elektroriese Siemens, nach dem ein ganzer Stadtteil Berlins benannt war, hatte schon 1943 mit den Vorbereitungen der Verlagerung begonnen.[25] Umso bemerkenswerter ist, dass die DWM sich anders verhielten. Bei einem schweren Angriff am 23. November 1943 war deren Hauptverwaltung in der Hardenbergstraße in Berlin-Charlottenburg völlig zerstört und daraufhin in das Werk am Eichborndamm verlegt worden.[26] Gegen Kriegsende wurde ein weiteres Mal umgezogen. Die kaufmännische Abteilung und die Rechtsabteilung wichen von Berlin ins schleswig-holsteinische Hamberge bzw. nach Bad Schwartau aus, bis sie schließlich nach Lübeck zogen. Der Rest der Hauptverwaltung blieb jedoch in Berlin.[27] Als die Front näher rückte, wurde Direktor Paul Eberhardt damit beauftragt, mit seinen führenden Mitarbeitern Berlin zu verlassen. Eberhardt schöpfte das ganze Kapitalvolumen bei der Bank der Deutschen Arbeit aus und überwies das Geld nach und nach in Teilbeträgen auf Konten in Süd- und Norddeutschland.[28] Kurz vor dem Einmarsch der sowjetischen Truppen setzte sich der Betriebsführer Schmidt mit zahlreichen Unterlagen nach Lübeck ab.[29] Hier wurde noch im April 1945 eine «Vernichtungsaktion durchgeführt»,[30] bei der ein Großteil der Aktenbestände verbrannt wurde; anderes Verwaltungsschriftgut ging in den folgenden Monaten bei improvisierten Umzügen verloren. Vergleicht man den Rückzug der Führungsebene der DWM aus der Reichshauptstadt mit dem der AFA, so ist augenscheinlich, dass dieser später stattfand und ein zentraler Standort erst gefunden werden musste. Die AFA entschied sich früh für Hannover als neuen Hauptsitz der Gesellschaft. Es ist naheliegend, dass die AFA, ohne auf die Rüstung ganz verzichten zu wollen, schon in der Zeit des «Totalen Kriegs» ihre Ausgangsposition für das Nachkriegsgeschäft im Blick hatte und deshalb ihren Standort gen Westen verlagerte. Die DWM hingegen hielten weiterhin an ihrem Rüstungsschwerpunkt und dem Standort Berlin fest und zogen sich erst vergleichsweise spät nach Westen zurück.

Der Anfang vom Ende: Bombardierungen und Verlagerungen

Schon seit einiger Zeit war angesichts der zunehmenden Bombardierungen die Frage nach Produktionsverlagerungen akut geworden. Zunächst war Luftangriffen wenig Bedeutung beigemessen worden. Hermann Clostermann gab beispielsweise nach Kriegsende an, man habe den Versicherungen Görings geglaubt, Deutschland werde von Angriffen verschont bleiben.[31] Das AFA-Werk Hagen stand jedoch auf einer Liste möglicher Angriffsziele der Alliierten und war im März 1943 als «most important factory making storage batteries in Europe» ausgemacht worden.[32] Nachdem ein Angriff am 1./2. Oktober 1943 zahlreiche Werksanlagen zerstört hatte,[33] reiste Herbert Quandt gemeinsam mit Viktor Werner nach Westfalen, um den Wiederaufbau zu besprechen.[34] Teile der Marinefertigung wurden nun auf Hannover und Posen verteilt. Schadenserstattungen seitens des Reiches ermöglichten im Februar 1944 die Wiederinbetriebnahme des Werkes.[35] Seit Sommer 1944 nahmen jedoch die Transportschwierigkeiten weiter zu. Waggons für den Abtransport von fertigen Batterien fehlten. Zahlreiche Streckensperrungen führten dazu, dass bereits fertige Güter nicht ausgeliefert werden konnten. Ein großer Luftangriff am 2./3. Dezember 1944 mit mehr als 500 britischen Bombern verursachte schließlich irreparable Schäden im Hagener Werk. Etwa 70 Prozent der Produktionsstätten wurden zerstört, was zu einer im ganzen Reich spürbar werdenden «Akku-Krise» führte.[36] Ein weiterer Angriff am

57/58 Das bei einem Luftangriff 1943 schwer zerstörte AFA-Werk Hagen. Beim raschen Wiederaufbau half auch die Organisation Todt.

15. März 1945[37] legte weite Teile der Stadt in Schutt und Asche, und die Produktion bei der AFA kam damit faktisch schon einige Wochen vor Kriegsende zum Erliegen. Die vorgesehene Verlagerung der Produktion wurde nicht mehr realisiert. Die französischen Verlagerungsfabriken verfügten seit geraumer Zeit kaum noch über Nickel und Kadmium und fielen nach der Invasion komplett aus. Eine im September 1944 angeregte Fertigung von U-Boot-batterien in ausgebauten Höhlen bei Maastricht[38] blieb in der Planungsphase stecken. Auch die Auslagerung der Torpedobatterien-Produktion in die Porzellanfabrik O. Schaller & Co. im oberfränkischen Schwarzenbach an der Saale geriet nie über die Planungs- und Aufbauphase hinaus.[39] Ein unter dem Tarnnamen «Lennewerk» in Letmathe vorgesehene Behelfsproduktion alkalischer Batterien steckte noch im Aufbau, als die Alliierten die Stadt besetzten.[40]

Das AFA-Werk Hannover, von dem man eine Zeit lang angenommen hatte, es liege zu weit von den Grenzen des Deutschen Reiches entfernt, um ernsthaft gefährdet zu werden, erhielt zwar im Februar 1943 insgesamt 50 000 Kilogramm Tarnfarbe,[41] aber mehrere Bomberangriffe seit 1943 führten zu Gebäudeschäden und im April 1944 zu einer kurzzeitigen Betriebsstilllegung.[42] Eine zusätzliche Gefährdung der Produktion erwuchs mit der nachlassenden Versorgung durch Zulieferbetriebe. Berichte über Rückstände in der Auslieferung der U-Boot- und Torpedobatterien häuften sich nun,[43] obwohl die Produktion immer noch große Zuwachszahlen verzeichnete.[44]

Die Berliner AFA- und Pertrix-Produktionsstätten hatten im Sommer 1943 erste Rückgänge durch Bombenschäden und Versorgungsmängel zu verzeichnen. Seit Mitte Juli 1943 wurde Wien als Ausweich-Produktionsstätte für das Werk Oberschöneweide vorbereitet.[45] In der «Ostmark» hatten im Zuge der Verlagerungspolitik bereits zahlreiche Rüstungsunternehmen wie AEG, BBC und Siemens-Schuckert eigene Fertigungen aufgezogen, die nicht zuletzt auf die Herstellung von Elektromotoren für U-Boote bezogen waren. Da Österreich den Ruf als «Reichsluftschutzkeller» besaß, bot es sich auch für die Verlagerung der AFA-Fertigung an, zumal das Speer-Ministerium im Dezember 1943 eine Schwerpunktverlagerung von elektrischen Lokomotiven auf Elektromotoren für U-Boote angeordnet hatte[46] und somit der Produktion der AFA neue Aufmerksamkeit geschenkt wurde. Anfang Oktober 1943 wurde der AFA das 38 000 Quadratmeter große Wiener Werk der landwirtschaftlichen Maschinenfabrik Hofherr & Schrantz im Wiener Gemeindebezirk Floridsdorf zugewiesen.[47] Als Stichtag für die Verlagerung war der 15. Dezember 1943 vorgesehen.[48] Allerdings erwies sich die Produktionsaufnahme in Wien als schwieriger als zunächst erwartet. Das Unternehmen Hofherr & Schrantz, dessen Aktienmehrheit seit 1938 bei der Heinrich Lanz AG (Mannheim) lag,[49] stellte der AFA ihre Fertigungsstätte nur widerwillig zur Verfügung. Die Hintergründe dieses Disputs, in den sich Günther Quandt persönlich einschaltete, liegen weitgehend im Dunkeln. Offensichtlich beharrte die Führungsriege bei Hofherr & Schrantz auf einer gemeinsamen Verwaltung der Produktion und genoss dabei die Unterstützung lokaler Parteigrößen, die eine exklusive Nutzung durch die AFA verhindern wollten.[50] Schließlich wurde eine salomonische Lösung gefunden: Im Oktober 1944 entschied das RMfRK, das Gesamtunternehmen Hofherr & Schrantz technisch durch den AFA-Direktor Puppe und kaufmännisch durch einen Delegierten der Heinrich Lanz AG leiten zu lassen.[51]

Das Werk wurde unter Heranziehung von AFA-Technikern aus Hagen in den folgenden Monaten für die Akkumulatorenfertigung umgebaut und durch einen Sonderbeauftragten des RMfRK betreut.[52] Im ersten Quartal 1944 wurde dem Werk von der SS zur Deckung des Bedarfs an Arbeitskräften, der auf über 3000 Personen geschätzt wurde, 1000 KZ-Häftlinge fest zugesagt. Der restliche Bedarf sollte durch Betriebsumsetzungen und die Zuweisung von «Ostarbeitern» gedeckt werden.[53] Der Beginn der Serienproduktion, deren Priorität von Albert Speer bei einem Werksbesuch am 4. Juli 1944 «wegen der Bedeutung der U-Bootfertigung für den Krieg»[54] ausdrücklich betont wurde, musste allerdings immer wieder verschoben werden. Ein Luftangriff am 26. Juni 1944 verursachte einen Ausfall von 60 bis 100 Prozent.[55] Nach einem weiteren Angriff am 8. Juli 1944 musste das monatliche Produktionsziel von 40 U-Boot-Akkumulatoren auf ein Drittel gekürzt werden.[56] Mitte Juli 1944 wurde zwar ein «Unterkommando AFA-Werke» eingerichtet,[57] aber nach einem weiteren Bombardement am 9. September 1944 nicht einmal mehr eine Prognose über einen «Wiederanlauf» gewagt.[58] Auch das Werk Liesing erlitt schwere Schäden, fertigte aber im November 1944 offensichtlich immer noch mit knapp 1000 Beschäftigten 20 Prozent der Reichskapazität an Akkumulatoren und Batterien.[59] Die Fabrik stand bis kurz vor Kriegsende nicht still. Flugzeugbatterien wurden inzwischen in großem Umfang an Focke-Wulf, Arado und zahlreiche weitere Flugzeugwerke geliefert.[60]

Der umfangreichen Verlagerung der AFA-Produktion nach Wien folgten Anfang 1945 weitere Notverlagerungen aus dem Berliner Rüstungsgürtel. 54 Eisenbahnwaggons mit Pertrix-Maschinen, die ursprünglich für die Herstellung der hochwertigen Spezialbatterien für die V 1 und V 2 vorgesehen gewesen waren, wurden Richtung Südbayern geschickt, blieben aber in Bayreuth stehen. Hier wurde unter der Leitung von Viktor Werner begonnen, eine eigenständige Batterieproduktion aufzuziehen.[61] Die DWM hielten bekanntlich weiterhin die Stellung in der Reichshauptstadt. Bei einem schweren Luftangriff am Abend des 26. November 1943, von dem das gemeinsame Betriebsgelände von DWM, Dürener Metallwerken und Mauser-Werken getroffen wurde, entstanden schwere Schäden. Das DWM-Werk lag acht Tage vollkommen still. Die Belegschaft blieb infolge der Bombenschäden und wegen der schwierigen Verkehrsverhältnisse häufig dem Arbeitsplatz fern.[62] Auch die Mauser-Produktion in Berlin kam für einige Zeit völlig zum Erliegen.[63] Trotz der massiven Bombenschäden blieb Günther Quandt optimistisch: «Der Wiederaufbau beginnt. Ein Arbeitsausfall wird, wenn nicht weitere schwerere Schäden eintreten, nicht zu bemerken sein.»[64] Die Verwaltungen sahen sich noch im März 1944 nicht in der Lage, den genauen Sachschaden zu beziffern. Obwohl weitere Luftangriffe im April 1944 zahlreiche Werkzeugmaschinen zerstörten, führten Neuausrüstungen und Rationalisierungen sogar zu Produktionssteigerungen. Noch im Januar 1945 wurde bei der Fertigung eines Kalibers das Fertigungssoll um mehr als das Doppelte übertroffen.[65]

Im Stammwerk der DWM in Karlsruhe nahmen die Luftangriffe im Frühjahr 1944 zu und verursachten teilweise Betriebsstilllegungen.[66] Durch die anhaltenden Luftangriffe begann die Betriebsleitung mit ersten Verlagerungen nach Neurod und in das Wiesental. Als Aufnahmebetrieb diente zudem ein Schießstand im Steinbruch von Grötzingen[67] und der Stollen Schluchseewerk im Schwarzwald.[68] Die Betriebsstrukturen begannen sich allmählich aufzulösen. Wenn nach einem Bombenangriff die Produktion stockte, erschienen zahlreiche Arbeiter nicht mehr im Werk, und die Zwangsarbeiter wurden für städtische Aufräumarbeiten eingesetzt.[69] Ende 1944 wurde schließlich die Großpressen- und Munitionsmaschinenproduktion zur BEM nach Erfurt verlagert. Nachdem am 13. Januar 1945 bei einem Tieffliegerangriff das Hauptgebäude zerstört worden war, erschien den Rüstungsbehörden ein Wiederaufbau schon nicht mehr «zweckmäßig».[70] Der Luftkrieg und die näher rückende Front schufen eine Situation, die den seit den 1930er Jahren bestehenden Impuls zur Produktionsverlagerung nach Osten prinzipiell noch verstärkte. Gleichwohl folgten die Verlagerungen keinen einheitlichen Überlegungen, sondern waren das Ergebnis kurzfristiger Orientierungen am Machbaren.

Die Mauser-Werke in Oberndorf verlagerten zum Beispiel nicht nur nach Osten, sondern auch an die Nähe des Rheins. Immer wieder wehrte sich die Werksleitung gegen den Abzug von Kriegsgefangenen zu Gunsten anderer Branchen.[71] Noch kurz vor Kriegsende wurde das Werk Oberndorf in ein «Notprogramm»[72] aufgenommen, das die Heranziehung von Arbeitern durch Behörden untersagte. Seit April 1944 wurden Aufträge unter anderem zu Moser & Sohn in Durmersheim, in eine Baumwoll-Spinnerei in Rielasingen und in das DWM-Werk in Posen verlagert.[73] Am 22. Februar 1945 wurden das Kraftwerk und zahlreiche andere Gebäude zerstört.[74] Die Forschungs- und Entwicklungsabteilung mit 203 Spezialisten unter Leitung der Vorstände Loßnitzer und Fleck brach wenige Tage vor dem Einmarsch der Franzosen mit einem Sonderzug, bestehend aus 29 Waggons, in Richtung «Alpenfestung» auf, kam aber nur bis ins Ötztal, wo sie von US-Truppen festgesetzt wurde.[75]

Das Werk der Dürener Metallwerke in Düren wurde bei einem Luftangriff am 13./14. April 1944 schwer beschädigt. Nach weiteren Angriffen, von denen der am 16. November 1944 eines der schwersten Bombardements der Alliierten im Zweiten Weltkrieg war und die Stadt zum großen Teil in Schutt und Asche legte,[76] wurde die Produktion in dem zu 95 Prozent zerstörten Betrieb am Nachmittag des 20. November 1944 offiziell eingestellt.[77] Ein Teil der Belegschaft wurde zu den anderen Werken in Waren, Velten und Berlin beordert, wo die Herstellung teilweise noch bis zum Frühjahr 1945 lief. Im November 1944 war in Berlin-Hohenschöpping sogar mit dem Bau von Wohnbaracken bzw. Fertigungshallen begonnen worden.[78]

Im Vergleich der Produktionsverlagerungen offenbart sich, dass die Reichshauptstadt für die DWM und ihre Tochtergesellschaften länger als für die AFA als zentraler Standort wichtig blieb. Nicht nur hielt die Hauptverwaltung die Stellung in Berlin länger: Auch die Produktion wurde dort belassen, trotz aller Zerstörungen immer wieder aufgenommen und schließlich sogar mit den Arbeitern des ausgebombten Stammwerks der Dürener Metallwerke unterstützt. Ob dieses Verhalten das Ergebnis einer im Beziehungsgeflecht zwischen Reichsbehörden und DWM entstandenen strategischen Entscheidung war, oder ob schlichtweg mangelnde Kapazitäten in Aufnahmebetrieben und logistische Schwierigkeiten eine konsequente Verlagerung verhinderten, kann nicht endgültig geklärt werden.

Besatzung und Enteignungen

Die Niederlage des «Dritten Reiches» bedeutete für die Quandt-Gruppe den Verlust zahlreicher Werke in den im Zuge der kriegerischen Expansion angeeigneten Standorten sowie die Enteignungen im von den sowjetischen Besatzungsbehörden beherrschten Teil Deutschlands, was an den Entzug von Beteiligungen, Lizenz- und Erfahrungsaustauschverträgen aus der Zeit vor dem Zweiten Weltkrieg gekoppelt war.[79] Das Großprojekt Posen war mit der zeitgleichen Aufgabe des AFA- und des DWM-Werkes am 21. Januar 1945 gescheitert. In Berlin standen am 23. April 1945 Soldaten der Roten Armee in unmittelbarer Nähe der AFA- und Pertrix-Werke.[80] Nach der Besetzung durch sowjetische Truppen wurde Paul Spengler, der gewerkschaftsnahe langjährige Chef der AFA-Buchhaltung, der mehrfach mit DAF und NSBO aneinandergeraten war,[81] als Treuhänder im Werk Oberschöneweide eingesetzt. Er war bei der AFA aufgrund seiner fachlichen Fähigkeiten unbehelligt aufgestiegen und hatte das Werk seit dem Weggang Herbert Quandts im Frühjahr 1944 faktisch geleitet. Nach Kriegsende trat er zwar für eine Abtrennung des Werkes von der AFA ein, doch wurde ihm von den misstrauischen Sowjets gleichwohl unterstellt, weiterhin Kontakte zu Günther Quandt zu pflegen.[82] Die AFA versuchte Ende Juni 1945, durch Eintragung in das Berliner Handelsregister loyale Manager als Direktoren einzusetzen und so die Beschlagnahmung der AFA als «herrenloser» Besitz zu umgehen. Dies konnte die Konfiszierung durch die sowjetischen Behörden aber nicht verhindern.[83] Das Werk wurde zu knapp 90 Prozent demontiert,[84] stellte aber als Rumpfbetrieb unter der Obhut eines sowjetischen Werkskommandanten weiter Starterbatterien für die Rote Armee her.[85] 1947 wurde es an die SMAD übergeben, als Sowjetische Aktiengesellschaft neu gegründet und firmierte später in DDR-Zeiten als VEB Accumulatoren- und Elementefabrik, Werk I.[86] Ähnlich erging es der Pertrix, die nach Enteignung und fast vollständiger Demontage in der DDR als Werk II in der VEB Accumulatoren- und Elementefabrik aufging.

Das Zulieferwerk Zehdenick, die Accumet GmbH in Weida und

die Glasfabrik Wilhelmshütte in Gräfenroda mussten abgeschrieben werden.[87] In Wien ging das AFA-Werk in Liesing im sowjetisch besetzten Teil der Stadt verloren und wurde fast vollständig demontiert,[88] ebenso die Ingenieur-Abteilung, der Varta-Reparaturbetrieb und der Verlagerungsbetrieb in Floridsdorf.[89] Das Gemeinschaftswerk der DWM und ihrer Tochtergesellschaften in Berlin produzierte bis zur Eroberung durch sowjetische Truppen am 23. April 1945. Da auf dem Gelände auch Einheiten der Waffen-SS stationiert waren, kam es noch beim Vorrücken der Roten Armee zu Kämpfen.[90] Werk und Hauptverwaltung der Dürener Metallwerke wurden schließlich von der französischen Militärregierung unter Treuhänderschaft gestellt.[91] Der Berliner Firmensitz und die Produktion wurden infolge der vollständigen Demontage 1949 nach Düren verlegt. In Berlin verblieb jedoch eine selbständige Rumpfgesellschaft, die unter dem Namen Dürener Metallwerke GmbH im November 1950 ins Handelsregister eingetragen wurde.[92] Ebenfalls nur als Rumpfgesellschaft und nur pro forma blieb der Quandt-Gruppe auf dem Papier die Memefa erhalten.[93] Zudem gingen den Dürener Metallwerken in der SBZ die Velmet Leichtmetallgießerei GmbH und die Havelschmelzwerk GmbH in Velten sowie die Elbtalschmelzwerk GmbH in Brand-Erbisdorf verloren. Als Tochtergesellschaft verblieb nur die einst «arisierte» Wuppermetall GmbH.

Die BEM stellte im März 1945 bei Heranrücken der Front die Arbeit ein. Nach dem Einmarsch amerikanischer Truppen in Erfurt wurden die Fabrikanlagen zwischenzeitlich durch italienische Militärinternierte und russische Zwangsarbeiter besetzt. Dagegen versuchte der Direktor, die Unterstützung der US-Amerikaner zu gewinnen.[94] Kurz aufflackernde Hoffnungen auf einen Verbleib unter amerikanischer Ägide zerschlugen sich, als die US Army vereinbarungsgemäß der Roten Armee Platz machte. Die Führungsriege um Edgar Haverbeck verließ nun Erfurt. Unter Aufsicht einer sowjetischen Militärkommission wurden im Sommer Lokomotivreparaturen begonnen,[95] im Herbst das Werk als «herrenlos» beschlagnahmt, ein Treuhänder eingesetzt, die Fabrik Ende 1945 sequestriert und später als «VEB Schwermaschinenbau Henry Pels» unter ostdeutscher Regie weiterbetrieben.[96]

Das Berliner Werk der Byk Gulden wurde komplett zerstört.[97] Die in der SBZ liegende Produktionsstätte in Niederstriegis und das Pharmazeutische Werk Oranienburg wurden enteignet, die Betriebe in Frankfurt am Main und Berlin-Neukölln wurden an die jüdischen

Vorbesitzer zurückgegeben. Während die Produktion im Berliner Westen im Juli 1951 endgültig eingestellt wurde, wurde Byk Gulden in Westdeutschland neu aufgebaut.[98]

Das Ende des Zweiten Weltkrieges in Europa ging mit erheblichen Verlusten für die Quandt-Gruppe einher. Diese waren aber nicht nur das Ergebnis verlorener Investitionen im europäischen «Großwirtschaftsraum» und Zerstörungen durch den Luftkrieg, sondern auch Folge der Teilung Deutschlands. Der in den 1930er Jahren in der Gruppe wirkende Impuls in Richtung Osten, mit dem die Stammwerke im Westen zu Gunsten einer stärkeren Konzentration im Landesinneren vernachlässigt worden waren, hatte schließlich Folgen gezeitigt, die nicht einkalkuliert worden waren. Bei Kriegsende stand die Quandt-Gruppe angesichts zerbombter Werke, umfassender Demontagen und der Investitionsruine Posen vor großen Umbrüchen in der Firmenstruktur. Allerdings blieben in den westlichen Besatzungszonen etliche Werke und zahlreiche Besitztitel von Lübeck im Norden bis Oberndorf im Süden erhalten.

15. «UNTERNEHMER IN SCHWIERIGEN ZEITEN» ODER «PROFITEURE DES NS-REGIMES»?

Günther Quandt: Strafverfolgung, innere Reflexion und historische Verantwortung

Als die alliierten Siegermächte Deutschland nach dem Untergang des NS-Regimes mit einem bürokratischen Netz überzogen, kristallisierte sich recht schnell heraus, dass es die Vereinigten Staaten sein würden, denen hinsichtlich der juristischen Verfolgung und der ökonomischen Zukunft des europäischen Kontinents und Nachkriegsdeutschlands eine Vorreiterrolle zukommen würde. Die USA konnten und wollten ihre Position als politische und moralische Weltmacht auch in den Fragen des Umgangs mit der nationalsozialistischen Hinterlassenschaft unter Beweis stellen. Die personell ausgezeichnet ausgestatteten Amerikaner verfügten diesseits und jenseits des Atlantiks über einen umfassenden Behördenapparat, dessen Dienststellen sich in der Praxis jedoch nicht immer ergänzten, sondern nebeneinander arbeiteten und sich teilweise sogar gegenseitig behinderten. Die offenkundigen Differenzen zwischen den Behörden über den gegenüber Deutschland einzuschlagenden Kurs trugen in den folgenden Monaten und Jahren nicht unwesentlich dazu bei, Entnazifizierung und Entkartellisierung[1] in einer unübersichtlichen Gemengelage von Wünschen, Forderungen und Erwartungen zusammenzubinden, die – betrachtet man den Eifer und den Umfang des vorgeschlagenen Maßnahmenkatalogs – Enttäuschungen gleichsam vorprogrammierte und wesentlich zum weithin beklagten «Fiasco of Denazification»[2] beitrug. Zwei gegenläufige Tendenzen beeinflussten zudem die Diskussion über die Verfolgung von NS-Straftätern: Während die Empörung über das erst allmählich ans Tageslicht kommende Ausmaß der Gräuel in den Konzentrations- und Vernichtungslagern den Wunsch nach Bestrafung wachsen ließ, waren die USA andererseits zunehmend mit den spezifischen Problemen einer Weltmacht vor dem Hintergrund des sich abzeichnenden

Kalten Krieges konfrontiert, was das Interesse an Strafe und Sühne dämpfte.

Weite Teile der internationalen Öffentlichkeit waren bei Kriegsende der Meinung, auch die deutsche Wirtschaft müsse für die Gewaltentfesselung der Jahre von 1933 bis 1945 zur Verantwortung gezogen werden. Damit verbunden war der Wille, die im «Dritten Reich» an führender Stelle wirkenden Industriellen als Mittäter strafrechtlich zur Verantwortung zu ziehen. Diese Politik verwies zugleich auf bestimmte Tendenzen innerhalb des amerikanischen Regierungsapparats, der sich zunächst im Einklang mit den britischen und sowjetischen Vorstellungen über die Bestrafungspolitik befand. Hinter den Kulissen kam es allerdings bei den schon bald tonangebenden amerikanischen Behörden zu handfesten Richtungskämpfen.[3]

Weil die Ermittlungen gegen Günther Quandt zunächst hauptsächlich unter amerikanischer Federführung erfolgten, sollen diese Aspekte hier besonders beleuchtet werden. Im Laufe des Krieges waren von verschiedenen Behörden biographisches Material und Dossiers zu führenden Männern der Wirtschaft zusammengetragen worden, die als «aktive» Nationalsozialisten galten.[4] Ihre Beurteilungen atmeten ganz den Geist der Roosevelt-Ära. Nach Ansicht vieler «New-Deal-Liberaler», die in führende Staatsämter aufrücken konnten, waren die «kapitalistischen» Großindustriellen wesentlich für den Aufstieg des Nationalsozialismus verantwortlich. In ihrem Bestreben, Verantwortliche dingfest zu machen, siegten deshalb in der Regel «Ideologie und Schematismus über sachliche Kompetenz».[5]

Die Pläne des einflussreichen amerikanischen Finanzministeriums unter Henry Morgenthau Jr. sahen für «Arch-Criminals» einen kurzen Prozess vor: Die vorrückenden alliierten Truppen sollten mit entsprechenden Listen ausgestattet werden und die identifizierten Gefangenen sofort erschossen werden.[6] Auch Kartelle galten als eine «Challenge to a Free World»[7] – hier konnte man sich auf die «Trust Buster» des «Progressive Movement» zu Beginn des 20. Jahrhunderts berufen. Harte Bestrafungen sollten auch im eigenen Land demonstrieren, dass einer Trust- und Monopolbildung entgegengetreten werden könne.[8] Daher geriet auch die deutsche Kali-Industrie ins Fadenkreuz. Eine Darstellung über «Key German Cartels under the Nazi Regime» nannte die Wintershall AG «the second largest German combine in the chemical industry» – was geradezu einer Einladung gleichkam, diese Gruppe zu zerschlagen.[9]

Die Direktive 1067 der Joint Chiefs of Staff vom 26. April 1945[10] legte die Vorgaben für Entwaffnung, Entnazifizierung und Entindustrialisierung fest. Weitere Präzisierungen bestimmten einen Kriterienkatalog für diejenigen, deren «Mandatory Removal» vorgesehen war.[11] Nach der deutschen Kapitulation konzentrierten sich die Beamten und Offiziere der «retribution school»[12] zudem auf das Aufspüren von Firmendokumenten.

Gegenwind kam vor allem aus dem US-Außen- und Kriegsministerium. Kriegsminister Henry L. Stimson und sein Assistant Secretary John McCloy zählten ebenso wie Außenminister Edward Stettinius Jr. zu den sogenannten «business internationalists». In diesen Kreisen war die Ansicht vorherrschend, man müsse zwischen einer «nichtnationalsozialistischen» deutschen Wirtschaftselite und dem inneren Kreis von Männern um Hitler unterscheiden.[13] Ihnen war daran gelegen, das besiegte Deutschland in Anknüpfung an die Vorkriegsordnung und unter Ausschaltung der totalitären Führungsstruktur zur Stabilisierung Europas zu erhalten.[14] Der amerikanische Generalmajor Ernest Harmon gab beispielsweise im Juni 1945 in der Soldatenzeitschrift «Stars and Stripes» kund, er könne die Nazis zwar auch nicht leiden, mit Ladengehilfen allein ließen sich aber nun mal keine Eisenbahnen fahren und mit Schuhputzern keine Fabriken leiten.[15] Der aus Deutschland ins amerikanische Exil gegangene Wirtschaftsfachmann Gustav Stolper war befremdet über die Ignoranz mancher «young American lawyers, in whose minds German history is a blank».[16]

Für ein alliiertes Verfahren gegen «major war criminals» war ein Internationales Militärtribunal (IMT) vorgesehen, für das das Office of Military Government in Germany United States (OMGUS)[17] wichtige Zuarbeiten leistete. Unter dem Vorsitz des amerikanischen Chefanklägers Robert H. Jackson sollten sich die Angeklagten wegen Verbrechen gegen den Frieden, Kriegsverbrechen sowie Verbrechen gegen die Menschlichkeit verantworten. So schwierig die Beweisführung auch sein mochte, bedeutete das Vorhaben doch einen gewaltigen rechtsgeschichtlichen Einschnitt: Erstmals fanden sich Politiker, Unternehmer und andere Mitglieder der deutschen Elite mit der Tatsache konfrontiert, dass auch in einem Krieg die Gesetze der Menschlichkeit nicht ausgeschaltet waren und die bloße Berufung auf politische Umstände nicht ausreichte, um sich juristisch zu salvieren.

Im Frühsommer 1945 wurden aus den umfangreichen Fahndungslisten zunächst 72, schließlich 43 besonders schwer belastete Wirtschaftsführer für eine Anklage herausgefiltert.[18] Wie nicht anders zu erwarten war, brach jedoch sogleich innerhalb der amerikanischen Administration ein offener Streit darüber aus, ob es sinnvoll war, ein Verfahren gegen Großindustrielle zu eröffnen. Das änderte aber nichts daran, dass es seit Mitte Oktober 1945 zu einer Verhaftungswelle von Industriellen und Bankiers durch den amerikanischen Militärgeheimdienst Counter Intelligence Corps (CIC) kam. Die meisten der im Rahmen dieser Aktion Festgenommenen blieben bis zum Frühjahr bzw. Herbst 1947 als Verantwortungsträger für die geplanten Kriegsverbrecherprozesse in amerikanischem Gewahrsam. Verhöre wurden allerdings nur sporadisch durchgeführt und die Ergebnisse nicht immer konsequent ausgewertet. Der Versuch, von den Briten und Sowjets Zugang zu deren Rechercheergebnissen zu erhalten, lief meist ins Leere. Zudem waren Ermittler und Ankläger auf bestimmte Vorwürfe fixiert, die den Nationalsozialismus in einen direkten Zusammenhang mit dem Kapitalismus bringen sollten. James S. Martin, einer ihrer wichtigsten Vertreter, wollte die Unternehmer unbedingt vor den Richtertisch bringen,[19] und ein britischer Experte fasste dessen Haltung mit den Worten zusammen: «Americans like Martin wanted to put all of them in a room and shoot them.»[20]

Der Vorwurf der «Monopolbildung» und der «exzessiven Machtkonzentration», der so gut wie immer ins Feld geführt wurde, eignete sich jedoch ebenso wenig wie die Anklage der Planung eines «Angriffskriegs», um die Industriellen vor Gericht zu stellen. Die Rolle der Unternehmen bei der Zwangsarbeit und den «Arisierungen» wurde hingegen vernachlässigt. Schon zeitgenössisch stellte ein Mitglied der Anklagevertretung resignierend fest, dass man «Auschwitz gleich am ersten Tag» hätte thematisieren müssen.[21]

Ende 1945 stand die Zukunft von Industriellenprozessen in den Sternen. Während im Frühjahr 1946 der «Nürnberger Prozess» noch verhandelt wurde, war sich Jackson über die Zweckmäßigkeit eines zweiten Nürnberger International Military Tribunals schon nicht mehr sicher.[22] Allenthalben wurde der in Nürnberg verhandelte «Fall Schacht» als «testcase» angesehen: Wenn das Tribunal hier nicht zu einem klaren Ergebnis komme, so erklärte Jackson im April 1946, dann werde es schwierig werden, überhaupt «ein Verfahren gegen irgendeinen Industriellen anzustrengen».[23] Ein interalliierter Prozess gegen Vertreter der Privatindustrie erschien ihm inzwischen nicht mehr geeignet, den Nachweis einer nationalsozialistischen Komplizenschaft zu erbringen,[24] zumal die Beweislage gegen die Verhafteten keineswegs so günstig war, wie man ursprünglich erwartet hatte. Jackson entschied sich, nach dem Nürnberger Prozess in die USA zurückzukehren. Sein Stellvertreter, Brigadegeneral Telford Taylor, wurde Nachfolger und Chefankläger für die weiteren Prozesse. Dieser war sich angesichts der vorhersehbaren Mammutverfahren – er rechnete mit mehr als 100 Angeklagten – zwar eines Erfolges nicht sicher, kündigte aber im Februar 1946 ein Verfahren an, bei dem die Anklagebank «stark mit Industriellen und Finanziers besetzt» sein würde.[25] Zur Jahresmitte 1946 wurde eine entsprechende «List of Leading Industrialists, Financiers, and Economic Figures in Nazi Germany» erstellt.[26]

Allerdings war inzwischen allen Beteiligten klar, dass pauschale Vorwürfe ohne einen individuellen Schuldnachweis nicht mehr ausreichten. Nachdem noch im August 1946 vorgesehen war, etwa 200 bis 400 der «worst offenders» in 36 überschaubaren Prozessen anzuklagen, waren sich Taylor und der amerikanische Militärgouverneur Lucius D. Clay bereits einen Monat später einig, dass aufgrund der schwierigen Beweislage eine flächendeckende Strafverfolgung von «Kriegsverbrechern» illusorisch war.[27]

Nach den Urteilssprüchen im Nürnberger Prozess im Oktober 1946 und der Ernennung Taylors zum Leiter der «Subsequent Proceedings Division» und Hauptankläger für die Nachfolgeprozesse brodelte die Gerüchteküche. Im Dezember 1946 wurde ein Industriellenverfahren für das kommende Frühjahr angekündigt. Aber schon im März 1947 sprach Taylor in der Öffentlichkeit nur noch von vier weiteren Prozessen,[28] eine pragmatische Beschränkung ganz im Sinne von Clay.[29] Das Beweismaterial war in den Augen der «Legal Division» der OMGUS schlichtweg zu dünn. So wurden zwar in der amerikanischen Zone Verfahren gegen Flick, Krupp und die IG Farben durchgeführt und dabei zahlreiche Industrielle angeklagt und verurteilt, aber ein eigener Industriellenprozess, der möglicherweise auch Günther Quandt auf die Anklagebank gebracht hätte, kam nicht mehr zustande.[30]

Diese Entscheidung war ganz im Sinne der Briten, die anders als die Franzosen[31] aus grundsätzlichen Erwägungen den Industriellenprozessen von Beginn an skeptisch gegenübergestanden hatten. Weil sie die ökonomische Effizienz ihrer Besatzungszone nicht unnötig gefährden wollten,[32] lehnten sie das amerikanische Prozedere ab. Im Übrigen betrachteten sie den amerikanischen Eifer als kontraproduktiv: «Die Amerikaner neigen in der Regel eher zur Hexenjagd als wir» – so lautete die Einstellung eines Beraters von Außenminister Ernest Bevin.[33] Der Gewerkschaftsführer und Labour-Politiker Bevin, der auf die britische Deutschlandpolitik entscheidenden Einfluss ausübte, teilte als Mann der Nüchternheit[34] diese Sichtweise. Mit seiner eher pragmatisch angelegten Entnazifizierungspolitik wollte sich London lieber heute als morgen aus dem komplizierten «Säuberungsgeschäft» zurückziehen.[35]

«Flucht», Vernehmung und Haft

Bei allen Besonderheiten, die dem «Fall» Quandt anhaften, weist er doch zahlreiche Parallelen zu anderen Verfahren auf, zumal er die verschiedenen Etappen der amerikanischen, aber auch der deutschen Entnazifizierung «fast vollständig» durchlief.[36] Seit dem 25. April 1945 lebte Günther Quandt in der Gemeinde Leutstetten am Starnberger See und stand in Kontakt mit dem Münchner Ingenieurbüro der AFA. Später gab er an, er habe im März 1945 ursprünglich geplant, in das gerade entstehende Ausweichlager der AFA in Bissendorf oder nach Hannover zu gehen.[37] Er hatte in den letzten Wochen des Krieges aber auch noch versucht, eine Einreisegenehmigung in die Schweiz für «geschäftliche Besprechungen» zu erhalten. Die Schweizer Polizei hatte über ihn zwar kein eigenes Dossier angelegt, aber auf seiner Registerkarte war er als Geldgeber Hitlers genannt. Weil er zudem als «Wehrwirtschaftsführer» aufgelistet war, wurde er von der Eidgenössischen Fremdenpolizei zu den «zurückzuweisenden Ausländern» gezählt und ihm das Einreisegesuch verweigert.[38]

In Leutstetten meldete er sich am 29. April polizeilich an und lebte in einem «bescheidenen Raum» im dortigen Schloss.[39] Eine Bekannte wiederum erfuhr, Quandt habe auf Vermittlung des Architekten und Hochschullehrers Wilhelm Kreis eine Herberge in Leutstetten gefunden, wo eine Reihe von Künstlern, die im «Dritten Reich» erfolgreich gewesen waren, unter ihnen eine Zeitlang auch Arno Breker, ein Refugium gefunden hatten. Jedenfalls schien die dörfliche Abgeschiedenheit in einem von den sowjetischen Truppen weit entfernten bayerischen Landstrich eine kluge Wahl. Auch andere Unternehmer wie zum Beispiel Friedrich Flick zog es nach Bayern, weil in den Monaten der Herausbildung zukünftiger Besatzungszonen von der amerikanischen Besatzungsbehörde eine vergleichsweise «unternehmerfreundliche» Politik erwartet wurde.[40]

Quandt hielt es vorerst «für das einzig Richtige, sich möglichst im Hintergrund zu halten».[41] Nachdem das Schloss Leutstetten Anfang Juni 1945 von britischen und amerikanischen Militärbehörden beschlagnahmt worden war, fand er Aufnahme beim Leutstetter Bürgermeister Hirschbold und lebte in dessen Haus auf dem Berg Tierkopf in zwar vergleichsweise spartanischen, aber landschaftlich idyllischen Verhältnissen.

Quandt war schon im Verlauf des Zweiten Weltkrieges ins Visier der Siegermächte geraten. Die amerikanischen Ermittler der «Subsequent Proceedings Division» des Office of Chief of Counsel hatten zudem im April 1945 eine ausführliche Liste seiner Ämter und Funktionen als Industrieller im «Dritten Reich» zusammengestellt. Sein Name fand sich deshalb im Juli 1945 auf einer «Schwarzen Liste» von 43 nach Meinung der Amerikaner besonders schwer belasteten Wirtschaftsführern, die angeklagt werden sollten.[42] Nach einer Befragung durch britische Offiziere war Quandt zunächst optimistisch. Einer Besucherin teilte er im September 1945 mit, dass diese «bereits orientiert waren, was für eine Rolle er in der deutschen Wirtschaft gespielt» habe. Da er nichts weiter gehört habe, hoffte er, «daß nichts nachkommt.»[43] Im Frühjahr 1946 schrieb er, die Zahl der Toten sei «schlimm»: «Aber wer hat auch nur die geringste Ahnung gehabt, wie viel Opfer der Nationalsoz. auf dem Gewissen hat.»[44] Eine tiefere Beschäftigung mit dem Holocaust, der Zwangsarbeit oder anderen Verbrechen der NS-Zeit findet sich in seinen Briefen nicht und auch ansonsten zeigte er wenig Bedürfnis für eine grundlegende Auseinandersetzung mit der jüngsten Vergangenheit. Aus dieser Einstellung resultierte wohl auch seine Ansicht, man solle sich die Spruchkammern erst einmal etwas «austoben» lassen und auf einen politischen Wachwechsel in den USA vertrauen: «Die Republikaner werden ja den Standpunkt, dass Geld Diebstahl ist, nicht teilen. Man merkt schon einen frischen Wind.»[45]

In den folgenden Monaten stellten die Amerikaner jedoch weiteres Material über Quandt zusammen, das unter anderem in der Filiale der Deutschen Bank in Hamburg sichergestellt worden war.[46] Ihr Fazit fiel wenig günstig aus. Auch wenn Quandt nicht in offiziellen Positionen gewesen sei, trage er Mitverantwortung «for formulating and executing Nazi economic policies and for the economic exploitation of German dominated territories».[47] Seine Geschäftsmethoden hätten Erfolge «without great noise of battle» sichergestellt.[48] Die meisten der zusammengetragenen Informationen waren korrekt, aber bisweilen mischte sich auch grober Unsinn darunter, wie etwa der, Goebbels sei Lehrer seines Sohnes gewesen und Quandt habe schließlich zwölf Monate in einem KZ verbracht.[49] Am 24. September 1945 unterschrieb Quandt seinen CIC-Fragebogen, in der Hoffnung, dass damit die Sache für ihn erledigt sei. In der «Stuttgarter Zeitung» erschien jedoch am 13. Oktober 1945 ein Bericht über seine Erwähnung auf der erwähnten «Schwarzen Liste». Der alarmierende Artikel war für Quandt Anlass genug für eine mehrseitige «Entgegnung»,[50] die er den amerikanischen Behörden mit der Bitte um Weiterleitung an den US-Senat übergab. Kein gutes Zeichen für ihn war, dass er bei der Übergabe aufgefordert wurde, vorläufig in der amerikanischen Zone zu bleiben.[51] Quandt vermutete zu Recht, dass sein Name auf der Liste mit seiner Verbindung zur Electric Storage Company in Philadelphia zu tun habe, der von der Anti-Trust Division des amerikanischen Justizministeriums unlautere Kartellbeziehungen zu Deutschland unterstellt wurde.[52]

Als im Nürnberger Prozess der Fall Laval am 2. Februar 1946 vom französischen Ankläger Edgar Faure zur Sprache gebracht worden war, drohte für Quandt erneut Gefahr. Allerdings stand hier die Rolle des RWM im Zentrum, und der Name Quandt fiel nicht. Auch die Ermittlungsergebnisse einer belgisch-luxemburgischen Justizkommission, die Anfang März 1947 nach Nürnberg übermittelt wurden, änderten daran nichts. Drexel A. Sprecher, der Chefankläger in den Nürnberger Wirtschaftsverfahren, ließ wissen, dass für die Nachfolgeprozesse «des cas beaucoup plus graves» vorgesehen seien und man nicht darauf hoffen könne, «qu'une affaire QUANDT puisse être introduite dans un délai prévisible».[53] Die amerikanischen Ermittler durchsuchten inzwischen die zerstörte Hauptverwaltung der AFA am Askanischen Platz und verhörten anschließend die Angestellten.[54] Der CIC – für Quandt nichts anderes als «der amerikanische Ausdruck für geh. Staatspolizei»[55] – verhörte ihn mehrere Male, erstmals für zwei Stunden am 19. März 1946 in Starnberg. Sorgfältig wurden auch die Besucher registriert: unter anderem Kurt Fleck, Horst Pavel, Herbert Quandt, Friedrich Dörge, Corbin Hackinger, Arnold Rechberg, Albert Wolff und Paul Eberhardt.[56] Am 16. Juni wurde schließlich der Bürgermeister von Leutstetten ausführlich über Quandts Rolle bei der AFA befragt. Am folgenden Morgen wurde Quandt unter Hausarrest gestellt sowie sein gesamtes Schriftmaterial konfisziert und nach Nürnberg gebracht, «Material ohne jeden Wert», wie Quandt dazu bemerkte.[57] Da das beschlagnahmte Schriftgut tatsächlich unergiebig war, ließ sich ein Beamter der «Finance Division» von Quandt am 26. Juni das Beteiligungsgeflecht der AFA erläutern.[58] Quandt war klar, dass er nun ins Fadenkreuz der Ermittler geraten war, denn Mitte Juli ließ er wissen, dass «sich in letzter Zeit eine ganze Menge Herren» seiner interessierten, die zumeist auch die deutsche Sprache beherrschten.[59]

Am 18. Juli 1946 wurde er vom CIC festgenommen und ins Gerichtsgefängnis von Starnberg gebracht.[60] Dort blieb er fünf Tage und wurde am 23. Juli nach Garmisch in das «Camp 8» der Jäger-Kaserne gebracht, wo er für knapp fünf Wochen inhaftiert war. In Quandts Umfeld wurden die Analogien zur Verhaftung durch die Nationalsozialisten 1933 beschworen, und Herbert Quandt versuchte vergeblich, in Leutstetten etwas über die Hintergründe herauszufinden.[61] Quandt selbst erfuhr auch nichts: «Kein Vorwurf, keine Anklage, kein Verhör», lautete die Nachricht in einem seiner «Rundbriefe», die er in den folgenden Monaten regelmäßig an Familie und Freunde verschickte.[62]

Als das vergleichsweise komfortable Garmischer Lager aufgelöst wurde, überführte man ihn am 30. August 1946 in das wesentlich schlechter ausgestattete Zivil-Internierungslager Moosburg («Camp 6»), um als «Wanted for I.M.T.»[63], d. h. als möglicher Zeuge für die vorgesehenen Industriellen-Prozesse zur Verfügung zu stehen. Hier wurde er vom 2. bis 5. Oktober vor allem zu den Beziehungen der AFA zur ESB in Philadelphia vernommen. Quandt bemängelte allerdings, der Chief of Counsel habe von ihm so gut wie «keinen Gebrauch» gemacht.[64] Außer der Vernehmung im Oktober 1946 ist nur eine weitere am 11. April 1947 bekannt, deren Inhalt Quandt als Befragung über «Goebbels und Konsorten» angab.[65] Die Internierungsbedingungen in Moosburg waren hart für den einen anderen Lebensstil gewohnten 65-Jährigen:[66] Quandt, der in seinen Erinnerungen ein anschauliches Bild des Lageralltages zeichnete, sprach von 100 Mann pro Baracke: «Nur zwei Wasserhähne für 100 im Schlafsaal, keine Waschbecken, keine Rinnen. Der ganze Boden schwimmt. Latrinen ohne Wasserspülung auf dem Hof. [...] Geschirr ein Essnapf, eine Tasse, meist aus Blech.»[67] Um der Gefahr zu entgehen, «in Grübeln und Nachdenken über sein Schicksal» zu verfallen, hörte er Vorträge, die von der improvisierten Lageruniversität angeboten wurden: «Tibet 3 ×, Ostafrika 2 ×, China 1 ×, Landwirtschaft, Musik-Theorie 2 ×, Pädagogik 2 ×, Europ.-Amerikan. Bildungskreis 6 ×, Indien 2 ×, die christlichen Religionen im Wandel der Zeiten 3 × und mindestens 20 × Medizin von 7–8 Uhr.»[68]

Es ist unwahrscheinlich, dass sich der Unternehmer innerlich auf das Lagerleben eingelassen hat, und auch Freundschaften schloss Quandt in dieser Zwangsgemeinschaft nicht. In jenen Monaten, in denen er, unterbrochen von gelegentlichen Krankenhausaufenthalten,[69] von Lager zu Lager verlegt wurde, verfasste er seine «Lebenserinnerungen». Mitte Oktober 1946 wurde er vorübergehend ins «Internee Camp 74» für Zivilinternierte der 3. Armee nach Ludwigsburg überstellt. Meist war er jedoch im «Camp Dachau» untergebracht, das auf dem Gelände des ehemaligen Konzentrationslagers lag. Auch die dortigen Lebensverhältnisse in den Baracken schilderte er in einem seiner Rundbriefe: «Zentralheizung, große Waschräume, die man allein hat, wenn man Punkt 6 Uhr aufsteht, nicht schwierig, da 21–6 Nacht-, 13–15 Mittagsruhe. Fließend kalt, 3 × wö. warmes Wasser, Duschen.»[70]

Im Spruchkammerverfahren: Lavieren, taktieren und pokern

Als feststand, dass es nur eine begrenzte Zahl von Industriellenprozessen geben und Quandt nicht zu den Angeklagten zählen würde, wurde er am 15. September 1947 durch die in Nürnberg residierende «Special Projects Division – Deutsche Überleitungsabteilung» des Office of Chief of Counsel for War Crimes an die deutsche Gerichtsbarkeit überstellt. Am 27. Oktober 1947 erfuhr die amerikanische Öffentlichkeit von der Übergabe einer ersten Gruppe von Häftlingen, die entweder vor eine deutsche Strafkammer oder eine Spruchkammer gestellt werden sollten: «Among the first 30 to be turned over to the Germans [...] was Guenther Quandt, German armaments manufacturer and former husband of Mrs. Paul Joseph Goebbels.»[71] Vier Tage später konnte auch die deutsche Öffentlichkeit davon in der Zeitung lesen: Entnazifizierungs- beziehungsweise Justizminister hätten bereits Beauftragte ernannt, die «gegenwärtig das Material prüfen».[72] Der ausführliche Begleitbrief der «Special Projects Division» an den Staatssekretär im Bayerischen Staatsministerium für Sonderaufgaben verhieß für Quandt nichts Gutes. Er enthielt zahlreiche der für das Internationale Militärtribunal in Nürnberg herangezogenen Unterlagen und Beweisstücke. Der Tenor lautete, bei Quandt handele es sich um «einen der führenden Großindustriellen des Naziregimes».[73]

Die Hauptverantwortung für die Entnazifizierung in der amerikanischen Zone lag bereits seit Anfang März 1946 mit dem Gesetz zur «Befreiung von Nationalsozialismus und Militarismus» in deutschen Händen.[74] Nach den Vorgaben waren alle Mitglieder der NSDAP aus öffentlichen Ämtern und aus wichtigen Stellungen in halbamtlichen und privaten Unternehmen zu entlassen. Funktionsträger der Partei bis hinunter zu Amtsleitern auf Ortsgruppenebene verfielen dem «automatischen Arrest». Das am 26. September erlassene amerikanische Militärgesetz Nr. 8 präzisierte die Vorgaben für die «Säuberung» der Wirtschaft und untersagte die Beschäftigung von NSDAP-Mitgliedern an verantwortlicher Stelle in Unternehmen. Diese «Überdehnung des Betroffenenkreises» höhlte die Säuberungspolitik allerdings inhaltlich aus und resultierte in «vollen Internierungslagern und leeren Ämtern».[75] Ein «Fragebogen» mit 131 Einzelfragen war Grundlage für eine Überprüfung. Zu den Kriterien für die Identifizierung von überzeugten Nationalsozialisten gehörten unter anderem der Beitritt zur NSDAP vor dem 1. Mai 1937 oder die Mitgliedschaft in SA und SS vor dem 1. April 1933.

Mit dem «Befreiungsgesetz» wurden zugleich Spruchkammern eingesetzt, die fortan aktive Nationalsozialisten mit einem System abgestufter Strafen dauerhaft aus dem öffentlichen Leben Deutschlands fernhalten sollten. Im Artikel 2 des von den Länderregierungen der amerikanischen Zone ausgearbeiteten Gesetzes war die Einzelfallprüfung vorgesehen, eine klare Abwendung von der eher summarischen Praxis der amerikanischen Behörden. Die Beurteilung sollte «in gerechter Abwägung der individuellen Verantwortlichkeit und der tatsächlichen Gesamthaltung» (Art. 2, Nr. 1 BefrG) in fünf Belastungskategorien erfolgen: «Hauptschuldige» (I), «Belastete» (II), «Minderbelastete» (III), «Mitläufer» (IV) und «Entlastete» (V). Als mögliche Sühnemaßnahmen waren die Einweisung in ein Arbeitslager, die Einziehung des Vermögens und bei «Hauptschuldigen» zusätzlich der Ausschluss von jeder selbständigen beruflichen Tätigkeit vorgesehen. Nach diesem Verfahren hätte sich in der amerikanischen Besatzungszone jeder vierte Deutsche über 18 Jahren vor einer Spruchkammer verantworten müssen. Ordentliche Verfahren gegen Millionen von Menschen[76] waren praktisch undurchführbar, so dass zahlreiche Ausnahmen und Amnestien den Kreis der Betroffenen bald einschränkten. Das Spruchkammer-Verfahren war eine Art «Laienbürokratie in schöffengerichtlicher Verfassung».[77] Die Beweislast lag im Gegensatz zum Strafrecht bei den

Betroffenen, die die Schuldvermutung zu widerlegen hatten – ein nicht ganz einfaches Unterfangen, zumal es sich bei den Mitgliedern der Spruchkammern meist um Gegner des Nationalsozialismus handelte, vornehmlich aus dem linken Spektrum, was bei den Betroffenen häufig zu einer «Haltung der Selbstrechtfertigung»,[78] Lethargie und «Verschwörung des Schweigens» beitrug.[79] Als Günther Quandts Verfahren stattfand, galt die Entnazifizierungsprozedur in weiten Teilen der Öffentlichkeit bereits als diskreditiert. «Es ist höchste Zeit, daß die Epoche der Spruchkammer-Weltanschauung zu Ende geht», schrieb selbst Theodor Heuss.[80] Jeder Spruchkammer war ein öffentlicher Kläger zugeordnet, der mit Hilfe des Meldebogens und auf der Grundlage eigener Ermittlungen eine Klageschrift ausarbeitete. Die Terminologie war eine andere als bei Strafprozessen: Man sprach vom Betroffenen statt vom Angeklagten, vom öffentlichen Kläger statt vom Staatsanwalt, von Verantwortlichkeit statt von Schuld, vom Spruch statt vom Urteil, und schließlich von Sühnemaßnahmen statt von Strafen.[81]

Die zuständige Dachauer Lager-Spruchkammer erließ am 24. Oktober 1947 einen «Festhaltungsbefehl» für Günther Quandt wegen Fluchtgefahr, so dass sich mit der Überstellung von der amerikanischen in die deutsche Verantwortung faktisch nichts änderte. Der Großindustrielle war nun in jenem Teil des Lagers untergebracht, in dem «War Crimes Suspects» inhaftiert waren, die für die Entnazifizierung vor einer deutschen Spruchkammer vorgesehen waren.[82]

Schon seit dem August 1946 hatte die Spruchkammer Starnberg in Sachen Quandt mit Ermittlungen begonnen, und die Mitarbeiter des Industriellen hatten angefangen, wahre «Berge von Entlastungsmaterial» zusammenzustellen.[83] Quandt, der hierfür zahlreiche Hinweise gab, wies allerdings darauf hin, dass für entlastende Stellungnahmen «keine Versprechungen oder Erwähnung irgendwelcher Geldsachen» gemacht werden sollten.[84] Der inzwischen ebenfalls ermittelnde Entnazifizierungsausschuss in Hannover hatte unterdessen eine Bewertung abgegeben, die, so fehlerhaft sie war, die ohnehin recht ungünstigen Beurteilungen Günther Quandts um eine weitere vermehrte: Dieser sei ein «reactionary capitalist, early stormtrooper, and military activist. His influence against Nazi-ideology and War-economy had to have been more active in his position in economic life, in order to make his assertion to be a Nazi-opponent, trustworthy. In his person, his leading position in Economy, and his reactionary militaristic opinion lies an unobjectionable reason to reject Dr. Qu. for any position in the new democratic Economy to be built up. [...] A consultation with the works-representation revealed the urgent request to remove Dr. Qu. and his son Herbert, who is also employed with the Accumulatoren-fabrik, once and for all. Dr. Qu. is NOT capable for any position in Economy.»[85]

Günther Quandt beauftragte den Starnberger Rechtsanwalt Hermann Alletag mit seiner Verteidigung. Die Wahl dieses wenig bekannten Juristen war wahrscheinlich auf die anfänglichen Schwierigkeiten zurückzuführen, überhaupt einen Rechtsbeistand zu finden. Während der ersten Monate der Internierung hatte Alletag nur sporadischen Kontakt zu seinem Mandanten. Im Sommer 1946 war eine Zeit lang der Gedanke aufgekommen, neben Alletag den im Nürnberger Prozess geschickt und souverän auftretenden Anwalt Dr. Rudolf Dix mit Quandts Verteidigung zu beauftragen, zumal in der provisorischen AFA-Zentrale in Bissendorf der Eindruck herrschte, dieser benötige einen «solideren und bekannteren Rechtsbeistand» als den unerfahrenen Alletag.[86] Dix, der von verschiedenen Großindustriellen gebeten worden war, ein Mandat zu übernehmen, gelang wenig später der Freispruch für den in Nürnberg angeklagten Hjalmar Schacht. Noch am Tag der Urteilsverkündung schrieb Quandt, schon mit Blick auf seine bevorstehende Anklageerhebung: «Meine Einstellung ist die gleiche wie die von Dix. Nicht so viel Rum-Rühren im Brei [...]. Dix hat mit Schacht einen vollen Sieg! Viele Köche verderben den Brei!»[87]

In der AFA-Hauptverwaltung wurde immer wieder die Frage einer adäquaten Ortswahl für ein Entnazifizierungsverfahren diskutiert. An und für sich wäre auch ein Verfahren in der britischen Zone denkbar gewesen. Als Herbert Quandt seinen Vater im Juli 1945 in Leutstetten aufsuchte, kam man zunächst überein, dass dieser im Herbst 1945 nach Hannover zurückkehren solle. Dieses Vorhaben wurde aber wieder ad acta gelegt, möglicherweise, weil der Entnazifizierungsausschuss des Stadtkreises Hannover seit Herbst 1945 Ermittlungen gegen Günther Quandt aufnahm[88] und die Stadt wegen des gewerkschaftlichen Einflusses sowie eines eventuell feindlich eingestellten Betriebsrats als ungünstig angesehen wurde.[89] Obwohl sich also die britische Zone für manchen Verfolgten zu einem «beneideten Refugium»[90] entwickelte und für viele von ihnen die ganze Entnazifizierungsprozedur lediglich «im Einreichen des ausgefüllten Fragebogens und in der Entgegennahme eines Entlastungsscheins» bestand,[91] gab es von Anfang an gute Gründe, Günther Quandt in der bayerischen Abgeschiedenheit zu belassen, was allerdings spätestens von dem Moment an eine müßige Überlegung war, als Quandt in Haft genommen wurde.

Obwohl Quandt noch in Dachau interniert war, fand sein Verfahren vor der Spruchkammer Starnberg statt, weil er amtlich in Leutstetten gemeldet war. Am 25. September 1946 beantragte der öffentliche Kläger Walter Lachmann, wie er es bereits einige Wochen zuvor in seiner Klageschrift gefordert hatte,[92] Quandt in die Kategorie I der «Hauptschuldigen» einzureihen. Der Hauptvorwurf lautete, Quandt habe sein «Einkommen durch Waffen- und Munitionsfabrikation» erworben. Er wurde damit in die Kategorie derjenigen einsortiert, die «aus Eigennutz oder Gewinnsucht» aktiv mit den NS-Behörden zusammengearbeitet oder beispielsweise ausländische Zivilisten oder Kriegsgefangene völkerrechtswidrig behandelt hatten. Damit drohten die automatische Einweisung in ein Arbeitslager für mindestens zwei Jahre, der Verlust des Vermögens und der dauerhafte Ausschluss von öffentlichen Ämtern sowie der Verlust von Renten, Pensionen und bürgerlichen Rechten. Eine erste mündliche Verhandlung war für den 12. Mai 1947 vorgesehen. Das Verfahren verzögerte sich jedoch erheblich, weil nicht sicher war, ob Quandt nicht doch noch von den Amerikanern für einen der Nürnberger Nachfolgeprozesse als Angeklagter oder Zeuge angefordert werden würde. Auch britische Behörden interessierten sich noch immer für die «Kapitalgeber der AFA».[93]

Quandt beschäftigte sich schon längere Zeit mit seiner Verteidigungsstrategie und plädierte für die Offensive. Die Anklage sei rechtswidrig erhoben worden, während er sich noch in amerikanischer Haft befunden habe. Die Gründe für die Einstufung in die Gruppe der «Hauptschuldigen» seien ihm unerfindlich: Der Anteil seines Einkommens, das er als Vorsitzender des Aufsichtsrats und seit 1942 als Vorsitzender der DWM erhalte, habe sich bis zuletzt in Grenzen von zwei bis vier Prozent bewegt. Er habe seit 1928 bei den DWM die Waffenproduktion zugunsten der Erzeugung von Zivilgütern völlig aufgegeben und – eine dreiste Lüge – erst 1943 auf ministerielle Weisung wieder aufgenommen. Quandt wies auch die Auffassung zurück, die Verhaftung im Jahr 1933 habe familiäre Hintergründe gehabt: Zwischen ihm und der «nationalsozialistischen Gewaltherrschaft» habe nie eine Verbindung bestanden, so dass er keine Nutzen oder Vorteile daraus habe ziehen können. Sein Ziel war die Einstellung des Verfahrens.[94] Alltag legte seine Verteidigungsstrategie auf die Betonung der «persönlichen» Faktoren aus. Hervorgehoben werden sollte beispielsweise, dass Günther Quandt seinem Sohn Harald beständig abgeraten habe, in die Partei einzutreten.[95] Der Vorsitzende der Spruchkammer – der parteilose Verwaltungsjurist Dr. Carl Reiter – vertrat inzwischen die Ansicht, dass Quandt in die Gruppe II der «Belasteten» eingereiht werden solle und fand darin die Zustimmung der Rechtsabteilung des Sonderministeriums für Entnazifizierung in München. In diese Gruppe wurden Betroffene eingestuft, wenn sie als «Aktivisten», «Militaristen» oder «Nutznießer» den Nationalsozialismus wesentlich gefördert hatten. Hierunter fielen auch Industrielle, die «auf Kosten der politisch, religiös oder rassisch Verfolgten unmittelbar oder mittelbar, insbesondere im Zusammenhang mit Enteignungen, Zwangsverkäufen [...] übermäßige Vorteile» erlangt und «bei der Aufrüstung oder Kriegsgeschäften Gewinne» erzielt hatten, die «in einem auffallenden Mißverhältnis» zu den erbrachten Leistungen standen. Die Sühnemaßnahmen entsprachen in etwa denjenigen der «Hauptschuldigen».[96] Die genauen Gründe für die am 12. Dezember 1947 vorgenommene «Klageberichtigung» sind nicht bekannt, aber die Milderung entsprach der Tendenz auch anderer Spruchkammern in jenen Monaten.

Doch mit der Einordnung in diese Kategorie wollte sich Günther Quandt nicht abfinden. Im Januar 1948 schrieb er an den Vorsitzenden der Spruchkammer, die Anklage beruhe auf rein formalen Kriterien und der «unter erpresserischen Umständen zustandegekommenen Parteimitgliedschaft». Er beantragte Haftentlassung, weil er vom NS-Regime «jahrelang auf das schwerste verfolgt» worden sei.[97] Tatsächlich entschied die Spruchkammer am 16. Januar 1948 unter ihrem neuen Vorsitzenden Carl Stierle[98] mit Zustimmung des Generalklägers für eine Aufhebung des Festnahmebeschlusses: Es bestehe weder Verschleierungsgefahr noch Fluchtverdacht, zumal Quandts Vermögen beschlagnahmt sei.[99] Vier Tage später war Günther Quandt ein freier Mann,[100] dem allerdings das Verfahren noch bevorstand.

Öffentlicher Kläger wurde auf Weisung des bayerischen Befreiungsministeriums nun Julius Herf, der Generalkläger am Kassationshof in München. Weil der Tendenz entgegengewirkt werden sollte, unwichtigen Fällen die Priorität zu geben,[101] forderte das Ministerium mit Frist bis zum 15. Januar 1948 eine Liste derjenigen an, die als stark belastet galten. Herf drängte daher die Spruchkammer Starnberg, beschleunigt einen Verhandlungstermin gegen Quandt anzusetzen, weil hierfür ein «besonderes Interesse» bestehe.[102] Am 8. Februar 1948 legte er die Klageschrift vor. In Herf hatte Quandt einen gefährlichen Gegner, der zu den bekanntesten Anklägern im süddeutschen Raum gehörte. Er war vor 1933 in Berlin als Staatsanwalt gegen SA-Schläger hervorgetreten und galt wegen seines «forensischen Geschicks» als «eiskalter Logiker». Mit seinem «beißenden Witz, scharfen Formulierungen und schneidigem Staatsanwaltston» war er überall gefürchtet.[103] In der revidierten Klageschrift waren zwar einige unhaltbare Vorwürfe über Quandts Verhältnis zu Goebbels weggefallen, aber andere wogen schwer. Quandt habe aus der angeblichen Feindschaft der NSDAP keine Nachteile erlitten, ganz im Gegenteil: Die «Festigung und Ausweitung» seiner kaufmännischen und industriellen Interessen habe «die volle Unterstützung der zuständigen Reichsbehörden» erfahren.[104] Herf war auf zusätzliches Material angewiesen, um seinen Fall gegen Quandt untermauern zu können. Hier kam ihm zu Hilfe, dass er in Léon Laval einen Mitstreiter fand, der ihm zahlreiche neue Quellen zuspielen konnte. Laval übergab Herf das von seinem Mitarbeiter Marc Schaefer im Mai 1946 aus den AFA-Beständen in Hannover gesicherte Aktenmaterial. Lavals Vertrauensmann war im Frühjahr 1946 mehrmals im Auftrag einer luxemburgischen Kommission zur Klärung von Kriegsverbrechen nach Bissendorf gefahren und hatte – in der Uniform eines englischen Offiziers mit der Ärmelaufschrift «Luxembourg» – zahlreiche AFA-Akten beschlagnahmt, ohne die die Spruchkammer «kaum mehr in den Händen gehabt [hätte] als den Meldebogen und eine Fülle von sich teilweise widersprechenden Zeugenaussagen und eidesstattlichen Erklärungen».[105]

Laval hatte bei Kriegsende sogleich wieder das Amt des Präsidenten der Tudor Brüssel übernommen und drängte auf Aufklärung der Vorgänge zwischen 1940 und 1945. Er wandte sich gegen die wirtschaftlichen Kollaborateure wie den ARBED-Chef Aloys Mayer,[106] aber auch gegen den Anwalt John Tudors, Peter Prüm, gegen den er noch im Herbst 1946 eine Zivilklage anstrengte. Aber auch die AFA war im Zuge dieser Ermittlungen schon ins Visier geraten und deren Manager vom Vorsitzenden des luxemburgischen Gerichts als «Gangster und Banditen» bezeichnet worden. Zu diesem Zeitpunkt war Laval noch davon ausgegangen, dass Goebbels persönlich hinter seiner Verhaftung steckte.[107]

Die luxemburgischen Behörden erstellten im April 1946 eine Liste von «Personnes à arrêter», auf der sich neben Günther Quandt auch die Namen Horst Pavel, Werner von Holtzendorff und Corbin Hackinger fanden. Zudem müsse Herbert Quandt überwacht werden: «En faisant arrêter le Dr. Pavel, il serait important de s'assurer que le personnange qui vit avec lui, c. à. d. Herbert Quandt [...] ne puisse pas profiter de cet avertissement pour faire disparaître des documents importants qui intéressent notre enquête.»[108] Es lag daher eine Zeit lang im Bereich des Möglichen, dass Günther Quandt in Luxemburg vor Gericht gestellt werden würde. Am 1. März 1947 reichte Laval beim luxemburgischen Justizminister eine neue Klage wegen des Vorwurfs persönlicher und geschäftlicher Bereicherung gegen Günther Quandt, Horst Pavel und Werner von Holtzendorff ein.[109] Die luxemburgischen Behörden stellten am 29. Oktober 1947 einen Auslieferungsantrag.[110] Als sich herausstellte, dass aus formellen Gründen eine Anklage Quandts nicht zulässig war – dessen Aktivitäten hatten ausschließlich auf deutschem Staatsgebiet stattgefunden – und es auch dem belgischen Justizministerium als «inopportun» erschien, sich an der «poursuite judiciaire» Günther Quandts zu beteiligen,[111] regte Luxemburg an, den Fall Laval im Spruchkammerverfahren zu behandeln.[112] Herf erhielt hierfür vom luxemburgischen «Office pour la Recherche des Crimes de Guerre» weiteres Belastungsmaterial.[113]

In einer hastig niedergeschriebenen Nachricht richtete Quandt seinen in der Haftzeit aufgestauten Unmut gegen Laval: «Nun versuchen die lieben Deutschen, ob nicht doch in einer [...] 2 Jahre post faktum verfassten Klage eines ‹Ausländers› ein Körnchen Wahrheit zu finden ist. Vergeblich müht man sich zu finden, ob ich nicht doch ‹mitgewirkt› hätte, daß dieser Mann einen ‹Ausländer›, der sich der besonderen Freundschaft von Herbert Göring rühmt, der alle Berichte als Ausländer mit Heil Hitler zeichnet, ins KZ gebracht hätte. Zu absurd.»[114]

Seit dem 24. Februar 1948 wurde Quandt statt durch Alletag von dessen bisherigem Mitarbeiter, dem gerade als Rechtsanwalt zugelassenen Eckhard König vertreten. Dieser erwirkte zunächst eine Verschiebung des geplanten Beginns des Verfahrens von April auf Mai, um sich in den Fall einzuarbeiten – zweifellos stand aber auch die Überlegung dahinter, weiter Zeit zu gewinnen. Die Verteidigungsstrategie blieb dennoch offensiv. Der in der 164 Seiten umfassenden «Stellungnahme» zur Klageschrift präsentierte Lebensweg kam einer «Opfer- und fast schon Widerstandsvita» gleich.[115] Detailliert wurde die eigene Sichtweise zum Fall Laval und zu den Vorwürfen der Nutznießerschaft dargelegt: Der Parteieintritt, das Amt eines «Wehrwirtschaftsführers», die Rede Funks zu seinem 60. Geburtstag, die Vorstands- und Aufsichtsratstätigkeit, die Einkommensfragen – zu allen Klagepunkten fanden sich Erläuterungen, die Herfs Argumente in den Augen Quandts und seines Anwalts zu bloßen «Scheinindizien» und «Scheinargumenten» machten. Quandt forderte die Einstufung als «nicht belastet», hilfsweise in die Gruppe V als «Entlasteter».[116] Die beigefügte beachtliche Zahl von insgesamt 30 Entlastungsschreiben und eidesstattlichen Erklärungen entsprach der auch sonst bekannten Methode. Diese «Persilscheine» stellten in der Regel nur «Variationen ein und desselben Themas dar: das Lob des Unpolitischen, der innerlichen Integrität, der privaten Moralität».[117] Bei Quandt war es nicht anders: Bescheinigungen der Sekretärin, des Chauffeurs und weiterer Untergebener überwogen. Aber auch Paul Hamel, Werner von Holtzendorff und Horst Pavel, die in manche der vor der Spruchkammer verhandelten Vorgänge tief verstrickt waren, mussten für Entlastungsschreiben herhalten. Auch von Hermann Josef Abs erhoffte sich Quandt eine entlastende Stellungnahme.[118] Der vorsichtige Abs, der selbst gerade glücklich in die Gruppe der «Entlasteten» eingestuft worden war, sagte zwar Hilfe zu, wollte dies aber nicht ohne einen Blick in die AFA-Akten tun, eventuell auf dem Weg einer Reise nach Nürnberg – einer Stadt, bei der, wie Abs ironisch bemerkte, «man nie weiß, wie lange sie einen hält».[119] In der Tat hatten die amerikanischen Ermittler ernsthaft überlegt, ihm in Nürnberg als Kriegsverbrecher den Prozess zu machen.[120] Die gewünschte Unbedenklichkeitsempfehlung für Quandt hat der Bankier offensichtlich nicht mehr ausgestellt.

Wichtiger waren die eidesstattlichen Erklärungen einiger verfolgter Juden, um die Quandt gebeten hatte.[121] Die Stellungnahme von Georg Sachs war für Quandt Gold wert. Sachs, inzwischen Professor für Physikalische Metallurgie an der Case School of Applied Sciences in Cleveland (Ohio), wünschte in seiner Stellungnahme «aufrichtig, daß Dr. Quandt nicht als Kriegsverbrecher angesehen werden» möge.[122] Sein Entlastungsschreiben hatte eine andere Qualität als verschiedene damals übliche Erklärungen mancher «Alibijuden» und verfehlte seine Wirkung auf die Spruchkammer nicht. Noch die Berufungskammer verwies später auf den außergewöhnlichen Stellenwert: Aus der Praxis des Senats seien «nicht viele solcher Fälle bekannt geworden».[123]

Trotz seiner Haftentlassung bestand Quandts Beschäftigungsverbot fort. Anfang April 1948 bezog er ein «67 qm-Häuschen» einer Fertighaus-Siedlung in Stuttgart-Zuffenhausen, in dem er sich «ausgesprochen wohl» fühlte.[124] Warum ausgerechnet Stuttgart als neuer

Wohnort gewählt wurde, bleibt offen. Möglicherweise wollte er nicht zu schnell wieder als Großindustrieller auftreten und zog deshalb einen Ort in Südwestdeutschland vor, der bislang kaum eine Verbindung mit der Quandt-Gruppe gehabt hatte. Das Spruchkammerverfahren wurde in Tutzing am 13. April 1948 eröffnet und an sieben weiteren Tagen von Mai bis Juli mündlich verhandelt.[125] An den Verhandlungstagen pendelte Quandt an den Starnberger See. Sein Verfahren fand zu einer Zeit statt, in der das Befreiungsgesetz durch zwei Änderungsgesetze vom Oktober 1947 und März 1948 bereits in wesentlichen Punkten modifiziert worden und vom ursprünglichen Elan der frühen Nachkriegszeit kaum noch etwas zu spüren war.[126] Die Spruchkammer Starnberg war ein Spiegelbild dieser Entwicklung. Zerrissen zwischen den verschiedenen Ansprüchen der Militärregierung und des Befreiungsministeriums, verschliss sie zwischen Juni 1946 und Oktober 1949 fünf Vorsitzende und ebenso viele öffentliche Kläger.[127] Die Urteile der Spruchkammern wichen oftmals so stark voneinander ab, dass von einer einheitlichen Rechtsprechung kaum die Rede sein konnte. Dies hat wohl mit dazu beigetragen, dass die Mitarbeit in den Spruchkammern immer unbeliebter wurde und sich der Eindruck in der Öffentlichkeit verfestigte, dass es in den Verfahren eher um die Begleichung alter Rechnungen als um Rechtsprechung gehe.[128]

Quandts Widersacher Laval war als Nebenkläger geladen. Zahlreiche Zeugen sagten aus, ohne wesentlich von dem abzuweichen, was sie bereits in den eidesstattlichen Erklärungen ausgeführt hatten. Aus der Familie von Günther Quandt traten die beiden Söhne Herbert und Harald sowie die Schwägerin Ello Quandt auf. Gegen Quandt wurden unter anderem Lavals Zeugen Michael Clementz, Marc Schaefer und Hans Porz aufgerufen. Das Protokoll verrät die aufgeheizte Stimmung des Verfahrens, das durch hitzige Wortgefechte charakterisiert und immer wieder durch Ermahnungen «hinsichtlich des aggressiven Tones» unterbrochen wurde.[129] Der Fall Laval nahm eine zentrale Stellung ein – eine Schwerpunktsetzung, die wahrscheinlich dem Bestreben des öffentlichen Klägers, ein hohes Strafmaß zu erreichen, mehr schadete als nutzte. Weil hier Aussage gegen Aussage stand und sich die Kontrahenten so manches Mal auf Nebenkriegsschauplätze begaben, brachten die Verhandlungen kaum Neues. Laval erklärte, sich nur auf Indizien stützen zu können: «Ich habe nicht den Beweis, wo drinsteht, daß Quandt angeordnet hat, verhaften sie den Laval, aber er war der verantwortliche Besitzer der AFA und er hat doch seinen Leuten die Aufträge geben müssen.»[130] Sein emotionaler Auftritt, der sicherlich auch durch die geschickt-wortreiche Vorwärtsverteidigung Quandts verstärkt wurde, erwies sich als kontraproduktiv. Ein ums andere Mal mahnte Lavals Rechts-anwalt Dr. Alexander Bayer ein nüchternes Auftreten an und war ungehalten, dass Laval eine ganze Reihe von Zeugen auffahren ließ, die seiner Sache eher schadeten. Er bedauerte, dass dieser das Verfah-ren «mit einem Übermaß an Ressentiment» führte und hatte darüber mit seinem Mandanten auch später noch seine Schwierigkeiten.[131] So verständlich die Erregung Lavals auch sein mochte, hat sie Quandt in seinem Verfahren doch eher geholfen.[132] Mitte Juni hielt dieser seine «völlige Rehabilitierung» nur noch für eine Frage der Zeit: «Im August hoffe ich, dann auch selbst wieder irgendwo im Einsatz zu stehen. Bei meiner vielseitigen Tätigkeit in früheren Jahren muß es doch wohl möglich sein, eine wichtige Stellung, von der aus man sich austoben kann, wiederzufinden.»[133]

Der öffentliche Kläger hielt sein Plädoyer am 16. Juli. Herf zog alle Register und führte auch die «Arisierungen» in Frankreich an: Das «Machtstreben» habe sich «über ganz Europa» erstreckt. Im Fall Laval argumentierte er, die AFA habe sich zu einem Zeitpunkt um die Über-nahme bemüht, als Laval «wirtschaftlich schwach und politisch ohn-mächtig» war. Als Aktivist und Nutznießer des Nationalsozialismus, so schloss Herf, gehöre Quandt in die Gruppe II der Belasteten. Als Sühnemaßnahme beantragte er Arbeitslager für eineinhalb Jahre, was durch dessen bisherige Internierung verbüßt sei, sowie eine Sühneleis-tung in Höhe von 500 000 RM.[134]

Das Urteil erging am 28. Juli 1948. Quandt wurde vom Vorsitzen-den Stierle in der Gruppe IV als «Mitläufer» eingestuft. Auf 24 Seiten wurde dargelegt, dass Quandt «an sich ein unpolitischer Mensch» sei, der ganz in seiner Arbeit aufgehe und «für sein Lebenswerk seine ganze Kraft aufgewendet» habe. Innerlich habe Quandt den National-sozialismus «vollkommen» abgelehnt und an Parteidingen «nicht mehr als nominell» teilgenommen. Im Fall Lavals folgte die Kammer weitge-hend der Argumentationslinie Quandts. Sie bedauerte zwar Lavals «tragisches Geschick», hatte aber ansonsten den Eindruck, dass in die-sem Fall «ein Wirtschaftskampf [...] auf politisches Geleis geschoben werden» sollte. Quandts Behauptung, sein Kampf gegen Goebbels habe «politischen Widerstand» dargestellt, wurde abgelehnt. Dieser

hatte zwar die Kosten des Verfahrens zu tragen, aber von Sühnemaßnahmen wurde abgesehen.[135]

Aus den Akten ließ sich der Vorwurf, Quandt persönlich habe die
Gestapo mobilisiert, um Laval unter Druck zu setzen, nicht belegen.[136]
Die Initiative sah die Kammer beim RWM, was ihr auch logischer erschien, «wenn man sich erinnert, wie sehr das Nazisystem sich in die
wirtschaftlichen Belange einmischte und die ganze Wirtschaft von
dem Staat gelenkt wurde. Wenn in manchen Briefen gesprochen wird,
daß ein ‹Druck› da oder dort ausgeübt werden solle oder nicht ausgeübt werden könne, dann heißt das einmal noch nicht, daß die Afa oder
der Betroffene [Günther Quandt] einen Druck ausgeübt hat oder es
versuchte. Im übrigen war das im Dritten Reich eine Redensart, die
man häufig gebrauchte, ohne an Ausnutzung einer Machtstellung und
an Erpressungen oder Ähnliches zu denken.» Die Kammer war daher
der Ansicht, dass Quandt mehr erreicht hätte, wenn er wirklich durch
Druck und politische Beziehungen zum Ziel hätte kommen wollen:
«Stattdessen hat die Afa nicht weniger als 4 Jahre immer wieder über
die Aktien verhandelt.»[137] Daher entschied die Kammer in dubio pro
reo. Allzu gutgläubig war sie allerdings beispielsweise in den Angelegenheiten der Zwangsarbeit. Im Fall der DWM attestierte sie etwa,
dass «für Ausländer ordentlich gesorgt» worden sei. Wären hier
Zwangsarbeiter als Zeugen aufgetreten oder hätten der Kammer die
heute zugänglichen Dokumente über die tatsächlichen Zustände vor-
gelegen, hätte sich schnell ein ganz anderes Bild ergeben. Michael
Friedrich hat das Dilemma eindrücklich beschrieben, vor dem die
Spruchkammer stand: «Abgesehen von den rein logistischen Herausforderungen, die die schiere Masse der Fälle barg, war die Beweislage
nicht selten zerfahren und der Interpretationsspielraum [...] bei der
Gewichtung des Materials sowie der verschiedenen eidesstattlichen
Erklärungen und Zeugenaussagen sehr groß. Insbesondere bei Angehörigen der wirtschaftlichen Oberschicht stieß das Spruchkammer-
Konzept an seine Grenzen. Wo endeten beruflicher Fleiß und betriebswirtschaftliche Notwendigkeiten, wo begann Nutznießertum?»[138]

Gegen die Entscheidung der Spruchkammer legte Herf am 7. September 1948 Berufung ein.[139] Auch Lavals Rechtsanwalt führte aus,
der Spruch der Kammer schlage der Beweisführung «geradezu ins Gesicht». Das Verhalten Quandts sei «für jeden Deutschen in hohem
Maße beschämend, weil schon aus den Dokumenten mit einer bestür-
zenden Deutlichkeit ersichtlich ist, in welch gewalttätiger, heimtücki-

scher Form hier das kapitalistische Machtstreben eines der größten deutschen Industrieunternehmungen sich auf das Eigentum und den Besitz von Industrieunternehmungen in den Okkupationsländern gestürzt hat».[140] Ein zugleich gegen den zuständigen Vorsitzenden Dr. Wolfgang Martini gestellter Befangenheitsantrag wegen Zweifeln an dessen «Unparteilichkeit»[141] wurde allerdings abgelehnt.[142]

Im Dezember 1948 erteilte Quandt einer gütlichen Einigung eine Absage. Als der zum Anwaltsteam Lavals gehörende Hermann Kapphahn Quandt wissen ließ, dass sein Mandant einem Vergleich nicht abgeneigt sei, wenn er «für die während des Krieges erlittenen Nachteile eine gewisse Entschädigung» erhalte,[143] wollte Quandt von einer solchen Lösung nichts wissen: «Das kann nur für jemand in Frage kommen, der sich in irgendeiner und sei es auch noch so schwachen Beziehung als schuldig fühlt. [...] Die Wiederherstellung einer freundlichen Zusammenarbeit zwischen der AFA und der Tudor, woran Herrn Laval anscheinend am allermeisten gelegen ist, ist mir zunächst völlig unverständlich. Sollte Herr Laval glauben, daß in einem kommenden Zusammenschluß von Westeuropa und einer Aufhebung der gegenseitigen Zölle er sich einen Teil der Felle sichern könnte, die ihm jetzt fortgeschwommen sind?»[144]

Als die Berufungskammer vom 26. bis zum 29. April 1949 tagte und zahlreiche zusätzlich vorgelegte Dokumente begutachtete, die neues Licht auf die «Arisierungsbemühungen» der AFA im Ausland warfen, waren die Protagonisten schon nicht mehr persönlich anwesend. Quandt hatte seine Teilnahme aus Gesundheitsgründen abgesagt und ließ sich von seinem Anwalt vertreten.[145] In den vorherigen Monaten hatte er immer wieder wochenlange Aufenthalte in Krankenhäusern und Sanatorien in Stuttgart, München und Garmisch-Partenkirchen eingelegt, was er auf die unterbewusste Anstrengung seines Verfahrens zurückführte. Dieses, so klagte er, sei ein Kampf gegen «Windmühlenflügel» und ein privater Rachefeldzug Lavals, «dem Manne, der vor nun bald 3 Jahren dafür Sorge getragen hat, daß ich mehr als 1 Jahr hinter Stacheldraht verbringen durfte».[146]

«Wirklich neue Gesichtspunkte» vermochte die Berufungskammer nicht zu erkennen. Die Beurteilung der Geschäftspolitik der AFA fiel zwar negativer aus, ohne jedoch die Argumentation Lavals und Herfs zu übernehmen. Quandt habe die durch «Ungerechtigkeit und Unmenschlichkeit geschaffenen Zustände» nicht eigensüchtig ausgenutzt; er habe auch im Fall Laval keine «übermäßigen Vorteile» erlangt oder erstrebt. Die Kammer sah durchaus die Problematik ihrer Sichtweise. Es sei klar, dass die Beurteilung bei jemandem schwer falle, der es verstanden habe, «ein großes Vermögen und eine große Wirtschaftsmacht aufzubauen». Es sei ihr auch durchaus bewusst, dass ein solcher Aufbau «nicht ohne eine gewisse Robustizität vor sich gehen könne und daß dabei jeder mögliche Vorteil ausgenutzt werden muß. Aber diese Grundeinstellung, die zu allen Zeiten gegeben war, kann nicht für eine besondere Zeit, nämlich den Zeitabschnitt des Nazi-Reiches nun anders gewertet werden; denn auch hier fehlen die schließlich auch für Nutznießerschaft notwendigen politischen Gründe und Motive.»[147]

In einer nicht für die Öffentlichkeit bestimmten Aktennotiz machte der Vorsitzende Wolfgang Martini zudem deutlich, dass er das Vorgehen für überzogen hielt: Auch er hatte davon erfahren, dass Laval zuvor einer außergerichtlichen Einigung mit Quandt nicht abgeneigt gewesen war. Er wollte nicht ausschließen, dass es Laval in erster Linie um wirtschaftliche Interessen ging und er eine Einstufung Quandts in die Gruppe I oder II wünschte, um dann besser Regressforderungen erheben zu können. Das Verfahren, so befürchtete Martini, solle nach Lavals Willen zu einem über das Befreiungsgesetz «weithinausgreifenden Sensationsprozeß wirtschafts-politischer Art ausgeweitet werden».[148] Solche Argumente hätten jedoch mit dem Befreiungsgesetz an und für sich nichts zu tun.

Quandt seinerseits hoffte nach dem Scheitern der Berufung, das «unerquickliche Kapitel» seines Lebens damit abgeschlossen zu haben. Weitere Verfahren versuchte er zu vermeiden: «Unter normalen Verhältnissen würde jetzt eine Regressklage gegen den Luxemburger Laval Platz greifen, aber heute gehören ja diese Elemente, die sich damals nicht nationalsozialistisch genug gebärden konnten, zu den ‹Siegern›.»[149] Weil Herf ankündigte, die Aufhebung der Entscheidung beantragen zu wollen, befürchtete Quandts Rechtsanwalt angesichts solcher «Gehässigkeit»[150] weitere endlose Prozesse und wollte über das Befreiungsministerium und dessen Staatssekretär Camille Sachs (SPD) einen endgültigen Abschluss des Verfahrens erreichen: Herf beabsichtige unter Zuhilfenahme rein formaler Gründe ein «Monster-Verfahren», mit dem «ein Wirtschaftskampf ausländischer Industrie gegen die ohnehin am Boden liegende deutsche Industrie» geführt werde.[151]

Herf beantragte im September 1949 tatsächlich die Kassierung des Spruchs, machte inhaltliche und prozessuale Gründe geltend und forderte eine erneute mündliche Verhandlung. Quandt habe durch sein

Geschäftsgebaren im «Dritten Reich» sehr wohl «materielle Vorteile» gehabt: «Nicht der Zuwachs durch eine im Verhältnis sehr viel kleinere Gesellschaft war demnach der Vorteil, den die AFA bzw. der Betroffene erstrebte, sondern die Ausschaltung einer Konkurrenzfirma.»[152] Der Kassationshof beim Bayerischen Staatsministerium für Sonderaufgaben bestätigte jedoch am 2. Dezember 1949 die Entscheidung der Berufungskammer Oberbayern. Im Falle Laval sah man zwar «die Vergewaltigung des Willens» von Laval, um die Aktienmehrheit zu «erzwingen», aber mit Blick auf Quandt fehle ein «schlüssiger Schuldbeweis».[153] Quandts Rechtsanwalt empfand den Spruch als «Ehrenrettung», während Quandt selbst es als unglücklich bezeichnete, nicht als «entlastet» beurteilt zu werden.[154] Erst geraume Zeit später hielt er die Entscheidung des Kassationshofes für «das allerglänzendste Urteil».[155]

Quandt konnte sich glücklich schätzen, als «Mitläufer» davongekommen zu sein. Er profitierte davon, dass es Laval mit seinem allzu emotionalen Auftritt nicht gelungen war, die Spruchkammer zu überzeugen. Prozessuale Strategiewechsel und sogar offener Streit zwischen Laval und seinen Verteidigern halfen ebenfalls eher der Sache des Großunternehmers. Der öffentliche Kläger wiederum hatte sich keinen Gefallen damit getan, die Anklage ausgerechnet auf den komplexen Fall Laval zu konzentrieren, bei dem eine Einflussnahme Quandts nach Aktenlage kaum nachzuweisen war. Es kam diesem auch zugute, dass die mit einer Flut von Verfahren überlasteten Spruchkammern inzwischen kaum noch ernsthafte Entnazifizierungen vornahmen.

Trotz der Einstufung als «Mitläufer», die das Signal für die Wiederaufnahme wirtschaftlicher Tätigkeiten gab, blieb Quandt noch eine Weile im Zentrum weiterer Strafermittlungen. Noch bis 1952 ermittelte der Cour Supérieure de Justice in Luxemburg gegen ihn und arbeitete hierbei mit dem bayerischen Befreiungsministerium zusammen.[156] Auch in Berlin wurde noch Ende 1949 gegen Quandt durch einen «Spruchausschuss» ermittelt. Seine Rechtsberater legten inzwischen den Schwerpunkt ihrer Argumentation darauf, dass durch die Verfahren der «Wiederaufbau» Berlins gehemmt werde.[157]

In Berlin stand – zu Quandts Erleichterung[158] – nicht der Fall Laval im Zentrum, sondern die Behandlung der Zwangsarbeiter bei der Pertrix in Niederschöneweide. Die jüdische Zwangsarbeiterin Rita Link, die dort von September 1940 bis November 1942 eingesetzt gewesen war, hatte dem Ausschuss von Misshandlungen und Meldungen an die Gestapo berichtet. Quandt könne nicht vorgeben, «von den Untaten

[...] nichts gewußt» zu haben, weil diese mit Genehmigung der Betriebsleitung geschehen seien und er «davon vollkommen unterrichtet» gewesen sein müsse.[159] Zwar konnte Quandts Anwalt so gut wie keine Zeugen aufbieten,[160] aber er führte an, sein Mandant habe «nur mit finanziellen Dingen der Pertrix zu tun gehabt». Er habe auch «niemals irgendwelche Anweisungen über die Behandlung von KZ-Leuten unterschrieben».[161] Der Ausschuss wollte sich hierauf allerdings nicht einlassen und hoffte auf eine weitere faktische Klärung – was nicht im Sinne Quandts war, der eine öffentliche Debatte vermieden wissen wollte. Sobald sich auch die Presse der Sache bemächtige, warnte auch sein Anwalt, «beginnt es bekanntlich kompliziert zu werden».[162] Inzwischen war die Vereinigung «Opfer des Faschismus» auf die Initiative des Pertrix-Betriebsrats aufmerksam geworden. Ein öffentlicher Aufruf zu Stellungnahmen früherer Zwangsarbeiter blieb allerdings ohne Resonanz.[163] Weil Günther Quandt beharrlich jegliches Wissen über die Existenz eines Lagers abstritt,[164] befragte ein Vertreter der jüdischen Gemeinde Berlin persönlich die dortigen Arbeiter. Der Tenor der Antworten war, dass die Werkleitung selbstverständlich von den Verbrechen im Werk gewusst haben müsse, Günther Quandt das Werk jedoch selten aufgesucht habe und meist in seinem Büro geblieben sei. Die jüdische Gemeinde Berlin versagte sich daher eines Urteils, und weil sich der Ausschuss diesem Votum anschloss, endete das Verfahren am 24. Februar 1950 mit der Rehabilitierungsentscheidung pro Quandt.[165] Die Anwaltskosten in Höhe von 29 500 DM stellte dieser der AFA in Rechnung.[166]

Damit war Günther Quandt endgültig wieder ein freier Mann. Die abschließende Frage, ob er in einer anderen Art von Verfahren härter bestraft worden wäre, geht aus historischer Perspektive an der Realität vorbei. Sicherlich lagen genügend Zeugnisse und Dokumente vor, die, wenn eine Untersuchung unter Normalumständen stattgefunden hätte und nicht in einer Zusammenbruchsgesellschaft, eine intensivere Befragung und eine härtere Bestrafung wahrscheinlich gemacht hätte. Der Fall Laval war hier nur die Spitze des Eisbergs möglicher Anklagepunkte. Aber selbst hier ließ sich gerichtlich eine Beteiligung Günther Quandts bei der Inhaftierung Lavals nicht nachweisen. Angesichts der heute bekannten Quellen muss die Entscheidung der verschiedenen Instanzen, nach intensiver Zeugenbefragung in dubio pro reo zu entscheiden, mehr als zweifelhaft erscheinen. Aus der damaligen Perspektive entsprach sie allerdings der gängigen Praxis.

Rechtfertigungsstrategien und fehlende Reflexion:
«Günther Quandt erzählt sein Leben»

Das Spruchkammerverfahren hatte sich letztlich ausschließlich auf wirtschaftliche Fragen konzentriert und dabei die Analyse des «Falls Laval» in den Vordergrund gerückt. Der Frage nach der politischen Verantwortung und den politischen Ansichten Günther Quandts widmete es sich hingegen allenfalls am Rande. Dennoch hatten die Erfahrungen der Haft und des Entnazifizierungsverfahrens bei Quandt wie bei vielen anderen Unternehmern einen «formelle[n] Rechtfertigungsdruck»[167] erzeugt, der den einen mehr, den anderen weniger zu einer Reflexion über das eigene Verhalten während der NS-Zeit anregte. Die Hafterfahrung war für die erfolgsverwöhnten Industriellen ein Schock: «Nicht Krieg und Kapitulation, weder Umbruchskrise noch Arbeiterinitiative» konstatiert Klaus-Dietmar Henke, «es war die Besatzungsmacht, die die Industrieelite [...] von einem Tag auf den anderen von ihren Kommandohöhen hinab ins Bodenlose gestoßen, persönlicher Entwürdigung anheimgegeben, in Unsicherheit, Angst und Verzweiflung gestürzt» hat.[168]

Es dürfte von Fall zu Fall zu unterscheiden sein, ob es sich um einen «heilsamen Schock» handelte, der zu einem wirklichen inneren Umdenken führte, oder ob man sich einfach den notwendigen Zwängen unterwarf. Tatsächlich scheinen die Anpassungsbestrebungen zumindest in einer Übergangszeit vorrangig gewesen zu sein,[169] wobei nicht zu vergessen ist, dass gerade die Nürnberger Industriellenprozesse anfangs für die unternehmerische Elite «eine existenzielle Bedrohung»[170] darstellten, so dass in dieser Hinsicht eine aktive Selbstverteidigung wichtig schien. Eine ernsthafte Auseinandersetzung der Internierten mit ihrem eigenen Verhalten fand in den meisten Fällen wohl nicht statt,[171] und viele von ihnen vermuteten als Haftgründe eher gezielte wirtschaftspolitische Interessen der Alliierten als moralische Sanktion.[172] Reue war auch deshalb selten, weil die Haftbedingungen und das oftmals wenig durchschaubare bürokratische Prozedere eher zur Solidarisierung untereinander führten. Eugen Kogon, der nach 1945 als ehemaliger KZ-Häftling die dynamischen Prozesse in den Internierungslagern bei eigenen Besuchen genau studiert hatte, hat anschaulich die vorherrschende Gefühlslage geschildert: Die Internierten würden zwar vom CIC vernommen, allerdings, so Kogon, «nicht übermäßig systematisch» und «ohne große Sachkenntnis».[173] Ein Nachdenken über mögliche eigene Verantwortung sei die Ausnahme. Eher beklagten die Insassen selbstgerecht ihr Los: «Ein Schuldbewußtsein haben die wenigsten: Sie haben nichts verbrochen, nichts gewußt, aus Idealismus gehandelt [...] Kaum ein Nationalsozialist wird in einem Internierungslager zum Demokraten. Die Haft wird meist als Rache und Vernichtungswille empfunden.»[174] Bei Günther Quandt dürfte dies letztlich sehr ähnlich gewesen sein.

Michael Friedrich zog nach intensiven Studien der entsprechenden Unterlagen das plausible Fazit, es sei zwar schwer, psychologische und intellektuelle Langzeitfolgen der Haft abzuschätzen, jedoch müsse für Quandt die Internierungshaft eine «einschneidende und auch entwürdigende Erfahrung» gewesen sein. Ob sie allerdings einen «dauerhaften Umdenkungsprozess» eingeleitet habe, sei mehr als zweifelhaft.[175] Sicher ist jedoch, dass sich Günther Quandt während der Haft mit seiner eigenen Vergangenheit beschäftigte, denn er nutzte die Zeit für die Niederschrift seiner Erinnerungen. Direkte Zeugnisse über seine Motive zur Abfassung dieser Schrift sind nicht überliefert, aber neben einem sicherlich vorhandenen Betätigungswunsch in der eintönigen Haft[176] und möglicherweise auch einer währenddessen geförderten Selbstreflexion dürfte der erwähnte Rechtfertigungsdruck der entscheidende Antrieb gewesen sein. Vor dem Hintergrund eines vielleicht doch noch drohenden Verfahrens in Nürnberg, dem Spruchkammerverfahren, aber auch mit Blick auf die Bewahrung seines Vermögens sah sich der Unternehmer wie viele seiner Kollegen genötigt, die zumindest in den Augen der Siegermächte während des NS-Regimes verlorengegangene moralische und professionelle Integrität wiederherzustellen, um sich zukünftig erneut als Geschäftspartner zu empfehlen.[177] Diese funktionale Interpretation wird durch eine Analyse der Memoiren gestützt, die bekannte apologetische Erzählstrategien aufgriffen und in denen Selbstkritik nur äußerst selten und dann in der Regel mit klarer instrumenteller Absicht vorgebracht wurde.

Quandt schilderte sich selbst in seinen Erinnerungen als einen weltgewandten, familienfreundlichen, patriarchalischen und erfolgreichen Unternehmer, der sein großes Vermögen während der Weimarer Republik erworben hatte und dieses nur mühsam über das «Dritte Reich» retten konnte. Bereits im ersten kurzen Kapitel, das die allgemeinen politischen Entwicklungen vom Kaiserreich bis zum Ende des Zweiten Weltkrieges beschrieb, wird dieser grundlegende Zug deutlich. Zunächst schilderte Quandt die goldene Zeit des Kaiserreichs, die ihn mit dem Ausbruch des Ersten Weltkrieges «wie jeden arbeitsamen und strebsamen Menschen [...] überraschend und hart, mitten im schönsten Aufbauwerk für eine glückliche Familie, für unsere Unternehmungen und nicht weniger für Kaiser und Volk» traf.[178] Die Überwindung der Inflation sei nur durch «nie erlahmenden Fleiß, bei einer Ausdauer, die ihresgleichen sucht, bei klarem Blick für das Weltgeschehen und vielleicht gestützt auf die seltene Elastizität der Jugend»[179] möglich gewesen. Obwohl sich Quandt hier noch nicht explizit und konkret auf eigene Leistungen bezog, wird bereits deutlich, dass er seinen Aufstieg als Unternehmer in erster Linie seinem Arbeitsethos zuschrieb. Die «Machtergreifung» Hitlers erklärte er mit der Verzweiflung über die seiner Meinung nach von Frankreich und England ausgehende Weltwirtschaftskrise. Da alle Augen nur auf die Beseitigung der wirtschaftlichen Notsituation gerichtet gewesen seien, habe man die übrigen Programmpunkte Hitlers übersehen. Dabei betonte Quandt, wie auch andere Zeitgenossen,[180] das Leiden der deutschen Bevölkerung, die in dieser Schilderung zum ersten Opfer des NS-Regimes wurde: «Am besten ist es schließlich noch denjenigen ergangen, die als Emigranten schon in den ersten Jahren und unter Mitnahme eines Teils ihres Vermögens auswandern durften. Die Deutschen im Reich hatten unter Rechtlosigkeit, Drangsalierung, Freiheitsberaubung, Kindesentziehung – wenn nicht unter Schlimmerem – schwer zu leiden.» Er selbst habe dies «ein Jahrzehnt hindurch gründlich kennengelernt».[181] Während die Alliierten in Quandt einen Profiteur des NS-Regimes sahen, erschien es diesem in seiner Erzählung «rückschauend bei dem parteipolitischen Druck, dem ich ununterbrochen ausgesetzt war, fast wie ein Wunder», dass es ihm gelungen sei, seine aus altfamiliärem Besitz übernommenen oder in den 1920er Jahren erworbenen Unternehmen auszubauen und weiterzuentwickeln. «Nur Geduld und Ausdauer, nur der feste Glaube, daß es doch einmal wieder anders kommen müßte – und Arbeit, vor allen Dingen Arbeit, konnten über diese Zeit hinweghelfen.»[182] Ein ähnliches Narrativ der Selbstbeschränkung, die allein den Erhalt der eigenen Unternehmen zum Ziel gehabt habe, findet sich auch bei Friedrich Flick, der in Nürnberg erklärte: «Ich war froh, wenn man mir meine Ruhe ließ und meine Sicherheit, mehr habe ich nicht gewollt, um in Ruhe und Frieden mein Lebenswerk weiterführen zu können.»[183] Hier wird deutlich, dass Quandt – und dies gilt letztlich für große Teile der Erinnerungen – letztlich die gleichen oder zumindest sehr ähnliche apologetische Erzählmuster aufgriff wie viele andere Unternehmer. Unverkennbar bemühte er sich, seine Selbstbeschreibung am Ideal des «ehrlichen Kaufmanns» auszurichten, der in mühsamer Arbeit seine Geschäfte führt. Dazu gehörte auch, dass er seine Spekulationsgeschäfte vor allem in den frühen Weimarer Jahren, die nicht zuletzt seinen Einstieg bei der AFA erst ermöglichten, geradezu als einen moralischen Ausrutscher darstelle, der ihn beinahe auf eine schiefe Bahn gebracht hätte: «Fast wäre ich zum Börsenspekulanten geworden, was mir in der Seele zuwider war.» Aber sein Vater habe ihn zum Fabrikanten erzogen, und er sei in dieser Situation fest entschlossen gewesen, «es wieder zu werden».[184] Die Distanzierung vom Spekulantentum gehörte ebenfalls zu den gängigen Verteidigungsmustern deutscher Unternehmer, wie erneut das Beispiel Friedrich Flick verdeutlichen kann, der in Nürnberg durch ausführliche Beschreibungen der Firmengeschichte darzulegen versuchte, dass schon seine unternehmerischen Anfänge eine organische und produktive Entwicklung gewesen seien und keine «Finanzkünstelei».[185]

Zugleich bot sich Quandt bereits im einleitenden Kapitel als wirtschaftlicher, aber auch politischer Partner der Alliierten an, wobei er sich auf zwei Argumente zu stützen versuchte. Zunächst erwähnte er kurz seine Reisen ins Ausland in der Vorkriegszeit, die es ihm erlaubt hätten, «Vorgänge und Entwicklungen in Deutschland klarer zu sehen und kritischer zu beurteilen – und immer wieder zu warnen».[186] Dann verwies er auf die gemeinsame Schuld von Alliierten und deutscher Bevölkerung an der Unterschätzung Hitlers: Während die Deutschen und auch er selbst von Hitler in die Irre geleitet worden seien, warf er England und den USA vor, nicht «bereits frühzeitig auf diplomatischem Wege und gegebenenfalls unter Anwendung von Druckmitteln» eingeschritten zu sein, «um Hitler von einem Weg abzubringen, der zu einer Katastrophe für die ganze Welt führen mußte».[187] Nachdem er deutlich gemacht hatte, dass seiner Meinung nach sowohl die Alliierten als auch die Deutschen Schuld an den zurückliegenden Entwicklungen trugen und er zugleich seine eigene Distanz zum NS-Regime dargestellt hatte, rief er zu einer gemeinsamen Gestaltung der Zukunft auf: «Friede und Wohlstand werden wieder kommen, wenn die Menschheit von Gefühlen des Hasses und der Zwietracht befreit ist, wenn die Alliierten den Wunsch haben und es für ihre eigenen Völker als nützlich empfinden, ein neues Deutschland entstehen zu lassen, das wieder teilhat am Aufbau und an der Pflege westeuropäischer Kultur und das auch von ihnen als notwendiges und nützliches Glied der großen Völkergemeinschaft anerkannt wird.»[188]

Während Selbstzweifel und Selbstkritik völlig fehlten, präsentierte sich Quandt schon auf den ersten Seiten als ein Mann der Tat, als Arbeiter, der bereitstehe, gemeinsam mit den Alliierten ein neues Deutschland aufzubauen. Die folgenden gut 200 Seiten Erinnerungen, in der veröffentlichten Version ergänzt um einige Briefe Quandts von seiner Weltreise 1931, dienten dazu, diese Selbstdarstellung mit Inhalt zu füllen und zugleich Sympathie für den Privatmenschen Günther Quandt zu wecken. Bezeichnend ist bereits der Raum, den er den einzelnen Stationen seines Lebens einräumte: Von 207 Seiten widmen sich ganze 15 Seiten der NS-Zeit, hinzu kommen acht Seiten, die die Verhandlungen mit dem englischen Akkumulatorenunternehmen Britannia Batteries Ltd. in den 1930er Jahren schildern und Quandts internationale Kooperationsbereitschaft unterstreichen sollen, während 69 Seiten die Zeit bis zum Ende des Ersten Weltkrieges und Quandt als klassischen Familienunternehmer beschreiben, weit entfernt von dem Bild eines profitgierigen NS-Rüstungsunternehmers, von dem er sich distanzieren wollte. Selbst auf den 86 Seiten, die die Weimarer Jahre beschreiben, bleibt der Großunternehmer verhältnismäßig stark im Hintergrund. Quandt legte fast ausschließlich die erfolgreichen und gescheiterten Übernahmen der «Deutschen Wolle», der AFA und der BKI dar, während das konkrete unternehmerische Handeln weitgehend verdeckt bleibt. Mehr als die Hälfte der Seiten entfällt jedoch auf die Schilderung seiner Beziehung zu Magda und seinen Söhnen, wobei Quandt gekonnt das Bild eines liebenden Ehemanns und Vaters entstehen lässt, dem es jedoch – von der Arbeit übermäßig beansprucht – nicht gelungen sei, seine junge Frau glücklich zu machen. Die mit ehrlicher Trauer beschriebene Darstellung des Todes seines ältesten Sohnes Hellmut, die seine damalige Erschütterung spüren lässt und in ihrer Authentizität auch heute noch bewegend ist, trägt zugleich entscheidend dazu bei, das Porträt eines von Schicksalsschlägen gebeutelten Unternehmers zu zeichnen, dessen harte Arbeit vor allem der Familie gedient habe.

Dass dies letztlich nicht überzeugen kann, liegt an einer liebedienerischen Anbiederung an die USA, der Überzeichnung seiner Rolle als Opfer im Nationalsozialismus und dem völligen Fehlen von Selbstkritik, das insbesondere im Verschweigen seiner rüstungswirt-

schaftlichen Rolle zum Ausdruck kommt. Unmittelbar nach Kriegsende betonten sämtliche Unternehmer aus nachvollziehbaren Gründen ihre früheren Kontakte zu den Siegermächten. Georg von
Schnitzler, Vorstand der IG Farben, begrüßte beispielsweise im März
1945 in seinem Haus eine Gruppe von US-Soldaten mit der Bemerkung, «wie froh er doch sei, die alte Freundschaft mit Lord X und Y
in England, den Duponts in Wilmington und auch ‹Jack Morgan›
wieder aufnehmen zu können. Er sagte, sie alle seien ja so gute
Freunde, und in den letzten Jahren habe er die Trennung von ihnen
als schmerzhaft empfunden.»[189] Wie Quandt bei seinem ersten Kontakt mit den Besatzungstruppen reagiert hat, ist nicht überliefert.
Seine Erinnerungen verraten die Hoffnung auf ein eher als Befreier –
weniger von der Diktatur als von den Kriegsverhältnissen – auftre-
tendes Amerika. Sie spiegeln zugleich das unternehmerische Selbstverständnis wider, dass ein Wiederaufbau ohne ihre Hilfe nicht
möglich sein werde. In den letzten Kriegsmonaten hatte sich in der
deutschen Bevölkerung die Hoffnung verstärkt, dass die Amerikaner
ihr Land schon bald wieder eigene Wege gehen lassen würden und
sich die Lebensverhältnisse verhältnismäßig rasch normalisieren
könnten.[190] Ausführlich – mit 13 Seiten sind diese Schilderungen fast
so lang wie seine Ausführungen zur NS-Zeit – beschrieb Quandt
seine Reisen in die USA in den 1920er Jahren und betonte dabei möglichst unauffällig den Nutzen der Kooperation zwischen der deutschen und der amerikanischen Wirtschaft.[191] Überschwänglich schilderte er seine Bewunderung für das Land: «Wer als Wirtschaftler
zum ersten Male in Amerika Beobachtungen machen darf, ist von
dem Volumen wie von dem Funktionieren der amerikanischen Wirtschaft auf das tiefste beeindruckt. Wenn man bedenkt, in welch kurzer Zeit dieser Stand erreicht wurde, steht man wie vor einem Wunder.»[192] Den ökonomischen Erfolg der Amerikaner führte er auf die
Geschichte der USA als Einwanderungsland zurück und nutzte diese
Gelegenheit, um das Arbeitsethos der Amerikaner zu loben, welches,
so die nicht ausgesprochene Analogie, seinem eigenen, dem Leser bereits deutlich gemachten Verständnis des Wirtschaftens entspreche:
«Der Auswanderer, der im neuen Erdteil Fuß faßte, hatte alles hinter
sich gelassen. Er schleppte keine überalterten Gewohnheiten und
Vorstellungen mit sich herum. Hier sagt niemand, mein Vater hat das
so und so gemacht, sondern er packte die Arbeit an, wie es praktisch
erschien. Er packte überhaupt jede Arbeit an. Standesdünkel war so

unbekannt wie das Pochen auf irgendwelche Examina. Man lebte einfach, puritanisch. Gewinne oder gar Anleihen wurden nicht verwandt, um besser zu leben, sondern um besser zu wirtschaften.»[193] Der von der amerikanischen Industrie forcierten Rationalisierung sagte er die Bedeutung einer zweiten industriellen Revolution voraus, die tiefere Umwälzungen als die erste auslösen werde.[194] Geradezu pathetisch ist der Abschluss des Kapitels: «Amerika! Wie oft denke ich: der Aufstieg dieses Erdteils ist eines der wunderbarsten Kapitel der Menschheitsgeschichte. Warum ist es noch nie von einem großen Gestalter erzählt worden? Ich meine, der Stoff müßte mindestens so ergiebig sein wie der Kampf um Troja.»[195] Freilich war diese Amerikabegeisterung keineswegs nur vorgetäuscht und mit Blick auf die potentiellen amerikanischen Ankläger verfasst worden. Quandts Reisen in die USA und die ausgedehnten Besichtigungen amerikanischer Fabriken hatten bereits in früheren Zeiten sein Interesse an den industriellen Entwicklungen der größten Wirtschaftsmacht der Welt gezeigt. Tatsächlich war der amerikanische Aufstieg in den Lebensjahren Quandts beeindruckend und beschäftigte auch andere Zeitgenossen. Die plumpe Übertreibung der Sympathiebekundungen weckt beim Leser jedoch unweigerlich Zweifel an der Aufrichtigkeit und deckt erst recht den strategischen Charakter dieser Passagen auf.

Mögen die Lobhudeleien im konkreten Kontext nachvollziehbar und auch teilweise einem aufrichtigen Gefühl entsprungen sein, sind Quandts Auseinandersetzungen mit dem Nationalsozialismus unglaubwürdig, nutzte er die wenigen Seiten, in denen er überhaupt auf das «Dritte Reich» einging, doch in erster Linie, um seine Opferrolle und Gegnerschaft zum Regime darzustellen. Zwar berichtete er von einer Begegnung mit Hitler vor der «Machtergreifung», aber dieser sei ihm «als vollendeter Durchschnitt»[196] erschienen. Auch der Besuch einer Rede Hitlers habe seine Meinung nicht ändern können: «Ich habe mich dann weiter nicht um diese Bewegung gekümmert.»[197] Fortan dominiert die Darstellung seiner Gegnerschaft die Schilderung. In der Beschreibung des Verhältnisses seiner mittlerweile geschiedenen Frau Magda zu Joseph Goebbels nutzte er die Gelegenheit, möglichst unauffällig und wie selbstverständlich seine Gegnerschaft zum Nationalsozialismus in die Erzählung einzuflechten. Beispielsweise schrieb er, dass niemand erwarten könne, «daß mich diese Verbindung besonders sympathisch berührte»: «Ich sah Komplikationen voraus, ohne daß ich noch ahnen konnte, worin sie bestehen würden. Zwar konnte ich mir denken, daß Dr. Goebbels von meiner ablehnenden Haltung der Partei gegenüber erfahren würde. Aber das schien mir nicht tragisch, dachte doch damals niemand daran, daß die Nationalsozialisten die Herrschaft in Deutschland gewinnen würden.»[198] Er mache sich selber den Vorwurf, Hitler nicht ernst genommen zu haben: «Hätten ich und einige andere Leute einen Auszug aus ‹Mein Kampf› drucken lassen und die Schrift millionenhaft verschenkt, mit der Auflage, sie auch zu lesen, wir wären billiger davongekommen.»[199]

Das Wesen des Regimes habe er durch seine Verhaftung 1933 erkannt, als er vier Monate seiner Freiheit beraubt wurde – hier rechnete er das Verbot, Wohnung und Büro zu betreten, großzügig in die Haftzeit ein. Dies habe ihn davor bewahrt, sich von Hitlers frühen Erfolgen blenden zu lassen.[200] Während Quandt darauf verzichtete, eigene Übernahmen und vor allem die «Arisierungen» zu schildern, verwies er auf den erzwungenen Verkauf des Unternehmens Busch-Jaeger, den er als «glatte[n] Raub» bezeichnete.[201] So sehr dies im konkreten Fall auch zutraf, steht die selektive Beschreibung der Verhältnisse ganz auf der Linie anderer apologetischer Betrachtungen, die fast ausschließlich die wirtschaftlichen Konflikte mit dem NS-Staat thematisierten.[202] Seine Arbeit habe ihm geholfen, so schilderte er für die Kriegszeit, «innerlich mit jener Zeit fertig zu werden. Denn die Verhältnisse wurden von Jahr zu Jahr schlimmer. Es entwickelte sich ein System der Bespitzelung, in dem niemand seines Lebens sicher war.» Nach der Schilderung einiger Verhaftungen von Mitarbeitern, die ins KZ gesperrt wurden, beendete er die eigentliche Schilderung der NS-Zeit erneut mit Pathos: «Ein Gutes aber hatte auch diese Zeit: Die Männer, die einander vertrauen konnten, rückten näher zusammen. Oft genügte ein Blick, ein Händedruck, um sich zu vergewissern: Auf dich kann ich mich verlassen! Dankbar gedenke ich der Freunde, die in dieser Zeit mir treu zur Seite standen.»[203]

Dass er Deutschland angesichts der geschilderten Umstände nicht verlassen habe, obwohl er, wie er selbst schrieb, «Freunde im Ausland, in Nord- und Südamerika [besaß], die mich jederzeit aufgenommen hätten», begründete er mit seiner Verantwortung gegenüber Mitarbeitern und Freunden: Er hätte es «als Desertion aufgefaßt. Ich blieb auf meinem Posten. Ich stand in Tuchfühlung mit meinen engeren Mitarbeitern, sorgte für die große Zahl meiner Arbeiter und Angestellten und versuchte, die mir anvertrauten Betriebe und Gesellschaften intakt zu halten.»[204] Und erneut zeichnete er sich als Opfer der NS-Zeit:

«Was die Gesellschaften und Betriebe, für die ich die besten Jahre meines Lebens tätig war, an Vermögenswerten, an Menschen verloren haben, ist heute nicht zu übersehen. [...] Mit tiefer Wehmut [...] denke ich an Severin und an mein Berliner Haus in der Corneliusstraße.» Um nicht als selbstmitleidig zu erscheinen konstatierte er jedoch: «Ich gebe zu, daß diese Verluste nicht viel wiegen angesichts der allgemeinen Katastrophe, die das deutsche Volk betroffen hat.»[205]

Es ist bezeichnend, dass Quandt hier von der Katastrophe für das deutsche Volk sprach, während sich die Opfer der anderen Staaten und Völker in seinen Erinnerungen nicht finden. Die Selbstbezogenheit, die sich in der Darstellung der eigenen Opfer ausdrückte, diente offenkundig der Selbstrechtfertigung seines Mittuns in der NS-Zeit, über das er im eigentlichen Sinne kein Wort verlor. Weder erwähnte er die Rüstungsproduktion seiner Unternehmen, noch seine Übernahmen im Ausland, die «Arisierungen» oder den Einsatz von Zwangsarbeitern und KZ-Häftlingen. Stolz auf den eigenen unternehmerischen Erfolg, schilderte er die Einrichtung des Posener DWM-Werks, wo der Grundsatz, die gesamte Fertigung vom Rohmaterial bis zum Fertigprodukt unter einem Dach zu versammeln, am besten umgesetzt werden konnte. Zudem beschrieb er die Einrichtung der Siedlungen für Werksangehörige: persönlich habe er sich darum gekümmert, «daß diese Wohnungen schön, zweckmäßig und hygienisch einwandfrei errichtet wurden».[206] Er erwähnte sogar, dass die Zahl der Belegschaft der DWM im Krieg bis auf 150 000 Mann angestiegen sei. Dass diese stolz präsentierte Zahl zum großen Teil auf dem Einsatz von Zwangsarbeitern beruhte, verschwieg er hingegen. Aus dem Produktionsprogramm der DWM in den 1930er Jahren wiederum zählte er lediglich auf: «die Herstellung von nahtlosen Stahlflaschen, von Maschinen für Massenverpackung, von Ziehpressen größter Dimensionen, von Spinnspulen und Zentrifugen für die Kunstseiden- und Zellwollindustrie, von elektrischen Glüh- und Trockenöfen aller Art, von Meßwerkzeugen und Leeren, von Federungskörpern und Rohren und später von Einheitslokomotiven, von denen aus dem Nichts heraus schließlich fünfundzwanzig Stück im Monat abgeliefert wurden.»[207] Die zahlreichen Rüstungsgüter fehlen in seinen Erinnerungen.

Die Erinnerungen stellen die wichtigste überlieferte Selbstbeschreibung Günther Quandts und seiner Tätigkeit in den nationalsozialistischen Jahren dar, und sie zeugen weder von einer Selbstkritik noch von einer kritischen Reflexion des eigenen Tuns. Der Entstehungszusammenhang vermag dies zu erklären: Die Niederschrift wird in erster Linie den Zweck der Selbstrechtfertigung gegenüber den Siegermächten verfolgt haben, die ebenso bei anderen Unternehmern die Bereitschaft für eine auch öffentlich gemachte selbstkritische Beschäftigung mit der eigenen Vergangenheit entscheidend einschränkte.[208] Dennoch bieten diese Memoiren alles in allem wenig Anlass für die Annahme, dass Quandt sich zu diesem Zeitpunkt tatsächlich kritisch mit seiner eigenen Vergangenheit auseinandersetzte und eigene Fehler erkannte und ehrlich bedauerte.

Die Erinnerungen verraten aber doch etwas über Günther Quandts Innenleben während der Haftzeit, denn an vielen Stellen kommt ein innerer Tätigkeitsdrang zum Ausdruck, der zeigt, wie sehr das erzwungene Stillsitzen an ihm nagte. Sein Andienen an die westlichen Alliierten war nicht nur Teil des Verteidigungsnarrativs, sondern als Angebot zur Mitwirkung am Wiederaufbau ehrlich gemeint. Während er in seinem abschließenden Kapitel zunächst noch, wenn auch nicht völlig überzeugend, bedauerte, nicht in den Ruhestand treten zu können,[209] hielt er diese Fassade nicht lange aufrecht, sondern schrieb schon wenige Seiten später, im die Memoiren abschließenden Absatz: «Vielleicht wird es mir noch vergönnt sein, am Aufbau mitzuarbeiten, wozu es mich lockt, als wäre ich noch in meinen besten Jahren.»[210] Der hier zum Ausdruck kommende Arbeitsdrang war ebenfalls keineswegs untypisch für Unternehmer in seiner Situation. Der Flugzeugbauer Ernst Heinkel notierte beispielsweise während seiner Internierung in sein Tagebuch: «Hier hockt man herum, weiß nicht warum und wozu, und in den Werken geht alles langsam oder schnell, aber sicher zum Teufel», dabei warte «soviel Arbeit».[211] Und in einem Brief schrieb er fast drei Jahre später: «Ich habe in meiner früheren Tätigkeit bewiesen, daß ich nur arbeiten kann und muß nun endlich wieder einmal eine positive Arbeit leisten, da sonst die Erhaltung meiner Arbeitskraft für die Zukunft auf das schwerste gefährdet ist, und auch mein bester Wille, mich am Wirtschaftsaufbau zu beteiligen, nicht mehr in die Tat umgesetzt werden kann.»[212] Dieser Wille zur Mitwirkung beim Wiederaufbau, den man ebenso bei Quandts langjährigem Geschäftspartner Abs beobachten konnte[213] und der sich nicht nur auf die eigenen Unternehmen beschränken musste, sondern zugleich als gesellschaftliche Verpflichtung empfunden werden konnte,[214] war ein entscheidender Antrieb für viele Unternehmer, sich rasch mit den neuen Gegebenheiten anzufreunden.

Die Memoiren waren jedoch nicht der einzige Weg, seine angebliche Gegnerschaft zum NS-Regime und seine Bereitschaft zur Mitwirkung am Wiederaufbau zu bekunden, er brachte beides auch in verschiedenen Briefen aus der Haft zum Ausdruck. Zum einen konnte Quandt damit rechnen, dass die Schreiben von den Zensoren gelesen werden würden, aber auch die Adressaten im Unternehmen und in den Firmen sollten gewissermaßen an seine Deutung gebunden werden. Seine in einem Rundschreiben formulierte Bemerkung, die Haft des Jahres 1933 sei eine «Körper und Geist ganz anders belastende Seelenqual» gewesen als die amerikanische Internierung,[215] kann daher durchaus auch als Erinnerung an seine Gegnerschaft zum Nationalsozialismus gelesen werden; sie bedeutet zugleich ein gewisses Zugehen auf die Besatzungsmächte, denen seitens der Unternehmer allzu oft vorgeworfen wurde, nicht anders als die Nationalsozialisten mit den Besiegten umzugehen. Außerdem warnte er vor den Folgen der Wirtschaftspolitik der Besatzungsmächte, aufgrund der er «wirtschaftlich ein ganz böses Jahr» voraussah: «Diesem Vorspiel wird man nun durch einen Friedensvertrag, der als würdiges Gegenstück zu Versailles und zum westfälischen Frieden 1948 vielleicht unterschrieben wird, die Krone aufsetzen, und dann ade, Du mein liebes Deutschland auf eine ganze Weile, wenn auch nicht für 1000 Jahre! Denn mit zwei Wirtschaftssystemen: Entschädigungslose Güterenteignung und Kolchosenwirtschaft im Osten und Privatwirtschaft im Westen [...] kann man ja kein einheitliches Deutschland weder wirtschaftlich noch politisch schaffen. Also warten wir ab. Der Einzelne kann nichts dabei tun.»[216] In seinen Erinnerungen mahnte er an, dass die Weltwirtschaft auf ein ökonomisch starkes Deutschland angewiesen sei: «Erstens sind wir für die Weltwirtschaft als Produzent und Abnehmer ein nicht unwichtiger Faktor; zweitens wird man es nicht wagen dürfen, in Mitteleuropa einen Elendsherd zu belassen. Was würde die Folge sein, wenn mitten im Erdteil ein politisches und wirtschaftliches Vakuum entstünde?»[217] Entsprechend forderte er eine wirtschaftliche Aufbauhilfe durch die Alliierten, wobei er vor allem an die USA gedacht haben dürfte, die bereits am Ende des Krieges, als die deutsche Niederlage absehbar war, in Unternehmerkreisen als die einzige Macht gehandelt wurde, die ein Überleben der europäischen Wirtschaft ermöglichen könnte und aufgrund des Eigeninteresses auch würde.[218]

Auch in anderen Briefen aus der Haft bekundete Günther Quandt tiefe Abscheu gegenüber dem NS-Staat. Im Lager habe er, wie er an die Tochter seines Bruders Werner und deren Ehemann schrieb, einen «gründlichen» Eindruck der dort einsitzenden Nationalsozialisten gewonnen: «Wenn diese Leute ‹Sieger› geworden wären, dann hätten sie die deutsche Wirtschaft in Grund und Boden zertrampelt. Sie gebärden sich immer noch ungeschliffen, ohne Kinderstube, suchen mit lauten Worten alles zu übertönen und benehmen sich als ‹Herren der Welt›. Keine Strafe ist hoch genug für diejenigen, die nach dem Fall von Stalingrad den Krieg noch verlängert haben. [...] Hier singt man ja noch nat. soz. Jul-Lieder zur großen Weihnachtsfeier und an zweiter Stelle erst Stille Nacht. Hier murrt und johlt man, wenn der am. Kommandant und der Chef des CIC durch den Lagerleiter Grüße und Wünsche zum Weihnachtsfest in der sehr kalten Festrede übermitteln lässt. Das zeigt mir deutlich, aus was für Kreaturen sich die hier noch versammelte ‹Führerschicht› zusammensetzt.»[219] An einen anderen Adressaten schrieb er zur gleichen Zeit: «Schade, dass wir so tief hineinrasseln mussten und dass niemand Zeit, Mittel und Gelegenheit fand, alsbald nach Stalingrad die Macht an sich zu reißen. Denn von da ab war ja nichts mehr zu retten. Dann wäre in 5–10 Jahren eine geregelte Wirtschaft wieder möglich gewesen.»[220] Auch diese Briefe zeigen sicherlich kein selbstkritisches Hinterfragen seines eigenen Verhältnisses zum NS-Regime und können ebenso wenig als aufrichtige Wiedergabe seiner Haltung zum «Dritten Reich» bis zum Kriegsende gelten. Aber es wird doch deutlich, dass Quandt keinen Zweifel daran hatte, dass das Regime abgewirtschaftet hatte und in der Zukunft keine Rolle mehr spielen würde. Anders als 1918 war eine Rückkehr zu früheren Verhältnissen 1945 keine Option mehr, und Quandt scheint dies in der Haft erkannt zu haben. Wenn auch Memoiren und Haftbriefe keine selbstkritische Auseinandersetzung mit der eigenen Verantwortung zeigen, so dürfte diese Erkenntnis, gepaart mit dem inneren Tätigkeitsdrang, erklären, warum sich Quandt an die neuen Verhältnisse leicht anpassen konnte, soweit er nicht sogar, aber dafür fehlt verlässliches Quellenmaterial, von der Notwendigkeit einer demokratischen Neuordnung überzeugt war.

Die Mitschuld Günther Quandts

Quandts unternehmerische Stärke war im «Dritten Reich» auch seine Schwäche. Horst Pavel hat anlässlich seines Todes die Ursache seines Erfolges in der instinktiven und geradezu «nachtwandlerisch sicheren» Prognosefähigkeit gesehen, in seiner «Phantasie, Kombinationsgabe und seinem konstruktiven Denken, in dem angeborenen geschäftlichen Spürsinn, der nüchternen Abwägung von Chancen und Risiken, der sorgfältigen Vorbereitung jeder Aktion und – wenn er etwas als richtig erkannt hatte – in dem Durchsetzungsvermögen, zum Ziel zu gelangen». Unter den Vorzeichen des Rechtsstaats, also mit gewissen Einschränkungen im Kaiserreich, dann in der Weimarer Republik und schließlich wieder in der Bundesrepublik, konnten sich diese Charaktereigenschaften durchaus positiv auswirken; aber das, was Pavel, der ihn so gut wie kaum ein anderer kannte, «Wagemut» und «eiserner Willen» nannte, führte in der totalitären Diktatur in die bedingungslose Beteiligung am Unrecht.[221]

Günther Quandt hätte sicherlich einer späteren Formulierung von Hermann Josef Abs zugestimmt, er habe sich «niemals knechtisch dem übermächtigen Staat unterworfen», sondern sei «immer ein Gegenüber des Staates» gewesen,[222] eine Charakterisierung, die ihm schmeicheln sollte, die aber in der Sache nicht zutraf. Ob ihm, der sich selbst als unpolitisch verstand, bewusst war, wie sehr er sich durch seine allein aufs Wirtschaftliche beschränkte Handlungsweise einem Regime annäherte, dem er eigentlich wenig abgewinnen konnte, ist nicht bekannt. Hier wird man, wenn man diesen Begriff als Historiker verwenden möchte, auch den Beginn seiner «Mitschuld» sehen müssen. Schon vor seiner Inhaftierung in Moabit 1933, die ihn zweifellos davon überzeugte, dass er es nun mit einem Staat zu tun hatte, mit dem man sich besser nicht anlegte, hat Quandt sich den Forderungen nach Ausschaltung jüdischer Gremienmitglieder anstandslos angeschlossen und er profitierte zugleich durch die damit einhergehende Übernahme eines Beiratssitzes bei der Berliner IHK. Zur Unterstützung des NS-Regime zählte dabei noch nicht einmal in erster Linie sein Parteieintritt 1933, der wohl eine für ihn bedeutungslose Konzession an die Machthaber war. Öffentliche Ehrungen durch das Regime nahm er allerdings gerne entgegen, um sich wirtschaftlich stärker im NS-Staat zu verankern.[223] Quandt war ein Befürworter der Aufrüstung und hat die damit verbundenen Gewinnmöglichkeiten für seine Unternehmen als willkommene Gelegenheit genutzt, auch wenn er die Rüstung als eine Defensivmaßnahme ansah und keinen Krieg wünschte. Im Zweiten Weltkrieg stellte er sich ohne Zögern in den Dienst des Staates.

Über das Zwangsarbeitersystem war er nicht nur informiert; verwaltungstechnische und finanzielle Angelegenheiten der Zwangsarbeit gingen über seinen Schreibtisch,[224] und in Verhandlungen mit der Deutschen Bank argumentierte er mit den «Risiken» der Zwangsarbeit, um günstigere Kredite für die DWM zu erhalten.[225] Sein Unternehmertum hatte sich zu diesem Zeitpunkt bereits untrennbar mit den Verbrechen der Nationalsozialisten verbunden: sei es bei den «Arisierungen», deren Unrechtmäßigkeit nicht dadurch geringer wurde, dass die jüdischen Vorbesitzer bereits durch NS-Instanzen enteignet worden waren; sei es bei den hartnäckig betriebenen Versuchen, sich in den besetzten Ländern durch erzwungene «Kapitalbeteiligungen» eine dominante Stellung zu verschaffen und sich dabei des Rückhalts der Reichsministerien und der Rüstungsbehörden zu versichern; sei es bei den waghalsigen Finanzmanövern, mit denen er selbst noch in der Schlussphase des Krieges die bereits zum Untergang verurteilte Rüstungsmaschinerie weiter in Gang hielt. Es ist auch wahrscheinlich, dass er von den Verbrechen in den nationalsozialistischen Vernichtungslagern gewusst hat, weil dies in seinem gut informierten Umkreis der Banken- und Wirtschaftswelt bekannt war. Hermann Josef Abs, einer seiner wichtigsten Verhandlungs- und Gesprächspartner, gab später zu, auch er habe von dem «furchtbaren Geschehen» in Majdanek und Auschwitz gewusst; er hat eine Bemerkung angefügt, die auf diejenigen gemünzt war, die ein solches Wissen leugneten: «Sich dahinter zu verschanzen, daß man nichts davon wußte, nehme ich nur wenigen ab.»[226]

Ein Unternehmer vom Format Günther Quandts war daher allein aufgrund seiner Entscheidungen – und Nichtentscheidungen – für das Regime mitverantwortlich. Es wäre zwar unrealistisch anzunehmen, dass eine Verweigerungshaltung möglich gewesen wäre, wenn man sein Unternehmen weiterführen wollte.[227] Und man kann darüber streiten, ob zumindest theoretisch «individuelle Widerstandsakte» möglich gewesen wären.[228] In seinen Memoiren hat Quandt zwei Möglichkeiten erwähnt, wie mit der Gewissensfrage im «Dritten Reich» hätte umgegangen werden können. Entweder diejenige der Männer des 20. Juli 1944 oder eine andere, die er selbst gewählt habe: Er hätte als Mann der Wirtschaft genügend Möglichkeiten gehabt, sich ins Ausland, nach Nord- oder Südamerika abzusetzen, was er aber als «Desertion» empfunden hätte.»[229] Damit machte er es sich zu leicht, nicht anders als zahlreiche andere Unternehmer, die ebenfalls das Bild der «Fahnenflucht» beschworen haben, wenn sie nach ihren Motiven des Mitmachens gefragt wurden.[230] Die Quellen lassen bei Günther Quandt nicht nur keine Opposition, sondern aktives Mitmachen erkennen, was vielleicht auch deswegen leicht fiel, weil er sich ja keineswegs als Nationalsozialist verstand und sich im Zweifel auf den bequemen Standpunkt zurückzog, er müsse sich einem Diktat des NS-Staates beugen.

Nicht anders als andere Industrielle versuchte er von den Annehmlichkeiten der Diktatur so lange zu profitieren, bis es zu spät war, überhaupt noch einen alternativen Weg beschreiten zu können. Opposition und Widerstand hat es zwar gegeben – man denke an die Beispiele von Berthold Beitz als kaufmännischem Leiter der Karpathen-Öl AG, an der ja auch die Wintershall AG beteiligt war, Hans Walz als «Betriebsführer» bei der Robert Bosch AG oder Oskar Schindler –, aber dies blieb das Ausnahmeverhalten einer kleinen Minderheit.[231] Günther Quandt bemühte hingegen auch später Sachzwänge, um seine Kooperation mit dem Regime zu erklären und zu rechtfertigen. Sicherlich ist es notwendig, menschliches Verhalten aus den jeweiligen Zeitumständen heraus zu interpretieren und sich gerade mit Blick auf die Jahre von 1933 bis 1945 die Bedrohungen jener Zeit zu vergegenwärtigen. Diese Sichtweise birgt jedoch zugleich die Gefahr, zu viel Verständnis aufzubringen, wie etwa in der Madame de Staël zugeschriebenen Sentenz «Tout comprendre c'est tout pardonner» angedeutet wird.

Günther Quandt hat dem NS-Staat nach dessen Zusammenbruch keine Träne nachgeweint. Auch wenn man von einer «Läuterung» nach 1945 kaum sprechen kann, ist doch in wirtschaftlicher Hinsicht die Zäsur offenkundig. Natürlich gab es bei Günther Quandt, aber auch bei vielen anderen Industriellen eine fast reflexartige Ablehnung der Entnazifizierungsverfahren, und Indizien einer persönlichen Anerkennung von Schuld oder Verantwortung sucht man vergeblich.[232] Günther Quandt fiel es jedoch leicht, sich den demokratischen Verhältnissen wieder anzupassen, die Bundesrepublik und die Marktwirtschaft wurden von ihm als Rückkehr zu einer verlässlichen Ordnung begrüßt.[233] Ob damit ein aktives Bekenntnis zur Demokratie verbunden war, ist nicht sicher. Aber aus allen Äußerungen, Darstellungen und Dokumenten der Jahre nach dem Ende des «Dritten Reiches» lässt sich eine Art Erleichterung herauslesen, nun wieder in einer Welt zu leben, die ein unbeschwertes Wirtschaften ermöglichte.

Nur im Schatten des Vaters?
Die Verantwortung Herbert Quandts

Herbert Quandt stand zwar im Zweiten Weltkrieg und selbst darüber hinaus noch bis in die frühen 1950er Jahre im Schatten des Vaters, dennoch wurde er seit Ende der 1930er Jahre mehr und mehr in Führungsaufgaben der Quandt-Gruppe und insbesondere der Pertrix eingebunden. Dazu kam die Mitarbeit bei den AFA-Tochtergesellschaften in Wien, Prag und Stockholm. Diese führte naturgemäß zu häufigen Gespräche mit seinem Vater und auch, wie er später einem Biographen anvertraute, zur Möglichkeit des «Abguckens seiner Methoden». Des Weiteren sind die «Gastrollen» in den verschiedenen von seinem Vater anberaumten Gremiensitzungen anzuführen.[234] Als Personalverantwortlicher bei der Pertrix und ab 1944 auch als Verantwortlicher für die Gesamtleitung der AFA Oberschöneweide wird er über Umfang und Art der Zwangsarbeit genau informiert gewesen sein. Hier arbeiteten nicht nur ausländische Zivilarbeiter und Kriegsgefangene, sondern auch jüdische Zwangsarbeiter und weibliche KZ-Häftlinge. Zwar waren für deren menschenunwürdige Lebensbedingungen die Lageraufsicht und die SS zuständig, aber Herbert Quandt trug als Direktor der Pertrix die Verantwortung für deren Einsatz und die Arbeitsbedingungen im Werk, in den Verlagerungsbetrieben der AFA sowie für die Bauaufsicht über das geplante KZ-Außenlager in Sagan.

Als für die Unternehmensleitung und -nachfolge vorgesehener Sohn war er im Rahmen seiner zunehmenden Einarbeitung auch in die Mechanismen der im Zweiten Weltkrieg unter Druck erfolgenden «Kapitalbeteiligungen» der AFA eingeweiht. Nach eigenen Angaben nahm er schon an der «Erkundungsfahrt» ins besetzte Frankreich im Oktober 1940 teil und besuchte auf späteren Geschäftsreisen zu Batterieunternehmen auch eine Konkurrenzfirma in Dänemark, die sein Vater und führende Mitarbeiter sich um nahezu jeden Preis aneignen wollten.[235] Auch über die Hintergründe der kurz vor Ende des Zweiten Weltkrieges zum Verkauf angebotenen Sächsischen Corsetschonerfabrik Max Franck in Chemnitz dürfte er informiert gewesen sein. Dieser führende Unterwäschehersteller war vor allem durch Trikotagen der Marke «Juvena» bekannt. Herbert Quandt spielte mit dem Gedanken des Erwerbs der Firma, um «einmal an einer Stelle nicht in dem Schatten des großen Vaters Entscheidungen»[236] zu treffen. Unter welchen Umständen die 1940 «arisierte» Firma zum Kauf angeboten wurde, ist unklar. Die Kommanditisten, die Jüdin Ilse Arnstein, geb. Franck, und eine schwedische Bank, waren bereits ausgeschieden, während Kurt Polster als langjähriger persönlich haftender Gesellschafter das Unternehmen seit 1940 als «Juvena-Werke Kurt Polster KG» weiterführte.[237] Nach längeren Gesprächen mit dem in kaufmännischen Fragen versierten Posener DWM-Chef Adolf Schneider, der ihm abriet, entschied sich Herbert Quandt gegen den Erwerb.

Es können also keine Zweifel daran bestehen, dass Herbert Quandt sich über den Umfang der Mitwirkung der Quandt-Gruppe an den Unrechtstaten des Regimes in Bezug auf den Einsatz von Zwangsarbeitern und KZ-Häftlingen, aber auch mit Blick auf die «Arisierungen» im Klaren war. Bedenken gegenüber der Unternehmensführung seines Vaters hat er nach heutigem Kenntnisstand weder zeitgenössisch noch im Rückblick verlauten lassen, mehr noch: Im Zuge seiner Heranführung an die Unternehmensspitze trug er selbst unmittelbare Verantwortung für das begangene Unrecht.

In die NSDAP trat Herbert Quandt erst 1940 ein, also im gleichen Jahr, in dem er auch in den AFA-Vorstand aufstieg. Nach dem Krieg erklärte er, dass er sich zu diesem Schritt nach Beratung mit Carl Roderbourg entschlossen habe. Roderbourg, der bekanntlich der NSDAP innerlich fernstand, habe ihm demnach 1940 zugeraten, weil er schon aufgrund seiner Stellung «auf die Dauer nicht darum herumkommen»[238] werde und es daher besser sei, möglichst frühzeitig einzutreten. Dies waren zweifellos Schutzbehauptungen, die später von der Entnazifizierungskammer schwer zu überprüfen waren. Bereits zuvor hatte Herbert Quandt durch den Beitritt zu verschiedenen NS-Organisationen dokumentiert, dass er mit dem Regime keine Berührungsängste hatte: Der SS und dem NSKK gehörte er als «förderndes Mitglied» zwischen 1935 und 1943 bzw. von 1938 bis 1943 an, was eine durchaus beliebte Methode war, Männer der Wirtschaft an Parteiinstanzen zu binden. Zudem trat er 1935 der NS-Volkswohlfahrt und 1937 der DAF bei. Förderndes Mitglied der SS, so hat er sich gegenüber dem Denazification Panel später verteidigt, sei er nur durch einen

Zufall geworden, da er von einem Bekannten gebeten worden sei, «diesem ‹Verein›» beizutreten. Daraus hätten sich für ihn keine weiteren Aufgaben ergeben, als eine bestimmte Zahl an neuen Mitgliedern zu werben und monatlich drei RM als Beitrag zu entrichten.[239] Genauso habe es sich mit seiner fördernden Mitgliedschaft im NSKK verhalten.[240] Tatsächlich gibt es keine Hinweise auf besondere Aktivitäten Herbert Quandts bei NS-Organisationen, und so dürften hinter diesen Mitgliedschaften vor allem opportunistische Motive gestanden haben.

Dem würde auch entsprechen, dass bei Neueinstellungen und Leistungsbeurteilungen für ihn die Parteizugehörigkeit offenbar irrelevant war, zumal er sogar Mitarbeiter in seinen Wirkungskreis berief, die zuvor schon mit dem Regime in politische Konflikte geraten waren. Den unternehmerischen Erfolg stellte er also wie sein Vater über politische Überzeugungen. Wie diese bei Herbert Quandt aussahen, lässt sich indessen aufgrund fehlender Quellen nicht mehr sicher beantworten. Weder gibt es zeitgenössische Hinweise auf eine grundlegende Distanz zum Regime, noch existieren Indizien für eine besondere Nähe. Beide Extreme erscheinen aber als nicht sonderlich wahrscheinlich, vielmehr dürfte Herbert Quandt zu den vielen Mitläufern gehört haben, die sich ohne große moralische Bedenken mit dem Regime arrangierten und ihren Aufstieg nicht gefährden wollten.

Nach Kriegsende wurde er in Bissendorf unter englische Bewachung gestellt, da man vermutete, er sei ein «Werkzeug seines Vaters» und werde von ihm instruiert. Vom Denazification Panel in Celle wurde er am 5. April 1946 in die Kategorie «N» (tragbar) eingestuft.[241] Dieses Urteil wurde aber wieder aufgehoben und er im Dezember 1946 in die Kategorie «M» eingereiht, womit die Entlassung von seinem Aufsichtsratsposten zwingend erforderlich wurde. Gegen diese Entscheidung legte er Einspruch ein.[242] Um seine Stellungnahme zu untermauern, konnte Herbert Quandt auf eine Reihe von Leumundszeugnissen unter anderem von Alfred Haymann und Karl Tuch verweisen.[243] Eine ausgesprochen positive Beurteilung des bereits erwähnten Hans Ulrich Hiller[244] war für sein Entnazifizierungsverfahren zweifellos wichtiger als Aussagen enger Mitarbeiter oder seiner Sekretärin.[245]

Die deutsche Entnazifizierungskammer zählte nach einem Einspruch Herbert Quandts im Oktober 1946 diesen zu den nicht «zwangsläufig zu entfernenden Personen», weil er sich «niemals aktiv für die Partei eingesetzt, sondern im Gegenteil offene Kritik an den Parteirichtungen» geübt habe.[246] Anfang Dezember 1946 wurde in

Bissendorf zudem kolportiert, dass es gegen eine Weiterbeschäftigung von Herbert Quandt «no objection» gebe.[247] Die britische Militärregierung war allerdings anderer Ansicht und ordnete im November 1946 die Entfernung Quandts als «Manager and Chairman» an, die im April 1947 ausgeführt wurde.[248] Ein weiteres Entnazifizierungsverfahren, das in Berlin gegen ihn eingeleitet wurde, blieb freilich folgenlos. Herbert Quandt konnte fortan auf die Entscheidung des Entnazifizierungs-Hauptausschusses in Hannover verweisen, der ihn in die Kategorie V als «entlastet» eingereiht hatte.[249] Er hat dieses Urteil als abschließend betrachtet und sich weder öffentlich noch im privaten Kreis mit seiner Beteiligung an dem Unrecht in der NS-Zeit weiter beschäftigt, ein sicherlich nicht untypisches Unternehmerverhalten in der Aufbauphase der Bundesrepublik.

Das Schweigen zur eigenen Vergangenheit bedeutete allerdings nicht, dass Herbert Quandt dem Regime nachtrauerte. Es ist heute jedoch nur schwer nachzuvollziehen, dass es in der Nachkriegszeit eine Stimmung der Befangenheit gab, in der vielen Deutschen nur zu bewusst war, wie sehr sie sich auf Kompromisse mit dem Regime eingelassen hatten. Dass sich dabei viele wohl auch schuldig gemacht hatten, war eine Grundannahme, die dann aber nicht weiter vertieft wurde. In der damaligen Situation fiel es den meisten schwer, das «kommunikative Beschweigen», von dem der Philosoph Hermann Lübbe in einem wegweisenden Aufsatz gesprochen hat, zu durchbrechen. Die Verdrängung der nationalsozialistischen Vergangenheit sei, so Lübbe, ein «sozialpsychologisch und politisch nötiges Medium der Verwandlung [der] Nachkriegsbevölkerung in die Bürgerschaft der Bundesrepublik Deutschland» gewesen. Durch die «gewisse Stille» sei es der Mehrheit der Deutschen, die Hitler gefolgt waren, gelungen, sich gleichermaßen selbst zu reformieren und auf den Weg des Rechts und der Moral zurückzukehren.[250] Bei Herbert Quandt findet sich noch in einer unveröffentlichten Stellungnahme aus dem Jahr 1978 dieses Beschweigen der Vergangenheit, als er unter Hinweis auf bewunderte Vorbilder wie Hermann Clostermann und Adolf Schneider lakonisch bemerkte: «Es waren alles Männer, die ebenso wie mein Vater, während des Krieges nur von einem Ziel beseelt waren. Es war halt Krieg. Jeder musste seine Pflicht tun, sein Bestes geben. Politische Überlegungen gab es nicht mehr.»[251] Heute weiß man hingegen, dass es notwendig gewesen wäre, diese «versäumten Fragen» zu stellen.[252]

Allerdings ließ sich die Vergangenheit nicht gänzlich abschütteln. Wenn die Quandt-Unternehmen bald schon wieder die Verbindung zu ausländischen Firmen aufnahmen, mit denen man im Krieg eher in einer feindlichen Beziehungen gestanden hatte, mochte dies noch als eine Wiederherstellung traditioneller Geschäftsbeziehungen gelten. Anders war dies bei den «Arisierungsfällen», die auch von der Quandt-Gruppe betrieben worden waren. Die notwendigen Verhandlungen über Restitutionen und Entschädigungen wurden ausgesprochen diskret geführt. Hierfür war der AFA-Jurist Gerhard Wilcke zuständig, der auch mit den rechtlichen Fragen des Wiederaufbaus des Auslandsgeschäfts betraut war und rückblickend einmal die Ausgangslage so dargelegte: «Kein deutsches Unternehmen hat nicht irgendwelche Arisierung im Krieg gemacht, da gab es also hier und dort Rückerstattungsverfahren, dazu brauchte man Anwälte.»[253] Die Möglichkeit, an dieser Stelle einer moralischen Verantwortung für die Mitwirkung am Unrechtsregime nachzukommen, wurde jedoch ebenfalls versäumt.

Diese nüchtern-pragmatische Haltung etablierte sich auch in der Personalpolitik. Auf zwei signifikante Fälle soll an dieser Stelle hingewiesen werden, weil sie etwas über die «Vergangenheitsbewältigung» innerhalb der Quandt-Gruppe verraten. Harald Quandt berief 1952 Gerd Hamel, den Sohn des Bankiers Paul Hamel, zu seinem persönlichen Referenten. Dieser war zunächst 1932/33 Volontär bei den DWM in Karlsruhe gewesen und anschließend zu den Mauser-Werken nach Oberndorf gewechselt. Danach war die Verbindung zu Günther Quandt «abgerissen».[254] Gerd Hamel hatte jedoch – wahrscheinlich durch Fürsprache des Reichswirtschaftsministers Walther Funk, einem Skat- und Duzfreund Paul Hamels – im Reichsministerium für Volksaufklärung und Propaganda Karriere gemacht und war dort als Oberregierungsrat bis zum persönlichen Referenten im Ministerbüro von Goebbels aufgestiegen. Am 22. April 1945 hatte er sich aus Berlin nach Hamburg abgesetzt und war dafür noch kurz vor Kriegsende von einem improvisierten Kriegsgericht zum Tode verurteilt worden, zu dessen Vollstreckung es jedoch nicht mehr gekommen war.[255] Es spricht viel dafür, dass Hamel für das Haus Quandt durch seinen Vater empfohlen wurde, der zweifellos ein Interesse hatte, seinen Sohn, der nach 1945 schlecht mit seiner letzten Verwendung im «Dritten Reich» werben konnte, angemessen beschäftigt zu sehen.[256] Ob Harald Quandt Hamel im Haus seines Stiefvaters kennengelernt hat, ist nicht bekannt. Hamel blieb jedenfalls bis 1973 im engsten Arbeitsbereich von Harald Quandt, für den dessen organisatorische Fähigkeiten wichtiger waren als seine belastete Vergangenheit.

Mit Werner Naumann wurde ein weiterer enger Mitarbeiter von Goebbels in den 1950er Jahren in den Harald Quandt-Zweig aufgenommen. Naumann war einst Leiter des Berliner Büros von Goebbels gewesen, schließlich Staatssekretär und von Hitler zum Nachfolger von Goebbels auserkoren worden. In den letzten Monaten des Jahres 1944 war er zudem der Liebhaber von Magda Goebbels gewesen. In der Bundesrepublik wollte er mit Gleichgesinnten die nordrhein-westfälische FDP im nationalsozialistischen Sinn unterwandern, bevor er von englischen Behörden Anfang 1953 vorübergehend verhaftet wurde.[257] Dennoch brachte Harald Quandt ihn in den Vorstand der Busch-Jaeger Dürener Metallwerke und rechtfertigte dessen Rekrutierung später damit, dieser sei ein «kluger Kopf und kein Nazi» gewesen,[258] was zweifellos eine sehr eigenwillige und in der Sache unzutreffende Interpretation war. Beide Fälle dokumentieren nicht nur eine persönliche Kontinuität, die sich auch im Verhältnis zu Heinrich Koppenberg und Heinrich Hunke ausdrückte, die beide in der Nachkriegszeit im Aufsichtsrat der Dürener Metallwerke verblieben. Sie sind darüber hinaus Ausdruck der überall in der deutschen Gesellschaft zu beobachtenden Tendenz, nach einer gewissen Schamfrist in den unmittelbaren Nachkriegsjahren eine NS-Belastung nur noch in wenigen Fällen als ein entscheidendes Kriterium gegen eine Beschäftigung anzusehen. Weder bei Herbert noch bei Harald Quandt lässt sich jedenfalls in dieser Hinsicht eine (selbst-)kritische Beschäftigung mit der eigenen Vergangenheit ausmachen.

Angesichts dieser nachträglichen Nichtauseinandersetzung mit dem NS-Regime ist es wenig verwunderlich, dass die Zwangsarbeiterproblematik nach 1945 bei den Quandt-Firmen ebenso ad acta gelegt wurde, wie dies die ganz überwiegende Zahl der deutschen Unternehmen über viele Jahrzehnte hinweg getan hat. In den 1970er Jahren bat eine Gruppe von ehemaligen KZ-Häftlingen in Hannover-Stöcken die Varta AG vergeblich um eine finanzielle Unterstützung. Herbert Quandt übernahm, wie die meisten deutschen Unternehmer seiner Generation, bis zu seinem Tod 1982 keine Verantwortung für die eigene Rolle beim Zwangsarbeitereinsatz in der Quandt-Gruppe oder deren Beteiligung bei «Arisierungen». Erst später entwickelte sich seitens der deutschen Wirtschaft und auch der Quandt-Gruppe ein entsprechendes Bewusstsein: Familiennahe Unternehmen – u. a. die BMW AG, die

Altana AG, die Delton AG und die Varta AG – sowie auch Mitglieder der Familie Quandt haben auf privatem Wege die Stiftungsinitiative der Deutschen Wirtschaft «Erinnerung, Verantwortung und Zukunft» unterstützt und sich am Zwangsarbeiterfonds beteiligt. BMW und Altana zählten im Jahr 2000 zu den Gründungsmitgliedern der Initiative, an der sich etwa 6500 deutsche Unternehmen beteiligten.

Die «Stimme ihres Herrn»? Die Verantwortung der Mitarbeiter

Aus der Sicht der Unternehmensführung stand die Frage nach der jeweiligen Verstrickung der leitenden Mitarbeiter in das «Dritte Reich» nach 1945 weit weniger im Vordergrund als die Frage, wie die Unternehmen der Quandt-Gruppe unter gänzlich geänderten politischen Rahmenbedingungen wieder Fuß fassen konnten. Die ehemaligen Manager hatten erst recht kein Interesse daran, ihren eigenen Anteil am NS-Regime öffentlich zu diskutieren und konzentrierten sich zunächst auf das persönliche Überleben und dann auf die Fortsetzung ihrer Karriere. Für Günther Quandt war vor allem der loyale Horst Pavel unersetzbar, nicht zuletzt, weil er selbst in den ersten Nachkriegsjahren unternehmerisch nicht aktiv werden konnte. Pavel war, wie alle verfügbaren Unterlagen erkennen lassen, kein Nationalsozialist. Die Verankerung im großbürgerlichen Milieu und ein schon früh erkennbares Selbstbewusstsein, das mit einer gewissen Arroganz und dem Wissen um seine Intelligenz gepaart war, bildeten bei dem Juristen eine Art Schutzschild gegen eine Infizierung mit dem nationalsozialistischen Ungeist. Pavels Parteibeitritt im Mai 1933 war wohl nicht mehr als eine lästige Pflichtübung mit dem Ziel, sich unter dem neuen Regime amtliche und gesellschaftliche Türen zu öffnen. Seine spätere Erklärung, er habe die Partei damit von innen her beeinflussen wollen, war allerdings sehr weit hergeholt.[259] Tatsächlich hat sich Pavel von parteipolitischen Aktivitäten ferngehalten und seinen gesamten Ehrgeiz dem Aufstieg an der Seite von Günther Quandt gewidmet. Wolfgang Curtius, der den Kreisen um Martin Niemöller nahestand und dessen Familie verfolgt wurde, bestätigte später, dass Pavel sich mit «aller Kraft» für seine Frau eingesetzt habe, die als «Halbarierin» bedroht war.[260] Offenbar sprach er sich auch bei Byk Gulden dafür aus, die nach den «Nürnberger Gesetzen» als «Mischlinge» eingestuften

Angestellten nicht zu diskriminieren.[261] Auch sein Einsatz für andere Mitarbeiter, die wegen regimekritischer Äußerungen verhaftet worden waren, deutet in diese Richtung.[262] Pavel selbst gab nach dem Krieg an, den Widerstandskreisen um Werner und Hans Bernd von Haeften nahegestanden zu haben, was sich aber aus den Quellen nicht bestätigen lässt.[263] Da er aber im Herbst 1945 dem Entnazifizierungsausschuss in überaus durchdachten Erklärungen, die die Raffinessen seines erlernten Anwaltsberufs durchscheinen lassen, seine politische Ablehnung des Nationalsozialismus plausibel machen konnte, wurde er in die Kategorie IV eingestuft und durfte seine Tätigkeit als Vorstandsmitglied weiter ausüben.[264]

Damit hatte er ausgesprochenes Glück. Pavel war ein kühler Karrierist, der alle Möglichkeiten genutzt hatte, sich während des Weltkrieges als eine Alternative zu Herbert Quandt zu präsentieren. Seine kluge, aber aggressive Vorgehensweise war frei von moralischen Skrupeln, wenn es darum ging, die durch die Nationalsozialisten gesetzten Gestaltungsspielräume zu nutzen, um beispielsweise durch «Arisierungen» die Quandt-Gruppe zu stärken. Allerdings agierte er überlegter als die meist gleichaltrigen Techniker der Macht, die im «Dritten Reich» ihre Chance zu nutzen gewusst hatten.[265] Während diese sich über Behörden und die halbstaatlichen Unternehmen ihren Weg bahnten, blieb Pavel der Privatwirtschaft treu, weshalb es wenig verwunderlich war, dass er trotz aller Mitverantwortung letztlich ungeschoren davon kam. In der Bundesrepublik konnte er daher seine Karriere in der Quandt-Gruppe als enger Mitarbeiter zunächst von Günther und nach dessen Tod von Herbert Quandt fortsetzen.

In vielfacher Hinsicht aus ganz anderem Holz geschnitzt als Pavel waren alte Werkleiter wie Hermann Clostermann, die schon seit dem Kaiserreich verantwortungsvolle Posten innehatten. Als Clostermann, der in der NS-Zeit auch im Hagener Stadtparlament gesessen hatte, von der englischen Militärregierung im Sommer 1945 suspendiert wurde, war dieser Schritt, der bald wieder rückgängig gemacht wurde, eher eine Folge seines sturen Verhaltens gegenüber den Besatzungsoffizieren als eine Bestrafung für seine Rolle als «Betriebsführer» im «Dritten Reich». Clostermann, der nie ein überzeugter Nationalsozialist geworden war, konnte schließlich seinen Posten wieder beziehen, sicherlich auch deshalb, weil die Briten Fachleute in der Batteriebranche brauchten und daher nicht an eine dauerhafte Ausschaltung der alten AFA-Garde dachten. Ingenieure und technische Experten der

AFA wurden von Besatzungsoffizieren zunächst zwar regelmäßig verhört, aber schon bald wieder zu Rate gezogen.[266] Oberingenieure und Direktoren wie Puppe, Katz, Garten, Kann, Hagspihl und Bronstert waren unentbehrlich und wurden, weil sie sich in den seltensten Fällen politisch exponiert hatten, in der Regel in ihren Entnazifizierungsverfahren in die Kategorie IV (ohne Beschränkung) eingestuft.[267] Die Wertschätzung der Alliierten galt erst recht der technischen Elite wie etwa dem Hagener Oberingenieur Ernst Baars, seit 1938 Leiter des AFA-Forschungslabors und Honorarprofessor für Theorie und Technik elektrischer Akkumulatoren an der Technischen Hochschule Hannover.[268] Der Spezialist für alkalische Batterien war für die Amerikaner zu wichtig, um ihn nicht für die eigenen «Research & Development»-Belange abzuwerben, und er ging im September 1947 zu einem halbjährigen «Forschungsaufenthalt» im Auftrag des Kriegsministeriums in die USA.[269]

Nicht nur diejenigen, die für die Alliierten wertvoll und wichtig waren, hatten gute Chancen auf eine Fortsetzung ihrer Karriere, sondern auch diejenigen, die den Quandts in den Vorjahren positiv aufgefallen waren. Ein gutes Beispiel bietet Max Möller, den Herbert Quandt schon aus den Anfangszeiten der Pertrix kannte. Nachdem Möller im Zweiten Weltkrieg verwundet worden war, hatte er dem Entnazifizierungsausschuss plausibel machen können, dass sein Parteieintritt 1934 aus Angst um seine wirtschaftliche Existenz und der Notwendigkeit erfolgt war, seine Mutter, seine Frau und vier Kinder versorgen zu müssen. Nach der Einordnung in die Kategorie IV[270] stand der Weiterbeschäftigung an der Seite von Herbert Quandt nichts mehr im Wege. Als Geschäftsführer der Pertrix-Union GmbH in Ellwangen wurde er in die Vorstandsetage der AFA geholt, in die neben Hermann Reseg und Alfred Haymann seit Ende der 1940er Jahre weitere alte Mitstreiter berufen wurden. Ähnliches gilt für zahlreiche andere ehemalige führende Mitarbeiter, die bei Günther oder Herbert Quandt vorstellig wurden, bisweilen sogar gezielt wieder angesprochen wurden. Paul Tewes blieb zunächst noch als Direktor bei der AFA in Hannover und wurde im September 1947 vom dortigen Entnazifizierungsausschuss zunächst in die Kategorie IV[271] und nach der Revision in die Kategorie V eingestuft.[272] Er wurde schließlich Geschäftsführer der Berga in Rastatt, jener Firma, der er seinen Aufstieg bei der AFA wesentlich zu verdanken hatte.

Wer sich im Dienste Quandts allerdings allzu sehr exponiert hatte, musste zittern: Werner von Holtzendorff setzte sich sicherheitshalber bei Kriegsende nach Schweden ab, während sich Corbin Hackinger sowohl der französischen Gendarmerie, den amerikanischen Militärbehörden als auch der deutschen Spruchkammer stellen musste. Hackinger, mit allen Wassern gewaschen, überstand aber selbst diese Prüfungen. In seinem Spruchkammerverfahren behauptete er, den Nationalsozialismus inhaltlich und ideologisch abgelehnt zu haben. Seine zahlreichen Reisen ins europäische Ausland führte er allen Ernstes an, um eine angebliche «kosmopolitische Einstellung» zu beweisen. Ebenso kühn verwies er auf die angebliche Hilfe für in Not geratene oder aus politischen oder «rassischen» Gründen Verfolgte – er habe sich gegen die Deportation französischer Arbeiter und Angestellter ebenso ausgesprochen wie gegen die Demontage der dortigen Werke. Der Unterhändler der AFA, der für die erzwungenen Kapitalbeteiligungen zuständig war, ging vor der Spruchkammer gar so weit, sich dem Widerstand zuzurechnen. Die von ihm präsentierten «Persilscheine» stammten meist von Mitarbeitern, die ebenso wie er selbst Teil des Okkupationsregimes gewesen waren.[273] Mit seinen kaum überprüfbaren Halbwahrheiten und Verdrehungen hatte er dennoch bei der überforderten Spruchkammer Erfolg. Im Februar 1948 wurde er als «entlastet» eingestuft. Nachdem er schon Ende 1946 mit einem Kompagnon in Völklingen/Saar die Firma «Battac Batterien und Accumulatoren GmbH»[274] gegründet hatte, stand nun einem Neuanfang bei der Pertrix-Union GmbH in Ellwangen nichts mehr im Wege. Franz Bronstert, der fünf Jahre nach Kriegsende bereits wieder zu Geschäftsverhandlungen nach Frankreich reiste, schlug Pavel und Herbert Quandt sogar vor, Hackinger dorthin mitzunehmen.[275] Anders ging es Oscar Mitscherling, der als AFA-Direktor ähnlich wie Hackinger zahlreiche Übernahmeversuche ausländischer Unternehmen vorbereitet hatte. Als er Ende 1945 aus der sowjetischen Kriegsgefangenschaft zurückkehrte,[276] wurde er von seinem alten Arbeitgeber, bei dem er wieder vorstellig wurde, nicht mehr übernommen. Er selbst hatte den Eindruck, bei der AFA sehe man «manchmal Tote nicht gerne auferstehen».[277] Nach einem Intermezzo als Mechaniker in einer Firma für «Feine Herren- und Damenmoden, Pelze und Sport» kam er beim Kölner AFA-Konkurrenten Gottfried Hagen unter.[278]

Auf der anderen Seite des Spektrums stand ein Mann wie Edgar Haverbeck, der bekanntlich eine tiefe Abneigung gegen Günther Quandt entwickelt hatte und im «Dritten Reich» nur in dem Maß in NS-Organisationen tätig gewesen war, wie dies für einen Manager in einem Rüstungsunternehmen notwendig erschien.[279] Nach dem Zerwürfnis mit seinem Chef war er, obwohl pro forma dem DWM-Vorstand und dem Aufsichtsrat der AFA angehörig, faktisch auf die Tätigkeit bei der Berlin-Erfurter-Maschinenfabrik in Erfurt beschränkt gewesen. Im Zweiten Weltkrieg hatte er sich an den Widerstandsaktivitäten der Gruppe um seinen Vetter Carl Langbehn und den preußischen Finanzminister Johannes Popitz beteiligt und war deshalb von März bis Mai 1944 im KZ Ravensbrück inhaftiert gewesen, bevor er bis Kriegsende nach Erfurt zurückkehrte.[280] Im August 1945 übernahm Haverbeck das Dezernat Wirtschaft im Regierungspräsidium Hannover und wurde kurz darauf Regierungsdirektor im dortigen Oberpräsidium. Die Entnazifizierung im Oktober 1948 war eine reine Formsache.[281] Dass Haverbeck je eine Rückkehr zur Quandt-Gruppe angestrebt hat, darf bezweifelt werden, und es ist auch unwahrscheinlich, dass er dort mit offenen Armen empfangen worden wäre: Herbert Quandt argwöhnte, Haverbeck arbeite mit dem sozialdemokratischen Oberpräsidenten – und späteren niedersächsischen Ministerpräsidenten – Hinrich Wilhelm Kopf zusammen, der wiederum «alles andere als freundschaftlich» gegenüber Günther Quandt eingestellt war.[282] Im Sommer 1949 legte Haverbeck sein AFA-Aufsichtsratsmandat nieder.[283]

Schwieriger war es für die ehemaligen leitenden Angestellten der DWM. Im Gegensatz zu Batterien waren Waffen und Munition bei den Siegermächten, die ihre Militärstärke nach Kriegsende radikal reduzierten, zunächst nicht mehr gefragt. Zwar gelang es Otto-Hellmuth von Lossnitzer aus dem Mauser-Vorstand nach Kriegsende als Waffenberater zur staatlichen Springfield Armory in die USA zu wechseln, aber das war eine Ausnahme. Nur wenige ehemalige Mitarbeiter wurden von den Alliierten für ihre Dienste herangezogen, wie etwa Paul Eberhardt, der einer der wenigen Nicht-PGs in der Führungsetage der DWM gewesen war. Er hatte 1934 als kaufmännischer Prokurist angefangen und war trotz seines Fernbleibens von der Partei zwei Jahre später Personalchef und Chefbuchhalter des DWM-Werks Berlin geworden. Von der britischen Militärregierung wurde er im Mai 1945 zum «temporary custodian» bestellt und ein Jahr später auch für andere DWM-Werke in der britischen Zone als Treuhänder eingesetzt.

Ganz anders sah es bei seinem Vorgesetzten aus, dem Oberingenieur Hermann Schmidt, der 1934 von der Berlin-Anhalter-Maschinenbau AG in Butzbach zu den DWM abgeworben worden war. Er hatte zeitweise nicht nur die Werke in Lübeck und Berlin geleitet, sondern war 1938 zum «Wehrwirtschaftsführer» ernannt worden und hatte in verschiedenen Ausschüssen des RMBuM gesessen.[284] Der konservative Ingenieur, der nach der Novemberrevolution schon den Spartakistenaufstand in Hannover bekämpft hatte, war, wie in dieser Studie dargestellt worden ist, im Krieg mit markigen Durchhalteparolen aufgefallen und galt bei vielen Arbeitern als «unangenehmer Nazi».[285] Er wurde nicht mehr in eines der Quandt-Unternehmen übernommen, was typisch war für die Personalpolitik der Gruppe: Wer sich zu sehr exponiert hatte, bekam keine zweite Chance, weil dies für den Weiterbestand des Unternehmens als zu risikoreich angesehen wurde. Auch Carl Bolle fand keine neue Anstellung, obwohl er sich erneut um eine Beschäftigung bei den DWM/IWK bemühte und dabei auch seitens der Betriebsleitung unterstützt wurde. Da er seit 1934 im Vorstand der DWM war,[286] Göring gut gekannt hatte, im RLM «eine Art persönlicher Adjutant» von Staatssekretär Erhard Milch gewesen war und es zu seinen Aufgaben gehört hatte, den auf dem Rüstungssektor tätigen Quandt-Firmen «die Türen [zu] öffnen»,[287] erschien es jedoch wohl nicht als opportun, ihn wieder einzustellen, was genauso für seinen ehemaligen Vorstandskollegen Albert Wolff galt.

Ähnliches traf auch auf den von Herbert Quandt besonders geschätzten Adolf Schneider zu. Er war gemeinsam mit etwa zehn weiteren DWM-Führungskräften Anfang September 1945 durch die amerikanischen Militärbehörden verhaftet worden. Der schwer belastete ehemalige DWM-Direktor in Posen war zunächst fast zwei Jahre in Zuffenhausen und Dachau interniert, wurde dann jedoch entlassen. Er fand zwar keinen Unterschlupf mehr bei einem der Quandt-Unternehmen, wurde aber 1948 in Schaan (Liechtenstein) Geschäftsführer der Dentalfirma Ramco AG, die 1951 in Ivoclar AG umbenannt wurde.[288] Im September 1954 gründete er in Ellwangen die Keramoplast GmbH, eine Vertriebsgesellschaft der Muttergesellschaft. Hier blieb er bis zu seinem Tod im März 1979 in führender Position.

Härter wurde der Posener DWM-Ingenieur und Betriebsdirektor Friedrich Buchheit zur Rechenschaft gezogen. Er gehörte zu den von den amerikanischen Militärbehörden Verhafteten, war wie weitere leitende DWM-Manager in Zuffenhausen und Dachau interniert und wurde im Dezember 1946 mit etwa 90 weiteren Deutschen, die in führender Stellung im «Warthegau» und dem «Generalgouvernement» gearbeitet hatten, im Auftrag der polnischen Militärmission nach Polen ausgeliefert.[289] Im Juni 1948 unter Anrechnung der Untersuchungshaft wurde er zu vier Jahren Strafarbeitslager verurteilt und im Januar 1951 in die Bundesrepublik entlassen.

Ältere Direktoren wie Gustav Mewes beendeten ihre berufliche Tätigkeit. Der Lübecker DWM-Direktor Karl Kirsch musste zwar ausscheiden,[290] wurde aber später Geschäftsführer bei der nach dem Krieg von der Quandt-Gruppe übernommenen Keller & Knappich GmbH in Augsburg. Viele Experten fanden wieder Anschluss, weil ihre Kenntnisse im Bereich des Maschinenbaus gefragt waren. Dr.-Ing. Kurt Fleck, der seit 1934 als technischer Direktor wesentlich für die Reorganisation des Werkes Oberndorf verantwortlich gewesen war und als «Wehrwirtschaftsführer» und Mitglied im Hauptausschuss Waffen unter Speer eine wichtige Rolle gespielt hatte, fand eine maschinenbauliche Tätigkeit bei den Adler-Werken in Frankfurt am Main. Karl Werning erhielt bei den Vereinigten Deutschen Nickelwerken in Schwerte eine neue Beschäftigung, Matthias Wilhelm Nolden ging zu den Vereinigten Leichtmetallwerken in Bonn und Max Hansen erhielt einen Vorstandsposten bei der Metallgesellschaft in Frankfurt am Main. Ein Nähmaschinenspezialist wie Hans Schnitger, der im Berliner Mauser-Werk Direktor gewesen war, ging in die Werkzeugmaschinenbranche. Bei Mauser wechselten zahlreiche technische Leiter zu anderen Herstellern, einige gingen zur Manufacture d'Armes de Levallois.[291] Etwa 150 Fachingenieure und Facharbeiter der Waffenforschungsanstalt und einige Spezialisten der Rechenmaschinenabteilung schlossen Dienstverträge mit französischen Dienststellen ab.[292] Die ehemaligen Mauser-Ingenieure Edmund Heckler, Theodor Koch und Alex Seidel gründeten 1949 ein eigenes Unternehmen, das sich zunächst ganz dem traditionellen Nebengeschäft der Produktion von Messlehren, Nähmaschinen und anderen Werkzeugen widmete,[293] aber schon bald unter dem Namen Heckler & Koch zu einem Marktführer in der Waffenproduktion wurde.

Innerhalb der Quandt-Gruppe wurden für verdiente Mitarbeiter Wiedereinstellungsmöglichkeiten geschaffen. Kurt Dielewicz von der BEM trat 1949 wieder in den Vorstand der DWM. Der Ingenieur und Leichtmetallbauexperte Friedrich Dörge, der 1933 von Günther Quandt in den Vorstand der Dürener Metallwerke berufen[294] und bald darauf auch in die Vorstände der Mauser-Werke und der Muttergesellschaft gewählt worden war, wurde 1948 von Günther Quandt persönlich wieder zu den Dürener Metallwerken geholt und bekam wenig später die undankbare Aufgabe, als Vorstandsmitglied die maladen Mauser-Werke zu sanieren. Gerhard Vieweg, der über die Braunschweiger Signalbau-anstalt Jüdel und die AFA den Weg zur DWM als Buchhalter in der Revisionsabteilung gefunden hatte, war zunächst in zweijährige Kriegs-gefangenschaft in Jugoslawien geraten und im Spruchkammerverfahren im Oktober 1948 als «Mitläufer» eingestuft worden.[295] Zwar hatte er sich weder mit Bolle noch mit Dörge gut verstanden, aber dafür umso besser mit Günther Quandt, der ihn jetzt in seinen Bereich zurückholte. Vieweg sollte bald als Mitglied des «Viererkreises» die gleiche Ebene wie Horst Pavel erreichen. Josef Holl, der vormalige Abteilungsdirek-tor der Gewehrfertigung der Mauser-Werke, der noch in der letzten Kriegsphase an die zum Reichswerke-Imperium Hermann Görings ge-hörenden Waffenwerke Brünn delegiert worden war, wurde nach 1945 zunächst alleiniges Vorstandsmitglied der DWM/IWK, zu der auch lei-tende Angestellte wie Richard Ammon und Karl Bracher zurückfanden.

Blickt man abschließend auf diese Phase des Übergangs, so ergibt sich ein buntes Bild, das kaum Verallgemeinerungen zulässt: Die Ex-pertise der leitenden Angestellten bot eine gute Voraussetzung, um nach 1945 wieder zur Quandt-Gruppe zurückzukehren, was bei der AFA leichter möglich war als bei den Unternehmen der DWM, die zum Teil abgewickelt wurden und eine Zeitlang keine Verwendung mehr für die Manager hatten. Nur wer sich politisch exponiert hatte, besaß geringere Chancen auf Wiedereinstellung, weil dies für den Unternehmensbestand, zumindest in einer Zeit, in der die Militär-regierungen noch einen wesentlichen Einfluss hatten, als zu risikoreich eingeschätzt wurde. Bisweilen spielte zudem schlichtweg der Zufall eine Rolle, ob man nun als geschätzter Experte ins Ausland abgewor-ben wurde oder sich eine ganz andere Existenz aufbauen musste.

16. DIE RESTRUKTURIERUNG NACH DEM KRIEG

Wirtschaften in der Nachkriegszeit

Unter militärischer Besatzungsherrschaft

Das Kriegsende kam zwar keineswegs der sprichwörtlichen «Stunde Null»[1] gleich, aber der Zusammenbruch markierte dennoch eine bis dahin unbekannte Zäsur der deutschen Geschichte. Deutschland war nach der «Deutschen Katastrophe» (Friedrich Meinecke) politisch zerschlagen, wirtschaftlich handlungsunfähig und moralisch diskreditiert. Die Kriegsniederlage war total, und die staatliche Souveränität war zugunsten der Siegermächte beseitigt worden.[2]

Aufgrund gegensätzlicher Interessen variierten die deutschlandpolitischen Vorstellungen der Alliierten bereits vor Kriegsende erheblich. Daher beschränkten sich ihre Minimalziele auf die «bedingungslose Kapitulation» und die Eindämmung des deutschen Machtpotentials für die Zukunft. Auf den Konferenzen von Jalta und Potsdam einigten sich die Bündnispartner über die Aufteilung Deutschlands in vier Besatzungszonen, die jeweils von einer alliierten Macht militärisch besetzt und kontrolliert werden sollte; zur Ausübung der gemeinsamen Besatzungsherrschaft wurde ein Alliierter Kontrollrat mit Sitz in Berlin geschaffen.[3] Darüber hinaus verständigten sich die Sieger auf die Umsetzung der so genannten vier «D's»: die Demilitarisierung und Denazifizierung Deutschlands sowie die Dekartellisierung und Demontage der deutschen Industrie.[4]

Die angestrebte gemeinsame Verwaltung der besetzten Gebiete durch den Alliierten Kontrollrat scheiterte indes früh an der französischen und sowjetischen Obstruktionspolitik. Dies hatte zur Folge, dass die Besatzung in der Praxis recht unterschiedlich aussah. Während die Demilitarisierung ohne größere Schwierigkeiten durchgeführt werden konnte, stießen die Nürnberger Kriegsverbrecherprozesse und die Entnazifizierung zum Teil auf Unverständnis und Ablehnung in der deutschen Bevölkerung. Der Versuch einer Deindustrialisierung gestaltete sich in den einzelnen Besatzungszonen ebenfalls unterschiedlich.

In den von den USA und Großbritannien besetzten westlichen Zonen kristallisierte sich rasch heraus, dass die ursprünglich geplante Demontagepolitik und Zerschlagung der deutschen Großindustrie und Großbanken an den realpolitischen Erfordernissen scheiterten. Daher war die «Beibehaltung alter Strukturen und ihre Indienststellung für den Wiederaufbau»[5] unabdingbar, denn die eroberten Gebiete sollten den Besatzern keine hohen Kosten verursachen.[6] Die amerikanischen Instruktionen, wie sie in der Blaupause der US-Besatzungspolitik, der Direktive JCS 1067, festgelegt worden waren, hatten im Vergleich zu den britischen Vorgaben einen stärker strafenden Charakter. So sollte das kriegswichtige Industriepotential in Deutschland größtenteils zerschlagen und die restliche Industrie dauerhaft auf einen Produktionsausstoß unterhalb des Niveaus der europäischen Nachbarstaaten beschränkt werden.[7] In London plädierte man ebenfalls aus sicherheitspolitischen Erwägungen für die Zerstörung der kriegswichtigen Industrien, gleichzeitig strebten die Briten jedoch eine Effizienzsteigerung des verbleibenden Wirtschaftspotentials an, da das ökonomisch angeschlagene Großbritannien nicht in der Lage gewesen wäre, dauerhaft die hohen Besatzungskosten zu tragen.[8]

Frankreich behandelte dagegen das eigene Besatzungsterritorium anfänglich in gewisser Weise wie eine «Ausbeutungskolonie»[9] und übte erst seit 1947 eine mildere Besatzungspolitik aus. In der sowjetisch besetzten Zone hingegen fanden umfangreiche Demontagen und Enteignungen statt, die im Jahr 1947 sogar noch massiv verschärft wurden. Unterdessen gelang es Amerikanern und Briten, ein weitgehend erträgliches Verhältnis zur Bevölkerung zu entwickeln, anders als es in der französischen und erst recht in der sowjetischen Zone üblich war.[10]

Der deutschen Bevölkerung machten weniger die völkerrechtlichen Konsequenzen des Krieges zu schaffen als vielmehr die lebenspraktischen Nöte und Sorgen einer «Zusammenbruchsgesellschaft» (Christoph Kleßmann). Mehr als sieben Millionen Deutsche waren dem Krieg zum Opfer gefallen. Hinzu kamen 1,5 bis 2 Millionen Kriegsversehrte und bis zu neun Millionen Soldaten, die in Kriegsgefangenschaft geraten waren. Gleichzeitig stellte die Integration von rund 7,9 Millionen Vertriebenen die Nachkriegsgesellschaft vor große Herausforderungen.[11] Auch die materiellen Folgeschäden waren erheblich.

Einige Großstädte lagen bis zu 70 Prozent in Schutt und Asche, während der Zerstörungsgrad in Deutschland durchschnittlich bei 40 Prozent lag. Die alliierten Bombardierungen hatten sich in der Hoffnung auf eine Demoralisierung der deutschen Bevölkerung und eines Zusammenbruchs des Wirtschaftssystems auf die Lahmlegung der Verkehrsinfrastruktur konzentriert.[12] Von der anfänglichen Idee, die deutschen Industrieanlagen zu bombardieren, waren die Alliierten im Kriegsverlauf rasch abgerückt, da diese Strategie sich als wenig effizient erwies. Tatsächlich waren «die meisten Angriffe auf Betriebe der deutschen Rüstungsindustrie nichts anderes als ‹kostspielige Fehlschläge›». Aus diesem Grund hatte der Fokus der Bombardements auf dem Transportsystem und den Wohngebieten der deutschen Städte gelegen.[13] Aufgrund der Zerstörungen waren die Energie- und Rohstoffversorgung sowie der Warenabsatz massiv beeinträchtigt. Als im strengen Winter 1946/47 sämtliche Wassertransportwege vereisten und der gesamte Verkehr auf das bereits überlastete Schienennetz verlagert werden musste, kam die industrielle Produktion fast zum Erliegen.[14] Bis zur Währungsreform 1948 war die Lage daher trotz einiger positiver Tendenzen immer noch durch Mangelwirtschaft und einen blühenden Schwarzmarkt gekennzeichnet.

Die Währungsreform und die damit einhergehende Rückkehr zur Marktwirtschaft bewirkte eine «institutionelle Sicherung von Geldknappheit» durch eine faktische «Massenenteignung». Dies erzeugte zugleich großen Druck, sich eine Arbeit zu suchen, da es für die meisten Menschen gar keine andere Möglichkeit gab, sich ihren Lebensunterhalt zu sichern. Für Unternehmen bedeutete dies im Gegenzug einen «Produktions- und Vermarktungszwang»,[15] der einen sprunghaften Anstieg der Industriefertigung zur Folge hatte. Nun erwies sich, dass die Auswirkungen der Bombenschäden auf die deutsche Industrie weniger stark waren als angenommen.[16] Ein bedeutender Teil der noch in den letzten Kriegsjahren ausgebauten Substanz war erhalten geblieben und die deutsche Industrie ging «mit einem bemerkenswert großen und neuen Kapitalstock» in die Wiederaufbauphase.[17] Diese Zeit war gekennzeichnet durch einen modernisierten Maschinenpark und leistungsbereite Arbeiter, von denen viele nach Flucht und Vertreibung hochmotiviert auf einen Neuanfang setzten.[18]

Ganze Zweige der Rüstungsbranche wurden zwar reglementiert oder verboten,[19] aber die Demontage- und Reparationspolitik insgesamt entfaltete nicht die anfänglich befürchtete destruktive Wirkung. In den Westzonen wurden nur schätzungsweise 3,5 Prozent der industriellen Anlagen demontiert.[20] Frankreichs Wirtschaftspotential, das bereits vor Kriegsausbruch deutlich geringer gewesen war als das der westeuropäischen Nachbarn, wurde durch die deutsche Besatzung zusätzlich geschwächt. Folglich musste sich die «Dominanz des Sicherheits- und Reparationsdenkens in der französischen Deutschlandpolitik [...] notwendigerweise auch in der Besatzungspolitik niederschlagen. Die französische Zone wurde von den Nachbarzonen isoliert und ihre wirtschaftliche Entwicklung bis 1948 in von der Bizone unabhängige Bahnen gelenkt.»[21] Eine umfassende Schwächung der wirtschaftlichen Leistungsfähigkeit übte dagegen die Sowjetunion auf dem Gebiet der späteren DDR aus. Bis zu 40 Prozent der industriellen Substanz wurden demontiert; Reparationen aus der laufenden Produktion und umfassende Enteignungen gingen damit einher.[22]

Für die Quandt-Gruppe brachte diese Nachkriegsentwicklung unterschiedliche Ausgangsbedingungen mit sich. Zwar waren die Unternehmen in der sowjetisch besetzten Zone verloren, dafür erwiesen sich aber die in der britischen Zone angesiedelten Produktionsstandorte der AFA als Glück und Chance für die Zukunft. Das schnelle Ende der Demontagen in der Bizone, das aufrichtige Interesse an einer wirtschaftlich gesunden Industrielandschaft und nicht zuletzt der Bedarf der Besatzungsmächte an Batterieprodukten der AFA spielten dem Firmenpatriarchen Günther Quandt in die Hände. Demgegenüber blieb die Zukunft der DWM in der französisch besetzten Zone zunächst ungewiss. Hier herrschte eine rigide Besatzungspolitik, die sich in Demontagen und Reparationen widerspiegelte. Trotz aller Schwierigkeiten gelang es der Familie Quandt jedoch schließlich, ihre neu aufgestellte Unternehmensgruppe unter den volkswirtschaftlichen Bedingungen der jungen Bundesrepublik rasch wieder auf Erfolgskurs zu bringen.

Wirtschaften in der Bundesrepublik (1949–1954)

Während sich der deutsche Wiederaufbau zunächst unter den Sonderbedingungen der militärischen Besatzung vollzog, waren bereits zu Kriegsende jene weltwirtschaftlichen Weichen gestellt worden, von denen auch das Unternehmertum in der jungen Bundesrepublik profitieren sollten. In den westlichen Staaten trat unter den Vorzeichen des sich verschärfenden Kalten Krieges die Marktwirtschaft nach amerikanischem Vorbild ihren Siegeszug an. Dabei war es keineswegs sicher, dass diese liberale Ordnung innerhalb von zwei Jahrzehnten zum Garanten für Prosperität und Stabilität werden würde, sahen doch viele den Kapitalismus als diskreditiert an und plädierten für eine dirigistische Wirtschaftsordnung. Dass sich derartige Vorstellungen von einem starken Interventionsstaat nicht durchsetzten, lag an drei Grundsatzentscheidungen der USA. Erstens drängten diese auf eine Liberalisierung der Weltwirtschaft, zweitens auf den Abbau von Zöllen, und drittens auf den Aufbau eines internationalen Währungssystems mit festgelegten Wechselkursen und dem US-Dollar als Leitwährung.[23] Da die USA Europa als ihren wichtigsten Absatzmarkt betrachteten und zugleich die westeuropäischen Demokratien vor kommunistischer Unterwanderung schützen wollten, entschlossen sie sich, Wiederaufbauhilfe zu leisten. Mit dem nach dem amerikanischen Außenminister benannten «Marshall-Plan» – offiziell «European Recovery Programm» (ERP) – stellten sie den europäischen Staaten insgesamt 15 Milliarden US-Dollar zur Verfügung und leisteten damit «Hilfe zur Selbsthilfe». Die junge Bundesrepublik Deutschland gehörte neben 13 weiteren europäischen Staaten zu den Empfängern dieser Unterstützungsleistungen.[24]

Trotz der Entscheidung für ein grundsätzlich marktwirtschaftlich orientiertes Wirtschaftssystem in Westeuropa unterschieden sich die nationalen Volkswirtschaften im Umfang staatlicher Interventionen zum Teil erheblich. Insgesamt zeichnete sich ein allgemeiner «Trend zu einem stärkeren Eingreifen des Staates in die Wirtschaft» ab, da die Weltwirtschaftskrise der Zwischenkriegszeit das Vertrauen in die Selbstheilungskräfte der Wirtschaft massiv beeinträchtigt hatte.[25] In Großbritannien und Frankreich wurden unter Einfluss des Keynesianismus zum Zwecke einer Modernisierung der Wirtschaft Großbanken, Konzerne der Schwer- und Automobilindustrie, des Verkehrs und der Kommunikation verstaatlicht.

In dieser Hinsicht war die Etablierung der «sozialen Marktwirtschaft» in der Bundesrepublik ein deutsches Spezifikum, weil die staatlichen Eingriffe in die Wirtschaft zugleich auf die Sicherung der Rahmenbedingungen und die Zähmung kapitalistischer Auswüchse abzielten. Diesen Balanceakt bewältigte die soziale Marktwirtschaft in den 1950er Jahren insgesamt mit Bravour. Im Wesentlichen wird man drei Gründe für diese westdeutsche Erfolgsgeschichte anführen können:

Zum einen zeichnete sich die Bundesrepublik durch eine im europäischen Vergleich sehr konfliktarme Tarifpartnerschaft aus, an der die Gewerkschaften durch gemäßigte Lohnforderungen und die Arbeitgeber durch eine grundsätzliche Konzessionsbereitschaft mitwirkten.[26] Zum anderen charakterisierte die deutsche Nachkriegswirtschaft eine früh einsetzende Geldwertstabilität, die von der unabhängig agierenden Bundesbank garantiert wurde.[27] Und zuletzt förderte eine «investitionsfreundliche Steuergesetzgebung» im Zusammenspiel mit den Marshall-Plan-Hilfen die Kapitalbildung in den deutschen Unternehmen.[28]

Insgesamt hatte die deutsche Industrie damit nach der Gründung der Bundesrepublik eine im Rückblick gut erkennbare günstige Ausgangsposition für einen erfolgreichen wirtschaftlichen Wiederaufstieg. Zunächst geriet die Industrieproduktion 1949 noch bei dramatisch steigender Arbeitslosigkeit ins Stocken, weil Wirtschaftsminister Erhard, ganz im Bann der gewünschten Einhegung der Inflation, weder die restriktive Geldpolitik lockern noch durch Staatsausgaben die Wirtschaft ankurbeln wollte. Als er sowohl in der Regierung als auch seitens der Besatzungsmächte immer mehr unter Druck geriet, kam ihm der Ausbruch des Koreakrieges im Sommer 1950 zur Hilfe. Die Verwicklung vorwiegend amerikanischer Streitkräfte in Asien führte aufgrund einer erneut zunehmenden Rüstungsproduktion zu Kapazitätsengpässen in der Konsumgüterproduktion, mit sofortigen Auswirkungen auf die bundesdeutsche Wirtschaft, die sich einer erhöhten Nachfrage nach deutschen Investitionsgütern erfreute, was wiederum der Konsumgüternachfrage zugutekam. Dieser «Korea-Boom» gilt als eine Initialzündung des deutschen Wirtschaftswunders, bedingte jedoch zugleich den Import von Rohstoffen und Zwischenprodukten. Als die Nachschubschwierigkeiten gemeistert waren, gelang Mitte 1952 schließlich der Durchbruch zum selbsttragenden Wirtschaftswachstum.[29] Die Quandt-Gruppe profitierte nach 1949 von diesen Weichenstellungen und partizipierte am «Wirtschaftswunder».

AFA: Die Geschichte eines Erfolgsmodells

Im Gegensatz zu den Rüstungsbetrieben der Quandt-Gruppe, wie den DWM und den Mauser-Werken, war die Entwicklung der AFA in der Nachkriegszeit schon bald eine Erfolgsgeschichte. Ein unschätzbarer Vorteil war, dass in der Batteriesparte die Konversion von der Kriegs- auf eine Friedensproduktion technisch vergleichsweise unkompliziert vonstattenging. In einer Festansprache im Jahr 1952 wies Günther Quandt auf diesen Umstand hin: «Die feste Basis unseres Geschäfts war der zivile Sektor. Wenn wir uns auch während des Krieges mit elektrischen Einrichtungen auf dem Rüstungssektor zu beschäftigen hatten, so erreichten wir nicht entfernt die prozentuale Ausweitung unserer Produktion bei DWM, und so waren die Erschütterungen durch den Kriegsausgang – so groß sie auch absolut waren – relativ geringer, und so konnten wir schließlich unsere Rolle als AFA weiter- spielen.»[30] Neben der einfacher zu bewerkstelligenden Produktionsum- stellung war für diesen Erfolg aber auch das Zusammenspiel weiterer Faktoren ausschlaggebend: Die AFA profitierte von ihrer hohen tech- nologischen Reputation, die sie als führender Hersteller von Akkumu- latoren in ganz Europa erworben hatte. Zudem erkannten die Briten und Amerikaner rasch, dass die AFA der einzige Akkumulatorenpro- duzent war, der die hohe Nachfrage nach Starterbatterien für Fahr- zeuge der Alliierten in ihren Besatzungszonen befriedigen konnte. Hinzu kam die Unterstützung durch die Kommunal- und Landes- politik, die in der AFA einen wichtigen regionalen Wirtschaftsfaktor sahen. Auch bewiesen einige Quandt-Mitarbeiter beträchtliches Talent in der Abwehr drohender Demontagen und verhinderten durch ge- schickte Täuschungsmanöver den Abtransport wichtiger Produktions- mittel. Zusätzlich begünstigte ein hoher Grad an personeller Konti- nuität auf der Führungsebene den Neuanfang. Ebenso hilfreich war es, dass unmittelbar nach Kriegsende wichtige strategische Entscheidun- gen gefällt wurden, die vor allem die massive Förderung der Forschung und die Kapitalbeschaffung betrafen. Die sektorale Entwicklung der bundesdeutschen Volkswirtschaft sowie das Konsumverhalten der westlichen Industrienationen einschließlich der günstigen Konjunktur- zyklen in den 1950er Jahren wirkten sich zusätzlich positiv auf die Auftragslage der AFA aus. All diese Faktoren – ein Mix aus klu- gen unternehmerischen Weichenstellungen, kumuliertem technischem

Wissen verbunden mit dem nötigen Quäntchen Glück – trugen zum raschen Wiederaufstieg in den Nachkriegsjahren bei und sicherten dem Akkumulatorenhersteller erneut eine marktbeherrschende Stellung.

Diese Entwicklung vollzog sich für die beteiligten Zeitgenossen jedoch nicht in der Klarheit, welche die rückblickende Perspektive offenbart. Vieles war nach dem 8. Mai 1945 ungewiss, und auch die Zukunft des Familienunternehmens Quandt stand in den Sternen. Den Sowjets galt Günther Quandt als «Kriegsverbrecher»,[31] er wurde sogar «zu den 72 zuerst bekanntgegebenen Industrie-Kriegsverbrechern» gezählt.[32] Die unter sowjetischer Kontrolle stehende ostdeutsche «Deutsche Volkszeitung» meldete am Jahresende 1945, das Quandt-Familienimperium sei «gesprengt» und damit die «Sterbestunde der Großausbeuter» eingeläutet.[33] Quandt hat die Situation, zumindest für einen Moment, nicht viel anders gesehen, wobei zu beachten ist, dass er mit dieser Aussage auch belegen wollte, keineswegs vom Krieg profitiert zu haben: «Der Zusammenbruch ist so total, wie der Krieg total gewesen war. Wir stehen vor einem Trümmerfeld. [...] Wir haben ungeheure Verluste an Fabriken und Maschinen erlitten. Wir haben nicht mehr unseren alten Stamm an intelligenten und geschulten Ingenieuren und Spezialarbeitern. Wir sind vom Kapital so gut wie entblößt.»[34]

Schon in der Endphase des Zweiten Weltkrieges, und ganz besonders danach, waren die alliierten Mächte am technischen Know-how der verschiedenen Quandt-Firmen interessiert. Ihr Interesse galt dabei vor allem den Batterien, so dass kurz nach Kriegsende britische und amerikanische Untersuchungsteams wie das «British Intelligence Objectives Subcomitee» (BIOS) und die «Field Information Agency, Technical» (FIAT) sowie einige Batteriehersteller die AFA-Werke in Hagen und Hannover inspizierten.[35] Primär ging es hierbei, wie die publizierten Abschlussberichte zeigen, um die Feststellung von Produktionsmethoden und deren Verbesserungsmöglichkeiten im Batteriesektor. Wenige Tage nach der Besetzung Hagens durch US-Truppen fanden die Untersuchungsteams am 14. April ein durch mehrere Luftangriffe schwer beschädigtes AFA-Werk vor: Zwar war die Fertigung von Bleiakkumulatoren noch möglich, doch die DEAC-Produktionsstätten waren komplett zerstört.[36] Während die Briten von einem Zerstörungsgrad von knapp 50 Prozent ausgingen,[37] errechneten die Amerikaner einen Schaden von 70 Prozent.[38]

Es war über die Grenzen Deutschlands hinaus bekannt, dass Hagen das Technologiezentrum der AFA und für die hochsensible Energieversorgung der Raketentechnologie verantwortlich gewesen war.[39] Zahlreiche Batterie-Prototypen, die auf dem Werksgelände lagerten, wurden beschlagnahmt. Vom 28. Mai bis 10. Juni 1945 führte ein «Field Team» im Werk eine umfassende Befragung der Führungsriege durch.[40] Neben Werksdirektor Hermann Clostermann wurden dessen Assistent Karl Müller, der Prokurist Theodor Drost, der Leiter der Alkalibatterie-Produktion, Hans Bischof, sowie die Söhne Clostermanns Verhören unterzogen.[41] Bei ihren Befragungen hofften die Besatzer, Details über Herstellungspalette, Verwendungszweck und Produktionsabläufe zu erfahren, doch im Letzten gelangten sie nur an wenige und recht allgemeine Informationen. Die Befragten gaben zu Protokoll, immer nur den Auftrag bekommen zu haben, Batterien in einer bestimmten Größe, mit einem bestimmten Gewicht und einer festgelegten Leistung zu produzieren, aber nicht gewusst zu haben, wofür diese Batterien am Ende verwendet werden würden. Auch die Inspektion der Büros im Verwaltungsgebäude, das keine Bombenschäden erlitten hatte, blieb weitgehend ergebnislos. Hier fanden die Untersuchungsteams verwüstete und von «displaced persons» geplünderte Räumlichkeiten vor. Zwar waren wichtige Akten von der Fabrikführung in eigens dafür erbaute Luftschutzkeller eingeschlossen worden, doch bei der oberflächlichen Durchsicht dieser Dokumente sowie der Experimentierergebnisse und Forschungsberichte aus den Laborgebäuden stellten sie schnell fest, dass es Wochen dauern würde, diese systematisch zu analysieren. Um doch noch an relevante Informationen zu gelangen, wurden Einzelverhöre durchgeführt. Während Hermann Clostermann sich anfänglich wenig kooperativ zeigte und deshalb zeitweilig interniert wurde, gaben die Abteilungsleiter bereitwillig Auskunft, sofern sie nicht unter dem direkten Einfluss des Werksleiters standen. Nach seiner Freilassung zeigte sich Clostermann eher bereit, über Aufbau, Ausmaß und Leistung der Batterietypen Auskunft zu geben. Seinen «plötzlichen» Sinneswandel erklärte er damit, dass während der ersten Befragungen das «German Fatherland» noch existiert und der Krieg noch angedauert habe, während er sich nun unter den geänderten Umständen frei fühle, auch Geheiminformationen preiszugeben.[42]

Im Sommer 1945 suspendierte die englische Militärregierung Clostermann und setzte mit Oberingenieur Hans Bischof eine neue Direktion ein. Die verbliebenen Mitglieder der AFA-Geschäftsführung gingen weiterhin in ihren Büros ein und aus. Zahlreiche Angestellte waren damit beschäftigt, Material zur Inventarisierung vorzubereiten und Gehaltsabrechnungen für «displaced persons» und Kriegsgefangene abzuwickeln, während Wartungsarbeiter bereits neue Lichtanlagen und Telefonkabel installierten.[43]

Obwohl die wichtigsten technischen Unterlagen nicht auffindbar waren, versuchten die alliierten Untersuchungskommissionen, so viele Informationen wie möglich über Forschung und Produktionstechniken zu sammeln. Ein Team der «U.S. Naval Technical Mission in Europe» schätzte nach seinen Besichtigungen im April und Mai 1945 den Stellenwert der AFA in der globalen Batterieproduktion hoch ein. Die «AFA group» wurde als «the principal storage battery manufacturer on continental Europe» und als «the center of European battery research» beurteilt. Das Werk in Hagen wurde zu Recht als Zentrum der Torpedo- und U-Boot-Batterieherstellung eingeschätzt. Während bei den Bleiakkumulatoren keine wesentlichen Verbesserungen identifiziert wurden, fiel die Beurteilung der Forschungen im Bereich der Stahlbatterien äußerst positiv aus. Diese Batterieinnovation, deren Konstruktionsprinzipien ausführlich beschrieben wurden, wurde als «undoubtedly the greatest and only advance made by the German secondary battery industry during recent years» bezeichnet. Man könne von einem «advance not known in Great Britain» sprechen, obwohl auch festgestellt wurde, dass die Serienreife dieser jungen Technologie unter Kriegsbedingungen noch nicht erreicht worden war.[44] Das war wenig verwunderlich angesichts des Umstands, dass die Laborgebäude und die technischen Aufzeichnungen durch Bombardierungen weitgehend zerstört worden waren und es an den für die Alkali-Batterieherstellung notwendigen Nickelvorräten gemangelt hatte.[45]

In den Folgemonaten gaben sich die alliierten Experten in Hagen die Klinke in die Hand: Abgesandte des britischen Foreign Office, der britischen und französischen Streitkräfte, des Alliierten Kontrollrats, Kunststoffsachverständige und Vertreter verschiedener Militärkommissionen. Selbst ein Direktor der in Bombay ansässigen «Standard Batteries» stattete der AFA in Hagen im Dezember 1945 einen Besuch ab – Inspektionen, die der Oberingenieur Bischof in seinen tagebuchartigen Aufzeichnungen detailliert festhielt: «Alte Bekannte» der Tudor Lille und der S.A.F.T., die noch Clostermann und Roderbourg kannten, waren ebenso in Hagen[46] wie einige auch weniger wohlgesinnte Besucher. Dazu zählte im Mai 1946 der Direktor der französischen Batteriefirma Fulmen, der kam, um «Fragen zu klären», wie es kryptisch bei Bischof heißt.[47] Die Kräfteverhältnisse hatten sich zwischenzeitlich umgekehrt: Die Fulmen-Direktion hatte 1940 die deutschen Emissäre empfangen müssen, um über die Kapazitäten für die deutsche Kriegswirtschaft Auskunft zu geben. Nun war es Bischof, der den französischen Technikern zeigen sollte, wie die AFA für ihre Zwecke genutzt werden konnte.

Ein Repräsentant der «Electric Storage Company» in Philadelphia transportierte im Mai 1945 einige komplette Batteriezellen für U-Boote und Torpedos ab, und Vertreter der britischen «Chloride» beschlagnahmten wiederum zwei Monate später alkalische Batterietypen und weiteres Zubehör.[48] Experten diverser so genannter «T-Forces», zuständig für die Beschlagnahme deutscher Patente, requirierten Aktenmaterial, Blaupausen, technische Zeichnungen und andere Unterlagen. Bis zum Herbst 1945, so die Klage deutscher Ingenieure, inspizierten noch «laufend Militär-Kommissionen aller Art» das Werk.[49]

Häufig waren mit diesen Besuchen Auftragsvergaben verbunden, so im September 1945 für die amerikanische Marine und die britischen Truppen. Deshalb wurden auf dem AFA-Gelände die schweren Kriegsschäden für die rasche Wiederaufnahme der Produktion zügig beseitigt. Herbert Quandt, Horst Pavel und Alfred Haymann entwarfen für den britischen Fertigungsplan ein Programm, das eine Tagesproduktion von bis zu 750 Starterbatterien vorsah.[50] Die entsprechenden «Permits» wurden in den folgenden Monaten erneuert und erweitert. Bereits Mitte Mai 1945 lief die Produktion in den veralteten Hagener Fabrikanlagen wieder an,[51] und Ende November waren bereits wieder 1400 Arbeiter beschäftigt, die fünfeinhalb bis sechs Tage in der Woche, in manchen Abteilungen sogar im Drei-Schichten-Rhythmus arbeiteten.[52] Die Maschinenfabrik des Werkes, die bis dahin im Wesentlichen Spezialeinrichtungen und Werkzeuge als Zulieferer für die Akkumulatorenfabrikation gefertigt hatte, wurde auf den Werkzeugmaschinenbau ausgedehnt, weil durch den Ausfall der enteigneten ausländischen Tochtergesellschaften ein erhöhter Bedarf an Spezialmaschinen entstanden war. Seit Sommer 1946 wurden neben den Briten auch die anderen westlichen Alliierten mit Starterbatterien beliefert. Im November 1946 lautete die Weisung der Besatzungsmächte, so viele Aufträge zu übernehmen, wie man «in vernünftiger Zeit zu liefern im Stande» sei.[53] Monatlich erhielten die amerikanischen Streitkräfte im Winter 1946/47 4000 und die französischen Streitkräfte 1000 Starterbatterien.[54] Ende 1947 wurde das Soll auf monatlich 25 000 Stück erhöht.[55] Wie unersetzlich die AFA für die Alliierten war, zeigte sich daran, dass seit Oktober 1946 kriegsgefangene deutsche Techniker, Ingenieure, Laborleiter und Abteilungsvorstände aus britischen, französischen und amerikanischen Kriegsgefangenenlagern zur Arbeit in Hagen angefordert werden durften. Einen ähnlichen Antrag auch für die Kriegsgefangenen in Russland zu stellen, so notierte Hans Bischof, «verbietet sich von selbst, da die Sowjetrussen derartige Spitzenkräfte sofort für sich selbst reklamieren würden».[56]

Auch das AFA-Werk in Hannover wurde einer Überprüfung durch die alliierten Besatzungsmächte unterzogen, ähnlich schnell wie das Hagener Werk wieder in Gang gesetzt und von den Briten als Sammelplatz für beschlagnahmte Wirtschaftsgüter genutzt.[57] Britische Truppen hatten das nur zu zehn Prozent vom Krieg beschädigte Werk[58] am 20. April 1945 besetzt und die Produktion stillgelegt. Anfänglich herrschte dort großes Chaos: «Offices there had been looted by D.P.'s and all files and records thrown around promiscuously. In the principal offices where technical records would be kept, British troops of RAF ground forces were quartered. All papers had been swept up, some had been burned, others were in a pile several feet deep where everything had been dumped in a hallway. It was a hopeless task to try to search for pertinent papers.»[59] Schon kurz nach der Besetzung wurden zwei Zwangsarbeiterbaracken zur Unterbringung von vorwiegend polnischen «displaced persons» genutzt.[60] Das Werk wurde von den britischen Ingenieuren nicht nur als «a most modern and efficient storage battery manufacturing plant», sondern auch als vermutlich «the largest single battery manufacturing plant in the world» eingestuft, was angesichts der geringen Schäden eine baldige Nutzung nahelegte.[61] Zwar bemängelten die Briten, dass der Abstand zwischen den einzelnen Gebäuden mehr als 100 Meter betrug und der Produktionsfluss – vom Rohstoff zur fertigen Batterie – daher nicht reibungslos ablaufen werde. Darüber hinaus stellten sie erstaunt fest, dass das Gießen und Verkleben der Batterien noch per Hand durchgeführt wurde.[62] Die Gründe für die tatsächlich eher an einen Manufakturbetrieb erinnernde Fertigung in der Gießerei haben sich nicht mehr aufklären lassen; möglicherweise hat die Kriegsentwicklung die endgültige Umstellung auf eine Maschinenfertigung nicht mehr zugelassen, zumal schon die Betriebshallen rüstungsbedingt bewusst mit großen Zwischenabständen geplant und produktionstechnische Überlegungen hintangestellt worden waren. Verglichen mit der Produktion in Hagen, wo die Fertigung auf mehreren Etagen stattfand, was effiziente Fließband-Produktionsabläufe kaum zuließ, entsprach das Werk Hannover jedoch insgesamt dem amerikanischen und britischen Standard.[63]

Schon am 27. April 1945 wandte sich die AFA über die Wirtschaftskammer Hannover erstmals an die Militärregierung, um die Wiederaufnahme der Fabrikation zu erwirken. Die AFA zog zunächst die Produktion «hochwertigen Spielzeugs» in Erwägung.[64] Angesichts der großen Gummibestände wurde auch an die Herstellung von Gummischuhen und -stiefeln gedacht, die mit zunächst etwa 100 Männern und 544 Frauen begonnen werden sollte.[65]

Seit Juni 1945 verhandelten Herbert Quandt und Horst Pavel mit britischen und amerikanischen Wirtschaftsstellen, um die Firmenrechte der AFA wiederzuerlangen. Gleichzeitig wurde der kommissarische Oberbürgermeister Hannovers, Gustav Bratke (SPD), eingeschaltet, um den Führungskräften das Betreten des Werkes zu gestatten: Die Aufräumungs- und Instandsetzungsarbeiten im Werk seien dringend erforderlich, um die Maschinen vor weiterer Schädigung zu schützen.[66] Noch wenige Wochen vor Kriegsende waren wichtige Maschinen aus Oberschöneweide nach Hannover transportiert worden. Am 14. Juni 1945 lief mit 50 Mitarbeitern unter britischer Aufsicht der Probebetrieb zur Fertigung von Trockenbatterien an. Anfang 1946 waren vorübergehend schon mehr als 2000 Arbeiter in der Starter- und Trockenbatteriefertigung beschäftigt.[67]

In Hannover lag der Schwerpunkt zunächst ganz auf den Bleiakkumulatoren, während der Anteil alkalischer Batterien gerade einmal fünf Prozent ausmachte. Die Produktionszahlen waren zwar noch weit entfernt von den Kriegszeiten, beliefen sich aber immerhin wieder auf monatlich 30 000 Starterbatterien, die von der britischen Militärregierung verwendet oder weiterverteilt wurden. Die Kapazität für 120 000 Batterien im Monat konnte wegen des Arbeitskräfte- und Energiemangels nicht ausgenutzt werden, weil nachts der Strom abgestellt wurde.[68] Nach einer auf Anweisung der Besatzer erstellten Inventurliste erfolgten die ersten Demontagebefehle bereits wenige Wochen nach Kriegsende; noch bis 1949 liefen Batteriefertigung und Demontagen parallel. Der britische Pragmatismus resultierte im Neubeginn der Batterieproduktion,[69] und das Kontrollratsgesetz Nr. 52, das am 1. Februar 1946 die AFA und ihre Tochtergesellschaften unter Kontrolle der britischen Militärregierung stellte, brachte zwar Beschränkungen, aber zugleich auch eine gewisse Rechtssicherheit. Herbert Quandt hat die britischen Offiziere als «schwierig und hart» bezeichnet, aber auch als «fair», zumal es «keine persönliche Schikane» gab.[70] Für das Werk Hannover wurde nun Horst Pavel zum Treuhänder bestellt.[71] Diesem gelang es mit Unterstützung des niedersächsischen Wirtschaftsministeriums, die Demontage zunächst auf Maschinen und Einrichtungen zu beschränken, mit denen «Kriegsmaterial» produziert werden konnte. Die Herstellung transportabler Bleiakkumulatoren für zivile Zwecke blieb erlaubt. Im September 1947 setzten die Briten das Werk Hannover jedoch erneut auf die Liste der zu demontierenden Werke und erwogen sogar, es ganz zu schließen. Pavel nahm dies «mit großer Besorgnis» zur Kenntnis.[72] Die Demontagen blieben umfassend: Fertigungseinrichtungen für Platten von Stahlakkumulatoren gingen nach Frankreich; die Plattenfertigung für ortsfeste Bleiakkumulatoren wurde nach Jugoslawien verfrachtet. In Hannover machte das Gerücht die Runde, die wertvollen Maschinen würden dort in Lagern verrotten, weil dort niemand in der Lage sei, sie wieder aufzubauen. AFA-Mitarbeiter versuchten, den Demontagen entgegenzuwirken. Der ehemalige Betriebsratsvorsitzende Bubi Orth hat später darüber berichtet: «Wir haben dies mit List und Tücke zu verhindern versucht. Die Engländer suchten sich die besten Maschinen heraus, indem sie die Nummern auf die Maschinenschilder montierten. Wir wiederum haben die Schilder nachts abmontiert und gegen die Schilder älterer Modelle ausgetauscht, so behielten wir einige gute Maschinen im Lande.»[73] Noch im Frühjahr 1949 wurden Maschinen für französische Batteriefirmen wie die S.A.F.T. abgebaut.[74]

Angesichts der politischen Entwicklung lag es nahe, den juristischen Sitz der AFA von Berlin in den Westen zu verlegen. Die Verkehrsverbindungen nach Berlin sprachen nicht für die ehemalige Reichshauptstadt, zumal die AFA nach den Enteignungen in der SBZ dort keine Produktionsstätte mehr besaß. Weil die Anfang 1946 für Hannover aufgehobene Vermögenssperre im Mai 1947 erneut verhängt worden und das Werk von der Schließung bedroht war, lag Hagen als zukünftiger Verwaltungssitz nahe.[75] Die amerikanische Militärregierung in Berlin lehnte eine Verlegung ab, weil sie die industrielle Schwächung des durch Stalin zunehmend in die Zange genom-

menen Berlins im heraufziehenden Kalten Krieg vermeiden wollte.[76]
Eine außerordentliche Hauptversammlung am 28. Oktober 1947
beschloss daher nur die vorläufige Verlegung des AFA-Sitzes nach
Hagen.

Letztlich konnte die AFA mit dem Hinweis auf die Bedeutung der
Produktion von Starterbatterien in der Bizone mit Unterstützung der
Wirtschaftsminister Nordrhein-Westfalens und Niedersachsens die
Schließung des Werks Hannover abwenden. In der Argumentation gegenüber den britischen Offizieren und den Treuhändern wurden die
technischen und kaufmännischen Notwendigkeiten hervorgehoben,
die auch den britischen Interessen dienen würden. Dadurch sollte zugleich das alliierte Misstrauen entkräftet werden, die AFA habe allzu
bereitwillig mit dem Nationalsozialismus kollaboriert. Ähnlich wie
andere deutsche Industrielle stellte man dieser Interpretation die eigene
Version «einer erzwungenen und ökonomisch widersinnigen Teilhabe
an Rüstung, Krieg und Enteignungspolitik»[77] entgegen. Die normative
Kraft des Faktischen war hier eine große Hilfe.

Bereits im Herbst 1945 wurde zudem die Wiederaufnahme der
Serienproduktion bei Trockenbatterien vorbereitet, ein kompletter
Maschinensatz erworben und 1946 die Pertrix-Werke Hannover
GmbH gegründet. Obwohl es an wichtigen Rohstoffen mangelte, lief
bald die Fließbandfertigung wieder an. Weil das Werk «betriebsbereit
und leistungsfähig» war, war die Wirtschaftskammer Hannover optimistisch, dass trotz Schäden in absehbarer Zeit der frühere Produk-
tionsstand erreichbar sei.[78] Angesichts der Demontagen in Hannover
und der ungewissen Zukunft des Werkes dachte die AFA aber bald an
einen Neuaufbau der Pertrix in Süddeutschland. Sie mietete zunächst
die stillgelegte Kessler-Fabrik für Flugzeugnaben in Wasseralfingen.
Anfang 1947 wurde die eigentliche Fertigung im württembergischen
Ellwangen an der Jagst aufgenommen. Zunächst erweckte die Produktpalette eher den Eindruck eines Sammelsuriums: Dosenver-
schlussmaschinen, Gartenrechen, Wandhaken, Trichter und Kartoffel-
reibeisen. In einem angemieteten Kleinbetrieb in Schopfloch und in
einer weiteren Stätte in Dischingen lief die Produktion mit Maschinen
aus Weiden in der Oberpfalz sowie den noch in den letzten Kriegsmonaten aus Berlin weggeschafften Maschinen wieder an. Die zunächst noch als Bavaria GmbH arbeitende Gesellschaft wurde 1946 in
BMF (Batterie- und Metallwarenfabrik GmbH) umbenannt,[79] der Be-
helfsbetrieb in Bayreuth schließlich 1953 eingestellt.[80] Obwohl die

Produktion am neuen Standort zunächst unter hohen Verlusten an-
lief und erst im dritten Betriebsjahr eine ausgeglichene Bilanz präsentiert werden konnte, erwies sich die Verlegung nach Ellwangen als
richtige Entscheidung.[81] Schon bald nach der Währungsunion war der
dortige Betrieb konsolidiert und erhielt Ende Juni 1949 durch die
Zusammenlegung mit der Hannoveraner Pertrix-Werke GmbH den
Namen Pertrix-Union GmbH mit Sitz in Ellwangen. Die im Zeichen
des Wirtschafswunders wieder anlaufende Produktion von großen
Kofferradios steigerte die Nachfrage nach Heiz- und Anodenbatterien.
Batterien für Handleuchten, die Bremseinrichtungen der Straßenbahnen, Lokomotiven, Schiffe, Grubenlampen und Elektrokarren waren
ebenfalls gefragt. Nachdem der Ausbau des Betriebes 1951 abgeschlossen war, zog auch der Export an. Als Empfängerländer wurden die
Beneluxländer, die Schweiz, die Türkei, Jugoslawien, Portugal, Ägypten, Belgisch-Kongo, Pakistan, Indien und Brasilien genannt. Der Jahresbericht 1952 vermeldete entsprechend eine «erfreuliche Entwicklung» und eine «angemessene Rendite». Ellwangen stellte für den Verlust des Werkes in Niederschöneweide inzwischen «einen vollwertigen
Ersatz» dar.[82]

Die Forschungsarbeit wurde grundlegend neu organisiert. Mit Genehmigung der Alliierten wurde unter Franz Bronstert 1947 die nach
AFA-Expertenansicht immer noch zu unsystematisch betriebene Forschungsarbeit wieder aufgenommen.[83] Der Ingenieur hatte schon in
den Vorkriegsjahren die Professionalisierung der Batterieforschung
vorangetrieben und hielt auch in der Nachkriegszeit die Forschung für
eine unabdingbare, weil «lukrative Arbeit».[84] Zahlreiche Rechte und
Patente waren 1945 verloren gegangen und wurden nun von ausländischen Konkurrenten genutzt. Bei der AFA war der grundsätzliche Eindruck vorherrschend, dass der Zweite Weltkrieg auf den Gebieten der
Konstruktion zu einer Stagnation geführt habe. Auf Ingenieurkonfe-
renzen warb Bronstert für eine geradezu aggressive technologische
Entwicklung: «Aktivismus» sei in diesem Zusammenhang notwen-
diger als «Konservatismus».[85] Bei Günther Quandt stand er in hohem
Ansehen: Bronstert sei der einzige Mann, so ließ Quandt Abs 1950
wissen, der das Format habe, in den AFA-Vorstand aufgenommen zu
werden,[86] eine Beförderung, die 1952 in die Tat umgesetzt wurde.

Der technologische Neuanfang wurde nirgends so deutlich wie bei
den seit 1952 jährlich stattfindenden technischen Direktionskonferen-
zen der AFA. Die Beratungen fanden im kleinen Kreis statt – neben

59 Herbert Quandt,
vermutlich in den 1950er
Jahren.

Herbert Quandt, Pavel und Bronstert nahmen nur die jeweiligen Werksdirektoren wie Garten (Hagen), Puppe (Hannover), Tewes (Rastatt), Sindel (Ellwangen) sowie die Hagener Oberingenieure Katz und Arnold teil. Durch die ergebnisoffenen Diskussionen sollte der technologische Vorsprung der AFA langfristig gesichert werden. 1954 wurde das erste Mal nach dem Zweiten Weltkrieg wieder eine große technische und kaufmännische Abteilungsleiterkonferenz abgehalten, weil die AFA angesichts des Geschäftswachstums eine Koordinierung als unabdingbar ansah.[87] Neben Bronstert plädierte vor allem Herbert Quandt für eine offene Diskussion auch geheimer Verfahren und Forschungsergebnisse und erinnerte an seine Erfahrungen, die er in der Zwischenkriegszeit in den USA gemacht hatte: «Während in Hagen alles in einen geheimnisvollen Schleier gekleidet wurde und die Mitarbeiter über die wesentlichen Vorgänge in den Nachbarwerkstätten im unklaren gelassen wurden, zeigte man in Amerika freimütig den gesamten Ablauf der Verfahren.» Mit dieser «freimütigen und offenen Aussprache» habe man große Erfolge erzielt.[88]

Der Wettbewerb zwischen Briten und Amerikanern um AFA-Forschungsingenieure war bemerkenswert. Die AFA-Mitarbeiter, die diese Rivalität der Verbündeten untereinander zunächst gar nicht durchschauten,[89] sahen das Machtgerangel letztlich als Anerkennung und Wertschätzung ihrer Expertise an. Im September 1947 wurde Oberingenieur Ernst Baars, seit 1938 Leiter des AFA-Forschungslabors und Honorarprofessor für Theorie und Technik elektrischer Akkumulatoren an der TH Hannover sowie Spezialist für alkalische Batterien, vom US-Kriegsministerium zu einem halbjährigen «Forschungsaufenthalt» im Sektor für ballistische Raketen in die USA geholt.[90] Ihm waren schon einige Monate zuvor entsprechende Angebote gemacht worden, und den Amerikanern war es vollkommen gleichgültig, dass dieser wertvolle Batterie-Experte im «Dritten Reich» SA-Rottenführer gewesen war.[91] Die Delegierung der deutschen Fachleute erfolgte «auf rein freiwilliger Grundlage» und war auch im Interesse der AFA, weil sie hierdurch wiederum Kenntnisse über den amerikanischen Forschungsstand erhielt.[92] Auch andere Staaten waren an den AFA-Experten interessiert. Ein Direktor der indischen Tata Iron Company, die 85 000 Beschäftigte zählte, erkundigte sich im September 1946 nach «Ingenieuren, die Lust dazu hätten, nach Indien zu gehen».[93]

Als die britische «Exide» eine Versuchsanlage für alkalische Batterien aufbauen wollte und in den Chloride-Betrieben in Redditch und bei der S.A.F.T. in Romainville Erkundigungen einholte, waren die AFA-Fachleute ebenfalls gefragt. 1948 wollte die in London ansässige Young Accumulator Ltd. gar wieder einen «Ingenieuraustausch» vereinbaren, was aber bei den vorsichtigen AFA-Ingenieuren auf eine gewisse Skepsis stieß.[94]

Trotz der schwierigen Umstände während der militärischen Besatzung gelang eine Konsolidierung der AFA. Und trotz aller Krisen und Konjunkturzyklen blieb die Firma de facto Branchenführer. Als wesentlichen Faktor für diese Erfolgsgeschichte wird man die spezifischen Eigenarten der «korporativen Marktwirtschaft» in der Bundesrepublik anführen müssen, die gerade den «Neuen Industrien» mit «diversifizierter Qualitätsproduktion» entgegenkamen und zur immateriellen Wertschöpfung beitrugen.[95] Die AFA profitierte genau davon: Bereits in der Besatzungszeit konnte sie ihrem Ruf als führender Hersteller von Qualitätsprodukten wie Starter- und Trockenbatterien wieder gerecht werden.[96] Wichtige Ursache des gewaltigen innen- wie außenwirtschaftlichen Wachstums war der Ausbruch des Korea-Kriegs im Juni 1950 mit seinem Nachfrageschub bei Investitions- und Konsumgütern. Weil die Bundesrepublik als einziger westlicher Industriestaat über genügend Potential zur Befriedigung der hohen Nachfrage verfügte, stieg die Industrieproduktion in Westdeutschland in den Jahren 1948 bis 1953 vier Mal stärker als in der übrigen Welt.[97] Während andere Unternehmen auf den schwierigen und teuren Import von Rohstoffen und Zwischenprodukten angewiesen waren, verfügte die AFA noch über große Rohstoffvorräte. Im Jahr 1951 wurde der Bleibestand in den Werken Hagen und Hannover auf etwa 40 Millionen Tonnen geschätzt. Von diesen wurden 10 Millionen Tonnen gewinnbringend am Markt verkauft, was im «Wirtschaftswunder» ausreichende Liquidität brachte.[98] Die Umsatzzahlen und andere Kennzahlen der AFA waren derart günstig, dass ein interner Bericht «schwere Bedenken» gegen eine Bekanntgabe der Zahlen in der Hauptversammlung geltend machte: «Es muss unter allen Umständen vermieden werden, dass die Wettbewerbsfirmen durch die Kenntnis dieser Zahlen ihre Vertriebsorganisation zu größerer Aktivität anhalten.»[99] Ganz jedoch sollte der Geschäftsbericht für das Jahr 1950 den Erfolg nicht schmälern: «Wir können und wollen hier nicht alle Folgen [...] aufzeigen, sondern nur kurz die Einwirkungen auf unseren Geschäftsbereich streifen: Der Umsatz erreichte in den letzten Monaten des Jahres eine neue Rekordhöhe; die Aufnahmefähigkeit des Auslandes für unsere Artikel nahm erheblich zu; Produktionsstätten mussten erweitert werden; neue Produktionsgebiete wurden erschlossen.» Ein Umsatzanstieg von 15 Prozent machte eine Dividende von 4,2 Prozent möglich.[100] Die Ende 1950 präsentierte DM-Eröffnungsbilanz der AFA bot Anlass zur Zuversicht: Laut einer internen Berechnung verfügte das Unternehmen «ohne Schwierigkeiten» über ein Eigenkapital in Höhe von 93,5 Millionen DM.[101]

Neben der äußerst günstigen Nachfragesituation auf dem nationalen und internationalen Markt konnte die AFA auch aufgrund einer vorteilhaften Personalsituation auf der Angebotsseite punkten. Die große Zahl an qualifizierten Fachkräften auf dem Arbeitsmarkt kam ihr dabei sehr entgegen. Pavel schloss im Februar und März 1947 nach «hartnäckiger Verhandlung» für die Werke Hannover und Hagen Betriebsvereinbarungen ab,[102] wobei auf die Forderungen des von SPD und KPD dominierten Betriebsrats in Hagen, den Aufsichtsrat paritätisch zu besetzen, nicht eingegangen wurde, wohl aber zeigte man sich zu Zugeständnissen bei der Gestaltung des Produktionsprogramms und für den Fall von Entlassungen bereit.[103] Die Gesamtbelegschaft der AFA stieg bis Anfang 1948 auf 6071.[104]

Die Auftragslage blieb freilich zunächst ebenso wechselhaft wie die Rohstoffpreise: Als wichtige Aufträge der Reichsbahn und der Bergbauunternehmen storniert wurden, musste im April 1949 die 32-Stunden-Woche eingeführt werden; in Hagen rechnete man damit, von den 880 Beschäftigten etwa 600 entlassen zu müssen.[105] Erst 1950 kehrte die AFA wieder zur 48-Stunden-Woche zurück, der gleichen, die auch vor 1945 die Regel gewesen war. Die Nachfrage führte von nun an immer wieder zu erheblichen Überstunden, die allerdings von den Gewerkschaften abgelehnt wurden, solange es noch Arbeitslose gab.[106] Um die Arbeiter bei der AFA zu halten, wurde die Sozialfürsorge verbessert. Im Herbst 1950 hielt Günther Quandt bei Besprechungen zur Erweiterung der Hannoveraner Produktion gar die Einrichtung eines Frühstücks- und Speiseraums «für eine unbedingte Notwendigkeit».[107]

Bedingt durch die Wirren der Nachkriegszeit veränderte sich die Zusammensetzung der AFA-Belegschaft. Die Integration der zunächst keineswegs willkommenen Vertriebenen brachte Westdeutschland einen Modernisierungsschub, weil diese «besonders aufstiegsorientiert und arbeitsam» waren.[108] Etwa 70 Prozent der Beschäftigten bei der AFA Hannover waren Vertriebene und Flüchtlinge aus den ehemaligen östlichen Gebieten des Deutschen Reiches, was auch damit zusammenhing, dass Niedersachsen mit etwas mehr als einem Viertel an der Gesamtbevölkerung des Landes den zweithöchsten Anteil aufnahm.[109] Der nach der Währungsreform einsetzende Boom bot eine solide Expansionsgrundlage, die allerdings trotz aller Bleiverkäufe durch mangelnde Liquidität gehemmt wurde, weil mittel- und langfristige Investitionskredite zunächst kaum erhältlich waren.[110] Eine der zentralen Bemühungen Günther Quandts war daher die Suche nach neuen Kreditmöglichkeiten. Ende Mai 1952 erhielt er von Abs eine Kreditzusage über eine Million DM,[111] wenig später wurde mit der Industriekreditbank (IKB) sogar ein Kredit über zehn Millionen DM vereinbart. Zwar wurde in Bankenkreisen 1953 die starke kurzfristige Verschuldung der AFA mit Sorge betrachtet,[112] zumal kurz darauf ein weiterer Kredit der IKB über neun Millionen DM gewährt wurde.[113] Die Vorsicht der Banken erwies sich jedoch langfristig als unbegründet. Als Flaggschiff der Quandt-Gruppe gehörte die AFA gerade mit ihrem Werk in Hannover neben dem Volkswagenwerk, der Salzgitter AG und dem Bosch-Zweigwerk Hildesheim zu denjenigen regionalen Großbetrieben, die eine wichtige Rolle im ökonomischen Strukturwandel der Nachkriegszeit spielen sollten. Erhebliche Summen investierte das Unternehmen nunmehr auch in «Acquisition und Werbung». Bei Besprechungen mit Werbefachleuten im August 1949 war festgestellt worden, dass der Begriff AFA auf dem Kraftfahrzeugsektor «keineswegs mehr ein Begriff» war und lediglich der «älteren Generation» noch in Erinnerung war. Daher sollten die AFA-Erzeugnisse unter dem Namen VARTA-Akkumulatoren vertrieben werden, «was ja nicht zuletzt durch eine einheitliche Propaganda außerordentlich leicht und schlagkräftig zu untermauern wäre».[114] Die Besinnung auf neue Konsumgewohnheiten lag ganz im Trend der Zeit. Mochte der Begriff «Propaganda» auch bald aus guten Gründen durch die neutraleren Begriffe «Reklame» und «Werbung» ersetzt werden, zeigte sich, dass um die in einer neuen Konsumwelt souverän ihre Kaufentscheidung treffenden Kunden beharrlich geworben werden musste, wenn man keine Marktanteile verlieren wollte.[115] Mit anderen Worten: Marketing wandelte sich «vom funktionalen Absatzinstrument zum strategischen Instrument der Unternehmensführung».[116]

Die Konsumentwicklung der 1950er Jahre spielte der AFA in die Hände. Trotz der Folgen des Zweiten Weltkrieges wandelte sich Westdeutschland zu einer Massenkonsumgesellschaft, die wellenartig das differenzierte Verbraucherverhalten in den führenden Industriestaaten wie den USA und Großbritannien im Eilverfahren nachholte.[117] So wuchs der Motorisierungsgrad jährlich im Durchschnitt um 21 Prozent und vollzog sich damit schneller als in jedem anderen westlichen Land. Das Auto wurde «vom Geschäftsfahrzeug der Selbständigen zum Privatwagen aller Klassen und Schichten für die Fahrt zur Arbeit oder den Ausflug der Familie».[118] Die konstant hohe Nachfrage an Starterbatterien wurde daher für die AFA eine konstante Umsatz- und Gewinnquelle. Hinzu kam der steigende Bedarf an transportablen Akkumulatorentypen, bedingt durch den zunehmenden Einsatz von elektrisch betriebenen Fahrzeugen, hauptsächlich Gabelstaplern.[119] Neben diesen Mobilitätstrend trat die Verbreitung von Radios, die lange vor dem Siegeszug des Fernsehers zum «Hegemon der häuslichen Freizeit» avancierten.[120] Besonders die bei Jugendlichen beliebten batteriebetriebenen Kofferradios[121] brachten Geld in die AFA-Kasse. Aufgrund solcher überaus positiven Entwicklungen malte der AFA-Geschäftsbericht für das Jahr 1954 ein rosiges Zukunftsbild. Der Umsatz lag um

13 Prozent höher als im Vorjahr und hatte sich dem Wert nach seit 1950 verdoppelt. Der Export war sogar um atemberaubende 50 Prozent gegenüber dem Vorjahr gestiegen.[122]

Nach dem Tod von Günther Quandt blieb die AFA unter Federführung seines Sohnes Herbert das Rückgrat der Unternehmensgruppe und bot die Möglichkeit weiterer Expansionen, die an dieser Stelle nicht geschildert werden müssen.[123] Im Jahr 1962 wurde der traditionelle Name aufgegeben. Fortan firmierte das Unternehmen unter dem Namen Varta AG. Der Firmensitz in Hagen wurde 1966 nach Frankfurt am Main verlegt. Im Jahr 1972 wurde die Varta AG durch eine Umstrukturierung mit der Agfi zu einer neuen Varta AG mit Sitz in Frankfurt am Main verschmolzen, die im Jahr 1975 ihren Sitz nach Bad Homburg verlegte. Im Jahr 1977 erfolgte die Realteilung des Unternehmens in drei unterschiedliche Geschäftszweige, die jedoch den Charakter der traditionellen Quandt-Unternehmen noch erkennen ließen: Neben die Varta AG trat die Altana AG und die Concordia unter dem Namen CEAG AG. Die Varta AG verlegte ihren Sitz im Jahr 1995 nach Hannover. Fünf Jahre später wurde sie von der Beteiligungs- und Private Equity-Holding DB Investor der Deutschen Bank übernommen und aufgespalten. Die Varta AG mit ihrem Stammsitz Hannover verkaufte ihre operativen Geschäftsbereiche und konzentriert sich seitdem auf die Verwaltung des eigenen Vermögens.

Neubeginn bei Byk Gulden

Zur Erfolgsgeschichte der AFA gehört auch das Überleben der Chemie- und Pharmabranche, die seit den späten 1930er Jahren eine immer wichtigere Rolle gespielt hatte. Der überwiegend in der sowjetisch besetzten Zone liegende Besitz schien zunächst das Ende der Byk Gulden zu bedeuten. Die Betriebsführung hatte jedoch im Februar 1945 vorsorglich Teile der Produktion in die Nähe von Konstanz verlagert und unter dem – allerdings nur auf dem Papier existierenden – Firmenmantel der Tochtergesellschaft Ernst Lomberg GmbH ein neues Unternehmen unter der Geschäftsführung Horst Pavels gegründet. Das Werk, das nach Kriegsende zunächst eher den Charakter einer Werkstatt hatte, bildete den Grundstock für einen Neuaufbau, den der Justitiar Quandts später wie folgt beschrieb: «Die Fülle von Verwaltungsarbeit, die gleichzeitig zu bewältigen war, spottet jeder Beschreibung. Ansiedlungs-, Zuzugs- und Produktionsgenehmigungen mussten beschafft werden bei deutschen und alliierten Behörden. Zur gleichen Zeit mussten Restitutionsverfahren durchgeführt werden wegen solcher Tochtergesellschaften, die aus jüdischem Besitz in der Hitlerzeit übernommen worden waren. Entnazifizierungsverfahren für wichtige Mitarbeiter liefen daneben einher.»[124]

In Bodman am Bodensee, wohin die Vorstände Dr. Max Dürr und Dr. Friedrich Rauch ausgewichen waren, wurde ein provisorisches Labor eingerichtet und seit Anfang 1946 in Konstanz eine bescheidene Produktion von Narkoseäthern und einfachen pharmazeutischen Präparaten aufgebaut. Das Ende 1947 von 500 000 auf 5 500 000 RM erhöhte Kapital wurde mehrheitlich von der AFA übernommen[125] und im Zuge der Währungsreform im Verhältnis 11 : 1 auf 495 000 DM umgestellt. Nach dieser gewaltigen Kapitalaufstockung verfügte die Ernst Lomberg GmbH, die nun in «Byk Gulden Lomberg, Chemische Fabrik GmbH» umbenannt wurde, über rund 63 Prozent des Kapitals der «alten» Byk Gulden. Im Juli 1948 wurden deren Rechte, Warenzeichen und Patente übernommen,[126] ein deutlicher Hinweis, für wie wichtig innerhalb der Quandt-Gruppe in der Nachkriegszeit gerade die Chemie- und Pharmasparte angesehen wurde, die nun allerdings in Süddeutschland und nicht mehr in der ehemaligen Reichshauptstadt verankert wurde.

Der in Berlin unter Treuhandverwaltung stehenden Byk Guldenwerke Chemische Fabrik AG war nämlich keine Zukunft beschieden. Der Versuch, mit der Entwicklung von Rostschutzmitteln eine Nische zu finden, erwies sich als ebenso fruchtlos wie das Vorhaben, die Produkte in den Ländern des sowjetischen Machtbereichs zu verkaufen. Im Juni 1951 wurden Betrieb und Produktion eingestellt und Ende 1953 die Liquidation eingeleitet. Mit der Byk-Gulden Lomberg Chemische Fabrik GmbH in Konstanz wurde im Dezember 1954 ein Übernahmevertrag geschlossen.[127]

Die «arisierten» Unternehmen mussten zurückgegeben werden. Nachdem bereits die Anteilseigner außerhalb der Quandt-Gruppe ihren entsprechenden Aktienbesitz 1948 abgegeben hatten, wurde den von den Erben der ehemaligen jüdischen Inhaber angemeldeten Rückerstattungsansprüchen für die Ceresin-Fabrik ebenso entsprochen wie denjenigen der bereits vor dem Einstieg Quandts «arisierten» Arzneimittelfabrik Dr. R. & Dr. O. Weil in Frankfurt am Main. Das sich über mehrere Jahre hinziehende komplizierte Restitutionsverfahren endete 1952 mit der Rückgabe der Grundstücke, Gebäude, Maschinen und Apparate an die Erben der ursprünglichen Besitzer.[128]

Der durch Kapitalspritzen der AFA ermöglichte Neuaufbau verlief zunächst schleppend,[129] aber nach Überwindung einer kurzen Durststrecke gehörte Byk Gulden zu den ertragsstarken Bereichen der Quandtunternehmen. Das seit langem eingeführte Euphyllin, das neben der Verwendung bei Schlaganfällen nun auch bei Behandlungen von Asthma eingesetzt wurde, blieb erfolgreich, und mit dem Wirkstoff Nebacetin wurde zudem ein gewinnbringendes Lokalantibiotikum auf den Markt gebracht.

Byk Gulden stand in der Nachkriegszeit ganz im Verantwortungsbereich des bisweilen sehr eigenständig handelnden Horst Pavel. Ende 1947 leitete dieser den Verkauf der Mehrheitsanteile an den niederländischen Großkonzern Unilever ein. Dies war ein durchaus kluger Schachzug, weil auf diesem Weg hochwertige Pharmaprodukte ohne das zu dieser Zeit noch als Stigma geltende Label «Made in Germany» wieder auf den internationalen Markt gebracht werden konnten. Pavel wollte – in den Worten von Herbert Quandt – ein «Hintertürchen in die große, uns damals verschlossene Welt öffnen»,[130] eine Entscheidung, über die Günther Quandt nach Einschätzung seines Sohnes Herbert «nicht glücklich» war, weil er es nicht gewohnt war, vom Mehrheitsaktionär zum «Minoritätspartner mit eingeschränkten Rechten» zu werden. Ein Trost war, dass die Majorisierung durch Unilever nur mit eingeschränkten Führungsbefugnissen erfolgte, weil sich die AFA in wichtigen Fragen das Vetorecht vorbehalten hatte.[131] Im Frühjahr 1958 wurden die Anteile des profitablen Pharma-Herstellers zu einem allerdings hohen Preis von der AFA zurückgekauft.[132]

Die Sorgenkinder des Quandt-Imperiums: Die DWM und ihre Tochterunternehmen

Während die AFA in der Nachkriegszeit wieder relativ rasch auf Erfolgskurs gebracht werden konnte, entwickelten sich die ehemals so erfolgreichen Rüstungsbetriebe der DWM und ihrer Töchter überwiegend zu Sorgenkindern des Quandt-Imperiums. Viele Faktoren, die in der Nachkriegszeit den wirtschaftlichen Aufschwung der AFA begünstigten, erwiesen sich für sie als problematisch. Während die AFA schon vor der Rüstungskonjunktur im Nationalsozialismus über ein diversifiziertes und am Markt erfolgreiches Produktportfolio verfügte, an das sie nach 1945 anknüpfen konnte, waren die DWM nach dem Ende des Zweiten Weltkrieges nicht in der Lage, von ihrem hohen technischen Standard zu profitieren, da die Waffenproduktion untersagt war. Zudem gelang es Günther Quandt nicht, seine eigenen Interessen mit denen der Kommunal-, Landes- und Besatzungspolitik wie gewünscht zur Deckung zu bringen. Auf personeller Ebene hingegen zeichneten sich Parallelen zur AFA ab; hier wurden wichtige Schaltstellen mit alten Weggefährten besetzt. Letztlich erwies sich die Tatsache, dass nach Kriegsende keine Rüstungsgüter mehr produziert werden durften, als größter Hemmschuh. Dementsprechend windungsreich verlief die Nachkriegsgeschichte der DWM im Quandt-Imperium.

Im Frühjahr 1945 war die Waffenschmiede nur noch ein Schatten ihrer selbst. Für den einst bedeutenden Rüstungslieferanten schien nach Kriegsende «fast alles verloren».[133] Das Unternehmen, dessen Werke in der britischen wie französischen Besatzungszone teilweise schwer zerstört waren, drohte nun «praktisch aufgelöst»[134] zu werden. Lediglich das Karlsruher Werk bestand noch im Kern. Die beiden Besatzungsmächte stuften die Werke im April 1945 in die Kategorie I der Rüstungsbetriebe ein und beschlagnahmten und besetzten diese gemäß Gesetz Nr. 52. Von den ehemals rund 60 000 DWM-Beschäftigten blieben gerade einmal 2000 in Lohn und Brot. Das Führungspersonal wurde entweder entlassen oder sogar einstweilen interniert[135] während erste Demontagen begannen.[136] Adolf Schneider, der schwer belastete ehemalige Posener DWM-Direktor, sowie etwa ein Dutzend weitere Führungskräfte wurden Anfang September 1945 vom amerikanischen Militär verhaftet. Schneider selbst kam mit fast zwei Jahren Lagerhaft in Zuffenhausen und Dachau vergleichsweise milde davon. Er fand zwar keine Anstellung mehr im Quandt-Unternehmen, wurde aber bereits 1948 im Liechtensteinischen Schaan Geschäftsführer der Dentalfirma Ramco AG.[137] Friedrich Dörge, der im «Dritten Reich» führende Positionen bei den DWM und ihren Tochtergesellschaften innegehabt hatte, wurde im November 1948 als entlastet eingestuft[138] und später von Günther Quandt mit dem Wiederaufbau der Dürener Metallwerke sowie der Sanierung der maroden Mauser-Werke betraut.[139]

Manche der leitenden Angestellten der DWM wurden zur Rechenschaft gezogen, wie etwa der ehemalige Posener Ingenieur Friedrich Buchheit, der insgesamt etwa fünfeinhalb Jahre in polnischer Haft blieb.[140] Der als «unbelastet» geltende frühere Direktor im DWM-

Werk Berlin, Paul Eberhardt, hingegen wurde von der britischen Militärregierung im Mai 1945 als «temporary custodian» bestellt und ein Jahr später auch in den anderen DWM-Werken als Treuhänder eingesetzt. Trotz vereinzelter Machtkämpfe zwischen ehemaligen leitenden DWM-Angestellten warteten die meisten Führungskräfte erst einmal ab, welche Entscheidung die alliierte Militärregierung über die Zukunft des Unternehmens traf.[141]

Zunächst ließ die britische Militärregierung das DWM-Vermögen mit der Begründung sperren: «Erst wenn das gegen Herrn Direktor Quandt eingeleitete Spruchkammerverfahren mit einer Einstufung des Herrn Direktor Quandt zumindest in die Gruppe der Mitläufer ohne Vermögenssperre abgeschlossen ist, entfällt dieser Grund für Vermögenssperre und -kontrolle der Gesellschaft.»[142] Aus diesem Grund standen die Maschinen in den DWM-Betrieben vorerst still. Im Herbst 1945 nahmen britische Experten eine Bewertung der Werke vor, der zufolge vor allem das DWM-Werk in Lübeck dem technisch neuesten Stand entsprach und die Gebäude in einem so guten Bauzustand waren, dass eine Weiternutzung mit einem relativ geringen Kostenaufwand möglich gewesen wäre. Da die Fabriken in England technisch weniger fortschrittlich waren, planten die Briten, einen Großteil der Maschinen ins eigene Land zu verlegen.[143] Anfang Oktober 1946 war das Werk bereits zu 15 Prozent demontiert und weitere Maschinen für Reparationsleistungen ausgewählt, während die Gebäude, Bunker und die Laboratorien zerstört werden sollten. Eine zivile Nutzung war indes nicht vorgesehen, obwohl im Lübecker Werk bereits früh Pläne für eine Friedensproduktion geschmiedet wurden.[144]

Beim Versuch der Umstellung auf eine Zivilfertigung erwies sich der Firmenname als schwere Hypothek. Als im Juni 1946 eine Industrie-Erhebung eingereicht wurde, war das zu diesem Zeitpunkt bereits erheblich demontierte[145] DWM-Werk Karlsruhe bemüht, schon vom Namen her nicht länger als Rüstungsbetrieb zu erscheinen und nannte sich kurzerhand in Industriewerke Karlsruhe (IWK) um. Um weiterer Demontagen oder gar einer Schließung zu entgehen, führte man an, die Firma könne «keinesfalls als modern und speziell für Rüstungszwecke eingerichtet betrachtet werden», eine Behauptung, die angesichts des Umstands, dass im Zweiten Weltkrieg etwa 98 Prozent der Gesamtproduktion in der Herstellung von Kartuschhülsen, Pistolen- und Infanteriemunition bestanden hatte, recht kühn war.[146] In einem Schreiben an die Militärregierung wiesen die IWK im November 1946 eindringlich darauf hin, dass weitere Demontagen die Entlassung von knapp 1000 Arbeitern und Verwaltungsangestellten zur Folge haben und die Arbeitsmarktsituation kaum eine baldige Beschäftigungsaufnahme andernorts erwarten lassen würde.[147] Das Wirtschaftsministerium Württemberg-Baden schloss sich dieser Sichtweise an und wies darauf hin, dass die verbleibende Friedensfertigung durch kein anderes Werk zu ersetzen sei.[148] Die IWK baten daher, die bei der Dynamit AG in Kaufbeuren gegen Kriegsende zwischengelagerten Maschinen und Vorräte wieder nach Karlsruhe rückführen zu dürfen.[149]

Die ehemaligen DWM-Betriebe waren so sehr demontiert worden, dass eine Neueröffnung zunächst ausgeschlossen war. Erst mit Wirkung vom 20. August 1949 wurde die Vermögenssperre und -kontrolle aufgehoben. Damit begann im Karlsruher Hauptwerk wieder die Produktion: Gefertigt wurden Verpackungsmaschinen, Industrie-Nähmaschinen, Perlon-Maschinen, mechanische und hydraulische Pressen (unter dem Markenzeichen «Pels»), Präzisionsdrehbänke, Ausrüstungen für die Kunstseide-Industrie, chemische und wärmewirtschaftliche Apparate und Industrieöfen. Darüber hinaus wurde auch die Messzeug-Fertigung wieder aufgenommen. Weil die Alliierte Kontrollkommission den Werken Karlsruhe und Grötzingen bald die Fertigung von Spezialmunition erlaubte, beantragten die IWK zudem die Erlaubnis zur Herstellung von Sportmunition sowie von Jagdmunition und -gewehren.[150] Ein Antrag auf Fertigung von 9-mm-Parabellum-Munition für einen Großauftrag aus dem Iran wurde allerdings abgelehnt,[151] und noch weit bis in die 1950er Jahre waren für Rüstungsexporte langwierige Verhandlungen mit den alliierten Kontrollbehörden nötig, die allerdings seit dem Korea-Krieg mit größerem Erfolg geführt wurden.

Ein Problem blieb zunächst die Schuldenfrage und der Versuch der Alliierten und der Berliner Bankaufsichtsbehörde, die aus der Zeit von vor 1945 bestehenden Forderungen einzuziehen. Hauptgläubiger und -kontrahent war formell die Bank der Deutschen Arbeit, die allerdings nicht mehr in eigenem Namen agierte, sondern als «ruhendes Institut» handelte, weil sie von den Briten und Amerikanern wegen ihrer engen Verbindungen zum Regime geschlossen worden war.[152] Die in großzügigster Weise an Rüstungsunternehmen vergebenen Kredite hatten allein bei diesem staatsnahen Institut nach eigenen Angaben zu einem Gesamtverlust in der schwindelerregenden Höhe von rund zwölf Milliarden RM geführt.[153] Der von den Alliierten eingesetzte IWK-Treuhänder versuchte daher, auch die den DWM gewährten Rüstungskredite in Höhe von 30 Millionen RM wieder einzutreiben.[154] Ein sich über viele Jahre hinziehender Rechtsstreit, der wahre Heerscharen von Rechtsanwälten, Bilanz- und Wirtschaftsprüfern beschäftigte, drehte sich vornehmlich um die Frage, ob Vermögen und Schulden der ehemaligen Waffenschmiede mit den Gewinnen und Verlusten intern verrechnet werden durften und ob sich die IWK auf ein «Leistungsverweigerungsrecht» aufgrund wechselseitiger Ansprüche berufen konnten.

Das Spiel auf Zeit war für die IWK Überlebensstrategie und Pokerpartie zugleich: Wenn der DWM-Nachfolger gezwungen worden wäre, die Kredite vollständig oder auch nur zum Großteil zurückzuzahlen, hätte dies unweigerlich das Ende des Unternehmens bedeutet. Da der Zugang zu den Akten und Unterlagen in der SBZ nicht möglich war, taten Günther Quandt und seine Manager alles, um den Treuhänderforderungen zu entgehen. Horst Pavel wollte es gar auf einen Musterprozess ankommen lassen: Gerade ein Blick auf die finanziell besonders schlecht aufgestellten Dürener Metallwerke könnte zum Ergebnis führen, dass «die gesamten Kreditforderungen damit illusorisch werden». Allerdings sollte geheim bleiben, dass in den Depots der Bank der Deutschen Arbeit neben nominell acht Millionen DWM-Aktien, die Günther Quandt als «ihm gehörig» ansah,[155] weitere Aktienpakete von Busch-Jaeger, Daimler-Benz, IG Farben, Mannesmannröhren-Werke und Rheinmetall-Borsig im Gesamtwert von etwa 600 000 RM[156] hinterlegt waren. Im Falle des Bekanntwerdens der Depots der Familienholdings werde es «sehr schwer sein», den Nachweis zu führen, dass beispielsweise die Posen-Kredite vollständig verloren seien, gab Gerhard Vieweg zu bedenken,[157] und Quandts Finanzmanager Schumann befürchtete, dann werde die Aussicht auf ein Entgegenkommen des Treuhänders «erheblich zusammenschmelzen».[158]

Das Aktienkapital wurde im November 1951 im Verhältnis von 10:4 auf 28 Millionen DM umgestellt. Bei der DM-Eröffnungsbilanz wurden die Einbußen durch Kriegsschäden zwar mit fast 143 Millionen RM, die Einbußen durch Kriegsfolgeschäden mit 328 Millionen RM und die Substanzverluste bei den Beteiligungen mit insgesamt 466 Millionen RM berechnet. Nach der Neubewertung der Forderungen, Verbindlichkeiten sowie des Anlage- und Vorratsvermögens verblieb ein Eigenkapital von immerhin 35,5 Millionen DM. Dieser erhebliche Wert erhielt umso größere Bedeutung, als das oben erwähnte Schuldenproblem der ehemaligen DWM ganz im Sinne der Quandts gelöst wurde. IWK und Bank der Deutschen Arbeit einigten sich im November 1955 vor dem Landgericht Karlsruhe: Die insgesamt knapp 30 Millionen RM Schulden galten danach durch eine Zurückzahlung von einer Million DM als abgegolten[159] – besser hätte das Ergebnis für die geschickten Unterhändler der Quandt-Gruppe kaum ausfallen können.

Nachdem die Treuhänderschaft für das Karlsruher Werk offiziell aufgehoben worden war, beschloss die Hauptversammlung der DWM in Köln am 31. August 1949, sich ein weiteres Mal umzubenennen: Aus der ehemaligen DWM wurden mit Zustimmung der amerikanischen Militärregierung endgültig die Industriewerke Karlsruhe AG (IWK), analog zur ganz ähnlichenEntwicklung nach dem Ersten Weltkrieg. Das Unternehmen wurde mit Sitz in Karlsruhe und Zweigniederlassungen in Lübeck-Schlutup und Berlin ins Handelsregister eingetragen. Günther Quandt wurde Vorstandsvorsitzender, während das operative Geschäft im Vorstand Josef Holl übernahm.[160]

Ein führender AFA-Mitarbeiter hat in der Nachkriegszeit einmal treffend die schwierige Stellung des zweiten Standbeins der Quandt-Gruppe nach 1945 herausgestellt: «DWM nahm einen bürgerlichen Namen an und legte – wenn ich so sagen darf – ihren heldischen Namen ab. Während wir nur zu behaupten brauchten, dass eine Unterseebootsbatterie ein Erzeugnis sei, das Zivil-Akkumulatoren zum Verwechseln ähnlich sei, musste notgedrungen bei IWK eine Bewusstseinsspaltung eintreten. IWK hatte mit DWM nichts zu tun. Das bürgerliche Unternehmen wusste nichts von den Fertigungszweigen, die das zweite Ich betrieben hatte.»[161]

Nach der Währungsumstellung im Jahr 1948 legten die IWK zwar zunächst noch Verlustabschlüsse vor, aber seit 1951 war das Unternehmen nicht zuletzt dank der Rationalisierung der Fertigungsabläufe im Werk Karlsruhe aus den roten Zahlen heraus. 1952 und 1953 stiegen die Umsatzzahlen im jeweiligen Vorjahresvergleich im zweistelligen Bereich. Zum Zeitpunkt des Todes von Günther Quandt hatte die Zahl der Beschäftigten bereits wieder die Grenze von 10 000 überstiegen. Die Zahlen verdeutlichen, warum in der Treue-Biographie über Herbert Quandt die Vorgänge bei den IWK schließlich doch als «einfacher und glücklicher» als in anderen Bereichen der Quandt-Gruppe beschrieben wurden.[162] Die IWK erhielten allein durch den Marshall-

60 Der «allmächtige Vater» Günther Quandt und die «Quandt-Flotte».
Die Zeichnung war ein Geschenk des IWK-Vorstandes zum 70. Geburtstag
Quandts im Jahr 1951.

Plan von Ende 1949 bis 1951 insgesamt 2,3 Millionen DM, mit denen neue Maschinen gekauft und Kriegsschäden beseitigt wurden.[163] Der Gesamtumsatz stieg 1951 gegenüber dem Vorjahr um 58 Prozent, der Exportumsatz sogar um atemberaubende 164 Prozent – und der Anteil an Auslandsaufträgen erhöhte sich trotz aller andauernden Exportbeschränkungen bis 1953 auf 53 Prozent.[164]

Damit befanden sich die IWK nur wenige Jahre nach Kriegsende wieder in einer unerwartet komfortablen finanziellen Lage. Die Familie verfügte somit neben der AFA auch bei der IWK über eine ertragreiche Basis für die Fortführung der Geschäfte. Um diese Gleichstellung unter den Brüdern zu erreichen, verkaufte Günther Quandt im Dezember 1951 seinen eigenen Anteil von nominell 18 114 000 RM Aktien an Harald Quandt,[165] der wenig später die «Federführung» über den Maschinenbaubereich der Quandt-Gruppe und damit auch die IWK erhielt, wo er Vorstandsvorsitzender wurde. Herbert und Harald Quandt hielten zusammen 51,8 Prozent der IWK in ihren Händen, eine Majorität, die derjenigen entsprach, die ihr Vater bereits im Zweiten Weltkrieg bei den DWM erreicht hatte. Auch die Aufsichtsratspolitik unterschied sich auffällig wenig von derjenigen der Jahre vor 1945. Familienmitglieder und alte Geschäftsfreunde saßen einträchtig nebeneinander: zeitweilig Paul Hamel als Vorsitzender, Herbert Quandt als sein Stellvertreter und schließlich Hermann Josef Abs, Kurt Schneider sowie Fritz Paul als Mitglieder. Diese Personalpolitik erwies sich für die Stabilität des unter Quandt-Kontrolle stehenden Unternehmens als ausgesprochen günstig, nicht zuletzt, als im Zuge des Kalten Krieges die strikten Waffengesetze in der Bundesrepublik gelockert und schließlich aufgehoben wurden und die IWK in der zweiten Hälfte der 1950er Jahre wieder in ihr angestammtes Produktionsgebiet, die Rüstung, zurückkehrten.[166]

In Lübeck berieten Günther Quandt und die Stadtverwaltung 1949 über die Zukunft der dortigen DWM-Hinterlassenschaften. Der Firmenchef erklärte sich bereit, in zwei oder drei Gebäuden erneut als Investor aufzutreten und hoffte für diesen Fall auf Kredithilfe des Landes Schleswig-Holstein sowie steuerliche Entlastung durch die Stadt. Außerdem pochte er auf die Rücknahme der Einstufung des Werks in die Kategorie I als «Rüstungsbetrieb» und konnte sich der Unterstützung der Stadt sicher sein, weil er gleichzeitig weitgehende Pläne für eine zukünftige Industrieansiedlung vorstellte: Vorgesehen war die Herstellung von Dieselmotoren, Elektroklein-

motoren und Textilmaschinen, darüber hinaus auch die Neuansied-
lung der Deutschen Wollenwaren-Manufaktur, dessen schlesisches
Stammhaus inzwischen von sowjetischen Truppen besetzt war.[167]
Die Vorstellungen der britischen Militärregierung sahen dagegen
anders aus. Sie wollte das Werksgelände in ein Nebeneinander von
Gewerbekomplexen, Wohngebieten und öffentlichen Einrichtungen
umwandeln.[168] Als Kompromisslösung wurde in Absprache mit der
Landesregierung vorgeschlagen, in Kooperation mit der örtlichen
Handelskammer ein Wohnungssiedlungsprogramm mit 1850 Neu-
bauwohnungen auf einem Freigelände aufzulegen und aus Mitteln
des ERP zu finanzieren.[169] Diese Pläne nahmen 1950 konkrete Gestalt an, ohne jedoch das Plazet Günther Quandts zu erhalten. Dieser
wünschte nur leistungsfähige Firmen auf seinem Gelände.[170] Letztlich musste Quandt jedoch dem Druck der Lübecker Behörden nachgeben: Ende August 1950 stimmte er den im Entwicklungsplan der
Landesregierung vorgesehenen Maßnahmen zu und gab auch dem
ERP-Wohnungsbauprogramm auf dem Gelände in Schlutup seine
Zustimmung.

Der schwierige Neubeginn der Tochterunternehmen Mauser-Werke und MfM

Auch die DWM-Tochterunternehmen Mauser-Werke und Maschinen
für Massenverpackung GmbH (MfM) wurden nach 1945 von den Alliierten inspiziert, vorübergehend stillgelegt und demontiert, bevor nach
einem mehrjährigen und schwierigen Restrukturierungsprozess die Produktion wieder aufgenommen werden konnte. Die von Kriegsschäden
kaum betroffene und in Lübeck ansässige MfM wurde kurz nach Einmarsch der britischen Besatzungstruppen geschlossen und ihre Unternehmensleitung in Haft genommen.[171] Während die Besatzungsmacht
damit beschäftigt war, grundlegende Informationen über das Werk einzuholen,[172] begann parallel die Demontage der hochwertigen optischen
Messinstrumente und Feinmesswerkzeuge.[173] Überlegungen für eine
rasche Wiederaufnahme der Fabrikation stießen auf ein striktes Verbot
der Alliierten. Die Erklärung des Treuhänders Paul Eberhardt, bei der
MfM habe es sich weder um eine Forschungs- noch um eine Entwicklungsstelle gehandelt, sondern um ein reines Betriebslaboratorium für
physikalische Untersuchungen und Prüfungen im Produktionsprozess,
fand bei der örtlichen IHK kein Gehör.[174] Nach dem Abbau wichtiger

Industriegüter und der Sprengung zahlreicher Flachbunker, die als Sprengstoff- und Pulverlager gedient hatten, sahen die Alliierten jedoch von einer ursprünglich geplanten Totalzerstörung ab. Im Sommer 1948 waren die Demontagearbeiten beendet. Als offizieller Nachfolgebetrieb der MfM wurde nach Verhandlungen mit dem Wirtschaftsministerium in Kiel die Dr. Asshauer & Co. GmbH gegründet, um beschäftigungslose Arbeiter wieder in den Wirtschaftsprozess einzugliedern und die noch vorhandenen Materialbestände zu verwerten. In Kooperation mit den IWK plante die neue Gesellschaft die Fabrikation von Spinnspulen und Leichtstahlflaschen. Für die IWK war diese Zusammenarbeit besonders attraktiv, weil sie diese Produktionssektoren durch den Verlust der DWM in Posen verloren hatten.[175] Die Produktpalette reichte nun von landwirtschaftlichen Maschinen, Fahrzeugaufbauten, Bedarfsartikeln der Kunstseide-Industrie bis zu Maschinenbauaggregaten. Unter dem Zeichen MfM wurden fortan Abfüll- und Einwickelmaschinen, Kartonier- und Portionsverpackungsmaschinen sowie Tubenfüll- und Schließmaschinen hergestellt.

Eine ebenso rigorose Demontage erfolgte in den Mauser-Werken, und eine Zeitlang sah es so aus, als ob diese Sparte für die Quandt-Gruppe verloren sei. Nach der Kapitulation im Mai 1945 war die Versuchsabteilung des Werkes noch mit einem Sonderzug in Richtung «Alpenfestung» aufgebrochen, dieser wurde jedoch im Ötztal von einmarschierenden US-Truppen gestoppt und der Inhalt, darunter Waffenteile, Fertigungseinrichtungen und Dokumente, zum Ordnance Depot der Amerikaner nach Paris transportiert.[176] Wegen der enormen Bedeutung der Mauser-Werke in der Waffenentwicklung sandten die USA und England ihre Spitzenteams nach Oberndorf. Die Experten beschlagnahmten zahlreiche Unterlagen, die Vorstandsmitglieder von Loßnitzer und Fleck wurden inhaftiert und von alliierten Teams befragt, hatten aber das Glück, als Waffenexperten gefragt zu sein. Während Fleck eine neue Tätigkeit als Maschinenbauer bei den Adler-Werken in Frankfurt am Main fand, ging von Loßnitzer als Waffenberater zur staatlichen Springfield Armory in die USA. Zahlreiche technische Experten wechselten zu anderen Herstellern, einige gingen zur Manufacture d'Armes de Levallois.[177] Insgesamt schlossen etwa 150 Fachingenieure und Facharbeiter der Waffenforschungsanstalt und einige Spezialisten der Rechenmaschinenabteilung Verträge mit französischen Dienststellen ab.[178] Andere führende Mitarbeiter fanden ebenso rasch eine Neubeschäftigung: Karl Werning bei den Vereinigten Deutschen Nickelwerken in Schwerte, Matthias Wilhelm Nolden bei den Vereinigten Leichtmetallwerken in Bonn, und Max Hansen erhielt einen Vorstandsposten bei der Metallgesellschaft in Frankfurt am Main. Kurt Dielewicz trat 1949 wieder in den Vorstand der DWM. Josef Holl, der vormalige Abteilungsdirektor der Oberndorfer Gewehrfertigung, war noch in der letzten Kriegsphase an die zu den «Reichswerke Hermann Göring» gehörenden Waffenwerke Brünn delegiert worden. Der ehemalige Direktor des Berliner Werks, Hans Schnitger, fand eine Anstellung in der Werkzeugmaschinenbranche. Langfristig wirkten sich gute Kenntnisse im Waffenhandwerk positiv auf die Karriere im Nachkriegsdeutschland aus. Dass einige ehemalige Mauser-Ingenieure wie Edmund Heckler, Theodor Koch und Alex Seidel sich als Rüstungsproduzenten selbständig machten, ist bereits erwähnt worden.[179]

Nach der Besetzung der Stadt durch französische Truppen unterstand die Waffenfabrik Ortskommandanten. Der ehemalige Mauser-Direktor Hermann Zillinger wurde am 22. April 1945 von den Besatzern als Bürgermeister eingesetzt,[180] jedoch später wieder abgelöst und zum Administrateur Delegué des Mauser-Vorstandes ernannt, um als Exekutor der französischen Anordnungen zu fungieren. Die Mauser-Werke bemühten sich nun, wieder als eine süddeutsche Firma darzustellen, die der «Verpreußerung der württembergischen Betriebe tatkräftig entgegenarbeiten» wollten. Zillinger äußerte sich, ganz im eigenen Interesse, skeptisch gegenüber den «Berliner Herren», die seiner Meinung nach nicht wieder in den Vorstand der Mauser-Werke zurückkehren sollten, was ihm zweifellos bei den französischen Behörden Sympathien einbrachte.[181] Die Strategie ging dennoch nicht auf. Zillinger wurde kurz vor Weihnachten 1945 von der Sûreté verhaftet, im Gefängnis Rottweil inhaftiert und verstarb wenige Monate später.

Die Besatzungsmacht nutzte die noch vorhandenen Lagerbestände und ordnete im August 1945 vorübergehend eine Wiederaufnahme der Produktion an. Aber weil sich Frankreich im Frühsommer 1946 der Forderung der anderen Alliierten nach einer vollständigen Entwaffnung Deutschlands nicht länger entziehen konnte, endete das Oberndorfer Rüstungs-Intermezzo bereits nach rund zehn Monaten.[182] Das Berliner Mauser-Werk produzierte seit März 1946 für britische Einheiten, während eine dem Ministère de l'Armement unterstehende französische Direktion die weiter amtierende deutsche Betriebsleitung in Oberndorf «überwacht[e] und leitet[e]».[183] Im August 1946 wurden

Maschinen, Werkzeuge und alle Konstruktionsunterlagen ins französische Mülhausen gebracht. Die zahlreichen Fabrikhallen und das weitläufige Gelände in Oberndorf waren industriell gut nutzbar, so dass sich in den letzten Monaten des Jahres 1946 hier kleinere Betriebe ansiedelten. Die Waffenforschungsanstalt selbst sollte in ein Krankenhaus umgebaut werden.[184] Seit Herbst 1946 unterstand das als «französischer Staatsbetrieb» firmierende Werk der Direction des Réparations et Restitutions in Baden-Baden.[185]

Im Dezember 1946 beschloss die Militärregierung im Einvernehmen mit der interalliierten Viererkommission die Stilllegung und Demontage der Mauser-Werke bis Ende 1948, um diese für Reparationsleistungen und Wiedergutmachungen zu nutzen. Die gesamten Anlagen sollten zerstört werden, weil sie «die Wiege der deutschen Waffenindustrie» seien und Frankreich Sicherheit brauche.[186] Diesem Vorhaben entgegenwirkend, argumentierte die Stadt, dass eine Schließung der Waffenfabrik dramatische Folgen für die städtischen Finanzen Oberndorfs und die Arbeiter der Stadt und des Umlandes mit sich brächte.[187] Bürgermeisteramt, Innen-, Wirtschafts- und Finanzministerium, Staatskanzlei, aber auch Günther Quandt als Eigentümer und Dresdner Bank als Hypothekengläubigerin[188] versuchten, die vollständige Demontage zu verhindern. Mit dem kommissarisch eingesetzten Bürgermeister Otto Kenntner traf sich Quandt zu konspirativen Gesprächen, um darüber zu diskutieren, wie die Folgen der Liquidation möglichst gering gehalten werden konnten. Quandt erklärte hierbei kategorisch, «daß die Mauser-Werke ihm gehörten und auch in seinem Besitz bleiben würden». Kenntner konnte zumindest Quandts Begleiter davon überzeugen, dass eine solche Maximalposition unrealistisch war.[189] Auch an das Innenministerium schrieb Kenntner in diesem Sinn: Die Zerstörung der Mauser-Werke sei «eben eine Folge des Krieges [...]. Dagegen anzurennen, sei unzweckmäßig.»[190] Zum selben Ergebnis kam auch Minister Eberhard Wildermuth als Vertreter der Staatsregierung Württemberg-Hohenzollern am 14. April 1948 während einer Stippvisite in Oberndorf. Er forderte, dass die «Rüstungsindustrie verschwinden müsse». Zur Unterstreichung seiner Meinung führte er an: «Das Renommee Mauser hat eben gerade beim Franzosen eine ungeheure Abneigung. Der Name Mauser ist der schwerste Einwand, der gefühlsmäßige Regungen zur Folge hat, denen man mit Verstandesgründen nicht begegnen kann.»[191]

Das Bürgermeisteramt Oberndorf verhandelte dennoch weiterhin unentwegt mit dem französischen Zwangsverwalter der Mauser-Werke, Raymond Bouysse, über ein Ende der andauernden Demontagen und die Neugründung einer Gesellschaft. Vorrangiges Ziel war die Übergabe der Mauser-Werke an einen deutschen Liquidator. Für die Vermittlung wurde ausgerechnet Corbin Hackinger als «neutrale dritte Person» herangezogen, was nicht einer gewissen Ironie entbehrte, hatte dieser doch in Frankreich während des Zweiten Weltkrieges als Helfershelfer bei Kapitalbeteiligungs- und «Arisierungs»-Bemühungen mitgewirkt.[192]

Letztlich jedoch konnte weder die kommunale Politik noch die Quandt-Gruppe das Vorgehen der französischen Militärregierung verhindern.[193] Die Gewehrfabrik, im Volksmund als «Millionenbau» bekannt,[194] wurde demontiert, 700 Arbeiter entlassen, die übrigen 750 mit dem systematischen Abbau der Anlagen betraut.[195] Während die Militärregierung darauf abzielte, Mauser aus dem IWK-Verband herauszulösen, befürwortete die Stadt Oberndorf die Weiterführung der Produktion durch die IWK, wenn auch nicht mehr als Waffenschmiede.

Der Gemeinderat hoffte Ende 1946, Teile des Werkes für Reparationszwecke weiterführen zu können und andere Unternehmen dort anzusiedeln. In einer ausführlichen gemeinsamen Denkschrift der politischen Parteien, Gewerkschaften sowie der Stadtverwaltung an die französische Militärregierung wurde für die Neueinrichtung der Messwerkzeug- und Rechenmaschinenfertigung geworben. Zugleich versuchte man, sich von der Waffentradition zu distanzieren: «Der Name Mauser besitzt heute nur noch historischen Klang. Er gehört einem schon längst überholten Abschnitt der Rüstungsgeschichte an. Die Stadt Oberndorf hat keinen Grund, der Waffenfabrik Mauser eine Träne nachzuweinen.»[196]

Dies blieb erfolglos. Laut Demontageplan sollte die Waffenfabrik zu etwa 55 Prozent gesprengt werden.[197] Bald wurde das inzwischen wieder hergerichtete Kraft- und Heizwerk zerstört, und die Maschinen in zahlreiche Länder abtransportiert.[198] Die Kosten für die gesamte Demontage mussten vom Land Württemberg-Hohenzollern getragen werden.[199] Die genauen Zahlen ließen sich nicht exakt berechnen. Der Gesamtwert der Mauser-Werke wurde bei Kriegsende auf über 100 Millionen RM geschätzt. Nach der Zerstörung wurde der Gebäudewert mit rund 3,7 Millionen DM angegeben.[200] Ende November 1948 zeichnete sich ein Ende der Demontagen ab, für das allerdings noch die Zustimmung der Militärbehörden in Freudenstadt erforderlich war.[201] Die Rettungspläne sahen die Übernahme der Gründstücke und Gebäude vom französischen Liquidator und die Umwandlung in eine Aktiengesellschaft oder GmbH vor, an der belgische und französische Investoren zu je zehn Prozent und Schweizer Investoren zu zehn bis 25 Prozent beteiligt sein sollten. Die restlichen Anteile sollten deutsche Geldgeber übernehmen. Bei den Beratungen wurden Stimmen laut, dass das «Projekt Mauser-Werke [...] die finanziellen Kräfte des Dr. Quandt» übersteige. Hintergrund waren französische Listen, auf denen unter anderem Günther Quandt als einer der Industriellen aufgeführt war, mit denen keine Geschäfte gemacht werden sollten. Es war also verständlich, dass ihm von städtischer Seite geraten wurde, sich «absolut zurück[zu]halten».[202]

Der Firmenpatriarch versuchte bei einer Besprechung am 26. November 1948, alle Pläne eines Neuaufbaus ohne seine Beteiligung zu konterkarieren. Er sprach sich entschieden gegen eine Versteigerung oder Zerstückelung des Unternehmens aus und forderte seinerseits als Voraussetzung für eine eventuelle Beteiligung an den Plänen «die Befreiung sämtlicher leitender Personen von der Diffamierung und wieder Zulassung bei ihrer alten Tätigkeit» sowie die «Aufhebung des Verbotes der mechanischen Industrie» und die «Aufhebung der Liquidierung».[203] Allerdings stieß das selbstbewusste Auftreten Quandts und seiner Emissäre auf heftige Kritik. Die vorgeschlagenen Neugründungspläne mit einem Gesellschafter Günther Quandt unter dem Signum der «Pertrix» erfuhren gleichfalls eine schroffe Ablehnung. Der französische Treuhänder Bouysse vermutete, Quandt habe hinter seinem Rücken gegen ihn intrigiert und «schimpfte maßlos über die Frechheit und Unverschämtheit von Quandt». Selbst der Quandt-Berater Dörge empfand das Vorpreschen als «Kardinalfehler», mit dem das gesamte Vorhaben geplatzt sei und er das Vertrauen der Besatzer verloren habe: «Mich hat Bouysse als ‹Quandtmann› beschimpft.»[204] Der Quandt-Experte Gerhard Vieweg war ebenfalls der Ansicht, man dürfe nicht «hinten herum wieder querschießen». Den Namen Quandt hatte man in den Verhandlungen ganz bewusst nicht erwähnt, weil bekannt war, «daß gerade der Name Dr. Günther Quandt wie ein rotes Tuch auf die Franzosen wirkt».[205] Der Patriarch sah sich jedoch in seiner Stellung als führende Figur des ganzen Konzerns herausgefordert, was ihn ein ums andere Mal egozentrisch agieren ließ.

In den folgenden Monaten traten die Verhandlungen zwischen den potentiellen Käufern der Mauser-Werke und dem Land Württemberg-Hohenzollern auf der Stelle,[206] vor allem weil völlig unterschiedliche Zahlen zur Bewertung des Unternehmens vorlagen. Der durch den Krieg entstandene Schaden wurde bei den Mauser-Werken intern mit 93 Millionen RM berechnet, von denen 30 Millionen RM als Forderungsausfälle bezeichnet wurden.[207] Eine Sonderprüfung der Vermögenslage, die dem Land Württemberg-Hohenzollern zur Einschätzung der möglichen Risiken einer staatlichen Unterstützung bei einem Neuaufbau diente,[208] ging von noch dramatischeren Zahlen aus. Vom einstigen Vermögen in Höhe von rund 140 Millionen RM war hiernach außer der «spärlichen Liquidationsmasse»[209] nichts mehr übrig. 98 Prozent des ehemaligen Vermögens seien verloren.

Für eine Einschätzung der finanziellen Lage des Unternehmens sind auch andere Zahlen aufschlussreich. Der Kredit der Bank der Deutschen Arbeit über 4 954 000 RM wurde im Verhältnis von 10 : 1 auf 496 000 DM umgerechnet.[210] Württemberg-Hohenzollern übernahm im Juni 1949 schließlich die Bürgschaft in Höhe von drei Millionen DM, um die Hypothekenschuld zu löschen. Bei einer vollständigen Schließung hätte das Land nicht nur die Millionenkosten für die Demontagemaßnahmen, sondern auch die Folgebelastungen übernehmen müssen.[211] Dieser Vorgang machte noch einmal deutlich, wie groß die Bedeutung der Mauser-Werke für das wirtschaftliche Leben in Oberndorf war. Von den ehemals 9000 Beschäftigten waren inzwischen nur noch etwa 160 mit Abwicklungsaufgaben beauftragt.[212] Die Stadt Oberndorf übernahm Verkehrsflächen, Gebäude und andere Einrichtungen zum symbolischen Preis von einer DM und wandelte die Werksstraßen in öffentliche Straßen um.[213] In einem 1951 geschlossenen Vergleich zwischen Günther Quandt und dem Notvorstand der Bank der Deutschen Arbeit wurde vereinbart, der Bank insgesamt 360 000 DM für die Mauser-Schulden in Höhe von knapp 14 Millionen RM zurückzuzahlen. Der Betrag wurde nach weiteren langwierigen Verhandlungen im Dezember 1953 auf 400 000 DM erhöht.[214]

Das Wirtschaftsministerium Württemberg-Baden beantragte 1951 bei Bundeswirtschaftsminister Ludwig Erhard die «sofortige Einstellung» der Liquidation. Die fadenscheinige Begründung lautete, bei den Mauser-Werken seien während der NS-Zeit nur zu einem verschwindend geringen Teil kleinkalibrige Waffen produziert worden und das Unternehmen sei vor allem als Hersteller von Messwerkzeugen und Rechenmaschinen bekannt gewesen.[215] Die französische Militärregierung blieb zunächst ein entschiedener Gegner einer Wiederaufnahme des Betriebes. Erst 1953 hegten die IWK wieder die «begründete Hoffnung» für eine Aufhebung des französischen Liquidationsverfahrens,[216] für das ein entsprechender Antrag über den Hohen Kommissar zugeleitet wurde. Beabsichtigt waren zunächst die Instandsetzung der Gebäude sowie der Neukauf und die Aufstellung von Werkzeugmaschinen in den ausgeräumten Werkshallen. Dies sollte zunächst die bescheidene Fertigung von Automobilteilen bzw. Automobilzubehör und Messzeugen ermöglichen.[217]

Am 8. Januar 1954 wurden die Mauser-Werke endgültig aus den Sequestermaßnahmen und der Liquidation entlassen[218] und eine neue Mauser-Werke AG mit einem von 25 Millionen RM auf vier Millionen DM umgestellten Aktienkapital gegründet. Den Vorstand bildeten Harald Quandt und Friedrich Dörge, der eigens für den Neuaufbau aus Düren abgezogen wurde.[219] Günther Quandt sah diese Wahl trotz der süddeutschen Animositäten gegenüber den als zu «preußisch» eingeschätzten Quandt-Leuten als beste Lösung an: «Ich habe mir den Kopf zerbrochen, ob Sie als Norddeutscher so gut in das Schwäbische Milieu passen werden. Ich bin aber immer noch der Ansicht, daß sich bei einer irgendwie gearteten Wiederaufrüstung Deutschlands sehr interessante Probleme für Sie persönlich ergeben werden.»[220] Unter dem Namen Mauser-Messzeug-GmbH bezog schließlich eine hundertprozentige Tochter der IWK Karlsruhe in Oberndorf neue Fertigungshallen – eine Grundlage für den Wiederaufstieg, der bald auch wieder dadurch gekennzeichnet war, dass Militärwaffen unter dem Traditionsnamen auf den Markt gebracht werden durften.

Das Verhältnis zur Stadt blieb jedoch gespannt, weil man bei der Quandt-Gruppe die Ansicht vertrat, die Stadt habe sich die Liegenschaften, bei denen sie inzwischen als Eigentümer im Grundbuch eingetragen war, zu Unrecht angeeignet. Erst in einem 1956 endenden Teilvergleich erzielten Stadt und Mauser-Werke eine Einigung. Kurze Zeit später wurden Mauser einige Straßen und Grundstücke zurückerstattet.[221] Das Verhältnis zwischen IWK und Oberndorf blieb bis zum Tod von Günther Quandt prekär. Erst unter seinem Sohn Harald verlor das Thema an Brisanz, vor allem weil sich die Quandt-Unternehmen mittlerweile auf andere, weitaus profitablere Sparten konzentrierten.[222]

*Eine geschickte Sanierung: Von den Dürener Metallwerken
zu den Busch-Jaeger Dürener Metallwerken*

Die Dürener Metallwerke, die in der Nachkriegszeit noch über das im
Krieg zur Zweigniederlassung degradierte und schwer beschädigte
Stammwerk in Düren, die neu gegründete Dürener Metallwerke Berlin
GmbH sowie die Wuppermetall GmbH verfügten, standen bis 1948
auf der Demontageliste und bis 1949 unter Vermögenssperre und Treu-
handverwaltung.[223] Die zunächst teilweise und später endgültige Auf-
hebung des Fertigungsverbotes ermöglichte zwar bald eine bescheidene
Produktion von Nichteisen-Metallen mit etwa 870 Beschäftigten, aber
die Zukunft des Unternehmens war noch ungewiss, als Günther
Quandt 1949 wieder in die Gremien des Unternehmens trat. Friedrich
Dörge fand im Jahr 1950 drastische Worte: «Sämtliche Werke und ausländische Beteiligungen sind bis auf ein kleines Umschmelzwerk in
Elberfeld restlos verlorengegangen. Das Berliner Werk ist ein absoluter
Torso, und ich habe den Wiederaufbau bereits endgültig abgelehnt.
[...] So sieht also der erste Bericht aus, den ich Dr. Quandt [...] vor-
legen muß.»[224]

Die Kriegs- und Kriegsfolgeschäden wurden mit rund 105,5 Millionen RM recht hoch angesetzt, möglicherweise schon deshalb, um
nach außen zu dokumentieren, dass vom Unternehmen keinerlei
Schuldenrückzahlungen zu erwarten waren. Aus einem ähnlichen
Grund wurde wohl die Höhe der beschlagnahmten Bestände mit
zehn Millionen RM und die Forderungen an das Reich aus nicht bezahlten Kriegslieferungen mit über 21 Millionen RM angegeben –
Zahlen, die sich schon zeitgenössisch kaum überprüfen ließen. Das
Kapital wurde im Verhältnis 2 : 1 von 20 Millionen RM auf zehn
Millionen DM neu festgesetzt – obwohl Quandt angesichts der hohen
Kriegsverluste und noch bestehender Teilschuldverschreibungen aus
der Zeit des Zweiten Weltkrieges ein Kapital von lediglich vier Millionen DM vorgeschlagen hatte. Die Umstellungsgrundschuld von
18 Millionen DM zugunsten der Deutschen Bank wurde zwar eingetragen, mit ihrer Inanspruchnahme wurde jedoch angesichts der
Kriegsschäden nicht gerechnet. Quandt hielt daher Wiederaufbau-
kredite als unabdingbare Voraussetzung für die Dürener Metallwerke für nötig, die gleichwohl vollmundig ankündigten, den «alten
Platz in der deutschen NE-Halbzeugwirtschaft» wieder einnehmen
zu wollen.[225] Tatsächlich gelang es, Kredite in Höhe von sieben Mil-

lionen DM vom Land Nordrhein-Westfalen sowie von drei Millionen aus dem ERP zu akquirieren und durch den Verkauf von DWM- und AFA-Obligationen an die IWK die Liquidität zu erhöhen.[226]

Nachdem Günther Quandt wieder den Vorsitz im vierköpfigen Vorstand übernommen hatte, wurde der Aufsichtsrat mit Familienmitgliedern und Vertrauten besetzt: Den Vorsitz übernahm Paul Hamel, an seine Seite traten Herbert Quandt, Fritz Paul und Gerhard Vieweg. Am Unternehmen hatte Günther Quandt Ende 1950 neben dem Anteil, der über die Agfi in seinem Besitz war, einen persönlichen Anteil von 15,8 Prozent und kaufte im Folgejahr erheblich Aktien hinzu, die er treuhänderisch weiterhin von der Agfi halten ließ.[227] Der Konjunktureinbruch 1949/50 machte einem zarten Aufschwung ein Ende, und selbst der Beginn des Korea-Konfliktes konnte das Geschäft zunächst nicht dauerhaft beleben.[228] Die gesamte deutsche Nichteisen-Halbzeugindustrie befand sich in der unmittelbaren Nachkriegszeit noch in einer Krise; in Düren musste Anfang 1951 für mehrere Monate Kurzarbeit angeordnet werden. Bei der Tochtergesellschaft Dürener Metallwerke Berlin GmbH war die Lage keinesfalls besser.[229] Mit anderen Worten: das Unternehmen war ohne weitere Kapitalzufuhr kaum überlebensfähig.

Dies war der Zeitpunkt eines weiteren Coups von Günther Quandt: der Verschmelzung der Dürener Metallwerke mit der Busch-Jaeger Lüdenscheider Metallwerke AG, die vergleichsweise solide dastand, weil die Gesellschaft den Weltkrieg fast unbeschadet überdauert hatte, von Schäden im Werk im westfälischen Aue einmal abgesehen. Nach der Währungsreform boomte das Lüdenscheider Geschäft geradezu.[230] Das Anlagevermögen betrug bei der DM-Eröffnungsbilanz 1948 mehr als fünf Millionen DM, die Dividende in den frühen 1950er Jahren wieder fünf Prozent – der gleiche Betrag, der letztmals 1943 ausgeschüttet worden war.

Die von Günther Quandt in der Vorkriegszeit angebahnte Verbindung beider Unternehmen war bekanntlich jahrelang durch Hellmuth Roehnert verhindert worden.[231] Nun gelang es Quandt jedoch, dessen Sohn, der mittlerweile das Erbe angetreten hatte und im Aufsichtsrat bei Busch-Jaeger Lüdenscheid saß, zum Verkauf seines Aktienanteils an Quandt zu bewegen.[232]

Dieser war ganz in seinem Element und hatte inzwischen an der Börse erheblich Aktien von Busch-Jaeger Lüdenscheid erworben. Ende 1950 hielt er mit nominell 1,08 Millionen RM eine Beteiligung von

61 Obwohl gesundheitlich angeschlagen, verteidigte Günther Quandt in der Bundesrepublik geradezu verbissen seine Führung in der Quandt-Gruppe.

21,6 Prozent im eigenen Portefeuille bzw. über die Agfi.[233] Der Kauf erfolgte zunächst wie üblich geheim, und selbst der Vorstand der Dürener Metallwerke wurde zum Stillhalten verpflichtet.[234] Der Einflussgewinn wurde erst deutlich, als im April 1952 Herbert Quandt zum stellvertretenden Aufsichtsratsvorsitzenden gewählt wurde. Nachdem der Aktienbesitz noch weiter ausgebaut worden war,[235] stand der gewünschten Verschmelzung der notleidenden Dürener Metallwerke mit Busch-Jaeger Lüdenscheid nichts mehr im Wege. Offiziell wurde die Vereinigung mit den Vorteilen begründet, die sich durch die «Beseitigung eines ungesunden Wettbewerbs der beiden branchenmäßig in wesentlichen Teilen gleichartigen Unternehmungen» ergäben.[236] Durch die Zusammenlegung der Verkaufsorganisation, der Verwaltung und der Forschung ergaben sich durchaus Synergie- und Rationalisierungseffekte, so dass die Verschmelzung unter der neuen Bezeichnung Busch-Jaeger Dürener Metallwerke AG in der Öffentlichkeit als «glückliche Fusion»[237] wahrgenommen wurde. Das Gesamtvermögen von Busch-Jaeger Lüdenscheid wurde auf die Dürener Metallwerke übertragen; diese erhöhten jetzt ihr Kapital von zehn auf 22,5 Millionen DM. Als Gegenleistung wurden die Aktien von Busch-Jaeger im Verhältnis von 1:2,5 in Aktien von Busch-Jaeger Dürener Metallwerke AG umgetauscht – damit wurden vor allem die «alten Lüdenscheider» als Aktionäre recht großzügig abgefunden, die bis dahin noch etwa 40 Prozent der Aktien gehalten hatten. Die Verlegung des Hauptsitzes der fusionierten Gesellschaften nach Lüdenscheid[238] war ebenso eine Konzession an die Altaktionäre wie die Ernennung von Carl Klefinghaus – einem langjährigen Repräsentanten der «Lüdenscheider» – zum Vorstandsvorsitzenden des neuen Unternehmens anstelle von Dörge. Günther Quandt hatte inzwischen 82 Prozent der Busch-Jaeger Dürener Metallwerke AG in seiner Hand,[239] und seine Söhne sowie Gerhard Vieweg traten geradezu selbstverständlich in den Aufsichtsrat des Unternehmens ein, das nach der Fusion etwa 3500 Beschäftigte zählte. Günther Quandt hatte wieder einmal überlegt kalkuliert: Vor dem Hintergrund des Wirtschaftsaufschwungs in der Bundesrepublik wurde 1954 für Busch-Jaeger Lüdenscheid ein Boomjahr. Der Inlandsumsatz stieg um rund 34 Prozent, der Export gar um rund 81 Prozent gegenüber dem Vorjahr. Dank des verstärkten Auftragseingangs war das Werk vollbeschäftigt.[240]

Personal- und Machtfragen eines Familienunternehmens

Mit der Inhaftierung im Juli 1946 war Günther Quandt als Familien- und Firmenpatriarch zunächst ins Abseits geraten, womit das bislang wohlgeordnete und straff geführte Unternehmensgefüge gehörig durcheinander geriet und sich Personal- und Machtfragen neu stellten. Bedingt durch das Entnazifizierungsverfahren musste Quandt diese Herausforderung aus einer deutlich geschwächten Position heraus angehen, in der das Überleben seines Imperiums auf dem Spiel stand. Im Kern hatte er mit mehreren Problemen zu kämpfen: Die Regelung der Nachfolge in der Unternehmensführung erwies sich dabei als die größte und schwerwiegendste Aufgabe. Einmal mehr fragte sich Günther Quandt in dieser Zeit, ob der durch sein Augenleiden behinderte Sohn Herbert über die notwendigen Führungsqualitäten verfügte.[241] Herbert war zwar seit 1937 konsequent mit Verantwortungsaufgaben betraut und im Zweiten Weltkrieg zudem in die zentralen Führungsgremien aufgenommen worden. Doch trotz dieser vom Vater langfristig getroffenen Entscheidungen blieb Horst Pavel, der während des Weltkrieges seine Führungsfähigkeiten unter Beweis gestellt hatte, eine ernsthafte Alternative zur Familiennachfolge. Harald hingegen konnte zumindest vorläufig, bis zu seiner Entlassung aus der Kriegsgefangenschaft 1947, nicht für eine unternehmerische Funktion aufgebaut werden.

Ein weiteres Problem ergab sich schlicht aus der Abwesenheit des Patriarchen. Auf der Managerebene brachen in einigen Quandt-Unternehmen nach Kriegsende regelrechte Diadochenkämpfe aus. Ende November 1946 erhielt Herbert die Nachricht von der durch die britische Militärregierung angeordneten Entlassung seines Vaters aus der AFA. Er selbst war ebenfalls betroffen und wurde wie sein Vater für eine Zeit lang sämtlicher Ämter und Funktionen enthoben, weil er als «Werkzeug seines Vaters» galt. Die Briten setzten derweil in Hannover eine informelle AFA-Direktion unter Dr. Hans Ulrich Hiller ein, der im «Dritten Reich» zeitweise von der Gestapo inhaftiert worden war und den Alliierten als «politisch nicht vorbelastete[r] Mann» hatte präsentiert werden können.[242] Herbert Quandt und Horst Pavel sowie weitere führende AFA-Mitarbeiter quartierten sich zwischenzeitlich in Bissendorf, 20 Kilometer nördlich von Hannover, in einem provisorischen Barackenlager ein. Dort wurde eine Art «Kerntruppe» zusammengestellt, welche die Leitung der zukünftigen Unternehmensgruppe bilden sollte. Gegen eine Weiterbeschäftigung Horst Pavels bestand seit Dezember 1946 «no objection», was wohl nicht zuletzt damit zusammenhing, dass in der britischen Besatzungszone bekanntlich das antisowjetische Moment stark und das pragmatische Interesse an einer Wiederaufnahme der Produktion größer war als in den anderen Besatzungszonen.[243]

Das abenteuerliche Leben im niedersächsischen Kiefernwald bildete später den Kern einer Geschichte der wundersamen Wiederauferstehung aus Ruinen. Das Feuer im Freien, die Rasur unter Zuhilfenahme der Scherbe eines Flakscheinwerfers als Spiegel – dies waren die Elemente verklärender Erzählungen, die bei der AFA stolz als eine Art Gründungsmythos der Nachkriegszeit die Runde machten. Mit der Zeit wurde das «Leben im Wald», das immerhin fünf Jahre dauern sollte, komfortabler. Ende 1950 verfügten die Baracken bereits über Badewannen, Elektroherde und Zentralheizung. Auch die Dienstfahrten gestalteten sich angenehmer. Ein mit Holzgas betriebener Mercedes wurde durch einen Opel P 4, einen Hansa 1100, einen VW Käfer und schließlich durch einen fabrikneuen Opel Kapitän ersetzt, der, wie sich Herbert Quandt später erinnerte, «sozusagen die Rückkehr des ehemaligen Standards krönte». Dieser empfand das verhältnismäßig karge Leben in der Barackensiedlung als eine Schule des Lebens, die er später nicht missen wollte. Ein jeder habe in dieser besonderen Lage «seine Pappenheimer kennengelernt».[244] Dieser Kommentar gehört sicherlich zum Topos einer Nachkriegsidylle, in der sich erst in Notsituationen der wahre Charakter eines Menschen gezeigt habe, aber dennoch hatte die gemeinsame Erfahrung, eben weil sie sich zu einem Mythos verdichtete, eine identitätsstiftende Wirkung auf die Führungsriege, mit der Herbert Quandt nun eng zusammenarbeitete. Diese vertrauensvolle Kooperation mit einigen jüngeren Managern stand seiner Ansicht nach im Gegensatz zum Verhalten anderer langjähriger Mitarbeiter. Verschiedentlich ließ er später durchblicken, «wie viel menschliche Enttäuschung er [...] mit dem Zusammenbruch des Dritten Reiches» erlebt habe, was ihn davon überzeugte, bei der Auswahl der leitenden Mitarbeiter «zunächst einmal der menschliche[n] Qualifikation» den Vorzug zu geben und erst in zweiter Linie der sachlichen.[245] Die angedeuteten Enttäuschungen hingen primär damit zusammen, dass einige der ehemals im Dienst des Familienunternehmens stehenden Mitarbeiter nun ihre eigenen Interessen verfolgten. Vor allem bei der AFA Hagen machten sich Verselbständigungstendenzen bemerkbar, wie sie auch bei anderen Unternehmen in jener chaotischen Zeit zu beobachten waren.[246] Die Unterstellung unter die britischen Militärbehörden erleichterte es, sich vom angeschlagenen Quandt-Imperium zu emanzipieren. Zudem war es zunächst schwierig, vom Provisorium Bissendorf eine Verbindung nach Hagen herzustellen. Erst Mitte 1945 gelang es Herbert Quandt und Pavel, einen lockeren informellen Kontakt aufzubauen. Eine Anfang 1946 eigens aus Hannover angereiste AFA-Delegation gewann im westfälischen Werk einen geradezu «niederschmetternd[en]» Eindruck.[247] Pavel reiste mehrmals zu Abs, um sich Ratschläge für die Verhinderung der «separatistische[n] Bestrebungen»[248] zu holen. Dem zur Untätigkeit verurteilten Günther Quandt blieben die Gefahren möglicher Illoyalität nicht verborgen. Der von den Briten in Hagen eingesetzte Treuhänder Quirin Hardt galt als einer der Motoren der Verselbständigung,[249] aber selbst der von Quandt so geschätzte Hermann Clostermann geriet in Verdacht. Aus der Lagerhaft schrieb Quandt Anfang 1947: «Wie sieht es im Betrieb aus und wie in der Zusammenarbeit mit Dr. P[a]v[el] und Herm[ann] E. Schu[mann]? Wird der Wiedereinsatz von Herrn Clostermann nicht eine neue Republik Hagen schaffen? Es muß jetzt mit eisernem Besen gesorgt werden, dass Hagen unter der Dir. Hannover steht! Am besten wäre, Cl[ostermann] zieht nach Hannover!»[250] Herbert Quandt hat sich in den 1970er Jahren lebhaft an diese «Verselbständigungs-Bestrebungen» erinnert, die von den Besatzungsmächten nicht ungern gesehen und «gelegentlich geradezu gefördert» worden seien. Allerdings habe – und man verspürt noch nachträglich Herbert Quandts Genugtuung über diesen Sieg über die Abtrünnigen – häufig allein sein Erscheinen in den Werken «derartigen Bemühungen einzelner Manager ein schnelles Ende» bereitet.[251]

Günther Quandt behielt dennoch den Eindruck, man wolle ihn in Hannover ausbooten: «Aber jetzt werden Schu[mann] und Dr. P[a]v[el] im Werk eine Atmosphäre schaffen, und es wird nachher heissen, die Arbeiter wollten mich nicht wieder haben. Es ist immer ein Fehler, wenn man sich von einer für richtig gefassten Linie durch andere abbringen lässt. Die Herren haben alle ihre eigenen Interessen.»[252] Bereits in früheren Zeiten hatte der Konzernchef ein gewisses Misstrauen gegenüber seinen Mitarbeitern dadurch bekundet, dass er stets über alle wichtigen Vorgänge informiert sein wollte. In seiner erzwungenen Untätigkeit steigerte sich dieses Misstrauen so sehr, dass es die Arbeit in der Unternehmensführung zu belasten begann. Selbst Herbert stand im Verdacht, sich vom Vater emanzipieren zu wollen. Noch Jahrzehnte später hat sich dieser erinnert, sein Vater habe ihm gegenüber «manchmal wegen der allzu großen Selbständigkeit Misstrauen erkennen» lassen.[253] Diese Dissonanzen hielten noch den Winter 1946/47 an, wie der Briefwechsel zwischen Vater und Sohn erkennen lässt, und es war der Sohn, der schließlich zur Besonnenheit riet: «Aber es hat ja keinen Sinn, sich über die Vergangenheit die Köpfe heiß zu reden. Jedenfalls muß das Misstrauen, das aus vielem, ja ich möchte fast sagen, aus allem in der letzten Zeit Geschriebenem spricht, wieder verschwinden. Es entsteht so nur, wenn man nur das beste will, zu leicht eine Verbitterung.»[254]

Obwohl Herbert Quandt also die Manager wie Schumann und Pavel gegen den ungesunden Argwohn seines Vaters in Schutz nahm, blieb eine «gewisse Rivalität»[255] mit Pavel bestehen, solange er das Werk Hannover nicht betreten durfte. Es war nicht leicht, sich gegenüber diesem mächtigen Experten, der selbstbewusst seinen Einfluss und seine Erfahrung geltend machte, zu behaupten. Mancher Beobachter sah Herberts Position in jenen Monaten als «außerordentlich schwierig» an. Weil er keine vertrauenswürdige Umgebung habe, stehe er in einer «wenig beneidenswerten Isolierung, aus der alle Entschlüsse umso schwerer zu fassen sind, als er die Absichten der gegnerischen Mächte, seien es Engländer oder Deutsche, nicht kennen kann. Er kann also nur mühsam lavieren und alles tun, um sich noch einigermaßen bei der AFA zu halten.»[256]

Da sich Günther Quandts Entnazifizierungsverfahren hinzog,[257] wäre es in dieser Lage sicherlich sinnvoll gewesen, wenn der Vater dem Sohn größere Handlungsfreiheit gegeben hätte. Erst als er im Herbst 1948 von der Spruchkammer in die Gruppe V (Entlastete) eingereiht wurde, konnte er der AFA – im Vorstand zunächst neben Pavel und Clostermann – wieder seine volle Arbeitskraft widmen. In dieser Situation zahlte sich aus, dass Günther Quandt dem Filius bereits früh Einblicke in seine Arbeitsweise gewährt hatte.[258] So konstatierte Herbert in den 1980er Jahren, auf diese Zeit rückblickend: «Die Mitarbeit mit meinem Vater für diese Unternehmen schuf mir naturgemäß sehr häufige Möglichkeiten der Gespräche mit ihm und des Abguckens seiner Methoden. Viele für mein späteres Industriellen-Leben wichtige Grundsätze erwuchsen mir gerade in dieser Zeit. Nicht zuletzt trugen dazu aber auch meine Gastrollen in all den Sitzungen bei, die mein Vater mit den anderen Vorständen seines Interessensgebiets anberaumte».[259]

Als Günther Quandt ab 1948 wieder die Zügel der Quandt-Gruppe in die Hand nahm, wurde die Unternehmensführung zunächst wieder ganz in seinem Sinne geordnet, obwohl die auf Herbert übertragene Führungsverantwortung diesem gerade erst die Chance gegeben hatte, sich bis zu einem gewissen Grad von der Überfigur des Vaters zu emanzipieren. Der auf seine Entscheidungskompetenzen pochende herrische Vater war nicht bereit, den Leitungsanspruch des Sohnes, der sich aus dessen Leistung in den zurückliegenden Jahren ergab, anzuerkennen. Sein despotisches Verhalten trug dazu bei, so formulierte es einmal der Justitiar der Quandts, dass bei Herbert die Entwicklung zu einer «eigenen Unternehmerpersönlichkeit» beträchtlich gehemmt gewesen sei. Er habe sich «erst nach des Vaters Tod»[260] ungehindert unternehmerisch entwickeln können. Dennoch gelang es ihm, unterstützt durch langjährige Weggefährten, die AFA durch diese außerordentlich schwierige Phase zu steuern. Selbstverständlich war dies nicht, wenn

man bedenkt, dass in einem vergleichbaren Fall der Flick-Sohn Otto-
Ernst auf ganzer Linie versagte und in den vorübergehend «führungs-
losen» Unternehmen seines Vaters nur Chaos anrichtete.[261]

Personelle Kontinuitäten vom «Dritten Reich» zur Bundesrepublik

Die Führungsebenen in den verschiedenen Quandt-Unternehmen sahen nach dem Krieg in personeller Hinsicht denjenigen der 1920er und
1930er Jahre erstaunlich ähnlich. Herbert übernahm die Muster seines
Vaters und führte dessen Politik der Mitarbeiterauswahl konsequent
fort. Wenngleich diese Führungspersönlichkeiten nicht zu den «jungen
Männern» aus Albert Speers Ministerialstäben zählten, hatten sie
doch als «Manager der Kriegswirtschaft»[262] Erfahrungen in der Zusammenarbeit mit jenen Rüstungsbürokraten gesammelt. Die Kontakte ins RWM und zu den Exekutoren der NS-Wirtschaftspolitik in
«Speers Kindergarten» (Volker Berghahn) hatten sie zweifellos geprägt
und die Manager und Ingenieure der AFA und DWM für den internationalen Wettbewerb der Jahre nach 1945 geradezu geschult. So führte
Herbert Quandt alte Mitstreiter wie Hermann Reseg (Finanzen), Dr.
Max Möller, Geschäftsführer der Pertrix-Union GmbH in Ellwangen
(Trockenbatterien), Gerhard Wilcke (Starterbatterien), Alfred Haymann (Industriebatterien) und Erich Franciscy (Betriebswirtschaft
und Revision) in die Vorstandsetage der AFA.

Für die Quandt-Gruppe bestätigt sich also die generalisierende Beobachtung einer «erstaunlich hohe[n] Selbstrekrutierung»,[263] mit der
zahlreiche «Hauskarrieren»[264] über die Zäsur 1945 hinweg geschaffen
wurden. Dies galt für Arbeiter und Angestellte[265] ebenso wie für
ehemalige Führungskräfte: Zahlreiche Interessenten versuchten beim
ehemaligen Arbeitgeber unterzukommen. Die Unternehmensleitung
wurde mit entsprechenden Anfragen geradezu «bombardier[t]».[266]
Günther Quandt hatte 1948 den Eindruck, dass es bei ihm «wie im
Taubenschlag» zugehe.[267] Bei der Besetzung von Schlüsselstellen bat er
seine Manager um Mithilfe und erkundigte sich beispielsweise bei
Friedrich Dörge, ob dieser «schon etwas Geeignetes gefunden» habe.[268]

Der Untergang des «Dritten Reiches» fand bei der Besetzung
unternehmerischer Spitzenpositionen in Westdeutschland, wie Ralf
Dahrendorf einmal bemerkt hat, «keinen unmittelbaren Widerhall».[269] Während die alte, noch von der Zwischenkriegszeit geprägte

Unternehmergarde langsam abtrat, rückten neue Generationen nach, die zum Teil schon in der Rüstungswirtschaft Karriere gemacht hatten, zum Teil aber bereits den «Typus der improvisationsbegabten, jungen Industriekapitäne der Wirtschaftswunderzeit» repräsentierten.[270] Es ist umstritten, ob die Rekrutierungspraxis, weiterhin Männer der NS-Zeit heranzuziehen, etwas mit einem angeblichen Leistungsfanatismus der Kriegsgeneration zu tun hatte[271] oder ob es nicht doch schierer Pragmatismus der Unternehmensleitungen war, die im Wirtschaftsboom froh über jeden erfahrenen ehemaligen Mitarbeiter waren, der sich für seine Firma einsetzte und damit die «eingespielte und routinierte ökonomische und administrative Kontinuität» stützte.[272] Der Blick auf die Verhältnisse bei Quandt bestätigt den Befund, dass unter den Eliten in der Nachkriegszeit die Unternehmer in ihrem Habitus und ihrer Rekrutierungspolitik, wenn man einmal von dem offensichtlichen Sonderfall der Kirchen absieht, die «am wenigsten flexible» Gruppe blieben.[273]

Ähnliches lässt sich auch für die Kontrollgremien sagen: Wie vor 1945 fanden sich die bekannten Gesichter des Quandt-Netzwerks im Aufsichtsrat der AFA: Hermann Josef Abs als Vorsitzender, Paul Hamel als sein Stellvertreter und Hermann Bücher von der AEG als Mitglied. Die in der sowjetischen Besatzungszone enteigneten Familienmitglieder[274] Fritz Paul, Werner Quandt und Kurt Schneider blieben weiterhin durch Aufsichtsratsmandate versorgt: Neben Harald erhielt jetzt auch Karl-Heinz Quandt, der Sohn von Werner Quandt, einen entsprechenden Posten.

Anfang der 1950er Jahre zog die AFA-Unternehmenszentrale von Hannover in ein Bürohaus in Frankfurt am Main. Damit begann nach Ansicht Herbert Quandts wieder ein «normalisiertes Arbeitsleben», weil die unternehmerischen Entscheidungen von nun an zentral durch Günther und Herbert Quandt, Horst Pavel sowie Franz Bronstert getroffen wurden. Herbert Quandt hat diese Zentralisierung und die Etablierung kleiner Führungsgremien, wie sie bereits der Vater geschaffen hatte, später als «die Wurzel [s]eines Erfolges» angesehen.[275]

Während Herbert seine Machtposition langsam, aber stetig ausbauen konnte, blieb Harald aufgrund seiner Kriegsgefangenschaft ein Weg an die Führungsspitze der Unternehmensgruppe zunächst versperrt. Der elf Jahre jüngere Halbbruder hatte bis dahin als Erwachsener nur den Krieg kennengelernt; für die Leitung eines Unternehmens fehlte es ihm schlicht an Erfahrung. Folgerichtig absolvierte Harald nach seiner Rückkehr aus der Kriegsgefangenschaft im Jahr 1947 erst einmal ein Praktikum im feinmechanischen Institut der TH Hannover für Hochfrequenz. Als Gießer, Maurer und Schweißer machte er sich mit seinem zukünftigen industriellen Arbeitsfeld vertraut und knüpfte damit dort an, wo er in der Lokomotivabteilung der DWM Posen aufgehört hatte. Seit 1949 studierte er an der TH Hannover, wurde aber zunächst noch finanziell von seinem Vater kurzgehalten und musste sich mit einem Monatswechsel von 300 DM begnügen.[276] Erst nach Ende seines Maschinenbaustudiums, das er 1953 als Diplomingenieur abschloss, gewann er an unternehmerischer Statur, was sein Vater aufmerksam verfolgte. Es freute ihn, so schrieb er im Juli 1953, dass Harald seine Diplomprüfung «so gut hinter sich» gebracht habe und schenkte ihm dafür eine Million DM – einen Betrag, den er aber im gleichen Atemzug mit den Schulden verrechnete, die aus einer Aktienübertragung aus dem Juni 1951 herrührten, bei der er vier Prozent seines 29 Prozent betragenden Anteils an der Draeger Werke GmbH an seinen jüngsten Sohn verkauft hatte.[277]

Günther Quandt kehrte nach seiner Inhaftierung als ein verhalten optimistischer Unternehmenslenker an die Spitze der Quandt-Gruppe zurück. Er wohnte zunächst in einem «67 qm-Häuschen» einer Fertighaus-Siedlung in Stuttgart-Zuffenhausen, in dem er sich «ausgesprochen wohl» fühlte.[278] Ins Schwäbische war er trotz des noch nicht aufgehobenen Beschäftigungsverbots gezogen, weil dort inzwischen der Sitz seiner Vermögensholding Agfi war.[279] An den Verhandlungstagen pendelte er an den Starnberger See. An eine Bekannte schrieb er Mitte Juni 1948 selbstsicher, die «völlige Rehabilitierung» sei nur noch eine Frage der Zeit: «Im August hoffe ich, dann auch selbst wieder irgendwo im Einsatz zu stehen. Bei meiner vielseitigen Tätigkeit in früheren Jahren muß es doch wohl möglich sein, eine wichtige Stellung, von der aus man sich austoben kann, wiederzufinden.»[280] Günther Quandt wollte in seine früheren Funktionen und Gremien zurückkehren. Er entfaltete eine geradezu «fieberhafte Tätigkeit, als müsse er nachholen, was er in den Jahren der Abgeschiedenheit versäumt hatte».[281] Als er im Herbst 1949 zu Besprechungen der Dürener Metallwerke reiste, hatten die leitenden Angestellten einen ähnlichen Eindruck: «Er hat sich in den fast fünf Jahren äußerlich kaum verändert, nur scheint er noch pingeliger und kleinlicher geworden zu sein, als er es in bestimmten Dingen sein Leben lang schon war. Er scheint auch jetzt noch von einer geradezu unverwüstlichen Vitalität zu sein, denn selbst das dauernde Unterwegssein macht sich bei ihm kaum sehr bemerkbar.»[282]

Von den Konkurrenzkämpfen, die während seiner Internierungszeit ausgefochten worden waren, war fortan keine Rede mehr, und auch der allgemeine politische Ausblick stimmte ihn hoffnungsvoll. An eine Bekannte schrieb er, er bleibe «Optimist» und fügte an: «Ich bin überzeugt, dass wir uns in Deutschland wieder durchringen, mag es nun so oder so ausgehen, wenn uns nur der Friede erhalten bleibt.»[283] Horst Pavel hat sich in einer Gedenkrede an Briefe seines Chefs über Wiederaufbaupläne erinnert, die von «ungebrochenem Optimismus für die wirtschaftliche Zukunft Deutschlands» zeugten, und über wirtschaftliche Prognosen, über die man «manchmal ungläubig gelächelt» habe.[284] Einer Bekannten gegenüber beschrieb Quandt allerdings die Situation als weniger rosig, denn «[e]rst jetzt kann ich mich wieder um meine alten Unternehmungen ordnungsmäßig kümmern; aber der Schaden, der in 4 Jahren angerichtet wurde, ist unausdenkbar, insbesondere, da inzwischen die Währungsregulierung über die gesperrten Vermögen hinweggegangen ist und man nicht in der Lage war, irgendwelche Wertsicherungen vorzunehmen, wie dieses fast jeder, der frei disponieren konnte, getan hat».[285] Quandt bedauerte hier wohl nicht allein die verpassten Chancen der Währungsumstellung. Er war davon überzeugt, dass er nicht annähernd adäquat ersetzt worden war, wodurch er en passant sein Misstrauen gegenüber seinen führenden Mitarbeitern und vor allem seinem Sohn Herbert zum Ausdruck brachte.

Bei den möglichen Kreditgebern pochte Quandt auf die Rückkehr auf alte Posten. Das galt für die Westfalenbank, bei der er seit 1938 im Aufsichtsrat gesessen hatte, jedoch noch mehr für die Nachfolgeinstitute der privaten Großbanken, die für den Wiederaufbau der Liquidität wie der strategischen Netzwerke gleichermaßen essenziell waren. Hermann Josef Abs ließ er bei einem Besuch im Juni 1949 wissen, dass er nach Abschluss seiner Entnazifizierung «auch für das Mandat bei der Deutschen Bank wieder zur Verfügung stehe». Die Deutsche Bank entschloss sich «im Falle Q» nur wenige Tage später, diesen wieder für den Aufsichtsrat vorzuschlagen.[286]

Während es sich als schwierig erwies, Quandts Wunsch nach einer erneuten Aufnahme in den Aufsichtsrat der Vereinigten Kugellagerfabriken AG zu erfüllen, war es bei der Daimler-Benz AG anders. Angesichts seines Besitzes von Daimler-Aktien im Wert von nominell 2,5 Millionen RM, was etwa 3,3 Prozent des Grundkapitals entsprach, erwartete Quandt eine Wiederberufung in den Aufsichtsrat. Abs schrieb im Sommer 1951 an seinen Vorstandskollegen Hans Rummel, man solle «der Freundschaft zu Dr. Quandt und seinen Unternehmungen zuliebe die Angelegenheit mit Aufmerksamkeit und Sorgfalt» behandeln und sich bemühen, «seinen Wunsch zu erfüllen».[287] Möglicherweise war dies für Quandt der Grund für die Übernahme des entsprechenden Aktienpakets auf eigenen Namen, das bis dahin von der Agfi treuhänderisch verwaltet worden war.[288]

Ganz ohne Reibungen verlief die Rückkehr an die Schalthebel der Macht freilich nicht. Mit Abs geriet Quandt im Sommer 1949 in Konflikt, weil dieser die Wiederkehr des Patriarchen auf den Posten des Vorstandsvorsitzenden der AFA für «untunlich» hielt: Die bevorstehenden Aufgaben in der Zeit des wirtschaftlichen Wiederaufbaus seien für den durch die Haft gesundheitlich angeschlagenen Günther Quandt zu groß – ein Eindruck, der auch von Herbert angeführt worden ist. Abs schlug vor, das Ruder an die jüngere Generation zu übergeben und Herbert Quandt an die Spitze der Firma zu setzen. Zudem, so versuchte Abs seinem Argument Kraft zu verleihen, hätten die bisherigen Vorstandsmitglieder «nun jahrelang in der schwersten Zeit» auch ohne den Firmengründer «Hervorragendes für den Wiederaufbau des Werkes geleistet».[289] Seinen Vorschlag, gleichsam als Ersatz den Aufsichtsratsvorsitz zu übernehmen, lehnte Günther Quandt jedoch ab.

Im Sommer 1949 setzte Quandt durch, wieder zum Vorstandsvorsitzenden der AFA gekürt zu werden – mit einem Gehalt von jährlich 54 000 DM, einer Aufwandsentschädigung von 12 000 DM und einer Tantieme in Höhe von 2,5 Prozent.[290] Mit diesem robusten Verhalten knüpfte Quandt in den Verhandlungen mit Abs dort an, wo sie im Zweiten Weltkrieg in der Verhandlung über Rüstungskredite aufgehört hatten: Beide schenkten sich nichts. Als Günther Quandt im Jahr 1950 für den Kauf eines herrschaftlichen Hofes – gleichsam als Ersatz für Severin – einen Kredit der AFA in Höhe von 300 000 DM erhalten wollte, machte ihm Abs einen Strich durch die Rechnung. Es gehe nicht an, in der Zeit des Wiederaufbaus «nach außen eine Politik der Armut zu betreiben und zugleich im Innern eine Politik der Anreicherung».[291]

Kurz vor dem Tod Günther Quandts vollzog sich nachgerade ein Bruch. Im März 1954 musste Abs nach 15 Jahren als Aufsichtsratsvorsitzender der AFA zurücktreten, als Günther Quandt zugunsten seines Sohnes Herbert den Vorstandsvorsitz abgab, aber trotz schwindender

62 Beim 70. Geburtstag Günther Quandts im Jahr 1951 trafen sich die
Geschäftsfreunde, die häufig dieselben wie in den 1930er Jahren waren:
Hier Hermann Josef Abs und Georg Stöhr (stehend) von der gleichnamigen
Kammgarnspinnerei.

Kräfte partout den Aufsichtsratsvorsitz übernehmen wollte. Schon
im November 1953 hatte er zudem angedeutet, neben seinem Sohn
Harald auch seinen Neffen Karl-Heinz Quandt in den Aufsichtsrat
wählen lassen zu wollen.[292] Für Abs blieb kein Platz an der Spitze, und
in dem umfassenden Revirement musste zugleich sein bisheriger Stellvertreter Paul Hamel auf sein Amt verzichten. Das Ausscheiden von
Abs, so Herbert Quandt später, habe auf einer bereits vor 1939 getroffenen Absprache beruht.[293] In einer unveröffentlichten Notiz hat er allerdings die Trennung etwas deutlicher umschrieben. Abs sei von der
Entscheidung «eigenartig berührt» gewesen, und dies war selbst in den
späten 1970er Jahren «noch spürbar».[294] Pavel hatte nicht vermocht,
den von ihm hochgeschätzten Abs zu halten.[295]

Günther Quandt schien also auch hinsichtlich der Aufsichtsratspolitik die Zügel noch fest in der Hand zu halten: Gerhard Wilcke, der
Justitiar der Quandt-Gruppe, der später eng mit Herbert und Harald
zusammenarbeitete und eine zentrale Rolle bei der BMW-Sanierung
spielen sollte, hatte sogar den Eindruck, dass bis zum Tod Günther
Quandts die beiden Söhne «noch im Hintergrund» standen. Herbert

habe «das allgemeine Geschick der Söhne berühmter Väter» geteilt, «die der väterliche Schatten beglückt, wo sie gehen und stehen».[296] Dieser patriarchalische Führungsstil war für ein Großunternehmen der frühen Nachkriegszeit nicht ungewöhnlich. Im Streben nach Stabilität wurde vielfach ein «geradezu aufgeklärt-absolutistisch» anmutender operativer Führungsstil gepflegt,[297] der in Absprache zwischen Unternehmensleitung und Aktionären Entscheidungen ohne allzu große Reibungsverluste ermöglichte. Ob diese Art der Unternehmensführung langfristig sinnvoll war, steht auf einem ganz anderen Blatt. Insofern war es für die Quandt-Gruppe wahrscheinlich eine günstige Entwicklung, dass die Kräfte des Familienpatriarchen in den frühen 1950er Jahren allmählich doch schwanden.

Von einer Götterdämmerung konnte bis dahin also kaum die Rede sein. Der autoritäre Leitungsstil bedingte die Konzentration der Verfügungsrechte in den Händen des Vorstandsvorsitzenden: Günther Quandts Entscheidungen wurden – zumindest nach außen – nicht in Frage gestellt. Der in der Unternehmenszentrale tätige Gerd Hamel hat sich noch Jahrzehnte später dieser starken Stellung erinnert: «Zu Beginn meiner Tätigkeit lebte Dr. Günther Quandt noch, und ich habe damals gemerkt, welchen starken Einfluß er auf Herbert Quandt hatte. Wenn Vater telefonierte, eilte Herbert Quandt in jedem Fall sofort zu ihm und stellte alles andere zurück.» Als er nach dem Tod Günther Quandts gegenüber Harald Quandt bemerkte, jetzt müsse die Arbeitsbelastung doch erheblich zunehmen, erhielt er eine Antwort, in der die Erleichterung über das Ende des autoritären und wohl auch funktional kontraproduktiven Herrschaftsstils deutlich zum Ausdruck kam: «‹Nein, ganz im Gegenteil, wir werden jetzt schneller und effektiver arbeiten können, denn die Leitung des alten Herrn, in der letzten Zeit, hat uns doch sehr viel Zeit verschlungen, denn wir haben uns mit recht unbedeutenden Dingen lange, und ich möchte sagen viel zu lange beschäftigt›. Er ergänzte das noch dahingehend, dass er den Herren in den Werken gesagt hätte, ‹sie sollten jetzt selbst Verantwortung übernehmen, dafür wären sie schließlich Vorstände, und dass sie jedes Mal [...] rückfragten und sich versicherten, wie es bei seinem Vater gewesen sei, das müsse aufhören, dazu wäre die Bezahlung dieser Herren zu hoch›.»[298] Erst nach 1954, so haben es Weggefährten, aber auch Widersacher[299] immer wieder bezeugt, konnten die beiden Söhne ohne den Übervater die eigenen Interessen wirklich eigenständig vertreten.

Das Verhältnis zwischen Herbert Quandt und Horst Pavel fand nun eine abschließende Regelung. Walter Buchholz, ein späteres AFA-Vorstandsmitglied, hat sich an Begebenheiten erinnert, bei denen die gewandelte Beziehung plastisch zum Ausdruck kam: «Bei Vorstandssitzungen führt zwar Herr Quandt den Vorsitz und zwar am Ende des Tisches, an der Schmalseite, aber der eigentliche Wortführer war Dr. Pavel; nun, das liegt natürlich auch daran, daß Herr Quandt die Unterlagen nicht lesen kann usw. Da hat es eigentlich wenig Diskussionen gegeben, wahrscheinlich hat Herr Dr. Pavel die Sachen auch mit Herrn Quandt vorher besprochen. Ich kann mich erinnern, daß [...] jedenfalls einmal Herr Dr. Pavel anderer Meinung war als Herr Quandt und ich auch, es war wegen irgendeiner Auslandsangelegenheit, und da hat Herr Quandt eindringlich auf Herrn Dr. Pavel eingeredet – lange –, bis dann Dr. Pavel ja gesagt hat.»[300] Harald Quandts persönlicher Referent Gerd Hamel hat ganz ähnlich bestätigt, dass der Machtkampf 1952 zugunsten Herbert Quandts entschieden gewesen sei: Herbert Quandt habe ihm «mehr oder weniger beiläufig» mitgeteilt, dass er zwar zunächst durchaus die Machtfrage gestellt hätte, er nun aber «doch sehr eindeutig der Boss sei, er hätte darüber mit Herrn Dr. Pavel Klarheit schaffen müssen, aber das sei inzwischen erledigt und geschehen».[301]

In der Quandt-Gruppe wurde nun eine neue Form der Unternehmensführung etabliert, in der die Brüder gemeinsam die Verantwortung trugen und darin von den Topmanagern Horst Pavel und Gerhard Vieweg unterstützt wurden. Dieser «Viererkreis» wurde zur festen Institution – als informelle Einrichtung fast Gleichberechtigter, die zu Lebzeiten Günther Quandts unvorstellbar gewesen wäre. Die Etablierung dieses Gremiums zeigt, dass die Zeiten der allein auf persönliche Führung ausgerichteten Unternehmenspolitik, die Günther Quandt trotz aller Delegationsfähigkeiten über viele Jahre zu seinem Markenzeichen gemacht hatte, inzwischen ihrem Ende entgegengingen. Von der Etablierung des «Viererkreises» nahm aber auch die Gabelung in zwei Familienstämme ihren Ausgang, mit der die Quandts die Entwicklung zahlreicher Familienunternehmen zwischen der dritten und vierten Generation widerspiegeln.[302]

Das Erbe wird bestellt

Erbstreitigkeiten waren und sind die geradezu klassische Gefahr für familiengeführte Unternehmen. Günther Quandt hatte als warnendes Beispiel das tiefe Zerwürfnis in der befreundeten Familie des Versicherungskonzerns Gerling vor Augen – Zustände, die auf jeden Fall im eigenen Haus vermieden werden sollten.[303] Die Geschäftsfreundschaft mit der Familie Gerling datierte schon aus der Zeit vor dem Ersten Weltkrieg, als sich die Tuchfabriken mit dem Versicherungsmakler Robert Gerling verbunden hatten.[304] Der Gerling-Konzern nahm fortan als Versicherer bei der Quandt-Gruppe eine «Sonderstellung» ein.[305] Der «Bruderkrieg» der Söhne Gerlings war dem pater familias als «abschreckendes Beispiel so in Fleisch und Blut übergegangen, dass unsere Eintracht auf geschäftlichem Gebiet in der deutschen Wirtschaft fast Aufsehen erregte».[306] Ein positives und nachahmenswertes Beispiel sah Günther Quandt hingegen in der Erbregelung seines Vaters, der sich zu Beginn des 20. Jahrhunderts aus dem Tagesgeschäft der Tuchfabrikation zurückgezogen und durch ein kluges Testament eine einvernehmliche und pragmatische Nachfolgeregelung gefunden hatte. Günther Quandt strebte zwar den «‹Idealfall› des paternalistischen Generationswechsels» an, nämlich eine «Phase gemeinschaftlicher Unternehmensführung und sukzessiver Übertragung unternehmerischer Verfügungsrechte»,[307] aber in der Praxis fiel es ihm ausgesprochen schwer, diese theoretische Erkenntnis auch umzusetzen. Zunächst wollte er auf dem Nachlassweg den gesamten industriellen Bereich auf beide Söhne verteilen. Allerdings hatten sich in den vorangegangenen 40 Jahren die äußeren Bedingungen innerhalb der Quandt-Gruppe immer wieder erheblich verändert, so dass diese ursprünglich gedachte Konstruktion aufgegeben wurde, zumal das Familienoberhaupt die Gefahr sah, dass bei einer Aufteilung der «Gesamt-Interessenbereich zerbrechen könnte».[308] Wesentliche Anteile des Familienvermögens waren in Aktiengesellschaften und Holdings gebunden. Weil die beiden Söhne nun bestimmte Industriezweige der Quandt-Gruppe eigenverantwortlich übernehmen sollten, war es sinnvoll, auch die Holdings entsprechend neu zu konfigurieren. Bekanntlich hatte Günther Quandt im Jahr 1943 die mit der Dividendenabgabe-Verordnung des Jahres 1941 geschaffene Möglichkeit wahrgenommen, das Grundkapital der beiden Familienholdings Agfi von nominell 536 000 RM auf 22 Millionen RM und der Draeger-Werke

63 Horst Pavel verblieb auch nach dem Tod Günther Quandts in der Quandt-Gruppe und gehörte zum «Viererkreis» um Herbert Quandt, Harald Quandt und Gerhard Vieweg.

GmbH von einer Million RM auf 18 Millionen RM zu erhöhen. Hierdurch war allein der Dividendenanteil Herberts auf mehr als 200 000 RM jährlich gestiegen.[309] Durch das Kriegsende hatte sich hieran grundsätzlich nichts geändert. Günther Quandt zog schon bald nach seiner Entlassung aus der Lagerhaft seine Söhne zu den Erbschaftsberatungen hinzu. In seinem Testament vom 20. Februar 1948 übertrug er ihnen seine beweglichen Sachen «je zur Hälfte». Zugleich erklärte er, dass er nach seiner «heutigen körperlichen Verfassung und nach all dem Schweren, was ich mitgemacht habe, nicht mehr in der Lage sei», mögliche Forderungen für Kriegsschäden geltend zu machen. Eventuelle Ersatzansprüche übertrug er ebenfalls an Harald und Herbert.

Das Kapital der Draeger-Werke GmbH, seit Mai 1948 mit Sitz in Ludwigsburg, wurde am Jahresende zum Stichtag 1. April 1949 im Verhältnis von 1:1 auf 18 Millionen DM umgestellt. Ende 1950 wurde der Besitz der beiden Holdinggesellschaften Agfi und Draeger-Werke GmbH neu strukturiert. Zum Stichtag 31. Dezember 1950 hielt Günther Quandt nur noch 25 Prozent des Grundkapitals der Agfi, während bei Herbert 49,81 Prozent und bei Harald 25,19 Prozent lagen. Das Vermögen der Holding betrug zu diesem Zeitpunkt 28,19 Millionen DM.[310] 1951 übertrug Günther Quandt seine ihm verbliebene Beteiligung an der Agfi so auf die Söhne, dass nun beide je 50 Prozent des Kapitals in ihren Händen hatten.

Ganz ähnlich verteilte er seine Geschäftsanteile an der Draeger-Werke GmbH auf seine Söhne, so dass diese mit je 25 Prozent an der Gesellschaft beteiligt waren. Kurz darauf waren alle Anteile der Holding vollständig im Besitz der Brüder Herbert und Harald, denn im Januar 1953 schieden Werner Quandt und seine drei Kinder Liselotte, Hannelore und Karl-Heinz aus der Draeger-Werke GmbH aus, um sich ganz dem Textilgeschäft zu widmen. Sie wurden großzügig mit AFA-Aktien entschädigt und übertrugen ihre Draeger-Anteile zu gleichen Teilen auf die Söhne Günther Quandts, die danach je 50 Prozent des Stammkapitals hielten.[311] Die übrigen 50 Prozent gingen an die Agfi über, die im gleichen Zusammenhang nominell je 5 926 000 RM Aktien von Herbert und Harald bzw. von der Gruppe um Werner Quandt übernahm, die bis dahin von der Draeger-Werke GmbH gehalten worden waren. Dahinter stand der Wunsch, diesen Aktienbesitz bei der Agfi zu konzentrieren,[312] die seit 1953 25,35 Prozent des Nominalkapitals der AFA hielt. Die Agfi wurde schließlich 1959 in eine GmbH umgewandelt, deren Geschäft vom «Viererkreis» geführt wurde. Letztlich wurden durch diese mehrstufigen Übertragungsverträge Herbert und Harald Quandt die einzigen Gesellschafter der Draeger-Werke GmbH, mit Geschäftsanteilen in Höhe von je knapp 8,2 Millionen DM.[313] Ihren Aktienbesitz von je nominell 18 114 Millionen RM an den IWK (mit einem Kurswert von 40 Prozent berechnet, entsprach dies 7 245 600 DM) brachten sie in die Draeger-Werke AG ein.[314] Seine IWK-Beteiligung von 26,76 Prozent verkaufte Günther Quandt 1951 zum ganz überwiegenden Teil an Herbert, der danach mit 25,88 Prozent an der IWK beteiligt war und einen kleineren Rest an Harald, der daraufhin 0,88 Prozent der Beteiligung besaß.[315]

Das Gesamtvermögen Günther Quandts zum 30. Oktober 1951 wurde im Zusammenhang mit dem Abschluss einer Erbschaftssteuerversicherung mit 25 676 000 DM berechnet. Der über die Holdinggesellschaften verwaltete Wertpapierbesitz machte davon mit 21,8 Millionen DM den größten Posten aus. Über seine Holdings hielt er mehr als 60 Prozent aller AFA-Aktien.[316]

Kurz nach Weihnachten 1954 flog Günther Quandt nach Kairo.

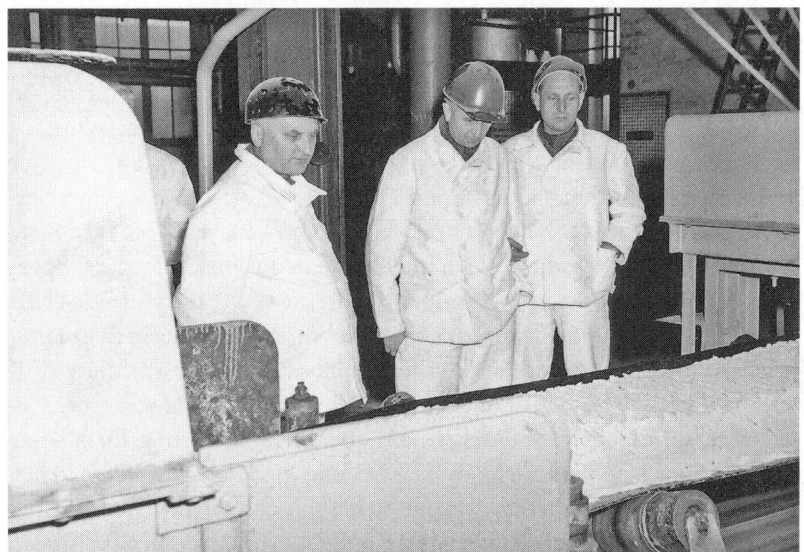

64 Nach dem Tod Günther Quandts übernehmen seine Söhne Herbert (Bildmitte) und Harald (rechts) die Führung der Quandt-Gruppe. Hier bei einem Besuch bei Wintershall.

Es war keineswegs eine ungewöhnliche Entscheidung, zumal er zeit seines Lebens viel gereist war – eine der wenigen Freizeitbeschäftigungen, die er sich gegönnt hatte. Ruhepausen hatte er allerdings selbst nach dem Ende seiner Internierung nur als kurzfristige Unterbrechung empfunden, und es sei ihm, wie er einer Bekannten 1951 beichtete, «zunächst etwas schwergefallen, einmal richtig Urlaub zu machen».[317] Nun wollte er jedoch dem Winter entfliehen. Sein Gesundheitszustand ließ, wenn man einmal von den üblichen Alterserscheinungen absah, keine Probleme erwarten. Am Morgen des 30. Dezember 1954 starb er jedoch überraschend im Alter von 73 Jahren in seinem Hotel nahe der Gizeh-Pyramiden.[318]

Bei der Testamentseröffnung am 13. Januar 1955 betrug sein Aktienbesitz 41 717 944 DM; knapp 19 Millionen DM entfielen auf Industrieaktien, 17,8 Millionen auf Montanaktien, vier Millionen DM auf Bankaktien und 500 000 DM auf Bauaktien. Das Gesamtvermögen wurde zu diesem Zeitpunkt mit exakt 55 495 594,86 DM angegeben.[319] Das Testament sah für Herbert und Harald Quandt eine fast gleich hohe Beteiligung vor. Mit Zustimmung des Vaters hatte Herbert Quandt bereits zuvor ergänzend zum Testament einen «Federführungsvertrag» angeregt, der die Aufteilung der industriellen Interessen der beiden Brüder regelte. Damit waren zwei Bereiche abgetrennt, in denen jeweils einer der beiden «das Sagen hatte» und der andere «nur eine beratende Stimme» besaß und mit seinem Aktienbesitz dem federführenden Bruder zu folgen hatte. Mit diesen «klaren Verhältnissen» wurden die IWK, Keller & Knappich sowie die Busch-Jaeger Lüdenscheider Metallwerke von Harald Quandt, die AFA, die Gewerkschaft Wintershall und die Kammgarnspinnerei Stöhr von Herbert Quandt geleitet.[320] Rückblickend hat Herbert Quandt im Jahr 1973 diese Aufteilung als Ideallösung für einen reibungslosen Übergang von einer Generation auf die nächste beschrieben: «Bei aller Verehrung für meinen Vater: Hätte sein Tod nicht in der Zeitung gestanden, wirtschaftlich hätte es niemand gemerkt»,[321] eine sicherlich zutreffende Bemerkung, die aber wohl auch vor dem Hintergrund der familiären Verwerfungen zu sehen ist, die das Quandt-Imperium in den 1970er Jahren stark belasteten.[322]

17. FAZIT

Der sich in drei Generationen vollziehende Aufstieg der Quandts ist von politischen und wirtschaftlichen Umbrüchen kaum einmal ernsthaft zurückgeworfen worden. Anders als in der Öffentlichkeit oftmals angenommen, resultierte der Reichtum der Familie Quandt nicht allein aus Geschäften in der Zeit des Nationalsozialismus und der Ausbeutung von Zwangsarbeitern. Der pekuniäre Erfolg hatte vielmehr eine lange Vorgeschichte, die in der Mitte des 19. Jahrhunderts beginnt. Schon Emil Quandt war ein zielstrebiger Geschäftsführer der Tuchfabrik Gebrüder Draeger, der durch beharrliche Arbeit und die Heirat mit der Tochter eines Tuchmachers eine eher unspektakuläre Karriere als mittelständischer Textilunternehmer im brandenburgischen Pritzwalk machte und in der märkischen Provinz bald als gesellschaftlich arriviert gelten konnte. Zugleich legte er durch präzise Nachfolgeregelungen für seine Kinder den Grundstein für den heutigen Familienbesitz. Günther Quandt, der älteste Sohn, hatte ein anderes Temperament als der traditionell-vorsichtige Emil Quandt. In den Quellen erscheint er schon früh als jemand, der energisch das Familienunternehmen erweitern wollte. Er modernisierte und rationalisierte die Tuchfabriken, trat seinen beiden nur wenig jüngeren Brüdern gegenüber recht bestimmend auf und brach bald aus dem engen Rahmen der brandenburgischen Tuchherstellung aus. Bereits vor dem Ersten Weltkrieg erweiterte er durch die Kooperation mit hessischen und rheinischen Tuchfabrikanten seinen Aktionsradius, bevor er während des Krieges in Berlin im Umfeld der staatlichen Rohstoffbewirtschaftung Aufgaben bei der wirtschaftlichen Organisation der Tuchindustrie unter Kriegsbedingungen übernahm. Seine Tätigkeit bei der Kriegswollbedarf AG, mit der er wichtige Funktionen im Kräftefeld von Staat und Wirtschaft übernahm, nutzte er zugleich, um ein überregionales Netzwerk von Geschäftskontakten aufzubauen, das in den folgenden Jahrzehnten kontinuierlich erweitert wurde.

In der märkischen Heimat war er zu dieser Zeit nur noch selten;

vom Textilgeschäft löste er sich zwar niemals ganz, überließ aber die praktische Arbeit in dieser Branche fortan seinen beiden jüngeren Brüdern. Mit dem tastenden Versuch, während des Ersten Weltkrieges einen Einstieg in die Kaliwirtschaft zu finden, war die Ausdehnung seiner Aktiengeschäfte verbunden, die er nach der Niederlage des Deutschen Reichs 1918 noch wesentlich intensivierte. Quandt nahm die Chancen der Inflationszeit konsequent wahr, um durch Spekulationen und kluge Finanzinvestitionen seinen Besitz zu erweitern und zu konsolidieren.

Dies gelang 1922 durch den Einstieg beim größten deutschen Produzenten von Akkumulatoren, der weltweit operierenden Accumulatoren-Fabrik (AFA). Die Beteiligung, die noch in den 1920er Jahren zum Mehrheitsbesitz ausgebaut wurde, bedeutete den Aufstieg vom mittelständischen Tuchfabrikanten zum Großindustriellen und war gewissermaßen die Eintrittskarte in den prosperierenden und zukunftsträchtigen Weltmarkt der Elektrobranche. Der Coup, den er in seinen Memoiren und späteren Erzählungen als strategischen Schritt darstellte, war nicht zuletzt eine Flucht in Sachwerte, die sich langfristig auszahlte: eine gezielte Übernahme in Zeiten der Hyperinflation und ökonomischer Unsicherheit, bei der die Faktoren Zufall und Glück, geschicktes Kalkül sowie Hasardeurtum eine nicht unerhebliche Rolle spielten.

Das von ihm selbst gezeichnete Bild, dass die Erfolgsgeschichte der AFA weitgehend mit seinem Einstieg begann, bedarf allerdings der Korrektur. Die Produktionsstrukturen der größten deutschen Batteriefirma wurden von Günther Quandt nicht grundlegend geändert, und die Rationalisierungen und Modernisierungen, die nicht nur in Deutschland der AFA eine Stellung als unbestrittener Marktführer sicherten, sondern sie auf dem Weltmarkt zum einzigen Konkurrenten der US-amerikanischen Electric Storage Company machten, beruhten auf Strukturen, die lange vor 1922 eingeführt worden waren, von Quandt jedoch gepflegt und ausgebaut wurden.

Seine eigene Handschrift kommt beim Umbau des zweiten Zweiges seines späteren Industrie-Imperiums stärker zum Ausdruck. Seit 1928 war er an den Deutschen Waffen- und Munitionsfabriken (DWM) und ihren bedeutenden Tochterunternehmen Mauser-Werke und Dürener Metallwerke beteiligt. Die bis 1918 weitestgehend im Waffengeschäft tätigen Unternehmen hatten durch die Beschränkungen des Versailler Vertrages einen konstanten Niedergang verzeichnet. Die nach Günther Quandts Einstieg in der heraufziehenden Weltwirtschaftskrise erfolgende Sanierung, bei der er von seinen inzwischen gesammelten industriellen Führungserfahrungen bei der AFA profitierte, brachte mit Werksschließungen und dem Verkauf von Produktionslinien diesen Zweig der Quandt-Gruppe wieder in eine günstige Position, von der aus der 1933 einsetzende Rüstungsboom ideal genutzt werden konnte.

Ähnlich – wie bereits bei der AFA – zeigte sich hier eine typische Methode der Unternehmensführung: Solange Günther Quandt noch nicht die Aktienmehrheit erreicht hatte, nutzte er in der Regel den Aufsichtsrat, meist als Vorsitzender, um mittels dieses Kontrollgremiums strategische Richtungsentscheidungen zu fällen oder maßgeblich zu beeinflussen, ohne in das operative Geschäft eingebunden zu sein – ein Rezept, das er später immer wieder einsetzte, um äußere Einflüsse zu begrenzen. Fast immer wurde diese Aufsichtsratspolitik durch die Einsetzung von Familienmitgliedern oder engsten Vertrauten in das Gremium ergänzt. Er beschränkte sich aber keineswegs auf die Kontrollarbeit, sondern ließ in seinen Unternehmen häufig «Wirtschaftsausschüsse» durch den Aufsichtsrat einsetzen. Diesen, mit maßgeblichen Kompetenzen für die operative Leitung des Unternehmens ausgestatteten Gremien, saß er selbst vor, sekundiert durch engste Vertraute mit Sachkenntnis und später durch die Unternehmenserben. Er zeigte auch die Fähigkeit zum Delegieren: Die Detailarbeit überließ er in dem weit verzweigten Konglomerat den Experten in den Werken vor Ort. Ähnliches gilt für die Verwaltung des beträchtlichen Aktienvermögens, zu dem nicht zuletzt eine bedeutende Minderheitsbeteiligung am Kali- und Chemie-Riesen Wintershall gehörte. Seit den 1920er Jahren wurde es durch mehrere komplex konstruierte Holdings verwaltet, deren System und Funktionsweise nur wenigen handverlesenen Finanzexperten bekannt war.

Der unternehmerische und pekuniäre Erfolg blieb nicht auf die Jahre der Weimarer Republik beschränkt, sondern setzte sich in der Zeit des Nationalsozialismus ungebremst fort – eine Entwicklung, die Quandt nach dem Ende des «Dritten Reiches» konsequent bestritt. Nach 1945 stellte er sich stets als Opfer des NS-Regimes dar, ein Narrativ, das für die Selbstexkulpation der industriellen Elite in den späten 1940er und 1950er Jahren nicht ungewöhnlich war. Dies mochte umso glaubhafter erscheinen, als er tatsächlich im Frühjahr 1933 in einer Machtdemonstration von den «braunen Revolutionären» wochenlang inhaftiert und über Monate kaltgestellt worden war. Quandt lernte somit die Unwägbarkeiten einer Diktatur am eigenen Leib kennen, zumal eine Zeit lang die Gefahr bestand, dass er sein wichtigstes Unternehmen, die AFA, verlieren würde, als dort ein nationalsozialistischer «Kommissar» eingesetzt wurde und auf die Geschäftsleitung Einfluss zu nehmen begann.

Die von ihm später behauptete «Regimeferne» gehört dennoch ins Reich der Fabeln. Zwar bestand die aus persönlichen Motiven herrührende Feindschaft mit Joseph Goebbels, mit dem Günther Quandt einen «Rosenkrieg» um seinen Sohn Harald führte, zeitlebens fort, aber die in der Nachkriegszeit bewusst aufgebaute und gepflegte Selbststilisierung als Gegner des Regimes fällt bei einem Blick auf die Quellen der Jahre von 1933 bis 1945 in sich zusammen. Zwar war er trotz seiner Parteimitgliedschaft kein überzeugter Nationalsozialist, doch hatte er bereits vor der «Machtergreifung» ein gewisses Interesse an den Ideen des italienischen Faschismus gezeigt. Die Weimarer Republik, deren Entstehung er teilnahmslos hingenommen hatte, wurde hingegen mit keinem Wort verteidigt.

Die sich im «Dritten Reich» ergebenden wirtschaftlichen Chancen, die sich aus der Aufrüstung ergaben, nutzte Quandt konsequent. Sein Netzwerk ergänzte er entsprechend durch Männer der Wehrmacht und der Partei. Der Beitritt zur NSDAP am 1. Mai 1933 öffnete die Tore für lukrative Staatsaufträge; die von ihm nach 1945 gerne behauptete fehlende Protektion durch das Regime findet in den Quellen keinen Widerhall. Die ökonomische Expansion war eng an die Kooperation mit den staatlichen Rüstungsstellen gekoppelt, und diese Zusammenarbeit funktionierte weitgehend reibungslos – sieht man einmal von den im Unternehmerlager üblichen Klagen über Bürokratismus und die schwierigen Verhandlungsprozesse ab. Mit anderen Worten: Für sein wirtschaftliches Fortkommen hatte der Wechsel von der Demokratie zur Diktatur keine negativen Konsequenzen, weil das Regime staatliche Aufträge in Aussicht stellte, eher auf Anreize als auf Zwangsmaßnahmen setzte und somit Profite nicht nur möglich blieben, sondern sich tatsächlich einstellten. Das bereits vorhandene erhebliche Vermögen, das Anfang der 1930er Jahre allein bei den beiden Familien-Holdings Agfi und Draeger-Werke von den Finanzbehörden mit etwa 36 Millionen RM bewertet wurde, konnte weiter vermehrt werden.

Günther Quandt ließ sich auf die von staatlicher Seite gestellten Bedingungen des Rüstungsgeschäftes ein, nutzte die sich daraus ergebenden Chancen und band sich dadurch notwendigerweise an den

Nationalsozialismus – ein Arrangement, das mit einer immer tieferen Verstrickung in die Logik des Unrechts verbunden war: Der Familienpatriarch war Teil des NS-Regimes. Die von staatlicher Seite angefachte Rüstungskonjunktur gehörte nun zum Geschäftsmodell: In einer Art Doppelstrategie wurde in den Friedensjahren des Nationalsozialismus der Rüstungssektor in den Zweigen der Quandt-Gruppe, wenn auch mit branchenspezifischen Nuancierungen, erheblich ausgebaut, ohne dass jedoch bis 1939 ganz auf die Zivilfertigung verzichtet worden wäre. Die AFA, die 1936 ein hochmodernes neues Werk in Hannover aufbaute, profitierte zunächst gleichermaßen von Konjunkturaufschwung und Motorisierungstrend. Im Zuge der Aufrüstung wurde die Wehrmacht jedoch in immer größerem Umfang Kunde und im Krieg schließlich fast der einzige Abnehmer von Akkumulatoren und Batterien. Während die AFA in den Friedensjahren des Nationalsozialismus noch vornehmlich Zivilgüter produzierte, kehrte sich dieses Verhältnis bei den DWM um. Zwar wurde auch hier die Zivilsparte zunächst beibehalten, jedoch schon ab 1933/34 die Produktionskapazität erheblich zur Herstellung von Rüstungsgütern erweitert. Die Unzufriedenheit mit einzelnen staatlichen Maßnahmen, mit der exportfeindlichen Autarkiepolitik und den Reibereien mit der Rüstungsbürokratie über Preisfindung, mit den Formen der Subventionierung der Rüstungsinvestitionen und bezüglich der Frage der Absatzgarantie schlug sich zwar deutlich in der Geschäftskorrespondenz nieder. Diese systemtypischen Schwierigkeiten änderten aber nichts daran, dass das Verhältnis zu den nationalsozialistischen Wirtschaftsbehörden letztlich kooperativ war, weil die Gewinne stimmten.

Quandt gehörte, wie einige schriftliche Mitteilungen aus der Zeit der Sudetenkrise im Herbst 1938 zeigen, allerdings nicht zu den Kriegstreibern. Als das Deutsche Reich 1939 den Zweiten Weltkrieg begann, versuchte er jedoch sogleich, aus der militärisch-politischen Entwicklung Kapital zu schlagen. Die konsequente Ausrichtung auf einen europäischen «Großwirtschaftsraum», der in den Expansions- und Investitionsbemühungen der Kriegsjahre erkennbar wird, belegt zudem, dass er seine unternehmerische Strategie auf eine langfristige Herrschaft des nationalsozialistischen Regimes ausgerichtet hatte. Durch die ebenso große wie unberechtigte Sorge vor Konkurrenten angetrieben, blieb die AFA auf dem Akkumulatoren- und Batteriesektor europaweit fortwährend um Zukäufe und Beteiligungen auf freiwilliger bzw. erzwungener Basis bemüht. Die Kriegsentwicklung nutzte sie dazu, neue Märkte zu erschließen, die bisher durch bilaterale Absprachen mit anderen Batterieherstellern verschlossen gewesen waren. Bei den DWM, dem anderen Schwerpunkt der Quandt-Gruppe, zeigten die dauerhaften Investitionen in die neuen Waffenschmieden in Berlin und Lübeck, besonders aber in Posen, dass Quandt selbst noch 1943 an eine geschäftliche Ausdehnung dachte. Zu diesem Zeitpunkt hatten die privaten und sogar die halbstaatlichen Banken bereits die Notbremse gezogen und wollten ihm keine weiteren Kredite mehr gewähren. Quandts Hartnäckigkeit, die allerdings in diesem Fall folgenlos blieb, zeigt, dass er offenbar damit rechnete, nach Kriegsende weiter über diese Produktionsstätten verfügen zu können. Trotz der sich dramatisch verschlechternden militärischen Situation des «Dritten Reiches» schien ihm ein weiterer Ausbau der Werke daher lohnend.

Die reibungslose Anpassung resultierte auf diese Weise in der geradezu zwangsläufigen Kollaboration mit dem verbrecherischen Regime. Alle Unternehmen der Quandt-Gruppe waren wichtige Lieferanten der Wehrmacht und beschäftigten im Zweiten Weltkrieg Zwangsarbeiter, Kriegsgefangene und KZ-Häftlinge. Sie hätten zwar lieber ihre gut ausgebildeten deutschen Facharbeiter behalten. Als diese jedoch zur Wehrmacht eingezogen wurden, griff man bereitwillig auf die Zwangsarbeiter zurück. Während die Frage, ob sich diese Ausbeutung alles in allem bezahlt gemacht hat, nicht quantitativ zu beantworten ist, gibt es keine Zweifel, dass Quandt und seine Führungsebene davon ausgingen, dass sich die Beschäftigung von Zwangsarbeitern unter den herrschenden Bedingungen lohnen würde. Die vorhandenen Möglichkeiten zur Verbesserung der Lebens- und Arbeitsbedingungen wurden nur dann genutzt, wenn sie der Leistungssteigerung dienten, die in zahlreichen Werken kontrolliert und optimiert wurde. Zwar wurde Günther Quandt in den wenigsten Fällen unmittelbar mit der Zwangsarbeit konfrontiert; deren Behandlung lag formal in der unmittelbaren Verantwortung der jeweiligen Unternehmens- und Werksleitung bzw. der Lagerleitung und der SS. Die Verantwortung für die Arbeitsbedingungen wurde auf der Hierarchieleiter an die jeweiligen Betriebsleiter weitergereicht. Dies kann jedoch keinesfalls als Entschuldigung gelten: Günther und Herbert Quandt waren von Beginn an über die Praxis informiert. Günther Quandt beschäftigte sich gelegentlich persönlich mit Detailfragen des Arbeitseinsatzes wie die Genehmigung für die Beschaffung von Holzbaracken; bei anderer Gelegenheit argumentierte er sogar mit der Arbeitskraft dieser «fremden Arbeiter», um weitere Ausbaukredite für seine Rüstungsbetriebe zu erhalten. Nach überschlägigen Schätzungen waren über 50 000 Zwangsarbeiter in den verschiedenen Firmen der Gruppe beschäftigt, nicht eingerechnet diejenigen beim Wintershall-Konzern, an dem Quandt eine bedeutende Minoritätsbeteiligung hielt.

Ein ähnlich düsteres Bild ergibt sich beim Blick auf Quandts Haltung zur nationalsozialistischen «Judenpolitik» und die Behandlung jüdischer Mitarbeiter in der Quandt-Gruppe. In einem bemerkenswerten Sonderfall wurde jedoch noch im Jahr 1935 der jüdische Wissenschaftler Georg Sachs als Rüstungsexperte in den Vorstand eines wichtigen Quandt-Unternehmens, die Dürener Metallwerke, berufen. Zudem half Günther Quandt diesem persönlich bei der Ausreise in die USA, als er im Vorstand nicht länger haltbar war. Allerdings bleibt unklar, ob Quandt zum Zeitpunkt der Ernennung von Sachs zum Vorstandsmitglied von dessen «nichtarischem» Hintergrund überhaupt gewusst hat. Insgesamt spielten rassistische Motive für seine Mitarbeiterpolitik keine Rolle, allerdings ist auch hier eine opportunistische Haltung unverkennbar, wenn jüdische Aufsichtsratsmitglieder besonders früh ihre Posten aufgeben mussten, während Mitarbeiter, deren fachliche Kompetenz für ihn von hohem Wert waren, so lange wie möglich gehalten wurden. Auch außerhalb seiner Unternehmen zeigte er keine Hemmungen, der Rassenpolitik des Regimes Vorschub zu leisten. So war er beispielsweise 1933 an der Verdrängung jüdischer Mitglieder aus Berliner Wirtschaftsgremien beteiligt.

Eine ähnliche Disposition lässt sich bei den «Arisierungen» erkennen, die – wie etwa beim Unternehmen Henry Pels in Erfurt – in Zusammenarbeit mit verschiedenen Reichsstellen durchgeführt wurden. Menschlicher Anstand und kaufmännische Seriosität spielten bei den unter Günther Quandts Ägide durchgeführten «Arisierungen» keine Rolle, vielmehr griff er skrupellos zu. Nach außen wurden diese Geschäfte, wie im Fall der elektrochemischen Fabrik Volt beispielhaft gezeigt werden konnte, nach den etablierten vertragsrechtlichen Regeln abgeschlossen: Die Kürzungen des Kaufpreises und die Minderbewertungen waren jedoch Übervorteilungen, deren Unrechtmäßigkeit sich Quandt bewusst gewesen sein muss, auch wenn teilweise die Zwischenschaltung von Treuhändern den kriminellen Vorgang verbrämte.

Dies ging über den auch bei Unternehmern zwischen 1933 und 1945 weit verbreiteten psychologischen Mechanismus des «Nicht-So-Genau-Wissen-Wollens»[1] jedenfalls hinaus. Während es beispielsweise kaum möglich gewesen wäre, Zwangsarbeiter grundsätzlich abzulehnen, wenn er seine Geschäfte fortführen wollte, hätte es Quandt freigestanden, sich überhaupt nicht an «Arisierungen» zu beteiligen oder zumindest einen dem Unternehmenswert entsprechenden Kaufpreis zu zahlen.

Nicht wesentlich anders war es bei den bisweilen erfolgreichen, bisweilen jedoch missglückten Versuchen, sich durch Kapitalbeteiligungen die Kontrolle über Unternehmen im besetzten Ausland zu sichern. Diese Bemühungen erfolgten im Schlepptau der vorrückenden Wehrmacht. Das auf bürokratische Widerstände und nationales Eigeninteresse in den von Deutschland beherrschten Gebieten zurückzuführende Scheitern mancher dieser «Arisierungen» und Kapitalbeteiligungen darf nicht darüber hinwegtäuschen, dass Manager der Quandt-Gruppe immer wieder ganz bewusst auf mögliche Übernahmekandidaten in jüdischem Besitz aufmerksam gemacht haben und diese Unternehmen anschließend einem besonderen Druck ausgesetzt wurden. Der «Fall Laval» zeigt zudem, dass Günther Quandt und die AFA-Führungsetage, wenn sie an einem Übernahmeobjekt interessiert waren, diesen Druck über Jahre hinweg permanent aufrechterhielten und dabei nicht einmal davor zurückschreckten, das Leben eines gegnerischen Unternehmers wie Léon Laval aufs Spiel zu setzen. Mit diesen Vorgängen korrespondiert, dass Günther Quandt nach Kriegsende außer einigen allgemeinen Floskeln kein Wort des Bedauerns gefunden hat und den verschiedenen Wiedergutmachungsansprüchen erst nach langwierigen juristischen Verhandlungen nachgegeben wurde.

Für die Unternehmensnachfolge hatte Günther Quandt zunächst den erstgeborenen Sohn Hellmut vorgesehen. Als dieser 1927 unerwartet starb, wurde der durch ein Augenleiden gesundheitlich eingeschränkte Zweitgeborene Herbert seit den 1930er Jahren für die Nachfolge vorbereitet. Nachdem Quandts zweite Ehefrau Magda, mit der er sich bald auseinandergelebt hatte, Joseph Goebbels geheiratet hatte, wurde der gemeinsame Sohn Harald hingegen im Haus des Reichspropagandaministers erzogen. Als dieser volljährig wurde, ging er zur Wehrmacht. Nach Verwundung und Kriegsgefangenschaft konnte er die vorgezeichnete Berufslaufbahn in den Quandt-Fabriken erst nach Kriegsende einschlagen.

Herbert Quandt übernahm insbesondere seit Kriegsbeginn zunehmend unternehmerische Verantwortung und stand dabei mit dem talentierten Horst Pavel in einem unausgesprochenen Machtkampf um die zukünftige Führung. Dieser ehrgeizige Jurist wurde in den späten 1930er Jahren von Günther Quandt zum Mann an seiner rechten Seite aufgebaut, dem er zahlreiche Führungsaufgaben anvertraute. 1940 trat Herbert Quandt als potentieller Unternehmensnachfolger der NSDAP und anderen NS-Organisationen bei; die in erster Linie opportunistischen Motiven entsprungenen Mitgliedschaften erleichterten die Kooperation mit Regime und Rüstungsbehörden erheblich. Nach der Angliederung des Elsass 1940 ließ er sich als Betriebsführer in einem von der AFA übernommenen Zweigwerk in Straßburg einsetzen. Als Personalchef des AFA-Tochterunternehmens Pertrix in Berlin-Niederschöneweide war er auch für die dort eingesetzten Zwangsarbeiter zuständig und daher für die bedrückenden Verhältnisse im Werk mitverantwortlich. Noch in den letzten Kriegsmonaten kümmerte er sich zudem um das konkrete Bauvorhaben eines Barackenlagers für KZ-Häftlinge in einem geplanten Verlagerungswerk im schlesischen Sagan.

Das «Dritte Reich» bedeutete den «fast totalen moralischen Bankrott einer hochmodernen Industriegesellschaft im Herzen Europas».[2] Persönliche Folgen bekam Günther Quandt erst nach 1945 zu spüren: In seinem Entnazifizierungsverfahren wurden ihm die Kehrseiten unternehmerischer Tugenden vor Augen geführt. Obwohl er eineinhalb Jahre in amerikanischer Lagerhaft verbringen musste, kam er glimpflich davon. Als sein deutsches Spruchkammerverfahren schließlich durchgeführt wurde, war der Anfangselan der Entnazifizierung bereits verraucht. Hätte das mit zahlreichen Verfahren überlastete Laiengericht alle belastenden Aspekte wie Zwangsarbeit und «Arisierungen» berücksichtigt und hätten ihm die Dokumente zur Verfügung gestanden, auf die Forscher heute zurückgreifen können, wäre er gewiss nicht als «Mitläufer» eingestuft worden.

Quandt, der sich nach dem Abschluss des Verfahrens weiterhin als Opfer und nicht als Schuldiger sah, knüpfte an seine industrielle Tätigkeit sofort wieder an. Schon aus der Internierung heraus hatte das Familienoberhaupt den Erhalt und Wiederaufbau seines industriellen

Imperiums in der Zusammenbruchsgesellschaft der frühen Nachkriegszeit überwacht. Dabei hatte er freilich stets die Sorge, von Jüngeren ausgeschaltet zu werden, ein charakteristisches Misstrauen, das so
weit ging, selbst dem eigenen Sohn Herbert zu unterstellen, ihn in der
Führung der Gruppe aufs Altenteil setzen zu wollen.

Der Wiederaufstieg erfolgte, zunächst im Dienste der westlichen
Besatzungsmächte, schon bald nach Kriegsende. Seit 1947/48 konnte
bereits wieder an eine eigenverantwortliche unternehmerische Zukunft
gedacht werden. Im Management wurden zahlreiche Führungskräfte
wieder eingestellt, die zuvor zum Teil jahrzehntelang in einem der
Zweige der Quandt-Gruppe beschäftigt gewesen waren und zum ökonomischen Erfolg der beiden Unternehmenszweige AFA und DWM
beigetragen hatten. Die Fundamente der Erfolgsgeschichte Quandt in
der Wirtschaftswunderzeit der Bundesrepublik waren nicht zuletzt
deshalb so tragfähig, weil das in den verschiedenen Familienholdings
gesicherte Vermögen im Wesentlichen intakt geblieben war und trotz
aller Zerstörungen und Demontagen manche Werke noch über genügend Substanzwerte verfügten.

Zudem gelang es den Finanzfachleuten, einige der in den Kriegsjahren fast ausschließlich mit Rüstungskrediten errichteten Werke über
die Zeit zu retten. Die immensen Schulden, die noch bis 1943/44 gemacht worden waren, wurden im Zuge der Währungsreform und der
notwendigen Neubilanzierung in der Bundesrepublik auf einen Bruchteil heruntergerechnet; da zudem ein Großteil der Rohstoffe erhalten
geblieben war, schuf diese komfortable Ausgangssituation den Grundstock für den schnell wieder einsetzenden wirtschaftlichen Erfolg in
der Boomzeit der 1950er Jahre.

Der mehrere Generationen umfassende Aufstieg der Quandts ist insofern damit zu erklären, dass die existentiellen Gefahren und Krisen,
denen die deutsche Wirtschaft in der ersten Hälfte des 20. Jahrhunderts ausgesetzt war, gemeistert wurden, zunächst mit den Mitteln
klugen Wirtschaftens und der Nutzung der ökonomischen Möglichkeiten, die der Markt bot: Dies war 1918 bei Kriegsende der Fall gewesen, dann in der Zwischenkriegszeit in der Hyperinflation von
1923, in der Weltwirtschaftskrise der frühen 1930er Jahre und schließlich in der Phase der Währungsumstellung auf die Deutsche Mark und
in der Wirtschaftswunderzeit nach 1945. Besondere Relevanz erhielt
dieses «Fortkommen» jedoch in der Zeit des «Dritten Reiches», einer
Phase, für die sich Fragen nach Verantwortung, Zivilcourage und poli-

tischer Moral besonders nachdrücklich stellen. Überblickt man Günther Quandts unternehmerische Schaffensphase vom Kaiserreich bis in die frühe Bundesrepublik, ist es frappierend zu beobachten, wie mühelos er sich mit seiner schnellen Auffassungsgabe mit den jeweiligen politisch-wirtschaftlichen Verhältnissen zu arrangieren wusste. Er war, nicht viel anders als sein langjähriger Geschäftspartner Hermann Josef Abs, «a man for all seasons».[3] Der Vorrang des Denkens in den Kategorien von Besitzmehrung war so dominant, dass für grundsätzliche Fragen nach Recht und Moral kein Raum blieb, was in Zeiten der Diktatur, in denen die Willkür über den Gesetzen steht, eine besondere Bedeutung erhält.

Die «Ursprünge des Bösen im Verhalten von privaten Unternehmen» waren im «Dritten Reich» meist unspektakulär: Sie beruhten «auf den unverändert gebliebenen zentralen Mechanismen einer auf Privateigentum im Unternehmensbereich basierenden, d. h. kapitalistischen Wirtschaftsordnung, nämlich dem Wettbewerb und dem langfristigen Überlebensinteresse des einzelnen Unternehmens als autonomer sozialer Organisation».[4] Die eingangs aufgeworfene Frage nach Unternehmer-Typologien und insbesondere diejenige, ob Quandt nun ein «schöpferischer Unternehmer» im Sinne Joseph Schumpeters war, kann im wirtschaftlichen Sinn mit Ja beantwortet werden: Er war zwar Finanzinvestor, aber zugleich ein dynamischer Kopf, ein Unternehmer, der im Schumpeter'schen Sinn mit Voraussicht und Initiative vorging, Erfolg haben wollte, mit Neuem experimentierte und charakterisiert war durch die «Disposition zum Handeln»: «Die Fähigkeit, andre sich zu unterwerfen und seinen Zwecken dienstbar zu machen, zu befehlen, und zu überwinden ist es, die – auch ohne besonders glänzende Intelligenz – zu erfolgreichem Tun führt.»[5] Im politischen Sinn hingegen kann die Frage gemäß dem Konzept Schumpeters nur mit Nein beantwortet werden: Er gehörte zum Kreis derjenigen Industriellen, die zu politischer Gestaltung nicht fähig waren, weil sie durch die Beschäftigung mit dem Hauptbuch und der Kostenkalkulation vollständig absorbiert waren.[6]

Niklas Luhmann hat in diesem Zusammenhang einmal durchaus provozierend gefragt, ob die «innerwirtschaftliche Umwelt» von Unternehmen überhaupt für «Möglichkeiten des Lernens und Bewährens» hinreichend stabil sei.[7] So berechtigt diese Anmerkung für Großorganisationen sein mag, stellen sich für den individuellen Unternehmer die Fragen nach moralischer Verantwortung im «Dritten Reich» anders. Hier hatten sich durch die Verschiebung des Referenzrahmens auch die Handlungsmöglichkeiten in einer Weise verändert und erweitert, dass plötzlich ein Handeln legitimiert war, das unter «normalen» Verhältnissen als unmoralisch galt bzw. als ungesetzlich geahndet worden wäre. Quandts Geschäftspartner Hermann Josef Abs hat rückblickend die Frage nach dem Verhalten der Unternehmer im «Dritten Reich» damit zu beantworten gesucht, dass die harte Konkurrenz in der Zwischenkriegszeit die Unternehmer dazu verführt habe, sich «treiben zu lassen», und in den meisten Fällen habe der Opportunismus überwogen.[8] Dies geht jedoch mit dem Blick auf Günther Quandt nicht weit genug, und Abs, der diesen aus zahlreichen Verhandlungen gut kannte, fällte sein mildes Urteil mit einem unverkennbaren Eigeninteresse. Als «unpolitisch» missverstand Quandt sein Verhalten im NS-Staat wohl auch deshalb, weil er an Angelegenheiten, die seine Geschäfte nicht betrafen, wenig interessiert war und sich auf das konzentrierte, was er am besten kannte: seine Unternehmen. Eine solche Einseitigkeit ist vergleichsweise ungefährlich und gesellschaftlich hinnehmbar, wenn sie in einem Rechtsstaat erfolgt, wie er in gewisser Weise eingeschränkt im Kaiserreich, aber ausgeprägt in der Weimarer Republik und schließlich wieder in der Bundesrepublik existierte. Ganz anders war es im NS-Staat: Hier resultierte aus dem eingeübten und von Quandt nicht in Frage gestellten «natürlichen» Egoismus eine moralische Gleichgültigkeit. Die Einhegung dieses Egoismus ist bereits früh von Wirtschaftstheoretikern wie David Hume und Adam Smith als grundlegendes Problem angesehen worden. Eine bis dahin unbekannte Aktualität mussten diese Überlegungen angesichts des Aufkommens des Nationalsozialismus bekommen. Um die allgegenwärtigen Gefahren gesellschaftlicher Unmenschlichkeit zu vermindern, wollte Friedrich von Hayek in seiner programmatischen Schrift über den «Weg zur Knechtschaft» aus dem Jahr 1944 auf die Gewaltenteilung und die «rule of law» als ausreichende Sicherung gegen Machtmissbrauch vertrauen,[9] während der Jurist und Ökonom Franz Böhm die Ansicht vertrat, der wirtschaftliche Wettbewerb sei das genialste «Entmachtungsinstrument» der Geschichte,[10] weil hierdurch sowohl die Herrschaft des Staates als auch die Macht von Unternehmen in Schach gehalten werde.

Wie aktuell diese Überlegungen waren, wussten Hayek und Böhm aus eigener Anschauung angesichts des Verhaltens unternehmerischer Eliten. Die «ethische Indifferenz», die sich beispielsweise in der Geschäftspolitik Friedrich Flicks ebenso fand wie bei Günther Quandt,[11] hatte den Verlust der «Demut» zur Folge gehabt und, wie Fritz Redlich dies einmal ausgedrückt hat, das Unternehmertum zur «Nemesis des Schöpfertums» verkommen lassen.[12]

Der «ehrbare Kaufmann» weiß in normalen Zeiten, was sich gehört. In einer Diktatur verkümmern hingegen die ethischen Maßstäbe, die zur Wahrnehmung der Freiheit gehören.[13] Während in einem Rechtsstaat das Instrumentarium zur Verfügung steht und auch genutzt wird, um unternehmerisches Fehlverhalten zu ahnden, werden in einer Diktatur diese staatlichen Machtmittel nach Gutdünken im Sinne des Regimes eingesetzt. Das erleichtert politischen Opportunismus und einen grenzenlosen Moralverlust. Jenseits dieser notwendigen gesellschaftlichen Einhegungen, die der Staat vornehmen muss, sollte es jedoch auch bei jedem Individuum bestimmte Schranken geben, die es nicht zu überschreiten gewillt ist. Diesen ethischen Maßstäben wurde Günther Quandt nicht gerecht, und auch bei seinem Sohn Herbert fällt das Urteil ähnlich aus, obwohl sich dieser sicherlich nicht im gleichen Maß exponierte.

Es wäre sicherlich vermessen und geradezu naiv, von Geschäftsleuten ein anderes Verhalten zu erwarten, als jenes, das andere Deutsche in den Jahren von 1933 bis 1945 an den Tag gelegt haben. Die besondere Verantwortung von Unternehmern zeigt sich heute jedoch gerade darin, dass sie von der Selbststilisierung und Selbstexkulpation Abstand nimmt, die viele Jahre ihren spezifischen Umgang mit der NS-Vergangenheit geprägt hatten. Hierzu zählt ebenso die Erkenntnis, dass man sich im «Dritten Reich» auch anders hätte verhalten können und es Unternehmer gab, die die tradierten Maßstäbe des Anstands auch in diesen Zeiten nicht aus dem Auge verloren haben.

Diese Erkenntnis ist keineswegs neu. Schon der öffentliche Kläger im Spruchkammerverfahren des Jahres 1948 hatte genügend Zeit, sich ein eigenes Bild von Günther Quandt zu machen. Seine Einschätzung hält auch nach der Konsultierung zahlreicher Akten, Dokumente und Bücher dem historischen Urteil stand: Quandt, so führte er aus, sei nicht in der Lage, irgendjemandem persönlich auch nur ein Haar zu krümmen. Er sei vielmehr die Verkörperung dessen, was man sich unter einem «Arbeitstier» vorstelle. Trotz einer «erheblichen persönlichen Anspruchslosigkeit» unterscheide er sich in seiner Einstellung zum Geld jedoch von anderen Menschen: Für Quandt stehe im Vordergrund «der Rausch des Machtstrebens, der Rausch des Aufbaues eines gewaltigen Konzerns, die Besessenheit von der eigenen Betätigung und [...] der Glaube an den Wert der eigenen Arbeit, nicht nur, weil Arbeit etwas Moralisches ist, sondern weil der Aufbau des Konzerns das schlechthin Gute ist, und weil alles das, was dem Aufbau widerspricht, schlecht ist.» Der Zweck heilige für Quandt die Mittel, vor denen man im Privatleben gemeinhin zurückschrecke, lautete das Fazit des Klägers.[14]

Die Geschichte des Aufstiegs der Quandts ist im Wesentlichen Firmengeschichte gewesen. Vor allem bei Günther Quandt, der prägenden Gestalt des Familienunternehmens in der hier untersuchten Periode, stand das Privatleben demgegenüber weit zurück.[15] Was dieser letztlich über sein eigenes Leben jenseits der reinen Akkumulation von Besitz und Unternehmen dachte, welchen Stellenwert er den Faktoren Glück und Zufall bei seinem Aufstieg beimaß: Das blieb zeitlebens merkwürdig unbestimmt, obwohl seine Memoiren, so selbststilisierend sie auch sein mochten, einige Rückschlüsse erlauben. Günther Quandt war jedoch kein Mensch, der seine ihn im Innersten bewegenden Gedanken niedergeschrieben oder sie gar den wenigen Freunden im Briefwechsel anvertraut hätte. In mancher Hinsicht gilt diese Feststellung auch für seine Söhne, die sich nicht mehr oder nur noch ausgesprochen selektiv mit ihrer Vergangenheit beschäftigten.

Besondere Bedeutung erlangte diese Haltung bei der Auseinandersetzung mit der düstersten Zeit des Aufstiegs, den Jahren des Nationalsozialismus. Günther Quandt und sein Sohn Herbert vermittelten nach 1945 den Eindruck, lediglich in das große Räderwerk eines repressiven Systems eingebunden gewesen zu sein. Sie hätten jedoch die offenkundigen Widersprüche zwischen der Politik des NS-Regimes und den bisherigen Rechtsvorschriften und dem Ideal des «ehrbaren Kaufmanns» erkennen müssen – und sei es mit dem terminologisch sicherlich nicht ganz abgrenzbaren, aber erfahrensbezogenen Begriff «gesunder Menschenverstand» – oder der britischen Tradition des «common sense».[16] Daher gilt auch hier angesichts des Verhaltens im NS-Staat die Feststellung Friedrich Nietzsches: «Vieles Wissen und Gelernthaben ist [...] weder ein notwendiges Mittel der Kultur noch ein Zeichen derselben und verträgt sich nötigenfalls auf das beste mit dem Gegensatze der Kultur, der Barbarei.»[17] Dies mag eine eher bedrückende Erkenntnis sein, aber sie bietet auch Chancen: Es bleibt eine fortwährende Aufgabe der Geschichtswissenschaft, das

Denken, die Verantwortung und die Versäumnisse der Unternehmer im 19. und 20. Jahrhundert nachzuzeichnen und zu bewerten. Der Aufstieg der Familie Quandt ist hierfür ein zum Nachdenken anregendes Beispiel.

NACHWORT UND DANK

Als ich im Herbst 2007 das Angebot bekam, eine aktenbasierte Geschichte der Familie Quandt zu schreiben, gab es für mich kein langes Zögern. Ich wusste, dass meinen Mitarbeitern und mir Jahre harter Quellenarbeit bevorstanden und der Adrenalinspiegel schon allein deshalb hoch bleiben würde, weil eine interessierte und kritische Öffentlichkeit mit Argusaugen die Ergebnisse erwartet. Hinzu kam seitens der Wissenschaft, aber auch seitens der Familie der verständliche Wunsch, diese Ergebnisse möglichst rasch präsentiert zu bekommen: Mehr als drei Jahre Forschung für Archivsichtung inklusive des Vorlegens eines wissenschaftlich fundierten und lesbaren Manuskripts sind – auch wenn Nichthistoriker dies in der Regel ganz anders sehen – eine ziemlich kurze Zeit. Dies gilt vor allem, wenn es über das Sujet kaum Sekundärliteratur gibt und die Quellensuche in zahlreichen privaten und staatlichen Archiven erfolgen musste und nicht allein auf Deutschland beschränkt werden konnte.

Nach einer ersten Sichtung der Literatur ging es daher zunächst um die Erfassung des Archivmaterials, zu dem auch die Überlieferung zählt, die sich in Bad Homburg im sogenannten «Familienarchiv» befindet. Es war dabei von großem Vorteil, aber auch notwendig, dass sich die beiden Familienzweige der Quandts entschlossen hatten, mir diese Bestände unbeschränkt zu öffnen. Zugleich war für mich von Anfang an Bedingung, dass nach Abschluss der Arbeit die Unterlagen des «Familienarchivs» Quandt nicht wieder verschlossen werden durften, sondern der Forschung dauerhaft zugänglich gemacht werden mussten. Dies wurde seitens der Familie sofort zugesagt; schließlich wurde sogar vereinbart, diese Bestände in ein staatliches Archiv abzugeben, was die Zugangsmöglichkeiten außerordentlich erleichtert. Im vorliegenden Buch sind bereits die Archivsignaturen verwendet worden, die für die im Sommer 2011 ins Hessische Wirtschaftsarchiv (Darmstadt) verlagerten Bestände vergeben worden sind.

Zugleich sicherten die Familien Quandt zu, die wissenschaftlichen Ergebnisse der Arbeit ohne das Recht eines inhaltlichen Eingriffs zu akzeptieren und – ebenfalls unabhängig von einer Begutachtung durch die Familie Quandt – in einem von mir vorzuschlagenden Verlag veröffentlichen zu lassen: Für jeden unabhängigen Historiker ist diese Freiheit der Wissenschaft an und für sich eine Selbstverständlichkeit; sie ist aber insbesondere für denjenigen Forscher notwendig, der sich mit Institutionen oder Gesellschaften beschäftigt, die bereits in den Jahren des «Dritten Reiches» aktiv waren, da er mit großer Wahrscheinlichkeit auf zahlreiche dunkle Aspekte stoßen wird. Die Auftraggeber müssen also damit rechnen, mit wissenschaftlichen Forschungsergebnissen konfrontiert zu werden, die der Vorstellung von einer moralisch unbefleckten «Erfolgsgeschichte» nicht entsprechen. Diese Konfrontation mit der historischen Realität kann gerade für Familienunternehmen schmerzhafter sein als für «anonyme» Aktiengesellschaften, bei denen Fragen der Verantwortung leichter auf andere abgeschoben werden können.

Meine wissenschaftlich begründeten Vorstellungen fanden bei der Familie Quandt von Beginn an ein offenes Ohr. Ich möchte daher an dieser Stelle zunächst ein Wort des Dankes an sie abstatten: Ich hatte in den jeweiligen Ansprechpartnern der Familienzweige – Frau Gabriele Quandt und Herrn Stefan Quandt – Gesprächspartner, die auf meine Fragen immer bereitwillig Antwort gaben; es gab keinen Fall, in dem meine Wünsche abschlägig beschieden worden wären. Im Bad Homburger Archiv hatte ich sogar die sprichwörtliche «Schlüsselgewalt», die jedem staatlichen Archivar wahrscheinlich die Haare hätten zu Berge stehen lassen. Die Familie hat zudem akzeptiert und sicherlich auch verstanden, dass ein professioneller Abstand des Historikers unabdingbar ist: eine mitunter schwierige Balance, die immer eingehalten wurde. Ich würdige dies umso mehr, als es für die Familienmitglieder sicherlich nicht einfach war, die Ergebnisse zur Kenntnis zu nehmen und zu akzeptieren, als ihnen diese im Frühjahr 2011 in Manuskriptform präsentiert wurden.

Von Beginn an stand fest, dass der «Aufstieg der Quandts» nicht von einer Autorengruppe, sondern von einem Einzelnen verfasst werden sollte. Dies hat den Vorteil, dass unbeabsichtigte Überschneidungen und Redundanzen vermieden werden, während dennoch unterschiedliche wissenschaftliche Sichtweisen und Tendenzen der Forschung durch Hinweise im Text und im Anmerkungsapparat nachvollziehbar bleiben: Die Arbeit entsteht gleichsam in einem Arbeitsgang und muss nicht erst redaktionell zusammengefügt werden. Der Verfasser kann sich zugleich nicht hinter der Ausrede verstecken, eine bestimmte Aussage oder Beurteilung stamme ja gar nicht von ihm selbst, sondern beruhe auf den Recherchen und den wissenschaftlichen Ergebnissen eines andern.

Dieses wissenschaftliches Werk mit mehr als 1000 Seiten und mehreren tausend Fußnoten in einer knapp bemessenen Zeit zu schreiben, war nur möglich, weil ich mit hervorragenden Mitarbeitern zusammenarbeiten durfte, die ich aus der Arbeit am Institut für Geschichtswissenschaften der Universität Bonn zum größten Teil schon kannte und auf deren wissenschaftliche Befähigung ich mich verlassen konnte: Was wäre ich gewesen ohne mein «Quandt-Team» und meinen «regulären» Bonner Lehrstuhl! Meinen wissenschaftlichen Mitarbeitern Dr. Judith Michel, Patrick Bormann M. A. und Per Tiedtke M. A. habe ich mehr zu verdanken, als man in einem Nachwort üblicherweise zum Ausdruck bringen kann. Sie haben nicht nur das Team wissenschaftlich geleitet und gemanagt, sondern auch mit mir die Archive durchforstet sowie in unzähligen, offen geführten Diskussionen die Thesen vorangetrieben – manche Diskussion über unternehmerische Handlungsspielräume dauerte bis in die späten Nachtstunden! Vor allem aber haben meine drei Hauptmitarbeiter auch konzeptionell entscheidend dazu beigetragen, das intern stets «Master Copy» genannte Manuskript zu einem wissenschaftlichen Buch zu machen.

Meinen wissenschaftlichen und studentischen Hilfskräften bin ich zudem zu Dank verpflichtet, weil sie sich um die Datenerfassung sowie Vorbereitung und Korrektur des Manuskripts verdient gemacht sowie unzählige Rechercheaufträge erledigt haben: Ariane Meyer M. A., Nils Kleine M. A., Manuel Becker M. A. und Christian Schlöder M. A. gehörten fast über die gesamte Projektdauer zum Team und waren dessen Stützen. Camilo Erlichman M. A., Gregor Feindt M. A., Ina Hommers M. A., Franziska Hein, Mareike Bues und Nathanael Liminski M. A. haben ebenfalls entscheidenden Anteil am Gelingen des Vorhabens. Sie alle waren ein tolles Team!

An unsere stets ertragreichen Workshops und Beratungen im Historischen Seminar in Bonn, in Altenberg, Oberstdorf und Nümbrecht denke ich fast mit Wehmut zurück. Sie sind ein Beispiel dafür, dass Universität im Kern die Gemeinschaft von Forschung und Lehre bedeutet, in der auch ich viel gelernt habe.

Meine Lehrstuhlmitarbeiter Dr. Thomas Freiberger, Kristof Niese M. A. und Iris Limburger M. A. haben sich nicht nur um den laufenden Universitätsbetrieb gekümmert, sondern gerade in der heißen Phase seit Herbst 2010 mehr mit dem «Quandt-Projekt» zu tun bekommen als sie ahnen konnten, und sie haben sich trotzdem mit Freude ans Werk gemacht. Von meinem Lehrstuhl waren zudem Patrik Schmidt, Alina Klein, Lena Retterath, Silke Nierling, Kevin Medau, Jenny Ginsberg und Christine Kensche M. A. eine unerlässliche Hilfe.

Neben der großen Unterstützung, die mir im Projekt und am Lehrstuhl zuteil wurde, haben zahlreiche weitere Personen zum erfolgreichen Abschluss dieses Forschungsprojekts beigetragen: Hans Dörge in Stuttgart hat mir freundlicherweise das Manuskript einer Biographie seines Vaters Friedrich Dörge zur Verfügung gestellt, das dank zahlreicher Originaldokumente eine wahre Fundgrube zur Erhellung von ansonsten wenig aktenkundigen Ereignissen innerhalb der Quandt-Gruppe gewesen ist. Dominique Laval in Luxemburg hat mir sein Privatarchiv geöffnet, wodurch sich einige Aspekte zur Inhaftierung seines Großvaters Léon Laval aufklären ließen, die aus anderen Aktenüberlieferungen nur unvollständig nachvollzogen werden können. Auch Herr Claude Osweiler aus dem «Musée Tudor» in Rosport (Luxemburg) stellte wichtiges ergänzendes Material zur Verfügung.

Michael Friedrich in München hat mir seine vorzügliche, an der Ludwig-Maximilians-Universität entstandene, unveröffentlichte Magisterarbeit zugänglich gemacht, die Licht auf das Entnazifizierungsverfahren von Günther Quandt wirft.

Der Vorstand der Deutschen Bank hat mir den Zugang zu Akten im Historischen Archiv gestattet, die ansonsten nicht frei zugänglich sind; der Leiter des Historischen Archivs Dr. Michael L. Müller war ein ebenso hilfsbereiter wie kompetenter Gesprächspartner wie Dr. Ulrich Eisenbach als Chef des Hessischen Wirtschaftsarchivs.

Im Günther-Quandt-Haus waren Dr. Jörg Appelhans und Nina Mülhens meine wichtigsten Ansprechpartner. Gerade ersterer hat mir viele Türen geöffnet und meine Arbeit erheblich erleichtert. Eine große Hilfe bei der Auswertung zahlreicher Archivalien war Frau Margarete Keck-Thorsson aus dem «Familienarchiv», die als langjährige Mitarbeiterin im Günther-Quandt-Haus eine ausgezeichnete Kennerin der Materie ist und mir zahlreiche wertvolle Hinweise gab. Auch vielen anderen Archivaren staatlicher und privater Archive bin ich für ihre Hilfsbereitschaft und Fachkenntnis zu Dank verpflichtet.

Bei der wissenschaftlichen Redaktion des Manuskripts war Dr. Christoph Studt als enger Freund und Bonner Kollege eine unerlässliche Hilfe; das Gleiche gilt für Hanna Floto-Degener M. A., die mir als Wirtschaftshistorikern zahlreiche wichtige Hinweise gab. Meine Sekretärin, Frau Gudrun Peters, hat das Manuskript in gewohnt professioneller Weise Korrektur gelesen; auch ihr gebührt mein herzlicher Dank.

Beim C. H. Beck-Verlag war mit Dr. Sebastian Ullrich ein Lektor für den «Aufstieg der Quandts» zuständig, dem man von Anfang an seine Freude am Beruf anmerkt und mit dem zusammenzuarbeiten gerade in der Schlussphase eine große Hilfe und Erleichterung war: Lektorierung, die Betreuung durch Frau Carola Samlowsky und das pragmatische Zeit-Management waren vorbildhaft! Daran, dass ihm mit Frau Dr. Angelika Königseder eine Historikerin als Lektorin zur Seite stand, die viele wertvolle Hinweise gab, merkt man zudem, dass der C. H. Beck-Verlag – Gott sei Dank – noch zu den Verlagen gehört, die auf ein eigenes und professionelles Lektorat Wert legen. Alle drei haben großen Verdienst daran, dass aus einem Manuskript ein satzfertiges Produkt und schließlich das vorliegende Buch wurde.

ANHANG

ABKÜRZUNGSVERZEICHNIS

A/B	Aktiebolag (die schwedische Form der Aktiengesellschaft)
AEG	Allgemeine Elektricitäts-Gesellschaft
AFA	Accumulatoren-Fabrik AG
AG	Aktiengesellschaft
Agfi	Aktiengesellschaft für Industriebeteiligungen/Allgemeine Gesellschaft für Industriebeteiligungen
AKW	Anhaltinische Kohlenwerke AG
AR	Aufsichtsrat
ARBED	Aciéries Réunies de Burbach-Eich-Dudelange
A/S	Aktieselskab (die dänische Form der Aktiengesellschaft)
ASdA	Amt für Schönheit der Arbeit
ATG	Allgemeine Transportanlagen GmbH
BASF	Badische Anilin- & Soda-Fabrik
BBC	British Broadcasting Corporation
	Brown, Boveri & Cie.
BefrG	Gesetz zur Befreiung vom Nationalsozialismus und Militarismus («Befreiungsgesetz»)
BEM	Berlin-Erfurter Maschinenfabrik Henry Pels & Co. AG
BF	Belgischer Franc
BHO	Berg- und Hüttenwerksgesellschaft Ost
BIOS	British Intelligence Objectives Subcomitee
BKI	Berlin Karlsruher Industriewerke
BMF	Batterie- und Metallwarenfabik GmbH
BMW	Bayerische Motoren Werke
BRABAG	Braunkohle-Benzin AG
BStU	Behörde des Bundesbeauftragten für die Unterlagen des Staatssicherheitsdienstes der ehemaligen Deutschen Demokratischen Republik
BUB	Böhmische Union-Bank
BVG	Berliner Verkehrs-AG
CAMT	Centre des archives du monde du travail
CEAG	Concordia Elektrizitäts-AG
CdZ	Chef der Zivilverwaltung
CGE	Compagnie Générale d'Electricité
CIC	Counter Intelligence Corps
C.O.P.E.C.	Comptoir Parisién d'Echange et de Compensation
DAF	Deutsche Arbeitsfront
DDP	Deutsche Demokratische Partei
DDR	Deutsche Demokratische Republik

DEA	Deutsche Erdöl AG
DEAC	Deutsche Edison-Accumulatoren-Company GmbH
Degussa	Deutsche Gold- und Silber-Scheide-Anstalt
Deurag	Deutsche Raffinerie AG
DM	Deutsche Mark
DNVP	Deutschnationale Volkspartei
DOG	Deutsch-Orientalische Handelsgesellschaft
D.P.	Displaced Persons
DPW	Draeger-Paul-Wegener-Werke GmbH
DRK	Deutsches Rotes Kreuz
DWM	Deutsche Waffen- und Munitionsfabriken
DVP	Deutsche Volkspartei
ERP	European Recovery Programm
ESB	Electric Storage Battery Co.
FF	Franc Français
FIAT	Field Information Agency Technical
FN	Fabrique Nationale
FSB	Federalnaja sluschba besopasnosti Rossijskoj Federazii (russischer Geheimdienst)
GBI	Generalbauinspektor
GBN	Generalbevollmächtigter für technische Nachrichtenmittel
Gestapo	Geheime Staatspolizei
GeWG	Gesellschaft für europäische Wirtschaftsplanung und Großraumwirtschaft
GEZ	Gesellschaft für elektrische Zugbeleuchtung
GHH	Gutehoffnungshütte
GmbH	Gesellschaft mit beschränkter Haftung
GSF	Gesellschaft zum Studium des Faschismus
H.A. Waffen	Hauptamt Waffen
HIB	Heereseigene Industriebetriebe
HJ	Hitler-Jugend
HRB	Handelsregister Berlin
HTO	Haupttreuhandstelle Ost
HWA	Heereswaffenamt
	Hessisches Wirtschaftsarchiv
IfZ	Institut für Zeitgeschichte
IG	Interessengemeinschaft
IHK	Industrie- und Handelskammer
IKB	Industriekreditbank
IMT	Internationales Militärtribunal
Indube	Industriebeteiligungsgesellschaft mbh
IWK	Industriewerke Karlsruhe (kurzzeitig auch Karlsruher Industriewerke)
JCS	Joint Chiefs of Staff
JG	Junge Generation der SPÖ
KAW	Kölner Akkumulatoren-Werke Gottfried Hagen u. Cie. GmbH in Köln-Kalk
KdF	NS-Gemeinschaft «Kraft durch Freude»

KG	Kommanditgesellschaft
KPD	Kommunistische Partei Deutschlands
KRA	Kriegsrohstoffabteilung
KTB	Kriegstagebuch
k. u. k.	kaiserlich und königlich
KWB	Kriegswollbedarf
KV	Kriegsverbrecher
KWG	Kaiser-Wilhelm-Gesellschaft zur Förderung der Wissenschaften
KWI	Kaiser-Wilhelm-Institut
KWVO	Kriegswirtschaftsverordnung
KZ	Konzentrationslager
LSÖ	Leitsätze für die Preisermittlungen aufgrund der Selbstkosten der Leistungen für öffentliche Auftraggeber
Ltd.	Limited
Mabeg	Material-Beschaffungs GmbH
M.A.N.	Maschinenfabrik Augsburg-Nürnberg
Manurhin	Manufacture de Machines de Haut-Rhin
Memefa	Mecklenburgische Metallwarenfabrik GmbH
MfM	Maschinen für Massenverpackungen Gmbh
MfS	Ministerium für Staatssicherheit der DDR
MG	Maschinengewehr
MID	Military Intelligence Division
Mifrag	Mitteldeutsche Frachtschiffahrt GmbH
M.I.O.M.	Manufacture d'Isolants et Objets Moulés
MWH	Metallwerke Holleischen
MWT	Mitteleuropäischer Wirtschaftstag
NDH	Nezavisna Država Hrvatska (offizielle Bezeichnung des unabhängigen Staates Kroatiens)
NDR	Norddeutscher Rundfunk
Nerag	Neue Erdölraffinerie AG
Nitag	Naphta Industrie- und Tankanlagen AG
NKWD	Narodny Kommissariat Wnutrennich Del
NS	Nationalsozialismus, nationalsozialistisch
NSBO	Nationalsozialistische Betriebszellenorganisation
NSDAP	Nationalsozialistische Partei Deutschlands
NSKK	Nationalsozialistisches Kraftfahrkorps
NSV	Nationalsozialistische Volkswohlfahrt
OHL	Obersten Heeresleitung
OKH	Oberkommando des Heeres
OKM	Oberkommando der Marine
OKW	Oberkommando der Wehrmacht
OMGUS	Office of Military Government for Germany, United States
OY (OYJ)	Julkinen osakeyhtiö (die finnische Form der Aktiengesellschaft)
PAFA	Prager Akkumulatoren-Fabrik AG
PAK	Industrie hellénique d'Accues PAK SA
P.O.W.	Prisoner of War
Pty.	Proprietary limited company

RAF	Royal Air Force
RDI	Reichsverband der deutschen Industrie
RFM	Reichsfinanzministerium
RI	Reichsgruppe Industrie
RKG	Reichskreditgesellschaft
RLM	Reichsluftfahrtministerium
RM	Reichsmark
RMBuM	Reichsministerium für Bewaffnung und Munition
RMfRK	Reichsministerium für Rüstung und Kriegsproduktion
RSHA	Reichssicherheitshauptamt
RPÖ	Richtlinien für die Preisgestaltung bei öffentlichen Aufträgen
RWM	Reichswirtschaftsministerium
SA	Sturmabteilung
	Aber auch Rechtsform für Aktiengesellschaften: Société anonyme in verschiedenen französischsprachigen Ländern, Societate pe Acţiuni in Rumänien, Spółka Akcyjna in Polen
S.A.F.T.	Société des Accumulateurs Fixes et de Traction
Sanok	Sanocka Fabryka Akumulatorow S. A.
SBZ	Sowjetische Besatzungszone
SCAP	Service du Contrôle des Administrateurs Provisioires
SD	Sicherheitsdienst der SS
SED	Sozialistische Einheitspartei Deutschlands
SET	Société pour l'Eclairage des Trains
SKF	AB Svenska Kugellagerfabriken
SMAD	Sowjetische Militäradministration in Deutschland
SPD	Sozialdemokratische Partei Deutschlands
SPÖ	Sozialdemokratische Partei Österreichs
Sopade	Sozialdemokratische Partei Deutschlands im Exil
SS	Schutzstaffel der NSDAP
Stalag	Stammlager (zur Unterbringung von Kriegsgefangenen)
TA	Technische Abteilung
TH	Technische Hochschule
UBAG	Ungarische Bauxit Gruben AG
VAH	Vereinigung von Accumulatoren-Herstellern
Varta AG	Vertrieb, Aufladung, Reparatur transportabler Akkumulatoren
VAW	Vereinigte Aluminium-Werke AG
VDB	Volksdeutsche Bewegung
VEB	Volkseigener Betrieb
Wifo	Wirtschaftliche Forschungsgesellschaft
WIOL	Wintershall-Öl
WVHA	SS-Wirtschafts- und Verwaltungshauptamt
WW	Werschen-Weißenfelser Braunkohle AG
ZAST	Zentralauftragsstelle für die von der Wehrmacht belegten Betriebe in besetzten Gebieten
ZWG	Zentral-Wollhandelsgesellschaft

ANMERKUNGEN

1. Einleitung

1 Biermann, Umstrittene Vergangenheit, S. 627.
2 Stremmel, Zeitgeschichte im Fernsehen, S. 455–481.
3 Turner, Die Großunternehmer; vgl. Hayes, Zur umstrittenen Geschichte der I. G. Farbenindustrie AG, S. 406.
4 Plumpe, Unternehmen im Nationalsozialismus, S. 252. Zur Diskussion über «Primat der Wirtschaft» und «Primat der Politik» vgl. auch Hildebrand, Das Dritte Reich, S. 156–177; zum Forschungsstand Spoerer, Scheingewinne, S. 16–18. Ähnlich Turner, Unternehmen unter dem Hakenkreuz, S. 16; Banken, Kurzfristiger Boom, S. 183–196, bes. S. 192; vgl. ders., Der Nationalsozialismus in der Unternehmensgeschichte, S. 1–18.
5 Vgl. Scherner, Anreiz statt Zwang, S. 140–155.
6 Buchheim, Unternehmen in Deutschland, S. 356; Schanetzky, Unternehmer, S. 73–126.
7 Neben den bereits erwähnten Arbeiten über Flick und dem Werk von Hayes, Industry and ideology vgl. Plumpe, Die I. G. Farbenindustrie; Mommsen/Grieger, Das Volkswagenwerk; Feldman, Die Allianz; Stokes, Von der I. G. Farbenindustrie AG, S. 221–358; Abelshauser, Rüstungsschmiede der Nation?; Lorentz/Erker, Chemie und Politik; Hayes, Degussa; Herbst/Weihe (Hrsg.), Die Commerzbank; Friedländer u. a., Bertelsmann; Lindner, Hoechst.
8 Vgl. Gall, Hermann Josef Abs; Gehlen, Paul Silverberg; Scholtyseck, Robert Bosch; Garke-Rothbart, «... für unseren Betrieb lebensnotwendig ...»; Schöllgen, Gustav Schickedanz; Barkai, Oskar Wassermann; Pierenkemper, Hans-Günther Sohl, S. 53–107.
9 Vgl. Vierhaus, Handlungsspielräume, S. 30–48, bes. S. 35; Feldman, Das Problem der Handlungsspielräume, S. 108–127.
10 Hildebrand, Das Dritte Reich, S. 214.
11 Le Group Guenther Quandt, Etude No. 19, Mai 1948, IfZ, 17/263–3/19.
12 Pritzkoleit, Günther Quandt, S. 61–77. In einer abermals erweiterten Neuausgabe von 1960 erschien das entsprechende Kapitel unter dem Titel «Die Quandt-Gruppe. Erbe eines Unbekannten» (Düsseldorf 1960, S. 71–99). Wenn nicht anders angegeben, wird im Folgenden nach dieser erweiterten Neuausgabe zitiert.
13 Pritzkoleit, Die Quandt-Gruppe, S. 98.
14 Graf Schwerin von Krosigk, Die große Zeit des Feuers, S. 205 bzw. 208.
15 Engelmann, Meine Freunde, S. 469. Engelmann wurde später als Stasi-Zuarbeiter enttarnt. Vgl. Knabe, Der diskrete Charme der DDR, S. 306–318.

16 Zorn, Unternehmer und Unternehmensverflechtung, S. 184.

17 Vgl. Plumpe, Stichworte zur Unternehmensgeschichtsschreibung, S. 9–13; Erker, Aufbruch zu neuen Paradigmen, S. 321–365.

18 Spoerer, Scheingewinne, S. 18.

19 Vgl. Kraus, Geschichte als Lebensgeschichte, bes. S. 325 f.

20 Schumpeter, Theorie der wirtschaftlichen Entwicklung. Vgl. zum Modell des «schöpferischen Unternehmers», wie es Fritz Redlich an Schumpeter anknüpfend an Beispielen von Textilindustriellen gezeichnet hat, Redlich, Der Unternehmer, bes. S. 346 f. Zu neueren Typologien vgl. Casson, Entrepreneurship, bes. S. 12 und bereits ders., The Entrepreneur sowie Plumpe, Die Unwahrscheinlichkeit des Jubiläums, S. 143–156; ders., Perspektiven der Unternehmensgeschichte, S. 417–422; Pfister/Plumpe, Einleitung, S. 1–21, bes. S. 10–12.

21 Vgl. Plumpe, Die Wirtschaftsgeschichte in der HZ, S. 249, Anm. 108.

22 Luhmann, Organisation und Entscheidung, S. 83. Vgl. zur Problematik grundsätzlich Plumpe, Die Geburt des «Homo oeconomicus», S. 320 f.

23 John Umbeck hat diese Problematik wie folgt beschrieben: «Force, not fairness, determines the distribution of wealth in a society.» Umbeck, Might Makes Rights, S. 57. Die für die aktuelle Wirtschaftsgeschichte einflussreichen Überlegungen von Douglass C. North blenden, um nur ein besonders prägnantes Beispiel zu nennen, den Faktor Macht hingegen weitgehend aus, was gerade für die Phase der gewaltsamen Expansion im Zweiten Weltkrieg problematisch ist. Vgl. North, Theorie des institutionellen Wandels. Vgl. zur Kritik an dieser Vernachlässigung des Machtfaktors Kieser, Erklären die Theorie der Verfügungsrechte und der Transaktionswandelansatz historischen Wandel von Institutionen?, S. 301–323, bes. S. 319 f. Vgl. auch Hesse/Schanetzky/Scholten, Das Unternehmen als gesellschaftliches Reformprojekt.

24 Frei, Die Wirtschaft des «Dritten Reiches», S. 15. Vgl. auch Barkai, Die deutschen Unternehmer und die Judenpolitik, S. 229.

25 Vgl. Hesse/Kleinschmidt/Lauschke, Herausforderungen und Perspektiven der Unternehmensgeschichte, S. 9. Kritisch zur Anwendung des kulturalistischen Ansatzes Plumpe, Wirtschaftsgeschichte, S. 14; vgl. auch Siegenthaler, Geschichte und Ökonomie, S. 276–301; Pierenkemper, Was kann eine moderne Unternehmensgeschichtsschreibung leisten?, S. 15–31; Scholtyseck, Allgemeine Geschichte der Neuzeit, S. 525–550; vgl. bereits Hanf, Mangelnde methodische Konzepte, S. 145–160.

26 Vgl. Chandler, The Visible Hand; ders., Scale and Scope.

27 Schanetzky, Neue Literatur, S. 27. Vgl. hierzu bereits Treue, Herbert Quandt, S. VII.

28 «Appendix A» vom 8. Oktober 1946, TNA, BT 211/85.

29 «List of fifty German concerns suggested for deconcentration», ebd.

30 Schanetzky, Neue Literatur, S. 27. Daneben die grundsätzlichen Überlegungen bei Priemel, Flick, S. 29 f.

31 Quandt/Quandt (Hrsg.), Günther Quandt erzählt sein Leben, S. 88.

32 Siehe hierzu z. B. Günther Quandt an Fritz Rechberg vom 28. November 1912, LA Berlin, A Rep. 251-09, Nr. 1017.

33 Als es nach 1945 darum ging, die Konfiszierung der AFA zu vermeiden, wurde gar angeführt, man sei «kein Konzern im Sinne eines Unternehmens, welches wahllos verschiedenartige Fabrikationen in sich vereinigt, vielmehr eine organisch gewachsene Produktionsgesellschaft mit einem einheitlich eng begrenzten Fabrikationsprogramm.» Aktennotiz vom 5. Januar 1946, HWA, Abt. 2017, Nr. 56.

34 HWA, Abt. 2017, Nr. 51.

35 Welskopp/Lauschke, Einführung: Mikropolitik im Unternehmen, S. 7–15.

36 Vgl. Priemel, Flick; Bähr u. a., Der Flick-Konzern; Frei u. a., Flick.

2. Tuchfabriken im Kaiserreich: Die Anfänge eines Familienunternehmens

1 Vgl. Rat der Stadt Pritzwalk (Hrsg.), 725 Jahre Pritzwalk, S. 15.

2 Vgl. ebd., S. 17.

3 Vgl. Kleinschmidt, Technik und Wirtschaft, S. 3 f.

4 Vgl. Pierenkemper, Gewerbe und Industrie, S. 5–23 und Hilger, Fabrikantenverein, S. 49–51. Selbst Anfang des 20. Jahrhunderts waren in der Branche, nahm man das Bekleidungsgewerbe hinzu, etwa 2,5 Millionen Menschen in 800 000 Betrieben in Lohn und Brot.

5 Vgl. Pierenkemper, Gewerbe und Industrie, S. 23.

6 Vgl. Rehberg, Stadttopographie, S. 118.

7 Sombart, Der moderne Kapitalismus, Bd. 3, S. 892.

8 Vgl. Hilger, Fabrikantenverein S. 55 f.; ferner Hempe, Kette und Schuss, S. 115–117.

9 Vgl. Boch, Staat und Wirtschaft, S. 38–54; Burhop, Wirtschaftsgeschichte, S. 109–117. Für einen Überblick zu diesen nicht auf Deutschland beschränkten Tendenzen vgl. Berend, Markt und Wirtschaft.

10 Vgl. Quandt/Quandt (Hrsg.), Günther Quandt erzählt sein Leben, S. 18.

11 Das Jahrhundertbuch der Uniformtuchfabrik Gebrüder Draeger, S. 47–61.

12 Quandt/Quandt (Hrsg.), Günther Quandt erzählt sein Leben, S. 14 f.

13 Vgl. Das Jahrhundertbuch der Uniformtuchfabrik Gebrüder Draeger, S. 82.

14 Vgl. Quandt/Quandt (Hrsg.), Günther Quandt erzählt sein Leben, S. 19.

15 Vgl. die Heiratsurkunde, HWA, Abt. 2017, Nr. 47: HWA, Abt. 2017, Nr. 46.

16 Vgl. Siefer, «Du kommst später mal in die Firma!», S. 64–67; Bourdieu, Ökonomisches Kapital, S. 49–79.

17 Vgl. hierzu Stamm/Schmiade/Kohli, Von Generation zu Generation, S. 181.

18 Gesellschaftervertrag zwischen Emil Quandt und Max Draeger vom 29. März 1883, Museum Pritzwalk, Nr. 38; Vertrag über die Geschäftsübernahme von Emil Quandt und Max Draeger vom 29. März 1883, ebd. Günther Quandt selbst hat den Kauf später versehentlich auf den 1. Januar 1883 datiert. Vgl. auch Quandt/Quandt (Hrsg.), Günther Quandt erzählt sein Leben, S. 20.

19 Das Jahrhundertbuch der Uniformtuchfabrik Gebrüder Draeger, S. 26.

20 Vgl. Burhop, Wirtschaftsgeschichte, S. 79.

21 Quandt/Quandt (Hrsg.), Günther Quandt erzählt sein Leben, S. 21.

22 Ebd.

23 Rehberg/Simon, Illustrierte Geschichte Pritzwalks, S. 108.

24 Quandt/Quandt (Hrsg.), Günther Quandt erzählt sein Leben, S. 21–26, Zitate S. 22 und 24.

25 Emil Quandt an Günther Quandt vom 14. Oktober 1913, Museum Pritzwalk, Nr. 38.

26 Undatierter Stammbaum der Familie Quandt, Museum Pritzwalk, Nr. 38.

27 Quandt/Quandt (Hrsg.), Günther Quandt erzählt sein Leben, S. 7.

28 Vgl. zur Schwierigkeit, fest gefügte Milieus in einem sich dynamisierenden städtischen Gefüge zu erkennen, die zusammenfassenden Beobachtungen bei Gall, Europa auf dem Weg in die Moderne, S. 130. Vgl. auch die Beiträge in Kocka (Hrsg.), Bürgertum im 19. Jahrhundert; Puhle (Hrsg.), Bürger in der Gesellschaft der Neuzeit; Gall (Hrsg.), Stadt und Bürgertum.

29 Herbert Quandt, Rede zur Konfirmation von Sven am 3. Mai 1970, HWA, Abt. 2017, Nr. 77.

30 Vgl. Schäfer, Unternehmen und Familie, S. 202.

31 Quandt/Quandt (Hrsg.), Günther Quandt erzählt sein Leben, S. 26 f.

32 Ebd., S. 23.

33 Vgl. Schäfer, Unternehmen und Familie, S. 203.

34 Quandt/Quandt (Hrsg.), Günther Quandt erzählt sein Leben, S. 28.

35 Ebd., S. 28 f.

36 Vgl. Kleinschmidt, Technik und Wirtschaft, S. 25 f.

37 Schäfer, Unternehmen und Familie, S. 203.

38 Vgl. ebd., S. 103.

39 Auflistung des Grundbesitzes Emil Quandts, o. D., Museum Pritzwalk, Nr. 38.

40 Vgl. Quandt/Quandt (Hrsg.), Günther Quandt erzählt sein Leben, S. 33–36.

41 Vgl. Schäfer, Unternehmen und Familie, S. 203

42 Vgl. Quandt/Quandt (Hrsg.), Günther Quandt erzählt sein Leben, S. 36.

43 Ebd., S. 37.

44 Vertrag zwischen dem königlichen Bekleidungsamt des XVII. Armeekorps in Danzig und der Tuchfabrik Gebrüder Draeger vom 19. Juli 1902, Museum Pritzwalk, Nr. 38.

45 Vgl. Green, Waste Not.

46 Quandt/Quandt (Hrsg.), Günther Quandt erzählt sein Leben, S. 37.

47 Die amtliche Eintragung erfolgte wenige Tage später. Öffentlicher Anzeiger der Königlichen Regierung zu Potsdam und der Stadt Berlin vom 21. September 1906, BLHA Potsdam, Rep. 260 AG Pritzwalk, Nr. 38, S. 1762.

48 Der Vorgang ist umfassend durch Schriftverkehr dokumentiert in LA Berlin, A Rep. 251-09, Nr. 614.

49 Quandt/Quandt (Hrsg.), Günther Quandt erzählt sein Leben, S. 44; Treue, Herbert Quandt, S. 6 f.

50 Zum Paternalismus vgl. ebd., bes. S. 168–173; Bettge, Das Familienunternehmen Gebrüder Stollwerck, S. 229 f.; Welskopp, Betriebliche Sozialpolitik, S. 342; vgl. Berghoff, Unternehmenskultur und Herrschaftstechnik, S. 181.

51 Vgl. Quandt/Quandt (Hrsg.), Günther Quandt erzählt sein Leben, S. 44 f. Zur symbolischen Bedeutung der gemeinsamen Feiern vgl. Berghoff, Unternehmenskultur und Herrschaftstechnik, S. 182 f.

52 Vgl. Deutschmann, Der Weg zum Normalarbeitstag, S. 151–160 bzw. 261–272.

53 Vgl. Niehuss, Textilarbeiter im Ersten Weltkrieg, S. 249 f.

54 Vgl. Hempe, Kette und Schuss, S. 121 f.

55 Notiz anlässlich des Todes von Emil Quandt vom 13. Mai 1925, Museum Pritzwalk, Nr. 37, fol. 13. Das Ausscheiden aus dem Amt auf eigenen Wunsch geht aus einer undatierten und unsignierten Notiz hervor, ebd., fol. 12.

56 Auszug aus dem Protokoll der Stadtverordneten vom 5. November 1894, Museum Pritzwalk, Nr. 37, fol. 3. Zur Amtsdauer das Bestätigungsschreiben des Königlichen Regierungspräsidenten an den Magistrat in Pritzwalk vom 15. November 1894, ebd., fol. 4.

57 Vgl. zur Stadtpolitik Simon, Pritzwalker Bürgerinitiativen, S. 128 f.

58 Protokoll der Sitzung der Gesellschafter am 12. März 1916 vom 17. März 1916, LA Berlin, A Rep. 251-09, Nr. 578.

59 Vgl. Lesczenskis, August Thyssen, S. 68.

60 Vgl. Budde, Blütezeit des Bürgertums, S. 26–29; Ziegler, Die wirtschaftsbürgerliche Elite, S. 7–29; Kaelble, Sozialstruktur, S. 132–178.

61 Vgl. Treue, Herbert Quandt, S. 16.

62 Quandt/Quandt (Hrsg.), Günther Quandt erzählt sein Leben, S. 52, dort auch das Zitat. Vgl. grundsätzlich zu den Heiratskonzepten Soénius, Ehe- und Geschäftspartner?, S. 45–54.

63 Emil Quandt an Günther Quandt vom 16. Oktober 1913, Museum Pritzwalk, Nr. 38.

64 Vgl. hierzu die Beiträge von Gert-Kollmer in dem Sammelband von Oheimb-Loup/Wischermann (Hrsg.), Unternehmensnachfolge und Simon/Wimmer/Groth, Mehr-Generationen-Familienunternehmen, S. 135.

65 Vgl. Schäfer, Unternehmen und Familie, S. 205.

66 Vgl. Quandt/Quandt (Hrsg.), Günther Quandt erzählt sein Leben, S. 52 f.

67 Schenkung vom Dezember 1913, Museum Pritzwalk, Nr. 38. Vgl. zudem die Briefe Emil Quandts an Günther aus dem Dezember 1913, Museum Pritzwalk, Nr. 37.

68 Vermögenserklärung Werner Quandts für Günther Quandt, o. D., LA Berlin, A Rep. 251-09, Nr. 578; Vermögenserklärung Gerhard Quandts für Günther Quandt, ebd.

69 Vgl. Schäfer, Familienunternehmen und Unternehmerfamilien, S. 101–161. Die weiblichen Nachkommen, Edith und Annaliese, wurden nicht an der Unternehmensführung beteiligt. Bei der Neufassung des Gesellschaftsvertrags Ende 1913 wollte Emil Quandt seine Tochter Annaliese kapitalmäßig noch nicht einbeziehen und erst die kurz bevorstehende Hochzeit abwarten. Sollte er unerwartet sterben, hatten seine Söhne die Pflicht, für seine Witwe und Annaliese «ordnungsmäßig» aufzukommen. Emil Quandt an Günther Quandt vom 16. Dezember 1913, Museum Pritzwalk, Nr. 38; Protokoll der Sitzung der Gesellschafter am 26. Januar 1916, LA Berlin, A Rep. 251-09, Nr. 578.

70 Quandt/Quandt (Hrsg.), Günther Quandt erzählt sein Leben, S. 64.

71 Vgl. Siefer, «Du kommst später mal in die Firma!», S. 256.

72 Emil Quandt an Günther und Werner Quandt vom 15. August 1912, Museum Pritzwalk, Nr. 38.

73 Emil Quandt an Günther und Werner Quandt vom 17. November 1913, ebd.

74 Alle Zitate Emil Quandt an Günther und Werner Quandt vom 15. August 1912, ebd.

75 Emil Quandt an Günther Quandt vom 16. Dezember 1913, ebd.

76 Vgl. Epple, Das Unternehmen Stollwerck, S. 26 und S. 322.

77 Günther Quandt an Gebrüder Draeger vom 20. Juli 1922, LA Berlin, A Rep. 251-09, Nr. 525; Günther an Werner Quandt vom 13. Juli 1921, ebd.; Günther Quandt an Werner Quandt vom 17. März 1923, LA Berlin, A Rep. 251-09, Nr. 830.

78 Pirscher an Günther Quandt vom 5. Juni 1917, LA Berlin, A Rep. 251-09, Nr. 489.

79 Günther Quandt an Gebrüder Draeger vom 3. Dezember 1923, LA Berlin, A Rep. 251-09, Nr. 814.

80 Gang der Fabrikation nach Fertigstellung des Wollager- und Kesselhausbaues 1920 und des im Anschluss zu errichtenden Spinnereibaues vom 2. Dezember 1918, LA Berlin, A Rep. 251-09, Nr. 229; Vorarbeiten zum Neubau 1919, o. D., ebd.; Günther Quandt an Gebrüder Draeger vom 23. November 1926, LA Berlin, A Rep. 251-09, Nr. 957.

81 Vgl. Ullmann, Interessenverbände in Deutschland, bes. S. 68–123; Knips, Deutsche Arbeitgeberverbände. Daneben Lüdtke, Die Ordnung der Fabrik; Kaelble, Industrielle Interessenpolitik; Blaich, Kartell- und Monopolpolitik; Ullmann, Der Bund der Industriellen.

82 Vgl. Burhop, Wirtschaftsgeschichte, S. 155–166; Maschke, Grundzüge S. 24; Schröter, Kartellierung, S. 462 f.

83 Maschke, Grundzüge, S. 5; vgl. Schröter, Kartellierung, S. 458.

84 Vgl. ebd., S. 458.

85 Vgl. Diskussionsbeitrag Wilfried Feldenkirchens zu Wengenroth, Die Entwicklung der Kartellbewegung, S. 24.

86 Vgl. ebd., S. 16.

87 Vgl. Maschke, Grundzüge, S. 28; Hilger, Fabrikantenverein, S. 52.

88 Quandt/Quandt (Hrsg.), Günther Quandt erzählt sein Leben, S. 51.

89 § 2 des Interessengemeinschaftsvertrages, LA Berlin, A Rep. 251-09, Nr. 1017.

90 Vgl. Quandt/Quandt (Hrsg.), Günther Quandt erzählt sein Leben, S. 53.

91 Protokoll der 4. Sitzung des Gemeinschaftsausschusses der Interessengemeinschaft vom 16.–18. September 1912 in Hersfeld, LA Berlin, A Rep. 251-09, Nr. 1017; Protokoll der 5. Sitzung des Gemeinschaftsausschusses der Interessengemeinschaft am 15./16. November 1912, ebd.

92 Gerhard Quandt an Günther Quandt vom 11. Dezember 1912, ebd.

93 § 3 u. § 4 des Interessengemeinschaftsvertrags, LA Berlin, A Rep. 251-09, Nr. 1017; Günther Quandt an Fritz Rechberg vom 28. November 1912, ebd. Vgl. Braun, Die Hersfelder Textilindustrie, S. 68.

94 Notiz von Günther Quandt, fragliche Punkte die Interessengemeinschaft betreffend, für ein Treffen in Hersfeld vom 5. Dezember 1912, ebd.; Günther Quandt an Fritz Rechberg vom 28. November 1912, ebd.

95 Protokoll der 8. Sitzung des Gemeinschaftsausschusses der Interessengemeinschaft vom 30./31. Januar in Berlin, ebd.; Protokoll über die 10. Sitzung des Gemeinschaftsausschusses der Interessengemeinschaft vom 28. April 1913, ebd.; Protokolle der 7. Sitzung des Gemeinschaftsausschusses der Interessenge-

meinschaft vom 19./20. Dezember 1912 in Frankfurt und der 8. Sitzung vom
30./31. Januar 1913 in Berlin, ebd.; Protokoll der Sitzung des Interessenge-
meinschaftsausschusses der Interessengemeinschaft vom 5.–8. März 1913 in
Berlin, ebd.; Protokoll der 10. Sitzung des Gemeinschaftsausschusses der Interessengemeinschaft vom 28. April 1913, ebd.; Voelcker an Günther Quandt vom
14. Mai 1913, LA Berlin, A Rep. 251-09, Nr. 1009.

96   Protokoll der 13. Sitzung des Gemeinschaftsausschusses der Interessengemeinschaft vom 4. Dezember 1913, LA Berlin, A Rep. 251-09, Nr. 1017.

97   Allgemeine Bestimmungen im Verkehr mit der Mabeg vom 18. September
1913, ebd. Günther Quandt hat die Quotenverhältnisse in seinen Memoiren
aus dem Gedächtnis heraus nur unwesentlich anders wiedergegeben. Vgl.
Quandt/Quandt (Hrsg.), Günther Quandt erzählt sein Leben, S. 53 f.

98   Protokoll der 10. Sitzung des Gemeinschaftsausschusses der Interessengemeinschaft vom 28. April 1913, LA Berlin, A Rep. 251-09, Nr. 1017. Vgl.
Quandt/Quandt (Hrsg.), Günther Quandt erzählt sein Leben, S. 55.

99   Niederschrift über die Verhandlung in Warnemünde am 18.–19. Juli 1913,
LA Berlin, A Rep. 251-09, Nr. 444.

100 Der Direktbezug hatte allerdings auch Nachteile: Preisschwankungen während
der langen Transportzeit von Südafrika nach Deutschland bzw. ungepflegte
und versandete Wolle, die das Taxieren der Qualität und die Verwendung erschwerten. Nur etwas mehr als ein Drittel der gereinigten Wollen blieben letztlich zur Weiterverarbeitung übrig. Nach Ausbruch des Ersten Weltkriegs
konnte die IG Kapwolle nur noch über Umwege über die Schweiz und Holland
beziehen. Vgl. Neuhaus, Hersfelder Tuch, S. 31–33; von Vietsch, Die Hersfelder Tuchfabrikanten, S. 268 f.

101 Berliner Marine Protokoll vom 13. und 14. November 1913, LA Berlin, A Rep.
251-09, Nr. 828. Offenbar ohne einen ähnlich festen organisatorischen Rahmen waren Zusammenkünfte im Frühjahr 1914, bei denen Eisenbahn-,
Marine-, Militär- und Postaufträge sowie Preise festgesetzt wurden. Protokoll
der Versammlung der Uniforminteressenten vom 7. März 1914, LA Berlin,
A Rep. 251-09, Nr. 772.

102 Quandt/Quandt (Hrsg.), Günther Quandt erzählt sein Leben, S. 54.

103 Nadolny/Treue, VARTA, S. 78.

104 Quandt/Quandt (Hrsg.), Günther Quandt erzählt sein Leben, S. 58 f.

105 Vgl. ebd., S. 59–61. Eine differenzierte Analyse der Stimmung in Deutschland
zu Kriegsbeginn bei Schröder, Allgemeine Kriegsbegeisterung?

3. Günther Quandts Ausbruch aus der Provinz in der Zeit des Ersten Weltkrieges

1   Rathenau, Politische Auslese, S. 231.

2   Vgl. Wixforth, Gründung und Finanzierung, S. 85 f. Zu den wirtschaftlichen
Kriegszielen der europäischen Mächte Soutou, L'or et le sang. Zu den langfristigen, über den Krieg hinausgehenden Überlegungen auch Hopbach, Unternehmer im Ersten Weltkrieg, bes. S. 160–166.

3   Kocka, Klassengesellschaft im Krieg; Feldman, Die sozialen und politischen
Grundlagen; ders., Armee, Industrie und Arbeiterschaft.

4 Michalka, Kriegsrohstoffbewirtschaftung, S. 485. Vgl. Kerkhof, Rüstungsindustrie und Kriegswirtschaft.

5 Gall, Walther Rathenau, S. 175. Vgl. grundsätzlich auch Brenner, Walther Rathenau, bes. S. 310–321.

6 Zit. nach Burchardt, Walther Rathenau, S. 195.

7 Berend, Markt und Wirtschaft, S. 46.

8 Vgl. Gall, Walther Rathenau, S. 179.

9 Vgl. Buchardt, Walther Rathenau, S. 169–196.

10 Feldman, Armee, Industrie und Arbeiterschaft, S. 57.

11 Vgl. Gall, Walther Rathenau, S. 184.

12 Vgl. Roth, Staat und Wirtschaft, S. 52 f.; Michalka, Kriegsrohstoffbewirtschaftung, S. 487; Huber, Deutsche Verfassungsgeschichte, Bd. 5, S. 86–88.

13 Vgl. Roth, Staat und Wirtschaft, S. 57 und, FN 120. Quandt lernte Schönbach im August 1914 kennen. Vgl. Quandt/Quandt (Hrsg.), Günther Quandt erzählt sein Leben, S. 65.

14 Wixforth, Gründung und Finanzierung, S. 81–105, bes. S. 90–103, Zitat S. 98. Umfassend und zuverlässig Roth, Staat und Wirtschaft; Rohlack, Kriegsgesellschaften.

15 Kerkhof, Public-Private Partnership, S. 131.

16 Vgl. zu den jeweiligen Aufgabengebieten der zahlreichen Kriegsorganisationen der Textilwirtschaft Wolf, Die deutsche Textilwirtschaft, S. 38–43. Wolf irrt sich aber darin, dass die KWB in der Kammwoll AG aufgegangen sei, vielmehr war es genau umgekehrt.

17 Reichswirtschaftsministerium, Zusammenstellung der dem Kriegsministerium unterstellten Kriegsgesellschaften, o. D., BArch, R 3101/3074, Bl. 10–19.

18 Geschäftsbericht der KWB 1914/15, BArch, R 8747/11.

19 Reichsmarineamt, Mobilmachung 1914. Kriegswollbedarf AG, 1915–1919, BArch, RM 3/8325.

20 Unbekannt und Rathenau an Günther Quandt vom 27. August 1914, LA Berlin, A Rep. 251-09, Nr. 881. Vgl. Roth, Staat und Wirtschaft, S. 104 f.

21 Vgl. Schäfer, Kartelle, S. 83; Roth, Staat und Wirtschaft, S. 106.

22 Protokoll über eine Besprechung am 1. September 1914 betreffs Gründung einer Kriegs-Wolle-Gesellschaft, LA Berlin, A Rep. 251-09, Nr. 881. Die jeweiligen Anteile änderten sich in den folgenden Jahren fortwährend, ohne dass jedoch an den grundsätzlichen Verteilungsverhältnissen große Differenzen zu beobachten waren. Reichsmarineamt, Mobilmachung 1914. Kriegswollbedarf AG, 1915–1919, BArch, RM 3/8325.

23 Quandt/Quandt (Hrsg.), Günther Quandt erzählt sein Leben, S. 65.

24 Im Februar 1916 übernahm Max Koswig das Amt des stellvertretenden Aufsichtsratsvorsitzenden; nach dem Rücktritt Rechbergs im April 1920 wurde er schließlich Aufsichtsratsvorsitzender. Protokoll der Aufsichtsratssitzung der Kriegswollbedarf AG vom 29. Februar 1916, BArch, R 8747/11; Protokoll der Aufsichtsratssitzung der Reichswolle AG vom 29. April 1920, BArch, R 8747/14.

25 Ende September 1914 wurde zudem auf einer von Walther Rathenau einberufenen Sitzung beschlossen, die Kammgarnproduzenten stärker zur Herstellung

von Tuchen heranzuziehen und hierfür eine Kammwoll AG gegründet. Gemeinsam mit Fritz Rechberg ließ sich Quandt in den Aufsichtsrat wählen. An den Sitzungen nahm er zwar regelmäßig teil, meldete sich aber kaum zu Wort. 1915 wurden die Kammwoll AG und die KWB unter dem Namen der letzteren zusammengeführt. Vgl. die Aufsichtsratsprotokolle in BArch, RM 3/8328 bzw. 8329. Bericht über die Aufsichtsratssitzung der Kammwoll AG vom 18. November 1916, BArch RM 3/8328, fol. 266–270; Müller, Die Kriegsrohstoffbewirtschaftung, S. 89 f.; vgl. Hilger, Fabrikantenverein, S. 59.

26 Einen Einblick in den Aufbauprozess bietet der Bericht über die Zwischenrevision der Geschäftsbücher der KWB bis zum 30. Juni 1915, BArch, R 8747/51; Geschäftsbericht 1914/15, BArch, R 8747/11; Geschäftsbericht über den Zeitraum vom 1. September 1917–31. August 1918, BArch, R 8747/45; Protokoll der Aufsichtsratssitzung der KWB vom 15. Mai 1915, LA Berlin, A Rep. 251-09, Nr. 881.

27 Vgl. Hilger, Fabrikantenverein, S. 60. Organe waren die Mitgliederversammlung, der Vorstand, ein Verwaltungsausschuss und die Geschäftsführer, die für die Überwachung der Betriebe zuständig waren. Reichsmarineamt, Mobilmachung 1914. KWB, 1915–1919, BArch, RM 3/8325.

28 Die Fusion mit dem Kriegsweberverband führte im Sommer 1915 zur Umfirmierung in den Kriegsgarn- und Tuchverband, in dessen Vorstand Rechberg, Koswig und Quandt eintraten. Vgl. Claren, Zusammenlegung, S. 16.

29 Müller, Die Kriegsrohstoffbewirtschaftung, S. 92. Vgl. auch Quandt/Quandt (Hrsg.), Günther Quandt erzählt sein Leben, S. 67.

30 Notarielles Protokoll der Generalversammlung der KWB vom 29. Februar 1916, Reichsmarineamt, Mobilmachung 1914. Kriegswollbedarf AG, 1915–1919, BArch, RM 3/8325; Günther Quandt an Hebel vom 13. Juni 1918, ebd. Vgl. auch Quandt/Quandt (Hrsg.), Günther Quandt erzählt sein Leben, S. 65.

31 Bericht zur Aufsichtsratssitzung der KWB vom 9. Januar 1919, BArch, 8747, Nr. 14; KWB an die KRA vom 21. Oktober 1916, BArch, RM 3/8326, fol. 1–8; KWB an die KRA vom 21. Juni 1916, BArch, RM 3/8325, fol. 288–293. Quandt reiste zu diesem Zweck zumindest mehrfach nach Warschau. Günther Quandt an Gebrüder Draeger, Friedrich Paul und Friedrich Wilh. Wegener vom 28. Juni 1917, LA Berlin, A Rep. 251-09, Nr. 489; Merkblatt von Günther Quandt vom August 1918, LA Berlin, A Rep. 251-09, Nr. 490.

32 Vgl. etwa Protokoll der Sitzung der Direktion der KWB und deren Gruppenvorstehern, Referenten und Abteilungsleitern vom 8. November 1916, BArch, R 8747/19; Merkblatt Günther Quandts vom 18. Januar 1916, LA Berlin, A Rep. 251-09, Nr. 827; Rundschreiben Günther Quandts für sämtliche Angestellte des Hauses Mohrenstraße 9 vom 21. November 1915, ebd.

33 Vgl. etwa das Protokoll der Aufsichtsratssitzung der KWB vom 3. März 1915, LA Berlin, A Rep. 251-09, Nr. 881.

34 Günther Quandt an die Mitglieder der Interessengemeinschaft, o. D. [Frühjahr 1914], LA Berlin, A Rep. 251-09, Nr. 1017.

35 Aufsichtsratssitzung der Kriegswollbedarf AG vom 8. Dezember 1914, LA Berlin, A Rep. 251-09, Nr. 585.

36 Rathenau, Gesammelte Schriften, Bd. 1, S. 68.

37 Verteilungskommission der Kriegswollbedarf AG vom 8. Dezember 1914, Reichsmarineamt, Mobilmachung 1914. Kriegswollbedarf AG, 1915–1919, BArch, RM 3/8325.

38 Günther Quandt an Gebrüder Draeger, Friedrich Paul und Friedrich Wilh. Wegener vom 28. Juni 1917, LA Berlin, A Rep. 251-09, Nr. 489.

39 Vgl. Quandt/Quandt (Hrsg.), Günther Quandt erzählt sein Leben, S. 67.

40 Protokoll der Aufsichtsratssitzung der Kriegswollbedarf AG vom 10. Oktober 1914, LA Berlin, A Rep. 251-09, Nr. 881.

41 Aufsichtsratssitzung der KWB vom 8. Dezember 1914, LA Berlin, A Rep. 251-09, Nr. 585; KWB, Sitzung vom 27. Februar 1915, BArch, RM 3/8325, fol. 97–100.

42 KWB an die KRA vom 21. Oktober 1916, BArch, RM 3/8326, fol. 1–8.

43 Vgl. hierzu die Aufzeichnungen über die Sitzung vom 31. Januar 1916, BArch, R 8747/73. Grundsätzlich zu den Klagen über die «Regelungswut» auch Hopbach, Unternehmer im Ersten Weltkrieg, S. 37–39.

44 Reichsmarineamt, Mobilmachung 1914. Kriegsrohstoffgesellschaften des Bekleidungswesens. Höchstpreise für Bekleidungsmaterialien, Beschlagnahmen. Häuteverwertung 1914–1918, BArch, RM 3/8274.

45 Protokoll der Sitzung der Verteilungskommission vom 19. April 1917, BArch, R 8747/40; zudem Protokoll der Aufsichtsratssitzung der KWB vom 8. Januar 1915, LA Berlin, A Rep. 251-09, Nr. 881; KWB an die KRA vom 18. April 1918, BArch, RM 3/8327, fol. 148–151.

46 Protokoll der Aufsichtsratssitzung der KWB vom 8. Januar 1915, LA Berlin, A Rep. 251-09, Nr. 881.

47 KWB an die KRA vom 19. Dezember 1916, BArch, RM 3/8326, fol. 51–57.

48 KWB an die KRA vom 12. Januar 1917, ebd., fol. 109–117; Protokoll der Sitzung der Verteilungskommission vom 19. April 1917, BArch, R 8747/40.

49 Protokoll der 11. Aufsichtsratssitzung der Kriegswollbedarf AG vom 13. Dezember 1916, BArch, RM 3/8326, fol. 95–107; Bericht der Kriegswollbedarf AG an die KRA vom 9. Februar 1917, ebd., fol. 130–139; Bericht der Kriegswollbedarf AG an die KRA vom 18. April 1918, BArch, RM 3/8327, fol. 148–151.

50 Notizen über die Sitzung vom 31. Januar 1916, BArch, R 8747/73; KWB an die KRA vom 12. Januar 1917, BArch, RM 3/8326, fol. 109–117; KWB an die KRA vom 9. Februar 1917, ebd., fol. 130–139; KWB an die KRA vom 16. Juni 1917, ebd., fol. 270–278. Vgl. grundsätzlich Roth, Staat und Wirtschaft, S. 174 und 189–192.

51 Bericht der Kriegswollbedarf AG an die KRA vom 12. Januar 1917, BArch, RM 3/8326, fol. 109–117; Bericht der Kriegswollbedarf AG an die KRA vom 11. September 1917, BArch, RM 3/8327, fol. 55–62.

52 KWB an die KRA vom 17. August 1917, ebd., fol. 41–47.

53 KWB an die KRA vom 12. Januar 1917, BArch, RM 3/8326, fol. 109–117; KWB an die KRA vom 9. Februar 1917, ebd., fol. 130–139; KWB an die KRA vom 16. April 1917, ebd., fol. 203–217; KWB an die KRA vom 16. Juni 1917, ebd., fol. 270–278. Vgl. zu den Schließungen auch Claren, Zusammenlegung, S. 14.

54 KWB an die KRA vom 21. Juni 1916, BArch, RM 3/8325, fol. 288–293; Auf-

sichtsratssitzung der KWB vom 8. Dezember 1914, LA Berlin, A Rep. 251-09, Nr. 585; Verteilungskommission der Kriegswollbedarf AG vom 8. Dezember 1914, Reichsmarineamt, Mobilmachung 1914. Kriegswollbedarf AG, 1915–1919, BArch, RM 3/8325.

55 KWB an die KRA vom 21. September 1916, ebd., fol. 386–392; Protokoll der Sitzung des Verbandes Deutscher Wollumpen-Grosshändler vom 13. Januar 1916, BArch, R 8747/73.

56 Tagebuch der KRA Nr. 35 vom 16. April 1918, BArch, R 8747/81; Protokoll der Aufsichtsratssitzung der KWB vom 12. September 1917, BArch, RM 3/8327, fol. 66–68. Vgl. die Artikel «Die Kriegswollbedarf-Aktien-Gesellschaft» und «Die Kriegswollbedarfs-A-G» in: Die Wahrheit vom 25. August 1917 bzw. 1. September 1917.

57 Offenbar waren Bestände, die erst in der Bilanz der Jahre 1916/17 hätten verbucht werden müssen, ein Jahr zu früh verbucht worden, wodurch der Gewinn höher angegeben wurde, als er tatsächlich war. Da die Verbuchung im folgenden Jahr entsprechend nicht vorgenommen wurde, konnte der Fehler in der Bilanz wieder ausgeglichen werden. Protokoll der 17. Sitzung des Aufsichtsrates der KWB vom 5. Dezember 1918, BArch, R 8747/11.

58 Tagebuch Nr. 10 der KRA vom 15. Dezember 1917, BArch, R 8747/81.

59 Vgl. Roth, Staat und Wirtschaft, S. 155 f.

60 Reichsmarineamt, Mobilmachung 1914. KWB, 1915–1919, BArch, RM 3/8325.

61 Grundlegend Ehlert, Die wirtschaftliche Zentralbehörde, S. 45; vgl. zur Einordnung auch Burhop, Wirtschaftsgeschichte, S. 200 f.

62 Vgl. Wiegmann, Textilindustrie, S. 33–36.

63 Protokoll der Aufsichtsratssitzung vom 8. Januar 1915, LA Berlin, A Rep. 251-09, Nr. 881; Reichsmarineamt, Mobilmachung 1914. Kriegswollbedarf AG, 1915–1919, BArch, RM 3/8325.

64 Claren, Zusammenlegung, S. 14–17.

65 Vgl. Hilger, Fabrikantenverein, S. 62 f.; Claren, Zusammenlegung, S. 25–35.

66 Wiegmann, Textilindustrie, S. 42 bzw. 57; vgl. Claren, Zusammenlegung, S. 22–41; Brohm, Die mechanische Leinenweberei, S. 126.

67 Quandt/Quandt (Hrsg.), Günther Quandt erzählt sein Leben, S. 67.

68 KWB an die KRA vom 9. Februar 1917, BArch, RM 3/8326, fol. 130–139; KWB an die KRA vom 16. Juni 1917, ebd., fol. 270–278.

69 Reichsmarineamt, Mobilmachung 1914. Kriegswollbedarf AG, 1915–1919, BArch, RM 3/8325.

70 Protokoll der Aufsichtsratssitzung der Kammwoll AG vom 22. Februar 1916, BArch, RM 3/8328, fol. 186–192; Reichsmarineamt, Mobilmachung 1914. Kriegswollbedarf AG, 1915–1919, BArch, RM 3/8325; Protokoll des Aufsichtsrates vom 28. Juli 1916, BArch, RM 3/8328, fol. 232–238. Auch in der Öffentlichkeit wurde die Arbeit der Handelsgesellschaft kritisiert. N. N., Deutsch-Orientalische Handelsgesellschaft, in: Deutsche Levante-Zeitung 6 (1916), S. 415 f.

71 KWB an die KRA vom 21. September 1916, BArch, RM 3/8325, fol. 386–392.

72 KWB an KRA vom 9. Februar 1917, BArch, RM 3/8326, fol. 130–139; KWB

an KRA vom 16. April 1917, ebd., fol. 203–217; KWB an KRA vom 15. Dezember 1917, BArch, RM 3/8327, fol. 101–107.

73 Bericht der KWB an die KRA vom 11. September 1917, ebd., fol. 55–62; Bericht der KWB an die KRA vom 12. Oktober 1917, ebd., fol. 108–114; Protokoll der 17. Aufsichtsratssitzung der KWB vom 5. Dezember 1918, ebd.; Bericht der KWB an die KRA vom 9. Februar 1917, BArch, RM 3/8326, fol. 130–139; KWB an die KRA vom 21. September 1916, BArch, RM 3/8325, fol. 386–392. Die Deutsch-Orientalische Handelsgesellschaft trat nach Kriegsende in Liquidation. Notarielles Protokoll der Gesellschafterversammlung der Deutsch-Orientalischen Handelsgesellschaft vom 17. Dezember 1919, BArch, R 3101/6751, fol. 10–11.

74 Pritzkoleit, Die Quandt-Gruppe, S. 74.

75 In den Quellen findet sich fast nur Korrespondenz mit den Gebrüdern Draeger, jedoch keine mit dem Unternehmen Friedrich Paul, was wohl damit zusammenhängt, dass der inzwischen betagte Rudolf Paul angesichts steigender Aufträge nach seinem Zusammenbruch «wieder Mut» fasste. Quandt/Quandt (Hrsg.), Günther Quandt erzählt sein Leben, S. 63 f. und 67.

76 Fragebogen der Deutsches Tuchsyndikat GmbH vom 26. April 1918, LA Berlin, A Rep. 251-09, Nr. 525.

77 Z. B. Günther Quandt an Gebrüder Draeger vom 4. Juli 1917, LA Berlin, A Rep. 251-09, Nr. 489; Günther Quandt an Friedrich Wilh. Wegener vom 26. Mai 1916, LA Berlin, A Rep. 251-09, Nr. 199.

78 Beide Zitate Günther Quandt an Gebrüder Draeger vom 4. Januar 1919, LA Berlin, A Rep. 251-09, Nr. 223.

79 Günther Quandt an Gebrüder Draeger und Friedrich Wilh. Wegener vom 4. Juni 1917, LA Berlin, A Rep. 251-09, Nr. 489.

80 Quandt an Gebrüder Draeger vom 25. Juni 1917, ebd.; Pirscher und Schmidt an Günther Quandt vom 29. Juni 1917, ebd.

81 Vgl. Hilger, Fabrikantenverein, S. 62.

82 Vgl. Quandt/Quandt (Hrsg.), Günther Quandt erzählt sein Leben, S. 64.

83 [Draeger] an Kriegsrohstoffabteilung vom August 1918, LA Berlin, A Rep. 251-09, Nr. 490.

84 Zu den Bilanz- und Gewinnverschleierungen Burhop, Wirtschaftsgeschichte, S. 208. Zur Lage der Quandt'schen Tuchfabriken Protokoll der Sitzung der Gesellschafter vom 17. Februar 1916, LA Berlin, A Rep. 251-09, Nr. 578. Diesen Zahlen widerspricht die Bilanz der Gebrüder Draeger zum 31. Dezember 1915, die einen Reingewinn von 53 032 Mark ausweist. Aktiva-Passiva-Übersicht der Bilanz vom 31. Dezember 1915, LA Berlin, A Rep. 251-09, Nr. 976. Vgl. auch Journal der Gebrüder Draeger zur Bilanz vom 31. Dezember 1915, ebd. Die Reingewinne für 1914 sollten in die Bilanz eingestellt und die Abschreibungen auf Grundstücks- und Gebäudekonto sowie auf Maschinen und Inventarkonto für das Jahr 1914 entsprechend geringer gehalten werden. Das Gewinnverhältnis von 3 : 2 : 3 [Draeger, Paul, Wegener] sollte beibehalten oder gegebenenfalls bei Abschluss der Inventur entsprechend angeglichen werden, soweit dies steuerrechtlich möglich war. Protokoll der Sitzung der Gesellschafter vom 19. Dezember 1915, LA Berlin, A Rep. 251-09, Nr. 578.

85 Günther Quandt an Kunstwollwerke Scharfenberg vom 27. Januar 1919, LA Berlin, A Rep. 251-09, Nr. 268. In dem Schreiben wiederholte er auch an anderer Stelle die Notwendigkeit der vorsichtigen Bewertung.

86 Bilanz der Gebrüder Draeger vom 31. Dezember 1918, LA Berlin, A Rep. 251-09, Nr. 151; Debitoren-Auszug der Gebrüder Draeger vom 21. Dezember 1918, LA Berlin, A Rep. 251-09, Nr. 223. Ein Jahr später wurde die Bilanzsumme mit 9,3 Millionen Mark angegeben, aber der Reingewinn stand nur noch mit knapp 186 000 Mark in den Büchern. Bilanz der Gebrüder Draeger vom 31. Dezember 1919, LA Berlin, A Rep. 251-09, Nr. 832.

87 Geheiminventur [der Gebrüder Draeger] vom 1. Januar 1921, ebd. Die Bilanz bei den DPW zum 30. Juni 1921 wies bei einer Summe von 17,6 Millionen Mark Warenbestände in Höhe von fast 14,5 Millionen Mark und einen Gewinn von mehr als 4,5 Millionen Mark auf: Bilanz der Draeger-Paul-Wegener-Werke GmbH per 30. Juni 1921, LA Berlin, A Rep. 251-09, Nr. 151; sGewinn- und Verlustrechnung der Draeger-Paul-Wegener-Werke GmbH per 30. Juni 1921, ebd. Kredite hatten die DPW in Höhe von insgesamt gut 4,5 Millionen Mark, vor allem bei der Deutschen Bank und bei zwei im südafrikanischen East London angesiedelten Wollhändlern. Creditoren-Auszug vom 30. Juni 1921 der Draeger-Paul-Wegener-Werke-Wittstock vom 30. Juni 1921, ebd.

88 Zur allgemeinen Entwicklung von Löhnen und Gewinnen vgl. Burhop, Wirtschaftsgeschichte, S. 109 f. Zur Situation bei den Gebrüdern Draeger vgl. Pirscher und Schmidt an Günther Quandt vom 6. Juni 1917, LA Berlin, A Rep. 251-09, Nr. 489; Günther Quandt an Gebrüder Draeger vom 7. Juni 1917, ebd.; Schmidt und Pirscher an Günther Quandt vom 19. Juni 1917, ebd.; Günther Quandt an Gebrüder Draeger vom 22. Juni 1917, ebd.

89 Pirscher und Schmidt an Günther Quandt vom 6. Juni 1917, Anlage, ebd.

90 Günther Quandt an Gebrüder Draeger vom 7. Juni 1917, ebd. Vgl. Hopbach, Unternehmer im Ersten Weltkrieg, S. 162.

91 Protokoll der Sitzung der Gesellschafter am 17. Februar 1916 vom 17. März 1916, LA Berlin, A Rep. 251-09, Nr. 578; Protokoll der Sitzung der Gesellschafter vom 26. Dezember 1916, ebd.; Protokoll der Sitzung der Gesellschafter vom 19. Dezember 1915, ebd.; Protokoll der DPW Sitzung vom 3. August 1916, ebd.

92 Vertrag zwischen dem Magistrat der Stadt Wittstock und Gerhard Quandt als Mitinhaber der Firma Friedrich Wilh. Wegener vom 20. Januar 1916, LA Berlin, A Rep. 251-09, Nr. 302.

93 Protokoll der Sitzung der Gesellschafter am 26. Januar 1916, LA Berlin, A Rep. 251-09, Nr. 578; Protokoll der Sitzung der Gesellschafter am 17. Februar 1916, ebd.

94 Ackermann an Günther Quandt vom 20. Januar 1919, LA Berlin, A Rep. 251-09, Nr. 268; Günther an Werner und Gerhard Quandt und Fritz Paul vom 1. Februar 1919, ebd.

95 Günther Quandt an Kunstwollwerke Scharfenberg vom 27. Januar 1919, ebd. Die Korrekturen wurden zügig eingearbeitet, vgl. Ackermann an Günther Quandt vom 1. Februar 1919, ebd.

96 Günther Quandt an Werner Quandt vom 4. Dezember 1922, LA Berlin, A Rep. 251-09, Nr. 111.

97 Protokoll der 11. Aufsichtsratssitzung der KWB vom 13. Dezember 1916, BArch, RM 3/8326, fol. 95–107.

98 KWB an die KRA vom 19. Dezember 1916, ebd., fol. 51–57.

99 KWB an die KRA vom 21. Oktober 1916, ebd., fol. 1–8; KWB an die KRA vom 19. Dezember 1916, ebd., fol. 51–57; KWB an die KRA vom 12. Januar 1917, ebd., fol. 109–117; KWB an die KRA vom 16. April 1917, ebd., fol. 203–217; KWB an die KRA vom 9. Februar 1917, ebd., fol. 130–139; Bericht über die Aufsichtsratssitzung der Kammwoll AG vom 9. Oktober 1917, BArch, RM 3/8329, fol. 85–90.

100 KWB an die KRA vom 16. Juni 1917, BArch, RM 3/8326, fol. 270–278; KWB an die KRA vom 17. August 1917, BArch, RM 3/8327, fol. 41–47; KWB an die KRA vom 15. Dezember 1917, ebd., fol. 101–107; KWB an die KRA vom 18. April 1918, ebd., fol. 148–151; ferner Geschäftsbericht über den Zeitraum vom 1. September 1917–31. August 1918, BArch, R 8747/45.

101 Merkblatt von Günther Quandt vom August 1918, LA Berlin, A Rep. 251-09, Nr. 490.

102 Quandt an Gebrüder Draeger vom 28. September 1918, ebd.

103 Quandt/Quandt (Hrsg.), Günther Quandt erzählt sein Leben, S. 68.

104 Vgl. Roth, Staat und Wirtschaft, S. 400.

105 Protokoll der 17. Aufsichtsratssitzung der KWB vom 5. Dezember 1918, BArch, R 8747/11.

106 Ebd.; Protokoll der 18. Aufsichtsratssitzung der KWB vom 8. Januar 1919, ebd.; Protokoll der Aufsichtsratssitzung der Reichswolle AG vom 22. Mai 1919, BArch, R 8747/14.

107 Vgl. Wixforth, Gründung und Finanzierung, S. 97.

108 Zur Entwicklung in der Metallbranche vgl. Kerkhof, Von der Friedens- zur Kriegswirtschaft.

109 Vgl. Roth, Staat und Wirtschaft, S. 392 f.

110 Niederschrift der 13. Sitzung der Reichsstelle für Textilwirtschaft am 18. August 1919, BArch, R 8766/30, fol. 55–64; Gebauer an die Reichswirtschaftsstelle für Kunstspinnstoffe und Stoffabfälle vom 4. Juni 1919, BArch, R 8766/206, fol. 112–121; Protokoll der 17. Aufsichtsratssitzung der KWB vom 5. Dezember 1918, BArch, R 8747/11.

111 Protokoll der 18. Aufsichtsratssitzung der KWB vom 8. Januar 1919, ebd.

112 Niederschrift über die Besprechung der Ablieferung der Reichsware an die Reichs-Textil AG vom 1. Juli 1919, BArch, R 8747/19; Vorstandssitzung des Ausschusses der Reichswirtschaftsstelle für Kunstspinnstoffe und Stoffabfälle vom 27. Mai 1919, BArch, R 8766/208, fol. 169–176; Niederschrift der Reichswirtschaftsstelle für Kunstspinnstoffe und Stoffabfälle vom 11. Juni 1919, ebd., fol. 180–188.

113 Vgl. Roth, Staat und Wirtschaft, S. 397–399.

114 Protokoll der Aufsichtsratssitzung der KWB vom 14. Juli 1917, BArch, RM 3/8327, fol. 20–33. Vgl. Zunkel, Industrie und Staatssozialismus, S. 145 f.

115 Protokoll der 17. Aufsichtsratssitzung der KWB vom 5. Dezember 1918,

BArch, R 8747/11. Vgl. Quandt/Quandt (Hrsg.), Günther Quandt erzählt sein Leben, S. 71.

116 Protokoll der 18. Aufsichtsratssitzung der KWB vom 8. Januar 1919, BArch, R 8747/11.

117 Geschäftsbericht 1920–1921, BArch, R 8747/45; Protokoll der 28. Aufsichtsratssitzung der KWB vom 14. Juni 1921, BArch, R 8747/13; Revisionsbericht vom 26. November 1921, BArch, R 8747/14.

118 Günther Quandt an den Aufsichtsratsvorsitzenden der Kriegswollbedarf AG (Fritz Rechberg) vom 23. April 1919, BArch, R 8747/12. Zur Neuordnung der Bewirtschaftung der Wolle auch das Protokoll der 17. Aufsichtsratssitzung der KWB vom 5. Dezember 1918, BArch, R 8747/11.

119 So die Darstellung Schönbachs zum Beginn der Sitzung. Protokoll der 18. Aufsichtsratssitzung der KWB vom 8. Januar 1919, BArch, R 8747/11.

120 Ebd.

121 Geschäftsbericht 1918/1919, BArch R 8747/45.

122 Bericht zur Aufsichtsratssitzung der KWB vom 9. Januar 1919, BArch, 8747/14.

123 Bericht zur Aufsichtsratssitzung der KWB vom 4. Februar 1919, ebd.

124 Niederschrift über die Besprechung in der Reichsstelle vom 19. März 1919, BArch, R 8766/13; Niederschrift über die Ausschusssitzung der Reichswirtschaftsstelle für Kunstspinnstoffe und Stoffabfälle vom 27. März 1919, BArch, R 8766/208; Reichsstelle für Textilwirtschaft, Niederschrift über die 4. Sektionsbesprechung vom 15. April 1919, BArch, R 8766/11, Bl. 199; Reichswirtschaftsstelle für Wolle, Bericht über die 6. Sitzung des großen Ausschusses der Reichswirtschaftsstelle für Wolle vom 17. Juli 1919, BArch, R 8769/4. Vgl. auch die Darstellung bei Herbert Quandt: Familiengeschichte vom 13. Dezember 1978, HWA, Abt. 2017, Nr. 57–82.

125 Vgl. Zunkel, Industrie und Staatssozialismus, S. 146.

126 Schreiben des Reichwirtschaftsamts an Günther Quandt vom 6. März 1919, BArch, R 8766/3, fol. 90.

127 Protokoll der Aufsichtsratssitzung der KWB vom 21. März 1919, BArch, RM 3/8327, fol. 196–210.

128 Bericht über die Besprechung der Reichswolle AG und der Reichshader AG betreffend die Frage der Übernahme der Abteilungen K[unstwolle] und L[umpen] der Reichswolle durch die Reichshader am 13. Mai 1919 vom 15. Mai 1919, BArch, R 8787/43; Protokoll der Aufsichtsratssitzung der Reichswolle AG vom 22. Mai 1919, BArch, R 8747/14.

129 Bericht zur Aufsichtsratssitzung der KWB vom 4. Februar 1919, ebd.

130 Protokoll der Aufsichtsratssitzung der KWB vom 15. Mai 1915, LA Berlin, A Rep. 251-09, Nr. 881; Protokoll der 11. Aufsichtsratssitzung der KWB vom 13. Dezember 1916, BArch, RM 3/8326, fol. 95–107.

131 Protokoll der Aufsichtsratssitzung der Reichswolle AG vom 22. Mai 1919, BArch, R 8747/14.

132 Protokoll der 17. Aufsichtsratssitzung der KWB vom 5. Dezember 1918, BArch, R 8747/11; Protokoll der Aufsichtsratssitzung der Reichswolle AG vom 22. Mai 1919, BArch, R 8747/14; Bilanz per 31. August 1919, BArch,

R 8747/46, Teil 1; Revisionsbericht der Bilanz per 31. August 1919 vom 13. Januar 1921, ebd.

133 Bilanz per 31. August 1921, ebd.; Bilanz per 20. November 1921, BArch, R 8747/14. Siehe auch den Prüfungsbericht des Revisors A. Mettchen vom 26. November 1921, ebd.

134 Vgl. Ritschl, The pity of peace, S. 62–64; Ferguson, How (not) to pay for the war; Burhop, Wirtschaftsgeschichte, S. 220.

135 Günther Quandt an Dr. Gruber vom 14. Juli 1919, LA Berlin, A Rep. 251-09, Nr. 635.

136 Von Fritz Paul, der bis zum Frieden von Brest-Litowsk an der Ostfront eingesetzt gewesen war, liegt eine der wenigen explizit politischen Äußerungen in den Briefwechseln der Familie vor, die sich sonst fast ausschließlich ums Geschäftliche drehen. Im Angesicht der Revolution 1918 sprach er von den «unverantwortlichen Quertreibereien der Alldeutschen und der Vaterlandspartei, Königstreuen und wie sie Alle hiessen, gegen die ich hier genug angekämpft habe». Friedrich Paul an Günther Quandt vom 18. November 1918, LA Berlin, A Rep. 251-09, Nr. 871.

137 Quandt/Quandt (Hrsg.), Günther Quandt erzählt sein Leben, S. 71.

138 Vgl. Mamier, Die Konjunktur der deutschen Textilindustrie, S. 11–15; Wiegmann, Textilindustrie, S. 75–76.

139 Protokoll der Sitzung der Interessengemeinschaft vom 9. Juli 1919, LA Berlin, A Rep. 251-09, Nr. 1017.

140 Liefmann, Die Kartelle in und nach dem Kriege, S. 13.

141 Vgl. etwa Beckerath, Zwangskartellierung, S. 78.

142 Tschierschky, Zur Reform der Industriekartelle, S. 70. Vgl. ders., Kartelle im Textilgewerbe, S. 2147.

143 Berend, Markt und Wirtschaft, S. 47.

144 Zit. nach Wilhelm, Steinwurf, S. 19. Vgl. Hilger, Fabrikantenverein, S. 63 f.

145 Protokoll der Sitzung der Interessengemeinschaft vom 6. und 7. Mai 1918, LA Berlin, A Rep. 251-09, Nr. 1017.

146 Quandt an Gebrüder Draeger vom 5. Oktober 1918, LA Berlin, A Rep. 251-09, Nr. 490. Detaillierte Anweisungen zur Berechnung von Preiskalkulationen finden sich immer wieder. Z. B. Günther Quandt an Gebrüder Draeger vom 28. Januar 1919, ebd.

147 Quandt an Gebrüder Draeger vom 28. November 1918, ebd.

148 Günther Quandt an Gebrüder Draeger, Friedrich Paul und Friedrich Wilh. Wegener vom 3. April 1922, LA Berlin, A Rep. 251-09, Nr. 525. Zumindest Friedrich Paul gab jedoch an, keine Anfrage erhalten zu haben. Fritz Paul an Günther Quandt vom 4. April 1922, LA Berlin, A Rep. 251-09, Nr. 525.

149 Pirscher und Schmidt an Günther Quandt vom 18. Juli 1922, ebd.; Günther Quandt an Gebrüder Draeger vom 20. Juli 1922, ebd.; Günther Quandt an Gebrüder Draeger vom 9. Oktober 1922, LA Berlin, A Rep. 251-09, Nr. 814.

150 Günther Quandt an Werner Quandt vom 23. September 1925, LA Berlin, A Rep. 251-09, Nr. 957; Deutsches Tuchsyndikat an Gebrüder Draeger vom 5. Februar 1926, LA Berlin, A Rep. 251-09, Nr. 814.

151 Günther an Werner Quandt vom 14. Februar 1927, ebd.

152 Werner an Günther Quandt vom 22. Februar 1919, LA Berlin, A Rep. 251-09, Nr. 229.

153 Übersicht der Gebrüder Draeger für Günther Quandt, o. D. [Juni 1919], LA Berlin, A Rep. 251-09, Nr. 206; Übersicht der Friedrich Paul für Günther Quandt vom 14. Juni 1919, ebd.; Übersicht der Friedrich Wilh. Wegener für Günther Quandt vom 28. Juni 1919, ebd.; Zentrale Wollhandels GmbH, Materialerrechnung für die durch die Direktion der Reichsbekleidungsämter erteilten Militärtuch-Aufträge vom 30. April 1920, BArch, R 8787/50.

154 Gebrüder Draeger an die Deutsche Wollenwarenmanufaktur vom 15. Oktober 1919, LA Berlin, A Rep. 251-09, Nr. 490; Werner an Günther Quandt vom 13. Dezember 1919, ebd.

155 Günther Quandt an Gebrüder Draeger vom 24. Januar 1920, LA Berlin, A Rep. 251-09, Nr. 490. Hervorhebung im Original.

156 Günther Quandt an Gebrüder Draeger vom 17. August 1920, ebd.; Gebrüder Draeger an Schönbach vom 31. August 1920, ebd.

157 Anlage zu Pirscher und Schmidt an Günther Quandt vom 9. Mai 1923, LA Berlin, A Rep. 251-09, Nr. 814; Lorentz an Gebrüder Draeger und Friedrich Wilh. Wegener vom 20. April 1923, ebd.; Lorentz an Friedrich Paul vom 20. Mai 1922, LA Berlin, A Rep. 251-09, Nr. 525; Lorentz an Gebrüder Draeger vom 20. Mai 1922, ebd.; Lorentz an Friedrich Wilh. Wegener vom 20. Mai 1922, ebd., Lorentz an Günther Quandt vom 25. Januar 1923, LA Berlin, A Rep. 251-09, Nr. 957.

158 Pirscher und Schmidt an Günther Quandt vom 6. Oktober 1922, LA Berlin, A Rep. 251-09, Nr. 814.

159 Pirscher und Schmidt an Günther Quandt vom 11. Dezember 1922, ebd.; Quandt an Pirscher und Schmidt vom 15. Dezember 1922, ebd.; Pirscher und Schmidt an Günther Quandt vom 6. Oktober 1922, ebd.

160 Bereits im Januar 1916 hatten die drei Brüder Quandt beschlossen, dass die Gebrüder Draeger ein Projekt einer einheitlichen Wollwäscherei und Färberei mit Anschlussgleis und Wollspeicher ausarbeiten sollten. Protokoll der Sitzung der Gesellschafter am 26. Januar 1916, LA Berlin, A Rep. 251-09, Nr. 578; Werner an Günther Quandt vom 22. Februar 1919, LA Berlin, A Rep. 251-09, Nr. 229. Vgl. auch die Übersichten «Vorarbeiten zum Neubau 1919», bzw. «Gang der Fabrikation nach Fertigstellung des Wolllager- und Kesselhausbaues 1920 und des im Anschluss zu errichtenden Spinnereibaus», ebd.

161 Herta Behrend (Büro Quandt) an Günther Quandt vom 27. Januar 1923, LA Berlin, A Rep. 251-09, Nr. 796.

162 Friedrich Wilh. Wegener an Deutsche Tuchsyndikat GmbH vom 27. Dezember 1922, LA Berlin, A Rep. 251-09, Nr. 814. Vgl. auch ähnlich die Sicherheitsbescheinigung der Gebrüder Draeger vom 5. April 1923, ebd.; Lorentz an Gebrüder Draeger und Friedr. Wilh. Wegener vom 20. April 1923, ebd.

163 Pirscher und Schmidt an Günther Quandt vom 20. August 1923, LA Berlin, A Rep. 251-09, Nr. 957; Günther Quandt an Pirscher und Schmidt vom 29. August 1923, ebd.

164 Günther Quandt an Werner Quandt vom 20. Juli 1923, LA Berlin, A Rep. 251-09, Nr. 111; Werner Quandt an Günther Quandt vom 21. Juli 1923, ebd.

165 Deutsches Tuchsyndikat an Gebrüder Draeger vom 5. Oktober 1923, LA Berlin, A Rep. 251-09, Nr. 957; Rundschreiben des Deutschen Tuchsyndikats vom 20. Oktober 1923, ebd.; Pirscher und Schmidt an Günther Quandt vom 26. November 1923, ebd.; Günther Quandt an das Deutsche Tuchsyndikat vom 26. November 1923, ebd.

166 Pirscher und Schmidt an das Heeresbekleidungsamt vom 15. November 1923, LA Berlin, A Rep. 251-09, Nr. 814; Pirscher und Schmidt an Günther Quandt vom 15. November 1923, ebd., Günther Quandt an Gebrüder Draeger vom 15. November 1923, ebd.; Günther Quandt an das Deutsche Tuchsyndikat vom 26. November 1923, LA Berlin, A Rep. 251-09, Nr. 957; Pirscher und Schmidt an Günther Quandt vom 15. November 1923, LA Berlin, A Rep. 251-09, Nr. 814; Friedr. Wilh. Wegener an das Heeresbekleidungsamt vom 1. Dezember 1923, ebd.; Pirscher und Schmidt an Günther Quandt vom 26. November 1923, LA Berlin, A Rep. 251-09, Nr. 957.

167 Friedrich Paul an das Reichswehrministerium, Bekleidungs-Abteilung vom 6. Juni 1924, LA Berlin, A Rep. 251-09, Nr. 814; Günther Quandt an Gebrüder Draeger vom 5. Juni 1924, ebd.; Pirscher und Schmidt an Günther Quandt vom 28. März 1925, ebd.; Deutsches Tuchsyndikat an Gebrüder Draeger vom 30. März 1925, ebd.; Deutsches Tuchsyndikat an Gebrüder Draeger vom 4. Juli 1925, ebd.

168 Werner Quandt an das Heeresbekleidungsamt vom 27. Dezember 1924, ebd.; Fragebogen vom Dezember 1925, gezeichnet von Pirscher und Schmidt, ebd.; Werner Quandt an Günther Quandt vom 26. November 1925, ebd.

169 Günther Quandt an Granzow vom 13. November 1925, LA Berlin, A Rep. 251-09, Nr. 810; Günther Quandt an Granzow vom 27. Mai 1926, ebd.

170 Pirscher und Schmidt an Günther Quandt vom 20. Dezember 1926, LA Berlin, A. Rep. 251-09, Nr. 957.

171 Günther Quandt an Werner Quandt vom 23. September 1925, ebd. Günther Quandt hatte den Entwurf des Schreibens zuvor bereits Pirscher geschickt.

172 Pirscher und Schmidt an Günther Quandt vom 20. Dezember 1926, LA Berlin, A Rep. 251-09, Nr. 957; Pirscher an Günther Quandt vom 5. Juni 1917, LA Berlin, A Rep. 251-09, Nr. 489. Vgl. Quandt/Quandt (Hrsg.), Günther Quandt erzählt sein Leben, S. 71.

173 1. Zentral-Handelsregister-Beilage zum Reichs- und Staatsanzeiger vom 25. April 1930, BLHA Potsdam, Rep. 260 AG Pritzwalk, Nr. 38.

174 Protokoll Prof. O. Reches über die in Saaleck am 30. September 1930 durchgeführte Besprechung, StA Goslar, Bestand NL Darré, Bd. 87a, Bl. 251 f. Für den Hinweis auf diesen Quellenbestand danke ich Herrn Dr. Bastian Hein (München).

175 Gerhard Quandt an Darré vom 7. Juni 1932, ebd., Bl. 90.

176 Stellungnahme des Dr. Ing. E. h. Günther Quandt zur Klageschrift des Öffentlichen Klägers vom 8. Februar 1948, HWA Abt. 2017, Nr. 38.

177 Vgl. bspw. auch Weise, Zur Entwicklungsgeschichte der Neugersdorfer Textilindustrie.

178 Stellungnahme des Dr. Ing. E. h. Günther Quandt zur Klageschrift des Öffentlichen Klägers vom 8. Februar 1948, HWA, Abt. 2017, Nr. 38.

179 Günther Quandt an Werner Quandt vom 18. Juni 1941, HWA, Abt. 2017, Nr. 43 – Mappe «Berichterstattung Werner Quandt, Pritzwalk».

180 Die Draeger-Beteiligung an Stöhr & Co. umfasste Ende 1944 knapp 4,1 Millionen RM des 12,6 Millionen RM betragenden Aktienkapitals. Günther Quandt an Werner Quandt vom 30. Juni 1941, ebd.; Vermögensübersicht am 31. Oktober 1944, ebd. Walter Cramer aus dem Vorstand von Stöhr beteiligte sich an der Verschwörung des 20. Juli 1944 und wurde nach seinem Prozess vor dem Volksgerichtshof hingerichtet. Es gibt keine Hinweise, dass Günther Quandt in diese Vorgänge involviert gewesen ist. Vgl. Heintze, Walter Cramer, S. 120–136.

181 Vgl. Rehberg/Simon, Illustrierte Geschichte Pritzwalks, S. 124.

182 Höschle, Die deutsche Textilindustrie, S. 17.

183 Vgl. Wilhelm, Steinwurf, S. 19.

184 Vgl. Höschle, Die deutsche Textilindustrie, S. 221 und S. 319–322.

185 Stellungnahme des Dr. Ing. E. h. Günther Quandt zur Klageschrift des Öffentlichen Klägers vom 8. Februar 1948, HWA, Abt. 2017, Nr. 38.

186 Eidesstattliche Versicherung von Hubert Lorentz vom 29. Februar 1948, HSTA München, Spruchkammerakten Günther Quandt, Karton 1362/2.

187 Vgl. Das Jahrhundertbuch der Uniformtuchfabrik Gebrüder Draeger, S. 35 f. und S. 88 f.; Preußisches Gewerbeaufsichtsamt an den Regierungspräsidenten in Potsdam vom 2. Dezember 1935, BLHA Potsdam, Rep. 2 A I, HG, Nr. 208/3.

188 Vgl. hierzu auch Rudolf Plha an Herbert Quandt vom 30. April 1982, HWA, Abt. 2017, Nr. 8.

189 Das Jahrhundertbuch der Uniformtuchfabrik Gebrüder Draeger, S. 89.

190 Vgl. ebd.

191 Vgl. Friemert, Produktionsästhetik im Faschismus, S. 127.

192 Ein Foto findet sich in Das Jahrhundertbuch der Uniformtuchfabrik Gebrüder Draeger, S. 20. Vgl. Quandt/Quandt (Hrsg.), Günther Quandt erzählt sein Leben, S. 25.

193 Hermann E. Schumann an Werner Quandt vom 21. Oktober 1941, HWA, Abt. 2017, Nr. 43.

194 Stellungnahme des Dr. Ing. E. h. Günther Quandt zur Klageschrift des Öffentlichen Klägers vom 8. Februar 1948, HWA, Abt. 2017, Nr. 38.

195 Eidesstattliche Versicherung von Hubert Lorentz vom 29. Februar 1948, HSTA München, Spruchkammerakten Günther Quandt, Karton 1362/2.

196 Günther Quandt an Werner Quandt vom 14. Juli 1941, HWA, Abt. 2017, Nr. 43.

197 Der Name der Firma geht hervor aus dem Besichtigungsvermerk vom 7. Juli 1943, BArch, R 1516/48. Eine Vermögensübersicht aus dem Jahr 1942 verzeichnete Beteiligungen und Wertbesitz von 8,2 Millionen RM, ein Betrag, der bis Ende 1944 sogar noch auf etwas über 20 Millionen RM stieg. Vermögens-Übersicht am 31. März 1942, Aufstellung Hermann E. Schumann vom 5. Januar 1945, HWA, Abt. 2017, Nr. 43.

198 Bericht über das Prüfungsergebnis der Raumverwertung der stillgelegten Tuchfabrik P. W. Wegener [sic!] vom 5. Juli 1943, BArch, R 1516/48.

199 Besichtigungsvermerk vom 7. Juli 1943, ebd.

200 Zum Verwendungszweck siehe den Aktenvermerk vom 7. Juli 1943, ebd.

201 Aktenvermerk vom 20. Juli 1943, ebd.

202 Aktenvermerke vom 28. und 30. Juli sowie 11. August 1943, ebd.; Präsident des Reichsamtes für Bodenforschung an den Präsidenten des Reichsamtes für Landesaufnahme vom 25. August 1943, ebd.

203 Rudolf Plha an Herbert Quandt vom 3. April 1982, HWA, Abt. 2017, Nr. 8.

204 Protokoll des Antifa-Ausschusses vom 26. August 1946, Museum Pritzwalk, Nr. 17.

205 Das Verfahren gegen ihn war auf der Grundlage des Befehls 201 der SMAD vom 16. August 1947 in Gang gekommen, der der ostdeutschen Strafjustiz erstmals die Aburteilung von NS-Tätern übertrug. Vgl. Wentker, Das Jahr 1948, S. 159.

206 Rudolf Plha an Herbert Quandt vom 3. April 1982 und Rudolf Plha an Herbert Quandt vom 18. Dezember 1972, HWA, Abt. 2017, Nr. 8; Werner Quandt an das Amtsgericht Pritzwalk vom 4. Oktober 1948, BLHA Potsdam, Rep. 260 AG Pritzwalk, Nr. 38.

207 Ebd. Vgl. Schein, Und dann verließ Werner Quandt seine Heimatstadt, S. 28–30; StA Pritzwalk, B 15, Nr. 5 und StA Pritzwalk, A 1075.

208 Schriftliche Auskunft des StA Neubrandenburg unter Heranziehung der Zugangslisten des NKWD-Lagers. Vgl. grundsätzlich Baumann, Das Speziallager Nr. 9 Fünfeichen.

4. Auf der Suche nach neuen Geschäften in der Inflationszeit

1 Mai, Europa 1918–1939, S. 14.

2 Bracher, Überlegungen zur Verfassung, S. 60. Zur Weimarer Republik grundsätzlich Möller, Die Weimarer Republik; Wirsching, Die Weimarer Republik; Büttner, Weimar; Saunders, Weimar Germany. Zur Debatte zwischen «Optimisten» und «Pessimisten» vgl. die Beiträge in: von Kruedener (Hrsg.), Economic Crisis und Winkler (Hrsg.), Die deutsche Staatskrise.

3 Vgl. Anderson, Practicing Democracy; dazu der Aufsatz von Feldman, The Weimar Republic.

4 Vgl. Plumpe, Carl Duisberg, S. 157; Feldman/Steinisch, Industrie und Gewerkschaften.

5 Vgl. grundsätzlich Albertin, Faktoren eines Arrangements; Bähr, Staatliche Schlichtung; Bavaj, Von links gegen Weimar.

6 Turner, Die Großunternehmer, S. 30.

7 Zu den parteipolitischen Präferenzen der Industriellen James, Deutschland in der Weltwirtschaftskrise, S. 166–172; daneben auch Blaich, Staatsverständnis. Von einem «einheitlichen politischen Wollen industrieller Führungsschichten» konnte nicht die Rede sein. John, Zur politischen Rolle der Großindustrie, S. 237.

8 Plumpe, Unternehmen im Nationalsozialismus, S. 248.

9 Vgl. Quandt/Quandt (Hrsg.), Günther Quandt erzählt sein Leben.

10 Vgl. Feldman, The Great Disorder.

11 Gemeinsam mit seinen Brüdern und Fritz Paul hatte sich Günther Quandt im

Sommer 1917 mehr symbolisch mit 100 Mark an einer «U-Boot-Spende» beteiligt. Bei der Zeichnung neuer Kriegsanleihen hielt er sich seit Herbst 1917 eher zurück, allerdings zeichnete er noch im Oktober 1918 gemeinsam für sich und seine Brüder Werner und Gerhard eine Kriegsanleihe über 100 000 Mark. Günther Quandt an Werner Quandt, Gerhard Quandt und die Firmen Gebrüder Draeger, Friedrich Paul und Friedr. Wilh. Wegener, 4. Juni 1917, LA Berlin, A Rep. 251-09, Nr. 489; daneben die Unterlagen in ebd., Nr. 830.

12 Unterlagen in LA Berlin, A Rep. 251-09, Nr. 582, Nr. 864, Nr. 373, Nr. 290, Nr. 207, Nr. 647 und Nr. 738.

13 Unterlagen in LA Berlin, A Rep. 251-09, Nr. 933.

14 Vgl. James, Strukturwandel, S. 174 f. Zu Quandts Geschäftspartner Goldschmidt; Feldman, Jakob Goldschmidt; ders., Jewish bankers; Weitz, Hitlers Bankier, hier bes. S. 91 f.

15 Vgl. Günther Quandt an Gebrüder Draeger vom 19. Dezember 1922, LA Berlin, A Rep. 251-09, Nr. 830; daneben Companhia Perfuradora Brasileira an Mitteldeutsche Creditbank vom 10. Juli 1920, LA Berlin, A Rep. 251-09, Nr. 292. Zahlreiche Kontoauszüge aus den Jahren 1921 und 1922 finden sich auch in LA Berlin, A Rep. 251-09, Nr. 830.

16 Vgl. die Bankauszüge in LA Berlin, A Rep. 251-09, Nr. 488 und 1011.

17 Vgl. die anschauliche Schilderung durch Günther Quandt in: Quandt/ Quandt (Hrsg.), Günther Quandt erzählt sein Leben, S. 76–82.

18 Ebd., S. 83; Herbert Quandt, Familiengeschichte vom 13. Dezember 1978, HWA, Abt. 2017, Nr. 57–82.

19 Quandt hat später angegeben, «etwa 1935» die Deutsche Wollenwaren-Manufaktur erworben zu haben. Allerdings wurde er bereits 1932 Aufsichtsratsvorsitzender. In seinem Depot bei der Dresdner Bank waren zu diesem Zeitpunkt Aktien des Unternehmens in Höhe von nominell 920 200 RM verwahrt. Der Betrieb schüttete nach 15 dividendenlosen Jahren von 1941 bis 1944 wieder eine Dividende in Höhe von 6 Prozent aus. Quandt erhielt dadurch jährlich 210 000 RM. Als die Aktiengesellschaft Ende 1943 in eine GmbH umgewandelt wurde, wurde Günther Quandts Aktienpaket bei der Gesellschaftskasse in GmbH-Anteile umgetauscht. Ergänzungsblatt E. Einkommen des Fragebogens vom 1. März 1946, HSTA München, Spruchkammerakten Günther Quandt, Karton 1363/7; Günther Quandt an Dresdner Bank vom 9. Juni 1942; Dresdner Bank an Günther Quandt vom 23. Juli 1943; Günther Quandt an Dresdner Bank vom 10. Dezember 1943, HA-DrBk, 27104–2001. BE, Bd. 2; König an Spruchkammer vom 26. April 1948, HSTA München, Spruchkammerakten Günther Quandt, Karton 1362/2.

20 Vgl. das folgende Unterkapitel.

21 Quandt/Quandt (Hrsg.), Günther Quandt erzählt sein Leben, S. 87 f.

22 Ebd., S. 89.

23 Bei Jungbluth, Die Quandts, S. 60 fälschlicherweise als «Seek Mühlen» identifiziert, offenbar beruhend auf der Falschschreibung, die sich schon in Günther Quandts Memoiren findet.

24 Herta Behrend (Büro Quandt) an Günther Quandt vom 27. Januar 1923, LA Berlin, A Rep. 251-09, Nr. 796.

25 Günther Quandt an Gebrüder Draeger vom 28. Oktober 1922, LA Berlin, A Rep. 251-09, Nr. 830.

26 Günther Quandt an Gebrüder Draeger vom 23. Oktober 1922, ebd.

27 Quandt/Quandt (Hrsg.), Günther Quandt erzählt sein Leben, S. 8.

28 Pinner, Deutsche Wirtschaftsführer, S. 224.

29 Ebd., S. 226.

30 Neckarsulmer, Der alte und der neue Reichtum, S. 6. Zur Einordnung dieses Unternehmertypus in den europäischen Kontext vgl. Cassis, Big business, S. 147.

31 Burckhardt, Weltgeschichtliche Betrachtungen, S. 480.

32 Schößler, Börsenfieber und Kaufrausch, S. 68.

33 Siehe hierzu auch den Konferenzbeitrag von Joachim Wiemeyer, Finanzmarktspekulationen in der Sicht der katholischen Wirtschaftsethik, Tagung in Hannover zum Thema «Spekulation und Spekulanten in wissenschaftlicher Perspektive. Dimensionen eines umstrittenen Phänomens», siehe dazu auch Tagungsbericht Spekulation und Spekulanten in wissenschaftlicher Perspektive.

34 Vgl. Sombart, Die Juden und das Wirtschaftsleben, und hier besonders das Kapitel 6.II.2 über die «Börse».

35 Vgl. Hecht, Deutsche Juden, bes. S. 332–344.

36 Heisterhagen/Hoffmann, Lehrmeister Währungskrise?!, S. 72 f. Vgl. zeitgenössisch Ostwald, Sittengeschichte der Inflation, bes. S. 78–98.

37 Ulk, Wochenbeilage zum Berliner Tageblatt, Nr. 21 vom 21. Mai 1920.

38 Vgl. Wixforth, Industriekredit und Kapitalmarktfinanzierung, S. 34. Zu Otto Wolff siehe Danylow/Soénius (Hrsg.), Otto Wolff, das jedoch in den Beiträgen von Dittmar Dahlmann und Eckart Conze nicht so weit geht, Wolff als «Inflationsgewinner» oder «Spekulant» zu titulieren. Vgl. bes. Dahlmann, Das Unternehmen Otto Wolff, sowie Conze, «Titane der modernen Wirtschaft».

39 Ufermann, Die Könige der Inflation.

40 Biggeleben, Kontinuität von Bürgerlichkeit, S. 259 f.; vgl. ders., Das «Bollwerk des Bürgertums»; Gehlen, «Avantgarde», S. 61–81. Zur Unternehmenskonzentration in der Inflationszeit vgl. auch Knortz, Wirtschaftsgeschichte der Weimarer Republik, S. 62 f.

41 Fürstenberg, Erinnerungen, S. 140.

42 Ebd., S. 141.

43 Manuskript Dörge, Bd. 2, S. 210.

44 Bescheinigung über Edgar Haverbeck von Horst Pavel vom 1. Oktober 1946, HSTA Hannover, Nds. 171 Hannover, Nr. 11947.

45 Quandt/Quandt (Hrsg.), Günther Quandt erzählt sein Leben, S. 88. Diese Interpretation ist von Treue, Herbert Quandt, S. 26 ungeprüft übernommen worden.

46 Pritzkoleit, Männer, Mächte, Monopole, S. 72 bzw. 91.

47 Jungbluth, Die Quandts, S. 60.

48 Feldman, Stinnes, S. 936 f., daneben Niemann, Das Bild des industriellen Unternehmers; Feldman, Weimar Writers.

49 Vgl. Plumpe, Wirtschaftskrisen, S. 12.

50 Im nicht von ihm selbst geschriebenen Nachwort der Memoiren war davon die Rede, ein Kapitel «Wintershall» sei zwar geplant, jedoch nicht geschrieben worden. Dirk Cattepoel, Nachwort, in: Quandt/Quandt (Hrsg.), Günther Quandt erzählt sein Leben, S. 251. Zu den Memoiren vgl. ausführlich Kapitel 15, S. 751–759.

51 Die für die Düngemittelherstellung unverzichtbaren Kalisalze sind in Deutschland als Produkt der Meerwasserverdunstung im Boden eingelagert und finden sich hauptsächlich in Lagerstätten um Hannover, in südlicher Richtung entlang der Weser, im Harz, im Gebiet Werra-Fulda und am Oberrhein. Vgl. Herrmann, Die Entstehung der Salzvorkommen.

52 Vgl. Vietsch, Die Hersfelder Tuchfabrikanten, S. 270.

53 Schwarz, Goldschmidt & Co. an Günther Quandt vom 23. Juli 1917, LA Berlin, A Rep. 251-09, Nr. 933.

54 Schwarz, Goldschmidt & Co. an Günther Quandt vom 30. März 1920, ebd.

55 Zu der Einführung Quandts in die Kaliwirtschaft durch Rechberg siehe Herbert Quandt, Familiengeschichte vom 13. Dezember 1978, HWA, Abt. 2017, Nr. 57–82.

56 Wintershall. Chronik einer Unternehmensgruppe, S. 56 f.

57 Mehnert, Konkurrenz, Konzepte, Kieserit, S. 257.

58 Benner, Finanzierungsmethoden der deutschen Kali-Industrie, S. 47.

59 Fall 5. Kriegsverbrecher Prozesse, Abt. A, Protokolle der Verhandlungen, 3.–8. Juli 1947, StA Nürnberg, KV-Prozesse Fall 5, A 40–42.

60 Dies war ein gängiges Vorgehen bei Konzentrationsprozessen in der frühen Inflationszeit. Vgl. James, Deutschland in der Weltwirtschaftskrise, S. 135.

61 Vgl. zu diesem Prozess Münstermann, Die Konzerne der Kaliindustrie, S. 19–24.

62 Benner, Finanzierungsmethoden der deutschen Kali-Industrie, S. 49.

63 Vgl. Emons, Die Kaliindustrie, S. 19.

64 Mehnert, Konkurrenz, Konzepte, Kieserit, S. 2; Emons, Die Kaliindustrie, S. 19. Daneben Mette, Kali-Industrie.

65 Vgl. Emons, Die Kaliindustrie, S. 22 f.

66 Vgl. ebd., S. 23.

67 Vgl. Reckendrees, Das «Stahltrust»-Projekt.

68 Vgl. Plumpe, Die IG-Farbenindustrie AG.

69 Vgl. Feldenkirchen, Concentration in German Industry.

70 Erstellt am Beispiel der Vereinigten Stahlwerke, vgl. Reckendrees, Das «Stahltrust»-Projekt, S. 21.

71 Mehnert, Konkurrenz, Konzepte, Kieserit, S. 79.

72 Anfang 1930 führte die wirtschaftliche Schieflage beim Burbach-Konzern Rosterg zur Überlegung, die drei größten Kalikonzerne zu einem Trust zusammenzulegen. Vgl. die Korrespondenz Rostergs mit Schlitter in BArch, R 8119 F/P 1962.

73 Mehnert, Konkurrenz, Konzepte, Kieserit, S. 79.

74 Machtkämpfe in der Kaliindustrie, in: Magazin der Wirtschaft 2 (1926), S. 1248 f.

75 Vgl. die beiden Zeitungsartikel Wintershall-Preuss. Bergwerks.- u. Hütten

A.-G. sowie Weitere Ausdehnung des Wintershall-Konzerns. Die drei Haupt-
gruppen. Keine Verständigung mit Burbach vom 9. Januar 1925, in: Zeitungsausschnittssammlung «Wintershall», HADB.

76 Vgl. Stier/Laufer, Von der PREUSSAG zur TUI, S. 99.

77 Zeitungsartikel Das Wintershall-Problem, vom 24. Januar 1925, Zeitungsausschnittssammlung «Wintershall», HADB.

78 Auf dem Wege zum Kalitrust, in: Magazin der Wirtschaft 2 (23. Dezember
1926), S. 1697–1699.

79 Was wird aus der Wintershall-Minorität, in: Magazin der Wirtschaft 3 (20. Januar 1927), S. 101.

80 Auseinandersetzung Burbach-Wintershall, in: Magazin der Wirtschaft 4
(25. Oktober 1928), S. 1667 f.

81 Mit der Annäherung an Burbach schwand jedoch nicht das Misstrauen Rostergs gegenüber dem Generaldirektor Burbachs, Korte. Schaefer an Schlitter,
13. Mai 1932, BArch, R 8119 F/P 1963.

82 Analyse der Schliep & Co. KG vom Januar 1936, BArch, R 8119 F/P 1963.

83 Diese Deutung wird gestützt durch eine Beschreibung Dörges, wonach Quandt
gegen den Rat seiner Mitarbeiter verschiedentlich sich für den Kauf von Aktien
entschied mit der Begründung, in fünf Jahren seien sie ein Vielfaches wert. Vgl.
Dörge, Manuskript, Bd. II, S. 211. Möglicherweise spielte für Quandt auch die
Beteiligung des englischen Bankhauses Schröder an der Rechberg-Gruppe eine
Rolle, jedenfalls könnte ein Brief Rostergs an Quandt in diese Richtung gedeutet werden. Vgl. Rosterg an Quandt vom 18. August 1926, LA Berlin, A Rep.
251-09, Nr. 868.

84 So auch die familiengeschichtliche Erzählung, Herbert Quandt, Familiengeschichte vom 13. Dezember 1978, HWA, Abt. 2017, Nr. 57–82.

85 Übersicht über die Verteilung der Kuxe vor 1936, HSTAW Wiesbaden,
507/13953b.

86 Siehe hierzu die Geschäftsberichte der Gewerkschaft und der Aktiengesellschaft, WWA Dortmund, S7–184.

87 Herbert Quandt, Familiengeschichte vom 13. Dezember 1978, HWA, Abt.
2017, Nr. 57–82.

88 Manuskript Dörge, Bd. II, S. 214. Vgl. auch Pritzkoleit, Männer, Mächte,
Monopole, S. 350.

89 So bei der gelungenen Übernahme von Byk Gulden und der gescheiterten bei
der Philipp Holzmann AG. Vgl. Kapitel 11, S. 407–416 und 12, S. 591–595.

90 Dies lässt jedenfalls vermuten, dass er 1932 zu einer kleinen Kommission gehörte, die die Finanzbeziehungen zwischen der Gewerkschaft und der Aktiengesellschaft vertraglich regeln sollte. Aufsichtsratsprotokoll der Wintershall
AG vom 7. Juni 1932, BArch, R 8119 F/P 1963.

91 Protokoll der Ausschuss-Sitzung der Wintershall AG vom 24. Juni 1938,
BArch, R 8119 F/P 1961.

92 So führte Quandt 1938 im Namen der Gewerkschaft die Verhandlungen mit
der AG über die Ausweitung der Produktionsanlagen bei der Gewerkschaft
Wintershall. Protokoll der Aufsichtsratssitzung vom 30. Mai 1938, BArch,
R 8119 F/P 1965.

93 Vgl. Schröter, Die internationale Kaliwirtschaft, S. 79. Die übrigen Quoten verteilten sich in erster Linie auf die Unternehmen Kali-Chemie und Solvay, die jedoch beide Kali in erster Linie als Rohstoff für ihre chemischen Hauptprodukte förderten.

94 Aufsichtsratsprotokoll der Wintershall AG vom 18. März 1932, BArch, R 8119 F/P 1963.

95 Benner, Finanzierungsmethoden der deutschen Kali-Industrie, S. 51.

96 Muthesius, Peter Klöckner, S. 47 f.; Benner, Finanzierungsmethoden der deutschen Kali-Industrie, S. 50 f.; zum Stickstoffsyndikat vgl. Schröter, Privatwirtschaftliche Marktregulierung, S. 118–120.

97 Vgl. Hayes, Industry and ideology, S. 139; Geschäftsbericht der Wintershall AG von 1935, WWA Dortmund, S7–184.

98 Wehrwirtschafts- und Rüstungsamt im OKW, Erklärung zu Rüstungsbetrieben (meist Firmenlisten), BArch, RW 19/1989.

99 Geschäftsbericht der Wintershall AG von 1937, WWA Dortmund, S7–184.

100 Wintershall AG an Reichsamt für Wirtschaftsausbau vom 25. Februar 1942, BArch, R 3101/11711.

101 Bericht des Rüstungskommandos vom 7. August 1941, BArch, RW 21–30/9.

102 Tagebucheintrag des Rüstungskommandos Kassel vom 6. Februar 1942, BArch, RW 21–30/11.

103 Hayes, Industry and ideology, S. 154.

104 Vgl. Karlsch/Stokes, «Faktor Öl», S. 143 f.; vgl. auch Wintershall. Chronik einer Unternehmensgruppe, S. 260 f.

105 Vgl. ebd., S. 237 f.

106 Zur Kooperation zwischen Elwerath und Wintershall vgl. Kockel, Deutsche Ölpolitik, S. 167 f.

107 Vgl. Karlsch/Stokes, «Faktor Öl», S. 145 f.; Kockel, Deutsche Ölpolitik, S. 167–170.

108 Wintershall. Chronik einer Unternehmensgruppe, S. 239 f.

109 Ebd., S. 270. Zu den Modernisierungen in der Raffinerie ebd., S. 283.

110 Vgl. Geerdes, Das Ölwerk in Salzbergen, S. 107 f.

111 Zur Entwicklung der Gewerkschaft Elwerath bis zum Einstieg der Wintershall AG vgl. Kockel, Deutsche Ölpolitik, S. 42–44; Die Gewerkschaft Elwerath. Chronik eines Erdölunternehmens 1866–1969.

112 Wintershall. Chronik einer Unternehmensgruppe, S. 235; vgl. Karlsch/ Stokes, «Faktor Öl», S. 145.

113 Spätestens beim Tod von Seifer, möglicherweise aber auch früher, kamen 200 Kuxe in den Besitz der Gewerkschaft Elwerath, so dass der Anteil der Wintershall AG noch gewichtiger wurde. Vgl. Karlsch/Stokes, «Faktor Öl», S. 417.

114 Vgl. Die Gewerkschaft Elwerath. Chronik eines Erdölunternehmens 1866–1969, S. 126.

115 Vgl. zur Geschichte der beiden Raffinerien in den 1930er Jahren bis zum Ende des Zweiten Weltkrieges Fröbe, Arbeit für die Mineralölindustrie.

116 Vgl. etwa die Geschäftsberichte der Wintershall AG von 1932 und 1933, WWA Dortmund, S7–184.

117 Bilanz der Gewerkschaft Wintershall von 1933, ebd.

118 Nach Karlsch war die Wintershall AG an der Gründung der Deurag direkt beteiligt. Vgl. Karlsch/Stokes, «Faktor Öl», S. 164. Allerdings wird sowohl in der Wintershall-Chronik als auch in den Geschäftsberichten der Wintershall keine direkte Beteiligung erwähnt, vielmehr als Anteilseigner nur Preussag und Elwerath. Vgl. Wintershall. Chronik einer Unternehmensgruppe, S. 236 f.; Geschäftsbericht der Wintershall AG von 1931, WWA Dortmund, S7–184. Vgl. auch Fröbe, Arbeit für die Mineralölindustrie, S. 131.

119 Vgl. ebd.

120 Vgl. Buggeln, Porta Westfalica-Barkhausen.

121 Wintershall. Chronik einer Unternehmensgruppe, S. 241.

122 Ebd., S. 293 f.; Geschäftsbericht der Wintershall AG von 1935, WWA Dortmund, S7–184.

123 Der Begriff wurde bereits zeitgenössisch verwendet. Vgl. Karlsch/Stokes, «Faktor Öl», S. 143.

124 Vgl. Karlsch/Stokes, «Faktor Öl», S. 151–153.

125 Wintershall. Chronik einer Unternehmensgruppe, S. 242 f.

126 Vgl. ausführlich zur deutschen Ölpolitik in den NS-Friedensjahren Kockel, Deutsche Ölpolitik.

127 Vgl. Kockel, Deutsche Ölpolitik, S. 197.

128 Vgl. ebd., S. 79.

129 Vgl. Karlsch/Stokes, «Faktor Öl», S. 173–175.

130 Wintershall. Chronik einer Unternehmensgruppe, S. 295; vgl. Muthesius, Peter Klöckner, S. 48 f.

131 Vgl. Rasch, Geschichte des Kaiser-Wilhelm-Instituts für Kohlenforschung, S. 284; ferner Plumpe, Die I.G. Farbenindustrie AG, S. 274.

132 Vgl. Karlsch/Stokes, «Faktor Öl», S. 189. Daneben das Protokoll der Aufsichtsratssitzung vom 4. Mai 1938, BArch, R 8119 F/P 1965.

133 Protokoll der Aufsichtsratssitzung vom 28. Oktober 1936, ebd.; Aufzeichnung eines Gesprächs von Rosterg mit Plassmann vom 12. August 1942, BArch, R 8119 F/P 1960.

134 Protokoll der Aufsichtsratssitzung vom 7. November 1938, BArch, R 8119 F/P 1965. Auch in späteren Aufsichtsratsprotokollen finden sich keine Hinweise auf Finanzhilfen seitens des Reiches. Ebenso wenig wird eine Abnahmegarantie der Produktion erwähnt, allerdings ist eine solche nicht auszuschließen.

135 Vgl. Biedermann, Lützkendorf, S. 511.

136 Protokoll der Aufsichtsratssitzung vom 19. Dezember 1931, BArch, R 8119 F/P 1966.

137 Hohmann, Arbeit und Arbeiterschaft, S. 134. Auch Turner, Die Großindustriellen, erwähnt verschiedentlich die finanzielle Beteiligung August Rostergs an diversen politischen Projekten zur Unterstützung der Nationalsozialisten.

138 Vgl. Vogelsang, Freundeskreis Himmler, S. 40.

139 Aufruf Rostergs im «Kali-Bergmann» vom 11. November 1933, in: Hohmann, Arbeit und Arbeiterschaft, S. 137 f.

140 Geschäftsbericht der Wintershall AG von 1934, WWA Dortmund, S. 7–184.

141 Vgl. Vogelsang, Freundeskreis Himmler, S. 157.

142 Vgl. ebd., S. 153 f.

143 Vgl. ebd., S. 99–101.

144 Aufsichtsratsprotokoll der Wintershall AG vom 21. April 1936, BArch, R 8119 F/P 1965.

145 Kockel, Deutsche Ölpolitik, S. 296.

146 Vgl. Priemel, Flick, insbesondere S. 390–431; Bähr, Der Flick-Konzern, insbesondere S. 322–378; Frei u. a., Flick, insbesondere S. 225–236.

147 Vgl. Bähr, Der Flick-Konzern, S. 322.

148 Vgl. Priemel, Flick, S. 391.

149 Aussage Walter Bauer vom 14. Februar 1947, STA Nürnberg, KV-Anklage Dokumente.

150 Ebd.

151 Aussage Walter Bauer vom 11. April 1946, STA Nürnberg, KV-Anklage Handakten, B-76. Notiz Steinbrincks vom 21. Dezember 1937, BArch, R 8122/MF 80903.

152 Aussage Walter Bauer vom 15. Juli 1946, STA Nürnberg, KV-Anklage Dokumente.

153 Notiz Steinbrincks vom 20. Dezember 1937, BArch, R 8122/MF 80903; Aktennotiz Steinbrincks vom 16. Dezember 1937, STA Nürnberg, KV-Prozesse, Fall 5, Dokumente Steinbrinck.

154 Bericht Steinbrincks über den Stand der Verhandlungen mit der Petschek-Gruppe vom 16. Februar 1938, BArch, R 8122/MF 80903.

155 Notiz Steinbrincks vom 28. April 1938, ebd.

156 Notiz Steinbrincks vom 29. Dezember 1937, ebd.

157 Vgl. Bähr, Der Flick-Konzern, S. 339.

158 Siehe dazu und zu den weiteren detaillierten Verrechnungen die Aktennotiz Hellbergs vom 25. November 1938, BArch, R 8122/MF 80903.

159 Bähr, Der Flick-Konzern, S. 341.

160 Geschäftsbericht der Wintershall AG von 1938, WWA Dortmund, S7–184.

161 Vgl. Eichholtz, Krieg um Öl, S. 17 f.

162 Vgl. Karlsch/Stokes, «Faktor Öl», S. 199.

163 Vgl. ebd., S. 219.

164 Vgl. Riemenschneider, Die deutsche Wirtschaftspolitik gegenüber Ungarn, S. 166.

165 Vgl. Karlsch/Stokes, «Faktor Öl», S. 220.

166 Vgl. zu den Förderleistungen Riemenschneider, Die deutsche Wirtschaftspolitik gegenüber Ungarn S. 396.

167 Vgl. Kasper, Die Ausplünderung polnischer und sowjetischer Erdöllagerstätten, S. 46 f.

168 Vgl. ebd., S. 48. Die kaufmännische Leitung wurde später jedoch an die Preussag abgetreten.

169 Vgl. ebd., S. 50.

170 Karlsch/Stokes, «Faktor Öl», S. 219. Vgl. Karlsch, Ein vergessenes Großunternehmen, S. 113.

171 Vgl. Eichholtz, Krieg um Öl, S. 19 f.; zu den Beskiden-Gesellschaften auch Karlsch, Ein vergessenes Großunternehmen, S. 102–105.

172 Dem Aufsichtsrat gehörten mit Reichswirtschaftsminister Walther Funk, den

Bankiers Hermann Josef Abs und Karl Rasche, sowie mit dem Organisator der Rüstungswirtschaft Georg Thomas noch weitere Personen an, zu denen Quandt in Beziehung stand. Vgl. zu Quandts Netzwerk Kapitel 9, S. 276–298. Vgl. zu der etwas unübersichtlichen Entwicklung der Mineralölwirtschaft in den besetzten Ländern Karlsch/Stokes, «Faktor Öl», S. 203–244; Karlsch, Ein vergessenes Großunternehmen, S. 95–138; Eichholtz, Öl, Krieg, Politik; Wixforth, Die Ausbeutung von Ressourcen.

173 Vgl. Hayes, Industry and ideology, S. 257.

174 Vgl. ebd.

175 Vgl. Eichholtz, Krieg um Öl, S. 85 und 117.

176 Vgl. Hayes, Industry and ideology, S. 290.

177 Vgl. Kasper, Die Ausplünderung polnischer und sowjetischer Erdöllagerstätten, S. 49 f.

178 Vgl. Karlsch, Ein vergessenes Großunternehmen, S. 109–111. Kasper, Die Ausplünderung polnischer und sowjetischer Erdöllagerstätten, S. 50 f.

179 Karlsch, Ein vergessenes Großunternehmen, S. 127. Dieser Aufsatz beschäftigt sich ausführlich mit dem Zwangsarbeitereinsatz bei der Karpaten Öl AG.

180 Vgl. zu dem Problem der Bewertung einer solchen Form von Arbeit die Analyse der Arbeitsbedingungen im DWM-Werk Posen, Kapitel 13, S. 694–699.

181 So sollen alleine in Polen 45 Prozent der Erdölindustrie in jüdischem Besitz gewesen sein, was allerdings vor allem Kleinbetriebe betraf. Vgl. Kasper, Das Erdöl in den Raubplänen, S. 58.

182 Vgl. Karlsch, Ein vergessenes Großunternehmen, S. 106.

183 Zu den jüdischen Zwangsarbeitern bei der Karpaten Öl AG ausführlich Sandkühler, «Endlösung» in Galizien; Karlsch, Ein vergessenes Großunternehmen, S. 130–136.

184 Vgl. Karlsch/Stokes, «Faktor Öl», S. 226.

185 Plumpe, Die I.G. Farbenindustrie AG, S. 178 f.; ferner Karlsch/Stokes, «Faktor Öl», S. 144.

186 Vgl. ebd., S. 252.

187 Vgl. ebd., S. 284.

188 Vgl. ebd., S. 293. Zur Erdölraffinerie auch Weßling, Unser Ölwerk Erdöl-Raffinerie Emsland.

189 Ernst, Wie Wintershall zur BASF kam, S. 23 f.

190 Herbert Quandt, «Die wichtigsten Lebensabschnitte von Dr. Herbert Quandt», HWA, Abt. 2017, Nr. 57–82.

191 Stellungnahme des Dr. Ing. E.h. Günther Quandt zur Klageschrift des Öffentlichen Klägers vom 8. Februar 1948, HWA, Abt. 2017, Nr. 38.

5. Geglückte Übernahme: Günther Quandts Einstieg bei der Accumulatoren-Fabrik (AFA)

1 Stellungnahme des Dr. Ing. E.h. Günther Quandt zur Klageschrift des Öffentlichen Klägers vom 8. Februar 1948, HWA, Abt. 2017, Nr. 38.

2 Zur AFA vgl. die Firmenschriften von Nadolny/Treue, VARTA; 100 Jahre VARTA; Accumulatoren-Fabrik AG (Hrsg.), 50 Jahre Accumulatoren-Fabrik.

3　Stremmel, Adolph Müller.

4　Osterhammel, Die Verwandlung der Welt, S. 1029. Vgl. Mai, Die Ökonomie der Zeit, S. 322.

5　Hughes, Networks of Power, S. 232 und 177. Zur «electrical metropolis» auch Hausman/Hertner/Wilkins (Hrsg.), Global Electrification.

6　Werner/Reiter, Henri Owen Tudor, bes. S. 123–248; Euler, Von Ritter bis Tudor, hier S. 41. Daneben Reiter, L'impact de l'invention de Henri Tudor. Zur Biographie daneben auch Steinmetz, Die Tudors in Rosport; Jäger/Heilbronner, Henri Owen Tudor.

7　Die AFA war Eigentümerin der Maschinen, Mobilien und Vorräte. Grund und Boden sowie alle Gebäude, Turbinenanlagen, Stromleitungsanlagen und Zubehör gehörten der AFA-Tochtergesellschaft Mitteldeutsche Frachtschiffahrt (Mifrag). Vgl. AFA Berlin, Schreiben vom 12. Januar 1940, LA Berlin, A Rep. 250-03-04, Nr. 54; Bericht über die Treuhänderschaft der Accumulatoren-Fabrik Aktiengesellschaft, Werk Zehdenick und Ermittlungen des Status dieses Unternehmens zum 31. Dezember 1945, LA Berlin, C Rep. 800, Nr. 207, S. 3. 1938 wollte die AFA die Mifrag abstoßen. Das Geschäft kam zunächst nicht zustande, weil die Käufer, die Bauunternehmen Seyd & Heinrichs und Meyer & Groß, die erforderlichen Mittel nicht aufbringen konnten. Im Juni 1939 kam es schließlich doch zum Verkauf zu einem Preis von 870000 RM. Vgl. Carl Roderbourg an Hermann Josef Abs vom 20. Dezember 1938 und 20. Juni 1939, BArch, R 8119 F/P 2458.

8　Vgl. Kapitel 4, S. 83–87.

9　Quandt/Quandt (Hrsg.), Günther Quandt erzählt sein Leben, S. 88 f.

10　Geschäftsbericht der AFA für das Geschäftsjahr 1922 vom 12. Juni 1923, STA Münster, Q 530, Amtsgericht Hagen, Nr. 2953.

11　Feldman, Stinnes, S. 778; Knortz, Wirtschaftsgeschichte der Weimarer Republik, S. 62 f.

12　Companhia Perfuradora Brazileira GmbH an die Kreidewerke Greifswald GmbH vom 30. September 1922, LA Berlin, A Rep. 2541-09, Nr. 277.

13　Vgl. Gebrüder Draeger an Günther Quandt vom 13. Dezember 1922; Günther Quandt an Bankverein Pritzwalk vom 8. Dezember 1922, LA Berlin, A Rep. 251–09, Nr. 830.

14　Aufsichtsratssitzung der AFA vom 30. September 1922, LA Berlin, A Rep. 251–09, Nr. 577.

15　Aussage Günther Quandts im Zuge der Öffentlichen Sitzung der Spruchkammer Starnberg von 1948, HSTA München, Spruchkammerakten Günther Quandt, Karton 1362/4.

16　Quandt/Quandt (Hrsg.), Günther Quandt erzählt sein Leben, S. 100.

17　Dahlem, Die Professionalisierung des Bankbetriebs, S. 195.

18　Quandt/Quandt (Hrsg.), Günther Quandt erzählt sein Leben, S. 101.

19　Feldman, Stinnes, S. 831.

20　Vgl. Fürstenberg, Erinnerungen, S. 140.

21　Quandt/Quandt (Hrsg.), Günther Quandt erzählt sein Leben, S. 101 f.

22　Fürstenberg, Erinnerungen, S. 141.

23　Quandt/Quandt (Hrsg.), Günther Quandt erzählt sein Leben, S. 100–104.

24 Generalversammlung der AFA vom 25. Oktober 1922, STA Münster, Q 530, Amtsgericht Hagen, Nr. 2953.
25 Quandt/Quandt (Hrsg.), Günther Quandt erzählt sein Leben, S. 105.
26 Aufsichtsratssitzung der AFA AG vom 12. Juni 1923, LA Berlin, A Rep. 251-09, Nr. 577.
27 Fürstenberg, Erinnerungen, S. 141.
28 Jungbluth, Die Quandts, S. 64.
29 Protokoll der Ingenieur-Konferenz am 14. & 16. September 1925 in Berlin, WWA, F 137, Nr. 14.
30 Quandt/Quandt (Hrsg.), Günther Quandt erzählt sein Leben, S. 109.
31 Ebd., S. 127.
32 Treue, Herbert Quandt, S. 83.
33 Blank, Hagen im Zweiten Weltkrieg, S. 88.
34 Geschäftsbericht 1923, zit. nach Report 2. 100 Jahre Varta, S. 12.
35 Geschäftsbericht der AFA für das Geschäftsjahr 1926 vom 22. Juni 1927, STA Münster, Q 530, Amtsgericht Hagen, Nr. 2358.
36 Aufsichtsratssitzung der AFA vom 19. Dezember 1922, LA Berlin, A Rep. 251-09, Nr. 577; Aufsichtsratssitzung der AFA vom 30. April 1923, ebd.; Geschäftsbericht der AFA für das Geschäftsjahr 1923 vom 12. August 1924, STA Münster, Q 530, Amtsgericht Hagen, Nr. 2358; Goldmark-Eröffnungsbilanz und Prüfungsbericht der AFA zum 1. Januar 1924 vom 20. Dezember 1924, ebd.
37 Quandt/Quandt (Hrsg.), Günther Quandt erzählt sein Leben, S. 141.
38 Der Automobil-Accumulator der Accumulatoren-Fabrik Aktiengesellschaft. Instruktionsbuch, Berlin/Hagen i. W. [o. O. 1926].
39 Geschäftsbericht der AFA für das Geschäftsjahr 1937 vom 1. Juni 1938, WWA, S 7, Nr. 206/1.
40 Zur Gründungsgeschichte Report 2. 100 Jahre Varta, S. 14.
41 Interview mit Herrn Michel am 30. Mai 1978, HWA, Abt. 2017, Nr. 57–82.
42 Aktennotiz vom 11. März 1933, LA Berlin, A Rep. 250-03-04, Nr. 56.
43 Knortz, Wirtschaftsgeschichte der Weimarer Republik, S. 127.
44 Vgl. Revisionsbericht Pertrix für das Geschäftsjahr 1937 vom 31. Dezember 1937, BArch, R 8135/3760; Aufstellung über Großkonzerne des Office of the Military Government for Germany, BArch, R 3 Anh./265, S. 3.
45 Vgl. Revisionsbericht Pertrix für das Geschäftsjahr 1937 vom 31. Dezember 1937, BArch, R 8135/3760.
46 Wir dienen der Sicherheit. CEAG 1906–1956, o. O., o. J. [Dortmund 1956], S. 32–36.
47 Pavel an RLM vom 27. Oktober 1941, HSTA München, Spruchkammerakten Günther Quandt, Karton 1363/6.
48 Ottersen, Gemeinsamer Ursprung. In diesem Fall war die Stilllegungsstrategie allerdings nicht erfolgreich, denn noch 1927 wurde am alten Firmenort mit der Accumulatorenwerk Hoppecke AG sogleich wieder ein neuer Konkurrent der AFA gegründet. Vgl. Accumulatorenwerk Hoppecke (Hrsg.), wir accudemiker, S. 31 f.; Accumulatorenwerke Hoppecke (Hrsg.), Hoppecke, S. 10–13.
49 Geschäftsbericht Dominitwerke für das Geschäftsjahr 1934 vom 5. August 1935, BArch, R 8135/6023.

50 Vgl. Aufstellung über Großkonzerne des Office of the Military Government for Germany, BArch, R 3 Anh./265, S. 3; DEAC-Festschrift zum 50-jährigen Bestehen des Unternehmens von 1955, WWA, F 137, Nr. 1099.

51 DEAC-Festschrift zum 50-jährigen Bestehen des Unternehmens von 1955, WWA, F 137, Nr. 1099, S. 98–110.

52 Vgl. Niedhart, Die Außenpolitik der Weimarer Republik, bes. S. 63–70.

53 Protokoll der AFA-Abteilungsleiterkonferenz vom 2./3. November 1937, WWA, F 137, Nr. 405, S. 104 f.

54 «Agreement Accumulatorenfabrik Aktiengesellschaft and The Chloride Electrical Storage Company Limited», HWA, Abt. 2017, Nr. 88.

55 Roderbourg an Direktion der Hensemberger vom 28. November 1929, LA Berlin, A Rep. 250-03-04, Nr. 41.

56 Aufsichtsratssitzung der AFA vom 23. September 1933, STA Münster, Q 530, Amtsgericht Hagen, Nr. 2356.

57 Bericht des Buch- und Betriebsprüfers Steuerinspektor Orlik vom 21. Mai 1932, LA Berlin, A Rep. 251–09, Nr. 436.

58 Korrespondenz und Vermerke der AFA Oberschöneweide und Hagen vom September 1932 bis November 1933, LA Berlin, A Rep. 250-03-04, Nr. 28.

59 Bericht über die Stockholm-Reise von Roderbourg vom 4./5. Juni 1929, LA Berlin, A Rep. 250-03-04, Nr. 44; Varta-Konferenz vom 6./7. Mai 1932, ebd., Nr. 41.

60 CAMT, Fonds 38 AQ 1, Mappe H.

61 Vgl. zur ESB Rolph, «Exide», bes. S. 24.

62 Protokoll der AFA-Abteilungsleiterkonferenz vom 2./3. November 1937, WWA, F 137, Nr. 405, S. 104 f.

63 Im Jahr 1940 erfolgte – wahrscheinlich um einem möglichen Entzug der Geschäftsanteile vorzubeugen – in Buenos Aires die Umwandlung in die «AFA Tudor Varta Sociedad Anonima Fabricas Reunidas de Acumuladores», die von nun an in den Büchern als Beteiligungsgesellschaft geführt wurde. Deutsche Treuhand-Gesellschaft, «Accumulatoren-Fabrik Aktiengesellschaft, Berlin. Abschlussprüfung 1940» vom 4. August 1941, BArch, R 8119 F/P 2461, S. 16 f.

64 Protokoll der AFA-Abteilungsleiterkonferenz vom 2./3. November 1937, WWA, F 137, Nr. 405, S. 104 f.

65 Brief vom 18. November 1938, in: Günther Quandt, Gedanken über Südamerika. Briefe in zwangloser Folge, Privatarchiv Hans Dörge.

66 Vgl. Blank, Geheime Batteriegeschäfte; Forbes, Managing Risk in the Third Reich, S. 205.

67 Bericht des Buch- und Betriebsprüfers Steuerinspektor Orlik vom 21. Mai 1932, LA Berlin, A Rep. 251–09, Nr. 436; Roderbourg an AFA Hagen vom 6. Januar 1931, LA Berlin, A Rep. 250-03-04, Nr. 45. Vgl. auch 50 Jahre Accumulatoren-Fabrik, S. 91–93. Auch die AFA-Tochter Concordia expandierte nach Großbritannien und gründete in den 1920er-Jahren die Concordia Electric Safety Lamps Corp. Ltd. in Cardiff. Vgl. Wir dienen der Sicherheit, S. 32.

68 Notiz von Roderbourg vom 20. Januar 1930; Vergleich der Tarife und Raten in den Werken vom 25. Oktober 1929, LA Berlin, A Rep. 250-03-04, Nr. 45.

69 Vgl. Niederschrift von Kraushaar über die Besprechung mit Bachmann vom
    10. Dezember 1928, LA Berlin, A Rep. 250-03-04, Nr. 29; Kraushaar an Tech-
    nisches Büro der AFA vom 11. Februar 1929, LA Berlin, A Rep. 250-03-04,
    Nr. 28.

70 Royal Aircraft Establishment, Report No. E&I 479 vom 29. April 1929, TNA,
    AVIA 6/477, S. 1.

71 Quandt/Quandt (Hrsg.), Günther Quandt erzählt sein Leben, S. 145.

72 Berliner an Bachman (Redditch) vom 11. Mai 1932, LA Berlin, A Rep. 250-03-
    04, Nr. 41; Bachman (Redditch) an Kraushaar vom 7. September 1931, LA Ber-
    lin, A Rep. 250-03-04, Nr. 45; Roderbourg an Lind (Britannia Batteries Ltd.)
    vom 14. Februar 1930, ebd.

73 Quandt/Quandt (Hrsg.), Günther Quandt erzählt sein Leben, S. 146.

74 «Agreement Accumulatorenfabrik Aktiengesellschaft and The Chloride Elec-
    trical Storage Company Limited», HWA, Abt. 2017, Nr. 88.

75 Vgl. Günther Quandt an Laval vom 24. Februar 1941, HSTA München,
    Spruchkammerakten Günther Quandt, Karton 1363/6.

76 Quandt/Quandt (Hrsg.), Günther Quandt erzählt sein Leben, S. 151.

77 Stellungnahme des Dr. Ing. E. h. Günther Quandt zur Klageschrift des Öffent-
    lichen Klägers vom 8. Februar 1948, HWA, Abt. 2017, Nr. 38.

78 Hackinger an AFA vom 21. August 1940: «Vorschläge zur Wiedergutmachung
    des Versailler Vertrages und zur Neuordnung der europäischen Wirtschaft»,
    HSTA München, Spruchkammerakten Günther Quandt, Karton 1363/1. Wei-
    tere Debatten hierüber fanden nach dem Sommer 1940 allerdings wohl nicht
    mehr statt, weil die «Schlacht um England» anders verlief als von den AFA-
    Strategen erhofft.

79 Vgl. Holtfrerich, Amerikanischer Kapitalexport, S. 501. Zur Haltung der In-
    dustrie vgl. Spiller, Reformismus nach rechts, S. 597 f.; Röseler, Unternehmer
    in der Weimarer Republik.

80 Kaserer, Die deutsche Bankenkrise, S. 6.

81 Geschäftsbericht der AFA für das Geschäftsjahr 1929 vom 27. Juni 1930,
    WWA, S 7, Nr. 206/1.

82 Bericht der AFA Oberschöneweide vom 21. November 1930, LA Berlin, A Rep.
    250-03-04, Nr. 7/3; Übersicht über die Zahl der Angestellten und Arbeiter
    im Werk Oberschöneweide vom 26. November 1931, ebd.

83 Geschäftsbericht der AFA für das Geschäftsjahr 1930 vom 30. Juni 1931,
    WWA, S 7, Nr. 206/1.

84 Perrey, Der Russlandausschuss der Deutschen Wirtschaft, S. 47. Zu den Hin-
    tergründen der «Rußlandgeschäfte» inzwischen umfassend Lutz, Siemens im
    Sowjetgeschäft, bes. S. 17–36. Daneben Müller, Das Tor zur Weltmacht; Pohl,
    Die Finanzierung der Russengeschäfte.

85 Linke, Deutsch-sowjetische Beziehungen bis Rapallo, S. 89–94.

86 Vgl. «Magazin der Wirtschaft» vom 4. Juli 1930; Pritzkoleit, Männer, Mächte,
    Monopole, S. 92 f.

87 Edelmann, Vom Luxusgut zum Gebrauchsgegenstand, bes. S. 129–156; Rohde,
    Transportmodernisierung oder Verkehrsbewirtschaftung?

88 Bericht der AFA Oberschöneweide von 1930; Bericht der AFA Oberschöneweide

an die Direktion vom 13. Januar 1931, LA Berlin, A Rep. 250-03-04, Nr. 7/3; Übersicht über die Zahl der Angestellten und Arbeiter im Werk Oberschöneweide vom 26. November 1931, ebd.

89　Vgl. Vorstand des Gesamtbetriebsrates der AFA (Paul Becker) an die Direktion der AFA, Betr.: Neuregelung der Arbeitszeit vom 14. April 1932 und Antwort vom 19. April 1932, LA Berlin, A Rep. 250-03-04, Nr. 27.

90　Blank, Hagen im Zweiten Weltkrieg, S. 398, Anm. 29.

91　Vgl. dazu Kapitel 12.

6. Günther Quandt: Sanierer der Berlin Karlsruher Industriewerke?

1　Vgl. Pröve, Militär, S. 38–40; Epkenhans/Groß, Das Militär und der Aufbruch in die Moderne, S. XIX; Wendt, Einführende Bemerkungen, bes. S. 202; Storz, Modernes Infanteriegewehr; Köllner, Militär und Finanzen; Götz, Die deutschen Militärgewehre.

2　Vgl. Schickling, 75 Jahre Industrie-Werke Karlsruhe Aktiengesellschaft, S. 11; Rauthe, Geschichte; Schlickeiser (Hrsg.), Borsigwalde, S. 607–609.

3　Aussage Günther Quandts im Zuge der Öffentlichen Sitzung der Spruchkammer Starnberg (1948), HSTA München, Spruchkammerakten Günther Quandt, Karton 1362/4.

4　Vgl. 50 Jahre Deutsche Waffen- und Munitionsfabriken, S. 88.

5　Vgl. im Einzelnen Auswärtiges Amt (Hrsg.), Der Vertrag von Versailles, Teil V, Kapitel II und Kapitel III. Vgl. grundsätzlich zur alliierten Entwaffnungspolitik Stevenson, Britain, sowie bereits Salewski, Entwaffnung und Militärkontrolle; Hansen, Reichswehr und Industrie.

6　Vgl. 50 Jahre Deutsche Waffen- und Munitionsfabriken, S. 89–91; Stadt Karlsruhe (Hrsg.), Jenseits der Brauerstraße, S. 31.

7　50 Jahre Deutsche Waffen- und Munitionsfabriken, S. 95.

8　Vgl. ebd., S. 91–93.

9　Vgl. Schlickeiser, Borsigwalde, S. 614.

10　Vgl. Stadt Karlsruhe (Hrsg.), Jenseits der Brauerstraße, S. 31.

11　Berliner Börsen-Zeitung vom 17. Mai 1927.

12　Vgl. Neue Berliner Börsen-Berichte vom 10. Dezember 1926.

13　Fritz König, Ein neuer Konzernherrscher, in: Gewerkschafts-Archiv. Monatsschrift für Theorie und Praxis der gesamten Gewerkschaftsbewegung 5/2 (1928) 9, S. 207.

14　Vgl. grundlegend zur Entwicklung bis zum Einstieg Quandts die Angaben in der Festschrift aus dem Jahr 1935, Dürener Metallwerke Aktiengesellschaft, Düren Rhld. und Berlin 1885 bis 1935, S. 1–31.

15　Vgl. Marschall, Aluminium, S. 171.

16　Ebd., S. 118; Budraß, Flugzeugindustrie, S. 30 f.

17　Geschäftsbericht für das Geschäftsjahr 1928 vom 27. Juni 1929, WWA, S 7, Nr. 777/3.

18　Vgl. Rauh, Schweizer Aluminium, S. 170.

19　Vgl. die Firmenfestschrift Geschichte der Mauser-Werke.

20　Vgl. ebd., bes. S. 8–121; Wolf, Die wirtschaftliche Entwicklung, bes. S. 42–51.

Zur internationalen Bedeutung der Mauser-Waffen und -Munition vgl. auch Sater/Herwig, The Art of the Deal.

21 Schreiben der Mauser-Werke an die Deutsche Revisions- und Treuhand-Aktiengesellschaft vom 3. August 1931, BArch, R 2/16624, S. 2.

22 Vgl. Geschichte der Mauser-Werke, S. 109; Denkschrift über die Auswirkungen der Demontage vom 5. Dezember 1947, STA Sigmaringen, Wü 40 T 8, Nr. 4, S. 6; Kenntner, Die Anfänge, S. 6.

23 Geschichte der Mauserwerke, S. 110.

24 Vgl. ebd., S. 110; Türk, Die deutsche Rüstungsindustrie, S. 108.

25 Vgl. Seel, Mauser, S. 76. Vgl. grundsätzlich Wohlfeil, Heer und Republik, S. 229 f.; Zeiler, Reichswehr und Rote Armee.

26 Geschäftsbericht der Mauser-Werke AG für den Zeitraum vom 1. Januar bis 31. Dezember 1928, BArch, R 907/717.

27 Berliner Börsen-Zeitung vom 14. Juli 1928.

28 Gedenkrede Josef Holls zu Ehren Günther Quandts, HWA, Abt. 2017, Nr. 73 – In Memoriam Günther Quandt.

29 Vgl. Deutsche Allgemeine Zeitung vom 8. Juli 1927.

30 Berliner Börsen-Zeitung vom 20. September 1927.

31 Vgl. Rasch, Paul Rohde, S. 763 f.; daneben Manuskript Dörge, Bd. 2, S. 213 f.

32 Vgl. hierzu Gehlen, «Avantgarde», S. 71 f.

33 Vgl. Berliner Börsen-Zeitung vom 10. Oktober 1927.

34 Neue Berliner Börsen-Berichte vom 26. Juni 1928.

35 Vgl. Die «Sanierung» der Berlin-Karlsruher Industriewerke, in: Berliner Börsenzeitung vom 4. Juli 1928.

36 König, Ein neuer Konzernherrscher, S. 207.

37 Vgl. den ausführlichen Bericht: «Berlin-Karlsruher Industrie-Werke. Sponholz & Co. begründen ihre Opposition», in: Berliner Börsen-Zeitung vom 30. Juni 1928.

38 Vgl. Quandt/Quandt (Hrsg.), Günther Quandt erzählt sein Leben, S. 185 f.

39 Vgl. Berliner Börsen-Zeitung vom 30. Juni 1930. Vgl. auch die Angaben im Handbuch der deutschen Aktiengesellschaften, Jahrgang 1930.

40 Vgl. Berliner Börsen-Berichte vom 27. Juni 1934.

41 Berliner Börsen-Zeitung vom 14. Juli 1928.

42 Aussage Günther Quandts im Zuge der Öffentlichen Sitzung der Spruchkammer Starnberg (1948), HSTA München, Spruchkammerakten Günther Quandt, Karton 1362/4.

43 Vgl. Quandt/Quandt (Hrsg.), Günther Quandt erzählt sein Leben, S. 188.

44 Vgl. Koenigs, Unterstützung des deutschen Widerstands, S. 143.

45 Geheime Notiz von Hermann Josef Abs über einen Besuch Günther Quandts am 24. März 1942 vom 25. März 1942, BArch, R 8119 F/P 2458.

46 Karteikarte Dr. ing. eh. Günther Quandt, Nr. 3, Eintrag vom 3. Juni 1941, HA-Dt. Bk, Vo1/53xx. Hervorhebung im Original. Am 24. Juni 1942 verzeichnete Abs ein «vergebliches Zureden auf Frau Rohde», ebd., Nr. 7.

47 Bericht des Aufsichtsrates für das Geschäftsjahr 1928, BArch, R 907/717. Gelegentlich ist behauptet worden, mit der Übernahme der BKI durch Rohde und Quandt seien diese wieder in den Einflussbereich der Deutschen Bank gekom-

men. Vgl. Das Daimler-Benz-Buch, S. 41. Für diese nicht durch Akten gestützte Vermutung gibt es keine weiteren Hinweise.

48 Adolf vom Berg, Grundsätzliches zur Generalversammlung der Berlin-Karlsruher Industrie-Werke, in: Berliner Börsen-Zeitung vom 17. Juli 1928.

49 Vgl. Quandt/Quandt (Hrsg.), Günther Quandt erzählt sein Leben, S. 188.

50 Ebd.

51 Vgl. ebd., S. 189.

52 Bericht des Aufsichtsrates für das Geschäftsjahr 1928, BArch, R 907/717. Vgl. auch die entsprechenden Ausführungen Günther Quandts während der BKI-Hauptversammlung am 27. Juni 1929, in: Berliner Börsen-Zeitung vom 27. Juni 1929.

53 Vgl. bes. «Gontard», in: Die Weltbühne, 26. Jahrgang, Erstes Halbjahr 1930, S. 897.

54 Vgl. Kapitel 10, S. 299–312, 320–325.

55 Aufstellung des Oberfinanzpräsidenten der Devisenstelle Berlin vom Oktober 1944, HSTA München, Spruchkammerakten Günther Quandt, Karton 1363/6.

56 Eidesstattliche Erklärung von Carl Bolle vom 5. April 1948, HSTA München, Spruchkammerakten Günther Quandt, Karton 1362/2.

57 Deutsche Bergwerkszeitung vom 22. Dezember 1929. Vgl. Berliner Börsen-Zeitung vom 14. und 15. Juli 1928; Berliner Börsen-Berichte vom 27. Juni 1934.

58 Vgl. 50 Jahre Deutsche Waffen- und Munitionsfabriken, S. 111.

59 Vgl. Stadt Karlsruhe (Hrsg.), Jenseits der Brauerstraße, S. 31.

60 Berliner Börsen-Zeitung vom 30. Juni 1930. Vgl. auch die Angaben im Handbuch der deutschen Aktiengesellschaften, Jahrgang 1930.

61 Vgl. 50 Jahre Deutsche Waffen- und Munitionsfabriken, S. 111; Schlickeiser, Borsigwalde, S. 615.

62 Die Brüder bezahlten etwa 500 000 RM als Vorschuss, der durch eine Hypothek bei der Deutschen Bank abgesichert war. 1934 beantragte die Deutsche Bank die Zwangsverwaltung, da das Vermögen der Goldstaubs, die die polnische Staatsangehörigkeit besaßen, als jüdischer Besitz und damit als verfallen deklariert worden war. 1941 wurde das Grundstücksvermögen beschlagnahmt. Bericht über die bei der Deutsche Waffen- und Munitionsfabriken AG, Werk Lübeck und Hauptverwaltung Lübeck-Schlutup, durchgeführte Prüfung des mit der RM-Schlussbilanz zum 20. Juni 1948 endenden Rumpfwirtschaftsjahres, HWA, Abt. 2017, Nr. 1–4 – Ordner «Treuhand-Gesellschaft für Handel und Industrie Dr. Hans Edle»; Franz Heinrich Ulrich an Abs vom 7. November 1941 und Abs an Quandt vom 17. November 1941, BArch, R 8119 F/P 1104.

63 Vgl. Berliner Börsen-Zeitung vom 19. Juni 1931.

64 Ebd. vom 30. Juni 1930.

65 Kugellager. Kugeln. Hauptliste 1929, Deutsches Museum-Archiv, DWM, FS 391/17.

66 Quandt an Abs vom 2. Mai 1950, HA-DtBk, VI/0027. Der Werksbestand wurde zu einem stark ermäßigten Preis an den neuen schwedischen Eigentümer verkauft, der im Verlauf des Jahres 1931 zunächst einige Abteilungen und

schließlich die gesamte Produktion an den Hauptstandort und Sitz des Unternehmens in Schweinfurt verlegte. Verkauf und Umstrukturierung hatten die Entlassung von 1500 Beschäftigten zur Folge. Vgl. 50 Jahre Deutsche Waffen- und Munitionsfabriken, S. 110.

67 Berliner Börsen-Berichte vom 15. Juni 1933.

68 Aufsichtsratssitzung der Dürener Metallwerke vom 27. November 1934, BArch, R 8119 F/P 1113.

69 Aktenvermerk vom 1. Dezember 1928, BArch, R 8119 F/P 1120.

70 Dürener Metallwerke Aktiengesellschaft, Düren Rhld. und Berlin 1885 bis 1935. Denkschrift zur Feier des 50-jährigen Bestehens der Firma am 31. August 1935, hrsg. von Friedrich Haßler, Berlin 1935, S. 30 f.

71 Bericht des Vorstandes der Mauser-Werke für das Geschäftsjahr 1928, BArch, R 907/717.

72 Bericht des Aufsichtsrates der Mauser-Werke für das Geschäftsjahr 1929, ebd.; Mauser-Werke AG an das Hohe Staats-Ministerium Stuttgart vom 27. August 1929, HSTA Stuttgart, E 130b, Bü 1347.

73 Vgl. Haertel, Erfolg erst im zweiten Anlauf, S. 9–13.

74 Vgl. Seel, Mauser, S. 77.

75 Das Oberndorfer Gemeinderatsprotokoll vom 17. Juni 1929 wird zit. nach ebd., S. 86.

76 Stadtschultheißenamt Oberndorf an den württembergischen Staatspräsidenten vom 19. Juni 1929, HSTA Stuttgart, E 130 b, Bü 3258.

77 Württembergische Gesandtschaft in Berlin an das Württembergische Staatsministerium vom 29. Juni 1929, ebd.

78 Gesuch um Gewährung eines Staatskredits der Mauser-Werke beim Staatsministerium Württemberg vom 27. August 1929, Mauser-Werke AG an das Hohe Staats-Ministerium Stuttgart vom 27. August 1929, HSTA Stuttgart, E 130b, Bü 1347.

79 Erlass des Wirtschaftsministeriums Nr. B. 3807 vom 3. Juni 1930, HSTA Stuttgart, E 151/41, Bü 481; Auszug aus dem Gemeinderatsprotokoll der Stadt Oberndorf vom 6. Juni 1930, ebd.; Vertragsentwurf zwischen der Stadtgemeinde Oberndorf und den Mauser-Werken/BKI, o. D., ebd.

80 Niederschrift über das Ergebnis der Besprechung im Wirtschaftsministerium vom 10. Juni 1930, ebd.; Schreiben des württembergischen Wirtschaftsministeriums an das württembergische Justizministerium vom 18. Juni 1930, ebd.

81 Abschrift der Verpflichtungserklärung der Mauser-Werke, o. D., ebd.

82 Bericht des Vorstandes bzw. des Aufsichtsrates der Mauser-Werke für das Geschäftsjahr 1930, BArch, R 907/717. Vgl. Berliner Börsen-Zeitung vom 19. Juni 1931.

83 Vgl. Geschichte der Mauser-Werke, S. 114; Seel, Mauser, S. 95.

84 Schreiben der Mauser-Werke an die Deutsche Revisions- und Treuhand-Aktiengesellschaft vom 3. August 1931, BArch, R 2/16624, S. 3 f.; Antrag Nr. 123 in der Ausschusssitzung vom 12. August 1931, BArch, R 2/16619; Mauser-Werke an die Deutsche Revisions- und Treuhand-Aktiengesellschaft vom 3. August 1931, BArch, R 2/16624, S. 5.

85 Einige knappe Informationen hierzu in Unabhängige Expertenkommission

Schweiz-Zweiter Weltkrieg (Hrsg.), Die Schweiz, S. 213 f.; Hahn, Waffen und Geheimwaffen, Bd. 1, S. 57.

86 Vgl. hierzu das Schreiben Dachs an das Ministerium für Wirtschaft und Verkehr des Landes Nordrhein-Westfalen vom 31. Juli 1953, HWA, Abt. 2017, Nr. 45.

87 Mauser-Werke an die Deutsche Revisions- und Treuhand-Aktiengesellschaft vom 3. August 1931, BArch, R 2/16624, S. 5.

88 Niederschrift über die Sitzung des Export-Garantie-Ausschusses für Regierungsgeschäfte am 12. August 1931, ebd.; Niederschrift über die Sitzung des Export-Garantie-Ausschusses für Regierungsgeschäfte am 16. Dezember 1931, ebd.; Auswärtiges Amt an die Deutsche Revisions- und Treuhand Aktionsgesellschaft vom 31. Dezember 1931, BArch, R 3101/18947.

89 Mauser-Werke an die Deutsche Revisions- und Treuhand-Aktiengesellschaft vom 20. August 1932, BArch, R 2/16869, S. 2; Antrag auf Gewährung einer Reichsbürgschaft für ein Lieferungsgeschäft nach Jugoslawien vom 20. August 1932, ebd.; Niederschrift über die Sitzung des Export-Garantie-Ausschusses für Regierungsgeschäfte am 7. September 1932, ebd.; Mauser-Werke an die Deutsche Revisions- und Treuhand-Aktiengesellschaft vom 28. April 1933, BArch R 2/16950, S. 2; Niederschrift über die Sitzung des Export-Garantie-Ausschusses für Regierungsgeschäfte vom 23. Mai 1933, ebd.

90 Vgl. 50 Jahre Deutsche Waffen- und Munitionsfabriken, S. 110; Schickling, 75 Jahre Industrie-Werke Karlsruhe Aktiengesellschaft, S. 13.

91 Aussage Günther Quandts im Zuge der Öffentlichen Sitzung der Spruchkammer Starnberg (1948), HSTA München, Spruchkammerakten Günther Quandt, Karton 1362/4.

7. Charakteristika der Quandt-Gruppe

1 Manuskript Dörge, Bd. 2, S. 255.

2 Pritzkoleit, Männer, Mächte, Monopole, S. 81.

3 Hierzu zählte die «Industrie-Interessen-Gesellschaft mbH», die am 30. Dezember 1920 in Berlin mit einem Stammkapital von 20 000 Mark gegründet wurde und ihren Zweck auch in dem Erwerb von Anteilen der Wolldecken-Gesellschaft mbH hatte. Die Gesellschaft wurde am 4. Mai 1921 in «Industrie-Beteiligungs-Gesellschaft mbH» umbenannt und das Kapital am 23. Dezember 1924 auf 40 000 RM erhöht. Ende 1937 wurde der Sitz der Gesellschaft von Berlin nach Neubabelsberg verlegt. Gesellschafter waren Günther Quandt und, allerdings mit einem recht kleinen Anteil, bis 1942 Albert Ackermann. Die Gesellschaft war eine reine Kassengesellschaft Quandts und der Holdinggesellschaften der Quandt-Gruppe. Erst seit 1950 wurde eine Beteiligung von 25 Prozent an der Keller & Knappich GmbH gehalten. Vgl. Bestand Allgemeine Gesellschaft für Industriebeteiligungen mbh, HWA, Abt. 2017, Nr. 32–34.

4 Bestand Allgemeine Gesellschaft für Industriebeteiligungen mbh, HWA, Abt. 2017, Nr. 32–34.

5 Eidesstattliche Erklärung von Hermann Reseg vom 31. Januar 1948, HSTA München, Spruchkammerakten Günther Quandt, Karton 1362/2.

6 Reseg hielt sich als Finanzfachmann von politischen Diskussionen stets fern und trat auch der NSDAP nicht bei. Vgl. die Karteikarte Entnazifizierung Hermann Reseg, LA Berlin, B/C Rep, 031, Karteikarte.

7 Herbert Quandt, «Die wichtigsten Lebensabschnitte von Dr. Herbert Quandt» (1978), HWA, Abt. 2017, Nr. 57–82.

8 Pritzkoleit, Männer, Mächte, Monopole, S. 76 f.

9 Vgl. die Unterlagen in LA Berlin, A Rep. 251-09, Nr. 917.

10 Terrain-Centrale Gartenstadt Frohnau GmbH an das Steueramt des Verwaltungsbezirks Charlottenburg vom 12. Februar 1942, HWA, Abt. 2017, Nr. 22. Daneben die Unterlagen in LA Berlin, A Rep. 251-09, Nr. 516.

11 Ebd.

12 Günther Quandt an Werner Quandt vom 22. Dezember 1936, in: ebd.

13 Ebd. Vgl. Draeger-Werke an Finanzamt Teltow vom 15. Dezember 1936, ebd.

14 Kreidewerke Greifenhagen an das Finanzamt Berlin vom 23. Februar 1937, ebd.

15 Vgl. die Unterlagen in HWA, Abt. 2017, Nr. 6.

16 Ebd.

17 Ebd.

18 Vgl. die Bilanzaufstellungen Herbert Quandts 1935 bis 1943, HWA, Abt. 2017, Nr. 48.

19 Georg Schultze an Finanzamt Potsdam vom 18. Dezember 1939, HWA, Abt. 2017, Nr. 22.

20 Vgl. den Steuerbescheid vom 14. August 1940, ebd.

21 Schumann an Werner Quandt vom 8. April 1940, ebd.

22 Vgl. den Steuerbescheid vom 14. August 1940, ebd.

23 «Draeger-Werke GmbH. Vermögensbewertung am 1. Januar 1940», ebd.

24 Günther Quandt an Harald Quandt vom 23. Dezember 1939, ebd.

25 Vgl. Treue, Herbert Quandt, S. 123.

26 Werner Quandt hatte seinen drei Kindern bereits im Oktober 1924 je 10 000 RM und im Dezember 1930 je 15 000 RM geschenkt. Vgl. Schumann an Werner Quandt vom 23. April 1940, HWA, Abt. 2017, Nr. 22.

27 Schumann an Werner Quandt vom 27. Dezember 1939, ebd.

28 Aktennotiz «Betr. 4 % Mauser Werke AG Obligationen von 1943» vom 30. September 1943, BArch, R 8127/16501.

29 Diese Angaben folgen dem Bestand Allgemeine Gesellschaft für Industriebeteiligungen mbh, HWA, Abt. 2017, Nr. 32–34. In seinem Spruchkammerverfahren hatte Quandt erklären lassen, dass die Gesellschaften nach 20 dividendenlosen Jahren erstmals 1943 für die Jahre 1941 und 1942 wieder eine Ausschüttung vorgenommen hätten, die 1943 steuerlich mit 690 000 RM veranlagt worden sei. Im folgenden Jahr betrug die Ausschüttung 430 000 RM (König an Spruchkammer vom 26. April 1948, HSTA München, Spruchkammerakten Günther Quandt, Karton 1362/2).

30 Neben weiteren 17,5 Millionen RM Aktien der DWM. HWA, Abt. 2017, Nr. 86. Vgl. auch die Bilanzaufstellungen Herbert Quandts 1935 bis 1943, HWA, Abt. 2017, Nr. 48.

31 Bestand Allgemeine Gesellschaft für Industriebeteiligungen mbh, HWA, Abt. 2017, Nr. 32–34.

32 Ebd.; «Bericht über die Prüfung der Jahresabschlüsse der Aktiengesellschaft für Industriebeteiligungen, Stuttgart» (Mai 1951), ebd., Mappe «Agfi 1945–1948». Vgl. auch Treue, Herbert Quandt, S. 110 f.

33 Quandt an Abs vom 2. Mai 1950, HA-DtBk, VI/0027.

34 Pritzkoleit, Männer, Mächte, Monopole, S. 81. Zu den Zahlen vgl. auch Treue, Herbert Quandt, S. 113.

35 Treue, Herbert Quandt, S. 123.

36 Bestand Allgemeine Gesellschaft für Industriebeteiligungen mbh, HWA, Abt. 2017, Nr. 32–34.

37 «Aufstellung der AFA-Aktien (Mäntel und Bögen)» vom 15. März 1954, HWA, Abt. 2017, Nr. 7.

38 Bestand Draeger-Werke GmbH, HWA, Abt. 2017, Nr. 32–34; vgl. Mappe «Verträge über Verkauf Draeger-Werke GmbH an die Herren Herbert und Harald Quandt», ebd.

39 Dieser Bestand schlüsselte sich auf in Aktien von nominell 400 000 RM von der Wallstraßengrundgesellschaft GmbH und 175 000 RM von der Leipziger Wollkämmerei. Bestand Draeger-Werke GmbH, HWA, Abt. 2017, Nr. 32–34.

40 Mitte Dezember 1954 übernahm sie nominell 108 260 DM Aktien der Kammgarnspinnerei Stöhr von der Draeger-Werke GmbH und kaufte wenige Tage später aus dem Bestand von Günther Quandt ein weiteres kleines Aktienpaket zu. Ebd.

41 Körperschaftssteuererklärung der Grundbesitz AG 1931, LA Berlin, A Rep. 251-09, Nr. 1017; Einheitswertfeststellung der Grundbesitz AG vom 18. Mai 1932, ebd.

42 Bestand Allgemeine Gesellschaft für Industriebeteiligungen mbh, HWA, Abt. 2017, Nr. 32–34.

43 Ebd.; Vgl. daneben die Aufstellung «Gesamtvermögen zum 30. 10. 51», HWA, Abt. 2017, Nr. 22.

44 Bestand Allgemeine Gesellschaft für Industriebeteiligungen mbH, HWA, Abt. 2017, Nr. 32–34.

45 Vieweg an das Finanzamt Stuttgart-Nord vom 28. Januar 1955, HWA, Abt. 2017, Nr. 22.

46 Bestand Allgemeine Gesellschaft für Industriebeteiligungen mbH, HWA, Abt. 2017, Nr. 32–34.

47 Bestand Dr. Günther Quandt, HWA, Abt. 2017, Nr. 32–34.

48 Vgl. hierzu das Schreiben von Günther Quandt an Elisabeth Rasche vom 1. Juni 1953, HA-DrBk, 116227, Bl. 88–91; Elisabeth Rasche an Günther Quandt vom 4. Juni 1953, ebd, Bl. 92; Agfi an Elisabeth Rasche vom 15. Juni 1953, HA-DrBk, 116227, Bl. 93 f.

49 Vgl. zu dieser Transaktion Bestand Draeger-Werke GmbH, HWA, Abt. 2017, Nr. 32–34.

50 Knortz, Wirtschaftsgeschichte der Weimarer Republik, S. 127.

51 Ebd., S. 85.

52 Insgesamt zeigt die Geschichte deutscher Großunternehmen im 20. Jahrhundert, dass gerade im Vergleich zu England und Frankreich viele von ihnen be-

reits vor 1914 entstanden waren. Vgl. Cassis, Big business, S. 116; Kocka/Siegrist, Die hundert größten deutschen Industrieunternehmen; Berghoff, Moderne Unternehmensgeschichte, S. 71.

53 Vgl. Kapitel 12.

54 Vgl. Kapitel 11, S. 412.

55 Hansen/Bode, Marketing & Konsum, S. 17, S. 49–53.

56 Protokoll der Aufsichtsratssitzung der Dürener Metallwerke vom 8. Dezember 1938, BArch, R 8119 F/P 1113.

57 Vgl. Kapitel 11, S. 368 f.

58 Vgl. Kleinschmidt, Technik und Wirtschaft, S. 22 f.

59 Quandt/Quandt (Hrsg.), Günther Quandt erzählt sein Leben, S. 143.

60 Kleinschmidt, Technik und Wirtschaft, S. 35.

61 Zum Taylorismus vgl. Kieser, Managementlehre und Taylorismus, S. 57–89.

62 Vgl. Breisig, Skizzen zur historischen Genese, S. 57 f.

63 Vgl. Siegrist, Vom Familienbetrieb zum Managerunternehmen, S. 145.

64 Vgl. Bönig, Die Einführung von Fließbandarbeit, S. 239–241; Mai, Die Ökonomie der Zeit.

65 Hachtmann, Industriearbeiterschaft und Rationalisierung, S. 214. Vgl. auch Freyberg, Industrielle Rationalisierung, S. 23 f.; Zollitsch, Modernisierung im Betrieb, S. 96 f.

66 Vgl. Freyberg, Industrielle Rationalisierung, S. 390; Wischermann, Unternehmenskultur, S. 28.

67 Vgl. Kleinschmidt/Welskopp, Amerika, S. 97.

68 Vgl. Kleinschmidt, Technik und Wirtschaft, S. 45.

69 Vgl. Chandler, Scale and Scope, S. 399–407.

70 Vgl. Report 3. 100 Jahre Varta, S. 4–12.

71 Vgl. Kapitel 5, S. 129–134.

72 Vortrag von Adolph Müller vom 11. Januar 1924, LA Berlin, A Rep. 250-03-04, Nr. 56.

73 Ebd.

74 Vgl. Nolan, Visions of Modernity. Zur «sozialen» Komponente Hughes, Die Erfindung Amerikas, S. 287–297; Maier, Between Taylorism and Technocracy; Hartewig, Die «alliierte Besatzungsmacht», S. 117.

75 Vgl. Feldenkirchen, Industrieforschung, S. 105 f.

76 Kleinschmidt/Welskopp, Amerika, S. 73 f.

77 Quandt/Quandt (Hrsg.), Günther Quandt erzählt sein Leben, S. 130 f.

78 Vgl. ebd., S. 132–136.

79 Bericht Direktor Kraushaar Reise Amerika 1930, WWA, F 137, Nr. 937.

80 Roderbourg, Amerikaberichte von 1924, LA Berlin, A Rep. 250-03-04, Nr. 44.

81 Donath, Amerikaberichte von 1927, ebd.

82 Niederschrift über die Besprechung vom 3. Dezember 1924, LA Berlin, A Rep. 250-03-04, Nr. 56.

83 Vgl. Kraushaar, Wandertische im Betrieb, S. 423 f.; ders., Übergang zur Fließarbeit, S. 219–232.

84 Reorganisationsprogramm 1924 vom 21. Januar 1924, LA Berlin, A Rep. 250-03-04, Nr. 56.

85 Protokoll der Reorganisationskonferenz vom 15. bis 17. Mai 1924, ebd.; Bericht von Kraushaar über die Besprechung mit der Ingenieurabteilung Hannover vom 1./2. Februar 1924, ebd.; Niederschrift von Kraushaar über eine Besprechung zur Organisation vom 3. März 1924, ebd.; Richtlinien für die Mitarbeit «Varta» vom 17. April 1924, ebd.; Aktennotiz von Müller zu der Besprechung vom 1. Mai 1924, ebd.; Mitteilung an die Varta-Stellen vom 20. Januar 1925, ebd.

86 Vortrag von Adolph Müller vom 11. Januar 1924, ebd.

87 Vgl. Report 5. 100 Jahre Varta, S. 4–6.

88 Reorganisationsprogramm 1924 vom 21. Januar 1924, LA Berlin, A Rep. 250-03-04, Nr. 56.

89 Vortrag von Adolph Müller vom 11. Januar 1924, ebd.

90 Ebd.

91 Zu einigen konkreten Vorschlägen siehe auch die Aufstellung der Physikalischen Abteilung der AFA Oberschöneweide vom 31. März 1924, LA Berlin, A Rep. 250-03-04, Nr. 56.

92 Protokoll der Reorganisationskonferenz vom 15. bis 17. Mai 1924, ebd.

93 Quandt/Quandt (Hrsg.), Günther Quandt erzählt sein Leben, S. 128. Die ausführlichen technischen Aufzeichnungen jener Jahre, die Quandt in ein umfangreiches sechsbändiges Manuskript zusammenfassen ließ, müssen als verloren gelten. Von den zwei angefertigten Exemplaren wurde eines wohl beim Brand seines Hauses am 23. November 1943 zerstört, das andere verschwand in den Wirren der letzten Kriegstage aus der Zentrale der AFA am Askanischen Platz in Berlin.

94 Manuskript Dörge, Bd. 2, S. 212.

95 Treue/Nadolny, Varta, S. 146.

96 Aktennotiz von Roderbourg vom 16. Januar 1931, LA Berlin, A Rep. 250-03-04, Nr. 7/3.

97 Protokoll der AFA-Abteilungsleiterkonferenz vom 2. und 3. November 1937, WWA, F 137, Nr. 405, S. 1–3.

98 Vgl. Hachtmann, Industriearbeiterschaft und Rationalisierung, S. 239 f.

99 Vgl. insb. Kapitel 10, S. 325–355.

100 Vgl. Gömmel, Die Rolle des Unternehmers, S. 901–913.

101 Vgl. Zollitsch, Modernisierung im Betrieb, S. 100–104.

102 Protokoll der AFA-Abteilungsleiterkonferenz vom 2. und 3. November 1937, WWA, F 137, Nr. 405; Protokoll der AFA-Abteilungsleiterkonferenz vom 17. und 18. März 1941, WWA, F 137, Nr. 404.

103 Bericht vom 8. März 1943, HSTA Weimar, Bestand BEM Henry Pels, 23, Bl. 1–4.

104 Ebd.

105 Vgl. Mom, The Electric Vehicle.

106 Rundschreiben der AFA vom 6. November 1935, LA Berlin, A Rep. 250-03-04, Nr. 41.

107 Geschäftsbericht der AFA für das Geschäftsjahr 1933 vom 29. Juni 1934, WWA, S 7, Nr. 206/1.

108 Protokoll der AFA-Abteilungsleiterkonferenz vom 17. und 18. März 1941, WWA, F 137, Nr. 404, S. 24–30.

109 Reorganisationsprogramm 1924 vom 21. Januar 1924, LA Berlin, A Rep. 250-

03-04, Nr. 56. Vgl. zur Marketinggeschichte Berghoff, Marketing im 20. Jahrhundert, S. 11–58; Blaich, Absatzstrategien, S. 5–46.

110 Vortrag von Hermann Beckmann vom 25. Januar 1929, LA Berlin, E Rep. 061–31, Nr. 2.

111 Geschäftsbericht der AFA für das Geschäftsjahr 1935 vom 20. April 1936, WWA, S 7, Nr. 206/1; vgl. Orlovius, Luftverkehr, S. 3

112 Vgl. von Langsdorff, LZ 129 «Hindenburg», S. 82.

113 Vgl. Report 2. 100 Jahre Varta, S. 17.

114 Protokoll der AFA-Abteilungsleiterkonferenz vom 17. und 18. März 1941, WWA, F 137, Nr. 404, S. 40–42.

115 TA-Nachrichten, Folge 4 vom April 1940, WWA, F 137, Nr. 1074.

116 Protokoll der AFA-Abteilungsleiterkonferenz vom 17. und 18. März 1941, WWA, F 137, Nr. 404, S. 43–50.

117 Ebd., S. 42 f.

118 Ebd., S. 50–53.

119 Horst Pavel wird zitiert nach Treue, Herbert Quandt, S. 51.

120 Vgl. Fiedler, Netzwerke des Vertrauens, S. 95.

121 Vgl. allgemein Plumpe, Einleitende Überlegungen, insb. S. 10.

122 Quandt/Quandt (Hrsg.), Günther Quandt erzählt sein Leben, S. 22 f.

123 Ebd., S. 24.

124 Vgl. Schäfer, Geschichte des Bürgertums, S. 191 f.

125 Vgl. Kuhn, Villenkolonien, S. 33; Zimmermann, Suburbanisierung, S. 58.

126 Bourdieu, Die feinen Unterschiede.

127 Vgl. zur repräsentativen Bedeutung der Wohnungseinrichtung am Beispiel Thyssens Lesczenski, August Thyssen, S. 202.

128 Herbert Quandt, Familiengeschichte. Meine Einführung in die Musik, HWA, Abt. 2017, Nr. 57–82.

129 «Inventarverzeichnis Babelsberg, Ludwig-Troost-Straße 1–5» bzw. «Inventarverz. Corneliusstr. 8», HWA, Abt. 2017, Nr. 5. Vgl. daneben auch die Aufzeichnung vom 6./7. Dezember 1935 in LA Berlin, A Rep. 243-04, Nr. 60 (MFA 5203).

130 Der jüdische Kunsthändler Paul Graupe musste 1936 Deutschland verlassen; seine Galerie wurde von seinem ehemaligen Teilhaber Hans W. Lange übernommen. Vgl. Rudolph, Restitution von Kunstwerken, S. 27; Buomberger, Raubkunst – Kunstraub, bes. S. 218–223. Zum Verbleib der Raubkunst und zur Rolle der Galerien Koldehoff, Die Bilder sind unter uns, bes. S. 78–83 bzw. grundsätzlich auch die «Lost Art Internet Base», die sich der Provenienz der NS-Raubkunst widmet.

131 Quandt/Quandt (Hrsg.), Günther Quandt erzählt sein Leben, S. 152–163; ferner Meissner, Magda Goebbels, S. 48 f. Vgl. zudem HWA, Abt. 2017, Nr. 6.

132 Quandt/Quandt (Hrsg.), Günther Quandt erzählt sein Leben, S. 156.

133 Vgl. die Kopie des Kaufvertrags in HWA, Abt. 2017, Nr. 6 und «Auszüge aus dem Brief von Frau Ingrid Wellenstein, Berlin, vom 30. Januar 1995 betreffend die diversen Häuser von Dr. Günther Quandt», ebd.

134 Vgl. «Auszüge aus dem Brief von Frau Ingrid Wellenstein, Berlin, vom 30. Januar 1995 betreffend die diversen Häuser von Dr. Günther Quandt», ebd.

135 Vgl. das Programm vom 22. Juli 1941, BArch, R 8119 F/P 1112.

136 «Inventarverzeichnis Corneliusstr. 8», HWA, Abt. 2017, Nr. 5.

137 «Ergänzungsblatt E. Einkommen» des Fragebogens vom 1. März 1946, HSTA München, Spruchkammerakten Günther Quandt, Karton 1363/7.

138 Zu frühen Prägungen bürgerlichen Kunstgeschmacks Lesczenski, August Thyssen, S. 232.

139 Emil Quandt an Günther und Werner Quandt, 17. November 1913, Museum Pritzwalk, Nr. 38.

140 Manuskript Dörge, Bd. 2, S. 215 bzw. 219.

141 Herbert Quandt, Familiengeschichte. Meine Einführung in die Musik, HWA, Abt. 2017, Nr. 57–82.

142 Nach Angabe von Auguste Behrend, der Mutter von Magda Goebbels, fand diese erste Begegnung erst am 18. Februar 1920 statt, was allerdings nicht zutrifft. Die in der «Schwäbischen Illustrierten» veröffentlichten Erinnerungen von Auguste Behrend sind dank der persönlichen Färbung dennoch eine interessante Quelle. Behrend, Meine Tochter Magda Goebbels, S. 232. Vgl. daneben die Schilderung des Verhältnisses bei Ebermayer/Roos, Gefährtin des Teufels.

143 Quandt/Quandt (Hrsg.), Günther Quandt erzählt sein Leben, S. 111–114. In Auszügen auch bei Meissner, Magda Goebbels, S. 25 f.

144 Quandt/Quandt (Hrsg.), Günther Quandt erzählt sein Leben, S. 116.

145 Herbert Quandt, Familiengeschichte vom 18. Januar 1979, HWA, Abt. 2017, Nr. 57–82.

146 Ebd. Ähnlich hat auch Günther Quandt selbst berichtet, Magda sei eine «wahrhaft gute zweite Mutter» geworden. Vgl. Quandt/Quandt (Hrsg.), Günther Quandt erzählt sein Leben, S. 118. Das Verhältnis zwischen Magda und Hellmuth wurde von Magdas Mutter als sehr gut beschrieben. Vgl. Behrend, Meine Tochter Magda Goebbels.

147 Behrend, Meine Tochter Magda Goebbels, S. 246.

148 Ebd., S. 267.

149 Ebd., S. 297.

150 Ebd., S. 267.

151 Meissner, Magda Goebbels, S. 32.

152 Quandt/Quandt (Hrsg.), Günther Quandt erzählt sein Leben, S. 134.

153 Behrend, Meine Tochter Magda Goebbels, S. 267.

154 Günther Quandt an Granzow vom 29. März 1926, LA Berlin, A Rep. 251-09, Nr. 810.

155 Behrend, Meine Tochter Magda Goebbels, S. 274.

156 Vgl. Mettele, Der private Raum, S. 156. Vgl. für die Bedeutung der häuslichen Geselligkeit auch ebd., S. 168 sowie von Saldern, Rauminszenierungen, S. 53.

157 Vgl. Schäfer, Geschichte des Bürgertums, S. 199.

158 Vgl. weiter unten in diesem Kapitel, S. 211.

159 Merkzettel vom 27. Juli 1917, LA Berlin, A Rep. 251-09, Nr. 827.

160 Vgl. die entsprechenden Unterlagen im Archiv der Max-Planck-Gesellschaft, Generalverwaltung der Kaiser-Wilhelm-Gesellschaft: I, Abt., Rep. 1 A, Nr. 3002 (Mitgliederakte Günther Quandt); Senatsprotokolle der Kaiser-Wilhelm-Gesellschaft, SP vom 25. Juni 1927.

161 Vgl. zu den Mitgliedschaften Quandts in der Zeit des Nationalsozialismus Kapitel 9, S. 261–275.

162 Vgl. zu den politischen Aktivitäten Quandts ebd.

163 Vgl. Casson, Information and Organization, S. 118–123.

164 Zum Netzwerk Quandts in den NS-Jahren vgl. Kapitel 9, S. 276–298.

165 Vgl. dazu Kapitel 4, S. 94–96. Aus den Quellen sind keine weiteren Kontakte zwischen Quandt und Rechberg mehr rekonstruierbar.

166 Vgl. Kapitel 4, S. 91–114.

167 Vgl. Quandt/Quandt (Hrsg.), Günther Quandt erzählt sein Leben, S. 100.

168 Vgl. zu Goldschmidt allgemein Jurk, Jakob Goldschmidt. Vgl. zu den Geschäften der beiden auch die Unterlagen in LA Berlin, A Rep. 251-09, Nr. 933.

169 Vgl. Jurk, Jakob Goldschmidt, S. 155.

170 Vgl. Kapitel 4, S. 83.

171 Vgl. Kapitel 5, S. 146.

172 Vgl. Jurk, Jakob Goldschmidt, S. 161.

173 «New York Banker Finds America Most Popular of Nations With Germans», in: The Banker's Magazine vom April 1925, S. 683.

174 Die Umstände der «Arisierung» dieser Bank bleiben ein Forschungsdesiderat.

175 Vgl. die Unterlagen in LA Berlin, A Rep. 251-09, Nr. 930.

176 James, Strukturwandel in Kriegs- und Krisenzeiten, S. 202.

177 Zu Rohde vgl. Rasch, Paul Rohde, S. 763 f.

178 Vgl. Kapitel 9, S. 265 u. 267.

179 Vgl. Koenigs, Unterstützung des deutschen Widerstands, S. 143; zur politischen Unterstützung der NSDAP ferner Radandt, Das Monopolkapital, S. 78.

180 Quandt/Quandt (Hrsg.), Günther Quandt erzählt sein Leben, S. 88. Vgl. zu den Hintergründen des Zitates Kapitel 5.

181 Manuskript Dörge, Bd. 2, S. 211.

182 Vgl. James, Familienunternehmen in Europa. Zur globalen Einordnung des Familienunternehmens vgl. Colli, The History of Family Business.

183 Vgl. Haunschild/Wolter, Volkswirtschaftliche Bedeutung, S. 26.

184 Schäfer, Unternehmen und Familie, S. 211; vgl. Klein, Familienunternehmen; Simon/Wimmer/Groth, Mehr-Generationen-Familienunternehmen.

185 Für die empirisch vorgehenden Sozialwissenschaften ist die F-PEC Skala entwickelt worden, anhand derer sich der konkrete Familieneinfluss in einem Unternehmen bestimmen lässt. Vgl. Klein, Familienunternehmen, S. 12–18.

186 Vgl. Hütter, Nachfolge im Familienunternehmen, S. 25. Das Mehrgenerationenprinzip wird in nahezu allen Definitionen betont. Vgl. auch Schäfer, Familienunternehmen und Unternehmerfamilien, S. 82.

187 Chandler, Jr., The Visible Hand; ders., Scale and Scope; ders., Managers, Families, and Financiers. In Deutschland hat u. a. Jürgen Kocka den Entwicklungsprozess vom Familienunternehmen zum Managerunternehmen als eine Konstante in der wirtschaftlichen Entwicklung beschrieben. Vgl. Kocka, Management in der Industrialisierung, S. 146; Priemel, Wider die Typologie, S. 143.

188 Vgl Kapitel 5, S. 121.

189 Vgl. Kapitel 11, S. 407–416; Kapitel 12, S. 591–595.

190 Manuskript Dörge, Bd. 2, S. 212.

191 Ebd., S. 211.

192 Quandt beschrieb damit ein klassisches Beispiel für die «Stärkung des Familienkapitalismus» in den großen Industriekonzernen der Zeit nach 1945. Joly, Ende des Familienkapitalismus?, S. 80.

193 Vgl. Epple, Das Unternehmen Stollwerck, S. 26 und S. 322.

194 Vgl. Kapitel 2, S. 39.

195 Dies deutet sich in einem kurzen Brief Werner Quandts im Juni 1924 an, in dem dieser sich mit der von Günther vorgeschlagenen Unterbringung der Draeger'schen Gelder einverstanden erklärte, obwohl er anscheinend ein ungutes Gefühl dabei hatte. Er bat daher seinen Bruder zu berücksichtigen, dass sich die Konkurse häuften und die deutsche Wirtschaft von Tag zu Tag ganz bedeutend zurückgehe. Werner Quandt an Günther Quandt vom 17. Juni 1924, LA Berlin, A Rep. 251-09, Nr. 111.

196 Vgl. Kapitel 10, S. 302.

197 Zur genauen Bezeichnung, die sich je nach Unternehmen unterschied, im Grunde genommen aber das Gleiche beschrieb, vgl. ebd., S. 303–305.

198 Protokoll der AFA-Abteilungsleiterkonferenz vom 2. und 3. November 1937, WWA, F 137, Nr. 405, S. 75.

199 Pohle an Abs vom 23. Juli 1938, BArch, R 8119 F/P 1104; Protokoll der DWM-Aufsichtsratssitzung vom 23. Juni 1938, BArch, R 8119 F/P 1105, Bl. 4 f.

200 Vgl. grundsätzlich Schäfer, Familienunternehmen und Unternehmerfamilien, S. 100.

201 Quandt/Quandt (Hrsg.), Günther Quandt erzählt sein Leben, S. 70.

202 Stellungnahme des Dr. Ing. E. h. Günther Quandt zur Klageschrift des Öffentlichen Klägers vom 8. Februar 1948, HWA, Abt. 2017, Nr. 38. Daneben Quandt/Quandt (Hrsg.), Günther Quandt erzählt sein Leben, S. 70: «ein Opfer, das schwerer wog als eine Verstümmelung oder eine schwere Erkrankung.»

203 Der 1887 geborene Granzow hatte eine Ausbildung zum Landwirt gemacht und mit Hilfe seines Vaters das Gut Geestgottberg bei Wittenberge in der Altmark erworben. Nach dem Besuch einer höheren Landwirtschaftsschule, des landwirtschaftlichen Instituts Halle und der Weltkriegsteilnahme wurde er 1922 im nahen Severin als Gutsverwalter Quandts eingestellt. HWA, Abt. 2017, Nr. 28.

204 Zu den Einzelheiten vgl. Quandt/Quandt (Hrsg.), Günther Quandt erzählt sein Leben, S. 72.

205 Rauh-Kühne, Zwischen «verantwortlichem Wirkungskreis» und «häuslichem Glanz», S. 239. Zum Wirtschaftsbürger Günther Quandt vgl. weiter oben in diesem Kapitel.

206 Günther Quandt an Richter vom 27. August 1923, LA Berlin, A Rep. 251-09, Nr. 926; Günther Quandt an Richter vom 18. September 1923, ebd.; Geschäftsstelle der Richterschen Stiftung Schülerheim-Kolonie zu Dahlem an Günther Quandt vom 3. Oktober 1923, ebd.

207 Günther Quandt an Kremmer vom 9. Juni 1923, LA Berlin, A Rep. 251-09,

Nr. 926; Kremmer an Günther Quandt vom 2. Juli 1923; Richter an Günther Quandt vom 21. Juli 1923, ebd.; Günther Quandt an Kremmer vom 14. April 1925

208 Zeugnis Herbert Quandts für die Zeit von Michaelis bis Weihnachten 1921, ebd.

209 Günther Quandt an das Provinzial-Schulkollegium der Provinz Brandenburg vom 13. Mai 1922, ebd.

210 Übersicht «Lehrgegenstände für Herbert Quandt» o. D., ebd.

211 Herbert Quandt, Familiengeschichte vom 18. Januar 1979, HWA, Abt. 2017, Nr. 57–82.

212 Kremmer an Günther Quandt vom 21. Juni 1923, ebd.

213 Ebd.

214 Günther Quandt an den Kurator der Schülerheim-Kolonie des Arndt-Gymnasiums Richter vom 15. Februar 1922, LA Berlin, A Rep. 251-09, Nr. 926; Entwurf eines Schreibens des Elternaufsichtsrats und der Anstaltsleitung an die Eltern, etwa September 1922, ebd.; Richter an Günther Quandt vom 10. April 1923, ebd.

215 Günther Quandt an Richter vom 11. April 1923, ebd.; Richter an Günther Quandt vom 21. Juli 1923, ebd.; Rundschreiben Richters an die Elternschaft vom 30. Juli 1923, ebd.

216 Günther Quandt an Kremmer vom 25. Juni 1923, ebd.: Kremmer an Günther Quandt vom 29. April 1924, ebd.; Günther Quandt an Kremmer vom 1. Mai 1924, ebd.; Günther Quandt an Kremmer vom 14. April 1925, ebd.; Kremmer an Günther Quandt vom 1. Mai 1925, ebd. Vgl. auch Quandt, Wieder ein Kapitel Wirtschaftsgeschichte des Schülerheims.

217 Quandt, Wieder ein Kapitel Wirtschaftsgeschichte des Schülerheims, S. 9.

218 Richter an Günther Quandt vom 7. November 1923, LA Berlin, A Rep. 251-09, Nr. 926; Verkaufsstelle Mecklenburgischer Landeserzeugnisse AG an Richter vom 24. November 1923, ebd.; Günther Quandt an Richter vom 24. November 1923, ebd.; Günther Quandt an Richter vom 3. Dezember 1923, ebd.

219 Quandt/Quandt (Hrsg.), Günther Quandt erzählt sein Leben, S. 73.

220 Aussage Günther Quandts im Zuge der Öffentlichen Sitzung der Spruchkammer Starnberg (1948), Spruchkammerakten Günther Quandt, HSTA München, Karton 1362/4.

221 Ergänzungsblatt F. Einkommen des Fragebogens vom 1. März 1946, HSTA München, Spruchkammerakten Günther Quandt, Karton 1363/7.

222 Günther Quandt an Granzow vom 10. Oktober 1925, LA Berlin, A Rep. 251-09, Nr. 810; Granzow an Günther Quandt vom 4. Dezember 1926, ebd.

223 Günther Quandt an Granzow vom 29. November 1926, ebd.

224 Günther Quandt an Granzow vom 1. Oktober 1925, ebd.

225 Günther Quandt an Granzow vom 10. Oktober 1925, ebd.

226 Günther Quandt an Granzow vom 29. März 1926, ebd.

227 Günther Quandt an Granzow vom 22. Oktober 1925, ebd.; Günther Quandt an Granzow vom 21. November 1925, ebd.

228 Günther Quandt an Granzow vom 21. November 1925, ebd.; Günther Quandt an Granzow vom 15. April 1926, ebd.

229 Hellmut Quandt, Goethes Schweizer Reisen, HWA, Abt. 2017, Nr. 80.

230 Koehler an Günther und Magda Quandt vom 9. März 1926, LA Berlin, A Rep. 251-09, Nr. 926.

231 Ewald an Günther und Magda Quandt vom 23. September 1926, LA Berlin, A Rep. 251-09, Nr. 810.

232 Vgl. hierzu auch Behrend, Meine Tochter Magda Goebbels, S. 297 und S. 302 f. Die gelegentlichen psychologisierenden Spekulationen einer wie auch immer gearteten erotischen Anziehung zwischen Magda und Hellmut gehören ins Reich der Phantasie und finden keine Stützung in den Quellen. Entsprechende Theorien z. B. bei Pilgrim, «Du kannst mich ruhig Frau Hitler nennen», S. 55 f.; Klabunde, Magda Goebbels, S. 89. Nur andeutungsweise bei Meissner, Magda Goebbels, S. 64 f.

233 Quandt/Quandt (Hrsg.), Günther Quandt erzählt sein Leben, S. 178.

234 Vgl. Treue, Herbert Quandt, S. 53.

235 Herbert Quandt, Familiengeschichte vom 13. Dezember 1978, HWA, Abt. 2017, Nr. 57–82.

236 Treue, Herbert Quandt, S. 41; vgl. Jungbluth, Die Quandts, S. 103.

237 Günther Quandt hat über diese Reise eine 156 Seiten starke kulturhistorische Abhandlung im Baedeker-Stil verfasst, die jeweils in Briefform nach Deutschland geschickt wurde. Günther Quandt, Schön ist die Welt! Briefe an unsere Lieben daheim von einer Reise um die Erde, HWA, Abt. 2017, Nr. 50.

238 Treue, Herbert Quandt, S. 57.

239 Vgl. ebd., S. 63.

240 Diese Angaben ergeben sich aus den späteren Erinnerungen und werden gestützt durch die präzisen Angaben im «Personalbogen I» der AFA vom 22. Mai 1937, HWA, Abt. 2017, Nr. 48.

241 Herbert Quandt, Familiengeschichte – Verleihung der Ehrendoktorwürde an mich durch die Universität Mainz vom 17. Januar 1980, HWA, Abt. 2017, Nr. 57–82.

242 Quandt/Quandt (Hrsg.), Günther Quandt erzählt sein Leben, S. 70.

243 Herbert Quandt, Familiengeschichte vom 30. April 1979, HWA, Abt. 2017, Nr. 57–82.

244 Vgl. dazu das Kapitel 2, S. 27–29.

245 Vgl. Treue, Herbert Quandt, S. 57.

246 Details ebd., S. 71–73.

247 HWA, Abt. 2017, Nr. 79.

248 Note pour Monsieur Charles-Leon Hammes vom 3. April 1946, AN Luxembourg, CdG 171, Mikrofilm C. G. 161; Marc Schaefer, Dossier Ia vom 25. September 1946, ebd.

249 Vgl. Pavel, Das Girosammeldepot; Fragebogen Horst Pavel, HSTA Hannover, Nds. 171 Hannover, Nr. 36639.

250 Details bei Treue, Herbert Quandt, S. 74 f.

251 Wirtschaftsgruppe Elektroindustrie, Liste über Beschäftigtenzahlen vom 30. November 1943, BArch, R 13 V/184.

252 Rundmitteilung vom 1. Mai 1940, HSTA München, Spruchkammerakten Günther Quandt, Karton 1363/1.

253 Herbert Quandt, Familiengeschichte: Dr. Horst Pavel vom 13. Februar 1980, HWA, Abt. 2017, Nr. 57–82.

254 Treue, Herbert Quandt, S. 76.

255 Gall, Hermann Josef Abs, S. 254.

256 Herbert Quandt, Familiengeschichte vom 18. Januar 1979, HWA, Abt. 2017, Nr. 57–82.

257 Vgl. Kapitel 9, S. 248–253.

258 Treue, Herbert Quandt, S. 112.

259 Vgl. grundsätzlich Simon/Wimmer/Groth, Mehr-Generationen-Familien-unternehmen, S. 145.

260 Vgl. dazu den Anfang dieses Kapitels.

261 Inventarverzeichnis Babelsberg, Ludwig-Troost-Straße 1–5 bzw. Inventarverzeichnis Corneliusstr. 8, HWA, Abt. 2017, Nr. 5 – Ordner «Häuser in und um Berlin».

262 Vgl. Manuskript Dörge, Bd. 2, S. 211.

263 Aktennotiz betreffend vier Prozent Mauser-Werke AG Obligationen von 1943 vom 30. September 1943, BArch, R 8127/16501.

264 Vgl. dazu Kapitel 16, S. 830.

265 Manuskript Dörge, Bd. 2, S. 210.

266 Vgl. dazu Kapitel 10, S. 346–355.

267 Vgl. dazu Kapitel 2.

268 Vgl. Chandler, Scale and Scope, S. 398–409.

269 In der Literatur wird darauf hingewiesen, dass Familienunternehmen sowohl als Eigentümerunternehmen als auch als Entrepreneur-Unternehmen ausgestaltet sein können, die Unterscheidung aber große Schwierigkeiten bereitet. Vgl. Hilger, «Under Reconstruction», S. 10; Priemel, Wider die Typologie, S. 143.

270 Fürstenberg, Erinnerungen, S. 141.

271 Die Bezeichnung geht auf Herbert Quandts Biographen Treue zurück. Vgl. Treue, Herbert Quandt, S. 76.

272 Die Rolle Pavels ist ein typisches Organisationselement für ein als Entrepreneur-Unternehmen ausgestaltetes Familienunternehmen. Zu den berühmtesten Beispielen für diese Organisationsform zählt der Unternehmensbesitz der Haniels, der erst von Paul und dann von dessen Sohn Hermann Reusch operativ geleitet wurde. Vgl. Obermüller, Hermann Reusch, S. 159–174; James, Familienunternehmen in Europa.

273 Priemel weist für den Flick-Konzern nach, dass der «Konzerngründer ein existierendes Manager- zu einem persönlich dominierten Unternehmen um[baute], aus dem in einem mehrstufigen, nicht immer linearen Prozess ein Entrepreneurkonzern wurde». Priemel, Wider die Typologie, S. 157.

274 Manuskript Dörge, Bd. 2, S. 215.

275 Priemel, Wider die Typologie, S. 157.

276 Treue, Herbert Quandt, S. 220.

8. Rahmenbedingungen der Wirtschaft in der Zeit des Nationalsozialismus

1 Plumpe, Wirtschaftskrisen, bes. S. 81–91, Zitat S. 81; daneben James, Deutschland in der Weltwirtschaftskrise; zur gesamteuropäischen Dimension Feinstein/Temin/Tomolo, European Economy.

2 Vgl. Buchheim, NS-Regime, S. 384.

3 Zum Begriff vgl. Frei, «Machtergreifung».

4 Vgl. Kolb, Problem der Kontinuität, bes. S. 280–286, hier S. 286.

5 Fest, Hitler, S. 551.

6 Kershaw, Hitler 1889–1936, S. 552.

7 Thamer, Verführung.

8 Vgl. Plumpe, Unternehmen im Nationalsozialismus, S. 249.

9 Spoerer, Scheingewinne, S. 170.

10 Vgl. Plumpe, Unternehmen im Nationalsozialismus, S. 248; Turner, Die Großunternehmer, S. 354–356; ders., Faschismus und Kapitalismus, S. 19. Ähnlich Hayes, Industry and ideology, S. X; Tooze, Ökonomie der Zerstörung, S. 129.

11 Vgl. Scholtyseck, Die deutschen Eliten.

12 Eberhard Kolb, Weimarer Republik, S. 130.

13 Turner, Unternehmer unter dem Hakenkreuz, S. 20. Zahlreiche Beispiele in Hayes, Corporate Freedom.

14 Buchheim, Unternehmen in Deutschland, S. 356. Vgl. auch Plumpe, Unternehmen im Nationalsozialismus. Plumpe betont insbesondere die Kontinuität der Entscheidungsroutinen über die vermeintlichen Zäsuren 1933 und 1945.

15 Abelshauser, Kriegswirtschaft und Wirtschaftswunder, S. 509. Vgl. Hildebrand, Das Dritte Reich, S. 10 f.

16 Vgl. James, Innovation. Als Überblicksdarstellung zum nationalsozialistischen «Aufschwung»: Overy, Nazi Economic Recovery. Auch im Ausland galten die Arbeitsbeschaffungsmaßnahmen des Regimes zunächst als Erfolg. Vgl. Herbst, Die nationalsozialistische Wirtschaftspolitik, S. 156; Buchheim, Das NS-Regime.

17 Polanyi, Hitler und die Wirtschaft, S. 203. Vgl. Turner, Die Großunternehmer, S. 354–356; Abelshauser, Kriegswirtschaft und Wirtschaftswunder, bes. S. 506.

18 Tooze, Ökonomie der Zerstörung, S. 134. Vgl. etwa zur Abneigung gegenüber «anonymen Kapitalgesellschaften» Picker, Hitlers Tischgespräche, S. 206, Eintrag vom 24. März 1942.

19 Vgl. Temin, Soviet and Nazi, bes. S. 576. Vgl. auch Salje, Bürgerliches Recht, bes. S. 63 f.

20 Hayes, Degussa, S. 130.

21 Vgl. Hayes, Industry and ideology, S. 145–147.

22 Tooze, Ökonomie der Zerstörung, S. 137 f. Hervorhebung im Original.

23 Einen aktuellen Überblick des wissenschaftlichen Schlagabtausches bietet die Debatte zwischen Peter Hayes und Christoph Buchheim/Jonas Scherner in: Bulletin of the German Historical Institute 45 (Fall 2009), S. 29–51.

24 Vgl. grundsätzlich Ebi, Export um jeden Preis.

25 Ambrosius, Staat und Wirtschaftsordnung, S. 134. Vgl. bereits Teichert, Autarkie und Großraumwirtschaft; Radkau, Entscheidungsprozesse.

26 Sohn-Rethel, Ökonomie und Klassenstruktur, S. 56 f. Vgl. die Hinweise auf die

«antinazistische» und nach 1933 zunächst «abwartende» Haltung des Vorstands und der Geschäftsführung des Zentralverbands der elektrotechnischen Industrie bei Sörgel, Metallindustrie, S. 34 f.

27 Quandt/Quandt (Hrsg.), Günther Quandt erzählt sein Leben, S. 238.

28 Vgl. Kümmel, Transnationale Wirtschaftskooperation. Grundsätzlich zu dieser Kritik auch Overy, War and Economy, S. 96–100.

29 Spoerer, Scheingewinne, S. 169. Vgl. daneben Spoerer, Industrial Profitability; Boelcke, Kosten, S. 43–50. Von «extrem niedrige[n] Gewinnsätze[n]» in der Flugzeugindustrie spricht hingegen Budraß, Flugzeugindustrie, S. 361.

30 Tooze, Ökonomie der Zerstörung, S. 166.

31 Vgl. Blaich, Wirtschaft und Rüstung, S. 19.

32 Gehrig, Nationalsozialistische Rüstungspolitik, S. 328.

33 Tooze, Ökonomie der Zerstörung, S. 756 f.

34 Ebd., S. 166. Vgl. zu dieser Kritik auch Frei, Die Wirtschaft des «Dritten Reiches», S. 14 f.

35 Overy, War and Economy, S. 15 und S. 17.

36 Denkschrift Hitlers über die Aufgaben eines Vierjahresplans, in: Vierteljahrshefte für Zeitgeschichte 3 (1955), S. 204–210.

37 Hayes, Industry and ideology, S. 163.

38 Vgl. Petzina, Autarkiepolitik, S. 67.

39 James, Deutsche Bank und die Diktatur, S. 321.

40 Denkschrift Hitlers, S. 209.

41 Zit. nach Hildebrand, Das Dritte Reich, S. 56 f.

42 Verhandlungen des Reichstags. III. Wahlperiode 1936, S. 8.

43 Vgl. Ritschel, Verhältnis.

44 Lorenzen, BMW, S. 195.

45 Boelcke, Kosten, S. 50.

46 Tooze, Ökonomie der Zerstörung. S. 255.

47 Vgl. Ritschl, Deutsche Zahlungsbilanz, S. 122.

48 Hildebrand, Das Dritte Reich, S. 57

49 Richard Merton, der langjährige Aufsichtsratsvorsitzende der Metallgesellschaft, der als «rassisch» Verfolgter Deutschland 1939 hatte verlassen müssen, hat diese Einstellung aus eigener Anschauung beschrieben. Merton, Responsibility of German Industrialists. Vgl. ähnlich Priester, Wirtschaftswunder, S. 311 und 319.

50 Herbst, Der Krieg und die Unternehmensstrategie, S. 133.

51 Hildebrand, Das Dritte Reich, S. 72.

52 Vgl. Overy, War and Economy, S. 348.

53 Vgl. ebd.; Tooze, Ökonomie der Zerstörung, S. 647. Für die Montanindustrie vgl. auch Mollin, Montankonzerne, S. 277.

54 Vgl. Müller, Speers Rüstungspolitik, hier S. 384 f.

55 Vgl. Tooze, Ökonomie der Zerstörung, S. 649 f.

56 Buchheim, Unternehmen in Deutschland, S. 369 f. Vgl. auch Kroner/Müller/Umbreit, Kriegsverwaltung, S. 402.

57 Erker, Industrie-Eliten, S. 19. Vgl. bereits Homze, Arming the Luftwaffe.

58 Herbst, Der Totale Krieg, S. 404.

9. Günther Quandt und die Nationalsozialisten

1 Zum Quellenwert der Aufzeichnungen vgl. Hermann, «In 2 Tagen wurde Geschichte gemacht.»

2 Behrend, Meine Tochter Magda Goebbels, S. 326.

3 Quandt/Quandt (Hrsg.), Günther Quandt erzählt sein Leben, S. 171.

4 Ebd., S. 180.

5 Als Entscheidungsgrund befand die Kammer: «Nach dem glaubhaften Zugeständnis der Beklagten ist als erwiesen anzusehen, dass die Beklagte dem Kläger seit mehr als 1 Jahr fortgesetzt die Erfüllung der ehelichen Pflichten aus Ablehnung verweigert hat. Irgendwelche Gründe, aus denen sie berechtigt ist, den Beischlaf zu verweigern, hat sie nicht vorgebracht. Die geltend gemachte Abneigung der Beklagten gegen den Kläger ist kein Grund, sich von der Erfüllung der ehelichen Pflichten auszuschließen. Durch ihr ehewidriges Verhalten hat sie schuldhaft eine derartige Zerrüttung der Ehe herbeigeführt, dass dem Kläger die Fortsetzung der Ehe nicht zugemutet werden kann.» Ausfertigung des Gerichtsurteils vom 13. Juli 1929, HWA, Abt. 2017, Nr. 47 – Mappe «Diverse Urkunden aus dem Nachlass von Doktor Günther Quandt». Ob das Bündel kompromittierender Liebesbriefe aus Günther Quandts Junggesellenzeit, von denen in der Nachkriegszeit in zahlreichen Illustriertenberichten immer wieder die Rede war, wirklich existiert, bleibt ungewiss und ist auch nicht von zentraler Bedeutung. Die Erwähnung findet sich in Meissner, Magda Goebbels, S. 74.

6 Vgl. Behrend, Meine Tochter Magda Goebbels, S. 297.

7 Vgl. Herbert Quandt, Erklärung vom 10. November 1947, HWA, Abt. 2017, Nr. 42.

8 Herbert Quandt, Erklärung vom 10. November 1947, HWA, Abt. 2017, Nr. 42. Ähnlich die Aussage Günther Quandts vor der Spruchkammer: «Sie wurde die glühendste Verfechterin der nationalsozialistischen Ideen und versuchte meinen Sohn und mich für die Partei zu bekehren. Wir sollten doch wenigstens Geld für diese Sache zur Verfügung stellen. Die Argumente schienen so wunderbar und es war nicht leicht, dagegen anzugehen, und als wir aus unseren weiteren Unterhaltungen sahen, daß nur noch von der Partei gesprochen wurde und nicht mehr wie bisher bei unseren Besuchen bei meiner früheren Frau von schöngeistigen Dingen, beschlossen mein Sohn Herbert und ich unsere Besuche bei ihr einzustellen.» Aussage Günther Quandts im Zuge der Öffentlichen Sitzung der Spruchkammer Starnberg von 1948, HSTA München, Spruchkammerakten Günther Quandt, Karton 1362/4.

9 Aufzeichnungen des Generalmajors a.D. Dr. h.c. Otto Wagener, IfZ, ED 60, Heft 27, S. 1627–1646.

10 Vgl. etwa Peters/Roos, Magda Goebbels, S. 27.

11 Vgl. die Erklärung Harald Quandts vom 11. August 1946, HWA, Abt. 2017, Nr. 36/37.

12 Aussage Harald Quandts im Zuge der Öffentlichen Sitzung der Spruchkammer Starnberg von 1948, HSTA München, Spruchkammerakten Günther Quandt, Karton 1362/4.

13 Vgl. Höver, Joseph Goebbels; Beck, The Fateful Alliance.
14 Zit. nach Klussmann, «Ich hasse den Kapitalismus wie die Pest», S. 71.
15 Fröhlich (Hrsg.), Tagebücher, Teil I, Bd. 2/III (Oktober 1932–März 1934), S. 35 (Aufzeichnung vom 12. Oktober 1932). Ähnliche Hinweise finden sich auch in den «Eidesstattlichen Angaben», die Eleonore Quandt später zugunsten von Günther Quandt abgab: Goebbels habe jede Gelegenheit wahrgenommen, über den «verhassten Quandt» politisch herzuziehen. Eidesstattliche Erklärung vom 27. August 1946, HSTA München, Spruchkammerakten Günther Quandt, Karton 1362/1. Bei einer anderen Gelegenheit informierte er Hitler über den «Kapitalisten Werner Quandt», mit der Folge, dass der «Führer» auf diesen eine «Sauwut» empfunden habe. Fröhlich (Hrsg.), Tagebücher, Teil I, Bd. 3/I (April 1934–Februar 1936), S. 33 (Aufzeichnung vom 13. April 1934).
16 Fröhlich (Hrsg.), Tagebücher, Teil I, Bd. 2/II (Juni 1931–September 1932), S. 46 (Aufzeichnung vom 26. Juni 1931) und S. 92 (Aufzeichnung vom 6. September 1931).
17 Ebd., S. 97 (Aufzeichnung vom 12. September 1931).
18 Ebd., S. 97 (Aufzeichnung vom 14. September 1931), S. 100 (Aufzeichnung vom 16. September 1931) und S. 138 (Aufzeichnung vom 1. November 1931).
19 Aussage Günther Quandts im Zuge der Öffentlichen Sitzung der Spruchkammer Starnberg von 1948, HSTA München, Spruchkammerakten Günther Quandt, Karton 1362/4.
20 Fröhlich (Hrsg.), Tagebücher, Teil I, Bd. 2/II (Juni 1931–September 1932), S. 160 (Aufzeichnung vom 30. November 1931).
21 Ebd., S. 169 (Aufzeichnung vom 11. Dezember 1931).
22 Behrend, Meine Tochter Magda Goebbels, S. 356.
23 Meissner, Magda Goebbels, S. 110. Oberflächlich und zum Teil irreführend die Darstellung bei Niemann, Mecklenburgischer Großgrundbesitz im Dritten Reich, S. 222 f.
24 Meissner, Magda Goebbels, S. 111.
25 Vgl. Quandt/Quandt (Hrsg.), Günther Quandt erzählt sein Leben, S. 232 f.
26 Vgl. Kretschmar (Hrsg.), Dokumente zur Kirchenpolitik des Dritten Reiches, S. 37–41.
27 Granzow bekleidete in den folgenden Jahren zahlreiche agrarpolitische Ämter und Posten bei regionalen Landwirtschaftsbanken und wurde im November 1933 Präsident der Deutschen Rentenbank in Berlin. 1945 wurde er interniert, 1948 entlassen und arbeitete bis zu seinem Tod 1952 als Wirtschaftsberater und Verkäufer in einer Margarinefabrik. Vgl. Buddrus (Hrsg.), Mecklenburg im Zweiten Weltkrieg, S. 1018.
28 Fröhlich (Hrsg.), Tagebücher, Teil I, Bd. 2/II (Juni 1931–September 1932), S. 184 (Aufzeichnung vom 29. Dezember 1931).
29 Ebd., S. 221 (Aufzeichnung vom 19. Februar 1932).
30 Stellungnahme zur Klage des Generalklägers vom 12. April 1948, HSTA München, Spruchkammerakten Günther Quandt, Karton 1362/4.
31 Eidesstattliche Erklärung von Eleonore Quandt vom 28. Juli 1948, ebd.
32 Fröhlich (Hrsg.), Tagebücher, Teil I, Bd. 3/I (April 1934–Februar 1936), S. 89 (Aufzeichnung vom 6. August 1934).

33 Stellungnahme des Dr. Ing. E.h. Günther Quandt zur Klageschrift des Öffentlichen Klägers vom 8. Februar 1948, HWA, Abt. 2017, Nr. 38.

34 Meissner, Magda Goebbels, S. 147.

35 Aussage Günther Quandts im Zuge der Öffentlichen Sitzung der Spruchkammer Starnberg von 1948, HSTA München, Spruchkammerakten Günther Quandt, Karton 1362/4.

36 Fröhlich (Hrsg.), Tagebücher, Teil I, Bd. 3/I (April 1934–Februar 1936), S. 33 (Aufzeichnung vom 13. April 1934), S. 36 (Aufzeichnung vom 20. April 1934), S. 43 (Aufzeichnung vom 5. Mai 1934) und S. 46 (Aufzeichnung vom 5. Mai 1934). Allerdings vermerkte Goebbels, als er im Sommer 1938 hörte, Günther Quandt wolle erneut heiraten: «Alter Geck!» Fröhlich (Hrsg.), Tagebücher, Teil I, Bd. 5 (Dezember 1937–Juli 1938), S. 334 (Aufzeichnung vom 5. Juni 1938). Das Gerücht erwies sich als falsch; Günther Quandt ist nach der Scheidung von Magda keine weitere Ehe mehr eingegangen.

37 Aussage Harald Quandts im Zuge der Öffentlichen Sitzung der Spruchkammer Starnberg von 1948, HSTA München, Spruchkammerakten Günther Quandt, Karton 1362/4.

38 Ebd.

39 Jacob, Schulzeit, S. 30.

40 Fröhlich (Hrsg.), Tagebücher, Teil I, Bd. 7 (Juli 1939–März 1940), S. 172 (Eintrag vom 28. Oktober 1939).

41 Ebd., S. 69 (Eintrag vom 14. Januar 1940).

42 Ebd., S. 179 (Eintrag vom 2. November 1939).

43 Jungbluth, Die Quandts, S. 150.

44 Fröhlich (Hrsg.), Tagebücher, Teil I, Bd. 8 (April–November 1940), S. 232 (Eintrag vom 21. Juli 1940).

45 Jacob, Krieg und Frieden, S. 33. Vgl. auch Jungbluth, Die Quandts, S. 153 f.

46 Fröhlich (Hrsg.), Tagebücher, Teil I, Bd. 8 (April–November 1940), S. 375 (Eintrag vom 13. Oktober 1940).

47 Zur Schlacht um Kreta vgl. Golla, Die deutsche Fallschirmtruppe 1936–1941, S. 353–557, zum Angriff vom 20. Mai 1941 bes. S. 394–444.

48 Harald Quandt, Einsatz Kreta, in: AFA-Ring. Werkzeitschrift der Betriebsgemeinschaft der Accumulatoren-Fabrik AG Jg. 8, Heft 5 (September 1941), S. 11, HSTA München, Spruchkammerakten Günther Quandt, Karton 1363/6. Die Darstellung ist in ihren wesentlichen Teilen dokumentiert in: Jungbluth, Die Quandts, S. 155 f.

49 Fröhlich (Hrsg.), Tagebücher, Teil I, Bd. 9 (Dezember 1940–Juni 1941), S. 350 f. (Eintrag vom 3. Juni 1941). Vgl. grundsätzlich auch Fleischer, Im Kreuzschatten der Mächte; ders., Schuld ohne Sühne, S. 208–221; Mazower, Inside Hitler's Greece.

50 Fröhlich (Hrsg.), Tagebücher, Teil I, Bd. 9 (Dezember 1940–Juni 1941), S. 360 (Eintrag vom 9. Juni 1941).

51 Vgl. Golla, Die deutsche Fallschirmtruppe 1936–1941; Stimpel, Die deutsche Fallschirmtruppe 1942–1945.

52 Harlan, Im Schatten meiner Filme, S. 140.

53 Vgl. Stimpel, Die deutsche Fallschirmtruppe, S. 282–328.

54 Vgl. hierzu ebd., S. 329–416, bes. S. 401–406.

55 Fröhlich (Hrsg.), Tagebücher, Teil II, Diktate 1941–1945, Bd. 13 (Juli–September 1944), S. 446–453, hier S. 452 (Eintrag vom 10. September 1944).

56 Schreiben an Reichsminister Goebbels vom 9. November 1944, BArch, N 1118/146.

57 Schreiben an Staatssekretär Dr. Naumann vom 18. November 1944, ebd.

58 Speer, Erinnerungen, S. 485.

59 Der Brief vom 28. April 1945 ist mehrfach in vollem Wortlaut abgedruckt, beispielsweise bei Meissner, Magda Goebbels, S. 337 f.; Jungbluth, Die Quandts, S. 211 f. und bei Goebbels, Tagebücher 1945, S. 549 f.

60 Ebd., S. 547 f. (Eintrag vom 28. April 1945). Zur Überlieferung des Briefes auch Winkler, Der Schattenmann, S. 313, Anm. 4.

61 Vgl. Siedler, Ein Leben wird besichtigt, S. 317.

62 Harald Quandt an Günther Quandt vom 1. Januar 1947, HSTA München, Spruchkammerakten Günther Quandt, Karton 1362/1.

63 Harald Quandt an «Onkel Gottlieb» vom 14. März 1946, HWA, Abt. 2017, Nr. 85. Günther Quandt war mit diesen Plänen nicht einverstanden. Harald benötige jemanden, der ihn «bei der Stange, bei der geraden Linie hält, denn Harald springt.» Günther Quandt an Dietermann vom 11. Oktober 1946, HWA, Abt. 2017, Nr. 36/37.

64 Zit. in Dietermann an Günther Quandt vom 5. Februar 1947, ebd.

65 Günther Quandt an Harald Quandt vom 24. Dezember 1946, ebd.

66 Hagener Zeitung vom 6. Mai 1933.

67 Vgl. zu diesem Vorgang Beck, The Fateful Alliance, S. 250 f.

68 Besetzung der Akkumulatoren-Fabrik Hagen rückgängig gemacht, in: Berliner Börsen-Courier vom 6. Mai 1933.

69 Hagener Zeitung vom 6. Mai 1933.

70 «Die Arbeiterforderungen bei der Accu», in: Hagener Zeitung vom 10. Mai 1933.

71 Vgl. Manuskript Dörge, Bd. 2, S. 186.

72 Prollius, Das Wirtschaftssystem des Nationalsozialismus 1933–1939, S. 274.

73 Fest, Hitler, S. 575.

74 Bajohr, Ämter, Pfründe, Korruption, S. 188.

75 Wengst, Der Reichsverband der deutschen Industrie, S. 107 bzw. 109.

76 Zit. nach Buchheim, Das NS-Regime, S. 400 f.

77 Vgl. dessen Aussagen im Verhör vom 6. November 1947, das Robert W. Kempner in der Vorbereitung des sog. «Wilhelmstraßenprozesses» gegen führende Mitarbeiter des Auswärtigen Amts durchführte. Interrogation of Heinrich Georg Stahmer by Dr. Robert W. Kempner vom 6. November 1947, IfZ, ZS 1539. Daneben auch die Unterlagen in LA Berlin, C Rep. 375-01-08, Nr. 4272.

78 Stellungnahme des Dr. Ing. E. h. Günther Quandt zur Klageschrift des Öffentlichen Klägers vom 8. Februar 1948, HWA, Abt. 2017, Nr. 38.

79 Bekanntmachung der Betriebsräte der AFA und Tochtergesellschaften vom 15. Mai 1933, LA Berlin, A Rep. 250-03-04, Nr. 27.

80 Geldern, Chronik der Max Hensel Maschinenfabrik, S. 10–12.

81 Zum Lebenslauf von Edgar Haverbeck vgl. dessen Angaben vom 22. August

1946, Anlage Nr. 1 zum Fragebogen des Military Government of Germany vom 13. September 1946, HSTA Hannover, Nds. 171 Hannover, Nr. 11947.

82 Unter den beschuldigten Persönlichkeiten fanden sich neben den der Zentrumspartei angehörenden ehemaligen Oberbürgermeistern von Köln, Konrad Adenauer, und Hagen, Cuno Rabe, auch die Gebrüder Reemtsma sowie zahlreiche Geschäftsführer von Unternehmen und kommunalen Einrichtungen. Die Liste des Korruptions-Referats, in: Berliner Börsen-Courier Nr. 174. Abendausgabe vom 12. April 1933, S. 2.

83 Stellungnahme des Dr. Ing. E. h. Günther Quandt zur Klageschrift des Öffentlichen Klägers vom 8. Februar 1948, HWA, Abt. 2017, Nr. 38.

84 Gegen 4 Mill. Kaution freigelassen, in: Berliner Börsen-Courier vom 14. Juni 1933.

85 Entscheidung des Ersten Senats des Reichsfinanzhofs in der Körperschaftssteuersache der AFA Berlin vom 28. Dezember 1935, HSTA Hannover, Nds. 171 Hannover, Nr. 11947.

86 Vgl. Manuskript Dörge, Bd. 2, S. 186.

87 XXXI. Verhandlungsbericht über die außerordentliche Versammlung der Vereinigung von Accumulatoren-Herstellern vom 13. Juli 1933, LA Berlin, A Rep. 250-03-04, Nr. 7/1.

88 Spendenempfangsbescheinigungen für Günther Quandt vom 8. und 10. Juli 1933, LA Berlin, A Rep. 251-09, Nr. 660. Vgl. zur «Freiwilligen Spende zur Förderung der nationalen Arbeit» auch Voß, Steuern im Dritten Reich, S. 79 f.

89 Vgl. unten S. 268 f.

90 Buchheim, Die Erholung von der Weltwirtschaftskrise, S. 18.

91 Bekanntmachung der N.S.-Betriebszelle der AFA Oberschöneweide vom 26. April 1934, LA Berlin, A Rep. 250-03-04, Nr. 41; Kraushaar, Bekanntmachung Nr. 2.425 vom 26. April 1934, ebd.

92 Protokoll der Betriebsratssitzung am 19. April 1934 im Werk Oberschöneweide vom 4. Juni 1934, LA Berlin, A Rep. 250-03-04, Nr. 27.

93 Aktennotizen von Kraushaar vom 6. Juni 1934, LA Berlin, A Rep. 250-03-04, Nr. 42.

94 Bericht über die Besprechung zwischen Pg. Kommerzienrat Hensel (für die AFA und Pertrix) und den Belegschaftsvertretern im Aufsichtsrat Pgg. Posselt, Schmidt, Stahl und Wippich vom 12. September 1933, LA Berlin, A Rep. 250-03-04, Nr. 27.

95 Quandt/Quandt (Hrsg.), Günther Quandt erzählt sein Leben, S. 237.

96 Fröhlich (Hrsg.), Tagebücher, Teil I, Bd. 21 III (Oktober 1932–März 1934) S. 181, Eintrag vom 5. Mai 1933.

97 Akten der Reichskanzlei Regierung Hitler 1933–1938, Bd. 1/1, S. 541, Eintrag vom 31. Mai 1933.

98 Fröhlich (Hrsg.), Tagebücher, Teil I, Bd. 2/III (Oktober 1932–März 1934), S. 206 (Aufzeichnung vom 14. Juni 1934). Vgl. die Berichterstattung in der Hagener Zeitung vom 14. Juni 1933 und die spätere Aussage von Ello Quandt, die damals an der Seite von Magda Goebbels die Affäre aus nächster Nähe verfolgte: «Goebbels hat behauptet, er wüsste nichts davon, aber es

ist ganz gut so. Goebbels selbst hat diese Verhaftung begrüßt. Er sagte bei seiner Freilassung, leider konnte man dem Kerl nichts anhaben.» Aussage Ello Quandts im Zuge der Öffentlichen Sitzung der Spruchkammer Starnberg von 1948, HSTA München, Spruchkammerakten Günther Quandt, Karton 1362/4.

99 New York Times vom 14. Juni 1933.

100 Zit. nach Simon, Pritzwalker Bürgerinitiativen, S. 131.

101 AFA (Hrsg.), 50 Jahre Accumulatoren-Fabrik, S. 103.

102 Interrogation of Heinrich Georg Stahmer by Dr. Robert W. Kempner vom 6. November 1947, IfZ, ZS 1539. Erst allmählich gelang Stahmer ein Wiederaufstieg im «Dritten Reich», zunächst als Leiter der Überseeabteilung der «Volksdeutschen Mittelstelle», später als Beamter im Auswärtigen Amt. 1942 wurde Stahmer Botschafter bei der chinesischen Regierung in Nanking und vom Dezember 1942 bis zum Kriegsende deutscher Botschafter in Japan. 1947 wurde er nach Deutschland überführt und eine Zeit lang interniert. Aus dem Jahr 1952 stammt eine mit eigenen Erfahrungen angereicherte Schrift aus seiner Feder unter dem Titel «Japans Niederlage – Asiens Sieg. Aufstieg eines Größeren Ostasien», Bielefeld 1952.

103 Ludecke, I Knew Hitler, S. 317. Nach einer mehrmonatigen Inhaftierung verließ Lüdecke Deutschland im Jahr 1934. Vgl. Smith, Kurt Lüdecke.

104 Vgl. Turner, Die Großunternehmer, S. 30.

105 Vgl. Quandt/Quandt (Hrsg.), Günther Quandt erzählt sein Leben, S. 10.

106 Siehe hierzu den Briefwechsel zwischen Arnold Rechberg und August Rosterg [BArch, N 1049/58], in dem neben anderen Projekten auch die Kampagne gegen den Youngplan thematisiert wurde. Quandt findet sich auf keiner der verschiedenen Listen, in denen potentielle Unterstützer genannt wurden. Zu den politischen Aktivitäten Rostergs siehe Kapitel 4 insb. S. 105 f.

107 Arnold Rechberg an Günther Quandt vom 28. März 1946, HSTA München, Spruchkammerakten Günther Quandt, Karton 1362/1.

108 Schreiben der Gauleitung Mark Brandenburg an den Präsidenten der Reichsschrifttumskammer vom 4. Dezember 1939, BArch, BDC, RK I 469. Die Gestapo Potsdam teilte in der gleichen Angelegenheit mit, gegen Werner Quandt habe sich «nichts Nachteiliges ermitteln lassen.» Gestapo Potsdam an den Präsidenten der Reichsschrifttumskammer vom 12. Oktober 1939, ebd. Werner Quandt, der bis 1928 der DVP angehört hatte, hat in einem Fragebogen der Reichsschrifttumskammer angegeben, seit dem 21. Dezember 1933 der DAF anzugehören.

109 Vgl. Petersen, Hitler-Mussolini; Schieder, Das italienische Experiment.

110 Vgl. Wichmann, Die Gesellschaft zum Studium des Faschismus, hier S. 85. Die auch von Jungbluth, Die Quandts, S. 122, vertretene Annahme, in der GSF seien Stahlhelm und NSDAP unterrepräsentiert gewesen, ist mit Blick auf die Mitgliederlisten revisionsbedürftig. Vgl. auch Wichmann, Die Gesellschaft zum Studium des Faschismus, S. 92.

111 Ebd., S. 90.

112 Hoepke, Die deutsche Rechte, S. 297. Zu Pabst ferner Gietinger, Der Konterrevolutionär.

113 Eine Mitgliederliste der Gesellschaft findet sich in BArch, R 72/260, fol. 131. Friedrich Reinhart trat 1934 in den Aufsichtsrat der BKI ein.

114 Vgl. Schmidtke, Gesellschaft zum Studium des Faschismus, S. 174.

115 Hoepke, Die deutsche Rechte, S. 301.

116 Carl Eduard an Wagner vom 30. Dezember 1931, BArch, R 72/260, Bl. 130.

117 Wichmann, Die Gesellschaft zum Studium des Faschismus, S. 102.

118 Vorläufige Besetzung der einzelnen Arbeitsgruppen, BArch, NY 4035/7, Bl. 99–103. Dem Bereich Wirtschaft widmete sich die größte Abteilung mit zwölf Untergruppen. Über die Aufgaben dieser Arbeitsgruppen siehe den wahrscheinlich von Pabst stammenden Entwurf von Richtlinien, ebd., Bl. 88–92.

119 Vgl. Wichmann, Die Gesellschaft zum Studium des Faschismus, S. 92.

120 Fröhlich (Hrsg.), Tagebücher, Teil I, Band 2/III (Oktober 1932–März 1934), München 2006, S. 51. (Aufzeichnung vom 4. November 1932).

121 Fröhlich (Hrsg.), Tagebücher, Teil I, Bd. 2/II, S. 169 (Aufzeichnung vom 11. Dezember 1931).

122 XXXI. Verhandlungsbericht über die außerordentliche Versammlung der Vereinigung von Accumulatoren-Herstellern vom 13. Juli 1933, LA Berlin, A Rep. 250-03-04, Nr. 7/1.

123 Quandt/Quandt (Hrsg.), Günther Quandt erzählt sein Leben, S. 235.

124 Quandt habe aus diesen Gesprächen, wie er später erklärte, den Eindruck bekommen, dass sich Hitler an das Federsche Parteiprogramm selbst nicht halte: «Unsere Ansichten wären so verschieden, daß wir uns nie verstehen würden. Hitler ließ mich in den beiden Unterhaltungen, die ich mit ihm führte, überhaupt nicht zu Wort kommen. Dieser Gedanke, daß wenn einer einen Gegner nicht zu Worte kommen lässt, hat mich bestimmt, diese ablehnende Haltung immer wieder zu betonen bis auf den heutigen Tag.» Aussage Günther Quandts im Zuge der Öffentlichen Sitzung der Spruchkammer Starnberg vom 13./14. Mai 1948, HSTA München, Spruchkammerakten Günther Quandt, Karton 1362/4.

125 Berend, Markt und Wirtschaft, S. 53.

126 Wagener, Hitler aus nächster Nähe, S. 373; vgl. Kopper, Zwischen Marktwirtschaft und Dirigismus, S. 29. Kopper erwähnt auch die Anwesenheit von August Rosterg und verortet Günther Quandt fälschlicherweise bereits bei BMW.

127 Quandt/Quandt (Hrsg.), Günther Quandt erzählt sein Leben, S. 233.

128 Ebd., S. 234 f.

129 Vgl. Glashagen, Reparationspolitik.

130 Kim, Die Großindustrie und die Konjunkturpolitik, hier S. 183.

131 Meister, Die große Depression, S. 288.

132 Vgl. Schüller, Wilhelm Röpke, S. 30.

133 Vgl. hierzu Wagener, Hitler aus nächster Nähe, S. 105–117.

134 Quandt/Quandt (Hrsg.), Günther Quandt erzählt sein Leben, S. 10.

135 Vgl. Lindner, Die Reemtsmas, bes. S. 100–123; Jacobs, Rauch und Macht.

136 Aussage Günther Quandts im Zuge der Öffentlichen Sitzung der Spruchkammer Starnberg von 1948, HSTA München, Spruchkammerakten Günther Quandt, Karton 1362/4.

137 Dokumentenanhang, Aufzeichnung vom 21. Februar 1933 über die Sitzung

Hitlers, Görings und Schachts mit Industriellen am 20. Februar 1933 in Berlin, in: Stegmann, Zum Verhältnis, S. 477–480. Zur Einordnung auch Turner, Die Großunternehmer, S. 393–397.

138 Abgedruckt in: Czichon, Wer verhalf Hitler zur Macht?, Dok. 27, S. 82 f.

139 Zur Adolf-Hitler-Spende vgl. Bracher, Stufen der Machtergreifung, S. 266.

140 Dörge an Günther Quandt vom 22. Mai 1936; Werning an Günther Quandt vom 9. Juni 1936; Günther Quandt an von Stauß vom 5. Oktober 1936, BArch, R 8119 F/P 1111.

141 Werning und Mossdorf an Günther Quandt vom 30. Mai 1939, BArch, R 8119 F/P 1112.

142 Fröhlich (Hrsg.), Tagebücher, Teil I, Bd. 2/III, S. 124 (Aufzeichnung vom 5. Februar 1933) und S. 176 (Aufzeichnung vom 29. April 1933).

143 Rothfels, Die deutsche Opposition, S. 66.

144 Vgl. zu den Streitigkeiten mit Goebbels Kapitel 9, S. 239–253.

145 Günther Quandt, «Anlage zum Protokoll vom 13./14. Mai 1948», HSTA München, Spruchkammerakten Günther Quandt, Karton 1362/4.

146 Gauleitung Mark Brandenburg an Reichsleitung der NSDAP vom 18. Juli 1944, BArch, BDC, PK J 0231. Für seine Mitgliedschaft beim NSKK ließ er sein Maybach-Cabriolet als «Motorfahrzeug» eintragen. BArch, BDC, SA 119-B.

147 Ausführungen des Klägers, Anlage zum Protokoll der Verhandlungen vom 29. April 1949, HSTA München, Spruchkammerakten Günther Quandt, Karton 1362/5.

148 Vgl. hierzu die Dokumentation bei Erker, Industrie-Eliten, S. 95–103.

149 Erklärung von Karl Werning vom 27. März 1946, HWA, Abt. 2017, Nr. 29.

150 «Wolle, Elektrizität, Kohle, Waffen, Metallverarbeitung, chemische Industrie, Bank- und Versicherungswesen, sie alle zusammen sind der vielgestaltige Körper, den [Quandt] geistig beherrscht. Fürwahr, ein Großer wirtschaftlichen Denkens und Handelns, dem der Reichsmarschall in Anerkennung seiner hervorragenden Verdienste um die Wiederwehrhaftmachung unseres Volkes den Grad eines Wehrwirtschaftsführers bereits 1937 als einem der ersten verleiht.» AFA-Ring. Werkzeitschrift der Betriebsgemeinschaft der Accumulatoren-Fabrik AG 8/5 (September 1941), S. 3, HSTA München, Spruchkammerakten Günther Quandt, Karton 1363/6.

151 Wehrwirtschafts- und Rüstungsamt im OKW, Wochenberichte der Rüstungswirtschaftlichen Abteilung, 27. Dezember 1938–26. September 1939, 1938–1939, BArch, RW 19/279.

152 Vgl. Rudolf Klett, Äusserung zur Frage der Wehrwirtschaftsführer vom 9. Juni 1947, STA Ludwigsburg, EL 902/20 Bü. 99517. Klett, der dem Regime fernstand und 1943 aus dem Amt des Wehrwirtschafts- bzw. Rüstungsinspekteurs entlassen wurde, sagte in mehreren Entnazifizierungsverfahren aus, dass es sich um einen «aufgebauschten Titel» gehandelt habe, der keine Aussage über die politische Haltung des Trägers zulasse.

153 Verfügung der Partei-Kanzlei vom 23. Juli 1942, in: Erker, Industrie-Eliten, S. 85.

154 Thomas, Gedanken und Ereignisse, S. 545.

155 Georg Thomas, «Die Wehrwirtschaftsführer» vom 12. Oktober 1945, HWA,

Abt. 2017, Nr. 29. Vgl. ders., Gedanken und Ereignisse; ders., Geschichte der deutschen Wehr- und Rüstungswirtschaft, S. 108–110.

156 Günther Quandt an Werner Quandt vom 26. November 1946, HWA, Abt. 2017, Nr. 36/37.

157 Georg Thomas, Liste und politische Klassifizierung von Wehrwirtschaftsführern, in: Erker, Industrie-Eliten, S. 99–101, hier S. 101.

158 Vgl. Budraß, Flugzeugindustrie, S. 442.

159 Frei u. a., Flick, S. 216 f.

160 Vgl. hierzu Kahn, Steuerung der Wirtschaft, S. 402. Der 1874 geborene und 1942 gestorbene SS-Brigadeführer Diehn war auch Mitglied im «Freundeskreis Heinrich Himmler».

161 Günther Quandt an die Mitglieder des Vorstandes und an die Mitglieder des Wirtschaftsausschusses der Accumulatoren-Fabrik AG, Deutsche Waffen- und Munitionsfabriken AG, Mauser-Werke AG, Dürener Metallwerke AG, Berlin-Erfurter Maschinenfabrik Henry Pels & Co. AG, Pertrix-Werke GmbH vom 17. März 1941, BArch, R 8119 F/P 2458.

162 Ihr gehörten 1941 insgesamt 31 Wirtschaftsgruppen mit 170 200 Mitgliedern an, und mit den Industrieabteilungen nochmals weitere 93 350 Mitglieder. Vgl. Reichsgruppe Industrie, in: Fricke (Hrsg.), Lexikon zur Parteiengeschichte, Bd. 3, S. 670.

163 Zit. nach Kahn, Steuerung der Wirtschaft, S. 406.

164 Protokoll der AFA-Abteilungsleiterkonferenz vom 2. und 3. November 1937, WWA, F 137, Nr. 405, S. 138.

165 Bekanntmachung Günther Quandts vom 14. September 1939, LA Berlin, A Rep. 250-03-04, Nr. 5.

166 Rundbrief vom 18. September 1940, HSTA München, Spruchkammerakten Günther Quandt, Karton 1362/2.

167 Günther Quandt an die AFA-Mitarbeiter an der Front vom 14. Dezember 1940, LA Berlin, A Rep. 250-03-04, Nr. 5.

168 Rundmitteilung vom 10. August 1938, LA Berlin, A Rep. 250-03-04, Nr. 56.

169 Zu dieser Problematik Mommsen, Konnten Unternehmer im Nationalsozialismus apolitisch sein?

170 Stellungnahme des Dr. Ing. E. h. Günther Quandt zur Klageschrift des Öffentlichen Klägers vom 8. Februar 1948, HWA, Abt. 2017, Nr. 38.

171 Dies legt jedenfalls eine Vorschlagsliste für die Kommissionsbesetzungen nahe, vgl. Vorschläge für die Besetzung der Kommissionen usw. und Delegierungen, o. D. [1933], BArch, R 8119 F/P 373, fol. 88–94.

172 Vgl. zu diesem Vorgang Biggeleben, Die Verdrängung der Juden.

173 Vgl. ausführlicher Kapitel 10, S. 313 f.

174 Vgl. Casson, Information and Organization, S. 117 f.

175 Tischordnung aus Anlass des 60. Geburtstages des Wehrwirtschaftsführers Dr.-Ing. E. h. Günther Quandt im Hotel Esplanade, Berlin am 28. Juli 1941, BArch, 8119 F/P 1112.

176 Beispielsweise verwundert das Fehlen des Generaldirektors der Wintershall AG August Rosterg auf der Liste der Geburtstagsgäste, da es keine Hinweise auf einen Bruch zwischen den beiden gibt.

177 Vgl. Kapitel 5, S. 117–122.

178 Herbst, Walther Funk, S. 91.

179 Rechenschaftsbericht der Haupttreuhandstelle Ost, BArch, R 144/518, Bl. 79 f. Vgl. auch Röhr (Bearb.), Die faschistische Okkupationspolitik in Polen, S. 241. Vgl. zur Übernahme der Cegielski-Werke das Kapitel 12, S. 573–577.

180 Aussage Günther Quandts im Zuge der Öffentlichen Sitzung der Spruchkammer Starnberg von 1948, HSTA München, Spruchkammerakten Günther Quandt, Karton 1362/4.

181 Pavel an Clemens vom 31. Juli 1941, ebd.

182 Die Literatur zu Julius Dorpmüller bewegt sich meist im Rahmen einer kritischen eisenbahnerischen Traditionspflege. Vgl. Gottwaldt, Dorpmüllers Reichsbahn; ders., Julius Dorpmüller. Zur Rolle der Reichsbahn im Nationalsozialismus vgl. auch mit einigen biographischen Angaben zu Dorpmüller Hildebrand, Die Deutsche Reichsbahn, für die Biographie Dorpmüllers insb. S. 172 f.

183 Vgl. ebd., S. 172 f.

184 Obwohl die Produktion von Elektrolokomotiven stärker anstieg als die der Dampflokomotiven, verharrten sie noch auf einem niedrigen Niveau. Vgl. ebd., S. 177.

185 Vgl. zu Gutterer Krings, Das Propagandaministerium, S. 32 f.

186 Quandt an Pavel vom 8. Juli 1941, HSTA München, Spruchkammerakten Günther Quandt, Karton 1363/1.

187 Vgl. auch Lorentz, Die Commerzbank, S. 263.

188 Aus der Sicht der großen Privatbanken hatte Hamel ohnehin eine zu große Rolle bei den Geschäften Quandts gespielt. Aktenvermerk über den Besuch von Günther Quandt bei Hermann J. Abs vom 10. April 1942, BArch, R 8119 F/P 1109.

189 Vgl. hierzu Kapitel 12.

190 Vgl. u. a. den Aktenvermerk vom 10. April 1942 über einen Besuch von Günther Quandt bei Abs, BArch, R 8119 F/P 1109.

191 Zu Stauß vgl. Kopper, Bankiers unterm Hakenkreuz, S. 135–150; James, Die Deutsche Bank und die Diktatur, S. 352–364; Wixforth, Emil Georg von Stauß.

192 Vgl. Manuskript Dörge, Bd. 2, S. 272.

193 Stauß an Quandt vom 27. Juli 1941, BArch, R 8119 F/P 1112.

194 Herrn Andreas Schummert, der eine Studie über den Bankier vorbereitet, danke ich an dieser Stelle herzlich für seine Auskünfte über das Netzwerk von Emil Georg von Stauß.

195 Wixforth, Emil Georg von Stauß, S. 413.

196 Vgl. Kopper, Bankiers unterm Hakenkreuz, S. 145.

197 Vgl. James, Die Deutsche Bank und die Diktatur, S. 358.

198 Zu Abs vgl. allgemein Gall, Hermann Josef Abs; Kopper, Bankiers unterm Hakenkreuz, S. 163–182 u. 249–265.

199 Ebd., S. 167.

200 Vgl. die Gedenkrede von Abs, HWA, Abt. 2017, Nr. 73 – «In memoriam Günther Quandt, geb. 28. 7. 1881, † 30. Dez. 1954».

201 Sekretariat Günther Quandt an Hermann J. Abs vom 13. Oktober 1938, BArch, R 8119 F/P 24126.

202 Hermann Josef Abs an die Deutsche Bank Filiale Hannover vom 1. Juni 1938, BArch, R 8119 F/P 2458; Deutsche Bank Filiale Hannover an die Deutsche Bank Zentrale vom 9. Juni 1938, ebd.; Günther Quandt an Hermann Josef Abs vom 2. Dezember 1939, ebd.

203 Geheime Notiz von Hermann Josef Abs vom 2. April 1939, ebd.

204 Streng vertraulicher Aktenvermerk von Hermann Josef Abs, Accumulatoren-Fabrik A.–G. vom 29. April 1939, ebd.

205 Beide Zitate aus der Notiz der Deutschen Bank, Accumulatoren-Fabrik A. G., Berlin vom 24. April 1939, ebd. Vgl. die Kontoauszüge der AFA bei der Deutschen Bank 1939–1943, ebd.

206 Vgl. Kapitel 11, S. 421–434; Kapitel 12, S. 591–594.

207 Vgl. Kapitel 4, S. 294 f.

208 Vgl. Kapitel 16, S. 821–826.

209 Vgl. Bähr, Carl Friedrich Goetz.

210 Aktennotiz von Abs vom 16. Januar 1942, BArch, R 8119 F/P 1104.

211 Vgl. Ahrens, Die Dresdner Bank, S. 471; ders., Der Exempelkandidat.

212 Affidavit von Günther Quandt vom 12. Juli 1948, HA-DrBk, 14000–2000.

213 Karl Rasche saß für die Dresdner Bank u. a. im Aufsichtsrat der Kontinentale Öl AG.

214 Streng vertraulicher Aktenvermerk von Hermann Josef Abs vom 22. Mai 1939, BArch, R 8119 F/P 2458. Vgl. Karteikarte «Dr. ing. eh. Günther Quandt», Nr. 1, Eintrag vom 22. Mai 1939, HA-Dt. Bk, V01/53xx.

215 Die folgenden Ausführungen beruhen auf Ahrens, Karl Rasche, S. 343–355.

216 Ein erster Eintritt von 1933 kann nicht klar belegt werden, wegen fehlender Zahlungen wurde er aber ohnehin 1934 gelöscht. Nach Ralf Ahrens kann die Mitgliedschaft erst für 1939 sicher nachgewiesen werden. Vgl. Ahrens, Karl Rasche, S. 347 f. Wahrscheinlich ist allerdings ein Eintritt 1937, nachdem Fritz Kranefuß, der Organisator des «Freundeskreises Heinrich Himmler», Rasche recht unverblümt zum Parteieintritt aufgefordert hatte, der wahrscheinlich bald darauf erfolgte. Vgl. Vogelsang, Der Freundeskreis Himmler, S. 61 f.

217 Vgl. insb. Bähr, Die Dresdner Bank, S. 101–127.

218 Affidavit von Günther Quandt vom 12. Juli 1948, HA-DrBk, 14000–2000.

219 Vgl. Ahrens, Der Exempelkandidat.

220 Vgl. Krause, Reinhart. Dieses Faktum übersehend Kopper, Zwischen Marktwirtschaft und Dirigismus, S. 33.

221 Vgl. ebd., S. 233. Auch ansonsten sind für ihn zumindest bis 1936 keine antisemitischen Äußerungen bekannt, vgl. ebd., S. 244.

222 Vgl. Kapitel 7, S. 201 f.

223 Vgl. Kapitel 11, S. 391–401.

224 Vgl. James, Verbandspolitik im Nationalsozialismus, S. 265.

225 Über Lange ist bislang nahezu nichts bekannt. Vgl. einige karge biographischen Angaben bei Kopper, Zwischen Marktwirtschaft und Dirigismus, S. 215, Anm. 760.

226 Vgl. Kapitel 11, S. 421–434.

227 Zu Hunke vgl. die spärlichen Angaben in James, Die Deutsche Bank und die Diktatur, S. 393.

228 Vgl. ebd., S. 321.

229 Vgl. zu Meyer Kopper, Bankiers unterm Hakenkreuz, S. 83–98.

230 Einen Überblick über die Machtverhältnisse in der Luftfahrtindustrie bietet Budraß, Sackgasse oder Zwischenspeicher?

231 Mitgliederliste des Aero-Clubs von Deutschland vom Januar 1939, MPG-Archiv, Abt. I, Rep. 1A, Nr. 910/2.

232 Vgl. Hachtmann, Wissenschaftsmanagement, S. 712 f.

233 Zu den Mitgliedern zählte ein Großteil der «Politprominenz», darunter Rudolf Heß, Wilhelm Keitel, Erich Raeder, Walther v. Brauchitsch, Hans Heinrich Lammers, alle Minister, Staatssekretäre sowie höhere Offiziere der Luftwaffe, Funktionäre der wichtigsten NS-Organisationen, wichtige Vertreter der Luftfahrtforschung und Mitglieder der Kaiser-Wilhelm-Gesellschaft wie Carl Bosch, Carl Friedrich von Siemens, Ernst Poensgen, Friedrich Flick, Albert Vögler und mehrere Mitglieder der Familien Krupp und Röchling. Vgl. ebd.

234 Eine Studie zu Erhard Milch gehört noch immer zu den Desideraten der Forschung. Vgl. zu seiner Biographie Hümmelchen, Generalfeldmarschall Erhard Milch; Boog, Erhard Milch – Der Architekt der Luftwaffe; Boog, Milch, Erhard; Budraß, Flugzeugindustrie, passim; Kröll, Fall 2.

235 Vgl. bspw. Kapitel 10, S. 317.

236 Vgl. Budraß, Flugzeugindustrie, S. 490–492. Außer den verstreuten Hinweisen in dem Buch von Budraß fehlt es an Literatur über diesen wichtigen Rüstungsbürokraten.

237 Vgl. ebd., S. 730 f., S. 756 und S. 893.

238 Zu Ploch existiert keine Literatur, einige wenige Angaben finden sich verstreut in ebd.

239 Eine Biographie Koppenbergs dürfte ein lohnendes Desiderat der Forschung sein. Für die Frage nach der Machtposition Koppenbergs in der NS-Luftfahrtindustrie wenig ergiebig ist die allein auf technische Aspekte abzielende Skizze von Seherr-Thoß, Koppenberg.

240 Kehrl, Krisenmanager, S. 187.

241 Tooze, Ökonomie der Zerstörung, S. 157 f.

242 Budraß, Flugzeugindustrie, S. 443.

243 Protokoll der Aufsichtsratssitzung der Dürener Metallwerke vom 7. Juni 1939, BArch, R 8119 F/P 1113.

244 Vgl. zu Hellmuth Roehnert Budraß, Röhnert; zu Roehnerts Stellung zwischen Wirtschaft und Staat auch Budraß, Die Lüdenscheider Metallindustrie, S. 102; Bähr, Die Dresdner Bank, S. 118.

245 Vgl. hierzu Budraß, Flugzeugindustrie, passim; zum Gegenspiel S. 577.

246 Vgl. zu Roehnerts Rolle im «Freundeskreis Heinrich Himmler» Vogelsang, Der Freundeskreis Himmler, S. 141 und 144.

247 Budraß, Röhnert, S. 716 f. Roehnert trat gegenüber dem NS-Regime als Vertreter der Hersteller auf. Vgl. Müller, Die Mobilisierung der deutschen Wirtschaft, S. 468.

248 Erklärung unter Eid vom 28. Oktober 1947, zit. nach Vogelsang, Der Freundeskreis Himmler, S. 154.

249 Vgl. Pritzkoleit, Die neuen Herren, S. 158.

250 Karteikarte «Dr. ing. eh. Günther Quandt», Nr. 1, HA-Dt. Bk, V01/53xx.
251 Nach dem Krieg bemühte sich Quandt erneut um das Unternehmen – dieses Mal mit Erfolg. Vgl. Kapitel 16, S. 818–821.
252 Streng vertraulicher Aktenvermerk von Hermann Josef Abs vom 22. Mai 1939, BArch, R 8119 F/P 2458. Vgl. Karteikarte «Dr. ing. eh. Günther Quandt», Nr. 1, Eintrag vom 22. Mai 1939, HA-Dt. Bk, V01/53xx. Abs stellte sich aus verschiedenen Gründen gegen die Berufung Roehnerts. Zum einen fürchtete er einen Einflussverlust der Deutschen Bank bei der AFA, zum anderen gehörte Roehnert zu den Unternehmern, die heftig gegen die deutschen Großbanken agitierten.
253 Vgl. zu diesem Vorgang ausführlich Kapitel 11, S. 473.
254 Budraß, Flugzeugindustrie, S. 442.
255 Vgl. Budraß, Sackgasse oder Zwischenspeicher?, S. 141.
256 Zur kontroversen Rolle im Widerstand vgl. Peter, General der Infanterie Georg Thomas; Thomas, Geschichte der deutschen Wehr- und Rüstungswirtschaft, S. 1–25; für die Biographie bis 1938 auch Tooze, Ökonomie der Zerstörung, S. 340.
257 Zur Biographie Winklers vgl. Rosenkötter, Treuhandpolitik; ferner Wermuth, Max Winkler.
258 Auf diesen Widerspruch verweist auch Rosenkötter, Treuhandpolitik, S. 290.
259 Immer noch grundlegend Hale, Presse in der Zwangsjacke, Düsseldorf 1965.
260 Vgl. Lembke, Die Schwarzen Schafe, S. 270 f.

10. Betriebsorganisation und Belegschaft

1 Vgl. Abelshauser, Deutsche Wirtschaftsgeschichte, S. 39 f.
2 OMGUS, Ermittlungen, S. 36.
3 Manuskript Dörge, Bd. 2, S. 215.
4 Siehe z. B. Günther Quandt an Emil von Stauß vom 17. Juni 1935, BArch, R 8119 F/P 1111.
5 Vgl. etwa Wilhelm Ingrisch, Mitteilungen und Werksvorkommnisse für das Archiv der Dürener Metallwerke ab 1. September 1935–16. November 1944, HWA, Abt. 2017, Nr. Ordner «Chronik des Werkes Düren bis 16. 11. 1944».
6 Eidesstattliche Erklärung von Carl Bolle vom 5. April 1948, HSTA München, Spruchkammerakten Günther Quandt, Karton 1362/2.
7 Quandt/Quandt (Hrsg.), Günther Quandt erzählt sein Leben, S. 142.
8 Roderbourg blieb unter Beibehaltung seiner bisherigen Bezüge bis zu seinem Tod am 30. Mai 1940 Aufsichtsratsvorsitzender. Günther Quandt bewilligte ihm anlässlich seines 75. Geburtstages zudem eine Zuwendung von 50000 RM, um ihm damit «seinen Lebensabend angenehmer zu gestalten». Notiz für Hermann Josef Abs vom 8. April 1940, BArch, R 8119 F/P 2458.
9 Günther Quandt an Abs vom 25. Juni 1940, ebd.
10 Pohle an Abs vom 23. Juli 1938, BArch, R 8119 F/P 1104; Protokoll der DWM-Aufsichtsratssitzung vom 23. Juni 1938, BArch, R 8119 F/P 1105, Bl. 4 f.
11 Vgl. Quandt/Quandt (Hrsg.), Günther Quandt erzählt sein Leben, S. 189; Treue, Herbert Quandt, S. 50 f.

12 Revisionsbericht Pertrix für das Geschäftsjahr 1938 vom 22. Mai 1939, BArch, R 8135/3760.

13 Protokoll der Aufsichtsratssitzung bei Byk Gulden vom 26. Juni 1941, BArch, R 8119 F/P 1633.

14 Aktennotiz von Hermann J. Abs vom 9. Dezember 1941, BArch, R 8119 F/P 1104.

15 Abschrift einer Niederschrift über die DWM-Aufsichtsratssitzung vom 23. Januar 1942, BArch, R 8119 F/P 1105, Bl. 35.

16 Aktennotiz von Abs vom 16. Januar 1942, BArch, R 8119 F/P 1104.

17 Todesanzeige auf dem Titelblatt des Geschäftsberichts der DWM 1943, BArch, R 8121/505. Zu Reinhart auch Krause, Reinhart, Friedrich, S. 366.

18 Aktennotiz von Abs vom 16. Januar 1942, BArch, R 8119 F/P 1104. An seine Stelle im Aufsichtsrat trat Paul Hamel, während Carl Goetz von der Dresdner Bank auf Bitten von Quandt stellvertretender Aufsichtsratsvorsitzender wurde.

19 Aufsichtsratssitzung der Dürener Metallwerke vom 27. und 29. Mai 1942, BArch, R 8119 F/P 1113; vgl. dazu: Satzung der Dürener Metallwerke Aktiengesellschaft, 1938, BArch, R 8119 F/P 1114; Satzung der Dürener Metallwerke Aktiengesellschaft, 1. Juni 1927, BArch, R 8119 F/P 1120; Korrespondenz zwischen dem Vorstand der Dürener Metallwerke von Januar bis Mai 1943, BArch, R 8119 F/P 1121.

20 Geschäftsbericht für das Geschäftsjahr 1941 vom 2. Juli 1942, WWA, S 7, Nr. 777/3. Aktennotiz von Abs vom 16. Januar 1942, BArch, R 8119 F/P 1104; Aufsichtsratssitzung der Dürener Metallwerke vom 23. Januar 1942, HSTA Düsseldorf, Rep. 243/25, Bd. 1, 1938–1949; Aufsichtsratssitzung der Dürener Metallwerke vom 23. Januar 1942, BArch, R 8119 F/P 1113.

21 Niederschrift über die gemeinsame Sitzung von Aufsichtsrat und Vorstand der Berlin-Erfurter Maschinenfabrik vom 15. Juli 1944, HSTA Weimar, Bestand BEM Henry Pels, 1.

22 Niederschrift über die gemeinschaftliche Sitzung des DWM-Aufsichtsrates und des DWM-Vorstandes vom 18. Juli 1944, BArch, R 8119 F/P 1105, Bl. 45 f.

23 Treue, Herbert Quandt, S. 82.

24 Ebd., S. 86.

25 Auch in einer amtlichen Liste aus dem Oktober 1944 wurde er als Hauptaktionär geführt. Aufstellung des Oberfinanzpräsidenten der Devisenstelle Berlin vom Oktober 1944, HSTA München, Spruchkammerakten Günther Quandt, Karton 1363/6.

26 Wallmüller an Günther Quandt vom 12. November 1922, LA Berlin, A Rep. 251-09, Nr. 796.

27 Günther Quandt an Wallmüller vom 21. November 1922, ebd.

28 Vgl. zu diesen Vorgängen Kapitel 6, S. 148–150.

29 Anlage zum Schreiben an die Gemeindeverwaltung Grunewald vom 2. Juni 1945, LA Berlin, B Rep. 031-03-11, Nr. 3083.

30 Manuskript Dörge, Bd. 2, S. 216.

31 Vgl. Manuskript Dörge, Bd. 1, S. 165–182; Maier, Forschung als Waffe, S. 262 f. Vgl. auch die Angaben im Meldebogen von Dr. Friedrich Dörge vom 25. Januar 1950, LA Berlin, B Rep. 031-03-04, Nr. 3512, S. 2.

32 Zur «Arisierung» der BEM vgl. Kapitel 11, S. 393–400.

33 Aufstellung von Mitgliedschaften in Aufsichtsräten von Edgar Haverbeck, Anlage Nr. 4 zum Fragebogen des Military Government of Germany vom 13. September 1946, HSTA Hannover, Nds. 171 Hannover, Nr. 11947.

34 Amalie Wittlinger an Edgar Haverbeck vom 19. Dezember 1946, ebd.

35 Eidesstattliche Erklärung von Ilse Borkhardt vom 5. Januar 1947, ebd.

36 Bescheinigung über Edgar Haverbeck von Horst Pavel vom 1. Oktober 1946, ebd.

37 Amalie Wittlinger an Edgar Haverbeck vom 19. Dezember 1946, ebd.

38 Hauptversammlung der Dürener Metallwerke vom 7. Juni 1939, HSTA Düsseldorf, Rep. 243/25, Bd. 1, 1938–1949; Notarielle Ausfertigung der Niederschrift über die Hauptversammlung der Dürener Metallwerke AG vom 7. Juni 1939, LA Berlin, B Rep. 042, Nr. 35220/1.

39 Bescheinigung über Edgar Haverbeck von Horst Pavel vom 1. Oktober 1946, HSTA Hannover, Nds. 171 Hannover, Nr. 11947.

40 Quandt/Quandt (Hrsg.), Günther Quandt erzählt sein Leben, S. 109.

41 Vgl. Hartmann, Zwischen Stabilität und Abstieg; Ziegler, Kontinuität und Diskontinuität der deutschen Wirtschaftselite, S. 46.

42 Vgl. Manuskript Dörge, Bd. 2, S. 215.

43 Fragebogen des Military Government of Germany von Max Möller vom 5. Oktober 1946, HSTA Hannover, Nds. 171 Hannover, Nr. 22008.

44 Vgl. Manuskript Dörge, Bd. 4, S. 469.

45 Vgl. Kapitel 12, S. 573–587.

46 Rüstungskommando (Hannover), Kriegstagebuch vom 1. April–30. Juni 1943, BArch, RW 21/27 3.

47 Aufstellung von Mitgliedschaften in Aufsichtsräten von Edgar Haverbeck, Anlage Nr. 4 zum Fragebogen des Military Government of Germany vom 13. September 1946, HSTA Hannover, Nds. 171 Hannover, Nr. 11947.

48 Soweit nicht anders angegeben, erschließen sich diese Angaben aus der Tischordnung aus Anlass des 60. Geburtstages des Wehrwirtschaftsführers Dr.-Ing. E. h. Günther Quandt im Hotel Esplanade, Berlin am 28. Juli 1941, BArch, 8119 F/P 1112.

49 Antrag auf Verleihung von Kriegsverdienstkreuzen I. Klasse vom 6. Dezember 1943, LA Berlin, C Rep. 105, Nr. 1327.

50 Pertrix an Herbert Quandt vom 28. April 1937, HWA, Abt. 2017, Nr. 48.

51 Niederschrift über die Sitzung der Wirtschaftskommission der Pertrix vom 18. November 1937, ebd.

52 Vgl. Treue, Herbert Quandt, S. 217.

53 Handelsregisterauszüge vom 16. Mai 1940 und vom 4. August 1939, STA Münster, Q 530, Amtsgericht Hagen, Nr. 2357.

54 Herbert Quandt, Die wichtigsten Lebensabschnitte von Dr. Herbert Quandt (1978), HWA, Abt. 2017, Nr. 57–82.

55 Herbert Quandt, Kommentare zum Kapitel 4, HWA, Abt. 2017, Nr. 57–82.

56 Ebd.

57 Riess, Joseph Goebbels, S. 100.

58 Brief vom 6. September 1938, in: Günther Quandt, Gedanken über Südamerika. Briefe in zwangloser Folge, Privatarchiv Hans Dörge.

59 Solmssen an Oswald Rösler vom 19. Dezember 1953, zit. nach Münzel, Die Verdrängung jüdischer Vorstands- und Aufsichtsratsmitglieder, S. 101.

60 Buchheim, Unternehmen in Deutschland, S. 371.

61 Ebd., S. 374.

62 Vgl. Scholtyseck, Die Firma Robert Bosch, S. 155–226.

63 Vgl. Kühn-Leitz (Hrsg.), Ernst Leitz.

64 Alexander Flinsch an Otto Christian Fischer vom 19. Oktober 1933, BArch, R 8136/3718, Bl. 315 f. Vgl. auch Fiedler, Die «Arisierung» der Wirtschaftselite, S. 78 f.; Biggeleben, Die Verdrängung der Juden, S. 73 f.

65 Vgl. ebd., bes. S. 65.

66 Vgl. Münzel, Die jüdischen Mitglieder der deutschen Wirtschaftselite, S. 225.

67 Haymann an Herbert Quandt vom 27. Juli 1946, HWA, Abt. 2017, Nr. 57–82.

68 Vgl. Heuer/Wolf (Hrsg.), Die Juden der Frankfurter Universität, S. 321–323.

69 Maier, Forschung als Waffe, Bd. 1, S. 223; zur internationalen Anerkennung siehe auch Wassermann/Wincierz (Hrsg.), Das Metall-Laboratorium, S. 33

70 Maier, Forschung als Waffe, S. 219.

71 Ebd., S. 1108. Michael Schüring zitiert einen englischen Kollegen, Cecil Desch, der diese Version unterstützt, vgl. Schüring, Minervas verstoßene Kinder, S. 84.

72 Maier, Forschung als Waffe, S. 283.

73 Zit. nach Wassermann/Wincierz (Hrsg.), Das Metall-Laboratorium, S. 29.

74 Aufsichtsratssitzung der Dürener Metallwerke vom 27. Mai 1935, BArch, R 8119 F/P 1113.

75 Vgl. Hassler, Dürener Metallwerke.

76 Werning an von Stauß vom 7. April 1936, BArch, R 8119 F/P 1111.

77 Aufsichtsratssitzung der Dürener Metallwerke vom 27. Mai 1936, BArch, R 8119 F/P 1113.

78 Geheime Aktennotiz von Stauß vom 15. Juni 1936, BArch, R 8119 F/P 1111.

79 Manuskript Dörge, Bd. 2, S. 258. Ernst Udet aus dem RLM informierte Quandt Anfang Juli 1936, es bestünden gegen einen Verbleib von Sachs als «erstklassige[m] Fachmann» in seiner Stellung «keine Bedenken», solange dieser nicht gegenüber Außenstehenden in der Öffentlichkeit hervortrete. Udet an Quandt vom 5. Juli 1936, BArch, R 8119 F/P 1119.

80 Sachs an Quandt vom 19. Juli 1936, ebd.

81 Quandt an Sachs vom 27. Juli 1936, ebd.

82 Sachs an Quandt vom 30. Juli 1936, ebd.

83 Sitzung der Wirtschaftskommission der Dürener Metallwerke vom 17. August 1936, BArch, R 8119 F/P 1113; Beschlüsse der Wirtschaftskommission der Dürener Metallwerke vom 20. Oktober 1936, ebd.

84 Manuskript Dörge, Bd. 2, S. 257 f.

85 Affidavit Georg Sachs' für Günther Quandt vom 10. Februar 1947, STA München, Spruchkammerakten Karton 1362/5.

86 Die Erinnerung von Frau Schorsch-Sachs wird zit. nach Maier, Forschung als Waffe, S. 312. Prof. Dr. Max Hansen war der Nachfolger von Sachs bei den Dürener Metallwerken.

87 Erklärung Nr. 19 vom 10. Februar 1947, in: Stellungnahme des Dr. Ing. E. h.

Günther Quandt zur Klageschrift des Öffentlichen Klägers vom 8. Februar 1948, HWA, Abt. 2017, Nr. 38. Ebenfalls in HSTA München, Spruchkammerakten Günther Quandt, Karton 1362/2. Vgl. das Schreiben von Günther Quandt an Dörge vom 25. Dezember 1946, HWA, Abt. 2017, Nr. 36/37; Eidesstattliche Erklärung von Friedrich Dörge vom 3. April 1946, HWA, Abt. 2017, Nr. 29.

88 Sitzung der Wirtschaftskommission der Dürener Metallwerke vom 16. August 1937, BArch, R 8119 F/P 1113.

89 HWA, Abt. 2017, Nr. 54.

90 Vgl. Heintze, Walter Cramer, S. 34 f.

91 Haymann an Herbert Quandt vom 27. Juli 1946, HWA, Abt. 2017, Nr. 57–82; eine Abschrift auch in HSTA Hannover, Nds. 171 Lüneburg, Nr. 6500.

92 Ebd. Vgl. daneben Treue, Herbert Quandt, S. 73.

93 Haymann an Herbert Quandt vom 27. Juli 1946, HWA, Abt. 2017, Nr. 57–82.

94 Karl Tuch an Herbert Quandt vom 14. Mai 1946, HSTA Hannover, Nds. 171 Lüneburg, Nr. 6500.

95 Beglaubigte Abschrift der Aussage von Federico Holz vom 14. Januar 1948, HSTA München, Spruchkammerakten Günther Quandt, Karton 1363/2.

96 Sachs an Dörge vom 12. Oktober 1946, Manuskript Dörge, Bd. 4, S. 597. Karl Werning war allerdings nicht verhaftet worden, sondern hielt sich bei Verwandten in Westfalen auf. Otto Reuleaux war Direktor des Konkurrenzunternehmens Vereinigte Leichtmetall GmbH gewesen.

97 Spruch der Berufungskammer Oberbayern vom 29. April 1949, HSTA München, Spruchkammerakten Günther Quandt, Karton 1362/4.

98 Vgl. dazu Kapitel 11, S. 391–416.

99 Vgl. Quandt/Quandt (Hrsg.), Günther Quandt erzählt sein Leben, S. 190.

100 Hierzu Siegel, Rationalisierung und Personalführung, S. 65–75.

101 Vgl. Kapitel 7, S. 175–189.

102 Protokoll der AFA-Abteilungsleiterkonferenz vom 2. und 3. November 1937, WWA, F 137, Nr. 405, S. 70–73.

103 Ebd., S. 75.

104 BArch, R 3/2002, Nr. 0-0250-0144: AFA Zentralverwaltung Askanischer Platz.

105 Protokoll der AFA-Abteilungsleiterkonferenz vom 2. und 3. November 1937, WWA, F 137, Nr. 405, S. 138.

106 Ebd., S. 75.

107 Vgl. Feldenkirchen, Siemens, S. 136 f. und S. 143; ders., Siemens 1918–1945, S. 175–187.

108 Protokoll der AFA-Abteilungsleiterkonferenz vom 2. und 3. November 1937, WWA, F 137, Nr. 405, S. 23 f.

109 Notiz bezüglich der Filiale Karlsruhe vom 13. Juli 1938, BArch, R 8119 F/P 1140. Vgl. Fischer, Berlin als Wirtschaftszentrum, S. 483–505, bes. S. 496.

110 Dörge an von Stauß vom 17. Juli 1936, BArch, R 8119 F/P 1111.

111 Exposé von Dörge (Düren) über die Schaffung eines zentralen Büros der Dürener Metallwerke in Berlin vom 14. Juli 1936, ebd.

112 Werning an Günther Quandt vom 14. August 1936; Werning an von Stauß vom 15. August 1936, ebd.

113 Exposé von Dörge (Düren) über die Schaffung eines zentralen Büros der Dürener Metallwerke in Berlin vom 14. Juli 1936, ebd.

114 Niederschrift des OKH über die Aufsichtsratssitzung der MfM vom 6. November 1941 vom 17. Februar 1942, BArch, R 2301/5545.

115 Vgl. Plumpe, Betriebliche Mitbestimmung, S. 65.

116 Ebd., S. 65 und S. 437.

117 Pirscher und Schmidt an Günther Quandt vom 26. November 1923, LA Berlin, A Rep. 251-09, Nr. 957. Siehe auch S. 72 in diesem Buch.

118 Paul Becker an die Direktion der AFA vom 7. August 1929 und Antwort vom 24. September 1929, LA Berlin, A Rep. 250-03-04, Nr. 27.

119 Zum Gesetz zur Ordnung der nationalen Arbeit Frese, Betriebspolitik im «Dritten Reich», S. 93–250, besonders zu den «Vertrauensräten» ebd., S. 169–227.

120 Zur «Betriebsgemeinschaft», die im Wesentlichen eine Zwangsgemeinschaft war, vgl. Zollitsch, Arbeiter.

121 Heuel, Der umworbene Stand; Mai, «Warum steht der deutsche Arbeiter zu Hitler?»

122 Kranig, Lockung und Zwang, S. 168–189; Frese, Betriebspolitik im «Dritten Reich», S. 228–250. Die Freiräume der Industrie in der Lohnpolitik während der Zeit des Nationalsozialismus betonend: Hachtmann, Industriearbeit im «Dritten Reich».

123 Siegel, Lohnpolitik im nationalsozialistischen Deutschland, S. 132.

124 Vgl. Buchheim, Der Mythos vom Wohlleben.

125 Vgl. hierzu Tooze, Ökonomie der Zerstörung, S. 754.

126 N. N., Die Arbeiterforderungen bei der Accu, in: Hagener Zeitung vom 10. Mai 1933.

127 Protokolle der Betriebsratssitzungen der AFA Oberschöneweide vom 25. Oktober 1933, 18. Dezember 1933 und 21. Juni 1933, LA Berlin, A Rep. 250-03-04, Nr. 27.

128 Vertrauensrat der AFA Oberschöneweide an den Wirtschaftsführer der AFA Hensel vom 7. Juni 1934, LA Berlin, A Rep. 250-03-04, Nr. 42.

129 Protokoll der Betriebsratssitzung der AFA Oberschöneweide vom 23. Juni 1933, LA Berlin, A Rep. 250-03-04, Nr. 27.

130 Vertrauliche Aktennotiz von Kraushaar über eine Besprechung vom 7. November 1934 mit dem Bevollmächtigten des Treuhänders Luther unter Hinzuziehung des Gau-Abteilungsleiters der NSBO Haase und des Kreisleiters der NSBO – Kreis X – Hesse», LA Berlin, A Rep. 250-03-04, Nr. 42.

131 Ebd.; sowie eine Niederschrift über die Besprechung, ebd.

132 Bericht über die AFA-Betriebsversammlung vom 1. Juni 1934, ebd.

133 Vgl. Achner, Mecklenburgische Metallwarenfabrik, S. 24 f.

134 Der Durchschnittsstundenlohn betrug im Dezember 1939 1,08 RM, im Dezember 1940 1,24 RM, im Dezember 1941 1,27 RM, im Dezember 1942 1,20 RM und im Dezember 1943 1,13 RM. Anlage II zu den Erläuterungen betreffend Planung und Leistung vom 7. Juni 1945, NACP, RG 243 (Records of the U.S. Strategic Bombing Survey), European Survey, 92. e.21, Box 728. Vgl. für die Durchschnittslöhne in der Elektro- bzw. metallverarbeitenden Industrie Hachtmann, Industriearbeit im «Dritten Reich», S. 104–109. Insbesondere bei

der Herstellung von elektrotechnischen Erzeugnissen gab es jedoch teilweise massive regionale Lohnschwankungen. Vgl. Siegel, Leistung und Lohn, S. 283. Dies lässt sich auch für die AFA nachweisen, Besprechung mit Vertretern der amerikanischen Besatzer in Hagen am 23. April 1945, NACP, RG 243 (Records of the U.S. Strategic Bombing Survey), European Survey, 92. e.9 (Building Plans and Drawings), Box 727.

135 Vgl. Gregor, Stern und Hakenkreuz, S. 228.

136 Rundschreiben der AFA Hagen vom 22. Juni 1940, WWA, F 137, Nr. 15.

137 Betriebsordnung der AFA vom 1. Mai 1944, WWA, F 137, Nr. 20.

138 Vgl. Kapitel 12, S. 503, und 13, S. 631–663.

139 Vgl. Achner, Mecklenburgische Metallwarenfabrik, S. 24. Für die Kriegsjahre liegen keine Aufstellungen über die Arbeitszeiten vor.

140 Anlage I zur Betriebsordnung der AFA vom 1. Mai 1944, WWA, F 137, Nr. 20.

141 Büro-Notiz der AFA Oberschöneweide vom 22. März 1944, LA Berlin, A Rep. 250-03-04, Nr. 11. Bei Daimler-Benz konnten Frauen sogar bis zu zwei Hausarbeitstage im Monat beantragen. Vgl. Gregor, Stern und Hakenkreuz, S. 234 f.

142 Bericht für die Direktion vom 23. März 1944, NACP, RG 243 (Records of the U.S. Strategic Bombing Survey), European Survey, 92. e.3 (Business Files, Letters from Main Office), Box 726.

143 Ähnliche Arbeitszeiten waren auch bei anderen Unternehmen wie beispielsweise Daimler-Benz üblich. Vgl. Pohl u. a., Die Daimler-Benz AG, S. 167.

144 Übersicht der AFA Oberschöneweide vom 12. Februar 1945, LA Berlin, A Rep. 250-03-04, Nr. 11.

145 Vgl. Seel, Mauser, S. 102; Geschichte der Rüstungsinspektion Stuttgart vom 13. Juni 1941, BArch, RW 20/5 10, Bl. 180 f.

146 Blank, Hagen im Zweiten Weltkrieg, S. 123.

147 Notiz für Herrn Direktor Clostermann vom 20. November 1943, NACP, RG 243 (Records of the U.S. Strategic Bombing Survey), European Survey, 92. e.3 (Business Files, Letters from Main Office), Box 727.

148 Lagebericht aus den Kriegstagebüchern der Rüstungsinspektion Kassel vom 2. März 1940, BArch, RW 21/30 3, Bl. 45 f.

149 Seel, Mauser, S. 102

150 Arbeiter hatten Anspruch auf sechs, Schwerbehinderte auf zusätzlich drei weitere Urlaubstage. Vgl. Spode, Arbeiterurlaub im Dritten Reich, S. 280. Abweichend davon gewährte die AFA Schwerbeschädigten sechs zusätzliche Urlaubstage und auch für Jugendliche und langjährige Mitarbeiter galten entsprechende Regelungen. Bekanntmachung der AFA Oberschöneweide vom 19. März 1937, LA Berlin, A Rep. 250-03-04, Nr. 11; Anlage II der Betriebsordnung der AFA vom 1. Mai 1944, WWA, F 137, Nr. 20.

151 Anlage III der Betriebsordnung der AFA vom 1. Mai 1944, ebd.

152 Bericht über die Betriebsversammlung [vermutlich von Spengler] vom 1. Juni 1934, LA Berlin, A Rep. 250-03-04, Nr. 42.

153 Siehe die Vorschläge Müllers zur Leistungssteigerung: Vortrag von Adolph Müller vom 11. Januar 1924, LA Berlin, A Rep. 250-03-04, Nr. 56.

154 Vgl. Blaich, Wirtschaft und Rüstung, S. 293.

155 Vgl. Esser, Report, S. 5 und S. 8.

156 Ebd., S. 5.

157 Vertrauliche Anweisung zu ärztlichen Untersuchungen der Bleiarbeiter vom 30. Januar 1925, LA Berlin, A Rep. 250-03-04, Nr. 52; AFA Hagen an AFA Oberschöneweide, Bleiarbeiterstatistik für 1937 vom 4. November 1938, LA Berlin, A Rep. 250-03-04, Nr. 49/2; Statistiken über Bleierkrankungen für die Jahre 1928 und 1937, ebd.

158 Report 5. 100 Jahre Varta, S. 5.

159 Kraushaar an Betriebsleitung Werk Zehdenick vom 30. Januar 1925, LA Berlin, A Rep. 250-03-04, Nr. 52.

160 AFA Hagen an AFA Oberschöneweide vom 26. Juli 1933, LA Berlin, A Rep. 250-03-04, Nr. 49/2.

161 Kraushaar an AFA-Zentrale/Rechtsabteilung vom 4. März 1927, ebd.; AFA Oberschöneweide an AFA Wien vom 5. November 1940, ebd.

162 Vertrauliche Anweisung zu ärztlichen Untersuchungen der Bleiarbeiter vom 30. Januar 1925, LA Berlin, A Rep. 250-03-04, Nr. 52; Kraushaar an Werk Hagen vom 4. Dezember 1928, LA Berlin, A Rep. 250-03-04, Nr. 53.

163 Niederschrift des Sanitätsrats Thomsen vom 3. März 1938, LA Berlin, A Rep. 250-03-04, Nr. 49/2.

164 Paul Becker an die Direktion der AFA Oberschöneweide vom 26. September 1929, LA Berlin, A Rep. 250-03-04, Nr. 27.

165 Kraushaar an AFA-Zentrale/Rechtsabteilung vom 4. März 1927, LA Berlin, A Rep. 250-03-04, Nr. 49/2.

166 Übersicht AFA Oberschöneweide vom 6. November 1939, ebd.

167 AFA Hagen an AFA Oberschöneweide vom 26. Juli 1933, ebd.

168 AFA Hagen an AFA Oberschöneweide vom 3. Mai 1940, ebd.

169 Statistiken der AFA Hagen über Bleierkrankungen für die Jahre 1928 und 1937, ebd.; Übersicht AFA Oberschöneweide über gezahlte Entschädigungen an Bleikranke, o. D., ebd.

170 AFA Hagen an AFA Oberschöneweide vom 4. November 1938, ebd., Nr. 49/2; Statistiken der AFA Hagen über Bleierkrankungen für die Jahre 1928 und 1937, ebd.

171 Krankheitsverhütungs-Vorschriften der AFA Oberschöneweide vom 11. November 1935, ebd. Vgl. 50 Jahre Accumulatoren-Fabrik, S. 228.

172 Bekanntmachung der AFA Oberschöneweide, LA Berlin, A Rep. 250-03-04, Nr. 11. AFA Oberschöneweide an die Hauptverwaltung vom 23. März 1939, ebd.

173 Bei der AFA Wien wurde der Anstieg von Bleierkrankungen 1940 mit dem schlechteren Ernährungszustand erklärt. AFA Wien an AFA Oberschöneweide vom 31. Oktober 1940, ebd.

174 Wallmüller an Sanitätsrat Thomsen vom 21. März 1941; Vermerk vom 10. Februar 1937, ebd.

175 AFA Oberschöneweide an die Arbeitskameraden und Arbeitskameradinnen vom 6. November 1942, LA Berlin, A Rep. 250-03-04, Nr. 11.

176 B. I. O. S. Final Report No. 1129, ITEM No. 12, 22, 31: The German Accumulator Industry, HSTA Hannover, ZGS 8, Nr. 224, S. 10–11.

177 Bericht des Werks Hagen an den Bergbauverband Ruhr vom 12. Juli 1945, WWA, F 137, Nr. 410.

178 Monatsbericht Werk Hannover für Oktober 1950, HWA, Abt. 2017, Nr. 56 – Mappe AFA Hagen, Hannover, Berlin, Wien, 1939–1989, UQ VE 3, Teil II.

179 Notiz für den Vorstand vom 14. Oktober 1950, ebd.

180 Geschäftsbericht für das Geschäftsjahr 1938, WWA, S 7, Nr. 777/3.

181 Anhang, Werning und Mossdorf an Stauß vom 7. Juni 1939, BArch, R 8119 F/P 1112.

182 Allgemein zu frühen unternehmerischen Sozialfürsorgemaßnahmen vgl. z. B. die Untersuchung von Nieberding, Unternehmenskultur im Kaiserreich; Berghoff, Unternehmenskultur und Herrschaftstechnik, sowie den Überblick von Schulz, Betriebliche Sozialpolitik.

183 Gregor, Stern und Hakenkreuz, S. 268.

184 Paul Becker an die AFA-Direktion vom 7. August 1929 und Antwort vom 24. September 1929, LA Berlin, A Rep. 250-03-04, Nr. 27.

185 Geschäftsbericht der AFA für das Geschäftsjahr 1927, STA Münster, Q 530, Amtsgericht Hagen, Nr. 2358.

186 Jahresbericht der Müller-Roderbourg-Stiftung zum 31. Dezember 1940, HADtBk, B 119. Vgl. auch Geschäftsbericht der AFA für das Geschäftsjahr 1938, WWA, S 7, Nr. 206/1.

187 Aufsichtsratssitzung der AFA vom 14. November 1941, STA Münster, Q 530, Amtsgericht Hagen, Nr. 2952.

188 Die Dankesrede Quandts ist abgedruckt in: AFA-Ring 8/5 (September 1941), S. 8, HSTA München, Spruchkammerakten Günther Quandt, Karton 1363/6.

189 Vgl. hierzu Manuskript Dörge, Bd. 3, S. 453.

190 Geschäftsbericht der AFA für das Geschäftsjahr 1934, WWA, S 7, Nr. 206/1; Geschäftsbericht der AFA für das Geschäftsjahr 1936, ebd.; 50 Jahre Accumulatoren-Fabrik, S. 236. Auch bei anderen Unternehmen war ein kontinuierlicher Ausbau der Sozialleistungen zu bemerken. Vgl. beispielsweise Pohl/Habeth/Brüninghaus, Die Daimler-Benz AG, S. 173; Homburg, Rationalisierung und Industriearbeit, S. 718; Siegel/Freyberg, Industrielle Rationalisierung, S. 383.

191 Abschlussprüfung der Deutschen Treuhand-Gesellschaft vom 4. August 1941, BArch, R 8119 F/P 2461, S. 17 f.

192 Protokoll der Betriebsratssitzung der AFA Oberschöneweide vom 23. August 1933, LA Berlin, A Rep. 250-03-04, Nr. 27.

193 Bericht von Kraushaar über die Reden in der Betriebsversammlung vom 11. April 1934, LA Berlin, A Rep. 250-03-04, Nr. 48.

194 Anlage III zur Betriebsordnung der AFA vom 1. Mai 1944, WWA, F 137, Nr. 20.

195 Vgl. 50 Jahre Accumulatoren-Fabrik, S. 228.

196 1942 enthielt das Weihnachtspaket einen Taschenkalender, 24 Zigaretten, ein Skatspiel, eine Soldbuchtasche, Bücher, Spiele, einen Bleistift, zwei Stabbatterien oder eine Normalbatterie und zehn Rasierklingen. Mitteilung der AFA Oberschöneweide vom 1. Dezember 1942, LA Berlin, A Rep. 250-03-04, Nr. 5.

197 Bekanntmachung der AFA Oberschöneweide vom 8. Juli 1944, ebd.; Rundmitteilungen der AFA-Hauptverwaltung vom 18. November 1940, 26. März 1941, 4. September 1941 und vom 17. Dezember 1942, ebd.

198 Geschäftsberichte für die Geschäftsjahre 1937 und 1938, WWA, S 7, Nr. 777/3.

199 Vgl. 50 Jahre Accumulatoren-Fabrik, S. 230 f.

200 Bericht über eine Besprechung zwischen Hensel und den Belegschaftsvertretern im Aufsichtsrat vom 12. September 1933, LA Berlin, A Rep. 250-03-04, Nr. 27.

201 Bericht über die Betriebsversammlung vom 1. Juni 1934, LA Berlin, A Rep. 250-03-04, Nr. 42.

202 Vgl. 50 Jahre Deutsche Waffen- und Munitionsfabriken, S. 115–118.

203 Vermerk des Reichsarbeitsministeriums über eine Besprechung in Lübeck vom 24. November 1938, BArch, R 3901/1374, Bl. 8–9; Kriegstagebuch der Rüstungsinspektion Hamburg vom 1. März 1940, BArch, RW 20/10 12, Bl. 174–176; Prüfungsbericht zur RM-Schlußbilanz zum 20. Juni 1948, HWA, Abt. 2017, Nr. 1–4.

204 Kriegstagebuch der Rüstungsinspektion Hamburg vom 1. März 1940, BArch, RW 20/10 12, Bl. 174–176. Das RLM sagte Gelder für den Bau weiterer Siedlungen in Schlutup und Eichholz zu, bestand aber auf Aufrechnung mit den Forderungen aus Munitionslieferungen. Die Verhandlungen hierüber blieben bis zur Kapitulation in der Schwebe. Ergänzung zum Prüfungsbericht zur RM-Schlußbilanz zum 20. Juni 1948, HWA, Abt. 2017, Nr. 30.

205 Kriegstagebücher der Rüstungsinspektion Posen, Einträge zum 24.–31. März 1940, 21.–27. April 1940, 9.–15. Juni 1940 und zum 27. Oktober-2. November 1940, BArch, RW 20/21 1.

206 Rüstungsinspektion Posen an OKW vom 12. Februar 1941, BArch, RW 20/21 14.

207 Vgl. Achner, Mecklenburgische Metallwarenfabrik, S. 5. Nicht anders war es in der Textilbranche: 1936 wurden bei den Draeger'schen Tuchfabriken neue Werkswohnungen gebaut. Zwei Siedlungshäuser mit 16 Wohnungen und ein weiteres Werkwohnhaus für sechs Familien wurden 1938 um ein weiteres Siedlungshaus mit acht Wohnungen ergänzt. Vgl. Das Jahrhundertbuch der Uniformtuchfabrik Gebrüder Draeger, S. 70.

208 Günther Quandt an die Betriebsführer aller AFA-Werke, der Pertrix, aller DWM-Werke, der Mauser-Werke, der Dürener Metallwerke und der Memefa vom 24. Oktober 1944, LA Berlin, A Rep. 250-03-04, Nr. 5.

209 Vgl. Frese, Sozial- und Arbeitspolitik, bes. S. 408 f.

210 Hachtmann, Industriearbeiterschaft und Rationalisierung, S. 247 f.

211 Zit. nach Mason, Sozialpolitik im Dritten Reich, S. 249.

212 Reulecke, Die Fahne mit dem goldenen Zahnrad, S. 251 f.

213 Frese, «NS-Musterbetrieb», S. 385. 1936/37 erhielten einige große Rüstungsunternehmen die Auszeichnung jedoch noch, ohne sich bewerben zu müssen und auch selbst dann, wenn sie die Anforderungen nicht erfüllten.

214 Vgl. Gregor, Stern und Hakenkreuz, S. 264.

215 Werk Hagen, Mitteilung vom 19. März 1935, WWA, F 137, Nr. 643.

216 Vgl. die Beispiele: Manuskript Dörge, Bd. 2, S. 265–267.

217 Reulecke, Die Fahne mit dem goldenen Zahnrad, S. 254.

218 Geschäftsbericht für das Geschäftsjahr 1938, WWA, S 7, Nr. 777/3.

219 Jahresbericht der Betriebszelle für das Kriegsjahr 1942, HWA, Abt. 2017, Nr. 55 – Ordner «Chronik des Werkes Düren bis 16. 11. 1944», S. 7 und 19.

220 Vgl. die Abbildung bei Seel, Mauser, S. 111.

221 Firmenbericht vom August 1942, zit. nach ebd., S. 110.

222 DWM-Werksnachrichten, Werk Borsigwalde 5 (1939), S. 3–7.

223 DWM-Werksnachrichten, Werk Borsigwalde 6 (1938), S. 3–5.

224 Eintrag Deutsche Waffen- und Munitionsfabriken, Aktiengesellschaft, in: Handbuch der Deutschen Aktiengesellschaften 1939, Bd. 5, S. 6241–6246, hier S. 6246.

225 Ansprache des Herrn Direktor Schmidt über die Leistungsoffensive am außergewöhnlichen Amtswalterappell am 1. Februar 1942 im Werk Borsigwalde, in: DWM-Werksnachrichten, Werk Borsigwalde 1/2 (1942), S. 2–5.

226 N. N., 1. Mai 1944 DWM-Kriegsmusterbetrieb, in: DWM-Werksnachrichten, Faksimileabdruck in: Schlickeiser, Borsigwalde, S. 626.

227 Sachse, Freizeit zwischen Betrieb und Volksgemeinschaft, S. 310–314; Luh, Betriebssport, S. 200.

228 DWM-Werksnachrichten, Werk Borsigwalde 5 (1939), S. 3–7.

229 Vgl. den Bericht in Westdeutscher Beobachter vom 15. Oktober 1934.

230 Besprechungsnotiz der AFA Oberschöneweide vom 26. August 1935, LA Berlin, A Rep. 250-03-04, Nr. 16.

231 Vgl. Sachse, Freizeit zwischen Betrieb und Volksgemeinschaft, S. 305.

232 Rundmitteilung der AFA Oberschöneweide vom 20. Dezember 1937, LA Berlin, A Rep. 250-03-04, Nr. 16.

233 Vgl. Carsten, Widerstand gegen Hitler; Lüdtke, The Appeal of Exterminating «Others»; Herbert, Arbeiterschaft im «Dritten Reich»; Mason, Die Bändigung der Arbeiterklasse, S. 18.

234 Vgl. zu den sozialrevolutionären Aspekten des Nationalsozialismus immer noch Schoenbaum, Hitler's Social Revolution. Zur spezifischen «Moderne» des Nationalsozialismus Bavaj, Die Ambivalenz der Moderne im Nationalsozialismus.

235 Hierzu immer noch Weber, Die Wandlung des deutschen Kommunismus. Daneben Wirsching, «Stalinisierung».

236 Deutschland – Berichte der Sopade 3 (1936), S. 506 f.

237 Burleigh, Die Zeit des Nationalsozialismus, S. 351. Zur Denunziation vgl. Diewald-Kerkmann, Politische Denunziation; Gellately, The Gestapo; Ross/Landwehr (Hrsg), Denunziation und Justiz.

238 Deutschland-Berichte 6 (1939), S. 364.

239 Vgl. Kraushaar, Berliner Kommunisten im Kampf gegen den Faschismus, S. 169.

240 Vgl. ebd.; Schlickeiser, Borsigwalde, S. 633 f.

241 Blank, Hagen im Zweiten Weltkrieg, S. 98.

242 Hagener Zeitung vom 4. Dezember 1934.

243 Notiz Kraushaars vom 4. November 1933, LA Berlin, A Rep. 250-03-04, Nr. 48; Notiz Brandls vom 4. November 1933, ebd.

244 Intern zeigte Kraushaar durchaus Verständnis für Mitarbeiter, die den Hitlergruß verweigerten. Aktennotiz Kraushaars vom 3. Januar 1934, ebd. Es ist außerdem auffällig, dass Betriebsführer Kraushaar und sein Stellvertreter Büttner 1933/34 mehrfach Notizen über Besprechungen mit dem Vertrauensrat erstellten, die bereits einige Monate zurücklagen – als wollten sie noch nachträg-

lich die unterschiedlichen Positionen in einem Streitfall festhalten, die nicht zu Protokoll genommen wurden.

245 Protokoll der Betriebsratssitzung der AFA Oberschöneweide vom 23. August 1933, LA Berlin, A Rep. 250-03-04, Nr. 27.

246 Protokoll der Betriebsratssitzung der AFA Oberschöneweide vom 26. September 1933, ebd.

247 Vertrauensrat der AFA Oberschöneweide an Betriebsführer Kraushaar vom 4. Mai 1934, LA Berlin, A Rep. 250-03-04, Nr. 39.

248 Protokoll der Betriebsratssitzung der AFA Oberschöneweide vom 23. August 1933, LA Berlin, A Rep. 250-03-04, Nr. 27.

249 Aktennotiz von Kraushaar vom 19. April 1934, LA Berlin, A Rep. 250-03-04, Nr. 48; Protokoll und Anträge der Betriebsratssitzung am 25. Oktober 1933 im Werk Oberschöneweide vom 17. November 1933, LA Berlin, A Rep. 250-03-04, Nr. 27; Notiz Kraushaars, vom 4. November 1933, LA Berlin, A Rep. 250-03-04, Nr. 48.

250 Protokoll der Betriebsratssitzung der AFA Oberschöneweide vom 19. April 1934, LA Berlin, A Rep. 250-03-04, Nr. 27.

251 Haase an Stamm vom 26. November 1934, LA Berlin, A Rep. 250-03-04, Nr. 42.

252 Aktennotiz Kraushaars vom 5. Januar 1934 [richtig ist vermutlich 1935], LA Berlin, A Rep. 250-03-04, Nr. 48.

253 Luther an AFA Oberschöneweide vom 21. Januar 1935, LA Berlin, A Rep. 250-03-04, Nr. 42.

254 Notizen Kraushaars über die Besprechung vom 24. Januar 1935, ebd.

255 Wallmüller an Gustav Arendholz vom 14. September 1935, ebd.; Aushang von Wallmüller vom 15. Dezember 1937, ebd.

256 Günther Quandt an Werner Quandt vom 18. Juni 1941, HWA, Abt. 2017, Nr. Mappe «Berichterstattung Werner Quandt, Pritzwalk».

257 Betriebsordnung der AFA vom 1. Mai 1944, WWA, F 137, Nr. 20.

258 Deutschland-Berichte 1 (1934), S. 108 f.

259 Hütter, Nachfolge im Familienunternehmen, S. 33–34.

260 Stücker, Symbole und Unternehmenskommunikation. Vgl. auch Nieberding, Unternehmenskultur im Kaiserreich.

261 Nach Stadler, Unternehmenskultur, S. 16.

262 Berghoff, Unternehmenskultur und Herrschaftstechnik, S. 174 f.

263 Schreyögg, Unternehmenskultur, S. 21.

264 Matis, Unternehmenskultur und Geschichte, S. 1029.

265 Pierenkemper, Unternehmenskultur, S. 9. Vgl. auch Stücker, Symbole und Unternehmenskommunikation.

266 Vgl. hierzu Bajohr, Dynamik und Disparität, S. 85.

267 Stöver, Volksgemeinschaft im Dritten Reich, S. 193.

268 Tooze, Ökonomie der Zerstörung, S. 200

269 Bajohr, Dynamik und Disparität, S. 91.

270 Notiz für Herrn Direktor Clostermann vom 10. Mai 1943, NACP, RG 243 (Records of the U.S. Strategic Bombing Survey), European Survey, 92.e.3 (Business Files, Letters from Main Office), Box 727.

271 Übersicht vom 2. Februar 1945, BArch R 3/1026; Bekanntmachung der

AFA Oberschöneweide über Einberufungen vom 7. Februar 1945, LA Berlin, A Rep. 250-03-04, Nr. 11.

272 Vortrag von Adolph Müller vom 11. Januar 1924, LA Berlin, A Rep. 250-03-04, Nr. 56.

273 Siehe verschiedentlich: Protokoll der AFA-Abteilungsleiterkonferenz vom 2. und 3. November 1937, WWA, F 137, Nr. 405; Protokoll der AFA-Abteilungsleiterkonferenz vom 17. und 18. März 1941, WWA, F 137, Nr. 404.

274 Interview mit Herrn Michel vom 30. Mai 1978, HWA, Abt. 2017, Nr. 57–82.

275 So z. B. bei den Dürener Metallwerken: Exposé von Werning vom 12. August 1936, BArch, R 8119 F/P 1111; Geschäftsbericht der Dürener Metallwerke für das Geschäftsjahr 1938, WWA, S 7, Nr. 777/3.

276 Vgl. Michel, Von der Fabrikzeitung zum Führungsmittel, S. 275–280.

277 Auch die AFA-Festschrift zum 50-jährigen Jubiläum kam 1938 mit einer vergleichsweise friedlichen Rhetorik daher. Siehe 50 Jahre Accumulatorenfabrik.

278 AFA-Ring 7/3 (Mai 1940), S. 11.

279 Ebd.

280 DWM-Werksnachrichten, Werk Borsigwalde, Heft 1 (1936), S. 2.

281 DWM-Werksnachrichten, Werk Borsigwalde, Heft 11 (1936), S. 3.

282 Rauthe, Geschichte.

283 50 Jahre Deutsche Waffen- und Munitionsfabriken, S. 113 bzw. S. 132.

284 Geleitwort von Günther Quandt, in: ebd.

285 Ebd., S. 95.

286 Ebd., S. 111.

287 Ebd., S. 113 bzw. S. 132.

288 Schickling, 75 Jahre Industrie-Werke Karlsruhe Aktiengesellschaft, S. 12.

289 DWM-Werksnachrichten, Werk Borsigwalde, Sonderheft zum 20. April 1939.

290 DWM-Werksnachrichten, Werk Borsigwalde 2 (1936), S. 8.

291 DWM-Werksnachrichten, Werk Borsigwalde, Heft 5 (1939), S. 2–3.

292 Schmidt, 8. Mai 1889–8. Mai 1939.

293 DWM-Werksnachrichten, Werk Borsigwalde, Heft 9 (1939), S. 1; DWM-Werksnachrichten, Werk Borsigwalde, Heft 6 (1940), S. 1.

294 Ebd.

295 DWM-Werksnachrichten, Werk Borsigwalde 6/7 (1941), S. 2 f.

296 Kriegstagebuch des Rüstungskommandos Berlin III, Eintrag über Anerkennung als Kriegsmusterbetrieb, BArch, RW 21/3 3, fol. 76. Diese Auszeichnung erhielt es schließlich 1944.

297 DWM-Werksnachrichten, Werk Borsigwalde 12 (1940), S. 9; DWM-Werksnachrichten, Werk Borsigwalde 8/9 (1941), S. 10; DWM-Werksnachrichten, Werk Borsigwalde, Heft 1/2 (1942), S. 8.

298 Kriegstagebuch des Rüstungskommandos Berlin III, Eintrag vom 11. September 1943, BArch, RW 21/4 15, fol. 29. Vgl. auch Schlickeiser, Borsigwalde, S. 628.

299 Buchheit, Ein Leben mit der Technik, S. 71.

300 Kriegstagebücher der Rüstungsinspektion Posen, Eintrag vom 5. April 1940, BArch, RW 20/21 1.

301 Günther Reinhardt Nebuschka an Telford Taylor vom 3. November 1947, HSTA München, Spruchkammerakten Günther Quandt, Karton 1362/1.

302 Dörge an Günther Quandt vom 22. Mai 1936; Werning an Günther Quandt vom 9. Juni 1936; Günther Quandt an Stauß vom 5. Oktober 1936, BArch, R 8119 F/P 1111.

303 Westdeutscher Beobachter vom 2. September 1935. Vgl. auch die ausführliche Berichterstattung zu den Feierlichkeiten, in: Metall-Wirtschaft, Wissenschaft, Technik 4 (1935), S. 683–690 und in BArch, R 8119 F/P 1111.

304 Vgl. Hassler, Dürener Metallwerke, Eingangszitat und S. 72. Zur Entstehung des Vorworts vgl. Manuskript Dörge, Bd. 2, S. 268.

305 Siehe z. B. Bekanntmachung Günther Quandts vom 14. September 1939, LA Berlin, A Rep. 250-03-04, Nr. 5; Rundbrief vom 18. September 1940, HSTA München, Spruchkammerakten Günther Quandt, Karton 1362/2; Günther Quandt an die AFA-Mitarbeiter an der Front vom 14. Dezember 1940, LA Berlin, A Rep. 250-03-04, Nr. 5.

306 Günther Quandt an Hermann Josef Abs vom 12. Januar 1942, BArch, R 8119 F/P 2458.

307 Geschichte der Rüstungsinspektion V, BArch, RW 20/5 4, S. 18 f. und 95, 1. September 1939–30. September 1940. Vgl. auch die analogen Angaben bei Buchheit, Ein Leben mit der Technik, S. 62.

308 Aufsichtsratssitzung der AFA vom 14. November 1941, STA Münster, Q 530, Amtsgericht Hagen, Nr. 2952.

11. Wachstum im Zeichen der Aufrüstung

1 Zur internationalen Lage grundsätzlich Hildebrand, Krieg im Frieden, S. 1–28; Zara Steiner, The Lights That Failed, bes. S. 800–816.

2 Kroener, Militär, Staat und Gesellschaft, S. 76.

3 Vgl. Kapitel 8.

4 Graml, Europas Weg in den Krieg, S. 90.

5 Tooze, Ökonomie der Zerstörung, S. 78.

6 Vgl. ebd., S. 91.

7 Vgl. Quandt/Quandt (Hrsg.), Günther Quandt erzählt sein Leben, S. 238.

8 Vgl. Scherner, Logik der Industriepolitik, S. 25 und S. 27–33.

9 Vgl. grundsätzlich ebd., S. 37–53 sowie Eichholtz, Geschichte der Deutschen Kriegswirtschaft, Bd. 2, S. 523.

10 Zur Funktionsweise des «Montan-Schemas»: Hopmann, Von der Montan zur Industrieverwaltungsgesellschaft, bes. S. 71–110; Eichholtz, Geschichte der Deutschen Kriegswirtschaft, Bd. 2, S. 523 f.

11 Vgl. Scherner, Logik der Industriepolitik, S. 52 und S. 40.

12 Buchheim, Unternehmen in Deutschland, S. 360; vgl. ders./Scherner, Anmerkungen zum Wirtschaftssystem, S. 81–97, bes. S. 89–96.

13 Buchheim, Unternehmen in Deutschland, S. 362.

14 Vgl. ebd., S. 353; Ruch/Rais-Liechti/Peter, Geschäfte und Zwangsarbeit; Straumann/Wildmann, Schweizer Industrieunternehmen. Zu den amerikanischen Unternehmen vgl. die Beiträge in Billstein u. a. (Hrsg.), Working for the Enemy; Turner, General Motors; Cheape, Not Politicians, S. 444–466.

15 Scherner, Die Logik der Industriepolitik, S. 282 f.

16 Vgl. Scherner, Das Verhältnis zwischen NS-Regime und Industrieunternehmen, S. 166–191; Buchheim/Scherner, The Role of Private Property, S. 390–416.

17 Für den Fall BMW vgl. Lorenzen, BMW, bes. S. 441–458.

18 Scherner, Logik der Industriepolitik, S. 299.

19 Vgl. hierzu Hensler, Stahlkontingentierung, S. 45.

20 Vgl. Lorentz, Industrieelite und Wirtschaftspolitik, S. 212.

21 Vgl. Buchheim, Unternehmen in Deutschland, S. 359.

22 Trischler, Luft- und Raumfahrtforschung, S. 180 f.

23 Vgl. Lorenzen, BMW, S. 192–201.

24 Tooze, Ökonomie der Zerstörung, S. 394 f.

25 Vgl. ebd., S. 757 f. Zusammenfassend Kroener, Militär, Staat und Gesellschaft, S. 23–26.

26 Blaich, Wirtschaft und Rüstung, S. 34.

27 Vgl. ebd., S. 44 f.; Peter, Rüstungspolitik, S. 19–40.

28 Vgl. Müller, Die Mobilisierung der deutschen Wirtschaft, S. 349–689; Overy, War and Economy, S. 242 f.

29 Tooze, Ökonomie der Zerstörung, S. 397 und 403, auch zum Folgenden.

30 Vgl. Lorenzen, BMW, S. 474; Tooze, Ökonomie der Zerstörung, S. 518–520.

31 Siehe Kapitel 11, S. 468–479.

32 Vgl. Overy, War and Economy, S. 181 f.; Dülffer, Weimar, Hitler und die Marine, S. 562 f.

33 Vgl. Abelshauser, Germany, S. 122–176. Eine Gegenposition, die vor allem auf den hohen Anteil der Auftragsverlagerungen ins Ausland verweist, findet sich bei Scherner/Streb, Das Ende eines Mythos?, S. 172–196. Grundsätzlich Müller, Albert Speer und die Rüstungspolitik, S. 275–773.

34 Herbst, Der Totale Krieg, bes. S. 207–339.

35 Vgl. Blaich, Wirtschaft und Rüstung, S. 41.

36 Vgl. Müller, Speers Rüstungspolitik, S. 384 f.

37 Vgl. Van Crefeld, Gesichter des Krieges, S. 174 und S. 196.

38 Vgl. Boelcke, Die deutsche Wirtschaft, S. 280–291; Herbst, Der Totale Krieg, S. 341–452.

39 Vgl. Mierzejewski, The Collapse of the German War Economy.

40 Die Firmengeschichte der Industrie-Werke Karlsruhe AG, Manuskript, HWA, Abt. 2017, Nr. 83.

41 50 Jahre Deutsche Waffen- und Munitionsfabriken, S. 127.

42 Berliner Börsen-Zeitung vom 3. Juli 1936.

43 Berliner Börsen-Zeitung vom 23. Juni 1938.

44 Deutsche Bergwerkszeitung vom 24. Juni 1938.

45 Geschichte der Mauserwerke, S. 113.

46 Quandt/Quandt, Günther Quandt erzählt sein Leben, S. 11.

47 Ebd., S. 238 f.

48 Berghahn, Rheinischer Kapitalismus, S. 92.

49 Brief vom 24. September 1938, in: Günther Quandt, Gedanken über Südamerika. Briefe in zwangloser Folge, Privatarchiv Hans Dörge.

50 Brief vom 29. September 1938, in: ebd.

51 Übersicht über die Entwicklung des Anlagevermögens der DWM vom 21. Januar 1942, BArch, R 8119 F/P 1104; Zusammenstellung der schwer bewertbaren Posten lt. RM-Schlussbilanz (1948), HWA, Abt. 2017, Nr. 45 – Ordner «Bank der deutschen Arbeit».

52 DWM-Werksnachrichten, Werk Borsigwalde 3/4 (1942), S. 4.

53 DWM-Werksnachrichten, Werk Borsigwalde 2 (1936), S. 3.

54 Vgl. Rathmer, «Ich erinnere mich», S. 23.

55 Vgl. Sang, Technik und Staat, S. 137–160.

56 Vgl. Bericht des Oberbürgermeisters der Stadt Lübeck vom 12. September 1938, BArch, R 3901/21374.

57 1942 waren 7686 Beschäftigte gemeldet: DWM Lübeck an IHK Lübeck vom 15. April 1942, StA Lübeck, 2.5. IHK Lübeck, 1570; Reichsbetriebskartei DWM Lübeck-Schlutup, BArch, R 3/2007, Nr. 0-0499-0013. Diese Zahl stieg bis Mitte 1943 weiter an, als 1400 Männer, 2100 Frauen und zusätzlich 4450 Fremdarbeiter gezählt wurden. DMW, Fragebogen, Anlage vom 2. Juni 1945, NACP, RG 243 (Records of the U.S. Strategic Bombing Survey), European Survey, 38.i.1, Box 344. Das Werk wurde zu einem ausufernden Gemischtwarenladen der Rüstung, in dem Munition und Munitionsteile, aber auch Handgranaten, Nebelkerzen und Sprühbüchsen gefertigt wurden. Der monatliche Umsatz betrug in den späten Kriegsjahren 6,9 Millionen RM. Vgl. zur Rüstungsindustrie in Lübeck Meyer, Vom Ersten Weltkrieg, S. 727 f.

58 Vgl. den Bericht über Prüfung der RM-Schlussbilanz der DWM-Lübeck zum 20. Juni 1948, HWA, Abt. 2017, Nr. 1–4 – Ordner «Treuhand-Gesellschaft für Handel und Industrie Dr. Hans Edle». Daneben auch Bericht zur Bewertung des Demontageschadens an den industriellen Anlagen der MfM vom September 1948, LA Schleswig-Holstein, Abt. 691, Nr. 613; BIOS-Bericht über die Maschinen für Massenverpackungen vom 20. Juli 1945, TNA, FO 935/192.

59 Berliner Börsen-Berichte vom 16. Juni 1936. Vgl. Hopman, Von der Montan zur Industrieverwaltungsgesellschaft, S. 79.

60 Revisionsbericht der MfM vom 31. März 1940, BArch, R 8135/1093.

61 Revisionsbericht der MfM vom 31. März 1942, BArch, R 8135/7699. Wehrmachtverpflichtungsscheine waren unverzinsliche Schatzanweisungen des Reiches, die der Vorfinanzierung dienten.

62 Aktenvermerk vom 14. März 1944, HWA, Abt. 2017, Nr. 53 – Mappe «MfM».

63 Revisionsbericht der MfM vom 31. März 1943, BArch, R 8135/7699.

64 Notiz Gerhard Viewegs über einen Besuch bei der MfM am 6. April 1944, HWA, Abt. 2017, Nr. 53 – Mappe «MfM».

65 Revisionsbericht der MfM vom 31. März 1944, BArch, R 8135/7699.

66 Niederschrift des OKH über die Aufsichtsratssitzung der MfM vom 6. November 1941, BArch, R 2301/5545.

67 Vgl. Schuhladen-Krämer, Zwangsarbeit in Karlsruhe, S. 20.

68 Stadt Karlsruhe, Jenseits der Brauerstraße, S. 31.

69 Diese und die folgenden Angaben nach einem Bericht des Arbeitsamtes Karlsruhe vom Frühjahr und Sommer 1933, StA Karlsruhe, 1/H-Reg. Nr. 1974. Vgl. die Preisliste für das Jahr 1932, Deutsches Museum-Archiv, Bestand FS 391/16.

70 Berichte des Arbeitsamtes Karlsruhe, StA Karlsruhe, 1/H-Reg. Nr. 1974.

71 Vgl. Haertel, Erfolg erst im zweiten Anlauf, S. 9; ders., Kriegsfolgen.

72 Geschichte der Mauserwerke, S. 110–120.

73 Eidesstaatliche Erklärung von Carl Bolle vom 5. April 1948, HSTA München, Spruchkammerakten Günther Quandt, Karton 1362/2.

74 Vgl. Buchheit, Ein Leben mit der Technik, S. 49 und S. 58. Ein Teil der Fertigung musste daher zu den Firmen Karl Neff und Kühlerschmidt ins benachbarte Bretten verlagert werden, vgl. Stadt Karlsruhe (Hrsg.), Jenseits der Brauerstraße, S. 33.

75 Buchheit, Ein Leben mit der Technik, S. 64. Die Gesamtmenge des abtransportierten Maschinenparks wurde mit 28 200 Tonnen berechnet. Aktennotiz von Hermann J. Abs vom 9. Dezember 1941, BArch, R 8119 F/P 1104.

76 Vgl. Peter, Rüstungspolitik, S. 98.

77 Anlage 2 zum Lagebericht der Rüstungsinspektion XXI Nr. 2179/40 g. vom 14. Oktober 1940, Lageberichte der Rüstungsinspektion Posen, Eintrag vom 14. Oktober 1940, BArch, RW 20/21 13, S. 3. Vgl. auch DWM, Geheime Übersicht über bewilligte Mittel für Großplanungen vom 31. Dezember 1941, BArch, R 8119 F/P 1104.

78 Vgl. Buchheit, Ein Leben mit der Technik, S. 63.

79 Vgl. Peter, Rüstungspolitik, S. 96–100.

80 Geschichte der Rüstungsinspektion V vom 1. September 1939–30. September 1940, BArch, RW 20/5 4, S. 95 f.

81 Geschichte der Rüstungsinspektion Stuttgart vom 7. April 1941, BArch, RW 20/5 4, Bl. 18 f.

82 Protokoll der DWM-Aufsichtsratssitzung vom 12. September 1940, BArch, R 8119 F/P 1105, Bl. 20.

83 Ebd., Bl. 15.

84 Schuhladen-Krämer, Zwangsarbeit in Karlsruhe, S. 20.

85 Protokoll der DWM-Aufsichtsratssitzung vom 25. Juni 1940, BArch, R 8119 F/P 1105, Bl. 31.

86 Geheime Übersicht über bewilligte Mittel für Großplanungen vom 31. Dezember 1941, BArch, R 8119 F/P 1104.

87 HSTA Weimar, Bestand BEM Henry Pels, 23, Bl. 65. Aktennotiz von Hermann J. Abs vom 9. Dezember 1941, BArch, R 8119 F/P 1104.

88 Stadt Karlsruhe (Hrsg.), Jenseits der Brauerstraße, S. 34.

89 Berliner Börsen-Berichte vom 20. Juni 1934.

90 Mietvertrag zwischen Berlin Karlsruher Industrie-Werke AG und Mauser-Werke, Berlin, 1936, LA Berlin, A Rep. 250-1-04, Nr. 40.

91 Vgl. Seel, Mauser, S. 96 f.

92 Die Besetzung des Aufsichtsrats gibt einige Hinweise auf das Kräfteverhältnis: Mit Franz Belitz und Carl Goetz waren die Bankinteressen stark vertreten, aber auch die Quandt-Gruppe war durch Günther Quandt, Edgar Haverbeck und dem Geschäftspartner Paul Hamel prominent repräsentiert.

93 Berliner-Börsen-Zeitung vom 25. Juni 1935.

94 Berliner Börsen-Zeitung vom 9. Juni 1937 und vom 24. Mai 1940.

95 Vgl. Geschichte der Mauserwerke, S. 186.

96 Berliner Börsen-Berichte vom 24. Mai 1940.

97 Vgl. hierzu den Schriftwechsel zwischen der Wehrwirtschafts-Inspektion V und dem OKH, BArch, RW 19/1777.

98 Lindenberg an Klügmann vom 23. November 1950, HWA, Abt. 2017, Nr. 45 – Ordner «Bank der deutschen Arbeit».

99 Schreiben der Rüstungsinspektion V vom 14. März 1941, BArch, RW 20/5 9.

100 Westdeutscher Beobachter vom 2. September 1935. Vgl. auch die ausführliche Berichterstattung zu den Feierlichkeiten, in: Metall-Wirtschaft, Wissenschaft, Technik 14 (1935), S. 683–690.

101 Zur Entstehung des Vorworts vgl. Manuskript Dörge, Bd. 2, S. 268.

102 Schlickeiser, Borsigwalde, S. 624.

103 Geschäftsbericht für das Geschäftsjahr 1934 vom 27. August 1935, WWA, S 7, Nr. 777/3. Bericht des Vorstands.

104 Werning an Günther Quandt vom 4./5. Dezember 1935, BArch, R 8119 F/P 1111. Zu diesen Flugmotorenplanungen des RLM vgl. Lorenzen, BMW, S. 315–340.

105 Werning an Günther Quandt vom 12. Juli 1937, BArch, R 8119 F/P 1112.

106 Manuskript Dörge, Bd. 2, S. 280.

107 «Leistungsbericht Kriegsjahr 1941/42» der Dürener Metallwerke Aktiengesellschaft, HWA, Abt. 2017, Nr. 54.

108 Aufsichtsratssitzung der Dürener Metallwerke vom 27. November 1934, BArch, R 8119 F/P 1113.

109 Vollmer, Volksopposition im Polizeistaat, S. 92.

110 Aufsichtsratssitzung der Dürener Metallwerke vom 27. November 1934, BArch, R 8119 F/P 1113.

111 Vgl. grundsätzlich Achner, Mecklenburgische Metallwarenfabrik. Die Informationen zur Memefa in diesem Abschnitt beruhen, wenn nicht anders angegeben, auf diesem Werk.

112 Jedenfalls war dies bei anderen Unternehmen das Motiv für diese Gesellschaftsform, vgl. Lorenzen, BMW als Flugmotorenhersteller, S. 157 f.

113 Aufsichtsratssitzung der Dürener Metallwerke vom 29. März 1936, BArch, R 8119 F/P 1113.

114 Manuskript Dörge, Bd. 2, S. 256. Aufsichtsratssitzung der Dürener Metallwerke vom 21. April 1936, BArch, R 8119 F/P 1113.

115 Aufsichtsratssitzung der Dürener Metallwerke vom 6. Dezember 1935, ebd.

116 Ebd.

117 Aufsichtsratssitzung der Dürener Metallwerke vom 15. Juni 1936, ebd.; Besprechung zwischen dem RLM und den Dürener Metallwerken am 11. Juni 1936, ebd.

118 Sitzung der Wirtschaftskommission der Dürener Metallwerke vom 5. August 1938, ebd.

119 Günther Quandt an Rohde, Koppenberg und von Stauß vom 19. Februar 1937, BArch, R 8119 F/P 1111.

120 Aufsichtsratssitzung der Dürener Metallwerke vom 28. März 1938, BArch, R 8119 F/P 1113.

121 Sitzung der Wirtschaftskommission und des Aufsichtsrates der Dürener Me-

tallwerke vom 5. August 1938, ebd.; Monatsberichte Januar–April und November–Dezember 1937, BArch, R 8119 F/P 1115.

122 Aufsichtsratssitzung der Dürener Metallwerke vom 27. Mai 1935, BArch, R 8119 F/P 1113.

123 Aufsichtsratssitzung der Dürener Metallwerke vom 27. November 1934, ebd.

124 Günther Quandt an von Stauß vom 17. Juli 1935, BArch, R 8119 F/P 1111. Dies war im Bereich der Luftrüstung ein gängiges Vorgehen des RLM. Vgl. bspw. Lorenzen, BMW als Flugmotorenhersteller, S. 157.

125 Aufsichtsratssitzung der Dürener Metallwerke vom 27. Mai 1935, BArch, R 8119 F/P 1113; Aufsichtsratssitzung der Dürener Metallwerke vom 24. Juni 1935, ebd.

126 Aufsichtsratssitzung der Dürener Metallwerke vom 5. August 1935, ebd.

127 Aufsichtsratssitzung der Dürener Metallwerke vom 6. Dezember 1935, ebd.

128 Aufsichtsratssitzung der Dürener Metallwerke vom 6. Juni 1936, 27. Mai 1936 und 29. Februar 1936, ebd.; Auftragseingang im Monat Oktober 1935 bei den Werken Düren und Wittenau vom 14. November 1935, BArch, R 8119 F/P 1115; Monatsberichte 31. Oktober und 30. November 1935 vom 9. Januar 1936, ebd.

129 Revisionsbericht des Jahresabschlusses zum 31. Dezember 1936 vom 18. Mai 1937, BArch, R 8119 F/P 11420; Schreiben der Dürener Metallwerke an die Bank der Deutschen Luftfahrt vom 26. Oktober 1940, BArch, R 8121/545.

130 Sitzung der Wirtschaftskommission der Dürener Metallwerke vom 18. März 1939, BArch, R 8119 F/P 1113. Vgl. dazu auch die Betriebsberichte Januar–März 1938 bzw. vom Dezember 1938, BArch, R 8119 F/P 1116.

131 Aufsichtsratssitzung der Dürener Metallwerke vom 4. Mai 1939, BArch, R 8119 F/P 1113.

132 Vertrag zwischen dem Reichsminister der Luftfahrt und der Mecklenburgischen Metallwarenfabrik vom 23. September 1939, BArch, R 8121/545; vgl. auch Aufsichtsratssitzung der Dürener Metallwerke vom 3. Mai 1940, BArch, R 8119 F/P 1113 sowie Betriebsbericht November 1939, BArch, R 8119 F/P 1116.

133 Sitzung der Wirtschaftskommission der Dürener Metallwerke vom 22. Oktober 1937, BArch, R 8119 F/P 1113. Geheime Aktennotiz von Stauß vom 15. Juni 1936, BArch, R 8119 F/P 1111. Vgl. auch Berliner Börsen-Zeitung vom 9. Juni 1937; Sitzung der Wirtschaftskommission der Dürener Metallwerke vom 21. Mai 1938, BArch, R 8119 F/P 1113.

134 Revisionsbericht des Jahresabschlusses zum 31. Dezember 1939 vom 24. April 1940, BArch, R 8135/6410.

135 Geschäftsbericht der AFA für das Geschäftsjahr 1933 vom 29. Juni 1934, WWA, S 7, Nr. 206/1.

136 Abelshauser, Kriegswirtschaft, S. 508.

137 Geschäftsbericht der AFA für das Geschäftsjahr 1935 vom 20. April 1936, WWA, S 7, Nr. 206/1.

138 Geschäftsbericht der AFA für das Geschäftsjahr 1936 vom 20. Mai 1937, ebd.

139 Overy, Cars, S. 466–483; ders., The German Motorisierung, S. 107–112; ders., Transportation, S. 389–409. Zur Kritik vgl. Spenceley, R. J. Overy and the Motorisierung, S. 100–106.

140 Vgl. Spoerer, Die Automobilindustrie, S. 62; Gregor, Stern und Hakenkreuz, S. 56; Möser, Geschichte des Autos, S. 172 u. 174.

141 Protokoll der AFA-Abteilungsleiterkonferenz vom 2./3. November 1937, WWA, F 137, Nr. 405, S. 1–3.

142 Vgl. Spoerer, Die Automobilindustrie, S. 64.

143 Bericht des Vorstandes der AFA an den Aufsichtsrat über das 2. Vierteljahr 1938 vom 17. August 1938, BArch, R 8119 F/P 2460.

144 50 Jahre Accumulatoren-Fabrik, S. 100.

145 Geschäftsbericht der AFA für das Geschäftsjahr 1939 vom 27. Juni 1940, WWA, S 7, Nr. 206/1.

146 Geschäftsbericht 1937, zit. nach Report 3. 100 Jahre Varta. 1888–1988, S. 3.

147 OMGUS/Ministerial Document Center, Employment Figures on 1. Oktober 1939 vom September 1946, BArch, R 3/Anhang 265; Wirtschaftsgruppe Elektroindustrie, Liste über Beschäftigtenzahlen vom 1. Oktober 1939, BArch, R 13 V/184.

148 Umsatz-Aufteilung 1940 vom 27. Januar 1942, LA Berlin, A Rep. 250-03-04, Nr. 46/1.

149 TA-Nachrichten, Folge 1 vom Januar 1940, WWA, F 137, Nr. 1074.

150 Aufsichtsratssitzung der AFA vom 10. Juni 1940, BArch, R 8119 F/P 2460.

151 Bericht des Vorstandes der AFA an den Aufsichtsrat über das III. Vierteljahr 1940 vom 23. November 1940, BArch, R 8119 F/P 2460.

152 Vgl. Abschlussprüfung der Deutschen Treuhand-Gesellschaft von 1940, BArch, R 8119 F/P 2461, S. 11 f.

153 Niederschrift über eine Besprechung von Stahmer, Kraushaar, Bremer und Kemnitz vom 13. November 1931, LA Berlin, A Rep. 250-03-04, Nr. 7/3; Aktennotiz von Stahmer vom 12. Dezember 1931, ebd.

154 Czada, Die Berliner Elektroindustrie, S. 259 f.

155 Bericht über den Aufbau und die Entwicklung der Gummifabrik der VARTA-Aktiengesellschaft im Werk Hagen/Westf., WWA, F 137, Nr. 192.

156 Protokoll der AFA-Abteilungsleiterkonferenz vom 2./3. November 1937, WWA, F 137, Nr. 405, S. 9 f.

157 Siehe dazu auch die Einschätzung der amerikanischen Besatzungsmacht nach dem Krieg, United States Strategic Bombing Survey. Munitions Division. Submarine Branch. Plant Report No. 8, NACP, RG 243 (Records of the U.S. Strategic Bombing Survey), European Survey, 92. e.1, Box 726.

158 Hans Bischof, Aufzeichnungen vom 4. Januar 1946, WWA, F 137, Nr. 402. Aufzeichnung vom 30. Mai 1945, NACP, RG 243 (Records of the U.S. Strategic Bombing Survey), European Survey, 92. e.16, Box 728.

159 Protokoll der AFA-Abteilungsleiterkonferenz vom 2./3. November 1937, WWA, F 137, Nr. 405, S. 112 f.

160 Günther Quandt an von Stauß vom 3. Oktober 1939, BArch, R 8119 F/P 1112. Vgl. auch Herbert Quandt, «Familiengeschichte» (30. April 1979), HWA, Abt. 2017, Nr. 57–82.

161 Abschlussprüfung der Deutschen Treuhand-Gesellschaft von 1940, BArch, R 8119 F/P 2461, S. 11 f.

162 Vgl. grundlegend Ostermann, Fabrikbau und Moderne.

163 Report 2. 100 Jahre Varta, S. 19. Eine Skizze des Werkes findet sich auch bei Schröder, Das erste Konzentrationslager, S. 53.

164 B.I.O.S. Miscellaneous Report No. 46: Aircraft Batteries (Lead and Alkaline) – The Accumulatoren Fabrik A. G. Hagen-Hannover Plants, S. 13, HSTA Hannover, ZGS 8, Nr. 224.

165 Vorbereitendes Protokoll der Aufsichtsratssitzung der AFA vom 10. Juni 1940 vom 8. Juni 1940, BArch, R 8119 F/P 2458.

166 Bericht aus den Kriegstagebüchern der Rüstungsinspektion Hannover vom 13. November 1940, BArch, RW 20/11, 22.

167 Liste der bedeutenden Bauvorhaben des Reiches, Bl. 38. BArch, R 41/242.

168 Anders: Schröder, Das erste Konzentrationslager, S. 48 f. Allerdings finden sich hierfür keine Belege.

169 Henning, Kraftfahrzeugindustrie; Blaich, Why Did the Pioneer Fall behind?

170 Vgl. für BMW Lorenzen, BMW als Flugmotorenhersteller, S. 152 f.

171 Vgl. hierzu grundlegend Genschel, Die Verdrängung der Juden; Barkai, Vom Boykott zur «Entjudung»; Hilberg, Die Vernichtung der europäischen Juden; Friedländer, Das «Dritte Reich» und die Juden 1933–1939; ders., Das «Dritte Reich» und die Juden 1939–1945; Pohl, Verfolgung und Massenmord; Stiefel (Hrsg.), Die politische Ökonomie des Holocaust.

172 Vgl. Kopper, Wer waren die Hauptprofiteure der «Arisierungen»?, S. 298–315; Bajohr, «Arisierung» als gesellschaftlicher Prozeß, S. 15–30.

173 Vgl. Friedenberger, Fiskalische Ausplünderung.

174 Vgl. James, Deutsche Bank und die «Arisierung»; Lorentz, Die Commerzbank, S. 237–268; Ziegler, Die Dresdner Bank; Fischer, Jüdische Privatbanken, S. 1–54.

175 Auf die Notwendigkeit, auch die kulturelle «Arisierung» im Rahmen einer «integrierten Geschichte des Holocaust» zu beachten, verweist nachdrücklich Friedländer, Eine integrierte Geschichte des Holocaust, S. 7–14; vgl. ders., Das Dritte Reich und die Juden 1933–1939; ders., Das Dritte Reich und die Juden 1939–1945.

176 Barkai, Vom Boykott zur «Entjudung», S. 76.

177 Bajohr, «Arisierung» als gesellschaftlicher Prozeß, S. 15.

178 Reichsgesetzblatt 1936, Teil 1, S. 999.

179 Vgl. Köhler, Werten und Bewerten, S. 317. Vgl. grundsätzlich auch Barkai, Die deutschen Unternehmer und die Judenpolitik, S. 227–247.

180 Ziegler, Erosion der Kaufmannsmoral, S. 158.

181 Lorentz, Industrieelite und Wirtschaftspolitik, S. 225.

182 Vgl. Buchheim, Unternehmen in Deutschland, S. 375.

183 Vgl. ausführlich Hayes, Degussa.

184 Buchheim, Unternehmen in Deutschland, S. 376 f.

185 Barkai, Die «stillen Teilhaber», S. 117–121.

186 Wixforth, Ein «stiller Teilhaber», S. 64.

187 James, Deutsche Bank und die «Arisierung», S. 168.

188 Jungbluth, Die Quandts, S. 180.

189 Vgl. Kapitel 12, S. 518–537.

190 Auskunft des Thüringischen Hauptstaatsarchivs vom 2. Juni 2008. Die Hinter-

gründe der «Arisierung» der BEM sind erst nach 1990 im Zusammenhang von Wiedergutmachungsverhandlungen bekannt geworden. Vgl. hierzu vor allem die instruktive Schilderung der Vorgänge durch einen Freund der Nachkommen der Familie Pels: Nahme, Ein Deutscher im 20. Jahrhundert, S. 218–223.

191 Berliner Börsen-Zeitung vom 9. Juni 1937.

192 Vgl. Hawich, Manufakturen, S. 71–73.

193 Vgl. ebd., S. 73.

194 Hierzu die Aufstellung in HSTA Weimar, Bestand BEM Henry Pels, 11, Bl. 5–11.

195 Vgl. Ludwig/Kahl, Erfurt in den Jahren der Weimarer Republik, S. 401; Eintrag «Henry Pels», in: Reichshandbuch der Deutschen Gesellschaft, Bd. 2, S. 1392.

196 Der Eintrag ins Handelsregister Berlin erfolgte am 26. Januar 1927. HRB, Bd. V, Nr. 506, umgeschrieben im Jahr 1937 auf Bd. 14, Nr. 678.

197 Thüringer Volksblatt vom 14. Januar 1931.

198 Aktennotiz vom 30. Dezember 1931, HSTA Weimar, Bestand BEM Henry Pels, 17/1.

199 Handelsvertretung der UdSSR in Deutschland an Berlin-Erfurter Maschinenfabrik vom 27. Oktober 1931, ebd.; Niederschrift des mündlich erstatteten Berichts des Vorstandes an den Aufsichtsrat vom 17. Februar 1932, Bestand BEM Henry Pels, 1.

200 Protokoll der Aufsichtsratssitzung vom 7. April 1932, ebd.

201 Justizrat Alwin Elsbach und Otto Hermann wurden zugleich ebenfalls in den Aufsichtsrat aufgenommen. Dem für strategische Entscheidungen wichtigen «Arbeitsausschuß» gehörte Heine, der Aufsichtsratsvorsitzende Charly Hartung von Hardy & Co. und dessen Stellvertreter Georg Bremer an.

202 Vgl. Achterberg/Preusker, Berliner Banken, S. 90.

203 Vgl. hierzu Gibas (Hrsg.), «Arisierung» in Thüringen; Fleischhauer, Der NS-Gau Thüringen.

204 Vgl. zum Prozedere einen Artikel der Jenaischen Zeitung vom 8. Dezember 1938, in: Gibas (Hrsg.), «Arisierung» in Thüringen, S. 52–54.

205 Anordnung des Gauleiters und Reichsstatthalters an den Gauwirtschaftsberater betreffend Arisierungsmaßnahmen vom 7. März 1938, in: ebd., S. 303–307.

206 Köckler an NSDAP Gau Groß-Berlin vom 25. Juli 1933, HSTA Weimar, Bestand BEM Henry Pels, 20/3.

207 Ebd.

208 Ebd. Vgl. auch den Eintrag «Henry Pels», in: Reichshandbuch der Deutschen Gesellschaft, Bd. 2, S. 1392.

209 Köckler an NSDAP Gau Groß-Berlin vom 25. Juli 1933, HSTA Weimar, Bestand BEM Henry Pels, 20/3.

210 Geschäftsbericht der Berlin-Erfurter Maschinenfabrik Henry Pels & Co. 1936, HSTA Weimar, Bestand BEM Henry Pels, 3. Allerdings schied der Berliner Justizrat Alwin Elsbach im Verlauf des Jahres 1933 aus. Für das Jahr 1933 erhielt er noch «das statutengemäße Honorar pro rata temporis». Protokoll der Aufsichtsrats-Kommission vom 25. Mai 1934, HSTA Weimar, Bestand BEM Henry Pels, 1.

211 Geschäftsbericht der Berlin-Erfurter Maschinenfabrik Henry Pels & Co. 1934, HSTA Weimar, Bestand BEM Henry Pels, 3.

212 Geschäftsbericht der Berlin-Erfurter Maschinenfabrik Henry Pels & Co. 1935, ebd.

213 Arbeitsausschuss-Sitzung des Aufsichtsrates vom 1. August 1935, HSTA Weimar, Bestand BEM Henry Pels, 1.

214 Geschäftsbericht der Berlin-Erfurter Maschinenfabrik Henry Pels & Co. 1937, HSTA Weimar, Bestand BEM Henry Pels, 5.

215 Vgl. Achterberg, Berliner Banken, S. 90.

216 Vgl. hierzu Ziegler, Die Dresdner Bank, S. 151–154.

217 Vgl. Wixforth, Ein «stiller Teilhaber», S. 69.

218 Für die Aktienanteile von Aron hatten Hamel und Rohde 30 Prozent geboten, ein Kurs, der weit unterhalb des wahren Wertes lag. Ausgezahlt wurden schließlich – ohne auf das «Angebot» Rohdes und Hamels einzugehen – 83–85 Prozent des Aktienkurses. Vgl. Kreuter, Aron Electricitätszähler-Fabrik GmbH, S. 188 f.; James, Deutsche Bank und die «Arisierung», S. 50 f.

219 Geschäftsbericht der Berlin-Erfurter Maschinenfabrik Henry Pels & Co. 1938, HSTA Weimar, Bestand BEM Henry Pels, 5.

220 Protokoll betreffend Anwesenheit des Aufsichtsrates in Erfurt am 27. August 1937, HSTA Weimar, Bestand BEM Henry Pels, 1.

221 Beglaubigte Kopie des Testaments vom 30. Oktober 1939, Privatarchiv Nahme.

222 Nahme, Ein Deutscher im zwanzigsten Jahrhundert, S. 220. Vgl. auch Liselotte Kuhlmann-Nahme/Hans-Dieter Nahme, Manuskript «Sally Fritz Engelbert», S. 19, Privatarchiv Nahme.

223 Der Rettungswiderstand ist inzwischen vergleichsweise gut dokumentiert. Vgl. als neuere Studie Curio, Verfolgung, Flucht, Rettung.

224 In der Sterbeurkunde ist allerdings als Ort des Todes «Litzmannstadt» angegeben: Johanna Elisabeth Heine; Sterbeurkunde Fritz Heine; Bescheinigung des «Treuhänders der Amerikanischen, Britischen und Französischen Militärregierung für zwangsübertragene Vermögen» vom 5. Mai 1949; Bescheinigung des «Restitution Files Office» vom 12. November 1953, Privatarchiv Nahme. Vgl. auch das Gedenkbuch Berlins der jüdischen Opfer des Nationalsozialismus, S. 474; Liste von Opfern aus Deutschland, Bd. 1, S. 532. Bei Feuchert/Leibfried/Riecke (Hrsg.), Die Chronik des Gettos Lodz/Litzmannstadt, S. 402, findet sich der Hinweis, dass der Arzt Dr. Fritz Heine/Berlin mit einem Transport von 700 Personen vom Bahnhof Radegast deportiert wurde. Zu den Transporten im Oktober/November 1941 vgl. Klein, Die «Gettoverwaltung Litzmannstadt», S. 419–436.

225 Weil das Unternehmen in der Zeit der SED-Diktatur in einen VEB verwandelt wurde, verzichteten die Erben auf Entschädigungsverhandlungen, die formal möglich gewesen wären, allerdings faktisch kaum eine Erfolgschance gehabt hätten. In der Bundesrepublik machten die Erben seit 1952 Rückerstattungs- und Wiedergutmachungsansprüche beim Entschädigungsamt Berlin geltend. Das ehemalige Berliner Hausgrundstück wurde zurückgegeben. Die Verfahren über Konten, Schmuck und Wertpapierguthaben endeten durch einen Vergleich mit einer einmaligen Zahlung in Höhe von 60 000 DM für den Verlust von Wohnungseinrichtung und Wertpapieren.

Nach dem Zusammenbruch der DDR existierte die ehemalige BEM als Umform- und Kunststofftechnik Erfurt AG für kurze Zeit noch weiter. Die juristische Regelung erfolgte schließlich durch das Thüringer Landesamt zur Regelung offener Vermögensfragen als zuständiger Behörde. Zwischen Unternehmen und Familie kam es trotz formaler Verhandlungsgegnerschaft zu einer gütlichen Einigung. Die Kinder der Eignerfamilie erhielten auf diese Weise statt einer Rückerstattung eine «angemessene Entschädigung». Nahme, Ein Deutscher im zwanzigsten Jahrhundert, S. 222.

226 Köckler schied erst 1944 aus Altersgründen aus. An die Stelle des erkrankten und im April 1939 verstorbenen Schmidt trat Edgar Haverbeck. Niederschrift über den DWM-Aufsichtsratsbeschluss vom 27./31. März 1939, BArch, R 8119 F/P 1105, Bl. 13.

227 Dr. Hermann Richter blieb bis 1943 und wurde dann durch den Dresdner Bank-Direktor Werner von Richter ersetzt. Geschäftsbericht der Berlin-Erfurter Maschinenfabrik Henry Pels & Co. 1937, HSTA Weimar, Bestand BEM Henry Pels, 5.

228 Als Aufsichtsratsvorsitzender der BEM erhielt Günther Quandt in den Kriegsjahren jährlich 11 820 RM. Weil das Unternehmen die darauf entfallende Aufsichtsratssteuer von 25 Prozent bezahlte, erhöhte sich der Gesamtbetrag auf 14 775 RM. Der Stellvertreter Hamel bezog 9850 RM, die gewöhnlichen Mitglieder erhielten eine Vergütung von jährlich 4925 RM. Aufsichtsratsvergütungen für 1942, HSTA Weimar, Bestand BEM Henry Pels, 19, Bl. 1.

229 Geschäftsbericht der Berlin-Erfurter Maschinenfabrik Henry Pels & Co. 1938, HSTA Weimar, Bestand BEM Henry Pels, 5. Vgl. auch Weißenstein/Müller, Faschistische Diktatur, S. 440.

230 Geschäftsbericht der Berlin-Erfurter Maschinenfabrik Henry Pels & Co. 1938, HSTA Weimar, Bestand BEM Henry Pels, 5.

231 Protokoll der Kommissionssitzung am 10. November 1937, HSTA Weimar, Bestand BEM Henry Pels, 1.

232 Protokoll betreffend Anwesenheit des Aufsichtsrates in Erfurt am 27. August 1937, HSTA Weimar, Bestand BEM Henry Pels, 1.

233 Bericht über das Geschäftsjahr vom 1. Januar bis 31. Dezember 1938, HSTA Weimar, Bestand BEM Henry Pels, 9.

234 Vgl. Berliner Börsen-Berichte vom 30. Juli 1940.

235 Bericht über das Geschäftsjahr vom 1. Januar bis 31. Dezember 1939, HSTA Weimar, Bestand BEM Henry Pels, 12; BEM an Robert Hepin vom 22. Januar 1940, HSTA Weimar, Bestand BEM Henry Pels, 66, Bl. 1; HSTA Weimar, Bestand BEM Henry Pels, 11, Bl. 12–21; Lieferung von Maschinen in die Sowjetunion, HSTA Weimar, Bestand BEM Henry Pels, 67, Bl. 14; BEM an Industrie- und Handelskammer Erfurt vom 11. Juni 1940, ebd., Bl. 150 f.; BEM an Werk Erfurt vom 7. August 1940, ebd., Bl. 19.

236 Lebenslauf von Edgar Haverbeck vom 22. August 1946, Anlage Nr. 1 zum Fragebogen des Military Government of Germany vom 13. September 1946, HSTA Hannover, Nds. 171 Hannover, Nr. 11947.

237 Bescheinigung über Edgar Haverbeck von Horst Pavel vom 1. Oktober 1946, ebd.

238 Vgl. Hawich, Manufakturen, S. 74 sowie die Angaben in der Reichsbetriebs-kartei der Berlin-Erfurter Maschinenfabrik AG vom 31. Januar 1944, BArch, R 3/2007, Nr. 0-0343-0002.

239 Plant Report of Berlin-Erfurter Maschinenfabrik Henry Pels & Co. Aktienge-sellschaft, Erfurt, Germany vom Mai 1945, NACP, RG 243 (Records of the U.S. Strategic Bombing Survey), European Survey, 58.22, Box 344.

240 Eintrag vom 6. Februar 1940, Rüstungskommando Weimar, Kriegstagebuch, 1. Januar–31. März 1940, 1940–1944, BArch, RW 21 62/2; Eintrag vom 4. Fe-bruar 1940, Rüstungskommando Weimar, Kriegstagebuch, 1. Januar–31. März 1941, 1940–1944, BArch, RW 21 62/6; Eintrag vom 11. September 1940, Rüs-tungskommando Weimar, Kriegstagebuch, 1. Juli– 30. September 1940, 1940–1944, BArch, RW 21 62/4.

241 Anlage 1 zum Lagebericht vom 14. Oktober 1940, Rüstungsinspektion IX (Kassel), Lageberichte, 15. August–15. Dezember 1940, 1939–1942, BArch, RW 20/9 24; Eintrag vom 24. November 1939, Rüstungsinspektion IX (Kas-sel), Kriegstagebuch, 26. August–31. Dezember 1939, 1939–1944, BArch, RW 20 9/1; Anlage Gewinnentwicklung zum Bericht über das Geschäftsjahr 1942, HSTA Weimar, Bestand BEM Henry Pels, 10.

242 Berlin-Erfurter Maschinenfabrik an Georg Eschstruth vom 20. Oktober 1941, HSTA Weimar, Bestand BEM Henry Pels, 8.

243 Eisner an das Zentralamt für Vermögensverwaltung vom 18. März 1947, STA Münster, Rückerstattungen 14614.

244 Vgl. hierzu Köhler, Die kalte Technik der «Arisierung», S. 335 f.

245 Die Volt wurde bei Kriegsende beschlagnahmt, zum Teil demontiert und später in der DDR in einen VEB umgewandelt. Versuche Eisners, in der SBZ seinen ehemaligen Besitz zu reklamieren, schlugen fehl. Im März 1947 machte Eisner Wiedergutmachungsansprüche geltend. Nach einem längeren juristischen Verfahren, bei dem die AFA formaljuristisch die Zuständigkeit bestritt, wurden die Anträge schließlich im Jahr 1955 aus Gründen der Nichtzuständigkeit der Gerichtsbarkeit in der britischen Zone zurückge-wiesen.

246 Vgl. die Unterlagen in RWWA, 22-43-1, hier besonders die «Arisierungsliste» vom 25. März 1941.

247 Bergische Industrie- und Handelskammer an Wilhelm Wilkesmann vom 23. Februar 1935, RWWA, Firmenakten Weißkopf.

248 Bergische Industrie- und Handelskammer an Regierungspräsidenten Düssel-dorf vom 7. September 1938, ebd.

249 Industrie- und Handelskammer Wuppertal an Oberstadtdirektor vom 2. Mai 1955, ebd.

250 Bergische Industrie- und Handelskammer an Zollfahndungsstelle Düsseldorf vom 24. Oktober 1938, ebd.

251 Bergische Industrie- und Handelskammer an Industrie- und Handelskammer Berlin vom 15. Juli 1938, ebd.

252 1950/51 wurde ein Restitutionsabkommen mit den jüdischen Vorbesitzern ab-geschlossen, das von Seiten der Dürener Metallwerke, federführend von Fried-rich Dörge, begleitet wurde. Vgl. Manuskript Dörge, Bd. 4, S. 511.

253 Vertrag vom 16. November 1939, HWA, Abt. 2017, Nr. 21. Grundsätzlich hierzu auch Lembke, Die Schwarzen Schafe, S. 274.

254 [Unbekannt] an von Stauß vom 25. März 1939, BArch, R 8119 F/P 1112.

255 Die Wuppermetall GmbH wurde zudem auf Anordnung des RLM nach dem Frankreichfeldzug mit der Reorganisation der französischen Aluminiumindustrie beauftragt und unterhielt eine eigene Filiale in Paris. German Economic Department, Control Office for Germany and Austria, «The Günther Quandt Complex» (Oktober 1946), S. 10 und S. 31.

256 Vgl. Peter, Juden in Guben, S. 33 f.

257 Vgl. Hempe, Kette und Schuss.

258 André an Goez vom 14. Mai 1937, NACP, Records of the U.S. Chief of Counsel for War Crimes, Nuremberg Military Tribunals, re Nazi Industrialists, Microfilm 7-301, Roll 17 (Document NI-1835). In der zu Guben existierenden Regionalliteratur, die auch auf die Geschichte der Hutfabrik eingeht, finden sich leider keine weiteren Hinweise auf den Arisierungsprozess und eine mögliche Beteiligung Quandts. Vgl. hierzu insbesondere Peter, Juden in Guben, S. 10–39.

259 Siehe hierzu die Unterlagen im Bestand der Deutschen Bank im Bundesarchiv: BArch, R 8119 F/P 4118 und 4120. Das nach dem Krieg in Berlin verfolgte Restitutionsverfahren wurde unter Berufung auf fehlende Zuständigkeiten abgewiesen. Siehe die Akten in LA Berlin, B Rep. 025-07, Nr. 949/50 und Nr. 3933/57.

260 Plumpe, Flicks Karrieren, S. 12.

261 Betriebsgutachten des Landesgewerbeamts Baden-Württemberg vom 18. Februar 1953, HSTA Stuttgart, EA 6/301, Bü 1862. Daneben Schickling, 75 Jahre Industrie-Werke Karlsruhe Aktiengesellschaft, S. 22; Buchheit, Ein Leben mit der Technik, S. 150 f.

262 Vgl. Peter, Rüstungspolitik, S. 76 und 155.

263 Herbert Quandt, Stichworte Familiengeschichte: Graf von der Goltz, HWA, Abt. 2017, Nr. FQ 159. Ferner Notiz Herbert Quandts über ein Gespräch mit Uhde vom 27. März 1979, HWA, Abt. 2017, Nr. 57–82.

264 Vgl. Fischer, Byk Gulden, S. 46–48. Die Arbeit verzichtet fast durchgängig auf Fußnoten und Belege. Zahlreiche Feststellungen und Urteile sind schlichtweg falsch und verfolgen dabei stets die Absicht, das Unternehmen in einem guten Licht erscheinen zu lassen.

265 Vgl. die Unterlagen in: HWA, Abt. 2017, Nr. 11; daneben Fischer, Byk Gulden, S. 79

266 Streng-vertrauliches Schreiben von Byk Gulden an die Deutsche Bank vom 25. Januar 1941, BArch, R 8119 F/P 1633.

267 Gutachterliche Äußerung über die Arbeiten der Byk Gulden vom 15. April 1941, BArch, RW 19/2535.

268 Im Oktober 1933 war das Unternehmen von seinen jüdischen Inhabern dem Schweizer Chemiekonzern Roche angeboten worden, der aber kein Interesse zeigte. Vgl. Straumann/Wildmann, Schweizer Chemieunternehmen, S. 196–198. Die «Arisierung» wird an dieser Stelle nicht ausführlicher geschildert, weil das Unternehmen erst später in die Quandt-Gruppe übernommen wurde. Eine in der Nachkriegszeit erstellte, unveröffentlichte und von Byk Gulden in

Auftrag gegebene Studie hat die «Arisierung» von Weil als «rechtmäßigen Erwerb» eingestuft. Auch die hagiographische Arbeit von Fischer sieht in der Übernahme keine «räuberische» «Arisierung», sondern vielmehr einen Kauf, für den man mit 90 000 RM einen «fairen Preis» gezahlt habe. Fischer gibt allerdings keine Quellen für die angeblich fairen Verhandlungen an, die nicht mehr von den Eigentümern, sondern von einem Notar geführt wurden. Für ein Unternehmen mit einem erheblichen Umsatz erscheint der Kaufpreis ausgesprochen niedrig. Vgl. Kurt-Erich Maier, «Geschichte der Firma Byk-Gulden Lomberg GmbH» (1960), S. 22, HWA, Abt. 2017, Nr. 13; Fischer, Byk Gulden, S. 93.

269 HWA, Abt. 2017, Nr. 11. Vgl. Berliner Börsen-Berichte vom 1. Februar 1938.

270 Vgl. Byk-Gulden gesundet aus eigener Kraft, in: Berliner Börsen-Berichte vom 26. Mai 1939.

271 Vgl. Unübersehbare Umstellungsopfer bei Byk-Gulden, in: Berliner Börsen-Berichte vom 21. August 1937.

272 Vgl. Byk-Guldenwerke, in: Berliner Börsen-Zeitung vom 21. Juli 1938.

273 Protokolle der Aufsichtsratssitzung der Byk-Guldenwerke Chemische Fabrik AG vom 25. Juli 1939, HWA, Abt. 2017, Nr. 12.

274 Byk-Guldenwerke Chemische Fabrik AG, Bericht über das Geschäftsjahr 1940, HA-DtBk, GB2, B26.

275 Streng-vertrauliches Schreiben von Byk Gulden an die Deutsche Bank vom 25. Januar 1941, BArch, R 8119 F/P 1633.

276 Aktennotiz betreffend den Besuch bei der Berliner Ceresin-Fabrik GmbH., Berlin-Neukölln, Juliusstr. 10 vom 31. Oktober 1940, HWA, Abt. 2017, Nr. 10. Auch nach dem Erwerb wurden die Aussichten nicht als günstiger angesehen. Die Vorräte an Rohstoffen und Fabrikaten wurden als «ein besonderes Wagnis» erachtet, für das Rückstellungen nötig seien. Es sei damit zu rechnen, dass bei Kriegsende die vorhandenen Rohstoffe nicht mehr nutzbar seien. Für zukünftige Forschungsarbeiten seien ebenso größere Aufwendungen zu erwarten wie für die geplante Betriebsverlegung von Neukölln nach Oranienburg. Friedrich Ulrich, betreffend Bilanz bzw. Preiskalkulation der Ceresin-Fabrik vom 14. Januar 1941, ebd.

277 Vgl. Chemische Apparatur, Bd. 26 (1939), S. 152.

278 Friedrich Ulrich, Aktennotiz über den Byk-Guldenwerke, Chem. Fabr. AG-Aktienbesitz der Accu, Berlin vom 11. März 1963, HWA, Abt. 2017, Nr. 15.

279 Vgl. Fischer, Byk Gulden, S. 98 f.

280 Vgl. Bartmann, Zwischen Tradition und Fortschritt, S. 192.

281 Vgl. Wixforth/Ziegler, Deutsche Privatbanken und Privatbankiers, S. 219.

282 Notiz Herbert Quandts über ein Gespräch mit Uhde vom 27. März 1979, HWA, Abt. 2017, Nr. 57–82.

283 Schering AG an Friedrich Rauch vom 5. Februar 1941, BArch, R 8119 F/P 11803. Vgl. Fischer, Byk Gulden, S. 99.

284 Aktennotiz über ein Telefonat der Deutschen Bank mit Friedrich Rauch vom 17. Februar 1941, BArch, R 8119 F/P 1633.

285 German Economic Department, Control Office for Germany and Austria, «The Günther Quandt Complex» (Oktober 1946), S. 28.

286 Vgl. Hayes, Degussa, S. 236.

287 Aktennotiz über ein Telefonat der Deutschen Bank mit Friedrich Rauch vom 24. Februar 1941, BArch, R 8119 F/P 1633; Schreiben Günther Quandts an Byk Gulden vom 24. Februar 1941, BArch, R 8119 F/P 11803.

288 Friedrich Rauch an die Deutsche Bank vom 24. März 1941, BArch, R 8119 F/P 1633.

289 Deutsche Bank an Günther Quandt vom 3. April 1941, ebd.

290 Vgl. Berliner Börsen-Zeitung vom 21. Mai 1941.

291 Friedrich Ulrich, Aktennotiz über den Byk-Guldenwerke, Chem. Fabr. AG-Aktienbesitz der Accu, Berlin vom 11. März 1963, HWA, Abt. 2017, Nr. 15.

292 Aktennotiz über ein Telefonat der Deutschen Bank mit Friedrich Rauch vom 18. März 1941, BArch, R 8119 F/P 1633.

293 Deutsche Bank an Günther Quandt vom 3. April 1941, ebd.

294 Fusion Byk-Gulden-Berliner Ceresin genehmigt, in: Berliner Börsen-Berichte vom 20. Mai 1941.

295 Maelicke hatte erst kurz zuvor eine «Arisierungs»-Anleitung verfasst: Maelicke, Zur Veräußerung jüdischer Gewerbebetriebe, S. 1628–1638.

296 Vgl. Deutscher Reichsanzeiger und Preußischer Staatsanzeiger vom 5. Juni 1942, Erste Beilage, S. 2.

297 Protokoll der Aufsichtsratssitzung bei Byk Gulden vom 30. Mai 1941, BArch, R 8119 F/P 1633.

298 Protokoll der Aufsichtsratssitzung bei Byk Gulden vom 26. Juni 1941, ebd.

299 HWA, Abt. 2017, Nr. 11. Vgl. Deutscher Reichsanzeiger und Preußischer Staatsanzeiger vom 22. Januar 1942, Beilage B, S. 1.

300 Friedrich Ulrich, Aktennotiz über den Byk-Guldenwerke, Chem. Fabr. AG-Aktienbesitz der Accu, Berlin vom 11. März 1963, HWA, Abt. 2017, Nr. 15; Notiz Herbert Quandts über ein Gespräch mit Uhde vom 27. März 1979, HWA, Abt. 2017, Nr. 57–82. Genauere Zahlen für die letzten Kriegsjahre fehlen. Schon der Geschäftsabschluss für das Jahr 1943 wurde nur noch durch Günther Quandt erstellt und von den anderen Aufsichtsratsmitgliedern im Oktober 1944 schriftlich genehmigt.

301 Vgl. Kapitel 12, S. 620 und 626.

302 Aktenvermerk der Deutschen Bank zur Sitzung der Finanzkommission vom 8. April 1942, BArch, R 8119 F/P 1636.

303 Friedrich Rauch an die Deutsche Bank vom 24. März 1941, BArch, R 8119 F/P 1633.

304 Friedrich Rauch an das OKW vom 27. Oktober 1941, BArch, RW 19/2535.

305 Protokoll der Aufsichtsratssitzung bei Byk Gulden vom 6. Juli 1943, BArch, R 8119 F/P 1634.

306 Vgl. Bartmann, Zwischen Tradition und Fortschritt, S. 192.

307 Anlage zum Geschäftsbericht der Byk-Guldenwerke Chemische Fabrik AG 1942 vom 9. September 1943, HA-DrBk, 31008–2100. BE.

308 Vgl. Fischer, Byk Gulden, S. 118 f.

309 Friedrich Rauch an die Deutsche Bank vom 15. September 1944, BArch, R 8119 F/P 1636.

310 Vgl. Tooze, Ökonomie der Zerstörung, S. 351.

311 Vgl. Weyres-v. Levetzow, Die Deutsche Rüstungswirtschaft, S. 192 f.; daneben Scherner, Die Logik der Industriepolitik, bes. S. 79 f.

312 Vgl. Hopmann, Von der Montan zur Industrieverwaltungsgesellschaft, S. 131–136.

313 Siehe weiter oben in diesem Kapitel, S. 364–390.

314 Vgl. zu diesem Denken auch Hopmann, Von der Montan zur Industrieverwaltungsgesellschaft, S. 76–78; Scherner, Logik der Industriepolitik, S. 48 f.

315 Herbert Quandt, Familiengeschichte vom 30. April 1979, HWA, Abt. 2017, Nr. 57–82.

316 Protokoll der AFA-Abteilungsleiterkonferenz vom 17. und 18. März 1941, WWA, F 137, Nr. 404, S. 4.

317 Vgl. Abschlussprüfung 1940 der Deutschen Treuhand-Gesellschaft für die AFA vom 4. August 1941, BArch, R 8119 F/P 2461, S. 11 f.

318 Abs an Günther Quandt vom 20. Dezember 1939 und 27. Juni 1940, BArch, R 8119 F/P 2463.

319 Günther Quandt an Abs vom 2. Dezember 1941, HA-DtBk, B 119.

320 Günther Quandt und Horst Pavel an die Direktion der Deutschen Bank vom 17. Februar 1940, BArch, R 8119 F/P 2463.

321 Abs an Quandt vom 20. Dezember 1939, ebd.; Aktennotiz von Abs über einen Besuch von Günther Quandt vom 2. Februar 1940, ebd.

322 Vgl. Pritzkoleit, Bosse, Banken, Börsen, S. 373.

323 Aktennotiz von Abs über einen Besuch von Günther Quandt vom 2. Februar 1940, BArch, R 8119 F/P 2458.

324 RWM an die Direktion der Deutschen Bank vom 3. April 1940, BArch, R 8119 F/P 2463.

325 Vorbereitendes Protokoll der Aufsichtsratssitzung der AFA vom 10. Juni 1940, BArch, R 8119 F/P 2458.

326 Günther Quandt und Horst Pavel an die Direktion der Deutschen Bank vom 12. Februar 1940, BArch, R 8119 F/P 2463.

327 Quandt an Abs vom 2. Dezember 1941, HA-DtBk, B 119.

328 Prospekt zur Zulassung zum Börsenhandel vom November 1941, BArch, R 8119 F/P 2459 sowie die Abschlussprüfung der Deutschen Treuhand-Gesellschaft vom 4. August 1941, BArch, R 8119 F/P 2461, S. 3 f.

329 Die Dividende, die in den Vorjahren 14 Prozent betragen hatte, sank durch die Kapitalerhöhung entsprechend auf 7 Prozent, von denen 4 Prozent zur Ausschüttung kamen und weitere 3 Prozent gemäß der gesetzlichen Vorgaben in Reichsschatzanweisungen angelegt und für die Aktionäre treuhänderisch verwaltet wurden. Abschlussprüfung der Deutschen Treuhand-Gesellschaft vom 4. August 1941, ebd.

330 Die Dividende sank entsprechend auf 6,3 Prozent. Notiz der amerikanischen Besatzungsmacht vom 8. Juni 1945, NACP, RG 243 (Records of the U.S. Strategic Bombing Survey), European Survey, 92. e.14, Box 728.

331 Konsortialakte AFA bei der Dresdner Bank vom 30. Juni 1943, HA-DrBk, 117679.

332 Geheimes Schreiben des AFA Vorstandes zum Jahresabschluss 1942 vom 10. Juli 1943, BArch, R 8119 F/P 2460. Vgl. auch die Unterlagen in BArch, R 8119 F/P 2464; daneben BArch, R 8127/16217 bzw. 16 405 (Korrespondenz der Berliner Handels-Gesellschaft über AFA-Anleihen).

333 Ambrosius, Von Kriegswirtschaft zu Kriegswirtschaft, S. 346.

334 Notiz zur Aufsichtsratssitzung der DWM vom 23. Februar 1942, BArch, R 8119 F/P 1104, Bl. 132 f. Vgl. zur Gesamtentwicklung auch die Übersicht über die Entwicklung des Anlagevermögens vom 21. Januar 1942, ebd.; Zusammenstellung der schwer bewertbaren Posten lt. RM-Schlussbilanz (1948), HWA, Abt. 2017, Nr. 45 – Ordner «Bank der deutschen Arbeit».

335 Notiz für Hermann J. Abs vom 3. Dezember 1940, BArch, R 8119 F/P 1104; Notiz für Hermann J. Abs vom 4. November 1941, ebd.

336 Manuskript Dörge, Bd. 2, S. 256; Revisionsbericht des Jahresabschlusses zum 31. Dezember 1935 vom 19. Mai 1936, BArch, R 8119 F/P 11420.

337 Protokoll der DWM-Aufsichtsratssitzung vom 24. Juni 1939, BArch Lichterfelde, R 8119 F/P 1105, Bl. 13; Aktenvermerk der Bank der Deutschen Luftfahrt über eine Besprechung zwischen Rudorf, Bolle und Eberhardt vom 23. August 1939, BArch, R 8121/505.

338 Budraß, Flugzeugindustrie, S. 362. Vgl. Kopper, Zwischen Marktwirtschaft und Dirigismus, S. 172 und zur Politik der Berliner Großbanken Ziegler, Die Nationalsozialisten im Betrieb, S. 386 f.

339 DWM an Bank der Deutschen Luftfahrt vom 16. September 1940, BArch, R 8121/505.

340 Schreiben der Deutschen Revisions- und Treuhandgesellschaft an die DWM vom 31. Juli 1944; Schreiben der Deutschen Revisions- und Treuhandgesellschaft an die Mauser-Werke vom 7. August 1944, BArch, R 8135/5921.

341 Notiz für Hermann J. Abs vom 3. Dezember 1940, BArch, R 8119 F/P 1104; Notiz für Hermann J. Abs vom 4. November 1941, ebd.

342 Aktenvermerk Abs vom 31. August 1942, ebd.

343 DWM, Großplanungen. Zusammenfassung der noch laufenden bis zum 31. Dezember 1941 bereits genehmigten Planungen (1942), ebd.

344 Eberhardt an Vieweg vom 14. Oktober 1953, HWA, Abt. 2017, Nr. 45 – Ordner «Bank der deutschen Arbeit».

345 Aktennotiz von Hermann J. Abs vom 9. Dezember 1941, BArch, R 8119 F/P 1104.

346 Ebd.

347 Abs an Quandt vom 9. Dezember 1941, ebd.

348 Aktennotiz von Hermann J. Abs vom 9. Dezember 1941, ebd.

349 Aktennotiz von Franz Heinrich Ulrich vom 22. Januar 1942, ebd.

350 Abs an Quandt vom 22. Januar 1942, ebd.

351 Ebd.

352 Aktenvermerk Abs vom 10. April 1942, ebd.

353 Auszugsweise Abschrift über den Besuch von Günther Quandt bei Hermann J. Abs vom 24. März 1942, BArch, R 8119 F/P 1107, Bl. 42; Geheime Notiz von Hermann Josef Abs über einen Besuch von Günther Quandt am 24. März 1942, BArch, R 8119 F/P 2458.

354 Schreiben an Hermann J. Abs vom 4. Juni 1942, BArch, R 8119 F/P 1107, Bl. 43.

355 Niederschrift über die Sitzung des DWM-Aufsichtsrates vom 9. Juni 1942, BArch, R 8119 F/P 1105, Bl. 38; Abs, Aktenvermerk über Besuch des Herrn Dr. Günther Quandt, BArch, R 8119 F/P 1104.

356 Niederschrift über die gemeinschaftliche Sitzung des DWM-Aufsichtsrates und des DWM-Vorstandes vom 9. Juni 1942, BArch, R 8119 F/P 1105, Bl. 39–41; Berliner Börsen-Zeitung vom 17. Dezember 1942 sowie vom 18. Dezember 1942. Vgl. die Unterlagen in BArch, R 8127/16419 (Korrespondenz Berliner Handelsgesellschaft über DWM-Anleihen).

357 Aktenvermerk Abs vom 31. August 1942, BArch, R 8119 F/P 1104.

358 Quandt und Werning an Abs vom 28. September 1942; Abs an DWM vom 29. September 1942, ebd.

359 Quandt an den Vorstand der Deutschen Bank vom 16. Oktober 1942, ebd.

360 Abs, Aktenvermerk über Besuch des Herrn Dr. Günther Quandt am Samstag, dem 24. Oktober 1942, ebd.

361 Vgl. hierzu Kopper, Zwischen Marktwirtschaft und Dirigismus, S. 349–362.

362 Vgl. Holtfrerich, Die Deutsche Bank, S. 413; Kopper, Zwischen Marktwirtschaft und Dirigismus, S. 349–353.

363 Schreiben des Leiters der Partei-Kanzlei an den RWM vom 8. August 1942, in: Bähr, «Bankenrationalisierung», S. 80 f.

364 Ebd.

365 Karteikarte «Dr. ing. eh. Günther Quandt», Nr. 10, Eintrag vom 23. September 1942, HA-Dt. Bk, V01/53xx.

366 Abs, Aktenvermerk vom 12. November 1942, BArch, R 8119 F/P 1104.

367 Franz Heinrich Ulrich, Aktenvermerk vom 13. November 1942, ebd.

368 Deutsche Bank, Notiz vom 6. Mai 1944, ebd.

369 Notiz von Hermann J. Abs vom 9. Mai 1944, ebd.

370 Notiz von Hermann J. Abs vom 14. Juli 1944, ebd.

371 Quandt und Werning an Abs vom 28. September 1942, ebd.

372 Abs, Aktenvermerk über Besuch des Herrn Dr. Quandt vom 23. September 1942, ebd. Eine kurze Passage dieses Aktenvermerks findet sich als Zitat auch in: Der Quandt-Konzern, in: Deutsches Wirtschaftsinstitut, S. 14.

373 Abs, Aktenvermerk über Besuch von Herrn Dr. Günther Quandt am Samstag, den 24. Oktober 1942, BArch, R 8119 F/P 1104; Abs, Aktenvermerk vom 12. November 1942, ebd.

374 Schreiben der Bank der Deutschen Luftfahrt an die DWM vom 6. Februar 1942, BArch, R 8121/505.

375 Aktenvermerk der Bank der Deutschen Luftfahrt vom 9. Juni 1942 ebd.; Schreiben der Bank der Deutschen Luftfahrt an die DWM vom 20. Juni 1944, ebd.; Aktenvermerk der Bank der Deutschen Luftfahrt vom 20. Juni 1942, ebd. Vgl. auch Notiz vom 29. September 1942, BArch, R 8119 F/P 1104.

376 Munk, The Legacy of Nazism, S. 126. Zur Bank selbst vgl. Kreutzmüller/Loose, Die Bank der Deutschen Arbeit, S. 10.

377 Kopper, Zwischen Marktwirtschaft und Dirigismus, S. 172 f.

378 Vgl. Kreutzmüller/Loose, Die Bank der Deutschen Arbeit, S. 5–19, erstes Zitat S. 6; zweites Zitat S. 16.

379 Vgl. die Aufstellung der Vermögensverwaltung der Bank der Deutschen Arbeit vom 13. Februar 1947 über «namhafte Aktienpakete»: Aufgeführt wurden für die AFA-Aktien über nominell 2,7 Millionen RM der eigenen Aktien, 5,2 Millionen RM der Siemens & Halske AG, 1,77 Millionen RM der Schering AG sowie

660 000 RM der Wintershall AG. Die DWM hielten 1,9 Millionen RM der BEM AG und 25 Millionen RM der Mauser-Werke AG; Günther Quandt persönlich hielt 2 Millionen RM der DWM-Aktien, während Günther und Herbert Quandt gemeinsam für nominell 280 000 RM Aktien der Busch-Jaeger Lüdenscheider Metallwerke, 320 000 RM der Daimler-Benz AG, 6 Millionen RM DWM sowie kleinere Bestände der IG Farben AG, Mannesmannröhrenwerk AG und Rheinmetall Borsig AG hielten. LA Berlin, C Rep. 105, Nr. 3559.

380 Industrie-Werke-Karlsruhe an den Liquidator der Mauser-Werke vom 13. Dezember 1951, HWA, Abt. 2017, Nr. 45 – Ordner «Bank der deutschen Arbeit».

381 Vgl. Schumann an Vieweg vom 23. Oktober 1953, ebd.

382 Bank der Deutschen Arbeit an DWM vom 14. Dezember 1943, ebd.; Eberhardt an Vieweg vom 14. Oktober 1953, ebd.; Beschluss des Landgerichts Karlsruhe-Kammer für Handelssachen vom 19. November 1955, ebd.

383 Bank der Deutschen Arbeit an den Senator für das Kreditwesen-Aufsichtsamt für Berlin vom 28. November 1952, ebd.

384 Weyres-v. Levetzow, Die Deutsche Rüstungswirtschaft, S. 192 f.

385 Schreiben der DWM an die Bank der Deutschen Luftfahrt vom 25. Februar 1944, BArch, R 8121/505.

386 Niederschrift über den Beschluss des DWM-Aufsichtsrates vom 10./16. Dezember 1941, BArch, R 8119 F/P 1105, Bl. 33.

387 Aktenvermerk des RLM über eine Besprechung mit den DWM-Vertretern Bolle, Schneider und Vieweg vom 28. April 1944, BArch, R 8121/505; Auszug aus dem Prüfungsbericht der Schwäbischen Treuhand-Aktien-Gesellschaft, Stuttgart, für 1943, HWA, Abt. 2017, Nr. 45 – Ordner «Bank der deutschen Arbeit». Vgl. auch Abs, Aktenvermerk über Besuch des Herrn Dr. Quandt vom 23. September 1943, BArch, R 8119 F/P 1104 sowie DWM an Bank der Deutschen Luftfahrt vom 17. Februar 1942, BArch, R 8121/505.

388 Aktenvermerk der Bank der Deutschen Luftfahrt vom 16. März 1944, ebd.

389 Beschaffungen an Werkzeugmaschinen vom 8. Mai 1941, HSTA Weimar, Bestand BEM Henry Pels, 1. Das Darlehen wurde allerdings nur in Höhe von 856 000 RM in Anspruch genommen. Vgl. hierzu die Unterlagen aus den Jahren 1940 bis 1943, HSTA Weimar, Bestand BEM Henry Pels, 59. Aktenvermerk vom 14. Januar 1941, ebd.

390 Der Vertrag vom 12./20. Mai 1945 findet sich in: HSTA Weimar, Bestand BEM Henry Pels, 1; Günther Quandt an den Vorstand der Berlin-Erfurter Maschinenfabrik vom 16. Februar 1943, ebd.; Notiz, Anruf von Herrn Hölling, Dresdner Bank vom 5. Oktober 1943, BArch, R 8119 F/P 24126.

391 DWM, Geheim Übersicht über bewilligte Mittel für Großplanungen vom 31. Dezember 1941, BArch, R 8119 F/P 1104.

392 Aktennotiz von Hermann J. Abs vom 9. Dezember 1941, ebd.

393 Vgl. die Unterlagen in BArch, R 8127/16501 (Korrespondenz Berliner Handelsgesellschaft über Mauser-Werke-Anleihen).

394 Manuskript Dörge, Bd. 3, S. 462.

395 Dresdner Bank an die Deutsche Bank vom 1. Juni 1943, BArch, R 8119 F/P 1342; Dresdner Bank an die Deutsche Bank vom 13. August 1943, ebd.

396 Vgl. Ziegler, Die Nationalsozialisten im Betrieb, S. 209.

397 Aktennotiz vom 30. September 1943, BArch, R 8127/16501 (Korrespondenz Berliner Handelsgesellschaft über Mauser-Werke-Anleihen).

398 Aktenvermerk Quandt/Vieweg vom 4. Mai 1951, HWA, Abt. 2017, Nr. 45 – Ordner «Bank der deutschen Arbeit».

399 Diese Orientierung sieht Harold James nicht nur in der Kreditaufnahme Quandts, sondern auch beim Tabakgiganten Reemtsma. Vgl. James, Deutsche Bank und die Diktatur, S. 388.

400 Kontoauszüge Günther Quandt bei Delbrück, Schickler & Co. Vgl. die Unterlagen in LA Berlin, A Rep. 251-09, Nr. 516.

401 TA-Nachrichten, Folge 1 vom Januar 1940, WWA, F 137, Nr. 1074.

402 Vgl. hierzu grundsätzlich Rössler, Geschichte des deutschen U-Bootbaus, S. 186–189. Ebenso Bishop (Hrsg.), Waffen des Zweiten Weltkrieges.

403 Aufzeichnung vom 18. Juni 1945, NACP, RG 243 (Records of the U.S. Strategic Bombing Survey), European Survey, 92. e.11, Box 727.

404 Vgl. etwa den Kriegstagebucheintrag der Rüstungsinspektion XI a (Hannover) vom 27. September 1941, BArch, RW 20/11 12.

405 Vgl. dazu auch die Entwicklung der Zwangsarbeit in den Quandt-Firmen im Kapitel 13, S. 631–663.

406 Geschäftsbericht von 1937, zit. nach Esser, Report, S. 3.

407 Kriegstagebuch des Rüstungskommandos Dortmund, BArch, RW 21/14 5; Geschichte der Rüstungsinspektion VI (Münster) vom 1. Oktober–31. März 1941, BArch, RW 20/6 14; Bericht der Rüstungsinspektion VI (Münster) zum Stand der Fertigung vom 14. Januar 1942, BArch, RW 20/6 22.

408 Vgl. zu dieser Problematik bereits Bagel-Bohlan, Hitlers industrielle Kriegsvorbereitung, S. 127–131. Daneben zur Zuliefererproblematik auch Erker, Industrie-Eliten, S. 13 f.

409 LA Berlin, A Rep. 250-03-04, Nr. 54.

410 Korrespondenz zwischen der AFA Oberschöneweide und dem Arbeitsamt Berlin von Januar und März 1940, ebd.

411 Kriegstagebucheintrag des Rüstungskommandos Dortmund vom 26. April 1940, BArch, RW 21/14 2.

412 Protokoll der AFA-Abteilungsleiterkonferenz vom 17. und 18. März 1941, WWA, F 137, Nr. 404, S. 12.

413 Beitrag zur Geschichte des Krieges des Kommandos des Rüstungsbereichs Dortmund, Gruppe Marine, für die Zeit vom 1. Oktober 1940–31. März 1941 (= Anlage 1 zum Kriegstagebuch), BArch, RW 21/14 6.

414 Kriegstagebuch des Rüstungskommandos Dortmund, Vierteljahresbericht von August–Oktober 1941, BArch, RW 21/14 8, S. 5.

415 Als 1941 die Vorräte aus überseeischen Hölzern für die Separatoren zur Neige gingen, sollten die Tropenhölzer durch Holz aus dem Bayerischen Wald ersetzt werden. Kriegstagebuch des Rüstungskommandos Dortmund vom 1. März–31. Mai 1941, BArch, RW 21/14 6. Vgl. auch Rüstungsinspektion VI (Münster), Geschichte der Rüstungsinspektion vom 1. Oktober–31. März 1941, BArch, RW 20/6 14.

416 Kriegstagebucheinträge des Rüstungskommandos Dortmund vom 19. und 30. März bzw. vom 5. Oktober 1940, BArch, RW 21/14 4, S. 22, 35 f. und 42;

Kriegstagebucheintrag des Rüstungskommandos Dortmund vom 1. Oktober 1941, ebd.

417 Anlage zum Lagebericht vom 14. Februar 1941 im Kriegstagebuch der Rüstungsinspektion XI a (Hannover), BArch, RW 20/11 8.

418 Anlage zum Lagebericht vom 12. März 1941 im Kriegstagebuch der Rüstungsinspektion XI a (Hannover), ebd.

419 Vierteljahrsbericht des Kriegstagebuchs der Rüstungsinspektion XI a (Hannover) für die Zeit vom 1. Januar–31. März 1941, BArch, RW 20/11 8. Vgl. den Kriegstagebucheintrag des Rüstungskommandos Hannover zum 1. Quartal 1942, BArch RW 21/27 2; Lageberichte der Rüstungsinspektion XI a (Hannover) vom 15. Januar–15. Februar 1942, BArch, RW 20/11 28.

420 AFA Oberschöneweide an AFA Zehdenick vom 12. Februar 1942, LA Berlin, A Rep. 250-03-04, Nr. 54; Notiz der Varta vom 17. April 1942, ebd.

421 Kriegstagebucheintrag der Rüstungsinspektion XI a (Hannover) vom 1. Mai 1942, BArch, RW 20/11 15; Kriegstagebuch der Rüstungsinspektion XI a (Hannover) vom 1. Oktober–31. Dezember 1942, BArch, RW 20/11 18.

422 Protokoll der AFA-Abteilungsleiterkonferenz vom 17. und 18. März 1941, WWA, F 137, Nr. 404, S. 56–58.

423 Geschichte der Rüstungsinspektion VI (Münster) vom 1. Januar–31. Mai 1942, BArch, RW 20/6 6. Mit ähnlicher Tendenz Vierteljahresbericht des Rüstungskommandos Dortmund von März–Mai 1942, BArch, RW 21/14 10.

424 Vgl. Fear, Die Rüstungsindustrie im Gau Schwaben, S. 199.

425 Kriegstagebuch des Rüstungskommandos Dortmund vom 1. Juli–30. September 1943, BArch, RW 21/14 15.

426 Bericht für Herrn Direktor Clostermann vom 18. März 1944; Bericht für die Direktion vom 23. März 1944; Notiz für Clostermann vom 30. Oktober 1944, NACP, RG 243 (Records of the U.S. Strategic Bombing Survey), European Survey, 92. e.3 (Business Files, Letters from Main Office), Box 726.

427 Kriegstagebuch des Rüstungskommandos Dortmund vom 1. Januar– 31. März 1943, BArch, RW 21/14 13.

428 Rüstungskommando Dortmund, Kriegstagebuch vom 1. Oktober–31. Dezember 1943, BArch, RW 21/14 16.

429 Notiz für Clostermann vom 21. Oktober 1944, NACP, RG 243 (Records of the U.S. Strategic Bombing Survey), European Survey, 92. e.3 (Business Files, Letters from Main Office), Box 726.

430 Kriegstagebuch des Rüstungskommandos Dortmund vom 1. Juni–31. August 1940, 1939–1944, BArch, RW 21/14 3; Übersicht der AFA Oberschöneweide vom 19. Dezember 1941, LA Berlin, A Rep. 250-03-04, Nr. 54; von der AFA Oberschöneweide ausgefüllter Betriebsfragebogen für Industriebetriebe vom 27. Januar 1943, ebd.

431 Kriegstagebucheintrag des Rüstungskommandos Hannover vom 2. Quartal 1943 zur Fertigung Marine vom 1. April–30. Juni 1943, BArch RW 21/27 3.

432 Bericht aus den Kriegstagebüchern der Rüstungsinspektion Hannover zum 4. Quartal 1943 vom 31. Dezember 1944, BArch, RW 21/27 5, Bl. 49; Kriegstagebuch der Rüstungsinspektion XI a (Hannover) vom 1. Oktober–31. Dezember 1942, BArch, RW 20/11 18.

433 Kriegstagebuch des Rüstungskommandos Hannover vom 1. Januar–31. März 1943, BArch RW 21/27 2.

434 Kriegstagebuch des Rüstungskommandos Dortmund vom 1. Juli–30. September 1943, BArch, RW 21/14 15.

435 Zusammenfassend Blank, Hagen im Zweiten Weltkrieg, S. 106–108.

436 Kriegstagebuch der Rüstungsinspektion XI (Hannover) vom 1. Oktober– 31. Dezember 1940, BArch, RW 20/11 8.

437 AFA Oberschöneweide an AFA-Hauptverwaltung vom 24. Oktober 1939, LA Berlin, A Rep. 250-03-04, Nr. 49/1.

438 DBB an Wallmüller vom 15. November 1941, LA Berlin, A Rep. 250-03-04, Nr. 49/2.

439 BArch, R 3/2004, Nr. 0-0256-0001: AFA Berlin-Oberschöneweide.

440 Buchheit, Ein Leben mit der Technik, S. 58.

441 Thomas, Geschichte der deutschen Wehr- und Rüstungswirtschaft, S. 177 f.

442 Protokoll der DWM-Aufsichtsratssitzung vom 12. September 1940, BArch, R 8119 F/P 1105, Bl. 19. Vgl. Schuhladen-Krämer, Zwangsarbeit in Karlsruhe, S. 21; Geschichte der Rüstungsinspektion Stuttgart vom 14. Februar 1941, BArch, RW 20/5 8, Bl. 17.

443 Ebd.

444 Beschaffungen an Werkzeugmaschinen vom 8. Mai 1941, HSTA Weimar, Bestand BEM Henry Pels, 1. Vgl. hierzu die Unterlagen aus den Jahren 1940 bis 1943, HSTA Weimar, Bestand BEM Henry Pels, 59. BArch, R 3/2007, Nr. 0-0343-0002: Berlin-Erfurter Maschinenfabrik AG Erfurt.

445 Kriegstagebucheintrag des Rüstungskommandos Berlin III zur Meldung an die Rüstungsinspektion III vom 4. Februar 1943, BArch, RW 21/3 3, fol. 25; Aufstellung der Gruppe Heer des Rüstungskommandos Berlin III über Zulieferer des Adolf Hitler-Panzerprogramms vom 1. Februar 1943, BArch, RW 21/4 13, fol. 24; Kriegstagebuch der Wehrwirtschaftsinspektion Berlin vom 1. Januar bis 31. März 1943, BArch, RW 20/3-3, Bl. 71 f.; Kriegstagebuch der Wehrwirtschaftsinspektion Berlin vom 1. April bis 30. Juni 1943, BArch, RW 20/3 4, Bl. 20; BArch, R 3/2004, Nr. 0-0252-0042: DWM Berlin-Borsigwalde.

446 BArch, R 3/2015, Nr. 0-0762–0062: Mauser-Werke AG Oberndorf.

447 Rüstungsinspektion V an Wehrwirtschafts- und Rüstungsamt vom 14. November 1940, BArch, RW 20/5 8.

448 Übersicht über bewilligte Mittel für Großplanungen vom 31. Dezember 1941, BArch, R 8119 F/P 1104.

449 Kriegstagebuch der Wehrwirtschaftsinspektion Berlin vom 1. Juni–30. September 1942, BArch, RW 20/3 1, Bl. 81; Kriegstagebuch der Wehrwirtschaftsinspektion vom 1. Oktober–31. Dezember 1942, BArch, RW 20/3 2, Bl. 127; Kriegstagebuch der Wehrwirtschaftsinspektion Berlin vom 1. Januar–31. März 1943, BArch, RW 20/3 3, Bl. 72.

450 Seel, Mauser, S. 114.

451 Faksimile in: ebd.

452 Das Faksimile ist abgedruckt in: Manuskript Dörge, Bd. 3, S. 310a.

453 Orfordness Research Station, Armour protection against 20 mm. Mauser A. P. ammunition vom Mai 1943, TNA, AVIA 6/13428.

454 Eintrag aus dem Geschäftsbericht der Dürener Metallwerke von 1932, in: Handbuch der deutschen Aktiengesellschaften 38 (1933).

455 Aufsichtsratssitzung der Dürener Metallwerke vom 24. Mai 1937, BArch, R 8119 F/P 1113; Sitzung der Wirtschaftskommission der Dürener Metallwerke vom 14. Juli 1937 ebd.; vgl. dazu: Monatsberichte Januar–Mai und Oktober–November 1936 Werk Düren, BArch, R 8119 F/P 1115.

456 Geschäftsbericht der Dürener Metallwerke von 1936, WWA, S 7, Nr. 777/3.

457 Vgl. Marschall, Aluminium, S. 180, Zitat S. 178.

458 Geschäftsbericht der Dürener Metallwerke von 1938, WWA, S 7, Nr. 777/3.

459 NACP, RG 243, The United States Strategic Bombing Survey, Microfilm M-1013, Roll 2: «Duerener Metallwerke AG Duren Wittenau-Berlin & Waren, Germany» (Aircraft Division, January 1947), frame 735 und 738.

460 Revisionsbericht zum Jahresabschluss 1935 der Dürener Metallwerke vom 19. Mai 1936, BArch, R 8119 F/P 11420; notarielle Ausfertigung der Niederschrift über die Hauptversammlung der Dürener Metallwerke vom 7. Juni 1939, LA Berlin, B Rep. 042, Nr. 35220/1; NACP, RG 243, The United States Strategic Bombing Survey, Microfilm M-1013, Roll 2: «Duerener Metallwerke AG Duren Wittenau-Berlin & Waren, Germany» (Aircraft Division, January 1947), frame 740; BArch, R 3/2004, Nr. 0-0252-0004: Dürener Metallwerke Berlin-Borsigwalde.

461 Revisionsbericht des Jahresabschlusses der Dürener Metallwerke zum 31. Dezember 1939, BArch, R 8135/6410. Mossdorf an von Stauß vom 18. November 1938, BArch, R 8119 F/P 1112; von Stauß an Mossdorf vom 11. Januar 1939, ebd.

462 Reichsbetriebskartei: Mecklenburgische Metallwarenfabrik mbH Waren vom 31. Januar 1944, BArch, R 3/2016, Nr. 0-0239-0001; Revisionsbericht des Jahresabschlusses zum 31. Dezember 1939 vom 24. April 1940, BArch, R 8135/6410; Aufsichtsratssitzung der Dürener Metallwerke vom 3. Mai 1940, BArch, R 8119 F/P 1113; vgl. dazu: Betriebsbericht November 1939, BArch, R 8119 F/P 1116; NACP, RG 243, The United States Strategic Bombing Survey, Microfilm M-1013, Roll 2: «Duerener Metallwerke AG Duren Wittenau-Berlin & Waren, Germany» (Aircraft Division, January 1947), frame 740 und 742.

463 Dominitwerke an RWM vom 29. Oktober 1941, HSTA München, Spruchkammerakten Günther Quandt, Karton 1363/4.

464 Der Beauftragte für Verlagerung der Elektroindustrie an den Reichsminister für Rüstung und Kriegsproduktion vom 26. Mai 1944, BArch, R 3/269.

465 Übersicht über Beschäftigungsgrad im Werk Oberschöneweide sowie über Umsatzzahlen in den Jahren 1942–1943, LA Berlin, A Rep. 250-03-04, Nr. 49/2.

466 BArch, R 3/2004, Nr. 0-0256-0017: Pertrix Werke GmbH, Stand vom 29. Juli 1944.

467 Abteilung Varta an die Prager Akkumulatoren-Fabrik vom 18. April 1944, LA Berlin, A Rep. 250-03-04, Nr. 46/1.

468 Kriegstagebucheintrag der Rüstungsinspektion XVII (Wien) vom 10. September 1940, BArch, RW 20/17 2; Abschlussprüfung der AFA durch die Deutsche Treuhand-Gesellschaft vom 4. August 1941, BArch, R 8119 F/P

2461, S. 15 f.; AFA an Amtsgericht Berlin vom 11. März 1940, STA Münster, Q 530, Amtsgericht Hagen, Nr. 2952; 45. Verhandlungsbericht über die ordentliche Versammlung der Vereinigung von Accumulatoren-Herstellern vom 16. Mai 1940, LA Berlin, A Rep. 250-03-04, Nr. 7/1; Nachtrag zum Treuhandbericht der AFA für das Geschäftsjahr 1941 vom 6. Januar 1943, BArch, R 8119 F/P 2461.

469 Wirtschaftsgruppe Elektroindustrie, Liste über Beschäftigtenzahlen vom 30. November 1943, BArch, R 13 V/184.

470 Der Beauftragte für Verlagerung der Elektroindustrie an den Reichsminister für Rüstung und Kriegsproduktion vom 26. Mai 1944, BArch, R 3/269.

471 Vgl. hierzu den Briefwechsel: Günther Quandt an Lothar Birckenbach vom 16. April, 21. April, 25. April, 30. Mai, 12. Juni und 20. Juni 1928, HWA, Abt. 2017, Nr. 85.

472 Vgl. Sang, Technik und Staat, S. 97–109.

473 Gerdien, Forschungslaboratorium, S. 331.

474 Feldenkirchen, Industrieforschung, S. 82 f.

475 Erker, Die Verwissenschaftlichung der Industrie. Vgl. mit Blick auf die Entwicklung bei Siemens, Telefunken, Osram, AEG und Philips ders., The Choice between Competition and Cooperation.

476 Marsch, Zwischen Wissenschaft und Industrie, S. 25.

477 Maier, Forschung als Waffe.

478 Macrakis, Surviving the Swastika, S. 200. Es ist an dieser Stelle kein Raum, die lebhafte Diskussion um die Rolle der Technik im «Dritten Reich» weiterzuführen. Vgl. hierzu die Beiträge in Renneberg/Walker (Hrsg.), Science, Technology und die dort angegebene weiterführende Literatur sowie Szöllösi-Janze (Hrsg.), Science; Oetzel, Technik und Totalitarismus. Zu der Diskussion über das Verhältnis von Nationalsozialismus und «Modernisierung» vgl. Bavaj, Die Ambivalenz der Moderne im Nationalsozialismus. Zusammenfassend auch Hehl, Nationalsozialistische Herrschaft; Adolf, Technikdiskurs.

479 Hachtmann, Wissenschaftsmanagement.

480 Bracher, Die deutsche Diktatur, S. 545.

481 Stokes, Primat der Politik, S. 58.

482 Lochner, Die Mächtigen und der Tyrann, S. 201 f.

483 Walker, Die Uranmaschine, S. 275.

484 Hachtmann, Wissenschaftsmanagement, S. 312.

485 Franz Bronstert, Notiz für den Vorstand vom 23. Oktober 1950, HWA, Abt. 2017, Nr. 56.

486 Vgl. zur Bedeutung der alkalischen Batterien den Anhang zum Bericht über den Besuch bei der Electric Storage Battery Company von Roderbourg vom 22. Dezember 1924, LA Berlin, A Rep. 250-03-04, Nr. 44.

487 Franz Bronstert, Notiz für den Vorstand vom 23. Oktober 1950, HWA, Abt. 2017, Nr. 56.

488 Zum erheblichen Forschungsbedarf vor allem im Bereich der Luftwaffe Trischler, Luft- und Raumfahrtforschung, bes. S. 173–284; immer noch grundlegend Homze, Arming the Luftwaffe.

489 Zusammenfassend Blank, Hagen im Zweiten Weltkrieg, S. 111–115.

490 Vgl. etwa den späteren technischen Schriftverkehr einiger AFA-Techniker aus dem Jahr 1970 in: WWA, F 137, Nr. 318.

491 Lange, Peenemünde. Daneben Neufeld, Die Rakete und das Reich.

492 Blank, Hagen im Zweiten Weltkrieg, S. 113.

493 Blank, Energie für die «Vergeltung», S. 108. Die Produktion war aus Gründen des Luftschutzes auf mehrere Werke verteilt: zunächst nur in Hagen, ab Oktober 1940 auch in Hannover und ab Juni 1943 in Posen. NACP, RG 243 (Records of the U.S. Strategic Bombing Survey), European Survey, 92.e.3 (Business Files, Letters from Main Office), Box 726. Vgl. besonders Notiz für Herrn Direktor Clostermann vom 22. Juli 1943, NACP, RG 243 (Records of the U.S. Strategic Bombing Survey), European Survey, 92.e.3 (Business Files, Letters from Main Office), Box 727.

494 Hildebrand, Das Dritte Reich, S. 111.

495 Schabel, Die Illusion der Wunderwaffen.

496 Dietermann an Günther Quandt vom 18. Oktober 1946, HWA, Abt. 2017, Nr. 36/37.

497 Zu diesen Batterien für Torpedogleiter, Flakraketen und Gleitbomben, die unter den Namen «Wasserfall», «Enzian» und «Rheintochter» entwickelt wurden, vgl. Blank, Energie für die «Vergeltung», S. 112 f.; ders., Hagen im Zweiten Weltkrieg, S. 105.

498 Bericht über den Stand der Erzeugung von Durac-Batterien vom 5. März 1942, LA Berlin, A Rep. 250-03-04, Nr. 41. Vgl. auch Fraaß an das Oberkommando der Kriegsmarine K II Du vom 25. Februar 1942, ebd.

499 Schreiben zu Durac-Hannover vom 12. März 1943, NACP, RG 243 (Records of the U.S. Strategic Bombing Survey), European Survey, 92.e.13, Box 728. Vgl. DEAC-Festschrift zum 50-jährigen Bestehen des Unternehmens von 1955, WWA, F 137, Nr. 1099, S. 178–191.

500 Forschungsanstalt: Meldung an die amerikanische Wirtschaftskommission vom 18. Mai 1945, NACP, RG 243 (Records of the U.S. Strategic Bombing Survey), European Survey, 38.i.1, Box 344.

501 Protokoll der DWM-Aufsichtsratssitzung vom 12. September 1940, BArch, R 8119 F/P 1105, Bl. 17 f.; 50 Jahre Deutsche Waffen- und Munitionsfabriken, S. 114–117; Reichsministerium für Rüstung und Kriegsproduktion an das Planungsamt des Reichsforschungsrates vom 31. August 1944, BArch, R 26/III 71, Bl. 99.

502 Zit. nach Seel, Mauser, S. 111.

503 Sitzung der Wirtschaftskommission der Dürener Metallwerke vom 9. November 1937, BArch, R 8119 F/P 1113.

504 Zu Georg Sachs, der aufgrund seiner jüdischen Herkunft 1936 emigrieren musste, vgl. Kapitel 10, S. 315–318.

505 Vgl. die Broschüre «Forschungsarbeiten der Dürener Metallwerke Aktiengesellschaft, Berlin», S. 5–9.

506 Manuskript Dörge, Bd. 2, S. 257 f.

507 Ambrosius, Von Kriegswirtschaft zu Kriegswirtschaft, S. 355.

508 Stokes, Research and Development, S. 210.

509 Den Forschungsstand zusammenfassend Rauh, Schweizer Aluminium, S. 289–

299, das Zitat S. 290; grundlegend dies., Hitlers Hehler? Der Terminus «totalitäre Preispolitik» bei Dichgans, Zur Geschichte des Reichskommissars, S. 4. Zur Steuer-, Lohn- und Preispolitik im Nationalsozialismus bereits Brehmer, Grundzüge der staatlichen Lenkung der Industrieproduktion. Daneben Barkai, Das Wirtschaftssystem des Nationalsozialismus, S. 173–185; Overy, The Nazi Economic Recovery, S. 23–51.

510 Josef Wagner, Die Preispolitik im Vierjahrsplan. Kieler Vorträge gehalten im Institut für Weltwirtschaft an der Universität Kiel am 16. Dezember 1937, Jena 1938, zit. nach Rauh-Kühne, Hitlers Hehler?, S. 14 und S. 11.

511 Höschle, Die deutsche Textilindustrie, S. 166.

512 Vgl. Kahn, Die Steuerung der Wirtschaft, S. 410.

513 Rauh-Kühne, Hitlers Hehler?, S. 13 und S. 15.

514 Wagner, Kriegsverpflichtete Preisbildung, S. 14. Zur Preispolitik auch Bopp, The Evolution of the Pricing Policy, S. 149–160.

515 Vgl. Rauh-Kühne, Hitlers Hehler?, S. 17.

516 DEAC-Festschrift zum 50-jährigen Bestehen des Unternehmens von 1955, WWA, F 137, Nr. 1099, S. 164 f.; Aktenvermerk von Spengler vom 16. Januar 1942, LA Berlin, A Rep. 250-03-04, Nr. 46/1.

517 Welter, Der Weg der deutschen Industrie, S. 88.

518 Vgl. Milward, Die deutsche Kriegswirtschaft, S. 83–86.

519 Zit. nach Siegel/Freyberg, Industrielle Rationalisierung, S. 288.

520 Vgl. Ullmann, Der deutsche Steuerstaat, S. 151.

521 Rauh-Kühne, Hitlers Hehler?, S. 30. Zum Zweiten Weltkrieg als «finanziellem Vabanquespiel» auch Ullmann, Der deutsche Steuerstaat, S. 167–176.

522 Vgl. Ullmann, Der deutsche Steuerstaat, S. 153.

523 Vgl. Voß, Steuern im Dritten Reich, S. 106 und S. 113–118; grundsätzlich auch Ullmann, Der deutsche Steuerstaat, S. 141–176.

524 Vgl. hierzu auch Steuerliche Erfassung außergewöhnlicher Gewinnsteigerungen während des Krieges, in: Reichssteuerblatt Nr. 25 vom 30. März 1942, S. 362.

525 Erlaß des Reichsarbeitsministers vom 12. März 1943, in: Reichsarbeitsblatt I, S. 143.

526 Die Gewinnabführung für 1943. Pressenotiz des Reichsfinanzministeriums vom 31. Mai 1944, in: Reichssteuerblatt Nr. 25 vom 20. Juni 1944, S. 393.

527 Welter, Der Weg der deutschen Industrie, S. 5 f.; vgl. Rauh-Kühne, Hitlers Hehler?, S. 23–25.

528 Zit. nach Speer, Erinnerungen, S. 544, Anm. 11.

529 Vgl. hierzu Spoerer, Scheingewinne, S. 88.

530 Vgl. Bühler, Steuerrecht der Gesellschaften und Konzerne, S. 16. Die publizierten Handelsbilanzzahlen jener Jahre dürfen deshalb keineswegs für bare Münze genommen werden. Das Aktiengesetz von 1937 hatte zwar versucht, allzu großen Verschleierungsmaßnahmen einen Riegel vorzuschieben, ohne dass dieses Ziel eindeutig erreicht worden wäre. Die Handelsbilanzen versteckten bisweilen mehr als sie preisgaben, weil nach Ansicht der Unternehmen eine zu große Klarheit von der Konkurrenz ausgenutzt werden würde, da Schwachstellen leichter auszumachen waren. Vgl. Spoerer, Scheingewinne, S. 87–89

und S. 118–121 und zu der Praxis, die Abgabe der Pauschalsteuer zu umgehen, Plumpe, Die I. G. Farbenindustrie, S. 675 f.

531 Protokoll der AFA-Abteilungsleiterkonferenz vom 2. und 3. November 1937, WWA, F 137, Nr. 405, S. 127 f.

532 Aktenvermerk von Spengler vom 31. August 1938, LA Berlin, A Rep. 250-03-04, Nr. 46/1.

533 Niederschrift von Mitscherling vom 5. September 1939, LA Berlin, A Rep. 250-03-04, Nr. 46/2; Niederschrift von Spengler vom 13. Februar 1939, ebd.

534 AFA-Hauptbuchhaltung an die Direktion der AFA Oberschöneweide vom 20. Oktober 1938, ebd.; Bericht über die Besprechung mit Preisprüfer Schaal von Spengler vom 8. März 1940, ebd.; Spengler an Schaal vom 10. April 1940, ebd.; Bericht über die Besprechung mit Preisprüfer Schaal von Spengler vom 3. Mai 1940, ebd.

535 Zahlreiche Regierungen und Armeen bestellten Mauser-Waffen. Das portugiesische Kriegsministerium orderte bis 1942 einen Großteil seiner Karabiner in Oberndorf. Zudem erhielten die Verbündeten Italien und Rumänien Lizenzverträge für den Eigenbau. Zu einem der letzten Auslandsaufträge gehörte die Lieferung der 2 cm-Flak 38 nach Japan, der aber nicht mehr ausgeführt wurde. Vgl. Manuskript Dörge, Bd. 3, S. 312–319.

536 Niederschrift von Spengler vom 13. Februar 1939, LA Berlin, A Rep. 250-03-04, Nr. 46/2. Weitere Beispiele: Aktenvermerk von Spengler vom 31. August 1938, LA Berlin, A Rep. 250-03-04, Nr. 46/1; Spengler an Varta-Hauptverwaltung vom 10. März 1937, ebd.; Vermerk von Spengler vom 18. November 1940, ebd.; AFA Hagen an AFA Oberschöneweide vom 4. Dezember 1940, LA Berlin, A Rep. 250-03-04, Nr. 46/2. Vgl. auch den undatierten und wohl nicht abgeschickten Briefentwurf der AFA an Göring, LA Berlin, A Rep. 250-03-04, Nr. 46/1.

537 Berichte über die Schlussbesprechung mit der Preisprüfungsstelle des OKW vom 17. Mai 1940, LA Berlin, A Rep. 250-03-04, Nr. 46/2.

538 OKW an Günther Quandt vom 11. September 1940, ebd.; AFA-Hauptverwaltung an Direktion der AFA Oberschöneweide vom 19. September 1940, ebd.; Übersicht über kalkulatorische Gewinnsätze vom 19. September 1940, ebd.; Bericht über die Besprechung mit dem OKW vom 26. September 1940, ebd.; Berichte über die Schlussbesprechung mit der Preisprüfungsstelle des OKW vom 17. Mai 1940, ebd.; AFA Hagen an AFA-Hauptverwaltung vom 27. November 1940, ebd.; Vermerk von Spengler vom 7. Juli 1941, ebd.; Prüfungsbericht des Preisprüfers Walter vom Januar/Juni 1942, ebd.

539 Vertraulicher Vermerk von Spengler vom 4. November 1942, ebd.

540 Vgl. die Beispiele bei Rauh-Kühne, Hitlers Hehler?, S. 29 und Kahn, Die Steuerung der Wirtschaft, S. 413 f.

541 Prüfungsbericht des Preisprüfers Walter vom Januar/Juni 1942, LA Berlin, A Rep. 250-03-04, Nr. 46/2; AFA Oberschöneweide an Reseg von der AFA-Hauptverwaltung vom 11. September 1940, ebd.; Protokoll über Besprechung der AFA Oberschöneweide mit RLM vom 8. Juni 1942, LA Berlin, A Rep. 250-03-04, Nr. 46/1; Aktennotiz von Spengler vom 14. Juli 1943, ebd.

542 Vertrauliche Notiz von DKB (Buchhaltung) vom 9. Januar 1942, ebd.; Proto-

koll der AFA-Abteilungsleiterkonferenz vom 17. und 18. März 1941, WWA, F 137, Nr. 404, S. 91 f.

543 Vertraulicher Vermerk von Spengler vom 4. November 1942, LA Berlin, A Rep. 250-03-04, Nr. 46/2.

544 Aktennotiz von Spengler vom 27. November 1943, LA Berlin, A Rep. 250-03-04, Nr. 46/1.

545 Bericht über die Besprechung mit Preisprüfer Schaal von Spengler vom 13. März 1942, ebd.

546 Notiz von Wallmüller vom 18. November 1941, LA Berlin, A Rep. 250-03-04, Nr. 46/2.

547 Niederschrift über die Schlussbesprechung bei der Accumulatoren-Fabrik, Aktiengesellschaft, Berlin, Hagen und Hannover vom 29. März 1944; Denkschrift über die Bildung des Verkaufspreises für eine U-Boots-Batterie vom 5. Juni 1945, NACP, RG 243 (Records of the U.S. Strategic Bombing Survey), European Survey, 92. e.32, Box 729.

548 Vertraulicher Vermerk von Spengler vom 4. November 1942, LA Berlin, A Rep. 250-03-04, Nr. 46/2; Aktennotiz von Spengler vom 27. November 1943, LA Berlin, A Rep. 250-03-04, Nr. 46/1; Notiz der AFA Oberschöneweide vom 30. November 1943, ebd.; Bericht über die Besprechungen in Liesing und Prag von Spengler vom 21.–23. Juni 1944, ebd.

549 Notiz Pavel/Hamel vom 10. März 1944, HWA, Abt. 2017, Nr. 23 – Ordner «AFA, Werk Oberschöneweide 1941–45», UQ VE 1.

550 AFA, Verzeichnis der an die obigen Stellen erstatteten Berichte mit den Angaben der letzten postalischen Adresse vom 15. Juni 1945, NACP, RG 243 (Records of the U.S. Strategic Bombing Survey), European Survey, 92. e.11, Box 727.

551 Vgl. Brehmer, Grundzüge der staatlichen Lenkung der Industrieproduktion, S. 38–40. Vgl. zu dem weitverzweigten Netz an Ausschüssen und Ringen zur Koordinierung der Rüstung Tooze, Ökonomie der Zerstörung, S. 646 f.

552 Günther Quandt an Mitscherling vom 3. September 1941, LA Berlin, A Rep. 250-03-04, Nr. 41.

553 Notiz [von Wallmüller] vom 18. September 1941, ebd.

554 Rundschreiben des Leiters des Sonderringes Allgemeine elektrotechnische Bauelemente im Hauptring Elektrotechnische Erzeugnisse vom 27. Juli 1943, BArch, R 13 V/10.

555 Die acht Unterringe: 1. Ortsfeste Bleisammler, 2. Schiffsantriebs- und sonstige Schiffsbleibatterien, 3. Elektrische Fahrzeugsantrieb- und Zugbeleuchtungsbleibatterien, 4. Anlaß-, Beleuchtungs- und Zündbatterien für Kfz. mit Verbrennungsmotoren, 5. Kleinbleisammler geschlossener Bauart, 6. Flugzeugbord-Bleibatterien, 7. Nickel-Stahlsammler, 8. Galvanische Elemente und Batterien.

556 Notiz [von Wallmüller] vom 30. Oktober 1941, LA Berlin, A Rep. 250-03-04, Nr. 41.

557 Rundschreiben des Hauptrings Elektrotechnische Erzeugnisse vom 27. Juli 1943, CAMT, Fonds 38 AQ 11.

558 Beauftragter für den Vierjahresplan/GBN an AFA, Industrieorganisation des GBN vom 23. März 1942, LA Berlin, A Rep. 250-03-04, Nr. 4.

559 Technical Report No. 210–45. Submarine Batteries. The Accumulaturen Fabrik A. G. Hagen – Hannover Plants, HSTA Hannover, ZGS 8, Nr. 224, S. 23. Vgl. auch Arbeitsringleiter Schmidt an Abteilung Varta vom 18. Januar 1944, LA Berlin, A Rep. 250-03-04, Nr. 46/1. Zu den Querelen mit Pfalzgraf auch Blank, Hagen im Zweiten Weltkrieg, S. 138.

560 Manuskript Dörge, Bd. 3, S. 323.

561 Ebd., S. 397.

562 Herbert Quandt an Reseg vom 22. September 1944, LA Berlin, A Rep. 250-03-04, Nr. 46/2.

563 Paul Spengler, Vermerk über eine Besprechung mit Pavel vom 7. März 1945, LA Berlin, A Rep. 250-03-04, Nr. 46/1.

564 Aktenvermerk Vieweg vom 30. Oktober 1944, HSTA Weimar, Bestand BEM Henry Pels, 59.

565 Abs an Günther Quandt vom 10. Juli 1943, HA-DtBk, B 119.

566 Vgl. Feinstein/Temin/Toniolo, World Economy, S. 63; Nieberding, Institutionelle Entfaltung der Wettbewerbswirtschaft, S. 272 f.

567 Vgl. Cortat, How cartels stimulate innovation and R&D, S. 767.

568 Wortbeitrag Alfred Berliner, Protokoll der Ingenieur-Konferenzen am 13. und 14. September 1927 in Berlin, WWA, F 137, Nr. 260, S. 6.

569 Vgl. Marsmann, 1827–1952. 125 Jahre Gottfried Hagen Erzeugnisse; 150 Jahre Gottfried Hagen.

570 Verhandlungsbericht VAH vom 27. April 1933, LA Berlin, A Rep. 250-03-04, Nr. 7/1.

571 Verhandlungsbericht VAH vom 20. Februar 1934, ebd.

572 Dies wurde durch den «Kartellerlaß» vom 12. November 1936 geregelt. Vgl. Kahn, Die Steuerung der Wirtschaft, S. 280–283.

573 Quandt/Quandt (Hrsg.), Günther Quandt erzählt sein Leben, S. 51.

574 Verhandlungsbericht VAH vom 13. Juli 1933, LA Berlin, A Rep. 250-03-04, Nr. 7/1.

575 Verhandlungsbericht VAH vom 8. Februar 1934, ebd.; Verhandlungsbericht VAH vom 18. Oktober 1933, ebd.

576 Zunächst war von der Aufhebung jedoch nur die Lebensmittelindustrie betroffen. Vgl. Kahn, Die Steuerung der Wirtschaft, S. 172 f.; Pöting, Die Kartellgesetzgebung, S. 102–104.

577 Verhandlungsbericht VAH vom 20. Februar 1934, LA Berlin, A Rep. 250-03-04, Nr. 7/1.

578 Verhandlungsbericht VAH vom 13. Juli 1933 und vom 18. Oktober 1933, ebd.

579 Vgl. Kahn, Die Steuerung der Wirtschaft, S. 178 f.

580 Verhandlungsbericht VAH vom 20. Februar 1934, LA Berlin, A Rep. 250-03-04, Nr. 7/1.

581 Verhandlungsbericht VAH vom 29. Januar 1941, ebd.

582 Aktennotiz vom 11. März 1933, LA Berlin, A Rep. 250-03-04, Nr. 56.

583 Marsmann, 1827–1952. 125 Jahre Gottfried Hagen Erzeugnisse, S. 26.

584 Aktennotiz vom 11. März 1933, LA Berlin, A Rep. 250-03-04, Nr. 56.

585 Protokoll der AFA-Abteilungsleiterkonferenz vom 2. und 3. November 1937, WWA, F 137, Nr. 405, S. 117.

586 Verhandlungsbericht VAH vom 31. Juli 1931, LA Berlin, A Rep. 250-03-04, Nr. 7/1; Verhandlungsbericht VAH vom 27. April 1933, ebd.; 32. Verhandlungsbericht VAH vom 18. Oktober 1933, ebd.

587 Vgl. Overesch, Bosch in Hildesheim; ders./Oyen, «Starter für den Krieg», S. 107–137.

588 Protokoll der AFA-Abteilungsleiterkonferenz vom 2. und 3. November 1937, WWA, F 137, Nr. 405, S. 66.

589 Protokoll der AFA-Abteilungsleiterkonferenz vom 17. und 18. März 1941, WWA, F 137, Nr. 404, S. 93.

590 Protokoll der AFA-Abteilungsleiterkonferenz vom 2. und 3. November 1937, WWA, F 137, Nr. 405, S. 66.

591 Verhandlungsbericht VAH vom 18. Oktober 1933, LA Berlin, A Rep. 250-03-04, Nr. 7/1.

592 Vorbereitendes Protokoll der Aufsichtsratssitzung der AFA vom 8. Juni 1940, BArch, R 8119 F/P 2458.

593 Verhandlungsbericht VAH vom 18. Dezember 1936, LA Berlin, A Rep. 250-03-04, Nr. 7/1.

594 Abschlussprüfung Deutsche Treuhand-Gesellschaft vom 4. August 1941, BArch, R 8119 F/P 2461, S. 16; OMGUS/Ministerial Document Center, Liste der Deutschen Firmen der Elektroindustrie mit 100 und mehr Beschäftigten vom 23. November 1946, BArch, R 3/Anhang 265.

595 Allgemeine Beschreibung der Fabrik und deren Wichtigkeit vom 15. Juni 1945, NACP, RG 243 (Records of the U.S. Strategic Bombing Survey), European Survey, 92. e.11, Box 727.

596 Nach Aufnahme der Berga verteilten sich die Quoten folgendermaßen: AFA 76,3 Prozent, KAW 13 Prozent, Wilhelm Hagen 5,35 Prozent, Berga 5,35 Prozent. 4. Verhandlungsbericht VAH vom 30. November 1939, LA Berlin, A Rep. 250-03-04, Nr. 7/1.

597 Verhandlungsbericht VAH vom 25. April 1941, ebd. Vorstöße Horst Pavels, 1942 die AFA Prag zu einem Beitritt zu bewegen, welcher die Stellung der Quandt-Firmen innerhalb des Kartells weiter gestärkt hätte, blieben erfolglos. 48. Verhandlungsbericht VAH vom 14. Juli 1942, ebd.

598 Verhandlungsbericht VAH vom 25. Juni 1935, ebd.

599 Vgl. Blank, Hagen im Zweiten Weltkrieg, S. 100.

600 Niederschrift der Abteilungsleiter-Konferenzen der AFA 1937, WWA, F 137, Nr. 404, S. 94.

601 Protokoll der AFA-Abteilungsleiterkonferenz vom 17. und 18. März 1941, ebd.

602 Interview mit Herrn Michel vom 30. Mai 1978, HWA, Abt. 2017, Nr. 57–82.

603 Verhandlungsbericht VAH vom 16. Mai 1940, LA Berlin, A Rep. 250-03-04, Nr. 7/1.

604 Verhandlungsbericht VAH vom 11. Februar 1943, ebd. Vgl. Pöting, Die Kartellgesetzgebung, S. 147–151.

605 Vgl. Brehmer, Grundzüge der staatlichen Lenkung der Industrieproduktion, S. 27 f.; Pöting, Die Kartellgesetzgebung, S. 151–155.

606 Der Beauftragte für Verlagerung der Elektroindustrie betreffend den Plan der

Produktionssicherung an den Reichsminister für Rüstung und Kriegsproduktion vom 26. Mai 1944, BArch, R 3/269.

607 Bericht über die Accumulatoren-Fabrik Aktiengesellschaft, Werk Hagen an den Bergbauverband Ruhr vom 12. Juli 1945, WWA, F 137, Nr. 410.

608 Werning an von Stauß vom 6. März 1940, im Anhang Abschrift der Klageschrift, BArch, R 8119 F/P 1112.

609 Aufsichtsratssitzung der Dürener Metallwerke vom 6. Dezember 1938, BArch, R 8119 F/P 1113.

610 Aufsichtsratssitzung der Dürener Metallwerke vom 8. Dezember 1938, ebd.

611 Aufsichtsratssitzung der Dürener Metallwerke vom 24. August 1939, ebd.

612 Schreiben des Regierungspräsidenten an den Reichsarbeitsminister vom 9. September 1941, BArch, R 4606/2490.

613 Aufsichtsratssitzung der Dürener Metallwerke vom 30. Januar 1941, BArch, R 8119 F/P 1113.

614 Aufsichtsratssitzung der Dürener Metallwerke vom 10. Mai 1941, ebd.

615 Schreiben vom 20. August 1941, BArch, R 4606/2409.

616 Schreiben an die Landesplanungsgemeinschaft vom 2. Dezember 1942, BArch, R 4606/2409.

617 Schreiben des Regierungspräsidenten an den Reichsarbeitsminister vom 9. September 1941, ebd.

618 Schreiben des Hauptplanungsamts Berlin an den Generalbauinspekteur für die Reichshauptstadt Speer vom 13. Januar 1942, ebd.

619 Revisionsbericht des Jahresabschlusses zum 31. Dezember 1942 vom 1. Juni 1943, BArch, R 8135/1339.

620 Geschäftsbericht für das Geschäftsjahr 1950 und über die Jahre seit 1945 vom 29. Oktober 1951, WWA, S 7, Nr. 777/3.

621 Aufsichtsratssitzung der Dürener Metallwerke vom 2. Juli 1942, BArch, R 8119 F/P 1113; vgl. dazu: Betriebsbericht I. Halbjahr 1942, BArch, R 8119 F/P 1116.

622 Vgl. Marschall, Aluminium, S. 181.

623 Vgl. Petrick, Der «Leichtmetallausbau Norwegens», S. 73.

624 Zum «Koppenbergplan» Bohn, Reichskommissariat Norwegen, S. 384–409; Budraß, Flugzeugindustrie, S. 610–613.

625 Milward, The Fascist Economy in Norway, S. 171.

626 Revisionsbericht des Jahresabschlusses zum 31. Dezember 1941 vom 30. Juni 1942, BArch, R 8135/7291. Vgl. Petrick, Der «Leichtmetallausbau Norwegens», S. 80 und S. 88; Rauh, Schweizer Aluminium, S. 224–243.

627 Aufsichtsratssitzung der Dürener Metallwerke vom 4. August 1941, BArch, R 8119 F/P 1113.

628 Vgl. Budraß, Flugzeugindustrie, S. 611.

629 Vgl. Petrick, Der «Leichtmetallausbau Norwegens», S. 196.

630 Vgl. hierzu Rauh, Schweizer Aluminium, bes. S. 212.

631 Vgl. Tooze, Ökonomie der Zerstörung, S. 664.

632 Vgl. Budraß, Flugzeugindustrie, S. 604.

633 Werning und Moßdorf an RWM vom 1. Juli 1941, BArch, R 3101/11710.

634 Dürener Metallwerke an RWM vom 20. Juli 1940, ebd.; Vereinigte Aluminium-Werke an RWM vom 24. April 1940, ebd. Einige Hinweise zum Gesamt-

vorgang auch bei Scherner, Das Verhältnis zwischen NS-Regime und Industrieunternehmen, S. 181 f. Nach dem Zweiten Weltkrieg wurde das Werk von der französischen Besatzungsbehörde beschlagnahmt und als Reparationsbetrieb Dürener Metallwerke Giulini Ludwigshafen geführt. French Zone, Industrial Plants approved for Reparations by Coordinating Committee vom 31. Dezember 1946, BArch, Z 1/507. Vgl. auch Libera, Le sort des biens neutres en Allemagne occupée, S. 99–115, bes. S. 110–112.

635 Protokoll der DWM-Aufsichtsratssitzung vom 25. Juni 1941, BArch, R 8119 F/P 1105.

636 RWM, Vermerk über Betätigung der Dürener Metallwerke Aktiengesellschaft auf dem Gebiet der Metallerzeugung vom 1. September 1942, BArch, R 3101/11712; vgl. Budraß, Flugzeugindustrie, S. 611.

637 Aufzeichnung des RWM vom 17. Juli 1941, BArch, R 3101/11710.

638 Planung einer Aluminium-Elektrolyse der Dürener Metallwerke Aktiengesellschaft, Berlin-Borsigwalde vom 4. September 1941, ebd.

639 Dies ergibt sich aus Dürener Metallwerke an von Hanneken vom 10. Januar 1942, BArch, R 3101/11712 bzw. Dürener Metallwerke an RWM vom 12. März 1942, ebd.

640 Aktennotiz Besprechung bei Herrn Generalfeldmarschall Milch zur Aufteilung der europäischen Interessengebiete auf die einzelnen Aluminium-Interessenten vom 4. Dezember 1941, BArch, R 3101/11710.

641 RWM an Dürener Metallwerke vom 17. März 1942, BArch, R 3101/11712; Dürener Metallwerke an den Beauftragten für den Vierjahresplan vom 15. Mai 1942, ebd.

642 Dürener Metallwerke an von Hanneken vom 10. Januar 1942, ebd.; von Hanneken an Milch vom 27. Januar 1942, ebd.; VAW an den Generalbevollmächtigten für Sonderfragen der chemischen Erzeugung vom 16. Februar 1942, ebd.

643 Vgl. Riemenschneider, Die deutsche Wirtschaftspolitik gegenüber Ungarn, S. 168.

644 Vgl. Marschall, Aluminium, S. 184 f.

645 Ergänzungsblatt. H. Auslandsreisen des Fragebogens vom 1. März 1946, HSTA München, Spruchkammerakten Günther Quandt, Karton 1363/7.

646 Geschäftsbericht Dürener Metallwerke für das Geschäftsjahr 1940 vom 4. August 1941, WWA, S 7, Nr. 777/3.

647 Vertrag zwischen der ungarischen Bauxitgruben Aktiengesellschaft und den Dürener Metallwerken vom 29. Mai 1941, BArch, R 8119 F/P 1112.

648 Vertrag zwischen im Syndikat vereinigten Aktionären der Ungarischen Bauxitgruben Aktiengesellschaft und den Dürener Metallwerken vom 29. Mai 1941, ebd.

649 Vertrag zwischen den Dürener Metallwerken und der Ungarischen Bauxitgruben Aktiengesellschaft vom 29. Mai 1941, BArch, R 3101/11712; Revisionsbericht des Jahresabschlusses zum 31. Dezember 1941 vom 30 Juni 1942, BArch, R 8135/7291.

650 Dürener Metallwerke an RWM vom 20. März 1941, BArch, R 3101/11712.

651 Schaubild «Auswirkungen des Ubag-Vertrages» vom 17. Juni 1941, BArch, R 8119 F/P 1112.

652 Vgl. Gazdasági, Pénzügyi és Tözsdei Kompasz, S. 626.

653 Aufsichtsratssitzung der Dürener Metallwerke vom 18. Juni 1941, BArch, R 8119 F/P 1113.

654 Günther Quandt an von Stauß vom 15. September 1941, BArch, R 8119 F/P 1112.

655 Schaubild «Auswirkungen des Ubag-Vertrages» vom 17. Juni 1941, ebd.

656 NACP, RG 243, The United States Strategic Bombing Survey, Microfilm M-1013, Roll 2: «Duerener Metallwerke AG Duren Wittenau-Berlin & Waren, Germany» (Aircraft Division, January 1947), frame 738.

657 RWM, Vermerk über eine Besprechung am 7. April 1941 beim Gesandten Clodius im Auswärtigen Amt vom 9. April 1941, BArch, R 3101/11712.

658 RWM an RLM vom 23. April 1941, ebd.

659 NACP, RG 243, The United States Strategic Bombing Survey, Microfilm M-1013, Roll 2: «Duerener Metallwerke AG Duren Wittenau-Berlin & Waren, Germany» (Aircraft Division, January 1947), frame 738; Werning und Moßdorf an RWM vom 1. Juli 1941, BArch R 3101/11710. Daneben Dürener Metallwerke an RWM vom 20. März 1941, BArch, R 3101/11712.

660 Hamel, von Stauß und Herbert Quandt an Günther Quandt vom 5. November 1941, BArch, R 8119 F/P 1112.

661 Dürener Metallwerke an RWM vom 12. März 1942, BArch, R 3101/11712.

662 Vermerk des RWM vom 1. September 1942, ebd.

663 Dürener Metallwerke an von Hanneken vom 10. Januar 1942, ebd.; Dürener Metallwerke an RWM vom 12. März 1942, ebd.

664 Vermerk des RWM vom 12. September 1942, ebd.

665 Dürener Metallwerke an RWM vom 28. August 1942, ebd.

666 Geheime Notiz von Hermann Josef Abs, Besuch des Herrn Dr. Günther Quandt am 24. März 1942 vom 25. März 1942, BArch, R 8119 F/P 2458.

667 Dürener Metallwerke an RWM vom 11. Mai 1943, BArch, R 3101/11712.

668 Dürener Metallwerke an RWM vom 28. August 1942, ebd.

669 Die Auslandsbeteiligungen der Dürener Metallwerke, vor allem an der A/S Nordisk Aluminiumindustri, die mit 736 000 RM berechnet wurde und die Beteiligung an der UBAG, die mit 4,5 Millionen RM zu Buche schlug, fielen unter das Gesetz Nr. 53 der Militärregierung. Vgl. Schlickeiser (Hrsg.), Borsigwalde, S. 630.

12. Expansion ins besetzte Ausland

1 Vgl. Böhler, Auftakt zur Vernichtung; Rossini, Hitler strikes Poland; Musial, Die «vierte Teilung Polens».

2 Vortragsnotiz vom 15. Februar 1940, zit. nach Hans-Adolf Jacobsen, Der Weg zur Teilung der Welt, S. 33.

3 Vgl. Umbreit, Der Kampf um die Vormachtstellung, S. 235–327.

4 Vgl. Frieser, Blitzkrieg-Legende; Förster, From «Blitzkrieg» to «Total war», S. 80–107.

5 Vgl. May, Strange Victory; Engeli, Frankreich 1940.

6 Zit. nach Hartmann, Halder, S. 191.

7 Megargee, Hitler und die Generäle, S. 103.
8 Fest, Staatsstreich, S. 145.
9 Vgl. hierzu umfassend Hillgruber, Hitlers Strategie.
10 Sirois, Zwischen Illusion und Krieg, S. 213.
11 Hartmann, Unternehmen Barbarossa, S. 8. Vgl. ders. u. a. (Hrsg.), Der deutsche Krieg im Osten.
12 Vgl. Lieb, Konventioneller Krieg oder NS-Weltanschauungskrieg?
13 Zit. nach Roseman, Die Wannsee-Konferenz, S. 177.
14 Vgl. Neitzel/Hohrath (Hrsg.), Die Entgrenzung der Gewalt.
15 Vgl. Houwink ten Cate, Die rüstungswirtschaftliche Ausnutzung Westeuropas, S. 173–198 und bereits Overy/Otto/Houwink ten Cate (Hrsg.), Die Neuordnung Europas.
16 Nefors, La collaboration industrielle, S. 403. Vgl. grundsätzlich auch ders., La Collaboration Industrielle en Belgique; Luyten, The Belgian Business Elite, S. 201–205; van den Wijngaert, Nood breekt wet.
17 Müller, Triebkräfte des Krieges, S. 9.
18 Vgl. Schöttler, Eine Art «Generalplan West», S. 83–131.
19 Vgl. Buchheim, Die besetzten Länder, S. 119 f.
20 Jochmann (Hrsg.), Adolf Hitler, S. 56.
21 Burleigh, Die Stunde der Experten, S. 346–350.
22 Zu den unterschiedlichen Modellen eines europäischen «Großhandelsraums» unter deutscher Ägide Gruchmann, Nationalsozialistische Großraumordnung; Boelcke, Deutschland als Welthandelsmacht, S. 27–38; Stegmann, «Mitteleuropa», S. 203–221.
23 Erker, Industrie-Eliten, S. 30.
24 Schreiben Görings vom 2. August 1940, zit. nach Nestler, Die faschistische Okkupationspolitik in Belgien, Luxemburg und den Niederlanden, S. 105 f., hier S. 106.
25 Vgl. Ulshöfer, Einflußnahme auf Wirtschaftsunternehmungen, S. 41 f.; Radkau, Entscheidungsprozesse, S. 60.
26 Vgl. Buggeln, Währungspläne, S. 51.
27 Aussage Günther Quandts im Zuge der Öffentlichen Sitzung der Spruchkammer Starnberg von 1948, HSTA München, Spruchkammerakten Günther Quandt, Karton 1362/4.
28 Buggeln, Währungspläne, S. 74.
29 Hierfür immer noch von zentraler Bedeutung Ulshöfer, Einflußnahme auf Wirtschaftsunternehmungen, S. 39–41.
30 Tooze, Ökonomie der Zerstörung, S. 450. Zu Schlotterers Biographie vgl. Buggeln, Währungspläne, S. 51, Anm. 34.
31 Müller, Die Mobilisierung der deutschen Wirtschaft, S. 493. Vgl. auch Herbst, Der Totale Krieg, S. 129 und 133 f.
32 Müller, Der Manager der Kriegswirtschaft.
33 Herbert, Best, S. 42.
34 Schlotterer, Die neuen Grundsätze, S. 9.
35 Margairaz, Einleitung, S. 134.
36 Vgl. neben der grundlegenden Studie von Jäckel, Frankreich in Hitlers Europa,

besonders Umbreit, Die Militärbefehlshaber in Frankreich; ders., Auf dem Weg
zur Kontinentalherrschaft, S. 54–71.

37 Vgl. Jäckel, Frankreich in Hitlers Europa, S. 65 und S. 368.

38 Rousso, Frankreich und die «dunklen Jahre».

39 Vgl. zum Prozedere und seinen verwaltungsrechtlichen Voraussetzungen bereits Ulshöver, Einflußnahme auf Wirtschaftsunternehmungen, S. 20 f.

40 Vgl. Mazower, Hitlers Imperium, S. 109.

41 Vgl. den Schnellbrief Gustav Schlotterers an deutsche Banken vom 20. September und seine Anregungen für die «kapitalmäßigen Verflechtungen», zit. nach
Nestler, Die faschistische Okkupationspolitik in Frankreich, S. 123 f.

42 Notiz über eine Besprechung im RWM am 16. August 1940, in: Schumann
(Hrsg.), Griff nach Südosteuropa, S. 88.

43 Schultze-Schlutius an Schwandt (RFM) vom 27. Dezember 1940, in: Nestler,
Die faschistische Okkupationspolitik in Frankreich, S. 137.

44 Richtlinien über die Einschaltung der Firmen der Luftfahrtindustrie in den besetzten Gebieten, CAMT, Fonds 38 AQ 9.

45 Horst Pavel, Aktennotiz über die heutige Besprechung mit Herrn Dipl. Ing.
Kranz vom OKW vom 13. Dezember 1940, HSTA München, Spruchkammerakten Günther Quandt, Karton 1363/1.

46 Zur wirtschaftlichen Kollaboration Milward, The New Order; Lacroix-Riz,
Industriels et banquiers français sous l'Occupation. Daneben auch die Beiträge
in Dard/Daumas/Marcot (Hrsg.), L'Occupation; Le Maner/ Rousso, La domination allemande, S. 9–39; Rousso, Vichy et les entreprises, S. 41–66; Paxton,
La France de Vichy.

47 René Belin wird zit. nach Margairaz, L'Etat, S. 524.

48 Zu dieser «situation paritaire» vgl. ebd., S. 629.

49 Audeval u. a., «Arisierungsnetzwerke», S. 103.

50 Zielinski, Staatskollaboration. Vgl. hierzu bereits Hoffmann, Collaborationism in France, S. 375–395; Paxton, La Collaboration d'État, S. 333–361
und umfassend Margairaz, L'Etat, S. 524–535.

51 Hildebrand, Das Dritte Reich, S. 92.

52 Margairaz, Einleitung, S. 136. Vgl. Joly, Introduction, S. 15; für die Auto-
mobilbranche Riess, Die deutsch-französische industrielle Kollaboration.

53 Margairaz, Einleitung, S. 138.

54 Vgl. Langner, Die Auftragsverlagerung. Die entsprechende Dienststelle für Belgien und Nordfrankreich war in Brüssel mit einer Zweigstelle in Lille eingerichtet. Vgl. auch Margairaz, L'Etat, S. 594–601.

55 Radtke-Delacor, Verlängerte Werkbank, S. 328 f. und S. 342–344.

56 Günther Quandt und Horst Pavel an RWM vom 6. November 1940, HSTA
München, Spruchkammerakten Günther Quandt, Karton 1363/1.

57 Vgl. Kapitel 9, S. 272 f.

58 Vgl. hierzu mit Beispielen Tooze, Ökonomie der Zerstörung, S. 450–455.

59 AFA an Bank der Deutschen Luftfahrt vom 5. Januar 1944, BArch, R 8121/419,
Bl. 31–33.

60 Aktennotiz über die Besprechung bei der Wirtschaftsdelegation der Waffenstillstandskommission in Wiesbaden am 28. Oktober 1940 vom 3. November

1940, HSTA München, Spruchkammerakten Günther Quandt, Karton 1363/1.

61 Aussage Hackingers im Spruchkammerverfahren gegen Günther Quandt, HSTA München, Spruchkammerakten Günther Quandt, Karton 1362/5.

62 GEZ an AFA vom 19. November 1940, HSTA München, Spruchkammerakten Günther Quandt, Karton 1363/1. Information der Auskunftei La Diffusion Industrielle & Commerciale vom 24. Januar 1941, CAMT, Fonds 38 AQ 3.

63 Zeugenaussage Pavel, zit. nach Urteil vom 28. Juli 1948, HSTA München, Spruchkammerakten Günther Quandt, Karton 1362/1.

64 Die AFA hatte im Jahr 1906 gemeinsam mit der befreundeten Metallfirma Beer, Sondheimer & Co. über die ihnen gehörende Tochtergesellschaft Erzbearbeitungs-GmbH die Société pour le traitement du Minerais S. A. Overpelt gegründet. AFA an den Militärbefehlshaber in Belgien und Nordfrankreich vom 26. Oktober 1940, HSTA München, Spruchkammerakten Günther Quandt, Karton 1363/4. Daneben die Unterlagen in CAMT, Fonds 38 AQ 3, besonders vertrauliche Notiz betreffend Cie des Métaux d'Overpelt-Lommel et de Corphalie vom 14. Januar 1941.

65 Protokoll der AFA-Abteilungsleiterkonferenz vom 17. und 18. März 1941, WWA, F 137, Nr. 404, S. 4 f.

66 Note pour Monsieur Charles-Leon Hammes vom 3. April 1946, AN Luxembourg, CdG 171, Mikrofilm C. G. 161.

67 Herbert Quandt, Anlage III zum Fragebogen, HSTA Hannover, Nds. 171 Lüneburg, Nr. 6500.

68 Günther Quandt an den Bevollmächtigten des Auswärtigen Amtes bei der Waffenstillstandskommission vom 11. November 1940, HSTA München, Spruchkammerakten Günther Quandt, Karton 1363/1.

69 Aussage Günther Quandts im Zuge der Öffentlichen Sitzung der Spruchkammer Starnberg am 16. Juli 1948, HSTA München, Spruchkammerakten Günther Quandt, Karton 1362/4.

70 Vgl. hierzu Tooze, Ökonomie der Zerstörung, S. 272.

71 Aussage Horst Pavels im Zuge der Öffentlichen Sitzung der Spruchkammer Starnberg (1948), HSTA München, Spruchkammerakten Günther Quandt, Karton 1362/4.

72 Zeugenaussage Pavel, zit. nach Urteil vom 28. Juli 1948, HSTA München, Spruchkammerakten Günther Quandt, Karton 1362/1.

73 2. Verhandlungstag, HSTA München, Spruchkammerakten Günther Quandt, Karton 1362/5.

74 Jäckel, Frankreich in Hitlers Europa, S. 72.

75 Vgl. ebd., Bd. 1, S. 194 und 206–224.

76 Zit. nach Ulshöfer, Einflußnahme auf Wirtschaftsunternehmungen, S. 91.

77 Aktennotiz über die Besprechung bei der Wirtschaftsdelegation der Waffenstillstandskommission in Wiesbaden am 28. Oktober 1940 vom 3. November 1940, HSTA München, Spruchkammerakten Günther Quandt, Karton 1363/1.

78 Aussage Hackingers im Spruchkammerverfahren gegen Günther Quandt, HSTA München, Spruchkammerakten Günther Quandt, Karton 1362/5.

79 Begründung zum Antrag bei der Entnazifizierungskommission Zehlendorf vom 24. April 1948, LA Berlin, C Rep. 031-02-19, Nr. 35, Vorgang Nr. 8.

80 Roderbourg an den AFA-Aufsichtsrat vom 12. Januar 1939, HA-DtBk, B 119.

81 Vgl. Hackinger/Schmidt, Der betriebswirtschaftliche Produktionsprozeß.

82 Corbin Hackinger an die Spruchkammer vom 16. Februar 1948, STA Ludwigsburg, GL 902/2, Bü 2523, fol. 18.

83 Hackinger an den Militärbefehlshaber in Frankreich vom 10. Februar 1944 bzw. vom 24. Februar 1944, CAMT, Fonds 38 AQ 8.

84 Die Batterie- und Elemente-Industrie in Frankreich, Bericht Hackinger an Rüstungs-Inspektion Paris vom 17. Februar 1941, CAMT, Fonds 38 AQ 4.

85 Deutsche Treuhand-Gesellschaft, Accumulatoren-Fabrik Aktiengesellschaft, Berlin. Abschlussprüfung 1940 vom 4. August 1941, BArch, R 8119 F/P 2461, S. 22.

86 Hackinger an den Generalluftzeugmeister vom 24. August 1943, CAMT, Fonds 38 AQ 10.

87 Original in CAMT, Fonds 38 AQ 9.

88 Vgl. die Aussagen Hackingers im Spruchkammerverfahren gegen Günther Quandt, HSTA München, Spruchkammerakten Günther Quandt, Karton 1362/5.

89 Hackinger an AFA vom 13. September 1944, HSTA München, Spruchkammerakten Günther Quandt, Karton 1363/1.

90 Hackinger an den Militärbefehlshaber in Frankreich vom 29. Oktober 1942, CAMT, Fonds 38 AQ 8.

91 Eine deutsche Bank in Paris, in: Bank-Archiv 40 (1941), Nr. 20, S. 414 f., hier S. 414.

92 Bank der Deutschen Luftfahrt an AFA vom 9. Dezember 1943, BArch, R 8121/419, Bl. 42; Aero-Bank an Hackinger vom 12. November 1943, ebd., Bl. 51–53; Bank der Deutschen Luftfahrt an Aero-Bank vom 25. Januar 1944, ebd., Bl. 26; AFA an Bank der Deutschen Luftfahrt vom 19. Januar 1944, ebd., Bl. 29.

93 Vgl. die Unterlagen in CAMT, Fonds 38 AQ 32. Nach Ende der Besatzung wurde die Gesellschaft unter Sequester gestellt.

94 Zum deutschen Rückzug vgl. Jäckel, Frankreich in Hitlers Europa, S. 353.

95 Vgl. die Unterlagen in CAMT, Fonds 38 AQ 32.

96 Radtke-Delacor, Verlängerte Werkbank, S. 331

97 Günther Quandt und Horst Pavel an RWM vom 6. November 1940, HSTA München, Spruchkammerakten Günther Quandt, Karton 1363/1.

98 Radtke-Delacor, Verlängerte Werkbank, S. 331.

99 Aero-Bank betreffend Besprechung mit Herrn Hackinger am 23. Dezember 1943 vom 23. Dezember 1943, BArch, R 8121/419, Bl. 34 f.

100 Zu den verschiedenen Mechanismen vgl. Frech, Clearing, S. 32–36.

101 Schacht, Deutschland und die Weltwirtschaft, S. 27.

102 Vorwort, in: Fischer, Devisenclearing, S. 2.

103 Vgl. Ellis, Exchange Control, S. 289.

104 Zit. nach Hof, Kurswechsel an der Börse, S. 404.

105 Information Gustav Schlotterers für Günther Bergemann im RWM vom 2. Juli 1940, in: Nestler, Die faschistische Okkupationspolitik in Belgien, Luxemburg und den Niederlanden, S. 103.

106 Zit. nach Buggeln, Währungspläne, S. 51.

107 Vgl. Boelcke, Kosten, S. 109. Vgl. daneben Höpfner, Clearing-Defizite im Großwirtschaftsraum, S. 138. Vgl. auch die Berechnung in Occhino/Oosterlinck/White, How Much Can a Victor Force the Vanquished to Pay?, S. 1–44.

108 Vgl. Tooze, Ökonomie der Zerstörung, S. 447 und 450.

109 Vgl. etwa Hackinger an von der Marwitz vom 9. März 1944, CAMT, Fonds 38 AQ 7.

110 Hackinger an den Militärbefehlshaber in Frankreich vom 17. Februar 1943, CAMT, Fonds 38 AQ 8.

111 Hackinger an das OKH vom 8. Februar 1943, CAMT, Fonds 38 AQ 10.

112 Von der Marwitz an Hackinger vom 19. November 1943, CAMT, Fonds 38 AQ 7.

113 Hackinger an den Militärbefehlshaber in Frankreich vom 29. Oktober 1942, CAMT, Fonds 38 AQ 8.

114 Wirtschaftsgruppe Elektroindustrie, Rundschreiben Nr. 25 vom 21. Februar 1944, WWA, F 137, Nr. 401.

115 Protokoll der AFA-Abteilungsleiterkonferenz vom 17. und 18. März 1941, WWA, F 137, Nr. 404, S. 11 f.

116 Bischof, Reisebericht über eine Erkundungsfahrt in Frankreich und Belgien Juli/August 1942, WWA, F 137, Nr. 402, S. 40.

117 La Délégation française auprès de la Commission Allemande d'Armistice, S. 503.

118 Aus einem Bericht der Abteilung Wirtschaft beim Militärbefehlshaber in Frankreich vom 30. Dezember 1941, in: Nestler, Die faschistische Okkupationspolitik in Frankreich, S. 193.

119 Vgl. Scherner, «Bericht zur deutschen Wirtschaftslage 1943/44», S. 521.

120 Von der Marwitz an AFA vom 3. März 1942; Notiz betreffend Anruf des Herrn von der Marwitz am 26. Februar 1942 vom 28. Februar 1942, CAMT, Fonds 38 AQ 7.

121 Hackinger an den Militärbefehlshaber in Frankreich vom 8. August 1941, CAMT, Fonds 38 AQ 8.

122 Hackinger an RLM vom 25. Dezember 1941, CAMT, Fonds 38 AQ 9.

123 Corbin Hackinger, Aktennotiz vom 25. Juli 1941, CAMT, Fonds 38 AQ 7.

124 Von der Marwitz an Voßwinkel vom 10. August 1943, ebd.

125 Pavel an die Wirtschaftsgruppe Elektroindustrie vom 19. April 1943, CAMT, Fonds 38 AQ 11.

126 Hackinger an Rüstungs-Inspektion Paris vom 12. Juni 1942, HSTA München, Spruchkammerakten Günther Quandt, Karton 1363/2.

127 AFA, Reisebericht betreffend Reise nach Paris vom 22. März–2. April 1944, HSTA München, Spruchkammerakten Günther Quandt, Karton 1363/1.

128 Pavel, Aktennotiz vom 16. Dezember 1943, BArch, R 3101/34456.

129 AFA, Aktenvermerk über die Besprechung im RWM betreffend Abt. Paris am 10. März 1943, HSTA München, Spruchkammerakten Günther Quandt, Karton 1363/1.

130 Bischof, Reisebericht über eine Erkundungsfahrt in Frankreich und Belgien vom Juli/August 1942, WWA, F 137, Nr. 402, S. 26 f.

131 Mitscherling an Hackinger vom 18. November 1943, HSTA München, Spruch-

kammerakten Günther Quandt, Karton 1363/1. Vgl. auch DEAC-Festschrift zum 50-jährigen Bestehen des Unternehmens von 1955, WWA, F 137, Nr. 1099, S. 158.

132 Vgl. Weißbecker, «So einen Arbeitseinsatz wie in Deutschland gibt es nicht noch einmal auf der Welt!», S. 41–66. Zur Zwangsarbeit bei Quandt vgl. Kapitel 13.

133 Vgl. Evrard, La Déportation des travailleurs français, S. 39–41; Milward, The New Order; ders., French Labor and the German Economy, S. 336–351; Bories-Sawala, Franzosen im «Reichseinsatz», Bd. 1, S. 251 f.; dies., Aspects de la vie quotidienne des requis du travail forcé en Allemagne, S. 127–145; dies./Arnaud, Les Françaises et Français volontaires pour le travail en Allemagne, S. 107–126; Gildea, Marianne in Chains.

134 Radtke-Delacor, Verlängerte Werkbank, S. 337.

135 AFA an von der Marwitz vom 5. November 1942, CAMT, Fonds 38 AQ 7.

136 AFA an den Militärbefehlshaber in Frankreich vom 31. Dezember 1942, CAMT, Fonds 38 AQ 8.

137 Von der Marwitz an AFA Hagen vom 20. Juli 1944, CAMT, Fonds 38 AQ 7.

138 Robert Meyer an von der Marwitz vom 27. Mai 1944, ebd.

139 Vgl. Radtke-Delacor, Verlängerte Werkbank, S. 346 f.

140 Margairaz, Einleitung, S. 137. Vgl. exemplarisch für die Probleme der Beurteilung von Unternehmerverhalten de Rochebrune/Hazera, Les Patrons sous l'Occupation.

141 Aussage Horst Pavels im Zuge der Öffentlichen Sitzung der Spruchkammer Starnberg von 1948, HSTA München, Spruchkammerakten Günther Quandt, Karton 1362/4.

142 Zeugenaussage Pavel, zit. nach Urteil vom 28. Juli 1948, HSTA München, Spruchkammerakten Günther Quandt, Karton 1362/1.

143 Horst Pavel, Aktennotiz über die heutige Besprechung mit Herrn Dipl. Ing. Kranz vom OKW vom 13. Dezember 1940, HSTA München, Spruchkammerakten Günther Quandt, Karton 1363/1.

144 Zit. nach Königs, Der Fall Laval, HSTA München, Spruchkammerakten Günther Quandt, Karton 1362/2. Original offensichtlich Aufzeichnung von Pavel vom 3. Dezember 1940.

145 Günther Quandt und Horst Pavel an RWM vom 6. November 1940, HSTA München, Spruchkammerakten Günther Quandt, Karton 1363/1.

146 AFA an RWM vom 30. Januar 1941, ebd.

147 Vgl. Ruben/Friedrich, DAIMON, S. 52 und S. 62.

148 Horst Pavel, Aktennotiz über die heutige Besprechung mit Herrn Dipl. Ing. Kranz vom OKW vom 13. Dezember 1940, HSTA München, Spruchkammerakten Günther Quandt, Karton 1363/1.

149 Pavel, Aktennotiz vom 9. Januar 1941, ebd.

150 Pavel, Aktennotiz vom 1. Februar 1941, ebd.

151 Compte-Rendu de la Reunion au Comité d'Organisation de la Construction Electrique vom 27. April 1942, CAMT, Fonds 38 AQ 4.

152 Vgl. Ruben/Friedrich, DAIMON, S. 70.

153 [Wallmüller] an DEAC-Hauptverwaltung vom 18. September 1941, LA Berlin, A Rep. 250-03-04, Nr. 41.

154 Mitscherling an Wallmüller vom 15. September 1941, ebd.

155 Wallmüller an Wirtschaftsgruppe Luftfahrtindustrie vom 12. Januar 1942, ebd.

156 Aktiennotiz Pavel über die Besprechung am 3. September 1943 im RWM, HSTA München, Spruchkammerakten Günther Quandt, Karton 1363/4.

157 Pavel an Hackinger vom 17. Juli 1943, ebd.

158 Vgl. Dard/Gosewinkel, Planung, Technokratie und Rationalisierung, S. 209–233.

159 Hackinger an den Directeur Général des Industries Mécaniques et Electriques vom 5. Mai 1941, CAMT, Fonds 38 AQ 4.

160 Vgl. Homburg, Wirtschaftliche Dimensionen der deutschen Besatzungsherrschaft, S. 181–204; Lanthier, Vichy et l'Occupation dans le moyen terme, S. 35–57; Bouvier, Cohésion et stratégies d'un groupe industriel, S. 95–118; Stier, Expansion, réforme de structure et interconnexion européenne, S. 269–290.

161 Röhr, Europa unterm Hakenkreuz, S. 82.

162 Aktennotiz über die Besprechung bei der Wirtschaftsdelegation der Waffenstillstandskommission in Wiesbaden am 28. Oktober 1940 vom 3. November 1940, HSTA München, Spruchkammerakten Günther Quandt, Karton 1363/1.

163 Horst Pavel, Aktennotiz über die heutige Besprechung mit Herrn Dipl. Ing. Kranz vom OKW vom 13. Dezember 1940, ebd.

164 Homburg, Die deutsche Feindvermögensverwaltung, S. 361.

165 Gustav Schlotterer am 7. September 1940 in einem Bericht über eine am Vortag durchgeführte Besprechung zur Zusammenarbeit mit niederländischen und belgischen Wirtschaftskreisen, in: Nestler, Die faschistische Okkupationspolitik in Belgien, Luxemburg und den Niederlanden, S. 113.

166 Horst Pavel, Aktennotiz vom 30. November 1940, HSTA München, Spruchkammerakten Günther Quandt, Karton 1363/1.

167 Aussage Pavels im Zuge der Öffentlichen Sitzung der Spruchkammer Starnberg von 1948, HSTA München, Spruchkammerakten Günther Quandt, Karton 1362/4.

168 Pavel, Aktennotiz vom 20. Dezember 1940, HSTA München, Spruchkammerakten Günther Quandt, Karton 1363/1.

169 Pavel, Aktennotiz vom 1. Februar 1941, ebd.

170 Information der Auskunftei La Diffusion Industrielle & Commerciale vom 30. Dezember 1940, CAMT, Fonds 38 AQ 3.

171 AFA an Accumulateurs SLEM vom 3. Februar 1941, HSTA München, Spruchkammerakten Günther Quandt, Karton 1363/3.

172 Pavel, Aktennotiz über die am 13. März 1941, 10 Uhr, im RWM stattgefundene Besprechung betreffend Kapitalbeteiligung, HSTA München, Spruchkammerakten Günther Quandt, Karton 1363/1; Pavel, Aktennotiz betreffend Rücksprache mit Herrn Reg. Rat Dr. Jörges vom Reichswirtschaftsministerium, ebd.; RWM an AFA vom 21. März 1941, ebd.: «Eine deutsche Einflussnahme auf die von Ihnen angesprochenen französischen Firmen ist grundsätzlich erwünscht.»

173 RWM, Vermerk vom 5. Mai 1941, NACP, Records of the U.S. Chief of Counsel for War Crimes, Nuremberg Military Tribunals, re Nazi Industrialists, Microfilm 7–301, Roll 18 (Document NI-1927).

174 Pavel, Aktennotiz über die am 11. November 1942 im RWM stattgefundene Besprechung, HSTA München, Spruchkammerakten Günther Quandt, Karton 1363/1.

175 AFA, Aktenvermerk über die Besprechung im RWM betreffend Abt. Paris am 10. März 1943, ebd.

176 Pavel an Hackinger vom 26. Oktober 1942, ebd.

177 AFA an Hackinger vom 26. Oktober 1942, ebd.

178 Günther Quandt und Horst Pavel an RWM vom 6. November 1940, ebd.

179 Vgl. DEAC-Festschrift zum 50-jährigen Bestehen des Unternehmens von 1955, WWA, F 137, Nr. 1099, S. 102.

180 Vertrag vom 27. Oktober 1937, CAMT, Fonds 38 AQ 1.

181 AFA an RWM vom 30. Januar 1941, HSTA München, Spruchkammerakten Günther Quandt, Karton 1363/1.

182 Bouvier, De l'intérêt d'une organisation décentralisée, S. 171.

183 Vgl. Bouvier, Cohésion et stratégies d'un groupe industriel, S. 107 und S. 117.

184 Information der Auskunftei La Diffusion Industrielle & Commerciale vom 18. Dezember 1940, CAMT, Fonds 38 AQ 3.

185 Vgl. DEAC-Festschrift zum 50-jährigen Bestehen des Unternehmens von 1955, WWA, F 137, Nr. 1099, S. 158.

186 6. Reisebericht. Besuch bei der S.A.F.T. in Romainville vom 2. August 1940, WWA, F 137, Nr. 368.

187 Bericht A vom 23. August 1940, ebd.

188 Rüstungskommando Dortmund, Kriegstagebuch, 1. September – 30. November 1940, 1939–1944, BArch, RW 21/14 4.

189 Oberingenieur Katz, Fabrikation bei S.A.F.T. (Mai 1941), WWA, F 137, Nr. 368; Hackinger an den Generalluftzeugmeister vom 21. August 1942, CAMT, Fonds 38 AQ 10; Hackinger an den Generalluftzeugmeister Paris vom 21. Oktober 1941, CAMT, Fonds 38 AQ 9.

190 Information der Auskunftei La Diffusion Industrielle & Commerciale vom 23. Dezember 1940, CAMT, Fonds 38 AQ 3.

191 Note pour Monsieur Dahms vom 13. März 1942, CAMT, Fonds 38 AQ 4. AFA Oberschöneweide an von der Marwitz (Luftgauamt Brüssel) vom 23. Oktober 1941, LA Berlin, A Rep. 250-03-04, Nr. 47.

192 Rüstungskommando Dortmund, Kriegstagebuch, 1. September – 30. November 1940, 1939–1944, BArch, RW 21/14 4. Die M.I.O.M. stellte für die AFA bis ins Jahr 1944 vorwiegend Gefäße und Kästen für Starter-, Traktions- und U-Boot-Batterien her. AFA an Rüstungs-Inspektion Paris vom 17. Februar 1941, HSTA München, Spruchkammerakten Günther Quandt, Karton 1363/1. Daneben die Korrespondenz in CAMT, Fonds 38 AQ 7 und AFA Oberschöneweide an von der Marwitz (Brüssel) vom 28. Oktober 1941, LA Berlin, A Rep. 250-03-04, Nr. 45.

193 Aktennotiz von Roderbourg vom 6. Mai 1929, LA Berlin, A Rep. 250-03-04, Nr. 44.

194 AFA-Hauptverwaltung an AFA Hagen und Oberschöneweide vom 4. Dezember 1933, LA Berlin, A Rep. 250-03-04, Nr. 41.

195 Vgl. die Unterlagen in CAMT, Fonds 38 AQ 3.

196 Hackinger an den Militärbefehlshaber in Frankreich vom 28. Februar 1941, CAMT, Fonds 38 AQ 8. Vgl. auch Bouvier, Cohésion et stratégies d'un groupe industriel, S. 97–102; Hackinger an den Generalluftzeugmeister vom 21. August 1942, CAMT, Fonds 38 AQ 10; Note pour Monsieur Dahms vom 13. März 1942, CAMT, Fonds 38 AQ 4; Bischof, Reisebericht über eine Erkundungsfahrt in Frankreich und Belgien vom Juli/August 1942, WWA, F 137, Nr. 402, S. 33 und 35.

197 Vgl. die Information der Auskunftei La Diffusion Industrielle & Commerciale vom 18. November 1940, CAMT, Fonds 38 AQ 3.

198 AFA an RWM vom 30. Januar 1941, HSTA München, Spruchkammerakten Günther Quandt, Karton 1363/1.

199 Bischof, Reisebericht über eine Erkundungsfahrt in Frankreich und Belgien vom Juli/August 1942, WWA, F 137, Nr. 402, S. 10 f.

200 Vgl. die Unterlagen in CAMT, Fonds 38 AQ 32 und die Aufzeichnung Bischofs vom 29. Juli 1942, WWA, F 137, Nr. 402. Daneben Note pour Monsieur Dahms vom 13. März 1942, CAMT, Fonds 38 AQ 4.

201 Einige prägnante Beispiele bei Tooze, Ökonomie der Zerstörung, S. 453.

202 Information der Auskunftei La Diffusion Industrielle & Commerciale vom 22. November 1940, CAMT, Fonds 38 AQ 3.

203 AFA an Rüstungs-Inspektion Paris vom 17. Februar 1941, HSTA München, Spruchkammerakten Günther Quandt, Karton 1363/1.

204 AFA an RWM vom 30. Januar 1941, ebd.; AFA an La Pile Wonder vom 3. Februar 1941, HSTA München, Spruchkammerakten Günther Quandt, Karton 1363/3.

205 Vgl. Kenkmann, The Looting of Jewish Property, S. 148–167.

206 Ziegler, Erosion der Kaufmannsmoral, S. 163.

207 Vgl. Jungius, Der verwaltete Raub; Audeval u. a., «Arisierungsnetzwerke», S. 101–138.

208 Vgl. ebd., S. 103; Jungius/Seibel, Der Bürger als Schreibtischtäter, S. 265–300.

209 Zur Genese vgl. Bruttmann, Au Bureau des affaires juives, bes. S. 28–42.

210 Vgl. Mattéoli, Mission d'étude sur la spoliation des Juifs de France; Dreyfus, Pillages sur ordonnances. In komparativer Perspektive auch Dean, Robbing the Jews, bes. S. 300–313.

211 Vgl. ausführlich zu den Hintergründen und der Praxis der «Arisierungen» in dieser Region Laloum, Les juifs, S. 125–176.

212 Zit. nach Jungius/Seibel, Der Bürger als Schreibtischtäter, S. 274.

213 Vgl. Verheyde, L'aryanisation des grandes entreprise juives, S. 131 f. und bereits ders., Les mauvais comptes de Vichy.

214 Vgl. Prost/Skoutelsky/Étienne, L'aryanisation économique, S. 101.

215 Vgl. Joly, Vichy dans la «solution finale», bes. S. 208–225.

216 Deutsche Botschaft Paris an AA vom 20. Mai 1941, NACP, Records of the U.S. Chief of Counsel for War Crimes, Nuremberg Military Tribunals, re Nazi Industrialists, Microfilm 7–301, Roll 18 (Document NI-1928).

217 Zum Prozedere Ulshöfer, Einflußnahme auf Wirtschaftsunternehmungen, S. 115–118.
218 Hackinger an die Chambre des Députés vom 18. Juli 1941, CAMT, Fonds 38 AQ 3.
219 AFA an RWM vom 9. Mai 1942, HSTA München, Spruchkammerakten Günther Quandt, Karton 1363/2.
220 Vgl. hierzu Mayer, Staaten als Täter, S. 258–261.
221 Hackinger an AFA vom 23. Oktober 1942, HSTA München, Spruchkammerakten Günther Quandt, Karton 1363/2.
222 Information der Auskunftei La Diffusion Industrielle & Commerciale vom 30. November 1940, CAMT, Fonds 38 AQ 3.
223 Günther Quandt und Horst Pavel an RWM vom 6. November 1940, HSTA München, Spruchkammerakten Günther Quandt, Karton 1363/1.
224 Die Batterie- und Elemente-Industrie in Frankreich, Bericht Hackinger an Rüstungs-Inspektion Paris vom 17. Februar 1941, CAMT, Fonds 38 AQ 4; Note pour Monsieur Dahms vom 13. März 1942, ebd.; Bischof, Reisebericht über eine Erkundungsfahrt in Frankreich und Belgien vom Juli/August 1942, WWA, F 137, Nr. 402, S. 9.
225 Günther Quandt und Horst Pavel an RWM vom 6. November 1940, HSTA München, Spruchkammerakten Günther Quandt, Karton 1363/1.
226 AFA an RWM vom 30. Januar 1941, ebd.
227 So z. B. bei der Firma Kogan & Pouret, einem Unternehmen zur Herstellung von Taschen- und Fahrradlampen in Paris, dessen jüdische Besitzer sich aufgrund der antisemitischen Gesetzgebung in Frankreich aus dem Geschäft hatten zurückziehen müssen. Die AFA erreichte 1944 durch eine bedeutende Kapitalerhöhung eine Mehrheitsbeteiligung. Directions des Domains, Séquestre Sté K & P vom 29. September 1947, CAMT, Fonds 38 AQ 32.
228 AFA an RWM vom 30. Januar 1941, HSTA München, Spruchkammerakten Günther Quandt, Karton 1363/1.
229 Aussage Hackingers im Spruchkammerverfahren gegen Günther Quandt, HSTA München, Spruchkammerakten Günther Quandt, Karton 1362/5.
230 AFA an RWM vom 30. Januar 1941, HSTA München, Spruchkammerakten Günther Quandt, Karton 1363/1.
231 Der Fall der Blechemballagefabrik Hirschfeld Frères in Straßburg, die seit 1941 zur Pertrix gehörte, wird weiter unten behandelt.
232 Josef Sindel, Bericht über die Besichtigung der Batteriefabrik Pile Aglo in Paris – Suresnes – 40, rue Carnot vom 28. Februar 1941, HSTA München, Spruchkammerakten Günther Quandt, Karton 1363/2.
233 Eine Kopie des Vertrages zwischen Joseph und Elias Canetti aus dem Jahr 1925 findet sich in: CAMT, Fonds 38 AQ 1.
234 Hackinger an AFA betreffend Pile Aglo vom 9. März 1942, HSTA München, Spruchkammerakten Günther Quandt, Karton 1363/2.
235 Hackinger an Wirtschaftsgruppe Elektroindustrie vom 13. Februar 1942, ebd.
236 AFA an den Oberfinanzpräsidenten Berlin vom 4. Oktober 1941, HSTA München, Spruchkammerakten Günther Quandt, Karton 1363/1.

237 Compte-Rendu de la Reunion au Comité d'Organisation de la Construction Electrique vom 27. April 1942, CAMT, Fonds 38 AQ 4.

238 Wirtschaftsgruppe Elektroindustrie an den Militärbefehlshaber in Paris vom 1. August 1942, CAMT, Fonds 38 AQ 11.

239 AFA an RWM vom 9. Mai 1942, HSTA München, Spruchkammerakten Günther Quandt, Karton 1363/2.

240 Zu den technischen Details Quandt und Pavel an RWM betreffend Erwerb der La Pile Aglo S.A.R.L., Surèsnes/Seine vom 14. November 1941, ebd. Daneben die Ausführungen Hackingers über seinen «französischen Mittelsmann»: Hackinger an den Militärbefehlshaber in Frankreich vom 17. März 1942, CAMT, Fonds 38 AQ 8.

241 Titania an AO der NSDAP vom 22. April 1942, HSTA München, Spruchkammerakten Günther Quandt, Karton 1363/2.

242 Hackinger an den Militärbefehlshaber in Frankreich vom 13. Dezember 1941, CAMT, Fonds 38 AQ 8.

243 AFA, Reisebericht betreffend Reise nach Paris vom 22. März–2. April 1944, HSTA München, Spruchkammerakten Günther Quandt, Karton 1363/1. Vgl. auch die Information der Auskunftei La Diffusion Industrielle & Commerciale vom 21. Juni 1943, CAMT, Fonds 38 AQ 3.

244 Hackinger an Pavel vom 16. Juli 1943, HSTA München, Spruchkammerakten Günther Quandt, Karton 1363/1.

245 Dominitwerke AG an RWM vom 4. Februar 1941, HSTA München, Spruchkammerakten Günther Quandt, Karton 1363/2; AN AJ 38, 2919, Dossier 3329.

246 Information der Auskunftei La Diffusion Industrielle & Commerciale vom 14. Januar 1941, CAMT, Fonds 38 AQ 3.

247 AFA an Pertrix vom 24. Mai 1941, HSTA München, Spruchkammerakten Günther Quandt, Karton 1363/2; Dominitwerke AG an RWM vom 7. Oktober 1941, HSTA München, Spruchkammerakten Günther Quandt, Karton 1363/1; Militärbefehlshaber in Frankreich an Weil & Cie vom 8. Oktober 1941, CAMT, Fonds 38 AQ 8.

248 Information der Auskunftei La Diffusion Industrielle & Commerciale vom 31. Dezember 1940, CAMT, Fonds 38 AQ 3. Einen in letzter Sekunde vor Vertragsabschluss eingeleiteten Versuch der Vereinigten Deutschen Metallwerke AG in Nürnberg, sich das Unternehmen für eigene Zwecke zu sichern, wehrten die Dominitwerke ab. Das RWM wurde geradezu aufgefordert, den Abschluss der Verhandlungen nicht noch durch die «Einschaltung eines anderen deutschen Unternehmens» zu stören. Die AFA hatte sich an den Mutterkonzern der Nürnberger Firma, die Metallgesellschaft AG in Frankfurt, gewandt und den Hinweis gegeben, dass die «vielseitigen angenehmen Geschäftsbeziehungen» der AFA zur Metallgesellschaft nicht durch eine derartige Einschaltung gestört werden dürften. Dominitwerke AG an RWM vom 22. September 1941, HSTA München, Spruchkammerakten Günther Quandt, Karton 1363/2; Dominitwerke AG an RWM vom 17. Oktober 1941, ebd.; AFA an Hackinger vom 21. September 1941, ebd.

249 Hackinger an den Militärbefehlshaber in Frankreich vom 1. Juli 1941, CAMT, Fonds 38 AQ 8.

250 Information der Auskunftei La Diffusion Industrielle & Commerciale vom 22. November 1940, CAMT, Fonds 38 AQ 3.

251 Hackinger an AFA vom 14. Dezember 1940, ebd.; AFA an RWM vom 30. Januar 1941, HSTA München, Spruchkammerakten Günther Quandt, Karton 1363/1.

252 AFA an Wirtschaftsgruppe Elektroindustrie vom 20. Mai 1942, HSTA München, Spruchkammerakten Günther Quandt, Karton 1363/2.

253 Hackinger an Adolf Schneider vom 5. März 1941, HSTA München, Spruchkammerakten Günther Quandt, Karton 1363/3.

254 Information der Auskunftei La Diffusion Industrielle & Commerciale vom 10. Februar 1941, CAMT, Fonds 38 AQ 3.

255 Vgl. Hau, Les entreprises alsaciennes, S. 237.

256 Hackinger an den Generalluftzeugmeister Paris vom 24. Juni 1941, CAMT, Fonds 38 AQ 9.

257 Herbert Quandt, Kommentare zum Kapitel 4, HWA, Abt. 2017, Nr. 57–82.

258 Vgl. zur BEM Kapitel 11, S. 393–400.

259 Pavel an den Chef der Zivilverwaltung im Elsaß vom 21. Juli 1941, HSTA München, Spruchkammerakten Günther Quandt, Karton 1363/1.

260 Viktor Werner, Erinnerungen an meine Zusammenarbeit mit Dr. Herbert Quandt vom 12. April 1978, HWA, Abt. 2017, Nr. 57–82.

261 Zum Unternehmen Laloum, Les Juifs, S. 52.

262 AFA, Aktenvermerk über die Besprechung im RWM betreffend Abt. Paris vom 10. März 1943, HSTA München, Spruchkammerakten Günther Quandt, Karton 1363/1.

263 Auskunft der Diffusion Industrielle & Commerciale vom 8. August 1942, CAMT, Fonds 38 AQ 3.

264 AFA, Aktenvermerk über die Besprechung im RWM betreffend Abt. Paris vom 10. März 1943, HSTA München, Spruchkammerakten Günther Quandt, Karton 1363/1; Pavel, Aktennotiz über die am 11. November 1942 im RWM stattgefundene Besprechung, ebd.

265 AFA an Sindel vom 13. November 1942, HSTA München, Spruchkammerakten Günther Quandt, Karton 1363/1.

266 «Aktennotiz über die mit Herrn Direktor Hackinger am 1. 9. 43 in Berlin gehabte Besprechung betreffend unseren französischen Geschäftskreis», ebd.

267 Pavel, Notiz für Herrn Dr. Quandt vom 28. Januar 1943, HSTA München, Spruchkammerakten Günther Quandt, Karton 1363/3.

268 AFA an Bank der Deutschen Luftfahrt vom 5. Januar 1944, BArch, R 8121/419, Bl. 31–33.

269 Vgl. Laloum, Les Juifs, S. 168.

270 Vgl. Tooze, Ökonomie der Zerstörung, S. 452.

271 Günther Quandt und Horst Pavel an Jörges vom 5. Dezember 1940, HSTA München, Spruchkammerakten Günther Quandt, Karton 1363/4.

272 Herbert Quandt, Anlage III zum Fragebogen, HSTA Hannover, Nds. 171 Lüneburg, Nr. 6500.

273 Bericht von Roderbourg über Dänemarkreise vom 7./8. Juli 1929, LA Berlin, A Rep. 250-03-04, Nr. 44.

274 Günther Quandt und Pavel an Jörges vom 5. Dezember 1940, HSTA München, Spruchkammerakten Günther Quandt, Karton 1363/4.

275 Bericht Cecil v. Renthe-Finks an das AA vom 22. Juni 1940, zit. nach Petrick (Hrsg.), Die Okkupationspolitik des deutschen Faschismus, S. 184.

276 Petrick, Dänemark, das «Musterprotektorat»?, S. 121–134.

277 Mazower, Hitlers Imperium, S. 103.

278 Abraham, Die Verschärfung der faschistischen Okkupationspolitik, S. 507.

279 Aufzeichnung Werner v. Grundherr, Referatsleiter im AA vom 3. Oktober 1942, zit. nach Petrick (Hrsg.), Die Okkupationspolitik des deutschen Faschismus, S. 149.

280 Ulshöfer, Einflußnahme auf Wirtschaftsunternehmungen, S. 76.

281 Aktenvermerk von Holtzendorff über Besprechung im RWM am 24. März 1943 betreffend Aktieselskabet Accumulator-Fabriken, Lyngy, HSTA München, Spruchkammerakten Günther Quandt, Karton 1363/1. Pavel und Holtzendorff an Rüstungsstab Dänemark vom 29. September 1943, HSTA München, Spruchkammerakten Günther Quandt, Karton 1363/4.

282 RWM an AFA vom 17. September 1943, ebd.

283 Pavel und Holtzendorff an Rüstungsstab Dänemark vom 29. September 1943, ebd. Dies widersprach eindeutig der Angabe Pavels im Spruchkammerverfahren gegen Günther Quandt, der Wunsch nach Verlagerungsaufträgen sei «uns von der dänischen Gesellschaft nahe gebracht worden». Pavels Aussage in «Fortsetzung der Verhandlung am 15. Juli 1948», HSTA München, Spruchkammerakten Günther Quandt, Karton 1362/4.

284 Werner von Holtzendorff, Besprechungen in Dänemark vom 18. Oktober 1943, HSTA München, Spruchkammerakten Günther Quandt, Karton 1363/4.

285 Ebd.

286 Mazower, Hitlers Imperium, S. 254.

287 C. L. David an den Generalkläger am Kassationshof Bayern vom 3. März 1949, HSTA München, Spruchkammerakten Günther Quandt, Karton 1362/3.

288 Vgl. seine Aussage während der Befragung Horst Pavels im Zuge der Öffentlichen Sitzung der Spruchkammer Starnberg von 1948, HSTA München, Spruchkammerakten Günther Quandt, Karton 1362/4.

289 Banken, Kurzfristiger Boom, S. 188.

290 Günther Quandt und Pavel an RLM vom 16. Juli 1943, HSTA München, Spruchkammerakten Günther Quandt, Karton 1363/1.

291 Weil im Zuge der damaligen Ermittlungen und juristischen Verfahren eine Fülle von Dokumenten ans Tageslicht kamen, kann der Historiker auf Quellen zurückgreifen, die ansonsten wahrscheinlich nicht mehr zur Verfügung stünden: Beispielsweise gehört hierzu Material, das ein Vertrauensmann Lavals im Jahr 1946 im Auftrag des luxemburgischen Staatsministeriums bei der damaligen provisorischen AFA-Verwaltung in Bissendorf bzw. in Berlin beschlagnahmte.

292 Euler, Von Ritter bis Tudor, S. 41.

293 Werner/Reiter, Henri Owen Tudor, S. 156. Vgl. auch das Faksimile des Vertrages vom 1. Oktober 1922, ebd., S. 157 f.

294 Ebd., S. 160.

295 Roderbourg an AFA Oberschöneweide vom 16. Dezember 1929, LA Berlin, A Rep. 250-03-04, Nr. 41; Kraushaar an Roderbourg vom 15. Januar 1930, ebd.

296 Die Anekdote ist wiedergegeben bei Werner/Reiter, Henri Owen Tudor, S. 223.

297 Vernehmung Marc Schaefer am 2. Verhandlungstag, HSTA München, Spruch-kammerakten Günther Quandt, Karton 1362/5.

298 Bei dieser Information ist zu beachten, dass sie vom Widersacher Lavals, John Tudor, stammt, der sich einige Monate später der Gestapo andiente, um Laval anzuschwärzen. Aktenvermerk Zeidler vom 25. Februar 1941, AN Luxem-bourg, «Demande un révision», (Ministère de la Justice, Epuration).

299 Vgl. Thiel, «Menschenbassin Belgien».

300 Gillingham, The Baron de Launoit, S. 6.

301 Wouters, Le moindre mal.

302 Vgl. grundsätzlich Gérard-Libois/Gotovich, L'An 40; Wagner, Belgien in der deutschen Politik; Warmbrunn, The German Occupation; Verhoeyen, La Bel-gique occupée; Nefors, La collaboration industrielle en Belgique occupée 1940–1944; Pearce, Belgien; Meinen, Die Deportation der Juden.

303 Gillingham, The Baron de Launoit, S. 40.

304 Des Vos/Lierneux, Der Fall Belgien, S. 543.

305 Bericht von Gerhard Saager von Ende September 1941, in: Nestler (Bearb.), Die faschistische Okkupationspolitik, S. 160.

306 Volkmann, Luxemburg im Zeichen des Hakenkreuzes; ders., Autarkie, Groß-raumpolitik und Aggression.

307 Vgl. grundsätzlich Dostert, Luxemburg, bes. S. 64–75; Krier, Deutsche Besat-zung in Luxemburg.

308 Majerus, Vorstellungen von der Besetzung Belgiens, S. 42. Zu Simons Biogra-phie vgl. Dostert, Luxemburg, S. 70–74.

309 Vgl. Dostert, Luxemburg, S. 65.

310 Krier, Die Luxemburger Wirtschaft, S. 401.

311 Vgl. hierzu Gall, Hermann Josef Abs, S. 79–83; Mollin, Montankonzerne, S. 242.

312 Maas, Le groupe sidérurgique, S. 365.

313 AFA an RWM vom 19. Januar 1944, BArch, R 3101/34456.

314 Aktenvermerk Zeidler vom 25. Februar 1941, AN Luxembourg, S. 647; Nr. 298.

315 Vgl. die Unterlagen in CAMT, Fonds 38 AQ 9.

316 Marc Schaefer «Aktennotiz Oscar Mitscherling – Besuch vom 13./16. Dezem-ber bei Gottfried Hagen, Köln, und bei Hrn. Mitscherling in Berlin» vom 11. Januar 1950, HSTA München, Spruchkammerakten Günther Quandt, Karton 1362/3.

317 Aktenvermerk Zeidler vom 25. Februar 1941, AN Luxembourg, s. S. 647; Nr. 298.

318 Aussage Pavels im Zuge der Öffentlichen Sitzung der Spruchkammer Starnberg (1948), HSTA München, Spruchkammerakten Günther Quandt, Karton 1362/4. Ganz Ähnlich sagte Corbin Hackinger aus, ebd.

319 Sitzungen vom Donnerstag, dem 3. Juni 1948 und folgenden Tagen. Aide-Me-moire für die Zeugenaussage des Herrn Laval, HSTA München, Spruchkam-merakten Günther Quandt, Karton 1362/2.

320 Vgl. hierzu vor allem die Unterlagen in: Privatarchiv Henri Werner, Luxem-burg. (Kopien im Besitz des Verfassers) und Werner/Reiter, Henri Owen Tudor, S. 219. Vgl. zu den Ermittlungen der Gestapo über die Sogéco auch den von der Devisenstelle Luxemburg verfassten ausführlichen Bericht über die am 31. Juli 1941 bei der Firma Sogéco getroffenen Feststellungen, BArch, R 3101/34456.

321 Die Details dieser ebenso verworrenen wie erbitterten Erbstreitigkeiten finden sich in der Dokumentation «La tutelle de Marie-Antoinette Tudor. Cri d'alarme d'une mère», Brüssel 1940. Ein Exemplar dieser Schrift findet sich als Kopie im Musée Henri Tudor in Rosport (Luxemburg).

322 Zahlreiche Details kamen in einem Prozess ans Tageslicht, in dem Prüm 1946 wegen Kollaboration von einem Luxemburger Spezialgericht zu vier Jahren Haft verurteilt wurde. Peter Prüm vor dem Spezialgericht, in: Luxemburger Wort vom 19. August 1946.

323 Vgl. den Spruch der Spruchkammer Starnberg vom 28. Juli 1948, HSTA Mün-chen, Spruchkammerakten Günther Quandt, Karton 1362/1.

324 Gustav Schlotterer am 7. September in einem Bericht über eine am Vortag durchgeführte Besprechung zur Zusammenarbeit mit niederländischen und belgischen Wirtschaftskreisen, in: Nestler (Bearb.), Die faschistische Okku-pationspolitik in Belgien, S. 112 f., hier S. 113.

325 Aide Memoire für die Zeugenaussage des Herrn Laval vom 3. Juni 1948, HSTA München, Spruchkammerakten Günther Quandt, Karton 1362/2; Aktenver-merk Zeidler vom 25. Februar 1941, AN Luxembourg, s. S. 647, Nr. 298; vgl. auch Lavals Zeugenaussage im Prozess Prüm, in: Luxemburger Wort vom 19. August 1946.

326 2. Verhandlungstag, HSTA München, Spruchkammerakten Günther Quandt, Karton 1362/5.

327 Aktenvermerk Zeidler vom 25. Februar 1941, AN Luxembourg, s. S. 647, Nr. 298.

328 Günther Quandt an Laval vom 23., 30. und 31. Dezember 1940, HSTA Mün-chen, Spruchkammerakten Günther Quandt, Karton 1363/6.

329 Günther Quandt an Laval vom 4. Februar 1941, ebd.

330 Der Prozess vor dem Kassationsgericht endete erst am 17. Juli 1941 mit einer Niederlage der Partei von John Tudor.

331 Günther Quandt an Laval vom 24. Februar 1941, HSTA München, Spruch-kammerakten Günther Quandt, Karton 1363/6.

332 Von der Marwitz (Lille) an AFA Oberschöneweide vom 19. Juni 1941; AFA an von der Marwitz vom 26. Juli 1941, LA Berlin, A Rep. 250-03-04, Nr. 45.

333 Von der Marwitz (Lille) an AFA Oberschöneweide vom 24. Juni 1941, ebd.

334 Zu den Zahlungsmodalitäten vgl. AFA an von der Marwitz vom 11. September 1941, ebd.

335 Der Säuberungsprozeß Peter Prüm, in: Luxemburger Wort vom 12. November 1946.

336 Peter Prüm vor dem Spezialgericht, in: Luxemburger Wort vom 17. August 1946.

337 Aktenvermerk Zeidler vom 18. Februar 1941, AN Luxembourg, Dossier Zeidler, Revisionsakte Prüm. (verifizieren)

338 Schutzhaftbefehl vom 27. Juni 1941, Privatarchiv Dominique Laval.

339 Hartmann an den CdZ vom 27. Juni 1941, AN Luxembourg, CdG 171, Mikrofilm C. G. 161. Vgl. auch den ergänzenden Bericht von Hartmann an den CdZ vom 27. Juni 1941, der als Gründe für die Haft angab, Laval betätige sich «in frankophilem Sinne». HSTA München, Spruchkammerakten Günther Quandt, Karton 1362/3.

340 VDB an Laval vom 6. Juni 1941, HSTA München, Spruchkammerakten Günther Quandt, Karton 1363/7.

341 So die Aussage des Gestapo-Beamten Fritz Hartmann im Säuberungsprozess Prüm, in: Luxemburger Wort vom 7. Oktober 1946.

342 Der Säuberungsprozeß Peter Prüm, in: Luxemburger Wort vom 12. November 1946.

343 Vgl. Der Säuberungsprozeß Peter Prüm, in: Luxemburger Wort vom 8. Oktober 1946. Der Prozessberichterstatter notierte: «Man hat den Eindruck, als ob diese Transaktion nicht nach streng wirtschaftlichen Grundsätzen eingefädelt und durchgeführt worden wäre.»

344 Kaufvertrag zwischen AFA und John Tudor vom 30. Januar 1942, HSTA München, Spruchkammerakten Günther Quandt, Karton 1362/3.

345 Vernehmung Marc Schaefer, «2. Verhandlungstag», HSTA München, Spruchkammerakten Günther Quandt, Karton 1362/5.

346 AFA an von der Marwitz vom 24. Juli 1941, HSTA München, Spruchkammerakten Günther Quandt, Karton 1362/2.

347 RWM an AFA vom 10. Juli 1941, BArch, R 3101/34456.

348 Holtzendorff an Hettlage vom 14. September 1943, ebd.

349 Pavel, Aktennotiz vom 16. Dezember 1943, ebd.

350 Saager an AFA vom 24. Juli 1941, ebd.

351 Wallerang, Luxemburg, S. 55.

352 Dostert, Luxemburg, S. 67 f.

353 Wallerang, Luxemburg, S. 54.

354 Diese lassen sich auch auf dem Feld der belgisch-luxemburgischen Stahl- und Hüttenindustrie verfolgen. Vgl. Krier, Die Luxemburger Wirtschaft, S. 400 f.; Dostert, Luxemburg, S. 99–107.

355 Zit. nach dem Aide memoire für die Zeugenaussage Lavals vom Juni 1948, HSTA München, Spruchkammerakten Günther Quandt, Karton 1363/2. Im November 1941 versuchten auch der Abteilungsleiter der Rüstungsinspektion in Brüssel, Major Oswald Schultze, sowie der Wirtschaftsreferent im Amt 6 des RSHA, Regierungsrat Zeidler, Laval zum Verkauf zu bewegen.

356 Reichswirtschaftsministerium an AFA vom 5. Januar 1942, HSTA München, Spruchkammerakten Günther Quandt, Karton 1363/6.

357 Zit. nach dem Aide memoire für die Zeugenaussage Lavals vom Juni 1948, HSTA München, Spruchkammerakten Günther Quandt, Karton 1362/2.

358 Befragung von Quandt «Fortsetzung der Verhandlungen am 3. und 4. Juni

1948», HSTA München, Spruchkammerakten Günther Quandt, Karton 1362/4.

359 Dostert, Luxemburg, S. 97 f.

360 Zit. nach ebd., S. 96.

361 Die Diskrepanz zu den ursprünglich 2.751 Aktien erklärt sich dadurch, dass es dem Vertrauensmann Lavals, Marc Schaefer, in der Zwischenzeit gelungen war, 40 Aktien auf anderem Weg zu verkaufen. Dieses Aktienpaket befand sich auch noch 1947 im Kassenschrank von Delbrück, Schickler & Co. in Berlin. Vgl. AN Luxembourg, Bestand AEAA 294 (Mission militaire luxembourgeoise à Berlin. Restitutions – actions Tudor, Léon Laval).

362 Vgl. die Zeugenaussagen im Prozeß Prüm: Luxemburger Wort vom 12. November 1946.

363 August-Charles Laval wurde nach einem kurzen Zwischenaufenthalt im KZ Hinzert bis Mai 1943 im Gefängnis Wittlich bzw. Dachau inhaftiert. Im Herbst 1944 kam er ins KZ Buchenwald bzw. Mittelbau-Dora und musste im April 1945 auf den sog. Todesmarsch nach Bergen-Belsen. Am 29. April 1945 kehrte er nach Brüssel zurück, wo er seine Eltern traf. Unterlagen aus dem Privatarchiv Dominique Laval (Luxemburg). Kopien im Besitz des Verfassers.

364 Laval an Holtzendorff vom 8. April 1942, BArch, R 3101/34456.

365 Aide memoire für die Zeugenaussage Lavals vom Juni 1948, HSTA München, Spruchkammerakten Günther Quandt, Karton 1362/2.

366 Hartmann gab am 9. April 1949 dem luxemburgischen Militär-Auditor eine Erklärung ab, in der er sein Verhalten zu rechtfertigen versuchte: «Es handelte sich dabei nicht um eine förmliche Vernehmung, sondern um eine persönliche Rücksprache, zur Gewinnung eines Bildes der Persönlichkeit des Herrn Laval. Es ist möglich, daß ich bei dieser Gelegenheit, [...] mitbeeinflußt durch die selbstbewußte Haltung des Herrn Laval, Äußerungen gebraucht habe, die aus meiner augenblicklichen Gemütsbewegung zu erklären sind. [...] Ich bedaure die Entgleisung im Ton und Ausdruck und bitte dies psychologisch zu werten.» Einmal abgesehen von dieser unglaubwürdigen Darstellung warfen seine Ausführungen auch ein Licht auf die Verhältnisse: RWM, RLM und AFA seien, so Hartmann, daran interessiert gewesen, den Übergang von Tudor-Aktien an ein nichtdeutsches Konsortium zu verhindern und hätten daher eine Kapitalverflechtung mit der AFA angestrebt, obwohl über das Prozedere «Unstimmigkeit» geherrscht habe. Fritz Hartmann, Erklärung vom 9. April 1949, HSTA München, Spruchkammerakten Günther Quandt, Karton 1362/1.

367 Vgl. Henri Wehenkel, Die Begnadigung von Fritz Hartmann, Gestapochef von Luxemburg, in: Zeitung vum Lëtzebuerger Vollek vom 10. Mai 1990.

368 Quandt und Holtzendorff an Hettlage vom 7. Mai 1943, BArch, R 3101/ 34456.

369 Kontoauszüge Günther Quandt bei Delbrück, Schickler & Co., LA Berlin, A Rep. 251–09, Nr. 516.

370 RWM an AFA vom 13. Mai 1942, BArch, R 3101/34456.

371 Vgl. RWM an AFA vom 12. Mai 1942, ebd.

372 Vgl. auch eine ganz ähnliche Einschätzung durch Laval: Aide memoire für die

Zeugenaussage Lavals vom Juni 1948, HSTA München, Spruchkammerakten Günther Quandt, Karton 1362/2. Daneben Düwell, Gauleiter und Kreisleiter, S. 169.

373 Zit. nach Quandt und Holtzendorff an Hettlage vom 7. Mai 1943, BArch, R 3101/34456.

374 Vgl. Schrafstetter, Verfolgung und Wiedergutmachung, bes. S. 441.

375 Vgl. Hüttenberger, Die Gauleiter, S. 185.

376 Quandt und Holtzendorff an Hettlage vom 7. Mai 1943, BArch, R 3101/34456.

377 Holtzendorff an Hettlage vom 14. September 1943, ebd.

378 Schaefer an Holtzendorff vom 28. Oktober 1943, ebd.

379 Holtzendorff an Zehlein vom 4. Oktober 1943, ebd.

380 Holtzendorff an Hettlage vom 14. September 1943, ebd.

381 Ulshöfer, Einflußnahme auf Wirtschaftsunternehmungen, S. 106.

382 Holtzendorff an Zehlein vom 4. Oktober 1943, BArch, R 3101/34456.

383 Als besonders anschauliche Beispiele vgl. Portz an Holtzendorff vom 10. Dezember 1943 und Portz an Holtzendorff vom 10. Januar 1944, ebd.

384 AFA an RWM vom 19. Januar 1944, ebd.

385 Darauf deutet ein Schreiben der AFA an das RWM hin. Portz habe sich gegenüber Holtzendorff bereit erklärt, «mit allen ihm zur Verfügung stehenden Mitteln auch auf Herrn Dr. Laval einzuwirken, daß dieser seinerseits, sofern er aus dem Gefängnis entlassen wird und seinem Wunsche entsprechend ein Sanatorium in Bühlerhöhe aufsuchen darf, alles tut, um die 3000 Tudor-Aktien der AFA zu übereignen». AFA an RWM vom 19. Januar 1944, ebd.

386 RWM an CdZ Luxemburg vom 9. Februar 1944, ebd.

387 Holtzendorff an RWM vom 27. Januar 1944, ebd.; RWM an CdZ Luxemburg vom 9. Februar 1944, ebd.

388 CdZ Luxemburg an RWM vom 27. April 1944, ebd.

389 CdZ Luxemburg an RWM vom 24. Mai 1944, ebd.

390 RWM an Portz vom 16. Mai 1944, ebd.

391 Portz an RWM vom 13. Juni 1944, ebd.

392 Krier, Die Luxemburger Wirtschaft, S. 406.

393 Pavel an RWM vom 3. Februar 1943, HSTA München, Spruchkammerakten Günther Quandt, Karton 1363/3.

394 Einer dieser Vertrauensleute, eine gewisse Marthe Stahl, war nach späteren Polizeirecherchen «la maîtresse de M. Hackinger». (Inspecteur Principal an Direction des Domaines vom 27. November 1945, CAMT, Fonds 38 AQ 32). Sie hat dem verheirateten Hackinger in seinem Entnazifizierungsverfahren jedenfalls einen «Persilschein» ausgestellt.

395 AFA an RWM vom 29. Oktober 1942, HSTA München, Spruchkammerakten Günther Quandt, Karton 1363/3.

396 Vgl. Hackinger an AFA vom 6. Oktober 1942, HSTA München, Spruchkammerakten Günther Quandt, Karton 1363/1.

397 Pavel, Notiz für Herrn Dr. Quandt vom 28. Januar 1943, HSTA München, Spruchkammerakten Günther Quandt, Karton 1363/3.

398 AFA, Aktenvermerk über die Besprechung im RWM betr. Abt. Paris am 10. März 1943, HSTA München, Spruchkammerakten Günther Quandt, Kar-

ton 1363/1. Vgl. auch AFA, Reisebericht. Betr.: Reise nach Paris vom 22. März–2. April 1944, ebd.

399 Vgl. Hackinger an AFA vom 23. Oktober 1942, HSTA München, Spruchkammerakten Günther Quandt, Karton 1363/2.

400 Hackinger an Société Parisienne de Banque vom 8. August 1944, CAMT, Fonds 38 AQ 1.

401 AFA, Aktenvermerk über die Besprechung im RWM betr. Abt. Paris am 10. März 1943, HSTA München, Spruchkammerakten Günther Quandt, Karton 1363/1.

402 RWM an AFA vom 8. Mai 1943, ebd.

403 Zit. nach Hackinger an AFA vom 13. Juli 1943, ebd.

404 Hackinger an Pavel vom 16. Juli 1943, ebd.

405 Aktennotiz über die mit Herrn Direktor Hackinger am 1. September 1943 in Berlin gehabte Besprechung betreffend unseren französischen Geschäftskreis, ebd.

406 AFA an Bank der Deutschen Luftfahrt vom 5. Januar 1944, BArch, R 8121/419, Bl. 31–33.

407 Contrat AFA-Varta, Projet vom März 1944, CAMT, Fonds 38 AQ 1.

408 Hackinger an AFA vom 13. September 1944, HSTA München, Spruchkammerakten Günther Quandt, Karton 1363/1.

409 Aussage Horst Pavels im Zuge der Öffentlichen Sitzung der Spruchkammer Starnberg von 1948, HSTA München, Spruchkammerakten Günther Quandt, Karton 1362/4.

410 Banken, Kurzfristiger Boom, S. 188.

411 Bähr/Banken, Ausbeutung durch Recht, S. 24.

412 Tooze, Ökonomie der Zerstörung, S. 453.

413 Mit Quandt als Großaktionär im Rücken nahm auch Byk Gulden bald Tuchfühlung mit französischen Pharma- und Chemiefirmen auf. Ende 1941 versuchte man, sich mit 50 bis 60 Prozent bei dem in Paris ansässigen Pharmakonzern Adrien & Co. S. A. einzukaufen, um die eigenen Produkte in der Kollektion von Adrien auf dem französischen Markt anzubieten. Im Dezember 1942 wurde zudem eine Beteiligung in Höhe von 1,4 Millionen FF und damit von 70 Prozent an den in Paris ansässigen Laboratoires Bios erworben. Vgl. Aktennotiz über ein Telefonat der Deutschen Bank mit Byk Gulden vom 19. November 1941, BArch, R 8119 F/P 1633; Rechtsanwalt Horst Pleckmann an Byk Guldenwerke vom 2. November 1949, HWA, Abt. 2017, Nr. 10. Vgl. Auszug aus dem Bericht der Treuhand-Vereinigung AG vom 18. Dezember 1952, ebd.

414 Walter, Fabrique Nationale's Blowback Pistols. Daneben Grant, The Arms Trade, S. 29 f. Einige oberflächliche Informationen auch in Gangarossa, FN – Browning, S. 21 f.

415 Protokoll der DWM-Aufsichtsratssitzung vom 16. Oktober 1940, BArch, R 8119 F/P 1105, Bl. 22.

416 Schneider, Unternehmensstrategien, S. 398.

417 Vgl. Deutscher Reichsanzeiger vom 2. April 1943.

418 Protokoll der DWM-Aufsichtsratssitzung vom 16. Oktober 1940, BArch, R 8119 F/P 1105, Bl. 22.

419 Aktenvermerk als Zusatz zur Niederschrift über die DWM-Aufsichtsratssitzung vom 16. Oktober 1940, BArch, R 8119 F/P 1105, Bl. 24.

420 Francotte/Gaier, FN-Browning, S. 76.

421 Vgl. Kommandeur des Rüstungsbereichs Lüttich an Feß vom 26. September 1942, HSTA Dresden, 13 471 (NS-Archiv des MfS), ZA I.

422 Vos/Lierneux, Der Fall Belgien, S. 542. Vgl. Francotte/Gaier, FN-Browning, S. 74–77.

423 Francotte, S. 76.

424 Kurt Fleck an Hermann Gröschler vom 7. September 1942, HSTA Dresden, 13 471 (NS-Archiv des MfS), ZA I.

425 Schneider, Unternehmensstrategien, S. 382 f.

426 Walter, Fabrique Nationale's Blowback Pistols, S. 68.

427 Zusammenstellung der schwer bewertbaren Posten lt. RM-Schlussbilanz (1948), HWA, Abt. 2017, Nr. 45 – Ordner «Bank der deutschen Arbeit».

428 Eine bewaffnete «Fabrique Nationale Garde» zählte offensichtlich mehrere hundert Freiwillige, die meisten von ihnen Mitglieder der mit der Besatzungsmacht kollaborierenden politischen Organisationen. De Wever, Military collaboration in Belgium, hier S. 163.

429 Vgl. die Darstellung bei Buchheit, Ein Leben mit der Technik, S. 101–105. Daneben Übersicht über deutsche Waffenfabriken und ihre geheimen Werksanlagen vom 14. Juli 1945, IfZ, OMGUS 739/19.

430 DWM, Beilage zum Fragebogen (Frage 11), NACP, RG 243 (Records of the U.S. Strategic Bombing Survey), European Survey, 38.i.1, Box 344. Zwischen November 1944 und Februar 1945 wurde das Lütticher Werk durch deutsche V1-Raketen schwer getroffen. Das Office de Récupération Économique de la Mission Militaire Belge konnte nach Kriegsende 1228 FN-Munitionsmaschinen aus Belgien und Deutschland zurückholen, die Sowjets weigerten sich allerdings, die nach Posen gebrachten Einrichtungen zurückzugeben. Walter, Fabrique Nationale's Blowback Pistols, S. 68; Francotte/Gaier, FN-Browning, S. 78.

431 Vgl. Tinelli, Les Métallos de la Manurhin, S. 23–26; Manurhin – 50 ans, S. 5.

432 Lageberichte des Rüstungskommandos Straßburg, Lagebericht vom 12. August bis 12. September 1940, BArch, RW 21/57 10, fol. 67.

433 Wochentätigkeitsbericht der Gruppe Luftwaffe des Rüstungskommandos Straßburg vom 24. Januar 1942, BArch, RW 20/5 52b.

434 Kriegstagebuch der Wehrwirtschaftsinspektion Berlin im Wehrkreis III Zeit vom 1. Juni bis 30. September 1942, BArch, RW 20/3 1, Bl. 67. Vgl. auch Wochenbericht der Gruppe Luftwaffe der Rüstungsinspektion V (Stuttgart und Oberrhein) für die Zeit vom 5.–10. Januar 1942 ‹Wochenberichte der Abteilungen der Rüstungsinspektion V (Stuttgart und Oberrhein) 1941–1942, BArch, RW 20/5 52b; Wochenberichte der einzelnen Abteilungen der Rüstungsinspektion Oberrhein 1942, BArch, RW 20/5 23. Ende Juni 1942 wurde die Belegschaft mit 203 angegeben. Unterlagen zur Lohnpolitik und Personalstatistik der Rüstungsinspektion V (Stuttgart und Oberrhein) von 1940–1944, BArch, RW 20/5 38. Offensichtlich waren auch Zwangsarbeiter eingesetzt, allerdings im niedrigen zweistelligen Bereich. Vgl. hierzu die Aufstellung über die Zwangsarbeiter beschäftigenden Rüstungsbetriebe des

Rüstungskommandos Straßburg vom 29. Oktober 1942, BArch, RW 20/5 37; Liste des Rüstungskommandos Straßburg zum Stichtag 28. Februar 1943, o. D., BArch, RW 20/5 39. Liste des Rüstungskommandos Straßburg zum Stichtag 31. Mai 1943, o. D., BArch, RW 20/5 39.

435 HWA, Abt. 2017, Nr. 30.

436 Protokoll der DWM-Aufsichtsratssitzung vom 12. September 1940, BArch, R 8119 F/P 1105, Bl. 18 f.

437 Zit. nach Der Quandt-Konzern, in: Deutsches Wirtschaftsinstitut, S. 14.

438 Vgl. Firmenberichte über Kohleversorgung, Schreiben SART Apparatebau vom 16. September 1941, BArch, RW 21/57 17, fol. 15.

439 Im westpreußischen Graudenz erwarben die DWM zudem 1941 die Flugzeugwerke Graudenz GmbH. Treuhandbericht der AFA für das Geschäftsjahr 1941 vom 20. Juni 1942, BArch, R 8119 F/P 2461.

440 Vgl. Volkmann, Zwischen Ideologie und Pragmatismus, S. 225–243.

441 Vgl. Musial, Recht und Wirtschaft, S. 35.

442 Aktennotiz von der Tagung des Ministerrats für die Reichsverteidigung am 13. Oktober 1939, zit. nach: Röhr (Bearb.), Die faschistische Okkupationspolitik in Polen, S. 130 f.

443 Rede Hans Franks vor den Abteilungsleitern des Amtes des Generalgouvernements für die besetzten polnischen Gebiete am 19. Januar 1940, zit. nach Röhr (Bearb.), Die faschistische Okkupationspolitik in Polen, S. 43.

444 Vgl. Böhler, Auftakt zur Vernichtung, S. 241; Alberti, Die Verfolgung, S. 41–43.

445 Vgl. Böhler, Auftakt zur Vernichtung, S. 169.

446 Vgl. Alberti, Die Verfolgung, S. 41–43; Rosenkötter, Treuhandpolitik, S. 15.

447 Vgl. Pohl, Die Reichsgaue, S. 397.

448 Vgl. Łuczak, Polityka ludnościowa, S. 185.

449 Pohl, Die Reichsgaue, S. 402.

450 Richtlinien Görings vom 19. Oktober 1939, in: Der Prozeß gegen die Hauptkriegsverbrecher vor dem Internationalen Militärgerichtshof, Nürnberg 1948, Bd. 36, S. 482. Vgl. auch Rosenkötter, Treuhandpolitik, S. 82 und Łuczak, Polska i Polacy, S. 202.

451 Vgl. Rosenkötter, Treuhandpolitik, S. 24 f.

452 Vgl. Łuczak, Kraj Warty, S. 90 und S. 98.

453 Vgl. Łuczak, Polska i Polacy, S. 229.

454 Vgl. Łuczak, Kraj Warty, S. 110 f.

455 Vgl. ebd., S. 114.

456 Zur Vorgeschichte in Karlsruhe vgl. Kapitel 11, S. 372 f.

457 Geschichte der Rüstungsinspektion Posen, o. D., BArch, RW 20/21 10, S. 18.

458 Geschichte der Rüstungsinspektion Posen, Eintrag zum Zeitraum 1. November 1939–30. September 1940, ebd.

459 Vgl. Januszkiewcz, Hipolit Cegielski, S. 82; Wysłouch/Lukas, «Kochana, przesyłam ci rysunek... przekroju walca», S. 127.

460 Vgl. Januszkiewcz, Hipolit Cegielski, S. 82 f.

461 Vgl. Rosenkötter, Treuhandpolitik, S. 20 f.; Januszkiewcz, Hipolit Cegielski, S. 121.

462 Geschichte der Rüstungsinspektion Posen, o. D., BArch, RW 20/21 10, S. 17.

463 Kriegstagebücher der Rüstungsinspektion Posen, Eintrag zum vierten Quartal 1939, BArch, RW 20/21 1.

464 Geschichte der Rüstungsinspektion Posen, o. D., BArch, RW 20/21 12, S. 18.

465 Vgl. Buchheit, Ein Leben mit der Technik, S. 71.

466 Geschichte der Rüstungsinspektion Posen, o. D., BArch, RW 20/21 10, S. 18.

467 Ebd., S. 20.

468 Kriegstagebücher der Rüstungsinspektion Posen, Lagebericht vom 1.–11. November 1939, BArch, RW 20/21 1.

469 Kriegstagebücher der Rüstungsinspektion Posen, Eintrag aus dem Zeitraum vom 19.–125. November 1939, ebd.

470 Geschichte der Rüstungsinspektion Posen, o. D., BArch, RW 20/21 10, S. 20.

471 Vgl. hierzu die recht allgemein gehaltene Darstellung bei Radkiewicz, Dzieje Zakładów H. Cegielski, S. 173–175.

472 Geschichte der Rüstungsinspektion Posen, o. D., BArch, RW 20/21 10, S. 20; Kriegstagebücher der Rüstungsinspektion Posen, Eintrag vom 20. November 1939, BArch, RW 20/21 1.

473 Kriegstagebücher der Rüstungsinspektion Posen, Lagebericht vom 21.–27. Januar 1940, ebd.

474 Besprechung der Rüstungsinspektion Posen mit den DWM am 4. und 5. Juni 1940, ebd.

475 Rechenschaftsbericht der Haupttreuhandstelle Ost von 1939, BArch, R 144/518, Bl. 79 f. Vgl. auch Röhr (Bearb.), Die faschistische Okkupationspolitik in Polen, S. 241 und Buchheit, Ein Leben mit der Technik, S. 63.

476 Rosenkötter, Treuhandpolitik, S. 235.

477 Kriegstagebücher der Rüstungsinspektion Posen, Eintrag vom 21. November 1939 und Lagebericht vom 19.–25. November 1939, BArch, RW 20/21 1.

478 Kriegstagebücher der Rüstungsinspektion Posen, Eintrag vom 17. Juni 1940, ebd.

479 Vgl. Loose, Kredite für NS-Verbrechen, S. 88.

480 DWM, Geheim! Übersicht über bewilligte Mittel für Großplanungen vom 31. Dezember 1941, BArch, R 8119 F/P 1104.

481 Berliner-Börsen-Berichte vom 24. September 1940; Deutsche Bergwerkszeitung vom 17. Oktober 1940.

482 Protokoll der DWM-Aufsichtsratssitzung vom 12. September 1940, BArch, R 8119 F/P 1105, Bl. 14–16.

483 Forschungsanstalt: Meldung an die amerikanische Wirtschaftskommission vom 18. Mai 1945, NACP, RG 243 (Records of the U.S. Strategic Bombing Survey), European Survey, 38. i.1, Box 344.

484 DWM, Übersicht über die Entwicklung der Werte des Anlagevermögens lt. Körperschaftssteuer-Bilanzen vom 21. Januar 1942, BArch, R 8119 F/P 1104.

485 Vgl. Buchheit, Ein Leben mit der Technik, S. 71.

486 Kriegstagebücher der Rüstungsinspektion Posen, Eintrag vom 5. April 1940, BArch, RW 20/21 1.

487 Günther Reinhardt Nebuschka an Telford Taylor vom 3. November 1947, HSTA München, Spruchkammerakten Günther Quandt, Karton 1362/1.

488 Vgl. Buchheit, Ein Leben mit der Technik, S. 100.

489 Günther Quandt an Dietermann vom 20. November 1946, HWA, Abt. 2017, Nr. 36/37.

490 Bericht der Ermittlungsabteilung Nordbaden vom 10. Mai 1948 (Aussage Hans Dinner), HSTA München, Spruchkammerakten Günther Quandt, Karton 1362/1.

491 Rampone-Wagner, Persönlichkeiten, S. 192.

492 Vgl. Quandt/Quandt (Hrsg.), Günther Quandt erzählt sein Leben, S. 190.

493 Vgl. Buchheit, Ein Leben mit der Technik, S. 87.

494 Vgl. ebd., S. 63.

495 Wirtschaftsgruppe Stahl- und Eisenbau von [1940], APP, HTO, jednostek archiwalny 1103.

496 Reichsbetriebskartei: DWM 2 Posen vom 21. Januar 1944, BArch, R 3/2020, Nr. 0–1325–0035; Reichsbetriebskartei: DWM 3 Posen vom 21. Januar 1944, BArch, R 3/2020, Nr. 0–1325–0005.

497 Kriegstagebuch der Rüstungsinspektion Posen, Lagebericht aus dem Zeitraum vom 19.–25. Mai 1940, BArch, RW 20/21 1.

498 Kriegstagebücher der Rüstungsinspektion Posen, Eintrag zum vierten Quartal 1939, ebd.; Anlage 3 zum Lagebericht der Rüstungsinspektion Posen vom 10. Januar 1940, BArch, RW 20/21 13.

499 Vgl. Buchheit, Ein Leben mit der Technik, S. 75–78.

500 Vgl. ebd., S. 71.

501 Vgl. die ausführliche Darstellung der Belegschaftsentwicklung und der Zwangsarbeit bei den DWM Posen im Kapitel 13; S. 658–663.

502 Kriegstagebücher der Rüstungsinspektion Posen, Eintrag vom 10. April 1940, BArch, RW 20/21 1.

503 Anlage 3 zum Lagebericht der Rüstungsinspektion Posen vom 23. Januar 1940, BArch, RW 20/21 13; Anlage 3 zum Lagebericht der Rüstungsinspektion Posen vom 21. Februar 1940, ebd.

504 Kriegstagebücher der Rüstungsinspektion Posen, Eintrag vom 24. Januar 1940, BArch, RW 20/21 1; Kriegstagebücher der Rüstungsinspektion Posen, Eintrag aus dem Zeitraum vom 25. Februar – 2. März 1940, ebd.

505 Aktenvermerk der Rüstungsinspektion Posen über die Dienstreise vom 15.–21. März 1940 des Fl.-Stabsingenieurs Hartenstein vom 21. März 1940, ebd.

506 DWM, Geheim! Übersicht über bewilligte Mittel für Großplanungen vom 31. Dezember 1941, BArch, R 8119 F/P 1104.

507 Kriegstagebücher der Rüstungsinspektion Posen, Lagebericht vom 17.–23. März 1940, BArch, RW 20/21 1.

508 Bericht über die Sonderprüfung bei der Zuckerwaren- und Marmeladenfabrik St. Marecki, Posen von 1941, APP, HTO, jednostek archiwalny 7887 und «Zuckerwaren u. Marmeladenfabrik Stanisław Marecki Posen 1928, 1940–1944» o. D., APP, HTO, jednostek archiwalny 7882.

509 DWM an Treuhandstelle Posen vom 26. Februar 1943 und vom 10. April 1943, APP, HTO, jednostek archiwalny 7910. Einige Hinweise zu Aufträgen der DWM für die Posener Möbelwerke ergeben sich aus Oberleutnant Hassel an Korpsarzt vom 6. April 1943, BArch, RW 21/49 3. Vgl. auch Kriegstagebücher

der Rüstungsinspektion Posen, Eintrag vom 16. April 1941, BArch, RW 20/21 2 und Kriegstagebücher der Rüstungsinspektion Posen, Eintrag zum vierten Quartal 1942, BArch, RW 20/21 3, fol. 16.

510 Kriegstagebücher der Rüstungsinspektion Posen, Eintrag vom 19. Oktober 1942, ebd.; Kriegstagebücher des Rüstungskommandos Posen, Eintrag vom 21. Dezember 1942, BArch, RW 21/49 1; Bericht Spickenreuther über die Sitzung des Hauptausschusses Waffen am 9. September 1943 vom 13. September 1943, zit. nach Schneider, Unternehmensstrategien, S. 385.

511 Kriegstagebücher der Rüstungsinspektion Posen, Lagebericht vom 2.–8. Juni 1940, BArch, RW 20/21 1.

512 Aktenvermerk des Rüstungskommandos Posen vom 30. März 1944, BArch, RW 21/49 6.

513 Kriegstagebücher der Rüstungsinspektion Posen, Einträge vom 21. Januar, 6. Februar und 13. Oktober 1941, BArch, RW 20/21 2; Rüstungsinspektion Posen an OKW vom 12. Februar 1941, BArch, RW 20/21 14.

514 Januszkiewcz, Hipolit Cegielski, S. 86; Buchheit, Ein Leben mit der Technik, S. 78 f., 82 und 94. Kriegstagebücher der Rüstungsinspektion Posen, Eintrag zum vierten Quartal 1942, BArch, RW 20/21 3.

515 Vgl. Buchheit, Ein Leben mit der Technik, S. 88.

516 Kriegstagebücher der Rüstungsinspektion Posen, Eintrag vom 1. September 1943, BArch, RW 20/21 6.

517 Kriegstagebücher des Rüstungskommandos Posen, Eintrag vom 7. Dezember 1943, BArch, RW 21/49 5.

518 Kriegstagebücher des Rüstungskommandos Posen, Eintrag vom 18. Januar 1944, BArch, RW 21/49 6.

519 RLM an die Metallwerke Holleischen GmbH vom 22. Juli 1944, BArch, R 8121/10. Zu den Metallwerken Holleischen siehe auch weiter unten in der Schilderung der Expansion in die besetzte Tschechoslowakei.

520 Bericht über die Sitzung des Arbeitsstabes für Gewehrmunition am 23. März 1944, BArch, RW 21/49 6.

521 Ebd.

522 Vgl. hierzu den Schriftwechsel in den Kriegstagebüchern des Rüstungskommandos Posen, Eintrag aus dem Zeitraum vom 1. Januar–31. März 1943, BArch, RW 21/49 2; daneben Januszkiewcz, Hipolit Cegielski, S. 88. Lediglich einige Muster wurden bis Ende 1944 fertiggestellt. Vgl. Buchheit, Ein Leben mit der Technik, S. 99.

523 Vgl. zur Investitionspolitik im Krieg Kapitel 11, S. 416–434.

524 Schreiben des Arbeitsausschusses II im Sonderausschuss SW 1 – Schwere Lafetten an das Rüstungskommando Posen über eine Besprechung am 15. März 1943, BArch, RW 21/49 2.

525 Kriegstagebücher der Rüstungsinspektion Posen, Eintrag aus dem Zeitraum vom 1. April–30. Juni 1944, BArch, RW 20/21 9; DWM Posen an die Metallwerke Holleischen GmbH vom 28. April 1944, BArch, R 8121/10; RLM an die Metallwerke Holleischen GmbH vom 22. Juli 1944, ebd.; DWM Posen an die Bank der Deutschen Luftfahrt vom 5. August 1944, ebd.

526 Vgl. Radkiewicz, Dzieje Zakładów H. Cegielski, S. 174.

527 Kriegstagebücher der Rüstungsinspektion Posen, Eintrag vom 24. Juni 1944, BArch, RW 20/21 9.

528 SDWM Posen an die Bank der Deutschen Luftfahrt vom 3. Oktober 1944, BArch, R 8121/10.

529 Vgl. Januszkiewcz, Hipolit Cegielski, S. 88.

530 Besprechungsniederschriften der Rüstungskommission Vb (Straßburg), Antrag auf Verlegung der DWM, o. D., BArch, RW 21/57 18.

531 Rüstungskommando Straßburg vom 22. August 1944, BArch, RW 20/5 31. Vgl. auch Besprechungsniederschriften der Rüstungskommission Vb (Straßburg), Eintrag zur Arbeitsausschusssitzung vom 3. August 1944, BArch, RW 21/57 18.

532 Buchheit, Ein Leben mit der Technik, S. 88.

533 Kriegstagebücher der Rüstungsinspektion Posen, Eintrag aus dem Zeitraum vom 1. April 1944–30. Juni 1944, BArch, RW 20/21 9, fol 9.

534 Buchheit, Ein Leben mit der Technik, S. 99.

535 Franciszka Włodarska, Maschinenschriftlicher Bericht Nr. 157 vom 28. September 1946, I. Z., Dok II-299.

536 Jerzy Patyński, Bericht vom 20. August 1946, DWM Nr. 16233, I. Z., Dok II-294.

537 Vgl. Rogall (Bearb.), Die Räumung, S. 30 f.

538 Vgl. Buchheit, Ein Leben mit der Technik, S. 107–110.

539 Vgl. Januszkiewcz, Hipolit Cegielski, S. 88.

540 Vgl. ebd., S. 88–91.

541 Beschluss des Landgerichts Karlsruhe-Kammer für Handelssachen vom 19. November 1955, HWA, Abt. 2017, Nr. 45 – Ordner «Bank der deutschen Arbeit».

542 Protokoll der AFA-Abteilungsleiterkonferenz vom 17. und 18. März 1941, WWA, F 137, Nr. 404, S. 83.

543 Bericht über die Prüfung der Firma «Centra» durch die Neue Revisions- und Treuhandgesellschaft mbH, wahrscheinlich vom Sommer 1940, APP, HTO, jednostek archiwalny 7649.

544 Ebd.

545 Bericht über die Betriebe in den Gauen Danzig-Westpreussen und Posen, die ihrer Produktion nach zur Wirtschaftsgruppe Metallwaren und verwandten Industriezweigen gehören vom 8. April 1940, APP, HTO, jednostek archiwalny 6099.

546 Kriegstagebücher der Rüstungsinspektion Posen, Eintrag vom 11. Mai 1940, BArch, RW 20/21 1; Eintrag vom 14. Juni 1940, ebd.

547 Bericht über die Prüfung der Firma «Centra» durch die Neue Revisions- und Treuhandgesellschaft mbH, wahrscheinlich vom Sommer 1940, APP, HTO, jednostek archiwalny 7649; Prüfungsbericht Nr. 15/40, Wirtschaftsgruppe Eisen-, Stahl- und Blechwarenindustrie, o. D., APP, HTO, jednostek archiwalny 6089.

548 Geschichte der Rüstungsinspektion Posen, Eintrag aus dem Zeitraum vom 1. November 1939–30. September 1940, BArch, RW 20/21 10. Daneben Centra-Industrie-Werke W. Tomaszewski, Posen vom Herbst 1940, APP, HTO, jednostek archiwalny 8050; Schreiben des Beauftragten für den Vierjahresplan

– Haupttreuhandstelle Ost – an den Reichsstatthalter im Warthegau, Leiter der Treuhandstelle, Milbradt vom 21. Februar 1941, APP, HTO, jednostek archiwalny 7651.

549 Pavel an Nischik vom 5. Dezember 1949 und vom 6. Januar 1950, HWA, Abt. 2017, Nr. 45 – Ordner «Bank der deutschen Arbeit»; Kriegstagebuch der Rüstungsinspektion Posen, Eintrag vom 26. Mai 1943, BArch, RW 20/21 5.

550 Vierteljahresbericht des Rüstungskommandos Dortmund aus dem Zeitraum vom 1. Juni–31. August 1941, BArch, RW 21/14 7.

551 Vierteljahresbericht des Rüstungskommandos Dortmund, Eintrag aus dem Zeitraum vom Dezember 1941–Februar 1942, BArch, RW 21/14 9; Aktenvermerk Matthes vom 11. Dezember 1941, APP, HTO, jednostek archiwalny 7651 bzw. Lageberichte der Rüstungsinspektion Posen, Eintrag vom Oktober 1941, BArch, RW 20/21 14.

552 Herbert Quandt, Kommentare zum Kapitel 4, HWA, Abt. 2017, Nr. 57–82.

553 Kriegstagebuch des Rüstungskommandos Posen, Eintrag aus dem Zeitraum vom 1. Oktober–31. Dezember 1942, BArch, RW 21/49 1.

554 Kriegstagebücher der Rüstungsinspektion Posen, Eintrag vom 3. Februar 1943, BArch, RW 20/21 4.

555 Notiz für Herrn Direktor Clostermann vom 16. Februar 1943, NACP, RG 243 (Records of the U.S. Strategic Bombing Survey), European Survey, 92. e.3 (Business Files, Letters from Main Office), Box 727.

556 Kriegstagebücher der Rüstungsinspektion Posen, Eintrag vom 6. Mai 1943, BArch, RW 20/21 5.

557 Reichsbetriebskartei: Accumulatoren-Fabrik Posen vom 31. Januar 1944, BArch, R 3/2020, Nr. 0–1325–5337.

558 Pavel an Nischik vom 5. Dezember 1949 und vom 6. Januar 1950, HWA, Abt. 2017, Nr. 45 – Ordner «Bank der deutschen Arbeit».

559 ITEM No. 12, 22, 31: The German Accumulator Industry, in: B.I.O.S. Final Report 1129 (1945), HSTA Hannover, ZGS 8, Nr. 224.

560 Kriegstagebücher der Rüstungsinspektion Posen, Eintrag vom 26. November 1943, BArch, RW 20/21 7.

561 Verlagerungskennblätter für die Jahre 1943 und 1944, BArch, R 3/252.

562 Notiz für Herrn Direktor Clostermann vom 27. Januar 1945, NACP, RG 243 (Records of the U.S. Strategic Bombing Survey), European Survey, 92. e.3 (Business Files, Letters from Main Office), Box 726.

563 Vgl. Pohl, Philipp Holzmann.

564 Ebd., S. 251.

565 Depotauszug von Günther Quandt bei der Deutschen Bank vom 5. Mai 1943, BArch, R 8119 F/P 2354.

566 Vgl. die Unterlagen in LA Berlin, A Rep. 251–09, Nr. 516 und Vermerke der Stadtzentrale Abteilung A für Hermann Josef Abs vom 17. Oktober 1940, 3. Februar 1941, 10. Juli 1941 und 13. Februar 1942, BArch, R 8119 F/P 2458.

567 Ebd.

568 Aktennotiz von Hermann Josef Abs betreffend Philipp Holzmann A. G./Aktienkäufe durch Günther Quandt vom 18. Juli 1941, BArch, R 8119 F/P 2458.

569 Deutsche Bank Filiale Posen an Deutsche Bank Zentrale vom 28. Juli 1942, BArch, R 8119 F/P 2354.

570 Geheime Notiz von Hermann Josef Abs, Besuch des Herrn Dr. Günther Quandt am 24. März 1942 vom 25. März 1942, BArch, R 8119F/P 2458.

571 Karteikarte Dr. ing. eh. Günther Quandt, Nr. 8, Eintrag vom 10. April 1942, HA-Dt. Bk, Voi/53xx.

572 Vorstand der Philipp Holzmann AG an RWM vom 2. März 1942, BArch, R 8119 F/P 2458.

573 Karteikarte Dr. ing. eh. Günther Quandt, Nr. 7, Eintrag vom 24. März 1942, HA-Dt. Bk, Voi/53xx; Treuhandbericht der AFA für das Geschäftsjahr 1941 vom 20. Juni 1942, BArch, R 8119 F/P 2461; Aktenvermerk von Abs über ein Telefongespräch mit Ministerialdirigent Dr. Martini vom 3. November 1943, BArch, R 8119 F/P 2354.

574 Aktenvermerk vom 1. Juli 1943, ebd.

575 RWM an den Vorstand der Philipp Holzmann AG vom 5. Juni 1943, ebd.

576 Philipp Holzmann AG an RWM vom 11. Juni 1943, ebd.

577 Heinrich Holzmann/Linsenhoff an Funk vom 18. Juni 1943, ebd.

578 Aktenvermerk zu den Holzmann-Aktienkäufen, o. D., ebd.

579 Stobbe-Dethleffsen an Reichswirtschaftsministerium (z. Hd. Oberregierungs-rat Dr. Massar) vom 31. August 1943, ebd.

580 Aktenvermerk von Abs über ein Telefongespräch mit Ministerialdirigent Dr. Martini am 3. November 1943, ebd.

581 Aktenvermerk von Abs über ein Telefongespräch mit Ministerialdirigent Dr. Martini vom 3. November 1943, ebd.

582 Protokoll des Gesellschafterbeschlusses der Draeger-Werke vom 26. Mai 1944, HWA, Abt. 2017, Nr. 43 – Mappe «Berichterstattung Werner Quandt, Pritzwalk».

583 Vermögensübersicht vom 31. Oktober 1944, HWA, Abt. 2017, Nr. 43 – Mappe «Berichterstattung Werner Quandt, Pritzwalk».

584 Zu Sprenger vgl. Zibell, Jakob Sprenger.

585 Aktenvermerk von Abs über ein Telefongespräch mit Ministerialdirigent Dr. Martini vom 3. November 1943, BArch, R 8119 F/P 2354.

586 Stellungnahme des Dr. Ing. E. h. Günther Quandt zur Klageschrift des Öffentlichen Klägers vom 8. Februar 1948, HWA, Abt. 2017, Nr. 38; vgl. bereits Entgegnung vom 1. November 1945, HWA, Abt. 2017, Nr. 78.

587 Zur Selbststilisierung Quands in der Nachkriegszeit siehe Kapitel 15.

588 Vgl. zu umfangreichen Rüstungsinvestitionen Kapitel 11, S. 416–434.

589 Zum MWT und zur Orientierung der deutschen Wirtschaft nach Ost- und Südosteuropa vgl. Sohn-Rethel, Industrie und Nationalsozialismus; Sachse (Hrsg.), «Mitteleuropa».

590 Mazower, Hitlers Imperium, S. 18.

591 Müller, Hitlers Ostkrieg, S. 51.

592 Vgl. Schröter, Thesen und Desiderata, S. 35 f. Richard J. Overy hat eine Systematik vorgeschlagen, die Plünderung, Ausnutzung der produktiven Ressourcen und direkte Ausnutzung durch die Wehrmacht unterscheidet. Sie zielt nicht so sehr auf die zeitliche Dimension ab, ist aber in weiten Teilen deckungsgleich. Overy, The Economy, S. 14.

593 Hildebrand, Das Dritte Reich, S. 36 f.

594 50 Jahre Accumulatoren-Fabrik, S. 103.

595 Bericht des Vorstandes der AFA an den Aufsichtsrat über das II. Vierteljahr 1938 vom 17. August 1938, BArch, R 8119F/P 2460.

596 Vgl. Kapitel 12, S. 468–479.

597 Teichova/Waller, Der tschechoslowakische Unternehmer, S. 295.

598 Zur Entwicklung nach dem Münchener Abkommen vgl. Hildebrand, Das vergangene Reich, S. 661–678; Benecke, Die Entfesselung des Krieges; Voráécek (Hrsg.), The Disintegration.

599 Volkmann, Die Eingliederung, S. 188 f.

600 Besprechung bei Hermann Göring vom 14. Oktober 1938, in: Kaden (Hrsg.), Die faschistische Okkupationspolitik, S. 92.

601 Umbreit, Deutsche Militärverwaltungen, bes. S. 30–62; Bähr u. a., Der Flick-Konzern, S. 381.

602 Teichova, Instruments of Economic Control, S. 104.

603 Volkmann, Die Eingliederung, S. 192.

604 Mazower, Hitlers Imperium, S. 63.

605 Adam, «Ich ersuche», S. 320.

606 Adam, Holleischen, S. 145.

607 Adam, «Ich ersuche»; daneben Skriebeleit, Die Außenlager, bes. S. 212–214.

608 Adam, «Ich ersuche», S. 319.

609 Aussage Paul Eberhardts im Zuge der Öffentlichen Sitzung der Spruchkammer Starnberg von 1948, HSTA München, Spruchkammerakten Günther Quandt, Karton 1362/4.

610 Aussage Sara H. vom 24. September 1967, BArch, B 162/16098.

611 Protokoll der DWM-Aufsichtsratssitzung vom 12. September 1940, BArch, R 8119 F/P 1105, Bl. 17 f.

612 Adam, «Ich ersuche», S. 327, Anm. 9.

613 Vermerk des Reicharbeitsministeriums über eine Besprechung im Werk Mies vom 11. Dezember 1939, BArch, R 3901/221378, Bl. 58–60. Vgl. Kostenvoranschlag der Siedlungsgesellschaft Sachsen vom 1. März 1940, ebd.

614 Zit. nach Adam, «Ich ersuche», S. 318. Vgl. Vermerk des Reicharbeitsministeriums über eine Besprechung vom 22. Mai 1940, BArch, R 3901/221378, Bl. 96. Vgl. zum KZ-Außenlager Holleischen Kapitel 13, S. 657 f.; 679 f.; 694.

615 Die Gebäude der DWM in Holleischen wurden nach Kriegsende und Besitzwechsel für den tschechoslowakischen Fahrzeugbau benutzt.

616 HWA, Abt. 2017, Nr. 30.

617 Mazower, Hitlers Imperium, S. 66.

618 Umbreit, Deutsche Militärverwaltungen, S. 55.

619 LA Berlin, A Rep. 250-03-04, Nr. 49.2.

620 Günther Quandt und Horst Pavel an den Vorstand der Deutschen Bank vom 15. Juli 1940, BArch 8119F/P 6958.

621 Abschlussprüfung 1940 der Deutschen Treuhand-Gesellschaft bei der AFA Berlin vom 4. August 1941, BArch, R 8119 F/P 2461, S. 17.

622 Böhmische Union-Bank an AFA vom 19. Juni 1940, BArch, R 8119F/P 6958.

623 German Economic Department, Control Office for Germany and Austria, «The Günther Quandt Complex» vom Oktober 1946, TNA, WO 252/949, S. 12.

624 Mitteilung der AFA-Hauptverwaltung an die AFA Oberschöneweide vom 29. Oktober 1943, LA Berlin, A Rep. 250-03-04, Nr. 56.

625 Vermerk Holtzendorff vom 29. September 1942, HWA, Abt. 2017, Nr. 23.

626 Wallmüller, Anweisung für den Ablauf der Ausweichplanung vom 9. August 1943, LA Berlin, A Rep. 50-03-04, Nr. 47.

627 Notiz vom 16. Dezember 1943, LA Berlin, A Rep. 250-03-04, Nr. 76.

628 Abteilung Varta an die Prager Akkumulatoren-Fabrik vom 18. April 1944, LA Berlin, A Rep. 250-03-04, Nr. 46/1; AFA Oberschöneweide an die Prager Akkumulatoren-Fabrik vom 24. April 1944, ebd.

629 Aufstellung über Lieferungen von Flugzeugbatterien der Abteilung Varta vom 20. September 1944, ebd.

630 Reichsbetriebskartei: Prager Akkumulatorenfabrik AG Jungbunzlau vom 31. Januar 1944, BArch, R 3/2020, Nr. 0-1211-0002.

631 SD-Berichte zu Inlandsfragen vom 4. Oktober 1943, Weitere Meldungen zur Industrieverlegung, in: Boberach (Hrsg.), Meldungen aus dem Reich, S. 5850.

632 DEAC-Festschrift zum 50-jährigen Bestehen des Unternehmens von 1955, WWA, F 137, Nr. 1099. Vgl. auch Wir dienen der Sicherheit.

633 Bericht des Vorstandes der AFA an den Aufsichtsrat über das IV. Vierteljahr 1938 vom 15. März 1939, BArch, R 8119F/P 2460.

634 German Economic Department, Control Office for Germany and Austria, «The Günther Quandt Complex» vom Oktober 1946, TNA, WO 252/949, S. 12 und S. 36.

635 DEAC-Festschrift zum 50-jährigen Bestehen des Unternehmens von 1955, WWA, F 137, Nr. 1099, S. 162.

636 Boelcke, Deutschland als Welthandelsmacht.

637 Volkmann, Die Eingliederung, S. 204.

638 Hackinger an AFA vom 21. August 1940: «Vorschläge zur Wiedergutmachung des Versailler Vertrages und zur Neuordnung der europäische Wirtschaft», HSTA München, Spruchkammerakten Günther Quandt, Karton 1363/1.

639 Rodogno, Fascism's European Empire, S. 185–203.

640 Dimitrijevic, Das ausländische Kapital, S. 190; Boelcke, Deutschland als Welthandelsmacht, S. 49 f.

641 Jugoslawien hatte im europäischen Vergleich die größten Vorkommen des für die Akkumulatorenproduktion zentralen Rohstoffs Blei. Vgl. Schönfeld, Deutsche Rohstoffsicherungspolitik, S. 224.

642 Kolar-Dimitrijevic, «Munja», S. 81.

643 Ebd., S. 83–85.

644 Die Bilanzen und Gewinn- und Verlustrechnungen müssen jedoch mit Vorsicht genossen werden: Munja war darauf bedacht, jeweils nur geringe Gewinne auszuweisen, um keine zu hohen Steuerzahlungen leisten zu müssen. Vgl. ebd., S. 88–90.

645 Dimitrijevic, Das ausländische Kapital, S. 73.

646 Sundhaussen, Wirtschaftsgeschichte, S. 165 f. Vgl. auch Dimitrijevic, Das ausländische Kapital, Graphische Darstellung II, S. 80b.

647 Kolar-Dimitrijevic, «Munja», S. 92.

648 Galeazzo Ciano, Tagebücher (1939–1943), Bern 1946, S. 333.

649 Die Gesandtschaft unter Botschafter Siegfried Kasche entwickelte sich zur zentralen Schaltstelle zwischen dem Reich und Kroatien. Jareb, The NDH's Relations, S. 463.

650 Günther Quandt an den Bezirksbürgermeister Berlin vom 5. April 1943, HWA, Abt. 2017, Nr. 43 – Mappe «Berichterstattung Werner Quandt, Pritzwalk».

651 Seckendorf (Bearb.), Die Okkupationspolitik, S. 42.

652 Sundhaussen, Wirtschaftsgeschichte, S. 175.

653 Schönfeld, Deutsche Rohstoffsicherungspolitik, S. 258.

654 Zit nach König, Kooperation als Machtkampf, S. 204.

655 Kolar-Dimitrijevic, «Munja», S. 101.

656 Creditanstalt-Bankverein an Josef Joham vom 1. Dezember 1942, BArch, R 8119 F/P 2458.

657 Ebd.

658 Bericht der Deutschen Gesandtschaft über den Erwerb der jüdischen ‹Kontakt› durch die AFA vom 5. März 1942, BArch, R 901/110937.

659 Mitscherling an AA vom 16. März 1942, ebd.

660 Lamer galt als Fachmann auf dem Gebiet der deutsch-kroatischen Zusammenarbeit und hatte verschiedentlich für eine engere Zusammenarbeit zwischen beiden Staaten geworben. Vgl. Lamer, Kriegswirtschaftliche Einflüsse, S. 123 f.; ders., Die Wandlungen, S. 501 f.

661 Bericht der Deutschen Gesandtschaft über den Erwerb der jüdischen ‹Kontakt› durch die AFA vom 5. März 1942, BArch, R 901/110937.

662 Mitscherling an Pavel vom 20. August 1942, HSTA München, Spruchkammerakten Günther Quandt, Karton 1363/4.

663 Ebd.

664 Kolar-Dimitrijevic, «Munja», S. 96.

665 Creditanstalt-Bankverein an Josef Joham vom 1. Dezember 1942, BArch, R 8119 F/P 2458.

666 Kolar-Dimitrijevic, «Munja», S. 96.

667 Sundhaussen, Wirtschaftsgeschichte, S. 325.

668 König, Kooperation als Machtkampf, S. 225. Vgl. auch Sundhaussen, Okkupation, S. 358.

669 Zacharioudakis, Die deutsch-griechischen Beziehungen, S. 93. Vgl. zu den deutsch-griechischen Rüstungsbeziehungen auch Pelt, Tobacco; Mazower, Inside Hitler's Greece.

670 Fleischer, Kollaboration, S. 382. Vgl. Etmeksoglou, The Legitimacy of Illegality.

671 Vgl. zu diesen Versäumnissen ebda., S. 217.

672 Loulos, Politische, wirtschaftliche und soziale Aspekte, S. 410. Vgl. auch Richter, Griechenland im Zweiten Weltkrieg, S. 12–30.

673 Rodogno, Fascism's European Empire, S. 241.

674 Aus der Aufzeichnung von Franz Rademacher für Martin Luther vom 22. November 1941 über deutsche Kapitalbeteiligungen in Griechenland, in: Seckendorf (Bearb.), Die Okkupationspolitik, S. 186 f.

675 König, Kooperation als Machtkampf, S. 177–200; Rodogno, Fascism's European Empire, S. 233–243.

676 Vertrag zwischen der Regierung des Königreichs Griechenland und der AFA über die Lieferung von Akkumulatorenbatterien, BArch, R 2/16717, S. 11. Vgl. Antrag auf Gewährung einer Reichsbürgschaft für ein Lieferungsgeschäft nach Griechenland vom 17. Juli 1937, ebd., S. 1.

677 Vgl. Entwurf einer unverbindlichen Bürgschaftszusage vom 30. August 1937, ebd. Vgl. Entwurf für eine endgültige Bürgschaftserklärung, ebd., S. 4.

678 Protokoll der AFA-Abteilungsleiterkonferenz vom 17. und 18. März 1941, WWA, F 137, Nr. 404, S. 75 f.

679 Vgl. Mitscherling an Metallgesellschaft (Frankfurt am Main) vom 26. Juli 1941, HSTA München, Spruchkammerakten Günther Quandt, Karton 1363/4.

680 Mitscherling an Pavel vom 13. August 1941, ebd.

681 Mitscherling an Pavel vom 21. August 1941, ebd.

682 Günther Quandt und Horst Pavel an PAK vom 10. September 1941, ebd.; Mitscherling an Scheffel & Schmidt (Athen) vom 6. Juni 1941, ebd. Ein Hinweis auf den Erwerb auch in: Eichholz/Schumann (Hrsg.), Anatomie des Krieges, S. 355.

683 Pelt, Germany, S. 143.

684 Oscar Mitscherling, «Bericht über die Verhandlungen mit der PAK» vom 22. Juli 1941, HSTA München, Spruchkammerakten Günther Quandt, Karton 1363/4.

685 Günther Quandt und Horst Pavel an PAK vom 1. Oktober 1941, ebd.

686 Pavel an Balzer vom 6. Oktober 1941, ebd.

687 PAK an Mitscherling vom 28. Juli 1943, ebd.

688 AFA an Ruscheweih vom 9. Februar 1944, ebd.

689 Oscar Mitscherling, Aktennotiz: Betr.: PAK Athen vom 18. Februar 1944, ebd.

690 Ristovic, Weder Souveränität noch Industrialisierung, S. 234.

691 Der Prozeß gegen die Hauptkriegsverbrecher vor dem Internationalen Militärgerichtshof, Nürnberg 14. November 1945–1. Oktober 1946, Nürnberg 1949, Bd. 38, S. 88.

692 Zit. nach Müller, Hitlers Ostkrieg, S. 73.

693 Vgl. Müller, Handelspartner, S. 294 f.; ders. (Hrsg.), Die faschistische Okkupationspolitik, S. 30.

694 Niederschrift einer Besprechung bei General Thomas über den Einsatz der Wirtschaftsorganisation Ost vom 31. Juli 1941, in: ebd., Dok. Nr. 30, S. 178–180.

695 Müller (Hrsg.), Die deutsche Wirtschaftspolitik.

696 Vgl. Müller, Hitlers Ostkrieg, S. 79.

697 Riedel, Bergbau, S. 270.

698 Rede Hermann J. Abs' vor dem Handelspolitischen Ausschuß der Reichswirtschaftskammer vom 17. Juli 1941, in: Eichholz/Schumann (Hrsg.), Anatomie des Krieges, Dok. Nr. 173, S. 346 f.

699 Bähr u. a., Der Flick-Konzern, S. 414; insgesamt zu diesem Aspekt Müller, Handelspartner, S. 295.

700 Riedel, Bergbau, S. 270.

701 Böhler, Auftakt zur Vernichtung.

702 Wrzyszcz, Die deutsche «Wirtschafts»-Rechtssetzung, S. 60.

703 Vgl. Wixforth/Ziegler, Die Expansion der Reichswerke, S. 274.

704 Vgl. Eignungsbericht Byk Gulden zur Übernahme der Firma Chemische Handels- und Industrieanlagen Ludwik Spieß & Sohn AG vom 9. Februar 1942, BArch, R 8119 F/P 1633; Friedrich Rauch an Chemische Handels- und Industrieanlagen Ludwik Spieß & Sohn AG vom 27. Januar 1942, ebd.; Schreiben der Chemischen Handels- und Industrieanlagen Ludwik Spieß & Sohn AG, vom 4. April 1942, ebd.

705 Georg von Kruedener, Notiz «Betr. Generalgouvernement» vom 14. August 1941, HSTA München, Spruchkammerakten Günther Quandt, Karton 1363/4.

706 Vgl. hierzu Feldenkirchen, Siemens in Eastern Europe, bes. S. 135–139.

707 Georg von Kruedener, Notiz «Betr. Generalgouvernement» vom 14. August 1941, HSTA München, Spruchkammerakten Günther Quandt, Karton 1363/4.

708 German Economic Department, Control Office for Germany and Austria, «The Günther Quandt Complex» vom Oktober 1946, TNA, WO 252/949, S. 65.

709 Protokoll der AFA-Abteilungsleiterkonferenz vom 17. und 18. März 1941, WWA, F 137, Nr. 404, S. 86.

710 DEAC-Festschrift zum 50-jährigen Bestehen des Unternehmens von 1955, ebd., Nr. 1099, S. 159.

711 Georg von Kruedener, Notiz «Betr. Generalgouvernement» vom 14. August 1941, HSTA München, Spruchkammerakten Günther Quandt, Karton 1363/4; Mitteilung der AFA-Hauptverwaltung an das Werk Oberschöneweide vom 16. Juli 1942, LA Berlin, A Rep. 250-03-04, Nr. 56.

712 Georg von Kruedener, Notiz Betr. Genehmigung für die Eröffnung eines Büros in Krakau der Tudor GmbH vom 12. August 1941, HSTA München, Spruchkammerakten Günther Quandt, Karton 1363/4.

713 Vgl. zum Geschäftsverkehr AFA Oberschöneweide an Fa. Sanocka Fabryka Akumulatorow vom 4. Mai 1937, LA Berlin, A Rep. 250-03-04, Nr. 7/1.

714 Vgl. Rosenkötter, Treuhandpolitik.

715 Korrespondenz der AFA Oberschöneweide mit dem Treuhänder der Akkumulatorenfabrik AG Sanok i. L. vom Mai bis Juli 1940, LA Berlin, A Rep. 250-03-04, Nr. 7/1.

716 Vgl. Łuczak, Polska i Polacy, S. 229 f.

717 Beauftragter für Verlagerung der Elektroindustrie an den Vorsitzenden des Vorstandes der AFA bezüglich der Verlagerung eines Fertigungszweiges der AFA aus dem Werk Oberschöneweide nach Sanok vom 21. Januar 1944, BArch, R 3/265; Listen über den Produktionsanteil einzelner Firmen an elektronischen Erzeugnissen im Reich vom 15. Februar 1944, ebd.

718 Verlagerung der Pertrix-Fertigung aufgrund von Bombenschäden von Berlin-Niederschöneweide nach Grünberg vom Februar bis August 1944, BArch, R 3/267. Beauftragter für Verlagerung der Elektroindustrie, Schreiben an den Vorsitzenden des Vorstandes der AFA bezüglich der Verlagerung eines Fertigungszweiges der AFA aus dem Werk Oberschöneweide nach Sanok vom 21. Januar 1944, BArch, R 3/265; Listen über den Produktionsanteil einzelner

Firmen an elektronischen Erzeugnissen im Reich vom 15. Februar 1944, ebd. Vgl. auch Der Beauftragte für Verlagerung der Elektroindustrie, Plan der Produktionssicherung an den Reichsminister für Rüstung und Kriegsproduktion vom 26. Mai 1944, BArch, R 3/269.

719 Vgl. Łuczak, Polska i Polacy, S. 232.

720 Rapp und Karrer, Bericht betr. Einrichtung Werk Sanok. Reise Dr. Rapp und Ing. Karrer vom 16.–25. März 1944 nach Krakau und Sanok vom 29. März 1944, LA Berlin, A Rep. 250-03-04, Nr. 76.

721 Bericht vom 29. März 1944, HWA, Abt. 2017, Nr. 23 – Ordner AFA, Werk Oberschöneweide 1941–45, UQ VE 1.

722 Der Beauftragte für Verlagerung der Elektroindustrie, Plan der Produktionssicherung an den Reichsminister für Rüstung und Kriegsproduktion vom 26. Mai 1944, BArch, R 3/269.

723 Bericht betr. Einrichtung des Werks Sanok vom 2. August 1944, LA Berlin A Rep. 250-03-04, Nr. 73.

724 Revisionsbericht Pertrix für das Geschäftsjahr 1937 vom 31. Dezember 1937, BArch, R 8135/3760. Vgl. Aufstellung über Großkonzerne des Office of the Military Government for Germany vom 1. Oktober 1939, BArch, R 3 Anh./265, S. 3.

725 Zit. nach Volkmann, Ökonomie, S. 301.

726 Vgl. Benz u. a. (Hrsg.), Einsatz im «Reichskommissariat Ostland»; Bästlein, Völkermord.

727 Vgl. Bähr u. a., Der Flick-Konzern, S. 417.

728 Vgl. Górcyńska-Przybylowicz, Die Handelspolitik, S. 38.

729 Von Kruedener, Notiz für die Abteilung Ausland vom 22. Mai 1942, HSTA München, Spruchkammerakten Günther Quandt, Karton 1363/4. Vgl. auch von Kruedener an Wehrlin vom 12. Dezember 1941, ebd.; Mitteilung der AFA-Hauptverwaltung an das Werk Oberschöneweide vom 16. Juli 1942, LA Berlin, A Rep. 250-03-04, Nr. 56.

730 1943 mit einem Anlage- und Umlaufvermögen von 346.000 RM taxiert, HWA, Abt. 2017, Nr. 23.

731 Vermerk Holtzendorff vom 29. September 1942, HWA, Abt. 2017, Nr. 23.

732 Bericht Kruedeners über die Akkumulatorenfabrik «Avata» vom 20. Februar 1942, HSTA München, Spruchkammerakten Günther Quandt, Karton 1363/4; Mitteilung der AFA-Hauptverwaltung an das Werk Oberschöneweide vom 16. Juli 1942, LA Berlin, A Rep. 250-03-04, Nr. 56.

733 Bericht des Vorstandes der AFA an den Aufsichtsrat über das IV. Vierteljahr 1938 vom 15. März 1939, BArch, R 8119F/P 2460.

734 CAMT, Fonds 38 AQ 1, Mappe H.

735 Vermerk Holtzendorff vom 29. September 1942, HWA, Abt. 2017, Nr. 23.

736 Vgl. Fischer, Byk Gulden, S. 103.

737 Bericht über die beim DWM-Werk Borsigwalde durchgeführte Prüfung der Jahresabschlüsse 1944 bis 1947 und des RM-Abschlusses zum 25. Juni 1948, FA Quandt. Vgl. auch DWM an Generalbevollmächtigten für den Arbeitseinsatz des Beauftragten für den Vierjahresplan am 28. November 1942, NACP, Records of the U.S. Chief of Counsel for War Crimes, Nuremberg Military Tribunals, re Nazi Industrialists, Microfilm 7–301, Roll 13 (Document NI-1261).

738 Vgl. Overy, The Economy, S. 15.

739 Aktennotiz der AFA, Betr.: Accumulatoren-Industrie in Russland, HSTA München, Spruchkammerakten Günther Quandt, Karton 1363/4.

740 Diese Einstellung prägte auch die Motivation anderer deutscher Unternehmen auf dem Gebiet der Sowjetunion. Die Vereinigten Stahlwerke hatten im Fall einer Manganerzgrube im kaukasischen Tschiuri Ansprüche aus der Zeit von vor 1914 geltend gemacht. Vgl. Müller, Hitlers Ostkrieg, S. 55.

741 Dallin, German Rule, S. 385–388.

742 Niemann, Die Russengeschäfte. Zur Einordnung der «Russengeschäfte» in der longue durée vgl. Spaulding, Osthandel.

743 DEAC-Festschrift zum 50-jährigen Bestehen des Unternehmens von 1955, WWA, F 137, Nr. 1099, S. 111 f.

744 Pavel an RLM vom 27. Oktober 1941, HSTA München, Spruchkammerakten Günther Quandt, Karton 1363/6.

745 Dominitwerke A. G. an RWM vom 29. Oktober 1941, HSTA München, Spruchkammerakten Günther Quandt, Karton 1363/4.

746 Auflistung der Ostgesellschaften bei Müller (Hrsg.), Die faschistische Okkupationspolitik, S. 53 f.

747 Zu Pleiger vgl. Stremmel, Kammern, S. 114. Daneben grundsätzlich Wixforth/Ziegler, Die Expansion der Reichswerke.

748 Vgl. Müller, Hitlers Ostkrieg, S. 77 f.

749 Bähr u. a., Der Flick-Konzern, S. 415–420; Müller (Hrsg.), Die faschistische Okkupationspolitik, S. 55 f.

750 Fröbe, Deutsche Wirtschaft, S. 100.

751 Verzeichnis der im Bereich der Berg- und Hüttenwerksgesellschaft Ost mbH tätigen «Patenfirmen» vom März 1943, in: Müller (Hrsg.), Die faschistische Okkupationspolitik, Dok. Nr. 168, S. 404–406.

752 Vgl. Herbst, Der Totale Krieg, S. 365–382.

13. Zwangsarbeit bei den Quandt-Firmen

1 Vgl. Goschler, Vertrauenskapital und Vergangenheitspolitik, S. 157.

2 Im folgenden Kapitel tauchen manche Opfer von Zwangsarbeit nur mit abgekürzten Nachnamen auf, da eine vollständige Nennung in diesen Fällen aus datenschutzrechtlichen Gründen nicht zulässig gewesen wäre.

3 Vgl. Spoerer, Zwangsarbeit unter dem Hakenkreuz; Herbert, Fremdarbeiter, und die Beiträge in: ders. (Hrsg.), Europa und der «Reichseinsatz». Als Pionierstudie Homze, Foreign Labor. Zur frühen Forschungsgeschichte Ludewig, Zwangsarbeit, S. 558–577. Als Literaturüberblick Frese, Sozial- und Arbeitspolitik, bes. S. 432–436.

4 Vgl. zu dieser Debatte Seifert, Compensation, S. 319–332; Reininghaus/Reimann (Hrsg.), Zwangsarbeit.

5 Vgl. zusammenfassend zur Genese der Einrichtung Hense, Entstehung und Konzeption, S. 103–118.

6 Hildebrand, Das Dritte Reich, S. 213 f.

7 Zahlenangaben nach Spoerer, Zwangsarbeit unter dem Hakenkreuz, S. 223.

8 Buchheim, Unternehmen in Deutschland, S. 383; vgl. Homze, Foreign Labor, S. 13.

9 Erker, Industrie-Eliten.

10 Milward, Arbeitspolitik und Produktivität, S. 82.

11 Tooze, Ökonomie der Zerstörung, S. 618.

12 Bähr, GHH und M.A.N., S. 329.

13 Spoerer, Zwangsarbeit unter dem Hakenkreuz, S. 12.

14 Vgl. ebd., S. 222; Quellien, Les travailleurs forcés en Allemagne, S. 84; vgl. die leicht abweichenden Zahlen bei Herbert, Fremdarbeiter, S. 11.

15 Vgl. Burrin, La France à l'heure allemande.

16 Herbert, Französische Kriegsgefangene, S. 516.

17 Vgl. grundsätzlich Spoerer, Zwangsarbeit unter dem Hakenkreuz, S. 96.

18 Zielinski, Staatskollaboration, S. 81; ders., Der «Reichseinsatz», S. 379–396.

19 Vgl. Herbert, Fremdarbeiter, S. 116.

20 Kirchhoff, Die dänische Staatskollaboration, S. 106.

21 Vgl. Bermani, Odyssee, S. 43.

22 Zu den erheblich auseinanderklaffenden Zahlenangaben Bermani, Odyssee, S. 46–48. Bermani schätzt die Zahl der Italiener, die zwischen 1937 und 1942 nach Deutschland gingen, «annäherungsweise auf eine halbe Million». Ebd., S. 50.

23 Vgl. Graml, Italienische Gastarbeiter, S. 132–136.

24 Vgl. Mantelli, Wanderarbeit, S. 72; zudem Bermani, Odyssee, S. 146–159.

25 Als Überblicksdarstellung Sala, Vom «Fremdarbeiter» zum «Gastarbeiter», S. 93–120. Zu den Phasen der Heranziehung italienischer Arbeiter Mantelli, Wanderarbeit, S. 51–89; Hammermann, Zwangsarbeit.

26 Ebd., S. 210.

27 Die Zahlenangaben schwanken, weil nach 1945 keine überprüfbaren Untersuchungen durchgeführt wurden. Cajani, Die italienischen Militär-Internierten, S. 308, spricht sogar von 40 000 bis 50 000 Toten.

28 Denkschrift Himmlers an Hitler vom 28. Mai 1940, zit. nach Herbert, Fremdarbeiter, S. 75.

29 Vgl. Spoerer, Zwangsarbeit unter dem Hakenkreuz, S. 44–56.

30 Ebd., S. 94, eine differenzierte Betrachtung des Status «Ostarbeiter», dessen Definition zeitgenössisch und selbst heute noch bisweilen für Verwirrung sorgt.

31 Die medizinische Versorgung, vor allem der westlichen Zivilarbeiter, ist noch wenig erforscht. Vgl. für die polnischen Zwangsarbeiter und «Ostarbeiter» die Beiträge in Danker u. a. (Hrsg.), «Wir empfehlen Rückverschickung»; Frewer/Siedbürger, Zwangsarbeit und Medizin im NS-Staat, S. 11–25.

32 Schreiben Sauckels an die Reichstreuhänder der Arbeit und die Landesarbeitsämter vom 6. Juli 1943, abgedruckt in: Bories-Sawala, Franzosen im «Reichseinsatz», Bd. 1, S. 282.

33 Vgl. Rauh-Kühne, Hitlers Hehler?, S. 19.

34 Vgl. Spoerer, Zwangsarbeit unter dem Hakenkreuz, S. 197.

35 Vgl. Lotfi, KZ der Gestapo.

36 Herbert, Fremdarbeiter, S. 387.

37 Vgl. grundsätzlich Durand, La vie quotidienne; ders., La captivité.

38 Vgl. Spoerer, Zwangsarbeit unter dem Hakenkreuz, S. 99.

39 Ebd., S. 72.

40 Vgl. Kaienburg, Wie konnte es so weit kommen?, S. 267.

41 Vgl. Wagner, Das Außenlagersystem, S. 707–729, bes. S. 54.

42 Tooze, Ökonomie der Zerstörung, S. 612.

43 Vgl. Buggeln, Arbeit & Gewalt, S. 16; Schalm, Überleben durch Arbeit?, S. 24 f.

44 Für einige Betriebe lässt das Quellenmaterial eine detaillierte Analyse nicht zu. Dies gilt für einige Tochterunternehmen wie beispielsweise die Concordia oder die Dominitwerke, aber auch für bestimmte kleinere Zweigwerke der Byk Gulden, vornehmlich jedoch für Betriebe in den besetzten Ländern, in denen die Geheimhaltungsvorschriften spätere Recherchen erschwerten wie etwa bei der Pertrix Straßburg und den DWM-Werken Lüttich und Bitschweiler. Vom Tuchwerk Gebrüder Draeger ist bekannt, dass das Werk im September 1942 die Errichtung einer Baracke zur Unterbringung von 30 Ostarbeiterinnen beantragte, mit der Begründung, dies diene der «Erhaltung der Leistungsfähigkeit des Werkes». Anzeige über ein Bauvorhaben vom 14. September 1942, StA Pritzwalk, BPK, Nr. 4895; Abteilung Rüstungsausbau des Reichsministers für Bewaffnung und Munition an Firma Gebr. Draeger vom 18. September 1942, ebd.; Abteilung Rüstungsausbau des Reichsministers für Bewaffnung und Munition an Firma Gebr. Draeger vom 23. September 1942, ebd. Darüber hinaus wird die Zwangsarbeit in den Firmen nicht behandelt, in denen ein konkreter unternehmerischer Einfluss Quandts nicht abschließend geklärt werden konnte. Das gilt insbesondere für die Wintershall AG, die im großen Umfang Zwangsarbeiter einsetzte.

45 Grundlegend ist die Studie zum KZ-Außenlager Hannover-Stöcken aus der Feder von Schröder, Das erste Konzentrationslager, hier besonders S. 587–610; außerdem Buggeln, Arbeit & Gewalt. In den Prozessakten des Curiohaus-Prozesses in Hamburg, in dem die Hauptverantwortlichen des Konzentrationslagers Neuengamme vor einem britischen Militärtribunal angeklagt wurden, finden sich ebenfalls Informationen zum Lager und der Arbeit bei der AFA. Vgl. Obenaus, Die Räumung, S. 493–544; daneben auch den Katalog zu einer Wanderausstellung: Hertz-Eichenrode (Hrsg.), Ein KZ wird geräumt.

46 Vgl. Jungbluth, Die Quandts, S. 190–199.

47 Vgl. Mlynek, Machtübernahme und Kommunalpolitik; ders./Röhrbein (Hrsg.), Geschichte der Stadt Hannover; grundsätzlich Gotto, Nationalsozialistische Kommunalpolitik; Fleiter, Kommunen und NS-Verfolgungspolitik, S. 35–40, hier S. 39; ders., Stadtverwaltung.

48 Vgl. Anschütz/Heike, Kurzdarstellung, S. 1; Fleiter, Stadtverwaltung, S. 301.

49 Dezernentenbesprechung vom 19. August 1941, StA Hannover, R 36.

50 Vgl. Anschütz/Heike, Kurzdarstellung, S. 1.

51 Aussage des Ingenieurs Wilhelm Garten vom 5. September 1947, HSTA Hannover, Nds. 721, Nr. 26/4; TNA, WO 309/401.

52 Über dieses Treffen liegt keine direkte Aufzeichnung vor. Die Angaben stammen aus einem Schreiben der AFA an das Oberkommando der Kriegsmarine vom

20. Februar 1943, HSTA Hannover, Nds. 721, Nr. 26/3; Niederschrift über den Einsatz von KZ-Häftlingen in der AFA vom 27. Januar 1947, ebd. Daneben Schröder, Das erste Konzentrationslager, S. 52 und Dokument Nr. 4, S. 591.

Ralf Blank hat bei der Angabe des Jahres 1941 einen Datierungsfehler vermutet und aus der Anwesenheit des SS-Oberführers Richard Glücks geschlossen, dass das Treffen am 29. Januar 1943 stattgefunden habe. Vgl. Blank, Hagen im Zweiten Weltkrieg, S. 411, Anm. 283. Diese Annahme ist jedoch nicht haltbar. Blank schreibt, dass Richard Glücks erst im «März 1942 im Wirtschafts- und Verwaltungshauptamt der SS [WVHA] tätig» wurde und daher nicht schon 1941 an einem Treffen der SS und der AFA hätte teilnehmen können. Tatsächlich wurde das WVHA erst im März 1942 gegründet und Glücks war bereits vorher in leitender Tätigkeit für die Einrichtung von Konzentrationslagern wie u.a. Auschwitz verantwortlich. Zudem nahm SS-Oberführer Hans Loritz an den Verhandlungen zwischen AFA und SS teil. Dieser wurde aber 1942 wegen eines Korruptionsvergehens schuldig gesprochen und im September «für die Dauer des Krieges» nach Norwegen strafversetzt. Auch dies spricht dafür, dass der Kontakt zwischen SS und AFA bereits 1941 stattfand, da Loritz zum von Blank angenommenen Zeitpunkt im Januar 1943 schon nicht mehr beteiligt sein konnte. Riedel, Der «Wildpark», S. 69. Vgl. zu Loritz auch ders., Ordnungshüter und Massenmörder; Klee, Personenlexikon, S. 381.

53 Vgl. Spoerer, Profitierten Unternehmen von KZ-Arbeit?, S. 85.

54 Aktennotiz der AFA vom 27. Februar 1943, HSTA Hannover, Nds. 721, Nr. 26/3. Vgl. Schröder, Das erste Konzentrationslager, Dokument Nr. 2, S. 588 f.

55 AFA an OKM vom 20. Februar 1943, HSTA Hannover, Nds. 721, Nr. 26/3. Vgl. Schröder, Das erste Konzentrationslager, Dokument Nr. 1, S. 588 f.

56 Werk Hannover an die Zentralverwaltung der AFA vom 1. März 1943, HSTA Hannover, Nds. 721, Nr. 26/3. Vgl. Schröder, Das erste Konzentrationslager, Dokument Nr. 3, S. 590.

57 Mitteilung der AFA Berlin an das Werk Hannover vom 3. März 1943, HSTA Hannover, Nds. 721, Nr. 26/3. Vgl. Schröder, Das erste Konzentrationslager, Dokument Nr. 4, S. 591.

58 Aussage von Friedrich Clostermann vom 16. September 1947, TNA, WO 309/401.

59 Buggeln, Arbeit & Gewalt, S. 72.

60 Aktenvermerk der Rüstungsinspektion XI über den Einsatz von KZ-Häftlingen bei der AFA vom 10. März 1943, HSTA Hannover, Nds. 721, Nr. 26/3. Vgl. Schröder, Das erste Konzentrationslager, Dokument Nr. 5, S. 592 f.

61 Buggeln, Arbeit & Gewalt, S. 72.

62 Spoerer, Profitierten Unternehmen von KZ-Arbeit?, S. 87. Laut einer hagiographischen, ohne ausreichende Belege angefertigten Schrift zu Byk Gulden soll sich auch dieses Unternehmen als einziges in Oranienburg gewehrt haben, KZ-Häftlinge oder Juden als billige Arbeitskräfte einzusetzen. Als Begründung soll von Byk Gulden angegeben worden sein, dass es bei der Produktion mit «reaktionsbereiten Stoffen» nicht sinnvoll sei, ungelernte und unerfahrene Arbeiter einzusetzen. Auch habe sich die Führung von Byk Gulden geweigert, Zwangs-

arbeiter auf dem Firmengelände zu kasernieren und sich um ausreichenden Wohnraum außerhalb des Werkes bemüht. Zudem habe das Unternehmen «Mischlinge ersten Grades» weiterbeschäftigt. Fischer, Byk Gulden, S. 102. f. Diese Darstellung ist durch kein zeitgenössisches Dokument gedeckt.

63 Aktenvermerk der Rüstungsinspektion XI über den Einsatz von KZ-Häftlingen bei der AFA vom 10. März 1943, HSTA Hannover, Nds. 721, Nr. 26/3. Vgl. auch Schröder, Das erste Konzentrationslager, S. 56 und Dokument Nr. 5, S. 492 f.

64 Vgl. Schröder, ebd., S. 56, bes. Anm. 20; Jungbluth, Die Quandts, S. 193; Spoerer, Profitierten Unternehmen von KZ-Arbeit?, S. 88, Anm. 54; Buggeln, Arbeit & Gewalt, S. 72; ders., Hannover-Stöcken, S. 443–446.

65 In dem Dokument werden KZ-Häftlinge ansonsten ausnahmslos als solche benannt, während mit «Arbeitskräften» bzw. «AK» die zivilen Arbeiter benannt werden.

66 Vgl. Buggeln, Arbeit & Gewalt, S. 307.

67 Vgl. ebd., S. 311.

68 Vgl. Blank, Hagen im Zweiten Weltkrieg, S. 132.

69 Aktennotiz der AFA vom 27. Februar 1943, HSTA Hannover, Nds. 721, Nr. 26/3.

70 Kriegstagebücher der Rüstungsinspektion Posen, Eintrag vom 6. Mai 1943, BArch, RW 20/21 5.

71 Aktenvermerk der Rüstungsinspektion XIa vom 15. März 1943, HSTA Hannover, Nds. 721, Nr. 26/3. Vgl. Schröder, Das erste Konzentrationslager, Dokument Nr. 7, S. 596 f.

72 Konzentrationslager Neuengamme an AFA Hannover vom 16. Juli 1943, HSTA Hannover, Nds. 721, Nr. 26/3. Vgl. Schröder, Das erste Konzentrationslager, Dokument Nr. 8, S. 597 f.

73 Aussage des SS-Hauptscharführers Johannes Pump vom 11. Mai 1950, HSTA Hannover, Nds. 721, Nr. 26.

74 Luftbild der Royal Air Force vom 3. Oktober 1943: Stadtvermessungsamt der Landeshauptstadt Hannover.

75 Niederschrift über den Einsatz von KZ-Häftlingen in der AFA vom 27. Januar 1947, HSTA Hannover, Nds. 721, Nr. 26/3. Vgl. Schröder, Das erste Konzentrationslager, S. 62.

76 Prüfungsbericht des Ernährungsamtes Hannover vom 26. August 1944, StA Hannover, Wirtschafts- und Ernährungsamt 1279. Vgl. Anschütz/Heike, Feinde, S. 180. Daneben Schröder, Das erste Konzentrationslager, S. 61.

77 Anklageschrift gegen Genth und Maas vom 28. Januar 1963, HSTA Hannover, Nds. 721, Nr. 26/3. Ein entsprechendes Schaubild der AFA, das wahrscheinlich im Zusammenhang mit den Nachkriegsermittlungen angefertigt wurde, ist abgedruckt bei Schröder, Das erste Konzentrationslager, S. 50. Etwas andere Zahlenangaben, die aber wahrscheinlich ungenauer sind, ergaben sich aus amerikanischen Untersuchungen im Jahr 1945. Danach setzte sich die AFA-Belegschaft in Hannover zu 30 Prozent aus deutschen Arbeitern, zu 30 Prozent aus KZ-Häftlingen und zu 40 Prozent aus «‹Free Contract›, i. e; displaced persons or slave labor» zusammen. B. I. O. S. Miscellaneous Report No.

46: Aircraft Batteries (Lead and Alkaline) – The Accumulatoren Fabrik A.G. Hagen-Hannover Plants, S. 14, HSTA Hannover, ZGS 8, Nr. 224.

78 Aussage Gerhard G. vom 19. Februar 1948, HSTA Hannover, Nds. 721, Nr. 26/4.

79 Das Schicksal der dänischen Gefangenen ist am besten dokumentiert. Vgl. Schröder, Das erste Konzentrationslager, S. 64–68, bes. 67 sowie die bereits 1969 erschienene Arbeit von Barfod, Helvede har mange navne.

80 Vgl. Schröder, Das erste Konzentrationslager, S. 66.

81 Urteil gegen Maas und Genth vom 5. Juni 1963, HSTA Hannover, Nds. 721, Nr. 26/3; Aussage des Häftlings Lucien Frey vom 19. März 1947, TNA, WO 309/401. Vgl. auch Schröder, Das erste Konzentrationslager, S. 64–66.

82 Erste wissenschaftliche Studien aus den 1980er Jahren konnten sich auf Material stützen, das schon 1949 auf Anordnung der britischen Behörden für eine Erfassungs- und Suchaktion der ausländischen Beschäftigten zusammengestellt worden war. Obwohl die Untersuchungen sorgfältig durchgeführt wurden, fehlen ausgerechnet für die AFA, die einer der wichtigsten städtischen Einsatzorte für Zwangsarbeiter war, die entsprechenden Listen. Vgl. Blank/Hobein, Zwangsarbeit im «Dritten Reich», S. 51.

83 Vgl. Blank, Hagen im Zweiten Weltkrieg, S. 118.

84 Kriegstagebuch des Rüstungskommandos Dortmund vom 1. Juni–31. August 1940, BArch, RW 21/14 3.

85 Vgl. Blank, Hagen im Zweiten Weltkrieg, S. 119.

86 Vierteljahresbericht des Rüstungskommandos Dortmund vom 1. September–30. November 1941, BArch, RW 21/14 8.

87 Tagebuch Hans Bischof, WWA, F 137/402; vgl. Blank, Hagen im Zweiten Weltkrieg, S. 131.

88 Vierteljahresbericht des Rüstungskommandos Dortmund vom 1. September–30. November 1941, BArch, RW 21/14 8; Lagebericht des Rüstungskommandos Dortmund vom 6. Januar 1942, BArch, RW 21/14 9.

89 Vgl. Blank, Hagen im Zweiten Weltkrieg, S. 131 f.

90 Notiz für Herrn Direktor Clostermann vom 19. November 1942, NACP, RG 243 (Records of the U.S. Strategic Bombing Survey), European Survey, 92. e.3 (Business Files, Letters from Main Office), Box 727.

91 Die bisherigen Pächter sollten durch eine Entschädigungszahlung von 1500 bis 2000 RM zum Verzicht auf ihre Pacht gebracht werden. Notiz für Herrn Direktor Clostermann vom 9. März 1943, ebd.

92 Bericht an Herrn Direktor Clostermann vom 31. Januar 1944, ebd. Vgl. Blank, Hagen im Zweiten Weltkrieg, S. 133.

93 Notiz für Herrn Direktor Clostermann vom 5. Mai 1943, NACP, RG 243 (Records of the U.S. Strategic Bombing Survey), European Survey, 92. e.3 (Business Files, Letters from Main Office), Box 727. Vgl. zu diesem Vorgang auch Blank, Hagen im Zweiten Weltkrieg, S. 128 f.

94 Vgl. Pagenstecher, Einleitung, S. 9–12. Zur Zwangsarbeit in Berlin vgl. auch Demps, Sechs Forschungsvorschläge, S. 23–29; Bräutigam, Einige Aspekte des «Fremdarbeitereinsatzes», S. 31–42; ders. (Hrsg.), Zwangsarbeit in Berlin; Kubatzki, Standorte, S. 43–47; Wenzel, Quellen zur Geschichte des Zwangs-

arbeiter- und Zwangsarbeiterinneneinsatzes, S. 48–55; Fernhout, Niederländer und Flamen in Berlin; Meyer/Neitmann (Hrsg.), Zwangsarbeit während der NS-Zeit in Berlin und Brandenburg.

95 Die im Berliner Landesarchiv deponierten Materialien werden inzwischen durch einen «historischen Lernort» am Standort des letzten in Berlin baulich erhaltenen Zwangsarbeiterlagers in Schöneweide ergänzt. Vgl. Förderverein für ein Dokumentations- und Begegnungszentrum zur NS-Zwangsarbeit in Berlin-Schöneweide (Hrsg.), «NS-Lager entdeckt»; Nachama/Glauning/Rürup (Hrsg.), Das Dokumentationszentrum NS-Zwangsarbeit Berlin-Schöneweide; Layer-Jung/Pagenstecher, Vom vergessenen Lager, S. 3–13.

96 Beschäftigtenstand Werk Oberschöneweide von 1942 und 1943, LA Berlin, A Rep. 250-03-04, Nr. 49/2. Die Zahl der beschäftigten deutschen Frauen stieg hingegen bis zum Sommer 1940 auf 477.

97 Anforderung von Kriegsgefangenen für nichtlandwirtschaftliche Arbeiten vom 28. Januar 1941, ebd.

98 Aktennotiz von DBB vom 2. April 1941, ebd.

99 Aktennotiz der AFA Oberschöneweide vom 2. Oktober 1941, LA Berlin, A Rep. 250-03-04, Nr. 11.

100 AFA-Werk Oberschöneweide, Merkblatt für Herrn Broders, Betr: Kriegsgefangene vom 21. Oktober 1941, LA Berlin, A Rep. 250-03-04, Nr. 54.

101 Wallmüller an den Industrierat des Reichsmarschalls für die Fertigung von Luftwaffengerät vom 13. Februar 1942, LA Berlin, A Rep. 250-03-04, Nr. 41.

102 Baubeschreibung vom 1. Juni 1942, BArch, R 4606/4886.

103 AFA Oberschöneweide an Großküche Berolina vom 2. Februar 1942, LA Berlin, A Rep. 250-03-04, Nr. 12.

104 Baubeschreibung vom 5. Oktober 1942, BArch, R 4606/4886; AFA, Werk Oberschöneweide an den Generalbauinspektor für die Reichshauptstadt vom 13. Juli 1942, ebd.

105 Aktennotiz für Wallmüller vom 11. März 1942, LA Berlin, A Rep. 250-03-04, Nr. 49/2.

106 Wallmüller an den Industrierat des Reichsmarschalls für die Fertigung von Luftwaffengerät vom 15. Mai 1942, LA Berlin, A Rep. 250-03-04, Nr. 41.

107 Von der AFA Oberschöneweide ausgefüllter Betriebsfragebogen für Industriebetriebe vom 27. Januar 1943, LA Berlin, A Rep. 250-03-04, Nr. 42.

108 Beschäftigtenstand Werk Oberschöneweide von 1942 und 1943, LA Berlin, A Rep. 250-03-04, Nr. 49/2.

109 Nägele an Generalbauinspektor für die Reichshauptstadt vom 10. Februar 1943, ebd.

110 Vgl. Bräutigam, Entwicklungslinien des «Ausländereinsatzes», S. 9. Vgl. auch generell zur Entwicklung des Einsatzes von Zwangsarbeitern in Berlin von Fransecky, Zwangsarbeit in der Berliner Metallindustrie, S. 14–58.

111 Kriegstagebuch des Rüstungskommandos Berlin II, Bericht zur Einführung des Rotscheck-Verfahrens vom September/Oktober 1942, BArch, RW 21/3 2, fol. 20.

112 AFA Berlin an NSDAP/Hitlerjugend/Reichsjugendführung vom 7. Oktober 1940, LA Berlin, A Rep. 250-03-04, Nr. 64.

113 AFA Berlin an das Rüstungskommando Berlin IV vom 13. Mai 1941, LA Berlin, A Rep. 250-03-04, Nr. 60/4.

114 Notiz der AFA Oberschöneweide vom 28. August 1941, LA Berlin, A Rep. 250-03-04, Nr. 11.

115 DBB an Wallmüller vom 15. November 1941, LA Berlin, A Rep. 250-03-04, Nr. 49/2.

116 Notiz der AFA Oberschöneweide vom 17. November 1941, LA Berlin, A Rep. 250-03-04, Nr. 11; Vertrag zwischen dem Deutschen Reich (Stammlager III D) und der AFA vom 2. Dezember 1941, LA Berlin, A Rep. 250-03-04, Nr. 12.

117 Nägele an das Kommando des Rüstungsbereichs Berlin IV vom 17. Dezember 1941, LA Berlin, A Rep. 250-03-04, Nr. 49/2.

118 Aktenvermerk von Hiller vom 30. November 1942, LA Berlin, A Rep. 250-03-04, Nr. 49/1.

119 Kriegstagebuch des Rüstungskommandos Berlin II, Bericht zur Einführung des Rotscheck-Verfahrens vom September/Oktober 1942, BArch, RW 21/3 2, fol. 20.

120 Aktenvermerk von Hiller vom 30. November 1942, LA Berlin, A Rep. 250-03-04, Nr. 49/1.

121 Beschäftigtenstand Werk Oberschönweide im Jahre 1942, LA Berlin, A Rep. 250-03-04, Nr. 49/2; Beschäftigtenstand Werk Oberschönweide im Jahre 1943, ebd.

122 Zu den Forschungen zum Zwangsarbeitereinsatz bei der Pertrix vgl. Layer-Jung/Pagenstecher, Berlin-Schöneweide, S. 120–123; dies., Das Pertrix-Außenlager, S. 1; dies., Vom vergessenen Lager; einige Hinweise auch in Endlich/Kaiser, KZ-Häftlinge in der Reichshauptstadt, S. 249; vgl. Rüter (Hrsg.), DDR-Justiz, S. 129 f.

123 Vertrag der Arbeitsgemeinschaft Rudow vom 27. Dezember 1943, LA Berlin, A Rep. 250–01–16, Nr. 4.

124 Vgl. Layer-Jung/Pagenstecher, Das Pertrix-Außenlager, S. 1. Häftlinge des KZ Sachsenhausen wurden auch bei der Havelschmelzwerk GmbH eingesetzt, die durch «Arisierung» von den Dürener Metallwerken übernommen wurde. Vgl. Bundeszentrale für politische Bildung (Hrsg.), Gedenkstätten, S. 362.

125 Aussage Wanda-Maria D. vom 20. Oktober 1971, BArch, B 162/18156; Schlussvermerk des Amtsgerichtsdirektors vom 30. Juni 1972, ebd.

126 Waffen-SS Konzentrationslager Sachsenhausen, Veränderungsmeldung vom 27. und 28. Dezember 1944, GsA Sachsenhausen, JSU 1/100, Bl. 297–298 bzw. JSU 1/99, Bl. 298 (Original im FSB-Archiv Moskau); Veränderungsmeldung (Frauen-Lager) vom 20. Februar 1945, GsA Sachsenhausen, D 1 A 1026 (Original im Sonderarchiv Zentrum für die Aufbewahrung historisch-dokumentarischer Sammlungen Moskau).

127 Veränderungsmeldung (Frauen-Lager) vom 10. Februar 1945, GsA Sachsenhausen, D 1 A 1026 (Original im Sonderarchiv Zentrum für die Aufbewahrung historisch-dokumentarischer Sammlungen Moskau).

128 Aussage Janina P. vom 11. Juni 1971, BArch, B 162/18156.

129 Vgl. die auf Archivrecherchen in sowjetischen Archiven beruhenden Angaben

bei Layer-Jung/Pagenstecher, Berlin-Schöneweide, S. 121 f.; dies., Vom vergessenen Lager, S. 6.

130 Aussage Stefania W. vom 28. Oktober 1971, BArch, B 162/18156. Aussage Lydia R. vom 7. Juni 1971, ebd.

131 Schlussvermerk des Amtsgerichts Ludwigsburg vom 30. Juni 1972, BArch, B 162/18156.

132 Vgl. Layer-Jung/Pagenstecher, Das Pertrix-Außenlager, S. 1.

133 Vgl. Pagenstecher, Das GBI-Lager 75/76, S. 18.

134 Vgl. ebd., S. 2.

135 Vgl. Layer-Jung/Pagenstecher, Das Pertrix-Außenlager, S. 1.

136 Bericht des Ingenieurs Karrer (Vereinigte Märkische Tuchfabriken AG Schlosserei – Sagan) vom 4. November 1944, LA Berlin, A Rep. 250-03-04, Nr. 77.

137 Bericht des Ingenieurs Karrer vom 25. November 1944, ebd.

138 Bericht des Ingenieurs Karrer vom 5. Dezember 1944, ebd.

139 Bericht des Ingenieurs Karrer vom 9. Dezember 1944, ebd.

140 Bericht des Ingenieurs Karrer vom 5. Dezember 1944, ebd. Zu diesem Zeitpunkt waren etwa 25 Ostarbeiter in den Tuchfabriken beschäftigt. Ingenieur Karrer an AFA Zentralverwaltung z. Hd. Herbert Quandt vom 18. Januar 1945, ebd.

141 Ebd.

142 Vgl. Freund, Mauthausen, S. 255–257. Zum Außenlager Wien-Floridsdorf erschienen bislang ein kurzer Beitrag von Bertrand Perz sowie eine der grauen Literatur zuzuordnende Publikation der JG (Jungen Generation der SPÖ) Floridsdorf. Perz, Wien-Floridsdorf, S. 453–455; JG (Junge Generation in der SPÖ) Floridsdorf, Braune Jahre in Floridsdorf. 1938–1945, o. J. o. O., AMM, B 60/15.

143 Die Nebenlager des KZ Mauthausen. Häftlingsbewegungen, Zusammenstellung vom 4. Juli 1967, ebd.

144 Rolf Lambertz, Bericht über das Arbeitslager Heinkelwerke Wien vom 27. Februar 1948, zit. nach Perz, Wien-Floridsdorf, S. 454.

145 JG (Junge Generation in der SPÖ) Floridsdorf, Braune Jahre in Floridsdorf. 1938–1945, o. J. o. O., AMM, B 60/15.

146 Rüstungswirtschaftliche Lage (I. Qu.). KTB RüIn XVII, NACP, MF T 77/747/980719.

147 Stand der Außenkommandos vom 31. August 1944, AMM, B 60/12.

148 JG (Junge Generation in der SPÖ) Floridsdorf, Braune Jahre in Floridsdorf. 1938–1945, o. J. o. O., S. 8 f., AMM, B 60/15.

149 Vgl. Perz, Wien-Floridsdorf, S. 454. Die Häftlinge aus Floridsdorf arbeiteten bei der AFA und bei den Heinkel-Werken.

150 Die Akten des Stadtarchivs Karlsruhe sind angesichts von Kriegszerstörungen wenig ergiebig. Jürgen Schuhladen-Krämer schrieb im Zusammenhang mit seinen Forschungen zur Zwangsarbeit in Karlsruhe die IWK als Rechtsnachfolger der DWM an, die aber seinerzeit als einzige angeschriebene Firma nicht auf seine Anfrage antwortete. Vgl. Schuhladen-Krämer, Zwangsarbeit in Karlsruhe, S. 2 f. Einige Informationen finden sich im Begleitband zu einem im Jahr 1998 ausgestrahlten Dokumentarfilm: Drost, Patronenwald. Der Autor hat da-

bei vornehmlich Quellen des Arbeitsamts Karlsruhe ausgewertet und Interviews mit polnischen und holländischen Zwangsarbeitern geführt. Vgl. Drost, Patronenwald, S. 27.

151 Arbeitsamt Karlsruhe, Barackenaufstellung zur Unterbringung ausländischer Arbeitskräfte vom 20. Juni 1942, GLA Karlsruhe, 460/KA/314; Arbeitsamt Karlsruhe, Arbeitskräfteanforderung vom 22. Juli 1942, GLA Karlsruhe, 460/KA/320.

152 Vgl. Schuhladen-Krämer, Zwangsarbeit in Karlsruhe, S. 29.

153 Liste des Rüstungskommandos Mannheim zum Stichtag 31. Oktober 1941, o. D., BArch, RW 20/5 38.

154 Auszug aus den Personalmeldungen des Rüstungskommandos Mannheim zum Stichtag 30. September 1942, o. D., BArch, RW 20/5 37; Liste des Rüstungskommandos Mannheim zum Stichtag 31. Januar 1943, o. D., BArch, RW 20/5 39; Liste des Rüstungskommandos Mannheim zum Stichtag 30. Juni 1943, o. D., ebd.

155 Bericht des Arbeitsamtes Karlsruhe über die Entwicklung des Arbeitseinsatzes im Monat September 1941 vom 2. Oktober 1941, StA Karlsruhe, 1/H-Reg., Nr. 1975.

156 Bericht des Arbeitsamtes Karlsruhe über die Entwicklung des Arbeitseinsatzes im Monat Februar 1942 vom 3. März 1942, ebd.

157 Liste des Rüstungskommandos Mannheim zum Stichtag 30. September 1943, o. D., BArch, RW 20/5 39.

158 Insgesamt kamen im Verlauf des Zweiten Weltkriegs 4578 Zwangsarbeiter bei den DWM Karlsruhe zum Einsatz. Vgl. Schuhladen-Krämer, Zwangsarbeit in Karlsruhe, S. 141.

159 Vgl. Peter, Rüstungspolitik, S. 337.

160 Vgl. Stadt Karlsruhe (Hrsg.), Jenseits der Brauerstraße, S. 38.

161 Vgl. ebd., S. 35.

162 Vgl. Schuhladen-Krämer, Zwangsarbeit in Karlsruhe, S. 32 f.

163 Vgl. ebd., S. 34 f.

164 Vgl. Stadt Karlsruhe (Hrsg.), Jenseits der Brauerstraße, S. 38–40.

165 Liste des Rüstungskommandos Mannheim zum Stichtag 30. November 1942, BArch, RW 20/5 37.

166 Liste des Rüstungskommandos Mannheim zum Stichtag 31. Juli 1944, BArch, RW 20/5 57.

167 Vgl. Peter, Rüstungspolitik, S. 337.

168 Aussage des ehemaligen Zwangsarbeiters Hans-Oskar Baron Löwenstein de Witt im Film «Das Schweigen der Quandts».

169 Vgl. Schrage, «... und man schickte uns in die Baracken ...», S. 237.

170 Kostenanschlag vom 16. Dezember 1942, BArch, R 4606/4891.

171 Vgl. Schrage, «... und man schickte uns in die Baracken ...», S. 238. Im Mai 1943 sollten auch 80 bis 100 Gefangene aus dem Frauengefängnis Barnimstraße zur Arbeit überstellt werden. Auch die «Umsetzung von Facharbeitern, ungelernten Arbeitern und russischen Frauen» war vorgesehen. Kriegstagebuch des Rüstungskommandos Berlin III, Eintrag zur Besprechung am 18. Mai 1943, BArch, RW 21/4 14.

172 Im Zuge der 1968 eingereichten Klage einer inzwischen in Großbritannien

lebenden ehemaligen Zwangsarbeiterin kamen einige Details über das «Luna-Lager» ans Tageslicht. Die Deutschen Waggon- und Maschinenfabriken konnten als Nachfolgegesellschaft der DWM allerdings außer Personallisten keine Dokumente beibringen. Aktenvermerk der Staatsanwaltschaft beim Landgericht Berlin vom 24. Juni 1968, LA Berlin, B Rep. 058, Nr. 2930 Kt. 912, Nr. M 004, R 116. Die Unterlagen enthalten eine Liste mit 77 französischen und polnischen Zwangsarbeitern der DWM in Borsigwalde mit Geburtstag und Geburtsort. Aktenvermerk der Staatsanwaltschaft beim Landgericht Berlin vom 3. Juli 1968, ebd.; Schreiben des Landgerichts Köln an das Bundesverwaltungsamt Köln vom 13. November 1969, ebd.

173 Schreiben des Leiters der Zentralstelle für die Bearbeitung von nationalsozialistischen Gewaltverbrechen in Konzentrationslagern im Lande Nordrhein-Westfalen an den Generalstaatsanwalt vom 28. September 1970, ebd.

174 Vgl. Glogiewicz, «Ganz Grabowiec war in Berlin», S. 252 f.

175 Vgl. Demps, Zwangsarbeiter und Zwangsarbeiterlager, S. 147.

176 Interview mit Jadwiga Adamiak vom 8. Oktober 2001, Museumsverband Pankow, 2.4.2 Luna-Lager, Mappe 1; Brief von Bozena Bakowska, o. D., ebd.

177 Brief von Tadeusz Brzozowski, o. D., Museumsverband Pankow, 2.4.2 Luna-Lager, Mappe 2.

178 Interview mit Frau Adamiak und Frau Piwonska vom 8. Oktober 2001, ebd.

179 Vgl. Glogiewicz, «Ganz Grabowiec war in Berlin.», S. 254.

180 Vgl. ebd., S. 253 f.

181 Vgl. Demps, Zwangsarbeiter und Zwangsarbeiterlager, S. 147; Kubatzki, Zwangsarbeiter, S. 35; Schlickeiser, Borsigwalde, S. 632.

182 Meldung des Generalbevollmächtigten für die Regelung der Bauwirtschaft vom 25. Oktober 1943, BArch, R 4606/4891.

183 Interview mit Janina Pawlak vom 11. Oktober 2001, Museumsverband Pankow, 2.4.2 Luna-Lager, Mappe 2.

184 Vgl. Glogiewicz, «Ganz Grabowiec war in Berlin.», S. 255 f.; Interview mit Anna Buczak vom 12. Oktober 2001, Museumsverband Pankow, 2.4.2 Luna-Lager, Mappe 1.

185 Kriegstagebuch des Rüstungskommandos Berlin III, Eintrag vom 13. September 1943, BArch, RW 21/4 15; vgl. Glogiewicz, «Ganz Grabowiec war in Berlin.», S. 253.

186 Interview mit Janina Pawlak, o. D., Museumsverband Pankow, 2.4.2 Luna-Lager, Mappe 2.

187 Kriegstagebuch des Rüstungskommandos Berlin I, Eintrag vom 7. Juli 1942, BArch, RW 21/2 1.

188 Vgl. Schrage, «... und man schickte uns in die Baracken ...», S. 240.

189 NACP, RG 243, The United States Strategic Bombing Survey, Microfilm M-1013, Roll 2: «Duerener Metallwerke AG Duren Wittenau-Berlin & Waren, Germany» (Aircraft Division, January 1947), frame 738.

190 Vgl. hierzu die Karte mit Einzeichnung, o. D., BArch, R 4606/4889.

191 Vgl. Demps, Zwangsarbeiter und Zwangsarbeiterlager, Nr. 614.

192 Vgl. Kubatzki, Zwangsarbeiter, S. 155, Nr. 476.

193 Kostenüberschlag vom 29. September 1942, BArch, R 4606/4889. Ein weiteres

Lager, das möglicherweise auch von den Dürener Metallwerken genutzt wurde, firmierte unter dem Namen «Egelpfuhl» in Spandau. Es war ursprünglich für 3600 Zwangsarbeiter projektiert, wurde jedoch nur teilweise fertiggestellt. Ende 1942 waren erst 360 Plätze vorhanden, die allerdings bereits voll belegt waren. Im August 1943 war das Lager zu 80 Prozent aufgebaut; geplant war ein weiterer Ausbau für 2000 Zwangsarbeiter. Vgl. Schrage, «... und man schickte uns in die Baracken ...», S. 239.

194 Vgl. Rathmer, «Ich erinnere mich».

195 Vgl. etwa den Bericht «Spectaclo internationale» [sic] in Lübeck. KdF betreut auch die ausländischen Arbeiter, in: Lübecker Generalanzeiger vom 26. September 1941; Faksimileabdruck in: Rathmer, «Ich erinnere mich», S. 105.

196 Vgl. Rathmer, «Ich erinnere mich», S. 26.

197 Durchschrift zum Antrag auf Erteilung einer Devisengenehmigung vom 20. Oktober 1941, LA Schleswig-Holstein, Abt. 510, Nr. 5292.

198 Schreiben der MfM an den Oberbürgermeister von Lübeck vom 7. September 1945, Faksimileabdruck in: Rathmer, «Ich erinnere mich», S. 79.

199 Aufstellung und Zahlen nach Rathmer, «Ich erinnere mich», S. 43–52.

200 Auf den Umfang der Zwangsarbeit in der DWM-Tochter Mauser-Werke in Oberndorf wurde in den 1980er Jahren durch Fernsehproduktionen aufmerksam gemacht. Hierzu zählte der Film des Journalisten Wolfgang Landgraeber «Fern vom Krieg» (1984), der die Zwangsarbeit durch Zeitzeugeninterviews ins Gedächtnis rief, gefolgt von einer weiteren Dokumentation unter dem Titel «Zwangsarbeit: Vergeben, aber nicht vergessen» (1987).

201 Vgl. Kohlmann, Erinnerungen, S. 177–185; Seel, Mauser.

202 Protokoll der Übergabeverhandlungen des Reichsarbeitsdienstes vom 25. März 1942, StA Oberndorf, AF 48; Arbeitserziehungslager Aistaig, 1941–1962, StA Oberndorf, AF 1142.

203 Vorschätzung des früheren Arbeitsdienstlagers des Zweckverbandes Arbeitsdienstlager vom 23. März 1946, StA Oberndorf, AF 48. Zu den Kosten finden sich in den Quellen unterschiedliche Angaben: In einer Beratungsniederschrift des Oberndorfer Bürgermeisters von 1943 wird angeführt, das Arbeitsdienstlager sei in den 1930ern mit einem Aufwand von über 100000 RM Schulden erbaut worden: Niederschrift über die Beratungen des Bürgermeisters von Oberndorf mit den Beigeordneten und Ratsherren vom 21. Juni 1943, StA Oberndorf, AF 44. In seiner Auflösungssitzung gab der Verwaltungsrat des Zweckverbandes 1949 die Kosten mit 67172 RM an. Niederschrift über die Verhandlung des Verwaltungsrats des Zweckverbandes Arbeitslager Oberndorf am 3. März 1949, ebd.

204 Ebd. Vgl. auch Niederschrift über die Beratungen des Bürgermeisters von Oberndorf mit den Beigeordneten und Ratsherren vom 21. Juni 1943, ebd.

205 Vorschätzung des früheren Arbeitsdienstlagers des Zweckverbandes Arbeitsdienstlager vom 23. März 1946, StA Oberndorf, AF 48.

206 Vertrag zwischen dem Reichsarbeitsdienst und dem Zweckverband Arbeitsdienstlager Oberndorf vom 9. April 1942, StA Oberndorf, AF 46; Vertrag zwischen dem Zweckverband Arbeitsdienstlager Oberndorf und den Mauser-Werken vom 15. Mai 1942, ebd. Niederschrift einer Besprechung im

Reichsarbeitsdienstlager Oberndorf vom 1. Juni 1943, StA Oberndorf, AF 44; Niederschrift über die Beratungen des Bürgermeisters von Oberndorf mit den Beigeordneten und Ratsherren vom 21. Juni 1943, ebd.

207 Schreiben der Mauser-Werke an den Bürgermeister von Oberndorf vom 14. Dezember 1943, StA Oberndorf, AF 887.

208 Stadtbauamt Oberndorf an den Bürgermeister von Oberndorf, ebd.; Niederschriften des Bürgermeisters von Oberndorf vom 21. Juli 1944 und vom 7. August 1944, ebd.

209 Vgl. das Faksimile in: Manuskript Dörge, Bd. 4, S. 572 a.

210 Vgl. Kohlmann, Erinnerungen, S. 178 f.

211 Vgl. Kastilan, Spaichingen, S. 171–173.

212 Anlage zum Schreiben des Stalag VI H an Regierungspräsident Aachen vom 4. März 1941, HSTA Düsseldorf, Reg. Aachen 23492, pag. 39, 42 f.

213 Rüstungsinspektion III (Berlin), Lageberichte, 21. September 1939–11. Januar 1940, 1939–1942, BArch, RW 20/3 12.

214 Lagebericht für die Woche vom 21. bis 27. Oktober 1940, Rüstungskommando Köln, Kriegstagebuch, 2. September–1. Dezember 1940, 1939–1944, BArch, RW 21/35 5.

215 Lagebericht für die Woche vom 6. bis 12. Januar 1941, Rüstungskommando Köln, Kriegstagebuch, 2. Dezember 1940–2. März 1941, 1939–1944, BArch, RW 21/35 6. Daneben Stalag VIH an Regierungspräsident Aachen vom 4. März 1941, Anlage: Verzeichnis der Kriegsgefangenen-Außenlager des Stalag VI H, Kreis Düren I: Düren Metallwerk, HSTA Düsseldorf, Regierung Aachen, Nr. 23492, pag. 39, 42.

216 NACP, RG 243, The United States Strategic Bombing Survey, Microfilm M-1013, Roll 2: «Duerener Metallwerke AG Duren Wittenau-Berlin & Waren, Germany» (Aircraft Division, January 1947), frame 740 und 743.

217 Jahresbericht der Betriebszelle für das Kriegsjahr 1942 (Dürener Metallwerke, Werk Düren), HWA, Abt. 2017, Nr. 55 – Ordner «Chronik des Werkes Düren bis 16. 11. 1944», S. 7 und 19.

218 BArch, R 3/2011, Nr. 0-0558-0005: Dürener Metallwerke AG.

219 Reichsbetriebskartei: Mecklenburgische Metallwarenfabrik mbH Waren vom 31. Januar 1944, BArch, R 3/2016, Nr. 0-0239-0001.

220 Vgl. Achner, Mecklenburgische Metallwarenfabrik, S. 44.

221 Vgl. Stamp, Zwangsarbeit in der Metallindustrie, S. 24.

222 Vgl. Achner, Mecklenburgische Metallwarenfabrik, S. 41 f.

223 Vgl. Mohr/Ranglack/Riesterer, Erfurt unterm Sternenbanner, S. 62.

224 Geheimer Bericht der Rüstungsinspektion Kassel vom 14. Juli 1941, BArch, RW 20/29, 26, Bl. 51.

225 Liste der ausländischen Arbeiter der Berlin-Erfurter Maschinenfabrik Nr. 1–242, HSTA Weimar, Bestand BEM Henry Pels, 3.

226 Vgl. Adam, Das Flossenbürger KZ-Außenlager Holleischen, S. 324.

227 Vgl. Skriebeleit, Die Außenlager, S. 199.

228 Aussage Margarete S. vom 11. Dezember 1971, BArch, B 162/16097; Aussage Eva Karpelesz vom 8. August 1967, BArch, B 162/16096; Schlussvermerk vom 18. September 1975, BArch, B 162/16098.

229 Vgl. Adam, Das Flossenbürger KZ-Außenlager Holleischen, S. 324.
230 Aussage Sara H. vom 24. September 1967, BArch, B 162/16098.
231 Aussage Pnina H. vom 1. Oktober 1967, ebd.
232 Vgl. Schmidt, Nürnberg (Siemens-Schuckertwerke), S. 207–209. Leicht differierende Zeitangaben und Angaben über die Häftlingszahl bei Adam, Das Flossenbürger KZ-Außenlager Holleischen, S. 321 f.
233 Schlussvermerk vom 18. September 1975, BArch, B 162/16098. Vgl. Adam, Das Flossenbürger KZ-Außenlager Holleischen, S. 323.
234 Geschichte der Rüstungsinspektion Posen, o. D., BArch, RW 20/21 10.
235 Vgl. Łuczak, Kraj Warty.
236 Vgl. Alberti, Die Verfolgung, S. 90, Zitat S. 33.
237 Vgl. Kotowski, Rekrutierung, S. 19–21.
238 Vgl. Łuczak, Polska i Polacy, S. 278 f.
239 Kriegstagebücher der Rüstungsinspektion Posen, Lagebericht vom 10.–16. Dezember 1939, BArch, RW 20/21 1.
240 Vgl. Januszkiewcz, Hipolit Cegielski, S. 86.
241 Vgl. Radkiewicz, Dzieje Zakładów H. Cegielski, S. 174.
242 Aktennotiz von Hermann J. Abs vom 9. Dezember 1941, BArch, R 8119 F/P 1104.
243 HSTA Weimar, Bestand BEM Henry Pels, 23, Bl. 65.
244 Reichsbetriebskartei: DWM 2 Posen vom 21. Januar 1944, BArch, R 3/2020, Nr. 0-1325-0035; Reichsbetriebskartei: DWM 3 Posen vom 21. Januar 1944, BArch, R 3/2020, Nr. 0-1325-0005.
245 Vgl. Buchheit, Ein Leben mit der Technik, S. 80 und 96.
246 Protokoll der Besprechung des DWM-Wohnungsbaus vom 10. Juli 1941, BArch, R 3901/21382.
247 Protokoll der DWM-Aufsichtsratssitzung vom 12. September 1940, BArch, R 8119 F/P 1105.
248 Kriegstagebücher der Rüstungsinspektion Posen, Eintrag vom 17. November 1939, BArch, RW 20/21 1.
249 Kriegstagebücher der Rüstungsinspektion Posen, Eintrag zum 6. und 7. November 1939, ebd.
250 Kriegstagebücher der Rüstungsinspektion Posen, Lagebericht vom 1.–11. November 1939, ebd.
251 Kriegstagebücher der Rüstungsinspektion Posen, Lagebericht vom 11.–17. Februar 1940, ebd.
252 Kriegstagebücher der Rüstungsinspektion Posen, Eintrag zum 21.–27. Januar 1940, ebd.
253 Kriegstagebücher der Rüstungsinspektion Posen, Eintrag zum 26.–31. August 1940, ebd.; Geschichte der Rüstungsinspektion Posen, o. D., BArch, RW 20/21 10, S. 55. Vgl. auch Alberti, Die Verfolgung, S. 236. Zu ähnlichen Klagen hinsichtlich der Baltendeutschen Rosenkötter, Treuhandpolitik, S. 193–197.
254 Kriegstagebücher der Rüstungsinspektion Posen, Lagebericht vom 19.–25. Januar 1941, BArch, RW 20/21 2.
255 Aktenvermerk des Rüstungskommandos Posen vom 30. März 1944, BArch, RW 21/49 6.

256 Bericht über die Sitzung der Rüstungskommission XXI am 30. Oktober 1943, BArch, RW 20/21 7.

257 Kriegstagebücher der Rüstungsinspektion Posen, Eintrag vom 1. April bis 30. Juni 1944, BArch, RW 20/21 9.

258 Vgl. Radkiewicz, Dzieje Zakładów H. Cegielski, S. 174 f.

259 Aktenvermerk der Rüstungsinspektion XXI über einen Besuch bei der DWM-Posen am 17. Januar 1940, BArch, RW 20/21 1.

260 Kriegstagebücher der Rüstungsinspektion Posen, Lagebericht vom 10.–16. Dezember 1939, ebd.

261 Kriegstagebücher der Rüstungsinspektion Posen, Lagebericht vom 7.–13. April 1940, ebd.

262 Kriegstagebücher der Rüstungsinspektion Posen, Lagebericht vom 17.–23. Dezember 1939, ebd.

263 Kriegstagebücher der Rüstungsinspektion Posen, Lagebericht vom 2.–9. März 1941, BArch, RW 20/21 2.

264 Geschichte der Rüstungsinspektion Posen, o. D., BArch, RW 20/21 10.

265 Vgl. Łuczak, Polska i Polacy, S. 282.

266 Kriegstagebücher der Rüstungsinspektion Posen, Lagebericht vom 17.–23. November 1940, BArch, RW 20/21 1.

267 Kriegstagebücher der Rüstungsinspektion Posen, Lagebericht vom 21.–27. Januar 1940, ebd.

268 Kriegstagebücher der Rüstungsinspektion Posen, Lagebericht vom 26. Mai–1. Juni 1940, BArch, RW 20/21 1.

269 Geschichte der Rüstungsinspektion Posen, Eintrag zum 1. Oktober 1940–31. Dezember 1941, BArch, RW 20/21 11, S. 33.

270 Kriegstagebücher der Rüstungsinspektion Posen, Lagebericht vom 27. Oktober–2. November 1940, ebd.

271 Geschichte der Rüstungsinspektion Posen, o. D., BArch, RW 20/21 10, S. 54.

272 Geschichte der Rüstungsinspektion Posen, Eintrag zum 1. Oktober 1940–31. Dezember 1941, RW 20/21 11, S. 33.

273 Kriegstagebücher der Rüstungsinspektion Posen, Eintrag vom 20. Dezember 1941, BArch, RW 20/21 2.

274 Aktenvermerk der Rüstungsinspektion XXI über einen Besuch bei der DWM-Posen am 17. Januar 1940, BArch, RW 20/21 1.

275 Geschichte der Rüstungsinspektion Posen, o. D., BArch, RW 20/21 10, S. 55.

276 Vgl. Blank, Hagen im Zweiten Weltkrieg, S. 125.

277 Aussage Kurt Adolf Klebeck vom 15. April 1969, BArch, B 162/15334. Vgl. zu den Bewachern Schröder, Das erste Konzentrationslager, S. 69–78.

278 Aussage des SS-Hauptscharführers Johannes Pump vom 5. September 1947, HSTA Hannover, Nds. 721, Nr. 26/4; Aussage des Häftlings Manfred H. vom 17. Januar 1947, ebd.

279 Gliederung der Häftlinge laut Haftbefehl nach Haftart, o. D., Schreiben aus der Kommandantur des Konzentrationslagers Neuengamme, vgl. Schröder, Das erste Konzentrationslager, S. 70.

280 Nach Kriegsende wurde er zu vier Jahren Haft verurteilt. Urteil gegen Johannes Pump vom 29. April 1949, HSTA Hannover, Nds. 721, Nr. 26/5. Aussage des

SS-Hauptscharführers Johannes Pump vom 14. November 1949, HSTA Hannover, Nds. 721, Nr. 26.

281 Aussage Manfred H. vom 28. Oktober 1949, ebd.; Aussage Adalbert B. vom 1. Februar 1950, ebd.; Aussage Manfred H. vom 17. Januar 1947, TNA, WO 309/401; Aussage Rudolf P. vom 17. Januar 1947, ebd. Vgl. Schröder, Das erste Konzentrationslager, S. 69 f.

282 Aussage des Häftlings Henry Wilhelm John vom 16. Februar 1950, HSTA Hannover, Nds. 721, Nr. 26.

283 Aussage Adalbert B. vom 1. Februar 1950, ebd. Zu Klebeck vgl. Schröder, Das erste Konzentrationslager, S. 73.

284 Aussage Otto K. vom 19. Januar 1947, TNA, WO 309/401.

285 Vgl. Schröder, Das erste Konzentrationslager, S. 76.

286 Aussage Kurt-Adolf Klebeck vom 15. April 1969, BArch, B 162/15334.

287 Aussage Jercy K. vom 14. Januar 1950, HSTA Hannover, Nds. 721, Nr. 26. Vgl. zur Zusammensetzung der Lagerbewachung auch Schröder, Das erste Konzentrationslager, S. 73 f.

288 Vgl. Ernst/Jensen (Hrsg.), Als letztes starb die Hoffnung, S. 64.

289 Urteil gegen Maas und Genth vom 5. Juni 1963, HSTA Hannover, Nds. 721, Nr. 26/3.

290 Aussage Reinhard K. vom 11. März 1948, ebd.

291 Aussage des Marinesoldaten Franz Amman vom 28. Oktober 1949, HSTA Hannover, Nds. 721, Nr. 26.

292 Anwaltliches Gutachten Dr. Jonas vom 16. Mai 1947, ebd. Vgl. Schröder, Das erste Konzentrationslager, S. 76 f.

293 Aussage Gerhard G. vom 19. Februar 1948, HSTA Hannover, Nds. 721, Nr. 26/4.

294 Aussage Paul Maas vom 25. April 1947, TNA, WO 235/348.

295 Intermediate Report on Hannover-Stöcken vom 9. Juli 1947, TNA, WO 309/869. Vgl. Schröder, Das erste Konzentrationslager, S. 74–76.

296 Report der Field Investigation Section vom 4. Oktober 1947, TNA, WO 309/401. Schematische Zeichnungen des Lagers finden sich in Schröder, Das erste Konzentrationslager, S. 53 und S. 62.

297 Aussage des Häftlings Lucien Frey vom 19. März 1947, HSTA Hannover, Nds. 721, Nr. 26/4.

298 Schreiben des SS-Wirtschafts-Verwaltungshauptamtes an die AFA vom 11. März 1943, HSTA Hannover, Nds. 721, Nr. 26/3. Vgl. auch Schröder, Das erste Konzentrationslager, S. 57 und Dokument Nr. 6, S. 594 f.

299 Reichsführer SS an AFA Hannover vom 11. März 1943, HSTA Hannover, Nds. 721, Nr. 26/3. Vgl. Schröder, Das erste Konzentrationslager, S. 94–96 und Dokument Nr. 6, S. 594 f.

300 Verwaltung KZ Neuengamme an AFA Hannover vom 16. Juli 1943, HSTA Hannover, Nds. 721, Nr. 26/3. Vgl. Schröder, Das erste Konzentrationslager, Dokument 8, S. 597 f.

301 Prüfungsbericht des Ernährungsamtes Hannover, Konzentrationslager Neuengamme, Arbeitslager Hannover-Stöcken vom 26. August 1944, StA Hannover, WEA, Nr. 1279. Vgl. auch Anschütz/Heike, Feinde, S. 183.

302 Vgl. Fleiter, Kommunen und NS-Verfolgungspolitik.

303 Aussage Lucien Frey vom 19. März 1947, HSTA Hannover, Nds. 721, Nr. 26/4.

304 Aussage Charles-Marie P. vom 23. Juli 1947, TNA, WO 309/401.

305 Aussage Josef Gras, o. D., HSTA Hannover, Nds. 721, Nr. 26/3; Häftlingsbericht Günther Wackernagel, GsA Neuengamme, Häftlingsbericht Nr. 1107.

306 Verwaltung KZ Neuengamme an AFA Hannover vom 16. Juli 1943, HSTA Hannover, Nds. 721, Nr. 26/3. Vgl. Schröder, Das erste Konzentrationslager, Dokument 8, S. 597 f.

307 Aussage des Häftlings Lucien Frey vom 19. März 1947, HSTA Hannover, Nds. 721, Nr. 26/4.

308 Aussage Kai W. vom 3. Juli 1947, TNA, WO 309/401.

309 Vgl. Curiohaus-Prozess, Bd. 1, S. 331.

310 Häftlingsbericht Günther Wackernagel, GsA Neuengamme, Häftlingsbericht Nr. 1106.

311 Vgl. Ernst/Jensen (Hrsg.), Als letztes starb die Hoffnung, S. 62.

312 Aussage des Sanitäters Kurt Seelmann-Eggebert vom 30. Juni 1950, HSTA Hannover, Nds. 721, Nr. 26.

313 Vgl. Anschütz/Heike, Feinde, S. 61, basierend auf dem Bericht eines Zwangsarbeiters.

314 Aussage des Sanitäters Kurt Seelmann-Eggebert vom 30. Juni 1950, HSTA Hannover, Nds. 721, Nr. 26.

315 Vermerk der Staatsanwaltschaft bei dem Landgericht Hannover vom 21. Juni 1974, BArch, B 162/15334. Vgl. Ernst/Jensen (Hrsg.), Als letztes starb die Hoffnung, S. 62; Buggeln, Arbeit & Gewalt, S. 376.

316 Aussage Soren K. vom 3. Juli 1947, HSTA Hannover, Nds. 721, Nr. 26/4; Aussage Kai W. vom 3. Juli 1947, ebd.; Aussage des Häftlings Henry Wilhelm John vom 16. Februar 1950, HSTA Hannover, Nds. 721, Nr. 26; Aussage Kai W. vom 3. Juli 1947, HSTA Hannover, Nds. 721, Nr. 26/4; Aussage Jean-Marie S. vom 24. Juli 1947, ebd.; Aussage Roger M. vom 16. Juli 1947, ebd.

317 Report by Field Investigation Section War Crimes Group vom 4. Oktober 1947 TNA, WO 309/401. Aussage Jercy K. vom 14. Januar 1950, HSTA Hannover, Nds. 721, Nr. 26; Aussage des Lagerleiters Kurt-Adolf Klebeck vom 7. Februar 1951, HSTA Hannover, Nds. 721, Nr. 26/1; Aussage Pierre J. vom 17. Juli 1947, HSTA Hannover, Nds. 721, Nr. 26/4; Aussage Franz A. vom 28. Oktober 1949, HSTA Hannover, Nds. 721, Nr. 26. Vgl. auch Schröder, Das erste Konzentrationslager, S. 102–104.

318 Vgl. Buggeln, Arbeit & Gewalt, S. 160.

319 Urteil gegen Maas und Genth vom 5. Juni 1963, HSTA Hannover, Nds. 721, Nr. 26/3.

320 Vgl. Schröder, Das erste Konzentrationslager, S. 102.

321 Prozess gegen Kurt-Adolf Klebeck vom 24. April 1947, HSTA Hannover, Nds. 721, Nr. 26.

322 Aussage des technischen Assistenten Friedrich Clostermann vom 5. November 1949, HSTA Hannover, Nds. 721, Nr. 26; Der Häftling Stefan Kobrzynski gibt an, dass in diesem Transport vor allem russische Häftlinge aus einem geräumten Lager waren. Aussage Stefan Kobrzynski vom 28. Dezember 1967, GsA

Neuengamme, NL Hans Schwarz. Vgl. für die Entwicklung der Sterblichkeits-rate in Hannover-Stöcken auch Buggeln, Arbeit & Gewalt, S. 297 und S. 311 f.

323 Vgl. Curiohaus-Prozess, Bd. 1, S. 453.

324 Aussage Dr. Erich Zander vom 20. Oktober 1947, HSTA Hannover, Nds. 721, Nr. 26/4. Vgl. die etwas anderen Zahlen in der Statistik «Entwicklung der Totenzahlen im KZ Stöcken»: Schröder, Das erste Konzentrationslager, S. 101.

325 Häftlingsbericht Stefan Kobrzynski vom 28. Dezember 1967, GsA Neuen-gamme, Häftlingsbericht Nr. 477. Vgl. auch Schröder, Das erste Konzentra-tionslager, S. 104 f.

326 Urteil gegen Maas und Genth vom 5. Juni 1963, HSTA Hannover, Nds. 721, Nr. 26/3.

327 Aussage des Schreibers in der SS-Schreibstube Heinrich Schr. vom 25. Oktober 1961, HSTA Hannover, Nds. 721, Nr. 26/1.

328 Bericht von F. Beauprez an den Generalbeisitzer in Brüssel, o. D., HSTA Han-nover, Nds. 721, Nr. 26/3.

329 Vgl. zu diesen Bemühungen Bauer, Jews for Sale?

330 Bericht von F. Beauprez an den Generalbeisitzer in Brüssel, o. D., HSTA Han-nover, Nds. 721, Nr. 26/3.

331 Aussage Mathieu Lambert vom 22. April 1945, Nederlands Instituut voor Oor-logsdocumentatie, Collection 250K, Box 13a.

332 Vgl. Obenaus, Die Räumung, S. 525.

333 Blatman, Die Todesmärsche, S. 488–568.

334 Vgl. Gring, Das Massaker von Gardelegen; Hertz-Eichenrode (Hrsg.), Ein KZ wird geräumt; Obenaus, Die Räumung, S. 493–544.

335 Aussage Gerhard G. vom 19. Februar 1948, HSTA Hannover, Nds. 721, Nr. 26/4.

336 Aussage Wilhelm F. vom 21. Januar 1963, HSTA Hannover, Nds. 721, Nr. 26/2; Aussage Roger M. vom 16. Juli 1947, TNA, WO 309/401.

337 Aussage des Lagerleiters Kurt-Adolf Klebeck vom 23. Januar 1950, HSTA Hannover, Nds. 721, Nr. 26.

338 Aussage des Marinesoldaten Franz Amman vom 18. Februar 1948, HSTA Hannover, Nds. 721, Nr. 26/3.

339 Ermittlungsbericht vom 15. September 1950, HSTA Hannover, Nds. 721, Nr. 26; Aussagen der ehemaligen Häftlinge Henry Wilhelm John vom 3. Mai 1948 und Willi H. vom 23. April 1948, HSTA Hannover, Nds. 721, Nr. 26/3; Vermerk der Staatsanwaltschaft vom 28. Januar 1963, ebd.

340 Aussage des Häftlings Albert Reich vom 21. August 1947, ebd.

341 Aussage Willi W. vom 25. November 1949, HSTA Hannover, Nds. 721, Nr. 26/5.

342 Aussage Jean-Marie S. vom 24. Juli 1947, HSTA Hannover, Nds. 721, Nr. 26/4.

343 Aussage des Häftlings Henry Wilhelm John vom 3. Mai 1948, HSTA Hanno-ver, Nds. 721, Nr. 26/3; Aussage des Ingenieurs Eduard K. vom 31. Januar 1950, HSTA Hannover, Nds. 721, Nr. 26.

344 Aussage Kurt Adolf Klebeck vom 10. November 1947, HSTA Hannover, Nds. 721, Nr. 26/4.

345 Aussage des Lagerleiters Kurt-Adolf Klebeck vom 7. Februar 1951, HSTA Hannover, Nds. 721, Nr. 26/1.

346 Diese Vermutung bei Obenaus, Die Räumung, S. 536 f., der annimmt, dass es die Geschäftsführung wohl «nicht für opportun» gehalten habe, eine große Zahl von kranken und sterbenden Häftlingen auf ihrem Werksgelände zu beherbergen. Vgl. auch Jungbluth, Die Quandts, S. 199.

347 Memorandum der US War Crimes Branch vom 2. August 1945, Nederlands Instituut voor Oorlogsdocumentatie, Collection 250K, Box 13a.

348 Vgl. Obenaus, Die Räumung, S. 538–543; Gring, Das Massaker von Gardelegen.

349 Inspektion des Gemeinschaftslagers Berliner Str. 26 vom 1. Februar 1944, NACP, RG 243 (Records of the U.S. Strategic Bombing Survey), European Survey, 92. e. 3 (Business Files, Letters from Main Office), Box 727. Grundsätzlich auch Blank, Hagen im Zweiten Weltkrieg, S. 136–139.

350 Inspektion des Gemeinschaftslagers Berliner Str. 26 vom 1. Februar 1944, NACP, RG 243 (Records of the U.S. Strategic Bombing Survey), European Survey, 92. e. 3 (Business Files, Letters from Main Office), Box 727.

351 Notiz für Herrn Direktor Clostermann vom 21. November 1942, ebd.

352 Bericht an Herrn Direktor Clostermann vom 31. Januar 1944, ebd.

353 Notiz für Herrn Direktor Clostermann vom 9. Februar 1943, ebd.

354 Notiz für Herrn Direktor Clostermann vom 13. Oktober 1943, ebd.

355 Notiz für Herrn Direktor Clostermann vom 7. Dezember 1943, ebd.

356 Budraß/Grieger, Die Moral der Effizienz, S. 89–136.

357 NACP, RG 243 (Records of the U.S. Strategic Bombing Survey), European Survey, 92. e. 3 (Business Files, Letters from Main Office), Box 726.

358 Aktennotiz der Betriebsleitung A vom 29. Dezember 1941, LA Berlin, A Rep. 250-03-04, Nr. 49/2.

359 AFA Oberschöneweide an Großküche Berolina vom 16. September 1941, LA Berlin, A Rep. 250-03-04, Nr. 12.

360 Kurzbericht über eine Sitzung im Rüstungskommando IV Berlin vom 21. Juli 1942; Nägele an das Rüstungskommando Berlin IV vom 23. Juli 1942, LA Berlin, A Rep. 250-03-04, Nr. 49/2.

361 Mitteilung über Russenlager vom 22. Juli 1942, ebd.

362 Allerdings mussten z. B. 1942 die bereits besorgten 20 Dampferfreikarten wieder zurückgegeben werden, als die französischen Zivilarbeiter noch nicht zugeteilt worden waren und sich herausstellte, dass die Karten nicht für die französischen Kriegsgefangenen benutzt werden durften. Nägele an die DAF Berlin vom 6. Oktober 1942, ebd.

363 Notiz der AFA Oberschöneweide vom 17. November 1941, LA Berlin, A Rep. 250-03-04, Nr. 11.

364 Vermerk für Wallmüller vom 18. November 1941, LA Berlin, A Rep. 250-03-04, Nr. 12.

365 Aussage Wanda-Maria D. vom 20. Oktober 1971, BArch, B 162/18156.

366 Aussage Danuta D. vom 24. September 1971, ebd. Aussage von Genowefa N. vom 11. Juni 1971, ebd.

367 Aussage Lidia R. vom 28. Dezember 1967, ebd.

368 Aussage Genowefa N. vom 11. Juni 1971, ebd.
369 Aussage Andrée L. vom 25. Juni 1971, ebd; Aussage Marie A. vom 20. Juni 1971, ebd., sowie Aussage Julia P. vom 20. Oktober 1971, ebd. Für die Pertrix arbeiteten diese Häftlinge inzwischen nicht mehr.
370 Ermittlungsakten des MfS zu den Nebenlagern des KZ Sachsenhausen in Berlin Niederschöneweise, o. D., BStU, MfS-HA IX/11, RHE-West, 609, S. 2.
371 Vorläufiges Ermittlungsergebnis vom 2. März 1971, BArch, B 162/18156; Aussage Lidia R. vom 28. Dezember 1967, ebd.; Schlussvermerk des Amtsgerichtsdirektors vom 30. Juni 1972, ebd.
372 Aussage Wanda-Maria D. vom 20. Oktober 1971, ebd.
373 Ermittlungen wegen NS-Verbrechen im Konzentrationslager Sachsenhausen bei dem Leiter der Zentralstelle im Lande Nordrhein-Westfalen vom 12. März 1971, BStU, MfS-HA IX/11, RHE-West, 609. Aussage Danuta D. vom 24. September 1971, BArch, B 162/18156; Aussage Janina P. vom 11. Juni 1971, ebd.; Schlussvermerk des Amtsgerichtsdirektors vom 30. Juni 1972, ebd.
374 Aussage Lidia R. vom 28. Dezember 1967, ebd.; Aussage Jozefa K. vom 28. Oktober 1971, ebd.; Aussage Stefania W. vom 28. Oktober 1971, ebd.
375 Bezirkskommission zur Untersuchung hitleristischer Verbrechen in Breslau, Az. Ds/2/61, Zeugenvernehmungsprotokoll Nr. 7 vom 27. November 1967 (Übersetzung aus dem Polnischen), GsA Sachsenhausen, JD 31/65, Bl. 50–53.
376 Aussage Danuta D. vom 24. September 1971, BArch, B 162/18156.
377 Schlussvermerk des Amtsgerichtsdirektors vom 30. Juni 1972, ebd.
378 Vgl. Layer-Jung/Pagenstecher, Das Pertrix-Außenlager, S. 2.
379 Aussage Janina W. vom 21. Oktober 1967, BArch, B 162/18156; Aussage Julia Pierre vom 20. Oktober 1971, ebd.
380 Aussage Marie B. vom 29. Juni 1971, ebd.; Aussage Julia Pierre vom 20. Oktober 1971, ebd.; Aussage Genowefa N. vom 11. Juni 1971, ebd. Die Arbeiterin Janina Wiktoria W. gab in einem Bericht vom 12. August 1971 an, am 2. Mai von amerikanischen Truppen bei Schwerin befreit worden zu sein, ebd.
381 Städtische Werke Karlsruhe, Abt. Maschinenbau, an das Städt. Hochbauamt vom 28. November 1945, StA Karlsruhe, 1/H-Reg. Nr. 2998.
382 Schreiben an das Landesarbeitsamt vom 2. Juli 1942, GLA Karlsruhe, 460/KA/314.
383 Protokoll des Arbeitsamtes über die Visite im Auftrag des GBA bei den DWM vom 11. März 1943, GLA Karlsruhe, 460/KA/313.
384 Vgl. Asche, Eintausend Jahre Grötzingen, S. 260.
385 Protokoll der Visite des GBA-Beauftragten bei den DWM vom 11. März 1943, GLA Karlsruhe, 460/KA/320.
386 Schreiben vom 25. August 1944, GLA Karlsruhe, 460/KA/318.
387 Schuhladen-Krämer, Zwangsarbeit in Karlsruhe, S. 60.
388 Zeugenaussage von Tadeuz M. bei der Staatsanwaltschaft beim Landgericht Berlin, o. D. (1970), LA Berlin, B Rep. 058, Nr. 2930 Kt. 912, Nr. M 004, R 116.
389 Brief von Bozena Bakowska, o. D., Museumsverband Pankow, 2.4.2 Luna-Lager, Mappe 1.
390 Brief von Tadeusz Brzozowski, o. D., ebd.; Brief von Waleria Moszynska, o. D.,

Museumsverband Pankow, 2.4.2 Luna-Lager, Mappe 2; Brief von Waldemar Poturaj, o. D., ebd.; Brief von Felicja Napieraj, o. D., ebd.; Brief von Wladyslav Sobczyk, o. D., ebd.

391 Pfarrer Joseph Lenzel, Aus der Chronik der Pfarrei St. Maria Magdalena Berlin-Niederschönhausen, o. D., Museumsverband Pankow, 3.2.2.2.4 Luna-Lager.

392 Aussage Tadeusz Martyn vom 24. Februar 1970, LA Berlin, B Rep. 058, Nr. 2930 Kt. 912, Nr. M 004, R 116.

393 Ebd.

394 Erklärung der ehemaligen Zwangsarbeiterin Maria Colonna-Waleska vom 11. April 1968, LA Berlin, B Rep. 058, Nr. 2930 Kt. 912, Nr. M 004, R 116.

395 Schreiben des Generalbaudirektors von Berlin an die DWM vom 26. Mai 1944, LA Berlin, A Rep. 005–07, Nr. 370.

396 Anfang der 1950er Jahre wurden die Lagerbauten abgerissen und es entstand der Volkspark Schönholzer Heide. In dem einzigen verbliebenen unterirdischen Luftschutzraum wurden zu DDR-Zeiten Champignons gezüchtet. Vgl. Glogiewicz, «Ganz Grabowiec war in Berlin», S. 259.

397 Bekanntmachung der Schutzpolizeidienstabteilung an sämtliche polnische Arbeiter vom 6. Juli 1940, StA Oberndorf, AF 1126; vgl. zu diesen Einzelheiten auch die Übersetzung des Briefes des ehemaligen Zwangsarbeiters H. J. W. Willemsen vom 12. Januar 1982, Stadtgeschichtliche Sammlungen des StA Oberndorf, SGS 361.21/21. Daneben Kohlmann, Erinnerungen, S. 181.

398 Vgl. ebd., S. 179–181.

399 NSDAP-Ortsgruppe an den Bürgermeister von Oberndorf vom 21. Oktober 1940, StA Oberndorf, AF 679.

400 NSDAP-Kreisdienststelle an den Bürgermeister von Oberndorf vom 2. Februar 1941, ebd.

401 Stadtgeschichtliche Sammlungen Oberndorf, Drittes Reich/Zwangsarbeiter, StA Oberndorf, SGS 361.21/21.

402 Gestapo an den Oberbürgermeister von Oberndorf vom 31. Mai und 14. Juni 1944, StA Oberndorf, AF 679.

403 Gestapo an den Oberbürgermeister von Oberndorf vom 8. Juni 1944, ebd.

404 Gestapo an den Oberbürgermeister von Oberndorf vom 12. Juni 1944, ebd.

405 Dokument «Arbeitserziehungslager», Stadtgeschichtliche Sammlungen des StA Oberndorf, SGS 361.21/21.

406 Polizeiliche Anordnung des Ortspolizeiverwalters Oberndorf vom 2. April 1943, StA Oberndorf, AF 1003; Staatliches Gesundheitsamt Rottweil an den Bürgermeister von Oberndorf vom 30. April 1943, ebd.; Niederschrift über die Beratungen des Bürgermeisters von Oberndorf mit den Beigeordneten und Ratsherren vom 19. April 1943, ebd.; Typhus, Paratyphus, 1935–1960, ebd.; Stadtgeschichtliche Sammlungen Oberndorf, Drittes Reich/Zwangsarbeiter, StA Oberndorf, SGS 361.21/21.

407 Vgl. Kastilan, Spaichingen, S. 171–173.

408 Dokument Arbeitserziehungslager, Stadtgeschichtliche Sammlungen des StA Oberndorf, SGS 361.21/21.

409 Vgl. Kohlmann, Erinnerungen, S. 177.

410 Stadtgeschichtliche Sammlungen Oberndorf, Drittes Reich/Zwangsarbeiter, StA Oberndorf, SGS 361.21/21; Antrag auf Entschädigung des Zweckverbandes Arbeitsdienstlager Oberndorf vom 20. September 1946, StA Oberndorf, AF 44. Der zum Bau von Arbeitsdienstlagern von mehreren Gemeinden geschlossene «Zweckverband» löste sich erst im März 1949 auf. Niederschrift über die Verhandlung des Verwaltungsrats des Zweckverbandes Arbeitslager Oberndorf am 3. März 1949, ebd.

411 Stamp, Zwangsarbeit in der Metallindustrie, S. 47.

412 Vgl. Achner, Mecklenburgische Metallwarenfabrik, S. 43–46; Stamp, Zwangsarbeit in der Metallindustrie, S. 77.

413 Zit. nach Rathmer, «Ich erinnere mich», S. 66.

414 Vgl. ebd., S. 74.

415 Ebd., S. 76.

416 Meldungen vom 21. November 1940, in: Boberach (Hrsg.), Meldungen aus dem Reich, S. 1795 f.

417 Vgl. Skriebeleit, Die Außenlager, S. 213 f. und S. 216.

418 Vgl. Adam, Das Flossenbürger KZ-Außenlager Holleischen, S. 322 f.

419 Reisebericht der SS vom 10. und 11. August 1944, BArch, B 162/16097.

420 Ebd. Vgl. auch Aussage des Wachpostens Johann Behr vom 7. November 1969, ebd.

421 Aussage Roza E. vom 5. Februar 1968, BArch, B 162/16096.

422 Aussage Rachel F. vom 8. August 1967, BArch, B 162/16098.

423 Zu den Verurteilungen der SS-Aufseherin nach 1945 vgl. Brenner, Frauen in den Außenlagern, S. 269 f.; Schlussvermerk vom 18. September 1975, BArch, B 162/16098.

424 Schreiben der Staatsanwaltschaft Baden-Baden vom 10. Juni 1976, ebd. Vgl. Adam, Das Flossenbürger KZ-Außenlager Holleischen, S. 148.

425 Geschichte der Rüstungsinspektion Posen, Eintrag zum 1. Oktober 1940–31. Dezember 1941, BArch, RW 20/21 11, S. 27.

426 Kriegstagebücher des Rüstungskommandos Posen, Eintrag zum ersten Quartal 1944, BArch, RW 21/49 6.

427 Geschichte der Rüstungsinspektion Posen, Eintrag zum 1. Oktober 1940–31. Dezember 1941, BArch, RW 20/21 11, S. 27 f.

428 Vgl. Grot/Ostrowski, Wspomnienia, S. 130 f.

429 Vgl. Januszkiewcz, Hipolit Cegielski, S. 83–85.

430 Vgl. hierzu Grot/Ostrowski, Wspomnienia, S. 134–137.

431 Kriegstagebücher des Rüstungskommandos Posen, Eintrag zum ersten Quartal 1944, BArch, RW 21/49 6.

432 Łuczak (Hrsg.), Położenie ludności polskiej, S. 274.

433 Speer, Der Sklavenstaat, S. 33 f.

434 Aussage des technischen Assistenten Friedrich Clostermann vom 5. November 1949, HSTA Hannover, Nds. 721, Nr. 26.

435 Aussage der Häftlinge Alwin R. und Heinz von Z. vom 9. April 1951, HSTA Hannover, Nds. 721, Nr. 26/1.

436 Schröder, Das erste Konzentrationslager, S. 95. Vgl. Obenaus, Die Außenkommandos, S. 221.

437 NACP, RG 243 (Records of the U.S. Strategic Bombing Survey), European Survey, 92. e. 3 (Business Files, Letters from Main Office), Box 726.

438 Niederschrift über den Einsatz von KZ-Häftlingen in der AFA vom 27. Januar 1947, HSTA Hannover, Nds. 721, Nr. 26/3. Vgl. Schröder, Das erste Konzentrationslager, S. 79 f.

439 Aussage Josef Gras, o. D., HSTA Hannover, Nds. 721, Nr. 26/3.

440 Report der Field Investigation Section vom 4. Oktober 1947, TNA, WO 309/401.

441 Niederschrift über den Einsatz von KZ-Häftlingen in der AFA vom 27. Januar 1947, HSTA Hannover, Nds. 721, Nr. 26/3.

442 Schreiben des SS-Wirtschafts- und Verwaltungshauptamtes an die AFA vom 11. März 1943, ebd. Vgl. auch Schröder, Das erste Konzentrationslager, S. 58 und Dokument Nr. 6, S. 594 f.

443 Aktenvermerk der Rüstungsinspektion XI über den Einsatz von KZ Häftlingen bei der AFA vom 10. März 1943, HSTA Hannover, Nds. 721, Nr. 26/3.

444 Aussage des technischen Assistenten Friedrich Clostermann vom 5. November 1949, HSTA Hannover, Nds. 721, Nr. 26. Dies ist die bislang früheste bekannte Erwähnung eines Prämiensystems in den Außenlagern des KZ Neuengamme, über deren Einführung innerhalb des WVHA der SS eigentlich noch verhandelt wurde. Vgl. Buggeln, Arbeit & Gewalt, S. 73.

445 Aussage des Werkmeisters Werner Jansen vom 28. Oktober 1949, HSTA Hannover, Nds. 721, Nr. 26. Vgl. zu diesem System auch Schröder, Das erste Konzentrationslager, S. 81 f.

446 Aussage Otto S. vom 28. Juni 1947, TNA, WO 309/401; Aussage Roger M. vom 16. Juli 1947, ebd.

447 Aussage des Werkmeisters Werner Jansen vom 9. September 1947, HSTA Hannover, Nds. 721, Nr. 26/4. Vgl. Schröder, Das erste Konzentrationslager, S. 84 f.

448 Aussage des technischen Assistenten Friedrich Clostermann vom 5. November 1949, HSTA Hannover, Nds. 721, Nr. 26.

449 Aussage Friedrich Clostermann vom 16. September 1947, TNA, WO 309/401.

450 Häftlingsbericht Günther Wackernagel, GsA Neuengamme, Häftlingsbericht Nr. 1107. Vgl. Buggeln, Arbeit & Gewalt, S. 308–310.

451 Vgl. Schröder, Das erste Konzentrationslager, S. 82 f.

452 Häftlingsbericht Günther Wackernagel, GsA Neuengamme, Häftlingsbericht Nr. 1106.

453 Ermittlungsbericht vom 15. September 1950, HSTA Hannover, Nds. 721, Nr. 26.

454 Aussage des Werksarztes Dr. Erich Pinzcakowsi vom 21. Juni 1950, ebd.

455 Aussage des Ingenieurs Wilhelm Garten vom 5. September 1947, TNA, WO 309/401.

456 Aussage des Häftlings Erhard Grellmann vom 17. November 1949, HSTA Hannover, Nds. 721, Nr. 26. Vgl. auch Schröder, Das erste Konzentrationslager, S. 88.

457 Aussage des Ingenieurs Wilhelm Garten vom 5. September 1947, HSTA Hannover, Nds. 721, Nr. 26/4.

458 Aussage des technischen Assistenten Friedrich Clostermann vom 16. September 1947, ebd.

459 Aussage des AFA Direktors Albert Fraaß vom 18. Dezember 1950, HSTA Hannover, Nds. 721, Nr. 26.

460 Aussage des technischen Assistenten Friedrich Clostermann vom 16. September 1947, HSTA Hannover, Nds. 721, Nr. 26/4.

461 Ebd. In einem anonym verfassten Häftlingsbericht wurde später der Vorwurf erhoben, eine Gruppe von Häftlingen – Dänen oder Letten – seien als Versuchspersonen missbraucht worden. Um die Folgen einer Bleivergiftung zu studieren, hätten sie ohne Schutzmaske arbeiten und einmal pro Woche eine Blutprobe abgeben müssen. GsA Neuengamme, Häftlingsbericht Nr. 755.

462 Vgl. Schröder, Das erste Konzentrationslager, S. 89.

463 Vgl. Barfod, Helvede har mange navne, S. 87; Schröder, Das erste Konzentrationslager, S. 87 f.

464 Aussage Dr. Erich Zander vom 3. November 1949, HSTA Hannover, Nds. 721, Nr. 26; Aussage Otto S. vom 28. Juni 1947, TNA, WO 309/401.

465 Aussage des Ingenieurs Wilhelm Garten vom 5. September 1947, HSTA Hannover, Nds. 721, Nr. 26/4.

466 Vgl. Schröder, Das erste Konzentrationslager, S. 79.

467 Aussage Louis-Joseph P. vom 22. Juli 1947, HSTA Hannover, Nds. 721, Nr. 26/4.

468 Aussage des Werkmeisters Werner Jansen vom 28. Oktober 1949, HSTA Hannover, Nds. 721, Nr. 26; Ermittlungsbericht vom 15. September 1950, ebd.

469 Bericht der War Crimes Group vom 9. Juni 1948, TNA, WO 309/401.

470 Anschütz/Heike, Feinde, S. 61.

471 Aussage Jercy K. vom 14. Januar 1950, HSTA Hannover, Nds. 721, Nr. 26.

472 Aussage Hans P. vom 18. Januar 1947, HSTA Hannover, Nds. 721, Nr. 26/4; Aussage Jerzy K. vom 20. Januar 1947, ebd. Vgl. Schröder, Das erste Konzentrationslager, S. 81 f.

473 Aussage Karl Supplié vom 24. Januar 1950, HSTA Hannover, Nds. 721, Nr. 26. Dort auch detaillierte Angaben zu seinem Werdegang bei der AFA.

474 Aussage Karl Supplié vom 8. September 1947, HSTA Hannover, Nds. 721, Nr. 26/4; Aussage Friedrich Prillwitz vom 19. Januar 1947, ebd.; Ermittlungsbericht vom 15. September 1950, HSTA Hannover, Nds. 721, Nr. 26. Vgl. auch Anschütz/Heike, Feinde, S. 192; Schröder, Das erste Konzentrationslager, S. 81 f.

475 NACP, RG 243 (Records of the U.S. Strategic Bombing Survey), European Survey, 92. e.3 (Business Files, Letters from Main Office), Box 726.

476 Vgl. Blank, Hagen im Zweiten Weltkrieg, S. 136.

477 Notiz für die Herren amerikanischen Offiziere vom 9. Juni 1945, NACP, RG 243 (Records of the U.S. Strategic Bombing Survey), European Survey, 92. e.25, Box 729.

478 NACP, RG 243 (Records of the U.S. Strategic Bombing Survey), European Survey, 92. e.3 (Business Files, Letters from Main Office), Box 726.

479 Ebd.

480 Aktenvermerk von Hiller vom 8. März 1943, LA Berlin, A Rep. 250-03-04, Nr. 49/1.

481 AFA Oberschöneweide (DKA), Zusammenstellung Urlaubs- und Heimfahrts-bestimmungen für französische Zivilarbeiter vom 6. Juli 1943, LA Berlin, A Rep. 250-03-04, Nr. 49/1.

482 Mitteilung an Hiller vom 4. Januar 1943, LA Berlin, A Rep. 250-03-04, Nr. 49/2.

483 Krebs an DKA vom 6. Mai 1943, LA Berlin, A Rep. 250-03-04, Nr. 49/1.

484 Mitteilung der AFA Oberschöneweide vom 8. Mai 1944, LA Berlin, A Rep. 250-03-04, Nr. 12.

485 Notiz von Wallmüller für Thate vom 5. Februar 1943, LA Berlin, A Rep. 250-03-04, Nr. 49/1.

486 Mitteilung DKA für DKL vom 5. März 1945, ebd.

487 Mitteilung an DKA vom 18. Februar 1943, LA Berlin, A Rep. 250-03-04, Nr. 49/2.

488 Lohnangaben in Zusammenstellungen und Schaubildern vom 7. Juni 1945, NACP, RG 243 (Records of the U.S. Strategic Bombing Survey), European Survey, 92. e. 23, Box 729.

489 Vertrag zwischen dem Deutschen Reich (Stammlager III D) und der AFA vom 2. Dezember 1941, LA Berlin, A Rep. 250-03-04, Nr. 12; Anweisung von Wallmüller an das Lohnbüro vom 10. April 1942, LA Berlin, A Rep. 250-03-04, Nr. 11.

490 Bekanntmachung der AFA Oberschöneweide, gez. Wallmüller/Thate vom 8. Mai 1942, ebd.

491 AFA Oberschöneweide an Berufsgenossenschaft der Feinmechanik und Elektrotechnik vom 14. Dezember 1942, LA Berlin, A Rep. 250-03-04, Nr. 61.

492 Notiz von DBB vom 14. Oktober 1940, LA Berlin, A Rep. 250-03-04, Nr. 49/2.

493 AFA Oberschöneweide an Gewerbeaufsichtsamt vom 5. November 1940, LA Berlin, A Rep. 250-03-04, Nr. 61.

494 Aussage Genowefa N. vom 11. Juni 1971, BArch, B 162/18156.

495 Aussage Alwin G. vom 12. Februar 1969, ebd.

496 Vgl. Layer-Jung/Pagenstecher, Das Pertrix-Außenlager, S. 2.

497 Schlussvermerk des Amtsgerichts Ludwigsburg vom 30. Juni 1972, BArch, B 162/18156.

498 Enteignungsvorschlag der Deutschen Treuhandverwaltung, o. D., LA Berlin, C Rep. 105, Nr. 1327.

499 JG (Junge Generation in der SPÖ) Floridsdorf, Braune Jahre in Floridsdorf. 1938–1945, o. J. o. O., S. 13 ff., AMM, B 60/15.

500 Protokoll der Visite des GBA-Beauftragten bei den DWM vom 11. März 1943, GLA Karlsruhe, 460/KA/320.

501 Protokoll zur Besprechung verschiedener Karlsruher Firmenvertreter (auch DWM) zum besseren Einsatz der Ostarbeiter vom 14. Dezember 1942, ebd.

502 Protokoll der Visite des GBA-Beauftragten bei den DWM vom 11. März 1943, GLA Karlsruhe, 460/KA/313.

503 Behördlicher Schriftwechsel zur Befreiung des Dipl.-Ing. Alexander Numerov von den Ostarbeiterbestimmungen vom 7. Januar bis 14. August 1944, GLA Karlsruhe, 460/KA/320, fol. 551–563 und fol. 575–583.

504 Vgl. Schuhladen-Krämer, Zwangsarbeit in Karlsruhe, S. 42 f.

505 Vgl. Stadt Karlsruhe (Hrsg.), Jenseits der Brauerstraße, S. 38.

506 Zeugenaussage von Maria C. bei der Staatsanwaltschaft beim Landgericht Berlin, o. D., LA Berlin, B Rep. 058, Nr. 2930 Kt. 912, Nr. M 004, R 116.

507 Ansprache des Herrn Direktor Schmidt über die Leistungsoffensive am außergewöhnlichen Amtswalterappell am 1. Februar 1942 im Werk Borsigwalde, in: DWM-Werksnachrichten 1/2 (1942), S. 2.

508 Brief von Tadeusz Brzozowski, o. D., Museumsverband Pankow, 2.4.2 Luna-Lager, Mappe 2; Brief von Bozena Bakowska, o. D., ebd.; Brief von Waleria Moscynska, o. D., ebd.; Brief von Felicja Napiera, o. D., ebd.

509 Brief von Henryk Domichowski vom September 2001, ebd.

510 Mauser-Werke an den Generalbauinspektor für die Reichshauptstadt vom 5. Januar 1943, BArch, R 4606/4902; vgl. Schlickeiser, Borsigwalde, S. 635.

511 Erklärung der ehemaligen Zwangsarbeiterin Maria Colonna-Waleska vom 15. Februar 1968, LA Berlin, B Rep. 058, Nr. 2930 Kt. 912, Nr. M 004, R 116.

512 Brief von Zygmunt Zielinski vom 4. Juli 2001, Museumsverband Pankow, 2.4.2 Luna-Lager, Mappe 2.

513 Interview mit Maria Szpyrna, o. D., ebd.

514 Brief von Stanislawa Serafinska, o. D., ebd.; Brief von Zygmunt Zielinski, o. D., ebd.

515 Brief von Waleria Moszynska, o. D., ebd.

516 Durchschrift zum Antrag auf Erteilung einer Devisengenehmigung vom 30. September 1941, LA Schleswig-Holstein, Abt. 510, Nr. 5292.

517 DWM an Gestapo Lübeck vom 10. Oktober 1942, Faksimileabdruck in: Rathmer, «Ich erinnere mich», S. 108.

518 Vgl. ebd., S. 91.

519 Jahresbericht der Betriebszelle für das Kriegsjahr 1942 (Dürener Metallwerke, Werk Düren), HWA, Abt. 2017, Nr. 55 – Ordner «Chronik des Werkes Düren bis 16. 11. 1944», S. 7 und 19.

520 Vgl. Stamp, Zwangsarbeit in der Metallindustrie, S. 42.

521 Vgl. Achner, Mecklenburgische Metallwarenfabrik, S. 43–46; Stamp, Zwangsarbeit in der Metallindustrie, S. 77.

522 Bekanntmachung der Schutzpolizeidienstabteilung an sämtliche polnische Arbeiter vom 6. Juli 1940, StA Oberndorf, AF 1126.

523 Über die Trägerschaft des Lagers entbrannte nach 1945 ein Streit, weil die Stadt Oberndorf die rechtliche Verantwortung auf die Mauser-Werke schob. Erklärung von Wilhelm Schättle auf dem Bürgermeisteramt Oberndorf vom 25. Februar 1947, Stadtgeschichtliche Sammlungen Oberndorf, Drittes Reich/ Zwangsarbeiter, StA Oberndorf, SGS 361.21/21. Vgl. Kohlmann, Erinnerungen, S. 183.

524 Adam, Das Flossenbürger KZ-Außenlager Holleischen, S. 324.

525 Reisebericht der SS vom 10. und 11. August 1944, BArch, B 162/16097.

526 Vgl. Januszkiewcz, Hipolit Cegielski, S. 88.

527 Vgl. Konieczny/Szurgacz (Hrsg.), Praca, S. 280–282.

528 Geschichte der Rüstungsinspektion Posen, Eintrag zum 1. Oktober 1940– 31. Dezember 1941, BArch, RW 20/21 11, S. 32.

529 Protokoll der DWM-Aufsichtsratssitzung vom 12. September 1940, BArch,

R 8119 F/P 1105, Bl. 14–16; Kriegstagebücher der Rüstungsinspektion Posen, Eintrag zum 26.–31. August 1940, BArch, RW 20/21 1.

530 Kriegstagebücher der Rüstungsinspektion Posen, Eintrag vom 6. Mai 1943, BArch, RW 20/21 5.

531 Vgl. Grot/Ostrowski, Wspomnienia, S. 134–137.

532 Vgl. Łuczak, Kraj Warty, S. 204.

533 Vgl. Meldungen vom 26. Mai 1941 und vom 2. April 1942, in: Boberach (Hrsg.), Meldungen aus dem Reich, S. 2351 bzw. S. 3588–3595.

534 Vgl. Raport o sytuacji na Ziemiach Zachodnich [Bericht zur Situation in den West-Gebieten], Nr. 3 (do 31 grudnia 1942r.), S. 53–76.

535 Raport o sytuacji na Ziemiach Zachodnich [Bericht zur Situation in den West-Gebieten], Nr. 6, S. 141. Diese Zeitzeugenberichte wurden noch während des Zweiten Weltkrieges verfasst und gingen in die Nachrichten der «Westsektion der Informations- und Presseabteilung der Regierungsdelegation» ein, die als Vertretung der polnischen Exil-Regierung in London Berichte über die deutsche Besatzung zusammenstellte.

536 Raport o sytuacji na Ziemiach Zachodnich [Bericht zur Situation in den West-Gebieten], Nr. 10, S. 453–486, hier S. 455.

537 Handschriftlicher Bericht von Kazimiera Surdyówna, beschäftigt in den DWM im Werkstattbereich, vom 16. Dezember 1945, I. Z., Dok II–56. Vgl. Łuczak, Polska i Polacy, S. 284 f.

538 Ebd., S. 289.

539 Vgl. Konieczny/Szurgacz (Hrsg.), Praca, S. 257–259.

540 Vgl. Januszkiewcz, Hipolit Cegielski, S. 87.

541 Jerzy Patyński, Bericht vom 20. August 1946, I. Z., Dok II–294.

542 HSTA Weimar, Bestand BEM Henry Pels, 23, Bl. 65.

543 Kriegstagebücher der Rüstungsinspektion Posen, Eintrag vom 5. und 6. Februar 1942, BArch, RW 20/21 2.

544 Aktenvermerk der Rüstungsinspektion Posen über eine Besprechung beim Wirtschaftsamt vom 21. Dezember 1940, BArch, RW 20/21 1.

545 Grot/Ostrowski, Wspomnienia, S. 126–129.

546 Bericht der Ermittlungsabteilung Nordbaden vom 10. Mai 1948 (Aussage Hans Dinner), HSTA München, Spruchkammerakten Günther Quandt, Karton 1362/1.

547 Vgl. Grot/Ostrowski, Wspomnienia, S. 126–132.

548 Jerzy Patyński, Bericht vom 20. August 1946, in: I. Z., Dok II–294.

549 Franciszka Wlodarska, Bericht vom 28. September 1946, in: I. Z., Dok II–299.

550 Raport o sytuacji na Ziemiach Zachodnich [Bericht zur Situation in den West-Gebieten], Nr 1/30. IX.42, S. 3–16.

551 Jerzy Patyński, Bericht vom 20. August 1946, DWM Nr. 16233, I. Z., Dok II–294.

552 Vgl. Grot/Ostrowski, Wspomnienia, S. 130 f.

553 Geschichte der Rüstungsinspektion Posen, o. D., BArch, RW 20/21 10.

554 Kriegstagebücher der Rüstungsinspektion Posen, Eintrag zum 16.–22. Februar 1941, BArch, RW 20/21 2; Geschichte der Rüstungsinspektion Posen, Eintrag zum 1. Oktober 1940–31. Dezember 1941, BArch, RW 20/21 10, S. 65.

555 Jerzy Patyński, Bericht vom 20. August 1946, DWM Nr. 16233, I. Z., Dok II–294.

556 Vgl. Radkiewicz, Dzieje Zakładów H. Cegielski, S. 175.

557 Buchheit, Ein Leben mit der Technik, S. 80 und 96.

558 Spoerer, Die Automobilindustrie, S. 68.

559 Mollin, Montankonzerne, S. 278.

560 Grieger, Das Volkswagenwerk, S. 56.

561 Vgl. Buchheim, Unternehmen in Deutschland, S. 383.

562 Vgl. Scholtyseck, Robert Bosch, S. 385–389.

563 Frei u. a., Flick, S. 327.

564 Vgl. Plumpe, Die I. G. Farbenindustrie, S. 743.

565 Progress Report on the investigation of Hannover Stöcken Concentration Camp vom 23. Februar 1947, TNA, WO 309/869.

566 Ermittlungsbericht vom 15. September 1950, HSTA Hannover, Nds. 721, Nr. 26.

567 Bericht der War Crimes Group vom 9. Juni 1948, TNA, WO 309/401.

568 Aussage des technischen Assistenten Friedrich Clostermann vom 16. September 1947, ebd.

569 Clostermann nannte den zweiten Lagerleiter Griem, der ebenfalls für seine Gewaltausbrüche berüchtigt war, einen «unerfreulichen Typ». Aussage des technischen Assistenten Friedrich Clostermann vom 5. November 1949, HSTA Hannover, Nds. 721, Nr. 26.

570 Ermittlungsbericht vom 15. September 1950, ebd.

571 Aussage des Marinesoldaten Franz Amman vom 28. Oktober 1949, ebd.; Aussage des Häftlings Henry Wilhelm John vom 16. Februar 1950, HSTA Hannover, Nds. 721, Nr. 26/1.

572 Vermerk zur Strafsache Maas vom 5. Februar 1952, ebd.

573 Vermerk vom 12. April 1962, HSTA Hannover, Nds. 721, Nr. 26/2.

574 Paul Maas und Wilhelm Genth wurden wegen Beihilfe zum Mord zu drei Jahren und sechs Monaten Zuchthaus verurteilt. Urteil gegen Maas und Genth vom 5. Juni 1963, HSTA Hannover, Nds. 721, Nr. 26/3.

575 Bericht des Abwehrbeauftragten vom 29. März 1944, Faksimileabdruck bei Rathmer, «Ich erinnere mich», S. 92.

576 Ansprache des Herrn Direktor Schmidt über die Leistungsoffensive am außergewöhnlichen Amtswalterappell am 1. Februar 1942 im Werk Borsigwalde, in: DWM-Werksnachrichten 1/2 (1942), S. 2.

577 Vgl. Kapitel 12.

578 Berlin-Erfurter Maschinenfabrik an Günther Quandt vom 24. April 1942, HSTA Weimar, Bestand BEM Henry Pels, 1.

579 Quandt an den Vorstand der Deutschen Bank vom 16. Oktober 1942, BArch, R 8119 F/P 1104.

580 Günther Quandt an König vom 5. Januar 1950, HWA, Abt. 2017, Nr. 27.

581 Herbert Quandt, Niewerle, HWA, Abt. 2017, Nr. 57–82.

582 HWA, Abt. 2017, Nr. 49 – Ordner FQ VE 207, Rittergut Niewerle.

583 Zur Auseinandersetzung der Quandt-Gruppe mit dem Thema historische Verantwortung für den Zwangsarbeitereinsatz vgl. Kapitel 15.

584 Er persönlich habe «von dieser Geschichte nichts, nichts, nichts gewusst». Her-

bert Quandt müsse davon gewusst haben, «gesprochen hat er mit mir nie darüber». Auf die Frage nach den Motiven für die Nicht-Thematisierung bot von
der Goltz die Antwort, das lasse sich vielleicht mit der «abgöttischen Bewunderung und Liebe» Herbert Quandts für seinen Vater erklären. Christopher Nesshöver, Operation Regenwurm, in: Handelsblatt vom 20./21./22. Juni 2008.
Ganz ähnlich lautete die Auskunft in einem Interview mit der Süddeutschen
Zeitung: «Er hat zu mir über vieles gesprochen, aber darüber hat er nie etwas
gesagt. Vielleicht wollte er seinem Vater, der damals das Imperium leitete,
nicht schaden.» Süddeutsche Zeitung vom 23. August 2010.

585 Spoerer, Profitierten Unternehmen von KZ-Arbeit?, S. 89.

586 Kuczynski, Entschädigungsansprüche, S. 16.

587 Vgl. Rauh-Kühne, Hitlers Hehler?, S. 4.

588 Plumpe, Unternehmen im Nationalsozialismus, S. 257, Anm. 79.

589 Frei u. a., Flick, S. 328. Ähnlich für die M.A.N. Bähr, GHH und M.A.N.,
S. 329.

590 Tooze, Ökonomie der Zerstörung, S. 618.

591 Quandt an den Vorstand der Deutschen Bank vom 16. Oktober 1942, BArch,
R 8119 F/P 1104.

592 Rauh-Kühne, Hitlers Hehler?, S. 51 f.

593 Vgl. Kapitel 11, S. 449–461.

594 Vgl. Rauh-Kühne, Hitlers Hehler?, S. 52.

595 Vgl. Spoerer, Zwangsarbeit unter dem Hakenkreuz, S. 186.

596 Vgl. Buggeln, Arbeit & Gewalt, S. 219.

597 AFA an Sonderringleiter Pfalzgraf vom 9. Juni 1944, NACP, RG 243 (Records
of the U.S. Strategic Bombing Survey), European Survey, 92.e.22, Box 728.
Die Schilderung dieses Vorgangs auch bei Blank, Hagen im Zweiten Weltkrieg,
S. 138.

598 NACP, RG 243 (Records of the U.S. Strategic Bombing Survey), European Survey, 92.e.3 (Business Files, Letters from Main Office), Box 726.

599 Bericht über die Erfahrungen und erzielten Ergebnisse durch Durchführung
der neuen Lohnordnung ab 1. November 1940 in Verbindung mit der gleichzeitig durchgeführten umfassenden Neugestaltung des Betriebes vom 8. März
1943, HSTA Weimar, Bestand BEM Henry Pels, 23, Bl. 1–4.

600 Verschiedene Berechnungen aus den Jahren 1940 bis 1943, die im Detail jedoch
nicht in der Gesamtgrößenordnung voneinander abweichen, finden sich im
HSTA Weimar, Bestand BEM Henry Pels, 22 und 23.

601 HSTA Weimar, Bestand BEM Henry Pels, 23, Bl. 62–64.

602 Vgl. Ansprache des Herrn Direktor Schmidt über die Leistungsoffensive am
außergewöhnlichen Amtswalterappell am 1. Februar 1942 im Werk Borsigwalde, in: DWM-Werksnachrichten 1/2 (1942), S. 2–5.

603 Zit. nach Schuhladen-Krämer, Zwangsarbeit in Karlsruhe, S. 81.

604 Vgl. Stadt Karlsruhe (Hrsg.), Jenseits der Brauerstraße, S. 40.

605 Geschichte der Rüstungsinspektion Posen, o. D., BArch, RW 20/21 10, S. 50 f.;
Radkiewicz, Dzieje Zakładów H. Cegielski, S. 174 f.

606 Aktennotiz von Hermann J. Abs vom 9. Dezember 1941, BArch, R 8119 F/P
1104.

607 Bei der Wintershall AG kann die Frage nach der Verantwortlichkeit Günther Quandts oder eines anderen Familienmitgliedes nicht endgültig beantwortet werden. Vgl. hierzu und zum Zwangsarbeitereinsatz bei Wintershall Kapitel 4, S. 100–113.

14. Unternehmenspolitik im Angesicht der Kriegsniederlage

1 Henke, Die amerikanische Besetzung, S. 453.
2 Ebd., S. 30.
3 Zit. nach Gregor, Stern und Hakenkreuz, S. 332.
4 Herbst, Der Totale Krieg, S. 347.
5 Geheimes Schreiben von SS-Sturmbannführer Backstein an SS-Standartenführer Brandt über die Praxis der großen Industriekonzerne vom 26. August 1944, BArch, NS 19/2055.
6 Zit. nach Weyres-v. Levetzow, Die Deutsche Rüstungswirtschaft, S. 161.
7 Vgl. Herbst, Der Totale Krieg, S. 404.
8 Vgl. hierzu Mierzejewski, The Collapse of the German War Economy.
9 Vermerk für SS-Standartenführer Brandt vom 1. September 1944, BArch, NS 19/830.
10 Aussage Günther Quandts im Zuge der Öffentlichen Sitzung der Spruchkammer Starnberg (1948), HSTA München, Spruchkammerakten Günther Quandt, Karton 1362/4.
11 Aussage Harald Quandts im Zuge der Öffentlichen Sitzung der Spruchkammer Starnberg (1948), ebd.
12 Aussage Herbert Quandts im Zuge der Öffentlichen Sitzung der Spruchkammer Starnberg (1948), ebd. Günther Quandt hat seiner ehemaligen Frau gegen Kriegsende noch die Möglichkeit eröffnet, ein Haus in der Schweiz zu erwerben, wo ihre Kinder leben und ausgebildet werden sollten. Magda Goebbels hatte allerdings nicht die Kraft, sich aus dem nationalsozialistischen Umkreis zu lösen. Vgl. Meissner, Magda Goebbels, S. 299.
13 Protokoll der AFA-Abteilungsleiterkonferenz vom 17./18. März 1941, WWA, F 137, Nr. 404, S. 19.
14 Vgl. Kapitel 11, S. 421–434.
15 Protokoll der AFA-Abteilungsleiterkonferenz vom 17./18. März 1941, WWA, F 137, Nr. 404, S. 19.
16 Bähr u. a., Der Flick-Konzern, S. 600 f. Zur Orientierung deutscher Wirtschaftsgrößen an der erwarteten Wirtschaftsmacht USA vgl. auch Henke, Die amerikanische Besetzung, insbesondere S. 469–480.
17 Vgl. Kapitel 11, S. 414 f.
18 Vgl. Henke, Die amerikanische Besetzung, S. 449. Zum Gesamtvorgang, S. 449–571.
19 Interview with Dr. Hermann Clostermann vom 12. Juni 1945, NACP, RG 243 (Records of the U.S. Strategic Bombing Survey), European Survey, 92. e.11, Box 727.
20 Zit. nach Report 3. 100 Jahre Varta, S. 16.
21 German Economic Department, Control Office for Germany and Austria,

«The Günther Quandt Complex» (Oktober 1946), S. 57 f.; Aktenvermerk des Amtes für Volkseigentum vom 28. November 1950, LA Berlin, C Rep. 031-02-19, Nr. 35, Vorgang Nr. 8, S. 1.

22 Aufzeichnung «Streng vertraulich» vom 24. Januar 1945, NACP, RG 243 (Records of the U.S. Strategic Bombing Survey), European Survey, 92. e.13, Box 728.

23 Interview 20. April 1978–Franciscy, Bad Homburg, HWA, Abt. 2017, Nr. 57–82.

24 Herbert Quandt, «Kommentare zum Kapitel 4», ebd.

25 Vgl. Schanetzky, Unternehmer, S. 85.

26 Quandt an die Mitglieder des Aufsichtsrats der DWM vom 15. Dezember 1943, BArch, R 8119 F/P 1104.

27 Bericht über die bei den DWM-Lübeck durchgeführte Prüfung für die Geschäftsjahre 1944, 1945 und 1946, HWA, Abt. 2017, Nr. 1–4.

28 Eberhardt an Vieweg vom 14. Oktober 1953, HWA, Abt. 2017, Nr. 45.

29 Vgl. den Bericht bei Schlickeiser (Hrsg.), Borsigwalde, S. 630.

30 Bericht über die bei den DWM-Lübeck durchgeführte Prüfung für die Geschäftsjahre 1944, 1945 und 1946, HWA, Abt. 2017, Nr. 1–4.

31 Interview mit Dr. Hermann Clostermann vom 12. Juni 1945, NACP, RG 243 (Records of the U.S. Strategic Bombing Survey), European Survey, 92. e.11, Box 727.

32 Aiming Point Report No. IQB 6 vom 15. März 1943, NACP, RG 243, United States Strategic Bombing Survey, Section 4: European Target Intelligence, Entry 16, Box 19.

33 Umfassend zu diesem Angriff Blank, Hagen im Zweiten Weltkrieg, S. 189–214.

34 Notiz für Herrn Direktor Clostermann vom 28. Dezember 1943, NACP, RG 243 (Records of the U.S. Strategic Bombing Survey), European Survey, 92. e.3 (Business Files, Letters from Main Office), Box 727.

35 Gesamtüberblick, Abteilung Marine, Rüstungsinspektion VI (Münster), Kriegstagebuch, 1. Oktober–31. Dezember 1943, 1939–1944, BArch, RW 20/6 11; Rüstungskommando Dortmund, Kriegstagebuch, 1. Januar–31. März 1944, 1939–1944, BArch, RW 21/14 17.

36 Blank, Hagen im Zweiten Weltkrieg, S. 246–261, das Zitat S. 260. Der ausführlichste Bericht über die Zerstörungen findet sich in: Interpretation Report No. K 3435 vom 2. Januar 1945, TNA, Air 14/3765; daneben NACP, RG 243 (Records of the U.S. Strategic Bombing Survey), European Survey, 92. e.3 (Business Files, Letters from Main Office), Box 726; außerdem B. I. O. S. Miscellaneous Report No. 46: Aircraft Batteries (Lead and Alkaline) – The Accumulatoren Fabrik A. G. Hagen-Hannover Plants, HSTA Hannover, ZGS 8, Nr. 224, S. 11.

37 Vgl. Blank, Hagen im Zweiten Weltkrieg, S. 283–292.

38 Schriftstück über die Absicht der AFA, in die Höhlen bei Maastricht zu verlagern vom 4. September 1944, BArch, R 3/273.

39 NACP, RG 243 (Records of the U.S. Strategic Bombing Survey), European Survey, 92. e. 3 (Business Files, Letters from Main Office), Box 726.

40 Schreiben des Rüstungsamts über die Verlegung der Firma AFA, Hagen, in das

Zweigwerk Letmathe vom Oktober 1944, BArch, R 3/275; B.I.O.S. – Final Report No. 467, Item Nos. 12, 31, German Secondary Battery Industry, HSTA Hannover, ZGS 8, Nr. 224, S. 2–3; German Economic Department, Control Office for Germany and Austria, «The Günther Quandt Complex» (Oktober 1946), S. 59.

41 Notiz für Herrn Direktor Clostermann vom 20. Februar 1943, NACP, RG 243 (Records of the U.S. Strategic Bombing Survey), European Survey, 92. e.3 (Business Files, Letters from Main Office), Box 727.

42 Einträge vom 20./21. April 1944 bzw. vom 20. Juni 1944, Rüstungskommando (Hannover), Kriegstagebuch, 1. April–30. Juni 1944, 1942–1944, BArch, RW 21/27 7. B.I.O.S. Miscellaneous Report No. 46: Aircraft Batteries (Lead and Alkaline) – The Accumulatoren Fabrik A. G. Hagen-Hannover Plants, HSTA Hannover, ZGS 8, Nr. 224, S. 13.

43 Eintrag vom 6. Juni 1944, Rüstungsinspektion XI a (Hannover), Kriegstagebuch, 1. April–30. Juni 1944, 1943–1944, BA MA RW 20–11/32.

44 Rüstungsinspektion XI a (Hannover), Kriegstagebuch, 1. Juli–30. September 1944, 1943–44, BA MA RW 20–11/33.

45 Mitteilungen und Fragen an den Aufnahmebetrieb zur Festlegung der Ausweichstudie vom 15. Juli 1943, LA Berlin, A Rep. 250-03-04, Nr. 4.

46 Vgl. Karner, Marine-Rüstung.

47 Rüstungskommando Dortmund, Kriegstagebuch, 1. Oktober–31. Dezember 1943, BArch, RW 21/14 16, fol. 39.

48 Da aber insgesamt 70 000 Quadratmeter angefordert worden waren, wurde ein weiterer Produktionsstandort in Wien-Liesing eingerichtet. Kriegstagebuch Rüstungsinspektion XVII, NARA, MF T 77/747/980626 beziehungsweise 980649. Vgl. auch Schausberger, Rüstung in Österreich, S. 138 f.

49 Günther Quandt an Abs vom 20. Oktober 1944, HA-DtBk, B 119.

50 German Economic Department, Control Office for Germany and Austria, «The Günther Quandt Complex» (Oktober 1946), S. 11 und S. 63.

51 Günther Quandt an Abs vom 20. Oktober 1944, HA-DtBk, B 119.

52 Herbert Quandt, Familiengeschichte: Österreich vom 21. Dezember 1979, HWA, Abt. 2017, Nr. 57–82; Kriegstagebucheintrag vom 24. Februar 1944, Rüstungsinspektion XVII (Wien), BArch, RW 20/17 6.

53 Bericht aus den Kriegstagebüchern der Rüstungsinspektion Potsdam vom 24. Dezember 1943, BArch, RW 21/50, 6, Bl. 257.

54 Perz, Wien-Floridsdorf, S. 454. Zu Speers Besuch bei der AFA auch Kriegstagebucheintrag vom 8. Juli 1944, Rüstungsinspektion XVII (Wien), BArch, RW 20/17 8.

55 Vgl. Karner, Marine-Rüstung, S. 108.

56 Kriegstagebuch Rüstungsinspektion XVII, NARA, MF T 77/747/980889 beziehungsweise 980893; Rüstungswirtschaftliche Entwicklung (2. Qu. 44). Kriegstagebuch Rüstungsinspektion LLLXXVII, ebd., T 77/747/980798. Vgl. auch die Angaben, die nach 1945 durch die US-Inspektoren gemacht wurden. NACP, RG 243 (Records of the U.S. Strategic Bombing Survey), European Survey, 92. e. 3 (Business Files, Letters from Main Office), Box 726.

57 Allerdings ist nicht ganz sicher, ob die Errichtung des Unterkommandos tatsächlich zeitgleich mit der des KZ Wien-Floridsdorf erfolgte oder erst einige Zeit später. Vgl. Perz, Wien-Floridsdorf, S. 455.

58 OKW/Wehrwirtschafts- und Rüstungsamt, Auswirkung feindlicher Luftangriffe, 1944–1945, BArch, RW 19/477; Bericht aus den Kriegstagebüchern der Rüstungsinspektion Wien zum 3. Quartal 1944 vom 30. September 1944, BArch, RW 20/17, 8, Bl. 10.

59 Vgl. Karner, Marine-Rüstung, S. 114; Puppe an Staatsamt für Vermögenssicherung vom 30. Dezember 1945, HWA, Abt. 2017, Nr. 56.

60 Werk Wien-Liesing, Fl-Fertigung, Aufzeichnung vom 7. März 1945, LA Berlin, A Rep. 250-03-04. Nr. 46/2.

61 Viktor Werner, Erinnerungen an meine Zusammenarbeit mit Dr. Herbert Quandt vom 12. April 1978, HWA, Abt. 2017, Nr. 57–82.

62 Kriegstagebucheintrag vom 26. November 1943, Rüstungskommando Berlin III, BArch, RW 21/4 16; Schreiben der DWM Borsigwalde an das Kriegsschädenamt Berlin-Wittenau vom 5. Juli 1944, LA Berlin, A Rep. 005–07, Nr. 370; Quandt an die Mitglieder des Aufsichtsrats der DWM vom 15. Dezember 1943, BArch, R 8119 F/P 1104.

63 Kriegstagebucheintrag vom 26. November 1943, Rüstungskommando Berlin III, BArch, RW 21/4 16.

64 Günther Quandt an Walter Wellenstein vom 16. Dezember 1943, HWA, Abt. 2017, Nr. 85. Zu den Schäden im Einzelnen: Kriegstagebuch des Rüstungskommandos Berlin III, Eintrag zu Schäden und Folgen des Luftangriffs auf die Mauser-Werke Berlin am 26. November 1943, BArch, RW 21/4 16, fol. 13 und Kriegstagebuch des Rüstungskommandos Berlin III, Lagebericht vom Januar 1944, BArch, RW 21/4 17, fol. 15.

65 Kriegstagebucheintrag vom 28. April 1944, Rüstungskommando Berlin III, BArch, RW 21/4 18. Kriegstagebuch des Rüstungskommandos Berlin III, Bericht der Gruppe Heer vom 19. Juni 1944, ebd., fol. 32; Fertigungssoll und -ist von Munitionsteilen der Firma DWM, Posen, Borsigwalde und Karlsruhe in den Jahren 1944 und 1945, BArch, R 3/3149.

66 Kriegstagebucheintrag vom 14. August 1944, BArch, RW 20/5 18.

67 Kriegstagebucheintrag der Rüstungsinspektion Oberrhein vom 14. Juni 1944, BArch, RW 20/5 60, Bl. 17; Kriegstagebuch der Rüstungsinspektion Oberrhein 8 vom 1. April–30. Juni 1944, BArch, RW 20/5 18 sowie 20/5 60, Schreiben der Rüstungsinspektion vom 1. Juni 1944. Vgl. auch Schuhladen-Krämer, Zwangsarbeit in Karlsruhe, S. 89.

68 Notiz des Rüstungskommandos Freiburg vom 24. August 1944, Rüstungsinspektion V (Stuttgart und Oberrhein), Monatsberichte der Rüstungskommandos (u. a. Mannheim), 1943–1944, BArch, RW 20/5 31.

69 Abschlussbericht des Werkluftschutzbezirks Baden über den Luftangriff auf Karlsruhe am 4. Dezember 1944 vom 28. Dezember 1944, GLA Karlsruhe 465d/1653.

70 Bericht über Einflüge und Angriffe der feindlichen Luftwaffe des Wehrwirtschaftsoffiziers im Wehrkreis V vom 22. Januar 1945, BArch, RW 19/2014, Bl. 79.

71 Aktennotiz zur Sitzung des Arbeitsausschusses der Rüstungskommission vom 22. Juli 1943, Rüstungsinspektion V (Stuttgart und Oberrhein), Besprechungen des Arbeitsausschusses der Rüstungskommission Vb 1943–1944, BArch, RW 20/5 49.

72 Zusammenstellung der bis 2. Februar 1945 vom H. A. Waffen zum Weiterbetrieb im Notprogramm bestimmten Betriebe, darunter DWM Posen, Mauser-Werke Berlin/Borsigwalde und Oberndorf/Neckar vom 2. Februar 1945, BArch, R 3/1026.

73 Rüstungskommando Freiburg vom 27. April und 27. Mai 1944, Rüstungsinspektion V (Stuttgart und Oberrhein), Monatsberichte der Rüstungskommandos (u. a. Mannheim), 1943–1944, BArch, RW 20/5 31. Besprechungsniederschriften der Rüstungskommission Vb (Straßburg), Eintrag zur Arbeitsausschusssitzung vom 7. Juli 1944, BArch, RW 21/57 18, fol. 148. Produktionsverlagerungen in Thüringen, Baden und im Wartheland vom 25. Januar 1945, BArch, R 3/1404a.

74 Schutzpolizei-Dienstabteilung an die Kriminalpolizeistelle Stuttgart vom 26. Februar 1945, StA Oberndorf, AF 1136; Aufstellung der Mauser-Werke über entstandene Fliegerschäden vom 31. Juli 1945, ebd. Der Produktionsrückgang ließ sich auch am Rückgang der Steuerzahlungen erkennen. Hierzu Aufstellung des Finanzamtes Oberndorf am Neckar über die steuerliche Auswirkung der Demontage der Mauser-Werke vom 10. Januar 1948, STA Sigmaringen, Wü 120 T 1, Nr. 1301.

75 Seel, Mauser, S. 121; Manuskript Dörge, Bd. 4, S. 471.

76 Vgl. Wallraff, Nationalsozialismus, S. 533–565.

77 Wilhelm Ingrisch, Mitteilungen und Werksvorkommnisse für das Archiv der Dürener Metallwerke Ges. ab 1. September 1935– 16. November 1944, HWA, Abt. 2017, Nr. 55 – Ordner «Chronik des Werkes Düren bis 16. 11. 1944». Ähnlich lautete das Fazit des Teams der US Bombing Survey: «The raid killed some employees and caused others to migrate, so that production stopped completely and was not resumed for the duration of the war.» NACP, RG 243, The United States Strategic Bombing Survey, Microfilm M-1013, Roll 2: «Duerener Metallwerke AG Duren Wittenau-Berlin & Waren, Germany» (Aircraft Division, January 1947), frame 737. Manuskript Dörge, Bd. 2, S. 232 f.

78 Schriftstück über Bauvorhaben für Infanteriefertigung vom 26. November 1944, BArch, R 3/3233.

79 Puppe an Staatsamt für Vermögenssicherung vom 30. Dezember 1945, HWA, Abt. 2017, Nr. 56.

80 Ereignisse im AFA-Hause vom 13. September 1945, ebd.

81 Vgl. Kapitel 10, S. 344 f.

82 Spengler an das Bezirksamt Köpenick, Abteilung für Wirtschaft vom 19. September 1946; Protokoll einer streng vertraulichen Unterredung mit der Kommandantur vom 12. September 1946, LA Berlin, C Rep. 800, Nr. 350, S. 1.

83 Aktennotiz vom 5. Januar 1946, HWA, Abt. 2017, Nr. 56 – s. o. FN 79.

84 B.I.O.S. Final Report No. 307, Item No. 31: German Secondary Batteries (with special Reference to those used by army signals), HSTA Hannover, ZGS 8, Nr. 224, S. 11.

85 Aktenvermerk zur Accumulatorenfabrik Oberschöneweide vom 17. Dezember 1945, LA Berlin, C Rep. 031-02-19, Nr. 35, Vorgang Nr. 8, S. 3; Bericht über die Treuhänderschaft der Accumulatoren-Fabrik. Aktiengesellschaft Berlin Oberschöneweide und Ermittlungen des Status dieses Unternehmens zum 31. Dezember 1945, LA Berlin, C Rep. 800, Nr. 207, S. 4.

86 Arbeitsprotokoll zur Übergabe der Varta vom 25. September 1947, LA Berlin, C Rep. 101-01, Nr. 282, fol. 5; Protokoll vom 15. April 1947, ebd., fol. 16 und Bewertungsakt vom 1. Oktober 1947, ebd., fol. 12. Aktenvermerk zur Übergabe der Varta an die Sowjetische Elektrotechnische Aktiengesellschaft vom 14. April 1947, LA Berlin, C Rep. 800, Nr. 489, S. 1; Verfügung Nr. 1 des Generaldirektors der Akkumulatorenfabrik der Sowjetischen Elektrotechnischen Aktiengesellschaft vom 5. November [1947], ebd., S. 2.

87 Vgl. Wir dienen der Sicherheit, S. 42.

88 Vgl. Karner, Zu den sowjetischen Demontagen; vgl. auch Die USIA-Betriebe, bes. S. 1–79 sowie Steiner, Die USIA-Betriebe, bes. S. 206; Puppe an Staatsamt für Vermögenssicherung vom 30. Dezember 1945, HWA, Abt. 2017, Nr. 56.

89 Puppe, Bericht über den Zustand der AFA-Wien nach dem Stand meines letzten Besuches am 26. Januar 1946, HWA, Abt. 2017, Nr. 56. Vgl. Karner, Zu den sowjetischen Demontagen, S. 311.

90 Vgl. Schlickeiser (Hrsg.), Borsigwalde, S. 636.

91 Auszug aus dem Handelsregister vom 4. Dezember 1946, LA Berlin, B Rep. 042, Nr. 35221.

92 Geschäftsbericht für das Geschäftsjahr 1950 und über die Jahre seit 1945 vom 29. Oktober 1951, WWA, S 7, Nr. 777/3.

93 Niederschrift über die Vollversammlung der Memefa vom 27. November 1951, in: HWA, Abt. 2017, Nr. 31.

94 Berlin-Erfurter Maschinenfabrik Henry Pels & Co. an U.S. Military Government Erfurt vom 30. April 1945, HSTA Weimar, Bestand BEM Henry Pels, 1.

95 Vgl. Fischer, Befreiung der Stadt, S. 472.

96 Bescheid des Thüringer Landesamts zur Regelung offener Vermögensfragen – Aussenstelle Erfurt – vom 15. Mai 1996, in: Privatarchiv Nahme. Vgl. daneben auch die leicht differierenden Angaben bei Hawich, Manufakturen, S. 75.

97 BIOS-Bericht über Byk Gulden, Berlin vom 12. September 1945, TNA, FO 935/192.

98 Vgl. Luv, Die pharmazeutische Industrie, S. 13. Bericht über die Entwicklung der Byk-Guldenwerke Chem. Fabr. A. G. seit der Währungsreform, in: HWA, Abt. 2017, Nr. 12. Vgl. auch Fischer, Byk Gulden, S. 119 f.

15. «Unternehmer in schwierigen Zeiten» oder «Profiteure des NS-Regimes»?

1 Eine gute Übersicht über den verschlungenen Weg der Entscheidungsfindung bei Smith, The Road to Nuremberg. Grundsätzlich hierzu Gimbel, The American Occupation; Peterson, The American Occupation; Schwarz, Vom Reich zur Bundesrepublik; Moltmann, Zur Formulierung der amerikanischen Besatzungspolitik, S. 299–322.

2 Herz, The Fiasco of Denazification, S. 569–594.

3 Vgl. Gausmann, Deutsche Großunternehmer mit weiterführender Literatur; Buscher, The U.S. War Crimes Trial Program.

4 Civil Affairs Guide: Dissolution of the Nazi Party and Its Affiliated Organizations. Supplement: Denazification of Important Business Concerns in Germany vom 27. November 1944, NACP, R&A 1655.5 a. Eine deutsche Übersetzung findet sich in: Söllner (Hrsg.), Archäologie der Demokratie, S. 159–162.

5 Gausmann, Deutsche Großunternehmer, S. 137.

6 Morgenthau, Morgenthau Diary (Germany), Bd. 1, S. 507. Vgl. daneben Blum, Roosevelt and Morgenthau, bes. S. 559–631. Eine prägnante Beschreibung der Entwicklung bietet Smith, Reaching Judgment, S. 20–45. Zu den ambivalenten Positionen gegenüber Deutschland vgl. Kimball, Swords or Ploughshares? und Mausbach, Zwischen Morgenthau und Marshall.

7 Berge, Cartels; Taylor, Debate in the United States, S. 385–398, bes. S. 396 f. Als Beispiel für die Verbindung von Antikartell-Bestreben und Kriegszielpropaganda vgl. etwa Borkin/Welsh, Germany's Master Plan.

8 Vgl. Balabkins, Germany Under Direct Controls; Montgomery, Forced to Be Free; einen guten Überblick bietet Taylor, The Rise and Fall of Antitrust, S. 23–39.

9 Newman, Key German Cartels, S. 587.

10 Vgl. Blum, Deutschland ein Ackerland?, S. 252. Zur Entstehungsgeschichte der JCS vgl. die zusammenfassende Darstellung bei Krieger, General Lucius D. Clay, S. 28–53.

11 Grundlegend hierzu Henke, Die amerikanische Besetzung.

12 Hammond, Directives, S. 311–460, hier S. 396.

13 Schwarz, Vom Reich zur Bundesrepublik, S. 63–72.

14 Vgl. zu den geistigen Hintergründen dieser Schule auch Niethammer, Entnazifizierung, S. 34–36.

15 Vgl. Niethammer, Mitläuferfabrik, S. 232.

16 Stolper, German Realities, S. 194.

17 Zum OMGUS vgl. Weisz (Hrsg.), OMGUS-Handbuch.

18 Vgl. Greiner, Morgenthau-Legende, S. 238.

19 Vgl. hierzu dessen Streitschrift: Martin, All Honorable Men.

20 Zitiert nach Bower, Blind Eye, S. 326.

21 Zit. nach Borkin, Unheilige Allianz, S. 130.

22 Zur Einordnung Gausmann, Deutsche Großunternehmer, S. 169–201.

23 Zit. nach Taylor, Die Nürnberger Prozesse, S. 451.

24 Vgl. Bower, «Alle deutschen Industriellen saßen auf der Anklagebank», S. 239–256, hier S. 243 f.

25 Taylor an Jackson vom 30. Januar 1946, in: Taylor, Die Nürnberger Prozesse, S. 339.

26 NACP, RG 260, FINANCE, Box 181, folder 5; Military Government of Germany (U.S.) (Hrsg.), Dresdner and Deutsche Banks, June 1947, S. 1.

27 Vgl. Gausmann, Deutsche Großunternehmer, S. 197. Vgl. Clay an Echols vom 4. September 1946, in: Smith (Hrsg.), Lucius D. Clay, Bd. 1, S. 261; Ahrens, Unternehmer vor Gericht, S. 128–153.

28 Vgl. ebd., S. 137.

29 Vgl. etwa Clay an Echols vom 25. September 1946, in: Smith (Hrsg.), Lucius D. Clay, Bd. 1, S. 265–268.

30 Vgl. Gausmann, Deutsche Großunternehmer, S. 262–303.

31 Vgl. Moisel, Frankreich; Pendaries, Les procès de Rastatt.

32 Vgl. Horstmann, Die Angst vor dem finanziellen Kollaps, S. 220.

33 Jerram an Bevin vom 5. September 1945, zit. nach Aalders/Wiebes, Kunst der Tarnung, S. 215. Vgl. Minute Ewart vom 15. Mai 1946, TNA FO 56969/N 6292/3179/42.

34 Vgl. Schwarz, Vom Reich zur Bundesrepublik, S. 160.

35 Rauh-Kühne, Entnazifizierung, S. 60.

36 Friedrich, Entnazifizierung und Wirtschaftseliten, S. 8.

37 Vgl. Herbert Quandt, Die wichtigsten Lebensabschnitte von Dr. Herbert Quandt (1978), HWA, Abt. 2017, Nr. 57–82.

38 Esser, Hitlers Gold, S. 403.

39 Bericht über den Aufenthalt Günther Quandts in der Gemeinde Leutstetten vom 24. September 1946, HWA, Abt. 2017, Nr. 29.

40 Bähr u. a., Der Flick-Konzern, S. 600 f. Zur Orientierung deutscher Wirtschaftsgrößen an der erwarteten Wirtschaftsmacht USA vgl. auch Henke, Die amerikanische Besetzung, bes. S. 469–480.

41 Helene Bregulla an Friedrich Dörge vom 1. Oktober 1945, zit. nach Manuskript Dörge, Bd. 4, S. 476.

42 Vgl. Greiner, Morgenthau-Legende, S. 238.

43 Helene Bregulla an Friedrich Dörge vom 1. Oktober 1945, zit. nach Manuskript Dörge, Bd. 4, S. 476.

44 Günther Quandt an Wellendorf vom 12. März 1946, HWA, Abt. 2017, Nr. 85.

45 Günther Quandt an Franke vom 7. Januar 1946, HWA, Abt. 2017, Nr. 36/37.

46 Auch wegen seines Aufsichtsratssitzes bei der Deutschen Bank geriet er ins Visier amerikanischer Ermittler. Abs hat wenige Jahre nach Kriegsende vermutet, es sei Quandts «Zugehörigkeit zur Deutschen Bank» gewesen, «ihn im Jahre 1945 einzusperren». Abs, Gedenkrede. Das Bankinstitut, so lautete die amerikanische Annahme, habe ihre Aufsichtsratsposten «sorgfältig nach ihrem politischen oder gesellschaftlichen Ansehen» vergeben, und ihre Mitglieder trügen deshalb «nicht nur eine rechtliche, sondern auch eine moralische Verantwortung». OMGUS, Ermittlungen, S. 35 f. Vgl. die abgewogene Beurteilung bei Wandel, OMGUS-Bericht, S. 51–56. Auch französische Behörden waren im Zusammenhang mit Demontageplanungen an Quandt interessiert, zielten aber offenbar nicht auf eine Verhaftung ab. Vgl. den französischen Bericht vom Mai 1948, IfZ, OMGUS 17/263–3/18–19.

47 Office of U.S. Chief of Counsel Subsequent Proceedings Division, Biographical Report Günther Quandt vom 18. April 1945, HSTA München, Spruchkammerakten Günther Quandt, Karton 1363/6.

48 Office of U.S. Chief of Counsel Subsequent Proceedings Division, Information Analysis vom 9. September 1946, ebd.

49 Germany's Major Industrial Concerns vom 16. Mai 1946, IfZ, OMGUS 17/232–2/1.

50 Entgegnung vom 1. November 1945, HWA, Abt. 2017, Nr. 85.

51 Günther Quandt an Haig vom 20. März 1946, HWA, Abt. 2017, Nr. 85.

52 Memo Interrogation of Guenther Quandt, AFA vom 10. September 1946, IfZ, OMGUS, 17/263–3/18; Günther Quandt an Dietermann vom 11. Oktober 1946, HWA, Abt. 2017, Nr. 36/37.

53 Léon Hammes, Aide-Mémoire ohne Datum [3. April 1947], AN Luxembourg, CdG 171, Mikrofilm C. G. 161. Vgl. Sprecher, Inside the Nuremberg Trial.

54 «Am Askanischen Pl. sollen sehr viel Akten aus dem Schutt ausgebuddelt worden sein, die die Amerikaner in der Kreuzbergstr. beschlagnahmt haben. U. a. Vorstandsprotokolle von früher, DWM und Mauser-Akten, besonders den Bau von Waren betr. [Pavel] nahm an, dass Ihre Sache damit zusammenhängt.» Dietermann an Günther Quandt vom 9. August 1946, HWA, Abt. 2017, Nr. 36/37. In der Kreuzbergstraße hatte die AFA nach den Bombardierungen während des Krieges Ausweichbüros angemietet.

55 Günther Quandt an Wellenstein vom 24. März 1946, HWA, Abt. 2017, Nr. 85. Die Einschätzung des CIC war kein Einzelfall, sondern wurde von einer Vielzahl Deutscher geteilt, die den CIC pauschal als «amerikanische Gestapo» klassifizierten. Vgl. hierzu Schick, Internierungslager, S. 303.

56 CIC, Notes of Conversation with Guenther Quandt vom 11. August 1946, HSTA München, Spruchkammerakten Günther Quandt, Karton 1363/6.

57 Günther Quandt, Rundbrief vom 18. September 1946, HWA, Abt. 2017, Nr. 36/37. Vgl. auch die Angaben im Rundbrief vom 7. Oktober 1946, ebd.

58 Vgl. die Schilderung der Vorgänge im Brief von Günther Quandt an Captain V. J. Haig (MID) vom 3. Juli 1946, HWA, Abt. 2017, Nr. 85.

59 Günther Quandt an Wellenstein vom 12. Juli 1946, HWA, Abt. 2017, Nr. 85.

60 Vgl. auch die Angaben der Häftlingskartei: HSTA München, Häftlingskartei der bayerischen Internierungslager.

61 Herbert Quandt an Günther Quandt vom 18. September 1946, HWA, Abt. 2017, Nr. 36/37.

62 Günther Quandt, Rundbrief vom 18. September 1946, ebd.

63 Dietermann an Wellenstein vom 5. September 1946, HWA, Abt. 2017, Nr. 85. Dietermann an Günther Quandt vom 14. November 1946, HWA, Abt. 2017, Nr. 36/37; Dietermann an Wellenstein vom 21. November 1946, HWA, Abt. 2017, Nr. 85.

64 Günther Quandt an Heidi von Doetinchem vom 27. November 1947, HWA, Abt. 2017, Nr. 35.

65 Günther Quandt, Weihnachtsrundbrief 1947, HWA, Abt. 2017, Nr 36/37.

66 Vgl. Schick, Internierungslager, S. 304. Dennoch waren die Verhältnisse nicht mit den Zuständen in den Zwangsarbeiterlagern vergleichbar, weil die amerikanischen Behörden auf einen Mindeststandard achteten, um möglichen Seuchen vorzubeugen. Vgl. Niethammer, Mitläuferfabrik, S. 461.

67 Quandt/Quandt (Hrsg.), Günther Quandt erzählt sein Leben, S. 252.

68 Ebd., S. 252 f. Zum pädagogischen Umfang und zum kulturellen Leben in Moosburg vgl. auch Schick, Internierungslager, S. 308 f.

69 Als er im März 1947 wegen schwerer Herzprobleme vorübergehend ins Dachauer Militärhospital verlegt wurde, fühlte er sich, wie er ironisch mitteilte, als

«Gast der US-Regierung im besten Sanatorium Deutschlands. Es war nicht schlecht, die schön gewärmten Zimmer, das fließende Wasser, die Bäder und die gute und reichliche Kost.» Günther Quandt, Weihnachtsrundbrief 1947, HWA, Abt. 2017, Nr. 36/37.

70 Günther Quandt an Heidi von Doetinchem vom 27. Juni 1946, HWA, Abt. 2017, Nr. 35.

71 Washington Post vom 27. Oktober 1947.

72 Neue Zeitung vom 31. Oktober 1947.

73 Special Projects Division an Sachs vom 15. September 1947, HSTA München, Spruchkammerakten Günther Quandt, Karton 1362/2. Vgl. auch die Unterlagen des Office of Chief of Counsel for War Crimes, Special Project Division: NACP, RG 260, FINANCE, Box 101, folder 29. Vollnhals (Hrsg.), Entnazifizierung.

74 Hierzu mit weiterführender Literatur neben Rauh-Kühne, Entnazifizierung, S. 35–70 inzwischen Ahrens, Von der «Säuberung» zum Generalpardon, S. 25–45.

75 Niethammer, Mitläuferfabrik, S. 12.

76 Vgl. Fürstenau, Entnazifizierung, S. 72.

77 Niethammer, Mitläuferfabrik, S. 336.

78 Rauh-Kühne, Entnazifizierung, S. 51 f.

79 Denkschrift Dorns vom 22. Juli 1946, in: Dorn, Inspektionsreisen, S. 97.

80 Theodor Heuss an Wilhelm Stapel vom 9. Oktober 1948, in: Becker (Hrsg.) Theodor Heuss, S. 416.

81 Vgl. hierzu Niethammer, Mitläuferfabrik, S. 385; Friedrich, Entnazifizierung und Wirtschaftseliten, S. 57 f.

82 Hammermann, Internierungslager Dachau, S. 53.

83 Dietermann an Wellenstein vom 3. Oktober 1946, HWA, Abt. 2017, Nr. 85.

84 Günther Quandt an Werner Quandt vom 5. Januar 1947, HWA, Abt. 2017, Nr. 36/37.

85 Stellungnahmen des Deutschen Entnazifizierungs-Ausschusses Stadtkreis Hannover vom 6. August 1946, HSTA München, Spruchkammerakten Günther Quandt, Karton 1363/6. Ein Entnazifizierungs-Unterausschuss bei der AFA hatte am 18. Juli 1946 noch vorsichtiger geurteilt. Quandt sei als Wehrwirtschaftsführer, Parteimitglied und förderndes Mitglied des NSKK zwar formal belastet, aber «in sozialer Hinsicht» sei «Nachteiliges gegen ihn nicht bekannt geworden.» Zur Tätigkeit Quandts außerhalb der AFA konnte der Unterausschuss keine Stellung nehmen. Stellungnahme des Entnazifizierungs-Unterausschusses bei der AFA vom 18. Juli 1946, ebd.

86 Dietermann an Günther Quandt vom 3. September 1946, HWA, Abt. 2017, Nr. 36/37.

87 Günther Quandt an Hirschbold vom 1. Oktober 1946, HWA, Abt. 2017, Nr. 85. Herbert Quandt an Günther Quandt vom 26. Oktober 1946, HWA, Abt. 2017, Nr. 36/37.

88 Dies geht aus dem von Quandt am 1. März 1946 unterschriebenen Fragebogen des Military Government of Germany hervor. HSTA München, Spruchkammerakten Günther Quandt, Karton 1363/7.

89 Günther Quandt an Dietermann vom 12. Januar 1947, HWA, Abt. 2017, Nr. 36/37.

90 Horstmann, Die Alliierten, S. 65.

91 Rauh-Kühne, Entnazifizierung, S. 38 f. Ende 1945 befanden sich etwa 100 000 Personen in amerikanischen Internierungslagern; in der bevölkerungsreicheren britischen Zone dagegen waren etwa 52 000 Menschen interniert und in der französischen Zone gar nur knapp 11 000. Ebd., S. 60.

92 Klageschrift des öffentlichen Klägers der Spruchkammer Starnberg vom 25. Juni 1946, HSTA München, Spruchkammerakten Günther Quandt, Karton 1362/1.

93 Aufzeichnung Hans Bischof vom 18. April 1947, WWA F 137, Nr. 403.

94 Quandt an Alletag vom 11. Oktober 1947, HSTA München, Spruchkammerakten Günther Quandt, Karton 1362/1.

95 Günther Quandt an Wellenstein vom 3. Juli 1946, HWA, Abt. 2017, Nr. 85.

96 Befreiungsgesetz, S. 17 und 28–30.

97 Quandt an den Vorsitzenden der Spruchkammer Starnberg vom 10. Januar 1948, HSTA München, Spruchkammerakten Günther Quandt, Karton 1362/1.

98 Zu Carl Stierle, einem parteilosen Kaufmann, vgl. Friedrich, Entnazifizierung und Wirtschaftseliten, S. 86 f.

99 Beschluss der Spruchkammer Starnberg vom 16. Januar 1948, HSTA München, Spruchkammerakten Günther Quandt, Karton 1362/1.

100 Vgl. auch die Angaben in der Häftlingskartei: HSTA München, Häftlingskartei der bayerischen Internierungslager.

101 Lachmann warf im Januar 1947 entnervt das Handtuch, weil er sich als «Prellbock» der verschiedenen politischen Interessen missbraucht sah. Vgl. Friedrich, Entnazifizierung und Wirtschaftseliten, S. 87; Rundschreiben der Bayerischen Militärregierung vom 12. Dezember 1947, HSTA München, Spruchkammerakten 2989.

102 Herf an die Spruchkammer Starnberg vom 10. Februar 1948, HSTA München, Spruchkammerakten Günther Quandt, Karton 1362/1.

103 «Wie's den Ehemännern geht», in: Der Spiegel vom 22. Juni 1950. Henriette von Schirach, die Frau des «Reichsjugendführers» Baldur von Schirach, hat Herf zu der «elegant-raffinierte[n] Sorte des Anklägers» gezählt, der «als Gentleman verkleidet und mit einem parfümierten Tüchlein im Sakko» bluffe. Von Schirach, Preis der Herrlichkeit, S. 200.

104 Klageschrift des öffentlichen Klägers vom 8. Februar 1948, HSTA München, Spruchkammerakten Günther Quandt, Karton 1362/2.

105 Friedrich, Entnazifizierung und Wirtschaftseliten, S. 75.

106 Maas, Le groupe sidérurgique ARBED face à l'hégémonie nazie, S. 368.

107 Laval mutmaßte, Magda Goebbels habe von ihrem geschiedenen Mann ein größeres Paket AFA-Aktien erhalten und sei daher an Tudor interessiert. Vgl. Peter Prüm vor dem Spezialgericht, in: Luxemburger Wort vom 17. August 1946.

108 Note pour Monsieur Charles-Leon Hammes vom 3. April 1946, AN Luxembourg, CdG 171, Mikrofilm C. G. 161.

109 Anzeige Lavals beim Ministre de la Justice à Luxembourg vom 1. März 1947,

ebd. Eine deutsche Übersetzung findet sich auch in HSTA München, Spruchkammerakten Günther Quandt, Karton 1362/3.

110 Hammes an den Military Governor vom 29. Oktober 1947, AN Luxembourg,
CdG 171, Mikrofilm C. G. 161.

111 Ministère de la Justice an den Président de l'Office luxembourgois pour la recherche des Crimes de guerre vom 13. Februar 1948, ebd.

112 Hammes an Taylor vom 9. Juli 1948, ebd.

113 Hammes an Herf vom 2. April 1948, AN Luxembourg, ebd.

114 Günther Quandt an Heidi von Doetinchem vom 31. März 1948, HWA, Abt.
2017, Nr. 35.

115 Friedrich, Entnazifizierung und Wirtschaftseliten, S. 93.

116 Stellungnahme des Dr. Ing. E. h. Günther Quandt zur Klageschrift des
öffentlichen Klägers vom 8. Februar 1948, HWA, Abt. 2017, Nr. 38; Stellungnahme Königs zur Klage des Generalklägers vom 12. April 1948, ebd.

117 Niethammer, Mitläuferfabrik, S. 615.

118 Vgl. Quandt an Abs vom 12. Februar 1948, HA-DtBk, V1/0027.

119 Abs an Pavel vom 9. März 1948, HWA, Abt. 2017, Nr. 29.

120 Vgl. Gall, Hermann Josef Abs, bes. S. 127 f.

121 Vgl. Quandt an Dörge vom 25. Dezember 1946, abgedruckt in: Manuskript
Dörge, Bd. 4, S. 484 f.

122 Erklärung Nr. 19 vom 10. Februar 1947, HSTA München, Spruchkammerakten Günther Quandt, Karton 1362/2. Vgl. auch Sachs an Dörge vom 12. Oktober 1946, Manuskript Dörge, Bd. 4, S. 597.

123 Spruch der Berufungskammer Oberbayern vom 29. April 1949, HSTA München, Spruchkammerakten Günther Quandt, Karton 1362/4.

124 Günther Quandt an Heidi von Doetinchem vom 29. Juni 1948, HWA, Abt.
2017, Nr. 35. Quandt an den öffentlichen Kläger bei den Entnazifizierungs-
Hauptausschüssen im Regierungsbezirk Lüneburg, Abteilung Burgdorf vom
5. Mai 1949, HSTA München, Spruchkammerakten Günther Quandt, Karton 1363/7.

125 Am 13./14. Mai 1948, am 3., 4. und 24. Juni, schließlich am 15., 16. und
28. Juli 1948.

126 Vgl. Fait, Kreisleiter, S. 231.

127 Vgl. hierzu Friedrich, Entnazifizierung und Wirtschaftseliten, S. 85–88.

128 Die schlechte Presse, die die Spruchkammern inzwischen hatte, trug zweifellos
dazu bei, dass die Neigung abnahm, harte Strafen zu verhängen. Insgesamt
wurden in der amerikanischen Zone nur 1654 Personen als «Hauptschuldige»
eingestuft, weitere 22 122 wurden als «Belastete» klassifiziert. Das entsprach
0,17 Prozent respektive 2,33 Prozent der Fälle. Vgl. Rauh-Kühne, Entnazifizierung, S. 55.

129 Protokoll der mündlichen Verhandlung vom 4. Juni 1948, HSTA München,
Spruchkammerakten Günther Quandt, Karton 1362/4.

130 Ebd.

131 Bayer an Hartkorn vom 7. März 1949, HSTA München, Spruchkammerakten
Günther Quandt, Karton 1362/1.

132 Vgl. Jungbluth, Die Quandts, S. 225.

133 Günther Quandt an Heidi von Doetinchem vom 29. Juni 1948, HWA, Abt. 2017, Nr. 35.

134 Plädoyer des öffentlichen Klägers vom 16. Juli 1948, HSTA München, Spruch-kammerakten Günther Quandt, Karton 1362/2.

135 Spruch der Spruchkammer Starnberg vom 28. Juli 1948, HSTA München, Spruchkammerakten Günther Quandt, Karton 1362/1.

136 Vgl. Friedrich, Entnazifizierung und Wirtschaftseliten, S. 101.

137 Spruch der Spruchkammer Starnberg vom 28. Juli 1948, HSTA München, Spruchkammerakten Günther Quandt, Karton 1362/1.

138 Friedrich, Entnazifizierung und Wirtschaftseliten, S. 101.

139 Berufungsschreiben des öffentlichen Klägers vom 7. September 1948, HSTA München, Spruchkammerakten Günther Quandt, Karton 1362/3.

140 Berufungsschreiben Bayers vom 13. September 1948, HSTA München, Spruch-kammerakten Günther Quandt, Karton 1362/4.

141 Bayer an Hartkorn vom 7. März 1949, HSTA München, Spruchkammerakten Günther Quandt, Karton 1362/1; Bayer an Berufungskammer für Oberbayern vom 25. April 1949, ebd.

142 Anordnung des Befreiungsministeriums vom 28. Januar 1949, HSTA München, Spruchkammerakten Günther Quandt, Karton 1362/3.

143 Rechtsanwalt Hermann Kapphahn an Quandt vom 16. Dezember 1948, HSTA München, Spruchkammerakten Günther Quandt, Karton 1362/4.

144 Günther Quandt an Pavel vom 21. Dezember 1948, ebd. Auch Pavel sah ange-sichts der im Verfahren von Laval angewandten «skrupellosen lügenhaften Methoden» keine Möglichkeiten zu einem Vergleich. Pavel an Günther Quandt vom 27. Dezember 1948, ebd.

145 Ausführungen des Klägers, Anlage zum Protokoll der Verhandlungen vom 29. April 1949, HSTA München, Spruchkammerakten Günther Quandt, Karton 1362/5.

146 Günther Quandt an Heidi von Doetinchem vom 7. Mai 1949, HWA, Abt. 2017, Nr. 35.

147 Spruch der Berufungskammer Oberbayern vom 29. April 1949, HSTA München, Spruchkammerakten Günther Quandt, Karton 1362/4.

148 Aktennotiz vom 30. April 1949, HSTA München, Spruchkammerakten Günther Quandt, Karton 1362/5.

149 Günther Quandt an Heidi von Doetinchem vom 7. Mai 1949, HWA, Abt. 2017, Nr. 35.

150 König an Günther Quandt vom 4. Mai 1949, HWA, Abt. 2017, Nr. 27.

151 König an Sachs vom 2. Juni 1949, HSTA München, Spruchkammerakten Günther Quandt, Karton 1362/3.

152 Der Generalkläger beim Kassationshof an den Kassationshof vom 28. September 1949, HSTA München, Spruchkammerakten Günther Quandt, Karton 1362/2.

153 Beschluss des Kassationshofes vom 2. Dezember 1949, HSTA München, Spruchkammerakten Günther Quandt, Karton 1362/5.

154 König an Günther Quandt vom 14. Januar 1950, HWA, Abt. 2017, Nr. 27; Günther Quandt an König vom 5. Januar 1950, ebd.

155 Günther Quandt an Heidi von Doetinchem vom 18. April 1950, HWA, Abt. 2017, Nr. 35.

156 Herf an Hammes vom 18. März 1950, AN de Luxembourg, CdG 171, Mikrofilm C. G. 161.

157 Vieweg an Quandt vom 6. Dezember 1949, HWA, Abt. 2017, Nr. 39 – Mappe Spruchausschuss Berlin.

158 König an Quandt vom 10. Dezember 1949, ebd.

159 Ebd.

160 König an Quandt vom 10. Dezember 1949, HWA, Abt. 2017, Nr. 39.

161 Gerhard Vieweg, Kurzer Bericht über die am 14. Dezember 1949 stattgefundene Spruchausschuss-Verhandlung in der Entnazifizierungsangelegenheit Günther Quandts, ebd.

162 König an Quandt vom 28. Dezember 1949, HWA, Abt. 2017, Nr. 27.

163 Landau an König vom 24. Dezember 1949, HWA, Abt. 2017, Nr. 39; Vieweg an Günther Quandt vom 2. Februar 1950, ebd.

164 Günther Quandt an König vom 5. Januar 1950, HWA, Abt. 2017, Nr. 27.

165 Erklärung von Selmar Salinger vom 17. Januar 1950, LA Berlin, B Rep. 031–03–01, Karton 125, Günther Quandt. Ein Prozessbeobachter für Quandt referierte das Ergebnis dieser Erkundigungen: «Die befragten Personen haben sich dahin geäußert, dass die Behauptungen wohl den Tatsachen entsprechen, dass aber Herr Dr. Quandt kaum davon Kenntnis gehabt haben dürfte, da er nur selten im Werk anwesend war und sich seine Besuche immer nur kurze Zeit im Büro abspielten. Daraufhin soll die jüdische Gemeinde erklärt haben, dass sie gegen die Rehabilitierung des Herrn Dr. Quandt keinen Einspruch aufrecht erhalten kann.» Ackermann an Quandt vom 25. Februar 1950, HWA, Abt. 2017, Nr. 39.

166 Vgl. Quandt an Abs vom 2. Mai 1950, HA-DtBk, VI/0027.

167 Schanetzky, Unternehmer, S. 82.

168 Henke, Die amerikanische Besetzung, S. 568. Frei, Hitlers Eliten, S. 315.

169 Vgl. Erker, Einleitung, S. 16.

170 Frei u. a., Flick, S. 440.

171 Schick, Internierungslager, S. 321.

172 Hartewig, Die «alliierte Besatzungsmacht», insb. S. 113 f.

173 Kogon, Der Kampf um Gerechtigkeit, S. 375.

174 Ebd., S. 377. Ein anschauliches Bild über das Lagerleben und die Mentalität der Darmstädter Internierten findet sich in dem – allerdings in bester Landsermanier geschriebenen – Bericht Geiger, Die Internierung im deutschen Südwesten, S. 71–76.

175 Friedrich, Entnazifizierung und Wirtschaftseliten, S. 68.

176 Auch andere Unternehmer litten vor allem unter der Isolierung. Vgl. etwa Pierenkemper/Sohl, Effizienz, S. 77.

177 Vgl. Wiesen, Overcoming Nazism, S. 202. Die Forschungen von Wiesen – vgl. hier etwa auch Wiesen, West German Industry – sind in der Historiographie auf berechtigte Kritik gestoßen (vgl. Plumpe, Unternehmer im Nationalsozialismus, S. 250), da Wiesen einseitig einen funktionalen öffentlichen Reflexionsprozess beschreibt und die tatsächliche innerliche Wandlung der Unternehmer fast völlig

negiert. Allerdings können funktionale und reale Umkehrbereitschaft durchaus miteinander einhergehen.

178 Quandt/Quandt (Hrsg.), Günther Quandt erzählt sein Leben, S. 7 f. Diese Verklärung der Zeit vor dem Ersten Weltkrieg war in bürgerlichen Kreisen keineswegs untypisch, man denke nur an Stefan Zweigs «Eine Welt von gestern» oder Adenauers Weihnachtsansprache von 1958.

179 Quandt/Quandt (Hrsg.), Günther Quandt erzählt sein Leben, S. 8.

180 Vgl. Foschepoth, German Reaction, S. 77 f.

181 Quandt/Quandt (Hrsg.), Günther Quandt erzählt sein Leben, S. 10.

182 Ebd., S. 11.

183 Zitiert nach Frei u. a., Flick, S. 420.

184 Quandt/Quandt (Hrsg.), Günther Quandt erzählt sein Leben, S. 88.

185 Frei u. a., Flick, S. 419.

186 Quandt/Quandt (Hrsg.), Günther Quandt erzählt sein Leben, S. 11.

187 Ebd., S. 12. Auch andere Unternehmer gaben den Alliierten Mitschuld am Krieg, wobei das «Versailler Diktat» als Ursache betont wurde. Vgl. Bührer, Unternehmerverbände, S. 144.

188 Quandt/Quandt (Hrsg.), Günther Quandt erzählt sein Leben, S. 12.

189 Bericht Robert T. Pells vom 30. März 1945, zitiert nach Schanetzky, Unternehmer, S. 78. Vgl. zum ersten Aufeinandertreffen von Unternehmern und Besatzern auch Henke, Die amerikanische Besetzung, S. 480–496.

190 Vgl. Foschepoth, German Reaction, S. 79 f.

191 Vgl. Quandt/Quandt (Hrsg.), Günther Quandt erzählt sein Leben, S. 127.

192 Ebd., S. 128 f.

193 Ebd., S. 130.

194 Vgl. ebd., S. 131. Diesen Eindruck hatten auch andere Unternehmer gewonnen. Vgl. Hartewig, Die «alliierte Besatzungsmacht», S. 106.

195 Quandt/Quandt (Hrsg.), Günther Quandt erzählt sein Leben, S. 139.

196 Ebd., S. 233.

197 Ebd., S. 235.

198 Ebd., S. 232.

199 Ebd., S. 184.

200 Vgl. ebd., S. 236 f.

201 Ebd., S. 237.

202 Vgl. zum Beispiel die kurzen, im Sommer 1945 in kleiner Auflage an Freunde verteilten Erinnerungen von Ernst Poensgen, der sich vor allem auf den Konflikt der Vereinigten Stahlwerke mit den «Reichswerken Hermann Göring» beschränkt. Vgl. dazu die auszugsweise Wiedergabe in Klass, Albert Vögler, S. 74.

203 Quandt/Quandt (Hrsg.), Günther Quandt erzählt sein Leben, S. 241.

204 Ebd., S. 245 f.

205 Ebd., S. 247.

206 Ebd., S. 240.

207 Ebd., S. 192.

208 Vgl. für Ernst Heinkel Erker, Ernst Heinkel, S. 254.

209 Vgl. Quandt/Quandt (Hrsg.), Günther Quandt erzählt sein Leben, S. 247.

210 Ebd., S. 250.
211 Tagebucheintrag Heinkels vom 3. Juli 1945, zit. nach Erker, Ernst Heinkel, S. 251.
212 Brief Heinkels vom 28. Februar 1948, zit. nach ebd., S. 256.
213 Vgl. Gall, Hermann Josef Abs, S. 127.
214 Dies nahm auch Quandt für sich in Anspruch, ohne dass geklärt werden kann, wie aufrichtig dieser Anspruch gemeint war. Vgl. Quandt/Quandt (Hrsg.), Günther Quandt erzählt sein Leben, S. 250.
215 Günther Quandt, Rundbrief vom 9. Januar 1947, HWA, Abt. 2017, Nr. 36/37.
216 Ebd.
217 Quandt/Quandt (Hrsg.), Günther Quandt erzählt sein Leben, S. 247.
218 Vgl. Henke, Die amerikanische Besetzung, S. 469–472 und S. 489.
219 Günther Quandt an Liselotte und Wolf Laue vom 27. Dezember 1946, HWA, Abt. 2017, Nr. 36/37.
220 Günther Quandt an Eberhardt vom 25. Dezember 1946, HWA, Abt. 2017, Nr. 36/37.
221 Ebd.
222 Gedenkrede von Abs, in: HWA, Abt. 2017, Nr. 73 – «In Memoriam Günther Quandt geb. 28.7. 1881, † 30. Dez. 1954».
223 Als symbolische Geste für die Zulieferdienste der AFA für die Luftwaffe war auch das Kriegsverdienstkreuz I. Klasse zu verstehen, das ihm am 10. September 1942 vom RLM verliehen und von Erhard Milch überreicht wurde. Pavel an Rauch vom 20. November 1942, HSTA München, Spruchkammerakten Günther Quandt, Karton 1362/2.
224 Berlin-Erfurter Maschinenfabrik an Günther Quandt vom 24. April 1942, HSTA Weimar, Bestand BEM Henry Pels, 1.
225 Quandt an den Vorstand der Deutschen Bank vom 16. Oktober 1942, BArch, R 8119 F/P 1104.
226 Fest, Hermann J. Abs, S. 31.
227 Vgl. Plumpe, Die I. G. Farbenindustrie, S. 743.
228 Ebd.
229 Quandt/Quandt (Hrsg.), Günther Quandt erzählt sein Leben, S. 245 f.
230 Vgl. hierzu den Diskussionsbeitrag von Peter Hayer, in: Gell/Pohl, Unternehmen im Nationalsozialismus, S. 133.
231 Vgl. Käppner, Berthold Beitz; Scholtyseck, Robert Bosch.
232 Vgl. Wiesen, West German Industry, der allerdings den 1945 eintretenden grundsätzlichen Wandel zu gering bewertet. Vgl. bereits ders., Overcoming Nazism, S. 201–226.
233 Vgl. für Flick ähnlich Plumpe, Flicks Karrieren, S. 12.
234 Treue, Herbert Quandt, S. 82.
235 Herbert Quandt, Anlage III zum Fragebogen, HSTA Hannover, Nds. 171 Lüneburg, Nr. 6500.
236 Herbert Quandt, «Kommentare zum Kapitel 4», HWA, Abt. 2017, Nr. 57–82.
237 Vgl. Bästlein, Besonderer Anhang, S. 24 f.
238 Herbert Quandt an Denazification Panel Celle vom 10. Juli 1946, HSTA Hannover, Nds. 171 Lüneburg, Nr. 6500.

239 Vgl. zur SS-Fördermitgliedschaft Schulte, Zwangsarbeit und Vernichtung, S. 76–79.

240 Fragebogen Herbert Werner Quandt vom 25. Februar 1946, HSTA Hannover, Nds. 171 Lüneburg, Nr. 6500; Herbert Quandt an Denazification Panel Celle vom 10. Juli 1946, ebd.

241 Fragebogen Action Sheet Herbert Werner Quandt vom 8. April 1946, HSTA Hannover, Nds. 171 Lüneburg, Nr. 6500.

242 Herbert Quandt an Denazification Panel Celle vom 10. Juli 1946, HSTA Hannover, Nds. 171 Lüneburg, Nr. 6500.

243 Karl Tuch an Herbert Quandt vom 14. Mai 1946, HSTA Hannover, Nds. 171 Lüneburg, Nr. 6500.

244 Eidesstattliche Erklärung von Hans Ulrich Hiller vom 20. Januar 1946, HSTA Hannover, Nds. 171 Lüneburg, Nr. 6500. Zu Hiller vgl. Kapitel 16, S. 822.

245 Zeugnis von Hans-Dieter Lange über Herbert Quandt vom 5. März 1946, HSTA Hannover, Nds. 171 Lüneburg, Nr. 6500; Eidesstattliche Erklärung von Johanna Schäffer vom 8. Juli 1946, ebd.

246 Stellungnahme der Deutschen Entnazifizierungs-Kammer vom 3. Oktober 1946, HSTA Hannover, Nds. 171 Lüneburg, Nr. 6500.

247 Dietermann an Günther Quandt vom 9. Februar 1947, HWA, Abt. 2017, Nr. 36/37.

248 Fragebogen Action Sheet des Military Government of Germany vom 7. November 1946, HSTA Hannover, Nds. 171 Lüneburg, Nr. 6500.

249 Albert Ackermann an die Revisionskommission beim Magistrat von Groß-Berlin vom 24. August 1949, LA Berlin, B Rep. 031-3-01, Nr. 125, Herbert Quandt.

250 Lübbe, Der Nationalsozialismus im deutschen Nachkriegsbewußtsein, S. 585 f. Vgl. auch ders., Deutschland nach dem Nationalsozialismus, S. 203–206. Frei, Vergangenheitspolitik, S. 9, geht nur kursorisch in einer Fußnote auf Lübbes Überlegungen ein.

251 Herbert Quandt, «Die wichtigsten Lebensabschnitte von Dr. Herbert Quandt» (1978), HWA, Abt. 2017, Nr. 57–82.

252 Hohls/Jarausch (Hrsg.), Versäumte Fragen.

253 Interview Wilcke vom 21. April 1978, HWA, Abt. 2017, Nr. 57–82.

254 Treue, Herbert Quandt, S. 121. Vgl. Manuskript Dörge, Bd. 2, S. 242.

255 Vgl. Springer (Hrsg.), Es sprach Hans Fritzsche.

256 Paul Hamel kam in seinem Entnazifizierungsverfahren als «entlastet» davon und ging mit seinem Bankhaus nach Hannover, ohne noch einmal an frühere pekuniäre Erfolge anknüpfen zu können. Vgl. Entnazifizierungsfragebogen vom 21. Februar 1950 und Entnazifizierungsentscheid vom 1. Dezember 1949, LA Berlin, B Rep. 031-03-02, Nr. 2969. Sein Amt als stellvertretender Aufsichtsratsvorsitzender der AFA gab er 1953 ab.

257 Umfassend hierzu Frei, Vergangenheitspolitik, S. 361–396; Buchna, Nationale Sammlung an Rhein und Ruhr.

258 Jungbluth, Die Quandts, S. 276.

259 Fragebogen Horst Pavel, Anlage 3, HSTA Hannover, Nds. 171 Hannover, Nr. 36639.

260 Bescheinigung von Wolfgang Curtius vom 20. Juli 1946, ebd.

261 Bescheinigung von Friedrich Rauch vom 1. Juni 1946, ebd.

262 Erklärung von Richard Hempel, ebd.; Erklärungen von Dr. Fritz Sommer, Hildegard Guhl, Hans Ulrich Hiller, Hermann Reseg, ebd.; Erklärung Prof. Cesar Klein vom 8. Juni 1946, ebd.

263 Die beiden Brüder waren mit Wolfgang und Claus Curtius verschwägert, den Söhnen von Julius Curtius, mit denen Pavel befreundet war. Eine Zusammenarbeit mit den Haeftens lässt sich aus den Akten aber ebenso wenig belegen wie Pavels Behauptung, Werner von Haeften, der spätere Adjutant von Claus Schenk Graf von Stauffenberg, habe kurzzeitig überlegt, in der Wirtschaft tätig zu werden, und Pavel habe ihm daraufhin eine Stelle in der Rechtsabteilung der Zentralverwaltung der AFA angeboten. Fragebogen Horst Pavel, Anlage 3, ebd. Unvorstellbar ist diese Darstellung jedoch nicht: Werner von Haeften war in den Jahren von 1934 bis 1938 offenbar in einer Findungsphase und nahm verschiedene Stellungen im Bankwesen an, ohne recht glücklich zu werden. Eine Anstellung bei der AFA wäre in dieser Zeit sicherlich eine ernsthafte Option gewesen. Vgl. Thiel, Widerstand, S. 81–102, hier S. 87.

264 Stellungnahme des deutschen Entnazifizierungs-Ausschusses vom 20. September 1946 und Kategorisierung vom 3. September 1947, HSTA Hannover, Nds. 171 Hannover, Nr. 36639. Im April 1949 beantragte er eine nochmalige Überprüfung seiner Person durch den Entnazifizierungshauptausschuss, um eine Einstufung in die Gruppe der Entlasteten zu erwirken. Das Ergebnis ist nicht überliefert. Pavel an Öffentlichen Kläger des Hauptausschusses Hannover vom 14. April 1949, ebd.

265 Vgl. Wildt, Generation des Unbedingten; Herbert, Best.

266 Aufzeichnung Hans Bischof vom 14. März 1947, WWA F 137, Nr. 403.

267 Entnazifizierungs-Entscheidung Franz Bronstert vom 10. März 1949, HSTA Hannover, Nds. 171 Lüneburg, Nr. 5804.

268 Persönliche Angaben von Ernst Baars, HSTA Düsseldorf, NW 75, Nr. 269–270, fol. 49.

269 Erläuterndes Begleitschreiben der AFA vom 25. Juni 1948, HSTA Düsseldorf, NW 75, Nr. 269–270, fol. 22.

270 Erklärung zum Fragebogen des Military Government of Germany von Max Möller vom 5. Oktober 1946, HSTA Hannover, Nds. 171 Hannover, Nr. 22008; Entnazifizierungsentscheidung im schriftlichen Verfahren des Entnazifizierungshauptausschusses der Stadt Hannover für Max Möller vom 24. März 1949, ebd. Opinion Sheet des Deutschen Entnazifizierungsausschusses für den Stadtkreis Hannover für Max Möller vom 24. März 1947, ebd.

271 Fragebogen Paul Tewes vom 10. Mai 1946, HSTA Hannover, Nds. 171 Hannover, Nr. 5967.

272 Entnazifizierungs-Entscheidung im schriftlichen Verfahren vom 11. Januar 1949, ebd.

273 Corbin Hackinger an die Spruchkammer vom 16. Februar 1948, STA Ludwigsburg, GL 902/2, Bü 2523, fol. 13–16 und 19–44.

274 Amtsblatt der Verwaltungskommission des Saarlandes, Nr. 52 vom 11. November 1946, S. 226. Aus diesem Unternehmen schied er im Jahr 1953 wieder aus. Vgl. Amtsblatt des Saarlandes, Nr. 21 vom 23. Mai 1953.

275 Franz Bronstert, Notiz für Horst Pavel und Herbert Quandt vom 13. Dezember 1950; vgl. Bilanzaufstellungen Herbert Quandts 1935 bis 1943, HWA, Abt. 2017, Nr. 48; ebd. Nr. 56.

276 DEAC-Festschrift zum 50-jährigen Bestehen des Unternehmens von 1955, WWA, F 137, Nr. 1099, S. 201.

277 Marcel Schaefer, Aktennotiz Oscar Mitscherling – Besuch vom 13./16. Dezember bei Gottfried-Hagen, Köln, und bei Oscar Mitscherling in Berlin vom 11. Januar 1950, HSTA München, Spruchkammerakten Günther Quandt, Karton 1362/3.

278 Arbeitsbescheinigung für Oscar Mitscherling vom 6. Juli 1947, LA Berlin, C Rep. 031-02-19, Nr. 35, Vorgang Nr. 8.

279 Opinion Sheet des Deutschen Entnazifizierungs-Hauptausschusses für Edgar Haverbeck vom 13. August 1947, HSTA Hannover, Nds. 171 Hannover, Nr. 11947; Fragebogen des Military Government of Germany von Edgar Haverbeck vom 13. September 1946, ebd. Vgl. Kapitel 10, S. 308.

280 Eidesstattliche Versicherung von Rechtsanwalt Dr. Heinz Kleine vom 25. August 1948, HSTA Hannover, Nds. 171 Hannover, Nr. 11947. Eidesstattliche Erklärung von Cornelia Popitz, o. D., ebd. Als weitere glaubwürdige Entlastungszeugen traten u. a. Langbehns Ehefrau Irmgard und die ebenfalls als NS-Gegner bekannten Günther Gereke und Dr. Franz Reuter auf. Haverbeck hat angegeben, Popitz habe ihn gebeten, als Informationsquelle in Quandts Nähe zu bleiben, obwohl dieser «Leute wie Dr. Quandt abgrundtief verachtet» habe. Edgar Haverbeck an den Vorsitzenden des Entnazifizierungshauptausschusses der Provinz Hannover, Dr. Lauffer vom 16. Januar 1947, ebd. Entnazifizierungsentscheidung im schriftlichen Verfahren vom 6. Oktober 1948, HWA, Abt. 2017, Nr. 89.

281 Lebenslauf von Edgar Haverbeck vom 22. August 1946, Anlage Nr. 1 zum Fragebogen des Military Government of Germany vom 13. September 1946, HSTA Hannover, Nds. 171 Hannover, Nr. 11947; Karteikarte Entnazifizierung Edgar Haverbeck vom 13. Januar 1949, LA Berlin, B/C Rep. 031.

282 Dietermann an Günther Quandt vom 18. Oktober 1946, HWA, Abt. 2017, Nr. 36/37.

283 Haverbeck an Abs vom 29. Juni 1949, HA-DtBk, VI/0027.

284 DWM-Werksnachrichten, Werk Borsigwalde, Heft 3/4 (1942), S. 4.

285 Vgl. den Bericht bei Schlickeiser, Borsigwalde, S. 630.

286 Berlin Karlsruher Industriewerke an Arbeitsamt Wilmersdorf vom 15. Juni 1945, LA Berlin, B Rep. 031-03-11, Nr. 3083. Anlage zum Schreiben an die Gemeindeverwaltung Grunewald vom 2. Juni 1945, ebd. Bolle fungierte fortan als einer der wichtigsten Verbindungsmänner zu den Berliner Reichsstellen.

287 Manuskript Dörge, Bd. 2, S. 216.

288 Vgl. Rampone-Wanger, Persönlichkeiten, S. 192 f.

289 Vgl. hierzu grundsätzlich Musial, NS-Kriegsverbrecher vor polnischen Gerichten, S. 25–56, hier S. 29.

290 Eberhardt an Oberbürgermeister Emil Helms vom 18. September 1945, StA Lübeck, Hauptamt, 1715.

291 Vgl. Haertel, Kriegsfolgen, S. 17.
292 Vgl. Augenstein, Das Ende der Mauser-Werke, S. 103 f.
293 Ebd., S. 114.
294 Manuskript Dörge, Bd. 1, S. 165–182. Vgl. Maier, Forschung als Waffe, Bd. 1,
     S. 262 f. Angaben im Meldebogen von Dr. Friedrich Dörge vom 25. Januar
     1950, LA Berlin, B Rep. 031-03-04, Nr. 3512, S. 2.
295 Unterlagen in BArch, BDC, SA 288-B; Zentralspruchkammer Nordbaden Karls-
     ruhe, Entnazifizierungsverfahren von Gerhard Vieweg, 3. September–11. Okto-
     ber 1948, GLA Karlsruhe, 465a/51/12/17401.

16. Die Restrukturierung nach dem Krieg

 1 Vgl. Abelshauser, Deutsche Wirtschaftsgeschichte, S. 22–28 und Ritter, Über
    Deutschland, S. 16–18.
 2 Vgl. Eschenburg, Geschichte der Bundesrepublik Deutschland, Bd. 1, S. 23 f.
 3 Zur Topografie der Besatzungsherrschaft vgl. Benz, Auftrag Demokratie,
    S. 78–90. Im Abkommen von Potsdam hatten die Siegermächte mit Blick auf
    die deutsche Wirtschaft beschlossen: «Während der Besatzungszeit ist Deutsch-
    land als eine wirtschaftliche Einheit zu betrachten.» Deuerlein (Hrsg.), Pots-
    dam 1945, S. 357.
 4 Vgl. Eschenburg, Geschichte der Bundesrepublik Deutschland, Bd. 1, S. 77.
 5 Feldenkirchen, Die deutsche Wirtschaft, S. 105.
 6 Dies gilt vor allem für Großbritannien, das sich zu dieser Zeit in einer
    finanziellen Notlage befand. Vgl. Eschenburg, Geschichte der Bundesrepublik
    Deutschland, Bd. 1, S. 87.
 7 Directive to Commander in Chief of United States Forces of Occupation Re-
    garding the Military Government of Germany, April 26, 1945 (JCS 1067),
    S. 484–503.
 8 Vgl. Turner, British Policy, S. 70–72.
 9 Eschenburg, Geschichte der Bundesrepublik Deutschland, Bd. 1, S. 96.
10 Eine amerikanische Meinungsumfrage kam im Oktober 1947 zu folgenden Er-
    gebnissen: «Of the four Allies [...] the Germans most trusted the United States
    to treat Germany fairly (63 %); 45 per cent placed much trust in the British;
    only four per cent in the French, and none in the Russians.» Zit. nach Wolf-
    rum, Das Bild der «düsteren Franzosenzeit», S. 112.
11 Vgl. Schildt, Die Sozialgeschichte des Bundesrepublik Deutschland bis
    1989/90, S. 1–7.
12 Vgl. ebd., S. 7–12.
13 «Selbst 1944, auf dem Höhepunkt der alliierten Luftoffensive, wurden nicht
    mehr als 6,5 Prozent aller Werkzeugmaschinen beschädigt, davon wiederum
    nur 10 Prozent der beschädigten Maschinen völlig unbrauchbar gemacht.»
    Abelshauser, Deutsche Wirtschaftsgeschichte, S. 68 f., Zitate ebd.
14 Vgl. Plumpe, Industrieland Deutschland, S. 390; Benz, Auftrag Demokratie,
    S. 105–107; Abelshauser, Deutsche Wirtschaftsgeschichte, S. 110.
15 Plumpe, Entscheidung für den Strukturbruch, S. 464 f.
16 Abelshauser, Deutsche Wirtschaftsgeschichte, S. 68.

17 Ebd., S. 72.

18 Vgl. ebd., S. 72–74.

19 Zu den verbotenen Industriezweigen zählten Syntheseproduktion, Flugzeugindustrie und Rüstungsgüter. Stark eingeschränkt wurde die Produktion von Eisen und Stahl. Vgl. Plumpe, Industrieland Deutschland, S. 390.

20 Vgl. ebd., S. 390.

21 Abelshauser, Deutsche Wirtschaftsgeschichte, S. 111.

22 Vgl. Plumpe, Industrieland Deutschland, S. 390 sowie Fisch, Reparationen, S. 106 f.

23 Vgl. Kaelble, Kalter Krieg, S. 30–32.

24 Vgl. Hogan, America, Britain, and the Reconstruction of Western Europe; Mausbach, Zwischen Morgenthau und Marshall und Schröder (Hrsg.), Marshallplan.

25 Kaelbe, Kalter Krieg, S. 34.

26 Vgl. Kielmansegg, Nach der Katastrophe, S. 444–446.

27 Vgl. ebd., S. 439.

28 Plumpe, Industrieland Deutschland, S. 383. Vgl. Abelshauser, Deutsche Wirtschaftsgeschichte, S. 151.

29 Vgl. ebd., S. 154–162, Zitat S. 159.

30 Konzept, Ansprache zum 70. Geburtstag von H. Hamel (1952), HWA, Abt. 2017, Nr. 89.

31 Aktenvermerk über eine Besprechung im Bezirksamt Kreuzberg vom 17. November 1945, LA Berlin, C Rep. 800, Nr. 350, S. 1.

32 Vermerk zur AFA von Dr. Winkler vom 20. November 1945, LA Berlin, C Rep. 800, Nr. 208, S. 1.

33 Deutsche Volkszeitung vom 13. Dezember 1945.

34 Quandt/Quandt (Hrsg.), Günther Quandt erzählt sein Leben, S. 246.

35 Zum Technologietransfer allgemein Neufeld, Overcast, Paperclip, Osoviakhim; Stokes, Technologie und Bündnisbildung.

36 B.I.O.S. – Final Report No. 467, Item Nos. 12, 31, German Secondary Battery Industry, HSTA Hannover, ZGS 8, Nr. 224, S. 2 f.

37 Ebd., S. 2.

38 B.I.O.S. Miscellaneous Report No. 46: Aircraft Batteries (Lead and Alkaline) – The Accumulatoren Fabrik A.G. Hagen-Hannover Plants, HSTA Hannover, ZGS 8, Nr. 224, S. 11.

39 B.I.O.S. – Final Report No. 467, Item Nos. 12, 31, German Secondary Battery Industry, ebd., S. 2.

40 United States Strategic Bombing Survey. Munitions Division. Submarine Branch. Plant Report No. 8: Accumulatoren-Fabrik Aktiengesellschaft, Hagen, Germany, NACP, RG 243 (Records of the U.S. Strategic Bombing Survey), European Survey, 92. e.1, Box 726. Vgl. auch die Aufzeichnungen von Hans Bischof, WWA, F 137, Nr. 402.

41 Die amerikanischen Ermittler beklagten derweil, dass die allgemeinen Firmenunterlagen ihnen nur widerwillig zur Verfügung gestellt worden seien, manche Dokumente erst nach einwöchiger Suche. United States Strategic Bombing Survey. Munitions Division. Submarine Branch. Plant Report No.

8: Accumulatoren-Fabrik Aktiengesellschaft, Hagen, Germany, NACP, RG 243 (Records of the U.S. Strategic Bombing Survey), European Survey, 92.e.1, Box 726.

42 B.I.O.S. Miscellaneous Report No. 46: Aircraft Batteries (Lead and Alkaline) – The Accumulatoren Fabrik A.G. Hagen-Hannover Plants, HSTA Hannover, ZGS 8, Nr. 224, S. 17.

43 Ebd., S. 12.

44 B.I.O.S. – Final Report No. 467, Item Nos. 12, 31, HSTA Hannover, ZGS 8, Nr. 224, S. 2 und 5.

45 Ebd., S. 2.

46 Aufzeichnung Hans Bischof vom 8. November 1946, WWA, F 137, Nr. 403.

47 Aufzeichnung Hans Bischof vom 31. Mai 1945, WWA, F 137, Nr. 402.

48 Vgl. Blank, Am Rande der Legalität, S. 38–45, bes. S. 40 f.

49 Quirin Hardt an Abs vom 28. November 1945, HWA, Abt. 2017, Nr. 89. Zu einer Inspektionsreise des British Intelligence Objectives Sub-Committee vgl. etwa den Report on B.I.O.S. Trip N. 1409 to Germany 29 October to 16 November 1945, WWA, F 137, Nr. 311.

50 Vgl. Blank, Am Rande der Legalität, S. 41.

51 B.I.O.S. Final Report No. 1129, ITEM No. 12, 22, 31: The German Accumulator Industry, HSTA Hannover, ZGS 8, Nr. 224, S. 8.

52 B.I.O.S. Final Report No. 767, ITEM No. 31: Accumulator Manufacture in Germany, ebd., S. 10.

53 Aufzeichnung Hans Bischof vom 19. November 1946, WWA, F 137, Nr. 403.

54 Aufzeichnung Hans Bischof vom 7. Dezember 1946, ebd.

55 Zahlreiche Auflagen wurden zeitgleich aufgehoben oder gelockert. Aufzeichnung Hans Bischof vom 9. Oktober 1947, ebd.

56 Aufzeichnung Hans Bischof vom 29. Oktober 1946, ebd.

57 Interview 20. April 1978 – Franciscy, Bad Homburg, HWA, Abt. 2017, Nr. 57–82.

58 Reparationskartei-Formblatt a zur Erfassung der Reparationsleistungen des deutschen Volkes für die AFA vom 22. Juli 1948, HSTA Hannover, Nds. 500, Acc. 39/97, Nr. 40.

59 B.I.O.S. Miscellaneous Report No. 46: Aircraft Batteries (Lead and Alkaline) – The Accumulatoren Fabrik A. G. Hagen-Hannover Plants, HSTA Hannover, ZGS 8, Nr. 224, S. 17.

60 Erläuterung zum Entschädigungsantrag vom 6. Dezember 1948, HSTA Hannover, Nds. 500, Acc. 39/97, Nr. 55, Teil 1. Im Oktober 1945 wurden die Baracken durch Brandstiftung zerstört.

61 B.I.O.S. Miscellaneous Report No. 46: Aircraft Batteries (Lead and Alkaline) – The Accumulatoren Fabrik A.G. Hagen-Hannover Plants, HSTA Hannover, ZGS 8, Nr. 224, S. 13.

62 B.I.O.S. Final Report No. 467, Item Nos. 12, 31, German Secondary Battery Industry, ebd., S. 5.

63 B.I.O.S. Final Report No. 1129, Item No. 12, 22, 31: The German Accumulator Industry, ebd., S. 8.

64 Aktennotiz über die Besprechung im Werk Hagen vom 28. Februar 1946, HWA, Abt. 2017, Nr. 26.

65 Produktionsplan für die Anlaufzeit vom 23. Juli 1945, HWA, Abt. 2017, Nr. 56.

66 AFA Hannover (Bronstert, Tewes) an die Militärregierung durch Oberbürgermeister Bratke vom 10. Juni 1945, StA Hannover, HR 2, Nr. 7. Zur Rolle der Handelskammern Henke, Besetzung, S. 505–511.

67 B.I.O.S. Final Report No. 307, Item No. 31: German Secondary Batteries (with special Reference to those used by army signals), HSTA Hannover, ZGS 8, Nr. 224, S. 4 f.

68 B.I.O.S. Final Report No. 767, Item No. 31: Accumulator Manufacture in Germany, ebd., S. 9–10.

69 Schreiben der AFA an den Niedersächsischen Minister für Wirtschaft und Verkehr vom 23. September 1948, HSTA Hannover, Nds. 500, Acc. 39/97, Nr. 40. Vgl. Scriverius (Bearb.), Demontagen; Ahrens, Demontage; Hildenbrand, Die strukturelle Entwicklung.

70 Herbert Quandt, «Die wichtigsten Lebensabschnitte von Dr. Herbert Quandt» (1978), HWA, Abt. 2017, Nr. 57–82.

71 Horst Pavel, Notiz an das Werk Hannover vom 16. Oktober 1946, HWA, Abt. 2017, Nr. 56.

72 Abs an Pavel vom 27. Oktober 1947, HWA, Abt. 2017, Nr. 89.

73 Zit. nach Report 3. 100 Jahre Varta, S. 11.

74 Notiz: Demontage – Durac vom 30. März 1949; An den Vorstand: Demontage Durac vom 30. März 1949, HWA, Abt. 2017, Nr. 56. Vgl. auch DEAC-Festschrift zum 50-jährigen Bestehen des Unternehmens von 1955, WWA, F 137, Nr. 1099, S. 228.

75 Pavel an die Verwaltung für Wirtschaft der Zweizonen-Wirtschaftszone vom 11. November 1947, HWA, Abt. 2017, Nr. 24.

76 Neue Zeit vom 30. Oktober 1947.

77 Priemel, Gekaufte Geschichte, S. 181.

78 Wirtschaftskammer zu Hannover, Großbetriebe der Hannoverschen Industrie vom 15. Juli 1945, StA Hannover, HR 2, Nr. 5.

79 Viktor Werner, Erinnerungen an meine Zusammenarbeit mit Dr. Herbert Quandt von 1978, HWA, Abt. 2017, Nr. 57–82. Herbert Quandt, Kommentare zum Kapitel 4, ebd.; Hermann Küllmer an Herbert Quandt vom 15. Juni 1978, ebd.

80 Der Produktionsleiter Viktor Werner wechselte anschließend als technischer Leiter zu den Correcta-Werken. Viktor Werner an Herbert Quandt vom 20. Juni 1978, ebd.

81 Interview mit Herrn Michel vom 30. Mai 1978, ebd.

82 Zur Hauptversammlung 1952 – AFA – Accumulatorenfabrik Aktiengesellschaft, HWA, Abt. 2017, Nr. 24. Vgl. auch DEAC-Festschrift zum 50-jährigen Bestehen des Unternehmens von 1955, WWA, F 137, Nr. 1099.

83 Auftrag für das Laboratorium vom 22. November 1947, HWA, Abt. 2017, Nr. 26.

84 Franz Bronstert, Notiz für den Vorstand vom 23. Oktober 1950, HWA, Abt. 2017, Nr. 56.

85 Bericht über die technische Direktions-Konferenz in Frankfurt a. M. am 17. und 18. Januar 1952, WWA, F 137, Nr. 49, S. 8.

86 Quandt an Abs vom 4. Mai 1950, HA-DtBk, VI/0027.

87 Ausführungen von Herbert Quandt in der Abteilungsleiter-Konferenz am 11.–13. März 1954 in Frankfurt a. M., WWA, F 137, Nr. 648, bes. S. 3.

88 Bericht über die technische Direktions-Konferenz in Frankfurt a. M. am 17. und 18. Januar 1952, WWA, F 137, Nr. 49, S. 9.

89 Vgl. Blank, Am Rande der Legalität, S. 43 f.

90 Erläuterndes Begleitschreiben der AFA vom 25. Juni 1948, HSTA Düsseldorf, NW 75, Nr. 269–270, fol. 22.

91 Persönliche Angaben von Ernst Baars, ebd., fol. 49.

92 Aufzeichnung Hans Bischof vom 25. April 1947, WWA, F 137, Nr. 403.

93 Aufzeichnung Hans Bischof vom 24. September 1946, ebd.

94 Aufzeichnungen Hans Bischof vom 20. August 1947 und 22. Juni 1948, ebd. Vgl. Blank, Energie für die «Vergeltung», S. 118.

95 Abelshauser, Deutsche Wirtschaftsgeschichte, S. 41 f.

96 Die große Bedeutung der unternehmensinternen Forschung wurde schließlich auch 1966 in der Gründung eines VARTA-Forschungszentrums in Kelkheim sichtbar. Dieses widmete sich der Grundlagenforschung in der Entwicklung von Brennstoffzellen, Gaselektroden, Blei, Nickel und Lithiumbatterien. Vgl. 100 Jahre Herbert Quandt, S. 82.

97 Vgl. Abelshauser, Deutsche Wirtschaftsgeschichte, S. 159; Feldenkirchen, Die deutsche Wirtschaft, S. 39.

98 Interview mit Herrn Haymann, o. D.[1979], HWA, Abt. 2017, Nr. 57–82.

99 Vermerk Haymann vom 6. Juli 1955 zum Bericht über die Geschäftsentwicklung vom 1. Januar – 30. Juli 1955, HWA, Abt. 2017, Nr. 25.

100 Bericht über das Geschäftsjahr vom 1. Januar bis 31. Dezember 1950, HWA, Abt. 2017, Nr. 24; Geschäftsbericht der AFA für das Geschäftsjahr 1950 vom 22. Dezember 1951, STA Münster, Q 530, Amtsgericht Hagen, Nr. 2357.

101 Aktenvermerk vom 18. Dezember 1950, HWA, Abt. 2017, Nr. 56; vgl. auch Notizen zur Hauptversammlung vom 7. Juli 1954, HWA, Abt. 2017, Nr. 25.

102 Betriebsvereinbarung vom 4. März 1947, HWA, Abt. 2017, Nr. 26.

103 Pavel an Aufsichtsrat vom 6. März 1947, HWA, Abt. 2017, Nr. 89. Zur Zusammensetzung des Betriebsrats vgl. die Aufzeichnung Hans Bischof vom 21. März 1947, WWA, F 137, Nr. 403.

104 Pavel an Abs vom 16. Januar 1948, HWA, Abt. 2017, Nr. 89.

105 Monatsberichte über Hagen vom April und Juli 1949, TNA, FO 1013/475.

106 Monatsbericht Werk Hannover für den Monat Oktober 1950, HWA, Abt. 2017, Nr. 56.

107 Aktennotiz vom 26. Oktober 1950, ebd.

108 Wolfrum, Die geglückte Demokratie, S. 147.

109 Hinzu kamen 1,5 Millionen Flüchtlinge der SBZ/DDR. Vgl. Schildt, Die Sozialgeschichte der Bundesrepublik Deutschland bis 1989/90, S. 4; Hoffmann, Junge Zuwanderer.

110 Pavel an Hamel vom 24. Dezember 1948, HWA, Abt. 2017, Nr. 89.

111 Pavel an Abs vom 11. Dezember 1952, ebd.

112 Aktennotiz Pavel vom 24. Dezember 1953, ebd.

113 AFA an Abs vom 9. Januar 1954, ebd. Vgl. auch die Unterlagen HA-DtBk, VI/0032.

114 Niederschrift über die in Hagen am 29. August 1949 stattgefundene Besprechung über Werbefragen vom 30. August 1949, HWA, Abt. 2017, Nr. 26.

115 Vgl. Andersen, Der Traum vom guten Leben.

116 Berghoff, Marketing im 20. Jahrhundert, S. 15.

117 Zu den Konsumwellen vgl. Andersen, Der Traum vom guten Leben. Zur Konsumgesellschaft in Deutschland vgl. König, Kleine Geschichte der Konsumgesellschaft, S. 37–40. Zum Vergleich mit den USA vgl. Kaelble, Europäische Besonderheiten des Massenkonsums, S. 182–187.

118 Vgl. zur Motorisierungswelle Kopper, Der Durchbruch des PKW; Andersen, Der Traum vom guten Leben, S. 155–175, Zitat S. 158.

119 Die Varta beteiligte sich 1952 an der Hans Still AG, die auf die Entwicklung hochwertiger Gabelstapler spezialisiert war, half bei der Sanierung des in Finanznot geratenen Unternehmens und übernahm nach dem Unfalltod des Unternehmensgründers eine maßgebliche Beteiligung, die bis 1959 auf 25 Prozent aufgestockt wurde.

120 Schildt, Hegemon der häuslichen Freizeit; vgl. Andersen, Der Traum vom guten Leben, S. 112.

121 Zur Bedeutung des Radios Schildt, Hegemon der häuslichen Freizeit sowie ders., Moderne Zeiten, S. 209–261. Vgl. ebenso Andersen, Der Traum vom guten Leben, S. 110–115, Zitat S. 113.

122 Bericht über das Geschäftsjahr vom 1. Januar bis 31. Dezember 1954, HWA, Abt. 2017, Nr. 25.

123 Vgl. besonders für den Einstieg bei BMW die Darstellung bei Jungbluth, Die Quandts, S. 248–262.

124 Byk Gulden Pharmazeutika. Festschrift zum 100jährigen Bestehen, Konstanz 1973, ohne Paginierung (S. 10). Vgl. auch Fischer, Byk Gulden, S. 119–123. Das Zitat: Gerhard Wilcke, Gedanken und Erinnerungen zum Thema Dr. h. c. Herbert Quandt als Unternehmer vom Juni 1978, HWA, Abt. 2017, Nr. 57–82. Vgl. die Unterlagen in ebd. Nr. 12.

125 Vgl. Niederschrift über die Aufsichtsratssitzung am 27. April 1951 im Werk Hannover der AFA, HA-DtBk, VI/0027.

126 Gerhard Wilcke, «Bericht über die Entwicklung der Byk-Guldenwerke Chem. Fabr. A.G. seit der Währungsreform», in: HWA, Abt. 2017, Nr. 12.

127 Vgl. hierzu die Unterlagen im HA-DrBk, 116227MS.

128 «Notiz für Herrn Dr. Pavel» vom 8. März 1948, HWA, Abt. 2017, Nr. 10. Guldenwerke an Wilcke vom 24. November 1950, ebd.; Gerhard Wilcke, «Bericht über die Entwicklung der Byk-Guldenwerke Chem. Fabr. A.G. seit der Währungsreform», in: HWA, Abt. 2017, Nr. 12.

129 Pavel an Abs vom 15. März 1950 und Pavel an Abs vom 6. Mai 1950, HA-Dt. Bk, VI/0027.

130 Treue, Herbert Quandt, S. 179 f.

131 Herbert Quandt, Notiz nach dem Gespräch mit Herrn Dr. Uhde/Abgelegenheit Byk Gulden vom 27. März 1979, HWA, Abt. 2017, Nr. 57–82; Treue, Herbert Quandt, S. 107; vgl. die Unterlagen in HWA, Abt. 2017, Nr. 14.

132 Die Byk-Gulden-Lomberg Chemische Fabrik GmbH gehört heute zur dänischen Nycomed-Gruppe.

133 Schickling, 75 Jahre Industrie-Werke Karlsruhe Aktiengesellschaft, S. 2.

134 Industrie-Werke Karlsruhe an das Wirtschaftsministerium Baden-Württemberg vom 30. Juli 1946, HSTA Stuttgart, EA 6/006, Bü 283.

135 Vgl. Buchheit, Ein Leben mit der Technik, S. 110 f. Die firmeneigenen Arbeitslager wurden als Unterkünfte für «displaced persons» genutzt. Vgl. hierzu und zu den umstrittenen Zahlenangaben Schuhladen-Krämer, Zwangsarbeit in Karlsruhe, S. 94, und Werner, Karlsruhe 1945, S. 135.

136 Eberhardt an Oberbürgermeister Emil Helms vom 18. September 1945, StA Lübeck, Hauptamt, 1715.

137 Vgl. Rampone-Wanger, Persönlichkeiten, S. 192 f.

138 Schreiben des Entnazifizierungshauptausschusses des Kreises Watenstedt-Salzgitter vom 10. November 1948, LA Berlin, B Rep. 031–03–04, Nr. 3512, S. 2. Vgl. auch Manuskript Dörge, Bd. 2, S. 241.

139 Vgl. Maier, Forschung als Waffe, S. 263.

140 Vgl. Kapitel 15, S. 776 f.

141 Paul Eberhardt an Oberbürgermeister Emil Helms vom 13. Juli 1945, StA Lübeck, Hauptamt, 1715.

142 Vgl. zu diesem Vorgang den Bericht über die bei der Deutschen Waffen- und Munitionsfabriken AG, Werk Lübeck und Hauptverwaltung Lübeck-Schlutup, durchgeführte Prüfung des Jahresabschlusses 1947, HWA, Abt. 2017, Nr. 1–4.

143 FIAT Evaluation Report vom 14. September 1945, TNA, FO 935/51.

144 Angedacht war die Herstellung von Motoren, Ersatzteilen für Eisenbahnbedarf, Metallwaren für Haushalt und Industrie, Holzbearbeitung und pharmazeutische Produkte. Trotz der Befürwortung durch deutsche Politiker scheiterten die Pläne am Veto der Alliierten.

145 Von den ehemals 2363 Maschineneinheiten der Werke Karlsruhe und Grötzingen waren 61 Prozent abgebaut worden. Die französische Besatzungsmacht hatte 375 Maschinen entnommen, die amerikanische Besatzungsmacht hatte 244 Maschinen nach Kaufbeuren und die russische Besatzungsmacht 73 Maschinen nach Salzwedel verlagert. Weitere 88 Maschinen waren beim Transport Richtung Nördlingen verloren gegangen. IWK an das Wirtschaftsministerium Baden-Württemberg vom 30. Juli 1946, HSTA Stuttgart, EA 6/006, Bü 283.

146 IWK an das Städtische Wirtschaftsamt Karlsruhe vom 29. Juni 1946, ebd. Eine Drosselung der Produktion oder Schließung des Betriebes wurde angesichts der Arbeitslosigkeit im Raum Karlsruhe als Desaster bezeichnet.

147 IWK an das Hauptquartier der Militärregierung W/B vom 22. November 1946, ebd.

148 Entwurf des Berichts von Senatsrat Walther Schmid über die Firma Industrie-Werke Karlsruhe A.G. in Karlsruhe an U.S. Military Government vom 9. August 1946, ebd., sowie der modifizierte Bericht von Senatsrat Walther Schmid über die Firma Industrie-Werke Karlsruhe A.G. in Karlsruhe an U.S. Military Government vom 22. November 1946, ebd.

149 IWK an das Wirtschaftsministerium Württemberg-Baden vom 18. Juni 1947, ebd.

150 Schreiben der IWK an die Industrieabteilung der Militäradministration vom 21. September 1949, HSTA Stuttgart, EA 6/006, Bü 159; Schreiben der IWK an den American High Commissioner for Germany vom 7. Dezember 1949, ebd.

151 Autorisierungsantrag der IWK vom 13. September 1950, ebd.; Schreiben des American High Commissioner for Germany an den Ministerpräsidenten des Landes Württemberg-Baden vom 4. September 1951, ebd.

152 Horstmann, Die Angst vor dem finanziellen Kollaps, S. 228, Anm. 6.

153 Vgl. das Schreiben Lindenberg an Klügmann vom 5. Februar 1951, HWA, Abt. 2017, Nr. 45.

154 Industrie-Werke Karlsruhe an Paul Eberhardt vom 4. Oktober 1948, ebd.

155 Vieweg an Hermann E. Schumann vom 12. September 1949, ebd.

156 Schumann an Schmidtmann vom 17. Juni 1950, ebd.

157 Vieweg an Schumann vom 11. Mai 1950, ebd.

158 Hermann E. Schumann an Vieweg vom 10. Mai 1950, ebd.

159 Beschluss des Landgerichts Karlsruhe vom 19. November 1955, ebd.

160 Quandt an Abs vom 23. August 1949, HA-DtBk, V1/0027.

161 Konzept, Ansprache zum 70. Geburtstag von H. Hamel von 1952, HWA, Abt. 2017, Nr. 89.

162 Treue, Herbert Quandt, S. 107.

163 Counterpart-Funds-Bericht der Industrie-Werke Karlsruhe für den Zeitraum vom 8. Dezember 1949 bis 31. Oktober 1951, BArch, B 102/15225, S. 1.

164 Eintrag Industrie-Werke Karlsruhe, Aktiengesellschaft, in: Handbuch der Deutschen Aktiengesellschaften 1952/53, Bd. 3, S. 2702.

165 Der Vorgang ist dokumentiert in dem Schreiben Günther Quandt an Harald Quandt vom 12. Dezember 1951, HWA, Abt. 2017, Nr. 22; HWA, Abt. 2017, Nr. 32–34.

166 Vgl. hierzu Jungbluth, Die Quandts, S. 263–270.

167 Aktenvermerk vom 27. Juli 1949 (Oberverwaltungsrat Reichelt), StA Lübeck, Hauptamt, 1681.

168 Aktenvermerk der Landeskanzlei vom 2. März 1950, LA Schleswig-Holstein, Abt. 605, Nr. 6314.

169 Besprechungsbericht der wirtschaftspolitischen Abteilung zur Industrieplanung der MfM und DWM vom 2. März 1950, ebd.; Schreiben der Landesregierung Schleswig-Holstein an die Property Control Section und die Disarmament Branch vom 16. Juni 1950, ebd.

170 Aktenvermerk der Landesregierung über die Besprechung zur künftigen Entwicklung der Industriegelände Lübeck-Schlutup vom 15. Juni 1950, ebd.

171 Bericht zur Bewertung des Demontageschadens an den industriellen Anlagen der Firma MfM, Lübeck-Schlutup vom September 1948, LA Schleswig-Holstein, Abt. 691, Nr. 613.

172 Gauwirtschaftskammer Schleswig-Holstein an die Lübecker Industriefirmen vom 15. Mai 1945, NACP, RG 243 (Records of the U.S. Strategic Bombing Survey), European Survey, 38. i.1, Box 344.

173 Aktennotiz vom 31. August 1948, LA Schleswig-Holstein, Abt. 691, Nr. 613. Die demontierten Maschinen wurden größtenteils in die Sowjetunion abtransportiert. Vermerk des Hauptamts Lübeck vom 17. Januar 1947, StA Lübeck, Hauptamt, 1681.

174 Bericht über die Entwicklungs- und Forschungsabteilungen der MfM an die Industrie- und Handelskammer Kiel vom 9. November 1945, LA Schleswig-Holstein, Abt. 691, Nr. 613.

175 Schreiben der Asshauer & Co. GmbH an das Wirtschaftsministerium Schleswig-Holstein vom 20. Oktober 1948, LA Schleswig-Holstein, Abt. 691, Nr. 345.

176 Vgl. ebd., S. 122; Manuskript Dörge, Bd. 4, S. 471.

177 Vgl. Haertel, Kriegsfolgen, S. 17.

178 Vgl. Augenstein, Das Ende der Mauser-Werke, S. 103 f.

179 Vgl. Kapitel 15.

180 Vgl. Kenntner, Die Anfänge, S. 3.

181 Dörge an Carl Goetz vom 27. August 1945, zit. nach Manuskript Dörge, Bd. 4, S. 473.

182 Vgl. Seel, Mauser, S. 122.

183 Schreiben des Finanzamtes Oberndorf an die Landesdirektion der Finanzen Tübingen vom 31. Mai 1947, STA Sigmaringen Wü 120 T 4, Nr. 2074, S. 1 f.; Abschrift der Abteilung Vermögenskontrolle, Anhang zum Schreiben an das Finanzamt Oberndorf vom 16. April 1946, ebd. Vgl. Schreiben der Mauser-Werke an das Finanzamt Oberndorf vom 2. April 1946, ebd., S. 1.

184 Vgl. Seel, Mauser, S. 123.

185 Vermerk des Finanzamtes Oberndorf vom 15. Juli 1947, STA Sigmaringen Wü 120 T 4, Nr. 2074.

186 Seel, Mauser, S. 125; vgl. Kenntner, Die Anfänge, S. 48 f.; Augenstein, Das Ende der Mauser-Werke, S. 106.

187 Aufstellung des Finanzamtes Oberndorf am Neckar über die steuerliche Auswirkung der Demontage der Mauser-Werke vom 10. Januar 1948, STA Sigmaringen, Wü 120 T 1, Nr. 1301, S. 1.

188 Bericht der Abteilung IV an Ministerialrat Dr. Eschenburg vom 14. September 1948, STA Sigmaringen, Wü 40 T 8, Nr. 4. Die Mauser-Werke waren mit Hypotheken in Höhe von 25 Millionen RTM belastet. Begünstigter war die Rhein-Main-Bank, die Rechtsnachfolgerin der Dresdner Bank. Schreiben des Präsidenten des Gemeindetags des Landes Württemberg-Hohenzollern an die Abteilung IV vom 22. Oktober 1948, ebd., S. 1 f.

189 Zit. nach Kenntner, Die Anfänge, S. 36.

190 Schreiben des Bürgermeisters Kenntner an das Innenministerium vom 19. Juli 1948, STA Sigmaringen, Wü 40 T 8, Nr. 4, S. 1.

191 Zit. nach Kenntner, Die Anfänge, S. 38 f.

192 Der Vermerk ist abgedruckt in ebd., S. 51.

193 Vgl. Seel, Mauser, S. 127.

194 Augenstein, Das Ende der Mauser-Werke, S. 101.

195 Vgl. ebd., S. 102.

196 Zit. nach Kenntner, Die Anfänge, S. 36.

197 Bericht über eine Sonderprüfung der Vermögenslage der Mauser-Werke, Oberndorf zum 31. Mai 1949, STA Sigmaringen, Wü 150 T 1, Nr. 23, S. 1 f.

198 Die Liste der Staaten, die bedacht wurden, war lang: Albanien, Australien, Belgien, Dänemark, Frankreich, Griechenland, Großbritannien, Indien, Luxemburg, Norwegen, Neuseeland, die Tschechoslowakei, Jugoslawien sowie die Niederlande gehörten zu den Empfängerländern. Bericht zur Auflösung des Betriebes Oberndorf am Neckar der Mauser-Werke vom 18. Oktober 1948, STA Sigmaringen, Wü 40 T 8, Nr. 4, S. 2.

199 Ebd., S. 3. Vgl. bereits Aktenvermerk für die Kabinettssitzung am 16. Oktober 1947, STA Sigmaringen, Wü 120 T 1, Nr. 1301 bzw. Auszug aus der Niederschrift über die 16. Sitzung des Staatsministeriums am 31. Oktober 1947, ebd.

200 Vgl. Augenstein, Das Ende der Mauser-Werke, S. 110.

201 Bericht über eine Besprechung am 20. November 1948 in Tübingen, STA Sigmaringen, Wü 40 T 8, Nr. 4, S. 1.

202 Ebd., S. 4.

203 Aktennotiz über eine Besprechung am 26. November 1948, STA Sigmaringen, Wü 40 T 8, Nr. 4, S. 2.

204 Kenntner, Die Anfänge, S. 51.

205 Vieweg an Dörge vom 18. März 1950, Manuskript Dörge, Bd. 4, S. 508.

206 Auszug aus der Niederschrift über die 184. Sitzung des Staatsministeriums Tübingen am 8. November 1950, STA Sigmaringen, Wü 6 T 1, Nr. 101. Vermerk zur Anfrage der ehemaligen Mauser-Werke vom 1. November 1950, ebd., S. 2 f. Zum Vermerk des Wirtschaftsministeriums in Tübingen, betreffend Einrichtung eines Betriebes zur Herstellung von Messwerkzeugen in Oberndorf, o. D., ebd., S. 3.

207 Vgl. das Schreiben Lindenberg an Klügmann vom 5. Februar 1951, HWA, Abt. 2017, Nr. 45.

208 Bericht über eine Sonderprüfung der Vermögenslage der Mauser-Werke, Oberndorf zum 31. Mai 1949, STA Sigmaringen, Wü 150 T 1, Nr. 23, S. 2.

209 IWK an den Liquidator der Mauser-Werke vom 13. Dezember 1951, HWA, Abt. 2017, Nr. 45.

210 Anhang Sonderprüfung der Vermögenslage der Mauser-Werke, Oberndorf zum 31. Mai 1949, STA Sigmaringen, Wü 150 T 1, Nr. 23, S. 2–8; Anlage II zum Bericht über eine Sonderprüfung der Vermögenslage der Mauser-Werke, Oberndorf zum 31. Mai 1949, ebd.

211 Begründung zum Gesetz über die Förderung der Ansiedlung gewerblicher Unternehmen in Oberndorf am Neckar vom Juni 1949, STA Sigmaringen, Wü 150 T 1, Nr. 79, S. 5.

212 Ebd., S. 1.

213 Vorschlag der Bankanstalt für Württemberg-Hohenzollern für eine selbstschuldnerische Bürgschaft vom 28. Mai 1949, STA Sigmaringen, Wü 150 T 1, Nr. 79; Begründung zum Gesetz über die Förderung der Ansiedlung gewerblicher Unternehmen in Oberndorf am Neckar vom Juni 1949, ebd., S. 3 f.; Gesetz über die Förderung der Ansiedlung gewerblicher Unternehmen in Oberndorf am Neckar vom Juni 1949, ebd., §1 und 2. Vgl. daneben Kenntner, Die Anfänge, S. 52.

214 Mauser-Werke an die Bank der Deutschen Arbeit vom 23. Dezember 1953, HWA, Abt. 2017, Nr. 45 – Ordner «Bank der deutschen Arbeit».

215 Antrag des Wirtschaftsministeriums Württemberg-Badens an das Bundeswirt-
schaftsministerium auf Einstellung der Liquidation der Mauser-Werke vom
19. April 1951, GLA Karlsruhe, 481/1854.

216 Holl und Vieweg an die Bank der Deutschen Arbeit vom 17. März 1953, HWA,
Abt. 2017, Nr. 45.

217 Dachs an Stoecker vom 16. Mai 1953 bzw. Mauser-Werke AG in Liquidation
an Vieweg vom 23. Dezember 1953, ebd.

218 Der französische Hohe Kommissar hatte die Entlassung aus der Liquidation
von der Prämisse abhängig gemacht, weder Waffen noch Munition herzustellen. Vgl. Seel, Mauser, S. 128 f.

219 Vgl. ebd., S. 128.

220 Günther Quandt an Dörge vom 13. November 1953, Manuskript Dörge, Bd. 4,
S. 517.

221 Vgl. Seel, Mauser, S. 129.

222 Vgl. Schlickeiser (Hrsg.), Borsigwalde, S. 638 f.; Seel, Mauser, S. 127.

223 Auszug aus dem Handelsregister vom 15. Oktober 1947, LA Berlin, B Rep. 042,
Nr. 35221; Geschäftsbericht für das Geschäftsjahr 1950 und über die Jahre seit
1945 vom 29. Oktober 1951, WWA, S 7, Nr. 777/3.

224 Dörge an Sachs vom 15. Mai 1950, Manuskript Dörge, Bd. 4, S. 609.

225 Bemerkungen über die Geschäftsjahre 1944–50, in: Handbuch der deutschen
Aktiengesellschaften 52 (1951/52).

226 Gutachten zum Kreditantrag der Dürener Metallwerke vom 2. November
1950, HSTA Düsseldorf, NW 91, Nr. 108.

227 Bestand Allgemeine Gesellschaft für Industriebeteiligungen mbH, HWA, Abt.
2017, Nr. 32–34.

228 Geschäftsbericht für das Geschäftsjahr 1950 und über die Jahre seit 1945 vom
29. Oktober 1951, WWA, S 7, Nr. 777/3; Geschäftsbericht für das Geschäftsjahr 1951 vom 18. September 1952, ebd.

229 Geschäftsbericht für das Geschäftsjahr 1953 vom 1. April 1955, WWA, S 7,
Nr. 190. Vgl. ebd. Nr. 777/3.

230 Geschäftsbericht über das Rumpfgeschäftsjahr vom 1. Mai 1948 bis zum
20. Juni 1948 vom 20. Dezember 1950, WWA, S 7, Nr. 190; Geschäftsbericht
über das verlängerte Geschäftsjahr vom 21. Juni 1948 bis zum 30. Juni 1949
vom 20. Dezember 1950, ebd.

231 Vgl. Kapitel 9, S. 284 f.

232 Dies war wahrscheinlich auch der Grund, ihn zur Feier von Günther Quandts
70. Geburtstag im Juli 1951 einzuladen. Vgl. Tischordnung aus Anlaß des
70. Geburtstages von Dr.-Ing. e. h. Günther Quandt vom 28. Juli 1951, HA-
DtBk, VI/0038.

233 Bestand Dr. Günther Quandt, HWA, Abt. 2017, Nr. 32–34.

234 Manuskript Dörge, Bd. 3, S. 449 f.

235 Günther Quandt an Elisabeth Rasche vom 1. Juni 1953, HA-DrBk, 116227,
Bl. 88–91; Elisabeth Rasche an Günther Quandt vom 4. Juni 1953, ebd.,Bl. 92;
Agfi an Elisabeth Rasche vom 15. Juni 1953, ebd., Bl. 93 f.

236 Geschäftsbericht für das Geschäftsjahr 1952 vom 3. August 1953, WWA, S 7,
Nr. 777/3.

237 Der Volkswirt vom 14. November 1953.

238 Geschäftsberichte über das Geschäftsjahr 1952/53 vom 30. Oktober 1953, WWA, S 7, Nr. 190.

239 Vgl. auch Pritzkoleit, Männer, Mächte, Monopole, S. 86.

240 Geschäftsbericht über das Geschäftsjahr 1954 vom 20. Juli 1955, WWA, S 7, Nr. 190.

241 Interview mit Herrn Michel vom 30. Mai 1978, HWA, Abt. 2017, Nr. 57–82.

242 Interview mit Herrn Dr. Hiller vom 17. Juni 1979, ebd.

243 Dietermann an Günther Quandt vom 9. Februar 1947, HWA, Abt. 2017, Nr. 36/37. Vgl. Plumpe, Wirtschaftsverwaltung, S. 124–132. Vgl. zur «Entnazifizierung» Pavels zudem Kapitel 15, S. 771 f

244 Herbert Quandt, Die wichtigsten Lebensabschnitte von Dr. Herbert Quandt (1978), HWA, Abt. 2017, Nr. 57–82.

245 Interview mit Herrn Haymann, o. D. [1979], HWA, Abt. 2017, Nr. 57–82.

246 Vgl. z. B. Frei u. a., Flick, S. 470–475.

247 Besuch in Hagen am 18. und 19. Dezember 1945 vom 8. Januar 1946, HWA, Abt. 2017, Nr. 26.

248 Pavel an Abs vom 31. März 1954, HA-DtBK, VI/32.

249 Hardt wurde daraufhin als Geschäftsführer der DEAC nach Letmathe «weggelobt». Quandt an Hardt vom 21. März 1946, HWA, Abt. 2017, Nr. 26; Dietermann an Günther Quandt vom 18. Oktober 1946, HWA, Abt. 2017, Nr. 36/37.

250 Günther Quandt an Herbert Quandt vom 5. Januar 1947, HWA, Abt. 2017, Nr. 36/37.

251 Treue, Herbert Quandt, S. 97.

252 Günther Quandt an Dietermann vom 12. Januar 1947, HWA, Abt. 2017, Nr. 36/37.

253 Herbert Quandt, Die wichtigsten Lebensabschnitte von Dr. Herbert Quandt (1978), HWA, Abt. 2017, Nr. 57–82.

254 Herbert Quandt an Günther Quandt vom 8. Februar 1947, HWA, Abt. 2017, Nr. 36/37.

255 Interview mit Herrn Michel vom 30. Mai 1978, HWA, Abt. 2017, Nr. 57–82.

256 Hirschbold an Günther Quandt vom 27. Januar 1947, HWA, Abt. 2017, Nr. 85.

257 Herbert Quandt an Pavel vom 5. November 1948, HA-DtBk, VI/0027.

258 Vgl. Interview mit Dr. Uhde vom 20. April 1978, HWA, Abt. 2017, Nr. 57–82.

259 Zit. nach Treue, Herbert Quandt, S. 82.

260 Gerhard Wilcke, Gedanken und Erinnerungen zum Thema Dr. h. c. Herbert Quandt als Unternehmer vom Juni 1978, ebd.

261 Vgl. Frei u. a., Flick, S. 467 f.

262 Müller, Der Manager der Kriegswirtschaft.

263 Rauh, Bürgerliche Kontinuitäten?, S. 350.

264 Schanetzky, Unternehmer, S. 92.

265 Allein bei den IWK betrug die Zahl der Betriebsangehörigen in den frühen 1960er Jahren mit mehr als 25-jähriger Dienstzeit mehr als 500. Vgl. Schickling, 75 Jahre Industrie-Werke Karlsruhe Aktiengesellschaft, S. 39. Allerdings

zählten etwa 70 Prozent der Beschäftigten bei der AFA zur Gruppe der Vertriebenen und Flüchtlinge, die als qualifizierte und hochmotivierte Arbeiter nun
ihr Glück im Westen Deutschlands suchten. Vgl. grundsätzlich Hoffmann,
Junge Zuwanderer.

266 Pavel an Haverbeck vom 13. Dezember 1949, HWA, Abt. 2017, Nr. 89.

267 Günther Quandt an Dörge vom 28. August 1948, Manuskript Dörge, Bd. 4,
S. 494.

268 Günther Quandt an Dörge vom 26. April 1949, ebd., S. 495.

269 Dahrendorf, Gesellschaft und Demokratie, S. 287.

270 Erker, Industrie-Eliten, S. 79.

271 Vgl. Wehler, Deutsche Gesellschaftsgeschichte, Bd. 5, S. 214.

272 Plumpe, Politische Zäsur, S. 12.

273 Zapf, Wandlungen der deutschen Elite, S. 127. Vgl. daneben die auf die
Quandt-Führungsschicht nach 1945 geradezu frappierend zutreffende idealty-
pische Beschreibung der Managereliten nach 1945 in: ders., Die deutschen Manager, S. 136.

274 Amt zum Schutz des VE, 1952, Enteignung der Tuchfabrik Paul, Wittstock,
BLHA Potsdam, Rep. 203 AVE, BET 962.

275 Herbert Quandt, «Die wichtigsten Lebensabschnitte von Dr. Herbert Quandt»
(1978), HWA, Abt. 2017, Nr. 57–82. Vgl. Treue, Herbert Quandt, S. 112.

276 Vgl. Jungbluth, Die Quandts, S. 235.

277 Günther Quandt an Harald Quandt vom 1. Juli 1953, HWA, Abt. 2017, Nr. 22.
Kaufvertrag zwischen Günther Quandt und Herbert sowie Harald Quandt
vom 4. Juni 1951, ebd. An Herbert Quandt wurden mit gleichem Vertrag
25 Prozent des Anteils verkauft.

278 Günther Quandt an Heidi von Doetinchem vom 29. Juni 1948, HWA, Abt.
2017, Nr. 35.

279 Quandt an den öffentlichen Kläger bei den Entnazifizierungs-Hauptaus-
schüssen im Regierungsbezirk Lüneburg, Abteilung Burgdorf vom 5. Mai
1949, HSTA München, Spruchkammerakten Günther Quandt, Karton
1363/7.

280 Günther Quandt an Heidi von Doetinchem vom 29. Juni 1948, HWA, Abt.
2017, Nr. 35.

281 Pavel, Gedenkrede, HWA, Abt. 2017, Nr. 85.

282 Helene Bregulla an Hans Dörge vom 28. Oktober 1949, Manuskript Dörge,
Bd. 4, S. 502.

283 Günther Quandt an Wellenstein vom 2. September 1948, HWA, Abt. 2017,
Nr. 85.

284 Pavel, Gedenkrede, HWA, Abt. 2017, Nr. 85.

285 Günther Quandt an Heidi von Doetinchem vom 7. Mai 1949, HWA, Abt.
2017, Nr. 35.

286 Abs an Fritz Wintermantel vom 14. Juni 1949; Deutsche Bank an Erich
Bechtolf vom 20. Juni 1949, HA-DtBk, ZA47/410.

287 Quandt an Abs von 13. Juni 1951; Abs an Rummel vom 21. Juni 1951, HA-
DtBk, V1/0027.

288 Bei seinem Tod ging das Daimler-Benz-Aktienpaket zu fast gleichen Teilen an

seine beiden Söhne über. Der Einfluss bei BMW war zu dieser Zeit noch verschwindend gering. Herbert Quandt übernahm von seinem Vater einen Minimalbestand von Aktien im Nominalwert von 1500 DM. Er selbst tätigte von 1952 bis 1954 an der Börse kleinere Käufe, so dass sein Gesamtbestand an BMW-Aktien Ende 1954 62 000 DM betrug, was einem Anteil von 0,2 Prozent des Nominalkapitals von 22,5 Millionen DM entsprach. Harald Quandt übernahm ebenfalls Aktien im Nominalwert von 1500 DM; sein Aktienbestand über 50 000 DM machte Ende 1954 rund 0,17 Prozent des Nominalkapitals von BMW aus. Bestand Allgemeine Gesellschaft für Industriebeteiligungen mbh; Bestand Herbert Quandt bzw. Harald Quandt, HWA, Abt. 2017, Nr. 32–34.

289 Abs an Clostermann vom 14. Juni 1949, HA-DtBk, VI/0027.

290 Eine Kopie in ebd.

291 Abs an Quandt vom 13. Juli 1950, ebd.

292 Notiz von Ernst Walter Brüggemann vom 3. Mai 1979 mit Bezug auf einen Brief von Günther Quandt an Friedrich Spennrath vom 5. November 1953, HWA, Abt. 2017, Nr. 57–82.

293 Vgl. Treue, Herbert Quandt, S. 123.

294 Aufzeichnung Angelegenheit AR-Mandat Abs vom 20. April 1979, HWA, Abt. 2017, Nr. 57–82,

295 Pavel an Abs vom 31. März 1954, Archiv der DB, VI/32.

296 Gerhard Wilcke, Gedanken und Erinnerungen zum Thema Dr. h.c. Herbert Quandt als Unternehmer vom Juni 1978, HWA, Abt. 2017, Nr. 57–82.

297 Abelshauser, Die BASF, S. 377.

298 Interview mit Herrn Hamel, o.D. [1979], HWA, Abt. 2017, Nr. 57–82.

299 Vgl. die Charakterisierung von Klaus Dohrn, der später angesichts von Differenzen in einer Frage des Einflusses des Aufsichtsrats bemerkte, am Beispiel des Verhandlungsstils von Herbert Quandt habe er auch die «Versuchungen» erlebt, «zu denen die Macht einzelner über große Vermögenskomplexe verführen» könne. Dohrn, Erinnerungen eines Bankiers, S. 251.

300 Interview Walter Buchholz vom 30. Mai 1978, HWA, Abt. 2017, Nr. 57–82.

301 Interview mit Gerd Hamel, o.D. [1979], ebd.

302 Vgl. Schäfer, Familienunternehmen und Unternehmerfamilien, S. 91.

303 Quandt war mit dem Gründer der Versicherungsgruppe, Robert Gerling, befreundet und auch geschäftlich eng mit ihm vernetzt. Nach Gerlings Tod 1935 geriet Günther Quandt in den Erbstreitigkeiten unter den drei Brüdern Hans, Robert und Walter «zwischen die Mühlsteine»; er wurde vermutlich wegen seiner Mittlertätigkeit aus dem Aufsichtsrat «herausgebeten». Der Streit um den Konzern endete erst 1957 mit einem Vergleich. Barth, Der Gerling-Konzern, S. 103–118.

304 Vgl. Arps, Robert Gerling, S. 154–157.

305 Günther Quandt an Emil Leeb vom 3. Dezember 1951, HWA, Abt. 2017, Nr. 22.

306 Herbert Quandt, Familiengeschichte: Gerling/Herstatt vom 20. Dezember 1979, HWA, Abt. 2017, Nr. 57–82.

307 Bettge, Das Familienunternehmen Gebrüder Stollwerck, S. 223.

308 Treue, Herbert Quandt, S. 123.
309 Vgl. Kapitel 7, S. 159–170. Daneben auch die Bilanzaufstellungen Herbert
Quandts 1935 bis 1943, HWA, Abt. 2017, Nr. 48 sowie Erläuterungen zu Abschnitt «F» Einkommen, HSTA Hannover, Nds. 171 Lüneburg, Nr. 6500.
310 Pritzkoleit, Männer, Mächte, Monopole, S. 81. Zu den Zahlen auch Treue,
Herbert Quandt, S. 113.
311 Von der Draeger-Werke GmbH wurden 50 Prozent des AFA-Aktienbesitzes
zum Preis von knapp 4 570 000 DM an diesen Familienzweig ausbezahlt.
HWA, Abt. 2017, Nr. 40. Vgl. Kapitel 7, S. 169 f.
312 Bestand Allgemeine Gesellschaft für Industriebeteiligungen mbh, HWA, Abt.
2017, Nr. 32–34.
313 HWA, Abt. 2017, Nr. 40.
314 Bestand Draeger-Werke GmbH, HWA, Abt. 2017, Nr. 32–34.
315 Bestand Dr. Günther Quandt, ebd.
316 Quandt an Abs vom 2. Mai 1950, HA-DtBk, VI/0027; Bestand Allgemeine
Gesellschaft für Industriebeteiligungen mbH, HWA, Abt. 2017, Nr. 32–34,
HWA, Abt. 2017, Nr. 22.
317 Günther Quandt an Heidi von Doetinchem vom 26. September 1951, HWA,
Abt. 2017, Nr. 35.
318 Vgl. Treue, Herbert Quandt, S. 125; Jungbluth, Die Quandts, S. 238.
319 Mappe «Nachlassreglung Vermögen Dr. Günther Quandt», HWA, Abt. 2017,
Nr. 44.
320 Herbert Quandt, «Die wichtigsten Lebensabschnitte von Dr. Herbert Quandt»
(1978), HWA, Abt. 2017, Nr. 57–82; vgl. Treue, Herbert Quandt, S. 235–237.
321 Zit. nach Bössenecker, Herbert Quandt, S. 76.
322 Vgl. hierzu Jungbluth, Die Quandts, S. 296–306.

17. Fazit

1 Banken, Kurzfristiger Boom, S. 189.
2 Michael Burleigh, Die Zeit des Nationalsozialismus, S. 13.
3 Gall, A man for all seasons?
4 Buchheim, Unternehmen in Deutschland, S. 389.
5 Schumpeter, Theorie der wirtschaftlichen Entwicklung. Nachdruck der 1. Auflage von 1912, Berlin 2006, S. 164.
6 Schumpeter, Capitalism, Socialism and Democracy, S. 137.
7 Luhmann, Die Wirtschaft der Gesellschaft, S. 31.
8 Hermann J. Abs im Gespräch mit Joachim Fest, S. 36.
9 Hayek, Der Weg zur Knechtschaft, S. 11.
10 Zitiert nach Kielmansegg, Nach der Katastrophe, S. 437. Vgl. Böhm, Die Bedeutung der Wirtschaftsordnung, S. 85–107.
11 Plumpe, Flicks Karrieren, S. 12. Auch Herbert Quandt hat auf gewisse Ge-
meinsamkeiten und Parallelen der beiden Unternehmerpersönlichkeiten hingewiesen. Vgl. hierzu Treue, Herbert Quandt, S. 144.
12 Redlich, Der Unternehmer als «dämonische» Figur, S. 73.
13 Vgl. Kirchhof, Der freie oder der gelenkte Bürger, S. 14.

14 Ausführungen des Klägers, Anlage zum Protokoll der Verhandlungen vom 29. April 1949, HSTA München, Spruchkammerakten Günther Quandt, Karton 1362/5.

15 Treue, Herbert Quandt, S. 125–127.

16 Petzina/Plumpe, Unternehmensethik – Unternehmenskultur, bes. S. 9 und 12 f. Ob der heute häufig verwendete Begriff der «Unternehmensethik» weiterführt, ist fraglich, weil er als Schlagwort erst seit den 1970er Jahren auftaucht und im Versuch, Unternehmen zu «ethischerem» Handeln zu motivieren, historische Aspekte häufig ausblendet. Vgl. Nehring, Kritik des Common Sense, bes. S. 20–24; Pfister/Plumpe, Einleitung, S. 4. Zu den «Systemzwängen» vgl. Steinmann/Löhr, Grundlagen der Unternehmensethik, S. 26 f.

17 Nietzsche, Unzeitgemäße Betrachtungen, S. 140.

LITERATUR- UND QUELLENÜBERBLICK

Wissenschaftliche Darstellungen über Günther Quandt sind Mangelware. Die immer wieder herangezogene Arbeit von Kurt Pritzkoleit und die gut recherchierte Studie Rüdiger Jungbluths gehören bis heute zu den wenigen grundlegenden Werken. Die Verschwiegenheit der Familie und die Erzählstrategien der Industriellen nach 1945, bei denen sich manche gar «durch das literarische Spiel über Bande zu Opfern und Widerstandskämpfern redefinierten»,[1] waren für dieses Fehlen hauptverantwortlich. Mögliche Rechtsfragen über Besitzverhältnisse, Entschädigungszahlungen und «Arisierungen» sollten nicht an die große Glocke gehängt werden. Die oftmals hagiographisch und apologetisch anmutenden Schriften warteten daher mit Autoren auf, die «vom Pamphletisten über den Satiriker bis hin zu den Jubelschriften verfassenden Journalisten»[2] reichten und meist keine wissenschaftliche Grundlagenarbeit leisteten, weil der Hauptzweck eher in der glorifizierenden Selbstdarstellung des porträtierten Unternehmens bestand. Dies gilt ebenso für die von seinen Söhnen Herbert und Harald im Jahr 1961 herausgegebenen Erinnerungen Günther Quandts, die zwischen 1946 und 1948 zum größten Teil in der «erzwungenen Muße der Internierung»[3] entstanden waren und das Bemühen spiegeln, sich angesichts einer drohenden Verurteilung als Opponent des NS-Regimes zu präsentierten. Quandt zeichnete sich als einen «ganz unpolitischen, beinahe naiven Menschen». Dadurch waren seine Erinnerungen zugleich, wie die Frankfurter Allgemeine Zeitung zwanzig Jahre später urteilte, «frei von jeglicher Reflexion – auch das war charakteristisch für einen Teil der deutschen Unternehmer in jenen Tagen».[4] Das Werk zählt zum Genre Rechtfertigungsschrift und ist ein Beispiel der «autobiographischen Selbstkonstruktion».[5] Möglicherweise dachte Günther Quandt an eine Veröffentlichung, allerdings erschien es zu Anfang der 1960er Jahre dann doch nur in einer streng limitierten Auflage ausschließlich für den Familien- und Freundeskreis.

Die DDR, die in jenen Jahren verschiedentlich «Braunbücher» über die Unternehmer des «Dritten Reiches» lancierte, steuerte gelegentlich Beiträge bei, die Quandt

1 Priemel, Gekaufte Geschichte, S. 197.

2 Pierenkemper, Unternehmensgeschichte, S. 13. Vgl. auch Rasch, Von Festschrift und Hagiographie, S. 15–48.

3 So das Vorwort von Herbert und Harald Quandt, in: Quandt/Quandt (Hrsg.), Günther Quandt erzählt sein Leben, S. 5.

4 Axel Schnorbus, Er erkannte die Chancen der Großindustrie, in: Frankfurter Allgemeine Zeitung vom 28. Juli 1981.

5 Priemel, Gekaufte Geschichte S. 199. Vgl. auch Plato, Wirtschaftskapitäne, S. 371–391.

als «Waffenlieferant zweier Weltkriege» brandmarkten, aber anders als bei Männern wie Flick blieben intensive Attacken der SED-Diktatur aus. Zwar kommentierte das «Neue Deutschland» den Tod des «Monopolisten» Quandt in zu erwartender Manier mit dem Vorwurf, er sei dem «Faschismus [...] von Anfang an ergeben» gewesen und habe nach 1945 als «Kriegsgewinnler [...] bald wieder auf hohem Roß» gesessen, um sich an der «Ausbeutung der Arbeiter in Westdeutschland» zu beteiligen und eifrig «beim Aufbau der neuen faschistischen Wehrmacht Millionen einzusacken».[6] Als ein ähnlicher Angriff im Jahr 1960 direkt im Anschluss an einen hanebüchenen Artikel über den «Bonner Staatshaushalt im Zeichen der Blitzkriegs-Vorbereitung» gedruckt wurde,[7] konnten diese Invektiven, die auf der Verbindung von begrenzter Aktenkenntnis und selektiver Nutzung beruhten, jedoch leicht als reine Propaganda der SED-Diktatur abgetan werden. Ähnlich einfach war es, neomarxistische Studien zu ignorieren, die mit dem Erkenntnisziel operierten, das kapitalistische System insgesamt und die Großindustrie insbesondere für den Aufstieg des Nationalsozialismus und die Entfesselung des Zweiten Weltkrieges verantwortlich zu machen. In diesem Sinne zählte eine Studie Günther Quandt – ohne diese These allerdings in irgendeiner Weise durch Quellen zu belegen – zu denjenigen Rüstungsindustriellen, die die Weimarer Republik «kompromisslos» bekämpft hätten.[8]

Kurze biographische Abrisse von Günther und Herbert Quandt in der Neuen Deutschen Biographie stammen aus der Feder von Hans Pohl.[9] Der Wirtschaftshistoriker Wilhelm Treue, der zuvor an einer Firmengeschichte der AFA/VARTA mitgewirkt hatte, legte zudem 1982 im Auftrag der Familie eine ausschließlich für den privaten Kreis bestimmte Biographie von Herbert Quandt vor, die wissenschaftlichen Ansprüchen nicht genügen wollte, aber eine Fülle wichtiger Informationen enthält.[10]

Die gründliche Studie des Journalisten Rüdiger Jungbluth aus dem Jahr 2002 bietet nach wie vor den besten Einstieg ins Thema. Die Arbeit kommt zwar, ihrem Genre entsprechend, ohne Fußnoten aus, ermöglicht aber dennoch einen informativen Überblick mit ausgewogenen und plausiblen Urteilen. Eine überzeugende Analyse auf das Entnazifizierungsverfahren Günther Quandts bietet die unveröffentlichte Magisterarbeit von Michael Friedrich.[11] Die Studie von Ralf Blank über die Stadt Hagen im Zweiten Weltkrieg ermöglicht einen guten Einblick in die Strukturen der AFA als Herzstück des industriellen Besitzes der Familie.[12]

Wichtige Erkenntnisse vermitteln verschiedene Festschriften von Unternehmen der Quandt-Gruppe, auch wenn diese nicht als kritische Publikationen angelegt waren, sondern allein dazu dienten, die jeweiligen Firmen im besten Licht dastehen

---

6 Neues Deutschland vom 11. Januar 1955. Ähnliche Attacken startete der spätere ZK-Sekretär Albert Norden in seiner Schrift Kali für Brot und Tod, Berlin 1956.

7 Der Quandt-Konzern, in: Deutsches Wirtschaftsinstitut, S. 12–16.

8 Roth, Der Weg zum guten Stern, S. 41.

9 Vgl. Pohl, Quandt, Industrielle, S. 34–36.

10 Vgl. Treue, Herbert Quandt.

11 Vgl. Friedrich, Entnazifizierung und Wirtschaftseliten. Ich danke Herrn Friedrich für die freundliche Zurverfügungstellung eines Exemplars seiner Arbeit.

12 Vgl. Blank, Hagen im Zweiten Weltkrieg.

zu lassen: angefangen von der ersten AFA-Festschrift des Jahres 1913 über die Festschrift der Draeger-Tuchfabrik bis hin zu den Darstellungen der Dürener Metallwerke aus der Zeit des «Dritten Reiches» sowie der DEAC und Varta aus der Bundesrepublik. Gleiches gilt auch für einige im Privatdruck erschienene Gedenkschriften[13]
und die häufig allerdings nur bruchstückhaft erhalten gebliebenen Werkszeitschriften, die unter Berücksichtigung des Entstehungszusammenhangs eine wahre Fundgrube von Informationen bieten. Der AFA-Mitarbeiter Wilhelm Großmann fertigte
anhand eigener umfangreicher Unterlagen eine unveröffentlichte Geschichte einer
wichtigen Batterie-Sparte für die Jahre von 1905 bis 1955 an, die «neben streng vertraulichen Angaben auch Schilderungen über Ereignisse delikater Art» enthält und
im Westfälischen Wirtschaftsarchiv Dortmund (WWA) aufbewahrt wird.[14] Für die
DWM und ihre Tochtergesellschaften sind die lediglich in einem Privatdruck vorliegenden Memoiren des Maschinenbauingenieurs Friedrich Buchheit[15] sowie die unveröffentlichten Lebenserinnerungen des DWM-Vorstandsmitglieds Friedrich Dörge[16]
aufschlussreich.

Obwohl es angesichts der disparaten Überlieferungslage der verschiedenen
Quandt-Firmen, die inzwischen zum Teil in anderen Unternehmen aufgegangen sind,
keinen zentralen Aktenbestand gibt, hat sich die Quellenlage als vergleichsweise gut
erwiesen. Einige wichtige Unterlagen aber, die in den Buchhaltungszentralen der Unternehmen der Quandt-Gruppe aufbewahrt wurden, sind durch Kriegseinwirkungen
verloren gegangen oder wurden gegen Kriegsende systematisch vernichtet. Die erhaltenen Quellen sind gemäß der räumlichen Ausbreitung der Quandt-Unternehmen auf
zahlreiche National-/Bundes-, Landes-, Kreis-, Stadt-, Gedenkstätten-, Wirtschafts-
und Unternehmensarchive in Deutschland, Frankreich, Luxemburg, Polen, Großbritannien und den USA verteilt. Insgesamt wurde Quellenmaterial aus über 40 Archiven herangezogen und für die Studie ausgewertet.

Das bislang in Bad Homburg befindliche «Familienarchiv» stellt keine systematische Sammlung zur Unternehmens- oder Familiengeschichte dar und darf daher in
seiner Bedeutung nicht überschätzt werden. Es enthält jedoch einige singuläre Quellen wie Privatdrucke, Schriftwechsel, Manuskripte von Interviews mit leitenden Angestellten, die anlässlich der Erstellung der autorisierten Biographie Herbert Quandts
geführt wurden, Vermögensunterlagen und verschiedene Dokumente zu «Arisierungen» und zur Entnazifizierung. Diese Bestände mit Bezügen zur Zeit bis 1954 sind

---

13 HWA, Abt. 2017, Nr. 73 – «In Memoriam Günther Quandt geb. 28.7.1881,
+ 30. Dez. 1954»; HWA, Abt. 2017, Nr. 74 – «In Memoriam Harald Quandt geb.
1. Nov. 1921 – gest. 22. Sept. 1967»; HWA, Abt. 2017, Nr. 75 – «In Memoriam
Herbert Quandt 22. Juni 1910 – 2. Juni 1982»; vgl. Quandt-Langenscheidt
(Red.), Harald Quandt.

14 Großmann an AFA vom 9. August 1954, WWA, F 137, Nr. 1099; Wilhelm
Großmann, «50 Jahre DEAC Stahl-Akkumulatoren 1905–1955. Geschichte der
Firma Deutsche Edison-Akkumulatoren Company GmbH», ebd.

15 HWA, Abt. 2017, Nr. 76 – Friedrich Buchheit, Ein Leben mit der Technik. Erinnerungen, o. O., o. J. [1998].

16 Friedrich Dörge, Privatarchiv Dörge.

inzwischen, um eine fortwährende wissenschaftliche Konsultierung anhand der Originalakten zu ermöglichen, ins Hessische Wirtschaftsarchiv (Darmstadt) überführt worden.[17]

Das Geschäftsgebaren Günther Quandts lässt sich punktuell aus den Unterlagen herauslesen, die im Historischen Archiv der Deutschen Bank verwahrt sind, die als «Hausbank» zahlreicher Quandt-Unternehmen fungierte. Besonders die bruchstückhaft überlieferten Protokolle der Aufsichtsratssitzungen sowie ausgesprochen aufschlussreiche Gesprächsnotizen und Schriftwechsel zwischen Hermann Josef Abs und Günther Quandt wurden verwendet.[18] Materialien zu Günther Quandts Mitwirkung in der Kriegswirtschaft während des Ersten Weltkrieges liegen vor allem in der Außenstelle des Bundesarchivs in Berlin-Hoppegarten und im Militärarchiv Freiburg, während im Landesarchiv Berlin unter anderem Materialien zu Quandts Tätigkeit in der Tuchindustrie nach dem Ersten Weltkrieg zu finden sind.

Die veröffentlichte Literatur zur Wintershall erfüllt wissenschaftliche Anforderungen meist nicht oder beschränkt sich auf technische Aspekte.[19] Insbesondere für die Zeit vor 1945 lassen sie nur unbefriedigende Rückschlüsse auf Quandts Tätigkeit in der Kaliindustrie zu. Besser sieht die Quellenlage für die AFA- und DWM-Unternehmen aus: Für die AFA Berlin-Oberschöneweide liegt der zentrale Bestand im Landesarchiv Berlin, im Westfälischen Wirtschaftsarchiv Dortmund derjenige zum AFA-Werk Hagen. Verschiedene Gedenkstättenarchive verwahren einzelne Unterlagen zur Zwangsarbeit bei Quandt-Unternehmen. Es handelt sich dabei in erster Linie um Opferberichte, die häufig als Zeugenaussagen im Zuge von Strafprozessen in der Nachkriegszeit, bisweilen auch als Zeitzeugenberichte entstanden. Ergänzt werden diese Bestände durch Akten aus dem Bundesarchiv, dem Hauptstaatsarchiv Düsseldorf und dem Staatsarchiv Münster. Auf das Generallandesarchiv Karlsruhe, die Landesarchive Baden-Württemberg in Ludwigsburg und Stuttgart sowie die Stadtarchive Karlsruhe und Oberndorf sind zahlreiche Akten zu den badischen DWM- und Mauser-Werken verteilt. Die Betriebsakten der Mauser-Werke befinden sich nach Angaben des Stadtarchivs Oberndorf möglicherweise bei den Familien des Nachfolgeunternehmens Heckler & Koch und konnten nicht eingesehen werden – ein Umstand, der allerdings in diesem wie auch in anderen Fällen durch Mehrfachüberlieferungen ausgeglichen werden konnte. Im Landesarchiv Schleswig-Holstein in Schleswig sowie im Stadtarchiv Lübeck wurden Unterlagen zum Lübecker DWM-Werk und verschiedenen Tochterunternehmen eingesehen.

17 In der vorliegenden Arbeit werden für diesen Bestand des «Familienarchivs» bereits die neuen Archivsignaturen verwendet.

18 Der inzwischen vollständig in das Rheinisch-Westfälische Wirtschaftsarchiv zu Köln eingegangene Nachlass Hans Gerlings, der auch Korrespondenzen mit Günther Quandt enthält, ist hingegen wegen Wasserschadens bis auf Weiteres nicht einsehbar.

19 Vgl. Ernst, Wie die Wintershall zur BASF kam. Im Unternehmensarchiv der heutigen BASF-Tochter Wintershall finden sich zwei unveröffentlichte Chroniken. Das Geschichtsbüro Reder, Roeseling & Prüfer GbR, hat unter dem Titel «Wachstum erleben – Die Geschichte der K+S Gruppe 1956–2006» eine Geschichte der K+S Gruppe verfasst.

Im Hauptstaatsarchiv Weimar konnten Unterlagen zur «arisierten» Berlin-Erfurter Maschinenfabrik Henry Pels & Co. AG ausgewertet werden.[20] In der Stiftung Rheinisch-Westfälisches Wirtschaftsarchiv (RWWA) in Köln befinden sich Akten zur «Arisierung» des Unternehmens Wuppermetall. Dort werden zudem ebenso wie im Hauptstaatsarchiv Düsseldorf Akten zu den Dürener Metallwerken aufbewahrt, deren Überlieferungssituation generell schlecht ist, weil durch Kriegseinwirkungen und Beschlagnahmungen nach 1945 zentrale Verwaltungsbestände als verloren gelten müssen.[21]

Als hilfreich erwiesen sich die Akten der Rüstungskommandos und -inspektionen mit Zuständigkeit für die einzelnen Produktionsstandorte der Quandt-Gruppe, die sich im Militärarchiv in Freiburg befinden. Akten über Entnazifizierungs- und Demontageverfahren nach 1945 wurden in den amerikanischen und britischen Nationalarchiven eingesehen und durch die Überlieferung aus den jeweiligen Landesarchiven und dem Bundesarchiv Koblenz ergänzt. Von großer Bedeutung sind die Akten des Spruchkammerverfahrens von Günther Quandt, die im Staatsarchiv München liegen und umfassend herangezogen wurden. Ergänzt werden diese Akten durch Unterlagen aus den Archives Nationales und einigen Privatarchiven in Luxemburg, die vor allem zum «Fall Laval» Auskunft geben.

Im «Centre des archives du monde du travail» (CAMT) im französischen Roubaix findet sich ein ergiebiger Bestand mit Materialien des AFA-Direktors Corbin Hackinger, der über die Interessen, Kapitalbeteiligungen und «Arisierungen» in Frankreich in den Jahren 1940 bis 1944 Auskunft gibt. Vereinzelte Akten zur 1942 von der AFA übernommenen polnischen Akkumulatorenfabrik Centra liegen im Staatsarchiv Posen (Archiwum Państwowe w Poznaniu) vor. Zwar finden sich im Archiv der Cegielski-Werke in Posen keine Unterlagen zum vorherigen DWM-Werk, und auch die Akten des Staatsarchivs Posen geben wenig Aufschluss, aber die Zusammenhänge lassen sich aus anderen Beständen wie denjenigen der Haupttreuhandstelle Ost Posen im Staatsarchiv Posen und dem dortigen Instytut Zachodni rekonstruieren.

Von den Alliierten konfiszierte Materialien finden sich zum Teil in den jeweiligen Nationalarchiven wieder. Die amerikanischen und britischen Bomberbesatzungen verfügten schon während des Krieges vielfach über detaillierte Angaben zu Produktionsstandorten und -ziffern. Zudem suchten ihre Teams nach Kriegsende die Werke auf und befragten führende Mitarbeiter. Obwohl manche Dokumente vor Ankunft der alliierten Truppen vernichtet worden waren, ließen sich daher häufig Fabrikationscharakteristika und Beschäftigungsverhältnisse rekonstruieren.[22]

20 Das Entschädigungsamt Berlin, das Auskunft über die Entschädigung der Henry Pels-Erben hätte geben können, reagierte auf Anfragen nicht.
21 Vgl. die Notiz Chronik der Dürener Metallwerke AG Düren und Berlin (A. Euchner), HWA, Abt. 2017, Nr. 52 – Ordner «Chronik des Werkes Düren bis 16. 11. 1944».
22 B.I.O.S. Miscellaneous Report No. 46: Aircraft Batteries (Lead and Alkaline) – The Accumulatoren Fabrik A.G. Hagen-Hannover Plants, HSTA Hannover, ZGS 8, Nr. 224, S. 15.

Quellen- und Literaturverzeichnis

Archivquellen

Archiv der Max-Planck-Gesellschaft Berlin (MPG-Archiv)
Abt. I, Rep. 1A, Nr. 910/2; 3002

Archiv des Deutschen Museums München (Deutsches Museum-Archiv)
FS 391/16; 17

Archiv des Museums Mauthausen (AMM)
B 60/12; 15

Archiv Nationales Luxembourg (AN Luxembourg)
Bestand AEAA 294
CdG 171, Mikrofilm C. G. 161
Dossier Zeidler, Revisionsakte Prüm
AJ 38, 2919, Dossier 3329

Archiwum Państwowe w Poznaniu (APP)
HTO, jednostek archiwalny 1103; 6089; 6099; 7649; 7651; 7882; 7887; 7910; 8050

Brandenburgisches Landeshauptarchiv Potsdam (BLHA Potsdam)
Rep. 2 A I, HG, Nr. 208/3
Rep. 203 AVE, BET 962
Rep. 260 AG Pritzwalk, Nr. 38

Bundesarchive Hoppegarten, Koblenz, Lichterfelde, Ludwigsburg, Freiburg (BArch)
B 102/15225
B 162/15334; 16096; 16097; 16098; 18156
Berlin Document Center (BDC): PK J 0231; RK I 469; SA 119-B; SA 288-B
N 1049/58
N 1118/146
NS 19/830; 2055
NY 4035/7
R 2/16619; 16624; 16717; 16869; 16950
R 3/252
R 3 Anh./265

R 3/265

R 3/267

R 3/269

R 3/273

R 3/275

R 3/1026

R 3/1404a

R 3/3149

R 3/3233

R 3/2002, Nr. 0-0250-0144: AFA Zentralverwaltung Askanischer Platz.

R 3/2004, Nr. 0-0252-0004: Dürener Metallwerke Berlin-Borsigwalde

R 3/2004, Nr. 0-0252-0042: DWM Berlin-Borsigwalde

R 3/2004, Nr. 0-0256-0001: AFA Berlin-Oberschöneweide

R 3/2004, Nr. 0-0256-0017: Pertrix Werke GmbH

R 3/2007, Nr. 0-0343-0002: Berlin-Erfurter Maschinenfabrik AG Erfurt

R 3/2007, Nr. 0-0499-0013

R 3/2011, Nr. 0-0558-0005: Dürener Metallwerke AG

R 3/2015, Nr. 0-0762-0062: Mauser-Werke AG Oberndorf

R 3/2016, Nr. 0-0239-0001

R 3/2020, Nr. 0-1211-0002

R 3/2020, Nr. 0-1325-0005

R 3/2020, Nr. 0-1325-0035

R 3/2020, Nr. 0-1325-5337

R 13 V/10; 184

R 26/III 71

R 41/242

R 72/260

R 144/518

R 901/110937

R 907/717

R 1516/48

R 2301/5545

R 3101/3074; 6751; 11710; 11712; 18947; 34456

R 3901/1374; 21374; 21382; 221378

R 4606/2409; 2490; 4886; 4889; 4891; 4902

R 8119 F/P 373; 1104; 1105; 1107; 1109; 1111; 1112; 1113; 1114; 1115; 1116; 1119;
        1120; 1121; 1140; 1342; 1633; 1634; 1636; 2354; 2458; 2459; 2460; 2461; 2463;
        2464; 4118; 4120; 6958; 11429; 11803; 24126

R 8121/10; 419; 505; 545

R 8127/16217; 16405; 16419; 16501

R 8135/1093; 1339; 3760; 5921; 6410; 7291; 7699

R 8136/3718

R 8747/11; 12; 13; 14; 19; 40; 45; 46, Teil 1; 51; 73; 81

R 8766/3; 11; 13; 30; 206; 208

R 8769/4

R 8787/43; 50

RM 3/8274; 8325; 8326; 8327; 8328; 8329
RW 19/279; 1777; 2014; 2535
RW 20/3 1; 12
RW 20/5 4; 8; 9; 10; 18; 31; 37; 38; 39; 49; 52b; 57; 60
RW 20/6 6; 11
RW 20 9/1; 24
RW 20/10 12
RW 20/11 8; 12; 15; 18; 22; 28; 32; 33
RW 20/17 2; 6; 8
RW 20/21 1; 2; 3; 4; 5; 6; 7, 9; 10; 12; 13; 14
RW 20/29, 26
RW 21/2 1
RW 21/3 2; 3
RW 21/4 14; 15; 16; 17; 18
RW 21/14 2; 3; 4; 6; 7; 8; 9; 10; 13; 15; 16; 17
RW 21/27 2; 3; 5; 7
RW 21/30 3
RW 21/35 5; 6
RW 21/49 1; 2; 3; 5; 6
RW 21/50 6
RW 21/57 10; 17; 18
RW 21 62/2; 4; 6
Z 1/507

Bundesbehörde für Stasi-Unterlagen (BStU)
MfS-HA IX/11, RHE-West, 609

Centre des archives du monde du travail (CAMT)
Fonds 38 AQ 1
Fonds 38 AQ 1, Mappe H
Fonds 38 AQ 3
Fonds 38 AQ 4; 7; 8; 9; 10; 11; 32

Gedenkstättenarchiv Neuengamme (GsA Neuengamme)
Häftlingsberichte Nr. 477; 755; 1106; 1107
NL Hans Schwarz

Gedenkstättenarchiv Sachsenhausen (GsA Sachsenhausen)
D 1 A 1026
JD 31/65
JSU 1/99
JSU 1/100

Generallandesarchiv Karlsruhe (GLA Karlsruhe)
460/KA/313; 314; 318; 320
465a/51/12/17401

465d/1653
481/1854

Historisches Archiv der Deutschen Bank (HA-DtBk)
B 119
GB2, B26
Vo1/53xx
V1/0027; 0032
ZA47/410

Historisches Archiv der Dresdner Bank *(HA-DrBk)*
14000-2000
27104-2001. BE, Bd. 2
31008-2100. BE
116227
117679

Hauptstaatsarchiv Dresden (HSTA Dresden)
13471 (NS-Archiv des MfS), ZA I

Hauptstaatsarchiv Düsseldorf (HSTA Düsseldorf)
NW 75, Nr. 269-270
Reg. Aachen 23492
Rep. 243/25, 1. Bd. 1938–1949.

Hauptstaatsarchiv Hannover (HSTA Hannover)
Nds. 171 Hannover, Nr. 5967; 1197; 22008; 36639; 5804; 6500
Nds. 500, Acc. 39/97, Nr. 40; 55, Teil 1
Nds. 721, Nr. 26; 26/1; 26/2; 26/3; 26/4; 26/5
ZGS 8, Nr. 224

Hauptstaatsarchiv München (HSTA München)
Häftlingskartei der bayerischen Internierungslager
Spruchkammerakten Günther Quandt, Karton 1362/1; 2; 3; 4; 5
Spruchkammerakten Günther Quandt, Karton 1363/1; 2; 3; 4; 6; 7
Spruchkammerakten 2989

Hauptstaatsarchiv Stuttgart (HSTA Stuttgart)
E 130b, Bü 1347; 3258
E 151/41, Bü 481
EA 6/006, Bü 159; 283
EA 6/301 Bü 1862

Hauptstaatsarchiv Weimar (HSTA Weimar)
Bestand BEM Henry Pels, 1; 3; 5; 8; 9; 10; 11; 12; 17/1; 19; 20/3; 22; 23; 59; 66; 67

Hauptstaatsarchiv Wiesbaden (HSTA Wiesbaden)
Bestand 507/13953b

Hessisches Wirtschaftsarchiv Darmstadt (HWA)
Abt. Nr. 2017 (vormals Familienarchiv Quandt)
Nr. 1–4 – Ordner «Treuhand-Gesellschaft für Handel und Industrie Dr. Hans Edle»
Nr. 5 – Ordner «Häuser in und um Berlin»
Nr. 6 – Ordner «Haus in Babelsberg, Karl-Marx-Str. 1»
Nr. 7 – Ordner «Wertpapiere im Kellertresor der AFA»
Nr. 8 – Mappe Dr. H. Quandt «Grabpflege Pritzwalk,» 1967–1982
Nr. 10 – Ordner «Byk AG i. L.»
Nr. 11 – Ordner B 1/B, «Historische Dokumente 1873–1920»
Nr. 12 – Ordner B-3, «Historische Dokumente, 1917– 1949»
Nr. 13 – Ordner B-6/A, «Historische Dokumente, 1946 – 1960»
Nr. 14 – Ordner H 1, «Firmenchronik, Geschäftslokale, insb. Fabriken 1873–1953»
Nr. 15 – Ordner «Byk Gulden. Firmenbeschreibungen»
Nr. 16 – «Prüfungsberichte Concordia» (1949)
Nr. 17 – Ordner Wintershall, «Nacherbschaft H. Rosterg», Gutachten 1964/66
Nr. 18 – Ordner Wintershall, «Nacherbschaft H. Rosterg», 1964/68
Nr. 19 – Ordner Wintershall, «Nacherbschaft H. Rosterg», Dr. Dörr 1965/ 68/69
Nr. 20 – Konvolut «Urkunden»
Nr. 21 – Ordner «Rechtsabteilung Havelschmelzwerk GmbH»
Nr. 22 – Ordner «Aktienübertragungen/Verfügungen Dr. Günther Quandt bis 1955»
Nr. 23 – Ordner «AFA, Werk Oberschöneweide 1941–45», UQ VE 1
Nr. 24 – Ordner «Varta HV I 9. 7. 1947–30. 3. 1954», UQ VE 2
Nr. 25 – Ordner «Varta HV II, 24. 5. 1954–19. 7. 1956», UQ VE 2
Nr. 26 – Mappe «AFA – Hagen, Hannover, Berlin, Wien», UQ VE 3 Teil 1, 1939–1959
Nr. 27– Mappe «Entnazi-Schrift»
Nr. 28 – Manuskript «Die Ahnen des Werner Walter Granzow»
Nr. 29 – Mappe «Sekretariat H. Quandt»
Nr. 30 – Mappe «Bericht über die beim Werk Borsigwalde der Deutschen Waffen- und Munitionsfabriken AG, Berlin, jetzt Industrie-Werke Karlsruhe AG, durchgeführte Prüfung der Jahresabschlüsse 1944 bis 1947 und des RMabschlusses zum 25. Juni 1948»
Nr. 31 – Ordner Mecklenburgische Metallwarenfabrik mbH
Nr. 32–34 – Ordner «Konzentrationsuntersuchung 1962»
Nr. 35 – Konvolut Heidi von Doetinchem
Nr. 36/37 – Aktenordner Günther Quandt «Lager»
Nr. 38 – Mappe «Stellungnahme I mit Disposition»
Nr. 39 – Mappe «Spruchausschuss Berlin»
Nr. 40 – Mappe «Verträge über Verkauf Draeger-Werke GmbH an die Herren Herbert und Harald Quandt»
Nr. 41 – Mappe «Testamentsunterlagen Dr. Günther Quandt, Bestand Dr. Günther Quandt»
Nr. 42 – Mappe «Unterschrifts-Mappe»

Nr. 43 – Mappe «Berichterstattung Werner Quandt, Pritzwalk»

Nr. 44 – Mappe «Nachlassreglung Vermögen Dr. Günther Quandt»

Nr. 45 – Ordner «Bank der deutschen Arbeit»

Nr. 46 – Mappe «Ahnen Günther Quandt»

Nr. 47 – Mappe «Diverse Urkunden aus dem Nachlass von Doktor Günther Quandt»

Nr. 48 – Ordner FQ VE 202, «Gehaltsunterlagen 1932 – 44»

Nr. 49 – Ordner FQ VE 207, «Rittergut Niewerle»

Nr. 50 – Mappe «Weltreise 1931»

Nr. 51 «Unser Liefer-Programm. Firmenkatalog der Quandt-Gruppe», Frankfurt am Main 1964

Nr. 52 – Ordner «Chronik des Werkes Düren bis 16. 11. 1944»

Nr. 53 – Mappe MfM (Maschinen für Massenverpackungen)

Nr. 54 – «Leistungsbericht Kriegsjahr 1941/42» der Dürener Metallwerke Aktiengesellschaft

Nr. 55 – Ordner «Chronik des Werkes Düren bis 16. 11. 1944»

Nr. 56 – Mappe «AFA Hagen, Hannover, Berlin, Wien 1939 – 1959», UQ VE 3, Teil II

Nr. 57–82 – Ordner «Familiengeschichte Dr. Herbert Quandt», FQ 159– 165

Nr. 76 – Friedrich Buchheit, Ein Leben mit der Technik. Erinnerungen, o. O., o. J. [1998]

Nr. 80 – «Hellmut Quandt, Goethes Schweizer Reisen»

Nr. 83 – Ordner 329: «Familiengeschichte Dr. Herbert Quandt», FQ 175

Nr. 84 – Mappe «Konfirmationsreden»

Nr. 85 – «In Memoriam Günther Quandt geb. 28. 7. 1881, + 30. Dez. 1954»

Nr. 85 – «In Memoriam Harald Quandt geb. 1. Nov. 1921– gest. 22. Sept. 1967»

Nr. 85 – «In Memoriam Herbert Quandt 22 Juni 1910 – 2. Juni 1982»

Nr. 85 – «Korrespondenzmappe»

Nr. 86 – Ordner FA VE 203 «Herbert Quandt – Reichsbank 1947, Vermögensübersicht»

Nr. 88 – «Agreement Accumulatorenfabrik Aktiengesellschaft and The Chloride Electrical Storage Company Limited»

Nr. 89 – «AFA, AR-Korrespondenz 1945–1963»

Institut für Zeitgeschichte (IfZ)
17/263-3/19
ED 60, Heft 27, S. 1627–1646
OMGUS 17/232-2/1
OMGUS 17/263-3/18–19
OMGUS 739/19
ZS 1539

Instytut Zachodni (I. Z.)
Dok II-56
Dok II-294
Dok II-299

Landesarchiv Berlin (LA Berlin)
A Rep. 005-07, Nr. 370
A Rep. 50-03-04, Nr. 47
A Rep. 243-04, Nr. 60 (MFA 5203)
A Rep. 250-01-16, Nr. 4
A Rep. 250-01-04, Nr. 40
A Rep. 250-03-04, Nr. 4; 5; 7/1; 7/3; 11; 12; 27; 39; 41; 42; 44; 45; 46/1; 46/2; 48;
   49/1; 49/2; 52; 53; 54; 56; 60/4; 61; 64; 73; 76; 77
A Rep. 251-09, Nr. 111; 151; 199; 206; 207; 223; 229; 268; 290; 292; 302; 373; 444;
   488; 489; 490; 516; 525; 578; 582; 585; 614; 635; 647; 660; 738; 772; 796; 810;
   814; 827; 828; 830; 832; 864; 871; 881; 882; 917; 926; 930; 933; 957; 976; 1009;
   1011; 1017
B/C Rep, 031, Karteikarte
B Rep. 025-07, Nr. 949/50
B Rep. 025-07, Nr. 3933/57
B Rep. 031-03-01, Karton 125
B Rep. 031-03-01, Nr. 125, Herbert Quandt
B Rep. 031-03-02, Nr. 2969
B Rep. 031-03-11, Nr. 3083
B Rep. 031-03-04, Nr. 3512
B Rep. 042, Nr. 35220/1
B Rep. 042, Nr. 35221
B Rep. 058, Nr. 2930 Kt. 912, Nr. M 004, R 116
B/C Rep, 031
C Rep. 031-02-19, Nr. 35, Vorgang Nr. 8
C Rep. 101-01, Nr. 282
C Rep. 105, Nr. 1327; 3559
C Rep. 375-01-08, Nr. 4272
C Rep. 800, Nr. 207; 208; 350; 489
E Rep. 061-31, Nr. 2

Landesarchiv Schleswig Holstein (LA Schleswig-Holstein)
Abt. 510, Nr. 5292
Abt. 605, Nr. 6314
Abt. 691, Nr. 345; 613

Museum Pritzwalk
Nr. 17; 37; 38

Museumsverbund Pankow
2.4.2 Luna-Lager, Mappe 1; Mappe 2
3.2.2.2.4 Luna-Lager

*National Archives College Park (*NACP)
Bernard Bernstein – Oral History Interview, New York, July 23, 1975
MF T 77/747/980719

R&A 1655.5 a.

Records of the U.S. Chief of Counsel for War Crimes, Nuremberg Military Tribunals, re Nazi Industrialists, Microfilm 7-301, Roll 13 (Document NI-1261)

Records of the U.S. Chief of Counsel for War Crimes, Nuremberg Military Tribunals, re Nazi Industrialists, Microfilm 7-301, Roll 17 (Document NI-1835)

Records of the U.S. Chief of Counsel for War Crimes, Nuremberg Military Tribunals, re Nazi Industrialists, Microfilm 7-301, Roll 18 (Document NI-1927)

Records of the U.S. Chief of Counsel for War Crimes, Nuremberg Military Tribunals, re Nazi Industrialists, Microfilm 7-301, Roll 18 (Document NI-1928)

RG 260, FINANCE, Box 101, folder 29

RG 260, FINANCE, Box 181, folder 5

RG 243 (Records of the U.S. Strategic Bombing Survey), European Survey, 38.i.1, Box 344

RG 243 (Records of the U.S. Strategic Bombing Survey), European Survey, 58.22, Box 344

RG 243 (Records of the U.S. Strategic Bombing Survey), European Survey, 92.e.3 (Business Files, Letters from Main Office), Box 726; 727; 728; 729

RG 243, The United States Strategic Bombing Survey, Microfilm M-1013, Roll 2: «Duerener Metallwerke AG Duren Wittenau-Berlin & Waren, Germany» (Aircraft Division, January 1947)

RG 243, The United States Strategic Bombing Survey, Microfilm M-1013, Roll 2: «Duerener Metallwerke AG Duren Wittenau-Berlin & Waren, Germany» (Aircraft Division, January 1947), frame 737

NACP, RG 243, The United States Strategic Bombing Survey, Microfilm M-1013, Roll 2: «Duerener Metallwerke AG Duren Wittenau-Berlin & Waren, Germany» (Aircraft Division, January 1947), frame 738

RG 243, United States Strategic Bombing Survey, Section 4: European Target Intelligence, Entry 16, Box 19

KTB RüIn XVII, Microfilm T 77/747/980626; 980649; 980798; 980889; 980893

National Archives Kew/ Formals Public Record Office (TNA)

Air 14/3765

AVIA 6/13428

BT 211/85

FO 935/51; 192

FO 1013/475

WO 235/348

WO 252/949

WO 309/401

WO 309/869

56969/N 6292/3179/42

Rijksinstituut voor Oorlogsdocumentatie Amsterdam

Collection 250K, Box 13a

Privatarchiv Dominique Laval (Luxemburg)

Privatarchiv Hans Dörge.
Manuskript Dörge
Günther Quandt, Gedanken über Südamerika. Briefe in zwangloser Folge

Privatarchiv Henri Werner, Luxemburg

Privatarchiv Nahme

Staatsarchiv Ludwigsburg (STA Ludwigsburg)
EL 902/20 Bü. 99517
GL 902/2, Bü 2523, fol. 13–16 und 19-44

Staatsarchiv Münster (STA Münster)
Q 530, Amtsgericht Hagen, Nr. 2357; 2358; 2952
Rückerstattungen 14614

Staatsarchiv Sigmaringen (STA Sigmaringen)
Wü 6 T 1, Nr. 101
Wü 40 T 8, Nr. 4
Wü 120 T 1, Nr. 1301
Wü 120 T 4, Nr. 2074
Wü 150 T 1, Nr. 23; 79

Stadtarchiv Goslar (StA Goslar)
Bestand NL Darré, Bd. 87a

Stadtarchiv Hannover (StA Hannover)
HR 2, Nr. 5; 7
R 36
WEA, Nr. 1279
Wirtschafts- und Ernährungsamt 1279

Stadtarchiv Karlsruhe (StA Karlsruhe)
1/H-Reg. Nr. 1974; 1975; 2998

Stadtarchiv Lübeck (StA Lübeck)
2.5. IHK Lübeck, 1570
Hauptamt, 1681; 1715

Stadtarchiv Oberndorf (StA Oberndorf)
AF 44; 46; 48; 679; 887; 1003; 1126; 1136; 1142
SGS 361.21/21

Stadtarchiv Pritzwalk (StA Pritzwalk)
A 1075
B 15, Nr. 5
BPK, Nr. 4895

Stiftung Rheinisch-Westfälisches Wirtschaftsarchiv (RWWA)
Firmenakten Weißkopf
22-43-1

Stiftung Westfälisches Wirtschaftsarchiv (WWA)
F 137, Nr. 15; 20; 49; 192; 260; 311; 318; 368; 401; 402; 403; 404; 405; 410; 648;
937; 1074; 1099
S 7, Nr. 206/1; 777/3

Zeitungen und Zeitschriften

AFA-Ring; Berliner Börsen-Berichte; Berliner Börsen-Courier; Berliner Börsen-Zeitung; Chemische Apparatur; Dahlemer Blätter; Der Spiegel; Deutsche Allgemeine Zeitung; Deutsche Bergwerkszeitung; Deutsche Levante-Zeitung; Deutscher Reichsanzeiger; Deutsche Volkszeitung; Deutschland-Berichte der Sopade; Die Wahrheit; Die Weltbühne; DWM-Werksnachrichten. Werkszeitschrift der Betriebsgemeinschaft Deutsche Waffen- und Munitionsfabriken AG; Financial Times Deutschland; Frankfurter Allgemeine Zeitung; Gewerkschafts-Archiv; Hagener Zeitung; Jenaische Zeitung; Lübecker Generalanzeiger; Luxemburger Wort; Neues Deutschland; Neue Zeit; Neue Zeitung; New York Times; Preußischer Staatsanzeiger; Schwäbische Illustrierte; Süddeutsche Zeitung; The Banker's Magazine; Thüringer Volksblatt; Washington Post; Westdeutscher Beobachter; Zeitung vum Lëtzebuerger Vollek

Literatur

50 Jahre Accumulatoren-Fabrik Aktiengesellschaft 1888–1938, hrsg. von der Accumulatoren-Fabrik AG, Berlin/Hagen/Wien 1938.
50 Jahre Deutsche Waffen- und Munitionsfabriken Aktiengesellschaft, Berlin 1939.
100 Jahre Herbert Quandt. Facetten einer Persönlichkeit. Dokumentation einer Ausstellung in den Räumen des Günther-Quandt-Hauses vom 22. Juni bis zum 31. Dezember 2010.
150 Jahre Gottfried Hagen. 1827–1977, hrsg. von Gottfried Hagen, Köln 1977.
Aalders, Gerard/Wiebes, Cees, Die Kunst der Tarnung. Die geheime Kollaboration neutraler Staaten mit der deutschen Kriegsindustrie. Der Fall Schweden, Frankfurt am Main 1994.
Abelshauser, Werner, Deutsche Wirtschaftsgeschichte seit 1945, München 2004.
Ders., Rüstungsschmiede der Nation? Der Kruppkonzern im Dritten Reich und in der Nachkriegszeit 1933 bis 1951, in: Lothar Gall (Hrsg.), Krupp im 20. Jahrhun-

dert. Die Geschichte des Unternehmens vom Ersten Weltkrieg bis zur Gründung der Stiftung, Berlin 2002, S. 267–472.

Ders., Germany: Guns, Butter, and Economic Miracles, in: Mark Harrison (Hrsg.), The economics of World War II. Six Great Powers in international Comparison, Cambridge 1998.

Ders., Die BASF seit der Neugründung von 1952, in: ders. (Hrsg.), Die BASF. Eine Unternehmensgeschichte, München 2002, S. 359–637.

Ders., Kriegswirtschaft und Wirtschaftswunder. Deutschlands wirtschaftliche Mobilisierung für den Zweiten Weltkrieg und die Folgen für die Nachkriegszeit, in: Vierteljahrshefte für Zeitgeschichte 47 (1999), S. 503–538.

Abraham, Reinhard, Die Verschärfung der faschistischen Okkupationspolitik in Dänemark 1942/43, in: Militärgeschichte 23 (1984), S. 506–514.

Accumulatorenwerk Hoppecke (Hrsg.), wir accudemiker, Brilon-Hoppecke 1977.

Accumulatorenwerke Hoppecke (Hrsg.), Hoppecke – Power from Innovation. 1927–2007: Acht Dekaden Unternehmensgeschichte der Accumulatorenwerke Hoppecke Carl Zoellner & Sohn GmbH, Brilon 2007.

Achner, Marlis, Mecklenburgische Metallwarenfabrik «MEMEFA» in Waren (Müritz) 1936–1945, Müritz 2006.

Achterberg, Erich/Preusker, Victor Emanuel, Berliner Banken im Wandel der Zeit. Eine Schrift zum 75jährigen Bestehen des Bankhauses Hardy & Co. GmbH Frankfurt-Berlin, Darmstadt o. J. (1956).

Adam, Alfons, Holleischen (Holyšov), in: Wolfgang Benz/Barbara Distel (Hrsg.), Flossenbürg. Das Konzentrationslager und seine Außenlager, München 2007, S. 145–148.

Ders., «Ich ersuche daher, diese Angelegenheit so zu regeln, dass dadurch allen diese Interessen dabei Rechnung getragen wird». Das Flossenbürger KZ-Außenlager Holleischen, in: Theresienstädter Studien und Dokumente 2005, S. 316–331.

Adolf, Heinrich, Technikdiskurs und Technikideologie im Nationalsozialismus, in: Geschichte in Wissenschaft und Unterricht 48 (1997), S. 429–444.

Ahrens, Hanns D., Demontage. Nachkriegspolitik der Alliierten, München 1982.

Ahrens, Ralf, Der Exempelkandidat. Die Dresdner Bank und der Nürnberger Prozess gegen Karl Rasche, in: Vierteljahrshefte für Zeitgeschichte 52 (2004), S. 637–670.

Ders., Die Dresdner Bank 1945–1957. Konsequenzen und Kontinuitäten nach dem Ende des NS-Regimes, München 2007.

Ders., Karl Rasche, in: Hans Pohl (Hrsg.), Deutsche Bankiers des 20. Jahrhunderts, Stuttgart 2008, S. 343–355.

Ders., Unternehmer vor Gericht. Die Nürnberger Nachfolgeprozesse zwischen Strafverfolgung und symbolischem Tribunal, in: Jürgen Lillteicher (Hrsg.), Profiteure des NS-Systems? Deutsche Unternehmen und das «Dritte Reich», Berlin 2006, S. 128–153.

Ders., Von der «Säuberung» zum Generalpardon: Die Entnazifizierung der deutschen Wirtschaft, in: Jahrbuch für Wirtschaftsgeschichte 2010/2, S. 25–45.

Akten der Reichskanzlei, hrsg. v. Konrad Repgen, Regierung Hitler 1933–1938, Bd. 1/1, Boppard 1983.

Alberti, Michael, Die Verfolgung und Vernichtung der Juden im Reichsgau Warthe-land 1939–1945, Wiesbaden 2006.

Albertin, Lothar, Faktoren eines Arrangements zwischen industriellem und politi-schem System in der Weimarer Republik, in: Hans Mommsen/Dietmar Pet-zina/Bernd Weisbrod (Hrsg.), Industrielles System und politische Entwicklung in der Weimarer Republik, Düsseldorf 1974, S. 658–674.

Ambrosius, Gerold, Staat und Wirtschaftsordnung. Eine Einführung in Theorie und Geschichte, Stuttgart 2001.

Ders., Von Kriegswirtschaft zu Kriegswirtschaft (1914–1945), in: Michael North (Hrsg.), Deutsche Wirtschaftsgeschichte. Ein Jahrtausend im Überblick, Mün-chen ²2005, S. 287–355.

Andersen, Arne, Der Traum vom guten Leben. Alltags- und Konsumgeschichte vom Wirtschaftswunder bis heute, Frankfurt am Main 1997.

Anderson, Margaret Lavinia, Practicing Democracy. Elections and Political Culture in Imperial Germany, Princeton 2000.

Anschütz, Janet/Heike, Irmtraud, Feinde im eigenen Land. Zwangsarbeit in Hanno-ver im Zweiten Weltkrieg, Bielefeld ²2000.

Dies., Kurzdarstellung des Zwangsarbeitereinsatzes bei der Stadtverwaltung Hanno-ver während des Zweiten Weltkrieges, Hannover 1999.

Arps, Ludwig, Robert Gerling, in: ders., Deutsche Versicherungsunternehmer, Karls-ruhe 1968, S. 149–163.

Asche, Susanne, Eintausend Jahre Grötzingen. Geschichte eines Dorfes, Karlsruhe 1991.

Audeval, Aurélie u. a., «Arisierungsnetzwerke». Akteurskonstellationen, Arbeitstei-lung und Interessenkonflikte bei der «Arisierung» größerer Unternehmen in Frankreich 1940–1944, in: Francia 32 (2006), S. 101–138.

Auswärtiges Amt (Hrsg.), Der Vertrag von Versailles. Der Friedensvertrag zwischen Deutschland und den Alliierten und Assoziierten Mächten nebst dem Schlusspro-tokoll und der Vereinbarung betreffend die militärische Besetzung der Rhein-lande. 2. Aufl., auf Grund der endgültigen, neu durchges. amtlichen Rev., Teil V, Berlin 1924.

Bagel-Bohlan, Anja E., Hitlers industrielle Kriegsvorbereitung 1936 bis 1939, Kob-lenz/Bonn 1975.

Bähr, Johannes, «Bankenrationalisierung» und Großbankenfrage. Der Konflikt um die Ordnung des deutschen Kreditgewerbes während des Zweiten Weltkrieges, in: Harald Wixforth (Hrsg.), Finanzinstitutionen in Mitteleuropa während des Na-tionalsozialismus, Stuttgart 2001, S. 71–94.

Ders., Staatliche Schlichtung in der Weimarer Republik. Tarifpolitik, Korporatismus und industrieller Konflikt zwischen Inflation und Deflation 1919–1932, Berlin 1989.

Ders., GHH und M.A.N. in der Weimarer Republik, im Nationalsozialismus und in der Nachkriegszeit (1920–1960), in: ders./Ralf Banken/Thomas Flemming (Hrsg.), Die M.A.N. Eine deutsche Industriegeschichte, München 2008, S. 231–271.

Ders., Carl Friedrich Goetz, in: Hans Pohl (Hrsg.), Deutsche Bankiers des 20. Jahr-hunderts, Stuttgart 2008, S. 141–152.

Ders. u. a., Der Flick-Konzern im Dritten Reich, hrsg. vom Institut für Zeitgeschichte, München 2008.

Ders./Banken, Ralf, Ausbeutung durch Recht? Einleitende Bemerkungen zum Einsatz des Wirtschaftsrechts in der deutschen Besatzungspolitik 1939–1945, in: dies. (Hrsg.), Das Europa des «Dritten Reichs». Recht, Wirtschaft, Besatzung, Frankfurt am Main 2005, S. 1–30.

Bajohr, Frank, Ämter, Pfründe, Korruption. Materielle Aspekte der nationalsozialistischen Machteroberung, in: Andreas Wirsching (Hrsg.), Die nationalsozialistische Machteroberung und die deutsche Gesellschaft, Göttingen 2009, S. 185–199.

Ders., Dynamik und Disparität. Die nationalsozialistische Rüstungsmobilisierung und die «Volksgemeinschaft», in: ders./Michael Wildt (Hrsg.), Volksgemeinschaft. Neue Forschungen zur Gesellschaft des Nationalsozialismus, Frankfurt am Main 2009, S. 78–93.

Balabkins, Nicholas, Germany Under Direct Controls: Economic Aspects of Industrial Disarmament, 1945–1948, New Brunswick 1964.

Banken, Ralf, Kurzfristiger Boom oder langfristiger Forschungsschwerpunkt? Die neuere deutsche Unternehmensgeschichte und die Zeit des Nationalsozialismus, in: Geschichte in Wissenschaft und Unterricht 56 (2005), S. 183–196.

Ders., Der Nationalsozialismus in der Unternehmensgeschichte. Hinterlässt die Sonderkonjunktur Spuren?, in: Akkumulation 20 (2004), S. 1–18.

Barfod, Jorgen H. P., Helvede har mange navne. En beretning om koncentrationslerje og faengsler, hvor the sad danskere 1940, Kobenhaven 1969.

Barkai, Avraham, Das Wirtschaftssystem des Nationalsozialismus. Ideologie, Theorie, Politik, Frankfurt am Main 1998.

Ders., Die deutschen Unternehmer und die Judenpolitik im «Dritten Reich», in: Geschichte und Gesellschaft 15 (1989), S. 227–247.

Ders., Die «stillen Teilhaber» des NS-Regimes, in: Lothar Gall/Manfred Pohl (Hrsg.), Unternehmen im Nationalsozialismus, München 1998, S. 117–121.

Ders., Vom Boykott zur «Entjudung». Der wirtschaftliche Existenzkampf der Juden im Dritten Reich 1933–1945, Frankfurt am Main 1987.

Ders., Oscar Wassermann und die Deutsche Bank. Bankier in schwierigen Zeiten, München 2005.

Barth, Boris, Der Gerling-Konzern als Familienunternehmen, in: Susanne Hilger/Ulrich S. Soénius (Hrgs.), Familienunternehmen im Rheinland im 19. und 20. Jahrhundert. Netzwerke – Nachfolge – Soziales Kapital, Köln 2009, S. 103–118.

Bartmann, Wilhelm, Zwischen Tradition und Fortschritt. Aus der Geschichte der Pharmabereiche von Bayer, Hoechst und Schering von 1935–1975, Stuttgart 2003.

Bästlein, Klaus, Völkermord und koloniale Träumerei. Das «Reichskommissariat Ostland» unter schleswig-holsteinischer Verwaltung, in: Alfred Gottwaldt/Norbert Kampe/Peter Klein (Hrsg.), NS-Gewaltherrschaft. Beiträge zur historischen Forschung und juristischen Aufarbeitung, Berlin 2005, S. 217–246.

Bauer, Yehuda, Jews for Sale? Nazi-Jewish Negotiations, 1933–1945, New Haven/London 1994.

Baumann, Tobias, Das Speziallager Nr. 9 Fünfeichen, in: Sergej Mironenko u. a. (Hrsg.), Sowjetische Speziallager in Deutschland 1945 bis 1950, Bd. 1, Berlin 1998, S. 426–444.

Bavaj, Riccardo, Die Ambivalenz der Moderne im Nationalsozialismus. Ein Bilanz der Forschung, München 2003.

Ders., Von links gegen Weimar. Linkes antiparlamentarisches Denken in der Weimarer Republik, Bonn 2005.

Beck, Hermann, The Fateful Alliance. German Conservatives and Nazis in 1933. The Machtergreifung in a New Light, New York/Oxford 2008.

Becker, Ernst Wolfgang (Hrsg.), Theodor Heuss, Erzieher zur Demokratie. Briefe 1945–1949, München 2007.

Beckerath, Herbert von, Zwangskartellierung oder freie Organisation der Industrie?, Stuttgart 1918.

Behrend, Auguste, Meine Tochter Magda Goebbels. Ein ungewöhnlicher Lebensweg, in: Schwäbische Illustrierte 1952, S. 232–288.

Benecke, Werner, Die Entfesselung des Krieges. Von «München» zum Hitler-Stalin-Pakt, in: Osteuropa 59 (2009), S. 33–46.

Benner, Ludwig. Wilhelm, Entwicklung, finanzieller Aufbau und Finanzierungsmethoden der deutschen Kali-Industrie, Giessen 1930.

Benz, Wolfgang, Vom Freiwilligen Arbeitsdienst zur Arbeitsdienstpflicht, in: Vierteljahrshefte für Zeitgeschichte 16 (1968), S. 317–346.

Ders., Auftrag Demokratie. Die Gründungsgeschichte der Bundesrepublik und die Entstehung der DDR 1945–1949, Bonn 2010.

Ders./Kwiet, Konrad/Matthäus, Jürgen (Hrsg.), Einsatz im «Reichskommissariat Ostland». Dokumente zum Völkermord im Baltikum und in Weißrußland 1941–1944, Berlin 1998.

Berend, Ivan T., Markt und Wirtschaft. Ökonomische Ordnungen und wirtschaftliche Entwicklung in Europa seit dem 18. Jahrhundert, Göttingen 2007.

Berge, Wendell, Cartels. Challenge to a Free World, Washington 1944.

Berghahn, Volker, Rheinischer Kapitalismus, Ludwig Erhard und der Umbau des westdeutschen Industriesystems, 1947–1957, in: David Gilgen u. a. (Hrsg.), Deutschland als Modell? Rheinischer Kapitalismus und Globalisierung seit dem 19. Jahrhundert, Bonn 2010, S. 89–115.

Berghoff, Hartmut, Unternehmenskultur und Herrschaftstechnik. Industrieller Paternalismus. Hohner von 1857–1918, in: Geschichte und Gesellschaft 23 (1997), S. 167–204.

Ders., Moderne Unternehmensgeschichte. Eine themen- und theorieorientierte Einführung, Paderborn u. a. 2004.

Ders., Marketing im 20. Jahrhundert. Absatzinstrument, Managementphilosophie, universelle Sozialtechnik, in: ders. (Hrsg.), Marketinggeschichte. Die Genese einer modernen Sozialtechnik, Frankfurt am Main 2007, S. 11–58.

Bermani, Cesare, Odyssee in Deutschland. Die alltägliche Erfahrung der italienischen «Fremdarbeiter» im «Dritten Reich», in: Cesare Bermani/Sergio Bologna/Brunello Mantelli (Hrsg.), Proletarier der «Achse». Sozialgeschichte der italienischen Fremdarbeit in NS-Deutschland 1937 bis 1943, Berlin 1997, S. 37–252.

Bettge, Tanja, Das Familienunternehmen Gebrüder Stollwerck (1839–1932). Unternehmensnachfolge zwischen tradierten Führungsmustern und ökonomischer Ratio, in: Susanne Hilger/Ulrich S. Soénius (Hrsg.), Familienunternehmen im Rheinland im 19. und 20. Jahrhundert. Netzwerke – Nachfolge – Soziales Kapital, Köln 2009, S. 221–237.

Bezemek, Ernst/Klambauer, Otto, Die USIA-Betriebe in Niederösterreich. Geschichte, Organisation, Dokumentation, Wien 1983.

Biedermann, Charles-Claude, Lützkendorf, in: Wolfgang Benz/Barbara Distel (Hrsg.), Der Ort des Terrors. Geschichte der nationalsozialistischen Konzentrationslager, Bd. 3: Sachsenhausen, Buchenwald, München 2006, S. 511–512.

Biermann, Harald, Umstrittene Vergangenheit. Geschichtsbilder in Deutschland seit 1945, in: Hans-Peter Schwarz (Hrsg.), Die Bundesrepublik Deutschland. Eine Bilanz nach 60 Jahren, München 2008, S. 621–635.

Biggeleben, Christof, Die Verdrängung der Juden aus der Berliner Industrie- und Handelskammer und dem Verein Berliner Kaufleute und Industrieller, in: ders./Beate Schreiber/Kilian J. L. Steiner (Hrsg.), «Arisierung» in Berlin, Berlin 2007, S. 55–86.

Ders., Kontinuität von Bürgerlichkeit im Berliner Unternehmertum. Der Verein Berliner Kaufleute und Industrieller (1879–1961), in: Dieter Ziegler (Hrsg.), Großbürger und Unternehmer. Die deutsche Wirtschaftselite im 20. Jahrhundert, Göttingen 2000, S. 241–274.

Ders., Das «Bollwerk des Bürgertums». Die Berliner Kaufmannschaft 1870–1920, München 2006.

Ders./Schreiber, Beate/Steiner, Kilian J. L. (Hrsg.), «Arisierung» in Berlin, Berlin 2007.

Billstein, Reinhold, Working for the Enemy. Ford, General Motors, and Forced Labor in Germany during the Second World War, New York 2000.

Bishop, Chris (Hrsg.), Waffen des Zweiten Weltkrieges. Eine Enzyklopädie, Augsburg 2000.

Blaich, Fritz, Why Did the Pioneer Fall behind? Motorisation in Germany between the Wars, in: Theo A. Barker (Hrsg.), The Economic and Social Effects of the Spread of the Motor Vehicles. An International Centenary Tribute, Basingstoke 1988, S. 148–164.

Ders., Staatsverständnis und politische Haltung der deutschen Unternehmer 1918–1930, in: Karl Dietrich Bracher u. a. (Hrsg.), Die Weimarer Republik 1918–1933, Düsseldorf 1987, S. 158–178.

Ders., Wirtschaft und Rüstung im «Dritten Reich», Düsseldorf 1987.

Ders., Kartell- und Monopolpolitik im kaiserlichen Deutschland. Das Problem der Marktmacht im deutschen Reichstag zwischen 1879 und 1914, Düsseldorf 1973.

Ders., Absatzstrategien deutscher Unternehmen im 19. und in der ersten Hälfte des 20. Jahrhunderts, in: Hans Pohl (Hrsg.), Absatzstrategien deutscher Unternehmer. Gestern, Heute, Morgen, Wiesbaden 1962, S. 5–46.

Blank, Ralf, Energie für die «Vergeltung». Die Accumulatoren Fabrik AG Berlin-Hagen und das deutsche Raketenprogramm im Zweiten Weltkrieg, in: Militärgeschichtliche Zeitschrift 66 (2007), S. 101–118.

Ders., Geheime Batteriegeschäfte. Die AFA Hagen und die Chloride Electrical Storage Company Ltd. am Vorabend des 1. Weltkrieges, in: Hagener Jahrbuch 1 (1996), S. 137–146.

Ders., Am Rande der Legalität. Demontage und Requirierungen bei der Akkumulatoren-Fabrik Hagen nach 1945, in: Hagener Impuls 12 (1995), S. 38–45.

Ders., Hagen im Zweiten Weltkrieg. Bombenkrieg, Kriegsalltag und Rüstung in einer westfälischen Großstadt 1939–1945, Essen 2008.

Ders./Hobein, Beate, Zwangsarbeit im «Dritten Reich». Ein regionalhistorisches Forschungsprojekt am Historischen Centrum Hagen, in: Industriedenkmalpflege und Geschichtskultur 2 (2000), S. 49–53.

Blatman, Daniel, Die Todesmärsche 1944/45. Das letzte Kapitel des nationalsozialistischen Massenmords, Reinbek 2011.

Blum, John Morton, Deutschland ein Ackerland? Morgenthau und die amerikanische Kriegspolitik 1941–1945. Aus den Morgenthau-Tagebüchern, Düsseldorf 1968.

Ders., Roosevelt and Morgenthau. A Revision and Condensation from the Morgenthau Diaries, Boston 1970.

Boberach, Hans (Hrsg.), Meldungen aus dem Reich. Die Lageberichte des Sicherheitsdienstes der SS 1938–1945, Herrsching 1984.

Boch, Rudolf, Staat und Wirtschaft im 19. Jahrhundert, München 2004.

Bode, Matthias/Hansen Ursula, Marketing & Konsum. Theorie und Praxis von der Industrialisierung bis ins 21. Jahrhundert, München 1999.

Boelcke, Willi A., Deutschland als Welthandelsmacht 1930–1945, Stuttgart 1994.

Ders., Die deutsche Wirtschaft 1930–1945. Interna des Reichswirtschaftsministeriums, Düsseldorf 1983.

Ders., Die Kosten von Hitlers Krieg. Kriegsfinanzierung und finanzielles Kriegserbe in Deutschland 1933–1948, Paderborn 1985.

Böhler, Jochen, Auftakt zum Vernichtungskrieg. Die Wehrmacht in Polen 1939, Frankfurt am Main 2006.

Böhm, Franz, Die Bedeutung der Wirtschaftsordnung für die politische Verfassung (1946), in: ders., Die staatliche Einwirkung auf die Wirtschaft. Wirtschaftsrechtliche Aufsätze 1946–1970, hrsg. v. Ulrich Scheuner, Frankfurt am Main 1971, S. 85–107.

Bohn, Robert, Reichskommissariat Norwegen. «Nationalsozialistische Neuordnung» und Kriegswirtschaft, München 2000.

Bönig, Jürgen, Die Einführung von Fließbandarbeit in Deutschland bis 1933. Zur Geschichte einer Sozialinnovation, Münster 1993.

Boog, Horst, Erhard Milch – Der Architekt der Luftwaffe, in: Ronald Smelser/Enrico Syring (Hrsg.), Die Militärelite des Dritten Reiches. 27 biographische Skizzen, Berlin 1995, S. 349–367.

Ders., Milch, Erhard, in: Neue Deutsche Biographie 17 (1994), S. 499–503.

Bopp, Wolfgang, The Evolution of the Pricing Policy for Public Orders during the Third Reich, in: Christoph Buchheim/Redvers Garside (Hrsg.), After the Slump. Industry and Politics in the 1930s Britain and Germany, Frankfurt am Main 2000, S. 149–160.

Bories-Sawala, Helga, Aspects de la vie quotidienne des requis du travail forcé en Allemagne, in: Bernard Garnier/Odette Hardy-Hémery/Jean Quellien (Hrsg.), La main d'œuvre Française exploitée par le IIIe Reich: actes du colloque international, Caen, 13–15 décembre 2001, Caen 2003, S. 127–145.

Dies., Franzosen im «Reichseinsatz». Deportation, Zwangsarbeit, Alltag. Erfahrungen und Erinnerungen von Kriegsgefangenen und Zivilarbeitern, Bd. 1, Frankfurt am Main u. a. 1996.

Dies./Arnaud, Patrice, Les Françaises et Français volontaires pour le travail en Allemagne: Recrutement et dimensions statistiques, images et représentations, mythes et réalités, in: Bernard Garnier/Odette Hardy-Hémery/Jean Quellien (Hrsg.), La main d'œuvre Française exploitée par le IIIe Reich: actes du colloque international, Caen, 13–15 décembre 2001, Caen 2003, S. 107–126.

Borkin, Joseph, Die unheilige Allianz der I. G. Farben. Eine Interessengemeinschaft im Dritten Reich, Frankfurt am Main/New York 1990.

Ders./Welsh, Charles A., Germany's Master Plan. The Story of Industrial Offensive, New York 1943.

Bössenecker, Hermann, Herbert Quandt sucht seine neue Mitte, in: Profil (April 1973), S. 74–78.

Bourdieu, Pierre, Die feinen Unterschiede. Kritik der gesellschaftlichen Urteilskraft, Frankfurt am Main 1982.

Ders., Ökonomisches Kapital – Kulturelles Kapital – Soziales Kapital, in: ders., Die verborgenen Mechanismen der Macht, Hamburg 1992, S. 49–79.

Bouvier, Yves, Cohésion et stratégies d'un groupe industriel en période d'incertitudes: la Compagnie Générale d'Électricité dans la Seconde Guerre mondiale, in: Denis Varaschin (Hrsg.), Les Entreprises du secteur de l'énergie sous l'Occupation, Arras 2006, S. 95–117.

Ders., De l'intérêt d'une organisation décentralisée: la Compagnie générale d'électricité en zone non occupée, in: Hervé Joly (Hrsg.), L'Économie de la zone non occupée. 1940–1942, Paris 2007, S. 167–180.

Bower, Tom, «Alle deutschen Industriellen saßen auf der Anklagebank.» Die Nürnberger Nachfolgeprozesse gegen Krupp, Flick und die IG Farben, in: Rainer Eisfeld/Ingo Müller (Hrsg.), Gegen Barbarei. Essays Robert M. W. Kempner zu Ehren, Frankfurt am Main 1989, S. 239–256.

Ders., Blind Eye to Murder. Britain, America and the Purging of Nazi Germany – A Pledge Betrayed, London u. a 1983.

Bracher, Karl Dietrich, Die deutsche Diktatur. Entstehung, Struktur, Folgen des Nationalsozialismus, Frankfurt am Main/Berlin/Wien 1979.

Ders., Überlegungen zur Verfassung und Scheitern der Weimarer Republik, in: Andreas Rödder (Hrsg.), Weimar und die deutsche Verfassung. Zur Geschichte und Aktualität von 1919, Stuttgart 1999, S. 55–65.

Ders., Stufen der Machtergreifung, Köln/Opladen 1960.

Braun, Peter, Die Hersfelder Textilindustrie. Vergangenheit und Gegenwart, Bad Hersfeld 2003.

Bräutigam, Helmut, Einige Aspekte des «Fremdarbeitereinsatzes» in Berlin 1939–1945, in: Rimco Spanjer/Diedericke M. Oudesluijs/Johan Meijer (Hrsg.), Zur Arbeit gezwungen. Zwangsarbeit in Deutschland 1940–1945, Bremen 1999, S. 31–42.

Ders., Entwicklungslinien des «Ausländereinsatzes» in Berlin. «Arbeiterbeschaffung» und erste Fremdarbeiter in Berlin, in: Leonore Scholze-Irrlitz/Karoline

Noack (Hrsg), Arbeit für den Feind. Zwangsarbeiter-Alltag in Berlin und Brandenburg 1939–1945, Berlin 1998, S. 8–13.

Ders. (Hrsg.), Zwangsarbeit in Berlin 1938–1945, Berlin 2003.

Brehmer, Günter, Grundzüge der staatlichen Lenkung der Industrieproduktion in der deutschen Kriegswirtschaft von 1939 bis 1945 (unter besonderer Berücksichtigung der Verhältnisse in der elektrotechnischen Industrie), München 1968.

Breisig, Thomas, Skizzen zur historischen Genese betrieblicher Führungs- und Sozialtechniken, München 1990.

Brenner, Hans, Frauen in den Außenlagern von Flossenbürg und Groß-Rosen in Böhmen und Mähren, in: Theresienstädter Studien und Dokumente 1999, S. 263–293.

Brenner, Wolfgang, Walther Rathenau. Deutscher und Jude, München/Zürich 2005.

Brohm, Ulrich, Die mechanische Leinenweberei Friedr. & E. Wentz in Wustrow. Entstehung und Entwicklung einer Industrieansiedlung im ländlichen Raum, in: Volkskunde in Niedersachsen 3 (2006), S. 4–11.

Brüninghaus, Beate/Habeth, Stephanie/Pohl, Hans, Die Daimler-Benz AG in den Jahren 1933 bis 1945, Stuttgart 1986.

Bruttmann, Tal, Au Bureau des affaires juives. L'administration française et l'application de la législation antisémite (1940–1944), Paris 2006.

Buchheim, Christoph, Das NS-Regime und die Überwindung der Weltwirtschaftskrise in Deutschland, in: Vierteljahrshefte für Zeitgeschichte 56 (2008), S. 381–414.

Ders., Der Mythos vom Wohlleben. Der Lebensstandard der deutschen Zivilbevölkerung im Zweiten Weltkrieg, in: Vierteljahrshefte für Zeitgeschichte 58 (2010), S. 299–328.

Ders., Die besetzten Länder im Dienste der deutschen Kriegswirtschaft während des Zweiten Weltkriegs. Ein Bericht der Forschungsstelle für Wehrwirtschaft, in: Vierteljahrshefte für Zeitgeschichte 34 (1986), S. 117–145.

Ders., Die Erholung von der Weltwirtschaftskrise 1932/33 in Deutschland, in: Jahrbuch für Wirtschaftsgeschichte 2003/1, S. 13–26.

Ders., Unternehmen in Deutschland und NS-Regime 1933–1945. Versuch einer Synthese, in: Historische Zeitschrift 282 (2006), S. 351–390.

Ders./Scherner, Jonas, Anmerkungen zum Wirtschaftssystem des «Dritten Reiches», in: Werner Abelshauser/Jan-Otmar Hesse/Werner Plumpe (Hrsg.), Wirtschaftsordnung, Staat und Unternehmen. Neue Forschungen zur Wirtschaftsgeschichte des Nationalsozialismus. Festschrift für Dietmar Petzina zum 65. Geburtstag, Essen 2003, S. 81–97.

Dies., Corporate Freedom of Action – a Reply to Peter Hayes, in: Bulletin of the German Historical Institute 45 (Fall 2009), S. 43–50.

Dies., The Role of Private Property in the Nazi Economy. The Case of Industry, in: Journal of Economic History, Jg. 66 (2006), S. 390–416.

Buchheit, Friedrich. Ein Leben mit der Technik. Erinnerungen, o. O., o. J. [1998]. [Exemplar in: HWA, Abt. 2017, Nr. 76]

Buchna, Kristian, Nationale Sammlung an Rhein und Ruhr. Friedrich Middelhauve und die nordrheinwestfälische FDP 1945–1953, München 2010.

Budde, Gunilla, Blütezeit des Bürgertums. Bürgerlichkeit im 19. Jahrhundert, Darmstadt 2009.

Buddrus, Michael (Hrsg.), Mecklenburg im Zweiten Weltkrieg. Die Tagungen des Gauleiters Friedrich Hildebrandt mit den NS-Führungsgremien des Gaues Mecklenburg 1939–1945, Bremen 2009.

Budraß, Lutz, Die Lüdenscheider Metallindustrie im nationalsozialistischen Deutschland, in: Michaela Häffner (Hrsg.), Lockung und Zwang. Die Stadt Lüdenscheid im Nationalsozialismus, Lüdenscheid 1999, S. 91–108.

Ders., Flugzeugindustrie und Luftrüstung in Deutschland 1918–1945, Düsseldorf 1998.

Ders., Sackgasse oder Zwischenspeicher? Die deutsche Luftfahrtindustrie und die Führungsschicht der deutschen Wirtschaft, 1930–1960, in: Volker R. Berghahn/ Stefan Unger/Dieter Ziegler (Hrsg.), Die deutsche Wirtschaftselite im 20. Jahrhundert. Kontinuität und Mentalität, Essen 2003, S. 129–152.

Ders., Röhnert, Hellmuth, in: Neue Deutsche Biographie 21 (2003), S. 716–717.

Ders./Grieger, Manfred, Die Moral der Effizienz. Die Beschäftigung von KZ-Häftlingen am Beispiel des Volkswagenwerkes und der Henschel Flugzeug-Werke, in: Jahrbuch für Wirtschaftsgeschichte 1993/2, S. 89–136.

Buggeln, Marc, Arbeit & Gewalt. Das Außenlagersystem des KZ Neuengamme, Göttingen 2009.

Ders., Hannover-Stöcken (Akkumulatorenwerke), in: Wolfgang Benz/Barbara Distel (Hrsg.), Der Ort des Terrors. Geschichte der nationalsozialistischen Konzentrationslager, Bd. 5: Hinzert, Auschwitz, Neuengamme, München 2007, S. 443–446.

Ders., Währungspläne für den europäischen Großraum. Die Diskussion der nationalsozialistischen Wirtschaftsexperten über ein zukünftiges europäisches Zahlungssystem, in: Thomas Sandkühler (Hrsg.), Europäische Integration. Deutsche Hegemonialpolitik gegenüber Westeuropa 1920–1960, Göttingen 2002, S. 41–76.

Ders., Porta Westfalica-Barkhausen, in: Wolfgang Benz/Barbara Distel (Hrsg.), Der Ort des Terrors. Geschichte der nationalsozialistischen Konzentrationslager, Bd. 5: Hinzert, Auschwitz, Neuengamme, München 2007, S. 492–497.

Bühler, Ottmar, Steuerrecht der Gesellschaften und Konzerne, Berlin/Frankfurt am Main [3]1956.

Bührer, Werner, Die Unternehmerverbände nach den beiden Weltkriegen, in: Gottfried Niedhart (Hrsg.), Lernen aus dem Krieg? Deutsche Nachkriegszeiten 1918 und 1945. Beiträge zur historischen Friedensforschung, München 1992, S. 140–157.

Bundeszentrale für politische Bildung (Hrsg.), Gedenkstätten für die Opfer des Nationalsozialismus. Eine Dokumentation, Bd. 2, Bonn 1999.

Buomberger, Thomas, Raubkunst – Kunstraub. Die Schweiz und der Handel mit gestohlenen Kulturgütern zur Zeit des Zweiten Weltkrieges, Zürich 1998.

Burchardt, Lothar, Walther Rathenau und die Anfänge der deutschen Rohstoffbewirtschaftung im Ersten Weltkrieg, in: Tradition. Zeitschrift für Firmengeschichte und Unternehmerbiographie 15 (1970), S. 169–196.

Burckhardt, Jacob, Weltgeschichtliche Betrachtungen, München/Basel 2000.

Burhop, Carsten, Wirtschaftsgeschichte des Kaiserreichs 1871–1918, Göttingen 2011.

Burleigh, Michael, Die Stunde der Experten, in: Mechthild Rössler/Sabine Schleiermacher (Hrsg.), Der «Generalplan» Ost. Hauptlinien der nationalsozialistischen Planungs- und Vernichtungspolitik, Berlin 1993, S. 346–350.

Ders., Die Zeit des Nationalsozialismus. Eine Gesamtdarstellung, Frankfurt am Main 2000.

Burrin, Philippe, La France à l'heure allemande, 1940–1944, Paris 1995.

Buscher, Frank M., The U.S. War Crimes Trial Program in Germany, 1946–1955, New York/Westport/London 1989.

Büttner, Ursula, Weimar. Die überforderte Republik 1918–1933. Leistung und Versagen in Staat, Gesellschaft, Wirtschaft und Kultur, Stuttgart 2008.

Cajani, Luigi, Die italienischen Militär-Internierten im nationalsozialistischen Deutschland, in: Ulrich Herbert (Hrsg.), Europa und der «Reichseinsatz». Ausländische Zivilarbeiter, Kriegsgefangene und KZ-Häftlinge in Deutschland 1938–1945, Essen 1991, S. 295–316.

Carsten, Francis L., Widerstand gegen Hitler. Die deutschen Arbeiter und die Nazis, Frankfurt am Main 1996.

Cassis, Youssef, Big Business. The European Experience in the Twentieth Century, Oxford 2000.

Casson, Mark, Information and Organization. A New Perspective on the Theory of the Firm, Oxford 1997.

Ders., The Entrepreneur. An Economic Theory, Oxford 1982.

Ders., Entrepreneurship. Theory, Networks, History, Cheltenham 2010.

Chandler, Alfred D., Scale and Scope. The Dynamics of Industrial Capitalism, Cambridge/Mass./London 1990.

Ders., The Visible Hand. The Managerial Revolution in American Business, Cambridge/MA und London 1977.

Ders., Managers, Families, and Financiers, in: Kesaji Kobayashi/Hidemosa Marikawa (Hrsg.), The Development of Managerial Enterprise, Tokio 1986, S. 35–63.

Cheape, Charles, Not Politicians but Sound Businessmen. Norton Company and the Third Reich, in: Business History Review 62 (1988), S. 444–466.

Ciano, Galeazzo, Tagebücher. 1939–1943, Bern 1946.

Claren, Kurt, Die Zusammenlegung in der deutschen Tuchindustrie, Berlin 1919.

Colli, Andrea, The History of Family Business, 1850–2000, Cambridge 2003.

Conze, Eckart, «Titane der modernen Wirtschaft». Otto Wolff (1881–1940), in: Peter Danylow/Ulrich S. Soénius (Hrsg.), Otto Wolff. Ein Unternehmen zwischen Wirtschaft und Politik, München 2005, S. 99–152.

Cortat, Alain, How Cartels Stimulate Innovation and R&D: Swiss Cabel Firms, Innovation and the Cartel Question, in: Business History 51 (2009), S. 754–769.

Creveld, Martin van, Gesichter des Krieges. Der Wandel bewaffneter Konflikte von 1900 bis heute, München 2006.

Curio, Claudia, Verfolgung, Flucht, Rettung. Die Kindertransporte 1938/39 nach Großbritannien, Berlin 2006.

Curiohaus-Prozess, verhandelt vor dem britischen Militärgericht in der Zeit vom 18. März bis zum 3. Mai 1946 gegen die Hauptverantwortlichen des KZ Neuengamme, hrsg. vom Freundeskreis KZ-Gedenkstätte Neuengamme, 3 Bde., Hamburg 1969.

Czada, Peter, Die Berliner Elektroindustrie in der Weimarer Republik. Eine regional-statistisch-wirtschaftshistorische Untersuchung, Berlin 1969.

Czichon, Eberhard, Der Bankier und die Macht. Hermann Josef Abs in der deutschen Politik, Köln 1970.

Ders., Wer verhalf Hitler zur Macht? Zum Anteil der deutschen Industrie an der Zerstörung der Weimarer Republik, Köln 1967.

Dahlem, Markus, Die Professionalisierung des Bankbetriebs. Studien zur institutionellen Struktur deutscher Banken im Kaiserreich 1871–1914, Essen 2009.

Dahlmann, Dittmar, Das Unternehmen Otto Wolff. Vom Alteisenhandel zum Weltkonzern (1904–1929), in: Peter Danylow/Ulrich S. Soénius (Hrsg.), Otto Wolff. Ein Unternehmen zwischen Wirtschaft und Politik, München 2005, S. 13–98.

Dahrendorf, Ralf, Gesellschaft und Demokratie in Deutschland, München 1965.

Dallin, Alexander, German Rule in Russia 1941–1945. A Study of Occupation Policies, London ²1981.

Danker, Uwe u. a. (Hrsg.), «Wir empfehlen Rückverschickung, da sich der Arbeitseinsatz nicht lohnt». Zwangsarbeit und Krankheit in Schleswig-Holstein 1939–1945, Bielefeld 2001.

Danylow, Peter/Soénius, Ulrich S. (Hrsg.), Otto Wolff. Ein Unternehmen zwischen Wirtschaft und Politik, München 2005.

Dard, Olivier/Daumas, Jean-Claude/Marcot, François (Hrsg.), L'Occupation, l'Etat français et les entreprises, Paris 2000.

Dard, Olivier/Gosewinkel, Dieter, Planung, Technokratie und Rationalisierung in Deutschland und Frankreich während der Weltkriegsära, in: Martin Aust/Daniel Schönpflug (Hrsg.), Vom Gegner lernen. Feindschaften und Kulturtransfers im Europa des 19. und 20. Jahrhunderts, Frankfurt am Main 2007, S. 209–233.

Das Daimler-Benz-Buch. Ein Rüstungskonzern im «Tausendjährigen Reich», hg. von der Hamburger Stiftung für Sozialgeschichte des 20. Jahrhunderts, Hamburg 1988.

Das Jahrhundertbuch der Uniformtuchfabrik Gebrüder Draeger Pritzwalk 1839–1939, o. O., o. J. [Pritzwalk 1939].

Denkschrift Hitlers über die Aufgaben eines Vierjahresplans, in: Vierteljahrshefte für Zeitgeschichte 3 (1955), S. 204–210.

De Rochebrune, Renaud/Hazera, Jean-Claude, Les Patrons sous l'Occupation, Paris 1995.

De Wever, Bruno, Military Collaboration in Belgium, in: Wolfgang Benz/Johannes Houwink ten Cate/Gerhard Otto (Hrsg.), Die Bürokratie der Okkupation. Strukturen der Herrschaft und Verwaltung im besetzten Europa, Berlin 1998, S. 153–171.

Dean, Martin, Robbing the Jews. The Confiscation of Jewish Property in the Holocaust, 1933–1945, Cambridge 2008.

Demps, Laurenz, Sechs Forschungsvorschläge. Anmerkungen zum Stand der Forschung über die Fremd- und Zwangsarbeit in Berlin, in: Rimco Spanjer/Diedericke M. Oudesluijs/Johan Meijer (Hrsg.), Zur Arbeit gezwungen. Zwangsarbeit in Deutschland 1940–1945, Bremen 1999, S. 23–29.

Ders., Zwangsarbeiter und Zwangsarbeiterlager in der faschistischen Reichshauptstadt Berlin 1939–1945, Berlin 1986.

Der Automobil-Accumulator der Accumulatoren-Fabrik Aktiengesellschaft. Instruktionsbuch, Berlin/Hagen i. W. [o. O. 1926].

Der Prozeß gegen die Hauptkriegsverbrecher vor dem Internationalen Militärgerichtshof, Nürnberg 14. November 1945 – 1. Oktober 1946 (Bde. 36 u. 38), Nürnberg 1949.

Der Quandt Konzern, in: Deutsches Wirtschaftsinstitut 11 (1960) Bericht 8, S. 12–16.

Des Vos, Luc/Lierneux, Pierre, Der Fall Belgien 1914 bis 1918 und 1940 bis 1944, in: Bruno Thoß/Hans-Erich Volkmann (Hrsg.), Erster Weltkrieg – Zweiter Weltkrieg. Ein Vergleich. Krieg, Kriegserlebnis, Kriegserfahrung in Deutschland, Paderborn 2002, S. 527–553.

Deuerlein, Ernst (Hrsg.), Potsdam 1945. Quellen zur Konferenz der «Großen Drei», München 1963.

Deutschmann, Christoph, Der Weg zum Normalarbeitstag. Die Entwicklung der Arbeitszeiten in der deutschen Industrie bis 1918, Frankfurt am Main/New York 1985.

Dichgans, Hans, Zur Geschichte des Reichskommissars für die Preisbildung, Düsseldorf 1977.

Diewald-Kerkmann, Gisela, Politische Denunziation im NS-Regime oder die kleine Macht der «Volksgenossen», Bonn 1995.

Dimitrijevic, Sergije, Das ausländische Kapital in Jugoslawien vor dem Zweiten Weltkrieg, Berlin (Ost) 1963.

Dipper, Christof/Schieder, Wolfgang, Propaganda, in: Otto Brunner/Werner Conze/Reinhart Koselleck, Geschichtliche Grundbegriffe. Historisches Lexikon zur politisch-sozialen Sprache in Deutschland, Bd. 5, Stuttgart 2004, S. 69–112.

Dohrn, Klaus, Meine Zeit. Erinnerungen eines Bankiers, Pfullingen 1991.

Dokumentation «La tutelle de Marie-Antoinette Tudor. Cri d'alarme d'une mère», Brüssel 1940. [Kopie im Musée Henri Tudor in Rosport (Luxemburg)].

Dorn, Walter L., Inspektionsreisen in die US-Zone. Notizen, Denkschriften und Erinnerungen aus dem Nachlaß übersetzt und herausgeben von Lutz Niethammer, Stuttgart 1973.

Dostert, Paul, Luxemburg zwischen Selbstbehauptung und nationaler Selbstaufgabe. Die deutsche Besatzungspolitik und die Volksdeutsche Bewegung 1940–1945, Luxemburg 1985.

Dreyfus, Jean-Marc, Pillages sur ordonnances. Aryanisation et restitution des banques en France 1940–1953, Paris 2003.

Drost, Sebastian, Patronenwald. Dokumente zur Zwangsarbeit im «Dritten Reich», Bd. 9, Stuttgart 1998.

Dubois, Josiah E., Generals in Grey Suits. The Directors of the International «IG Farben» Cartel, their Conspiracy and Trial at Nuremberg, London 1953.

Dülffer, Jost, Weimar, Hitler und die Marine. Reichspolitik und Flottenbau 1920–1939, Düsseldorf 1973.

Durand, Yves, La captivité. Histoire des prisonniers de guerre français 1939–1945, Paris ³1982.

Ders., La vie quotidienne des prisonniers de guerre dans les stalags, les oflags et les kommandos 1939–1945, Paris 1987.

Düwell, Kurt, Gauleiter und Kreisleiter als regionale Gewalten des NS-Staates, in: Horst Möller/Andreas Wirsching/Walter Ziegler (Hrsg.), Nationalsozialismus in der Region, München 1996, S. 161–174.

Ebermayer, Erich/Roos, Hans, Gefährtin des Teufels. Leben und Tod der Magda Goebbels, Hamburg 1952.

Ebi, Michael, Export um jeden Preis. Die deutsche Exportförderung von 1932 bis 1938, Stuttgart 2004.

Edelmann, Heidrun, Vom Luxusgut zum Gebrauchsgegenstand. Die Geschichte der Verbreitung von Personenkraftwagen in Deutschland, Frankfurt am Main 1989.

Ehlert, Hans Gotthard, Die wirtschaftliche Zentralbehörde des Deutschen Reiches 1914 bis 1919. Das Problem der «Gemeinwirtschaft» in Krieg und Frieden, Wiesbaden 1982.

Eichholtz, Dietrich, Geschichte der Deutschen Kriegswirtschaft 1939–1945, Bd. 2: 1941–1943, Berlin 1985.

Ders., Krieg um Öl. Ein Erdölimperium als deutsches Kriegsziel (1938–1943), Leipzig 2006.

Ders., Öl, Krieg, Politik. Deutscher Ölimperialismus (1933–1942/43), in: Zeitschrift für Geschichtswissenschaft 51 (2003), S. 493–510.

Ders./Schumann,Wolfgang (Hrsg.), Anatomie des Krieges. Neue Dokumente über die Rolle des deutschen Monopolkapitals bei der Vorbereitung und Durchführung des Zweiten Weltkrieges, Berlin 1969.

Eintrag Industrie-Werke Karlsruhe, Aktiengesellschaft, in: Handbuch der Deutschen Aktiengesellschaften 1952/53, Bd. 3, S. 2699–2702.

Ellis, Howard S., Exchange Control in Central Europe, Cambridge 1941.

Endlich, Stefanie/Kaiser, Wolf, KZ-Häftlinge in der Reichshauptstadt. Außenlager in Berlin, in: Wolfgang Benz/Barbara Distel (Hrsg.), Konzentrationslager. Lebenswelt und Umfeld, Dachau 1996, S. 230–254.

Engeli, Jacques, Frankreich 1940. Wege in die Niederlage, Baden/Schweiz ²2006.

Engelmann, Bernt, Die Macht am Rhein. Meine Freunde, die Geldgiganten, Bd. 2: Die neuen Reichen, München 1968.

Epkenhans, Michael/Groß, Gerhard P., Das Militär und der Aufbruch in die Moderne, in: dies. (Hrsg.), Das Militär und der Aufbruch in die Moderne 1860 bis 1890. Armeen, Marinen und der Wandel von Politik, Gesellschaft und Wirtschaft in Europa, den USA sowie Japan, München 2003, S. XV-XX.

Epple, Angelika, Das Unternehmen Stollwerck. Eine Mikrogeschichte der Globalisierung (1839–1932), Frankfurt am Main/New York 2010.

Erker, Paul, Die Verwissenschaftlichung der Industrie. Zur Geschichte der Industrieforschung in den europäischen und amerikanischen Elektrokonzernen 1890–1930, in: Zeitschrift für Unternehmensgeschichte 35 (1990), S. 73–94.

Ders., Aufbruch zu neuen Paradigmen. Unternehmensgeschichte zwischen sozialgeschichtlicher und betriebswirtschaftlicher Erweiterung, in: Archiv für Sozialgeschichte 37 (1997), S. 321–365.

Ders., Einleitung. Industrie-Eliten im 20. Jahrhundert, in: ders./Toni Pierenkemper (Hrsg.), Deutsche Unternehmen zwischen Kriegswirtschaft und Wiederaufbau. Studien zur Erfahrungsbildung von Industrie-Eliten, München 1999, S. 1–18.

Ders., Ernst Heinkel. Die Luftfahrtindustrie im Spannungsfeld von technologischem Wandel und politischem Umbruch, in: ders./Toni Pierenkemper (Hrsg.), Deutsche Unternehmen zwischen Kriegswirtschaft und Wiederaufbau. Studien zur Erfahrungsbildung von Industrie-Eliten, München 1999, S. 217–290.

Ders., Industrie-Eliten in der NS-Zeit. Anpassungsbereitschaft und Eigeninteresse von Unternehmern in der Rüstungs- und Kriegswirtschaft 1936–1945, Passau 1994.

Ders., The Choice between Competition and Cooperation. Research and Development in the Electrical Industry in Germany and the Netherlands, 1920–1936, in: François Caron/Paul Erker/Wolfram Fischer (Hrsg.), Innovations in the European Economy between the Wars, Berlin 1995, S. 231–253.

Ernst, Christoph/Jensen, Ulrike (Hrsg.), Als letztes starb die Hoffnung. Bericht von Überlebenden aus dem KZ-Neuengamme, Hamburg 1989.

Ernst, Helmut, Wie Wintershall zur BASF kam. Zeitzeugen berichten, Kassel 2001.

Eschenburg, Theodor, Jahre der Besatzung 1945–1949, Stuttgart/Wiesbaden 1983.

Esser, Heino, Report: 100 Jahre Varta. 1888–1988. Geschichten zur Geschichte, Hannover 1988.

Esser, Karl Bernd, Hitlers Gold, Devisen & Diamanten. Geheime Kriegsbeute der USA im 2. Weltkrieg, München 2004.

Étienne, Sonia/Prost, Antoine/Skoutelsky, Rémi, Aryanisation économique et restitutions, Paris 2000.

Etmeksoglou, Gabriela, The Legitimacy of Illegality in Wartime Greece, in: Johannes Bähr/Ralf Banken (Hrsg.), Das Europa des «Dritten Reichs». Recht, Wirtschaft, Besatzung, Frankfurt am Main 2005, S. 217–236.

Euler, Karl-Joachim, Von Ritter bis Tudor. Zur Erfindung des Bleiakkumulators, in: Technikgeschichte 48 (1981), S. 28–46.

Evans, Richard J., Introduction, in: Journal of Contemporary History 39 (2004), S. 163–167.

Evrard, Jacques, La Déportation des travailleurs français dans le IIIe Reich, Paris 1972.

Fahrion, Helmut, Die Gewerkschaft Elwerath. Chronik eines Erdölunternehmens 1866–1969, Hannover 1987.

Fait, Barbara, Die Kreisleiter der NSDAP – nach 1945, in: Martin Broszat/Klaus-Dietmar Henke/Hans Woller (Hrsg.), Von Stalingrad zur Währungsreform. Zur Sozialgeschichte des Umbruchs in Deutschland, München 1990, S. 213–300.

Farquharson, John, Governed or Exploited? The British Acquisition of German Technology, 1945–48, in: Journal of Contemporary History 32 (1997), S. 23–42.

Fear, Jeffrey, Die Rüstungsindustrie im Gau Schwaben 1939–1945, in: Vierteljahrshefte für Zeitgeschichte 35 (1987), S. 193–216.

Feinstein, Charles H./Temin, Peter/Toniolo, Gianni, The European Economy between the Wars, Oxford ²2008.

Feldenkirchen, Wilfried, Industrieforschung in der deutschen Elektroindustrie. Das Beispiel Siemens (1919–1936), in: Bankhistorisches Archiv 34 (2008), S. 82–107.

Ders., Siemens 1918–1945, München 1995.

Ders., Siemens in Eastern Europe. From the End of World War I to the End of World War II, in: Christopher Kobrak/Per H. Hansen (Hrsg.), European Business, Dictatorship, and Political Risk, 1920–1945, New York u. a. 2004, S. 122–148.

Ders., Siemens. Von der Werkstatt zum Weltunternehmen, München ²2003.

Ders., Concentration in German Industry 1870–1939, in: Hans Pohl (Hrsg.), The concentration process in the entrepreneurial economy since the late 19th century. Lectures held on the 9th International Congress of Economic History in Berne, Switzerland, on August 28, 1986, Wiesbaden/Stuttgart 1988, S. 113–146.

Ders., Die deutsche Wirtschaft im 20. Jahrhundert, München 1998.

Feldman, Gerald D., Hugo Stinnes. Biographie eines Industriellen. 1870–1924, München 1998.

Ders., The Great Disorder. Politics, Economics and Society in the German Inflation, 1914–1924, New York 1993.

Ders., The Weimar Republic. A Problem of Modernization?, in: Archiv für Sozialgeschichte 26 (1986), S. 1–26.

Ders., Jakob Goldschmidt, the History of the Banking Crisis of 1931, and the Problem of Freedom of Manœuvre in the Weimar Economy, in: Christoph Buchheim/Michael Hutter/Harold James (Hrsg.), Zerrissene Zwischenkriegszeit. Wirtschaftshistorische Beiträge. Knut Borchardt zum 65. Geburtstag, Baden Baden 1994, S. 307–328.

Ders., Jewish bankers and the Crises of the Weimar Republic, New York 1995.

Ders., Weimar Writers and the German Inflation, in: Gisela Brude-Firnau/Karin J. Machardy (Hrsg.), Fact and Fiction. German History and Literature 1848–1924, Tübingen 1990, S. 173–183.

Ders., Das Problem der Handlungsspielräume deutscher beziehungsweise österreichischer Finanzgrößen im Nationalsozialismus. Die Bankiers Hermann Josef Abs und Josef Joham, in: Jürgen Lillteicher (Hrsg.), Profiteure des NS-Systems? Deutsche Unternehmen und das «Dritte Reich», Berlin 2006, S. 108–127.

Ders., Die Allianz und die deutsche Versicherungswirtschaft 1933–1945, München 2001.

Ders., Die sozialen und politischen Grundlagen der wirtschaftlichen Mobilmachung Deutschlands 1914–1916, in: ders. (Hrsg.), Vom Weltkrieg zur Weltwirtschaftskrise, Göttingen 1984, S. 11–24.

Ders., Armee, Industrie und Arbeiterschaft in Deutschland 1914 bis 1918, Berlin/Bonn 1985.

Ders./Steinisch, Irmgard, Industrie und Gewerkschaften 1918–1924. Die überforderte Zentralarbeitsgemeinschaft, Stuttgart 1985.

Ferguson, Niall, How (Not) to Pay for the War. Traditional Finance and «Total» War, in: Roger Chickering/Stig Förster (Hrsg.), Great War, Total War. Combat and Mobilization on the Western Front, 1914–1918, Cambridge 2000, S. 409–434.

Fernhout, Jan, Niederländer und Flamen in Berlin 1940–1945. KZ-Häftlinge, Inhaftierte, Kriegsgefangene und Zwangsarbeiter, hrsg. von Stichting Holländerei, Berlin 1996.

Fest, Joachim, Hermann J. Abs im Gespräch mit Joachim Fest, in: Karl B. Schnelting (Hrsg.), Zeugen des Jahrhunderts. Porträts aus Wirtschaft und Gesellschaft, Frankfurt am Main 1981, S. 11–56.

Ders., Hitler. Eine Biographie, Berlin 1995.

Ders., Staatsstreich. Der lange Weg zum 20. Juli, Berlin 1994.

Feuchert, Sascha/Leibfried, Erwin/Riecke, Jörg (Hrsg.), Die Chronik des Gettos Lodz/Litzmannstadt 1944, Bd. 4, Göttingen 2007.

Fiedler, Martin, Die «Arisierung» der Wirtschaftselite. Ausmaß und Verlauf der Verdrängung der jüdischen Vorstands- und Aufsichtsratsmitglieder in deutschen Aktiengesellschaften (1933–1938), in: Irmtrud Wojak/Peter Hayes (Hrsg.), «Arisierung» im Nationalsozialismus. Volksgemeinschaft, Raub und Gedächtnis. Jahrbuch 2000 zur Geschichte und Wirkung des Holocaust, Frankfurt am Main 2000, S. 69–83.

Ders., Netzwerke des Vertrauens. Zwei Fallbeispiele aus der deutschen Wirtschaftselite, in: Dieter Ziegler (Hrsg.), Großbürger und Unternehmer. Die deutsche Wirtschaftselite im 20. Jahrhundert, Göttingen 2000, S. 93–115.

Fisch, Jörg, Reparationen nach dem Zweiten Weltkrieg, München 1992.

Fischer, Albert, Jüdische Privatbanken im «Dritten Reich», in: Scripta Mercaturae 28 (1994), S. 1–54.

Fischer, Bodo, Befreiung der Stadt und antifaschistisch-demokratische Umwälzung (1945 bis 1949), in: Willibald Gutsche (Hrsg.), Geschichte der Stadt Erfurt, Weimar 1986, S. 463–498.

Fischer, Ernst Peter, Byk Gulden. Forschergeist und Unternehmermut, München/Zürich 1998.

Fischer, Werner A., Devisenclearing. Die Entwicklung der Zahlungs- und Verrechnungsabkommen in Deutschland, Berlin 1937.

Fischer, Wolfram, Berlin als Wirtschaftszentrum aus der Sicht der Unternehmer, in: Wilhelm Treue (Hrsg.), Geschichte als Aufgabe. Festschrift für Otto Büsch zu seinem 60. Geburtstag, Berlin 1988, S. 483–505.

Fleischer, Hagen, Im Kreuzschatten der Mächte. Griechenland 1941–1944 (Okkupation – Resistance – Kollaboration), Frankfurt am Main u. a. 1986.

Ders., Kollaboration und deutsche Politik im besetzten Griechenland, in: Werner Röhr (Bearb.), Okkupation und Kollaboration 1938–1945, Koblenz 1994, S. 377–396.

Ders., Schuld ohne Sühne. Kriegsverbrechen in Griechenland, in: Wolfram Wette/Gerd R. Ueberschär (Hrsg.), Kriegsverbrechen im 20. Jahrhundert, Darmstadt 2001, S. 208–221.

Fleischhauer, Markus, Der NS-Gau Thüringen 1939–1945. Eine Struktur- und Funktionsgeschichte, Köln/Weimar/Wien 2010.

Fleiter, Rüdiger, Kommunen und NS-Verfolgungspolitik, in: Aus Politik und Zeitgeschichte 14/15 (2007), S. 35–40.

Ders., Stadtverwaltung im Dritten Reich. Verfolgungspolitik auf kommunaler Ebene am Beispiel Hannovers, Hannover ²2007.

Forbes, Neil, Managing Risk in the Third Reich. British Business with Germany in the 1930s, in: Christopher Kobrak/Per H. Hansen (Hrsg.), European Business, Dictatorship, and Political Risk, 1920–1945, New York u. a. 2004, S. 194–205.

Förderverein für ein Dokumentations- und Begegnungszentrum zur NS-Zwangsarbeit in Berlin-Schöneweide (Hrsg.), «NS-Lager entdeckt». Zwangsarbeiterlager Schöneweide wird historischer Lernort, Berlin 2006.

Foreign Relations of the United States, Vol. III (European Advisory Commission; Austria; Germany), Washington 1968.

Forschungsarbeiten der Dürener Metallwerke Aktiengesellschaft, Berlin, o. O., o. J. [1940].

Förster, Jürgen, From «Blitzkrieg» to «Total war». Germany's War in Europe, in: Roger Chickering/Stig Förster/Bernd Greiner (Hrsg.), A World of Total War. Global Conflict and the Politics of Destruction 1937–1945, Cambridge 2005, S. 80– 107.

Foschepoth, Josef, German Reaction to Defeat and Occupation, in: Robert G. Moeller (Hrsg.), West Germany under Construction. Politics, Society, and Culture in the Adenauer Era, Ann Arbor 1997, S. 73–89.

Fransecky, Tanja von, Zwangsarbeit in der Berliner Metallindustrie 1939 bis 1945. Eine Firmenübersicht, Berlin 2003.

Frech, Stefan, Clearing. Der Zahlungsverkehr der Schweiz mit den Achsenmächten, Zürich 2001.

Frei, Norbert, Die Wirtschaft des «Dritten Reiches». Überlegungen zu einem Perspektivenwechsel, in: ders./Tim Schanetzky (Hrsg.), Unternehmen im Nationalsozialismus. Zur Historisierung einer Forschungskonjunktur, Göttingen 2010, S. 9–24.

Ders., Hitlers Eliten nach 1945 – eine Bilanz, in: ders. (Hrsg.), Karrieren im Zwielicht. Hitlers Eliten nach 1945, 2. durchgesehene Aufl., Frankfurt am Main/New York 2002.

Ders., «Machtergreifung». Anmerkungen zu einem historischen Begriff, in: Vierteljahrshefte für Zeitgeschichte 31 (1983), S. 136–145.

Ders., Vergangenheitspolitik. Die Anfänge der Bundesrepublik und die NS-Vergangenheit, München 1996.

Ders. u. a., Flick. Der Konzern, die Familie, die Macht, München 2009.

Frese, Matthias, Betriebspolitik im «Dritten Reich». Deutsche Arbeitsfront, Unternehmer und Staatsbürokratie in der westdeutschen Großindustrie 1933–1939, Paderborn 1991.

Ders., Sozial- und Arbeitspolitik im «Dritten Reich». Ein Literaturbericht, in: Neue Politische Literatur 38 (1993), S. 403–446.

Ders., Vom «NS-Musterbetrieb» zum «Kriegs-Musterbetrieb». Zum Verhältnis von Deutscher Arbeitsfront und Großindustrie 1936–1944, in: Wolfgang Michalka (Hrsg.), Der Zweite Weltkrieg. Analysen, Grundzüge, Forschungsbilanz, München/Zürich 1989, S. 382–401.

Freund, Florian, Mauthausen. Zu Strukturen von Haupt- und Außenlagern, in: Dachauer Hefte 15 (1999), S. 254–272.

Frewer, Andreas/Siedbürger, Günther, Zwangsarbeit und Medizin im NS-Staat. Zur Einführung, in: dies. (Hrsg.), Medizin und Zwangsarbeit im Nationalsozialismus. Einsatz und Behandlung von «Ausländern» im Gesundheitswesen, Frankfurt am Main 2004, S. 11–25.

Freyberg, Thomas von, Industrielle Rationalisierung in der Weimarer Republik. Untersucht an Beispielen aus dem Maschinenbau und der Elektroindustrie, Frankfurt am Main/New York 1989.

Fricke, Dieter u. a. (Hrsg.), Lexikon zur Parteiengeschichte. Die bürgerlichen und kleinbürgerlichen Parteien und Verbände in Deutschland (1789–1945), 4 Bde., Köln 1983–1985.

Friedenberger, Martin, Fiskalische Ausplünderung. Die Berliner Steuer- und Finanz-verwaltung und die jüdische Bevölkerung 1933–1945, Berlin 2008.

Friedländer, Saul, Das «Dritte Reich» und die Juden, Bd. 1: Die Jahre der Verfolgung 1933–1939, 2. durchgesehene Aufl., München 1998.

Ders., Das «Dritte Reich» und die Juden, Bd. 2: Die Jahre der Vernichtung 1939–1945, München 2006.

Ders., Eine integrierte Geschichte des Holocaust, in: Aus Politik und Zeitgeschichte 14–15 (2007), S. 7–14.

Ders. u. a., Bertelsmann im Dritten Reich, München 2002.

Friedrich, Michael, Entnazifizierung und Wirtschaftseliten in der amerikanischen Besatzungszone. Der Fall Günther Quandt (Schriftliche Hausarbeit zur Erlan-gung des akademischen Grades eines Magister Artium), Ludwig-Maximilians-Universität München 2002.

Friedrich, Thomas/Ruben, Bärbel, DAIMON. Die helle Freude. Festschrift aus Anlaß des 100jährigen Gründungsjubiläums der «Elektrotechnischen Fabrik Schmidt & Co.», Berlin 2001.

Friemert, Chup, Produktionsästhetik im Faschismus. Das Amt «Schönheit der Ar-beit» von 1933 bis 1939, München 1980.

Frieser, Karl-Heinz, Blitzkrieg-Legende. Der Westfeldzug 1940, München ³2005.

Fröbe, Rainer, Deutsche Wirtschaft und «Unternehmen Barbarossa», in: Hans-Heinrich Nolte (Hrsg.), «Der Mensch gegen den Menschen.» Überlegungen und Forschungen zum deutschen Überfall auf die Sowjetunion 1941, Hannover 1992, S. 95–110.

Ders., Arbeit für die Mineralölindustrie. Das Konzentrationslager Misburg, in: ders. u. a. (Hrsg.), Konzentrationslager in Hannover. KZ-Arbeit und Rüstungsin-dustrie in der Spätphase des Zweiten Weltkrieges, Bd. 1, Hildesheim 1985, S. 131–275.

Fröhlich, Elke (Hrsg.), Die Tagebücher von Joseph Goebbels, Teil I: Die Aufzeich-nungen 1923–1941, 8 Bde., München 1998–2006.

Fürstenau, Justus, Entnazifizierung. Ein Kapitel deutscher Nachkriegspolitik, Neu-wied/Berlin 1969.

Fürstenberg, Hans, Erinnerungen. Mein Weg als Bankier und Carl Fürstenbergs Altersjahre, Wiesbaden 1965.

Gall, Lothar, Der Bankier Hermann Josef Abs. Eine Biographie, München 2004.

Ders., A man for all seasons? Hermann Josef Abs im Dritten Reich, in: Zeitschrift für Unternehmensgeschichte 43 (1998), S. 123–175.

Ders., Europa auf dem Weg in die Moderne 1850–1890, München ³1997.

Ders. (Hrsg.), Stadt und Bürgertum im Übergang von der traditionellen zur moder-nen Gesellschaft, München 1993.

Ders., Walther Rathenau. Portrait einer Epoche, München 2009.

Ders./Pohl, Manfred, Einleitung, in: dies. (Hrsg.), Unternehmen im Nationalsozialis-mus, München 1998, S. 7–13.

Dies. (Hrsg.), Unternehmen im Nationalsozialismus, München 1998.

Gangarosa, Gene, FN ... Browning. Armorer to the World, New Jersey 1999.

Garke-Rothbart, Thomas, «– für unseren Betrieb lebensnotwendig –.» Georg von Holtzbrinck als Verlagsunternehmer im Dritten Reich, München 2008.

Gausmann, Frank, Deutsche Großunternehmer vor Gericht. Vorgeschichte, Verlauf und Folgen der Nürnberger Industriellenprozesse 1945–1948/51, Hamburg 2011.

Gazdasági, Pénzügyi és Tözsdei Kompasz 1942–1943. Évre, Budapest 1942.

Gedenkbuch Berlins der jüdischen Opfer des Nationalsozialismus. «Ihre Nahmen mögen nie vergessen werden», hrsg. vom Zentralinstitut für sozialwissenschaftliche Forschung, Berlin 1995.

Geerdes, Karin, Das Ölwerk in Salzbergen. 150 Jahre lebendige Industriegeschichte, in: Jahrbuch des Emsländischen Heimatbundes 56 (2010), S. 99–114.

Gehlen, Boris, «Avantgarde», «Establishment» und sozialer Komment der Hochfinanz zwischen Inklusion und Exklusion, in: Bankhistorisches Archiv 36 (2010), S. 61–81.

Ders., Paul Silverberg (1876–1959). Ein Unternehmer, Stuttgart 2007.

Gehrig, Astrid, Nationalsozialistische Rüstungspolitik und unternehmerischer Entscheidungsspielraum. Vergleichende Fallstudien zur württembergischen Maschinenbauindustrie, München 1996.

Geiger, Karl, Die Internierung im deutschen Südwesten. Ein Rückblick, Heilbronn ³1977.

Gelder, Ludwig, Chronik der Max Hensel Maschinenfabrik und Eisenbau, Berlin-Wittenau, 1910–1960, Berlin 1960.

Gellately, Robert, The Gestapo and German Society. Enforcing Racial Policy, 1933–1945, Oxford 1990.

Genschel, Helmut, Die Verdrängung der Juden aus der Wirtschaft im Dritten Reich, Göttingen u. a. 1966.

Gérard-Libois, Jules/Gotovitch, José, L'An 40. La Belgique occupée, Brüssel 1971.

Gerdien, Hans, Das Forschungslaboratorium der Siemens & Halske A.-G. und der Siemens-Schuckertwerke G. m. b. H. in Berlin-Siemensstadt, in: Helios. Fach-Zeitschrift für Elektrotechnik 33 (1927), S. 331–336.

Geschichte der Mauser-Werke. Herausgegeben aus Anlaß des hundertfünfundzwanzigjährigen Bestehens der Gewehrfabrik in Oberndorf a. N., Berlin 1938.

Gibas, Monika (Hrsg.), «Arisierung» in Thüringen. Entrechtung, Enteignung und Vernichtung der jüdischen Bürger Thüringens 1933–1945, 2 Halbbde., Erfurt 2006.

Gietinger, Klaus, Der Konterrevolutionär. Waldemar Pabst – eine deutsche Karriere, Hamburg 2009.

Gildea, Robert, Marianne in Chains. Daily Life in the Heart of France During the German Occupation, London 2002.

Gillingham, John, The Baron de Launoit. A Case Study in the «Politics of Production» of Belgian Industry during Nazi Occupation, in: Belgisch Tijdschrift voor Nieuwste Geschiedenis – Revue Belge d'Histoire Contemporaine 5 (1974), S. 1–59.

Gimbel, John, The American Occupation of Germany. Politics and the Military, 1945–1949, Stanford 1968.

Glashagen, Winfried, Die Reparationspolitik Heinrich Brünings 1930–1931. Studien zum wirtschafts- und außenpolitischen Entscheidungsprozess in der Auflösung der Weimarer Republik, Bonn 1980.

Glogiewicz, Wojtek, «Ganz Grabowiec war in Berlin.» Polnische Insassen des Luna-

Lagers in Berlin-Schönholz, in: Helmut Bräutigam/Doris Fürstenberg/Bernt Roder (Hrsg.), Zwangsarbeit in Berlin 1938–1945, Berlin 2003, S. 252–261.

Goebbels, Joseph, Tagebücher 1945. Die letzten Aufzeichnungen, mit einer Einführung von Rolf Hochhuth, Hamburg 1977.

Golla, Karl-Heinz, Die deutsche Fallschirmtruppe 1936–1941. Ihr Aufbau und ihr Einsatz in den ersten Feldzügen der Wehrmacht, Hamburg 2006.

Gömmel, Rainer, Die Rolle des Unternehmers in der deutschen Betriebswirtschaftslehre zwischen den beiden Weltkriegen, in: Wilfried Feldenkirchen/Frauke Schönert-Röhlk/Günther Schulz (Hrsg.), Wirtschaft, Gesellschaft, Unternehmen. Festschrift für Hans Pohl zum 60. Geburtstag, Stuttgart 1995, S. 901–913.

Górcyńska-Przybylowicz, Bożena, Die Handelspolitik des Dritten Reiches gegenüber den Randstaaten in den Jahren 1933–1940, in: Studia historiae oeconomicae 22 (1997), S. 33–39.

Goschler, Constantin, Vertrauenskapital und Vergangenheitspolitik. Die Auseinandersetzung der deutschen Wirtschaft mit «Arisierung» und Zwangsarbeit, in: Jürgen Lillteicher (Hrsg.), Profiteure des NS-Systems? Deutsche Unternehmen und das «Dritte Reich», Berlin 2006, S. 154–173.

Gotto, Bernhard, Nationalsozialistische Kommunalpolitik. Administrative Normalität und Systemstabilisierung durch die Augsburger Stadtverwaltung 1933–1945, München 2006.

Gottwaldt, Alfred, Dorpmüllers Reichsbahn. Die Ära des Reichsverkehrsministers Julius Dorpmüller 1920–1945, Freiburg 2009.

Ders., Julius Dorpmüller, die Reichsbahn und die Autobahn. Verkehrspolitik und Leben des Verkehrsministers bis 1945, Berlin 1995.

Götz, Hans-Dieter, Die deutschen Militärgewehre und Maschinenpistolen 1871–1945, Stuttgart ⁴1985.

Graml, Hermann, Europas Weg in den Krieg. Hitler und die Mächte 1939, München 1990.

Ders., Italienische Gastarbeiter in Deutschland, in: Gutachten des Instituts für Zeitgeschichte, Bd. 2, Stuttgart 1966, S. 132–136.

Grant, Jonathan A., The Arms Trade in Eastern Europe, 1870–1914, in: ders./Donald J. Stoker (Hrsg.), Girding for Battle. The arms trade in a global perspective, 1815–1940, Westport 2003, S. 25–41.

Green, Edward, Waste Not. The Story of Green's Economiser, Wakefield 1956.

Gregor, Neil, Stern und Hakenkreuz. Daimler Benz im Dritten Reich, Berlin 1997.

Greiner, Bernd, Die Morgenthau-Legende. Zur Geschichte eines umstrittenen Plans, Hamburg 1995.

Grieger, Manfred, Das Volkswagenwerk. Unternehmensentwicklung zwischen Rüstung und Zwangsarbeit, in: Lothar Gall/Manfred Pohl (Hrsg.), Unternehmen im Nationalsozialismus, München 1998, S. 55–57.

Gring, Diana, Das Massaker von Gardelegen. Ansätze zur Spezifizierung von Todesmarschverbrechen am Beispiel Gardelegen, in: Detlef Garbe/Carmen Lange (Hrsg.), Häftlinge zwischen Vernichtung und Befreiung. Die Auflösung des KZ Neuengamme und seiner Aussenlager durch die SS im Frühjahr 1945, Bremen 2005, S. 155–165.

Grot, Zdisław/Ostrowski, Wincenty, Wspomnienia młodzieży wielkopolskiej z lat okupacji niemieckiej 1939–1945 [Erinnerung der großpolnischen Jugend aus den Jahren der deutschen Besatzung] (= Documenta Occupationis Teutonicae III), Poznań 1946.

Gruchmann, Lothar, Nationalsozialistische Großraumordnung. Die Konstruktion einer «deutschen Monroe-Doktrin», Stuttgart 1962.

Hachtmann, Rüdiger, Industriearbeiterschaft und Rationalisierung 1900 bis 1945. Bemerkungen zum Forschungsstand, in: Jahrbuch für Wirtschaftsgeschichte 1996/1, S. 211–258.

Ders., Industriearbeit im «Dritten Reich». Untersuchungen zu den Lohn- und Arbeitsbedingungen in Deutschland 1933–1945, Göttingen 1989.

Ders., Wissenschaftsmanagement im «Dritten Reich». Geschichte der Generalverwaltung der Kaiser-Wilhelm-Gesellschaft, Göttingen 2007.

Hackinger, Corbin/Schmidt, Paul H., Der betriebswirtschaftliche Produktionsprozeß in der Getreidemüllerei, Stuttgart 1929.

Haertel, Peter, Erfolg erst im zweiten Anlauf. Die Rechenmaschinen der Mauser-Werke AG, in: Historische Bürowelt 69 (2004), S. 9–13.

Ders., Kriegsfolgen zwingen zum Handeln. Kleinrechenmaschinen der Mauser Werke AG von 1939 und ihre Vermarktung im Nürnberg-Fürther Industriewerk NFI ab 1950, in: Historische Bürowelt 78 (2008), S. 15–20.

Hahn, Fritz, Waffen und Geheimwaffen des deutschen Heeres 1933–1945, Bd. 1: Infanteriewaffen, Pionierwaffen, Artilleriewaffen, Pulver, Spreng- und Kampfstoffe, Koblenz 1986.

Hale, Oron J., Presse in der Zwangsjacke 1933–1945, Düsseldorf 1965.

Hammermann, Gabriele, Das Internierungslager Dachau 1945–1948, in: Dachauer Hefte 19 (2003), S. 48–70.

Dies., Zwangsarbeit für die «Verbündeten». Die Arbeits- und Lebensbedingungen der italienischen Militärinternierten in Deutschland 1943–1945, Tübingen 2002.

Hammond, Paul Y., Directives for the Occupation of Germany. The Washington Controversy, in: Harold Stein (Hrsg.), American Civil-Military Decisions. A Book of Case Studies, Birmingham 1963, S. 311–460.

Hanf, Reinhard, Mangelnde methodische Konzepte im Bereich der Betriebs- und Firmengeschichte?, in: Zeitschrift für Unternehmensgeschichte 22 (1977), S. 145–160.

Hansen, Ernst Willi, Reichswehr und Industrie. Rüstungswirtschaftliche Zusammenarbeit und wirtschaftliche Mobilmachungsvorbereitungen 1923–1932, Boppard 1978.

Harlan, Veit, Im Schatten meiner Filme. Selbstbiographie, hrsg. und mit einem Nachwort versehen von H. C. Opfermann, Gütersloh 1966.

Hartewig, Karin, Die «alliierte Besatzungsmacht» in den Lebensgeschichten westdeutscher Unternehmer, in: BIOS 6 (1993), S. 95–119.

Hartmann, Christian, Halder. Generalstabschef Hitlers 1938–1942, Paderborn 2009.

Ders., Unternehmen Barbarossa. Der deutsche Krieg im Osten 1941–1945, München 2011.

Ders. u. a. (Hrsg.), Der deutsche Krieg im Osten 1941–1945. Facetten einer Grenzüberschreitung, München 2009.

Hartmann, Michael, Zwischen Stabilität und Abstieg. Juristen als akademische Elite in der Wirtschaft, in: Soziale Welt 40 (1989), S. 437–454.

Hassler, Friedrich, Dürener Metallwerke. Aktiengesellschaft Düren, Rheinland und Berlin 1885 bis 1935 [Denkschrift zur Feier des 50 jährigen Bestehens der Firma am 31. August 1935], Berlin 1935.

Hau, Michel, Les entreprises alsaciennes, in: Alain Beltran/Robert Frank/Henri Rousso (Hrsg.), La vie des entreprises sous l'Occupation. Une enquête à l'échelle locale, Berlin 1994, S. 237–249.

Haunschild, Ljuba/Wolter, Hans-Jürgen, Die volkswirtschaftliche Bedeutung der Familienunternehmen, Bonn 2010.

Hausman, William J./Hertner, Peter/Wilkins, Mira (Hrsg.), Global Electrification. Multinational Enterprise and International Finance in the History of Light and Power, 1878–2007, Cambridge u. a 2008.

Hawich, Tamara, Manufakturen – Maschinen – Manager. Unternehmen und Unternehmer in und um Erfurt – Geschichte und Geschichten, Erfurt 2001.

Hayek, Friedrich von, Der Weg zur Knechtschaft, München 2007.

Hayes, Peter, Corporate Freedom of Action in Nazi Germany, in: Bulletin of the German Historical Institute 45 (Fall 2009), S. 29–42.

Ders., Die Degussa im Dritten Reich. Von der Zusammenarbeit zur Mittäterschaft, München 2004.

Ders., Zur umstrittenen Geschichte der I. G. Farbenindustrie AG, in: Geschichte und Gesellschaft 18 (1992), S. 405–417.

Ders., Industry and ideology. IG Farben in the Nazi Era, Cambridge 2001.

Hecht, Cornelia, Deutsche Juden und Antisemitismus in der Weimarer Republik, Bonn 2003.

Hehl, Ulrich von, Nationalsozialistische Herrschaft, München ²2001.

Heintze, Beatrix, Walter Cramer (1886–1944). Ein Leipziger Unternehmer im Widerstand, Köln 1993.

Heisterhagen, Tilman/Hoffmann, Rainer W., Lehrmeister Währungskrise?! Drei Familien-Generationen zwischen Gold, Mark und Euro, Wiesbaden 2003.

Hempe, Mechthild, Kette und Schuss. Die Tuchmacherei in Guben, Köln/Weimar/Wien 2006.

Henke, Klaus-Dietmar, Die amerikanische Besetzung Deutschlands, München 1995.

Ders. (Hrsg.), Die Dresdner Bank im Dritten Reich, Bd. 1: Johannes Bähr, Die Dresdner Bank in der Wirtschaft des Dritten Reichs, München 2006.

Henning, Hans Joachim, Kraftfahrzeugindustrie und Autobahnbau in der Wirtschaftspolitik des Nationalsozialismus 1933 bis 1936, in: Vierteljahrschrift für Sozial- und Wirtschaftsgeschichte 65 (1978), S. 217–242.

Hense, Anja, Entstehung und Konzeption der Stiftung «Erinnerung, Verantwortung und Zukunft» für die Opfer von Zwangsarbeit und «Arisierung», in: Helmut Kramer/Karsten Uhl/Jens-Christian Wagner (Hrsg.), Zwangsarbeit im Nationalsozialismus und die Rolle der Justiz. Täterschaft, Nachkriegsprozesse und die Auseinandersetzung um Entschädigungsleistungen, Nordhausen 2007, S. 103–118.

Hensler, Ulrich, Die Stahlkontingentierung im Dritten Reich, Stuttgart 2008.

Herbert, Ulrich, Arbeiterschaft im «Dritten Reich». Zwischenbilanz und offene Fragen, in: Geschichte und Gesellschaft 15 (1989), S. 320–360.

Ders., Best. Biographische Studien über Radikalismus, Weltanschauung und Vernunft, 1903–1989, Bonn 1996.

Ders. (Hrsg.), Europa und der «Reichseinsatz». Ausländische Zivilarbeiter, Kriegsgefangene und KZ-Häftlinge in Deutschland 1938–1945, Essen 1991.

Ders., Französische Kriegsgefangene und Zivilarbeiter im deutschen Arbeitseinsatz 1940–1942, in: Claude Carlier u. a. (Hrsg.), La France et l'Allemagne en guerre, Paris 1990, S. 509–531.

Ders., Fremdarbeiter. Politik und Praxis des «Ausländer-Einsatzes» in der Kriegswirtschaft des Dritten Reiches, Berlin 1985.

Herbst, Ludolf, Der Krieg und die Unternehmensstrategie deutscher Industrie-Konzerne in der Zwischenkriegszeit, in: Martin Broszat/Klaus Schwabe (Hrsg.), Die deutschen Eliten und der Weg in den Zweiten Weltkrieg, München 1989, S. 72–134.

Ders., Der Totale Krieg und die Ordnung der Wirtschaft. Die Kriegswirtschaft im Spannungsfeld von Politik, Ideologie und Propaganda 1939–1945, Stuttgart 1982.

Ders., Die nationalsozialistische Wirtschaftspolitik im internationalen Vergleich, in: Wolfgang Benz/Hellmuth Auerbach (Hrsg.), Der Nationalsozialismus. Studien zur Ideologie und Herrschaft, Frankfurt am Main 1993, S. 153–176.

Ders., Walther Funk – Vom Journalisten zum Reichswirtschaftsminister, in: Ronald Smelser/Enrico Syring/Rainer Zitelmann (Hrsg.), Die Braune Elite II. 21 weitere biographische Skizzen, Darmstadt 1993, S. 91–102.

Herbst, Ludolf/Weihe, Thomas (Hrsg.), Die Commerzbank und die Juden 1933–1945, München 2004.

Hermann, Angela, «In 2 Tagen wurde Geschichte gemacht.» Über den Charakter und Erkenntniswert der Goebbels-Tagebücher, Stuttgart 2008.

Herrmann, Albert Günter, Die Entstehung der Salzvorkommen im Werra-Fulda-Gebiet, in: Ulrich Eisenbach/Akos Paulinyi (Hrsg.), Die Kaliindustrie an Werra und Fulda. Geschichte eines landschaftsprägenden Industriezweiges, Darmstadt 1998, S. 13–30.

Hertz-Eichenrode, Katharina (Hrsg.), Ein KZ wird geräumt. Häftlinge zwischen Vernichtung und Befreiung. Die Auflösung des KZ Neuengamme und seiner Außenlager durch die SS im Frühjahr 1945, Bremen 2000.

Herz, John, The Fiasco of Denazification in Germany, in: Political Science Quarterly 63 (1948), S. 569–594.

Hesse, Jan-Otmar/Schanetzky, Tim/Scholten, Jens, Das Unternehmen als gesellschaftliches Reformprojekt. Strukturen und Entwicklungen von Unternehmen der «moralischen Ökonomie» nach 1945, Essen 2004.

Hesse, Jan-Otmar/Kleinschmidt, Christian/Lauschke, Karl, Einleitung. Herausforderungen und Perspektiven der Unternehmensgeschichte, in: dies. (Hrsg.), Kulturalismus, Neue Institutionenökonomik oder Theorienvielfalt. Eine Zwischenbilanz der Unternehmensgeschichte, Essen 2002, S. 9–15.

Heuel, Eberhard, Der umworbene Stand. Die ideologische Integration der Arbeiter im Nationalsozialismus 1933–1935, Frankfurt am Main/New York 1989.

Heuer, Renate/Wolf, Siegbert (Hrsg.), Die Juden der Frankfurter Universität, Frankfurt am Main 1997.

Hilberg, Raul, Die Vernichtung der europäischen Juden, Frankfurt am Main ⁹1999.

Hildebrand, Klaus, Das Dritte Reich, München ⁶2003.

Ders., Die Deutsche Reichsbahn in der nationalsozialistischen Diktatur 1933–1945, in: Lothar Gall/Manfred Pohl (Hrsg.), Die Eisenbahn in Deutschland. Von den Anfängen bis zur Gegenwart, München 1999, S. 165–243.

Ders., Krieg im Frieden und Frieden im Krieg. Über das Problem der Legitimität in der Geschichte der Staatengesellschaft 1931–1941, in: Historische Zeitschrift 244 (1987), S. 1–28.

Hildenbrand, Hanswerner, Die strukturelle Entwicklung von Wirtschaft und Bevölkerung im Stadtkreis Hagen von 1945 bis 1967, Hagen 1970.

Hilger, Susanne, Vom Fabrikantenverein zur «Einheitskonvention». Verbandsstrategien in der deutschen Tuchindustrie seit der zweiten Hälfte des 19. Jahrhunderts, in: Zeitschrift für Unternehmensgeschichte 43 (1998), S. 49–68.

Dies., «Under Reconstruction» – Familienunternehmen als Gegenstand der jüngeren wirtschaftshistorischen Forschung, in: dies./Ulrich S. Soénius (Hrsg.), Netzwerke – Nachfolge – Soziales Kapital. Familienunternehmen im Rheinland im 19. und 20. Jahrhundert, Köln 2009, S. 9–24.

Hillgruber, Andreas, Hitlers Strategie. Politik und Kriegführung 1940–1941, Frankfurt am Main ³1993.

Hoepke, Klaus-Peter, Die deutsche Rechte und der italienische Faschismus. Ein Beitrag zum Selbstverständnis und zur Politik von Gruppen und Verbänden der deutschen Rechten, Düsseldorf 1968.

Hof, Patrik, Kurswechsel an der Börse – Kapitalmarktpolitik unter Hitler und Mussolini. Wertpapierhandel im deutschen Nationalsozialismus (1933–1945) und im italienischen Faschismus (1922–1945), München 2008.

Hoffmann, Frank, Junge Zuwanderer in Westdeutschland. Struktur, Aufnahme und Integration der Flüchtlinge aus der SBZ und der DDR in Westdeutschland (1945–1961), Frankfurt am Main 1999.

Hoffmann, Stanley, Collaborationism in France during World War II, in: Journal of Modern History 40 (1968), S. 375–395.

Hogan, Michael J., The Marshall Plan. America, Britain, and the Reconstruction of Western Europe, 1947–1952, Cambridge u. a. 1987.

Hohls, Rüdiger/Jarausch, Konrad H. (Hrsg.), Versäumte Fragen. Deutsche Historiker im Schatten des Nationalsozialismus, München 2000.

Hohmann, Joachim (Hrsg.), Arbeit und Arbeiterschaft im Kalibergbau des Werragebietes. Ein Beitrag zur Geschichte und Soziologie der politischen Arbeiterbewegung Thüringens 1848–1989 mit 129 Quellentexten und zahlreichen historischen Abbildungen, Frankfurt am Main u. a. 1998.

Holtfrerich, Carl-Ludwig, Die Deutsche Bank vom Zweiten Weltkrieg über die Besatzungsherrschaft zur Rekonstruktion 1945–1947, in: Lothar Gall u. a. (Hrsg.), Die Deutsche Bank 1870–1995, München 1995, S. 409–578.

Ders., Amerikanischer Kapitalexport und Wiederaufbau der deutschen Wirtschaft 1919–1923 im Vergleich zu 1924–1929, in: Vierteljahrschrift für Sozial- und Wirtschaftsgeschichte 64 (1977), S. 497–529.

Homburg, Heidrun, Die deutsche Feindvermögensverwaltung im besetzten Frankreich. Grundzüge und Fallbeispiele aus der elektrotechnischen Industrie, in: Hartmut Berghoff (Hrsg.), Wirtschaft im Zeitalter der Extreme. Beiträge zur Unternehmensgeschichte Deutschlands und Österreichs, München 2010, S. 354–376.

Dies., Rationalisierung und Industriearbeit. Arbeitsmarkt – Management – Arbeiterschaft im Siemens-Konzern Berlin 1900–1939, Berlin 1991.

Dies., Wirtschaftliche Dimensionen der deutschen Besatzungsherrschaft in Frankreich 1940–1944. Das Beispiel der elektrotechnischen Industrie, in: Werner Abelshauser/Jan-Otmar Hesse/Werner Plumpe (Hrsg.), Wirtschaftsordnung, Staat und Unternehmen. Neue Forschungen zur Wirtschaftsgeschichte des Nationalsozialismus, Essen 2003, S. 181–204.

Homze, Edward L., Arming the Luftwaffe. The Reich Air Ministry and the German Aircraft production 1919–1939, Lincoln 1976.

Ders., Foreign Labor in Nazi Germany, Princeton 1967.

Hopbach, Achim, Unternehmer im Ersten Weltkrieg. Einstellungen und Verhalten württembergischer Industrieller im «Großen Krieg», Leinfelden-Echterdingen 1998.

Höpfner, Bernd, Clearing-Defizite im Großwirtschaftsraum. Der Verrechnungsverkehr des Dritten Reiches 1939–1945, in: Bankhistorisches Archiv 2 (1988), S. 116–138.

Hopmann, Barbara, Von der MONTAN zur Industrieverwaltungsgesellschaft (IVG) 1916–1951, Stuttgart 1996.

Horstmann, Theo, Die Alliierten und die deutschen Großbanken. Bankenpolitik nach dem Zweiten Weltkrieg in Westdeutschland, Bonn 1991.

Ders., Die Angst vor dem finanziellen Kollaps. Banken- und Kreditpolitik in der britischen Zone 1945–1948, in: Walter Euchner/Dietmar Petzina (Hrsg.), Wirtschaftspolitik im britischen Besatzungsgebiet: 1945–1949, Düsseldorf 1984, S. 215–233.

Höschle, Gerd, Die deutsche Textilindustrie zwischen 1933 und 1939. Staatsinterventionismus und ökonomische Rationalität, Stuttgart 2004.

Houwink ten Cate, Johannes, Die rüstungswirtschaftliche Ausnutzung Westeuropas während der ersten Kriegshälfte, in: ders./Gerhard Otto (Hrsg.), Das organisierte Chaos. «Ämterdarwinismus» und «Gesinnungsethik». Determinanten nationalsozialistischer Besatzungsherrschaft, Berlin 1999, S. 173–198.

Höver, Ulrich, Joseph Goebbels. Ein nationaler Sozialist, Bonn 1992.

Huber, Ernst Rudolf, Deutsche Verfassungsgeschichte seit 1789, Bd. 5: Weltkrieg, Revolution und Reichserneuerung 1914–1919, Stuttgart u. a. 1978.

Hughes, Thomas P., Die Erfindung Amerikas. Der technologische Aufstieg der USA seit 1870, München 1991.

Ders., Networks of Power. Electrification in Western Society, 1880–1930, Baltimore/London 1983.

Hümmelchen, Gerhard, Generalfeldmarschall Erhard Milch, in: Gerd R. Ueberschär (Hrsg.), Hitlers militärische Elite, Bd. 1: Von den Anfängen des Regimes bis Kriegsbeginn, Darmstadt 1998, S. 171–177.

Hüttenberger, Peter, Die Gauleiter. Studie zum Wandel des Machtgefüges in der NSDAP, Stuttgart 1969.

Hütter, Daniel, Nachfolge im Familienunternehmen. Eszet Staengel & Ziller und Freudenberg & Co. KG im 19. und 20. Jahrhundert, Ostfildern 2009.

Jäckel, Eberhard, Frankreich in Hitlers Europa. Die deutsche Frankreichpolitik im Zweiten Weltkrieg, Stuttgart 1966.

Jacob, Günter, Krieg und Frieden, in: Gabriele Quandt (Hrsg.), Harald Quandt (1921–1967), Bad Homburg 1996 (Privatdruck).

Ders., Schulzeit, in: Gabriele Quandt (Hrsg.), Harald Quandt (1921–1967), Bad Homburg 1996 (Privatdruck).

Jacobs, Tino, Rauch und Macht. Das Unternehmen Reemtsma 1920 bis 1961, Göttingen 2008.

Jacobsen, Hans-Adolf, Der Weg zur Teilung der Welt. Politik und Strategie 1939–1945, Koblenz/Bonn 1977.

Jäger, Kurt, Henri Owen Tudor (1859–1928), in: ders. (Hrsg.), Lexikon der Elektrotechniker, Berlin/Offenbach 1996, S. 384.

James, Harold, Deutschland in der Weltwirtschaftskrise 1924–1936, Stuttgart 1988.

Ders., Strukturwandel in Kriegs- und Krisenzeiten 1914–1945, in: Hans Pohl (Hrsg.), Geschichte des Finanzplatzes Berlin, Frankfurt am Main 2002, S. 157–213.

Ders., Familienunternehmen in Europa. Haniel, Wendel und Falck, München 2005.

Ders., Die Deutsche Bank und die «Arisierung», München 2001.

Ders., Die Deutsche Bank und die Diktatur 1933–1945, in: Lothar Gall u. a. (Hrsg.), Die Deutsche Bank 1870–1995, München 1995, S. 315–408.

Ders., Innovation and Conservatism in Economic Recovery. The Alleged «Nazi Recovery» of the 1930s, in: W. Redvers Garside (Hrsg.), Capitalism in Crisis. International Responses to the Great Depression, London/New York 1993, S. 70–95.

Ders., Verbandspolitik im Nationalsozialismus. Von der Interessenvertretung zur Wirtschaftsgruppe. Der Centralverband des Deutschen Bank- und Bankiergewerbes 1932–1945, München 2001.

Ders., Strukturwandel in Kriegs- und Krisenzeiten 1914–1945, in: Hans Pohl (Hrsg.), Geschichte des Finanzplatzes Berlin, Frankfurt am Main 2002, S. 157–214.

Januszkiewcz, Bolesław, Hipolit Cegielski i jego dziedzictwo, Posen 2006.

Jareb, Mario, The NDH's Relations with Italy and Germany, in: Totalitarian Movements and Political Religions 7 (2006), S. 459–472.

Jochmann, Werner (Hrsg.), Adolf Hitler. Monologe im Führer-Hauptquartier 1941–1944. Die Aufzeichnungen Heinrich Heims, Hamburg 1980.

John, Jürgen, Zur politischen Rolle der Großindustrie in der Weimarer Staatskrise. Gesicherte Erkenntnisse und strittige Meinungen, in: Heinrich August Winkler (Hrsg.), Die deutsche Staatskrise 1930–1933. Handlungsspielräume und Alternativen, München 1992, S. 215–237.

Joly, Hervé, Introduction, in: ders. (Hrsg.), L'Économie de la zone non occupée 1940–1942, Paris 2007, S. 13–24.

Ders., Ende des Familienkapitalismus? Das Überleben der Unternehmerfamilien in der deutschen Wirtschaftselite des 20. Jahrhunderts, in: Volker R. Berghahn/Stefan Unger/Dieter Ziegler (Hrsg.), Die deutsche Wirtschaftselite im 20. Jahrhundert. Kontinuität und Mentalität, Essen 2003, S. 75–91.

Joly, Laurent, Vichy dans la «solution finale». Histoire du commissariat général aux Questions juives (1941–1944), Paris 2006.

Jungbluth, Rüdiger, Die Quandts. Ihr leiser Aufstieg zur mächtigsten Wirtschaftsdynastie Deutschlands, Bergisch Gladbach ⁴2006.

Jungius, Martin, Der verwaltete Raub. Die «Arisierung» der Wirtschaft in Frankreich in den Jahren 1940 bis 1944, Ostfildern 2008.

Jungius, Martin/Seibel, Wolfgang, Der Bürger als Schreibtischtäter. Der Fall Kurt Blanke, in: Vierteljahrshefte für Zeitgeschichte 56 (2008), S. 265–300.

Jurk, Michael, Jakob Goldschmidt (1882–1955), in: Hans Pohl (Hrsg.), Deutsche Bankiers des 20. Jahrhunderts, Stuttgart 2008, S. 153–164.

Kaden, Helma (Hrsg.), Die faschistische Okkupationspolitik in Österreich und der Tschechoslowakei (1938–1945), Berlin (Ost) 1988.

Kaelble, Hartmut, Europäische Besonderheiten des Massenkonsums 1950–1990, in: Hannes Siegrist/Hartmut Kaelble/Jürgen Kocka (Hrsg.), Europäische Konsumgeschichte. Zur Gesellschafts- und Kulturgeschichte des Konsums (18. bis 20. Jahrhundert), Frankfurt am Main/New York 1997, S. 169–203.

Kaelble, Hartmut, Kalter Krieg und Wohlfahrtsstaat. Europa 1945–1989, München 2011.

Ders., Industrielle Interessenpolitik in der Wilhelminischen Gesellschaft. Der Centralverband Deutscher Industrieller 1895–1914, Berlin 1967.

Ders., Sozialstruktur und Lebensweise deutscher Unternehmer 1907–1927, in: Scripta Mercaturae 24 (1990), S. 132–178.

Kahl, Monika/Ludwig, Kurt, Erfurt in den Jahren der Weimarer Republik (1919 bis 1933), in: Willibald Gutsche (Hrsg.), Geschichte der Stadt Erfurt, Weimar 1986, S. 389–430.

Kahn, Daniela, Die Steuerung der Wirtschaft durch Recht im nationalsozialistischen Deutschland. Das Beispiel der Reichsgruppe Industrie, Frankfurt am Main 2006.

Kaienburg, Hermann, Wie konnte es soweit kommen?, in: ders. (Hrsg.), Konzentrationslager und deutsche Wirtschaft 1939–1945, Opladen 1996, S. 265- 278.

Käppner, Joachim, Berthold Beitz. Die Biographie, Berlin 2010.

Karlsch, Rainer, Ein vergessenes Großunternehmen. Die Geschichte der Karpaten Öl AG, in: Jahrbuch für Wirtschaftsgeschichte 2004/1, S. 95–138.

Ders./Stokes, Raymond G., Faktor Öl». Die Mineralölwirtschaft in Deutschland 1859–1974, München 2003.

Karner, Stefan, Marine-Rüstung in Österreich 1938–1945, in: Blätter für Technikgeschichte 39/40 (1977/78), S. 81–135.

Ders., Zu den sowjetischen Demontagen in Österreich 1945/46. Ein erster Aufriss auf russischer Quellenbasis, in: Michael Pammer/Hera Neiß/Michael John (Hrsg.), Erfahrung der Moderne. Festschrift für Roman Sandgruber zum 60. Geburtstag, Stuttgart 2007, S. 301–312.

Kaserer, Christoph, Die deutsche Bankenkrise von 1931. Marktversagen oder Staatsversagen?, in: Bankhistorisches Archiv 26 (2000), S. 3–26.

Kasper, Hanns-Heinz, Die Ausplünderung polnischer und sowjetischer Erdöllagerstätten im Gebiet der Vorkarpaten durch den deutschen Imperialismus im zweiten Weltkrieg, in: Jahrbuch für Wirtschaftsgeschichte 1978/2, S. 41–64.

Ders., Das Erdöl in den Raubplänen des deutschen Faschismus in Vorbereitung und bei der Durchführung des zweiten Weltkrieges, in: Jahrbuch für Wirtschaftsgeschichte 1976/3, S. 55–77.

Kastilan, Jochen, Spaichingen, in: Wolfgang Benz/Barbara Distel (Hrsg.), Der Ort des Terrors. Geschichte der nationalsozialistischen Konzentrationslager, Bd. 6: Natzweiler, Groß-Rosen, Stutthof, München 2007, S. 171–173.

Kehrl, Hans, Krisenmanager im Dritten Reich. 6 Jahre Frieden – 6 Jahre Krieg. Erinnerungen, Düsseldorf 1973.

Kenkmann, Alfons, The Looting of Jewish Property and the German Financial Administration, in: Gerald D. Feldman/Wolfgang Seibel (Hrsg.), Networks of Nazi Persecution. Bureaucracy, Business and the Organization of the Holocaust, New York/Oxford 2005, S. 148–167.

Kenntner, Otto, Die Anfänge in Oberndorf a. N. nach dem Krieg, Oberndorf a. N. 1997.

Kerkhof, Stefanie van de, Von der Friedens- zur Kriegswirtschaft. Unternehmensstrategien der deutschen Eisen- und Stahlindustrie vom Kaiserreich bis zum Ende des Ersten Weltkrieges, Essen 2006.

Dies., Rüstungsindustrie und Kriegswirtschaft. Vom Nutzen und Nachteil wirtschaftshistorischer Methoden für die Militärgeschichte, in: Thomas Kühne/Benjamin Ziemann (Hrsg.), Was ist Militärgeschichte?, Paderborn u. a. 2000, S. 175–194.

Dies., Public-Private Partnership im Ersten Weltkrieg? Kriegsgesellschaften in der schwerindustriellen Kriegswirtschaft des Deutschen Reiches, in: Hartmut Berghoff/Jürgen Kocka/Dieter Ziegler (Hrsg.), Wirtschaft im Zeitalter der Extreme. Beiträge zur Unternehmensgeschichte Österreichs und Deutschlands. Im Gedenken an Gerald D. Feldman, München 2010, S. 106–133.

Kershaw, Ian, Hitler, 1889–1936, Stuttgart 1998.

Kielmansegg, Peter Graf, Nach der Katastrophe. Eine Geschichte des geteilten Deutschland, Berlin 2000.

Kieser, Alfred, Managementlehre und Taylorismus, in: ders. (Hrsg.), Organisationstheorien, Stuttgart/Berlin/Köln ²1995, S. 93–132.

Ders., Erklären die Theorie der Verfügungsrechte und der Transaktionskostenansatz historischen Wandel von Institutionen?, in: Dietrich Budäus/Elmar Gerum/Gebhard Zimmermann (Hrsg.), Betriebswirtschaft und Theorie der Verfügungsrechte, Wiesbaden 1988, S. 299–323.

Kim, Hak-Ie, Die Großindustrie und die Konjunkturpolitik unter der Kanzlerschaft Brünings, in: Jahrbuch für Wirtschaftsgeschichte 1998/1, S. 181–200.

Kimball, Warren F., Swords or Ploughshares? The Morgenthau Plan for Defeated Germany, 1943–1946, Philadelphia 1976.

Kirchhoff, Hans, Die dänische Staatskollaboration, in: Werner Röhr (Bearb.), Okkupation und Kollaboration (1938–1945). Beiträge zu Konzepten und Praxis der Kollaboration in der deutschen Okkupationspolitik, Berlin/Heidelberg 1994, S. 101–118.

Kirchhof, Paul, Der freie oder der gelenkte Bürger. Die Gefährdung der Freiheit durch Geld, Informationspolitik und durch die Organisationsgewalt des Staats (Theodor-Heuss-Gedächtnis-Vorlesung 2009), Stuttgart 2010.

Klabunde, Anja, Magda Goebbels. Annäherung an ein Leben, München 1999.

Klass, Gert von, Albert Vögler. Einer der Großen des Ruhrreviers, Tübingen 1957.

Klee, Ernst, Das Personenlexikon zum Dritten Reich. Wer war was vor und nach 1945, Frankfurt am Main 2003.

Klein, Peter, Die «Gettoverwaltung Litzmannstadt» 1940–1944. Eine Dienststelle im Spannungsfeld von Kommunalpolitik und staatlicher Verfolgungspolitik, Hamburg 2009.

Klein, Sabine B., Familienunternehmen. Theoretische und empirische Grundlagen, Wiesbaden 2010.

Kleinschmidt, Christian, Technik und Wirtschaft im 19. und 20. Jahrhundert, München 2007.

Ders./Welskopp, Thomas, Amerika aus deutscher Perspektive. Reiseeindrücke deutscher Ingenieure über die Eisen- und Stahlindustrie der USA, 1900–1930, in: Zeitschrift für Unternehmensgeschichte 39 (1994), S. 73–103.

Klussmann, Uwe, «Ich hasse den Kapitalismus wie die Pest». Joseph Goebbels als nationaler Sozialist, in: Lutz Hachmeister/Michael Kloft (Hrsg.), Das Goebbels-Experiment. Propaganda und Politik, München 2005, S. 64–72.

Knabe, Hubertus, Der diskrete Charme der DDR. Stasi und Westmedien, Berlin 2001.

Knips, Achim, Deutsche Arbeitgeberverbände der Eisen- und Metallindustrie, 1888–1914, Stuttgart 1996.

Knortz, Heike, Wirtschaftsgeschichte der Weimarer Republik. Eine Einführung in Ökonomie und Gesellschaft der ersten Deutschen Republik, Göttingen 2010.

Kocka, Jürgen (Hrsg.), Bürgertum im 19. Jahrhundert. Deutschland im europäischen Vergleich, 3 Bde., München 1988.

Ders., Klassengesellschaft im Krieg. Deutsche Sozialgeschichte 1914–1918, Göttingen ²1978.

Ders., Management in der Industrialisierung. Die Entstehung und Entwicklung des klassischen Musters, in: Zeitschrift für Unternehmensgeschichte 44 (1999), S. 135–149.

Ders./Siegrist, Hannes, Die hundert größten deutschen Industrieunternehmen im späten 19. und frühen 20. Jahrhundert. Expansion, Diversifikation und Integration im internationalen Vergleich, in: Norbert Horn/Jürgen Kocka (Hrsg.), Recht und Entwicklung der Großunternehmen im 19. und frühen 20. Jahrhundert. Wirtschafts-, sozial- und rechtshistorische Untersuchungen zur Industrialisierung in Deutschland, Frankreich, England und den USA, Göttingen 1979, S. 55–122.

Kockel, Titus, Deutsche Ölpolitik 1928–1938, Berlin 2005.

Koenigs, Christine F., Unterstützung des deutschen Widerstands. Franz Koenigs und Hans Leibholz, in: Detlef J. Blesgen (Hrsg.), Financiers, Finanzen und Finanzierungsformen des Widerstandes, Berlin 2006, S. 137–164.

Kogon, Eugen, Der Kampf um Gerechtigkeit, in: Frankfurter Hefte 2 (1947), S. 373–383.

Köhler, Henning, Arbeitsdienst in Deutschland. Pläne und Verwirklichungsformen bis zur Einführung der Arbeitsdienstpflicht im Jahr 1935, Berlin 1967.

Köhler, Ingo, Werten und Bewerten. Die kalte Technik der «Arisierung» 1933–1938, in: Hartmut Berghoff/Jürgen Kocka/Dieter Ziegler (Hrsg.), Wirtschaft im Zeitalter der Extreme. Beiträge zur Unternehmensgeschichte Österreichs und Deutschlands. Im Gedenken an Gerald D. Feldman, München 2010, S. 316–336.

Kohlmann, Carsten, Erinnerungen ehemaliger polnischer Zwangsarbeiter an Oberndorf am Neckar, in: Schwäbische Heimat. Zeitschrift für Regionalgeschichte, württembergische Landeskultur, Naturschutz und Denkmalpflege 2 (2005), S. 177–185.

Kolar-Dimitrijevic, Mira, «Munja», tvornica akumulatora u Zagrebu od osnivanja do nationalizacije (1920–1945), in: Casopis za suvremenu povijest 19 (1987), S. 81–104.

Kolb, Eberhard, Die Weimarer Republik, München/Wien ⁶2000.

Ders., Die Weimarer Republik und das Problem der Kontinuität vom Kaiserreich zum «Dritten Reich», in: Jost Dülffer/Bernd Martin/Günter Wollstein (Hrsg.), Deutschland in Europa. Kontinuität und Bruch. Gedenkschrift für Andreas Hillgruber, Frankfurt am Main/Berlin 1990, S. 273–289.

Koldehoff, Stefan, Die Bilder sind unter uns. Das Geschäft mit der NS-Raubkunst, Frankfurt am Main 2009.

Kollmer-von Oheimb-Loup, Gert/Wischermann, Clemens (Hrsg.), Unternehmernachfolge in Geschichte und Gegenwart, Ostfildern 2008.

Köllner, Lutz, Militär und Finanzen. Zur Finanzgeschichte und Finanzsoziologie von Militärausgaben in Deutschland, München 1982.

Konieczny, Alfred/Szurgacz, Herbert (Hrsg.), Praca przymusowa Polaków pod panowaniem hitlerowskim 1939–1945 (= Documenta Occupationis X) [Zwangarbeit von Polen unter der nationalsozialistischen Herrschaft], Poznań 1976.

König, Fritz, Ein neuer Konzernherrscher, in: Gewerkschafts-Archiv. Monatsschrift für Theorie und Praxis der gesamten Gewerkschaftsbewegung 5/2 (1928) 9, S. 206–209.

König, Malte, Kooperation als Machtkampf. Das faschistische Achsenbündnis Berlin-Rom im Krieg 1940/41, Köln 2007.

König, Wolfgang, Kleine Geschichte der Konsumgesellschaft. Konsum als Lebensform der Moderne, Stuttgart 2008.

Kopper, Christopher, Bankiers unterm Hakenkreuz, München/Wien 2005.

Ders., Der Durchbruch des PKW zum Massenkonsumgut 1950–1964, in: Jahrbuch für Wirtschaftsgeschichte 2010/1, S. 19–36.

Ders., Wer waren die Hauptprofiteure der «Arisierungen»? Zu neuen Forschungen über eine alte Kontroverse, in: Hartmut Berghoff/Jürgen Kocka/Dieter Ziegler (Hrsg.), Wirtschaft im Zeitalter der Extreme. Beiträge zur Unternehmensgeschichte Österreichs und Deutschlands. Im Gedenken an Gerald D. Feldman, München 2010, S. 298–315.

Ders., Zwischen Marktwirtschaft und Dirigismus. Bankenpolitik im «Dritten Reich» 1933–1939, Bonn 1995.

Kotowski, Albert S., Die Rekrutierung der Zwangsarbeiter im besetzten Polen, in: Dittmar Dahlmann u.a. (Hrsg.), Zwangsarbeiterforschung in Deutschland. Das Beispiel Bonn im Vergleich und im Kontext neuerer Untersuchungen, Essen 2010, S. 19–32.

Kranig, Andreas, Lockung und Zwang Zur Arbeitsverfassung im Dritten Reich, Stuttgart 1983.

Kraus, Hans-Christof, Geschichte als Lebensgeschichte. Gegenwart und Zukunft der politischen Biographie, in: ders./Thomas Nicklas (Hrsg.), Geschichte der Politik. Alte und neue Wege, München 2007, S. 311–332.

Krause, Detlef, Reinhart, Friedrich, in: Neue Deutsche Biographie 21 (2003), S. 366.

Kraushaar, Luise, Berliner Kommunisten im Kampf gegen den Faschismus 1936 bis 1942. Robert Uhrig und Genossen, Berlin (Ost) 1981.

Kraushaar, Wilhelm, Wandertische im Betrieb, in: Maschinenbau. Zeitschrift für Gestaltung, Betrieb und Wirtschaft (7. Mai 1925), S. 423 f.

Ders., Übergang zur Fließarbeit unter Berücksichtigung der Umstellung auf andere Erzeugnisse, in: Ausschuß für wirtschaftliche Fertigung (1926), S. 219–232.

Kretschmar, Georg (Hrsg.), Dokumente zur Kirchenpolitik des Dritten Reiches, Bd. 1: Das Jahr 1933, München 1971.

Kreuter, Marie-Luise, Aron Electricitätszähler-Fabrik G. m. b. H. – Heliowatt Werke Elektrizitätsgesellschaft m.b.h., Wilmersdorfer Straße 39, in: Helmut Engel/Stefi Jersch-Wenzel/Wilhelm Treue (Hrsg.), Geschichtslandschaft Berlin, Charlottenburg. Teil 1: Die historische Stadt, Berlin 1986, S. 178–199.

Kreutzmüller, Christoph/Loose, Ingo, Die Bank der Deutschen Arbeit 1933–1945 – eine nationalsozialistische «Superbank»?, in: Bankhistorisches Archiv 31 (2005), S. 1–32.

Krieger, Wolfgang, General Lucius D. Clay und die amerikanische Deutschlandpolitik 1945–1949, Stuttgart 1987.

Krier, Emile, Deutsche Besatzung in Luxemburg 1940–1944, in: Wolfgang Benz/Johannes Houwink ten Cate/Gerhard Otto (Hrsg.), Die Bürokratie der Okkupation. Strukturwandel der Herrschaft und Verwaltung im besetzten Europa, Berlin 1998, S. 27–48.

Krier, Emile, Die Luxemburger Wirtschaft im Zweiten Weltkrieg, in: Hémecht. Zeitschrift für Luxemburger Geschichte. Revue d'histoire luxembourgeoise 39 (1987), S. 393–409.

Krings, Stefan, Das Propagandaministerium. Joseph Goebbels und seine Spezialisten, in: Lutz Hachmeister/Michael Kloft (Hrsg.), Das Goebbels-Experiment. Propaganda und Politik, München 2005, S. 29–48.

Kroener, Bernhard R., Militär, Staat und Gesellschaft im 20. Jahrhundert (1890–1990), München 2011.

Ders./Müller, Rolf-Dieter/Umbreit, Hans, Kriegsverwaltung, Wirtschaft und personelle Ressourcen 1942–1944/45.(Das Deutsche Reich und der Zweite Weltkrieg, Bd. 5, Zweiter Halbband: Organisation und Mobilisierung des Deutschen Machtbereichs), Stuttgart 1999.

Kröll, Friedhelm, Fall 2: Der Prozess gegen Erhard Milch («Milch Case»), in: Gerd R. Ueberschär (Hrsg.), Der Nationalsozialismus vor Gericht. Die alliierten Prozesse gegen Kriegsverbrecher und Soldaten 1943–1952, Frankfurt am Main 1999, S. 86–98.

Kruedener, Jürgen Baron von (Hrsg.), Economic Crisis and Political Collapse. The Weimar Republic 1924–1933, New York/Oxford/München 1990.

Kubatzki, Rainer, Die Standorte der Lager für Zwangsarbeiter und Kriegsgefangene in Berlin nach den Bauunterlagen im Bundesarchiv Koblenz, in: Rimco Spanjer/Diedericke M. Oudesluijs/Johan Meijer (Hrsg.), Zur Arbeit gezwungen. Zwangsarbeit in Deutschland 1940–1945, Bremen 1999, S. 43–47.

Ders., Zwangsarbeiter und Kriegsgefangenenlager. Standorte und Topographie in Berlin und im brandenburgischen Umland 1939–1945. Eine Dokumentation, Berlin 2001.

Kuczynski, Thomas, Entschädigungsansprüche für Zwangsarbeit im «Dritten Reich» auf der Basis der damals erzielten zusätzlichen Einnahmen und Gewinne, in: 1999. Zeitschrift für Sozialgeschichte des 19. und 20. Jahrhunderts 15 (2000), S. 15–63.

Kuhn, Gerd, Villenkolonien oder die Metamorphosen einer suburbanen Sehnsucht, in: Werner Plumpe/Jörg Lesczenski (Hrsg.), Bürgertum und Bürgerlichkeit zwischen Kaiserreich und Nationalsozialismus, Mainz 2009, S. 31–38.

Kühn-Leitz, Knut (Hrsg.), Ernst Leitz. Ein Unternehmer mit Zivilcourage in der Zeit des Nationalsozialismus, Hanau 2008.

Kümmel, Gerhard, Transnationale Wirtschaftskooperation und der Nationalstaat. Deutsch-amerikanische Unternehmensbeziehungen in den dreißiger Jahren, Stuttgart 1995.

La Délégation française auprès de la Commission Allemande d'Armistice. Recueil de documents publiés par le gouvernement français, Bd. 1–3, Paris 1947–1952.

La France et la Belgique sous l'occupation allemande, 1940–1944. Les fonds allemands conservé au Centre historique des Archives nationales. Inventaire de la sous-série AJ⁴⁰, Paris 2002.

Lacroix-Riz, Annie, Industriels et banquiers français sous l'Occupation. La collaboration économique avec le Reich et Vichy, Paris 1999.

Laloum, Jean, Les juifs dans la banlieue parisienne des années 20 aux années 50, Paris 1998.

Lamer, Mirko, Die Wandlungen der ausländischen Kapitalanlagen auf dem Balkan, in: Weltwirtschaftliches Archiv 48 (1938), S. 470–524.

Lamer, Mirko, Kriegswirtschaftliche Einflüsse in Jugoslawien, in: Weltwirtschaftliches Archiv 53 (1941), S. 112–138.

Landwehr, Achim/Ross, Friso (Hrsg.), Denunziation und Justiz. Historische Dimensionen eines sozialen Phänomens, Tübingen 2000.

Lange, Thomas H., Peenemünde. Analyse einer Technologieentwicklung im Dritten Reich, Düsseldorf 2006.

Langner, Erich, Die Auftragsverlagerung und deren praktische Durchführung. Mit Mustern der erforderlichen Anträge und Bescheinigungen sowie Dienststellen-Verzeichnis, Berlin o. J. [1942].

Langsdorff, Werner von, LZ 129 «Hindenburg». Das Luftschiff des deutschen Volkes, Frankfurt am Main 1936.

Lanthier, Pierre, Vichy et l'Occupation dans le moyen terme: investissements et structures organisationnelles des équipementiers électriques de 1930 à 1955, in: Denis Varaschin (Hrsg.), Les Entreprises du secteur de l'énergie sous l'Occupation, Arras 2006, S. 35–57.

Layer-Jung, Gabriele/Pagenstecher, Cord, Berlin-Schöneweide, in: Wolfgang Benz/Barbara Distel (Hrsg.), Der Ort des Terrors. Geschichte der nationalsozialistischen Konzentrationslager, Bd. 3: Sachsenhausen, Buchenwald, München 2006, S. 120–123.

Dies., Das Pertrix-Außenlager in Berlin-Niederschöneweide, Berlin 2004, online: http://www.zwangsarbeit-in-berlin.de/schoeneweide/texte/layerjung-pagenstecher-2004-pertrix.pdf [Stand 17. November 2010].

Dies., Vom vergessenen Lager zum Dokumentationszentrum? Das ehemalige NS-

Zwangsarbeiterlager in Berlin-Schöneweide, in: Gedenkstätten-Rundbrief 3/111 (2003), S. 3–13.

Le Maner, Yves/Rousso, Henry, La domination allemande, in: Alain Beltran/Robert Frank/Henry Rousso (Hrsg.), La vie des entreprises sous l'Occupation. Une enquête à l'échelle locale, Paris 1994, S. 9–39.

Lembke, Hans H., Die Schwarzen Schafe bei den Gradenwitz und Kuczynski. Zwei Berliner Familien im 19. und 20. Jahrhundert, Berlin 2008.

Lesczenski, Jörg, August Thyssen 1842–1926. Lebenswelt eines Wirtschaftsbürgers, Essen 2008.

Libera, Martial, Le sort des biens neutres en Allemagne occupée. Le cas des usines suisses d'aluminium en zone française d'occupation (1945–1955), in: ders./Birte Wassenberg (Hrsg.), L'Europe au cœur. Etudes pour Marie-Thérèse Bitsch, Brüssel 2009, S. 99–115.

Lieb, Peter, Konventioneller Krieg oder NS-Weltanschauungskrieg? Kriegführung und Partisanenbekämpfung in Frankreich 1943/44, München 2007.

Liefmann, Robert, Die Kartelle in und nach dem Kriege, Berlin 1918.

Lindner, Erik, Die Reemtsmas. Geschichte einer deutschen Unternehmerfamilie, Hamburg 2007.

Lindner, Stephan H., Hoechst. Ein I.G.-Farben-Werk im Dritten Reich, München 2005.

Linke, Horst G., Deutsch-sowjetische Beziehungen bis Rapallo, Köln 1970.

Liste von Opfern aus Deutschland. Gedenkbuch der Verfolgung der Juden unter der nationalsozialistischen Gewaltherrschaft in Deutschland 1933–1945, Bd. 1, Koblenz 1986.

Lochner, Louis P., Die Mächtigen und der Tyrann. Die deutsche Industrie von Hitler bis Adenauer, Darmstadt 1955.

Loose, Ingo, Kredite für NS-Verbrechen. Die deutschen Kreditinstitute in Polen und die Ausraubung der polnischen und jüdischen Bevölkerung 1939–1945, München 2007.

Lorentz, Bernhard, Die Commerzbank und die «Arisierung» im Altreich. Ein Vergleich der Netzwerkstrukturen und Handlungsspielräume von Großbanken in der NS-Zeit, in: Vierteljahrshefte für Zeitgeschichte 50 (2002), S. 237–268.

Ders., Industrieelite und Wirtschaftspolitik 1928–1950. Heinrich Dräger und das Drägerwerk, Paderborn u. a. 2001.

Ders./Erker, Paul, Chemie und Politik. Die Geschichte der Chemischen Werke Hüls 1938–1979, München 2003.

Lorenzen, Till, BMW als Flugmotorenhersteller 1926–1940. Staatliche Lenkungsmaßnahmen und unternehmerische Handlungsspielräume, München 2008.

Lotfi, Gabriele, KZ der Gestapo. Arbeitserziehungslager im Dritten Reich, Stuttgart/München 2000.

Loulos, Konstantin, Politische, wirtschaftliche und soziale Aspekte der Kollaboration in Griechenland 1941–1944, in: Werner Röhr (Bearb.), Europa unterm Hakenkreuz. Ergänzungsbd. 1: Okkupation und Kollaboration, Berlin/Heidelberg 1994, S. 397–414.

Lübbe, Hermann, Der Nationalsozialismus im deutschen Nachkriegsbewußtsein, in: Historische Zeitschrift 236 (1983), S. 579–599.

Ders., Deutschland nach dem Nationalsozialismus 1945–1990, in: Helmut König/Wolfgang Kuhlmann/Klaus Schwabe (Hrsg.), Vertuschte Vergangenheit. Der Fall Schwerte und die NS-Vergangenheit der deutschen Hochschulen, München 1997, S. 182–206.

Łuczak, Czesław, Kraj Warty 1939–1945. Studium historyczno-gospodarcze okupacji hitlerowskiej [DasWartheland 1939–1945. Historisch-wirtschaftliche Untersuchung der nationalsozialistischen Besatzung], Poznań 1972.

Ders., Polityka ludnoşciowa i ekonomiczna hitlerowskich Niemiec w okupowanej Polsce, Poznań 1979.

Ders. (Hrsg.), Położenie ludnoşci polskiej w tzw. Kraju Warty w okresie hitlerwoskiej okupacji (= Documenta Occupationis Teutonicae XIII) [Situation der polnischen Bevölkerung im sogenannten Wartheland während der nationalsozialistischen Besatzung], Poznań 1990.

Ders., Polska i Polacy w drugiej wojnie şwiatowej, Poznań 1993.

Ludecke, Kurt G. W., I Knew Hitler. The Story of a Nazi Who Escaped the Blood Purge, New York 1937.

Ludewig, Hans-Ulrich, Zwangsarbeit im Zweiten Weltkrieg. Forschungsstand und Ergebnisse regionaler und lokaler Fallstudien, in: Archiv für Sozialgeschichte 31 (1991), S. 558–577.

Lüdtke, Alf, The Appeal of Exterminating «Others». German Workers and the Limits of Resistance, in: Michael Geyer/John W. Boyer (Hrsg.), Resistance Against the Third Reich, Chicago/London 1994, S. 53–74.

Ders., Die Ordnung der Fabrik. «Sozialdisziplinierung» und Eigen-Sinn bei Fabrikarbeitern im späten 19. Jahrhundert, in: Rudolf Vierhaus u. a. (Hrsg.), Frühe Neuzeit – frühe Moderne? Forschungen zur Vielschichtigkeit von Übergangsprozessen, Göttingen 1992, S. 206–231.

Luh, Andreas, Betriebssport zwischen Arbeitgeberinteressen und Arbeitnehmerbedürfnissen. Eine historische Analyse vom Kaiserreich bis zur Gegenwart, Aachen 1998.

Luhmann, Niklas, Die Wirtschaft der Gesellschaft, Frankfurt am Main 1994.

Ders., Organisation und Entscheidung, Opladen/Wiesbaden 2000.

Lutz, Martin, Siemens im Sowjetgeschäft. Eine Institutionengeschichte der deutsch-sowjetischen Beziehungen 1917–1933, Stuttgart 2011.

Luv, Herbert, Die pharmazeutische Industrie in der sowjetischen Besatzungszone, Bonn o. J [1953].

Luyten, Dirk, The Belgian Business Elite. Economic Exploitation and National Socialist Corporatism, in: Harold James/Jacob Tanner (Hrsg.), Enterprise in the Period of Fascism in Europe, Aldershot 2002, S. 195–218.

Maas, Jacques, Le groupe sidérurgique ARBED face à l'hégémonie nazie – Collaboration ou résistance?, in: Archives nationales de Luxembourg (Hrsg.), Collaboration: Nazification? Le cas du Luxembourg à la lumière des situations française, belge et néerlandaise. Actes du Colloque international, Centre culturel de rencontre Abbaye de Neumünster, Mai 2006, Luxembourg 2008, S. 340–374.

Macrakis, Kristie, Surviving the Swastika. Scientific Research in Nazi Germany, New York/Oxford 1993.

Maelicke, Alfred, Zur Veräußerung jüdischer Gewerbebetriebe, in: Wirtschaftsblatt der Industrie- und Handelskammer zu Berlin 34 (1938), S. 1628–1638.

Mai, Gunther, «Warum steht der deutsche Arbeiter zu Hitler?» Zur Rolle der Deutschen Arbeitsfront im Herrschaftssystem des Dritten Reiches, in: Geschichte und Gesellschaft 12 (1986), S. 212–234.

Ders., Die Ökonomie der Zeit. Unternehmerische Rationalisierungsstrategien und industrielle Arbeitsbeziehungen, in: Geschichte und Gesellschaft 23 (1997), S. 311–327.

Ders., Europa 1918–1939. Mentalitäten, Lebensweisen, Politik zwischen den Weltkriegen, Stuttgart 2001.

Maier, Charles S., Between Taylorism and Technocracy. European Ideologies and the Vision of Industrial Productivity in the 1920s, in: Journal of Contemporary History 5 (1970), S. 27–61.

Maier, Helmut, Forschung als Waffe. Rüstungsforschung in der Kaiser-Wilhelm-Gesellschaft und das Kaiser-Wilhelm-Institut für Metallforschung 1900–1945/48, 2 Bde., Göttingen 2007.

Majerus, Benoît, Vorstellungen von der Besetzung Belgiens, Luxemburgs und der Niederlande (1933–1944), in: Jörg Echternkamp/Stefan Martens (Hrsg.), Der Zweite Weltkrieg in Europa. Erfahrung und Erinnerung, Paderborn u. a. 2007, S. 35–43.

Mamier, Willy, Die Konjunktur der deutschen Textilindustrie nach dem Kriege, Heidelberg 1930.

Mantelli, Brunello, Von der Wanderarbeit zur Deportation. Die italienischen Arbeiter in Deutschland 1938–1945, in: Ulrich Herbert (Hrsg.), Europa und der «Reichseinsatz». Ausländische Zivilarbeiter, Kriegsgefangene und KZ-Häftlinge in Deutschland 1938–1945, Essen 1991, S. 51–89.

Manurhin – 50 ans, in: Entreprise. Supplément au No. 810 vom 20. März 1971.

Margairaz, Michel, Einleitung. Die französischen (und deutschen) Unternehmen während des Zweiten Weltkrieges, in: Zeitschrift für Unternehmensgeschichte 50 (2005), S. 131–138.

Margairaz, Michel, L'Etat, les finances et l'économie. Histoire d'une conversion 1932–1952, 2 Bde., Paris 1991.

Marsch, Ulrich, Zwischen Wissenschaft und Wirtschaft. Industrieforschung in Deutschland und Großbritannien 1880–1936, Paderborn u. a. 2000.

Marschall, Luitgard, Aluminium. Metall der Moderne, München 2008.

Marsmann, Herbert, 1827–1952. 125 Jahre Gottfried Hagen Erzeugnisse. Werkgeschichte eines Familienunternehmens, Köln 1952.

Martin, James Stewart, All Honorable Men, Boston 1950.

Maschke, Erich, Grundzüge der deutschen Kartellgeschichte bis 1914, Dortmund 1964.

Mason, Timothy, Die Bändigung der Arbeiterklasse in Deutschland. Eine Einleitung, in: Carola Sachse u. a. (Hrsg.), Angst, Belohnung, Zucht und Ordnung. Herrschaftsmechanismen im Nationalsozialismus, Opladen 1982, S. 11–53.

Ders., Sozialpolitik im Dritten Reich. Arbeiterklasse und Volksgemeinschaft, Opladen 1977.

Matis, Herbert, Unternehmenskultur und Geschichte, in: Wilfried Feldenkirchen/Frauke Schönert-Röhlk/Günther Schulz (Hrsg.), Wirtschaft, Gesellschaft, Unternehmen. Festschrift für Hans Pohl zum 60. Geburtstag, 2. Teilbd., Stuttgart 1995, S. 1028–1053.

Mattéoli, Jean (Hrsg.), Rapport général: Mission d'étude sur la spoliation des Juifs, Paris 2000.

Mausbach, Wilfried, Zwischen Morgenthau und Marshall. Das wirtschaftspolitische Deutschlandkonzept der USA 1944–1947, Düsseldorf 1996.

May, Ernest R., Strange Victory. Hitler's Conquest of France, New York 2000.

Mayer, Michael, Staaten als Täter. Ministerialbürokratie und «Judenpolitik» in NS-Deutschland und Vichy-Frankreich. Ein Vergleich, München 2010.

Mazower, Mark, Hitlers Imperium. Europa unter der Herrschaft des Nationalsozialismus, München 2009.

Ders., Inside Hitler's Greece. The Experience of Occupation, 1941–44, New Haven/London 1993.

Megargee, Geoffrey P., Hitler und die Generäle. Das Ringen um die Führung der Wehrmacht 1933–1945, Paderborn u. a. 2006.

Meinen, Insa, Die Deportation der Juden aus Belgien und das Devisenschutzkommando, in: Johannes Hürter/Jürgen Zarusky (Hrsg.), Besatzung, Kollaboration, Holocaust. Neue Studien zur Verfolgung und Ermordung der europäischen Juden, München 2008, S. 45–79.

Meissner, Hans-Otto, Magda Goebbels. Ein Lebensbild, München 1978.

Meister, Rainer, Die große Depression. Zwangslagen und Handlungsspielräume der Wirtschafts- und Finanzpolitik in Deutschland 1929–1932, Regensburg 1991.

Merton, Richard, About the Responsibility of German Industrialists (1. Mai 1945), in: ders., Erinnernswertes aus meinem Leben, Frankfurt am Main 1953, S. 281–286.

Mette, Tim, Kali-Industrie, Kali-Staat und Kali-Junker. Recht und Wirtschaft am Beispiel des Reichskaligesetzes vom 25. Mai 1910, St. Katharinen 1997.

Mettele, Gisela, Der private Raum als öffentlicher Ort. Geselligkeit im bürgerlichen Haus, in: Dieter Hein/Andreas Schulz (Hrsg.), Bürgerkultur im 19. Jahrhundert. Bildung, Kunst und Lebenswelt, München 1996, S. 155–169.

Meyer, Gerhard, Vom Ersten Weltkrieg bis zum Anfang des 21. Jahrhunderts. Lübeck im Kräftefeld rasch wechselnder Verhältnisse, in: Antjekathrin Graßmann (Hrsg.), Lübeckische Geschichte, Lübeck [4]2008, S. 687–778.

Meyer, Winfried/Neitmann, Klaus (Hrsg.), Zwangsarbeit während der NS-Zeit in Berlin und Brandenburg. Formen, Funktion, Rezeption, Potsdam 2001.

Michalka, Wolfgang, Kriegsrohstoffbewirtschaftung, Walther Rathenau und die «kommende Wirtschaft», in: ders. (Hrsg.), Der Erste Weltkrieg. Wirkung, Wahrnehmung, Analyse, München/Zürich 1994, S. 485–505.

Michel, Alexander, Von der Fabrikzeitung zum Führungsmittel. Werkzeitschriften industrieller Großunternehmen von 1890 bis 1945, Stuttgart 1997.

Mierzejewski, Alfred C., The Collapse of the German War Economy, 1944–1945. Allied Air Power and the German National Railway, Chapel Hill/London 1988.

Military Government of Germany (U.S.) (Hrsg.), Dresdner and Deutsche Banks. Special Report of the Military Governor, U.S. Zone, June 1947.

Milward, Alan S., Arbeitspolitik und Produktivität in der deutschen Kriegswirtschaft unter vergleichendem Aspekt, in: Friedrich Forstmeier/Hans-Erich Volkmann (Hrsg.), Kriegswirtschaft und Rüstung 1939–1945, Düsseldorf 1977, S. 73–91.

Ders., Die deutsche Kriegswirtschaft 1939–1945, Stuttgart 1966.

Ders., French Labour and the German Economy 1942–45. An Essay on the Nature of the Facist New Order, in: Economic History Review 23 (1970), S. 336–351.

Ders., The Fascist Economy in Norway, Oxford 1972.

Ders., The New Order and the French Economy, Oxford 1970.

Mlynek, Klaus, Machtübernahme und Kommunalpolitik, in: Hannover 1933. Eine Großstadt wird nationalsozialistisch, Ausstellungskatalog, Hannover 1981.

Ders./Röhrbein,Waldemar (Hrsg.), Geschichte der Stadt Hannover, 2 Bde., Hannover 1994.

Mohr, Rudolf/Ranglack, Klaus/Riesterer, Christine, Erfurt unterm Sternenbanner – 12. April bis 2. Juli 1945. Die amerikanische Besatzungszeit in Dokumenten und Aufzeichnungen, Erfurt 1995.

Moisel, Claudia, Frankreich und die deutschen Kriegsverbrecher. Politik und Praxis der Strafverfolgung nach dem Zweiten Weltkrieg, Göttingen 2004.

Möller, Horst, Die Weimarer Republik. Eine unvollendete Demokratie, München 2004.

Mollin, Gerhard, Montankonzerne und «Drittes Reich». Der Gegensatz zwischen Monopolindustrie und Befehlswirtschaft in der deutschen Rüstung und Expansion 1936–1944, Göttingen 1988.

Moltmann, Günter, Zur Formulierung der amerikanischen Besatzungspolitik in Deutschland am Ende des Zweiten Weltkrieges, in: Vierteljahrshefte für Zeitgeschichte 15 (1967), S. 299–322.

Mom, Gijs, The Electric Vehicle. Technology and Expectations in the Automobile Age, Baltimore/London 2004.

Mommsen, Hans, Konnten Unternehmer im Nationalsozialismus apolitisch bleiben?, in: Lothar Gall/Manfred Pohl (Hrsg.), Unternehmen im Nationalsozialismus, München 1998, S. 69–72.

Ders./Grieger, Manfred, Das Volkswagenwerk und seine Arbeiter im Dritten Reich, Düsseldorf 1997.

Montgomery, John D., Forced to Be Free. The Artificial Revolution in Germany and Japan, Chicago 1957.

Morgenthau, Henry, Morgenthau Diary (Germany), Bd. 1, Washington 1967.

Möser, Kurt, Geschichte des Autos, Frankfurt am Main/New York 2002.

Müller, Alfred, Die Kriegsrohstoffbewirtschaftung 1914–1918 im Dienste des deutschen Monopolkapitals, Berlin (Ost) 1955.

Müller, Norbert (Hrsg.), Die faschistische Okkupationspolitik in den zeitweilig besetzten Gebieten der Sowjetunion (1941–1944), Berlin 1991.

Müller, Rolf-Dieter, Albert Speer und die Rüstungspolitik im totalen Krieg, in: Bernhard R. Kroener/Rolf-Dieter Müller/Hans Umbreit (Hrsg.), Organisation und Mobilisierung des deutschen Machtbereichs, Teilbd. 2: Kriegsverwaltung, Wirtschaft und personelle Ressourcen 1942–1944/45, Stuttgart 1999, S. 275–773.

Ders., Der Manager der Kriegswirtschaft. Hans Kehrl. Ein Unternehmer in der Politik des «Dritten Reiches», Essen 1999.

Ders., Das Tor zur Weltmacht. Die Bedeutung der Sowjetunion für die deutsche Wirtschafts- und Rüstungspolitik zwischen den Weltkriegen, Boppard am Rhein 1984.

Ders. (Hrsg.), Die deutsche Wirtschaftspolitik in den besetzten sowjetischen Gebieten 1941–1943. Der Abschlußbericht des Wirtschaftsstabes Ost und Aufzeichnungen eines Angehörigen des Wirtschaftskommandos Kiew, Boppard 1991.

Ders., Die Mobilisierung der deutschen Wirtschaft für Hitlers Kriegführung, in: Bernhard R. Kroener/Rolf-Dieter Müller/Hans Umbreit (Hrsg.), Organisation und Mobilisierung des deutschen Machtbereichs, Teilbd. 1: Kriegsverwaltung, Wirtschaft und personelle Ressourcen 1939–1941, Stuttgart 1988, S. 349–692.

Ders., Handelspartner oder Ausbeutungsobjekt? Die deutsche Wirtschaft und Hitlers «Lebensraum»-Krieg gegen die Sowjetunion, in: Hans-Adolf Jacobsen (Hrsg.), Deutsch-russische Zeitenwende. Krieg und Frieden 1941–1995, Baden-Baden 1995, S. 285–307.

Ders., Hitlers Ostkrieg und die deutsche Siedlungspolitik. Die Zusammenarbeit von Wehrmacht, Wirtschaft und SS, Frankfurt am Main 1991.

Ders., Speers Rüstungspolitik im Totalen Krieg. Zum Beitrag der modernen Militärgeschichte im Diskurs mit der Sozial- und Wirtschaftsgeschichte, in: Militärgeschichtliche Zeitschrift 59 (2000), S. 343–385.

Ders., Triebkräfte des Krieges oder: Die Suche nach den Ursachen der deutschen Katastrophe, in: Hans-Erich Volkmann, Ökonomie und Expansion. Grundzüge der NS-Wirtschaftspolitik, hrsg. von Bernhard Chiari, München 2003, S. 1–18.

Munk, Frank, The Legacy of Nazism. The Economic and Social Consequences of Totalitarianism, New York u. a. 1943.

Münstermann, Hans, Die Konzerne der Kaliindustrie, Leipzig 1925.

Münzel, Martin, Die jüdischen Mitglieder der deutschen Wirtschaftselite 1927–1955. Verdrängung – Emigration – Rückkehr, Paderborn u. a. 2006.

Ders., Die Verdrängung jüdischer Vorstands- und Aufsichtsratmitglieder aus Berliner Großunternehmen im NS-Staat, in: Christof Biggeleben/Beate Schreiber/Kilian J. L. Steiner (Hrsg.), «Arisierung» in Berlin, Berlin 2007, S. 95–120.

Musial, Bogdan, Die «vierte Teilung Polens». Polen unter deutscher und sowjetischer Besatzung, in: Manuel Becker/Holger Löttel/Christoph Studt (Hrsg.), Der militärische Widerstand gegen Hitler im Lichte neuer Kontroversen, Berlin 2010, S. 25–50.

Ders., NS-Kriegsverbrecher vor polnischen Gerichten, in: Vierteljahrshefte für Zeitgeschichte 47 (1999), S. 25–56.

Ders., Recht und Wirtschaft im besetzten Polen (1939–1945), in: Johannes Bähr/Ralf Banken (Hrsg.), Das Europa des «Dritten Reichs». Recht, Wirtschaft, Besatzung, Frankfurt am Main 2005, S. 31–57.

Muthesius, Volkmar, Peter Klöckner und sein Werk, Essen 1941.

Nachama, Andreas/Glauning, Christine/Rürup, Katharina Sophie (Hrsg.), Das Dokumentationszentrum NS-Zwangsarbeit Berlin-Schöneweide. Zur Konzeption eines Ausstellungs-, Archiv- und Lernortes. Eine Veröffentlichung der Stiftung Topographie des Terrors, Eisenhüttenstadt ²2007.

Nadolny, Burkhard/Treue, Wilhelm, Varta. Ein Unternehmen der Quandt-Gruppe 1888–1963, München 1964.

Nahme, Hans-Dieter, Ein Deutscher im zwanzigsten Jahrhundert, Rostock 2007.

Neckarsulmer, Ernst, Der alte und der neue Reichtum, Berlin 1925.

Nefors, Patrick, La collaboration industrielle en Belgique occupée 1940–1944, in: Archives nationales de Luxembourg (Hrsg.), Collaboration: Nazification? Actes du Colloque international, mai 2006, Luxembourg 2008, S. 393–413.

Nefors, Patrick, La Collaboration Industrielle en Belgique 1940–1945, Brüssel 2006.

Nehring, Robert, Kritik des Common Sense: Gesunder Menschenverstand, reflektierende Urteilskraft und Gemeinsinn – der Sensus communis bei Kant, Berlin 2010.

Neitzel, Sönke/Hohrath, Daniel (Hrsg.), Die Entgrenzung der Gewalt in kriegerischen Konflikten vom Mittelalter bis ins 20. Jahrhundert, Paderborn 2007.

Nesshöver, Christopher, Operation Regenwurm, in: Handelsblatt Nr. 118 vom 20. Juni 2008.

Nestler, Ludwig (Hrsg.), Die faschistische Okkupationspolitik in Belgien, Luxemburg und den Niederlanden (1940–1945), Berlin 1990.

Ders. (Hrsg.), Die faschistische Okkupationspolitik in Frankreich (1940–1944), Berlin 1990.

Neufeld, Michael, Die Rakete und das Reich. Wernher von Braun, Peenemünde und der Beginn des Raketenzeitalters, Berlin 1997.

Ders., Overcast, Paperclip, Osoaviakhim: Plünderung und Transfer deutscher Militärtechnologie, in: Detlef Junker (Hrsg.), Die USA und Deutschland im Zeitalter des Kalten Krieges 1945–1990. Ein Handbuch, Bd. I: 1945–1968, Stuttgart/München [2]2001, S. 306–316.

Neuhaus, Wilhelm, Hersfelder Tuch. Beiträge zur Geschichte des Hersfelder Wollgewerbes, Bad Hersfeld 1950.

Newman, Philip C., Key German Cartels under the Nazi Regime, in: The Quarterly Journal of Economics 62 (1948), S. 576–595.

Nieberding, Anne, Institutionelle Entfaltung der Wettbewerbswirtschaft (1870–1933), in: dies./Clemens Wischermann (Hrsg.), Die institutionelle Revolution. Eine Einführung in die deutsche Wirtschaftsgeschichte des 19. und frühen 20. Jahrhunderts, Stuttgart 2004, S. 154–282.

Dies., Unternehmenskultur im Kaiserreich. J. M. Voith und die Farbenfabriken vorm. Friedr. Bayer & Co., München 2003.

Niedhart, Gottfried, Die Außenpolitik der Weimarer Republik, München [2]2006.

Niehuss, Merith, Textilarbeiter im Ersten Weltkrieg. Beschäftigungslage und Fürsorgemaßnahmen am Beispiel Augsburg, in: Gunther Mai (Hrsg.), Arbeiterschaft in Deutschland 1914–1918. Studien zu Arbeitskampf und Arbeitsmarkt im Ersten Weltkrieg, Düsseldorf 1985, S. 249–276.

Niemann, Hans-Werner, Die Russengeschäfte in der Ära Brüning, in: Vierteljahrschrift für Sozial- und Wirtschaftsgeschichte 72 (1985), S. 153–174.

Ders., Das Bild des industriellen Unternehmers in deutschen Romanen der Jahre 1890–1945, Berlin 1982.

Niemann, Mario, Mecklenburgischer Großgrundbesitz im Dritten Reich. Soziale Struktur, wirtschaftliche Stellung und politische Bedeutung, Köln u. a. 2000.

Niethammer, Lutz, Die Mitläuferfabrik. Die Entnazifizierung am Beispiel Bayerns, Berlin/Bonn [2]1982.

Ders., Entnazifizierung in Bayern. Säuberung und Rehabilitierung unter amerikanischer Besatzung, Frankfurt am Main 1972.

Nietzsche, Friedrich, Unzeitgemäße Betrachtungen. Erstes Stück: David Strauß, der

Bekenner und der Schriftsteller, in: Karl Schlechta (Hrsg.), Friedrich Nietzsche. Werke in drei Bänden, Bd. 1, Darmstadt 1954.

Nolan, Mary, Visions of Modernity. American Business and the Modernization of Germany, Oxford/New York 1994.

Norden, Albert, Kali für Brot und Tod, Berlin 1956.

North, Douglass C., Theorie des institutionellen Wandels. Eine neue Sicht der Wirtschaftsgeschichte, Tübingen 1988.

Obenaus, Herbert, Die Außenkommandos des Konzentrationslagers Neuengamme in Hannover, in: Hermann Kaienburg (Hrsg.), Konzentrationslager und deutsche Wirtschaft 1939–1945, Opladen 1996, S. 211–226.

Ders., Die Räumung der hannoverschen Konzentrationslager im April 1945, in: Rainer Fröbe u. a. (Hrsg.), Konzentrationslager in Hannover. KZ-Arbeit und Rüstungsindustrie in der Spätphase des Zweiten Weltkriegs, Hildesheim 1985, S. 493–544.

Obermüller, Benjamin, Hermann Reusch und die Beziehungen zur GHH-Eigentümerfamilie Haniel, in: Susanne Hilger/Ulrich S. Soénius (Hrsg.), Familienunternehmen im Rheinland im 19. und 20. Jahrhundert. Netzwerke – Nachfolge – Soziales Kapital, Köln 2009, S. 149–174.

Occhino, Filippo/Oosterlinck, Kim/White, Eugene N., How Much Can a Victor Force the Vanquished to Pay? France under the Nazi Boot, in: Journal of Economic History 68 (2008), S. 1–45.

Oetzel, Günther, Technik und Totalitarismus – Von Nähe und Distanz, in: Rolf-Ulrich Kunze (Hrsg.), Distanz zum Unrecht. Methoden und Probleme der deutschen Widerstandsforschung, Konstanz 2006, S. 195–212.

OMGUS, Ermittlungen gegen die Deutsche Bank 1946/1947. Übersetzt und bearbeitet von der Dokumentenstelle zur NS-Sozialpolitik, Nördlingen 1985.

Orlovius, Heinz, Der Luftverkehr über dem Ozean, Berlin 1934.

Ostermann, Ingrid, Fabrikbau und Moderne in Deutschland und den Niederlanden in den 1920er und 30er Jahren, Berlin 2010.

Ostwald, Hans, Sittengeschichte der Inflation. Ein Kulturdokument aus den Jahren des Marktsturzes, Berlin 1931.

Ottersen, Klaus, Gemeinsamer Ursprung – getrennte Wege. Die Dominitwerke, in: Briloner Heimatbuch 2 (1992), S. 87–95.

Overesch, Manfred, Bosch in Hildesheim 1937–1945. Freies Unternehmertum und nationalsozialistische Rüstungspolitik, Göttingen 2008.

Overy, Richard J., Cars, Roads, and Economic Recovery in Germany, 1932–8, in: Economic History Review 28 (1975), S. 466–483.

Ders./Otto, Gerhard/Houwink ten Cate, Johannes (Hrsg.), Die «Neuordnung» Europas. NS-Wirtschaftspolitik in den besetzten Gebieten, Berlin 1997.

Ders., The Economy of the German «New Order», in: ders./Gerhard Otto/Johannes Houwink ten Cate (Hrsg.), Die «Neuordnung» Europas. NS-Wirtschaftspolitik in den besetzten Gebieten, Berlin 1997, S. 11–28.

Ders., The German Motorisierung and Rearmament: a Reply, in: Economic History Review 32 (1979), S. 107–113.

Ders., The Nazi Economic Recovery 1932–1938, Cambridge ²1996.

Ders., Transportation and Rearmament in the Third Reich, in: Historical Journal 16 (1973), S. 389–409.

Ders., War and Economy in the Third Reich, Oxford 1994.

Oyen, Stefan A./Overesch, Manfred, «Starter für den Krieg». Bosch Hildesheim im Dritten Reich, in: Andreas Heusler/Mark Spoerer/Helmuth Trischler (Hrsg.), Rüstung, Kriegswirtschaft und Zwangsarbeit im «Dritten Reich», München 2010, S. 107–137.

Pagenstecher, Cord, Das GBI-Lager 75/76 in Schöneweide. Zur Geschichte des letzten erhaltenen Berliner Zwangsarbeiterlagers, in: Christine Glauning/Andreas Nachama/Katharina Sophie Rürup (Hrsg.), Das Dokumentationszentrum NS-Zwangsarbeit Berlin-Schöneweide. Zur Konzeption eines Ausstellungs-, Archiv- und Lernortes, Berlin ²2007, S. 11–18.

Ders., Einleitung, in: Cord Pagenstecher/Bernhard Bremberger/Gisela Wenzel (Hrsg.), Zwangsarbeit in Berlin. Archivrecherchen, Nachweissuche und Entschädigung, Berlin 2008, S. 9–14.

Pavel, Horst, Das Girosammeldepot und die Einbeziehung der verlosbaren Wertpapiere in den Effektengiroverkehr, Berlin 1931.

Paxton, Robert O., La Collaboration d'État, in: Jean-Pierre Azéma/François Bédarida (Hrsg.), La France des annés noires, Bd. 1, Paris 1993, S. 333–361.

Ders., La France de Vichy 1940–1944, Nouvelle édition revue et mise à jour, Paris 1997.

Pearce, Gerrit, Belgien, in: Franz-Otto Gilles/Gerhard Otto (Hrsg.), Verwalteter Beutepartikularismus. Finanz-, Verwaltungs- und Wirtschaftskontrolle und nationalsozialistische Besatzungspolitik in den von Deutschland besetzten Gebieten, Berlin 1991, S. 27–33.

Pelt, Morgens, Germany and the Greek Armaments Industry. Policy Goals and Business Opportunities, in: Joachim Lund (Hrsg.), Working for the New Order. European Business under German Domination, 1939–1945, Odense 2006, S. 141–156.

Ders., Tobacco, Arms and Politics. Greece and Germany from World Crisis to World War 1921–1941, Kopenhagen 1998.

Pendaries, Yveline, Les procès de Rastatt (1946–1954): le jugement des crimes de guerre en zone française d'occupation en Allemagne, Bern 1995.

Perrey, Hans-Jürgen, Der Russlandausschuss der Deutschen Wirtschaft. Die Deutsch-Sowjetischen Wirtschaftbeziehungen der Zwischenkriegszeit. Ein Beitrag zur Geschichte des Ost-West-Handels, München 1985.

Perz, Bertrand, Wien-Floridsdorf (AFA-Werke), in: Wolfgang Benz/Barbara Distel (Hrsg.), Der Ort des Terrors: Geschichte der nationalsozialistischen Konzentrationslager, Bd. 4: Flossenbürg, Mauthausen, Ravensbrück, München 2006, S. 453–455.

Peter, Andreas, Juden in Guben. Ein Überblick, in: Rainer Ernst (Hrsg.), «Gestern sind wir hier gut angekommen». Beiträge zur jüdischen Geschichte in der Niederlausitz, Görlitz 2005, S. 10–39.

Peter, Roland, General der Infanterie Georg Thomas, in: Gerd R. Ueberschär (Hrsg.), Hitlers militärische Elite, Bd. 1: Von den Anfängen des Regimes bis Kriegsbeginn, Darmstadt 1998, S. 248–257.

Ders., Rüstungspolitik in Baden. Kriegswirtschaft und Arbeitseinsatz in einer Grenzregion im Zweiten Weltkrieg, München 1995.

Ders./Rais-Liechti, Myriam/Ruch, Christian, Geschäfte und Zwangsarbeit. Schweizer Industrieunternehmen im «Dritten Reich», Zürich 2001.

Petersen, Jens, Hitler-Mussolini. Die Entstehung der Achse Berlin-Rom 1933–1936, Tübingen 1973.

Peterson, Edward N., The American Occupation of Germany. Retreat to Victory, Detroit 1977.

Petrick, Fritz, Dänemark, das «Musterprotektorat»?, in: Robert Bohn (Hrsg.), Die deutsche Herrschaft in den «germanischen» Ländern 1940–1945, Stuttgart 1997, S. 121–134.

Ders., Der «Leichtmetallausbau Norwegen» 1940–1945. Eine Studie zur deutschen Expansions- und Okkupationspolitik in Nordeuropa, Frankfurt am Main u. a. 1992.

Ders. (Bearb.), Die Okkupationspolitik des deutschen Faschismus in Dänemark und Norwegen (1940–1945), in: Bundesarchiv (Hrsg.), Europa unterm Hakenkreuz. Die Okkupationspolitik des deutschen Faschismus (1938–1945), achtbändige Dokumentenedition, Bd. 7, Berlin/Heidelberg 1992.

Petzina, Dietmar, Autarkiepolitik im Dritten Reich. Der nationalsozialistische Vierjahresplan, Stuttgart 1968.

Ders./Plumpe, Werner, Unternehmensethik – Unternehmenskultur: Herausforderungen für die Unternehmensgeschichtsschreibung?, in: Jahrbuch für Wirtschaftsgeschichte 1993/2, S. 9–19.

Pfister, Ulrich/Plumpe, Werner, Einleitung. Plädoyer für eine theoriegestützte Geschichte von Unternehmen und Unternehmern, in: Westfälische Forschungen 50 (2000), S. 1–21.

Picker, Henry, Hitlers Tischgespräche im Führerhauptquartier 1941–1942, Bonn 1951.

Pierenkemper, Toni/Hans-Günther Sohl. Funktionale Effizienz und autoritäre Harmonie in der Eisen- und Stahlindustrie, in: Paul Erker/Toni Pierenkemper (Hrsg.), Deutsche Unternehmen zwischen Kriegswirtschaft und Wiederaufbau. Studien zur Erfahrungsbildung von Industrie-Eliten, München 1999, S. 53–107.

Ders., Unternehmenskultur, in: Archiv und Wirtschaft 34/1 (2001), S. 5–12.

Ders., Unternehmensgeschichte. Eine Einführung in ihre Methoden und Ergebnisse, Stuttgart 2000.

Ders., Gewerbe und Industrie im 19. und 20. Jahrhundert, München ²2007.

Ders., Was kann eine moderne Unternehmensgeschichtsschreibung leisten? Und was sollte sie tunlichst vermeiden, in: Zeitschrift für Unternehmensgeschichte 44 (1999), S. 15–31.

Pilgrim, Volker Elis, «Du kannst mich ruhig ‹Frau Hitler› nennen». Frauen als Schmuck und Tarnung der NS-Herrschaft, Reinbek 1994.

Pinner, Felix, Deutsche Wirtschaftsführer, Charlottenburg 1924.

Plato, Alexander von, Wirtschaftskapitäne. Biographische Selbstkonstruktionen von Unternehmern der Nachkriegszeit, in: Axel Schildt/Arnold Sywottek (Hrsg.), Modernisierung im Wiederaufbau. Die westdeutsche Gesellschaft der 50er Jahre, Bonn 1993, S. 377–391.

Plumpe, Gottfried, Die I. G. Farbenindustrie AG. Wirtschaft, Technik und Politik 1904–1945, Berlin 1990.

Plumpe, Werner, Betriebliche Mitbestimmung in der Weimarer Republik. Fallstudien zum Ruhrbergbau und zur Chemischen Industrie, München 1999.

Ders., Carl Duisberg, das Kriegsende und die Geburt der Sozialpartnerschaft aus dem Geist der Niederlage, in: Hartmut Berghoff (Hrsg.), Wirtschaft im Zeitalter der Extreme. Beiträge zur Unternehmensgeschichte Deutschlands und Österreichs, München 2010, S. 134–159.

Ders., Stichworte zur Unternehmensgeschichtsschreibung, in: ders./Christian Kleinschmidt (Hrsg.), Unternehmen zwischen Markt und Macht. Aspekte deutscher Unternehmens- und Industriegeschichte im 20. Jahrhundert, Essen 1992, S. 9–13.

Ders., Wirtschaftsverwaltung und Kapitalinteresse im britischen Besatzungsgebiet 1945/46, in: Dietmar Petzina/Walter Euchner (Hrsg.), Wirtschaftspolitik im britischen Besatzungsgebiet 1945–1949, Düsseldorf 1984, S. 121–152.

Ders., Wirtschaftsgeschichte zwischen Ökonomie und Geschichte – ein historischer Abriss, in: ders. (Hrsg.), Wirtschaftsgeschichte, Stuttgart 2008, S. 7–39.

Ders., Flicks Karrieren. Ein Kapitel deutscher Unternehmensgeschichte aus dem 20. Jahrhundert, in: Neue Politische Literatur 53 (2008), S. 5–14.

Ders., Die Geburt des «Homo oeconomicus». Historische Überlegungen zur Entstehung und Bedeutung des Handlungsmodells der modernen Wirtschaft, in: Wolfgang Reinhard/Justin Stagl (Hrsg.), Menschen und Märkte. Studien zur historischen Wirtschaftsanthropologie, Wien/Köln/Weimar 2007, S. 319–352.

Ders., Industrieland Deutschland 1945 bis 2008, in: Hans-Peter Schwarz (Hrsg.), Die Bundesrepublik Deutschland. Eine Bilanz nach 60 Jahren, München 2008, S. 379–404.

Ders., Unternehmen im Nationalsozialismus. Eine Zwischenbilanz, in: Werner Abelshauser/Jan-Otmar Hesse/Werner Plumpe (Hrsg.), Wirtschaftsordnung, Staat und Unternehmen. Neue Forschungen zur Wirtschaftsgeschichte des Nationalsozialismus. Festschrift für Dietmar Petzina zum 65. Geburtstag, Essen 2003, S. 243–266.

Ders., Wirtschaftskrisen. Geschichte und Gegenwart, München 2010.

Ders., Entscheidung für den Strukturbruch: Die westdeutsche Währungsreform und ihre Folgen, in: Detlef Junker (Hrsg.), Die USA und Deutschland im Zeitalter des Kalten Krieges 1945–1990. Ein Handbuch, Bd. 1, 1945–1968, Stuttgart/München 2001, S. 455–467.

Ders., Politische Zäsur und funktionale Kontinuität: Industrielle Nachkriegsplanungen und der Übergang zur Friedenswirtschaft 1944–1946, in: 1999. Zeitschrift für Sozialgeschichte des 20. und 21. Jahrhunderts 7 (1992), Heft 4, S. 11–37.

Ders., Die Wirtschaftsgeschichte in der Historischen Zeitschrift. Ein Überblick, in: Historische Zeitschrift 289 (2009), S. 223–251.

Ders., Perspektiven der Unternehmensgeschichte, in: Günther Schulz u. a. (Hrsg.), Sozial- und Wirtschaftsgeschichte. Arbeitsgebiete – Probleme – Perspektiven. 100 Jahre Vierteljahrschrift für Sozial- und Wirtschaftsgeschichte, Stuttgart 2004, S. 403–425.

Ders., Einleitende Überlegungen. Strukturwandel oder Zerfall: Das Wirtschaftsbürgertum 1870 bis 1930, in: ders./Jörg Lesczenski (Hrsg.), Bürgertum und Bürgerlichkeit zwischen Kaiserreich und Nationalsozialismus, Mainz 2009, S. 8–13.

Ders., Die Unwahrscheinlichkeit des Jubiläums – oder: warum Unternehmen nur historisch erklärt werden können, in: Jahrbuch für Wirtschaftsgeschichte 2003/1, S. 143–156.

Pohl, Dieter, Die Reichsgaue Danzig-Westpreußen und Wartheland: Koloniale Verwaltung oder Modell für die zukünftige Gauverwaltung?, in: Jürgen John/Horst Möller/Thomas Schaarschmidt (Hrsg.), Die NS-Gaue. Regionale Mittelinstanzen im zentralistischen «Führerstaat», München 2007, S. 395–405.

Ders., Verfolgung und Massenmord in der NS-Zeit, 1933–1945, Darmstadt 2003.

Pohl, Hans, Quandt, Industrielle, in: Neue Deutsche Biographie, Bd. 21, S. 34–36.

Pohl, Manfred, Philipp Holzmann. Geschichte eines Bauunternehmens 1849–1999, München 1999.

Ders., Die Finanzierung der Russengeschäfte zwischen den beiden Weltkriegen. Die Entwicklung der 12 großen Rußlandkonsortien, Frankfurt am Main 1975.

Polanyi, Karl, Hitler und die Wirtschaft, in: Michele Cangiani/Claus Thomasberger (Hrsg.), Chronik der großen Transformation. Artikel und Aufsätze (1920–1945), Bd. 1: Wirtschaftliche Transformation, Gegenbewegungen und der Kampf um die Demokratie, Marburg 2002, S. 199–203.

Pöting, Annette, Die Kartellgesetzgebung als Instrument staatlicher Wirtschaftslenkung im Zeitalter des Nationalsozialismus, Lohmar, Köln 2006.

Priemel, Kim Christian, Flick. Eine Konzerngeschichte vom Kaiserreich bis zur Bundesrepublik, Göttingen 2007.

Ders., Wider die Typologie. Entrepreneure, Familien und Manager – Flick 1912–1985, in: Susanne Hilger/Ulrich S. Soénius (Hrsg.), Familienunternehmen im Rheinland im 19. und 20. Jahrhundert. Netzwerke – Nachfolge – soziales Kapital, Köln 2009, S. 139–158.

Ders., Gekaufte Geschichte. Der «Freundeskreis Albert Vögler», Gert von Klass und die Entwicklung der historischen Unternehmerforschung nach 1945, in: Zeitschrift für Unternehmensgeschichte 52 (2007), S. 177–202.

Priester, Hans Erich, Das deutsche Wirtschaftswunder, Amsterdam 1936.

Pritzkoleit, Kurt, Bosse, Banken, Börsen. Herren über Geld und Wirtschaft, Wien/München/Basel 1954.

Ders., Die neuen Herren. Die Mächtigen in Staat und Wirtschaft, Wien/München/Basel 1955.

Ders., Männer-Mächte-Monopole. Hinter den Türen der westdeutschen Wirtschaft, Düsseldorf 1963.

Prollius, Michael von, Das Wirtschaftssystem des Nationalsozialismus 1933–1939. Steuerung durch emergente Organisation und politische Prozesse, Paderborn 2003.

Pröve. Ralf, Militär, Staat und Gesellschaft im 19. Jahrhundert, München 2006.

Puhle, Hans-Jürgen (Hrsg.), Bürger in der Gesellschaft der Neuzeit. Wirtschaft – Politik – Kultur, Göttingen 1991.

Quandt, Gabriele (Hrsg.), Harald Quandt (1921–1967), Bad Homburg 1996 (Privatdruck).

Quandt, Günther, Wieder ein Kapitel Wirtschaftsgeschichte des Schülerheims, in: Dahlemer Blätter. Aus dem Schülerheim 3 (Juni-September 1923), S. 9–13.

Quandt, Herbert/Quandt, Harald (Hrsg.), Günther Quandt erzählt sein Leben, München 1961. [Exemplar in HWA, Abt. 2017, Nr. 9].

Quellien, Jean, Les travailleurs forcés en Allemagne: Essai d'approche statistique, in:

ders./Bernard Garnier (Hrsg.), La main-d'œuvre française exploitée par le IIIe Reich (Actes du colloque international, 13–15 décembre 2001), Caen 2003, S. 67–84.

Radandt, Hans, Das Monopolkapital und der deutsche Faschismus. Konzern-Akten gegen Louis P. Lochners «Die Mächtigen und der Tyrann», in: Wissenschaftliche Annalen 5 (1956), S. 75–86.

Radkau, Joachim, Entscheidungsprozesse und Entscheidungsdefizite in der deutschen Außenwirtschaftspolitik 1933–1940, in: Geschichte und Gesellschaft 2 (1976), S. 33–65.

Radkiewicz, Wacław, Dzieje Zakładów H. Cegielski 1846–1960, Studium ekonomiczno-historyczne, Poznań 1962.

Radtke-Delacor, Arne, Verlängerte Werkbank im Westen. Deutsche Produktionsaufträge als Trumpfkarte der industriellen Kollaboration in Frankreich (1942–1944), in: Stefan Martens/Maurice Vaisse (Hrsg.), Frankreich und Deutschland im Krieg (November 1942 – Herbst 1944) Okkupation, Kollaboration, Résistance, Bonn 2000, S. 327–350.

Rampone-Wanger, Ines, Persönlichkeiten, die Liechtenstein prägten, Vaduz 2009.

Raport o sytuacji na Ziemiach Zachodnich [Bericht zur Situation in den West-Gebieten], Nr. 3 (do 31 grudnia 1942r.), in: Zbigniew Mazur u. a. (Hrsg.), Raporty z ziem wcielonych do III Rzeszy [Berichte aus den an das Dritte Reich angeschlossenen Gebieten] (1942–1944), Poznań 2004, S. 53–74.

Raport o sytuacji na Ziemiach Zachodnich [Bericht zur Situation in den West-Gebieten], Nr. 6 (do 15. VIII. 1943), in: Zbigniew Mazur u. a. (Hrsg.), Raporty z ziem wcielonych do III Rzeszy [Berichte aus den an das Dritte Reich angeschlossenen Gebieten] (1942–1944), Poznań 2004, S. 139–223.

Raport o sytuacji na Ziemiach Zachodnich [Bericht zur Situation in den West-Gebieten], Nr. 1/30.IX.42, in: Zbigniew Mazur u. a. (Hrsg.), Raporty z ziem wcielonych do III Rzeszy [Berichte aus den an das Dritte Reich angeschlossenen Gebieten] (1942–1944), Poznań 2004, S. 3–16.

Rasch, Manfred, Paul Rohde, in: NDB, Bd. 21, 2003, S. 763–764.

Ders., Geschichte des Kaiser-Wilhelm-Instituts für Kohlenforschung 1913–1943, Weinheim u. a. 1989.

Ders., Von Festschrift und Hagiographie zur theorie- und methodengeleiteten Darstellung? Unternehmens- und Unternehmergeschichtsschreibung zur Stahlindustrie im Ruhrgebiet in den letzten hundert Jahren, in: Ferrum. Nachrichten aus der Eisenbibliothek 74 (2002), S. 15–48.

Rat der Stadt Pritzwalk (Hrsg.), 725 Jahre Pritzwalk. Chronik der Stadt Pritzwalk, Pritzwalk 1981.

Rathenau, Walther, Politische Auslese (1912), in: ders., Gesammelte Schriften in fünf Bänden, Bd. 1: Zur Kritik der Zeit, Berlin ²1925 [1918], S. 221–232.

Ders., Gesammelte Schriften in fünf Bänden, Bd. 1: Zur Kritik der Zeit, Berlin ²1925 [1918].

Rathmer, Christian, «Ich erinnere mich nur an Tränen und Trauer.» Zwangsarbeit in Lübeck 1939 bis 1945, Essen 1999.

Rauh, Cornelia, Schweizer Aluminium für Hitlers Krieg? Zur Geschichte der «Alusuisse» 1918–1950, München 2009.

Dies., Bürgerliche Kontinuitäten? Ein Vergleich deutsch-deutscher Selbstbilder und Realitäten nach 1945, in: Historische Zeitschrift 287 (2008), S. 341–362.

Rauh-Kühne, Cornelia, Die Entnazifizierung und die deutsche Gesellschaft, in: Archiv für Sozialgeschichte 35 (1995), S. 35–70.

Dies., Hitlers Hehler? Unternehmerprofite und Zwangsarbeiterlöhne, in: Historische Zeitschrift 275 (2002), S. 1–55.

Dies., Zwischen «verantwortlichem Wirkungskreis» und «Häuslichem Glanz.» Zur Innenansicht wirtschaftsbürgerlicher Familien im 20. Jahrhundert, in: Dieter Ziegler (Hsrg.), Großbürger und Unternehmer. Die deutsche Wirtschaftselite im 20. Jahrhundert, Göttingen 2000, S. 215–248.

Rauthe, Rolf-Richard, Aus der Geschichte der Deutschen Waffen- und Munitionsfabriken A. G., in: DWM-Werksnachrichten 5 (1939), S. 3–7.

Reckendrees, Alfred, Das «Stahltrust»-Projekt. Die Gründung der Vereinigten Stahlwerke A. G. und ihre Unternehmensentwicklung 1926–1933/34, München 2000.

Redlich, Fritz, Der Unternehmer als «dämonische» Figur (1953), in: Ders., Der Unternehmer. Wirtschafts- und Sozialgeschichtliche Studien, Göttingen 1964, S. 45–73.

Rehberg, Rolf, Stadttopographie zwischen Kontinuität und Wandel. Pritzwalk im 18. und 19. Jahrhundert, in: Uwe Czubatynski (Hrsg.), 750 Jahre Pritzwalk. Stadtwerdung und Stadtentwicklung in der Prignitz im Wandel der Jahrhunderte, Perleberg 2008, S. 103–123.

Ders./Simon, Wolfgang, Illustrierte Geschichte Pritzwalks, Pritzwalk 2006.

Reichshandbuch der Deutschen Gesellschaft. Das Handbuch der Persönlichkeiten in Wort und Bild, Bd. 2, Berlin 1931.

Reininghaus, Wilfried/Reimann, Norbert (Hrsg.), Zwangsarbeit in Deutschland 1939–1945. Archiv- und Sammlungsgut, Topographie und Erschließungsstrategien, Bielefeld 2001.

Reiter, Ernest, L'impact de l'invention de Henri Tudor sur le développement de l'industrie de l'accumulateur au plomb, in: Revue Technique Luxembourgeoise 3 (2006), S. 137–148.

Renneberg, Monika/Walker, Mark (Hrsg.), Science, Technology and National Socialism, Cambridge 1994.

Reulecke, Jürgen, Die Fahne mit dem goldenen Zahnrad. Der «Leistungskampf der deutschen Betriebe» 1937–1939, in: ders./Detlev Peukert (Hrsg.), Die Reihen fast geschlossen. Beiträge zur Geschichte des Alltags unterm Nationalsozialismus, Wuppertal 1981, S. 245–269.

Richter, Heinz A., Griechenland im Zweiten Weltkrieg. Eroberung, Okkupation, Kollaboration, Widerstand, Exil, Befreiung und Bürgerkrieg, in: Karl Giebeler/Heinz A. Richter/Reinhard Stupperich (Hrsg.), Versöhnung ohne Wahrheit? Deutsche Kriegsverbrechen in Griechenland im Zweiten Weltkrieg, Möhnesee 2001, S. 12–30.

Riedel, Dirk, Der «Wildpark» im KZ Dachau und das Außenlager St. Gilgen. Zwangsarbeit auf den Baustellen des KZ-Kommandanten Loritz, in: Dachauer Hefte 16 (2000), S. 54–70.

Ders., Ordnungshüter und Massenmörder im Dienst der «Volksgemeinschaft». Der KZ-Kommandant Hans Loritz, Berlin 2010.

Riedel, Matthias, Bergbau und Eisenhüttenindustrie in der Ukraine unter deutscher Besatzung (1941–1944), in: Vierteljahrshefte für Zeitgeschichte 21 (1973), S. 245–284.

Riemenschneider, Michael, Die deutsche Wirtschaftspolitik gegenüber Ungarn 1933–1944. Ein Beitrag zur Interdependenz von Wirtschaft und Politik unter dem Nationalsozialismus, Frankfurt am Main u. a. 1987.

Riess, Curt, Joseph Goebbels. Eine Biographie, Baden-Baden 1950.

Riess, Monika, Die deutsch-französische industrielle Kollaboration während des Zweiten Weltkrieges am Beispiel der RENAULT-Werke (1940–1944), Frankfurt am Main u. a. 2002.

Ristovic, Milan, Weder Souveränität noch Industrialisierung. Die südosteuropäischen Länder in der ‹neuen Ordnung› – jugoslawische und deutsche Perspektiven (1940–1944), in: Carola Sachse (Hrsg.), «Mitteleuropa» und «Südosteuropa» als Planungsraum. Wirtschafts- und kulturpolitische Expertisen im Zeitalter der Weltkriege, Göttingen 2010, S. 219–237.

Ritschl, Albrecht, Die deutsche Zahlungsbilanz 1936–1941 und das Problem des Devisenmangels vor Kriegsbeginn, in: Vierteljahrshefte für Zeitgeschichte 39 (1991), S. 103–123.

Ders., The pity of peace: Germany's economy at war, 1914–1918 and beyond, in: Stephen Broadberry/Mark Harrison (Hrsg.), The economics of World War I, Cambridge 2005, S. 41–76.

Ders., Zum Verhältnis von Markt und Staat in Hitlers Weltbild. Überlegungen zu einer Forschungskontroverse, in: Uwe Backes/Eckhard Jesse/Rainer Zitelmann (Hrsg.), Die Schatten der Vergangenheit. Impulse zur Historisierung des Nationalsozialismus, Frankfurt am Main/Berlin 1990, S. 243–264.

Ritter, Gerhard A., Über Deutschland. Die Bundesrepublik in der deutschen Geschichte, München ²2000.

Rodogno, Davide, Fascism's European Empire: Italian Occupation During the Second World War, Cambridge 2006.

Rogall, Joachim (Bearb.), Die Räumung des «Reichsgaus Wartheland» vom 16. bis 26. Januar 1945 im Spiegel amtlicher Berichte, Sigmaringen 1993.

Rohde, Heidi, Transportmodernisierung oder Verkehrsbewirtschaftung? Die verkehrspolitische Auseinandersetzung um die Expansion des LKW-Verkehrs in den 1930er Jahren, in: Harry Niemann/Armin Hermann (Hrsg.), 100 Jahre LKW. Geschichte und Zukunft des Nutzfahrzeuges, Stuttgart 1997, S. 55–71.

Rohlack, Momme, Kriegsgesellschaften (1914–1918). Arten, Rechtsformen und Funktionen in der Kriegswirtschaft des Ersten Weltkrieges, Frankfurt am Main 2001.

Röhr, Werner u. a. (Bearb.), Die faschistische Okkupationspolitik in Polen (1939–1945), Bundesarchiv (Hrsg.), Europa unterm Hakenkreuz. Die Okkupationspolitik des deutschen Faschismus (1938–1945), achtbändige Dokumentenedition, Band 2, Berlin 1989.

Röhr, Werner, Okkupation und Kollaboration, in: Bundesarchiv (Hrsg.), Europa unterm Hakenkreuz. Die Okkupationspolitik des deutschen Faschismus (1938–1945), achtbändige Dokumentenedition, Ergänzungsband 1: Beiträge zu Konzepten und Praxis der Kollaboration in der deutschen Okkupationspolitik, Berlin/Heidelberg 1994, S. 59–84.

Röseler, Klaus, Unternehmer in der Weimarer Republik, in: Tradition. Zeitschrift für Firmengeschichte und Unternehmerbiographie 13 (1968), S. 217–240.

Rössler, Eberhard, Geschichte des deutschen U-Bootbaus, Koblenz 1986.

Rolph, S. Wyman, «Exide». The Development of an Engineering Idea. A Brief History of the Electric Storage Battery Company, New York u. a. 1951.

Roseman, Mark, Die Wannsee-Konferenz. Wie die NS-Bürokratie den Holocaust organisierte, München/Berlin 2002.

Rosenkötter, Bernhard, Treuhandpolitik. Die «Haupttreuhandstelle Ost» und der Raub polnischer Vermögen 1939–1945, Essen 2003.

Rossino, Alexander B., Hitler strikes Poland. Blitzkrieg, Ideology and Atrocity, Lawrence, Kansas 2003.

Roth, Karl Heinz, Der Weg zum guten Stern des «Dritten Reiches». Schlaglichter auf die Geschichte der Daimler-Benz AG und ihrer Vorläufer 1890–1945, in: Hamburger Stiftung für Sozialgeschichte des 20. Jahrhunderts (Hrsg.), Das Daimler-Benz-Buch. Ein Rüstungskonzern im «Tausendjährigen Reich», Nördlingen 1987, S. 27–382.

Roth, Regina, Staat und Wirtschaft im Ersten Weltkrieg. Kriegsgesellschaften als kriegswirtschaftliche Steuerungsinstrumente, Berlin 1997.

Rothfels, Hans, Die deutsche Opposition gegen Hitler. Eine Würdigung, Neuaufl., Zürich 1994.

Rousso, Henry, Frankreich und die «dunklen Jahre». Das Regime von Vichy in Geschichte und Gegenwart, Göttingen 2010.

Ders., Vichy et les entreprises, in: Alain Beltran/Robert Frank/Henry Rousso (Hrsg.), La vie des entreprises sous l'Occupation: Une enquête à l'échelle locale, Berlin 1994, S. 41–66.

Rudolph, Sabine, Restitution von Kunstwerken aus jüdischem Besitz, Berlin 2007.

Rüter, Christiaan F. (Hrsg.), DDR-Justiz und NS-Verbrechen. Sammlung ostdeutscher Strafurteile wegen nationalsozialistischer Tötungsverbrechen, Bd. 5: Die Verfahren Nr. 1200–1263 des Jahres 1951, München/Amsterdam 2004.

Sachse, Carola, Freizeit zwischen Betrieb und Volksgemeinschaft. Betriebliche Freizeitpolitik im Nationalsozialismus, in: Archiv für Sozialgeschichte 33 (1993), S. 305–328.

Dies. (Hrsg.), «Mitteleuropa» und «Südosteuropa» als Planungsraum. Wirtschafts- und kulturpolitische Expertisen im Zeitalter der Weltkriege, Göttingen 2010.

Sala, Roberto, Vom «Fremdarbeiter» zum «Gastarbeiter». Die Anwerbung italienischer Arbeitskräfte für die deutsche Wirtschaft (1938–1973), in: Vierteljahrshefte für Zeitgeschichte 55 (2007), S. 93–120.

Saldern, Adelheid von, Rauminszenierungen. Bürgerliche Selbstrepräsentationen im Zeitenumbruch (1880–1930), in: Werner Plumpe/Jörg Lesczenski (Hrsg.), Bürgertum und Bürgerlichkeit zwischen Kaiserreich und Nationalsozialismus, Mainz 2009, S. 39–55.

Salewski, Michael, Entwaffnung und Militärkontrolle in Deutschland 1919–1927, München 1966.

Salje, Peter, Bürgerliches Recht und Wirtschaftsordnung im Dritten Reich, in: ders. (Hrsg.), Recht und Unrecht im Nationalsozialismus, Münster 1985, S. 46–79.

Sandkühler, Thomas, «Endlösung» in Galizien. Der Judenmord in Ostpolen und die Rettungsinitiativen von Berthold Beitz 1941–1944, Bonn 1996.

Sang, Hans-Peter, Technik und Staat in der Wilhelminischen Zeit und in der Weimarer Republik, in: Hermann, Armin/Dettmering, Wilhelm (Hrsg.), Technik und Kultur, Bd. 9: Technik und Staat, Düsseldorf 1992, S. 97–119.

Sater, William F./Herwig, Holger H., The Art of the Deal, in: Donald J. Stoker/Jonathan A. Grant (Hrsg.), Girding for Battle. The Arms Trade in a Global Perspective, 1815–1940, Westport/London 2003, S. 53–96.

Saunders, Thomas J., Weimar Germany. Crisis as Normalcy – Trauma as Condition, in: Neue Politische Literatur 45 (2000), S. 208–226.

Schabel, Ralf, Die Illusion der Wunderwaffen. Die Rolle der Düsenflugzeuge und Flugabwehrraketen in der Rüstungspolitik des Dritten Reiches, München 1994.

Schacht, Hjalmar, Deutschland und die Weltwirtschaft. Vortrag des Reichsbankpräsidenten und beauftragten Reichswirtschaftsministers Dr. Hjalmar Schacht vor dem «Bund der Freunde der Technischen Hochschule» München, am 7. Dezember 1935, Berlin 1935.

Schäfer, Hermann, Kartelle in der Zeit des Ersten Weltkrieges. Funktionen im Rahmen von Kriegswirtschaft und Sozialisierung, in: Hans Pohl (Hrsg.), Kartelle und Kartellgesetzgebung in Praxis und Rechtsprechung vom 19. Jahrhundert bis zur Gegenwart, Stuttgart 1985, S. 81–99.

Schäfer, Michael, Geschichte des Bürgertums. Eine Einführung, Köln/Weimar/Wien 2009.

Ders., Unternehmen und Familie. Zur Genese von Familienunternehmen im Industriezeitalter: Sachsen 1850–1940, in Jahrbuch für Wirtschaftsgeschichte 2008/2, S. 197–214.

Ders., Familienunternehmen und Unternehmerfamilien. Zur Sozial- und Wirtschaftsgeschichte der sächsischen Unternehmer 1850–1940, München 2007.

Schalm, Sabine, Überleben durch Arbeit? Außenkommandos und Außenlager des KZ Dachau 1933–1945, Berlin 2009.

Schanetzky, Tim, Unternehmer. Profiteure des Unrechts, in: Norbert Frei (Hrsg.), Karrieren im Zwielicht. Hitlers Eliten nach 1945, 2. durchgesehene Aufl., Frankfurt am Main/New York 2002, S. 73–129.

Ders., Neue Literatur, in: Akkumulation. Informationen des Arbeitskreises für kritische Unternehmens- und Industriegeschichte 17 (2003), S. 23–28.

Schausberger, Norbert, Rüstung in Österreich, 1938–1945. Eine Studie über die Wechselwirkung von Wirtschaft, Politik und Kriegsführung, Wien 1970.

Kurt Schein, Und dann verließ Werner Quandt seine Heimatstadt, in: Pritzwalker Heimatblätter 9 (2000), S. 28–30.

Scherner, Jonas, Bericht zur deutschen Wirtschaftslage 1943/44. Eine Bilanz des Reichsministeriums für Rüstung und Kriegsproduktion über die Entwicklung der deutschen Kriegswirtschaft bis Sommer 1944, in: Vierteljahrshefte für Zeitgeschichte 55 (2007), S. 499–546.

Ders., Das Verhältnis zwischen NS-Regime und Industrieunternehmen – Zwang oder Kooperation?, in: Zeitschrift für Unternehmensgeschichte 51 (2006), S. 166–190.

Ders., Die Logik der Industriepolitik im Dritten Reich. Die Investitionen in die Autarkie- und Rüstungsindustrie und ihre staatliche Förderung, Stuttgart 2008.

Ders., Anreiz statt Zwang. Wirtschaftsordnung und Kriegswirtschaft im «Dritten Reich», in: Norbert Frei/Tim Schanetzky, Unternehmen im Nationalsozialismus, Zur Historisierung einer Forschungskonjunktur, Göttingen 2010, S. 140–155.

Ders./Streb, Jochen, Das Ende eines Mythos? Albert Speer und das so genannte Rüstungswunder, in: Vierteljahrschrift für Sozial- und Wirtschaftsgeschichte 93 (2006), S. 172–196.

Schick, Christa, Die Internierungslager, in: Martin Broszat/Klaus-Dietmar Henke/ Hans Woller (Hrsg.), Von Stalingrad zur Währungsreform. Zur Sozialgeschichte des Umbruchs in Deutschland, München 1988, S. 301–325.

Schickling, Willi, 75 Jahre Industrie-Werke Karlsruhe Aktiengesellschaft, Karlsruhe 1964.

Schieder, Wolfgang, Das italienische Experiment. Der Faschismus als Vorbild in der Krise der Weimarer Republik, in: Historische Zeitschrift 262 (1996), S. 73–125.

Schildt, Axel, Hegemon der häuslichen Freizeit: Rundfunk in den 50er Jahren, in: Ders./Arnold Sywottek (Hrsg.), Modernisierung im Wiederaufbau. Die westdeutsche Gesellschaft der 50er Jahre, Bonn 1993, S. 458–476.

Ders., Moderne Zeiten. Freizeit, Massenmedien und «Zeitgeist» in der Bundesrepublik der 50er Jahre, Hamburg 1995.

Ders., Die Sozialgeschichte des Bundesrepublik Deutschland bis 1989/90, München 2007.

Schirach, Henriette von, Der Preis der Herrlichkeit. Erlebte Zeitgeschichte, München [8]2003 [1956].

Schlickeiser, Klaus (Hrsg.), Borsigwalde, einst und jetzt. Wohnen und Industrie, Berlin 1989.

Schlotterer, Gustav, Die neuen Grundsätze der deutschen Handelspolitik, Berlin 1936.

Schmidt, Alexander, Nürnberg (Siemens-Schuckertwerke), in: Wolfgang Benz/Barbara Distel (Hrsg.), Flossenbürg. Das Konzentrationslager und seine Außenlager, München 2007, S. 207–209.

Schmidt, Hermann, 8. Mai 1889 – 8. Mai 1939, in: DWM-Werksnachrichten 5 (1939), S. 2–3.

Schmidtke, Walter, Gesellschaft zum Studium des Faschismus (GSF) 1931–1933, in: Dieter Fricke (Hrsg.), Die bürgerlichen Parteien in Deutschland. Handbuch der Geschichte der bürgerlichen Parteien und anderer bürgerlicher Interessenorganisationen vom Vormärz bis zum Jahre 1945, Bd. 2, Leipzig 1970, S. 174–176.

Schneider, Michael C., Unternehmensstrategien zwischen Weltwirtschaftskrise und Kriegswirtschaft. Chemnitzer Maschinenbauindustrie in der NS-Zeit 1933–1945, Essen 2005.

Schoenbaum, David, Hitler's Social Revolution. Class and Status in Nazi Germany 1933–1939, New York 1966.

Schöllgen, Gregor, Gustav Schickedanz. Biographie eines Revolutionärs, Berlin 2010.

Scholtyseck, Joachim, Die deutschen Eliten im Jahr 1933. War Widerstand möglich?, in: Andreas Wirsching (Hrsg.), Das Jahr 1933. Die nationalsozialistische Machteroberung und die deutsche Gesellschaft, Göttingen 2009, S. 110–131.

Ders., Allgemeine Geschichte der Neuzeit und Sozial- und Wirtschaftsgeschichte, in:

Günther Schulz u. a. (Hrsg.), Sozial- und Wirtschaftsgeschichte. Arbeitsgebiete – Probleme – Perspektiven. 100 Jahre Vierteljahrschrift für Sozial- und Wirtschaftsgeschichte, Stuttgart 2004, S. 525–550.

Ders., Die Firma Robert Bosch und ihre Hilfe für Juden, in: Michael Kißener (Hrsg.), Widerstand gegen die Judenverfolgung, Konstanz 1996, S. 155–226.

Ders., Robert Bosch und der liberale Widerstand gegen Hitler 1933 bis 1945, München 1999.

Schönfeld, Roland, Deutsche Rohstoffsicherungspolitik in Jugoslawien 1934–1944, in: Vierteljahrshefte für Zeitgeschichte 24 (1976), S. 215–258.

Schößler, Franziska, Börsenfieber und Kaufrausch. Ökonomie, Judentum und Weiblichkeit bei Theodor Fontane, Heinrich Mann, Thomas Mann, Arthur Schnitzler und Émile Zola, Bielefeld 2009.

Schöttler, Peter, Eine Art «Generalplan West». Die Stuckart-Denkschrift vom 14. Juni 1940 und die Planungen für eine neue deutsch-französische Grenze im Zweiten Weltkrieg, in: Sozial. Geschichte. Zeitschrift für historische Analyse des 20. und 21. Jahrhunderts 18 (2003), S. 83–131.

Schrafstetter, Susanne, Verfolgung und Wiedergutmachung. Karl M. Hettlage: Mitarbeiter von Albert Speer und Staatssekretär im Bundesfinanzministerium, in: Vierteljahrshefte für Zeitgeschichte 56 (2008), S. 431–466.

Schrage, Gertraud Eva, «… und man schickte uns in die Baracken …» Zwangsarbeit in Berlin-Reinickendorf 1939–1945. Ein verdrängtes Kapitel deutscher Zeitgeschichte, in: Jahrbuch für die Geschichte Mittel- und Ostdeutschlands 53 (2007), S. 193–284.

Schreyögg, Georg, Unternehmenskultur. Zur Unternehmenskulturdiskussion in der Betriebswirtschaftslehre und einigen Querverbindungen zur Unternehmensgeschichtsschreibung, in: Jahrbuch für Wirtschaftsgeschichte 1993/2, S. 21–35.

Schröder, Hans Hermann, Das erste Konzentrationslager in Hannover. Das Lager bei der Akkumulatorenfabrik in Stöcken, in: Rainer Fröbe u. a. (Hrsg.), Konzentrationslager in Hannover. KZ-Arbeit und Rüstungsindustrie in der Spätphase des Zweiten Weltkriegs, Bd. 1, Hildesheim 1985, S. 44–107.

Schröder, Hans-Jürgen (Hrsg.), Marshallplan und westdeutscher Wiederaufstieg. Positionen – Kontroversen, Stuttgart 1990.

Schröder, Stephen, Allgemeine Kriegsbegeisterung? Das «Augusterlebnis» 1914 in regionalhistorischer Perspektive. Der Raum Bergisch Gladbach, in: Rheinische Vierteljahrsblätter 71 (2007), S. 196–230.

Schröter, Harm G., Thesen und Desiderata zur ökonomischen Besatzungsherrschaft. Skandinavien und die NS-Grossraumwirtschaft, in: Joachim Lund (Hrsg.), Working for the New Order. European Business under German Domination, 1939–1945, Kopenhagen 2006, S. 29–44.

Ders., Die internationale Kaliwirtschaft 1918 bis 1939. Zum Verhältnis von industrieller Kartellpolitik und Staatsinterventionismus, Kassel 1985.

Ders., Privatwirtschaftliche Marktregulierung und staatliche Interessenpolitik. Das internationale Stickstoffkartell 1929–1939, in: ders./Clemens A. Wurm, Politik, Wirtschaft und Internationale Beziehungen. Studien zu ihrem Verhältnis in der Zeit zwischen den Weltkriegen, Mainz 1991, S. 117–137.

Ders., Kartellierung und Dekartellierung 1890–1990, in: Vierteljahrschrift für Sozial- und Wirtschaftsgeschichte 81 (1994), S. 457–493.

Schuhladen-Krämer, Jürgen, Zwangsarbeit in Karlsruhe 1939–1945. Ein unbekanntes Kapitel Stadtgeschichte, Karlsruhe 1997.

Schüller, Alfred, Wilhelm Röpke – Werk und Wirken in Marburg. Lehren für Gegenwart und Zukunft, in: ORDO. Jahrbuch für die Ordnung von Wirtschaft und Gesellschaft 54 (2003), S. 21–48.

Schulte, Jan Erik, Zwangsarbeit und Vernichtung. Das Wirtschaftsimperium der SS. Oswald Pohl und das SS-Wirtschafts-Verwaltungshauptamt 1933–1945, Paderborn u. a. 2001.

Schulz, Günther, Betriebliche Sozialpolitik in Deutschland seit 1850, in: Hans Pohl (Hrsg.), Staatliche, städtische, betriebliche und kirchliche Sozialpolitik vom Mittelalter bis zur Gegenwart,Stuttgart 1991, S. 137–176.

Schumann, Wolfgang (Hrsg.), Griff nach Südosteuropa. Neue Dokumente über die Politik des deutschen Imperialismus und Militarismus gegenüber Südosteuropa im zweiten Weltkrieg, Berlin (Ost) 1973.

Schumpeter, Joseph A., Theorie der wirtschaftlichen Entwicklung. Eine Untersuchung über Unternehmergewinn, Kapital, Kredit, Zins und den Konjunkturzyklus. Nachdruck der 1. Auflage von 1912, Berlin 2006.

Ders., ‚Capitalism, Socialism and Democracy, New York ³1950.

Schüring, Michael, Minervas verstoßene Kinder. Vertriebene Wissenschaftler und die Vergangenheitspolitik der Max-Planck-Gesellschaft, Göttingen 2006.

Schwarz, Hans-Peter, Vom Reich zur Bundesrepublik. Deutschland im Widerstreit der außenpolitischen Konzeptionen in den Jahren der Besatzungsherrschaft 1945–1949, Neuwied/Berlin 1966.

Schwerin von Krosigk, Lutz Graf, Die große Zeit des Feuers. Der Weg der deutschen Industrie, Bd. 3, Tübingen 1959.

Scriverius, Dieter (Bearb.), Demontagen im Land Nordrhein-Westfalen 1946 bis 1951. Spezialinventar zu den im nordrhein-westfälischen Hauptstaatsarchiv in Düsseldorf vorhandenen Demontage-Akten, Siegburg 1981.

Seckendorf, Martin u. a. (Bearb.), Die Okkupationspolitik des deutschen Faschismus in Jugoslawien, Griechenland, Albanien, Italien und Ungarn (1941–1945), Berlin/Heidelberg 1992.

Seel, Wolfgang, Mauser. Von der Waffenschmiede zum Weltunternehmen, Dietikon-Zürich 1986.

Seherr-Thoß, Hans Christoph Graf von, Koppenberg, Heinrich, in: Neue Deutsche Biographie 12 (1979), S. 575–576.

Seifert, Achim, Compensation for Forced Labour during World War II in Nazi Germany, in: Peer Zumbansen (Hrsg.), Zwangsarbeit im Dritten Reich: Erinnerung und Verantwortung. Juristische und zeithistorische Betrachtungen, Baden-Baden 2002, S. 319–332.

Siedler, Wolf Jobst, Ein Leben wird besichtigt. In der Welt der Eltern, Berlin 2000.

Siefer, Thomas, «Du kommst später mal in die Firma!». Psychosoziale Dynamik von Familienunternehmen, Heidelberg 1996.

Siegel, Tilla, Leistung und Lohn in der nationalsozialistischen «Ordnung der Arbeit», Opladen 1989.

Dies., Lohnpolitik im nationalsozialistischen Deutschland, in: Carola Sachse/Tilla Siegel/Hasso Spode/Wolfgang Spohn (Hrsg.), Angst, Belohnung, Zucht und Ord-

nung. Herrschaftsmechanismen im Nationalsozialismus, Opladen 1982, S. 54–
139.

Dies., Rationalisierung und Personalführung unter dem Nationalsozialismus, in: Carola Sachse/Silvie Schweitzer (Hrsg.), Mobilität, Stabilität, Flexibilität. Arbeitsmarktstrategien von Unternehmen und Beschäftigten in Deutschland und Frankreich im 19. und 20. Jahrhundert, Essen 1996, S. 65–75.

Dies./Freyberg, Thomas von, Industrielle Rationalisierung unter dem Nationalsozialismus, Frankfurt am Main/New York 1991.

Siegenthaler, Hansjörg, Geschichte und Ökonomie nach der kulturalistischen Wende, in: Geschichte und Gesellschaft 25 (1999), S. 276–301.

Siegrist, Hannes, Vom Familienbetrieb zum Managerunternehmen. Angestellte und industrielle Organisation am Beispiel der Georg Fischer AG in Schaffhausen 1797–1930, Göttingen 1981.

Simon, Fritz B./Wimmer, Rudolf/Groth, Torsten, Mehr-Generationen-Familienunternehmen. Erfolgsgeheimnisse von Oetker, Merck, Haniel u. a., Heidelberg 2005.

Simon, Wolfgang, Pritzwalker Bürgerinitiativen in den Umbruchzeiten des 19. und 20. Jahrhunderts, in: Uwe Czubatynski (Hrsg.), 750 Jahre Pritzwalk. Stadtwerdung und Stadtentwicklung in der Prignitz im Wandel der Jahrhunderte, Perleberg 2008, S. 124–139.

Sirois, Herbert, Zwischen Illusion und Krieg: Deutschland und die USA 1933–1941, Paderborn u. a. 2000.

Skriebeleit, Jörg, Die Außenlager des KZ Flossenbürg in Böhmen, in: Dachauer Hefte 15 (1999), S. 196–217.

Smith, Arthur L./Kurt Lüdecke: The Man Who Knew Hitler, in: German Studies Review 26 (2003), S. 597–606.

Smith, Bradley F., Reaching Judgment at Nuremberg. The Untold Story of How the Nazi War Criminals were Judged, New York 1977.

Ders., The Road to Nuremberg, New York 1981.

Smith, Jean Edward (Hrsg.), The Papers of General Lucius D. Clay. Germany 1945–1949, Bd. 1, Bloomington 1974.

Soénius, Ulrich S., Ehe- und Geschäftspartner? Familien-Netzwerke bei den Textilindustriellen Scheidt im 19. und frühen 20. Jahrhundert, in: Susanne Hilger/Ulrich S. Soénius (Hrsg.), Familienunternehmen im Rheinland im 19. und 20. Jahrhundert. Netzwerke – Nachfolge – Soziales Kapital, Köln 2009, S. 45–54.

Sohn-Rethel, Alfred, Industrie und Nationalsozialismus. Aufzeichnungen aus dem «Mitteleuropäischen Wirtschaftstag», Berlin 1992.

Ders., Ökonomie und Klassenstruktur des deutschen Faschismus. Aufzeichnungen und Analysen, Frankfurt am Main, 1975.

Söllner, Alfons (Hrsg.), Zur Archäologie der Demokratie in Deutschland. Analysen politischer Emigranten im amerikanischen Geheimdienst, Bd. 1: 1943–1945, Frankfurt am Main 1982.

Sombart, Werner, Die Juden und das Wirtschaftsleben, Leipzig 1911.

Ders., Der moderne Kapitalismus, Bd. 3: Das Wirtschaftsleben im Zeitalter des Hochkapitalismus, Zweiter Halbband: Der Hergang der hochkapitalistischen Wirtschaft. Die Gesamtwirtschaft, Nachdruck der ersten Auflage von 1927, München 1987.

Sörgel, Werner, Metallindustrie und Nationalsozialismus. Eine Untersuchung über Struktur und Funktion industrieller Organisationen in Deutschland 1929 bis 1939, Frankfurt am Main 1965.

Soutou, Georges-Henri, L'or et le sang. Les buts de guerre économiques de la Première Guerre mondiale, Paris 1989.

Spaulding, Robert Mark, Osthandel and Ostpolitik. German foreign trade policies in Eastern Europe from Bismarck to Adenauer, Providence 1997.

Speer, Albert, Der Sklavenstaat. Meine Auseinandersetzung mit der SS, Stuttgart 1981.

Ders., Erinnerungen, Frankfurt am Main/Berlin 1969.

Spenceley, G. F. R., R. J. Overy and the Motorisierung: A Comment, in: Economic History Review 32 (1979), S. 100–106.

Spiller, Jörg-Otto, Reformismus nach rechts. Zur Politik des Reichsverbandes der Deutschen Industrie in den Jahren 1927–1930 am Beispiel der Reparationspolitik, in: Hans Mommsen/Dietmar Petzina/Bernd Weisbrod (Hrsg.), Industrielles System und politische Entwicklung in der Weimarer Republik, Düsseldorf 1974, S. 593–602.

Spode, Hasso, Arbeiterurlaub im Dritten Reich, in: Carola Sachse u. a. (Hrsg.), Angst, Belohnung, Zucht und Ordnung. Herrschaftsmechanismen im Nationalsozialismus, Opladen 1982, S. 275–328.

Spoerer, Mark, Die Automobilindustrie im Dritten Reich: Wachstum um jeden Preis?, in: Lothar Gall/Manfred Pohl (Hrsg.), Unternehmen im Nationalsozialismus, München 1998, S. 61–68.

Ders., Industrial Profitability in the Nazi Economy, in: Christoph Buchheim/Redvers Garside (Hrsg.), After the Slump. Industry and Politics in 1930s Britain and Germany, Frankfurt am Main 2000, S. 53–80.

Ders., Profitierten Unternehmen von KZ-Arbeit? Eine kritische Analyse der Literatur, in: Historische Zeitschrift 268 (1999), S. 61–95.

Spoerer, Mark, Von Scheingewinnen zum Rüstungsboom. Die Eigenkapitalrentabilität der deutschen Industriegesellschaften 1925–1941, Stuttgart 1996.

Ders., Zwangsarbeit unter dem Hakenkreuz. Ausländische Zivilarbeiter, Kriegsgefangene und Häftlinge im Deutschen Reich und im besetzten Europa 1939–1945, Stuttgart/München 2001.

Sprecher, Drexel A., Inside the Nuremberg Trial. A Prosecutor's Comprehensive Account, 2 Bde., Lanham/New York/Oxford 1999.

Stadler, Christian, Unternehmenskultur bei Royal Dutch/Shell, Siemens und DaimlerChrysler, Stuttgart 2004.

Stadt Karlsruhe (Hrsg.), Jenseits der Brauerstraße. Der Hallenbau A krönt eine neue Stadtlandschaft, Karlsruhe 1997.

Stahmer, Heinrich Georg, Japans Niederlage – Asiens Sieg. Aufstieg eines Größeren Ostasien, Bielefeld 1952.

Stamm, Isabell/Schmiade, Nicole/Kohli, Martin, Von Generation zu Generation. Der Nachfolgeprozess in Familienunternehmen, in: Susanne Hilger/Ulrich S. Soénius (Hrsg.), Familienunternehmen im Rheinland im 19. und 20. Jahrhundert. Netzwerke – Nachfolge – Soziales Kapital, Köln 2009, S. 177–187.

Stamp, Friedrich, Zwangsarbeit in der Metallindustrie 1939–1945. Das Beispiel Mecklenburg-Vorpommern, Berlin 2001.

Stegmann, Dirk, «Mitteleuropa» 1925–1934. Zum Problem der Kontinuität deutscher Außenhandelspolitik von Stresemann bis Hitler, in: ders./Bernd-Jürgen Wendt/Peter-Christian Witt (Hrsg.), Industrielle Gesellschaft und politisches System. Beiträge zur politischen Sozialgeschichte. Festschrift für Fritz Fischer zum siebzigsten Geburtstag, Bonn 1978, S. 203–221.

Ders., Zum Verhältnis von Großindustrie und Nationalsozialismus 1930–1933. Ein Beitrag zur Geschichte der sog. Machtergreifung, in: Archiv für Sozialgeschichte 13 (1973), S. 399–482.

Steiner, Hubert, Die USIA-Betriebe. Ihre Gründung, Organisation und Rückgabe in die Österreichische Hoheitsverwaltung, in: Mitteilungen des Österreichischen Staatsarchivs 43 (1993), S. 206–220.

Steiner, Zara, The Lights That Failed. European international history 1919–1933, Oxford/New York 2005.

Steinmann, Horst/Löhr, Albert, Grundlagen der Unternehmensethik, Stuttgart 1991.

Steinmetz, Alois, Die Tudors in Rosport. Dokumentation über das Leben und Wirken von Henri Owen Tudor und über die Verdienste der Gebrüder Tudor für ihre Heimatortschaft Rosport, Luxemburg ²2004.

Stevenson, David, Britain, France and the Origins of German Disarmament 1916–1919, in: Journal of Strategic Studies 29/2 (2006), S. 195–224.

Stiefel, Dieter (Hrsg.), Die politische Ökonomie des Holocaust. Zur wirtschaftlichen Logik von Verfolgung und «Wiedergutmachung», Wien/München 2001.

Stier, Bernhard, Expansion, réforme de structure et interconnexion européenne. Développement et difficultés de l'électricité sous le nazisme, 1939–1945, in: Denis Varaschin (Hrsg.), Les Entreprises du secteur de l'énergie sous l'Occupation, Arras 2006, S. 269–290.

Ders./Laufer, Johannes, Von der Preussag zur TUI. Wege und Wandlungen eines Unternehmens 1923–2003, Essen 2005.

Stimpel, Hans-Martin, Die deutsche Fallschirmtruppe 1942–1945. Einsätze auf den Kriegsschauplätzen im Süden, Hamburg/Berlin/Bonn 2006.

Stokes, Raymond G., Primat der Politik – Primat der Technik. Das Verhältnis von Industrie und Staat im nationalsozialistischen Deutschland am Beispiel der IG Farbenindustrie AG, in: Jürgen Lillteicher (Hrsg.), Profiteure des NS-Systems? Deutsche Unternehmen und das «Dritte Reich», Berlin 2006, S. 44–59.

Ders., Von der I. G. Farbenindustrie AG bis zur Neugründung der BASF (1925–1952), in: Werner Abelshauser (Hrsg.), Die BASF. Eine Unternehmensgeschichte, München 2002, S. 221–358.

Ders., Research and Development in German Industry in the Nazi Period. Motivations and Incentives, Directions, Outcomes, in: Christoph Buchheim (Hrsg.) German Industry in the Nazi Period, Stuttgart 2008, S. 199–211.

Ders., Technologie und Bündnisbildung: Technologietransfer im Kalten Krieg, in: Detlef Junker (Hrsg.), Die USA und Deutschland im Zeitalter des Kalten Krieges 1945–1990. Ein Handbuch, Bd. I: 1945–1968, Stuttgart/München ²2001, S. 503–513.

Stolper, Gustav, German Realities, New York 1948.

Storz, Dieter, Modernes Infanteriegewehr und taktische Reform in Deutschland in der Mitte des 19. Jahrhunderts, in: Michael Epkenhans (Hrsg.), Das Militär und der Aufbruch in die Moderne 1860 bis 1890. Armeen, Marinen und der Wandel von Politik, Gesellschaft und Wirtschaft in Europa, den USA sowie Japan, München 2003, S. 209–230.

Stöver, Bernd, Volksgemeinschaft im Dritten Reich. Die Konsensbereitschaft der Deutschen aus der Sicht sozialistischer Exilberichte, Düsseldorf 1993.

Straumann, Lukas/Wildmann, Daniel, Schweizer Chemieunternehmen im «Dritten Reich», Zürich 2001.

Stremmel, Ralf, Kammern der gewerblichen Wirtschaft im «Dritten Reich», Dortmund 2005.

Ders., Adolph Müller, in: Wolfhard Weber (Hrsg.), Ingenieure im Ruhrgebiet, Münster 1999, S. 74–97.

Ders., Zeitgeschichte im Fernsehen. Die preisgekrönte Dokumentation «Das Schweigen der Quandts» als fragwürdiges Paradigma, in: Vierteljahrshefte für Zeitgeschichte 58 (2010), S. 455–481.

Stücker, Britta, Symbole und Unternehmenskommunikation, in: Clemens Wischermann (Hrsg.), Unternehmenskommunikation deutscher Mittel- und Großunternehmen. Theorie und Praxis in historischer Perspektive, Dortmund 2003, S. 93–103.

Sundhaussen, Holm, Wirtschaftsgeschichte Kroatiens im nationalsozialistischen Großraum 1941–1945. Das Scheitern einer Ausbeutungsstrategie, Stuttgart 1983.

Szöllösi-Janze, Margit (Hrsg.), Science in the Third Reich, Oxford 2001.

Tagungsbericht Spekulation und Spekulanten in wissenschaftlicher Perspektive. Dimensionen eines umstrittenen Phänomens. 26. 11. 2010–27. 11. 2010, Hannover, in: H-Soz-u-Kult 11. 01. 2011.

Taylor, Graham D., Debate in the United States over the Control of International Cartels, 1942–1950, in: International History Review 3 (1981), S. 385–398.

Ders., The Rise and Fall of Antitrust in Occupied Germany, 1945–48, in: Prologue 11 (1979), S. 23–39.

Taylor, Telford, Die Nürnberger Prozesse. Hintergründe, Analysen und Erkenntnisse aus heutiger Sicht, München 1995.

Teichert, Eckart, Autarkie und Großraumwirtschaft in Deutschland 1930–1939. Außenwirtschaftliche Konzeptionen zwischen Wirtschaftskrise und Zweitem Weltkrieg, München 1984.

Teichova, Alice, Instruments of Economic Control and Exploitation. The German Occupation of Bohemia and Moravia, in: Richard J. Overy (Hrsg.), Die «Neuordnung» Europas. NS-Wirtschaftspolitik in den besetzten Gebieten, Berlin 1997, S. 83–108.

Dies./Waller, Robert, Der tschechoslowakische Unternehmer am Vorabend und zu Beginn des Zweiten Weltkriegs, in: Waclaw Dlugoborski (Hrsg.), Zweiter Weltkrieg und sozialer Wandel, Göttingen 1981, S. 288–302.

Temin, Peter, Soviet and Nazi economic planning in the 1930's, in: Economic History Review 44 (1991), S. 573–593.

Thamer, Hans-Ulrich, Verführung und Gewalt. Deutschland 1933–1945, Berlin 1986.

Thiel, Jens, «Menschenbassin Belgien» – Anwerbung, Deportation und Zwangsarbeit im Ersten Weltkrieg, Essen 2007.

Thiel, Volker, Widerstand im Schatten Stauffenbergs. Werner von Haeften, in:

Stephen Schröder/Christoph Studt (Hrsg.), Der 20. Juli 1944 – Profile, Motive, Desiderate. XX. Königswinterer Tagung. 23.–25. Februar 2007, S. 81–102.

Thomas, Georg, Gedanken und Ereignisse, in: Schweizer Monatshefte 25 (1945), S. 537–559.

Ders., Geschichte der deutschen Wehr- und Rüstungswirtschaft (1918–1943/45), hrsg. v. Wolfgang Birkenfeld, Boppard am Rhein 1966.

Tinelli, Léon, Les Métallos de la Manurhin, Strasbourg 2003.

Tooze, Adam, Ökonomie der Zerstörung. Die Geschichte der Wirtschaft im Nationalsozialismus, München 2007.

Treue, Wilhelm, Herbert Quandt. Ein Unternehmer der dritten Generation, Bad Homburg 1980.

Trischler, Helmuth, Luft- und Raumfahrtforschung in Deutschland 1900–1970. Politische Geschichte einer Wissenschaft, Frankfurt am Main/New York 1992.

Tschierschky, Siegfried, Zur Reform der Industriekartelle. Kritische Studien, Berlin 1921.

Ders., Kartelle im Textilgewerbe, in: Magazin der Wirtschaft 6 (1930), S. 2147–2150.

Türk, Fahri, Die deutsche Rüstungsindustrie in ihren Türkeigeschäften zwischen 1871 und 1914. Die Firma Krupp, die Waffenfabrik Mauser und die Deutschen Waffen- und Munitionsfabriken, Berlin 2006.

Turner, Henry Ashby, Die Großunternehmer und der Aufstieg Hitlers, Berlin 1985.

Ders., Faschismus und Kapitalismus in Deutschland. Studien zum Verhältnis zwischen Nationalsozialismus und Wirtschaft, Göttingen ²1980.

Ders., General Motors and the Nazis. The Struggle for Control of Opel, Europes's biggest carmaker, New Haven 2005.

Ders., Unternehmen unter dem Hakenkreuz, in: Lothar Gall/Manfred Pohl (Hrsg.), Unternehmen im Nationalsozialismus, München 1998, S. 15–23.

Turner, Ian D., British Policy Towards German Industry, 1945–9: Reconstruction, Restriction or Exploitation?, in: Ders. (Hrsg.), Reconstruction in Post-War Germany. British Occupation Policy and the Western Zones, 1945–55, Oxford u. a. 1989, S. 67–91.

Ufermann, Paul, Könige der Inflation, Berlin 1924.

Ullmann, Hans-Peter, Der deutsche Steuerstaat. Geschichte der öffentlichen Finanzen vom 18. Jahrhundert bis heute, München 2005.

Ders., Interessenverbände in Deutschland, Frankfurt am Main 1988.

Ders., Der Bund der Industriellen. Organisation, Einfluß und Politik klein- und mittelbetrieblicher Industrieller im Deutschen Kaiserreich 1895–1914, Göttingen 1976.

Ulshöfer, Otfried, Einflußnahme auf Wirtschaftsunternehmungen in den besetzten nord-, west-, südeuropäischen Ländern während des Zweiten Weltkrieges, insbesondere der Erwerb von Beteiligungen (Verflechtung), Tübingen 1958.

Umbeck, John, Might Makes Rights. A Theory of the Formation and Initial Distribution of Property Rights, in: Economic Inquiry 19 (1981), S. 38–59.

Umbreit, Hans, Auf dem Weg zur Kontinentalherrschaft, in: Bernhard R. Kroener/Rolf-Dieter Müller/Hans Umbreit (Hrsg.), Organisation und Mobilisierung des deutschen Machtbereichs, Teilbd. 1: Kriegsverwaltung, Wirtschaft und personelle Ressourcen 1939–1941, Stuttgart 1988, S. 1–345.

Ders., Der Kampf um die Vormachtstellung in Westeuropa, in: Klaus A. Maier (Hrsg.), Die Errichtung der Hegemonie auf dem europäischen Kontinent, Stuttgart 1979, S. 235–327.

Ders., Deutsche Militärverwaltungen 1938/1939. Die militärische Besetzung der Tschechoslowakei und Polens, Stuttgart 1977.

Ders., Die Militärbefehlshaber in Frankreich 1940–1944, Boppard am Rhein 1968.

Unabhängige Expertenkommission Schweiz – Zweiter Weltkrieg (Hrsg.), Die Schweiz, der Nationalsozialismus und der Zweite Weltkrieg. Schlussbericht, Zürich 2002.

Verhandlungen des Reichstags. III. Wahlperiode 1936. Stenographische Berichte, Berlin 1938.

Verheyde, Philippe, L'aryanisation des grandes entreprise juives, in: Olivier Dard/Jean-Claude Daumas/François Margot, L'Occupation, l'État français et les entreprises, Paris 2000, S. 121–133.

Ders., Les mauvais comptes de Vichy. L'aryanisation des entreprises juives, Paris 1999.

Verhoeyen, Etienne, La Belgique occupée de l'an 40 à la libération, Brüssel 1994.

Vierhaus, Rudolf, Handlungsspielräume. Zur Rekonstruktion historischer Prozesse, in: ders., Vergangenheit als Geschichte. Studien zum 19. und 20. Jahrhundert, Göttingen 2003, S. 30–48.

Vietsch, Eberhard von, Die Hersfelder Tuchfabrikanten Rechberg, in: Ingeborg Schnack (Hrsg.), Lebensbilder aus Kurhessen und Waldeck (Bd. 6), Marburg 1958, S. 264–276.

Vogelsang, Reinhard, Der Freundeskreis Himmler, Göttingen/Zürich/Frankfurt am Main 1972.

Volkmann, Hans-Erich, Autarkie, Großraumpolitik und Aggression. Zur ökonomischen Motivation der Besetzung Luxemburgs, Belgiens und der Niederlande 1940, in: Bernhard Chiari (Hrsg.), Ökonomie und Expansion. Grundzüge der NS-Wirtschaftspolitik. Ausgewählte Schriften, München 2003, S. 245–274.

Ders., Die Eingliederung der Sudetengebiete und Böhmen-Mährens in das Deutsche Reich, in: Bernhard Chiari (Hrsg.), Ökonomie und Expansion. Grundzüge der NS-Wirtschaftspolitik. Ausgewählte Schriften, München 2003, S. 183–205.

Ders., Luxemburg im Zeichen des Hakenkreuzes. Eine politische Wirtschaftsgeschichte 1933 bis 1944, Paderborn u. a. 2010.

Ders., Ökonomie und Machtpolitik. Lettland und Estland 1933–1940, in: Bernhard Chiari (Hrsg.), Ökonomie und Expansion. Grundzüge der NS-Wirtschaftspolitik. Ausgewählte Schriften, München 2003, S. 275–301.

Ders., Zwischen Ideologie und Pragmatismus. Zur nationalsozialistischen Wirtschaftspolitik im Reichsgau Wartheland, in: Bernhard Chiari (Hrsg.), Ökonomie und Expansion. Grundzüge der NS-Wirtschaftspolitik. Ausgewählte Schriften, München 2003, S. 225–243.

Vollmer, Bernhard, Volksopposition im Polizeistaat. Gestapo- und Regierungsberichte 1934–1936, Stuttgart 1957.

Vollnhals, Clemens (Hrsg.), Entnazifizierung. Politische Säuberung und Rehabilitierung in den vier Besatzungszonen 1945–1949, München 1991.

Voráček, Emil (Hrsg.), The Disintegration of Czechoslovakia in the End of 1930s. Policy in the Central Europe, Prag 2009.

Voß, Reimer, Steuern im Dritten Reich. Vom Recht zum Unrecht unter der Herrschaft des Nationalsozialismus, München 1995.

Wagener, Otto, Hitler aus nächster Nähe. Aufzeichnungen eines Vertrauten 1929–1932, hrsg. von Henry A. Turner, Frankfurt am Main/Berlin/Wien 1978.

Wagner, Jens Christian, Das Außenlagersystem des KL Mittelbau-Dora, in: Ulrich Herbert/Karin Orth/Christoph Diekmann (Hrsg.), Die nationalsozialistischen Konzentrationslager. Entwicklung und Struktur, Bd. 2, Göttingen 1998, S. 707–729.

Wagner, Josef, Kriegsverpflichtete Preisbildung. Bd. 1, Berlin 1941.

Wagner, Wilfried, Belgien in der deutschen Politik während des Zweiten Weltkrieges, Boppard am Rhein 1974.

Walker, Mark, Die Uranmaschine. Mythos und Wirklichkeit der deutschen Atombombe, Berlin 1990.

Wallerang, Mathias, Luxemburg unter nationalsozialistischer Besatzung. Luxemburger berichten, Mainz 1997.

Wallraff, Horst, Nationalsozialismus in den Kreisen Düren und Jülich. Tradition und «Tausendjähriges Reich» in einer rheinländischen Region 1933 bis 1945, Düren 2000.

Walter, John, Fabrique Nationale's Blowback Pistols. Part I: The Military Models 1899–1945, in: The Shooter's Bible, New Jersey 1978, S. 63–68.

Wandel, Eckhard, Der OMGUS-Bericht über die Ermittlungen gegen die Deutsche Bank, in: Bankhistorisches Archiv 13/1 (1987), S. 51–56.

Warmbrunn, Werner, The German Occupation of Belgium 1940–1944, New York u. a. 1993.

Wassermann, Günter/Wincierz, Peter (Hrsg.), Das Metall-Laboratorium der Metallgesellschaft AG 1918–1981. Chronik und Bibliographie. Anlässlich des 100-jährigen Bestehens der Metallgesellschaft AG, Frankfurt am Main 1981.

Weber, Hermann, Die Wandlung des deutschen Kommunismus. Die Stalinisierung der KPD in der Weimarer Republik, 2 Bde., Frankfurt am Main 1969.

Wehler, Hans-Ulrich, Deutsche Gesellschaftsgeschichte, Bd. 5, Bonn 2008.

Weißbecker, Manfred, «So einen Arbeitseinsatz wie in Deutschland gibt es nicht noch einmal auf der Welt!». Fritz Sauckel – Generalbevollmächtigter für den Arbeitseinsatz, in: Ulrike Winkler (Hrsg.), Stiften gehen. NS-Zwangsarbeit und Entschädigungsdebatte, Köln 2000, S. 41–66.

Weise, Christian, Zur Entwicklungsgeschichte der Neugersdorfer Textilindustrie – Firma Hermann Herzog & Co. AG, in: Neugersdorf – Beiträge zur Heimatgeschichte 24 (2008), S. 19–36.

Weißenstein, Rolf/Müller, Gitta, Faschistische Diktatur und Zweiter Weltkrieg (1933 bis 1945), in: Willibald Gutsche (Hrsg.), Geschichte der Stadt Erfurt, Weimar 1986, S. 431–462.

Weisz, Christoph (Hrsg.), OMGUS-Handbuch. Die amerikanische Militärregierung in Deutschland 1945–1949, München 1994.

Weitz, John, Hitlers Bankier. Hjalmar Schacht, München 1998.

Welskopp, Thomas, Betriebliche Sozialpolitik im 19. und frühen 20. Jahrhundert. Eine Diskussion neuerer Forschungen und Konzepte und eine Branchenanalyse der deutschen und amerikanischen Eisen- und Stahlindustrie von den 1870er bis zu den 1930er Jahren, in: Archiv für Sozialgeschichte 34 (1994), S. 333–374.

Ders./Lauschke, Karl, Einführung: Mikropolitik im Unternehmen. Chancen und Voraussetzungen beziehungsanalytischer Ansätze in der Industrie- und Arbeiter-geschichte, in: dies. (Hrsg.), Mikropolitik in Unternehmen. Arbeitsbeziehungen und Machtstrukturen in industriellen Großbetrieben des 20. Jahrhunderts, Essen 1994, S. 7–15.

Welter, Erich, Der Weg der deutschen Industrie, Frankfurt am Main 1943.

Wendt, Bernd Jürgen, Einführende Bemerkungen (zu Teil III. Militär und technologi-scher Wandel), in: Michael Epkenhans (Hrsg.), Das Militär und der Aufbruch in die Moderne 1860 bis 1890. Armeen, Marinen und der Wandel von Politik, Gesellschaft und Wirtschaft in Europa, den USA sowie Japan, München 2003, S. 201–207.

Wengenroth, Ulrich, Die Entwicklung der Kartellbewegung bis 1914, in: Hans Pohl (Hrsg.), Kartelle und Kartellgesetzgebung in Praxis und Rechtsprechung vom 19. Jahrhundert bis zur Gegenwart, Stuttgart 1985, S. 15–27.

Wengst, Udo, Der Reichsverband der deutschen Industrie in den ersten Monaten des Dritten Reiches, in: Vierteljahrshefte für Wirtschaftsgeschichte 28 (1980), S. 94–110.

Wentker, Hermann, Das Jahr 1948 als Auftakt zur Zentralisierung, Politisierung und Sowjetisierung des Justizwesens, in: Dierk Hoffmann/Hermann Wentker (Hrsg.), Das letzte Jahr der SBZ. Politische Weichenstellungen und Kontinuitäten im Prozeß der Gründung der DDR, München 2000, S. 149–167.

Wenzel, Gisela, Quellen zur Geschichte des Zwangsarbeiter- und Zwangsarbeite-rinneneinsatzes in Berliner Firmenarchiven – eine Bestandsaufnahme, in: Rimco Spanjer/Diedericke M. Oudesluijs/Johan Meijer (Hrsg.), Zur Arbeit gezwun-gen. Zwangsarbeit in Deutschland 1940–1945, Bremen 1999, S. 48–55.

Wermuth, Helga, Dr. h. c. Max Winkler – Ein Gehilfe staatlicher Pressepolitik in der Weimarer Republik, München 1975.

Werner, Henri/Reiter, Ernest, Henri Owen Tudor. L'impact d'une idée. Les Amis du Musée Henri Tudor, Luxembourg 2009.

Werner, Josef, Karlsruhe 1945. Unter Hakenkreuz, Trikolore und Sternenbanner, Karlsruhe 1985.

Weßling, Georg, Unser Ölwerk Erdöl-Raffinerie Emsland. Menschen, Technik und Geschichten in 50 Jahren, Lingen 2003.

Weyres-v. Levetzow, Hans-Joachim, Die deutsche Rüstungswirtschaft von 1942 bis zum Ende des Krieges, München 1975.

Wichmann, Manfred, Die Gesellschaft zum Studium des Faschismus. Ein antidemo-kratisches Netzwerk zwischen Rechtskonservatismus und Nationalsozialismus, in: Bulletin für Faschismus- und Weltkriegsforschung 31/32 (2008), S. 72–104.

Wiegmann, Karlheinz, Textilindustrie und Staat in Westfalen, 1914–1933, Stuttgart 1993.

Wiemeyer, Joachim, Finanzmarktspekulationen in der Sicht der katholischen Wirt-schaftsethik, Tagung in Hannover zum Thema «Spekulation und Spekulanten in wissenschaftlicher Perspektive. Dimensionen eins umstrittenen Phänomens», 26. und 27. November in Hannover.

Wiesen, S. Jonathan, Overcoming Nazism. Big Business, Public Relations, and the Politics of Memory, 1945–50, in: Central European History 29 (1996), S. 201–226.

Ders., West German Industry and the Challenge of the Nazi Past, 1945–1955, Chapel Hill/London 2001.

Wijngaert, Mark van den, Nood breekt wet. Economische collaboratie of accomodatie. Het beleid van Alexandre Galopin, gouverneur van de Société Générale, tjdens de Duitse bezetting (1940–1944), Tielt 1990.

Wildt, Michael, Generation des Unbedingten. Das Führungskorps des Reichssicherheitshauptamtes, Hamburg 2002.

Wilhelm, Monika, «Mit einem Steinwurf acht Tuchfabrikanten getroffen». Zur Geschichte der Euskirchener Tuchindustrie, in: Tuchfabrik Müller. Arbeitsort – Denkmal – Museum, Köln 1997, S. 14–23.

Winkler, Heinrich August (Hrsg.), Die deutsche Staatskrise 1930–1933. Handlungsspielräume und Alternativen, München 1992.

Winkler, Willi, Der Schattenmann. Von Goebbels zu Carlos: das mysteriöse Leben des François Genoud, Berlin 2011.

Wir dienen der Sicherheit. CEAG 1906–1956, o. O., o. J. [Dortmund 1956].

Wirsching, Andreas, «Stalinisierung» oder entideologisierte «Nischengesellschaft»?, in: Vierteljahrshefte für Zeitgeschichte 45 (1997), S. 449–466.

Wirsching, Andreas, Die Weimarer Republik. Politik und Gesellschaft, München 2000.

Wischermann, Clemens, Unternehmenskultur, Unternehmenskommunikation, Unternehmensidentität, in: ders. (Hrsg.), Unternehmenskommunikation deutscher Mittel- und Großunternehmen. Theorie und Praxis in historischer Perspektive, Dortmund/Münster 2003, S. 21–40.

Wixforth, Harald, Ein «stiller Teilhaber» – die «Arisierung» des Bankhauses Simon Hirschland und der Flick-Konzern, in: Bankhistorisches Archiv 33 (2007), S. 63–77.

Ders., Die Ausbeutung von Ressourcen im Zeichen der Kriegswirtschaft. Die Kontinentale Öl AG, in: Johannes Bähr, Die Dresdner Bank in der Wirtschaft des Dritten Reichs, München 2006, S. 360–370.

Ders., Emil Georg von Stauß, in: Hans Pohl (Hrsg.), Deutsche Bankiers des 20. Jahrhunderts, Stuttgart 2008, S. 403–417.

Ders., Industriekredit und Kapitalmarktfinanzierung zwischen Reichsgründung und Weltwirtschaftskrise, in: Bankhistorisches Archiv 40 (2002) S. 15–38.

Ders., Die Gründung und Finanzierung von Kriegsgesellschaften während des Ersten Weltkriegs, in: Hartmut Berghoff/Jürgen Kocka/Dieter Ziegler (Hrsg.), Wirtschaft im Zeitalter der Extreme. Beiträge zur Unternehmensgeschichte Österreichs und Deutschlands., München 2010, S. 81–105.

Ders./Ziegler, Dieter, Deutsche Privatbanken und Privatbankiers im 20. Jahrhundert, in: Geschichte und Gesellschaft 23 (1997), S. 205–235.

Dies., Die Expansion der Reichswerke «Hermann Göring» in Europa, in: Jahrbuch für Wirtschaftsgeschichte 2008/1, S. 257–278.

Wohlfeil, Rainer, Heer und Republik, in: MGFA (Hrsg.), Handbuch zur deutschen Militärgeschichte 1648–1939, Band VI, Frankfurt am Main 1970, S. 11–303.

Wolf, Friedrich, Die deutsche Textilwirtschaft im Weltkrieg, Erlangen 1929.

Wolf, Hellmut, Die wirtschaftliche Entwicklung der Stadt Oberndorf a. N. mit besonderer Berücksichtigung der Mauserwerke und des Schwarzwälder Boten (Diss. iur. 1933), Oberndorf 1933.

Wolfrum, Edgar, Das Bild der «düsteren Franzosenzeit». Alltagsnot, Meinungsklima und Demokratisierungspolitik in der französischen Besatzungszone nach 1945, in: Stefan Martens (Hrsg.), Vom «Erbfeind» zum «Erneuerer». Aspekte und Motive der französischen Deutschlandpolitik nach dem Zweiten Weltkrieg, Sigmaringen 1993, S. 87–113.

Ders., Die geglückte Demokratie. Geschichte der Bundesrepublik Deutschland von ihren Anfängen bis zur Gegenwart, Bonn 2007.

Wouters, Nico, Le moindre mal: la «collaboration» administrative en Belgique, in: Archives Nationales de Luxembourg (Hrsg.), Collaboration: Nazification? Actes du Colloque international, mai 2006, Luxembourg 2008, S. 126–157.

Wrzyszcz, Andrzej, Die deutsche «Wirtschafts»-Rechtssetzung im Generalgouvernement 1939–1945, in: Johannes Bähr/Ralf Banken (Hrsg.), Das Europa des «Dritten Reichs». Recht, Wirtschaft, Besatzung, Frankfurt am Main 2005, S. 59–79.

Wysłouch, Seweryna/Lukas, Jadwiga, «Kochana, przesyłam ci rysunek … przekroju walca.» Wiktor Antoni Hannibal Wysłouch we spomnieniach córek, in: Kronika Miasta Poznania 75/2 (2007), S. 123–139.

Zacharioudakis, Emmanouil, Die deutsch-griechischen Beziehungen 1933–1941. Interessengegensätze an der Peripherie Europas, Husum 2002.

Zapf, Wolfgang, Wandlungen der deutschen Elite. Ein Zirkulationsmodell deutscher Führungsgruppen 1919–1961, München 1965.

Ders., Die deutschen Manager: Sozialprofil und Karriereweg, in: ders. (Hrsg.), Beiträge zur Analyse der deutschen Oberschicht, München 1965, S. 136–149.

Zeiler, Manfred, Reichswehr und Rote Armee 1920–1933. Wege und Stationen einer ungewöhnlichen Zusammenarbeit, München 1993.

Zibell, Stephanie, Jakob Sprenger. Eine Studie zur Biographie und Politik eines nationalsozialistischen Gauleiters in Hessen-Nassau, Wiesbaden 1999.

Ziegler, Dieter, Die Dresdner Bank und die deutschen Juden, München 2006.

Ders., Die Nationalsozialisten im Betrieb, in: Klaus-Dietmar Henke (Hrsg.), Die Dresdner Bank im Dritten Reich, München 2006, S. 129–168.

Ders., Erosion der Kaufmannsmoral. «Arisierung», Raub und Expansion, in: Norbert Frei (Hrsg.), Unternehmen im Nationalsozialismus. Zur Historisierung einer Forschungskultur, Göttingen 2010, S. 156–169.

Ders., Kontinuität und Diskontinuität der deutschen Wirtschaftselite 1900 bis 1938, in: ders. (Hrsg.), Großbürger und Unternehmer. Die deutsche Wirtschaftselite im 20. Jahrhundert, Göttingen 2000, S. 31–53.

Ders., Die wirtschaftsbürgerliche Elite im 20. Jahrhundert. Eine Bilanz, in: ders. (Hrsg.), Großbürger und Unternehmer. Die deutsche Wirtschaftselite im 20. Jahrhundert, Göttingen 2000, S. 7–29.

Zielinski, Bernd, Der «Reichseinsatz» von Franzosen und die Entwicklung der Kollaborationspolitik, in: Stefan Martens/Maurice Vaïsse (Hrsg.), Frankreich und Deutschland im Krieg (November 1942 – Herbst 1944). Okkupation, Kollaboration, Résistance, Bonn 2000, S. 379–396.

Ders., Staatskollaboration. Vichy und der Arbeitskräfteeinsatz im Dritten Reich, Münster 1995.

Zimmermann, Clemens, Suburbanisierung – Die wachsende Peripherie, in: Timan Harlander (Hrsg.), Villa und Eigenheim. Suburbaner Städtebau in Deutschland, Stuttgart/München 2001, S. 50–63.

Zollitsch, Wolfgang, Arbeiter zwischen Weltwirtschaftskrise und Nationalsozialismus. Ein Beitrag zur Sozialgeschichte der Jahre 1928 bis 1936, Göttingen 1990.

Ders., Modernisierung im Betrieb. Arbeiter zwischen Weltwirtschaftskrise und Nationalsozialismus, in: Detlef Schmiechen-Ackermann, Anpassung – Verweigerung – Widerstand. Soziale Milieus, Politische Kultur und der Widerstand gegen den Nationalsozialismus im regionalen Vergleich, Berlin 1997, S. 95–107.

Zorn, Wolfgang, Unternehmer und Unternehmensverflechtung in Bayern im 20. Jahrhundert, in: Zeitschrift für Unternehmensgeschichte 24 (1979), S. 180–188.

Zunkel, Friedrich, Industrie und Staatssozialismus. Der Kampf um die Wirtschaftsordnung in Deutschland 1914–1918, Düsseldorf 1974.

Bildnachweis

S. 20, 22, 27, 28, 32, 35, 37, 40, 67, 75, 78, 117, 133, 166, 195, 208, 210, 212, 215, 220, 249, 301, 354, 388, 441, 601, 607, 647, 795, 831, 835, 837 – Familienarchiv Quandt

S. 25 – Stadt- und Brauereimuseum Pritzwalk

S. 52 – Landesarchiv Berlin

S. 201, 224, 243, 251, 278, 282, 289, 291, 367, 425, 820 – ullstein bild

S. 247 – bpk

S. 244 – Bundesarchiv, Bild 183-R32860, Fotograf: ohne Angabe

S. 280 – Bundesarchiv, Bild 183-H14258, Fotograf: ohne Angabe

S. 470 – Bundesarchiv, Bild 183-2005-0331-502, Fotograf: ohne Angabe

S. 577, 581, 585 – Bundesarchiv, RW20/2011

S. 716 – Bundesarchiv, RW21/1416

S. 494 – Stiftung Westfälisches Wirtschaftsarchiv, Dortmund

S. 609 – SZ-Photo/Scherl

S. 207, 216, 383, 808 – wurden der Publikation entnommen: 100 Jahre Herbert Quandt, Dokumentation einer Ausstellung, Bad Homburg 2010

S. 665, 685 – wurden der Publikation entnommen: Marc Buggeln, Arbeit & Gewalt. Das Außenlagersystem des KZ Neuengamme, Göttingen 2009

Personenregister

Firmenregister

KARTEN

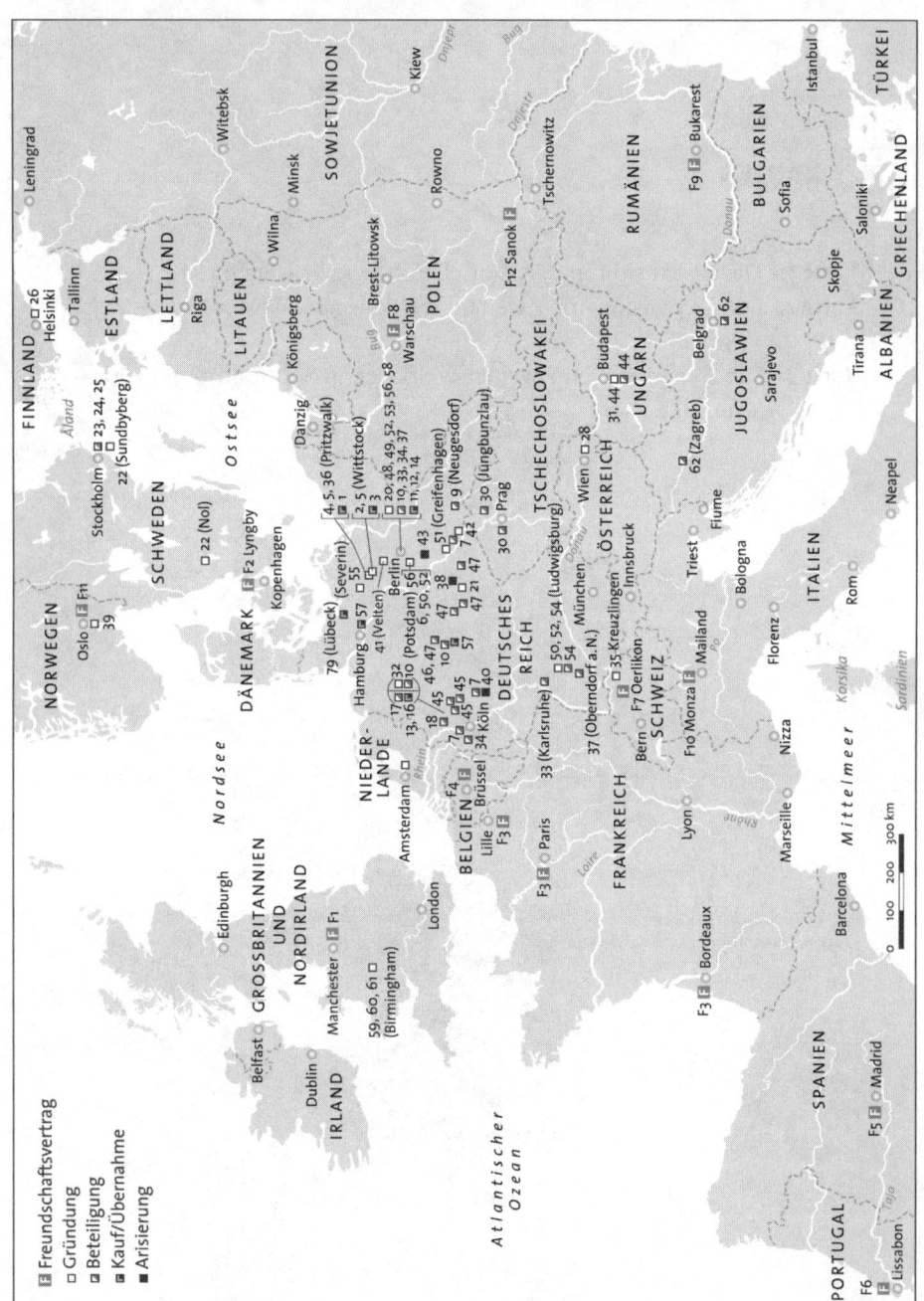

	Unternehmen	Ort	Branche	Jahr des Ereignisses
1	Gebrüder Dräger	Pritzwalk	Textilerzeugnisse	1883 K/U durch EQ
2	Friedrich Wilhelm Wegener	Wittstock	Textilerzeugnisse	1901 K/U durch EQ
3	Friedrich Paul	Wittstock	Textilerzeugnisse	1911 K/U durch EQ
4	Draeger-Paul-Wegener Werke GmbH & Co KG	Pritzwalk	Textilerzeugnisse	1911 G durch GQ
5	Draeger-Paul-Wegener Verkaufsgesellschaft mbH	Pritzwalk, Wittstock	Vertrieb	1920 G durch GQ
6	Draeger-Paul-Wegener-Werke GmbH	Neubabelsberg	Vertrieb	1921 G durch GQ
7	Kammgarn-Spinnerei Stöhr	Leipzig, Wuppertal, Rheydt	Textilerzeugnisse	1928 B durch GQ
8	Deutsche Wollwarenmanufaktur AG	Grünberg (Schlesien)	Textilerzeugnisse	1919/20 B durch GQ
9	Hermann Herzog AG	Neugersdorf (Sachsen)	Textilerzeugnisse	1933 B durch GQ
10	AFA	Berlin, Hagen, Hannover	Akkumulatoren, Batterien	1922 B durch GQ
11	Pertrix	Berlin	Trockenbatterien	1926 K/U durch AFA
12	Titania GmbH	Berlin	Elektroerzeugnisse	1925 K/U durch Petrix
13	Concordia Elektrizitäts AG (CEAG)	Dortmund	Elektroerzeugnisse	1913 K/U durch AFA
14	Deutsche Edison Akkumulatoren Company GmbH	Berlin	Stahl-Akkumulatoren	1913 K/U durch GQ
15	Varta	Berlin	Akkumulatoren	1904 G durch AFA
16	Wilhelm Seippel GmbH	Dortmund	Elektroerzeugnisse	1919 K/U durch Concordia
17	Trutmania GmbH	Dortmund	Elektroerzeugnisse	1920 G durch GQ
18	Gewerkschaft Carl	Bochum	Elektroerzeugnisse	1934 B durch Concordia
19	Dominitwerke AG	Hoppeke (Brilon)	Elektroerzeugnisse	1927 K/U durch AFA
20	Ziegel-Transport AG	Berlin	Transport	1906 G durch GQ
21	Glasfabrik Wilhelmshütte GmbH	Gräfenroda	Akkumulatorenzubehör	1921 G durch AFA
22	Ackumulator-Fabriksaktiebolaget Tudor	Stockholm, Nol, Sundbyberg	Akkumulatoren	1914 G durch AFA
23	A/B Latex Stockholm	Stockholm	Akkumulatorenzubehör	Nach 1932 B durch AFA
24	Svenska Torrelement A/B	Stockholm	Trockenbatterien	Nach 1932 B durch AFA
25	A/B Nord-Radio Stockholm.	Stockholm	Vertrieb	Nach 1932 B durch AFA
26	Suomen Akkumulaattoritehdas-Osakeyhtiö O.Y. "Tudor"	Helsinki	Akkumulatoren	1930 G durch AFA
27	Accumulatoren Fabriek Varta N.V.	Amsterdam	Akkumulatoren	1896/1933 G durch AFA
28	AFA Wien	Wien	Akkumulatoren	1889 G durch AFA
29	Norsk Accumulator Co. A/S	Oslo	Akkumulatoren	1928 G durch AFA
30	Prager Accumulatoren Fabrik AG	Prag, Jungbunzlau	Akkumulatoren	1909 B durch AFA
31	Tudor Akkumulatoren Fabrik AG	Budapest	Akkumulatoren	192? G durch AFA
32	Kommunale Elektrizitätswerke Mark	Hagen	Elektrizität	1906 G durch AFA
33	DWM / BKI / IWK	Karlsruhe, Berlin	Maschinenbau, Rüstungserzeugnisse	1928 B durch GQ
34	Dürener Metallwerke	Düren, Berlin	Leichtmetallerzeugnisse	1928 B durch GQ
35	Metallwarenfabrik Kreuzlingen AG	Kreuzlingen (Schweiz)	Rüstungsindustrie	1931 G durch Mauser-Werke
36	Mecklenburgische Metallwarenfabrik mbH Waren (Memefa)	Waren (Müritz)	Aluminiumerzeugnisse, Rüstungserzeugnisse	1937 G durch Dürener Metallwerke
37	Mauser-Werke	Oberndorf am Neckar, Berlin	Aluminiumerzeugnisse, Rüstungserzeugnisse	1928 B durch GQ
38	Henry Pels/Berlin-Erfurter-maschinenfabrik (BEM)	Erfurt	Maschinenbau, Rüstungserzeugnisse	1997 A durch DWM
39	Maschinen für Massenverpackung GmbH	Lübeck	Maschinenbau	1929 K/U durch BKI
40	Wuppermetall GmbH	Wuppertal-Oberbarmen	Leichtmetall	1938 A durch Dürener Metallwerke
41	Havelschmelzwerk	Velten	Leichtmetall	1938 G durch Dürener Metallwerke
42	Elbtalschmelzwerk	Brand-Erbisdorf	Leichtmetall	1938 G durch Dürener Metallwerke
43	Volt GmbH	Werder (Havel)	Chemie	1937 A durch AFA
44	Ungarische Bauxitgruben AG (UBAG)	Budapest	Aluminiummindustrie	1937/41 G/B durch Dürener Metallwerke
45	Busch-Jäger Lüdenscheider Metallwerke AG	Lüdenscheid, Schalksmühle, Berleburg-Aue	Maschinenbau	1936 B durch GQ
46	Gewerkschaft Wintershall	Celle	Kalierzeugnisse	1997 B durch GQ
47	Kali-Industrie AG/ Wintershall AG	Kassel, Lützkendorf, Celle, Heringen	Kalierzeugnisse	1927/1928 B durch GQ
48	Industrie-Interessen-Gesellschaft mbH	Berlin	Holding	1920 G durch GQ
49	Compannia Perfuradora Brasileira	Berlin	Wollhandel	1920 G durch GQ
50	Draeger-Werke GmbH	Neubabelsberg, Ludwigsburg	Holding	1930 G durch GQ
51	Kreidewerke Greifenhagen GmbH	Greifenhagen	Holding	1922 G durch GQ
52	Industrie-Beteiligungs-GmbH	Berlin, Neubabelsberg, Ludwigsburg	Holding	1921 G durch GQ
53	Grundbesitz AG	Berlin	Grundstücksgesellschaft	1931 G durch GQ
54	Terrain-Centrale Gartenstadt Frohnau GmbH/ Terrain-Centrale Gartenstadt Frohnau GmbH	Berlin, Ludwigsburg	Grundstücksgesellschaft	1905/1951 G/B durch GQ
55	Verkaufsstelle Mecklenburgischer Landeserzeugnisse AG	Severin	Nahrungsmittel	1922 G durch GQ
56	Aktiengesellschaft für Industriebeteiligungen	Potsdam, Berlin, Stuttgart-Zuffenhausen	Holding	1932 G durch GQ
57	Königswarter & Ebell Chemische Fabrik GmbH	Hannover, Hamburg	Metallverarbeitung	1935 K/U durch AFA
58	Gesellschaft für elektrische Zugbeleuchtung m.b.H.	Berlin	Elektroerzeugnisse	1905 G durch AFA/AEG/Siemens
59	Britannia Batteries Ltd.	Birmingham	Akkumulatoren	1929 G durch AFA
60	Edison Accumulators Ltd.	Birmingham	Akkumulatoren	1929 G durch AFA
61	Petri Ltd	Birmingham	Trockenbatterien	1929 G durch AFA
62	Munjia	Zagreb/Belgrad	Akkumulatoren	1931 B durch AFA-Wien
	Unternehmen	Ort	Branche	Jahr des Ereignisses

Fortsetzung Legende von Seite 1179

Unternehmen	Ort		Jahr des Ereignisses
F1	Chloride Electrical Storage Company Ltd.	Manchester (Großbritannien)	1913/1926
F2	Aktieselskabet Accumulator-Fabriken	Lyngby (Dänemark)	1917
F3	CGE	Paris, Bordeaux, Lille (Frankreich)	1897/1919/1937
F4	Tudor	Brüssel (Belgien)	1922
F5	Sociedad Espanõla del Acumulador „Tudor"	Madrid (Spanien)	1922
F6	Sociedade Portugueza do Acumulador Tudor	Lissabon (Portugal)	1922
F7	Accumulatoren-Fabrik Oerlikon	Oerlikon (Schweiz)	1922
F8	Tudor-Zaklady Akumulatorowe	Warschau (Polen)	1920er Jahre
F9	Tudor S.A.	Bukarest (Rumänien)	1920er Jahre
F10	Fabbrica Accumulatori Hensemberger	Monza (Italien)	1920er Jahre/1933
F11	Minevesen Akkumulator-Fabrikken	Oslo (Norwegen)	1932/1933
F12	Sanocka Fabryka Akumulatorow	Sanok (Polen)	1930er Jahre

	Unternehmen	Ort	Branche	Jahr des Ereignisses
1	Vereinigte Werkstätten Wittenau GmbH	Berlin	Maschinenbau	1945 G durch DWM
2	Schaerer-Werke GmbH	Karlsruhe	Maschinenbau	1943 K/Ü durch Mauser-Werke/DWM
3	Donar Gesellschaft für Apparate-bau GmbH	Wesermünde/Bremerhaven	Maschinenbau	vor 1943 B durch DWM
4	A/S Nordisk Aluminiumindustri	Oslo	Aluminiumindustrie	1940 B durch Dürener Metallwerke
5	Byk Gulden-Lomberg Chemische Fabrik AG/GmbH	Berlin/Konstanz	Pharma/Chemie	1941 K/Ü durch AFA
6	Ceresin-Fabrik Graab & Kranich GmbH	Berlin	Paraffine	1941 A durch AFA

Übernahme- und Beteiligungsversuche sowie Verlagerungsaufträge

	Unternehmen	Ort	Branche	Jahr des Ereignisses
7	Société des Accumulateurs Fixes et de Traction „S.A.F.T"	Bordeaux/Romainville (F)	Akkumulatoren/Trockenbatterien	1940 V/BV durch AFA
8	Accumulateurs Tudor S.A.	Florival/Brüssel (B)	Akkumulatoren	1940 V/BV durch AFA
9	Adrien & Co. S.A.	Paris (F)	Pharma	1941 BV durch Byk Gulden
10	Laboratoires Bios	Paris (F)	Pharma	1942 B durch Byk Gulden
11	„Fabrique Nationale" (FN)	Lüttich (B)	Rüstungserzeugnisse	1940 EB durch DWM
12	Société de la Pile Leclanché	Chasseneuil-du Poitou (F)	Akkumulatoren	1940 BV/V durch AFA
13	Société des Piles Wonder	St. Ouen (F)	Trockenbatterien	1940 BV durch AFA
14	Accumulateurs SLEM	Levallois-Perret	Akkumulatoren	1941 BV durch AFA
15	Société de l'Accumulateur Fulmen	Clichy/Vierzon-sur-Cher	Akkumulatoren	1940 V durch AFA
16	L'Accumulateur Tudor	Lille/Niort (F)	Akkumulatoren	1940 V durch AFA
17	Société pour le Travail Electrique des Métaux (TEM)	Paris/Saint-Ouen (F)	Akkumulatoren	1940 AV durch AFA
18	La Pile Hydra	Elbeuf (F)	Trockenbatterien	1940 BV durch AFA
19	La Pile Aglo	Suresnes (F)	Trockenbatterien	1940 AV durch AFA
20	Manufacture d'Isolants et Objets Moulés (M.I.O.M)	Vitry-sur-Seine (F)	Gummierzeugnisse	1940 V durch AFA
21	Compagnie française d'Accumulateurs Electriques U.S.L. „AUTOX"	Paris/Gennevilliers (F)	Akkumulatoren	1940 V/BV durch AFA
22	Hirschfeld Frères	Straßburg (F)	Metallerzeugnisse	1940 A durch AFA
23	Weil & Cie.	Montreuil (F)	Metallerzeugnisse	1941 V/AV durch Dominitwerke
24	Anciens Etablissements M. Lévy	Paris (F)	Metallerzeugnisse	1941 AV durch AFA
25	Société de l'Outillage R.B.V.	Paris (F)	Werkzeugbau	1941 AV durch DWM
26	Dreyfus & Co.	Montreuil/Bagnolet (F)	Metallerzeugnisse	1941/43 A durch AFA
27	Comptoir Parisien d'Echange et de Compensation (C.O.P.E.C.)	Paris (F)	Handel	1941 B durch AFA
28	Kogan & Pouret	Paris (F)	Metallerzeugnisse	1944 EB durch AFA
29	Aktieselskabet Accumulator-Fabriken	Lyngby (DK)	Akkumulatoren	1940 AV durch AFA
30	PILAC	Agon (F)	Akkumulatoren	1942 EB durch AFA
31	Giesserei und Maschinenfabrik Bitschweiler	Bitschweiler/Bitschwiller-lès-Thann (F)	Metallerzeugnisse	1942 EB durch DWM
32	Compagnie des Métaux d'Overpelt-Lommel et de Corphalie	Lüttich (B)	Metallverarbeitung	1940 BV durch AFA
33	Société alsacienne d'explosifs	Reichweiler/Richviller (F)	Rüstungserzeugnisse	1941 EB durch DWM
34	SART Apparatebau	Thann (F)	Rüstungserzeugnisse	1941 EB durch DWM

G:	Gründung/Mitgründung	B:	Beteiligung	EB:	Erzwungene Beteiligung oder Übernahme	AV:	Arisierungsversuch
K/Ü:	Kauf oder Übernahme	BV:	Beteiligungsversuch	A:	Arisierung	V:	Auftragsverlagerung

Gründung (G)
Beteiligung (B)
Erzwungene Beteiligung (EB)
Arisierung (A)
Kauf/Übernahme (K/Ü)

Stockholm

Tallinn
(Reval)

Nowgorod

Estland

Lettland

Moskau

Riga

Ostsee

Dünaburg   Polozk

Smolensk

Litauen

Kaunas (Kowno)

Königsberg   Wilna

Minsk

SOWJETUNION

Danzig   Ostpreußen

Gomel

Pommern   Danzig-
Westpreußen

Weißrussland

Berlin   Warthe-
land   Chelmno

Bialystok

1, 9 (EB)   Posen
10 (G)   Lodz   Warschau   Brest-Litowsk

6 (Piastow)

Charkow

GROSSDEUTSCHES
REICH   Breslau

Lublin

Kiew

3 (Teplitz-Schöna, EB)   Oberschlesien   GENERAL-
GOUVERNEMENT

Prag   (Mährisch-
Ostrau, EB)   Krakau   Ukraine

2 (Holleischen)   3   7 (Sanok)   Lemberg
(Lwow)   Ternopol

11 (Neutitschein, G)
12 (Swatoborschitz)   SLOWAKEI
(mit Dt. Reich verbündet)

Wien

Odessa

13   Budapest
13

UNGARN
(mit Dt. Reich verbündet)

RUMÄNIEN
(mit Dt. Reich verbündet)

Schwarzes
Meer

4   Zagreb

KROATIEN
(mit Dt. Reich verbündet)   Belgrad   Bukarest

SERBIEN
(vom Deutschen
Reich besetzt)

BULGARIEN
(mit Dt. Reich verbündet)

MONTENEGRO
(mit Italien verbündet)

Sofia

ITALIEN
(mit Dt. Reich verbündet)

ALBANIEN
(von Italien besetzt)

Istanbul

TÜRKEI
(neutral)

GRIECHENLAND
(vom Deutschen
Reich und Italien besetzt)

-----Grenzen von 1942

0   100   200   300 km

5   Athen

Unternehmen	Ort	Branche	Jahr des Ereignisses
1 H. Cegielski AG	Posen (P)	Maschinenbau	1940 EB durch DWM
2 Metallwerke Holleischen GmbH	Holleischen (CZ)	Rüstungserzeugnisse	1940 G durch DWM
3 CEAG GmbH Teplitz-Schönau	Teplitz-Schönau, Mährisch-Ostrau (CZ)	Elektroerzeugnisse	1939 EB durch CEAG
4 Tvornica Kontakt d.d.	Zagreb	Trockenbatterien	1942 A durch AFA
5 Industrie hellénique d'Accues PAK SA	Athen	Akkumulatoren	1941 EB durch AFA
6 Zaklady Akumulatorowe Tudor	Piastow	Akkumulatoren	1941 EB durch AFA
7 Sanocka Fabryka Akumulatorow S.A.	Sanok	Akkumulatoren	1941 EB durch AFA
8 „Schachter Licht"	Charkow	Elektroerzeugnisse	1941 EB durch AFA
9 Centra-Industrie-Werke	Posen (P)	Akkumulatoren	1941 EB durch AFA
10 Allgemeine Baugesellschaft Wartheland GmbH	Posen (P)	Holding	1941 G durch AFA/DWM
11 DWM-Zweigwerk Neutitschein	Neutitschein	Rüstungserzeugnisse	1944 G durch DWM
12 Wiktorin & Co.	Swatoborschitz	Metallerzeugnisse	1942 EB durch CEAG
13 Ungarische Bauxitgruben AG (UBAG)	Aluminiumindustrie	Budapest	1937/41 G/B durch Dürener Metallwerke